TRATADO DE
FONOAUDIOLOGIA

Sociedade Brasileira de Fonoaudiologia

3ª EDIÇÃO

TRATADO DE FONOAUDIOLOGIA

EDITORES
Leonardo Lopes
Ana Paula Lefèvre Machado
Cíntia Alves Salgado Azoni
Juliana Ferreira Benatti
Rosane Sampaio Santos
Vanessa Veis Ribeiro
Giorvan Ânderson dos Santos Alves
Leandro de Araújo Pernambuco

manole
editora

Editora: Eliane Usui
Projeto gráfico: Departamento Editorial da Editora Manole
Editoração eletrônica: HiDesign Estúdio
Ilustrações: HiDesign Estúdio
Capa: Ricardo Yoshiaki Nitta Rodrigues
Imagem da capa: freepik.com

CIP-BRASIL. CATALOGAÇÃO NA PUBLICAÇÃO
SINDICATO NACIONAL DOS EDITORES DE LIVROS, RJ

T698
3. ed.

Tratado de fonoaudiologia / editores Leonardo Lopes ... [et al.]. - 3. ed. - Barueri [SP] : Manole, 2025.

Inclui bibliografia e índice
ISBN 9788520463741

1. Fonoaudiologia. I. Lopes, Leonardo. II. Título.

24-94920 CDD: 616.855
CDU: 616.89-008.434

Meri Gleice Rodrigues de Souza - Bibliotecária - CRB-7/6439

30/10/2024 04/11/2024

3ª edição – 2025

Editora Manole Ltda.
Alameda Rio Negro, 967 – CJ 717
Tamboré – Barueri – SP – Brasil
CEP: 06454-000
Fone: (11) 4196-6000
www.manole.com.br | https://atendimento.manole.com.br/

Impresso no Brasil
Printed in Brazil

Dedicamos este livro a todas as pessoas que foram pilares para o desenvolvimento e a consolidação da Fonoaudiologia brasileira ao longo dos anos.

Os organizadores

Sumário

Seção 7 – Motricidade Orofacial

Seção 8 – Perícia Fonoaudiológica

Seção 9 – Saúde Coletiva

Seção 10 – Voz

Capítulos Digitais

Utilize o QR code para acessar os capítulos digitais exclusivos.

Voucher: **tratfono**.

Editores

LEONARDO LOPES

Fonoaudiólogo. Especialização em Voz pela Universidade Federal de Pernambuco (UFPE). Mestre em Linguística pela Universidade Católica de Pernambuco (Unicap). Doutor em Linguística pela Universidade Federal da Paraíba (UFPB). Pós-doutor em Distúrbios da Comunicação Humana pela Universidade Federal de São Paulo (Unifesp). Professor Titular do Departamento de Fonoaudiologia da UFPB. Professor Permanente do Programa Associado de Pós-graduação em Fonoaudiologia da UFPB/UFRN/UNCISAL. Professor Permanente do Programa de Pós-graduação em Modelos de Decisão e Saúde da UFPB. Professor Permanente do Programa de Pós-graduação em Linguística. Bolsista de Produtividade em Pesquisa do CNPq. Presidente da Sociedade Brasileira de Fonoaudiologia (SBFa) (2020-2024). Mérito Fonoaudiológico outorgado pela SBFa em 2023.

ANA PAULA LEFÈVRE MACHADO

Mestre pela Universidade Guarulhos. Doutora em Saúde Coletiva pela Faculdade de Ciências Médicas da Santa Casa de São Paulo. Diretora da Escola Nacional de Saúde Integrada (ENSI). Coordenadora do Grupo de Estudo e Pesquisa da Escola Nacional de Saúde Integrada (GEPENSI). Vice-presidente da Sociedade Brasileira de Fonoaudiologia (SBFa) (2023-2024).

CÍNTIA ALVES SALGADO AZONI

Fonoaudióloga pela Universidade de São Paulo (USP) Bauru. Mestre e Doutora em Ciências Médicas pela Universidade Estadual de Campinas (Unicamp). Professora do Curso de Fonoaudiologia da Universidade Federal do Rio Grande do Norte (UFRN). Docente de Pós-graduação em Fonoaudiologia – PPGFON UFPB/UFRN/UNCISAL. Secretária da Sociedade Brasileira de Fonoaudiologia (SBFa) (2023-2024).

JULIANA FERREIRA BENATTI

Fonoaudióloga Clínica e Voz Profissional. Especialista em Voz pelo Conselho Federal de Fonoaudiologia (CFFa). *Coach* Vocal pelo Centro de Estudos da Voz (CEV). Mestranda em Distúrbios Humanos da Comunicação Humana da Universidade Federal de São Paulo (Unifesp). Secretária da Sociedade Brasileira de Fonoaudiologia (SBFa) (2023-2024). Membro da Diretoria do Capítulo Brasileiro da The Voice Foundation.

ROSANE SAMPAIO SANTOS

Fonoaudióloga. Mestre em Distúrbios da Comunicação pela Universidade Tuiuti do Paraná (UTP). Doutora em Medicina Interna e Ciências da Saúde pela Universidade Federal do Paraná (UFPR). Tesoureira da Sociedade Brasileira de Fonoaudiologia (SBFa) (2023-2024).

VANESSA VEIS RIBEIRO

Bacharel em Fonoaudiologia pela Universidade Estadual do Centro-Oeste (Unicentro). Mestre em Distúrbios da Comunicação pela Universidade Federal de Santa Maria (UFSM). Doutora em Ciências pela Universidade de São Paulo (USP). Pós-doutora em Distúrbios da Comunicação pela Universidade Federal de São Paulo (Unifesp). Especialista em Voz pelo Centro de Estudos da Voz (CEV) e pelo Conselho Federal de Fonoaudiologia (CFFa). Tesoureira da Sociedade Brasileira de Fonoaudiologia (SBFa) (2023-2024).

GIORVAN ÂNDERSON DOS SANTOS ALVES

Mestre e Doutor em Linguística e Pós-doc em Fotobiomodulação nas Disfunções Temporomandibulares pela Universidade Federal da Paraíba (UFPB). Professor Associado do Departamento de Fonoaudiologia da UFPB. Professor Permanente dos Programas de Pós-graduação em Fonoaudiologia e Linguística da UFPB. Diretor Científico da Sociedade Brasileira de Fonoaudiologia (SBFa) (2023-2025), Vice-líder do Núcleo de Estudos em Linguagem e Funções Estomatognáticas (NELF). Sócio Fundador da Associação Brasileira de Motricidade Orofacial (ABRAMO).

LEANDRO DE ARAÚJO PERNAMBUCO

Fonoaudiólogo pela Universidade Federal de Pernambuco (UFPE). Mestre em Ciências da Saúde pela UFPE. Doutor em Saúde Coletiva pela Universidade Federal do Rio Grande do Norte (UFRN). Professor Associado do Departamento de Fonoaudiologia da UFPE. Diretor Científico da Sociedade Brasileira de Fonoaudiologia (SBFa) (2023-2024). Professor permanente do Programa de Pós-graduação em Saúde da Comunicação Humana (PPGSCH/UFPE). Professor permanente do Programa de pós-graduação em Modelos de Decisão e Saúde (PPGMDS/UFPB). Bolsista de Produtividade em Pesquisa do CNPq.

Coordenadores de Seção

SEÇÃO 1: FUNDAMENTOS DE ENSINO, PESQUISA E PRÁTICA ASSISTENCIAL

Giédre Berretin-Felix
Kelly Cristina Alves Silverio
Thelma Regina da Silva Costa
Reynaldo Gomes Lopes
Carla Salles Chamouton
Ana Paula Ramos de Souza

SEÇÃO 2: AUDIÇÃO E EQUILÍBRIO

Kátia de Freitas Alvarenga
Lilian Ferreira Muniz

SEÇÃO 3: DISFAGIA

Elma Heitmann Mares Azevedo
Carolina Castelli Silvério

SEÇÃO 4: FALA

Haydée Fiszbein Wertzner
Luciana Paula Maximino

SEÇÃO 5: FONOAUDIOLOGIA EDUCACIONAL

Simone Aparecida Capellini
Giseli Donadon Germano

SEÇÃO 6: LINGUAGEM

Grace Cristina Ferreira-Donati
Isabelle Cahino Delgado

SEÇÃO 7: MOTRICIDADE OROFACIAL

Silvia Damasceno Benevides
Silvia Márcia Andrade Campanha

SEÇÃO 8: PERÍCIA FONOAUDIOLÓGICA

Maria Inês Beltrati Cornacchioni Rehder
Aline Neves Pessoa-Almeida

SEÇÃO 9: SAÚDE COLETIVA

Selma Anequini Costa
Kátia de Cássia Botasso

SEÇÃO 10: VOZ

Ana Carolina Constantini
Priscila Oliveira Costa Silva

Pareceristas

Todos os capítulos do livro passaram por revisão cega por pares.

Adriane Lima Mortari Moret
Alessandra Giannella Samelli
Alice Andrade Lopes Amorim
Aline Mara de Oliveira
Aline Tenório Lins Carnaúba
Amanda Brait Zerbeto
Ana Brígida Francisco Patrício
Ana Carla Estellita Vogeley
Ana Carolina de Assis Moura Ghirardi
Ana Carolina Rocha Gomes Ferreira
Ana Cristina de Albuquerque Montenegro
André Farias Pessoa
Andréa Manso de Oliveira
Andrea Wander Bonamigo
Andrezza Gonzalez Escarce
Ângela Ribas
Angélica Emygdio Antonetti-Carvalho
Angélica Galindo Carneiro Rosal
Aparecido José Couto Soares
Astrid Mühle Moreira Ferreira
Bárbara Costa Beber
Bianca Arruda Manchester de Queiroga
Bruna Rainho Rocha
Caio Leônidas Oliveira de Andrade
Camila da Costa Ribeiro
Camila Lucia Etges
Carla Patrícia Hernandez Alves Ribeiro César
Carolina Fanaro da Costa Damato
Cássia Sígolo
Christina César Praça Brasil
Claudia Giglio de Oliveira Gonçalves
Cleiton Carvalho Fortes
Cristina Ornelas Peralta
Daniela Gil
Daniele Andrade da Cunha
Deisi Cristina Gollo Marques Vidor
Dionísia Aparecida Cusin Lamônica
Edilene Marchini Boéchat
Elaine Herrero
Eliane Schochat
Eliene Silva Araújo
Émile Rocha Santana
Fabiane Miron Stefani
Fátima Cristina Branco-Barreiro
Felipe Thiago Gomes Moreti
Gabriele Ramos de Luccas
Giovana Lúcia Azevedo Diaféria
Glaucia Laís Salomão
Helena Bolli Mota
Ilka do Amaral Soares
Isabela de Souza Jardim
Jacy Perissinoto
Jéssica Dayane da Silva
Josilene Luciene Duarte
Juliana Onofre de Lira
Karina Carlesso Pagliarin
Laíse Simonne Carneiro Galindo de Aquino Moura
Larissa Cristina Berti
Larissa Thaís Donalonso Siqueira
Leonardo Gleygson Ângelo Venâncio
Lilian Felipe
Lisiane De Rosa Barbosa
Lucia Kazuko Nishino
Luciana Cidrim Calado Meira
Luciana Pimentel Fernandes de Melo
Luciane Domingues Figueiredo Mariotto
Lucilene Aparecida Forcin Cazumbá
Mabile Francine Ferreira Silva
Manuela Leitão de Vasconcelos
Mara Behlau

Márcia Keske-Soares
Margareth Attianezi Bracet
Maria Aparecida Cormedi
Maria Cecília Bonini Trenche
Maria Cristina de Menezes Borrego Fernandes
Maria da Glória Canto de Sousa
Maria Lucia Hage Masini
Maria Madalena Canina Pinheiro
Maria Valéria Schmidt Goffi Gomez
Mariana Cardoso Guedes
Mariana Saconato
Mariane Perin Silva Comerlatto
Marina Martins Pereira Padovani
Marina Taborda Englert
Marine Raquel Diniz da Rosa
Michelle Ferreira Guimarães
Monique Herrera Cardoso
Neyller Patriota Cavalcante Montoni
Patricia Abreu Pinheiro Crenitte
Patrícia Cotta Mancini
Patrícia Danieli Campos
Patricia Massucatto Milanello
Patrícia Viana Belam
Pedro de Lemos Menezes
Priscila Mara Ventura Amorim Silva
Rafaeli Higa Scarmagnani
Raquel Franco Stuchi
Renata Coelho Scharlach
Renata Mousinho Pereira da Silva
Roberto César Silva Gonzalez
Rodrigo Dornelas do Carmo
Sandra Rosa Machado Luz Gimenez
Silvana Maria Sobral Griz
Simone dos Santos Barreto
Soraia Romano
Stella Maris Brum Lopes
Stella Maris Cortez Bacha
Suzelei Faria Bello
Tatiana Rocha Silva
Tatiane Costa Meira
Teresa Maria Momensohn dos Santos
Thaís Contiero Chiaramonte
Thiago Silva Almeida de Souza
Vanessa Giacchini
Vanessa Mouffron
Weslania Viviane Nascimento

Autores

ADEMIR ANTÔNIO COMERLATTO JUNIOR

Fonoaudiólogo pela Universidade do Vale do Itajaí (Univali). Mestre e Doutor em Ciências pela Universidade de São Paulo (USP). Especialista em Audiologia pelo Conselho Federal de Fonoaudiologia (CFFa). Professor do Departamento de Fonoaudiologia da Universidade Federal de Sergipe (UFS).

ADRIANA BENDER MOREIRA DE LACERDA

Fonoaudióloga e Mestre em Distúrbios da Comunicação pela Universidade Tuiuti do Paraná. Doutora em Ciências Biomédicas – opção Audiologia pela Université de Montréal, CA.

ADRIANA BEZERRA

Fonoaudióloga. Especialista em Voz, com experiência em teatro musical. Mestre em Ciências da Saúde pela Faculdade de Ciências Médicas da Santa Casa de São Paulo (FCMSCSP).

ADRIANA DI DONATO CHAVES

Fonoaudióloga pela Universidade Católica de Pernambuco (UNICAP). Doutora em Linguística pela Universidade Federal da Paraíba (UFPB). Título de Especialista em Linguagem e em Fonoaudiologia Educacional pela Sociedade Brasileira de Fonoaudiologia (SBFa). Professora Associada II no Departamento de Fonoaudiologia da Universidade Federal de Pernambuco (UFPE), concursada para a área de Libras nesse departamento. Atua em atividades de extensão e de pesquisa nas áreas da Fonoaudiologia Educacional e da Linguagem na área bilíngue Libras/Português. Fundadora do Núcleo de Acessibilidade da UFPE.

ADRIANA LEICO ODA

Doutora em Neurologia pela Universidade Federal de São Paulo (Unifesp). Diretora clínica das empresas Neuroqualis e Neurovitali. Presidente da Associação Brasileira de Esclerose Lateral Amiotrófica (ABrELA) – gestão 2018-2021. Pesquisadora no Setor de Investigação em Doenças Neuromusculares da Unifesp. Coordenadora e docente dos cursos de pós-graduação pela Neuroqualis e pelo CEFAC.

ADRIANA MARQUES DE OLIVEIRA

Fonoaudióloga. Mestre e Doutora em Educação pela Universidade Estadual Paulista "Júlio de Mesquita Filho" (Unesp-Marília). Pós-doutora em Fonoaudiologia pelo Departamento de Fonoaudiologia da Unesp-Marília. Especialista em Fonoaudiologia Educacional e Linguagem pelo Conselho Federal de Fonoaudiologia (CFFa). Professora adjunta do Departamento de Fonoaudiologia da Universidade Federal de Santa Maria (UFSM).

ADRIANA PERES

Fonoaudióloga pela Pontifícia Universidade Católica de São Paulo (PUC-SP). Aprimoramento em Comunicação Alternativa pela PUC-SP. Especialista em Linguagem pelo Conselho Federal de Fonoaudiologia (CFFa).

ADRIANA RAHAL

Fonoaudióloga pela Universidade de São Paulo (USP). Mestre e Doutora em Ciências pela USP. Fonoaudióloga clínica. Professora da Faculdade de Ciências Médicas da Santa Casa de São Paulo (FCMSCSP).

ADRIANA TESSITORE

Fonoaudióloga pela Pontifícia Universidade Católica de Campinas (PUC-Campinas). Mestre e Doutora em Ciências Médicas pelo Instituto de Otorrinolaringologia da Universidade Estadual de Campinas (Unicamp). Especialista em Motricidade Orofacial. Professora de pós-graduação em Motricidade Orofacial.

ADRIANE LIMA MORTARI MORET

Fonoaudióloga. Mestre em Educação: História, Política, Sociedade pela Pontifícia Universidade Católica de São Paulo (PUC-SP). Doutora em Distúrbios da Comunicação Humana pela Universidade de São Paulo (USP). Professora Associada do Departamento de Fonoaudiologia da Faculdade de Odontologia de Bauru da Universidade de São Paulo (FOB-USP).

ALESSANDRA GIANNELLA SAMELLI

Fonoaudióloga, Mestre e Doutora. Livre-docente. Professora Doutora da Faculdade de Medicina da Universidade de São Paulo (FMUSP).

ALESSANDRA SPADA DURANTE

Fonoaudióloga pela Faculdade de Medicina da Universidade de São Paulo (FMUSP). Mestre e Doutora em Ciências pela FMUSP. Livre-docente pela FMUSP. Especialista em Audiologia.

ALEX DE FREITAS RODRIGUES

Cirurgião dentista. Mestre e Doutor em Ciências Odontológicas – área de Concentração Cirurgia e Traumatologia Bucomaxilofaciais da Faculdade de Odontologia da Universidade de São Paulo (FOUSP). Professor Curso de Disfunção da Articulação Temporomandibular – Dor Orofacial – Fundecto – FOUSP.

ALIASKA AGUIAR

Fonoaudióloga pela Pontifícia Universidade Católica de Campinas (PUC-Campinas). Especialista em Linguagem pelo Centro de Especialização em Fonoaudiologia Clínica (CEFAC) e em Psicopedagogia Institucional pela Universidade Cidade de São Paulo (Unicid). Mestre em Saúde da Comunicação Humana pela Faculdade de Ciências Médicas da Santa Casa de São Paulo (FCMSCSP). Doutora em Estudos da Criança – Educação Física e Saúde Infantil pela Universidade do Minho (UM). Membro de Investigação do Grupo de Investigação em Saúde Infantil e Ensino da Biologia (GI-SIEB).

ALICE PENNA DE AZEVEDO BERNARDI

Fonoaudióloga pela Pontifícia Universidade Católica de São Paulo (PUC-SP). Especialista em Audiologia pelo Conselho Federal de Fonoaudiologia (CFFa) e em Educação em Saúde pela Faculdade de Saúde Pública da Universidade de São Paulo (FSP-USP). Mestre e Doutora em Saúde Pública pela FSP-USP.

ALINE BURATTI SANCHES

Fonoaudióloga pela Universidade Estadual de Campinas (Unicamp). Pós-graduada em Fonoaudiologia e Saúde Auditiva pela Unicamp, em Identificação Humana Forense: Voz, Fala, Face e Linguagem pelo Centro de Especialização em Fonoaudiologia Clínica (CEFAC) e em Perícias em Imagens e Documentos Digitais pelo Instituto de Pós-graduação & Graduação (IPOG). Mestre e Doutora em Saúde, Interdisciplinaridade e Reabilitação pela Unicamp. Fonoaudióloga na Secretaria Municipal de Saúde de Iracemápolis. Perita Judicial e Assistente Técnica.

ALINE MANSUETO MOURÃO

Doutora e Mestre em Neurociências pela Universidade Federal de Minas Gerais (UFMG). Professora do Departamento de Fonoaudiologia da Faculdade de Medicina da UFMG e Tutora da Fonoaudiologia na Residência Multiprofissional em Saúde do Idoso do Hospital Risoleta Tolentino Neves e Hospital das Clínicas da UFMG.

ALINE MARA DE OLIVEIRA

Fonoaudióloga pela Universidade Estadual de Campinas (Unicamp). Mestre em Estudos Linguísticos pela Universidade de São Paulo (USP). Doutora pela Universidade Estadual Paulista de São José do Rio Preto (Unesp-São José do Rio Preto). Especialização pela Santa Casa de São Paulo. Pós-doutora em Fonoaudiologia pela Unesp-Marília. Professora Adjunta da Universidade Federal de Santa Catarina (UFSC).

ALINE NEVES PESSOA-ALMEIDA

Fonoaudióloga pela Pontifícia Universidade Católica de São Paulo (PUC-SP). Mestre em Fonoaudiologia pelo Centro Audição na Criança SUS da PUC-SP. Doutora em Linguística Aplicada e Estudos da Linguagem pela PUC-SP. Docente no Departamento de Fonoaudiologia da Universidade Federal do Espírito Santo (UFES).

ALINE TENÓRIO LINS CARNAÚBA

Mestre em Saúde da Comunicação Humana pela Universidade Federal de Pernambuco (UFPE). Doutora e Pós-doutora em

Biotecnologia em Saúde pela rede RENORBIO da Universidade Federal de Alagoas (UFAL). Fonoaudióloga do Centro Especializado em Reabilitação (CER III) da Universidade Estadual de Ciências da Saúde de Alagoas (Uncisal). Professora do Centro Universitário CESMAC. Docente do Programa Associado de Pós-graduação em Fonoaudiologia das Universidades Federal da Paraíba, Federal do Rio Grande do Norte e Estadual de Ciências da Saúde de Alagoas (UFPB/UFRN/UNCISAL).

ALTAIR CADROBBI PUPO

Doutora em Distúrbios da Comunicação Humana pela Universidade Federal de São Paulo (Unifesp). Professora Associada do curso de Fonoaudiologia da Pontifícia Universidade Católica de São Paulo (PUC-SP). Pró-reitora de Educação Continuada da PUC-SP. Fonoaudióloga da Clínica ECO em São Paulo.

AMANDA BRAIT ZERBETO

Fonoaudióloga, Mestre e Doutora em Ciências pela Universidade Estadual de Campinas (Unicamp).

AMANDA PAGLIOTTO DA SILVA

Fonoaudióloga pela Universidade de São Paulo (USP). Aprimoramento em Fonoaudiologia Hospitalar em Funções Orofaciais no Hospital das Clínicas da Faculdade de Medicina da USP (FMUSP). Especialização em Gestão da Saúde pelo SENAC São Paulo. Mestre e Doutora em Ciências da Reabilitação pela FMUSP.

AMÉLIA AUGUSTA DE LIMA FRICHE

Doutora em Saúde Pública/Epidemiologia pela Universidade Federal de Minas Gerais (UFMG). Pós-doutora pela Drexel University/EUA. Professora do Departamento de Fonoaudiologia da UFMG.

ANA CARLA ESTELLITA VOGELEY

Fonoaudióloga pela Universidade Católica de Pernambuco (Unicap). Mestre em Ciências da Linguagem pela Unicap. Doutora em Linguística pela Universidade Federal da Paraíba (UFPB). Especialização em Patologias da Linguagem pela Unicap. Estágio pós-doutoral pela Vrije Universiteit Amsterdam.

ANA CAROLINA CONSTANTINI

Fonoaudióloga pela Universidade Estadual de Campinas (Unicamp). Mestre e Doutora em Linguística pela Unicamp. Pós-doutora em Distúrbios da Comunicação pela Universidade Federal de São Paulo (Unifesp).

ANA CAROLINA DE ASSIS MOURA GHIRARDI

Fonoaudióloga pela Universidade Federal de São Paulo (Unifesp). Especialista em Voz. Mestre e Doutora em Fonoaudiologia pela Pontifícia Universidade Católica de São Paulo (PUC-SP). Professora Adjunta do Departamento de Fonoaudiologia da Universidade Federal de Santa Catarina (UFSC). Coordenadora do Programa de Pós-graduação em Fonoaudiologia da UFSC (PPGFONO-UFSC). Coordenadora do Laboratório de Acústica, Biomecânica e Fisiopatologia da Voz da UFSC.

ANA CAROLINA ROCHA GOMES FERREIRA

Especialista em Motricidade Orofacial pela Sociedade Brasileira de Fonoaudiologia (SBFa). Mestre em Distúrbio da Comunicação Humana Pela Universidade Federal de São Paulo (Unifesp). Doutora em Biotecnologia em Saúde pela Universidade Federal de Alagoas (UFAL). Graduação plena em Fonoaudiologia pela Universidade Católica de Pernambuco (Unicap).

ANA CLÁUDIA DE CARVALHO VIEIRA

Doutora em Neuropsiquiatria e Ciências do Comportamento pela Universidade Federal de Pernambuco (UFPE).

ANA CLAUDIA FIORINI

Fonoaudióloga pela Pontifícia Universidade Católica de São Paulo (PUC-SP). Mestre em Distúrbios da Comunicação pela PUC-SP. Doutora em Saúde Pública pela Faculdade de Saúde Pública da Universidade de São Paulo (USP). Professora Associada do Departamento de Fonoaudiologia da Escola Paulista de Medicina da Universidade Federal de São Paulo (EPM-Unifesp) e da Faculdade de Ciências Humanas e da Saúde da PUC-SP.

ANA CRISTINA CÔRTES GAMA

Doutora em Distúrbios da Comunicação Humana (Fonoaudiologia) pela Universidade Federal de São Paulo (Unifesp). Professora Titular do Departamento de Fonoaudiologia da Universidade Federal de Minas Gerais (UFMG). Vocologista pela Universidade de Iowa, Estados Unidos. Líder do Grupo de Pesquisa em Voz e Acústica da Fala (GP.Voz).

ANA CRISTINA DE ALBUQUERQUE MONTENEGRO

Doutora em Linguística pela Universidade Federal de Pernambuco (UFPE). Docente do Programa de Pós-graduação em Saúde da Comunicação e do Departamento de Fonoaudiologia da UFPE. Vice-coordenadora do Comitê de Comunicação Aumentativa e Alternativa da Sociedade Brasileira de

Fonoaudiologia (SBFa). Membro do Conselho Científico da ISAAC.

ANA ELISA DE BELOTTI E NOGUEIRA BAPTISTA

Fonoaudióloga pelo Centro Universitário São Camilo. Mestre em Linguística Aplicada e Estudos da Linguagem pela Pontifícia Universidade Católica de São Paulo (PUC-SP). Especialista em Linguagem pelo Conselho Regional de Fonoaudiologia (CRFA). Especialista em Micropolítica da Gestão e Trabalho em Saúde no Sistema Único de Saúde – UFF.

ANA FLAVIA DE SALES CANDIDO

Fonoaudióloga e Mestre em Modelos de Decisão e Saúde pela Universidade Federal da Paraíba (UFPB).

ANA LUIZA GOMES PINTO NAVAS

Mestre e Doutora em Psicologia pela University of Connecticut. Pós-doutora em Linguística pela Universidade Estadual de Campinas (Unicamp). Professora Titular da Faculdade de Ciências Médicas da Santa Casa de São Paulo.

ANA PAULA BERBERIAN

Fonoaudióloga, Mestre em Distúrbios da Comunicação e Doutora em História pela Pontifícia Universidade Católica de São Paulo (PUC-SP).

ANA PAULA BRUNER

Fonoaudióloga pela Universidade Federal de São Paulo (Unifesp). Especialista em Audiologia Clínica pela Santa Casa de São Paulo e pelo Conselho Federal de Fonoaudiologia (CFFa). Mestre em Distúrbios da Comunicação Humana pela Unifesp. Doutoranda em Ciências da Reabilitação pela Faculdade de Medicina da Universidade de São Paulo (FMUSP). Professora dos cursos de especialização em Audiologia do CEFAC e da Santa Casa de São Paulo.

ANA PAULA DASSIE-LEITE

Especialista em Voz pelo Conselho Federal de Fonoaudiologia (CFFa) com cursos realizados no CEV/SP e ISCMSP/SP. Mestre em Saúde da Criança e do Adolescente pela Universidade Estadual de Campinas (Unicamp). Doutora em Saúde da Criança e do Adolescente pela Universidade Federal do Paraná (UFPR).

ANA PAULA DE OLIVEIRA SANTANA

Fonoaudióloga. Doutora e Mestre em Linguística. Especialista em Linguagem. Docente do Departamento de Fonoaudiologia da Universidade Federal de Santa Catarina (UFSC).

ANA PAULA GASPARINI BRAGA

Mestre em Ciências Aplicadas à Saúde do Adulto pela Universidade Federal de Minas Gerais (UFMG). Especialista em Motricidade Orofacial pelo Conselho Federal de Fonoaudiologia (CFFa). Fonoaudióloga com certificação em Fonoaudiologia pela Associação Brasileira do Sono.

ANA PAULA LEFÈVRE MACHADO

Mestre pela Universidade Guarulhos. Doutora em Saúde Coletiva pela Faculdade de Ciências Médicas da Santa Casa de São Paulo. Diretora da Escola Nacional de Saúde Integrada (ENSI). Coordenadora do Grupo de Estudo e Pesquisa da Escola Nacional de Saúde Integrada (GEPENSI). Vice-presidente da Sociedade Brasileira de Fonoaudiologia (SBFa) (2023-2024).

ANA PAULA SANCHES

Fonoaudióloga pela Universidade Sagrado Coração – Bauru. Especialização em Voz pela Universidade de Franca (Unifran) e Conselho Federal de Fonoaudiologia (CFFa) e em Áudio e Imagem Forense pelo Centro Universitário Uninorte/Bluead, Brasília/DF. Mestre em Letras pela Universidade Estadual de Maringá (UEM).

ANA TEREZA DE MATOS MAGALHÃES

Fonoaudióloga pela Universidade Federal de São Paulo (Unifesp). Doutora em Ciências pela Faculdade de Medicina da Universidade de São Paulo (FMUSP). Tutora em Implante Coclear pela Academia Brasileira de Audiologia (ABA). Fonoaudióloga da Equipe de Implante Coclear do Hospital das Clínicas da FMUSP. Vice-coordenadora da Unidade de Trabalho de Guidelines do Departamento de Audição e Equilíbrio.

ANDRÉ FARIAS PESSOA

Fonoaudiólogo pela Universidade Católica de Pernambuco (Unicap). Doutor em Ciências da Linguagem pela Universidade de Paris 8. Mestre em Linguística Aplicada pela Universidade de Paris V René Descartes. Pós-graduado em Identificação Humana Forense pelo CEFAC/SP. Especialista em Gestão de Emergência do SUS pelo IEP/Sírio-Libanês.

ANDRÉA CARLA MACHADO

Pedagoga, Mestre e Doutora em Educação Especial. Pós-doutora em Psicologia pela Universidade Federal de São Carlos (UFSCar) e em Educação pela Universidade Estadual Paulista "Júlio de Mesquita Filho" (Unesp-Marília). Estágio Doutoral em *Special Education* pela University of Georgia (UGA), EUA. Psicopedagoga Clínica, Supervisora em Educação Especial e Inclusiva e responsável pela área de Pesquisa do Centro de Pesquisa e Desenvolvimento Infantil (CPEDI, SP).

ANDRÉA CINTRA LOPES

Fonoaudióloga. Especialista em Audiologia e em Fonoaudiologia do Trabalho pelo Conselho Federal de Fonoaudiologia (CFFa). Professora Associada do Departamento de Fonoaudiologia da Faculdade de Odontologia de Bauru da Universidade de São Paulo (USP).

ANDRÉA MANSO DE OLIVEIRA

Doutora em Ciências pela Universidade Federal de São Paulo (Unifesp). Especialista em Audiologia Clínica pela Irmandade da Santa Casa de Misericórdia de São Paulo.

ANDREA OLIVEIRA BATISTA

Fonoaudióloga pela Universidade Norte do Paraná (UNOPAR). Mestre em Educação e Doutoranda em Fonoaudiologia pela Faculdade de Filosofia e Ciências da Universidade Estadual Paulista "Júlio de Mesquita Filho" (FFC/UNESP). Especialista em Fonoaudiologia Educacional pelo Conselho Federal de Fonoaudiologia (CFFa) e pela Faculdade Mozarteum de São Paulo (FAMOSP). Formação em Psicopedagogia pela Universidade Filadélfia de Londrina (UniFil).

ANDRÉA RODRIGUES MOTTA

Fonoaudióloga pela FAMIH. Especialista em Motricidade Orofacial pelo Conselho Federal de Fonoaudiologia (CFFa). Mestre em Fonoaudiologia pela Pontifícia Universidade Católica de São Paulo (PUC-SP). Doutora em Ciências pela Universidade Federal de São Paulo (Unifesp). Pós-doutora em Educação Superior pela Universidade da Califórnia – Santa Barbara – EUA.

ANDREA WANDER BONAMIGO

Mestre em Distúrbios da Comunicação. Doutora em Saúde Pública. Docente Permanente do Programa de Pós-graduação em Ensino na Saúde, Mestrado Profissional da Universidade Federal de Ciências da Saúde de Porto Alegre (UFCSPA). Docente dos Cursos de Graduação em Gestão em Saúde e Fonoaudiologia da UFCSPA. Secretaria Executiva da COAPES Porto Alegre.

ANDRÉIA ÉSTER PUHL

Especialização em Voz e em Disfagia. Mestre em Voz. Formação em Neuromodulação Transcraniana. Diretora do Instituto Umani.

ANDRESSA BOER FRONZA

Fonoaudióloga e Mestre em Distúrbios da Comunicação Humana pela Universidade Federal de Santa Maria (UFSM). Dirigente da Polícia Científica de Santa Catarina desde 2023.

ANDREZZA GONZALEZ ESCARCE

Fonoaudióloga, Mestre em Ciências Fonoaudiológicas e Doutora em Neurociências pela Universidade Federal de Minas Gerais (UFMG). Residência pós-doutoral em andamento em Ciências Fonoaudiológicas na UFMG.

ANELISE JUNQUEIRA BOHNEN

Fonoaudióloga e Mestre em Fonoaudiologia pelo Ithaca College, EUA. Doutora em Linguística Aplicada pela Universidade Federal do Rio Grande do Sul (UFRGS). Presidente do Instituto Brasileiro de Fluência (IBF). Licenciada em Música e Musicoterapeuta pelo Instituto de Artes da UFGRS.

ÂNGELA RIBAS

Fonoaudióloga pela Universidade Tuiuti do Paraná. Mestre em Distúrbios da Comunicação e Doutora em Meio Ambiente e Desenvolvimento Urbano pela Universidade Federal do Paraná (UFPR). Especialização em Audiologia pelo CEFAC/SP. Aprimoramento em Implante Coclear na Universidade de Bordeaux – França.

ANGÉLICA GALINDO CARNEIRO ROSAL

Fonoaudióloga, Mestre em Saúde da Comunicação Humana e Doutora em Saúde da Criança e do Adolescente pela Universidade Federal de Pernambuco (UFPE). Especialista em Fonoaudiologia Educacional e Linguagem pelo Conselho Federal de Fonoaudiologia (CFFa). Coordenadora do Comitê de Educação Infantil do Departamento de Fonoaudiologia Educacional da Sociedade Brasileira de Fonoaudiologia (SBFa). Docente Permanente do Programa de Pós-graduação em Saúde da Comunicação Humana (PPGSCH) da UFPE. Docente do curso de graduação em Fonoaudiologia do Centro Universitário São Miguel (UniSãoMiguel).

ANNA ALICE ALMEIDA

Fonoaudióloga pelo Centro Universitário de João Pessoa (UNIPÊ). Especialização em Comunicação e Voz pela Universidade de São Paulo (USP) e em Voz pelo Centro de Estudos da Voz (CEV). Mestre em Fonoaudiologia pela Pontifícia Universidade Católica de São Paulo (PUC-SP). Doutora em Ciências e Pós-doutora em Distúrbios da Comunicação Humana (Fonoaudiologia) pela Universidade Federal de São Paulo (Unifesp).

APARECIDO JOSÉ COUTO SOARES

Especialista em Linguagem e Fonoaudiologia Educacional pelo Conselho Federal de Fonoaudiologia (CFFa). Mestre e Doutor em Ciências pela Faculdade de Medicina da Universidade de São Paulo (FMUSP). Pós-doutorando pela University of Essex – Reino Unido. Professor Adjunto A do Curso de Fonoaudiologia da Universidade Federal de São Paulo (Unifesp).

ARIELLA FORNACHARI RIBEIRO BELAN

Fonoaudióloga pela Universidade Federal de São Paulo (Unifesp). Especialista em Neurolinguística, Doutora em Neurologia e Pós-doutora em Psiquiatria pela Faculdade de Medicina da Universidade de São Paulo (FMUSP).

ASTRID MÜHLE MOREIRA FERREIRA

Fonoaudióloga. Mestre em Distúrbios da Comunicação. Doutora em Linguística Aplicada e Estudos da Linguagem.

AVELINY MANTOVAN LIMA

Fonoaudióloga pela Universidade de São Paulo (USP) – Bauru. Mestre em Bioengenharia pela USP-São Carlos. Doutorado e Pós-doutorado em Linguística pela Universidade Estadual de Campinas (Unicamp). Professora Associada do curso de graduação em Fonoaudiologia da Universidade de Brasília (UnB). Líder do grupo de pesquisa CNPq "Laboratório de Fonética e Fonologia". Orientadora de mestrado e doutorado no Programa de Pós-graduação em Linguística da Universidade de Brasília (PPGL/UnB), em projetos sobre prosódia, bem como aquisição e distúrbios de fala e linguagem.

BÁRBARA COSTA BEBER

Mestre em Distúrbios da Comunicação Humana pela Universidade Federal de Santa Maria (UFSM). Doutora em Ciências Médicas pela Universidade Federal do Rio Grande do Sul (UFRGS). Professora do PPG em Ciências da Reabilitação e do Departamento de Fonoaudiologia da Universidade Federal de Ciências da Saúde de Porto Alegre (UFCSPA). *Atlantic Fellow for Equity in Brain Health.*

BEATRIZ C.A. CAIUBY NOVAES

Doutora em Audiologia pela Columbia University. Professora Titular da Pontifícia Universidade Católica de São Paulo (PUC-SP).

BEATRIZ DE CASTRO ANDRADE MENDES

Doutora em Linguística Aplicada e Estudos da Linguagem. Professora Assistente Doutora da Faculdade de Ciências Humanas e da Saúde e Professora do Programa de Estudos Pós-graduados em Comunicação Humana e Saúde da Pontifícia Universidade Católica de São Paulo (PUC-SP). Fonoaudióloga da DERDIC/PUC-SP e da Clínica ECO – Fonoaudiologia.

BIANCA ARRUDA MANCHESTER DE QUEIROGA

Fonoaudióloga pela Universidade Católica de Pernambuco (Unicap). Mestre e Doutora em Psicologia Cognitiva pela Universidade Federal de Pernambuco (UFPE). Pós-doutora em Fonoaudiologia pela Universidade Estadual Paulista "Júlio de Mesquita Filho" (Unesp-Marília). Professora Titular da UFPE. Docente do Programa de Pós-graduação em Saúde da Comunicação Humana da UFPE.

BRU ALANA PEREIRA DE ARAUJO

Fonoaudióloga. Bacharel, Mestre e Doutoranda em Ciências Sociais.

BRUNA FULACHI

Fonoaudióloga pela Universidade Federal de São Paulo (Unifesp). Especialista em Oncologia pela Residência Multiprofissional do A.C. Camargo Cancer Center. Mestre em Saúde da Comunicação Humana pela Faculdade de Ciências Médicas da Santa Casa de São Paulo.

BRUNA GABRIELA MECHI SILVA

Fonoaudióloga, Mestre e Doutoranda em Saúde, Reabilitação e Interdisciplinaridade pela Universidade Estadual de Campinas (Unicamp). Pós-graduada em Saúde e Trabalho pela Universidade de São Paulo (USP). Especialista em Saúde Coletiva pelo Conselho Federal de Fonoaudiologia (CFFa).

BRUNA RAINHO ROCHA

Fonoaudióloga. Doutora em Distúrbios da Comunicação Humana. Especialista em Voz e em Motricidade Orofacial.

Membro do Departamento de Voz da Sociedade Brasileira de Fonoaudiologia (SBFa).

BRUNO TAVARES DE LIMA GUIMARÃES

Fonoaudiólogo pela Universidade Estácio de Sá. Especialista em Saúde do Idoso, Pioneiro no uso da eletroestimulação no Brasil.

CAIO LEÔNIDAS OLIVEIRA DE ANDRADE

Especialista em Audiologia pelo Conselho Federal de Fonoaudiologia (CFFa), em Neurociências e Tecnologias Aplicadas e em Psicomotricidade. Mestre e Doutor pelo Programa de Pós-graduação em Processos Interativos dos Órgãos e Sistemas.

CAMILA BARBOSA BARCELOS

Especialista em Motricidade Orofacial em Oncologia pelo A.C. Camargo. Aprimoramento em Voz pelo Centro de Estudos da Voz (CEV). Mestre em Oncologia e Doutora em Oncologia pela Fundação Antonio Prudente. Facilitadora de Comunicação não Violenta.

CAMILA DA COSTA RIBEIRO

Fonoaudióloga, Mestre e Doutora em Ciências e Pós-doutora em Fonoaudiologia pela Faculdade de Odontologia de Bauru da Universidade São Paulo (FOB-USP). Membro do Laboratório de Investigações de Alterações Neurológicas (LIAN).

CAMILA DE CASTRO CORRÊA

Fonoaudióloga. Mestre em Ciências. Doutora e Pós-doutora em Bases Gerais da Cirurgia.

CAMILA LIMA NASCIMENTO

Fonoaudióloga pela Universidade Estadual de Campinas (Unicamp). Especialista em Saúde Coletiva pelo Conselho Federal de Fonoaudiologia (CFFa). Mestre e Doutora em Saúde, Interdisciplinaridade e Reabilitação pela Unicamp). Especialização em Preceptoria no SUS pelo Instituto de Ensino e Pesquisa Sírio-Libanês. Membro da Comissão de Ensino da Sociedade Brasileira de Fonoaudiologia (SBFa).

CAMILA LUCIA ETGES

Pós-graduação em Residência Multiprofissional Integrada em Saúde com ênfase em Terapia Intensiva pela Universidade Federal de Ciências da Saúde de Porto Alegre (UFCSPA) e Irmandade da Santa Casa de Misericórdia de Porto Alegre (ISCMPA). Mestre em Ciências da Reabilitação e Doutora em Pediatria: Saúde da Criança e do Adolescente pela UFCSPA.

CARLA GENTILE MATAS

Doutora pelo Programa de Pós-graduação em Distúrbios da Comunicação Humana da Universidade Federal de São Paulo (Unifesp). Professora Associada do Curso de Fonoaudiologia da Faculdade de Medicina da Universidade de São Paulo (FMUSP). Coordenadora do Laboratório de Pesquisa e Prática em Potenciais Evocados Auditivos.

CARLA GIACOMINELLI

Mestre e Doutora em Ciências da Saúde pelo Departamento de Neurologia/Neurocirurgia da Universidade Federal de São Paulo (Unifesp). Especialista em Perícia Fonoaudiológica pelo Conselho Federal de Fonoaudiologia (CFFa), em Neuropsicologia pelo CDN Psicobiologia Unifesp, em Linguística Forense pela UNYLEIA e em Audiologia pelo CEFAC.

CARLA PATRÍCIA HERNANDEZ ALVES RIBEIRO CÉSAR

Doutora pela Escola Paulista de Medicina da Universidade Federal de São Paulo (EPM-Unifesp).

CARLA SALLES CHAMOUTON

Mestre e Doutora em Saúde, Interdisciplinaridade e Reabilitação pela Universidade Estadual de Campinas (Unicamp). Especialista em Saúde Coletiva pelo Conselho Federal de Fonoaudiologia (CFFa). Residência Pós-doutoral em Ciências Fonoaudiológicas pela Universidade Federal de Minas Gerais (UFMG). Professora Assistente do Departamento de Fonoaudiologia da Universidade Estadual Paulista "Júlio de Mesquita Filho" (Unesp).

CARLOS FERREIRA DOS SANTOS

Bacharel em Tradução pela UNISAGRADO. Cirurgião-dentista pela Faculdade de Odontologia de Bauru da Universidade de São Paulo (FOB-USP). Mestre e Doutor pela Faculdade de Medicina de Ribeirão Preto da Universidade de São Paulo (FMRP-USP). Livre-docente e Professor Titular da FOB-USP.

CARLOS KAZUO TAGUCHI

Mestre e Doutor pela Universidade Federal de São Paulo (Unifesp). Pós-doutor pela Universidade Estadual de Ciências da Saúde de Alagoas (UNCISAL). Especialista em Audiologia pelo Conselho Federal de Fonoaudiologia (CFFa). Professor Associado IV da Universidade Federal de Sergipe.

CAROLINA CASTELLI SILVÉRIO

Fonoaudióloga. Especialista em Disfagia pelo Conselho Federal de Fonoaudiologia (CFFa). Mestre, Doutora e Pós-doutoranda em Ciências pela Universidade Federal de São Paulo (Unifesp). Vice-coordenadora do Departamento de Disfagia da Sociedade Brasileira de Fonoaudiologia (SBFa). Idealizadora e Responsável pelo Treinamento Disfagiando.

CAROLINA DE FREITAS DO CARMO

Fonoaudióloga. Especialista em Linguagem pelo CEFAC/MG. Mestre em Ciências da Saúde – Saúde da Criança e do Adolescente pela Universidade Federal de Minas Gerais (UFMG). Doutora em Cognição e Linguagem pela Universidade Estadual do Norte Fluminense (UENF). Pós-doutoranda na Université Paris Cité.

CAROLINA FANARO DA COSTA DAMATO

Fonoaudióloga pela Pontifícia Universidade Católica de São Paulo (PUC-SP). Mestre em Saúde Materno Infantil pela Universidade Santo Amaro (UNISA). Especialista em Saúde Coletiva e em Voz pelo Conselho Federal de Fonoaudiologia (CFFa). MBA em Gestão em Saúde pela FIERP-USP.

CAROLINE RODRIGUES PORTALETE

Fonoaudióloga, Mestre e Doutora em Distúrbios da Comunicação Humana pela Universidade Federal de Santa Maria (UFSM). Especialista em Neurociências do Desenvolvimento e da Cognição pela Universidade Franciscana (UFN).

CÁSSIA SÍGOLO

Fonoaudióloga pela Pontifícia Universidade Católica de Campinas (PUC-Campinas). Especialista em Educação e Reabilitação de Surdos pela Universidade Estadual de Campinas (Unicamp). Mestre em Saúde da Criança e do Adolescente e Doutora em Educação pela Unicamp. Docente da PUC-Campinas. Vice-coordenadora do Comitê de Língua de Sinais e Bilinguismo para Surdos, do Departamento de Linguagem, da Sociedade Brasileira de Fonoaudiologia (SBFa) (Gestão 2023-2025).

CÁTIA CRIVELENTI DE FIGUEIREDO WALTER

Fonoaudióloga. Mestre e Doutora em Educação Especial pela Universidade Federal de São Carlos (UFSCar). Pós-doutora em Educação pelo Programa de Pós-graduação em Educação da Universidade do Estado do Rio de Janeiro (PROPED-UERJ). Professora Associada do Departamento de Educação Inclusiva e Continuada da UERJ e do Programa de Pós-graduação e da Faculdade de Educação da UERJ.

CÉLIA MARIA GIACHETI

Fonoaudióloga. Mestre em Distúrbios da Comunicação pela Escola Paulista de Medicina (EPM). Doutora em Distúrbios da Comunicação pela Universidade Federal de São Paulo (Unifesp). Professora Titular do Departamento de Fonoaudiologia da Universidade Estadual Paulista "Júlio de Mesquita Filho" (Unesp). Livre-docente em Diagnóstico Fonoaudiológico pela Unesp.

CHRISTIANE LOPES DE ALBUQUERQUE

Mestre em Ciências Médicas e Doutora em Ciências da Saúde pela Faculdade de Ciências Médicas da Universidade do Estado do Rio de Janeiro (FCM/UERJ). Pós-graduada em Motricidade Orofacial com ênfase em Disfagia e Fonoaudiologia Hospitalar pelo CEFAC/RJ. Coordenadora de Fonoaudiologia do Hospital Samaritano Botafogo e do Complexo Americas. Fonoaudióloga do Hospital Universitário Pedro Ernesto (HUPE/UERJ). Vice-secretária da Academia Brasileira de Disfagia (ABD) – gestão 2023-2025. Presidente do Departamento de Fonoaudiologia da Sociedade de Terapia Intensiva do Estado do Rio de Janeiro (SOTIERJ) – 2023-2025. Membro do Comitê de Fonoaudiologia da Sociedade Brasileira de Nutrição Parenteral e Enteral (BRASPEN) – 2023-2025.

CHRISTINA CÉSAR PRAÇA BRASIL

Fonoaudióloga e Especialista em Linguagem pela Universidade de Fortaleza (UNIFOR). Mestre em Distúrbios da Comunicação Humana pela Universidade Federal de São Paulo (Unifesp). Doutora em Saúde Coletiva pela associação ampla – UECE, UFC, UNIFOR. Pós-doutora em Tecnologias e Serviços de Saúde pelo CINTESIS – Universidade do Porto, Portugal.

CILMARA CRISTINA ALVES DA COSTA LEVY

Fonoaudióloga da Irmandade da Santa Casa de Misericórdia de São Paulo (ISCMSP). Mestre em Psicologia Social pela Pontifícia Universidade Católica de São Paulo (PUC-SP). Doutora em Ciências da Saúde pela Faculdade de Ciências Médicas da Santa Casa de São Paulo (FCMSCSP). Fonoaudióloga Clínica. Coordenadora do curso de especialização *lato sensu* em Audiologia da FCMSCSP.

CÍNTIA ALVES SALGADO AZONI

Fonoaudióloga pela Universidade de São Paulo (USP) Bauru. Mestre e Doutora em Ciências Médicas pela Universidade Estadual de Campinas (Unicamp). Professora do Curso de Fonoaudiologia da Universidade Federal do Rio Grande do Norte (UFRN). Docente de Pós-graduação em Fonoaudiologia

– PPGFON UFPB/UFRN/UNCISAL. Secretária da Sociedade Brasileira de Fonoaudiologia (SBFa) (2023-2024).

CLARA REGINA BRANDÃO DE AVILA

Doutora em Distúrbios da Comunicação Humana: Campo Fonoaudiológico. Professora Associada, Livre-docente, do Departamento de Fonoaudiologia da Escola Paulista de Medicina da Universidade Federal de São Paulo (EPM-Unifesp). Coordenadora do Núcleo de Ensino, Assistência e Pesquisa em Escrita e Leitura (NEAPEL/EPM-Unifesp).

CLAUDIA DA SILVA

Fonoaudióloga. Especialista pelo Conselho Federal de Fonoaudiologia (CFFa) em Linguagem e Fonoaudiologia Educacional. Mestre e Doutora em Educação pela Universidade Estadual Paulista "Júlio de Mesquita Filho" (Unesp-Marília). Docente do Departamento de Fonoaudiologia da Universidade Federal de Santa Catarina (UFSC) e do Programa de Pós-graduação em Fonoaudiologia da UFSC.

CLÁUDIA MARIA DE LIMA GRAÇA

Mestre em Fonoaudiologia pela Universidade Veiga de Almeida – Rio de Janeiro. Doutora em Linguística Aplicada Indisciplinar pela Faculdade de Letras da Universidade Federal do Rio de Janeiro (UFRJ). Pós-graduação *lato sensu* em Direitos Humanos, Responsabilidade Social e Cidadania Global pela Pontifícia Católica do Rio Grande do Sul (PUCRS). Professora da Graduação em Fonoaudiologia do Departamento de Fonoaudiologia da Faculdade de Medicina da UFRJ. Coordenadora da Disciplina de Práticas Fonoaudiológicas V – Saúde Coletiva da Graduação em Fonoaudiologia da UFRJ.

CLAUDIA SILVA PAGOTTO CASSAVIA

Mestre em Educação: Distúrbios da Comunicação pela Pontifícia Universidade Católica de São Paulo (PUC-SP). Especialista em Saúde Coletiva pelo Conselho Federal de Fonoaudiologia (CFFa), em Educação na Saúde pelo Centro de Desenvolvimento de Educação Médica da Faculdade de Medicina da Universidade de São Paulo (CEDEM/FMUSP), em Gestão na Saúde pela Universidade Estadual Paulista "Júlio de Mesquita Filho" (Unesp) e em Reabilitação Auditiva pela Faculdade de Odontologia de Bauru (FOB-USP). Coordenadora do Comitê de Políticas de Educação – DSC/SBFa.

CLAUDIA XAVIER

Fonoaudióloga pela Pontifícia Universidade Católica de São Paulo (PUC-SP). Mestre pela Western Michigan University, EUA. Doutora em Neurociências e Comportamento pela Universidade de São Paulo (USP). Especialista em Motricidade Orofacial. Responsável pelo Núcleo de Estudos Cláudia Xavier-SP. Coordenadora e professora dos cursos de Pós-graduação em Neopediatria, Amamentação e Introdução Alimentar da FINAMA. Membro da La Cause des Bebés. Vice-coordenadora do GT Saúde Materno Infantil da Sociedade Brasileira de Fonoaudiologia (SBFa)/Departamento de Saúde Coletiva. Membro fundador da Academia Latinoamericana de Frenillo Lingual.

CLEITON CARVALHO FORTES

Fonoaudiólogo. Mestre em Saúde da Comunicação Humana pela Faculdade de Ciências Médicas da Santa Casa de São Paulo. Especialista em Audiologia pelo Conselho Federal de Fonoaudiologia (CFFa) e em Audiologia pelo Instituto de Estudos Avançados da Audição (IEAA).

CRISTIANA BEATRICE LYKOUROPOULOS

Mestre em Educação, História, Política e Sociedade pela Pontifícia Universidade Católica de São Paulo (PUC-SP).

CRISTIANE MOÇO CANHETTI DE OLIVEIRA

Fonoaudióloga pela Universidade Sagrado Coração (USC). Especialista em Fluência. Mestre em Fonoaudiologia. Doutora em Ciências Biológicas (Genética). Livre-docente em Fluência. Professora Assistente Doutora do Departamento de Fonoaudiologia da Universidade Estadual Paulista "Júlio de Mesquita Filho" (Unesp). Professora e Orientadora do PPG em Fonoaudiologia da Unesp.

DAGMA VENTURINI MARQUES ABRAMIDES

Graduação em Psicologia pela Pontifícia Universidade Católica de Campinas (PUC-Campinas). Mestre em Ciências - Distúrbios da Comunicação Humana pelo Hospital de Reabilitação de Anomalias Craniofaciais. Doutora em Ciências Biológicas (Genética) pela Universidade Estadual Paulista "Júlio de Mesquita Filho" (Unesp). Professora associada da Faculdade de Odontologia de Bauru da Universidade de São Paulo (FOB-USP).

DANIELA GIL

Especialista em Audiologia pelo Conselho Federal de Fonoaudiologia (CFFa). Doutora em Ciências pela Universidade Federal de São Paulo (Unifesp). Professora Associada do Departamento de Fonoaudiologia da Unifesp.

DANIELA MARTINS GALLI

Mestre em Clínica Fonoaudiológica pela Pontifícia Universidade Católica de São Paulo (PUC-SP). Especialista em Voz pelo Conselho Federal de Fonoaudiologia (CFFa). Fonoaudióloga, Professora e Tutora da Residência Multiprofissional em Saúde do Instituto de Infectologia Emílio Ribas. Fonoaudióloga clínica em consultório particular.

DANIELE ANDRADE DA CUNHA

Mestre e Doutora em Nutrição pela Universidade Federal de Pernambuco (UFPE). Especialista em Motricidade Orofacial pelo Conselho Federal de Fonoaudiologia (CFFa). Professora Adjunto IV do Curso de Graduação em Fonoaudiologia da UFPE. Membro Permanente do Colegiado do Programa de Pós-graduação em Saúde da Comunicação Humana – UF. Membro fundador da Associação Brasileira de Motricidade Orofacial (ABRAMO).

DANIELE FONTES FERREIRA BERNARDES

Fonoaudióloga clínica. Mestre em Ciências pela Faculdade de Medicina da USP. Doutoranda pela Faculdade de Odontologia de Bauru da Universidade de São Paulo (FOB-USP). Especialista em Motricidade Orofacial pelo Conselho Federal de Fonoaudiologia (CFFa). Professora convidada da Pós-graduação da Faculdade IDE – CEFAC.

DÉBORA BEFI-LOPES

Mestre em Distúrbios da Comunicação pela Pontifícia Universidade Católica de São Paulo (PUC-SP). Doutora em Semiótica e Linguística Geral pela Faculdade de Filosofia, Letras e Ciências Humanas da Universidade de São Paulo (FFLCH-USP). Livre-docente em Fonoaudiologia na Faculdade de Medicina da USP (FMUSP). Professora Associada 3 do Curso de Fonoaudiologia da FMUSP. Docente/Orientadora do Programa de Pós-graduação em Ciências da Reabilitação da FMUSP.

DÉBORA DELIBERATO

Livre-docente na área da Comunicação Alternativa pela Universidade Estadual Paulista "Júlio de Mesquita Filho" (Unesp-Marília).

DÉBORA DOS SANTOS QUEIJA

Mestre em Ciências pelo Curso de Pós-graduação do Hospital Heliópolis/SP. Doutora em Ciências pela Faculdade de Medicina da Universidade de São Paulo (FMUSP). Especialista em Voz pelo Centro de Estudos da Voz (CEV). Especialista em Educação pelo Centro de Desenvolvimento de Educação Médica da FMUSP. Coordenadora do Curso de Graduação em Fonoaudiologia do Centro Universitário Lusíada (UNILUS).

DÉBORA MARTINS CATTONI

Fonoaudióloga pela Universidade de São Paulo (USP). Especialista em Motricidade Orofacial pelo Conselho Federal de Fonoaudiologia (CFFa). Mestre e Doutora em Ciências pela Faculdade de Medicina da USP (FMUSP). Professora do CEFAC – Saúde e Educação. Membro da Sociedade Brasileira de Fonoaudiologia (SBFa). Membro Fundador da Associação Brasileira de Motricidade Orofacial.

DÉBORA VASCONCELOS CORREIA

Mestre e Doutora em Linguística pelo Programa de Pós-graduação em Linguística (PROLING) da Universidade Federal da Paraíba (UFPB). Especialista em Fluência pelo Conselho Federal de Fonoaudiologia (CFFa) e em Neurociência Aplicada pela (UFPE).

DEBORAH SALLE LEVY

Mestre e Doutora em Ciências da Saúde pela Fundação Universitária de Cardiologia/Instituto de Cardiologia do Rio Grande do Sul. Professora do Departamento de Saúde e Comunicação Humana da Universidade Federal do Rio Grande do Sul (UFRGS). Professora do Serviço de Fonoaudiologia do Hospital de Clínicas de Porto Alegre. *Fellowship* na West Virginia University. Membro do Dysphagia Research Society Pediatric Interest Group.

DEBORAH ZULEIDE DE FARIAS MELO

Fonoaudióloga pela Universidade Federal da Paraíba (UFPB). Mestre em Saúde Coletiva pela Universidade Federal do Rio Grande do Norte (UFRN). Especialista em Micropolítica da Gestão e Trabalho em Saúde pela Universidade Federal Fluminense (UFF). Doutoranda em Saúde Pública pela Universidade de São Paulo (USP).

DEISI CRISTINA GOLLO MARQUES VIDOR

Graduação em Letras pela Universidade Federal do Rio Grande do Sul (UFRGS) e em Fonoaudiologia pela IPA. Mestre em Linguística Aplicada pela Pontifícia Universidade Católica do Rio Grande do Sul (PUCRS). Professora Associada da Universidade Federal de Ciências da Saúde de Porto Alegre (UFCSPA). Atuante em ensino de graduação, pesquisa e extensão nas áreas de linguagem infantil e suas inter-relações para o desenvolvimento da comunicação, da autonomia e da qualidade de vida dos indivíduos.

DENISE CARNEIRO BEREJUK

Fonoaudióloga pela Universidade de São Paulo (USP). Mestre em Engenharia Biomédica pela Universidade Tecnológica Federal do Paraná (UTFPR). Perita Criminal da Polícia Científica do Paraná.

DESIRÉE DE VIT BEGROW

Fonoaudióloga pela Universidade Federal de Santa Maria (UFSM). Mestre em Educação Especial pelo CELAEE-Cuba/UEFS-Brasil. Doutora em Educação pela Faculdade de Educação da Universidade Federal da Bahia (UFBA). Pós-doutora em Linguística pela Universidade Federal de Santa Catarina (UFSC). Professora no Departamento de Fonoaudiologia/IMRS/UFBA.

DICARLA MOTTA MAGNANI

Mestre e Doutora em Ciências da Reabilitação pela Faculdade de Medicina da Universidade de São Paulo (FMUSP).

DIONÍSIA APARECIDA CUSIN LAMÔNICA

Doutora pela Universidade Federal de São Paulo (Unifesp). Professora Titular do Departamento de Fonoaudiologia da Faculdade de Odontologia de Bauru da Universidade de São Paulo (FOB-USP). Coordenadora do Laboratório de Investigação de Alterações do Neurodesenvolvimento LIAN.

DORIS RUTHY LEWIS

Doutora em Saúde Pública pela Universidade de São Paulo (USP). Professora Titular da Pontifícia Universidade Católica de São Paulo (PUC-SP). Responsável pelo serviço de Eletrofisiologia da Audição no Hospital Infantil Sabará.

EDILENE MARCHINI BOÉCHAT

Doutora em Ciências pela Faculdade de Medicina da Universidade de São Paulo (FMUSP). Professora Assistente Doutora da Faculdade de Ciências Humanas e da Saúde da Pontifícia Universidade Católica de São Paulo (FACHS-PUC-SP). Presidente do Bureau Internacional d'Audiophonologie (BIAP).

EDVANIA RODRIGUES DOS SANTOS

Fonoaudióloga pela Universidade Estadual Paulista "Júlio de Mesquita Filho" (Unesp – Marilia). Especialista em Audiologia e em Otoneurologia pelo Conselho Federal de Fonoaudiologia (CFFa). Aprimoramento em Otoneurologia pela ENSI/SP. Membro do Grupo de Pesquisa Gepensi pela ENSI/SP. Mestranda do Programa de Pós-graduação da Faculdade de Odontologia de Bauru da Universidade de São Paulo (FOB-USP).

ELAINE HERRERO

Fonoaudióloga, Mestre em Educação: Distúrbios da Comunicação e Doutora em Fonoaudiologia pela Pontifícia Universidade Católica de São Paulo (FACHS-PUC-SP). Coordenadora do Comitê de Políticas Públicas da Saúde do Departamento de Saúde Coletiva da Sociedade Brasileira de Fonoaudiologia (SBFa). Membro do GT de Saúde Mental da SBFa. Servidora pública no Município de São Paulo (1990-2019) no campo da saúde mental nas áreas de assistência (CAPS Infantojuvenil, Unidade de Farmacodependência e Centro de Convivência e Cooperativa – CECCO) e assessoria técnica de saúde mental. Coorganizadora do livro *Fonoaudiologia e Saúde Mental: no trem da reforma.*

ELENIR FEDOSSE

Fonoaudióloga pela Pontifícia Universidade Católica de Campinas (PUC-Campinas). Mestre e Doutora em Linguística pela Universidade Estadual de Campinas (Unicamp).

ELIANA CRISTINA MOREIRA

Mestre em Saúde da Criança e do Adolescente pela Universidade Estadual de Campinas (Unicamp). Especialista em Linguagem pela Universidade Metodista de Piracicaba (UNIMEP). Especialista em Linguagem pelo Conselho de Fonoaudiologia.

ELIANE APARECIDA TECHI CASTIQUINI

Fonoaudióloga. Mestre em Educação: Distúrbios da Comunicação pela Pontifícia Universidade Católica de São Paulo (PUC-SP). Doutoranda no Programa de Pós-graduação em Ciências da Reabilitação do Hospital de Reabilitação de Anomalias Craniofaciais da Universidade de São Paulo (USP).

ELIANE CRISTINA PEREIRA

Fonoaudióloga pela Universidade Estadual do Centro-Oeste (UNICENTRO). Especialista em Voz pelo Conselho Federal de Fonoaudiologia (CFFa). Curso de Especialização em Voz pelo Centro de Estudos da Voz (CEV). Mestre em Distúrbios da Comunicação pela Universidade Tuiuti do Paraná. Doutora em Saúde da Criança e do Adolescente pela Universidade Federal do Paraná (UFPR). Professora Adjunta do Departamento de Fonoaudiologia da UNICENTRO.

ELIANE SCHOCHAT

Professora Titular da Disciplina de Audiologia da Faculdade de Medicina da Universidade de São Paulo (USP).

ELIENE SILVA ARAÚJO

Fonoaudióloga pela Universidade de São Paulo (USP), campus Bauru. Mestre, Doutora e Pós-doutora pelo Programa de Pós-graduação em Fonoaudiologia da Faculdade de Odontologia de Bauru da USP. Professora Adjunta do Departamento de Fonoaudiologia da Universidade Federal do Rio Grande do Norte e Professora Permanente do Programa Associado de Pós-graduação em Fonoaudiologia UFPB/UFRN/UNCISAL. Vice-líder do grupo de pesquisa "Audição e Linguagem na Infância" e colaboradora do grupo de pesquisa "Centro de Pesquisas Audiológicas", credenciados no CNPq.

ELISABETH AMIN

Fonoaudióloga Especialista, SVS (*Singing Voice Specialist*). Bacharel em Música, Professora de Canto, Preparadora Vocal, Cantora/Compositora. Vice-diretora do CORALUSP. Professora do Centro de Estudos da Voz (CEV).

ELLEN CRISTINA SIQUEIRA SOARES ISHIGAKI

Fonoaudióloga, Mestre e Doutora em Ciências pela Universidade Federal de São Paulo (Unifesp).

ELMA HEITMANN MARES AZEVEDO

Fonoaudióloga. Mestre e Doutora em Ciências – Área de Oncologia, Especialista em Motricidade Orofacial com ênfase em Disfagia pelo A.C. Camargo Cancer Center. Aperfeiçoamento em Disfagia Neurogênica pela Santa Casa de São Paulo.

ELOISA SARTORI FRANCO

Fonoaudióloga com aperfeiçoamento em Audiologia Clínica pela Santa Casa de Misericórdia de São Paulo (FCMSCSP). Especialista em Audiologia pelo Conselho Federal de Fonoaudiologia (CFFa). Mestre em Fonoaudiologia pela Pontifícia Universidade Católica de São Paulo (PUC-SP). Doutora em Saúde da Criança e do Adolescente pela Universidade Estadual de Campinas (Unicamp).

ÉMILE ROCHA SANTANA

Fonoaudióloga pela Universidade do Estado da Bahia (UNEB). Mestre em Saúde, Ambiente e Trabalho pela Universidade Federal da Bahia (UFBA). Especialista em Voz pelo Conselho Federal de Fonoaudiologia (CFFa). *Vocologist* pela University of IOWA e The National Center for Voice and Speech (Denver/USA). *Vocal Coach* pelo New York Vocal Coach (New York/USA). Pós-graduada em Análise Acústica Forense pela Faculdade Unyleya. Docente do Curso de Fonoaudiologia da UNEB. Orientadora e Coordenadora da Liga de Voz da Bahia (LaVoz-BA). Vice-coordenadora do Comitê de Voz Profissional da Sociedade Brasileira de Fonoaudiologia Biênio 2023-2025 (SBFa).

ERIKA BARIONI MANTELLO

Fonoaudióloga pela Universidade de Franca. Mestre e Doutora em Ciências Médicas pela Faculdade de Medicina de Ribeirão Preto da Universidade de São Paulo (FMRP-USP). Especialista em Audiologia (CFFa) e aperfeiçoamento em Audiologia e Reabilitação Vestibular pelo Hospital das Clínicas de Ribeirão Preto (HCRP-USP). Professora Adjunta do Curso de Fonoaudiologia da Universidade Federal do Rio Grande do Norte (UFRN) – Campus Natal e do Programa Associado de Pós-graduação em Fonoaudiologia (PPgFon) da UFPB/UFRN/UNCISAL. Atual Coordenadora Local do PPGFON – UFRN e Membro do Comitê de Ensino e Pesquisa da Academia Brasileira de Audiologia (ABA). Coordenadora do Laboratório de Pesquisa Audição e Equilíbrio da Universidade Federal do Rio Grande do Norte (LAEq-UFRN).

ERIKA HENRIQUES DE ARAUJO ALVES DA SILVA

Fonoaudióloga pela Universidade Católica de Pernambuco (Unicap). Mestre em Distúrbios da Comunicação Humana pela Universidade Federal de São Paulo (Unifesp). Doutora em Neuropsiquiatria e Ciências do Comportamento pela Universidade Federal de Pernambuco (UFPE). Especialização em Motricidade Orofacial pela UFPE.

ERISSANDRA GOMES

Especialização em Motricidade Orofacial pelo CEFAC. Mestre e Doutora em Ciências Médicas: Pediatria pela Universidade Federal do Rio Grande do Sul (UFRGS). Pós-doutora em Saúde da Comunicação Humana pela Universidade Federal de Pernambuco (UFPE).

ESTHER MANDELBAUM GONÇALVES BIANCHINI

Fonoaudióloga. Especialista em Motricidade Orofacial pelo Conselho Federal de Fonoaudiologia (CFFa). Certificada em Fonoaudiologia do Sono pela Associação Brasileira do Sono (ABS). Mestre em Distúrbios da Comunicação pela Pontifícia Universidade Católica de São Paulo (PUC-SP). Doutora em Ciências: Fisiopatologia Experimental pela Faculdade de Medicina da Universidade de São Paulo (FMUSP).

FABIANA ANDRADE PENIDO

Fonoaudióloga Perita da Superintendência Central de Perícia Médica e Saúde Ocupacional do Estado de Minas Gerais. Especialista em Motricidade Orofacial pela Pontifícia Universidade Católica de Minas Gerais (PUC-Minas). Especialista em Voz pelo Conselho Federal de Fonoaudiologia (CFFa). Mestre e Doutora em Estudos Linguísticos pela Universidade Federal de Minas Gerais (UFMG), com doutorado sanduíche realizado na University of Edinburgh (Scotland). Estágio pós-doutoral realizado no Programa de Pós-graduação em Ciências Fonoaudiológicas da Faculdade de Medicina da UFMG.

FABIANA COPELLI ZAMBON

Fonoaudióloga pela Pontifícia Universidade Católica de São Paulo (PUC-SP). Especialista em Voz pelo Conselho Federal de Fonoaudiologia (CFFa). Mestre e Doutora em Distúrbios da Comunicação Humana pela Universidade Federal de São Paulo (Unifesp).

FABIANE MIRON STEFANI

Fonoaudióloga pelo Curso de Fonoaudiologia da Faculdade de Medicina da Universidade de São Paulo (FMUSP). Mestre e Doutora em Fisiopatologia Experimental pela FMUSP. Professora Associada III do Departamento de Fonoaudiologia da Universidade Federal de Santa Catarina (UFSC). Professora da Pós-graduação (nível mestrado) da Fonoaudiologia da UFSC (PPGFONO-UFSC). Vice-coordenadora do Comitê de Inovação e Tecnologia em Motricidade Orofacial (MO) do Departamento de MO da Sociedade Brasileira de Fonoaudiologia (SBFa). Membro Fundador da Associação Brasileira de Motricidade Orofacial (ABRAMO).

FABIANE ZIMMERMANN

Fonoaudióloga. Mestranda em Fonoaudiologia pela Universidade Federal de Santa Catarina (UFSC). Especialista em Distúrbios da Comunicação Humana pela Universidade Federal de São Paulo (Unifesp) e em Administração pela Universidade do Estado de Santa Catarina (UDESC). Coordenadora do Programa de Triagem Auditiva Neonatal de Joinville/SC.

FÁTIMA CRISTINA BRANCO-BARREIRO

Fonoaudióloga. Mestre em Fonoaudiologia pela Pontifícia Universidade Católica de São Paulo (PUC-SP). Doutora em Neurociências e Comportamento pelo Instituto de Psicologia da Universidade de São Paulo (USP). Professora Adjunto do Curso de Fonoaudiologia e Orientadora do Programa de Pós-graduação em Distúrbios da Comunicação da Universidade Federal de São Paulo (Unifesp).

FELIPE THIAGO GOMES MORETI

Fonoaudiólogo, Mestre e Doutor em Distúrbios da Comunicação Humana pela Universidade Federal de São Paulo (Unifesp). Especialista em Voz pelo Conselho Federal de Fonoaudiologia (CFFa), com curso de Especialização em Voz pelo Centro de Estudos da Voz (CEV). Docente da área de Voz do Departamento de Fonoaudiologia da Universidade Estadual Paulista "Júlio de Mesquita Filho" (Unesp-Marília). Docente e orientador do Programa de Pós-graduação em Fonoaudiologia (PPGFONO) da Unesp-Marília. Coordenador do Comitê de Fononcologia do Departamento de Voz da Sociedade Brasileira de Fonoaudiologia (SBFa) (gestão 2023-2025).

FERNANDA AMARAL FERREIRA ALBANI

Fonoaudióloga. Especialista em Audiologia pelo Conselho Federal de Fonoaudiologia (CRFa). Chefe do Serviço de Reabilitação Vestibular do Viva Espaço Terapêutico (Espírito Santo).

FLÁVIA PEREIRA DA COSTA CHRISTIANINI

Fonoaudióloga. Especialista em Voz pelo Centro de Estudos da Voz (CEV) e em Disfagia pela Fundação Antônio Prudente – Hospital A.C. Camargo. Mestre em Distúrbios da Comunicação Humana pela Universidade Federal de São Paulo (Unifesp). Doutora em Gerontologia pela Faculdade de Ciências Médicas da Universidade Estadual de Campinas (FCM-Unicamp). Fonoaudióloga do Setor de Residência em Otorrinolaringologia da Santa Casa de Limeira/SP.

FLÁVIA SALVATERRA CUSIN

Fonoaudióloga. Especialista em Avaliação e Reabilitação da Audição e Equilíbrio. Mestre e Doutora em Distúrbios da Comunicação Humana pela Universidade Federal de São Paulo (Unifesp).

FRANCISCO JOSÉ OSTERNE

Mestre em Distúrbios da Comunicação Humana pela Universidade Federal de São Paulo (Unifesp). Especialização em Audiologia e Otoneurologia pela Unifesp. Vice-coordenador do Comitê de Tecnologias Auditivas e Boas práticas da Sociedade Brasileira de Fonoaudiologia (SBFa). Responsável pelo Setor de Implante Coclear do Hospital Universitário Clementino Fraga Filho da Universidade Federal do Rio de Janeiro (HUCFF-UFRJ).

FRANCISCO VARDER BRAGA JUNIOR

Fonoaudiólogo pela Universidade de Fortaleza (UNIFOR). Especialista em Audiologia e em Fonoaudiologia Educacional pelo Conselho Federal de Fonoaudiologia (CFFa). Mestre em Ambiente, Tecnologia e Sociedade pela Universidade Federal Rural do Semi-Árido (UFERSA). Doutor em Educação pela Universidade de Santa Cruz do Sul (UNISC).

GABRIEL TREVIZANI DEPOLLI

Fonoaudiólogo pela Universidade Federal do Espírito Santo (UFES). Mestre em Distúrbios da Comunicação Humana (Fonoaudiologia) pela Universidade Federal de São Paulo (Unifesp). Doutorando em Fonoaudiologia pela Universidade Estadual Paulista "Júlio de Mesquita Filho" (Unesp).

GABRIELA DE LUCCIA DUTRA

Fonoaudióloga e especialista em Gerontologia e Neuropsicologia pela Universidade Federal de São Paulo (Unifesp). Especialização em Docência no Ensino Superior e Gestão Educacional no Ensino Superior pelo Centro Universitário de Várzea Grande (UNIVAG). Mestre em Ciências da Saúde pelo Departamento de Psicobiologia e Doutora em Ciências da Saúde pelo Departamento de Distúrbios da Comunicação Humana da Unifesp.

GABRIELA ZUIN FERREIRA

Fonoaudióloga pela Universidade Norte do Paraná (UENP). Especialista em Motricidade Orofacial e em Linguagem pelo Conselho Federal de Fonoaudiologia (CFFa). Mestre em Ciência da Reabilitação – Fissuras Orofaciais pelo Hospital de Reabilitação de Anomalias Craniofaciais da Universidade de São Paulo (HRAC/USP). Doutora em Fonoaudiologia – Processos e Distúrbios da Comunicação pela Faculdade de Odontologia de Bauru da Universidade de São Paulo (FOB-USP), com período na Universidade de Toronto (CN). Aprimoramento em Neurociência e Aprendizagem pelo CEFAC (Bauru/SP), em Linguagem pela Hablarte Integrarte (Cidade do México/MX) e em Apraxia da Fala na Infância pela Abrapraxia (São Paulo/SP).

GABRIELE RAMOS DE LUCCAS

Mestre e Doutora em Ciências pela Faculdade de Odontologia de Bauru da Universidade de São Paulo (FOB-USP).

GEOVANA CARINA NERIS SONCIN

Licenciada em Letras, Doutora em Estudos Linguísticos e Pós-doutora em Linguística pela Universidade Estadual Paulista "Júlio de Mesquita Filho" (Unesp). Pós-doutora em Fonoaudiologia. Docente do Programa de Pós-graduação em Fonoaudiologia da Unesp-Marília. Bolsista do Programa Jovem Pesquisador da Fundação e de Amparo à Pesquisa do Estado de São Paulo (FAPESP).

GIÉDRE BERRETIN-FELIX

Professora Titular do Departamento de Fonoaudiologia da Faculdade de Odontologia de Bauru da Universidade de São Paulo (FOB-USP). Especialista em Motricidade Orofacial pelo Conselho Federal de Fonoaudiologia (CFFa). Mestre em Fisiologia Oral pela Faculdade de Odontologia de Piracicaba da Universidade Estadual de Campinas (Unicamp). Doutora em Fisiopatologia em Clínica Médica pela Faculdade de Medicina de Botucatu da Universidade Estadual Paulista "Júlio de Mesquita Filho" (Unesp). Pós-doutora em Distúrbios da Deglutição pela Universidade da Flórida (EUA). Bolsista Produtividade em Pesquisa pelo Conselho Nacional de Desenvolvimento Científico e Tecnológico (CNPq). Membro da Comissão de Ensino da Associação Brasileira de Motricidade Orofacial (Gestão 2019-2021). Diretora Científica da Sociedade Brasileira de Fonoaudiologia (Gestão 2020-2022). Membro da Comissão de Pesquisa e Diretrizes Clínicas da Sociedade Brasileira de Fonoaudiologia (Gestão 2023-2025).

GIORVAN ÂNDERSON DOS SANTOS ALVES

Mestre e Doutor em Linguística e Pós-doc em Fotobiomodulação nas Disfunções Temporomandibulares pela Universidade Federal da Paraíba (UFPB). Professor Associado do Departamento de Fonoaudiologia da UFPB. Professor Permanente dos Programas de Pós-graduação em Fonoaudiologia e Linguística da UFPB. Diretor Científico da Sociedade Brasileira de Fonoaudiologia (SBFa) (2023-2024), Vice-líder do Núcleo de Estudos em Linguagem e Funções Estomatognáticas (NELF). Sócio Fundador da Associação Brasileira de Motricidade Orofacial (ABRAMO).

GIOVANA LÚCIA AZEVEDO DIAFÉRIA

Fonoaudióloga. Mestre e Doutora em Ciências pela Universidade Federal de São Paulo (Unifesp). Certificada pelo método Lee Silverman para Doença de Parkinson. Coordenadora dos Cursos em Fonoaudiologia do Sono no Instituto do Sono de São Paulo. Coordenadora do Departamento de Fonoaudiologia da Associação Brasil Parkinson. Certificada em Fonoaudiologia do Sono pela Associação Brasileira do Sono (ABS). Professora do Curso de Especialização do Centro de Estudos da Voz (CEV) e do Curso de Pós-graduação em Medicina do Sono do Hospital Albert Einstein. Em 2022 e 2023 foi monitora do curso de Neuromodulação Não Invasiva na Unifesp. Conselheira CREFONO2 região (2022 a 2025). Fonoaudióloga do Centro Integrado de Atendimento a Pacientes com Queixa do Sono (CIAPS/Instituto do Sono).

GISELI DONADON GERMANO

Fonoaudióloga. Mestre e Doutora em Educação pela Faculdade de Filosofia e Ciências da Universidade Estadual Paulista "Júlio de Mesquita Filho" (FFC-Unesp), Marília/SP. Professora do Departamento de Educação e Desenvolvimento Humano e do Programa de Pós-graduação em Fonoaudiologia da FFC-Unesp, Marília/SP. Pesquisadora Colaboradora do Laboratório de Investigação dos Desvios da Aprendizagem (LIDA) da FFC-Unesp, Marília/SP. Coordenadora do Departamento de Fonoaudiologia Educacional da Sociedade Brasileira de Fonoaudiologia (SBFa).

GLAUCIA LAÍS SALOMÃO

Fonoaudióloga pela Pontifícia Universidade Católica de São Paulo (PUC-SP). Mestre em Semiótica e Linguística Geral pela Faculdade de Filosofia e Ciências Humanas da Universidade de São Paulo (FFLCH-USP). Doutora em Linguística Aplicada e Estudos da Linguagem (área: Fonética/Acústica da Voz) pela Pontifícia Universidade Católica de São Paulo (PUC-SP) em colaboração com o Department of Speech, Music and Hearing, Royal Institute of Technology (KTH), Estocolmo, Suécia. Especialista em Voz pelo Conselho Federal de Fonoaudiologia (CFFa). Pesquisadora Doutora no Stockholm University Brain Imaging Centre (SUBIC) e principal investigadora do projeto "*Listening to others' emotions*", financiado pelo Bank of Sweden Tercentenary Foundation, Estocolmo, Suécia. Professora Doutora no Departamento de Linguística da Universidade de Estocolmo, Suécia.

GLAUCYA MADAZIO

Fonoaudióloga especialista em Voz. Mestre em Distúrbios da Comunicação Humana. Doutora em Ciências.

GRACE CRISTINA FERREIRA-DONATI

Fonoaudióloga clínica pela Universidade de São Paulo (USP) – Bauru. Especialista em Linguagem pelo Conselho Federal de Fonoaudiologia (CFFa). Mestre e Doutora em Educação – Linha Educação Especial pela Universidade Estadual Paulista "Júlio de Mesquita Filho" (Unesp) – Marília. Pós-doutora pelo Departamento de Fonoaudiologia da USP Bauru. Terapeuta certificada pelo Centro Hanen do Canadá para os programas Mais do que Palavras (More Than Words®) de capacitação de famílias de crianças com TEA e outras dificuldades de comunicação social e It Takes Two to Talk® para famílias de crianças com Transtornos de Linguagem. Diretora da Adastra Desenvolvimento e Comportamento Humano, onde atua como fonoaudióloga e supervisora em Análise do Comportamento Aplicada. Coordenadora do Departamento de Linguagem da SBFa (2023-2025). Escritora e Pesquisadora do Laboratório de Investigação das Alterações do Neurodesenvolvimento (LIAN) da USP Bauru.

GRAZIELLE DUARTE DE OLIVEIRA

Mestre em Ciências Fonoaudiológicas e Doutora em Ciências Aplicada à Saúde do Adulto pela Universidade Federal de Minas Gerais (UFMG). Especialista na área de Motricidade Orofacial e em Disfagia pelo Conselho Federal de Fonoaudiologia (CFFa). Membro da Academia Brasileira de Disfagia (ABD) e do grupo de Motricidade Orofacial e Disfagia de Belo Horizonte.

GUADALUPE MARCONDES DE MOURA

Fonoaudióloga Bilíngue. Doutora em Educação Especial pela Faculdade de Educação da Universidade de São Paulo (USP). Mestre em Ciências da Reabilitação: Comunicação Humana pela Faculdade de Medicina da USP (FMUSP). Especialização em Audiologia Educacional pela FMUSP. Docente do curso de Fonoaudiologia da Faculdade de Ciências Médicas da Santa Casa de São Paulo (FCMSCSP). Coordenadora do Laboratório de Estudos Fonoaudiológicos em Atipias da Língua de Sinais (LEFALS-FCMSCSP).

GUILHERME DIAS ROCHA

Especialista em Audiologia pelo Conselho Federal de Fonoaudiologia (CFFa).

GUILHERME MAIA ZICA

Fonoaudiólogo pela Universidade Federal Fluminense (UFF). Mestre e Doutorando em Distúrbios da Comunicação Humana pela Universidade Federal de São Paulo (Unifesp). Atua em pacientes oncológicos e de alta complexidade em Unidade de Terapia Intensiva.

HAYDÉE FISZBEIN WERTZNER

Livre-docente em Fonoaudiologia pela Faculdade de Medicina da Universidade de São Paulo (FMUSP). Mestre e Doutora em Linguística pela Faculdade de Filosofia e Ciências Humanas da USP.

HELENA BOLLI MOTA

Fonoaudióloga. Doutora pela Pontifícia Universidade Católica do Rio Grande do Sul (PUCRS). Pós-doutora pela City University London. Professora Titular do Departamento de Fonoaudiologia da Universidade Federal de Santa Maria (UFSM).

HELENICE YEMI NAKAMURA

Fonoaudióloga. Mestre e Doutora pela Universidade Estadual de Campinas (Unicamp). Especialista em Audiologia pelo Conselho Federal de Fonoaudiologia (CFFa) e em Ativação de Processo de Mudança na Formação Superior dos Profissionais da área de Saúde (Ministério da Saúde – Fiocruz – Rede Unida).

HILTON JUSTINO DA SILVA

Fonoaudiólogo pela Universidade Católica de Pernambuco (Unicap). Especialista em Motricidade Orofacial pelo CEFAC/Conselho Federal de Fonoaudiologia (CFFa). Mestre em Morfologia/Anatomia e Doutor em Nutrição pela Universidade Federal de Pernambuco (UFPE). Docente do Departamento de Fonoaudiologia da UFPE. Bolsista de Produtividade do CNPq. Membro Fundador e Presidente da Associação Brasileira de Motricidade Orofacial (ABRAMO).

ILKA DO AMARAL SOARES

Fonoaudióloga. Especialista em Audiologia pelo Conselho Federal de Fonoaudiologia (CFFa). Mestre em Distúrbio da Comunicação Humana pela Universidade Federal de São Paulo (Unifesp). Doutora em Neuropsiquiatria e Ciências do Comportamento pela Universidade Federal de Pernambuco (UFPE). Pós-doutora em Distúrbio da Comunicação Humana pela Unifesp. Professora Adjunta do Centro de Ciências da Saúde – UNCISAL.

IRENE DE PEDRO NETTO VARTANIAN

Mestre e Doutora em Ciências/Oncologia pela Fundação Antônio Prudente/A.C. Camargo Cancer Center. Especialista em Voz e Motricidade Orofacial/Disfagia pelo Conselho Federal de Fonoaudiologia (CFFa). Aprimoramento em Disfagia pelo CEFAC. Fonoaudióloga do Núcleo de Reabilitação Cardiopulmonar do Hospital Sírio-Libanês/SP. Membro da Sociedade Brasileira de Fonoaudiologia (SBFa). Membro associado do DRS (*Dysphagia Research Society*).

ISABELA DE SOUZA JARDIM

Fonoaudióloga. Mestre e Doutora em Ciências pelo Hospital das Clínicas da Faculdade de Medicina da Universidade de São Paulo (HCFMUSP). Especialista em Audiologia Clínica. Membro do Grupo de Otologia do Departamento de Otorrinolaringologia do HCFMUSP.

ISABELA GOMES-PERRUCCI

Fonoaudióloga pela Faculdade de Medicina da Universidade de São Paulo (FMUSP). Especialista em Linguagem, com ênfase em Síndromes e Alterações Sensório-Motoras, pela FMUSP.

ISABELLE CAHINO DELGADO

Fonoaudióloga pelo Centro Universitário de João Pessoa (UNIPÊ). Especialista em Patologias da Linguagem pela Universidade Católica de Pernambuco (Unicap). Doutora em Linguística pela Universidade Federal da Paraíba (UFPB) pelo Programa de Pós-graduação em Linguística (PROLING). Professora Associada II da UFPB, vinculada ao Departamento de Fonoaudiologia. Docente dos Programas de Pós-graduação em Fonoaudiologia (PPGFON) e Linguística (PROLING) e Líder do Núcleo de Estudos em Linguagem e Funções Estomatognáticas (NELF/CNPq). Vice-coordenadora do Departamento de Linguagem da Sociedade Brasileira de Fonoaudiologia (SBFa), gestão 2023-2025.

IVANA ARRAIS DE LAVOR NAVARRO XAVIER

Fonoaudióloga do Departamento de Fonoaudiologia da Universidade Federal de Pernambuco (UFPE). Mestre em Gestão e Economia da Saúde – PPGGES/UFPE. Doutoranda do Programa de Pós-graduação em Saúde da Comunicação Humana – PPGSCH/UFPE. Especialista em Saúde da Família (Modalidade Residência) – RMISF/UPE.

IVANI RODRIGUES SILVA

Mestre em Linguística e Doutor em Linguística Aplicada, área de concentração de Educação Bilingue, pelo Instituto de Estudos da Linguagem da Universidade Estadual de Campinas (IEL/Unicamp). Docente do Curso de Fonoaudiologia da Unicamp. Membro do GT Transculturalidade, Linguagem e Educação da ANPOLL (Associação Nacional de Pós-Graduação em Letras e Linguística). Líder do grupo de pesquisa Educação Intercultural Bi/Multilíngue: ensino de português como segunda língua para surdos.

IVONALDO LEIDSON BARBOSA LIMA

Fonoaudiólogo e Doutor em Linguística pela Universidade Federal da Paraíba (UFPB). Especialista em Neurociências pela Universidade Federal de São Paulo (Unifesp) e em Linguagem e em Neuropsicologia pelo Conselho Federal de Fonoaudiologia (CFFa). Professor Adjunto A do Departamento de Fonoaudiologia da Universidade Federal do Rio Grande do Norte (UFRN). Professor Permanente do Programa Associado de Pós-graduação em Fonoaudiologia (PPgFon UFPB/UFRN/UNCISAL).

JACY PERISSINOTO

Fonoaudióloga pela Escola Paulista de Medicina da Universidade Federal de São Paulo (EPM-Unifesp). Especialista em Linguagem pelo Conselho Federal de Fonoaudiologia (CFFa). Mérito Fonoaudiológico pela Sociedade Brasileira de Fonoaudiologia (SBFa). Mestre em Linguística Aplicada pela Pontifícia Universidade Católica (PUC). Doutora em Distúrbios da Comunicação Humana pela Unifesp. Pós-doutora em Psicolinguística pela Université Rene Descartes – Paris V – Sorbonne. Professora Doutora Associada do Programa de Pós-graduação em Distúrbio da Comunicação Humana no Departamento de Fonoaudiologia da Unifesp. Coordenadora do Núcleo de Investigação Fonoaudiológica em Linguagem da Criança e Adolescente – NIFLINC do Departamento de Fonoaudiologia da Unifesp. Preceptora da Liga de Autismo e Coordenadora Geral do projeto POP de extensão LAUT/Unifesp.

JAIME LUIZ ZORZI

Fonoaudiólogo e Mestre em Distúrbios da Comunicação pela Pontifícia Universidade Católica de São Paulo (PUC-SP). Doutor em Educação pela Universidade Estadual de Campinas (Unicamp). Pós-doutor em Educação pela Universidade Estadual Paulista "Júlio de Mesquita Filho" (Unesp).

JANAÍNA WEISSHEIMER

Graduada em Letras Português Inglês e Mestre em Linguística Aplicada pela Universidade do Vale do Rio dos Sinos (Unisinos). Doutora em Letras (Inglês e Literatura Correspondente) pela Universidade Federal de Santa Catarina (UFSC). Realizou estágio pós-doutoral em Neurocognição na University of California in San Diego (UCSD). Professora adjunto IV da Universidade Federal do Rio Grande do Norte (UFRN).

JEZIELA CRISTINA RAIMUNDO

Mestre em Distúrbios da Comunicação pela Pontifícia Universidade Católica de São Paulo (PUC-SP). Doutora em Ciências da Reabilitação pela Universidade de São Paulo (USP).

JOSÉ MARCOS DA SILVA

Doutor em Direitos Humanos, Saúde Global e Políticas da Vida pela Fundação Oswaldo Cruz (Fiocruz). PhD em *Human Rights in Contemporary Societies* (Universidade de Coimbra). Especialista em Direitos Humanos e Estudos Críticos do Direito pelo Conselho Latino Americano de Ciências Sociais (CLACSO), sob coordenação de Eugênio Raúl Zaffaroni, juiz da Corte Interamericana de Direitos Humanos. Professor da Universidade Federal de Pernambuco (UFPE) no Bacharelado em Saúde Coletiva, no Programa de Residência em Interiorização da Atenção em Saúde e no Programa de Pós-graduação em Direitos Humanos. Coordena o Grupo de Pesquisa CNPq – Laboratório de Pesquisa e Ensino em Saúde e Educação (LAPECES/CAV/UFPE).

JOSILENE LUCIENE DUARTE

Fonoaudióloga. Especialista em Audiologia pela Faculdade de Odontologia de Bauru da Universidade de São Paulo (FOB-USP) e Conselho Federal de Fonoaudiologia (CFFa). Mestre em Fonoaudiologia e Doutora em Ciências pela FOB-USP. Professora Adjunta do Departamento de Fonoaudiologia da Universidade Federal de Sergipe (UFS).

JULIANA AZEVEDO-GOMES

Graduada em Pedagogia pela Pontifícia Universidade Católica do Rio Grande do Sul (PUCRS). Mestre em Pesquisa em Didática, Formação de Professores e Avaliação Educacional e Doutora em Didática e Organização Educacional pela Universidade de Barcelona. Especialista em Psicopedagogia pela Universidade Luterana do Brasil. Professora em programas de formação de professores na Universidade Internacional de La Rioja (UNIR) e na Universidade Internacional de Valência (VIU), na Espanha.

JULIANA FERNANDES GODOY

Fonoaudióloga pela Faculdade de Odontologia de Bauru da Universidade de São Paulo (FOB-USP). Especialista em Voz pelo Centro de Estudos da Voz (CEV). Mestre e Doutora em Fonoaudiologia pela FOB-USP.

JULIANA DONATO NÓBREGA

Fonoaudióloga. Mestre e Doutora em Saúde Pública (2010) pela Universidade Federal do Ceará (UFC). Pós-graduada em Libras: Interpretação, Tradução e Ensino pela UNI7.

JULIANA FERREIRA BENATTI

Fonoaudióloga Clínica e Voz Profissional. Especialista em Voz pelo Conselho Federal de Fonoaudiologia (CFFa). *Coach* Vocal pelo Centro de Estudos da Voz (CEV). Mestranda em Distúrbios Humanos da Comunicação Humana da Universidade Federal de São Paulo (Unifesp). Secretária da Sociedade Brasileira de Fonoaudiologia (SBFa) (2023-2024). Membro da Diretoria do Capítulo Brasileiro da The Voice Foundation.

JULIANA ONOFRE DE LIRA

Fonoaudióloga, Mestre e Doutora pela Universidade Federal de São Paulo (Unifesp). Professora Adjunta da Universidade de Brasília (UnB). Vice-coordenadora do Comitê de Linguagem Oral e Escrita do Adulto e Idoso do Departamento de Linguagem da Sociedade Brasileira de Fonoaudiologia (SBFa).

JULIANA PORTAS

Fonoaudióloga pela Pontifícia Universidade Católica de Campinas (PUC-Campinas). Especialista em Voz pelo Conselho Federal de Fonoaudiologia (CFFa), com curso no Centro de Estudos da Voz (CEV). Especialista em Motricidade Orofacial pelo CFFa. Mestre em Ciências pela Fundação Antonio Prudente. Doutora em Ciências pela Fundação Paulo Prata – Hospital do Amor/SP. Docente do Curso de Especialização em Voz do CEV-SP. Consultora do Instituto Tiê. Fonoaudióloga da Clínica Cuidar do Hospital Albert Einstein – Sociedade Beneficente Israelita Brasileira, enfoque no atendimento de pessoas trans e travestis.

JULIANA VENITES

Doutora pela Universidade Federal de São Paulo (Unifesp). Especialista em Gerontologia e Motricidade Orofacial pela Unifesp, Sociedade Brasileira de Geriatria e Gerontologia (SBGG) e Conselho Regional de Fonoaudiologia (CRFa). Presidente do Departamento de Gerontologia da SBGG Seção São Paulo (2022-2024). Responsável técnica pela setor de Fonoaudiologia do Hospital Santa Helena e Hospital Versania – transição de cuidados. Membro do Conselho Regional de Fonoaudiologia. Coautora dos livros: *Disfagia no idoso, Disfagia: informação com arte para seu dia a dia* e *Alimentação de conforto no avançar das demências.*

KARINA CARLESSO PAGLIARIN

Fonoaudióloga, Especialista em Fonoaudiologia e Mestre em Distúrbios da Comunicação pela Universidade Federal de Santa Maria (UFSM). Doutora em Psicologia – área de concentração Cognição Humana pela Pontifícia Universidade Católica do Rio Grande do Sul (PUC-RS) com estágio sanduíche na Université de Montréal (UdeM). Pós-doutoramento em Distúrbios da Comunicação Humana pela UFSM. Professora do Curso de Fonoaudiologia e do Programa de Pós-graduação em Distúrbios da Comunicação Humana da UFSM.

KATIA DE ALMEIDA

Doutora em Distúrbios da Comunicação Humana pela Universidade Federal de São Paulo (Unifesp). Professora Adjunta da Faculdade de Ciências Médicas da Santa Casa de São Paulo (FCMSCSP) – Curso de Fonoaudiologia. Coordenadora do Programa de Mestrado Profissional em Saúde da Comunicação Humana da FCMSCSP.

KÁTIA DE CÁSSIA BOTASSO

Fonoaudióloga pela Pontifícia Universidade Católica de Campinas (PUC-Campinas). Mestre em Saúde, Interdisciplinaridade e Reabilitação e Doutora em Saúde Coletiva pela Universidade Estadual de Campinas (Unicamp). Especialização em Saúde Inclusiva, em Saúde Coletiva e em Saúde Pública.

KÁTIA DE FREITAS ALVARENGA

Mestre e Doutora em Distúrbios da Comunicação Humana – Fonoaudiologia pela Universidade Federal de São Paulo (Unifesp). Pós-doutora em Avaliação Audiológica Infantil pela University of Manchester, Inglaterra e em Eletrofisiologia pela University of Michigan, EUA. Professora Titular da Universidade de São Paulo (USP), campus Bauru.

KATYA MARCONDES FREIRE

Fonoaudióloga pela Pontifícia Universidade Católica de Campinas (PUC-Campinas). Mestre em Fonoaudiologia pela PUC-SP. Doutora em Ciências pela Universidade Federal de São Paulo (Unifesp). Audiologista graduada pela Escola Superior do Politécnico do Porto/Portugal. Membro do Fórum Mundial da Audição da Organização Mundial da Saúde (OMS). *Co-chair* do Make Listening Safe Workstream do Fórum Mundial da Audição da OMS. Fundadora da Audicare Brasil e da Audicare Hearing Healthcare Portugal. Professora do Instituto de Áudio e Vídeo (IAV). Professora do Centro de Estudos da Voz (CEV). Autora do treinamento auditivo musical, desenvolvido no doutorado.

KELLY CRISTINA ALVES SILVERIO

Fonoaudióloga. Doutora em Ciências pela Faculdade de Odontologia de Piracicaba da Universidade Estadual de Campinas (FOP-Unicamp). Pós-doutora pela Teachers College, Columbia University.

KELLY DA SILVA

Fonoaudióloga pela Faculdade de Medicina de Ribeirão Preto da Universidade de São Paulo (USP). Mestre e Doutora em Ciências pela Faculdade de Filosofia, Ciências e Letras de Ribeirão Preto da USP. Pós-doutora em Distúrbios da Comunicação Humana pela Universidade Federal de São Paulo (Unifesp). Especialista em Estatística Aplicada pela Universidade Federal de Minas Gerais, em Fonoaudiologia Neurofuncional e em Linguagem pelo Conselho Federal de Fonoaudiologia (CFFa).

LARISSA CRISTINA BERTI

Fonoaudióloga e Mestre em Educação pela Universidade Estadual Paulista "Júlio de Mesquita Filho" (Unesp). Doutora em Linguística pela Universidade Estadual de Campinas (Unicamp). Pós-doutora em *Speech Language Pathology* – University of Toronto. Livre-docente em Fonologia Clínica na Unesp.

LARISSA NADJARA ALVES ALMEIDA

Doutora em Modelos de Decisão e Saúde pela Universidade Federal da Paraíba (UFPB). Especialista em Voz pelo Centro de Estudos da Voz (CEV) e pelo Conselho Federal de Fonoaudiologia (CFFa). Pesquisadora do Laboratório Integrado de Estudos da Voz (LIEV). Docente do Departamento de Fonoaudiologia da UFPB.

LARISSA THAÍS DONALONSO SIQUEIRA

Fonoaudióloga. Mestre e Doutora em Ciências pela Faculdade de Odontologia de Bauru da Universidade de São Paulo (FOB-USP).

LAURA DAVISON MANGILLI TONI

Fonoaudióloga pela Faculdade de Medicina da Universidade de São Paulo (FMUSP). Aperfeiçoamento em Motricidade Oral pela Irmandade de Misericórdia da Santa Casa de São Paulo. Especialização em Motricidade Oral em Oncologia pelo Hospital do Câncer A.C. Camargo. Mestre e Doutora em Ciências pela FMUSP. Pós-doutora pela FMUSP.

LAVÍNIA MABEL VIANA LOPES

Fonoaudióloga pela Universidade Federal do Rio Grande do Norte (UFRN). Especialista na modalidade de Residência Multiprofissional em Atenção Básica. Mestre e Doutora em Saúde Coletiva pelo Programa de Pós-graduação de Saúde Coletiva da UFRN. Docente de Saúde Coletiva no Departamento de Fonoaudiologia da UFRN.

LEANDRO DE ARAÚJO PERNAMBUCO

Fonoaudiólogo pela Universidade Federal de Pernambuco (UFPE). Mestre em Ciências da Saúde pela UFPE. Doutor em Saúde Coletiva pela Universidade Federal do Rio Grande do Norte (UFRN). Professor Associado do Departamento de Fonoaudiologia da UFPE. Diretor Científico da Sociedade Brasileira de Fonoaudiologia (SBFa) (2023-2024). Professor permanente do Programa de Pós-graduação em Saúde da Comunicação Humana (PPGSCH/UFPE). Professor permanente do Programa de pós-graduação em Modelos de Decisão e Saúde (PPGMDS/UFPB). Bolsista de Produtividade em Pesquisa do CNPq.

LEILA CLAUDIA MONTEIRO DE CASTRO DOS SANTOS BRAGA

Fonoaudióloga pela Universidade Federal do Rio de Janeiro (UFRJ). Mestre em Saúde Coletiva pelo Instituto de Estudos em Saúde Coletiva (IESC) da UFRJ. Especialista em Educação Permanente em Saúde pela Escola Nacional de Saúde Pública Sérgio Arouca/Fundação Oswaldo Cruz (ENSP/Fiocruz).

LENISA BRANDÃO

Fonoaudióloga pela Universidade Federal de Santa Maria (UFSM). Mestre e Doutora em Psicologia pela Universidade Federal do Rio Grande do Sul (UFRGS). Pós-doutora em Psicolinguística (Lund Universitet e Universidade Nova de Lisboa) e *Life Long Atlantic Fellow* em Equidade na Saúde do Cérebro (Trinity College Dublin). Professora Associada do Departamento de Fonoaudiologia e Programa de Pós-graduação em Distúrbios da Comunicação Humana da UFSM.

LEONARDO LOPES

Fonoaudiólogo. Especialização em Voz pela Universidade Federal de Pernambuco (UFPE). Mestre em Linguística pela Universidade Católica de Pernambuco (Unicap). Doutor em Linguística pela Universidade Federal da Paraíba (UFPB). Pós-doutor em Distúrbios da Comunicação Humana pela Universidade Federal de São Paulo (Unifesp). Professor Titular do Departamento de Fonoaudiologia da UFPB. Professor Permanente do Programa Associado de Pós-graduação em Fonoaudiologia da UFPB/UFRN/UNCISAL. Professor Permanente do Programa de Pós-graduação em Modelos de Decisão e Saúde da UFPB. Professor Permanente do Programa de Pós-graduação em Linguística. Bolsista de Produtividade em Pesquisa do CNPq. Presidente da Sociedade Brasileira de Fonoaudiologia (SBFa) (2020-2024). Mérito Fonoaudiológico outorgado pela SBFa em 2023.

LÉSLIE PICCOLOTTO FERREIRA

Fonoaudióloga. Mestre em Linguística Aplicada ao Ensino de Línguas pela Pontifícia Universidade Católica de São Paulo (PUC-SP). Doutora em Distúrbios da Comunicação Humana pela Escola Paulista de Medicina da Universidade Federal de São Paulo (EPM-Unifesp). Professora Titular do Departamento de Teorias e Métodos em Fonoaudiologia e Fisioterapia da PUC-SP. Coordenadora do Curso de Fonoaudiologia da PUC-SP. Coordenadora do Laboratório de Voz – LaborVox (PUC-SP). Editora Executiva da Revista *Distúrbios da Comunicação* (PUC-SP).

LICA ARAKAWA-SUGUENO

Fonoaudióloga clínica. Mestre e Doutora em Ciências pela Faculdade de Medicina da Universidade de São Paulo (FMUSP). Especialista em Voz pelo Conselho Federal de Fonoaudiologia (CFFa). Colaboradora do Mestrado Profissional em Saúde da Comunicação Humana da Faculdade de Ciências Médicas da Sana Casa de São Pauo (FCMSC).

LILIAN CÁSSIA BÓRNIA JACOB

Fonoaudióloga. Professora Doutora do Departamento de Fonoaudiologia da Faculdade de Odontologia de Bauru da Universidade de São Paulo (FOB-USP).

LILIAN FELIPE

Mestre e Doutora em Ciências da Saude pela Universidade Federal de Minas Gerais (UFMG). Pós-doutora em Otoneurologia pela Universidade de Maastricht – Países Baixos. Professora Associada e Diretora do Programa de Doutorado em Audiologia da Universidade Lamar – Texas – EUA.

LILIAN FERREIRA MUNIZ

Aperfeiçoamento em Audiologia pela Universidade de Bordeaux. Especialista em Audiologia pelo Conselho Federal de Fonoaudiologia (CFFa). Mestre em Fonoaudiologia pela Pontifícia Universidade Católica de São Paulo (PUC-SP). Doutora em Psicologia Cognitiva. Professora Associada do Curso de Fonoaudiologia da Universidade Federal de Pernambuco (UFPE).

LISIANE DE ROSA BARBOSA

Fonoaudióloga pelo Instituto Metodista de Educação e Cultura. Mestre pelo Centro de Estudos da Linguagem em Letras da Universidade Federal do Rio Grande do Sul (UFRGS). Doutora em Ciências Pneumológicas pela UFRGS. Professora Associada do Departamento de Fonoaudiologia da Universidade Federal de Ciências da Saúde de Porto Alegre (UFCSPA). Tutora do Programa de Residência Multiprofissional em Saúde, nas ênfases: Atenção a Terapia Intensiva e Atenção ao Câncer Infantil pela UFCSPA/ISCMPA.

LÍVIA FERNANDES BARATA DE CARVALHO

Fonoaudióloga, Mestre e Doutora em Ciências na Área de Oncologia pelo A.C. Camargo Cancer Center – Fundação Antonio Prudente. Bolsista CAPES. Especialista em Motricidade Orofacial com enfoque em Disfagia pelo A.C. Camargo Cancer Center e em Voz pelo Centro de Estudos da Voz (CEV). Vice-diretora e preceptora da Residência Multiprofissional de Fonoaudiologia do A.C .Camargo Cancer Center.

LIVIA LIMA RIBEIRO

Fonoaudióloga pela Universidade Vila Velha (UVV). Especialista em Voz pelo Centro de Estudos da Voz (CEV) e Conselho Federal de Fonoaudiologia (CFFa). Mestre em Psicologia pela Universidade Federal do Espírito Santo (UFES). Doutora em Distúrbios da Comunicação Humana e Pós-doutora em Ciências pela Universidade Federal de São Paulo (Unifesp).

LUCIA FIGUEIREDO MOURÃO

Fonoaudióloga. Mestre e Doutora em Ciências pela Universidade Federal de São Paulo (Unifesp). Pós-doutora pela Purdue University, Indiana – EUA e Columbia University, Nova Iorque – EUA. Diretora do Laboratório de Estudos em Disfagia (LabED) da Universidade Estadual de Campinas (Unicamp). Docente de Graduação e Pós-graduação da Faculdade de Ciências Médicas da Universidade Estadual de Campinas (Unicamp).

LUCIA KAZUKO NISHINO

Fonoaudióloga, Doutora e Mestre em Ciências da Saúde pela Faculdade de Ciências Médicas da Santa Casa de São Paulo (FCMSCSP). Professora instrutora da FCMSCSP. Coordenadora do Curso de Especialização em Otoneurologia da Faculdade Inspirar. Supervisora do Curso de Especialização da Santa Casa de São Paulo.

LUCIANA CIDRIM CALADO MEIRA

Graduada em Fonoaudiologia e Letras. Especialista em Fonoaudiologia Educacional pelo Conselho Federal de Fonoaudiologia (CFFa). Mestre, Doutora e Pós-doutora em Ciências da Linguagem pelo Programa de Pós-graduação em Ciências da Linguagem da Universidade Católica de Pernambuco (Unicap).

LUCIANA DALL'AGNOL SIQUEIRA SLOBODTICOV

Fonoaudióloga pela Universidade Estadual de Campinas (Unicamp). Especialista em Motricidade Orofarial em Oncologia. Aperfeiçoamento em Voz pelo Centro de Estudos da Voz (CEV). Formação em Comunicação Não Violenta pela Konekti. Mestre e Doutora em Oncologia pela Fundação Antônio Prudente A.C. Camargo Cancer Center. Sócia Proprietária da ArCoS Expressividade Humana.

LUCIANA DE OLIVEIRA PAGAN-NEVES

Mestre e Doutora pela Universidade de São Paulo (USP).

LUCIANA ESCANOELA ZANATO

Fonoaudióloga pela Universidade Estadual Paulista "Júlio de Mesquita Filho" (Unesp) – Campus Marília. Mestre e Doutora em Ciências pela Universidade Federal de São Paulo (Unifesp). Especialista em Gerontologia pela Unifesp. Especialista em Motricidade Orofacial pelo Conselho Federal de Fonoaudiologia (CFFa). Aperfeiçoamento em Voz pelo Centro de Estudos da Voz (CEV).

LUCIANA MORAES STUDART PEREIRA

Fonoaudióloga. Especialista em Motricidade Orofacial. Mestre em Ciências da Linguagem. Doutora em Saúde da Criança e do Adolescente. Certificada em Fonoaudiologia do Sono pela Associação Brasileira do Sono (ABS). Docente do Curso de Fonoaudiologia da Universidade Federal de Pernambuco (UFPE). Membro Fundador da Associação Brasileira de Motricidade Orofacial (ABRAMO) e Vice-presidente (2021-2024). Coordenadora do Projeto de Extensão Universitária Craniomandibular Inter – UFPE. Diretora da ABS (2022-2024).

LUCIANA PAULA MAXIMINO

Fonoaudióloga. Mestre em Educação – Distúrbios da Comunicação pela Pontifícia Universidade Católica de São Paulo (PUC-SP). Doutora em Ciências Biológicas, área de Genética Humana e Médica, pelo Instituto de Biociências da Universidade Estadual Paulista "Júlio de Mesquita Filho" (Unesp) – Botucatu e Livre-docência pela Faculdade de Odontologia de Bauru da Universidade de São Paulo (FOB-USP). Professora Associada do Departamento de Fonoaudiologia da FOB-USP.

LUCIANA VITALINO VOI TRAWITZKI

Fonoaudióloga pela Faculdade de Filosofia e Ciências da Universidade Estadual Paulista "Júlio de Mesquita Filho" (Unesp). Especialista em Motricidade Orofacial pelo Conselho Federal de Fonoaudiologia (CFFa). Mestre em Fisiologia Oral pela Faculdade de Odontologia da Universidade Estadual de Campinas (FOP-Unicamp). Doutora em Biociências aplicadas à Clínica Médica pela Faculdade de Medicina de Ribeirão Preto da Universidade de São Paulo (FMRP-USP). Docente do Curso de Fonoaudiologia e Programas de Pós-graduação da FMRP-USP.

LUCIANE DOMINGUES FIGUEIREDO MARIOTTO

Mestre em Pediatria pelo Departamento de Pediatria da Universidade Estadual Paulista "Júlio de Mesquita Filho" (Unesp-Botucatu). Doutora em Ciências pelo Departamento de Fonoaudiologia da Faculdade de Odontologia de Bauru da Universidade de São Paulo (FOB-USP). Especialista em Audiologia e Otoneurologia pelo Conselho Federal de Fonoaudiologia (CFFa). Coordenadora do Comitê de Avaliação e Diretrizes para o Cuidado em Equilíbrio do Departamento de Audição e Equilíbrio da Sociedade Brasileira de Fonoaudiologia (SBFa), Gestão 2023-2025. Preceptora da Residência Multiprofissional em Saúde do HRAC-USP. Fonoaudióloga da Clínica de Fonoaudiologia do Departamento de Fonoaudiologia da FOB-USP. Fonoaudióloga da Clínica do Centro Avançado em Investigação Audiológica e Vestibular da Clínica Distúrbios do Sono.

LUCIANE TEIXEIRA SOARES

Fonoaudióloga. Especialista em Gerontologia pela Universidade Federal de São Paulo (Unifesp) e pela Sociedade Brasileira de Geriatria e Gerontologia (SBGG). Especialista em Motricidade Orofacial e Voz pela Sociedade Brasileira de Fonoaudiologia (SBFa). Mestre e Doutora em Ciências pela Universidade Federal de São Paulo (Unifesp). Presidente do Departamento de Gerontologia da SBGG – SP (2016-2018). Vice-coordenadora do Comitê de Disfagia Neurogênica Adulto do Departamento de Disfagia da SBFa (2020-2022). Professora convidada do Hospital Israelita Albert Einstein e Hospital Sírio-Libanês. Coordenadora de Fonoaudiologia do Programa 80+ da OMINT Saúde.

LUCILENE APARECIDA FORCIN CAZUMBÁ

Fonoaudióloga. Mestre em Psicologia pela Universidade Católica de Brasília (UCB/BSB). Especialista em Perícia Fonoaudiológica pelo Conselho Federal de Fonoaudiologia (CFFa), em Perícia Criminal e Ciências Forenses Instituto de Pós-graduação e Graduação (IPOG/SP) e em Áudio e Vídeo e Documentoscopia Forense pela BluEaD.

LÚZIA BRITO CAVALCANTE

Especialista pelo Conselho em Motricidade Orofacial e Disfagia. Pós-graduada em Disfagia e Fonoaudiologia Hospitalar pela Fonohosp – MG. Fonoaudióloga vencedora do prêmio de destaque do ano de 2023 do Conselho Regional de Fonoaudiologia – Crefono 9. Fonoaudióloga e CEO da Clínica Medeiros Saúde. Fonoaudióloga delegada representante da Sociedade Brasileira de Fonoaudiologia, pela região norte, na 17ª Conferência de Saúde.

MAGALI DE LOURDES CALDANA

Fonoaudióloga pela Universidade de São Paulo (USP). Mestre em Distúrbios da Comunicação pela Pontifícia Universidade Católica de São Paulo (PUC-SP). Doutora em Linguística e

Língua Portuguesa pela Universidade Estadual Paulista "Júlio de Mesquita Filho" (Unesp). Especialista em Linguagem pelo Conselho Federal de Fonoaudiologia (CFFa). Professora Associada do Departamento de Fonoaudiologia da Faculdade de Odontologia de Bauru da USP (FOB-USP). Coordenadora do Projeto de Extensão Universitária FOB-USP em Rondônia. Coordenadora da Casa da Afasia: terapia intensiva no processo de reabilitação das alterações de linguagem em pessoas com afasia.

MAIRA ROZENFELD OLCHI

Fonoaudióloga e Mestre em Fonoaudiologia pela Pontifícia Universidade Católica de Sao Paulo (PUC-SP). Doutora em Educação na Universidade Federal do Rio Grande do Sul (UFRGS). Pós-doutora em Fonoaudiologia na Universidade de Washington (UW). Professora Associada do Departamento de Cirurgia e Ortopedia da Faculdade de Odontologia da UFRGS. Professora Efetiva da Pós-graduação em Ciências Médicas da UFRGS. Corpo Clínico do Serviço de Neurologia do Hospital de Clínicas de Porto Alegre (HCPA).

MANUELA LEITÃO DE VASCONCELOS

Fonoaudióloga pelo Centro Universitário de João Pessoa (UNIPÊ). Mestre em Linguística e Doutora em Modelos de Decisão e Saúde pela Universidade Federal da Paraíba (UFPB). Docente do Departamento de Fonoaudiologia da UFPB. Pesquisadora colaboradora do Núcleo de Estudos em Linguagem e Funções Estomatognáticas (NELF-UFPB/CNPq).

MARA BEHLAU

Especialista em Voz. Doutora em Distúrbios da Comunicação pela Escola Paulista de Medicina da Universidade Federal de São Paulo (EPM-Unifesp). Pós-doutoramento na University of California San Francisco – EUA. Professora do Centro de Estudos da Voz (CEV) e do Insper.

MARCELA LIMA SILAGI

Fonoaudióloga pela Universidade Federal de São Paulo (Unifesp). Mestre em Ciências (Programa: Neurologia) e Doutora em Ciências (Programa: Ciências da Reabilitação) pela Faculdade de Medicina da Universidade de São Paulo (FMUSP). Pós-graduação pelo Programa de Aprimoramento Profissional de Fonoaudiologia em Neuro-Geriatria pelo Hospital das Clínicas da FMUSP. Professora Adjunta do Departamento de Fonoaudiologia da Unifesp. Orientadora do Programa de Pós-graduação em Distúrbios da Comunicação Humana da Unifesp.

MÁRCIA FALCÃO FABRÍCIO

Pós-graduada em Saúde Mental Coletiva pela Universidade da Região da Campanha (URCAMP). Mestre em Saúde Coletiva pela Universidade Federal do Rio Grande do Sul (UFRGS). Fonoaudióloga da Secretaria Estadual da Saúde do Rio Grande do Sul.

MÁRCIA KESKE-SOARES

Doutora em Letras/Linguística Aplicada pela Pontifícia Universidade Católica do Rio Grande do Sul (PUCRS). Professora Titular do Departamento de Fonoaudiologia da Universidade Federal de Santa Maria (UFSM). Docente do Curso de Graduação e do Programa de Pós-graduação em Distúrbios da Comunicação Humana da UFSM. Bolsista de Produtividade em Pesquisa 2 do Conselho Nacional de Desenvolvimento Científico e Tecnológico (CNPq).

MÁRCIA REGINA TELES

Especialista em Audiologia e em Fonoaudiologia do Trabalho pelo Conselho Federal de Fonoaudiologia (CFFa). Mestre em Fonoaudiologia pela Pontifícia Universidade Católica de Sao Paulo (PUC-SP). Técnica em Segurança do Trabalho.

MÁRCIO JOSÉ DA SILVA MOREIRA

Doutor em Bioética, Ética Aplicada e Saúde Coletiva pelo Programa de Pós-graduação em Bioética, Ética Aplicada e Saúde Coletiva/Universidade Federal do Rio de Janeiro (PPGBIOS/UFRJ). Especialista em Disfagia e em Motricidade Orofacial pelo Conselho Federal de Fonoaudiologia (CFFa). Professor Adjunto do Curso de Fonoaudiologia do Instituto de Saúde de Nova Friburgo da Universidade Federal Fluminense (ISNF/UFF). Jovem Docente Permanente do Programa de Pós-graduação em Odontologia do ISNF/UFF (PPGO/ISNF/UFF). Líder do Núcleo de Estudos em Deglutição e Disfagia (NEDD/UFF/CNPq).

MARCUS VALERIUS DA SILVA PEIXOTO

Fonoaudiólogo e Residência em Audiologia Clínica pela Universidade Estadual de Ciências da Saúde de Alagoas (UNCISAL). Especialização em Gestão em Saúde pela Escola Nacional de Saúde Pública da Fundação Oswaldo Cruz (ENSP/Fiocruz). Mestre em Saúde Comunitária pelo Instituto de Saúde Coletiva da Universidade Federal da Bahia (ISC/UFBA). Doutor em Ciências da Saúde pela Universidade Federal de Sergipe (UFS). Pós-doutor em Biotecnologia pela Rede Nordeste de Biotecnologia (Universidade Federal de Alagoas – UFAL/UNCISAL).

MARGARETH ATTIANEZI BRACET

Fonoaudióloga pela Universidade Veiga de Almeida (UVA). Mestre em Saúde Coletiva pela Universidade Federal do Rio de Janeiro (UFRJ). Doutora em Ciências pelo Instituto Nacional de Saúde da Mulher, da Criança e do Adolescente Fernandes Figueira da Fundação Oswaldo Cruz (IFF/Fiocruz). Professora Adjunta do Departamento de Fonoaudiologia do Centro de Ciências da Saúde da Universidade Federal do Espírito Santo (CCS/UFES).

MARIA ANGELINA NARDI MARTINEZ

Fonoaudióloga. Mestre em Fonoaudiologia pela Pontifícia Universidade Católica de São Paulo (PUC-SP). Doutora em Psicologia Social pela Universidade de São Paulo (USP). Professora Associada da PUC-SP.

MARIA APARECIDA CORMEDI

Mestre em Distúrbios do Desenvolvimento e Pós-doutora em Educação pela Universidade Presbiteriana Mackenzie. Doutora em Educação pela Universidade de São Paulo (USP). Especialista em Surdez e Deficiência Visual pela Universidade Estadual de Campinas (Unicamp) e em Surdocegueira e Deficiência Múltipla pela Perkins School for the Blind – EUA.

MARIA CECÍLIA BONINI TRENCHE

Fonoaudióloga. Mestre pelo Programa de Pós-graduação em Distúrbios da Comunicação e Doutora pelo Programa de Pós-graduação em História e Filosofia da Educação da Pontifícia Universidade Católica de São Paulo (PUC-SP). Professora Titular do Departamento de Teoria e Métodos em Fonoaudiologia e Fisioterapia da PUC-SP. Professora dos cursos de Fonoaudiologia e Fisioterapia em disciplinas do campo da Saúde Coletiva.

MARIA CECÍLIA DE MOURA

Fonoaudióloga. Mestre em Distúrbios da Comunicação e Doutora em Psicologia (Psicologia Social) pela Pontifícia Universidade Católica de São Paulo (PUC-SP). Professora titular da PUC-SP.

MARIA CECILIA MARTINELLI

Professora Associada e Livre-docente da Escola Paulista de Medicina da Universidade Federal de São Paulo (EPM-Unifesp).

MARIA CRISTINA DE MENEZES BORREGO FERNANDES

Fonoaudióloga Especialista em Voz. Mestre e Doutora em Ciências pelo Programa de Pós-graduação do Departamento de Fonoaudiologia da Universidade Federal de São Paulo (Unifesp). Fonoaudióloga do Serviço de Motricidade Orofacial e Voz da Derdic/Pontifícia Universidade Católica de São Paulo (PUC-SP). Professora do Centro de Estudos da Voz (CEV). Coordenadora do Comitê de Voz Profissional do Departamento de Voz da Sociedade Brasileira de Fonoaudiologia (SBFa) – Gestão 2023-2025.

MARIA CRISTINA PEDRO BIZ

Doutora em Saúde, Interdisciplinaridade e Reabilitação pela Universidade Estadual de Campinas (Unicamp).

MARIA DA GLÓRIA CANTO DE SOUZA

Fonoaudióloga pela Universidade Católica de Pernambuco (Unicap). Especialista em Audiologia e Voz pelo Conselho Federal de Fonoaudiologia (CFFa). Mestre em Fonoaudiologia pela Pontifícia Universidade Católica de São Paulo (PUC-SP). Doutora pelo Programa de Pós-graduação em Processos Interativos de Órgãos e Sistema da Universidade Federal da Bahia (UFBA). Doutora Sanduíche na Universidade do Porto/Portugal. Pós-doutora em Plataformas Digitais Gamificadas em Saúde pela UFBA. Professora Adjunta do Curso de Fonoaudiologia da Universidade do Estado da Bahia.

MARIA DA SOLEDADE ROLIM DO NASCIMENTO

Fonoaudióloga, Doutora e Mestre em Neuropsiquiatria e Ciências do Comportamento pela Universidade Federal de Pernambuco (UFPE), com atuação na Atenção Primária do SUS (Equipe e-Multi). Especialista em Preceptoria Multiprofissional na Área de Saúde – Faculdade de Ciências da Saúde Moinhos de Vento.

MARIA DE JESUS GONÇALVES

Fonoaudióloga pela Pontifícia Universidade Católica de São Paulo (PUC-SP). Mestre em Linguística pela Universidade Estadual de Campinas (Unicamp). Doutora em Psicologia Experimental pela Universidade de São Paulo (USP). Docente do Departamento de Fonoaudiologia da Universidade Federal do Rio Grande do Norte (UFRN). Assessora Acadêmica do Centro de Ciências da Saúde da UFRN.

MARIA FERNANDA MONDELLI

Pós-doutora pela Faculdade de Medicina da Universidade de São Paulo (FMUSP). Docente associada do Departamento de Fonoaudiologia da Faculdade de Odontologia de Bauru da USP (FOB-USP).

MARIA FRANCISCA COLELLA-SANTOS

Professora Titular em Audiologia pela Faculdade de Ciências Médicas da Universidade Estadual de Campinas (Unicamp).

MARIA GABRIELA CAVALHEIRO

Fonoaudióloga e Mestre em Ciências pela Faculdade de Odontologia de Bauru da Universidade de São Paulo (FOB-USP). Doutora em Ciências da Reabilitação pelo Hospital de Reabilitação em Anomalias Craniofaciais da Universidade de São Paulo (HRAC-USP). Especialista em Linguagem Infantil. Aperfeiçoamento em Diagnóstico e Reabilitação em Linguagem Infantil e Gagueira pela Faculdade de Medicina de Ribeirão Preto da USP (FMRP-USP). Pós-doutoranda Júnior do CNPq pelo Programa de Pós-graduação em Fonoaudiologia da Universidade Estadual de Ciências da Saúde de Alagoas (UNCISAL). Membro do grupo de pesquisa do Laboratório de Audição e Tecnologia (LATEC).

MARIA INÊS BELTRATI CORNACCHIONI REHDER

Doutora em Distúrbios da Comunicação Humana pela Escola Paulista de Medicina da Universidade Federal de São Paulo (EPM-Unifesp).

MARIA ISABEL D'ÁVILA FREITAS

Fonoaudióloga. Doutora e Pós-doutora em Neurologia pela Universidade de São Paulo (USP). Professora Associada do Departamento de Fonoaudiologia da Universidade Federal de Santa Catarina (UFSC). Tutora da Residência Multiprofissional em Saúde e Coordenadora do Ambulatório de Afasia do Hospital Universitário da UFSC. Foi coordenadora do Comitê de Linguagem Oral e Escrita do Adulto e Idoso do Departamento de Linguagem da Sociedade Brasileira de Fonoaudiologia (SBFa) – gestões 2017-2019 e 2020-2022.

MARIA JULIA FERREIRA CARDOSO

Fonoaudióloga pela Pontifícia Universidade Católica de Goiás (PUC-Goiás). Especialista em Residência Multiprofissional em Saúde Auditiva no Hospital de Reabilitação em Anomalias Craniofaciais da Universidade de São Paulo (HRAC-USP). Mestre em Ciências e Doutoranda pelo Programa de Fonoaudiologia da Faculdade de Odontologia de Bauru da Universidade de São Paulo (FOB-USP).

MARIA MADALENA CANINA PINHEIRO

Doutora em Ciências no Programa dos Distúrbios da Comunicação Humana pela Escola Paulista de Medicina da Universidade Federal de São Paulo (EPM-Unifesp). Professora Associada do Departamento de Fonoaudiologia da Universidade Federal de Santa Catarina (UFSC). Professora Credenciada no Programa de Pós-graduação em Fonoaudiologia da UFSC (mestrado) e Tutora da Residência Integrada Multiprofissional em Saúde – Atenção em Alta Complexidade (HU-UFSC).

MARIA TERESA CARTHERY-GOULART

Fonoaudióloga pela Faculdade de Medicina da Universidade de São Paulo (FMUSP). Mestre em Psicologia na área de Neurociências e Comportamento pelo Instituto de Psicologia da USP. Doutora em Ciências na área de Neurologia pela FMUSP.

MARIA VALÉRIA SCHMIDT GOFFI GOMEZ

Fonoaudióloga pela Faculdade de Medicina da Universidade de São Paulo (FMUSP). Mestre e Doutora em Ciências da Audição e da Comunicação pela Escola Paulista de Medicina da Universidade Federal de São Paulo (EPM-Unifesp). Fonoaudióloga da Divisão de Clínica Otorrinolaringológica do Hospital das Clínicas da FMUSP. Coordenadora da Equipe de Fono do Grupo de Implante Coclear. Colaboradora pesquisadora do Núcleo de Audiologia do A.C. Camargo Cancer Center. Livre-docente pelo Departamento de Oftalmo e Otorrino da FMUSP.

MARIANA AMARY

Fonoaudióloga Especialista em Audiologia, em Eletroacústica e Eletrofisiologia da Audição. Certificação "The American Institute of Balance". Mestranda em Ciências da Reabilitação no Programa de Pós-graduação em Ciências da Reabilitação (PPGREAB) da Universidade Federal da Bahia (UFBA).

MARIANA CARDOSO GUEDES

Fonoaudióloga e Mestre em Ciências pela Faculdade de Medicina da Universidade de São Paulo (FMUSP). Especialista em Audiologia pela Santa Casa de São Paulo e em Audição e Linguagem Falada com certificação em Terapia Auditiva Verbal pela AGBell Association for Listening and Spoken Language (LSLS Cert AVT®).

MARIANA SACONATO

Fonoaudióloga pela pela Escola Paulista de Medicina da Universidade Federal de São Paulo (EPM-Unifesp). Especialista em Motricidade Orofacial e Disfagia pelo Conselho Federal de Fonoaudiologia (CFFa). Mestre e Doutora em Ciências pela EPM-Unifesp. Responsável Técnica da Fonoaudiologia e Preceptora e Tutora da Especialização Multiprofissional em Infectologia do Instituto de Infectologia Emílio Ribas. Membro Efetivo da CCIH, do CEP e da EMTN do Instituto de Infectologia Emílio Ribas. Membro do Diretório de Pesquisa em Deglutição e Disfagia da EPM-Unifesp. Docente da Pós-graduação em Disfagia da Faculdade de Medicina do ABC. Vice-coordenadora do Comitê de Disfagia Neurogênica da Sociedade Brasileira de Fonoaudiologia (SBFa).

MARIANE PERIN SILVA COMERLATTO

Fonoaudióloga pela Universidade do Vale do Itajaí (UNIVALI). Especialista em Audiologia Clínica pelo Instituto de Comunicação e Audição – ALFA. Mestre em Fonoaudiologia pela Faculdade de Odontologia de Bauru da Universidade de São Paulo (FOB-USP). Doutora em Otorrinolaringologia pela Faculdade de Medicina da USP (FMUSP). Mentoranda na Certificação em Terapia Auditiva Verbal (LSLS Cert AVT®) pela AGBell Academy for Listening and Spoken Language. Professora do Departamento de Fonoaudiologia da Universidade Federal de Sergipe (UFS) – Campus Lagarto. Vice-coordenadora do Comitê de Reabilitação Auditiva da Sociedade Brasileira de Fonoaudiologia (SBFa 2023-2024).

MARIANGELA LOPES BITAR

Fonoaudióloga pela Escola Paulista de Medicina da Universidade Federal de São Paulo (EPM-Unifesp). Especialização em Promoção da Saúde pela Faculdade de Saúde Pública da Universidade de São Paulo (FSP/USP). Mestre em Linguística pela Pontifícia Universidade Católica de São Paulo (LAEL/PUC-SP). Doutora em Linguística pela Faculdade de Filosofia e Ciências Humanas (FFLCH da USP. Pós-doutora em Psicolinguística pela Sorbonne – Paris V. Professora Doutora da Faculdade de Medicina da USP (FMUSP).

MARIENE TERUMI UMEOKA-HIDAKA

Especialista em Audiologia pelo Conselho Federal de Fonoaudiologia (CFFa). Mestre em Fonoaudiologia pela Pontifícia Universidade Católica de São Paulo (PUC-SP).

MARILEDA BARICHELLO GUBIANI

Fonoaudióloga, mestre e doutora em Distúrbios da Comunicação Humana pela Universidade Federal de Santa Maria (UFSM). Professora Adjunta da UFSM.

MARILEDA CATTELAN TOMÉ

Fonoaudióloga pela Universidade Federal de Santa Maria (UFSM). Especialista em Motricidade Orofacial pelo Conselho Federal de Fonoaudiologia (CFFa). Mestre em Distúrbios da Comunicação Humana pela UFSM. Doutora em Ciências dos Distúrbios da Comunicação Humana pelo Hospital de Anomalias Craniofaciais da Universidade de São Paulo (USP Bauru). Membro da Sociedade Brasileira de Fonoaudiologia (SBFa). Membro Fundador da Associação Brasileira de Motricidade Orofacial (ABRAMO). *Professional Educator's License* pelo Departamento de Educação de Indiana – EUA. *Professional SLP License* pelo Estado de Michigan – EUA. Docente da School of Communication Sciences and Disorders - Andrews University – EUA. *Certified Clinical Competence* pela American Speech-Language and Hearing Association (ASHA).

MARINA TABORDA ENGLERT

Fonoaudióloga, Mestre e Doutora em Distúrbios da Comunicação Humana na Universidade Federal de São Paulo (Unifesp).

MARINA LEITE PUGLISI

Fonoaudióloga pela Universidade Federal de São Paulo (Unifesp). Doutora pela Faculdade de Medicina da Universidade de São Paulo (FMUSP) e Pós-doutora pela FMUSP e pela Universidade de Oxford (Reino Unido). Professora Adjunta do Departamento de Fonoaudiologia da Unifesp. Foi *Newton International Fellow* pela British Academy.

MARINA MARTINS PEREIRA PADOVANI

Fonoaudióloga especialista em Voz pelo Conselho Federal de Fonoaudiologia (CFFa) e em Educação em Saúde pelo Centro de Desenvolvimento de Educação Médica da Universidade de São Paulo (CEDEM/USP). Mestre e Doutora em Ciências/Distúrbios da Comunicação Humana pela Universidade Federal de São Paulo (Unifesp). Professora Assistente da Faculdade de Ciência Médicas da Santa Casa de São Paulo.

MARINE RAQUEL DINIZ DA ROSA

Fonoaudióloga pelo Centro Universitário de João Pessoa (UNIPÊ). Especialista em Audiologia. Mestre em Distúrbios da Comunicação pela Universidade Tuiuti do Paraná (UTP). Doutora em Farmacologia – PPGPN pela Universidade Federal da Paraíba (UFPB). Professora Associada do curso de Fonoaudiologia da UFPB. Pesquisadora visitante da Universidade de Manchester – UK. Docente e pesquisadora dos Programas de Pós-graduação em Neurociência Cognitiva e Comportamento – PPgNeC e de Fonoaudilogia – PPGFON.

Coordenadora do Grupo de Estudos e Pesquisas em Audição, Equilíbrio e Zumbido (GEPAEZ). Representante regional (região Nordeste) da Academia Brasileira de Audiologia (ABA) (2021-2023). Membro do Comitê de Ensino e Pesquisa da ABA (2022-2024).

MARISA SACALOSKI

Fonoaudióloga e pedagoga. Especialista em Fonoaudiologia Educacional, Libras e Educação Especial, Violência Doméstica contra a Criança e o Adolescente. Psicopedagoga. Doutora em Ciências pela Universidade Federal de São Paulo (Unifesp).

MARISTELA JÚLIO COSTA

Fonoaudióloga. Doutora em Ciências dos Distúrbios da Comunicação Humana pela Universidade Federal de São Paulo (Unifesp). Pós-doutora no Laboratório de Investigação Fonoaudiológica em Processamento Auditivo da Universidade de São Paulo (USP). Professora Associada da Universidade Federal de Santa Maria (UFSM), aposentada. Colaboradora do Programa de Pós-Graduação em Distúrbios da Comunicação Humana da UFSM.

MARIVALDO CAZUMBÁ

Mestre em Direito Internacional Econômico pela Universidade Católica de Brasília (UCB). Especialista em Direito Internacional Fiscal e Integração Econômica (ESAF/UE) e em Direito Econômico e das Empresas pela Fundação Getulio Vargas (FGV).

MARLOS SUENNEY DE MENDONÇA NORONHA

Doutor em Ciências da Educação pela Universidade de Évora.

MARTA ASSUMPÇÃO DE ANDRADA E SILVA

Fonoaudióloga clínica e assessoria em comunicação corporativa. Mestre em Distúrbios da Comunicação e Doutora em Comunicação e Semiótica pela Pontifícia Universidade Católica de São Paulo (PUC-SP). Vice-coordenadora do Programa de Pós-graduação (PPG) em Comunicação Humana e Saúde, Professora na Graduação em Fonoaudiologia e no Jornalismo da PUC-SP. Professora Adjunto no Curso de Fonoaudiologia da Faculdade de Ciências Médicas da Santa Casa de São Paulo e Coordenadora do Ambulatório de Artes Vocais da Santa Casa de São Paulo.

MARTA MARIA DA SILVA LIRA-BATISTA

Mestre em Ciências e Saúde e Doutora em Alimentos e Nutrição pela Universidade Federal do Piauí (UFPI). Residência Multiprofissional em Atenção Hospitalar – Concentração Adultos e Idosos pela Universidade Federal de São Paulo (Unifesp). Fonoaudióloga Intensivista no Hospital Universitário da UFPI). Tutora de Fonoaudiologia da Residência Multiprofissional Assistência em Cuidados Intensivos (REMACI – HU-UFPI/EBSERH). Membro do Departamento de Fonoaudiologia da Sociedade Brasileira de Neuromodulação. Presidenta do Departamento de Fonoaudiologia da Associação de Medicina Intensiva Brasileira (AMIB).

MAYRA MARIA OLIVEIRA DE LIMA

Mestre em Saúde da Comunicação Humana e Especialista em Fluência.

MAYSA LUCHESI CERA

Fonoaudióloga. Mestre e Doutora em Ciências e Especialista em Distúrbios da Comunicação Humana (Fonoaudiologia) pela Universidade Federal de São Paulo (Unifesp). Professora Adjunta do curso de Fonoaudiologia da Universidade de Brasília (UnB)

MELISSA ZATTONI ANTONELI

Fonoaudióloga. Mestre e Doutora em Ciências da Reabilitação pelo Hospital de Reabilitação de Anomalias Craniofaciais da Universidade de São Paulo (USP).

MICHELE DEVIDO DOS SANTOS LOIOLA

Fonoaudióloga, Mestre e Doutora em Ciências da Saúde pela Faculdade de Ciências Médicas da Santa Casa de São Paulo (FCMSCSP). Especialista em Linguagem pela FCMSCSP. Professora Assistente do curso de graduação em Fonoaudiologia da FCMSCSP.

MICHELE VARGAS GARCIA

Fonoaudióloga pela Universidade Federal de Santa Maria (UFSM). Especialista em Fonoaudiologia. Mestre e Doutora em Ciências pela Escola Paulista de Medicina da Universidade Federal de São Paulo (EPM-Unifesp). Coordenadora do Grupo de Eletrofisiologia e Avaliação Comportamental (GEAAC) e da Liga de Audiologia e do Ambulatório de Zumbido (LAAZ). Professora Associada do Curso de Graduação em Fonoaudiologia e do Programa de Pós-graduação em Distúrbios da Comunicação Humana da UFSM.

MICHELINE COELHO RAMALHO VASCONCELOS

Doutora em Saúde Integral do Instituto de Saúde Integral Prof. Fernando Figueira (IMIP).

MICHELLE FERREIRA GUIMARÃES

Fonoaudióloga. Doutora em Neurociências pela pela Universidade Federal do Pará. Pós-doutora em Oncologia pela Fundação Antonio Prudente – A.C. Camargo Cancer Center.

MICHELLE SOLTOSKY PERES

Mestre em Ciências/Saúde Pública pelo Instituto Fernandes Figueira da Fundação Oswaldo Cruz (Fiocruz). Doutora em Linguística pela Universidade Federal do Rio de Janeiro (UFRJ). Pós-doutora pelo Instituto de Comunicação e Informação Científica e Tecnológica em Saúde da Fiocruz, na linha de pesquisa Regimes de Produção, Regulação e Novas Dinâmicas de Pesquisa Científicas em Saúde, com ênfase em Educação Permanente.

MIRELA POLINI CAPUTTO

Fonoaudióloga pela Universidade de São Paulo (USP). Mestre em Fonoaudiologia pela Pontifícia Universidade Católica de São Paulo (PUC-SP).

MIRIAM CARVALHO DE MORAES-LAVADO

Fonoaudióloga. Mestre em Distúrbios da Comunicação pela Universidade Federal de São Paulo (Unifesp). Analista de Saúde da Secretaria Municipal da Saúde de São Paulo. Professora Instrutora do Curso de Graduação em Fonoaudiologia da Faculdade de Ciências Médicas Santa Casa de São Paulo.

MIRIAM MÜLLER VIZENTINI

Bacharelado, Graduação e Licenciatura Plena em Psicologia pela Pontifícia Universidade Católica de São Paulo (PUC-SP). Cursos de extensão em Ensino de Língua de Herança pela Padagogische Hochshule de Zürich – PHZH (Escola Superior de Pedagogia de Zurique) e Padagogische Hochshule Nordwestschweiz – PH FHNW (Escola Superior de Pedagogia do Noroeste da Suíça). Cursos de extensão sobre Didática no ensino de Língua de Herança.

MONALISE COSTA BATISTA BERBERT

Fonoaudióloga pela Universidade Federal de Minas Gerais (UFMG). Especialista em Motricidade Orofacial e Saúde Coletiva pelo Conselho Federal de Fonoaudiologia (CFFa). Mestre em Ciências Biológicas: Farmacologia Bioquímica e Molecular pela UFMG. Doutora em Engenharia pela Universidade Federal do Rio Grande do Sul (UFRGS).

MÔNICA JUBRAN CHAPCHAP

Fonoaudióloga. Mestre em Distúrbios da Comunicação Humana pela Universidade Federal de São Paulo (Unifesp). Coordenadora de programas de triagem auditiva neonatal em maternidades da rede pública e privada na cidade de São Paulo. Fonoaudióloga do Setor de Eletrofisiologia do Centro de Otorrinolaringologia do Hospital Sírio-Libanês (SP). Vice-presidente do Bureau Internacional d'Audiophonologie (BIAP) gestão 2021-2024. Membro diretor do International Evoked Response Audiometry Study Group (IERASG).

MONIQUE HERRERA CARDOSO

Fonoaudióloga. Mestre em Fonoaudiologia e Doutora em Educação pelo Programa de Pós-graduação da Faculdade de Filosofia e Ciências da Universidade Estadual Paulista "Júlio de Mesquita Filho" (Unesp – Marília).

NATALIE IANI GOLDONI

Fonoaudióloga, Mestre e Doutoranda em Educação pela Universidade Estadual Paulista "Júlio de Mesquita Filho" (Unesp – Marília). Pedagoga pela Universidade Estadual de Santa Cruz (UESC-Bahia). Paliativista pelo Instituto Pallium Latinoamérica – Básico e Avançado – Universidade Del Salvador – Argentina. Coordenadora e Docente do Curso de Comunicação Alternativa na atuação em Cuidados Paliativos da Casa do Cuidar-SP. Fonoaudióloga clínica e domiciliar no Recôncavo da Bahia.

NAYARA RIBEIRO DA SILVA

Bacharel em Letras – Tradução pela Universidade do Sagrado Coração (USC). Mestre em Ciência, na área de concentração de Processos e Distúrbios da Comunicação, pela Faculdade de Odontologia de Bauru da Universidade de São Paulo (FOB-USP).

NEYLLER PATRIOTA CAVALCANTE MONTONI

Doutora na área de Oncologia. Fonoaudióloga do A.C. Camargo Cancer Center. Especialista em Voz e Disfagia. Membro da Diretoria da Academia Brasileira de Disfagia e Coordenadora do Comitê de Disfagia Mecânica da Sociedade Brasileira de Fonoaudiologia (SBFa). Cofundadora da ASAP Comunicação Humana.

NOEMI GRIGOLETTO DE BIASE

Médica Otorrinolaringologista. Professora Associada e Livre-docente do Departamento de Otorrinolaringologia e Cirurgia de Cabeça e Pescoço da Escola Paulista de Medicina da

Universidade Federal de São Paulo (EPM-Unifesp). Chefe do ambulatório de Neurolaringologia do Setor de Laringologia e Voz da EPM-Unifesp. Professora Associada do Departamento de Teorias e Métodos da Fonoaudiologia e Fisioterapia da Faculdade de Ciências Humanas e da Saúde da Pontifícia Universidade Católica de São Paulo (PUC-SP).

OSWALDO CRIVELLO JÚNIOR

Professor Associado do Departamento de Cirurgia, Prótese e Traumatologia Maxilofaciais da Faculdade de Odontologia da Universidade de São Paulo (USP).

PATRÍCIA BARCELLOS DINIZ

Fonoaudióloga pelo Instituto Metodista de Educação e Cultura (IMEC). Doutora pelo Programa de Ciências Pneumológicas da Universidade Federal Rio Grande do Sul (UFRGS). Especialista em Disfagia pelo Conselho Federal de Fonoaudiologia (CFFa). Responsável pela validação transcultural da escala canadense *The Montreal Children's Hospital Feeding Scale* para identificação de risco de dificuldades alimentares em crianças, designada no Brasil EBAI (Escala Brasileira Alimentação Infantil). Sócia Proprietária do Alimentando o Coração.

PATRÍCIA COTTA MANCINI

Mestre em Estudos Linguísticos pela Universidade Federal de Minas Gerais (UFMG). Doutora em Ciências dos Distúrbios da Comunicação Humana pela Universidade Federal de São Paulo (Unifesp), com doutorado-sanduíche na Universidade de Pittsburgh – EUA. Pós-doutora pela Universidade de Iowa – EUA.

PATRÍCIA DANIELI CAMPOS

Mestre em Ciências pela Faculdade de Odontologia de Bauru da Universidade de São Paulo (FOB-USP). Doutora em Ciências pela Universidade de São Paulo (USP). Especialista em Audiologia pelo Conselho Federal de Fonoaudiologia (CFFa).

PATRÍCIA JUNQUEIRA

Fonoaudióloga e Mestre em Distúrbios da Comunicação pela Pontifícia Universidade Católica de São Paulo (PUC-SP). Doutora em Distúrbios da Comunicação Humana pela Universidade Federal de São Paulo (Unifesp). Especialista em Motricidade Orofacial.

PATRICIA MASSUCATTO MILANELLO

Fonoaudióloga com Aprimoramento em Fonoaudiologia Hospitalar pela Faculdade de Medicina de Ribeirão Preto da Universidade de São Paulo (FMRP-USP). Especialista em Oncologia pelo Programa de Residência Multiprofissional pelo A.C. Camargo Cancer Center. Mestrado em Oncologia pela Fundação Antônio Prudente. Fonoaudióloga titular do A.C. Camargo Cancer Center. Preceptora e Coordenadora do Programa de Residência em Fonoaudiologia do A.C. Camargo Cancer Center. Vice-coordenadora do Comitê de Disfagia Mecânica do Departamento de Disfagia da Sociedade Brasileira de Fonoaudiologia (SBFa) – Gestão 2023-2025.

PATRÍCIA SIMONETTI

Fonoaudióloga e Mestre em Fonoaudiologia pela Pontifícia Universidade Católica de São Paulo (PUC-SP). Doutora em Ciências pela Faculdade de Medicina da Universidade de São Paulo (FMUSP).

PAULA NUNES TOLEDO

Mestre em Fonoaudiologia pela Pontifícia Universidade Católica de São Paulo (PUC-SP). Doutora em Ciências – Cirurgia Plástica pela Faculdade de Medicina da Universidade de São Paulo (FMUSP). Pós-doutora pela FMUSP. Especialista em Motricidade Orofacial pelo Conselho Federal de Fonoaudiologia (CFFa). Docente de cursos de pós-graduação no Brasil e Espanha. Vice-líder do Núcleo Decretados em Deglutição e Disfagia da Universidade Federal Fluminense (UFF).

PAULA PEREIRA MELLO PASSOS

Doutoranda em Interdisciplinaridade, Saúde e Reabilitação pela Faculdade de Ciências Médicas da Universidade Estadual de Campinas (Unicamp).

PAULO RICARDO SAQUETE MARTINS FILHO

Professor Associado da Universidade Federal de Sergipe (UFS). Epidemiologista, Microbiologista, Cientista de Dados e *Expert in Evidence Synthesis*. Chefe do Laboratório de Patologia Investigativa (LPI).

PERPETUA COUTINHO GOMES

Graduada em Fonoaudiologia pela Pontifícia Universidade Católica de São Paulo (PUC-SP). Especialista em Promoção da Saúde e Cuidado na Atenção Hospitalar – área de atuação: adulto e idoso e em Estratégia de Saúde da Família pela Faculdade Paulista de Serviço Social de São Caetano do Sul. Fonoaudióloga no Hospital Dia de Santo Amaro – São Paulo/SP.

PRISCILA MARA VENTURA AMORIM SILVA

Fonoaudióloga pela Universidade do Sagrado Coração. Mestre em Fonoaudiologia pela Pontifícia Universidade Católica de São Paulo (PUC-SP). Doutora em Saúde da Criança e do Adolescente pela Universidade Estadual de Campinas (Unicamp). Especialista em Linguagem e Motricidade Orofacial pelo Conselho Federal de Fonoaudiologia (CFFa). Fonoaudióloga do CEPRE – Centro de Estudos e Pesquisas em Reabilitação "Prof. Dr. Gabriel de Oliveira Porto" da Unicamp. Coordenadora do Comitê de Línguas de Sinais e Bilinguismo para Surdos da Sociedade Brasileira de Fonoaudiologia (SBFa) – gestão 2023-2025. Membro titular da Comissão Nacional de Educação Bilíngue de Surdos – MEC (2023-2025).

PRISCILA OLIVEIRA COSTA SILVA

Fonoaudióloga pelo Centro Universitário de João Pessoa (UNIPÊ). Especialização em Voz com ênfase em Comunicação Profissional pela Faculdade Redentor – RJ. Mestre e Doutora em Modelos de Decisão e Saúde e Pós-doutoranda em Distúrbios da Comunicação Humana pela Universidade Federal da Paraíba (UFPB).

PRISCILA STAROSKY

Fonoaudióloga e docente do Curso de Fonoaudiologia da Universidade Federal Fluminense (UFF). Doutora em Estudos da Linguagem pela Pontifícia Universidade Católica do Rio de Janeiro (PUC-RJ). Atua na área da Fonoaudiologia Bilíngue para Surdos, fazendo parte do Comitê de Língua de Sinais e Fonoaudiologia Bilíngue para Surdos da Sociedade Brasileira de Fonoaudiologia (SBFa). Professora efetiva do curso de Fonoaudiologia, Campus Lagarto da Universidade Federal de Sergipe (UFS). Professora efetiva do Programa de Pós- graduação de Ciências Aplicadas à Saúde da UFS.

RAFAELI HIGA SCARMAGNANI

Fonoaudióloga. Especialista em Motricidade Orofacial. Mestre e Doutora em Ciências da Reabilitação pelo Hospital de Reabilitação em Anomalias Craniofaciais da Universidade de São Paulo (HRAC-USP). Doutorado Sanduiche no Karolinska Institutet – Estocolmo, Suécia. Vice-coordenadora do Comitê de Fala, Departamento de Motricidade Orofacial da Sociedade Brasileira de Fonoaudiologia (SBFa). Fonoaudióloga Clínica, Coordenadora do Nascer e Crescer Espaço Materno Infantil.

REGINA TANGERINO DE SOUZA JACOB

Professora Associada do Departamento e do Programa de Pós-graduação em Fonoaudiologia da Faculdade de Odontologia de Bauru da Universidade de São Paulo (FOB-USP). Professora visitante do The Hearing Health Lab, The University of Texas at Dallas. Pesquisadora Produtividade do CNPq e Fapesp. Membro do Grupo de Pesquisa Centro de Pesquisas Audiológicas do CNPq. Coordenadora do Laboratório de Acessibilidade Auditiva e Audiologia Educacional da USP-Bauru.

REGINA YU SHON CHUN

Doutora em Linguística Aplicada e Estudos da Linguagem pela Pontifícia Universidade Católica de São Paulo (PUC-SP). Pós-doutora em Linguística pelo Instituto de Estudos da Linguagem (IEL) da Universidade Estadual de Campinas (Unicamp). Professora Livre-docente do Curso de Graduação em Fonoaudiologia e do Programa de Pós-graduação em Saúde, Interdisciplinaridade e Reabilitação do Departamento de Desenvolvimento Humano e Reabilitação (DDHR) da Faculdade de Ciências Médicas da Unicamp.

REINALDO JORDÃO GUSMÃO

Médico otorrinolaringologista. Mestre e Doutor em Ciências Médicas pela Unicamp. Professor Doutor aposentado do Departamento de Oftalmo/Otorrinolaringologia da Faculdade de Ciências Médicas da Universidade Estadual de Campinas (Unicamp).

RENAN COSTA LOYOLA

Graduado em Física e Mestre em Ensino de Física pela Universidade Federal do Espírito Santo. Especialização em Gestão Pública pelo Instituto Federal de Educação, Ciência e Tecnologia do Espírito Santo. Especialização em Segurança Pública pela Academia de Polícia Civil do Estado do Espírito Santo. Perito Oficial Criminal da Polícia Científica do Estado do Espírito Santo.

RENATA AZEVEDO

Especialista, Mestre e Doutora em Distúrbios da Comunicação Humana pela Universidade Federal de São Paulo (Unifesp).

RENATA CHRISTINA VIEIRA

Fonoaudióloga Forense. Especialista em Voz pelo Centro de Especialização em Fonoaudiologia Clínica e em Voz e em Perícia Fonoaudiológica pelo Conselho Federal de Fonoaudiologia (CFFa). Mestre em Linguística pela Universidade do Estado do Rio de Janeiro (UERJ). Doutora em Linguística Aplicada e Estudos da Linguagem pela Pontifícia Universidade Católica de São Paulo (PUC-SP). Tenente Coronel do Corpo de Bombeiros Militar do Estado do Rio de Janeiro.

Professora convidada da especialização em Voz da Pontifícia Universidade Católica do Rio de Janeiro (PUC-RJ).

RENATA COELHO SCHARLACH

Doutora em Ciências pelo Programa de Pós-graduação em Distúrbios da Comunicação Humana da Universidade Federal de São Paulo (Unifesp).

RENATA GRAZIELE MORINI-ALBRECHT

Mestre e Doutora em Fonoaudiologia pela Universidade Estadual Paulista "Júlio de Mesquita Filho" (Unesp).

RENATA JACQUES BATISTA

Fonoaudióloga pelo Centro Universitário Metodista Isabela Hendrix. Mestre em Linguística pela Universidade Federal de Minas Gerais (UFMG). Especialista em Audiologia pelo Conselho Federal de Fonoaudiologia (CFFa). Professora da Pós-graduação em Audiologia da Pontifícia Universidade Católica de Minas Gerais (PUC Minas). Diretora e Fonoaudióloga clínica da AUDIVIVA – audição e equilíbrio.

RENATA LÍGIA VIEIRA GUEDES

Fonoaudióloga Especialista em Disfagia pelo A.C. Camargo Cancer Center e pelo Conselho Federal de Fonoaudiologia (CFFa). Mestre e Doutora em Ciências/Oncologia pelo A.C. Camargo Cancer Center. Pós-doutora pela University of Florida. Membro da Sociedade Brasileira de Fonoaudiologia (SBFa), Academia Brasileira de Disfagia e Dysphagia Research Society.

RENATA MARIA MOREIRA MORAES FURLAN

Fonoaudióloga. Especialista em Motricidade Orofacial e em Disfagia pelo Conselho Federal de Fonoaudiologia (CFFa). Mestre em Engenharia Mecânica e Doutora em Engenharia de Estruturas pela Universidade Federal de Minas Gerais (UFMG). Docente do Departamento de Fonoaudiologia e do Programa da Pós-graduação em Ciências Fonoaudiológicas da Faculdade de Medicina da UFMG.

RENATA MOTA MAMEDE CARVALLO

Professora Associada Livre-docente do Departamento de Fisioterapia, Fonoaudiologia e Terapia Ocupacional da Faculdade de Medicina da Universidade de São Paulo (FMUSP).

RENATA MOUSINHO PEREIRA DA SILVA

Fonoaudióloga. Doutora e Mestre em Linguística, estágio Pós-doutoral em Psicologia na Universidade Federal do Rio de Janeiro (UFRJ). Pós-doutora em Psicologia na UFRJ. Especialista em Psicomotricidade na ISRP-Paris e em Educação Inclusiva na Universidade Federal de Goiás (UGF). Professora Titular da Graduação em Fonoaudiologia da Faculdade de Medicina da UFRJ. Coordenadora do projeto de pesquisa ELO: escrita, leitura e oralidade.

RENATA S. CARDOSO R. TAVARES

Fonoaudióloga. Pós-doutora em Engenharia Biomédica pela Universidade Federal de São Paulo (Unifesp).

RITA DE CÁSSIA DUARTE LEITE

Mestre em Ciências da Saúde e Doutora em Psicologia do Desenvolvimento pela Universidade Federal de Minas Gerais (UFMG). Especialização em Linguagem pelo CEFAC. Fonoaudióloga pela Pontifícia Universidade Católica de Goiás (PUC-GO).

ROBERTA ALESSANDRA RANDOW

Fonoaudióloga pela Universidade Federal do Rio de Janeiro (UFRJ). Mestre em Neurocomunicação pela Universidade Católica de Murcia, Espanha. Especialização em Linguística pela Universidade Federal de Goiás (UGF). Aprimoramento em Voz pelo Centro de Estudos da Voz (CEV). Especialização em Direitos Humanos e Políticas Públicas para Infâncias e Juventudes pela Pontifícia Universidade Católica do Paraná (PUCPR).

ROBERTA ALVARENGA REIS

Doutora. Professora Associada da Universidade Federal do Rio Grande do Sul (UFRGS). Foi conselheira do Conselho Municipal de Saúde de Porto Alegre/RS entre 2010 e 2018.

ROBERTA LOPES DE CASTRO MARTINELLI

Fonoaudióloga Clínica Especialista em Motricidade Orofacial. Doutora e Mestre em Ciências pela Faculdade de Odontologia de Bauru da Universidade de São Paulo (FOB-USP).

ROBERTO CESAR SILVA GONZALEZ

Graduado em Ciências Biológicas e Fonoaudiologia. Especialista em Análise Acústica Vocal Forense. Mestrando em Distúrbios da Comunicação Humana.

ROBERTO SÁVIO DE ASSUNÇÃO BASTOS

Mestrando em Fonoaudiologia pela Universidade Federal de Paraíba (UFPB). Diretor do Centro de Fotobiomodulação e Saúde (CFotobioS). Pós-graduação em Voz, Motricidade Orofacial e Acupuntura.

RODRIGO DORNELAS DO CARMO

Fonoaudiólogo. Doutor em Comunicação Humana e Saúde pela Pontifícia Universidade Católica de São Paulo (PUC-SP).

ROSANE SAMPAIO SANTOS

Fonoaudióloga. Mestre em Distúrbios da Comunicação pela Universidade Tuiuti do Paraná (UTP). Doutora em Medicina Interna e Ciências da Saúde pela Universidade Federal do Paraná (UFPR). Tesoureira da Sociedade Brasileira de Fonoaudiologia (SBFa) (2023-2024).

ROSEANE REBELO SILVA MEIRA

Fonoaudióloga pela Pontifícia Universidade Católica de Campinas (PUC-Campinas). Mestre pelo Programa Saúde, Interdisciplinaridade e Reabilitação da Faculdade de Ciências Médicas da Universidade Estadual de Campinas (Unicamp). Especialista em Disfagia pelo Conselho Federal de Fonoaudiologia (CFFa). Coordenadora do GT Saúde Materno Infantil do Departamento de Saúde Coletiva da Sociedade Brasileira de Fonoaudiologia (SBFa). Membro do Crefono 2 (gestão 2022-2025) e da Associação Brasileira de Motricidade Orofacial (ABRAMO).

ROSIANE YAMASAKI

Especialista em Voz pelo Conselho Federal de Fonoaudiologia (CFFa). Doutora em Ciências da Saúde pela Universidade Federal de São Paulo (Unifesp). Pós-doutora pelo Departamento de Oftalmologia e Otorrinolaringologia da Faculdade de Medicina da Universidade de São Paulo (FMUSP).

ROXELE RIBEIRO LIMA

Doutora em Distúrbios da Comunicação pela Universidade Tuiuti do Paraná.

SANDRA CRISTINA WANDERLEY CARMO

Fonoaudióloga pela Universidade Católica de Pernambuco (Unicap). Especialista em Fonoaudiologia do Trabalho, em Voz e em Perícia Fonoaudiológica pelo Conselho Federal de Fonoaudiologia (CFFa). Mestre em Perícias Forenses pela Univesidade de Pernambuco (UPE). Coordenadora de Pós-graduação. Docente de Graduação em Fonoaudiologia. Atuação na área de voz clínica, artística e não artística. Perita do Juízo em Perícias Vocais Trabalhistas e Cíveis.

SANDRA MARIA VIEIRA TRISTÃO DE ALMEIDA

Especialista em Saúde Coletiva. Fonoaudióloga da Prefeitura Municipal de São Paulo. Coordenadora da Área Técnica de Saúde da Pessoa com Deficiência da Secretaria Municipal de Saúde.

SANDRA ROSA MACHADO LUZ GIMENEZ

Fonoaudióloga Clínica. Especialista em Motricidade Orofacial pelo Conselho Federal de Fonoaudiologia (CFFa). Especialista em Voz e em Fluência. Certificação para a intervenção em crianças que gaguejam – Palin PCI do Michael Palin Centre pela The Stuttering Foundation. Doutora em Clínicas Odontológicas pela São Leopoldo Mandic.

SCHEILA FARIAS DE PAIVA

Doutora em Psicologia pela Universidade Federal de Juiz de Fora (UFJF). Especialista em Audiologia pelo Conselho Federal de Fonoaudiologia (CFFa). Bacharel em Fonoaudiologia pelo Centro Universitário Metodista Izabela Hendrix (CUMIH). Educadora e Consultora licenciada pelo grupo CIF Brasil. Professora de Audiologia na Universidade Federal de Sergipe (UFS).

SEISSE GABRIELA SANCHES

Doutora em Ciências da Reabilitação pela Faculdade de Medicina da Universidade de São Paulo (FMUSP).

SELMA ANEQUINI COSTA

Especialização em Saúde Pública pela Universidade Federal do Rio Grande do Sul (UFRGS). Mestre e Doutora pela Universidade Federal de São Paulo (Unifesp). Especialista em Auditoria em Serviços de Saúde pela Universidade de Ribeirão Preto (UNAERP). Aprimoramento pela Fundação Oswaldo Cruz (Fiocruz) nos cursos: Qualificação de Gestores do SUS, Vigilância do Óbito Materno, Infantil e Fetal e Atuação em Comitês de Mortalidade. Aprimoramento em Gestão em Vigilância em Saúde – SMS/SP, Aperfeiçoamento CONASEMS--MS – Ser Gestor SUS.

SHEILA ANDREOLI BALEN

Fonoaudióloga. Mestre em Fonoaudiologia. Doutora em Psicologia (Neurociências e Comportamento). Pós-doutora em Neuroengenharia. Pesquisadora Base de Pesquisa Audição e

Linguagem, Laboratório de Inovação Tecnológica em Saúde. Docente do Departamento de Fonoaudiologia da Universidade Federal do Rio Grande do Norte (UFRN). Docente do Programa Associado de Pós-graduação em Fonoaudiologia, UFPB/UFRN/UNCISAL.

SHEILA TAMANINI DE ALMEIDA

Fonoaudióloga. Doutora em Ciências em Gastroenterologia e Hepatologia pela Universidade Federal do Rio Grande do Sul (UFRGS). Docente do Curso de Fonoaudiologia e Tutora do Programa de Residência Multiprofissional em Terapia Intensiva da Universidade Federal de Ciências da Saúde de Porto Alegre (UFCSPA).

SHIRLEY VILHALVA

Pedagoga surda e Mestre em Linguística pela Universidade Federal de Santa Catarina (UFSC). Doutoranda em Linguística Aplicada na Universidade Estadual de Campinas (Unicamp). Pesquisadora na Universidade Federal de Santa Maria (UFSM) e Universidade Federal de Rondônia (UNIR), colaborando em projetos como LIS – Línguas Indígenas de Sinais e Ictiolinguística em Língua de Sinais no Bioparque Pantanal. Professora da Universidade Federal de Mato Grosso do Sul (UFMS). Contribui na área de Educação e Linguística, com ênfase em Libras, língua de sinais, Línguas Indígenas de Sinais e educação indígena para surdos.

SILMARA REGINA PAVANI SOVINSKI

Mestre em Ciências pelo Departamento de Fonoaudiologia da Faculdade de Odontologia de Bauru da Universidade de São Paulo (FOB-USP). Especialista em Motricidade Orofacial pelo Conselho Federal de Fonoaudiologia (CFFa). Certificada em Fonoaudiologia do Sono pela Associação Brasileira do Sono (ABS). Fonoaudióloga clínica.

SILVANA BOMMARITO MONTEIRO

Fonoaudióloga. Doutora em Distúrbios da Comunicação Humana pela Universidade Federal de São Paulo (Unifesp). Docente do Departamento de Fonoaudiologia da Escola Paulista de Medicina da Universidade Federal de São Paulo (EPM-Unifesp). Membro do Programa de Pós-graduação em Distúrbios da Comunicação Humana da EPM-Unifesp. Coordena o Núcleo de Investigação Fonoaudiológica em Motricidade Orofacial do Curso de Fonoaudiologia da EPM-Unifesp.

SILVANA MARIA SOBRAL GRIZ

Fonoaudióloga. Professora titular do Departamento de Fonoaudiologia da Universidade Federal de Pernambuco (UFPE).

SILVIA DAMASCENO BENEVIDES

Especialista em Motricidade Orofacial pelo Conselho Federal de Fonoaudiologia (CFFa). Mestre em Fisiologia pela Universidade Federal de Pernambuco (UFPE). Doutora em Processos Interativos de Órgãos e Sistemas pela Universidade Federal da Bahia (UFBA).

SILVIA HELENA MARCHEZI BERTACCI MANZI

Fonoaudióloga pela Pontifícia Universidade Católica de São Paulo (PUC-SP). Especialista em Motricidade Orofacial e em Perícia Fonoaudiológica pelo Conselho Federal de Fonoaudiologia (CFFa). Aperfeiçoamento em Motricidade Orofacial com Enfoque em Estética Facial pelo CEFAC-SP. Aprimoramento em Identificação Forense de Falantes pelo CEFAC-Rio Claro. Certificada em Fonoaudiologia do Sono pela Associação Brasileira do Sono (ABS). Aprimoramento em Voz e em Voz – Imersão em Análise Acústica pelo CEFAC-SP.

SILVIA MÁRCIA ANDRADE CAMPANHA

Doutora em Saúde e Desenvolvimento Humano pela Universidade Federal de Mato Grosso do Sul (UFMS). Especialista em Motricidade Orofacial e Voz pela Sociedade Brasileira de Fonoaudiologia (SBFa). Fonoaudióloga do Sono pela Associação Brasileira do Sono (ABS).

SIMONE APARECIDA CAPELLINI

Fonoaudióloga. Professora Titular do Departamento de Fonoaudiologia e dos Programas de Pós-graduação em Educação e em Fonoaudiologia da Faculdade de Filosofia e Ciências da Universidade Estadual Paulista "Júlio de Mesquita Filho" (Unesp – Marília). Membro do Collegio dei Docenti del Corso di Dottorato in Formazione, Patrimonio Culturale e Territori presso l'Università di Macerata, Macerata, Itália. Coordenadora do Laboratório de Investigação dos Desvios da Aprendizagem (LIDA) do Departamento de Fonoaudiologia da Faculdade de Filosofia e Ciências da Unesp – Marília. Coordenadora do Departamento de Fonoaudiologia Educacional da Sociedade Brasileira de Fonoaudiologia (SBFa) nas gestões 2017/2019, 2020/2022 e 2023/2025.

SIMONE APARECIDA CLAUDINO DA SILVA LOPES

Mestre e Doutora em Oncologia pela Fundação Antônio Prudente. Fonoaudióloga titular do Departamento de Fonoaudiologia do A.C. Camargo Cancer Center.

SIMONE NICOLINI DE SIMONI

Fonoaudióloga. Mestre e Doutora em Distúrbios da Comunicação Humana. Professora Adjunta do curso de Fonoaudiologia da Universidade Federal de Santa Maria (UFSM). Coordenadora do grupo LE.FONO – Linguagem Escrita na Fonoaudiologia.

SIMONE DOS SANTOS BARRETO

Fonoaudióloga pela Universidade Federal do Rio de Janeiro (UFRJ). Especialista em Saúde Pública pela Fundação Oswaldo Cruz (Fiocruz). Mestre e Doutora em Ciências pelo Programa de Pós-graduação em Distúrbios da Comunicação Humana da Universidade Federal de São Paulo (Unifesp).

SIMONE MARIOTTI ROGGIA

Fonoaudióloga. Especialista em Audiologia pelo Conselho Federal de Fonoaudiologia (CFFa). Mestre em Letras – Linguística Aplicada pela Pontifícia Universidade Católica do Rio Grande do Sul (PUC-RS). Doutora em Ciências – Fisiopatologia Experimental pela Universidade de São Paulo (USP). Pós-doutora pela Universidade de Cincinnati, EUA, e pelo National Institute for Occupational Safety and Health (NIOSH), EUA. Professora Associada do Departamento de Fonoaudiologia da Universidade Federal de Santa Catarina (UFSC). Membro do International Ototoxicity Management Group (IOMG).

SISSY VELOSO FONTES

Doutora em Ciências/Neurologia pela Universidade Federal de São Paulo (Unifesp). Especialista em Fisioterapia Neurofuncional e em Cuidados Integrativos. Psicóloga; Fisioterapeuta; Educadora Física. Professora Afiliada do Departamento de Neurologia e Neurocirurgia da Unifesp. Coordenadora do Ambulatório e do Núcleo de Cuidados Integrativos (NUCI) da Disciplina de Neurologia Clínica e Vice-coordenadora do Núcleo de Medicina e Práticas Integrativas (NUMEPI) da Unifesp. Vice-diretora do Departamento de Saúde do Trabalhador (DsTra) da Pró-reitoria de Gestão com Pessoas (Pro-Pessoas) da Unifesp. Coordenadora do Grupo de Trabalho em Práticas Integrativas e Complementares do Fórum dos Conselhos Atividades Fim da Saúde do Estado de São Paulo (GTPICS_FCAFS). Fundadora e Membro da Diretoria da Associação Brasileira de Cuidados Integrativos (ABRACI).

SORAIA ROMANO

Fonoaudióloga e Pedagoga. Mestre em Educação Especial pela Universidade de São Paulo (USP). Doutora em Educação Especial pela Universidade Federal de São Carlos (UFSCar). Especialista em Neuropsicopedagogia, Direito Educacional e Fonoaudiologia Educacional, com Aprimoramento em Fonoaudiologia pelo Hospital do Servidor Estadual de São Paulo. Coordenadora Pedagógica do Centro de Educação para Surdos do Colégio Rio Branco. Vice-coordenadora do Comitê de Políticas Públicas de Educação do Departamento de Saúde Pública da Sociedade Brasileira de Fonoaudiologia (SBFa) – Gestão 2023-2025. Formadora do Alfadef pelo Ministério da Educação/SEAD. Participante do Grupo de Estudos GP-FOREESP/UFSCar. Formadora em Acessibilidade pela Consultoria Inclua e Docente de Pós-graduação em Educação.

STELA MARIS AGUIAR LEMOS

Fonoaudióloga. Doutora em Ciências pela Universidade Federal de São Paulo (Unifesp). Pós-doutora em Antropologia pela Universitat Rovira i Virgil.

STELLA MARIS BRUM LOPES

Fonoaudióloga pela Pontifícia Universidade Católica do Paraná (PUCPR). Doutora em Saúde Pública pela Faculdade de Saúde Pública da Universidade de São Paulo (FSP/USP).

STELLA MARIS CORTEZ BACHA

Fonoaudióloga. Mestre e Doutora em Educação. Especialista em Motricidade Orofacial, Linguagem, Fonoaudiologia Neurofuncional e Fonoaudiologia Educacional pelo Conselho Federal de Fonoaudiologia (CFFa).

STHELLA ZANCHETTA

Fonoaudióloga. Professora Doutora da Faculdade de Medicina de Ribeirão Preto da Universidade de São Paulo (FMRP-USP). Pós-doutora em Neurosaudiologia pelo National Hospital for Neurology and Neurosurgery (NHNN) – University College of London (UCL).

SUZELEI FARIA BELLO

Fonoaudióloga pela Universidade Estadual Paulista "Júlio de Mesquita Filho" (Unesp). Mestre e Doutora em Educação Especial e Pós-doutora em Ciência, Tecnologia e Sociedade pela Universidade Federal de São Carlos (UFSCar).

TATIANA ROCHA SILVA

Fonoaudióloga pela Pontifícia Universidade Católica de Minas Gerais (PUC-Minas). Especialista em Audiologia pelo Conselho Federal de Fonoaudiologia (CFFa). Mestre em Ciências Fonoaudiológicas pela Universidade Federal de Minas Gerais (UFMG). Doutora em Ciências da Saúde pela UFMG. Pós-doutoranda em Ciências da Saúde pela UFMG.

TATIANE COSTA MEIRA

Doutora em Saúde Pública pelo Instituto de Saúde Coletiva da Universidade Federal da Bahia (UFBA). Professora do Departamento de Fonoaudiologia da UFBA. Professora do Programa de Pós-graduação em Ciências da Reabilitação da UFBA.

TERESA MARIA MOMENSOHN DOS SANTOS

Mestre em Ciências pela Pontifícia Universidade Católica de São Paulo (PUC-SP). Mestre e Doutora em Distúrbios da Comunicação Humana pela Escola Paulista de Medicina da Universidade Federal de São Paulo (EPM-Unifesp). Coordenadora do curso de Especialização em Audiologia do Instituto de Estudos Avançados de Audição (IEAA). Especialista em Audiologia pelo Conselho Federal de Fonoaudiologia (CFFa).

THAIS COELHO ALVES

Fonoaudióloga pela Universidade Estadual Paulista "Júlio de Mesquita Filho" (Unesp). Doutora e Mestre pelo Programa de Pós-graduação em Fonoaudiologia, área de concentração: Distúrbios da Comunicação Humana da Unesp. Pesquisadora Associada do LaDis – Unesp Marília. Aperfeiçoamento em Fono em Neurorreabilitação pela Neuroqualis. Membro da Sociedade Brasileira de Fonoaudiologia (SBFa) e da Academia Brasileira de Disfagia (ABD).

THAÍS CONTIERO CHIARAMONTE

Fonoaudióloga. Mestre em Distúrbios da Comunicação Humana e Doutora em Educação pela Universidade Estadual Paulista "Júlio de Mesquita Filho" (Unesp – Marília). Especialista em Fonoaudiologia Educacional e em Linguagem pelo Conselho Federal de Fonoaudiologia (CFFa). Coordenadora do Comitê de Educação Especial do Departamento de Fonoaudiologia Educacional da Sociedade Brasileira de Fonoaudiologia (SBFa). Pesquisadora voluntária do Laboratório de Investigação dos Desvios da Aprendizagem – LIDA (FFC/Unesp). Fonoaudióloga Educacional da Secretaria Municipal de Educação de Araçatuba/SP

THAÍS GOMES BRAGA DA SILVEIRA

Fonoaudióloga pela Faculdades Reunidas da ASCE (FRASCE). Especialista em Linguagem com enfoque educacional. Pós-graduada em Transtorno do Espectro Autista. Fonoaudióloga educacional com atuação em rede privada de ensino. Fonoaudióloga clínica – atuação em avaliação e intervenção nos transtornos da linguagem e APDZ.

THAYS VAIANO

Especialista em Voz. Mestre e Doutora em Distúrbios da Comunicação Humana. CEO Atletas da Voz. Professora do Centro de Estudos da Voz (CEV).

THELMA REGINA DA SILVA COSTA

Mestre em Distúrbios da Comunicação. Doutora em Fonoaudiologia. Especialista em Audiologia.

THIAGO ROSEIRO DA SILVA

Fonoaudiólogo pela Universidade Federal do Rio de Janeiro (UFRJ). Mestre em Políticas Públicas e Formação Humana pela Universidade do Estado do Rio de Janeiro (UERJ). Atuante na Rede de Atenção Psicossocial da Prefeitura Municipal de Itaguaí.

THIAGO SILVA ALMEIDA DE SOUZA

Especialista em Audiologia.

TIAGO JOSÉ NUNES DE AGUIAR

Especialista em Voz pela Universidade de Fortaleza (Unifor), em Habilitação e Reabilitação Auditiva em Crianças pela Universidade de São Paulo (USP), em Voz e em Fluência pelo Conselho Federal de Fonoaudiologia (CFFa). Mestrando em Saúde Coletiva pela Unifor.

VANESSA FALBO SIMÕES-MARIANO

Mestre em Linguística pela Faculdade de Filosofia, Letras e Ciências Humanas da Universidade de São Paulo (FFLCH-USP). Docente do curso de Fonoaudiologia do Centro Universitário Braz Cubas. Especialista em Saúde Coletiva e Linguagem pelo Conselho Federal de Fonoaudiologia (CFFa). Especialização em Preceptoria no SUS pelo Instituto Sírio-Libanês de Ensino e Pesquisa. Especialização em Fonoaudiologia pela Faculdade de Medicina da USP (FMUSP). Bacharel em Fonoaudiologia pela Uniban.

VANESSA GIACCHINI

Fonoaudióloga, Mestre e Doutora em Distúrbios da Comunicação Humana pela Universidade Federal de Santa Maria (UFSM).

VANESSA LUISA DESTRO FIDÊNCIO

Fonoaudióloga, Mestre e Doutora em Ciências pela Faculdade de Odontologia de Bauru da Universidade de São Paulo (FOB-USP). Especialista em Audiologia e em Linguagem pelo Conselho Federal de Fonoaudiologia (CFFa).

VANESSA MEDINA

Mestre em Linguística Aplicada aos Estudos da Linguagem, Fala e Voz pela Pontifícia Universidade Católica de São Paulo (PUC-SP). Doutora em Clinical Neuroscience: Neuromuscular Disease PHD pela University London's College - UK. MBA em Gestão de Saúde pela Universidade de São Paulo (USP). Especialista em Doenças Raras pelo Inst. Educ. de São Paulo da UNIESP e em Doenças Neuromusculares pela University London's College - UK.

VANESSA MOUFFRON

Mestre e Doutoranda em Ciências Fonoaudiológicas pela Universidade Federal de Minas Gerais (UFMG). Especialista em Motricidade Orofacial pelo Conselho Federal de Fonoaudiologia (CFFa). Pós-graduada em Formação Integrada em Voz pelo Centro de Estudos da Voz (CEV).

VANESSA VEIS RIBEIRO

Bacharel em Fonoaudiologia pela Universidade Estadual do Centro-Oeste (Unicentro). Mestre em Distúrbios da Comunicação pela Universidade Federal de Santa Maria (UFSM). Doutora em Ciências pela Universidade de São Paulo (USP). Pós-doutora em Distúrbios da Comunicação pela Universidade Federal de São Paulo (Unifesp). Especialista em Voz pelo Centro de Estudos da Voz (CEV) e pelo Conselho Federal de Fonoaudiologia (CFFa). Tesoureira da Sociedade Brasileira de Fonoaudiologia (SBFa) (2023-2024).

VANÍSSIA VENDRUSCOLO

Fonoaudióloga. Especialista em Audiologia Clínica. Mestre em Ciências da Educação pela Universidade do Minho - Braga/Portugal. Fundadora da plataforma especializada em treinamento auditivo cognitivo "PAC Online".

VERA LÚCIA ORLANDI CUNHA

Fonoaudióloga pela Pontifícia Universidade Católica de Campinas (PUC-Campinas). Mestre, Doutora e Pós-doutora em Educação pela Universidade Estadual Paulista "Júlio de Mesquita Filho" (Unesp - Marília). Especialista em Fonoaudiologia Educacional e Motricidade Oral. Formação em Psicopedagogia Clínica e Institucional. Membro do Grupo de Pesquisa do CNPq "Linguagem, aprendizagem e escolaridade" da Unesp - Marília. Pesquisadora Pós-doutora e Docente do Laboratório de Investigação dos Desvios da Aprendizagem - LIDA da Unesp - Marília.

WANDERLEIA Q. BLASCA

Mestre em Distúrbios da Comunicação pela Pontifícia Universidade Católica de São Paulo (PUC-SP). Doutora em Ciências - Distúrbios da Comunicação pelo Hospital de Reabilitação em Anomalias Craniofaciais da Universidade de São Paulo (HRAC-USP). Livre-docente pela USP.

WESLANIA VIVIANE NASCIMENTO

Fonoaudióloga. Doutora pela Faculdade de Medicina de Ribeirão Preto da Universidade de São Paulo (FMRP-USP). Pós-doutora em Neuromodulação e Disfagia pela Universitat Autònoma de Barcelona. Especialista em Motricidade Orofacial com ênfase em Oncologia pelo A.C. Camargo Cancer Center e em voz pelo Centro de Estudos da Voz (CEV). Diretora do Instituto de Reabilitação e Estudos em Fonoaudiologia (InReab).

YASMIN SALLES FRAZÃO

Mestre em Distúrbios da Comunicação pela Pontifícia Universidade Católica de São Paulo (PUC-SP). Doutora em Ciências pela Faculdade de Odontologia de Bauru da Universidade de São Paulo (FOB-USP). Especialista em Motricidade Orofacial pelo Conselho Federal de Fonoaudiologia (CFFa). Aperfeiçoamento em Motricidade Orofacial com enfoque em Estética Facial pelo Centro de Especialização em Fonoaudiologia Clínica (CEFAC). Certificada em Fonoaudiologia do Sono pela Associação Brasileira do Sono (ABS).

YURI EDUARDO PAIVA DO NASCIMENTO

Fonoaudiólogo pela Universidade Federal de Pernambuco (UFPE). Especialista em Saúde Mental, Gestão, Produção e Rede de Cuidado (UFPE-CAV). Trabalhador da Rede de Atenção Psicossocial (RAPS) dos munícipios de Camaragibe e Paudalho/PE.

Apresentação

Há 20 anos, em 2004, a Sociedade Brasileira de Fonoaudiologia (SBFa) publicou a primeira edição do *Tratado de Fonoaudiologia*. O ineditismo do formato tornou o tratado imediatamente uma referência indispensável tanto para os estudantes em formação como para os profissionais que atuavam nas mais diversas especialidades da Fonoaudiologia naquela época. Cinco anos depois, sensível às mudanças da profissão ao longo dos últimos anos, incluindo a emergente formação de doutores e o surgimento de novos campos de atuação, a SBFa atualizou a obra e publicou a segunda edição do tratado. Por meio das duas primeiras edições, o tratado consolidou-se como uma das principais e mais atualizadas referências a compilar o que de melhor a Fonoaudiologia brasileira produzia em termos de ciência e prática clínica. Tornou-se, assim, referência básica nas ementas dos cursos de graduação e pós-graduação.

Em 2012, a gestão da SBFa recuperou a proposta de um tratado, mas entendeu que a obra precisava ser reformulada para estar alinhada às necessidades da época. Naquele momento, a formação, atuação profissional e produção científica da Fonoaudiologia brasileira estava cada vez mais descentralizada ao longo do território nacional e novas especialidades estavam se consolidando na profissão enquanto prática e ciência. Dessa forma, a SBFa publicou em 2014 uma nova obra intitulada *Tratado das Especialidades em Fonoaudiologia*.

A gestão 2023-2024 da SBFa assumiu como um dos seus propósitos retomar o *Tratado de Fonoaudiologia* e publicar a sua terceira edição. Consonante aos avanços que a profissão atravessou ao longo das últimas décadas, esta edição propõe em seus capítulos uma abordagem que dialoga com as necessidades do estudante e do profissional contemporâneo, sobretudo ao ressaltar conteúdos que colocam a Fonoaudiologia como uma das profissões mais relevantes e promissoras para a humanidade no cenário mundial.

Para concretizar esse propósito, os membros da diretoria executiva da gestão 2023-2024 da SBFa assumiram a organização do livro e toda a diretoria expandida foi convocada para se envolver na elaboração dos capítulos. Os coordenadores e vice-coordenadores dos departamentos e comissões da SBFa coordenaram as suas respectivas seções no tratado. Já os membros dos comitês atuaram como autores e/ou revisores "cegos" dos capítulos. Em termos de autoria, os dois critérios fundamentais foram a reconhecida *expertise* no conteúdo abordado e associação ativa na SBFa no caso dos fonoaudiólogos, já que profissionais com outra formação podiam ser convidados como coautores. Todos os capítulos têm, no mínimo, um autor com titulação de doutor. Além disso, também foi possível envolver alunos de pós-graduação, desde que recomendados formalmente por seus orientadores e comprovadamente expertos no conteúdo do capítulo.

Após análise das edições anteriores e as reflexões trazidas pelos envolvidos na atual proposta, a terceira edição do *Tratado de Fonoaudiologia* foi organizada em 127 capítulos, todos com objetivos de aprendizagem bem definidos e divididos em dez seções: "Fundamentos de Ensino, Pesquisa e Prática Assistencial", com 6 capítulos e 17 autores; "Audição e Equilíbrio", com 22 capítulos e 78 autores; "Disfagia", com 14 capítulos e 31 autores; "Fala", com 10 capítulos e 21 autores; "Fonoaudiologia Educacional", com 10 capítulos e 28 autores; "Linguagem", com 17 capítulos e 51 autores; "Motricidade Orofacial", com 14 capítulos e 43 autores; "Perícia Fonoaudiológica", com 6 capítulos e 64 autores; "Saúde Coletiva", com 14 capítulos e 70 autores; e "Voz", com 14 capítulos e 41 autores.

O público-alvo do livro continua sendo os profissionais fonoaudiólogos e estudantes de Fonoaudiologia. Contudo, profissionais de áreas afins interessados em conhecer mais sobre a Fonoaudiologia são bem-vindos. Esta edição do tratado traz uma novidade especial, que é a sua publicação em duas versões: impressa e *e-book*. A versão impressa tem uma plataforma digital onde estão hospedados diversos conteúdos complementares dos capítulos, incluindo figuras, gráficos e arquivos de áudio e vídeo. Além disso, alguns capítulos estão disponíveis exclusivamente na plataforma digital, um bônus que os recursos tecnológicos atuais permitem oferecer aos leitores. Podemos ainda listar outros três grandes diferenciais deste livro: 1) reunir em um único produto os fundamentos e os temas mais relevantes da Fonoaudiologia em uma abordagem contemporânea, considerando a pluralidade das áreas de atuação da profissão; 2) ter capítulos escritos por profissionais renomados e reconhecidos nas suas respectivas áreas de atuação; 3) ser uma obra organizada pela SBFa, principal sociedade científica nacional da Fonoaudiologia.

Esperamos que esta edição do tratado mantenha sua característica de ser a obra mais completa e abrangente da profissão no Brasil, considerada referência obrigatória em todos os cursos de graduação em Fonoaudiologia, assim como uma obra de referência para fonoaudiólogos que atuam na clínica e/ou pesquisa científica.

Leandro de Araújo Pernambuco
Diretor Científico da SBFa (2023-2024)

Prefácio

Honra-me imensamente fazer o prefácio da 3ª edição do *Tratado de Fonoaudiologia*, uma obra abrangente e atualizada apresentando reflexões nos diferentes cenários de prática e níveis de atenção. De acordo com os organizadores, esta edição "*dialoga com as necessidades do estudante e do profissional contemporâneo, sobretudo ao ressaltar conteúdos que colocam a Fonoaudiologia como uma das profissões mais relevantes e promissoras para a humanidade no cenário mundial*".

É importante registrar que o fonoaudiólogo atua nos aspectos relacionados à promoção da saúde, prevenção, diagnóstico, habilitação, reabilitação ou aperfeiçoamento, objetivando ao ser humano o bem-estar, a autoestima e qualidade de vida. Sua atuação possibilita a promoção da saúde e minimiza os agravos à população. Neste livro, renomados autores com reconhecida expertise no conteúdo abordado compartilham suas experiências em 127 capítulos e dez seções, instigando acadêmicos e profissionais a produzirem e implementarem suas práticas clínicas em benefício da população.

À medida que me aprofundava em sua leitura, fui-me dando conta que cada capítulo tem sua vinculação a alguma prática. É como se os autores procurassem destacar o que é vivenciado nas suas práticas, mas tudo isso refletido e elaborado crítica e criteriosamente. Aos leitores, deixo o convite para aprendizagem e aprimoramento nas diversas áreas de atuação da Fonoaudiologia, como Audição e Equilíbrio, Disfagia, Fala, Fonoaudiologia Educacional, Linguagem, Motricidade Orofacial, Perícia Fonoaudiológica, Saúde Coletiva, Saúde do Trabalhador, Voz, Telefonoaudiologia, Fundamentos de Ensino, Pesquisa e Prática Assistencial, além de abordagens interdisciplinares e inovações tecnológicas.

Esta obra destina-se a estudantes, pesquisadores, fonoaudiólogos e profissionais de áreas afins, oferecendo uma ferramenta indispensável para aprimorar sua prática clínica e contribuir para os avanços da ciência fonoaudiológica. Seguramente, esta 3ª edição do *Tratado de Fonoaudiologia* contribuirá significativamente para o avanço da Fonoaudiologia e melhoria do cuidado em saúde, que inspire as novas gerações de fonoaudiólogos.

Esta obra oferece uma base sólida para prática clínica e pesquisa em Fonoaudiologia, garantindo a excelência no cuidado, e orienta estudantes, profissionais e pesquisadores rumo à prática baseada em evidências. As evidências científicas desempenham um papel fundamental na regulamentação da profissão, especialmente nas áreas da saúde, uma vez que:

1. fornecem base sólida para tomada de decisão, garantindo que as práticas profissionais sejam baseadas em conhecimento atualizado e confiável;
2. melhoram a qualidade dos serviços, já que asseguram que os profissionais forneçam serviços eficazes e seguros;
3. fomentam a inovação, permitindo atualizações constantes nas práticas profissionais;

Sendo assim, este *Tratado de Fonoaudiologia* reflete o compromisso com a excelência e inovação, o que garante que este livro seja uma ferramenta indispensável para as práticas fonoaudiológicas. Considero uma referência obrigatória em todos os cursos de graduação em Fonoaudiologia, assim como uma obra de referência para fonoaudiólogos que atuam na clínica e/ou pesquisa científica nas diversas áreas relacionadas à Fonoaudiologia.

Ao ser convidada para este prefácio, aceitei sem hesitar. Pela honra do convite, por saber da importância do material para os autores que assumiram o compromisso com a excelência no texto apresentado e por ver que o livro se tornará a referência fundamental na área da Fonoaudiologia, que contribuirá para o avanço da Ciência Fonoaudiológica, assim como se tornará um recurso valioso para os estudantes e profissionais. Agradeço sinceramente pela oportunidade.

O fonoaudiólogo é o agente de transformação na vida das pessoas; está presente em todos os momentos da vida, em todos os cenários de práticas e níveis de atenção.

Que esta assistência seja realizada de maneira ética, segura e com qualidade.

Andréa Cintra Lopes
Professora Associada do
Departamento de Fonoaudiologia – USP-Bauru
Presidente do 14º Colegiado – CFFa

Agradecimentos

A Diretoria Executiva da SBFa, gestão 2023-2024, agradece a dedicação e o empenho de todos os envolvidos na realização desta terceira edição do *Tratado de Fonoaudiologia*, algo que só foi possível a partir de uma grande rede de colaboração, composta pelos coordenadores e vice-coordenadores de departamentos e comissões, membros dos comitês, autores convidados, revisores dos capítulos e equipe editorial. Muito obrigado a todos que abraçaram a proposta de atualizar esta obra tão relevante para a formação e atuação do fonoaudiólogo no Brasil.

Os organizadores

Conteúdo complementar – Plataforma Digital

Utilize o QR code abaixo para acessar capítulos exclusivos, vídeos, áudios, anexos, imagens coloridas e mais (no cadastro, colocar o voucher: **tratfono**). O prazo para acesso a esse material limita-se à vigência desta edição.

Seção 1

Fundamentos de Ensino, Pesquisa e Prática Assistencial

Coordenadores

Giédre Berretin-Felix
Kelly Cristina Alves Silverio
Thelma Regina da Silva Costa
Reynaldo Gomes Lopes
Carla Salles Chamouton
Ana Paula Ramos de Souza

1

Desenhos de pesquisa em Fonoaudiologia

Kelly da Silva
Camila de Castro Corrêa
Maria Gabriela Cavalheiro
Paulo Ricardo Saquete Martins Filho

PONTOS-CHAVE

- As práticas clínicas baseadas em evidências promovem avanço da Fonoaudiologia e encorajam o diálogo entre pesquisadores e clínicos.
- Fonoaudiólogos clínicos precisam realizar leituras críticas dos inúmeros artigos científicos disponíveis e para isso precisam conhecer desenhos de estudo e suas aplicações em pesquisa.
- Nunca se produziu tanto material científico, mas analisar criticamente a qualidade das evidências disponíveis é essencial para a melhor tomada de decisão clínica e implementação de políticas públicas de saúde eficientes.

OBJETIVOS DE APRENDIZAGEM

Ao final deste capítulo, o leitor deverá estar apto a:

- Entender os fundamentos da Fonoaudiologia Baseada em Evidências: identificar e explicar os conceitos centrais que sustentam a Fonoaudiologia Baseada em Evidências, incluindo a importância da integração entre evidências de pesquisa, expertise clínica e preferências do paciente.
- Realizar análise crítica dos diversos desenhos de estudo: avaliar criticamente os principais tipos de desenhos de estudo usados na pesquisa em Fonoaudiologia, compreendendo suas características, forças e limitações, e como eles contribuem para a construção do conhecimento na área.
- Avaliar a adequação do desenho do estudo e a coerência das conclusões: desenvolver a habilidade de correlacionar os objetivos de um estudo com seu desenho metodológico e avaliar se as conclusões apresentadas são coerentes e sustentadas pelos dados e análises realizadas.

INTRODUÇÃO

Nas últimas décadas, o movimento globalmente reconhecido como Medicina Baseada em Evidências (MBE) tem ganhado força, influenciando profissionais de diversas áreas da saúde. Essa abordagem, que transcende as práticas médicas tradicionais, é mais apropriadamente denominada Prática Clínica Baseada em Evidências. Ela busca responder a questionamentos clínicos específicos, integrando as melhores evidências disponíveis, as preferências do paciente ou cliente e a experiência do clínico[1,2].

Seguindo os princípios da Prática Baseada em Evidência, a Fonoaudiologia Baseada em Evidências (FBE)[3] propõe um diálogo entre pesquisa científica e prática clínica, assegurando que as intervenções fonoaudiológicas sejam pautadas em bases explícitas e informadas. Contudo, a implementação efetiva da FBE requer mais do que a formulação de questões clínicas e a busca por literatura científica pertinente. O desafio maior reside na leitura crítica dos materiais científicos. Portanto, é fundamental considerar a qualidade metodológica, os vieses potenciais e o desenho de pesquisa, os quais são cruciais para avaliar a robustez das evidências.

O entendimento dos diferentes desenhos de pesquisa e sua aplicabilidade em responder a questões e objetivos específicos de pesquisa é essencial para garantir a qualidade metodológica e, consequentemente, a validade das evidências obtidas (Quadro 1). Neste contexto, o presente capítulo aborda os diversos desenhos de pesquisa e sua relevância no delineamento de estudos científicos robustos, que fundamentam a tomada de decisão informada em Fonoaudiologia.

Além disso, aspectos fundamentais como definição de população, amostragem, categorização de variáveis, identificação de vieses e a compreensão das variáveis de confundimento serão explorados para esclarecer os diversos desenhos de pesquisa. Esses conceitos são essenciais para entender a metodologia e os resultados de estudos epidemiológicos, conforme detalhado no Apêndice A.

Em um cenário repleto de publicações científicas, os fonoaudiólogos enfrentam o desafio de utilizar as melhores evidências disponíveis para responder a questões clínicas específicas. É necessário que os cursos de graduação em Fonoaudiologia, bem como os programas de pós-graduação *stricto sensu*, formem profissionais que saibam distinguir a qualidade das evidências e realizar uma análise crítica do material científico.

ESTUDOS EXPERIMENTAIS

Os estudos experimentais adotam uma abordagem metodológica rigorosa em pesquisa científica, especialmente em testes de eficácia, de efetividade e de segurança de intervenções terapêuticas. Sua principal força reside na capacidade de estabelecer relações causais de alta confiabilidade entre a intervenção e os

QUADRO 1 Desenhos de estudo

Objetivo da pesquisa	Desenho de estudo
Sintetizar de forma sistemática as evidências existentes sobre uma pergunta de pesquisa específica	Revisão sistemática
Avaliar o efeito de uma intervenção ou de uma ação preventiva em uma condição de saúde ou doença	Ensaio clínico randomizado
Compreender a causalidade entre um fator de risco e o desenvolvimento de uma doença ou condição de saúde. Acompanha um grupo de indivíduos ao longo do tempo, observando inicialmente a exposição a um fator de risco e, posteriormente, monitorando o surgimento da doença ou condição nos participantes	Coorte
Identificar fatores de risco para o desenvolvimento de uma doença, analisando retrospectivamente a exposição a esses fatores em indivíduos com a doença (casos) em comparação com aqueles sem a doença (controles)	Caso-controle
Estimar a frequência de ocorrência (prevalência) de uma doença ou condição de saúde em uma determinada população	Transversal
Descrever detalhadamente um agrupamento de casos clínicos, com condição clínica ou doença em comum, pouco ou não relatado na literatura científica	Série de casos
Descrever detalhadamente um caso clínico específico pouco ou não relatado na literatura científica	Estudo de caso
Testar em seres vivos uma determinada resposta biológica	Pesquisa em animais
Fornecer subsídios para pesquisas futuras por meio de experimentos controlados com foco na compreensão de mecanismos biológicos, no teste ou validação de hipóteses e no desenvolvimento de novas tecnologias	Pesquisa laboratorial ou *in vitro*

Nível de evidência

Fonte: os autores.

desfechos de interesse, fornecendo evidências robustas para orientar a prática clínica e as decisões em saúde. No contexto desse modelo de estudo, o investigador maneja de forma deliberada e controlada os fatores de exposição ou intervenções para avaliar seus efeitos. Esse manejo pode envolver a adição, remoção ou alteração de variáveis específicas, com o objetivo de explorar com maior profundidade os fenômenos estudados. Devido à sua robustez na geração de evidências, os estudos experimentais são frequentemente a base de artigos originais publicados na área da saúde[4].

De modo geral, os estudos experimentais se dividem em dois tipos principais: experimentos verdadeiros, como os ensaios clínicos randomizados (ECRs), e estudos *quasi*-experimentais. Os ECRs são considerados o padrão-ouro para estabelecer relações de causa-efeito devido ao uso da randomização e controle rigoroso. Já os estudos *quasi*-experimentais, embora busquem objetivos similares, não empregam todos os critérios dos ECRs, incluindo a randomização. Em contextos clínicos e de reabilitação em que a randomização não é viável ou ética, utiliza-se a alocação por outros métodos, como a conveniência, o que pode aumentar o risco de viés e reduzir o nível de evidência[5]. Exemplos de estudos *quasi*-experimentais, caracterizados pela ausência de atribuição aleatória dos participantes, incluem os estudos "antes e depois". Nesses estudos, os indivíduos são avaliados antes da aplicação de uma intervenção – geralmente idêntica para todos – e submetidos a avaliações subsequentes em momentos posteriores.

Nos ECRs, a randomização entre os grupos de intervenção e controle é crucial e pode ser realizada de diferentes formas, de forma simples, em blocos, pareada, estratificada e por minimização (para maiores detalhes, verificar o Apêndice A no final do capítulo). A intervenção pode variar desde um novo medicamento até uma abordagem terapêutica inovadora, enquanto o grupo controle pode receber um placebo, o padrão de cuidado atual ou nenhuma intervenção. Logo, a realização dos procedimentos de randomização é importante a fim de evitar vieses e fatores confundidores durante a execução da pesquisa.

Outro ponto importante é o mascaramento ou cegamento, que pode ser referente ao participante, aos pesquisadores que realizam a intervenção ou ao avaliador dos resultados. Recebe o nome de duplo-cego quando o participante e os pesquisadores não sabem qual o tratamento está em curso, reduzindo os riscos de viés referente ao efeito de Hawthorne (mudança comportamental do paciente/participante ao saber que está sendo tratado ou observado) e ao tratamento diferencial de diferentes participantes pelos pesquisadores.

Além disso, a gestão adequada do ambiente de pesquisa é vital para minimizar interferências externas. A precisão na mensuração dos resultados e sua comparação com as hipóteses formuladas são fundamentais para a validação das conclusões. Quando conduzidos corretamente, os estudos experimentais, especialmente os ECRs, são altamente eficazes em demonstrar relações de causa e efeito com um nível elevado de evidência científica. A Figura 1 apresenta os principais passos para a realização de um ECR.

Dada a relevância de assegurar aos leitores que as premissas do desenho de estudo foram seguidas com rigor, é essencial adotar *guidelines* padronizados na preparação e elaboração de estudos. No contexto dos ECRs, as diretrizes do CONSORT (*Consolidated Standards of Reporting Trials*) são amplamente recomendadas[6]. O CONSORT Group (2010) fornece um conjunto detalhado de recomendações que visam melhorar a qualidade e a transparência na comunicação de ensaios clínicos. Essas diretrizes abrangem desde a concepção do estudo até a apresentação de resultados, incluindo aspectos como a descrição do método de randomização, o cegamento e a análise dos dados. A adesão a essas diretrizes é crucial para garantir a integridade científica e a reprodutibilidade dos estudos, facilitando a avaliação crítica por parte da comunidade científica e a aplicação prática dos resultados na prática clínica.

Não menos importante, a avaliação do risco de viés dos ECRs e estudos *quasi*-experimentais é um passo crucial para interpretar de forma crítica os resultados dos estudos de intervenção. No campo da Fonoaudiologia, onde intervenções terapêuticas são frequentemente baseadas em resultados de ensaios clínicos, compreender e avaliar o risco de viés é crucial para assegurar que as práticas clínicas sejam fundamentadas em evidências sólidas e confiáveis. Assim, a avaliação de risco de viés ajuda os fonoaudiólogos a entenderem a extensão em que os resultados de um estudo podem ser influenciados por fatores não relacionados às intervenções em teste.

De acordo com os critérios da Cochrane (www.training.cochrane.org/handbook), importantes vieses a serem considerados na avaliação de ECRs incluem o viés de seleção, quando a alocação dos participantes para os grupos de tratamento ou controle não é verdadeiramente aleatória; o viés de performance e detecção, decorrente do conhecimento dos participantes e pesquisadores sobre as alocações de grupo, o que pode influenciar os resultados ou a interpretação deles; o viés de atrito, referente à perda de participantes durante o estudo; e o viés de relato, que envolve a publicação seletiva de resultados. A identificação e a

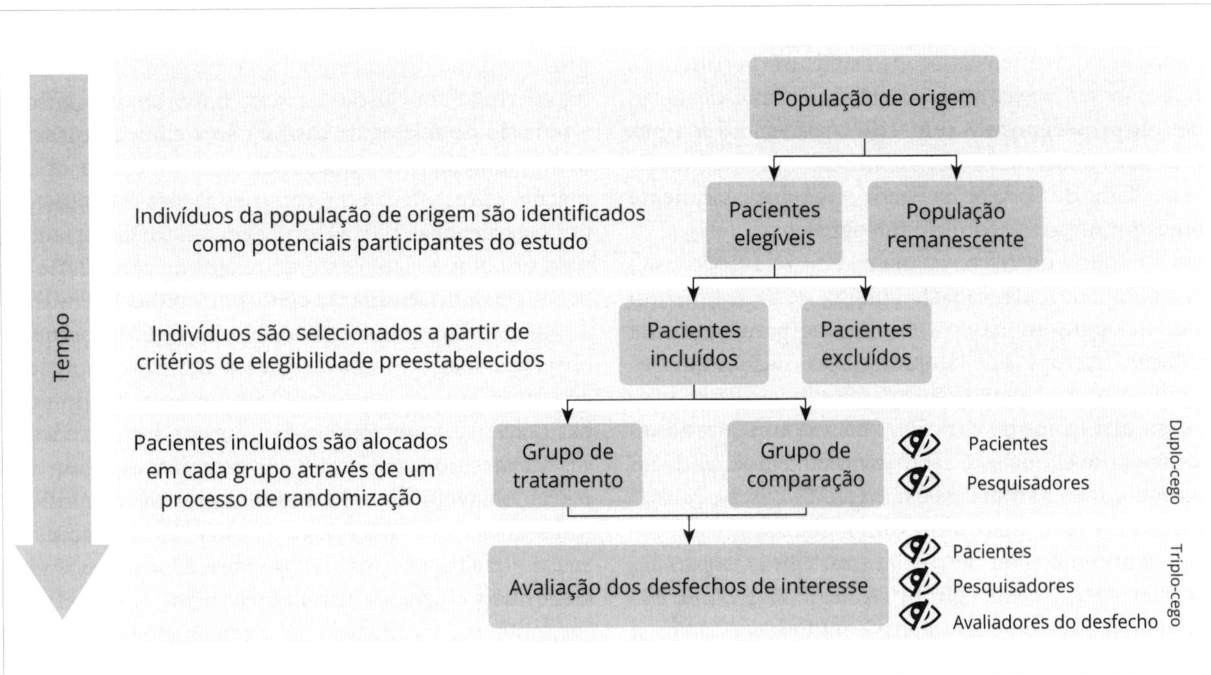

FIGURA 1 Passos para a realização de ensaios clínicos randomizados.
Fonte: os autores.

gestão desses vieses são essenciais para garantir que as conclusões dos ECRs sejam confiáveis e aplicáveis na prática clínica.

Os estudos *quasi*-experimentais podem ser avaliados com a ferramenta *Critical Appraisal Checklist for Quasi-Experimental Studies*, elaborada pelo Joanna Briggs Institute (JBI), o qual avalia a qualidade metodológica desses estudos, examinando a clareza na relação de causalidade, a homogeneidade entre os participantes, a uniformidade no tratamento recebido, a inclusão de um grupo controle, a realização de múltiplas medições antes e após a intervenção, o acompanhamento dos participantes, a consistência e confiabilidade das medições dos desfechos, e o uso de análises estatísticas apropriadas.

No âmbito de uma Fonoaudiologia baseada nas melhores evidências, os estudos experimentais são fundamentais para estabelecer relações causais entre intervenções terapêuticas e desfechos clínicos de interesse. Este rigor metodológico é fundamental ao explorar novos tratamentos ou intervenções terapêuticas, tais como novas técnicas de reabilitação ou a eficácia de novos dispositivos. A adesão a diretrizes padronizadas é essencial na pesquisa fonoaudiológica, uma vez que elas orientam os pesquisadores no relato preciso da metodologia, incluindo processos de randomização e de cegamento, e estão integradas na tomada de decisões clínicas que favorecem melhores resultados na prática fonoaudiológica.

Para os tomadores de decisão, a capacidade de avaliar criticamente os estudos com base nessas diretrizes é crucial. Permite-lhes discernir a validade e a aplicabilidade dos resultados da investigação, informando assim a prática baseada em evidências. A implementação dos princípios do CONSORT e uma avaliação adequada dos riscos de viés garantem que as conclusões extraídas dos ECRs sejam confiáveis e possam ser integradas na tomada de decisões clínicas, melhorando, em última análise, os resultados dos pacientes no domínio da terapia fonoaudiológica.

ESTUDOS OBSERVACIONAIS

Os estudos observacionais representam um tipo de pesquisa científica no qual o investigador observa e registra as características clínicas ou os desfechos de interesse em um grupo de indivíduos, sem intervir nas condições do estudo. Trata-se de um desenho de estudo particularmente útil para verificar tendências em indicadores de saúde, monitorar os efeitos de políticas públicas, formular hipóteses para futuros estudos experimentais[5] e fornecer dados epidemiológicos. No entanto, é importante reconhecer que os estudos observacionais são mais suscetíveis a vieses e confundimentos, limitando assim a capacidade de estabelecer relações causais definitivas.

Esses estudos também são especialmente valiosos na investigação de fatores de risco, preditores de determinados desfechos e eventos adversos raros, circunstâncias em que a realização de estudos experimentais pode não ser viável ou ética. É importante destacar, antes de prosseguirmos com a discussão sobre os tipos de estudos observacionais, a distinção entre os conceitos de "fator de risco" e "preditor", tratados geralmente como sinônimos de forma equivocada.

Um "fator de risco" implica uma relação causal, ou potencialmente causal, com o desfecho, sendo essencial para entender a etiologia e patogênese de doenças. Exemplos de fatores de risco incluem as demandas vocais, refluxo esofágico e exposições químicas em distúrbios de voz[7]. Por sua vez, um "preditor" é uma variável que está estatisticamente associada ao desfecho, mas não necessariamente de forma causal, podendo incluir marcadores biológicos, indicadores socioeconômicos ou outros fatores. Um exemplo é a característica da voz como preditora de escores clínicos de depressão em homens e mulheres[8]. Assim, a distinção entre fator de risco e preditor é crucial para identificar indivíduos com alto risco de desenvolver uma condição, para personalizar tratamentos e para guiar decisões clínicas.

Os estudos observacionais na área da saúde podem ser classificados em estudos descritivos e analíticos, cada um desempenhando um papel distinto de investigação conforme o objetivo da pesquisa e a natureza da questão científica. Os estudos descritivos são aqueles que descrevem características ou padrões de ocorrência de uma doença ou condição de saúde em uma população, e incluem, por exemplo, relatos de casos e séries de casos. Os estudos analíticos, incluindo os estudos de coorte e os caso-controle, objetivam identificar e analisar relações entre variáveis, como a associação entre fatores de risco e desfechos de saúde. Observação especial pode ser dada aos estudos transversais e ecológicos, os quais podem ser tanto descritivos quanto analíticos, dependendo de como são desenhados e utilizados.

Um estudo "relato de caso" é um desenho de pesquisa que descreve a experiência clínica de um único paciente, frequentemente usado para documentar condições raras, reações a tratamentos ou técnicas inovadoras. Exemplo foi o relato de caso publicado na revista científica *CoDAS* em 2022 descrevendo a aplicação da teleconsulta para o manejo da disfagia em um paciente com COVID-19 internado em Unidade de Terapia Intensiva[9].

Por outro lado, um estudo "séries de casos" envolve a compilação de relatos de vários pacientes que apresentam condições ou tratamentos semelhantes, permitindo a descrição de padrões e variabilidades entre esses indivíduos. Esse tipo de estudo é útil para gerar hipóteses ou para uma compreensão mais ampla de uma condição clínica, embora, como os relatos de caso, não permita conclusões causais. Importante frisar que a redação de relatos de caso na área clínica exige cuidado para garantir a qualidade e relevância das informações apresentadas. As recomendações estabelecidas por Gagnier et al. (2013) fornecem um roteiro essencial para orientar a elaboração de relatos de casos a fim de promover a disseminação efetiva do conhecimento[10].

Os estudos transversais são um tipo de pesquisa observacional que analisa dados de uma população específica em um único ponto no tempo, sendo úteis para estimar a prevalência de uma condição ou doença, ou mesmo para identificar associações potenciais entre variáveis. Devido à sua natureza, os estudos transversais não são capazes de estabelecer relações de causa e efeito, pois os dados sobre exposições e desfechos são coletados simultaneamente. É um retrato "instantâneo" da situação de saúde de uma população! Um exemplo a ser citado de um estudo transversal foi publicado em 2019 no *Journal of Voice*, estimando a prevalência e os fatores associados aos distúrbios de voz em idosos comunitários brasileiros. Nesse estudo, a prevalência de distúrbios de voz em uma amostra de 463 idosos foi de 51,4%, sendo associada à hipossalivação, tabagismo, perda auditiva autorreferida e ausência de procura profissional para a queixa[11].

Os estudos ecológicos examinam as relações entre variáveis no nível de grupo ou população, ao invés de indivíduos. Eles são usados para comparar dados de diferentes populações ou comunidades. Busca investigar como fatores ambientais, sociais ou políticas públicas podem influenciar nos padrões de saúde e doença. De maneira geral, os estudos ecológicos utilizam dados secundários como fonte de informação, incluindo registros de saúde pública, dados demográficos, estatísticas nacionais ou internacionais, e outras fontes de dados administrativos ou de vigilância.

No entanto, apesar de algumas vantagens como acessibilidade e custo, bem como a possibilidade de análises de tendências de longos períodos, a qualidade e a precisão dos dados secundários utilizados podem variar, além de serem suscetíveis ao chamado "viés ecológico" ou "falácia ecológica", nos quais as associações observadas são aplicadas incorretamente em nível individual sem investigação adicional. Um bom exemplo de um estudo ecológico na área da Fonoaudiologia investigou a relação entre a oferta de fonoaudiólogos no Sistema Único de Saúde (SUS) e os indicadores sociais no Brasil, no período de 2007 a 2016. Através da coleta de dados oficiais, os autores verificaram uma importante evolução da oferta de fonoaudiólogos no Brasil nesse período, sendo maior nas unidades federativas com menor desenvolvimento humano e maior concentração de renda[12].

Os estudos do tipo caso-controle são fundamentais na epidemiologia, sendo especialmente úteis para investigar as causas e fatores associados a doenças ou condições específicas. Nesse desenho de estudo, indivíduos com uma doença ou condição em questão, conhecidos como "casos", são comparados a um grupo semelhante de indivíduos que não têm a doença, denominados "controles". A análise visa "retroceder" no tempo para avaliar as exposições entre esses dois grupos. Essa metodologia é extremamente valiosa no estudo de doenças raras, em que a ocorrência do evento de interesse é baixa, permitindo uma investigação com menos participantes em comparação com outros modelos de estudo, como os de coorte.

Além disso, os estudos caso-controle geram uma estimativa de efeito conhecida como "razão de chances" (*odds ratio* [OR]), que mede a força da associação entre uma exposição e um evento. A OR compara as chances de o evento ocorrer no grupo exposto em relação ao grupo não exposto. Essa estimativa de efeito é geralmente acompanhada de um intervalo de confiança (IC) de 95%, que indica a precisão da estimativa. Um IC 95% mais estreito sugere maior precisão! Assim, a interpretação do OR com seu respectivo IC 95% se concentra na magnitude do OR e na amplitude do IC, conforme ilustrado na Figura 2.

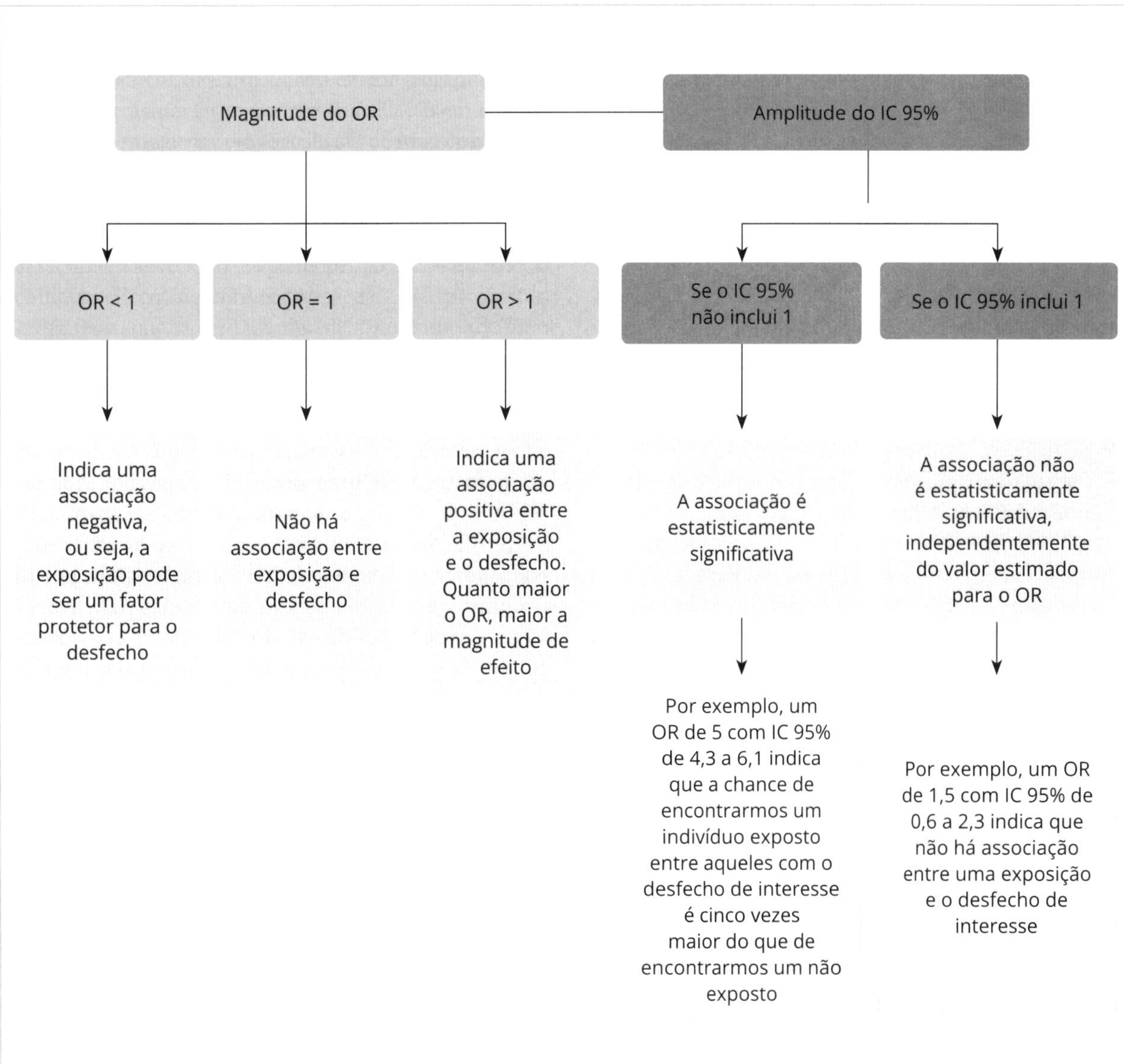

FIGURA 2 Interpretação de *odds ratio* (OR) e intervalo de confiança (IC) de 95%.
Fonte: os autores.

Um exemplo prático é o estudo publicado em 2016 na PLoS One por Chang et al., que investigou a associação entre a vertigem posicional paroxística benigna (VPPB) e procedimentos odontológicos[13]. Recrutando 768 pacientes com VPPB e 1.536 controles pareados por sexo e idade, os pesquisadores identificaram os submetidos a procedimentos odontológicos antes do diagnóstico de VPPB. Após ajustes para fatores demográficos e comorbidades, observaram-se associações positivas entre VPPB e tratamento protético (OR = 1,61, IC 95% 1,01-2,59), cirurgia oral (OR = 2,24, IC 95% 1,41-3,56) e procedimento periodontal (OR = 3,35, IC 95% 1,99-5,63) no mês anterior ao diagnóstico de vertigem. Esses achados levam a sugerir que o uso de ferramentas vibratórias ou percussivas na Odontologia pode induzir diretamente a VPPB. Os estudos caso-controle, apesar de úteis para investigar exposições raras, enfrentam limitações significativas como a incapacidade de estimar a incidência de doenças, vulnerabilidades a vieses de seleção e de recordação, e dificuldades em estabelecer a temporalidade entre exposição e desfecho de interesse. A Figura 2 ilustra a interpretação de *odds ratio* (OR) e do nível de confiança (IC) de 95%.

Por fim, abordamos os estudos de coorte, projetados para acompanhar um grupo de pessoas ao longo do tempo a fim de investigar como diferentes exposições ou fatores de risco influenciam a ocorrência de desfechos específicos. Tipicamente, os participantes são divididos com base em sua exposição (ou não) ao fator estudado. Uma vantagem primordial dos estudos de coorte é sua habilidade de estabelecer a temporalidade, confirmando que a exposição precede o desfecho. Essa característica é fundamental para fazer inferências sobre relações causais. Contudo, vale ressaltar que os estudos de coorte tendem a ser onerosos e de longa duração, o que pode levar ao viés de atrito, resultante da perda de participantes ao longo do estudo.

Os resultados dos estudos de coorte são comumente expressos em termos de risco relativo (RR), que compara a probabilidade de um evento ocorrer no grupo exposto *versus* o grupo não exposto. Um RR acima de 1 sugere um aumento do risco associado à exposição, enquanto um RR abaixo de 1 indica um possível efeito protetor. Um RR de 1 implica não haver diferença de risco entre os grupos. Similarmente ao *odds ratio* (OR), o RR deve ser acompanhado de um IC 95%! Por exemplo, em um estudo de coorte em que foi estimado um RR de 3 com IC 95% de 2,5 a 3,7, indica que o risco do desfecho de interesse em uma pessoa exposta a uma determinada exposição excede em três vezes o de uma pessoa não exposta.

É importante destacar neste capítulo a confusão comum entre coortes retrospectivas e estudos caso-controle, já que ambos adotam métodos retrospectivos para coleta e análise de dados. A distinção essencial entre eles reside na seleção dos participantes e na análise dos dados. Em um estudo de coorte retrospectivo, os indivíduos são inicialmente categorizados com base em sua exposição a um fator específico, independentemente do desfecho. Posteriormente, os pesquisadores observam retrospectivamente as diferenças nos desfechos entre os grupos expostos e não expostos, geralmente relatando os achados em termos de taxas de incidência ou RR. Um bom exemplo é o estudo de coorte retrospectivo realizado por Mori et al., os quais investigaram o uso de serviços especializados em voz por grupos ocupacionais por meio de um estudo de coorte retrospectivo[14]. Os autores observaram um risco aumentado na procura desses serviços entre os profissionais das artes e entretenimento (RR = 4,98, 95% IC 4,18-5,95), direito (RR = 3,24, 95% IC 2,48-4,23), educação (RR = 3,08, 95% IC 2,70-3,52) e serviços sociais (RR = 2,07, 95% IC 1,57-2,73). Em contraste, muitas ocupações reduziram significativamente o risco de apresentação de distúrbios laringológicos, como aquelas relacionadas a apoio administrativo (RR = 0,49, 95% IC 0,41-0,57).

Diante da complexidade e variedade dos estudos observacionais, é essencial adotar diretrizes rigorosas para garantir uma descrição adequada dos seus resultados. Neste contexto, destaca-se a iniciativa STROBE (*Strengthening the Reporting of Observational Studies in Epidemiology*)[15], caracterizada por um conjunto de recomendações detalhadas para a elaboração de relatórios de estudos observacionais, abrangendo aspectos capitais como a clareza na descrição do desenho do estudo, o método utilizado, a apresentação dos resultados e a discussão das limitações. Ao seguir diretrizes como o STROBE, os pesquisadores podem melhorar significativamente a transparência e a reprodutibilidade dos estudos observacionais, facilitando a interpretação e a aplicação dos resultados na prática clínica e na formulação de políticas de saúde. Essa abordagem é fundamental para o avanço do conhecimento científico, especialmente em áreas como a Fonoaudiologia, onde estudos observacionais desempenham um papel crucial na identificação de tendências, fatores de risco e preditores relacionados à saúde vocal e auditiva.

QUADRO 2 Diferenças fundamentais entre as revisões integrativas, de escopo e sistemáticas

Características	Revisão integrativa	Revisão de escopo	Revisão sistemática
Objetivo	Sintetizar o conhecimento sobre um tema amplo	Explorar e mapear a extensão de um tema	Responder uma pergunta de pesquisa específica
Estratégia de busca	Ampla	Precisa	Precisa
Elegibilidade	Inclusão baseada na relevância atribuída pelo autor	Inclusão com base em critérios específicos	Inclusão com critérios específicos e estritos
Análise dos resultados	Síntese narrativa ou qualitativa	Abordagem narrativa	Metanálise, sempre que os dados permitirem
Protocolo	Pode ou não ter um protocolo prévio	Protocolo prévio (aconselhável a publicação do protocolo)	Protocolo prévio (aconselhável a publicação do protocolo)
Replicabilidade	Difícil replicabilidade	Replicabilidade possível	Altamente estruturada, visando replicabilidade

Fonte: os autores.

REVISÕES BIBLIOGRÁFICAS

As revisões bibliográficas na área da saúde desempenham um papel fundamental na consolidação do conhecimento científico e na prática clínica baseada em evidências. Através dessas revisões, profissionais de saúde e pesquisadores podem obter uma visão global dos estudos realizados, identificar lacunas no conhecimento e direcionar futuras pesquisas. Existem vários tipos de revisões bibliográficas, cada uma com sua metodologia e finalidades específicas. Dentre elas, destacam-se as revisões integrativas, de escopo e as sistemáticas. O Quadro 2 apresenta os principais pontos dos diferentes tipos de revisões bibliográficas.

A revisão integrativa é um método abrangente que sintetiza estudos primários para fornecer uma compreensão profunda sobre um tema específico. Baseando-se em uma pergunta de pesquisa ampla, seu objetivo é não apenas consolidar o conhecimento existente, mas também identificar limitações e potenciais lacunas para futuras investigações. Esse tipo de revisão começa com a formulação cuidadosa de uma pergunta norteadora, seguida pela seleção criteriosa de palavras-chave e descritores, como DeCs e MeSH, além de termos livres ajustados para cada base de dados planejada na busca. Um aspecto distintivo da revisão integrativa é sua flexibilidade na inclusão de uma variedade de desenhos de estudos primários, os quais são rigorosamente analisados e avaliados, com o propósito de organizar e apresentar os achados de maneira estruturada.

Por sua vez, a revisão de escopo é um tipo de revisão que se caracteriza pela especificidade e profundidade na exploração de um tema. Sua pergunta norteadora é cuidadosamente formulada para mapear, de forma abrangente, a literatura existente sobre uma temática específica, proporcionando uma compreensão detalhada e direcionada do assunto. Para estruturar essa pergunta, é comum a utilização de acrônimos como PICOT/PECOT (P = população; I = intervenção/E = exposição; C = comparação; O = *outcomes*; T = tipos de estudos a serem selecionados); CoCoPop (Condição, Contexto e População); e PCC (Paciente, Conceito e Contexto) que ajudam a definir os principais componentes da pesquisa.

Bramer et al. (2017) enfatizam a importância de uma estratégia de busca abrangente nas revisões de escopo, assim como nas revisões sistemáticas, recomendando a inclusão de bases de dados essenciais como Embase, MEDLINE, Web of Science e Google Scholar[16]. Essa abordagem garante uma cobertura extensa e eficiente da literatura relevante. A fase de seleção e extração dos dados em uma revisão de escopo é uma etapa crítica e deve ser conduzida de forma independente por revisores, preferencialmente de maneira cega, para garantir a objetividade e reduzir vieses. Além disso, para a realização de uma revisão de escopo, é altamente recomendável seguir as diretrizes do PRISMA-ScR (*Preferred Reporting Items for Systematic review and Meta-Analysis Protocols*), conforme proposto por Tricco et al.[17].

A revisão sistemática é uma ferramenta metodológica de pesquisa que proporciona respostas objetivas para perguntas clínicas bem definidas, a partir também de acrônimos, como PICOT, PECOT e suas variantes. Devido ao seu rigor metodológico e abrangência, a revisão sistemática é considerada o nível mais alto de evidência científica, sendo fundamental na prática da MBE. A formulação da pergunta de pesquisa em uma revisão sistemática é crítica, exigindo precisão, objetividade e uma clara relevância clínica. A estratégia de busca é elaborada cuidadosamente, frequentemente com a colaboração de um bibliotecário especializado, e inclui a seleção de palavras-chave e bases de dados relevantes. O processo de seleção de estudos é geralmente conduzido por pelo menos três revisores, para garantir uma seleção mais precisa e imparcial dos estudos.

A seleção dos estudos em uma revisão sistemática é realizada em duas etapas distintas. Inicialmente, os revisores examinam os títulos e resumos dos estudos identificados na busca, aplicando os critérios de inclusão e exclusão preestabelecidos. Os estudos que passam por essa primeira triagem são então lidos na íntegra para uma avaliação mais detalhada. Durante esta segunda fase, os revisores analisam profundamente cada estudo para confirmar sua adequação e extraem dados relevantes para a síntese e análise. A equipe de uma revisão sistemática também deve incluir um autor com sólida formação em estatística e metanálise, que é a análise estatística voltada ao desfecho investigado, principalmente se a revisão tiver um componente de síntese quantitativa.

Durante o desenvolvimento de uma revisão sistemática, a análise crítica do risco de viés de cada estudo é essencial. Essa avaliação é geralmente realizada de forma independente e em dupla para assegurar objetividade e precisão. Para ensaios clínicos, a ferramenta de avaliação de risco de viés da Cochrane é frequentemente utilizada, enquanto para estudos observacionais, a *Newcastle-Ottawa Scale* (NOS) é amplamente reconhecida. A formatação dessas análises frequentemente envolve tabelas ou outras formas visuais de representação para sintetizar e comunicar os resultados de forma clara e acessível.

É importante ressaltar que nem sempre é possível realizar metanálise em revisões sistemáticas. Isso pode ocorrer por motivos como heterogeneidade significativa entre os estudos, qualidade insuficiente dos dados ou diferenças nas medidas de desfecho utilizadas. Além disso, em algumas situações, as revisões sistemáticas acabam selecionando apenas um número limitado de estudos, devido à falta de evidências disponíveis sobre uma determinada pergunta de pesquisa[18]. Embora isso possa parecer uma limitação, na verdade, destaca importantes lacunas no conhecimento que precisam ser abordadas em pesquisas futuras. Essa identificação de áreas com evidências insuficientes é crucial para informar a prática clínica e orientar a agenda de pesquisa futura.

Para assegurar a qualidade e a transparência nas revisões sistemáticas, é recomendável seguir diretrizes específicas como o PRISMA[19] (*Preferred Reporting Items for Systematic Reviews and Meta-Analyses*) para revisões de ensaios clínicos e o MOOSE[20] (*Meta-analysis Of Observational Studies in Epidemiology*) para revisões de estudos observacionais. Essas diretrizes fornecem um roteiro detalhado para a elaboração, condução e relato desse tipo de estudo, garantindo que elas sejam realizadas e apresentadas de acordo com os mais altos padrões metodológicos. A seguir, são ilustrados os passos para a condução de uma revisão sistemática da literatura (Figura 3).

DESAFIOS E CONSIDERAÇÕES ESPECIAIS

Atualmente, é fundamental reconhecer que a busca pelas melhores evidências científicas deve prevalecer sobre a noção de que a experiência clínica é suficiente por si só. A supremacia reside na ciência que segue boas práticas, é aberta e acessível, e na avaliação criteriosa das evidências científicas. A compreensão de que a pesquisa serve como um guia fundamental para os clínicos é essencial para o progresso da Fonoaudiologia. Assim, a integração entre evidência científica e experiência clínica aprimora a prática profissional, contribuindo para o avanço contínuo dessa importante área da saúde.

CONCLUSÃO E RECOMENDAÇÕES

A prática da FBE demanda dos pesquisadores e clínicos um entendimento profundo dos variados desenhos de pesquisa e suas respectivas finalidades. Essa compreensão aprofundada é fundamental para a aplicação correta e eficaz das evidências científicas na prática clínica. Neste contexto, as universidades desempenham um papel crucial, não apenas como centros de ensino, mas também como vanguardas na promoção da ciência e da análise crítica. Elas devem se posicionar na linha de frente para encorajar discussões robustas, fomentar a pesquisa de alta qualidade e orientar os futuros profissionais da Fonoaudiologia a se tornarem pensadores críticos e praticantes baseados em evidências.

Para que a Fonoaudiologia continue a evoluir e a se adaptar às necessidades emergentes dos pacientes e da comunidade, é imprescindível que haja uma interação sinérgica entre pesquisa e prática clínica. A pesquisa deve informar e guiar a prática clínica, enquanto as observações e experiências clínicas devem inspirar e moldar as questões de pesquisa. Essa relação de retroalimentação entre a pesquisa e a prática clínica enriquece ambas as áreas, conduzindo a avanços significativos na Fonoaudiologia.

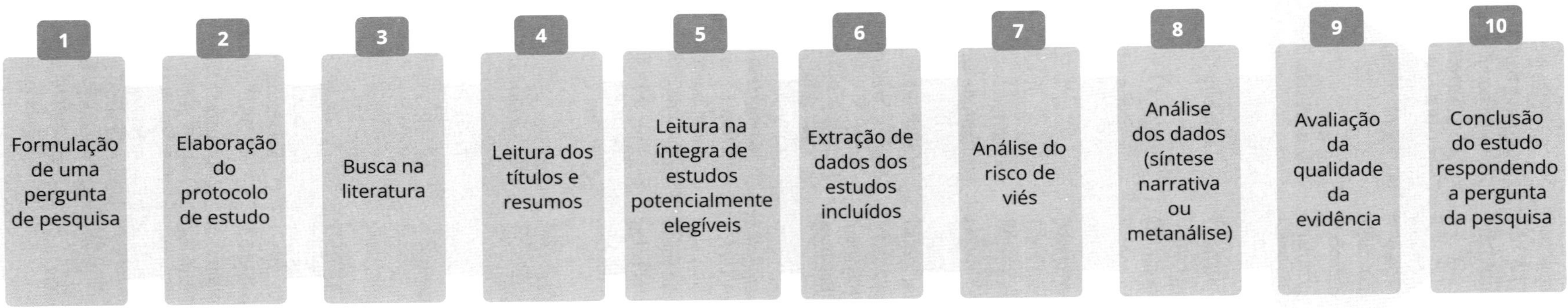

FIGURA 3 Passos necessários para elaboração de uma revisão sistemática.
Fonte: os autores.

REFERÊNCIAS BIBLIOGRÁFICAS

1. Sackett DL, Straus SE, Richardson WS, Rosenberg W, Haynes RB. Medicina baseada em evidências: prática e ensino. 2. ed. Porto Alegre: Artmed; 2023.
2. Herbert RD, Sherrington C, Maher C, Moseley AM. Evidence--based practice – imperfect but necessary. Physiother Theory Pract. 2001;17:201-11.
3. Silva KS, Guedes-Granzotti RB, Dornelas R. Fonoaudiologia baseada nas melhores evidências: da relevância aos desafios. Revista CEFAC. 2024;26:e13823.
4. Hochman B, Nahas FX, Oliveira Filho RS de, Ferreira LM. Desenhos de pesquisa. Acta Cir Bras. 2005;20:2-9.
5. Medronho RA, Carvalho DM, Bloch KV, Luiz RR, Werneck G. Epidemiologia. São Paulo: Atheneu; 2006.
6. Schulz KF, Altman DG, Moher D. CONSORT 2010 Statement: updated guidelines for reporting parallel group randomised trials. BMJ. 2010;340:c332.
7. Roy N, Merrill RM, Gray SD, Smith EM. Voice disorders in the general population: prevalence, risk factors, and occupational impact. Laryngoscope. 2005;115:1988-95.
8. Hashim NW, Wilkes M, Salomon R, Meggs J, France DJ. Evaluation of voice acoustics as predictors of clinical depression scores. J Voice. 2017;31:256.e1-256.e6.
9. Soyama S, Mano T, Kido A. Oropharyngeal dysphagia telerehabilitation in the Intensive Care Unit for COVID-19: a case report. CoDAS. 2022;34:e20210023.
10. Gagnier JJ, Kienle G, Altman DG, et al. The CARE guidelines: consensus-based clinical case reporting guideline development. Case Reports. 2013;2013:bcr2013201554.
11. Góis ACB, Pernambuco L, de Lima KC. Prevalence and associated factors with voice disorders in Brazilian community-dwelling older adults. J Voice. 2019;33:806.e1-806.e7.
12. Silva RPM, Nascimento CMB do, Miranda GMD, Silva VL da, Lima MLLT de, Vilela MBR. Evolution of the provision of speech therapists in the Brazilian public healthcare system: study on correlations with social indictors in the last decade. CoDAS. 2021;33:e20190243.
13. Chang T-P, Lin Y-W, Sung P-Y, Chuang H-Y, Chung H-Y, Liao W-L. Benign paroxysmal positional vertigo after dental procedures: a population-based case-control study. PLoS One. 2016;11:e0153092.
14. Mori MC, Francis DO, Song PC. Identifying occupations at risk for laryngeal disorders requiring specialty voice care. Otolaryngol Neck Surg. 2017;157:670-5.
15. von Elm E, Altman DG, Egger M, Pocock SJ, Gøtzsche PC, Vandenbroucke JP. The Strengthening the Reporting of Observational Studies in Epidemiology (STROBE) statement: guidelines for reporting observational studies. Lancet. 2007;370:1453-7.
16. Bramer WM, Rethlefsen ML, Kleijnen J, Franco OH. Optimal database combinations for literature searches in systematic reviews: a prospective exploratory study. Syst Rev. 2017;6:245.
17. Tricco AC, Lillie E, Zarin W, et al. PRISMA Extension for Scoping Reviews (PRISMA-ScR): checklist and explanation. Ann Intern Med. 2018;169:467-73.
18. Araújo BCL, Simões S de M, Moreira MGS, Mendes ALF, Martins-Filho PRS. Evidence of orofacial myofunctional therapy patients with asthma and rhinitis: a systematic review. CoDAS. 2019;31.
19. Page MJ, McKenzie JE, Bossuyt PM, et al. The PRISMA 2020 statement: an updated guideline for reporting systematic reviews. BMJ. 2021; published online March 29.
20. Stroup DF, Berlin JA, Morton SC, et al. Meta-analysis of observational studies in epidemiology: a proposal for reporting. Meta-analysis Of Observational Studies in Epidemiology (MOOSE) Group. JAMA. 2000;283:2008-12.

APÊNDICE A

Glossário

Amostra: Parcela da população selecionada para análise.

Amostra aleatória: Uma amostra selecionada de uma população de tal forma que cada membro da população tem uma chance conhecida e igual de ser incluído.

Amostra de conveniência: Uma amostra composta por indivíduos que são convenientemente disponíveis para o pesquisador, sem a preocupação de serem representativos da população maior.

Confundimento: Uma situação em que o efeito de uma variável independente é distorcido ou confundido pelo efeito de outra variável que não foi adequadamente controlada.

Dados: Informações coletadas de uma unidade experimental ou observação.

Desfecho: O resultado ou efeito medido em um estudo, como melhora dos sintomas, ocorrência de uma doença, ou mortalidade.

Efeito Hawthorne: Modificação comportamental do participante/paciente ao receber tratamento/atenção durante o tratamento e perceber que estão sendo observados ou tratados.

Fator de risco: Qualquer característica ou exposição de um indivíduo que aumenta a probabilidade de desenvolver uma doença ou lesão.

Fator protetor: Um elemento ou condição que diminui a probabilidade de um indivíduo desenvolver uma doença ou condição.

Força da evidência: O grau de confiança ou validade das conclusões de um estudo, geralmente baseado na qualidade metodológica, tamanho da amostra e consistência dos resultados.

Incidência: O número de novos casos de uma doença ou condição que surgem em uma população durante um período específico.

Magnitude do efeito: A intensidade ou tamanho do efeito de uma exposição ou intervenção, geralmente expressa em termos de risco relativo, *odds ratio* ou diferença de risco.

Metanálise: Método estatístico aplicado à revisão sistemática que integra os resultados de dois ou mais estudos primários.

População: Todos os indivíduos em relação aos quais você deseja tirar uma conclusão.

Prática baseada em evidências: Abordagem para a tomada de decisão na área da saúde que integra a melhor evidência científica disponível com a expertise clínica e as preferências do paciente.
Prevalência: A proporção de indivíduos em uma população que têm uma determinada doença ou condição em um determinado momento ou período.
Randomização simples: Os participantes são sorteados para compor os grupos de estudo.
Randomização em blocos: Os participantes são alocados em blocos, garantindo o mesmo número de participantes no grupo de estudo.
Randomização pareada: Formam-se pares dos participantes e se sorteia dentro do par quem será de um grupo ou de outro.
Randomização estratificada: Utilizada quando há estratos que podem interferir no desfecho observado, então criam-se os estratos (por exemplo, segundo gênero, idade e escolaridade) e dentro de cada estrato é realizado o sorteio, aumentando a chance de os grupos serem balanceados em relação a fatores importantes para a pesquisa.
Randomização por minimização: Ocorre após a randomização simples para os grupos serem balanceados, ou seja, no grupo que, ao acaso, ficou com menos participantes, os novos participantes terão maior probabilidade de serem sorteados.
Variável: Característica que varia para cada indivíduo.
Variáveis qualitativas: São aquelas cujos dados são de natureza não numérica.
Variáveis quantitativas: São aquelas cujos dados são de natureza numérica.
Viés: Tendência ou erro sistemático na coleta, análise, interpretação ou revisão de dados que pode resultar em conclusões incorretas.

2

Tradução e adaptação transcultural, construção e validação de instrumentos de avaliação em Fonoaudiologia

Leandro de Araújo Pernambuco
Nayara Ribeiro da Silva
Ana Flavia de Sales Candido
Carlos Ferreira dos Santos

PONTOS-CHAVE

- As diretrizes para a tradução e adaptação transcultural de instrumentos constituem um conjunto de orientações e etapas metodológicas desenvolvidas para garantir que esse processo seja conduzido de maneira apropriada, preservando as equivalências semântica, idiomática, experiencial e conceitual entre os textos de partida (original) e de chegada (traduzido).
- O processo de validação de um instrumento de avaliação traduzido e adaptado ou construído deve reunir as evidências necessárias para atestar que as interpretações geradas pelo resultado do instrumento são válidas e confiáveis.
- Existem diretrizes específicas para orientar a sistematização do processo de construção e validação de instrumentos de avaliação.
- A compreensão sobre os princípios de tradução e adaptação transcultural, construção e validação de instrumentos de avaliação contribui para que o fonoaudiólogo entregue à população serviços eficientes, confiáveis e de alta qualidade.

OBJETIVOS DE APRENDIZAGEM

Ao final deste capítulo, o leitor deverá ser capaz de:

- Compreender a relevância dos processos de tradução, adaptação transcultural, construção e validação de instrumentos de avaliação para a área da Fonoaudiologia.
- Reconhecer, compreender e, possivelmente, aplicar as diretrizes para a tradução e adaptação transcultural, construção e validação de instrumentos de avaliação.
- Incorporar na prática fonoaudiológica a seleção de instrumentos de avaliação que possuam o maior número possível de evidências de validade e confiabilidade.

INTRODUÇÃO

A avaliação tem o propósito de identificar e compreender as necessidades e dificuldades da pessoa avaliada, além de analisar o impacto desses fatores limitantes em suas rotinas, levando em consideração as suas demandas sociais, educacionais e profissionais. Portanto, ao fornecer suporte aos profissionais durante o planejamento terapêutico e o acompanhamento de casos, a avaliação é parte essencial da prática fonoaudiológica[1].

Considerando que o sucesso de uma avaliação depende da coleta de informações capazes de confirmar, refutar ou esclarecer hipóteses, a escassez de instrumentos de avaliação adequados pode comprometer a eficácia e a eficiência da intervenção fonoaudiológica[1]. Para transformar esse cenário no Brasil, estudos de tradução, adaptação transcultural, construção e validação de instrumentos de avaliação em Fonoaudiologia têm sido conduzidos, ainda que nem sempre com o rigor científico preconizado pelas diretrizes internacionais[2].

Segundo o glossário do *FDA-NIH Biomarker Working Group*[3] da *Food and Drug Administration* (FDA) e do *National Institute of Health* (NIH), ambas instituições norte-americanas, os instrumentos de avaliação mensuram um determinado desfecho e possuem três componentes essenciais: 1) recursos para mensuração; 2) método ou procedimento para obter a mensuração; e 3) método e/ou critério para interpretar a mensuração. Os instrumentos de avaliação podem ser classificados em diferentes tipos, cujas descrições constam no Quadro 1. Embora essa classificação dos instrumentos de avaliação tenha sido proposta em um contexto clínico, assumimos neste capítulo que ela pode ser extrapolada para contextos não clínicos nos quais a Fonoaudiologia está inserida no Brasil, como o contexto escolar, por exemplo.

O processo de tradução e adaptação transcultural permite a realização de estudos transculturais, promove a troca de informações entre pesquisadores e populações sem as limitações das barreiras linguísticas e culturais, fortalece a prática baseada em evidências e viabiliza a padronização de critérios de avaliação e diagnóstico. Ao realizar a tradução e adaptação transcultural de instrumentos de avaliação, é essencial seguir diretrizes específicas, como aquelas propostas por Guillemin, Bombardier e Beaton (1993)[4], por Beaton et al. (2000)[5] e por Peters e Passchier (2006)[6].

Já no processo de construção e validação de instrumentos de avaliação é fundamental assegurar as evidências de validade e confiabilidade, ou seja, que as interpretações dos resultados gerados pelo instrumento sejam suficientes para mensurar o desfecho almejado e que exista consistência dos itens no tempo e no espaço, manutenção da reprodutibilidade, controle dos erros de mensuração e responsividade[7-10]. Para isso, é necessário que esses processos estejam em conformidade com princípios estabelecidos por diretrizes como as do *COnsensus-based Standards for the selection of health Measurement INnstruments* (COSMIN)[11] ou do *Standards for Educational and Psychological Testing* (SEPT)[9], desenvolvido em conjunto pela *American Psychological Association* (APA), pela *American Educational Research Association* (AERA) e pela *National Council on Measurement in Education* (NCME).

Portanto, é imperativo que esses processos sejam sistematizados e que os fonoaudiólogos se apropriem desse conhecimento. Isso favorece a seleção mais assertiva do instrumento de avaliação que reúna as melhores evidências para mensurar os desfechos de interesse e contribui para a condução de estudos com mais rigor metodológico. Nesse sentido, nas próximas subseções, este capítulo apresentará as principais diretrizes para a tradução, adaptação transcultural, construção e validação de instrumentos de avaliação em Fonoaudiologia.

QUADRO 1 Tipos de instrumentos de avaliação e suas descrições

Tipo de instrumento de avaliação	Descrição*
Baseado no relato do profissional de saúde (*Clinician-Reported Outcome* – ClinRO)	Baseia-se no relato emitido exclusivamente por profissionais de saúde após observarem o estado de saúde de uma pessoa. Envolve o julgamento clínico ou interpretação dos sinais observáveis, comportamentos ou outras manifestações relacionadas a uma doença ou condição de saúde
Baseado no relato do observador (*Observer-Reported Outcome* – ObsRO)	Baseia-se no relato de sinais, eventos ou comportamentos observáveis relacionados à condição de saúde de uma pessoa por alguém que não seja um profissional de saúde ou a própria pessoa. Envolve, por exemplo, o relato dos pais, cuidadores, professores, ou alguém que observa a pessoa na vida diária
Baseado no relato da própria pessoa (*Patient-Reported Outcome* – PRO)	Baseia-se exclusivamente no relato da própria pessoa sobre a sua condição de saúde, sem interferência de um profissional ou qualquer outra pessoa. Um PRO pode ser respondido por autorrelato ou por meio de um entrevistador que registre apenas a resposta da pessoa avaliada
Baseado no desempenho ou performance da pessoa (PerfO)	Baseia-se em medidas obtidas por meio de tarefas padronizadas realizadas ativamente pela pessoa avaliada de acordo com um conjunto de instruções

*Definições do glossário produzido pelo *FDA-NIH Biomarker Working Group*[3].

DIRETRIZES PARA A TRADUÇÃO E ADAPTAÇÃO TRANSCULTURAL DE INSTRUMENTOS DE AVALIAÇÃO

As diretrizes são um conjunto de orientações e etapas metodológicas desenvolvidas para garantir que o processo de tradução e adaptação transcultural de instrumentos seja conduzido de maneira apropriada, preservando as equivalências semântica, idiomática, experiencial e conceitual entre os textos de partida e de chegada[4-6]. Embora as etapas metodológicas possam variar em nomenclatura e ordem, elas geralmente incluem traduções, síntese das traduções, retrotraduções, revisão por comitê de especialistas, pré-teste e auditoria de processo[4-6].

As diretrizes de Guillemin, Bombardier e Beaton (1993)[4], por exemplo, preconizam cinco etapas para o processo de tradução e adaptação transcultural: tradução, retrotradução, comitê de revisão, pré-teste e, quando necessário, adaptação dos pesos das pontuações. Já Peters e Passchier (2006)[6] sugerem quatro etapas para o mesmo processo, incluindo tradução e síntese das traduções, retrotradução, banca de especialistas e pré-teste.

Neste capítulo, serão apresentadas as diretrizes propostas por Beaton et al. (2000)[5], organizadas em seis etapas distintas: tradução, síntese das traduções, retrotradução, banca de especialistas, pré-teste e submissão da documentação aos autores ou ao comitê.

Para a etapa de tradução, Beaton et al. (2000)[5] recomendam que duas traduções do instrumento sejam feitas, do idioma de partida para o idioma de chegada, por dois tradutores nativos do idioma de chegada. Os autores também sugerem que um dos tradutores tenha sólida experiência em tradução na área da Saúde e esteja ciente dos objetivos do estudo e da finalidade do texto de chegada; e que o outro tradutor tenha pouca ou nenhuma experiência em tradução na área da Saúde e desconheça os objetivos do estudo e a finalidade do texto de chegada (tradutor "cego"). Isso porque as adaptações feitas pelo tradutor experiente e ciente tendem a fornecer uma perspectiva mais confiável do ponto de vista clínico; e as adaptações feitas pelo tradutor "inexperiente" e "cego" tendem a refletir a linguagem coloquial da população-alvo[5].

Para a etapa de síntese das traduções, os autores recomendam que os tradutores, em colaboração com um linguista, compilem as traduções feitas na etapa anterior e estabeleçam uma única versão de síntese. Ao compilar as traduções, os tradutores e o linguista devem buscar solucionar problemas e resolver discrepâncias como, por exemplo, traduções complexas que possam dificultar a compreensão do texto por parte da população-alvo ou traduções demasiadamente simplistas que subestimam o conteúdo do instrumento clínico original[5].

Para a etapa de retrotradução, Beaton et al. (2000)[5] recomendam que duas retrotraduções do instrumento sejam feitas, do idioma de chegada para o idioma de partida, por dois tradutores nativos do idioma de partida. Eles também sugerem que ambos os retrotradutores sejam "cegos" para a versão original do instrumento, tenham pouca ou nenhuma experiência em tradução na área da Saúde e desconheçam os objetivos do estudo e da finalidade do texto de chegada. Essa abordagem pretende evitar o viés de informação e aumentar a probabilidade de "destacar as imperfeições" da versão de síntese.

Segundo Beaton et al. (2000)[5], a etapa de retrotradução é considerada essencial para aprimorar a qualidade da versão final do instrumento traduzido, porque na comparação do texto de partida com as retrotraduções, os erros e as falhas de interpretação e adaptação das etapas de tradução ou de síntese das traduções são amplificados.

A etapa de banca de especialistas é essencial para garantir que as equivalências semântica, idiomática, experiencial e conceitual entre os textos de partida e de chegada sejam alcançadas[5]. Por isso, essa banca deve ser composta, no mínimo, por profissionais da área da Saúde, da área de Letras e pelos tradutores envolvidos no processo. Cabe aos especialistas revisar as traduções, a versão de síntese das traduções e as retrotraduções para, então, estabelecer a versão pré-final do instrumento traduzido a ser testada em campo.

Na etapa de pré-teste, uma amostra de 30 a 40 indivíduos representativos da população-alvo deve ser submetida à administração da versão pré-final do instrumento traduzido para que, então, a sua versão final seja estabelecida. Os autores recomendam que, após a aplicação, essa mesma amostra forneça *feedback* sobre a clareza e a interpretabilidade do instrumento traduzido.

A etapa de pré-teste fornece informações essenciais sobre como a população-alvo interpreta os itens do instrumento traduzido e, por isso, é fundamental para que o texto de chegada seja equivalente à realidade linguística e extralinguística dessa população. Entretanto, é preciso ressaltar que o pré-teste não substitui a validação de critério e de construto, nem a verificação de confiabilidade. Portanto, testes adicionais são indispensáveis para o estudo das propriedades psicométricas do instrumento traduzido[5].

A etapa final das diretrizes funciona como uma auditoria de processo. Nela, os relatórios e documentos de todas as etapas conduzidas são submetidos aos autores do instrumento ou a um comitê. O objetivo é verificar se todas as recomendações foram seguidas e se a versão final do instrumento traduzido reflete o conteúdo do instrumento original.

DIRETRIZES PARA CONSTRUÇÃO E VALIDAÇÃO DE INSTRUMENTOS DE AVALIAÇÃO

Apresentamos, anteriormente, as diretrizes para a tradução e adaptação transcultural de instrumentos de avaliação, e agora iremos discorrer sobre seu processo de construção e validação. Destacamos que construir, ou traduzir e adaptar, um instrumento não representa que o processo de validação foi concluído, pois, além dessas etapas, outras propriedades de medida precisam ser obtidas[2]. Existem diferentes diretrizes para guiar esse processo, cuja origem está nos princípios da Psicometria, mais especificamente na Teoria Clássica dos Testes (TCT) e, mais recentemente, na Teoria de Resposta ao Item (TRI). O SEPT[9] e o COSMIN[11] são as duas iniciativas que mais se destacam e que serão exploradas neste capítulo.

Esclarecemos que o desenvolvimento de produtos, tecnologias e inovações segue outras orientações metodológicas para fins de validação, que estão fora do escopo deste capítulo. Nós abordaremos exclusivamente as diretrizes para construção e validação de instrumentos de avaliação, cujos tipos já foram previamente definidos (Quadro 1).

O processo de validação é conduzido para obter, avaliar e sumarizar as evidências que atestam as condições de um instrumento e apoiar as decisões tomadas a partir da interpretação do resultado obtido[7-10]. Dessa forma, é possível saber se o instrumento reúne propriedades de medida suficientes e adequadas para garantir o seu uso na prática clínica. Para selecionar o melhor instrumento de avaliação para determinado propósito, o fonoaudiólogo deve definir o que será avaliado, para que será avaliado e para quem se destina a avaliação. A partir disso, o profissional irá em busca do instrumento que reúne o melhor conjunto de propriedades de medida para a finalidade almejada.

Destacamos que a seleção de instrumentos de avaliação submetidos ao adequado processo de validação pode: contribuir para a tomada de decisão mais assertiva e com menos componentes heurísticos; auxiliar na implementação da prestação de serviços baseados em evidências e centrados na pessoa; fortalecer a padronização de procedimentos e processos nos serviços; gerar indicadores robustos e confiáveis; garantir monitoramento mais seguro dos casos clínicos; minimizar danos aos pacientes em função de diagnósticos equivocados; avaliar a eficácia e o impacto da terapia fonoaudiológica; e aprimorar a qualidade dos serviços.

O Quadro 2 apresenta algumas características essenciais que devem ser investigadas ao longo do processo de validação de um instrumento de avaliação.

Para definir a construção de um novo instrumento de avaliação, deve-se estabelecer qual a sua necessidade, se já existem outros com a mesma finalidade e quais as suas vantagens em relação aos que já existem, sempre considerando o objetivo, público-alvo e quem administrará e interpretará o instrumento[12,13]. Isso é fundamental para decidir entre realizar a tradução e adaptação transcultural de um instrumento já disponível em outra língua ou a construção de um novo que contemple os aspectos da cultura local desde a sua elaboração.

O primeiro passo para a construção de um novo instrumento de avaliação é constituir uma equipe de pesquisadores e criar a definição operacional do desfecho de interesse. Definição operacional é a concretização de um conceito abstrato em uma definição constituída por comportamentos que manifestem a amplitude semântica do desfecho da forma mais abrangente possível[12,14,15]. Essa definição deve contemplar o que será mensurado, qual a população-alvo e qual o objetivo do instrumento[8]. As fontes de informação para criar a definição operacional incluem a revisão exaustiva da literatura científica, a experiência dos pesquisadores, a opinião de especialistas na área (técnica de grupo focal, técnica de grupo nominal, método Delphi etc.) e entrevistas com representantes da população-alvo[12,15].

Em seguida, os pesquisadores devem iniciar a elaboração dos itens do instrumento junto com suas chaves de resposta e modelo de interpretação do resultado final, sempre baseados na definição operacional[12]. As fontes de informação são as mesmas da etapa anterior. Devem ser consideradas a representatividade, relevância, abrangência e clareza dos itens, que serão julgados por um painel de peritos composto por especialistas na área e representantes da população-alvo por meio de comentários e indicadores quantitativos de concordância[7,8,16]. Após essa análise e possíveis modificações, realiza-se um estudo piloto, no qual o instrumento é aplicado em integrantes da população-alvo para verificar a necessidade de novos ajustes[7-9,12,16].

Finalizada essa etapa, o instrumento construído seguirá para outros procedimentos do processo de validação até chegar à sua versão final. Todo esse percurso metodológico é híbrido, ou seja, permeado por procedimentos de natureza quantitativa e qualitativa. Conforme mencionado previamente, o SEPT[9] e o COSMIN[11] são as duas diretrizes mais robustas para guiar esse processo e, embora a taxonomia e a organização não sejam semelhantes, o objetivo final é comum.

O SEPT[9] estrutura o seu processo de obtenção de evidências da seguinte forma:

QUADRO 2 Características investigadas durante o processo de validação de um instrumento de avaliação

Característica	Conceito	Pergunta a ser respondida ao longo do processo de validação
Validade	Reunião de evidências que indicam se um instrumento mensura o que se propõe a mensurar. Representa o grau em que todas as evidências de validade corroboram a interpretação dos resultados obtidos pelo instrumento	O instrumento mensura o que pretende?
Confiabilidade/fidedignidade	Indica se os itens do instrumento são reprodutíveis ao longo do tempo, se há relação entre os itens e o desfecho e se há controle dos erros de mensuração. Investiga, portanto, se há estabilidade, homogeneidade, consistência, concordância e precisão	Os itens do instrumento geram resultados fidedignos e reprodutíveis?
Acurácia/consistência clínica/ performance diagnóstica	Representa o poder discriminatório do instrumento em relação ao padrão de referência para o diagnóstico do desfecho de interesse	O instrumento diferencia grupos para fins diagnósticos?
Responsividade	Capacidade do instrumento de detectar mudanças ao longo do tempo no desfecho de interesse	O instrumento detecta mudanças no desfecho ao longo do tempo?
Viabilidade	Representa o quanto a aplicação do instrumento é viável no contexto prático ao qual se propõe	O instrumento consegue ser aplicado no contexto prático ao qual se propõe?
Interpretabilidade	Capacidade de atribuir significado aos resultados do instrumento ou às mudanças nesses resultados	Os resultados gerados pelo instrumento fazem sentido?

Fonte: baseado em Abad, Olea, Ponsonda e Garcıa, 2011[7]; De Vet, Terwee, Mokkink, Knol, 2011[8]; AERA; APA; NCME, 2014[9]; Mokkink, Prinsen, Bouter, Vet, Terwee, 2016[11].

1. Evidências de validade baseadas no conteúdo: consistem na reunião de evidências relacionadas à elaboração e julgamento do conteúdo, redação, formato, tarefas ou procedimentos de um instrumento, além das instruções para administração e interpretação dos resultados[7,9]. Tudo que já foi descrito neste capítulo sobre a construção ou tradução e adaptação transcultural compõe este tipo de evidência.
2. Evidências de validade baseadas nos processos de resposta: buscam evidenciar o ajuste entre o desfecho e a natureza detalhada do desempenho ou das respostas das pessoas avaliadas em relação aos itens do instrumento[9,17]. Investigam-se quais os processos psicológicos, cognitivos e sociais envolvidos na aplicação do instrumento[2]. Propõe-se a reprodução do questionário em condições reais com representantes de diversos estratos da população-alvo.
3. Evidências de validade baseadas na estrutura interna: aplica-se o instrumento em uma amostra da população-alvo e investiga-se o quanto um item do instrumento está correlacionado aos demais, a magnitude da correlação entre os itens e o resultado final do instrumento, e a magnitude da relação entre os itens e o objetivo do instrumento por meio da análise de componentes principais, análise fatorial exploratória e/ou análise fatorial confirmatória[7,9]. Em uma perspectiva mais contemporânea, a estrutura interna dos instrumentos de avaliação baseados no relato do próprio indivíduo também pode ser analisada por meio da TRI[2], que consiste em um modelo teórico que busca superar algumas limitações da TCT.

Em comparação com a TCT, a TRI utiliza de forma mais eficaz as informações advindas de cada um dos itens dos instrumentos, além de melhorar a análise do traço latente ao empregar técnicas mais avançadas e eficientes na extração de informações de cada item[18]. Dentre as vantagens da TRI, podemos citar: não ser dependente da amostra; permitir comparar indivíduos de uma mesma população submetidos a diferentes instrumentos; não ter as respostas dos indivíduos afetadas pelos diferentes aspectos dos itens; não sofrer a influência da seleção de itens no cálculo da aptidão do sujeito, entre outros[19,20].

A partir da TRI, é possível verificar a contribuição de cada item do instrumento por meio da análise dos parâmetros "dificuldade", "discriminação" e "acerto ao acaso" em função do nível do traço latente, expresso como teta[20,21]. O parâmetro "dificuldade" representa o nível de habilidade no qual os indivíduos têm chance igual de acertar ou errar um item, ou seja, quanto mais difícil o item, maior deverá ser o nível de habilidade[22]. O parâmetro "discriminação" determina a habilidade do item em diferenciar indivíduos com diferentes níveis de traço latente em relação ao desfecho[19]. Já o parâmetro "acerto ao acaso" avalia a probabilidade do indivíduo acertar o item mesmo sem habilidade suficiente[22].

Portanto, o traço latente representa características não observáveis diretamente, mas que influenciam intimamente a resposta do indivíduo a cada item[20]. Assim, ao contrário da TCT, a avaliação dos parâmetros dos itens e do nível de traço latente possibilita identificar quais características têm maior ou menor peso sobre o desfecho[18].

Existem diferentes modelos de TRI divididos em cumulativos e de desdobramento. Os modelos cumulativos são os mais utilizados e por meio deles podemos analisar itens com respostas dicotômicas ou politômicas, nominais ou graduadas, paramétricas ou não paramétricas[19,20]. Em se tratando de itens com respostas dicotômicas, se sobressaem os modelos logísticos de um, dois ou três parâmetros[19,20,23].

O modelo logístico de um parâmetro, conhecido como modelo de Rash, analisa apenas o parâmetro "dificuldade". Nele, para que o indivíduo tenha 50% de chance de acertar o item, é necessário ter maior habilidade nos itens mais difíceis[22]. O modelo logístico de dois parâmetros contempla "dificuldade" e "discriminação". Nesse caso, os valores de discriminação podem variar entre nenhuma discriminação e discriminação quase perfeita[20]. Já o modelo logístico de três parâmetros acrescenta o "acerto ao acaso", caracterizado pela probabilidade de um indivíduo acertar uma questão apenas por sorte, sem ter entendimento ou conhecimento acerca do conteúdo dos itens[22].

4. Evidências de validade baseadas na relação com medidas externas: busca evidenciar se o instrumento possui relações consistentes com outras variáveis externas, cujo desfecho seja similar ou distinto. Quatro subtipos de evidência de validade são explorados aqui[12,24,25]:
   4.1 Evidência de validade concorrente: espera-se que o resultado do instrumento esteja relacionado com o resultado de outro instrumento reconhecidamente já existente e válido para mensurar o mesmo desfecho. Os instrumentos são aplicados quase simultaneamente.
   4.2 Evidência de validade preditiva: espera-se que o resultado do instrumento seja capaz de predizer o resultado de outro instrumento ou de um comportamento no futuro. O instrumento é aplicado em um primeiro momento e a medida externa é obtida no futuro.
   4.3 Evidência de validade convergente: espera-se que o resultado do instrumento esteja relacionado com o resultado de outro instrumento cujo desfecho é teoricamente correlato, mas não semelhante.
   4.4 Evidência de validade discriminante: espera-se que o resultado do instrumento não esteja relacionado com o resultado de outro instrumento cujo desfecho não é teoricamente correlato.
5. Evidências de validade baseadas nas consequências do teste: investiga os benefícios diretos e indiretos do instrumento quando este é reproduzido no contexto prático, ou seja, representa o acúmulo de evidências relacionadas ao uso e eficácia do teste. Podem ser realizadas análises de responsividade, que representa a habilidade do teste em identificar modificações do desfecho ao longo do tempo[7,9,26].
6. Confiabilidade/fidedignidade: refere-se à consistência interna (o quanto o desfecho é dependente dos itens do instrumento), reprodutibilidade (consistência do instrumento ao ser apresentado sob as mesmas condições, aos mesmos indivíduos, em diferentes momentos no tempo) e controle do erro de mensuração (influência dos erros sistemáticos e aleatórios inerentes ao avaliado ou ao instrumento)[2,9,10].

Já o COSMIN[11] é estruturado em três grandes domínios com propriedades de medida hierarquizadas em cada um deles e que possuem correspondências com a sistematização do SEPT:

1. Confiabilidade/fidedignidade: consistência interna, fidedignidade; e erro de mensuração. Corresponde ao item "confiabilidade/fidedignidade" do SEPT.
2. Validade: validade de conteúdo (inclui validade de face); validade de critério (validade concorrente e preditiva) e validade de construto (validade da estrutura, teste de hipóteses e validade transcultural). Corresponde às "evidências de validade baseadas no conteúdo, na estrutura interna e na relação com medidas externas" do SEPT.

3. Responsividade: corresponde ao descrito nas "evidências de validade baseadas nas consequências do teste" do SEPT.

Vale destacar que o COSMIN também disponibiliza em sua plataforma digital (https://www.cosmin.nl/) ferramentas para avaliação dos riscos de viés em estudos sobre propriedades de medida, além de diretrizes para condução de revisões sistemáticas sobre esse assunto e sobre como selecionar instrumentos para mensurar os desfechos incluídos em *Core Outcome Sets* (COS)[27].

O COS (ou "conjunto de desfechos essenciais") é a padronização de um conjunto mínimo de desfechos que devem ser mensurados e relatados em todos os ensaios clínicos de áreas específicas da saúde. O uso do COS melhora a comparabilidade entre estudos semelhantes, reduz a publicação seletiva de resultados, aumenta a relevância dos resultados de estudos e revisões sistemáticas, auxilia na tomada de decisão e proporciona melhores resultados para os pacientes[27]. O desenvolvimento de um COS, assim como a seleção de quais instrumentos devem ser usados para mensurar cada desfecho incluído em um COS, também são sistematizados e dependem de uma série de procedimentos controlados que podem ser consultados na página virtual da *The COMET (Core Outcome Measures in Effectiveness Trials) Initiative* (https://www.comet-initiative.org/).

Finalmente, um instrumento de avaliação precisa ter acurácia diagnóstica, ou seja, discriminar com precisão quem tem e quem não tem o desfecho investigado. A acurácia representa o quanto de concordância existe entre o resultado do instrumento e o resultado do melhor método disponível para determinar a presença ou ausência do desfecho de interesse, conhecido como padrão de referência[28,29]. Na ausência do padrão de referência, é possível estruturar um padrão de referência composto por meio de diferentes estratégias[29] e, nesse caso, substituímos o termo "acurácia" por "consistência clínica".

De forma geral, a performance diagnóstica de um instrumento é interpretada a partir das associações entre os resultados do instrumento e do padrão de referência. Assim, teremos os verdadeiros positivos (VP), falsos negativos (FN), verdadeiros negativos (VN) e falsos positivos (FP). A partir disso, é possível obter as seguintes medidas de performance diagnóstica:

1. Sensibilidade: expressa a probabilidade de que o instrumento detecte a presença do desfecho quando o padrão de referência confirma que o desfecho está presente. Fórmula: VP ÷ (VP + FN)
2. Especificidade: expressa a probabilidade de que instrumento detecte a ausência do desfecho quando o padrão de referência confirma que o desfecho não está presente. Fórmula: VN ÷ (VN + FP)
3. Valor preditivo positivo: expressa a probabilidade de que o indivíduo com resultado positivo no instrumento tenha o desfecho de acordo com o padrão de referência. Fórmula: VP ÷ (VP + FP)
4. Valor preditivo negativo: expressa a probabilidade de que o indivíduo com resultado negativo no instrumento não tenha o desfecho de acordo com o padrão de referência. Fórmula: VN ÷ (FN + VN)
5. Razão de verossimilhança positiva: expressa quantas vezes é mais provável que o instrumento detecte um resultado positivo em pessoas com o desfecho quando comparado com pessoas sem o desfecho. Fórmula: VP/(VP + FN) ÷ FP/(FP + VN)
6. Razão de verossimilhança negativa: expressa a probabilidade de que o instrumento detecte um resultado negativo em pessoas com o desfecho quando comparado com pessoas sem o desfecho. Fórmula: FN/(VP + FN) ÷ VN/(FP + VN)

CONCLUSÃO

A tradução, adaptação transcultural, construção e validação de instrumentos de avaliação são procedimentos cada vez mais frequentes na Fonoaudiologia e devem ser realizados de acordo com a sistematização proposta pelas diretrizes internacionais. É fundamental que o fonoaudiólogo que esteja na área acadêmica ou na assistência se aproprie desse conhecimento não apenas para conduzir adequadamente estudos nessa área, mas para beneficiar e aprimorar sua prática clínica. Acima de tudo, para entregar aos seus pacientes um serviço de qualidade e eficiência por meio do uso dos melhores instrumentos de avaliação disponíveis.

REFERÊNCIAS BIBLIOGRÁFICAS

1. Giusti E, Befi-Lopes DM. Tradução e adaptação transcultural de instrumentos estrangeiros para o Português Brasileiro (PB). Pró-Fono R Atual Cient. 2008;20(3):207-17.
2. Pernambuco L, Espelt A, Magalhães HV, Lima KC de. Recommendations for elaboration, transcultural adaptation and validation process of tests in Speech, Hearing and Language Pathology. Codas. 2017;29(3):e20160217.
3. FDA-NIH Biomarker Working Group. BEST (Biomarkers, EndpointS, and other Tools) Resource [Internet]. Silver Spring (MD): Food and Drug Administration (US); 2016. Disponível em: https://www.ncbi.nlm.nih.gov/books/NBK338448/.
4. Guillemin F, Bombardier C, Beaton D. Cross-cultural adaptation of health-related quality of life measures: litera-

ture review ano proposed guidelines. J Clin Epidemiol. 1993;46(12):1417-32.

5. Beaton DE, Bombardier C, Guillemin F, Ferraz MB. Guidelines for the process of cross-cultural adaptation of self-report measures. Spine (Phila Pa 1976). 2000;25(24):3186-91.
6. Peters M, Passchier J. Translating instruments for cross--cultural studies in headache research. Headache. 2006 Jan;46(1):82-91.
7. Abad FJ, Olea J, Ponsonda V, Garcıa C. Measurement in social sciences and health. Madrid: Sintesis; 2011.
8. De Vet HCW, Terwee CB, Mokkink LB, Knol DL. Measurement in medicine. Cambridge: Cambridge University Press; 2011.
9. AERA: American Educational Research Association, APA: American Psychological Association, NCME: National Council on Measurement in Education. Standards for educational and psychological testing. New York: AERA; 2014.
10. Damásio BF. Uso da análise fatorial exploratória em Psicologia. Avaliação Psicológica. 2012;11(2):213-27.
11. Mokkink LB, Prinsen CA, Bouter LM, Vet HC, Terwee CB. The COnsensus-based Standards for the selection of health Measurement INstruments (COSMIN) and how to select an outcome measurement instrument. Braz J Phys Ther. 2016 Jan 19;20(2):105-13.
12. Pacico JC. Como é feito um teste? Produção de itens. In: Hutz CS, Bandeira DR, Trentini CM. Psicometria. Porto Alegre: Artmed; 2015.
13. Cohen RJ, Swerdlik ME, Sturman ED. Testagem e avaliação psicológica: introdução a testes e medidas. 8. ed. Rio de Janeiro: Amgh Editora; 2014.
14. Pasquali L. Psicometria: teoria e aplicação. Brasília: Ed. UnB; 1998.
15. Pasquali L. Instrumentos psicológicos: manual prático de elaboração. Brasília: LabPAM/IBAPP; 1999.
16. Streiner DL, Norman GR, Cairney J. Health measurement scales: a practical guide to their development and use. 6. ed. New York: Oxford University Press; 2024.
17. Padilla JL, Benítez I. Evidencia de validez basada en los procesos de respuesta. Psicothema. 2014;26(1):136-44.
18. Castro SM de J, Trentini C, Riboldi J. Teoria da resposta ao item aplicada ao Inventário de Depressão Beck. Rev Bras Epidemiol. 2010;13(3):487-501.
19. Araujo EAC de, Andrade DF de, Bortolotti SLV. Teoria da resposta ao item. Rev Esc Enferm USP. 2009;43(spe):1000-8.
20. Pasquali L, Primi R. Fundamentos da Teoria da Resposta ao Item – TRI. Avaliação Psicológica. 2003;2(2):99-110.
21. Andrade JM de, Laros JA, Gouveia VV. O uso da teoria de resposta ao item em avaliações educacionais: diretrizes para pesquisadores. Avaliação Psicológica. 2010;9(3):421-35.
22. Couto G, Primi R. Teoria de resposta ao item (TRI): conceitos elementares dos modelos para itens dicotômicos. Boletim de Psicologia. 2011;61(134):001-15.
23. Bortolotti SLV, Tezza R, Andrade DF de, Bornia AC, Sousa Júnior AF de. Relevance and advantages of using the item response theory. Qual Quant. 2013 Jun 1;47(4):2341-60.
24. Freitas CPP, Damásio BF. Evidências de validade com base nas relações com medidas externas: conceituação e problematização. In: Damasio BF, Borsa JC. Manual de desenvolvimento de instrumentos psicológicos. São Paulo: Vetor; 2017.
25. Pacico JC, Hutz CM. Validade. In: Hutz CS, Bandeira DR, Trentini CM. Psicometria. Porto Alegre: Artmed; 2015.
26. Espelt A, Viladrich C, Doval E, Aliaga J, García-Rueda R, Tárrega S. Uso equitativo de tests en ciencias de la salud. Gac Sanit. 2014;28(5):408-10.
27. Prinsen CAC, Vohra S, Rose MR, Boers M, Tugwell P, Clarke M, et al. How to select outcome measurement instruments for outcomes included in a "Core Outcome Set" – a practical guideline. Trials. 2016 Sep 13;17(1):449.
28. Merlin T, Weston A, Tooher R. Extending an evidence hierarchy to include topics other than treatment: revising the Australian 'levels of evidence'. BMC Med Res Methodol. 2009;9:34.
29. Reitsma JB, Rutjes AW, Khan KS, Coomarasamy A, Bossuyt PM. A review of solutions for diagnostic accuracy studies with an imperfect or missing reference standard. J Clin Epidemiol. 2009 Aug;62(8):797-806.

3

Resgate histórico do Título de Especialista em Fonoaudiologia

Thelma Regina da Silva Costa
Márcia Regina Teles

PONTOS-CHAVE

- Histórico do Título de Especialista no Brasil: determinações da Sociedade Brasileira de Fonoaudiologia e do Conselho Federal de Fonoaudiologia.
- Especialista: profissional que se dedica exclusivamente ao estudo ou à prática de uma ciência, uma arte, uma profissão.
- Título de Especialista: concedido ao profissional que alcança objetivos específicos dentro de sua categoria profissional.
- Obtenção do Título de Especialista na Fonoaudiologia: seguir a Resolução CFFa n. 721 de 14 de outubro de 2023.

OBJETIVOS DE APRENDIZAGEM

Ao final deste capítulo, o leitor será capaz de:

- Conhecer a história do Título de Especialista nas áreas de domínio da Fonoaudiologia no Brasil.
- Entender quem é especialista.
- Identificar como solicitar o Título de Especialista em Fonoaudiologia.
- Conhecer as normas que estabelecem critérios para a concessão do Título de Especialista.

INTRODUÇÃO

Iniciaremos este capítulo com duas perguntas relacionadas ao tema: o que faz um profissional ser considerado um "especialista"? Qual a importância de se obter o "Título de Especialista"?

Segundo o Dicionário Aurélio[1], especialista é aquele que *"se dedica exclusivamente ao estudo ou à prática de uma ciência, uma arte, uma profissão"*. Pode ser definido também como aquele que se especializou em um determinado conhecimento ou o indivíduo que possui habilidades ou conhecimentos especiais ou excepcionais em determinada prática, atividade, ramo do saber ou ocupação[2].

O especialista é o profissional que demonstra domínio sobre uma determinada área. Para isso, ele deverá dedicar a sua carreira, o seu tempo no mercado e as suas experiências de modo a absorver um vasto conhecimento sobre aquele assunto, tornando-se um "expert".

Na Resolução CFFa n. 721 de 14 de outubro de 2023[3] (que *"Dispõe sobre os critérios para concessão de título de especialista, nas modalidades obtenção e renovação, no âmbito da Fonoaudiologia"*), artigo 2°, parágrafo único, é referido que: *"Especialidade é uma área particular do conhecimento, desempenhada por profissional qualificado a executar procedimentos específicos dentro de um determinado campo, exigindo-se domínio próprio, aprofundado e aperfeiçoamento contínuo"*. E é nessa área de especialidade que o profissional se tornará um especialista.

Também na mesma Resolução é dito em seu artigo 2° que *"A criação de uma especialidade surge do entendimento de que o profissional graduado, que atua em uma área específica, possa obter um título que cer-*

tifique sua proficiência e experiência perante o mercado de trabalho".

Já o "Título de Especialista" é concedido ao profissional que alcança objetivos específicos dentro de sua categoria profissional. Segundo a Resolução CFFa n. 721[3], artigo 1°, parágrafo único: *"Título de especialista é uma certificação de qualificação profissional concedida ao fonoaudiólogo, pelo CFFa, em áreas do conhecimento reconhecidas por este"*.

A Lei Federal n. 6.965 de 09 de dezembro de 1981[4], que regulamenta a profissão de fonoaudiólogo, garante ao profissional diversas competências. Entretanto, podemos observar ao longo do tempo a dificuldade em exercer com maestria atividades nas mais diversas áreas, principalmente pela abrangência das ciências dos distúrbios da comunicação humana, pelo aumento do escopo da prática e pelo rápido desenvolvimento de nossa ciência. O Título de Especialista foi criado, portanto, para dar ao profissional o seu devido valor em uma determinada área do conhecimento.

Na área da saúde, o "Título de Especialista" tem sido muito valorizado, pois oferece ao paciente uma prestação de serviço de melhor qualidade, proporciona ao profissional melhor remuneração, além de possibilidade de melhor colocação e serve inclusive como pré-requisito em seleções e concursos públicos. A titulação é um passo importante para todo profissional, pois certifica sua qualificação na área escolhida[5].

O objetivo deste capítulo é o de resgatar o histórico do Título de Especialista em Fonoaudiologia no Brasil. Para cumprir esse objetivo, serão abordados temas como sua criação, critérios para concessão e renovação do mesmo.

Ressaltamos que essa é a primeira narrativa escrita sobre o assunto. Importante então destacar que muitos documentos sobre o assunto não puderam ser resgatados em apontamentos oficiais e, portanto, contemplam a narração de fatos passados, que fazem parte da memória das autoras que tiveram a possibilidade de vivência no Sistema de Conselhos de Fonoaudiologia, Regional ou Federal de Fonoaudiologia, durante 30 anos.

HISTÓRICO

No Brasil, de uma forma geral, as profissões "liberais" foram criadas pelo governo mediante a aprovação de leis federais que as regulamentam. Tais regulamentações nortearam o saber e fazer da maioria das profissões da área da saúde e têm influência direta com o mercado de trabalho, pois definem campo de trabalho, áreas de atuação, procedimentos e algum nível de regulações[6].

Com a aprovação da Lei n. 6.965, em 09 de dezembro de 1981[4], a profissão de fonoaudiólogo foi regulamentada. À época foram estabelecidas as condições para o exercício profissional com autonomia, definidas suas competências, direitos e deveres para o exercício profissional, entre outros aspectos para o exercício profissional.

O artigo 4° da referida Lei estabelece o que é de competência do profissional fonoaudiólogo. Podemos destacar as seguintes atribuições: desenvolver trabalho de prevenção no que se refere à área da comunicação escrita e oral, voz e audição; participar de equipes de diagnóstico, realizando a avaliação da comunicação oral e escrita, voz e audição; realizar terapia fonoaudiológica dos problemas de comunicação oral e escrita, voz e audição; realizar o aperfeiçoamento dos padrões da voz e fala, além de ser permitido também o exercício de atividades vinculadas às técnicas psicomotoras, quando destinadas à correção de distúrbios auditivos ou de linguagem.

A Lei n. 6.965/81[4] estabelece competências generalistas, sempre atrelando e articulando as áreas então reconhecidas como sendo parte de nossa profissão (comunicação escrita e oral, voz e audição). Como a maioria das profissões regulamentadas, a Lei irá necessitar de atualizações e mais detalhamento para maior compreensão das competências elencadas, exigência de seu crescimento e especificidade do mercado.

Sociedade Brasileira de Fonoaudiologia

A Sociedade Brasileira de Fonoaudiologia (SBFa) foi criada em 1988 e sua criação foi anunciada em 1989 durante o I Congresso Internacional de Fonoaudiologia, realizado na cidade de Fortaleza/CE[7]. A SBFa é constituída por uma Diretoria e diversas Comissões, Comitês e Departamentos que têm como objetivo *"estimular, debater e divulgar a profusão científica e profissional da área, bem como discutir questões relacionadas à formação em Fonoaudiologia"*. É responsável pela realização de Congressos, entre eles o Brasileiro de Fonoaudiologia e o Internacional de Fonoaudiologia; promove cursos, campanhas, estimula grupos de pesquisa e mantém a revista *CoDAS*, indexada na SciELO[8].

Em 1988 foi aprovado seu primeiro estatuto, onde consta ser um dos objetivos da SBFa a concessão do Título de Especialista (Anexo I), o que é reiterado nos estatutos subsequentes.

Historicamente, a concessão do Título de Especialista faz parte das atribuições da SBFa, entretanto, embora tenha sido objeto de discussão em algumas gestões, durante todos esses anos a SBFa não estabeleceu normas para sua concessão, talvez por falta de estrutura para que isso se efetivasse ou por outros objetivos considerados prioritários.

Com o passar dos anos e com o desenvolvimento administrativo da SBFa, em agosto de 2022, foi aprovado o novo Estatuto e criada, dentro das Comissões Permanentes, a Comissão das Especialidades e Certificações em Fonoaudiologia[9].

Essa Comissão tem por finalidade, segundo o artigo 46 do Estatuto da SBFa[9]: contribuir no estudo da criação de novas especialidades e/ou na reformulação das especialidades já existentes na Fonoaudiologia; coordenar os trabalhos de estudo relacionados à criação de novas especialidades no âmbito da SBFa; representar a SBFa, em consonância com a Diretoria Executiva e/ou membros dos Departamentos Científicos, junto a entidades de classe, em assuntos relacionados à criação ou reformulação das especialidades em Fonoaudiologia; emitir os títulos de Especialista em Fonoaudiologia, em conjunto à Diretoria, obedecendo aos critérios regulamentados e em consonância às demais regras do Conselho Federal de Fonoaudiologia.

Conselho Federal de Fonoaudiologia

A Lei n. 6965/81[4] criou, em seu art. 6°, os Conselhos Federal e Regionais de Fonoaudiologia (CFFa e CRFa). Entre as atribuições do Conselho Federal de Fonoaudiologia (CFFa), descritas no artigo 10 da referida Lei, destacamos no item II *"exercer função normativa, baixar atos necessários à interpretação e execução do disposto nesta Lei..."*. Com os avanços na profissão, o CFFa foi o responsável por criar regras para ampliar as competências até então restritas de forma geral à comunicação oral e escrita, voz e audição. Além disso, coube também ao CFFa normatizar as especialidades dentro da área maior denominada "*Fonoaudiologia*", surgindo, como consequência, o Título de Especialista. O Título de Especialista na Fonoaudiologia veio para identificar "quem" e por "quais competências"[10] um profissional é reconhecido no meio profissional.

O Título de Especialista surgiu oficialmente na Fonoaudiologia por iniciativa do 5° Colegiado do CFFa, em 1995. Durante o X Encontro Internacional de Audiologia (EIA), realizado na Universidade de São Paulo em Bauru em 1995, o assunto foi debatido no Fórum de Audição e Criança, tendo o CFFa sido questionado sobre por que no Brasil não era concedido o Título de Especialista para os profissionais da Fonoaudiologia, uma vez que principalmente a especialidade de Audiologia já estava consolidada no Brasil[11]. Após o referido Fórum, a Diretoria do CFFa se reuniu com os organizadores do EIA e se comprometeu a estudar o assunto.

No retorno do X EIA, o 5º Colegiado, reunido em sua 4ª e 5ª reuniões da 32ª Sessão Plenária Ordinária de 14 de abril de 1995 (Anexos II e III) deliberou por estudar o assunto e também que as especialidades deveriam contemplar todas as áreas da Fonoaudiologia e não somente a área de Audiologia, como solicitado pela organização do EIA. Ficou decidido pela realização de uma pesquisa durante o III Encontro Internacional de Fonoaudiologia (realizado na cidade de São Paulo, em 1995), com os presentes, para averiguar em quais áreas o fonoaudiólogo efetivamente atuava.

Após o levantamento dessa pesquisa, o CFFa observou que as áreas nas quais os fonoaudiólogos mais atuavam eram: Audiologia, Linguagem, Motricidade Oral e Voz. Na 5ª Reunião da 34ª Sessão Plenária Ordinária do CFFa, realizada em 15 de outubro de 1995, o CFFa deliberou pela criação do "Título de Especialista" nessas quatro áreas (Anexo IV) e também pela criação de normas de Cursos de Especialização para fins de registro do Título de Especialista, aprovando as Resoluções CFFa n. 131 de 15 de outubro de 1995[12] e n. 130 de 15 de outubro de 1995[13], respectivamente.

Nessa época, as regras estabeleceram as competências mínimas que o fonoaudiólogo deveria possuir para solicitar o Título de Especialista. Os critérios adotados foram importantes para avaliar o tempo de aquisições científicas, considerando também a formação educacional, além do refinamento dos métodos de trabalho ao longo dos anos de experiência profissional. Era uma forma de reconhecer o fonoaudiólogo com formação adequada e apto a exercer a sua especialidade com ética, responsabilidade e competência.

A Resolução CFFa n. 130/95[13] determinava como um Curso de Especialização deveria se organizar com vistas ao fornecimento do Título (carga horaria mínima, disciplinas obrigatórias). A Resolução CFFa n. 131/95[12] determinava os critérios que o profissional deveria seguir para obter o Título de Especialista, ou seja: possuir título de livre-docente, doutor ou mestre na área da especialidade requerida; ter concluído curso legalmente constituído na área da especialidade; ter trabalhado na área. Foram as primeiras normas oficiais da criação das especialidades na Fonoaudiologia e da concessão do Título de Especialista.

A intenção do grupo de conselheiros do 5° Colegiado do CFFa era encontrar um caminho para viabilizar a concessão do título, valorizar o profissional que não havia seguido pela carreira acadêmica, mas apresentava experiência em determinadas áreas da Fonoaudiologia e, a partir daí, iniciou-se um movimento para reconhecimento e valorização profissional desse fonoaudiólogo. Os objetivos eram valorizar a classe pela competência adquirida na prática ou em cursos livres, contribuir para uma percepção positiva pelo mercado e, efetivamente, valorizar o exercício profissional.

À época, o aspecto que norteava a escolha pelas quatro especialidades era o *"fazer"* do fonoaudiólogo, independentemente do seu local de atuação. O que efetivamente importava era o conhecimento que o profissional detinha em determinada área de atuação da Fonoaudiologia.

O movimento para valorização da profissão cresceu e muitos Cursos de Especialização foram criados, pois era essa uma das maneiras de concessão do Título. Vale ressaltar que o CFFa se baseou nas normas do Conselho Federal de Odontologia[14], que à época, também concedia o Título com base na conclusão de um Curso de Especialização na área.

Na Resolução CFFa n. 131/1995[12], foi determinado que para a criação de uma nova especialidade, era necessário que novas áreas de conhecimento passassem a contar com profissionais nelas qualificados, descartada a possibilidade de enquadramento em área de especialização correspondente ou afim (art. 6°). Entretanto, com a mudança das gestões do CFFa, esse critério deixou de ser adotado. O que é atualmente preconizado é a solicitação de um grupo de profissionais para a criação de uma nova especialidade. Com esse critério, algumas Resoluções passaram a apresentar um enquadramento dentro de áreas de especialização já definidas anteriormente.

Como exemplo dessa sobreposição de competências podemos citar as Resoluções CFFa n. 383/2010[3], que dispõe sobre as atribuições e competências relativas à especialidade em Disfagia, e CFFa n. 604/2021[3], que dispõe sobre a criação da Especialidade em Fonoaudiologia Hospitalar, define as atribuições e competências. No Quadro 1, observamos as sobreposições dessas duas especialidades. Esses aspectos (sobreposições) podem confundir o solicitante sobre qual título requerer ou requerer os dois, o que não agrega conhecimento e/ou importância ao seu exercício profissional. Essas sobreposições também fazem com que as especialidades se tornem difíceis de serem avaliadas pelo mercado de trabalho.

Além disso, a Resolução CFFa n. 604/2021[3] em seu artigo 1° determina que a Fonoaudiologia Hospitalar é uma área de especialidade da Fonoaudiologia, quando na verdade ela esclarece sobre o "local de atuação" do profissional.

Outro ponto importante a ser observado é que a Resolução CFFa n. 131/95[12], artigo 10°, determina que os Títulos de Especialista, registrados no CFFa, teriam validade por tempo indeterminado. Essa norma foi alterada pela Resolução CFFa n. 321/06[3], determinando em seu artigo 6º que *"O título de especialista profissional será válido por 5 (cinco) anos, a contar de 01/01/2007, devendo ser renovado por igual período..."*. Além disso a Resolução CFFa n. 321/06[3] altera a forma de concessão do Título, que será dado por meio de concurso de provas e títulos, e também a quantidade de títulos concedidos (passando a ter o limite de dois títulos).

O panorama original de quatro especialidades (de 1995) expandiu-se e hoje são 15 (quinze): Audiologia, Disfagia, Fluência, Fonoaudiologia Educacional, Fonoaudiologia do Trabalho, Fonoaudiologia Hospitalar, Fonoaudiologia Neurofuncional, Gerontologia, Linguagem, Motricidade Orofacial, Neuropsicologia, Perícia, Otoneurologia, Saúde Coletiva e Voz. No Quadro 2 apresentamos a data de criação de cada uma das áreas de especialidades da Fonoaudiologia, documento de aprovação e número de profissionais até 2024 em cada área de especialidade. Como pode-se ver, as áreas passaram a indicar não somente o fazer fonoaudiológico, mas também seu local de atuação e o ciclo de vida.

O quadro demonstra uma expressiva diferença entre as especialidades, sua data de criação e o número de profissionais registrados. Citamos como exemplo a especialidade de Saúde Coletiva, criada em 2006 e que apresenta, em 2024, 132 profissionais registrados. Apesar de não existirem dados publicados, observamos uma crescente inserção do profissional no Sistema Único de Saúde (SUS), sendo o serviço que mais emprega profissionais da Fonoaudiologia nos dias de hoje[15,16].

Entretanto, não são ofertados cursos para essa especialidade. Foram pesquisados *sites* de diversas Instituições de Ensino Superior (IES) e cursos livres, para análise da oferta de cursos de pós-graduação e observa-se que essa oferta se restringe a cursos na área de Audiologia, Linguagem, Motricidade Orofacial e Voz, na sua grande maioria, áreas onde talvez o profissional encontre mais possibilidades no mercado de trabalho informal (clínicas e consultórios particulares). O mesmo acontece com as especialidades de Gerontologia (especialidade criada em 2014 com 26 inscritos) e Neuropsicologia (especialidade criada em 2014 com 29 inscritos)[17-23].

Atualidade

No ano de 2023, a Resolução CFFa n. 721/2023[3] determina que, para obtenção do Título de Especialista em qualquer uma das 15 (quinze) áreas já citadas, o fonoaudiólogo deve pontuar o seu currículo até alcançar 100 pontos, o que pode ser conquistado por diversas trajetórias. Existem várias possibilidades para se chegar a essa pontuação, entre as quais podemos citar: ter finalizado Curso de Especialização conforme normas

QUADRO 1 Sobreposição das competências das especialidades de Disfagia e Fonoaudiologia Hospitalar

Disfagia	Fonoaudiologia Hospitalar	Sobreposições
1.4 Amplitude: Unidades de baixa, média e alta complexidade, hospitais	Dispõe sobre a atuação do fonoaudiólogo em ambiente hospitalar	As duas resoluções dispõem sobre o mesmo ambiente
1.3 Função: Prevenção, avaliação, diagnóstico, habilitação/reabilitação funcional da deglutição e gerenciamento dos distúrbios de deglutição	Art. 3º Apto a: I. Realizar triagem, avaliação, diagnóstico, prognóstico, terapia, gerenciamento, e encaminhamento e orientações dos aspectos da [...] deglutição	Mesma competência
i) Indicar e adaptar as válvulas de fala unidirecionais para o restabelecimento da comunicação e deglutição funcionais	III. Realizar aspiração das vias aéreas [...] e adaptação de válvulas fonatórias e de deglutição [...]	Mesma competência
e) Prescrever a consistência alimentar, o volume, o ritmo de oferta, os utensílios, as manobras e posturas necessárias para a administração da dieta por via oral de forma segura	IV. Prescrever consistência de alimentos e espessante	Mesma competência
l) Realizar procedimentos de limpeza das vias aéreas antes, durante e/ou após a execução de procedimentos fonoaudiológicos	i) Realizar aspiração das vias aéreas [...]	Mesma competência

QUADRO 2 Data de criação das especialidades na Fonoaudiologia e número de profissionais (2024)

Especialidade	Data de criação	Documento de aprovação	Número de profissionais
Audiologia	1995	Res. CFFa n. 131/1995[12]	3.016
Motricidade Orofacial	1995	Res. CFFa n. 131/1995[12]	2.092
Linguagem	1995	Res. CFFa n. 131/1995[12]	1.382
Voz	1995	Res. CFFa n. 131/1995[12]	1.216
Saúde Coletiva	2006	Res. CFFa n. 320/2006[3]	132
Disfagia	2010	Res. CFFa n. 382/2010[3]	600
Fonoaudiologia Educacional	2010	Res. CFFa n. 382/2010[3]	165
Fonoaudiologia do Trabalho	2014	Res. CFFa n. 453/2014[3]	138
Fonoaudiologia Neurofuncional	2014	Res. CFFa n. 453/2014[3]	109
Gerontologia	2014	Res. CFFa n. 453/2014[3]	26
Neuropsicologia	2014	Res. CFFa n. 453/2014[3]	29
Fluência	2017	Res. CFFa n. 507/2017[3]	59
Perícia	2020	Res. CFFa n. 584/2020[3]	21
Fonoaudiologia Hospitalar	2021	Res. CFFa n. 604/2021[3]	155
Otoneurologia	2023	Res. CFFa n. 718/2023[3]	12

do CFFa, ter Título de Especialista de Sociedade conveniada com o CFFa, residência multiprofissional, ter título de doutor ou mestre, participação em eventos científicos, publicação ou organização de livros, publicação de capítulo, entre outros. Lembramos que o Título de Especialista deve ser renovado a cada 5 (cinco) anos e, nesse caso, o profissional deve pontuar seu *curriculum* até alcançar 50 pontos adicionais e que não tenham sido utilizados para obtenção original.

Em outras profissões da área de saúde (citamos como exemplo a Medicina[24], Odontologia[25] e Psicologia[26]), os Títulos de Especialista são obtidos com a realização de provas teórico/práticas. Na Medicina observa-se um convênio entre o Conselho Federal de Medicina (CFM) e a Associação Médica Brasileira (AMB)[27] que define os critérios para o reconhecimento dos Títulos de Especialista. Além disso, no caso da exigência de prova, essas são realizadas pelas Sociedade Cientificas de cada área.

O mercado comprova que os profissionais que apresentam Título de Especialista em sua área de atuação são valorizados com maior remuneração e essa titulação passa a ser pré-requisito necessário para participação em concursos públicos. Na Fonoaudiologia já temos o reconhecimento do título em concursos públicos, possibilitando, portanto, valorização no quadro de carreira e reconhecimento financeiro[28-30].

No início do ano de 2024, o número de fonoaudiólogos registrados no Sistema de Conselhos é de 55.045[31] e o número de fonoaudiólogos especialistas é de 8.993[31], o que representa 16,33% dos profissionais brasileiros.

CONCLUSÃO

O Título de Especialista é uma concessão criteriosa, reconhecida e valorizada pelos pares, por outros profissionais de saúde e pelas organizações contratantes, o que leva a uma maior valorização da Fonoaudiologia. Além do reconhecimento do mercado por meio de remuneração diferenciada para os especialistas, vários concursos públicos têm adotado o Título de Especialista como um diferencial para aprovação ou mesmo para ascensão na carreira profissional.

Importante notar pelos dados levantados que, apesar de algumas especialidades já terem sido criadas há alguns anos, poucos são os profissionais que possuem o Título de Especialista nessas especialidades (como exemplo podemos citar a Saúde Coletiva, criada em 2006, e que possui somente 126 profissionais com o Título).

Conhecer a história da concessão do Título de Especialista do profissional fonoaudiólogo no Brasil nos traz a base da ação do fonoaudiólogo no tempo e no espaço, nos leva a entender nosso desenvolvimento enquanto profissionais da área da saúde e da educação e como as especialidades nos tornam mais preparados para o cuidado com nossos pacientes. Com esse estudo é possível entender como o passado influencia o presente, proporciona uma análise mais aprofundada da sua evolução e quais são as melhores formas para a concessão do Título para nossa profissão.

REFERÊNCIAS BIBLIOGRÁFICAS

1. Dicionário On Line de Português. Disponível em https://www.dicio.com.br/especialista/. Acesso em 01 de fevereiro de 2024.
2. Unidade Central de Educação Faem – UCEFF. O que é ser um profissional especialista e como se torna um? 2022. Disponível em: https://blog.uceff.edu.br/profissional-especialista/. Acesso em 03 de abril de 2024
3. Conselho Federal de Fonoaudiologia. Disponível em: https://fonoaudiologia.org.br/legislac%cc%a7a%cc%83o/resolucoes/. Acesso em 12 de janeiro de 2024.
4. Brasil, Presidência da República, Casa Civil, Subchefia para Assuntos Jurídicos. Disponível em: https://www.planalto.gov.br/ccivil_03/leis/l6965.htm#:~:text=L6965&text=LEI%20No%206.965%2C%20DE%209%20DE%20DEZEMBRO%20DE%201981.&text=Disp%C3%B5e%20sobre%20a%20regulamenta%C3%A7%C3%A3o%20da,Fonoaudi%C3%B3logo%2C%20e%20determina%20outras%20provid%C3%AAncias. Acesso em 20 de dezembro de 2023.
5. Brasil, Conselho Nacional de Secretários de Saúde – CONASS. Gestão do Trabalho e da Educação na Saúde – volume 9. In: Coleção Para Entender a Gestão do SUS 2011. Disponível em: https://bvsms.saude.gov.br/bvs/publicacoes/para_entender_gestao_sus_v.9.pdf. Acesso em 05 de maio de 2024.
6. Giradi SN, Fernandes Jr., H, Carvalho CL. A regulamentação institucional das profissões de saúde no Brasil. Disponível em: http://epsm.nescon.medicina.ufmg.br/epsm/Publicacoes/Regulamentacao_Profissoes_de_Saude_no_Brasil.pdf. Acesso em 24.01.2024.
7. Sociedade Brasileira de Fonoaudiologia. Histórico. Disponível em: https://www.sbfa.org.br/portal2017/historico. Acesso em 19 de dezembro de 2023
8. Sociedade Brasileira de Fonoaudiologia. Quem somos. Disponível em https://www.sbfa.org.br/portal2017/quem-somos. Acesso em 19 de dezembro de 2023.
9. Sociedade Brasileira de Fonoaudiologia. Estatuto social. Disponível em https://www.sbfa.org.br/portal2017/arquivos_/estatuto2022.pdf. Acesso em 19 de dezembro de 2023.
10. Lana-Peixoto MA. A Residência Médica e o Título de Especialista em Neurologia. Arq Neuro-Psiquiat (São Paulo). 1989;47(4):503-5.
11. Academia Brasileira de Audiologia. Encontro Internacional de Audiologia – 25 anos de história, 2011. Disponível em: https://audiologiabrasil.org.br/portal2018/pdf/public_25eia.pdf. Acesso em 20 de janeiro de 2024.
12. Conselho Federal de Fonoaudiologia. Resolução CFFa n. 131/1995. Disponível em: https://www.fonoaudiologia.org.br/resolucoes/resolucoes_html/CFFa_N_131_95.htm. Acesso em 10 de dezembro de 2023
13. Conselho Federal de Fonoaudiologia. Resolução CFFa n. 130/1995. Disponível em: https://www.fonoaudiologia.org.br/resolucoes/resolucoes_html/CFFa_N_130_95.htm. Acesso em 10 de dezembro de 2023.
14. Conselho Federal de Odontologia. Resolução CFO n. 185/1993. Disponível em: https://www.forp.usp.br/restauradora/etica/rcfo185_93.htm#t2cap2. Acesso em 05 de maio de 2024.
15. Conselho Federal de Fonoaudiologia. Contribuição da Fonoaudiologia para o avanço do SUS, 2016. Disponível em: https://fonoaudiologia.org.br/wp-content/uploads/2019/09/Contribuicao-Fonoaudiologia-Avancao-do-Sus.pdf. Acesso em 07 de maio de 2024.
16. Conselho Federal de Fonoaudiologia. Fonoaudiologia nas Redes de Atenção, 2021. Disponível em: https://fonoaudiologia.org.br/wp-content/uploads/2021/01/CFFa_Guia_RAS.pdf. Acesso em 07 de maio de 2024.

17. Universidade São Paulo. Cursos de Pós-graduação. Disponível em: https://uspdigital.usp.br/apolo/apoExtensaoCurso?codmnu=1444. Acesso em 07 de maio de 2024.
18. Unicamp. Cursos de Pós-graduação. Disponível em: https://www.unicamp.br/unicamp/unicamp-responde/pos-graduacao. Acesso em 07 de maio de 2024.
19. Pontifícia Universidade Católica de São Paulo. Cursos de Pós-graduação. Disponível em: https://www.pucsp.br/pos-graduacao/especializacao-e-mba/especializacao. Acesso em 07 de maio de 2024.
20. UNIFESP. Cursos de Pós-graduação. Disponível em: https://www.unifesp.br/reitoria/proec/. Acesso em 07 de maio de 2024.
21. Instituto de Estudos Avançados em Audição – IEAA. Cursos de Pós-graduação. Disponível em: https://lp.ieaa.com.br/?gad_source=1&gclid=Cj0KCQjwj9-zBhDyARIsAERjds2tDRIngbhB5x7gO1ERHkxpybyWFwYYZk_Sn6-zi3jCE_yuHgnEUXsaAo50EALw_wcB. Acesso em 07 de maio de 2024.
22. Centro de Estudos da Voz – CEV. Ensino. Disponível em: https://www.cevbr.com/ensino. Acesso em 07 de maio de 2024.
23. Consultoria em Fonoaudiologia Clínica – CEFAC. Cursos de especialização. Disponível em: https://cefac.br/cursos/cursos-de-especializacao. Acesso em 07 de maio de 2024.
24. Conselho Federal de Medicina. Resolução CFM n. 2.330/2023. Disponível em: https://sistemas.cfm.org.br/normas/visualizar/resolucoes/BR/2023/2330. Acesso em 07 de maio de 2024.
25. Conselho Federal de Odontologia. Consolidação das normas para procedimentos nos Conselhos de Odontologia. Disponível em: https://transparencia.cfo.org.br/wp-content/uploads/2023/09/Consolida%C3%A7%C3%A3o-das-Normas-Atualizado-emsetembro-de-2023.pdf. Acesso em 07 de maio de 2024.
26. Conselho Federal de Psicologia. Resolução CFP n. 23/2022. Disponível em: https://www.in.gov.br/en/web/dou/-/resolucao-n-23-de-13-de-outubro-de-2022-437945688. Acesso em 07 de maio de 2024.
27. Conselho Federal de Medicina. Resolução CFM n. 2330/2023. Disponível em: https://sistemas.cfm.org.br/normas/visualizar/resolucoes/BR/2023/2330. Acesso em 07 de maio de 2024.
28. Falk JW. Os Títulos de Especialista. Revista Brasileira de Família e Comunidade. 2006;2(7). Disponível em: https://rbmfc.org.br/rbmfc/article/view/50. Acesso em 07 de maio de 2024.
29. Padovani RM. A importância do título de especialistas. Revista do Biomédico. 2016;76. Disponível em: https://www.crbm1.gov.br/bio76/r76_caderno18.asp. Acesso em 07 de maio de 2024.
30. Alessio MM, Sousa MF. Regulação da formação de especialistas: inter-relação com o Programa Mais Médicos. Revista de Saúde Coletiva. 2016;26(2). Disponível em: (https://www.scielo.br/j/physis/a/mJxr3bY79YmsgYDXzmWdxZp/?lang=pt. Acesso em 07 de maio de 2024.
31. Conselho Federal de Fonoaudiologia. Quantitativo de fonoaudiólogos no Brasil. Disponível em: https://fonoaudiologia.org.br/fonoaudiologos/quantitativo-de-fonoaudiologos-no-brasil-por-conselho-regional/. Acesso em 10 de janeiro de 2024.

ANEXO I

ESTATUTO SOCIAL CONSOLIDADO DA SOCIEDADE BRASILEIRA DE FONOAUDIOLOGIA SBFa

CAPÍTULO I

DENOMINAÇÃO, PRAZO DE DURAÇÃO, SEDE, FÓRUM E OBJETIVOS

ART. 1° A **SOCIEDADE BRASILEIRA DE FONOAUDIOLOGIA**, fundada em 15 de setembro de 1988, é uma sociedade civil de caráter cultural e científico, sem fins lucrativos, que se regerá pelo presente estatuto e pela legislação pertinente.

ART. 2° A Sociedade terá sua sede e foro na rua Cayowaá, 664, CEP 05018-000, bairro das Perdizes, comarca e município de São Paulo, Estado de São Paulo, podendo estabelecer escritórios ou filiais em todo território nacional.

ART. 3° A duração da Sociedade será por tempo indeterminado.

ART. 4° Constituem objetivos da Sociedade, além de congregar fonoaudiólogos, pedagogos, psicólogos, psicopedagogos, médicos, fisioterapeutas e terapeutas ocupacionais dedicados no país às atividades educacionais e clínicas ligadas à fonoaudiologia, as atividades adiante descritas:

a) Defender a instituição da Fonoaudiologia, preservando-lhe as finalidades sociais, promovendo o seu desenvolvimento e aprimoramento, utilizando-se, para tanto, da realização de palestras, simpósios, conferências, cursos, reuniões, encontros e congressos, bem como mediante a edição de publicações, periódicos, abordando, invariavelmente, matérias de interesse das categorias profissionais abrigadas pela Sociedade.

b) Acompanhar, assessorar, opinar e oferecer subsídios e, se for o caso, colaborar, igualmente, na elaboração de projetos de lei, regulamentos, resoluções e currículos escolares sobre a Fonoaudiologia e questões correlatas, colaboração esta, em toda sua plenitude, extensiva aos órgãos governamentais e classistas, mormente em sua abrangência técnico-consultiva.

c) Promover o aprimoramento técnico e científico de seus associados, através da sistemática obtenção e veiculação de novos conhecimentos e experiências, podendo conceder-lhes **Título de Especialista**.

d) Estabelecer padrões de ética para os associados e zelar pela observância desses princípios.

e) Defender os interesses dos associados e promover-lhes a valorização profissional.

f) Manter intercâmbio com entidades afins e congêneres, sejam nacionais ou internacionais.

g) Prestar serviços de orientação aos associados, individualmente considerados.

h) Exercer qualquer outra atividade concorrente para o benefício dos associados, dentro da moral e do direito.

ANEXO II

EXTRATO DE ATA DA 5ª REUNIÃO DA 32ª S.P.O., DE 14 DE ABRIL DE 1995.

"Aos quatorze dias no mês de abril de 1995, na sede do Conselho Federal de Fonoaudiologia, situada na SCLN – 102, Bloco "B", Sala 101 – Brasília – D.F, realizou-se a 5ª Reunião da 32ª S.P.O. estando presentes os conselheiros: Thelma Regina da Silva Costa, Thelma Alcântara, Ana Maria Veronesi Sardas, Maria Thereza Gonçalves Gallotti, Iza Pereira de Mattos, Leonardo da Rosa Giglio, Márcia Regina Teles e Odete Aparecida Fatuch Santos. A presidente do Conselho Federal de Fonoaudiologia, Fga. Thelma Costa, deu início aos trabalhos desta reunião às 12:15 constando da pauta os seguintes ítens: (...) **4) CONGRESSO DE BAURU** - A Presidente, Fga. Thelma Costa informa que durante o Congresso de Audiologia em Bauru, realizada em São Paulo - março 95, aconteceu uma reunião entre os docentes, representantes dos Conselhos de Fonoaudiologia e instituições. Diz que o professor Mano Vieira sugeriu a criação do título de especialista em patologias fonoaudiológicas. Esta discussão, segundo as Conselheiras Fga. Thelma Costa e Fga. Iza Pereira de Mattos, é bem anterior a proposta lançada pelo professor neste Congresso. A Fga. Thelma Costa esclarece que, consta da Ata desta Reunião, proposta a ser encaminhada aos Conselhos e Sociedade Brasileira de Fonoaudiologia para elaborarem parecer em cima da especialidade - Audiologia. A Presidente esclarece que em algumas profissões a prova é realizada pelas Sociedades. A Conselheira Fga, Iza Pereira de Matos diz que esses cursos de especialização são elaborados pelas Faculdades e/ou Universidades e, são aprovados pelo Conselho Nacional de Educação. Após isso, a escola comunicaria aos Conselhos sobre o curso e estes, então, listariam pelos cursos os especialistas reconhecidos. Os Conselhos de Fonoaudiologia responsabilizar-se-iam pela emissão da carteira de especialista. Inicialmente, a Audiologia será especialidade a favorecer cursos neste sentido. A Fga. Thelma Costa acredita que, criado o título e a prova para especialista, aí sim, surgiriam os cursos de especialização. A Presidente aproveita a oportunidade para falar sobre a diferença entre exame de ordem e título de especialista."

Brasília, 27 de março de 2024.

ANDRÉA CINTRA LOPES
Presidente do Conselho Federal de Fonoaudiologia

ANEXO III

EXTRATO DE ATA DA 4ª REUNIÃO DA 32ª S.P.O., DE 13 DE ABRIL DE 1995.

"Aos treze dias no mês de abril de 1995, na sede do Conselho Federal de Fonoaudiologia, situada na SCLN – 102, Bloco "B", Sala 101 – Brasília – D.F, realizou-se a 4ª Reunião da 32ª S.P.O estando presentes os conselheiros: Thelma Regina da Silva Costa, Thelma Alcântara, Ana Maria Veronesi Sardas, Maria Thereza Gonçalves Gallotti, Iza Pereira de Mattos, Leonardo da Rosa Giglio, Márcia Regina Teles e Odete Aparecida Fatuch Santos. A presidente do Conselho Federal de Fonoaudiologia, Fga.

Thelma Costa deu início aos trabalhos desta reunião às 13:45 (...) Da pauta: item: 1) **PROPOSTA DE TRABALHO DE CADA CONSELHEIRO ELEITO**. A Fga. Thelma Costa comenta sobre a proposta de trabalho em conjunto com a conselheira Márcia Regina Teles, ambas eleitas pela 2ª região. (...) 3) propiciar o reconhecimento das especialidades em Fonoaudiologia."

Brasília, 27 de março de 2024.

ANDRÉA CINTRA LOPES
Presidente do Conselho Federal de Fonoaudiologia

ANEXO IV

EXTRATO DE ATA DA 5ª REUNIÃO DA 34ª S.P.O., DE 15 DE OUTUBRO DE 1995.

"Aos quinze dias do mês de outubro de 1995, na sede do CFFa situada na SCLN 102 - Bloco "B" Sala 101. Brasília – DF, realizou-se a 5ª Reunião da 34ª S.P.O., estando presentes os conselheiros: Ana Maria Veronesi Sardas, Iza Pereira de Mattos, Leonardo da Rosa Giglio, Odete Aparecida Fatuch Santos, Maria Carolina Paes, Maria Thereza Gonçalves Gallotti, Thelma Costa e Thelma Alcântara. A Presidente Thelma Costa dá início a Reunião às 9:40 horas fazendo a apresentação do Assessor Jurídico Dr. José Alayon ao Plenário e, em seguida leitura da pauta. (...) item 4 – TÍTULO DE ESPECIALISTA. A presidente apresenta na íntegra a proposta da Resolução, feita por ela, sobre o TÍTULO DE ESPECIALISTA EM FONOAUDIOLOGIA. Esclarece que já foi feita a Revisão jurídica e pede a atenção do Plenário para a leitura da mesma. O Plenário aprovou, por unanimidade esta Resolução que após a Revisão de Português será publicada, no Diário Oficial da União. O Plenário parabenizou a Presidente pelo seu empenho dedicação e coragem neste trabalho."

Brasília, 27 de março de 2024.

ANDRÉA CINTRA LOPES
Presidente do Conselho Federal de Fonoaudiologia

4

Papel da residência para a formação do fonoaudiólogo

Helenice Yemi Nakamura
Camila Lima Nascimento
Bruna Gabriela Mechi Silva

PONTOS-CHAVE

- Formação em saúde.
- Formação em Fonoaudiologia.
- O conceito da residência multiprofissional.
- Desafios e oportunidades.

OBJETIVOS DE APRENDIZAGEM

Ao final deste capítulo, o leitor deverá ser capaz de:

- Identificar a atuação em residência multiprofissional em saúde e distinguir das demais modalidades de pós-graduação.
- Conhecer as possibilidades de aplicação das experiências oriundas da residência.
- Ser capaz de problematizar como a formação em saúde impacta na residência.

INTRODUÇÃO

> Ninguém caminha sem aprender a caminhar, sem aprender a fazer o caminho caminhando, refazendo e retocando o sonho pelo qual se pôs a caminhar.
>
> *Paulo Freire*

Entender que a determinação da saúde está relacionada com acessos e oportunidades sociais exige uma atuação em relação ao território que habitamos e vivemos. Assim, pensar a formação em saúde nos impõe a *reflexão sobre os tempos que estamos vivendo e o conhecimento das políticas para a saúde pública*[1] (p. 145).

O compromisso com a formação da força de trabalho em saúde deve estar atento às necessidades sociais do entorno das instituições de ensino, demonstrando um *compromisso dos cursos da área da saúde com a promoção do desenvolvimento regional* e no enfrentamento dos problemas de saúde mais prevalentes. Além disso, a formação no/para o Sistema Único de Saúde (SUS) deve ser pautada na integralidade da atenção, o que pressupõe uma *formação interprofissional, humanista, técnica e de ordem prática presencial* para que o profissional possa estar apto a atuar no cuidado individual/de famílias/de comunidades, sabendo trabalhar em equipe e de maneira colaborativa. Importante também lembrar que todo enfoque clínico não se refere a procedimentos clínicos dirigidos, mas diz respeito ao campo complexo de propostas e estratégias públicas que visam o bem-estar de sujeitos/famílias/comunidades[2].

Diante das exigências curriculares, da formação dos docentes, da instituição de ensino superior (IES), da localização e organização do sistema de saúde local, há diferenças nos campos de estágio, escolhas de cenários de prática que impactam diretamente nas habilidades aprendidas. Na graduação em Fonoaudiologia, o profissional de saúde em formação deve obter subsídios para conhecer diferentes serviços de saúde, de educação, da assistência social, e identificar as formas e as *necessidades comunicativas* de sujeitos, de famílias, da comunidade[3].

Para que os cursos de graduação tenham aproximações na formação, as diretrizes curriculares nacionais (DCN) representam um posicionamento social para determinada profissão, posto pela educação, nas prerrogativas do Conselho Nacional de Educação (CNE) e do Conselho Nacional de Saúde (CNS). Ao Sistema Único de Saúde (SUS) cabe a *ordenação da formação de recursos humanos na área de saúde* (art. 200, inciso III), conforme regulamentado pela Lei n. 8.080, de 19 de setembro de 1990 (art. 6)[4,5].

Independente da atuação no setor público ou privado, a formação profissional em saúde deve pautar-se nas políticas públicas, nas diretrizes nacionais e nas recomendações da categoria. A partir de discussões nas categorias profissionais e no controle social, as DCNs dos cursos da saúde terão como elementos norteadores a *defesa do SUS, o atendimento às necessidades sociais em saúde, integração com a comunidade e com as redes de atenção à saúde (RAS)*[6,7].

A residência se posiciona como uma modalidade de formação em saúde que tem o maior potencial de formar profissionais e que endurece os desafios atuais do cuidado em saúde, uma vez que propicia o encontro do residente com o campo de atuação e todas as suas complexidades, sem filtros.

Neste capítulo, serão apresentados e discutidos conceitos da residência, com foco nos desafios e possibilidades dessa modalidade de formação e a partir do olhar dos três principais atores envolvidos no processo de ensino-aprendizagem: o residente, o preceptor e o tutor. O texto também será permeado por reflexões acerca da formação do profissional em saúde.

O QUE É A RESIDÊNCIA?

A Residência Multiprofissional em Saúde (RMS), campo de educação em serviço e fomentador de mudanças de práticas, é um formato de pós-graduação *lato sensu*, que tem como característica fundante a educação em serviço promovendo práticas integradas e amplas. Os programas são oferecidos por instituições de ensino e serviços de saúde e, diferentemente de outras modalidades de pós-graduação, são destinados às categorias profissionais que integram a área de saúde, excetuada a médica, a fim de que se estimule a formação centrada no trabalho colaborativo e na prática interprofissional[8]. Os Programas de Residência visam a integração de ensino-serviço-comunidade nos serviços, envolvendo assistência e produção pedagógica. Por se tratar de uma atividade relativamente recente, a forma de estabelecimento está em processo, assim como a sistematização das práticas em diferentes cenários de formação, que visa a formação profissional ao mesmo tempo que qualifica as equipes que recebem os residentes. *Integrar ensino e serviços é também considerar a educação como parte constitutiva do trabalho na saúde, responsável por inovações que são necessárias ao SUS*[8] (p. 149).

Para que se compreenda o papel da RMS é fundamental que se apresente o caminho até sua regulamentação, que ocorre em parceria entre os Ministérios da Saúde e da Educação. A Lei n. 11.129, de 30 de junho de 2005, institui a Residência em Área Profissional de Saúde e cria a Comissão Nacional de Residência Multiprofissional em Saúde (CNRMS), que dá início ao processo de regulamentação e implementação das RMS. Assim, a RMS é consolidada em 2007 a partir da Portaria Interministerial n. 45, na qual define-se a necessidade de orientação de profissionais de elevada qualificação ética e profissional, além da carga horária prevista entre 40 (quarenta) e 60 (sessenta) horas semanais[9,10].

Além disso, fica estabelecido e reafirma-se na Portaria Interministerial n. 1.077, de 12 de novembro de 2009, que os programas de residência multiprofissional devem ser orientados pelos princípios e diretrizes do SUS, e guiar-se atendendo às necessidades e realidades locais, regionais e epidemiológicas, e ainda estabelece os eixos norteadores a serem seguidos[11].

Inicialmente, os cursos contemplados e aptos a realizar a RMS são: Biomedicina, Ciências Biológicas, Educação Física, Enfermagem, Farmácia, Fisioterapia, Fonoaudiologia, Medicina Veterinária, Nutrição, Odontologia, Psicologia, Serviço Social e Terapia Ocupacional. Em 2014, a Portaria Interministerial n. 16, de 22 de dezembro, passou a incluir os profissionais de Saúde Coletiva e de Física Médica na realização de Programas de Residência Multiprofissional e em Área Profissional da Saúde[12].

Os principais objetivos da Residência Multiprofissional em Saúde são o ensino e a formação de profissionais da saúde por meio da educação em serviço, que se dá *pelo* e *para o* trabalho em saúde. A modalidade de residência busca também explorar novos horizontes e favorecer o encontro entre conhecimentos teóricos, práticos e, sobretudo, a articulação entre a academia e os serviços.

A RMS abre a possibilidade de o residente aprender com profissionais, graduandos e colegas que vivenciaram contextos de vida e consequentemente de saúde distintos. Isso contribui para a construção e o amadurecimento de um conceito de saúde mais ampliado e ancorado na integração de saberes e conhecimentos de diferentes áreas profissionais e que vai qualificar o trabalho fundamentado nos princípios e diretrizes do SUS.

Teoricamente, a RMS é uma forma de pós-graduação diferenciada porque sua principal característica é formar trabalhadores com atuação no SUS e assim aplicar o trabalho em saúde nas propostas e práticas de integração das ações em saúde e na interdisciplinaridade. O incentivo à interdisciplinaridade é um potencial da RMS, uma vez que utiliza de espaços de formação que, ao unirem educação, assistência e serviço, concentram diversos saberes que caminham rumo a intervenções oferecidas à população galgadas na integralidade. Dessa forma, as RMS objetivam a partir de suas grades integrar os residentes aos gestores, profissionais dos serviços, docentes, pesquisadores e população. As demais modalidades de pós-graduação, seja pelos objetivos ou pela estrutura curricular, não conseguem aproximar os campos da saúde e da educação articulando-os aos princípios do SUS.

A RMS, por meio de seu processo de trabalho, favorece a atuação em equipe de forma interdisciplinar, aspecto fundamental para promover a integralidade e a resolutividade no cuidado em saúde. Essa abordagem contribui significativamente para o fortalecimento do SUS e para a integração entre ensino, serviços de saúde e comunidade.

Assim, a Residência Multiprofissional é uma oportunidade para os profissionais de saúde adquirirem uma visão integral do processo saúde e doença, associarem com os aspectos sociais, culturais e políticos, além de prepararem-se para atuar com segurança e qualidade no SUS.

No que diz respeito à formação de fonoaudiólogos, Mendes reflete sobre o ensino e a formação profissional. Formar fonoaudiólogos diz respeito a captar pouco a pouco os *atravessamentos entre problemas reais dos serviços, referências teóricas e político-institucionais no SUS*[3,13] (p. 242). Ou seja, trabalho complexo, no qual o SUS deve ser campo de experiência e transformação inclusive nas relações de ensino.

Atuar no SUS faz com que profissionais de saúde enfrentem dificuldades e devam enfatizar as potencialidades da categoria na inserção e permanência nos serviços, respondendo às necessidades de cuidado da comunidade. Como lembra Nascimento, para a formação de fonoaudiólogos, *os documentos reguladores e orientadores já estão disponíveis, o movimento deve ser no sentido de colocá-los em prática*[14] (p. 113).

A formação na modalidade de RMS, bem como a educação continuada, a participação e o controle social devem ser práticas que busquem ampliar a atuação do fonoaudiólogo em direção à atuação generalista, humanizada e voltada a necessidades da população e da saúde pública[15], o que também é previsto pelas DCNs do Curso de Fonoaudiologia.

DESAFIOS E OPORTUNIDADES

No contexto da residência, a interação entre três atores é a base para uma experiência bem-sucedida. São eles: o residente, o preceptor e o tutor. Assim, a seguir, está a descrição do papel, "dores" e oportunidades de cada um deles.

Ser residente

O residente, com suas experiências pregressas, suas expectativas em relação à residência e seu contexto pessoal, é o profissional que segue em formação, mas que já carrega o rótulo de formado. Dessa forma, vive nessa linha tênue que divide o estudante do profissional.

A carga horária intensa dos programas de residência é indicada como uma questão importante pelos

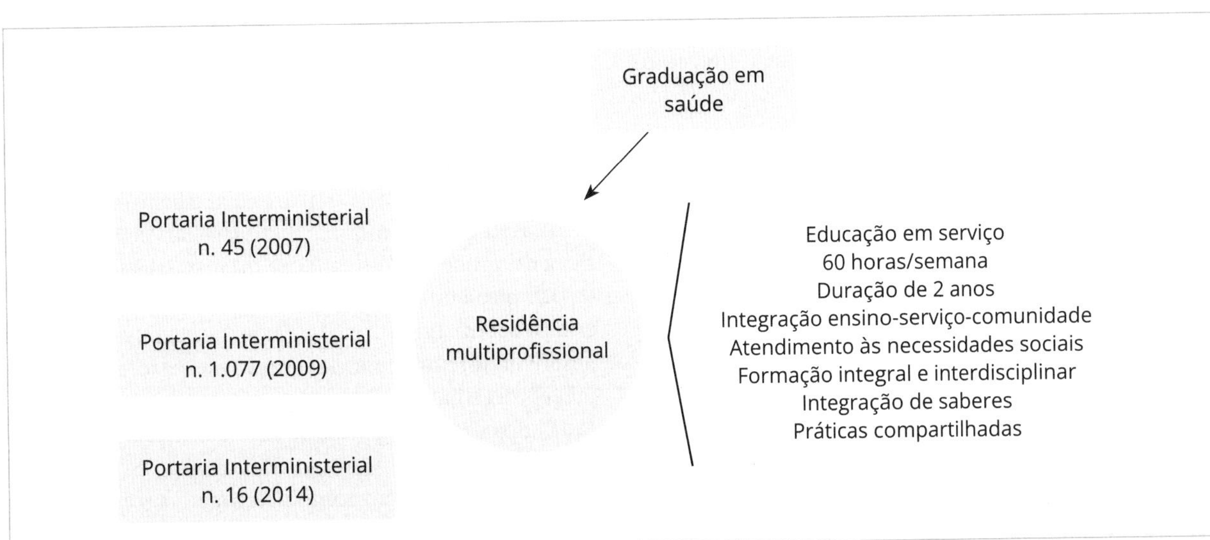

FIGURA 1 Esquema de definições da Residência Multiprofissional em Saúde (RMS).

residentes, envolvendo discussões sobre as regulamentações dos programas de residência e a saúde mental e física dos residentes.

As barreiras e os facilitadores existentes no campo de atuação exercem impacto na atuação do residente, tanto nas ações assistenciais quanto nas relações com a equipe de saúde. As residências multiprofissionais em saúde com atuação na atenção básica apresentam, em sua maioria, hegemonia do modelo biomédico, discrepância entre a oferta de profissionais e a demanda de saúde da população, limitações dos espaços físicos e dos recursos disponíveis[16,17].

O papel de um programa de residência multiprofissional no processo de formação do fonoaudiólogo é discutido no trabalho de Souza[18] e apresenta barreiras como pouca vivência na graduação em Saúde Coletiva, também citada por Ortolan e Jorge[17], falta de entendimento do papel a ser exercido e relação desfavorável dentro de equipes.

Os facilitadores nesse contexto são identificados como a atuação multiprofissional, o exercício de uma prática de atenção integral à saúde e a prática acompanhada das trocas com os preceptores. Uma reflexão importante está relacionada ao papel da formação prévia e do perfil de cada residente na forma como ele enfrentará as barreiras e enxergará os facilitadores.

Ser preceptor

O preceptor é um profissional que exerce suas atividades no serviço de saúde que constitui o campo de formação e que orienta o residente durante sua imersão nos diversos contextos territoriais. Sua função é dar o suporte para o residente adquirir prática clínica de forma protagonista, conectando teoria à prática[19-21].

Dessa forma, o preceptor é o profissional com relação mais próxima aos residentes e exerce papel primordial na formação em saúde. Espera-se que o preceptor seja exemplo para o residente, aliando competência técnica, humana e pedagógica.

Além disso, é essencial que o preceptor esteja alinhado com o tutor na definição dos objetivos de aprendizagem para o residente, assim como deve se empenhar em conhecer o residente para auxiliar na potencialização das suas fortalezas e na evolução dos seus pontos de desenvolvimento.

Os preceptores estão expostos às dificuldades inerentes aos campos de atuação e precisam criar suas formas de enfrentamento para conseguirem auxiliar os residentes a criarem as suas próprias. As demandas dos campos de atuação podem estar em rota de colisão com o paradigma de saúde e cuidado apresentado na formação profissional, tanto de preceptores quanto de residentes, adicionando uma camada extra de desafio na formação em serviço.

Independentemente da complexidade tecnológica de cada serviço de saúde, os campos de atuação no SUS apresentam aos preceptores e residentes casos altamente complexos, que exigem um olhar holístico e interdisciplinar para que seja prestado cuidado de saúde de forma adequada. Essa complexidade apresentada exige que os profissionais façam uso de todo o arsenal da caixa de ferramentas[22] de que dispõem, sendo que as tecnologias leves evidenciam-se como as mais eficientes em mais situações do que o esperado por profissionais formados no modelo biomédico, ainda preponderante na formação em saúde.

Os preceptores então lutam com os paradigmas construídos durante suas próprias formações e durante a formação dos seus pares na equipe de saúde e dos residentes. O profissional preceptor encontra-se entre a expectativa dos residentes e da equipe de saúde e as exigências trazidas pelas demandas dos próprios campos de atuação. De um lado, a expectativa por uma atuação nuclear, baseada em tecnologias duras, e, consequentemente, o mais especializada possível. Do outro lado, casos complexos que exigem uma atuação interdisciplinar, com mais espaço para tecnologias leves, e, consequentemente, mais generalista.

E é nesse lugar dividido que o profissional preceptor é a referência em serviço para os residentes, apoiando na formação de novos profissionais e vivendo seus próprios dilemas e reflexões sobre sua atuação.

Ser tutor

A relação com a aprendizagem cabe ao tutor, a partir de sua prática nos programas de residência e, sem necessariamente estar na rotina dos serviços, organizar, acompanhar e facilitar o processo de ensino e aprendizagem dos residentes. Para tanto, sua atuação deve ocorrer ao longo do tempo, em encontros formais na instituição formadora e nos serviços que possibilitem o acompanhamento processual das atividades.

Sua atuação tem que conciliar a observação criteriosa do processo de formação do profissional residente, pautado em atitudes éticas e técnicas das atividades que ocorrem nos serviços. É de suma importância o desenvolvimento de uma relação de parceria com os preceptores na condução das atividades que são realizadas nos serviços, para que haja coerência na formação do residente.

Assim, o tutor tem como prerrogativa o acolhimento das demandas de formação profissional do residente, das demandas dos serviços e o acompanhamento

QUADRO 1 Atuação dos preceptores na Residência Multiprofissional em Saúde (RMS)

Facilitadores	Barreiras	Desafios
▪ Conhecimento profundo das necessidades do serviço, do território e da rede	▪ Inconsistência clínica	▪ Falta de definição do papel do preceptor nos serviços, culminando com pouco reconhecimento
▪ Vivência diária com os residentes	▪ Pouco tempo de vivência prática	▪ Desarticulação das ações de ensino das universidades com as necessidades dos equipamentos de saúde da rede
▪ Acesso facilitado à equipe	▪ Pouca capacitação para o ensino	▪ Limitações de infraestrutura para ações efetivas de ensino nos campos de atuação

QUADRO 2 Atuação dos tutores na Residência Multiprofissional em Saúde (RMS)

Facilitadores	Barreiras	Desafios
▪ Conhecimento sobre o programa de residência	▪ Pouco conhecimento sobre as necessidades da população adscrita aos serviços em que ocorrem os programas de residência	▪ Quebra de muros entre IES e serviços de saúde
▪ Apoio da IES	▪ Disponibilidade de diálogo com residentes e a problematização do ensino e aprendizagem	▪ Aproximação dos serviços de saúde e dos preceptores designados para a residência
▪ Capacitação para o ensino	▪ Compatibilidade de horários dos preceptores/tutores	▪ Alinhamento de formação e de estágio na profissão
▪ Conhecimento na área de atuação no Programa	▪ Pouco conhecimento sobre o campo de atuação do residente	▪ Parceria que vise o crescimento de categoria profissional

IES: instituição de ensino superior.

próximo das atividades e práticas desenvolvidas relatadas pelo residente e pelo preceptor.

Dessa maneira, suas atribuições requerem capacidade de diálogo, de supervisão de casos de diferentes complexidades e idades, "guiando" o ensino e avaliando processualmente a prática do residente, afinando as demandas da instituição de ensino, as necessidades de aprendizagem do residente e as demandas dos serviços em um acordo que não seja dissonante com o preceptor e o coordenador de serviço.

CONCLUSÃO

A RMS surge como uma estratégia crucial para a formação de profissionais na área da saúde, destacando-se por seu caráter integrador que ao abranger uma gama diversificada de profissões da saúde, busca proporcionar uma abordagem interdisciplinar e interprofissional, desafiando os residentes a transcenderem as barreiras tradicionais entre as diferentes áreas.

Apresenta-se como uma modalidade muito rica para a formação, principalmente devido à sua ênfase na educação em serviço, proporcionando aos residentes a oportunidade de integrar teoria e prática de maneira sinérgica. O trabalho em equipe, a integração ensino-serviço-academia e as práticas interdisciplinares enriquecem o aprendizado, contribuindo para a construção de um conceito de saúde mais amplo e alinhado aos princípios do SUS.

Apesar dos desafios identificados, as RMS constituem-se como uma abordagem promissora para alinhar a formação do fonoaudiólogo às demandas da sociedade. Portanto, ressalta-se a relevância da RMS como agente transformador da prática fonoaudiológica e em potencializar o alinhamento da área com as necessidades da população, políticas públicas e com os fundamentos éticos e técnicos da área.

REFERÊNCIAS BIBLIOGRÁFICAS

1. Soligo A, Nakamura HY. Os desafios da formação em saúde no contexto da pandemia: experiências da Psicologia e da Fonoaudiologia. In: Nicolau SM, et al (org.). Formação no e para o SUS na pandemia da COVID-19: resistências e (re) invenções. 1. ed. [internet] Porto Alegre: Rede Unida; 2021. Disponível em: https://editora.redeunida.org.br/wp-content/uploads/2022/02/Livro-Formacao-no-e-para-o-SUS-na-pandemia-da-COVID-19-resistencias-e-re-invencoes-1.pdf.

2. Brasil. Ministério da Saúde (MS). Conselho Nacional de Saúde (CNS). Resolução n. 569/2017 [Internet]. Aprovar o Parecer Técnico n. 300/2017. Disponível em: http://conselho.saude.gov.br/resolucoes/reso17.htm.
3. Mendes VLF, Trenche MCB, Souza LAP. Um olhar sobre a trajetória do Ensino, da pesquisa e da extensão em saúde coletiva na fonoaudiologia da PUC-SP. In: Ferreira LF, Silva MAA, Mendes BC (org.). A Fonoaudiologia da PUC-SP: relatos de nossa história [Internet] São Paulo: Sintropia; 2023. Disponível em: https://www.pucsp.br/laborvox/download/a-fonoaudiologia-da-pucsp-relatos-de-nossa-historia.pdf.
4. Brasil. Constituição da República Federativa do Brasil. Brasília, DF: Senado Federal; 1988. Disponível em: https://www.Planalto.Gov.br/ccivil_03/constituicao/constituicao.htm.
5. Brasil. Lei n. 8080, de 19 de setembro de 1990. Dispõe sobre as condições para a promoção, proteção e recuperação da saúde, a organização e o funcionamento dos serviços correspondentes e dá outras providências. [Internet]. Brasília, DF [cited Jan 2024]. Disponível em: https://www.planalto.gov.br/ccivil_03/leis/l8080.htm.
6. Brasil. Resolução n. 569/2017 [Internet]. Aprova o Parecer Técnico n. 300/2017, apresenta princípios gerais a serem incorporados nas DCN de todos os cursos de graduação da área da saúde, como elementos norteadores para o desenvolvimento dos currículos e das atividades didático-pedagógicas, e que deverão compor o perfil dos egressos desses cursos. Brasília. DF [cited Jan 2024]. Disponível em: http://conselho.saude.gov.br/resolucoes/reso_17.htm.
7. Brasil. Resolução n. 610/2017 [Internet]. Aprova o Parecer Técnico n. 454/2018, que dispõe sobre as recomendações do Conselho Nacional de Saúde à proposta de Diretrizes Curriculares Nacionais do curso de graduação de Bacharelado em Fonoaudiologia [cited Jan 2024]. Disponível em: https://conselho.saude.gov. Br/ resolucoes/2018/Reso610_Publicada.pdf.
8. Ferla AA, Funghetto SS. Residências em saúde e os cenários de formação: desafios atuais às políticas de gestão da educação e do trabalho na saúde. In: Ferla AA, Funghetto SS (orgs.). Reflexões sobre Formação em Saúde: trajetórias e aprendizados no percurso de mudanças 2. ed. [Internet] Porto Alegre: Rede Unida; 2022 [cited Ap 2024]. Disponível em: https://editora.redeunida.org.br/wp-content/uploads /2023/01/Livro-Reflexoes-sobre-Formacao-em-Saude-trajetorias-e-aprendizados-no-percurso-de-mudancas.pdf.
9. Brasil. Lei Federal n. 11.129/2005, de 30 de junho de 2005 [Internet]. Institui o Programa Nacional de Inclusão de Jovens – ProJovem; cria o Conselho Nacional da Juventude – CNJ e a Secretaria Nacional de Juventude; altera as Leis ns. 10.683, de 28 de maio de 2003, e 10.429, de 24 de abril de 2002; e dá outras providências. Brasília, DF; 30 jun. 2005 [cited Jan 2024]. Disponível em: http://www.planalto.gov.br/ccivil_03/_ato2004-2006/2005/lei/l11129.htm.
10. Brasil. Gabinete do Ministro. Portaria Interministerial n. 45, 12 de janeiro de 2007 [Internet]. Dispõe sobre a Residência Multiprofissional em Saúde e a Residência em Área Profissional da Saúde e institui a Comissão Nacional de Residência Multiprofissional em Saúde. Brasília, DF [cited Ap 2024]. Disponível em: https://www.gov.br/saude/pt-br/composicao/sgtes/deges/legislacao/2018-e-antes/2007/portaria-45-12012007.pdf/view.
11. Brasil. Portaria Interministerial n. 1.077, 12 de novembro de 2009 [Internet]. Dispõe sobre a Residência Multiprofissional em Saúde e a Residência em Área Profissional da Saúde, e institui o Programa Nacional de Bolsas para Residências Multiprofissionais e em Área Profissional da Saúde e a Comissão Nacional de Residência Multiprofissional em Saúde. Brasília, DF [cited Ap 2024]. Disponível em: https://www.gov.br/saude/pt-br/composicao/sgtes/deges/legislacao/2018-e-antes/2009/portaria-n-1077-12-novembro-2009.pdf/view.
12. Brasil. Portaria Interministerial n. 16, 22 de dezembro de 2014 [Internet]. Altera a Portaria Interministerial n. 1.077/MEC/MS, de 12 de novembro de 2009, a Portaria Interministerial n. 1.320/MEC/MS, de 11 de novembro de 2010 e revoga a Portaria Interministerial n. 1.224/MEC /MS, de 3 de outubro de 2012, para atualizar o processo de designação dos membros da Comissão Nacional de Residência Multiprofissional em Saúde (CNRMS) e para incluir áreas profissionais para a realização de Programas de Residência Multiprofissional e em Área Profissional da Saúde. Brasília, DF [cited Ap 2024]. Disponível em: https://www.gov.br/saude/pt-br/composicao/sgtes/deges/legislacao/2018-e-antes/2009/portaria-n-1077-12-novembro-2009.pdf/view.
13. Mendes VLF. Uma clínica no coletivo: Experimentações no Programa Estratégia de Saúde da Família [tese]. São Paulo: Pontifícia Universidade Católica de São Paulo (PUC-SP); 2004.
14. Nascimento CL. Histórias da Inserção da Fonoaudiologia no Sistema Único de Saúde: Encontros das Águas [tese]. Campinas: Faculdade de Ciências Médicas, Universidade Estadual de Campinas; 2018.
15. Silva BGM da, Nascimento CL, Nakamura HY. Saúde do trabalhador: qual o papel do fonoaudiólogo?. Distúrbios da Comunicação. 2023.
16. Silva CA, Dalbello-Araujo M. Programa de Residência Multiprofissional em Saúde: o que mostram as publicações. Saúde Debate. 2020;43(123).
17. Ortolan DS, Jorge TM. O fonoaudiólogo na atenção primária à saúde: vivências e percepções sobre a prática e a formação. Trabalho de Conclusão de Residência [Programa de Residência Multiprofissional em Atenção Integral à Saúde]. Ribeirão Preto; 2022.
18. Souza IP. Caminhos do Fonoaudiólogo Residente no Programa de Residência Multiprofissional em Atenção Integral à Saúde [Monografia]. Ribeirão Preto: Faculdade de Medicina de Ribeirão Preto da Universidade de São Paulo (FMRP/USP); 2023.
19. Mills JE, Francis KL,Bonner A. Mentoring, clinical supervision and preceptoring: clarifying the conceptual definitions for Australian rural nurses. A review of the literature. Rural Remote Health. 2005;5(3):410.
20. Botti SHO, Rego S. Preceptor, supervisor, tutor e mentor: quais são seus papéis? Revista Brasileira de Educação Médica. 2008;32(3):363-73.
21. Ferla AA, et al (org.). Quando a conferência de saúde ensina para o trabalho e para a vida: narrativas dos estudantes sobre a 16ª Conferência Nacional de Saúde. 1. ed. Porto Alegre, RS: Editora Rede Unida; 2022. (Série Participação Social & Políticas Públicas, v. 6). E-Book (PDF).
22. Merhy EE, Feuerwerker LCM. Novo olhar sobre as tecnologias de saúde: uma necessidade contemporânea. In: Merhy EE, et al. (org.). Avaliação compartilhada do cuidado em saúde: surpreendendo o instituído nas redes. Rio de Janeiro: Hexis; 2016.

5

Percurso histórico da pós-graduação *stricto sensu* em Fonoaudiologia no Brasil

Rosane Sampaio Santos
Ana Luiza Gomes Pinto Navas

PONTOS-CHAVE

- Pioneirismo na década de 1960: o surgimento da pós-graduação em Fonoaudiologia na década de 1960 marcou um período de pioneirismo, com a Universidade de São Paulo (USP) estabelecendo o primeiro programa de mestrado no país.
- Consolidação e desafios nas décadas seguintes: as décadas de 1970 e 1980 foram marcadas pela abertura de novos programas de pós-graduação, resultando em um significativo aumento no corpo de pesquisadores. Contudo, as décadas de 1990 e 2000 apresentaram desafios que demandaram maior reconhecimento acadêmico e a expansão dos horizontes dos profissionais da Fonoaudiologia.
- Revolução tecnológica no século XXI: no século XXI, a Fonoaudiologia passa por uma revolução impulsionada pela tecnologia e inovação, explorando novas fronteiras na pesquisa em neurociência, realidade virtual e inteligência artificial.
- Compromisso com a excelência científica: apesar dos desafios contemporâneos, os profissionais da Fonoaudiologia mantêm um compromisso inequívoco com a excelência científica, a internacionalização dos programas e a adaptação às demandas mutáveis da sociedade.
- Panorama atual e dados da Coordenação de Aperfeiçoamento de Pessoal de Nível Superior (CAPES): o capítulo fornece um panorama atualizado, com dados da Área de Avaliação CAPES – Educação Física, Fisioterapia, Fonoaudiologia e Terapia Ocupacional, oferecendo uma visão abrangente da situação atual da pós-graduação *stricto sensu* em Fonoaudiologia no Brasil.

OBJETIVOS DE APRENDIZAGEM

Ao final deste capítulo, o leitor deverá ter um panorama da pós-graduação em Fonoaudiologia no Brasil, seus avanços ao longo dos últimos anos e os desafios atuais dos cursos de mestrado e doutorado.

- Panorama histórico: compreender as raízes históricas da pós-graduação em Fonoaudiologia, desde sua inauguração até os dias atuais, destacando os momentos cruciais que moldaram sua evolução.
- Avanços recentes: compartilhar os avanços significativos que marcaram a trajetória da

pós-graduação nos últimos anos, incluindo a expansão de programas, a diversificação de áreas de pesquisa e a internacionalização dos currículos.
- Desafios contemporâneos: identificar os desafios atuais enfrentados pelos programas de mestrado e doutorado em Fonoaudiologia, considerando as demandas da sociedade, as mudanças tecnológicas e os requisitos para manter a excelência acadêmica.
- Contribuição para a Fonoaudiologia: promover o reconhecimento da importância da pós-graduação como um pilar fundamental para o desenvolvimento da Fonoaudiologia no cenário brasileiro, abordando não apenas a formação avançada de profissionais, mas também seu papel na produção de conhecimento científico relevante.
- Visão prospectiva: estimular a reflexão sobre o papel futuro da pós-graduação em Fonoaudiologia, considerando as tendências emergentes, as oportunidades de inovação e a contínua busca por aprimoramento e excelência nos programas de mestrado e doutorado.

INTRODUÇÃO

Nas páginas deste capítulo, convidamos estudiosos e interessados na Fonoaudiologia a embarcar em uma jornada pelos meandros da pós-graduação *stricto sensu* no Brasil. Este capítulo resgata as raízes históricas e as metamorfoses que moldaram a evolução dessa disciplina ao longo do tempo.

Durante essa exploração, guiaremos o leitor por uma análise analítica e minuciosa dos momentos cruciais que deram forma à pós-graduação *stricto sensu* em Fonoaudiologia, desde seus primórdios até a contemporaneidade. Convidamos você a desvendar conosco o intricado tecido acadêmico que sustenta o desenvolvimento dessa área, revelando os marcos fundamentais que delinearam seu percurso e, por conseguinte, sua contribuição inestimável para a compreensão e o aprimoramento da Fonoaudiologia no cenário brasileiro.

Ao acompanharmos essa trajetória em constante evolução, torna-se evidente que a pós-graduação *stricto sensu* em Fonoaudiologia no Brasil vai além de uma simples narrativa histórica; ela configura-se como uma busca incessante pelo conhecimento, uma superação constante de desafios e uma contribuição inestimável para o avanço científico. Essa trajetória, ainda em processo de construção, destaca a importância ininterrupta da formação avançada de profissionais da Fonoaudiologia. Sem dúvida, a consolidação dos programas de pós-graduação na área da Fonoaudiologia tem um papel crucial na identificação de práticas baseadas em evidências científicas nas várias áreas de atuação e especialidades da profissão. Adentre conosco esse universo, onde o conhecimento e a excelência acadêmica se entrelaçam em uma tapeçaria que molda o futuro da Fonoaudiologia no Brasil.

O INÍCIO DA PÓS-GRADUAÇÃO NA ÁREA DA FONOAUDIOLOGIA

Nos desdobramentos da década de 1960, em meio a um panorama educacional em transformação, emergiu um cenário precursor para o estabelecimento da pós-graduação em Fonoaudiologia no Brasil. Nesse contexto, instituições de ensino superior pioneiras vislumbraram a imperatividade de transcender as fronteiras da graduação, instaurando os primórdios dos programas de mestrado[1]. A Universidade de São Paulo (USP), desempenhando papel crucial, instituiu o pioneiro programa de mestrado em Fonoaudiologia, representando uma iniciativa que não apenas refletiu a percepção acurada da universidade diante do vertiginoso avanço do conhecimento científico, mas também encarnou uma visão estratégica que pavimentou o caminho para a especialização diante das crescentes demandas[2].

Dessa forma, a década de 1960 não apenas assinalou a formalização desses programas avançados, mas também configurou um período de desbravamento e pioneirismo, no qual a visão estratégica de algumas instituições abriu trilha para uma trajetória de excelência na formação de profissionais e na produção de conhecimento científico na área de Fonoaudiologia[3].

As décadas subsequentes, nomeadamente os anos 1970 e 1980, testemunharam a consolidação desses esforços, com a ampliação dos programas de pós-graduação e a expressiva elevação do corpo de pesquisadores. Entretanto, os desafios emergiram nas décadas de 1990 e 2000, demandando dos profissionais da Fonoaudiologia a ampliação de horizontes e a busca por maior reconhecimento acadêmico[4].

No século XXI, a Fonoaudiologia vivencia uma revolução impulsionada pela tecnologia e inovação, explorando novas fronteiras na pesquisa em neurociência, realidade virtual e inteligência artificial. Enquanto o cenário atual enfrenta desafios contemporâneos, os profissionais da área mantêm um compromisso inequívoco com a excelência científica, a internacionalização dos programas e a adaptação às demandas mutáveis da sociedade.

Vale destacar o papel fundamental da Coordenação de Aperfeiçoamento de Pessoal de Nível Superior (CAPES) no acompanhamento e direcionamento da qualidade da formação de recursos humanos. A CAPES é uma Fundação do Ministério da Educação (MEC) e tem como missão a expansão e consolidação da pós-graduação *stricto sensu* (mestrado e doutorado) no Brasil[5].

O processo de acompanhamento dos programas de pós-graduação está estruturado atualmente em 50 áreas do conhecimento, divididas em três colégios:

- Ciências da Vida;
- Humanidades; e
- Ciências Exatas, Tecnológicas e Multidisciplinar.

Dentre as 50 áreas de avaliação da CAPES, a Área 21 é formada por programas de pós-graduação que envolvem quatro subáreas acadêmicas e profissionais: Educação Física, Fisioterapia, Fonoaudiologia e Terapia Ocupacional – Educação Física.

PANORAMA ATUAL

Neste item, exploraremos os dados mais recentes da Área 21 de Avaliação CAPES, concentrando-nos nas subáreas de Educação Física, Fisioterapia, Fonoaudiologia e Terapia Ocupacional, referentes ao ano de 2022. Esses dados oferecem uma visão abrangente e atualizada do cenário acadêmico dessas áreas, fornecendo *insights* valiosos sobre o estado atual da pós-graduação *stricto sensu*.

Ressalta-se que há outros programas de pós-graduação que têm fonoaudiólogos como parte do corpo docente permanente e que atuam como orientadores, programas que por sua natureza são avaliados em outras áreas da CAPES. como Áreas Interdisciplinar ou de Saúde Coletiva. Há ainda muitos fonoaudiólogos que buscam a sua formação em programas de pós-graduação de áreas afins como a Linguística, Saúde Coletiva, Psicologia, Educação etc.

Crescimento de programas de pós-graduação

A formação de recursos humanos na Área 21 tem crescido de forma acentuada na última década, passando de 431 mestres e 36 doutores em 2005 para 887 mestres e 218 doutores em 2015, representando um crescimento de 106% para a titulação de mestres e 506% para os doutores (Painel de Dados do Observatório da Pós-graduação CAPES, 2024).

Identificamos um crescimento notável no número de programas de pós-graduação nessas disciplinas, sinalizando um interesse crescente por parte das instituições de ensino em oferecer oportunidades avançadas de formação acadêmica.

O Quadro 1 descreve o número de programas acadêmicos e profissionais de pós-graduação por subárea, com destaque para a Fonoaudiologia, que atualmente apresenta 75% de programas com cursos no nível de doutorado. Esse dado indica uma forte consolidação dos programas da subárea nos últimos anos.

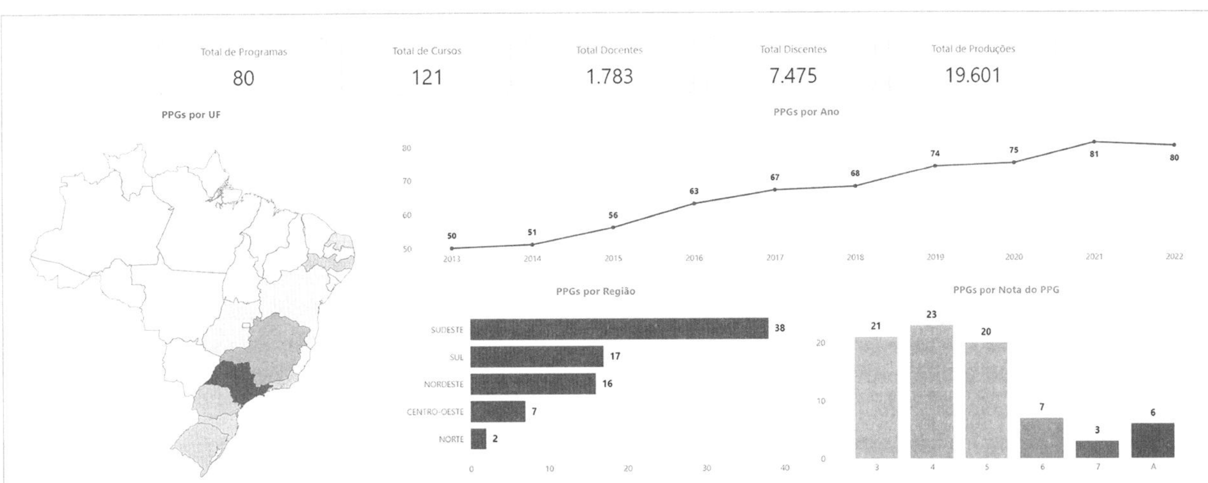

FIGURA 1 Crescimento de programas de pós-graduação da subárea da Fonoaudiologia (Área 21).
Fonte: Dados da Área de Avaliação CAPES – Educação Física (Educação Física, Fisioterapia, Fonoaudiologia, Terapia Ocupacional), referentes ao ano de 2022.

QUADRO 1 Programas de pós-graduação da Área 21, por subárea, nível (mestrado/doutorado) e modalidade (acadêmico ou profissional)

Subáreas	M	MP	M+D	M+DP	PPG	%D
EF	15	1+1*	23	1	41	59%
FT	12	0	16	0	28	57%
FO	2	1	9	0	12	75%
TO	1	1	1	0	3	33%
	30	4	49	1	84	59%

* Mestrado formação de professores – PROFEDF.
M: mestrado acadêmico; MP: mestrado profissional; M+D: mestrado e doutorado acadêmico; M+DP: mestrado e doutorado profissional; EF: Educação Física; FT: Fisioterapia; FO: Fonoaudiologia; TO: Terapia Ocupacional.
Fonte: Painel de Dados do Observatório da Pós-graduação CAPES, 2024.

Com o crescimento e a consolidação dos programas de pós-graduação da área, houve uma tendência positiva em relação à internacionalização, com parcerias e colaborações entre instituições brasileiras e estrangeiras. Essa abordagem reflete o compromisso em proporcionar experiências acadêmicas enriquecedoras e globalmente conectadas. Em relação à América Latina em geral, a Fonoaudiologia tem sido protagonista da formação de Recursos Humanos e da produção científica na região.

Os dados destacam a significativa produção científica gerada pelos programas de pós-graduação, evidenciando a contribuição dessas disciplinas para o avanço do conhecimento. Além disso, o impacto dessa produção é perceptível em publicações relevantes e participação em eventos científicos nacionais e internacionais.

A produção científica revela os caminhos e os frutos colhidos ao longo de anos de pesquisa, ganhando vida mediante as publicações e compartilhamento na comunidade científica. Essas pesquisas, frequentemente traduzidas em artigos de periódicos e indexadas em bases de dados, seguem uma trilha dinâmica observada em várias áreas do conhecimento[4].

Os artigos em periódicos científicos, destacados como a forma mais proeminente e reconhecida de divulgação, são seguidos de perto por livros e capítulos, todos esses meios formais de disseminação que conseguem alcançar um público amplo e diversificado[6].

A análise dos dados ressalta o papel crucial desses programas na formação de pesquisadores e profissionais altamente qualificados, contribuindo para o desenvolvimento sustentável das áreas abrangidas pela Educação Física, Fisioterapia, Fonoaudiologia e Terapia Ocupacional.

Ao explorar esses dados, buscamos fornecer uma compreensão aprofundada do panorama atual dessas disciplinas, reconhecendo suas conquistas e desafios, e incentivando a contínua reflexão sobre o papel fundamental da pós-graduação *stricto sensu* no cenário acadêmico brasileiro.

DESAFIOS ATUAIS E FUTUROS

Apesar do crescimento e sucesso evidentes, enfrentamos desafios contemporâneos. Questões como a adaptação às demandas tecnológicas, a busca por financiamento e a garantia da qualidade acadêmica continuam a ser temas de discussão, destacando a necessidade contínua de inovação e aprimoramento. Particularmente para os programas de pós-graduação da Área 21 da CAPES, na qual se encontra a subárea da Fonoaudiologia, temos desafios quanto ao número de docentes envolvidos na pós-graduação e quanto ao equilíbrio regional de oferta de oportunidades para a formação em pós-graduação, tanto na modalidade acadêmica como, de forma mais acentuada, na modalidade profissional.

Quanto à dimensão do corpo docente na subárea da Fonoaudiologia, atualmente há 179 docentes envolvidos em programas de pós-graduação da área da Fonoaudiologia no Brasil. São 86% de docentes permanentes, o que denota baixa dependência de docentes colaboradores. No entanto, o maior desafio é expandir a dimensão do corpo docente, já que a média de docentes por programa de pós-graduação é muito inferior à identificada em outras áreas da saúde (CAPES, avaliação quadrienal, 2017-2020)[4].

Distribuição regional

Ao longo dos anos, a Área tem apresentado um crescimento uniforme de aproximadamente 25% no número de programas de pós-graduação novos e de cursos de doutorado a cada ciclo de avaliação. Apesar dessa relevante expansão, há uma evidente distribuição geográfica desigual no Brasil em relação aos programas de pós-graduação em geral e especificamente na Fonoaudiologia. A maior concentração de programas na região Sudeste (51%) reflete a distribuição geográfica dos cursos de graduação em Fonoaudiologia. Ainda não há iniciativas e propostas de cursos nas regiões Norte e Centro-oeste, ainda que haja programas com orientadores da área da Fonoaudiologia (exemplo: Ciências da Reabilitação – UnB).

Aumento de número de doutores e programas profissionais

Um estudo da Organização para a Cooperação e Desenvolvimento Econômico (OECD)[7] aponta que a proporção de adultos entre 25 e 64 anos com título de doutorado é em média de 1,1%, com a Eslovênia ocupando a primeira posição, com cerca de 3,8%, e o Brasil menos de 0,5%. O mesmo estudo também mostra que o doutorado garante melhores oportunidades de emprego, e nesse aspecto o Brasil está na média dos demais países participantes.

Na grande área da Saúde, áreas como Odontologia, Enfermagem e Saúde Coletiva apresentam um número cada vez maior de cursos de mestrado na modalidade profissional. A área da Saúde Coletiva tinha em 2022 uma distribuição bastante equilibrada entre o número de alunos em programas de mestrado profissionais e acadêmicos quando comparado ao perfil da Área 21, lembrando que há somente um MP em cada uma das quatro subáreas (Figura 2).

Embora a trajetória da divulgação científica no Brasil tenha sido objeto de crescente atenção acadêmica nos últimos anos, a literatura disponível sobre o tema ainda se revela como um quebra-cabeça incompleto. Nesse cenário, percebe-se a necessidade de preencher lacunas e compor um panorama mais abrangente da evolução das iniciativas que visam democratizar o conhecimento científico ao longo dos anos no país[4].

Vale ressaltar que a pós-graduação desempenha um papel central nesse contexto, não apenas como um veículo de aprimoramento acadêmico, mas também como um catalisador essencial para o avanço da pesquisa científica. A pós-graduação não apenas fortalece a dimensão investigativa da profissão, mas também molda profissionais aptos a contribuir de maneira significativa para o desenvolvimento científico e tecnológico do país.

Ao explorar a Plataforma Lattes[9] para coletar os dados sobre o número de fonoaudiólogos que titularam na pós-graduação, reconhecemos suas limitações no registro de informações. No entanto, partimos do pressuposto de que a maioria dos programas de pós-graduação utiliza essa plataforma como base para elaborar seus relatórios anuais na Plataforma Sucupira. Esse sistema, essencial para coleta, análise e avaliação de dados, é a referência central do Sistema Nacional de Pós-Graduação[4].

Examinar a quantidade de mestres e doutores em determinada área tem sido uma métrica convencional para avaliar a capacitação científica. Nesse levantamento, no início de 2024, foi registrado um total de 1.916 mestres e 1.234 doutores na área da Fonoaudiologia (Figura 3).

CONSIDERAÇÕES FINAIS

O percurso histórico da Fonoaudiologia na pós-graduação proporciona uma compreensão aprofundada dos avanços e desafios enfrentados pela área no Brasil. Nesse contexto, torna-se evidente que o fortalecimento da formação de recursos humanos em Fonoaudiologia tem acompanhado de perto o notável crescimento científico na última década. A expansão

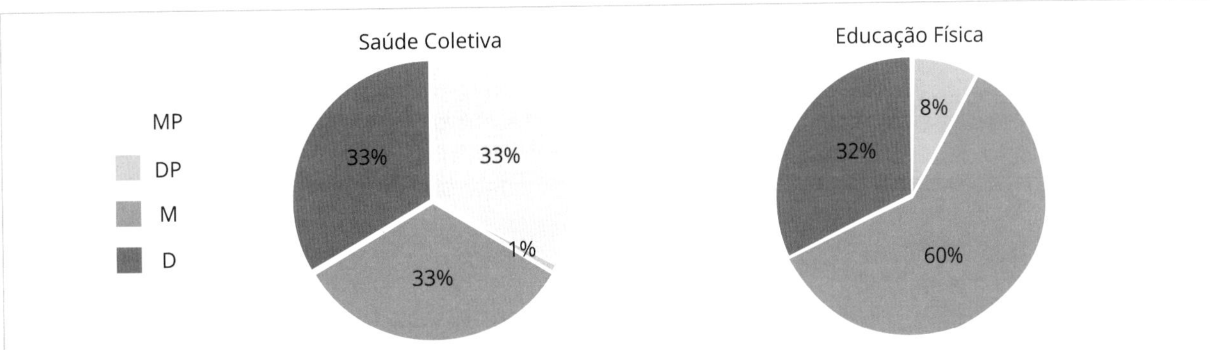

FIGURA 2 Distribuição de programas na modalidade acadêmica e profissional para as áreas de Saúde Coletiva e Educação Física.
MP: mestrado profissional; DP: doutorado profissional; M: mestrado acadêmico; D: doutorado acadêmico.

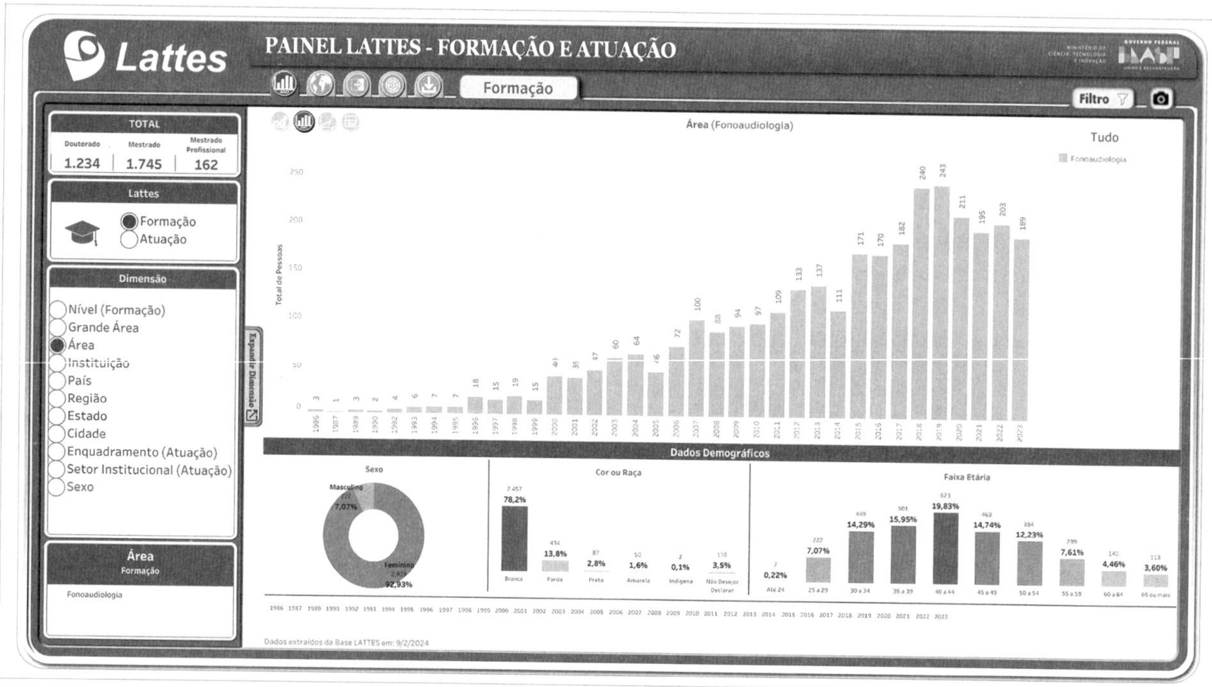

FIGURA 3 Perfil profissional dos fonoaudiólogos verificado a partir da análise do painel da Plataforma Lattes.

dos programas de pós-graduação, sem dúvida, desempenhou um papel crucial, sendo responsável por grande parte da produção e atualização do conhecimento científico na área.

Diante desse cenário, acreditamos que o contínuo crescimento e consolidação dos programas de pós-graduação em Fonoaudiologia deve servir de inspiração para uma qualificação cada vez mais elevada na atuação profissional. Esse movimento deve estar fundamentado em práticas respaldadas por evidências científicas, contribuindo assim para um desenvolvimento sólido e sustentável da Fonoaudiologia no contexto brasileiro.

REFERÊNCIAS BIBLIOGRÁFICAS

1. Berberian AP. Linguagem e Fonoaudiologia: uma análise histórica. Rev Distúrb Comun. 2001;12(2):265-78.
2. Braga MER, Chiari BM, Goulart BNG. Produção bibliográfica em artigos, livros e capítulos de livros de um programa de pós-graduação em fonoaudiologia: análise de indicadores bibliométricos. Distúrb Comun. 2014;26(1):118-30.
3. Brasil BC, Gomes E, Teixeira MR. A produção científica de docentes fonoaudiólogos de instituições públicas de ensino superior do Brasil. Avaliação (Campinas) [Internet]. 2020 Set;25(3):724-44. Disponível em: https://doi.org/10.1590/S1414-40772020000300011.
4. Brasil. 2024. Ministério da Educação. Coordenação de Aperfeiçoamento de Pessoal de Nível Superior (CAPES). Atualizado em 27/02/2024. Disponível em: https://www.gov.br/capes/pt-br/acesso-a-informacao/institucional/historia-e-missao.
5. Ferreira LP, Ferraz PRR, Garcia ACO, Falcão ARG, Ragusa-Mouradian CA, Herrero E, et al. Fonoaudiólogos Doutores no Brasil: perfil da formação no período de 1976 a 2017. CoDAS [Internet]. 2019;31(5):e20180299. Disponível em: https://doi.org/10.1590/2317-1782/20192018299.
6. Machado FV, Rech CM, Pinto RS, Romão WM, Matias MMM, Freitas GC, et al. Participação em saúde nas Américas: mapeamento bibliométrico da produção, impacto, visibilidade e colaboração. Ciênc Saúde Coletiva [Internet]. 2023 Fev;28(2):487-500. Disponível em: https://doi.org/10.1590/1413-81232023282.11412022.
7. Observatório da Pós-graduação CAPES. Painel de dados. 2024. Disponível em: https://sucupira-v2.capes.gov.br/sucupira4/. Acesso em: 13 maio 2024.
8. OECD. What are the characteristics and outcomes of doctoral graduates? In: Education at a Glance 2019: OECD Indicators. Paris: OECD Publishing; 2019. Disponível em: DOI: https://doi.org/10.1787/8389c70e-en.
9. Plataforma Lattes. Painel Lattes – formação e atuação. Disponível em: http://www.bi.cnpq.br/painel/formacao-atuacao-lattes/. Acesso em: 01 fev. 2024.

6

Competências e habilidades no processo formativo em Fonoaudiologia

Vanessa Luisa Destro Fidêncio
Deisi Cristina Gollo Marques Vidor

PONTOS-CHAVE

- O cenário de mercado de trabalho atual tem exigido profissionais com competências comportamentais, além das competências técnicas.
- As competências comportamentais, também denominadas competências genéricas, transversais ou *soft skills*, são complementares às técnicas, ultrapassam as questões específicas da profissão e englobam aptidões pessoais.
- É preconizado pelas Diretrizes Curriculares Nacionais dos Cursos de Fonoaudiologia o ensino de competências comportamentais, tais como capacidade da prática colaborativa, comunicação, liderança e tomada de decisão, dentre outras.
- É urgente que o ensino das competências comportamentais seja integrado aos currículos dos cursos de graduação em Fonoaudiologia e, para isso, é fundamental que os docentes façam uso de estratégias centradas no aluno como protagonista do próprio processo de aprendizagem.
- As Instituições de Ensino Superior (IES) devem proporcionar aos docentes uma formação continuada a fim de fornecer os elementos necessários para essa mudança.

OBJETIVOS DE APRENDIZAGEM

Ao final deste capítulo, o leitor deverá ser capaz de:

- Identificar as habilidades e competências necessárias para a formação profissional em Fonoaudiologia.
- Compreender a importância da aquisição tanto de competências técnicas quanto comportamentais para o pleno exercício profissional em Fonoaudiologia.
- Reconhecer a importância de inserir o trabalho consciente de desenvolvimento de competências comportamentais nos currículos de formação profissional em Fonoaudiologia.

INTRODUÇÃO

A formação superior deve estar voltada para o mercado de trabalho, fornecendo à sociedade não só profissionais aptos tecnicamente a lidar com os desafios da profissão, mas também cidadãos conscientes de sua atuação na sociedade. Desde a adoção desse paradigma, ainda em meados do século XX, iniciou-se um movimento na educação superior no sentido de substituir a ideia de ensino por conteúdos para o ensino por competências. Essa mudança se deu no sentido de diminuir a lacuna existente entre a teoria, ensinada na academia, e a prática, exigida pelo mercado de trabalho[1]. A fim de aproximar essas duas realidades, o ensino superior começou a se debruçar sobre novas metodologias orientadas para a resolução de problemas reais e a autorregulação da aprendizagem. Tais metodologias preveem a participação ativa do aluno na construção de seu conhecimento, na busca de uma formação holística, perpassada tanto por competências técnicas quanto comportamentais, indispensáveis ao seu fazer cotidiano[2].

Neste sentido, entende-se como competência uma característica subjacente ao indivíduo, orientada para um desempenho eficaz em uma realização específica[3]. A construção de tais competências implicará a mobilização dos conhecimentos curriculares adquiridos ao longo da formação acadêmica para efetivas tomadas de decisão com vistas à resolução de problemas reais[2]. Seu desempenho dependerá, então, de um equilíbrio entre suas competências técnicas (conhecimentos adquiridos – *saber*) e comportamentais (ser capaz de mobilizá-los da forma e no momento corretos – *saber fazer*). Para Masetto[4], o profissional competente é aquele que age de forma responsável, mobilizando e integrando seus conhecimentos, recursos e habilidades para a resolução de situações reais: "aquele que, diante da necessidade de intervenção em uma situação real e específica de sua área de trabalho, seja capaz de mobilizar de forma sinérgica, rápida e adequada uma série de recursos pessoais que lhe permitam resolvê-la com êxito".

Apesar de uma já considerável trajetória da educação neste caminho, a formação superior ainda é, muitas vezes, restrita ao ensino dos conhecimentos técnicos necessários à atuação profissional futura, dentro de um paradigma de ensino-aprendizagem no qual o professor é o detentor do saber e o aluno aquele que recebe passivamente as informações[5]. Além disso, as questões comportamentais são vistas como subjetivas e pessoais, não passíveis de aprendizagem. Apesar de estarem intimamente relacionadas à personalidade do indivíduo, as competências comportamentais, assim como as técnicas, dependem não só de habilidades inatas, mas também da experiência. Sendo assim, o ambiente acadêmico deve ser, também, um cenário de vivência e de estimulação dessas competências, que devem ser desenvolvidas por meio do autoconhecimento[6]. Para que isso ocorra, é necessário pensar explicitamente o desenvolvimento de tais competências no currículo de formação, dando ao aluno espaços para construir esses conhecimentos, desenvolver as competências comportamentais necessárias e relacioná-las com as competências técnicas específicas aprendidas.

Dentro deste cenário, este capítulo propõe uma reflexão sobre o fazer docente no ensino de formação de profissionais em Fonoaudiologia, com vistas a uma opção pelo ensino por competências, centrado não só nas habilidades técnicas, mas também nas comportamentais, que devem estar presentes nos currículos de forma transversal e explícita. Para isso, inicia-se este ensaio com uma tentativa de definir competências comportamentais, em especial aquelas necessárias para o pleno exercício profissional no campo da saúde e da Fonoaudiologia, especificamente. Segue-se com a apresentação do estado da arte a respeito dessas considerações nos currículos dos cursos de Fonoaudiologia no Brasil, por meio da análise da legislação que regulamenta a área. Por fim, expõe ideias e obstáculos para a implementação de uma formação com base no ensino por competências que considere, além das competências técnicas, também as comportamentais para a efetiva execução do fazer fonoaudiológico.

O QUE SÃO COMPETÊNCIAS COMPORTAMENTAIS?

As competências comportamentais, também conhecidas como competências transversais, competências gerais ou *soft skills*, **são uma combinação de habilidades** que envolvem processos cognitivos, de relações interpessoais e de desempenho prático, bem como valores éticos[7]. Em 2012, o *National Research Council*, organização norte-americana que produz pesquisas sobre aspectos sociais importantes para a proposição de políticas públicas, produziu um relatório intitulado "Educação para a Vida e o Trabalho: Desenvolvendo Conhecimentos e Habilidades Transferíveis no Século 21"[8], no qual descreve um conjunto de habilidades "que aumentam o aprendizado mais profundo, a preparação para a faculdade e a carreira, o aprendizado centrado no aluno e o pensamento de ordem superior". Essas competências foram divididas em três domínios interconectados: o cognitivo, que envolve estratégias e processos de aprendizagem, pensamento crítico e criatividade; o intrapessoal, que envolve a capacidade de gerenciar emoções e comportamentos para atingir metas; e o interpessoal, envolvendo habilidades de expressão de ideias, interpretação e respostas a estímulos. O documento salienta a importância do desenvolvimento dessas habilidades durante a formação com vistas ao sucesso na educação, no trabalho e em outras áreas de responsabilidade da vida adulta.

Nesse sentido, as competências técnicas, específicas de cada área, devem se aliar às competências comportamentais, que transcendem os limites profissionais, mas são tão necessárias quanto as primeiras para o bom desempenho no trabalho. Mais que isso, o desenvolvimento de competências comportamentais garante não só o desempenho profissional como pessoal do indivíduo, tirando o foco da formação do trabalhador para a pessoa. Dessa forma, a formação profissional tem se direcionado não só ao desenvolvimento das competências técnicas, mas também à construção de competências comportamentais[9,10]. Tais competências englobam aptidões pessoais que aprimoram o desempenho e a habilidade de facilitar interações tanto pessoais quanto profissionais[11], transcendem as diferentes profissões e são fundamentais para todos os profissionais[12].

Na área da saúde, conforme os profissionais lidam com desafios persistentes no ambiente de trabalho, é fundamental reconhecer as competências essenciais que precisam desenvolver para enfrentar de maneira resiliente essas demandas[13]. Com a rápida mudança nos contextos sociais e profissionais vivenciada nos últimos anos, as habilidades necessárias para o mercado de trabalho têm sofrido constante modificação. Portanto, não há um consenso quanto a uma lista predefinida que esgotaria quais são as competências comportamentais para esse tipo de trabalho.

Carvalho[14] realizou uma revisão de literatura na qual elencou as competências comportamentais mais importantes para profissionais da saúde: comunicação, trabalho em equipe, empatia, adaptabilidade, confiança e gerenciamento de tempo. Com o objetivo de auxiliar nas mudanças curriculares com relação ao ensino dessas competências para futuros profissionais da saúde, Zouaoui et al.[13] propuseram uma divisão em categorias e subcategorias (Quadro 1).

AS COMPETÊNCIAS COMPORTAMENTAIS NA FORMAÇÃO SUPERIOR EM FONOAUDIOLOGIA

No que diz respeito aos cursos de graduação em Fonoaudiologia, as Diretrizes Curriculares Nacionais (DCNs) que orientam a elaboração dos currículos no Brasil datam de 2002[15]. Nesse documento, o princípio do currículo orientado para o desenvolvimento de habilidades e competências já está presente. Os arts. 4º e

QUADRO 1 Categorização das competências comportamentais

Categoria	Subcategoria	Habilidades
Habilidades pessoais	Adaptação	Flexibilidade, adaptabilidade, gerenciamento de estresse/de crises, trabalho sob pressão, resiliência, enfrentamento, autogestão
	Autonomia	Autoconfiança, crescimento pessoal, desenvolvimento, maturidade, autonomia, independência no trabalho
	Ética individual	Responsabilidade, integridade, objetividade, bom senso
	Otimismo	Atitude positiva, entusiasmo, motivação
Habilidades relacionadas a objetos	Conhecimento	Alfabetização informacional, matemática, conhecimento (científico, técnico, clínico), foco técnico, aprender a aprender, aprendizagem ao longo da vida, autoeducação, prática reflexiva, pensamento crítico, metacognição, compreensão do mundo, manipulação do conhecimento, buscar e responder ao *feedback* e admitir quando não se sabe
	Planejamento	Organização, gerenciamento de tempo, planejamento
	Inovação	Criatividade, inovação, empreendedorismo
	Análise	Resolução de problemas, raciocínio, análise
Habilidades interpessoais	Comunicação	Comunicação (oral e escrita), interpessoal, social, colaboração
	Gerenciamento	Trabalho em equipe, gestão, resolução de conflitos, negociação, persuasão, liderança
	Ética profissional	Profissionalismo, ética, moral, confiabilidade
	Ética do cuidado	Empatia, compaixão, cuidado, sensibilidade, cortesia, interação intercultural, consciência cultural
Habilidades relacionadas à comunidade	Ética da justiça	Consciência ambiental e econômica, interesse público, responsabilidade social, envolvimento ético e inclusivo com comunidades, culturas e nações
	Cidadania	Cívico, cidadania

Fonte: adaptado de Zouaoui, Drolet e Briand[13].

5° citam as habilidades gerais e específicas que devem ser foco da formação do profissional fonoaudiólogo. Dentre as competências gerais estão: atenção à saúde, tomada de decisão, comunicação, liderança, administração e gerenciamento e educação permanente. Mais recentemente, as várias instâncias envolvidas no processo de formação em Fonoaudiologia discutiram e encaminharam proposta de reformulação das DCNs do curso, ainda em análise pela CNE, cuja última versão incorpora recomendações do CNS[16]. Também nesse documento são listadas e ampliadas, em seu capítulo 4, art. 17, as competências colaborativas para o trabalho em equipe interprofissional, a saber, trabalho em equipe interprofissional e prática colaborativa, comunicação, atenção à saúde e suas interfaces, gestão em saúde e intersetorialidade, liderança e tomada de decisão, educação permanente. Observa-se, no marco legal que regula os currículos em Fonoaudiologia, uma orientação voltada não só ao ensino por competências, mas também ao desenvolvimento de competências comportamentais, tais como as listadas, ao lado das competências técnicas. No entanto, percebe-se também que os currículos dos cursos de Fonoaudiologia no país, de forma geral, tendem a focar sua grade curricular nas competências técnicas, sem explicitação da forma como as competências comportamentais são (ou não) vivenciadas ou avaliadas.

O apontamento para o ensino por competências nos currículos dos Cursos de Fonoaudiologia, tal como preconizado desde a sua concepção, também estabelece relação com a preocupação de aliar teoria e prática e responder às demandas de um mercado de trabalho cada vez mais complexo, heterogêneo e interdisciplinar. Nas DCNs do Curso[15], em seu art. 10, está previsto que "o currículo deve incluir aspectos complementares de perfil, habilidades, competências e conteúdos, de forma a considerar [...] as demandas e expectativas de desenvolvimento do setor de saúde na região". Na nova proposta que está sendo avaliada[16], também no art. 10, essa preocupação está manifestada na caracterização dos estágios curriculares, que devem "ser transversais à formação e estar presentes desde o início do curso, articulando experiências na realidade dos serviços em atividades interprofissionais e intersetoriais".

Além desses excertos, a indicação de que um ensino baseado no desenvolvimento de competências não só técnicas, mas também comportamentais, que considerem as habilidades específicas do fazer fonoaudiológico, aliadas a competências comportamentais que devem ser desenvolvidas durante a formação, também está colocada no perfil do egresso[15,16]: profissional preparado para atuar com a comunicação humana em suas múltiplas dimensões, com formação generalista, humanista, crítica e reflexiva, pautada em princípios éticos e bioéticos e com competência técnica e política, sensibilidade, proatividade e criatividade, voltado para a responsabilidade coletiva e que deve contemplar sua atuação no núcleo de formação específico e em suas interfaces com diferentes campos de saber. O marco legal[16] vai além: refere que as Instituições de Ensino Superior (IES) devem proporcionar ao aluno "uma formação que o habilite a assumir sua função social e contribuir para a saúde, educação, cultura, lazer, trabalho, entre outros, [...] respeitando a diversidade sociocultural, histórica e regional do país".

Quanto à metodologia para proporcionar ao egresso esse tipo de formação, que considere as competências comportamentais ao lado das técnicas, as DCNs preveem que o projeto pedagógico do curso deve estar "centrado no aluno como sujeito da aprendizagem e apoiado no professor como facilitador e mediador do processo de ensino-aprendizagem[15]. Refere, ainda, a indissociabilidade entre ensino, pesquisa e extensão[15,16].

O ENSINO DAS COMPETÊNCIAS COMPORTAMENTAIS

Na área da saúde é evidente a necessidade de que as competências comportamentais sejam trabalhadas, uma vez que estão relacionadas à melhor satisfação dos pacientes e de suas famílias com os cuidados prestados. Além disso, tais competências funcionam como um mecanismo de defesa contra problemas como o estresse relacionado ao trabalho e esgotamento profissional[17]. Evidências em pesquisa também comprovam que os egressos de Fonoaudiologia que, durante sua formação, estabelecem uma rede de contatos, demonstram interesse em adquirir conhecimento, cultivam habilidades de liderança e se envolvem em iniciativas de extensão universitária têm uma probabilidade maior de encontrar oportunidades no mercado de trabalho como fonoaudiólogos[18].

Nesse sentido, observa-se a urgência de que o ensino das competências comportamentais seja efetivamente inserido nos cursos superiores da área. Assim como urgente, essa tarefa é, também, desafiadora. À medida que essas competências são integradas aos currículos dos cursos de graduação, é necessária orientação a respeito das estratégias de ensino-aprendizagem adequadas para o seu desenvolvimento[8].

O primeiro desafio é social: diante de um cenário em que o aluno comparece à sala de aula conectado a uma gama potencialmente infinita de pessoas e informações, concorrentes ao professor, o docente deve desenvolver competências específicas para que possa ter sucesso e êxito em sua missão: formar profissionais competentes para o século XXI[4]. Também ele, professor, deve estar atento às novas tecnologias; o letramento digital é ferramenta imprescindível para a pedagogia atual. Além dos aspectos de inovação, a tecnologia também causou profundas transformações nas formas de interação. As relações mudaram, bem como as noções de tempo e espaço. Tais mudanças foram ainda agravadas e acentuadas com o advento da pandemia de COVID-19, que trouxe novas formas de pensar e executar a educação, com avanços e retrocessos importantes que precisam ser refletidos neste novo contexto. Soma-se a isso a imensidade de tarefas a que estamos expostos de forma simultânea, agravando quadros de saúde mental tanto no corpo discente como docente. O impacto de todo esse contexto envolve notáveis falhas na aquisição e progresso das habilidades sociais[17].

O segundo desafio é metodológico; não se pode conceber um ensino baseado em competências dentro dos moldes de uma educação tradicional, focada na transmissão, reprodução e memorização dos conteúdos. Para isso, é necessária uma mudança de postura não só para os docentes como também para os discentes[19]. Criar um ambiente de construção do conhecimento exige que o professor se dispa do seu poder de detentor do conhecimento para encarnar o papel de mediador. Por outro lado, exige ação do discente, que será responsável por construir seu próprio conhecimento. Essa mudança de paradigma pressupõe não só determinação e vontade dos atores envolvidos, como também dedicação e conhecimento.

Para o desenvolvimento desse tipo de modelo de ensino autodirigido, o professor deve estar atualizado e comprometido com seu papel de mediador. Por isso, as estratégias utilizadas para o ensino de habilidades sociais em universitários devem contemplar metodologias ativas, centradas na autorregulação e no autoconhecimento do aluno[7]. Para isso, as IES devem proporcionar ao docente formação continuada em educação, com vistas a fornecer elementos necessários a essa mudança.

Como ressaltado anteriormente, as competências comportamentais, assim como as técnicas, são passíveis de aprendizagem e, por esse motivo, devem ser trabalhadas de forma transversal e explícita nos currículos de formação profissional, incluindo a formação em Fonoaudiologia. Apesar de transcenderem áreas e profissões, algumas competências gerais são mais afeitas a certas atividades, tornando sua exigência maior no desempenho desse profissional específico. Tanto os estudos na área da saúde como o marco legal da Fonoaudiologia elencados aqui tentam dar conta de tais habilidades. É importante destacar, também, que nem todas as pessoas conseguirão desenvolver todas as competências comportamentais existentes. Por isso, é imprescindível que seja trabalhado o autoconhecimento de cada indivíduo[6], a fim de que ele possa perceber quais habilidades são mais naturais nele e quais ele deve trabalhar melhor para incrementar seu desempenho profissional.

Falando especificamente do ensino por competências na educação superior, é preciso, ainda, destacar a dificuldade da avaliação nesse tipo de contexto. Assim como o processo de ensino-aprendizagem deve ser construído de forma dialógica entre o professor e aluno, a avaliação não pode mais ser vista, dentro de um contexto de ensino por competências, como a verificação do desempenho. Ela deve fazer parte da aprendizagem, no intuito de verificação do alcance dos objetivos propostos, acompanhando a evolução do aluno, a fim de favorecer o seu desenvolvimento[20]. Será papel do professor conduzir esse processo, verificando as dificuldades específicas de cada aluno e orientando na busca do conhecimento por meio da indicação de leituras complementares, atividades ou debate com colegas e com o próprio professor. A avaliação por competências deve contemplar três eixos: o diagnóstico, anterior ao processo de ensino-aprendizagem; a avaliação formativa, durante o processo, no intuito de verificar potenciais dificuldades e saná-las; e a somativa, ao final do processo, para verificação do alcance dos objetivos propostos[20]. O processo avaliativo deve ser contínuo e retroalimentar, construído de forma conjunta entre professor e aluno, com foco no crescimento pessoal e profissional do indivíduo.

CONCLUSÃO

Dentro dos pressupostos levantados neste capítulo, as autoras não têm a intenção de ensinar a docentes e discentes como implementar um ensino baseado em competências que privilegie a intersecção entre as habilidades técnicas e comportamentais para o bem fazer fonoaudiológico. Tal como indicado aqui, essa mudança deve vir de "dentro para fora"; não é um conteúdo que seja transmitido e aprendido por reprodução. É preciso buscar conhecimento, mudar paradigmas, encontrar parcerias e modificar seu ponto de vista sobre o processo ensino-aprendizagem. Não é algo que se faça sozinho ou de uma hora para outra. É uma construção que requer tempo e disposição para ser empreendida.

No entanto, apesar das dificuldades e dos obstáculos, uma vez iniciada, é um caminho sem retorno.

REFERÊNCIAS BIBLIOGRÁFICAS

1. Miranda Neto HC de. Formação profissional docente: reflexões, desafios e perspectivas. 1. ed. Curitiba: Appris; 2023.

2. Bersan RR, Cloux RF. O ensino por competências como futuro da educação: uma revisão de literatura. Brazilian Journal of Development. 2020;6(11):85605-23.
3. Barros ACS, Hoffmann VE. Competências: proposta de um glossário para a administração pública a partir da produção científica nacional. Revista do Serviço Público. 2022;73(3):403-25.
4. Masetto MT. Inovação no ensino superior e formação por competências. e-Curriculum. 2020;18(3):1275-97.
5. Mota CB. Métodos para ensinar competências. Revista Cocar. 2022;16(34):1-5. Disponível em: https://periodicos.uepa.br/index.php/cocar/article/view/4884.
6. Sá S, Morais J, Almeida F. As metodologias ativas como estratégias para o desenvolvimento de competências de inteligência emocional em estudantes do ensino superior. NTQR. 2020;2:55-68.
7. Widad A, Abdellah G. Strategies used to teach soft skills in undergraduate nursing education: a scoping review. J Prof Nurs. 2022;42:209-18.
8. National Research Council. Education for life and work: developing transferable knowledge and skills in the 21st century [internet]. Washington, DC: National Academies Press; 2012 [cited 2024 Feb 28]. Disponível em: https://nap.nationalacademies.org/resource/13398/dbasse_070895.pdf.
9. Iorio S, Cilione M, Martini M, Tofani M, Gazzaniga V. Soft skills are hard skills – a historical perspective. Medicina (Kaunas). 2022;58(8):1044.
10. Betti A, Biderbost P, Domonte AG. Can active learning techniques simultaneously develop students' hard and soft skills? Evidence from an international relation class. PLoS One. 2022;17(4):e0265408.
11. Villán-Vallejo A, Zitouni A, García-Llamas P, Fernández-Raga M, Suárez-Corona A, Baelo R. Soft skills and STEM Education: vision of the European University EURECA-PRO. BHM. 2022;167(10):485-8.
12. Zouaoui I, Drolet MJ, Briand C. Defining generic skills to better support the development of future health professionals: results from a scoping review. Higher Education Research & Development. 2024;43(2):503-20.
13. Low S, Nash R, Butler-Henderson K, Lloyd S. Transversal competency development in healthcare professionals: a scoping literature review to identify effective educational paradigms, principles and strategies. Journal of University Teaching & Learning Practice. 2021;18(8).
14. Carvalho GR. A importância das soft skills na área da saúde suplementar. Rev Adm Saúde. 2023;23(92):e354.
15. Brasil. Resolução CNE/CES n. 5/2002. Institui Diretrizes Curriculares Nacionais do Curso de Graduação em Fonoaudiologia. 2002.
16. Brasil. Resolução CNS n. 610/2018. Aprova o Parecer Técnico n. 454/2018, que dispõe sobre as recomendações do Conselho Nacional de Saúde à proposta de Diretrizes Curriculares Nacionais do curso de graduação Bacharelado em Fonoaudiologia. Brasília: MEC; 2018.
17. Sancho-Cantus D, Cubero-Plazas L, Navas MB, Castellano-Rioja E, Ros MC. Importance of soft skills in health sciences students and their repercussion after the COVID-19 epidemic: scoping review. Int J Environ Res Public Health. 2023;20(6):4901.
18. Maciel CA, Escarce AG, Motta AR, Teixeira LC. Percurso acadêmico e competências profissionais na percepção de egressos de Fonoaudiologia. CoDAS. 2021;33(4):e20200130.
19. Mendes LAS, Oliveira AS, DeSantana JM, Reis FJJ. O ensino sobre dor além do conhecimento técnico: uma reflexão sobre soft skills para profissionais de saúde. BrJP. 2023;6(2):105-6.
20. Silva LQ, Jung HS, Fossatti P. Recursos para a avaliação da aprendizagem no ensino superior: possibilidades digitais. Roteiro. 2021;46:e24926.

Seção 2

Audição e Equilíbrio

Coordenadoras

Kátia de Freitas Alvarenga
Lilian Ferreira Muniz

7

Programa de identificação, diagnóstico e intervenção da perda auditiva nos primeiros anos de vida

Doris Ruthy Lewis
Josilene Luciene Duarte
Fabiane Zimmermann
Mônica Jubran Chapchap

PONTOS-CHAVE

- A triagem auditiva neonatal consiste no rastreio da audição ao nascimento e deve ser realizada em todos os neonatos antes da alta hospitalar ou até o primeiro mês de vida.
- O diagnóstico audiológico deve ser realizado de maneira precoce até o segundo mês de vida por meio de validação de protocolos priorizando o *cross-check*.
- A intervenção por meio de próteses auditivas e terapia fonoaudiológica terá início tão logo o diagnóstico audiológico seja concluído, com o objetivo de priorizar a neuroplasticidade e o desenvolvimento das funções relacionadas à comunicação oral, seguindo as recomendações vigentes.
- O monitoramento auditivo é recomendado para todos os neonatos até os três anos de idade, assegurando a detecção precoce de alterações auditivas tardias, e deverá ser realizado por protocolos específicos, de acordo com o indicador de risco para a deficiência auditiva, seguindo as recomendações vigentes.

OBJETIVOS DE APRENDIZAGEM

Ao final deste capítulo, o leitor deverá estar apto a:

- Compreender as diferentes etapas de um Programa de Saúde Auditiva Neonatal, por meio de identificação, diagnóstico e intervenção da criança com perda auditiva nos primeiros anos de vida.
- Fundamentar as justificativas da implementação de um programa de triagem auditiva neonatal universal, conhecer as diferentes metodologias e protocolos diferenciados recomendados.
- Entender a importância da realização do diagnóstico audiológico com informações específicas das características do tipo, grau e configuração da perda auditiva.
- Ressaltar a importância do início da intervenção com dispositivo eletrônico individual e terapia especializada.
- Valorizar a necessidade de monitoramento audiológico em crianças durante a primeira infância.

INTRODUÇÃO À SAÚDE AUDITIVA NOS PRIMEIROS ANOS DE VIDA

A atenção à saúde auditiva tem início com a Triagem Auditiva Neonatal Universal (TANU), em que todos os nascidos vivos de uma maternidade realizam o teste antes da alta hospitalar ou no primeiro mês de vida, caso o programa seja desenvolvido de forma ambulatorial. Desta forma, é possível identificar precocemente alterações auditivas e realizar o diagnóstico audiológico nos casos detectados com essas alterações. Além disso, é possível iniciar a intervenção entre dois e três meses de vida, a fim de minimizar os efeitos deletérios da deficiência auditiva no percurso natural do desenvolvimento da fala e da linguagem.

Os Programas de Atenção à Saúde Auditiva devem conter as fases de identificação, diagnóstico e intervenção, alinhadas e coordenadas, para propiciar os benefícios da intervenção precoce e ter os seus indicadores de qualidade analisados mensalmente, possibilitando a implantação das melhorias necessárias para manutenção da qualidade e excelência no cuidado à saúde auditiva dos neonatos[1].

A proposta de um Programa de Atenção à Saúde Auditiva é baseada em evidências científicas nacionais e internacionais, que estão constantemente sendo revistas e atualizadas. Cabe ao profissional estar em constante atualização e seguir as recomendações vigentes para o período de implementação do programa e verificar os indicadores de qualidades para o sucesso dele. Vale ressaltar que o acolhimento aos familiares é outro aspecto importante e que deve nortear todas as fases, da identificação à reabilitação. As orientações devem ser claras e verdadeiras para garantir o entendimento, o suporte e a adesão da família ao programa.

O Brasil dispõe de diretrizes que norteiam a implantação de programas de TANU. Devemos citar a Lei Federal n. 12.303[2] (2010), o Plano Nacional dos Direitos da Pessoa com Deficiência – Plano Viver sem Limite (2011), que resultou na publicação das Diretrizes de Atenção da Triagem Auditiva Neonatal elaboradas pelo Ministério da Saúde (MS) em 2012[3]. No mesmo ano, o MS instituiu o incentivo, financiamento e custeio da Rede de Cuidados à Pessoa com Deficiência no âmbito do Sistema Único de Saúde (SUS) e, atualmente, dispõe de 305 Centros Especializados em Reabilitação (CER) nas modalidades física, intelectual, visual e auditiva. O Comitê Multiprofissional em Saúde Auditiva (COMUSA), formado por sociedades científicas, tem colaborado com a elaboração de recomendações técnicas para incrementar as políticas públicas[4].

Apesar de todas essas iniciativas, os programas de TANU ainda não são realidade em todo o território nacional e, em consequência, uma perda auditiva definitiva é frequentemente identificada quando já há atraso no desenvolvimento da fala. Recentemente, um estudo nacional demonstrou que a idade média de início do diagnóstico da deficiência auditiva é de 19,8 meses[5].

Pelas informações do Departamento de Informática do Sistema Único de Saúde (DATASUS), no período entre 2008 e 2021, nas maternidades e hospitais públicos do SUS, houve um crescimento do índice de cobertura da Triagem Auditiva Neonatal (TAN) no território nacional, variando entre 7,4% (2008) a 33,4% (2018), e declinando para 27,4% em 2021[6]. Durante o período analisado de 14 anos, a partir da promulgação da Lei Federal (2010)[2], o crescimento foi linear e variável entre as regiões brasileiras, e os índices de cobertura a partir de 2017 apresentaram oscilações e estão longe de atingir a meta desejada de 95%[3]. Os índices de cobertura para as diferentes regiões geográficas variaram, e pode-se notar que os maiores índices e os anos de suas respectivas conquistas foram os seguintes: região Sul 69,2% (2019), região Centro-Oeste 42,4% (2018), região Norte 31% (2016), região Sudeste 30,9% (2016) e região Nordeste 26,8% (2019). Não há, até o momento, uma estimativa do crescimento nacional do índice de cobertura nas maternidades privadas.

Assim, este capítulo tem como objetivo apresentar as características de um programa de TANU, tais como as justificativas da sua implantação, os métodos recomendados nas fases de identificação e diagnóstico, o fluxograma a ser empregado até a intervenção e o monitoramento da função auditiva e linguagem das crianças.

IMPLANTAÇÃO DE UM PROGRAMA DE TANU

A TANU é a primeira etapa de um Programa de Saúde Auditiva, cujo objetivo é identificar precocemente alterações auditivas, por meio de exame especializado, antes das consequências deletérias no desenvolvimento da fala e linguagem estarem instaladas. A deficiência auditiva é invisível e pode passar despercebida durante o primeiro ano de vida, caso o neonato não seja examinado no primeiro mês de vida. O tempo entre a identificação na TAN, o diagnóstico e a confirmação da alteração auditiva é fator limitante para o prognóstico favorável do desenvolvimento da fala e linguagem. Estudos demonstraram que a criança com deficiência auditiva pode desenvolver a fala e a linguagem tipicamente, como uma criança ouvinte, se a detecção ocorrer ao nascimento, o diagnóstico audiológico eletrofisiológico completo ocorrer até dois meses e o início da intervenção até os três meses de idade, com base nas recomendações mais recentes[7,8].

Esse cronograma é possível com o envolvimento da família e de uma rede de cuidados com a saúde, e suporte com profissionais médicos (pediatras e otorrinolaringologistas) e fonoaudiólogos especializados na área da audiologia pediátrica.

A prevalência da deficiência auditiva na população neonatal, em geral, é de um a três em cada 1.000 nascidos vivos. Nos neonatos com Indicadores de Risco para a Deficiência Auditiva (IRDA)[9] essa prevalência é maior, ou seja, entre 2 e 4%. Apesar da prevalência ser diferente para os distintos grupos de neonatos (sem IRDA x com IRDA), a implantação de um programa de TAN deve ser universal para que todos os neonatos se beneficiem da detecção precoce. A deficiência auditiva (24/10.000) é a mais frequente, quando comparada a outras doenças rastreáveis ao nascimento, tais como fenilcetonúria (0,51/10.000), hemoglobinopatias (2,42/10.000) e hipotireoidismo congênito (3,85/10.000)[10].

METODOLOGIAS RECOMENDADAS

A disponibilidade de metodologias eletrofisiológicas ou eletroacústicas capazes de identificar as alterações auditivas no neonato é uma realidade há muitas décadas. Os primeiros estudos clínicos com o Potencial Evocado Auditivo de Tronco Encefálico (PEATE) em neonatos datam de 1974 e com Emissões Otoacústicas Evocadas (EOAE) datam de 1994.

As duas metodologias têm características distintas, são complementares, e de grande aplicabilidade no neonato, pois não dependem da sua colaboração. Sua realização pode ser feita durante o sono natural, obtendo informações sobre a integridade da via auditiva, da porção periférica coclear (EOAE) até o tronco encefálico (PEATE).

A ESCOLHA DA METODOLOGIA E POPULAÇÃO A SER AVALIADA

Os neonatos são alocados em diferentes unidades de internação, dependendo da criticidade de seu estado clínico, podendo ficar no alojamento conjunto ou em Unidade de Terapia Intensiva Neonatal (UTIN). As recomendações internacionais e nacionais atuais recomendam o uso da EOAE para os neonatos do alojamento conjunto com o objetivo de identificar alterações cocleares, sendo as mais frequentes para essa população. Já o uso do PEATE automático (PEATE-a) é preconizado para os neonatos que ficam na UTIN, devido à maior probabilidade da ocorrência de alterações auditivas retrococleares, como o Espectro da Neuropatia Auditiva (ENA). O PEATE-a também pode ser aplicado aos neonatos que apresentaram resultado alterado na TAN com as EOAE, mesmo sem permanência na UTIN, para diminuir o índice de encaminhamento para reteste, além de minimizar a preocupação dos pais, devido à falha na TAN[11]. Na forma ambulatorial, as EOAE devem ser realizadas nos neonatos sem IRDA e naqueles com risco para alterações cocleares e o PEATE-a realizado nos neonatos que apresentarem risco para alterações retrococleares e naqueles que apresentarem resultado "falha" no reteste da TAN com EOAE[6].

Um fluxograma simplificado será apresentado na Figura 1, do processo de TAN, teste e reteste, encaminhamento para diagnóstico, intervenção e monitoramento da audição.

Em seguida, os processos de diagnóstico, intervenção e monitoramento auditivo serão descritos.

DIAGNÓSTICO

Após a realização da TANU no primeiro mês de vida, as crianças que apresentarem o resultado de "falha", após as etapas de teste e reteste, devem ser encaminhadas para o processo de diagnóstico médico e audiológico. Esse encaminhamento deve ser realizado imediatamente após a "falha", e o processo de diagnóstico deve estar encerrado no máximo até o terceiro mês de vida da criança, para que as medidas necessárias sejam tomadas precocemente, no caso de confirmação de perdas auditivas. Exceções podem ocorrer, quando as crianças permanecerem internadas por tempo prolongado, como é o caso daquelas que necessitam de cuidados específicos e/ou da UTIN[7,12].

O diagnóstico audiológico nos primeiros anos de vida pode ser realizado com segurança, pois existem procedimentos validados e específicos para as diferentes faixas etárias. Vale ressaltar que os profissionais devem estar habilitados e capacitados, além de terem equipamentos e protocolos específicos para a realização da avaliação audiológica na população pediátrica[13].

O início do diagnóstico audiológico se dá por meio do acolhimento, já que as famílias, mesmo quando bem orientadas, chegam cheias de dúvidas e sentimentos após o resultado "falha" na TAN. Posteriormente, a entrevista fonoaudiológica, alinhada aos métodos de avaliação pertinentes, irá fornecer as informações necessárias para concluir o processo.

Conforme mencionado anteriormente, as técnicas utilizadas na detecção e no diagnóstico audiológico envolvem procedimentos eletrofisiológicos e eletroacústicos, já desenvolvidos há décadas. Assim, no caso de falha na TANU, as crianças deverão ser avaliadas com procedimentos como: PEATE com estímulo clique para pesquisa de sincronismo neuronal; PEATE

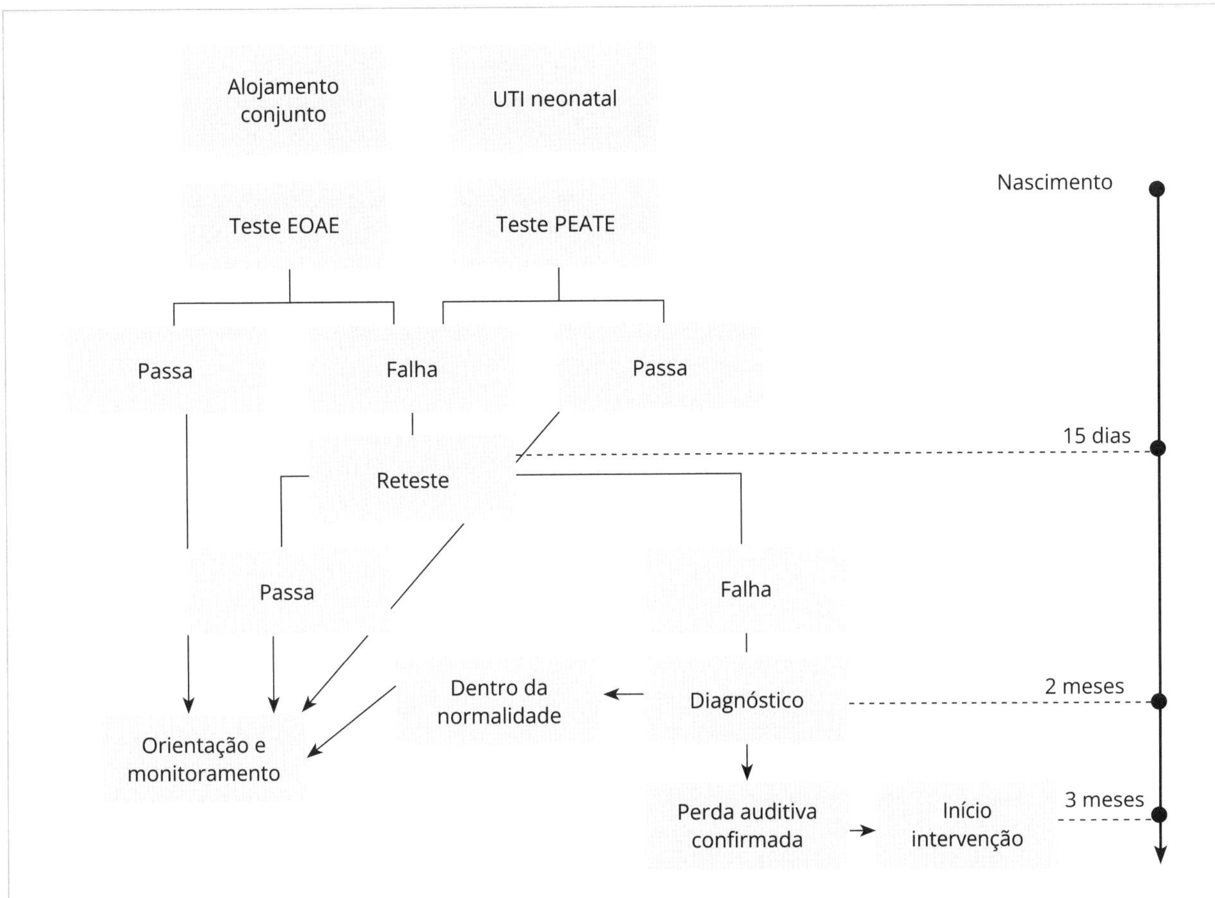

FIGURA 1 Fluxograma simplificado dos processos de identificação, diagnóstico, intervenção e monitoramento de perdas auditivas nos primeiros anos de vida.
EOAE: Emissões Otoacústicas Evocadas; PEATE: Potencial Evocado Auditivo de Tronco Encefálico.

com Frequências Específicas (PEATE-FE) de 500, 1.000, 2.000 e 4.000 Hz, ou Potencial Evocado Auditivo de Estado Estável (PEAEE) nas mesmas frequências, por via aérea e via óssea, sempre que necessário; registro das EOAE em modo diagnóstico; as medidas de Imitância Acústica com timpanometria com sonda que possua tom teste de 1.000 Hz (até a idade de nove meses) e a pesquisa dos reflexos acústicos. Pretende-se dessa forma fazer uma estimativa de um audiograma e da audibilidade dessas crianças[13,14].

A partir dos seis meses de idade, técnicas comportamentais podem ser incluídas, como a Audiometria de Reforço Visual (ARV), mais conhecida pela sigla em inglês VRA, *Visual Reinforcement Audiometry*. Se a criança iniciar a avaliação audiológica nos primeiros três meses de vida, conforme preconizado, apenas as técnicas eletrofisiológicas e eletroacústicas deverão ser aplicadas. Na continuidade dessa avaliação, ou se a idade ultrapassar os seis meses de idade, as técnicas comportamentais serão incorporadas. Utiliza-se a técnica VRA entre 6 e 24 meses de idade. A partir dos 24 meses, a técnica utilizada para avaliação comportamental é a Audiometria Lúdica Condicionada (ALC)[13].

Para que as medidas de intervenção possam ocorrer de forma adequada, diferentes informações devem estar presentes no relatório da avaliação audiológica. Entre elas podemos citar: equipamentos e protocolos utilizados, calibração, transdutores (aéreo e ósseo), faixa etária incluindo idade corrigida se necessário, resultados do PEATE com estímulo clique para avaliação de sincronismo neuronal, resultados da pesquisa de microfonismo coclear (MC) na suspeita de ENA, PEATE com frequências específicas (PEATE-FE) e o estímulo utilizado (*Toneburst ou NB Chirp*) e os fatores de correção aplicados para cada frequência. Se o procedimento utilizado for o PEAEE, as mesmas informações sobre as frequências utilizadas por via aérea e via óssea devem estar disponíveis, assim como as correções aplicadas. Também devem ser informados os detalhes das bandas de frequência utilizadas no registro das Emissões Otoacústicas Evocadas por Estímulo Transiente (EOAET) e Produto de Distorção (EOAEPD), níveis de ruído registrados e relação sinal/ruído. No caso das Medidas de Imitância Acústica, o tom teste da sonda utilizada deve estar descrito[14].

O conjunto de procedimentos aplicados possibilita a estimativa de um audiograma e fornece informações sobre a audibilidade de cada criança, com dados de normalidade, tipo, grau e configuração de perda auditiva, quando for o caso. O princípio do *cross-check* é válido na avaliação audiológica de crianças em todas as faixas etárias, com ou sem IRDA. O princípio do *cross-check* preconiza que um teste tenha seus resultados cruzados com os outros procedimentos e, assim, que se constate a confiabilidade e conclusão da bateria de testes aplicada. O momento do diagnóstico audiológico é relevante para que a avaliação forneça dados suficientes para início de intervenções apropriadas[15].

Desta forma, a partir da faixa etária na qual a criança comparece para a avaliação, os procedimentos a serem utilizados serão escolhidos, sendo necessário avaliar se a criança tem desenvolvimento motor, neurológico e/ou cognitivo para que se apliquem as técnicas comumente utilizadas para sua faixa etária. O avaliador capacitado, caso necessário, deverá aglutinar o conjunto de técnicas que parecem apropriadas para a faixa etária e o desenvolvimento de criança especificamente. Por vezes, crianças prematuras, nascidas com muito baixo peso, com comorbidades associadas, ou sindrômicas, podem necessitar de adequação das técnicas de avaliação audiológica, independentemente da idade cronológica.

A avaliação audiológica pediátrica fornecerá dados que também subsidiarão as condutas médicas necessárias, definidas em consulta médica necessária para conclusão de cada diagnóstico. A avaliação médica por médico otorrinolaringologista poderá sugerir encaminhamentos específicos para outras especialidades, como neurologia e genética, entre outras.

Dicas que facilitam o diagnóstico audiológico após a "falha" na TANU:

1. Quanto antes iniciarmos o processo de diagnóstico audiológico, mais fácil será manter a criança em sono natural, para a realização da bateria de diferentes procedimentos necessários.
2. As famílias devem sair da maternidade com local, data e hora da avaliação audiológica necessária. Um telefone de contato deve ser fornecido à família, caso seja necessário realizar um contato com o serviço de diagnóstico.
3. Pelo menos dois telefones da família devem ser fornecidos ao serviço de diagnóstico, para que um contato possa ser realizado, com dicas e informações importantes para manter o sono da criança no momento do diagnóstico. Lembrar que, em alguns casos, mais de uma consulta pode ser necessária.

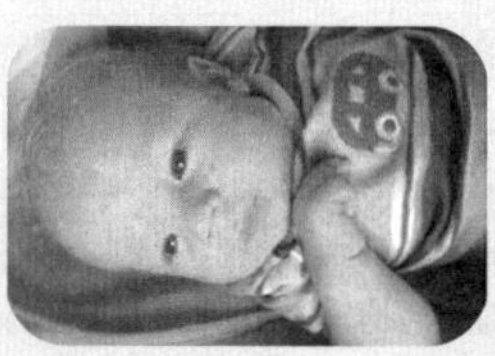

Do nascimento aos 6 meses
- PEATE Clique
- PEATE-FE ou PEAEE – estimativa de um audiograma (500, 1.000, 2.000 e 4.000 Hz via aérea e via óssea)
- EOAE [Transientes e Produto de Distorção (quando necessário) – modo diagnóstico]
- Timpanometria com sonda de tom teste de 1.000 Hz
- Avaliação do comportamento auditivo (sons do *Ling*; avaliação instrumental)

> 6 aos 24 meses
- Audiometria de Reforço Visual (VRA) – obtenção de níveis mínimos de resposta (500, 1.000, 2.000 e 4.000 Hz)
- EOAE [Transientes e Produto de Distorção (quando necessário) – modo diagnóstico]
- Timpanometria (tom teste de 1.000 Hz até os nove meses e tom teste de 226 Hz acima dos nove meses)
- PEATE Clique
- PEATE-FE ou PEAEE se limiares não puderem ser alcançados com Audiometria de Reforço Visual

> 24 aos 36 meses
- Audiometria Lúdica Condicionada (ALC) – obtenção de limiares (500, 1.000, 2.000 e 4.000 Hz)
- EOAE [Transientes e Produto de Distorção (quando necessário) – modo diagnóstico]
- TImpanometria com sonda de tom teste de 226 Hz
- PEATE Clique
- PEATE-FE ou PEAEE se limiares não puderem ser alcançados com Audiometria Lúdica Condicionada

FIGURA 2 Procedimentos audiológicos aplicados para avaliação audiológica pediátrica, segundo faixa etária.

4. A família deve evitar que a criança durma no trajeto entre sua casa e o serviço de diagnóstico. Fraldas, roupas, alimentação para a mãe e criança devem estar disponíveis durante os horários de avaliação.
5. O ambiente de avaliação deve ser apropriado, com luzes fracas, bebê-conforto, cadeiras reclináveis, almofadas de amamentação, além de silêncio e temperatura adequada no ambiente, para a realização dos procedimentos necessários.

INTERVENÇÃO

A intervenção deve ser iniciada tão logo o diagnóstico seja concluído, preferencialmente entre o período de três a seis meses de idade cronológica, diminuindo o gap entre a idade cronológica e a idade auditiva[7,12]. O **aconselhamento** é o primeiro passo do processo de intervenção e deve ser realizado preferencialmente por equipe multidisciplinar e interdisciplinar, respeitando o estágio em que a família se encontra. O fonoaudiólogo com conhecimento e experiência em adaptação de próteses auditivas na população pediátrica é o profissional habilitado. A família deve ser orientada sobre os resultados encontrados na avaliação diagnóstica e as abordagens terapêuticas disponíveis, como a terapia fonoaudiológica para propiciar o desenvolvimento das habilidades auditivas e da linguagem oral, associada ao uso de tecnologias auditivas. Dentre elas, estão: as Próteses Auditivas Ancoradas Ósseas (PAAO), os Aparelhos de Amplificação Sonora Individuais (AASI) e/os Implantes Cocleares (IC), assim como as tecnologias de acessibilidade auditiva como os microfones remotos. Além disso, devem ser orientadas quanto a Língua Brasileira de Sinais (LIBRAS) as famílias que não optarem pelo desenvolvimento da linguagem oral, ou aqueles que possuem limitações anatômicas e/ou funcionais que não favoreçam o desenvolvimento da mesma[7,12].

Todas as ações devem ser norteadas seguindo as recomendações de protocolos nacionais e internacionais, baseados em evidências científicas e validados para seleção e adaptação de recursos tecnológicos aplicados à deficiência auditiva, para a introdução da amplificação como parte de um plano de tratamento audiológico para reabilitação. Para esse tópico, utilizamos como referência as recomendações da Academia Canadense de Audiologia, 2002; Academia Americana de Audiologia, 2013; Academia Brasileira de Audiologia, 2016; e Academia Britânica de Audiologia, 2022[16-19].

A amplificação será considerada sempre que houver comprometimento para o desenvolvimento adequado da função auditiva, fala e linguagem, o que inclui também as perdas auditivas mínima/leve, unilateral e o ENA. O AASI, seja por condução aérea ou óssea, deve ser a primeira opção para proporcionar a audibilidade e compreensão da fala. Em alguns casos específicos, como nas perdas auditivas de grau severo e profundo, ou patologias que impossibilitem a amplificação pelo AASI, a avaliação para IC deve ser considerada.

A **seleção da prótese auditiva** é o segundo passo do processo de intervenção. Independentemente do recurso tecnológico, o processo de adaptação deve incluir a seleção de dispositivos que reúnam as características que propiciem melhor audibilidade para todo o espectro médio de fala em longo prazo (*Long Term Average Speech Spectrum* – LTASS) sem desconforto e com distorção mínima. Deve ser baseada na avaliação audiológica e necessidades individuais para a seleção das características físicas e processamento do sinal.

Dentre as características físicas estão a escolha do tipo de amplificação (aérea ou óssea); tipo de prótese, que no caso dos AASIs por condução aérea, deve ser do tipo retroauricular com gancho pediátrico, porta de bateria à prova de violação e utilizar recursos para retenção das próteses; moldes auriculares, preferencialmente de silicone, com trocas regulares, a fim de acompanhar o crescimento da orelha; e, além disso, verificar a necessidade de acessibilidade para tecnologia de microfone remoto.

Em relação ao processamento do sinal, o dispositivo deve oferecer a possibilidade de ajuste por canais, compressão, limitação de saída, expansão, supressão de *feedback*, redutores de ruído digitais e microfones direcionais. Tais funções devem ser oferecidas de maneira versátil e flexível, devido às características audiológicas específicas para essa faixa etária, como os tipos de perdas auditivas, configurações e patologias. Além disso, a possibilidade de conexões com dispositivos externos.

A seleção do algoritmo para fornecer as metas de ganho e saída necessários para os limiares de audibilidade deve ser baseada também nos resultados dos exames eletroacústicos e eletrofisiológicos. Para crianças menores são utilizados os limiares eletrofisiológicos por frequência específica. Os limiares comportamentais devem ser a opção, tão logo a criança apresente condições para obtê-los. Atualmente, a fórmula prescritiva DSL V5 é o método de escolha, pois permite a inserção de limiares estimados para o ajuste do ganho com protocolos específicos para bebês e crianças[20].

Após a programação e adaptação física do dispositivo, é realizada a **verificação** para averiguar o desempenho da prótese auditiva. Os procedimentos eletroacústicos não dependem de uma resposta direta da criança, sendo possível realizar em todas as faixas etárias, já que as medidas com microfone-sonda podem ser realizadas diretamente na orelha (REUR, REOR, REAR, REIG e RESR) ou de forma indireta no acoplador (RECD). Essas medidas incluem audibilidade por frequência para sons fracos, médios e fortes e saída máxima dentro dos limites de segurança e conforto. Já os procedimentos comportamentais, como o ganho funcional e os limiares funcionais, devem ser realizados em crianças que possuem desenvolvimento adequado para responder aos estímulos. Geralmente, medem a audibilidade para sons fracos e são importantes para demonstrar à família a resposta auditiva da criança[18].

A avaliação de resultados ou **validação** é necessária para verificar os benefícios que a prótese está oferecendo para o bom desenvolvimento da função auditiva, fala e linguagem, e a interferência que esses aspectos estão tendo sobre as questões emocionais e psicossociais da criança. Esses aspectos podem ser quantificados de maneira subjetiva, por meio de questionários e observações diárias junto aos pais, cuidadores e professores, ou de maneira objetiva, pelo uso de protocolos validados que acompanham os marcadores do desenvolvimento da função auditiva, fala e linguagem.

O **acompanhamento** da adaptação da prótese auditiva deve ser realizado a cada três meses no primeiro ano, a cada seis meses no segundo ano e anualmente a partir do terceiro ano, sempre considerando os aspectos relacionados à deficiência auditiva nessa população, como perdas auditivas flutuantes e perdas auditivas progressivas, entre outros.

A **terapia fonoaudiológica** deve privilegiar o uso da audição residual, com o objetivo de maximizar a capacidade auditiva e promover a aquisição e o desenvolvimento da linguagem oral e, consequentemente, recursos pessoais. O início se dá concomitante ao processo de adaptação de próteses auditivas e a família deve ser a base de todo o processo. Os pais também são orientados a matricular a criança em instituição de ensino e o fonoaudiólogo deve intermediar a tríade família-escola-terapeuta.

MONITORAMENTO AUDITIVO E SEUS DESAFIOS

A deficiência auditiva permanente quando tardiamente diagnosticada ou não tratada na primeira infância repercute em déficits na fala e linguagem, ocasionando a longo prazo dificuldades no desenvolvimento escolar e nas habilidades sociais. Nesse sentido, planejar e executar o monitoramento auditivo de crianças com e sem IRDA na primeira infância é elemento essencial para o desenvolvimento cognitivo e socioemocional dessa população[21,22].

A TAN não imuniza o indivíduo ao nascimento de uma possível patologia otológica. O monitoramento auditivo e os respectivos cuidados com a audição são necessários ao longo da vida, principalmente para o neonato que apresenta IRDA, que deve receber a alta hospitalar com o agendamento e/ou orientação para sua vida futura de acompanhamento audiológico.

De acordo com as recomendações atuais, quando a criança está inserida em um programa de atenção à saúde auditiva na rede privada, o monitoramento acontecerá em consultórios que realizam a puericultura, sendo a criança encaminhada para a avaliação auditiva, quando necessário. Já no âmbito do SUS, deverá ser realizado na Atenção Primária à Saúde (APS), sendo acompanhado em consulta pediátrica e/ou Agentes Comunitários de Saúde (ACS), para averiguar o desenvolvimento global, ou também nos CERs quando apresentarem IRDA[3].

Importante ressaltar que são necessários recursos humanos, estruturais e tecnológicos. Os recursos estruturais e humanos envolvem uma instituição de APS que possua uma equipe multidisciplinar (fonoaudiólogo, ACS, assistente social, psicólogo e pediatra) para acolher a família e a criança. Os recursos tecnológicos englobam os equipamentos audiológicos das EOAET, EOAEPD, PEATE, imitanciometria, audiometria tonal e vocal condicionada e avaliação comportamental da audição[21,23].

Em se tratando de neonatos com IRDA, a recomendação do JCIH (2019)[7] é a realização de uma avaliação audiológica comportamental na idade de nove meses para os IRDAs listados abaixo (1 ao 8):

1. História familiar de surdez (na infância, progressiva ou tardia).
2. UTI neonatal por mais de cinco dias.
3. Hiperbilirrubinemia com exsanguineotransfusão independente de tempo de permanência em UTI.
4. Uso de aminoglicosídeos por mais de cinco dias.
5. Asfixia ou encefalopatia hipóxico-isquêmica.
6. Infecções intrauterinas por toxoplasmose, sífilis, rubéola, herpes.
7. Malformações craniofaciais (microcefalia congênita, hidrocefalia congênita ou adquirida, anormalidades do osso temporal).
8. Síndromes associadas à surdez.

Para os indicadores listados a seguir (1 ao 4), recomenda-se a avaliação diagnóstica na idade de três meses:

1. Uso de oxigenação extracorpórea (ECMO).
2. Infecções intrauterinas por citomegalovírus.

3. Infecções associadas à surdez (meningites e encefalites bacterianas ou virais (especialmente vírus herpes e varicela).
4. Trauma craniano (especialmente osso da mastoide) e quimioterapia.

Para infecções intrauterinas por Zika, o monitoramento é diferenciado e deve seguir o protocolo seguinte:

A. Em caso de mãe com sorologia positiva e neonato sem achados laboratoriais, recomenda-se avaliação audiológica completa aos nove meses.
B. Se mãe com sorologia positiva e neonato com achados laboratoriais, sem e com sinais sugestivos da doença, recomenda-se PEATE na idade de um ano (caso não tenha feito na TAN), quatro e seis meses e avaliação audiológica completa aos nove meses.

O monitoramento auditivo está prescrito e recomendado pelas diversas diretrizes de saúde auditiva em todo o mundo, sendo que verifica-se heterogeneidade quanto à ordenação cronológica do monitoramento auditivo de neonatos com IRDA. Como exemplo, podemos citar a diretriz chinesa de 2010 que estabelece que os neonatos de alto risco sejam submetidos a acompanhamento anual durante três anos, mesmo com resultado "passa" na TAN[22]. As diretrizes da América do Norte, África do Sul, Nova Zelândia, Austrália e Itália recomendam o monitoramento periódico até 24-30 meses. No Brasil, as diretrizes mais recentes são do Ministério da Saúde[3] e recomendam o monitoramento até os 24 meses de idade, com algumas particularidades. Para os neonatos sem IRDA e que obtiveram resultado satisfatório no exame de EOAE, acompanhar o desenvolvimento da função auditiva e de linguagem de acordo com os marcos de desenvolvimento propostos no documento; ao contrário, para aqueles que obtiverem "falha" no exame de EOAE, com resultados satisfatórios no PEATE-a, o monitoramento deverá ser realizado por meio de avaliação audiológica até os três meses de idade, e posteriormente até os sete e 12 meses no CER. Em se tratando de neonatos com IRDA, além da orientação quanto aos marcos de desenvolvimento da função auditiva e linguagem, orientar também acerca do IRDA apresentado e a necessidade de avaliação audiológica entre sete e 12 meses de idade.

Quanto ao protocolo de avaliação, as diretrizes ainda recomendam a realização da audiometria de reforço visual (VRA) com fones de inserção e medidas de imitância acústica, e quando os níveis mínimos de resposta forem piores que 20 dBNA, deve ser realizada a pesquisa por via óssea. Em caso de perda auditiva neurossensorial, a criança deve ser encaminhada para diagnóstico e reabilitação; ao passo que na perda auditiva condutiva, a criança permanece em acompanhamento otorrinolaringológico e audiológico.

Após os 24 meses de idade, faz-se necessário o seguimento do monitoramento auditivo na primeira infância, sobretudo quando adentram a idade escolar, a fim de identificar precocemente alterações auditivas não averiguadas ao nascimento ou que surgiram tardiamente. Entretanto, no panorama atual, não existem diretrizes norteadoras para a triagem auditiva infantojuvenil ou pediátrica[21,22,24]. A proposta de um programa de monitoramento auditivo na primeira infância ainda deve incluir a tríade acessibilidade, integralidade e orientação familiar, com a proposta de campanhas informativas, palestras/reuniões educativas para pais e cuidadores e exames de rastreio auditivo[24].

Importante ressaltar que o início da vida escolar para uma criança é um processo complexo, pois envolve dimensões emocionais, sociais, intelectuais e biológicas. Uma dimensão biológica importante é a audição normal, uma vez que uma criança que inicia a escola enfrenta exigências e expectativas que são difíceis de lidar quando há perda auditiva não diagnosticada[22,25].

Neste sentido, os atos de planejar e executar programas de monitoramento auditivo na primeira infância, seja em ambiente escolar ou em instituições de saúde pública, são emergentes, já que no Brasil, o rastreio e monitoramento auditivo não são rotinas na maioria das escolas, visto que dependem de equipamentos e protocolos apropriados[26,27].

Assim sendo, o monitoramento auditivo, não somente no contexto da TANU, mas principalmente na primeira infância, deve ser discutido pelos órgãos consultivos e regulamentadores, garantindo assim o desenvolvimento pleno da criança e adolescente, devendo envolver o sujeito, família, escola e comunidade.

CONCLUSÃO

Os pontos abordados neste capítulo reiteram a importância do Programa de Triagem Auditiva Neonatal, do diagnóstico e intervenção apropriados em crianças com perda auditiva e da relevância do monitoramento das habilidades auditivas e da linguagem na primeira infância. Todos esses aspectos envolvem a efetividade de um Programa de Atenção à Saúde Auditiva e sua relevância não apenas nos primeiros anos de vida da criança, mas em sua trajetória social, acadêmica e profissional.

REFERÊNCIAS BIBLIOGRÁFICAS

1. Lewis DR, Chapchap MJ. Triagem Auditiva Neonatal Universal (Tanu) – Boas Práticas Atuais. In: Marchesan IQ, Silva HJ, Tomé MC. Tratado de especialidades em Fonoaudiologia. Rio de Janeiro: Editora Roca; 2014. p.867-73.
2. Brasil. Lei n. 12.303, de 2 de agosto de 2010. Dispõe sobre a obrigatoriedade de realização do exame denominado Emissões Otoacústicas Evocadas. Brasília, DF: Diário Oficial da União; 2010.
3. Brasil. Ministério da Saúde. Secretaria de Atenção à Saúde. Departamento de Ações Programáticas Estratégicas. Diretrizes de Atenção da Triagem Auditiva Neonatal. Brasília: Ministério da Saúde; 2012. [Acesso em 30 Jan 2024]. Disponível em: http://bvsms.saude.gov.br/bvs/publicacoes/diretrizes_atencao_triagem_auditiva_neonatal.pdf.
4. Lewis DR, Marone SAM, Mendes BCA, Cruz OLM, Nóbrega M. Comitê multiprofissional em saúde auditiva: COMUSA. Braz J Otorhinolaryngol. 2010;76(1):121-8.
5. Mendes BCA, Rezende JA, Souza JL, Siqueira DM, Guerra MES, Novaes BCAC. Análise dos encaminhamentos de crianças para um centro especializado de reabilitação auditiva. Research, Society and Development. 2022;11(12):e363111234394.
6. Chapchap MJ. Programa de Triagem Auditiva Neonatal Universal: uso das emissões otoacústicas e do potencial evocado auditivo de tronco encefálico automático. In: Zimmermann F. Construindo a fonoaudiologia neonatal no Brasil. Ribeirão Preto: Editora Book Toy; 2023. p.195-206.
7. Year 2019 Position Statement: Principles and guidelines for early hearing detection and intervention programs. J Early Hear Detect Interv. 2019;4(2):1-44.
8. Yoshinaga-Itano C, Sedey AL, Coulter DK, Mehl AL. Language of early and later identified children with hearing loss. Pediatrics. 1998;102(5):1161-71.
9. Chapchap MJ, Ribeiro FM. Programa de triagem auditiva neonatal universal. In: Bento RF, Lima Júnior LRP, Tsuji RK. Tratado de implante coclear e próteses auditivas implantáveis. São Paulo: Fundação Otorrinolaringologia; 2013. p.153-63.
10. Chapchap MJ, Kurc M. Justificativas e metodologias da triagem auditiva neonatal universal. Programa de Atualização em Otorrinolaringologia. 2011;5(3):33-69.
11. Ribeiro FM, Chapchap MJ. PEATE automático: uso na clínica e na triagem auditiva neonatal. In: Menezes PL, Sanfis MD, Capra D, Andrade KCL, Frizzo ACF. Manual de eletrofisiologia e eletroacústica: um guia para clínicos. 1. ed. Ribeirão Preto: Booktoy; 2022. p. 105-15.
12. World Health Organization – WHO. Hearing screening: considerations for implementation. Geneva: World Health Organization; 2021. [Acesso em 25 jan 2024]. Disponível em: https://iris.who.int/bitstream/handle/10665/344797/9789240032767-eng.pdf?sequence=1.
13. Lewis DR, Yoshinaga-Itano C. Pediatric diagnostic audiology. In: Yoshinaga-Itano C. Early hearing detection and intervention – fast facts. Oxford: S. Karger Publishers Ltd; 2023. p.117-30.
14. British Society of Audiology. Guidelines for the early audiological assessment and management of babies referred from the Newborn Hearing Screening Programme. 2021. [Acesso em 25 Jan 2024]. Disponível em: https://www.thebsa.org.uk/resources/.
15. Hall III JW. Crosscheck principle in pediatric audiology today: a 40-year perspective. J Audiol Otol. 2016;20(2):59-67.
16. Canadian Academy of Audiology. Position Statement on Audiology Scope of Practice. 2002. [Acesso em 10 Jan 2024]. Disponivel em: https://canadianaudiology.ca/professional-resources/scope-of-practice/.
17. American Academy of Audiology. Clinical practice guidelines: pediatric amplification. 2013. [Acesso em 10 Dec 2023]. Disponível em: https://audiology-web.s3.amazonaws.com/migrated/PediatricAmplificationGuidelines.pdf_539975b3e7e9f1.74471798.pdf.
18. Academia Brasileira de Audiologia. Ata do Fórum de Aparelhos de Amplificação Sonora Individual – 31°. Encontro Internacional de Audiologia. São Paulo: ABA; 2016. [Acesso em 10 Jan 2024]. Disponível em: https://audiologiabrasil.org.br/31eia/pdf/forum_c.pdf.
19. British Society of Audiology. Quality Standards in Pediatric Audiology. 2022. [Acesso em 10 Jan 2024]. Disponível em: https://www.baaudiology.org/app/uploads/2022/07/BAA-Paed-QS-v1-2022.pdf.
20. Scollie S. The DSL method: improving with age. Hear J. 2006;59(9):10-6.
21. Wasser J, Roth DAE, Herzberg O, Lerner-Geva L, Rubin L. Assessing and monitoring the impact of the national newborn hearing screening program in Israel. Isr J Health Policy Res. 2019;(1):30:x-y.
22. Wen C, Zhao X, Li Y, Yu Y, Cheng X, Li X, et al. A systematic review of newborn and childhood hearing screening around the world: comparison and quality assessment of guidelines. BMC Pediatr. 2022;22(160):1-21.
23. Rohren L, Shanley R, Smith M, Yue M, Huang TC, Nelson P, et al. Congenital cytomegalovirus-associated sensorineural hearing loss in children: identification following universal newborn hearing screening, effect of antiviral treatment, and long-term hearing outcomes. Ear Hear. 2024;45(1):198-206.
24. Skarzynski PH, Swierniak W, Gos E, Pierzynska I, Walkowiak A, Cymka KB, et al. Results of hearing screening of school-age children in Bishkek, Kyrgyzstan. Prim Health Care Res Dev. 2020;10:21:e18.
25. Skarzynki PH, Swierniak W, Gos E, Gocel M, Skarzynski H. Organizational aspects and outcomes of a hearing screening program among first-grade children in the Mazovian Region of Poland. Lang Speech Hear Serv Sch. 2021;52(3):856-67.
26. Botelho JBL, Carvalho DM, Santos-Melo GZ, Neto JC, Nascimento SM, Lanza W, Figueiredo D, et al. Follow-up of children diagnosed with deafness in a neonatal hearing screening program in Manaus. Rev Saude Publica. 2022;56(120):1-10.
27. Sabbag JC, Lacerda ABM. Rastreamento e monitoramento da triagem auditiva neonatal em Unidade de Estratégia de Saúde da Família: estudo-piloto. CoDAS. 2017;29(4):e20160102.

8

Aplicabilidade do ruído na avaliação da audição

Lilian Cássia Bórnia Jacob
Teresa Maria Momensohn dos Santos
Maristela Júlio Costa
Silvana Maria Sobral Griz

PONTOS-CHAVE

- O ruído deve fazer parte da avaliação audiológica como parte do diagnóstico diferencial entre os diferentes transtornos audiológicos.
- É importante conhecer a forma como o ruído é processado no sistema auditivo periférico e central.
- Para cada tipo de teste deve-se usar um tipo diferente de ruído e uma forma diferente de apresentação dele.
- Quando o ruído é utilizado para evitar a curva sombra, a adequação do nível de sensação do ruído na orelha mascarada é importante para o avaliador obter a resposta real da orelha em teste.
- A aplicação do ruído na avaliação do reconhecimento de estímulos de fala auxilia a dimensionar a habilidade comunicativa do indivíduo em situações desfavoráveis de escuta.

OBJETIVOS DE APRENDIZAGEM

Ao final deste capítulo, o leitor deverá ser capaz de:

- Definir os termos técnicos relacionados aos diferentes tipos de ruído na avaliação audiológica.
- Identificar as diferentes aplicações do ruído mascarante na avaliação audiológica.
- Conhecer as novas tendências e os novos campos de pesquisa que utilizam o ruído na avaliação audiológica.

INTRODUÇÃO

Desde o século XIX, existem relatos do uso do diapasão como recurso para estabelecer o diagnóstico das perdas auditivas. Uma das questões que também são citadas nesses relatos diz respeito à dificuldade em avaliar cada orelha de forma separada. Com o advento do audiômetro, após a Segunda Guerra Mundial, vários recursos foram introduzidos nesse equipamento, entre eles o ruído, cujo objetivo era, e ainda é, permitir a avaliação de cada orelha isoladamente.

Com o desenvolvimento da Audiologia, o ruído passou a ser usado para: I) avaliar o processamento do sinal acústico pelo sistema auditivo, por testes comportamentais, eletroacústicos ou eletrofisiológicos; II) avaliar o desempenho auditivo de pessoas com ou sem perda auditiva em situações de comunicação de ambientes ruidosos; III) ajustar os controles de um dispositivo eletrônico de audição para melhorar o benefício de seu usuário; dentre outras e IV) auxiliar no planejamento do programa de reabilitação auditiva.

DEFINIÇÃO DE RUÍDO

Em Audiologia, o ruído tem sido descrito como um som indesejado que interfere na detecção ou na medição de algum outro som, denominado sinal[1]. Som refere-se à sensação da audição causada pela vibração do ar. A Audiologia estuda a relação entre os atributos perceptuais e físicos do som. Por exemplo, na pesquisa dos limiares auditivos, utilizam-se dois tipos de sons: o tom puro (denominado sinal ou estímulo) e o ruído (denominado mascarador).

O ruído também pode ser definido como um som altamente complexo produzido por fontes diversas de oscilação aleatória, resultando na ausência de periodicidade ou harmonia ondulatória[2]. Um sinal pode ser qualquer estímulo acústico usado para avaliar a função auditiva.

Diversos tipos de ruído são usados na Audiologia:

- Ruído de banda larga ou ruído branco (*White Noise ou Broadband Noise*): som com uma ampla largura de banda contendo um espectro contínuo de frequências com igual energia por ciclo ao longo de toda a banda.
- Ruído de banda estreita (*Narrow Band Noise*): ruído que é filtrado e centralizado nas frequências da audiometria, usado para mascarar a audiometria de tom puro. É considerado o mascarador mais eficiente para estímulos de tom puro.
- Ruído rosa (*Pink Noise*): ruído de banda larga com um espectro que é inversamente proporcional à frequência.
- Ruído de fala (*Speech Noise*): ruído de banda larga filtrado para se assemelhar ao espectro da fala.
- Ruído de cafeteria (*Cafeteria Noise*): fonte de ruído que resulta da gravação de muitas pessoas falando ao mesmo tempo, somada aos sons do ambiente.
- Ruído "*babble*" (*Babble Noise*): mensagem competitiva que contém múltiplos falantes, dentre outros.

USO DO RUÍDO NA AVALIAÇÃO AUDIOLÓGICA BÁSICA

Na avaliação audiológica básica, o ruído é utilizado com o objetivo de provocar o fenômeno denominado mascaramento, definido pela ANSI/ASA (2010)[3] como o *"processo pelo qual o limiar de audição para um som é elevado pela presença de outro som (mascaramento)"*. Também é descrito como a *"quantidade pela qual o limiar de audição para um som é elevado pela presença de outro som (mascaramento), expresso em decibels"*.

Assim, o mascaramento é necessário quando existe a possibilidade de a orelha não testada responder ao som apresentado na orelha testada. Nesses casos, o ruído será sempre aplicado na orelha não testada.

O mascaramento tem início na cóclea. Essa estrutura é organizada tonotopicamente, e o mascaramento tende a ocorrer quando a representação tonotópica de um som interfere com o espectro de frequência de outro, devido à sobreposição espectral nas respostas das células ciliadas. Assim, um estímulo em uma frequência pode "mascarar" a detecção de outro em uma frequência próxima.

Quando a cóclea é estimulada por um ruído, a membrana basilar não exibe um padrão de vibração uniforme. Em vez disso, responde de forma complexa aos diversos componentes de frequência presentes no ruído. Isso implica que diferentes regiões da membrana basilar vibram em resposta às diferentes frequências presentes no ruído. Da mesma forma, na ocorrência do mascaramento auditivo, a presença de um ruído mascarador dificulta a detecção do som alvo. A presença do som mascarador pode influenciar a resposta das células sensoriais na cóclea, afetando assim o padrão de vibração da membrana basilar e dificultando a detecção do som alvo[4,5].

A audição contralateral ocorre devido à capacidade do crânio de vibrar frente à estimulação sonora, ocasionando a estimulação de ambas as cócleas ao mesmo tempo, podendo gerar a curva sombra. No caso da estimulação por condução aérea, em intensidades elevadas, o crânio passa a vibrar e, consequentemente, ocorre a transmissão do som por condução óssea. Nesse processo, o tom puro apresentado por condução aérea na orelha testada poderá ser percebido na orelha não testada por condução óssea através da vibração do crânio, sendo, por isso, importante observar o limiar ósseo da orelha não testada.

Na estimulação por condução aérea, existe uma intensidade mínima necessária para iniciar a vibração do crânio, variável de acordo com a frequência do tom puro apresentado. Sendo assim, a intensidade que atinge a cóclea da orelha não testada sempre inferior à intensidade apresentada por condução aérea na orelha testada. Essa redução na energia é denominada *atenuação interaural*.

Os valores de atenuação interaural *mínima* variam de acordo com o transdutor utilizado (fones supra-aurais, de inserção e vibrador ósseo) e com a frequência do som, sendo maior para os sons de alta frequência, variando de 40 a 80 dB.

A logoaudiometria, na rotina clínica, é realizada com a apresentação do estímulo de fala por condução aérea. Ao considerar que o estímulo de fala abrange uma faixa de frequência ampla, não é possível fazer uma análise individual da atenuação interaural por frequências para definir o quanto a energia é atenuada, sendo considerado o valor único de 45 dB[6].

Na estimulação por condução óssea, a perda de energia (atenuação interaural) na transmissão do som por vibração do crânio não excede 10 dB[7]. Dessa forma, o risco de audição contralateral deve ser sempre considerado quando o limiar ósseo está sendo pesquisado. Na prática clínica, a atenuação interaural deve sempre ser considerada nula, na estimulação por condução óssea.

No mascaramento, o ruído deve possuir uma intensidade maior que a intensidade do estímulo-teste (tom puro/fala), para que o mesmo não seja percebido. Ou seja, o nível de sensação do ruído deve ser superior ao nível de sensação do estímulo-teste que está sendo apresentado.

Durante o mascaramento clínico, o examinador necessita compreender como a faixa dinâmica de audição de um indivíduo é afetada quando o ruído é introduzido. Inicialmente, o nível de sensação do ruído é diretamente dependente do limiar psicoacústico deste, ou seja, um estímulo de mesma intensidade pode provocar diferentes níveis de sensação. Ao realizar o mascaramento, é necessário determinar a intensidade do ruído que eliminará a resposta da orelha não testada sem prejudicar a audibilidade da orelha testada. Para isso, verificam-se as seguintes ocorrências:

1. Supermascaramento: ocorre quando o ruído mascarador apresentado na orelha não testada tem uma intensidade suficientemente forte para interferir na resposta da orelha testada. É importante ressaltar que o ruído é apresentado por condução aérea e, portanto, o valor de atenuação interaural deve ser considerado para verificar se o ruído transmitido por condução óssea será percebido pela orelha testada.
2. Submascaramento: pode ocorrer apenas na pesquisa do limiar ósseo, quando o máximo de intensidade, calculado para não provocar o supermascaramento, não é percebido pela orelha mascarada.
3. Mascaramento insuficiente: pode ocorrer quando a intensidade do ruído apresentado não elimina a participação da orelha não testada na resposta obtida. Nesse caso, diferente do submascaramento, a intensidade do ruído provocou mudança na audibilidade na orelha não testada, porém não o suficiente para eliminar a ocorrência de curva sombra ou da audição contralateral. Pode ocorrer por limitação da intensidade máxima do ruído permitida pelo aparelho.

Na avaliação audiológica básica, a escolha do tipo de ruído utilizado depende do espectro de frequência do estímulo apresentado. Na audiometria tonal, o ruído recomendado é de banda estreita; na logoaudiometria, é recomendado o uso do ruído de banda larga ou do ruído de fala, pois a fala é um estímulo sonoro complexo com espectro amplo de frequências. Quanto mais o ruído se assemelha ao espectro acústico do sinal, menor será a intensidade do ruído mascarador necessário para isolar a orelha que não deve participar do teste[8].

Na avaliação das funções auditivas centrais, o ruído tem sido aplicado na: a) avaliação comportamental dos transtornos de processamento auditivo central (TPAC), como por exemplo nos testes SSI e PSI; b) tem sido recomendado como rotina na avaliação audiológica básica para determinação das reais dificuldades de comunicação do paciente; e c) no reconhecimento da fala em presença de ruído para determinar os melhores ajustes dos dispositivos eletrônicos de amplificação sonora (DEAS)[9]. Em geral, são usados ruídos denominados distratores semânticos, ruídos de cafeteria ou "*babble*" ou ruídos de fala (*Speech Noise*).

APLICAÇÃO DO RUÍDO NA AVALIAÇÃO DO RECONHECIMENTO DE FALA

Na avaliação audiológica básica, os testes de fala, na maioria das vezes, são realizados em situação de escuta silenciosa, o que não fornece informações sobre a habilidade do indivíduo de se comunicar em situações reais, as quais frequentemente ocorrem em situações ruidosas.

Uma das principais queixas referidas na Audiologia é a dificuldade para entender e participar de conversas em ambientes com ruído competitivo, geralmente composto por diferentes falantes ao mesmo tempo, e relatada por pessoas com ou sem perda auditiva, adultos ou idosos[10].

Cada vez mais, tem-se enfatizado a importância de avaliar o reconhecimento de fala em ambiente ruidoso, pois são domínios diferentes da função auditiva, sendo necessário avaliá-los com instrumentos diferentes[11].

Carhart e Tillman[12], em 1970, destacaram a necessidade de incorporar materiais de fala com a presença de ruído como parte do protocolo de avaliação audiológica básica na rotina clínica, bem como o teste padrão de percepção de fala[13], e que o reconhecimento de palavras no silêncio só deveria ser realizado quando houvesse indicação de que estariam abaixo do ideal.

A utilização do ruído na avaliação do reconhecimento de estímulos de fala auxilia a dimensionar a habilidade comunicativa do indivíduo para lidar com situações desfavoráveis de escuta. O uso dos testes de fala no ruído é sugerido[14] para avaliar indivíduos com perda auditiva de grau leve ou limiares dentro da normalidade, mas com queixas auditivas; identificar distúrbios auditivos assimétricos ou regiões de frequência nas quais a amplificação sonora poderá ser prejudicial; servir como ferramenta de acompanhamento para identificar mudanças de respostas auditivas ao longo do tempo; auxiliar na conduta, aconselhamento e escolha de estratégias de reabilitação auditivas.

Acredita-se que as queixas de indivíduos com audição normal sejam causadas por uma sinaptopatia coclear, também referida como "perda auditiva oculta". Entretanto, presume-se que elas só estão "ocultas" porque não houve realização de testes de fala no ruído para sua identificação[14].

Entre os diferentes ruídos que são sugeridos para avaliar o reconhecimento de fala, os mais utilizados e suas características principais são apresentados no Quadro 1.

Existem diferentes ruídos com espectro de fala, sendo o mais conhecido o ruído disponível na maioria dos audiômetros, gerado a partir de um ruído de banda larga, pela filtragem das frequências da fala. Porém, diferentes pesquisadores podem gerar seu próprio ruído, a partir de um sinal de fala composto por diferentes falantes da língua de cada teste de fala, que é filtrado e transformado em um ruído contínuo, com baixa amplitude de modulação e características espectrais estáveis, que carregam o espectro de magnitude do sinal de fala original e, assim, melhoram a sua efetividade.

Os ruídos que não são contínuos apresentam variações de amplitudes de modulação, determinadas pela profundidade da flutuação na forma da onda, referida como "queda" ou "vale", na qual a relação sinal-ruído (S/N) fica mais favorável, oferecendo ao ouvinte uma pista de uma parte do sinal de fala alvo[15]. Esses momentos também são chamados de fuga ou liberação do mascaramento, criando "janelas de oportunidades" de escuta, o que gera maior variabilidade nas respostas, dependendo da combinação entre o ruído e os estímulos de fala.

Sendo assim, a escolha de um ruído para compor os testes de fala no ruído deve considerar tais aspectos. Tanto o ruído *multitalker* quanto o ruído com espectro de fala são os mais utilizados por representarem melhor situações de comunicação do dia a dia, mas o objetivo do avaliador deve ser definido previamente: diagnóstico diferencial, avaliação da comunicação no "mundo real" ou validação do benefício dos auxiliares de audição[14].

Porém, apesar das evidências da importância da avaliação do reconhecimento de fala em situação ruidosa, essa recomendação não se tornou realidade, uma vez que não é utilizada na rotina clínica[11,14].

Isso ocorre porque, além da complexidade envolvendo tais materiais, que devem ser desenvolvidos na língua de cada país ou diferentes regiões de um mesmo país em função das diferenças de pronúncia, é necessário que tenham um protocolo predeterminado, sejam rápidos e fáceis de aplicar e interpretar, e apresentem diretrizes para a sua aplicação. No entanto, não há diretrizes apresentadas pela *American Academy of Audiology* (AAA) ou pela *American Speech-Language-Hearing Association* (ASHA, 1988). Esses órgãos sequer citam os testes de fala no ruído na avaliação audiológica básica[14]. No Brasil, também não há recomendações a esse respeito, o que dificulta a utilização do ruído nos testes devido à carência de materiais desenvolvidos e padronizados para uso na rotina clínica.

Os testes mais utilizados para avaliar o reconhecimento de fala no ruído, utilizando palavras como estímulo e com o objetivo principal de serem aplicados na avaliação audiológica básica, são os testes *Words in Noise Test* (WIN), *Digits in Noise* e *Speech Recognition in Noise Test* (SPRINT), que empregam o ruído *multitalker*. Entretanto, tais testes são conduzidos somente na língua inglesa.

No Brasil, o teste com palavras mais utilizado é o teste de Fala no Ruído, que faz parte da bateria de avaliação do processamento auditivo. Embora possa ser empregado na avaliação audiológica básica, esse teste não apresenta diretrizes de aplicação nem medidas psicométricas.

Recentemente, Dalla Costa et al.[16] desenvolveram um teste composto por listas de monossílabos e dissílabos, em português brasileiro, utilizando um ruído com espectro de fala, para servir de instrumento de

QUADRO 1 Tipos de ruído mais utilizados na avaliação do reconhecimento de fala e características principais

Ruído *babble/multitalker/cocktail party/cafeteria*	**Ruídos com espectro de fala**
Aperiódicos	Contínuos
Ruídos sem filtragem, mantendo as suas características originais	Ruídos filtrados a partir de outro ruído, com características controladas
Características espectrais de amplitude e faixa de frequências variáveis ao longo do tempo	Características espectrais de amplitude e faixa de frequências constantes ao longo do tempo
Grandes modulações de amplitude	Sem modulações de amplitude
Maior variabilidade das medidas	Menor variabilidade e maior repetibilidade das medidas

avaliação do reconhecimento de fala na presença de ruído competitivo, para ser aplicado na rotina clínica. Foram obtidas medidas psicométricas de validade de critério e definidos como valores de referência de normalidade Índices Percentuais de Reconhecimento de Palavras, no ruído a 55 dB A, em relações S/R de +1,47 dB para os monossílabos e de -2,02 dB para os dissílabos, em indivíduos adultos com limiares de audibilidade dentro da normalidade.

Assim sendo, pode-se afirmar que a utilização do ruído na avaliação do reconhecimento de fala deve ser inserida na rotina clínica. Salienta-se que a técnica de avaliação do reconhecimento de fala apenas em ambiente silencioso torna-se ainda menos adequada quando é realizada com a apresentação de testes à viva-voz monitorada, ao invés de padronizados, gravados digitalmente.

EFEITOS PSICOACÚSTICOS DA APRESENTAÇÃO DO RUÍDO

Pesquisas sobre os efeitos psicoacústicos da apresentação do ruído têm sido realizadas na área da eletrofisiologia. O ruído pode ser apresentado de maneira contínua, quando não há intervalos ao longo do tempo, ou pulsátil, quando o ruído apresenta interrupções temporais na sua apresentação. Pode ser ainda modulado em amplitude, quando em sua apresentação há períodos nos quais a intensidade se encontra forte (máxima amplitude) ou fraca (mínima amplitude) ou estável, quando não há variação em sua intensidade.

O ruído pode ser simultâneo, quando apresentado no mesmo tempo do sinal alvo, ou não simultâneo, quando a mensagem competitiva e o sinal alvo não se sobrepõem no tempo. Pode ser contínuo ou aparecer de maneira abrupta (*gated*). No primeiro caso, o ruído é apresentado antes (*forward masking*), durante (*simultaneous masking*) e após a apresentação do som alvo (*backward masking*), acontecendo sem pausas. No aparecimento abrupto (*gated*), o ruído simultâneo aparece no mesmo tempo em que apresentação do som alvo ocorre[17].

Dentre as pesquisas realizadas com o uso do mascaramento, destacam-se: pesquisas com o ***masking release*** – quando o mascaramento de um sinal alvo de fala, na presença de mensagem competitiva, pode ser reduzido através da modulação da amplitude desse ruído (benefício do mascaramento modulado)[18].

Esse fenômeno ocorre devido à redução dos níveis da intensidade do mascaramento no momento da modulação mínima, permitindo que o sistema auditivo se beneficie desses espaços de tempo para melhor captação do sinal alvo, exatamente no momento em que a relação sinal/ruído é aumentada. Ou seja, com um ruído modulado em amplitude, o ouvinte escuta breves porções do sinal da fala alvo quando a intensidade do mascaramento está mais fraca (modulação mínima), e obtém informação suficiente para decodificar o sinal de fala.

O ruído competitivo modulado em amplitude flutua em função do tempo, fazendo-o menos efetivo, quando comparado ao ruído estável. Dessa forma, há um benefício em ouvir um som alvo em presença de um ruído modulado; que pode ser quantificado através da diferença entre os limiares auditivos obtidos com um ruído estável menos os limiares obtidos com ruídos modulados. O conceito de *masking release* engloba o *forward* e *backward masking*.

O ***forward masking*** ocorre quando o ruído mascarante é capaz de dificultar o reconhecimento da fala mesmo após a diminuição de sua intensidade ou o término de sua presença física, levando a uma alteração na percepção da fala subsequente. Isso porque a fibra nervosa auditiva reduz a capacidade de disparo neural causado pelo estímulo subsequente devido à presença de um ruído mascarador que antecede esse estímulo, sendo necessários alguns milissegundos para recuperar sua sensibilidade. A magnitude dessa recuperação depende de diversas características, como o intervalo de tempo entre o som alvo e a mensagem competitiva[19].

O ***backward masking*** refere-se ao mascaramento de um som alvo por uma mensagem competitiva que ocorre milissegundos após o aparecimento do estímulo alvo[20]. Ou seja, fenômeno em que o limiar auditivo de um som é aumentado devido à presença de outro som que o segue. Um som alvo pode ser mascarado por uma mensagem competitiva que apareça até 10 milissegundos após esse som alvo. Novamente, a magnitude desse fenômeno depende do intervalo de tempo entre o som alvo e a mensagem competitiva.

Já o ***spatial release from masking*** é um fenômeno em que a percepção de um som alvo melhora quando a fonte sonora da mensagem competitiva se encontra separada espacialmente da fonte sonora desse som alvo, comparada à condição de fontes sonoras espacialmente próximas[21]. Refere-se à vantagem espacial obtida pelo deslocamento da fonte sonora do ruído relativo ao som alvo, à direita e/ou à esquerda, quando comparada à situação em que a fonte sonora do som alvo é a mesma da fonte sonora da mensagem competitiva.

Em indivíduos com audição normal, situações em que a fonte sonora da mensagem alvo está espacialmente deslocada da mensagem competitiva diminuem os limiares de reconhecimento de fala em até 20 dB, embora a quantidade desse benefício varie dependendo das propriedades do ruído, da idade e da presença de perda auditiva.

CONCLUSÃO

Buscou-se destacar a importância de compreender e gerenciar o ruído para garantir uma avaliação auditiva precisa, além de avaliar o impacto do ruído no processamento da informação acústica, o que é crucial para garantir uma avaliação auditiva precisa e um tratamento eficaz.

É fundamental continuar explorando novas estratégias e tecnologias para minimizar os efeitos adversos do ruído na comunicação, contribuindo significativamente na qualidade de vida dos indivíduos com queixas auditivas.

REFERÊNCIAS BIBLIOGRÁFICAS

1. Haughton P. Acoustics for audiologists. Burlington, MA: Academic Press; 2002.
2. Stach B. The Comprehensive Audiology Dictionary. Lippincott Williams & Wilkins; 1997.
3. American National Standards Institute/Acoustical Society of America (ANSI/ASA). American National Standard Specification for Audiometers. ANSI/ASA 3.6–2010. New York: ANSI/ASA; 2010.
4. Oxenham AJ. Mechanisms and mechanics of auditory masking. The Journal of Physiology. 2013 May;591(10):2375.
5. Recio-Spinoso A, Cooper NP. Masking of sounds by a background noise – cochlear mechanical correlates. The Journal of Physiology. 2013 Apr 5;591(10):2705-21.
6. Konkle DF, Berry GA. Masking in speech audiometry. In Konkle DF, Rintleman WF (eds.). Principles of speech audiometry. Baltimore: University Press; 1983. p. 285-319.
7. Liden G, Nilsson G, Anderson H. Narrow-band masking with white noise. Acta Otolaryngol. 1959;50(2):116-24.
8. Fletcher H. Speech and hearing in communication. 2. ed. D. Van Nostrand; 1953.
9. Taylor B. Using speech-in-noise tests to make better hearing aid selection decisions. 2011. Disponível em: https://www.audiologyonline.com/articles/using-speech-in-noise-tests-832.
10. British Society of Audiology. Practice guidance assessment of speech understanding in noise in adults with hearing difficulties. 2019. Online.
11. McArdle R, Wilson RH. Selecting speech tests to measure auditory function. ASHA Leader. 2008;13(12):5-6.
12. Carhart R, Tillman TW. Interaction of competing speech signals with hearing losses. Arch Otolaryngol. 1970;91:273-9.
13. Fitzgerald MB, Gianakas SP, Qian ZJ, Losorelli S, Swanson AC. Preliminary guidelines for replacing word-recognition in quiet with speech in noise assessment in the routine audiologic test battery. Ear and Hearing [Internet]. 2023 [cited 2023 Dec 5];44(6):1548. Disponível em: https://journals.lww.com/ear-hearing/fulltext/2023/11000/preliminary_guidelines_for_replacing.24.aspx.
14. Mueller HG, Ricketts T, Hornsby BWY. 20Q: Speech-in-Noise Testing – Too useful to be ignored! November 6, 2023. Disponível em: https://www.audiologyonline.com/articles/20q-speech-in-noise-testing-28760.
15. Cooke M. A glimpsing model of speech perception in noise. The Journal of the Acoustical Society of America. 2006;119.3:1562-73.
16. Costa DL, Vaucher AVA, Pagliarin KC, Costa MJ. Teste de palavras no ruído: desenvolvimento, validação e valores de referência. CoDAS. 2024;36(3):e20230091.
17. Gelfand SA. Hearing. 6. ed. Boca Raton: CRC Press; 2017.
18. Rocha MFB, Menezes DC, Duarte DSB, Griz SMS, Frizzo ACF, Menezes P de L, et al. Masking release in cortical auditory evoked potentials with speech stimulus. CoDAS. 2023;35(1).
19. Grose JH, Menezes DC, Porter HL, Griz S. Masking period patterns and forward masking for speech-shaped noise. Ear and Hearing. 2016;37(1):48-54.
20. Porter HL, Spitzer ER, Buss E, Leibold LJ, Grose JH. Forward and backward masking of consonants in school-age children and adults. J Speech Lang Hear Res. 2018 Jul 13 [cited 2023 Oct 23];61(7):1807-14. Disponível em: https://pubmed.ncbi.nlm.nih.gov/29971342/
21. Culling JF, Lavandier M. Desmascaramento binaural e liberação espacial do mascaramento. Manual Springer de Pesquisa Auditiva; 2021. p. 209-41.

REFERÊNCIAS COMPLEMENTARES

22. Billings CJ, Olsen TM, Charney L, Madsen BM, Holmes CE. Speech-in-noise testing: an introduction for audiologists. Semin Hear. 2023;11;45(1):55-82.
23. Chien W, Lin F. Prevalence of hearing-aid use among older adults in the United States. Archives of Internal Medicine. 2012;172:3:292-3.
24. Clark JL. Live voice speech recognition audiometry – stop the madness. Audiology Today. 2008;20(1):32-3.
25. Costa LD, Costa MJ. Teste de palavras no ruído: confiabilidade no teste-reteste em adultos normo-ouvintes. CODAS, no prelo.
26. Costa LD, Vaucher AVA, Costa MJ. The word-with-noise test: test-retest reliability in normal-hearing adults. CODAS, no prelo.
27. Costa MJ, et al. Development of speech-spectrum noise. Acta Awho. 1998;17(2):84-9.
28. Hennig TR. Teste para a pesquisa do limiar de reconhecimento de fala: desenvolvimentos e estudos psicométricos. Tese (Doutorado em Distúrbios da Comunicação Humana). Santa Maria, RS: Universidade Federal de Santa Maria; 2017.
29. Hennig TR, Vaucher AVA, Costa MJ. Development and validation of lists of disyllabic words for speech audiometry testing. Audiol Commun Res. 2018. Disponível em: https://doi.org/10.1590/2317-6431-2017-1915.
30. Hygge S, Rönnberg J, Larsby B, Arlinger S. Normal-hearing and hearing-impaired subjects' ability to just follow conversation in competing speech, reversed speech, and noise backgrounds. J Speech Hear Res. 1992;35:208-15.
31. Kochkin S. Why my hearing aids are in the drawer: The consumer' perspective. The Hearing Journal. 2000;53(2):34-42.
32. Kujawa S. 20Q: Cochlear synaptopathy – interrupting communication from ear to brain. AudiologyOnline, 2017. Disponível em: https://www.audiologyonline.com/articles/20q-cochlear-synaptopathy-interrupting-communication-20946.

33. McArdle R, Wilson RH. Selecting speech tests to measure auditory function. ASHA Leader. 2008;13(12):5-6.
34. McCormack A, Fortnum H. Why do people fitted with hearing aids not wear them? International Journal of Audiology. 2013;52:5:360-8.
35. Miller GA, Licklider JCR. The intelligibility of interrupted speech. J Acoust Soc Am. 1950;22:167-73.
36. Mueller HG, Ricketts T, Bentler R. Modern hearing aids: pre-fitting testing and selection considerations. San Diego: Plural Publishing; 2014.
37. Pen MG, Mangabeira-Albernaz PL. Logoaudiometria. In: Pereira LD, Schochat E (eds.). Processamento auditivo central: manual de avaliação. São Paulo: Lovise; 1997. p. 37-42.
38. Pereira LD, Schochat E. Testes auditivos comportamentais: testes monóticos. In: Pereira LD, Schochat E. Testes auditivos comportamentais para avaliação do processamento auditivo central. Barueri, SP: Pró-Fono; 2011. p. 7-9.
39. Pereira LD, Fukuda Y. Audiometria verbal: teste de discriminação vocal com ruído. In: Behlau M. Fonoaudiologia hoje. São Paulo: Lovise; 1995. p. 265-6.
40. Ricketts T, Bentler R, Mueller HG. Essentials of modern hearing aids. San Diego: Plural Publishing; 2019.
41. Roeser RJ, Clark JL. Live voice speech recognition audiometry – stop the madness!. Audiology Today. 2008;20(1):32.
42. Smits C, Kapteyn TS, Houtgast T. Development and validation of an automatic speech-in-noise screening test by telephone. Int J Audiol. 2004;43(1):15-28.
43. Souza PE, Turner CW. Masking of speech in young and elderly listeners with hearing loss. J Speech Hear Res. 1994;37:655-61.
44. Taylor B. Speech-in-noise tests: how and why to include them in your basic test battery. The Hearing Journal. 2003;56(1):40-3.
45. Taylor B. using speech-in-noise tests to make better hearing aid selection decisions. AudiologyOnline. 2011. Disponível em: http://www.audiologyonline.com/articles/using-speech--in-noise-tests-832.
46. Vaucher AVA, et al. Lists of monosyllables for logoaudiometric tests: elaboration, content validation and search for equivalence. CoDAS. 2022;34(3):1-9.
47. Vaucher AVA, et al. Lists of monosyllables for speech audiometry testing: construct validity. Audiology Communication Research. 2017. Disponível em: https://doi.org/10.1590/2317-6431-2016-1729.
48. Vaucher AVA. Construção e validação de listas de monossílabos para a realização do índice percentual de reconhecimento de fala. Tese (Doutorado em Distúrbios da Comunicação Humana). Santa Maria, RS: Universidade Federal de Santa Maria; 2016.
49. Wilson RH, McArdle R, Betancourt MB, Herring K, Lipton T, Chisolm TH. Word-recognition performance in interrupted noise by young listeners with normal hearing and older listeners with hearing loss. J Am Acad Audiol. 2010;Feb;21(2):90-109.
50. Wilson RH, Strouse AL. Audiometria com estímulos de fala. In: Musiek FE, Rintelmann WS (eds.). Perspectivas atuais em avaliação auditiva. São Paulo: Manole; 2001. p. 21-62.
51. Wilson RH. Clinical experience with the words-in-noise test on 3430 veterans: comparisons with pure-tone thresholds and word recognition in quiet. J Am Acad Audiol. 2011 Jul--Aug;22(7):405-23.
52. Wilson RH. Development of a speech-in-multitalker-babble paradigm to assess word-recognition performance. J Am Acad Audiol. 2003;14(9):453-70.

9

Procedimentos fisiológicos na avaliação da audição

Alessandra Spada Durante
Ana Paula Bruner
Seisse Gabriela Sanches
Renata Mota Mamede Carvallo

PONTOS-CHAVE

- A timpanometria e a pesquisa dos reflexos acústicos são os dois principais testes das medidas de imitância acústica, que permitem a avaliação das condições da orelha média e a identificação de suas possíveis alterações, contribuindo para o diagnóstico de perdas auditivas periféricas.
- As emissões otoacústicas são sons gerados na cóclea pela motilidade das células ciliadas externas. Seu registro tem se mostrado um método rápido e objetivo de investigação das alterações da fisiologia coclear.

OBJETIVOS DE APRENDIZAGEM

Ao final deste capítulo, o leitor deverá ser capaz de:

- Reconhecer e descrever as curvas timpanométricas e suas interpretações clínicas.
- Interpretar os padrões de reflexo acústico (ipsilaterais e contralaterais), bem como as medidas do recrutamento objetivo de Metz e do declínio do reflexo acústico.
- Descrever as medidas de emissões otoacústicas por transiente e emissões otoacústicas produto de distorção.
- Relatar a presença ou a ausência das emissões otoacústicas de acordo com padrões de normalidade.

INTRODUÇÃO

Neste capítulo, são apresentadas as medidas fisiológicas na avaliação da audição, que incluem a imitância acústica e as emissões otoacústicas, como procedimentos usualmente adotados na prática clínica em todas as faixas etárias.

Na primeira parte, são abordadas as medidas de imitância acústica – timpanometria e reflexos acústicos –, procedimentos considerados objetivos, seguros e não invasivos, que compõem o conjunto de testes da avaliação audiológica básica, fornecendo informações sobre a transmissão de sinais acústicos pelas estruturas do sistema auditivo periférico. Em seguida, são destacadas as medidas de emissões otoacústicas – por transiente, produto de distorção e o reflexo olivococlear medial – que fazem parte da investigação complementar da saúde auditiva e permitem compreender aspectos anatômicos e funcionais da fisiologia coclear.

MEDIDAS DE IMITÂNCIA ACÚSTICA

As medidas de imitância acústica avaliam a mobilidade do sistema tímpano-ossicular e fornecem informações sobre aspectos que podem afetar esa condição, como pressão aérea e presença de fluidos na cavidade timpânica. Imitância acústica é um termo utilizado para englobar os conceitos de impedância acústica –

que representa a dificuldade encontrada pela energia sonora ao se propagar pela orelha média (oposição ao fluxo de energia) – e admitância acústica – que representa a facilidade de propagação (fluxo de energia) através da orelha média. A **timpanometria** e a **pesquisa dos reflexos acústicos** são os dois principais testes da imitância acústica[1].

As **aplicações clínicas** mais importantes dos testes de imitância acústica envolvem avaliar as condições da orelha média e identificar suas possíveis alterações, contribuindo para o topodiagnóstico de perdas auditivas periféricas e auxiliando a conduta clínica.

Timpanometria

A timpanometria é definida como uma medida dinâmica da imitância acústica em função de mudanças na pressão do ar no meato acústico externo[1].

A sonda imitanciométrica, posicionada no meato externo e vedada por meio de uma oliva de silicone, contém um alto-falante (que libera uma energia acústica) e um microfone (que capta a energia refletida). O estímulo de sonda calibrado pode ser de tons puros ou cliques de banda larga, mas o uso de um tom em 226 Hertz (Hz) é o mais comum em exames clínicos. O imitanciômetro monitora a quantidade de energia captada, permitindo inferir o volume da cavidade vedada. Variações na pressão de ar através da sonda no meato acústico externo alteram a mobilidade e a absorção da energia acústica pela membrana timpânica e cadeia ossicular[2].

As medidas de interesse clínico são: **volume equivalente do meato acústico externo, pico de pressão timpanométrica (PPT)** e **pico de admitância compensada na altura da membrana timpânica (Ymt)**[1-3] (Figura 1).

Na timpanometria, há uma variação da pressão de ar – de positiva (200 *decaPascals* – daPa) a negativa (pelo menos -400 daPa) – que deve ocorrer com taxa de variação de 600 daPa por segundo[2]. À medida que a pressão do ar é aumentada ou diminuída no meato acústico externo, a pressão sonora que flui para a orelha média reduz e uma quantidade maior dessa energia permanecerá na cavidade. No microfone da sonda, isso é captado como um aumento no nível de pressão sonora. O equipamento faz a estimativa da admitância

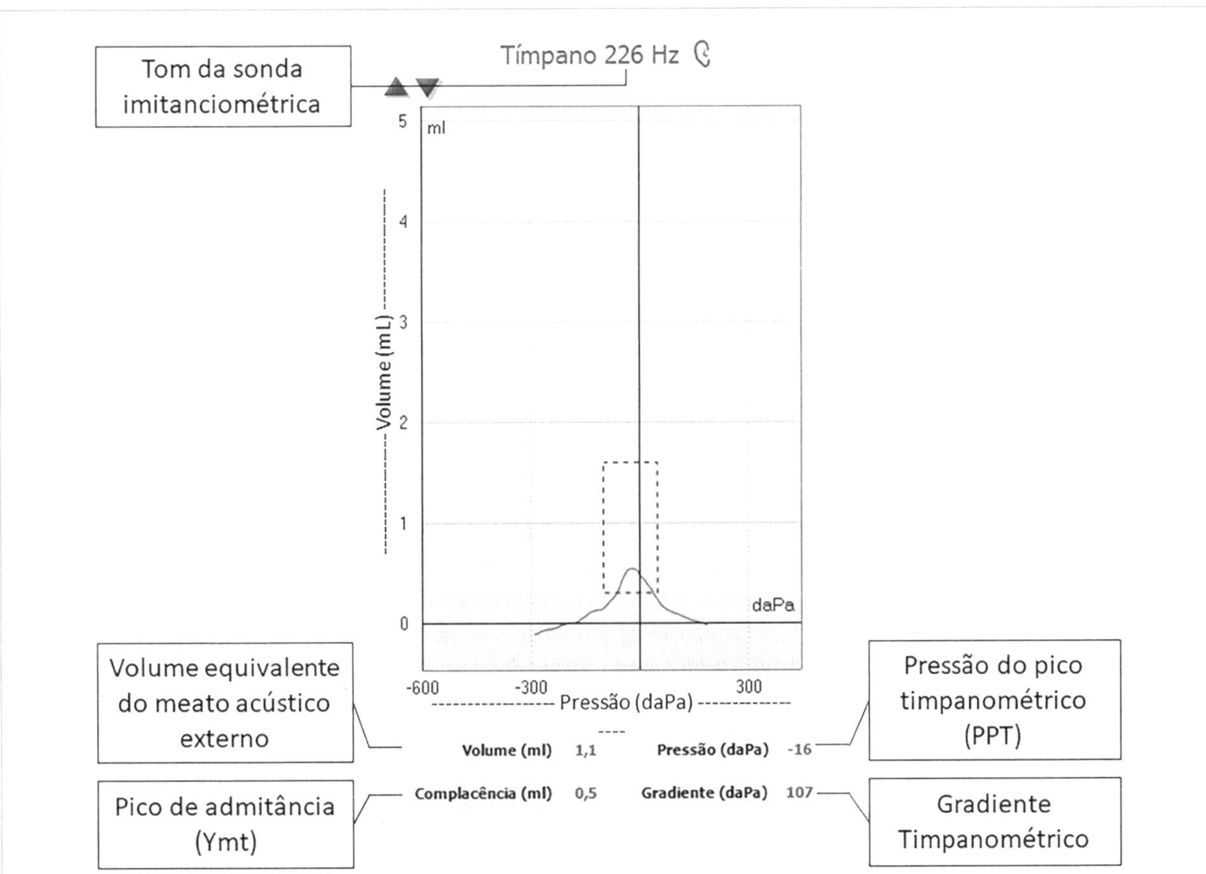

FIGURA 1 Exemplo de timpanograma obtido com sonda de tom em 226 Hz no equipamento Titan.
Fonte: cortesia Interacoustics.

acústica do sistema tímpano-ossicular – por meio da comparação dos volumes obtidos que se referem à orelha externa e à orelha média – conforme há mudanças na mobilidade em função da variação da pressão[1-4].

Quando a pressão de ar no meato acústico externo é máxima (200 daPa), a medida obtida se refere principalmente à cavidade da orelha externa, pois a admitância da orelha média torna-se muito reduzida devido ao enrijecimento das estruturas do sistema tímpano-ossicular. O **volume equivalente da orelha externa** é, portanto, uma estimativa do volume de ar medial entre a ponta da sonda imitanciométrica e a membrana timpânica[2-4]. Em adultos, essa medida varia de 0,6 a 2,2 mililitros (mL) com sonda de tom em 226 Hz. Em crianças, varia de 0,3 a 1,3 mL[2].

O volume equivalente da orelha externa é uma medida que deve ser sempre observada durante a timpanometria, pois um volume muito elevado pode ser encontrado em caso de perfuração da membrana timpânica. Por outro lado, um volume muito baixo pode ocorrer por oclusão ou direcionamento inadequado da ponta da sonda imitanciométrica (devendo ser feita recolocação da sonda ou troca da oliva de vedação para solucionar o problema) ou por obstrução do meato acústico externo (como na presença de rolha de cerúmen ou corpo estranho)[2]. Logo, se o volume equivalente de orelha externa não estiver adequado, recomenda-se que os resultados obtidos na timpanometria sejam analisados com cautela. A otoscopia prévia é essencial e podem ser solicitadas avaliação e conduta otorrinolaringológica sempre que houver necessidade (em alguns casos, anterior à conclusão do exame audiológico).

A medida **Ymt** se refere à quantidade de energia acústica absorvida pelo sistema tímpano-ossicular em função da variação da pressão de ar no meato acústico externo. Seu valor máximo é representado no ponto mais elevado do eixo vertical do timpanograma (representando a maior admitância acústica) e ocorrerá no ponto de equivalência de pressão entre orelha externa e orelha média – chamado **PPT**. A medida PPT, observada no eixo horizontal do timpanograma, no ponto em que o pico de admitância for obtido, é utilizada para estimar a pressão de ar da orelha média[2-5] (Figura 1). As medidas Ymt e PPT são importantes na classificação dos timpanogramas (Figura 2)[3,4]. A medida PPT deve ser considerada também durante a pesquisa dos reflexos acústicos.

Classificação de timpanogramas

Jerger (1970; 1972)[1,4] propôs um sistema de classificação qualitativa baseado em formatos de timpanogramas, analisando altura timpanométrica e PPT. Com

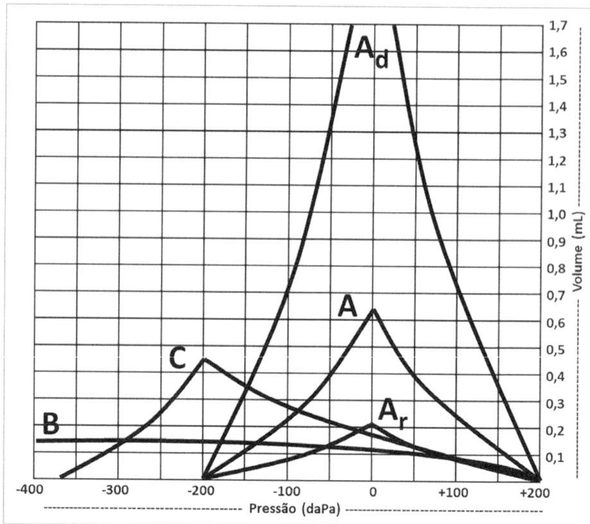

FIGURA 2 Exemplo de timpanogramas A, B, C, Ar (ou As) e Ad, de acordo com a classificação de Jerger (1972)[1,4].
Fonte: elaboração das autoras.

tom de sonda em 226 Hz, os timpanogramas são classificados como:

- **Tipo A**: que apresenta PPT entre +50 e -100 daPa e altura timpanométrica entre 0,3 e 1,6 mL (sugerindo mobilidade adequada do sistema tímpano-ossicular).
- **Tipo B ou plano**: que não apresenta pico timpanométrico (ocorre comumente em casos de **otite média)**.
- **Tipo** C: com PPT < -100 daPa (sua ocorrência está relacionada à pressão negativa na orelha média, geralmente por disfunção da tuba auditiva).

Com o PPT entre +50 e -100 daPa, o Ymt menor que 0,3 mL, em adultos, caracteriza o timpanograma **tipo Ar ou As** (que muitas vezes está relacionado à rigidez do sistema tímpano-ossicular e doenças decorrentes desta, como, por exemplo, a otosclerose); e o Ymt superior a 1,7 mL define o timpanograma como **tipo Ad** (relacionado à flacidez da membrana timpânica ou disjunção de cadeia ossicular e doenças similares)[3-5] (Figura 2).

Para crianças de seis meses a seis anos de idade, o limite inferior da Ymt de 0,2 mL é aceitável. Pressões levemente negativas, até -150 daPa, são consideradas comuns em crianças e podem ocorrer mesmo na ausência de alterações condutivas[2,3].

Timpanogramas do tipo B (ou planos) também podem ser obtidos em casos de acúmulo de cerúmen no meato acústico externo, obstrução da sonda imitanciométrica ou perfuração da membrana timpânica, por exemplo. No entanto, conforme mencionado anteriormente, a medida do volume equivalente de orelha externa é um bom parâmetro para auxiliar a conduta clínica[2].

Mais recentemente, duas outras medidas têm sido utilizadas para auxiliar a classificação de timpanogramas com formato atípico, como em casos de pico timpanométrico "arredondado". Para estabelecer a distinção entre uma curva plana e uma curva de amplitude baixa com PPT definido, o gradiente timpanométrico e a largura timpanométrica são medidas quantitativas que podem contribuir com informações adicionais para a descrição do timpanograma obtido. Ambas as medidas fornecem um índice da forma do timpanograma nas proximidades do ponto Ymt.

Existem vários métodos para calcular o **gradiente timpanométrico***. O mais comum, para descrever a forma e a tendência da inclinação do timpanograma na região próxima ao PPT, se baseia no cálculo da diferença entre a admitância acústica no pico de pressão e a média dos valores obtidos no intervalo de +50 e -50 daPa para cada lado desse ponto de maior amplitude. Logo, quanto maior o gradiente, mais nítido e estreito é o timpanograma. Já em casos de efusão de orelha média, estará reduzido[3,5,6].

No entanto, essa medida do gradiente timpanométrico pode ser imprecisa na diferenciação entre exames normais e alterados[6], uma vez que está altamente correlacionada com a admitância estática, sendo redundante com a medida Ymt[3,5].

Já a **largura timpanométrica**, outro método de cálculo do gradiente – expresso em daPa –, tem sido apontada como preferencial. Trata-se de um cálculo simples que corresponde ao intervalo do timpanograma no eixo horizontal (em daPa) na metade da altura do pico de admitância, podendo ser obtido mesmo que o equipamento não forneça essa medida automaticamente[3,5]. Valores menores de 200 daPa podem ser considerados normais*. Em casos de efusão de orelha média, a largura timpanométrica estará aumentada[3,6].

Timpanometria com diferentes frequências de sonda

Existem diferenças anatômicas e funcionais nas orelhas externa e média quando se comparam crianças e adultos, que devem ser consideradas em critérios normativos. Em neonatos e lactentes, a timpanometria com tom de sonda em 226 Hz pode não fornecer informações diagnósticas precisas: podem ser encontrados timpanogramas do tipo A mesmo em casos de alterações de orelha média, ou timpanogramas com padrões em forma de M ou entalhe (traçado de duplo pico). Assim, para as medidas de imitância acústica em neonatos e lactentes até seis meses, sugere-se o uso de sondas com frequências altas, como 1.000 Hz, que aumenta a confiabilidade na avaliação do estado da orelha média. Nesse caso, a unidade de medida do Ymt é o milimho (mmho)[2,3,7-9].

Embora não haja um consenso sobre o sistema de classificação da timpanometria com tom de 1.000 Hz, sua sensibilidade na identificação correta de disfunções de orelha média em lactentes aumenta quando se utiliza a técnica de classificação visual de formas de timpanogramas como normal ou alterado[2,9] (Figura 3).

Timpanometria multifrequencial e medidas de imitância acústica de banda larga – MIABL

Com os avanços tecnológicos, tornou-se possível a realização das medidas de imitância acústica a partir da apresentação de não apenas um único tom de sonda, mas de um som de ampla faixa de frequências.

A timpanometria multifrequencial tem a capacidade de identificar mudanças e fornecer informações sobre o modo como os componentes da admitância (isto é, condutância, reatância de massa e reatância de rigidez) mudam em função da frequência da sonda – geralmente de 226 a 2.000 Hz, enquanto a pressão do meato acústico externo varia de +200 a -300 daPa[3,7,10,11].

As medidas de imitância acústica de banda larga (MIABL) utilizam estímulos de amplo espectro, como cliques, geralmente de 226 a 8.000 Hz, para realizar uma variedade de medições acústicas e fornecer uma perspectiva sobre a transmissão de energia na orelha média em todas as faixas de frequências importantes para a audição humana, com redução dos efeitos de medida do meato acústico externo[3]. Quantifica-se a **absorvância** – que se refere à energia acústica absorvida – ou a **reflectância** – que se refere à energia refletida pelo sistema tímpano-ossicular – em cada frequência. Tipicamente, espera-se maior reflectância para sons graves e maior absorvância para frequências relacionadas aos sons de fala, auxiliando a escuta em ambientes ruidosos[3,7,10,11] (Figura 4).

Com a timpanometria multifrequencial e com as MIABL, é possível identificar padrões típicos de reflectância ou absorvância (a depender do equipamento utilizado) em um amplo espectro de frequências, potencializando a identificação de doenças da orelha média, sobretudo quando a timpanometria convencional não aponta dados suficientemente precisos para diferenciar orelhas com e sem alterações[10,11].

Outro aspecto importante é a determinação da frequência de ressonância da orelha média, auxiliando no diagnóstico de alterações condutivas, uma vez que o

* Consultar as especificações técnicas do equipamento utilizado.

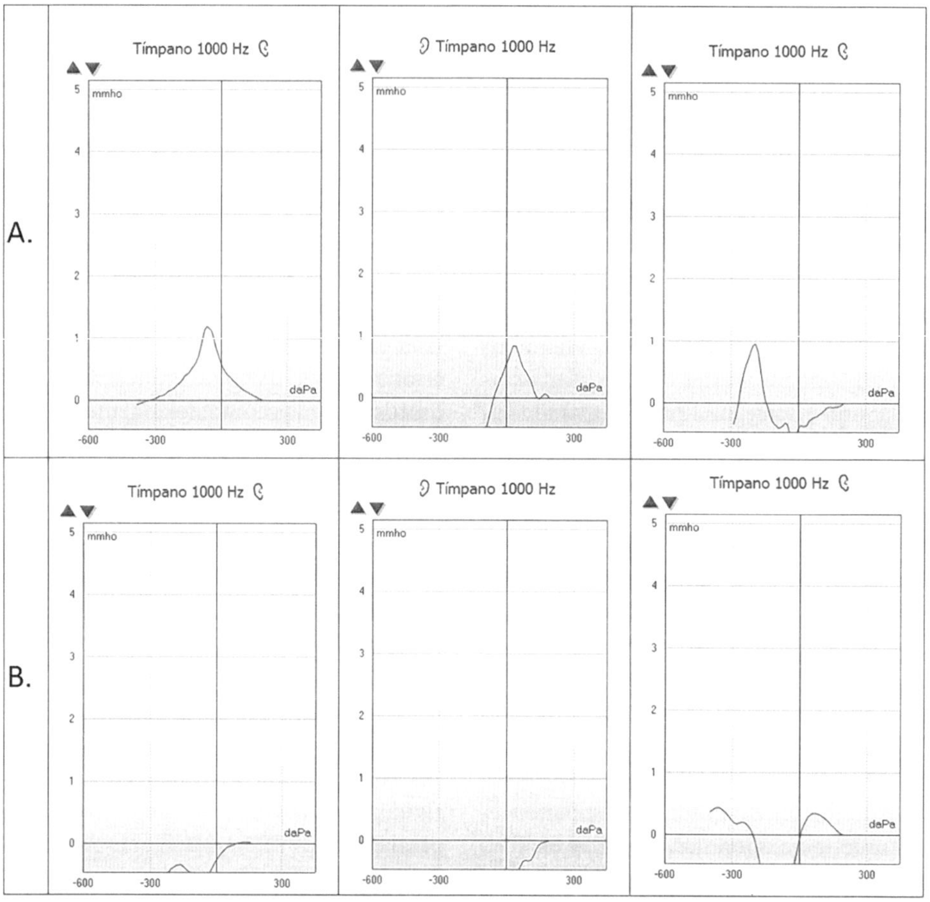

FIGURA 3 Registros de timpanogramas obtidos com tom de sonda em 1.000 Hz, por meio do equipamento Titan, em orelhas de recém-nascidos e lactentes até seis meses de idade. No painel superior (A): exemplos de timpanogramas considerados normais. No painel inferior (B): exemplos considerados anormais.

Fonte: cortesia Interacoustics.

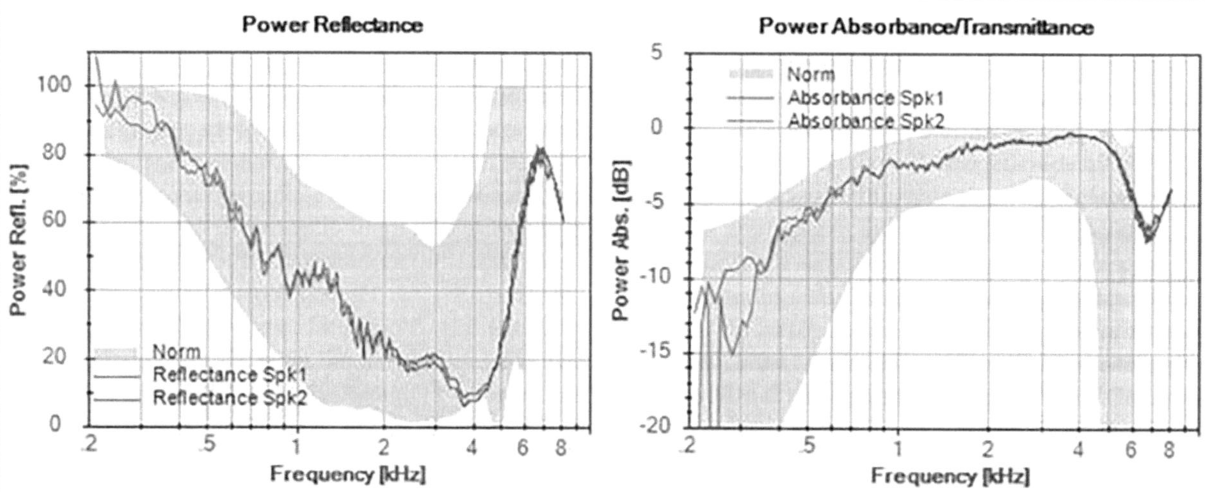

FIGURA 4 Exemplo de curvas de reflectância (à esquerda) e absorvância (à direita) obtidas com o equipamento OtoStat.

Fonte: cortesia Mimosa Acoustic.

aumento dos efeitos de massa e/ou rigidez pode alterar as características de transmissão da energia em cada frequência[3,7,8]. Embora haja uma grande variabilidade, em geral, a frequência de ressonância da orelha média no adulto é maior, em torno de 1.000 Hz, enquanto em recém-nascidos e lactentes até por volta de seis meses é menor, sendo encontrada em torno de 250 a 450 Hz[3,7,8,10,11].

Reflexos acústicos

O **reflexo acústico** ocorre com a contração involuntária de músculos da orelha média em resposta a um estímulo sonoro de forte intensidade e é considerado um elemento essencial para realizar verificação cruzada com testes auditivos comportamentais e possibilitar diagnósticos diferenciais[5,12].

Quando o músculo tensor do tímpano se contrai, o tendão traciona o martelo anterior e medialmente, o que enrijece a membrana timpânica e a cadeia ossicular. Esse músculo, inervado pelo nervo trigêmeo, pode contrair-se em resposta à estimulação tátil ou como resposta a sons inesperados e fortes, porém, apresenta pouca contribuição para o reflexo acústico pesquisado clinicamente. Já o músculo estapédio, o menor músculo esquelético do corpo humano, inervado pelo nervo facial, ao se contrair, traciona a cabeça do estribo posteriormente em direção ao corpo muscular, o que causa um aumento da rigidez da cadeia ossicular e da membrana timpânica. Esse é o principal agente do reflexo acústico[12]. Por esse motivo, o reflexo acústico também é conhecido como **reflexo do músculo do estribo** ou **reflexo estapediano**.

O limiar do reflexo acústico deve ser pesquisado no PPT, ou seja, no ponto de equivalência de pressão obtido na timpanometria. A medida a ser registrada é o menor nível de intensidade no qual foi eliciado, para cada frequência de estímulo e para cada orelha, sendo observado aumento de volume de no mínimo 0,02 mL (que indica mudança na reflectância pela ação do reflexo). Um aumento de 5 dB na intensidade do tom pode ser utilizado para confirmar a presença do reflexo acústico[2,4].

Quando um estímulo sonoro de forte intensidade atinge a cóclea, impulsos neurais ascendem pelo nervo coclear até atingirem o núcleo coclear ventral ipsilateral. A partir desta etapa, uma parte dos impulsos responsáveis pelo arco reflexo é direcionada ao núcleo do nervo facial ipsilateral, enquanto outra parte segue para o complexo olivar superior medial ipsilateral e, em seguida, contralateral, até que acione o núcleo motor facial contralateral. Logo, a resposta eferente é transmitida pelo nervo facial de ambos os lados, provocando a contração do músculo estapédio em ambas as orelhas (Figuras 5 e 6). A contração do estapédio diminuirá a energia de vibração do estribo na janela oval e movimentará toda a cadeia ossicular até provocar um enrijecimento da membrana timpânica. Consequentemente, o equipamento possibilita analisar a quantidade de energia refletida pelo sistema tímpano-ossicular, indicando uma mudança acentuada em sua impedância pela ocorrência do reflexo[5,12].

Geralmente presente na maioria dos indivíduos com audição normal, o reflexo acústico pode ser captado no modo ipsilateral – quando o estímulo acústico é apresentado do mesmo lado em que está a sonda imitanciométrica (Figura 5) – ou no modo contralateral – quando é detectado do lado oposto à orelha que recebeu o sinal (Figura 6).

Em casos de alteração da orelha média, a captação do reflexo acústico deverá estar prejudicada. Mesmo que o estímulo tenha sido apresentado a uma orelha sem alteração auditiva (aferência), o reflexo acústico contralateral poderá estar ausente se houver prejuízo na eferência (isto é, se condições da orelha média do lado oposto estiverem inadequadas). Dessa forma, para que o reflexo acústico seja detectado, é necessário que a orelha que recebeu o sinal (via aferente) tenha audibilidade preservada, de forma a enviar ao tronco encefálico impulsos neurais que indicarão que o estímulo sonoro foi percebido como sendo de forte intensidade. Ao mesmo tempo, a orelha na qual o reflexo acústico será captado (via eferente) precisa ter mobilidade adequada do sistema tímpano-ossicular, o que não ocorre em alterações condutivas. De um modo geral, no reflexo acústico ipsilateral, aferência e eferência pertencem à mesma orelha (Figura 5). Na pesquisa contralateral, a presença do reflexo também dependerá da via eferente, que corresponde ao lado oposto da via auditiva estimulada[5] (Figura 6).

O limiar do reflexo acústico deve ser investigado nas frequências de 500, 1.000, 2.000 e 4.000 Hz, podendo também ser incluída a pesquisa com ruído branco, nas intensidades entre 70 e 120 *deciBels* nível de audição (dB NA)**. O limiar do reflexo acústico contralateral com sonda de tom em 226 Hz costuma ser encontrado na maioria dos indivíduos com audição normal, entre 70 e 100 dB nível de sensação (dB NS), isto é, acima do limiar tonal por condução aérea na frequência de teste[2,4,5,12].

É esperado que o reflexo acústico esteja ausente nos casos de aferência bastante prejudicada, como em perdas auditivas sensorioneurais severas e profundas,

** Recomenda-se cautela na apresentação de estímulos a partir de 100 dB NA.

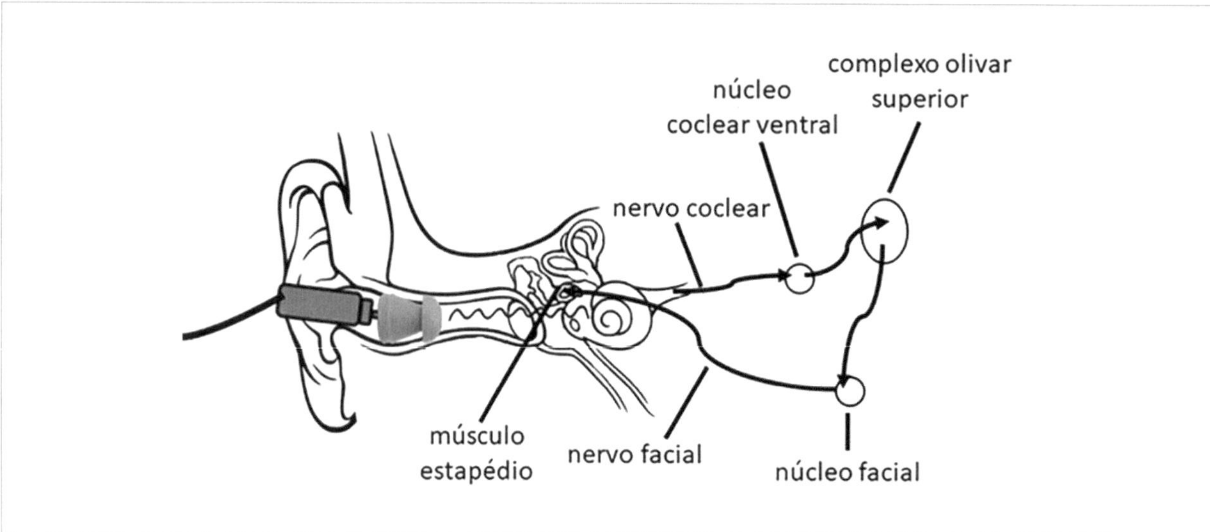

FIGURA 5 Ilustração do reflexo acústico ipsilateral, com estímulo acústico apresentado à orelha direita e resposta eferente captada na mesma orelha.
Fonte: elaboração das autoras.

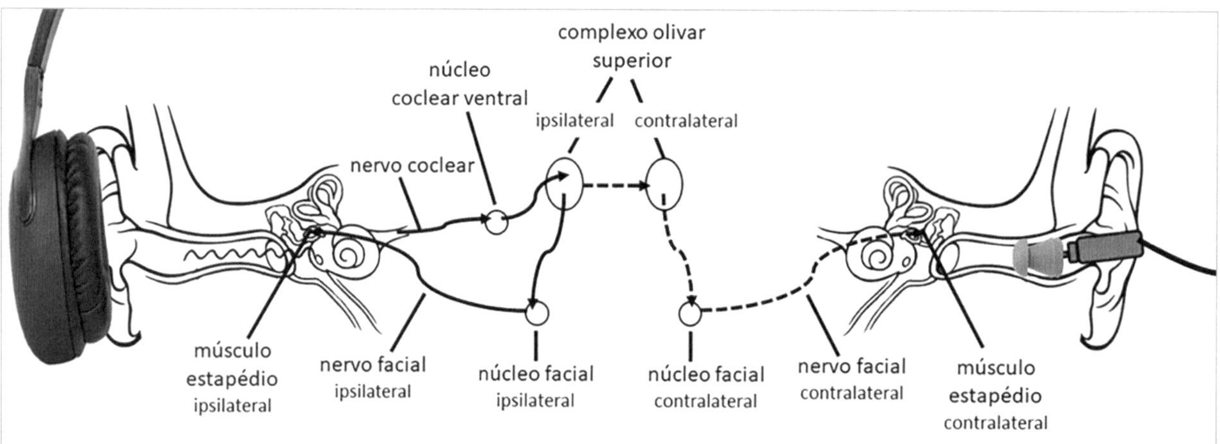

FIGURA 6 Ilustração do reflexo acústico contralateral, com estímulo acústico apresentado à orelha direita e resposta eferente captada na orelha esquerda.
Fonte: elaboração das autoras.

por exemplo. Em alterações cocleares de grau leve ou moderado, o reflexo acústico poderá ser observado em níveis de sensação menores, devido à presença do **recrutamento** auditivo (descrito a seguir). Em alterações retrococleares mais leves, o reflexo poderá estar ausente ou não[3,5,12].

A pesquisa do reflexo acústico também pode contribuir com o topodiagnóstico das paralisias faciais periféricas. Mesmo sem perda auditiva ou alterações de orelha média, o comprometimento do nervo facial em sua porção supraestapediana pode levar à alteração ou ausência do reflexo acústico no mesmo lado da paralisia. Entretanto, o comprometimento do nervo facial em sua porção infraestapediana não deve interferir na captação do reflexo acústico[5,12].

Atualmente, o reflexo acústico também tem sido utilizado na avaliação do implante coclear para verificar a função do dispositivo e definir níveis mínimos ou máximos de estimulação em pacientes que não conseguem responder aos limiares tonais de forma consistente[5,12].

Pesquisa do recrutamento objetivo de Metz

O **recrutamento** é a sensação de distorção de intensidade e pode ser definido como um aumento anormal de *loudness* para estímulos supraliminares. Em 1952, Metz relatou que os níveis de intensidade para obtenção de reflexos acústicos eram semelhantes entre orelhas com audição normal e orelhas com perda auditiva de grau leve a moderado presumivelmente decorrente de lesão coclear[1,4,12].

Em perdas auditivas sensorioneurais, o fenômeno de recrutamento pode ser observado quando a diferença entre o limiar tonal por via aérea e o limiar do reflexo contralateral, na mesma frequência, for de 60 dB ou menos[1,2]. É importante observar que a pesquisa do recrutamento deve ser realizada após a detecção do reflexo acústico contralateral e se refere à aferência, ou seja, à orelha que recebeu o estímulo tonal.

Declínio (ou *decay*) do reflexo acústico

A **pesquisa do declínio (ou *decay*) do reflexo acústico** é realizada com intuito de identificar a presença de adaptação patológica, um fenômeno sugestivo de alteração retrococlear, evidenciado pela incapacidade do músculo estapédio em manter a sua contração completa (amplitude) em toda a duração do sinal do estímulo. No entanto, essa interrupção da contração muscular geralmente não se deve a um prejuízo da via neural eferente, mas a uma falha na continuidade da transmissão neural do estímulo sonoro pela via aferente[2,12].

Após a detecção do reflexo acústico contralateral, um tom puro com duração de 10 segundos é apresentado em intensidade 10 dB acima do limiar do reflexo, nas frequências de 500 e 1.000 Hz. O registro da contração dos músculos da orelha média deve se sustentar na máxima amplitude de volume, ou próximo dela, ao longo de toda a duração do estímulo. A adaptação patológica será observada se houver um declínio da contração maior que 50% nos primeiros cinco segundos[12].

EMISSÕES OTOACÚSTICAS (EOA)

As emissões otoacústicas (EOA) são sons de fraca intensidade, gerados na cóclea, decorrentes da motilidade das células ciliadas externas (CCE) e de uma combinação de mecanismos de amplificação na segunda etapa da fisiologia coclear – transdução eletromecânica nas CCE – conferindo um ganho de até 50 dB ao estímulo sonoro de fraca intensidade. Essa energia acústica gerada na orelha interna, no órgão de Corti, como um subproduto do amplificador coclear, é transmitida através da orelha média e provoca movimentos extremamente sutis da membrana timpânica, que são captados por meio de um microfone altamente sensível posicionado na orelha externa[13,14]. Sendo assim, é necessária integridade da orelha externa e da orelha média para que possam ser registradas de forma apropriada.

A sonda acústica, inserida no meato acústico externo, fixada por uma oliva de silicone que faz a vedação da cavidade, é composta de uma fonte sonora (que emite estímulos acústicos) e um microfone em miniatura (que capta os sinais vibratórios da membrana timpânica)[14-16].

Desde suas primeiras publicações[12], essas medidas de EOA têm se mostrado um método rápido e objetivo de investigação das alterações da fisiologia coclear, muito utilizado como teste complementar ao diagnóstico audiológico cruzado (*cross-check*).

As principais aplicações clínicas das EOA são:

1. Triagens auditivas (especialmente a neonatal).
2. Contribuição no diagnóstico diferencial entre perdas auditivas (incluindo a identificação das neuropatias e das perdas auditivas funcionais).
3. Monitoramento da exposição a agentes agressores à cóclea (como níveis de pressão sonora elevados e ototóxicos).
4. Avaliação diagnóstica da função coclear (incluindo pacientes não cooperativos ou que não possuem condições de responder à audiometria tonal convencional)[14,16].

Tipos de EOA

As EOA são uma evidência de que a cóclea não somente atua como um detector passivo de som, mas também pode produzir sons em si, manifestando um processo mecânico ativo[14] (Dhar, Hall, 2018). Podem ocorrer de forma contínua e espontânea, sem estímulos externos, sendo conhecidas como **EOA espontâneas**, ou podem ser eliciadas em resposta a estímulos acústicos prévios à sua mensuração, chamadas de **EOA evocadas**[13-16].

As EOA evocadas são conhecidas como: emissões otoacústicas por transiente (EOAT), emissões otoacústicas por estímulo de frequência (EOAEF) e emissões otoacústicas produto de distorção (EAOPD). Na prática clínica, as EOA comumente utilizadas são EOAT e EOAPD.

Em muitas teorias atuais, essa classificação tem sido revista, considerando os mecanismos de geração de EOA pelas CCE. Consideram-se os principais componentes: **distorção não linear** e **reflexão linear**. Acredita-se que as emissões de fonte de reflexão são o principal modelo de geração das EOAT e das EOAEF, decorrentes de irregularidades micromecânicas fixas, distribuídas ao longo da cóclea, e da propagação reversa da onda viajante. Por outro lado, as emissões de fontes de distorção, principal modelo de geração para as EOAPD, são geradas por não linearidades cocleares associadas à transdução das CCE. Contudo, ambos os mecanismos – reflexão coerente linear e distorção não linear – são envolvidos na geração de todas as EOA evocadas[14-17].

Emissões otoacústicas evocadas por estímulo transiente (EOAT)

As EOAT são registradas imediatamente após a apresentação de sons breves como cliques de banda larga (1.000 a 5.000 Hz) ou *tone bursts*. A sonda acústica inserida no meato acústico externo emite estímulos em torno de 84 dB nível de pressão sonora pico equivalente (NPS p.eq). Uma resposta robusta será evocada em indivíduos com limiares auditivos melhores ou iguais a 15 dB NA, sendo ausentes em frequências nas quais os limiares auditivos estiverem alterados[14,16].

Um estímulo de clique de banda larga tem início abrupto, curta duração e abrange uma ampla faixa de frequências para evocar respostas de múltiplas regiões cocleares. Embora ocorra a ativação de uma ampla região da membrana basilar, as respostas das EOAT podem indicar o estado coclear por frequência, sendo divididas em bandas de frequências após o registro. As respostas captadas são analisadas conforme seu tempo de latência em milissegundos (entre 5 e 20 ms). As respostas com latência mais curta (surgem primeiro) correspondem à região da membrana basilar que detecta e transmite estímulos de alta frequência. Já os sinais gerados na região que responde aos estímulos de baixa frequência, mais próxima ao ápice da cóclea, terão maior tempo de latência[13,14].

Por serem altamente sensíveis a alterações cocleares, as EOAT são o procedimento de escolha para a triagem auditiva neonatal universal na maioria dos serviços de saúde auditiva[16].

Em recém-nascidos e lactentes com audição normal, podem ser encontrados fortes níveis de EOAT, variando de 15 dB até mais de 30 dB NPS (em média 10 dB NPS mais robustas do que as de adultos) e se estendem uniformemente entre 1.000 e 5.000 Hz. Já nos adultos, geralmente se observam menores níveis de resposta nas bandas de frequências avaliadas[15,16]. Na Figura 7 podem ser observadas as diferenças nos parâmetros de análise: maiores **níveis de respostas (Nível TE)** em todas as bandas de frequência na orelha do recém-nascido (painel superior) em comparação à orelha de um adulto (painel inferior). Devido ao maior **nível de ruído (Ruído)** observado na fase neonatal, a diferença na **relação sinal ruído (RSR)** entre as faixas etárias é mais sutil.

Emissões otoacústicas produto de distorção (EOAPD)

Em geral, as EOAPD, assim como as EOAT, são claramente presentes nas frequências de teste se os limiares auditivos tonais forem melhores ou iguais a 15 dB NA. No entanto, diferentemente das EOAT, ainda podem estar presentes (mas anormais), em casos de perda auditiva coclear por alteração em CCE (se os limiares auditivos estiverem na faixa de 20 a 40 dB NA), e ausentes se os limiares forem maiores que 40-50 dB NA[16]. A presença de EOA, portanto, dependerá da extensão da disfunção das CCE. No entanto, as EOA também são influenciadas por fatores como a função da orelha média e o local específico da disfunção sensorioneural (CCE, célula ciliada interna, ou neural)[14,15].

As EOAPD são sinais gerados na cóclea, de forma não linear, evocados pela apresentação de dois tons puros primários distintos e simultâneos – um tom de frequência menor (f_1) e um de frequência maior (f_2), geralmente na razão $f_2/f_1 = 1{,}2$. A interação entre os estímulos f_1 e f_2 gera uma série de produtos de distorção em frequências preestabelecidas, sendo o produto "$2f_1$–f_2" o mais robusto[13,17].

A utilização das EOAPD tem se mostrado vantajosa na investigação das funções das CCE em cada frequência sonora, permitindo avaliar respostas cocleares até mesmo para frequências altas (até 10.000 Hz). Além disso, há boa sensitividade e especificidade na utilização das EOAPD para monitoramento auditivo (na exposição a agentes adversos) e no diagnóstico precoce, pois algumas alterações podem ser encontradas antes mesmo de serem observadas na audiometria tonal convencional[14,15].

Recomenda-se que os níveis de intensidade de f_1 e f_2 – chamados de L_1 e L_2 – sejam, respectivamente, 65 dB e 55 dB NPS. Esse protocolo parece ser mais sensível na identificação do *status* auditivo, proporcionando melhor acurácia em diferenciar orelhas saudáveis daquelas com perda auditiva[14,16,18]. Na Figura 8 podem ser visualizados os parâmetros de análise das EOAPD obtidos no exame de um recém-nascido normo-ouvinte: **nível de resposta (Nível DP)**, **nível de ruído (Ruído)** e **relação sinal ruído (RSR)** para cada frequência f_2.

Critérios de referência na análise das EOA

De acordo com recomendações nacionais[18] e internacionais[14,16], são descritos a seguir os padrões de normalidade das EOA para fins diagnósticos – baseados no **nível de resposta (sinal)**, **relação sinal ruído (RSR) e nível de ruído de fundo** – e servem tanto para as EOAT como para as EOAPD. A interpretação deve ser realizada para cada frequência ou banda de frequência testada.

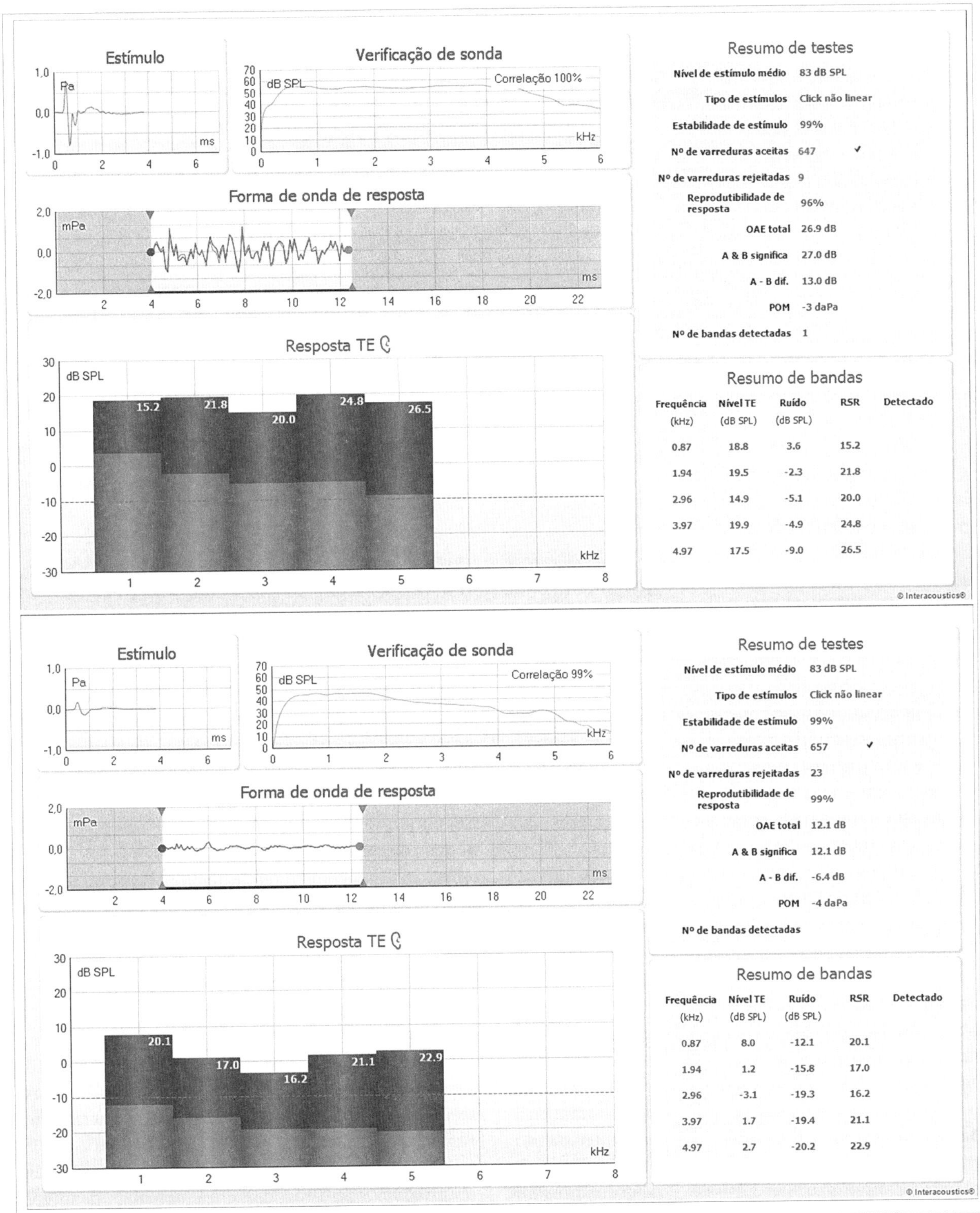

FIGURA 7 Exemplos de registros de emissões otoacústicas por transiente (EOAT) obtidos com o equipamento Titan em normo-ouvintes. No painel superior, um exame em orelha de recém-nascido, e no painel inferior, um exame em orelha de um adulto.

Fonte: cortesia Interacoustics.

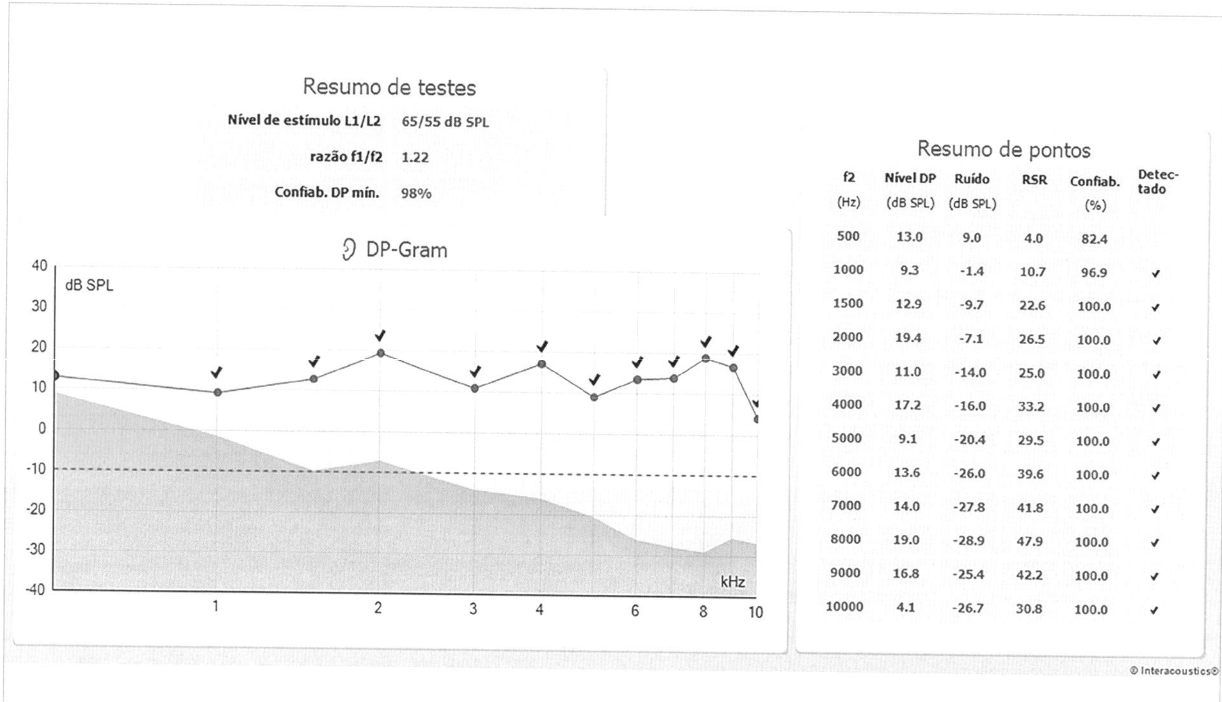

FIGURA 8 Exemplo de registro de emissões otoacústicas produto de distorção (EOAPD) obtido com o equipamento Titan em uma orelha de recém-nascido normo-ouvinte.
Fonte: cortesia Interacoustics.

É importante observar que ao registrar EOA ausentes torna-se imprescindível verificar, por meio do princípio da avaliação cruzada, o resultado da timpanometria, a fim de descartar a alteração de orelha média. Na vigência de alterações de orelha média (timpanometria alterada), o resultado das EOA será inconclusivo.

Na triagem auditiva neonatal, os parâmetros de resposta clara e presente são os mesmos utilizados para fins diagnósticos, contudo, se alcançados em duas ou mais (bandas de) frequências, o resultado pode ser considerado como adequado: "PASSA". Em casos de resultado alterado – "FALHA" – devido à possibilidade de falso positivo nos primeiros dias de vida, pela presença de vérnix ou fluidos no meato acústico externo ou na orelha média, deve ser realizado um reteste em até 30 dias[16,18].

Em geral, essa análise é feita de forma automática a partir de algoritmos definidos pelos fabricantes, sendo fundamental garantir condições adequadas de teste e calibração visando excluir causas técnicas que possam interferir na eficácia dessa análise[16].

REFLEXO OLIVOCOCLEAR MEDIAL – SUPRESSÃO DAS EMISSÕES OTOACÚSTICAS

O **reflexo olivococlear medial (ROCM)**, também conhecido como **supressão das EOA**, é um reflexo auditivo eferente, no qual o sistema olivococlear medial está diretamente envolvido, que pode ser avaliado indiretamente por meio das EOA[19]. Essa ação eferente teria o papel de inibir a resposta neural aferente a sons de fraca intensidade considerados não essenciais, auxiliando na detecção de sinais acústicos na presença de ruídos competitivos[14].

As CCE recebem inervação primordialmente eferente, advinda do sistema olivococlear medial. A apresentação de um ruído competitivo na orelha contralateral (geralmente ruído branco) ativa o ROCM e reduz a atividade das CCE, o que provoca a diminuição do nível de resposta da EOA[19,20].

Para evitar os efeitos da ativação do sistema de proteção da orelha média, os estímulos de teste e de ruído devem ser fracos – em torno de 60-65 dB NPS. A relação sinal/ruído deve ser mantida preferencialmente entre 0 e 5 dB NPS[19,20].

Embora a análise tradicional do ROCM envolva a comparação do nível das EOA nas duas condições (sem e com ruído competitivo), outras formas de análise ainda estão sendo amplamente investigadas, trazendo novas abordagens, tais como: calibração do estímulo em dB *forward pressure level* (dB FPL), mudança de fase nas EOAPD, atraso (*delay*) nas EOAT e o índice ROCM[16,19]. O índice de ROCM médio de 22,3% é apontado como promissor para o estabelecimento de padrões de diagnóstico, com resultados confiáveis

QUADRO 1 Recomendações para análise das emissões otoacústicas (EOA)[14,16,18]

EOA considerada clara, presente e dentro dos padrões de normalidade		**Considerada presente, mas anormal**	**Considerada ausente (em condições de registro adequadas)**
EOAT	**EOAPD**	**EOAT e EOAPD**	**EOAT e EOAPD**
Sinal ≥ -10 dB NPS* RSR ≥ 6 dB NPS Baixo nível de ruído de fundo Ideal (≤ -5 dB NPS)	Sinal ≥ 0 dB NPS* RSR ≥ 6 dB NPS Baixo nível de ruído de fundo Ideal (≤ -10 dB NPS)	Sinal abaixo dos limites normais* RSR ≥ 6 dB NPS Nível de ruído de fundo adequado	Sinal abaixo dos limites normais* RSR < 6 dB NPS Nível de ruído de fundo adequado

Valores usuais. *Consultar as especificações técnicas do equipamento utilizado.

O resultado das EOA **pode ser considerado inconclusivo** se as condições de registro não estiverem adequadas à interpretação, como, por exemplo, níveis elevados de ruído, captação incompleta, ajuste inadequado da sonda ou timpanometria alterada.

Obs.: uma boa reprodutibilidade nas EOAT (por exemplo, > 70%) embora desejável, não é mais utilizada como critério de resposta. Ela deu lugar à análise realizada a cada banda de frequência.
EOAT: emissões otoacústicas por transiente; EOAPD: emissões otoacústicas produto de distorção.

nas EOAT com estímulo clique em modo linear[19]. No entanto, por se tratar de um efeito de pequena magnitude, a pesquisa do ROCM demanda um protocolo rígido e cuidadoso, o que pode ser bastante desafiador para a sua utilização na prática clínica.

CUIDADOS PARA OS PROCEDIMENTOS FISIOLÓGICOS AUDITIVOS E CONSIDERAÇÕES FINAIS

A importância dos procedimentos fisiológicos abordados neste capítulo se deve à contribuição na avaliação diagnóstica da audição e à possibilidade de identificação precisa e precoce de alterações funcionais da orelha média e/ou cocleares (CCE).

Por serem procedimentos objetivos, permitem a avaliação em qualquer idade, incluindo recém-nascidos e lactentes. Especialmente nessa faixa etária, devem ser analisados como uma parte do conjunto de procedimentos na definição de um quadro audiológico. A **verificação cruzada ou *cross-check***, descrita pela primeira vez há mais de 40 anos[21], continua fundamental na Audiologia. Somente a análise minuciosa do conjunto de resultados em exames objetivos e comportamentais, confirmando hipóteses entre si, fornecerá melhor evidência e precisão sobre a presença da perda auditiva e seu grau de acometimento[22].

Existem algumas limitações na realização das medidas de imitância acústica e das EOA. O posicionamento e a vedação adequada da sonda no meato acústico externo podem se tornar uma situação desafiadora em pacientes pouco colaborativos, prejudicando o controle do nível de ruído ambiental e fisiológico.

As medidas fisiológicas apresentadas neste capítulo não são indicadas em casos de:

1. Dor ou sinal de inflamação aguda na orelha externa e/ou média.
2. Presença de cerúmen excessivo ou corpo estranho no meato acústico externo.
3. Presença de otorreia.
4. Perfuração da membrana timpânica.
5. História de cirurgia otológica prévia (com exceção de miringotomia ou colocação de tubo de ventilação não recente).

Tanto para as medidas de imitância acústica como para as emissões otoacústicas, é fundamental que o profissional esteja familiarizado com o equipamento utilizado e seus dados normativos. Para que os critérios de referência oferecidos pelo fabricante sejam considerados, é importante que sejam mantidas as condições de teste nas quais esses dados foram coletados, o que inclui calibração regular, estabilidade na intensidade, frequência, espectro e taxa de apresentação dos estímulos acústicos, nível de ruído de fundo e janela de análise. Além disso, a interpretação das medidas de imitância acústica é particularmente relevante à análise das EOA, pois estas são muito sensíveis às alterações condutivas[14-16,19].

REFERÊNCIAS BIBLIOGRÁFICAS

1. Jerger J. Clinical experience with impedance audiometry. Arch Otolaryngol. 1970;92(4):311-24.
2. British Society of Audiology (BSA). Tympanometry and acoustic reflex thresholds. [Online]. 2024. Disponível em: https://www.thebsa.org.uk/wp-content/uploads/2013/10/OD-104-35-BSA-Recommended-Procedure-Tympanometry-and-ART.pdf [22 abril 2024].
3. Hunter LL, Sanford CA. Tympanometry and wideband acoustic immitance. In: Katz J, Chasin M, English K, Hood LJ, Terry

KM (eds.). Handbook of clinical audiology. 7. ed. Philadelphia: Lippincott Williams & Wilkins; 2015. p. 137-63.
4. Jerger J, Jerger S, Mauldin L. Studies in impedance audiometry. I. Normal and sensorineural ears. Arch Otolaryngol. 1972;96(6):513-23.
5. Hunter LL, Shahnaz N. Acoustic immittance measures: basic and advanced practice. San Diego: Plural Publishing; 2014. p. 41-110.
6. de Jonge R. Normal tympanometric gradient: a comparison of three methods. Audiology. 1986;25(4-5):299-308.
7. Hunter LL, Margolis RH. Multifrequency tympanometry: current clinical application. Am J Audiol. 1992;1(3):33-43.
8. Holte L, Margolis RH, Cavanaugh RM Jr. Developmental changes in multifrequency tympanograms. Audiology. 1991;30(1):1-24
9. Baldwin M. Choice of probe tone and classification of trace patterns in tympanometry undertaken in early infancy. Int J Audiol. 2006;45(7):417-27.
10. Shahnaz N, Feeney MP, Schairer KS. Wideband acoustic immittance normative data: ethnicity, gender, aging, and instrumentation. Ear Hear. 2013;34 Suppl 1:27S-35S.
11. Feeney MP, Grant IL, Marryott LP. Wideband energy reflectance measurements in adults with middle-ear disorders. J Speech Lang Hear Res. 2003;46(4):901-11.
12. Feeney MP, Schairer KS. Acoustic stapedius reflex measurements. In: Katz J, Chasin M, English K, Hood LJ, Terry KM (eds.). Handbook of clinical audiology. 7. ed. Philadelphia: Lippincott Williams & Wilkins; 2015. p. 165-88.
13. Kemp DT. Stimulated acoustic emissions from within the human auditory system. J Acoust Soc Am. 1978;64(5):1386-91.
14. Dhar S, Hall III JW. Otoacoustic emissions: principles, procedures, and protocols. 2. ed. San Diego: Plural Publishing; 2018. p. 87-113.
15. Kramer S, Brown DK. Audiology: science to practice. 3. ed. San Diego: Plural Publishing; 2019. p. 223-70.
16. British Society of Audiology (BSA). Recommended procedure: clinical application of Otoacoustic Emissions (OAEs) in children and adults. 2023. [Online]. Disponível em: https://www.thebsa.org.uk/wp-content/uploads/2023/10/OD104-120-Recommended-Procedure-Clinical-Application-of-Otoacoustic-Emissions-OAEs.docx.pdf [22 abril 2024].
17. Shera CA, Guinan JJ Jr. Evoked otoacoustic emissions arise by two fundamentally different mechanisms: a taxonomy for mammalian OAEs. J Acoust Soc Am. 1999;105(2 Pt 1):782-98.
18. Durante A, Resende L. Fórum de Diagnóstico Audiológicos. In: 37º Encontro Internacional de Audiologia [online]. Revisado em 2024; São Paulo. Fórum. São Paulo: Academia Brasileira de Audiologia; 2022. Disponível em: https://audiologiabrasil.org.br/37eia/forum/diagnostico-audiologico.pdf. [22 abril 2024].
19. Lapsley Miller JA, Reed CM, Marshall L, Perez ZD, Villabona T. A clinically viable medial olivocochlear reflex assay using transient-evoked otoacoustic emissions. Ear Hear. 2024;45(1):115-29.
20. Warr WB, Guinan JJ Jr. Efferent innervation of the organ of corti: two separate systems. Brain Res. 1979;173(1):152-5.
21. Jerger JF, Hayes D. The cross-check principle in pediatric audiometry. Arch Otolaryngol. 1976;102(10):614-20.
22. Hall JW 3rd. Crosscheck principle in pediatric audiology today: a 40-year perspective. J Audiol Otol. 2016;20(2):59-67.

10

Processamento Auditivo Central: do diagnóstico à intervenção

Maria Francisca Colella-Santos
Sthella Zanchetta
Ademir Antônio Comerlatto Junior
Eliane Schochat

PONTOS-CHAVE

- O Transtorno do Processamento Auditivo Central (TPAC) refere-se à disfunção do Sistema Nervoso Auditivo Central (SNAC) que contribui para o déficit no processamento neural de estímulos auditivos. As principais manifestações comportamentais desse transtorno envolvem dificuldade de compreender a fala, principalmente em ambiente ruidoso.
- A avaliação do Processamento Auditivo Central (PAC) tem por objetivo investigar a presença ou não de um distúrbio e direcionar a conduta a partir dos resultados obtidos, considerando estratégias de estimulação das habilidades auditivas, além de orientação aos pais e profissionais envolvidos com o caso. É realizada por meio de anamnese detalhada e procedimentos comportamentais, eletroacústicos e eletrofisiológicos.
- A intervenção no TPAC se constitui em uma prática fonoaudiológica constituída por um conjunto de estratégias específicas, voltadas para a população infantil, adulta e idosa, com o objetivo de propiciar o processamento da informação acústica funcional, mesmo em condições adversas. O conjunto de estratégias a serem desenvolvidas deve seguir protocolos validados em sua eficácia e efetividade.

OBJETIVOS DE APRENDIZAGEM

Ao final deste capítulo, o leitor deverá ser capaz de:

- Compreender a definição do TPAC, seus sinais e sintomas, principais etiologias e manifestações comportamentais.
- Conhecer as categorias de testes para a avaliação do PAC, principais estratégias e cuidados na sua execução.
- Identificar os aspectos essenciais da intervenção no TPAC e o conjunto de atividades contempladas nos protocolos com maior nível de evidência.

INTRODUÇÃO

O sistema auditivo é constituído por estruturas periféricas e centrais que têm por função principal detectar, analisar e interpretar estímulos auditivos verbais e não verbais. Alterações no sistema periférico (orelhas externa, média e interna) são denominadas perda auditiva e interferem principalmente na detecção do som. O Transtorno do Processamento Auditivo Central (TPAC) envolve alterações principalmente nas estruturas do Sistema Nervoso Auditivo Central (SNAC), vias auditivas e córtex que interferem no desenvolvimento e refinamento das habilidades auditivas. O diagnóstico do TPAC envolve procedimentos comportamentais e eletrofisiológicos constituídos por estímulos verbais e não verbais. A partir da identificação do TPAC e das habilidades auditivas envolvidas é possível estabelecer a conduta adequada envolvendo orientações à família e à escola, realizar o encaminhamento a equipe multidisciplinar quando necessário e planejar o processo de intervenção terapêutica como uma estratégia de reabilitação[1-4].

Neste capítulo, abordaremos a definição de TPAC, sinais e sintomas, principais etiologias, assim como os processos de diagnóstico e intervenção auditiva.

DESENVOLVIMENTO

Transtorno do PAC

A audição é o sistema sensorial fundamental para o desenvolvimento da linguagem/fala e aprendizagem nas crianças e nos adultos e idosos, e torna-se relevante nos processos de saúde mental, socialização e qualidade de vida.

O sistema auditivo é o responsável pela percepção, reconhecimento, análise e armazenamento do sinal acústico, por meio da interação ativa e contínua entre as porções periférica e central, vias aferentes e eferentes[1].

Classicamente, podemos definir o PAC como a eficiência e a eficácia com que o sistema auditivo utiliza a informação auditiva. Engloba o processamento perceptual do estímulo auditivo pelo sistema nervoso central e a atividade neurobiológica subjacente ao processamento que dá origem aos potenciais evocados auditivos[2,3].

O TPAC refere-se à disfunção do SNAC que contribui para o déficit no processamento neural de estímulos auditivos. Foi classificado como uma entidade diagnóstica, identificado no CID 11[4] como doenças da orelha (AB5Y).

A definição canadense adota a abordagem da Classificação Internacional de Funcionalidades (CIF) e considera o TPAC um termo genérico para distúrbios auditivos que resultam do processamento atípico da informação auditiva no cérebro, caracterizado por limitações persistentes no desempenho das atividades auditivas que levam a consequências significativas para a participação do indivíduo nas atividades de vida diária[5]. Em 2021, a Organização Mundial da Saúde, em seu relatório sobre audição, reconheceu o TPAC como uma condição clínica distinta que degrada a capacidade auditiva, além da sua existência ao longo da vida e o seu impacto negativo na saúde mental[6].

A análise e a interpretação dos estímulos auditivos verbais e não verbais são um processo complexo, envolvendo tanto o processamento serial e paralelo entre as próprias estruturas do SNAC, bem como o processamento compartilhado com outras estruturas e sistemas cerebrais sensoriais e/ou envolvidos nas funções cognitivas como atenção, memória e de linguagem. Assim, o TPAC pode ocorrer de forma isolada ou em comorbidade com outros transtornos do neurodesenvolvimento[1,2,7]. Os comportamentos e os sintomas observados em indivíduos com TPAC muitas vezes se sobrepõem àqueles observados em indivíduos com outros distúrbios sensoriais e/ou cognitivos, mas não são o resultado de disfunção em outras modalidades[2,3].

Com relação à prevalência do TPAC, os estudos apresentaram uma variabilidade entre 2 e 11% em crianças, variabilidade decorrente provavelmente de diferentes critérios diagnósticos utilizados[3]. Nos idosos, a prevalência de TPAC aumenta com a idade e deve ser considerada juntamente com a perda auditiva (presbiacusia) e as alterações nos processos cognitivos, fatores que podem interferir na compreensão da fala em ambientes ruidosos[1].

As causas e os fatores predisponentes do TPAC em crianças envolvem otite média serosa[8], alterações neurológicas, anormalidades neuroanatômicas ou atraso neuromaturacional do SNAC. Nos adultos, o TPAC pode ser adquirido ou refletir uma alteração do PAC não diagnosticada e/ou tratada na infância, assim como o próprio envelhecimento das estruturas auditivas[1].

As principais manifestações comportamentais relacionadas ao TPAC são heterogêneas. Elas envolvem:

A. Dificuldade para compreender a fala em ambiente ruidoso ou reverberante ou quando apresentada rapidamente ou com sotaque.
B. Dificuldade em localizar o estímulo sonoro.
C. Responder de forma inconsistente ou inadequada, solicitando repetições com frequência.
D. Dificuldade em manter a atenção no discurso, tendência a se distrair facilmente, alteração de memória auditiva.
E. Lentidão no processamento e resposta à informação auditiva, dificuldade de interpretar pistas de prosódia subjacentes à emoção, ao humor e às nuances de significado.
F. Dificuldade com palavras com sons semelhantes.
G. Dificuldade em seguir instruções/comandos auditivos múltiplos ou extensos.
H. Dificuldade de ouvir ao telefone.
I. Dificuldade em aprender canções, rimas infantis.
J. Habilidades musicais e de canto prejudicadas e/ou apreciação musical; dificuldade em aprender língua estrangeira ou novos materiais de fala, especialmente linguagem técnica.
K. Hiperacusia, incluindo intolerância reduzida ao ruído ou dificuldades acadêmicas (problemas de leitura, ortografia e/ou aprendizagem)[1,9].

A relação bidirecional entre a cognição e o PAC deve ser considerada em avaliações clínicas e intervenções terapêuticas. Destaca-se que as manifestações comportamentais supracitadas não são exclusivas do TPAC, elas podem estar sozinhas ou associadas a outra alteração, na qual uma avaliação multidisciplinar pode auxiliar no diagnóstico e observar a presença de comorbidades.

A capacidade cognitiva, incluindo funções executivas, memória de trabalho e atenção seletiva, influencia diretamente a eficácia do PAC. Devido aos requisitos cognitivos e de linguagem necessários para completar uma bateria de testes de PAC, e devido à possibilidade de distúrbios coexistentes, o olhar do clínico deve ser voltado para identificar durante a avaliação comportamentos que não estejam relacionados à modalidade auditiva e que possam influenciar os resultados[1,3]. As principais comorbidades encontradas são desvio fonológico, transtorno específico de linguagem, transtorno ou dificuldades de aprendizagem, dislexia, transtorno do déficit de atenção e hiperatividade[10].

Desta forma, a avaliação diagnóstica do TPAC, além do fonoaudiólogo, a depender do caso, deve envolver outros profissionais como, por exemplo, neurologista, psicólogo e psiquiatra, entre outros.

Avaliação do PAC

O objetivo principal da avaliação do PAC é investigar a presença ou não de um distúrbio e direcionar a conduta a ser adotada a partir dos resultados obtidos, considerando estratégias de estimulação das habilidades auditivas, além de orientação aos pais e profissionais envolvidos com o caso. Recomenda-se a seleção de uma bateria de procedimentos comportamentais, complementada se possível com testes eletroacústicos e eletrofisiológicos, que possibilitem avaliar a complexidade do PAC[1,3]. Os testes eletrofisiológicos podem contribuir com medidas objetivas da atividade neuroelétrica da via auditiva em resposta a um estímulo ou evento sonoro, e as atividades corticais envolvidas nas habilidades de discriminação, integração e atenção. Pode-se avaliar o PAC desde o nível do VIII par craniano até o córtex auditivo por meio dos Potenciais Evocados Auditivos de Curta, Média e Longa Latência[1].

A avaliação deve incluir uma anamnese detalhada, com coleta de informações sobre queixas auditivas e de comunicação, dados da gestação e parto, desenvolvimento geral, de audição, linguagem e fala, comorbidades presentes, histórico de saúde atual, incluindo dados neurológicos e otológicos, medicações e desempenho escolar.

Sempre que possível, o paciente deverá manter a medicação prescrita no dia do exame. O sistema auditivo periférico deve ser avaliado inicialmente por meio da avaliação audiológica básica que inclui audiometria tonal liminar, logoaudiometria, timpanometria e pesquisa do limiar dos reflexos acústicos contralaterais e ipsilaterais[1,3]. A avaliação do PAC geralmente é realizada em sujeitos com limiares de audibilidade dentro dos padrões de normalidade e integridade do sistema tímpano ossicular; por esse motivo, a maioria dos resultados obtidos nesta etapa inicial são normais. No caso de perda auditiva condutiva, sugerimos interrupção do processo e encaminhamento para avaliação e conduta médica e retorno quando as condições de orelha média estiverem normais[8]. Nos casos de perda auditiva sensorioneural não há um consenso, mas é unânime o conhecimento de que ela possui um impacto nocivo no processamento auditivo[3,4]. A BSA[7] define o TPAC como uma condição que ocorre na presença de um audiograma normal, contudo identifica que possa ocorrer o transtorno secundário a uma perda permanente. A Academia Canadense de Audiologia[5] recomenda que enquanto não houver maior conhecimento do desempenho de sujeitos com perda sensorioneural nos testes de processamento, a avaliação não deve ser realizada. A Academia Americana de Audiologia[3] refere que existem condições em que é possível realizar a avaliação do PAC em sujeitos com perdas sensorioneurais. Seriam elas as perdas simétricas e a escolha de testes que sofrem menor influência desse tipo de perda, como o dicótico de dígitos e padrão de frequência, desde que haja padrões de referência desses testes para população com perda[3]. Pereira[11] referiu que os testes a seguir são passíveis de aplicação em perda sensorioneural, desde que observadas as seguintes condições: os testes dicóticos de dígitos e o SSW quando a perda for simétrica, com média tonal para tom puro de até 40 dB NA e discriminação vocal maior ou igual a 70%; o teste fala com ruído, quando a média total for de até 60 dB NA e discriminação vocal de no mínimo 70%.

Na prática clínica, os procedimentos mais utilizados para avaliação do PAC são os comportamentais, constituídos por estímulos verbais e não verbais. É importante incluir na bateria de avaliação testes que possibilitem avaliar diversos níveis e estruturas do SNAC, assim como diferentes processos e mecanismos fisiológicos subjacentes à função auditiva. Dentre os vários testes disponíveis, recomenda-se a escolha daqueles com adequadas sensibilidade e especificidade e para cada indivíduo é importante considerar a faixa etária, escolaridade e nível de leitura, o desenvolvimento cognitivo, de fala e linguagem, além das condições fisiológicas no momento do exame (p. ex., sono, fome).

Observação do comportamento do paciente, controle da atenção, motivação e cansaço, além da garantia de compreensão das instruções de cada teste são aspectos fundamentais para que os resultados obtidos possam refletir o desempenho real do indivíduo[1-3,5,12].

Podemos classificar os testes de PAC em dicóticos, monóticos, testes de processamento temporal (resolução e ordenação) e de interação binaural.

Os testes dicóticos envolvem a apresentação de dois estímulos diferentes, um em cada orelha, simultaneamente. Podem avaliar o processo de integração ou separação binaural, dependendo da resposta solicitada ao ouvinte. São testes sensíveis à alteração cortical e inter-hemisférica[1] e quando alterados podem levar à dificuldade em prestar atenção na mensagem principal e ignorar outros estímulos. São exemplos de testes dicóticos em português: Teste Dicótico de Dígitos, Teste Dicótico Consoante Vogal, Teste de Dissílabos Alternados (SSW), Teste Dicótico Não Verbal. Os testes monóticos são constituídos por estímulos de fala que foram degradados ou são apresentados com estímulo competitivo (ruído ou fala) e em uma orelha de cada vez. São testes com sensibilidade moderada às alterações de tronco encefálico e córtex auditivo; quando alterados podem levar o indivíduo a ter dificuldade em ouvir em ambiente ruidoso. Podemos citar como testes monóticos: Teste de Fala com Ruído, Teste de Fala Filtrada, Teste de Inteligibilidade de Sentenças Sintéticas (SSI, do inglês *Synthetic sentence identification*) ou Sentenças Pediátricas (PSI, do inglês *Pediatric Speech Intelligibility*) com mensagem competitiva ipsilateral. Os testes de processamento temporal avaliam o processamento do estímulo acústico ao longo do tempo e são sensíveis para disfunções corticais e de corpo caloso. Alteração nessa modalidade pode levar à dificuldade de discriminação dos sons da fala e percepção de aspectos da prosódia. São eles: Teste do Padrão de Frequência e Teste do Padrão de Duração para avaliar ordenação temporal e Testes de Detecção de Intervalos Aleatórios (RGDT) e *Gaps in Noise* (GIN) para avaliar a resolução temporal. A quarta modalidade de testes é denominada de interação binaural, que avalia a síntese ou fusão de informações acústicas que diferem em tempo, intensidade ou frequência entre as duas orelhas. São sensíveis a alterações no tronco encefálico e áreas corticais. Podemos citar, como testes de interação binaural, Limiar Diferencial de Mascaramento (MLD, do inglês *masking level of difference*), Teste de Fusão Binaural e o Teste de Localização Sonora.

A descrição detalhada dos procedimentos descritos, assim como sua forma de aplicação e critérios de normalidade, podem ser obtidos em outras obras[1,10-12].

Novos procedimentos de avaliação estão sendo elaborados a fim de possibilitar um diagnóstico mais preciso e, consequentemente, um planejamento terapêutico mais assertivo. Assim, o Teste de Processamento Espacial de Frases no Ruído – PROSER em português foi elaborado por Colella-Santos, Ifanger e Masiero, em parceria com um dos autores do Teste *Listening in Spatialized Noise – Sentences Test* (LiSN-S), Prof. Harvey Dillon. O PROSER tem por objetivo avaliar o processamento espacial, ou seja, a habilidade de separar o estímulo alvo dos estímulos competitivos, pela comparação do tempo de chegada dos estímulos entre as orelhas, além da utilização das pistas envolvendo a relação espacial entre eles. É constituído por 120 frases de três a sete palavras gravadas por um único locutor do sexo feminino, além de duas histórias infantis gravadas pela mesma mulher que gravou as frases alvo, mas também por duas outras falantes do sexo feminino. As frases (mensagem alvo) e as histórias infantis (mensagem competitiva) são apresentadas nas duas orelhas simultaneamente. Pelo uso de funções de transferência relativas à cabeça, ou *Head Related Transfer Functions* (HRTFs) adequadas, as frases alvo são processadas de forma a serem percebidas como vindo sempre diretamente da frente do ouvinte (0° azimute), enquanto as histórias infantis são processadas para serem percebidas vindas de 0° azimute ou vindas de ± 90° azimute, simultaneamente. A mensagem competitiva varia também quanto à identidade vocal do falante da história em relação às frases alvo. É apresentada com a mesma voz da frase alvo, mas também com vozes diferentes. Dessa forma, ocorre uma variação de apresentação da fala competitiva em relação à frase alvo, considerando-se a localização espacial e a identidade vocal do falante, o que resulta em quatro condições de escuta.

Utiliza-se um protocolo de resposta de repetição simples para obter o Limiar de Reconhecimento de Fala (LRF), definido como a relação sinal/ruído que produz 50% de inteligibilidade para frases apresentadas juntamente com estímulos de fala competitivos, neste caso, histórias infantis. O PROSER apresentou boa reprodutibilidade na população infantil, teste/reteste, no período de dois meses, nas seguintes condições: em crianças falantes do português brasileiro; de 7 a 10 anos; limiares auditivos e condições de orelha média normais; adequada sincronia neural das vias auditivas até o tronco encefálico; desempenho acadêmico satisfatório.

Outro novo procedimento de avaliação é o teste comportamental para avaliar a habilidade de mascaramento temporal. Nesse teste há especificamente o mascaramento auditivo sucessor (quando um som alvo é mascarado por outro que o segue imediatamente). As faixas foram produzidas digitalmente (formato WAV*) utilizando-se o software Sound Forge Pro 10.0® (Sony Creative Software Inc.), e gravadas com taxa de 44.100 Hz e 16-bit de resolução desenvolvidos por Filippini et al.[13]. Os dois estímulos (tom alvo e ruído mascarador) foram gravados em canais diferentes, permitindo que cada estímulo seja apresentado em intensidades diferentes, ou que o teste seja realizado de forma monótica (ambos na mesma orelha) ou dicótica (um em cada orelha). Foram produzidas oito faixas teste contendo 42 itens compostos de um tom puro (1.000 Hz) de 25 ms (10 ms de *onset/offset*) seguido de um ruído mascarador de banda estreita (950 Hz a 1050 Hz) de 200 ms, com intervalos interestímulos (IIE) de 45, 35, 25, 15, 5 e 0 milissegundos de duração – 6 itens para cada IIE, além de 6 itens em que apenas o ruído era apresentado (como forma de verificar a atenção do paciente).

A tarefa solicitada ao indivíduo é prestar atenção nos sons e apertar um botão (pera de resposta do audiômetro) sempre que perceber a presença do tom puro. As respostas são marcadas em protocolo específico e as porcentagens de acerto para cada IIE computadas ao final. O resultado do teste é a porcentagem total de acertos, e o menor IIE em que o indivíduo foi capaz de perceber o tom, na maioria das vezes (4/6 acertos), o qual considera-se o limiar de detecção do tom. O ruído mascarador deve ser apresentado 50 dB acima do limiar de 1.000 Hz, e o tom puro apresentado em intensidades variadas, diminuindo a cada faixa, com relação sinal/ruído (S/R) variando entre -10 e -40 dB[13].

Diagnóstico do TPAC

A partir da aplicação da bateria de procedimentos selecionados realiza-se a seguir o cômputo dos resultados de cada teste, a comparação com critérios de normalidade estabelecidos para a faixa etária do indivíduo e a classificação em normal ou alterado. Com esses dados o fonoaudiólogo deve elaborar um relatório contendo a descrição das informações sobre o desempenho do paciente em cada teste aplicado nas duas orelhas, padrão de normalidade adotado para a idade, assim como tarefa realizada. Existem diversas classificações para o TPAC, envolvendo pelo menos um teste alterado, como os documentos da *American Speech-Language-Hearing Association* de 2005[2], *American Academy of Audiology* (AAA) de 2010[3], *British Society of Audiology* (BSA)[7] de 2011 e 2018 e Academia Brasileira de Audiologia (ABA)[14]. Contudo, não há consenso quanto ao uso de um único modelo, desta forma, a fim de proporcionar mais informações quanto ao diagnóstico, sugere-se também incluir as habilidades auditivas alteradas, bem como as condutas adotadas e encaminhamentos sempre que necessário. É de igual importância a devolutiva à pessoa avaliada e sua família. Para devolutiva o fonoaudiólogo deve disponibilizar um horário para apresentar o relatório e explicar os resultados descritos. O relatório deve contemplar os testes realizados e suas respectivas habilidades auditivas, os resultados e seus respectivos valores para interpretação como adequado e alterado, considerando a idade cronológica do sujeito avaliado, assim como a identificação da referência adotada desses parâmetros. Recomendamos que também conste no relatório a descrição de comportamentos observados durante a avaliação, como a necessidade de retomar a orientação da tarefa durante realização de determinado teste, entre outros.

Intervenção

O Treinamento Auditivo (TA) tem como alicerce a neuroplasticidade, que por definição refere-se à capacidade de reorganização do SNC com objetivo de processar uma função sensorial, por meio da experiência. Esse processo de reorganização ocorre quando há uma privação sensorial ou um processamento do sinal de forma ineficiente, no qual o SNAC cria redes neurais para realizar a função sensorial deficitária, e também ocorre promovido pelo processo de intervenção, por meio de um aumento da transmissão sináptica desencadeada por experiências (atividades) que desafiam o cérebro de forma repetida por um período[15,16]. Os mecanismos neurofisiológicos responsáveis pela neuroplasticidade ainda não são totalmente conhecidos; contudo, é bem estabelecido que ela ocorra de forma mais robusta durante as fases do desenvolvimento, mas também é bem estabelecido que pode ocorrer na vida adulta[16,17].

Treinamento Auditivo

O TA refere-se a um conjunto de estratégias aplicadas de forma ordenada, com objetivo de fortalecer e tornar mais dinâmica a rede neural já existente por meio do aumento da transmissão sináptica, ou promover novas conexões neurais em vias alternativas, para que o processamento da informação acústica permita a realização de atividades dependentes da audição, de forma funcional. O TA a ser realizado nos TPAC tem sua proposta da década de 80[15]. A seguir estão apresentados os pontos essenciais da intervenção.

Existem diferentes propostas para a intervenção do TA, das quais o Treinamento Auditivo Formal é o mais utilizado. O adjetivo "Formal" foi adicionado ao TA desde o início com objetivo de explicitar que a intervenção tem como foco as atividades auditivas, que devem ser executadas de forma acusticamente controlada[15]. A partir dessa constatação o TA passou a ser denominado Treinamento Auditivo Acusticamente Controlado (TAAC). A possibilidade de manejo dos estímulos a serem utilizados é um fator essencial para o sucesso da intervenção, pois permite adaptar características de intensidade, frequência e duração dos estímulos, assim como de velocidade. Esse manejo pode ser exemplificado no caso de uma pessoa com dificuldades de identificar diferenças entre tons de 1.000 Hz em relação a 1.500, ou 1.000 em relação a 2.000 Hz. A possibilidade de aumentar a diferença entre as oitavas, ou meia-oitavas para que ela possa identificar a diferença entre tons é importante, pois é a partir dessa identificação que se inicia o treino.

As abordagens do TAAC

Entre os protocolos de TAAC com maior nível de evidência existem duas abordagens[15-19]. O *Bottom-Up* que parte da proposta de trabalhar o processamento da informação sonora a partir de suas características acústicas, e o *Top-Down*, no qual o estímulo sonoro é processado e analisado a partir de funções corticais (p. ex., linguagem, cognição), os exemplos estão apresentados no Quadro 1. Para melhor compreensão das abordagens é preciso lembrar a dinâmica das vias auditivas centrais. Embora de forma didática seja identificada uma hierarquia clássica na via ascendente do SNAC as conexões neurais que circulam por essas estruturas são altamente redundantes desde o nível subcortical. Além disso, os neurônios auditivos ascendentes ao entrarem na região encefálica se direcionam às áreas auditivas, mas também para outras regiões que decodificam o *input* sonoro, entretanto, elas não são exclusivas da modalidade auditiva (p. ex., tálamo). A dinâmica do SNAC nos mostra que embora o TPAC seja um distúrbio específico da modalidade auditiva, não há como se ignorar a repercussão ou influência dos fatores supramodais. Essa característica explica a etiologia heterogênea do TPAC e as propostas *Bottom-Up* e *Top-Down*[3,18].

O TAAC

O TAAC tem maior chance de sucesso se ocorrer uma *estimulação pertinente, adequada, repetitiva e constante, por um determinado período*[15,18]. *É imperativo* que o TA contemple adequada seleção dos estímulos, sendo esses apresentados de forma hierárquica, ou seja, dos estímulos de menor para o de maior complexidade, a duração de cada sessão e o período de treinamento[15]. Algumas propostas estão apresentadas no Quadro 1. O fonoaudiólogo deve identificar com precisão a tomada de decisão de quando insistir em uma atividade que a pessoa em treinamento está com dificuldade de realizar, e quando inserir uma nova atividade ou mesmo dificultar a tarefa prévia. Uma estratégia preconizada e que tem tido sucesso é a relação sucesso-falha de 30 a 70% ou 80%, introduzida no TAF por Musiek e Schochat[18]. A estratégia sugere que a atividade de treino com um sucesso menor que 30% de acertos deve ser um sinal de alerta, e deve ser interpretada como "muito" difícil. Nessa situação pode-se manter o treino da habilidade auditiva, mas com parâmetros diferentes "mais fáceis" (p. ex., aumenta-se o tempo entre os estímulos no treino de resolução temporal), ou pode-se reestruturar o planejamento da hierarquia de habilidades auditivas. Outro sinal de alerta é a taxa de sucesso maior que 70% (ou 80%) das apresentações, nesse caso a atividade é "muito" fácil, ou seja, não é um desafio; nesse momento devemos aumentar a complexidade dos estímulos da respectiva habilidade.

Em uma sessão não se recomenda que seja trabalhada apenas uma habilidade, da mesma forma que não devem ser contempladas todas as habilidades em um único dia. Não há uma "regra" ou rigidez em relação à quantidade de habilidades que devem ser trabalhadas em uma sessão (Quadro 1). O fonoaudiólogo deve estar atento e desenvolver a melhor dinâmica para cada um de seus pacientes.

Outra estratégia presente nos principais protocolos de TAAC são as atividades que devem ser realizadas em casa, sob orientação do fonoaudiólogo, independentemente da idade. As atividades são diferentes entre os protocolos e possuem a função de fixação e uso das habilidades auditivas em treinamento, de forma mais frequente que somente nos dias do TAAC.

A escolha do protocolo de TAAC

Os critérios de escolha do protocolo a ser utilizado são a adequação ao caso em questão e o seu nível de evidência[19-21] (Quadro 1). A proposta de um protocolo sempre é destinada a uma determinada condição, neste caso o TPAC, e a determinada faixa etária. Essas duas variáveis devem ser consideradas pelo fonoaudiólogo no momento da escolha. Outro aspecto necessário de ser ponderado é se o protocolo a ser escolhido teve sua eficácia mensurada, ou seja, *ele promoveu uma melhora significativa? A melhora observada ocorreu realmente em função das atividades propostas?* Após esses conhecimentos o fonoaudiólogo está apto a realizar sua escolha.

A mensuração da eficácia do TA na clínica fonoaudiológica

Todo processo de intervenção deve ser avaliado quanto ao benefício promovido. *Qual é o benefício*

QUADRO 1 Apresentação síntese dos três protocolos de Treinamento Auditivo Acusticamente Controlado (TAAC) destinados ao Transtorno do Processamento Auditivo Central (TPAC), com maiores níveis de evidência

	Público-alvo/sessões	Atividades adicionais ao TF	Treinos
Putter-Katz* (2002) *Top-Down* e *Bottom-Up*	Escolar 13 a 15 sem/1x 45 min	▪ Atividade em casa ▪ Inclui modificação de ambiente (escola) ▪ Uso de sistema FM	a) Atividades de identificação e compreensão de fala em situação de baixa redundância (estímulos competitivos verbal e não verbal); b) tarefas de atenção seletiva e dividida auditiva Atividades em casa: a) treino de fechamento auditivo; b) aprimoramento de consciência metacognitiva; c) *speech-reading*
Schochar et al.**#β (2010) *Bottom-Up* e *Top-Down*	Escolar, adulto e idoso 8 sem/1x sem 50 min	▪ Atividade em casa	Treino *Bottom-Up* (TAF): a) treino de intensidade, frequência e aspectos temporais; b) treino dicótico de diferença de intensidade; c) localização e percepção de fala em ambiente competitivo Treino em casa: *Bottom-Up* e *Top-Down*: a) atenção auditiva; b) compreensão e síntese auditiva a partir de histórias; c) desafio de memória, a partir de um item (p. ex., fruta): repete-se o nome da primeira fruta e se acrescenta outra e assim sucessivamente; d) ouvir música e reproduzir a melodia
Sharma et al.** (2012) *Bottom-Up e Top-Down*	Escolar 6 sem/1x sem	▪ Atividade em casa ▪ Sistema FM	Treino *Top-Down:* a) seguir e dar orientações; b) frases embaralhadas; c) construção rítmica utilizando instrumento musical; d) circunlocução; e) elaboração de história a partir de imagens; f) síntese de histórias; g) identificação das palavras alvo; h) identificação de sentido a partir da prosódia e entonação; i) leitura em voz alta; j) ensaio discriminação Treino *Bottom-Up*: a) detecção de *gaps*; b) discriminação de frequência; c) treinamento de intensidade; d) treinamento de consciência fonológica; d1) identificação de sílabas; d2) segmentação de palavras; d3) ritmo

*Nível de evidência 1. **Nível de evidência 2 segundo critério AAA. # Estudo desenvolvido a partir da proposta de Musiek e Schochat (1998). βProtocolo aplicado e validado para população de adulta e idosa.

almejado? Como meta espera-se o desempenho funcional da audição, em todas as situações, incluindo as mais desafiadoras (p. ex., ambiente ruidoso). Uma vez que a intervenção deve ser realizada após resultados alterados na avaliação do PAC, uma nova avaliação após o término do TAAC é a ferramenta mais utilizada, e aqui recomendada, com duas considerações. A primeira é que os testes aplicados na reavaliação devem ser os mesmos utilizados na avaliação; a segunda é que os testes de avaliação não devem ser utilizados como atividades do TAAC. Outra ferramenta disponível ao processo de reavaliação é o uso de questionários. Na mesma linha do teste-reteste, o mesmo questionário escolhido antes do início do treino deve ser aplicado após seu término[22]. Atualmente há possibilidades de questionários em língua portuguesa validados tanto para população infantil como adulta. A última ferramenta, mas não menos importante, são os potenciais evocados auditivos, também na mesma proposta de teste-reteste. Os potenciais evocados auditivos *frequency-following responses* e o de longa latência, especificamente o P300, são apontados como os mais sensíveis para identificar as mudanças da sincronia neural da via auditiva em decorrência do TAAC[15]. Não há uma única recomendação de quanto tempo após o término do treino devem ocorrer os retestes; o período de 30 a 45 dias é uma constante, sendo que alguns autores preconizam inclusive mais de um reteste, entre 90 e 120 dias após conclusão do TAAC[15].

CONCLUSÃO

As habilidades auditivas são fundamentais para receber, analisar e interpretar o estímulo auditivo. Alterações de PAC podem interferir no desenvolvimento auditivo, da fala, linguagem e desempenho acadêmico das crianças, assim como nos processos de comunicação, saúde mental, socialização e qualidade de vida dos adultos e idosos. O diagnóstico e a intervenção do TPAC devem ser realizados por fonoaudiólogos com conhecimentos e formação técnica adequada e experiência clínica e os procedimentos sempre que possível deverão se basear em evidências cientificas atualizadas.

REFERÊNCIAS BIBLIOGRÁFICAS

1. Musiek FE, Chermak GD (eds.). Handbook of central auditory processing disorder: auditory neuroscience and diagnosis. 2. ed. San Diego; Plural Publishing; 2014. v.1.
2. American Speech-Language-Hearing Association. (Central) Auditory processing disorders [Technical statement]. 2005. Disponível em: www.asha.org/policy. Acesso em 15 jan 2024.
3. American Academy of Audiology. Clinical practice guidelines for the diagnosis, treatment and management of children and adults with central auditory processing disorder. [Internet] 2010. Disponível em: https://www.audiology.org/wp-content/uploads/2021/05/CAPD-Guidelines-8-2010-1.pdf_539952af956c79.73897613-1.pdf. Acesso em 15 jan 2024.
4. Organização Mundial da Saúde. International Statistical Classification of Diseases and Related Health Problems (ICD). Disponível em: https://icd.who.int/browse/2024-01/mms/en#601591344%2Fother. Acesso em 19 jun 2024.
5. Canadian Interorganizational Steering Group for Speech-Language Pathology and Audiology (CISG). Canadian guidelines on auditory processing disorder in children and adults: Assessment and intervention. 2012. Disponível em: http://www.ooaq.qc.ca/publications/ doc-documents/Canadian_Guidelines_EN.pdf. Acesso em 14 jan 2024.
6. World Health Organization. World report on hearing: executive summary [Internet]. Geneva: OMS; 2021. Disponível em: https://cdn.who.int/media/docs/default-source/documents/health-topics/deafness-and-hearing-loss/world-report-on-hearing/wrh-executive-summary.en.pdf. Acesso em 15 jan 2024.
7. British Society of Audiology. Position statement and practice guidance auditory processing disorder (APD). [Internet] 2018. Disponível em: https://www.thebsa.org.uk/wp-content/uploads/2023/10/Position-Statement-and-Practice-Guidance-APD-2018.pdf. Acesso em 15 jan 2024.
8. Colella-Santos MF, Donadon C, Sanfins MD, Borges LR. Otitis media: long-term effect on central auditory nervous system. Biomed Res Int. 2019:1-11.
9. Geffner D, Ross-Swain D. Auditory processing disorders: assessment, management, and treatment. 3. ed. San Diego, CA: Editora Plural Publishing Inc; 2019.
10. Pereira LD, Schochat E. Processamento auditivo central: manual de avaliação. Barueri: Editora Pró-Fono; 2011.
11. Pereira LD. Avaliação do processamento auditivo central. In: Lopes Filho O, Campiotto AR, Levy CCAC, Redondo MC, Anelli W. Novo tratado de fonoaudiologia. Barueri: Manole; 2013. p. 179-95.
12. Frota S, Pereira L, Colella-Santos MF. Avaliação do processamento auditivo central: testes comportamentais. In: Schochat E, Samelli AG, Couto CM, Teixeira AR, Durante AS, Zanchetta S (org.). Tratado de Audiologia. Barueri: Manole; 2022. p.280-9.
13. Filippini R, Leite Filho CA, Barros GM, Musiek FE, Schochat E. Evidence of validity and normative values of a new auditory backward masking test. J Clin Med. 2022;11:239-16.
14. Academia Brasileira de Audiologia. Fórum Diagnóstico Audiológico. Recomendações e valores de referência para o protocolo de avaliação do PAC: comportamental eletrofisiológica. 31° Encontro Internacional de Audiologia. [Internet] 2016. Disponível em https://audiologiabrasil.org.br/31eia/pdf/forum_f.pdf.
15. Musiek FE, Chermak GD. Handbook of central auditory processing disorder: comprehensive interventions. 2. ed. San Diego; Plural Publishing; 2014.
16. Heil P, Scheich H, Budinger E, Konig R. The auditory cortex – a synthesis of human and animal research. 1. ed. San Diego; Psychology Press; 2015.
17. Morais AA, Rocha-Muniz CN, Schochat E. Efficacy of auditory training in elderly subjects. Front Aging Neurosci [Internet]. 2015 [cited 2024 Jan 30];7:1-9.
18. Musiek FE, Schochat E. Auditory training and central auditory processing disorders. Sem Hear. 1998;19(4):357-66.
19. Putter-Katz H, Adi-Bensaid L, Feldman I, Miran M, Kushnir D, Muchnik C, et al. Treatment and evaluation indices of auditory processing disorders. Sem Hear. (2002);23(4);357-64.
20. Sharma M, Purdy SC, Kelly AS. A randomized control trial of interventions in school-aged children with auditory processing disorders. Int J Audiol [Internet]. 2012 [cited 2024 Jan 31];51(7):506-18.
21. Schochat E, Musiek FE, Alonso R, Ogata J. Effect of auditory training on the middle latency response in children with (central) auditory processing disorder. Braz J Med Biol Res. 2010;43(8):777-85.
22. Machado MS, Zanchetta S. Uso de questionários na Audiologia. In: Schochat E, Samelli AG, Couto CM, Teixeira AR, Durante AS, Zanchetta S (orgs.). Tratado de Audiologia. Barueri: Manole; 2022. p.297-304.

11

Reabilitação auditiva nas perdas auditivas leves, assimétricas e unilaterais

Mariana Cardoso Guedes
Edilene Marchini Boéchat
Altair Cadrobbi Pupo
Maria Madalena Canina Pinheiro

PONTOS-CHAVE

- As perdas auditivas leves, unilaterais e assimétricas podem impactar a qualidade de vida das pessoas quanto aos aspectos do desenvolvimento de fala, de linguagem, educacionais, sociais e ocupacionais.
- Perdas auditivas leves, unilaterais e assimétricas devem ser precocemente identificadas e a atuação multiprofissional é necessária para seu devido diagnóstico diferencial, pesquisa etiológica e intervenção baseada em evidências.
- A reabilitação auditiva deve ser baseada em protocolos e guias de boas práticas e engloba o uso de dispositivos eletrônicos auditivos, sistemas auxiliares de escuta, terapia fonoaudiológica e acompanhamento educacional.

OBJETIVOS DE APRENDIZAGEM

Ao final deste capítulo, o leitor deverá ser capaz de:

- Conhecer o conceito, as etiologias possíveis, o impacto e as implicações no sistema auditivo central ocasionadas pelas perdas auditivas leves, unilaterais e assimétricas.
- Identificar a necessidade ou não do uso dos dispositivos eletrônicos auditivos e saber determinar o melhor tipo de dispositivo, dentre as opções disponíveis para cada tipo e grau de perda, bem como para cada faixa etária.
- Decidir as formas de intervenção necessárias para cada uma das populações descritas, considerando as características de cada tipo de perda auditiva, dos dispositivos disponíveis e de cada indivíduo.

INTRODUÇÃO

As perdas auditivas neurossensoriais bilaterais severas e profundas são frequentemente abordadas pelos profissionais da área com grande preocupação, pelo claro comprometimento que representam. No entanto, as perdas auditivas unilaterais (PAUn), bilaterais assimétricas, leves ou apenas na região de altas frequências apresentam maior dificuldade no diagnóstico e ainda geram polêmica no processo da reabilitação auditiva. Durante anos, mesmo após a possibilidade de diagnóstico precoce, com o surgimento da Triagem Auditiva Neonatal Universal (TANU), essas perdas auditivas ainda têm sido abordadas com certa insegurança pelos profissionais da área.

Ao longo dos últimos anos, as evidências científicas apontam para o fato de que adultos e crianças sofrem com a privação sensorial e têm suas queixas negligenciadas, uma vez que, equivocadamente, acredita-se que uma só orelha seja suficiente para se ouvir. O mesmo ocorre com perdas leves e perdas restritas a determinadas regiões de frequências, que muitas vezes têm sua importância minimizada.

Nesse sentido, os profissionais da área necessitam desenvolver um trabalho baseado em protocolos de boas práticas, tornando a reabilitação auditiva das perdas leves, unilaterais e assimétricas uma área especializada e que demanda estudo e atualização constante.

Nessa perspectiva, este capítulo tem por objetivo descrever o conceito e os principais impactos das perdas auditivas em questão, bem como proporcionar ferramentas para que os profissionais da saúde auditiva possam compreender a complexidade do tema a fim de delinear o processo de intervenção com segurança e com base nas mais atuais evidências.

DEFINIÇÃO, ETIOLOGIAS E IMPACTOS DAS PERDAS AUDITIVAS LEVES, UNILATERAIS E ASSIMÉTRICAS

A Organização Mundial da Saúde (OMS) considera a média dos limiares auditivos das frequências de 500, 1.000, 2.000 e 4.000 Hz menor do que 20 dBNA como padrão de normalidade, levando em consideração as consequências funcionais na comunicação. A perda auditiva leve é definida quando a média quadritonal estiver entre 20 e 35 dBNA[1]. Já a perda auditiva unilateral é definida como qualquer grau de perda auditiva permanente em uma orelha (média maior de 15 dBNA) independente da etiologia, com audição normal na orelha oposta[2].

Nos casos de perda auditiva neurossensorial de grau severo a profundo unilateral com a orelha contralateral apresentando limiares auditivos dentro dos padrões da normalidade, utiliza-se o termo SSD, do inglês *Single-Sided Deafness*. A perda auditiva assimétrica é definida como uma diferença superior a 15 dBNA na média para tons puros entre as orelhas ou quando o grau e a configuração audiométrica forem diferentes em cada orelha.[3]

Quanto às etiologias, a infecção de vias aéreas superiores é a principal causa das perdas auditivas condutivas leves nas crianças. Já nas perdas leves neurossensoriais a causa mais comum em jovens pode ser atribuída ao uso crescente de fones de ouvido como forma de entretenimento[4]. Outras causas frequentes de perda auditiva de grau leve são a prematuridade extrema, as causas genéticas sindrômicas ou não, e a perda auditiva decorrente do envelhecimento.

Na PAUn a hipoplasia ou aplasia do nervo coclear, diagnosticada por meio de estudo de imagens, tem sido encontrada como a etiologia mais frequente nas SSD e presente em aproximadamente 25% dos pacientes pediátricos com dados de imagem disponíveis[5]. As doenças cocleovestibulares, trauma do osso temporal, doença de Ménière, schwannoma vestibular, isquemia vascular, doenças autoimunes e infecções também podem ser causas da PAUn[6]. Outra importante etiologia que tem sido relatada em crianças é a citomegalovirose na gestação, geralmente causando perda neurossensorial, e as malformações das orelhas externa, média e/ou interna que podem causar tanto perdas condutivas como mistas ou neurossensoriais.

No passado, a perda leve em adultos era considerada "socialmente" aceitável e nos idosos era vista apenas como uma consequência da idade. Mesmo referindo queixas, era raro o paciente ser encaminhado para diagnóstico diferencial ou para uso de dispositivos eletrônicos auditivos (DEAS). Na criança, o diagnóstico precoce das perdas auditivas leves pode ser mais difícil, pois essas perdas não são facilmente identificadas pela TANU. Além disso, a criança desenvolve linguagem oral, porém com algum atraso ou alteração e/ou distorção na fala. O impacto da perda auditiva aumenta quando há qualquer outra comorbidade associada e/ou a presença de alterações crônicas de orelha média.

Estudos com grupos de crianças em idade escolar apontam que aquelas com perdas leves e unilaterais apresentam maior risco de déficits nas habilidades de linguagem, acadêmicas e psicossociais em comparação aos seus pares sem perda. A presença da perda auditiva leve bilateral durante a infância tem sido associada a atrasos em domínios de desenvolvimento, incluindo linguagem, morfossintaxe, consciência fonológica e reconhecimento da fala no ruído[4,7].

As perdas unilaterais impõem atenção especial, pois como um lado é íntegro, dependendo da incidência do sinal, a deficiência não será notada, fazendo com que o adulto, e mais ainda a criança, passem a impressão de desatenção ou negligência. A chance de uma criança apresentar dificuldades escolares é maior na PAUn do que na bilateral leve. Estudos mostram que cerca de 35% das crianças com PAUn são consideradas de risco para alterações na fala e linguagem e aproximadamente de 30 a 50% para alterações acadêmicas[8,9].

Em ambientes acusticamente complexos, como locais com ruído, reverberação ou múltiplos falantes, é necessário um maior esforço de escuta para compensar a perda auditiva unilateral. Esse esforço contínuo, ao longo do tempo, pode gerar fadiga cognitiva e redução do desempenho no trabalho pela dificuldade de memória, gerenciamento atencional e manutenção do foco. O aumento da restrição à comunicação nesse grupo está mais fortemente ligado a déficits na percepção espacial[10].

A percepção espacial é multissensorial e multifacetada e dependente do processamento de pistas auditivas monourais e binaurais. Enquanto os sinais de forma espectral monaural fornecem informações importantes e contribuem para a nossa capacidade de determinar a distância de uma fonte sonora, os sinais auditivos binaurais desempenham um papel maior nas habilidades auditivas espaciais[5,11].

Os sons que chegam às orelhas de diferentes fontes sonoras vindas de vários locais permitem que os ouvintes se aproveitem da distinção espacial dos sons para melhorar a relação sinal-ruído (SNR). A integração binaural resulta em um efeito de somação dos sinais que leva a uma melhora na percepção geral dos sons. Esses processos binaurais fornecem aos ouvintes um benefício de 4-10 dB no processamento de fala em ambientes complexos. Da mesma forma, a diferença interaural de intensidade (DII) e a diferença interaural de tempo (DIT) permitem que os ouvintes consigam identificar de onde vem o som e distinguir suas características. Essas pistas interaurais essenciais não estão disponíveis para aqueles com perdas unilaterais (principalmente no SSD) e resultam em dificuldades na compreensão da fala no ruído e na localização.

Crianças com PAUn apresentam risco aumentado de fadiga cognitiva, e sua magnitude é semelhante àquela experimentada por crianças com perda auditiva bilateral. Na assimetria auditiva e, no caso mais específico da PAUn, observa-se uma redução da quantidade de informação pelo posicionamento variável do indivíduo em relação à fonte sonora e também pela perda do efeito somação. Como resultado, observa-se um aumento da demanda necessária para gerenciar a atenção seletiva[10].

IMPLICAÇÕES NO SISTEMA AUDITIVO NERVOSO CENTRAL (SANC)

Estudos com Ressonância Magnética Funcional (RMF) mostram que a privação auditiva afeta áreas corticais correlatas. Sabe-se que, no ouvinte, o córtex auditivo apresenta assimetrias de lateralização apesar da entrada ser bilateral. A reorganização cortical induzida por PAUn no SANC não é específica para pacientes com SSD, mas também pode ser observada na PAUn de graus menores[12]. Um estudo[13] longitudinal realizado com um grupo de 21 crianças de 7 a 12 anos, com tempo de privação de pelo menos dois anos, mostrou a ativação de áreas visuais e sugeriu que a audição monoaural afeta o desenvolvimento das redes cerebrais relacionadas ao processamento sensorial crossmodal.

As alterações na audição periférica têm impacto nas redes corticais de processamento da fala, com efeitos em cascata nos processos neurais que suportam as funções perceptivas e cognitivas de nível superior. A evidência mostra que as alterações na neuroplasticidade também ocorrem após a perda adquirida, no entanto, as alterações resultantes da perda congênita, incluindo a SSD, impõem desafios graves para a maturação do cérebro[14].

Uma assimetria na entrada periférica gera assimetrias corticais. O cérebro que recebe audição monoaural torna-se complexo, especialmente no que diz respeito aos processos subjacentes à privação e à estimulação auditivas. A experiência auditiva unilateral induz a um cérebro funcionalmente assimétrico com diferentes reorganizações neuronais e envolve distintos períodos críticos do desenvolvimento[15].

De uma perspectiva clínica, as evidências parecem favorecer a reabilitação precoce da PAUn a fim de que se mantenham os processos auditivos binaurais. Além disso, à medida que os modelos mais recentes de implantes cocleares (IC) se tornam cada vez mais compatíveis com *scanners* de ressonância magnética, o rastreamento da plasticidade neural após a reabilitação da PAUn aumentará significativamente nosso conhecimento sobre as implicações corticais da privação auditiva[11].

REABILITAÇÃO AUDITIVA DE CRIANÇAS E ADULTOS COM PERDA AUDITIVA LEVE, UNILATERAL E BILATERAL ASSIMÉTRICA

A falta de diretrizes claras, especialmente para bebês e crianças pequenas, representa um grande problema para profissionais que acompanham as famílias das crianças com PAUn e perdas leves, uma vez que o impacto pode ser altamente variável entre os indivíduos, assim como as suas necessidades, resultados desejados e preferências pessoais. O grau, o tipo e a configuração da perda auditiva também podem variar desde uma criança sem audição na orelha afetada (SSD) até perdas muito leves nas quais é possível ter alguma entrada bilateral, embora assimétrica.

As características da perda auditiva e a sua etiologia podem levar a diferentes prognósticos, assim como aspectos familiares e características de linguagem e audição de cada criança afetarão a escolha do tipo de acompanhamento e do dispositivo de tecnologia auditiva a ser indicado.

A família deve receber o maior número de informações sobre a condição auditiva da criança e compreender que, embora a criança possa não apresentar muitas dificuldades de percepção auditiva no ambiente doméstico, a situação pode ser muito mais desafiadora na escola, ambiente em geral com ruído e acusticamente desfavorável para a criança. O trabalho com as famílias deve abordar as estratégias a serem utilizadas no dia a dia para uma melhor escuta, a importância do comparecimento aos acompanhamentos ou terapias quando houver necessidade, o conhecimento sobre os impactos da perda auditiva e o reconhecimento da importância de melhorar a audibilidade da criança para a adesão ao uso dos Dispositivos Eletrônicos Auxiliares da Audição (DEAS) e prevenção de futuros problemas.

Hoje há consenso na literatura nacional e internacional de que a reabilitação auditiva nos casos de perda auditiva leve ou unilateral deve contemplar, entre outros aspectos:

1. Acompanhamento sistemático desde o diagnóstico, junto à equipe multiprofissional (otorrino, fonoaudiólogo e outros profissionais quando necessário).
2. Acompanhamento do desenvolvimento de linguagem e dos efeitos sobre o desenvolvimento global da criança com uso de protocolos padronizados que serão balizadores da necessidade de intervenção e terapia fonoaudiológica.
3. Monitoramento auditivo para avaliação de qualquer alteração da perda auditiva em uma ou ambas as orelhas e das condições de orelha média.
4. Trabalho centrado na família com aconselhamento e orientações sobre o impacto da perda auditiva, as estratégias utilizadas para diminuir o esforço de escuta e promover o enriquecimento linguístico e sobre a introdução e o uso dos dispositivos de tecnologia auditiva como aparelhos de amplificação sonora individual (AASI), CROS (do inglês, *contralateral routing of signals*), IC, Próteses Auditivas Ancoradas no Osso (PAAO) e Sistemas de Microfones Remotos (SMR),
5. Acompanhamento na área acadêmica por meio do contato com a escola para orientação quanto às necessidades da criança e sobre os recursos tecnológicos disponíveis, dispositivos eletrônicos, cuidado com o ambiente acústico e posicionamento em sala de aula[9].

Para uma melhor aprendizagem em sala de aula, a criança deve sentar-se no local com melhor acústica, menor distância da fonte sonora de interesse e menor nível de ruído. Nos casos da PAUn, a criança deve sentar-se com a orelha não comprometida voltada ao professor e nunca para as possíveis fontes de ruído. Dessa forma, faz-se necessário um estudo das condições acústicas da sala de aula com identificação das fontes geradoras de ruído ou reverberação[16]. O uso de sistemas de microfones remotos pode ser recomendado a fim de melhorar a relação sinal-ruído da voz do professor, minimizar distorções e garantir uma maior atenção por parte da criança.

De acordo com os mais recentes guias e protocolos de reabilitação auditiva, publicados em fevereiro/2023 pelo *British Columbia Early Hearing Program*[17] (BCEHP) e em agosto/2023 pelo *Ontario Infant Hearing Program*[18], são candidatas ao uso de DEAS todas as crianças com perda auditiva permanente que resulte em um índice de inteligibilidade de fala (SII, do inglês *Speech Inteligibility Index*) sem amplificação, ou seja, sem o uso de qualquer DEAS, menor ou igual a 80% em uma ou ambas as orelhas (usando um nível de entrada de fala médio de 65 dBSPL).

A amplificação bilateral será recomendada para todos os bebês com perda auditiva permanente confirmada quando ambas as orelhas atenderem aos critérios de adaptação usando o SII < 80%. Para auxiliar os profissionais no que se refere à indicação ou não da amplificação em crianças com perdas leves e limiares muito próximos à normalidade ou restritas a alguma região específica de frequência, o grupo KIPA (*Knowledge and Implementation in Paediatric Audiology*) desenvolveu uma ferramenta *online* gratuita na qual os profissionais podem inserir dados referentes aos limiares auditivos da criança e os valores obtidos do RECD (*Real Ear Coupler Difference*). Alimentada com os dados, a ferramenta irá converter as medidas em dBNA para dBNPS e calcular o SII para cada faixa etária, de forma personalizada para cada indivíduo com seus diferentes volumes de conduto, a fim de sugerir a necessidade ou não de amplificação sonora.

Caso a família opte pelo uso de dispositivos e não houver contraindicações, o processo deverá ser realizado no tempo hábil recomendado pelo *Joint Committee on Infant Hearing* (JCIH)[19]. Contudo, adaptar os DEAS em bebês e crianças com perdas auditivas leves é sempre um desafio e exige expertise profissional. Achados divergentes na literatura sobre os benefícios da reabilitação auditiva para crianças com perdas leves levaram a práticas clínicas e recomendações de intervenção inconsistentes para essa população. Fitzpatrick, Whittingham e Durieux-Smith (2014)[20] relataram que a amplificação só foi recomendada nos primeiros três meses após o diagnóstico para 58% das crianças. Dentro de 12 meses após a identificação, aproximadamente 87% das crianças receberam uma recomendação para amplificação. Esse atraso na indicação de uso de DEAS provavelmente reflete a incerteza dos profissionais em recomendar a amplificação quando bebês e crianças pequenas apresentam perdas leves.

Mesmo quando o AASI é recomendado, estabelecer o uso consistente pode ser um desafio. Estudos transversais e longitudinais sobre o uso de AASI sugerem que crianças com perdas mais leves usam seus AASI por menos horas por dia, em média, do que seus pares com maior grau de perda, embora haja considerável variabilidade individual no uso da amplificação[7].

Devido ao aumento da identificação precoce das perdas leves e unilaterais e da constante chegada de bebês e crianças pequenas nos serviços de diagnóstico e reabilitação auditiva, é fundamental um investimento da indústria no que diz respeito ao desenvolvimento de dispositivos pediátricos. É imprescindível atender todas as demandas das pequenas orelhas, considerando não só a retenção adequada dos dispositivos e os itens de segurança como trava de bateria e luzes indicadoras, mas também valores de ganho e saída razoáveis para limiares auditivos mais próximos da normalidade, sem risco de desconforto ou compressão excessiva.

Dispositivos de amplificação com níveis de saída ou de ganho muito forte podem colocar em risco o desenvolvimento da fala e da linguagem dessas crianças por conta das distorções sonoras geradas pela compressão excessiva a fim de promover conforto em perdas auditivas leves. Faz-se necessário também o desenvolvimento de sistemas de processamento de sinal e algoritmos pensados para o cérebro infantil com foco na aprendizagem, no desenvolvimento da fala, linguagem e no processamento auditivo condizente com a faixa etária pré-escolar e escolar.

Em estudo[21] realizado em crianças com PAUn, os autores ressaltam que é fundamental monitorar a fala e a linguagem, uma vez que o desenvolvimento está em risco quando se escuta com uma orelha só. Assim, o teste com dispositivos de tecnologia auditiva deve ser sempre implementado, bem como a terapia fonoaudiológica, pois existem evidências sugerindo que o uso dos DEAS pode melhorar a qualidade de vida, especialmente naquelas crianças que sofrem distúrbios de fala e linguagem ou que apresentam problemas acadêmicos ou comportamentais.

A intervenção precoce pode ser crucial, particularmente para a melhora da discriminação e reconhecimento da fala, especialmente em ambientes ruidosos. Obviamente, como ressaltado pelos autores, a percepção de benefício e os resultados no curto e longo prazo dependem do resíduo auditivo na orelha afetada, da expectativa e de como o aconselhamento e o apoio familiar foram conduzidos durante o processo de reabilitação, da etiologia e do tipo de dispositivo utilizado.

Sabemos hoje, por exemplo, que nos casos de SSD nos quais a orelha com perda não apresenta benefício com amplificação convencional, sistemas como PAAO ou o CROS têm um papel muito diferente dos dispositivos de amplificação, pois não estimulam o ouvido afetado, fornecendo apenas acesso à área acusticamente "cega" e, portanto, não há acesso binaural ao som. Além disso, temos pouquíssimas evidências do benefício da adaptação precoce de CROS para crianças.

No Reino Unido, por exemplo, eles não são indicados antes dos 6-7 anos de idade por conta da imaturidade das vias auditivas centrais e da falta de habilidade para o gerenciamento do ambiente por meio do posicionamento da cabeça a fim de evitar a transmissão do ruído para a orelha "boa". Associado a isso, temos ainda uma implicação prática no que tange à adaptação de sistemas do tipo CROS: esses dispositivos utilizam receptores no canal e ajuste para adaptação aberta com olivas, para que o som no melhor ouvido não seja atenuado pela oclusão da oliva/molde. As crianças pequenas não têm o tamanho apropriado do canal auditivo para permitir a adaptação desse tipo de sistema, e os fabricantes de AASI não oferecem receptores/olivas com comprimentos e diâmetros suficientemente pequenos para os canais auditivos das crianças[21].

Por outro lado, as crianças com SSD geralmente não ficam bem adaptadas com AASI devido à atenuação interaural à medida que os fortes níveis de ganho exigidos podem resultar no mascaramento da melhor orelha e, portanto, provável distorção do som percebido na orelha não comprometida. Nesses casos, acredita-se que os IC para perdas auditivas severas a profundas oferecem maior benefício, apesar de ainda não serem uma indicação de rotina na PAUn devido à grande variabilidade de resultados descritos na literatura.

Países como os Estados Unidos ampliaram seus critérios de indicação do IC, que agora incluem pacientes acima dos 5 anos de idade com SSD. Arndt et al. (2023)[22] acreditam que o IC é a opção mais indicada para crianças com SSD até os três anos de idade. Em seu estudo, os autores acompanharam 36 crianças que receberam o IC na orelha afetada. Dessas, apenas quatro não usavam seu dispositivo regularmente. Os resultados iniciais mostraram maior benefício nas crianças com perdas pós-linguais e menor tempo de privação, apesar de todos os grupos terem apresentado benefícios se comparados à situação de não intervenção.

Park, Gagnon e Dillon[23] analisaram os dados de 97 crianças com IC na PAUn implantadas entre 2012 e 2022 e notaram que o menor tempo de privação e a maior porcentagem de horas de uso do dispositivo (HHP, do inglês *Hearing Hour Percentage*) são fatores fortemente correlacionados com os resultados em testes de percepção de fala, sendo a idade na ativação um fator menos importante. De maneira interessante, o HHP foi maior na amostra estudada de crianças menores e tendeu a uma certa diminuição conforme as crianças ficavam mais velhas, uma vez que permanecem mais tempo acordadas.

Cada vez mais estudos incentivam que a melhor opção para a reabilitação e para a melhora da percepção de fala na orelha afetada pela perda auditiva em indivíduos com SSD é o IC, sendo os sistemas CROS e as PAAO dispositivos apenas auxiliares, mas que não estimulam a orelha em privação, especialmente quando pensamos na população pediátrica e adultos com zumbido grave. Apesar de não serem indicados para crianças pequenas, tanto o CROS como as PAAO devem ser testadas e consideradas no processo de reabilitação auditiva do adulto com SSD, sendo excelentes opções tanto para os casos de perda auditiva adquirida como congênita naqueles que não pretendem ou não possuem indicação para o IC.

Para os casos de PAUn com perdas neurossensoriais leves a moderadas o uso dos AASI é indiscutível e vital para estimular a via auditiva durante os períodos cruciais do desenvolvimento neural para a aquisição da fala e da linguagem, oferecendo simetria e possibilitando a audição binaural mais próxima do processamento adequado e esperado, a fim de diminuir o esforço de escuta, a fadiga e os impactos citados nas seções iniciais deste capítulo.

A amplificação é o padrão preconizado pelos guias e diretrizes internacionais na reabilitação tanto do adulto como da criança com resíduo auditivo útil. De acordo com os guias do BCEHP[17] e OIHP[18], os AASI retroauriculares são mais apropriados para crianças com perda auditiva neurossensorial por vários motivos. Caso a criança apresente perda auditiva condutiva causada por alterações estruturais em orelha externa ou média, as PAAO devem ser indicadas. Para os adultos, a indústria oferece uma gama maior de modelos, incluindo os AASI completamente dentro do canal, intracanal, retroauriculares convencionais ou os minirretroauriculares com receptor dentro do canal, entre outros.

A decisão de testar um dispositivo é complexa e específica para cada indivíduo, por isso uma investigação mais aprofundada é sempre útil para compreender melhor as preocupações dos pais e das crianças. Enquanto o foco das terapias fonoaudiológicas nas crianças é o desenvolvimento da escuta, da fala e da linguagem, para a população de adultos com PAUn o treinamento auditivo pode ser indicado e tem se mostrado eficaz na melhoria do desempenho de usuários de IC e AASI. O objetivo é promover a integração perceptiva entre a orelha adaptada com DEAS e a orelha sem perda auditiva, proporcionando audição binaural e otimizando os resultados.

CONCLUSÃO

Considerando o impacto das perdas auditivas leves, assimétricas e PAUn em crianças e adultos, é essencial que os profissionais da área atentem para o diagnóstico precoce e que tenham suas ações norteadas por boas práticas descritas ao longo deste capítulo.

Em relação às recomendações para a reabilitação de crianças e adultos com perdas leves e unilaterais, as seguintes opções de dispositivos se destacam: AASI, lembrando que o grau de perda auditiva deve permitir que o indivíduo receba audibilidade de fala adequada de um dispositivo de condução aérea ou óssea; CROS, que em crianças deve ser considerado apenas quando apresentam controle e conhecimento sobre a orientação da cabeça para evitar fontes de ruído; sistemas de microfones remotos, dispositivos por condução óssea como as PAAO e, mais recentemente, o IC nos casos de SSD ou perdas severas e profundas.

O acompanhamento e/ou a intervenção fonoaudiológica são necessários desde a identificação e diagnóstico da perda auditiva, destacando-se que a conduta envolve, além da adaptação de dispositivos de amplificação, a observação das dificuldades específicas, eventuais comorbidades, pois o quadro auditivo pode se modificar ao longo do tempo.

Faz-se indispensável que o processo de identificação e diagnóstico da perda auditiva e reabilitação seja realizado de forma cuidadosa, bem orientado e acompanhado por profissional especializado, de maneira que suas ações estejam fundamentadas nas recomendações de boas práticas, preconizadas por evidências científicas recentes.

REFERÊNCIAS BIBLIOGRÁFICAS

1. Organização Mundial da Saúde. World report on hearing, 2021. Disponível em: https://www.who.int/publications/i/item/9789240020481. Acesso em: 29 fev. 2024.
2. Bagatto M, DesGeorges J, King A, Kitterick P, Laurnagaray D, Lewis D, et al. Consensus practice parameter: audiological, assessment and management of unilateral hearing loss in children. Int J. Audiol. 2019;59(12):805-15.
3. Suen JJ, Betz J, Reed NS, Deal JA, Lin FR, Goman AM. Prevalence of asymmetric hearing among adults in the United States. Otol Neurotol. 2021 Feb 1;42(2):e111-e113.
4. Elbeltagy R. Prevalence of mild hearing loss in schoolchildren and its association with their school performance. Int Arch Otorhinolaryngol [Internet]. 2020Jan;24(1):e93-8.
5. Snapp HA, Ausili SA. Hearing with one ear: consequences and treatments for profound unilateral hearing loss. J Clin Med. 2020 Apr 3;9(4):1010.

6. Hendrix RA, Dedio RM, Sclafani AP. The use of diagnostic testing in asymmetric sensorineural hearing loss. Otolaryngology – Head and Neck Surgery. 1990;103(4):593-8.
7. McCreery RW, Walker EA, Stiles DJ, Spratford M, Oleson JJ, Lewis DE. Audibility-based hearing aid fitting criteria for children with mild bilateral hearing loss. Lang Speech Hear Serv Sch. 2020 Jan 8;51(1):55-67.
8. Lieu JE. Unilateral hearing loss in children: speech-language and school performance. B-Ent Suppl. 2013;(21):107-15.
9. Pupo AC, Barzaghi L. Intervenção fonoaudiológica na perda auditiva unilateral em criança. In: Schochat E, et al. (eds.). Tratado de Audiologia. 3. ed. Barueri: Manole; 2022. p. 488-96.
10. Bess F, Davis H, Camarata S, Hornsby B, Listening-related fatigue in children with unilateral hearing loss. Lang Speech Hear Services in Schools. 2020;51(1):84-97.
11. Dahlgren HJ, Berglin CE, Hultcrantz M, Asp F. A pilot study on spatial hearing in children with congenital unilateral aural atresia. Front. Pediatr. 2023;11.
12. Burton H, Firszt JB, Holden T. Hearing thresholds and FMRI of auditory cortex following eighth cranial nerve surgery. Otolaryngol Head Neck Surg. 2013 Sep;149(3):492-9.
13. Schmithorst VJ, Plante E, Holland S. Unilateral deafness in children affects development of multi-modal modulation and default mode networks. Front Hum Neurosci. 2014 Mar 25;8:164.
14. Vanderauwera J, Hellemans E, Verhaert N. Research insights on neural effects of auditory deprivation and restoration in unilateral hearing loss: a systematic review. J Clin Med. 2020 Mar 17;9(3):812.
15. Kral, A, Heid S, Hubka P, Tillein, J Unilateral hearing during development: hemispheric specificity in plastic reorganizations Front Syst Neurosci. 2013;7.
16. Ficker LB, Pupo AC, Bertero MC, Tetilla MR. Impacto das perdas auditivas unilaterais e temporárias na linguagem e no aprendizado. In: Favero ML, Pirana S (org.). Tratado de Foniatria. v. 1. 1. ed. Rio de Janeiro: Thieme Revinter; 2020. p. 103-12.
17. BC Early Hearing Program. Amplification Protocol (February 2023). Disponível em: http://www.phsa.ca/bc-early-hearing/Documents/BCEHP_Amplification_Protocol.pdf. Acesso em 12 de fevereiro de 2024.
18. National Centre for Audiology. Protocol for the Provision of Amplification v 2023.01. Ontario; 2023 Disponível em: https://ir.lib.uwo.ca/cgi/viewcontent.cgi?article=1011&context=nca. Acesso em 12 de fevereiro de 2024.
19. The Joint Committee on Infant Hearing. Position statement: principles and guidelines for early hearing detection and intervention programs. JEHDI. 2019;4(2):1-44.
20. Fitzpatrick EM, Whittingham J, Durieux-Smith A. Mild bilateral and unilateral hearing loss in childhood: A 20-year view of hearing characteristics, and audiologic practices before and after newborn hearing screening. Ear and Hearing. 2014;35(1);10-8.
21. Patel R, Hoare DJ, Willis KR, Tabraiz S, Bateman PK, Thornton SK. Characterisation of the treatment provided for children with unilateral hearing loss. Front Pediatr. 2023;11. Speech-Language & Audiology Canada. SAC Position Paper on Unilateral Hearing Loss in Children [Internet]. 2020. Disponível em www.sac-oac.ca.
22. Arndt S, Findeis L, Aschendorff A, Speck I, Ketterer MC, Rauch AK. Long term outcome of cochlear implantation in children with congenital, perilingual, and poslingual single side deafness. Ear & Hearing. 2023;45(2):316-28.
23. Park LR, Gagnon EB, Dillon MT. Factors that influence outcomes and device use for pediatric cochlear implant recipients with unilateral hearing loss. Front Hum Neurosci. 2023;17.

12

Promoção em saúde auditiva do trabalhador: da atenção básica ao ambiente de trabalho

Ana Claudia Fiorini
Andréa Cintra Lopes

PONTOS-CHAVE

- A saúde do trabalhador representa um importante campo de atuação e pesquisa para a Fonoaudiologia.
- As perdas auditivas relacionadas ao trabalho estão dentre as doenças crônicas de maior prevalência e incidência em trabalhadores.
- A busca ativa realizada na atenção básica representa uma importante ferramenta para a vigilância epidemiológica das perdas auditivas relacionadas ao trabalho.
- O fonoaudiólogo, em conjunto com a equipe interdisciplinar, desempenha papel fundamental nas ações de promoção e proteção à saúde dos trabalhadores.

OBJETIVOS DE APRENDIZAGEM

Ao final deste capítulo, o leitor deverá ser capaz de:

- Refletir sobre a importância da área de saúde do trabalhador na Rede de Atenção à Saúde do Sistema Único de Saúde (SUS).
- Verificar as estratégias para busca ativa de trabalhadores com suspeita de perdas auditivas relacionadas ao trabalho, bem como a importância de notificações das mesmas.
- Conhecer a importância do fonoaudiólogo nas ações de promoção e proteção à saúde de trabalhadores, incluindo identificação, diagnóstico e vigilância.

INTRODUÇÃO

O campo da saúde do trabalhador e da trabalhadora tem se ampliado nos últimos anos, principalmente em consonância com os avanços científicos pautados no paradigma da promoção da saúde. A psicodinâmica do trabalho, abordagem preconizada por Dejours em 1988[1], surge como alavanca na compreensão dos processos de adoecimentos de trabalhadores. Compreender o sofrimento e o modo como o trabalhador lida com a iminência de adoecer tem se tornado um dos principais desafios para os profissionais de saúde. São muitas as doenças, os acidentes – às vezes fatais – e os poucos recursos que temos para mudar a prevalência e, principalmente, a incidência dessas intercorrências. Mesmo considerando os avanços nas políticas públicas, as estatísticas nacionais e internacionais refletem que ainda são necessárias muitas ações para a proteção dos trabalhadores.

O crescente número de doenças ocupacionais/profissionais (doenças inerentes a uma função) e das doenças relacionadas ao trabalho (doenças que não dependem diretamente da função, mas sim da condição de trabalho) não é sistematizado, uma vez que os serviços de informação em saúde na maioria dos países ainda são deficitários para estimar os coeficientes de prevalência e incidência que poderiam subsidiar a real magnitude do problema na população de trabalhadores. Há de se considerar que as falhas ou ausências de notificações contribuem sobremaneira para esse cenário. É frequente observar que a falta de informação ou até mesmo a ocultação do adoecimento em trabalhadores revela fragilidades nos sistemas de controle epidemiológico e, consequentemente, dificulta o acesso dessa população à rede de atenção à saúde e também a execução ou a atualização das políticas públicas.

Dentre as principais doenças que acometem os trabalhadores, destacam-se as Perdas Auditivas Relacionadas ao Trabalho (PART), principalmente pelas elevadas taxas de prevalência e incidência observadas tanto no Brasil quanto nos demais países do mundo. Tais perdas auditivas estão relacionadas às exposições continuadas a ruído, diferentes produtos químicos e vibrações, dentre outros riscos presentes nos ambientes de trabalho. Além da diminuição da acuidade auditiva e da privação sensorial, os recentes estudos experimentais e epidemiológicos forneceram informações adicionais sobre a fisiopatologia, os mecanismos de toxicidade, os achados clínicos e o impacto econômico e social.

O presente capítulo pretende abordar as políticas públicas voltadas à saúde dos trabalhadores, os recentes estudos acerca das perdas auditivas relacionadas ao trabalho, a atuação do fonoaudiólogo na área e, finalmente, a importância da busca ativa de trabalhadores com suspeita de perda auditiva no âmbito da Atenção Básica do SUS, contribuindo com práticas para promoção da saúde e a preservação da audição e equilíbrio dos trabalhadores.

Posto isso, o fonoaudiólogo, para atuar na área da Saúde do Trabalhador, deve privilegiar/contribuir para intervenções nos processos de trabalho para que eles não produzam alterações na saúde, especialmente na audição e no equilíbrio dos trabalhadores. Desse modo, ter conhecimento sobre o ambiente de trabalho, exposições ocupacionais que envolvam agentes de risco e questões organizacionais, são determinantes para subsidiar as medidas de controle em nível individual e coletivo.

POLÍTICAS PÚBLICAS VOLTADAS À SAÚDE DOS TRABALHADORES NO BRASIL

A Constituição Federal garante a saúde como direito de todos e dever do Estado por meio de políticas públicas para promoção, proteção e recuperação da saúde individual e coletiva. Neste modelo, as ações e os serviços de saúde são ofertados por níveis de complexidade. A Atenção Básica é considerada a porta de entrada do SUS.

O avanço nas políticas públicas brasileiras foi notório, principalmente a partir da regulamentação dos dispositivos constitucionais sobre a Saúde do Trabalhador que preconizou ações de vigilância epidemiológica e vigilância sanitária, promoção e proteção da saúde, assim como a recuperação e reabilitação da saúde dos trabalhadores submetidos aos riscos e agravos advindos das condições de trabalho (artigo 6°, parágrafo 3° da Lei Orgânica da Saúde – Lei Federal n. 8080 de 19 de setembro de 1990[2]). Ressalta-se a criação da Rede Nacional de Atenção Integral à Saúde do Trabalhador (RENAST), em 2002 (Portaria n. 1.679, Brasil, 2002[3]), que disseminou ações de saúde do trabalhador articuladas às demais redes do SUS; além da Política Nacional de Saúde do Trabalhador e da Trabalhadora (Portaria n. 1.823, Brasil, 2012[4]).

A Portaria n. 104 do Ministério da Saúde[5], publicada em 25 de janeiro de 2011, definiu, além de outros, as terminologias adotadas em legislação nacional, com relação às doenças, agravos e eventos em saúde pública de notificação compulsória em todo o território nacional. No art. 6°, adotou – na forma do Anexo III a essa Portaria – a Lista de Notificação Compulsória em Unidades Sentinelas (LNCS). As doenças e eventos desse anexo passaram a ser registrados no SINAN (Sistema de Informação de Agravos de Notificação). Dentre os 14 agravos de notificação que constam no anexo, está a Perda Auditiva Induzida por Ruído (PAIR) relacionada ao trabalho. A notificação compulsória é obrigatória a todos os profissionais de saúde no exercício da profissão, bem como aos responsáveis por organizações e estabelecimentos públicos e particulares de saúde e de ensino.

Em 2023, a Portaria GM/SM n. 1.999[6] alterou a Portaria de Consolidação GM/MS n. 5, de 28 de setembro de 2017, para atualizar a Lista de Doenças Relacionadas ao Trabalho (LDRT). O aprimoramento resulta na incorporação de 165 novas doenças que causam danos à integridade física ou mental do trabalhador, a saber: COVID-19, doenças de saúde mental, distúrbios musculoesqueléticos, diferentes tipos de perdas auditivas (causadas por ruído, diferentes produtos químicos e outras afecções no sistema auditivo), além do distúrbio de voz relacionado ao trabalho (DVRT) e outros tipos de cânceres. O documento é composto por duas partes: a primeira apresenta os riscos para o desenvolvimento de doenças; e a segunda estabelece as doenças para identificação, diagnóstico e tratamento. A Portaria representa um importante avanço não só na quantidade de códigos de diagnóstico inseridos, mas principalmente no reconhecimento dos processos de adoecimento de trabalhadores que exigem ações em saúde a curto, médio e longo prazos.

PERDAS AUDITIVAS RELACIONADAS AO TRABALHO (PART)

Considerando a necessidade de notificação compulsória de agravos que acometem os trabalhadores, torna-se iminente o reconhecimento de todos os fatores de risco presentes nos ambientes de trabalho e que podem gerar algum tipo de alteração no sistema auditivo.

A notificação dos casos de Perdas Auditivas Relacionadas ao Trabalho (PART) deve ser realizada em órgãos oficiais, como o Sistema de Informação de Agravos de Notificação – SINAN. O SINAN recebe as notificações de casos de doenças e agravos que fazem parte da Lista Nacional de Doenças de Notificação Compulsória por meio do encaminhamento da FIN (Ficha Individual de Notificação), até os serviços responsáveis pela informação e/ou vigilância epidemiológica dos municípios que, por sua vez, comunicam às Secretarias Estaduais da Saúde, responsáveis pela investigação dos casos notificados[7].

Os agentes de risco presentes nos ambientes de trabalho afetam o sistema auditivo e equilíbrio e ganham espaço entre os profissionais da saúde e segurança do trabalhador. Em 2020, a Portaria SEPRT n. 6.734, de 09/03/2020[8], aprovou a nova redação da NR 7 (PCMSO) e caracteriza os agentes otoagressores presentes no ambiente de trabalho.

A realidade nos ambientes de trabalho é de exposição simultânea a diversos estressores físicos, químicos, biológicos e organizacionais. Dessa forma, na presença de perda auditiva, há necessidade de avaliar tais exposições para estabelecimento de nexo causal. O ruído, apesar de ser um importante problema de saúde pública, não é o único risco à audição dos trabalhadores. Como supracitado, a Lista de Doenças Relacionadas ao Trabalho (LDRT), publicada em 2023 pelo Ministério do Trabalho, também reconhece diversos produtos químicos como otoagressores. Assim, faz-se necessário considerar a nomenclatura Perda Auditiva Relacionada ao Trabalho (PART), pois não necessariamente a perda é decorrente da exposição exclusiva a ruído.

Agentes otoagressores como o ruído ou diferentes produtos químicos ototóxicos (metais, gases asfixiantes e solventes orgânicos), além dos danos mecânicos e metabólicos, podem provocar aumento nos níveis das espécies reativas de oxigênio (ERO) na cóclea. Atualmente, as evidências científicas indicam que tal estresse oxidativo metabólico representa o principal causador dos danos cocleares. Entretanto, há também outras evidências de que as sinapses existentes entre as células ciliadas internas e as fibras do nervo auditivo podem degenerar antes mesmo das células ciliadas da cóclea. Essa degeneração neural primária não afetaria os limiares auditivos e por esse motivo vem sendo denominada sinaptopatia[9].

Considerando a complexidade envolvida na realidade de exposições simultâneas e possíveis efeitos na audição e no equilíbrio, há necessidade emergente de busca ativa de casos suspeitos de perdas auditivas na Rede de Atenção à Saúde do SUS, principalmente para avaliar a magnitude do problema dentre os trabalhadores.

ATUAÇÃO DO FONOAUDIÓLOGO NA SAÚDE DO TRABALHADOR

A Lei Federal n. 6.965/1981 regulamenta a profissão de fonoaudiólogo, definindo-o como "o profissional com graduação plena em Fonoaudiologia, que atua em pesquisa, prevenção, avaliação e terapia fonoaudiológica na área da comunicação oral e escrita, voz e audição, bem como em aperfeiçoamento dos padrões de fala e da voz". Em consonância com a Lei Federal n. 6.965/198, a Fonoaudiologia é a ciência que tem como objeto de estudo a comunicação humana, em todas as suas dimensões, tais como sucção, mastigação, deglutição e alimentação, os sistemas de comunicação alternativos, aumentativos ou suplementares, entre outros[10].

As diretrizes de ação, normativas, atribuições e competências, assim como a atuação do fonoaudiólogo na saúde do trabalhador, encontram-se nas resoluções específicas do Conselho Federal de Fonoaudiologia (CFFa).

Em 2015, o CFFa reconheceu a Fonoaudiologia do Trabalho como especialidade, por meio da Resolução CFFa n. 467, de 24 de abril de 2015[11]. Em seu artigo 1° estabeleceu as atribuições e competências relativas ao profissional fonoaudiólogo Especialista em Fonoaudiologia do Trabalho. Já em 2020, reconheceu a Perícia Fonoaudiológica como área de especialidade, por meio da Resolução CFFa n. 584, de 22 de outubro de 2020,[12] e, em seu artigo 4°, estabelece as competências relativas ao profissional Especialista em Perícia Fonoaudiológica. Destaca-se ainda a Resolução CFFa n. 320, de 17 de fevereiro de 2006[13], que estabelece a Audiologia como área de especialidade.

A Resolução do CFFa n. 428/2013[14] dispõe sobre a atuação do fonoaudiólogo na saúde do trabalhador, salientando a ação de Vigilância em Saúde do Trabalhador, definida como a atuação contínua e sistemática, no sentido de detectar, conhecer, pesquisar e analisar os fatores determinantes e condicionantes dos agravos à saúde relacionados

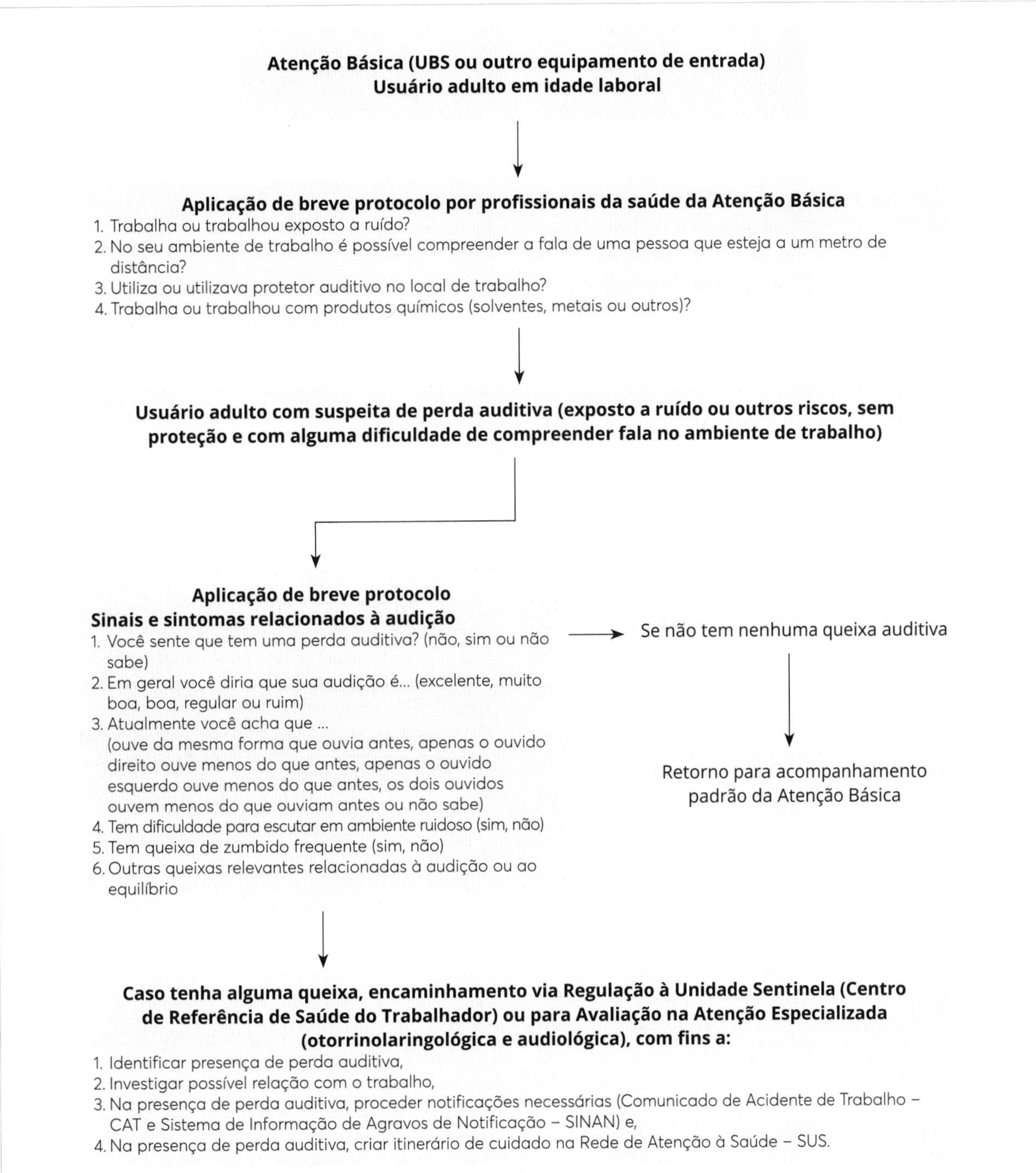

FIGURA 1 Fluxograma de busca ativa de Perda Auditiva Relacionada ao Trabalho.

aos processos e ambientes de trabalho, para intervir sobre os mesmos, visando a sua prevenção. Segundo a Resolução CFFa n. 693, de 3 março de 2023, que regulamenta a atuação do fonoaudiólogo na avaliação e controle da audição de empregados e servidores expostos a níveis de pressão sonora elevados, demais agentes otoagressores e sua competência para implantar, monitorar, assessorar, supervisionar e coordenar o Programa de Conservação Auditiva (PCA) no âmbito da saúde do trabalhador, deverá obedecer às determinações das Normas Regulamentadoras do trabalho (NRs), bem como às Resoluções do Conselho Federal de

Fonoaudiologia e demais legislações pertinentes aos trabalhadores.

Considerando que a atenção fonoaudiológica é voltada para o indivíduo e a coletividade, na saúde integral, promoção, prevenção, diagnóstico e tratamento dos distúrbios da comunicação oral, escrita, voz, funções orofaciais, audição e equilíbrio e objetivando o seu bem-estar, com segurança e responsabilidade, o fonoaudiólogo que atua na área da Saúde do Trabalhador deve ampliar suas práticas fonoaudiológicas analisando as evidências robustas dos agentes otoagressores, assim como com a publicação de políticas públicas pautadas na saúde integral do trabalhador, com ênfase na vigilância, visando a promoção e a proteção da saúde dos trabalhadores e a redução da morbimortalidade decorrente dos modelos de desenvolvimento e dos processos produtivos. Desta forma, as ações de promoção de saúde e prevenção de doenças ganham cada vez mais espaço.

Paralelamente aos avanços na área da Fonoaudiologia, aprofundam-se as reflexões sobre a compreensão em relação à vigilância em saúde do trabalhador, fazendo com que a Fonoaudiologia incorpore tais ações na sua prática, ou seja, por meio de ações proativas para promoção de saúde, isto é, muito mais do que atender a legislação.

PROPOSTA DE FLUXOGRAMA PARA BUSCA ATIVA DE PART

A partir de todas as considerações abordadas no presente capítulo, propõe-se a aplicação de um fluxograma de busca ativa de casos suspeitos de perdas auditivas relacionadas ao trabalho em equipamentos de saúde da Atenção Básica do SUS. A aplicação desse fluxograma poderá nortear a vigilância epidemiológica tanto para o matriciamento necessário no cuidado de cada indivíduo, quanto para garantir a notificação compulsória.

CONCLUSÃO

Este capítulo buscou abordar as políticas públicas voltadas à saúde dos trabalhadores, os recentes estudos acerca das perdas auditivas relacionadas ao trabalho, a atuação do fonoaudiólogo na área e, finalmente, a importância da busca ativa de trabalhadores com suspeita de perda auditiva no âmbito da Atenção Básica do SUS. Considera-se indispensável, na Saúde do Trabalhador, que o fonoaudiólogo analise os riscos presentes nos ambientes de trabalho, assim como os efeitos na saúde para a tomada de decisão.

Muitos são os desafios, no entanto a literatura traz evidências de "boas práticas em saúde do trabalhador" que devem nortear e trazer subsídios para a implementação de ações de promoção e proteção à saúde.

REFERÊNCIAS BIBLIOGRÁFICAS

1. Dejours C (org.). Plaisir et souffrance dans le travail. Paris: L'AOCIP; 1988.
2. Brasil. Lei n. 8.080 de 19 de setembro de 1990. Dispõe sobre as condições para a promoção, proteção e recuperação da saúde, a organização e o funcionamento dos serviços correspondentes e dá outras providências. Diário Oficial [da] República Federativa do Brasil, Brasília, DF, 20 set. 1990. Disponível em: https://www.planalto.gov.br/ccivil_03/leis/l8080.htm. Acesso em: 02 mar. 2024.
3. Brasil. Portaria n. 1.679, de 19 de setembro de 2002. Dispõe sobre a estruturação da Rede Nacional de Atenção Integral à Saúde do Trabalhador no SUS. Diário Oficial [da] República Federativa do Brasil, Brasília, DF, 20 set. 2002. Disponível em: http://dtr2001.saude.gov.br/sas/PORTARIAS/Port2002/Gm/GM-1679.htm. Acesso em: 02 mar. 2024.
4. Brasil. Portaria n. 1.823, de 23 de agosto de 2012. Institui a Política Nacional de Saúde do Trabalhador e da Trabalhador. Diário Oficial [da] República Federativa do Brasil, Brasília, DF, 24 ago. 2012. Disponível em: https://bvsms.saude.gov.br/bvs/saudelegis/gm/2012/prt1823_23_08_2012.html. Acesso em: 02 mar. 2024.
5. Brasil. Portaria n. 104, de 25 de janeiro de 2011. Define as terminologias adotadas em legislação nacional, conforme o disposto no Regulamento Sanitário Internacional 2005 (RSI 2005), a relação de doenças, agravos e eventos em saúde pública de notificação compulsória em todo o território nacional e estabelece fluxo, critérios, responsabilidades e atribuições aos profissionais e serviços de saúde. Disponível em: em: https://bvsms.saude.gov.br/bvs/saudelegis/gm/2011/prt0104_25_01_2011.htm. Acesso em 02 mar. 2024.
6. Brasil. Portaria GM/SM n. 1.999, de 27 de novembro de 2023. Altera a Portaria de Consolidação GM/MS n. 5, de 28 de setembro de 2017 para atualizar a Lista de Doenças Relacionadas ao Trabalho (LDRT). Disponível em: https://www.in.gov.br/en/web/dou/-/portaria-gm/ms-n-1.999-de-27-de-novembro-de-2023-526629116. Acesso em 02 mar. 2024.
7. Gonçalves CGO, Lopes AC. Saúde ambiental e ações de vigilância na saúde do trabalhador exposto a agentes otoagressores. In: Schochat E, et al. (org.). Tratado de Audiologia. 3. ed. Barueri: Manole; 2022.
8. Brasil. Portaria SEPRT n. 6.730, de 09/03/2020. DOU de 12/03/2020. Disponível em: https://enit.trabalho.gov.br/portal/images/Arquivos_SST/SST_NR/NR-01-atualizada-020.pdf. Acesso em 03 mar. 2024.
9. Samelli AG, Fiorini AC. Ruído, efeitos sobre a saúde e estratégias de proteção. In: Schochat E, et al. (org.). Tratado de Audiologia. 3. ed. Barueri: Manole; 2022.
10. Lopes AC, Lamonato, LT. Fonoaudiologia Educacional: Resoluções para atuação profissional. In: Feitosa ALF, Depolli GT, Capelini SA. Mapas Conceituais em Fonoaudiologia Educacional. 1. ed. Ribeirão Preto: Booktoy; 2023.
11. Conselho Federal de Fonoaudiologia (BR). Resolução CFFa n. 467, de 24 de abril de 2015. Dispõe sobre as atribuições e competências relativas ao profissional fonoaudiólogo Especialista em Fonoaudiologia do Trabalho, e dá outras providências. DOU de 19/05/2016. p. 63. Disponível em: https://www.fonoaudiologia.org.br/resolucoes/resolucoes_html/CFFa_N_467_15.htm.

12. Conselho Federal de Fonoaudiologia (BR). Resolução do CFFa n. 584 de 22 de outubro de 2020. Dispõe sobre a criação da Especialidade em Perícia Fonoaudiológica, define as atribuições e competências relativas ao profissional fonoaudiólogo Especialista, e dá outras providências. DOU de 23/10/2020. Disponivel em: https://www.fonoaudiologia.org.br/resolucoes/resolucoes_html/CFFa_N_584_20.htm.
13. Conselho Federal de Fonoaudiologia (BR). Resolução do CFFa n. 320 de 17 de fevereiro de 2006. Dispõe sobre as especialidades reconhecidas pelo Conselho Federal de Fonoaudiologia, e dá outras providências. DOU de 17/03/2006. Alterações de acordo com a Resolução CFFa n. 363/2009 publicadas no DOU, seção 1, 18/03/2009. Disponível em: https://www.fonoaudiologia.org.br/resolucoes/resolucoes_html/CFFa_N_320_06.htm.
14. Conselho Federal de Fonoaudiologia (BR). Resolução do CFFa n.. 428 de 201. Dispõe da atuação do fonoaudiólogo na saúde do trabalhador e dá outras providências (Internet). Disponível em https://www.fonoaudiologia.org.br/resolucoes/resolucoes_html/CFFa_N_428_13.htm.

13

Boas práticas na indicação e adaptação pediátrica de aparelhos de amplificação sonora individual

Cilmara Cristina Alves da Costa Levy
Jeziela Cristina Raimundo
Maria Angelina Nardi Martinez
Beatriz C. A. Caiuby Novaes

PONTOS-CHAVE

- Avaliação: determinação da linha de base para a indicação, seleção e adaptação do aparelho de amplificação sonora individual (AASI).
- Seleção do AASI: escolha do dispositivo considerando as características do usuário, suas necessidades, associadas às características do dispositivo.
- Verificação: oferece a linha de base da audibilidade dos sons da fala para a reabilitação, orientação à família e escolha da abordagem ou uso de outros dispositivos.
- Validação: executada no processo terapêutico e nos retornos de acompanhamento do AASI validando a expectativa de audibilidade baseada na verificação.

OBJETIVOS DE APRENDIZAGEM

Ao final deste capítulo, o leitor será capaz de:

- Listar as atividades a serem desenvolvidas durante o atendimento de bebês e crianças no processo de candidatura ao uso de AASI, bem como compreender o papel e a importância de cada uma.
- Descrever as boas práticas pautadas na ética e responsabilidades referentes ao tema.
- Identificar comportamentos não esperados que apontam para a necessidade de outras ações e que podem interferir na adaptação do AASI na população pediátrica.

INTRODUÇÃO

Nas últimas décadas, o avanço da ciência e o advento de novas tecnologias trouxeram mudanças significativas no que diz respeito à adaptação pediátrica relativa à reabilitação auditiva. Com a inserção da neurociência nesse campo de conhecimento, tornou-se evidente a importância do início do processo o mais cedo possível, estimulando a busca pelo aprimoramento no trabalho com a população infantil pelos profissionais que atuam nessa área. Desse modo, ao considerar as boas práticas no atendimento de bebês e crianças, tornam-se tão importantes quanto as etapas de verificação e validação, a observação e o acompanhamento do comportamento global e auditivo, assim como orientação e o aconselhamento parental[1].

De um modo especial, a deficiência auditiva traz impactos no desenvolvimento das habilidades auditivas, linguísticas, comunicativas, cognitivas e sociais na criança que apresenta esse tipo de deficiência. Assim, com o objetivo de minimizar os efeitos causados pela privação sensorial, é essencial a realização do diagnóstico audiológico adequado e o início imediato da intervenção[2].

Pesquisas comprovam que bebês diagnosticados com perda auditiva que iniciam a terapia fonoaudiológica com AASI bem adaptados antes dos seis meses de idade podem apresentar um desenvolvimento de linguagem próximo ou igual aos seus pares da mesma idade. Tais estudos fortalecem a importância da triagem auditiva neonatal (TAN) nos primeiros meses de vida e são citados como evidência científica para a recomendação do *Joint Committee on Infant Hearing*[3].

Quando se trata da população infantil, o diagnóstico audiológico é um desafio para todo profissional que atua na área da amplificação pediátrica. O bebê e a criança candidatos ao uso do AASI devem ter experienciado até esse momento avaliações compatíveis com a faixa etária considerando os estágios do desenvolvimento, assim como a associação de exames eletroacústicos, eletrofisiológicos e comportamentais, que são decisivos para confirmar o tipo, grau e configuração da perda auditiva. Por esse motivo, o princípio do *cross-check* permite a análise desse conjunto de avaliações para determinar o limiar auditivo com precisão e evitar equívocos nas tomadas de decisões[3-6].

É importante ressaltar que os limiares auditivos são determinantes no processo de adaptação do AASI e essenciais para a etapa de verificação, uma vez que estabelecem o campo de audição da criança servindo de base para todo o cálculo de ganho, saída e audibilidade dos sons da fala com e sem amplificação[4-7].

Estudiosos[1,3-5] de todo o mundo se uniram para estabelecer as melhores práticas atribuídas no atendimento de bebês e crianças com deficiência auditiva/surdas. As indústrias de AASI seguem o padrão normativo das medidas acústicas para estabelecimento de ganho acústico e de saída máxima, modelos baseados em perfis de adultos e não de bebês e crianças, que apresentam notoriamente padrões anatômicos e necessidades acústicas diferentes, visto ainda estarem em processo de organização das redes neurais para desenvolvimento das habilidades de audição e linguagem.

No cenário atual, a indústria disponibiliza produtos infantis com cores especiais de AASI e dispositivos menores que contribuem para uma melhor fixação nas pequenas orelhas. Além disso, possuem luz de LED – uma confirmação visual de que a bateria está funcionando – e trava de bateria que garante o uso adequado e seguro do AASI[7,9]

No Brasil, as diretrizes disponíveis[7] baseadas nas recomendações internacionais[1,3-5] norteiam o atendimento a essa população, levando em consideração os seguintes aspectos: a clínica baseada em evidência; a tecnologia empregada nos dispositivos AASI e suas implicações no ajuste da amplificação sonora; a necessidade imprescindível de definição das medidas eletroacústicas objetivas realizadas no acoplador de 2 cc com diferentes intensidades de entrada, utilizando estímulo de fala com a medida individual da orelha (RECD – *Real Ear Coupler Difference*) e com regras prescritivas desenvolvidas para a especificidade da população pediátrica, no sentido de garantir audibilidade e acesso consistente aos sons da fala, a DSLv5, ou o conforto acústico com percepção da fala, a NAL NL-2.

Finalizadas a avaliação e a determinação de limiares confiáveis com especificidade de frequência e orelha, pode-se iniciar a segunda etapa do processo, a seleção, cujo objetivo é identificar as características físicas do AASI que melhor se adapta à anatomia do pavilhão do bebê. De acordo com a recomendação das academias, o modelo de AASI adequado para a população infantil é retroauricular (BTE – *behind in the ear*).

Assim, para facilitar o uso diário em todas as atividades da criança é fundamental selecionar tanto o tamanho apropriado do aparelho retroauricular, quanto do gancho, o tipo e material do molde, preferencialmente concha de silicone, assegurar que o aparelho tenha travas dos controles externos e da caixa de bateria, além de possuir nível alto de resistência à umidade e poeira[3,4,7,8] (Quadro 1).

Além das características físicas, é necessário selecionar AASI que permita a escolha do microfone omnidirecional para que a criança possa desenvolver a localização do som e atribuir sentido a sons do ambiente e à distância. É importante, ainda, optar por AASI que permita programar de forma independente o ganho e a saída para cada frequência do espectro acústico da fala para diferentes sons de entrada e registro do tempo de uso.

A partir dessa seleção e da confecção dos moldes auriculares, pode-se então medir a RECD (diferença entre o NPS obtido no acoplador de 2 cc e no conduto auditivo do bebê com o molde) e programar os AASI. Ocorre então a terceira etapa do processo, que consiste na verificação eletroacústica utilizando sons padronizados de fala para mensurar o resultado da programação feita na amplificação da fala em diferentes situações: em fraca intensidade, que é a intensidade da fala à distância ou sussurrada (55 dBNPS); na intensidade normal de conversação (65 dBNPS); e a fala em forte intensidade ou bem próxima da criança, como quando ela está no colo (75 dBNPS). A partir dessas mensurações é calculado o Índice de Inteligibilidade de Fala (SII) para cada intensidade, o que é fundamental para estabelecer um prognóstico de desenvolvimento e indicar a possibilidade de mudança de tecnologia, como o implante coclear[5,6].

A verificação da amplificação na população infantil tem como objetivo assegurar o acesso à fala fraca, normal e forte, visando a audibilidade e evi-

QUADRO 1 Etapas e critérios básicos para boas práticas na adaptação de aparelhos de amplificação sonora individual (AASI)

Etapas do processo de adaptação	Critérios
1) Avaliação – determinação da linha de base para a indicação, seleção e adaptação do AASI	▪ Análise de exames objetivos (avaliação eletrofisiológica com especificidade de frequência e indicação do transdutor utilizado e fator de correção para o equipamento e protocolo adotado) e avaliação comportamental com especificidade de orelha e frequência (Observação de Comportamento Auditivo - BOA, Audiometria de Reforço Visual - VRA e Audiometria Lúdica) para determinação do tipo, grau e configuração da perda auditiva ▪ Características anatômicas do pavilhão e condutos auditivos externos ▪ Características individuais, etiologia e comorbidades presentes ou a serem investigadas ▪ Conhecimento da rotina e expectativa da família ▪ Desenvolvimento das habilidades auditivas e de linguagem em relação ao desenvolvimento neuropsicomotor
2a) Seleção do AASI	▪ Características físicas: tamanho do aparelho retroauricular, cor, tamanho do gancho, recarregável ou com bateria, trava de compartimento de bateria, trava dos controles externos, resistência a umidade e poeira, tipo de condução do som (aérea ou óssea), uni ou bilateral, luz de LED ou app opcional para controle de bateria e funcionamento ▪ Características eletroacústicas: ganho, saída máxima e razão de compressão com regulagem independente em, pelo menos, 6 frequências entre si e para sons de entrada fracos, médios e fortes, faixa de frequência, supressão de ruído, cancelamento automático de *feedback* sem alterar o ganho, registro do tempo e situação de uso, microfone omnidirecional, rebaixamento de frequência, quantidade de bandas de frequência compatíveis com a configuração da perda auditiva ▪ Regra prescritiva pediátrica (DSL v5, ou NAL-NL2) ▪ Entrada de áudio e sistema de conexão/microfone sem fio adaptativo
2b) Do molde auricular	▪ Tipo de material: silicone ▪ Modelo: concha, duplo, simples, escavado, preferencialmente concha com hélix para os bebês e crianças pequenas ▪ Cor: transparente ou colorido ▪ Troca constante, de 1 a 3 meses de intervalo, pois o bebê tem um crescimento craniofacial muito rápido no primeiro ano de vida
3) Verificação[5,7] oferece a linha de base da audibilidade dos sons da fala para a reabilitação, orientação à família e escolha da abordagem ou uso de outros dispositivos	▪ Mensuração da RECD para utilização da medida no acoplador de 2 cc, visto que a mensuração *in situ tem* pouca eficácia e é bastante desconfortável para o bebê ▪ Verificação a partir da regra prescritiva pediátrica: DSL v5 ou NAL NL2 ▪ Medidas de saída por frequência no acoplador de 2 cc na câmara anecoica usando estímulo de fala em diferentes intensidades (55, 65 e 75 dBNPS) e medindo a saída máxima com varredura de tons puros em 90 dBNPS ▪ Ajuste da amplificação utilizando o *software* do fabricante do AASI até alcançar, nas medidas eletroacústicas, os alvos prescritos pela regra escolhida para cada intensidade de entrada e para saída máxima. A medida obtida com o aparelho no acoplador de 2 cc deve atingir o alvo em todas as frequências com uma variação máxima de + ou -3 dB ▪ Determinação do Índice de Inteligibilidade de Fala (SII) sem aparelho para análise da consistência do uso e para cada som de entrada, principalmente para 65 dBNPS
4) Validação: no processo terapêutico e nos retornos de acompanhamento do AASI validando a expectativa de audibilidade baseada na verificação	▪ Orientação à família quanto ao manuseio e cuidados com os AASIs e moldes, quanto à possibilidade de audibilidade dada pelos AASIs e a necessidade do uso consistente da amplificação em todo o tempo que estiver acordado para a organização da rede neural responsável pelo processamento do sinal de fala desde a detecção até a compreensão em situações desafiadoras e importância do atendimento fonoaudiológico sistemático centrado na família para desenvolvimento das habilidades auditivas e linguagem ▪ Comparação do desenvolvimento da percepção e da produção de fala com os valores de SII ▪ Aplicação de protocolos de avaliação longitudinal de desenvolvimento de audição e linguagem LittlEARS, IT-MAIS, MUSS, PEACH8 ▪ Respostas de atenção e reconhecimento dos sons de Ling (a, i, u, sh, s, m)[11] ▪ Observação comportamental do desenvolvimento de padrões de entonação, vocálicos e silábicos, atenção e reconhecimento de sons de fala e comparação com: o SII; com o tempo de uso medido; as condições de uso e a adesão da família ao tratamento

tando que os sons de forte intensidade sejam desconfortáveis. Deve ser considerada a escolha da regra prescritiva validada para calcular o ganho, saída e razão de compressão em todo o espectro de frequência do AASI, assim como ser feita uma avaliação objetiva da performance do AASI, visto que bebês e crianças não são capazes de descrever e dar informações precisas sobre o uso da amplificação. As regras prescritivas pediátricas consideram toda a evidência científica em relação às diferenças anatômicas das orelhas de crianças e às suas respectivas necessidades acústicas, decorrentes do fato de suas estruturas cerebrais ainda estarem em desenvolvimento, assim como as suas habilidades auditivas e a competência linguística[1,3-6].

A neurociência hoje nos ensina sobre as informações auditivas que o nosso cérebro recebe a partir da audição. As associações de sons e seu significado são arquitetados no encéfalo. Aprender a ouvir e falar são habilidades que podem ser alcançadas e o acompanhamento fonoaudiológico junto à família ajuda a traçar metas viáveis. Desta forma, a inserção no processo terapêutico logo após o diagnóstico da surdez auxilia nas tomadas de decisões no que compete ao uso do AASI, abordagens terapêuticas e recursos auxiliares da audição, como microfones remotos e acessórios de conectividade, quando necessário[9,10].

Muitas serão as informações sobre a diferença entre ouvir, escutar e falar e outras habilidades que podem ser acompanhadas pelas etapas do desenvolvimento, portanto, a parceria entre o audiologista, o reabilitador e a família é extremamente importante.

O cumprimento das etapas segundo os critérios básicos que contemplam as boas práticas na adaptação do AASI na população infantil (Quadro 1) constitui uma das fases do processo de reabilitação auditiva da criança com deficiência auditiva/surda.

O processo como um todo é chamado de reabilitação auditiva, desde a explicação do processo e resultado da avaliação e do diagnóstico da deficiência auditiva/surdez, o encaminhamento para a adaptação do AASI, ao atendimento terapêutico centrado na família. Na maioria das vezes, cada uma das etapas mencionadas no Quadro 1 é realizada por profissionais diferentes e em atividades diversas, portanto, quando o bebê ou a criança estiverem em processo terapêutico, o fonoaudiólogo qualificado na intervenção terá como responsabilidade construir uma parceria com a família, criando metas realistas para que o progresso seja acompanhado em equipe. Ou seja, uma proposta de trabalho centrado na família, cuja colaboração entende-se que esteja em sintonia com as decisões do entorno da criança[12].

Considerando que o trabalho em equipe é um grande desafio, a interlocução entre os profissionais responsáveis deve ser facilitada e implementada como protocolo no atendimento da população pediátrica junto à família.

Se os limiares audiológicos foram obtidos por outra equipe de diagnóstico, um contato inicial é importante caso a clínica onde serão adaptados os AASI não disponha de infraestrutura audiológica. Para seleção, programação e verificação da prescrição, o fonoaudiólogo terá que fazer algumas avaliações no processo de *cross-check* para assegurar a real capacidade auditiva da criança.

Exames contraditórios não são raros, de modo que é na etapa de prescrição das características eletroacústicas que estes limiares são confirmados e serão utilizados para levar a criança à melhor audibilidade possível. Assim, o contato com os responsáveis pelo diagnóstico para determinar as condições do exame fortalece a equipe e naturalmente a relação de confiança com os pais.

Crianças com outros comprometimentos representam também um grande desafio, que extrapola as questões audiológicas. Inúmeras vezes estão envolvidos, além do médico, fisioterapeutas e terapeutas ocupacionais, dentre outros. O contato regular é determinante para o plano terapêutico.

Não menos importante, o fonoaudiólogo precisa estar atento para identificar os comportamentos sentinela de um não aproveitamento da amplificação. É necessário apropriar-se das etapas do desenvolvimento infantil e estabelecer estratégias para maximizar a aquisição e/ou aprimoramento de habilidades, sejam auditivas, linguísticas, comunicativas ou sociais. Aqui destacam-se alguns aspectos/situações que poderão ter impacto:

- Uma vez que se conhece o diagnóstico audiológico e o desempenho da criança, qualquer alteração de comportamento auditivo inferior ao esperado deve ser investigada, por isso a importância de se realizar disciplinarmente os sons de Ling[12] no início de cada sessão com cada orelha. Qualquer diferença nas respostas habituais da criança deve ser seguida de uma avaliação do funcionamento dos AASI e moldes e reavaliação audiológica.
- Crianças que estão bem adaptadas muitas vezes retiram os AAI quando: acabou a bateria, em caso de infecção ou dor na orelha, molde frouxo, tubo plástico solto ou estrangulado, portanto, a inspeção das condições do molde é fundamental.
- Garantir que o meato acústico externo esteja livre de cera, pois tal condição pode contribuir para a

obstrução do tubo do molde, o que compromete a amplificação, causando incômodo e microfonia.

- Verificar o tempo de uso da amplificação durante o período em que o bebê e a criança estão acordados é um dado importante, uma vez que audibilidade e uso consistente dos dispositivos determinam o rendimento/desenvolvimento da criança no processo terapêutico, podendo ser influenciados também pelo SII em 65 dBNPS sem AASI, como nos casos de perda auditiva leve. Por meio de questionários/instrumentos que são direcionados à família, cuidadores e escolas, é possível obter informações sobre o tempo de uso do AASI, assim como uma ferramenta disponível nos *softwares* dos fabricantes de AASI que mede o tempo de uso diário. As evidências indicam que um período de 10 a 12 horas por dia de uso da amplificação é determinante para o desenvolvimento[11]. Vale ressaltar que o número de horas varia de acordo com a idade e rotina do bebê ou a criança usuária do AASI. A família deve estar engajada nesse processo para que o uso desejado possa acontecer diante dos desafios relacionados à retenção do AASI na orelha, moldes bem adaptados e processos naturais do desenvolvimento. Outro aspecto também importante é manter o AASI bem ajustado de acordo com as recomendações e boas práticas, ou seja, audibilidade e acesso aos sons de fala para propiciar o uso consistente e adequado.

A Academia Americana de Audiologia[3] recomenda que as orientações de uso e manuseio, bem como o treinamento, sejam realizados com a família, responsáveis, cuidadores e educadores pelo fonoaudiólogo responsável pela adaptação do AASI na criança, reforçando o trabalho em equipe e centrado na família. Essas orientações e o treinamento podem ocorrer em diversas consultas a depender da capacidade dos envolvidos e, sempre que possível, devem incluir a criança para realizar as tarefas, incentivando a autoadvocacia (Quadro 2).

QUADRO 2 Orientação e treinamento a pais e responsáveis segundo Academia Americana de Audiologia, 2013[3]

1. Com os aparelhos de amplificação sonora individual (AASI), incluindo preocupações com limpeza e umidade
2. Cronograma sugerido de uso
3. Inserção/colocação dos AASI
4. Remoção dos AASI
5. Armazenamento durante a noite (incluindo o mecanismo para desligar os AASI)
6. Inserção e remoção das baterias
7. Vida útil da bateria, armazenamento, descarte, toxicidade
8. Solução de problemas básicos (baterias, *feedback*, molde auricular conectado e/ou receptor)
9. Acoplamento e uso do telefone e dispositivos auxiliares
10. Soluções de umidade (por exemplo, sistemas de desumidificação e tampas)
11. Ferramentas para manutenção e cuidado (por exemplo, testador de bateria, estetoscópio auditivo, soprador de ar para molde auricular)

CONSIDERAÇÕES FINAIS

As diretrizes estão em constante revisão devido aos avanços tecnológicos tanto do diagnóstico da surdez quanto dos AASI, assim como devido à diversidade em relação à surdez. Nesse sentido o *Joint Committee on Infant Hearing* (JCIH) em 2019[2] destaca que:

> [...] o termo bebê ou criança que é surdo ou com deficiência auditiva pretende incluir todo o espectro de crianças, apresentando níveis variados de audição. Este espectro inclui crianças surdas ou com deficiência auditiva, cujas perdas auditivas podem ser congênitas ou adquiridas, unilaterais ou bilaterais, de qualquer grau, de mínimo a profundo, e de qualquer tipo, incluindo perda condutiva, mista, sensorioneural, neuropatia auditiva, seja permanente, transitória ou intermitente. Este espectro inclui aqueles indivíduos que se identificam como parte de um ou de ambos os grupos de pessoas surdas ou com deficiência auditiva.

O JCIH[2] reconhece que termos como perda auditiva, deficiência auditiva e nível auditivo têm diferentes valores ou interpretações que lhes são atribuídos dependendo da perspectiva cultural de cada um. É intenção do JCIH transmitir conceitos audiológicos (Quadro 3).

No que tange à linguagem, sabemos que garantir audibilidade é um passo mandatório para seguir com o processo de reabilitação na busca do desenvolvimento e evolução do bebê/criança.

Ouvir bem é substancial para o aprendizado. Isso significa que um AASI mal adaptado não contribui para a evolução da criança na sua linha do tempo.

No entanto, o maior desafio está nas variáveis não audiológicas relativas ao desenvolvimento individual do bebê e sua família. Para os autores deste capítulo, o processo de adaptação do AASI é parte integrante do processo de reabilitação auditiva, considerando que a cada sessão a observação do comportamento auditivo e de linguagem irá determinar demandas para retorno

QUADRO 3 Alterações de terminologia sugeridas pelo *Joint Committee on Infant Hearing* (JCIH), 2019[2]

De	Para
Perda auditiva	Limiares auditivos na faixa leve, moderada, grave ou profunda
O uso da palavra normal como um tipo de audição	Palavra típica para evitar qualquer sugestão de estigma de anormalidade

à equipe diagnóstica. Os reabilitadores devem ter claro o prognóstico de desenvolvimento de linguagem de uma criança com determinada audibilidade para sons de fala. Se o comportamento auditivo e de linguagem não está dentro do esperado, outras variáveis podem estar interferindo e cabe ao terapeuta apontá-las.

REFERÊNCIAS BIBLIOGRÁFICAS

1. Lieu JEC, Kenna M, Anne S, Davidson L. Hearing loss in children: a review. JAMA. 2020;324(21):2195-205.
2. Joint Committee on Infant Hearing. Year 2019 position statement: principles and guidelines for early hearing detection and intervention programs. JEHDI. 2019;4(2):1-44.
3. American Academy of Audiology (AAA). Clinical practice guidelines – pediatric amplification. Jun. 2013. Disponível em: http://galster.net/wp-content/uploads/2013/07/AAA-2013-Pediatric-Amp-Guidelines.pdf.
4. Alberta College of Speech-Language Pathologists and Audiologists. Protocol: Pediatric Amplification. Dsiponível em: https://www.acslpa.ca/wp-content/uploads/2021/12/2021-12-21_Pediatric-Amplification-Protocol_Final-2.pdf.
5. Bagatto MP, Scollie S, Moodie STF, Seewald R, Hyde M, El-Naji R, et al. Protocol for the Provision of Amplification v 2023.01. National Centre for Audiology. 2023. 12. Disponível em: https://ir.lib.uwo.ca/nca/12.
6. Souza JL, Novaes BC, Ficker LB, Martinez MAN, Araújo FCM, Mendes BCA. Comportamento auditivo e validação no diagnóstico audiológico e intervenção em bebês e crianças com deficiência auditiva. Revista Distúrbios da Comunicação. 2023;35:e63465-66.
7. Martinez MANS, Mendes BCA, Novaes BCAC. Amplificação sonora em bebês. In: Schochat E, et al. Tratado de audiologia. 3. ed. Barueri: Manole; 2022.
8. Levy CCAC, Rodrigues-Sato LCCB, Jorge BM, Almeida K. Adaptação de aparelho de amplificação sonora em bebês e crianças. In: Levy CCAC. Manual de audiologia pediátrica. 2. ed. Barueri: Manole; 2021.
9. Smith J, Wolfe J, Stowe D. Eyes open, ears on: supporting hearing technology use in children with hearing loss. Hear J. 2021;74(6):32,34-7.
10. Flexer C Madell JR, Wolfe J, Schafer EC. Why hearing is important in children. In: Madell JR, Flexer C, Wolfe J, Schafer EC. Pediatric Audiology diagnosis, techonology and management. 3. ed. Nova York: Thieme; 2019.
11. Ling D. The six sound test. In: Estabrooks W (ed.). Auditory-verbal therapy and practice. Washington, DC: Alexander Graham Bell Association for the Deaf and Hard of Hearing; 2006. p. 307-9.
12. Melo ME, Levy CCAC. Abordagem centrada na família de serviços fonoaudiológicos para bebês e crianças pequenas surdas. In: Levy CCAC. Manual de audiologia pediátrica. 2. ed. Barueri: Manole; 2021.

14

Boas práticas na indicação e adaptação dos dispositivos eletrônicos de amplificação sonora no adulto/idoso

Katia de Almeida
Wanderleia Q. Blasca
Katya Marcondes Freire
Maria Cecilia Martinelli

PONTOS-CHAVE

- Diretrizes de boas práticas.
- Cuidado centrado no paciente.
- Avaliação/seleção e verificação/orientação e aconselhamento/avaliação de resultados.

OBJETIVOS DE APRENDIZAGEM

Ao final deste capítulo, o leitor deverá ser capaz de:

- Descrever as diretrizes de boas práticas no cuidado da pessoa com deficiência auditiva.
- Aplicar os questionários de autoavaliação no processo de adaptação de dispositivos eletrônicos de amplificação sonora (DEAS).
- Utilizar medidas com microfone-sonda na verificação eletroacústica dos ajustes propostos por um método prescritivo validado.
- Realizar a orientação e o aconselhamento do candidato ao uso de DEAS.
- Integrar a etapa de avaliação dos resultados no processo de adaptação de DEAS.

INTRODUÇÃO

O desenvolvimento e o aprimoramento de tecnologias para auxiliar os deficientes auditivos (dispositivos eletrônicos de amplificação sonora – DEAS/implantes cocleares) sempre buscou no conhecimento do funcionamento do sistema auditivo humano os elementos para a implementação de recursos nos dispositivos eletrônicos. É óbvia a limitação desses sistemas quando comparados ao aparelho auditivo humano.

O objetivo da amplificação é tornar os sons de fala audíveis em níveis confortáveis. Sabe-se, no entanto, que nem todos os deficientes auditivos se beneficiarão igualmente da amplificação, ou seja, nem todos detectarão todos os sons de fala. Isso está diretamente relacionado à extensão da lesão do sistema auditivo e de certa forma, portanto, com o grau de severidade da perda auditiva. Assim sendo, a amplificação sonora visa promover a melhora da audibilidade e consequentemente do mecanismo *Bottom-Up* do sistema sensorial auditivo.

O processo de seleção e adaptação de dispositivos eletrônicos de amplificação na população adulta e idosa é parte do plano de tratamento e reabilitação do deficiente auditivo. Tal processo é da competência do fonoaudiólogo e deve ser orientado por diretrizes para o gerenciamento da deficiência auditiva.

As diretrizes de boas práticas são um conjunto de procedimentos profissionais aceitos ou prescritos como corretos ou mais eficazes para o diagnóstico e tratamento dos distúrbios da audição. Elas são determinadas por sociedades científicas nacionais e internacionais, fundamentadas em evidências científicas derivadas de estudos controlados e publicados em periódicos científicos que são revisados por pares profissionais. Para que o atendimento seja centrado nas necessidades do paciente é fundamental a adesão às melhores práticas profissionais.

A prática baseada em evidências integra experiência clínica com as melhores evidências clínicas disponíveis derivadas de pesquisas sistemáticas. Quando a evidência está ambígua ou conflitante, ou faltam dados científicos, o conhecimento clínico é usado para orientar o desenvolvimento de recomendações baseadas em consenso.

Uma das diretrizes para orientar o processo de reabilitação do adulto/idoso foi proposta pela *American Academy of Audiology* (AAA)[1], que determina quatro etapas a serem seguidas:

1. Avaliação e estabelecimento de objetivos.
2. Aspectos técnicos do tratamento.
3. Orientação, aconselhamento e acompanhamento.
4. Avaliação de resultados.

Deste modo, este capítulo tem como objetivo apresentar um conjunto de recomendações e estratégias para as melhores práticas específicas na introdução da amplificação, como parte de um plano de reabilitação auditiva de adultos e idosos.

PARTE 1. AVALIAÇÃO AUDITIVA, DAS NECESSIDADES DE COMUNICAÇÃO E NECESSIDADES NÃO AUDITIVAS

A primeira etapa, de avaliação e estabelecimento de objetivos, prevê a avaliação em três domínios distintos:

1. Avaliação auditiva e diagnóstico.
2. Autopercepção das necessidades de comunicação e objetivos para o tratamento.
3. Avaliação das necessidades não auditivas.

São pré-requisitos no processo de seleção e adaptação de próteses auditivas em adultos e idosos: histórico médico, inspeção visual do meato acústico externo, avaliação audiológica, identificação das necessidades de comunicação e de aspectos não auditivos.

O objetivo da **avaliação auditiva** é diagnosticar o tipo e o grau da perda auditiva. A avaliação audiológica básica inclui a audiometria tonal liminar, logoaudiometria com a pesquisa do Limiar de Reconhecimento de Fala (LRF) e do Índice Percentual de Reconhecimento de Fala (IPRF) e Medidas de Imitância Acústica. A partir dos resultados obtidos nessa avaliação, o paciente pode ser encaminhado para exames e serviços complementares como: avaliação eletrofisiológica, eletroacústica e/ou vestibular, entre outras.

A avaliação audiológica permite estabelecer o topodiagnóstico da lesão no sistema auditivo. Assim, é de extrema importância ter a compreensão da fisiologia e fisiopatologia do sistema auditivo. Sabe-se que as alterações das orelhas externa e média atenuam os sons até que estimulem a orelha interna. Dessa forma, há alteração dos limiares de audibilidade por via aérea, manutenção da área dinâmica de audição e excelente resolução auditiva[2]. Tais resultados permitem ótimo prognóstico no processo de adaptação de DEAS.

Quando o comprometimento é coclear, segundo Moore[3], a lesão de células ciliadas sem perda completa da função das células ciliadas internas (CCI) pode levar a limiares mais elevados de duas maneiras: primeiramente, por disfunção das células ciliadas externas (CCE), o que compromete o mecanismo ativo da cóclea, resultando em vibração reduzida da membrana basilar para baixos níveis de pressão sonora. Portanto, o nível de pressão sonora terá que ser maior do que o normal a fim de fornecer uma vibração apenas detectável. Em segundo lugar, por disfunção das células ciliadas internas, que pode resultar em reduzida eficiência de transdução, e então a quantidade de vibração da membrana basilar necessária para se obter o limiar é maior do que o normal.

É possível que o funcionamento das células ciliadas esteja comprometido sem que haja lesão propriamente dita delas. Se, por exemplo, o metabolismo da cóclea for afetado pelo mau funcionamento da estria vascular, isso pode comprometer tanto o funcionamento das células ciliadas externas como das internas. O efeito dessa disfunção nas CCE é bastante similar ao da lesão dessas células, uma vez que o seu mecanismo ativo estaria igualmente comprometido. Já com relação às células ciliadas internas, o efeito do distúrbio metabólico poderia ser diferente do efeito da lesão dessas células[3].

Dados fisiológicos obtidos a partir de experiências com animais sugerem que o ganho máximo fornecido pelo mecanismo ativo das CCE é de aproximadamente 50 dB nas baixas frequências e de 65 dB nas altas frequências[4]. Segundo Killion[5], se houver lesão ou comprometimento das CCE haverá uma redução de 50 dB na excitação das CCI. Parece claro, portanto, que uma perda auditiva por disfunção exclusivamente de CCE não será maior do que 50 dB nas baixas frequências e de 65 dB nas altas frequências. No entanto, qualquer perda maior do que isso envolverá ao menos parcialmente disfunção de CCI[3].

Desta forma, quando a lesão for nas CCE (mecânica coclear) haverá rebaixamento dos limiares tonais aéreos e ósseos (perda neurossensorial), área dinâmica da audição reduzida e resolução auditiva boa e consequentemente bom prognóstico no processo de adaptação dos DEAS.

Quando a lesão ocorrer nas células ciliadas internas haverá comprometimento na transdução da energia hidromecânica em impulso neural (comprometimento da qualidade do sinal transduzido), com rebaixamento dos limiares tonais aéreos e ósseos (perda neurossensorial), área dinâmica reduzida e pobre resolução auditiva que se reflete no pior reconhecimento de fala. O prognóstico nesses casos não é bom, a depender de outros fatores pessoais a serem observados.

A **autopercepção das necessidades de comunicação e objetivos** para o tratamento é avaliada por meio de questionários de autoavaliação como: *Hearing Handicap Inventory for the Adult* (HHIA), *Hearing Handicap Inventory for the Elderly* (HHIE), *Abbreviated Profile of Hearing Aid Benefit* (APHAB); *Client Oriented Scale of Improvement* (COSI); *Speech, Spatial and Qualities of Hearing Scale* (SSQ). Nessa etapa são avaliadas as limitações de atividades e a restrição de participação impostas pela deficiência auditiva. Os questionários APHAB/COSI/SSQ e HHIA/HHIE, por exemplo, avaliam respectivamente esses aspectos. Para informações detalhadas sobre esses instrumentos, acesse a plataforma de conteúdo complementar do livro.

A partir dos resultados obtidos nessas avaliações pode-se estabelecer as necessidades específicas e as expectativas realistas para cada paciente. Objetivos são determinantes para quantificar os benefícios da amplificação. Somente a partir dessa avaliação inicial é possível a avaliação dos resultados (na etapa final do processo). Assim, os mesmos instrumentos utilizados na etapa de avaliação inicial serão utilizados também no final do processo (avaliação dos resultados) para quantificar a melhora após a intervenção.

Além dos aspectos já avaliados, **a avaliação das necessidades não auditivas** é extremamente importante, uma vez que podem afetar o prognóstico da intervenção e necessitar maior atenção e aconselhamento. Assim como a perda auditiva impacta a vida diária, fatores não auditivos levam a déficits de comunicação. Além de entender como a falta de tratamento (amplificação) pode impactar a vida de um indivíduo, é relevante determinar SE e COMO fatores não auditivos podem afetar o prognóstico da amplificação.

Os profissionais da área da saúde podem aplicar alguns instrumentos de triagem para avaliar a visão de perto, destreza manual, depressão, cognição e qualidade de vida, entre outros.

Dentre as triagens cognitivas, hoje essenciais na avaliação do idoso, pode-se citar o Mini-Exame do Estado Mental (MEEM), Triagem Cognitiva de 10 pontos (CS-10) e o *Cognitive Abilities Screening Instrument - Short Form* (CASI-S).

Sabe-se da importância da audição no declínio cognitivo que ocorre no envelhecimento. Assim sendo, é necessário incluir um instrumento de triagem cognitiva no protocolo de avaliação do idoso candidato ao uso de dispositivos eletrônicos de amplificação sonora. Essa inclusão fornece informações relevantes ao processo de seleção e adaptação ao uso de amplificação sonora, além de indicar a possível necessidade de encaminhamentos apropriados.

Para informações detalhadas sobre esses instrumentos, acesse a plataforma de conteúdo complementar do livro.

PARTE 2. ASPECTOS TÉCNICOS DO TRATAMENTO: SELEÇÃO E VERIFICAÇÃO

Com base nas necessidades auditivas, de comunicação e fatores não auditivos, realiza-se a seleção do dispositivo eletrônico de amplificação e, se necessário, de equipamentos de tecnologia assistiva[1]. A etapa de **seleção** inclui a definição do tipo do aparelho, das características eletroacústicas, dos algoritmos de processamento de sinal, do acoplamento acústico (moldes ou pontas auriculares) e do tipo de adaptação (aberta ou convencional), considerando-se os aspectos auditivos como: grau, tipo, configuração e simetria da perda au-

Utilize o QR code para acessar o Anexo 1 – Questionários utilizados na adaptação dos dispositivos eletrônicos de amplificação

Voucher: **tratfono**.

Utilize o QR code para acessar o Anexo 2 com informações detalhadas sobre MEEM, CS-10 e CASI-S.

Voucher: **tratfono**.

ditiva; habilidades de reconhecimento de fala no silêncio e no ruído; e níveis de desconforto.

As decisões audiológicas em relação ao tipo de molde ou ponta auricular a serem selecionados dependem principalmente do grau de perda auditiva. Quanto mais severa a perda auditiva, maior deve ser a vedação acústica do meato acústico externo para evitar o escape do som amplificado e a microfonia. Nesses casos, a escolha será por um molde ou ponta auricular que propicie uma adaptação oclusiva ou convencional. Entretanto, se o indivíduo tiver limiares normais ou próximos do normal em baixas frequências e uma perda auditiva moderada, a suposição subjacente é que a adaptação deve ser aberta (com mínima oclusão do meato acústico externo), para permitir tanto a entrada de sons diretos do ambiente como o escape das baixas frequências para o meio externo e minimizar eventuais queixas de autofonia relacionadas ao efeito de oclusão.

A partir de dados audiológicos (limiares de via aérea, de via óssea, e níveis de desconforto individuais), pessoais (idade, sexo, experiência anterior com o uso da amplificação), adaptação bilateral ou unilateral, e de acoplamento acústico (moldes ou pontas auriculares abertas ou ventiladas ou fechadas) inseridos no *software* de programação, prevê-se o ganho por frequência e saída máxima do(s) dispositivo(s) usando um método prescritivo que gerará alvos de ganho e saída máxima a serem alcançados.

A escolha do método prescritivo é um aspecto primordial na etapa da seleção. Diretrizes de boas práticas recomendam o uso dos métodos prescritivos genéricos (que podem ser utilizados nas diferentes marcas de dispositivos) e validados[1]. Usar o termo "validado" significa que há pesquisas de base substanciais envolvendo seu desenvolvimento e aplicação em diferentes populações, bem como para diferenciá-lo dos métodos proprietários que estão disponíveis nos *softwares* de adaptação dos fabricantes.

Métodos proprietários não são recomendados, pois não há muitas informações disponíveis sobre a lógica básica desses algoritmos, ou como são derivados os alvos prescritos, as variações para diferentes graus ou configurações de perda auditiva, comparação com métodos de outros fabricantes ou com métodos genéricos. Estudos realizados demonstraram que a utilização dos métodos proprietários pode resultar em usuários de dispositivos eletrônicos de amplificação sonora com ganho inadequado e que há maior benefício para o paciente ao usar os métodos validados. Uma das principais falhas dos métodos proprietários é não fornecer ganho suficiente para o sinal fraco de fala[6,7]. O ganho adequado para entradas fracas é um dos fatores fundamentais que levam ao sucesso do uso dos dispositivos de amplificação.

Os métodos prescritivos validados mais utilizados são: NAL-NL2 desenvolvido pelo *National Acoustic Laboratories* e DSLv5.0 – *Desired Sensation Level Method*. As premissas básicas desses métodos são amplamente conhecidas e há evidências científicas robustas que demonstram que a sua utilização proporciona maior benefício e satisfação do usuário, o que quase sempre está fortemente correlacionado com uma boa audibilidade e compreensão da fala[8].

Após a inserção das informações no *software*, os dispositivos serão programados com modificações nos seus recursos de processamento de sinal para propiciar amplificação sonora, o chamado primeiro ajuste (*first fit*). Importante ressaltar que o primeiro ajuste proposto pelos *softwares* é apenas um ajuste inicial, e não reflete o que está ocorrendo na orelha do indivíduo. Isso ocorre porque as configurações de ganho por frequência propostas pelo *software* são valores simulados com base no audiograma, considerando um adulto com um tamanho médio de orelha. Portanto, pode-se esperar que um indivíduo receba mais ganho do que o mostrado no *software* (se ele tiver uma orelha menor que a média) ou menos ganho (se tiver uma orelha maior que a média). Menos de 12% dos alvos observados na tela do *software* de adaptação dos fabricantes correspondem ao que é realmente medido na orelha do indivíduo[7]. Observou-se que as adaptações baseadas somente no primeiro ajuste promovido pelos *softwares* de adaptação são inadequadas e que o uso da verificação eletroacústica melhorou a correspondência entre o alvo prescrito e a amplificação fornecida pelo dispositivo[9].

A **verificação** é um processo centrado no desempenho do DEAS e é quantificado em termos puramente acústicos. Tem como objetivo proporcionar audibilidade do sinal de fala para otimizar a compreensão de fala, com sensação de intensidade adequada e boa qualidade sonora. Para tal, engloba um conjunto de procedimentos que permite garantir:

1. A adaptação física do molde auricular e/ou do dispositivo para garantir a facilidade de manipulação, inserção e remoção do aparelho.
2. Dispositivo acusticamente bem adaptado, sem queixas de autofonia relacionadas ao efeito de oclusão e amplificação sonora sem presença de microfonia.
3. Desempenho eletroacústico com ganho por frequência para os sinais fracos e médios da fala adequados à perda auditiva do usuário.
4. Níveis de saída máxima dentro de limites seguros e confortáveis.

Há muitos anos as diretrizes de boas práticas preconizam que as adaptações de dispositivos eletrônicos (por condução aérea) devem ser verificadas usando equipamentos com microfone sonda – **verificação eletroacústica,** considerada medida padrão-ouro[1]. É realizada usando um sinal de fala calibrado moldado para mimetizar o espectro médio da fala de longo prazo (do inglês *Long Term Average Speech Spectrum* – LTASS) em diferentes intensidades de entrada.

Mensurações com microfone sonda são feitas após a seleção dos parâmetros da amplificação por um método prescritivo validado. Quase sempre envolvem mudanças consideráveis na programação inicial, para adequá-lo às necessidades auditivas e preferências individuais, o ajuste fino. Ajuste fino é o processo de ajustar as características eletroacústicas do dispositivo de modo a atingir os alvos prescritos. Isso significa fazer pequenas mudanças no ganho, saída ou nos algoritmos de processamento do sinal para obter a audibilidade do sinal de fala desejada, propiciando o melhor desempenho e efetividade do DEAS.

O nível de pressão sonora do dispositivo deve ser ajustado para corresponder aos alvos prescritos em todas as frequências para as entradas fracas, médias e fortes do sinal de fala. As respostas em nível de pressão sonora obtidas na orelha devem variar em mais (+) ou menos (-) 5 decibéis (dB) dos valores prescritos, sempre que viável (em função de limitações impostas pela necessidade de saídas muito elevadas ou microfonia), o que garantirá a maior audibilidade dos sons de fala expressa pelo SII[10] (do inglês *Speech Intelligibility Index* ou índice de inteligibilidade de fala).

Os equipamentos com microfone sonda fazem automaticamente o cálculo do SII. Esse índice quantifica o impacto da perda auditiva na audibilidade da fala, sem e com dispositivo de amplificação, e isso permite prever a audibilidade da fala em condições de teste específicas. O SII pode ser expresso em uma proporção (entre 0 e 1) ou uma porcentagem (entre 0 e 100%), mais comum na prática audiológica. Se o SII for zero, isso significa que nenhuma das informações de fala está audível, da mesma forma que um SII de 100% indica que toda a informação de fala está disponível para um ouvinte. Em geral, para adultos com uma perda auditiva descendente leve a moderada, para uma entrada de 65 dB, espera-se um SII para adultos em torno de 65 a 75%. Para um sinal fraco de 55 dB, o SII "aceitável" torna-se menor. O SII "aceitável" diminuirá à medida que o grau da perda auditiva aumentar, simplesmente em virtude das limitações da amplificação.

Um protocolo de verificação eletroacústica do ganho e saída por frequência pode ser acessado na plataforma de conteúdo complementar do livro.

Utilize o QR code para acessar o Anexo 3 – Questionários utilizados na adaptação dos dispositivos eletrônicos de amplificação.

Voucher: **tratfono**.

PARTE 3. ORIENTAÇÃO E ACONSELHAMENTO

O estigma social somado à perda auditiva caracteriza uma importante dificuldade para a reabilitação auditiva. Admitir a perda auditiva é um processo muito difícil, pois significa muitas mudanças. Para os profissionais, sobretudo, torna-se essencial dar ênfase ao processo emocional, compreendendo as necessidades individuais com planejamentos mais assertivos, englobando a orientação e o aconselhamento[11].

Na maioria dos casos, o indivíduo demora muito para procurar ajuda e aderir à reabilitação auditiva. Dessa forma, a orientação e o aconselhamento devem ser iniciados desde o primeiro momento, priorizando o entendimento da importância de todas as etapas, assim como a participação efetiva do indivíduo no processo de reabilitação.

Considerado como uma importante estratégia, o aconselhamento envolve não somente o deficiente auditivo, mas também familiares e parceiros frequentes de comunicação para a melhoria da qualidade de vida do adulto e idoso[12].

A orientação caracteriza-se como um aconselhamento informativo, que se refere: à abordagem de informações direcionadas sobre os resultados da avaliação audiológica para a maior compreensão das dificuldades relacionadas à perda auditiva, ao prognóstico quanto ao uso dos dispositivos eletrônicos de amplificação sonora, e às estratégias de comunicação, aspectos importantes no processo de reabilitação auditiva. O aconselhamento de ajuste pessoal prioriza o conhecimento, a compreensão e a segurança do indivíduo no contexto de melhor aceitação e controle das emoções relacionadas à perda auditiva[13].

As orientações direcionadas aos deficientes auditivos adultos e idosos são as mesmas, diferenciando-se apenas em relação ao tempo de execução das tarefas. A linguagem deve ser simples e adequada ao nível sociocultural do indivíduo, e complementada com material instrutivo com o objetivo de favorecer a retenção das informações. Há um estudo que demonstrou que no momento da orientação, apenas 50% da informação é preservada; sendo que destes 50%, cerca de 40% a 80% podem ser esquecidas[14]. Reforça-se a importância de que as informações sejam apresentadas de forma gradual, de preferência com a utilização de material instrucional de apoio, para que sejam compreendidas e memorizadas[15].

Em 2023, a *American Speech-Language-Hearing Association* (ASHA) publicou a diretriz *"Clinical Practice Guideline on Aural Rehabilitation for Adults With Hearing Loss"*, sobre a reabilitação auditiva centrada na pessoa, com importantes estratégias que envolvem o aconselhamento informativo, o aconselhamento de ajuste pessoal, o treinamento perceptivo e a combinação de vários componentes no planejamento da reabilitação auditiva[16]. Nessa diretriz foram apresentadas as recomendações relativas ao aconselhamento informativo e de ajuste pessoal que devem ser de conhecimento dos profissionais na orientação de seus pacientes e parceiros de comunicação. Essas informações encontram-se na plataforma de conteúdo complementar do livro.

PARTE 4. AVALIAÇÃO DE RESULTADOS

A etapa de **avaliação de resultados**, também conhecida como validação, é aquela que irá comprovar a efetividade do tratamento. Avalia-se em que medida os objetivos do tratamento foram atingidos. Valida-se, de certa forma, que as escolhas na seleção e ajuste do DEAS minimizaram as limitações e as restrições em atividades comunicativas impostas pela perda auditiva[17]. A avaliação de resultados é um processo contínuo ao longo do programa de reabilitação auditiva. São realizados acompanhamentos regulares após a adaptação à amplificação e aclimatização perceptual. Tem como objetivo avaliar o desempenho do deficiente auditivo com o uso de amplificação sonora. Podem ser avaliados o benefício, a satisfação, assim como a melhora da qualidade de vida. A avaliação de curto prazo é realizada após 3 a 4 semanas de uso da amplificação, de médio prazo após 6 meses e de longo prazo após 1 ano de adaptação inicial do dispositivo.

Nessa etapa, deve-se analisar aspectos relativos à intervenção realizada, como a melhora no processo de reabilitação auditiva e das habilidades comunicativas. Para essa finalidade, o profissional deverá selecionar os melhores instrumentos para avaliar o uso, o benefício, a satisfação e a qualidade de vida, entre outros.

O benefício pode ser classificado em: benefício objetivo e subjetivo. O benefício objetivo inclui a melhora de audibilidade e do reconhecimento de fala. Para avaliação da audibilidade utilizam-se as medidas em campo livre e mensurações eletroacústicas com microfone sonda.

Recomenda-se que a avaliação do reconhecimento de fala com amplificação seja realizada por meio de testes que utilizem material de fala gravado, preferencialmente que contenham sentenças curtas, nas condições de silêncio e de ruído. Os estímulos são apresentados em campo livre e o benefício é calculado por meio da comparação entre os resultados obtidos sem e com amplificação. Os testes mais utilizados e validados no Brasil são: Lista de Sentenças em Português (LSP-BR)[18] e *Hearing in Noise Test* (HINT) – Brasil[19]. Maiores detalhes e informações sobre os testes estão disponíveis na plataforma de conteúdo complementar do livro.

O benefício subjetivo pode ser avaliado por meio de escalas numéricas ou visuais analógicas e questionários padronizados[17]. As escalas são muito simples, rápidas de aplicar e de fácil compreensão para o respondente. Por exemplo, a escala visual analógica é composta por uma régua com números que vão de 0 a 10 ou de 0 a 100, em que 0 significa "nada satisfeito" e 100 "muito satisfeito".

Questionários padronizados são outra forma de avaliar o benefício subjetivo com validade clínica e científica reconhecida. Os questionários mais utilizados na prática clínica do fonoaudiólogo foram citados na Parte 1 deste capítulo, "Avaliação auditiva, das necessidades de comunicação e necessidades não auditivas". Os questionários que foram aplicados na avaliação inicial (na condição sem amplificação) deverão ser reaplicados considerando o uso dos DEAS, obtendo-se dessa forma o benefício subjetivo. Os questionários são instrumentos importantes para o profissional elaborar seu protocolo de acompanhamento do usuário de DEAS, garantindo a manutenção das melhoras resultantes da intervenção[20].

Vale destacar a utilização de alguns questionários que são aplicados apenas na etapa de avaliação de resultados e que não preveem uma aplicação anterior ao início do uso de amplificação. Pode-se citar os questionários SADL – *Satisfaction with Amplification in Daily Life*[21] traduzido no Brasil[22] e o *International Outcome Inventory for Hearing Aids* (IOI-HA)[23], traduzido para 21 línguas, incluindo o português brasileiro e denomi-

Utilize o QR code para acessar o Anexo 4 – Recomendações com relação ao aconselhamento informativo .

Voucher: **tratfono**.

Utilize o QR code para acessar o Anexo 5 – Lista de Sentenças em Português (LSP-BR).

Voucher: **tratfono**.

nado Questionário Internacional – Aparelho de Amplificação Sonora Individual (QI-AASI).

O Questionário Internacional – Aparelho de Amplificação Sonora Individual (QI-AASI) é um questionário multifatorial e visa obter informações dos pacientes a respeito de sua autopercepção quanto aos sete domínios avaliados (questões): o tempo de uso diário do AASI, benefício, limitação residual das atividades, satisfação, restrição residual da participação, impacto nos outros e qualidade de vida. São cinco alternativas de respostas, de um a cinco (da pior para a melhor). O escore do QI-AASI é obtido por meio da soma dos valores atribuídos a cada questão, obtendo-se valor mínimo de 7 e máximo de 35 pontos.

A etapa de avaliação dos resultados é determinante para o uso efetivo do dispositivo, manutenção do benefício e satisfação do usuário, redução da limitação em atividades de vida diária e restrição de participação com consequente melhora da qualidade de vida do indivíduo.

CONCLUSÃO

A adaptação do DEAS demanda um processo criterioso para maximizar o desempenho, o benefício e a satisfação do usuário. O profissional deve ter conhecimentos atualizados sobre a tecnologia do dispositivo, mas, principalmente, sobre o processo e os procedimentos envolvidos na seleção e adaptação do dispositivo de amplificação. Garantir resultados ideais para todos os indivíduos, independentemente do local onde recebam o tratamento, é um dos maiores desafios na área de saúde. Para que esse processo seja bem-sucedido é fundamental aderir às diretrizes de boas práticas que levam aos melhores resultados e eliminar aquelas que resultam em resultados abaixo do ideal.

Com o objetivo de valorizar o serviço do fonoaudiólogo, o profissional deve adotar um protocolo que abarque um conjunto de práticas essenciais que são: desenvolver um plano de tratamento abrangente, com metas de tratamento específicas para cada indivíduo; utilizar medidas centradas no paciente; selecionar os recursos do dispositivo com base nos objetivos do tratamento e não apenas no audiograma; verificar os parâmetros de desempenho do dispositivo com equipamentos com microfone sonda; avaliar os resultados; prescrever tecnologias auxiliares, quando apropriado; e realizar acompanhamento do usuário após adaptação dos dispositivos.

REFERÊNCIAS BIBLIOGRÁFICAS

1. American Academy of Audiology – AAA. Guidelines for the audiologic management of adult hearing impairment. [Online] 2006. Disponível em: https://www.audiology.org/wp-content/uploads/2021/05/haguidelines.pdf_53994876e92e42.70908344.pdf.
2. Boothroyd A. Measuring auditory speech-perception capacity in young children. In: Seewald RC. A sound foundation through early amplification: the third international conference. Phonak; 2004.
3. Moore BC. Dead regions in the cochlea: diagnosis, perceptual consequences, and implications for the fitting of hearing AIDS. Trends in Amplification. 2001;5(1):1-34.
4. Ruggero MA, Rich NC, Recio A, Narayan SS, Robles L. Basilar-membrane responses to tones at the base of the chinchilla cochlea. The Journal of the Acoustical Society of America. 1997;101(4):2151-63.
5. Killion MC. The K-Amp hearing aid: an attempt to present high fidelity for persons with impaired hearing. American Journal of Audiology. 1993;2(2):52-74.
6. Sanders J, Stoody T, Weber JE, Mueller HG. Manufacturers' NAL-NL2 fittings fail real-ear verification. *Hearing Review. 2015;21*(3):24-32.
7. Valente M, Oeding K, Brockmeyer A, Smith S, Kallogjeri D. Differences in word and phoneme recognition in quiet, sentence recognition in noise, and subjective outcomes between manufacturer first-fit and hearing aids programmed to NAL-NL2 using real-ear measures. *Journal of the American Academy of Audiology. 2018;29*(8):706-21.
8. Johnson E, Dillon H. A comparison of gain for adults from generic hearing aid prescriptive methods: Impacts on predicted loudness, frequency bandwidth, and speech intelligibility. *Journal of the American Academy of Audiology. 2011;22*:441-59.
9. Munro KJ, Puri R, Bird J, Smith M. Using probe-microphone measurements to improve the match to target gain and frequency response slope, as a function of earmold style, frequency, and input level. Int J Audiol. 2016;55(4):215-23.
10. American National Standards Institute. Methods for calculation of the Speech Intelligibility Index, ANSI S3.5-1997. New York: Acoustical Society of America; 1997.
11. Gagné JP, Southall K, Jennings MB. The psychological effects of social stigma: applications to people with an acquired hearing loss. In: Joseph J, Montano E, Jaclyn BS. Adult audiologic rehabilitation. Plural Publishing; 2013.
12. Hawkins DB. Effectiveness of counseling-based adult group aural rehabilitation programs: a systematic review of the evidence. J Am Acad Audiol. 2005;16:485-93.
13. Ferrari DV. Aconselhamento informativo – quais as estratégias para a retenção da informação? Audiology Info. Nov. 2013. Disponível em: https://www.audiology-infos.br.com/em-foco/

727-aconselhamento-informativoquais-estrategias-para-retencao-de-informacao?showall=1. Acesso em: 20 de set. 2014.

14. Kessels RPC. Patient's memory for medical information. J Roy Soc Med. 2003;96:219-22.
15. Martinez MAN, Balen AS, Reis ACMB, Frota SM. Tratado de Audiologia. São Paulo: Editora Santos; 2011. p. 775-87.
16. Aural Rehabilitation Clinical Practice Guideline Development Panel, Basura G, Cienkowski K, Hamlin L, Ray C, Rutherford C, et al. American Speech-Language-Hearing Association clinical practice guideline on aural rehabilitation for adults with hearing loss. Am J Audiol. 2023 Mar;32(1):1-51.
17. Almeida K, Menegoto IH. Verificação e avaliação dos resultados no processo de seleção e adaptação dos dispositivos eletrônicos de amplificação sonora. In: Schochat E, et al. (eds.). Tratado de Audiologia. 3. ed. Barueri: Manole; 2022.
18. Costa MJ. Listas de sentenças em português apresentação e estratégias de aplicação na audiologia. Santa Maria: Palotti; 1998.
19. Bevilacqua MC, Banhara MR, Costa EA, Vignoly AB, Alvarenga KF. The Brazilian Portuguese hearing in noise test. Int J Audiolo. 2008;47(6):364-5.
20. Blasca WQ, Campos PD. Reabilitação auditiva em adultos e idosos. In: Schochat E, et al. (eds.). Tratado de Audiologia. 3. ed. Barueri: Manole; 2022.
21. Cox RM, Alexander GC. Measuring satisfaction with amplification in daily life: the SADL scale. Ear Hear.1999 Aug;20(4):306-20.
22. Mondelli MFCG, Magalhães FF, Lauis JRP. Cultural adaptation of the SADL (satisfaction with amplification in daily life) questionnaire for Brazilian Portuguese. Braz J Otorhinolaryngol. 2011;77(5):563-72.
23. Cox RM, Alexander GC. The International Outcome Inventory for Hearing Aids (IOI-HA): psychometric properties of the English version. Int J Audiol. 2002;41(1):30-5.

15

Boas práticas na indicação e adaptação da prótese auditiva ancorada no osso

Isabela de Souza Jardim
Eliane Aparecida Techi Castiquini
Francisco José Osterne
Ângela Ribas

PONTOS-CHAVE

- A prótese auditiva ancorada no osso (PAAO) é um dispositivo de amplificação por condução óssea que pode ser usado de forma implantada cirurgicamente ou por meio de fixação não cirúrgica com faixa elástica. É indicada para o tratamento de perdas auditivas condutivas e/ou mistas e perda auditiva do tipo sensorioneural profundo ou anacusia unilateral, quando não é possível o uso do aparelho de amplificação sonora individual.
- Diferentes graus e configurações de perdas auditivas do tipo condutivo ou misto, de caráter permanente ou com limiares aéreos flutuantes, impactam negativamente no desenvolvimento de linguagem, na aprendizagem e na socialização de crianças; bem como na comunicação, no trabalho e nas relações interpessoais dos adultos, trazendo prejuízos à qualidade de vida.
- Perda auditiva sensorioneural profunda unilateral, *Single Sided Deafness* (SSD), interfere no desenvolvimento das habilidades auditivas e impacta negativamente na capacidade de localização e orientação sonora, bem como na compreensão da fala em ambientes ruidosos ou degradados. A PAAO não recupera as funções da binauralidade, como a localização em SSD, ou estimula o nervo auditivo diretamente; porém, tem por objetivo diminuir o efeito sombra da cabeça e favorecer a compreensão de fala em ambientes com ruído de fundo ou menos favoráveis.
- A indicação de PAAO deve ser baseada em fatores clínicos (saúde geral do paciente e anatomia de orelha externa e média), fatores audiológicos (tipo e grau da perda auditiva) e fatores socioemocionais (expectativas do paciente).

OBJETIVOS DE APRENDIZAGEM

Ao final deste capítulo, o leitor deverá ser capaz de:

- Identificar o candidato ao uso da PAAO a partir dos critérios de indicação atuais.
- Avaliar o desempenho e a percepção auditiva almejada com a PAAO.
- Elaborar relatório fonoaudiológico.
- Orientar pacientes e médicos na escolha do dispositivo visando a melhor adaptação e reabilitação auditiva.

INTRODUÇÃO

A perda auditiva, seja flutuante ou permanente, bilateral ou unilateral, afeta de modo negativo o desenvolvimento da linguagem, a aprendizagem e a socialização do indivíduo, que possui na audição uma condição essencial para sua constituição como ser humano[1]. Detectar, localizar, reconhecer, discriminar e compreender os sons em geral, e em especial os da fala, permite a inserção e integração do indivíduo na sociedade.

A prótese auditiva ancorada no osso (PAAO) pode ser indicada na presença de perdas auditivas decorrentes de malformações de orelha externa e média, processos infecciosos crônicos da orelha média ou nas perdas unilaterais totais, quando não há solução clínica ou cirúrgica possível e não se pode lançar mão de aparelhos de amplificação sonora individuais (AASI) por condução aérea, dependendo do grau de alteração e necessidades do paciente[2,3]. Indivíduos que apresentam reações alérgicas com o uso de moldes auriculares ou receptores no conduto também podem se beneficiar da PAAO, que proporciona acesso efetivo e estável aos sons.

Além disso, indivíduos com histórico de otite média crônica – com cavidade radical, membrana timpânica perfurada e recorrência de infecções da orelha média – e que possuem a indicação de dispositivo auditivo para reabilitação da audição, frequentemente não são capazes de fazer uso efetivo dos AASI por condução aérea, uma vez que, durante os quadros de otite, a recomendação médica pode ser suspender o uso até que o quadro infeccioso cesse.

Em casos de otite, nos quais a recomendação médica permite o uso dos AASI por condução aérea (normalmente quando a membrana timpânica está íntegra), há o grande desafio da programação efetiva dos aparelhos devido à flutuação dos limiares auditivos por via aérea. A PAAO, ao necessitar somente dos limiares de via óssea – estáveis, nesses casos – proporciona o acesso aos sons mais fidedignos mesmo que haja variação dos limiares aéreos. Em todos esses casos, a avaliação médica é fundamental para a indicação da prótese.

É neste contexto que surge a PAAO[4]: dispositivo auditivo biocompatível e osseointegrável, passivo ou ativo, implantado cirurgicamente ou fixado na cabeça por uma faixa elástica, que capta a energia sonora produzida no meio ambiente por meio de um processador de som e a transforma em vibração capaz de estimular as estruturas da orelha interna, gerando energia hidráulica, química e, por fim, a elétrica, que percorrerá as vias auditivas até atingir o córtex cerebral.

Neste capítulo, didaticamente organizado em quatro partes, discorreremos sobre: definição e caracterização da PAAO, ativa e passiva; processo de avaliação, seleção, adaptação, verificação e acompanhamento de candidatos e usuários da PAAO; equipe e equipamentos necessários para o atendimento fonoaudiológico; e, por fim, resoluções e portarias vigentes.

DEFINIÇÃO E CARACTERIZAÇÃO DA PAAO: DIFERENCIANDO A ESTIMULAÇÃO ATIVA E PASSIVA

O princípio básico que norteou o desenvolvimento da PAAO é a transmissão do som por via óssea. A estrutura da cabeça humana, em especial a calota craniana, permite que a onda sonora se propague e estimule as estruturas da orelha média e da orelha interna, gerando energia mecânica, hidráulica e elétrica, capaz de elicitar resposta nas células ciliadas e fibras nervosas auditivas dentro da cóclea. Essa transmissão óssea ocorre na orelha estimulada e, de forma transcraniana, na orelha contralateral[5]. Por isso, as indicações clássicas da PAAO são:

A. Indivíduos com perda auditiva condutiva ou mista.
B. Indivíduos com perda auditiva sensorioneural profunda unilateral.

A PAAO é basicamente composta por dois componentes: o interno, implantado cirurgicamente, e o externo, denominado processador de som. Atualmente, as PAAO disponíveis no mercado podem ser classificadas em percutânea e transcutânea. As transcutâneas se diferenciam na forma de estimulação, que pode ser passiva ou ativa[4].

Na percutânea, os dois componentes se acoplam diretamente, por meio de um pilar, ao pino de titânio que foi implantado cirurgicamente e osseointegrou ao osso temporal, transpassando a pele. A osseointegração[6], união estável e funcional entre o osso e a superfície de titânio, permite que a vibração passe do dispositivo para o osso e estimule as estruturas da orelha interna (Figura 1).

Já na transcutânea passiva, o processador de som se acopla ao componente interno, implantado cirurgicamente, por meio de um ímã, após cicatrização cirúrgica. O processador de som capta a onda sonora, a transforma em energia vibratória e faz vibrar o osso, sendo o implante apenas um condutor dessa energia. Neste caso, a pele permanece íntegra, diferente do que acontece na PAAO percutânea (Figura 2).

A estimulação transcutânea ativa é aquela cujo componente interno é o dispositivo vibratório e o componente externo é responsável pela captação e processamento do sinal sonoro. O sistema ativo pode ser constituído por um componente externo – o processador de som; e um componente interno, implantável, composto de: ímã (magneto), bobina receptora e demodulador acoplado a um transdutor de massa flutuante para condução óssea (BC-FMT) (Figura 3); ou material piezoelétrico, ambos fixados na cortical da mastoide (Figura 4).

É importante ressaltar que a maior perda de energia acústica ocorre no sistema transcutâneo passivo; portanto, esse deve ser um fator importante a se considerar no momento de seleção do dispositivo e ser discutido entre o médico e o paciente. Veremos mais informações no decorrer do capítulo, na descrição da saída de força máxima das PAAO.

O momento da implantação da PAAO fica a critério médico[7] quando a calota craniana atinge a espessura mínima necessária e o paciente tem condição clínica para a cirurgia.

Caso ainda não seja possível realizar o procedimento cirúrgico, a prótese transcutânea passiva pode ser adaptada à cabeça do usuário por meio de adesivo ou faixa elástica desde os primeiros meses de vida, após o diagnóstico e caraterização da perda auditiva. Vale ressaltar que, nessa situação, ocorre a perda de energia, principalmente nas frequências altas, durante a transmissão das vibrações ao longo do osso e dos tecidos moles até que a cóclea seja alcançada[8].

Na Figura 5 é demonstrada a caracterização dos modelos percutâneo e transcutâneo, passivo ou ativo.

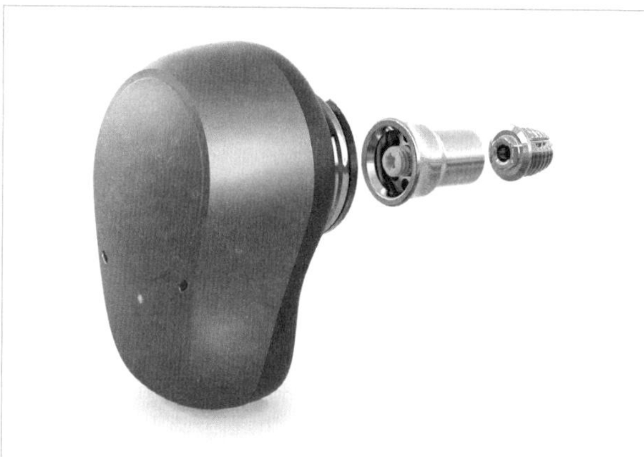

FIGURA 1 Prótese auditiva ancorada no osso (PAAO) percutânea modelo Ponto 4, marca Oticon Medical. Versão colorida da figura encontra-se na plataforma de conteúdo complementar do livro.
Fonte: imagem cedida por Oticon Medical.

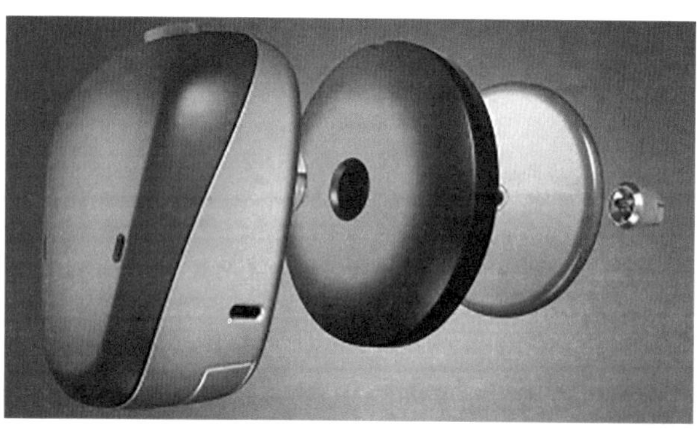

FIGURA 2 Prótese auditiva ancorada no osso (PAAO) transcutânea passiva modelo Baha, marca Cochlear Corp. Versão colorida da figura encontra-se na plataforma de conteúdo complementar do livro.
Fonte: imagem cedida por Politec Soluções Auditivas.

FIGURA 3 Prótese auditiva ancorada no osso (PAAO) transcutânea modelo Bonebridge, marca Med-EL. Versão colorida da figura encontra-se na plataforma de conteúdo complementar do livro.
Fonte: imagem cedida por Med-EL.

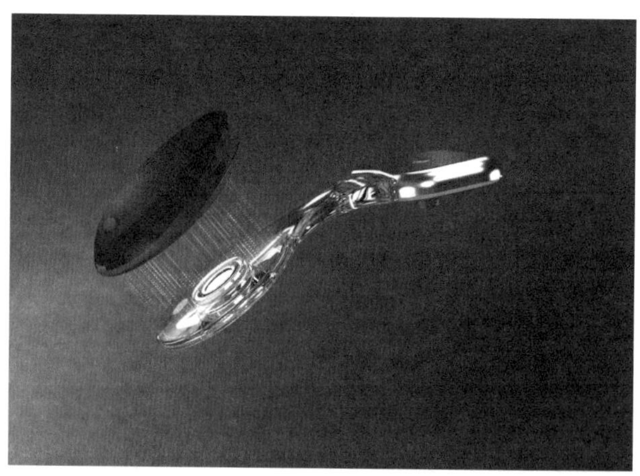

FIGURA 4 Prótese auditiva ancorada no osso (PAAO) transcutânea modelo Osia, marca Cochlear Corp. Versão colorida da figura encontra-se na plataforma de conteúdo complementar do livro.
Fonte: imagem cedida por Politec Soluções Auditivas.

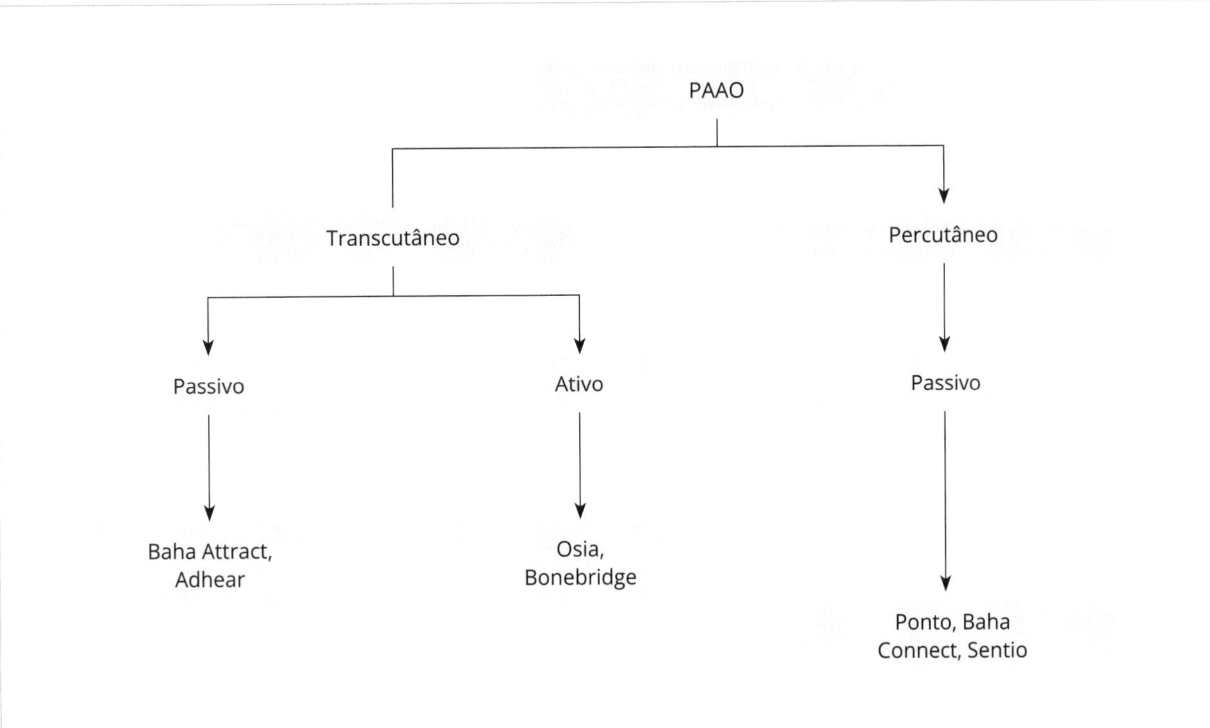

FIGURA 5 Caracterização da prótese auditiva ancorada no osso (PAAO) conforme implantação e forma de estimulação, se passiva ou ativa.

PROCESSO DE AVALIAÇÃO, SELEÇÃO, ADAPTAÇÃO, VERIFICAÇÃO E ACOMPANHAMENTO DE CANDIDATOS E USUÁRIOS DA PAAO

O avanço científico e tecnológico permitiu que, atualmente, mais e mais pessoas com problemas auditivos tenham acesso à reabilitação adequada. Em função disso, critérios de seleção para o uso de diferentes tecnologias são continuamente revistos e atualizados a fim de oferecer melhor prognóstico e sucesso ao tratamento.

Assim como na reabilitação auditiva por meio do AASI por condução aérea e do implante coclear, o candidato ao uso da PAAO deve passar por um processo de avaliação, orientação e aconselhamento, a fim de ajustar os possíveis resultados às suas reais expectativas[9].

A indicação da PAAO, pautada em evidências científicas, baseia-se em critérios médicos e audiológicos que podem variar entre os diferentes países. No Brasil, conforme regulamentação da Agência Nacional de Vigilância Sanitária, a cirurgia é indicada para crianças a partir de cinco anos de idade, desde que possuam espessura de calota craniana adequada para a implantação do componente interno e condição de saúde satisfatória para submeter-se a uma cirurgia. Antes desse período, o uso da prótese transcutânea passiva, não cirúrgica, deve ser estabelecido o mais precocemente possível, desde que o diagnóstico audiológico tenha sido realizado, com a caracterização da perda auditiva.

Avaliação audiológica

O ponto de partida do processo audiológico é a avaliação auditiva básica para a caracterização da perda auditiva quanto ao tipo, grau e configuração, conforme descrito no Quadro 1.

Com as informações sobre a pesquisa dos limiares auditivos por via aérea e por via óssea, pesquisa do limiar de reconhecimento de fala e do Índice Percentual de Reconhecimento de Fala (IPRF), bem como as dificuldades de comunicação, se inicia a avaliação individual seguindo para a análise dos critérios de indicação sugeridos pelos fabricantes e discussão do caso junto à equipe multidisciplinar.

São critérios audiológicos para o uso da PAAO[10]:

- Perda auditiva condutiva (Figura 6) ou mista (Figura 7) com gap aéreo-ósseo maior que 30 dBNA e IPRF igual ou maior que 60% para monossílabos.
- Perda auditiva sensorioneural profunda unilateral sem resíduo de IPRF e lado contralateral com limiares auditivos dentro dos limites de normalidade (Figura 8).

QUADRO 1 Avaliação audiológica

Audiometria tonal com fones	▪ Determinar limiares auditivos em orelhas separadas, por via aérea e via óssea
Logoaudiometria	▪ Limiar de reconhecimento de fala ▪ Índice percentual de reconhecimento de fala
PEATE	▪ Limiares eletrofisiológicos por frequência específica ▪ Limiares eletrofisiológicos por via aérea e via óssea
Imitanciometria (exceto para indivíduos com malformação de orelha externa e/ou média)	▪ Avaliar condições de orelha média e reflexo estapediano

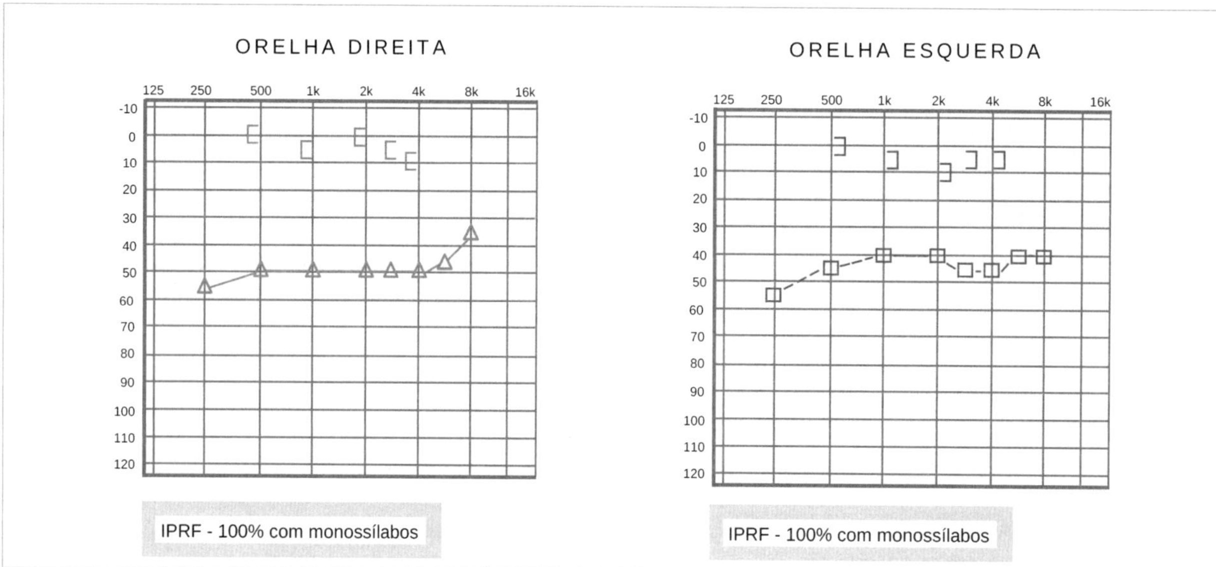

FIGURA 6 Exemplo de perda auditiva do tipo condutiva. Versão colorida da figura encontra-se na plataforma de conteúdo complementar do livro.

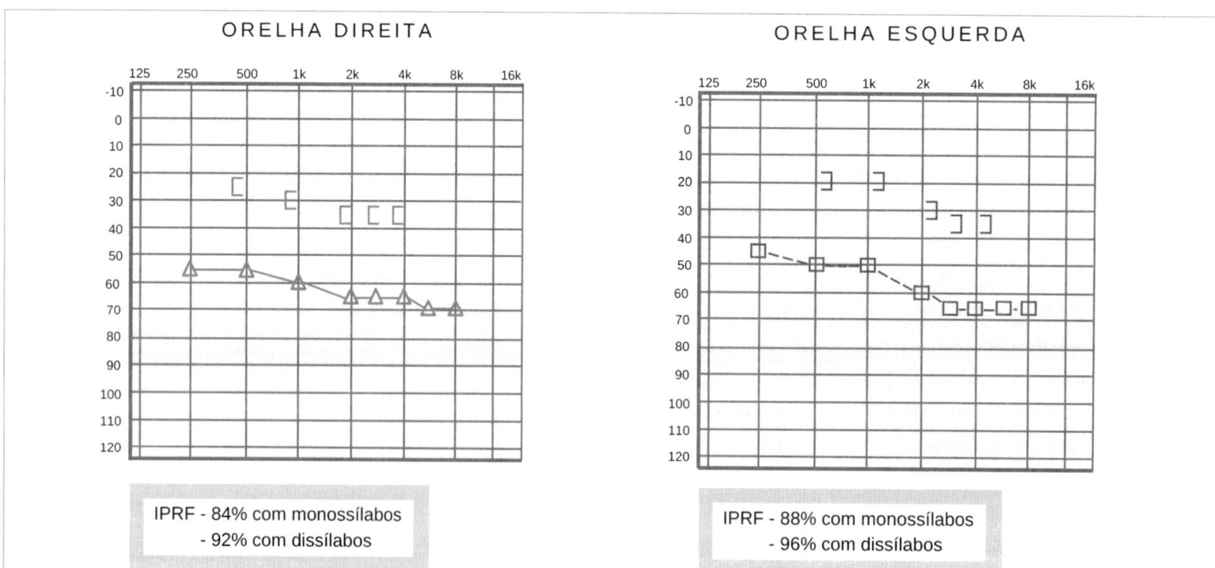

FIGURA 7 Exemplo de perda auditiva do tipo mista bilateral. Versão colorida da figura encontra-se na plataforma de conteúdo complementar do livro.

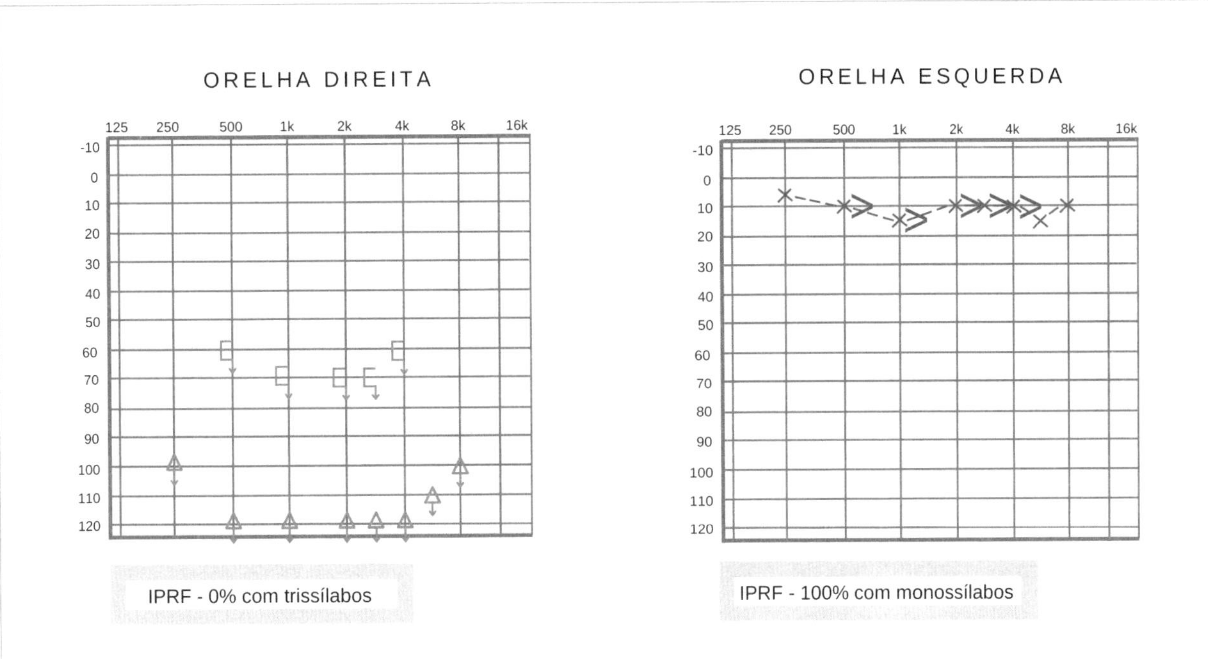

FIGURA 8 Exemplo de perda auditiva unilateral, *single sided deafness*. Versão colorida da figura encontra-se na plataforma de conteúdo complementar do livro.

A obtenção dos limiares de condução óssea de forma assertiva é necessária para a indicação unilateral ou bilateral da PAAO, o que reforça a importância da realização da avaliação audiológica com fonoaudiólogo que possua expertise na área de diagnóstico; sobretudo, na utilização adequada do mascaramento. Quanto melhores e mais simétricos forem os limiares de condução óssea, maior será o benefício binaural esperado[11]. A simetria de condução óssea é observada quando a diferença entre a média dos limiares por via óssea obtidos entre as duas orelhas nas frequências de 500 Hz, 1.000 Hz, 2.000 Hz e 4.000 Hz for de até 10 dBNA ou quando houver diferença de 15 dBNA em frequências individuais[12].

O uso bilateral deve ser recomendado, sempre que possível. Quanto melhores e mais simétricos forem os limiares de condução óssea, melhor a compreensão de fala em situações desfavoráveis com ruído de fundo[11,12].

Com os achados audiológicos e o indivíduo apresentando resultados que atendam aos critérios de indicação, a etapa seguinte a ser realizada será a seleção do dispositivo para o teste, incluindo o domiciliar, com posterior realização da verificação dos resultados por meio das medidas de avaliação de desempenho auditivo.

Seleção e indicação da PAAO

Próteses auditivas ancoradas no osso de diferentes empresas e de diferentes potências podem ser encontradas no mercado. De modo geral, podemos considerar que encontramos processadores com: potência padrão, isto é, que atendem aos limiares auditivos por via óssea de 0 a 45 dBNA; potência *power* – de 0 a 55 dBNA; e *superpower* – de 0 a 65 dBNA[11,13,14] (Figuras 9 e 10).

Além da potência do processador, parâmetros como a faixa de frequência e a saída de força máxima (*maximum force output* – MFO) devem ser considerados.

O MFO é definido como o nível de saída mais alto que o dispositivo pode fornecer à cóclea. A PAAO apresenta limitações quanto à saída máxima, em comparação ao aparelho de amplificação sonora individual (AASI) por condução aérea, uma vez que para tirar o crânio da inércia e transmitir as vibrações adequadamente ao longo do osso até a cóclea, um nível de força suficiente deve ser aplicado sobre ele. Quanto maior o MFO, maior a área dinâmica para a amplificação e, consequentemente, melhor o reconhecimento de fala no ruído. É importante lembrar que o MFO de uma prótese percutânea é cerca de 10 dB a 15 dB maior, particularmente nas altas frequências, em relação à prótese transcutânea passiva e ativa[15] e que o sistema piezoelétrico abrange maior faixa de frequência, podendo amplificar até 6 kHz, o que não acontece com o sistema de amplificação mecânica.

Essa diferença entre a prótese percutânea e a transcutânea também pode ser explicada pelo fato de cabelo, pele e tecido gorduroso absorverem e atenuarem

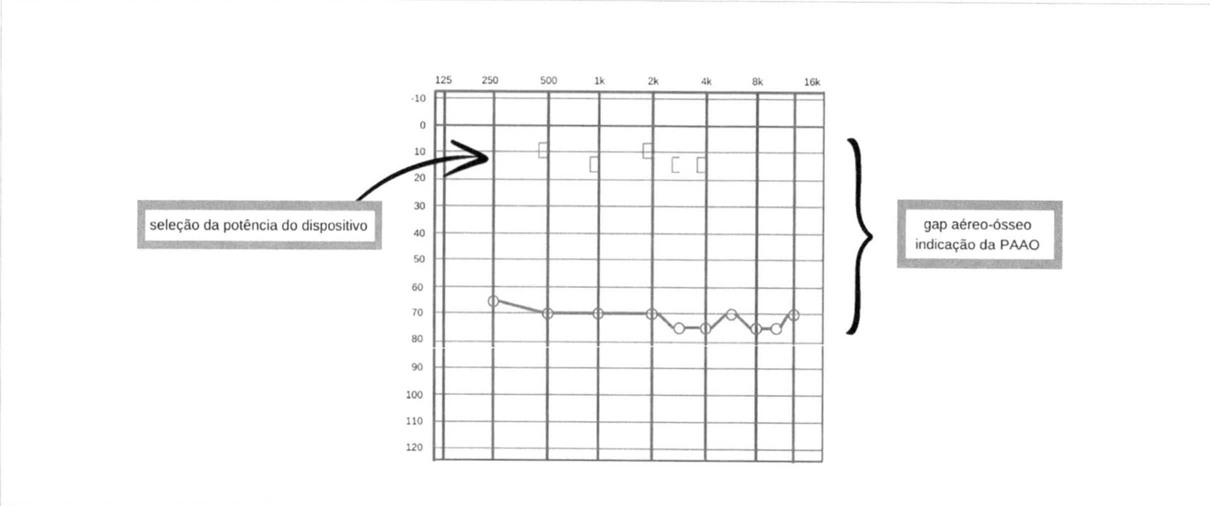

FIGURA 9 Imagem ilustrativa de gap aéreo ósseo e limiares auditivos por via aérea e via óssea. Versão colorida da figura encontra-se na plataforma de conteúdo complementar do livro.

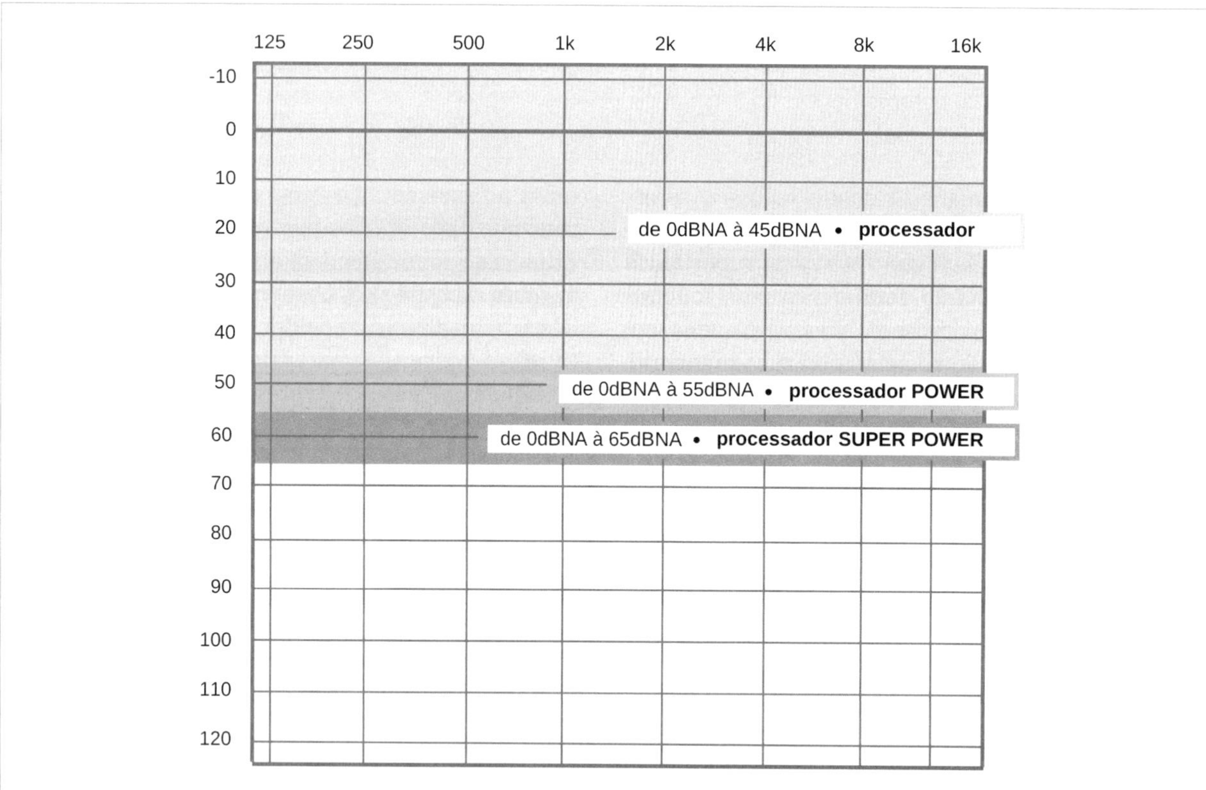

FIGURA 10 Potência dos diferentes modelos de prótese auditiva ancorada no osso (PAAO).

a energia durante a passagem do estímulo do componente externo para o interno.

A etapa da seleção é feita no momento da avaliação pré-operatória e compreende: ajustes, teste domiciliar, avaliação do desempenho e avaliação subjetiva das necessidades auditivas.

O uso de uma bateria de testes audiológicos padronizados é altamente recomendado nessa etapa[16]. A avaliação poderá ser realizada com o processador de som acoplado à faixa elástica ou arco de metal, disponibilizado pelas empresas que comercializam as próteses (Figura 11).

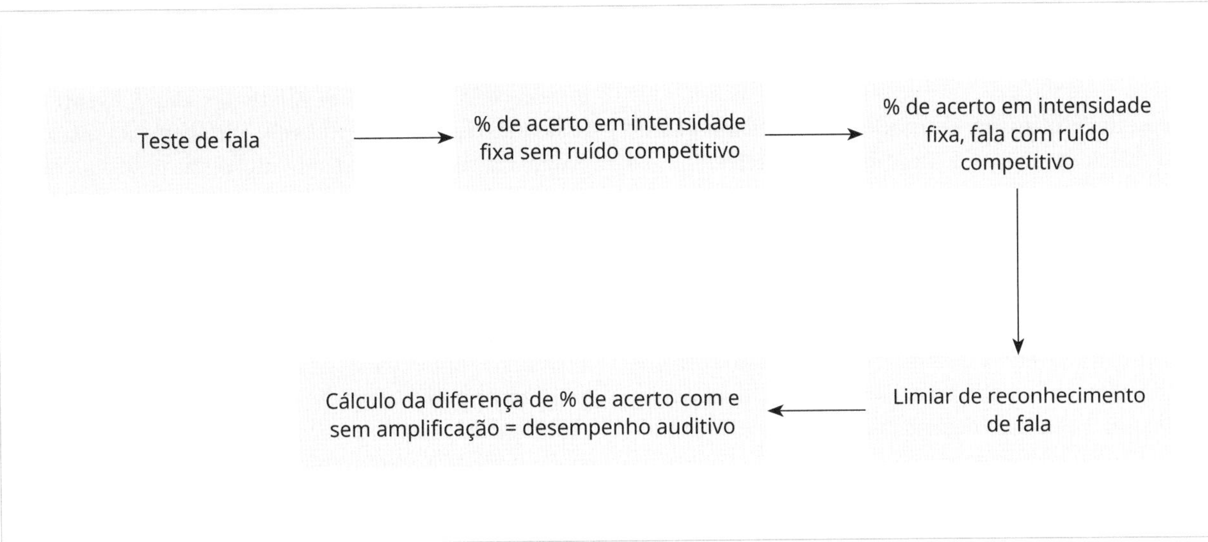

FIGURA 11 Avaliação audiológica para medida de desempenho auditivo da prótese auditiva ancorada no osso (PAAO). Versão colorida da figura encontra-se na plataforma de conteúdo complementar do livro.
Fonte: baseada em Ueda et al., 2022[16].

Por meio da audiometria tonal em campo livre e da avaliação da percepção auditiva da fala no silêncio e no ruído[17], o indivíduo poderá experimentar a amplificação por via óssea e o profissional poderá avaliar o desempenho auditivo. Nessa etapa, as orelhas deverão ser avaliadas separadamente e bilateralmente.

No caso de: perda auditiva bilateral com limiares auditivos por via óssea assimétricos (diferença média entre as orelhas igual ou superior a 15 dBNA), opção pelo uso unilateral devido ao custo ou impossibilidade cirúrgica bilateral, a seleção deve ser considerada para o lado com maior *gap* aéreo ósseo, melhor discriminação auditiva e menor perda nos limiares auditivos por condução óssea.

Ao considerar a possibilidade de uso bilateral implantado, a equipe multiprofissional deve avaliar o caso com cautela e considerar o processo cirúrgico de forma sequencial, ou seja, em duas etapas.

No caso de perda auditiva unilateral profunda não é recomendada a seleção somente com o teste em cabina acústica pelo fato do resultado sofrer interferência do lado com limiares dentro da normalidade, mesmo com a vedação dessa orelha. Para esse grupo, a seleção está fortemente dependente dos resultados clínicos, necessidades e benefícios avaliados por meio de questionários de autoavaliação, como o *Speech, Spatial and Qualities of Hearing Scale* (SSQ)[18,19].

Durante a etapa de seleção, repete-se esse processo (seleção, ajuste e verificação) com, no mínimo, duas diferentes marcas.

Com os resultados somados: experiência domiciliar, avaliação da percepção auditiva da fala e respostas do questionário de autoavaliação (no caso de perda auditiva profunda unilateral), se avalia a necessidade de inclusão de tecnologias assistivas, como TV *streamer* e microfone remoto.

Ao término do processo de seleção, a equipe médica e fonoaudiológica deverá ter conhecimento dos resultados da avaliação audiológica realizada e, para isso, um relatório deverá ser elaborado, o qual deverá conter as seguintes informações:

- Dados pessoais do paciente: idade, data de nascimento.
- Identificação do profissional, incluindo o nome completo e o número de registro junto ao Conselho Regional de Fonoaudiologia.
- Caracterização da perda auditiva quanto ao tipo, grau, simetria ou assimetria óssea e a data do exame.
- Caracterização da presença de malformação de orelha unilateral ou bilateral.
- Resultados das medidas de desempenho auditivo obtidos nas condições: sem amplificação e com amplificação (unilateral e bilateral) no silêncio e no ruído, contendo informações como: cabina acústica, distância e posição da caixa de som, intensidade e tipo de estímulo de fala e de ruído.
- Mencionar se houve teste domiciliar ou teste somente em avaliação clínica e resultados obtidos por meio de questionários de autoavaliação.
- Sugestão de duas marcas ou tipos possíveis para o caso.
- Mencionar a necessidade de tecnologias assistivas, se houver, como, por exemplo: microfone remoto, TV *streamer* e multimicrofone.

- Marca, tecnologia, potência e cor das opções selecionadas, inclusive se percutâneo ou transcutâneo.

A indicação do tipo e modelo do implante deverá ser realizada de acordo com as opções selecionadas pelo médico otorrinolaringologista. Esse tópico mencionado se relaciona à avaliação clínica e exames de imagens (ressonância, tomografia computadorizada) para a análise das características dos ossos temporais e condição de acesso cirúrgico.

Vale ressaltar que a decisão quanto ao lado a ser implantado envolve a avaliação audiológica e médica, e o resultado pós-operatório dependerá do resultado cirúrgico.

Adaptação da PAAO

A adaptação da PAAO pode ser realizada na condição não cirúrgica, com o uso do processador de som acoplado à banda elástica ou adesivo; ou pós-cirúrgica, após a implantação do componente interno e liberação da equipe médica.

Assim como o AASI por condução aérea, o processador de som da PAAO é programado via *software* do fabricante, normalmente inserido na plataforma NOAH. O passo inicial para a programação da PAAO é a escolha do modo de uso: se faixa ou tipo de implante, se uni ou bilateral e o tipo de perda auditiva. Em seguida realiza-se a pesquisa dos limiares auditivos por condução óssea por meio da audiometria *in situ*, ou seja, com o processador de som do paciente conectado ao *software* e acoplado *in loco*. Orienta-se a pesquisa de toda a faixa de frequência determinada pelo *software* (250 Hz a 8.000 Hz) para o melhor ajuste.

A pesquisa da audiometria *in situ* é fortemente recomendada[20], pois permite que sejam consideradas as propriedades individuais de ressonância do crânio, a atenuação dos tecidos moles quando no sistema transcutâneo passivo, bem como as características técnicas específicas do processador a ser adaptado. Em situação excepcional, quando não for possível a sua realização, como no caso de bebês e crianças pequenas pouco colaboradoras, deverão ser considerados os limiares de condução óssea obtidos na avaliação audiológica comportamental ou no PEATE por frequência específica, até o momento em que seja possível a realização da audiometria *in situ*.

Os limiares de condução óssea obtidos na audiometria *in situ* são considerados pelo *software* para a programação do processador de som, a partir da seleção do método prescritivo. Métodos genéricos e proprietários podem ser encontrados nos diferentes *softwares*. A DSL-BC[21], assim como a NAL-NL2 BC[22], foram desenvolvidas especificamente para a programação de PAAO percutânea, validadas para adultos portadores de limiares auditivos por via óssea normais de modo a prescrever os *targets* para diferentes sinais de entradas. Essas regras estão disponíveis em alguns *softwares* de programação. Uma vez que a programação inicial do processador de som tenha sido realizada, o ajuste fino e a verificação da adaptação devem ser considerados e, se necessário, após a medida deve-se refazer o ajuste e repetir a medida até que encontre um resultado satisfatório por meio da medida de desempenho.

É importante que o fonoaudiólogo responsável pela programação e ajuste do processador de som tenha experiência com dispositivos eletrônicos de amplificação, tenha recebido treinamento adequado e esteja atualizado a respeito das evidências científicas relacionadas à PAAO.

Verificação

A verificação é a etapa em que podemos checar se o resultado desejado foi alcançado e ocorre em diferentes momentos, durante o processo. É a etapa na qual o profissional pode avaliar o desempenho e a efetividade da prótese, usar as informações coletadas na avaliação para fazer ajustes finos e obter os registros para o acompanhamento longitudinal dos aspectos auditivos do paciente. Alguns tópicos devem ser observados:

Verificação física

- Uso de faixa elástica ou adesivo: o processador deve posicionar-se verticalmente. A faixa deve estar ajustada firmemente, mas não deve marcar, prender a circulação ou machucar o usuário. No caso de adesivo, observar o período de troca e interferência com cabelo (Figura 12).
- Local implantado: observar a limpeza e a cicatrização, além de outras possíveis intercorrências, como dor ou sensibilidade, que podem interferir e limitar o tempo de uso diário do dispositivo percutâneo (Figura 13). Em dispositivos transcutâneos, deve-se verificar se a força do imã está adequada e não causa lesão de pele (Figura 14). Sempre que observada vermelhidão ou ferida, o uso deve ser suspenso e o médico deve ser consultado.

Verificação do desempenho auditivo

Permite mensurar o desempenho auditivo e o ganho efetivo da amplificação – diferença entre o limiar ósseo sem a prótese e o limiar auditivo obtido por meio da audiometria em campo livre[13]. Utilizam-se como padrão-ouro testes de fala na situação de silêncio e na presença de ruído competitivo e mede-se o esco-

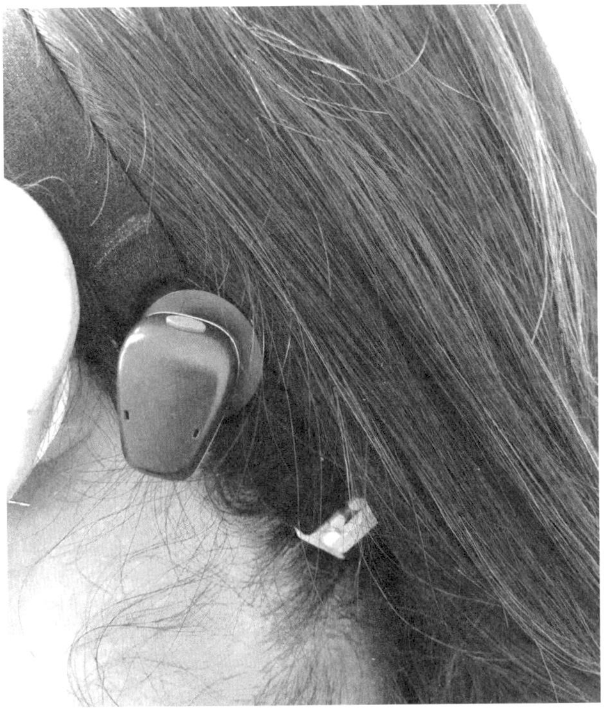

FIGURA 12 Usuária de prótese auditiva ancorada no osso (PAAO) na faixa elástica. Versão colorida da figura encontra-se na plataforma de conteúdo complementar do livro.
Fonte: acervo HCFMUSP-ORL.

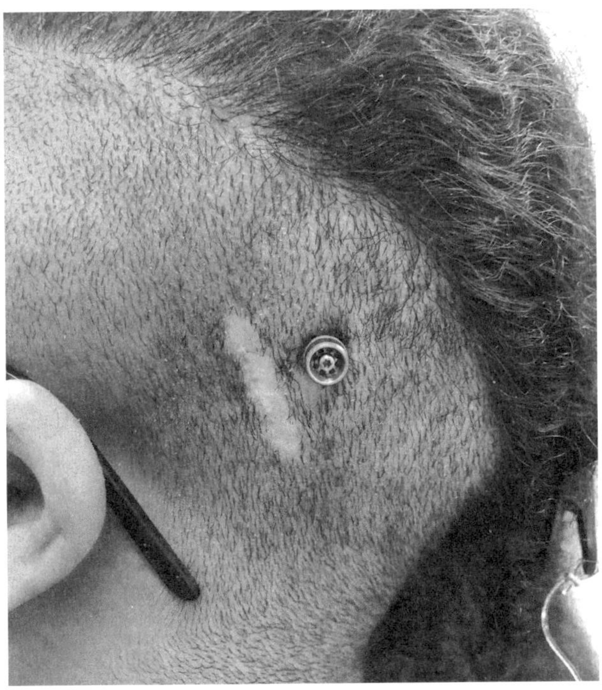

FIGURA 13 Pino implantado de prótese auditiva ancorada no osso (PAAO) percutânea. Versão colorida da figura encontra-se na plataforma de conteúdo complementar do livro.
Fonte: acervo HCFMUSP-ORL.

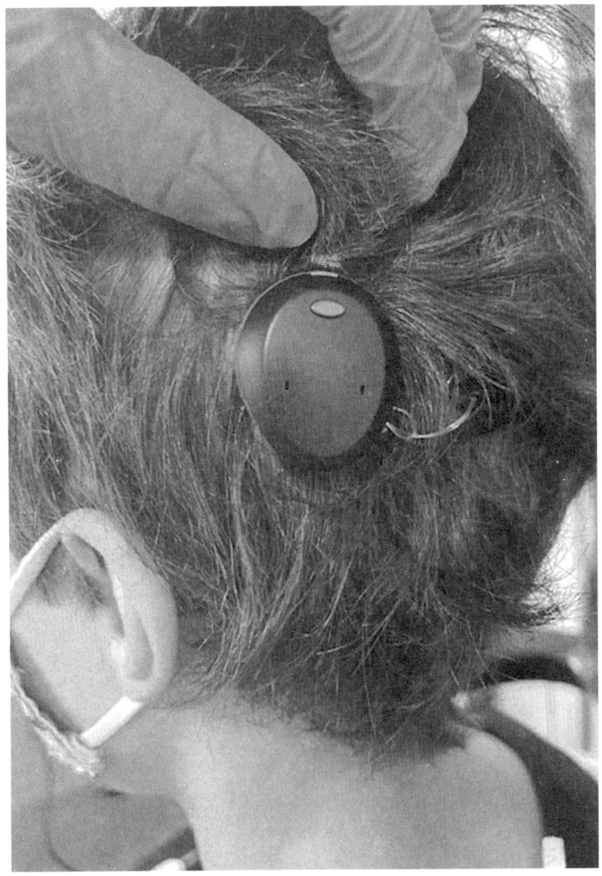

FIGURA 14 Usuário de prótese auditiva ancorada no osso (PAAO) transcutânea Osia, marca Cochlear Corp. Versão colorida da figura encontra-se na plataforma de conteúdo complementar do livro.
Fonte: acervo HCFMUSP-ORL.

re de acertos. Para a avaliação utilizam-se palavras ou frases, a depender da condição auditiva e linguagem do paciente[16].

Para o teste de fala o profissional deve preparar o paciente posicionando-o em cabina acústica, sentado de modo que a caixa de som fique no nível da cabeça, a 60 cm de distância da caixa da frente e 40 da caixa de trás (azimute 0º).

O equipamento a ser utilizado para a avaliação deve ser um audiômetro de dois canais, que contenha material de fala gravado e protocolos validados utilizando frases ou palavras[16].

Cada procedimento promoverá um tipo de informação, conforme o Quadro 2.

Qual a intensidade de estímulo a ser utilizada? Utiliza-se intensidade entre 50 e 60 dBNPS para a fala e ruído. Essa intensidade pode ser fixa e o examinador determinar a relação de sinal/ruído para o teste. É importante constar no relatório a intensidade, a relação sinal/ruído e o estímulo utilizado.

QUADRO 2 Avaliação audiológica pré-operatória para determinar o ganho da prótese auditiva ancorada no osso (PAAO)

Exame	Objetivo
Audiometria em campo livre com estímulo de fala no silêncio ▪ PAAO transcutânea – utilizar o vibrador ósseo do audiômetro ▪ PAAO percutânea – utilizar os processadores de som acoplados na faixa	Determinar percentagem de acerto para lista de palavras ou sentenças apresentadas e comparar com a percentagem de acerto sem amplificação
Audiometria em campo livre com estímulo de fala e ruído competitivo ▪ PAAO transcutânea – utilizar o vibrador ósseo do audiômetro ▪ PAAO percutânea – utilizar os processadores de som acoplados na faixa	Determinar percentagem de acerto para lista (palavras ou sentenças) apresentadas e comparar com a percentagem de acerto na condição de amplificação na presença de fala em ambientes silenciosos
Para perdas auditivas bilaterais Audiometria em campo livre na condição de silêncio e presença de ruído competitivo com processadores em uso uni e bilaterais	Avaliar o desempenho auditivo e efetividade do uso com a avaliação da melhora da compreensão no silêncio e no ruído nas duas condições e considerar o uso simultâneo ou adaptação sequencial
Perdas auditivas unilaterais	Testes anteriores e questionário SSQ

Fonte: baseado em Ueda et al., 2022[16].

O teste de fala com relação sinal/ruído variável permite avaliar o esforço de escuta que o indivíduo apresenta para atingir 50% de acerto de frases gravadas. O teste utilizado no exterior e em poucas clínicas do Brasil é o *Hearing in Noise Test* (*HINT Test*).

Verificação na fase pós-operatória

A verificação ocorrerá em cabina acústica, conforme descrito anteriormente, após a adaptação e ajustes necessários. Nessa condição, os testes são aplicados com o uso do processador acoplado ao implante e comparados à situação sem a prótese. Essa avaliação permitirá que o profissional avalie e acompanhe longitudinalmente o seu paciente.

Verificação com *skull simulator*

Os processadores de som de PAAO percutâneos podem ser verificados por meio de um acoplador no equipamento de verificação *in situ* chamado *skull simulator* (simulador de calota). Apesar do acoplador já estar disponível no mercado internacional e brasileiro, sua aplicabilidade atual é em pesquisa científica (Figura 15).

Orientação e aconselhamento

Cada indivíduo apresenta necessidades auditivas específicas que estão relacionadas ao tipo e grau da perda auditiva, condições anatômicas da orelha externa e da orelha média, preocupação estética, destreza manual, questões educacionais e laborais, cognitivas, sociais, familiares e expectativa diante dos benefícios almejados. Nesse sentido, a tomada de decisão deve ser compartilhada entre a equipe multidisciplinar, o paciente e sua

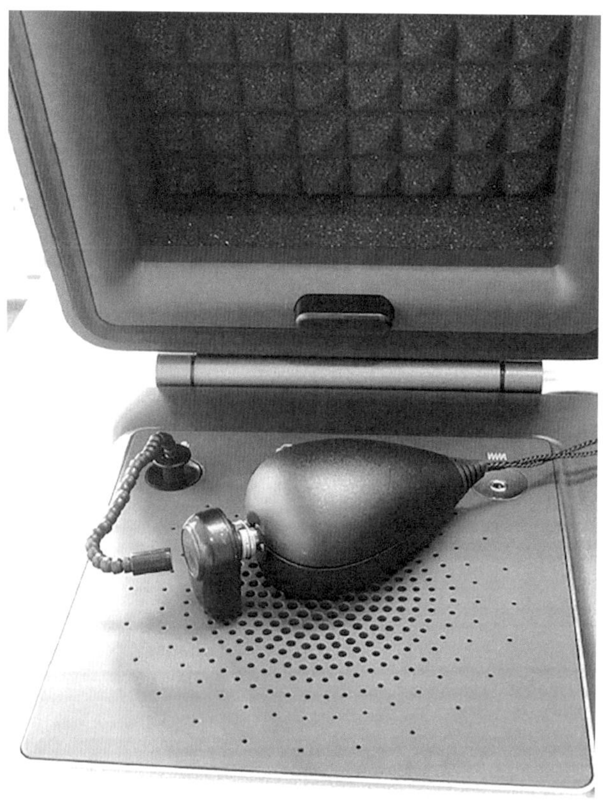

FIGURA 15 Verificação com *skull* simulator, equipamento Affinity. Versão colorida da figura encontra-se na plataforma de conteúdo complementar do livro.

família[23], de modo que seja encorajado e estimulado a participar ativamente do processo de indicação, seleção, avaliação e acompanhamento da PAAO.

Pacientes e/ou responsáveis devem receber informações sobre todas as opções de tratamento: tipos de dispositivos, implantáveis e não implantáveis, vantagens e desvantagens, funcionamento, riscos, benefícios e limitações. A equipe de implante deve garantir que o paciente tenha uma compreensão adequada das informações fornecidas antes de prosseguir com o tratamento.

Essa etapa não é única e não ocorre em um momento específico, mas sim em todos os encontros durante o processo.

Acompanhamento pós-cirúrgico

O plano de acompanhamento pós-cirúrgico pode variar conforme o dispositivo auditivo implantado, respeitando suas diferenças para o bom funcionamento e desempenho auditivo[7].

No caso de bebê e criança pequena, usuária de processador de som acoplado à faixa elástica ou adesivo, o acompanhamento deve ser realizado a cada três meses, no primeiro ano de vida. A partir do segundo ano de vida, o intervalo poderá ser espaçado e o acompanhamento ocorrer a casa seis meses.

De modo geral, após os ajustes e adaptação da PAAO, o indivíduo usuário de prótese percutânea deve ter sua atenção voltada à saúde da pele ao redor do pino e acompanhamento audiológico anual.

O paciente usuário de prótese transcutânea deverá ser submetido a avaliação audiológica anual e o plano de acompanhamento deve considerar a força do ímã e o estado geral da pele[24].

No acompanhamento, deverão ser observados o funcionamento e o correto posicionamento do processador de som, presença de *feedback* acústico, possíveis queixas e necessidades do paciente.

Durante a validação, o desempenho e os benefícios obtidos com o uso da PAAO serão avaliados, assim como na etapa pré-cirúrgica, por uma bateria de testes padronizados e validados. Além de avaliar o ganho efetivo da prótese, é importante verificar a percepção auditiva da fala, no silêncio e no ruído, bem como aplicar questionários de autorrelato, como o SSQ.

O intervalo para a consulta de acompanhamento pode variar para cada indivíduo e deverá ser estabelecido pelo profissional ou equipe responsável.

EQUIPE E EQUIPAMENTOS NECESSÁRIOS PARA O ATENDIMENTO FONOAUDIOLÓGICO

A prescrição do uso de uma PAAO é feita pelo médico otorrinolaringologista/otologista, assim como a orientação e o aconselhamento. Ao fonoaudiólogo cabe a avaliação, seleção, adaptação e monitoramento da percepção auditiva do usuário ao longo de sua vida[16].

Importante ressaltar que em casos de portadores de deficiências múltiplas, a equipe será ajustada para atender as especialidades envolvidas, como, por exemplo: neurologistas, ortopedistas, terapeutas ocupacionais, enfermeiros e psicólogos.

Juntamente à equipe multiprofissional de suporte, ter uma estrutura física mínima para o atendimento do paciente é essencial.

São itens essenciais:

- Computador contendo *softwares* das empresas fabricantes de PAAO.
- Interface de programação e cabos; bateria de teste contendo diferentes modelos e marcas de PAAO.
- Cabina audiométrica com audiômetro clínico de dois canais e sistema de campo livre.
- Testes de avaliação da percepção auditiva da fala, preferencialmente gravados[16,17].

Essa estrutura permite que o paciente seja atendido em todas as etapas do processo de avaliação, seleção, adaptação e verificação da PAAO.

RESOLUÇÕES E PORTARIAS VIGENTES

Em todo o mundo, os critérios de indicação e seleção da PAAO estão em constante análise e revisão. No Brasil não é diferente e, para nortear o desempenho médico e fonoaudiólogo impecável nesse âmbito, existe uma legislação específica. Atualmente recomenda-se a leitura das seguintes normas:

- Resolução CFFa n. 591, de 05 de novembro de 2020, que determina as competências, habilidades e capacidades do fonoaudiólogo para o atendimento de pessoas com perda de audição no processo de habilitação/reabilitação. Essa resolução descreve também os cuidados que o profissional deve ter ao atender casos durante o processo de seleção, adaptação e verificação da PAAO.
- Portaria n. 2.776, de 18 de dezembro de 2014 do Ministério da Saúde do Brasil. Aprova diretrizes gerais, amplia e incorpora procedimentos para a Atenção Especializada às Pessoas com Deficiência Auditiva no Sistema Único de Saúde (SUS). Descreve os critérios para indicação da PAAO e dá outras providências.
- Portaria n. 1.414, de 6 de setembro de 2018. Anexo II – Estabelece as diretrizes de utilização para cobertura de procedimentos na saúde suplementar, incluindo a PAAO.

CONCLUSÃO

A PAAO é, atualmente, uma poderosa opção e um recurso para habilitação e reabilitação auditiva de indivíduos com perdas auditivas condutivas/mistas ou perda auditiva sensorioneural profunda unilateral, impossibilitados de utilizar o AASI por condução aérea.

Com o avanço tecnológico e científico, essa tecnologia ampliou a possibilidade de atendimento a indivíduos com comprometimentos múltiplos e trouxe benefícios à reabilitação dos usuários, assim favorecendo a qualidade de vida.

O profissional deverá aplicar o conhecimento e as ferramentas adequadas para o atendimento do paciente proporcionando-lhe um ambiente propício para a execução de todas as etapas do processo de avaliação, seleção, adaptação, verificação, validação, orientação e aconselhamento.

REFERÊNCIAS BIBLIOGRÁFICAS

1. Oliveira PS, Penna LM, Lemos SMA. Desenvolvimento da linguagem e deficiência auditiva: revisão de literatura. Rev CEFAC. 2015 Nov-Dez;17(6):2044-55.
2. Sprinzl GM, Wolf-Magele A. The Bonebridge Bone Conduction Hearing Implant: indication criteria, surgery and a systematic review of the literature. Clinical Otolaryngology. 2016;41:131-43.
3. Almeida GVM, Ribas A, Ataíde AL. Rehabilitation of unilateral hearing loss by implantable hearing aids: systematic review. Audiol Commun Res. 2017;22:e1847.
4. Catalani B, Sassi TSS, Bucuvic EC, Lourençone LFM, Alvarenga KF, Brito Neto R. Prótese auditiva ancorada ao osso percutânea: benefícios auditivos. Audiol Commun Res. 2021;26:e2412.
5. Barbara M, Biagini M, Lazzarino AI, Monini S. Hearing and quality of life in a south European BAHA population. Acta Oto-Laryngologica. 2010;130(9):1040-7.
6. Tjellström A, Lindström J, Hallén O, Albrektsson T, Brånemark PI. Osseointegrated titanium implants in the temporal bone. A clinical study on bone-anchored hearing aids. Am J Otol. 1981;2:304-10.
7. Beutner D, Delb W, Frenzel H, Hoppe U, Hüttenbrink KB, Mlynski R, et al. Guideline implantable hearing aids: short version. HNO. 2018;66(Supl. 2):71-6.
8. Santos MM. Comparação dos limiares de audibilidade entre abutment, softband e arcos de teste na prótese auditiva ancorada no osso. 2018. Trabalho de Conclusão de Curso (Graduação em Fonoaudiologia). São Paulo: Faculdade de Ciências Humanas e da Saúde da Pontifícia Universidade Católica de São Paulo; 2018.
9. McLeod RWJ, Culling JF, Jiang D. Advances in the field of bone conduction hearing implants. Adv Otorhinolaryngol. Basel, Karger, 2018;81:24-31.
10. Reinfeldt S, Håkansson B, Taghavi H, Eeg-Olofsson M. New developments in bone-conduction hearing implants: a review. Medical Devices: Evidence and Research. 2015;8:79-93.
11. Snapp H, Vogt K, Adterberg MJH. BIlateral bone conduction stimulation provides reliable bilateral cues for localization. Hearing Research. 2020;388:107881.
12. Den Besten CA, Vogt K, Bosman AJ, Snik AFM, Hol MKS, Agterberg MJH. The merits of bilateral application of bone-conduction devices in children with bilateral conductive hearing loss. Ear Hear. 2020;41(5):1327-32.
13. Rahne T, Plontke SK. Systematic and audiological indication criteria for bone conduction devices and active middle ear implants. Hearing Research. 2022;421:108424.
14. Gordey D, Bagatto M. Fitting bone conduction hearing devices to children: audiological practices and challenges. International Journal of Audiology. 2021;60:385-92.
15. Hua H, Goossens T, Lewis AT. Increased maximum power output may improve speech recognition with bone conduction hearing devices. Int J Audiol. 2022;61(8):670-7.
16. Ueda CHY, Soares RM, Jardim I, Bento RF. Assessment protocol for candidates for bone anchored hearing devices. Int Arch Otorhinolaringol. 2022 Jun 14;(26):e718-e724.
17. Ribas A. Logoaudiometria: utilizando material padronizado e gravado na avaliação da percepção auditiva da fala. Curitiba: UTP; 2009.
18. Kompis M, Pfiffner F, Krebs M, Caversaccio MD. Factors influencing the decision for Baha in unilateral deafness: the Bern benefit in single-sided deafness questionnaire. Adv Otorhinolaryngol. 2011;71:103-11.
19. Gonzalez ECM, Almeida K. Adaptação cultural do questionário Speech, Spatial and Qualities of Hearing Scale (SSQ) para o Português Brasileiro/Cross-cultural adaptation of the Speech, Spatial and Qualities of Hearing Scale (SSQ) to Brazilian Portuguese. Audiol Commun Res. 2015;20(3):215-24.
20. Oticon Medical. Candidacy Guide. 2017. Disponível em: https://www.oticonmedical.com/-/media/medical/main/files/for-professionals/bahs/audiological-materials/guide/eng/candidacy-guide---english---m52735.pdf?la=en-gb.
21. Hodgets WE, Scollie SD. DSL prescriptive targets for bone conduction devices: adaptation and comparison to clinical fittings. Int J Audiol. 2017;7:521-30.
22. Toll M, Dingemanse G. NAL-NL2 prescriptive targets for bone conduction devices with an adaptation to device constraints in the low frequencies. Ear Hear. 2022 Nov-Dec;43(6):1721-9.
23. Gatti M, Frederigue-Lopes NB. Aconselhamento de ajuste pessoal na reabilitação auditiva: utilização da ferramenta "Viver Bem" [Internet]. Anais. 2018;25(3):131-2.
24. Amaral MAS, et al. Resultados cirúrgicos e audiológicos de próteses ancoradas no osso: comparação de duas técnicas cirúrgicas. Bras Journal of Otorhinolaringology. 2022;88(4):533-8.

16

Boas práticas na indicação e acompanhamento do implante coclear

Kátia de Freitas Alvarenga
Maria Valéria Schmidt Goffi Gomez
Lilian Ferreira Muniz

PONTOS-CHAVE

- Procedimentos audiológicos usados na etapa pré-cirúrgica: a avaliação audiológica (objetivando a indicação ao implante coclear) deve ser composta de testes objetivos e comportamentais. Além do diagnóstico audiológico, seu papel é retratar a funcionalidade da audição do candidato, em uso de seu dispositivo auditivo atual, auxiliando a tomada de decisão sobre a troca de tecnologia.
- Testes objetivos intraoperatórios: telemetrias, potenciais evocados auditivos eletricamente evocados, além de outros que trazem importantes informações sobre a integridade do sistema implantado e de seu funcionamento.
- Ativação do processador de fala: esse momento não só envolve a execução de procedimentos audiológicos, mas exige do audiologista um olhar mais atento para as necessidades da pessoa implantada, de forma que o ajude na dinâmica da vida diária.

OBJETIVOS DE APRENDIZAGEM

Ao final deste capítulo, o leitor deverá ser capaz de:

- Compreender as diferentes etapas do Programa de Implante Coclear, que envolvem o processo de seleção e indicação do dispositivo, etapa intraoperatória e acompanhamento pós-operatório.
- Conceituar os principais parâmetros de ativação e mapeamento.

INTRODUÇÃO

O Implante Coclear (IC) tem o seu lugar já consagrado como padrão-ouro para a intervenção em indivíduos que não apresentam o benefício da percepção de fala com o uso do Aparelho de Amplificação Sonora Individual (AASI).

Neste sentido, o critério de indicação que se baseava no grau da perda auditiva, inicialmente apenas o grau profundo bilateral e posteriormente com a inclusão do grau severo bilateral (Figura 1A), passou a considerar e valorizar o desempenho do indivíduo em procedimentos de avaliação da percepção de fala e linguagem oral (Figura 1B).

Assim, atualmente, o IC é indicado também em casos de perdas auditivas de menor grau, mas com significativo impacto na percepção de fala e, consequentemente, no desenvolvimento da linguagem oral, mesmo com uso efetivo do AASI, e mais recentemente em perdas auditivas unilaterais de grau profundo[1,2].

Recente levantamento realizado em diversos países mostrou que cerca de 70 a 80% dos serviços pesquisados usavam apenas critérios baseados no limiar au-

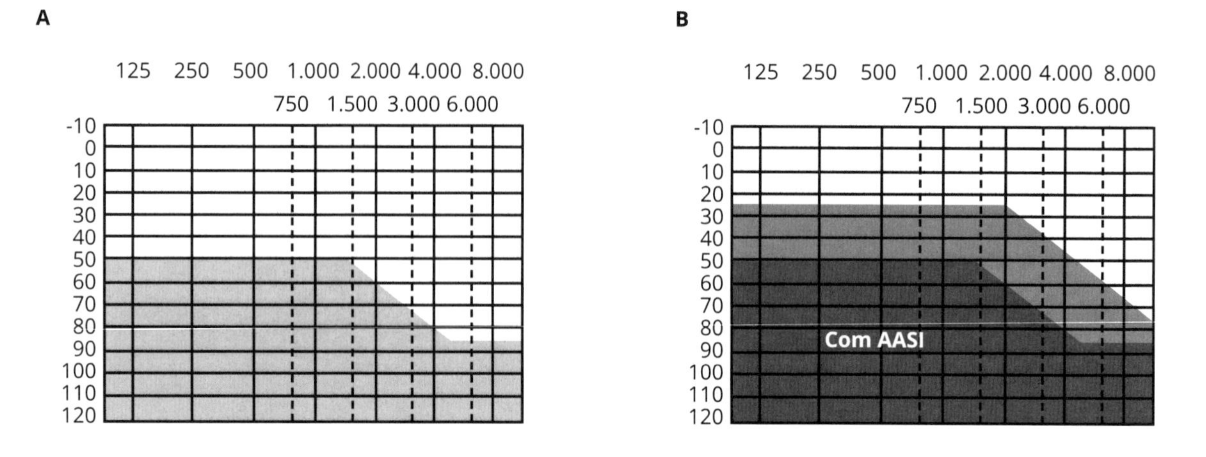

FIGURA 1 (A) Faixa de limiares auditivos que merecem uma avaliação como candidatos ao implante coclear. (B) Faixa de limiares auditivos em campo livre com AASI que potencialmente podem precisar do implante coclear, caso apresentem critérios de percepção de fala para a indicação.

diométrico, quando ele variava de níveis maiores que 75 dBNA em frequências acima de 1 kHz a maiores que 90 dBNA, ao considerar a média de 0,5 a 4 kHz[3]. Contudo, como descrito anteriormente, a candidatura baseada apenas nos limiares audiométricos não é suficiente. A habilidade de percepção de fala com uso de AASI passa a ser um dos indicadores mais confiáveis do benefício que o IC pode fornecer para a aquisição da linguagem oral[4], com consequente modificação dos critérios de indicação.

Neste contexto, a flexibilização dos critérios de indicação do IC trouxe para a equipe clínica uma responsabilidade maior, visto que a indicação deve ser norteada pelo objetivo do IC unilateral, que é o de propiciar a percepção de fala, e o do IC bilateral, que é a binauralidade.

É importante ressaltar que a contraindicação do IC não foi alterada desde a primeira do Ministério da Saúde sobre o tema, Portaria n. 1278 de 20 de outubro de 1999.

O presente capítulo visa evidenciar os pontos principais que norteiam as boas práticas na atuação no programa de IC, com enfoque no papel do fonoaudiólogo nas etapas pré-operatória, intraoperatória e pós-operatória.

ETAPA PRÉ-OPERATÓRIA

O acolhimento do indivíduo e/ou familiares no serviço de IC não é um procedimento único ou isolado, mas uma prática contínua e atitudes integradas ao cuidado de saúde realizadas por todos os profissionais que atuam nas etapas do processo de reabilitação. O intuito é proporcionar o cuidado humanizado com informações claras e detalhadas, que irão refletir na adesão ao tratamento.

Especificamente na etapa pré-operatória, apesar do diagnóstico já ter sido realizado previamente, assim como a indicação e adaptação do AASI, não é incomum o usuário e sua família ainda apresentarem dúvidas ou a necessidade de ouvir uma segunda opinião sobre as condutas assumidas até aquele momento. No caso das crianças, invariavelmente a família ainda está vivendo o processo de luto claramente descrito por Lutermann em 1979[5].

Desta forma, algumas sessões são necessárias para que as orientações específicas sobre o IC sejam realizadas. É importante que o indivíduo e familiares compreendam que naquele momento ele é um candidato ao IC, mas a indicação dependerá dos resultados obtidos em um protocolo de avaliação, que envolve aspectos multifatoriais, realizado por uma equipe de profissionais composta pelo médico, fonoaudiólogo, psicólogo e assistente social. Encaminhamentos para avaliação complementares podem ser necessários.

O fonoaudiólogo é o profissional responsável pela realização da avaliação auditiva, de percepção de fala e linguagem com o uso do AASI, por meio de procedimentos comportamentais eletroacústicos e eletrofisiológicos.

Para avaliar a percepção de fala e a linguagem oral, existem na literatura específica diversos testes validados para o português brasileiro[6]. Cada programa pode definir o seu protocolo, contudo há um movimento da comunidade acadêmica para definir um protocolo mínimo a ser utilizado por todos os serviços, o que permitiria a análise comparativa dos resultados e consequentemente o aprimoramento dos critérios de indicação do IC e acompanhamento da qualidade dos serviços.

A Figura 2 apresenta o fluxograma esquemático do processo de avaliação comportamental para a indicação fonoaudiológica do IC em indivíduos com perda auditiva de instalação pós (A) ou pré-lingual (B).

Com relação à avaliação eletroacústica, destaque deve ser dado à medida da imitância acústica, principalmente em crianças. Determinar as condições da orelha média (OM) é fundamental para definir com precisão o grau da perda auditiva, uma vez que o componente condutivo pode piorar temporariamente os limiares auditivos. Outro aspecto relevante refere-se ao acompanhamento da funcionalidade da OM, que irá auxiliar na decisão cirúrgica do médico sobre associar ou não a colocação do tubo de ventilação à cirurgia de IC.

Outro ponto importante a ser considerado é que a pesquisa dos potenciais evocados auditivos pode fornecer informações complementares ao diagnóstico do espectro da neuropatia auditiva que poderão contribuir de forma significativa na orientação à família e/ou indivíduo adulto.

Estudo recente apresentou a classificação da sinaptopatia e neuropatia auditiva e correlacionou os possíveis resultados com o IC[7]. De acordo com os autores, os melhores resultados com o IC são observados na sinaptopatia e os piores resultados são observados quando há o comprometimento do nervo auditivo, no nível do gânglio espiral e axônios proximais. Independente do local da alteração, os achados clínicos audiológicos são os mesmos.

Contudo, nesse cenário, estudos têm proposto a realização da eletrococleografia com eletrodo transtimpânico, para análise dos componentes potencial de somação (PS), que representa a atividade elétrica na cóclea com maior participação de células ciliadas internas, e potencial de ação do nervo auditivo (PA). A presença do registro do PS demonstra a funcionalidade de células ciliadas internas, o que a princípio deveria ser considerado como um sinal para um benefício mais limitado do IC[8].

Ao contrário das perdas auditivas sensoriais, nos indivíduos com espectro da neuropatia auditiva, os

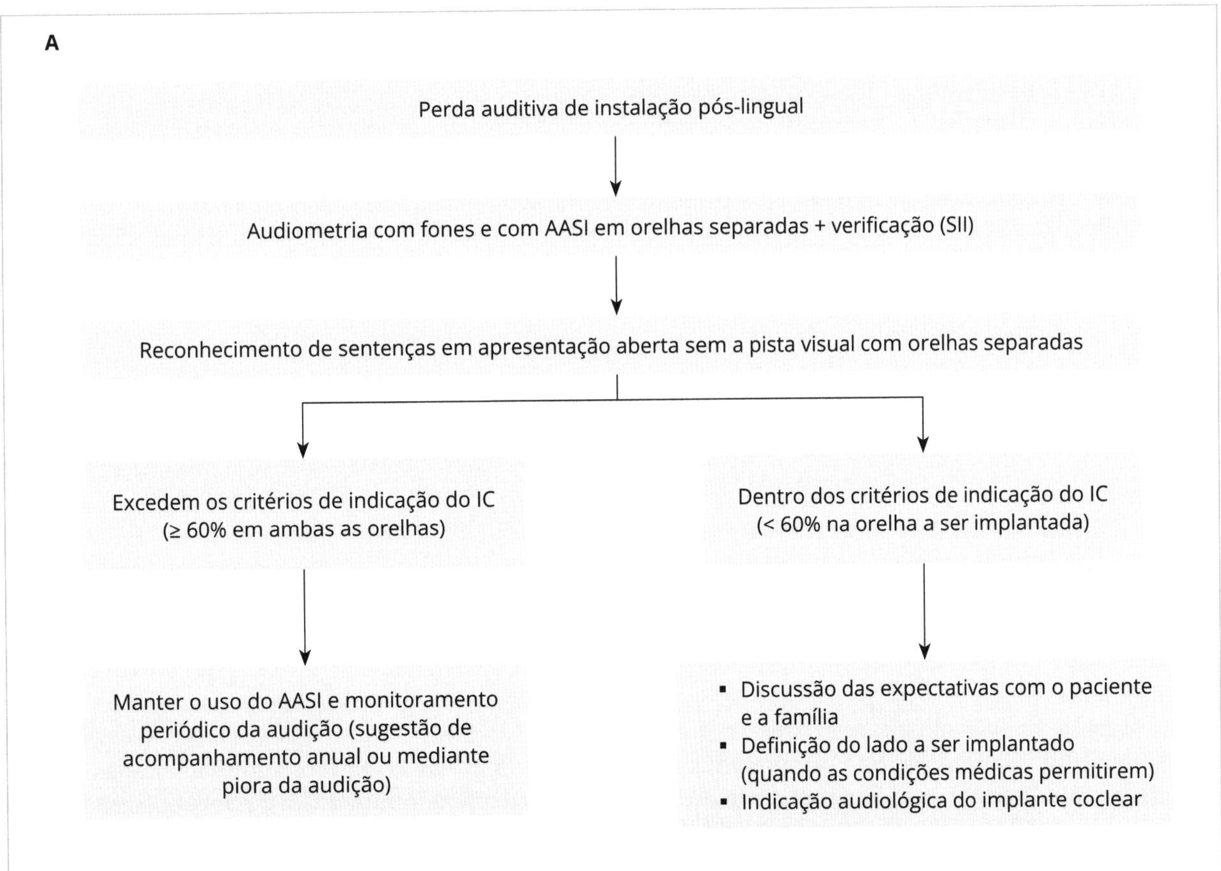

FIGURA 2 Fluxograma esquemático do processo de avaliação comportamental para a indicação fonoaudiológica do IC em indivíduos e crianças com perda auditiva de instalação pós (A) ou pré-lingual (B). *(continua)*

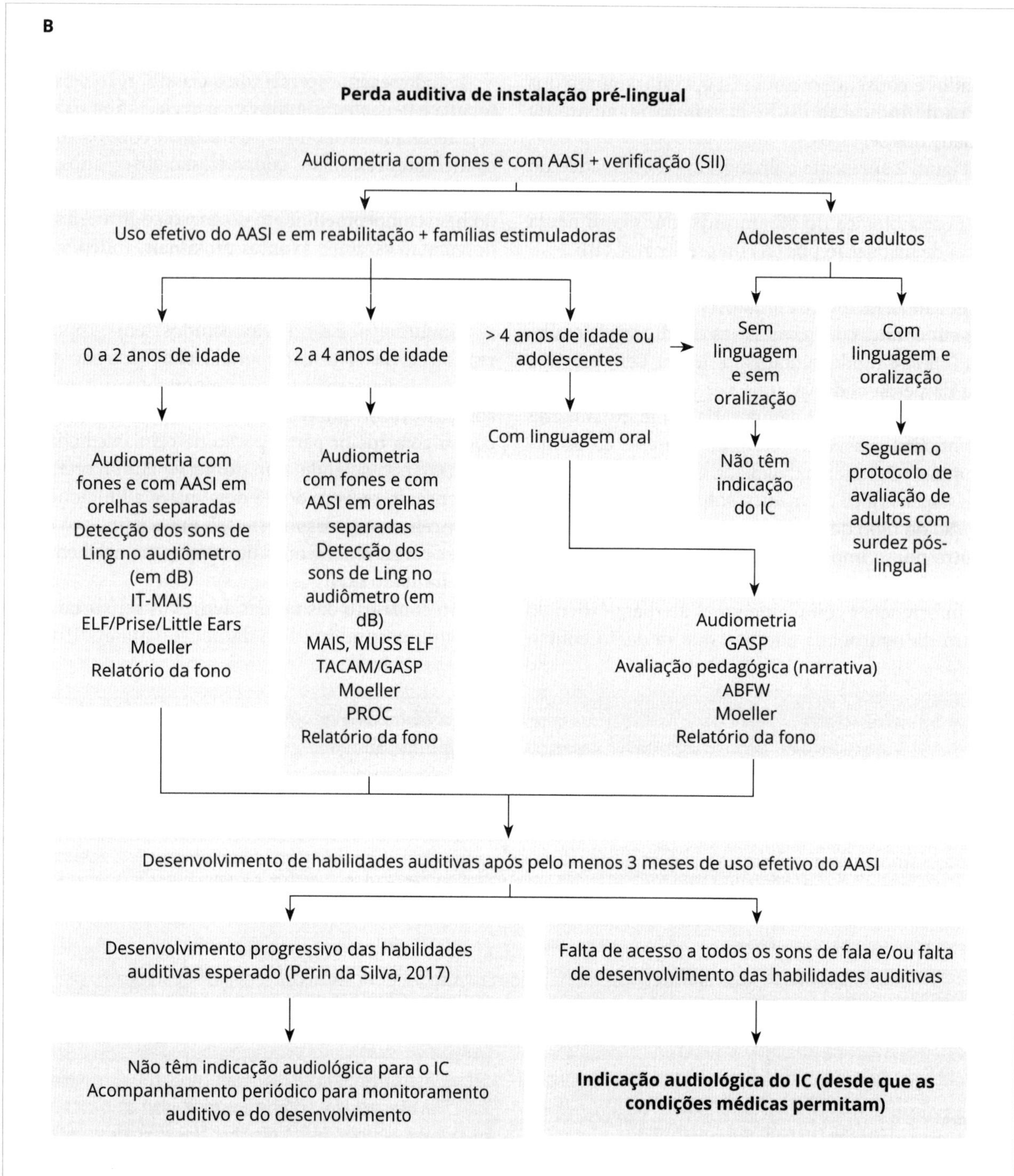

FIGURA 2 *(continuação)* Fluxograma esquemático do processo de avaliação comportamental para a indicação fonoaudiológica do IC em indivíduos e crianças com perda auditiva de instalação pós (A) ou pré-lingual (B).

limiares auditivos com AASI não são preditores do desempenho na percepção de fala, e consequentemente do desenvolvimento da linguagem oral. Nesse contexto, destaca-se a pesquisa dos potenciais evocados corticais (PEAC), mas especificamente o componente P1, que reflete o início do processamento do sinal no córtex auditivo[9]. Rance et al.[10] (2002) demonstraram que a ausência do registro do componente P1 está relacionada a pobre desempenho na percepção de fala. O caso clínico a seguir demonstra a contribuição da pesquisa do PEAC no processo de indicação do IC[10].

Caso clínico

Caso: Mulher, 20 anos. Há nove meses começou a ter dificuldades para entender o professor em sala de aula e após um mês não entendia mais o que as pessoas falavam. Refere zumbido bilateral. Nega qualquer problema de saúde. Ressonância magnética e tomografia normais. Apresenta presença de emissões otoacústicas transientes e ausência de resposta neural no potencial evocado auditivo de tronco encefálico bilateralmente.

Discussão: Os resultados obtidos na avaliação convencional confirmam o diagnóstico do espectro da neuropatia auditiva. A indicação do IC, nesse caso, é inicialmente unilateral, porém os achados clínicos, inclusive nos exames de imagem, não direcionaram para o lado a ser operado. Diante disso, realizou-se a pesquisa dos PEAC, que apresentou melhor registro do complexo P1-N1-P2, em latência e amplitude, na orelha esquerda, que recebeu o IC. Na avaliação de acompanhamento, constatou-se benefício significativo do IC na percepção de fala, o que sustentou a indicação do IC na orelha direita. Assim, o IC bilateral sequencial foi determinado pelo bom resultado do IC na OE, pois, caso contrário, ele não seria indicado.

ETAPA INTRAOPERATÓRIA

As medidas intraoperatórias são possíveis graças à propriedade de telemetria dos implantes cocleares atuais. Telemetria é uma comunicação bidirecional, usando um canal (composto por um eletrodo intracoclear e outro eletrodo terra extracoclear) para o envio do estímulo (que passa para os eletrodos pela antena externa para a antena interna por radiofrequência), e outro canal independente (composto por outro eletrodo intracoclear e outro eletrodo terra extracoclear) como canal de captação e registro da resposta ao estímulo (que chega ao *software* para visualização, da antena interna para a antena externa por radiofrequência). A telemetria permite a medida das impedâncias dos eletrodos e a pesquisa do potencial de ação composto do nervo auditivo (resposta neural) (Figura 4).

O estímulo é gerado pelo *software*, enviado para a unidade interna usando um circuito/canal (composto por um eletrodo intracoclear e outro eletrodo terra extracoclear) através da antena externa para a antena interna por radiofrequência. A resposta (no exemplo, o potencial de ação composto do nervo auditivo) é registrada por outro circuito/canal (composto por outro eletrodo intracoclear e outro eletrodo terra extracoclear), que chega ao *software* para visualização, também por telemetria reversa, da antena interna para a antena externa por radio frequência

A telemetria de impedâncias mede a oposição dos eletrodos à passagem do fluxo de corrente durante a estimulação, e nos permite avaliar a integridade e bom funcionamento deles. Para tanto, é enviada uma corrente muito baixa, inaudível para a maioria dos pacien-

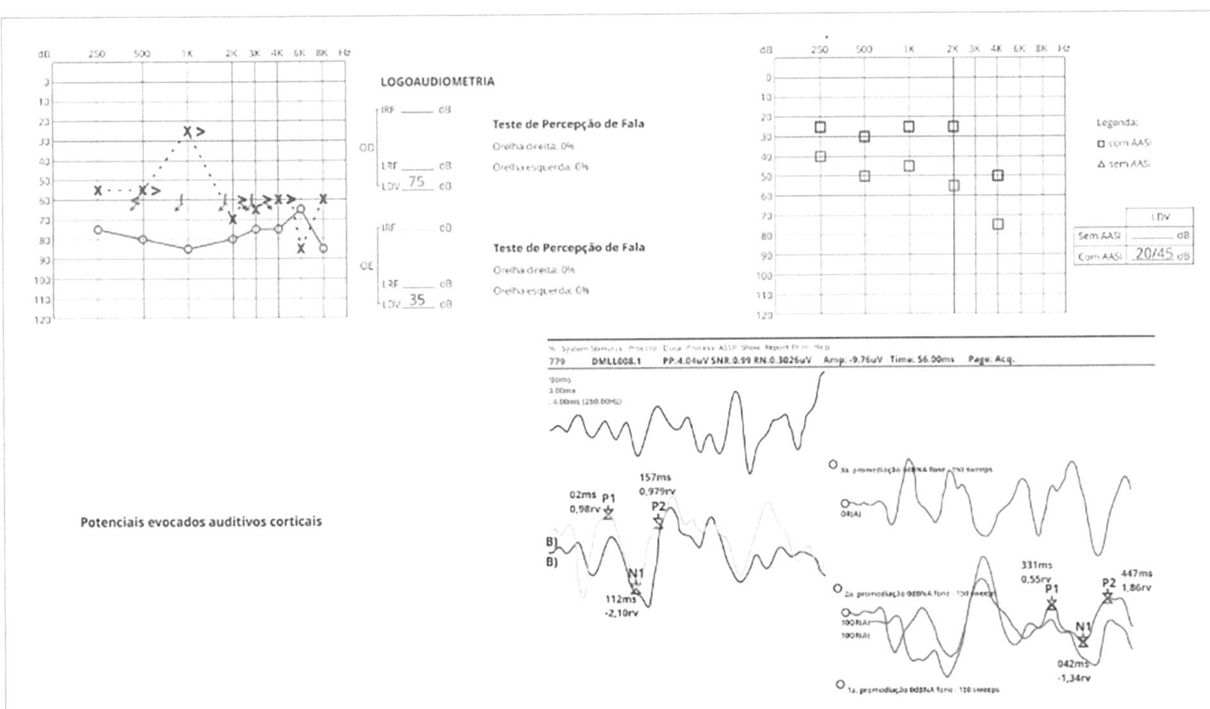

FIGURA 3 Versão colorida da figura encontra-se na plataforma de conteúdo complementar do livro.

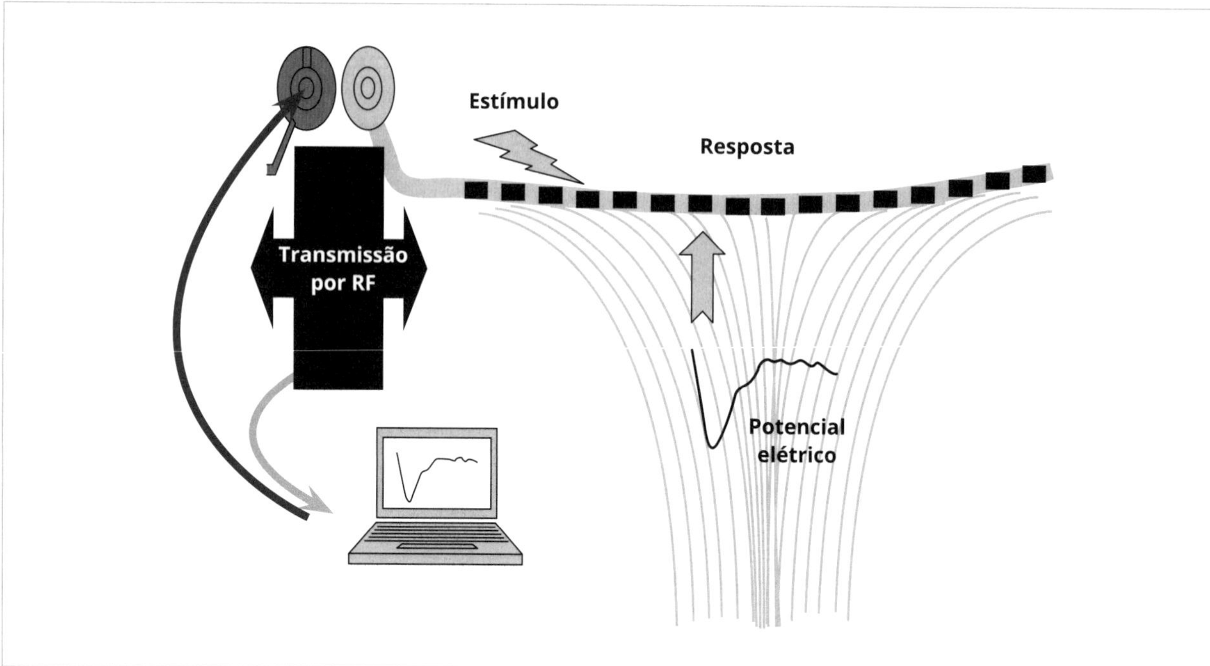

FIGURA 4 Ilustração esquemática da telemetria.

tes. Impedâncias altas podem sugerir eletrodos quebrados ou sem contato com tecido, sugerindo bolhas de ar ou até mesmo estar fora da cóclea. Impedâncias baixas sugerem eletrodos apinhados em curto-circuito.

Por meio da telemetria de resposta neural avalia-se a excitabilidade nervosa de várias regiões do gânglio espiral usando o registro do potencial de ação composto do nervo auditivo. É uma medida rápida, não invasiva e objetiva da função neural periférica, correspondente ao registro intracoclear da onda I do Potencial Auditivo de Tronco Encefálico (PEATE ou ABR). *Softwares* específicos de cada fabricante de implante coclear recebem esse sinal de telemetria, o promediam e mostram na tela do computador. Cada região da cóclea responde com intensidades de corrente diferentes, considerando que a corrente necessária para essa estimulação depende não só da densidade neural em cada local, mas da distância do eletrodo às células ganglionares e das propriedades físicas do eletrodo.

Os resultados auditivos do implante coclear têm correlação significante com o posicionamento do feixe de eletrodos na cóclea[11,12]. O posicionamento adequado do feixe de eletrodos normalmente é observado por meio de exames de imagem, porém é possível a inferência da situação do feixe de eletrodos por outras ferramentas, como o potencial da ação composto do nervo auditivo[13,14].

Os *softwares* das empresas de implante coclear possuem ferramentas que podem ser utilizadas para analisar o referido potencial, como o *Spread of Excitation* (SOE). Esse teste avalia a dispersão da excitabilidade neural, que ocorre quando um mesmo grupo de fibras do nervo auditivo é estimulado por diferentes eletrodos[15]. O grau de dispersão de excitabilidade neural em diferentes feixes de eletrodos pode resultar em interações de corrente que comprometem a resposta audiológica do paciente, diminuindo a informação tonotópica fornecida pela estimulação de cada canal. Além disso, a SOE é capaz de detectar a presença de dobra da ponta do feixe de eletrodos, conhecida como *tip foldover*[13]. Porém, para poder medir a dispersão da excitabilidade neural, é necessário que o paciente tenha presença de resposta neural.

Outros testes vêm sendo desenvolvidos e aprimorados com o objetivo de identificar posicionamento do feixe de eletrodos e/ou falhas no dispositivo[16], como a *Trans-Impedance Matrix* (TIM), desenvolvida também pela Cochlear Corporation®, que utiliza medidas de impedâncias em modo bipolar, ou seja, criando um canal entre os eletrodos, para identificar falhas no fluxo de corrente elétrica com maior precisão, isto é, identificando uma maior gama de falhas que a telemetria de impedâncias convencional[16]. Os valores da TIM podem ainda refletir a posição dos eletrodos em relação ao modíolo[17].

Além disso, o feixe de eletrodos não só deve estar na cóclea, como preferencialmente na escala timpânica[11,12]. Mittmann et al.[18] (2015) propuseram a relação entre os limiares de resposta neural dos eletrodos basais sobre os apicais como marcador de posicionamento escala timpânica. A razão pode contribuir na avaliação da translocação do feixe de eletrodos através do t-NRT. É obtida através da divisão da média dos limiares da NRT dos eletrodos do ápice 18, 17 e 16 pela média dos limiares da NRT dos eletrodos da base 7, 6 e 5. Valores superiores a 1,05 sugerem translocação.

O sistema intraoperatório SMARTNAV© da Cochlear fornece *feedback* em tempo real durante a cirurgia para fornecer aos cirurgiões informações para a tomada de decisões importantes. Os recursos do sistema incluem velocidade de inserção em tempo real, profundidade angular de inserção, bem como a análise da colocação final do feixe de eletrodos. Essa análise de colocação do feixe de eletrodos fornece informações sobre problemas no posicionamento do feixe, como dobra ou torção da ponta. Essa informação permite que o cirurgião atue diretamente na sala cirúrgica quando necessário, e eventualmente evita imagens intraoperatórias ou cirurgia de revisão. O aplicativo SmartNav© inclui a capacidade para realizar a telemetria de impedâncias e a telemetria de resposta neural (Figura 5).

ETAPA PÓS-OPERATÓRIA

Apesar dos avanços técnicos e cirúrgicos ao longo das décadas, o IC continua a ser um empreendimento multidisciplinar que exige experiência de toda a equipe para se obter resultados ideais. Nesse contexto, é necessário realizar a monitorização, avaliações audiológicas, além de ajustes frequentes e contínuos para se obter benefícios com celeridade, de forma sustentável.

A primeira programação da unidade externa é chamada de ativação e tradicionalmente ocorre em até 4 semanas após a inserção cirúrgica da unidade interna. Durante a ativação, os dispositivos internos e externos são emparelhados e "programados" por um fonoaudiólogo capacitado, permitindo que o sistema entre em operação quando o paciente ouvir pela primeira vez através do IC[19].

Ativar o dispositivo com menor intervalo de tempo pode ser considerada uma opção válida, desde que seja realizada em condições médicas ideais. A decisão da antecipação deve ser centrada no paciente e pode trazer alguns benefícios, como a redução de custos com viagens[19].

Nesta etapa serão utilizados procedimentos audiológicos comportamentais e objetivos para determinar a menor intensidade capaz de desencadear sensação auditiva e a maior intensidade possível de ser utilizada sem causar desconforto. Esses dois parâmetros vão delimitar a área (campo dinâmico) pela qual o som captado e transformado em estímulo elétrico pelo IC irá transitar. Os sons localizados abaixo do nível mínimo serão amplificados e os mais intensos que os níveis de conforto (níveis máximos) serão comprimidos e irão transitar nesse campo dinâmico (Figura 6).

Os níveis de estimulação podem ter diferentes nomenclatura, diferentes valores, podendo ser considerados verdadeiros usando parâmetros um pouco diferentes de um fabricante para outro, e quando a sua pesquisa é bem-sucedida, tem papel fundamental para alcançar um bom desempenho.

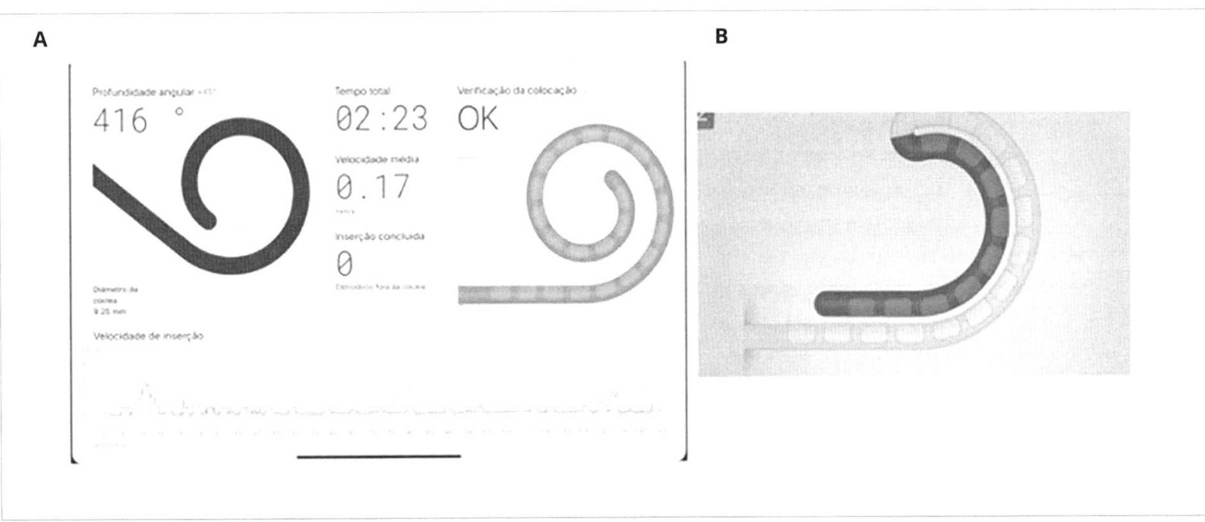

FIGURA 5 Tela do SMARTNAV ilustrando em A a profundidade de inserção pelo ângulo de inserção, o tempo de inserção, a velocidade (quantos milímetros por segundo) e a verificação da inserção. Em B, um exemplo de dobra do feixe identificado, permitindo a retirada e reintrodução do feixe de eletrodos para adequação do resultado. Versão colorida da figura encontra-se na plataforma de conteúdo complementar do livro.

Após a determinação destes níveis de estimulação, o fonoaudiólogo precisará escolher parâmetros importantes para a confecção dos programas a serem inseridos no processador de fala e que irão incidir sobre a qualidade sonora[20] e que serão abordados mais à frente neste capítulo. Neste momento inicial, a sugestão é acatar os parâmetros aconselhados pelos fabricantes, uma vez que pesquisas foram realizadas para comprovar as melhores opções, além do fato de estarmos diante de um usuário inexperiente.

O objetivo da ativação é permitir o acesso aos sons (audibilidade) sem desconforto, avaliar a função auditiva residual pós-cirúrgica, continuar trabalhando as expectativas de forma realista, apresentar o processador de fala e a sua funcionalidade, aconselhar sobre os cuidados/manutenção, além de preencher toda a documentação importante para o cadastro junto ao fabricante, permitindo o acesso a garantia do produto. As etapas da ativação estão descritas na Figura 7.

A intervenção com IC requer um acompanhamento periódico e multidisciplinar, porém a determinação da frequência deverá levar em consideração, além do que é recomendado nos guias de boas práticas, aspectos inerentes ao paciente, como a distância entre seu domicílio e o centro onde é atendido ou mesmo a velocidade de sua evolução com o uso do dispositivo.

Uma opção a ser considerada é a programação a distância, trazendo a possibilidade de minimizar visitas desnecessárias aos centros. Embora a programação automatizada ainda não seja tão comum, já está comprovada a eficácia dessa técnica quando realizada por um fonoaudiólogo em tempo real e principalmente quando coordenada com as consultas presenciais[21].

Os retornos após a ativação têm o objetivo de aprimorar a escuta e com isso a compreensão da linguagem oral. Um ponto importante é conhecer as necessidades específicas do usuário, o que exige a sua vida diária, pois assim será possível personalizar a programação. É possível programar o processador de fala pensando em diferentes situações cotidianas, bem como permitir que o usuário faça pequenas mudanças de acordo com as suas necessidades. O aprendizado automatizado por meio de recursos de inteligência artificial também já está presente, para que as pessoas com menor domínio sobre dispositivos eletrônicos possam desfrutar dos avanços tecnológicos.

Validar a escuta inicial com a realização de audiometria tonal em campo livre para verificar o nível mínimo de audibilidade alcançado para as frequências até 6.000 ou 8.000 Hz pode servir como ponto de partida para a elaboração dos novos programas. Deseja-se que com a evolução das programações seja possível obter níveis mínimos de detecção de 20 a 30 dB para todas as frequências.

A verificação do *datalogging*, algoritmo que proporciona o registro e armazenamento de dados em tempo real, permite ao fonoaudiólogo conhecer o ambiente por onde o usuário transita, a que tipo de sons ele está exposto, por quanto tempo ele utilizou o seu dispositivo, entre outras informações. É uma excelente ferramenta para auxiliar o aconselhamento, as tomadas de decisão quanto a parâmetros de programação ou mesmo quanto ao uso de dispositivos auxiliares como o sistema de microfone remoto, ou auxílio na identificação de falha na transmissão do cabo da antena, ou quanto aos métodos de retenção da antena/processador quando ocorrerem inúmeras

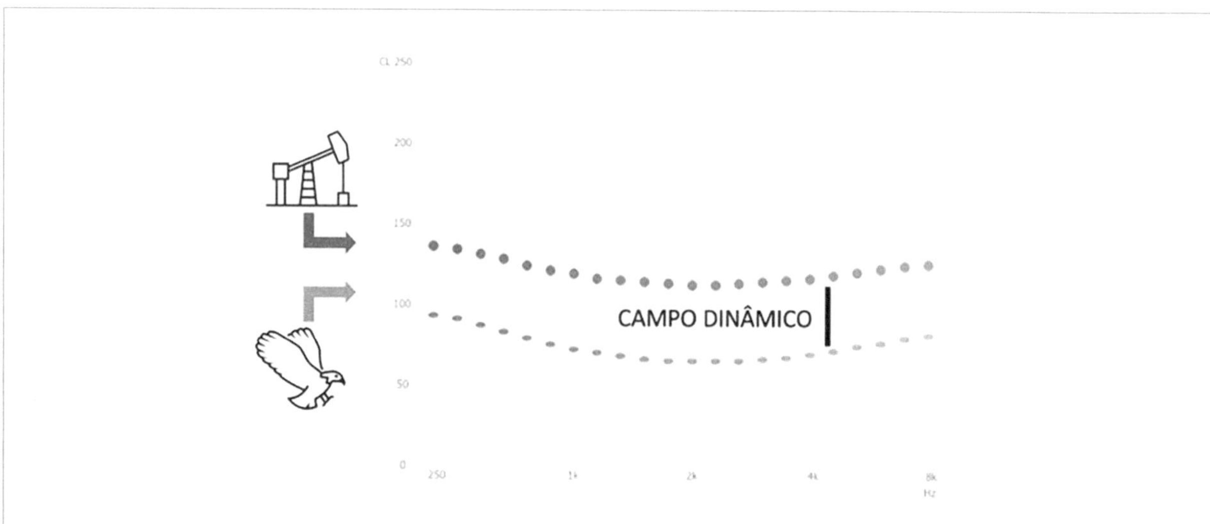

FIGURA 6 Representação dos níveis de estimulação e campo dinâmico. Versão colorida da figura encontra-se na plataforma de conteúdo complementar do livro.

falhas ou quedas da antena (Figura 8). Aconselha-se que seja acionado em todas as visitas, antes da programação do processador de fala.

A seguir apresentaremos alguns conceitos importantes da programação do processador de fala que fazem parte da transformação do estímulo acústico em elétrico. No entanto, alguns deles atuam na entrada do som, antes da conversão do sinal, como é o caso da direcionalidade do microfone. É importante compreender o papel de cada um deles para fornecer a solução ideal para as necessidades apresentadas.

Parâmetros de estimulação importantes para a programação do processador de fala do IC[20]: sensibilidade do microfone, volume de som do processador de fala, pulso/corrente/carga elétrica, taxa de estimulação, modo de estimulação, estratégia de codificação do sinal, ganho, tabela de frequências e máximas.

De posse desses conceitos, o fonoaudiólogo necessita ter acesso às demandas da vida diária ou acontecimentos que porventura tenham interferido na performance auditiva do usuário. Seguindo esse raciocínio, a Figura 9 ilustra os passos seguidos nos encontros de programação do processador de fala.

As programações periódicas geralmente são mais desafiadoras que a ativação, pois agora o usuário trará a sua experiência e as suas necessidades perante o mundo sonoro. Além disso, inevitavelmente fará comparações com a performance de seus pares ou até

ATIVAÇÃO

ACOLHIMENTO:

- Levantamento de expectativas, dúvidas, necessidades e outros pontos importantes que possam surgir neste momento
- Resgate de informações pré-operatórias relevantes ao prognóstico da intervenção
- Acesso aos dados dos intraoperatório e pós-operatório imediato (exames de imagem, procedimentos audiológicos realizados, características da unidade interna e histórico da inserção da unidade interna)
- Apresentação do dispositivo, acessórios e funcionalidades

↓

DETERMINAÇÃO DA LINHA DE BASE:

- Realização da audiometria pós-operatória
- Resgate do desempenho obtido nos protocolos de percepção de fala e linguagem oral
- Realização das telemetrias (impedâncias e neural)

↓

CONFECÇÃO DOS MAPAS INICIAIS:

- Pesquisa de níveis de estimulação ou determinação com base em medidas objetivas
- Escolha dos parâmetros de estimulação adequados a situação relatada
- Testagem a viva-voz do(s) mapa(s) confeccionado(s)
- Varredura (*Sweeps*) realizada nos níveis máximos para pesquisa de desconforto
- Configuração do processador de fala com os mapas progressivamente mais estimulantes (aumento gradual da carga elétrica)

↓

ORIENTAÇÕES GERAIS:

- Manuseio do processamento de fala
- Mudança de programas
- Manuseio de tecnologia auxiliar
- Orientação sobre cuidados com o dispositivo e manutenção
- Orientação sobre retornos periódicos
- Indicação a outros profissionais
- Confecção do relatório do atendimento

FIGURA 7 Etapas da ativação do processador de fala.

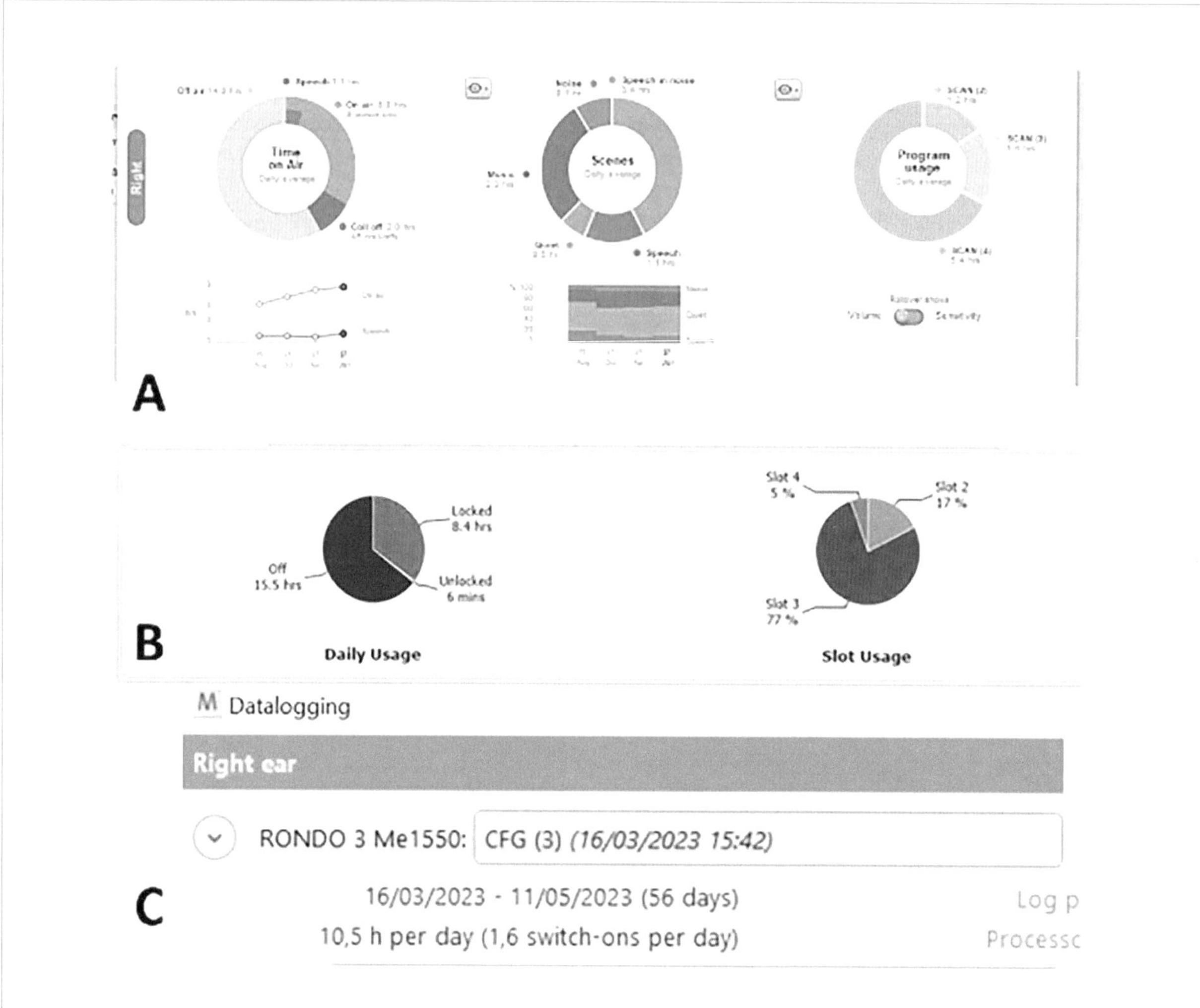

FIGURA 8 O *datalogging* do processador de fala da marca Cochlear®, em A, mostra que ela usa o processador por 8 horas diárias e que, dessas 8 horas, durante 2 horas a antena não está conectada (45 quedas) (A1), 2,5 horas são de música, 3,5 horas são de fala no meio do ruído e somente 1 hora é de fala "efetiva" no silêncio. No caso, a familia precisa ser lembrada de que para o processo de aquisição da linguagem, é superimportante que haja uma relação sinal/ruído de pelo menos 20 dB. Em B, o *datalogging* de processadores Naida (Advanced Bionics®). Em C, *datalogging* do processador Rondo3 da marca MED EL®. Versão colorida da figura encontra-se na plataforma de conteúdo complementar do livro.

mesmo com a sua escuta antes da ocorrência da perda auditiva em casos de perda auditiva pós-lingual.

O aconselhamento é uma etapa de fluxo contínuo na dinâmica do implante coclear, muitas vezes realizado por mais de um profissional, separadamente ou em conjunto. Nesse processo, a identificação dos fatores preditivos de resultados do IC se faz importante não só para a decisão de realizar a cirurgia, mas para a personalização da reabilitação auditiva com o objetivo de atingir as expectativas da equipe clínica, dos pais e professores.

Um estudo envolvendo 200 crianças com perda auditiva severa ou profunda submetidas ao implante coclear relacionou as expectativas e barreiras relatadas pelos pacientes aos resultados obtidos. Os autores afirmam que um dos fatores mais importantes para bons resultados é a orientação recebida por parte da equipe clínica, bem como o contato com outras pessoas implantadas[22].

O contato com outros usuários pode promover uma melhor compreensão do processo de reabilitação e criar laços que fortaleçam a busca por seus direitos na sociedade. Para que isso ocorra faz-se necessário conhecer esses direitos dentro de um contexto pessoal-coletivo e que desenvolvam o senso crítico na busca da promoção de saúde, bem-estar e autoconfiança[23].

Esse movimento faz parte do caminho para chegar à autoadvocacia, capacidade do indivíduo de falar ou

PROGRAMAÇÃO

VERIFICAÇÃO DE DESEMPENHO:

- Anamnese
- Verificação do dispositivo (*hardware*) em uso
- Audiometria em campo livre com uso do IC e com programa em uso (orelhas separadas, se bilateral)
- Protocolos de avaliação de fala e linguagem validados e adequados à idade

↓

CONFECÇÃO DE NOVOS PROGRAMAS:

- Verificação do *Dataloggin*
- Realização de medidas objetivas (telemetrias ou outra técnica adequada ao caso)
- Pesquisa de níveis de estimulação
- Escolha dos parâmetros de estimulação adequados à situação relatada
- Testagem a viva-voz do(s) mapa(s) confeccionado(s)
- Varredura (*Sweeps*) realizada nos níveis máximos para pesquisa de desconforto
- Configuração do processador de fala com o(s) novo(s) mapas

↓

VALIDAÇÃO DA PROGRAMAÇÃO:

- Audiometria em campo livre com uso do(s) IC(s)
- Balanceamento binaural em caso de uso de dispositivo auditivo bilateral
- Verificação de desempenho com uso de sons de fala
- Orientação sobre objetivos a atingir (mudança de programas, uso específico em situações diferenciadas, manuseio de tecnologia auxiliar e outros)
- Orientação sobre cuidados com o dispositivo e manutenção
- Confecção do relatório do atendimento

FIGURA 9 Etapas da programação do processador de fala.

agir por si mesmo, tomando decisões e assumindo a responsabilidade por elas.

CONCLUSÃO

O IC transformou a vida de muitos indivíduos com surdez severa a profunda, e é sem dúvida uma ferramenta fundamental na intervenção das perdas auditivas que impactam de maneira importante a comunicação e a linguagem oral.

O desenvolvimento tecnológico demanda dos profissionais envolvidos a constante atualização de conhecimentos, além do contato frequente com tópicos que extrapolam os procedimentos fonoaudiológicos, como o trabalho em equipe e os aspectos subjetivos que permeiam o candidato.

Faz-se necessário que o processo de candidatura, indicação, avaliação e acompanhamento que envolve o implante coclear seja realizado de forma criteriosa, bem orientado e que seja realizado por profissionais habilitados. As ações devem ser pautadas nas recomendações de boas práticas, bem como respaldadas por evidências científicas em constante evolução.

REFERÊNCIAS BIBLIOGRÁFICAS

1. Zwolan TA, Basura G. Determining cochlear implant candidacy in adults: limitations, expansions, and opportunities for improvement. Semin Hear. 2021;42(4):331-41.
2. Warner-Czyz AD, Roland JT Jr, Thomas D, Uhler K, Zombek L. American Cochlear Implant Alliance Task Force guidelines for determining cochlear implant candidacy in children. Ear Hear. 2022;43(2):268-82.
3. Vickers D, De Raeve L, Graham J. International survey of cochlear implant candidacy. Cochlear Implants Int. 2016;17 Suppl 1:36-41.
4. Lorens A, Skarzynski PH, Obrycka A, Skarzynski, H. Can an individual with low frequency hearing in the candidate ear benefit from a cochlear implant even if they have normal hearing in the other ear?. Eur Arch Otorhinolaryngol. 2023;280(11):4895-902.

5. Luterman D. Counseling parents of hearing-impaired children. Boston: Little, Brown and Company; 1979.
6. Lima DVP, Flores-Beltran L, Zilbermintz C. Avaliação pré-cirúrgica e acompanhamento fonoaudiológico no programa de implante coclear. In: Bento RF, et al. Tratado de implante coclear e próteses auditivas implantáveis. 2. ed. Editora Thieme Revinter; 2021. p. 263-71.
7. Shearer AE, Hansen MR. Auditory synaptopathy, auditory neuropathy, and cochlear implantation. Laryngoscope Investig Otolaryngol. 2019;4(4):429-40.
8. Ulukan MB, Ciprut A. Intracochlear electrocochleography findings in cochlear implant recipients with auditory neuropathy spectrum disorder. International Journal of Pediatric Otorhinolaryngology. 2023;170:111596.
9. Sharma A, Dorman M, Spahr A, Todd NW. Early cochlear implantation in children allows normal development of central auditory pathways. Ann Otol Rhinol Laryngol Suppl. 2002;189:38-41.
10. Rance G, Cone-Wesson B, Wunderlich J, Dowell R. Speech perception and cortical event related potentials in children with auditory neuropathy. Ear Hear. 2002;23(3):239-53.
11. Aschendorff A, Kromeier J, Klenzner T, Laszig R. Quality control after insertion of the nucleus contour and contour advance electrode in adults. Ear Hear. 2007 Apr;28(2 Suppl):75S-79S.
12. Finley CC, Skinner MW. Role of electrode placement as a contributor to variability in cochlear implant outcomes. Otol Neurotol. 2008 Oct;29(7):920-8.
13. Grolman W, Maat A, Verdam F, Simis Y, Carelsen B, Freling N, et al. Spread of excitation measurements for the detection of electrode array foldovers: a prospective study comparing 3-dimensional rotational x-ray and intraoperative spread of excitation measurements. Otol Neurotol. 2009 Jan;30(1):27-33.
14. Davis TJ, Zhang D, Gifford RH, Dawant BM, Labadie RF, Noble JH. Relationship between electrode-to-modiolus distance and current levels for adults with cochlear implants. Otol Neurotol. 2016;37(1):31-7.
15. Abbas et al., 2004.
16. Hey M, Boehnke B, Dillier N, Hoppe U, Eskilsson G, Löwgren K, et al. The Intra Cochlear Impedance-Matrix (IIM) test for the Nucleus® cochlear implant. Biomed. Eng Biomed Tech. 2015;60(2):123-33.
17. Pile J, Sweeney AD, Kumar S, Simaan N, Wanna GB. Detection of modiolar proximity through bipolar impedance measurements. Laryngoscope. 2017;127:1413-9.
18. Mittmann P, Rademacher G, Mutze S, Hassepass F, Ernst A, Todt I. Evaluation of the relationship between the NRT-Ratio, cochlear anatomy, and insertions depth of perimodiolar cochlear implant electrodes. Biomed Res Int. 2015;2015:706253.
19. Coelho DH, Shiao AS, Li LP. Very early activation of cochlear implants: A review of the literature. J Chin Med Assoc. 2023;86(1):7-10.
20. Goffi-Gomez MVS, Magalhães ATM. Ativação e programação do implante coclear. In: Bento RF, et al. Tratado de implante coclear e próteses auditivas implantáveis. Editora Thieme Revinter; 2021. p. 451.
21. Nassiri AM, Saoji AA, DeJong MD, Tombers NM, Driscoll CLW, Neff BA, et al. Implementation strategy for highly-coordinated cochlear implant care with remote programming: the complete cochlear implant care model. Otol Neurotol. 2022 Sep; 43(8): e916-e923.
22. Ibrahim AM, El-Gilany AH, Mohamed EWA, Farrag NS. Perceived benefits of cochlear implants by parentes: expectations, decision-making process, and barriers to care. Journal of the Egyptian public Health Association. 2023;98:7.
23. Dantas TC. Vivências de empoderamento e autoadvocacia de pessoas com deficiência: um estudo no Brasil e no Canadá. Educação Unisinos. 2017;21(3):336-44.

17

Fundamentos do processo terapêutico na deficiência auditiva

Mariane Perin Silva Comerlatto
Adriane Lima Mortari Moret
Beatriz de Castro Andrade Mendes

PONTOS-CHAVE

- Etapas da terapia fonoaudiológica para pessoas com deficiência auditiva.
- Pontos essenciais para planejar uma sessão terapêutica para pessoas usuárias de dispositivos eletrônicos auxiliares da audição.
- Sugestões de prática terapêutica nas diferentes faixas-etárias.

OBJETIVOS DE APRENDIZAGEM

Ao final deste capítulo, o leitor deverá ser capaz de:

- Identificar fatores que influenciam no desenvolvimento das habilidades auditivas e de linguagem de pacientes com deficiência auditiva.
- Elencar as etapas que estruturam um planejamento terapêutico de pacientes com deficiência auditiva.
- Conhecer as técnicas terapêuticas e estratégias de comunicação facilitadoras do processo de aprendizagem e manutenção das habilidades auditivas.

INTRODUÇÃO

Atualmente, é indiscutível que os avanços tecnológicos beneficiam diretamente o processo terapêutico de pessoas com perdas auditivas. A sofisticação dos dispositivos eletrônicos que agem como auxiliares da audição alcança níveis cada vez mais elevados e impactam positivamente e sobretudo expressivamente no acesso e na percepção dos sons da fala, da música e dos demais sons do ambiente presentes durante o convívio social.

Evidências científicas[1-3] comprovam a importância de iniciar a intervenção o mais rápido possível com o intuito de possibilitar o desenvolvimento ou manutenção das habilidades auditivas de bebês, crianças e adultos diagnosticados com qualquer grau de perda auditiva. A intervenção precoce – desde os primeiros meses de vida nas perdas auditivas congênitas e tão logo a perda auditiva adquirida seja identificada – possibilita ao sistema auditivo e sistema nervoso auditivo central adaptarem-se à estimulação provinda dos dispositivos auditivos associada a uma intervenção que prioriza o acesso auditivo, diminuindo os efeitos negativos gerados pela privação sensorial.

Diversos fatores podem contribuir para a variabilidade no desempenho das pessoas usuárias de dispositivos eletrônicos, desde a época de início e configuração da perda auditiva, consistência do uso dos dispositivos, aspectos cognitivos, sociais e emocionais, dentre outros. Os dispositivos, por sua vez, devem ser considerados, bem adaptados e verificados atentamente pelo fonoaudiólogo responsável pelo processo terapêutico.

Ao considerar que a audição é a base para o desenvolvimento e/ou manutenção da linguagem oral, utilizar um método terapêutico que prioriza as demandas auditivas é uma opção para indivíduos com perdas auditivas. Portanto, neste capítulo são discutidos os fatores que influenciam no desenvolvimento auditivo e no planejamento terapêutico de pacientes com deficiência auditiva nas diferentes faixas etárias, tendo como premissa priorizar a audição, principalmente na prática terapêutica na infância.

DESENVOLVIMENTO

Primeira etapa: acolher o paciente

Ao recepcionar um paciente com diagnóstico de perda auditiva é recomendável conhecer qual o percurso dele já realizado. Investigar detalhadamente o caminho percorrido pelo paciente e sua família é crucial para o estabelecimento do vínculo e para compreender todos os fatores da perda auditiva e o seu impacto para o paciente, para a família e para o processo terapêutico.

Dentre os fatores que influenciam na jornada terapêutica, destacam-se a idade em que foram realizados o diagnóstico audiológico e o início da intervenção. Entende-se como intervenção a escolha tecnológica e o acompanhamento terapêutico. A idade do diagnóstico nem sempre condiz com o início imediato do uso dos dispositivos eletrônicos; portanto, tal dado é decisivo para o prognóstico. O intervalo entre o diagnóstico e a intervenção deve ser o menor possível, seja para adultos ou, principalmente, para bebês e crianças, que precisam iniciar a intervenção imediatamente, pois um trabalho iniciado precocemente possibilitará mais sincronia com o desenvolvimento típico. Considerando que há maior neuroplasticidade do córtex auditivo nos primeiros três anos e meio de vida[4], torna-se imperativo que o processo terapêutico seja otimizado nesse período sensível de plasticidade neuronal auditiva.

O *Joint Committee on Infant Hearing* (JCIH)[5] e o Comitê Multiprofissional em Saúde (COMUSA)[6] recomendam que a triagem auditiva de bebês seja realizada antes do primeiro mês de vida; em caso de falha, o diagnóstico deve ser realizado até o terceiro mês de vida e a intervenção com dispositivos auditivos e terapêutica iniciada antes do sexto mês. Com o uso dos dispositivos eletrônicos adequados e precocemente, o sistema auditivo tem a oportunidade de realizar conexões auditivas neurais e propiciar o desenvolvimento de habilidades como, por exemplo, auditiva, de linguagem oral, de leitura e socioemocionais, acompanhando os marcos típicos de desenvolvimento[7].

A intervenção iniciada tardiamente, fora do período sensível de desenvolvimento, resultará em uma reorganização cortical, interferindo não somente no desenvolvimento das habilidades auditivas, mas sobretudo no desenvolvimento da linguagem falada[8]. Uma revisão sistemática da literatura[9] confirmou a relação direta entre a idade da habilitação auditiva e o desempenho auditivo da criança. Ou seja, quanto menor a idade de intervenção, melhor o desempenho auditivo, o que possibilita a organização típica das vias auditivas em crianças pré-linguais com deficiência auditiva. Tal achado justifica a importância do processo terapêutico precocemente, para que crianças mais novas com deficiência auditiva atinjam o mais alto nível de função auditiva.

As características da perda auditiva também são fatores importantes, pois a partir delas haverá a indicação assertiva da tecnologia auditiva. Os dispositivos que costumam atender a maior parte das perdas auditivas são os aparelhos de amplificação sonora individuais (AASI) e os implantes cocleares (IC). É primordial que o fonoaudiólogo tenha dados quanto ao histórico da perda auditiva e dos dispositivos eletrônicos, por exemplo: etiologia, tipo e grau da perda auditiva, dados detalhados das características e verificação dos dispositivos eletrônicos e o benefício para o paciente. Dessa forma, terá dados reais quanto à audibilidade e capacidade do paciente em desenvolver e cumprir diferentes habilidades, influenciando diretamente em seu desempenho auditivo e de linguagem oral.

A tecnologia deve ser considerada um fator provável no limitado progresso de uma criança. Os fonoaudiólogos responsáveis pela programação dos dispositivos auditivos e pela terapia fonoaudiológica devem manter estreito contato para modificar as programações tecnológicas conforme necessário. Os fonoaudiólogos precisam avaliar os dispositivos, garantindo seu funcionamento adequado, e mensurar de forma padronizada a resposta da criança para ter certeza de que ela está ouvindo, diminuindo o risco de inferências equivocadas quanto ao seu desenvolvimento. Medidas objetivas são ferramentas importantes nas avaliações do paciente, mas isoladamente não nos dizem o que está chegando ao cérebro. São os testes comportamentais, principalmente os testes de percepção auditiva da fala em múltiplas condições que validarão o desempenho da criança[10]. Medidas funcionais tais como inventários e questionários padronizados de habilidades auditivas e de linguagem receptiva e expressiva aplicados aos pais são importantes aliados na vigilância criteriosa do desempenho da criança, principalmente da criança menor de três anos de idade.

É crucial que o fonoaudiólogo se questione: *como está o acesso auditivo do meu paciente*? O terapeuta precisa ter em mãos os dados quanto à audibilidade dos diferentes sons do ambiente e da fala pelo paciente. Na ausência de audibilidade adequada, não haverá acesso aos sons da fala, prejudicando sua escuta e compreensão, resultando em um desenvolvimento e aproveitamento aquém do esperado[11]. A fala é audível se a pessoa puder simplesmente detectar a presença do som; já para a fala ser inteligível, a pessoa deve ser capaz de discriminar as características palavra-som de fonemas individuais, aspectos segmentais e suprassegmentais dos sons da fala[4]. Para que o paciente tenha a possibilidade de desenvolver as habilidades de linguagem é preciso assegurar a audibilidade de todo o espectro dos sons da fala.

Na década de 70, Daniel Ling contribuiu com valioso legado no conhecimento da percepção auditiva da fala. Na época, ele descreveu a importância de os limiares auditivos do paciente com o uso dos dispositivos auditivos estarem entre 35-40 dBNA, nas frequências entre 250 Hz e 8.000 Hz para que se tivesse uma audição funcional na conversação. A partir dessa descrição, o conceito de "banana da fala" foi introduzido e corresponde à zona sombreada na Figura 1, a qual contém essa faixa de frequências e intensidades audíveis e necessárias na conversação. No entanto, essa audição funcional ainda não seria suficiente para a pessoa acessar auditivamente todos os aspectos segmentais e suprassegmentais da fala, principalmente em situações auditivas mais desafiadoras, como em uma sala de aula ou outros ambientes de conversação menos silenciosos.

Ao longo dos anos, a partir das inovações e dos avanços tecnológicos dos dispositivos auxiliares de audição, o legado de Daniel Ling persistiu e foi revitalizado pelo acesso à audibilidade cada vez maior e mais eficaz. Atualmente, espera-se que a pessoa usuária de dispositivos auxiliares da audição alcance a percepção auditiva da fala em níveis de intensidade entre 20-25 dB, correspondendo ao topo da "banana da fala" proposta por Daniel Ling. As pesquisadoras clínicas Madell e Flexer (2018)[12] revigoraram o conceito da banana da fala proposto por Daniel Ling destacando com uma linha verde o topo da banana da fala, e a denominaram "vagem da fala" (Figura 1). A representatividade da audibilidade dos sons da fala usando a analogia com a "banana da fala" e com a "vagem da fala" clarifica as metas a serem atingidas na terapia fonoaudiológica, tanto para o fonoaudiólogo reabilitador como para os pais.

O uso consistente dos dispositivos auditivos é imprescindível. Recomenda-se o uso por mais de 10 horas por dia[13]. Compreender o dia a dia do paciente e o tempo de uso dos dispositivos são de suma importância para que se possa orientar e refletir com os familiares e pacientes sobre quais são as principais dificuldades quanto ao uso, quais os momentos rotineiros mais favoráveis para adicionar novas práticas com atitudes facilitadoras ao uso, quais são as estratégias e as técnicas terapêuticas que os familiares podem incorporar nas diferentes rotinas diárias, entre outras orientações

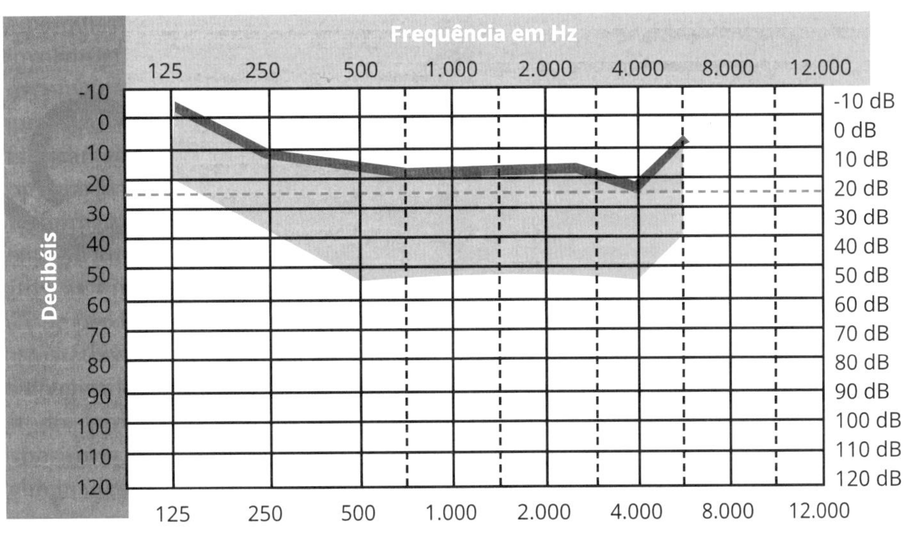

FIGURA 1 Banana da fala e vagem da fala (linha mais escura) segundo Madell & Flexer (2018)[12].
Fonte: adaptada de Hearing First.

que considerem a individualidade domiciliar de cada paciente. Atualmente, todos os dispositivos dispõem de possibilidade de registro de horas de uso, seja por aplicativos ou *software* do fabricante.

Os conceitos sobre o acesso da melhor audibilidade clarificam a importância da acústica da fala em um planejamento terapêutico. A fala é uma consequência da entrada precisa dos sinais acústicos segmentais e suprassegmentais; com isso, pistas acústicas espectrais e temporais precisam ser consideradas, pois são importantes para o reconhecimento auditivo da fala[14]. A literatura[10] aponta que a equipe deve avaliar a produção de fala da criança, visto que é um reflexo de quão bem a criança está escutando, ou seja, há uma relação direta entre os ganhos auditivos do paciente e a acústica da sua fala, não somente no nível receptivo, mas também ricamente no nível expressivo.

O desenvolvimento global do paciente é outro fator impactante. Estudos[15-16] destacam que aproximadamente 40% das crianças com deficiência auditiva apresentam comprometimentos adicionais. Tal dado justifica que o trabalho interdisciplinar e colaborativo é extremamente necessário. Uma equipe formada pela família, pelo fonoaudiólogo e demais profissionais necessários demanda a organização de uma rede de atendimento sincronizada, a fim de contribuir para o desenvolvimento global da criança.

No acolhimento é necessário investigar a permeabilidade da família – no caso de bebês e crianças – e do próprio paciente adulto ao processo que permeia a descoberta e a intervenção da perda auditiva. Tal levantamento é essencial, pois o envolvimento da família e do paciente no processo terapêutico será amplamente requisitado. A intervenção centrada na família para o acompanhamento das crianças ou centrada no paciente adulto é primordial para que as ações terapêuticas realizadas em ambiente clínico sejam verdadeiramente generalizadas com êxito para as rotinas diárias dos pacientes, quer seja no domicílio, na escola, no trabalho e em outros ambientes de convívio social.

Após o levantamento de todas as informações deve-se selecionar o protocolo de avaliação condizente com as características de cada paciente para a estruturação de um planejamento terapêutico individualizado.

Segunda etapa: avaliação e planejamento terapêutico

A primeira e mais importante constatação é que um planejamento bem estruturado depende de objetivos bem definidos. Por sua vez, para estabelecer bons objetivos, deve-se realizar uma avaliação detalhada. Ressalta-se a importância da utilização de uma bateria de avaliações antes, durante e após o início da intervenção terapêutica.

Para a avaliação, a primeira pergunta a ser respondida é: *quais habilidades o paciente apresenta*? A partir de uma avaliação detalhada das habilidades auditivas, da linguagem receptiva e expressiva, da fala e dos aspectos cognitivos, além de um olhar especial para a família e o dia a dia do paciente, o profissional deve discutir os achados com os familiares e/ou paciente e estruturar um planejamento que seja alcançável. Posteriormente, uma segunda pergunta precisa ser respondida: *quais são as expectativas em relação ao atendimento terapêutico*? Essas duas perguntas nortearão o planejamento terapêutico do paciente.

De maneira geral, as expectativas quanto aos resultados precisam ser realistas e considerar os diferentes fatores que influenciam no desenvolvimento das habilidades auditivas. Em casos de crianças mais velhas, jovens, adultos e idosos que demandam um processo de reabilitação decorrente de perda auditiva pós-lingual, as habilidades já desenvolvidas e os prejuízos provenientes da perda auditiva precisam ser avaliados para que o planejamento terapêutico contemple uma intervenção fidedigna à sua real condição auditiva e linguística. Planejamentos terapêuticos que superestimam ou subestimam o potencial do paciente tendem ao fracasso, uma vez que promovem frustração, desânimo e até mesmo a desistência da intervenção.

Somente após uma avaliação minuciosa é que se pode, então, traçar um planejamento e estruturar um programa terapêutico para os pacientes.

Avaliação e planejamento terapêutico infantil

Uma consideração relevante para avaliação e estruturação de um planejamento terapêutico infantil é compreender a importância dos marcos típicos de desenvolvimento. Para que possamos traçar objetivos assertivos é preciso saber qual o *gap* entre a idade cronológica da criança e a sua idade auditiva.

A idade auditiva é contabilizada quando há audibilidade adequada de todos os sons da fala. Variáveis como: idade em que a tecnologia ideal foi adquirida; audibilidade de todos os sinais de fala, considerando frequência (incluindo altas) e intensidade (incluindo fala suave); uso da tecnologia por 10 a 12 horas e o ambiente em que a criança está exposta, influenciam diretamente na contagem[4].

Importante considerar que o grande objetivo do processo terapêutico é garantir o desenvolvimento adequado da criança, alcançando as habilidades auditivas e de linguagem que permitam a comunicação adequada. Ou seja, possibilitar que o desempenho auditivo e linguístico da criança alcance o esperado para a sua idade cronológica, seguindo os padrões típicos de desenvolvimento.

Portanto, uma avaliação detalhada que identifique o desempenho da audição e das demais habilidades requisitadas no processo de comunicação verbal da criança com perda auditiva é crucial.

O teste *Ling Six Sound* proposto por Daniel Ling em 1982 e atualizado por Madel e Hewitt em 2021 (*LMH Test For Monitoring Listening*) é uma avaliação simples, porém de grande impacto para ser utilizado diariamente. Outros protocolos de avaliação e monitoramento das habilidades auditivas e linguísticas podem ser utilizados, e alguns exemplos são: *Infant-Toddler Meaningful Auditory Integration Scale* (IT-MAIS), *Functional Auditory Performance Indicators* (FAPI) e *Glendonald Auditory Screening Procedure* (GASP), *Production of Infant Scale Evaluation* (PRISE) e *Meaningful Use of Speech Scale* (MUSS), Avaliação do Desenvolvimento da Linguagem (ADL), entre outros disponíveis em português brasileiro cuja escolha se dá a partir do que se pretende avaliar e para qual faixa etária e em qual nível de desenvolvimento a criança se encontra. Para monitorar o desempenho da criança sugere-se aplicar as avaliações em intervalos de três a seis meses, bem como antes e depois de uma intervenção terapêutica.

A próxima etapa é a discussão e a estruturação do planejamento terapêutico juntamente com a família. As perguntas que precisam ser respondidas pela equipe neste momento são: *quais os próximos passos do desenvolvimento? Onde queremos chegar*? Para tanto, os objetivos de curto prazo e de longo prazo serão identificados, selecionados e então estabelecidos junto com a família.

Para isso pode-se recorrer também aos protocolos no formato de escalas e de perfis de desenvolvimento, os quais são essenciais para a visualização dos progressos da criança ao longo do processo terapêutico. Podem ser usados para mensurar e registrar os progressos em intervalos propostos pelo próprio protocolo ou em intervalos definidos pelo terapeuta de acordo com a necessidade de cada criança. Costumam ser de fácil compreensão para a família e cuidadores, e permitem que a família tenha melhor compreensão dos objetivos terapêuticos, facilitando o ajuste das expectativas em relação ao desempenho da criança no decorrer do tempo.

As Escalas Integradas de Desenvolvimento[17], o perfil *Nottingham Auditory Milestones* (NAMES)[18] e o questionário auditivo LittlEars®[19-20] podem auxiliar o terapeuta tanto no registro dos progressos da criança, como na discussão com a família sobre os objetivos alcançados e os ainda não alcançados, favorecendo um planejamento em conjunto dos próximos passos. Tais protocolos permitem a visualização da curva de evolução da criança, facilitando na identificação de possíveis atrasos ou declínios de progressos auditivos e linguísticos, e a intervenção imediata com ajustes dos objetivos e ações terapêuticas condizentes com os achados clínicos.

Além dessas observações dos intervalos mais longos, os objetivos terapêuticos delineados para cada sessão de terapia necessitam de alguma mensuração. É altamente recomendável que ao final de cada sessão de intervenção o terapeuta avalie o cumprimento das metas estipuladas. Novamente reforça-se a ideia de que o objetivo da sessão precisa ser alcançável e realista, tanto no que se refere às respostas da criança como no que se refere à orientação familiar. A sinalização de que a criança e a família respondem positivamente aos objetivos de cada sessão indica que o planejamento terapêutico está assertivo e ampara o terapeuta para a sua manutenção com planejamento de objetivos desafiadores e mais avançados. Quando a mensuração de cada sessão revelar ausência de progressos, o terapeuta terá subsídios para a reorganização de objetivos menos complexos para a próxima sessão.

Na ausência de progressos constantes, com estagnação ou atrasos do desempenho continuamente, um novo planejamento deverá ser discutido. *E o que é considerado um sinal de alerta ou uma bandeira vermelha no processo*? Atrasos de três meses já apontam uma atenção especial. Atrasos de seis meses ou mais precisam ser cuidadosamente discutidos com a equipe da criança[21].

As seguintes respostas da criança são consideradas bandeiras vermelhas e devem ser observadas[10]:

- Audibilidade insuficiente para a percepção do espectro dos sons da fala.
- Atraso do início e desenvolvimento de habilidades auditivas básicas como a atenção e a detecção do sinal de fala, falta de comportamentos clínicos esperados considerando o desenvolvimento hierárquico das habilidades do sistema auditivo.
- Não demonstrar interesse ou não responder ao uso dos dispositivos eletrônicos.
- Não responder ao seu próprio nome.
- Não demonstrar uma "atitude de escuta".
- Incapacidade de discriminar ou identificar traços suprassegmentais, vogais e traços consonantais, apresentar compreensão limitada de frases familiares com base apenas em aspectos suprassegmentais ou em palavras-chave.
- Apresentar má qualidade de voz e nenhuma evidência de melhora na produção da fala.

Avaliação e planejamento terapêutico do adulto e idoso

O paciente adulto e idoso deve ser avaliado em relação às suas características audiológicas, suas habilidades de percepção da fala, sua cognição, seu esforço auditivo, sua restrição de participação em situações de comunicação e atividades de vida diária. Além dos protocolos formais de avaliação da audição, instrumentos de autoavaliação são importantes para o conhecimento do terapeuta e do próprio paciente para o estabelecimento de metas.

Dentre diversos instrumentos, algumas sugestões são apresentadas para a população adulta e para os idosos: *Abbreviated Profile of Hearing Aid Benefit* (APHAB), *Client Oriented Scale of Improvement* (COSI), *Hearing Handicap Inventory for the Adults* (HHIA) ou *Elderly* (HHIE) que são destinados a avaliar as restrições de participação e voltados para a população idosa; *World Health Organization Quality of Life Questionnaire* (WHOQOL-BREF), que avalia a qualidade de vida em diversos domínios. O questionário *International Outcome Inventory for Hearing Aids* (IOI-HA) é um instrumento curto utilizado para avaliar a efetividade da intervenção desde o benefício da amplificação, satisfação com a intervenção e qualidade de vida.

Além dos questionários e escalas, é fundamental a utilização de testes de percepção da fala no silêncio e na presença do ruído competitivo como marcadores de base do processo de reabilitação auditiva de pacientes adultos. Os resultados dos testes não devem ser interpretados de forma isolada e sempre combinados com os ajustes do dispositivo eletrônico e aconselhamento ao paciente e sua família. Os testes de percepção auditiva da fala apresentam limitações, como sinal controlado, atenção direcionada para o teste, sala com menor reverberação do que em ambientes reais e por isso não refletem as reais dificuldades do paciente quando em situação de conversação em grupos ou em ambientes ruidosos.

Para alguns pacientes, pode ser importante englobar ainda a avaliação das funções auditivas centrais – avaliações do processamento auditivo central – como um pré-requisito para todo o planejamento da intervenção. Cabe ressaltar que tais avaliações podem ser comportamentais (mais comuns) ou eletrofisiológicas[22].

Terceira etapa: terapia fonoaudiológica

Prática terapêutica na infância

Como já discutido, a perda auditiva na infância é uma condição que impacta significativamente o desenvolvimento cognitivo, emocional e social. A necessidade de intervenção terapêutica é incontestável, porém é necessário, antes de tudo, reconhecer que o ambiente familiar desempenha um papel decisivo no sucesso da intervenção. A abordagem centrada na família emerge como uma resposta às demandas holísticas dessas crianças, integrando os cuidadores de maneira ativa no processo terapêutico.

Pesquisas apontam que até 95% das crianças com deficiência auditiva nascem em lares onde são utilizadas apenas as línguas faladas, impactando na decisão e escolha pela habilitação das habilidades auditivas e de linguagem oral[11]. Essa informação realça que a intervenção precoce deve ter os pais como os primeiros agentes de transformação da vida da criança, pois são eles que atuam no dia a dia da criança[16]. Em lares de crianças com perda auditiva cujos pais também apresentam perda auditiva e não desenvolveram a linguagem falada, mas que optaram pela via auditiva e linguagem falada para a sua criança, necessidades adicionais surgirão, e a rede de apoio deverá ter o acréscimo de outros membros da família com atuação intensa e constante, para manter a criança em uma prática auditiva e verbal contínua e funcional que assegure as experiências auditivas e comunicativas.

Mas como essa atuação empoderada e ativa deve ocorrer? A primeira resposta é: os pais e os cuidadores não podem ser meros coadjuvantes do processo terapêutico e receber orientações apenas no final da sessão. Eles devem participar e protagonizar a terapia fonoaudiológica da sua criança. Atuando ativamente durante a terapia, o cuidador poderá experienciar e praticar as técnicas terapêuticas sob o auxílio do terapeuta especialista. O trabalho focado na família é uma variável crítica para o enriquecimento da linguagem da criança. Nesse contexto, a terapia não se limita ao consultório, ela estende-se às interações diárias e à criação de um ambiente facilitador em casa e na escola.

Portanto, por meio de uma sessão cuidadosamente programada para envolver o familiar e a criança, o terapeuta irá compartilhar – por meio de estratégias de facilitação do aprendizado – seu conhecimento e técnica para que o cuidador possa aplicá-las em sua rotina. O Quadro 1 apresenta um compilado de algumas técnicas terapêuticas que evidenciam o uso das habilidades auditivas[3-4,16,23-24].

A habilidade de praticar as técnicas e, principalmente, empoderar a família e/ou o paciente para executá-las é a chave para um prognóstico favorável. Portanto, durante as sessões o cuidador deverá ser levado a analisar a importância do uso de cada uma das técnicas no aprendizado auditivo da criança e, principalmente, como e quando aplicá-las na rotina. O terapeuta não deve informar ou dizer como e quando fazer, ele

QUADRO 1 Descrição das técnicas terapêuticas[3-4,16,23-24]

Técnica terapêutica	Descrição
Controlar o ambiente acústico	Diminuir ao máximo o ruído competitivo; controlar a reverberação do ambiente e estreitar a distância entre a fonte e o paciente
Bolha auditiva	Estar próximo ao microfone e permanecer dentro da faixa de escuta ideal, movendo-se para perto e alterando a altura para que a criança tenha acesso ao que está sendo dito
Aproximação	Aproximar do microfone do dispositivo eletrônico. Quanto mais próximo do microfone o interlocutor estiver, mais fácil será para a criança entender o sinal acústico, pois a clareza na linguagem falada melhora ao reduzir a distância
Relação sinal/ruído	A intensidade do estímulo deve ser 15-30 dB maior do que a intensidade do ruído do ambiente
Audição primeiro	Priorizar a apresentação dos estímulos auditivos, a fim de ensinar a criança a prestar atenção aos sons, principalmente de fala. A primeira dica é evitar tocar na criança e incentivar o cuidador a sempre chamá-la pelo nome. Se ela não responder, o ideal é chamar a atenção da criança antes de dar pistas visuais. Ou seja, escutar antes de ver ou fazer
"Escuta!"	Apontar para o próprio ouvido e dizer à criança "Escuta!" para que ela esteja de prontidão para escutar. Apontar para a orelha atrai a atenção da criança e antecipa que algo vai acontecer
Ganchos auditivos	Utilizar expressões ("Uau!", "Ahá", "Humm", por exemplo), onomatopeias e o nome da criança enfatizando padrões suprassegmentais, com o intuito de chamar a atenção da criança para o interlocutor ou para os sons ambientais, alertando de que algo interessante vai acontecer
Sanduíche auditivo	1) Dar a informação auditiva. Se ela não atender, sugerir o próximo passo 2) Repetir a informação auditiva (com ênfase e destaques acústicos ou reformulação). Se mesmo assim ela não atender, sugerir o próximo passo 3) Apresentar visualmente a informação (ver/fazer/ter opções) e por fim seguir para o último passo 4) Oferecer novamente a informação apenas por via auditiva
Uso destacado da prosódia ou "Mamanhês"	Utilizar a melodia ao falar. Realizada com um tom mais alto, uma articulação exagerada, linguagem repetitiva, rítmica, melodiosa e mais lenta que a forma natural de fala
Jogos vocálicos	Repetir os sons produzidos pela criança para que ela ouça, processe e repita, favorecendo a aquisição da fonética da fala e da comunicação
Sussurrar	Sussurrar palavras reduz a intensidade suprassegmental e salienta os sons de mais baixa intensidade e frequências mais agudas
Destaques acústicos	Dar ênfase vocal em um alvo identificado. Esse alvo pode ser sons, palavras, partes de frases ou estruturas gramaticais importantes em uma frase
Pausa	Silenciar brevemente antes de uma informação alvo. A palavra após a pausa se tornará mais audível e essa técnica chama rapidamente a atenção da criança
Espera	Silenciar enquanto aguarda uma resposta da criança. Esse tempo permite que ela tenha tempo para processar as informações auditivas e formular uma resposta
Troca de turnos	Revezar o turno durante uma conversação. A troca de turnos estimula a criança a escutar, depois falar, depois escutar de novo e assim por diante
Minha voz importa	Validar e respeitar as tentativas de comunicação da criança. O interlocutor deve prestar atenção às vocalizações e oferecer uma recompensa (olhar, sorriso, abraço, por exemplo) por suas tentativas de comunicação
Falar, falar e falar	Ler histórias, falar enquanto a criança brinca, enquanto caminha ou envolve a mesma na rotina do dia a dia
Repetição	Repetir as produções da criança. Técnica de estimulação indireta da linguagem em que um som, palavra, frase ou frase é dita mais de uma vez. A repetição gera maior número de oportunidades de escuta, privilegiando acusticamente o sinal
Expandir	Repetir o que a criança disse usando linguagem adequada e pragmaticamente correta
Estender	Repetir ou responder a criança adicionando uma nova informação/auxilia no aumento do vocabulário
Demonstrar expectativa	Olhar para a criança ou para o cuidador e indicar com o olhar que estamos esperando uma resposta, aliado com a técnica de espera. Técnica não verbal

(Continua)

QUADRO 1 Descrição das técnicas terapêuticas[3-4,16,23-24] (*Continuação*)

Técnica terapêutica	Descrição
Modelar	Fornecer o modelo correto e proporcionar oportunidades para a criança escutar o sinal com clareza. O interlocutor deve falar claramente, usar a gramática correta e fornecer uma linguagem apropriada e significativa no contexto
Imitação	Oferecer a possibilidade de imitar a estrutura de linguagem de forma natural, promovendo a confiança da criança em continuar as produções. Ela é essencial em todo o processo de construção da linguagem, porém deve ser usada com prudência, pois não contribui para o domínio da linguagem

deverá facilitar o cuidador a refletir e responder tais questões. Ou seja, a prática das técnicas terapêuticas demanda uma colaboração estreita entre o terapeuta e a própria família, sugerindo a criação de um planejamento personalizado, alinhado com as necessidades específicas da criança.

Por fim, cabe destacar três fatores da habilitação de crianças pequenas que devem ser evidenciados no processo terapêutico:

1. Nutrir o cérebro da criança com a linguagem falada; ou seja, a fala inteligível é o fertilizante ideal para um cérebro auditivo. Uma intervenção que prioriza a audição e é centrada na família facilitará esse processo.
2. Os cuidadores são fundamentais para o processo.
3. Garantir a audibilidade: olhos abertos, orelhas ligadas; Flexer em 2017 cita que a escuta é realizada com o cérebro e as orelhas são as portas de entrada para informações auditivas; sendo assim, sugere-se o uso de ao menos 10 horas por dia dos dispositivos auditivos, sendo 12 horas o ideal[13].

Prática terapêutica na reabilitação de adultos e idosos

A reabilitação auditiva do adulto ou idoso é composta por diferentes itens que precisam ser abordados pelo fonoaudiólogo: seleção, verificação e validação dos dispositivos auditivos; orientação e aconselhamento; prática das estratégias de comunicação, leitura orofacial e treinamento auditivo[22].

O atendimento dessa faixa etária deve partir de reflexões centradas nas necessidades do paciente. Por exemplo: se ele percebe e sente os impactos da perda auditiva, e se ele sente a necessidade de utilizar os dispositivos auditivos. Tais reflexões devem ser realizadas com eles para que a tomada de decisão sobre todo o processo possa ser compartilhada e, consequentemente, haja a adesão efetiva. Portanto, é fundamental que o processo de reabilitação auditiva no adulto e idoso seja centrado no paciente, tendo a família como participante de apoio de todo o processo.

Boothroyd (2017)[25] refere a importância da reabilitação auditiva ser conduzida de forma holística, ou seja, como um processo que não se restringe à dispensação dos dispositivos eletrônicos. Para tanto, quatro componentes são considerados e sugeridos pelo autor:

1. **Gestão sensorial:** envolve principalmente as etapas de seleção e verificação até a validação dos dispositivos eletrônicos e outras tecnologias de assistência auditiva.
2. **Orientação:** apontada como aconselhamento informativo, aborda a função e o uso adequado da tecnologia – incluindo instruções sobre o controle dos ambientes visual, acústico e social.
3. **Treinamento perceptivo:** também referido como treinamento auditivo e treinamento de leitura orofacial (LOF), e principalmente aplicados para maximizar o desempenho da percepção da fala.
4. **Aconselhamento:** reflexões sobre a importância de desenvolver estratégias para lidar com a audição assistida imperfeita e de auxiliar o paciente a lidar com o impacto da audição assistida no estado emocional e qualidade de vida.

Orientações quanto à manipulação dos dispositivos são essenciais para que o paciente tenha autonomia para utilizá-los. Além disso, muitas vezes, em situações de escuta difícil, em que a relação sinal/ruído (S/R) é negativa, ou seja, que a fala está menos intensa que o ruído, utiliza-se a estratégia de olhar no rosto do falante – para leitura orofacial (LOF) e pistas visuais – e/ou de se afastar do ruído para compreender melhor a fala. Isso deve ser exemplificado para o indivíduo com deficiência auditiva, demonstrando que é natural e imprescindível utilizar algumas estratégias facilitadoras da comunicação.

Algumas recomendações que refletem o uso das estratégias[26]:

- Informar as pessoas com as quais deseja comunicar-se sobre a perda auditiva.
- Solicitar repetição quando não entender a conversa e solicitar que fale claramente.
- Evitar manter a conversação quando estiver cansado.
- Utilizar pistas como: olhar no rosto do falante e procurar pistas visuais, expressões faciais, gestos de apoio e gestos indicativos.
- Evitar interromper uma conversação, para obter maior significado pelo contexto da mensagem.
- Garantir que o ruído ambiental seja mínimo e que a iluminação do ambiente esteja adequada.
- Evitar distâncias superiores 1,5 m do falante.
- Tentar entender os elementos essenciais do diálogo e as palavras-chave.

Oferecer para essa população acessórios de conectividade e Sistemas de Microfones Remotos como dispositivos auxiliares aos AASI e/ou IC, o que facilita a percepção auditiva da fala em ambientes acusticamente desafiadores.

O treinamento perceptivo engloba tanto o treinamento auditivo quanto o de LOF.

A LOF faz parte do processo de comunicação naturalmente e objetiva desenvolver a habilidade de perceber visualmente os sons da fala. O paciente com perda auditiva, antes de qualquer coisa, precisa compreender que as pistas orofaciais se combinam em uma técnica complementar e não substituem as habilidades de percepção auditiva da fala. Para os adultos e os idosos é fundamental o entendimento de que a percepção auditiva da fala pode ser potencializada com a percepção visual da fala.

Durante um treinamento utilizando a LOF, é importante demonstrar as diferenças de pontos de articulação da produção dos diferentes fonemas. É recomendada a utilização de materiais escritos para apoio visual. O uso de palavras-chave pode auxiliar na compreensão do assunto principal, principalmente quando escritas[22].

Faz parte do aconselhamento o controle de expectativas. O fonoaudiólogo precisa ser assertivo, positivo, incentivar o indivíduo durante todo o processo, mas sempre controlar as expectativas de acordo com as características apresentadas pelo paciente[22]. As ferramentas disponibilizadas pelo *Ida Institute* (https://idainstitute.com/) podem auxiliar o profissional nessa etapa.

CONCLUSÃO

Há inúmeros fatores que influenciam na habilitação auditiva de bebês e crianças e na reabilitação auditiva de adultos e idosos. Os prognósticos são variados, o que justifica a importância de estruturar um planejamento terapêutico individualizado de habilitação e de reabilitação auditivas, com vistas a melhorar a qualidade de vida do paciente independentemente de sua idade.

O acesso auditivo ideal foi destacado neste capítulo como a primeira etapa e como condição necessária para todo o processo de intervenção terapêutica. Além disso, uma atuação centrada na família durante o atendimento infantil e centrada no paciente no atendimento ao adulto e ao idoso foi igualmente enfatizada.

Etapas mínimas precisam ser cumpridas e objetivos específicos, quer sejam de curto ou de longo prazo merecem ser discutidos em equipe, e isso inclui os profissionais envolvidos, a família da criança e o próprio paciente adulto e idoso, oferecendo assim uma intervenção terapêutica que atenda a todas as suas demandas e expectativas.

Por fim, as técnicas e estratégias apresentadas são sugestões para a aplicação no processo terapêutico de pacientes que utilizam a via auditiva como meio para o desenvolvimento e manutenção das habilidades de linguagem falada.

REFERÊNCIAS BIBLIOGRÁFICAS

1. Martinez MAN, Mendes BCA, Novaes BCAC. Amplificação sonora em bebês. In: Schochat E, et al. Tratado de Audiologia. 3. ed. Barueri: Manole; 2022. p. 453-65.
2. Martinelli MC, Miranda-Gonsalez EC. Cognição e qualidade de vida no processo de adaptação de dispositivos eletrônicos de amplificação sonora. In: Schochat E, et al. Tratado de Audiologia. 3. ed. Barueri: Manole; 2022. p. 511-27.
3. Levy CCAC, Formigoni GMP, Brazorotto JS. Intervenção fonoaudiológica na reabilitação auditiva infantil. In: Schochat E, et al. Tratado de Audiologia. 3. ed. Barueri: Manole; 2022. cap. 37.
4. Cole EB, Flexer C. Children with hearing loss: developing listening and talking, birth to six. 4. ed. Plural Publishing; 2019.
5. Joint Committee on Infant Hearing (JCIH). Year 2007 position statement: principles and guidelines for early hearing detection and intervention programs. Pediatrics. 2007;120(4):898-921.
6. Comitê Multiprofissional em Saúde Auditiva – COMUSA. Triagem auditiva neonatal universal em tempos de pandemia. 2020. Disponível em: https://www.sbfa.org.br/portal2017/pdf/cvd19-nota-tecnica-comusa.pdf.
7. Yoshinaga-Itano C, Sedey AL, Wiggin M, Chung W. Early hearing detection and vocabulary of children with hearing loss. Pediatrics. 2017;140(2):e20162964.
8. Sharma A, Glick H, Campbell J, Torres J, Dorman M, Zeitler DM. Cortical plasticity and reorganization in pediatric single-sided deafness pre- and post cochlear implantation: a case study. Otol Neurotol. 2016;37(2):e26-e34.
9. Noel A, Manikandan M, Kumar P. Efficacy of auditory verbal therapy in children with cochlear implantation based on auditory performance – A systematic review. Cochlear Implants Int. 2023;24(1):43-53.
10. Madell JR, Hewitt JG, Rotfleisch S. Red flags: identifying and managing barriers to the child's optimal auditory develop-

ment. In: Pediatric Audiology: diagnosis, technology, and management. 3. ed. New York: Thieme; 2019. p. 267-75.
11. Walker EA, Redfern A, Oleson JJ. Linear mixed-model analysis to examine longitudinal trajectories in vocabulary depth and breadth in children who are hard of hearing. J Speech Lang Hear Res. 2019;62(3):525-42.
12. Madell JR, Flexer C. Speech banana vs the stringbean. 2018. In: Hearing First. Disponível em: https://www.youtube.com/watch?v=imm7qBLqR0Q.
13. Flexer C, Wolfe J. Auditory brain development and auditory-verbal therapy. In: Estabrooks W, Morrison HM, MacIver-Lux K (eds.). Auditory-verbal therapy: Science, research, and practice. San Diego, CA: Plural Publishing; 2020.
14. Morrison MC. Development of listening in auditory-verbal therapy. In: Estabrooks W, Morrison HM, MacIver-Lux K (eds.). Auditory-verbal therapy: Science, research, and practice. San Diego, CA: Plural Publishing; 2020.
15. Gallaudet Research Institute. Regional and national summary report of data from the 2009-2010 annual survey of deaf and hard of hearing children and youth. 2011.
16. Estabrooks W, Morrison HM, MacIver-Lux K. Auditory-verbal therapy: an overview. In: Estabrooks W, Morrison HM, MacIver-Lux K (eds.). Auditory-verbal therapy: Science, research, and practice. San Diego, CA: Plural Publishing; 2020.
17. Cochlear. Escalas integradas do desenvolvimento do manual escutar, aprender e falar. 2018.
18. Datta G, Kitterick P Inscoe J. Development and validation of the Nottingham Auditory Milestones (NAMES) profile for deaf children under 2 years old, using cochlear implants. Cochlear Implants International. 2018 Mar;19(4). Em processo de tradução para o português pela Advanced Bionics.
19. Tsiakpini L, Weichbold V, Kuehn-Inacker H, Coninx F, D'haese P, Almadin S. LittlEARS auditory questionnaire. Innsbruck, Austria: MED-EL; 2004.
20. Leandro FSM, Costa ECD, Mendes BDCA, Novaes BCDC. LittlEars® –Questionário auditivo: adaptação semântica e cultural da versão em Português Brasileiro em pais de crianças com deficiência auditiva. Audiology-Communication Research. 2016;21.
21. Robbins AM. Clinical red flags for slow progress in children with cochlear implants. Loud & Clear – Advanced Bionics Corp. 2005.
22. Freire KM. Estratégias de avaliação e reabilitação em deficientes auditivos adultos. In: Boéchat EM, et al. (eds.). Tratado de Audiologia. 2. ed. Rio de Janeiro: Guanabara Koogan; 2015.
23. Massone MM. Estrategias para el desarrollo de habilidades auditivas, linguisticas y cognitivas. In: Massone MM, et al. La práctica auditivo verbal – PAV en Latinoamérica: intervencion en la poblacion infantil com perdida auditiva y sus familias. 1. ed. 2021.
24. Alves A. Terapia fonoaudiológica – os primeiros anos. In: Boéchat EM, et al. (eds.). Tratado de Audiologia. 2. ed. Rio de Janeiro: Guanabara Koogan; 2015.
25. Boothroyd A. Aural rehabilitation as comprehensive hearing health care. San Diego State University; 2017. In press: Perspectives on Aural Rehabilitation and Its Instrumentation (SIG 7). American Speech-Language-Hearing Association.
26. Boéchat EM, et al. Reabilitação do adulto deficiente auditivo. In: Almeida K, et al. Próteses auditivas: fundamentos teóricos e aplicações clínicas. São Paulo: Lovise; 2003. p. 437-46.

18

Teleaudiologia: da identificação até a reabilitação

Patrícia Danieli Campos
Ana Tereza de Matos Magalhães
Eliene Silva Araújo

PONTOS-CHAVE

- A teleaudiologia é o fornecimento de serviços audiológicos à distância mediado por tecnologias de informação e comunicação (TIC).
- As principais atividades relacionadas à teleaudiologia se referem aos serviços interpretativos, teleconsultoria, segunda opinião formativa, teleconsulta, teleinterconsulta e telemonitoramento, podendo ser realizadas nas modalidades síncrona, assíncrona, híbrida ou automática.
- A Organização Mundial da Saúde menciona a teleaudiologia como prática promissora para a identificação precoce da perda auditiva e para a promoção do uso dos dispositivos auxiliares da audição (dispositivos eletrônicos de amplificação sonora e implantes cocleares).
- O treinamento profissional relacionado à legislação vigente e para o uso das TIC é essencial para o fornecimento dos serviços via teleaudiologia.

OBJETIVOS DE APRENDIZAGEM

Ao final deste capítulo, o leitor deverá ser capaz de:

- Definir as diversas áreas de atuação da teleaudiologia, destacando as práticas recomendadas e os padrões de qualidade.
- Sintetizar as atividades que podem ser desenvolvidas a partir da mediação das TIC para o fornecimento de serviços via teleaudiologia.
- Analisar o papel da teleaudiologia para a identificação da perda auditiva e para favorecer o acesso aos recursos de reabilitação.
- Identificar a importância da busca por aprimoramento profissional para iniciar ou manter o fornecimento de serviços de teleaudiologia.

INTRODUÇÃO

A história da telemedicina teve início em 1905 com o Dr. Willem Einthoven, médico-pesquisador holandês. Com o avanço tecnológico, a aplicabilidade da telemedicina foi se expandindo para diferentes especialidades da área da saúde, incluindo a Audiologia[1]. No Brasil, esse assunto teve início em 2003 a partir de ações em universidades financiadas por órgãos de fomento à pesquisa[2].

A telefonoaudiologia foi descrita nas Diretrizes de Boas Práticas[2] como "*o exercício desta profissão, mediado por tecnologias da informação e comunicação (TIC), para fins de promoção de saúde, do aperfeiçoamento da fala e da voz, assim como para prevenção, identificação, avaliação, diagnóstico e intervenção dos distúrbios da comunicação humana, equilíbrio e das funções orofaciais*". A partir dessa definição, outros termos podem também ser utilizados para denotar áreas mais específicas da Fonoaudiologia como, por exemplo, a teleaudiologia, que será abordada neste capítulo.

A teleaudiologia se refere ao uso dos recursos das TIC no campo da audiologia para o fornecimento de serviços incluindo diagnóstico, programação e adaptação de dispositivos eletrônicos de amplificação sonora (DEAS) e implantes cocleares (IC) e o acompanhamento dos pacientes sem a necessidade física deles no ambiente clínico[3]. As atividades que podem ser realizadas à distância na área da audiologia foram descritas por Ferrari e Barreira-Nielsen[4] e compreendem teleconsulta, telemonitoramento, teleconsultoria, teleinterconsulta ou serviços interpretativos. Essas atividades podem ser desenvolvidas de forma síncrona, assíncrona, híbrida ou automática. As autoras abordaram os desafios para a implementação da teleaudiologia e a importância da escolha, da organização e do planejamento de cada tipo de atividade e modalidade conforme os procedimentos a serem realizados.

Apesar do avanço tecnológico e das possibilidades em relação à provisão de serviços à distância terem crescido rapidamente ao longo da última década, a integração da teleaudiologia e o fornecimento de serviços audiológicos à distância na prática clínica ainda estão mais lentos do que o esperado. No contexto da pandemia da covid-19, houve uma significativa redução dos atendimentos presenciais, o que exigiu a implementação rápida da teleaudiologia em todo o mundo, no entanto, mesmo após esta realidade e diante das evidências científicas que demonstram os benefícios dessa prática, os serviços remotos ainda não estão sendo totalmente explorados[5].

A teleaudiologia tem potencial para promover o acesso dos pacientes aos serviços relacionados à audiologia, facilitando o diagnóstico precoce e promovendo o uso e manutenção de recursos relacionados à reabilitação auditiva. Neste capítulo temos o objetivo de descrever as áreas dentro da teleaudiologia que são possíveis dentro da identificação até a reabilitação auditiva que serão separadas em subtópicos, como também como o ensino à distância na área de audiologia pode ser utilizado para difundir o conhecimento.

RASTREIO E DIAGNÓSTICO AUDIOLÓGICO

Ao longo dos anos, os estudos têm demonstrado a potencialidade da teleaudiologia para transformar a maneira como os rastreios e as avaliações auditivas são conduzidas, com a perspectiva do desenvolvimento de soluções eficazes para torná-las mais acessíveis e convenientes.

Dentre todos os serviços de saúde auditiva apoiados pela saúde móvel, as duas subáreas de maior aplicação têm sido o rastreio e o diagnóstico, com cerca de 40% dos artigos em cada uma delas[6]. Dentre as vantagens da utilização da teleaudiologia nessas subáreas, destaca-se a ampliação do alcance e eficiência na prestação de serviços auditivos. Embora a Triagem Auditiva Neonatal (TAN) seja considerada a principal estratégia para a identificação precoce da perda auditiva na infância, dados do último relatório de gestão evidenciam a necessidade de ações complementares. Dentre as metas prioritárias do Plano Nacional de Saúde (PNS) no quadriênio 2020-2023, o Ministério da Saúde estabeleceu alcançar 70% de cobertura da TAN em todo o país. No entanto, em 2022, o alcance de cobertura da TAN foi de 36,9%, o que corresponde a 52,7% da meta prevista.

Desta forma, para alcançar a universalidade na identificação precoce da perda auditiva, tem sido destacada a importância da articulação da TAN com a Atenção Primária à Saúde (APS) e da adoção de ferramentas permeadas por TIC. As soluções em teleaudiologia têm emergido como promissoras para ampliar e facilitar a identificação e tratamento precoce de alterações auditivas, incluindo aplicativos para a promoção de saúde e acompanhamento auditivo na APS[7], detecção de alterações de orelha média, com a incorporação de algoritmos de *machine learning*[8], além da realização do rastreio auditivo propriamente dito nos diferentes ciclos de vida. Nesse escopo destacam-se as soluções de saúde móvel, desde as mais tradicionais que utilizam a audiometria tonal com transdutores calibrados, previamente validadas e recomendadas pela Organização Mundial da Saúde (OMS)[9-10], emissões otoacústicas, potencial evocado auditivo de tronco encefálico e timpanometria em rastreios auditivos síncronos remotos[5], até soluções de autorrastreio que utilizam o teste de dígitos no ruído, não requerem transdutores calibrados, são rápidos e eficientes e podem ser oferecidos em sites e aplicativos[9].

A usabilidade intuitiva das tecnologias móveis facilita a inclusão digital, permitindo que até mesmo pessoas com pouca formação atuem como facilitadores, o que torna os rastreamentos auditivos mais acessíveis e custo-eficazes, especialmente em países de baixa e média renda[11]. No entanto, é crucial garantir a qualidade dessas soluções, incluindo o monitoramento do ruído ambiental e dos tempos de resposta, além da supervisão da qualidade do facilitador.

No que se refere ao diagnóstico audiológico, os estudos identificados foram majoritariamente em contexto clínico, com autoutilização pelo paciente, casuística predominantemente de adultos e 89% com delineamento metodológico voltado à validação[6]. Estudos demonstraram alta concordância entre os resultados de audiometria obtidos por aplicativos para *smartphones* e métodos convencionais, especialmente aqueles com monitoramento em tempo real do ruído[6]. Além da menor suscetibilidade ao ruído ambiental na avaliação de adultos com perda auditiva sensorioneural por meio de audiometria de condução aérea, a adoção de estratégias de atenuação do ruído tem possibilitado a realização de testes em ambientes não clínicos.

Assim, as TIC aplicadas ao diagnóstico e combinadas com o uso de algoritmos inovadores prometem melhorar o poder diagnóstico, com confiabilidade semelhante aos métodos tradicionais e tempo de teste mais curto, com a perspectiva de ajudar a diferenciar as pessoas que necessitam de diagnósticos e tratamentos mais avançados, daqueles que se adequam a uma resolutividade na APS.

No que se refere especificamente ao diagnóstico em crianças, apesar de se ter uma menor quantidade de estudos usando abordagens móveis[6], avaliações remotas em bebês com falha na TAN mostraram-se eficazes na redução da perda de seguimento, com alta satisfação dos usuários. No entanto, há desafios para a adoção generalizada dessas práticas, tendo em vista a falta de procedimentos padronizados e suporte adequado de tecnologia da informação.

O surgimento de tecnologias inovadoras de saúde móvel é contínuo e impacta na transformação da abordagem do rastreio e diagnóstico auditivo, sendo fundamental considerar a acurácia dos procedimentos, com o conhecimento da sensibilidade e especificidade e, por conseguinte, as taxas de falso-positivo e falso-negativo. Embora persistam diversos desafios técnicos, como os elevados níveis de ruído ambiental, a baixa velocidade da internet em áreas rurais e a necessidade de investigação adicional em populações difíceis de testar, a OMS encoraja os governos a adotarem tecnologias inovadoras na área da audiologia para o rastreamento, diagnóstico e gestão. Isso deve ser feito com base em testes rigorosos que evidenciem a segurança e a conformidade com as normas nacionais e internacionais.

DISPOSITIVOS ELETRÔNICOS DE AMPLIFICAÇÃO SONORA (DEAS)

Em 2003, foi descrito o ajuste fino de um Dispositivo Eletrônico de Amplificação Sonora (DEAS) à distância com o uso de duas linhas telefônicas, uma para as regulagens do dispositivo e outra para a comunicação do cliente com o profissional[12]. No Brasil, os estudos relacionados à avaliação da teleaudiologia para a adaptação de DEAS tiveram início em 2006[13] e, em 2009[14], foram registrados resultados positivos, indicando a eficácia dessa abordagem de atendimento para a realização do processo de verificação. Os resultados de uma revisão sistemática indicaram que a programação remota dos DEAS utilizando recursos tecnológicos modernos é efetiva e fornece resultados comparáveis àqueles obtidos durante os atendimentos face a face. Geralmente os resultados negativos são devidos à falta de atualização na infraestrutura e instalações na clínica audiológica ou porque o computador pessoal não tem os pré-requisitos mínimos para uso dessa abordagem de atendimento[15].

O processo de adaptação dos DEAS é permeado pelo uso de equipamentos computacionais incluindo o próprio dispositivo e seus *softwares* para programação, o que torna mais viável o uso da teleaudiologia como recurso para promover acessibilidade aos serviços mais especializados.

A seguir, serão apresentados alguns exemplos de práticas de teleaudiologia considerando cada etapa do processo de adaptação de DEAS. Lembrando que o uso da teleaudiologia é muito dinâmico devido às mudanças incorporadas tanto nos equipamentos audiológicos quanto nos DEAS em função da evolução tecnológica, podendo apresentar drásticas mudanças em um período curto.

Um exemplo que se tornou viável é o ajuste dos dispositivos à distância. Há bem pouco tempo, a programação/ajuste somente poderia ser pensada com a estruturação de uma clínica satélite onde os *softwares* oferecidos pelos fabricantes estariam instalados em computadores com interfaces de programação e cabos que conectavam os dispositivos aos referidos *softwares*. No entanto, a partir da evolução da tecnologia sem fio e da disponibilidade e acesso à internet, essa etapa da adaptação é passível de ser realizada via aplicativo do fabricante. Atualmente, a maioria dos fabricantes oferecem protocolos para o ajuste remoto dos DEAS via aplicativos de *smartphones*[16]. O aplicativo desenvolvido pelo fabricante se tornou a interface utilizada para que o profissional faça a sincronização dos DEAS à distância e estabeleça contato via videoconferência para proceder ajustes, caracterizando a teleconsulta síncrona. Além disso, alguns aplicativos oferecem a chance de o paciente registrar suas necessidades de ajustes; o profissional analisará as demandas de forma assíncrona e realizará os ajustes necessários que, posteriormente, serão incorporados nos DEAS em formato de *download* (teleconsulta assíncrona).

Outros procedimentos, como as medidas com microfone sonda, ainda exigem a estrutura da clínica satélite com o devido equipamento de verificação onde o paciente estará presente junto com um facilitador treinado, podendo ser realizados como atividade síncrona ou assíncrona. No modelo assíncrono, um profissional registra as respostas das medidas com microfone sonda e envia os resultados para um fonoaudiólogo com expertise, situação que caracteriza a teleinterconsulta. Para que um profissional de outra área da saúde possa registrar as respostas, o equipamento utilizado deve ser automatizado[5].

Utilizando o aplicativo desenvolvido pelos fabricantes dos DEAS, o fonoaudiólogo pode ter acesso contínuo ao registro de dados dos dispositivos (*datalogging*), podendo realizar o telemonitoramento e buscando estratégias para intervir quando necessário.

Importante ressaltar que, de acordo com o Conselho Federal de Fonoaudiologia, o fonoaudiólogo não pode realizar todas as etapas de seleção, indicação e adaptação desses dispositivos eletrônicos exclusivamente de forma remota[17].

Importante: estudar a legislação vigente (Resolução CFFa n. 580, de 20 de agosto de 2020) que regulamenta a telefonoaudiologia, as Diretrizes de Boas Práticas em Telefonoaudiologia do Conselho Federal de Fonoaudiologia e a Lei Geral de Proteção de Dados (LGPD) (Lei n. 13.709/2018).

Diante das diferentes possibilidades de atendimento via teleaudiologia para a programação/ajuste fino de regulagens e verificação dos DEAS considerando a atividade a ser realizada e a modalidade de atendimento, é importante que o profissional verifique a viabilidade de cada procedimento, definindo qual a forma de atendimento para cada paciente.

IMPLANTES COCLEARES

As etapas nos centros de implante coclear (IC) são divididas em pré, intra e pós-operatório. A avaliação pré-operatória é minuciosa e dependerá das respostas com a melhor adaptação do DEAS. Essa etapa dificilmente é realizada à distância, porém há um estudo[18] nos Estados Unidos que desenvolveu um equipamento em que foi possível realizar o protocolo de testes de reconhecimento de fala em ouvintes e alguns pacientes com perda auditiva. O principal objetivo é atingir uma população de candidatos que moram longe dos grandes centros de IC, e proporcionar a rápida indicação de IC, aspecto que ainda precisa avançar na área.

Em contrapartida, a etapa intraoperatória é descrita há tempos na literatura como viável e eficiente. O fonoaudiólogo consegue realizar todos os testes intraoperatórios à distância desde que o centro cirúrgico tenha internet e um profissional habilitado para fazer as conexões de cabo e interface. Uma das grandes vantagens está relacionada ao tempo gasto pelo profissional para chegar ao centro cirúrgico, que normalmente pode durar uma hora e 30 minutos, e com monitoramento remoto apenas nove minutos[19]. Uma outra opção desenvolvida por uma empresa de IC seria o controle remoto. Um equipamento mais fácil de manipular que pode ser utilizado por outros profissionais treinados e, posteriormente, os dados podem ser analisados de forma mais detalhada pelo audiologista[20].

Na etapa pós-operatória, o mapeamento do IC realizado à distância é denominado teleprogramação. Há décadas a prática desse ajuste é bem descrita na literatura como uma ferramenta tão viável e eficaz quanto a programação presencial[21]. O uso de equipamentos computadorizados para os ajustes nos processadores de fala facilita a teleconsulta síncrona por meio do controle remoto dos *softwares*. Assim, utilizando um *software* de acesso remoto é possível acompanhar todos os ajustes no computador presencial, ou simplesmente realizar todos os ajustes à distância com o uso de vídeo e microfone para ajudar na comunicação com o usuário[22].

Neste cenário é possível realizar a teleprogramação em todas as marcas de IC disponíveis no Brasil, porém ainda é necessário todo o apoio presencial de equipamentos e um profissional especialista na área ou facilitador, embora a evolução da tecnologia nos processadores de fala com conexões sem fio por meio da tecnologia *bluetooth* já proporcione melhorias na área, como o primeiro *software* com a possibilidade de realizar todos os ajustes à distância em uma teleconsulta síncrona.

Um outro aspecto importante para comentar é a etapa de validação com os testes de reconhecimento de fala em que são necessários cabine acústica e testes gravados padronizados. Nessa área também há evolução com ferramentas de telemonitoramento em IC que usam *streaming* sem fio para permitir um autoteste pelo usuário do IC à distância. O acesso assíncrono aos resultados dos testes pode auxiliar os médicos no monitoramento e na triagem de indivíduos para gerenciamento de pacientes com base em suas necessidades[23].

A aplicabilidade da teleaudiologia na área de IC é bastante viável e ainda está em crescente evolução, contudo é importante salientar que os usuários de IC que possam se beneficiar do teleatendimento devem sempre ser indicados pelo audiologista.

REABILITAÇÃO AUDITIVA

As possibilidades em termos de teleaudiologia para a reabilitação audiológica dependerão da modalidade de atendimento que está sendo empregada para cada paciente ou para cada etapa do processo.

Os serviços de reabilitação auditiva podem ter diferentes objetivos considerando as condições e avaliações de cada paciente. Desta forma, a teleaudiologia proporciona inúmeras possibilidades em termos de uso dos recursos para ofertar esses serviços de maneira remota dependendo da finalidade do processo em que o paciente se encontra. Uma sugestão é a leitura da Seção V do *Tratado de Audiologia* que se refere à reabilitação e intervenção nas alterações auditivas para maiores detalhamentos a respeito das atividades de intervenção.

A seguir, será apresentado um panorama geral dessas atividades e possibilidades em termos de teleaudiologia.

Para o aconselhamento/orientação ao paciente e/ou familiares existe a possibilidade de realizar atendimentos à distância tanto de forma síncrona, quanto assíncrona ou híbrida. O atendimento pode ser realizado via sistema de videoconferência utilizando materiais que facilitem a retenção da informação e promovam a participação ativa dos envolvidos. Utilizando o sistema de videoconferência, é importante que o profissional utilize estratégias facilitadoras da comunicação adaptadas de forma a garantir a compreensão das situações[2]. O profissional também poderá enviar esses materiais para que o paciente/familiar possa acessar em outros momentos ou usar a videoconferência e envio e armazenamento de dados caracterizando a teleaudiologia híbrida.

Da mesma forma que o aconselhamento, a avaliação de resultados por meio da aplicação de questionários de autoavaliação também pode ser realizada à distância. No modelo síncrono, o material pode ser aplicado via videoconferência ou pode ser enviado para que o paciente e/ou familiar responda depois (assíncrono). Em relação à aplicação de testes de percepção da fala, existem testes como o *Hearing in Noise Test* (HINT)[24] e o *Phrases in Noise Test* (PINT)[25] que são procedimentos computadorizados e, assim, passíveis de serem aplicados via teleconsulta síncrona. Também existem testes autoadministrados e automáticos para avaliação da percepção da fala, porém até o fechamento deste capítulo, não havia disponibilidade desses testes no português brasileiro.

Quando o paciente é usuário de DEAS, há a possibilidade de utilizar o aplicativo desenvolvido pelo fabricante para monitoramento de dados como o *datalogging*, analisar o progresso e definir necessidades relacionadas ao uso dos dispositivos auditivos.

Para o treinamento de habilidades auditivas há programas hospedados na internet e/ou aplicativos destinados a adultos, idosos ou crianças maiores e o fonoaudiólogo pode utilizar tanto durante os atendimentos síncronos como assíncronos e atuar como um facilitador ao uso da ferramenta escolhida, além do treinamento em si poder ser realizado via videoconferência a partir de um planejamento específico.

A teleaudiologia vem expandindo as possibilidades em termos de intervenção fonoaudiológica para a reabilitação auditiva infantil e de adolescentes. O atendimento à distância realizado a partir de um planejamento com o envolvimento dos pais e cuidadores valoriza o ambiente natural[5] e pode favorecer a intervenção centrada na família.

EDUCAÇÃO À DISTÂNCIA

A teleducação, também chamada de educação à distância, pode ser considerada como uma grande ferramenta para o profissional aprimorar constantemente o seu conhecimento, principalmente no Brasil, em que temos que considerar as grandes distâncias geográficas das cidades dos importantes centros de ensino. Além disso, a educação continuada, ou seja, as atividades educacionais conduzidas após a graduação, vem crescendo significativamente, exigindo que o profissional se mantenha atualizado, e utilizar as opções das práticas da teleaudiologia pode ser um caminho interessante para esse conhecimento.

Na literatura há poucos estudos utilizando a teleaudiologia como ferramenta de ensino. Na área dos DEAS os autores desenvolveram uma plataforma de treinamento *online* combinado com a teleconsulta síncrona para a verificação dos dispositivos auditivos, e apesar da teleconsulta não ter tido impacto no aprendizado dos alunos, foi julgada como altamente técnica e de grande importância[26]. O estudo que avaliou os audiologistas na adaptação e verificação dos DEAS mostrou que os profissionais que receberam ajuda remotamente perceberam melhora nas habilidades para a realização dos procedimentos[13]. Ainda nessa modalidade, há um estudo em que os autores mostraram que na verificação remota com microfone sonda no DEAS, o ato de orientar, dar suporte, ensinar e compartilhar experiências pode melhorar a competência clínica e ajudar o profissional a se adaptar ao exercício da profissão[14].

Na área de IC há um estudo mostrando como o uso da teleconsulta de forma síncrona no mapeamento do processador de fala foi viável para a educação continuada de fonoaudiólogos em capacitação e treinamento, ao se observar a curva de aprendizado com questionários direcionados. Na autoavaliação dos participantes após o ensino à distância, todos mostraram melhora na confiança para realizar os procedimentos dentro do atendimento clínico de um usuário de IC[22].

Este subtópico mostra que mais estudos são necessários, em diferentes áreas na Fonoaudiologia, utilizando a educação mediada por TIC para que possa ser fortalecida e aperfeiçoada. A teleducação tende a se propagar de forma mais efetiva, capacitando os profissionais de saúde por meio de telemonitoramento, teleconsultoria, teleinterconsulta ou serviços interpretativos, possibilitando-lhes responder mais rapidamente a situações que demandem maior agilidade na tomada de decisões na prática clínica.

CONCLUSÃO

Diante de um cenário em que há uma previsão de aumento no número de pessoas com deficiência auditiva no mundo, é importante a discussão de novos modelos de atendimento que ofereçam a oportunidade para que essas pessoas tenham acesso aos serviços de reabilitação. Pensando nisso, a teleaudiologia já está sendo bastante reconhecida como uma maneira de oferecer serviços audiológicos que proporcionam acesso a atendimentos especializados com redução de custos diretos e indiretos. Mesmo com a comprovada efetividade e eficácia da teleaudiologia, o profissional que pretende oferecer esses serviços deve sempre estar atento à legislação vigente, aos avanços referentes às TIC e aos próprios equipamentos e dispositivos audiológicos.

A teleaudiologia é bastante flexível se for considerada em suas diferentes possibilidades de atividades e de modelos, além de poder ser repensada conforme os equipamentos e dispositivos disponíveis. Assim, da mesma forma que o respeito à legislação e aspectos legais e éticos devem permear a prática da teleaudiologia, igualmente importante é o planejamento dos atendimentos e a definição da atividade e modelo mais adequados considerando o perfil de cada paciente.

REFERÊNCIAS BIBLIOGRÁFICAS

1. Ryu S. History of Telemedicine: Evolution, context, and transformation. Healthc Inform Res. 2010;16(1):65-6.
2. Lopes AC, Barreira-Nielsen CSC, Ferrari DV, Campos PD, Ramos SM. Diretrizes de boas práticas em telefonoaudiologia [Internet]. Brasília: Conselho Federal de Fonoaudiologia; 2020.
3. Krumm M, Syms MJ. Teleaudiology. Otolaryngol Clin North Am. 2011;44(6):1235-304.
4. Ferrari DV, Barreira-Nielsen C. Teleaudiologia. In: Shcochat E, Sameli AG, Couto CM, Teixeira AR, Durante AS, Zanchetta S (orgs.). Tratado de Audiologia. 3. ed. Santana de Parnaíba: Editora Manole; 2022. p. 702-15.
5. Chong-White N, Incerti P, Poulos M, Tagudin J. Exploring teleaudiology adoption, perceptions and challenges among audiologists before and during the COVID-19 pandemic. BMC Digital Health. 2023;1(24):1-11.
6. Frisby C, Eikelboom R, Mahomed-Asmail F, Kuper H, Swanepoel W. m-Health applications for hearing loss: a scoping review. Telemed J E Health. 2022;28(8):1090-9.
7. Amorim AAL, Alvarenga KF, Jacob LCB, Araújo ES. Usability evaluation of the Agente Escuta application: translational research. Codas. 2023 Sep 15;35(4):e20220149.
8. Cao Z, Chen F, Grais EM, Yue F, Cai Y, Swanepoel W, Zhao F. Machine learning in diagnosing middle ear disorders using tympanic membrane images: a meta-analysis. Laryngoscope. 2023 Apr;133(4):732-41.
9. Swanepoel W, De Sousa KC, Smits C, Moore DR. Mobile applications to detect hearing impairment: opportunities and challenges. Bull World Health Organ. 2019;97(10):717-8.
10. World Health Organization. World Report on Hearing. Geneva: OMS; 2021.
11. Swanepoel W. Advancing equitable hearing care: innovations in technology and service delivery. Folia Phoniatr Logop. 2023;75(4):201-7.
12. Wesendahl T. Hearing aid fitting: application of telemedicine in audiology. Int Tinnitus J. 2003;9:56-8.
13. Ferrari DV. Remote programming and verification as a mean to improve quality of hearing aid fitting. In: Rasmussen AN, Paulsen T, Andersen T, Larsen CB (eds.). Hearing Aid Fitting. 1. ed. Centertryk: Danavox Jubilee Foundation; 2006. p. 531-44.
14. Ferrari, DV, Bernardez-Braga GR. Remote probe microphone measurement to verify hearing aid performance. J Telemed Telecare. 2009;15(3):122-4.
15. Ba Mashmous MHA. Efficacy of remote hearing aids programming using teleaudiology: a systematic review. Ehealth Telecommun Syst Netw. 2022;11:14-33.
16. Çelikgün B, Büyükkal F. The effect of remote fitting technology on hearing aid satisfaction. Egypt J Otolaryngol. 2023;39(1):83.
17. Conselho Federal de Fonoaudiologia. Resolução CFFa n. 623/2021. Dispõe sobre inclusão do parágrafo primeiro e alteração do parágrafo único para parágrafo segundo do artigo 3º na Resolução CFFa n. 591, de 5 de novembro de 2020. Diário Oficial da União. 2021 Jun (seção 1).
18. Fletcher KT, Dicken FW, Adkins MM, Cline TA, McNulty BN, Shinn JB, et al. Audiology telemedicine evaluations: potential expanded applications. Otolaryngol Head Neck Surg. 2019;161(1):63-6.
19. Shapiro WH, Huang T, Shaw T, Roland Jr JT, Lalwani AK. Remote intraoperative monitoring during cochlear implant surgery is feasible and efficient. Otol Neutotol. 2019;29(4):495-8.
20. Tanamati LF, Goffi-Gomez MV, Muniz LF, Samuel PA, Wiemes GR, Lima DP, et al. Use of remote control in the intraoperative telemetry of cochlear implant: multicentric study. Braz J Otorhinolaryngol. 2019;85:502-9.
21. Samuel PA, Goffi-Gomez MVS, Bittencourt AG, Tsuji RK, Brito R. Teleprogramação dos sistemas de implante coclear. CoDAS. 2014;26(6):481-6.
22. Magalhães ATM, Gomez MVSG, Tsuji RK, Bento RF. A tecnologia a favor da educação continuada no implante coclear. Audiol Commun Res. 2021;26:e2511.
23. Maruthurkkara S, Case S, Rottier R. Evaluation of remote check: a clinical tool for asynchronous monitoring and triage of cochlear implant recipients. Ear & Hearing. 2022;43(2):495-506.

24. Nilsson M, Soli SD, Sullivan JA. Development of the Hearing in Noise Test for the measurement of speech reception thresholds in quiet and in noise. J Acoust Soc Am. 1994 Feb;95(2):1085-99.
25. Jacob RTS, Souza COE, Rosa BC, Santos LGD, Paccola ECM, Alvarenga BG, et al. Phrases in Noise Test (PINT) Brazil: effectiveness of the test in children with hearing loss. Braz J Otorhinolaryngol. 2021 Mar-Apr;87(2):164-70.
26. Paiva PMP. Telessaúde e Audiologia: teleconsulta para preceptorado clínica na verificação de aparelhos de amplificação sonora individuais [dissertação]. São Paulo: Universidade de São Paulo; 2015.

19

Audição no ambiente escolar

Alessandra Giannella Samelli
Sheila Andreoli Balen
Regina Tangerino de Souza Jacob
Adriana Bender Moreira de Lacerda

PONTOS-CHAVE

- Estratégias para promoção da saúde auditiva no escolar.
- Estratégias para prevenção (escuta segura) no escolar.
- Estratégias para identificação da perda auditiva no contexto escolar.
- Uso das tecnologias assistivas no contexto escolar.

OBJETIVOS DE APRENDIZAGEM

Ao final deste capítulo, o leitor deverá ser capaz de:

- Identificar quais são os principais fatores de risco para perda auditiva que acometem os escolares.
- Reconhecer a importância do desenvolvimento de programas de intervenção educativa em ambientes escolares com estratégias de escuta segura para a redução da exposição a sons intensos em ambientes recreativos e dispositivos de áudio pessoais.
- Conhecer os procedimentos de triagem auditiva para identificação de perdas auditivas.
- Conhecer propostas de promoção da saúde auditiva.
- Conhecer a importância do uso de tecnologias assistivas no contexto escolar para acessibilidade do indivíduo com perda auditiva.

INTRODUÇÃO

Durante o curso da vida, podemos ser expostos a múltiplos fatores de risco; assim, diversos fatores de proteção podem contribuir para a saúde auditiva. Objetivando-se a preservação da audição, muitas vezes não é possível relacionar a perda auditiva como resultado de um único evento, mas como resposta de fatores vivenciados ao longo da vida. Esses pressupostos proporcionam oportunidades de intervenção, na forma de prevenção, identificação, tratamento e reabilitação, de acordo com os diferentes fatores de risco que podem acometer determinadas faixas etárias[1].

A contribuição específica das principais causas evitáveis para perda auditiva poderia auxiliar na priorização e gerenciamento dessas condições. No entanto, em geral, há uma escassez de dados no que se refere à prevalência de perda auditiva associada a cada uma dessas causas. Tais informações poderiam auxiliar nas políticas públicas para definição de prioridades para prevenção da perda auditiva[2].

Dada a importância do tema, este capítulo abordará as principais estratégias a serem utilizadas dentro do contexto escolar para promoção da saúde auditiva, prevenção e identificação da perda auditiva. Além disso, para garantir a acessibilidade equitativa do escolar com perda auditiva, será abordado também o uso das tecnologias assistivas.

SAÚDE AUDITIVA E FATORES DE RISCO NO AMBIENTE ESCOLAR

De acordo com o último Relatório Mundial da Audição, da Organização Mundial da Saúde (OMS), nas crianças, quase 60% das perdas auditivas são devidas a causas evitáveis. Desta forma, no caso de crianças e adolescentes, estratégias eficazes para redução da perda auditiva podem ser utilizadas, como: imunização (para rubéola, meningite e influenza); identificação precoce e gerenciamento de doenças auditivas comuns (em especial, as otites médias); estratégias de escuta para ambientes recreativos e dispositivos de áudio pessoais[1].

No que se refere às estratégias de escuta segura para redução da exposição a sons intensos, a OMS fez recomendações de redução da média anual de todas as fontes de ruído no lazer combinadas para 70 dB $L_{Aeq,24h}$, uma vez que o ruído acima desse nível está associado a efeitos adversos para a saúde. O princípio da igualdade de energia pode ser usado para derivar limites de exposição para outras médias de tempo. Para exposições a ruído de evento único e de impacto, recomenda-se seguir as diretrizes e regulamentos legais existentes para limitar o risco[1].

Ainda no que diz respeito à redução da exposição a sons elevados, a OMS fez recomendações em relação ao uso seguro dos dispositivos de áudio pessoais. No caso das crianças (critério definido no modo 2 do documento), que são usuários mais vulneráveis, o limite máximo deve ser de 75 dBA por 40 horas semanais. Além disso, o dispositivo deve possuir opções de limitação de intensidade e controle de volume pelos pais; informações de uso pessoal e sobre escuta segura; mensagens personalizadas e dicas de ação. Foi proposto também que esse padrão seja adotado por governos, fabricantes e sociedades civis, com o objetivo de prevenir a perda auditiva. É recomendável, ainda, que o dispositivo mensure o nível sonoro médio do dia e da semana, bem como o tempo de uso e alerte o usuário se o limite seguro for ultrapassado[1].

Estudo prévio sobre o tema fez uma estimativa de tempo máximo recomendado (em minutos) para uso de dispositivo de áudio pessoal para escuta segura, de acordo com a porcentagem do volume mostrado no *display*, após a mensuração dos níveis de pressão sonora, em jovens adultos (para *headphones* do tipo *earbuds* e supra-aurais). Para um uso mais prolongado e seguro, foi recomendado que o volume não ultrapassasse 60%[3]. Deve-se ressaltar que essa estimativa foi feita para jovens adultos e não considerou *headphones* do tipo *in-the-canal.*

Uma força-tarefa para prevenção de perda auditiva, liderada pela *National Hearing Conservation Association* (NHCA)[4], recomendou que usuários de dispositivo de áudio pessoal utilizem a regra 80/90, ou seja, volume de 80% no máximo durante 90 minutos por dia; o aumento do volume deveria resultar em uma diminuição no tempo de escuta permitido. Novamente, é importante enfatizar que não há especificação para crianças.

Estima-se que 1,1 bilhão de jovens no mundo podem estar em risco para perda auditiva devido a hábitos de escuta deletérios. Em países desenvolvidos, 15% das crianças em idade escolar têm perda auditiva causada pela exposição a ruído intenso pelo uso de dispositivos de áudio pessoais ou durante atividades de lazer[1].

Sendo assim, as práticas de escuta segura, por exemplo, por meio do uso de protetores auriculares em concertos ou pela adoção de outros hábitos e comportamentos saudáveis[5], podem ajudar na prevenção de perdas auditivas. Para que isso ocorra, o desenvolvimento e a implementação de programas de promoção de saúde auditiva em ambientes escolares são fundamentais[6,7].

Tais programas devem ter o objetivo de conscientizar crianças e adolescentes a respeito da perda auditiva induzida por ruído e do zumbido, visando a mudança de hábitos e comportamentos. É importante que esses programas incluam os pais ou responsáveis e a comunidade escolar, uma vez que a modificação de comportamentos e atitudes depende do conhecimento, habilidades e valores pessoais, mas também é influenciada pelos relacionamentos interpessoais, pelos ambientes imediatos (como casa e escola), assim como por um cenário mais amplo (influências sociais e culturais)[8].

Associado aos programas educativos em ambientes escolares, é de suma importância o desenvolvimento de triagens auditivas em escolares, visando a identificação precoce de perdas auditivas, as quais muitas vezes são de início tardio e passam despercebidas, possibilitando o gerenciamento adequado de cada caso e a mitigação de seus impactos na vida do indivíduo[1].

IDENTIFICAÇÃO DA DEFICIÊNCIA AUDITIVA

Um Programa de Saúde Auditiva em escolares deve incluir entre suas etapas a identificação da deficiência auditiva com propostas nas quais todas as crianças devam ser rastreadas no intuito de identificar perdas auditivas permanentes sensorioneurais decorrentes de etiologias genéticas ou adquiridas no período pré, peri ou pós-natal e não identificadas em outros momentos durante o Programa de Triagem Auditiva Neonatal ou mesmo durante o monitoramento audiológico ao longo dos primeiros anos de vida. Há o relato de 10 fatores de risco para perda auditiva progressiva, de início tardio ou adquirida[9], além das perdas auditivas condutivas decorrentes de processos infecciosos de orelha média que, embora sejam temporárias, se não identificadas e tratadas, podem se manter por um longo período e gerar impactos nos processos de desenvolvimento de linguagem e de aprendizagem das crianças em idade escolar[10].

Há total consenso sobre a importância de ouvir e de ouvir com qualidade no contexto escolar para que todo o processo de aprendizagem ocorra de forma ideal, assim como é imprescindível também que o sistema visual esteja íntegro ou corrigido. São dois sistemas sensoriais extremamente importantes que, juntamente com os demais sistemas sensoriais, possibilitam um processo gradual, crescente e integrado ao desenvolvimento infantil das crianças da primeira para a segunda infância[11]. Desta forma, a identificação da deficiência auditiva no escolar se justifica pelas suas consequências negativas quando não identificada e não tratada, bem como pela sua prevalência nessa faixa etária.

Os procedimentos utilizados em triagem auditiva do escolar devem ser confiáveis, válidos, seguros, com baixo custo e boa reprodutibilidade. Recomenda-se o monitoramento minimamente na pré-escola, primeiro ano e início do ensino médio. Também deve envolver estudantes referenciados pelos pais e/ou professores com suspeita de perda auditiva de qualquer ano escolar[10].

Classicamente, a triagem auditiva envolve o *screening* audiométrico, principalmente para a detecção da deficiência auditiva sensorioneural. Há também a possibilidade de *screening* timpanométrico na detecção de alterações condutivas e, mais recentemente e cada vez mais utilizadas no contexto escolar, têm sido as emissões otoacústicas evocadas. A triagem audiométrica deverá envolver a pesquisa dos limiares auditivos por via aérea nas frequências de 1, 2 e 4 kHz em crianças acima de três anos de idade. A calibração biológica do audiômetro deve ser realizada diariamente e o ambiente de teste não tratado acusticamente deve ter o ruído ambiental monitorado durante todo o processo de testagem com as crianças, mantendo-se no mesmo nível no qual foi realizada a calibração biológica. A frequência de 500 Hz nem sempre é indicada por ter possibilidade de maior interferência do ruído ambiental. Em crianças cursando níveis acima da quinta série, deve-se incluir as frequências de 6 e 8 kHz para monitorar eventuais efeitos da exposição a níveis de pressão sonora elevada[10]. Em geral, o procedimento de triagem audiométrica envolve a verificação de resposta de detecção do estímulo em 20 dBNA nas frequências testadas; se houver resposta presente em ambas as orelhas se considera passa, se houver ausência de resposta, considera-se falha e é pesquisada a intensidade em que a criança detecta o som. No caso de falha, o reteste deve ser executado imediatamente[10].

A triagem timpanométrica é uma opção que contribuirá para a identificação de alterações na orelha média. Desta forma, quando utilizada, ela tem sido associada a triagem audiométrica ou com as emissões otoacústicas[10].

A triagem com emissões otoacústicas evocadas (EOA) tem sido um procedimento altamente válido para triagem auditiva na faixa etária escolar com vantagens quanto à sua aplicação em crianças pré-escolares em comparação à triagem audiométrica[12]. Apresenta sensibilidade e especificidade para detectar alterações audiológicas. A sua desvantagem é que, isoladamente, não há como definir o tipo de alteração audiológica, mas se o objetivo do programa de triagem auditiva for incluir tanto identificação de perdas auditivas sensoriais quanto condutivas, é um método altamente indicado. Quanto ao tipo de emissões otoacústicas evocadas, as por estímulo transiente (EOAT) detectam alterações sensoriais acima de 30 dBNA, enquanto as por produto de distorção (EOAPD), acima de 45 dBNA. Desta forma, as EOAT podem ser mais sensíveis e específicas para o público escolar, em virtude da possibilidade de presença de perdas auditivas leves e moderadas em maior ocorrência.

Há vantagem da triagem audiométrica ser um procedimento psicoacústico evidenciando a resposta da criança aos sons, enquanto as emissões otoacústicas evocadas são um procedimento eletroacústico que mede a função coclear, não representando um teste da audição. Seja qual for o procedimento de triagem auditiva adotado, é fundamental a escolha dos parâmetros de passa/falha. Esses procedimentos, embora apresentem alta sensibilidade e especificidade no contexto escolar e, portanto, tenham sua validade estabelecida, dependem de equipamentos de alto custo e de profissionais da área da Fonoaudiologia ou Medicina para sua realização. Assim, o seu uso de forma universal em todas as escolas não é algo viável do ponto de vista operacional e econômico.

Ao pensar em saúde coletiva e sendo a identificação da deficiência auditiva a primeira etapa desse processo, tanto para definir seguimentos quanto para definir necessidade e propostas de Programas Educacionais em Saúde Auditiva do Escolar, constata-se a urgência da Fonoaudiologia avançar no uso de tecnologias móveis, procedimentos automatizados interligados a sistemas de gerenciamento de dados que possam integrar a escola a Unidades Básicas de Saúde e estas à Rede Especializada em Saúde para o diagnóstico e intervenção.

Portanto, outra possibilidade de triagem auditiva é a utilização de tecnologias móveis como *tablet* ou *smart-*

phone com a inserção de aplicativos ou *softwares* com processo de validação com evidência científica estabelecida[13] inclusive na idade escolar[14]. Essa tecnologia já está disponível, embora ainda não acessível a todos os ambientes e situações. Os testes para *smartphone uHear, Digit-in-Noise* (*DIN test*), *HearTest e HearScreen* mostraram adequada sensibilidade e especificidade e podem ser considerados métodos precisos para triagem auditiva[13]. Na idade escolar, há validação do *Hear Screen,* que utiliza tons puros, e do *Digit-in-noise,* que envolve o reconhecimento do número ouvido no ruído. No Brasil há a versão do *Digit-in-noise* desenvolvida em português brasileiro com validação para adultos e idosos[14]. No caso de *tablets,* há desenvolvida no Brasil a triagem audiométrica automatizada em um contexto lúdico para crianças[15].

Práticas futuras usando as tecnologias móveis são encorajadas para conscientização pública e para ampliar o acesso à triagem auditiva nos escolares, bem como conectar o processo de identificação ao seguimento para diagnóstico e intervenção, além do monitoramento escolar dessas crianças, otimizando o seu acesso às informações auditivas no contexto escolar.

PROMOÇÃO DA SAÚDE AUDITIVA NO CONTEXTO ESCOLAR

A ênfase da promoção da saúde no contexto escolar se concentra no desenvolvimento da capacidade da escola de oferecer práticas que promovam o bem-estar e a saúde para todos – alunos, professores e a comunidade[16]. Uma escola que promove a saúde é aquela que fortalece constantemente sua capacidade de ser um ambiente saudável para viver, aprender e trabalhar. Para a OMS[16], uma escola promotora de saúde promove a saúde e o aprendizado com todas as medidas à sua disposição. Envolve funcionários da saúde e da educação, professores, sindicatos de professores, alunos, pais, provedores de saúde e líderes comunitários nos esforços para tornar a escola um lugar saudável.

No relatório mundial da audição da OMS[1], conforme já mencionado anteriormente, são recomendadas ações voltadas à promoção de saúde auditiva e à prevenção de perda auditiva, para evitar a sobrecarga social e econômica aos indivíduos, familiares e sociedade.

No Brasil, o Programa Saúde na Escola (PSE)[17] e as escolas promotoras de saúde[18] podem ser a porta de entrada para intervenções de promoção de saúde auditiva, pois para um desenvolvimento escolar satisfatório, são pressupostos fatores como a integridade da audição, da visão, do sistema nervoso central e um ambiente favorável ao aprendizado.

O PSE foi instituído por uma política intersetorial da saúde e da educação[17] com o objetivo de contribuir para a formação integral dos estudantes por meio de ações de promoção, prevenção e atenção à saúde, com vistas ao enfrentamento das vulnerabilidades que comprometem o pleno desenvolvimento de crianças e jovens da rede pública de ensino. Para alcançar seus propósitos, o PSE foi constituído por cinco componentes ou eixos principais: a) avaliação das condições de saúde das crianças, adolescentes e jovens que estão na escola pública; b) promoção da saúde e de atividades de prevenção; c) educação permanente e capacitação dos profissionais da educação e da saúde e de jovens; d) monitoramento e avaliação da saúde dos estudantes; e) monitoramento e avaliação do Programa. No entanto, nos anos iniciais do PSE, a saúde auditiva não foi prioridade e somente em 2017[19] foi aprovada a Portaria Interministerial n. 1.055, de 25 de abril, que, em seu Capítulo III, previu a ampliação das ações realizadas no âmbito do PSE, incluindo, em seu artigo 10, item X, a promoção da saúde auditiva para além da simples "identificação de educandos com possíveis sinais de alteração" ou "avaliação auditiva" como antes descrito no Decreto n. 6.286, de 5 de dezembro de 2007, em seu artigo 4º, item VI. No entanto, essa portaria não forneceu detalhes ou sugestões sobre as intervenções de promoção de saúde auditiva e prevenção.

Existem muitos programas de saúde auditiva voltados para crianças e adolescentes que poderiam ser um exemplo para intervenções educativas no contexto escolar. Entre eles, podemos citar: *Listen to your buds,* da *American Speech-Language-Hearing Association; Wise Ears,* do *National Institute on Deafness and Other Communication Disorders; Dangerous Decibels,* da *Oregon Health and Science University; Sound Sense,* da *Canadian Hearing Foundation,* entre outros. Porém, na maioria dos estudos que implementaram programas de saúde auditiva, o nível de certeza sobre a efetividade ainda é baixo[20].

O programa *Dangerous Decibels* (DD) é o único programa que é usado mundialmente e cuja efetividade foi validada até mesmo oito semanas pós-intervenção, com estudos em vários países, inclusive no Brasil[20]. O DD é um programa que usa estratégias educativas lúdicas variadas para informar crianças, jovens e adultos sobre os efeitos dos sons intensos na audição e assim promover a saúde auditiva. No Brasil, seis estudos[20] também utilizaram o Programa DD, mostrando a efetividade do programa educativo na melhora dos conhecimentos, das atitudes, hábitos e comportamentos a curto e longo prazos.

As intervenções educativas desenvolvidas nas escolas devem ser implementadas com a participação ativa de toda a comunidade escolar. O primeiro passo é a escolha dos temas relacionados à audição que serão abordados nas intervenções educativas visando empoderar essa comunidade. O interesse sobre os temas e a necessidade de prevenir problemas em determinada população de alunos devem ser questionados para o planejamento dessas intervenções. Para tal, o fonoaudiólogo pode fazer grupos de discussão, enquetes, votação ou usar questionários.

Escolhidos os temas, o desafio é preparar ou usar atividades interativas de acordo com a faixa etária ou nível de ensino para envolver o aluno, aumentar o seu conhecimento e capacitá-lo para preservação da sua audição. O fonoaudiólogo pode usar programas já existentes como citado anteriormente ou planejar atividades relacionadas às práticas de cuidados auditivos para a população escolar que podem prevenir os problemas que acometem a orelha (como as otites) e preservar a capacidade auditiva (como exposição às atividades de lazer ruidosas). Essas atividades interativas podem ser desenvolvidas por meio de jogos, brincadeiras, teatro, fantoches, música ou até mesmo usar recursos tecnológicos como aplicativos de *smartphone*, mensagens de texto para mudar as práticas e comportamentos de escuta[21,22]. Os m-Healths poderiam ser integrados em qualquer programa para promover a saúde auditiva nas escolas, a fim de permitir a educação em saúde auditiva, a medição de ruído ou a triagem auditiva e os resultados de pesquisas da área sugerem a utilização da tecnologia nesse contexto[22]. A criação de ambientes saudáveis e favoráveis à aprendizagem é também recomendada. O fonoaudiólogo pode avaliar os níveis de pressão sonora da escola e recomendar medidas coletivas de redução de ruído visando a criação de ambientes favoráveis ao aprendizado, à comunicação e a acessibilidade[7].

TECNOLOGIAS ASSISTIVAS NO CONTEXTO ESCOLAR

Diante do que foi apresentado sobre a saúde auditiva do escolar, nesse tópico, em específico, será discutida a acessibilidade do estudante com deficiência auditiva na escola. O objetivo é esclarecer o que temos de evidência científica para sustentar a necessidade do uso das tecnologias assistivas nessa população.

Assista o caso clínico para ilustrar a problemática em destaque.

Segundo a Lei n. 13.146, de 6 de julho de 2015, que institui a Lei Brasileira de Inclusão da Pessoa com Deficiência[23], acessibilidade é a *"possibilidade e condição de alcance para utilização, com segurança e autonomia, de espaços, mobiliários, equipamentos urbanos, edificações, transportes, informação e comunicação, inclusive seus sistemas e tecnologias, bem como de outros serviços e instalações abertos ao público, de uso público ou privados de uso coletivo, tanto na zona urbana como na rural, por pessoa com deficiência ou com mobilidade reduzida"*.

Utilize o QR code para assistir o caso clínico que ilustra a problemática em destaque.

Pensando no estudante surdo oralizado, Thibodeau[24] esquematizou a acessibilidade em três principais níveis, que podem ser visualizados na Figura 1.

A imagem da pirâmide coloca como base a acessibilidade do estudante à fala do professor e de seus colegas, que são os seus maiores desafios, os fatores humanos. Nesse contexto, espera-se contar com o apoio da equipe escolar e melhorias nas acomodações acústicas, já mencionadas nos tópicos "Saúde auditiva e fatores de risco no ambiente escolar" e "Promoção da saúde auditiva no contexto escolar". Como exemplos específicos, podemos citar: assento preferencialmente à frente, o uso de legendas[25], a elaboração do Plano Educacional Individualizado (PEI)[26] com o estudante, os pais e o fonoaudiólogo, além do próprio comportamento de atenção dos alunos. Para tanto, as habilidades de autoadvocacia – ou autodefesa – por parte do estudante e familiares são determinantes para que não ocorram situações como a descrita no caso visto[27].

Em seguida, o próximo nível da pirâmide compreende a tecnologia básica para o acesso aos sons por meio dos dispositivos eletrônicos aplicados à surdez (DEAS). A conectividade sem fio estaria no topo dessa pirâmide, com o objetivo de trazer audibilidade consistente para os estudantes minimizando os efeitos da distância, do ruído e da reverberação. A melhora na relação sinal/ruído (S/R) é possível por meio da proximidade do microfone remoto da boca do professor, enviando para o dispositivo do estudante a sua voz sem oscilações e com mais intensidade do que o ruído ambiental.

A incorporação da tecnologia sem fio na Tabela de Órteses e Próteses pelo Sistema Único de Saúde (SUS) iniciou-se em 2013, com a disponibilização do Sistema de Frequência Modulada (FM) nos Serviços de Saúde Auditiva cadastrados no governo.

Atualmente, o protocolo de transmissão sem fio utilizado não é mais o de frequência modulada, e sim a modulação digital. A evolução no processamento do sinal possibilitou que muitos fabricantes de DEAS ofertem os receptores do sinal do SMR passíveis de ati-

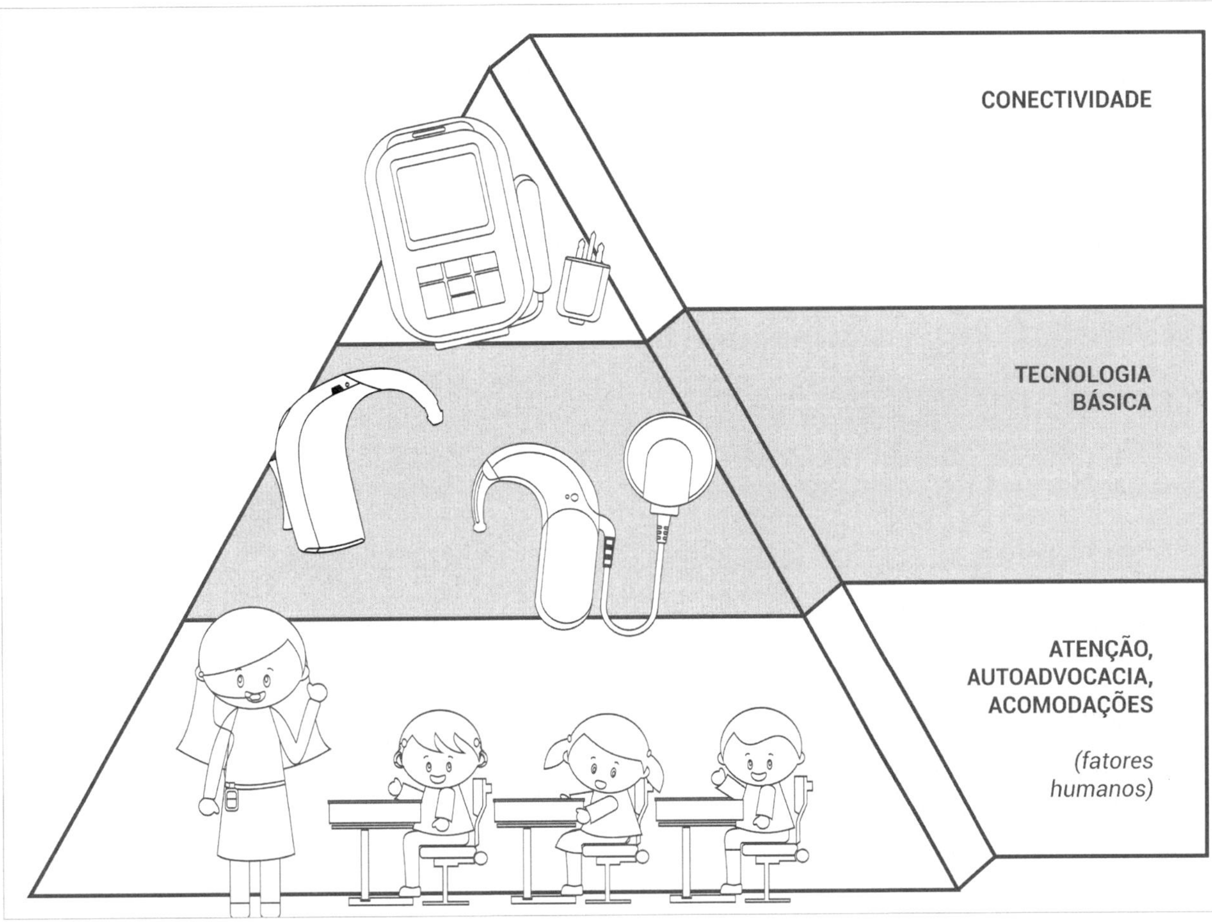

FIGURA 1 O ABC da acessibilidade/conectividade.
Fonte: Regina Tangerino de Souza Jacob.

vação já dentro do circuito do DEAS, sem necessidade de acoplamento físico do receptor, como nos exemplos das Figuras 2 e 3. É possível encontrar mais informações no site REMIC (https://remic.fob.usp.br/pb/).

Muitos são os benefícios observados com o uso do SMR:

- Melhora na percepção de fala e no limiar de fala no ruído.
- Benefício no desempenho acadêmico do estudante e para a voz do professor.
- Melhora na participação em sala de aula.
- Redução do esforço auditivo.

No entanto, ressalta-se que o uso e o benefício do dispositivo dependem das habilidades de autoadvocacia.

Mesmo com o robusto suporte científico sobre o impacto do uso do SMR para os estudantes com deficiência auditiva, ainda observamos resistência no uso dessa tecnologia nas escolas e, mais grave ainda, na indicação do dispositivo pelos fonoaudiólogos. Um estudo realizado com 340 usuários de SMR, crianças e adolescentes, mostra que, quando aplicado adequadamente o guia de boas práticas para adaptação de SMR[28] e realizado o acompanhamento na rede escolar por profissionais capacitados, a maioria (aproximadamente 80%) fazia uso efetivo do equipamento.[29]

Diante dos diferentes sistemas de transmissão sem fio disponíveis no mercado, durante o processo de indicação e adaptação das tecnologias assistivas para os estudantes com deficiência auditiva, é importante saber que:

- Todas as empresas disponibilizam sistemas de microfones remotos/acessórios e opções de *streaming*.
- Alguns são mais fáceis de manipular do que outros.
- Alguns foram desenvolvidos para a população pediátrica, outros não.
- Alguns foram desenvolvidos para uso individual, outros para uso coletivo.

A indicação e o acompanhamento do uso do SMR são atribuições do fonoaudiólogo. Embora esse profis-

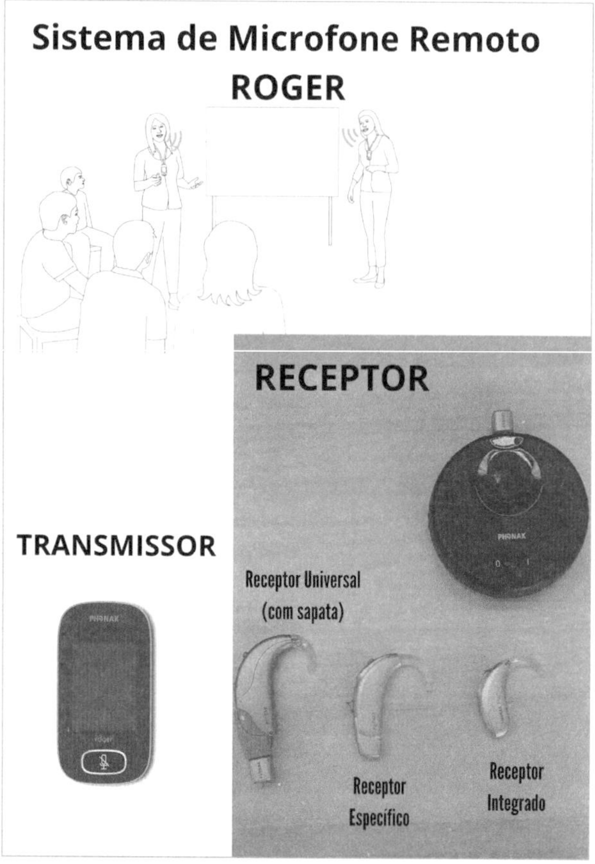

FIGURA 2 Sistema de Microfone Remoto Roger, da marca Phonak.
Fonte: Regina Tangerino de Souza Jacob.

FIGURA 3 Sistema de Microfone Remoto Edumic, da marca Oticon.
Fonte: Regina Tangerino de Souza Jacob.

sional esteja oficialmente incluído na equipe do PSE por decreto, sua presença na Secretaria da Educação é limitada, dificultando o acompanhamento das adaptações necessárias. Como resultado, essas ações ficam restritas ao serviço clínico das equipes de saúde auditiva do SUS, limitando a comunicação com o setor educacional. Nesse sentido, iniciativas de capacitação de professores sobre o uso da tecnologia assistiva são fortemente incentivadas.

CONCLUSÃO

Uma vez que grande parte das causas de perda auditiva podem ser evitadas, incluindo as que acometem crianças e adolescentes em idade escolar, e considerando os prejuízos sociais e econômicos individuais e sociais decorrentes, existe um movimento mundial liderado pela OMS encorajando países ao redor do mundo, especialmente os de baixa e média renda, para envolver profissionais da saúde, pesquisadores e defensores/parceiros dessa causa para auxiliarem na redução da carga global da perda auditiva. Para isso, é necessário um maior investimento em melhorias no acesso a serviços de saúde, reabilitação e tecnologias assistivas, garantindo oportunidades adequadas de intervenção (prevenção, identificação, tratamento e reabilitação ao longo de toda a vida). Esses objetivos estão de acordo com os Objetivos de Desenvolvimento Sustentável 2030, no que tange à garantia de vidas saudáveis e promoção do bem-estar para todos, em todas as idades, visando atingir a meta da cobertura universal de saúde, e no que tange à garantia de educação de qualidade inclusiva e equitativa e na promoção de oportunidades de aprendizagem ao longo da vida, quando pensamos nos indivíduos com perda auditiva.

Sendo assim, é fundamental que essas iniciativas individuais sejam sistematizadas dentro do país, uma vez que grande parte delas já está incorporada dentro das políticas públicas. No entanto, ainda são necessários recursos econômicos, físicos e humanos para melhorar o acesso da população, além de uma melhor distribuição de recursos.

REFERÊNCIAS BIBLIOGRÁFICAS

1. WHO. World report on hearing. Geneva: World Health Organization; 2021. Disponível em: https://iris.who.int/bitstream/handle/10665/339913/9789240020481-eng. pdf?sequence=1. Acesso em 1 Fev. 2024.
2. Samelli AG, Matas CG. The urgency of identifying global priorities for hearing loss prevention. Lancet Glob Health. 2024;12(2):e173-e174.
3. Almeida TR, Rocha CH, Rabelo CM, Gomes RF, Neves-Lobo IF, Samelli AG. Personal audio system: hearing symptoms, habits, and sound pressure levels measured in real ear and a manikin. J Speech Lang Hear Res. 2020;63(6):2016-26.
4. Fligor BJ, Le Prell CG, Wartinger F, Portnuff C, Berger E, Santucci M. Recreational music exposure: NHCA position statement [Position statement]. 2018. Disponível em: MIHD_Position_Statement_FINA.pdf (hearingconservation.org). Acesso em Fev. 2024.
5. Portnuff CD. Reducing the risk of music-induced hearing loss from overuse of portable listening devices: understanding the problems and establishing strategies for improving awareness in adolescents. Adolesc Health Med Ther. 2016;7:27.
6. Gomes RF, Matas CG, Samelli AG. Dangerous decibels program in elementary and middle school students: effectiveness after a 6-month follow-up. Am J Audiol. 2023 Jun;32(2):347-59.
7. Taborda RF, Gomes RF, Rocha CH, Samelli AG. Evaluation of noise reduction interventions in a school. Folia Phoniatr Logop. 2021;73(5):367-75.
8. Reddy R, Welch D, Ameratunga S, Thorne P. An ecological approach to hearing-health promotion in workplaces. Int J Audiol. 2017;56(5):316-27.
9. Joint Committe of Infant Hearing, Year 2019 position statement: principles and guidelines for early hearing detection and intervention programs. J Early Hear Detect Interv. 2019;4:1-44.
10. American Academy of Audiology. Childhood hearing screening guideline. [homepage on the internet]. 2011. Disponível em: http://www.cdc.gov/ncbddd/hearingloss/documents/AAA_Childhood%20Hearing%20Guidelines_2011.pdf. Acesso 5 Mar. 2021.
11. Comitê Científico do Núcleo Ciência Pela Infância (2014). Estudo nº 1: O impacto do desenvolvimento na primeira infância sobre a aprendizagem. Disponível em: http://www.ncpi.org.br.https://www.mds.gov.br/webarquivos/arquivo/crianca_feliz/Treinamento_Multiplicadores_Coordenadores/IMPACTO_DESENVOLVIMENTO_PRIMEIRA%20INFaNCIA_SOBRE_APRENDIZAGEM.pdf. Acesso em: 18 Fev. 2024
12. Prieve BA, Schooling T, Venediktov R, Franceschini N. An evidence-based systematic review on the diagnostic accuracy of hearing screening instruments for preschool- and school-age children. Am J Audiol 2015;24(2):250-67.
13. Melo IMM, Silva ARX, Camargo R, Cavalcanti HG, Ferrari DV, Taveira KVM, et al. Accuracy of smartphone-based hearing screening tests: a systematic review. CoDAS. 2022;34(3):e20200380.
14. Barros VV, Nunes-Araújo ADS, Silva ARX, Cavalcanti HG, Ferrari DV, Balen AS. Teste de dígitos no ruído no Português Brasileiro: influência das variáveis demográficas e socioeconômicas em normo-ouvintes / Digits-in-noise test in Brazilian Portuguese: how demographic and socioeconomic variables influence normal-hearing subjects. CoDAS. 2022;34(6): e20210274.
15. Samelli AG, Rabelo CM, Sanches SGG, Martinho AC, Matas CG. Tablet-based tele-audiometry: Automated hearing screening for school children. J Telemed Telecare. 2020;26(3):140-9.
16. WHO. World Health Organisation. Health promoting schools. Disponível em: https://www.who.int/health-topics/health-promoting-schools#tab=tab_1. Acesso em: 18 Fev. 2024.
17. Brasil. Decreto n. 6.286, de 5 de dezembro de 2007. Dispõe sobre o Programa de Saúde na Escola e dá outras providências. Brasília, DF: Diário Oficial da República Federativa do Brasil [Online]. Disponível em: http://www.planalto.gov.br/ccivil_03/_ato2007-2010/2007/decreto/d6286.htm.
18. Brasil. Ministério da Saúde (MS), Organização Pan-Americana da Saúde (OPAS). Escolas Promotoras de Saúde: experiências no Brasil. Brasília: MS; 2007. (Série Promoção da Saúde; n. 6). Disponível em: https://bvsms.saude.gov.br/bvs/publicacoes/escolas_promotoras_saude_experiencias_brasil_p1.pdf. Acesso em: 18 fevereiro 2024.
19. Brasil. Portaria Interministerial n. 1.055, de 25 de abril 2017. Redefine as regras e os critérios para adesão ao PSE. Brasília, DF: Diário Oficial da República Federativa do Brasil [Online]; 2017. Disponível em: http://www.cosemsrn.org.br/wp-content/uploads/2017/04/portint1055.pdf.
20. Bramati L, Gondim L, Schmidt L, Lüders D, Taveira K, Néron N, et al. Effectiveness of educational programs in hearing health: a meta-analysis. International Journal of audiology. 2023 (no prelo).
21. Lacerda ABM, França DMVRF (Orgs.). Práticas educativas em saúde e saúde auditiva: nos contextos educacional, ambiental e ocupacional. 1. ed. Ponta Grossa: Atena; 2021. Acesso em 22 Fev. 2024.
22. Lacerda ABM, Lévesque E, Gondim L. Uso da mhealth no programa de promoção da saúde auditiva de escolares: uma revisão integrativa. In: Pimentel BN (org.). Fundamentos científicos e prática clínica em Fonoaudiologia. Atena Editora; 2020.
23. Brasil. Lei n. 13.146, de 6 de julho de 2015. Institui a Lei Brasileira de Inclusão das Pessoas com Deficiência (Estatuto da Pessoa com Deficiência). Brasília, DF: Diário Oficial da República Federativa do Brasil [Online]. Disponível em https://www.planalto.gov.br/ccivil_03/_Ato2015-2018/2015/Lei/L13146.htm#art112.
24. The ABC's of Wireless Connectivity to Hearing Aids, presented in partnership with Seminars in Hearing [Internet]. AudiologyOnline. Diponível em: https://www.audiologyonline.com/audiology-ceus/course/seminars-abc-wireless-connectivity-ha-37283.
25. Silva RLF, Jacob RT de S, Moret ALM, Lopes NBF, Nery DB, Angelo TCS de. Ensino remoto para estudantes com deficiência auditiva: recomendações para estudantes, pais e professores [Internet]. 2022. Disponível em: https://repositorio.usp.br/directbitstream/c6277d22-d652-4be9-a580-c0b83ae8a489/3102932.pdf.
26. Santos Jr, et al. Planejamento Educacional Individualizado I: elaboração e avaliação. São Carlos: EDESP-UFSCar; 2022. Disponível em: https://www.edesp.ufscar.br/arquivos/colecoes/segunda-licenciatura-em-educacao-especial/pei-i.pdf.

27. Carneiro L de A, Nery DB, Silva RLF, Salimon A, Angelo TCS de, Tamura COS, et al. O empoderamento na reabilitação auditiva: tradução dos questionários de autoadvocacia. CoDAS. 2021;33(6).
28. Jacob RTS, Bucuvic EC. Boas práticas na adaptação de sistemas de microfone remoto. In: Schochat E, et al. (eds.). Tratado de Audiologia. 3. ed. Santana de Parnaíba: Manole; 2022. p. 500-9.
29. Spósito C, Carneiro L de A, Bento BC da S, Bucuvic ÉC, Jacob RTS. Resistência ao uso do Sistema FM por crianças e adolescentes: fato ou mito? Uma análise de prontuários de pacientes atendidos em um serviço de saúde auditiva. Revista CEFAC [Internet]. 2023 May 29 [cited 2024 Feb 23];25:e8022. Disponível em: https://www.scielo.br/j/rcefac/a/HycHxRbgrDqPN9pjBkKb8ZH/abstract/?lang=pt.

20

Avaliação clínica e funcional do equilíbrio corporal

Luciane Domingues Figueiredo Mariotto
Fátima Cristina Alves Branco-Barreiro
Renata Coelho Scharlach
Maria Julia Ferreira Cardoso

PONTOS-CHAVE

- O equilíbrio corporal depende do funcionamento integrado dos sistemas visual, proprioceptivo e vestibular, sob a coordenação do cerebelo, e acontece por meio de reflexos, como o vestíbulo-ocular (RVO) e o vestíbulo-espinal (RVE).
- A avaliação não instrumentalizada consiste em testes que não requerem equipamentos de alto custo, são de rápida execução e colaboram na identificação de possíveis alterações do equilíbrio corporal, na avaliação da intensidade dos sintomas e dos impactos na capacidade funcional. Complementam a avaliação instrumentalizada e podem ser utilizados no acompanhamento do processo terapêutico.
- Na avaliação não instrumentalizada destacam-se testes que avaliam a oculomotricidade, RVO e RVE, testes que avaliam o equilíbrio corporal, risco de queda e medidas de respostas relatadas pelo paciente (MRRP).

OBJETIVOS DE APRENDIZAGEM

Ao final deste capítulo, o leitor deverá ser capaz de:

- Identificar procedimentos não instrumentalizados que podem complementar a avaliação do equilíbrio corporal.
- Aplicar e analisar os procedimentos não instrumentalizados para a avaliação do equilíbrio corporal.
- Diferenciar, por meio dos testes não instrumentalizados, sinais de alterações periféricas e centrais, além de risco de quedas.

INTRODUÇÃO

O sistema vestibular (SV) é um dos sistemas responsáveis pela manutenção do equilíbrio corporal, junto com os sistemas visual e proprioceptivo. É constituído por estruturas periféricas: seis canais semicirculares (CSC lateral, anterior e posterior), quatro órgãos otolíticos (sáculo e utrículo), nervo vestibular (VIII par craniano) e diversas estruturas centrais. Por encontrar-se posicionado internamente à porção petrosa do osso temporal, com difícil acesso, a sua avaliação funcional ocorre sempre de forma indireta. É realizada por meio da análise de respostas reflexas diante da estimulação do sistema vestibular (SV)[1,2]. Na prática clínica, os reflexos mais investigados são o reflexo vestíbulo-ocular (RVO) e o reflexo vestíbulo-espinal (RVE), não diminuindo a importância e participação ativa de outros reflexos, como o vestíbulo-cólico e o reflexo cérvico-ocular (RCO), que atuam no controle da posição cefálica e manutenção da postura diante da movimentação da cabeça, respectivamente.

> Utilize o QR code para acessar os Quadros 1 – Testes de avaliação da oculomotricidade e do reflexo vestíbulo-ocular; 2 – Testes funcionais de equilíbrio corporal e risco de quedas, e 3 – Medidas de respostas relatadas pelo paciente.
>
> Voucher: **tratfono**.

O RVO é considerado um reflexo rápido que ocorre em torno de 5 a 15 ms[1,2]. Tem como função manter a imagem estabilizada na retina, durante os movimentos rápidos de cabeça. Nessa ação são enviados sinais para o sistema oculomotor, responsável por realizar movimentos oculares, os quais possuem a mesma velocidade e direção oposta aos movimentos de cabeça. O RVO pode ser desencadeado pela aceleração angular a partir da estimulação dos CSC e pela aceleração linear, quando os órgãos otolíticos são estimulados[3-5].

Já o RVE tem a função de estabilizar o corpo durante os movimentos naturais da cabeça. Promove a atividade muscular necessária para que o indivíduo mantenha o controle de sua postura e a mantenha ereta[6].

Indivíduos com alterações vestibulares apresentam, entre outras, queixas de instabilidade postural, desequilíbrio e quedas. Atualmente, conseguimos examinar indivíduos com sintomas vestibulares de uma forma fisiologicamente racional. Na tentativa de identificar sinais de alterações do sistema vestibular, muitos pesquisadores na área da otoneurologia desenvolveram testes com o objetivo de avaliar a função do sistema do equilíbrio, possibilitando distinguir entre o normal fisiológico dos sinais que indicam alteração vestibular periférica e/ou central.

Para a execução desses testes não é necessário possuir equipamentos sofisticados. Os testes são de rápida aplicação e podem auxiliar na identificação topográfica, na avaliação da gravidade dos quadros de tontura e contribuir para o diagnóstico precoce, otimizando o início do processo terapêutico, no entanto requerem treinamento do avaliador. Neste capítulo serão apresentados alguns testes não instrumentalizados. A forma de execução e os possíveis resultados estão disponíveis na plataforma de conteúdo complementar por meio de três quadros: Quadro 1 – Testes de avaliação da oculomotricidade e do reflexo vestíbulo-ocular; Quadro 2 – Testes funcionais de equilíbrio corporal e risco de quedas; e Quadro 3 – Medidas de respostas relatadas pelo paciente.

AVALIAÇÃO DA OCULOMOTRICIDADE

Verificação da integridade do sistema oculomotor – teste H

Os movimentos oculares determinantes de um campo visual tornam-se possíveis graças ao envolvimento de seis músculos extraoculares que são organizados em pares antagonistas e agonistas. O movimento ocular ocorre conjugado nos dois olhos por intermédio da via final comum da oculomotricidade conjugada[3,7]. É necessário que a integridade dessa musculatura seja verificada no início das provas clínicas, pois alterações periféricas e centrais podem ser identificadas nessa execução e auxiliarão na conclusão final da avaliação vestibular[7].

Pesquisa do nistagmo espontâneo (NE)

O NE reflete a desarmonia do funcionamento do SV periférico bilateralmente mesmo em repouso, que se justifica pela presença da atividade neural constante no sistema vestibular, a que se denomina tônus vestibular. A presença de nistagmo de direção fixa caracteriza assimetria do tônus vestibular e do RVO, acarretando geralmente movimentos dos olhos (nistagmo) em direção ao lado de maior atividade[8]. Para avaliação do NE no olhar frontal com e sem fixação ocular recomenda-se o uso de óculos de Frenzel, que foi criado por Hermann Frenzel em 1956. Possuem lentes de aumento de 20 dioptrias, que aumentam o tamanho dos olhos vistos pelo examinador, possibilitando a observação de movimentos oculares mais sutis, que passariam despercebidos a olho nu.

Quando houver presença de nistagmo, o avaliador deverá se ater às suas características, ou seja, intensidade, direção e efeito do movimento ocular durante a fixação[2].

Pesquisa do nistagmo semiespontâneo (NSE)

O controle em manter o olhar descentrado é responsabilidade do tronco encefálico (integrador neural) e do cerebelo, mais precisamente do vestíbulo-cerebelo (lóbulo floculonodular). Esse nistagmo evocado é de origem central e geralmente com direção do olhar descentrado[9,10]. Por outro lado, nistagmos unidirecionais, obedecendo à Lei de Alexander (nistagmo acentua-se ao olhar para o lado da componente rápida e atenua-se ao olhar para o lado da componente lenta), sugerem alteração periférica[2]. Outros exemplos de testes que avaliam a oculomotricidade são perseguição ocular (rastreio pendular), pesquisa dos movimentos sacádicos e pesquisa do nistagmo optocinético e convergência[7].

AVALIAÇÃO DO SISTEMA VESTIBULAR

Vertical visual subjetiva (VVS)

Avalia a capacidade do indivíduo de julgar se os objetos estão na posição vertical[2]. É uma medida adicional na bateria de testes vestibulares para avaliar a função otólito-ocular. Pode ser realizada por meio do teste do balde, método simples, prático e de baixo custo[11]. Desvios superiores a 3 graus sugerem alteração dos órgãos otolíticos ou de núcleos vestibulares com comprometimento para o lado do desvio. Alterações centrais também podem demonstrar desvios e nesse caso a alteração sugere comprometimento contralateral[11,12].

Prova de nistagmo induzido por vibração

Prova de alta sensibilidade e frequência que investiga o sistema vestibular. É realizada por meio de um vibrador que gera estímulos na faixa de frequência de 60 a 100 Hz. A ausência de nistagmo é considerada normal, mas também ocorre nas perdas bilaterais e simétricas. Em alterações periféricas unilaterais ou bilaterais assimétricas, pode-se observar nistagmo induzido pela vibração com componente rápida geralmente em direção ao lado de maior atividade[2]. Recomendado o uso de óculos de Frenzel.

Head shaking test – HST (teste de agitação cefálica)

Também denominada manobra de sacudir a cabeça, foi criada para detectar assimetrias vestibulares, localizadas no sistema vestibular periférico ou central[13]. A cabeça do paciente é "agitada" com movimentação horizontal por 10-20 segundos em uma frequência aproximada de 2 Hz. Diante da presença de nistagmo, devem ser avaliadas a direção, duração e supressão.

AVALIAÇÃO DOS SISTEMAS OCULOMOTOR E VESTIBULAR

Test of skew deviation

O desvio *skew* do olhar é um desalinhamento vertical dos olhos [um olho em posição inferior (hipotrópico), enquanto o outro está mais alto (hipertrópico)], decorrente de um desbalanço das vias vestibulares e motoras oculares centrais que participam do reflexo otolítico-ocular[10].

Head impulse test – HIT (teste do impulso cefálico clínico – TICC)

Descrito por Halmagi e Curtoys em 1988[14], o teste avalia o RVO por meio da resposta desencadeada pelos CSC laterais em uma frequência de estimulação entre 4 e 5 Hz. Útil na identificação de perdas da função vestibular uni ou bilateral e no diagnóstico diferencial entre alterações periféricas e centrais diante de quadros de vertigem. O indivíduo com falha do RVO não consegue manter a fixação ocular, ocorrendo assim a refixação dos olhos (sacadas corretivas), o que mostra o esforço do indivíduo em manter o alvo na fóvea[15].

Teste de supressão do RVO

A modulação do nistagmo criado pela rotação do tronco e da cabeça é de responsabilidade do cerebelo, mais especificamente do flóculo cerebelar. A ausência da inibição do RVO é sugestiva de disfunção central flocular[12].

AVALIAÇÃO DO EQUILÍBRIO ESTÁTICO E DINÂMICO

Não há um teste que avalie todos os aspectos envolvidos no equilíbrio corporal. Uma revisão sistemática recomendou o uso de uma bateria de testes e não de um único teste para avaliação do equilíbrio corporal[16]. Desta forma, o profissional deve conhecê-los e definir quais os mais adequados a serem utilizados na avaliação de um determinado indivíduo considerando sua história clínica, queixas e o contexto no qual o profissional está inserido[17].

Avaliar o equilíbrio corporal de uma perspectiva funcional envolve o uso de testes e medidas para determinar as habilidades de uma pessoa tanto no ambiente clínico quanto no ambiente doméstico. No entanto, não se pode esquecer que não só o equilíbrio interfere nessas habilidades, como também os aspectos sensoriais, motores e cognitivos[17].

Ao selecionar uma ferramenta de avaliação para uso clínico, é importante que ela seja adequada para a população-alvo, confiável, baseada em evidências, reprodutível e, acima de tudo, de rápida e fácil aplicação. A segurança do indivíduo é de suma importância.

Os testes de equilíbrio funcional são úteis para documentar o estado do equilíbrio e as alterações com a intervenção. Geralmente avaliam o desempenho em um conjunto de tarefas motoras em uma escala de três a cinco pontos ou usam um cronômetro para mensurar por quanto tempo o indivíduo consegue manter o equilíbrio em uma determinada postura[18]. A seguir são descritos alguns testes.

Teste de Romberg e teste clínico de interação sensorial modificado

O teste clássico de Romberg é frequentemente usado para avaliar a capacidade de manter uma postura ereta com referência a uma base de apoio estável. A técnica de Romberg está descrita no Quadro 2 no conteúdo complementar que se encontra na plataforma digital.

Na literatura, inúmeras alterações foram propostas[19]. Uma delas vem sendo bastante utilizada como triagem de disfunção vestibular e risco elevado de queda: o teste clínico de interação sensorial e equilíbrio[20], modificado por Wrisley[21], que utiliza uma condição sobre espuma de média densidade (superfície instável).

Teste de Fukuda

No teste de Fukuda o indivíduo é orientado a marchar sem sair do lugar, com braços estendidos e olhos fechados contando 50 passos. São considerados alterados deslocamento anterior maior que 1 metro e desvio lateral maior que 30°, sugerindo alteração do labirinto para o lado em que ocorrer. Nos quadros agudos, o desvio ocorre para o lado oposto ao da lesão diante de compensação central[10].

Teste de alcance funcional

O teste de alcance funcional, desenvolvido em 1990, tem a vantagem de ser rápido e reprodutível, com boa confiabilidade de teste-descanso. É um teste dinâmico e não estático que mede a "margem de estabilidade" de um indivíduo, bem como a capacidade de manter o equilíbrio postural durante uma tarefa funcional. A pontuação no teste correlaciona-se com a excursão anteroposterior do centro de pressão (CoP)[22].

Embora seja um instrumento válido e confiável, o movimento do tronco parece influenciar mais do que o centro de pressão. Isso posto, ao utilizar esse teste, deve-se considerar mecanismos compensatórios para diminuição da flexibilidade e força que interferem na avaliação[23].

Dynamic gait index – DGI (índice de marcha dinâmica)

O DGI, desenvolvido por Shumway-Cook et al. (1997)[24] e traduzido e adaptado para o português em 2006[25], é uma medida clínica comumente usada para avaliar a capacidade de adaptar a marcha a tarefas complexas de caminhadas frequentes na vida diária. O desempenho em cada item é avaliado por meio de uma escala ordinal com critérios baseados na combinação de padrão de marcha, velocidade e nível de assistência.

Teste de sentar-levantar cinco vezes (TSLCV)

O TSLCV é considerado uma ferramenta útil, coerente e com baixo custo, para avaliar a capacidade de sentar-levantar. É usado para avaliar a força funcional dos membros inferiores, movimentos de transição, equilíbrio corporal e risco de queda em pessoas idosas[26].

Timed up and go test (TUGT)

O TUGT foi descrito em 1991, sendo uma versão cronometrada do *get-up and go test* descrito por Mathias em 1986[27]. Nessa versão inicial o desempenho do indivíduo avaliado é pontuado de 1 a 5, no qual 1 equivale a normal e 5 a severamente alterado[28]. Com o intuito de evitar a subjetividade da análise, o teste foi modificado por Podsiadlo e Richardson em 1991[29]. Trata-se de um instrumento rápido para detectar, em pessoas idosas, dificuldades de equilíbrio que afetam a sua mobilidade diária.

Uma maneira de aumentar a sensibilidade e especificidade do TUGT é fazer uso de dupla tarefa, seja ela cognitiva ou motora. A tarefa cognitiva consiste em realizar a prova realizando subtrações de três em três a partir de 100. Já a tarefa motora consiste em fazer o percurso segurando um copo com água.

A capacidade do TUGT com dupla tarefa para prever quedas em um grupo de pessoas idosas com histórico de quedas não é maior do que o uso do TUGT simples[30]. No entanto, o uso do TUGT com dupla tarefa ao avaliar pessoas idosas saudáveis é mais eficaz para predizer aquelas que têm tendência a quedas quando comparado ao uso do TUGT simples[31].

Berg balance scale (escala de equilíbrio de Berg – EEB)

A EEB foi validada em 1992[32] e traduzida para o português brasileiro em 2004[33]. Trata-se de uma ferramenta clínica confiável para avaliação da mobilidade funcional e da marcha, especialmente em pessoas idosas. Consiste em 14 tarefas estáticas e dinâmicas pontuadas de 0 a 56, que avaliam diversas atividades funcionais. A escala EEB apresenta excelente consistência interna, boa confiabilidade teste-reteste e requer pouco treinamento especializado[24].

A pontuação total após a realização do teste determina o risco previsto de quedas. Há evidências de efeitos de piso e teto nos resultados da EEB, que podem levar à incapacidade de detectar alterações no equilíbrio postural. Outra limitação deste teste é que ele pode diferir ligeiramente na forma como é realizado pelo indivíduo que o administra, por exemplo, ao explicar as tarefas reais a serem realizadas[34].

Performance oriented mobility test (POMA) – escala de Tinetti

A avaliação de mobilidade orientada ao desempenho (POMA) foi desenvolvida por Mary Tinetti em 1986[35]. É dividida em duas partes: equilíbrio postural e marcha. Pelo menos um estudo mostrou que o POMA tem melhor confiabilidade teste-reteste quando comparado ao TUGT, apoio unipodal e alcance funcional, além de ter um bom valor preditivo para o risco de queda quando comparado com os outros testes[24].

As vantagens dessa ferramenta são a inclusão do equilíbrio e da marcha e sua boa confiabilidade interavaliadores e excelente sensibilidade[36,37]. No entanto, muitos itens são difíceis de avaliar em uma escala de 3 pontos e têm pouca especificidade

Os testes para avaliação funcional do equilíbrio corporal são fáceis de usar, não requerem equipamentos caros, geralmente são rápidos de administrar e também demonstraram prever o risco de queda e, portanto, a necessidade de terapia. No entanto, os resultados obtidos são subjetivos, mostram efeitos teto e geralmente não respondem o suficiente para medir pequenos progressos ou deterioração na capacidade de equilíbrio de um indivíduo. A maior limitação da abordagem funcional para avaliar o equilíbrio é que ela não pode especificar que tipo de problema de equilíbrio o indivíduo tem para direcionar o tratamento[38].

AUTORRELATO NA AVALIAÇÃO DO EQUILÍBRIO CORPORAL DO INDIVÍDUO POR MEIO DOS INSTRUMENTOS: ESCALA E QUESTIONÁRIO

Para avaliação do equilíbrio corporal as ferramentas de medidas de resultados relatados pelo paciente (MRRP), em inglês *patient-reported outcome measures* (PROM), são instrumentos úteis e cada vez mais utilizados na prática clínica e em pesquisas científicas[39]. Tais escalas e questionários fornecem informações precisas sobre a compreensão dos sentimentos e sintomas de uma condição de saúde específica, sem que exista a interferência direta do assistente de saúde nas respostas fornecidas pelo indivíduo[40]. Se a saúde extrapola o domínio físico do corpo, é importante verificar o impacto de determinada condição na percepção do indivíduo afetado por ela, e uma das possibilidades para obter essa informação é o autorrelato[41].

Os instrumentos de autorrelato têm um valor imprescindível na prática clínica fonoaudiológica, pois por meio deles os profissionais coletam dados subjetivos sobre as queixas autorreferidas de forma rápida, padronizada, validada e econômica[42]. No Quadro 3, disponível na plataforma de conteúdo complementar, pode-se visualizar alguns questionários e escalas que são utilizados na prática clínica com base em evidências científicas e recomendados pelo Conselho Federal de Fonoaudiologia para verificar os distúrbios do equilíbrio corporal[43].

As ferramentas de MRRP apresentam diversas vantagens no processo de avaliação e reabilitação do paciente, tais como: a melhora na comunicação entre os envolvidos no processo (paciente, fonoaudiólogo e médico), a identificação de pacientes mais vulneráveis, a quantificação dos aspectos das atividades de vida diária (AVDs) e uma avaliação contínua do paciente[39].

CONCLUSÃO

A avaliação não instrumentalizada é uma ferramenta importante no processo diagnóstico das alterações do equilíbrio corporal, bem como no monitoramento terapêutico. Envolve procedimentos rápidos, de fácil execução, baixo custo, que podem ser realizados em qualquer ambiente. No entanto, requer conhecimento e treinamento do avaliador.

Mesmo diante da avaliação otoneurológica instrumentada, as respostas encontradas nos testes funcionais podem trazer informações importantes, capazes de enriquecer o diagnóstico do paciente, atuando positivamente nos processos de intervenção, tratamento e reabilitação.

REFERÊNCIAS BIBLIOGRÁFICAS

1. Collewijn H, Smeets JB. Early components of the human vestibulo-ocular response to head rotation: latency and gain. J Neurophysiol. 2000;84(1):386-9.
2. Mariotto LDF, Oliveira GR, Sumera MA. Avaliação clínica do reflexo vestíbulo ocular. In: Taguchi CK, Muniz LF, Fortes CC, Alvarenga KF. Tratado de equilíbrio corporal: da ciência à prática clínica. Santana de Parnaíba: Manole; 2023. p.76-103.
3. Albernaz PLM, Zuma e Maia F, Carmona S, Cal RVR, Zalazar G. Clinical evaluation of the vestibular system: The vestibular laboratory tests. In: Albernaz PLM, Zuma e Maia F, Carmona S, Val R, Zalazar G (Org.). The new Neurotology: A comprehensive clinical guide. Cham: Springer Nature Switzerland; 2019. p.65-75.
4. Mezzalira R, Bittar RSM, Albertino S. Anatomofisiologia vestibular. In: Mezzalira R, Bittar RSM, Albertino S (ed.). Otoneurologia clínica. Rio de Janeiro: Ed. Revinter; 2014. p.3-27.

5. Barin K. Interpretação dos testes de função vestibular – tendências futuras. In: Zuma e Maia FC, Mangabeira Albernaz PL, Carmona S. Otoneurologia atual. 1. ed. Rio de Janeiro: Revinter; 2014. p.199-231.
6. Ruckenstein MJ, Davis S. Postural control studies. In: Ruckenstein MJ, Davis S. Rapid interpretation of balance function tests. San Diego: Plural Publishing; 2015. p.111-30.
7. Rocha GD, Mariotto LDF. Eletro-oculografia: testes oculomotores. In: Taguchi CK, Muniz LF, Fortes CC, Alvarenga KF. Tratado de equilíbrio corporal: da ciência à prática clínica. Santana de Parnaíba: Manole; 2023. p.125-49.
8. Mc Caslin DL, Dundas JA, Jacobson GP. Bedside assessment of vestibular system. In: Jacobson GP, Shepard NT. Balance function assessment and management. 2. ed. San Diego: Plural Pub; 2015. p. 137-62.
9. Fetter M. Vestibulo-ocular reflex. Dev Ophthalmol. 2007;40:35-51.
10. Mariotto LDF, Raineri GG. Avaliação instrumentada e não instrumentada do sistema vestibular [Internet]. In: Feitosa ALF, Depoli GT, Andrade WTL. Mapas conceituais em fonoaudiologia: audiologia. Ribeirão Preto: Book Toy; 2022. p.165-80.
11. Zwengal A, Rettinger N, Frenzel C, Dieterich M, Brandt T, Strupp MA. A bucket of static vestibular function. Neurology. 2009;72(19):1689-92.
12. Von Brevern M, Bertholon P, Brandt T, Fife T, Imai T, Nutri D, et al. Benign paroxysmal positional vertigo: Diagnostic criteria. J Vestib Res. 2015;25:105-17.
13. Schubert MC, Shepard NT. Practical anatomy and physiology of the vestibular system. In: Jacobson G, Shepard N (Org.). Balance function assessment and management. 2. ed. San Diego: Plural Publishing; 2016. p.1-16.
14. Halmagyi GM, Curthoys IS. A clinical sign of canal paresis. Arch Neurol. 1988;45:737-9.
15. Cusin FS, Tomaz A, Albernaz PLM. O videoteste do impulso cefálico (vHIT). In: Taguchi CK, Muniz LF, Fortes CC, Alvarenga KF. Tratado de equilíbrio corporal: da ciência à prática clínica. Santana de Parnaíba: Manole; 2023. p.207-33.
16. Kiss R, Schedler S, Muehlbauer T. Associations between types of balance performance in healthy individuals across the lifespan: A systematic review and meta-analysis. Front Physiol. 2018 Sep 28;9:1366.
17. Shumway-Cook A, Woollacott MH. Tratamento clínico do paciente com distúrbio do controle postural. In: Shumway-Cook A, Woollacott MH. Controle motor: teoria e aplicações práticas. Barueri: Manole; 2010. p. 259-97.
18. Horak FB. Clinical assessment of balance disorders. Gait & Posture. 1997;6:76-84.
19. Vereeck L, Wuyts F, Truijen S, Van de Heyning P. Clinical assessment of balance: normative data, and gender and age effects. Int J Audiol. 2008 Feb;47(2):67-75.
20. Shumway-Cook A, Horak FB. Assessing the influence of sensory interaction of balance. Suggestion from the field. Phys Ther. 1986;66:1548-50.
21. Wrisley DM, Whitney SL. The effect of foot position on the modified clinical test of sensory interaction and balance. Arch Physics Med Rehabil. 2004;85(2):335-8.
22. Duncan PW, Weiner DK, Chandler J, Studenski S. Functional reach: a new clinical measure of balance. J Gerontol. 1990 Nov;45(6):M192-7.
23. Jonsson E, Henriksson M, Hirschfeld H. Does the functional reach test reflect stability limits in elderly people? J Rehabil Med. 2003 Jan;35(1):26-30.
24. Shumway-Cook A, Baldwin M, Polissar NL, Gruber W. Predicting the probability for falls in community-dwelling older adults. Phys Ther. 1997 Aug;77(8):812-9.
25. De Castro SM, Perracini MR, Ganança FF. Dynamic Gait Index-Brazilian version. Braz J Otorhinolaryngol. 2006 Nov-Dec;72(6):817-25.
26. Muñoz-Bermejo L, Adsuar JC, Garcia-Gordillo MA, Mendoza-Muñoz M, Pérez-Gómez J, Barrios-Fernández S, et al. Test-retest reliability of five times sit to stand test (FTSST) in adults: A systematic review and meta-analysis. Biology. 2021;10:510.
27. Mathias S, Nayak US, Isaacs B. Balance in elderly patients: the "get-up and go" test. Arch Phys Med Rehabil. 1986 Jun;67(6):387-9.
28. Wall JC, Bell C, Campbell S, Davis J. The Timed Get-up-and-Go test revisited: measurement of the component tasks. J Rehabil Res Dev. 2000;37(1):109-13.
29. Podsiadlo D, Richardson S. The timed "Up & Go": a test of basic functional mobility for frail elderly persons. J Am Geriatr Soc. 1991 Feb;39(2):142-8.
30. Shumway-Cook A, Brauer S, Woollacott M. Predicting the probability for falls in community dwelling older adults using the Timed Up & Go Test. Phys Ther. 2000 Sep;80(9):896-903.
31. Toulotte C, Thevenon A, Watelain E, Fabre C. Identification of healthy elderly fallers and non-fallers by gait analysis under dual-task conditions. Clin Rehabil. 2006 Mar;20(3):269-76.
32. Berg KO, Wood-Dauphinee SL, Williams JI, Maki B. Measuring balance in the elderly: validation of an instrument. Can J Public Health. 1992 Jul-Aug;83 Suppl 2:S7-11.
33. Miyamoto ST, Lombardi Junior I, Berg KO, Ramos LR, Natour J. Brazilian version of the Berg balance scale. Braz J Med Biol Res. 2004 Sep;37(9):1411-21.
34. Downs S, Marquez J, Chiarelli P. The Berg balance scale has high intra- and inter-rater reliability but absolute reliability varies across the scale: a systematic review. J Physiother. 2013 Jun;59(2):93-9.
35. Tinetti ME. Performance-oriented assessment of mobility problems in elderly patients. J Am Geriatr Soc. 1986 Feb;34(2):119-26.
36. Maki BE, Holliday PJ, Topper AK. A prospective study of postural balance and risk of falling in an ambulatory and independent elderly population. J Gerontol. 1994;49:M72-M84.
37. Topper AK, Maki BE, Holliday PJ. Are activity-based assessments of balance and gait in the elderly predictive of risk of falling and/or type of fall? J Am Geriatr Soc. 1993 May;41(5):479-87.
38. Mancini M, Horak FB. The relevance of clinical balance assessment tools to differentiate balance deficits. Eur J Phys Rehabil Med. 2010 Jun;46(2):239-48.
39. Fong E, Li C, Aslakson R, Agrawal Y. Systematic review of patient-reported outcome measures in clinical vestibular research. Arch Phys Med Rehabil. 2015 Feb;96(2):357-65.
40. Nelson EC, Eftimovska E, Lind C, Hager A, Wasson JH, Lindblad S. Patient reported outcome measures in practice. BMJ. 2015 Feb;10:350:g7818.
41. Dawson J, Doll H, Fitzpatrick R, Jenkinson C, Carr AJ. The routine use of patient reported outcome measures in healthcare settings. BMJ. 2010 Jan; 18:340:c186.

42. Viergever K, Kraak JT, Bruinewoud EM, Ket JCF, Kramer SE, Merkus P. Questionnaires in otology: a systematic mapping review. Syst Rev. 2021 Apr 20;10(1):119.
43. Conselho Federal de Fonoaudiologia (CFFA). Guia de orientação atuação do fonoaudiólogo em avaliação e reabilitação do equilíbrio corporal. 2018. Disponível em: https://fonoaudiologia.org.br/wp-content/uploads/2019/09/site-guia-otoneuro-1.pdf. Acesso 21 jan 2024.
44. Rocha GD, Mariotto LDF. Eletro-oculografia: testes oculomotores. In: Taguchi CK, Muniz LF, Fortes CC, Alvarenga KF. Tratado de equilíbrio corporal: da ciência à prática clínica. Santana de Parnaíba: Manole; 2023. p.125-49.
45. Albertino S, Bittar RSM, Bottino MA, Ganança MM, Gonçalves DU, Greters ME, et al. Air caloric test reference values. Braz J Otorhinolaryngol. 2012;78(3):2.
46. Mariotto LDF, Oliveira GR, Sumera MA. Avaliação clínica do reflexo vestíbulo ocular. In: Taguchi CK, Muniz LF, Fortes CC, Alvarenga KF. Tratado de equilíbrio corporal: da ciência à prática clínica. Santana de Parnaíba: Manole; 2023. p.76-103.
47. Von Brevern M, Bertholon P, Brandt T, Fife T, Imai T, Nutri D, et al. Benign paroxysmal positional vertigo: Diagnostic criteria. J Vestib Res. 2015;25:105-17.
48. Barin K. Interpretação dos testes de função vestibular – tendências futuras. In: Zuma e Maia FC, Mangabeira Albernaz PL, Carmona S. Otoneurologia atual. 1. ed. Rio de Janeiro: Revinter; 2014. p.199-231.
49. Halmagyi GM, Curthoys IS. A clinical sign of canal paresis. Arch Neurol. 1988;45:737-9.
50. Cusin FS, Tomaz A, Albernaz PLM. O videoteste do impulso cefálico (vHIT). In: Taguchi CK, Muniz LF, Fortes CC, Alvarenga KF. Tratado de equilíbrio corporal: da ciência à prática clínica. Santana de Parnaíba: Manole; 2023. p.207-33.
51. Agrawal Y, Carey JP, Hoffman HJ, Sklare DA, Schubert MC. The modified Romberg Balance Test: normative data in U.S. adults. Otol Neurotol. 2011 Oct;32(8):1309-11.
52. Duncan PW, Weiner DK, Chandler J, Studenski S. Functional reach: a new clinical measure of balance. J Gerontol. 1990 Nov;45(6):M192-7.
53. Mariotto LDF, Raineri GG. Avaliação instrumentada e não instrumentada do sistema vestibular [Internet]. In: Feitosa ALF, Depoli GT, Andrade WTL. Mapas conceituais em fonoaudiologia: audiologia. Ribeirão Preto: Book Toy; 2022. p.165-80.
54. Shumway-Cook A, Baldwin M, Polissar NL, Gruber W. Predicting the probability for falls in community-dwelling older adults. Phys Ther. 1997 Aug;77(8):812-9.
55. De Castro SM, Perracini MR, Ganança FF. Dynamic Gait Index – Brazilian version. Braz J Otorhinolaryngol. 2006 Nov-Dec;72(6):817-25.
56. Shumway-Cook A, Woollacott MH. Motor control: theory and practical applications. Baltimore: Williams & Wilkins; 1995. p 323-4.
57. Bohannon RW. Reference values for the five-repetition sit-to-stand test: a descriptive meta-analysis of data from elders. Percept Mot Skills. 2006 Aug;103(1):215-22.
58. Podsiadlo D, Richardson S. The timed "Up & Go": a test of basic functional mobility for frail elderly persons. J Am Geriatr Soc. 1991 Feb;39(2):142-8.
59. Berg KO, Wood-Dauphinee SL, Williams JI, Maki B. Measuring balance in the elderly: validation of an instrument. Can J Public Health. 1992 Jul-Aug;83 Suppl 2:S7-11.
60. Miyamoto ST, Lombardi Junior I, Berg KO, Ramos LR, Natour J. Brazilian version of the Berg balance scale. Braz J Med Biol Res. 2004 Sep;37(9):1411-21.
61. Tinetti ME. Performance-oriented assessment of mobility problems in elderly patients. J Am Geriatr Soc. 1986 Feb;34(2):119-26.
62. Gomes GC. Tradução, adaptação transcultural e exame das propriedades de medida da escala Performance Oriented Mobility Assessment (POMA) para uma amostragem de idosos brasileiros institucionalizados [Dissertação de Mestrado]. Campinas: Universidade Estadual de Campinas; 2003.
63. Jacobson GP, Newman CW, Piker EG. Assessing dizzinness-related quality of life. In: Jacobson G, Shepard N (Org.). Balance function assessment and management. 2. ed. San Diego: Plural Publishing; 2016. p.163-207.
64. Powell LE, Myers AM. The Activities-specific Balance Confidence (ABC) Scale. J Gerontol A Biol Sci Med Sci. 1995;50(1):28-34.
65. Marques AP, Mendes YC, Taddei U, Pereira CA, Assumpção A. Brazilian-Portuguese translation and cross cultural adaptation of the activities-specific balance confidence (ABC) scale. Braz J Phys Ther. 2013;17(2):170-8.
66. Jacobson GP, Newman CW. The development of the dizziness handicap inventory. Arch Otolaryngol Head Neck Surg. 1990 Apr;116(4):424-7.
67. Castro, ASO, Gazzola JM, Natour J, Ganança FF. Brazilian version of the Dizziness Handicap Inventory. Pró-Fono R Atual Cient. 2007;19(1):97-104.
68. Sousa MGC, Cruz O, Santos AN, Ganança C, Almeida L, Sena EP. Brazilian adaptation of the dizziness handicap inventory to pediatric population: reliability of the results. Audiol Commun Res. 2015;20(4):327-35.
69. Sousa MGC, Ganança CF, Lobo LS, Souza MA, Sena EP. Psychometric properties of the dizziness handicap inventory-child/adolescent (DHI-CA) – short form. Audiol Commun Res. 2017;22:e1817.
70. Yardley L, Beyer N, Hauer K, Kempen G, Piot-Ziegler C, Todd C. Development and initial validation of the Falls Efficacy Scale-International (FES-I). Age Ageing. 2005 Nov;34(6):614-9.
71. Camargos FFO, Dias RC, Dias JMD, Freire MTF. Cross-cultural adaptation and evaluation of the psychometric properties of the Falls Efficacy Scale – International Among Elderly Brazilians (FES-I-BRAZIL). Rev Bras Fisioter. 2010;14(3):237-43.
72. Cohen HS, Kimball KT. Development of the vestibular disorders activities of daily living scale. Arch Otolaryngol Head Neck Surg. 2000 Jul;126(7):881-7.
73. Aratani MC, Ricci NA, Caovilla HH, Ganança FF. Brazilian version of the vestibular disorders activities of daily living scale (VADL). Braz J Otorhinolaryngol. 2013;79(2):203-11.

21

Avaliação instrumental do equilíbrio corporal

Erika Barioni Mantello
Flávia Salvaterra Cusin
Lucia Kazuko Nishino
Thiago Silva Almeida de Souza

PONTOS-CHAVE

- Avaliação e diagnóstico funcional dos distúrbios do equilíbrio corporal.
- Avaliação do sistema vestibular: vectoeletronistagmografia (VENG), videonistagmografia (VNG), vídeo teste do impulso cefálico (vHIT), potenciais evocados miogênicos vestibulares (VEMP).
- Avaliação do controle postural: posturografia estática com provas dinâmicas (PEPD).

OBJETIVOS DE APRENDIZAGEM

Ao final deste capítulo, o leitor deverá ser capaz de:

- Identificar os diferentes instrumentos para avaliação dos sistemas envolvidos no equilíbrio corporal.
- Compreender a aplicabilidade e principais resultados dos exames VENG, VNG, vHIT, PEPD e VEMP, a fim de colaborar na definição do diagnóstico funcional preciso.
- Saber selecionar qual ou quais são os instrumentos mais viáveis a serem aplicados no contexto clínico diário, a partir de cada caso.
- Compreender como utilizar os instrumentos de avaliação para fins de monitorar o tratamento aplicado.

INTRODUÇÃO

O equilíbrio corporal é uma função complexa composta por três sistemas: a propriocepção (conjuntos de músculos e tendões), a visão e o sistema vestibular (órgãos otolíticos e canais semicirculares). A integração das informações sensoriais desses sistemas ocorre nos núcleos vestibulares do tronco encefálico, que desencadeia os reflexos vestibulares responsáveis pela estabilidade visual e postural[1].

A avaliação do equilíbrio corporal inclui: anamnese para compreensão da história clínica, medidas não instrumentais (testes clínicos, funcionais e medidas de autorrelato) e instrumentais, as quais avaliam as diferentes estruturas sensoriais envoltas no equilíbrio corporal e também frequências relacionadas com as respostas fisiológicas vestibulares[1].

Por meio do conhecimento dos instrumentos disponíveis e análise dos seus resultados, associados aos demais achados clínicos/funcionais, pretende-se identificar a estrutura acometida, lado, intensidade e prognóstico do quadro clínico, estabelecer o diagnóstico funcional e ainda monitorar o tratamento.

Neste capítulo, apresentamos os recursos disponíveis para avaliação instrumentalizada do equilíbrio corporal. Para isso, o texto foi segmentado em quatro seções: na primeira contextualizou-se a avaliação mais comumente utilizada do sistema vestibular, a oculografia para avaliação dos canais semicirculares e a relação do sistema vestibular, visual com o sistema nervoso central; na segunda descreveu-se sobre o vídeo teste do impulso cefálico, conhecido pelo termo em inglês *Video Head Impulse Test* (vHIT), para avaliação dos três pares de canais semicirculares (CSCs); na terceira, contextualiza-se um panorama sobre a posturografia estática com provas dinâmicas na avaliação do controle postural; e na quarta seção, uma breve descrição sobre o uso dos potenciais evocados miogênicos na avaliação dos órgãos otolíticos.

AVALIAÇÃO DO SISTEMA VESTIBULAR

Vectoeletronistagmografia (VENG)

A VENG, descrita por Padovan e Pansini em 1972, utiliza três eletrodos ativos e um terra, uma variação da eletronistagmografia (ENG) que utiliza dois eletrodos ativos e um terra. É o método mais utilizado no Brasil, devido ao seu custo mais acessível, se comparado com a videonistagmografia (VNG)[2].

A base de captação dos movimentos oculares é a variação do potencial elétrico entre a córnea (potencial positivo) e a retina (potencial negativo). Um eletrodo ativo é colocado no canto externo do olho direito e outro no olho esquerdo, enquanto o terceiro eletrodo é colocado na linha média frontal. Os três eletrodos formam um triângulo isósceles, para caracterizar o registro de três canais e realizar a captação dos movimentos oculares, em três derivações bipolares, que permitem a identificação dos movimentos oculares horizontais, oblíquos e verticais[2].

Videonistagmografia (VNG)

A VNG é um método computadorizado, sem eletrodos, que registra os movimentos oculares a partir de uma câmera de luz infravermelha, a qual mede os movimentos oculares a partir do movimento da pupila dos olhos, acoplada a um óculos especial ou máscara. As câmeras acopladas às lentes, à prova de luz, viabilizam a observação direta dos movimentos oculares para qualquer direção, com os olhos abertos e no escuro, tendo uma das vantagens de poder realizar a avaliação em lugares com iluminação e registrar movimentos de torção dos olhos[2].

Provas oculomotoras

As provas oculomotoras têm uma relação direta com os sistema nervoso central, portanto, quando o indivíduo não consegue realizar o movimento, apresenta alterações morfológicas no traçado indicativas de alteração central, na exclusão de qualquer alteração muscular na parte orbitária do olho que justifique a não captação dos movimentos oculares[3]. Os testes, descritos a seguir, podem ser realizados tanto na VENG como na VNG.

Calibração dos movimentos oculares

Esta prova deve ser realizada para averiguar que os olhos estejam com desvio correto para a direita, para a esquerda, para cima e para baixo, de forma que possam ser comparados entre si e com os valores de referência.

Nistagmo espontâneo de olhos abertos (NEOA) ou com fixação ocular e fechados (NEOF) ou sem fixação ocular

Realizar a pesquisa com olhar frontal, com os olhos abertos e fechados (VENG) ou sem fixação (VNG). Com os olhos abertos, o indivíduo com suspeita de acometimento periférico não deve ter nistagmo presente; caso presente, ou sugere envolvimento central ou está em crise vertiginosa; neste último caso não é aconselhável realizar o exame. Com olhos fechados ou sem fixação pode surgir nistagmo até 7°/s, que ainda é considerado fisiológico. Na presença de nistagmo igual ou maior que 7°/s, o teste é considerado alterado de origem periférica. Normalmente, em paciente com assimetria vestibular em processo de compensação ou descompensação.

Pesquisa do nistagmo evocado pelo olhar

Realizado para as quatro posições cardinais (direita, esquerda, para cima e para baixo). Como no olhar frontal de olhos abertos, deve estar ausente. Na presença de nistagmo evocado pelo olhar, deve-se considerar alteração de origem central. Porém, se o nistagmo evocado pelo olhar aparecer em indivíduos com presença de nistagmo espontâneo, de olhos fechados (VENG) ou sem fixação (VNG), que acompanha a mesma direção, a presença de nistagmo evocado pelo olhar tem origem periférica.

Perseguição ocular em pelo menos uma velocidade

É um movimento lento dos olhos, em perseguição de um alvo em movimento. Espera-se encontrar uma onda sinusoidal lisa ou pode encontrar, geralmente, em alterações centrais um traçado com características sacadas, que são pequenos movimentos de correção dos olhos durante o teste.

Pesquisa do nistagmo optocinético

É uma composição dos movimentos rápidos dos olhos (sacádicos) e movimentos lentos (perseguição ocular). Deve ser analisado em conjunto com os achados dos movimentos sacádicos (calibração) e da perseguição ocular. No caso de ambos os testes estarem dentro da normalidade, este também deve ser simétrico. Valores maiores que 17% devem ser considerados possível alteração central.

Prova calórica ou nistagmo pós-calórico

A prova calórica é o teste mais informativo da avaliação vestibular, pois avalia os CSCs isoladamente. Prova calórica: realizar no mínimo quatro estimulações (duas em cada orelha, sendo uma quente e outra fria), utilizando-se para ar as temperaturas de 50°C e 24°C, 8 litros/minuto por 60 segundos[4], e para água, 44°C e 30°C, 250 mL por 40 segundos[5]. Denominar qual referência foi utilizada para determinar valores de referência na prova calórica.

Para a análise da prova calórica é necessário avaliar tanto os valores absolutos como a simetria das quatro provas, por meio da análise dos valores relativos.

Para avaliação dos valores absolutos, utiliza-se a soma da mesma orelha quente e fria e consideram-se os valores de referência de Albertino et al.[4]. Para a análise do valor relativo utiliza-se a fórmula de Jongkees[5].

Podemos encontrar como respostas da prova calórica a preponderância labiríntica (PL) ou a preponderância direcional do nistagmo (PDN), na qual se escolhem os valores maiores entre as estimulações quentes e após entre as estimulações frias.

Os possíveis laudos da VENG ou VNG (exemplificados no Quadro 1) estão relacionados aos achados encontrados, portanto uma detalhada descrição dos achados mais relevantes é importante para colaborar com o diagnóstico médico[6].

Apesar da prova da cadeira rotatória não estar incluída na bateria mínima, sua realização traz vantagens quando se tem dúvidas sobre o funcionamento dos CSCs. Avalia, além dos canais laterais, os canais verticais e a compensação central. É a prova mais estimulante da bateria de testes. Pode ser realizada em crianças pequenas, que não toleram a prova calórica.

VIDEO HEAD IMPULSE TEST

O vHIT, popularmente conhecido pela sigla que o denomina na língua inglesa, vHIT – *Video Head Impulse Test*[7], consiste em uma câmera com sensores acoplados em um óculos que permite a captação e gravação dos movimentos oculares, de forma clara e nítida, durante os movimentos de cabeça[7].

Os equipamentos disponíveis atualmente para realização do teste são Synapsis vHIT (Synapsis); Firefly MV (Point Gray Research Inc.); Vorteque (Micromedical), ICS-Impulse System (Natus-Hearing & Balance); e EyeSeeCam System (Interacoustics)[8], sendo estes dois últimos autorizados para comercialização no Brasil, até o momento.

É um teste no qual o avaliador aplica uma sequência de impulsos cefálicos imprevisíveis na cabeça do paciente, de baixa amplitude (15°-20°), alta aceleração (2.000 a 6.000°/s^2) e velocidade (100°-250°/s)[7,8].

O *software* do equipamento rastreia e analisa o movimento dos olhos relativo ao movimento da cabeça, permitindo ao examinador identificar sacadas de refixação, durante e após o movimento da cabeça, e quantifica, de forma objetiva, o ganho do RVO para cada CSC, em frequências mais altas e fisiológicas do estímulo vestibular (5 Hz). Assim, identifica qual ou quais CSCs apresentam déficit vestibular[7,8].

Os óculos devem estar bem ajustados à cabeça do paciente, de forma a evitar que ocorra deslizamento. O paciente deve estar sentado em uma cadeira, a um metro de distância do estímulo, como pode ser visto nas Figuras 1 e 2. As orientações e cuidados para realização do exame devem sempre seguir o manual do fabricante, em relação ao posicionamento do paciente, fixação e distanciamento do alvo na parede e critérios de calibração[9].

Para assegurar a qualidade do exame na aquisição dos impulsos e evitar artefatos, cuidados devem ser tomados pelo examinador: posicionar e realizar os ajustes necessários nos óculos para garantir que os olhos fiquem bem abertos, reforçar a orientação ao paciente sobre fixar o olho no alvo, evitar tocar as mãos no óculos e na faixa elástica durante a realização dos impulsos, apresentar agilidade e treinamento para executar os impulsos dos canais laterais e verticais garantindo que o exame seja realizado na velocidade adequada[8,9].

QUADRO 1 Resultados prováveis na análise das provas oculomotoras e calórica4

Resultados	Oculomotricidade	Prova calórica
Normal	Sem alterações	Sem alterações
Hipofunção periférica unilateral	Sem alterações	Predomínio labiríntico maior que 17%
Hipofunção periférica bilateral	Normal ou alterado	O valor absoluto das 4 estimulações não excede 12°/s
Alteração central	Alterado	▪ Normal ou o valor absoluto das quatro estimulações excede 122°/s. ▪ Prepondêrancia direcional do nistagmo maior que 19°/s

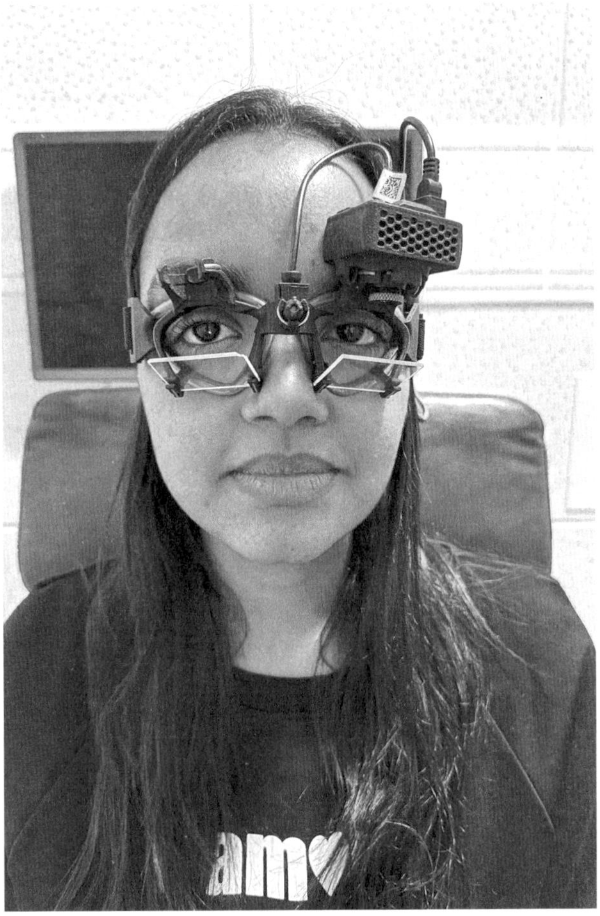

FIGURA 1 Disposição dos óculos do vHIT no rosto para execução do exame.
Versão colorida da figura encontra-se na plataforma de conteúdo complementar do livro.

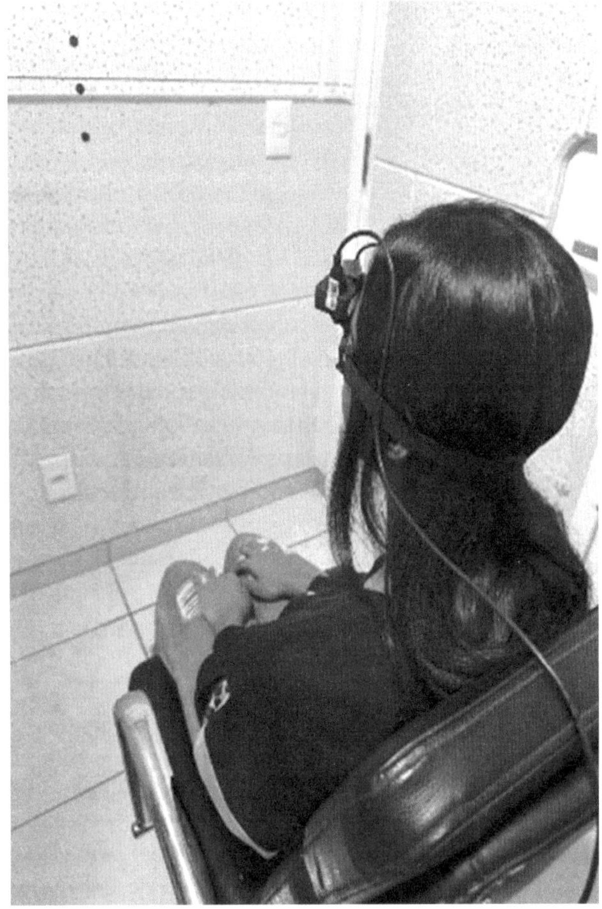

FIGURA 2 Indivíduo sentado a um metro de distância do alvo para realizar o vHIT. O paciente escolhe um dos alvos que esteja na direção dos seus olhos.
Versão colorida da figura encontra-se na plataforma de conteúdo complementar do livro.

Quanto aos cuidados com o paciente: deve evitar piscadas em excesso; caso isso ocorra, o profissional deve interromper o exame até que o paciente se concentre e permaneça com os olhos abertos; evitar maquiagem na região dos olhos e rigidez de cabeça e pescoço durante os impulsos; reforçar a atenção do paciente na fixação do olhar no alvo. Após certificado sobre as orientações ao paciente e cuidados do examinador, deve ser realizada a calibração do equipamento, com detecção e ajuste adequado da pupila, de acordo com as configurações e manual do equipamento[8-10].

Para a avaliação dos CSCs laterais o examinador deve realizar movimentos aleatórios no plano horizontal e, para avaliação dos canais anteriores e posteriores, os movimentos devem ser realizados no plano vertical, denominados pelas siglas em inglês RALP (*right anterior and left posterior*) e LARP (*left anterior and right posterior*)[8,9].

A coleta de pelo menos dez impulsos de boa qualidade é indicada para obtenção de resultados confiáveis. Um relatório com o gráfico da média do ganho do RVO por CSC e características das sacadas de refixação é fornecido pelo *software*[8-10].

Na análise devem constar dados sobre o ganho do RVO (ganho médio, instantâneo, regressão, simetria) e as sacadas de refixação (taxa de ocorrência, direção, amplitude, latência, PR escore – tipo)[9,10].

O ganho do RVO deve estar próximo de 1. Ele é medido por meio da relação entre a velocidade do movimento de cabeça e dos olhos, que pode ser visualizado na Figura 3.

O Quadro 2 apresenta os valores de normalidade para o ganho do RVO, por CSC, no vHIT.

A simetria entre os CSCs deve estar em torno de 20%, sendo variável entre os equipamentos [8-10].

No Quadro 3 estão descritos os parâmetros para análise das sacadas de refixação[8-10]. A Figura 4 demonstra um exemplo de gráfico com dados quantitativos do ganho do RVO e das sacadas de refixação.

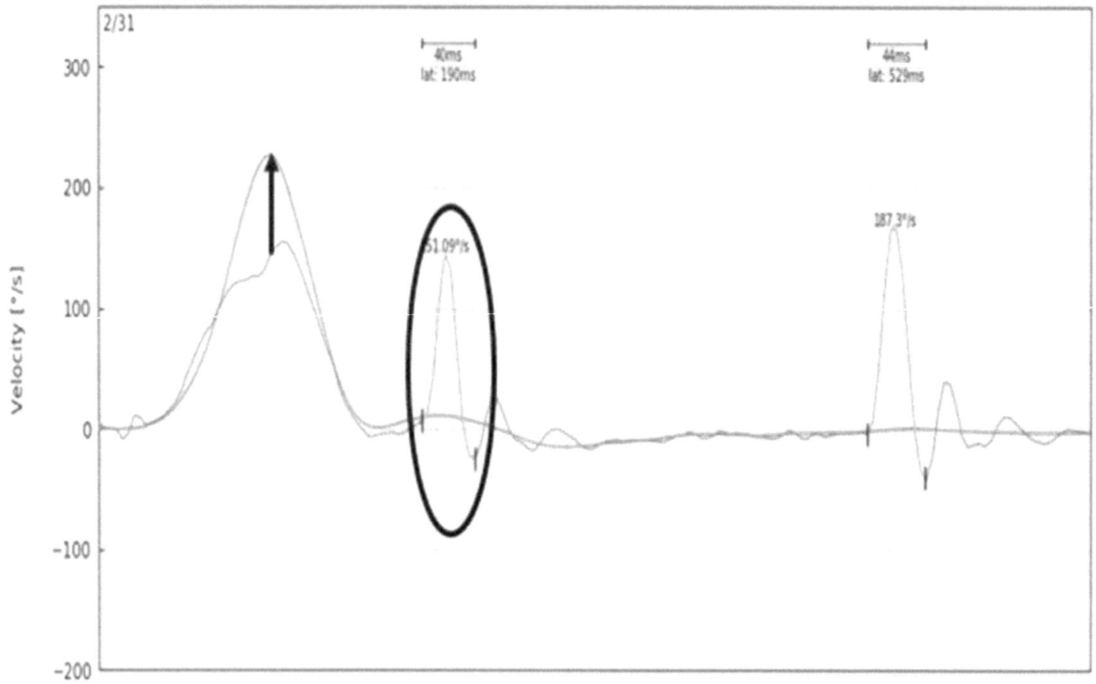

FIGURA 3 Seta indica a diferença entre a velocidade da cabeça e dos olhos, sugestiva de que ambos não alcançaram a mesma velocidade. O círculo indica a correção dos olhos, uma vez que não alcançou a mesma velocidade da cabeça, gerando uma sacada de refixação no vHIT.
Versão colorida da figura encontra-se na plataforma de conteúdo complementar do livro.

QUADRO 2 Critérios de normalidade para o ganho do RVO por CSC no vHIT8-10

Critério de normalidade do ganho do RVO	Canais laterais	Canais verticais
Resultado normal	0,8 a 1,2 ms	0,7 a 1,2 ms
Resultado alterado	Abaixo de 0,8 ms	Abaixo de 0,7 ms

QUADRO 3 Parâmetros para análise das sacadas de refixação no vHIT[8-10]

Parâmetros	Interpretação
Latência	Tempo em milissegundos em que ocorrem o impulso e sacada.
Tipo	*Covert* (70 ms e 100 ms) e *overt* (após 100 ms do final do impulso).
Amplitude	Considerada alterada quando: ▪ apresentar valores superiores a 110°/s; ▪ aparecer de forma unilateral; ▪ apresentar uma diferença de amplitude maior que 40% entre os pares sinérgicos de CSCs.
Taxa de apresentação	Apresentar valores igual ou superior a 50%; ex.: 20 impulsos e 10 apresentaram sacadas de refixação, sendo assim, 50% dos impulsos apresentaram sacadas.
Direção	Sacadas compensatórias ocorrem na direção oposta ao impulso; caso ocorra na direção contrária, podem ser influência de nistagmo espontâneo ou alterações centrais, denominadas sacadas anticompensatórias.
Duração	Sacadas de refixação devem apresentar no mínimo 30 ms de duração, isso pode diferenciar sacadas de possíveis artefatos.
PR escore	Classifica as sacadas em agrupadas (mais próximo de 0) e dispersas (mais próximo de 100%); esse parâmetro pode ajudar a identificar possível processo de compensação vestibular. Quanto menor for a porcentagem das sacadas, mais compensado o paciente se encontra[11].

O vHIT pode ser útil para o auxílio do diagnóstico funcional de alterações periféricas e centrais[7,8]. Outra aplicabilidade importante do vHIT é a possibilidade de trazer medidas objetivas na monitoria e avaliação do tratamento de RV, pré e pós-intervenção, por meio da observação do aumento do ganho do RVO para os CSCs acometidos pela hipofunção vestibular, até os padrões de normalidade e diminuição do PR escore das sacadas[8,10].

POSTUROGRAFIA ESTÁTICA COM PROVAS DINÂMICAS

Durante muitos anos, a avaliação funcional do equilíbrio sem o uso de instrumentos foi realizada com o teste de Romberg. Com o avanço tecnológico, no final da década de 80, o advento dos computadores e balanças de alta precisão, foi possível idealizar as posturografias dinâmicas. Porém, o alto custo e a necessidade de um local amplo e exclusivo para montar o equipamento impossibilitou a popularização desse exame no Brasil.

Nos últimos anos, as posturografias estáticas com provas dinâmicas têm sido aplicadas, com bom custo-benefício e otimização do espaço de avaliação[12].

O exame é dividido em duas partes: avaliação do limite de estabilidade e os testes de integração sensorial[12,13]. Durante a realização das condições um a sete (apresentadas nos Vídeos 1 a 8), convém não manter conversa com os indivíduos avaliados, pois pode interferir na manutenção do equilíbrio.

Utilize o QR code para acessar os Vídeos 1 a 8.

Voucher: **tratfono.**

Será considerada queda se o indivíduo retirar qualquer pé da plataforma. Sugere-se ter um apoio no qual o indivíduo possa se segurar, caso tenha algum desequilíbrio, uma vez que os testes podem gerar risco de quedas. Caso o indivíduo se apoie no apoio de segurança, também será considerada queda. Nesse caso, pode-se repetir o procedimento para comprovar o risco de queda, em qualquer teste alterado[12,13].

A partir das respostas das sete condições é possível obter, por meio de cálculos matemáticos, a análise sensorial que se divide em somatossensorial, visual, vestibular, dependência visual direita, esquerda e túnel

Velocity Gain

	Right (n=16)				Left (n=15)			
	mean	std	median	iqr	mean	std	median	iqr
Gain @ 40 ms	0.65	0.08	0.63	0.11	0.66	0.12	0.68	0.08
Gain @ 60 ms	0.63	0.05	0.63	0.08	0.90	0.08	0.92	0.10
Gain @ 80 ms	0.74	0.08	0.72	0.11	0.88	0.24	0.95	0.16
Median 0-100 ms	0.68	0.05	0.68	0.10	0.81	0.19	0.78	0.09
Regression	0.67	0.04	0.67	0.07	0.83	0.04	0.83	0.06

Saccades

	Right			Left		
	1st Saccade	2nd Saccade	3rd Saccade	1st Saccade	2nd Saccade	3rd Saccade
Amplitude [°]	1.55 ± 004.80	2.54 ± 001.15	4.59 ± 006.91	1.75 ± 003.44	2.44 ± 002.34	-
Peak Velocity [°/s]	131.86 ± 106.26	130.71 ± 054.85	283.22 ± 071.81	121.48 ± 111.88	240.63 ± 421.57	-
Duration [ms]	85.19 ± 021.53	65.86 ± 017.37	71.67 ± 016.86	70.00 ± 017.43	74.73 ± 035.60	-
Latency [ms]	144.25 ± 044.61	376.79 ± 126.04	566.00 ± 035.51	188.14 ± 067.14	432.36 ± 089.62	-
Total	16	14	3	14	11	0

FIGURA 4 Exemplo de gráfico com dados quantitativos do ganho do RVO e das sacadas de refixação.

e índice de equilíbrio composto (IEC). A partir da análise do desempenho nas sete condições é possível obter algumas conclusões[14]:

- Disfunção somatossensorial: mau desempenho na condição 2 (Figura 5).
- Disfunção visual: mau desempenho na condição 3 (Figura 6).
- Disfunção vestibular: mau desempenho na condição 4 (Figura 7).
- Disfunção visuovestibular: mau desempenho nas condições 3 e 4 (Figura 8).
- Disfunção somatovestibular: mau desempenho nas condições 2 e 4 (Figura 9).
- Dependência visual: mau desempenho nas condições 5 ,6 e 7, ou em qualquer destas independentemente (Figura 10).
- Disfunção severa: mau desempenho em 3 condições ou mais (3, 4 e 5/6/7 ou 2, 3, 4 e 5/6/7 ou 1, 2, 3, 4 e 5/6/7) (Figura 11).
- Inconsistentes: anormal em 1, 2 ou 3 sendo normal em 4 e 5/6/7. Nesse caso, há uma incongruência nos desempenhos, pois o indivíduo realiza as provas mais difíceis facilmente, enquanto as mais fáceis não realiza (Figura 12).

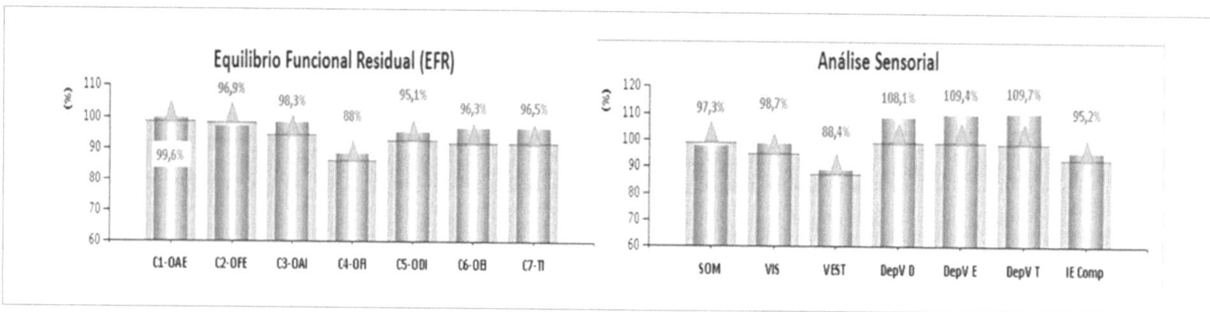

FIGURA 5 Disfunção somatossensorial.
Versão colorida da figura encontra-se na plataforma de conteúdo complementar do livro.

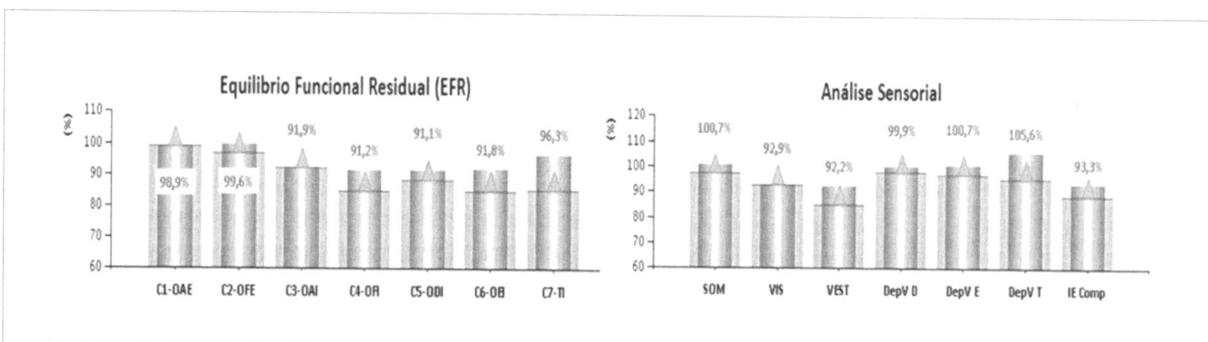

FIGURA 6 Disfunção visual.
Versão colorida da figura encontra-se na plataforma de conteúdo complementar do livro.

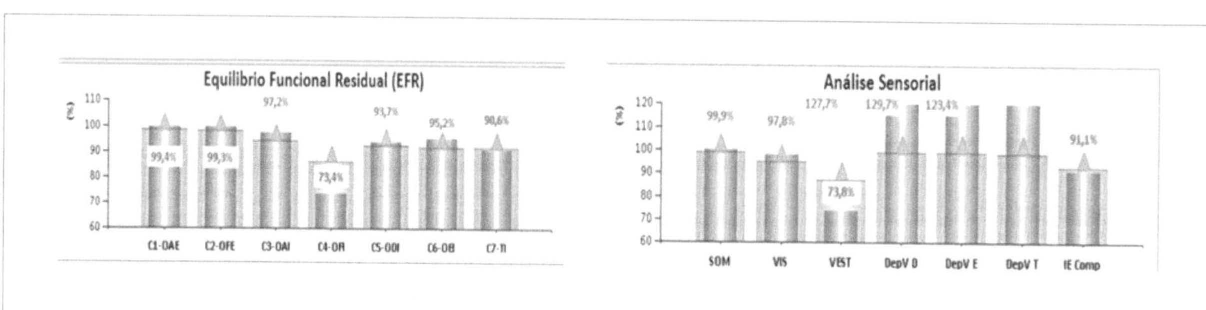

FIGURA 7 Disfunção vestibular.
Versão colorida da figura encontra-se na plataforma de conteúdo complementar do livro.

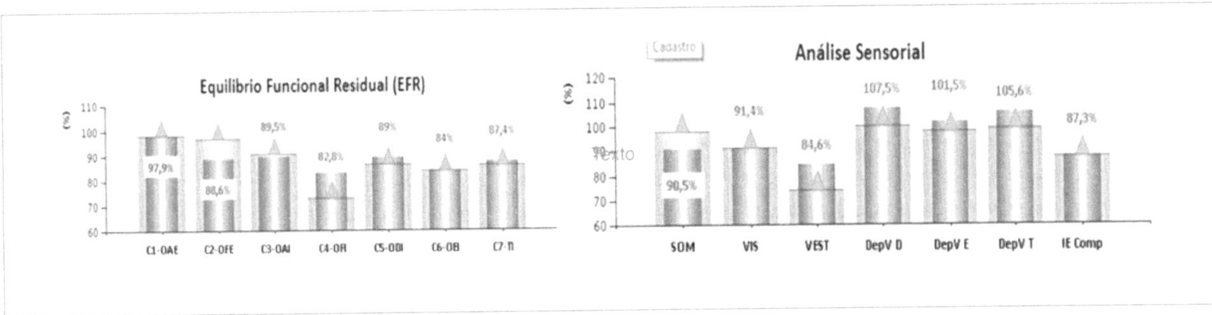

FIGURA 8 Disfunção visuovestibular.
Versão colorida da figura encontra-se na plataforma de conteúdo complementar do livro.

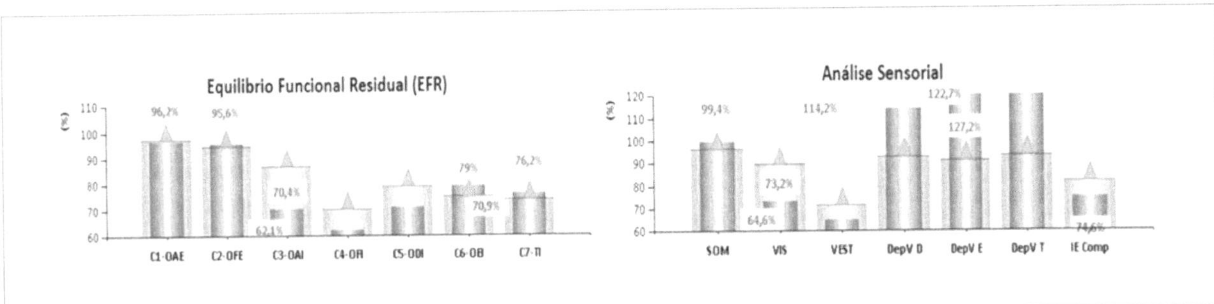

FIGURA 9 Disfunção somatovestibular.
Versão colorida da figura encontra-se na plataforma de conteúdo complementar do livro.

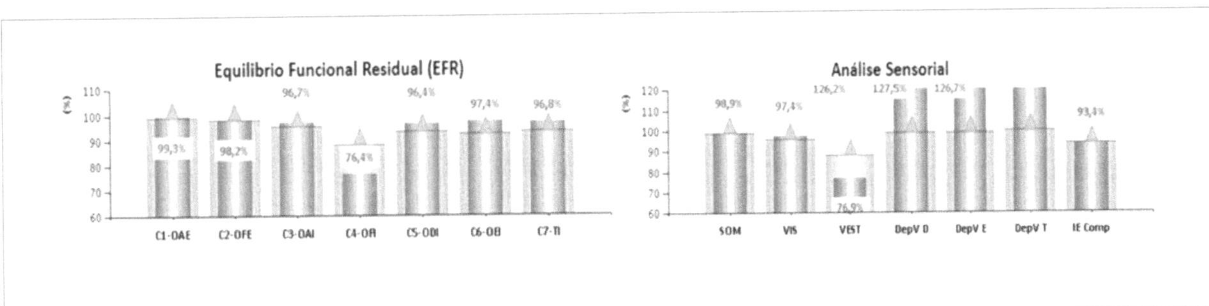

FIGURA 10 Dependência visual.
Versão colorida da figura encontra-se na plataforma de conteúdo complementar do livro.

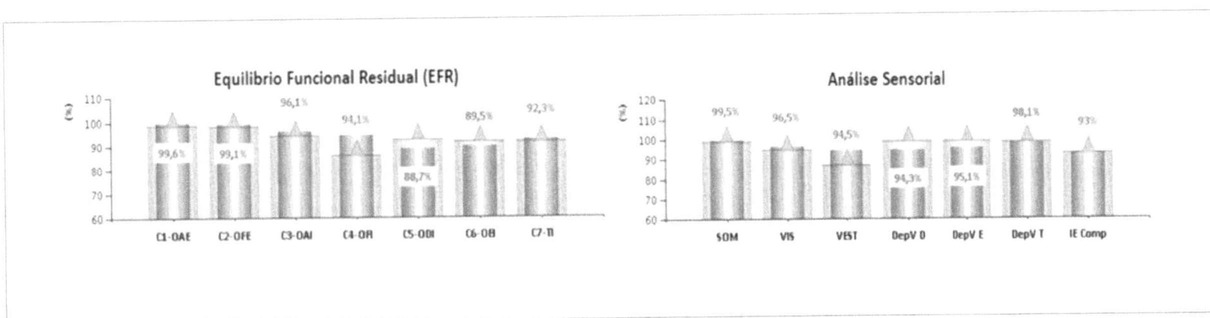

FIGURA 11 Disfunção severa.
Versão colorida da figura encontra-se na plataforma de conteúdo complementar do livro.

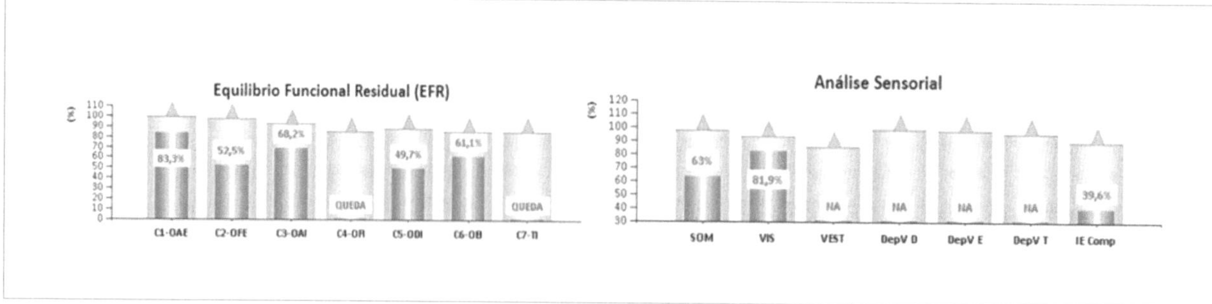

FIGURA 12 Resultados Inconsistentes.
Versão colorida da figura encontra-se na plataforma de conteúdo complementar do livro.

O Índice de Equilíbrio Composto (IEC) pode sugerir risco de quedas em indivíduos que possuem mais de um sistema acometido ou escores aquém da referência[13].

Autores que estudaram quedas em idosos verificaram que o IEC alterado tem relação com pacientes que caíram mais de duas vezes no ano. Portanto, IEC alterado não quer dizer que o indivíduo irá cair, mas tem chances importantes de quedas, principalmente idosos[13].

A posturografia é um exame complementar que tem sua aplicabilidade na funcionalidade dos sistemas que mantêm o equilíbrio. Não deve ser aplicada isoladamente, mas é uma importante ferramenta para a decisão terapêutica, tanto medicamentosa como na reabilitação vestibular, pois leva em conta a compensação do SNC e sua relação com os demais sistemas envolvidos no equilíbrio corporal[15].

POTENCIAL EVOCADO MIOGÊNICO VESTIBULAR

O potencial evocado miogênico vestibular cervical (cVEMP) e o ocular (oVEMP) são potenciais eletrofisiológicos de curta latência, desencadeados por meio de estímulos sonoros de alta intensidade, associados à contração muscular do esternocleidomastóideo (ECM) no cVEMP e pela contração da musculatura extraocular no oVEMP[16].

O cVEMP avalia a via ipsilateral, descendente, inibitória do reflexo vestíbulo-cervical, se origina da mácula do sáculo até o ECM, enquanto o oVEMP avalia a via contralateral, ascendente e excitatória do reflexo vestíbulo-ocular (RVO), iniciando na mácula utricular até o músculo oblíquo inferior do olho[17].

Os VEMPS são usados clinicamente para a avaliação da função otolítica (sáculo e utrículo) no sistema vestibular por meio de um equipamento de potenciais evocados auditivos de curta, média e longa latências[17].

Para executar o cVEMP é solicitado que o indivíduo fique sentado (Figura 13) ou deitado em uma maca (Figura 14), solicitando que realize a rotação da cabeça contralateral ao estímulo acústico no caso da posição sentada. Quando for realizado em maca, é solicitada a elevação da cabeça[18].

No teste do oVEMP o indivíduo deve permanecer sentado ou deitado com a cabeça reta. É solicitado que ele eleve o olhar para um alvo que vai estar acima da cabeça dele (pode ser o dedo do examinador ou alvo na parede), de modo a elevar o olhar para cima, contraindo o musculo oblíquo inferior, que deve ser monitorado pelo examinador durante o exame[19] (Figura 15).

No preparo do exame deve ser realizada a limpeza da pele com pasta abrasiva no local onde serão utilizados eletrodos de superfície[19]. Nas Figuras 16A e 16B demonstram-se os locais de colocação dos eletrodos para cada VEMP.

O traçado do VEMP é composto por uma onda bifásica com um pico negativo e um pico positivo (Figura 17). O VEMP é considerado um potencial de média latência que ocorre por volta de 10 a 25 milissegundos (ms), após o estímulo[19].

Os parâmetros de análise dos VEMPs são: presença e ausência de onda bifásica; latências absolutas dos picos n10 e p16 no oVEMP e p13 e N23 no cVEMP; amplitude; índice de assimetria e pesquisa de limiar (quando necessário)[20].

O VEMP é uma excelente ferramenta de avaliação em indivíduos com vertigem ou desequilíbrio, ajudando no diagnóstico funcional, prognóstico e/ou monitoramento nas hipofunções otolíticas, doença de Ménière, vertigem postural paroxística benigna (VPPB), neurite vestibular, schwannoma vestibular, síndrome de deiscência do canal semicircular superior e também nas alterações das vias centrais[20].

CONCLUSÃO

Atualmente temos a possibilidade de realizar uma avaliação instrumental de todas as vias de integração sensorial relacionadas ao equilíbrio corporal, o que co-

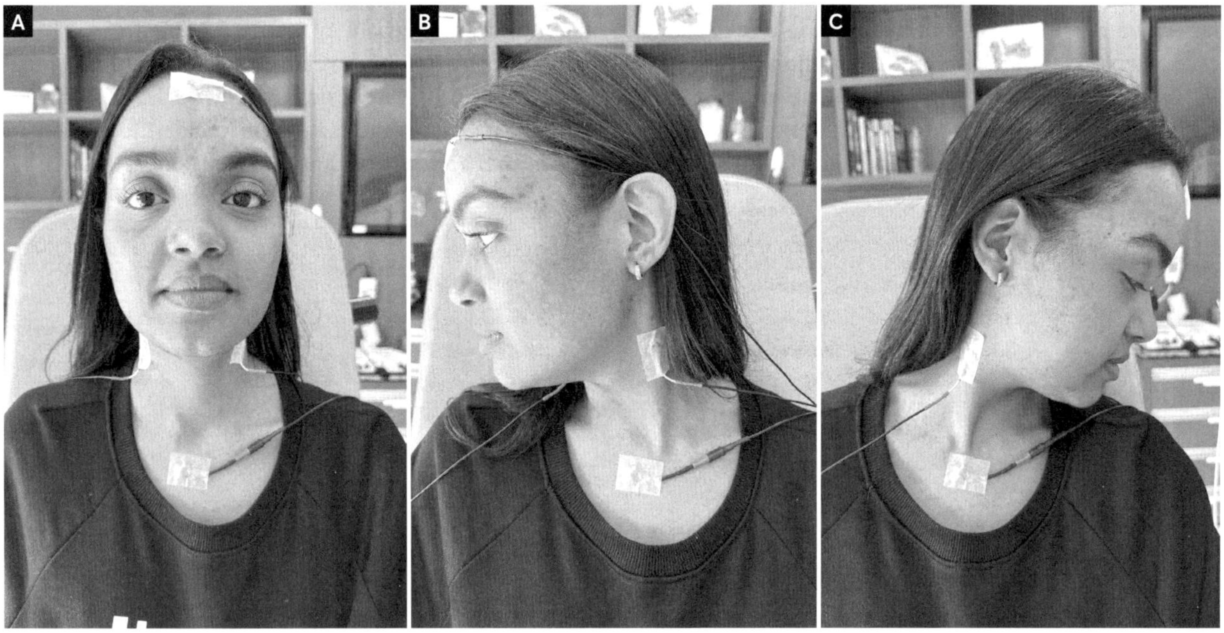

FIGURA 13 (A) Indivíduo sentado para a realização do cVEMP. (B) Indivíduo realizando a contração do músculo ECM esquerdo. (C) Indivíduo realizando a contração do músculo ECM direito.
Versão colorida da figura encontra-se na plataforma de conteúdo complementar do livro.

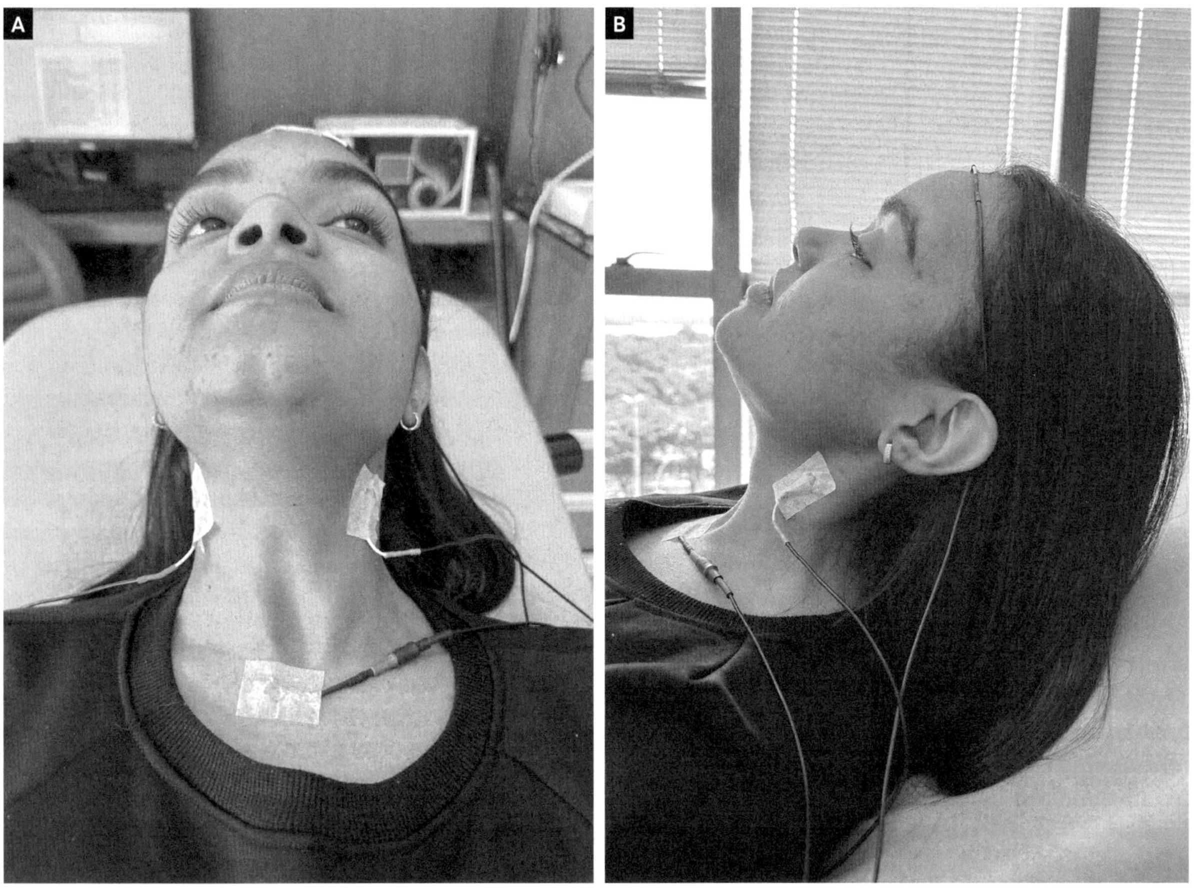

FIGURA 14 Indivíduo deitado e realizando a elevação da cabeça para a contração do músculo ECM na realização do cVEMP.
Versão colorida da figura encontra-se na plataforma de conteúdo complementar do livro.

labora no diagnóstico funcional preciso dos pacientes com queixas de tonturas e/ou desequilíbrio.

Neste capítulo, destacamos os instrumentos vectoeletronistagmografia, videonistagmografia, vídeo teste do impulso cefálico, potenciais evocados miogênicos vestibulares para avaliação do sistema vestibular e a posturografia estática com provas dinâmicas, indicada na investigação do controle postural. Destacamos objetivos, aplicabilidade e principais resultados dos exames. É válido ressaltar a importância da história

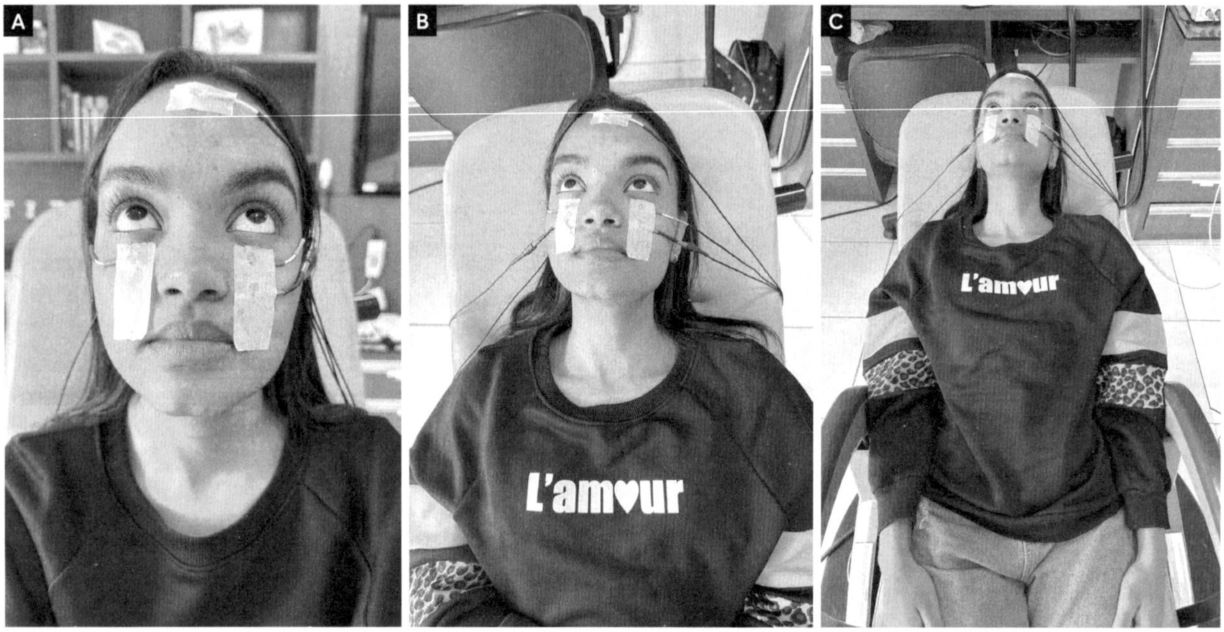

FIGURA 15 (A) Indivíduo sentado olhando em um alvo acima da cabeça. (B e C) Indivíduo deitado e olhando para um alvo acima da cabeça para realizar o oVEMP.
Versão colorida da figura encontra-se na plataforma de conteúdo complementar do livro.

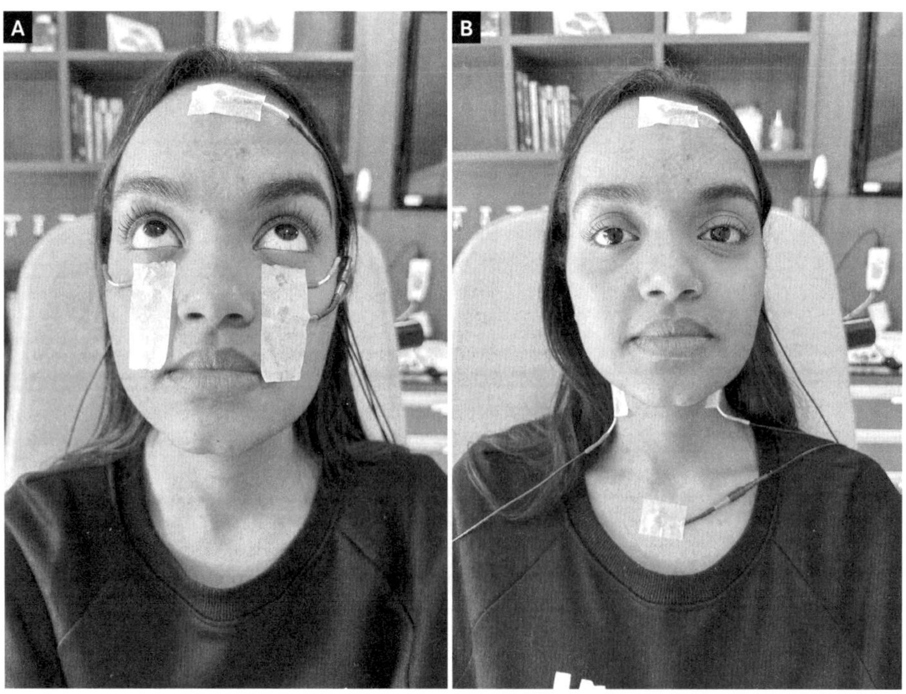

FIGURA 16 (A) Disposição dos eletrodos para o oVEMP. (B) Disposição dos eletrodos para o cVEMP.
Versão colorida da figura encontra-se na plataforma de conteúdo complementar do livro.

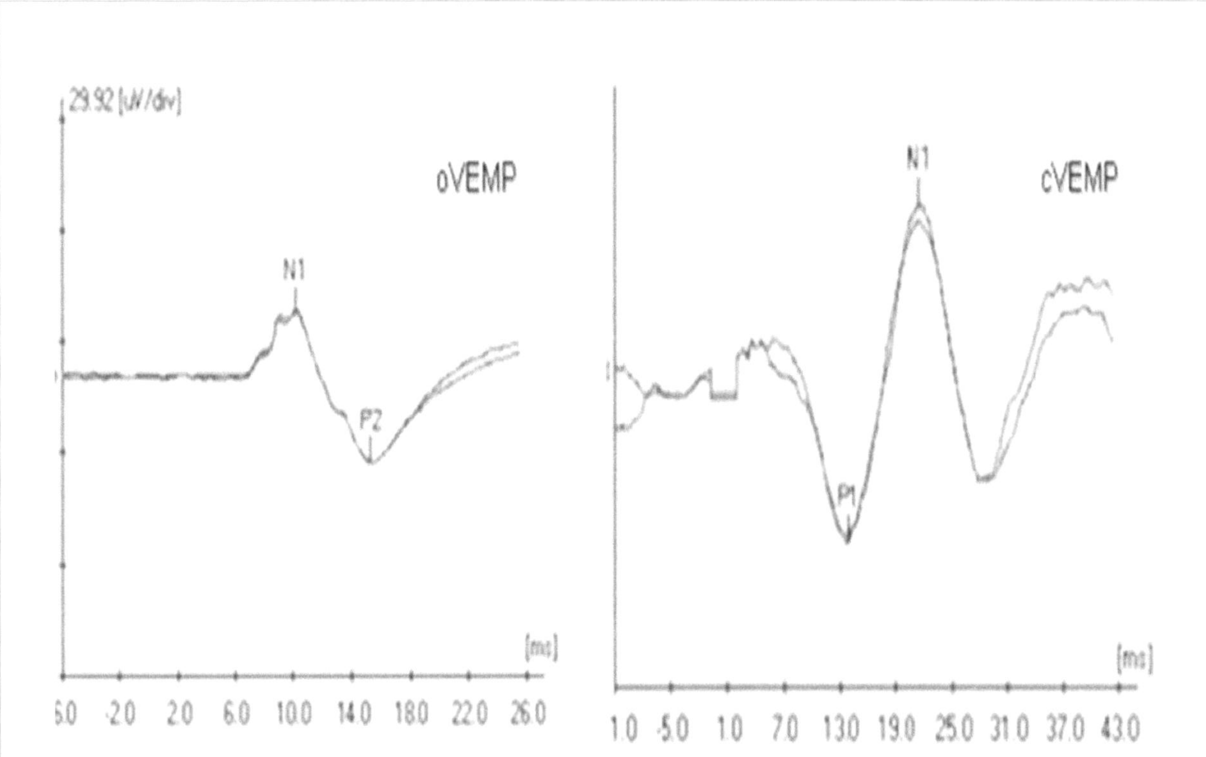

FIGURA 17 Exemplo de um traçado do oVEMP e do cVEMP.
Versão colorida da figura encontra-se na plataforma de conteúdo complementar do livro.

clínica individual, pois leva o fonoaudiólogo a raciocinar qual ou quais instrumentos de avaliação devem ser utilizados em cada caso.

O avanço tecnológico na área da Otoneurologia permite realizar uma avaliação mais sensível e específica dos sistemas envoltos no equilíbrio corporal, estabelecer o prognóstico e ainda monitorar o tratamento empregado.

REFERÊNCIAS BIBLIOGRÁFICAS

1. Mantello EB, Nascimento GFF. Entrevistas e questionários. In: Taguchi CK et al. (eds.). Tratado do equilíbrio corporal – da ciência à prática clínica. Barueri: Manole; 2023. p.25-46.
2. Ganança MM, Caovilla HH, Ganança FF. Eletronistagmografia versus videonistagmografia. Braz J Otorhinolaryngol [Internet]. 2010 May;76(3):399-403.
3. Barin K. Interpretação dos testes de função vestibular-tendências futuras. In: Maia FCZ, Albernaz PLM, Carmona S (eds.). Otoneurologia atual. Rio de Janeiro: Revinter; 2014. p.199-231.
4. Albertino S, Bittar RSM, Bottino MA, Ganança MM, Gonçalves DU, Greters ME, et al. Valores de referência da prova calórica a ar. Braz J Otorhinolaryngol. 2012;78:2.
5. Jongkees LBW, Philipszoon AJ. Eletronystagmography. Acta Otolaryngol Suppl. 1964;189:1-111.
6. Nishino LK. Eletro-oculografia: prova calórica. In: Taguchi CK et al. (eds.). Tratado do equilíbrio corporal – da ciência à prática clínica. Barueri: Manole; 2023.
7. Alhabib SF, Saliba I. Video head impulse test: a review of the literature. Eur Arch Otorhinolaryngol. 2017;274(3):1215-22.
8. MacDougall HG, McGarvie LA. Application of the video head impulse test to detect vertical semicircular canal dysfunction. Otol Neurotol. 2013;34(6):974-9.
9. Otometrics. ICS Impulse USB – Reference manual [Internet]. Otometrics; 2015. Disponível em: http://madsen.hu/pdf/utmutato/Impulse_3.0_Reference_Manual_7-50-2040-EN_01.pdf.
10. Cusin FS, Tomaz A, Albernaz PLM. Videoteste do impulse cefálico. In: Taguchi CK et al. (eds.). Tratado do equilíbrio corporal – da ciência à prática clínica. Barueri: Manole; 2023. p. 207-33.
11. Rey-Martinez J, Atuecas-Caletrio A, Martiño E, Perez-Fernandez N. HITCal: a software tool for analysis of video head impulse test responses. Acta Oto-Laryngologica. 2015;135(9):886-94.
12. Nishino LK, et al. Protocolo para posturografia estática com provas dinâmicas em indivíduos sem queixas vestibulares utilizando o sistema Horus. CoDAS. 2021;33(3):e20190270.
13. Leopoldo CMS, Nishino LK, Santos MAO. Uso da posturografia para identificação do risco de queda em idosos com tontura. Audiol Commun Res. 2022;27:e2684.
14. Bittar RSM, Mezzalira R. Posturografia dinâmica computadorizada. In: Maia FCZ, Albernaz PLM, Carmona S (eds.). Otoneurologia atual. Rio de Janeiro: Revinter; 2014. p. 199-231.

15. Bronstein AM. Visual vertigo syndrome: clinical and posturography findings. J Neurol Neurosurg Psychiatry. 1995 Nov;59(5):472-6.
16. Todd NPM, Rosengren SM, Colebatch JG. Ocular vestibular evoked myogenic potentials (OVEMPs) produced by impulsive transmastoid accelerations. Clin Neurophysiol. 2008;119(7):1638-51.
17. Curthoys IS, et al. The ocular vestibular-evoked myogenic potential to air-conducted sound; probable superior vestibular nerve origin. Clin Neurophysiol. 2011 Mar;122(3):611-6.
18. Ito K, Karino S, Murofushi T. Effect of head position on vestibular evoked myogenic potentials with toneburst stimuli. Acta Oto-Laryngologica. 2007 Jan 8;127(1):57-61.
19. Rosengren SM, et al. Vestibular evoked myogenic potentials in practice: Methods, pitfalls and clinical applications. Clin Neurophysiol Pract. 2019 Jan 1;4:47-68.
20. Murofushi T. Vestibular evoked myogenic potential. World Journal of Otorhinolaryngology. 2014;4(2):6.

22

Avaliação do equilíbrio corporal na criança

Caio Leônidas Oliveira de Andrade
Mariana Amary

PONTOS-CHAVE

- A avaliação do equilíbrio corporal deve ser realizada de forma abrangente, mediante a aplicação de testes clínicos padronizados e adequados para a idade cronológica, assim como com o estudo dos elementos psicomotores.
- Os testes aplicados na avaliação clínica e funcional do equilíbrio na criança devem apresentar sensibilidade compatível com a maturação neurológica, bem como investigar a integridade do RVO e do RVE.
- Na investigação do equilíbrio infantil faz-se necessário incluir na bateria de testes a avaliação dos principais elementos psicomotores que geralmente apresentam comprometimento nas disfunções vestibulares e interferem no processo de aprendizagem e socialização,

OBJETIVOS DE APRENDIZAGEM

Ao final deste capítulo, o leitor deverá ser capaz de:

- Identificar os principais procedimentos de testes não instrumentalizados empregados no público infantil.
- Identificar os principais procedimentos instrumentalizados aplicados no público infantil conforme idade cronológica.
- Compreender a importância da inclusão de metodologias padronizadas para avaliar elementos psicomotores em crianças com suspeita de prejuízos vestibulares.

INTRODUÇÃO

As disfunções vestibulares na infância não são ocorrências raras e isoladas, porém são de detecção complexa, o que torna o diagnóstico precoce e o tratamento etiológico essenciais na prevenção das complicações futuras[1], haja vista que quaisquer privações nessa faixa etária podem comprometer o desenvolvimento global do indivíduo, com prejuízos nos aspectos neuropsicomotor, na aquisição de linguagem, no desempenho acadêmico e cognitivo[2].

Identificar os sintomas de comprometimento do equilíbrio corporal no público pediátrico nem sempre é uma tarefa fácil, pois a criança pode demonstrar uma diversidade de sensações que podem estar relacionadas ao desequilíbrio ou tontura e a outras comorbidades, a exemplo das dificuldades na marcha, manifestações como quedas, esbarrões, dificuldades para andar de bicicleta, brincar de pular e, até mesmo, utilizar os brinquedos do *playground*[1].

A avaliação da função vestibular infantil deve ser direcionada para toda criança que apresentar quadros clínicos suspeitos de alterações do equilíbrio corporal[3], sejam eles relacionados com distúrbios do equilíbrio corporal ou aos prejuízos das habilidades psicomotoras.

Dessa forma, o presente capítulo buscou apresentar as principais modalidades de exame funcional do sistema vestibular, a fim de identificar os comprometimentos do equilíbrio corporal infantil por meio das análises instrumentalizadas e não instrumentalizadas, fornecendo aos clínicos dados para sua conduta diagnóstica e planejamento terapêutico.

AVALIAÇÃO CLÍNICA

Uma anamnese detalhada é o ponto de partida para a investigação otoneurológica em qualquer faixa etária. Dados referentes à queixa principal, sintomas associados (cefaleia, náusea, vômito e outras alterações da homeostase), histórico otológico (testes auditivos e/ou triagens realizadas, otalgia, otorreia, malformação visível), frequência e duração dos episódios de perturbação do equilíbrio, comorbidades e medicações em uso devem ser coletados e registrados, embora os autores recomendem um modelo de entrevista aberto e receptivo de escuta do indivíduo e familiares/responsáveis.

Na população infantil, é importante ainda obter dados sobre a gestação e intercorrências no parto, marcos do desenvolvimento neuropsicomotor, histórico de aprendizagem e socialização, bem como sinais e sintomas que nem sempre são identificados pelas famílias como possíveis sinalizadores de disfunção vestibular: medo do escuro; medo de altura; enurese noturna; comportamento de evitar brincadeiras ou movimentos específicos (correr, pular, girar); tropeços e quedas frequentes; estrabismo e alterações visuais[2].

A partir das hipóteses diagnósticas decorrentes do raciocínio clínico, desenvolvido com a escuta atenta da queixa apresentada, o clínico poderá dispor de diversos testes para investigar os sistemas subjacentes ao equilíbrio. Eles serão direcionados para a confirmação ou exclusão das hipóteses formuladas, de forma que nem todos os indivíduos necessitarão da bateria completa descrita a seguir. A individualização da abordagem sempre deve ter em vista a objetividade no acesso a informações que trarão diferenciais para o diagnóstico infantil e a possibilidade de intervenções direcionadas.

Oculomotricidade

A avaliação da oculomotricidade requer atenção quanto à maturação das vias neurais oculomotoras para os diferentes movimentos oculares, podendo ser realizada, a depender do movimento ocular, a partir dos 2 meses de idade[4]. Podem ser realizados os testes à beira do leito, com uso de alvos de interesse da criança (por exemplo, lanterna, personagens ou brinquedo preferido) ou métodos padronizados como a vectoeletronistagmografia (VENG) ou videonistagmografia (VNG), sempre associados a incrementos lúdicos para que a criança esteja familiarizada com o ambiente.

É importante que o profissional tenha paciência na interação, pois muitas vezes a criança apresenta medo das avaliações ou dos dispositivos a serem utilizados, eventualmente por ter que permanecer no escuro para as provas sem fixação ocular ou por mero desconhecimento dos procedimentos. Assim, manter um ambiente de interação amigável e acolhedor facilitará a coleta dos dados.

O profissional pode dispor de interações lúdicas para alcançar os objetivos de perseguição ocular e movimentos sacádicos, por exemplo, enquanto faz a análise dos achados. O uso da máscara de VNG pode não ser bem tolerado, devido ao peso ou pelo relativo isolamento que a restrição do campo visual provoca; neste caso, embora menos sensível, a avaliação com eletrodos (ENG/VENG) pode ser o método de registro utilizado. Na plataforma digital o leitor encontrará os valores de referência para análise das provas oculomotoras em crianças de 6 a 12 anos.

Utilize o QR code para acessar o Anexo 1 – Valores de referência para análise das provas oculomotoras em crianças de 6 a 12 anos.

Voucher: **tratfono**.

Testes clínicos para avaliar a simetria de tônus vestibular, que são de fácil aplicabilidade, são as provas de agitação cefálica e SVINT (*Skull Vibration Induced Nystagmus Test*) ou teste do nistagmo induzido por vibração do crânio. A presença de nistagmo pode ser observada através de lentes de Frenzel, VENG ou VNG. Esses testes indicam assimetria de tônus vestibular e são instrumentos valiosos na clínica otoneurológica infantil. O uso de outros instrumentos clínicos, como o mCTSIB (*Modified Clinical Test of Sensory Interaction in Balance*) ou teste clínico de integração sensorial do equilíbrio modificado e a permanência em postura unipodal demonstraram precisão na identificação de hipofunções vestibulares em crianças de 6 a 12 anos[5].

Questionários

Os instrumentos para quantificar o equilíbrio, o impacto da tontura na qualidade de vida das crianças e outras condições associadas, como a vertigem visual, constituem parte importante do manejo clínico dessa população e devem ser utilizados de acordo com as queixas referidas na anamnese. A maioria desses questionários já está traduzido e adaptado para o português brasileiro. Ao leitor que desejar se aprofundar recomendamos a leitura adicional do material cujas referências estão disponíveis no material complementar.

Utilize o QR code para acessar o Anexo 2 - Recomendações de leitura adicional sobre questionários.

Voucher: **tratfono**.

Pesquisa do nistagmo de posicionamento

A incidência de Vertigem Posicional Paroxística Benigna (VPPB) em crianças é em torno de 1,2% dos casos de tontura e normalmente ocorre após traumas[6]. Contudo, toda história clínica que inclua tontura episódica de curta duração pode estar relacionada a esse quadro e deve ser realizada a pesquisa do nistagmo de posicionamento nesses indivíduos. As manobras mais usualmente executadas são a de Dix-Hallpike e o *Supine Roll-Test*. A presença de nistagmo deve ser registrada e incluir as seguintes características: se há ou não latência, qual o tipo de nistagmo, direção, duração, se é observado paroxismo durante o teste ou fatigabilidade após o reteste. O diagnóstico deve seguir as diretrizes propostas pelo consenso da Bárány Society[7], disponíveis na plataforma digital do livro.

Utilize o QR code para acessar o Anexo 3 - Consenso da Bárány Society.

Voucher: **tratfono**.

AVALIAÇÕES INSTRUMENTAIS

VEMP cervical e ocular

Os potenciais evocados miogênicos vestibulares (VEMPs) são ferramentas bastante úteis na avaliação otoneurológica infantil, por serem captados através de uma metodologia rápida e de fácil aplicação. O VEMP cervical pode ser captado em crianças a partir de 5 dias de vida em neonatos a termo[8], enquanto o VEMP ocular é indicado a partir dos 3 anos de idade[9].

A literatura aponta para adaptações que devem ser realizadas na execução dos protocolos de teste em crianças, devido à necessidade de exposição a níveis de pressão sonora elevados e potencialmente danosos à audição pela reduzida área da orelha infantil. Outras adaptações incluem o uso de alvos de interesse da criança, mudanças de postura que gerem contrações musculares reflexas e auxílio dos pais/cuidadores no posicionamento da criança para a avaliação. Usualmente os valores comparativos de amplitude dos complexos de onda avaliados à direita e à esquerda são considerados assimétricos se maiores que 36%[10].

A pesquisa do limiar dos VEMPs tem um papel importante no diagnóstico de malformações da orelha interna e síndrome do aqueduto vestibular alargado, e deve ser realizada na suspeita de tais quadros clínicos. Sugerimos a realização da pesquisa de limiar através de técnica ascendente, evitando a exposição prolongada a sons de forte intensidade.

Teste do Impulso Cefálico por vídeo - vHIT

O uso do Teste do Impulso Cefálico por vídeo (vHIT) permite a avaliação dos seis canais semicirculares e oferece vantagens em relação a outros métodos de avaliação do reflexo vestíbulo-ocular (RVO) por ser de rápida execução e não provocar náuseas ou tontura, além de não haver necessidade de permanência na obscuridade, fatores críticos para algumas crianças. As respostas do RVO são passíveis de avaliação a partir dos 2 meses de vida[11], contudo, é necessário que os óculos do equipamento permaneçam firmemente ajustados à cabeça do paciente e que ele consiga manter a fixação ocular durante a avaliação, o que requer controle postural do pescoço e tronco. Assim, o exame realizado com óculos se torna viável em crianças maiores. Mais uma vez, o uso de alvos de interesse da criança e um ambiente lúdico propiciarão um exame tranquilo e de achados confiáveis para a análise.

Embora não exista consenso na literatura sobre alterações no ganho relacionadas à idade pediátrica, estudos[11] observaram valores mais baixos de ganho em crianças com idade inferior a 3 anos, com um rápido aumento até os 6 anos, e de forma mais lenta até os 16 anos de idade, com o uso de um sistema à distância para avaliação da velocidade dos olhos e da cabeça. A presença de sacadas corretivas consistentes caracteriza um resultado anormal e deve ser levada em consideração na análise dos achados, constituindo o principal sinal de alteração. Destaca-se ainda que esse deve ser o método de escolha para avaliação vestibular em crianças com alterações de orelha média, uma vez que tanto a prova calórica como a pesquisa dos VEMPs por via aérea estão sujeitos a interferências na interpretação dos achados em caso de presença de efusão na caixa timpânica[12].

Posturografia

A realização da posturografia em crianças visa fornecer informações referentes ao equilíbrio global e às interações entre os sistemas visual, vestibular e proprioceptivo, indicando ainda a ocorrência de dependência visual. Como a maturação do sistema postural ocorre tardiamente, o exame é realizado a partir dos 4 anos de idade, desde que seja utilizada plataforma de força específica, pois a maioria dos equipamentos funciona com peso mínimo de 25 a 30 kg. É importante a utilização de dados normativos para a faixa etária, além do exame fornecer pistas sobre possíveis estratégias a serem realizadas no programa de reabilitação vestibular, quando indicado[13].

Prova calórica

Executada de forma similar à realização em adultos, a prova calórica constitui um desafio na avaliação de crianças menores, pois exige longo tempo de permanência com os olhos fechados e colaboração no sentido de manter a cabeça imóvel, e ainda deve ser realizada a desinibição cortical durante a gravação dos nistagmos pós-calóricos. A literatura aponta para maiores respostas do que as obtidas em adultos, sendo os valores esperados de PL (predomínio labiríntico) de até 25% e de PDN (preponderância direcional do nistagmo) de até 35%. Esperam-se respostas similares às do adulto ao redor dos 7 anos de idade. A ocorrência de hiper-reflexia é frequente por provável falta de maturação do sistema nervoso central nos mecanismos de inibição[14]. Recomenda-se a realização da prova calórica em crianças acima de 8 anos, caso a pesquisa do RVO com o vHIT não tenha apresentado alteração[15].

Cadeira rotatória pendular decrescente – PRPD

A avaliação do RVO para os canais laterais pode ser realizada por provas rotatórias, em cadeiras específicas para esse fim, que pendulam de forma decrescente até cessar, com o monitoramento dos movimentos oculares através de ENG/VENG/VNG. A criança pode estar posicionada no colo do cuidador ou sozinha na cadeira, desde que consiga manter-se na posição de teste (sentada, cabeça fletida anteriormente a 30°). É necessária a calibração prévia dos movimentos oculares, variável conforme o método escolhido, e os nistagmos observados nas rotações para a direita e para a esquerda serão comparados em relação à frequência de ocorrência (número de nistagmos) ou em relação à velocidade angular média da componente lenta. Espera-se uma simetria de 30%[16].

ACUIDADE VISUAL DINÂMICA

A avaliação da oscilopsia provocada por uma falha vestibular uni ou bilateral pode ser realizada através das medidas de acuidade visual dinâmica. Originalmente o teste é realizado com uma tabela de Snellen e sua versão computadorizada dispõe de optotipos em posições variáveis, normalmente a letra E. Para a população pediátrica o exame é realizado a partir dos 3 anos de idade, com tábuas com desenhos coloridos, trazendo maior ludicidade e interesse da criança para o momento. Prejuízos acima de duas linhas em relação à acuidade visual estática são considerados como déficits do RVO, sendo que a diferenciação do lado acometido só é possível com o teste computadorizado, que pode ser executado também na direção vertical[17].

AVALIAÇÃO PSICOMOTORA

A investigação da função vestibular em crianças com suspeita de prejuízos no equilíbrio corporal não pode estar restrita aos exames otoneurológicos tradicionais, devendo, portanto, abranger os aspectos relacionados ao desenvolvimento global do indivíduo, haja vista que alterações vestibulares em período precoce do desenvolvimento têm potencial para causar perturbações nas habilidades motoras, cognitivas e no comportamento psicológico.

Por esse motivo, o olhar clínico precisa ser direcionado também aos aspectos psicomotores da criança, uma vez que a autonomia funcional e motora é intimamente dependente da manutenção do equilíbrio, que além de estar sob o controle de mecanismos otoneurológicos é influenciada pelo controle consciente. Isso atesta a importância da avaliação psicomotora ser valorizada na investigação das disfunções vestibulares infantis. Assim, os principais elementos psicomotores devem ser analisados para que a intervenção favoreça o adequado desenvolvimento global da criança[18]. Os principais elementos psicomotores e as suas relações com a função vestibular estão descritos abaixo, porém, informações mais detalhadas são apresentadas na plataforma de conteúdo complementar.

Utilize o QR code para acessar o Anexo 4 – Principais elementos psicomotores que devem ser valorizados na avaliação do equilíbrio corporal na criança.

Voucher: **tratfono**.

Imagem corporal

Esse elemento consiste na reprodução mental inconsciente do que o próprio corpo realiza por meio de uma organização cerebral integrada com os segmentos internos e externos do organismo. A origem da noção do corpo reflete uma multiplicidade de eventos influenciados por fatores sensoriais, como a propriocepção, a interocepção, a exterocepção, os sensores labirínticos de velocidade, rotação, translação e gravidade, bem como influenciados também pelos reflexos posturais, que atuam sobre a posição cefálica, ortostática e a oculomotricidade[19]. Os movimentos cefálicos no espaço evocam sinais vestibulares que evocam representações cerebrais dos segmentos corporais, bem como representações da orientação e posição do corpo no ambiente. Além desses, o tônus vestibular, o tônus cerebelar de desvio e tônus cerebelar de hiperflexão são também importantes na imagem que formamos do corpo no espaço[20], os quais podem estar envolvidos no desenvolvimento da rotação mental.

Esquema corporal

A noção corporal é resultante do processamento e integração das diversas entradas sensoriais[21], sendo o sistema vestibular um dos mais importantes mecanismos na constituição da percepção das características físicas do corpo no espaço tridimensional que ocupa, haja vista que se constitui como o principal sensor gravitacional, atuando no controle postural e na manutenção do equilíbrio na posição ortostática, a fim de estabilizar o corpo, a cabeça e o olhar durante o movimento.

Acrescentam-se a isso os impulsos captados pela visão e pelos receptores proprioceptivos, interoceptivos e os ajustes reflexos das respostas musculares[22]. Por esse motivo, desajustes do equilíbrio corporal alteram a composição do esquema corporal, ocasionando o declínio da consciência de algumas partes do corpo.

Lateralidade

Os componentes sensoriais visuais, auditivos e proprioceptivos estão ativamente envolvidos na manutenção do equilíbrio. Porém, os efeitos desses componentes no equilíbrio podem variar de acordo com a preferência manual, pedal e/ou dos órgãos dos sentidos que são anatomicamente simétricos ao longo do plano sagital do corpo[23].

Essas unidades complexas somente atuam de forma integrada graças aos processos neurofisiológicos situados no tronco encefálico, já que os centros nervosos nesse sítio são os responsáveis pela integração das funções bilaterais do corpo. Na vigência de falhas na execução de tarefas que exijam maior definição da lateralização ou equilíbrio, as funções cerebrais superiores poderão estar comprometidas em decorrência do processamento inadequado dos estímulos advindos da propriocepção dos segmentos corporais e do tônus do sistema vestibular gerados de forma hemilateral[19,21].

Orientação espacial-temporal

Ambas as organizações atuam para auxiliar o indivíduo a se localizar no tempo e espaço que explora. No caso da orientação espacial, o indivíduo desenvolve a habilidade de se situar no espaço tendo como referência, a princípio, o próprio corpo e, posteriormente, outros corpos estáticos e em movimento. O êxito na organização do espaço, que favorece ao indivíduo o desenvolvimento dos comportamentos essenciais relativos à mobilidade, orientação e exploração, requer que todas as modalidades sensoriais participem da percepção espacial[21,24].

O sistema vestibular, em especial, atua diretamente nessa capacidade por meio de duas modalidades:

1. A primeira diz respeito aos aspectos já mencionados relacionados ao controle postural, movimento cefálico e às demais aferências do organismo[25].
2. A segundo se refere às habilidades vestibulares cognitivas, como a memória espacial[26] e a navegação espacial, que atuam no monitoramento da posição do corpo ao longo de uma trajetória planejada[25].

Já a orientação temporal compõe-se da capacidade do indivíduo em se situar em função da ocorrência (antes, durante, depois) e sucessão dos acontecimentos, da duração dos intervalos (noção de tempo longo/curto, ritmo regular/irregular, cadência rápida/lenta), da renovação cíclica dos períodos (dia, semana, meses, ano) e do caráter irreversível do tempo. Está diretamente ligada à orientação espacial, sendo ambas indissociáveis, uma vez que o corpo se coordena e se movimenta continuamente dentro de um espaço determinado e em função do tempo[19,27].

Coordenação motora

A coordenação motora diz respeito à consciência e domínio adequado do ato motor a fim de que sua execução seja harmoniosa e precisa, resultante da perfeita integração neurofisiológica[26,28]. Essa capacidade está intrinsecamente relacionada com o equilíbrio corporal, pois atua na resposta sincrônica dos diferentes grupos musculares a estímulos sensoriais para promover ajustes posturais diretamente proporcionais à grandeza dos estímulos. Assim, estimulações de menor intensidade ativam os músculos do tornozelo, enquanto aqueles de maior intensidade ativam músculos do quadril a fim de manter o equilíbrio[28].

De acordo com as habilidades executadas e os grupos musculares recrutados, a coordenação motora pode ser subdividida em motora grossa ou global, que se refere às atividades dos grandes grupos musculares, responsáveis pela estabilidade axial ou equilíbrio e pelos movimentos globais. O segundo é denominado habilidade motora fina ou visuomanual, e ocorre por meio da ativação dos pequenos músculos envolvidos na coordenação oculomanual, responsáveis pelos movimentos de destreza manual[19,21,29].

Embora muitas vezes a coordenação motora fina seja associada à força mínima atribuída a uma superfície durante um ato motor, bem como à precisão na execução de um movimento sofisticado, ela também está diretamente relacionada a atividades como a deambulação por meio da percepção visomotora, coordenando informações visuais e a oculomotricidade a fim de realizar a programação motora do sujeito[30,31].

A obtenção precisa da visão somente é possível graças à estabilização da imagem na retina durante a movimentação da cabeça, que ocorre com a integração dos estímulos do sistema vestibular com a ativação sinérgica dos músculos extrínsecos dos olhos, os quais realizam movimentos compensatórios de igual velocidade, com direção oposta àdo movimento cefálico, constituindo o RVO[22].

Equilíbrio estático e dinâmico

O equilíbrio é a integração sensório-motora que garante a manutenção da postura. Manter a postura ereta estável é uma tarefa complexa, pois ela deve ser mantida sob a ação de forças externas que desestabilizam o corpo e sobre uma base de apoio relativamente pequena fornecida pelos pés[32].

O equilíbrio é o produto da interação das aptidões estáticas e dinâmicas do organismo, sendo o primeiro com maior grau de abstração e concentração e, portanto, diretamente relacionado com o desenvolvimento cognitivo, os processos de aprendizagem e a aquisição da função motora[24,33]. Já o equilíbrio dinâmico apresenta estreita relação com a coordenação motora, tônus muscular e os órgãos sensoriais, bem como a estruturação do esquema corporal e a integração dos mecanismos neuropsicomotores[19], exigindo uma orientação controlada do corpo em situação de deslocamento no espaço com auxílio da visão, da propriocepção e sistema vestibular.

CONCLUSÃO

A avaliação otoneurológica na infância deve seguir protocolos rígidos e holísticos a fim de que o diagnóstico das afecções relacionadas ao equilíbrio corporal seja realizado precocemente e a intervenção ocorra dentro dos períodos adequados ao desenvolvimento infantil. A escolha dos testes e questionários deve seguir em paralelo à suspeita diagnóstica, evitando a realização exaustiva de testes. Ressalta-se a importância de incluir na investigação diagnóstica o estudo das habilidades psicomotoras, já que são necessárias para o desenvolvimento global infantil e, portanto, devem ser valorizadas dentro da bateria de testes da avaliação do equilíbrio corporal na criança.

REFERÊNCIAS BIBLIOGRÁFICAS

1. Andrade CLO, Sousa MGC, Soares IA, Cabral A. Impacto da tontura do desenvolvimento infantil. In: Cabral A. Tratado de Otoneurologia Infantil. 1. ed. Ribeirão Preto: Booktoy; 2023. p. 105-2.
2. Formigoni FG. Avaliação vestibular na criança. In: Ganança MM (ed.). Vertigem tem cura? O que aprendemos nestes últimos 30 anos. São Paulo: Lemos; 1998. p.117-26.
3. Caovilla HH, Ganança MM, Munhoz MSL, Silva MLG, Ganança FF, Frazza MM. Vertigem paroxística benigna da infância. In: Silva MLG, Munhoz MSL, Ganança MM, Caovilla HH. Quadros clínicos otoneurológicos mais comuns. São Paulo: Atheneu; 2000.p.109-17.
4. Ornitz EM, Atwell CW, Walter DO, Hartmann EE, Kaplan AR. The maturation of vestibular nystagmus in infancy and childhood. Acta Oto-Laryngologica. 1979;88:244-56.

5. Christy JB, Payne J, Azuero A, Formby C. Reliability and diagnostic accuracy of clinical tests of vestibular function for children. Pediatric Physical Therapy. 2014;26(2):180-9.
6. Wiener-Vacher SR, Quarez J, Le Priol A. Epidemiology of vestibular impairments in a pediatric population. Semin Hear. 2018;39(3):229-42.
7. Von Brevern M, Bertholon P, Brandt T, Fife T, Imai T, Nuti D, et al. Benign paroxysmal positional vertigo: Diagnostic criteria. Journal of Vestibular Research: Equilibrium and Orientation. 2015;25(3-4):105-17.
8. Wang SJ, Chen CN, Hsieh WS, Young YH. Development of vestibular evoked myogenic potentials in preterm neonates. Audiology and Neurotology. 2008;13(3):145-52.
9. Chou CH, Hsu WC, Young YH. Ocular vestibular-evoked myogenic potentials via bone-conducted vibration in children. Clinical Neurophysiology. 2012;123(9):1880-5.
10. Papathanasiou ES, Murofushi T, Akin FW, Colebatch JG. International guidelines for the clinical application of cervical vestibular evoked myogenic potentials: An expert consensus report. Clinical Neurophysiology. 2014;125(4):658-66.
11. Wiener-Vacher SR, Wiener SI. Video head impulse tests with a remote camera system: normative values of semicircular canal vestibulo-ocular reflex gain in infants and children. Front Neurol. 2017;8:434.
12. Cabral A, Carnaúba ATL, Amary M, Menezes PL. Testes para a avaliação da função otolítica: VEMPs. In: Cabral A. Tratado de Otoneurologia Infantil. 1. ed. Ribeirão Preto: Booktoy; 2023. p. 279-304.
13. Valente M. Maturational effects of the vestibular system: a study of rotary chair, computerized dynamic posturography, and vestibular evoked myogenic potentials with children. In J Am Acad Audiol. 2007;18(6):461-81.
14. Andrieu-Guitrancourt J, Peron JM, Dehesdin D, Aubet J, Courtin P. Normal vestibular responses to air caloric tests in children. International Journal of Pediatric Otorhinolaryngology. 1981;3:245-50.
15. Janky KL, Rodriguez AI. Quantitative vestibular function testing in the pediatric population. Seminars in Hearing. 2018;39(3):257-74.
16. Albernaz PLM. Cadeira rotatória. In: Maia FCZ, et al. Otoneurologia atual. 1. ed. Rio de Janeiro: Revinter; 2014. p. 167-74.
17. Herdman SJ. Computerized dynamic visual acuity test in the assessment of vestibular deficits. In: Eggers SDZ, Zee DS (eds.). Vertigo and imbalance: clinical neurophysiology of the vestibular system. Handbook of Clinical Neurophysiology. Elsevier; 2010. p. 181-90.
18. Medina-Papst J, Marques I. Avaliação do desenvolvimento motor de crianças com dificuldades de aprendizagem. Revista Brasileira de Cineantropometria e Desempenho Humano. 2010;12(1):36-42.
19. Pereira RC. Transtorno psicomotor e aprendizagem. Thieme-Revinter; 2018. p. 106.
20. Penna L. Imagem corporal: uma revisão seletiva da literatura. Psicol USP, São Paulo. 1990;1(2):167-74.
21. Rosa Neto F. Manual de avaliação motora. Porto Alegre: ArtMed; 2002.
22. Herdman SJ. Reabilitação vestibular. 2. ed. São Paulo: Manole; 2002.
23. Golomer E, Mbongo F. Does footedness or hemispheric visual asymmetry influence centre of pressure displacements? Neuroscienceletters. 2004;367(2):148-51.
24. Fonseca V. Manual de observação psicomotora, significação psiconeurológica dos fatores psicomotores. 2. ed. Rio de Janeiro: Wark; 2012. p. 480.
25. Robin TB, Yuri A. Vestibular involvement in cognition: Visuospatial ability, attention, executive function, and memory. J Vestib Res. 2015;25(2):73-89.
26. Iachini T, Iavarone A, Senese VP, Ruotolo F, Ruggiero G. Visuospatial memory in healthy elderly, AD and MCI: A review. Current Aging Science. 2009;2(1):43-59.
27. Figueiredo MO, Emmel MLG, Rosário P. Caracterização do desenvolvimento psicomotor de alunos com dificuldade de aprendizagem. In: Congresso Internacional Galego-Português de Psicopedagogia. 2013. p.12-5.
28. Kleiner AFR, Schlittler DXC, Sánchez-Arias MDR. O papel dos sistemas visual, vestibular, somatosensorial e auditivo para o controle postural. Revista Neurociências. 2011;19(2):349-57.
29. Pessoa JHL. Desenvolvimento da criança, uma visão pediátrica. Sinopse de Pediatria, 2003;9(3):72-7.
30. Gaertner C, Bucci MP, Ajrezo L, Wiener-Vacher S. Binocular coordination of saccades during reading in children with clinically assessed poor vergence capabilities. Vision Res. 2013;87:22-9.
31. Mathes PG, Denton CA. The prevention and identification of Reading disability. Semin Pediatr Neurol. 2002;9(3):185-91.
32. Horak FB, MacPherson JM. Postural orientation and equilibrium. In: Rowell L, Shepard J (eds.). Handbook of Physiology. New York: Oxford; 1996. p.255-92.
33. Oliveira, GC. Psicomotricidade: educação e reeducação num enfoque psicopedagógico. 20. ed. Petrópolis: Editora Vozes; 2015. p.152.

23

Potencial evocado miogênico vestibular (cervical, ocular e galvânico)

Lilian Felipe
Aline Tenório Lins Carnaúba
Tatiana Rocha Silva

PONTOS-CHAVE

- Potencial Evocado Miogênico Vestibular (VEMP): resposta miogênica vestibular desencadeada por estímulo auditivo ou elétrico e captada em músculos associados ao equilíbrio corporal.
- Há três tipos de VEMP: cervical, ocular e galvânico.
- Os principais aspectos relacionados à análise e intepretação dos resultados referem-se à morfologia das ondas, latência e amplitude.
- O VEMP é um exame que auxilia no diagnóstico de desordens vestibulares, sendo reprodutível e capaz de identificar alterações em estruturas não avaliadas por exames tradicionais.
- Sua utilidade se limita a confirmar ou descartar o comprometimento da via sensorioneural avaliada, sem oferecer um diagnóstico topográfico preciso.

OBJETIVOS DE APRENDIZAGEM

Ao final deste capítulo, o leitor deverá ser capaz de:

- Descrever os fundamentos dos potenciais evocados miogênicos vestibulares (VEMP) e sua relevância na avaliação vestibular.
- Distinguir os diferentes tipos de VEMP (cervical, ocular e galvânico).
- Analisar e interpretar os resultados dos VEMP, aplicando conhecimentos sobre padrões normais e anormais, identificando possíveis distúrbios vestibulares.

INTRODUÇÃO

O Potencial Evocado Miogênico Vestibular (VEMP) é uma ferramenta na avaliação da função vestibular, que complementa a avaliação vestibular da função vestibular, e que geralmente se concentra no reflexo vestíbulo-ocular (RVO) e na função dos canais semicirculares isoladamente.

Atualmente, o VEMP é considerado não invasivo e pode ser realizado por estímulos sonoros, vibração óssea ou estímulos elétricos, sendo comumente registrados em associação a uma contração muscular.

Há diferentes tipos/modalidades de VEMP: cervical (cVEMP), ocular (oVEMP) e galvânico (g-VEMP). Cada um deles oferece uma perspectiva única, permitindo a avaliação da função vestibular, ampliando ainda mais o escopo da investigação do equilíbrio corporal.

A seguir, serão delineadas as definições de cada modalidade de VEMP, detalhando os protocolos, procedimentos, bem como os parâmetros essenciais de registro e análise associados.

DESENVOLVIMENTO

Breve definição

O cVEMP é caracterizado por uma onda bifásica com deflexão ipsilateral positiva (p1 ou p13) e outra negativa (n1 ou n23), e a resposta sáculo-cólica é um ajuste reflexo da musculatura cervical desencadeada pela ativação do sáculo[1] (Figura 1) em resposta a sons de elevada intensidade, que pode ser estimulado acusticamente por via aérea ou óssea[2]. Esse potencial é gerado a partir de músculos cervicais e avalia a via vestibular inferior e a via ipsilateral descendente, através do reflexo vestíbulo-cervical[2].

O oVEMP é caracterizado por uma onda bifásica com deflexão negativa (n10) e outra positiva (p15), e a resposta utrículo-cólica é um ajuste reflexo da musculatura ocular desencadeada pela ativação do utrículo[1] (Figura 2), que pode ser eliciado por estimulação acústica por via aérea ou óssea. Na apresentação por via aérea a resposta é registrada na musculatura contralateral à orelha estimulada. Na apresentação por via óssea, as duas orelhas são estimuladas simultaneamente[3]. Esse potencial é gerado a partir de músculos extraoculares, em resposta a sons de elevada intensidade e avalia a via vestibular superior e a via contralateral ascendente, através do reflexo vestíbulo-ocular[3].

O VEMP pode ser gerado por estímulo auditivo ou elétrico e a resposta evocada pode ser captada em diversos músculos[4]. O estímulo elétrico utilizado para gerar o VEMP é conhecido como estimulação vestibular galvânica (EVG). A EVG e a captação da resposta eletromiográfica em membros inferiores constituem o potencial evocado miogênico vestibular galvânico (g-VEMP).

O g-VEMP avalia a função do trato motor vestibuloespinal[5] e tem sido utilizado como ferramenta auxiliar para diagnóstico em doenças da medula espinhal causadas por tumor, trauma e infecção[6,7]. O g-VEMP atua na membrana pós-sináptica, junto aos núcleos vestibulares e, quando associado a outros exames vestibulares, permite identificar se a alteração é labiríntica ou retrolabiríntica[8].

A via neural das respostas evocadas pelo estímulo galvânico ainda não está totalmente definida. Acredita-se que a EVG aja primariamente na região pré-sináptica dos nervos aferentes vestibulares nos órgãos otolíticos e canais semicirculares[5]. A Figura 3 mostra a provável via neural avaliada pelo g-VEMP.

A EVG é um método experimental que tem sido utilizado para esclarecer a fisiologia do sistema vestibular[5]. A EVG consiste no posicionamento de eletrodos nos processos mastóideos. Geralmente, o estímulo é oferecido em modo bilateral e bipolar, ou seja, um eletrodo ânodo é colocado atrás de uma orelha e um

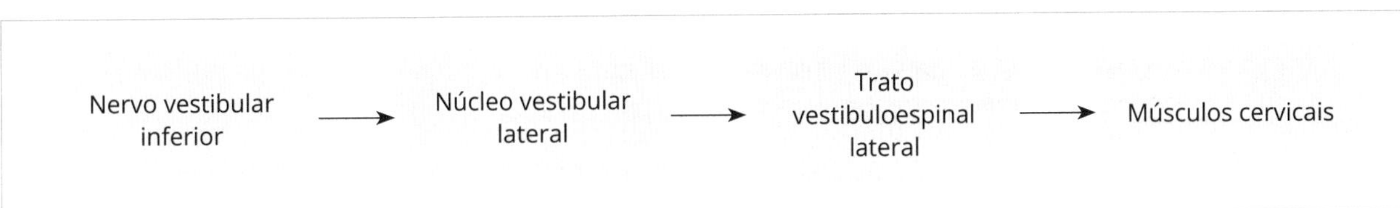

FIGURA 1 Via neural avaliada pelo Potencial Evocado Miogênico Vestibular (cVEMP).
Fonte: elaborada pelas autoras.

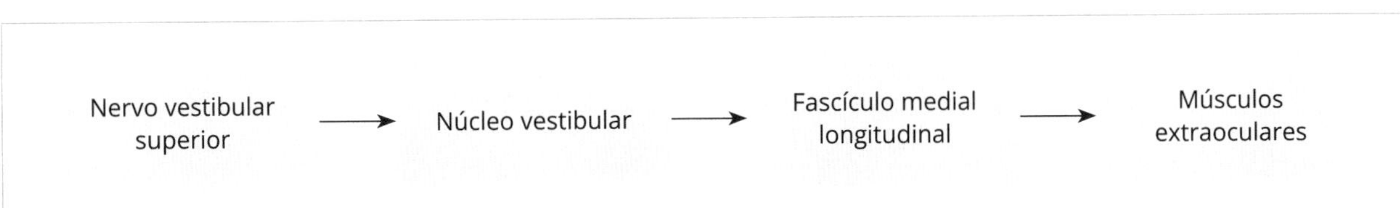

FIGURA 2 Via neural avaliada pelo Potencial Evocado Miogênico Vestibular ocular (oVEMP).
Fonte: elaborada pelas autoras.

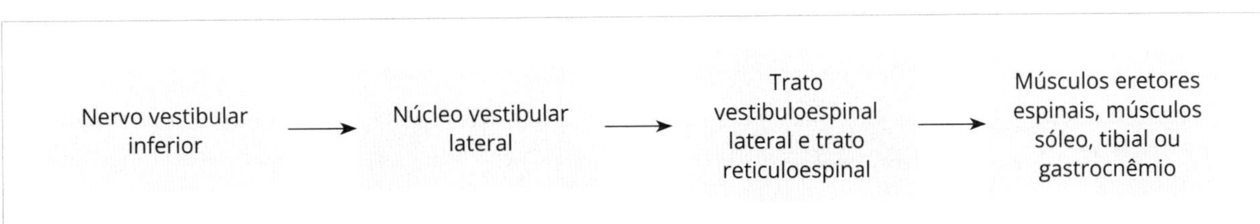

FIGURA 3 Via neural avaliada pelo Potencial Evocado Miogênico Vestibular ocular galvânico (g-VEMP).
Fonte: elaborada pelas autoras.

eletrodo cátodo é posicionado atrás da outra orelha. Outras configurações também são possíveis, mas menos utilizadas, como a bilateral monopolar e unilateral monopolar[5]. A corrente oferecida causa no indivíduo a percepção de movimento ilusório[5].

O VEMP pode avaliar desordens em qualquer uma das estruturas da sua via neural. Assim, pela sua alta reprodutibilidade e pela peculiaridade de observar estruturas não analisadas pelos exames vestibulares tradicionais, as respostas podem ser utilizadas clinicamente, com inúmeras aplicações no diagnóstico das desordens vestibulares. Porém, vale lembrar que o VEMP avalia o reflexo final; portanto, não se presta ao diagnóstico topográfico, mas confirma ou afasta o comprometimento da via envolvida[9].

Protocolo e procedimentos

Para a realização do VEMP com uma morfologia da onda satisfatória, é imprescindível que o paciente permaneça sentado, com rotação lateral máxima de cabeça para o lado contralateral ao estímulo para o registro do cVEMP, e sentado, com os olhos voltados para cima, para o oVEMP[10].

Para a preparação da região da pele em que serão colocados os eletrodos, deve-se utilizar pasta abrasiva e, em seguida, realizar a colocação de eletrodos tipo disco ou de superfície. Posiciona-se o eletrodo ativo no terço médio do músculo esternocleidomastóideo ipsilateral à estimulação; o eletrodo referência na altura do tendão do músculo, logo acima da clavícula; e o eletrodo terra na linha média frontal (Figura 4). Já para o oVEMP, posicionam-se os eletrodos ativos cerca de 1 cm abaixo da pálpebra inferior esquerda e direita; os eletrodos referência, logo abaixo destes; e o eletrodo terra na linha média frontal (Figura 5).

Para a realização do g-VEMP, a posição do indivíduo deve ser: em pé, sobre uma superfície plana, com os olhos fechados, os pés descalços e próximos e o corpo inclinado para a frente para contrair o músculo sóleo.

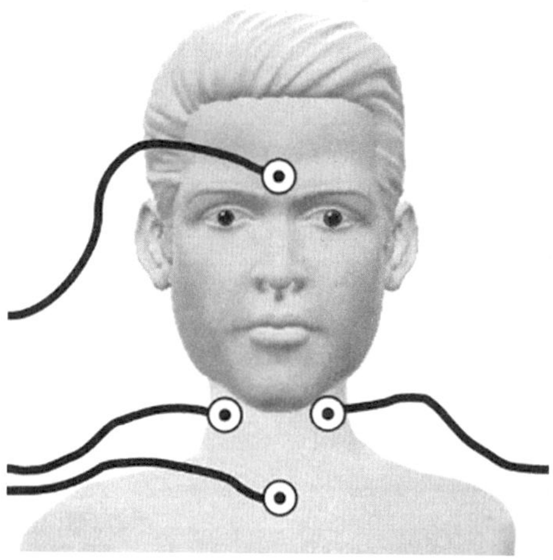

FIGURA 4 Posicionamento dos eletrodos do Potencial Evocado Miogênico Vestibular (cVEMP).
Fonte: Felipe, 2021[8].

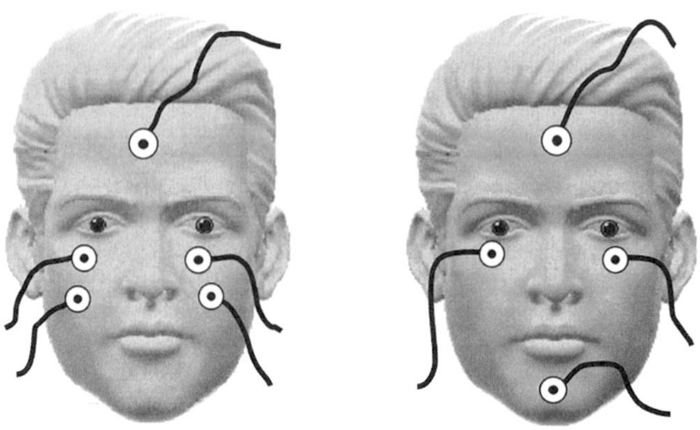

FIGURA 5 Posicionamento dos eletrodos do Potencial Evocado Miogênico Vestibular ocular (oVEMP).
Fonte: Felipe, 2021[8].

Para induzir uma resposta mais forte, os indivíduos são instruídos a virar a cabeça aproximadamente 90° para o lado contralateral ao membro inferior submetido ao registro da resposta eletromiográfica (Figura 6).

Os eletrodos de estimulação devem ser colocados em ambos os processos mastóideos (Figura 7A). Os eletrodos de captação devem seguir a seguinte configuração: um par de eletrodos de registro bilateralmente, aproximadamente 5 cm abaixo da fossa poplítea, o que coincide com a posição sobre os músculos sóleos. Cada par deve ser colocado verticalmente distante cerca de 5 cm um do outro. O eletrodo de referência é colocado na parte posterior da coxa, aproximadamente 10 cm acima do eletrodo de registro superior (Figura 7B).

Parâmetros de registro

O Quadro 1 apresenta os parâmetros de registro utilizados para a realização do cVEMP e oVEMP.

O Quadro 2 apresenta os parâmetros de registro utilizados para a realização do g-VEMP.

Parâmetros de análise

Para adequada interpretação do VEMP, o avaliador deve avaliar morfologia das ondas, latência e amplitude. Inicialmente, mede-se o tempo entre o estímulo e a resposta, classificando-o como normal ou alterado a partir do tempo de duração e da morfologia das ondas geradas. Para o cVEMP, primeiro pico positivo com latência média de 13 ms, seguido de pico negativo com latência média de 23 ms, sendo denominado p13-n23. Já para o oVEMP, primeiro pico negativo com latência média de 10 ms, seguido de pico positivo com latência média de 15 ms, sendo denominado n10-p15.

Tradicionalmente, a análise das respostas do cVEMP e oVEMP consiste em quatro medidas principais: diferença de latência interaural, latência de pico, limiar de resposta e a razão de assimetria de amplitude (AR).

Estudos verificaram que a aplicação clínica da amplitude absoluta da resposta p1-n1 não é possível devido ao grande grau de variabilidade interindividual[11]. Por esse motivo, a fim de controlar a variabilidade

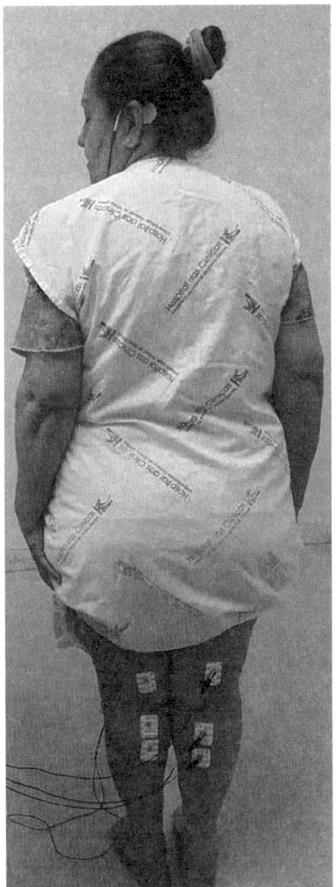

FIGURA 6 Posição do indivíduo para a realização do Potencial Evocado Miogênico Vestibular ocular galvânico (g-VEMP). Versão colorida da figura encontra-se na plataforma de conteúdo complementar do livro.
Fonte: Silva et al., 2020[7].

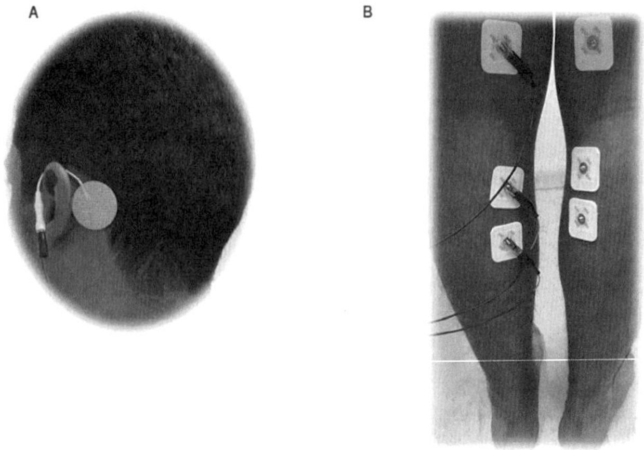

FIGURA 7 Posicionamento dos eletrodos para a realização do Potencial Evocado Miogênico Vestibular ocular galvânico (g-VEMP). (A) Eletrodo de estimulação no processo mastóideo. (B) Eletrodo de captação da resposta no músculo sóleo e eletrodo de referência na parte posterior da coxa. Versão colorida da figura encontra-se na plataforma de conteúdo complementar do livro.
Fonte: arquivo das autoras.

QUADRO 1 Parâmetros recomendados para registro dos Potenciais Evocados Miogênicos Vestibulares (VEMP) cervical e ocular

Transdutor	**Inserção ou supra-aural ou vibrador ósseo**
Frequência	500 Hz
Intensidade	≥ 90 dBNA
Tipo de apresentação	Monoaural ou binaural
Estímulos	Clique ou *tone burst*
Localização dos eletrodos	Ver Figuras 4 e 5
Impedância entre os eletrodos	≤ 5k Ω
Filtro passa-banda	10 a 1.000 ou 20 a 2.000 Hz
Janela de captação	50 ms
Quantidade de aquisições promediadas	100 a 200 aquisições
Taxa de apresentação	5,1 estímulos/s
Ganho	Varia de um sistema para outro, portanto, é recomendado o uso dos valores dos fabricantes. Ao escolher o ganho, é importante perceber que ele deve ser suficientemente pequeno, de modo a evitar a rejeição ou o corte do sinal gravado

QUADRO 2 Parâmetros de registro do Potencial Evocado Miogênico Vestibular ocular galvânico (g-VEMP)

Estímulo
Corrente galvânica, monofásica e retangular com intensidade de 2 mA e pulso de 400 milissegundos (ms) de duração.
Promediações
São utilizados dois conjuntos de correntes: cátodo à esquerda e ânodo à direita e cátodo à direita e ânodo à esquerda. A polaridade da estimulação é controlada via computador. São 15 estímulos para cada etapa do teste, resultando em 30 respostas registradas no membro inferior esquerdo (15 estímulos cátodo à esquerda e ânodo à direita e 15 estímulos cátodo à direita e ânodo à esquerda) e 30 respostas registradas no membro inferior direito (15 estímulos cátodo à esquerda e ânodo à direita e 15 estímulos cátodo à direita e ânodo à esquerda).
Aquisição
Os sinais eletromiográficos são medidos, corrigidos e filtrados entre 10 Hz (filtro passa-alta) e 1.000 Hz (filtro passa-baixo). A taxa de amostragem é de 1 kHz. Os dados são coletados durante 500 ms.

intersujeitos em relação à amplitude das respostas do cVEMP, deve-se calcular o índice percentual de assimetria da amplitude. A razão de assimetria VEMP é determinada pela seguinte equação:

$$AR\% = 100 \times (maior\ p1n1 - menos\ p1n1 \div maior\ p1n1 - menos\ p1n1)$$

Onde AR% é o índice de assimetria (*asymmetry ratio*), "maior p1n1" é a amplitude de n10 até p15, ou p13 até n23, maior entre as duas orelhas e "menor p1n1" é a menor amplitude de n10 até p15, ou p13 até n23, entre as duas orelhas.

Análise g-VEMP

Para análise do g-VEMP os traçados eletromiográficos são analisados quanto ao tempo de início da resposta de curta latência (CL) e da resposta de média latência (ML). Após a sobreposição de traços com polaridade invertida (isto é, cátodo à esquerda e ânodo à direita e cátodo à direita e ânodo à esquerda), o ponto onde os traços divergem da linha de base eletromiográfica marca o início de CL e ML. A primeira divergência do traço ocorre aproximadamente, aos 50-60 ms, sendo o início da resposta CL. Em seguida, os traços retornam à linha de base e divergem novamente. A segunda divergência do traço ocorre aproximadamente em 100-110 ms, sendo o início da resposta ML (Figura 8).

A análise das respostas eletromiográficas é baseada na latência do início das respostas de CL e ML. A amplitude da resposta é influenciada pela visão e propriocepção. Quando os olhos estão abertos ou quando o paciente toca uma superfície de contato externa ao corpo e ocorre uma inversão de polaridade diante de uma mudança de posição na lateralidade da cabeça, observa-se uma redução na amplitude da onda eletrofisiológica. Os parâmetros utilizados para definição de ausência de respostas são ausência de cruzamento e inversão das polaridades dos traçados provenientes da estimulação com ânodo na direita e ânodo na esquerda e ausência de um claro deslocamento da resposta a partir da linha média, formando picos positivos ou negativos em consonância com a inversão da polaridade sob as duas condições de estimulação (Figura 9).

CONCLUSÃO

O VEMP emerge como uma ferramenta indispensável para uma compreensão abrangente do funcionamento do sistema vestibular e a combinação dos diferentes tipos de VEMP (cervical, ocular e galvânico)

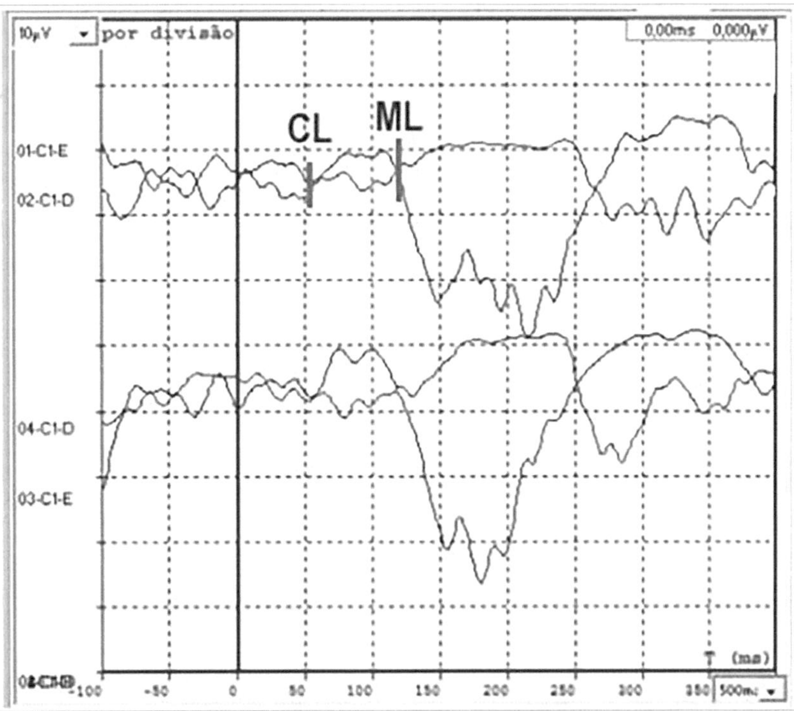

FIGURA 8 Traçado obtido pelo Potencial Evocado Miogênico Vestibular ocular galvânico (g-VEMP). Versão colorida da figura encontra-se na plataforma de conteúdo complementar do livro.

CL: curta latência; ML: média latência.

Fonte: arquivo das autoras.

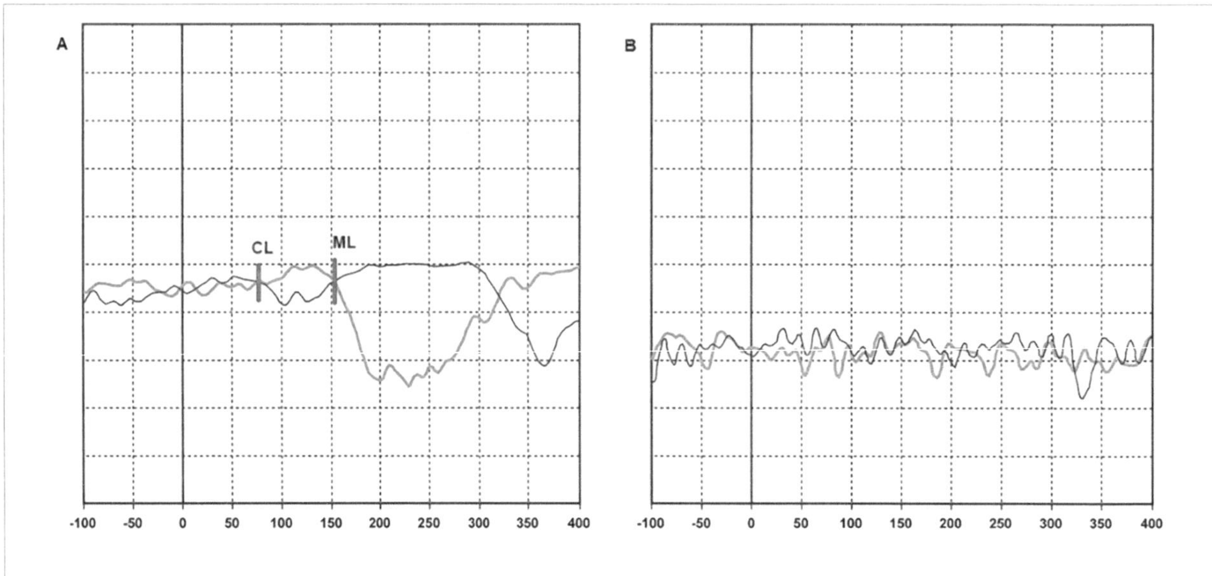

FIGURA 9 Potencial Evocado Miogênico Vestibular ocular galvânico (g-VEMP) com resposta alterada. (A) Resposta alterada do tipo aumento de latência (CL~80 ms e ML~150 ms). (B) Ausência de resposta. Versão colorida da figura encontra-se na plataforma de conteúdo complementar do livro.
Fonte: Caporali et al., 2018[12].

permite uma avaliação mais ampla da função vestibular, fornecendo detalhes sobre as diversas facetas desse sistema complexo.

Além disso, à luz da literatura científica atual, é evidente que a pesquisa contínua nessa área está contribuindo para aprimorar a precisão diagnóstica e a compreensão dos mecanismos subjacentes aos diferentes padrões de respostas VEMP, promovendo avanços significativos na prática clínica e na abordagem terapêutica.

REFERÊNCIAS BIBLIOGRÁFICAS

1. Colebatch JG, Halmagyi GM. Vestibular evoked potentials in human neck muscles before and after unilateral vestibular deafferentation: Report of a case. Neurology. 1992 Aug;42(8):1635-6.
2. Fife TD, Colebatch JG, Kerber KA, Brantberg K, Strupp M, Lee H, et al. Practice guideline: Cervical and ocular vestibular evoked myogenic potential testing: Report of the guideline development, dissemination, and implementation subcommittee of the American Academy of Neurology. Neurology. 2017;89(22):2288-96.
3. Todd NPM. The origin of the ocular vestibular evoked myogenic potential (OVEMP). Clin Neurophysiol. 2010;121(6):978-80.
4. Silva TR, Santos MAR, Resende LM de, Labanca L, Caporali JF de M, Sousa MR de, et al. Aplicações dos potenciais evocados miogênicos vestibulares: revisão sistemática de literatura. Audiol, Commun Res [Internet]. 2019;24:e2037.
5. Fitzpatrick RC, Day BL. Probing the human vestibular system with galvanic stimulation. J Appl Physiol (1985). 2004;96(6):2301-16.
6. Iles JF, Ali AS, Savic G. Vestibular-evoked muscle responses in patients with spinal cord injury. Brain. 2004;127(Pt 7):1584-92.
7. Silva TR, Rocha Santos MA, Macedo de Resende L, Labanca L, Caporali JFM, Scoralick Dias RT, et al. Vestibular evoked myogenic potential on ocular, cervical, and soleus muscles to assess the extent of neurological impairment in HTLV-1 infection. Front Neurol. 2020 May 21;11:433.
8. Watson SRD, Colebatch JG. Vestibular-evoked electromyographic responses in soleus: a comparison between click and galvanic stimulation. Exp Brain Res. 1998;119(4):504-10.
9. Papathanasiou ES, Murofushi T, Akin FW. Colebatch JG. International guidelines for the clinical application of cervical vestibular evoked myogenic potentials: An expert consensus report. Clin Neurophysiol [Internet]. 2014;125(4):658-66.
10. Felipe L. Tonturas: guia prático de avaliação e tratamento. 1. ed. Thieme; 2021.
11. Li MW, Houlden D, Tomlinson RD. Click evoked EMG responses in sternocleidomastoid muscles: characteristics in normal subject. J Vestib Res. 1999;9(5):327-34.
12. Caporali JFM, Labanca L, Florentino KR, Souza BO, Utsch Gonçalves D. Intrarater and interrater agreement and reliability of vestibular evoked myogenic potential triggered by galvanic vestibular stimulation (galvanic-VEMP) for HTLV-1 associated myelopathy testing. PLoS One. 2018 Sep 27;13(9):e0204449.

24

Manobras de diagnóstico e intervenção na VPPB

Eloisa Sartori Franco
Ilka do Amaral Soares
Fernanda Amaral Ferreira Albani
Guilherme Dias Rocha

PONTOS-CHAVE

- A Vertigem Posicional Paroxística Benigna (VPPB) é uma das mais frequentes patologias do sistema vestibular.
- Caracteriza-se clinicamente pela presença de episódios de vertigem, tipicamente desencadeadas por determinados movimentos ou mudanças posturais.
- A confirmação diagnóstica se faz através de manobras de avaliação e observação de sinais e sintomas vestibulares específicos.
- A terapia envolve mudanças na posição de cabeça, buscando recolocar as otocônias.

OBJETIVOS DE APRENDIZAGEM

Ao final deste capítulo, o leitor deverá ser capaz de:

- Identificar as principais causas da VPPB.
- Explicar o processo fisiológico subjacente à VPPB e como ele leva à sensação de vertigem.
- Demonstrar a capacidade de conduzir uma avaliação clínica inicial de um paciente suspeito de ter VPPB.

INTRODUÇÃO

A Vertigem Posicional Paroxística Benigna (VPPB) é uma das causas mais comuns de vertigem e tontura, afetando pessoas de todas as idades, mas sendo mais comum em adultos mais velhos. É descrita como um distúrbio do sistema vestibular que causa episódios súbitos e breves de tontura intensa, geralmente desencadeados por movimentos específicos da cabeça[1]. Essa condição é considerada benigna, o que significa que não representa uma ameaça à saúde geral do paciente, mas pode ser extremamente desconfortável e disruptiva em sua vida cotidiana.

Os sintomas da VPPB incluem episódios de vertigem intensa e tontura, que geralmente são desencadeados por movimentos específicos da cabeça, como inclinação, rotação ou mudanças de posição, tipicamente de curta duração, que afetam a posição das otocônias ou cristais de cálcio dentro dos canais semicirculares (CSC)[2,3]. Os pacientes muitas vezes descrevem a sensação como se o mundo estivesse girando ao seu redor. Esses sintomas podem ser acompanhados de náuseas, vômitos e desequilíbrio[2]. Embora a VPPB seja uma condição benigna e geralmente não cause danos permanentes, ela pode ser altamente perturbadora para a qualidade de vida do paciente.

A VPPB pode ser diagnosticada por meio de exames clínicos e manobras de diagnóstico, que envolvem a avaliação dos movimentos da cabeça e a observação dos sintomas induzidos. Os testes mais utilizados são as manobras de Dix-Hallpike, *Head roll test, Bow and*

Lean e *Head Hanging Maneuver*, nas quais observa-se qualquer nistagmo que possa ocorrer, indicando a presença de VPPB em um dos CSC[4,5].

O tratamento da VPPB frequentemente envolve manobras de reposicionamento, com intuito de mover as otocônias de volta para sua posição correta nos canais semicirculares[2]. A literatura descreve diversas opções de manobras de reposicionamento para realocar as otocônias, levando em consideração sobretudo o canal semicircular acometido, entretanto devemos sempre levar em consideração o nível de evidência científica, que confirma sua eficácia[4]. Embora a VPPB possa ser incômoda, a boa notícia é que é uma condição tratável e que a maioria dos pacientes experimenta uma melhora significativa em sua qualidade de vida após o tratamento adequado.

Diante do exposto, neste capítulo serão abordados uma contextualização da fisiopatologia, os métodos de avaliação e tratamento da VPPB, em uma visão fonoaudiológica, profissão competente e habilitada para realizar a avaliação e reabilitação da função vestibular e do equilíbrio corporal humano, como descrito na Resolução do Conselho Federal de Fonoaudiologia n. 526 de 27 de abril de 2018.

FISIOPATOLOGIA

Sua fisiopatologia está relacionada a uma disfunção no sistema vestibular, que é responsável pelo nosso equilíbrio e orientação espacial. A VPPB é frequentemente associada a problemas na orelha interna; quando a cabeça é colocada na posição provocatória, as otocônias, que normalmente estão localizadas no órgão sensorial dentro do ouvido interno, se deslocam de sua posição normal, movimentando a endolinfa, e essa movimentação empurra a cúpula, aumentando os disparos dos neurônios no CSC acometido[2].

Ao se deslocarem, elas podem entrar nos CSC do ouvido interno, que são responsáveis por detectar os movimentos da cabeça. Isso cria uma confusão nos sinais enviados ao cérebro sobre a posição e o movimento da cabeça, levando a episódios súbitos de vertigem e tontura. Essas otocônias podem se soltar devido ao envelhecimento, trauma na cabeça, infecções do ouvido, doença de Ménière ou outras causas desconhecidas[6].

É crucial identificar, durante a avaliação por meio das manobras posicionais, a fisiopatologia envolvida, diferenciando a VPPB por canalitíase ou cupulolitíase, a orelha e o CSC acometido.

Na VPPB por canalitíase, as otocônias deslocadas se movem livremente dentro dos CSC e causam vertigem quando a cabeça é posicionada de maneira específica, com uma latência curta de início dos sintomas. Já na cupulolitíase, as otocônias aderem à cúpula gelatinosa dentro dos canais semicirculares, causando vertigem que geralmente tem um início mais lento e duração mais prolongada quando a cabeça é movimentada. A observação cuidadosa ajuda a distinguir entre essas duas variantes da VPPB[3].

AVALIAÇÃO E TIPOS DE NISTAGMO PARA CADA CANAL ACOMETIDO

O diagnóstico da VPPB baseia-se nos elementos típicos da história do paciente e nas características do nistagmo eliciado pelos testes posicionais diagnósticos, que promovem movimentos com a cabeça, posicionando em planos paralelos aos CSC, o que resulta na provocação de sintomas de vertigem e na produção de um nistagmo característico. As características do nistagmo permitem ao examinador identificar qual canal semicircular está envolvido e a localização inicial das otocônias dentro do CSC comprometido[7].

Para analisar CSC verticais (posterior e anterior)

Teste de Dix-Hallpike

- Passo 1: A cabeça do paciente é girada 45° para o lado a ser testado (no plano de guinada).
- Passo 2: O paciente é deitado rapidamente, com o examinador segurando a cabeça (ainda girada em um ângulo de 45°) de forma que ela se estenda cerca de 20° além da borda da maca. Nessa posição, o examinador aguarda por até 40 segundos o surgimento (ou não) do nistagmo.
- Passo 3: Ao término do nistagmo, ou após 40 segundos, o paciente se senta novamente como na posição inicial.

O teste é realizado inicialmente no lado direito e, se o resultado for negativo, o teste é repetido no lado esquerdo. Caso ocorra nistagmo, o examinador deve anotar as características do nistagmo quanto à latência, duração e direção. O paciente também deve ser questionado sobre a presença de vertigem subjetiva[5].

O nistagmo característico da VPPB de CSC posterior é um nistagmo torcional e de batimento ascendente com os polos superiores de ambos os olhos (íris) batendo em direção ao lado acometido e que ocorre devido às conexões com os músculos oblíquo superior homolateral e reto inferior contralateral[8].

Há um período de latência entre a conclusão da manobra de Dix-Hallpike e o início da vertigem e do nistagmo[5].

No caso de canalitíase (otocônias encontram-se soltas dentro do canal), a vertigem e o nistagmo provocados aumentam e depois desaparecem dentro de 60 segundos a partir do início do nistagmo.

No caso de cupulolitíase (otocônias encontram-se aderidas à cúpula do CSC), a vertigem e o nistagmo permanecem por mais de 60 segundos.

Além da VPPB de CSC posterior, o CSC anterior também pode estar acometido. É considerada a forma mais rara de VPPB e representa de 1 a 2% de todos os casos.

Um componente vertical descendente com componente torcional em direção à orelha dependente, que ocorre por conexão do canal anterior com os músculos reto superior homolateral e oblíquo inferior contralateral, poderia implicar VPPB no canal anterior. Esse diagnóstico deve ser considerado com cautela porque o nistagmo posicional descendente relacionado ao tronco encefálico ou à lesão cerebelar pode produzir um padrão semelhante e deve ser descartado[5].

Para analisar CSC horizontais (ou laterais)

Head Roll Test

Também conhecido como Teste de Guinada da Cabeça em Supino, *Head Yaw Test*, *Supine Yaw Test* ou *Pagnini-McClure Maneuver*.

- Passo 1: Paciente em supino, com cabeça fletida 30º para verticalizar os CSC horizontais.
- Passo 2: Girar a cabeça do paciente em 90º para o lado direito e observar o aparecimento de nistagmo. Aguardar o nistagmo cessar ou por 10 segundos para confirmar a ausência do nistagmo.
- Passo 3: Retornar a cabeça para a posição inicial e aguardar 3 segundos.
- Passo 4: Girar a cabeça para a esquerda e observar o aparecimento do nistagmo. Aguardar o nistagmo cessar ou 10 segundos para confirmar a ausência de nistagmo.
- Passo 5: Retornar a cabeça para a posição inicial e sentar o paciente[9].

O que observar:

- O nistagmo é do tipo horizontal devido às conexões com os músculos oculares retos mediais e laterais[8].
- Apresenta duração menor que 60 segundos na canalitíase e maior que 60 segundos na cupulolitíase.
- O nistagmo horizontal pode surgir com a cabeça rodada em ambas as direções.
- Nistagmo poderá se apresentar com a fase rápida para baixo geotrópico ou para cima ageotrópico.
- Quando o nistagmo é geotrópico, o lado acometido é aquele que apresentar mais tontura e mais nistagmo.
- Quando o nistagmo é ageotrópico, o lado acometido é aquele que apresentar menos tontura e menos nistagmo[9].

Bow and Lean Test

Também conhecido como *Choung's test* ou *Head Pitch Test*.

Deve ser usado para identificar VPPB de canal horizontal e vertical, auxiliar na identificação do lado acometido na VPPB de canal horizontal e na VPPB oculta de canal posterior.

- Passo 1: O teste é realizado com o paciente sentado.
- Passo 2: Deve-se fletir a cabeça do paciente 90° para frente e observa-se o nistagmo (posição *Bow*). Observar os olhos do paciente e aguardar o nistagmo cessar ou 10 segundos caso o nistagmo não apareça.
- Passo 3: Em seguida, estenda a cabeça do paciente 45° e observe o nistagmo (posição *Lean*). Aguardar o nistagmo cessar ou 10 segundos caso não apareça nistagmo[10].

O que observar:

- Se ao fletir a cabeça (posição *Bow*) o nistagmo for horizontal e maior do que ao estender a cabeça (posição *Lean*): trata-se de uma canalitíase do braço posterior do CSC horizontal e o lado que o nistagmo bate na posição *bow* é o lado acometido.
- Se ao estender a cabeça (posição *Lean*) o nistagmo for horizontal e maior do que ao fletir a cabeça (posição *Bow*): trata-se de uma canalitíase do braço anterior do CSC horizontal ou cupulolitíase do CSC horizontal é o lado que o nistagmo bate na posição *Lean* é o lado acometido.
- Se observar um nistagmo vertical ou rotatório, isso indica que as otocônias estão nos CSC verticais[10].

Para analisar VPPB de CSC anterior

Head Hanging Maneuver

- Passo 1: O paciente inicia sentado na maca de tratamento.
- Passo 2: O paciente é conduzido em decúbito dorsal com a cabeça estendida 30°a 45° para fora da maca. Observar os olhos por 60 segundos.
- Passo 3: Sentar novamente e observar se ocorre a inversão no sentido do nistagmo.

O que observar:

- Presume-se uma VPPB do CSC anterior se aparecer um nistagmo vertical inferior com um componente torcional e o paciente relatar vertigem.

- Se o movimento é torcional anti-horário: o lado acometido será o direito.
- Se o movimento é torcional horário: o lado acometido será o esquerdo.
- Se não houver componente torcional, não há como saber o lado acometido[11].

MANOBRAS DE REPOSICIONAMENTO PARA CADA CSC ACOMETIDO

Manobras para reposicionamento do CSC posterior

Manobra de *Epley*

O tratamento clássico para a VPPB do CSC posterior é a manobra de Epley, que foi desenvolvida por John Epley com base na hipótese da canalitíase no canal semicircular:

1. O paciente começa na posição sentada com a cabeça girada para o lado acometido em um ângulo de 45°.
2. O paciente muda da posição sentada para a posição supina com a cabeça abaixo da maca em um ângulo de 45° (posição semelhante à de Dix-Hallpike).
3. Ao manter o posicionamento do corpo, a cabeça é girada para o lado são em um ângulo de 45°.
4. O corpo e a cabeça são girados para o lado saudável em ângulos de 90°.
5. O corpo é, então, posicionado em decúbito lateral voltado para o lado são, com ângulo de 135° entre a cabeça e a maca.
6. O paciente senta-se e inclina a cabeça para frente em um ângulo de 20°.

A terapia é altamente eficaz, pois as taxas de sucesso foram de 90,7% após uma manobra e 96% após duas manobras[12].

Manobra de Semont

Para tratar cupulolitíase do CSC semicircular posterior, o paciente começa sentado, com a cabeça em rotação para o lado são, até ser colocado em posição deitada para o lado acometido (conduzido pelo profissional), com a cabeça virada para cima. Após 1 a 2 minutos, o paciente é movido rapidamente, passando pela posição sentada, para deitar-se do lado oposto, com a cabeça, agora, apontando para baixo, onde permanece por 1 a 2 minutos. Depois, retorna, lentamente, o paciente com a cabeça ainda virada e fixa até a posição sentada inicial. Acredita-se que as mudanças bruscas na posição da cabeça possam libertar as otocônias que estavam aderidas à cúpula através da inércia[13].

Manobra de Gans

Roberts et al.[13] descreveram uma manobra de reposicionamento mais conservadora para a região cervical, a manobra de reposicionamento de Gans:

1. A cabeça do paciente é virada a 45° para longe do ouvido acometido, e o paciente é movido da posição sentada para deitada lateralmente sobre o lado envolvido.
2. A segunda posição é uma rolagem do lado acometido para o lado não acometido (semelhante ao posicionamento utilizado na manobra de Epley).
3. Um movimento de cabeça (*headshake*) é executado; e finalmente, o paciente volta para a posição sentada (ereta).

Manobra de Dias

Recentemente, foi descrita uma manobra, proposta por Rocha e Lefèvre[12], especialmente para pacientes com dificuldade na mobilidade corporal, tornando a posição de decúbito lateral de difícil execução. A abordagem chamada de "*Supine-Seated Approach*" (abordagem supino para sentado) é executada seguindo esses passos:

- Passo I: O paciente inicia a manobra girando a cabeça 45° para o lado acometido a partir da posição neutra e deitando-se com hiperextensão de 20° (conduzido pelo profissional) e aguardando 1 minuto após o término do nistagmo.
- Passo II: O paciente gira a cabeça 135° em direção ao lado não acometido. Para facilitar o posicionamento correto da cabeça nesta etapa, é necessário girar a cabeça 90° a partir da posição neutra, permanecendo 2 minutos nesta posição.
- Passo III: O paciente retira as pernas da maca e, com a ajuda do especialista, senta-se com a cabeça inclinada para baixo e girada 45° em direção ao lado acometido a partir da posição neutra, ficando 2 minutos nesta etapa.

O estudo obteve taxa de sucesso (supressão do nistagmo e da vertigem posicional) em 85,19% dos pacientes após aplicação única da nova manobra apresentada e em mais 9,26% após duas manobras, totalizando 94,44% de taxa de sucesso com 1 ou 2 manobras realizadas no mesmo dia.

Exercícios de Brandt-Daroff

Em 1980, Brandt e Daroff desenvolveram um exercício (exercício de Brandt e Daroff) para o tratamento de disfunções otoliticas: o paciente começa sentado e muda para a posição lateral direita com a cabeça rotacionada em um ângulo de 45° para a esquerda. Trinta segundos após a resolução da vertigem, o paciente senta-se e olha, fixamente, para a frente por mais 30 segundos e, então, muda para a posição lateral esquerda com a cabeça girada em um ângulo de 45° para a direita. Isso pode ser repetido 20 vezes, duas vezes ao dia, por 1 ou 2 semanas, e pode ser interrompido, gradualmente, após a remissão dos sintomas. Em geral, é utilizado em casos resistentes a manobras de reposição ou tontura residual. Se forem eleitos como tratamento de primeira escolha, podem demorar mais do que as outras manobras – a taxa de resposta em uma semana é de apenas cerca de 25%[14].

Manobras de reposicionamento para o canal lateral

Manobra de rolagem (*Roll Maneuver*)

Foi relatada para tratamento da VPPB do CSC lateral geotrópico. Essa manobra é realizada na posição supina e consiste em uma rotação de 270° da cabeça em direção ao lado não acometido em passos rápidos de 90° em intervalos de 30 segundos[9]. No mesmo ano, foi descrita uma modificação dessa manobra que incluía uma rotação da cabeça de 360° em passos rápidos de 90° com intervalos de 60 segundos[15].

Manobra de Gufoni

Para tratamento da VPPB do CSC lateral geotrópico, o paciente na posição sentada é rapidamente movido para uma posição deitado de lado sobre o lado não acometido e permanece assim por 1 minuto após o fim do nistagmo. Em seguida, a cabeça do paciente é rapidamente girada a 45° para baixo e mantida nessa posição por 2 minutos. No final, o paciente retorna, lentamente, à posição sentada[15].

Manobra de Zuma

A manobra de Zuma[16] foi proposta para destacar tanto otocônias do braço anterior do CSC, quanto as otocônias aderidas à cúpula; é realizada com o paciente sentado. Primeiro, com a condução do profissional, o paciente deita-se rapidamente sobre o lado acometido (passo I) e é mantido nessa posição por 3 minutos. Em seguida, a cabeça do paciente é girada a 90° em direção ao teto (passo II) e é mantida assim por mais 3 minutos. Posteriormente, o paciente move o corpo em decúbito dorsal e a cabeça é girada a 90° em direção ao lado não acometido (passo III), permanecendo por mais 3 minutos. Finalmente, a cabeça do paciente é ligeiramente inclinada para a frente (passo IV), seguido por um lento retorno do paciente à posição sentada (passo V)[16].

Manobras de reposicionamento para o canal anterior

Manobra de Yacovino

Pode ser realizada independentemente do lado acometido. O paciente é movido de maneira rápida para uma posição supina com a cabeça estendida, em seguida passando para uma posição supina com inclinação da cabeça de 30° para frente (semelhante a "encostar o queixo no peito") por 30 segundos e, finalmente, para uma posição sentada com um ângulo de 30° de inclinação da cabeça para a frente, por mais 30 segundos[14].

VARIANTES ATÍPICAS DA VPPB

Variante atípica de CSC posterior

Canalitíase do braço curto do CSC posterior (VPPB subjetiva)

Nesta atipia, supõe-se que as otocônias estão localizadas entre a cúpula e o utrículo (no braço curto do CSC posterior), anatomicamente, o local mais vulnerável por causa de seu formato cônico e sua posição diretamente abaixo do utrículo quando o paciente está na posição ereta[17].

O paciente refere vertigem à manobra diagnóstica de Dix-Hallpike, porém sem nistagmo, e apresenta uma forte reação neurovegetativa após posicionamento, partindo do lado acometido[18].

Devido à deflexão cupular crônica para baixo, nessa litíase, os pacientes referem vertigem, apresentam retropulsão transitória e manifestações neurovegetativas ao voltar à posição sentada, o que é, de fato, desproporcional à falta do nistagmo observado durante o teste diagnóstico[18].

Repetições da manobra de Dix-Hallpike do lado acometido podem reabilitar o paciente com essa variante[18]. Ping et al.[17] descreveram a manobra de "*incline and balance*" e consideraram resolutiva para reposicionar as otocônias do braço curto do CSC posterior para o utrículo sem desconforto significativo.

Variante ageotrópica do CSC posterior (mimetização de CSC anterior)

A causa desta variante atípica seria a ductolitíase no braço não ampular do CSC posterior com mobilidade livre das otocônias, próximo ao pilar comum[19].

Na manobra diagnóstica, as otocônias circulantes defletiriam a cúpula na direção do utrículo, gerando uma estimulação ampulípeta inibitória no ducto posterior ipsilateral e, portanto, produzindo nistagmo torcional vertical para baixo (ageotrópico), mimetizando uma estimulação ampulífuga excitatória de ducto anterior contralateral[18].

Essa variante atípica foi denominada "ageotrópica", em função do nistagmo observado ser direcionado para longe do solo durante o teste de Dix-Hallpike, oposto ao evocado na sua forma típica[18,20]. Tratamento dessa variante atípica por meio de manobra liberatória Demi Semont ou de posição prolongada forçada de 45° é considerado eficaz[18,20].

Na técnica de posição prolongada forçada de 45°, o paciente é solicitado a deitar-se sobre o lado saudável, com a cabeça voltada 45° para baixo, e deve permanecer nessa posição por pelo menos 8 horas[20].

Na manobra libertatória de Demi Semont, a cabeça do paciente deverá ser virada 45° para o lado saudável e o paciente será trazido para o lado saudável; não mover muito rapidamente, para evitar um fluxo ampulípeto excessivo (em direção ao braço ampular do CSC). Em seguida uma desaceleração final acentuada para aproveitar a inércia das otocônias e movê-las em direção ao pilar comum. Após 20 ou 30 segundos, voltar à posição sentada, agora com rapidez suficiente para facilitar a movimentação das otocônias remanescentes[20].

Variante atípica de CSC horizontal

Canalitíase do braço curto do CSC horizontal

Nesta variante atípica, as otocônias presentes no utrículo se deslocam em sentido à cúpula do CSC lateral ao rotacionar a cabeça para o lado acometido. A alteração da densidade da endolinfa próxima à cúpula do canal provoca deslocamento em direção contrária ao cinocílio e provoca um nistagmo horizontal ageotrópico. Ao rotacionar a cabeça para o lado contrário, as otocônias retornam facilmente para o utrículo e o estímulo cessa. Assim, não há qualquer nistagmo nessas circunstâncias.

É proposto ao paciente que se deite, por tempo prolongado (12 horas), com a orelha acometida para cima, assim, o canal horizontal acometido mantém-se na posição vertical com a abertura da ampola para baixo e, consequentemente, a força gravitacional natural drena as otocônias para o vestíbulo[20].

A manobra proposta por Zuma e Maia para CSC lateral, na sua forma ageotrópica, poderá ser eficiente para que as otocônias fixadas ao lado utricular da cúpula por inércia e gravidade possam se deslocar diretamente para o utrículo durante a manobra de reposicionamento.

Variante atípica de CSC anterior

Ductolitíase/cupulolitíase de CSC anterior

No teste diagnóstico de *Head Hanging* (hiperextensão cefálica), as otocônias livres no CSC anterior se distanciam da cúpula, produzem uma resposta excitatória e, consequentemente, o exame clínico irá revelar um nistagmo vertical para baixo com componente torcional, que bate em direção ao ouvido acometido. A latência geralmente está ausente e o nistagmo é fatigável[19].

Em 2009, Yacovino et al. propuseram uma manobra que funciona simetricamente para ambos os canais anteriores, independentemente do lado acometido.

Todas as variantes atípicas da VPPB devem sempre merecer diagnóstico diferencial com a vertigem posicional central, que pode ser ocasionada principalmente por alterações anatômicas, vasculares, degenerativas ou tumorais da fossa posterior.

Precauções devem ser tomadas especialmente nos casos de nistagmo posicional horizontal, vertical sem componente torcional, vertical para baixo e exclusivamente torcional e também na refratariedade após duas ou três sessões sequenciais de terapia, múltipla recorrência, longa persistência ou intratabilidade.

CONCLUSÃO

A VPPB é uma condição vestibular frequente na população, que envolve deslocamento de otocônias nos CSC e são em sua grande maioria de fácil diagnóstico e tratamento, entretanto existem variantes atípicas, que exigem cuidado diferencial, com abordagens mais específicas. Profissionais da saúde, como fonoaudiólogos e otorrinolaringologistas, desempenham um papel crucial na avaliação e reabilitação, melhorando a qualidade de vida dos pacientes com VPPB.

REFERÊNCIAS BIBLIOGRÁFICAS

1. Brandt T, Steddin S. Current view of the mechanism of benign paroxysmal positioning vertigo: cupulolithiasis or canalolithiasis? J Vestib Res. 1993;3(4):373-82.
2. Herdman S, Tusa RJ. Avaliação e tratamento dos pacientes com vertigem posicional paroxística benigna. Reabilitação Vestibular. 1o de janeiro de 2002;447-71.
3. Parnes LS, Agrawal SK, Atlas J. Diagnosis and management of benign paroxysmal positional vertigo (BPPV). CMAJ. 2003;169(7):681-93.
4. Tang H, Li W. Advances in the diagnosis and treatment of benign paroxysmal positional vertigo. Exp Ther Med. 2017;14(3):2424-30.
5. Bhattacharyya N, Gubbels SP, Schwartz SR, Edlow JA, El-Kashlan H, Fife T, et al. Clinical practice guideline: benign paroxysmal positional vertigo (update). Otolaryngol Head Neck Surg. 2017;156(3_suppl):S1-47.
6. Fife TD, Iverson DJ, Lempert T, Furman JM, Baloh RW, Tusa RJ, et al. Practice parameter: therapies for benign paroxysmal positional vertigo (an evidence-based review): report of the Quality Standards Subcommittee of the American Academy of Neurology. Neurology. 2008;70(22):2067-74.
7. Vadlamani S, Dorasala S, Dutt SN. Diagnostic positional tests and therapeutic maneuvers in the management of benign pa-

roxysmal positional vertigo. Indian J Otolaryngol Head Neck Surg. 2022;74(1):475-87.
8. Sauvage JP. Vertiges: manuel de diagnostic et de réhabilitation. 2. ed. Issy-les-Moulineaux: Elsevier Masson; 2014.
9. Nuti D, Vannucchi P, Pagnini P. Benign paroxysmal positional vertigo of the horizontal canal: a form of canalolithiasis with variable clinical features. J Vestib Res. 1996;6(3):173-84.
10. Choo OS, Kim H, Jang JH, Park H, Choung YH. Vertical nystagmus in the bow and lean test may indicate hidden posterior semicircular canal benign paroxysmal positional vertigo: hypothesis of the location of otoconia. Scientific Reports. 2020;10.
11. Casani AP, Cerchiai N, Dallan I, Sellari-Franceschini S. Anterior canal lithiasis: diagnosis and treatment. Otolaryngol Head Neck Surg. 2011;144(3):412-8.
12. Rocha GD, Lefèvre AP. Proposal of an otolith repositioning maneuver for posterior canal benign paroxysmal positional vertigo: a supine-seated approach. Research, Society and Development. 2023;12(4):e21212441173.
13. Roberts RA, Gans RE, Montaudo RL. Efficacy of a new treatment maneuver for posterior canal benign paroxysmal positional vertigo. J Am Acad Audiol. 2006;17(08):598-604.
14. Yang X, Ling X, Shen B, Hong Y, Li K, Si L, et al. Diagnosis strategy and Yacovino maneuver for anterior canal-benign paroxysmal positional vertigo. J Neurol. 2019;266(7):1674-84.
15. Baloh RW. Horizontal benign positional vertigo. Neurology. 1994;44(11):2214.
16. Zuma e Maia F. New treatment strategy for apogeotropic horizontal canal benign paroxysmal positional vertigo. Audiology Research. 2016;6(2):163.
17. Ping L, Yi-fei Z, Shu-zhi W, Yan-yan Z, Xiao-kai Y. Diagnosis and treatment of the short-arm type posterior semicircular canal BPPV. Brazilian Journal of Otorhinolaryngology. 2022;88(5):733-9.
18. Büki B, Simon L, Garab S, Lundberg YW, Jünger H, Straumann D. Sitting-up vertigo and trunk retropulsion in patients with benign positional vertigo but without positional nystagmus. Journal of Neurology, Neurosurgery & Psychiatry. 2011;82(1):98-104.
19. Garaycochea O, Pérez-Fernández N, Manrique-Huarte R. Uma nova manobra para diagnóstico e tratamento de nistagmo vertical para baixo com componente de torção: forma apogeotrópica da VPPB do canal anterior e canal posterior. Braz J Otorhinolaryngol. 2022;88:708-16.
20. Vannucchi P, Pecci R, Giannoni B, Di Giustino F, Santimone R, Mengucci A. Apogeotropic posterior semicircular canal benign paroxysmal positional vertigo: some clinical and therapeutic considerations. Audiol Res. 2015;5(1):130.

25

A tecnologia na reabilitação vestibular

Cleiton Carvalho Fortes
Edvania Rodrigues dos Santos
Maria da Glória Canto de Souza
Patrícia Cotta Mancini

PONTOS-CHAVE

- Na área da Fonoaudiologia, tem-se observado um marcante avanço tecnológico, o qual desempenha um papel fundamental na ampliação das estratégias terapêuticas disponíveis. Esse progresso tem viabilizado a incorporação de recursos inovadores, fornecendo aos profissionais uma ampla variedade de ferramentas para enfrentar os diversos desafios clínicos.
- A reabilitação vestibular é essencial para indivíduos com tontura e desequilíbrio crônicos, decorrentes de doenças vestibulares, lesões, doenças neurológicas ou outras condições.
- Os avanços tecnológicos têm proporcionado uma variedade de métodos inovadores e ferramentas para auxiliar esses indivíduos no processo de recuperação do equilíbrio.
- As várias tecnologias disponíveis para a reabilitação do equilíbrio corporal oferecem uma gama diversificada de abordagens e recursos para atender às necessidades individuais dos pacientes. Ao combinar essas ferramentas com a orientação do fonoaudiólogo, é possível promover uma recuperação eficaz e melhorar a qualidade de vida dos indivíduos com distúrbios do equilíbrio corporal.

OBJETIVOS DE APRENDIZAGEM

Ao final deste capítulo, o leitor deverá ser capaz de:

- Identificar as diversas tecnologias disponíveis para uso na reabilitação vestibular.
- Compreender como cada recurso tecnológico pode auxiliar no processo terapêutico de indivíduos com tontura.
- Comparar as tecnologias disponíveis e verificar a viabilidade no contexto clínico para sua aplicabilidade.

INTRODUÇÃO

O avanço tecnológico está cada vez mais presente no meio científico, especialmente na área da saúde, promovendo oportunidades de aprendizado em diversos contextos, indo além dos ambientes tradicionais, como os ambulatórios[1].

A inclusão de recursos tecnológicos nas intervenções em saúde aumenta o interesse e a adesão do sujeito, o que leva a uma melhor experiência durante a interação, além de influenciar positivamente o seu engajamento e o encorajando a realizar mudanças em seu comportamento[2].

Na área fonoaudiológica essa tecnologia se fundamenta em diversas abordagens teóricas, é inovadora e eficaz, proporcionando uma experiência motivadora para os pacientes. Como exemplo, destacamos os jogos imersivos de realidade virtual, os videogames e os aplicativos (*apps*) para dispositivos móveis que desempenham um papel significativo nesse contexto. Sua utilização no processo terapêutico pelo profissional fonoaudiólogo tem sido cada vez mais frequente. Os efeitos gerados por essas ferramentas, utilizadas como estratégias terapêuticas, estimulam mudanças no cérebro, importantes para o processo de reabilitação[3].

As tecnologias utilizadas para a reabilitação do equilíbrio corporal têm um papel importante enquanto recurso terapêutico e podem ser utilizadas individualmente ou combinadas. Aliado ao seu uso, a terapia vestibular deve considerar as limitações dos pacientes no processo, tendo em vista que o comprometimento vestibular, bem como a faixa etária, são determinantes na conduta terapêutica a ser utilizada. Assim, neste capítulo abordaremos diversos recursos tecnológicos para a reabilitação do equilíbrio corporal, tais como: dispositivos móveis e aplicativos, simuladores de realidade virtual, sistemas de imersão total, *exergames* (ou jogos de exercício), plataformas de equilíbrio dinâmico, além do uso de fotobiomodulação, *biofeedback, neurofeedback* e neuromodulação.

Dispositivos móveis e aplicativos

Entre as inovações tecnológicas emergentes destinadas ao cuidado da saúde, destaca-se o crescimento exponencial do uso de aplicativos. Com a popularização dos dispositivos móveis, o aumento de seu uso tem impulsionado o desenvolvimento de aplicativos para uma variedade de propósitos, desde entretenimento até cuidados especializados em saúde. Tanto pacientes quanto profissionais de saúde e equipes multidisciplinares têm se beneficiado com essa evolução, melhorando os cuidados com a saúde[4,5].

O uso de dispositivos móveis como mediadores em atividades de educação, estimulação e reabilitação na área da saúde está se tornando cada vez mais prevalente na sociedade. A incorporação de ferramentas tecnológicas em terapias de equilíbrio tem se mostrado mais motivadora do que os exercícios tradicionais realizados nas terapias convencionais[6]. Entretanto, os diversos recursos tecnológicos e suas novas aplicações necessitam ser avaliados constantemente para proporcionar intervenções mais efetivas[7].

A integração do ambiente virtual ao cotidiano da população, impulsionada pelo uso generalizado de dispositivos móveis, é uma realidade global. Isso torna esses dispositivos uma ferramenta crucial em uma variedade de tratamentos e terapias de reabilitação[8].

Os aplicativos utilizados na área da reabilitação do equilíbrio corporal estão emergindo como importantes instrumentos que auxiliam no processo de tratamento de pacientes com tontura. Tais tecnologias possibilitam a extensão da assistência para além das fronteiras do ambiente clínico, contribuindo para a melhoria dos procedimentos terapêuticos domiciliares. Especificamente no campo dos distúrbios vestibulares, tem-se observado que as mídias digitais oferecem um complemento promissor aos métodos de tratamento convencionais[9].

Tecnologias com uso da realidade virtual

De acordo com Sherman e Craig (2019), a realidade virtual é uma tecnologia de interface humana que envolve simulação e interação em tempo real, por meio de dispositivos computacionais e ambientes artificiais, que promove, no usuário, uma sensação de estar presente em um local real ou imaginário. Uma experiência por meio da realidade virtual é alcançada a partir da combinação de um *hardware* avançado e um *software* sofisticado[10].

A realidade virtual oferece ambientes simulados que podem ser adaptados para desafiar e treinar o equilíbrio, servindo de estratégia terapêutica nos distúrbios vestibulares, proporcionando uma experiência interativa que transcende as limitações do mundo físico. Os pacientes podem interagir com esses ambientes de forma segura e controlada, o que os ajuda a melhorar a estabilidade e a confiança ao se moverem.

Instrumentos de realidade virtual têm se mostrado promissores na melhora do equilíbrio corporal, oferecendo uma abordagem inovadora e envolvente para a reabilitação.

Dada a exigência de manipular os sentidos do usuário, desenvolver ambientes virtuais que reproduzam de forma precisa o mundo real representa um desafio científico complexo. Neste sentido, é importante proporcionar ao usuário uma experiência imersiva convincente, que seja tecnicamente viável e prática[11].

Do ponto de vista da terapia vestibular, a realidade virtual produz conflitos sensoriais entre o sistema visual e vestibular, cujo objetivo principal é a estimulação do ganho do reflexo vestíbulo-ocular (RVO), o que permite atingir a compensação completa do sistema vestibular, induzindo a adaptação das respostas vestibulares que auxilia na recuperação do controle postural[9,12].

Os jogos com realidade virtual são divertidos e criam ambientes ricos em novos desafios, visto que a interação do usuário no ambiente virtual proporciona uma experiência gratificante que pode ser aplicada em situações reais.

Estudo realizado com indivíduos acometidos por desordens vestibulares e que foram submetidos a um cenário virtual de supermercado, por meio de telões para criar a sensação de imersão, ao comparar com o uso de dispositivo de realidade virtual colocado sobre a cabeça, concluiu que em ambas as técnicas aplicadas houve melhora significativa dos sintomas dos pacientes, demonstrando que o uso de tecnologias promovera na melhora da tontura[13].

Pesquisadores realizaram um estudo em 20 pacientes com vertigem em que utilizaram a realidade virtual como estratégia de terapia vestibular. Concluíram que a terapia com realidade virtual foi tão eficaz quanto a reabilitação vestibular convencional, o que leva o terapeuta a implementar novas estratégias de intervenção. Além da melhoria do sintoma e na qualidade de vida, foi enfatizada a questão motivacional na realização dos treinamentos[14].

Kanyılmaz et al. (2022) realizaram um estudo randomizado com duração de 6 meses em idosos com tontura em que compararam os métodos convencionais de reabilitação vestibular e a realização de exercícios por meio de realidade virtual. Os efeitos dos exercícios apoiados na realidade virtual levaram a melhorias adicionais, especialmente quanto ao sintoma tontura, à incapacidade, ao equilíbrio e à mobilidade dos idosos com tontura crônica[15].

Os *exergames* são videogames que incorporam atividades físicas e exercícios em sua jogabilidade controlados por movimentos corporais que proporcionam maior envolvimento e interação por meio de atividades físicas. Trata-se de uma abordagem inovadora em que os pacientes são submetidos a exercícios que promovem melhoria quando utilizados com o objetivo de trabalhar, entre várias habilidades, o sistema vestibular. Estudo realizado com paciente de sexo masculino, 55 anos, com traumatismo cranioencefálico, revelou melhora do equilíbrio corporal e maior autonomia em suas atividades cotidianas, quando utilizados jogos com realidade virtual do tipo *Kinect XBox*, associados a outras abordagens terapêuticas[16].

O *XBox-360®* é um sistema baseado no *Microsoft Kinect*, que contém uma câmera que permite que os usuários controlem e interajam com o console durante os jogos por meio de gestos. O dispositivo vem com uma câmera e um sensor que fornecem recursos de captura de corpo inteiro, em 3D, para o reconhecimento de gestos que determina se um usuário executou o exercício corretamente durante o jogo. Estudo que avaliou a possibilidade de reabilitar dois jovens adultos com deficiência motora utilizando um sistema baseado no *Kinect* mostrou que eles aumentaram sua motivação durante o processo de reabilitação física e que melhoraram o desempenho dos exercícios durante a intervenção[17].

A realidade virtual permite ao indivíduo a utilização de seus sentidos e movimentos naturais do corpo durante a interação com os jogos virtuais, promovendo assim sua interação com um ambiente virtual[18]. Nesse contexto, essa interação favorece o *feedback* imediato, por parte do paciente, com a obtenção de respostas favoráveis de seus movimentos. Todo esse processo provoca no cérebro estímulos necessários para ajustes ao jogo e correções para que haja um bom desempenho,[19] visto que essa interação pode promover para maior plasticidade funcional e neuronal, com melhorias nas funções cognitivas, como atenção e memória devido à intensa atividade cerebral com os jogos, além de contribuir com funções de aprendizado e melhoria na arquitetura neuronal[20].

Estudo realizado com uma criança com transtorno de aprendizagem, cujo objetivo foi de verificar os efeitos da terapia baseada em jogos (gameterapia) no perfil psicomotor e no equilíbrio, concluiu que a intervenção promoveu melhoras nos dois sistemas. O uso da terapia baseada em jogos utilizando a associação do *Wii Nintendo®* com o *XBox*-360® possibilitou que o participante criasse estratégias para atingir e superar os níveis do jogo, atingindo uma melhor pontuação. Esse estudo demonstrou que o *biofeedback* trouxe motivação e melhora nas aquisições motoras propostas[21].

O emprego de jogos eletrônicos de realidade virtual na reabilitação de pacientes com distúrbio do equilíbrio corporal de origem vestibular tem a finalidade de recriar mudanças ambientais para os estímulos visuais, auditivos, vestibulares e somatossensoriais a fim de que haja o ajuste dos reflexos vestíbulocular (RVO) e vestíbuloespinhal (RVE), os quais estão envolvidos no controle postural e nas estratégias reativas e proativas do equilíbrio corporal[22].

Fotobiomodulação

A fotobiomodulação se refere à aplicação de luz a um sistema biológico capaz de induzir um processo fotoquímico, principalmente nas mitocôndrias, com estimulação da produção de energia em forma de adenosina trifosfato (ATP)[23], o que pode aumentar o metabolismo celular e produzir efeitos como analgesia[24], regeneração de tecidos e cicatrização de feridas[25] e redução de fadiga muscular[26], dentre outros. Além desses, há evidências de aplicação de neuromodulação em diferentes regiões do sistema nervoso (SN), resultando em aumento da perfusão cerebral e consequente melhora cognitiva e comportamental em doenças neurológicas como demências, doenças traumáticas e no parkinsonismo ou síndrome de Parkinson, além de possibilidade de aprimoramento cognitivo em indivíduos saudáveis[27].

Importante ressaltar que, dentre as opções de tratamento disponíveis, o uso da Terapia de Laser de Baixa Intensidade (TLBI) está se tornando cada vez mais popular entre as opções de intervenção. Neste tipo de estimulação, a luz pode alterar as células por meio de mudanças bioquímicas. Isso ajuda na recuperação do sistema em nível celular e na recuperação do órgão afetado. Além disso, é destacado que essa estratégia é de fácil aplicação, indolor, sem efeitos colaterais e com poucas contraindicações[28].

Biofeedback

O treinamento com *neurofeedback* na reabilitação vestibular se baseia no conceito de substituição sensorial que pode envolver estimulações sensoriais vibrotateis ou eletrotateis, como é o caso do *Vertiguard®* e do *Brainport®*, respectivamente. Existem também outros equipamentos com tecnologias semelhantes, mas preferimos citar aqui equipamentos que já tivemos algum tipo de contato, como a oportunidade de testar e observar os efeitos na avaliação e tratamento.

O *Vertiguard®* é um dispositivo destinado à avaliação e ao treinamento do equilíbrio corporal. Conhecido popularmente como "cinto de equilíbrio", é composto por um cinto ajustável que fica posicionado na cintura do paciente e tem um sensor com giroscópio que detecta e registra a oscilação corporal (anterior/posterior e látero/lateral) no computador enquanto o paciente realiza tarefas para avaliação do equilíbrio. Além disso, conta com quatro estimuladores vibratórios dispostos em ângulos de 90° entre si que vibram para sinalizar a direção do deslocamento do corpo durante o trainamento[29].

O dispositivo *Brainport®* possui uma placa com eletrodos que fica conectada a um aparelho que contém um giroscópio capaz de detectar a oscilação corporal. O aparelho fica posicionado em frente ao tronco, pendurado pelo pescoço, enquanto a placa com eletrodos fica posicionada sobre o terço anterior da língua, que concentra uma grande quantidade de terminações nervosas, e emite um estímulo elétrico de baixa intensidade. De acordo com a oscilação corporal detectada pelo acelerômetro, o equipamento gera um impulso eletrotátil na língua, na mesma direção do movimento para informar a variação postural e a direção, que permite a correção postural[31]. Sendo assim, é uma forma de tratamento para a manutenção da postura corporal e apresenta efeito residual que permanece por dias ou semanas após a estimulação. Danilov et al. (2005 e 2007) demonstraram nos seus estudos a melhora do controle do centro de massa e controle postural após o treinamento utilizando essa técnica[30,31].

Neuromodulação

É consenso que a reabilitação vestibular personalizada é considerada padrão-ouro no tratamento de transtornos do equilíbrio corporal utilizando estratégias e mecanismos de neuroplasticidade para compensação central nas disfunções vestibulares. Contudo, muitos pacientes se apresentam refratários ao tratamento convencional e, principalmente nesses casos, a utilização da neuromodulação pode ser um recurso essencial visando a eficácia da terapia e remissão ou atenuação dos sintomas como tontura ou desequilíbrio.

A neuromodulação induz a neuroplasticidade e ajuda a recuperar ou compensar alterações funcionais[32,33].

Entre as tecnologias de neuromodulação não invasivas, destacam-se a Estimulação Transcraniana por Corrente Contínua (ETCC), Estimulação Magnética Transcraniana (EMT), Estimulação Vestibular Galvânica (EVG) e Neuroestimulação Translingual (NETL).

A ETCC é uma técnica que consiste na utilização de uma corrente elétrica de baixa intensidade conduzida por um par de eletrodos revestidos e embebidos em so-

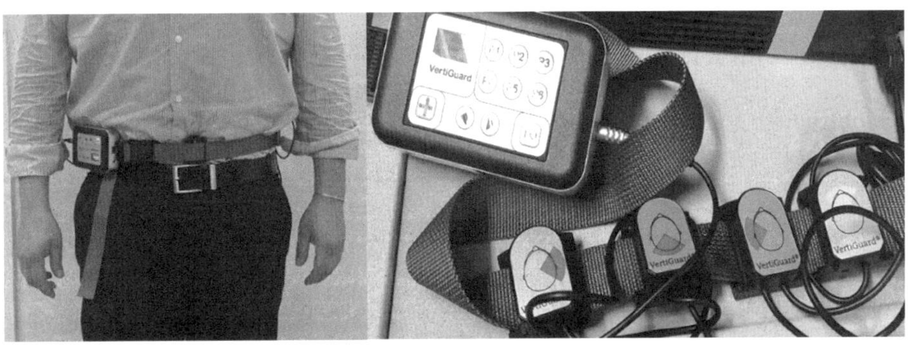

FIGURA 1 Demonstração da posição do equipamento na cintura do paciente durante avaliação ou treinamento com o dispositivo *Vertiguard®* com unidade principal e estimuladores vibrotáteis. Versão colorida da figura encontra-se na plataforma de conteúdo complementar do livro.

Fonte: acervo dos autores.

lução salina, gerada por um dispositivo eletrônico que permite uma modulação indolor, seletiva, focal e não invasiva da excitabilidade do córtex. Os eletrodos são estrategicamente posicionados de acordo com o objetivo do tratamento. Contudo, os estudos apresentam variações de protocolos que, além do posicionamento dos eletrodos, podem variar na configuração dos estímulos, duração, intensidade, quantidade de sessões e até o intervalo entre elas. Os estudos demonstram benefícios em diferentes populações e diagnósticos, como idosos com disfunção vestibular crônica e pacientes com comprometimento neurológico ou paralisia cerebral[34,35].

No caso da EMT, a estimulação se dá pela aproximação de uma bobina conectada a um dispositivo que tem a função de estimular áreas corticais, seja excitatória ou inibitória, determinada pela frequência de pulsos, que de forma focal transforma o impulso magnético em corrente elétrica. As bobinas podem apresentar diferentes formatos, sendo os mais comuns a bobina em 8 e a bobina parabólica, escolhidas de acordo com o objetivo do tratamento e o protocolo escolhido. Os estudos também apresentam configurações diferentes de apresentação, duração, pulsos e sessões, podendo ser ajustado o protocolo que mais atende a necessidade do paciente. O estudo de Forogh et al. (2017) mostra melhora da recuperação motora após acidente vascular cerebral, aumento significativo da força muscular e estabilidade postural estática[36].

O método EVG utiliza um par de eletrodos cutâneos fixados bilateralmente sobre as mastoides para a

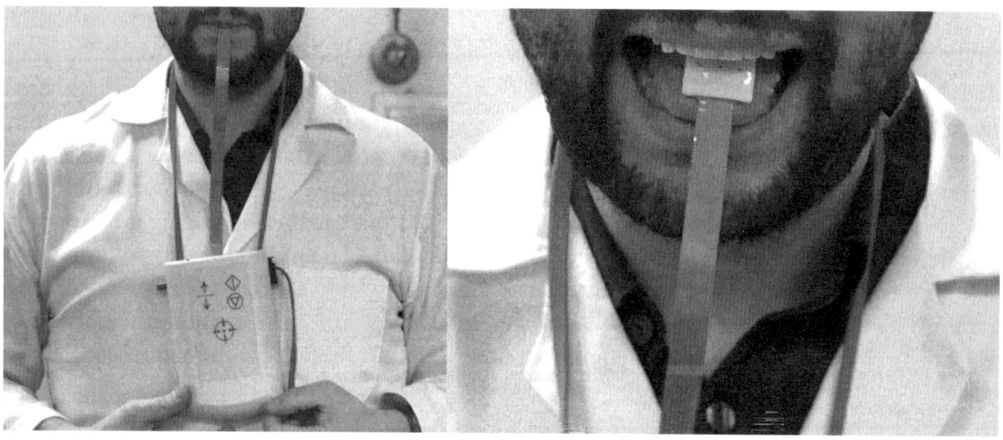

FIGURA 2 Demonstração do equipamento Brainport® e posição dos eletrodos sobre a língua. Versão colorida da figura encontra-se na plataforma de conteúdo complementar do livro.
Fonte: acervo dos autores.

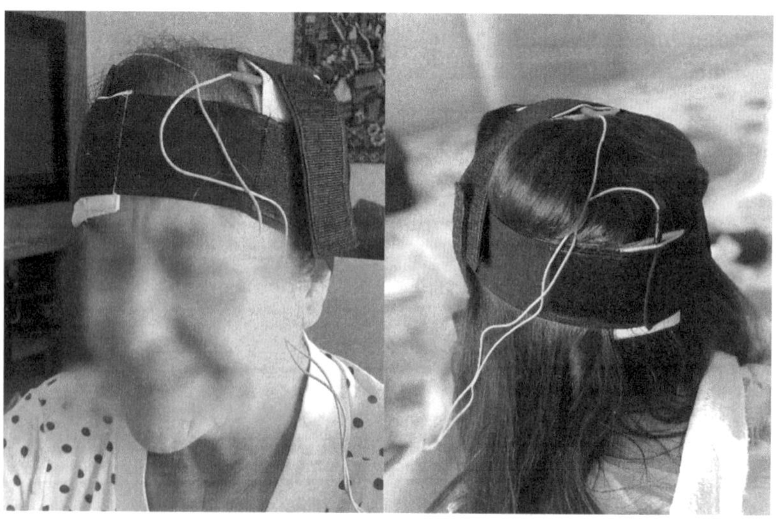

FIGURA 3 Demonstração de protocolos com posicionamento diferente dos eletrodos. Versão colorida da figura encontra-se na plataforma de conteúdo complementar do livro.
Fonte: acervo dos autores.

aplicação de um estímulo elétrico com corrente de baixa amperagem, alternada e geralmente pulsada. Assim como nas outras técnicas, os estudos utilizam protocolos diversos, sendo essa configuração a mais utilizada. Ela conduz a corrente elétrica pelo nervo vestibular, núcleos vestibulares e talâmicos, atingindo o córtex vestibular. A polarização dos nervos vestibulares, induzida pelas cargas positivas e negativas, gera o efeito de inibição e excitação respectivamente, que pode resultar na oscilação corporal e modula as repostas oculomotoras, posturais, equilíbrio e orientação espacial. Os estudos têm indicado sua eficácia em pacientes com hipofunção vestibular unilateral não compensada e hipofunção bilateral, principalmente em idosos com presbivertigem, na doença de Parkinson, em lesões centrais isquêmicas e trauma medular[37].

A Neuroestimulação Translingual (NSTL) é também uma forma não invasiva de neuromodulação e estimula pares cranianos. É utilizado um dispositivo denominado *Portable Neuromodulation Stimulator* (PoNS®), que se trata de um aparelho portátil com uma placa integrada e eletrodos de forma que, posicionada sobre o terço

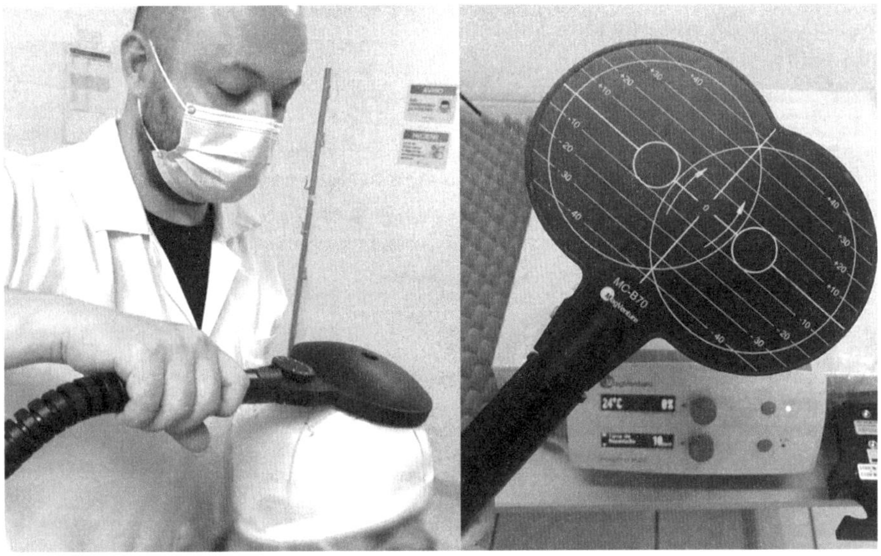

FIGURA 4 Demonstração da estimulação magnética transcraniana focal com bobina parabólica e, ao lado, uma bobina em figura de "8" (oito). Versão colorida da figura encontra-se na plataforma de conteúdo complementar do livro.
Fonte: acervo dos autores.

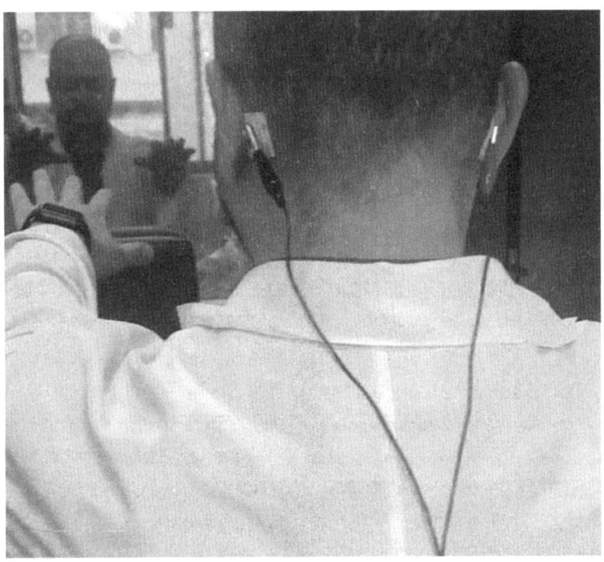

FIGURA 5 Demonstração do posicionamento dos eletrodos para EVG nas mastoides. Versão colorida da figura encontra-se na plataforma de conteúdo complementar do livro.
Fonte: acervo dos autores.

anterior da língua, visa incrementar a neuroplasticidade estimulando os nervos trigêmeo (V par) e facial (VII par) e suas projeções no tronco encefálico, os núcleos trigêmeo e solitário, que interagem com estruturas adjacentes e exercem sobre aos núcleos vestibulares uma atividade moduladora pela plasticidade neuronal secundária. Estimula o fluxo natural de impulsos neurais para o tronco cerebral e cerebelo, e efetua mudanças e reorganiza a função dessas estruturas cerebrais. O método aumenta a capacidade natural de resolução de lesões e propicia melhor desempenho nas funções comportamentais, cognitivas e autonômicas. Devido à dificuldade de acesso e ao custo elevado, o dispositivo ainda é restrito para pesquisa. Contudo, os resultados demonstrados em pesquisa evidenciam benefícios para funções sensoriais e motoras complexas como visão, audição, equilíbrio, marcha e fala, sendo um tratamento promissor para alterações do equilíbrio corporal, sejam elas de origem periférica ou central[38].

O Quadro 1 apresenta as novas tecnologias que podem ser utilizadas na reabilitação vestibular de indivíduos com distúrbios do equilíbrio.

Em resumo, as várias tecnologias disponíveis para a reabilitação do equilíbrio corporal oferecem uma gama diversificada de abordagens e recursos para atender às necessidades individuais dos pacientes. Ao combinar essas ferramentas com a orientação do fonoaudiólogo, é possível promover uma recuperação eficaz e melhorar a qualidade de vida dos indivíduos com distúrbios do equilíbrio corporal.

CONCLUSÃO

A reabilitação vestibular conta atualmente com uma ampla gama de tecnologias inovadoras. Desde os dispositivos móveis e aplicativos até os simuladores virtuais e dispositivos de *biofeedback*, cada recurso oferece uma abordagem única para auxiliar no trata-

QUADRO 1 Principais tecnologias disponíveis para uso na reabilitação vestibular

Tipo de tecnologia	Descrição	Exemplos
Neurofeedback	As técnicas oferecem uma abordagem avançada e personalizada para a reabilitação do equilíbrio corporal e permitem seu monitoramento e controle em tempo real. Seu uso pode ajudar a aumentar a consciência corporal e aprimorar o controle do equilíbrio, contribuindo para melhora dos sintomas dos pacientes.	Estimulação vibrotátil (Vertiguard®) e estimulação eletrotátil (*Brainport*®)
Neuromodulação	Estimula o fluxo natural de impulsos neurais para o tronco cerebral, cerebelo e núcleos adjacentes aos vestibulares, provocando mudanças e reorganização de funções cerebrais. O método aumenta a capacidade natural de resolução de lesões e propicia melhor desempenho nas funções comportamentais, cognitivas e autonômicas. Os métodos envolvem estimulações elétricas ou magnéticas, por via translingual ou transcraniana	Neuroestimulação translingual (NETL) com PoNS®, Estimulação Transcraniana por Corrente Contínua (ETCC), Estimulação Magnética Transcraniana (EMT) e Estimulação Vestibular Galvânica (EVG)

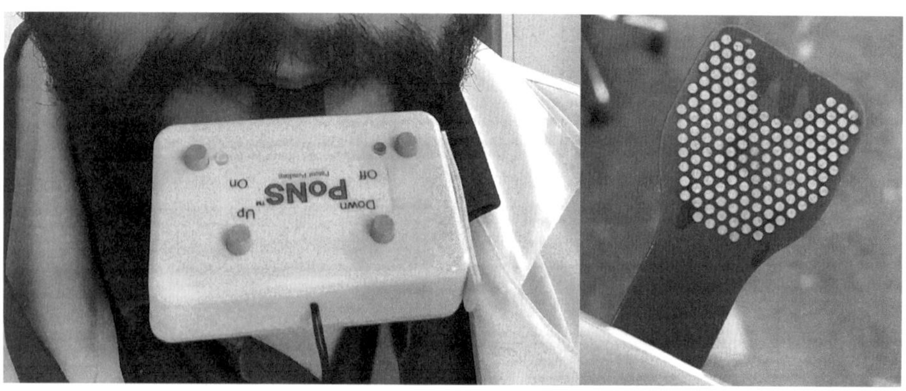

FIGURA 6 Demonstração do posicionamento do dispositivo PoNS® durante a neuroestimulação translingual e ao lado a placa de eletrodos que ficam em contato com a língua. Versão colorida da figura encontra-se na plataforma de conteúdo complementar do livro.
Fonte: acervo dos autores.

mento da tontura e dos distúrbios vestibulares. A compreensão da finalidade do uso e do impacto de cada tecnologia no processo terapêutico é imprescindível para tomar decisões informadas sobre sua aplicabilidade clínica. Embora algumas tecnologias possam ser mais acessíveis ou prontamente disponíveis do que outras, é fundamental considerar não apenas os seus potenciais benefícios, mas também sua praticidade e custo-efetividade. Portanto, ao explorar os diversos recursos tecnológicos para uso na reabilitação vestibular, é possível tornar o processo terapêutico mais interessante e personalizar o tratamento para atender as necessidades específicas de cada paciente, promovendo, dessa forma, uma reabilitação vestibular mais abrangente e eficaz.

REFERÊNCIAS BIBLIOGRÁFICAS

1. Sousa MGC, Alves L. Dizziness kids app – teste de usabilidade de aplicativo gamificado para tratamento de crianças com tontura. Rev Bras Inovação Tecnológica em Saúde. 2020;10(3):5-18.
2. Primack BA, Carroll MV, Mcnamara M, Lou M, King B, Rich MO, et al. Role of video games in improving health-related outcomes: a systematic review. Am J Prev Med. 2012;42(6):630-8.
3. Evangelista ASL, Cordeiro ESG, Nascimento GFF, Gazzola JM, Araújo ES, Mantello EB. Speech-Language-Hearing intervention in vestibular rehabilitation with the use of technologies: an integrative literature review. Rev CEFAC. 2019;21(6):e2219.
4. George TP, Decristofaro C. Use of smartphones with undergraduate nursing students. Journal of Nursing Education. 2016;55(7):411-5.
5. Heffernan KJ, et al. Guidelines and recommendations for developing interactive eHealth apps for complex messaging in health promotion. JMIR mHealth and Health. 2016;4(1):e14.
6. Souza M, et al. Dizziness App: um aplicativo para o tratamento optocinético de pacientes com tontura. In: Anais do 18th Escola Regional de Computação Bahia, Alagoas e Sergipe. Maceió, AL: Sociedade Brasileira de Computação; 2018. Disponível em: https://sol.sbc.org.br/index.php/erbase/article/view/8523.
7. Oliveira RM de, et al. Development of the TabacoQuest app for computerization of data collection on smoking in psychiatric nursing. Revista Latino-americana de Enfermagem. 2016;24:e2726.
8. Carvalho F. Aplicação de jogos terapêuticos: demandas e desafios. In: Anais do Seminário de Tecnologias Aplicadas à Educação e Saúde da Universidade do Estado da Bahia. Salvador, Bahia: Universidade do Estado da Bahia; 2014.
9. Manso A, Ganança MM, Caovilla HH. Vestibular rehabilitation with visual stimuli in peripheral vestibular disorders. Brazilian Journal of Otorhinolaryngology. 2016;82(2):232-41.
10. Sherman WR, Craig AB. Understanding virtual reality. [s.l.] Elsevier, 2019.
11. Egea-Vivancos A, Arias-Ferrer L. Principles for the design of a history and heritage game based on the evaluation of immersive virtual reality video games. E- Learning and Digital Media. 2021;18(4):383-402.
12. Rosiak O, Krajewski K, Woszczak M, Jozefowicz-Korczynska M. Evaluation of the effectiveness of a virtual reality-based exercise program for unilateral peripheral vestibular deficit. J Vestib Res. 2019;28(5-6):409-15.
13. Alahmari KA, Sparto PJ, Marchetti GF, Redfern MS, Furman JM, Whitney SL. Comparison of virtual reality based therapy with customized vestibular physical therapy for the treatment of vestibular disorders. IEEE Transactions on Neural Systems and Rehabilitation Engineering. 2014;22(2):389-99.
14. Stankiewicz T, et al. Virtual reality vestibular rehabilitation in 20 patients with vertigo due to peripheral vestibular dysfunction. Medical Science Monitor: International Medical Journal of Experimental and Clinical Research. 2021;27:e930182-1.
15. Kanyilmaz T, Topuz O, Ardiç FN, Alkan H, Öztekin SNS, Topuz B, et al. Effectiveness of conventional versus virtual reality-based vestibular rehabilitation exercises in elderly patients with dizziness: a randomized controlled study with 6-month follow-up. Brazilian Journal of Otorhinolaryngology. 2022;88:S41-S49.
16. Sousa MGC, Ganança C, Sena EP. Efeito da reabilitação vestibular em paciente pós-traumatismo cranioencefálico (TCE): relato de caso. Rev Ciênc Méd Biol. 2013;12:547-53.
17. Chang Y, Chen S, Huang J. A Kinect-based system for physical rehabilitation: A pilot study for young adults with motor disabilities. Res Dev Disabil [Internet]. 2011;32(6):2566-70.
18. Audi M, Barrozo AL, et al. Realidade virtual como ferramenta para reabilitação: estudo de caso. Revista Educação Especial. 2018;31.
19. Schiavinato AM, Baldan C, Melatto L, Lima LS. Influência do Wii Fit no equilíbrio de paciente com disfunção cerebelar: estudo de caso. Journal of the Health Sciences Institute. 2010;28(1):50-2.
20. Pessini RA, et al. Análise da plasticidade neuronal com o uso de jogos eletrônicos. Journal of Health Informatics. 2018;10(1):25-9.
21. Dragh TTG, Ferronato BP, Braccialli LMP. Efeitos da gameterapia no transtorno de aprendizagem: estudo de caso. Revista da Associação Brasileira de Atividade Motora Adaptada. 2016;17(2).
22. Doná F, et al. Jogos eletrônicos na reabilitação do equilíbrio corporal em idoso com doença vestibular: caso clínico. Revista da Universidade Vale do Rio Verde. 2014;12(1):693-702.
23. Chung H, Dai T, Sharma SK, Huang YY, Carroll JD, Hamblin MR. The nuts and bolts of low-level laser (light) therapy. Ann Biomed Eng. 2012;40(2):516-33.
24. Avci P, Gupta A, Sadasivam M, Vecchio D, Pam Z, Pam N, et al. Low-level laser (light) therapy (LLLT) in skin: stimulating, healing, restoring. Semin Cutan Med Surg. 2013;32(1):41-52.
25. Clijsen R, Brunner A, Barbero M, Clarys P, Taeymans J. Effects of low-level laser therapy on pain in patients with musculoskeletal disorders: a systematic review and meta-analysis. Eur J Phys Rehabil Med. 2017;53(4):603-10.
26. Xu GZ, Jia J, Jin L, Li JH, Wang ZY, Cao DY. Low-level laser therapy for temporomandibular disorders: a systematic review with meta-analysis. Pain Res Manag. 2018.
27. Scheffer AR, Mondelli MFCG, Tavares RDSCR. Photobiomodulation therapy in hearing related aspects: an integrative bibliometric study. Int Tinnitus J. 2021;25(1):59-65.
28. Glass GE. Photobiomodulation: the clinical applications of low-level light therapy. Aesthetic Surgery Journal. 2021;41(6):723-38.

29. Brugnera C, Bittar RSM, Greters ME, Basta D. Effects of vibrotactile vestibular substitution on vestibular rehabilitation – preliminary study. Brazilian Journal of Otorhinolaryngology. 2015;81:616-21.
30. Danilov Y, Tyler M. Brainport: an alternative input to the brain. J Integr Neurosci. 2005;4(4):537-50.
31. Danilov YP, Tyler ME, Skinner KL, Hogle RA, Bach-y-Rita P. Efficacy of electrotactile vestibular substitution in patients with peripheral and central vestibular loss. J Vestib Res. 2007;17(2-3):119-30.
32. Stock VM, Knotkova H, Nitsche MA. Principles of neuromodulation. In: Knotkova H, Rasche D (eds.). Textbook of neuromodulation. New York: Springer; 2014.
33. Mogilner AY. Neuromodulation and neuronal plasticity. In: Krames ES, Peckham PH, Rezai AR. Neuromodulation. 2. ed. Academic Press; 2018. p. 103-10.
34. Nitsche MA, Paulus W. Excitability changes induced in the human motor cortex by weak transcranial direct current stimulation. J Physiol. 2000 Sep 15;527 Pt 3(Pt 3):633-9.
35. De Moura MCDS, Hazime FA, Marotti Aparicio LV, Grecco LAC, Brunoni AR, Hasue RH. Effects of transcranial direct current stimulation (tDCS) on balance improvement: a systematic review and meta-analysis. Somatosens Mot Res. 2019;36(2):122-35.
36. Forogh B, Ahadi T, Nazari M, Sajadi S, Abdul Latif L, Akhavan Hejazi SM, et al. The effect of repetitive transcranial magnetic stimulation on postural stability after acute stroke: a clinical trial. BCN 2017;8(5):405-12.
37. Labanca L, Silva TR, Gonçalves DU. Estimulação vestibular galvânica na avaliação e reabilitação de distúrbios do equilíbrio. In: Taguchi CK, Muniz LF, Fortes CC, Alvarenga KF. Tratado de equilíbrio corporal: da ciência à prática clínica. 1. ed. Santana de Parnaíba: Manole; 2023.
38. Wildenberg JC, Tyler ME, Danilov YP, Kaczmarek KA, Meyerand ME. Sustained cortical and subcortical neuromodulation induced by electrical tongue stimulation. Brain Imaging Behav. 2010;4(3-4):199-211.

26

Condições do equilíbrio e o envelhecimento

Andréa Manso de Oliveira
Carlos Kazuo Taguchi
Renata Jacques Batista

PONTOS-CHAVE

- Avaliação do equilíbrio do idoso.
- Reabilitação vestibular do idoso.
- Intervenção e prevenção de quedas.

OBJETIVOS DE APRENDIZAGEM

Ao final deste capítulo, o leitor deverá ser capaz de:

- Conhecer e compreender os fundamentos básicos envolvidos no cuidado do equilíbrio corporal na população idosa.
- Entender as abordagens de avaliação, reabilitação, intervenção e prevenção de distúrbios vestibulares e sintomas associados ao desequilíbrio corporal do idoso.

INTRODUÇÃO

Este capítulo trata do estado da arte e da atuação fonoaudiológica no equilíbrio corporal do idoso. A Fonoaudiologia, enquanto profissão voltada para atuação em todos os ciclos da vida, pode colaborar enormemente com essa população, não somente na atenção integrada e serviços de saúde primários, mas também na avaliação, diagnóstico e promoção da reabilitação do equilíbrio corporal, cuja disfunção pode levar a um prejuízo importante na qualidade de vida do idoso.

O envelhecimento populacional é fato universal, atual e irreversível. O ritmo do envelhecimento da população está cada vez mais acelerado, devido a fatores como melhorias na saúde, aumento na expectativa de vida e taxas de natalidade mais baixas. Dados atuais do Censo brasileiro em 2022 apontam que o número de pessoas com 65 anos ou mais cresceu 57,4% em 12 anos[1]. De acordo com a Organização Mundial da Saúde (OMS), até 2025, serão 2 bilhões de idosos no mundo, e o Brasil será o sexto país com o maior número de idosos[2]. A estimativa é que, em 2030, uma a cada seis pessoas terá mais de 60 anos. Segundo *Zalewski* (2015), "*com um aumento estimado de 115% na população geriátrica acima de 65 anos de idade até o ano de 2050, o número de pacientes com distúrbios do equilíbrio com um sistema vestibular em declínio certamente atingirá proporções epidêmicas*"[3].

Nesse sentido, o objetivo deste capítulo é destacar os cuidados na atenção do equilíbrio corporal do idoso a partir da apresentação sobre o estado da arte, a avaliação clínica e instrumentalizada do equilíbrio funcional, a reabilitação vestibular do idoso com tontura e desequilíbrio e a intervenção nos processos de fragilização e risco de quedas nessa população.

EQUILÍBRIO E ENVELHECIMENTO

Um dos principais aspectos do impacto do envelhecimento no equilíbrio corporal é a diminuição da mobilidade, que faz com que se torne desafiadora a capacidade de caminhar, subir escadas e realizar tarefas simples do dia a dia, levando à perda de independência e chegando até a dependência total[3,4].

À medida que as pessoas envelhecem, o sistema vestibular pode sofrer algumas mudanças por uma série de fatores físicos, sensoriais e neurológicos, causadas pela degeneração senil, mas também por influência de componentes hereditários, genético e do estilo de vida[3,4].

As principais mudanças encontradas nessa fase são: redução de células sensoriais, degeneração das otocônias, redução do reflexo vestíbulo-ocular e espinal, declínio da função visual acompanhado por catarata, glaucoma e degeneração macular; diminuição da sensibilidade no sistema somatossensorial, perda de massa e flexibilidade muscular, diminuição do tempo de reação reflexa e desempenho físico, redução de neurônios e de fibras nervosas no sistema vestibular e declínio da função cognitiva[3,4].

Ressalta-se que a população idosa pode ter outras comorbidades que afetam o funcionamento do sistema vestibular e a manutenção do equilíbrio corporal, o que agrava o quadro. Como exemplos mais comuns, temos diabetes, metabolismo lipídico alterado, migrânea, doenças cardiovasculares, doenças crônico-degenerativas centrais e periféricas, hipotensão postural, doenças ósseas, doenças musculoesqueléticas, hemiplegias e polifarmácia[3].

Atualmente, distúrbios do equilíbrio corporal, principalmente na população idosa, são considerados um problema de saúde pública por sua alta prevalência, pelo seu impacto na população e pela alta demanda de recursos públicos[3].

AVALIAÇÃO DO EQUILÍBRIO CORPORAL DO IDOSO

Dada a crescente prevalência e impacto da alteração vestibular devido à idade, o comitê de classificação da Bárány Society descreveu critérios de diagnóstico para a presbivestibulopatia. Esses critérios são úteis porque proporcionam maior chance da prescrição do tratamento da reabilitação vestibular de forma continuada para os idosos que apresentam sintomas de comprometimento vestibular com esse potencial diagnóstico[5]. Assim, essa doença está descrita como uma síndrome vestibular crônica caracterizada por instabilidade postural, distúrbio da marcha e/ou quedas recorrentes na presença de déficits vestibulares bilaterais leves, com achados nos testes vestibulares entre valores normais e limiares estabelecidos para hipofunção bilateral. Isso ocorre junto com outros déficits de visão, propriocepção, corticais, cerebelares e de função extrapiramidal[5].

O diagnóstico vestibular está baseado na história do paciente, exames à beira do leito e avaliação vestibular complementar. Na presbivestilopatia[5] deve-se atentar aos seguintes critérios: a) disfunção vestibular crônica com desequilíbrio ou instabilidade postural; ou distúrbio da marcha; ou tontura crônica; ou quedas recorrentes; b) hipofunção vestibular periférica bilateral comprovada pelo Teste do Impulso Cefálico (vHIT) ou cadeira rotatória ou prova calórica com resposta reduzida; c) idade igual ou superior a 60 anos; d) não ser explicado por qualquer outra doença ou desordem.

Embora muitos dos diagnósticos diferenciais da presbivestibulopatia possam ser distinguidos pela ausência de déficit vestibular bilateral, nota-se que a maioria dessas condições pode coexistir com frequência no processo do envelhecimento[5]. Dentre esses diagnósticos, a VPPB está entre as causas mais comuns de tontura e quedas em idosos. Muitos idosos com VPPB caracterizam sua tontura como uma instabilidade fugaz (em vez de vertigem) e outros podem não apresentar tontura[6].

A VPPB sem vertigem é devida a uma percepção vestibular prejudicada do próprio movimento, denominada agnosia vestibular, e pode ser encontrada no idoso, na neurodegeneração e na lesão cerebral traumática, o que resulta em um aumento de diagnósticos de VPPB não confirmados. Pacientes com VPPB sem vertigem são normalmente os mais vulneráveis a resultados negativos associados a esse distúrbio. Por isso a importância dos idosos com problemas de equilíbrio corporal, independentemente de presença de queixa, realizarem testes posicionais para avaliar a possível presença dessa alteração[6].

Ao realizar avaliação ou tratamento para VPPB em pessoas idosas deve-se ter cuidado ao estender e girar a cabeça devido a possíveis alterações cervicais e de insuficiência vertebrobasilar. Em alguns casos a posição utilizada deve ser modificada com uma inclinação da maca de forma que o labirinto fique abaixo da horizontal, mas o pescoço não fique hiperestendido ou, como alternativa, fazer uso do teste de decúbito lateral[7].

Medidas do equilíbrio estático podem ser incluídas na avaliação do idoso, como o teste de Romberg, teste de Romberg sensibilizado ou teste de Tandem, teste de apoio unipodal e posturografia estática.

O paciente que tem dificuldades com o teste de Romberg e Romberg sensibilizado é muitas vezes desafiado ao caminhar por espaços apertados, e a adoção da postura ereta com os pés juntos pode ser desestabilizadora. Geralmente a dificuldade em ficar no apoio unipodal denota dificuldade para subir e descer escadas, podendo apresentar força de membros inferiores diminuída, que deve ser determinada por meio de testes adicionais[8].

Um estudo revelou que a posturografia estática é útil na identificação de idosos com histórico de quedas, principalmente em indivíduos com quadros recorrentes (dois ou mais episódios). Eles apresentaram piores resultados em diversas condições sensoriais: somatossensorial, vestibular, dependência visual e índice de equilíbrio composto[8].

Medidas subjetivas de avaliação da marcha incluem Velocidade da Marcha, Teste de Marcha Tandem, *Dynamic Gait Index-Brazilian brief*[9] e *Timed Up and Go*[10], e a Escala de Equilíbrio de Berg[11].

REABILITAÇÃO DO EQUILÍBRIO CORPORAL DO IDOSO

O diagnóstico preciso, feito pelo médico, é crucial para um tratamento eficaz. As ações iniciais devem se concentrar em tratar as causas subjacentes, sendo essencial uma abordagem individualizada. Isso inclui tratar ou controlar doenças subjacentes, revisar a medicação, fornecer orientações sobre hábitos e dieta, otimizar o ambiente e, se necessário, recomendar terapia de Reabilitação Vestibular (RV)[12].

A RV é uma das condutas indicadas, de forma primária ou complementar, para a reabilitação da função vestibular. Didaticamente, podemos dividi-la em duas vertentes principais: a realização de manobras específicas para o tratamento da VPPB e o Treinamento Funcional (TF), focado na recuperação da orientação espacial e do equilíbrio corporal.

Neste capítulo, abordaremos especificamente o TF para idosos, visando promover a compensação central do equilíbrio através da neuroplasticidade. Isso implica o aprendizado do sistema nervoso central para restabelecer funções, gerando novos automatismos por meio do trabalho de controle do equilíbrio corporal, flexibilidade, força muscular e desempenho motor. O objetivo é maximizar as capacidades e prevenir debilidades, melhorando a qualidade de vida dos idosos[12].

O TF deve ser composto por estratégias que estimulem o equilíbrio corporal em sua totalidade: vias visuais, proprioceptivas, labirínticas e cognitivas. O primeiro passo para obtermos bons resultados é uma investigação detalhada do perfil e dos distúrbios que o paciente apresenta, tentando identificar as causas e fatores de risco; pois diferentes deficiências vestibulares necessitam de diferentes mecanismos, em diferentes níveis, que se modificam de um paciente para o outro[12].

A partir desse ponto, pode ser elaborado um programa individualizado e efetivo, tanto de prevenção quanto de reabilitação, que seja de fácil aplicabilidade e de entendimento pelo paciente. Por ser uma prática individualizada, não há limite de idade para submeter o paciente ao TF[12].

A RV deve incluir exercícios de estabilização do olhar (baseados nos mecanismos de adaptação e substituição), exercícios para a redução de sintomas (baseados no mecanismo de habituação), exercícios de estabilização postural (baseados no mecanismo de substituição) e exercícios para melhorar o desempenho em atividades de vida diária (baseados em atividades funcionais)[13].

Para melhorar a estabilização do olhar, pode-se utilizar alguns exercícios, tais como:

1. Olhar um ponto fixo enquanto a cabeça se move a uma velocidade acima de sua capacidade de ver claramente e em um segundo momento mover o ponto na posição oposta à cabeça.
2. Movimentos repetidos dos olhos e depois da cabeça entre dois alvos com o objetivo de manter a fixação no alvo durante o movimento da cabeça.
3. O paciente olha para um ponto à frente e então fecha os olhos enquanto tenta manter os olhos no local do alvo lembrado; ele vira a cabeça e, então, abre os olhos para verificar se continua olhando para o alvo.

Os exercícios para redução dos sintomas são baseados no mecanismo de habituação, no qual a exposição repetitiva a um estímulo provocativo resultará em uma redução na resposta anormal a esse estímulo. Deve ser pesquisado qual a intensidade, duração e movimento que causam o(s) sintoma(s). Os movimentos devem ser executados com rapidez suficiente para produzir sintomas leves a moderados e repetidos de duas a três vezes ao dia. À medida que ocorre a habituação, deve-se aumentar o grau de dificuldade dos exercícios, aumentando a velocidade e os desafios somatossensoriais e/ou visuais.

Na presença de sintomas de hipotensão postural, que alguns idosos podem apresentar durante o atendimento, os exercícios de sentar-se e levantar-se rapidamente devem ser evitados ou realizados com cautela[13].

Exercícios de estabilização postural devem combinar o uso de pistas visuais e somatossensoriais com o uso de pistas vestibulares também como a possibilidade de pré-programação central. Antes da escolha dos exercícios é necessário que seja determinado o risco de queda para a segurança do paciente. Exemplos de exercícios para estabilização postural: a) manter o equilíbrio por um a dois minutos, olhos abertos e depois fechados, primeiro com os pés afastados, depois juntos, na posição tandem ou com apoio unipodal, na superfície firme ou em cima de uma espuma, com cabeça parada ou em movimento e b) caminhar em um corredor de olhos abertos, depois fechados, com a cabeça parada ou em movimento, nas pontas dos pés e nos calcanhares.

O programa deve também incorporar atividades funcionais, alternando a velocidade e posições dos movimentos, realizando exercícios em situações de diminuição da entrada visual e/ou somatossensorial, dupla tarefa, exposição a tarefas desafiadoras e situações e contextos ambientais (exemplos: andar no shopping, jogar boliche, manter o equilíbrio fazendo cálculos matemáticos, caminhar jogando uma bola).

Os pacientes com déficits vestibulares podem apresentar dificuldade quando sua marcha é inesperadamente interrompida, sendo importante melhorar a capacidade de antecipar próximos eventos. Um exemplo de exercício é instruir o paciente a variar o curso da marcha a seguir, com dicas verbais para mudanças repentinas de direção durante a deambulação. Trabalhar o ritmo da marcha é útil para tais pacientes, porque o comprimento dos passos pode ser variável, tornando-os instáveis durante a deambulação[7].

Nos idosos, a fraqueza é muito comum nas extremidades inferiores, especialmente nos tornozelos. A força dos flexores dos dedos dos pés e as deformidades dos dedos dos pés têm sido relacionadas ao aumento do risco de queda. O treino com prancha oscilante pode melhorar a amplitude do movimento e capacidade de discriminar o movimento no tornozelo[7].

Além dos exercícios, em seu planejamento terapêutico com objetivos claros e específicos para cada caso, o profissional pode lançar mão de outras estratégias e recursos visando otimizar e potencializar os resultados do tratamento. O avanço da tecnologia proporciona, cada dia mais, várias possibilidades. A seguir são citadas algumas delas.

Os equipamentos de realidade virtual – como plataforma de posturografia computadorizada, videogames e óculos 3D com filmes e jogos de aplicativos e sites – podem ser utilizados também pela população idosa para execução dos exercícios. Considerando que a literatura indica que realizar o TF com realidade virtual não resulta em resultados superiores aos protocolos tradicionais, essas ferramentas podem, contudo, ser valiosas para aprimorar o engajamento, incrementar o prazer e promover a adesão ao tratamento. Isso, por sua vez, pode levar a uma maior satisfação e disposição por parte do paciente em manter a regularidade na execução dos exercícios[14].

A estimulação vestibular galvânica (EVG) também pode ser uma outra ferramenta útil para a reabilitação postural da instabilidade. Essa técnica terapêutica usa corrente elétrica para estimular os núcleos vestibulares e suas conexões, compensando informações sensoriais reduzidas ou ausentes. Isso promove adaptações no sistema vestibular, permitindo ao sistema nervoso central recriar conexões neuronais, o que pode resultar na recuperação parcial ou total da função perdida, reduzindo a sensação de desequilíbrio, tontura e vertigem. Pesquisas recentes atestaram evidências da eficácia da EVG na modulação da percepção somatossensorial e cognição espacial, beneficiando a reabilitação inclusive da população idosa com diferentes doenças[15].

A fotobiomodulação (FBM), ou laserterapia, também pode ser uma opção de conduta complementar para o TF do equilíbrio corporal do idoso. Esse recurso vem sendo utilizado no tratamento de doenças há décadas. Estudos mostram que o *laser* melhora vários aspectos celulares e sistêmicos, como a função vascular, transporte de oxigênio e condução nervosa, através da aplicação de luz em pontos específicos do corpo, gerando efeitos benéficos em nível celular, tecidual e sistêmico. Quanto aos possíveis benefícios no tratamento dos sintomas otoneurológicos, protege a orelha interna danificada ao melhorar a função mitocondrial, reduz o estresse oxidativo e apoptose celular, além de proteger o epitélio sensorial. Em síntese, é uma terapia não invasiva que, segundo pesquisas, pode diminuir sintomas auditivos e vestibulares com baixo risco. Apesar dos resultados promissores em laboratório e em estudos clínicos, novas investigações são essenciais para definir com precisão os melhores protocolos de dosimetria e os pontos a serem irradiados, buscando otimizar os resultados terapêuticos[16].

Em relação ao prognóstico do TF na população idosa, deve-se levar em conta que cada caso depende, entre outros fatores, da(s) doença(s) de base e do tempo de início da exposição à disfunção, da incapacidade inicial do paciente, do tempo de início do tratamento, da especificidade terapêutica e da adesão à mesma. Sobre o tempo de duração do tratamento, este costuma ser mais longo em idosos devido à presença de diversos fatores de risco e ao medo de quedas, demandando um acompanhamento mais extenso do que em pacientes mais jovens[17].

Com base na ampla literatura disponível, observam-se os notáveis resultados da Reabilitação Vestibular em idosos. Vários estudos a evidenciam como uma opção de tratamento eficaz, especialmente na redução do desequilíbrio, risco de quedas, vertigem e tontura, através da melhoria do equilíbrio, do controle postural e da função vestibular. Importante salientar que os ganhos alcançados se mantêm ao longo do tempo, o que reforça a eficácia do tratamento[17]. Ressalta-se também a relevância de uma abordagem multiprofissional para garantir o sucesso na recuperação do equilíbrio corporal em idosos, otimizando, assim, a melhoria da qualidade de vida, independência, autonomia e autoestima desses indivíduos[17].

CUIDADOS FONOAUDIOLÓGICOS NO IDOSO FRÁGIL E NOS RISCOS PARA QUEDAS

Vários estudos descrevem o processo de fragilização do idoso e mostram que seus efeitos deletérios podem ser controlados[18]. Isso implica no desenvolvimento de intervenções para prevenir ou retardar a progressão da fragilidade antes que ocorra um declínio funcional substancial, com perda de independência física, e que são preocupações fundamentais para a política e provisão de cuidados de saúde[19].

Pesquisas mostram que, na prática clínica, a atuação nesse campo pode ser iniciada com um rastreamento, identificação e manejo de idosos frágeis, e que é desafiadora em função da ausência de uma base de evidências adequada para intervenções individuais e da adequação do sistema de saúde para gerenciar a fragilidade. Isso pode ser modificado com a mudança para intervenções individualizadas que preservem a independência, a função física e a cognição do idoso tratado com avanços baseados em evidências com melhor relação custo-efetividade[19,20].

Sugere-se que a adoção de escalas de rastreamento esteja cientificamente recomendada para as características mais adequadas ao público-alvo, tanto na clínica privada como nos modelos de atenção primária, que não tardará para ter seu crescimento exponencial e inevitável à medida que a população mundial envelhece[21], e nesse sentido o fenótipo de Fried pode auxiliar muito. Um modelo exitoso para rastreamento é a Escala de Edmonton[20], validada para o português do Brasil, e de fácil e rápida aplicação.

Neste momento, muitas intervenções para o manejo clínico da fragilidade estão disponíveis e podem incluir a introdução de atividade física, suplementação proteico-calórica e a supervisão medicamentosa. No entanto, a efetividade dessas intervenções não é apoiada por uma base sólida de evidências, e ainda é necessário acumular mais conhecimento baseado em evidências científicas.

Citamos algumas possíveis estratégias para serem utilizadas, visando a prevenção da fragilidade e quedas[22]: educação e conscientização; realização de atividade física regular; treinamento do equilíbrio corporal; criação de um ambiente doméstico seguro; promoção da saúde mental; cuidados com as acuidades visual e auditiva; realização de avaliação médica regular; cuidados com a nutrição e estímulo à autonomia.

A queda na população idosa pode ser prevenida ou evitada, e merece a atenção fonoaudiológica devida. Um estudo de revisão sistemática mostrou que recomendações frequentemente utilizadas como estratégias coadjuvantes na prevenção de quedas, como a caminhada e dança, não possuem respaldo científico. No entanto, exercícios de marcha, equilíbrio funcional e resistência e tai chi apresentam evidências moderadas de sucesso[23].

As propostas de Taguchi et al. (2016)[23] e mais recentemente Taguchi et al. (2021)[24] mostraram que a identificação de uma população com risco para a queda, bem como a proposição de modelos exitosos são passíveis de implantação, e ainda revelaram que um plano de diminuição de quedas pode ser implementado nos serviços de atenção primária, com um processo terapêutico dinâmico desenvolvido em até seis semanas com resultados promissores, bem como uma proposição de muito baixo custo que não impacta em aumento nos gastos públicos. No Quadro 1 são apresentadas as principais características dessa proposta[24].

QUADRO 1 Resumo modificado da proposta de Taguchi et al.[24] de intervenção fonoaudiológica para diminuir riscos de quedas

Estratégia	Objetivo
Eleger a população-alvo e rastrear os riscos para quedas	Conhecer e homogeneizar o grupo e personalizar os instrumentos aplicáveis de rastreio para quedas
Engajamento e devolutivas	Conhecimento de riscos e incentivar a aderência dos participantes
Intervenção e reavaliação	Proposta de exercícios modificados de Cawthorne e Cooksey para melhorar, diminuir ou eliminar riscos para quedas. Verificar a eficácia do programa
Encaminhamentos	Identificação e resolução de outros fatores intrínsecos que não foram dirimidos ou eliminados

Diante do fato de que a manutenção do equilíbrio corporal no processo de envelhecimento é um desafio enfrentado pela população idosa, espera-se o aumento da procura por serviços voltados para o bem-estar e saúde dessa população, sendo inquestionável o impacto que isso causará na oferta e na procura dos serviços de atenção à saúde do idoso.

CONCLUSÃO

O fonoaudiólogo desempenha um papel importante no suporte à população idosa no que diz respeito às alterações do equilíbrio corporal, especialmente por meio da avaliação, diagnóstico e tratamento e colaborando em abordagens multidisciplinares para o bem-estar geral e melhora da qualidade de vida dessa população.

REFERÊNCIAS BIBLIOGRÁFICAS

1. Instituto Brasileiro de Geografia e Estátistica [www.ibge.gov.br]. Censo Demográfico [acesso em 15 jan 2024]. Disponível em: https://www.ibge.gov.br/estatisticas/sociais/trabalho/22827-censo-demografico-2022.html.
2. Organização Mundial da Saúde. Decade of healthy ageing (2021-2030). Disponível em: https://www.who.int/initiatives/decade-of-healthy-ageing. Acesso em 12 dez 2023.
3. Zalewski CK. Aging of the human vestibular system. Semin Hear. 2015;36(3):175-96.
4. Nascimento TR, Ghirardelli GE, Rocha MESB, Marques IE, Santos IJ, Tavares JA, et al. Fisiopatologia da vertigem e fatores de risco associados: uma revisão bibliográfica. Ciências da Saúde. 2023;28(128).
5. Agrawal Y, Van de Berg R, Wuyts F, Walther L, Magnusson M, Oh E, et al. Presbyvestibulopathy: diagnostic criteria consensus document of the classification committee of the Bárány Society. J Vestib Res. 2019;29(4):161-70.
6. Li Y, Smith RM, Whitney SL, Seemungal BM, Ellmers TJ. We should be screening for benign paroxysmal positional vertigo (BPPV) in all older adults at risk of falling: a commentary on the World Falls Guidelines. Age Ageing. 2023;2;52(11):afad206.
7. Whitney SL, Marchetti GF. Physical therapy management of the older person with vestibular dysfunction. In: Herdman SJ, Clendaniel RA. Vestibular Rehabilitation. 4. ed. Philadelphia: F. A. Davis Company; 2014. p. 480-500.
8. Leopoldo CMS, Nishino LK, Santos MAO. Uso da posturografia para identificação do risco de queda em idosos com tontura. Audiol Commun. 2018;23:e2032.
9. Taguchi CK, Costa EP, Alves LV, Santos LK, Rodrigues E, Silva DO, et al. Clinical application of Dynamic Gait Index-Brazilian Brief Version. Adv Aging Res. 2018;7:113-8.
10. Dutra MC, Cabral ALL, Carvalho GA. Brazilian version of Timed Up and Go test. Rev Interf Saude Humanas Tecnol. 2016;3(9):81-8.
11. Lima CA, Ricci NA, Nogueira EC, Perracini MR. The Berg Balance Scale as a clinical screening tool to predict fall risk in older adults: a systematic review. Physiotherapy. 2018;104(4):383-94.
12. Castro ARR, Pires APBA, Barroso JC, Batista RJ. Equilíbrio no idoso. In: Miranda LFJR. A geriatria na atenção primária. Belo Horizonte: COOPMED; 2022. p. 687-96.
13. Han BI, Song HS, Kim JS. Vestibular rehabilitation therapy: review of indications, mechanisms, and key exercises. J Clin Neurol. 2011;7(4):184-96.
14. Xie M, Zhou K, Patro N, Chan T, Levin M, Gupta MK, et al. Virtual reality for vestibular rehabilitation: a systematic review. Otol Neurotol. 2021;1;42(7):967-77.
15. Fujimoto C, Yamamoto Y, Kamogashira T, Kinoshita M, Egami N, Uemura Y, et al. Noisy galvanic vestibular stimulation induces a sustained improvement in body balance in elderly adults. Sci Rep. 2016;6:37575.
16. Rocha GD. Fotobiomodulação nos distúrbios audiovestibulares. In: Mouffron V, Alves GA, Motta AR, Silva HJ. Fotobiomodulação aplicada à Fonoaudiologia. Carapicuíba: Pró-Fono; 2022. p. 283-306.
17. Taguchi CK, Muniz L, Fortes C, Alvarenga K. Tratado de equilíbrio corporal: da ciência à prática clínica. 1. ed. Santana de Parnaíba: Manole; 2023.
18. Silveira FJ, Oliveira VSL, Friedrich FO, Heinzmann-Filho JP. Internações e custos hospitalares por quedas em idosos brasileiros. Scientia Medica. 2020,30(1):e36751.
19. Grden CRB, Lenardt MH, Sousa JAV, Kusomota L, Dellaroza MSG, Betiolli SE. Associations between frailty syndrome and sociodemographic characteristics in long-lived individuals of a community. Rev Lat Am Enfermagem. 2017;25.
20. Fabrício-Wehbe SCC, Cruz IR, Haas VJ, Diniz MA, Dantas RAS, Rodrigues RAP. Reprodutibilidade da versão brasileira adaptada da Edmonton Frail Scale para idosos residentes na comunidade. Rev Lat Am Enfermagem. 2013;21(6):1330-6.
21. Dourado Júnior FW, Moreira ACA, Salles DL, Silva MAM da. Intervenções para prevenção de quedas em idosos na Atenção Primária: revisão sistemática. Acta Paulista Enfermagem. 2022;35.
22. Sherrington C, Tiedmann NF, Fairhall N, Close JCT, Lord SR. Exercise to prevent falls in older adults: an updated meta-analysis and best practice recommendations. N S W Public Health Bull. 2011;22(3-4):78-83.
23. Taguchi CK, Santos TFO, Nascimento RS, Silva AR, Raposo OFF, Teixeira JP. Efetividade de um programa de prevenção de quedas em idosos. Distúrb Comun. 2016;28(2):286-94.
24. Taguchi CK, Araújo BCL, Santana LS, et al. Intervenção fonoaudiológica na prevenção de quedas no envelhecimento. CoDas. 2021;33(6):e20200312.

Seção 3

Disfagia

Coordenadoras

Elma Heitmann Mares Azevedo
Carolina Castelli Silvério

27

Protocolo de broncoaspiração e de rastreamento em disfagia orofaríngea

Christiane Lopes de Albuquerque
Grazielle Duarte de Oliveira

PONTOS-CHAVE

- O rastreamento da disfagia busca identificar os sinais e sintomas em populações assintomáticas ou com sinais iniciais. A partir da identificação precoce, o paciente deve ser encaminhado para confirmação diagnóstica dos transtornos da deglutição. No rastreamento não se deve fechar diagnóstico e/ou determinar conduta clínica. É realizado por qualquer profissional da saúde treinado.
- A avaliação clínica da deglutição tem um papel importante na análise e interpretação da biomecânica da deglutição, contribui para o fechamento do diagnóstico e/ou necessidades de exames complementares para a tomada de decisão clínica. É realizada pelo profissional fonoaudiólogo especializado.
- O instrumento de rastreamento e avaliação clínica para a disfagia orofaríngea é de extrema importância, pois os aspectos diferenciais permitirão ao profissional responsável a condução do processo diagnóstico e um manejo clínico eficaz.
- Portanto, para que a escolha correta do instrumento seja realizada, deve ficar claro para o profissional se o objetivo é o rastreamento da disfagia orofaríngea ou avaliação clínica da deglutição.
- Os protocolos de broncoaspiração buscam identificar o risco de ocorrência de eventos adversos resultantes de aspiração, relacionada ou não à presença de disfagia.

OBJETIVOS DE APRENDIZAGEM

Ao final deste capítulo, o leitor deverá ser capaz de:

- Rastrear por meio de sinais e/ou sintomas o risco de broncoaspiração/disfagia.
- Aplicar na prática clínica os instrumentos propostos para cada população específica com o objetivo de rastreamento ou de avaliação.
- Reconhecer os principais fatores de risco para broncoaspiração, principais medidas de cuidados multidisciplinares e diferenciar rastreamento de risco de broncoaspiração de rastreamento da disfagia.

INTRODUÇÃO

O transtorno da deglutição, conhecido como disfagia, é caracterizado pelo déficit de uma ou mais fases da deglutição[1]. A disfagia orofaríngea (DO) pode apresentar vários sinais e sintomas, como a dificuldade de propulsão do bolo alimentar, tempo prolongado para iniciar a deglutição, lentificação na elevação hiolaríngea, presença de resíduos em cavidade oral e recessos faríngeos e broncoaspiração (BCA) de alimentos e saliva[2].

A identificação da DO e seu respectivo tratamento devem ser iniciados o mais breve possível, com o objetivo de minimizar os agravos à saúde. Rastrear a ocorrência da DO e o risco de BCA pode favorecer o reconhecimento de sinais e sintomas, e dessa forma otimizar o plano de cuidados dos pacientes, principalmente hospitalizados[3].

Sugere-se que a equipe multidisciplinar esteja apta a identificar os fatores de risco para ocorrência de DO e BCA, propondo as medidas preventivas adequadas, incluindo, quando cabível, a avaliação fonoaudiológica especializada e o gerenciamento multidisciplinar.

Para isso segmentamos nosso texto em duas seções: na primeira contextualizamos o protocolo de BCA em relação aos objetivos, descrição, fatores de risco, medidas de cuidado-padrão quanto à deglutição e à disfunção gastrointestinal; na segunda discutimos definição, aspectos diferenciais dos instrumentos de rastreamento da DO e de avaliação clínica da deglutição, conceitos metodológicos para elaboração dos instrumentos e obtenção das propriedades psicométricas.

PROTOCOLO DE BRONCOASPIRAÇÃO

A aspiração broncopulmonar consiste na inalação de saliva, secreção orofaríngea, gástrica, sangue, líquidos e/ou alimentos para a laringe e trato respiratório. As principais complicações da aspiração broncopulmonar são a pneumonia associada à ventilação (PAV), a pneumonia aspirativa e a pneumonite. Em 2020, a Agência Nacional de Saúde emitiu uma nota técnica a respeito dos índices preocupantes de eventos adversos. Foram notificados ao Sistema Nacional de Vigilância Sanitária (SNVS) 86 óbitos de pacientes causados por BCA, representando 9% do total de notificações decorrentes de eventos adversos no período, constituindo a segunda principal causa de óbito. Dessa forma, foi proposto que os serviços voltassem suas ações para a assistência multidisciplinar alicerçada na segurança do paciente constituindo ações robustas para identificação, prevenção e gestão de dados relacionados à BCA[4].

Essa atenção ao risco de BCA é importante, pois observa-se que esse evento aumenta as taxas de morbidade e mortalidade e prolonga em média cinco a nove dias o tempo de internação, ampliando significativamente os custos hospitalares[3].

As broncoaspirações no ambiente hospitalar ocorrem fundamentalmente por três principais grupos de fatores de risco: existência de DO, rebaixamento do nível de consciência que compromete a capacidade de proteção das vias aéreas e comprometimento da função gastrointestinal. Assim, a identificação dos fatores de risco e da ocorrência de disfagia favorece o melhor manejo da deglutição e dessa forma pode contribuir para reduzir o índice de BCA, bem como identificar os principais fatores de risco relacionados às possíveis alterações da função gastrointestinal e ocorrência de gastroparesia, o que pode minimizar a ocorrência de êmese, distensão abdominal e alteração da função intestinal, contribuindo com o cuidado e a diminuição dos danos[3].

A redução de eventos adversos relacionados à BCA exige envolvimento de toda a equipe multidisciplinar. É imprescindível que as equipes de saúde reconheçam os fatores de risco, instituam os pacotes de medidas preventivas cabíveis e reconheçam os sinais de alerta para ajuste de conduta. Portanto, são necessários treinamento contínuo de toda a equipe, monitorização e auditoria de processos, análise de eventos suspeitos[5], análise de causa-raiz considerando a evitabilidade do evento, possíveis não conformidades para traçar os planos de ação e melhorias relacionados aos processos comprometidos.

Os principais objetivos para a implementação de um protocolo de BCA são:

- Reduzir o número de broncoaspirações e complicações pulmonares decorrentes da aspiração de saliva, alimentos, dietas e/ou conteúdo gastrointestinal, buscando o melhor manejo do paciente e sucesso da terapêutica.
- Identificar precocemente os pacientes com risco de BCA.
- Nortear e padronizar condutas de forma a evitar BCA em pacientes de risco na instituição.
- Prevenir aspirações em todos os pacientes com risco de BCA por DO e por disfunção gastrointestinal/gastroparesia.
- Reduzir a ocorrência de eventos adversos.
- Evitar eventos sentinelas.

As Figuras 1 e 2 apresentam diagramas com os principais riscos e orientação de cuidados relacionados ao protocolo de BCA por disfagia e por disfun-

Utilize o QR code para acessar o Protocolo Multidisciplinar para Prevenção de Broncoaspiração.

Voucher: **tratfono**.

EVIDÊNCIA/SUSPEITA DE DISFAGIA:

( ) AVC atual ou prévio
( ) Doença neurológica
( ) Demência
( ) Câncer de cabeça e pescoço
( ) Idoso frágil
( ) DPOC descompensado
( ) Extubação após IOT igual ou superior a 48 h
( ) TQT
( ) GTT e SNE
( ) Sinais de alerta: engasgos e/ou tosse com saliva e/ou alimentos

↓

ENFERMAGEM

( ) Sinalizar com placa na porta do leito
( ) Manter cabeceira elevada acima de 30°
( ) Acionar avaliação da Fonoaudiologia. Hora: _______
( ) Avisar a Nutrição. Hora: _______

MÉDICO

( ) Prescrever dieta oral em consistência de segurança ou zero até avaliação da Fonoaudiologia
( ) Em caso de medicação oral, prescrever medicação macerada por VO até avaliação da Fonoaudiologia

FISIOTERAPIA

( ) Se TQT, manter pressão adequada de *cuff*

FONOAUDIOLOGIA

( ) Definir possibilidade VO. Data e hora: _____________
( ) Comunicar equipe médica e Nutrição
( ) Avaliar ingestão de medicamentos VO
( ) Comunicar ao médico e à farmácia clínica
( ) Definir o agente responsável pela oferta de VO e orientar

NUTRIÇÃO

( ) Enviar consistência de segurança até avaliação da Fonoaudiologia
( ) Enviar dieta conforme Fono após avaliação
( ) Identificar o risco de BCA na bandeja

FARMÁCIA

( ) Ajustar a forma farmacêutica, se necessário

FIGURA 1 Risco de broncoaspiração (BCA) por disfagia e orientação multidisciplinar de medidas iniciais.

EVIDÊNCIA/SUSPEITA DE DISFUNÇÃO GASTROINTESTINAL:

( ) Uso de opioides, aminas, sedativos, hioscina e anticolinérgicos
( ) Gastroparesia prévia
( ) Histórico de DRGE, hérnia de hiato ou dismotilidade esofageana
( ) Pós-operatório imediato de cirurgias de médio e grande porte
( ) Sinal de alerta: vômito, distensão abdominal e constipação

↓

ENFERMAGEM

( ) Manter cabeceira elevada acima de 45°
( ) Acompanhar e registrar sinais de alerta

NUTRIÇÃO

( ) Acompanhar e registrar função intestinal

MÉDICO

( ) Avaliar suspensão de medicamentos que comprometam a motilidade
( ) Prescrever procinético, conforme esquema abaixo:
  ( ) Metoclopramida 10 mg IV 8/8 h a 6/6 h
  ( ) Domperidona 10 mg VO 8/8 h
  ( ) Eritrocicina 100 a 250 mg IV 8/8 h

Em caso de contraindicação, justifique no verso

( ) Verificar e corrigir glicemia, se aplicável
( ) Avaliar medidas laxativas

FIGURA 2 Risco de broncoaspiração (BCA) por disfunção gastrointestinal e orientação multidisciplinar de medidas iniciais.

ção gastrointestinal, conforme Protocolo Institucional Hospital Samaritano Botafogo (Versão Fev 2024).

É importante ressaltar que o protocolo de BCA tem uma característica institucional que deve ser considerada para estabelecer as medidas adequadas tanto para identificação e rastreamento, quanto para os cuidados.

As medidas de cuidados relacionadas à disfunção gastrointestinal são um desafio para os pacientes cirúrgicos e críticos, o que exige reavaliações periódicas de toda a equipe multidisciplinar e atenção aos sinais de alerta para seguimento e escalonamento do plano de cuidados, caso necessário. Medidas adicionais para avaliação por exames complementares, correção de eletrólitos, glicemia, passagem de sondas e condutas de interrupção de dieta, além de revisão de prescrição medicamentosa podem ser necessárias e, assim, o expresso no diagrama configura apenas a primeira medida de cuidado, sendo necessários por vezes ajustes a partir de sinais de alerta.

O rastreamento da disfagia pode variar de acordo com a instituição e o acionamento do profissional fonoaudiólogo pode ocorrer após o rastreamento pela equipe multidisciplinar. Em geral, os protocolos de BCA consideram a necessidade de avaliação do fonoaudiólogo com objetivo de minimizar o risco e analisar a segurança da deglutição orofaríngea.

A implementação de instrumentos de rastreamento da disfagia pode contribuir para a identificação dos sinais e sintomas no qual a equipe multidisciplinar faz a análise inicial antes de acionar o profissional para a avaliação da deglutição.

PROTOCOLO DE RASTREAMENTO EM DISFAGIA OROFARÍNGEA

O protocolo de rastreamento em DO é utilizado para prever a determinação rápida de possibilidade de sinais e/ou sintomas de disfagia; necessidade de encaminhamento para avaliação da deglutição; segurança da alimentação por via oral (para fins de nutrição, hidratação e administração da medicação)[6].

Para a utilização de um protocolo de rastreamento em DO em determinado serviço, primeiramente o instrumento proposto deve ser aplicado para cada população específica. A partir da escolha correta, tendo em vista a definição do constructo e medidas de validade e de confiabilidade, os resultados poderão ser satisfatórios.

Definição e aspectos diferenciais do rastreamento em disfagia orofaríngea e avaliação clínica da deglutição

O rastreamento da DO é um processo de investigação da deglutição que classifica o indivíduo como "com ou sem risco", e verifica se há necessidade de avaliação abrangente da biomecânica da deglutição[7,8]. As ferramentas de rastreamento devem ser de aplicação rápida, de baixo custo, de fácil administração por qualquer profissional da área da saúde, além de válidas e confiáveis[9].

O rastreamento pode ser realizado por meio de triagens, questionários e entrevistas, dentre outros. Os procedimentos de rastreamento de DO devem identificar os sinais e/ou sintomas, enquanto a avaliação clínica analisa a anatomia e a fisiologia da deglutição necessárias para o diagnóstico[10].

No entanto, a avaliação clínica da deglutição deve ser realizada pelo profissional especializado (fonoaudiólogo) com o objetivo de analisar a biomecânica da deglutição e/ou a necessidade de exames complementares para confirmar diagnóstico e definir a tomada de decisão clínica por meio do planejamento terapêutico e encaminhamentos necessários.

Metodologia para elaboração dos instrumentos e obtenção das propriedades psicométricas

O rastreamento da DO é de extrema importância. Porém, é necessário que, durante a escolha de um instrumento, sejam observados importantes atributos, como a existência de processo de validação e de confiabilidade. Em relação à acurácia, deve apresentar sensibilidade acima de 70% e especificidade moderada maior que 60%[9] para os resultados pretendidos[11].

As diretrizes específicas para a construção e o uso de testes na Fonoaudiologia são escassas, mas baseiam-se nas diretrizes internacionais que garantem a efetiva obtenção e estabelecem critérios em relação à análise da qualidade das propriedades psicométricas dos testes[12,13].

A validade refere-se ao fato de um instrumento medir exatamente o que se propõe[14], já a confiabilidade/precisão é a capacidade dele de avaliar os erros de mensuração e se o teste é reprodutível ao longo do tempo com relação à coerência, precisão, estabilidade, equivalência e homogeneidade[15].

Uma revisão sistemática avaliou a qualidade metodológica dos questionários autorreferidos usados em estudos para abordar o rastreamento da DO em idosos. Os autores que conduziram a revisão sistemática concluíram que existe carência de ferramentas validadas de rastreamento de DO em idosos com boa qualidade metodológica[16].

A literatura apresenta muitos instrumentos voltados para o rastreamento da DO, mas algumas questões precisam ser compreendidas em relação aos aspectos diferenciais do rastreamento em relação à avaliação.

O Quadro 1 apresenta alguns dos instrumentos de rastreamento de DO levantados no presente capítulo, todos validados.

Assim, em relação aos instrumentos de rastreamento da DO ainda é necessário aprimorar os conceitos metodológicos para elaboração de protocolos e também para obter suas propriedades psicométricas robustas.

CONCLUSÃO

É fundamental ressaltar a necessidade de identificação dos sinais e sintomas da disfagia e do risco de broncoaspiração. Instrumentos de rastreamento para disfagia podem contribuir na identificação de uma situação de vulnerabilidade e potencialidade de um dano ou evento adverso. Sendo assim, o rastreamento pode antecipar, mas não definir o diagnóstico e minimizar os seus riscos; dessa forma, não determina a conduta clínica relacionada à deglutição, muitas vezes necessitando da avaliação pelo fonoaudiólogo.

Portanto, elencar fatores de risco já conhecidos para a disfagia dentro do serviço no qual o profissional atua torna-se uma prática clínica interdisciplinar importante para o manejo da disfagia, tanto quanto do risco de broncoaspiração.

QUADRO 1 Protocolos de rastreamento para disfagia orofaríngea em adultos

Instrumento	População-alvo	Proposta	Medidas psicométricas
Rastreamento de disfagia orofaríngea no idoso (RADI)[17]	Idosos	Instrumento autorreferido para rastreamento de disfagia em idosos 9 questões	Evidências baseadas no conteúdo do teste, nos processos de resposta, na estrutura interna, na relação com outras variáveis, além da confiabilidade Alta consistência interna (α = 0,90) Acurácia para disfagia por meio da videoendoscopia da deglutição. Sensibilidade: 80%. Especificidade: 89%
Eating Assessment Tool (EAT-10)[18]	Múltiplos diagnósticos (acidente vascular encefálico, doenças neurodegenerativas, câncer de cabeça e pescoço, idosos)	Utilizado como instrumento de rastreamento, mas foi construído com a proposta de evidenciar a gravidade inicial da disfagia e monitorar a resposta ao tratamento pela visão do paciente 10 questões	Consistência interna: 0,96 Coeficiente de correlação no teste-reteste variou de 0,72 a 0,91
The Toronto bedside swallowing screening best (TORBSST)[19]	Acidente vascular encefálico (AVE)	Instrumento de rastreamento da disfagia para a população de AVE 5 questões	Acurácia para disfagia por meio da videofluoroscopia da deglutição. Sensibilidade: 91,3%. Especificidade: 67%
Swallowing Disturbance Questionnaire (SDQ)[20] traduzido e adaptado para o português brasileiro	Doença de Parkinson	Instrumento de rastreamento da disfagia para a população com doença de Parkinson 15 questões	Acurácia para disfagia por meio da videoendoscopia da deglutição. Sensibilidade: 80,5%. Especificidade: 81,3%

REFERÊNCIAS BIBLIOGRÁFICAS

1. Dudik JM, Kurosu A, Coyle JL, Sejdić E. Dysphagia and its effects on swallowing sounds and vibrations in adults. Biomed Eng Online. 2018;17(1):69.
2. Rofes L, Arreola V, Romea M, Palomera E, Almirall J, Cabré M, et al. Pathophysiology of oropharyngeal dysphagia in the frail elderly. Neurogastroenterology Motility. 2010;22(8):851-8.
3. Duncan S, McAuley DF, Walshe M, McGaughey J, Anand R, Fallis R, et al. Interventions for oropharyngeal dysphagia in acute and critical care: a systematic review and meta-analysis. Intensive Care Med. 2020;46(7):1326-38.
4. Nota técnica GVIMS/GGTES/ANVISA n. 10/2020. Práticas seguras para a prevenção de aspiração broncopulmonar em serviços de saúde – 10.12.2020.
5. Mantravadi S. Cost-effectiveness analysis of interventions to reduce risk of aspiration in elderly cancer survivors residing in skilled nursing facilities. Cancer Control. 2017;24(2):187-92.
6. American Speech-Language-Hearing Association (ASHA). Swallowing and swallowing disorders (dysphagia). Frequently Asked Questions (FAQ) on swallowing screening: special emphasis on patients with acute stroke. 2009. Disponível em: https://www.asha.org/practice-portal/clinical-topics/adult-dysphagia/swallowing-screening/. Acesso em 13 de janeiro de 2023.
7. Almeida TM, Cola PC, Pernambuco LA, Magalhães HV Jr, Silva RG. Screening tools for oropharyngeal dysphagia in stroke. Audiol Commun Res. 2015;20(4):361-70.
8. American Speech-Language-Hearing Association (ASHA). Preferred practice patterns for the profession of speech-language pathology. Rockville: American Speech-Language-Hearing; 2004.
9. Speyer R. Oropharyngeal dysphagia: Screening and assessment. Otolaryngologic Clinics of North America. 2013;46(6):989-1008.
10. Etges CL, Scheeren B, Gomes E, Barbosa LR. Instrumentos de rastreio em disfagia: uma revisão sistemática. CoDAS. 2014;26(5):343-9.
11. Almeida TM, Cola PC, Pernambuco LA, et al. Instrumento de rastreio para disfagia orofaríngea no acidente vascular encefálico – Parte I: evidências de validade baseadas no conteúdo e nos processos de resposta. CoDAS. 2017;29(4):1-9.
12. Gurgel LG, Kaiser V, Reppold CT. A busca de evidências de validade no desenvolvimento de instrumentos em Fonoaudiologia: revisão sistemática. Audiol Commun Res. 2015;20(4):371-83.
13. Pernambuco L, Espelt A, Magalhães Junior, et al. Recommendations for elaboration, transcultural adaptation and validation process of tests in Speech, Hearing and Language Pathology. CoDAS. 2017;29:e20160217.
14. Souza AC, Alexandre NMC, Guirardello EB. Propriedades psicométricas na avaliação de instrumentos: avaliação da con-

fiabilidade e da validade. Epidemiologia e Serviços de Saúde. 2017;26(3):649-59.

15. Terwee CB, Bot SD, Boer MR, Van Der Windt DAWM, Knol DL, DekkerJ, et al. Quality criteria were proposed for measurement properties of health status questionnaires. Journal of Clinical Epidemiology. 2007;60(1):34-42.
16. Magalhães Junior HV, Pernambuco LA, Lima KC, Ferreira MAF. Screening for oropharyngeal dysphagia in older adults: A systematic review of self-reported questionnaires. Gerontology. 2018;35:162-9.
17. Magalhães Junior HV, Pernambuco LA, Cavalcanti RVA, Silva RGD, Lima KC, Ferreira MAF. Accuracy of an epidemiological oropharyngeal dysphagia screening for older adults. Gerontology. 2021;39:418-24.
18. Belafsky PC, Mouadeb DA, Rees CJ, Pryor JC, Postma GN, Allen J, et al. Validity and reliability of the Eating Assessment Tool (EAT-10). Ann Otol Rhinol Laryngol. 2008;117(12):919-24.
19. Martino R, Silver F, Teasell R, Bayley M, Nicholson G, Streiner DL, et al. The Toronto Bedside Swallowing Screening Test (TOR-BSST): development and validation of a dysphagia screening tool for patients with stroke. Stroke. 2009;40(2):555-61.
20. Manor Y, Giladi N, Cohen A, Fliss DM, Cohen JT. Validation of a swallowing disturbance questionnaire for detecting dysphagia in patients with Parkinson's disease. Mov Disord. 2007;15;22(13):1917-21.

28

Atualidades na avaliação clínica da deglutição

Renata Lígia Vieira Guedes
Thais Coelho Alves

PONTOS-CHAVE

- Diferenças entre rastreio e avaliação clínica da deglutição.
- Importância da avaliação clínica da deglutição.
- O que pode influenciar a tomada de decisão para o paciente com disfagia orofaríngea.
- Novas possibilidades para a avaliação clínica da deglutição.

OBJETIVOS DE APRENDIZAGEM

Ao final deste capítulo, o leitor deverá ser capaz de:

- Diferenciar o rastreio para disfagia da avaliação clínica da deglutição.
- Entender a importância de seguir os passos sugeridos para a realização da avaliação clínica da deglutição.
- Identificar o que pode influenciar a tomada de decisão para o paciente com disfagia orofaríngea.
- Incorporar novas possibilidades para a avaliação clínica da deglutição na sua prática clínica e na pesquisa científica.

INTRODUÇÃO

A disfagia orofaríngea (DO) é um dos sintomas mais devastadores quando se fala da função de deglutição. Essa alteração relaciona-se com diferentes etiologias, agudas e crônicas, e interfere diretamente na qualidade de vida dos pacientes afetados por ela. A ausência do diagnóstico de DO aumenta potencialmente o risco de complicações, como hospitalização prolongada, pneumonia, má nutrição, desidratação e até a morte[1].

Desta forma, a avaliação clínica da função de deglutição, apesar de às vezes ser limitada, configura-se como um dos pilares mais importantes para o diagnóstico assertivo, assim como um norteador na tomada de decisão relacionada à via de alimentação do paciente e às possibilidades terapêuticas para a reabilitação fonoaudiológica.

Este capítulo abordará as principais atualidades relacionadas à avaliação clínica da deglutição. Serão discutidas as diferenças entre rastreio e avaliação, as possibilidades de protocolos existentes na literatura e os novos direcionamentos relacionados à padronização na decisão pela melhor consistência alimentar e à tomada de decisão, de acordo com os dados coletados. Abordaremos também as possibilidades de aperfeiçoamento na coleta de dados de forma mais objetiva e dinâmica, com o uso de dispositivos e medidas robustas relacionadas a alguns dos parâmetros que fazem parte da função de deglutição.

RASTREIO VS. AVALIAÇÃO CLÍNICA DA DEGLUTIÇÃO: UM GRANDE DILEMA

A literatura nacional e internacional tem discutido nas últimas décadas sobre a importância do rastreamento para a identificação precoce da DO em diversas populações[2,3]. Conceitualmente, enquanto o rastreio busca uma triagem ágil, de baixo custo e sem tomada de decisão terapêutica baseada apenas no resultado do teste, a avaliação clínica proporciona uma análise detalhada da biomecânica da deglutição, incluindo a identificação de comprometimentos específicos, o diagnóstico e a elaboração do planejamento terapêutico[4]. Em outras palavras, o rastreio deve identificar precocemente a DO, utilizando uma ferramenta de triagem que não fornece um diagnóstico específico, mas sim seleciona aqueles indivíduos que devem ser encaminhados para uma avaliação clínica da deglutição.

Mesmo com décadas de discussões, as diferenças entre rastreio e avaliação clínica ainda permanecem como um grande dilema na literatura. Essa discussão conceitual ressalta a importância de uma compreensão clara e precisa das definições de cada abordagem, tanto por parte do fonoaudiólogo quanto da equipe interdisciplinar.

Ao aplicar adequadamente os conceitos, os profissionais da equipe e o fonoaudiólogo podem direcionar sua conduta de forma precisa. Isso pode implicar no encaminhamento do indivíduo para uma confirmação diagnóstica conduzida pelo fonoaudiólogo, de acordo com os resultados indicativos de disfagia durante o rastreamento feito pela equipe, bem como na tomada de decisão por parte do fonoaudiólogo após realizar a avaliação clínica da deglutição[4].

É importante ressaltar que tanto o rastreio quanto a avaliação clínica da deglutição precisam ser baseados em evidência e factíveis de serem administrados. Apenas ferramentas de rastreio com performance suficiente e protocolos de avaliação com propriedades psicométricas robustas devem ser utilizadas tanto na clínica quanto na pesquisa científica[5]. No Brasil, dois instrumentos de rastreio com metodologias robustas estão em processo de validação, o Rastreamento para a Disfagia Orofaríngea no Acidente Vascular Encefálico (RADAVE)[6] e o Rastreamento de Disfagia Orofaríngea no Idoso (RADI)[7].

AVALIAÇÃO CLÍNICA DA DEGLUTIÇÃO

Um dos grandes desafios diante do paciente com suspeita de DO é definir a causa da alteração e entender as possíveis modificações na biomecânica da deglutição que possam levar ao quadro de disfagia.

Inicialmente, deve-se verificar se o paciente encaminhado para avaliação apresenta os critérios mínimos para esse procedimento, como estabilidade clínica, nível de consciência e estado de alerta, condições clínicas gerais, além da liberação médica para oferta ou não de via oral. Apesar de não haver um consenso sobre qual seria o melhor protocolo de avaliação clínica da deglutição, a literatura concorda que alguns passos devem ser seguidos: coleta de informações da história clínica do paciente, condução de um exame físico estrutural/funcional das estruturas orofaciais envolvidas na função de deglutição e de comunicação, descrição do problema de deglutição e/ou das queixas do paciente, e as observações clínicas do fonoaudiólogo especialista durante a anamnese e todo o processo de avaliação[5,8].

Idealmente, os estudos sugerem a utilização de protocolos validados e específicos para a avaliação clínica da deglutição, porém, devido à enorme variabilidade de etiologias relacionadas a esse sintoma, até dentro de um mesmo diagnóstico, não existe consenso na literatura sobre qual o melhor protocolo.

Na literatura brasileira, os protocolos mais citados são o Protocolo Fonoaudiológico de Avaliação do Risco para Disfagia Orofaríngea[9] (PARD) e o *Northwestern Dysphagia Patient Check Sheet*[10] (NDPCS), este último com propriedades psicométricas bem descritas em relação à especificidade e sensibilidade dos itens do instrumento.

O protocolo PARD foi criado com o objetivo de identificar e interpretar as alterações na dinâmica da deglutição, caracterizar os sinais clínicos sugestivos de penetração/aspiração, definir a gravidade da disfagia e estabelecer condutas relacionadas à alimentação do paciente avaliado. Os autores sugerem a oferta de água e de alimento pastoso, em diferentes volumes (3, 5 e 10 mL), e correlacionam as possíveis alterações encontradas com os sinais vitais prévios à oferta. Ao final, pode-se classificar a disfagia em cinco níveis que vão de leve a grave, e utilizar essa informação como auxílio para tomada de decisão após a avaliação[9].

No NDPCS, avaliam-se 28 itens divididos em cinco categorias: variáveis de histórico médico, de comportamento, de comportamento motor grosso, de comportamento motor oral e variáveis durante os testes de deglutição, que devem ser realizados com oferta de 5 mL de alimento pastoso grosso, 3, 5 e 10 mL de água e meio biscoito *wafer*. São possíveis quatro desfechos ao final da aplicação do protocolo: presença de aspiração, dificuldade na fase oral, atraso na fase faríngea ou presença de alteração na fase faríngea[10].

Ambos os protocolos foram inicialmente descritos como instrumentos de rastreio, porém, devido à possibilidade de classificação da disfagia e tomada de decisão que oferecem, são atualmente mais utilizados como instrumentos de avaliação clínica da deglutição.

Tomada de decisão diante da avaliação da deglutição

Após a avaliação clínica, torna-se essencial a tomada de decisão em casos de DO. Esse é um processo no qual o fonoaudiólogo analisa as informações obtidas durante a avaliação, realizando um diagnóstico e uma conduta assertiva, com o objetivo de maximizar a segurança e a eficiência da deglutição.

Para que se chegue ao diagnóstico adequado de DO, é primordial que a avaliação clínica possa responder alguns questionamentos, dentre eles: qual a possível causa do problema de deglutição, qual a estimativa da segurança e da eficiência da deglutição no momento da avaliação, se há risco iminente de aspiração, se é necessária a indicação, por parte da equipe médica, de uma via alternativa de alimentação ou se há a necessidade de um exame instrumental complementar[11].

Além desses questionamentos, marcadores clínicos indiretos norteiam o fonoaudiólogo na tomada de decisão em DO, especialmente para garantir um manejo eficaz e centrado no paciente. Esses marcadores incluem a observação de tosses, engasgos ou alterações vocais durante a avaliação com diversas consistências e utensílios. É importante também saber identificar outros fatores que influenciam a tomada de decisão, como a instabilidade clínica do indivíduo, doenças associadas, o risco de aspiração, pneumonias frequentes e a perda de peso.

O fonoaudiólogo deve assegurar que o diagnóstico da DO seja compartilhado e discutido com toda a equipe multidisciplinar envolvida no cuidado do paciente, facilitando a compreensão do caso e as tomadas de decisões baseadas em evidências científicas. É importante que os profissionais considerem todos os dados obtidos na anamnese e na avaliação, como também os riscos e benefícios das condutas propostas e as preferências do paciente[12,13]. Comumente, a equipe multidisciplinar inclui médicos, enfermeiros, nutricionistas e fisioterapeutas, entre outros especialistas, trazendo um entendimento específico de cada especialidade no manejo da DO.

Após o diagnóstico da DO, outro ponto de atenção é a classificação da gravidade da disfagia e seu papel fundamental na tomada de decisão. Pacientes com DO de grau leve, que normalmente apresentam apenas pequenas alterações de fase oral ou faríngea, podem se beneficiar de estratégias de modificação de consistência e técnicas compensatórias, sendo que o fonoaudiólogo pode determinar com precisão quais consistências alimentares são seguras e adequadas para cada indivíduo. Enquanto isso, aqueles pacientes com disfagia mais grave, caracterizada por sinais clínicos sugestivos de penetração e/ou aspiração para todas as consistências, podem necessitar de uma via alternativa de alimentação. A decisão de implementar uma via alternativa deve ser cuidadosamente ponderada com a equipe médica, levando em consideração o prognóstico do paciente, visto que, dependendo da doença e/ou comorbidade, ajustes serão necessários devido aos riscos e benefícios de manter ou não uma via oral[8].

Um recurso que pode ter um papel norteador na tomada de decisão em DO são os exames instrumentais. A videofluoroscopia e a nasoendoscopia da deglutição podem ser utilizados para complementar a avaliação clínica e fornecer informações mais detalhadas sobre a biomecânica da deglutição, principalmente naqueles indivíduos em que a avaliação clínica gera indagações. Entretanto, é importante reconhecer a dificuldade que muitos pacientes enfrentam para ter acesso a esses exames no contexto brasileiro, o que ressalta a importância da avaliação clínica bem conduzida para o manejo assertivo em DO. Na ausência de exames complementares, os sinais de febre, episódios frequentes de pneumonia ou outras infecções respiratórias podem ser indicativos de problemas na segurança da deglutição. Esses sinais requerem uma atenção imediata, e por muitas vezes uma tomada de decisão com modificações das consistências alimentares ou até mesmo discussão de via alternativa de alimentação com a equipe médica.

International Dysphagia Diet Standardization Initiative (IDDSI) na tomada de decisão

Uma ferramenta essencial para orientar a tomada de decisão em DO foi a padronização das consistências alimentares[14]. O *International Dysphagia Diet Standardization Initiative* (IDDSI) é um sistema de padronização mundial que classifica a consistência dos alimentos e das bebidas, facilitando a prescrição adequada para os indivíduos com disfagia[15]. A integração do IDDSI na avaliação clínica da deglutição representa um avanço importante na prática clínica, fornecendo parâmetros claros para a tomada de decisão diante do paciente disfágico.

No Brasil, há um grupo de referência dedicado a disseminar e integrar o IDDSI em diversas instituições de saúde em todo o país. Essa abordagem contribui significativamente para a segurança alimentar dos pacientes com disfagia e a melhor comunicação intra e interprofissionais, promovendo uma nutrição adequada e reduzindo o risco de complicações associadas à deglutição.

PERSPECTIVAS FUTURAS: NOVOS FACILITADORES NA AVALIAÇÃO CLÍNICA DA DEGLUTIÇÃO E INTELIGÊNCIA ARTIFICIAL

Nos últimos anos, observamos avanços significativos no desenvolvimento e utilização de alguns recursos facilitadores na avaliação clínica da deglutição e no manejo terapêutico, variando desde dispositivos simples até tecnologias mais avançadas. Dentre eles, destacam-se os que auxiliam nos marcadores de força e resistência dos músculos da língua, como o *Iowa Oral Performance Instrument* (IOPI)[16] e as medidas relacionadas à avaliação dos parâmetros respiratórios, como por exemplo, o *peak flow*[17,18]. Esses dispositivos permitem avaliações mais objetivas e dinâmicas, aperfeiçoando as medidas relacionadas a alguns dos parâmetros que compõem a deglutição e são importantes no entendimento e diagnóstico da DO.

Já o interesse na pesquisa científica sobre o uso da inteligência artificial (IA) na avaliação da deglutição é uma realidade crescente. Os avanços em IA são promissores para melhorar a detecção, o diagnóstico e a prevenção de complicações relacionadas à disfagia, oferecendo um potencial significativo para aprimorar a tomada de decisão e a segurança dos pacientes[19,20].

CONSIDERAÇÕES FINAIS

Ao longo deste capítulo, exploramos os desafios e avanços relacionados à avaliação clínica da deglutição, abordando desde a distinção entre rastreio e avaliação clínica até a tomada de decisão em DO.

A avaliação clínica da deglutição demanda atenção, experiência e cuidado por parte do fonoaudiólogo especialista, pois sendo um procedimento com características subjetivas, deve ser realizado de forma descritiva e cuidadosa, preferencialmente com o auxílio de protocolos válidos e confiáveis. Além disso, há uma necessidade urgente para a padronização das terminologias de protocolos específicos para populações distintas de pacientes com DO.

Os avanços tecnológicos, por sua vez, oferecem perspectivas promissoras na avaliação clínica da deglutição para que esse procedimento se torne cada vez menos subjetivo e mais fidedigno, favorecendo uma melhor qualidade diagnóstica e de reabilitação para o paciente com DO.

REFERÊNCIAS BIBLIOGRÁFICAS

1. Ribeiro M, Miquilussi PA, Gonçalves FM, Taveira KVM, Stechman-Neto J, Nascimento WV, et al. the prevalence of oropharyngeal dysphagia in adults: a systematic review and meta-analysis. Dysphagia. 2024 Apr;39(2):163-76.
2. Sherman V, Greco E, Martino R. The benefit of dysphagia screening in adult patients with stroke: A meta-analysis. Journal of the American Heart Association. 2021;10(12):e018753.
3. Audag N, Goubau C, Toussaint M, Reychler G. Screening and evaluation tools of dysphagia in adults with neuromuscular diseases: a systematic review. Therapeutic Advances in Chronic Disease. 2019 Jan;10:204062231882162.
4. Magalhães Junior HV, Pernambuco LA. Triagem para disfagia orofaríngea. Codas. 2015 Mar-Apr;27(2):111-2.
5. Speyer R, Cordier R, Farneti D, Nascimento W, Pilz W, Verin E, et al. White paper by the European Society for Swallowing Disorders: Screening and non-instrumental assessment for dysphagia in adults. Dysphagia. 2021 Mar 31.
6. Almeida TM, Cola PC, Pernambuco LA, Magalhães HV Junior, Magnoni CD, Silva RGD. Screening tool for oropharyngeal dysphagia in stroke – Part I: evidence of validity based on the content and response processes. Codas. 2017 Aug 17;29(4):e20170009.
7. Magalhães Junior HV, Pernambuco LA, Cavalcanti RVA, Lima KC, Ferreira MAF. Validity evidence of an epidemiological oropharyngeal dysphagia screening questionnaire for older adults. Clinics. 2020;75:e1425.
8. Murry T, Carrau RL. Evaluation of dysphagia. In: Clinical management of swallowing disorders: Evaluation of dysphagia. San Diego (CA): Plural Publishing; 2006. p. 97-136.
9. Padovani AR, Moraes DP, Mangili LD, Andrade CRF de. Protocolo fonoaudiológico de avaliação do risco para disfagia (PARD). Rev da Soc Bras Fonoaudiol. 2007 Sep;12(3):199-205.
10. Magalhães Junior HV, Pernambuco LA, Souza LB, Ferreira MA, Lima KC. Translation and cross-cultural adaptation of the Northwestern Dysphagia Patient Check Sheet to Brazilian Portuguese. Codas. 2013;25(4):369-74.
11. Speyer R. Oropharyngeal dysphagia screening and assessment. Otolaryngol Clin N Am. 2013;46(6):989-1008.
12. Brodsky MB, Mayfield EB, Gross RD. Clinical decision making in the ICU: dysphagia screening, assessment, and treatment. Seminars in Speech and Language. 2019 Jun;40(03):170-87.
13. Starmer H, Edwards J. Clinical decision making with head and neck cancer patients with dysphagia. Seminars in Speech and Language. 2019 Jun;40(03):213-26.
14. Steele CM, Alsanei WA, Ayanikalath S, Barbon CE, Chen J, Cichero JA, et al. The influence of food texture and liquid consistency modification on swallowing physiology and function: a systematic review. Dysphagia. 2015;30:2-26.
15. Cichero JAY, Steele C, Duivestein J, Clavé P, Chen J, Kayashita J, et al. The need for international terminology and definitions for texture-modified foods and thickened liquids used in dysphagia management: foundations of a global initiative. Current Physical Medicine and Rehabilitation Reports. 2013 Aug 24;1(4):280-91.
16. Adams V, Mathisen B, Baines S, Lazarus C, Callister R. A systematic review and meta-analysis of measurements of tongue and hand strength and endurance using the Iowa Oral Performance Instrument (IOPI). Dysphagia. 2013 Mar 7;28(3):350-69.
17. Silverman EP, Carnaby-Mann G, Pitts T, Davenport P, Okun MS, Sapienza C. Concordance and discriminatory power of cough measurement devices for individuals with Parkinson disease. Chest. 2014 May;145(5):1089-96.
18. Curtis JA, Troche MS. Handheld cough testing: a novel tool for cough assessment and dysphagia screening. Dysphagia. 2020;35(6):993-1000.
19. Jauk S, Kramer D, Sai Veeranki, Siml-Fraissler A, Lenz-Waldbauer A, Tax E, et al. Evaluation of a machine learning-based dysphagia prediction tool in clinical routine: a prospective observational cohort study. Dysphagia. 2023;38(4):1238-46.
20. Martin-Martinez A, Jaume Miró, Amadó C, Ruz F, Ruiz A, Ortega O, et al. A systematic and universal artificial intelligence screening method for oropharyngeal dysphagia: improving diagnosis through risk management. Dysphagia. 2022 Dec 28;38(4):1224-37.

29

Interpretação dos achados nos exames complementares – videofluoroscopia (VF) e videoendoscospia da deglutição (VED)

Simone Aparecida Claudino da Silva Lopes
Lívia Fernandes Barata de Carvalho

PONTOS-CHAVE

- A videofluoroscopia da deglutição possibilita a observação das estruturas anatômicas e a análise dinâmica dos eventos de todas as fases da deglutição.
- A interpretação dos resultados da avaliação videofluoroscópica permite uma análise qualitativa e quantitativa, considerando a motilidade da orofaringe, presença e grau de resíduo, penetrações e aspirações, caracterizando-se o momento (antes, durante ou após a deglutição) de suas ocorrências, o grau e a sistematicidade.
- A videoendoscopia é mais sensível na detecção de anormalidades anatômicas do palato, faringe e laringe, se comparada à videofluoroscopia de deglutição.
- A videoendoscopia da deglutição não avalia a fase oral e esofágica da deglutição.
- Na videoendoscopia, durante o fechamento laríngeo, não é possível visualizar a fase faríngea durante a deglutição, porque há um colapso da imagem pelas contrações das paredes faríngeas.

OBJETIVOS DE APRENDIZAGEM

Ao final deste capítulo, o leitor deverá ser capaz de:

- Identificar e classificar local e grau de resíduos nos exames complementares.
- Aplicar na prática clínica os instrumentos propostos para avaliar a gravidade da disfagia orofaríngea.
- Identificar qual exame complementar melhor se aplica na avaliação multidimensional para cada caso.

INTRODUÇÃO

As alterações da deglutição têm merecido grande atenção nas últimas décadas por tratar-se de uma condição que altera a qualidade de vida do paciente, com consequências importantes na perda de peso, afecções pulmonares e fonatórias.

A videofluoroscopia (VF) e a videoendoscopia (VED) da deglutição são os métodos de avaliação instrumental na detecção de alterações no processo de deglutição como resíduo, penetração e aspiração.

Resíduo tem sido descrito por vários autores e é definido como qualquer volume do bolo que sobra em qualquer estrutura após a primeira deglutição. Não há um consenso entre as formas de se medir essa variável, subjetiva ou objetivamente[1].

Penetração é a passagem do bolo alimentar da orofaringe para o espaço laríngeo acima do nível das pregas vocais, enquanto aspiração é a passagem do bolo alimentar abaixo das pregas vocais[2]. Vários exames de imagem vêm sendo testados a fim de identificar a fisiologia da deglutição, particularmente sua fase faríngea[3].

Neste capítulo, apresentamos os exames complementares utilizados para avaliação objetiva da deglutição. Para isso o texto é segmentado em duas seções: na primeira é contextualizada a avaliação videofluoroscópica da deglutição, dividida em dois subitens: protocolo de avaliação e parâmetros visuais analisados; na segunda é apresentada a avaliação videoendoscópica da deglutição dividida em três subitens: protocolo de avaliação, parâmetros visuais analisados e avaliação objetiva da deglutição.

VIDEOFLUOROSCOPIA DA DEGLUTIÇÃO

A videofluoroscopia da deglutição é um importante exame na avaliação da fisiologia da deglutição, bem como de seus distúrbios[4]. Para a realização desse procedimento, é necessário um equipamento de raios-X conectado a um sistema de gravação. As imagens fluoroscópicas são gravadas e permitem a observação das estruturas anatômicas e a análise dinâmica, em tempo real, dos diversos eventos das fases da deglutição combinando as diferentes consistências, volumes, posturas e manobras facilitadoras, além da possibilidade de visualização quadro a quadro e utilização de câmera lenta para o auxílio em investigações minuciosas, sem a necessidade de novas exposições (Figura 1).

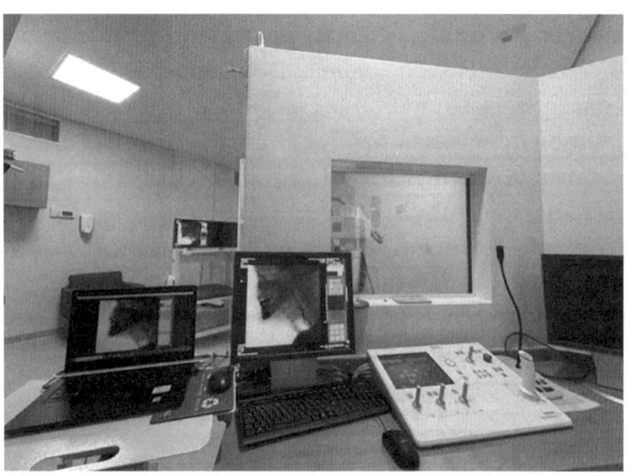

FIGURA 1 Mesa telecomandada e sistema de gravação (CINEMED). Versão colorida da figura encontra-se na plataforma de conteúdo complementar do livro.

É importante assegurar que o exame irá retratar como o indivíduo alimenta-se habitualmente. A posição desconfortável e a oferta do alimento em utensílio diferente do que o paciente está habituado podem interferir no resultado do exame e gerar resultados enganosos e recomendações de tratamentos inadequadas.

Protocolo de avaliação

O exame de videofluoroscopia da deglutição é realizado no setor de imagem (Radiologia) pelo fonoaudiólogo e pelo radiologista. Em alguns casos, o técnico em radiologia pode auxiliar no manejo da máquina, e o técnico de enfermagem, no posicionamento do paciente.

O protocolo-guia utilizado na nossa instituição é realizado com as consistências líquido (25% de bário com 75% de água), líquido espessado (néctar e pudim, conforme prescrição do espessante) nos volumes de 5 mL (2 colheres) e 20 mL, ofertados no copo, e sólido (bolacha água e sal contrastada com líquido espessado pudim). Em alguns casos, são avaliadas as consistências líquido espessado mel e semissólido (mamão contrastado com líquido espessado pudim), na visão lateral e anteroposterior.

Parâmetros visuais analisados

A interpretação dos resultados permite uma análise qualitativa e quantitativa, considerando a motilidade da cavidade oral, da orofaringe, hipofaringe e laringe, presença e grau do resíduo, penetrações e aspirações, caracterizando-se o momento (antes, durante ou após a deglutição) de suas ocorrências e contribuindo no entendimento do diagnóstico, grau de gravidade, etiologia da disfunção e na reabilitação do paciente disfágico[5].

A interpretação dos achados é classificada em alterações de fase preparatória, oral e faríngea[6]:

- Alteração da fase preparatória e oral:
  - Alteração no início da fase preparatória e oral: ausência ou aumento do tempo do início da manipulação do bolo.
  - Incontinência oral: perda de parte ou todo o bolo por alteração do fechamento labial.
  - Alterações da formação do bolo: ausência da formação de um bolo coeso e único.
  - Aumento do tempo do trânsito oral: tempo maior do que 1 segundo para o trânsito do alimento entre seu posicionamento anterior sobre a língua e sua passagem entre as pregas palatofaríngeas.
  - Resíduo na cavidade oral: presença de material contrastado na cavidade oral (sulco lateral,

sulco anterior, palato duro, língua, assoalho de boca, após a deglutição).
- Penetração antes da deglutição: entrada de material contrastado no vestíbulo laríngeo, até atingir o nível das pregas vocais, antes do início do movimento do osso hioide.
- Aspiração antes da deglutição: entrada de material contrastado abaixo do nível das pregas vocais, antes do início do movimento do osso hioide.

- Alteração da fase faríngea:
  - Local de início de fase faríngea: considerado quando ocorre o movimento rápido do osso hioide.
  - Penetração nasal: entrada de material contrastado na região nasal.
  - Redução do contato da base de língua com a parede posterior de faringe: redução da área de contato entre base de língua e parede posterior de faringe.
  - Resíduo na orofaringe e hipofaringe: presença de material contrastado na base de língua, valécula, parede posterior de faringe e recessos piriformes.
  - Redução da elevação laríngea: redução da excursão vertical da laringe, limitando o contato das cartilagens aritenoides contra a epiglote e consequentemente reduzindo o fechamento laríngeo.
  - Aumento do tempo do trânsito faríngeo: tempo maior do que 1 segundo para o transporte do alimento através da faringe.
  - Penetração durante a deglutição: entrada de material contrastado no vestíbulo laríngeo, até atingir o nível das pregas vocais, o mesmo tempo em que se observa o movimento do osso hioide.
  - Aspiração durante a deglutição: entrada de material contrastado abaixo do nível das pregas vocais, o mesmo tempo em que se observa o movimento do osso hioide.
  - Penetração após a deglutição: entrada de material contrastado no vestíbulo laríngeo, até atingir o nível das pregas vocais, após o osso hioide ter voltado à sua posição de repouso.
  - Aspiração após a deglutição: entrada de material contrastado abaixo do nível das pregas vocais, após o osso hioide ter voltado à sua posição de repouso.

Considera-se início da fase faríngea quando ocorre o movimento brusco do osso hioide. É utilizada a escala de 5 pontos[4] para classificação: cabeça do bolo atinge o ângulo posterior da mandíbula (0); cabeça do bolo atinge a valécula (1); cabeça do bolo atinge a hipofaringe (2); cabeça do bolo atinge os recessos piriformes (3); ausência de resposta, quando não ocorre movimento brusco do osso hioide, ou quando ocorre abaixo dos recessos piriformes (4).

O resíduo é definido após a retenção do bolo contrastado na estrutura depois da primeira deglutição[1]. Para a classificação de resíduo, são utilizadas duas escalas. A primeira usa como parâmetro a linha do bário que fica na estrutura, língua, base da língua e parede posterior da faringe (Figura 2). É dividida em quatro níveis: ausência ou deposição de uma fina camada de linha de bário sobre as estruturas estudadas (nível 0); resíduo discreto, deposição de uma vez a linha de bário (nível 1); resíduo moderado, duas vezes a linha de bário (nível 2); resíduo grave, mais de duas vezes a linha de bário (nível 3).

A outra escala[1] leva em conta a altura total da estrutura, utilizada para classificar resíduo na valécula e recessos piriformes (Figura 3). Nessas duas estruturas é importante avaliar na visão anteroposterior para verificar se há resíduo dos dois lados e se são iguais (Figura 4): discreto (menor que 25% da estrutura); moderado (entre 25% e 50% da estrutura) e grave (quando o material contrastado excede 50% da altura total da estrutura).

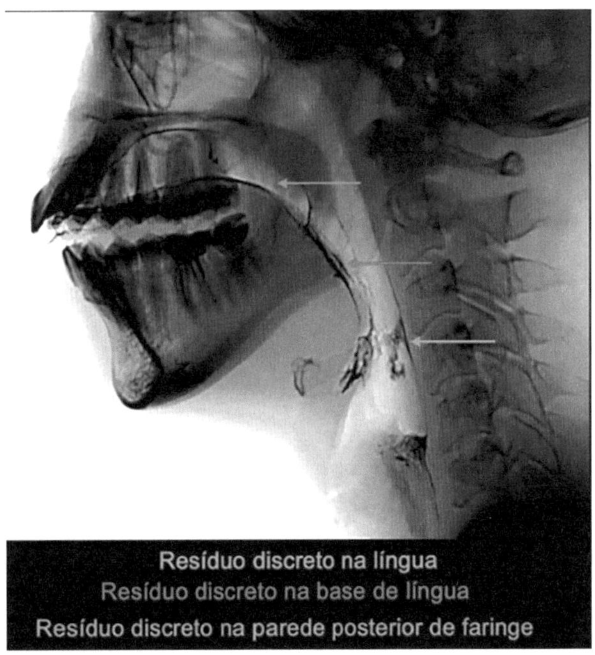

FIGURA 2 Resíduo discreto na língua, base da língua e parede posterior da faringe. Versão colorida da figura encontra-se na plataforma de conteúdo complementar do livro.

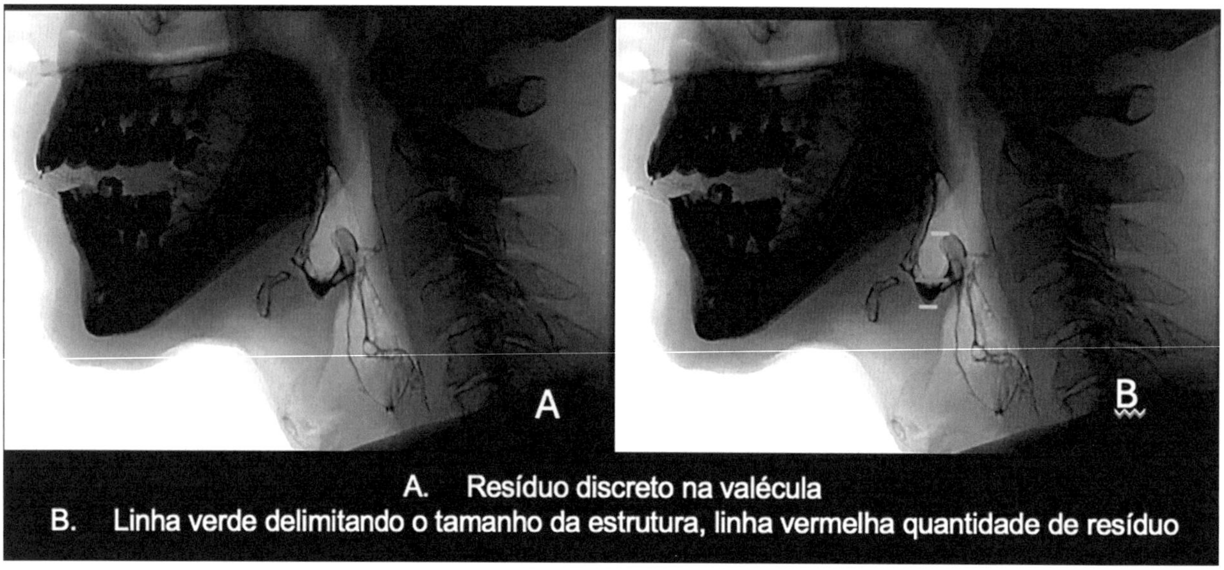

FIGURA 3 Resíduo discreto na valécula e classificação do grau de acordo com escala de Eisenhuber et al., 2002. Em B, linhas superior e inferior = tamanho da estrutura; linha do meio, quantidade de resíduo. Versão colorida da figura encontra-se na plataforma de conteúdo complementar do livro.

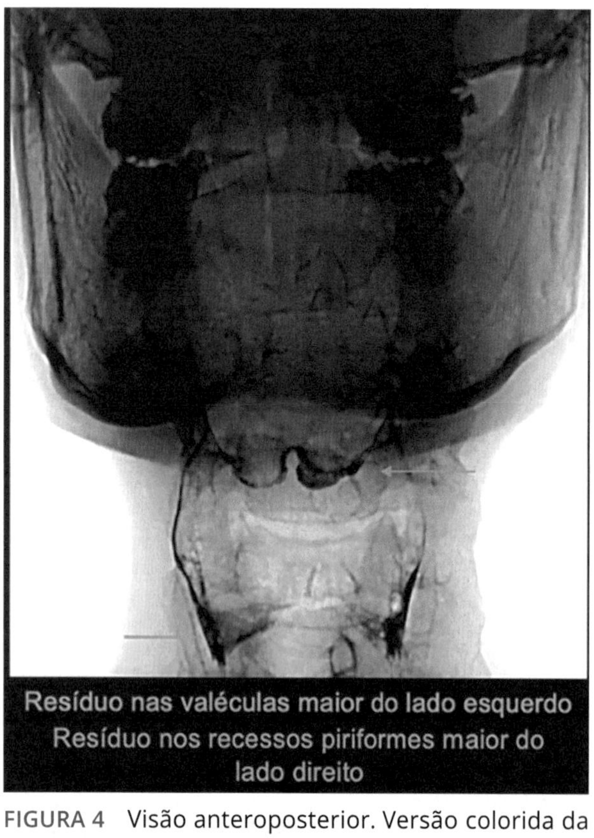

FIGURA 4 Visão anteroposterior. Versão colorida da figura encontra-se na plataforma de conteúdo complementar do livro.

O grau de penetração e aspiração é classificado em[7]: discreto, menos do que 10% do bolo alimentar (Figura 5); moderado, até 25% do bolo; e grave, acima de 25% do bolo (Figura 6).

Nos casos que se observam episódios de penetração, a avaliação radiológica tem especial indicação, por ser o único exame que oferece minuciosos detalhes quanto a esses eventos, identificando se a aspiração é audível ou silente, isto é, aqueles indivíduos cuja sensibilidade está reduzida e que aspiram alimentos ou líquidos sem tosse ou outro sinal visível ou audível[6].

Os episódios de penetração e aspiração serão classificados segundo a escala de penetração e aspiração[8,9] (Quadro 1).

A conclusão do nível da disfagia é interpretada segundo a Escala de Gravidade de Disfagia[10] que classifica a deglutição em sete níveis diferentes de disfagia (Quadro 2).

Na visão anteroposterior, é possível a visualização da simetria da descida do bolo para as vias digestivas inferiores e pode ser observado resíduo na valécula e nos recessos piriformes e se está ocorrendo uni ou bilateralmente. Quando presente, são feitas manobras de rotação do pescoço e deglutições múltiplas na tentativa da limpeza.

A videofluoroscopia da deglutição continua sendo considerada um dos melhores métodos para a detecção de penetrações e aspirações, devido à sua alta

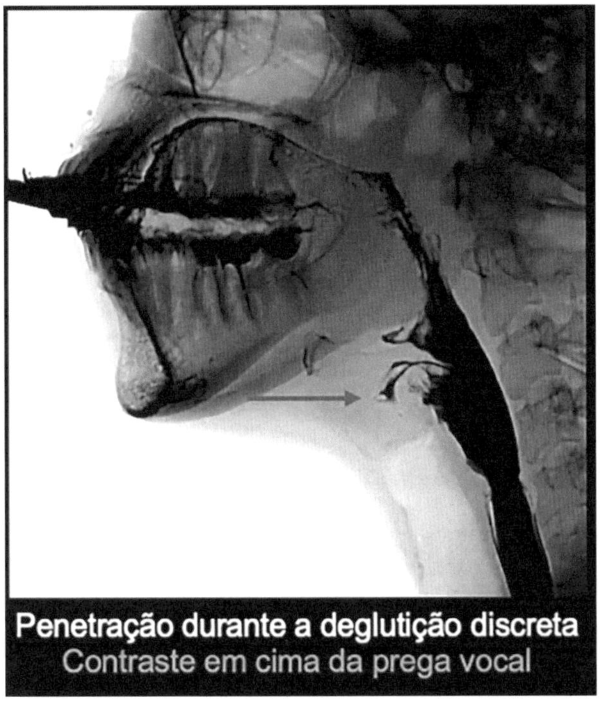

FIGURA 5 Exemplo de penetração discreta da deglutição. Versão colorida da figura encontra-se na plataforma de conteúdo complementar do livro.

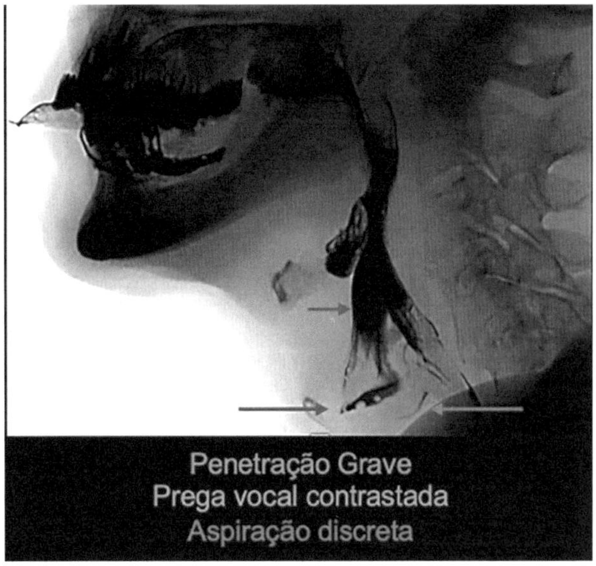

FIGURA 6 Exemplo de penetração grave (seta superior) e aspiração discreta (seta inferior da direita). Versão colorida da figura encontra-se na plataforma de conteúdo complementar do livro.

QUADRO 1 Escala de penetração e aspiração

Categoria	Pontuação	Descrição
Penetração	1	Contraste não entra na via aérea
	2	Contraste entra até acima das pregas vocais sem resíduo
	3	Contraste permanece acima das pregas vocais, visível resíduo
	4	Contraste atinge as pregas vocais, sem resíduo
	5	Contraste atinge as pregas vocais, resíduo visível
Aspiração	6a	Contraste passa o nível glótico, sem resíduos no nível subglótico
	6b	Contraste passa o nível glótico, sem resíduos no nível subglótico, mas o paciente não responde
	7	Contraste passa o nível glótico com resíduo no subglótico apesar do paciente responder
	8	Contraste passa a glote com resíduo na subglote, mas o paciente não responde

Fonte: adaptado de Rosenbek et al., 1996[8] e Carrara-de Angelis et al., 2009[9].

sensibilidade. Entretanto, há dificuldade de acesso dos pacientes e alto custo do equipamento, sendo um procedimento realizado em âmbito hospitalar.

As limitações do método incluem a necessidade de avaliação de vários profissionais, como fonoaudiólogo e radiologista, e a necessidade de acomodações específicas para o exame, somando-se à exposição à radiação e à dificuldade de repetir-se o exame várias vezes durante a terapêutica. Além dessas dificuldades, não há sensibilidade para identificar alterações anatômicas e de sensibilidade do segmento faringolaríngeo.

VIDEOENDOSCOPIA DA DEGLUTIÇÃO

A VED constitui-se em um método seguro e amplamente realizado na avaliação instrumental da disfagia, fornecendo informações estruturais da região das vias aerodigestivas superiores para avaliação da deglu-

QUADRO 2 Escala de gravidade da disfagia – DOSS

Via oral normal
Nível 7 – *Normal em todas as situações*. Nenhuma estratégia ou tempo necessário.
Nível 6 – *Dentro dos limites funcionais/compensações espontâneas*
Dieta normal, deglutição funcional. O paciente pode ter discreto atraso oral ou faríngeo, resíduo ou vestígio cobrindo epiglote, mas o paciente consegue clarear espontaneamente. Pode necessitar de tempo extra para as refeições. Não há aspirações ou penetrações em todas as consistências.

Dieta modificada e/ou independência
Nível 5 – *Disfagia discreta*: supervisão distante, pode haver necessidade de restrição de uma consistência.
O paciente pode apresentar: aspiração somente de líquidos, mas com forte reflexo de tosse para completo clareamento; penetração suprapregas vocais com clareamento espontâneo; resíduo na faringe que é clareado espontaneamente e discreta disfagia oral com redução da mastigação e/ou resíduo oral que é clareado espontaneamente.
Nível 4 – *Disfagia discreta/moderada*: supervisão intermitente (assistemática), pode haver necessidade de restrição de uma ou duas consistências. Pode apresentar:
– Resíduo na faringe, clareado com orientação.
– Aspiração com uma consistência, com reflexo de tosse fraco ou ausente ou penetração no nível das pregas vocais sem tosse com uma ou duas consistências.
Nível 3 – *Disfagia moderada:* total assistência, supervisão ou estratégias, restrição de duas ou mais consistências. Pode apresentar: resíduo moderado na faringe, clareado com orientação; resíduo moderado na cavidade oral, limpo por orientação. Penetração no nível das pregas vocais sem tosse com duas ou mais consistências ou aspiração com duas consistências, com reflexo fraco ou ausente ou aspiração com uma consistência, sem tosse na penetração.

Via oral suspensa – Necessidade de nutrição não oral
Nível 2 – *Disfagia moderada/grave:* máxima assistência ou uso de estratégias com via oral parcial. Pode apresentar: resíduo grave na faringe, incapaz de clarear e necessita de vários comandos. Resíduo grave ou perda do bolo na fase oral, sendo incapaz de limpar ou necessita de vários comandos. Aspiração com duas ou mais consistências, sem reflexo de tosse voluntário ou fraco ou aspiração de uma ou mais consistências.
Nível 1 – *Disfagia grave:* via oral suspensa. O paciente pode apresentar resíduo grave na faringe, sendo incapaz de clarear; resíduo ou perda do bolo severa na fase oral, sendo incapaz de limpar; aspiração silente com duas ou mais consistências com tosse voluntária funcional ou incapaz de deglutir.

Fonte: adaptado de O'Neil et al., 1999[10].

tição e da fala. Realizando algumas modificações no método, com a administração de corante alimentício nas consistências a serem avaliadas, a VED examina objetivamente a fase faríngea da deglutição, além de possibilitar a avaliação funcional da região faringolaríngea e o diagnóstico das disfagias[11] e a efetividade das intervenções comportamentais, de postura e manobras de proteção de vias aéreas. Porém, esse exame não permite avaliar a fase oral e esofágica e visualizar a deglutição durante a fase faríngea, devido ao colapso da imagem causado pelas contrações das paredes faríngeas[12], conhecido como *white-out*.

De acordo com a literatura, a VED é mais sensível na detecção de anormalidades anatômicas do palato, faringe e laringe, se comparada à videofluoroscopia de deglutição[12].

A videoendoscopia permite uma visão direta e superior da região velofaríngea e de seus movimentos durante a fala encadeada. A imagem videoendoscópica normalmente é gravada para posterior análise dos resultados, a fim de reduzir o tempo de permanência da fibra ótica inserida na cavidade nasal do paciente. Para obtenção dos resultados, o exame é realizado por médico otorrinolaringologista ou cirurgião de cabeça e pescoço e analisado em conjunto com o fonoaudiólogo com experiência em interpretação funcional da avaliação nasoendoscópica.

A VED também é reconhecida pela sua utilidade em *biofeedback* em terapia e auxilia na reabilitação e na conduta terapêutica, com a possibilidade de utilização em contextos multidisciplinares por fonoaudiólogos com formação específica.

Proposta de avaliação

O fibroscópio (Figura 7) é introduzido através da cavidade nasal mais larga ou de maior permeabilidade, realizada, preferencialmente, sem anestesia tópica para evitar qualquer reação anestésica adversa que possa interferir na fisiologia da deglutição[12].

A nasofaringe é avaliada anatômica e funcionalmente. O fechamento do véu palatino e a contração das paredes laterais da faringe são avaliados, pedindo-se para o paciente respirar pelo nariz, pois tal pro-

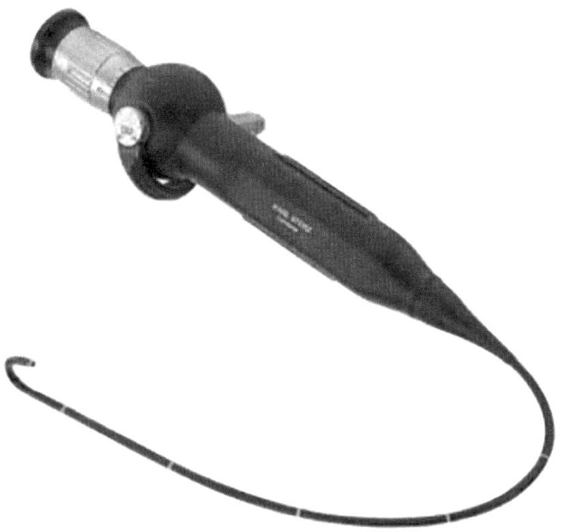

FIGURA 7 Fibroscópio utilizado no exame videoendoscopia da deglutição. Versão colorida da figura encontra-se na plataforma de conteúdo complementar do livro.

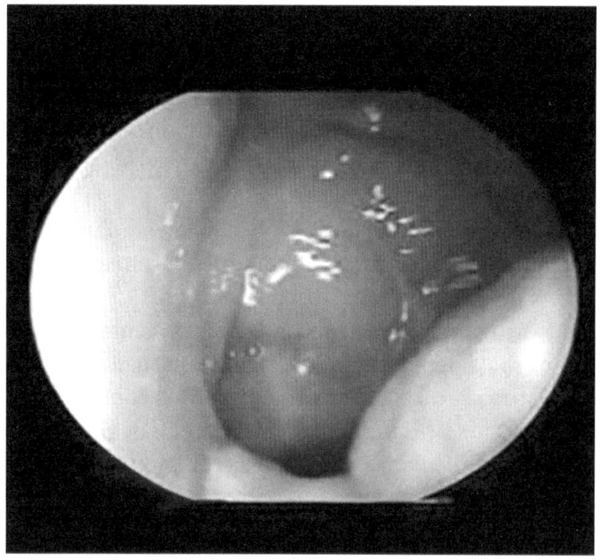

FIGURA 8 Esfíncter velofaríngeo. Versão colorida da figura encontra-se na plataforma de conteúdo complementar do livro.

cedimento relaxa o palato mole e facilita a passagem do endoscópio pela faringe. Recomenda-se que um exame anatômico completo da base da língua, valéculas, dos recessos piriformes e endolaringe seja então realizado, previamente à administração do alimento corado. O fechamento do véu palatino e a contração das paredes laterais da faringe são avaliados, pedindo-se ao paciente para vocalizar as vogais sustentadas como /a/ /i/ /u/ (o fechamento velofaríngeo é maior em vogais altas do que em vogais baixas); fricativos sustentados /f/ /s/ /sh/ /z/ /v/; sopro; repetições silábicas /pa-pa-pa/ /ma-ma-ma/ /fi-si-xi/; frases com predomínio de fonemas plosivos e fricativos, por exigirem maior fluxo aéreo intraoral e consequentemente maior elevação do véu palatino[13].

O fibroscópio flexível já introduzido por via nasal pode chegar até bem próximo da laringe. Essa ferramenta propicia o estudo funcional da produção vocal em condições praticamente idênticas às da situação habitual de fala quando comparada à telelaringoscopia[13].

Parâmetros visuais analisados

A avaliação das estruturas do trato vocal é realizada em postura habitual de emissão, função velar (Figura 8) e aspectos faringolaríngeos[14]. A função faringolaríngea é avaliada durante a deglutição de saliva, fonação, respiração e tosse.

Esse exame permite a visualização direta da mucosa laríngea, função glótica, pregas vocais e áreas adjacentes, ajudando no diagnóstico preciso e no planejamento terapêutico adequado.

Nas paralisias de pregas vocais, a VED é fundamental para avaliar a função de deglutição e a segurança da via aérea. A paralisia vocal pode aumentar o risco de aspiração, pois a capacidade de fechar adequadamente a laringe durante a deglutição pode estar comprometida. O exame permite observar diretamente se há penetração ou aspiração de alimento para a via aérea e avaliar a eficácia de estratégias compensatórias ou terapêuticas para melhorar a deglutição e proteger as vias respiratórias[5].

Avaliação objetiva da deglutição

Os exames são avaliados por meio de análise perceptivo-visual, de forma independente, para cada consistência alimentar administrada.

Os volumes administrados podem variar, mas geralmente começam com pequenas quantidades (por exemplo, 5 mL para líquidos) e ajustam-se conforme a resposta e a segurança da deglutição do paciente são avaliadas. A deglutição é avaliada com a consistência alimentar considerada mais segura para o paciente, geralmente estabelecida por meio da avaliação clínica prévia. Deve-se considerar que alguns pacientes deglutirão melhor com volumes maiores[13].

No protocolo de AVIV[15] são utilizadas as seguintes consistências: *ice chips* (gelo raspado), *puree* (purê), *nectar* (néctar), *honey* (mel), *thin liquid* (líquido fino), *mech soft* (sólido duro). São oferecidas ao paciente três ofertas para cada consistência, considerando a pior deglutição apresentada. Geralmente utiliza-se o espessante em pó, à base de amido de milho modificado, conforme indicações do fabricante, para padronização das consistências avaliadas.

Cada bolo alimentar é analisado separadamente e os dados da avaliação são anotados em protocolo específico, de acordo com as diretrizes clínicas.

Normalmente não são dados ao paciente comandos verbais para a deglutição, apenas instruções antes da realização do exame, como: I) Para as consistências liquidificadas (líquido, néctar e purê): "degluta normalmente"; II) Para a consistência sólida: "mastigue de forma habitual e degluta quando achar conveniente".

Parâmetros analisados: anatomia/fisiologia dos músculos/mucosa faringolaríngea; função faríngea da deglutição e função glótica.

Com base nas amostras de deglutição, são considerados os seguintes parâmetros:

- Escape posterior do bolo: definido como entrada da cabeça do bolo na hipofaringe com tempo superior a 1 segundo antes da resposta de deglutição ocorrer [15]. Dessa forma, o escape posterior do bolo é considerado quando há ocorrência de presença do alimento em hipofaringe, antes da elevação do complexo hiolaríngeo acontecer, onde o bolo já poderia ser observado no nível da base da língua.
- Penetração nasal (Figura 9), definida como ocorrência de refluxo de alimento para a nasofaringe. Classificada como presente ou ausente, bem como obtenção de clareamento, quando presente.
- Resíduo faríngeo, definido como qualquer volume de material que sobra em qualquer estrutura da cavidade oral ou da faringe após a primeira deglutição do bolo alimentar, que seja maior do que uma fina camada ou uma prega de revestimento da estrutura, algo que se diferencie de uma simples aderência do material na estrutura anatômica[16].

Classifica-se ocorrência de resíduo faríngeo como presente ou ausente e, quando presente, sua localização (base da língua, valéculas, recessos piriformes, parede posterior da faringe) e obtenção de clareamento, quando presente, após a terceira deglutição (Figuras 10 e 11);

- Penetração e aspiração: a penetração ocorre quando alimentos sólidos ou líquidos entram no vestíbulo laríngeo ou em qualquer ponto da via aérea até o nível das pregas vocais, diferenciando-a da aspiração, que se refere à entrada de alimento abaixo do nível das pregas vocais[17]. Classifica-se ocor-

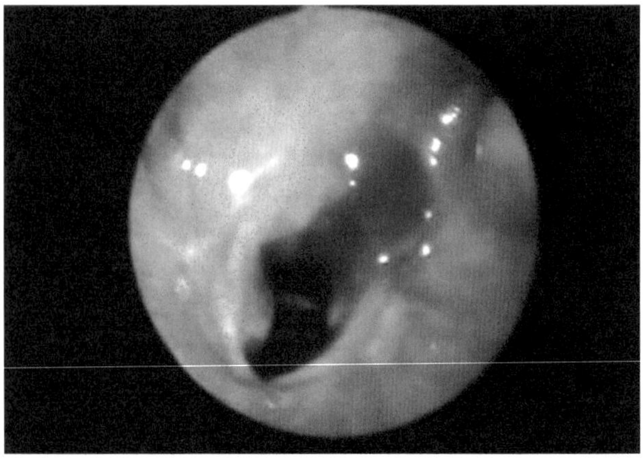

FIGURA 9 Penetração nasal em paciente pós-ressecção de palato mole. Versão colorida da figura encontra-se na plataforma de conteúdo complementar do livro.

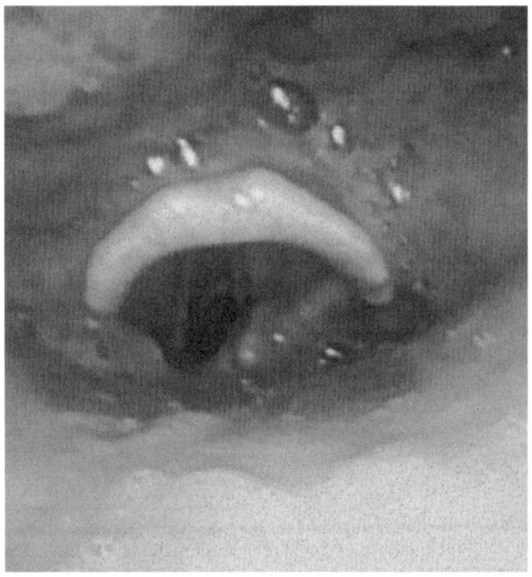

FIGURA 10 Resíduo salivar na valécula e área retrocricóidea. Versão colorida da figura encontra-se na plataforma de conteúdo complementar do livro.

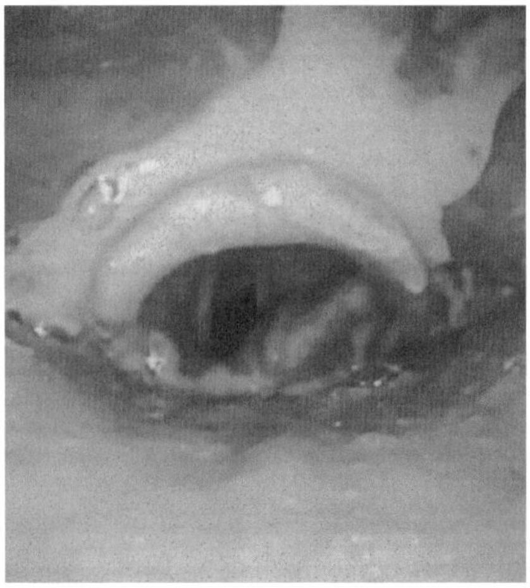

FIGURA 11 Resíduo de líquido néctar na valécula com penetração para o ádito da laringe. Versão colorida da figura encontra-se na plataforma de conteúdo complementar do livro.

rência de penetração e aspiração como presente ou ausente. Quando presente, se houve clareamento. Utiliza-se a escala de penetração e aspiração[8].

Mudanças de posição de cabeça e pescoço ou manobras como Masako, Mendelsohn, supraglótica, supersupraglótica e deglutição com esforço podem ser utilizadas em cada caso, conforme necessidade e compreensão de sua execução pelo paciente.

Em um estudo de revisão sistemática da literatura[17], os pesquisadores concluíram que embora não haja uma única convenção no que diz respeito à terminologia utilizada para padronização das consistências alimentares e suas modificações de texturas para o uso clínico, evidenciou-se que as consistências líquidas espessadas, em seus diferentes níveis, reduzem o risco de penetração e/ou aspiração, mas aumentam o risco de resíduos na faringe, pós-deglutição.

Farneti et al.[18] apontam que a definição da gravidade do resíduo durante a avaliação endoscópica é algo subjetivo e a quantidade de resíduos que ocupam os recessos faríngeos pode ser analisada de forma semiquantitativa (mais ou menos 50% da capacidade que a cavidade faríngea pode conter), gerando um escore (*pooling-score*). Os pesquisadores levaram em consideração a localização do resíduo (por marcos anatômicos) e a habilidade de clareamento do resíduo pelo paciente. Dessa forma, nota-se que a ocorrência do resíduo faríngeo pode estar também associada à consistência do alimento. Quanto maior a viscosidade do alimento, maiores os episódios de resíduo, porém menor a ocorrência de penetração e/ou aspiração. Kendal et al.[19] comentam que é possível em pacientes disfágicos que eles realizem uma compensação natural, aumentando a força muscular na deglutição para a consistência pastosa e não o façam na deglutição do líquido por este ser menos viscoso e menos aderente, porém apresentando uma dificuldade maior para eliminá-lo.

Dantas et al.[20] acreditam que a viscosidade do bolo alimentar modula a programação da deglutição em nível central através de mecanismos de *feedback* sensorial, induzindo uma expansão faríngea e abertura da transição faringoesofágica para a acomodação de volumes maiores em indivíduos normais. Acredita-se que nos casos nos quais a deglutição é comprometida pela ejeção oral, observa-se maior ocorrência de resíduo mais superiormente, como nas valéculas. Nos casos em que há uma redução na elevação hiolaríngea, os resíduos são observados mais inferiormente na hipofaringe, como nos recessos piriformes e transição faringoesofágica. A presença de resíduo faríngeo do alimento pode ser considerada desde uma disfagia discreta a uma disfagia grave de acordo com a capacidade de eliminá-la, pois o resíduo pode ser aspirado se não for deglutido ou expelido. Estudos apontam a inervação sensorial da faringe também como responsável pela percepção do resíduo nas valéculas, recessos faríngeos e parede posterior de faringe, associando-se a penetrações e aspirações após a deglutição como consequência de resíduo, especialmente no trajeto orofaríngeo[18].

CONCLUSÃO

Os exames objetivos para avaliação da deglutição como a videofluoroscopia e videoendoscopia devem ser utilizados como exames complementares para melhor diagnóstico e condução no tratamento da disfagia. Cada exame apresenta vantagens e desvantagens e cabe ao fonoaudiólogo e/ou ao médico a indicação do melhor instrumento para cada caso, levando em consideração que o exame é realizado em um momento único, podendo as informações obtidas nele não caracterizar a real funcionalidade da deglutição, e por esse motivo é imprescindível sua conexão com os achados da avaliação clínica.

REFERÊNCIAS BIBLIOGRÁFICAS

1. Eisenhuber E, Schima W, Schober E, et al. Videofluoroscopic assessment of patients with dysphagia: pharyngeal retention is a predictive factor for aspiration. AJR Am J Roentgenol. 2002;178:393-8.
2. Logemann JA. Manual for the videofluorography study of swallowing. 2. ed. Texas: Pro-ed; 1993. Radiographic symptoms and swallowing disorders; p.73-114.
3. Dyer JC, Leslie P, Drinnan MJ. Objective computer-based assessment of valleculae residue – is it useful? Dysphagia. 2008;23:7-15.
4. Martin-Harris B, Jones B. The videofluorographic swallowing study. Phys Med Rehabil Clin N Am. 2008;19:769-85.
5. Robbins JA, Logemann JA, Kirsshiner HS. Swallowing and speech production in Parkinson's disease. Ann Neurol. 1986;19(3):283-7.
6. Lopes SACS, Dedivitis RA. Videofluoroscopia da deglutição. In: Dedivitis RA; Santoro PP, Arakawa-Sugueno. Manual prático de disfagia. Revinter; 2016. p. 191-221.
7. Frederick MG, Ott DJ, Grishaw EK, Gelfand DW, Chen MY. Functional abnormalities of the pharynx: a prospective analysis of radiographic abnormalities relative to age and symptoms. AJR Am J Roentgenol. 1996;166:353-7.
8. Rosenbek JC, Robbins JA, Roecker EB, Coyle JL, Wood JL. A penetration aspiration scale. Dysphagia. 1996;11:93-8.
9. Carrara-de Angelis E. Escalas de avaliação das disfagias. In: Jotz GP, Carrara-de Angelis E, Barros APB. Tratado da deglutição e disfagia. Revinter; 2009. p. 92-3.
10. O'Neil KH, Purdy M, Falk J, Gallo L. The dysphagia outcome and severity scale. Dysphagia. 1999;14:139-45.
11. Santoro PP, Furia CL, Forte AP, et al. Otolaryngology and speech therapy evaluation in the assessment of oropharyngeal

dysphagia: a combined protocol proposal. Braz J Otorhinolaryngol. 2011;77:201-13.
12. Murry T, Carrau RL. Functional tests of swallowing. In: Carrau RL, Murry T, editors. Comprehensive management of swallowing disorders. 2. ed. San Diego: Singular Publishing Group; 1999. p. 75-9.
13. Barata LF, de Carvalho GB, Carrara-de Angelis E, de Faria JC, Kowalski LP. Swallowing, speech and quality of life in patients undergoing resection of soft palate. Eur Arch Otorhinolaryngol. 2013 Jan;270(1):305-12.
14. Sie KCY, Chen EY. Management of velopharyngeal insufficiency: development of a protocol and modifications of sphincter pharyngoplasty. Facial Plast Surg. 2007;23:128-39.
15. Aviv JE. Prospective, randomized outcome study of endoscopy versus modified barium swallow in patients with dysphagia. Laryngoscope. 2000;110:563-74.
16. Yoshikawa M, Yoshida M, Nagasaki T, et al. Aspects of swallowing in healthy dentate elderly persons older than 80 years. J Gerontol A Biol Sci Med Sci. 2005;60:506-9.
17. Steele CM, Alsanei WA, Ayanikalath S, et al. The influence of food texture and liquid consistency modification on swallowing physiology and function: a systematic review. Dysphagia. 2015;30:2-26.
18. Farneti D, Fattori B, Nacci A, et al. The Pooling-score (P-score): inter- and intra-rater reliability in endoscopic assessment of the severity of dysphagia. Acta Otorhinolaryngol Ital. 2014;34:105-10.
19. Kendall KA, Leonard RJ, McKenzie SW. Accommodation to changes in bolus viscosity in normal deglutition: a videofluoroscopic study. Ann Otol Rhinol Laryngol. 2001;110:1059-65.
20. Dantas RO, Kern MK, Massey BT, et al. Effect of swallowed bolus variables on oral and pharyngeal phases of swallowing. Am J Physiol. 1990;258G675-81:112.

30

Princípios da neuroplasticidade e aprendizado motor na reabilitação das disfagias orofaríngeas

Lucia Figueiredo Mourão
Aline Mansueto Mourão
Weslania Viviane Nascimento

PONTOS-CHAVE

- A intensidade de ativação de regiões cerebrais depende da complexidade do planejamento e da programação de movimentos voluntários solicitados para a tarefa de deglutir.
- Os tipos mais recomendados de *feedback* e treino de prática na terapia das disfagias.
- Compreensão da integração entre controle neurológico da deglutição, a neuroplasticidade e o aprendizado motor.

OBJETIVOS DE APRENDIZAGEM

Ao final deste capítulo, o leitor deverá ser capaz de:

- Reconhecer que a execução eficiente da biomecânica da deglutição requer a integridade de áreas cerebrais relacionadas com as funções cognitivas e sensoriomotoras.
- Identificar e compreender os princípios de neuroplasticidade e sua relação com o aprendizado motor.
- Conhecer os princípios do aprendizado motor para ter condições de planejar o treino funcional da deglutição.

INTRODUÇÃO

O presente capítulo tem por objetivo apresentar a aplicabilidade dos princípios da neuroplasticidade e do aprendizado motor na reabilitação da disfagia, com destaque aos tipos mais recomendados de prática e de *feedback*. Para tanto, abordaremos o controle neurológico da deglutição, as vias neurais sensoriomotoras, adicionando o papel das vias cognitivas e motivacionais na execução motora e no processo de aprendizado das tarefas motoras envolvidas nas fases da deglutição. Destacaremos o processo de aprendizado motor na reaquisição de habilidades que não podem ser executadas devido às lesões e doenças, com enfoque na adaptação da entrada neural para modificação do movimento biomecânico.

CONTROLE NEUROLÓGICO DA DEGLUTIÇÃO

A função de deglutição é um fenômeno sensoriomotor *continuum* com execução de sequências motoras rápidas mediadas por uma rede neural complexa e hierarquicamente organizada[1]. Essa rede neural é composta por regiões cerebrais bilaterais representadas de forma assimétrica, que se comunicam por meio de tratos de substância branca ascendentes e descendentes com regiões corticais, subcorticais e do tronco encefálico[2].

O tronco encefálico recebe informações periféricas de diversas características do bolo alimentar a depender do tipo de percepção térmica, mecânica e química na região de cavidade oral, faringe, laringe e esôfago. Essa informação é transmitida por vias aferentes e eferentes dos nervos cranianos pelos núcleos do trato solitário, ambíguo e motor dorsal do vago para os músculos responsáveis pela deglutição[3].

A ativação das regiões corticais e motoras durante a função de deglutição depende das informações que desencadeiam o início da deglutição, tais como informações periféricas (exteroceptivas e interoceptivas) e informações centrais (cognitivas e emocionais)[4]. Especialistas em controle neuromotor ressaltam a importância da entrada de informações sensoriais para o *feedback* sensório-cortical-motor constante, visando auxiliar no início motor, modificar o limiar para a resposta faríngea e alterar o nível de recrutamento muscular durante a deglutição[5,6]. Portanto, as ativações do córtex sensoriomotor primário e do córtex frontal inferior indicam o controle neurológico cortical tanto na deglutição automática quanto na deglutição voluntária[7].

As regiões corticais e motoras, incluindo o córtex motor primário, o córtex pré-frontal, o córtex frontal inferior e a área motora suplementar, atuam no controle e no planejamento da execução motora. É essencial destacar o papel do cerebelo na organização da entrada sensorial e saída motora, bem como na coordenação e na modulação adaptativa dos movimentos sequenciais durante a deglutição[8]. Regiões subcorticais, como a ínsula e os núcleos da base, também atuam como moduladoras para o controle oral e o planejamento dos movimentos sequenciais relacionados à biomecânica da deglutição[7].

Dessa forma, a intensidade de ativação neural dessas regiões corticais e subcorticais depende da complexidade do planejamento e da programação de movimentos voluntários solicitados para a tarefa de deglutir. Exemplos de diferentes complexidades de tarefas incluem a deglutição voluntária espontânea *versus* a condição de comando verbal e/ou visual para o ato de deglutir, o nível de atenção requerido, como a atenção seletiva *versus* a atenção dividida, a tarefa isolada *versus* a dupla tarefa, a deglutição de saliva *versus* de líquido *versus* de alimentos, considerando também as características do bolo alimentar[6].

Ademais, a intensidade de ativação neural de áreas corticais, como o córtex sensoriomotor primário, o córtex pré-frontal e a área motora suplementar, é mais significativa na fase preparatória oral da deglutição. Em contraste, a fase faríngea tende a mostrar maior ativação em áreas subcorticais, como o papel da ínsula na atividade de organização temporal da deglutição. No entanto, ainda não foi encontrada nenhuma área cerebral mais ativada para o planejamento da deglutição (preparação cognitiva para o ato de deglutir). Essa descoberta sugere a hipótese de que o planejamento motor ocorre como uma ação sensoriomotora preliminar em todas as fases da deglutição[7].

Sabe-se da importância da cognição na fase antecipatória e preparatória da deglutição, pois pacientes com alterações cognitivas decorrentes de acidente vascular cerebral, demências ou outras condições neurológicas manifestam diminuição da percepção sensorial, do significado do alimento e do controle inibitório, que pode resultar em alterações comportamentais durante as refeições. Entretanto, é possível que a cognição desempenhe um papel nas outras fases da deglutição[9], visto que as fases são interdependentes.

A execução eficiente da biomecânica da deglutição requer a integridade de funções cognitivas, como atenção, memória, funções executivas e visuoespaciais. Essa integração é influenciada pelas regiões cerebrais frontoparieto-occipitais e diversos sistemas, tais como olfativo, gustativo e visual, e aprimorada por experiências individuais[9].

PRINCÍPIOS DE NEUROPLASTICIDADE

Neuroplasticidade é a aprendizagem e a reaprendizagem motora que requer a formação e a poda de circuitos neurais, resultando em uma conectividade aprimorada, bem como a reorganização desses circuitos e conexões em resposta à aprendizagem e/ou lesão[10,11]. Kleim & Jones (2008)[10], na revisão dos princípios da plasticidade neural dependente da experiência, explicam que o processo envolvido na neurorreabilitação pressupõe que a exposição à experiência de treinamento específicas leva à melhoria do comprometimento ativando mecanismos de plasticidade neural.

A literatura nos indica a existência de 10 princípios relacionados à neuroplasticidade[10], descritos no Quadro 1.

É de fundamental importância transladar esses conceitos para a prática clínica. Desta forma, Robbins et al. (2008)[12] identificaram as estratégias utilizadas para intervenções fonoaudiológicas realizadas em pacientes com disfagia e as categorizaram em:

A. Estratégias sensoriais (estimulação elétrica, tátil, térmica, gustativa).
B. Estratégias compensatórias (mudanças posturais).
C. Exercícios motores associados à deglutição (manobras).
D. Exercícios motores não associados à deglutição (exercícios para melhorar mobilidade e força).

Para cada uma das categorias, pode existir a aplicação de forma positiva dos princípios da neuroplasticidade, a não aplicação do princípio ou a incerteza da aplicação desses princípios[12]. A aplicação positiva ocorre quando as estratégias de intervenção utilizadas promovem a plasticidade neural e o aprendizado motor, resultando em um melhor desempenho na função de deglutição. A não aplicação dos princípios ocorre quando as estratégias são utilizadas sem considerar a plasticidade neural, ou seja, sem levar em consideração a capacidade do cérebro de se reorganizar em resposta ao estímulo, manobra ou exercício. A incerteza surge quando não há evidências científicas sobre a influência das estratégias de intervenção na plasticidade neural relacionada à deglutição.

APRENDIZADO MOTOR

O aprendizado motor envolve a aquisição de habilidades motoras, o aprimoramento da performance de habilidades motoras aprendidas ou altamente experienciadas, bem como a reaquisição de habilidades que são difíceis de executar ou não podem ser executadas devido a lesões, doenças e similares[13]. Na vigência de uma lesão neurológica na vida adulta, no qual o paciente perdeu a habilidade de deglutir alimentos sólidos e líquidos de modo seguro, o aprendizado motor envolvido será a reaquisição da habilidade motora perdida. A introdução alimentar na infância é um exemplo do processo de aprendizado motor para a aquisição da habilidade de deglutir diferentes consistências, iniciando-se com alimentos pastosos (papas de frutas), e progressivamente passando para a mastigação e deglutição de alimentos sólidos.

O aprendizado motor da biomecânica da deglutição é executado pela integridade das funções cognitivas: atenção, memória, funções executivas e visuoespaciais[7], além das gnosias, praxias e social. A integração das informações sensoriais (características físico-químicas do bolo alimentar) e ambientais (condições do ambiente externo) com as cognitivas irá permitir o planejamento e a execução motora necessários para a manipulação e transporte do bolo alimentar para a faringe.

A Figura 1 representa os aspectos envolvidos no processo da aprendizagem motora da deglutição.

A definição de termos é importante para que se possa compreender a especificidade do processo envolvido no aprendizado motor. Entende-se por habilidade motora a atividade ou tarefa que requer controle voluntário sobre o movimento para atingir o objetivo e é executada por movimentos musculares integrados e sequenciais. A habilidade motora é uma atividade que tem um propósito específico ou objetivo para atingir[13].

A habilidade motora da deglutição pode ser definida como a capacidade de modular voluntariamente o tempo, a força e/ou a coordenação de múltiplos

QUADRO 1 Princípios da neuroplasticidade dependentes da experiência

Princípio	Descrição
1. Use ou perca	Circuitos neurais que não estão ativamente envolvidos na execução de uma tarefa ou função ao longo do tempo tendem à degradação funcional.
2. Use e melhore	O treinamento tem o poder de induzir plasticidade em regiões cerebrais específicas. O treinamento pode estimular uma função cerebral específica e levar a um aprimoramento dessa função.
3. Especificidade	A natureza do treino dita a natureza da plasticidade. Ao realizar um treino específico para deglutição, não devemos esperar alterações automáticas em outras áreas.
4. Repetição	A indução de plasticidade requer repetição suficiente para alterações neuronais duradouras.
5. Intensidade	A indução de plasticidade requer intensidade de treinamento suficiente.
6. Tempo	Diferentes formas de plasticidade ocorrem em momentos diferentes durante o treinamento. Quanto mais precoce o treinamento após uma lesão, mais eficazes os resultados neuronais e funcionais.
7. Saliência do estímulo	A experiência de treinamento deve ser suficientemente relevante para induzir a plasticidade. A natureza do estímulo deve ser um motivador no processo de reabilitação.
8. Idade	A plasticidade induzida pelo treinamento ocorre mais facilmente em cérebros mais jovens. Apesar disso, cérebros de idosos continuam respondendo claramente às experiências.
9. Transferência	A plasticidade em resposta a uma experiência de treino pode melhorar a aquisição de comportamentos semelhantes.
10. Interferência	A plasticidade em resposta a uma experiência pode interferir na aquisição de outros comportamentos.

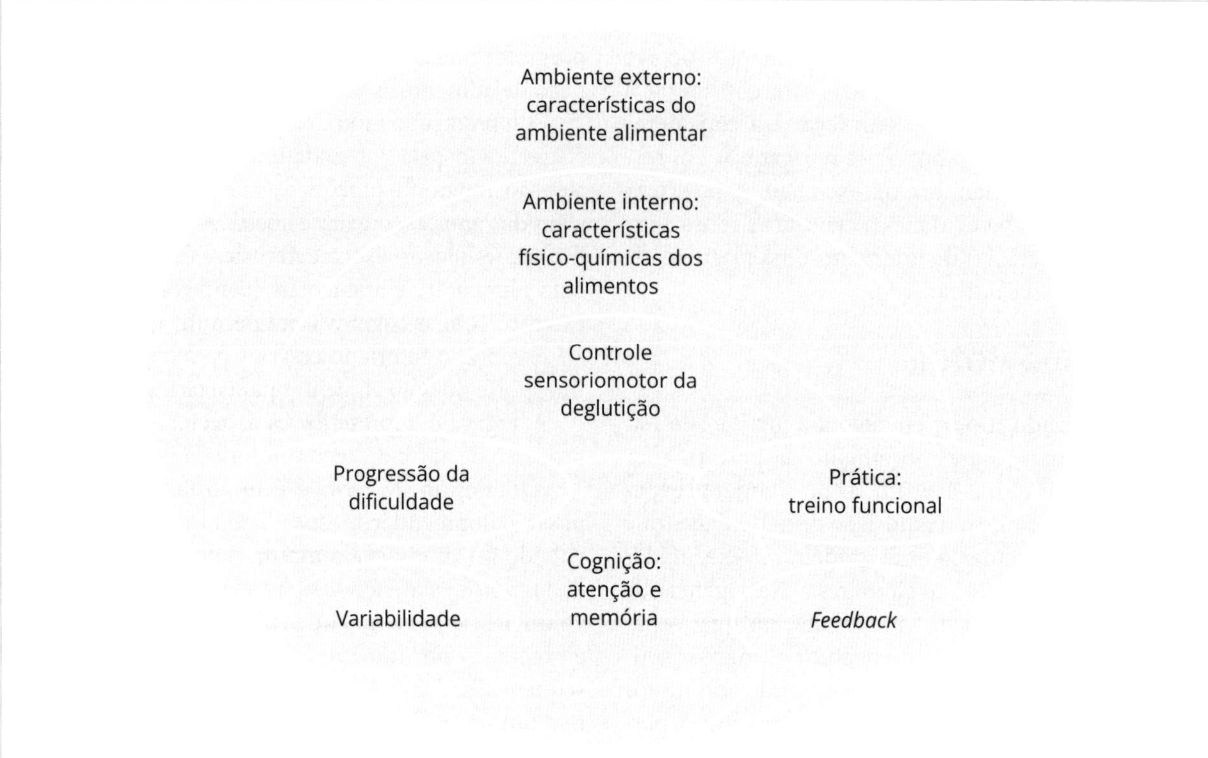

FIGURA 1 Esquema dos aspectos envolvidos no processo do aprendizado motor.

músculos na execução dessa tarefa, resultando em comportamento ingestivo eficiente que se adapta com sucesso a variações no tamanho do bolo alimentar, consistência e outras variáveis[6]. Assim, a habilidade motora que deve ser treinada é uma função e não o movimento isolado. Desta forma, entende-se que para o treino baseado no aprendizado motor, a atividade fim é o ato da deglutição, por exemplo: habilidade para deglutir alimentos de características específicas. A utilização de movimentos necessários para a execução da habilidade motora, como o fortalecimento da musculatura supra-hióidea pelo exercício de Shaker,[14] não configura um treino de habilidade motora.

Um dos princípios fundamentais do aprendizado motor é o foco no objetivo da tarefa motora. Para o aprendizado de uma tarefa motora, como andar de bicicleta ou dirigir um carro, o treino de todos os gestos motores isoladamente envolvidos no processo de aprendizado inviabilizaria a execução motora, em virtude da elevada atenção exigida e da complexa coordenação de diferentes movimentos realizados ao mesmo tempo.

Deste modo, ressalta-se também o papel da atenção e da memória no aprendizado motor. A atenção refere-se às características associadas à consciência, percepção e esforço cognitivo relacionados ao desempenho de habilidades motoras. É importante compreender a limitação da atenção associada à realização simultânea de múltiplas habilidades e na detecção de informações relevantes no ambiente de desempenho[13]. Portanto, na deglutição a ação cognitiva ocorre não apenas na fase anterior à introdução do alimento na cavidade oral, mas também durante as fases oral e faríngea[15].

O treinamento de habilidades, utilizado como abordagem de reabilitação, irá focar na adaptação da entrada neural para modificação do movimento biomecânico. Ao identificar e entender o papel do córtex na deglutição, evidencia-se a complexidade da tarefa de deglutir e sua relação intrínseca com o foco no objetivo, levando em conta a integração espacial-temporal. Huckabee et al. (2023)[6] destacam que a habilidade de deglutição para pacientes é definida como a capacidade de gerenciar secreções de forma segura e ingerir uma dieta variada sem comprometimento pulmonar e com melhor qualidade de vida e que para alcançar esse objetivo funcional, um objetivo mais específico que, a curto prazo, auxiliaria na formulação de novas abordagens de reabilitação.

QUADRO 2 Exemplificação das diferentes formas de prática aplicadas na disfagia

Prática	Tipo recomendado	Característica da execução	Exemplo
Quantidade	Maior quantidade (>100 repetições)	> 50 repetições de séries de deglutição em uma única sessão	100 tentativas de deglutição com esforço em uma sessão[18]
Distribuição	**Prática em massa** (no início do processo): praticar um número dado de tentativas em um curto período **Prática distribuída** (no decorrer do processo): praticar um número dado de tentativas em diferentes momentos de um dia	**Prática em massa:** todos os testes terapêuticos de deglutição são realizados continuamente em um curto período sem descanso **Distribuído:** as tentativas de deglutição são realizadas em rápidas execuções ao longo de sessões mais longas, com descanso entre cada conjunto	**Prática em massa:** em uma sessão realizar as tentativas de deglutição (50 tentativas) sem descanso **Distribuído:** distribuir as tentativas de deglutição em séries com descanso entre elas
Foco	**Todo:** praticar todo o movimento **Externo:** focar no efeito do movimento	**Todo:** praticar atividades completas de mastigação **Externo:** o paciente foca em quão bem o alimento foi mastigado	**Objetivo:** aprender habilidades de mastigação **Todo:** realizar o treino de mastigação com gaze **Externo:** realizar o treino com alimento, no qual o paciente foca em quão bem o alimento foi mastigado
Variabilidade	**Diversificar:** praticar o alvo em diferentes contextos	**Variável:** os treinos de deglutição são realizados com materiais, em contextos, velocidade e *timing* variados, e em diferentes condições ambientais	Treino progressivo com variações no ambiente alimentar (introduzir ruído de TV ligada, conversa entre pessoas, entre outras)

PRINCÍPIOS DA NEURORREABILITAÇÃO BASEADOS NO APRENDIZADO MOTOR

Inicialmente, Kleim & Jones (2008)[10] detalharam cinco princípios de uma experiência de treinamento eficaz – especificidade, repetição, intensidade, tempo e saliência. Maier, Bellester, Verschure (2019)[16], com o objetivo de unificar a literatura neurocientífica relevante para o processo de recuperação e prática de reabilitação, identificaram 15 princípios de aprendizagem motora. São eles: prática em massa, prática espaçada, dosagem, prática específica da tarefa, prática orientada para objetivos, prática variada, aumento da dificuldade, estimulação multissensorial, sinalização rítmica, *feedback* explícito/conhecimento de resultados, *feedback* implícito/conhecimento de desempenho, modulação da seleção do efetuador, observação de ação/prática incorporada, imaginação motora e interação social.

Treino da prática

O treino da prática deve ser planejado, para que seja selecionada a prática mais adequada ao estágio do processo de aprendizagem em que o paciente/indivíduo se encontra. Algumas orientações específicas para o direcionamento da aplicação da prática motora baseada na teoria do aprendizado motor na disfagia, de acordo com Zimmermann, Carnaby, Lazarus, Malandraki (2020)[11], estão presentes no Quadro 2.

O processo de aprendizagem motora com a melhora do músculo e seu comportamento ocorre em um ambiente sempre em mudança e envolve a interação de uma série de fatores intrínsecos e extrínsecos associados à prática da variabilidade do treino da tarefa de deglutição[11]. Ao compreender que a variabilidade é inerente ao desempenho da tarefa motora, diante dos diferentes padrões influenciadores (individuais, neurais, ambientais e de tarefa), é fundamental destacar que a execução de uma tarefa motora várias vezes, ou seja, a simples repetição de um movimento, não levará necessariamente ao fortalecimento das conexões neurais nos caminhos envolvidos, ao condicionamento muscular nem ao desenvolvimento da automatização[11].

Outro conceito fundamental é a **progressão da dificuldade,** que é o quão desafiador o treinamento é em relação à habilidade motora do executante[13]. O aumento da dificuldade pode ser propiciado com a progressão gradual, por exemplo: da consistência alimentar, do volume, da heterogeneidade das consistências e temperaturas, diferentes utensílios, ambientes com distratores etc.

Feedback

Para executar com precisão tarefas motoras, o *feedback* intrínseco é a principal fonte de informações sensoriais relacionadas ao movimento[17]. Já o *feedback* extrínseco é fundamental na aprendizagem motora e na reabilitação, porque complementa as perdas no *feedback* intrínseco, ao mesmo tempo que aumenta a motivação, generalização e retenção[18]. É de fundamental importância destacar que o *feedback* verbal (instruções/condições de comando relativas à tarefa) é capaz de atrasar o tempo de ejeção oral[19], interferindo negativamente na deglutição. Desta forma, é importante destacar os tipos mais apropriados de *feedback* e seus respectivos exemplos na reabilitação da disfagia (Figura 2).

A relação entre o controle neurológico, a neuroplasticidade e o aprendizado motor está na compreensão de que enquanto alguns princípios parecem modular áreas cerebrais mais específicas (prática massiva, dosagem, prática variável, prática específica da tarefa, modular seleção do efetor, estimulação multissensorial) dentro das áreas motoras do córtex, tais como: córtex motor, área motora primária, área motora suplementar e córtex sensoriomotor; outros parecem recrutar ou depender mais de redes de regiões cerebrais, tais como: córtex motor primário dorsal bilateral, córtex motor primário ventral esquerda, pré-área motora suplementar bilateral (prática orientada para o objetivo, aumento da dificuldade, observação da ação, *feedback* implícito/conhecimento de resultados, interação social)[16]. Uma abordagem de reabilitação eficaz deve, portanto, incorporar princípios de ambos os tipos para contrariar a degradação neuronal e promover a melhoria[10].

Deste modo, à medida que a terapia avança, a ordem específica e a manipulação dos parâmetros de atividade podem agir tanto para promover a aprendizagem motora quanto o refinamento, resultando em melhoria adicional no desempenho[11]. Assim, a automatização ocorre quando a execução motora não exige atenção específica à atividade, o que resulta na ativação de áreas cerebrais subcorticais e do córtex motor suplementar[13].

CONCLUSÃO

A habilidade de deglutição suporta uma variedade de fenômenos sensoriais, motores e cognitivos, incluindo planejamento, preparação e execução motora para a sobrevivência e o bem-estar do indivíduo/paciente ao longo da vida. Quando a tarefa de deglutir não está totalmente desenvolvida (em crianças) ou está comprometida (em adultos e idosos), os princípios de aprendizagem e reaprendizagem motora são fundamentais para reabilitação das disfagias orofaríngeas. A exposição à experiência de treinamento específico com foco no objetivo e progressão gradual da dificuldade na execução motora leva à melhoria do comprometimento funcional da deglutição, ativando mecanismos de plasticidade neural.

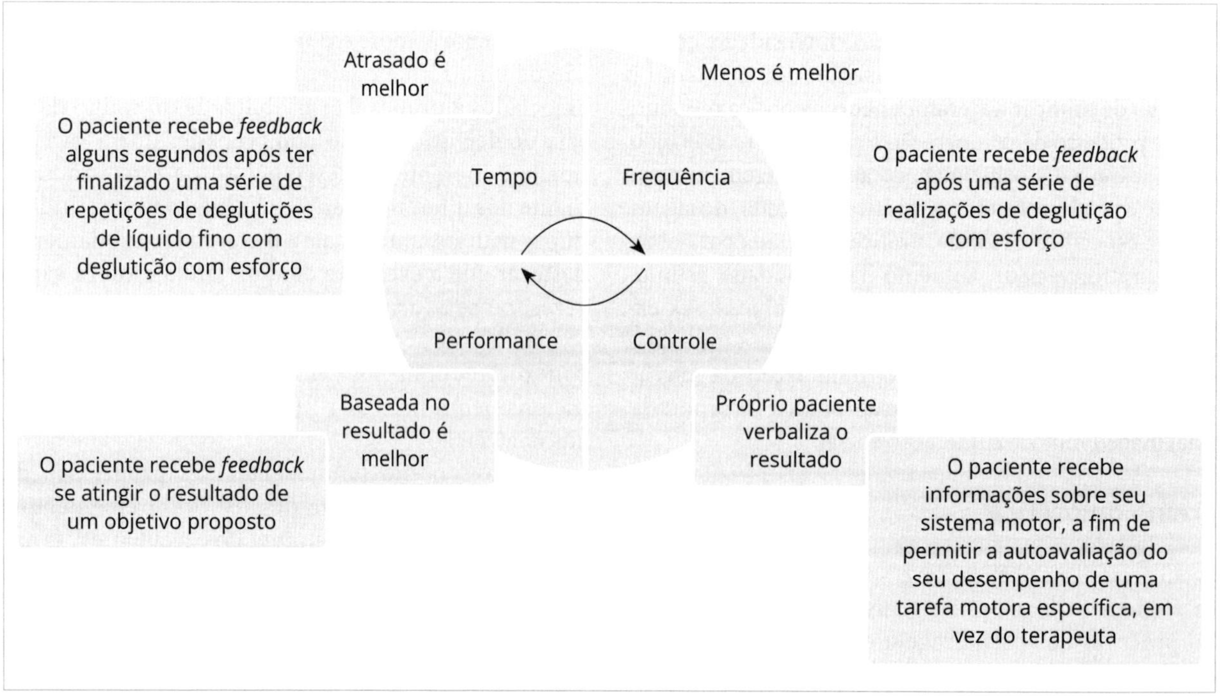

FIGURA 2 Tipos de *feedback* mais apropriados ao treino de habilidade da deglutição.

REFERÊNCIAS BIBLIOGRÁFICAS

1. Mistry S, Hamdy S. Neural control of feeding and swallowing. Phys Med Rehabil Clin N Am. 2008;19(4):709-28, vii-viii.
2. Cheng I, Takahashi K, Miller A, Hamdy S. Cerebral control of swallowing: an update on neurobehavioral evidence. Journal of the Neurological Sciences. 2022;15:442:120434.
3. Steele CM, Miller AJ. Sensory input pathways and mechanisms in swallowing: a review. Dysphagia. 2010;25:323-33.
4. Leopold NA, Daniels SK. Supranuclear control of swallowing. Dysphagia. 2010;25(3):250-7.
5. Humbert IA, German RZ. New directions for understanding neural control in swallowing: the potential and promise of motor learning. Dysphagia. 2013;28(1):1-10.
6. Huckabee ML, Flynn R, Madeline Mills M. Expanding rehabilitation options for dysphagia: skill-based swallowing training. Dysphagia. 2023;38:756-67.
7. Malandraki GA, Sutton BP, Perlman AL, Karampinos DC, Conway C. Neural activation of swallowing and swallowing-related tasks in healthy young adults: an attempt to separate the components of deglutition. Hum Brain Mapp. 2009;30(10):3209-26.
8. Sasegbon A, Hamdy S. the role of the cerebellum in swallowing. Dysphagia. 2023;38(2):497-509.
9. Dehaghani SE, Doosti A, Zare M. Association between swallowing disorders and cognitive disorders in adults: a systematic review and meta-analysis. Psychogeriatrics. 2021;21(4):668-74.
10. Kleim JA, Jones TA. Principles of experience-dependent neural plasticity: implications for rehabilitation after brain damage. J Speech Lang Hear Res. 2008;51(1):S225-39.
11. Zimmerman E, et al. Motor learning, neuroplasticity, and strength and skill training: moving from compensation to retraining in behavioral management of dysphagia. Am J Speech Lang Pathol. 2020;29(2S):1065-77.
12. Robbins J, Butler SG, Daniels SK, Diez Gross R, Langmore S, Lazarus CL, et al. Swallowing and dysphagia rehabilitation: translating principles of neural plasticity into clinically oriented evidence. J Speech Lang Hear Res. 2008;51(1):S276-300.
13. Magill R, Anderson DI. Motor learning and control. New York: McGraw-Hill Publishing; 2014.
14. Shaker R, Kern M, Bardan E, Taylor A, Stewart ET, Hoffmann RG, et al. Augmentation of deglutitive upper esophageal sphincter opening in the elderly by exercise. American Journal of Physiology. 1997;272(6, Pt. 1):G1518-G1522.
15. Brodsky M. Cognition in swallowing: is attention involved? Submitted to the Graduate Faculty of Health and Rehabilitation Sciences in partial fulfillment of the requirements for the degree of Doctor of Philosophy. Pittsburg; 2006.
16. Maier M, Ballester BR, Verschure PFMJ. Principles of neurorehabilitation after stroke based on motor learning and brain plasticity mechanisms. Front Syst Neurosci. 2019;13:74.
17. Azola AM, Sunday KL, Humbert IA. Kinematic visual biofeedback improves accuracy of learning a swallowing maneuver and accuracy of clinician cues during training. Dysphagia. 2017;32(1):115-22.
18. Athukorala RP, Jones RD, Sella O, Huckabee ML. Skill training for swallowing rehabilitation in patients with Parkinson's disease. Arch Phys Med Rehabil. 2014 Jul;95(7):1374-82.
19. Saitoh E, Shibata S, Matsuo K, Baba M, Fujii W, Palmer JB. Chewing and food consistency: effects on bolus transport and swallow initiation. Dysphagia. 2007 Apr;22(2):100-7.

31

Recursos tecnológicos no manejo da disfagia orofaríngea

Luciane Teixeira Soares
Bruno Tavares de Lima Guimarães
Roberto Sávio de Assunção Bastos
Marta Maria da Silva Lira-Batista

PONTOS-CHAVE

- Os recursos tecnológicos estão presentes no cenário atual da Fonoaudiologia e vêm sendo utilizados na reabilitação das disfagias orofaríngeas para ganho sensorial, melhora do desempenho muscular, modulação do fluxo salivar e para promover ajustes na circuitaria neuronal.
- O planejamento terapêutico diante de um quadro de disfagia orofaríngea deve ser traçado e posteriormente avaliado se os recursos tecnológicos podem e devem ser associados ao tratamento.
- Recursos tecnológicos otimizam resultados no tratamento das disfagias orofaríngeas, contudo há necessidade de estudos mais robustos para melhor direcionar a prática clínica.

OBJETIVOS DE APRENDIZAGEM

Ao final deste capítulo, o leitor deverá ser capaz de:

- Conhecer alguns dos principais recursos tecnológicos que vêm sendo utilizados como coadjuvantes no manejo das disfagias orofaríngeas.
- Entender como a eletroestimulação transcutânea, a neuromodulação não invasiva (especialmente a por corrente contínua) e a fotobiomodulação podem otimizar os resultados no tratamento das disfagias orofaríngeas.
- Entender a necessidade de uma formação específica para a utilização de cada um dos recursos tecnológicos supracitados aliada ao embasamento científico para direcionamento da prática clínica baseada em evidências.
- Compreender que ao propor uma tecnologia coadjuvante, a fim de atingir o objetivo terapêutico na pessoa com disfagia, deve-se priorizar a bioética, a segurança, o uso das evidências disponíveis, sendo desejável a discussão com os demais profissionais de saúde envolvidos no cuidado.

INTRODUÇÃO

Os recursos tecnológicos estão cada vez mais presentes na prática fonoaudiológica. A nossa atuação muito se baseia na prática de outros profissionais da saúde que há tempos os utilizam, porém, nosso conhecimento acerca de tais recursos voltados especificamente para o uso na Fonoaudiologia está em crescente consolidação.

No tratamento das disfagias orofaríngeas, esses recursos vêm sendo importantes aliados na otimização dos resultados terapêuticos no que diz respeito ao favorecimento do ganho sensorial, melhora da performance muscular relacionada à deglutição, modulação do fluxo salivar e para promover ajustes na circuitaria neuronal.

Neste capítulo, serão apresentados três dos recursos tecnológicos que podem ser associados no manejo das disfagias orofaríngeas: a fotobiomodulação, a eletroestimulação neuromuscular e a estimulação cerebral não invasiva.

FOTOBIOMODULAÇÃO

A fotobiomodulação (FBM) é uma modalidade terapêutica que utiliza um estímulo luminoso não térmico de baixa potência para desencadear reações fotofísicas e fotoquímicas no organismo que facilitam vários processos biológicos, como reparação tecidual, analgesia, modulação de inflamação, ação antiedematosa, estimulação do sistema imunológico, promoção da angiogênese e melhora da circulação e do desempenho muscular[1,2].

A interação da luz nos tecidos depende de vários parâmetros, como comprimento de onda, fluência, modo de emissão (contínua ou pulsada), duração e frequência do tratamento, e de acordo com os parâmetros utilizados pode promover bioestimulação ou bioinibição[3]. A depender do objetivo terapêutico e do tecido-alvo a ser irradiado, se estabelece o comprimento de onda, sendo os mais utilizados na Fonoaudiologia o vermelho e o infravermelho (de 600 a 1.100 nm), com aparelhos de potência inferior a 500 milliwats, capazes de produzir quantidade de energia suficiente para provocar mudanças na bioquímica celular, porém sem alterar sua estrutura atômica[2,3]. A dosimetria será estabelecida de acordo com o efeito desejado e levará em conta fatores como condição clínica, variações na anatomia, local de aplicação, volume e profundidade do tecido-alvo e individualidade do sujeito[4].

Por se tratar de uma técnica não invasiva, indolor e sem efeitos colaterais, e pelos benefícios que a técnica traz, o uso do *laser* na Fonoaudiologia mostra-se como algo promissor para agregar à terapia fonoaudiológica tradicional. Dentre as principais contribuições da fotobiomodulação no tratamento das disfagias estão o ganho sensorial, a melhora do desempenho muscular relacionada à deglutição e a modulação do fluxo salivar[5].

A FBM associada às técnicas terapêuticas utilizadas na Fonoaudiologia pode favorecer a sensibilidade intraoral na percepção da saliva e da textura, temperatura e viscosidade do alimento, além de promover a percepção do paladar e do olfato pelo efeito biológico do *laser* na regeneração da inervação[6,7]. Sabe-se que em pacientes com disfagia, principalmente idosos, a diminuição do olfato e do paladar podem interferir tanto na percepção intraoral do alimento e impactar na fase oral da deglutição, quanto diminuir a ingesta alimentar e impactar na nutrição. Estratégias para estimulação sensorial são empregadas com frequência na reabilitação das disfagias. A comprovada ação da FBM de incremento da função celular pode ser aliada nesse processo. A hipótese é bioestimular células com função sensorial antes da execução de estratégias para aumentar o *input* sensorial[5]. A referida aplicação tem demostrado valiosa contribuição na observação clínica, no entanto, ainda carece de aprofundamento e melhor investigação científica.

Com relação ao desempenho muscular, nos quadros de disfagia tal recurso pode ser associado a um trabalho de força, resistência e mobilidade dos músculos envolvidos na deglutição. O ganho com a FBM se dá por meio do favorecimento da formação de adenosina trifosfato (ATP) dentro da mitocôndria da fibra muscular. Estudos recentes têm demonstrado efeitos benéficos não só para melhora do desempenho muscular, como também para otimização do ganho de força e redução da fadiga e recuperação pós-exercício[8]. Mouffron et al. (2012) investigaram os efeitos da terapia por fotobiomodulação no músculo orbicular da boca e concluíram que a terapêutica foi capaz de promover mudanças na atividade elétrica e no desempenho do músculo orbicular da boca[2].

Outro aspecto relacionado ao uso da FBM nas disfagias diz respeito ao manejo da saliva. O uso da fotobiomodulação na região das glândulas salivares pode modular o fluxo salivar, contribuindo para a realização das demais intervenções fonoaudiológicas. Estudos científicos têm embasado a utilização desse recurso para aumentar o fluxo salivar, principalmente nos casos de xerostomia em pacientes que fazem tratamento de câncer de cabeça e pescoço. Brzak et al. (2018) avaliaram os efeitos da FBM com diferentes comprimentos de onda (685 nm e 830 nm) na salivação de pacientes com hipossalivação e mostraram que ambos os comprimentos de onda do *laser* foram eficazes em aumentar a taxa de fluxo salivar, com manutenção 10 dias após a conclusão do tratamento, fornecendo evidências não apenas do efeito estimulante, mas também indicando o potencial regenerativo da terapia com FBM[9].

Sousa et al. (2020) realizaram uma revisão sistemática com o objetivo de avaliar os efeitos do *laser* de baixa intensidade nas glândulas salivares na presença de doenças sistêmicas e concluíram que, embora os estudos relatem aumento da taxa salivar e da qualidade de vida após a FBM, a falta de padronização para aplicação da luz e parâmetros utilizados dificulta a reprodução dos resultados e indica a necessidade de mais pesquisas[10].

Com relação à utilização para bioinibição do fluxo salivar, a ausência de estudos robustos específicos que possam embasar essa prática pede cautela e ainda precisa ser melhor investigada, a fim de determinar a dose ideal e se os resultados são momentâneos ou permanecem a longo prazo.

ELETROESTIMULAÇÃO NEUROMUSCULAR

A eletroestimulação (EE) vem sendo cada vez mais usada na fonoterapia nas áreas da voz, disfagia e motricidade orofacial, com os mais diversos objetivos. Em 1992, Guimarães publicou na revista *Lugar em Fonoaudiologia* o primeiro artigo sobre a aplicação da eletroestimulação para relaxamento laríngeo[11].

Na área da voz, a EE pode ser usada para obter redução da tensão tanto da musculatura extrínseca quanto intrínseca, aumento do nível de tensão muscular nas paralisias de prega vocal e laríngea e redução da tensão cervical[12,13].

O uso da eletroestimulação em disfagia, com objetivo de favorecer o aspecto sensorial e contribuir com o fortalecimento muscular, tem sido empregado desde 2002[14,15]. Na motricidade orofacial, a aplicação se dá nos casos para fortalecimento da musculatura intraoral e extraoral, sensibilidade facial[16], redução da dor nos casos de bruxismo, disfunção temporomandibular[17], na paralisia facial[18] e na estética facial[19].

Para o uso da EE, é fundamental o domínio dos seguintes pilares básicos[20,21]:

1. Conhecer as diversas correntes e como cada uma delas pode atuar em benefício da qualidade. Correntes elétricas têm portadoras de frequências diferentes, por exemplo: TENS e FES têm portadora de até 1.000 Hz, ou seja, são consideradas de baixa frequência; a corrente RUSSA tem uma portadora de 2.500 Hz (média frequência); a corrente AUSSIE trabalha com duas portadoras, uma de baixa frequência (1.000 Hz) e outra de média frequência (2.500 Hz); a microcorrente tem baixa portadora para efeito biomodulador, atuando no metabolismo das células. Conhecer cada uma delas e seus objetivos pode garantir maior ou menor conforto de estímulos para o paciente, já que a portadora está também relacionada com um maior ou menor nível de impedância.
2. Dominar as durações de pulso ou de *burst*, ciclo de trabalho, que por sua vez impactam no nível de carga elétrica que se quer associar à frequência de estimulação para atuação do estímulo, seja com maior propriedade nos níveis analgésico, sensorial, motor; reduzindo tensões, aumentando os efeitos na melhoria da qualidade de contração (resistência e força).
3. Entender e associar os parâmetros ideais de intensidade para estímulos mais sensoriais, sensoriomotor ou motor. A intensidade está relacionada com a quantidade de recrutamento e a profundidade na qual o estímulo irá penetrar. Caso a intensidade esteja incorreta, acarretará possível desconforto e dor ao paciente.
4. No caso de uso das correntes excitomotoras, compreender as relações entre as rampas de subida e descida e tempos ON e OFF, assim como o tipo de eletrodos e como posicioná-los de acordo com a área a ser estimulada.
5. É importante entender como cada modo de aplicação da corrente TENS – uso na baixa frequência (acupuntura ou *burst*) ou na alta frequência (convencional ou breve e intenso) – impacta o sistema aferente e eferente, para uma efetiva redução das dores crônicas e agudas[22].
6. Compreender que a eletroestimulação excitomotora, apesar de ser uma aplicação transcutânea, promove importante repercussão na região cortical, especificamente nas ações do córtex somatossensorial e córtex motor.
7. Entender que trabalhar no nível máximo motor do paciente não torna a eletroestimulação mais eficiente, e sim poderá prejudicar ainda mais a qualidade da recuperação do paciente. Em qualquer dos níveis, mas principalmente no motor, as possibilidades de sucesso da eletroestimulação estão em realizar exercícios com o estímulo para reorganizar a biomecânica funcional. Isso implica na obrigação do terapeuta de associar, sempre que possível, exercícios, induções de movimento e manobras passivas à programação da eletroestimulação.

A eletroterapia tem que ser aplicada com critérios cuidadosos e, em muitos casos, não tem indicação de aplicação, principalmente quando não se tem o domínio do uso dela, ou então não se conhece por completo as características das doenças de base dos pacientes. As respostas ao estímulo elétrico em face e laringe são bem diferentes da eletroterapia em outras partes do corpo.

Um dos segredos da eletroestimulação é a possibilidade de variar os parâmetros de frequências, pulsos, *burst* e ciclos de trabalho, uma vez que fisiologicamente nossas contrações musculares, percepções dos estímulos e reações variam, mesmo dentro de um padrão de normalidade.

A possibilidade de uso da eletroterapia na atuação fonoaudiológica deve ser pensada como um novo conceito que já pode ser embasado em dados da literatura e pesquisas são necessárias, levando também em consideração uma forma de aplicação mais utilizada no nosso contexto clínico. Tecnologias devem ser disponibilizadas para que possam ser bem compreendidas e aplicadas por todos os profissionais que se sintam estimulados a usá-las, sem medo ou constrangimento, garantindo atuação segura e correta, com raciocínio clínico em eletroterapia, assim como em Fonoaudiologia.

ESTIMULAÇÃO CEREBRAL NÃO INVASIVA

A estimulação cerebral não invasiva é mais um dos recursos terapêuticos que podem contribuir na reabilitação das disfagias.

A modalidade conhecida como estimulação magnética transcraniana (EMT) envolve a passagem de corrente através de uma ou mais bobinas posicionadas na cabeça para gerar um campo magnético. O campo magnético, ao interagir com as estruturas da cabeça (crânio, escalpo, meninges, liquor e parênquima cerebral), induz um campo elétrico com densidade de corrente proporcional no cérebro. O efeito de estimulação (inibitória ou excitatória) pode ser determinado a partir da frequência da estimulação (número pulsos repetidos por unidade de tempo). Fatores como intensidade, número total de sessões, integridade funcional e características da população em questão influenciam na resposta fisiológica à técnica. Na EMT repetitiva, há o conceito de estimulação facilitadora/excitatória com > 1 Hz ou estimulação inibidora/inibitória com estímulos < 1 Hz[23].

Todavia, na *Transcranial Direct Current Stimulation* (tDCS), traduzida para o português como Estimulação Transcraniana por Corrente Contínua (ETCC), temos uma ferramenta na qual uma corrente elétrica de baixa intensidade é aplicada sobre o couro cabeludo a fim de incentivar a modulação na atividade neuronal. Há várias evidências de que a estimulação elétrica pode ocasionar respostas de neurônios e células não neuronais cerebrais, contribuindo para o conhecimento dos efeitos neurobiológicos diversos[24-27].

A ETCC consiste na aplicação de uma corrente elétrica contínua e de baixa intensidade (0,5 a 4 mA) através de dois ou mais eletrodos de superfície, com pelo menos um deles colocado no couro cabeludo. As polaridades dos eletrodos possibilitam efeitos inversos: a corrente anódica facilita a despolarização dos neurônios, gerando um mecanismo fisiológico do tipo excitatório. Já a catódica ocasiona a hiperpolarização da membrana neuronal, acarretando um efeito inibitório. Parâmetros como tamanho e disposição dos eletrodos, modalidade da corrente elétrica, intensidade, duração das rampas de subida, descida e da sessão de estimulação são ajustáveis ao planejamento terapêutico individualizado, porém discutidos em equipe multidisciplinar[24-27].

Independente da modalidade de estimulação, para (re)habilitar a deglutição é preciso compreender que em sua fisiologia natural há recrutamento neuromuscular complexo, sendo necessário o processamento simultâneo em múltiplas regiões do cérebro humano, com coordenação bilateral. Em termos encefálicos, participam como os centros de deglutição: o tronco encefálico; áreas corticais distintas, como o córtex sensório-motor primário, áreas de integração sensório-motora, cerebelo, tálamo, ínsula, córtex cingulado anterior e a área motora suplementar adjacente. Desde a etapa antecipatória da deglutição, sabe-se que apesar de vários fatores influenciarem na decisão de consumo de alimentos (concentração de açúcar no sangue, variações hormonais, acesso aos alimentos, estado emocional e memória), todas essas informações convergem para as redes neurais associadas à decisão, culminando na ação final de autorregulação mediada pelo córtex pré-frontal dorsolateral (CPFDL)[24].

Há vários estudos que correlacionam o sucesso do uso da tDCS no intuito de reduzir o desejo alimentar e marcadores inflamatórios, bem como aumentar os escores de flexibilidade mental e de memória operacional, tanto em humanos quanto em animais, apesar da variabilidade de protocolos utilizados ser extensa[26-29].

A neuromodulação parece ser eficaz na modulação do desejo alimentar, gerando alterações nas funções executivas e reduzindo o desejo de comer em indivíduos com excesso de peso e obesidade[30]. A aplicabilidade de tais achados da neurociência perpassa o contexto do fortalecimento das redes neurais responsáveis pela manutenção da atenção, aprimoramento da cognição, controle postural de repouso, decisão consciente da alimentação, podendo ser potencialmente útil ao profissional na vigência da fonoterapia em todo o ciclo de vida do paciente. Cabe destacar, entretanto, o público de pessoas com obesidade que são elegíveis, em processo de cirurgia bariátrica e em acompanhamento multiprofissional.

A estimulação de áreas-alvo pode ser foco de interesse no momento da delimitação da estratégia de intervenção proposta. A área mastigatória cortical (AMC) relaciona-se à evocação de movimentos rítmicos da mandíbula, cinemática mandibular e etapas temporais dos ciclos mastigatórios; seu núcleo principal delimita-se entre o giro pré-central anterolateral e o córtex motor primário.

Outro fator decisivo na hora de delimitar o protocolo de estimulação é o tipo de tarefa a ser estimulada, de forma concomitante à neuromodulação (EMT ou

ETCC). A deglutição reflexiva evocada eletricamente recruta de forma excitatória estruturas pertencentes à via corticobulbar; inclusive porção caudal do giro orbital, cápsula interna, núcleo caudado, substância negra e ponte[31].

Quanto à lateralização do controle da deglutição, a alta variabilidade individual, de tarefas de deglutição propostas e desenhos metodológicos demonstram inconsistências entre os indivíduos, não sendo comprovada a convergência entre dominância hemisférica e lateralidade[32,33].

Estudos de dupla tarefa sugerem que os achados sobre a dominância hemisférica podem variar. Na deglutição de água, houve ativação mais evidente de M1 direito; contudo, durante as tarefas de elevação da língua e deglutição de saliva, a ativação do córtex pré-motor e do córtex motor suplementar esquerdos foi mais significativa[34].

Dados de ativação cortical fornecem informações importantes sobre o envolvimento de regiões cerebrais individuais na deglutição. Injúrias encefálicas de qualquer natureza (traumática, cerebrovascular ou neurodegenerativa) alteram o funcionamento das regiões corticais correlatas, ficando com suas representações corticais sobrepostas. Cabe ao terapeuta auxiliar na reorganização da plasticidade neuronal de forma organizada, independente da utilização dos recursos adicionais supracitados ou exclusivamente de fonoterapia tradicional.

CONCLUSÃO

Quando falamos do uso desses diversos recursos no atendimento fonoaudiológico de pacientes disfágicos, temos que nos atentar às especificidades da população tratada, se há contraindicações para o uso da técnica e/ou pelo quadro clínico do paciente. Além do mais, a utilização de quaisquer desses recursos só deverá ser indicada após avaliação clínica e estabelecimento dos objetivos fonoaudiológicos.

REFERÊNCIAS BIBLIOGRÁFICAS

1. Leal-Junior E, Vanin A, Miranda E, de Carvalho P, Dal Corso S, Bjordal J. Effect of phototherapy (low-level LASER therapy and light-emitting diode therapy) on exercise performance and markers of exercise recovery: a systematic review with meta-analysis. LASERs in Medical Science. 2013;30(2):925-39.
2. Mouffron V, Furlan RMMM, Motta AR. Efeitos imediatos da fotobiomodulação com LASER de baixa intensidade sobre o músculo orbicular da boca. Tese de Dissertação (Mestrado). Belo Horizonte: Universidade Federal de Minas Gerais, Faculdade de Medicina; 2019.
3. Hamblin MR. Mechanisms and applications of the anti-inflammatory effects of photobiomodulation. AIMS Biophys. 2017;4:337-61.
4. Cronshaw M, Parker S, Anagnostaki E, Mylona V, Lynch E, Grootveld M. Photobiomodulation dose parameters in dentistry: a systematic review and meta-analysis. Dent J (Basel). 2020 Oct 6;8(4):114.
5. Bastos RSA. Fotobiomodulação aplicada à disfagia. In: Mouffron V, et al. Fotobiomodulação aplicada à Fonoaudiologia. Carapicuíba, SP: Pró-Fono; 2022.
6. Pacheco JA, Schapochnik A, de Sa C. Successful management of dysgeusia by photobiomodulation (PBM) in a cancer patient. Med Case Rep J. 2019;1:114.
7. El Mobadder M, Farhat F, El Mobadder W, Nammour S. Photobiomodulation therapy in the treatment of oral mucositis, dysphagia, oral dryness, taste alteration, and burning mouth sensation due to cancer therapy: a case series. Int J Environ Res Public Health. 2019;16(22):4505.
8. Leal-Junior ECP, Lopes-Martins RÁB, Bjordal JM. Clinical and scientific recommendations for the use of photobiomodulation therapy in exercise performance enhancement and post-exercise recovery: current evidence and future directions. Braz J Phys Ther. 2019 Jan-Feb;23(1):71-5.
9. Brzak BL, Cigić L, Baričević M, Sabol I, Mravak-Stipetić M, Risović D. Different protocols of photobiomodulation therapy of hyposalivation. Photomed Laser Surg. 2018;36(2):78-82.
10. Sousa AS, Silva JF, Pavesi VCS, et al. Photobiomodulation and salivary glands: a systematic review. Lasers Med Sci. 2020;35:777-88.
11. Guimarães BTL. A eletroestimulação nervosa transcutânea no relaxamento laríngeo. Revista Lugar em Fonoaudiologia. 1992.
12. Guimarães, BTL. Relaxamento laríngeo com o uso da eletroestimulação nervosa transcutânea (TENS): um estudo comparativo. Rev Fonoaudiol Brasil. 2001;1(1):20-8.
13. Kurz A, Leonhard M, Denk-Linnert DM, Mayr W, Kansy I, Schneider-Stickler B. Comparison of voice therapy and selective electrical stimulation of the larynx in early unilateral vocal fold paralysis after thyroid surgery: A retrospective data analysis. Clin Otolaryngol. 2021 May;46(3):530-7.
14. Guimarães BTL, Furkim AM, Gonçalves R. Eletroestimulação neuromuscular na reabilitação da disfagia orofaríngea. Rev Soc Bras Fonoaudiol. 2010;15(4):615-21.
15. Howard MM, Block ES, Mishreki D, Kim T, Rosario ER. The effect of sensory level versus motor level electrical stimulation of pharyngeal muscles in acute stroke patients with dysphagia: a randomized trial. Dysphagia. 2023 Jun;38(3):943-53.
16. Demchenko I, Desai N, Iwasa SN, Gholamali Nezhad F, Zariffa J, Kennedy SH, et al. Manipulating facial musculature with functional electrical stimulation as an intervention for major depressive disorder: a focused search of literature for a proposal. J Neuroeng Rehabil. 2023 May 16;20(1):64.
17. Zhang Y, Zhang J, Wang L, Wang K, Svensson P. Effect of transcutaneous electrical nerve stimulation on jaw movement-evoked pain in patients with TMJ disc displacement without reduction and healthy controls. Acta Odontol Scand. 2020 May;78(4):309-20.
18. Arnold D, Thielker J, Klingner CM, Guntinas-Lichius O, Volk GF. Selective zygomaticus muscle activation by ball electrodes in synkinetically reinnervated patients after facial paralysis. Front Rehabil Sci. 2023 Oct 16;4:1205154.

19. Lepri JR. Eletroestimulação na fonoaudiologia estética. Pró-Fono; 2020.
20. Sluka KA, Walsh DM. Transcutaneous electrical nerve stimulation: basic science mechanisms and clinical effectiveness. Pain. 2003;4:109-21.
21. Low J, Red A Eletroterapia explicada: princípios e prática. São Paulo: Manole; 2001.
22. Borges SF. Dermato-Funcional: modalidades terapêuticas nas disfunções estéticas. 2. ed. São Paulo: Phorte; 2010.
23. Chesterton LS, Barlas P, Foster NE, Lundeberg T, Wright CC, Caxter GD. Sensory stimulation (TENS): effects of parameter manipulation on mechanical pain thresholds in healthy human subjects. Pain. 2002;99(1-2):253-62.
24. Lefaucheur JP, Aleman A, Baeken C, Benninger DH, Brunelin J, Di Lazzaro V et al. Evidence-based guidelines on the therapeutic use of repetitive transcranial magnetic stimulation (rTMS): an update (2014-2018). Clin Neurophysiol. 2020 Feb;131(2):474-528. Erratum in: Clin Neurophysiol. 2020 May;131(5):1168-9.
25. Ljubisavljevic M, Maxood K, Bjekic J, Oommen J, Nagelkerke N. Long-term effects of repeated prefrontal cortex transcranial direct current stimulation (tDCS) on food craving in normal and overweight young adults. Brain Stimul. 2016 Nov 1;9(6):826-33.
26. Roh H, Cho S, So W. Obesity promotes oxidative stress and exacerbates blood-brain barrier disruption after high-intensity exercise. J Sport Heal Sci [Internet]. 2016;(August):1-6.
27. Lefaucheur JP, Antal A, Ayache SS, Benninger DH, Brunelin J, Cogiamanian F, et al. Evidence-based guidelines on the therapeutic use of transcranial direct current stimulation (tDCS). Clin Neurophysiol [Internet]. 2017;128(1):56-92.
28. Hall PA, Vincent CM, Burhan AM. Non-invasive brain stimulation for food cravings, consumption, and disorders of eating: a review of methods, findings and controversies. Appetite [Internet]. 2018;124:78-88.
29. de Oliveira C, de Freitas JS, Macedo IC, Scarabelot VL, Ströher R, Santos DS, et al. Transcranial direct current stimulation (tDCS) modulates biometric and inflammatory parameters and anxiety-like behavior in obese rats. Neuropeptides [Internet]. 2019;73(July 2018):1-10.
30. Lira-Batista MMS, et al. Effects of neuromodulation on executive functions and food desires in individuals with obesity: a systematic review. Nutricion Hospitalaria. 2023;40(1):177-85. Acesso: Jan 2024.
31. Lira-Batista MMS. Efeitos da neuromodulação não invasiva no desejo alimentar, padrão mastigatório, funções executivas e marcadores bioquímicos de inflamação e estresse oxidativo. Tese (Doutorado em Alimentos e Nutrição). Teresina: Universidade Federal do Piauí; 2022.
32. Cheng I, Takahashi K, Miller A, Hamdy S. Cerebral control of swallowing: an update on neurobehavioral evidence. Journal of the Neurological Sciences. 2022;442.
33. Daniels SK, Corey DM, Fraychinaud A, et al. Swallowing lateralization: the effects of modified dual-task interference. Dysphagia. 2006;21:21-7.
34. Hashimoto H, Takahashi K, Kameda S, et al. Motor and sensory cortical processing of neural oscillatory activities revealed by human swallowing using intracranial electrodes. iScience. 2021;24(7).
35. Mistry S, et al. Using diffusion weighted MR imaging to dissect the neuroanatomy of human swallowing related behaviours. Gut. 2011;60(Suppl. 1):A39-A40.

32

Atualidades da intervenção na deglutição do idoso saudável

Juliana Venites
Luciana Escanoela Zanato

PONTOS-CHAVE

- Epidemiologia do envelhecimento.
- Envelhecimento saudável.
- Presbifagia x disfagia.
- Reflexões sobre a intervenção na deglutição do idoso saudável.

OBJETIVOS DE APRENDIZAGEM

Ao final deste capítulo, o leitor deverá ser capaz de:

- Compreender o processo de envelhecimento no Brasil.
- Identificar as principais modificações fisiológicas na deglutição, diferenciando a presbifagia da disfagia.
- Aplicar, quando necessário, métodos de intervenção para essa população.

INTRODUÇÃO

Em uma breve observação de qualquer cenário brasileiro, nos deparamos com pessoas acima dos 60 anos desenvolvendo as mais variadas atividades cotidianas: indo ao supermercado, cuidando da família, caminhando em um parque, ou seja, sendo atores sociais como na idade adulta, vivendo sua cidadania.

Acreditamos que para que possamos entender melhor sobre as possibilidades de intervenção na deglutição de idosos saudáveis faz-se necessário um profundo conhecimento sobre o envelhecimento humano e suas diferentes facetas.

Neste capítulo iremos abordar a importância do envelhecimento para o fonoaudiólogo, sobretudo da deglutição, sabendo que essa população ainda se apresenta como um vasto e pouco estudado campo de trabalho, e que a manutenção da qualidade de vida dessas pessoas é fundamental.

O ENVELHECIMENTO DA POPULAÇÃO BRASILEIRA: INFORMAÇÕES FUNDAMENTAIS PARA O FONOAUDIÓLOGO

O envelhecimento populacional no Brasil é uma tendência demográfica observada nas últimas décadas, caracterizada pelo aumento da proporção de pessoas idosas em relação à população total. Essa mudança na estrutura etária é influenciada por diversos fatores, incluindo avanços na área de saúde, redução da taxa de fecundidade, melhoria das condições de vida e aumento na expectativa de vida.

Há um fato que devemos destacar, que é a velocidade do envelhecimento do Brasil quando comparado a outros países considerados desenvolvidos, como a França. Com um envelhecimento bastante parecido, a França demorou 120 anos para atingir as mesmas taxas que no Brasil aconteceram em 30 anos[1].

O fato de o Brasil ter envelhecido rapidamente não possibilitou que houvesse mais preparo em todas as esferas para realizar esse planejamento. Ressaltamos aqui a importância da educação continuada sobre o envelhecimento para que possamos envelhecer com mais saúde, com condições de ter maior qualidade de vida e sobretudo oferecer serviços de saúde com qualidade e conhecimento.

O envelhecimento bem-sucedido é um conceito que vai além da simples longevidade e abrange vários aspectos do envelhecimento que contribuem para uma qualidade de vida satisfatória, saúde e bem-estar. O termo enfatiza não apenas a quantidade de anos vividos, mas também a qualidade desses anos. Há muitos anos no estudo do envelhecimento entendemos que envelhecer não é apenas ausência de doenças, mas sim um conceito mais amplo, que é o da capacidade funcional[1].

A capacidade funcional está intrinsecamente relacionada ao conceito de envelhecimento bem-sucedido e refere-se à habilidade de um indivíduo realizar atividades de vida diárias de maneira **independente** e **autônoma,** sendo um componente essencial para um envelhecimento bem-sucedido.

A autonomia refere-se à capacidade de tomar decisões e ter controle sobre a própria vida, considerando as escolhas pessoais, valores e preferências. Já a independência refere-se à capacidade de realizar atividades sem depender significativamente dos outros, sendo capaz de cuidar de si mesmo e de suas necessidades[2].

A Organização Pan-Americana da Saúde (OPAS)[2] declara que o período entre 2021 e 2030 será a década do envelhecimento bem saudável nas Américas e declara que existem alguns pilares importantes e essenciais para promover o envelhecimento bem-sucedido. Esses pilares refletem uma abordagem holística que vai além da mera ausência de doenças, buscando promover a saúde, a autonomia e a qualidade de vida na população idosa. Os principais pilares do envelhecimento bem-sucedido pela OPAS incluem:

- Envolvimento familiar e comunitário.
- Saúde mental e emocional.
- Participação social e comunitária.
- Promoção de hábitos saudáveis.
- Segurança e autonomia.
- Acesso a serviços de saúde.
- Equidade e respeito aos direitos humanos.
- Enfoque na prevenção.

Esses pilares destacam a importância de uma abordagem integrada e abrangente para promover o envelhecimento bem-sucedido, que vai além da abordagem puramente médica e considera os aspectos sociais, emocionais e ambientais que influenciam a qualidade de vida na população idosa.

O contraponto do envelhecimento bem-sucedido e/ou saudável é o envelhecimento com fragilidade. A fragilidade refere-se a um estado de vulnerabilidade aumentada, no qual os idosos apresentam uma diminuição da reserva fisiológica e uma maior suscetibilidade a eventos estressores que possam prejudicar a saúde.

A fragilidade é uma condição multidimensional que envolve uma combinação de fatores físicos, psicológicos e sociais, tornando os indivíduos mais propensos a complicações de saúde, quedas e declínio funcional.

MODIFICAÇÕES FISIOLÓGICAS NA DEGLUTIÇÃO: DIFERENCIANDO PRESBIFAGIA DE DISFAGIA

Se pernas e braços perdem a força e muitas vezes executam movimentos com dificuldade, não é difícil entender que o mesmo ocorre com a musculatura da deglutição. Isso quer dizer que o envelhecimento, ativo ou permeado por alguma doença, está associado a uma diminuição na funcionalidade da deglutição, pois promove uma série de mudanças no sistema neuronal e estomatognático.

A importância desse impacto para a qualidade de vida do idoso fez com que a Sociedade Europeia de Transtornos da Deglutição e a Sociedade de Medicina Geriátrica da União Europeia[3], em conjunto com especialistas convidados, desenvolvessem em 2016 um longo documento indicando e justificando a disfagia orofaríngea como síndrome geriátrica.

Entretanto, é importante ressaltar que nem todos os idosos são disfágicos. As mudanças fisiológicas da deglutição no envelhecimento são chamadas de **presbifagia**[3]. Inicia em torno da 5ª e 6ª décadas de vida e afeta aproximadamente 40% das pessoas saudáveis com mais de 60 anos[4]. É fundamental que o fonoaudiólogo se atente à terminologia que estamos utilizando. Referimo-nos às **mudanças** e **não alterações**, pois não se trata de uma patologia, mas sim de uma condição esperada da faixa etária, que pode ou não ter repercussão na performance de deglutição.

Essas mudanças podem ser causadas pelo envelhecimento natural do sistema nervoso/muscular e pela fragilidade do idoso, os quais podem comprometer a biodinâmica de deglutição dos idosos[5].

Um foco na sensibilidade

A diminuição do olfato e do paladar é uma experiência comum durante o envelhecimento, condição conhecida como hiposmia. Isso pode ocorrer devido a vários fatores, como mudanças nas células sensoriais, diminuição na produção de saliva e alterações na estrutura do nariz e da boca.

As células olfativas no nariz tendem a diminuir em número à medida que envelhecemos, afetando o sentido do olfato. Além disso, o paladar pode ser afetado pela perda de papilas gustativas e pela redução na produção de saliva, o que pode influenciar a capacidade de saborear alimentos. Estas alterações dos *inputs* sensoriais pelo olfato, paladar, temperatura, com limiares maiores para os idosos, repercutem na formação do bolo, afetam o apetite, as escolhas alimentares e a ingestão alimentar[6,7].

A diminuição do paladar é uma parte comum do envelhecimento e pode estar associada a diversos fatores. Esse fenômeno, conhecido como hipogeusia, pode resultar na perda da capacidade de detectar sabores ou na diminuição da sensibilidade aos mesmos. Alguns dos motivos incluem alterações na função dos receptores gustativos, redução na produção de saliva e alterações na composição da saliva, entre outros[6-10].

Além disso, algumas condições médicas entre os idosos, como diabetes, doenças cardíacas e doenças renais, podem afetar o paladar devido a alterações nos nervos responsáveis pela percepção do sabor e condições como infecções respiratórias frequentes ou problemas de sinusite também podem interferir na capacidade da percepção. Muitos medicamentos prescritos podem alterar o paladar como efeito colateral, por exemplo, alguns medicamentos para pressão arterial, antidepressivos, anti-inflamatórios e medicamentos para controle do colesterol[6-10].

Por fim, perda de dentes, redução da produção de saliva (xerostomia) e alterações na mucosa oral podem afetar diretamente a capacidade de sentir os sabores dos alimentos, já que os receptores gustativos na língua e na mucosa bucal podem ser afetados[6-10].

Algumas das modificações estão detalhadas no quadro que está na plataforma de conteúdo complementar.

Embora as alterações de deglutição relacionadas com a idade não sejam consideradas patológicas, as implicações clínicas ainda são significativas e justificam uma investigação mais aprofundada para melhorar a compreensão dos comportamentos típicos de deglutição e o impacto do envelhecimento sobre eles. Por exemplo, alterações na função de deglutição podem diminuir a reserva funcional (característica do envelhecimento e refere-se à redução da capacidade do organismo em lidar com estresses, doenças ou desafios físicos). Essa diminuição ocorre devido a uma combinação de fatores biológicos, genéticos e ambientais e exige que o indivíduo desempenhe uma capacidade maior do que a anteriormente exigida[9].

Uma outra condição que pode se confundir com a presbifagia é a disfagia sarcopênica, sendo assim, é importante entender o que é a sarcopenia e o impacto dela em todas as funções de indivíduos idosos[11].

A sarcopenia é definida como uma síndrome caracterizada pela perda de massa muscular, força muscular e desempenho físico que se associa ao aumento de desfechos negativos em idosos, como declínio funcional, fragilidade, quedas e morte. No ano de 2019, o *European Working Group on Sarcopenia in Older People 2* (EWGSOP2)[12] revisou seu consenso, atualizando a definição e o algoritmo para o diagnóstico de sarcopenia.

A atualização do algoritmo incorporou um raciocínio que visa "encontrar, avaliar, confirmar e estabelecer a gravidade dos casos", com o objetivo de facilitar seu uso em contextos clínicos. A sarcopenia é considerada primária ou relacionada à idade quando nenhuma outra causa específica é evidenciada e secundária quando outros fatores causais, que não o envelhecimento, são evidentes[13,14].

Por fim, perda de dentes, redução da produção de saliva e alterações na mucosa oral podem afetar diretamente a capacidade de sentir os sabores dos alimentos, já que os receptores gustativos na língua e na mucosa bucal podem ser afetados[6-10].

A sarcopenia primária é uma condição relacionada ao processo de envelhecimento, no qual ocorre uma diminuição gradual e progressiva da massa muscular, força muscular e desempenho físico.

A sarcopenia secundária está associada a doenças, condições crônicas como baixa ingestão energética e/ou proteica, deficiência de micronutrientes, anorexia (envelhecimento e problemas orais), hospitalização, doenças cardiorrespiratórias, oncológicas e neurológicas, entre outras, repouso no leito, imobilidade, sedentarismo e baixo nível de atividade física. Vale a pena ressaltar que ambas as formas de sarcopenia podem coexistir e, em alguns casos, é desafiador distinguir completamente entre elas.

Utilize o QR code para visualizar a Figura 1 – Algoritmo diagnóstico da disfagia sarcopênica.

Voucher: **tratfono.**

A disfagia sarcopênica é um conceito recente que diz respeito à dificuldade em deglutir devido à sarcopenia de músculos esqueléticos generalizados e dos músculos da deglutição. Sendo assim, sua ocorrência entre idosos é alta, visto que a sarcopenia é uma das principais síndromes geriátricas[15].

Em idosos hospitalizados, a sarcopenia foi verificada em 76,8% dos pacientes. Desses idosos sarcopênicos, 30% apresentaram disfagia sarcopênica. Em instituições de longa permanência, 57% dos residentes apresentaram sarcopenia, tendo como consequências disfagia, desnutrição e dependência nas atividades de vida diária[16].

Não somente indivíduos idosos podem ser acometidos pela disfagia sarcopênica. Ocorrências como anorexia, câncer, tempo de internação e repouso no leito prolongado podem causar sarcopenia secundária que também afetará a musculatura da deglutição.

Outro fator importante a ser ressaltado é que para se considerar o diagnóstico de disfagia sarcopênica é preciso ter o diagnóstico global da sarcopenia, através de testes e/ou exames específicos.

Em 2019, Fujishima et al.[14] publicaram um documento desenvolvido por sociedades e associações científicas japonesas com o objetivo de consolidar as evidências atualmente disponíveis sobre os temas "sarcopenia e disfagia", propondo consensos sobre os mecanismos relacionados, diagnósticos, tratamentos e perspectivas futuras. Apresentaram uma adaptação do algoritmo de diagnóstico para disfagia sarcopênica (Figura 1 da plataforma de conteúdo complementar).

Quando o diagnóstico de sarcopenia e de uma provável disfagia sarcopênica está confirmado o principal achado que parece ser consenso entre todos os autores é a diminuição de volume e força de língua, embora alguns artigos citem também a perda da massa nos músculos supra e infra-hióideos, palatais, faríngeos e mastigatórios.

Outro ponto de destaque também é que o menor volume muscular da língua pode estar relacionado à piora do estado nutricional, impactando negativamente ainda mais a sarcopenia. Forma-se um círculo vicioso que necessita de intervenção médica, nutricional, fonoaudiológica e de fisioterapia.

Utilize o QR code para visualizar o Quadro 1 – Mudanças na biodinâmica da deglutição no envelhecimento.

Voucher: **tratfono.**

Diante desses três conceitos, podemos concluir que no envelhecimento primário, aquele que ocorre naturalmente ao longo do tempo, sem a influência direta de doenças ou fatores externos específicos, onde há progressão normal e gradual das mudanças biológicas e funcionais, existem mecanismos de compensação que surgem e ficam evidentes. A segurança da deglutição é um deles e, considerado de forma isolada, as mudanças na função relacionada a idade não levariam à disfagia.

POSSIBILIDADES DE INTERVENÇÃO

Escassos e pouco robustos são os estudos que dissertam sobre a intervenção na presbifagia, embora seja consenso científico que programas de prevenção se tornarão cada vez mais necessários como medidas de saúde pública para prevenção da disfagia. Vale a pena ressaltar que os estudos que existem utilizam técnicas de reabilitação da disfagia para medidas preventivas ou melhoria da performance da deglutição de idosos saudáveis e presbifágicos.

Porém, gostaríamos de compartilhar dois pontos importantes relacionados a esse assunto: diagnóstico e intervenção precoces.

Diagnóstico precoce

O(A) senhor(a) está se alimentando bem? Geralmente essa é única pergunta que o profissional de saúde faz à pessoa idosa. Outras vezes, pergunta se a alimentação é saudável e se tem condições para ter e/ou fazer sua própria comida, porém raramente pergunta se o idoso **consegue comer**.

Como qualquer condição passível de complicação, o preceito básico do diagnóstico precoce vale também para a presbifagia. Protocolos de avaliação geriátrica ampla que contemplem esse questionamento trarão informações ao profissional de saúde sobre a biomecânica da deglutição e consequentemente a possibilidade de um encaminhamento precoce.

Médicos e profissionais da saúde, em sua maioria, desconhecem a magnitude dos transtornos de deglutição, por isso campanhas de conscientização devem ser cada vez mais difundidas em instituições de assistência e sociedades científicas.

Como já citamos, a frequência de queixas relacionadas a dificuldades alimentares não é baixa, cerca de 30% a 40%. Mas por que elas não são relatadas espontaneamente aos profissionais de saúde? Além do desconhecimento, a maioria dos idosos atribui essas dificuldades a algo esperado, uma condição a que devem se adaptar.

Uma outra parcela vai gradativamente modificando as consistências de sua dieta, julgando ser uma modificação de preferências pelos alimentos mais úmidos, picado e amolecidos. O pão francês passa a ser molhado no leite, assim como as proteínas animais passam a ser moídas e até substituídas por mais legumes e carboidratos. São mecanismos compensatórios que naturalmente são realizados e que não impactam negativamente na qualidade de vida da maioria das pessoas idosas[8].

INTERVENÇÃO PRECOCE

Uma modificação que comprometa a funcionalidade da deglutição deve ser tratada, mesmo que a pessoa idosa não tenha emagrecido, não esteja desnutrida e não apresente alterações pulmonares?

Se essa modificação colocar o paciente em risco de desnutrição ou aspiração, a resposta é **sim**. A terapia curta e assertiva melhora a biodinâmica da deglutição, prevenindo a piora dessa dinâmica na ocorrência de uma piora do quadro de saúde. É bastante provável que um idoso que apresente boas performances de mastigação e deglutição seja menos suscetível ao desenvolvimento da disfagia diante de quadro de saúde agravado. Vale a pena ressaltar que grande parte da literatura que se propõe a essa abordagem utiliza os mesmos exercícios para a reabilitação da disfagia, mesmo em protocolos de prevenção.

Nessa linha, o que recomendamos, mediante a terapêutica tradicional da disfagia para os casos de presbifagia cuja sintomatologia necessita de intervenção?

Fase oral:

- Estimulação sensorial focada no olfato e paladar.
- Exercício de força de língua parece ser promissor para melhora do fortalecimento da língua e ainda demonstrou outros efeitos positivos como o aumento no volume lingual de idosos e também no volume da musculatura supra-hióidea[17]. Esse efeito do treinamento da língua em uma outra musculatura pode ser explicado pela relação anatômica entre essas estruturas, ou seja, durante o movimento de elevação da língua, ao pressionar o palato duro, os músculos supra-hióideos também são contraídos, provocando a elevação do assoalho da boca e do osso hioide[18]. Portanto, todas essas estruturas estariam sujeitas a alguma mudança durante o treinamento da musculatura lingual.
- Alguns estudos relataram também melhora na movimentação anterior e superior do osso hioide, como também um aumento na abertura do esfíncter esofágico superior após a realização dos exercícios de força da língua[19,20].

Fase faríngea:

- Exercícios de elevação laríngea, coaptação glótica e fortalecimento da musculatura supra-hióidea visando a maximização da proteção de vias aéreas, manobra de deglutição com esforço.

Fase esofágica:

- Medidas de proteção contra o refluxo esôfago-esofágico e gastroesofágico, como o posicionamento adequado durante e após as refeições e na administração da medicação são fundamentais devido ao envelhecimento da musculatura esofágica.

Adaptação de consistência:

- Na presbifagia, a adaptação da consistência geralmente é sutil, como a indicação do aumento do tempo de cozimento dos alimentos, a forma de picar ou a alteração do tipo de cocção. Quanto menos radical a modificação, maior é a tendência do idoso aderir à recomendação, isto é, quando mais a família puder compartilhar da refeição, melhor será o resultado no dia a dia. Isso porque, ao se trabalhar com o idoso robusto, consciente e orientado, respeitar sua história alimentar é tão importante quanto prescrever os exercícios corretos. A alimentação no envelhecimento, além de configurar grande parte das situações de socialização da pessoa idosa, é muitas vezes a única possibilidade de que ele ainda exerça sua autonomia e independência de escolha, que na maioria das atividades foi perdida.

CONSIDERAÇÕES FINAIS

Em 2022, o total de pessoas com 65 anos ou mais no Brasil chegou a 10,9% da população, com alta de 57,4% em relação a 2010, quando esse contingente era de 7,4% da população. Considerando os com 60 anos ou mais de idade, esse percentual chegou a 15,6%, um aumento de 56% em relação a 2010, quando era de 10,8%.

O cenário social brasileiro, e sobretudo das instituições de assistência à saúde do idoso, tem um grande desafio em um futuro bastante próximo: desenvolver ações coletivas de saúde preventiva que visem a manutenção da funcionalidade, ou seja, que objetivem através de uma procedimentos simples e de baixo custo esclarecer a população sobre a importância de manter uma boa deglutição, conhecer quando uma dificuldade se torna séria, como também um programa de exercícios para o sistema estomatognático.

Pesquisas científicas que propõem não somente a elaboração, mas também a comprovação da efetividade dessas ações preventivas, são necessárias e urgentes.

Em uma realidade em que cada ano pode significar a perda da independência e da autonomia, poder escolher o que vai comer e compartilhar esse momento com que ama pode significar que a alimentação vai muito além de manter-se nutrido. Certamente significa conforto, qualidade de vida e dignidade.

REFERÊNCIAS BIBLIOGRÁFICAS

1. Banco Mundial. Envelhecendo em um Brasil mais velho. Banco Mundial/LAC; 2011.
2. OPAS. Década do envelhecimento saudável nas Américas (2021-2030). Disponível em: https://www.paho.org/pt/decada-do-envelhecimento-saudavel-nas-americas-2021-2030. Acesso em 20/01/2024.
3. Baijens LW, Clave P, Cras P, Ekberg O, Forster A, Kolb GF, et al. European Society for Swallowing Disorders–European Union Geriatric Medicine Society white paper: Oropharyngeal dysphagia as a geriatric syndrome. Clin Interv Aging. 2016;11:1403-28.
4. Moraes EN. The frail elderly and integral health management centered on the individual and the family. Rev Bras Geriatr Gerontol. 2017;20(3):307-8.
5. Cesari M, Calvani R, Marzetti E. Frailty in older persons. Clin Geriatr Med. 2017 Aug;33(3):293-303.
6. Lever TE, Brooks RT, Thombs LA, Littrell LL, Harris RA, Allen MJ, et al. Videofluoroscopic validation of a translational murine model of presbyphagia. Dysphagia. 2015 Jun;30(3):328-42.
7. Liesenborghs C, Dejaeger E, Liesenborghs L, Tack J, Rommel N. Presbyfagie: de invloed van het primair verouderingsproces op de slikfunctie. Tijdschr Gerontol Geriatr. 2014 Oct;45(5):261-72.
8. Venites JP, Roque FP, Chiari BM. Difficulties self-reported of chewing and swallowing by active elderly. Dent Oral Craniofac Res. 2017;3(6):1-6.
9. Soares L, Venites J, Suzuki H. Presbifagia, disfagia e disfagia sarcopênica. In: Venites J, et al. Disfagia no idoso. Booktoy; 2018.
10. Melis M, Tomassini Barbarossa I, Sollai G. The implications of taste and olfaction in nutrition and health. Nutrients. 2023 Jul 31;15(15):3412.
11. Chen KC, Jeng Y, Wu WT, Wang TG, Han DS, Özçakar L, et al. Sarcopenic dysphagia: a narrative review from diagnosis to intervention. Nutrients. 2021 Nov 12;13(11):4043.
12. Cruz-Jentoft AJ, Bahat G, Bauer J, Boirie Y, Bruyère O, Cederholm T, et al.; Writing Group for the European Working Group on Sarcopenia in Older People 2 (EWGSOP2), and the Extended Group for EWGSOP2. Sarcopenia: revised European consensus on definition and diagnosis. Age Ageing. 2019 Jan 1;48(1):16-31.
13. Wakabayashi H, Kishima M, Itoda M, Fujishima I, Kunieda K, Ohno T, et al.; Japanese Working Group on Sarcopenic Dysphagia. Diagnosis and treatment of sarcopenic dysphagia: a scoping review. Dysphagia. 2021 Jun;36(3):523-31.
14. Fujishima I, Fujiu-Kurachi M, Arai H, Hyodo M, Kagaya H, Maeda K, et al. Sarcopenia and dysphagia: Position paper by four professional organizations. Geriatr Gerontol Int. 2019 Feb;19(2):91-7.
15. Cichero JAY. Age-related changes to eating and swallowing impact frailty: aspiration, choking risk, modified food texture and autonomy of choice. Geriatrics (Basel). 2018;12;3(4):69.
16. Papadopoulou SK, Tsintavis P, Potsaki P, Papandreou D. Differences in the prevalence of sarcopenia in community-dwelling, nursing home and hospitalized individuals. A systematic review and meta-analysis. J Nutr Health Aging. 2020;24(1):83-90.
17. Park JS, Lee SH, Jung SH, Choi JB, Jung YJ. Tongue strengthening exercise is effective in improving the oropharyngeal muscles associated with swallowing in community-dwelling older adults in South Korea: a randomized trial. Medicine. 2019;98(40):e17304.
18. Hori K, Taniguchi H, Hayashi H, Magara J, Minagi Y, Li Q, et al. Role of tongue pressure production in oropharingeal swallow biomechanics. Physiol Rep. 2013;1(6):e00167.
19. Jacob P, Kahrilas PJ, Logemann JA, Shah V, Ha T. Upper esophageal sphincter opening and modulation during swallowing. Gastroenterology. 1989;97(6):1469-78.
20. Lee KH, Jung ES, Choi YY. Effects of lingual exercises on oral muscle strength and salivar flow rate in elderly adults: a randomized clinical trial. Geriatr Gerontol Int. 2020;20(7):697-703.

33

Intervenção fonoaudiológica em pacientes submetidos à radioterapia

Elma Heitmann Mares Azevedo
Neyller Patriota Cavalcante Montoni

PONTOS-CHAVE

- Diferentes modalidades de radioterapia e seus efeitos agudos e tardios.
- Transtornos de deglutição em pacientes irradiados.
- Pré-habilitação.
- Atuação fonoaudiológica nas alterações pela radioterapia.

OBJETIVOS DE APRENDIZAGEM

Ao final deste capítulo, o leitor deverá ser capaz de:

- Entender a importância da atuação fonoaudiológica em pacientes com câncer de cabeça e pescoço submetidos à radiação.
- Compreender o momento de iniciar a terapia fonoaudiológica para disfagia em pacientes irradiados.
- Entender o quanto é fundamental o acompanhamento longitudinal dos pacientes que foram irradiados.

INTRODUÇÃO

O câncer de cabeça e pescoço (CCP) é um problema importante de saúde pública. De acordo com o INCA[1], para cada ano do triênio de 2023 a 2025 são estimados cerca de 39.550 casos novos de CCP para o Brasil, cujo manejo depende do local da lesão, estadiamento TNM (tumor, linfonodo e metástase) e comorbidades associadas do paciente. O tratamento envolve cirurgia, radioterapia, quimioterapia e imunoterapia, as quais podem ser isoladas ou combinadas e o paciente sobrevivente requer abordagem interprofissional e centrada em suas necessidades[2].

Cerca de 80% dos pacientes com CCP são submetidos à radioterapia, seja como tratamento principal, adjuvante ou paliativo[3], a qual inibe a proliferação de células tumorais por meio de diferentes mecanismos moleculares. Apesar de sua eficácia, a radiação pode induzir danos colaterais aos tecidos normais vizinhos com toxicidade aguda (semanas a meses) ou tardia (meses a anos), comprometendo a biomecânica da deglutição, a qualidade de vida e com possibilidade de piora do prognóstico. Portanto, é necessário monitoramento durante e após o término da radioterapia por conta desses efeitos, e tem sido bastante desafiador distinguir sequelas do tratamento de persistência de doença, sendo alvo de interesse de muitos estudiosos.

Pacientes irradiados podem apresentar mucosite, xerostomia, dor, reações cutâneas, edema, fibrose tecidual, neuropatia, modificação na distribuição do tipo de fibra, com predomínio da tipo I, a qual reduz a velocidade de contração muscular, alteração da sensibilidade, paladar, fluxo salivar, fatores que podem comprometer a biomecânica da deglutição[4]. A atrofia por desuso da musculatura esquelética envolvida na deglutição pode exacerbar a fibrose e o edema radioinduzido, comprometendo faringe e laringe[2]

A disfagia é uma morbidade bastante comum no paciente com CCP e/ou devido ao seu tratamento e afeta em média 75% dos sobreviventes com risco de complicações, como não adesão a medicamentos, desnutrição, desidratação, pneumonia e morte[5]. Está associada a idade avançada, doença e comorbidades[6]. A prevalência de pneumonia por aspiração pode variar de 8,6%-24% nos pacientes tratados com quimiorradioterapia e terapia multimodal[7,8]. Há maior frequência de penetração laríngea, aspiração traqueal e redução de elevação de laringe até 6 meses pós-tratamento, exceto para resíduo faríngeo, que tende a aumentar com o tempo, destacando a necessidade de monitoramento longitudinal[9]. Em 10 anos, a disfagia pode aumentar 11,7% nos sobreviventes do CCP[8].

O tratamento com radiação tem evoluído nos últimos anos com aumento da sobrevida, mas não se tem garantia de completa proteção aos tecidos saudáveis e os pacientes precisam aprender a lidar com os efeitos da radiação[4]. A equipe interprofissional também precisa entender como manejá-los, especialmente os efeitos crônicos, com foco não somente nos resultados funcionais, mas também no prazer, socialização e qualidade de vida. Portanto, apresentaremos a seguir um panorama em relação à radioterapia no CCP e segmentaremos o capítulo em duas seções: tipos de radioterapia utilizados no tratamento do CCP e seus efeitos colaterais e posteriormente abordaremos a atuação fonoaudiológica.

RADIOTERAPIA

A radioterapia é o uso da radiação para destruir ou impedir o crescimento das células cancerígenas, controlar sangramentos/dores e reduzir tumores que estejam comprimindo outros órgãos. Pode ser administrada de diferentes formas, dependendo do tipo de câncer, sua localização e estágio. As doses e o tempo de aplicação são calculados de acordo com o tipo e o tamanho do tumor. Isso é feito de modo controlado para destruir as células doentes e preservar as sadias[10].

Existem diversas modalidades de radioterapia avançada, que visam aprimorar a precisão e a eficácia do tratamento, minimizando os efeitos sobre os tecidos saudáveis circundantes, como a radioterapia de intensidade modulada (IMRT), radioterapia guiada por imagem (IGRT), radiocirurgia estereotáxica, braquiterapia, radioterapia com prótons, radioterapia adaptativa, hipofracionada e com feixes de elétrons[10].

RADIOTERAPIA NO CÂNCER DE CABEÇA E PESCOÇO

A radioterapia desempenha um papel significativo no tratamento do CCP e a braquiterapia, IMRT e IGRT são as modalidades utilizadas[10].

A braquiterapia envolve a colocação de fontes radioativas diretamente dentro ou muito próximas ao tecido-alvo e é eficaz quando é necessário entregar alta dose de radiação em uma área localizada, enquanto minimiza-se a exposição dos tecidos saudáveis ao redor. Pode ser: de alta taxa de dose, quando as fontes radioativas são inseridas temporariamente dentro do corpo, por meio de cateteres ou aplicadores especiais, e permanecem por um curto período, liberando doses elevadas de radiação de forma controlada; e de baixa taxa de dose, quando as fontes radioativas são colocadas no corpo por um período mais longo (dias ou até semanas). As doses de radiação são liberadas continuamente, mas com taxa mais baixa[10].

A precisão no direcionamento da radiação pode resultar em menor efeito colateral em comparação com a radioterapia externa convencional. Também é usada como uma opção de tratamento de resgate após outros tratamentos ou em casos de recorrência localizada. O tratamento pode ser adaptado à forma e ao tamanho específico do tumor, permitindo uma personalização mais precisa do tratamento[10].

A IMRT é uma técnica avançada de radioterapia que permite a entrega precisa de doses mais altas de radiação ao tumor, minimizando a exposição dos tecidos saudáveis ao redor. Utiliza a modulação da intensidade do feixe de radiação para conformar a dose de radiação ao contorno tridimensional do tumor e aumentar a eficácia do tratamento, proporcionando ao mesmo tempo redução dos efeitos colaterais em comparação com técnicas convencionais. É uma evolução em relação à radioterapia convencional, a qual utiliza feixes de radiação com intensidade uniforme para tratar o tumor[10].

A IGRT utiliza imagens em tempo real para direcionar com precisão a entrega de radiação ao tumor durante cada sessão de tratamento. Essa técnica visa ajustar a posição do paciente e do feixe de radiação com base nas informações obtidas por imagens, garantindo maior precisão no direcionamento do tratamento. Utiliza técnicas de imagem, como radiografias, tomografias computadorizadas, imagens de ressonância magnética ou ultrassonografia, durante a radioterapia. É principalmente utilizada em situações em que é crucial garantir o posicionamento exato do tumor, especialmente quando ele pode se mover devido à respiração ou a outros movimentos corporais. A IGRT é frequentemente combinada com a IMRT e a radioterapia estereotáxica[10].

A combinação de modalidades proporciona precisão na localização do tumor, o que permite redução das margens de segurança e maior preservação dos tecidos normais adjacentes, com melhores resultados funcionais na reabilitação[10].

Diversos efeitos colaterais podem surgir e variar dependendo do tipo de tratamento, da área irradiada e das características individuais. Vale ressaltar que nem todas as pessoas experimentarão os mesmos efeitos colaterais e a intensidade dos sintomas pode variar. No Quadro 1 estão listados alguns dos efeitos colaterais agudos e tardios mais comuns.

ATUAÇÃO FONOAUDIOLÓGICA

A atuação fonoaudiológica é crucial no paciente irradiado para reduzir e/ou adaptar a comunicação oral, deglutição e qualidade de vida do paciente, as quais podem ser afetadas pelos efeitos colaterais da radioterapia. A grande questão é qual o momento certo para iniciar a intervenção fonoaudiológica, se antes, durante ou após a radioterapia.

O ideal seria a atuação do fonoaudiólogo durante todo o processo, desde o diagnóstico, na fase pré-tratamento, durante a radioterapia e pós-tratamento, visando prevenir, identificar e reabilitar as complicações associadas ao tratamento e promover a reabilitação funcional do paciente.

Porém, não há consenso quanto ao momento mais adequado, número de sessões, frequência semanal, duração da intervenção, tipo de exercício, intensidade, número de repetições/séries para um programa de reabilitação, portanto a individualização na orientação e prescrição fonoaudiológica faz-se necessária diante das queixas e alterações funcionais identificadas.

As estratégias dependem da necessidade individual e variam desde adaptação de consistência/viscosidade do alimento, controle de volume, utensílios, estimulação tátil térmica/gustativa aos exercícios de mobilidade, tonicidade, força, uso de manobras de proteção da via aérea, de limpeza e posturais, uso de tecnologias e/ou exercícios profiláticos.

Cada vez mais observamos pacientes serem encaminhados antes do tratamento iniciar ou durante ele, quando os sintomas começam a aparecer, os quais tendem a evoluir com disfagias menos graves, menor tempo de via alternativa de alimentação, melhor dieta a longo prazo e maior segurança da deglutição.

A pré-habilitação é uma estratégia interessante no processo contínuo de cuidados do paciente, a qual ocorre entre o diagnóstico do câncer e o início do tratamento oncológico, com prescrição de exercícios profiláticos para melhorar o estado funcional dos pacientes, promover maior tolerância ao tratamento com maior chance de sucesso, levar a menor tempo de internação hospitalar, diminuir a morbidade devido à redução das complicações, melhor orientação e maior motivação, prevenindo ou reduzindo a gravidade da disfagia pós-tratamento. É possível encontrar também a definição de pré-habilitação como exercícios profiláticos antes do início da disfagia em vez de antes do início do tratamento. Pode ser unimodal, que é a prática de atividade física apenas, ou multimodal, na qual há intervenção multiprofissional[11].

O início precoce de participação do paciente mostra-se importante, porém sua viabilidade é um grande desafio. A compreensão da importância da pré-habilitação é crescente, embora as evidências científicas sejam limitadas quanto à sua influência na melhora dos resultados relacionados à deglutição e aos benefícios no longo prazo. No entanto, parece haver efeito positivo quanto à qualidade de vida (QV), principalmente relacionada à deglutição[2].

Em uma revisão sistemática[12] foi identificado que em 295 pacientes submetidos à pré-habilitação, 2 semanas antes do início da quimiorradiação, houve menor nível de penetração, aspiração e resíduo, maior liberação de via oral e melhor QV. A falta de padronização entre os programas de exercícios e as medidas de resultados é uma barreira na investigação do real impacto da pré-habilitação na disfagia.

Segundo Loewen et al.[13], não há consenso relacionado à pré-habilitação em pacientes com câncer de cabeça e pescoço, além da variabilidade de tipo de exercício, dose, duração do tratamento e resultados.

QUADRO 1 Efeitos colaterais agudos e tardios esperados em pacientes submetidos à radioterapia

Efeitos colaterais agudos	Efeitos colaterais tardios
Mucosite oral	Xerostomia crônica
Fadiga	Fibrose
Alterações na pele	Rigidez
Disfagia	Disfagia
Xerostomia	Trismo
Alteração no paladar	Necrose de mandíbula
Náuseas e vômitos	Edema

Recomenda-se começar o mais próximo possível do diagnóstico, com 10 repetições de exercícios (foco na perda de função prevista), três vezes por dia, atividade física, ajuste nutricional e cuidado com a saúde mental seguido por reabilitação precoce. Nessa revisão, os estudos incluíram exercícios para trismo, amplitude de movimento de língua e pescoço, manobra de Mendelsohn, deglutição com esforço, manobra de Shaker e Masako, realizados até um ano após o término do tratamento.

A inconsistência das estratégias utilizadas e a heterogeneidade dos estudos reforçam a evidência limitada da pré-habilitação, segundo a revisão sistemática com metanálise recentemente publicada[14]. A intervenção nutricional isolada retém o peso, reduz o tempo de internação e as complicações, e a associação com psicoeducação reduz a mortalidade. Exercícios de deglutição isolados reduzem a disfagia e, quando há associação com intervenção nutricional, ocorre melhora na perda de peso, no tempo de internação, nas complicações e na disfagia. Esses dados nos fazem refletir sobre o cuidado pré-tratamento envolvendo diferentes estratégias como prescrição de exercícios de deglutição, intervenção nutricional e psicoeducação para melhorar a qualidade de vida, mortalidade e morbidade[14].

A atuação fonoaudiológica nos pacientes disfágicos por CCP aborda múltiplas estratégias, principalmente nos pacientes irradiados, pelos efeitos tardios induzidos pela fibrose tecidual, que pode tornar-se crônica na ausência de intervenção precoce e que tem sido motivo de muito estudo por parte dos clínicos e pesquisadores como os exercícios profiláticos. A grande dúvida é qual momento ideal para iniciar a atuação fonoaudiológica[15].

Em 2023[15] foi realizada uma revisão sistemática com metanálise para identificar os efeitos de intervenção profilática sobre a progressão da disfagia em pacientes com CCP submetidos à radioterapia, associada ou não à cirurgia e quimioterapia. Foram incluídos ensaios clínicos randomizados e, dos quatro estudos analisados, dois entraram na meta-análise. Pacientes submetidos à intervenção profilática (exercícios, manobras de deglutição e adaptação de consistência alimentar) podem ter apresentado efeito positivo sobre a ingesta oral quando comparados a pacientes controle (posicionamento, controle de volume/ritmo de oferta, adaptação de instrumento, orientação nutricional) ao longo da radioterapia. Porém, a qualidade da evidência é baixa e não se pode afirmar que a intervenção profilática mantém ou recupera a funcionalidade da deglutição.

Os níveis de ingesta oral são maiores em pacientes que fazem exercício profiláticos[15]. Manter via oral liberada e praticar exercícios de deglutição durante o tratamento oncológico é benéfico para a função de deglutição, qualidade de vida e redução do uso de vias alternativas de alimentação (VAA), para progressão da consistência alimentar, pela redução da fibrose com a manutenção da ativação muscular envolvida na deglutição e capacidade de abertura da boca, mastigação e deglutição[16].

Para Beuren et al.[15], não se sabe o melhor momento para iniciar intervenção profilática, se antes do início ou durante o tratamento, tampouco quais estratégias terapêuticas são mais eficazes para que a intervenção fonoaudiológica seja mais assertiva, mas acredita-se que os exercícios profiláticos devem ser estimulados no planejamento terapêutico, associado ou não ao uso de recursos tecnológicos.

Os efeitos positivos da terapia profilática da deglutição podem ser comprometidos pela baixa adesão dos pacientes no período de tratamento. Um ensaio clínico randomizado realizado por Beudelet et al.[17] encontrou redução da adesão aos exercícios nas primeiras 4 semanas de radioterapia, independente do grupo randomizado (1. paciente segue sozinho as recomendações em domicílio; 2. pacientes têm auxílio de um aplicativo; 3. terapia presencial com fonoaudiólogo). Porém, a presença de um profissional aumenta a taxa de adesão dos pacientes submetidos a 6-7 semanas de radioterapia exclusiva/radioquimioterapia e exercícios profiláticos.

Alguns ensaios clínicos randomizados estão em andamento para maior compreensão da terapia profilática na função de deglutição e na qualidade de vida:

1. Guillen-Sola et al.[18] têm capitaneado um ensaio clínico randomizado (ECR), registrado desde 2016, para comparar o efeito de exercícios profiláticos na qualidade de vida e disfagia de pacientes com CCP encaminhados à radioterapia, os quais farão treinamento muscular respiratório (3 vezes/dia, 5 dias/semana, 21 semanas) adicionado à terapia-padrão de deglutição. Todos os pacientes farão a mesma intervenção em momentos diferentes: antes da quimiorradioterapia (intervenção precoce) ou imediatamente após (intervenção tardia). A hipótese é de que com intervenção precoce, a disfagia será menos grave e com menor impacto na qualidade de vida.
2. Martino et al.[19] estão desenvolvendo um abrangente ECR, registrado em 2018, no qual compararão a eficácia de três intervenções profiláticas: "*Pro-active eat + exercise*" considerado de alta intensidade, no qual o paciente mantém-se comendo e fazendo exercício antes do início do tratamento *versus* "*Pro-active eat*" considerado de baixa intensidade, no qual o paciente mantém-se comendo antes do iní-

cio do tratamento, e "*Re-active*", iniciada quando a disfagia for identificada. A hipótese é que a terapia proativa seja mais eficaz que a terapia reativa, pela duração da via alternativa de alimentação durante o primeiro ano de término da radioterapia e análise de diversas variáveis, e que a proativa de alta intensidade seja mais eficaz que a de baixa intensidade.

Em 2023, os autores avaliaram as opiniões dos fonoaudiólogos sobre a aceitabilidade e viabilidade clínica das três terapias supracitadas, as quais parecem ter benefícios potenciais, com maior vantagem para terapia proativa em relação à reativa, envolvendo mais o paciente. A impressão é que comer faz uma grande diferença nesse processo. A motivação dos pacientes pode ser impactada pela toxicidade aguda e por instruções conflitantes, as quais podem ser superadas pelo ajuste na dose do exercício (maior/menor) e/ou modificação na dieta de acordo com as necessidades individuais do paciente, e por comunicar os objetivos da terapia à equipe de saúde[20].

Com os resultados desses estudos será possível direcionar o melhor momento e a intensidade de intervenção, maximizando o cuidado voltado à saúde do paciente e a qualidade da assistência fonoaudiológica.

Após a conclusão da radioterapia, o fonoaudiólogo continua a desempenhar um papel importante no manejo dos efeitos colaterais a longo prazo, como disfagia crônica, fibrose tecidual, alterações na fala e xerostomia. A reabilitação da deglutição e da comunicação pode ser necessária para melhorar a qualidade de vida do paciente e facilitar sua reintegração às atividades diárias. Os pacientes que iniciam a reabilitação com menos de 1 ano pós-radiação apresentam melhores resultados funcionais[21].

Quanto à manutenção dos exercícios no longo prazo, essa é outra questão importante nos pacientes irradiados, pois há evidências limitadas sobre a necessidade de continuar os exercícios de deglutição. Algumas pesquisas sugerem que a terapia com exercícios de deglutição pode resultar em melhorias duradouras na função da deglutição e na qualidade de vida, mesmo após a interrupção do tratamento. No entanto, estudos com acompanhamentos mais longos e amostras maiores são necessários para entender melhor os efeitos no longo prazo[14].

A decisão de continuar os exercícios de deglutição deve ser individualizada e baseada nas necessidades específicas do paciente, na gravidade da disfagia, na resposta ao tratamento e em outros fatores. Além dos exercícios de deglutição, outras estratégias de manejo da disfagia, como modificação da consistência da dieta, posicionamento durante as refeições e cuidados com a higiene oral também podem desempenhar um papel importante na manutenção da função da deglutição. Para os pacientes irradiados, é essencial o acompanhamento longitudinal para monitorar a função da deglutição, avaliar a necessidade de ajustes no plano de tratamento e fornecer suporte contínuo.

CONCLUSÃO

O câncer de cabeça e pescoço e/ou seu tratamento podem comprometer a biomecânica da deglutição tanto em relação à eficiência quanto à segurança além de impactar o prazer em comer, a socialização e a QV. Portanto, é necessário o monitoramento longitudinal nas diversas fases do tratamento e intervenção fonoaudiológica quando necessário.

A literatura não é clara em relação ao momento exato de intervir nos pacientes irradiados, tampouco a intensidade ideal. Mas há uma tendência de começar o mais cedo possível a atuação fonoaudiológica pelos benefícios potenciais encontrados até o momento em relação à disfagia, tempo de VAA, QV, redução de morbidade, mortalidade e tempo de internação.

REFERÊNCIAS BIBLIOGRÁFICAS

1. Ministério da Saúde. Instituto Nacional de Câncer. Estimativa 2023: incidência do câncer no Brasil. Rio de Janeiro: INCA; 2023. Disponível em: https://www.inca.gov.br/sites/ufu.sti.inca.local/files//media/document//estimativa-2023.pdf.
2. Azzam P, Mroueh M, Francis M, Daher AA, Zeidan YH. Radiation-induced neuropathies in head and neck cancer: prevention and treatment modalities. Ecancermedicalscience. 2020 Nov 3;14:1133.
3. Borras JM, Barton M, Grau C, et al. The impact of cancer incidence and stage on optimal utilization of radiotherapy: methodology of a population based analysis by the ESTRO-HERO project. Radiother Oncol [Internet] 2015;116(1):45-50.
4. Iacovelli NA, Galaverni M, Cavallo A, Naimo S, Facchinetti N, Iotti C, et al. Prevention and treatment of radiation-induced acute dermatitis in head and neck cancer patients: a systematic review. Future Oncol. 2018;14(3):291-305.
5. Nativ-Zeltzer N, Nachalon Y, Kaufman MW, et al. Predictors of aspiration pneumonia and mortality in patients with dysphagia. Laryngoscope. 2022;132(6):1172-6.
6. Zhang M, Li C, Zhang F, Han X, Yang Q, Lin T, et al. Prevalence of dysphagia in China: an epidemiological survey of 5943 participants. Dysphagia. 2021 Jun;36(3):339-50.
7. Xu B, Boero IJ, Hwang L, et al. Aspiration pneumonia after concurrent chemoradiotherapy for head and neck cancer. Cancer. 2015;121(8):1303-11.
8. Hutcheson KA, Nurgalieva Z, Zhao H, Gunn GB, Giordano SH, Bhayani MK, et al. Two-year prevalence of dysphagia and related outcomes in head and neck cancer survivors: An updated SEER-Medicare analysis. Head Neck. 2019 Feb;41(2):479-87.
9. Porto de Toledo I, Pantoja LLQ, Luchesi KF, Assad DX, De Luca Canto G, Guerra ENS. Deglutition disorders as a consequence of head and neck cancer therapies: a systematic review and

meta-analysis. Support Care Cancer. 2019 Oct;27(10):3681-700.

10. Salvajoli JV, Sauhami L, Faria SL. Radioterapia em Oncologia. 3. ed. Rio de Janeiro: Atheneu; 2023.
11. Crevenna R. Prehabilitation in the cancer care continuum. Support Care Cancer. 2022 Feb;30(2):1019-20.
12. Brady R, McSharry L, Lawson S, Regan J. The impact of dysphagia prehabilitation on swallowing outcomes post-chemoradiation therapy in head and neck cancer: A systematic review. Eur J Cancer Care (Engl). 2022 May;31(3):e13549.
13. Loewen I, Jeffery CC, Rieger J, Constantinescu G. Prehabilitation in head and neck cancer patients: a literature review. J Otolaryngol Head Neck Surg. 2021 Jan 6;50(1):2.
14. Seth I, Bulloch G, Qin KR, Xie Y, Sebastian B, Liew H, et al. Pre-rehabilitation interventions for patients with head and neck cancers: A systematic review and meta-analysis. Head Neck. 2024 Jan;46(1):86-117.
15. Beuren AG, Paim ÉD, Flores NDS, Martins VB, Macagnan FE. Preventive measures for the progression of dysphagia in patients with cancer of head and neck subjected to radiotherapy: a systematic review with meta-analysis. Codas. 2023 May 1;35(2):e20210246.
16. Starmer HM. Dysphagia in head and neck cancer: prevention and treatment. Curr Opin Otolaryngol Head Neck Surg. 2014;22(3):195-200.
17. Baudelet M, Duprez F, Van den Steen L, Nuyts S, Nevens D, Goeleven A, et al.; members of the Belgian PRESTO-group. Increasing adherence to prophylactic swallowing exercises during head and neck radiotherapy: the multicenter, randomized controlled PRESTO-Trial. Dysphagia. 2023 Jun;38(3):886-95.
18. Guillen-Sola A, Soler NB, Marco E, Pera-Cegarra O, Foro P. Effects of prophylactic swallowing exercises on dysphagia and quality of life in patients with head and neck cancer receiving (chemo) radiotherapy: the Redyor study, a protocol for a randomized clinical trial. Trials. 2019 Aug 14;20(1):503.
19. Martino R, Fitch MI, Fuller CD, Hope A, Krisciunas G, Langmore SE, et al. The PRO-ACTIVE trial protocol: a randomized study comparing the effectiveness of PROphylACTic swallow InterVEntion for patients receiving radiotherapy for head and neck cancer. BMC Cancer. 2021 Oct 13;21(1):1100.
20. Manduchi B, Fitch MI, Ringash JG, Howell D, Hutcheson KA, Martino R. The acceptability of behavioural swallowing interventions for head and neck cancer patients during radiotherapy: a qualitative study exploring experiences of clinical trial speech-language pathologists. Dysphagia. 2023 Nov 1.
21. Van Daele DJ, Langmore SE, Krisciunas GP, Lazarus CL, Pauloski BR, McCulloch TM, et al. The impact of time after radiation treatment on dysphagia in patients with head and neck cancer enrolled in a swallowing therapy program. Head Neck. 2019 Mar;41(3):606-14.

34

Drenagem linfática na reabilitação da disfagia orofaríngea mecânica

Débora dos Santos Queija
Bruna Fulachi
Lica Arakawa-Sugueno

PONTOS-CHAVE

- O que é linfedema.
- Relação entre linfedema e disfagia.
- Avaliação do linfedema externo e interno cervicofacial.
- Drenagem linfática manual cervicofacial.

OBJETIVOS DE APRENDIZAGEM

Ao final deste capítulo, o leitor deverá ser capaz de:

- Identificar o que é o linfedema e sua correlação com a disfagia orofaríngea.
- Conhecer as principais propostas de avaliação do linfedema externo e interno cervicofacial.
- Reconhecer a correlação entre os dados de avaliação do linfedema externo e interno com a função de deglutição.
- Discutir estratégias de tratamento do linfedema com equipe multiprofissional.
- Compreender o mecanismo fisiológico da drenagem linfática manual e quando ela é indicada.

INTRODUÇÃO

O linfedema é uma condição que resulta da incapacidade do sistema linfático de transportar o volume de fluidos linfáticos entregue aos tecidos, resultando em uma sobrecarga de fluído linfático de alta carga proteica nos tecidos intersticiais, o que gera inflamação no tecido, aumento dos fibroblastos e proliferação do tecido conjuntivo. Nos pacientes tratados de câncer de cabeça e pescoço (CaCP), a ruptura linfática e o dano tecidual resultantes das diferentes modalidades de tratamentos levam ao acúmulo de líquido rico em proteínas nas áreas afetadas e ativam respostas inflamatórias crônicas, resultando em fibrose progressiva da pele e do tecido subcutâneo, com maior comprometimento da função linfática[1].

O linfedema cervicofacial pode envolver estruturas externas (pele e os tecidos moles) e internas (laringe e a faringe), com impacto nas funções de respiração, mastigação, deglutição, fonação e articulação, podendo levar ao sofrimento psicológico e piora da qualidade de vida. Outros impactos envolvem a redução da amplitude do movimento cervical e disfunções nos membros superiores[2].

O linfedema composto (externo e interno) é frequente após o tratamento do CaCP e está diretamente relacionado à disfagia. O tratamento cirúrgico combinado com Radioterapia (RDT) ou a Radioquimioterapia (RDTQT) estão associados à ocorrência de linfedema externo submandibular, edema interno faringolaríngeo, alteração da sensibilidade faringolaríngea, presença de penetração e aspiração e resíduos da sensibilidade faringolaríngea[2].

A medição do linfedema cervicofacial ainda é desafiadora. O Protocolo *MD Anderson Cancer Center Head and Neck Lymphedema* (MDACC HNL) consiste em uma entrevista com o paciente, em avaliação visual e tátil do rosto, pescoço e região dos ombros, e avaliação funcional da deglutição e comunicação oral. Inclui registro fotográfico, medição com uma fita métrica e estadiamento do edema para caracterizar o quadro geral, a aparência e a gravidade do linfedema[3]. Em relação ao linfedema interno, a Escala de Classificação do Edema da Radioterapia é a ferramenta mais extensa que avalia e gradua de forma simples e objetiva onze estruturas e dois espaços da faringe e da laringe por meio de nasofibrolaringoscopia[4].

A drenagem linfática manual (DLM) é uma técnica manual que tem por objetivo estimular o sistema a trabalhar de forma mais acelerada, gerando movimentação do fluido linfático e o levando até os linfonodos. Essa técnica é recomendada como a primeira linha de terapia de linfedema de acordo com as Diretrizes da *American Cancer Society* e seus benefícios conhecidos são: melhora da oxigenação do tecido e do fluxo linfático pela remoção do líquido extracelular, redução da retenção de líquido, ativação da circulação sanguínea, combate à celulite, relaxamento corporal, melhora da função de mobilidade das estruturas, melhora da dor causada pelo linfedema e melhora da qualidade de vida[5].

LINFEDEMA CERVICOFACIAL E DISFAGIA

O linfedema é o acúmulo de líquido nos espaços intersticiais devido à drenagem tecidual prejudicada resultante de disfunção linfática[6]. O linfedema cervicofacial na população CaCP é classificado como secundário por ser causado por danos ao sistema linfático por cirurgia, radioterapia, trauma, infecção ou outros distúrbios sistêmicos.

A incidência de linfedema secundário cervicofacial em pacientes com CaCP é entre 12 e 97%[2]. O número de sobreviventes de CaCP cresceu e a associação de modalidades de tratamento não exclui sequelas funcionais tardias. O linfedema nessa população é frequentemente crônico e progressivo[7], subdiagnosticado e subnotificado e seu tratamento é negligenciado. As razões principais são a prioridade do tratamento oncológico e métodos de investigação pouco disseminados.

Os efeitos do linfedema cervicofacial afetam voz, fala, deglutição e respiração, incluindo risco grave de insuficiência respiratória e necessidade de traqueostomia e dependência de via alternativa de alimentação. A desfiguração facial e os prejuízos funcionais causam frustração, constrangimento e depressão[7,8].

Pacientes com doença mais avançada e que têm indicação de radioterapia complementar após cirurgia ou associação de radioquimioterapia apresentam mais linfedema crônico externo e interno, com impacto no desempenho da deglutição, caracterizado por alteração da sensibilidade faringolaríngea, resíduo, penetração e aspiração, com necessidade de modificação de dieta e relatos de mais sintomas de ingesta oral[2,8].

O estudo de Queija et al.[2] investigou 46 pacientes tratados de CaCP por meio de avaliação clínica do linfedema externo (*MD Anderson Cancer Center Head and Neck Lymphedema Rating Scale* – MDACC HNL)[9] e interno (*Radiotherapy Edema Rating Scale*)[4] e correlacionou com a nasofibroscopia da deglutição. A amostra apresentou linfedema composto (externo e interno) em sua maioria (73,9%), com alto percentual externo em região de pescoço (71,7%) e submandibular (63%) e interno em nível moderado e grave. No exame de deglutição, observou-se resíduo de alimento em maior ocorrência em pacientes com linfedema composto e sensibilidade faringolaríngea alterada. A penetração e a aspiração foram mais observadas nesses pacientes com alteração sensorial, com forte associação ao tratamento por irradiação (Figura 1).

Outro estudo analisou o linfedema cervicofacial externo e interno com a função da deglutição e identificou relação direta entre a gravidade do linfedema externo e interno com escala de penetração e aspiração. Os autores Jeans et al.[10] reforçam que é necessária mais atenção da equipe multidisciplinar ao rastreamento do linfedema externo e interno para um diagnóstico precoce e tratamento contínuo aos sobreviventes CaCP e atenção ao linfedema crônico e progressivo e aumento do risco de evolução para a fibrose do tecido.

AVALIAÇÃO DO LINFEDEMA CERVICOFACIAL EXTERNO E INTERNO

Os métodos de investigação do linfedema cervicofacial devem considerar instrumentos que analisam os sintomas do paciente, medidas clínicas e objetivas do linfedema externo e interno.

O *Lymphedema Symptom Intensity & Distress Survey-Head & Neck* (LSIDS-H&N)[11] é o único instrumento específico para investigar sintoma de linfedema na população CaCP, mas não tem validação para a língua portuguesa do Brasil.

A escala Földi[6] é a mais utilizada para avaliação clínica do linfedema externo. O *MD Anderson Cancer Center Head and Neck Lymphedema Rating Scale*

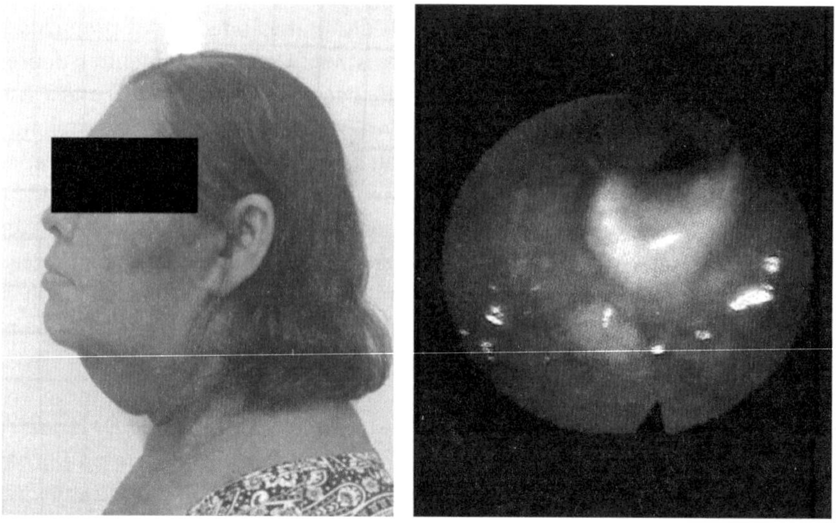

FIGURA 1 Exemplo de linfedema composto (à esquerda: linfedema externo; à direita: linfedema interno).
Fonte: acervo da Tese de Doutorado em Fisiopatologia Experimental de Queija DS (2018). Avaliação do linfedema cervicofacial e faringolaríngeo e sua relação com a deglutição após o tratamento para o câncer de cabeça e pescoço.

(MDACC HNL)[9] (Quadros 1 e 2) é baseado em Földi e essa escala, associada a *Common Terminology Criteria for Adverse Events Lymphedema Scale Head and Neck* (versão 3.0 CTCAE *Lymphedema Scale*) do *National Cancer Institute* (NCI) e da *American Cancer Society Scale* (ACS)[12], *Lymphedema of the Head and Neck Scale* e a *Head and neck external lymphedema and fibrosis assessment criteria* (*HN-LEF Assessment Criteria*)[13] são as mais utilizadas na literatura recente. Essas classificações analisam tipo de edema, região, características físicas e teciduais e acrescentam dados do exame ultrassonográfico.

Linfedema e fibrose são condições diferentes do tecido, porém diretamente relacionadas e sua fisiopatologia precisa ser investigada com atenção a essa associação[9,14,15].

O linfedema interno pode ser avaliado pela nasofibroscopia, tomografia computadorizada, ressonância magnética, ultrassonografia e bioimpedânciometria,

QUADRO 1 *MD Anderson Cancer Center Head and Neck Lymphedema Rating Scale* – Perimetria facial e cervical (Avaliação do linfedema externo cervicofacial. Avaliação de face e pescoço de Smith et al.[3] Traduzido e adaptado por Queija et al.[15])

Avaliação da face

1. Circunferência facial
   a. Diagonal: mento à glabela ____
   b. Submentoniana: < 1 cm à frente da orelha, alinhamento vertical da fita ____
2. Ponto a ponto
   a. Ângulo a ângulo da mandíbula ____
   b. Tragus a tragus ____
   c. Composição facial
      I. Tragus à protuberância mentoniana D ____ E ____
      II. Tragus à comissura labial D ____ E ____
      III. Ângulo da mandíbula à asa nasal D ____ E ____
      IV. Ângulo da mandíbula ao canto interno do olho D ____ E ____
      V. Ângulo da mandíbula ao canto externo do olho D ____ E ____
      VI. Protuberância mentoniana ao canto interno do olho D ____ E ____
      VII. Ângulo da mandíbula à protuberância mentoniana D ____ E ____

Circunferências do pescoço

a. Superior: imediatamente abaixo da mandíbula
b. Medial: porção média entre a superior e inferior
c. Inferior: porção mais baixa

além de outros métodos menos empregados, como linfangiografia direta, ou por fluorescência de infravermelho e faringografia. O método mais utilizado na população CaCP é a nasofibroscopia, que analisa o edema faringolaringeo. O *Radiotherapy Edema Rating Scale* é uma escala específica para linfedema interno[4,16] (Quadro 3).

DRENAGEM LINFÁTICA MANUAL (DLM) CERVICOFACIAL

Embora a atuação fonoaudiológica para o tratamento do linfedema cervicofacial seja incipiente no Brasil, os benefícios da terapia manual envolvendo a drenagem das cadeias linfáticas já estão bem estabelecidos. A DLM foi desenvolvida em 1932 pelo massoterapeuta dinamarquês Emil Vodder e pela sua esposa, Estrid Vodder, com objetivo em tratar a sinusite crônica. A principal função da técnica é remover os líquidos acumulados entre as células e os resíduos metabólicos, os encaminhando para o sangue através da circulação, por meio de variados movimentos suaves e indolores em círculos estáticos ponto a ponto no sentido proximal-distal, em duas fases, uma acentuada e uma de relaxamento.

Posteriormente foi descrito o método Leduc, baseado nos mesmos princípios fisiológicos do método

QUADRO 2 *MD Anderson Cancer Center Head and Neck Lymphedema Rating Scale* – Graduação do linfedema externo facial e cervical (*MDACC-HN Lymphedema Rating Scale*, de Deng et al.[7] Traduzido e adaptado por Queija et al.[15])

Níveis	Descrição
0	Sem edema visível, mas o paciente relata peso
1a	Edema leve visível: sem depressão, reversível
1b	Edema com depressão leve; reversível
2	Edema com depressão firme; irreversível; sem alteração dos tecidos
3	Edema irreversível; alterações dos tecidos

Local do edema:
Face: (0) não; (1) sim Grau ____
Pescoço: (0) não; (1) sim Grau ____
Submandibular: (0) não; (1) sim Grau ____

QUADRO 3 *Radiotherapy Edema Rating Scale* (Avaliação do edema interno faringolaríngeo. Escala do edema de Radioterapia de Patterson et al.[4] Traduzido e adaptado por Queija et al.[16])

Classificação do edema				
Estruturas	**Normal**	**Discreto**	**Moderado**	**Severo**
Base da língua				
Parede posterior de faringe				
Epiglote				
Pregas faringoepiglóticas				
Pregas ariepiglóticas				
Espaço interaritenóideo				
Área retrocricóidea				
Aritenoides				
Pregas vestibulares				
Pregas vocais				
Comissura anterior				
Espaços	**Normal**	**Discretamente reduzido**	**Moderadamente reduzido**	**Severamente reduzido**
Valécula				
Seios piriformes				

Vodder, que consiste em manobras de captação da linfa pelas redes linfáticas na localização do edema, seguida da evacuação para uma rede não sobrecarregada. No método Leduc as manobras também ocorrem em movimentos de círculos com pressão intermitente, e a evacuação da linfa é feita na direção da drenagem fisiológica.

Nos pacientes tratados de CaCP com abordagem cirúrgica, a presença de cicatrizes no local de ressecção do tumor, na cadeia linfática do pescoço e/ou no local das reconstruções cirúrgicas exige uma avaliação individual para escolha da técnica de "vias de substituição" a serem implementadas para realização da DLM. Essa técnica consiste no direcionamento da linfa do lado acometido para o lado mais preservado, atentando para o desvio, durante as manobras no local das cicatrizes.

A DLM facial e cervical indicada para a reabilitação das funções de respiração, fonação e deglutição pode ser realizada por profissionais graduados em Fonoaudiologia, não existindo regulamentação proibitiva. No entanto, os critérios de indicação da reabilitação devem ser estabelecidos entre o fonoaudiólogo e a equipe médica de forma individualizada. A DLM é contraindicada em indivíduos com descompensações cardíacas, quadros agudos metabólicos, história de trombose ou tromboflebite e lesão tumoral residual[17].

A DLM tem apresentado resultados em quadros agudos, mas a associação com outras estratégias é recomendada para o linfedema na população oncológica. A Terapia Descongestiva Completa (TDC) é a combinação de DLM com bandagens de compressão e exercícios físicos, juntamente com cuidados com a pele[6]. A TDC é fornecida por um profissional certificado em DLM e sugere-se uma fase inicial intensiva com profissional seguida de uma fase de manutenção, com acompanhamento menos frequente do profissional, porém adesão à terapia e cuidados domiciliares.

A experiência com TDC na população CaCP do *MD Anderson Cancer Center* apresentada por Smith et al.[13] foi de benefício em 60% dos pacientes, em uma amostra retrospectiva de 1.202 pacientes em seis anos.

A fotobiomodulação tem indicação para reparação tecidual, redução de inflamação, redução do edema e indução de analgesia. Sua indicação em pacientes oncológicos parece promissora, mas tem nível baixo de evidência quanto à eficácia no tratamento do linfedema na população CaCP[18].

O uso de fármacos como selenito de sódio, medicamentos anti-inflamatórios e terapia vascular têm papel duvidoso para o tratamento do linfedema, mas há estudos pré-clínicos e clínicos propostos para investigar seu uso com o quadro tardio da fibrose[19].

Pacientes com linfedema crônico progressivo devem ser avaliados pela equipe médica sobre a possibilidade de procedimento cirúrgico de anastomose linfático-venosa ou outro tratamento médico[20].

CONCLUSÕES

Há relação entre linfedema cervicofacial e disfagia e é importante incluir métodos de investigação do linfedema externo e interno na população com câncer de cabeça e pescoço para determinar o tratamento adequado.

A drenagem linfática manual faz parte da terapia descongestiva complexa, abordagem mais recomendada para o tratamento do linfedema na fase aguda e crônica.

REFERÊNCIAS BIBLIOGRÁFICAS

1. Deng J, Ridner SH, Dietrich MS, et al. Factors associated with external and internal lymphedema in patients with head and neck cancer. Int J Radiation Oncol Biol Phys. 2012;84:319-28.
2. Queija DDS, Dedivitis RA, Arakawa-Sugueno L, de Castro MAF, Chamma BM, Kulcsar MAV, et al. Cervicofacial and pharyngolaryngeal lymphedema and deglutition after head and neck cancer treatment. Dysphagia. 2020 Jun;35(3):479-91.
3. Smith BG, Lewin JS. Lymphedema management in head and neck cancer. Curr Opin Otolaryngol Head Neck Surg. 2010;18(3):153-8. Review.
4. Patterson JM, Hildreth A, Wilson JA. Measuring edema in irradiated head and neck cancer patients. Ann Otol Rhinol Laryngol. 2007;116:559-64.
5. Cohen EE, LaMonte SJ, Erb NL, et al. American Cancer Society head and neck cancer survivorship care guideline. CA Cancer J Clin. 2016;66(3):203-39.
6. Strossenruther RH, Kubic K. Lymphostatic diseases. In: Földi M, Földi E (eds.). Földi's textbook of lymphology for physicians and lymphedema therapists. 2. ed. Munich, Germany: Urban and Fischer; 2006. p. 224-40.
7. Deng J, Murphy BA, Dietrich MS, Wells N, Wallston KA, Sinard RJ, et al. Impact of secondary lymphedema after head and neck cancer treatment on symptoms, functional status, and quality of life. Head Neck. 2013 Jul;35(7):1026-35.
8. Murphy BA, Gilbert J. Dysphagia in head and neck cancer patients treated with radiation: Assessment, sequelae, and rehabilitation. Sem Rad Oncol. 2009;19:35-42.
9. Deng J, Ridner SH, Wells N, Dietrich MS, Murphy BA. Development and preliminary testing of head and neck cancer related external lymphedema and fibrosis assessment criteria. Eur J Oncol Nurs. 2015;19(1):75-80.
10. Jeans C, Ward EC, Brown B, Vertigan AE, Pigott AE, Nixon JL, et al. Association between external and internal lymphedema and chronic dysphagia following head and neck cancer treatment. Head Neck. 2021 Jan;43(1):255-67.
11. Ridner SH, Dietrich MS. Development and validation of the Lymphedema Symptom and Intensity Survey-Arm. Support Care Cancer. 2015 Oct;23(10):3103-12.
12. American Cancer Society, Donaldson S. Lymphedema: understanding and managing lymphedema after cancer treatment. Atlanta: American Cancer Society; 2006.

13. Smith BG, Hutcheson KA, Little LG, Skoracki RJ, Rosenthal DI, Lai SY, et al. Lymphedema outcomes in patients with head and neck cancer. Otolaryngol Head Neck Surg. 2015;152(2):284-91.
14. Deng J, Ridner SH, Dietrich MS, Wells N, Murphy BA. Assessment of external lymphedema in patients with head and neck cancer: a comparison of four scales. Oncol Nurs Forum. 2013 Sep;40(5):501-6.
15. Queija DS, Arakawa-Sugueno L, Chamma BM, Kulcsar MA, Dedivitis RA. Translation and adaptation to Brazilian Portuguese of the Lymphedema Rating Scale in Head and Neck Cancer. Einstein. 2017;15(4):457-64.
16. Queija DS, Arakawa-Sugueno L, Chamma BM, Kulcsar MAV, Dedivitis RA. Translation and adaptation of the Radiotherapy Edema Rating Scale to Brazilian Portuguese. Braz J Otorhinolaryngol. 2018;84(3):344-50.
17. Iannello C, Biller MK. Management of edema using simple manual lymphatic drainage techniques for hand and upper extremity patients. J Hand Ther. 2020 Oct-Dec;33(4):616-9.
18. Lee N, Wigg J, Carroll JD. The use of low level light therapy in the treatment of head and neck oedema. J Lymphoedema. 2013;8:35-42.
19. Mihara M, Uchida G, Hara H, Hayashi Y, Moriguchi H, Narushima M, et al. Lymphaticovenous anastomosis for facial lymphoedema after multiple courses of therapy for head-and-neck cancer. J Plast Reconstr Aesthet Surg. 2011 Sep;64(9):1221-5.
20. Bruns F, Büntzel J, Mücke R, Schönekaes K, Kisters K, Micke O. Selenium in the treatment of head and neck lymphedema. Med Princ Pract. 2004 Jul-Aug;13(4):185-90.

35

Reabilitação das disfagias orofaríngeas nas doenças neurogênicas

Flávia Pereira da Costa Christianini
Marina Martins Pereira Padovani

PONTOS-CHAVE

- Princípios para intervenção em disfagia neurogênica.
- Programas e abordagens indiretas e diretas na reabilitação das disfagias.
- Estratégias terapêuticas na reabilitação das disfagias.

OBJETIVOS DE APRENDIZAGEM

Ao final deste capítulo, o leitor deverá ser capaz de:

- Identificar e selecionar estratégias diretas e indiretas para compensar ou reabilitar alterações estruturais ou nas diferentes fases da deglutição.
- Adequar estratégias com base nas características das doenças de base.
- Tomar decisões quanto às estratégias compensatórias, reabilitação ou gerenciamento das disfagias.

INTRODUÇÃO

As disfagias neurogênicas caracterizam-se por alterações estruturais e funcionais relacionadas às manifestações das doenças de base correspondentes. Alguns quadros são mais frequentes a depender da faixa etária e, em especial, na população adulta e idosa o acidente vascular cerebral (AVC), transtornos degenerativos com envolvimento motor, como a doença de Parkinson e parkinsonismos atípicos, doenças neuromusculares e transtornos cognitivos linguísticos (demências) figuram entre os mais comuns que podem apresentar a disfagia como sintoma.

Na população adulta, as sequelas na deglutição decorrentes dos AVCs têm sido muito frequentes e apresentam, entre outros, trânsito oral lentificado como fator preditivo das aspirações, bem como atraso para iniciar a fase faríngea[1]. Para essa população também a redução da pressão de língua mostrou-se associada à disfagia, ainda que leve[2]. A identificação precoce, com correspondente intervenção intensiva e dirigida, nesses casos, pode apresentar resultados expressivos, demonstrados em imagens de ressonância magnética funcional, evidentes sinais de neuroplasticidade, mesmo após lesões no sistema nervoso central[3].

A doença de Parkinson pode ser assintomática quanto aos seus sinais nos estágios iniciais, com queixas sempre menos presentes do que alterações detectadas na abordagem direta, o que sugere a busca ativa por profissionais que os acompanham. A disfagia será mais frequente nos sujeitos com manifestações rígido-acinéticas e pode chegar a 80% dos casos com a progressão da doença, com quase metade deles de grau leve a moderado[4].

Nos quadros demenciais, as disfagias podem se manifestar mais precocemente (demência de Alzheimer) ou mais tardiamente (demência frontotemporal). As mudanças na alimentação podem ocorrer antes da dependência, desnutrição e necessidade de via alternativa. Nas condições moderadas da doença são descritas negligência alimentar, perda de peso, hiperfagia, passividade, distração e recusa alimentar, entre outros. Já nas fases graves, aversão/recusa, distração durante a refeição, passividade e velocidade inapropriada, manutenção de alimento em cavidade oral, impulsividade, mudanças quanto à preferência de sabor[5].

Além dessas frequentes condições supracitadas, também em outros quadros neurogênicos a abordagem clínica ideal deve ser proativa quanto à detecção da disfagia, de forma a prevenir ou retardar as consequências desse sintoma. A partir da caracterização, na avaliação clínica, dos transtornos de fase oral e faríngea, com o reconhecimento ou não do risco para aspiração laringotraqueal, deve-se considerar a sintomatologia da enfermidade de base para a tomada de decisão quanto à modalidade de intervenção. Reconhece-se ainda adicionalmente para definição de conduta, a condição nutricional como marcador do grau de comprometimento da disfagia neurogênica.

Este capítulo apresentará as principais abordagens, técnicas e programas descritos no manejo da disfagia neurogênica, divididas em diretas e indiretas, com uso ou não de dispositivos volitivos.

PROGRAMAS E ABORDAGENS INDIRETAS E DIRETAS NA REABILITAÇÃO DAS DISFAGIAS

Intervenções reabilitativas ou neurorreabilitativas incluem programas de exercícios que visam melhorar diretamente o sistema neuromuscular e condições estruturais, quanto à força, tônus e mobilidade, fisiologia ou circuito neural, proporcionando uma influência direta sobre as bases biológicas da deglutição.

Três programas terapêuticos foram propostos para a reabilitação das disfagias neurogênicas, com resultados favoráveis:

- A abordagem intensiva de reabilitação das disfagias, de Malandraki et al. (2016)[6], propõe dois esquemas de exercícios orofaríngeos, com práticas diárias, durante um mês, para sujeitos com disfagia pós-AVC. No referido estudo, houve melhora na escala de penetração/aspiração, no nível de ingesta oral, sem efeitos adversos.
- O *McNeill Dysphagia Therapy*[7] baseia-se no ato de engolir como um exercício que incorpora uma única técnica de deglutição (engolir em seco), com uma hierarquia específica de tarefas de alimentação, durante três semanas, e apresentou melhoras clínica e funcional mantidas por três meses.
- O método Lee Silverman de Tratamento Vocal (LSVT®), desenhado para reabilitação vocal, mas com análise de efeitos na deglutição[8], pareceu melhorar o controle neuromuscular de todo o trato aerodigestivo superior, melhorando a função da língua oral e da base da língua durante as fases oral e faríngea da deglutição, com redução no número de transtornos de motilidade da deglutição e de algumas medidas temporais no videodeglutograma, mostrando-se como uma opção na doença de Parkinson, em condições específicas e associadas a outras estratégias.

Apesar dos princípios da neuroplasticidade e do aprendizado motor orientarem abordagens intensivas, com foco na função, poucos são os programas estruturados para a reabilitação das disfagias neurogênicas, mas seus resultados se mostram promissores para encorajar esse desenho de intervenção.

ESTRATÉGIAS TERAPÊUTICAS

As diversas estratégicas terapêuticas combinadas para reabilitação da deglutição frequentemente oferecem uma deglutição segura e eficiente para pacientes com distúrbios neurológicos.

Considerando estratégias terapêuticas propriamente ditas, selecionamos as mais frequentemente utilizadas na reabilitação dos pacientes com disfagia neurogênica. Vale salientar que é de extrema importância conhecer a fisiopatologia de cada doença neurológica para que possamos escolher a melhor conduta terapêutica, sempre pensando na melhora dos nossos pacientes, sem gerar prejuízos à sua saúde em geral.

MANOBRAS VOLUNTÁRIAS DE DEGLUTIÇÃO

As manobras voluntárias da deglutição se destinam a modificar a fisiologia da deglutição, sendo enquadradas nas terapias diretas da deglutição. Envolvem uma variedade de técnicas e durante sua execução os pacientes são instruídos a deglutir de maneiras específicas.

Utilize o QR code para visualizar o Quadro 1 – Manobras voluntárias de deglutição.

Voucher: **tratfono**.

Abordagens miofuncionais e fonatórias

Exercícios vocais

Os exercícios vocais podem ser utilizados na população com disfagia neurogênica a fim de melhorar a coaptação glótica, proporcionando um melhor fechamento das pregas vocais e auxiliar na excursão vertical de laringe. No Quadro 2 descrevemos algumas técnicas realizadas para esse fim.

Utilize o QR code para visualizar o Quadro 2 – Técnicas vocais utilizadas na reabilitação das disfagias.

Voucher: **tratfono**.

Manobra de Shaker e CTAR (*chin tuck against resistance*)

Esses dois exercícios têm como objetivo o fortalecimento da musculatura supra-hióidea na reabilitação da disfagia. Essa musculatura tem efeito cinemático causando movimentação anterior do osso hioide e da laringe durante a fase faríngea da deglutição, contribuindo para eversão da epiglote e abertura do esfíncter esofágico superior[9]. Ambas as técnicas têm componentes isométricos e isotônicos na sua execução.

No exercício ou manobra de Shaker, o paciente é orientado a realizar três elevações da cabeça de 1 minuto cada na posição supina (sem elevar os ombros e conseguindo visualizar seus pés), com um descanso de 1 minuto entre as elevações e depois realizar 30 repetições consecutivas de elevação da cabeça, na mesma posição supina, 3 vezes ao dia, por 6 semanas, de acordo com a descrição original da técnica[10].

Há algumas limitações na execução desse exercício, pois como é necessário realizá-lo na posição supina, isso pode ser difícil para idosos e pacientes com dificuldades motoras ou cervicais. Além disso, o músculo esternocleidomastóideo pode ser mais ativado que os músculos supra-hióideos, causando fadiga muscular, o que afeta negativamente a adesão ao exercício. Por isso, houve o desenvolvimento de novos métodos de exercícios terapêuticos para compensar essas limitações, como, por exemplo, o CTAR[11].

Nesse exercício os pacientes são orientados a colocar uma bola (feita de borracha inflável com aproximadamente 12 cm de diâmetro) entre o queixo e o peito e pressioná-la enquanto estão sentados. Semelhante ao exercício Shaker, o CTAR inclui as tarefas isométricas e isotônicas: apertar a bola e sustentar por um período e apertar a bola com a maior força possível em sucessivas repetições[11]. Os parâmetros de treinamento variam conforme os estudos, a depender da patologia do grupo estudado, podendo ter menos repetições e diferentes variações no período, ou até mesmo a realização de apenas tarefas isométricas ou isotônicas[12].

Exercícios de força de língua

A língua desempenha um importante papel na deglutição e manter sua mobilidade e força adequadas nos pacientes com disfagia neurogênica é fundamental para uma adequada biomecânica da deglutição. O instrumento comumente utilizado em pesquisas para medir força e resistência de língua é o *Iowa Oral Performance Instrument* (IOPI). Alguns quadros neurológicos que apresentam redução na força de língua são: doença de Parkinson, esclerose lateral amiotrófica (ELA) e AVC. No Brasil, o IOPI está autorizado apenas para uso científico, não podendo ser utilizado na prática clínica.

Podemos utilizar as espátulas/abaixadores de língua em nossa prática clínica para realizar exercícios de força de língua. O estudo de Clark et al. (2009)[13] realizou uma sequência de exercícios de força de língua em diferentes direções (elevação, protrusão e lateralização). Na elevação, os indivíduos foram instruídos a pressionar com o máximo de força a língua contra o palato duro, na protrusão era necessário posicionar a espátula na direção dos dentes incisivos e empurrá-la com a língua, e na lateralização a espátula era posicionada entre os pré-molares e empurrada com a lateral da língua. Os participantes realizaram 3 séries de 10 repetições, 1 vez ao dia, por 9 semanas. Como resultados, verificaram aumento das medidas de força de língua, com diminuições significativas após 2 a 4 semanas de interrupção do treino.

Treinamento de força muscular respiratória

Nos pacientes com doenças neurogênicas os mecanismos de proteção das vias aéreas estão muitas vezes prejudicados, o que se associa à aspiração traqueal, e por isso estratégias que melhorem ou que mantenham uma geração de pressão subglótica e o fluxo de tosse são importantes.

Na reabilitação das disfagias nas doenças neurogênicas, o treinamento de força muscular respiratória tem como objetivo melhorar a função da deglutição e a proteção das vias aéreas, com melhora na elevação do complexo hiolaríngeo e da função pulmonar e de tosse[14]. Pode-se realizar o treinamento de força muscular inspiratório e expiratório.

Treinamento de força muscular expiratória

Diversos são os dispositivos e incentivadores utilizados, porém abordaremos neste capítulo o dispositivo que apresenta classe de evidência científica em estudos de intervenção[15].

O EMST 150TM® (Aspire Products LLC, Atlanta, GA) é um dos principais dispositivos comercializados para o treinamento da força muscular expiratória. Seu primeiro dispositivo permite um ajuste de pressão de 30 a 150 cmH_2O e seu protocolo de utilização inclui 5 séries de 5 repetições, por 5 dias na semana, durante 4 semanas[16], sendo a resistência aumentada progressivamente ao longo do treino. Estudos que realizaram treinamento com esse dispositivo demonstraram melhora da deglutição por meio do fortalecimento da musculatura supra-hióidea, elevação do palato e da musculatura hiolaríngea[17].

Para pacientes com doenças neurogênicas esse dispositivo se mostrou uma importante ferramenta de reabilitação, melhorando a função hiolaríngea em pacientes com Parkinson e a função da deglutição em pacientes pós-AVC[15,18]. Porém, há limitações em seu uso, como a necessidade de vedamento labial completo para fixar o dispositivo na boca, função cognitiva adequada para cumprir as recomendações de uso e conseguir utilizar o clipe nasal para evitar o vazamento de ar pelo nariz. Já está disponibilizada uma versão com menor pressão, até 75 cmH_2O, e um adaptador para treino inspiratório.

Treinamento de força muscular inspiratório

Esse tipo de treinamento tem sido utilizado em pacientes com doença pulmonar obstrutiva crônica (DPOC) para melhora da força e resistência muscular inspiratória, com resultados mostrando melhora do desempenho do exercício e alívio da dispneia[19]. Uma revisão sistemática revelou que esse tipo de treinamento melhora a força muscular inspiratória em pacientes de Unidade de Terapia Intensiva (UTI), acelerando o desmame ventilatório[20].

Estimulação sensorial

O treino de modulação oral, com variação de sabores, consistências, volume e temperatura tem grande importância no fornecimento do *input* sensorial para acurado controle motor. O *feedback* sensorial constante é necessário na percepção, correção e ajuste dos movimentos necessários para coordenação das fases preparatória, oral e faríngea. Tais estímulos constituem predições sensoriais que auxiliam o aprendizado ou a adaptação pela comparação de erros de predição, modulados pelo *feedback* sensorial.

O treino sensorial oral favorece a organização de um modelo interno preditivo, base da adaptação motora[21]. Estímulos orais gustativos e proprioceptivos, especialmente no manejo de consistência, também são utilizados como estratégias compensatórias para manutenção ou restabelecimento de via oral, associados a outros recursos.

Controle oral do bolo

Para os pacientes com disfagia neurogênica, estratégias de controle oral do bolo são comumente aplicadas para reduzir os riscos de broncoaspiração pulmonar. Os pacientes podem necessitar de algumas mudanças a curto, médio e longo prazo, sendo necessária a reavaliação constante pelo fonoaudiólogo.

Pode-se aumentar o volume e/ou a viscosidade dos líquidos para reduzir os sintomas de disfagia em alguns pacientes. Os espessantes alimentares podem ser usados em pacientes que apresentam piora no controle oral de líquidos finos e/ou demonstram proteção reduzida das vias aéreas[22].

O uso de água carbonatada pode auxiliar no aprimoramento sensorial, podendo ter um potencial papel no manejo da disfagia, porém uma recente metanálise mostrou ainda serem necessários mais estudos baseados em evidências para o seu uso bem-sucedido na prática clínica[23].

Suporte nutricional/indicação de via alternativa

Os pacientes com doenças neurogênicas necessitam, via de regra, de um trabalho multidisciplinar para o manejo adequado das questões que cercam sua condição de base. Como fonoaudiólogos, dispomos de estratégias de reabilitação de forma direta e indireta para esses pacientes, como anteriormente descrito neste capítulo. Cabem a nós também a orientação familiar e o encaminhamento a outros profissionais, quando o paciente necessita de intervenções complementares.

É comum os pacientes com distúrbio neurológico apresentarem disfagia e isso estar associado a déficits em seu estado nutricional. Em 2017, a ESPEN (*European Society for Clinical Nutrition and Metabolism*)[24] publicou uma diretriz sobre a nutrição clínica em Neurologia e um dos pontos abordados é que a disfagia orofaríngea é uma causa de desnutrição desses pacientes, e seu manejo desempenha um papel fundamental nessa questão. Eles enfatizam a importância da atuação multidisciplinar para a melhora da qualidade de vida do paciente.

Como fonoaudiólogos, fazemos o manejo da consistência alimentar, do volume, do ritmo de oferta, dos utensílios mais apropriados, manobras e posturas necessárias para a manutenção de uma dieta por via oral segura. Podemos indicar a necessidade de um nutricionista para realizar a avaliação do estado nutricional do paciente e realizar as adaptações necessárias, como a suplementação, o aporte proteico, a quantidade de calorias necessárias, adaptação de dieta de acordo com comorbidades apresentadas pelo paciente, dentre outras intervenções.

Com a progressão da doença, pode haver necessidade de uma via alternativa de alimentação e essa conduta deve ser tomada em conjunto com a equipe multidisciplinar. Para isso, devemos nos atentar às diferentes fases de progressão de cada doença, atuando de forma individualizada e considerando as necessidades de cada paciente e familiares na indicação da via alternativa de alimentação. Além disso, a abordagem paliativa se faz necessária, mantendo-se uma alimentação de conforto, respeitando a aceitação do paciente e sua condição geral de saúde.

CONCLUSÃO

A atuação fonoaudiológica nas disfagias neurogênicas inclui estratégias indiretas e diretas para a reabilitação da deglutição, a identificação de via complementar ou substituta e o gerenciamento quando não mais possível restabelecê-la. As ações terapêuticas podem utilizar programas fechados ou a combinação de diferentes técnicas, manobras e ajustes que devem estar de acordo com as prioridades elencadas na avaliação clínica e instrumental.

Recursos voluntários, com uso ou sem de dispositivos volitivos ou não volitivos podem compor a intervenção, associada a estratégias compensatórias. No entanto, técnicas isoladas não reabilitam a função, fazendo-se necessário considerar os princípios da neuroplasticidade e aprendizado motor como norteadores do raciocínio clínico para adequada intervenção fonoaudiológica.

REFERÊNCIAS BIBLIOGRÁFICAS

1. Kim Y, McCullough GH. Stage transition duration in patients poststroke. Dysphagia. 2007 Oct 10;22(4):299-305.
2. Oliveira GD de, Valentim AF, Vicente LCC, Motta AR. Fatores associados à pressão de língua em pacientes pós-acidente vascular cerebral. Audiology – Communication Research. 2017 Oct 2;22(0).
3. Malandraki GA, Johnson S, Robbins J. Functional MRI of swallowing: From neurophysiology to neuroplasticity. Head Neck. 2011 Oct 7;33(S1).
4. Cosentino G, Avenali M, Schindler A, Pizzorni N, Montomoli C, Abbruzzese G, et al. A multinational consensus on dysphagia in Parkinson's disease: screening, diagnosis and prognostic value. J Neurol. 2022 Mar 21;269(3):1335-52.
5. Correia S de M, Morillo LS, Jacob Filho W, Mansur LL. Swallowing in moderate and severe phases of Alzheimer's disease. Arq Neuropsiquiatr. 2010 Dec;68(6):855-61.
6. Malandraki GA, Rajappa A, Kantarcigil C, Wagner E, Ivey C, Youse K. The intensive dysphagia rehabilitation approach applied to patients with neurogenic dysphagia: a case series design study. Arch Phys Med Rehabil. 2016 Apr;97(4):567-74.
7. Crary MA, Carnaby GD, LaGorio LA, Carvajal PJ. Functional and physiological outcomes from an exercise-based dysphagia therapy: a pilot investigation of the McNeill Dysphagia Therapy Program. Arch Phys Med Rehabil. 2012 Jul;93(7):1173-8.
8. El Sharkawi A, Ramig L, Logemann JA, Pauloski BR, Rademaker AW, Smith CH, et al. Swallowing and voice effects of Lee Silverman Voice Treatment (LSVT): a pilot study. J Neurol Neurosurg Psychiatry. 2002 Jan;72(1):31-6.
9. Park J, Hwang N. Chin tuck against resistance exercise for dysphagia rehabilitation: A systematic review. J Oral Rehabil. 2021 Aug 12;48(8):968-77.
10. Shaker R, Kern M, Bardan E, Taylor A, Stewart ET, Hoffmann RG, et al. Augmentation of deglutitive upper esophageal sphincter opening in the elderly by exercise. Am J Physiol. 1997 Jun;272(6 Pt 1):G1518-22.
11. Yoon WL, Khoo JKP, Rickard Liow SJ. Chin Tuck Against Resistance (CTAR): new method for enhancing suprahyoid muscle activity using a shaker-type exercise. Dysphagia. 2014 Apr 15;29(2):243-8.
12. Liu J, Wang Q, Tian J, Zhou W, Gao Y, Chen X, et al. Effects of chin tuck against resistance exercise on post-stroke dysphagia rehabilitation: A systematic review and meta-analysis. Front Neurol. 2023 Jan 9;13.
13. Clark HM, O'Brien K, Calleja A, Newcomb Corrie S. Effects of directional exercise on lingual strength. Journal of Speech, Language, and Hearing Research. 2009 Aug;52(4):1034-47.
14. Shen SC, Nachalon Y, Randall DR, Nativ-Zeltzer N, Belafsky PC. High elevation training mask as a respiratory muscle strength training tool for dysphagia. Acta Otolaryngol. 2019 Jun 3;139(6):536-40.
15. Troche MS, Okun MS, Rosenbek JC, Musson N, Fernandez HH, Rodriguez R, et al. Aspiration and swallowing in Parkinson disease and rehabilitation with EMST. Neurology. 2010 Nov 23;75(21):1912-9.
16. Baker S, Davenport P, Sapienza C. Examination of strength training and detraining effects in expiratory muscles. Journal of Speech, Language, and Hearing Research. 2005 Dec;48(6):1325-33.
17. Wheeler-Hegland KM, Rosenbek JC, Sapienza CM. Submental sEMG and hyoid movement during Mendelsohn maneuver, effortful swallow, and expiratory muscle strength training. Journal of Speech, Language, and Hearing Research. 2008 Oct;51(5):1072-87.
18. Eom MJ, Chang MY, Oh DH, Kim HD, Han NM, Park JS. Effects of resistance expiratory muscle strength training in elderly patients with dysphagic stroke. NeuroRehabilitation. 2017 Dec 15;41(4):747-52.
19. Beaumont M, Forget P, Couturaud F, Reychler G. Effects of inspiratory muscle training in COPD patients: A systematic review and meta-analysis. Clin Respir J. 2018 Jul 23;12(7):2178-88.

20. Martin AD, Smith BK, Davenport PD, Harman E, Gonzalez--Rothi RJ, Baz M, et al. Inspiratory muscle strength training improves weaning outcome in failure to wean patients: a randomized trial. Crit Care. 2011;15(2):R84.
21. Humbert IA, German RZ. new directions for understanding neural control in swallowing: the potential and promise of motor learning. Dysphagia. 2013 Mar 30;28(1):1-10.
22. Vose A, Nonnenmacher J, Singer ML, González-Fernández M. Dysphagia management in acute and sub-acute stroke. Curr Phys Med Rehabil Rep. 2014 Dec 16;2(4):197-206.
23. Price K, Isbister G, Long S, Mirams J, Smithard D. Are bubbles the future of dysphagia rehabilitation: a systematic review analysing evidence on the use of carbonated liquids in dysphagia rehabilitation. Geriatrics. 2023 Jan 1;8(1):6.
24. Burgos R, Bretón I, Cereda E, Desport JC, Dziewas R, Genton L, et al. ESPEN guideline clinical nutrition in neurology. Clinical Nutrition. 2018 Feb;37(1):354-96.

36

Fadiga como um marcador clínico no manejo da disfagia orofaríngea neurogênica

Adriana Leico Oda
Mariana Saconato

PONTOS-CHAVE

- A fadiga é uma sensação subjetiva de exaustão que pode ter um impacto significativo na execução de todas as tarefas, incluindo as funções orofaciais.
- A fatigabilidade muscular pode estar diretamente relacionada à terapia fonoaudiológica, uma vez que a prescrição quanto ao tipo, dose e frequência dos exercícios pode desencadear ou agravar esse sintoma.
- A fatigabilidade respiratória é observada quando a musculatura respiratória entra em exaustão, fazendo com que a força e a duração do trabalho muscular excedem as reservas energéticas dos músculos envolvidos na inspiração e expiração.

OBJETIVOS DE APRENDIZAGEM

Ao final deste capítulo, o leitor deverá ser capaz de:

- Distinguir a diferença entre fadiga e fatigabilidade.
- Conhecer os diferentes tipos de fadiga.
- Conhecer alguns processos fisiopatológicos que levam à fadiga.
- Compreender a importância de considerar a ocorrência da fadiga e da fatigabilidade no processo de avaliação e terapia fonoaudiológica.

INTRODUÇÃO

Um parâmetro biológico ou biomarcador é uma medida que se pode quantificar; geralmente, é utilizada com medidas biológicas. Há vários tipos de biomarcadores: diagnósticos, prognósticos, preditivos, farmacodinâmicos e, em recente proposta, no caso das doenças degenerativas, existe o biomarcador de progressão da doença, que seriam características mensuráveis e que mudam ao longo do tempo[1]. Tais medidas servem como índices para avaliações relacionadas com a saúde, com a fisiologia e ainda com a fisiopatologia.

Ao longo deste capítulo, a fadiga será apontada não como um biomarcador, mas como um indicador clínico que merece uma especial atenção do fonoaudiólogo, tamanha a interferência que ela pode causar nas funções orofaciais como um todo.

Identificar e melhor conhecer quais são os marcadores clínicos funcionais que interferem nas funções orofaciais é fundamental para que o fonoaudiólogo possa fazer o melhor acompanhamento dos sinais e sintomas, podendo intervir clinicamente, através de medidas terapêuticas apropriadas.

DESENVOLVIMENTO

A definição da fadiga evoluiu ao longo do tempo, de maneira que só muito recentemente houve uma diferenciação semântica e conceitual em relação ao que é fadiga e o que é fatigabilidade.

Fadiga refere-se a um sintoma complexo, não específico e altamente subjetivo e, portanto, difícil de avaliar e quantificar; seria como uma sensação subjetiva de exaustão que pode ser influenciada por diversos fatores, como alterações do sono, dor e depressão. Fatigabilidade, por sua vez, refere-se a mudanças objetivas no desempenho muscular[2]. Assim sendo, justifica-se por que a literatura mais antiga retrata o termo "fadiga" com parâmetros e critérios do que hoje em dia se considera "fatigabilidade".

Assim é o caso da descrição de Edwards (1975)[3], que denominou "ponto de falha da força" ou "fadiga" quando o indivíduo estudado não conseguia sustentar a tarefa com a carga estabelecida previamente, por um período determinado; ressaltando que a dificuldade em manter um nível suficiente de força não apenas caracteriza a fadiga, mas também a torna mensurável de forma objetiva.

Essa questão semântica é também observada na definição proposta por Enoka e Stuart (1985)[4], que foi uma das primeiras a incluir a sensação de esforço junto ao comprometimento agudo do desempenho, resultando em um aumento da percepção de esforço necessário ou eventual incapacidade de gerar a força requerida para conclusão de uma determinada tarefa.

É também possível observar o uso dos termos "fadiga periférica" e "fadiga central", como uma forma de diferenciar uma falha do sistema nervoso periférico advinda das estruturas junção neuromuscular, músculos e nervos e que faz o paciente ter dificuldade em sustentar o nível de atividade ou força, enquanto a fadiga central seria referente ao declínio progressivo da transmissão do impulso do neurônio motor, localizado no sistema nervoso central[5].

Por serem termos que podem ser encontrados na literatura de maneira indiferenciada, cabe ao profissional fonoaudiólogo compreender qual conceito aquele determinado texto aborda, de maneira a não gerar uma interpretação equivocada dos resultados e conclusões, para que, consequentemente, possa haver uma aplicabilidade ponderada e assertiva do conhecimento gerado a partir do estudo.

A partir da observação do quanto esses sinais e sintomas podem impactar negativamente nos aspectos clínicos e funcionais do paciente, escalas e classificações da sensação do esforço foram elaboradas, a fim de quantificar a fadiga/fatigabilidade de forma mais objetiva.

Alguns instrumentos utilizados para identificação e caracterização da fadiga: (1) Escala de Fadiga no Parkinson (*Parkinson Fatigue Scale* – PFS)[6]; (2) Escala de Severidade da Fadiga (*Fatigue Severity Scale* – FSS)[7]; (3) Escala Visual Analógica (*Visual Analogue Scale* – VAS), pela classificação do esforço percebido (PSE) ou escala de Borg[8]. Entre os questionários que abrangem escalas multidimensionais, estão: (1) Inventário Multidimensional de Fadiga (*Multidimensional Fatigue Inventory* – MFI)[9] e (2) Escala de Fadiga de Piper (*Piper Fatigue Scale*)[10].

FADIGA E ENVELHECIMENTO

À medida em que envelhecemos, há uma redução na área total do músculo, o que significa que os idosos frequentemente têm menos da metade do número de unidades motoras em funcionamento do que tinham quando eram jovens.

Os resultados de um estudo mostraram redução da força e resistência da língua após os idosos, público-alvo da pesquisa, completarem uma refeição. O dispositivo *Iowa Oral Performance Instrument*® (IOPI; IOPI Medical LLC) indicou reduções significativas na pressão da língua após a refeição, indicando que a fadiga dessa estrutura pode afetar a segurança da deglutição durante as refeições. Além disso, a fadiga da língua foi atingida mais rapidamente do que nos adultos jovens[11].

Esse estudo evidenciou que o envelhecimento pode estar associado a mudanças funcionais que podem afetar a segurança durante as refeições, sendo a fadiga dos músculos da língua um aspecto crucial para várias dessas alterações.

FADIGA NA DOENÇA DE PARKINSON

A doença de Parkinson (DP) é uma desordem neurológica progressiva caracterizada por achados motores e não motores que podem causar impactos funcionais em graus variados. As principais características clínicas motoras são: tremor de repouso, rigidez, bradicinesia e instabilidades posturais, podendo gerar quadros de disartria, disfonia e disfagia e redução de mímica facial[12].

O tremor em repouso é o sintoma mais comum e é mais evidente quando o corpo está relaxado, podendo envolver os lábios, mandíbula, membros inferiores e superiores. A rigidez, por sua vez, provoca redução na velocidade dos movimentos e é caracterizada pelo aumento da resistência, dando ao indivíduo a sensação de endurecimento dos músculos e congelamento[12].

O risco de pneumonia aspirativa na DP é alto. Estudos prévios mostram que 31% a 100% desses pacientes têm comprometimentos na fase oral e faríngea da deglutição. As anormalidades detectadas incluem: tempo de trânsito oral aumentado, atraso do início da deglutição faríngea, elevação de véu palatino prejudicada, redução do movimento de língua, má formação do bolo alimentar, relaxamento incompleto do esfíncter esofágico superior, contração reduzida da faringe, movimento reduzido da epiglote e penetração traqueal[13].

Na DP, dentre os sintomas não motores, as queixas de fadiga se destacam pela sua prevalência superior a 58%, sendo considerada um dos piores sintomas devido ao seu impacto negativo na independência funcional e na qualidade de vida dos pacientes. A fadiga na DP pode ser identificada desde os primeiros sintomas não motores da doença, geralmente antes do diagnóstico clínico ser estabelecido[12,13].

Na prática fonoaudiológica, há uma escassez de métodos objetivos para a avaliação da fadiga, sendo comum que esse índice seja inferido pelos relatos do próprio paciente. Para avaliar a fadiga na DP, são utilizados questionários, uma vez que não há um biomarcador específico para esse fim.

A avaliação da força e resistência das estruturas orofaciais na DP não é tarefa simples e as evidências têm mostrado resultados muito divergentes. Na ausência de marcadores objetivos, muitos fonoaudiólogos associam a redução da amplitude dos movimentos dos lábios, língua e músculos bucinadores, bem como a deterioração dos indicadores de tempo, velocidade e deslocamento das estruturas durante a fonoterapia e as refeições, à fadiga.

Tarefas de resistência da língua têm sido utilizadas como medida de fadiga na DP, após estudos que mostraram uma resistência de língua significantemente menor em pacientes com DP em diferentes estágios[14].

A partir desses estudos, parece razoável esperar que o desempenho em tarefas de resistência da língua seja pior em pacientes com DP, embora o efeito possa ser relativamente difícil de detectar em alguns grupos pequenos devido à influência do estágio da doença, da instabilidade motora e das condições nutricionais.

FADIGA PÓS-ACIDENTE VASCULAR CEREBRAL

O acidente vascular cerebral (AVC) é a mais frequente das doenças vasculares encefálicas e, no pós-AVC, o paciente pode evoluir com afasia, disartria, apraxia e disfagia. A alteração da deglutição mais prevalente em acidentes vasculares envolvendo o tronco cerebral e a região cortical anterior é a ausência ou atraso do disparo do reflexo da deglutição, mesmo em pacientes que não apresentem dificuldades quanto à movimentação lingual[15].

A fadiga pós-AVC (FpAVC) é uma das queixas mais comuns nessa população, com uma prevalência variando entre 33 e 77%. No entanto, a FpAVC continua mal compreendida, com uma etiologia complexa e mecanismos subjacentes pouco claros[15] e está associada a um mau prognóstico neurológico, baixa qualidade de vida, pouca participação em programas de reabilitação e aumento da mortalidade.

Um estudo que objetivou avaliar a fadiga percebida e a fatigabilidade motora verificou que a FpAVC se correlacionou de forma direta com as limitações das atividades de vida diária, distúrbios do sono, traços depressivos e ansiosos e não houve relação estatisticamente significante entre os achados de fatigabilidade e piora do comprometimento cognitivo e motor[15].

O tipo de AVC, a região afetada e a gravidade da lesão podem influenciar os resultados da dinâmica da deglutição, e as mudanças nos marcadores temporais relacionados ao tempo de trânsito oral, tempo de deslocamento do complexo hiolaríngeo, tempo necessário para a eversão completa da epiglote e da constrição faríngea, que podem estar correlacionadas com as lesões neurológicas centrais. Portanto, as alterações nos marcadores temporais nem sempre devem ser interpretadas como resultado de fadiga. Além da disfagia, os pacientes pós-AVC também apresentam fraqueza respiratória, diminuição do fluxo expiratório máximo, tosse reflexa diminuída e tosse voluntária prejudicada; podendo haver melhora clínica com o treinamento muscular respiratório[16].

Na literatura, algumas pesquisas envolvendo pacientes pós-AVC, ainda nas fases aguda ou subaguda, que utilizaram instrumentos para treinamento muscular respiratório, excluíram da amostra os pacientes com aumento da pressão intracraniana, hipertensão arterial sistêmica e insuficiência cardíaca congestiva descontroladas, arritmias, pneumotórax e infarto agudo do miocárdio recente[16]. De acordo com os autores, além do risco de instabilidade, esses pacientes poderiam apresentar maiores índices relacionados à fatigabilidade, como aumento da frequência respiratória (FR), aumento da frequência cardíaca (FC) e redução da saturação periférica de oxigênio (SpO_2)[16].

FADIGA NO PACIENTE CRÍTICO INTERNADO NA UNIDADE DE TERAPIA INTENSIVA (UTI)

A fraqueza muscular é um problema frequente na UTI e, quando associada a doenças críticas, caracteriza um grupo de distúrbios neuromusculares causados por doenças graves que podem ser subdivididos em: polineuropatia da doença crítica (PDC), miopatia da doença crítica (MDC) ou uma combinação deles, denominada polineuromiopatia da doença crítica (PMDC)[17].

A fraqueza adquirida na UTI é tipicamente generalizada, simétrica e afeta os músculos dos membros (proximal mais do que distal) e respiratórios, enquanto os músculos faciais e oculares são poupados e o tônus muscular é quase invariavelmente reduzido. O exame eletrofisiológico mostra padrões típicos de anormalidades e a perda pronunciada de massa muscular pode exceder 10% durante a primeira semana na UTI, sendo que a disfunção do diafragma pode se desenvolver com mais frequência do que a fraqueza muscular dos membros[17,18].

A ventilação prolongada aumenta o risco de fraqueza adquirida na UTI e da disfunção diafragmática, o que, por sua vez, aumenta o risco de ventilação prolongada e falha no desmame. Outros fatores de risco relacionado à doença são o alto nível de lactato e a idade avançada[18].

O uso excessivo ou prolongado de bloqueadores neuromusculares tem sido associado a complicações neuromusculares. Além disso, certos sedativos, como benzodiazepínicos, também podem contribuir para o desenvolvimento de fraqueza adquirida na UTI. Outros fatores de risco potencialmente modificáveis são a imobilidade, a desnutrição, a hiperglicemia, a hipoxemia e a acidose[18].

Durante a avaliação fonoaudiológica é importante considerar que o tempo de latência aumentado para a efetivação das respostas motoras, a sonolência persistente, o tempo aumentado de trânsito oral e o atraso para iniciar a fase faríngea da deglutição podem ser resultados da sedação residual e não necessariamente secundários ao diagnóstico de base.

Assim como nas demais doenças já descritas, o índice de fatigabilidade durante os exercícios fonoaudiológicos e treino por via oral nos pacientes da UTI ainda não foi investigado, entretanto, muitos estudos da fisioterapia envolvendo medidas de mobilização precoce consideram como efeitos adversos da mobilização os seguintes marcadores: ocorrência de frequência respiratória superior a 35 rpm, SpO_2 inferior a 90% e alteração de 20% da pressão arterial (PA) ou da frequência cardíaca (FC)[18].

FADIGA NAS DOENÇAS NEUROMUSCULARES

As doenças neuromusculares (DNM) são aquelas que acometem a unidade motora e representam um conjunto de doenças, que podem ser hereditárias ou adquiridas. Um eixo comum bastante característico das DNM é a fraqueza muscular, seja na vigência de um quadro do tipo flácido ou do tipo espástico. Cursando paralelamente à fraqueza muscular, a fadiga também se apresenta como uma característica comum a muitas DNMs. Vale ressaltar que embora o sintoma de fadiga seja muito frequente no relato dos pacientes, há uma variação do mecanismo fisiopatológico, em decorrência do diagnóstico clínico. Ou seja, a fadiga observada no paciente com esclerose lateral amiotrófica (ELA) tem uma fisiopatologia bastante distinta da fadiga relatada pelo paciente com miastenia grave ou com síndrome de Guillain-Barré. Cabe ao profissional estudar a fisiopatologia de cada doença, para melhor compreender os mecanismos envolvidos e adequar as orientações clínicas a serem dadas ao paciente[19].

De maneira semelhante a outros quadros clínicos, nesse grupo de doenças há também a co-ocorrência tanto da fadiga como da fatigabilidade e há um grande

QUADRO 1 Diferenciação conceitual dos tipos de fadiga e fatigabilidade

Fadiga	Fatigabilidade muscular	Fatigabilidade respiratória	Fadiga cognitiva
Uma referida sensação subjetiva de exaustão, em que parece que as reservas de energia se esgotaram. Embora não seja algo relacionado a um único sítio topográfico, certamente é um sintoma que impacta de maneira importante na execução de todas as tarefas, incluindo as funções orofaciais.	Mudanças objetivas no desempenho muscular, sobretudo após alguma atividade que demande daquele determinado grupo muscular. Essa fatigabilidade está diretamente relacionada à terapia fonoaudiológica, uma vez que a prescrição de exercícios, quanto ao tipo, dose e frequência, pode desencadear ou agravar esse sintoma, quando realizados de forma inadequada.	Quando a musculatura respiratória entra em exaustão, a força e a duração do trabalho muscular excedem as reservas energéticas dos músculos envolvidos na inspiração e expiração. Dentre os sintomas estão: dispneia, taquipneia, redução dos volumes correntes em casos de ventilação mecânica não invasiva, movimentos assincrônicos da parede abdominal, uso da musculatura acessória e hipercapnia; além de incoordenação pneumofonoarticulatória e incoordenação entre respiração e deglutição.	Refere-se à mesma sensação de exaustão, mas desta vez relacionada a tarefas de natureza cognitiva. Por não haver uma forma mais assertiva de descrever, os pacientes relatam que sentem uma espécie de "preguiça" para ler, pensar, elaborar uma conversação mais profunda ou resolver situações-problemas com variados níveis de complexidade. Pode também envolver dificuldade de planejamento, atenção, concentração e função executiva. É consenso o reconhecimento de que a fadiga cognitiva impacta diretamente no desempenho físico.

desgaste do paciente em ter que gerenciar a sua funcionalidade dentro desse cenário.

Além disso, é fundamental que o fonoaudiólogo saiba reconhecer e identificar os diferentes tipos de sintomas, de acordo com a natureza do quadro.

Importante que o fonoaudiólogo tenha em mente que as questões respiratórias e ventilatórias estão diretamente relacionadas à função de deglutição. Um quadro de taquipneia com aumento da FR pode implicar na redução da elevação e estabilização laríngea durante a deglutição, em razão da necessidade da redução do tempo de apneia para garantir um ajuste do volume corrente[19].

Esse conjunto de sinais e sintomas referentes à fadiga e à fatigabilidade deve ser cuidadosamente considerado no planejamento terapêutico fonoaudiológico. Há profissionais que acreditem que não há nada a ser feito, pois seguem o raciocínio de que já que o exercício cansa e o paciente não pode entrar em fadiga, então é melhor não fazer nada. Nessa mesma linha de pensamento, este é aquele profissional que orienta o paciente disfágico a alimentar-se somente de consistência pastosa, de maneira muito precoce (ou seja, quando o paciente ainda tem a função mastigatória), visando "poupar" a musculatura mastigatória para não cansar; sem dar-se conta de que ao privar o paciente da função mastigatória, haverá um prejuízo funcional que ao longo do tempo se torna irreversível, com impacto negativo inclusive na qualidade da saúde nutricional do paciente[19].

Pensando em tais aspectos, pesquisa realizada com pacientes com diagnóstico de ELA/doença do neurônio motor criou o Índice de Fatigabilidade (IF) clínico para a musculatura orofacial. Para a determinação do IF, o avaliador deve solicitar ao paciente a realização de uma série de 20 movimentos isotônicos, com máxima amplitude do movimento; enquanto observa a ocorrência de eventuais sinais clínicos considerados como indicadores de fatigabilidade, como: alteração do padrão respiratório (como aumento da FR), diminuição da amplitude do movimento, maior lentidão na execução do mesmo, uso de musculatura adjacente como compensação ou ainda a ocorrência de tremor ou fasciculação em região orofacial[19].

A partir da observação dos movimentos, o fonoaudiólogo registra o número da série em que observou o primeiro sinal de fatigabilidade ou que o paciente referiu apresentar algum tipo de cansaço. Esse IF foi apontado como um marcador tão importante que apresentou correlação estatística com todos os instrumentos de avaliação utilizados: escala FOIS, medidas de pico de fluxo de tosse, escala de inteligibilidade de fala e escala de qualidade de vida ALSAQ-40, este último indicando que quanto menor o índice de fatigabilidade, pior a qualidade de vida do paciente[19].

A partir do conhecimento do índice de fatigabilidade, é possível definir a série de exercícios ao paciente, de maneira mais adequada às suas possibilidades. Por exemplo, se o índice de fatigabilidade de lábios do paciente foi 8, então sugere-se que o paciente realize séries de 6 movimentos em seus exercícios. Assim sendo, o paciente vai parar o exercício antes de fadigar, que é a medida ideal; diferentemente da conduta dada pela maior parte dos terapeutas que espera o paciente cansar para depois parar de executar o exercício. Portanto, conhecer o IF auxilia o profissional a melhor definir o seu planejamento terapêutico[19].

Introduzir ao paciente a ideia de um Programa de Conservação de Energia, em que ele mesmo é protagonista do gerenciamento do seu gasto energético ao longo do dia, pode auxiliar muito na realização das tarefas funcionais em seu cotidiano. É o início da autorreflexão, da compreensão de como as técnicas de conservação de energia e estimulação podem aliviar os sintomas de fadiga, dor e fraqueza[20].

O fonoaudiólogo pode estudar a rotina do paciente, mapeando os principais focos geradores de fadiga e fatigabilidade e auxiliando o paciente, através da proposta de algumas estratégias que podem auxiliar nas refeições, como: modificações ambientais, com redução de estímulos distratores; adaptações de consistência; fracionamento das refeições; adaptações de utensílios; adequação do posicionamento do paciente, em seus momentos de refeição; indicação de descanso antes e após as refeições; manobras de higiene brônquica antes das refeições, visando expectoração de secreção e excesso de saliva, reduzindo o trabalho muscular necessário para esse gerenciamento de saliva/secreção e organização do tempo, dentre outras estratégias.

Esse conjunto de orientações que integram o Programa de Conservação de Energia voltado à disfagia pode ser determinante para a melhora do desempenho do paciente nas atividades que envolvem as funções de mastigação e deglutição[20].

Observa-se que a complexidade do tema permeia diversas áreas de conhecimento. São diversos aspectos que precisam ser analisados e considerados, para que o manejo da fadiga e da fatigabilidade aconteça.

Além disso, em razão da natureza multifacetada, o manejo da fadiga também pode incluir terapia medicamentosa, exercícios terapêuticos, estratégias comportamentais e intervenção psicológica[20].

CONSIDERAÇÕES FINAIS

A incorporação da investigação da fadiga/fatigabilidade nos protocolos de avaliação e no planejamento terapêutico da disfagia é de fundamental importância, tendo em vista que pode ser um indicador clínico de grande valor na prática fonoaudiológica.

Compreender os mecanismos de fadiga e tolerância ao exercício é uma das principais ferramentas de que o fonoaudiólogo dispõe para auxiliar na otimização do programa de reabilitação e na consequente melhora da qualidade de vida do paciente.

REFERÊNCIAS BIBLIOGRÁFICAS

1. Simon NG, Turner MR, Vucic S, Al-Chalabi A, Shefner J, Lomenhoerth C, Kiernan MC. Quantifying disease progression in amyotrophic lateral sclerosis. Ann Neurol 2014;76:643-57.
2. Kluger BM, Krupp LB, Enoka RM. Fatigue and fatigability in neurologic illnesses. Neurology 2013;80:409-16.
3. Edwards RHT, Muscle fatigue. Postgraduate Medical Journal. 1975;51(593):137-43.
4. Enoka RM, Stuart DG. The contribution of neuroscience to exercise studies. Fed Proc. 1985; 44:2279-85.
5. Grill B, Cole M. Approach to fatigue and energy conservation. Phys Med Rehabil Clin N Am. 2021 Aug;32(3):493-507.
6. Brown RG, Dittner A, Findley L, Wessely SC. The Parkinson fatigue scale. Parkinsonism Relat Disord. 2005 Jan;11(1):49-55.
7. Viana MF, DE Almeida PL, Santos RC. Adaptação portuguesa da versão reduzida do Perfil de Estados de Humor – POMS. Análise Psicológica. 2001;1:77-92.
8. Hewlett S, Dures E, Almeida C. Measures of fatigue: Bristol Rheumatoid Arthritis Fatigue Multi-Dimensional Questionnaire (BRAFMDQ), Bristol Rheumatoid Arthritis Fatigue Numerical Rating Scales (BRAFNRS) for severity, effect, and coping, Chalder Fatigue Questionnaire (CFQ), Checklist. Arthritis Care Res (Hoboken). 2011;63:S263-86.
9. Smets E, Garsen B, Bonke B, Haes J. The multidimensional fatigue inventory (MFI) psychometric qualities of an instrument to assess fatigue. J Psychosom Res. 1995;39(3):315-25.
10. Mota DDCF, Pimenta CAM, Piper BF. Fatigue in Brazilian cancer patients, caregivers, and nursing students: a psychometric validation study of the Piper Fatigue Scale-Revised. Support Care Cancer. 2009;17(6):645-52.
11. Vanderwegen J, Van Nuffelen G. Evaluation of different fatigue inducing paradigms (FP) on maximum isometric pressures (MIP) of the anterior tongue in healthy adults and elderly. Dublin, Ireland: Paper presented at the European Society for Swallowing Disorders; 2018.
12. Mourão LF. Intervenção fonoaudiológica nos distúrbios do movimento. In: Ortiz KZ. Distúrbios neurológicos adquiridos – fala e deglutição. Barueri: Manole; 2006. p. 258-81.
13. Pinnington LL, Muhiddin KA, Ellis RE, Playford ED. Noninvasive assessment of swallowing and respiration in Parkinson's disease. J Neurol. 2000;247:773-7.
14. Solomon NP, Robin DA, Luschei ES. Strength, endurance, and stability of the tongue and hand in Parkinson disease. J Speech Lang Hear Res. 2000;43(1):256-67.
15. De Doncker W, Dantzer R, Ormstad H, Kuppuswamy A. Mechanisms of poststroke fatigue. J Neurol Neurosurg Psych. 2018;89(3):287-93.
16. Guillén-Solà A, Sartor MM, Soler NB, Duarte E, Barrera MC, Marco E. Respiratory muscle strength training and neuromuscular electrical stimulation in subacute dysphagic stroke patients: a randomized controlled trial. Clin Rehabil. 2017;31(6):761-71.
17. Cheung K, Rathbone A, Melanson M, Trier J, Ritsma BR, Allen MD. Pathophysiology and management of critical illness polyneuropathy and myopathy. J Appl Physiol. 2021 May 1;130(5):1479-89.
18. Fan E, Cheek F, Chlan L, Gosselink R, Hart N, Herridge MS, et al. Committee on ICU-acquired Weakness in Adults; American Thoracic Society. An official American Thoracic Society Clinical Practice guideline: the diagnosis of intensive care unit-acquired weakness in adults. Am J Respir Crit Care Med. 2014;190:1437-46.
19. Oda AL. Marcadores clínicos fonoaudiológicos como modelo prognóstico nas funções orofaringolaringeais em pacientes com doença do neurônio motor [dissertação]. São Paulo: Universidade Federal de São Paulo (UNIFESP); 2016.
20. McMorris T. Cognitive fatigue effects on physical performance: the role of interoception. Sports Med. 2020 Oct;50(10):1703-8.

37

Desafios na atuação fonoaudiológica na disfagia orofaríngea neonatal

Sheila Tamanini de Almeida
Deborah Salle Levy

PONTOS-CHAVE

- Cerca de 25% da população pediátrica apresenta alguma dificuldade não específica para alimentar-se e de 3 a 10% dela apresenta prejuízos à saúde e ao desenvolvimento justificados por distúrbios da deglutição. Destas, estima-se que 40% foram prematuras.
- Embora as equipes multidisciplinares não tenham protocolos claros para a transição de via oral em recém-nascido pré-termo (RNPT), estudos demonstram o quanto se faz necessária a intervenção de um fonoaudiólogo com o uso de técnicas específicas para auxiliar na maturação das funções do Sistema Sensório-Motor Orofacial (SSMO) em RNPT.
- As dificuldades de deglutição/alimentação da população infantil estão relacionadas com vulnerabilidades sensoriais ou motoras, doenças neurológicas estáticas ou progressivas, alterações de comportamento, doença pulmonar crônica, causas gastrointestinais e frequentemente combinações entre todas essas etiologias.
- Terapias combinadas sugerem colaborar com a alimentação por via oral (VO) de forma plena em um menor período. Intervenções focadas na estimulação sensório-motora orofacial e de sucção/deglutição do RNPT são importantes para a adequação da musculatura orofacial e, consequentemente, dos padrões das funções sucção, deglutição e respiração.

OBJETIVOS DE APRENDIZAGEM

Ao final deste capítulo, o leitor deverá ser capaz de:

- Compreender os aspectos relacionados a alterações de alimentação/deglutição no neonato, suas causas e consequências.
- Saber identificar as alterações do SSMO e suas implicações.
- Reconhecer as possibilidades de intervenção sensório-motora oral e de sucção/deglutição para a população neonatal.

INTRODUÇÃO

A presença de alterações no período gestacional pode ocasionar um parto prematuro que, de acordo com a Organização Mundial da Saúde (OMS), é aquele ocorrido às 37 semanas gestacionais ou menos[1]. Esse nascimento precoce interrompe o processo de desenvolvimento e maturação fetal de forma global, fazendo com que o recém-nascido pré-termo (RNPT) necessite de maiores cuidados e intervenções no período pós-natal[2]. A imaturidade geral do RNPT pode levar a disfunções em qualquer órgão ou sistema corporal, da mesma forma que ele também pode ser acometido por comprometimentos e/ou intercorrências ao longo do seu desenvolvimento[3].

O Sistema Sensório-Motor Orofacial (SSMO) é um dos sistemas corporais do RNPT que pode sofrer impactos com a interrupção no desenvolvimento intrauterino. Ele é composto pelas estruturas da cabeça, face e pescoço e é essencial no estabelecimento das funções orais de sucção, respiração e deglutição, bem como na coordenação entre elas[3]. Todas essas funções são indispensáveis para o estabelecimento e a manutenção da alimentação pela via oral (VO)[3]. Por conta desses impactos ocasionados pela prematuridade, não é incomum que, inicialmente, o RNPT seja alimentado de forma parenteral ou enteral com auxílio de sondas orogástricas (SOG) ou nasogástricas (SNG)[4].

A utilização de vias alternativas de alimentação promove uma privação sensorial prejudicial para o desenvolvimento das funções orais e consequentemente para o estabelecimento da alimentação por VO, prolongando o tempo de internação hospitalar do RNPT[5]. A escolha do tipo de sonda ou forma de alimentação para o RNPT é uma decisão complexa que depende de vários fatores, incluindo a idade gestacional, o peso ao nascer e atual, as condições médicas e capacidades de sugar e deglutir. Portanto, a equipe médica é responsável por tomar essa decisão crucial com base em uma análise abrangente do estado do RNPT[4,5]. Em virtude disso, o fonoaudiólogo pode desempenhar um papel importante na avaliação e no acompanhamento do desenvolvimento das funções orofaciais e fornecer informações valiosas sobre a capacidade do RNPT de se alimentar de maneira eficaz e segura.

Melhora nas taxas de sobrevida de crianças com história de prematuridade extrema, baixo peso ao nascer e condições médicas complexas acarretou um aumento na incidência de crianças com dificuldades de alimentação e disfagia[6]. A disfagia pode resultar em um maior risco de mortalidade, hospitalizações prolongadas, reinternações e comorbidades como desidratação, desnutrição e baixa qualidade de vida[7]. Cerca de 25% da população pediátrica apresenta alguma dificuldade não específica para alimentar-se e de 3 a 10% apresenta prejuízos à saúde e ao desenvolvimento que são explicados pela existência de distúrbios da deglutição[7,8]. Estima-se que 40% das crianças encaminhadas para investigação da disfagia foram prematuras[9].

Neste capítulo iremos explorar a disfagia orofaríngea como repercussão da prematuridade, o contexto da prontidão e transição alimentar durante o período neonatal e os desafios da intervenção com objetivo de VO plena ou adaptada nos casos em que distúrbios alimentares e de deglutição estão instalados.

DISFAGIA OROFARÍNGEA EM NEONATOLOGIA

A disfagia é um transtorno de deglutição que pode implicar em uma variedade de agravos clínicos, incluindo desidratação, desnutrição, pneumonia por aspiração, comprometimento do sistema imunológico e da qualidade de vida, além de maior tempo de hospitalização[7]. Ocorre quando há qualquer interrupção na sequência de deglutição que resulte no comprometimento da segurança, eficácia ou adequação da ingestão nutricional[10].

As dificuldades de deglutição/alimentação da população infantil estão relacionadas com vulnerabilidades sensoriais ou motoras, doenças neurológicas estáticas ou progressivas, alterações de comportamento, doença pulmonar crônica, causas gastrointestinais e frequentemente combinações entre todas essas etiologias[9].

As patologias mais frequentemente associadas à disfagia podem ser organizadas em categorias de diagnóstico que incluem distúrbios neurológicos centrais ou periféricos (doenças neuromusculares), anormalidades anatômicas do trato respiratório e digestivo, anormalidades genéticas e outras condições que afetam a coordenação do processo sucção-deglutição-respiração.

A disfagia na criança pode ainda ser uma condição transitória, devido a uma patologia aguda. Quadros respiratórios, como a bronquiolite viral aguda, podem evoluir com taquipneia e esforço respiratório, ocasionando maior risco de incoordenação entre sucção-deglutição-respiração e consequente penetração ou aspiração laringotraqueal[11].

Outra causa relativamente comum de disfagia no contexto hospitalar pediátrico é a disfagia pós-intubação orotraqueal, devido à ocorrência de trauma orofaríngeo, edema e outras alterações transitórias na laringe. Em um estudo que acompanhou 372 crianças que necessitavam de suporte de ventilação mecânica, 29% da amostra apresentou sinais clínicos de disfagia, com maior risco para a faixa etária até 24 meses; os autores demonstraram que, para cada dia de intubação, o risco de disfagia aumentava em 50%[12].

Além disso, na criança há também o risco de aspiração silente – sem a presença do reflexo de tosse – devido à imaturidade neurológica[13]. Do ponto de vista das consequências, o maior risco das disfagias orofaríngeas é, indiscutivelmente, sobre o sistema respiratório. A ocorrência de aspiração, ou seja, a entrada de matéria na via aérea, abaixo do nível das pregas vocais, durante ou após a deglutição pode resultar em sintomas de sibilância recorrente, tosse crônica e pneumonias de repetição, acarretando risco de danos pulmonares permanentes[14].

Desta forma, a identificação precoce da disfagia é fundamental para evitar consequências adversas à saúde de qualquer paciente. A constatação mais precoce da disfagia permite a seleção consequente de um tratamento específico, impactando não apenas no favorecimento do estado de saúde geral, caracterizado pelo retorno à função de deglutição eficiente e equilíbrio nutricional, como também na minimização dos custos gerais de reabilitação[10].

Considera-se extremamente importante uma avaliação clínica da deglutição minuciosa e, se necessário, o encaminhamento para avaliação complementar por meio de videofluoroscopia ou nasoendoscopia da deglutição. Esses exames devem ser criteriosamente recomendados para complementar os dados da avaliação clínica de forma a modificar as condutas terapêuticas. O diagnóstico de disfagia deve ser realizado com a avaliação da biomecânica da deglutição, cujo início deve ser constituído por coleta da história médica, seguida de avaliação motora oral das estruturas envolvidas na sucção e deglutição e ensaios de alimentação conforme a condição clínica do neonato ou lactente[6].

PRONTIDÃO DO RECÉM-NASCIDO PREMATURO PARA INICIAR A VIA ORAL

Para iniciar a alimentação por via oral com eficácia e segurança é necessário que o RNPT esteja clinicamente estável, pois o processo de alimentação envolve uma atividade motora complexa que inclui os reflexos orais, a sucção, deglutição, respiração e a correlação entre si. Considera-se também o estado comportamental do bebê que preferencialmente deve estar alerta para desempenhar a alimentação[15,16].

Os reflexos orais podem ser adaptativos e protetivos. Os primeiros reflexos – de mordida, tosse, náusea – referem-se a automatismos e são considerados de defesa devido à proteção de via aérea no processo de alimentação. Por outro lado, os reflexos de busca, sucção e deglutição são adaptativos pela relevância na aquisição alimentar[15].

O padrão de sucção não nutritiva (SNN) é um dos pré-requisitos, mas não uma condição isolada, para inicialmente realizar o estímulo no seio materno caso não haja contraindicação para tal. A maturação motora oral e a transição da dieta de via alternativa de alimentação para via oral podem ser dificultadas devido ao uso prolongado de sonda gástrica e privação de estímulos sensoriais na região oral[17].

Nessa etapa do processo de transição da via alternativa exclusiva e maturação das habilidades motoras orais do RNPT também é de extrema importância o cuidado com a mãe. É proposto um modelo conceitual na amamentação da díade mãe e bebê prematuro, cuja atenção é direcionada ao cuidado materno e do crescimento e desenvolvimento do bebê prematuro. Isso possibilita que os profissionais da saúde atendam às necessidades de ambos e promovam o desenvolvimento de intervenções baseadas em evidências para aperfeiçoar suas experiências de amamentação. A proposta é estruturada em quatro pontos principais que estão diretamente interligados entre si e a fatores externos (experiência na unidade de terapia intensiva e situações da rotina diária e familiar): aspectos maternos que dizem respeito aos cuidados nutricionais e de lactação e os outros dois com relação aos cuidados não nutricional e nutricional/desenvolvimento/crescimento do bebê[18].

A alimentação oral do prematuro em uma Unidade de Terapia Intensiva neonatal requer uma atenção diferenciada pela equipe multiprofissional com relação ao comportamento do bebê e aos sinais de estresse; na literatura internacional essa prática é denominada *Cue-based feeding*[19].

O *Cue-based feeding* é uma prática que alia as pistas (comportamento) que são dadas pelo bebê, estado de alerta e capacidade de ingesta (volume prescrito x aceitação por via oral). É uma prática que respeita o *timing* do bebê sem forçá-lo em relação à aceitação de volume, muito diferente de práticas que eram realizadas anteriormente nas UTI neonatais[19].

INTERVENÇÃO: DO TREINO DE DEGLUTIÇÃO PARA A VIA ORAL

As técnicas como a SNN[20], a Estimulação Sensório-Motora Orofacial (ESMO)[21] e o Treino de Deglutição (TD)[22] surgem como intervenções potenciais para auxiliar no desenvolvimento da alimentação oral em RNPT. A SNN é uma técnica utilizada para ajudar a desenvolver e fortalecer os músculos envolvidos na alimentação e envolve a sucção com um dedo enluvado, uma chupeta ou com o seio materno vazio (técnica da mama vazia), sem a ingestão de alimentos[20,23]. Alguns estudos mostram que a ESMO pode acelerar esse processo de maturação[21,23]. Essa técnica, quando realizada adequadamente, pode inclusive contornar dificuldades surgidas em decorrência dos longos períodos do uso de sonda e ventilação mecânica pelo RNPT, bem como reduzir o tempo de internação[24]. Por sua vez, o TD é uma técnica utilizada para estimular a alimentação oral em RNPT precocemente, a qual consiste na oferta de mínimo volume de estímulo gustativo (0,05 mL), através de uma seringa de 1 mL, na parte médio-posterior da língua, instigando o reflexo da deglutição. Esse treino tem como objetivo melhorar a habilidade de alimentação e a obtenção exclusiva VO em um curto período[25].

RNPT frequentemente enfrentam desafios significativos em relação à alimentação oral, o que pode atrasar a sua transição da alimentação por sonda para a alimentação oral independente. A prontidão para a alimentação oral é uma etapa crítica no cuidado neonatal, e o que se identifica de principais propostas terapêuticas para acelerar esse processo em RNPT são a SNN, a ESMO e o TD[20-27]. Após revisão da literatura, verificou-se que três estudos avaliaram o TD em comparação a diferentes abordagens de terapia de estimulação para prontidão para alimentação oral em RNPT sem comorbidade, discutindo seus resultados, implicações clínicas e lacunas no conhecimento[25-27].

O estudo desenvolvido por Lau et al.[25] investigou os efeitos de duas intervenções, a SNN e o TD, as quais foram implementadas visando acelerar o desenvolvimento das funções fisiológicas do RNPT.

O protocolo de SNN envolveu sessões de 15 minutos de sucção de chupeta, com o objetivo de proporcionar um estímulo que pudesse auxiliar nas habilidades de alimentação oral. Esse protocolo se baseou em pesquisas anteriores que, conforme o autor descreveu, demonstraram que a estimulação por SNN fornecida por um terapeuta reduziu o tempo necessário para a obtenção da alimentação oral independente[21,24]. Entretanto, os resultados do estudo não confirmaram tal hipótese. Uma das possíveis explicações para essa falta de eficácia pode ser a ausência de estimulação tátil direta em estruturas orais específicas, como bochechas, gengivas, língua e lábios, que não são fornecidas pela chupeta[20,23].

Isso sugere que a manipulação direta da deglutição pode ser fundamental na promoção da alimentação oral em RNPT, destacando a necessidade de intervenções focadas e baseadas em um número maior de evidências, uma vez que o estudo forneceu evidências positivas do TD como uma intervenção eficaz. Os RNPT que receberam essa terapia demonstraram uma maior prontidão para a alimentação oral independente. Lau et al.[25] propõem que o treinamento e a prática do TD sejam oferecidos desde o momento do desmame da pressão positiva contínua nas vias aéreas (CPAP) até a alimentação oral independente. Com isso, seria possível melhorar o desenvolvimento neuromotor das habilidades orais[25]. Os RNPT que receberam o TD demonstraram níveis mais maduros de habilidades de alimentação e mais cedo do que aqueles que não receberam tal intervenção.

O estudo produzido nos Estados Unidos por Ostadi et al.[26], único em que a intervenção foi realizada por um profissional da Fonoaudiologia, contribuiu com a discussão ao comparar SNN, SNN+TD e Grupo Controle (GC), o qual não recebeu nenhuma intervenção.

O protocolo de SNN consistia em duas sessões com intervalo mínimo de 2 horas; cada sessão foi de 15 minutos de sucção no dedo mínimo enluvado do terapeuta. O estímulo de sucção era realizado na linha média da língua e no centro do palato duro. O protocolo de SNN+TD consistia em 15 minutos de SNN e 15 de TD; o TD foi realizado com 0,05 mL de leite oferecido com seringa de 1 mL diretamente na região médio-posterior da língua a cada 30 segundos com SNN concomitante.

A comparação entre os RNPT que receberam o programa combinado de SNN+TD e GC foi particularmente interessante. O fato de um número significativamente maior de RNPT do grupo combinado ter tido alta sem alimentação por sonda foi um achado importante ressaltado por Ostadi et al.[26], sugerindo que essa intervenção pode ser benéfica na redução da dependência da alimentação por sonda nesse público-alvo. Em contrapartida, o autor também informa que a diferença entre os grupos SNN e o combinado não foi estatisticamente significativa, o que requer uma análise mais aprofundada[26].

Por fim, o estudo enfatiza a importância da deglutição na prontidão para alimentação oral, observando que os exercícios de deglutição podem auxiliar na sincronização das funções essenciais, prevenindo distúrbios como penetração/aspirações e melhorando a coordenação entre deglutição e respiração[28]. Os resultados indicaram que ambas as intervenções eram superiores aos cuidados de rotina na UTIN em termos de prontidão para a alimentação oral, sendo a combinação de SNN+TD a mais eficaz por acelerar a transição para a VO independente em RNPT. Nesse sentido, uma intervenção combinada pode ser considerada como um recurso terapêutico completo.

Semelhante ao estudo supracitado, o estudo desenvolvido por Heo et al.[27] comparou três protocolos de intervenção: a intervenção envolvida (IE), colocar as mãos no berço ou na incubadora por 15 minutos sem tocar nos RNPT; outro envolvia intervenção com TD em que era ofertada fórmula a cada 30 segundos durante uma sessão de 15 minutos ou conforme tolerado; e por fim ESMO+TD (ESMO), que consistiu em uma estimulação perioral/intraoral seguida de sucção de chupeta e após foi realizado o TD com a oferta de fórmula.

Os resultados demonstraram que a combinação de ESMO+TD teve um efeito na aceleração da obtenção da VO independente em RNPT, com marcos e proficiência da alimentação para VO aparecendo mais cedo do que com apenas o estímulo do TD. Isso destaca a importância da inclusão de intervenções sensoriais e motoras combinadas na terapia de alimentação oral para RNPT, conforme indicação dos autores. Outro aspecto relevante tratado nesse estudo foi sobre a habilidade de alimentação oral ser considerada um indicador precoce e preditor do desenvolvimento neurocomportamental infantil. Portanto, acelerar a transição do início da alimentação oral para a alimentação oral independente por meio de intervenções eficazes pode ter implicações positivas no desenvolvimento global de RNPT.

Com base nos estudos detalhados até aqui, terapias combinadas (TD e ESMO e/ou SNN) sugerem colaborar com a alimentação por VO de forma plena em um menor período. Porém, não existem evidências de que o TD de forma isolada chegue ao desfecho desejado. Sabe-se que intervenções focadas na adequação sensório-motora oral do RNPT são de suma importância para a adequação da musculatura orofacial e, consequentemente, uma melhora dos padrões das funções orofaciais[20-25]. Todavia, a função de deglutição necessita de treino específico com a oferta de volume[22,25-27] para que o desenvolvimento da coordenação com a respiração e sucção seja alcançado e, em virtude disso, a terapia combinada parece ser necessária nessa população.

Sobre a qualidade metodológica dos artigos incluídos, um dos artigos[25] não apresentou dados sobre a alocação aleatória e secreta. Dois dos estudos incluídos[25] não informaram quanto ao cegamento dos terapeutas no processo de avaliação e intervenção. Nesse contexto, devido ao fato de tais estudos[25,27] possuírem pouca acurácia ou ausência de tal análise, há interferência na confiabilidade dos dados e limitações. Em contraste, o artigo de Ostadi et al.[26] demonstra maior qualidade metodológica em termos de desenho e execução, quando observado o detalhamento positivo da metodologia. Ressalta-se a carência de estudos com qualidade metodológica que tenham como desfecho o resultado do TD de forma isolada.

Por fim, embora as equipes multidisciplinares não tenham protocolos claros para a transição de via oral em RNPT, os estudos citados demonstram o quanto se faz necessária a intervenção de um fonoaudiólogo com o uso de técnicas específicas para auxiliar na maturação das funções do sistema sensório-motor oral em RNPT.

ABORDAGENS ASSOCIADAS À MODIFICAÇÃO DOS DESFECHOS DA ALIMENTAÇÃO/ DEGLUTIÇÃO[9-11]

- As recomendações multidisciplinares personalizadas devem se basear em observações diagnósticas e na abordagem de alimentação, na preparação para a sessão de alimentação por meio da estimulação da função motora oral, como sucção e deglutição.
- Abordagens de alimentação e deglutição devem adequar a maneira como a família/cuidador posiciona o bebê durante o processo de estimulação da alimentação.
- Ajustes de posicionamento como *side-lying* (inclinação lateral), inclinação do queixo, alinhamento da cabeça e do pescoço, ajuste do posicionamento.
- Promoção da estimulação motora oral ou dos reflexos oromotores.
- Estimular com o toque os músculos faciais orais (peri e intraorais) para fins sensoriais e motores, fornecendo apoio para as bochechas e o queixo, mantendo a posição das vias aéreas durante as pausas na sucção, reconhecendo padrões de sucção disfuncionais e dando tempo para o bebê deglutir; e ajudar o bebê a mover a língua mais para os lados e anteriormente, melhorando o padrão de sucção.
- Promover a coordenação da respiração durante a sucção e a deglutição com pausas e grupos de sucção.
- Modificação do fluxo do bico da mamadeira com redução do fluxo para reduzir o volume e promover uma deglutição mais segura.
- Modificação das consistências para melhorar a segurança da deglutição e a biomecânica dos componentes orofaríngeos. Alteração das texturas dos alimentos e da espessura dos líquidos para ajudar o bebê a engolir com segurança.

Em algumas situações, o bebê pode precisar obter nutrição de outras formas, como por vias alternativas.

Os pais e cuidadores são uma parte importante do tratamento do bebê. É importante que eles:

- façam perguntas para entender os problemas que a criança está apresentando;
- certifiquem-se de que entendem o que será trabalhado pelo fonoaudiólogo;
- acompanhem a criança ao tratamento;
- sigam as sugestões do fonoaudiólogo para quando seu filho estiver em casa.

CONCLUSÃO

Os desafios na atuação fonoaudiológica na disfagia orofaríngea neonatal perpassam alguns segmentos que vão desde a capacidade do neonato apresentar seus reflexos orais de forma adequada, ao desenvolvimento sensório-motor oral, a capacidade de coordenar as funções de sucção, deglutição com a respiração até uma deglutição segura e eficaz.

O fonoaudiólogo, como membro de uma equipe multiprofissional, e que em muitos hospitais atua de forma interdisciplinar, é o profissional habilitado para intervir nas alterações sensório-motoras orais e dificuldades de alimentação/deglutição.

Considera-se extremamente relevante o atendimento desses neonatos desde a UTI neonatal, seguimento ambulatorial e domiciliar tendo como protagonistas desse cenário os pais e cuidadores, e como objetivos o sucesso terapêutico e um desfecho favorável para o neurodesenvolvimento desses lactentes e crianças.

AGRADECIMENTO

Agradecemos a Stephanie Cerutti da Silva e Daphne Claro Brito pela colaboração na revisão de literatura que fundamentou parte deste capítulo. Colegas, "o trabalho regado a mais de duas mãos sempre gera árvores com mais frutos".

REFERÊNCIAS BIBLIOGRÁFICAS

1. Organização Mundial da Saúde. Preterm birth. Geneva: WHO; 2018.
2. Maia AAA, Pinto APO, Viana JN, Sousa GA, Mourão GG. Fatores de risco da prematuridade: uma revisão narrativa. Revista Eletrônica Acervo Saúde. 2022;15(2):e97.
3. Ramos HC, Cuman RKN. Fatores de risco para prematuridade: pesquisa documental. Esc Anna Nery. 2009;13(2):297-304.
4. Medeiros AMC, Oliveira ARM, Fernandes AM, Guardachoni GAS, Aquino JPSP, Rubinick ML, et al. Caracterização da técnica de transição da alimentação por sonda enteral para seio materno em recém-nascidos prematuros. J Soc Bras Fonoaudiol. 2011;23(1):57-65.
5. Souza FIS, Teske M, Sarni ROS. Nutrição parenteral no recém-nascido pré-termo: proposta de protocolo prático. Rev Paul Pediatr. 2008;26(3):278-89.
6. Arvedson J, Lefton-Greif, M. Pediatric feeding/swallowing: yesterday, today, and tomorrow. Seminars in Speech And Language. 2016;37(4):298-309.
7. Heckathorn D, et al. Systematic review: non-instrumental swallowing and feeding assessments in pediatrics. Dysphagia. 2016;31:1-23.
8. Durvusula V, O'neil DA, Richter, G. Oropharyngeal dysphagia in children: mechanism, source and management. Otolaryngol Clin North Am. 2014;47:691-720.
9. Jadcherla SR. Advances with neonatal aerodigestive science in the pursuit of safe swallowing in infants: invited review. Dysphagia. 2017;32(1):15-26.
10. Dodrill P, Gosa MM. Pediatric dysphagia: physiology, assessment, and management. Ann Nutr Metab. 2015;66(Suppl 5):24-31.
11. Jardcherla SR. Dysphagia in the high-risk infant: potential factors and mechanisms. Am J Clin Nutr. 2016;103(Suppl):622S-8S.
12. Hoffmeister J, Zaborek N, Thibeault SL. Postextubation dysphagia in pediatric Pppulations: incidence, risk factors, and outcomes. The Journal of Pediatrics. 2019;211:126-33.
13. Velayutham P, et al. Silent aspiration: who is at risk?. The Laryngoscope. 2017;128(8):1952-7.
14. Tutor JD, Gosa MM. Dysphagia and aspiration in children. Pediatric Pulmonology. 2011;47(4):321-37.
15. Hernandez AM. A atuação fonoaudiológica com o sistema estomatognático e a função de alimentação. O Neonato. Ed. Pulso; 2003. p.47-78.
16. Lau C. Development of suck and swallow mechanisms in infants. Ann Nutr Metab. 2015; 66(5):7-14.
17. Mizuno K, Ueda A. The maturation and coordination of sucking, swallowing, and respiration in preterm infants. J Pediatr. 2003;142(1):36-40.
18. Lau C. Breastfeeding challenges and the preterm mother-infant dyad: a conceptual model. Breastfeeding Medicine. 2018;13(1):8-17.
19. Thomas T, Goodman R, Jacob A, Grabher D. Implementation of cue-based feeding to improve preterm infant feeding outcomes and promote parents' involvement. J Obstet Gynecol Neonatal Nurs. 2021;50(3):328-39.
20. Neiva FCB, Leone CR. Efeitos da estimulação da sucção não-nutritiva na idade de início da alimentação via oral em recém-nascidos pré-termo. Rev Paul Pediatr. 2007;25(2):129-34.
21. Fucile S, Gisel E, Lau C. Oral stimulation accelerates the transition from tube to oral feeding in preterm infants. J Pediatr [Internet]. 2002;141(2):230-6.
22. Otto DM, Almeida ST de. Desempenho da alimentação oral em recém-nascidos prematuros estimulados pela técnica treino de deglutição. Audiol Commun Res [Internet]. 2017;22(0).
23. Neiva FCB, Leone CR. Sucção em recém-nascidos pré-termo e estimulação da sucção. Pro Fono [Internet]. 2006;18(2):141-50.
24. Fucile S, Gisel EG, Lau C. Effect of an oral stimulation program on sucking skill maturation of preterm infants. Dev Med Child Neurol [Internet]. 2005;47(3):158-62.
25. Lau C, Smith EO. Interventions to improve the oral feeding performance of preterm infants: Infant oral feeding interventions. Acta Paediatr [Internet]. 2012;101(7):e269-74.
26. Ostadi M, Jokar F, Armanian A-M, Namnabati M, Kazemi Y, Poorjavad M. The effects of swallowing exercise and non-nutritive sucking exercise on oral feeding readiness in preterm infants: A randomized controlled trial. Int J Pediatr Otorhinolaryngol [Internet]. 2021;142(110602):110602.
27. Heo JS, Kim E-K, Kim SY, Song IG, Yoon YM, Cho H, et al. Direct swallowing training and oral sensorimotor stimulation in preterm infants: a randomised controlled trial. Arch Dis Child Fetal Neonatal Ed [Internet]. 2022;107(2):166-73.
28. Lau C. Development of infant oral feeding skills: what do we know? Am J Clin Nutr [Internet]. 2016;103(2):616S-621S.

38

Definição de objetivos, estratégias e limite terapêutico em disfagia pediátrica

Carolina Castelli Silvério
Lisiane De Rosa Barbosa

PONTOS-CHAVE

- A definição dos objetivos terapêuticos deve levar em conta a condição funcional atual da deglutição da criança e, uma vez que a repetição de estratégias favorece o resultado da terapia, sugere-se a definição de poucos objetivos a serem trabalhados por período.
- A escolha das estratégias terapêuticas na infância envolve abordagens sensoriais, uso de estímulos orais diretos e indiretos e, quando indicado, recursos tecnológicos devem ser pautados pelo objetivo prioritário.
- O limite terapêutico compreende uma realidade da reabilitação da disfagia pediátrica, sendo atingido mais frequentemente em condições de maior gravidade da disfagia, pior resposta cognitiva da criança, lesões neurológicas ou prejuízos osteomusculares mais extensos, e/ou maior cronicidade do comprometimento da deglutição.

OBJETIVOS DE APRENDIZAGEM

Ao final deste capítulo, o leitor deverá ser capaz de:

- Identificar elementos da história clínica e avaliação fonoaudiológica para elaboração de um plano terapêutico que vise o estabelecimento de objetivos para a reabilitação em disfagia pediátrica.
- Conhecer as principais estratégias terapêuticas possíveis de serem empregadas nas diferentes etapas do tratamento da disfagia pediátrica.
- Discutir sobre os limites de tratamento e alta no atendimento dessa população.

INTRODUÇÃO

A disfagia é definida como qualquer alteração nas diferentes etapas da deglutição. De modo geral, está associada a um quadro clínico de base, podendo ser também encontrada de forma isolada, em crianças previamente hígidas. Como resultado dessa condição na infância podem surgir complicações como desnutrição, desidratação, pneumonias aspirativas e diversos problemas respiratórios, impactando o desenvolvimento da criança. Aspirações laringotraqueais, por vezes silentes, são comuns nessa população, tornando a identificação dos sinais clínicos sugestivos um desafio para as equipes de saúde. Desta maneira, a disfagia pode gerar consequências no crescimento e desenvolvimento infantil.

Pensar no processo de reabilitação da disfagia pediátrica demanda uma série de decisões por parte do fonoaudiólogo e da equipe multidisciplinar que são dependentes de informações como idade, perfil de patologias médicas associadas e suas características, fase aguda ou crônica da sua doença de base, condições respiratórias e nutricionais. A definição de uma proposta de reabilitação também está relacionada ao ambiente do atendimento, seja hospitalar, ambulatorial ou domiciliar.

A avaliação clínica da deglutição é, sem dúvida, o ponto de partida fundamental para o desenvolvimento do raciocínio clínico em cada caso abordado pelo fonoaudiólogo. A partir das informações obtidas durante a entrevista inicial e da revisão dos registros médicos, inicia-se um processo de montagem de um "quebra-cabeça", com dados sobre as estruturas orofaciais, habilidades relacionadas às funções orais e ao neurodesenvolvimento, além da identificação de possíveis alterações na biomecânica da deglutição.

O fonoaudiólogo que irá atuar na pediatria precisa ter presente um arcabouço de ferramentas para a definição de um plano terapêutico inicial que deverá ser ajustado com o andamento da intervenção. Neste capítulo estaremos voltados para a reabilitação de crianças a partir dos 2 anos de idade.

OBJETIVO TERAPÊUTICO: FORMA DE DEFINIÇÃO E RELAÇÃO COM O PERFIL PATOLÓGICO

A definição do objetivo terapêutico compreende um passo importante dentro do processo de reabilitação das disfagias, uma vez que guia a escolha de estratégias terapêuticas e, com isso, todo o desenho da terapia fonoaudiológica.

Compreende-se por objetivo terapêutico a seleção da alteração da deglutição que será abordada em determinado período de intervenção. Durante a avaliação clínica, complementada ou não por exames objetivos, o fonoaudiólogo define quais são os aspectos que se encontram alterados, como a diminuição do alerta intraoral e a redução na elevação hiolaríngea, entre outros.

Na reabilitação das disfagias neurogênicas, a repetição é um dos princípios do aprendizado motor[1] que tendem a impactar nos ganhos terapêuticos. No perfil de pacientes em que a intervenção se baseia em estímulos passivos e manobras de indução, como ocorre em pediatria, verifica-se a necessidade de que estratégias terapêuticas sejam repetidas em grandes proporções para que o aprendizado sensório-motor possa trazer ganhos funcionais.

Portanto, em uma sessão de terapia, uma mesma estratégia precisa ser repetida várias vezes para que possa otimizar a deglutição. Se no momento da avaliação clínica forem definidos muitos objetivos terapêuticos, consequentemente serão selecionadas muitas estratégias, não havendo tempo na terapia e energia da criança para poder repetir suficientemente cada uma dessas técnicas.

Diante disso, acredita-se que selecionar poucos objetivos terapêuticos por período seja mais indicado para a reabilitação da disfagia pediátrica. Isso permite que menos estratégias sejam empregadas na sessão, sendo possível repeti-las de forma significativa. O número de objetivos terapêuticos por período é uma etapa de difícil escolha, mas acredita-se que de um a três objetivos seja um bom número.

O período a ser considerado para essa escolha é definido pelo momento de reabilitação em que a criança com disfagia se encontra. Em condições de fase aguda da doença, por exemplo, ainda no ambiente hospitalar, esse período pode ser de poucos dias ou semanas; já em uma condição de reabilitação de uma disfagia de maior cronicidade, talvez possam ser considerados meses para a definição do período de reavaliação do objetivo terapêutico.

A prática clínica demonstra que a realização efetiva de um movimento tem como condição uma adequada percepção dele, ou seja, se a criança não apresenta um bom aspecto sensorial, dificilmente irá conseguir otimizar sua coordenação e força para a execução. Dessa forma, indica-se que os primeiros objetivos terapêuticos visem otimizar os aspectos sensoriais, aumentando o alerta diante das hiporreações, ou reduzindo as exacerbações diante da hiper-reatividade.

Uma vez otimizado o aspecto perceptual, a ordem de escolha dos demais objetivos vai privilegiar as alterações que estejam trazendo maior impacto funcional e repercussão clínica – nutricional e/ou pulmonar.

Além do que já foi citado, outra questão que deve ser levantada para a adequada definição do objetivo terapêutico é a condição sensório-motora atual da criança.

Um dos erros mais comuns durante o processo de reabilitação da disfagia é estabelecer um objetivo terapêutico avançado demais para ser atingido pela atual capacidade funcional da criança. Para evitar esse equívoco, é preciso, ao identificar a alteração da deglutição, definir qual seria o próximo passo a ser promovido, considerando o desenvolvimento sensório-motor, para que a evolução funcional aconteça.

Uma vez atingido o objetivo terapêutico, ele é readequado com a definição de um próximo passo dentro do ganho da funcionalidade da deglutição, com suas respectivas estratégias, de acordo com a expertise clínica do profissional responsável.

ESTRATÉGIAS TERAPÊUTICAS

Em linhas gerais, a terapia fonoaudiológica envolve estratégias de estimulação motora oral, medidas de posicionamento, estimulação oral e o treinamento de cuidadores. Dentro das abordagens da oferta alimentar temos o ajuste de texturas e consistência dos alimentos e o uso de espessantes alimentares, além da indicação de utensílios de alimentação.

Uma forma de traçar o caminho terapêutico da reabilitação da disfagia pediátrica pode ser a partir da indicação da via de alimentação do paciente no momento do acompanhamento fonoaudiológico. Muitos casos estão privados da alimentação por via oral, recebendo alimentação por via alternativa, com o uso de sondas e gastrostomias.

A partir de uma revisão sistemática, Arvedson et al. (2010)[2] destacam que os profissionais frequentemente incorporam exercícios motores orais em seus planos de tratamento, sendo divididos em três categorias. Os **exercícios ativos** incluem amplitude de movimento ativo, alongamento e treinamento de força. Esses exercícios são usados para aumentar a força, a resistência e a potência.

Já os **exercícios passivos** podem incluir massagens, estimulações, *tapping*, vibração e exercícios passivos de amplitude de movimento, nos quais o movimento é fornecido com a assistência ou inteiramente através do terapeuta ou cuidador, com pouca ação do indivíduo. Esses procedimentos são aplicados para fornecer informações sensoriais, melhorar a circulação e preservar ou aumentar a flexibilidade das articulações. Foi teorizado que algumas dessas técnicas normalizam os padrões de alimentação, reduzindo os reflexos orais anormais, facilitando o tônus muscular normal ou dessensibilizando a região oral.

Os **estímulos sensoriais** compreendem a aplicação de calor, frio, estimulação elétrica, vibração de alta frequência ou outros agentes e podem ser empregados para aumentar a consciência sensorial e iniciar uma resposta de deglutição. Embora essas técnicas sejam amplamente utilizadas, existe controvérsia sobre a eficácia para indivíduos com distúrbios de deglutição[2].

Ao pensarmos no posicionamento para alimentação e reabilitação, em um estudo recente[3] foi destacada a relação entre estabilidade pélvica e controle/habilidade motora oral como causa e sequência, ou seja, é importante manter a estabilidade pélvica para apoiar o controle do tronco e finalmente influenciar o controle da cabeça, a estabilidade da mandíbula e o movimento da língua/lábios. Dessa forma, o alinhamento das estruturas orais para alimentação está relacionado à estabilidade da cabeça e do tronco.

Ainda nesse estudo[3], os autores retomam pontos importantes, como a posição da cabeça da criança que influencia a deglutição durante a alimentação e reduz o risco de aspiração. Por isso, as estruturas que são significativamente distais à área oral afetam seu funcionamento.

Na reabilitação da disfagia em crianças que podem receber alimentação por via oral parcial ou totalmente, é importante considerar a seleção dos utensílios apropriados, o volume oferecido e a modificação das consistências e temperaturas dos alimentos.

Atualmente o mercado oferece uma variedade grande de utensílios de alimentação como bicos de mamadeira, copos e colheres com modificação no formato e composição de materiais. Cabe ao fonoaudiólogo fazer escolhas condizentes com a demanda de ajuste identificada na avaliação clínica da deglutição, mas também compatíveis às condições clínicas e sociais do paciente.

O espessamento dos líquidos na infância tem sido um recurso terapêutico utilizado a partir da premissa de que essa modificação pode contribuir para a redução do risco de aspiração[4]. O fonoaudiólogo, em conjunto com a equipe médica e de nutrição, pode indicar espessantes sintéticos ou o uso de espessantes naturais como frutas e cereais. Mesmo com o uso dos espessantes naturais, fatores como a temperatura, a forma do preparo, tipo de alimento tornam essa estratégia frágil, apesar de muito utilizada no cotidiano. Cabe o alerta para o uso de espessantes sintéticos a partir de determinada idade conforme as especificações do fabricante. De toda maneira, essa estratégia terapêutica deve ser elencada pelo fonoaudiólogo após a confirmação de aspiração e com a necessidade de acompanhar possíveis efeitos dessa modificação na saúde da criança.

Cabe ao fonoaudiólogo ter boa capacidade comunicativa e empatia para orientar os pais e cuidadores sobre as estratégias propostas, bem como a frequência e organização delas na rotina diária da criança e da família. Atendimentos conjuntos, uso de materiais ilustrativos e cartilhas, com linguagem simples e apoio visual, permitem melhor compreensão e colaboração da família.

O uso de **recursos tecnológicos** tem sido cada vez mais empregado na terapia em disfagia pediátrica, principalmente por permitirem o acionamento de determinados grupos musculares ou mesmo por favorecerem a ativação de aferências.

Qualquer recurso terapêutico deve ser empregado diante de objetivos funcionais para o seu uso, ou seja, eles devem ser aplicados somente se suas indicações condisserem com o objetivo terapêutico estabelecido para o processo de reabilitação. Dessa forma, a indicação de qualquer recurso em disfagia pediátrica não ocorrerá para todos os casos, sendo necessário primeiramente ter ciência do objetivo da aplicação de cada um deles, dos seus critérios de exclusão, para somente a partir disso verificar se compreendem estratégias plausíveis para o objetivo terapêutico.

A **bandagem elástica** tem seu uso frequente nos processos de reabilitação da disfagia pediátrica, principalmente para o aumento da frequência de deglutição de saliva e consequente redução do escape extraoral. Mesmo que seja um dos objetivos mais estudados para o emprego da bandagem elástica[5-7], é preciso definir que não existe comprovação científica para o uso dela, sendo que as pesquisas não apresentam desenho metodológico e resultados que comprovem sua aplicação.

A hipótese funcional da bandagem elástica é a realização de uma estimulação tegumentar diante de sua aplicação, com consequente informação aferente chegando em níveis subcorticais e corticais de percepção, o que promoveria a programação motora cortical para o envio de uma resposta eferente, que por sua vez favoreceria a contração ou o relaxamento muscular, a depender da forma de aplicação do recurso. Atualmente, levanta-se a hipótese de que a bandagem funcionaria como um tracionamento mecânico de estruturas, favorecendo resistência e pressão durante a deglutição[8].

A **eletroestimulação neuromuscular** também tem se mostrado um recurso frequentemente aplicado na terapia da criança com disfagia, apesar do seu critério de exclusão quanto à ocorrência de crises convulsivas, alteração frequente nesse perfil de paciente. Apesar de achados positivos em estudo clínico[9] com uso da eletroestimulação sensorial, não é possível comprovar cientificamente o uso da técnica, pelo baixo nível de evidência das pesquisas[10].

Com relação à hipótese funcional da eletroestimulação, trata-se da aplicação de corrente elétrica no tecido e, a depender da corrente e programação utilizadas, promoverá um efeito fisiológico – contração muscular, analgesia, relaxamento muscular e estimulação sensorial pelo aumento da vascularização. No contexto da reabilitação da disfagia pediátrica, a eletroestimulação neuromuscular pode ter um caráter sensorial, sendo aplicada com a finalidade do aumento da percepção da região estimulada, ou então a finalidade de contração muscular, promovendo o deslocamento das estruturas-alvo e com isso fornecendo referência de movimento[11].

Além das crises convulsivas como critério de exclusão, não se recomenda o uso da técnica em bebês, tanto pela ausência de estudos que direcionem quanto à sua segurança, como pela possível influência no desenvolvimento da junção neuromuscular[12].

A **fotobiomodulação** também tem sido frequentemente empregada na reabilitação da disfagia pediátrica. O efeito intracelular decorrente da aplicação do feixe de luz, principalmente nos comprimentos de onda vermelho e infra-vermelho, tem se mostrado positivo no favorecimento na resposta das aferências e no desempenho muscular. A aplicação nas glândulas salivares para reduzir a produção salivar também pode apresentar indicações de uso, porém salienta-se a importância de compreender o quanto esse efeito possivelmente é momentâneo por tratar-se de uma glândula saudável.

Apesar da ausência de estudos em disfagia até o momento, fazendo com que não haja comprovação científica, a segurança e a hipótese funcional do seu uso baseiam-se em estudos de outras áreas[13].

Na prática clínica observam-se duas dificuldades do uso da técnica na criança com disfagia: a proteção ocular, já que não se encontram dispositivos específicos para o uso em pediatria para essa função; e a necessidade da criança conseguir aguardar o tempo planejado de incidência, sem se movimentar, com a ponteira do aparelho em contato com o tecido.

LIMITE TERAPÊUTICO

A criança com disfagia tem seu prognóstico de reabilitação definido pela extensão da lesão, gravidade do impacto funcional, aspecto cognitivo e momento da lesão quanto ao desenvolvimento (lesão congênita *versus* lesão adquirida), sendo que quanto mais extensa a lesão, mais grave a disfagia no momento da avaliação, piores o aspecto cognitivo e o acometimento congênito, mais limitado o prognóstico de evolução da deglutição.

A depender do impacto de todos esses aspectos, verifica-se o limite no ganho funcional da deglutição no seu processo de reabilitação. A literatura especializada não traz *guidelines* ou índices norteadores para essa definição. Ainda que não tenha sido uma pesquisa que visasse indicar o limite terapêutico, Benfer et al. (2018)[14], demonstram que, mesmo podendo ter a gravidade da disfagia atenuada, as crianças com paralisia cerebral grave permaneceram com esse impacto funcional mesmo no final da intervenção.

Apesar da ausência de menções diretas na literatura, a prática clínica é forte em verificar que frequentemente não se atinge a total evolução em disfagia pediátrica, demonstrando que o limite terapêutico é uma condição real e precisa ser considerado.

O limite terapêutico pode ser definido como a ausência de ganhos funcionais, após determinado período de intervenção terapêutica, desde que se garanta que: o objetivo terapêutico estipulado esteja adequado para a condição funcional da criança; todas as estratégias e os recursos indicados para o objetivo terapêutico estejam sendo empregados de forma adequada; as intervenções de outros profissionais da equipe multidisciplinar, que possam interferir no ganho fonoaudiológico, estejam sendo executadas; as orientações fonoaudiológicas que sejam essenciais para a evolução funcional estejam sendo seguidas pelos familiares e cuidadores.

A maior dificuldade na definição do limite é por quanto tempo aguardar para chancelar a ausência de evolução funcional. Nesse ponto, a ausência de pesquisas deixa a recomendação frágil por depender somente da experiência clínica, entendendo que existe uma série de variáveis que interferem nesse contexto. Sugere-se definir em que momento de reabilitação cada criança se encontra, estabelecendo que quanto mais aguda a condição, estima-se maior velocidade de ganho. A prática clínica norteia que de três a seis meses sem evolução no aspecto trabalhado pode vir a ser considerado limite terapêutico. Sabe-se também que qualquer modificação do quadro, como realização de cirurgias, mudanças de medicação e melhora do aspecto cognitivo pode promover condições de novo período de evolução.

Na constatação do limite terapêutico é importante orientar os demais profissionais da equipe, os familiares e os cuidadores de que não se espera mais a evolução funcional na deglutição. Diante desse limite, pode-se iniciar o espaçamento progressivo das sessões de terapia, orientando quanto aos estímulos que devem seguir sendo realizados, e observando se a criança irá manter os ganhos alcançados da deglutição e da estabilidade nutricional e pulmonar. A experiência clínica mostra que uma pequena parcela de crianças com disfagia grave, sem oferta de alimentos por via oral e que apresentam redução na frequência de deglutição de saliva, tende a perder os ganhos conquistados com o interromper das terapias.

ALTA E GERENCIAMENTO

No atendimento fonoaudiológico em disfagia pediátrica poderemos identificar a possibilidade de alta do acompanhamento quando os principais objetivos possíveis forem alcançados, visando a via de alimentação mais segura e eficiente para o paciente. Esse momento tem relação estreita com a idade dos pacientes e os limites impostos pela doença de base e seus tratamentos, além das condições familiares. Alguns indicadores clínicos como a redução do número de internações hospitalares, redução de acometimentos respiratórios, transição de via alternativa para via oral, contribuem para a indicação da alta fonoaudiológica.

A proposta de gerenciamento fonoaudiológico ou através de equipe multidisciplinar permite também que as consultas possam ser mais espaçadas, contando também com a identificação da família e de outros profissionais de mudanças no quadro de deglutição. Por estarmos falando da infância, junto às modificações do crescimento e desenvolvimento é importante que a família esteja bem instrumentalizada quanto aos sinais clínicos da disfagia e suas consequências.

CONCLUSÃO

O planejamento terapêutico é um processo-chave na eficácia da reabilitação da disfagia em crianças. A reprodução de técnicas sem seguir uma proposta que se inicia com um adequado objetivo terapêutico tem poucos ganhos funcionais na deglutição, o que, por sua vez, não terá impacto na saúde clínica da criança. É importante ressaltar que a melhoria da saúde clínica da criança é o resultado de toda intervenção na disfagia.

Definir qual desempenho é possível atingir e obtê-lo o mais precocemente possível pela escolha adequada de estratégias direciona condutas mais assertivas nos procedimentos da equipe multidisciplinar, auxilia no estabelecimento de expectativa dos familiares e contribui para o que mais se busca em reabilitação: melhora clínica e ganho de qualidade de vida.

REFERÊNCIAS BIBLIOGRÁFICAS

1. Robbins J, Butler SG, Gross RD, Langmore S, Lazarus CL, Martin-Harris B, et al. Swallowing and dysphagia rehabilitation: translating principles of neural plasticity into clinically oriented evidence. JSLHR. 2008;51:S276-300.
2. Arvedson J, Clark H, Lazarus C, Schooling T, Frymark T. The effects of oral-motor exercises on swallowing in children: an evidence-based systematic review. Dev Med Child Neurol. 2010;52:1000-3.
3. Acar G, Ejraei N, Turkdoğan D, Enver N, Öztürk G, Aktaş G. The effects of neurodevelopmental therapy on feeding and swallowing activities in children with cerebral palsy. Dysphagia. 2022;37(4):800-11.
4. Ng V, Bogaardt H, Tzannes G, Collins S, Docking K. Thickened formulas used for infants with dysphagia: influence of time and temperature. Dysphagia. 2022;37(4):923-32.
5. Mikami DLY, Furia CLB, Welker AF. Addition of Kinesio Taping of the orbicularis oris muscles to speech therapy rapidly improves drooling in children with neurological disorders. Dev Neuroreahabil. 2019;22:13-8.
6. Vílchez-Barrera M, Lozano-Céspedes D. Effects of kinesiotaping on the control of sialorrhoea in children with central nervous system conditions – a systematic review. Rev Neurol. 2019;69:353-62.
7. Ribeiro MO, Rahal RO, Kokanj AS, Bittar DP. O uso da bandagem elástica Kinesio no controle da sialorreia em crianças com paralisia cerebral. Acta Fisiatr. 2009;16:168-72.
8. Park JS, Jung YJ, Kim HH, Lee G. A novel method using kinesiology paping for the activation of suprahyoid muscles in healthy adults: a preliminary research. Dysphagia. 2020;35:636-42.
9. Umay E, Gurcay E, Ozturk EA, Akyuz EU. Is sensory-level electrical stimulation effective in cerebral palsy children with

dysphagia: a randomized controlled clinical trial. Acta Neurol Belg. 2020;120:1097-105.
10. Propp R, Gill PJ, Marcus S, Ren L, Cohen E, Friedman J, Mahant S. Neuromuscular electrical stimulation for children with dysphagia: a systematic review. BMJ Open. 2022;12:e055124.
11. Guimarães BTL, Silvério CC. Eletroestimulação como recurso para a reabilitação da disfagia em crianças. In: Levy DS, Almeida ST. Disfagia infantil. Rio de Janeiro: Thieme; 2018. p.129-38.
12. Epperson HE, Sandage MJ. Neuromuscular development in neonates and postnatal infants: implications for neuromuscular electrical stimulation therapy of dysphagia. J Speed Lang Hear Res. 2019;62:2575-83.
13. Leal-Junior ECP, Lopes-Martins RAB, Bjordal JA. Clinical and scientific recommendations for the use of photobiomodulation therapy in exercise performance enhancement and post-exercise recovery current evidence and future directions. Braz J Phys Ther. 2019;23:71-5.
14. Benfer KA, Weir KA, Bell KL, Ware RS, Davies PSW, Boyd RN. Oropharyngeal dysphagia and cerebral palsy. Pediatrics. 2017;140:e20170731.

Seção 4

Fala

Coordenadoras

Haydée Fiszbein Wertzner
Luciana Paula Maximino

39

A fala e suas interfaces

Haydée Fiszbein Wertzner
Helena Bolli Mota

PONTOS-CHAVE

- A fala é complexa e envolve aspectos fonológicos, fonéticos, somatossensoriais e auditivos.
- A fala sofreu modificações do seu entendimento à medida que foram agregados diferentes componentes na busca por desvendar melhor o que a envolve. Inicialmente havia uma preocupação com os movimentos dos articuladores, depois com as questões fonológicas dos sons da fala e, após o advento dos exames por imagens não invasivos, acrescentam-se continuamente novos conhecimentos que indicam a fala como um fenômeno complexo e dinâmico.
- Por ser complexa, a compreensão da fala implica nas interfaces com outras áreas da ciência e especificamente com as áreas da Fonoaudiologia.

OBJETIVOS DE APRENDIZAGEM

Ao final deste capítulo, o leitor deverá ser capaz de:

- Entender o que é a fala.
- Identificar as mudanças que ocorreram no entendimento da fala ao longo do tempo.
- Compreender as interfaces da fala na Fonoaudiologia.

INTRODUÇÃO

A fala é uma área de grande interesse para os fonoaudiólogos, mas nem sempre foi alvo de atenção tanto nas pesquisas como na prática clínica fonoaudiológica. Talvez uma das razões para isso sejam as suas interfaces, afinal, fala é linguagem ou é ato motor? Ou ainda, é dinâmica e resultado de uma combinação de planejamento fonológico, representações somatossensoriais e motoras?

Compreender como a fala se desenvolve desde o nascimento, como se aprimora ao longo do crescimento de uma criança, quando se estabiliza e o que acontece na senescência faz parte da formação do fonoaudiólogo. Porém, ao longo do tempo e principalmente nos últimos 30 anos, muitas evidências publicadas em decorrência de pesquisas têm aprimorado o conhecimento a respeito da fala e suas interfaces com a linguagem, considerando os aspectos fonológicos, e com a aprendizagem motora.

Ao lado dos fonoaudiólogos, outros profissionais, como neurologistas, linguistas, engenheiros e físicos, entre outros, estudam a fala, cada um com um propósito diferente, mas que se complementam.

Este capítulo inicia com a definição de fala, em seguida são apontados alguns momentos importantes nos estudos da área da fala ao longo do tempo, e logo após, são apresentadas algumas interfaces da fala, dentro da Fonoaudiologia, em relação às diferentes tarefas de fala e a aspectos motores e linguísticos.

O QUE É FALA?

O que torna os seres humanos diferentes de todos os outros animais? Existem poucas respostas melhores do que a nossa capacidade de reconhecer e produzir a fala. A fala faz parte do ser humano, sendo por essa razão um tema recorrente nas pesquisas e discussões científicas.

Na busca da conceituação do que é fala, verifica-se uma série de definições que variam de acordo com a perspectiva teórica que se adota. De modo geral, pode-se considerar a fala como uma das principais formas de comunicação usadas pelo homem. Por meio dela, o ser humano é capaz de transmitir pensamentos, ideias e emoções de maneira eficaz para os outros. É um modo de transmitir mensagens oralmente que envolve a coordenação precisa de movimentos neuromusculares orais, a fim de produzir segmentos e unidades linguísticas (fonemas, palavras e frases), por meio da articulação dos sons.

A produção da fala é o processo de emitir sons ou palavras articuladas com significado. É um processo complexo de resposta intercomunicativa no qual a audição, a percepção e o processamento de informações no sistema nervoso também estão envolvidos.

A complexidade da fala por si só sugere suas interfaces de tal forma que a *American Speech and Hearing Association* (ASHA)[1] considera que fala é a forma como dizemos os sons e inclui a articulação dos sons, a fluência e a voz, sendo que essa definição parece refletir os transtornos de fala[2]. De uma forma geral, a busca pela definição e classificação da fala foi construída tendo em mente os transtornos de fala, quer sejam os de desenvolvimento, os congênitos ou os adquiridos considerando todas as faixas etárias.

Ainda não há consenso na definição de fala, sendo apontada na literatura a necessidade de uma definição clara, bem como de critérios suficientes para classificá-la. Destaca-se que, para ser considerado fala, é necessária, mas não suficiente, uma sequência de movimentos orais que produz um sinal acústico e que é usada para se comunicar[3]. Tal questionamento se deve ao fato de haver diferentes tarefas de fala, velocidades e sotaques que, mesmo com diferenças, são classificadas como fala. Uma definição mais clara de fala foi proposta por Kent[2], que a considera como o movimento ou o planejamento de movimento que produz padrões acústicos de acordo com a estrutura fonética da língua.

A produção de fala não é uma tarefa simples, sendo que para sua efetivação um conjunto de tarefas ocorre e são necessários vários recursos, ou seja, é um ato motor altamente complexo que envolve articuladores do trato vocal respiratório, laríngeo e supraglótico trabalhando juntos de forma altamente coordenada. Na fala quase todos os gestos envolvem a coordenação de vários articuladores (mandíbula, língua, lábios, laringe) e do sistema respiratório. Subjacente a esse ato motor complexo está o sistema de controle motor da fala, que integra os sistemas auditivo, somatossensorial e as informações motoras representadas, respectivamente, no córtex temporal, parietal e frontal, juntamente com as estruturas subcorticais associadas[4].

Há ainda que se considerar que a fala, em sua complexidade, envolve aspectos linguísticos, mais especificamente os fonológicos. Assim, um som articulado precisa ser identificado por um ouvinte para que haja troca de mensagens com o falante. Cada língua tem o seu conjunto de sons contrastivos que se organizam em sequências silábicas que levam à formação de palavras com diferentes significados e que tornam possível a comunicação.

Na percepção e produção da fala, a fonologia desempenha um papel crítico na interpretação e geração dos sons. Em relação à percepção, a fonologia influencia a forma como o sistema auditivo processa os sons da fala. O sistema auditivo é capaz de extrair automaticamente a estrutura fonêmica dos sons da fala, o que é fundamental para a sua compreensão[5]. Em outras palavras, a estrutura fonológica dos sons da fala é usada para distinguir entre diferentes palavras e significados.

Em relação à produção da fala, a fonologia desempenha um papel fundamental na organização dos sons. Os sons da fala são produzidos pela interação de múltiplos níveis de processamento linguístico, incluindo o processamento fonológico. Assim, o papel da fonologia na percepção e produção da fala é fundamental para o sucesso da interpretação e geração dos sons da fala. A fonologia influencia a maneira como o sistema auditivo processa os sons, sua organização na produção e a capacidade de pronunciá-los com precisão[6].

O ESTUDO DA FALA AO LONGO DO TEMPO

Sendo a fala o resultado dos vários aspectos que tornam possível a sua realização, é preciso considerar os diferentes olhares a que ela é submetida, e com qual período da ciência está relacionada. Assim, na Fonoaudiologia há um olhar mais clínico, quer seja para identificar se há alguma alteração ou se é possível alguma ação preventiva para uma alteração. Com essa consideração pode-se então compreender que, do início aos meados do século XX, a fala era mais relacionada aos movimentos dos articuladores para produzir os sons e à percepção desses sons pelos ouvintes. Os estudos da época se preocupavam com a produção de sons isolados, tanto em relação à idade de aquisição dos mesmos como à sua produção e percepção.

Por volta dos anos 1970, os estudiosos entenderam que havia um aspecto cognitivo-linguístico, a fonologia da língua, que era um elo importante para a compreensão da complexidade da fala. Foram os estudos de Jakobson[7] que trouxeram luz sobre o papel da fonologia no desenvolvimento e nos distúrbios da fala, quando houve a distinção entre a articulação dos sons da fala, como o nível superficial de um sistema linguístico, e o sistema fonológico que especifica a distribuição e organização dos sons da fala e das formas das sílabas em cada língua.

Outros autores[8-11] tiveram uma grande influência na fonologia clínica nas décadas de 1970 e 80, reconceituando a natureza das alterações de fala na criança, aplicando princípios fonológicos na avaliação, diagnóstico e intervenção das alterações de fala. Houve, inclusive, uma mudança na terminologia, passando a ser utilizado o termo transtorno fonológico para o que anteriormente era chamado de transtorno articulatório. Seguiu-se um período caracterizado pelo predomínio dos aspectos fonológicos na compreensão da fala.

A partir do século XXI, a definição de fala passou a ter um olhar diferente, sendo então considerada um fenômeno sensório-motor, que inclui uma série de habilidades sensoriais, motoras e cognitivas que variam de acordo com a tarefa solicitada[4]. A produção de sons é uma rotina quando se considera a fala, mas a fala silenciosa ou com a boca fechada ainda é uma forma de fala. Assim, a fala pode ser usada de muitas formas diferentes, sendo provavelmente o comportamento motor humano mais adaptável e modificável[2].

Como a fala é complexa, a sua compreensão foi se modificando ao longo do tempo e continua sendo aprimorada na atualidade. Na literatura discute-se que os anos 1980 foram o grande divisor do conhecimento na área da fala[4]. Anteriormente, os estudos eram feitos em não humanos e em humanos com lesões neurológicas e se tinha uma ideia das áreas corticais envolvidas, porém sem muitas evidências das diferentes funções das áreas corticais.

A partir dos anos 1980, com o surgimento das técnicas de neuroimagem, foi possível desenvolver pesquisas com indivíduos saudáveis e avaliar a atividade cerebral durante a fala. Com os avanços tecnológicos da neuroimagem foi possível a construção de modelos computacionais de produção de fala que incluem a atividade de áreas corticais e subcorticais envolvidas na produção da fala como o modelo DIVA – *Directions Into Velocities of Articulators* (Direção para as velocidades dos articuladores) proposto por Guenther[12] e que vem se ajustando aos novos achados de pesquisa[4].

Dentre os estudos mais citados estão duas publicações de 1989 que impulsionaram as pesquisas na área da fala: uma delas[13] propõe uma ampla estrutura teórica da produção da linguagem, desde a conceituação de uma ideia até a articulação dos sons da fala; e outra em que os autores[14] propõem o modelo dinâmico de tarefa de produção da fala, que foi importante para os modelos computacionais elaborados nos anos seguintes.

De forma resumida, o modelo de Levelt[13] começa na preparação conceitual, na qual o significado pretendido de um enunciado é inicialmente formulado. Isso é seguido por um estágio de seleção lexical, no qual os itens candidatos no léxico, ou lemas, são identificados. Os lemas escolhidos devem então ser traduzidos em morfemas (codificação morfológica) e, em seguida, em unidades sonoras para produção (codificação fonológica). O resultado do estágio de codificação fonológica é um conjunto de sílabas escolhidas em um silabário mental.

Saltzman e Munhall[14], em sua proposta, procuraram conciliar a hipótese linguística de que a fala envolve um sequenciamento subjacente de unidades abstratas, discretas e independentes do contexto, com a observação empírica da sequência contínua e dependente do contexto dos movimentos articulatórios. No modelo proposto, os gestos articulatórios são descritos de acordo com a dinâmica de combinação entre um conjunto de unidades ativas sobrepostas temporalmente.

No modelo proposto por Levelt[13], a preparação de palavras na produção da fala normalmente é um processo rápido e preciso. Destaca-se que são geradas duas ou três palavras por segundo em uma conversa fluente e a nomeação explícita de uma imagem clara de um objeto pode ser facilmente iniciada em 600 mseg após o início da imagem. Porém, o modelo considera que o processo subjacente é extremamente complexo[15].

O processo de produção de fala ocorre em etapas que avançam. Após um primeiro estágio de preparação conceitual, a geração de palavras passa pela seleção lexical, codificação morfológica e fonológica, codificação fonética e articulação propriamente dita. Além disso, o falante exerce algum grau de controle de saída, monitorando a fala interna e explícita autoproduzida. Produzir fala deixa de ser considerado como algo simples, em que um fonema era associado a uma produção fonética e passa a ser visto como uma habilidade dinâmica[4]. A entrada do modelo DIVA é aproximadamente equivalente à saída do estágio de codificação fonológica. O modelo DIVA[16] fornece, então, uma descrição neural e computacional detalhada dos estágios de codificação fonética e articulação de Levelt.

AS INTERFACES DA FALA NA FONOAUDIOLOGIA

Na Fonoaudiologia a complexidade da fala se reflete na interdisciplinaridade entre as diferentes especialidades. A fala é uma área que conta com contribuições de conhecimentos provenientes principalmente das áreas de linguagem, audição, voz e motricidade orofacial.

Ao longo do capítulo foi destacado que um dos aspectos importantes da fala é seu componente cognitivo-linguístico. Na realidade, a fala se inicia no processo cognitivo-linguístico. Adquirir o sistema de sons e sequências de sons que são contrastivos em uma língua é a chave de sucesso para que a fala seja expressa e compreendida pelos outros de forma adequada. Ainda, sob esse ponto de vista, a percepção tem um papel importante em todo o processo da fala.

Agrega-se a esses aspectos a importância da produção da voz para a fala, que implica em um controle aerodinâmico importante para a articulação de cada som. Alguns estudos na área da fala têm mostrado a importância dos aspectos aerodinâmicos para aprimorar a compreensão dos mecanismos compensatórios muitas vezes utilizados nas alterações de produção dos sons da fala[17,18].

Outro fator importante relacionado à fala diz respeito aos movimentos de grupos musculares específicos que resultam nos gestos envolvidos na produção de cada som. Na produção de um som articulado em palavra há que se considerar a coarticulação, a sobreposição de movimentos articulatórios de sons subsequentes, que ocorre em função da sequência de sons planejados, programados e executados para sua efetivação[19].

Uma questão analisada na literatura é a relação entre os gestos articulatórios e os movimentos de não fala (MONF), que incluem movimentos orofaciais aplicados na prática clínica fonoaudiológica. Muitos movimentos de fala e MONF usam os mesmos músculos, mas os diferentes comportamentos, fala e não fala, têm diferentes padrões de ativação[2,3].

De uma forma geral, MONF são atos motores desempenhados por várias partes da musculatura da fala, com movimentos específicos ou alvos posturais que não são suficientes para ter uma identidade fonética, sendo sua diferença com os movimentos de fala a ausência de relação fonética com o movimento executado. Ou seja, os MONF e os movimentos de fala têm alguma semelhança biomecânica e de propriedades motoras, mas envolvem somente uma parte do gesto articulatório. Assim, a diferença crítica entre MONF e movimentos de fala é a ausência de relação fonética com o movimento executado[2,20].

Finalizando, a fala não é só governada por processos motores, mas também por princípios fonéticos e fonológicos, o que possibilita uma variedade de formas de produção que dependem do tipo de tarefa. A fala pode ser imaginada, sonhada, pronunciada, sussurrada, gritada, articulada cuidadosa ou casualmente, usada para expressar mensagens significativas ou sem sentido, ajustada à mudança de *feedback* auditivo ou interrupção mecânica, produzida com ou sem gestos, proferida com vários tipos e graus de emoção, imitada. A ativação da cadeia neural da rede motora da fala varia de acordo com a tarefa de fala, sendo que quanto maior a complexidade articulatória, maior é a ativação[2].

CONCLUSÃO

Neste capítulo, destacamos a complexidade da área da fala, mostrando as mudanças que ocorreram ao longo do tempo e que têm forte relação com o desenvolvimento de procedimentos não invasivos de neuroimagem, que auxiliam a observar o envolvimento das várias áreas do sistema nervoso central na produção da fala.

Ao mesmo tempo, foi destacado que a fala não é só governada por processos motores, mas também por princípios fonéticos e fonológicos, o que possibilita uma variedade de formas de produção que dependem do tipo de tarefa.

A complexidade da fala impressiona e encanta os pesquisadores e profissionais das várias áreas que de alguma forma estudam ou usam a fala. Na Fonoaudiologia, os estudos especificamente voltados para a fala, conectando as várias áreas que contribuem para o avanço no conhecimento quanto ao desenvolvimento e à produção de fala e, consequentemente, dos procedimentos de avaliação e intervenção nos transtornos de fala, são fundamentais para garantir o fortalecimento da área.

REFERÊNCIAS BIBLIOGRÁFICAS

1. American Speech and Hearing Association. What is speech? What is language? Disponível em: https://www.asha.org/public/speech/development/speech-and language/. Acesso em 15/01/2024.
2. Kent RD. Nonspeech oral movements and oral motor disorders: a narrative review. American Journal of Speech-Language Pathology. 2015 Nov;24:763-89.
3. Maas E. Speech and nonspeech: What are we talking about?. International Journal of Speech-Language Pathology. 2017;19(4):345-59.
4. Kearney E, Guenther FH. Articulating: the neural mechanisms of speech production. Lang Cogn Neurosci. 2019;34(9):1214-29.
5. Liberman AM, Mattingly IG. The motor theory of speech perception revised. Cognition. 1985;21(1):1-36.
6. Levelt WJM. Timing in speech production with special reference to word form encoding. 1993. Disponível em: https://doi.org/10.1111/j.1749-6632.1993.tb22976.x.
7. Jakobson R. Child language: aphasia and phonological universals. Walter de Gruyter; 1968.

8. Ingram D. Phonological disability in children. London: Edward Arnold; 1976.
9. Weiner F. Treatment of phonological disability using the method of meaningful minimal contrast: two case studies. Journal of Speech and Hearing Disorders. 1981;46(1):97-103.
10. Grunwell P. Clinical phonology. Reino Unido: Aspen Systems Corporation; 1982.
11. Locke JL. Clinical phonology: the explanation and treatment of speech sound disorders. Journal of Speech and Hearing Disorders. 1983;48(4):339-41.
12. Guenther FH. Neural models of adaptive sensory-motor control for flexible reaching and speaking. Boston University; 1993.
13. Levelt WJM. Speaking: from intention to articulation. ACL; 1989.
14. Saltzman EL, Munhall KG. A dynamical approach to gestural patterning in speech production. Ecological Psychology. 1989;1(4):333-82.
15. Levelt WJM, Roelofs A, Meyer AS. A theory of lexical access in speech production. Behavioral and Brain Sciences. 1999;22:1-75.
16. Guenther FH, Vladusich T. A neural theory of speech acquisition and production. Journal of Neurolinguistics. 2012;25:408-22.
17. Hashimoto PT, Pagan-Neves LO, Jesus LMT, Wertzner HF. Medidas aerodinâmicas, eletroglotográficas e acústicas na produção da fricativa pós-alveolar vozeada. CoDAS. 2018;30(3):e20170177.
18. Pinho CMR, Jesus LMT, Barney A. Weak voicing in fricative production. J Phon. 2012;40(5):625-38.
19. Maas E, Mailend ML. Fricative contrast and coarticulation in children with and without speech sound disorders. American Journal of Speech-Language Pathology. 2017 Jun;26:649-63.
20. Lof GL, Watson M. Five reasons why nonspeech oral motor exercises (NSOME) do not work. Perspectives on School-Based Issues. 2010;11(4):109-17.

40

A fala ao longo da vida

Ana Carla Estellita Vogeley
Maira Rozenfeld Olchik

PONTOS-CHAVE

- Desenvolvimento da fala desde a infância até o envelhecimento.
- Mudanças na fala ao longo da vida: evoluções anatômicas, neurofisiológicas, linguísticas e maturacionais no controle motor de fala.
- Fatores que afetam a fala ao longo do ciclo da vida, incluindo vocabulário, gramática, habilidades de comunicação, aspectos sociais e culturais.

OBJETIVOS DE APRENDIZAGEM

Ao final deste capítulo, o leitor deverá ser capaz de:

- Compreender os marcos típicos do desenvolvimento da fala desde a infância até a idade adulta, considerando também aspectos do envelhecimento.
- Analisar as mudanças na articulação, na entonação, no sistema fonológico e no controle motor no curso de desenvolvimento da fala.
- Examinar influências biológicas e ambientais no desenvolvimento da fala.

INTRODUÇÃO

Inicialmente, é importante definir o conceito de "fala" e "linguagem", uma vez que são termos relacionados, mas com significados distintos na área da comunicação humana. A fala consiste na produção de sons por meio dos órgãos fonatórios, envolvendo a articulação de sons e palavras para criar frases compreensíveis. Esse processo é um aspecto específico e físico da expressão verbal. A linguagem engloba um sistema mais abrangente e complexo que inclui a fala enquanto sua manifestação oral, mas vai além disso. Compreende a capacidade de expressar pensamentos e ideias, seja por meio da fala, da escrita e da linguagem de sinais, dentre outros sistemas simbólicos. Engloba componentes como fonologia, semântica, morfossintaxe e pragmática e é uma capacidade cognitiva e simbólica que permite a comunicação e a compreensão de conceitos abstratos, ou seja, é uma habilidade complexa e multidimensional, enquanto a fala é uma manifestação específica dessa habilidade.

A produção da fala requer a coordenação complexa dos subsistemas respiratório, fonatório, ressonantal e articulatório, bem como as características sobrepostas da prosódia (taxa, ênfase e entonação), exigindo movimentos rápidos e sequenciais através do espaço e do tempo. A aquisição de habilidades maduras de produção de fala é um processo complexo e prolongado que ocorre ao longo dos anos e envolve considerável crescimento anatômico, com refinamento do controle motor da fala e desenvolvimento cognitivo e linguístico.

Muitos aspectos do desenvolvimento da fala em crianças têm recebido atenção, incluindo o crescimento anatômico, o desenvolvimento do controle motor da fala[1], a acústica da fala, o desenvolvimento respiratório, o desenvolvimento dos sons da fala e o desenvolvimento da inteligibilidade da fala[2]. O estudo do desenvolvimento da velocidade de fala também vem recebendo atenção[3], em particular a taxa de articulação.

Ao longo dos próximos tópicos, será explorada a trajetória de desenvolvimento da fala em diferentes fases da vida, desde o desenvolvimento inicial nos primeiros dois anos, atravessando os estágios posteriores na infância, adolescência e idade adulta, até as mudanças que ocorrem no envelhecimento. Cada seção será dedicada a examinar os marcos típicos de desenvolvimento, os desafios comuns encontrados em cada fase e as possíveis variações individuais, proporcionando uma compreensão mais profunda da complexidade e diversidade do processo de desenvolvimento da fala ao longo da vida. Quais são os fatores que influenciam a capacidade de comunicação de forma eficaz nos diferentes ciclos vitais? Este capítulo busca explorar essa questão crucial, investigando os complexos mecanismos subjacentes às variações na produção da fala ao longo da vida.

DESENVOLVIMENTO DA FALA AO LONGO DA VIDA

A fala, ao longo do ciclo de vida, atravessa transformações notáveis, desde os primeiros estágios da infância até o envelhecimento. Nos últimos anos, foram observados avanços na compreensão sobre como a fala é adquirida, com atenção ao seu desenvolvimento na infância.

Desenvolvimento inicial da fala (os primeiros dois anos de vida)

Durante os primeiros anos de vida, ocorrem significativas mudanças no desenvolvimento linguístico, com aquisições iniciais rápidas e minuciosas. O primeiro ano é marcado por uma aprendizagem distribucional[4], uma descoberta inconsciente das sequências fonotáticas e sintáticas e de categorias fonéticas, com base em exposição repetida a estímulos similares. A criança avança rapidamente no módulo da compreensão, mas ainda não se comunica através da fala.

Os esforços em estabelecer relações entre percepção e produção na tentativa de explicar o desenvolvimento da fala têm sido grandes desde a década de 90[5,6]. Estudos sobre a produção da fala são mais comuns devido à facilidade de gravação, transcrição e análise, em comparação com pesquisas sobre os mecanismos de percepção. A compreensão dos mecanismos neurais subjacentes à percepção da fala ainda é limitada, devido à falta de técnicas não invasivas para medir o funcionamento cerebral em bebês. No entanto, avanços tecnológicos, como a magnetoencefalografia (MEG), uma técnica que oferece uma alta resolução temporal, sendo capaz de detectar as atividades cerebrais em uma escala de milissegundos, o que a torna extremamente útil para estudar a dinâmica temporal das funções cerebrais, a partir em tarefas como ouvir ou produzir a fala, e a espectroscopia próxima ao infravermelho (NIRS), estão expandindo as possibilidades de estudo da percepção auditiva em crianças[6]. A NIRS é uma técnica inovadora para estudar o cérebro em crianças em desenvolvimento, permitindo a coleta de dados sem a necessidade de imobilização. Embora menos precisa que a Ressonância Magnética Funcional (*functional Magnetic Resonance Imaging* – fRNM), é amplamente utilizada para observar a atividade neural em bebês, facilitando a avaliação de habilidades cognitivas e funcionais durante a infância. Estudos com MEG e Potencial Relacionado a Eventos (*Event-Related Potential* – ERP) mostram que até o final do primeiro ano de vida, áreas auditivas e motoras do cérebro de bebês têm padrões distintos para sons nativos e não nativos, indicando uma especialização progressiva. A fala não nativa provoca maior atividade cerebral na área de Broca e no cerebelo, sugerindo maior esforço durante o processamento de sons não nativos.

A experiência linguística pré-natal[5] consiste principalmente de informação prosódica e já traz impactos para os recém-nascidos. Os correlatos neurais da fala e processamento de linguagem tornam-se cada vez mais especializados. A primeira experiência com a fala começa já no último trimestre da gestação. Assim, os bebês nascem com habilidades avançadas de percepção e linguagem ao ponto de serem capazes de distinguir diferentes línguas com base nos padrões de fala, demonstrando sensibilidade rítmica e para a proporção relativa de vogais e consoantes do sinal de fala. A audição já é operacional em 24-28 semanas de gestação[5], embora a linguagem falada no útero seja filtrada pelos tecidos maternos, transmitindo principalmente a prosódia da fala e menos os sons individuais das palavras (possivelmente, alguns aspectos das vogais, mas não das consoantes).

Considerando que a criança já faz avanços perceptuais até antes de nascer e, ao nascer, o fluxo de fala já oferece informações diversas, a criança mergulhada no fluxo de fala já vivencia e experimenta a língua no plano perceptual, embora não crie qualquer tipo de categorização[7]. Por volta dos 4-6 meses, começa a explorar o potencial do trato vocal, que se aproxima da estrutura adulta, iniciando assim a fase de balbucio. O **balbucio inicial** consiste em uma série de vocalizações, reconhecido por seu padrão silábico repetitivo, a partir do qual a criança aprimora suas habilidades motoras. À medida que avança, continua a desenvolver a compreensão e experimenta vocalizações mais organizadas por volta dos 9 meses, um estágio conhecido como balbucio canônico[4]. Esse período coincide com o surgimento da atenção compartilhada, tornando-se ideal para experimentos que integrem percepção e produção, com métodos como o *Headturn*, uma ferramenta muito usada para avaliar a capacidade de um bebê ou criança pequena e/ou não verbal de perceber e discriminar sons sem a necessidade de resposta verbal ou motora direta, a partir do movimento de virada da cabeça em direção ao som, ou ao estímulo verbal por parte do bebê.

A primeira manifestação da sintonia entre percepção e produção, ainda no balbucio, é o efeito magnético e a criação de protótipos[4,7]. As crianças acumulam informações fonéticas e tokens para criar categorias de sons, ativando um mecanismo de atração denominado efeito magnético perceptual, com base no protótipo. Há um "efeito hiperespaço", em que as características distintivas são mapeadas para alvos hiperarticulados[4,7], com uma tendência forte para escolher vogais com qualidades mais dispersas no espaço acústico, o "hiperespaço". Isso implica que, entre várias opções de vogais com propriedades acústicas semelhantes, o bebê escolhe como exemplar da vogal aquela mais periférica. O cérebro armazena categorias de acordo com o melhor exemplar.

Um aspecto muitas vezes negligenciado é o impacto do estágio inicial pré-lexical do balbucio no desenvolvimento da fala. Não há consenso sobre como ocorre a transição do balbucio para as primeiras palavras, mas é certo que essa transição acontece[4,7] e o balbucio pode ser considerado um precursor da fala. À medida que a criança avança para o estágio pré-lexical, ela associa sons a objetos, pessoas ou ações, marcando a transição para os primeiros itens lexicais. Durante esse período, a partir do primeiro ano de vida, ocorre uma mudança no processamento da fala, da distribuição para o referencial. A criança desenvolve percepção para contrastes de pares mínimos e revela padrões de produção específicos. A aprendizagem referencial começa a se basear em um sistema de memória de trabalho, permitindo à criança relacionar novas formas a novos referentes. As imitações tornam-se mais precisas em relação aos gestos motores dos adultos, enquanto as pistas acústicas se tornam mais atrativas, levando a um uso mais sofisticado do córtex pré-motor e de informações visuais. À medida que o balbucio torna-se mais próximo da língua nativa e adquire características canônicas, importantes aquisições prosódicas são desenvolvidas[4], juntamente com o conhecimento distribucional de sequências segmentais.

Essa fase também testemunha o desenvolvimento dos Esquemas Motores Vocais (EMVs), que desempenham um papel importante na formação das primeiras palavras[4], revelando uma gradação entre os estágios de aquisição, com algumas produções consistentes, consideradas protopalavras[4]. Os EMVs, influenciados pelo sistema de sons da língua, constituem a base para o desenvolvimento fonológico, contribuindo para avanços lexicais. São modelos sistemáticos que auxiliam na expansão do léxico, atuando como suporte fonético e moldando padrões articulatórios. É preciso pelo menos 2 EMVs para a transição para palavras.

Os estágios da aquisição de fala, portanto, não têm uma delimitação exata, mas sobreposições, em um gradiente ou *continuum* (Figura 1). Supõe-se que os EMVs representam a capacidade no controle da articulação de fonemas e propiciam avanços lexicais. As palavras-alvo são frequentemente repetidas pela criança com base nas formas fonéticas existentes, havendo adaptações de palavras-alvo[4]. O som do balbucio fornece dupla informação por via auditiva e articulatória, sugerindo que o balbucio pode conduzir à regularidade na produção.

Na emergência das primeiras palavras, há uma surpreendente acurácia na produção. A criança produz uma fala muito próxima à do *input*. Um estudo sobre as 6 primeiras palavras em crianças de diversas línguas observou que essas palavras são muito próximas dos alvos[4]. Há uma seletividade criteriosa nas primeiras palavras por parte das crianças. Elas escolhem alvos simples, de modo que escolhas como [papa] e [mama] não são aleatórias. É esse o aprendizado distribucional secundário. Guiadas pelo filtro articulatório[4], as primeiras palavras são simples, embora observem-se processos de regressão e variabilidade.

Durante o balbucio, os bebês começam a explorar e aprimorar os movimentos dos órgãos da fala, contribuindo para o desenvolvimento das sinergias motoras relacionadas aos lábios, mandíbula e língua. Esses movimentos iniciais são essenciais na transição para as primeiras palavras, refletindo o refinamento contínuo das habilidades motoras necessárias para a produção da fala. Assim, o balbucio e as primeiras palavras estão intrinsecamente ligados ao desenvolvimento progressivo e complexo das sinergias motoras de fala, demonstrando a interdependência entre a exploração motora inicial e a emergência da fala.

Os estudos sugerem que o desenvolvimento das sinergias motoras de fala segue uma hierarquia não uniforme. As sinergias motoras de fala relacionadas aos lábios e à mandíbula se desenvolvem mais cedo do que as sinergias relacionadas à língua. Os movimentos mandibulares em bebês são predominantemente balísticos e restritos a gestos de abertura e fechamento devido ao

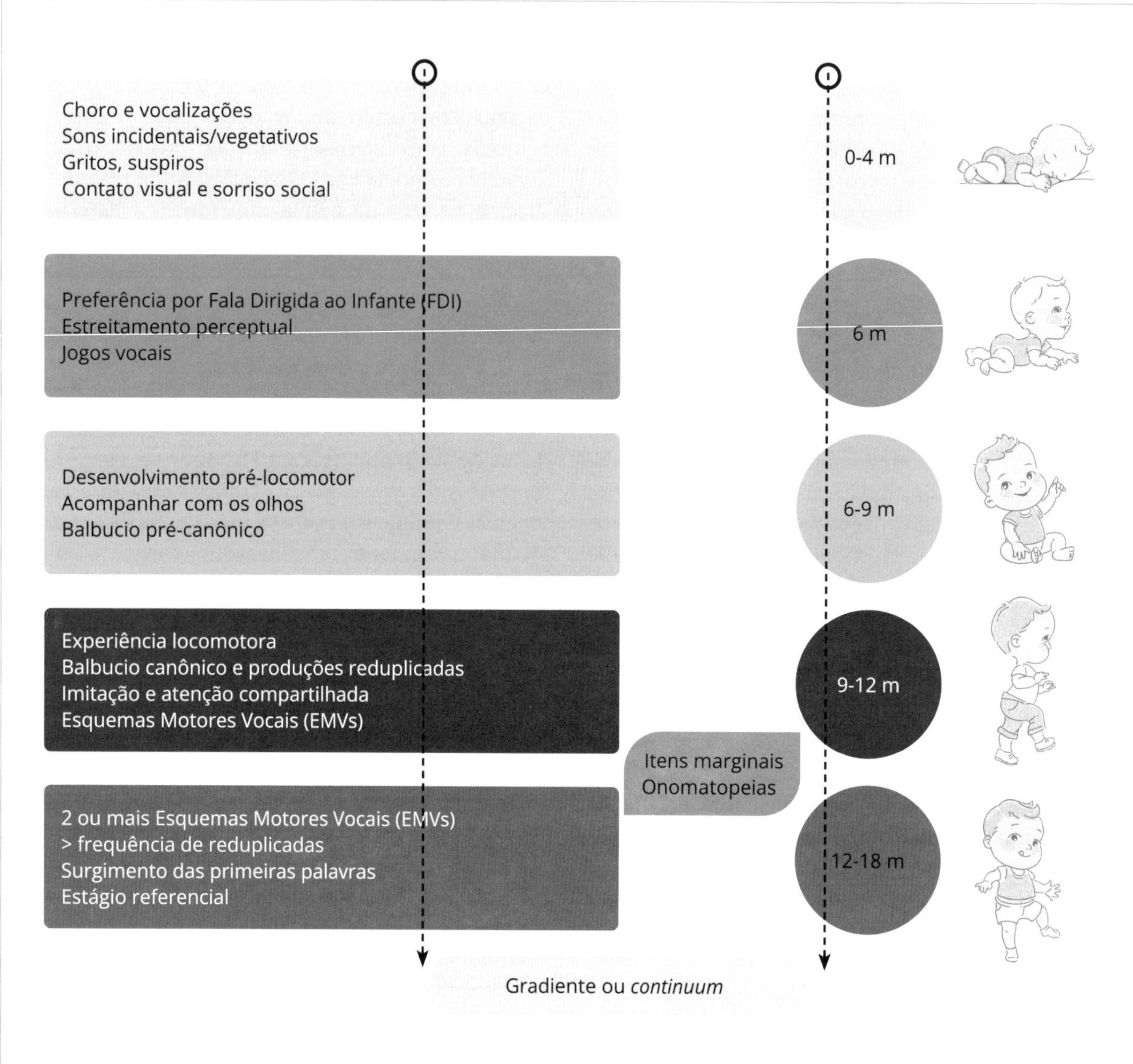

FIGURA 1 *Continuum* das primeiras aquisições da fala.
Fonte das ilustrações do bebê: Natalia Zelenina – stock.adobe.com.

controle limitado de força necessária para diferentes alturas da mandíbula. As produções de vogais nos primeiros anos de vida são geralmente relacionadas a vogais baixas, não frontais e não arredondadas, o que implica que a língua mal se eleva da mandíbula e há pouca interação muscular facial (lábios) com a mandíbula[1]. Sinergias mais maduras, como as que envolvem a língua, são desenvolvidas mais posteriormente.

Estágios posteriores do desenvolvimento da fala na infância

Por volta dos 5 anos de idade, as crianças já adquirem os contrastes do sistema fonológico adulto[8]. A aquisição segmental e das estruturas silábicas ocorre até aproximadamente os 4 anos, exceto pelos *clusters* ou encontros consonantais com /r/, que são dominados aos 4:1 anos e com o /l/, aos 5:7 anos. Um estudo sobre padrões na emergência e estabilização dos segmentos e das estruturas silábicas[9] identificou que as plosivas são adquiridas junto às nasais por volta dos 2:0-2:6 anos, seguidas pelas fricativas. As líquidas, especialmente a não lateral /r/, são adquiridas mais tarde. A lateral /l/ é dominada antes da não lateral /r/. As estruturas silábicas complexas, como a coda ou consoante final CVC/CVCC e os *clusters* CCV, são as últimas aquisições. As crianças tendem a produzir o padrão canônico CVCV, evitando codas e *clusters* para atender ao não marcado.

Assim, durante a aquisição da fala, ocorre um rápido avanço no inventário lexical e fonológico, acompanhado por conflitos entre o sistema fonológico alvo do adulto e as limitações da criança. Nesse estágio, as crianças utilizam estratégias de simplificação ou processos fonológicos, para adaptar as produções às suas capacidades. Esses processos envolvem substituição e omissão de segmentos ou estruturas.

As sinergias motoras de fala vão também gradualmente amadurecendo, conforme as limitações na capacidade de categorização de sons, articulação, planejamento motor, memória fonológica e processamento auditivo[1]. As sinergias relacionadas à língua seguem diferentes padrões de maturação. As sinergias que usam a parte de trás da língua para ajudar a ponta da língua durante as produções das alveolares são adquiridas por volta dos 4-5 anos, enquanto as sinergias relacionadas à liberação da ponta da língua e ao recuo do corpo da língua não estão totalmente maduras. A extensão e a variabilidade da coarticulação CV lingual entre 6 e 9 anos de idade são maiores do que em adultos, o que sugere que as crianças ainda estão refinando a sintonia dos gestos articulatórios. Assim, as sinergias relacionadas a lábios e mandíbula desenvolvem-se mais cedo do que as relacionadas à língua, e o desenvolvimento das sinergias intra e intergestuais é não uniforme e prolongado[1].

A fala na adolescência, adultos e idosos

A produção da fala nessa fase continua evoluindo em função das mudanças físicas e cognitivas, especialmente perto da puberdade. A puberdade é marcada por um acentuado crescimento no comprimento da faringe em homens. Há também mudanças físicas na laringe que ocorrem em indivíduos de ambos os sexos, mas são especialmente marcantes nos homens durante a puberdade. As dimensões do trato vocal aumentam com o tamanho do corpo[10], há um aumento acentuado no tamanho e espessura das pregas vocais, que acarretam consequências acústicas. Em termos da fonte de voz, as mudanças na laringe levam a uma diminuição na frequência de vibração das pregas vocais, sendo sua ocorrência acentuada particularmente nos homens.

Adolescentes não apenas demonstram diferenças nas características acústicas da fala em comparação com adultos jovens, mas também exibem maior variabilidade na produção de fala devido a um controle motor imaturo. Estudos sugerem que a coordenação motora e as características acústicas da produção da fala continuam a desenvolver-se significativamente até os 14-15 anos, pois os adolescentes em idade escolar ainda não passaram pelas mesmas mudanças de exposição linguística que os adultos[10].

Além disso, durante a transição da infância para a adolescência, ocorrem mudanças significativas no cérebro, incluindo um aumento proporcional na substância branca em relação à cinzenta. Estudos indicam que a melhoria do desempenho cognitivo está associada às propriedades da substância branca[11]. Pesquisas com fMRI mostraram mudanças na ativação cerebral durante tarefas de produção de fala, passando de uma representação bilateral para uma cada vez mais lateralizada no córtex pré-frontal[12]. A conectividade cerebral evolui de uma predominância inter-hemisférica em bebês para uma predominância no hemisfério esquerdo na idade adulta. Em comparação com adultos, as crianças mostram uma forte conectividade inter-hemisférica, especialmente entre as regiões temporais superiores[13]. Entre 8 e 20 anos, ocorre um aumento na assimetria, demonstrando um processo dinâmico influenciado pela experiência ao longo da vida.

Os adultos produzem sequências rápidas e intercaladas de sons da fala, controlando os movimentos relativos no tempo e no espaço dos articuladores orais. O controle e a coordenação desses efetores parecem ser automáticos, sem esforço e geralmente livres de erros. Se a produção da fala for vista dentro da estrutura das teorias clássicas de controle motor, pode-se inferir que os adultos organizam sinergias funcionais (padrões consistentes de ativação de grupos musculares) que atuam como subunidades estáveis.

Um estudo investigou o curso de desenvolvimento da coordenação motora da fala em 180 crianças e adultos e verificou que essa trajetória é prolongada e que os processos de controle motor da fala não são semelhantes aos dos adultos até depois dos 14 anos de idade, tanto para mulheres quanto para homens, concluindo que vários fatores contribuem para o desenvolvimento prolongado da coordenação motora oral para a fala, incluindo a maturação de componentes do próprio sistema motor e a maturação dos subsistemas cerebrais para o processamento da fala[14].

A produção da fala continua a se desenvolver mesmo na meia-idade, influenciada por fatores como a exposição à linguagem, incrementada ao longo da vida, como na aprendizagem de uma nova língua na idade adulta que pode afetar a produção da língua nativa[15], mudanças sociofonéticas, habilidades cognitivas, audição e saúde física e mental, além de fatores sociofonéticos ligados à mobilidade regional ou social. A taxa de articulação medida a partir de monólogos de fala espontânea aumentou desde a infância até a idade adulta e não atingiu o "pico" até os adultos terem cerca de 40 anos, sendo geralmente reduzida em adultos mais velhos em comparação com adultos jovens, tanto na fala lida quanto na conversacional. No entanto, a compreensão dessas mudanças é limitada devido à falta de estudos dessa faixa etária, em função de já se esperar um pleno desenvolvimento da fala.

Sendo assim, as mudanças na fala durante a idade adulta e no envelhecimento são multifacetadas, envolvendo uma combinação de evoluções anatômicas, neurofisiológicas, linguísticas e maturacionais no controle motor da fala. Alguns aspectos-chave relacionados a essas mudanças anatômicas: as estruturas orofaciais ao longo do envelhecimento podem apresentar uma redução na elasticidade dos tecidos orofaciais, afetando a tonicidade e mobilidade dos lábios, língua e músculos associados à fala. Falantes mais velhos tendem a ter menor precisão na articulação de palavras longas, especialmente nas mais complexas, mas aqueles com alta precisão não mostram declínio na coordenação motora relacionada à idade[16]. A laringe e pregas vocais podem apresentar mudanças na qualidade vocal, sendo a vibração vocal menos estável em falantes mais velhos, resultando em diminuição da estabilidade em termos de frequência e amplitude da fonte sonora[14].

Com relação aos aspectos linguísticos, de um lado temos a diminuição na velocidade no processamento linguístico, porém por outro há um aumento no vocabulário porque a experiência de vida pode resultar em um vocabulário mais vasto, enquanto o acesso lexical pode se tornar mais lento. O aspecto sensorial também interfere, a perda auditiva relacionada à idade (presbiacusia) causa mudanças no reconhecimento de fala, principalmente no ruído[17].

Uma revisão de vários fatores de influência observou que em adultos mais velhos, embora o grau em que essas mudanças afetem a capacidade de comunicar de forma eficaz e fluente seja ainda uma questão de debate, existe uma grande variabilidade individual no desempenho da produção da fala[18,19]. Com relação à neurofisiologia, há uma diminuição natural no número de neurônios e na eficiência sináptica, afetando a coordenação fina e a velocidade de movimentos, incluindo os relacionados à fala. Essas mudanças nos circuitos neurais podem afetar o controle motor da fala, levando a uma diminuição na precisão articulatória e na fluência verbal. O processamento linguístico pode tornar-se mais lento, afetando a velocidade da produção verbal. Quanto ao controle motor de fala, adultos mais velhos podem enfrentar desafios no aprendizado de novos padrões motores para a fala, mas a capacidade de adaptação deve persistir[18,19].

Nessa etapa da vida, as chances de desenvolver doenças que prejudicam a produção motora da fala aumentam. Condições associadas ao envelhecimento, como doenças neuromusculares e degenerativas, podem afetar a articulação, qualidade vocal e controle motor da fala, resultando em disartria, um transtorno que compromete a inteligibilidade e comunicação por falhas na coordenação e execução dos movimentos necessários para a fala eficiente, causadas por alterações no sistema nervoso central (cérebro e tronco encefálico) e/ou periférico (nervos que controlam os músculos da fala). Nesses casos, há alterações nos subsistemas da fala: fonação, articulação, respiração, ressonância e prosódia[19].

CONCLUSÃO

As mudanças na produção da fala ao longo da vida sugerem que a fala é um processo altamente dinâmico, com modificações anatômicas, cognitivas, ambientais e linguísticas, mas também com adaptações em curso que são feitas na comunicação para que a mensagem possa ser transmitida com eficiência e inteligibilidade a diferentes interlocutores e ambientes. Dessa forma, evidencia-se que a fala está em constante adaptação ao longo do ciclo de vida e estudos longitudinais e comparativos entre distintas faixas etárias têm o potencial de proporcionar valiosas percepções para se compreender o funcionamento e as especificidades da fala em cada estágio da vida.

REFERÊNCIAS BIBLIOGRÁFICAS

1. Namasivayam AK, Pukonen M, Goshulak D, van Lieshout P. Developmental changes in speech breathing during childhood and adolescence: A narrative review with clinical implications. Journal of Speech, Language, and Hearing Research. 2020;63(8):2656-71.
2. Crowe K, McLeod S. Intelligibility of children's spontaneous speech: A systematic review of normative data. International Journal of Speech-Language Pathology. 2020;22(5):535-49.
3. Nip ISB, Green JR. Increases in cognitive and linguistic processing primarily account for increases in speaking rate with age. Child Development. 2013;84(4):1324-37.
4. Vihman M. Phonological development: the first two years. Blackwell; 2014.
5. Kuhl PK, et al. Infants' brain responses to speech suggest analysis by synthesis. Proc Natl Acad Sci U S A. 2014;111(31):11238-45.
6. Gervain J, et al. Near-infrared spectroscopy: a report from the McDonnell infant methodology consortium. Developmental Cognitive Neuroscience. 2011;1:22-46.
7. Matzneauer CLB. O modelo BiPhon e a fonologização de traço e segmentos na aquisição da linguagem. Revista de Estudos Linguísticos da Universidade do Porto. 2015;10:59-84.
8. Lamprecht RR. Aquisição fonológica do português: perfil de desenvolvimento e subsídios para terapia. Porto Alegre: Artmed; 2004.
9. Ceron MI, De Simoni S. Keske-Soares M. Phonological acquisition of Brazilian Portuguese: Ages of customary production, acquisition and mastery. Research Report. 2022;57(2):274-87.
10. Koenig LL, Lucero JC, Perlman E. Speech production variability in fricatives of children and adults: Results of functional data

analysis. The Journal of the Acoustical Society of America. 2008;124:3158-70.

11. Schmithorst VJ, Yuan W. White matter development during adolescence as shown by diffusion MRI. Brain and Cognition. 2010;72(1):16-25.
12. Friederici AD, Brauer J, Lohmann G. Maturation of the language network: from inter-to intrahemispheric connectivities. PLoS ONE. 2011;6(6).
13. Smith A, Zelaznik HN. Desenvolvimento de sinergias funcionais para coordenação motora da fala na infância e adolescência. Dev Psicobiol. 2004;45:22-33.
14. Evans BG, Iverson P. Plasticity in vowel perception and production: a study of accent change in young adults. The Journal of the Acoustical Society of America. 2007;121(6):3814-26.
15. Xue SA, Hao GJ. Changes in the human vocal tract due to aging and the acoustic correlates of speech production. Journal of Speech, Language, and Hearing Research. 2003.
16. Hooper C, Cralidis A. Normal changes in the speech of older adults: You've still got what it takes; it just takes a little longer!. Perspectives on Gerontology. 2009;14:47-56.
17. Sadagopan N, Smith A. Age differences in speech motor performance on a novel speech task. Journal of Speech, Language, and Hearing Research. 2013;56(5):1552-66.
18. Hazan V. Speech communication across the lifespan. Acoustics Today. 2017;13:36-43.
19. Duffy JR. Motor speech disorders: substrates, differential diagnosis, and management. Elsevier; 2019.

41

A fala e os transtornos na criança e no adolescente

Luciana de Oliveira Pagan-Neves
Luciana Paula Maximino

PONTOS-CHAVE

- A aquisição do sistema fonológico acontece de modo sequencializado e gradual e o desenvolvimento é marcado pelo aparecimento das primeiras palavras com significado.
- Os Transtornos dos Sons de Fala (TSF) são definidos como uma dificuldade em utilizar os sons da fala apropriados para a idade e dialeto do indivíduo. A manifestação apresentada por crianças e adolescentes com TSF é facilmente observada pela presença dos tipos de erro que podem ser de omissão, substituição e/ou distorção.
- A classificação de cada subtipo dos TSF é baseada em dois sistemas. O primeiro utiliza as características de fala dos indivíduos com o transtorno para identificá-los e separá-los em subgrupos que se diferenciam em relação aos déficits nos processamentos da fala e na seleção do modelo de intervenção. A segunda proposta é denominada Sistema de Classificação dos Sons da Fala e está baseada na tipologia clínica.

OBJETIVOS DE APRENDIZAGEM

Ao final deste capítulo, o leitor deverá ser capaz de:

- Identificar uma criança ou adolescente com TSF.
- Identificar os diferentes tipos e subtipos de crianças e adolescentes com TSF.
- Familiarizar-se com as diferentes características subjacentes ao TSF.

INTRODUÇÃO

A aquisição e o desenvolvimento típico de fala são processos complexos que ocorrem ao longo dos anos e envolvem considerável crescimento anatômico, refinamento do controle motor da fala, desenvolvimento cognitivo e de linguagem.

Especificamente, a aquisição do sistema fonológico acontece de modo sequencializado e gradual, dependendo do processamento mental dos traços distintivos das unidades linguísticas específicas da língua falada. A produção de fala na criança é iniciada pelo balbucio, seguida das primeiras palavras, formação de frases e evolui para o uso de recursos linguísticos mais complexos. Durante esse processo de aquisição são esperadas as simplificações fonológicas, como substituições e omissões de fonemas, que devem desaparecer à medida que os diferentes contrastes são processados e os fonemas adquiridos.

Dessa forma, o desenvolvimento fonológico é marcado pelo aparecimento das primeiras palavras com significado que acontecem de forma simplificada por volta de um ano de idade, marco importante do desenvolvimento da fala.

Considerando o Português Brasileiro (PB), a maioria dos estudos destaca o início da aquisição de consoantes com nasais e plosivas bilabiais e alveolares, seguidas das plosivas velares, fricativas labiodentais e linguoalveolares, líquidas laterais e, por último, fricativas palato-alveolares e líquidas não laterais[1-5]. Devido à extensão territorial do Brasil, algumas variações em idades são observadas. A aquisição das vogais no PB tem sido pouco explorada. As vogais são adquiridas precocemente até 1:4 anos, com exceção de /ɔ/, adquirido aos 1:7, e /ɛ/, aos 1:9[2].

Na aquisição fonológica, além das idades de desenvolvimento dos sons, outros três aspectos da língua são importantes: os aspectos prosódicos, a sílaba e a acentuação. A criança começa a produzir as primeiras palavras com estrutura silábica simples do tipo vogal ou consoante/vogal (*onset* simples). O tipo silábico consoante/vogal/consoante (isto é, com a presença de coda) é a próxima estrutura que a criança realiza em sua fala. A fricativa /S/ é adquirida na posição de coda final aos 2:6 anos e em coda medial aos 3:0 anos. Já o rótico /R/ na posição de coda, apesar de surgir precocemente (2 anos), terá sua aquisição por volta dos 3:10 anos, considerando ambas as posições (medial e final)[6]. A última estrutura silábica adquirida pelas crianças é consoante/consoante/vogal (*onset* complexo). Os grupos ou encontros consonantais são adquiridos por volta dos 5 anos de idade[7].

É importante destacar que, de modo geral, as pesquisas sobre o desenvolvimento fonológico variam amplamente em relação à faixa etária e ao número de crianças estudadas, à metodologia utilizada, ao desenho da pesquisa (transversal vs. longitudinal) e aos resultados encontrados, o que muitas vezes compromete um padrão normativo unificado, ainda mais no Brasil, um país de grande variação fonológica. Os dados normativos indicam alguma sobreposição de resultados entre os estudos e alguns achados discrepantes. Estudos mais robustos são necessários para que se tenha avanços na compreensão do desenvolvimento de fala em crianças e para caracterizar essa variabilidade.

Neste capítulo apresentamos a definição e caracterização dos Transtornos dos Sons da Fala (TSF) com descrição dos sistemas de classificação e das manifestações clínicas.

TRANSTORNO DOS SONS DA FALA: DEFINIÇÃO E CARACTERIZAÇÃO

A presença de alguma dificuldade durante o desenvolvimento de fala típico, seja por um atraso na aquisição de um ou mais sons ou por uma dificuldade específica na produção de um ou mais sons, acarretará o que denominamos de Transtornos dos Sons da Fala. Os TSF são definidos como uma dificuldade em utilizar os sons da fala apropriados para a idade e dialeto do indivíduo. Para isso, estudar o desenvolvimento de fala típico e conhecer as idades previstas para aquisição e domínio dos diferentes sons da fala e das estruturas silábicas da língua é fundamental para o correto diagnóstico.

A manifestação apresentada por crianças com TSF é facilmente observada pela presença dos tipos de erro que podem ser de omissão, substituição e/ou distorção. O nível de inteligibilidade de fala dessas crianças é afetado diretamente pelo tipo de erro que apresentam, sendo que as crianças mais ininteligíveis são as que apresentam maior quantidade de sons omitidos, o que também confere maior gravidade ao TSF. Apesar disso, ao considerar os fatores subjacentes a esses erros de fala é possível verificar que as crianças com TSF apresentam perfis bastante heterogêneos. Isso acontece porque as alterações na fala podem acontecer pela dificuldade em perceber e discriminar auditivamente as características acústicas que diferenciam os sons da fala (falha no processamento perceptivo-auditivo) e/ou por uma dificuldade em armazenar corretamente essas diferentes características acústicas (falha no processamento cognitivo-linguísticos) e/ou por uma dificuldade em planejar e programar os movimentos necessários para produzir um som de fala (falha no processamento motor de fala). Com o avanço das pesquisas e o nível de conhecimento adquirido nos dias atuais sabe-se que esses três processamentos podem estar comprometidos de diferentes maneiras (um mais comprometido que o outro) e que a combinação entre eles é a que confere a heterogeneidade dessas crianças que, apesar da manifestação comum, podem ter diferentes níveis de dificuldade subjacente.

Ainda assim, mesmo após identificar as manifestações e possíveis dificuldades que podem estar por trás dos erros de fala, essa definição dos TSF é bastante abrangente e não define exatamente o perfil de crianças com TSF nem quais habilidades específicas estariam mais comprometidas. Por isso, muitas pesquisas foram feitas para tentar delimitar e definir melhor o perfil de cada grupo de crianças, criando assim subtipos do transtorno.

Existem na literatura dois sistemas de classificação que foram propostos para melhor entendimento de cada subtipo de TSF. O primeiro deles utiliza as características de fala dos indivíduos com TSF para identificá-los e separá-los em subgrupos que se diferenciam em relação aos déficits nos processamentos da fala (processamento perceptivo-auditivo, cognitivo-linguístico e motor de fala) e na seleção do modelo de intervenção que seria mais apropriado para cada subtipo[8]. A segunda proposta de classificação, e que é a mais utilizada atualmente, é a denominada Sistema de Classificação dos Sons da Fala[9-11] e está baseada na tipologia clínica que as crianças com TSF podem apresentar, classificando-as em três classes e oito subtipos:

1. Atraso de fala: crianças com idade de 3 a 9 anos que apresentam os tipos de erros de substituição e/ou omissão dos sons da fala. Nessa classificação existem três subtipos que podem estar relacionados a uma maior dificuldade no processamento cognitivo-linguístico e que podem ser atribuídos de alguma forma às questões genéticas; a uma dificuldade no processamento perceptivo-auditivo que podem ser consequência de perdas auditivas condutivas e flutuantes (normalmente relacionadas às otites médias de repetição); e, por último, às dificuldades temperamentais associadas às questões de desenvolvimento psicossocial. Esse tipo de TSF é o mais frequentemente identificado na clínica fonoaudiológica e é superado com tratamento direto.
2. Erros persistentes de fala: as crianças acima de 9 anos de idade que apresentam distorção dos sons da fala como único tipo de erro. A origem dessas distorções e suas causas naturais ainda estão sendo estudadas, mas as consequências sociais desse tipo de erro vêm sendo alvo de muitas pesquisas atuais. Esse tipo de TSF é pouco identificado na clínica fonoaudiológica (adolescentes e adultos buscam menos tratamento do que os pais de crianças pequenas), mas também é superado com tratamento direto.
3. Transtornos motores de fala: crianças que, além de apresentarem os diferentes tipos de erros de fala (substituição, omissão e/ou distorção) também demonstram dificuldades na precisão e estabilidade da fala e alterações de prosódia que frequentemente não são observadas nas crianças com atraso de fala e com erros persistentes. É importante destacar aqui que, mesmo que essas características de fala não sejam observadas nas crianças com atraso de fala, elas não são exclusivas das crianças com transtornos motores de fala. Isso acontece porque todas as crianças com TSF podem apresentar dificuldades no processamento motor da fala, em menor ou maior grau e mesmo aquelas crianças que não preencham os critérios diagnósticos para um dos quatro subtipos de transtorno motor de fala (disartria infantil, apraxia de fala na infância, atraso motor de fala e a combinação de disartria infantil, apraxia de fala na infância) podem apresentar algumas dessas características se forem casos mais graves e de maior comprometimento no processamento motor de fala. Esse tipo de TSF é o menos identificado na clínica fonoaudiológica, o mais grave e o que demanda maior tempo de tratamento direto.

É importante ainda dizer que, apesar de ser relativamente simples classificar e realizar o diagnóstico fonoaudiológico de TSF em uma criança (já que observar o tipo de erro na fala e comparar aos parâmetros de aquisição fonológica típica é suficiente para isso), o grande desafio do fonoaudiólogo é classificar esses erros e selecionar dentre as inúmeras provas complementares ao diagnóstico de TSF a que é mais indicada para cada criança. As provas complementares ao diagnóstico, tais como avaliação da discriminação auditiva, avaliação de habilidades metafonológicas, avaliação da inconsistência de fala e da estimulabilidade de fala, entre outras, são fundamentais para verificar qual processamento está mais comprometido na criança. Disso depende também a escolha do modelo terapêutico e as estratégias que serão utilizadas em terapia para termos um tratamento mais individualizado, rápido e assertivo.

CONCLUSÃO

O principal objetivo do fonoaudiólogo ao receber uma criança ou adolescente com características que indicam a presença de TSF é, inicialmente, identificar e descrever as principais características de fala (os tipos de erros presentes), classificar o grau de gravidade do transtorno e identificar qual ou quais os processamentos mais comprometidos. Para isso, o fonoaudiólogo deve buscar diferentes testes padronizados para falantes do PB de modo que esses testes possam ajudar na identificação desses parâmetros.

Identificar o tipo de TSF e seus diferentes subtipos é fundamental para selecionar o modelo terapêutico que será usado para tornar o tratamento do TSF mais rápido e eficaz.

REFERÊNCIAS BIBLIOGRÁFICAS

1. Wertzner HF. Estudo da aquisição do sistema fonológico: o uso de processos fonológicos em crianças de três aos sete anos. Pró-Fono. 1995;79(1):21-6.
2. Lamprecht RR (org.). Aquisição fonológica do português: Perfil de desenvolvimento e subsídios para terapia. Porto Alegre: Artmed; 2004. p. 83-94.
3. Galea DES, Wertzner HF. Comparação entre onset e coda silábica durante a aquisição fonológica. Rev Soc Bras Fonoaudiol. 2010;15(1):103-10.
4. Wiethan FM, Mota HB. Emprego de estratégias de reparo para os fonemas fricativos no desvio fonológico. Rev Soc Bras Fonoaudiol. 2012;17(1):28-33.

5. Ceron MI, Simoni SN, Urrutia GAU, Keske-Soares M. Aquisição segmental do Português Brasileiro: onset simples, complexo e coda. CoDAS. 2022;34(3):1-10.
6. Mezzomo CL, Giacchini V, Dias RF, Luiz SW, Lopes SG. Aquisição da coda simples e complexa com /S/ em crianças com desvio fonológico. Rev Cefac. 2013;(2):17-24.
7. Matzenauer CLB. Introdução à teoria fonológica. In: Bisol L (org.). Introdução a estudos de fonologia do português brasileiro. 5. ed. Porto Alegre: eEipucrs; 2010. p. 9-81.
8. Dodd B. Differential diagnosis of pediatric speech sound disorder. Curr Dev Disord Rep. 2014;1:189-96.
9. Shriberg LD, Fourakis M, Hall SD, Karlsson HB, Lohmeier HL, McSweeny JL, et al. Extensions to the Speech Disorders Classification System (SDCS). Clin Linguist Phon. 2010;24(10):795-824.
10. Shriberg LD, Strand EA, Fourakis M, Jakielski KJ, Hall SD, Karlsson HB, et al. A diagnostic marker to discriminate childhood apraxia of speech from speech delay: I. Development and description of the pause marker. J Speech Lang Hear Res. 2017;60(4):1096-117.
11. Shriberg LD, Strand EA, Jakielski KJ, Mabie HL. Estimates of the prevalence of speech and motor speech disorders in persons with complex neurodevelopmental disorders. Clin Linguist Phon. 2019;33(8):707-36.

42

A fala e os transtornos motores no adulto e idoso

Karina Carlesso Pagliarin
Gabriela De Luccia Dutra

PONTOS-CHAVE

- Os transtornos motores são um termo amplo que se refere a qualquer dificuldade ou uma combinação de dificuldades como o planejamento, programação ou execução motora da fala. Essas alterações de fala, adquiridas, impactam de forma negativa a qualidade de vida dos indivíduos. Tanto a disartria como a apraxia de fala adquirida podem estar presentes em um mesmo paciente, bem como podem aparecer com outros distúrbios de linguagem como as afasias.
- A disartria é um transtorno motor da fala causado por lesão no sistema nervoso central e/ou periférico que faz com que os músculos que produzem a fala fiquem, por exemplo, paralisados ou enfraquecidos. A lesão pode dificultar o controle da musculatura respiratória, fonatória e supraglótica envolvida na produção da fala, fazendo com que o paciente torne-se ininteligível.
- A apraxia da fala adquirida é definida como um transtorno da articulação e da prosódia, no qual há comprometimento da capacidade de planejar voluntariamente a posição da musculatura dos órgãos fonoarticulatórios e a sequência dos movimentos musculares para a produção de fonemas e palavras.

OBJETIVOS DE APRENDIZAGEM

Ao final deste capítulo, o leitor deverá ser capaz de:

- Conceituar os transtornos motores de fala adquiridos.
- Identificar as características de fala encontradas nas disartrias e na apraxia de fala adquirida.
- Diferenciar as disartrias e a apraxia de fala adquirida.

INTRODUÇÃO

A fala é a capacidade que os seres humanos têm de articular sons de maneira organizada e significativa para se comunicar. A fala é crucial para a comunicação humana, pois nos permite expressar pensamentos, sentimentos e necessidades. Ela desempenha um papel fundamental no desenvolvimento social, cultural e educacional, permitindo a transmissão de conhecimento, a construção de relacionamentos e a colaboração em diversas áreas da vida. Além disso, a fala está diretamente ligada ao desenvolvimento cognitivo, já que seu uso estimula a memória, a atenção e a capacidade de raciocínio.

O avançar da idade pode trazer algumas alterações na fala devido a mudanças naturais no processo de envelhecimento geral. Algumas das principais modificações incluem: redução da força muscular, alteração na qualidade da voz, diminuição da flexibilidade articular, modificações na respiração, redução da velocidade da fala e na precisão da articulação dos sons, bem como as alterações na entonação da fala. Por outro lado, doenças neurológicas degenerativas ou não podem ocorrer durante a senescência e comprometer ainda mais a inteligibilidade de fala, os denominados transtornos motores de fala adquiridos, mais especificamente a disartria e a apraxia de fala adquirida. Tais transtornos são problemas comuns e funcionalmente limitantes em pacientes adultos e idosos[1].

A disartria é causada por um dano neurológico no sistema motor. Esse dano pode ocorrer em quase todas as áreas do sistema motor usado para a produção da fala, incluindo o córtex cerebral, estruturas subcorticais, cerebelo e nervos cranianos[2]. Exemplos de alguns comprometimentos: acidente vascular cerebral (AVC), doenças degenerativas, tumores, infecções, traumatismo cranioencefálico (TCE) e inúmeras outras doenças. Por outro lado, na apraxia de fala adquirida são limitadas as informações quanto a etiologia e local da lesão. Algumas causas conhecidas são doenças degenerativas (como afasia progressiva primária), doenças vasculares, quadros demenciais, tumores e TCE[2].

Quanto à prevalência e incidência dos transtornos motores de fala, na disartria esses números não são precisos, embora seja o transtorno motor de fala mais comum na clínica fonoaudiológica com adultos e idosos. Porém, a depender do tipo de disartria, pode variar entre 4%-30% dos diagnósticos fonoaudiológicos[2,3]. Na apraxia de fala adquirida, não existem dados confiáveis na literatura em relação a esses aspectos devido aos desafios associados à co-ocorrência comum desse transtorno com quadros de afasia e de disartria[4,5]. A apraxia de fala adquirida de forma isolada é bastante incomum[6].

Neste capítulo apresentamos a definição e caracterização das disartrias e da apraxia de fala adquirida em adultos e idosos. Para isso, segmentamos o texto em três seções: na primeira apresentamos as disartrias, os tipos, as características de fala de cada uma e a etiologia mais comum; na segunda apresentamos a apraxia de fala adquirida e suas principais características; na terceira descrevemos de forma mais sucinta as diferenças entre disartria e apraxia de fala adquirida.

DISARTRIA

Disartria significa distúrbio da articulação (*dis* = distúrbio e *artria* = articulação). Embora a definição seja concisa, está incompleta. A disartria é mais que um déficit articulatório. É um transtorno motor da fala que afeta a inteligibilidade. É causada por um comprometimento neuromotor no sistema nervoso central e/ou periférico que envolve déficits na respiração, fonação, ressonância, articulação e prosódia[5,7]. Trata-se de um distúrbio na execução e/ou no controle de movimentos necessários para a produção da fala.

Desta forma, a palavra *disartria* é um termo guarda-chuva que compreende sete subcategorias separadas, cada uma com seu topodiagnóstico neurológico e características clínicas. Seis tipos de disartria são puros [flácida, espástica, do neurônio motor superior unilateral (NMSU), atáxica, hipocinética, hipercinética], isto é, decorrentes de comprometimento de uma única parte do sistema motor. A sétima subcategoria, disartria mista, ocorre quando o comprometimento vai além de uma parte do sistema motor, como em casos de AVC, cuja lesão pode afetar o neurônio motor superior e o inferior que resulta em uma disartria mista flácida-espástica, por exemplo[2,7].

Muitas doenças que causam disartria têm potencial para afetar os componentes da produção da fala: respiração, fonação, ressonância, articulação e prosódia. Dependendo do tipo de disartria, déficits em alguns desses componentes são mais evidentes do que outros. O fator determinante é onde o sistema motor foi afetado pela doença que causou a disartria[7]. O Quadro 1 apresenta os tipos de disartria, a localização da lesão, as características encontradas na fala em cada tipo e as causas mais comuns.

Como pode ser observado no Quadro 1, as mesmas características podem estar presentes em mais de um tipo de disartria. No entanto, algumas características de voz estão relacionadas a um tipo específico de disartria.

APRAXIA DE FALA ADQUIRIDA

A apraxia de fala adquirida, também conhecida como apraxia verbal, é definida conceitualmente como um distúrbio de planejamento ou programação motora e comportamentalmente como uma síndrome com perfil característico de anormalidade na produção de sons e da prosódia da fala[6]. O diagnóstico é tipicamente acompanhado de afasia, mas, ocasionalmente, apresenta-se com nenhum ou mínimo comprometimento de linguagem.

É caracterizada como uma condição neurológica em que há uma dificuldade no planejamento e programação dos movimentos musculares necessários para produzir os sons da fala. Essa condição pode afetar a capacidade de articular palavras de forma precisa, tanto na movimentação das estruturas da fala, por exemplo o som dos fonemas /p/,/t/,/k/, bem como na elaboração da palavra propriamente dita, onde pode haver trocas ou omissão de fonemas e sílabas da palavra-alvo (ex., caxalo, vacalo, avalo, quando a palavra alvo era cavalo).

QUADRO 1 Características da fala conforme os tipos de disartria, causas mais comuns e local de lesão

Tipo de disartria	Localização da lesão	Características de fala	Causas mais comuns
Flácida	Neurônio motor inferior (NMI)	Hipernasalidade, imprecisão articulatória das consoantes, incompetência fonatória, frases curtas, *monopitch* e *monoloudness*	Traumatismo cranioencefálico, AVC em tronco cerebral, miastenia gravis, síndrome de Guillain-Barré, tumores, entre outras
Espástica	Neurônio motor superior (NMS) bilateralmente	Consoantes imprecisas, voz áspera ou tensa-estrangulda, hipernasalidade, *monopitch* e *monoloudness*	AVC, traumatismo cranioencefálico, tumor em tronco cerebral, anoxia cerebral, infecções cerebrais
Atáxica	Cerebelo ou vias neurais que conectam o cerebelo às outras estruturas do SNC	Consoantes imprecisas, quebras articulatórias irregulares, invariabilidade prosódica, fonemas prolongados, intervalos prolongados entre os fonemas, *monopitch*, *monoloudness*, voz áspera, movimentos respiratórios exagerados ou paradoxais	Doenças neurodegenerativas, AVC, toxicidade e desordens metabólicas, traumatismo cranioencefalico, tumores
Hipocinética	Circuito de controle dos gânglios da base	Consoantes imprecisas, *monopitch*, *monoloudness*, pausas inapropriadas, dificuldade em iniciar a fala, explosões de velocidade na fala encadeada, voz áspera ou soprosa, capacidade vital reduzida	Doença de Parkinson, parkinsonismo induzido por neurolépticos (parkinsonismo medicamentoso), parkinsonismo pós-encefalite
Hipercinética	Disfunções no gânglio basal ou suas conexões (sistema extrapiramidal)	Consoantes imprecisas, intervalos prolongados entre sílabas ou palavras, taxa variável de fala, *monopitch*, pausas inapropriadas, variações excessivas de *loudness*, inspirações ou expirações rápidas, voz áspera ou tenso-estrangulada, quebras articulatórias irregulares, quebras de voz na fala espontânea, frases curtas, prolongamento de fonemas, vogais distorcidas e hipernasalidade	Coréia de Huntington, mioclonia, tremor essencial, distonia, entre outras
NMSU	NMS unilateralmente	Consoantes imprecisas, voz áspera e hipernasalidade	AVC, tumores e traumatismo cranioencefálico
Mista	Duas ou mais partes do sistema motor	Combinação de características de dois ou mais tipos de disartria, à exceção da combinação da disartria de neurônio motor superior unilateral e espástica, cuja ocorrência não é possível	Esclerose múltipla (disartria mista atáxica-espástica), paralisia supranuclear progressiva (diferentes combinações entre espástica, atáxica e hipocinética), esclerose lateral amiotrófica (disartria mista flácida-espástica), doença de Wilson (disartria mista espástica-atáxica-hipocinética)

AVC: acidente vascular cerebral; SNC: sistema nervoso central.
Fonte: adaptada de Hedge e Freed[2].

Apraxia de fala e suas relações anatômicas

As bases anatômicas e linguísticas do planejamento motor para o sistema oral ainda são motivo de discussão[8,9]. A interrupção de vias de planejamento motor que levam a um comprometimento da práxis na via oral pode manifestar-se como apraxia dos movimentos orais relacionados com a fala (apraxia de fala) ou como apraxia do movimentos orais não relacionados à fala (apraxia não verbal), sendo que, até o momento, a relação anatômica entre essas duas síndromes ainda não foi totalmente esclarecida.

A região responsável pela apraxia de fala adquirida foi descrita no giro pré-central superior esquerdo da ínsula, em estudo de sobreposição de lesões em pacientes com AVC[10]. Outros autores relatam que pacientes com apraxia de fala grave apresentaram lesões mais extensas envolvendo adicionalmente a área de Broca, os núcleos da base, a cápsula externa e interna e o fascículo longitudinal superior[11], ocorrendo tipicamente com afasia[10,12].

Já os casos de apraxia não verbal parecem ser mais frequentes ou graves, quando as lesões afetam o córtex, sendo mais raros em lesões puras dos núcleos basais[13]. No entanto, pode ser também mediada por um distúrbio na rede neural, envolvendo estruturas corticais e subcorticais[14]. Observa-se, predominantemente, apraxia não verbal em lesões corticais anteriores, embora se sugira que lesões posteriores (lobo temporal e parietal) afetam os gestos sequenciais[11].

Principais características na apraxia de fala adquirida

Os pacientes com apraxia da fala demonstram, geralmente, diversos comprometimentos[6,8,9], sendo eles:

- Inabilidade para realizar movimentos voluntários envolvidos no ato da fala, na ausência de alterações na musculatura dos órgãos fonoarticulatórios (alteração de tônus, respiração, fonação, ressonância e articulação).
- Comprometimento na fluência da fala.
- Esforço para achar ponto e modo articulatórios de cada fonema e as suas sequências.
- Parafasias fonológicas.
- Mímicas faciais, acompanhadas por movimentos silenciosos dos lábios de forma contorcida e forçada.
- Alterações na nomeação e no discurso narrativo, como substituições seguidas de omissões, inversões, adições, repetições, distorções e prolongamentos dos fonemas.
- Mais erros de articulação conforme a complexidade do ajuste motor exigido.
- As vogais provocam menos erros que as consoantes isoladas.
- Os fonemas fricativos são mais suscetíveis a erros.
- Sílabas constituídas por grupos consonantais são raramente realizadas.
- A consoante inicial apresenta alto grau de inconsistência e erros.
- Os erros são proporcionalmente maiores conforme o comprimento da palavra.
- Maior facilidade na repetição de um único fonema em relação à repetição de sequência de fonemas.
- Maior facilidade em pontos articulatórios anteriores do que em posteriores.
- Fonemas que são produzidos com mais frequência nas palavras tendem a ser articulados com maior precisão do que os fonemas que são produzidos com menos frequência.
- Grande discrepância entre a boa execução na produção da fala automática e reativa e a execução deficiente na produção voluntária e intencional.
- Respostas sob leitura labial se caracterizam por apresentarem menos erros de articulação.
- Repetição melhor que a fala espontânea.
- Desempenho superior na leitura oral de palavras e textos com palavras frequentes.
- Autocorreção através de pistas articulatórias.

Principais manifestações na apraxia de fala

As manifestações dentro dos quadros de apraxias de fala podem ser classificadas de várias maneiras, de acordo com o tipo de dificuldade ou erro apresentado durante a produção da fala[6]:

- Intervalo prolongado entre os segmentos (fonemas, sílabas e palavras).
- Distorções: dessonorização; demora no início da sonorização ou qualquer outra tentativa do alvo com produção desviada do ponto, zona ou sonoridade em relação à produção correta; um traço só alterado.
- Prolongamento de vogal.
- Prolongamento de consoante.
- Substituição de consoante: troca de um fonema consonantal por outro com mudança de pelo menos duas características (ponto, modo ou sonoridade).
- Substituição de vogal.
- Substituição distorcida: produção desviada de um fonema não alvo.
- Omissão: ausência de um fonema ou sílaba da palavra.
- Adição: acréscimo de um fonema ou sílaba na palavra.
- Intrusão de *chuá* em encontro consonantal: [ˈpɛdãra] ao invés de [ˈpɛdra].
- Autocorreção: produção alvo com correção espontânea após a ocorrência de erros fonéticos-fonológicos.
- Ensaio em fonema: busca pelo fonema alvo com tentativas emitidas com separação da produção final.
- Ensaio em sílaba: busca pela sílaba alvo com tentativas emitidas com separação da produção final.
- Ensaio em palavra: busca pela palavra alvo com tentativas emitidas com separação da produção final.
- *Starter* em fonema: emissão repetida de fonema sem pausa até a produção final da palavra.

- *Starter* em sílaba: emissão repetida de uma sílaba sem pausa até a produção final da palavra.
- *Starter* em palavra: emissão repetida de uma palavra sem pausa até a produção final da palavra.
- Perseveração (reiteração): substituição em que há ocorrência reiterada de um fonema que apareceu anteriormente na palavra (cavalo > [ka´vavo]).
- Antecipação: substituição na qual há a emissão de um fonema que apareceria na sequência da palavra (cavalo > [la´valo]).
- Transposição (metátese): substituição na qual dois fonemas são invertidos na cadeia da palavra (cavalo > [va´kalo]).

Transtornos práxicos associados

A apraxia não verbal, também conhecida como apraxia orofacial ou bucofacial, é definida como a incapacidade de realizar os movimentos voluntários das estruturas orofaciais, apesar dos movimentos automáticos estarem preservados. É avaliada durante tarefas que não envolvem a fala. A apraxia não verbal pode estar associada com apraxia verbal e disartria, mas também pode existir isoladamente, sem comprometimento da fala. Quando ocorre um déficit na habilidade de sequencialização dos movimentos voluntários não verbais da língua, lábios, mandíbula e outras estruturas orofaciais associadas, o indivíduo apresenta apraxia não verbal[15].

DISARTRIA *VERSUS* APRAXIA DE FALA ADQUIRIDA

Disartria e apraxia de fala adquirida são transtornos motores de fala, que apesar de estarem relacionados especificamente com a fala, como visto anteriormente, são quadros muito distintos. Para facilitar a compreensão do que foi exposto até o momento, o Quadro 2 sintetiza as principais características e déficits desses transtornos.

Ao contrário da disartria que caracteriza-se por comprometimento nas cinco bases motoras da fala, a apraxia de fala é caracterizada exclusivamente por distorções articulatórias de erros, como substituições e acréscimos de sons[16] e erros prosódicos. Os indivíduos com apraxia de fala demonstram maior variabilidade nos erros de nível sonoro, isto é, os erros são menos previsíveis quando comparados com a disartria. Nesta, a paralisia muscular, paresia e/ou déficits de controle motor podem ser consistentemente evidentes na fala[17], a depender do tipo de disartria.

QUADRO 2 Principais características das disartrias e da apraxia de fala adquirida

Disartrias	Apraxia de fala
Falha na execução motora	Falha no planejamento e/ou programação motora
Alteração nas bases motoras de fala: respiração, fonação, ressonância, articulação e prosódia	Alteração na articulação e na prosódia
Fraqueza, lentidão, incoordenação dos músculos nos movimentos reflexos ou automáticos	Sem alterações motoras periféricas
Alteração de qualidade vocal, redução da *loudness*, hipernasalidade	Distorção, substituição distorcida, adição, tentativa de produção do alvo sem sucesso
Mesma dificuldade de produção de fala, independente da complexidade das palavras[2] na maioria das disartrias	Maior dificuldade com o aumento da complexidade articulatória e da velocidade de fala

CONCLUSÃO

Transtornos motores da fala, incluindo disartria e apraxia de fala adquirida, são comuns em pacientes adultos e idosos com doenças neurológicas. Portanto, é importante que o fonoaudiólogo saiba identificá-los em sua prática clínica.

O presente capítulo elucidou as principais características e diferenças de cada transtorno. Cada um tem suas manifestações clínicas, que um clínico experiente deve conseguir identificar observando e escutando o indivíduo durante a avaliação de fala. Isso permitirá ao clínico optar pela avaliação instrumental mais adequada para cada caso.

REFERÊNCIAS BIBLIOGRÁFICAS

1. Santos RGO, Feitosa ALF, Melo AMDAS, Canuto MSB. Fonoaudiologia e Gerontologia: revisão sistemática da atuação fonoaudiológica. Distúrbios da Comunicação. 2018;30(4):748-58.
2. Hedge MN, Freed D. Assessment of communication disorders in adults: resources and protocols. 3. ed. San Diego: Plural Publishing; 2022.
3. Talarico TR, Venegas MJ, Ortiz KZ. Perfil populacional de pacientes com distúrbios da comunicação humana decorrentes de lesão cerebral, assistidos em hospital terciário. Rev CEFAC. 2011;13(2):330-9.

4. Duffy J, Strand EA, Josephs KA. Motor speech disorders associated with primary progressive aphasia. Aphasiology. 2014;28(8-9):1004-17.
5. Duffy JR. Motor speech disorders: substrates, differential diagnosis, and management. 4. ed. Saint Louis: Mosby; 2019.
6. McNeil MR, Robin DA, Schmidt RA. Apraxia of speech: definition and differential diagnosis. In: McNeil MR (ed.). Clinical management of sensorimotor speech disorders. 2. ed. New York: Thieme; 2009.
7. Freed D. Motor speech disorders. 3. ed. San Diego: Plural Publishing; 2020.
8. Basilakos A. Contemporary approaches to the management of post-stroke apraxia of speech. Semin Speech Lang. 2018 Feb;39(1):25-36.
9. Ziegler W, Lehner K, Jakob PFAB, Aichert I. The nonlinear gestural model of speech apraxia: clinical implications and applications, Aphasiology. 2021;35(4):462-84.
10. Dronkers NF. A new brain region for coordinating speech articulation. Nature. 1996;384(6605):159-61.
11. Ogar J, Willock S, Baldo J, Wilkins D, Ludy C, Dronkers N. Clinical and anatomical correlates of apraxia of speech. Brain Lang. 2006 Jun;97(3):343-50.
12. Uddin LQ, Nomi JS, Hebert-Seropian B, Ghaziri J, Boucher O. Structure and function of the human insula. J Clin Neurophysiol. 2017;34(4):300-6.
13. Pramstaller PP, Marsden CD. The basal ganglia and apraxia. Brain. 1996 Feb;119 (Pt 1):319-40.
14. Vargha-Khadem F, Watkins KE, Price CJ, Ashburner J, Alcock KJ, Connelly A, et al. Neural basis of an inherited speech and language disorder. Proc Natl Acad Sci U S A. 1998 Oct 13;95(21):12695-700.
15. Whiteside SP, Dyson L, Cowell PE, Varley RA. The relationship between apraxia of speech and oral apraxia: association or dissociation? Archives of Clinical Neuropsychology. 2015;30(7):670-82.
16. Strand EA, Duffy JR, Clark HM, Josephs K. The apraxia of speech rating scale: a tool for diagnosis and description of apraxia of speech. J Commun Disord. 2014;51:43-50.
17. Haley KL, Jacks A, Cunningham KT. Error variability and the differentiation between apraxia of speech and aphasia with phonemic paraphasia. J Speech Lang Hear Res. 2013;56(03):891-905.

43

Avaliação dos transtornos de fala na criança e adolescente

Larissa Cristina Berti
Márcia Keske-Soares

PONTOS-CHAVE

- Dentre os distúrbios da comunicação, os Transtornos dos Sons da Fala (TSF) são os mais frequentes, caracterizados pela presença de alterações na fala não mais esperadas para a idade da criança, sem que haja etiologia definida que as justifique.
- O TSF interfere na inteligibilidade da fala da criança, em seus diferentes graus, impactando em sua inserção social e/ou desempenho acadêmico.
- A avaliação dos TSF envolve uma série de procedimentos, como: entrevista inicial; avaliação da produção de fala por meio de instrumentos; aplicação de provas complementares, além da avaliação e análise instrumental (acústica e/ou articulatória); o que deve propiciar o diagnóstico preciso, identificando os tipos e subtipos de TSF.

OBJETIVOS DE APRENDIZAGEM

Ao final deste capítulo, o leitor deverá ser capaz de:

- Identificar alternativas de instrumentos para avaliação da fala para crianças ou adolescentes.
- Aplicar, na prática clínica, tanto os instrumentos propostos para avaliar a fala de crianças ou adolescentes quanto provas complementares e/ou avaliações instrumentais, bem como classificar os TSF conforme a gravidade.
- Integrar e interpretar os achados da avaliação da fala e provas complementares para o estabelecimento do diagnóstico diferencial dos TSF, com a identificação de seu tipo e subtipo.

INTRODUÇÃO

Os Transtornos dos Sons da Fala (TSF) constituem parte significativa do atendimento clínico infantil dos fonoaudiólogos, sendo que podem persistir na adolescência e até na idade adulta. O termo TSF é usado de forma abrangente ("guarda-chuva") nas alterações de fala de origem conhecida (síndrome de Down, fissura labiopalatina, entre outros) e desconhecida (idiopática). Esses transtornos são caracterizados como "*qualquer combinação de dificuldades de percepção, articulação/produção motora e/ou representação fonológica de segmentos da fala (consoantes e vogais), fonotáticas (formato de sílabas e palavras) e prosódia (tons lexicais e gramaticais, ritmo, tonicidade e entonação) que podem afetar a inteligibilidade e a aceitabilidade da fala*"[1]. As dificuldades incluem conhecimento fonológico dos sons da fala e produção motora e/ou articulação de sons, portanto, distintos das alterações de linguagem, caracterizadas como déficits na expressão ou compreensão da semântica, sintaxe, morfologia ou competências pragmáticas[2].

Os TSF em crianças e adolescentes abrangem um diagnóstico amplo e variado, que engloba diversos tipos de acordo com a perspectiva etiológica do TSF[3]: Atraso de Fala (também denominado Transtorno Fonológico); Erros de Fala (ou Transtorno Articulatório/Fonético); e Transtornos Motores de Fala. Este último tem quatro subtipos, que são: Atraso Motor de Fala; Apraxia de Fala na Infância; Disartria Infantil; e a combinação Apraxia de Fala na Infância e Disartria Infantil. Cabe destacar que o TSF surge na infância e pode permanecer ao longo da adolescência, e até mesmo na idade adulta. Nesses casos, após os 9 anos de idade, quando o transtorno de fala permanece, deve ser classificado como TSF persistente.

O diagnóstico diferencial dos TSF é um grande desafio, considerando as amplas categorias e as características de fala sobrepostas, além de que podem ocorrer na mesma criança ou adolescente. Portanto, a avaliação de fala completa é fundamental, e os resultados permitirão o adequado diagnóstico, que impacta no planejamento de uma proposta terapêutica eficaz.

A avaliação dos TSF envolve a análise da produção da fala quanto aos aspectos fonético-fonológicos e motores, além de provas complementares de fala, como: consistência, estimulabilidade, perceptual, inteligibilidade, habilidade motora dinâmica de fala, consciência fonológica e fonoarticulatória, memória fonológica e motricidade orofacial, entre outras. Além disso, a realização da avaliação audiológica e do processamento auditivo é fundamental para a certificação de que o processamento da fala está ocorrendo adequadamente.

Neste capítulo será apresentado o processo de avaliação dos TSF, desde a entrevista inicial, os diferentes instrumentos de avaliação da fala para o Português Brasileiro (PB) e as análises realizadas. Essa avaliação de fala é pertinente para a diferenciação dos tipos e subtipos e da gravidade dos TSF. Além disso, são elencadas provas complementares importantes para o diagnóstico diferencial dos TSF, assim como são indicadas avaliações instrumentais da fala que auxiliam no diagnóstico clínico.

AVALIAÇÃO DOS TRANSTORNOS DOS SONS DA FALA

O processo de avaliação dos TSF é constituído por uma série de etapas que se inicia com: (1) entrevista inicial (anamnese); (2) seleção e aplicação de um instrumento de avaliação do sistema fonético-fonológico da fala, com análise e interpretação dos dados obtidos e determinação da gravidade do TSF; (3) escolha e aplicação de provas complementares de fala; e (4) noções sobre avaliação/análise instrumental de fala; para possibilitar (5) a obtenção do diagnóstico, com definição do tipo e subtipo de TSF.

Entrevista inicial

A entrevista inicial, também chamada de anamnese, constitui a primeira etapa do processo de avaliação de crianças ou adolescentes com TSF. Ela deve ser feita com os pais e/ou responsáveis pela criança ou adolescente, objetivando levantar e caracterizar a história pregressa da queixa apresentada.

Nesta entrevista devem ser questionados aspectos relativos à gestação, ao nascimento, ao desenvolvimento neuropsicomotor da criança, ao desenvolvimento linguístico, à qualidade do sono, aos aspectos alimentares, aos aspectos interacionais/emocionais; aos aspectos educacionais; à presença de hábitos deletérios e/ou outras informações que se julgarem necessárias. As respostas à entrevista permitem ao clínico identificar aspectos etiológicos, fatores associados, comorbidades, fatores socioemocionais e ambientais que interferem no TSF.

Finalizada a entrevista inicial, passa-se então para a avaliação da produção da fala propriamente dita. Isso deve ser feito desde que o clínico tenha certeza de que a criança esteja apta com pré-requisitos para a fala, como: mantenha contato visual, tenha compreensão e comportamento adequados para o manejo da fala, seja capaz de seguir instruções, e seja capaz de sentar e prestar atenção no clínico e em si. Para tanto, faz-se necessária a escolha de um instrumento de avaliação de fala que possibilite caracterizar o sistema fonético-fonológico de crianças ou adolescentes, pois este é o primeiro aspecto a ser identificado, se há ou não alterações na fala.

Instrumentos de avaliação de fala

A avaliação da fala foi, por muito tempo, considerada apenas o aspecto articulatório dos sons da fala. A partir da década de 70, a perspectiva fonológica foi enfatizada quanto à competência da produção da fala, ou seja, o domínio das características fonéticas e fonológicas que o falante tem em relação à sua língua[4]. Nos anos 90, com forte influência da Fonologia Articulatória, houve o aprofundamento de concepções teóricas quanto aos aspectos motores de fala, incluindo precisão (domínio das características espaciais e temporais de produção de fala adequadas à idade e gênero do falante) e estabilidade (domínio do desenvolvimento e desempenho das habilidades motoras da fala em diferentes níveis de complexidade) de fala[5]. Além disso, foram enfatizadas a importância de avaliação dos aspectos segmental (consoantes e vogais), suprassegmental (prosódia) e laríngeo na produção da fala[6].

Assim, na avaliação da fala devem ser considerados os aspectos do sistema fonético-fonológico, envolvendo o motor e o representacional da fala, além de se considerar aspectos estruturais e de mobilidade do sistema miofuncional orofacial, que podem impactar diretamente na produção da fala. Esses aspectos são abordados no capítulo relativo à motricidade orofacial deste livro.

A avaliação da produção da fala da criança ou adolescente deve ser realizada com o objetivo de caracterizar o sistema fonético-fonológico, isto é, levantamento tanto do inventário fonético (sons que é capaz de produzir) quanto do inventário fonológico (sons que estão adquiridos, parcialmente adquiridos ou não adquiridos no sistema fonológico)[7,8]. A partir do estabelecimento desse sistema fonético-fonológico, é possível realizar a(s) análise(s) fonológica(s) ancorada(s), fundamentalmente, nas análises contrastiva, por processos fonológicos ou por traços distintivos.

Para tanto, o fonoaudiólogo deve selecionar, dentre os vários instrumentos de avaliação da produção da fala existentes no PB, aquele que atinge o objetivo que está buscando na avaliação. O Quadro 1 apresenta os instrumentos de avaliação da produção da fala comumente utilizados no PB, considerando: faixa etária; número de palavras; critério de ocorrência dos sons; forma de apresentação; tipo de elicitação da amostra linguística (habilidade avaliada); tempo de aplicação do instrumento; tipo de análise fonético-fonológica prevista.

Utilize o QR code acessar o Quadro 1 – Descrição das características principais dos instrumentos de avaliação da fala de crianças e adolescentes.

Voucher: **tratfono**.

Observa-se, conforme o Quadro 1, as possibilidades de instrumentos de avaliação do sistema fonético-fonológico para o PB, sendo a maioria deles voltada para a população infantil. Somente um deles está sendo validado para avaliação com adolescentes. A forma de apresentação desses instrumentos é, predominantemente, por meio de desenhos isolados, para eliciar a nomeação espontânea de figuras.

Na nomeação espontânea a criança precisa acessar o conhecimento lexical e, portanto, presume-se que há o acesso do sistema fonológico representado. Na repetição (repetir a mesma palavra mais de uma vez) e na imitação (ouvir a palavra-alvo e imitar a produção), que também são apresentadas em alguns instrumentos, averigua-se fundamentalmente a capacidade de produção motora da fala, não necessariamente havendo acesso lexical.

A fala espontânea, diferentemente da nomeação espontânea e da repetição/imitação, é também importante na coleta dos dados de avaliação da fala, pois a fala encadeada permite ao clínico observar todos os processos envolvidos nessa atividade: neurolinguístico; aerodinâmico; fonatório; oronasal; articulatório; acústico e auditivo[9], tornando-a uma tarefa altamente complexa.

Todos os instrumentos contemplam integralmente o sistema fonético-fonológico do PB, variando tanto o número de possibilidades de ocorrência dos fonemas quanto a sua ocorrência no interior da palavra. Destaca-se, ainda, que apenas dois deles, até o momento, passaram por todas as etapas de validação e foram desenvolvidos em *software* para uso do fonoaudiólogo com auxílio de um computador: o INFONO e o IAF. O ABFW-Fonologia apresenta validação de conteúdo e padronização das provas, além de apresentar parâmetros normativos para as idades que avalia.

Na aplicação dos instrumentos constantes no Quadro 1, exige-se a utilização do material disponibilizado para coleta de dados (figuras), bem como os protocolos de registros propostos pelos respectivos autores. Alguns deles já sinalizam a necessidade do uso de equipamento específico (computador ou dispositivo eletrônico). Deve-se utilizar uma câmera para filmagem de vídeo e áudio, com boa qualidade, para registrar a coleta de dados e garantir que eles possam ser reanalisados quantas vezes for necessário.

Uma vez finalizada a aplicação de um dos instrumentos de avaliação da produção de fala, uma série de etapas deve ser seguida para viabilizar a análise da produção da fala. A Figura 1 apresenta as etapas que devem ser seguidas.

A primeira etapa refere-se à análise contrastiva (compara a fala com o padrão alvo adulto), que ocorre a partir da transcrição da fala da criança, utilizando o Alfabeto Fonético Internacional (*International Phonetic Alphabet* – IPA) (https://www.internationalphoneticalphabet.org/ipa-sounds/ipa-chart-with-sounds/ e www.fonologia.org). A transcrição é feita pelo julgamento perceptivo-auditivo do clínico – avaliação

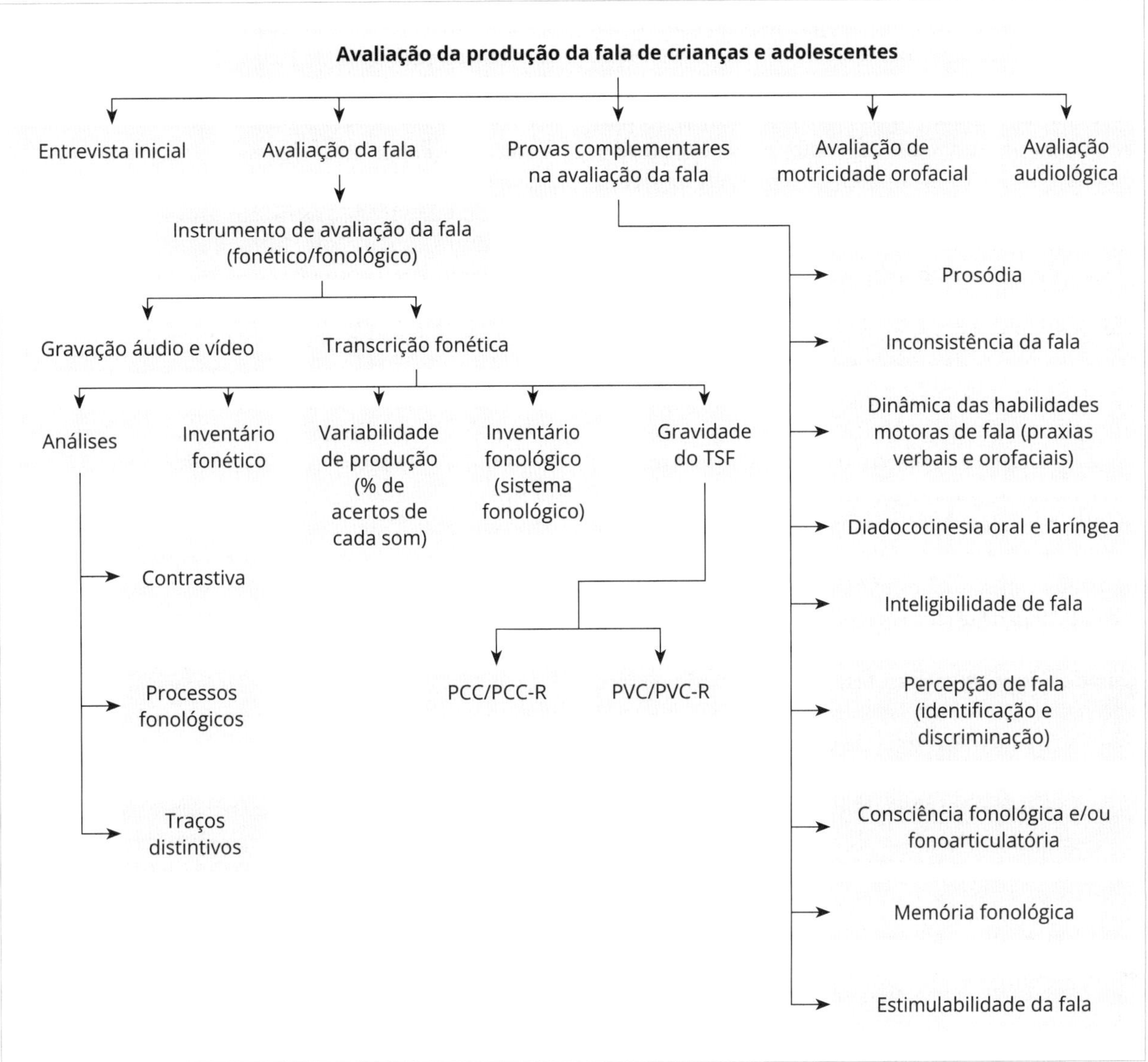

FIGURA 1 PCC: Percentual de Consoantes Corretas; PCC-R: PCC versão revisada; PVC: Percentual de Vogais Corretas; PVC-R: PVC versão revisada; TSF: Transtornos dos Sons da Fala.

considerada padrão-ouro. Recomenda-se que, além das anotações feitas no momento da aplicação do instrumento, seja feita a gravação da fala da criança para posteriores verificações.

A partir da transcrição fonética, elencam-se todos os sons que a criança ou adolescente conseguiu produzir independentemente do seu valor contrastivo, de modo a construir o inventário fonético[8]. O som é considerado presente no inventário fonético se for produzido duas vezes corretamente[7]. A descrição fonética é distinta da descrição fonológica que apresenta o inventário fonêmico, ou também denominado inventário fonológico.

A segunda etapa caracteriza-se pelo levantamento do percentual de acertos de cada som, considerando a sua possibilidade de ocorrência. Ou seja, levanta-se a variabilidade de produção de cada som[8]. Essa etapa é de extrema importância para determinar o inventário fonológico. Esse cálculo é feito a partir do número de vezes que cada fonema é produzido corretamente dividido pelo número correspondente de sua possibilidade de ocorrência. Por exemplo, se em dez possibilidades de ocorrência do /b/, a criança produzir apenas três vezes o som corretamente, a sua porcentagem de acertos será de 30%. As demais produções serão contabilizadas para o(s) som(ns) que o substitui(em).

Os critérios para determinação da presença do som no inventário fonológico são divididos em três categorias[10]: som adquirido (produção correta do som acima de 80%); som parcialmente adquirido (produção correta do som entre 40% e 79%); som ausente (produção correta do som abaixo de 49%).

A análise fonológica mais difundida na clínica é feita a partir da análise por processos fonológicos[8], uma vez que os instrumentos existentes em sua maioria a propõem. Todavia, há também possibilidade de análise fonológica a partir dos traços distintivos, sendo esta não tão usual nos instrumentos de avaliação.

Conforme mencionado, a análise fonológica que é comumente realizada na prática clínica é o levantamento dos processos fonológicos a partir da transcrição fonética realizada[11]. Para tanto, analisam-se os processos fonológicos aplicados na produção de cada palavra e, ao final, calcula-se a porcentagem de cada processo presente na fala da criança ou adolescente.

Finalmente, para determinar a gravidade do TSF calcula-se o valor do Percentual de Consoantes Corretas (PCC) e o Percentual de Vogais Corretas (PVC), a fim de determinar a proficiência/competência da produção de fala de crianças ou adolescentes[5].

O PCC refere-se a uma métrica que expressa: Número de Consoantes Corretas (NCC) produzidas, dividido pelo NCC mais o Número de Consoantes Incorretas (NCI) (isto é, o total de consoantes testadas nas palavras). O resultado é multiplicado por 100, obtendo-se o PCC[12]. A fórmula do PCC é:

$$PCC = [NCC \div (NCC + NCI)] \times 100$$

Consideram-se consoantes incorretas na análise do PCC as omissões e substituições, e também as distorções. Destaca-se, no entanto, na versão revisada (PCC-R), que as distorções não são consideradas nos erros, apenas as omissões e substituições. Vale ressaltar que na análise da fala de crianças com Transtorno Motor de Fala, usualmente utiliza-se o PCC, enquanto nos demais tipos de TSF considera-se o PCC-R[5].

A gravidade do TSF[12] é classificada como: leve (PCC; PCC-R entre 85 e 100%); leve-moderado (PCC; PCC-R entre 65 e 85%); moderado-grave (PCC; PCC-R entre 50 e 65%); grave (PCC; PCC-R inferior a 50%).

O PVC refere-se a uma métrica que expressa: Número de Vogais Corretas (NVC) produzidas, dividido pelo NVC mais o Número de Vogais Incorretas (NVI) (isto é, o total de vogais testadas nas palavras), multiplicado por 100[5, 13]. A fórmula do PVC é:

$$PVC = [NVC \div (NVC + NVI)] \times 100.$$

Não há menção de classificação desse índice na literatura consultada, mas sabe-se que valores baixos de PVC, indicando erros recorrentes da produção de vogais, são característicos das alterações de fala em casos de Transtorno Motor de Fala.

Independente do instrumento selecionado, ao final da avaliação deve-se chegar às seguintes informações: análise dos dados da avaliação (lista das palavras-alvo e das transcrições fonéticas da produção da criança); análise contrastiva (quantidade de acertos, omissões e substituições na avaliação para cada fonema do PB) que permite determinar o inventário fonético e o fonológico (percentuais de acerto, omissão e substituição para cada fonema e para o *onset* complexo); análises fonológicas (contrastiva e/ou por processos fonológicos e/ou por traços distintivos); gravidade do TSF.

Ao final da avaliação, o clínico deve atentar para o período de aquisição e desenvolvimento fonético-fonológico em que a criança e o adolescente se encontram para determinar se o seu desenvolvimento é típico ou atípico. Na literatura há diversos estudos apresentando os parâmetros de aquisição típica do PB, e eles podem ser consultados no capítulo que aborda a aquisição fonológica.

Os TSF em crianças e adolescentes abrangem um diagnóstico amplo e variado, envolvendo diversos tipos e seus subtipos. Desse modo, nem sempre a avaliação da produção da fala a partir dos instrumentos listados é suficiente para caracterizar ou mesmo diferenciá-los. Para isso, faz-se necessário o uso de provas complementares à avaliação da produção da fala, as quais serão abordadas na próxima seção.

Provas complementares da avaliação da fala

A aplicação de provas complementares tem como objetivo refinar informações sobre o processo de produção de fala das crianças, sobretudo no que se refere ao aspecto motor da fala; subsidiando, assim, a caracterização dos tipos e subtipos dos TSF. O aspecto crucial a ser considerado é o desenvolvimento do controle motor de fala e das sinergias de fala[14], especialmente no diagnóstico diferencial entre os Transtornos Motores de Fala e os transtornos sem comprometimento motor de fala[3].

Outras avaliações referentes à consistência, estimulabilidade, perceptual, inteligibilidade, habilidade motora dinâmica de fala (praxias verbais e orofaciais, diadococinesia), consciência fonológica e/ou fonoarticulatória, memória fonológica, entre outras, são fundamentais, e podem complementar o diagnóstico. Portanto, o Quadro 2 apresenta as principais provas complementares que estão disponíveis no PB para serem utilizadas na prática clínica.

Utilize o QR code acessar o Quadro 2 - Descrição de provas complementares de fala.

Voucher: **tratfono**.

Cabe destacar que as provas de repetição de palavras multissilábicas, avaliação do acento frasal e prova de inconsistência foram adaptadas para o PB[15]. A Bateria PraxiFala foi desenvolvida para avaliar as praxias verbais (produção de palavras e frases), as praxias não verbais (habilidades práxicas orofaciais) e a diadococinesia de crianças falantes do PB.

Portanto, dada a heterogeneidade apresentada pelo grupo de crianças com TSF, as diferentes avaliações auxiliarão para um diagnóstico mais preciso. Além disso, é importante salientar que a a avaliação auditiva e a avaliação da percepção da fala são fundamentais para complementar as informações relativas aos processos envolvidos na produção da fala. Recomenda-se a leitura do capítulo referente à avaliação auditiva deste livro.

A análise conjunta da avaliação da produção da fala somada aos resultados das provas complementares deve auxiliar o fonoaudiólogo a identificar e caracterizar os subtipos dos TSF.

Avaliação/análise instrumental da fala

As avaliações instrumentais da fala são baseadas em recursos tecnológicos que têm sido cada vez mais utilizados pelos fonoaudiólogos na avaliação da produção de fala de crianças e adolescentes[16-18]. Trata-se, também, de avaliações complementares da fala.

A avaliação/análise instrumental da fala é realizada a fim de apreender detalhes fonéticos da produção que não são passíveis de identificação a partir da avaliação perceptivo-auditiva[19]. Os detalhes fonéticos da produção, ou seja, diferenças sutis nos movimentos para produção de um som-alvo, são importantes de serem identificados porque sugerem a tentativa dos sujeitos de marcar o seu conhecimento fonológico[20]. Diferentes recursos instrumentais podem ser utilizados na análise da fala: análise acústica, análise articulatória, análise aerodinâmica e análise nasométrica.

A depender do recurso instrumental que será utilizado, equipamentos específicos que possibilitem esse tipo de análise são necessários, como: gravador de alta fidelidade e *software* específico para análise de fala; ultrassom portátil; palatografia ou articulografia para análise articulatória; Método Multiparamétrico de Avaliação Vocal Objetiva Assistida (*Sistème d'Evaluation Vocale Assistée* - EVA); ou Aeroplus - *Aeroview Pro Phonatory Aerodynamics System* para análise aerodinâmica; e nasômetro para análise nasométrica.

Os parâmetros que deverão ser considerados na análise dependerão do tipo de equipamento escolhido. No geral, parâmetros de ordem duracional, frequencial, de velocidade e de pressão têm se mostrado relevantes para evidenciar diferenças de produção que não são captadas na avaliação perceptivo-auditiva.

CONCLUSÃO

Crianças com TSF constituem um amplo e heterogêneo grupo em termos de manifestação linguística e natureza subjacente à alteração. Isso significa dizer que os procedimentos envolvidos no processo de avaliação deverão refletir a melhor hipótese sobre a natureza subjacente à alteração, bem como permitir a descrição de suas principais manifestações.

O domínio dos instrumentos de avaliação, das provas complementares da avaliação da fala, aliado às análises instrumentais possibilita ao clínico um refinamento diagnóstico que propiciará não apenas uma melhor escolha do modelo de intervenção, bem como compreender os diferentes fatores relacionados a essa condição clínica.

REFERÊNCIAS BIBLIOGRÁFICAS

1. International Expert Panel on Multilingual Children's Speech. Multilingual children with speech sound disorders: Position paper. Bathurst, NSW, Australia: Research Institute for Professional Practice, Learning and Education (RIPPLE), Charles Sturt University; 2012. Disponível em: http://www.csu.edu.au/research/multilingual-speech/position-paper. Acesso em: 28 de jan. de 2024.
2. Eadie P, Morgan A, Ukoumunne OC, Ttofari Eecen K, Wake M, Reilly S. Speech sound disorder at 4 years: prevalence, comorbidities, and predictors in a community cohort of children. Developmental Medicine & Child Neurology. 2015;57:578-84. Acesso em: 28 jan. 2024.
3. Shriberg LD, Kwiatkowski J, Mabie HL. Estimates of the prevalence of motor speech disorders in children with idiopathic speech delay. Clin Linguist Phon. 2019;33(8):679-706. Erratum in: Clin Linguist Phon. 2019;33(8):815-6. Acesso em: 28 jan. 2024.
4. Bowen C. Children's speech sound disorders. 3. ed. Wiley-Blackwell; 2023.
5. Shriberg LD, Austin D, Lewis B, McSweeney J, Wilson D. The percentage of consonants correct (PCC) metric: Extensions and reliability data. Journal of Speech, Language and Hearing Research. 1997;3:708-22. Acesso em: 28 jan. 2024.
6. Shriberg LD, Fourakis M, Hall SD, Karlsson HB, Lohmeier HL, McSweeney JL, et al. Extensions to the Speech Disorders Classification System (SDCS). Clin Linguist Phon. 2010 Oct; 24(10):795-824. Acesso em: 28 jan. 2024.

7. Eisenberg SL, Hitchcock ER. Using standardized tests to inventory consonant and vowel production: a comparison of 11 tests of articulation and phonology. Language, Speech, and Hearing Services in Schools. 2010:41(4):488-503. Acesso em: 28 jan. 2024.
8. Yavas M, Hernandorena C, Lamprecht RR. Avaliação fonológica da criança: reeducação e terapia. Porto Alegre: ArtMed; 2001.
9. Cagliari, LC. Elementos de fonética do Português Brasileiro. São Paulo: Paulistana; 2007.
10. Bernhardt B. The application of nonlinear phonological theory to intervention with one phonologically disordered child. Clinical Linguistics & Phonetics. 1992;6(4):283-316. Acesso em: 28 jan. 2024.
11. Wertzner HF, Pagan-Neves LO. A efetividade dos testes complementares no acompanhamento da intervenção terapêutica no transtorno fonológico. Revista da Sociedade Brasileira de Fonoaudiologia [online]. 2012;17(4):469-75. Acesso em: 28 jan. 2024.
12. Shriberg LD, Kwiatkowski J. Phonological disorders I: A diagnostic classification system. Journal of Speech and Hearing Disorders. 1982;47:226-41. Acesso em: 28 jan. 2024.
13. Dodd B, Holm A, Hua Z, Crosbie S. Phonological development: a normative study of British English-speaking children. Clinical Linguistics & Phonetics. 2003;17:617-43. Acesso em: 28 jan. 2024.
14. Namasivayam AK, Coleman D, O'Dwyer A, Van Lieshout P. Speech sound disorders in children: an articulatory phonology perspective. Front Psychol. 2020 Jan 28;10:2998. Acesso em: 28 jan. 2024.
15. Oliveira AM, Veschi GV, Polii L, Silva CEE, Berti LC. Speech production measures in Brazilian Portuguese children with and without Speech Sound Disorder. On Under-reported Monolingual Child Phonology. 2020;1:380-400. Acesso em: 28 jan. 2024.
16. Barberena LS, Brasil BC, Melo RF, Mezzomo CL, Mota HB, Keske-Soares. Ultrasound applicability in speech language pathology and audiology. CoDAS [online]. 2014:26(6):520-30. Acesso em: 28 jan. 2024.
17. Ferreira-Gonçalves, G., Brum-de-Paula, M. A ultrassonografia e os gestos da fala. São Carlos: Pedro & João Editores; 2021.
18. Cantoni MM, Oliveira BG, Nevado HM. Introdução à análise acústica da fala com o Praat. Texto Livre [online]. 2022;15:e37947. Acesso em: 28 jan. 2024.
19. Silva TC, Berti LC. Fonética. In: França AI (Org.). Linguística para Fonoaudiologia. Interdisciplinaridade aplicada. v. 1. 1. ed. São Paulo: Editora Contexto; 2021. p. 59-78.
20. Scobbie JM, Covert contrast as a stage in the acquisition of phonetics and phonology. In: Broe MP, Pierrehumbert J (Org.). Papers in laboratory phonology V: Language acquisition and the lexicon. Cambridge: University of Cambridge; 2000. p.194-207.

44

Avaliação dos transtornos motores de fala no adulto e idoso

Simone dos Santos Barreto
Caroline Rodrigues Portalete

PONTOS-CHAVE

- A avaliação fonoaudiológica de pessoas com transtornos motores da fala adquiridos deve ser abrangente e contemplar as estruturas envolvidas, a função de fala, a atividade comunicativa, a participação social e fatores contextuais.
- As duas principais abordagens avaliativas são a perceptiva e a instrumental, as quais devem ser utilizadas de forma complementar, sempre que possível.
- No Brasil, há alguns instrumentos de avaliação para adultos e idosos com disartria e/ou apraxia de fala adquirida publicados ou em processo de validação disponíveis ao fonoaudiólogo clínico.

OBJETIVOS DE APRENDIZAGEM

Ao final deste capítulo, o leitor deverá ser capaz de:

- Conceber o processo de avaliação fonoaudiológica de pessoas com disartria ou apraxia de fala adquirida de modo mais integral.
- Diferenciar as principais abordagens e métodos de avaliação que podem ser empregados nesse processo de avaliação.
- Selecionar instrumentos disponíveis ao clínico no Brasil para avaliação de pessoas com transtornos motores da fala adquiridos.

INTRODUÇÃO

Etimologicamente, avaliar implica atribuir valor a algo. No contexto da avaliação da função da fala, é possível presumir que avaliar consiste em identificar na fala de uma pessoa características que indiquem se essa função está atendendo ou não às demandas e expectativas do falante no contexto social em que está inserido. O objetivo dessa avaliação pode assumir diferentes contornos, mas de algum modo seu resultado vai orientar processos de tomada de decisão. Assumindo tal perspectiva, fica evidente que vários fatores influenciarão a avaliação fonoaudiológica e podem estar relacionados ao avaliador, ao avaliado, ao que se pretende avaliar e ao método usado para a avaliação.

Não é de surpreender o fonoaudiólogo e/ou pesquisador que desenvolve suas práticas com pessoas com transtornos motores da fala (TMF) adquiridos na idade adulta ou no envelhecimento, como disartria e apraxia de fala adquirida (AFA), que, até o momento, não haja um consenso internacional quanto à forma de realizar essa avaliação. Quais são as medidas de resultados mais adequadas para a avaliação dessas pessoas, ou seja, quais são os aspectos relevantes na avaliação da fala desse grupo populacional? Essa ainda é uma questão em aberto na área, entretanto, já há uma iniciativa interessante para o desenvolvimento de um conjunto de resultados principais (*core outcome set*) para a fala de pessoas com disartria pós-AVC[1]. Tal iniciativa, contudo, ainda é restrita a uma condição específica e envolve a realidade sociocultural de apenas dois países, embora possa desencadear outros esforços futuros nessa direção.

Apesar de ainda não dispormos de diretrizes internacionais consensuais acerca da avaliação fonoaudiológica nessa área, observa-se a tendência crescente de adoção de uma perspectiva mais abrangente de avaliação de adultos e idosos com disartria e/ou AFA, influenciada pelo modelo biopsicossocial de cuidado em saúde. Desse modo, ainda que seja possível identificar na literatura especializada um maior volume de pesquisas com foco na avaliação das estruturas e da função, a incorporação de medidas de resultado que contemplem a fala no processo comunicativo e suas implicações psicossociais, bem como os fatores que podem favorecer ou não o uso dessa função, tem sido evidente nas duas últimas décadas. Certamente, essa tendência reflete a apropriação do modelo conceitual da Classificação Internacional de Funcionalidade, Incapacidade e Saúde (CIF), proposta pela Organização Mundial da Saúde, no início deste século[2].

Embora não se saiba o quanto dessa tendência tem sido incorporado à prática clínica cotidiana de fonoaudiólogos no Brasil, com o intuito de fomentar a ampliação da perspectiva sobre a avaliação fonoaudiológica de pessoas com disartria (PCD) e pessoas com apraxia de fala adquirida (PCAFA), este capítulo será estruturado em seções que visam contemplar uma avaliação abrangente. Assim, serão abordados os principais aspectos a serem considerados nesse processo de avaliação: as estruturas envolvidas e a função da fala e os aspectos relacionados à atividade comunicativa e participação social. Em seguida, serão apresentadas as abordagens e métodos de avaliação disponíveis, bem como os avanços recentes na pesquisa científica sobre avaliação fonoaudiológica de PCD e PCAFA e possíveis tendências.

AVALIAÇÃO DAS ESTRUTURAS ENVOLVIDAS E DA FUNÇÃO DA FALA

A avaliação de PCD e PCAFA deve contemplar o exame clínico das principais estruturas duras e moles que participam da produção da fala, especialmente: face, lábios, mandíbula, língua e véu palatino. Aspectos como integridade, dimensão, postura, simetria e presença de movimentos involuntários devem ser analisados. Tal avaliação contribui para o processo de diagnóstico diferencial dos TMF adquiridos, quanto à diferenciação entre quadros disártricos clássicos e de AFA, bem como quanto à existência de condições prévias estruturais que podem responder por parte das manifestações clínicas identificadas no processo de avaliação.

Sabe-se que a fala não é uma tarefa única, podendo assumir diferentes formas, que demandam uma variedade de habilidades sensoriais, motoras e cognitivas. Sendo assim, para a avaliação dessa função, um amplo conjunto de tarefas pode ser utilizado. Essas tarefas são conhecidas como tarefas de fala e tarefas que envolvem movimentos orofaciais não verbais (MONVs ou, em inglês, *nonspeech orofacial movements*). Diante da ausência de uma taxonomia padrão, neste texto, optamos pela classificação proposta por Kent, que diferencia as tarefas de fala pela existência de propósito e estrutura fonética[3].

Vários tipos de tarefas orofaciais não verbais são descritos na literatura, os quais podem abranger um ou mais sistemas motores (respiratório, laríngeo e/ou oral), cujos movimentos podem produzir resultados audíveis ou não. Tais tarefas incluem tarefas vegetativas (p. ex. tossir), emocionais (p. ex. sorrir), com equivalência motora incipiente com a fala (p. ex. movimentos com lábios, bochechas, mandíbula e língua ou fonação sustentada) e com correspondência cinemática com a fala (p. ex. fonação com controle de frequência e intensidade ou movimento articulatório durante a fonação). A avaliação de MONVs é uma estratégia que possibilita a combinação com certas medidas quantitativas físicas, como pressão e força, além de possibilitar avaliar a capacidade física de produzir movimentos com os músculos da fala em condições controladas. Entretanto, ao interpretar esses achados, é importante que o profissional tenha em mente que as demandas motoras envolvidas na realização dessas tarefas não são iguais.

Dentre as tarefas de fala propriamente ditas, podemos considerar a repetição ou leitura de palavras, sentenças ou textos, em tom e/ou ritmo habituais, ou com variações prosódicas de entonação (p. ex.: exclamação *versus* interrogação ou alegria *versus* tristeza), ênfase e/ou velocidade; a emissão de discurso semiespontâneo, a partir de algum estímulo disparador, como: perguntas abertas, cenas de ação ou reconto de história lida ou ouvida, que desencadeiam a produção de um monólogo, ou uma conversação. Essas tarefas permitem analisar o desempenho do falante em atividades que se aproximam mais ou menos da situação comunicativa em que a fala é usada e as medidas delas resultantes são consideradas mais ecológicas, quanto mais próximo estiverem das situações comunicativas habituais.

Para fins clínicos, é fundamental que sejam selecionadas tarefas sensíveis aos aspectos do processamento neuromotor da fala que se pretende avaliar, tais como as etapas de planejamento, programação e execução sensório-motora da fala. Adicionalmente, à luz do conhecimento sobre a fisiologia da fala, é importante que tal avaliação abranja o funcionamento dos cinco subsistemas considerados na produção motora da fala, a saber: respiração, fonação, ressonância, articulação e prosódia.

AVALIAÇÃO DA ATIVIDADE E DA PARTICIPAÇÃO SOCIAL

Atualmente, para a compreensão dos TMF adquiridos, não é suficiente apenas a avaliação das estruturas e funções. É necessário observar as situações de dificuldade na comunicação e as avaliações de participação social dos pacientes e seus relacionamentos[2,4]. Desta forma, os meios mais adequados de avaliar pessoas com TMF adquiridos devem considerar os três domínios da CIF: deficiência, limitação de atividades e restrição de participação. A CIF tem o propósito de descrever esses domínios, observando suas relações com o contexto biopsicossocial em que os indivíduos estão inseridos[5].

Devido à incapacidade de se comunicarem de forma satisfatória, adultos e idosos com TMF adquiridos podem afastar-se das atividades profissionais e sociais. Portanto, a avaliação de pessoas com TMF adquiridos deve ser holística e abranger, além dos métodos que visem diagnosticar o transtorno, métodos que avaliem o impacto na comunicação, quanto à limitação de atividade e às restrições na participação social[2,4]. A avaliação da atividade e participação social orientada pela CIF auxilia na compreensão das limitações e das potencialidades dos pacientes, na intervenção e no controle da evolução terapêutica, considerando a percepção do profissional, do paciente e de seus familiares[5].

ABORDAGENS AVALIATIVAS DE PESSOAS COM TMF ADQUIRIDOS

A avaliação de pessoas com TMF adquiridos pode se dar por meio de duas principais abordagens, a avaliação perceptiva e a avaliação instrumental, as quais serão descritas a seguir.

Avaliação perceptiva

A avaliação perceptiva baseia-se na observação presencial ou por meio de registro em imagem, áudio e/ou vídeo, síncrono ou assíncrono, e na análise perceptivo-auditiva e/ou visual, quali ou quantitativa, de parâmetros acústicos e/ou cinemáticos da fala e estáticos das estruturas envolvidas. Na abordagem perceptiva, também podemos incluir os métodos que se baseiam na autopercepção do próprio falante, uma vez que se trata do julgamento do indivíduo sobre algum aspecto ou domínio de sua condição de saúde.

A análise perceptivo-auditiva da função da fala é considerada o método padrão-ouro para a avaliação de pessoas com TMF adquiridos. Para fins de pesquisa, é comum a avaliação ser realizada por mais de um profissional, com experiência nesse tipo de avaliação. Sabe-se que o consenso entre avaliadores tende a aumentar quando há um treinamento auditivo prévio com amostras de fala alteradas. Sua aplicação na prática clínica deve considerar essas questões, portanto, a experiência do profissional com o procedimento de avaliação e com o cuidado de pessoas com TMF adquiridos é fundamental para uma avaliação mais confiável.

A análise perceptivo-auditiva pode ser realizada a partir de diferentes procedimentos de classificação, por meio dos quais as amostras de fala obtidas são analisadas quanto à presença de determinado tipo de alteração e seu grau, considerando os diferentes aspectos ou dimensões, ou o próprio grau do transtorno, como uma medida geral de gravidade. Tais procedimentos de classificação podem envolver o uso de categorias, escalas ordinais, como as escalas do tipo *Likert*, escalas visuais analógicas ou digitais, ou estimativas de magnitude direta.

Apesar da análise perceptivo-auditiva ser mais conhecida, deve-se ter clareza que a avaliação da fala em sua integralidade pressupõe também a análise perceptivo-visual de seus aspectos cinemáticos. Este pode ser considerado um método de avaliação perceptiva, no qual os mesmos procedimentos de classificação já citados são aplicáveis.

A maior parte dos instrumentos padronizados, em processo de padronização ou protocolos publicados de avaliação de pessoas com TMF adquiridos empregam um ou mais métodos e procedimentos da abordagem avaliativa perceptiva da função da fala. No Brasil, há alguns protocolos e/ou instrumentos disponíveis ao clínico, com foco na avaliação das estruturas envolvidas e/ou da função da fala e que empregam a abordagem perceptiva. Esses protocolos e/ou instrumentos ainda carecem de estudos de validação e normatização para nossa população.

Para a avaliação de PCAFA, o protocolo publicado mais conhecido é o Protocolo de Apraxia Verbal e Não Verbal[6]. Visando atualizar esse protocolo, mudanças no material de fala e nas tarefas utilizadas para a avaliação foram propostas em 2024[7]. Recentemente, também foi publicado estudo de tradução e adaptação transcultural da Escala de Avaliação da Apraxia de Fala, versão 3.5 (em inglês, *Apraxia of Speech Rating Scale*), para o português brasileiro[8]. Essa escala, desenvolvida em inglês, passou por processo recente de validação com PCAFA associada a doenças neurodegenerativas em sua língua original[9].

Quanto à avaliação de PCD, há dois protocolos bastante utilizados no país: o Protocolo de Disartria[6] e o Protocolo de Avaliação das Disartrias de Origem Central em Pacientes com Doença de Parkinson[10]. O primeiro conta com alguns estudos feitos com a população brasileira neurologicamente saudável que fornecem parâmetros normativos preliminares para a interpretação de algumas medidas, como o número de palavras por expiração[11] e o número de palavras por minuto[12]. Já o outro protocolo, que é de origem alemã, foi adaptado para uma versão atualizada no português brasileiro e denominado Protocolo de Avaliação dos Distúrbios Adquiridos de Fala em Indivíduos com Doença de Parkinson[13]. Essa versão dispõe de algumas evidências preliminares de validade e confiabilidade, contudo, restritas a uma população específica de pessoas com disartria hipocinética associada à doença de Parkinson, para a qual o protocolo foi desenvolvido.

A abordagem perceptiva também é predominante na avaliação da atividade comunicativa e da participação social. Nessa avaliação, a perspectiva do falante assume grande relevância e é conhecida como medidas de resultados relatadas pelo paciente (em inglês, *patient-reported outcome measures*). Assumem geralmente a forma de questionários de autoavaliação ou que captam a percepção ou os julgamentos dos interlocutores sobre determinado aspecto vivenciado pelo paciente.

Para a avaliação da atividade comunicativa, são consideradas habitualmente medidas como a inteligibilidade, a compreensibilidade e/ou a naturalidade da fala, especialmente na investigação dos casos disártricos. Dentre essas medidas, a inteligibilidade da fala é a mais conhecida e avalia a facilidade com a qual a fala do indivíduo pode ser decodificada pelo interlocutor. Há vários métodos descritos para a avaliação da inteligibilidade, como os baseados nos procedimentos de classificação já citados anteriormente, além do método de transcrição ortográfica. No Brasil, há um instrumento validado para a avaliação da inteligibilidade de fala de PCD, que é o Protocolo de Avaliação da Inteligibilidade de Fala (PAIF)[14]. Baseado no método de transcrição ortográfica, este protocolo utiliza como material de fala listas de palavras e frases e propõe notas de corte para a população brasileira.

A participação social de pessoas com TMF adquiridos corresponde ao impacto que as dificuldades de comunicação causam na qualidade de vida em diferentes situações. Portanto, para essa avaliação, predomina o emprego das medidas de resultado relatadas pelo paciente[15]. No nosso país, o questionário "Vivendo com Disartria" (VcD) para PCD pode ser aplicado com esse propósito[16]. O questionário contempla dimensões como: efeito da disartria em diferentes pessoas ou em diferentes situações e possibilidades prejudicadas por essa condição de saúde. Elas permitem conhecer as possíveis implicações que o quadro tem para a participação social, conforme a percepção do falante.

Avaliação instrumental da fala

Especialmente no estudo da Fonética e Fonologia, tecnologias computacionais transformaram-se em métodos instrumentais de avaliação, os quais possibilitaram análises minuciosas da fala. Os métodos instrumentais são as avaliações acústicas, exames de imagem e avaliações fisiológicas, e melhoram a objetividade da avaliação fonoaudiológica por fornecerem evidências diagnósticas confirmatórias e aprimorarem a análise das alterações da função da fala[2,17]. Existem inúmeros exames que podem ser utilizados na avaliação da produção da fala: radiografia, ressonância magnética, articulografia eletromagnética, análise baseada em vídeo de movimentos faciais, eletropalatografia, ultrassonografia (USG), eletromiografia, técnica fluxo-pressão, rinometria acústica e rinomanometria, nasofaringoscopia, videofluoroscopia, nasometria, espectrografia, eletroglotografia e análise acústica vocal[17].

Apesar da variedade de métodos, eles ainda são subutilizados na avaliação de pessoas com TMFs adquiridos, possivelmente devido à falta de padronização e normatização para tarefas de fala, à ausência de parâmetros para medição instrumental, à complexidade e ao alto custo da instrumentação para uso clínico, bem como à experiência limitada dos clínicos no uso de avaliações instrumentais[4]. A falta de abrangência das avaliações instrumentais, as quais desconsideram alguns parâmetros da fala, como prosódia e velocidade, e não incluem tarefas mais ecológicas, como situações de interação comunicativa, também se torna um problema[2]. Além disso, a confiabilidade das avaliações depende da correta aplicação dos protocolos de teste, desde a padronização das instruções e apresentação dos estímulos até a interpretação dos resultados pelo avaliador[2,18].

A disartria e a AFA são transtornos distintos da produção da fala, embora possam compartilhar algumas características sobrepostas ou co-ocorrer. Na disartria, há déficits no sistema neuromuscular que controla os movimentos necessários para a fala, enquanto na AFA ocorre o oposto. É importante avaliar instrumentalmente os subsistemas da produção da fala em ambos os transtornos, a fim de identificar características relacionadas aos déficits em planejamento, programação e execução motora. Considerando os subsistemas da produção da fala de maior impacto na inteligibilidade e os principais instrumentos utilizados na avaliação de TMF adquiridos, neste capítulo discutiremos sobre a USG dos movimentos de língua, nasometria e análise vocal acústica.

A USG dos movimentos de língua, por ser uma técnica segura, confiável, minimamente invasiva e oferecer o maior custo-benefício, popularizou-se no estudo da Fonologia para análise em tempo real dos gestos de língua durante a articulação dos fonemas. É importante destacar que a USG revela apenas o movimento da língua e exclui estruturas como lábios, bochechas e véu palatino, importantes à articulação de diversos sons. Ainda assim, é inquestionável sua validade na avaliação instrumental da articulação em pessoas com TMF adquiridos.

No intuito de caracterizar os movimentos de língua envolvidos na articulação, a interpretação das análises ultrassonográficas de língua apoia-se em modelos dinâmicos de produção da fala, como a Fonologia Articulatória, a Fonologia Gestual e a Fonologia Acústico-articulatória. À luz dessas perspectivas, as variáveis do trato são descrições funcionais da tarefa, distribuem o movimento associado ao gesto entre os articuladores envolvidos e categorizam o gesto articulatório por meio de descritores, ilustrados por meio das pautas gestuais, ilustrações temporais entre os gestos, que envolvem variáveis diferentes do trato e são exibidas em camadas horizontais diferentes[17].

As alterações de ressonância na fala de PCD são atribuídas à incompetência velofaríngea. A hipernasalidade é uma manifestação clínica comum, caracterizada por uma qualidade vocal que apresenta excesso de energia acústica nasal durante a produção de sons orais. Como os resultados são controversos na estimativa de hipernasalidade em graus mais severos de déficits articulatórios[17], atualmente é recomendado aliar a avaliação perceptiva a métodos instrumentais, como a nasometria, para examinar o déficit fisiológico e comprovar as impressões clínicas. Essa técnica, por meio do nasômetro, mensura o percentual de nasalância. A nasometria permite confirmar o julgamento perceptivo de hipernasalidade com valores de nasalância acima de 27% para estímulos orais, ou de hiponasalidade, com valores de nasalância para estímulos nasais abaixo de 43%[17].

Quanto à função vocal, considerando que o subsistema fonatório requer um controle motor refinado, qualquer sinal de fraqueza, lentidão ou incoordenação da musculatura laríngea é percebido na voz. A análise acústica é uma técnica útil, precisa, de fácil execução e baixo custo, que oferece uma descrição quantitativa das disfunções vocais. Assim, por fornecer informações sobre a intensidade do desvio e a qualidade vocal com base na simples emissão sustentada de uma vogal, a análise acústica mostra-se uma ferramenta útil e vantajosa. No entanto, sua interpretação requer cuidado devido a possíveis interferências de características anatômicas e fisiológicas nos parâmetros vocais acústicos[17].

Um dos *softwares* utilizados para análise vocal é o *Multi-Dimensional Voice Program – Advanced* (MDVP-A) (PENTAX Medical Inc., Montvale, NJ), o qual extrai até 33 parâmetros vocais de uma única emissão, representando-os graficamente e comparando-os com valores normativos do próprio *software*. Sua confiabilidade e adequação para analisar as disfunções vocais nos TMF adquiridos foram relatadas como satisfatórias[19]. Outro programa bastante utilizado para esse tipo de análise é o Praat.

No Brasil, temos à disposição o Protocolo de Avaliação Instrumental da Fala (PRAINF), desenvolvido com base em critérios linguísticos e psicométricos. Esse protocolo pode ser empregado para apoiar a avaliação do subsistema articulatório, permitindo a caracterização do gesto articulatório das consoantes do PB; do subsistema ressonantal, para quantificar o percentual de nasalidade em segmentos de fala específicos; e do subsistema fonatório, para examinar a qualidade vocal e a coaptação glótica em contexto de fala[18].

AVANÇOS EM AVALIAÇÕES DE FALA

Modelos de avaliação automática são ferramentas promissoras para avaliação de diferentes alterações de fala. Abordagens de inteligência artificial (IA), como a "aprendizagem profunda", modelam dados complexos com precisão. A utilização da IA na avaliação da fala em pessoas com TMF adquiridos está se tornando cada vez mais comum, especialmente com a finalidade de melhorar a comunicação e interação dessas pessoas. Entre as tendências do uso de IA na avaliação da fala, estão: desenvolvimento de sistemas de reconhecimento de fala específicos; personalização e adaptação; aplicativos e dispositivos portáteis; telessaúde; e compreensão de meios de comunicação não verbais.

Recentemente, pesquisas têm avançado no desenvolvimento de algoritmos de reconhecimento automático de fala mais eficazes na compreensão e interpretação da fala de pessoas com TMF adquiridos. Isso abre caminho para a utilização da IA na adaptação de avaliações de fala às necessidades individuais de cada paciente, considerando seus padrões únicos de fala. É crucial desenvolver modelos acústicos mais robustos e adaptativos que levem em conta a diversidade de características vocais dos falantes com TMF, além de explorar abordagens alternativas para aquisição e representação de dados, superando desafios de escassez de informações.

Na avaliação da disartria, por exemplo, utilizando apenas recursos de voz, o aprendizado de máquinas foi capaz de classificar pacientes com DP e sem DP com uma precisão de mais de 90%, bem como avaliar automaticamente diversas características da fala e quantificar a progressão das alterações de fala[19]. O uso da IA, principalmente devido ao aprendizado de máquinas e às análises automáticas de gravações de voz, parece promissor para auxiliar no diagnóstico das doenças neurológicas, no rastreamento da progressão dos sintomas e no monitoramento da terapia.

CONCLUSÃO

A avaliação fonoaudiológica de pessoas com TMF adquiridos pode ser realizada por meio de diferentes abordagens e métodos, que se complementam. É fundamental que a avaliação seja abrangente para uma compreensão integral dessas condições de saúde e considere não apenas o prejuízo das estruturas envolvidas e a função de fala, mas seu impacto na atividade comunicativa e na participação social do falante, no contexto em que ele se insere.

Embora sejam necessários avanços no desenvolvimento de instrumentos de avaliação para essa população, alguns recursos já estão disponíveis ao fonoaudiólogo brasileiro, como protocolos e equipamentos diversos para a avaliação da produção da fala, com viabilidade e validade confirmadas pelas pesquisas acadêmicas. Por fim, à medida que continuamos a aliar métodos perceptivos, instrumentais e até mesmo das análises da IA, podemos antecipar avanços ainda mais significativos na avaliação de pessoas com TMF adquiridos e suas implicações clínicas e na pesquisa.

REFERÊNCIAS BIBLIOGRÁFICAS

1. Mitchell C, Bowen A, Conroy P, Whelan B, Wallace S, Dancer A, et al. COS-Speech: protocol to develop a core outcome set for dysarthria after stroke for use in clinical practice and research. TRIALS. 2023;24(1).
2. Pommée T, Balaguer M, Mauclair J, Pinquier J, Woisard V. Assessment of adult speech disorders: current situation and needs in French-speaking clinical practice. Logoped Phoniatr Vocol. 2022 Jul;47(2):92-108.
3. Kent RD. Nonspeech oral movements and oral motor disorders: a narrative review. Am J Speech Lang Pathol. 2015;24(4):763-89.
4. Rumbach AF, Finch E, Stevenson G. What are the usual assessment practices in adult non-progressive dysarthria rehabilitation? A survey of Australian dysarthria practice patterns. J Commun Disord [Internet]. 2019;79(February):46-57.
5. Antunes AP de A, Silva CSR da, Ferreira LP, Palladino RRR. Use of the International Classification of Functioning, Disability and Health in Speech-Language-Hearing Therapy: an integrative literature review. Rev CEFAC. 2019;21(4):1-7.
6. Ortiz KZ (org.). Distúrbios neurológicos adquiridos: fala e deglutição. 2. ed. Barueri: Manole; 2010.
7. Costa BM, Brescancini CR, Ortiz KZ. Protocolo de avaliação para apraxia de fala adquirida. CODAS. 2023;36:e20220251.
8. dos Santos D, Lima I, Lopes L. Translation into Brazilian Portuguese and transcultural adaptation of the Apraxia of Speech Rating Scale 3.5. CODAS. 2023;35(3).
9. Duffy J, Martin P, Clark H, Utianski R, Strand E, Whitwell J, et al. The Apraxia of Speech Rating Scale: Reliability, validity, and utility. Am J Speech Lang Pathol. 2023;32(2):469-91.
10. Fracassi AS, Gatto AR, Weber S, Spadotto AA, Ribeiro PW, Schelp AO. Adaptação para a língua portuguesa e aplicação de protocolo de avaliação das disartrias de origem central em pacientes com doença de Parkinson. Rev CEFAC. 2011;13:1056-65.
11. Chappaz RO, Barreto SS, Ortiz KZ. Pneumo-phono-articulatory coordination assessment in dysarthria cases: a cross-sectional study. Sao Paulo Med J 2018;136:216-21.
12. Oliveira CR, Ortiz KZ, Vieira MM. [Dysarthria: a speech rate study]. Fono Rev Atualizacao Cient. 2004;16(1):39-48.
13. Presotto M, Rieder CRM, Olchik MR. Validação de conteúdo e confiabilidade do Protocolo de Avaliação dos Distúrbios Adquiridos de Fala em Indivíduos com Doença de Parkinson (PADAF). CoDAS [Internet]. 2019 [citado 2 de novembro de 2022];31.
14. Barreto SS, Ortiz KZ. Protocol for the Evaluation of Speech Intelligibility in Dysarthrias: Evidence of reliability and validity. Folia Phoniatr Logop [Internet]. 2016;67(4):212-8.
15. van Sluis KE, Passchier E, van Son RJJH, van der Molen L, Stuiver M, van den Brekel MWM, et al. Dutch translation and validation of the Communicative Participation Item Bank (CPIB) – short form. Int J Lang Commun Disord. 2023;58:124-37.
16. Puhl A, Diaféria G, Padovani M, Behlau M. Autoavaliação da disartria em 32 pacientes com doença de Parkinson. In: 17º Congresso Brasileiro de Fonoaudiologia e 1º Congresso Ibero-Americano de Fonoaudiologia. Salvador; 2009.
17. Portalete CR. Métodos perceptivos e instrumentais na avaliação da disartria e resultados de uma proposta de intervenção fonoaudiológica com biofeedback instrumental (Tese de doutorado). Santa Maria: Universidade Federal de Santa Maria; 2022.
18. Portalete CR, Fernandes EG, Pagliarin KC. Elaboração de um Protocolo de Avaliação Instrumental da Fala (PRAINF) baseado em critérios linguísticos e psicométricos. CoDAS [Internet]. 2018;30(1):e20160246.
19. Kumar R, Tripathy M, Kumar N, Anand RS. Management of Parkinson's disease dysarthria: can artificial intelligence provide the solution? Ann Indian Acad Neurol. 2022 Sep-Oct;25(5):810-6.

45

Intervenção dos transtornos de fala na criança e adolescente

Vanessa Giacchini
Marileda Barichello Gubiani
Aline Mara de Oliveira

PONTOS-CHAVE

- Os Transtornos dos Sons da Fala (TSF) são alterações frequentes na fala das crianças. Eles podem se apresentar de três formas: o atraso fonológico ou transtorno fonológico, os erros residuais de fala e os transtornos motores de fala, e para cada um deles é necessária uma intervenção específica.
- Nos casos de atraso fonológico ou transtorno fonológico, a terapia indicada é direcionada para a organização mental dos sons deficitários. Nesses casos, a terapia fonológica irá beneficiar a criança a partir do processo de generalização, não sendo necessária a intervenção em cada um dos fonemas ausentes.
- Apraxia de Fala na Infância é um transtorno neurológico caracterizado pela ininteligibilidade de fala, devido à presença de erros inconsistentes, à coarticulação e à prosódia inapropriadas.
- Aprendizagem Motora de Fala.

OBJETIVOS DE APRENDIZAGEM

Ao final deste capítulo, o leitor deverá ser capaz de:

- Compreender os principais métodos de intervenção destinados aos Transtornos dos Sons da Fala (TSF).
- Aprimorar a capacidade de raciocínio clínico na escolha da intervenção mais adequada para cada caso de TSF.
- Compreender as diferenças da intervenção terapêutica entre os transtornos fonológicos, motores de fala e erros residuais de fala.

INTRODUÇÃO

O termo Transtornos dos Sons da Fala (TSF) é utilizado como uma expressão abrangente para englobar as dificuldades na percepção e/ou produção de sons da fala em crianças. Esse termo incorpora déficits tanto articulatórios, quanto fonológicos e motores. Crianças com TSF podem manifestar diversas combinações de dificuldades relacionadas à representação fonológica, à percepção, à articulação, ao planejamento, à programação e/ou à execução motora e à prosódia, o que pode afetar (em diferentes graus) a inteligibilidade da fala[1].

Os TSF podem ser classificados em três grupos principais: Atraso de Fala, denominado no Brasil Transtorno Fonológico (TF), Erros Residuais/Persistentes de Fala (ERF) e Transtornos Motores de Fala (TMF), incluindo Apraxia de Fala na Infância/Apraxia de Fala Infantil (AFI), Atraso Motor de Fala (AMF), Disartria Desenvolvimental (DD) e a combinação AFI + DD[2].

Diferentes abordagens de terapia podem ser necessárias para auxiliar crianças com TSF. Frequentemente, os fonoaudiólogos favorecem o uso de uma ou duas intervenções específicas, muitas vezes combinadas. É essencial não restringir a terapia exclusivamente ao diagnóstico, mas sim observar atentamente os resultados (sinais e sintomas), mesmo que eles façam parte do processo de diagnóstico. Por exemplo, em um caso de TF o fonoaudiólogo pode optar por uma intervenção com base fonológica, enquanto em um caso de AFI, a intervenção pode ser de base motora. No entanto, a terapia deve ser orientada pelos sinais e sintomas apresentados pela criança. Sabe-se que terapias fonológicas não são eficazes para TMF, como a AFI, bem como terapias motoras não são eficientes nos casos de TF. No entanto, há relatos de terapias híbridas (fonológica e motora) bem-sucedidas para TF e de abordagens predominantemente motoras para ERF[3].

Neste capítulo, apresentamos as diferentes intervenções voltadas para os TF, para os TMF e para os ERF. Para isso segmentamos nosso texto em três seções: na primeira são apresentados os principais modelos e terapias para o TF, em seguida, os princípios de aprendizagem motora de fala voltados para os TMFs e, por fim, terapia voltada para o ERF.

INTERVENÇÃO NOS TRANSTORNOS FONOLÓGICOS

Os fundamentos das abordagens fonológicas passaram por significativas transformações à medida que se compreendeu que as dificuldades das crianças estão relacionadas aos contrastes e aos traços distintivos, considerados como unidades mínimas de análise. Diante disso, a abordagem terapêutica não preconiza mais o tratamento de todos os fonemas alterados, mas sim foca nos traços ausentes ou na superação dos processos fonológicos. Além disso, há um consenso de que, por meio do processo cognitivo de generalização, o trabalho com determinados fonemas contribui para a aquisição de outros que compartilham traços semelhantes. Vale ressaltar que abordagens fonológicas e articulatórias podem ser empregadas na terapia do indivíduo com TF.

Nas abordagens fonológicas, consideram-se os traços mais complexos ou ausentes no inventário fonológico da criança, buscando estimular uma aprendizagem encadeada e generalizada de sons. A terapia fonológica prioriza como alvos terapêuticos aqueles que mais impactam a inteligibilidade de fala. A escolha dos sons também leva em conta que certos contextos fonológicos ou fonéticos podem facilitar a produção de um fonema específico, proporcionando uma estratégia útil para crianças que utilizam sons de forma inconsistente e necessitam de um método para alcançar uma produção mais consistente em outros contextos.

Fundamentadas em teorias fonológicas distintas, a terapia e a descrição de fala beneficiaram-se do surgimento de diferentes abordagens de tratamento, com o intuito de alcançar uma reorganização fonológica mais ágil e eficaz[4]. Essas teorias formam a base para o desenvolvimento de diversas abordagens terapêuticas destinadas ao tratamento dos TF. Entre elas, destacam-se:

1. **Abordagens focadas nos processos fonológicos:** os modelos de Ciclos e Ciclos Modificados têm como base a teoria natural, focando na eliminação dos processos fonológicos atuantes na fala da criança, alcançando a superação por meio da conscientização das características do som alvo associado a cada processo fonológico em questão. Os modelos de Ciclos e Ciclos Modificados estruturam as terapias enfocando o trabalho com a percepção auditiva e produção dos sons.
2. **Abordagens contrastivas:** esse é um grupo de abordagens terapêuticas que destaca a importância dos traços, essenciais para distinguir uma palavra da outra. Essas terapias utilizam pares de palavras contrastantes, em vez de se concentrarem em sons individuais. As principais abordagens contrastivas são: Oposições Mínimas, Oposições Máximas, *Empty Set* (ou tratamento do conjunto vazio) e Oposições Múltiplas. A abordagem de Oposições Mínimas (muitas vezes chamada de terapia de pares mínimos) emprega palavras que se diferenciam por apenas um fonema, e esse fonema apresenta poucos traços distintivos diferentes, por exemplo, pato ['pato] [p] X [b] bato ['bato] (contrastando o traço [voz]). Essa terapia enfatiza a perda de contrastividade na fala e o prejuízo na comunicação ao adotar o fonema incorreto. Já o Modelo de Oposições Máximas também emprega pares de palavras que diferem em apenas um som, por exemplo, panela [pa'nɛla] [p] X [ʒ] janela [ʒa'nɛla] (contrastando nos traços, [voz] [cont] [ant] [cor] [alt]), nessas palavras o som contrastivo é maximamente distinto, o que quer dizer que se diferenciam em múltiplos traços. O Modelo *Empty Set* (ou tratamento do conjunto vazio), que é similar ao modelo Pares Mínimos Oposição Máxima, sugere que a maior mudança fonológica é obtida quando são enfocados dois fonemas novos, com distinção de classes principais e distinção máxima de traços[5]. Também há o Modelo de Oposições Múltiplas[6], que usa palavras que contrastam o som que a criança produz de maneira sistemática, com os outros sons que a

criança não produz. Por exemplo, a criança substitui os fonemas /t, d, g, s/ por [k]. A partir desse comportamento linguístico, a terapia irá enfocar o trabalho do som produzido, [k], contrastando com todos os sons ausentes na fala, fonemas [t], [d], [g], [s]. As diversas abordagens contrastivas adotadas pelos modelos que utilizam pares mínimos têm como principal objetivo criar obstáculos na comunicação infantil. Ao empregar escolhas inadequadas, busca-se prejudicar a fluidez da comunicação, incentivando, assim, a criança a corrigir os sons produzidos de maneira equivocada.

3. **Abordagem baseada em consciência fonológica:** o modelo de terapia Metaphon[4] tem como principal enfoque a promoção da consciência metafonológica, concentrando-se nas propriedades sonoras que requerem contrastes. São criadas pistas em conjunto com a criança para que ela compreenda os contrastes e faça as adequações na fala.
4. **Abordagem com complexidade de traços:** um modelo que faz a seleção dos alvos para a terapia com base na complexidade de traços é o Modelo ABAB-Retirada e Provas Múltiplas[4]. As intervenções baseadas na complexidade de traços defendem o emprego de sons mais complexos buscando uma maior generalização. Trata-se de um modelo de terapia econômico, em que a escolha do segmento alvo é influenciada pela distância entre os traços distintivos que o configuram. Dessa forma, a terapia pode facilitar um maior número de generalizações em um período de tratamento mais curto. Essa abordagem é estruturada em blocos, iniciando pela avaliação e coleta de fala espontânea. Após a obtenção desses dados, são identificados os traços distintivos deficitários ou ausentes, e com base nisso, define-se o som alvo para o tratamento. Ao longo das sessões previstas na terapia, será realizada a estimulação de palavras que contenham o segmento alvo em figuras representativas. Após esse período, é realizado um período de retirada, em que não é trabalhado o som alvo, apenas realizadas coleta de fala espontânea e provas de generalização, seguido de novo ciclo de terapia, podendo repetir o mesmo som alvo ou mudar para outro que necessita de intervenção.

Um estudo[7] apresenta a indicação de quando cada um dos modelos contrastivos deve ser adotado, destacando que o Modelo Pares Mínimos com Oposição Mínima deve ser empregado em crianças que apresentam um pequeno número de trocas. Em contrapartida, em caso de transtornos mais severos, o estudo sugere o emprego de abordagens como a de Oposições Máximas ou Oposições Múltiplas[7].

As intervenções fonológicas variam amplamente, e a escolha entre os diferentes modelos deve ser baseada nas características individuais da criança e na experiência do terapeuta em conhecer e dominar cada modelo. Não se pode afirmar que um modelo seja superior a outro, mas sim sugerir quais podem levar a resultados mais eficazes.

INTERVENÇÕES PARA OS TRANSTORNOS MOTORES DE FALA

As intervenções fonoaudiológicas voltadas para os TMF são pautadas nos Princípios de Aprendizagem Motora que são um conjunto de processos que facilitam a aquisição, a retenção e a manutenção de habilidades motoras da fala[8,9]. Os Princípios de Aprendizagem Motora da Fala (PAMF)[8,9] serão contemplados no decorrer da intervenção e dizem respeito a momentos de:

1. **Pré-prática:** tem como objetivo a aquisição inicial de planos motores e o terapeuta deve se preocupar em fornecer *feedbacks* extrínsecos, imediatos e frequentes. Durante a pré-prática, o terapeuta irá preparar a criança para a realização da prática, incluindo estratégias com pistas multissensoriais, explicações específicas acerca da aprendizagem do objetivo escolhido. Além disso, é importante ressaltar que não existe um tempo específico dessa fase, dependendo da velocidade de aprendizagem de cada sujeito[8,9].
2. **Distribuição da prática:** difere entre a prática massiva ou distribuída. Na primeira, devemos trabalhar um número pequeno de alvos com maior número de repetições em uma mesma sessão, e é utilizada para estabelecer um plano motor, uma vez que nessa prática, a aquisição de uma habilidade é mais rápida, porém com escasso ganho de generalização da habilidade trabalhada. Por outro lado, a prática distribuída envolve escolher um número maior de alvos, com menos repetições na sessão[8,9]. A distribuição de prática também pode se referir aos intervalos entre as sessões, por exemplo: quando temos uma prática massiva, teremos um intervalo mínimo entre as sessões (várias sessões na mesma semana, mais curtas e em dias consecutivos, em vez de uma sessão mais longa durante a semana – que seria uma sessão distribuída)[8].
3. **Organização da prática:** pode ser dividida entre prática bloqueada ou variada. Para a prática bloqueada, a criança vai praticar o alvo com um número específico de repetições, e depois ela irá realizar a produção do próximo estímulo. Essa prática é indicada para a fase de aquisição do aprendizado

do plano motor, enquanto a prática variada dispõe da aleatoriedade do alvo, sendo indicada para a fase de retenção do plano motor[9].

4. **Variabilidade da prática:** a variabilidade da prática está relacionada com a utilização de alvos com a prática consistente ou com a prática variável. A variabilidade da prática consistente refere-se a quando o terapeuta não varia os parâmetros como o ritmo, a velocidade de fala, a intensidade, o *pitch* e a *loudness* vocal ao apresentar o modelo para a criança, ao contrário da prática consistente que varia tais parâmetros. Por exemplo, a criança pode fazer a voz do vovô urso e, em seguida, a voz do bebê urso. Desse modo, ela irá alterar os parâmetros com relação à sua forma e ao contexto. A prática consistente pode ser positiva para o estágio de aquisição de um novo plano motor, enquanto a prática variada é importante no período que se refere à retenção[8].
5. **Tipos, frequência e momento do *feedback*:** é importante também considerar os tipos de *feedback* que irá fornecer para a criança, podendo ser classificado em intrínseco e extrínseco. O *feedback* intrínseco diz respeito à autopercepção da criança com relação à sua fala. O *feedback extrínseco* é caracterizado por informações que o terapeuta fornece durante a terapia e pode ser de conhecimento de performance e de resultado. O primeiro refere-se ao movimento do gesto articulatório propriamente dito para execução do alvo a ser pretendido, como no exemplo "*faça o biquinho para falar o o*". *Enquanto* que o segundo *feedback* diz respeito ao resultado da produção realizada pela criança. Dessa forma, o terapeuta irá informar se a repetição realizada pela criança está correta ou incorreta com relação ao alvo (como no exemplo: "essa estava certa" ou "tenta novamente"). À medida que a criança se apropria do alvo, o *feedback* deve ser reduzido gradualmente e não imediato[8].

Atualmente, os métodos de intervenção para os TMF pautados nos PAMF evidência científica são: *Dynamic Temporal and Tactile and Cueing* (DTTC)[8]; *Nuffield Dyspraxia Program, Third Edition* (NDP3)[10]; *Prompts for Reestructuring Oral Muscular Phonetic Targets* (PROMPT)[11]; *Rapid Syllable Transition Treatment* (ReST)[12,13] e *Biofeedback* Ultrassonografia de fala[14,15].

INTERVENÇÃO PARA OS ERROS RESIDUAIS DE FALA

ERF é o termo utilizado na literatura para denominar casos de sujeitos que apresentam alterações na produção dos segmentos da fala de origem desconhecida, que persistem para além dos nove anos de idade, mesmo em casos que tenham sido submetidos à fonoterapia. Caracterizados por desordens na fala, produzidas por crianças mais velhas ou por adultos, os ERF podem ser entendidos como remanescentes de um atraso de fala e envolvem principalmente as classes das fricativas e líquidas[1,2].

Sujeitos com ERFs têm sido negligenciados por pesquisadores da área da fala, sendo que ainda há um número reduzido de pesquisas sobre esse assunto. Na literatura nacional, essa denominação é citada em poucos estudos. Pouco se fala também sobre a forma de tratamento desse transtorno, uma vez que pode ser um transtorno remanescente ou que não teve a evolução suficiente para a remissão completa dos erros de fala.

A terapia para os erros persistentes/residuais de fala requer o desenvolvimento de novos hábitos articulatórios e o desenvolvimento de novas interações entre os diferentes sistemas (*input* auditivo, processamento cognitivo-linguístico e processamento motor de fala).

As abordagens possíveis para esses transtornos são:

1. **Abordagem tradicional**[6] (contrastiva ou baseada em processos fonológicos) que tem o objetivo principal de aprimorar a inteligibilidade de fala do sujeito, tem hierarquia de aquisição vertical e se baseia especialmente no modelo auditivo de percepção/produção de fala. Essa abordagem é descrita com detalhes na seção de TF.
2. **Abordagem motora de fala**[8], que tem a principal meta de treinar os padrões de movimentos motores de fala (com ou sem *biofeedback*). Baseia-se na aplicação dos PAMF. Os PAMF foram amplamente discutidos na seção de TMF.
3. **Abordagem centrada no *biofeedback*:** o principal objetivo dessa abordagem é fornecer a informação em tempo real sobre os movimentos de língua. As principais técnicas utilizadas nessa abordagem são eletropalatografia, espectrografia acústica, ultrassonografia[14,15].

É importante destacar que a abordagem tradicional (a abordagem utilizada nos TF) não é adequada para todos os sujeitos com ERF, já que a descrição verbal de um som complexo nem sempre é suficiente para o sujeito que tem dificuldade em reconhecer auditivamente os erros produzidos por si próprio[16,17].

A abordagem por *biofeedback* visual usa equipamentos que fornecem informação em tempo real sobre alguns aspectos da fala que, sob circunstâncias normais, não são percebidos pelo falante, e que objetivam despertar a consciência do falante para a produção de fala. A representação por *biofeedback* em tempo real auxilia na comparação da representação correta com a produção do som alvo. Estudo[18] sugere o uso de instrumentos que mostram diferentes características da fala e que formam uma representação mental externa do som em que o sujeito consegue visualizar a produção correta do alvo (ao invés de se basear somente na sua percepção) e ainda refere que adota um foco de atenção externo aos movimentos de fala.

O principal equipamento para tratamento dos ERF é o ultrassom de língua, que permite uma visualização estática e dinâmica do movimento da língua e fornece informações que permitem analisar comparativamente as variações na produção da fala. A imagem pode ainda ser capturada com o transdutor na posição sagital (que permite visualizar a língua da ponta até a raiz, em uma visão lateral, tornando visível a altura da língua)[19].

Mesmo sendo um equipamento de alto custo e não acessível para todos os clínicos, o ultrassom pode ser estudado até para aqueles que não têm acesso a essa tecnologia, uma vez que o fonoaudiólogo pode aprender muito sobre a articulação dos sons pelas imagens e vídeos (do ultrassom) e melhorar suas pistas durante o tratamento[20].

CONCLUSÃO

É reconhecido que não existe um programa de intervenção universal que seja eficaz para todas as crianças com TSF. É crucial considerar variáveis como idade, gravidade, possíveis comorbidades, recursos familiares e os resultados fonoaudiológicos que levaram ao diagnóstico. Como foi descrito, para cada diagnóstico dos TSF (fonológico, motor de fala ou erro residual de fala), o terapeuta deve se pautar nas características clínicas do sujeito e direcioná-las para abordagens específicas de cada diagnóstico.

Destaca-se o papel fundamental dos pais na intervenção, pois a participação ativa deles contribui para um período de intervenção mais breve e eficaz, independente do diagnóstico. Assim, o prognóstico terapêutico está correlacionado não apenas com a escolha de modelos de intervenção específicos, mas também com o resultado alcançado através do engajamento familiar.

REFERÊNCIAS BIBLIOGRÁFICAS

1. Shriberg LD, Campbell TF, Mabie HL, McGlothlin JH. Initial studies of the phenotype and persistence of speech motor delay (SMD). Clin Linguist Phon [Internet]. 2019 Aug 3;33(8):737-56.
2. Shriberg LD, Strand EA, Jakielski KJ, Mabie HL. Estimates of the prevalence of speech and motor speech disorders in persons with complex neurodevelopmental disorders. Clin Linguist Phon [Internet]. 2019 Aug 3;33(8):707-36.
3. Terband H, Maassen B, Maas E. A psycholinguistic framework for diagnosis and treatment planning of developmental speech disorders. Folia Phoniatr Logop [Internet]. 2019;71(5-6):216-27.
4. Mota HB, Wiethan FM, Giacchini V. O segmento: Teoria fonológica e intervenção clínica. In: Freitas MJ, Lousada M, Alves DC (eds.). Linguística Clínica: modelos, avaliação e Intervenção. Berlim; 2022. p. 101-28.
5. Gierut JA. The conditions and course of clinically induced phonological change. J Speech, Lang Hear Res [Internet]. 1992 Oct;35(5):1049-63.
6. Williams AL. Multiple oppositions. Am J Speech-Language Pathol [Internet]. 2000 Nov;9(4):282-8.
7. Storkel HL. Minimal, maximal, or multiple: which contrastive intervention approach to use with children with speech sound disorders? Lang Speech Hear Serv Sch [Internet]. 2022 Jul 6;53(3):632-45.
8. Maas E, Robin DA, Hula, SNA, Freedman SE, Wulf G, Ballard KJ, Schmidt RA. Principles of motor learning in treatment of motor speech disorders. American Journal of Speech-Language Pathology [Internet]. 2008 17(3):277-98.
9. Strand EA. Dynamic temporal and tactile cueing: A treatment strategy for childhood apraxia of speech. American Journal of Speech-Language Pathology [Internet]. 2020;29(1).
10. Murray E, McCabe P, Ballard KJ. A randomized controlled trial for children with childhood apraxia of speech comparing rapid syllable transition treatment and the Nuffield Dyspraxia Programme – Third Edition. Journal of Speech, Language, and Hearing Research: JSLHR [Internet]. 2015 Jun 58(3):669-86.
11. Hayden DA, Square PA. Motor Speech Treatment Hierarchy: a systems approach. Clin Commun Disord [Internet]. 1994 Sep 4(3):162-74.
12. Murray E, McCabe P, Ballard KJ. A comparison of two treatments for childhood apraxia of speech: methods and treatment protocol for a parallel group randomised control trial. BMC Pediatrics. [Internet]. 2012 Ago 12.
13. Oliveira BS, Oliveira AM. Tradução e adaptação cultural do manual de intervenção terapêutica Rapid Syllable Transition Treatment (REST) para o Português Brasileiro. CoDAS. [Internet] 2023;35(2).
14. Oliveira AM, Haas P, Deschamps LM, Besen E, Moreira E. Tratamento de crianças com transtornos dos sons da fala graves ou persistentes por meio da ultrassonografia de língua. Extensio: R Eletr de Extensão. [Internet] 2021;18(38):206-20.
15. Preston JL, Leece MC, Maas E. Intensive treatment with ultrasound visual feedback for speech sound errors in childhood apraxia. Frontiers in Human Neuroscience. [Internet] 2016 Ago 10.
16. Byun TM, Hitchcock ER. Investigating the use of traditional and spectral biofeedback approaches to intervention for /r/ misarticulation. Am J Speech Lang Pathol. [Internet] 2012 Aug;21(3):207-21.
17. Shuster LI. The perception of correctly and incorrectly produced /r/. Journal of Speech, Language, and Hearing Research. [Internet]. 1998;41(4):941-50.
18. Hitchcock ER, Harel D, Byun TM. Social, emotional, and academic impact of residual speech errors in school-aged children: a survey study. Semin Speech Lang. [Internet]. 2015 Nov;36(4):283-94.

19. Cleland J, Scobbie JM, Wrench AA. Using ultrasound visual biofeedback to treat persistent primary speech sound disorders. Clin Linguist Phon. [Internet]. 2015;29(8-10):575-97.

20. Klein HB, McAllister BT, Davidson L, Grigos MI. A multidimensional investigation of children's /r/ productions: Perceptual, ultrasound and acoustic measures. American Journal of Speech-Language Pathology. [Internet] 2013;22:540-53.

46

Intervenção dos transtornos motores de fala no adulto e idoso

Maysa Luchesi Cera
Laura Davison Mangilli Toni

PONTOS-CHAVE

- Este capítulo tem como foco os transtornos motores de fala resultantes de doenças não progressivas do sistema nervoso central ou periférico, adquiridas na fase adulta.
- No que se refere às intervenções das disartrias, identificam-se múltiplas abordagens terapêuticas. Descreve-se a avaliação da respiração, fonação, ressonância, articulação e prosódia, necessária para identificar as metas de tratamento adequadas para cada uma dessas áreas. Cabem ao fonoaudiólogo o diagnóstico, o auxílio no diagnóstico diferencial de doenças, a reabilitação das alterações da fala/comunicação e a prevenção de complicações secundárias, por facilitar a participação em atividades de vida diárias e de interação social.
- Sobre as intervenções para casos com apraxia de fala adquirida, a maioria dos estudos é considerada proposta cinemático-articulatória, que envolve demonstração, repetição, modelo auditivo e visual do posicionamento dos movimentos e requer a produção de fala.

OBJETIVOS DE APRENDIZAGEM

Ao final deste capítulo, o leitor deverá ser capaz de:

- Compreender a elaboração e a aplicação de um planejamento terapêutico individual para pessoas com transtorno motor da fala.
- Identificar alternativas de intervenções para os transtornos motores.
- Decidir quais abordagens e técnicas de terapia para o transtorno motor da fala parecem mais favoráveis na perspectiva multidimensional e em conformidade com o contexto da pessoa.
- Elencar prioridades clínicas relacionadas aos transtornos motores da fala, conforme o contexto clínico e global da pessoa.

INTRODUÇÃO

No modelo teórico que caracteriza o controle sensório-motor da fala são descritas três fases motoras que ocorrem após a etapa de planejamento simbólico-linguístico: planejamento, programação e execução motora. Na etapa do planejamento motor ocorre o controle do ponto e do modo articulatório e inter e coarticuladores. A fase da programação motora é responsável pela sensibilidade e especificação muscular espaço-temporal, de força e de estrutura métrica da fala. Na última fase, os programas motores direcionam os movimentos durante a execução da fala[1]. Acredita-se que o planejamento motor seja realizado em áreas motoras corticais do hemisfério dominante, enquanto a programação e a execução motora são mediadas em áreas subcorticais bilaterais e circuitos córtico-subcorticais do cérebro[1].

De acordo com esse modelo, nos transtornos puros de execução motora, flacidez, espasticidade e movimentos involuntários são a causa do distúrbio do movimento da fala. As disartrias hipercinéticas, hipocinéticas e atáxicas são melhor classificadas como transtornos da programação e da execução da fala. A síndrome do dialeto pseudoestrangeiro e a gagueira neurogênica são outros dois transtornos que podem ser potencialmente atribuídos à alteração da programação motora da fala. A apraxia de fala adquirida é descrita como uma alteração de planejamento/programação motora[1].

A disartria apresenta-se em uma ampla faixa de gravidade; algumas pessoas podem ter a fala quase ininteligível para o ouvinte, enquanto outras podem apresentar alterações na precisão da fala ou fadiga, sendo esta geralmente inteligível[2] e produzida com maior naturalidade. Além da comunicação prejudicada, pode afetar negativamente o bem-estar psicológico, a participação social e a reabilitação[2,3]. Abordagens de tratamento que enfatizam métodos para aumentar a disposição e independência, fornecimento de pistas internas (habilidade que permitirá a pessoa identificar aspectos adequados e inadequados em sua fala), capacitar a autoavaliação e autocorreção são essenciais para o tratamento motor da fala de pessoas com e sem alteração cognitiva[4].

Para apraxia de fala adquirida, as propostas terapêuticas predominantemente descritas são cinemático-articulatórias, por envolverem demonstração, repetição, modelo auditivo e visual do posicionamento dos movimentos e produção de fala[5].

A evolução dos tratamentos para os transtornos motores considera: a condição médica que causou o transtorno; os sinais, os componentes funcionais e a fisiologia do transtorno da fala; a prática baseada em evidência; os modelos de incapacidades; e o conhecimento sobre aprendizagem motora, neuroplasticidade e plasticidade motora[6]. Este capítulo apresenta a teoria das intervenções para os dois transtornos motores adquiridos mais comuns nos adultos e idosos. A seguir serão apresentadas as abordagens de tratamento, técnicas terapêuticas e alvos de tratamento nas seguintes seções: intervenção das disartrias e intervenção da apraxia de fala adquirida.

INTERVENÇÃO DAS DISARTRIAS

Deficiências sensório-motoras, como fraqueza muscular, incoordenação, movimentos reduzidos ou excessivos, atividade muscular involuntária e alteração do tônus, podem ocorrer nos vários tipos de disartria, sendo necessário identificar configurações específicas dessas alterações para diferenciar o distúrbio[7,8]. Variações anormais no volume, na intensidade, na frequência e na qualidade vocal são decorrentes da dificuldade na biomecânica neuromuscular[8,9].

Para o tratamento das disartrias identificam-se múltiplas abordagens terapêuticas. A avaliação da respiração, fonação, ressonância, articulação e prosódia é necessária para diagnosticar corretamente o prejuízo da função da fala do indivíduo e identificar as metas de tratamento adequadas para cada uma das bases motoras da fala[3,9-11].

A categorização pelo tipo de disartria não parece ser a base ideal para a seleção de planos de tratamento. Dentro de um mesmo tipo, diferentes níveis de gravidade e características de fala são encontrados[11]. No entanto, identificar e compreender o tipo de disartria é necessário para entender os déficits e escolher as melhores abordagens[3,10]. Além da heterogeneidade da fala disártrica, acredita-se que muitos fatores contextuais afetam a resposta de uma pessoa ao tratamento, sendo eles as habilidades cognitivas, personalidade e fatores de atitude (como autoconsciência ou ansiedade social)[1,10,11].

Cabem ao fonoaudiólogo o diagnóstico, o auxílio no diagnóstico diferencial de doenças, a reabilitação de alterações da fala/comunicação e a prevenção de complicações secundárias, por facilitar a participação em atividades de vida diárias e de interação social[3,9,12].

Hertrich et al.[10] citam cinco abordagens principais para o tratamento das disartrias, que consideram todas as causas possíveis: técnicas comportamentais, auxílios instrumentais, medicamentos, procedimentos cirúrgicos e estimulação cerebral (para melhor entendimento, vide Figura 1). Os objetivos do tratamento podem ser especificados em diferentes níveis – função articulatória ou vocal, inteligibilidade e naturalidade da fala, participação social ou ocupacional e modificação de fatores ambientais[10].

Detalhamento da intervenção da disartria após doenças não progressivas do sistema nervoso central ou periférico, adquiridas na fase adulta

Na fase aguda da doença, a gravidade e as limitações funcionais parecem ser os fatores mais importantes para as decisões de tratamento, assim como a motivação pessoal, o prognóstico e o envolvimento dos parceiros de comunicação[3]. O fonoaudiólogo deve fornecer um meio de comunicação e aprimorar a comunicação entre o falante e seus parceiros, visando promover interações eficazes e significativas.

Na Figura 2 estão destacadas algumas ações que podem ser propostas durante a reabilitação[3].

Para a atuação direta no sistema respiratório-fonatório, pode-se incluir ajustes posturais, prática do uso do padrão respiratório apropriado para a fala ou técnicas de fechamento glótico com esforço; estas últimas considerando os benefícios da técnica de treinamento de força, e em quadros disártricos que não apresentem tônus muscular exacerbado (como espasticidade ou rigidez). O suporte fisiológico inicial pode ser fornecido por um obturador ou técnicas de fechamento de narinas nos casos em que haja comprometimento velofaríngeo grave. A diminuição da velocidade da fala pode ser a melhor abordagem para a inteligibilidade[3].

Como um tópico em grande discussão e carente de evidência científica, o treinamento de força com exercícios que não utilizam a fala é comum após o AVC. No entanto, o treino de força não deve ser utilizado em para todos os casos de disartria, e se questiona sobre os ganhos dessa atividade sem que haja um direcionamento para a funcionalidade. As evidências sugerem que melhorias na produção da fala são mais satisfatórias por meio de tarefas/treinos de fala. Ao empregar o treinamento de força no contexto da fala, o princípio da especificidade é atendido e espera-se que resulte em maiores ganhos funcionais[3].

Assim, as abordagens de tratamento devem se concentrar na educação, nos suportes fisiológicos e orientados para a comunicação[3].

Visando determinar a eficácia das intervenções de terapia de fala para adultos com disartria após lesão cerebral não progressiva, Sellars et al.[9] realizaram uma ampla revisão de literatura. Como métodos/estratégias tradicionalmente conhecidos para reabilitação da comunicação destacam:

Técnicas comportamentais (exercicios e treinamento)	▪ Restituição das funções respiratórias, fonatórias ou articulatórias ▪ Transmissão de estratégias compensatórias ▪ Prevenção de desajustes (como o aumento da tensão muscular)
Auxílios instrumentais e próteses	▪ Uso do *biofeedback* ▪ Uso de próteses específicas ▪ Uso de pranchas de estimulação ▪ Uso de sistemas de comunicação aumentativa e alternativa
Medicação	▪ Tratamento de doenças/distúrbios que dão origem à disartria – p. ex, miastenia grave e esclerose múltipla ▪ Aplicação de toxina botulínica
Procedimentos cirúrgicos	▪ Remoção de tumores ▪ Secção do nervo laríngeo recorrente ▪ Utilização de *laser* nas pregas vocais ▪ Retalhos faríngeos ▪ Colocação de eletrodos para estimulação cerebral profunda
Estimulação cerebral não invasiva	▪ Estimulação transcraniana por corrente contínua (tDCS) ou magnética repetitiva (rTMS)

FIGURA 1 Principais abordagens para o tratamento das disartrias.
Fonte: elaborado pelas autoras. Adaptada de: Hertrich I, Ackermann H, Ziegler W. Dysarthria. In: Damico JS, Müller N, Ball MJ (eds.). The handbook of language and speech disorders. 2. ed. John Wiley & Sons Ltd. Published; 2021. p.334-67.

Estratégias para o falante com disartria

- Usar caneta e papel
- Usar um quadro com o alfabeto
- Amplificar a voz
- Empregar estratégias para facilitar a fala
- Usar dispositivos de comunicação eletrônica
- Utilizar gestos icônicos
- Introduzir o tópico primeiro e evitar mudanças abruptas de tópicos
- Estabelecer e manter a atenção do parceiro antes de começar a comunicação
- Preservar a estrutura gramatical das mensagens
- Usar sinais de manutenção de turno
- Discutir tópicos importantes quando o nivel de comunicação estiver melhor
- Selecionar ambientes de comunicação propícios; reduzir o ruído/distrações
- Realizar interações individuais sempre que possivel

Estratégias para familiares, cuidadores e equipe

- Não fingir que entendeu; procurar esclarecimentos caso não tenha entendido
- Prestar atenção no falante
- Evitar comunicação a longas distâncias
- Mantenha a identidade do tópico
- Permitir um tempo adequado de processamento/fala
- Verificar se você entendeu a mensagem parafraseando ou repetindo
- Verificar sua audição
- Conversar individualmente sempre que possível
- Escolher um ambiente propicio; reduzir ruídos/distrações no ambiente
- Incentivar o falante com disartria a usar qualquer dispositivo/estratégia de comunicação desenvolvido para eles
- Desenvolver um diário de comunicação que fique com a pessoa com disartria

FIGURA 2 Estratégias para reabilitação da disartria após doenças não progressivas do sistema nervoso central ou periférico, adquiridas na fase adulta.
Fonte: elaborado pelas autoras. Adaptada de: Spencer KA, Brown KA. Dysarthria following stroke. Seminars in Speech and Language. 2018;39(1);15-24.

1. a adequação do tônus muscular e o aumento da força, precisão e coordenação dos movimentos;
2. ajustes comportamentais sobre o padrão de fala, como a redução da velocidade de fala para promover melhorias na sua inteligibilidade;
3. eliminação de respostas desadaptativas, como o aumento da velocidade de fala para reduzir uma velocidade de fala erroneamente percebida como muito lenta;
4. indicação e adaptação de dispositivos protéticos que possam auxiliar a função e o treinamento da fala, como próteses elevadoras de palato;
5. fornecimento de dispositivos de assistência, como um sistema computadorizado de comunicação, que pode auxiliar o treinamento da função ou substituí-la nos casos com maior comprometimento;
6. redução da desvantagem com ajuste do ambiente e treino dos ouvintes para promoção de atitudes positivas daqueles que se comunicam regularmente com o indivíduo com disartria.

Como resultados do estudo, identificaram que as terapias e as estratégias de gerenciamento da disartria após lesão cerebral não progressiva realizadas por fonoaudiólogos não poderiam, no momento, ser apoiadas ou refutadas por evidências de boa qualidade provenientes de ensaios clínicos randomizados. A maioria dos estudos realizados até a data da revisão tinha sido direcionada para estudos descritivos e para a consideração de procedimentos de análise. Pacientes, cuidadores, médicos e prestadores de serviços têm de considerar outras fontes de evidência, como estudos de caso e opinião de especialistas[9].

Em 2018, Mitchell et al.[2] realizaram a atualização dessa revisão de literatura. Destacam que as intervenções comportamentais realizadas pelo fonoaudiólogo ainda são a base do tratamento da disartria nos casos de lesão cerebral não progressiva. O objetivo da intervenção é o de maximizar a capacidade da pessoa de se comunicar, podendo ser usados exercícios para melhorar a força, a velocidade, a amplitude, a precisão ou a função da musculatura prejudicada (por meio de tarefas de movimento não relacionadas à fala ou voltadas para a fala). Identificam a possibilidade da estimulação externa dos músculos, como aplicação de bolsas de gelo, escovação da pele, acupuntura (tradicional e elétrica) ou estimulação magnética transcraniana do cérebro. As estratégias compensatórias para aumentar a inteligibilidade por meio da produção intencional da fala (como articulação excessiva ou diminuição da velocidade da fala) e as formas alternativas de comunicação ou de apoio à fala (como um quadro com o alfabeto ou computadores com *software* de voz artificial) também são reforçadas pelos autores. Além disso, as abordagens em nível de participação podem usar trabalho em grupo facilitado, educação e *feedback* para apoiar a saúde mental das pessoas que vivem com disartria.

Citam ainda que há uma lacuna em relação à intensidade da intervenção, assim como da quantidade, da duração e da frequência dos estímulos. O trabalho pode ser realizado em grupo ou individual, e pode incorporar princípios de intervenções comportamentais[2]. Concluem que as evidências de pesquisa ainda não são suficientemente robustas para orientar a prática clínica. A revisão não encontrou ensaios clínicos com potência adequada sobre intervenções para pessoas com disartria em casos de lesão cerebral não progressiva. Foram encontradas evidências limitadas que sugerem efeito benéfico imediato nas medidas, sendo necessárias pesquisas de melhor qualidade para confirmar esse achado. Evitar o risco de viés e avaliar os efeitos do tratamento e sua persistência nas medidas avaliadas são ações sugeridas como pontos para o futuro[2].

Considerando também a disartria adquirida após o AVC, Mackenzie et al.[13] sugerem diversas abordagens de gerenciamento da fala. Os pesquisadores indicam que as abordagens em grupo podem ter benefícios adicionais, incluindo oportunidades de interação natural com uma variedade de parceiros de comunicação. Desta forma, em sua trajetória, propõem o programa *Living with Dysarthria*, que é uma intervenção em grupo para pessoas com disartria crônica após o AVC e seus principais parceiros de comunicação. Seus três componentes principais são: 1) educação, com foco no AVC e em suas consequências, especialmente em relação à disartria e à maximização da comunicação; 2) apoio de colegas e profissionais; e 3) prática de comunicação. Ganhos pós-intervenção foram demonstrados, e indicam que o conhecimento, o bem-estar e o *status* de comunicação, e as mudanças nas medidas de inteligibilidade e conhecimento sobre AVC e disartria foram estatisticamente significativos. Desta forma, a educação, o apoio de colegas e profissionais e a prática da fala são confirmados como componentes relevantes de um programa de tratamento/gerenciamento.

Reflexões sobre o tratamento das disartrias

O envolvimento de pessoas com disartria e cuidadores no comissionamento e no planejamento do tratamento aumentaria muito a qualidade da discussão sobre a temática, especialmente em relação às possíveis intervenções e às medidas de resultados[2]. Rosenbek[4] defende que o tratamento do distúrbio motor da fala parece funcionar melhor quando os terapeutas enfatizam o aspecto cognitivo juntamente com o físico. O terapeuta passou a tornar o tratamento menos voltado para a repetição dirigida pelo clínico e passou a utilizar mais a autoavaliação, a resolução de problemas e a autocorreção controladas pelo paciente, tornando o tratamento menos motor e mais cognitivo-motor. Propõe seis componentes essenciais para o tratamento: 1) reconhecer a(s) diferença(s) na fala; 2) disposição para mudar (compromisso para iniciar a terapia); 3) definição de metas (devem ser compartilhadas entre o clínico e o paciente); 4) falar terapeuticamente (uso de técnicas); 5) aprender a ouvir, avaliar e se autocorrigir; 6) adicionar carga cognitivo-linguística (treinamento em situações de maior carga cognitivo-linguística – falar em meio a uma multidão, explicar uma situação difícil ou falar enquanto estiver apressado ou distraído).

INTERVENÇÃO DA APRAXIA DE FALA ADQUIRIDA

Conforme apresentado no atual modelo teórico do controle sensório-motor da fala, não está claro se as alterações prosódicas, de velocidade de fala e de acurácia da articulação da apraxia de fala são distúrbios primários, secundários ao transtorno de planejamento ou comportamentos compensatórios[14]. Sendo assim, em quadros com apraxia de fala adquirida, o trabalho com o ponto e o modo articulatório é essencial, porém, especialmente na presença de alterações prosódicas, acredita-se ser importante a intervenção relacionada aos aspectos temporais da fala.

Por fim, vale referir que a acurácia na habilidade de reconhecer a própria produção de erros é uma característica importante a ser considerada no tratamento da produção da fala de pessoas com apraxia de fala adquirida[15].

Abordagens e técnicas para apraxia de fala adquirida

Há mais de 50 anos, a abordagem cinemático-articulatória foi descrita para o tratamento da apraxia de fala adquirida, por meio da estimulação integral apresentada por Rosenbek et al.[16] com comandos como "veja-me, ouça-me e diga comigo".

O controle do posicionamento da articulação da fala é o alvo terapêutico na apraxia de fala[17]. Para a seleção dos estímulos, deve-se considerar a hierarquia da complexidade motora, por exemplo, inicialmente, usa-se estímulos com fonemas menos difíceis (vogais, semivogais e nasais) e mais anteriores (plosivos, fricativos, africados e encontros consonantais) e palavras menores. A apresentação multimodal (visual, tátil, cinestésica e auditiva) aumenta a oportunidade de uso da informação sensorial[17]. Para falantes do português brasileiro, a sequência hierárquica descrita por Ortiz e Cera[18] apresenta possibilidades de estímulos. Para a seleção dos estímulos, o fonoaudiólogo deve considerar o contexto da pessoa na perspectiva multidimensional.

Quanto à hierarquia, Rosenbek e Jones[6] referiram que o trabalho prosódico envolve a atividade coordenada de todos os componentes motores, sendo, portanto, de maior complexidade. Com as evidências quanto à origem compensatória das alterações prosódicas na maioria dos casos com apraxia de fala[17] e quanto à necessidade do trabalho de articulação para esse transtorno[5,16,17], conclui-se que no início do processo terapêutico, o trabalho dos aspectos prosódicos deverá ocorrer após a obtenção de respostas terapêuticas positivas nos estímulos hierarquicamente menos complexos.

A técnica da Aprendizagem Motora Guiada é um dos poucos tratamentos para apraxia de fala com validade comprovada em estudos com réplica dos seus efeitos, em especial mudanças positivas na fala de estímulos treinados[15]. A técnica inclui modelo do terapeuta, repetição imediata e tardia, leitura em voz alta, *feedback* e prática dos estímulos em ordem aleatória[19].

Ainda quanto aos conceitos da Aprendizagem Motora, Wambaugh[15] discutiu os benefícios da prática em blocos em comparação à prática randomizada nos tratamentos de fala. Na prática em blocos há uma seleção dos estímulos para a prática de uma mesma habilidade. Na prática randomizada, os estímulos são selecionados e apresentados de modo imprevisível para a prática de diferentes habilidades intercaladas. De um modo geral, para ambas as condições houve melhora da fala de palavras tratadas e não tratadas e manutenção dos ganhos[15].

A reabilitação fonomotora inclui desenho da posição dos articuladores para a produção de sons específicos, instruções articulatórias verbais, modelo, repetição, pista grafêmica, monitoramento no espelho, *feedback*, perguntas sobre os aspectos da produção do som e se inicia com a produção de sons isolados. Uma versão atual modificada dessa técnica promoveu generalização e manutenção dos ganhos e destacou a importância da abordagem multimodal, especialmente ao se considerar a co-ocorrência de apraxia de fala adquirida e afasia e a necessidade do tratamento de ambos os distúrbios[20].

Outra abordagem para apraxia de fala adquirida é a facilitação intersistemas, como as técnicas que envolvem o hemisfério direito nos efeitos da fala, descritas em pesquisas sobre a terapia de entonação melódica, a terapia Fala-Musical e o treino vocal ritmo-melódico[15].

Por fim, as inovações tecnológicas já descritas para o tratamento da apraxia de fala adquirida foram: articulografia eletromagnética, ultrassom e eletropalatografia que fornecem *feedback* dos articuladores, principalmente da língua; neuromodulação, como tDCS e rTMS; além de terapia computadorizada autoadministrada[15].

Aspectos gerais do tratamento para apraxia de fala adquirida

Durante o processo terapêutico, o uso da função deve considerar a fala em diferentes ambientes, o padrão de comunicação da pessoa, além das condições de interferência e estresse[6].

Além disso, Rosenbek e Jones[6] afirmam a relevância das sondagens quanto ao benefício terapêutico e, para essa medida, deve-se considerar a interpretação da resposta terapêutica fornecida pela pessoa com apraxia de fala adquirida e a avaliação base. Por fim, destaca-se que a responsabilidade da prática fiel da terapia é da pessoa com apraxia de fala adquirida, que deve sempre ser comunicada sobre isso pelo fonoaudiólogo[17].

CONCLUSÃO

Para os transtornos motores disartrias e apraxia de fala adquiridos na fase adulta, foram apresentadas intervenções predominantemente comportamentais e compensatórias, treinamento de parceiros de conversação, aconselhamento e formas alternativas e aumentativas de comunicação. No entanto, ainda há muito a se conhecer sobre a temática, especialmente no que se refere às melhores práticas recomendadas para avaliação, às medidas sensíveis para monitoramento das mudanças durante e após os tratamentos, a determinação de estratégias eficazes e os critérios de seleção de quadros clínicos e abordagens de tratamento.

REFERÊNCIAS BIBLIOGRÁFICAS

1. Van der Merwe A. New perspectives on speech motor planning and programming in the context of the four-level model and its implications for understanding the pathophysiology underlying apraxia of speech and other motor speech disorders. Aphasiology. 2021;35(4):397-423.
2. Mitchell C, Bowen A, Tyson S, Butterfint Z, Conroy P. Interventions for dysarthria due to stroke and other adult-acquired, non-progressive brain injury. Cochrane Database Syst Rev. 2017;1(1):CD002088.
3. Spencer KA, Brown KA. Dysarthria following stroke. Semin Speech Lang. 2018;39(1);15-24.

4. Rosenbek JC. Mind over motor. ASHA Lead. 2017;22:44-9.
5. Ballard KJ, Wambaugh JL, Duffy JR, Layfield C, Mass E, Mauszycki S, et al. Treatment for acquired apraxia of speech: a systematic review of intervention research between 2004 and 2012. Am J Speech Lang Pathol. 2015;24(2):316-37.
6. Rosenbek JC, Jones HN. Principles of treatment for sensorimotor speech disorders. In: McNeil MR. Clinical management of sensorimotor speech disorders. 2. ed. Nova York: Thieme; 2009. p. 269-86.
7. Duff JR. Motor speech disorders: substrates, differential diagnosis, and management. 4. ed. St Louis, Missouri: Elsevier Health Sciences; 2019.
8. Dietsch AM, Solomon NP, Sharkey LA, Duffy JR, Strand EA, Clark HM. Perceptual and instrumental assessments of orofacial muscle tone in dysarthric and normal speakers. JRRD. 2014;51(7):1127-42.
9. Sellars C, Hughes T, Langhorne P. Speech and language therapy for dysarthria due to non-progressive brain damage. Cochrane Database Syst Rev. 2005;20(3):CD002088.
10. Hertrich I, Ackermann H, Ziegler W. Dysarthria. In: Damico JS, Müller N, Ball MJ (eds.). The handbook of language and speech disorders. 2. ed. John Wiley & Sons Ltd. Published; 2021. p. 334-67.
11. Fletcher A, McAuliffe M. Examining variation in treatment outcomes among speakers with dysarthria. Semin Speech Lang. 2017;38(03):191-9.
12. Yorkston KM. Treatment efficacy: dysarthria. Journal of Speech and Hearing Disorders. 1996;39:S46-S57.
13. Mackenzie C, Kelly S, Paton G, Brady M, Muir M. The Living with Dysarthria group for post-stroke dysarthria: the participant voice. International Language and Communication Disorders. 2013;48(4):402-20.
14. Darley FL, Aronson AE, Brown JR. Differential diagnostic patterns of dysarthria. J Speech Hear Res. 1969;12(2):246-69.
15. Wambaugh JL. An expanding apraxia of speech (AOS) treatment evidence base: an update of recent developments. Aphasiology. 2021;35(4):442-61.
16. Rosenbek JC, Lemme ML, Ahern MB, Harris EH, Wertz RT. A treatment for apraxia of speech in adults. J Speech Hear Disord. 1973;38(4):462-72.
17. Darley FL, Aronson AE, Brown JR. Motor speech disorders. Philadelphia: WB Saunders Company; 1975.
18. Ortiz e Cera. PTF para apraxia de fala. In: Pró-Fono Orgs. Planos terapêuticos fonoaudiológicos (PTFs). Pró-Fono: Barueri; 2012. p. 265-72.
19. Lasker JO, Stierwalt JAG, Hageman CF, LaPointe LL. Using motor learning guided theory and augmentative and alternative communication to improve speech production in profound apraxia: A case example. J Med Speech Lang Pathol. 2008;16(4):225-31.
20. Bislick L. A phonomotor approach to apraxia of speech treatment. Am J Speech Lang Pathol. 2020;29(4):2109-30.

Seção 5

Fonoaudiologia Educacional

Coordenadoras

Simone Aparecida Capellini
Giseli Donadon Germano

47

Reciclagem neuronal e alfabetização: subsídios teóricos para atuação do fonoaudiólogo educacional

Rita de Cássia Duarte Leite
Vera Lúcia Orlandi Cunha
Simone Aparecida Capellini

PONTOS-CHAVE

- Pressupostos gerais da reciclagem neuronal na aprendizagem da leitura.
- Especificidade das áreas visuais ventrais esquerdas na aprendizagem da leitura.
- Ideias centrais e principais da reciclagem neuronal do pré-leitor ao leitor iniciante.
- Atuação do fonoaudiólogo educacional na efetividade da reciclagem neuronal na alfabetização.

OBJETIVOS DE APRENDIZAGEM

Ao final deste capítulo, o leitor deverá ser capaz de:

- Reconhecer os principais pressupostos teóricos da reciclagem neuronal.
- Identificar as áreas cerebrais envolvidas nesse processo.
- Compreender a especificidade da reciclagem neuronal no processo de alfabetização.
- Estabelecer os achados atuais da reciclagem neuronal das áreas visuais ventrais durante a aprendizagem da leitura.
- Entender como integrar os pressupostos teóricos à pratica da Fonoaudiologia Educacional no processo de alfabetização.

INTRODUÇÃO

O termo reciclagem neuronal ainda é pouco difundido na literatura científica educacional, principalmente para referir-se ao uso de estratégias específicas e necessárias para a alfabetização plena. Não que elas já não sejam conhecidas cientificamente, mas, sim, porque ainda são pouco divulgadas e colocadas em prática no campo da Educação.

Porém, esse panorama vem mudando, à medida que a Ciência Cognitiva da Leitura e a Neurociência, por meio de avanços nos estudos utilizando neuroimagens, apontam as mudanças que ocorrem no cérebro durante, especificamente, a aprendizagem da leitura, trazendo força para que as práticas de alfabetização sejam repensadas e inseridas na escola, visto que já é estabelecido que áreas específicas do cérebro se reorganizam e se adaptam quando o indivíduo é exposto ao aprendizado do reconhecimento das letras, à associação dos fonemas aos grafemas e à formação das palavras.

Mesmo que o termo reciclagem neuronal ainda seja pouco utilizado no contexto educacional, o fonoaudiólogo educacional precisa conhecer essa especificidade do cérebro, reconhecendo como e por que ocorre a reciclagem neuronal na aprendizagem da leitura e da escrita, para que possa levar às escolas e discutir com os professores o uso de estratégias de ensino que promovam a neuroplasticidade, ativando regiões cerebrais necessárias para a aprendizagem de uma eficiente leitura e escrita durante o processo de alfabetização.

Isso porque, diferentemente do que ocorre com o desenvolvimento da linguagem oral, que surge de forma espontânea com o crescimento e a maturação do sistema nervoso central e com a interação com o meio ambiente, com evolução natural e implícita, o desenvolvimento da linguagem escrita é produto de um esforço deliberado, que exige instrução acadêmica gradual, sistemática e explícita.

O escolar, no iníco da alfabetização, se depara com alguns desafios como relacionar o sistema ortográfico à sua variedade sociolinguística, desmembrar a palavra em sílabas e associar fonemas a grafemas e reconhecer os traços distintivos das letras. A dificuldade em reconhecer os traços distintivos das letras precede todas as demais, pois se manifesta em fase ainda anterior à associação dos grafemas aos fonemas da Língua Portuguesa, dificultando, inclusive, o estabelecimento adequado dessa relação. Dos traços distintivos das letras, os mais elementares são curvas e retas, os quais, combinados, se organizam a partir de pequenas variações, o que facilmente se constata em grupos de letras do alfabeto, tais como "b, p, d, q", "a, e", "t, f, l","i, j", "v, x, y", "z, s", "m, n", "E, F, L", "M, W"[1].

Com base no exposto, este capítulo abordará as ideias centrais e principais da reciclagem neuronal apresentando a área visual da forma das palavras e a sua relação com a invariância perceptiva; o impacto da reciclagem neuronal para o desenvolvimento da leitura e do processamento ortográfico e o motivo da necessidade de entender a reciclagem neuronal para a atuação do fonoaudiólogo educacional.

A ÁREA VISUAL DA FORMA DAS PALAVRAS: O CAMINHO PARA RECICLAGEM NEURONAL NA APRENDIZAGEM DA LEITURA E A SUA RELAÇÃO COM A INVARIÂNCIA PERCEPTIVA

A área visual da forma das palavras: antes da "caixa das letras"

As áreas cerebrais da linguagem oral estão ativas desde muito cedo, com circuitos neuronais bem organizados e funcionais. Os bebês, ao ouvirem as palavras e ao processá-las no córtex auditivo, ativam rapidamente as áreas da linguagem, pois elas já fazem parte da evolução neural do ser humano. Mas e quando as palavras não são ouvidas, e sim visualizadas? Como transformar a palavra impressa em conteúdo que transmita significado? Como o cérebro irá se modificar, sabendo que o córtex visual e outros circuitos neuronais dessa região não estão preparados para as funções da leitura e da escrita? Essas perguntas serão respondidas à medida que o caminho para a reciclagem neuronal para a aprendizagem da leitura for esclarecido nas seções a seguir do presente capítulo.

Apesar do ser humano não estar evolutivamente preparado para a função da leitura, existem sistemas neurais preexistentes que exercem função próxima e são plásticos o suficiente para reorientarem recursos neurais para essas novas habilidades[2,3].

A região occipitotemporal ventral esquerda é evolutivamente preparada para o reconhecimento de objetos, formas e faces, simetricamente, independente do ângulo de visão, pois os traços visuoespaciais não são diferenciados. O reconhecimento de faces ocorre em função da propriedade de invariância em espelho, que reproduz reversões, simetrizando a informação[4].

Já o reconhecimento de objetos depende da identificação de seus limites externos, como os ângulos e a textura de seus contornos, independente da sua orientação[6].

O reconhecimento de faces e de objetos são funções neurais selecionadas durante a evolução da espécie por serem importantes para a adaptação do ser humano e mantiveram-se, por serem necessárias para o estabelecimento e a manutenção das relações socias.

Agora, pensemos na aprendizagem da leitura e da escrita, que é uma invenção cultural recente na história da evolução humana e não se tem áreas cerebrais especializadas para realizarem tal função. O que esperar? Que região com funções próximas se especializem, no sentido de modificarem suas funções, por meio da reciclagem neuronal.

A área visual da forma das palavras: "caixa das letras" na aprendizagem da leitura

Como descrito no item "A área visual da forma das palavras: antes da 'caixa das letras'", a região occipitotemporal ventral esquerda, no giro fusiforme, é parte da via visual ventral, a qual faz o reconhecimento de faces e objetos, sendo a área com funções neurais mais próximas e com plasticidade suficiente para também realizar o reconhecimento das letras e das palavras escritas[4].

A hipótese clássica da reciclagem neuronal para a aprendizagem da leitura propõe que parte dos neurônios responsáveis pelo reconhecimento das faces e dos objetos reajustam suas funções a fim de responder à nova demanda, que é reconher a forma visual das palavras. Essa nova função é realizada em uma nova região ativada, chamada de área visual da forma das palavras (*Visual Word Form Area* – VWFA). Reforçando, a VWFA localiza-se na região occipitotemporal ventral, dentro do giro fusiforme, no hemisfério esquerdo do cérebro[7].

Após a ativação da VWFA, com o aumento das experiências com a leitura e a escrita na alfabetização, há uma lateralização hemisférica da região que realiza o reconhecimento de faces e objetos para o hemisfério direito e um aumento na conexão dessa nova área com

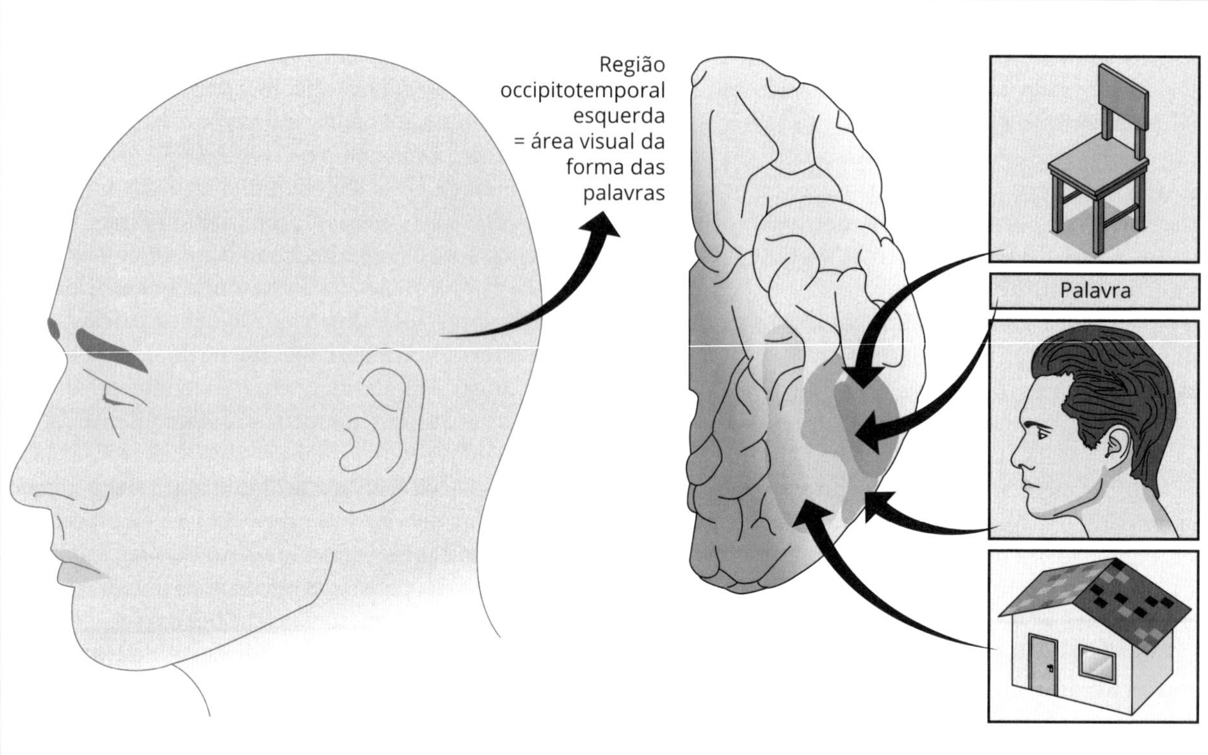

FIGURA 1 Ilustração da localização da área que se especializa (VWFA) para reconhecer a forma visual das palavras, localizada entre as áreas de reconhecimento das faces e objetos.
Fonte: adaptada de: https://dunapress.com/2020/07/20/como-a-alfabetizacao-influencia-o-funcionamento-do-nosso-cerebro/[8].

as áreas responsáveis pelo processamento da linguagem, no hemisfério esquerdo, levando a uma reorganização cortical[9].

A aprendizagem da leitura se efetiva quando a criança "desaprende" a generalizar por simetria, inibindo a propriedade de invariância em espelho, para evitar confusão de reflexões laterais. Mas essa aprendizagem só vai ocorrer se a criança aprender de modo explícito os diferentes contornos e orientações das letras, principalmente as letras espelhadas (como por exemplo b/d, p/q), durante a alfabetização, visto que o alfabeto latino é invariante quanto ao formato, posição e tamanho das letras[4,6]. Destaca-se que, uma vez desenvolvida a capacidade de discriminação de imagens em espelho, ela torna-se automática durante o reconhecimento visual das palavras escritas[4].

Durante a aprendizagem da leitura, a criança deve constatar que as letras têm formas e tamanhos diferentes e que algumas, apesar de só diferirem quanto à sua orientação espacial, levam à produção e a percepção de segmentos orais da fala diferentes; ou seja, a representações fonêmicas distintas[10].

Nesse sentido, o reconhecimento da invariância perceptual das letras deve ser ensinada de modo sistemático e explícito na alfabetização. As unidades do processamento da leitura, quantos aos traços invariantes das letras do alfabeto latino impresso, serão brevemente apresentadas na Figura 2[11].

Além disso, o reconhecimento dos traços invariantes das letras requer o conhecimento de que eles independem do tamanho (MAIÚSCULA ou minúscula), da fonte ou do estilo (imprensa, cursiva, manuscrita, *itálico*, **negrito** ou <u>sublinhada</u>), da posição que ocupam na palavra (lobo/bolo)[5].

O reconhecimento visual é fundamental para aprendizagem da leitura, pois o reconhecimento invariante da forma visual das letras é uma etapa indispensável, que precede o acesso aos sons (fonologia) e dos significados (semântica) das palavras escritas e a reorientação dos neurônios para essa função pode ser uma dificuldade no processo de alfabetização, por isso estratégias de ensino que favoreçam a reciclagem neuronal se fazem necessárias durante a alfabetização.

O IMPACTO DA RECICLAGEM NEURONAL PARA O DESENVOLVIMENTO DA LEITURA E DO PROCESSAMENTO ORTOGRÁFICO

O primeiro processo da leitura é o processo biológico explicado pela captação dos sinais luminosos

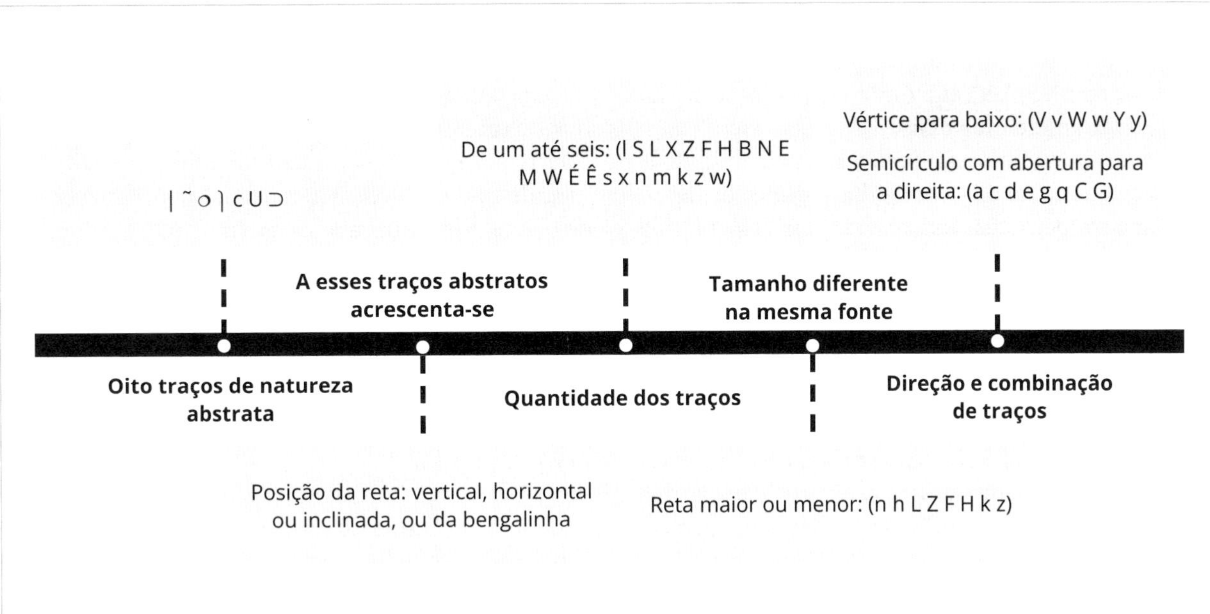

FIGURA 2 Reconhecimento das invariância das letras.
Fonte: adaptada de Scliar-Cabral (2021)[11].

das letras pela fóvea, que está localizada no centro da retina[12], portanto, o sistema de entrada da leitura é o *sistema visual* e o processamento das informações começa a partir do momento que os olhos se fixam na palavra[13,14].

Durante a leitura, os olhos se alternam entre as fixações, o tempo em que os olhos permanecem sobre uma determinada palavra, e as sacadas, pequenos saltos de um ponto para o outro com o objetivo de que a palavra a ser identificada fique em frente à fóvea, ou seja, os movimentos sacádicos direcionam os olhos para que a palavra fique na região central da retina (fóvea), e dessa forma, a fóvea é a região de maior nitidez e que permite a percepção da palavra[9,11-13].

O processo de extração da informação é realizado de forma serial, da esquerda para direita, letra a letra, e a uma velocidade de 10 a 20 milissegundos, aproximadamente; sua duração depende do tamanho da palavra[9,11,13]. Cada letra será desmembrada em vários traços, e a dificuldade reside em reunir e identificá-los para que haja o reconhecimento de cada uma das letras, para assim levar ao reconhecimento da palavra[5,13].

A leitura, enquanto processamento de extração de uma informação, é estudada por meio de modelos. Esses modelos apresentam a estrutura e a sequência de cada processo envolvido no reconhecimento de palavras e as interconexões entre esses processos[13,14]; uma falha no reconhecimento da palavra escrita não tornará possível a realização da leitura e a compreensão do texto[13].

Irigoite[12], baseado no Modelo de Dupla Rota[14], referiu que quando as palavras são captadas, elas são desmembradas pelos neurônios da retina e depois reconstituídas, quando então são reconhecidas. Quando as palavras são reconstituídas, passam por duas vias de leitura, a fonológica que associa a letra ao seu som correspondente e a lexical onde é atribuído o significado da palavras retido na memória lexical.

A automatização das regras de conversão grafema-fonema é uma condição necessária para o desenvolvimento das representações ortográficas e sua expansão dependerá da experiência leitora. Quanto mais tempo o escolar dedicar à leitura, mais representações serão armazenadas na memória de longo prazo, facilitando o reconhecimento da palavra[13,15,16].

Desta forma, fica implícito que o conhecimento e o reconhecimento do traçado da letra no momento da leitura são importantes para o início da formação do processamento ortográfico.

O processamento ortográfico pode ser considerado como um constructo multidimensional, que engloba as capacidades de aquisição, armazenamento e recuperação das representações grafêmicas mentais, associadas às suas três dimensões: conhecimento ortográfico, aprendizagem ortográfica e memória ortográfica, que irão exercer papel importante e fundamental por todo o período da alfabetização[17].

A primeira dimensão do processamento ortográfico é o *conhecimento ortográfico*, que representa a informação armazenada na memória que nos diz como representar a linguagem falada na forma escrita. Abrange dois componentes, um designado conhecimento ortográfico lexical e outro chamado de conhecimento ortográfico sublexical[17,18].

O conhecimento ortográfico lexical diz respeito ao reconhecimento de sequências dos padrões ortográficos/visuais específicos das palavras com irregularidades independentes do suporte fonológico, mas compatíveis com a ortografia da língua. Já o conhecimento ortográfico sublexical remete aos atributos gerais do sistema de escrita, como dependências sequenciais de grafemas e frequente localização na palavra, determinando as proibições no posicionamento de grafemas, no conhecimento global de uma palavra. Refere-se então ao reconhecimento de sequências de letras consistentes e aceitáveis de acordo com a ortografia geral da língua, considerando a probabilidade das letras ou o conjunto dessas reocorrerem em determinada posição nas palavras[18].

Pode-se inferir que ambos os tipos do conhecimento ortográfico estariam correlacionados à Memória Lexical Ortográfica[19], que se se refere à habilidade para usar de modo combinado o acesso ao léxico ortográfico e a memória operacional fonológica, para a escrita correta das palavras.

A Memória Lexical Ortográfica pode ser explicada segundo o Modelo Cognitivo da Ortografia[20], no que tange ao planejamento e construção inicial da sentença ou da palavra escrita, com a produção dos grafemas. Esse modelo cognitivo apresenta uma unidade de processamento chamada *léxico de produção dos grafemas*, de armazenagem lexical dedicado à retenção da ortografa de palavras familiares armazenadas na memória. Além dessa unidade, outra unidade de processamento denominada nível do grafema tem a função primária de ser um local de armazenagem de curto prazo (memória operacional fonológica) capaz de manter a ortografia de uma palavra entre a recuperação e execução, e capaz de reter a última porção de uma palavra, enquanto a porção anterior está sendo escrita.

Para a segunda e a terceira dimensões do processamento ortográfico[18,19], a *memória ortográfica* seria a formação das representações ortográficas/representações mnésicas conseguidas através das múltiplas exposições à palavra que o escolar decodifica com sucesso e a *aprendizagem ortográfica* seria a aprendizagem da ortografia específica dessa palavra, mediante os mecanismos de decodificação adequada.

Como exposto, é possível observar que a aquisição da ortografia é uma habilidade cognitiva complexa, que envolve grande demanda cognitiva, e contempla diferentes processamentos, tais como decodificação (leitura), conhecimento ortográfico prévio, processamento visual simultâneo e competência grafomotora.

Em relação ao aspecto grafomotor e a sua competência, a aquisição ortográfica lexical diz respeito aos aspectos motor-cinestésicos da produção ortográfica. Nas salas de aula, as crianças aprendem a ler e escrever, sendo que cada letra está associada a movimentos de escrita altamente específicos e cada sequência de letras de palavras se relaciona a padrões grafomotores específicos[17-19].

POR QUE ENTENDER A RECICLAGEM NEURONAL É IMPORTANTE PARA A ATUAÇÃO DO FONOAUDIÓLOGO EDUCACIONAL?

Conforme apresentado até o momento, a contribuição da reciclagem neuronal para a aquisição e o desenvolvimento da leitura está no fato do escolar perceber que para a leitura ocorrer é necessário perceber e entender os diferentes traçados que representam a mesma palavra, ou seja a forma da letra, maiúscula, minúscula, de forma e cursiva; desta forma, o escolar aprendente deve saber identificar todas as palavras, independentemente da forma como a mesma é apresentada, o que também inclui o tamanho das fontes.

Por isso, as estratégias recomendadas para o professor no processo de alfabetização, bem como as estimulações e promoção do desenvolvimento da leitura e da escrita, da Educação Infantil aos anos iniciais de alfabetização, pelo fonoaudiólogo educacional devem contemplar:

1. Atividades multissensoriais que preparam o escolar para o conhecimento e o reconhecimento da letra, uma vez que a informação tátil-cinestésica (processamento sequencial), auditiva (processamento autitivo) e visual (processamento visual) simultânea promove uma integração multissensorial que favorece a decodificação, a fluência e a velocidade de leitura, como também a codificação da escrita.
2. Instrução explícita sobre o direcionamento da escrita que possibilita o escolar analisar o traçado da letra, a sua direcionalidade e o posicionamento, bem como explorar tátil-cinestésicamente as letras com o toque, os dedos, auxilia na exploração espacial e motriz assimétrica, facilitando a ruptura da simetria da via visual ventral, evitando, assim, o espelhamento das letras na escrita.
3. Práticas de literacia emergente que associam a leitura de textos às estratégias de habilidade metafonológica, como rima e aliteração, favorecendo a compreensão das relações entre linguagem oral e escrita, além da motivação para a leitura.

CONCLUSÃO

O processo de alfabetização é o momento do desenvolvimento formal da leitura. No início o escolar apresentará uma leitura lentificada pelo fato de permanecer um longo tempo fixando os olhos nas palavras e por consequência realizando poucos movimentos sacádicos. Esse é um importante momento do processo de alfabetização, pois é o inicio da formação da "caixa das letras".

Depois, à medida em que o ano escolar avança, a experiência em leitura do escolar torna-se maior, garantindo o desenvolvimento da rede neuronal, aumentando as sacadas e diminuindo o tempo de fixação dos olhos na palavra, fazendo com que o escolar reconheça mais rapidamente as palavras, ganhando automatismo e fluência de leitura. Nesse estágio, a "caixa de letras" já está formada e com início da formação da memória lexical ortográfica, extremamente importante para a leitura e a escrita fluentes e com precisão.

Sendo assim, é necessário que o fonoaudiólogo educacional entenda esse processo inicial de leitura e proponha estratégias de promoção para o desenvolvimento da leitura levando em consideração a reciclagem neuronal.

REFERÊNCIAS BIBLIOGRÁFICAS

1. Roberto TMG. Reconhecimento das letras: considerações sobre espelhamento e variação topológica em fase inicial de aprendizagem da leitura. Letras de Hoje. 2023;48(1):12-20.
2. Dehaene S. Reading in the brain: the new science of how we read [Internet]. Int Journal of Applied Linguistics. 2009;24(1):128-30.
3. Dehaene S, Cohen L. Cultural recycling of cortical maps. Neuron. 2007;56(2):384-98.
4. Kolinsky R, Fernandes T. A cultural side effect: learning to read interferes with identity processing of familiar objects. Front Psychology. 2014;5:1224.
5. Dehaene S. Os neurônios da leitura: como a ciência explica a nossa capacidade de ler. Tradução: Scliar-Cabral L. Porto Alegre: Penso; 2012.
6. Andrade I, Franca A I, Sampaio TOM. Dinâmicas de interação nature-nurture: do imprinting à reciclagem neuronal. ReVEL. 2018;16(31):38-62.
7. Cohen L, Dehaene S, Naccache L, Lehéricy S, Dehaene-Lambertz G, Hénaff MA, et al. The visual word form area: spatial and temporal characterization of an initial stage of reading in normal subjects and posterior split-brain patients. Brain. 2000;123(2):291-307.
8. Equipe Canal Ciência. Ciência em síntese: textos de divulgação: Como a alfabetização influencia o funcionamento do nosso cérebro. Brasília: Canal Ciência; 2015.
9. Dehaene S, Pegado F, Braga LW, Ventura P, Filho N, Jobert A, et al. How learning to read changes the cortical networks for vision and language. Science. 2010;330(6009):1359-64.
10. Pegado F, Nakamura K, Hannagan, T. How does literacy break mirror invariance in the visual system? Front Psychology. 2014;5:1-5.
11. Scliar-Cabral L. Novos olhares para o processamento da leitura e da alfabetização. Cadernos de Linguística. 2021;2(1):1-14.
12. Irigoite JC. Teorizações cognitivas sobre o processamento da leitura: contribuições das neurociências. Workpaplinguist. 2012;13(3):101-16.
13. Cuetos F. Psicología de lalectura. 8. ed. España: Wolters-Kluwer; 2010.
14. Coltheart M. Reading, phonological recoding, and deep dyslexia. In: Coltheart M, Patterson K, Marshall JC (eds.). Deep dyslexia. London: Routledge & Kegan Paul; 1980.
15. Coltheart M, Rastle K, Perry C, Langdon R, Ziegler DRC. A dual route cascaded model of visual word recognition and reading aloud. Psychological Review. 2001;108(1):204-56.
16. Rakhlin NV, Mourgues C, Cardoso-Martins C, Kornev A, Grigorenko EL. Orthographic processing is a key predictor of reading fluency in good and poor readers in a transparent orthography. Contemporary Educational Psychology. 2019;56:250-61.
17. Apel K, Henbest V, Masterson J. Orthographic knowledge: clarifications, challenges, and future directions. Reading and Writing. 2019;873-89.
18. Hagiliassis N, Pratt C, Johnston M. Orthographic and phonological processes in reading. Reading and Writing. 2006;19(3):235-63.
19. Batista AO, Chiaramonte TC, Capellini SA. Compreendendo os transtornos específicos de aprendizagem. v. 2 – Disortografia. Ribeirão Preto: Book Toy; 2019.
20. Ellis AW. Leitura, escrita e dislexia: uma análise cognitiva. 2. ed. Porto Alegre: Artes Médicas; 1995.

Instrumentos de rastreio e o monitoramento do desenvolvimento da linguagem na Educação Infantil

Bianca Arruda Manchester de Queiroga
Aliaska Aguiar
Angélica Galindo Carneiro Rosal

PONTOS-CHAVE

- A observação direta e contínua do comportamento linguístico das crianças é crucial para orientar ações pedagógicas que favoreçam seu desenvolvimento e detectem sinais precoces de alterações na linguagem.
- O uso de ferramentas adequadas, como listas de verificação e questionários específicos, ajuda os educadores a monitorarem o desenvolvimento da linguagem infantil.
- A colaboração entre educadores, fonoaudiólogos e outros profissionais da saúde é essencial para identificar precocemente problemas de aprendizagem e implementar intervenções preventivas eficazes.
- Envolvimento dos pais: incluir os pais no processo, através de comunicação aberta e questionários, proporciona uma visão mais completa do desenvolvimento da linguagem fora do ambiente escolar.
- A identificação precoce possibilita intervenções personalizadas, oferecendo suporte adaptado às necessidades individuais das crianças para maximizar seu desenvolvimento linguístico e potencial.

OBJETIVOS DE APRENDIZAGEM

Ao final deste capítulo, o leitor deverá ser capaz de:

- Definir os principais aspectos relacionados à aquisição e desenvolvimento da linguagem.
- Descrever os principais fatores de risco para as perturbações da linguagem.
- Identificar a importância de instrumentos de rastreio para atuação dos educadores da Educação Infantil.
- Conhecer alguns dos instrumentos de rastreio voltados à Educação Infantil desenvolvidos e disponibilizados no contexto brasileiro.

INTRODUÇÃO

O desenvolvimento da linguagem infantil é um processo único, que inicia no nascimento e continua ao longo dos primeiros anos de vida. À medida que as crianças crescem, precisam desenvolver e aprimorar suas habilidades e competências linguísticas, a fim de vivenciarem situações significativas de interação social e aprendizagem.

A primeira infância, que se estende do nascimento aos seis anos, é considerada um período crítico para o desenvolvimento da linguagem[1]. Esse período corresponde à etapa da Educação Infantil, que é obrigatória no Brasil a partir dos quatro anos de idade. Assim, é fundamental que os educadores possuam ferramentas e utilizem estratégias apropriadas para acompanhar e monitorar os marcos do desenvolvimento da linguagem na primeira infância[2].

A própria Base Nacional Comum Curricular[3] destaca a importância do acompanhamento do desenvolvimento da linguagem na Educação Infantil como crucial para garantir intervenções pedagógicas adequadas para essa etapa do ensino e promover o desenvolvimento saudável das crianças[3].

O capítulo tem como objetivo apresentar instrumentos e estratégias de rastreio para o acompanhamento do desenvolvimento da linguagem na Educação Infantil e está estruturado em três subtópicos e uma conclusão. Inicia com uma revisão sobre a aquisição e o desenvolvimento da linguagem infantil, seguida pela abordagem de fatores de risco para alterações na linguagem. Por fim, destaca uma revisão sobre instrumentos de rastreio utilizados na Educação Infantil, com ênfase nos validados no Brasil ou em processo de validação.

AQUISIÇÃO E DESENVOLVIMENTO DA LINGUAGEM INFANTIL

A linguagem desempenha um papel fundamental no desenvolvimento da criança e é um indicador valioso do nível de desenvolvimento infantil. Considerado como um preditivo confiável, está intrinsecamente relacionada ao desenvolvimento cognitivo, social e emocional das crianças. À medida que as crianças adquirem vocabulário e desenvolvem habilidades linguísticas, elas são capazes de expressar pensamentos, fazer perguntas, raciocinar, resolver problemas, realizar cálculos e compreender conceitos abstratos, entre outros[4-6].

A aquisição da linguagem é, portanto, a principal responsável pelo processamento de informações e aquisição de conhecimento. Por meio da linguagem, a criança amplia as suas relações sociais, comunicando suas necessidades, desejos e sentimentos, assim como estabelece relações com cuidadores, colegas e outros membros da família, compreendendo o mundo que a cerca[4-6].

Do ponto de vista do neurodesenvolvimento, estudos apontam que experiências precoces e interativas com a linguagem, nos primeiros anos de vida, contribuem de forma única para o desenvolvimento da substância branca, por meio do processo de mielinização, que por sua vez irá fortalecer as redes neurais envolvidas na compreensão e produção da linguagem, estando, assim, associada à habilidade linguística de longo prazo[7].

Com base no exposto, o conhecimento sobre a aquisição, desenvolvimento e avaliação da linguagem é uma ferramenta crucial para educadores, especialmente educadores da Educação Infantil, que corresponde à primeira infância, pois permite que eles atendam às necessidades variadas de seus alunos, promovam o sucesso acadêmico e apoiem o desenvolvimento geral das habilidades linguísticas e de comunicação. Isso é fundamental para o progresso educacional e o bem-estar de todas as crianças[5].

A qualidade e a variedade dos estímulos na infância afetam significativamente o desenvolvimento cognitivo e linguístico, impactando a vida acadêmica e social[8]. A Educação Infantil e o ambiente familiar são fundamentais para o desenvolvimento e aprendizado posteriores, podendo ter consequências positivas ou negativas ao longo da vida.

FATORES DE RISCO PARA AS ALTERAÇÕES DA LINGUAGEM NA EDUCAÇÃO INFANTIL

Entende-se por alterações da linguagem infantil a dificuldade na aquisição e usos da linguagem devido a comprometimentos na compreensão ou produção de vocabulário, estruturação de frases e/ou discurso.

Embora os termos "alterações ou perturbações" da linguagem infantil sejam frequentemente utilizados por especialistas na área de saúde, por educadores e por familiares, o *Manual Diagnóstico e Estatístico de Transtornos Mentais* – DSM-5[9] classifica essas condições dentro dos Transtornos da Comunicação[9].

Os transtornos da comunicação incluem déficits na linguagem, na fala e na comunicação e a observação dessas habilidades deve levar em consideração o contexto cultural e linguístico do indivíduo, em especial para aqueles que crescem em ambientes bilíngues. Isso implica dizer que os instrumentos ou medidas utilizadas para avaliar e monitorar o desenvolvimento da linguagem e da capacidade intelectual não verbal devem ser relevantes para o grupo cultural e linguístico da criança[9].

Os profissionais envolvidos no acompanhamento do desenvolvimento infantil devem estar capacitados para identificar precocemente sinais de risco para transtornos da comunicação. Contudo, além de atentarem para os aspectos orgânicos, psíquicos e sociais, esses profissionais precisam saber reconhecer a grande variabilidade individual que ocorre na aquisição e no desenvolvimento da linguagem[5].

A identificação precoce de problemas na linguagem na infância é um indicador significativo de possíveis dificuldades educacionais e sociais futuras. Crianças com dificuldades linguísticas podem enfrentar desafios no aprendizado da leitura, escrita e expressão verbal. O desenvolvimento da linguagem oral é fundamental para expressar ideias e assimilar novos conceitos, destacando a forte relação entre sucesso acadêmico e habilidades linguísticas[1].

Os principais fatores de risco para o desenvolvimento da linguagem incluem aspectos biológicos e individuais (como sexo, prematuridade, baixo peso ao nascer, temperamento), fatores ambientais (como estímulo na primeira infância, nível socioeconômico, instrução materna, condições de nascimento) e características hereditárias (como histórico familiar de problemas de linguagem) e alterações associadas (exemplo: alterações auditivas)[10].

Um estudo de coorte na Finlândia investigou fatores demográficos, biológicos e ambientais ligados a atrasos na linguagem em idade precoce. Foram avaliadas 226 crianças aos 36 meses, comparando os resultados dos testes de linguagem com questionários respondidos pelos pais sobre o perfil familiar e a aquisição de linguagem da criança.

A análise de regressão revelou que a classe social tanto do pai quanto da mãe, assim como a jornada de trabalho deles, se correlacionaram com os atrasos de linguagem das crianças. Também foi observada a influência do sexo, com os meninos sendo mais afetados que as meninas, e das queixas prévias dos pais. Sobre esse último aspecto, os autores destacam que a preocupação da mãe com a lentidão na aquisição da linguagem do filho deve ser levada em consideração na tomada de decisões relativas ao suporte à criança[11].

Um estudo brasileiro investigou a relação entre variáveis ambientais (nível socioeconômico, ambiente familiar e frequência à pré-escola) e o desenvolvimento de vocabulário, leitura e escrita em 68 pré-escolares, com idade média de 4,4 anos. Os resultados mostraram uma melhora progressiva no desempenho linguístico com a continuidade escolar, com relação moderada entre essas variáveis. A escolaridade materna influenciou o vocabulário, enquanto o tempo de frequência à pré-escola foi associado à escrita. Aspectos específicos do ambiente familiar, como estilos de interação e variedade de estímulos, estiveram ligados ao vocabulário receptivo. O estudo destaca a influência das variáveis ambientais no desenvolvimento linguístico das crianças[13].

Nota-se a grande variedade e a falta de consenso quanto aos fatores de risco para os transtornos de linguagem, cujas limitações de entendimento aumentam o risco e a grande ocorrência de subdetecções, o que, por sua vez, traz muito prejuízo para a vida das crianças afetadas. Com base no exposto, especialmente os aspectos ambientais necessitam ser cuidadosamente analisados pelos profissionais que acompanham o desenvolvimento infantil.

Sem dúvida alguma, em qualquer país, as políticas públicas de saúde e educação necessitam levar em consideração os fatores de risco associados aos transtornos de linguagem, bem como seus impactos cumulativos, a fim de melhorarem a detecção precoce e reduzir a cascata de consequências negativas associadas aos transtornos de linguagem[14].

Embora variações no desenvolvimento infantil sejam normais, certos sinais de alerta podem indicar a necessidade de avaliação e cuidados adicionais. Embora não caiba à escola diagnosticar transtornos da linguagem, é crucial que ela identifique a tempo a necessidade de encaminhamento para acompanhamento extraescolar diante de atrasos significativos e dificuldades persistentes de comunicação que impactam a interação e o aprendizado da criança.

Assim, os educadores, embora possam notar sinais de atraso na linguagem em crianças, podem não se sentir capazes de identificar esses casos. Portanto, é essencial envolver profissionais especializados, como fonoaudiólogos, para avaliações clínicas. Esses profissionais possuem treinamento específico para avaliar vários aspectos da linguagem. O diagnóstico de transtornos da linguagem requer uma avaliação feita por uma equipe multidisciplinar.

INSTRUMENTOS DE RASTREIO QUE PODEM SER UTILIZADOS NA EDUCAÇÃO INFANTIL

A Base Nacional Comum Curricular (BNCC)[3] é o documento de caráter normativo que define o conjunto orgânico e progressivo de aprendizagens essenciais que todos os alunos devem desenvolver ao longo das etapas de ensino. No que concerne à Educação Infantil, os objetivos de aprendizagem e desenvolvimento estão organizados considerando os marcos previstos em três subgrupos etários: os bebês (0 a 1 ano e 6 meses); crianças bem pequenas (1 ano e 7 meses a 3 anos e 11 meses); e as crianças pequenas (4 anos a 5 anos e 11 meses)[3].

De acordo com o documento, os professores precisam acompanhar as aprendizagens das crianças, realizando a observação da trajetória de cada criança e de todo o grupo, destacando suas conquistas, avanços, possibilidades e aprendizagens, a fim de reunir elementos que reorganizem a prática pedagógica[3]. É fundamental que os professores estejam familiarizados com os marcos do desenvolvimento e tenham acesso a recursos que os ajudem a monitorar o desenvolvimento e aprendizagem das crianças. Isso inclui o acesso a instrumentos de rastreamento validados no contexto brasileiro, bem como a equipe multiprofissional de apoio.

Os instrumentos de rastreio são dispositivos valiosos para os educadores da primeira infância, pois fornecem uma estrutura organizada para que os educadores possam acompanhar o progresso das crianças no desenvolvimento da linguagem, habilidades motoras, habilidades sociais e emocionais, em relação aos marcos esperados para sua idade. Isso ajuda a identificar áreas onde uma criança pode estar se atrasando ou precisando de apoio adicional[15].

Para tanto, é relevante que os instrumentos de rastreio utilizados no Brasil estejam alinhados aos documentos regulatórios da Educação Infantil, em especial à BNCC para Educação Infantil[3].

Até recentemente, a falta de instrumentos validados para monitorar o desenvolvimento da linguagem era uma preocupação no Brasil, especialmente dada a grande desigualdade social. Em 2018, apenas três instrumentos multidimensionais internacionalmente reconhecidos estavam disponíveis: Escala Bayley, Teste Denver-II e Questionário de Idades e Estágios (ASQ-3)[16], nenhum dos quais foi desenvolvido considerando o contexto brasileiro. Além disso, o alto custo desses instrumentos, incluindo a aquisição e formação específica para aplicação, dificulta sua utilização, principalmente nos serviços públicos de saúde e educação no país[16].

Sob essa alegação, os autores desenvolveram e validaram o Inventário Dimensional de Avaliação do Desenvolvimento Infantil – IDADI, para aplicação em crianças de zero a 72 meses, também por meio do relato parental, abrangendo os domínios cognitivo, motricidade (ampla e fina), comunicação e linguagem (receptiva e expressiva), socioemocional e comportamento adaptativo[16]. Apesar de ser um instrumento de fácil aplicação e de ter sido desenvolvido no contexto brasileiro, o IDADI é comercializado por um custo relativamente alto, o que dificulta a sua aplicação em larga escala, sobretudo quando se pensa no contexto da educação e saúde pública no Brasil.

Mais recentemente, um estudo apresentou evidências de validade concorrente e preditiva do Instrumento de Rastreio da Comunicação de crianças de 0 a 36 meses (IRC-36), que é um instrumento de baixo custo, fácil e rápida aplicação. Em suas análises as autoras destacam que o IRC-36 apresentou correlação significativa com o Denver II, que é um instrumento de rastreio considerado padrão-ouro internacionalmente, confirmando que o instrumento possui evidências de medidas de acurácia e de validade para o rastreio da comunicação de crianças de 0 a 36 meses, sendo capaz de identificar risco para as alterações da comunicação[17]. Contudo, apesar de ter o seu uso recomendado pelas autoras, o IRC-36 foi aplicado no contexto de um serviço de saúde e ainda não foi testado tendo sua aplicação realizada por profissionais da educação.

Além da linguagem oral propriamente dita, outras habilidades cognitivo-linguísticas consideradas preditoras do sucesso na aprendizagem inicial da leitura e escrita podem e devem ser avaliadas na Educação Infantil. Acredita-se que o trabalho com tais habilidades desde a Educação Infantil irá oportunizar às crianças maior compreensão e autonomia diante dos desafios da alfabetização, bem como maior tempo para lidar com possíveis dificuldades, de modo a resolvê-las ou minimizá-las antes da chegada no Ensino Fundamental[19].

Nessa perspectiva, estudo conduzido com pré-escolares de escolas públicas e particulares de diferentes regiões brasileiras testou a aplicabilidade da versão adaptada para a Educação Infantil do Protocolo de Identificação Precoce de Problemas de Leitura – IPPL, que é um instrumento que havia sido desenvolvido inicialmente para uso no Ensino Fundamental. As autoras concluíram que é possível identificar e classificar o desempenho dos pré-escolares de ambas as escolas, havendo diferenças no desempenho cognitivo-linguístico em diferentes contextos educacionais. Os resultados ratificam a importância de uma abordagem de ensino que promova o desenvolvimento de habilidades cognitivo-linguísticas desde a Educação Infantil[18].

Embora os educadores desempenhem um papel crucial na observação inicial de sinais de atraso na linguagem, o uso de instrumentos de rastreio é geralmente conduzido por profissionais especializados, como fonoaudiólogos ou psicólogos, demandando tempo e custo. Em um cenário ideal, a colaboração entre educadores e fonoaudiólogos educacionais é fundamental para oferecer suporte adequado às crianças com alterações no desenvolvimento da linguagem, uma vez que o olhar criterioso do fonoaudiólogo educacional é essencial no contexto escolar, especialmente na avaliação e intervenção das dificuldades de linguagem infantil, auxiliando a equipe educacional na vigilância e no monitoramento do desenvolvimento infantil, conforme preconiza a BNCC[3].

O fonoaudiólogo educacional desempenha um papel crucial na identificação precoce de problemas de comunicação e linguagem em crianças, garantindo seu pleno engajamento nas atividades educacionais. Além de realizar rastreamentos linguísticos, ele interage diretamente com a criança, observa seu comportamento e coleta informações junto aos pais e professores. Sua responsabilidade vai além da identificação, incluindo também a apresentação de soluções para garantir o desenvolvimento e aprendizado ideais de todas as crianças.

Com relação aos educadores, a literatura[20] aponta as dificuldades que possuem em lidar com as demandas relacionadas às questões de linguagem e audição. Isso resulta em encaminhamentos desnecessários de alunos com problemas de fala ou linguagem para especialistas em saúde, aumentando a demanda por serviços de Fonoaudiologia que supera a oferta. Portanto, é essencial que os educadores tenham conhecimento para identificar e encaminhar adequadamente os alunos, destacando a importância da presença de uma equipe multiprofissional nas escolas, especialmente com a inclusão do fonoaudiólogo educacional.

CONCLUSÃO

Os transtornos de linguagem são condições que exigem diagnóstico clínico que é realizado por profissionais de saúde, em serviços de saúde e de maneira ideal, de forma multidisciplinar. Apesar disso, considera-se imperioso que profissionais da educação (professores, fonoaudiólogos educacionais, psicólogos educacionais, psicopedagogos e outros) tenham conhecimento e instrumentos que os auxiliem na identificação precoce de escolares em risco para os transtornos de linguagem e aprendizagem.

A construção e validação de instrumentos de rastreio para o monitoramento do desenvolvimento da linguagem na Educação Infantil ainda é um desafio para os pesquisadores brasileiros, havendo uma carência de instrumentos devidamente validados para esse fim.

Apesar disso, os estudos exploram diversos fatores de risco, de natureza individual (biológicos e psicológicos) ou coletiva (ambientais), que devem ser compreendidos e observados pelos profissionais da educação na missão de acompanhar o desenvolvimento infantil. Sempre que possível, a aplicação cuidadosa e sistemática de instrumentos de rastreios permite a identificação precoce de dificuldades na linguagem, possibilitando intervenções oportunas, por vezes preventivas. Assim, a utilização de instrumentos de rastreio não apenas ajuda na detecção das alterações da linguagem, mas também proporciona uma base para o desenvolvimento de estratégias educacionais adequadas.

Considerando a importância da primeira infância para o desenvolvimento posterior do indivíduo, a identificação precoce, aliada à intervenção educacional especializada, contribui para mitigar os potenciais impactos negativos das alterações na linguagem no desempenho acadêmico, social e emocional das crianças. Além disso, as intervenções preventivas permitem que as crianças alcancem seu potencial máximo ao longo de seu percurso educacional.

REFERÊNCIAS BIBLIOGRÁFICAS

1. Cheung RW, Willan K, Dickerson J, Bowyer-Crane C. Risk factors for early language delay in children within a minority ethnic, bilingual, deprived environment (Born in Bradford's Better Start): a UK community birth cohort study. BMJ Paediatrics Open. 2023;7:e001764.
2. Ratanatharathorn C, Sutchritpongsa S, Ritthita W, Rojmahamongkol P. Evaluation of the Developmental Assessment for Intervention Manual (DAIM) for developmental screening in high-risk infants at 12 months of corrected age. Infant Behav and Dev. 2022Aug;68:101752.
3. Brasil. Ministério da Educação. Secretaria da Atenção Básica. Base Nacional Comum Curricular. Brasília, DF: MEC/SEB; 2017.
4. Pontonx S, Leroy-Collombel M, Morgenstern A. How mother and child co-(re) construct non-conventional productions in spontaneous interaction. First Lang [Internet]. 2019 Apr 3 [cited 2020 Apr 20];39(2):220-42.
5. Viana FL, Silva C, Ribeiro I, Cadime IMD, Freitas MJ, Santos AL. Instrumentos de avaliação da linguagem: uma perspectiva global [Internet]. 2017. Disponível em: https://www.rcaap.pt/detail.jsp?id=oai:repositorium.sdum.uminho.pt:1822/50597.
6. Buchweitz A. Language and reading development in the brain today: neuromarkers and the case for prediction. J Pediatr (Versão em Port [Internet]. 2016 May [cited 2019 Aug 12];92(3):S8-13.
7. Huber E, Corrigan NM, Yarnykh VL, Ramírez NF, Kuhl PK. Language experience during infancy predicts white matter myelination at age 2 years. Journal of Neuroscience. 2023;43:1590-9.
8. Dourado JS, Maris S, Lemos A. Development of communication of children aged between one and three years old and their relationship with the family and school environments. Rev CEFAC. 2015;17(2):88-99.
9. American Psychiatric Association. Manual de Diagnóstico e Estatística de Transtornos Mentais, DSM-5. Porto Alegre: Artmed; 2014.
10. Nascimento GB, Kessler TM, Souza APR, Costa I, Moraes AB. Risk indicators for hearing loss and language acquisition and their relationship with socioeconomic, demographic and obstetric variables in preterm and term babies. Codas. 2020;32:e20180278.
11. Korpilahti P, Kaljonen,A, Jansson-Verkasalo E. Identification of biological and environmental risk factors for language delay: The Let's Talk STEPS study. Infant Behavior and Development. 2016;42:27-35.
12. Wilson, P, McQuaige, F, Thompson, L, McConnachie, A. Language delay is not predictable from available risk factors. The Scientific World Journal. 2013;1-8.
13. Dias NM, Bueno JODS, Pontes JM, Mecca TP. Linguagem oral e escrita na Educação Infantil: relação com variáveis ambientais. Psicologia Escolar e Educacional. 2019;23.
14. Valade F, Béliveau MJ, Breault C, Chabot B, Labelle F. Individual and cumulative risk factors in developmental language disorder: A case-control study. Clin Child Psychol Psychiatry. 2023;28(1):398-414.
15. Davies S, Janus M, Duku E, Gaskin A. Using the Early Development Instrument to examine cognitive and non-cognitive school readiness and elementary student achievement. Early Child Res Q. 2016 Mar 2;35:63-75.

16. Silva MA, Mendonça Filho EJ, Bandeira DR. Development of the Dimensional Inventory of Child Development Assessment (IDADI). Psico-USF. 2019;24(1):11-26.
17. Almeida DPR, Cordeiro AAA, Almeida LNA, Queiroga CAM, Queiroga BAM. Evidence of concurrent and predictive criterion validity of the Child Communication Screening Instrument from 0 to 36 months (IRC-36). CoDAS. 2024;36(1):e20220218.
18. Aguiar AP, Carvalho Graça S de, Herrera SAL. Validação de checklists por peritos da fala para identificação de riscos das perturbações de linguagem para educadores da infância. Educ Enquanto fenôMeno Soc Democr e Emancip Humana. 2021;236-46.
19. Queiroga BAM, Rosal AGC, Braga T, Melo JKO, Capellini S. Preschoolers' cognitive-linguistic performance in different educational contexts. Rev CEFAC. 2023;25(4):e0923.
20. Lordão HP, Teixeira CF, Cavalcante MX, de Melo JKO, de Queiroga BAM. Relação das habilidades auditivas e linguísticas com a aprendizagem: O olhar do professor. Revista Portuguesa de Educação. 2022;35(1):84-101.

49

Problemas de aprendizagem decorrentes de linguagem: o monitoramento de progresso do escolar entre os ciclos educacionais

Simone Nicolini de Simoni
Thaís Gomes Braga da Silveira
Claudia da Silva

PONTOS-CHAVE

- A aquisição da linguagem se refere a um processo contínuo, que sofre influências de fatores internos e externos que refletem diretamente na sua aquisição e ampliação enquanto linguagem expressiva e receptiva.
- Os componentes linguísticos fundamentais para a aquisição da linguagem oral são a fonologia, morfologia, semântica, sintaxe e a pragmática, sendo esses componentes requisitados, posteriormente, como suporte à aquisição da escrita.
- O monitoramento educacional auxilia no desenvolvimento de estratégias que visam o êxito no desempenho escolar, com aplicabilidade em sala de aula, pelo professor, para a Educação Infantil e o Ensino Fundamental.
- Transtornos de linguagem oral interferem diretamente no desenvolvimento infantil, por vezes refletindo na aquisição da linguagem escrita, o que torna importante a identificação precoce dos sinais de risco e o monitoramento das crianças.

OBJETIVOS DE APRENDIZAGEM

Ao final deste capítulo, o leitor deverá ser capaz de:

- Compreender a interface entre aquisição e desenvolvimento da linguagem oral e o aprendizado da linguagem escrita, com ênfase na Educação Infantil e Ensino Fundamental.
- Reconhecer a importância de traçar práticas de monitoramento educacional, levando em consideração os fatores internos (agravantes) e externos (influenciadores) relacionados à linguagem e à aprendizagem educacional.
- Identificar alterações de linguagem oral e escrita, com base nos subsistemas componentes linguísticos, para rastreio dos transtornos de linguagem oral e/ou escrita, como componentes agravantes para o processo educacional.

INTRODUÇÃO

O desenvolvimento típico da linguagem oral é um fator imprescindível para o sucesso das habilidades acadêmicas na vida de uma criança, nas diferentes etapas que compõem a educação. A linguagem oral e seus aspectos formais como fonologia, morfologia, semântica, sintaxe e pragmática, juntamente aos fatores biológicos, cognitivos, neuropsicomotores e sensoriais, são considerados alicerces ao aprendizado da linguagem escrita[1].

Dada a importância do estabelecimento efetivo da linguagem oral, associado ao desenvolvimento cognitivo e social, a literatura aponta a relação existente entre as habilidades preditivas à alfabetização e o aprendizado da leitura e escrita[2]. Assim, falhas nesse processo podem levar ao comprometimento da aprendizagem escolar, seja precocemente, na Educação Infantil, ou nos anos posteriores que compõem o Ensino Fundamental.

As dificuldades de aprendizagem identificadas no processo educacional remetem a comprometimentos efetivos no aprendizado da leitura e da escrita. Tais dificuldades podem estar relacionadas a um déficit passageiro, de causa extrínseca ao indivíduo que aprende, decorrente, entre diversos fatores, da adaptação escolar, proposta pedagógica, fatores sociais e/ou emocionais. A regulação do escolar para o perfeito estado social, emocional e cognitivo ou para o estado mais adequado e equilibrado entre esses fatores possibilita o aprendizado de conteúdos acadêmicos, ativando a formação e consolidação de novas sinapses[3].

Ainda em relação a esse processo, são identificados os transtornos específicos que acometem tanto a linguagem oral quanto a escrita, ambos de origem intrínseca ao indivíduo, com base no funcionamento neurológico, interferindo no processo de aquisição da linguagem oral e aprendizado da linguagem escrita. Logo, este capítulo propõe relacionar, de forma objetiva, o processo contínuo da linguagem oral para a escrita e a relevância do monitoramento escolar nos diferentes ciclos educacionais.

AQUISIÇÃO DA LINGUAGEM ORAL E FATORES INFLUENCIADORES PARA A APRENDIZAGEM DA LINGUAGEM ESCRITA COM ENFOQUE NA EDUCAÇÃO INFANTIL

A aquisição da linguagem oral, com vistas a uma comunicação eficiente, é estimulada a partir das interações sociais e da exposição a diferentes estímulos ambientais. Para esse objetivo há o desenvolvimento da linguagem compreensiva e expressiva. Os principais marcos linguísticos relacionados aos aspectos formais da linguagem oral acontecem concomitantemente à etapa da Educação Infantil (EI). Devem ser considerados: fonologia (percepção dos sons da fala), morfologia (relação gramatical isolada), semântica (significado), sintaxe (concordância entre elementos frasais) e pragmática (habilidades comunicativas e uso social da língua). Tais componentes se fazem necessários ao aprendizado da linguagem escrita.

A EI comporta crianças com idade de 0 a 5 anos e compreende o primeiro estágio do sistema educacional brasileiro. É o período crucial para o desenvolvimento cognitivo, emocional, social e físico das crianças, proporcionando uma base sólida para o aprendizado futuro nos demais ciclos escolares. Segundo a Base Nacional Comum Curricular (BNCC), na EI há seis direitos de aprendizagem que devem ser garantidos para o desenvolvimento das crianças: conviver, brincar, participar, explorar, comunicar e conhecer-se[4].

Dentre todos esses direitos, há conceitos que envolvem a Fonoaudiologia. Os termos "conviver, brincar e participar", para o desenvolvimento da linguagem oral, remetem a situações dialógicas e narrativas, e o termo "explorar", à construção de conhecimento de mundo, incentivo ao letramento e intenção comunicativa. O componente da pragmática aprimora a intenção e a iniciativa da comunicação, estabelecendo o uso social da linguagem, para a troca com os pares.

Ademais, refletindo sobre o aspecto do "comunicar" e associando aos conhecimentos fonoaudiológicos para o aprendizado da linguagem escrita, a etapa da EI é fundamental para o desenvolvimento da linguagem oral, oportunizando também, em período adequado, o estímulo das habilidades preditoras da alfabetização. Tais habilidades caracterizam-se como capacidades que as crianças desenvolvem antes de começarem a ler e escrever formalmente, e relacionam-se com as habilidades metafonológicas, como a consciência fonológica[5].

Nesse sentido, o período de 0 a 5 anos apresenta os principais marcos linguísticos, que contribuem para a aquisição e desenvolvimento da linguagem oral, junto aos marcos motores, percepções práxicas, habilidades auditivas, neurocognitivas, memória, atenção e funções executivas. Esse conjunto de fatores vai influenciar as habilidades necessárias para o aprendizado da linguagem escrita[2].

Fonologia e vocabulário relacionam-se ao desenvolvimento da linguagem oral. Os sons da fala são percebidos e produzidos juntamente às novas palavras estimuladas no vocabulário da criança, enfatizando o aspecto semântico-lexical. Tanto a percepção dos sons da fala quanto sua produção motora, que acontecem entre os cinco e seis anos de idade[6], vão auxiliar a criança no desenvolvimento das habilidades metafonológicas (junção dos aspectos da linguagem oral e escrita que refletem na capacidade de manipular de forma consciente os elementos da língua). Posteriormente, esse aprendizado influenciará na conversão grafema-fonema e nos componentes exigidos da linguagem escrita.

Em relação ao vocabulário, há um aumento de itens lexicais associados com o aumento da faixa etária, entre dois e três anos de idade, aproximadamente 200 e 300 palavras. Juntamente à produção de itens lexicais, os elementos morfossintáticos da língua também vão sendo incorporados e aprimorados, refletindo no uso de frases, com mais elementos de coesão e com o uso de diferentes tempos verbais[7]. Esses dois aspectos, semântico e morfossintático, são importantes quando se relacionam ao aprendizado da linguagem escrita. Com o avanço e a velocidade de acesso lexical, a criança conhece e produz mais palavras, aprimorando suas situações dialógicas, narrativas e componentes frasais.

A construção semântico-lexical e morfossintática que acontece na EI, oriunda da exposição a distintos campos da experiência, implicará, futuramente, na interpretação de texto, na utilização de seu conhecimento linguístico e no acesso às palavras para compreendê-lo. Ademais, a construção de um texto necessita de elementos lexicais e morfossintáticos, sendo importante priorizar o aprimoramento da linguagem oral na perspectiva das atividades que envolvem a linguagem escrita.

O ambiente familiar e a exposição da criança às práticas de letramento favorecem experiências que consequentemente ampliam o vocabulário infantil. O léxico representa o saber que é compartilhado com os pares, de forma consciente de acordo com sua faixa etária, exposição sociolinguística e cultural. Por isso, o vocabulário está sempre em expansão e é fundamental para os níveis de compreensão e para as exigências acadêmicas de todo o ciclo escolar[8].

O desenvolvimento desses aspectos linguísticos favorece, por exemplo, a construção e a percepção das habilidades metafonológicas, principalmente a consciência fonológica. O desenvolvimento do vocabulário e o conhecimento gramatical apoiam a consciência fonológica, sendo esses aspectos fundamentais para sustentar o processo de alfabetização. O vocabulário precisa estar correlacionado com as habilidades cognitivas, uma vez que a velocidade de acesso ao léxico para compreensão e produção oral, associada à memória e às conexões vivenciadas, contribuem para as competências que envolvem o aprendizado da linguagem escrita[9].

Ainda é necessário refletir sobre o conceito de preditores da alfabetização, que envolvem as habilidades metafonológicas, entre elas a consciência fonológica, nos níveis silábico, fonêmico, rima e aliteração, e devem ser estimuladas tanto no contexto familiar quanto educacional. Esses estímulos interferem nos conhecimentos necessários para a alfabetização e são facilitadores no processo de aprendendizado da linguagem escrita, principalmente na leitura, pois há ênfase desses estímulos nos momentos de leitura compartilhada com a criança[5]. A consciência fonológica é indispensável para o domínio da linguagem escrita, juntamente a outros fatores que compõem o processamento fonológico: a nomeação automática rápida e a memória operacional fonológica. Essas habilidades integram os preditores da alfabetização[5].

A partir do desenvolvimento dos aspectos da linguagem oral e das habilidades do processamento fonológico, faz-se necessário que a criança seja capaz de compreender a diferença entre a estrutura da linguagem oral, a fala e a linguagem escrita. O monitoramento para o progresso educacional deve envolver todos os aspectos mencionados, já que muitos problemas de aprendizagem decorrem de alterações na linguagem oral e das habilidades do processamento fonológico[3,9].

PROBLEMAS DE LINGUAGEM ORAL E ESCRITA IDENTIFICADOS NO ENSINO FUNDAMENTAL EM PRÁTICAS DE MONITORAMENTO

Problemas de aprendizagem acometem o desempenho escolar por se caracterizarem como uma alteração no funcionamento neurológico, ocasionando os Transtornos Específicos de Aprendizagem da Leitura (Dislexia) com prejuízos na decodificação, compreensão e fluência leitora; e da Escrita (Disortografia), com prejuízos na codificação e produção textual. Esses transtornos identificados no processo educacional tendem a ser influenciados por causas externas, mas remetem a um quadro orgânico, de base neurobiológica, impactando diretamente o processo educacional[1,10].

Em sua maioria, os déficits de aprendizagem, sejam eles vinculados às dificuldades ou ao transtorno de aprendizagem, tendem a ser identificados quando a criança ingressa no Ensino Fundamental. Isso ocorre mesmo diante de sinais de risco, classicamente descritos na literatura, que orientam o direcionamento do olhar do professor para a identificação precoce, na alfabetização. Ainda assim, é no ciclo inicial do Ensino Fundamental que as dificuldades sobressaem e passam a ser identificadas com maior facilidade e em maior proporção, se comparado à Educação Infantil[11].

Componentes linguísticos adquiridos no desenvolvimento da linguagem oral são requisitados para dar suporte à aquisição da escrita (Quadro 1). Esses componentes são recrutados por mecanismos cognitivos e linguísticos para possibilitarem os aprendizados iniciais de leitura e escrita, envolvendo o reconhecimento do alfabeto, decodificação de palavras simples e regulares, e acesso ao código para a codificação de palavras de alta frequência. Da mesma forma, se desdobram e refletem em conteúdos mais complexos, como a leitura de palavras complexas e irregulares, a compreensão e produção textual, além da apropriação de regras gramaticais e de componentes estruturais da escrita[1,9].

QUADRO 1 Componentes linguísticos presentes na linguagem oral e escrita

Linguagem oral	Linguagem escrita
Fonológico	
Sons da fala	Consciência fonológica
Semântica	
Vocabulário receptivo e expressivo	Acesso à informação para compreensão leitora e escrita de palavras
Morfossintático	
Estruturação frasal	Estruturação frasal e componentes ortográficos
Narrativa	
Discurso oral expressivo	Discurso escrito para a produção textual

Fonte: elaborado pelas autoras.

Nas etapas do 1º e 2º ano do Ensino Fundamental I, o foco está na instrução formal para a aquisição das habilidades de leitura e escrita. No 3º ano, espera-se a consolidação da alfabetização e o aprimoramento das competências de leitura e escrita. Essas habilidades são ainda mais desenvolvidas no 4º e 5º ano, a partir da exposição dos alunos a conteúdos mais complexos e de maiores demandas cognitivas. Nos anos posteriores do Ensino Fundamental II, espera-se que sejam consolidadas as habilidades de leitura e escrita em diferentes níveis de complexidade – desde a decodificação e codificação de palavras até a compreensão e produção de textos –, sendo capazes de conduzir com autonomia novos aprendizados[4].

A aquisição de novas habilidades não é um processo simples ou intuitivo, necessitando de instrução direta e explícita. Dentre tais habilidades, estão descritas na literatura a consciência fonológica, o processamento visual e auditivo, a velocidade de acesso lexical, a recuperação da informação linguística, os componentes cognitivos (atenção e memória) e as funções executivas[12]. Os recursos cognitivos e linguísticos responsáveis por ampliar e conduzir a aprendizagem escolar possibilitam que medidas de monitoramento educacional sejam realizadas[4].

O monitoramento educacional implica em acompanhar o desempenho do aluno junto com seu grupo escolar, ajudando a compreender seus progressos diante das diversas variáveis que afetam e influenciam sua aprendizagem. Possibilita o acompanhamento e direcionamento de propostas de estimulação das habilidades não adquiridas ou pouco desenvolvidas, por meio da adequação de conteúdos ou ações focais em sala de aula, mensurando a aplicabilidade e eficácia das estratégias, revendo a necessidade de ajustes ou alterações com base no desempenho do grupo.

Com fortes evidências científicas, o Modelo de Resposta à Intervenção (RTI) tem sido amplamente descrito como prática de monitoramento educacional. Trata-se de uma atuação dividida em três camadas, na qual a primeira deve ser realizada em sala de aula com o grupo-classe, por meio de estratégias aplicadas pelo professor. A segunda camada se refere à atuação em grupos menores, também em âmbito educacional e executada pelo educador, direcionada aos escolares que não apresentaram evolução com as práticas em sala de aula. Finalmente, para os escolares que apresentaram baixo desempenho, tanto em relação ao seu grupo-classe quanto em grupo menor, será proposta a terceira camada, realizada em âmbito clínico, por profissional especializado, com vistas à investigação diagnóstica[13].

Destaca-se a prática de monitoramento por meio da seleção das habilidades a serem avaliadas para acompanhar o progresso educacional, à implementação de estratégias que visam otimizar o desempenho da turma na totalidade ou de um grupo específico de alunos. Como exemplo de habilidades a serem potencializadas, com relevância para a aquisição da linguagem e aprendizado educacional, encontram-se a ampliação do vocabulário (expressivo e receptivo), as habilidades metafonológicas (de base fonológica e silábica), a leitura (decodificação, acesso ao significado, fluência e compreensão) e a escrita (codificação, ortografia e produção textual)[7,8].

Logo, o monitoramento implica em investigar o perfil da turma em relação a essas habilidades, utilizando um instrumento que possibilite a aplicabilidade coletiva, pelo professor, com auxílio da equipe pedagógica. Com base no desempenho da turma, devem ser identificadas as estratégias que promovam o desenvolvimento ou fortalecimento dessas habilidades, de maneira coletiva. Depois de um período de aplicação sequencial dessas estratégias, é necessário gerenciar o progresso em relação às habilidades trabalhadas para monitorar o avanço da turma, por meio da mesma ferramenta de avaliação utilizada antes da intervenção (Quadro 2).

RELAÇÃO ENTRE DIAGNÓSTICOS DE LINGUAGEM ORAL E LINGUAGEM ESCRITA

A perspectiva cognitivo-linguística opera sob a concepção da escrita como representação da oralidade, retratando o conceito da língua como um sistema sintático-gramatical associado aos processadores cognitivos para o processamento da informação[14].

QUADRO 2 Descrição de monitoramento para o Ensino Fundamental I e II

Monitoramento – pré-estimulação	Estimulação em âmbito educacional	Monitoramento – pós-estimulação
Vocabulário (Levantamento do vocabulário expressivo e receptivo)	Conto e reconto de histórias; construção de narrativas orais, com acréscimo de novas palavras	Vocabulário (reaplicação do instrumento utilizado em pré-estimulação)
Habilidades metafonológicas (Percepção auditiva, base silábica e fonológica)	Uso de rima, aliteração, análise, síntese, adição, subtração e transposição fonêmica e silábica	Habilidades metafonológicas (reaplicação e análise do desempenho)
Leitura (Enfoque em palavras regulares e irregulares, baixa e alta frequência; uso de frases e textos)	Processo de baixo nível – decodificação e acesso ao significado da palavra Alto nível – fluência e compreensão leitora textual	Leitura (verificar a ampliação e sistematização dos processos da leitura)
Escrita (Enfoque em palavras regulares e irregulares, dependentes e independentes de regras)	Codificação e acesso à palavra e seu significado; construção de narrativas escritas e elaboração textual em gêneros diversos	Escrita (verificar a ampliação e sistematização dos processos da escrita)

Fonte: elaborado pelas autoras.

Diante desse constructo teórico, se torna importante a reflexão sobre o impacto das alterações da oralidade na escrita de crianças com transtornos de linguagem, a saber: Transtorno dos Sons da Fala (TSF), Transtorno de Linguagem (TL), Transtorno do Desenvolvimento da Linguagem (TDL) e sobre as possibilidades clínicas e educacionais para o diagnóstico e/ou prevenção das dificuldades na escrita de crianças por meio da atuação do fonoaudiólogo clínico e/ou educacional[10].

Em geral, os critérios diagnósticos, envolvendo a linguagem oral e a escrita, são estabelecidos por análises que buscam comparar o desempenho dos processadores linguísticos (semântico, fonológico, morfossintático, pragmático, ortográfico e contextual) ao padrão esperado para a idade. A partir dessa análise, são considerados os déficits ou falhas para a definição das categorias nosológicas[16].

As alterações que envolvem a linguagem oral fazem parte de diversos quadros que afetam o desenvolvimento infantil e se demonstram prevalentes na infância. Suas manifestações variam com relação à gravidade e extensão[17].

O diagnóstico das alterações da linguagem prevê a identificação das dificuldades em relação aos subsistemas linguísticos como forma de predizer sobre os diferentes impactos ou desfechos sobre a aprendizagem. A abordagem avaliativa cognitivo-linguística se demonstra capaz de revelar, por critérios quantitativos, se os déficits presentes no processamento fonológico, manifestos na oralidade infantil, poderão impactar em maior ou menor escala a escrita da criança em idade escolar. Nesse contexto, se destaca o processamento fonológico como cerne, cujos déficits impactam a aquisição da linguagem em ambas as modalidades, oral e escrita[16].

O desenvolvimento da escrita também recebe importante contribuição da morfologia, já que a escrita representa, para além dos sons, os diferentes significados da língua por meio dos morfemas, menores unidades de significação da língua. A contribuição dos aspectos da consciência morfológica para o desempenho da escrita se faz também para a aquisição do padrão ortográfico da língua[17].

As manifestações linguísticas envolvendo dificuldades para a compreensão da linguagem, assim como o conhecimento restrito de palavras (alterações semânticas), a ausência de domínio e utilização das regras fonológicas (alterações fonológicas), morfológicas, sintáticas e gramaticais que regem a língua (alterações morfossintáticas) e dificuldades para a utilização da linguagem em diferentes contextos (pragmática), poderão repercutir distintamente na escrita, configurando quadros com diferentes prognósticos.

De modo mais específico, pode ser elencada a relação entre problemas de linguagem que impactam a escrita. Problemas envolvendo a aquisição do vocabulário tendem a repercutir em restrição para a escolha e utilização de palavras adequadas e variadas ao construir a escrita. Dificuldades com os aspectos gramaticais da língua levam a erros na construção das estruturas frasais, para o uso da concordância verbal e nominal, pontuação, podendo afetar a clareza e a compreensão do texto.

Demais problemas envolvendo a linguagem repercutem em dificuldades para a organização das ideias de maneira lógica e coesa, para a reprodução de conceitos por escrito, resultando em textos confusos e difíceis de compreender.

Profissionais da área da Educação, como fonoaudiólogos e psicopedagogos, desempenham um papel fundamental na avaliação e no desenvolvimento de estratégias para auxiliar indivíduos com problemas de linguagem a melhorar suas habilidades de escrita. Intervenções personalizadas e adaptadas às necessidades individuais são essenciais para promover o progresso e a autonomia nessa área.

As manifestações linguísticas ligadas aos diagnósticos em linguagem oral são variadas e distintas, podendo estar relacionadas tanto aos elementos formais da língua (como o código linguístico e a estrutura) quanto à própria linguagem (incluindo a representação mental, o conteúdo e o uso), exigindo uma avaliação minuciosa e detalhada. Para um diagnóstico preciso, é essencial identificar a causa subjacente, a fim de compreender os potenciais impactos na aprendizagem acadêmica, o que permite direcionar intervenções de modo eficaz e fornecer o suporte clínico e educacional adequado.

A identificação precoce das dificuldades linguísticas não superadas no caráter evolutivo contribui para a prevenção de riscos adversos às habilidades acadêmicas, linguísticas e socioemocionais de crianças e adolescentes[17].

CONCLUSÃO

Os aspectos da linguagem oral, essenciais para a comunicação, desempenham um papel relevante no desenvolvimento das habilidades preditoras ao aprendizado da leitura e escrita, no processamento fonológico e, posteriormente, em tarefas acadêmicas mais complexas. Sendo os estágios iniciais da Educação Infantil considerados como um período crucial para o desenvolvimento da linguagem oral, torna-se relevante o investimento de estratégias de estimulação, assim como seu monitoramento. O impacto dessas atividades é diretamente perceptível no Ensino Fundamental, requerendo uma análise cuidadosa da interação entre a linguagem oral e as habilidades necessárias para o desenvolvimento da linguagem escrita. Torna-se necessário realizar o acompanhamento do progresso acadêmico por meio das práticas de monitoramento do desempenho escolar, como uma ferramenta para otimizar a aprendizagem e identificar possíveis sinais de Transtornos de Linguagem Oral e Escrita.

REFERÊNCIAS BIBLIOGRÁFICAS

1. Jeong J, Franchett EE, Ramos de Oliveira CV, Rehmani K, Yousafzai AK. Parenting interventions to promote early child development in the first three years of life: A global systematic review and meta-analysis. PLoS Med. 2021;18(5):e1003602.
2. Pazeto TDCB, León CBR, Seabra AG. Avaliação de habilidades preliminares de leitura e escrita no início da alfabetização. Rev Psicopedagogia. 2017;34(104):137-47.
3. Bettio CDB, Bazon MR, Schmidt A. Fatores de risco e de proteção para atrasos no desenvolvimento da linguagem. Psicol Estud. 2019;24:e41889.
4. BRASIL. Ministério da Educação. Base Nacional Comum Curricular. Brasília: MEC/CONSED/UNDIME; 2019. Disponível em: http://basenacionalcomum.mec.gov.br/images/BNCCEL_EF_110518_versaofinal_site.pdf. Acesso em: 10 jan. 2024.
5. Santana MG, Capellini AS, Germano GD. Habilidades preditoras de leitura em escolares em anos iniciais de alfabetização em tempos de pandemia. Rev Ibe Est Ed. 2022;2513-25.
6. Ceron MI, Simoni SND, Keske-Soares M. Phonological acquisition of Brazilian Portuguese: Ages of customary production, acquisition and mastery. Int J Lang Commun Disord. 2022;57(2):274-87.
7. Limissuri RDCA, Befi-Lopes DM. Fonologia e vocabulário na percepção de educadoras sobre comunicação de pré-escolares. R Bras Estud Pedagog. 2009;90(225):433-48.
8. Ferracini F, Capovilla AGS, Dias NM, Capovilla FC. Avaliação de vocabulário expressivo e receptivo na educação infantil. Rev Psicopedagogia. 2006;23(71):124-33.
9. Côrrea KC, Machado MA, Hage SAV. Competências iniciais para o processo de alfabetização. CoDAS. 2018;30(1):e20170039.
10. Associação Psiquiátrica Americana. Manual Diagnóstico e Estatístico de Transtornos Mentais – DSM-5-TR. 5. ed. Porto Alegre: Artmed; 2023.
11. Queiroga BAMD, Rosal AGC, Braga T, Melo JKOD, Capellini SA. Desempenho cognitivo-linguístico de pré-escolares em diferentes contextos educacionais. Rev CEFAC. 2023;25:e0923.
12. Sanders EA, Berninger VW, Abbott RD. Sequential prediction of literacy achievement for specific learning disabilities contrasting in impaired levels of language in grades 4 to 9. J Learn Disabil. 2018;51(2):137-57.
13. Andrade OVCA, Andrade PE, Capellini SA. Modelo de Resposta à Intervenção – RTI: como identificar e intervir com crianças de risco para os transtornos de aprendizagem. São José dos Campos: Pulso Editorial; 2014.
14. Coltro KC, Marcolino-Galli J, Cordeiro MDSG, Aspilicueta P. A relação entre a oralidade e escrita e sua implicação na clínica fonoaudiológica sob diferentes perspectivas teóricas: revisão integrativa. Distúrb Comun. 2023;35(3):e59386.
15. Nicolielo AP, Fernandes GB, Garcia VL, Hage SRV. Desempenho escolar de crianças com Distúrbio Específico de Linguagem: relações com habilidades metafonológicas e memória de curto prazo. Rev Soc Bras Fonoaudiol. 2008;13(3):246-50.
16. Guimarães SRK, Paula FV, Mota MMPE, Barbosa VR. Consciência morfológica: que papel exerce no desempenho ortográfico e na compreensão de leitura? Psicol USP. 2014;25(2):201-12.
17. Cardoso MH, Romero ACL, Capellini SA. Alterações de processos fonológicos e índice de gravidade em uma amostra de fala e de escrita de escolares de ensino público e privado. Rev Psicopedagogia. 2016;33(102):283-93.

50

Habilidades auditivas e visuais como habilidades subjacentes para a aprendizagem acadêmica

Monique Herrera Cardoso
Vaníssia Vendruscolo
Giseli Donadon Germano

PONTOS-CHAVE

- O Processamento Auditivo Central é subdividido em habilidades auditivas necessárias para o correto processamento das informações sonoras.
- O Processamento Visual pode ser definido como um hipofuncionamento nas áreas contidas no lado direito do córtex cerebral, resultando em um déficit em como as informações visuais são processadas no cérebro.
- Para o desenvolvimento da escrita é necessário que o escolar já domine ao menos o código da língua, ou seja, reconheça as letras visualmente e as transcreva de acordo com sua correspondente fonológica.
- O processamento visual e auditivo faz parte da aprendizagem da leitura e escrita, permitindo o reconhecimento de letras e de palavras, fazendo com que a realização desse processo seja mais fluente.
- A leitura e a escrita envolvem processos neurocognitivos complexos, os quais envolvem processos auditivos e visuais, que contribuem de modo independente no processo de aprendizagem.

OBJETIVOS DE APRENDIZAGEM

Ao final deste capítulo, o leitor deverá ser capaz de:

- Descrever os conceitos sobre processamento auditivo e visual.
- Relacionar os processamentos auditivo e visual com o desenvolvimento da leitura e escrita.
- Identificar o quanto é necessário investigar tais processamentos para o sucesso acadêmico do educando.

INTRODUÇÃO

A aprendizagem da leitura e da escrita é uma atividade neurocognitiva complexa, que exige a integração e maturação de diversas áreas cerebrais. Para tal, a criança precisa ser exposta a experiências diversas que envolvam ler e escrever, nas quais ela tenha a entrada de informações multissensoriais, como a auditiva, visual e percepto-viso-motoras, para que a maturidade neuronal ocorra, permitindo a formação de memória e a programação motora de saída.

A integração eficiente de informações auditivas, visuais e percepto-viso-motoras no cérebro é frequentemente atribuída às redes frontoparietais, occipitotemporal e occipitoparietal, compostas por diversas regiões cerebrais. Apesar da possibilidade de um conjunto comum de regiões multimodais contribuir para ambas as modalidades sensoriais, evidências crescentes sugerem uma diferenciação funcional dentro do córtex frontoparietal[1].

Vários estudos convergem para a conclusão de que ao longo desse córtex as regiões dorsais são especializadas no processamento visual, enquanto as regiões ventrais se especializam no processamento auditivo. Essas descobertas apontam para uma organização específica e especializada das funções nessas áreas corticais[2].

Este capítulo tem como objetivo descrever o papel das habilidades auditivas e visuais como subjacentes para a aprendizagem acadêmica. Deste modo, ele será dividido didaticamente em tópicos, iniciando-se com as habilidades auditivas e sua relação com a aprendizagem da leitura; em sequência serão apresentados os tópicos das habilidades visuais e a aprendizagem da leitura e da escrita, respectivamente.

Habilidades auditivas e sua relação com a aprendizagem da leitura

As habilidades auditivas desempenham um papel central e crucial na esfera da aprendizagem acadêmica, sendo fundamentais para a aquisição da linguagem, a competência na leitura e a compreensão oral, todos elementos essenciais para o desempenho acadêmico.

Nesse contexto, o Transtorno do Processamento Auditivo Central (TPAC) ocorre quando há dificuldades em uma ou mais habilidades auditivas necessárias para o correto processamento das informações sonoras[3]. Crianças com TPAC apresentam queixas escolares e comunicativas, incluindo a incapacidade de seguir instruções verbais complexas, desempenho cognitivo verbal pobre, dificuldade em identificar a ideia principal de um enunciado, baixa capacidade de interpretação de palavras, frases, alteração na emissão verbal, dificuldade diante de competição sonora e em manter a atenção para as informações apresentadas auditivamente[4].

Os comportamentos são caracterizados por desafios auditivos, abrangendo desde dificuldades em compreender a fala em ambientes ruidosos ou reverberantes, até obstáculos na localização de sons. Além disso, podem manifestar-se por respostas inconsistentes ou inadequadas a perguntas, dificuldade em acompanhar discursos rápidos, solicitações frequentes de repetição, incapacidade de manter a atenção e enfrentamento de dificuldades acadêmicas, incluindo leitura, ortografia e aprendizagem[5].

A dislexia fonológica, um transtorno específico de leitura, é caracterizada por dificuldades na habilidade de decodificar palavras, associada frequentemente a problemas no processamento auditivo e na consciência fonológica[6]. No contexto da dislexia fonológica, a disfunção na conexão entre corpo geniculado medial e lateral pode desempenhar um papel relevante, na medida em que:

> o corpo geniculado medial é uma estrutura que responde pela via auditiva, enquanto o corpo geniculado lateral responde pela via visual. Ambos, situados no tálamo, configuram o primeiro local em que as vias auditivas e visuais se cruzam. Uma disfunção nesta conexão pode acarretar intercorrências na leitura. A conexão entre o corpo geniculado medial e o córtex auditivo constitui-se o estágio final do processamento da informação[7].

A conexão entre o corpo geniculado medial e o córtex auditivo mencionada na citação é particularmente significativa. Essa interação desempenha um papel fundamental no processamento da informação auditiva. Indivíduos com dislexia fonológica muitas vezes apresentam dificuldades em processar sons da fala de maneira eficaz, o que pode afetar diretamente a habilidade de associar os sons das palavras com suas representações escritas[7].

A compreensão inadequada do processamento auditivo pode impactar negativamente a leitura, uma vez que a habilidade de identificar e manipular sons fonéticos é essencial para a decodificação de palavras. Se houver disfunção na conexão entre o corpo geniculado medial e o córtex auditivo, como mencionado, isso pode contribuir para as intercorrências na leitura observadas em indivíduos com dislexia fonológica[6-7]. No entanto, a relação entre a dislexia fonológica e o Transtorno do Processamento Auditivo Central (TPAC) não é uma generalização precisa.

No âmbito da aquisição da linguagem, as habilidades auditivas desempenham um papel fundamental, influenciando a expressão oral, a compreensão da linguagem escrita e sua produção. Em relação à leitura, a discriminação fonêmica e a consciência fonológica, ligadas às habilidades auditivas, são essenciais para a decodificação e fluência na leitura e escrita[3-5].

Assim, para a aprendizagem da leitura e da escrita, o escolar deve realizar uma reflexão deliberada da fala (consciência metafonológica), a fim de que ela se torne objeto de sua atenção consciente e possibilite o desenvolvimento da consciência metalinguística[6]. Ela não apenas contribui para a decodificação, mas também tem um impacto positivo na compreensão da estrutura da língua, no aprendizado de vocabulário e no desenvolvimento de habilidades de escrita. Crianças com proficiência nessa habilidade tendem a se tornar leitoras proficientes, o que promove autoconfiança e sucesso acadêmico[5-6].

Além disso, as habilidades auditivas são cruciais para a compreensão oral, sendo essenciais para acompanhar aulas, entender instruções e participar de discussões em ambiente escolar. No contexto acadêmico, a atenção seletiva facilita a concentração em instruções orais, mesmo em ambientes ruidosos, favorecendo o envolvimento e a compreensão[2-3].

Dada a importância indiscutível das habilidades auditivas na aprendizagem acadêmica, destaca-se a relevância da avaliação do processamento auditivo central em crianças em início escolar. A identificação precoce de alterações nessas habilidades permite direcionar intervenções apropriadas, auxiliando no desenvolvimento e mitigação de obstáculos ao aprendizado[4-7].

Habilidades visuais e sua relação com a aprendizagem da leitura

Aprender a ler requer o desenvolvimento de uma interface eficiente entre os processamentos fonológicos e visuais, ou seja, o estabelecimento da correspondência grafema-fonema. Neste item, iremos dar enfoque ao papel do processamento visual e a leitura.

A leitura é um processo natural e é descrita como um processo sensoriomotor ativo, sendo a informação ortográfica auxiliada por movimentos oculares sacádicos consecutivos, e essa codificação neural de letras e palavras processada em regiões corticais visuais occipitotemporais ventrais, denominadas como área da forma da palavra (ou "caixinha de palavras")[1,8]. Assim que a retina detecta imagens de letra e de palavra, as respostas neurais seletivas emergem a partir de cerca de 150 ms e 220 ms após a apresentação do estímulo, respectivamente, nessa área[1,8]. As competências de leitura desenvolvem-se gradualmente desde a infância até à adolescência e a aquisição de conhecimentos de leitura tem um efeito global no processamento da informação visual. O entendimento da escrita evoluiu como uma reciclagem da competência do córtex visual ventral de extrair configuração dos contornos dos objetos[1,8].

Deste modo, a percepção visual direcional é necessária para as crianças no início do processo de aprendizagem da leitura, pois precede o acesso às informações semânticas e sintáticas[8]. Assim, as crianças devem aprender a diferenciar entre símbolos (por exemplo, "p", "q", "b" e "d") antes de poderem relacionar sons com letras e ler palavras. As competências de discriminação visual contribuem para a aprendizagem da leitura, facilitando a aquisição do conhecimento das letras, que é um dos mais fortes preditores da capacidade futura de leitura[9]. Outras habilidades também são importantes neste processo. A habilidade de figura-fundo visual é essencial para a leitura, pois permite que o escolar reconheça linhas e curvas relevantes inibindo aquelas sem importância[10], como, por exemplo, ao buscar uma palavra na lousa ou no livro. Também destacamos a habilidade de constância da forma que permite ao escolar desenvolver a capacidade de generalização em relação aos estímulos visuais, bem como a identificação de formas geométricas e palavras aprendidas, independentemente do seu tamanho, cor, sombreamento ou posicionamento[8-10]. O escolar precisa aprender a identificar e discriminar linhas que se assemelham às letras, sendo linha reta para curva, rotação/reversão e topológica (linha quebrada/ininterrupta).

Deste modo, conforme o indivíduo é exposto ao código da escrita (letras), independentemente da idade, *status* socioeconômico e sistema de escrita, áreas cerebrais vão se modificando, possibilitando o processamento de uma nova categoria visual, as letras e palavras na área da forma da palavra. Essa região é responsável pelo reconhecimento invariável de letras maiúsculas, minúsculas, de imprensa e cursivas[1,8-10]. Assim, sempre que crianças ou leitores adultos são expostos a uma palavra ou pseudopalavra legível, há uma resposta funcional consistente e seletiva dessa área e, posteriormente, a tradução em sequências de sons[1].

Tal fato foi descrito na comparação entre cérebro de indivíduos alfabetizados e analfabetos, sendo verificada uma inatividade dessa área nestes últimos e em não leitores[1,8,11]. Deste modo, podemos entender que a leitura se inicia na região visual, sendo que todas as imagens (objetos, rostos e palavras) projetadas na retina serão processadas em relação às configurações espaciais. Assim, as letras deverão ter seus traços e contornos processados, para que sejam identificadas e colocadas na ordem correta, para serem lidas corretamente[11,12].

Para que isso ocorra, há uma arquitetura para o processamento ortográfico durante a leitura e sua conexão com a fonologia e a semântica. A fixação do olho em uma palavra permite a extração de informações ortográficas detalhadas desta palavra, e isso é usado para gerar recursos ortográficos para acesso rápido à semântica, e partes da palavra são direcionadas à tradução sublexical precisa de ortografia para som e acesso subsequente à fonologia da palavra inteira. Tal processo ainda é mediado pela atenção visual, a qual irá direcionar os movimentos oculares para partes das palavras ou para a palavra seguinte, no caso da leitura de frases e de textos[11,12].

Ao fixar o olhar na palavra, ainda não há informações suficientes de quais letras estão em uma determinada palavra (ou seja, a ordem das letras em uma palavra). As informações sobre a localização das identidades das letras em relação à fixação ocular devem ser combinadas com as informações sobre a localização dos espaços entre palavras e, em sequência, o leitor poderá inferir sobre a ordem das letras, formando, assim, uma palavra.

Dentro de uma arquitetura de rota dupla para leitura[8-12], as informações sobre a identificação e posições de letras dentro da palavra são usadas principalmente para duas tarefas – para calcular a identidade ortográfica da palavra (rota ortográfica direta) e para calcular a fonologia sublexical (rota fonológica indireta), sendo que na primeira, o uso de recursos ortográficos favorece o acesso semântico, dando preferência à velocidade em vez da precisão. Já na segunda, o uso de identidades de letras codificadas por posição com mais precisão favorece a precisão, em detrimento da velocidade na geração de som a partir da impressão[8-13].

Além disso, as dificuldades na aprendizagem da leitura decorrem principalmente de dificuldades na leitura de palavras isoladas, quer devido a falhas na decodificação fonológica ou por déficits relacionados com o processamento ortográfico básico, como observado em escolares com dislexia[6]. Especificamente quando os déficits se relacionam ao processamento visual, podemos falar em subtipo de dislexia visual[6,12]

Em um estudo com escolares brasileiros[6] foi possível verificar escolares com ausência de déficit fonológico na presença de déficits visoatencionais. Os achados[6] demonstraram que escolares disléxicos brasileiros apresentaram menor intervalo de fixação visoatencional, ou seja, durante a leitura, captavam menos caracteres por movimento de fixação ocular, acarretando prejuízo na identificação da palavra. Em outras palavras, esses escolares apresentaram uma redução na quantidade de atenção visual que pode ser distribuída pela sequência de letras durante a leitura, de modo que a carga de atenção alocada a cada letra da sequência não foi suficiente para permitir a identificação precisa de todas as letras simultaneamente.

Deste modo, essa capacidade de atenção visual reduzida impede o processamento normal de toda a sequência de palavras, afetando assim o rápido reconhecimento das palavras na leitura.

Finalmente, destacamos que as habilidades visuais são um importante preditor do desempenho futuro em leitura, sendo que os fonoaudiólogos devem estar atentos às questões de processamento visual e seu impacto no desenvolvimento de leitura.

Habilidades visuais e sua relação com a aprendizagem da escrita manual

É consenso na literatura que a escrita é uma habilidade complexa, a qual necessita de ensino explícito, sistemático e estruturado, que deve ser promovido por meio da prática, envolvendo diferentes habilidades e muitos sistemas cerebrais interagindo dinamicamente uns com os outros para produzir o resultado desejado.

Essa habilidade pode ser dividida em duas grandes fases, transcrição (caligrafia e ortografia) e ideação (isto é, construção e composição de frases). A fase de transcrição se desenvolve rapidamente durante o primeiro ano escolar (idade de 6 a 7 anos), evolui por volta de 7 a 8 anos e torna-se automática e organizada por volta dos 8 a 9 anos. A partir do momento em que a caligrafia se torna automática, o escritor não precisa mais se concentrar conscientemente sobre a mecânica da escrita e, consequentemente, libera recursos de memória de trabalho e atenção para o processo de escrita de alto nível (como, por exemplo, a revisão do texto escrito), desenvolvendo, portanto, a fase de ideação[15].

Entretanto, quando a fase de transcrição não está automatizada notam-se déficits na qualidade e fluência da escrita (caligrafia), bem como no uso incorreto dos símbolos para escrita (ortografia), produzindo, geralmente, textos ilegíveis ou difíceis de ler, o que pode afetar negativamente a forma como os outros veem e pontuam a qualidade e o conteúdo de sua escrita[15].

Uma das causas para que a fase de transcrição não se desenvolva adequadamente se deve ao déficit na habilidade percepto-visual, porque para que se faça uso da escrita manual de forma legível e funcional são necessárias as representações mnemônicas visuais de cada letra, o reconhecimento dos traços que compõem cada letra e a capacidade de reproduzir motoramente esses traços respeitando sua ordem e direção[16].

Denomina-se habilidade de percepção visual o processo em que cérebro atribui significado, compreensão e interpretação àquilo que o indivíduo viu[17]. Prejuízos nessa habilidade são refletidos na escrita do escolar em forma de lentidão no aprendizado das letras e números, registros de letras espelhadas no momento de cópias de textos, erros no posicionamento correto das letras, omissões e substituições de letras que são visualmente semelhantes devido aos seus traços constituintes durante a formação, como, por exemplo, p-b-d-q, o-c, f-t[17].

Por vezes, essas alterações na escrita são vistas como erros ortográficos, mas na realidade o aluno pode apresentar alterações de natureza caligráfica, por conta de um déficit no processamento visual e na função motora fina[18]. Apesar de tanto a ortografia quanto a caligrafia serem consideradas habilidades de transcrição (externalização do idioma na forma de texto escrito), elas envolvem processos e análises diferentes, resultantes de processos de intervenção divergentes.

Tratando especificamente da percepção visual, sete aspectos podem ser investigados: discriminação visual, relação visuoespacial, memória visual, figura-fundo, closura visual, constância de forma e memória sequencial visual. Esses aspectos precisam ser desenvolvidos no período de alfabetização[16], para que a criança passe a reconhecer as letras isoladamente, e posteriormente seja capaz de registrar as formas da letra. Para que esse registro seja feito de forma precisa ainda são necessários o controle motor fino, a integração viso-motora, o planejamento motor, a propriocepção, a atenção sustentada e a consciência sensorial dos dedos[19].

Embora as dificuldades na habilidade de escrita manual ainda não sejam consideradas um critério diagnóstico de um transtorno do neurodesenvolvimento, nota-se a prevalência de alterações nessas habilidades nos casos de dislexia quando comparada a outros quadros de transtornos de aprendizagem[20], decorrentes de dificuldades na coordenação bimanual, destreza manual, nas habilidades motoras finas, percepção visual e percepto-viso-motora.

Avaliação da função motora fina, sensoriais e perceptivas refletem a integridade e a maturidade do sistema nervoso central e podem, provavelmente, exercer um importante papel no diagnóstico precoce, clínico e educacional e, consequentemente, prevenir desordens acadêmicas, como, por exemplo, o desempenho na escrita.

CONCLUSÃO

Dados recentes de 2023, relacionados ao período pós-pandemia, realizados pela Pesquisa Nacional por Amostragem de Domicílios (Pnad), indicaram que a taxa de analfabetismo no Brasil de pessoas de 15 anos ou mais recuou de 6,1% em 2019 para 5,6% em 2022, conforme critérios do Instituto Brasileiro de Geografia e Estatística (IBGE)[20].

Entretanto, tais estatísticas se agravam quando analisadas com base nas causas estruturais de idade, regiões demográficas, cor ou raça e taxas de abandono escolar[20], trazendo à reflexão o fato de muitos escolares não desenvolverem capacidades de compreender e de envolvimento com textos e, consequentemente, estarem excluídos de participarem ativamente da sociedade.

Informações como essas nos levam a crer que se faz necessária a identificação precoce das dificuldades escolares, bem como uma avaliação detalhada das habilidades de leitura e escrita e de suas habilidades subjacentes. Além disso, conforme apresentado neste capítulo, as habilidades auditivas e visuais contribuem para o bom desempenho da leitura e da escrita e podem estar presentes como manifestações de quadros de transtornos específicos de aprendizagem. Entretanto, destacamos que tanto o processamento auditivo como o visual contribuem de modo independente no processo de aprendizagem e deste modo, devem ser considerados tanto no processo avaliativo como interventivo.

Finalmente, temos que as discussões e a luta acerca da inclusão escolar cresceram nos últimos tempos, consequentemente tornando imprescindível conhecer quais habilidades estão defasadas, para que então melhores adaptações e intervenções sejam feitas e acarretem o sucesso acadêmico do aluno.

REFERÊNCIAS BIBLIOGRÁFICAS

1. Dehaene S, Cohen L. The unique role of the visual word form area in reading. Trends in Cognitive Sciences. 2011 Jun;15(6):254-62.
2. Braga RM, Hellyer PJ, Wise RJ, Leech R. Auditory and visual connectivity gradients in frontoparietal cortex. Hum Brain Mapp. 2017 Jan;38(1):255-70.
3. Reis TG, Dias RF, Boscolo CC. Conhecimento de professores sobre processamento auditivo central pré e pós-oficina fonoaudiológica. Revista Psicopedagogia. 2018;35(107):129-41.
4. Bellis TJ, Bellis JD. Central auditory processing disorders in children and adults. Handbook of Clinical Neurology. 2015;129:537-56.
5. ASHA. Associação Americana de Fonoaudiologia. Distúrbios do processamento auditivo (central), relatório técnico: Grupo de trabalho sobre distúrbios do processamento auditivo. 2005.
6. Germano GD, Reilhac C, Capellini SA, Valdois S. The phonological and visual basis of developmental dyslexia in Brazilian portuguese reading children. Frontiers in Psychology. 2014 Oct 14;5.
7. Costa-Ferreira MID. A influência da terapia do processamento auditivo na compreensão em leitura: Uma abordagem conexionista. Tese de Doutoramento. 2007.
8. Grainger J, Dufau S, Ziegler JC. A vision of reading. Trends in Cognitive Sciences. 2016 Mar;20(3):171-9.
9. Badian NA. Preschool prediction: Orthographic and phonological skills and reading. Annals of Dyslexia. 1994 Jan;44(1):1-25.
10. Frostig M, Horne D. The Frostig Program for the Development of Visual Perception: Teacher's guide. Chicago: Follet; 1964.
11. Dehaene S, Cohen L, Morais J, Kolinsky R. Illiterate to literate: Behavioural and cerebral changes induced by reading acquisition. Nature Reviews Neuroscience. 2015 Mar 18;16(4):234-44.
12. Stein J. Dyslexia: The role of vision and visual attention. Current Developmental Disorders Reports. 2014 Sept 27;1(4):267-80.
13. Hutzler F, et al. Welcome to the real world: Validating fixation-related brain potentials for ecologically valid settings. Brain Res. 2007;1172:124-9.
14. Overvelde A, Hulstijn W. Handwriting development in grade 2 and grade 3 primary school children with normal, at risk, or dysgraphic characteristics. Research in Developmental Disabilities. 2011;32(2):540-8.
15. Cardoso MH, Germano GD. Aprendizagem da escrita manual e as habilidades percepto-viso-motoras. In: Capellini SA, Germano GD, Oliveira ST (orgs.). Fonoaudiologia educacional: alfabetização em foco. São Paulo: Sociedade Brasileira de Fonoaudiologia; Brasília: Conselho Federal de Fonoaudiologia; 2020. p. 135-46.
16. Brown T. Are motor-free visual perception skill constructs predictive of visual-motor integration skill constructs? Hong Kong Journal of Occupational Therapy. 2012;22(2):48-59.

17. Fusco N, Germano GD, Capellini SA. Efficacy of a perceptual and visual-motor skill intervention program for students with dyslexia. CoDas. 2015;27(2):128-34.
18. Germano GD, Capellini SA. Use of technological tools to evaluate handwriting production of the alphabet and pseudocharacters by Brazilian students. Clinics. 2019;74:e840.
19. Martins MRI, et al. Prevalência da dissociação óculo-manual em crianças com dislexia do desenvolvimento. Acta Scientiarum. Health Sciences. 2012;34(1):17-21.
20. Estatísticas Sociais. PNAD Contínua. Em 2022, analfabetismo cai, mas continua mais alto entre idosos, pretos e pardos e no Nordeste [internet]. Agência IBGE notícias. Disponível em: https://agenciadenoticias.ibge.gov.br/agencia-noticias/2012-agencia-de-noticias/noticias/37089-em-2022-analfabetismo-cai-mas-continua-mais-alto-entre-idosos-pretos-e-pardos-e-no-nordeste.

51

Olhar do fonoaudiólogo educacional para o material didático: a importância da análise de tarefas de leitura

Renata Graziele Morini-Albrecht
Adriana Marques de Oliveira

PONTOS-CHAVE

- A compreensão de leitura é entendida como uma competência da cognição humana de alto nível.
- O material didático tem sido um dos recursos mais utilizados no processo de ensino-aprendizagem.
- Dificuldades podem surgir por alguns motivos, seja por falta de automatização das correspondências grafema-fonema, como por falta de conhecimento da *superestrutura* textual.
- Analisar tarefas de leitura e identificar estratégias de ensino, recursos e qualidade dos materiais didáticos disponíveis são ações essenciais para criar ambientes que favoreçam o sucesso de todos os alunos na leitura.

OBJETIVOS DE APRENDIZAGEM

Ao final deste capítulo, o leitor deverá ser capaz de:

- Refletir sobre a importância das tarefas de leitura, reconhecimento visual das palavras e gêneros textuais para a compreensão de leitura.
- Compreender a relevância da análise da complexidade textual para o desenvolvimento da compreensão de leitura.
- Compreender a importância da avaliação dos materiais disponíveis, como os livros didáticos que são fundamentais para apoiar o aprendizado da leitura.

INTRODUÇÃO

A ciência da leitura revela como impulsionar a alfabetização dos alunos. Os avanços em Psicologia e Educação esclareceram os processos de leitura e a eficácia de diferentes métodos de ensino. Nesse sentido, é determinante a prática baseada em evidências, delineando habilidades e sua progressão, além de recursos pedagógicos alinhados e instrução de qualidade, incluindo prática suficiente de leitura.

Profissionais que atuam na área comportamental e de desenvolvimento frequentemente utilizam análises de tarefas em diversos contextos para promover a aprendizagem e o aprimoramento de habilidades. No contexto do ensino da leitura, essa análise é fundamental para compreender os elementos essenciais no desenvolvimento de habilidades, tanto em crianças quanto em adultos. Desde a decodificação, passando pela fluência até chegar na compreensão, avaliar os materiais disponíveis, como livros didáticos e *softwares* educacionais, é primordial para apoiar efetivamente o aprendizado da leitura[1].

A leitura está intrinsecamente ligada ao aprendizado, autocrítica e percepção da realidade, sendo uma habilidade complexa que demanda diversas habilidades e processos cognitivos[2]. A compreensão de leitura, entendida como atribuição de significado à mensagem escrita, ocorre quando elementos (percepções, conceitos, ideias, imagens ou emoções) estão relacionados entre si, enquanto outros que não se encaixam são suprimidos[3]. O entendimento da leitura, indissociável do ato de ler e refletir, influencia a sala de aula, reconfigurando a abordagem ao ensino da leitura em todas as disciplinas.

Apesar dos esforços dos Parâmetros Curriculares Nacionais (PCN)* e da Base Nacional Comum Curricular (BNCC)** para promover proficiência nas competências de leitura, escrita, compreensão e redação, persistem dificuldades expressivas na compreensão da leitura, conforme evidenciado por resultados insatisfatórios em avaliações como o SAEB*** e o PISA****. O atual cenário destaca um desafio na fonoaudiologia educacional: a quantidade significativa de estudantes com dificuldades na compreensão de leitura, impactando negativamente o progresso acadêmico e persistindo na vida adulta. Nesse contexto, analisar fatores que interferem no desenvolvimento da compreensão de leitura torna-se essencial, e a avaliação do material didático é fundamental para modificar essa perspectiva.

Dessa forma, neste capítulo mostramos uma perspectiva analítica das tarefas de leituras encontradas nos materiais didáticos. Para isso, primeiramente abordaremos o reconhecimento visual das palavras, os gêneros textuais e a compreensão leitora. Em seguida, discorremos sobre os materiais didáticos e análise das frequências de ocorrência das palavras e, na sequência, sobre os materiais didáticos e análise de textos. Por fim, abordaremos a importância da análise de tarefas nos materiais didáticos.

RECONHECIMENTO VISUAL DAS PALAVRAS, GÊNEROS TEXTUAIS E A COMPREENSÃO LEITORA

A eficiência na leitura depende da familiaridade com as palavras, primordial para a rota lexical, que forma uma representação mental da palavra. No entanto, palavras desconhecidas ativam o léxico ortográfico, desencadeando processos fonológicos. Os leitores proficientes, ao se depararem com tais palavras, aplicarão as regras de conversão grafema-fonema, enquanto aqueles com dificuldades recorrem a essas regras para todas as palavras[5]. A compreensão prejudicada resulta da falta de automatização, sobrecarregando a memória de trabalho[5]. Leitores proficientes pela rota lexical identificam palavras rapidamente, liberando recursos cognitivos para análises sintáticas, melhorando a compreensão[5,6].

Se ampliar o vocabulário aprimora a compreensão, então a leitura é determinante. Mais leitura está correlacionada a um vocabulário mais vasto. A relevância aumenta dos 7 aos 10 anos, com o aprimoramento da decodificação. Reconhecer afixos auxilia na expansão vocabular. A leitura se destaca como a principal fonte de enriquecimento vocabular, aprofundando a compreensão textual e expandindo o repertório linguístico[6].

A compreensão de textos requer um vocabulário extenso; 8.000 a 9.000 famílias de palavras para escrita e 6.000 a 7.000 para fala[7]. Uma fonte significativa de ampliação vocabular é a identificação dos componentes de significado das palavras, como os morfemas. Por exemplo, compreender palavras como "pedraria" e "apedrejar" é facilitado pelo conhecimento prévio do termo "pedra". Além disso, compreender as convenções de formação de palavras, como o núcleo "pedra" em "pedreira", permite formar novas palavras por analogia. A leitura é a principal fonte de aquisição de vocabulário, promovendo uma compreensão mais profunda do texto e expandindo o repertório vocabular[6,7].

Por outro lado, os gêneros textuais influenciam o processo de compreensão de leitura, dadas as suas características estruturais e linguísticas. O conhecimento textual está ligado ao conjunto de noções e conceitos a respeito dos elementos componentes do texto[8]. No modelo de Kintsch[3], esse aspecto é denominado *superestrutura* e está inserido no nível do Texto Base. Apropriar-se da organização textual nos mais diversos gêneros faz com o que o leitor consiga avançar no modelo mental e ter uma compreensão maior.

A exposição do leitor a uma variedade de tipos de textos resulta em uma maior familiaridade com as estruturas e os tipos de discurso, facilitando, consequentemente, a compreensão da leitura. Embora muitas pesquisas tenham focado no conhecimento e no uso da estrutura do texto narrativo, textos expositivos tornam-se predominantes para alunos mais velhos, como os do Ensino Fundamental II e Médio[8,9].

Os textos narrativos são considerados mais fáceis porque sua estrutura discursiva está presente desde

* Brasil. Parâmetros curriculares nacionais. Ensino Fundamental II. Brasília: MEC; 1998.

** Brasil. Ministério da Educação. Base Nacional Comum Curricular. Brasília: MEC; 2018.

*** Brasil. Ministério da Educação. Relatório de resultados do Saeb 2019. [recurso eletrônico]. Brasília: Instituto Nacional de Estudos e Pesquisas Educacionais Anísio Teixeira; 2022.

****Organização para a Cooperação e Desenvolvimento Econômico (OCDE). PISA 2018 Assessment and Analytical Framework: Science, Reading, Mathematic and Financial Literacy. Paris: OECD Publishing; 2018.

os primeiros anos de vida por meio de contação de histórias, filmes e desenhos. Apresentam personagens, problemas, ações e uma sucessão de eventos no tempo, a partir de relações temporais/causais, de modo que se assemelham a situações do cotidiano, apresentando diálogos, vocabulário e ações do dia a dia. Romances, contos e fábulas são exemplos de textos narrativos que têm um propósito literário[10]. A previsibilidade e a estrutura fixa podem diminuir a dificuldade na interpretação textual.

Por outro lado, os textos expositivos, comumente encontrados no ensino formal, abordam temas menos familiares, pois têm a função principal de comunicar e informar o leitor sobre um determinado assunto. Encontram-se descrições de conceitos abstratos e relações lógicas entre acontecimentos e objetos, e consequentemente o léxico poderá ser mais técnico e com conceitos poucos conhecidos[8-10].

Os textos expositivos variam em estrutura e podem apresentar uma gama de subtipos, como descritivo, sequencial, causal, problema-solução e comparativo. A falta de compreensão das características textuais e das estratégias de interpretação pertinentes pode gerar dificuldades para os alunos ao lidar com esses textos e seus respectivos gêneros durante as aulas e na vida cotidiana[8,10].

Desse modo, as pesquisas apontam que no geral os textos expositivos são mais difíceis de serem compreendidos quando comparados aos narrativos para leitores em desenvolvimento por todos os fatores apresentados.

MATERIAIS DIDÁTICOS E ANÁLISE DAS FREQUÊNCIAS DE OCORRÊNCIA DAS PALAVRAS

É imprescindível compreender que a frequência de uma palavra no material escrito nem sempre reflete sua frequência na comunicação oral[11-13]. Profissionais podem classificar palavras como de alta ou baixa frequência com base na linguagem oral. A exposição auditiva afeta o reconhecimento auditivo, não visual, aplicável à leitura. Os sistemas visual e auditivo são distintos, exigindo consideração na análise da frequência de palavras.

O estudo brasileiro de Oliveira, Santos e Capellini[11] resultou no E-LEITURA I, banco de palavras para o Ensino Fundamental I, baseado na frequência das palavras em textos escritos. Utilizando materiais indicados do Estado de São Paulo e do Ministério da Educação (MEC) em 2017, o E-LEITURA I abrangeu escolas públicas em diversos estados, sem regionalismos específicos.

O E-LEITURA I[11], com 4.190 palavras, destaca a predominância de palavras de baixa frequência, representando 88,59%, ocorrendo de 1 a 22 vezes no Ensino Fundamental. Em contraste, as palavras de alta frequência, 1,93% do banco, ocorrem de 101 a 590 vezes.

Nos Bancos de Palavras destinados aos estudantes do Ensino Fundamental II[12] e Médio [13], denominados E-LEITURA II[12] e E-LEITURA III[13], os critérios de seleção seguem padrões estabelecidos no E-LEITURA I. No E-LEITURA II, as palavras são categorizadas em alta frequência (71 – 4,28%), média frequência (265 – 15,97%) e baixa frequência (1.323 – 79,75%), totalizando 1.659 palavras. As categorias são definidas, de acordo com o número de ocorrência, como alta (16-91 vezes), média (5-15 vezes) e baixa (1-4 vezes). No E-LEITURA III, os critérios de frequência são estabelecidos como alta frequência (22-146 vezes), média frequência (7-21 vezes) e baixa frequência (1-6 vezes), totalizando também 1.659 palavras para o Ensino Médio.

A análise das médias de acertos na leitura do E-LEITURA II[12] e III[13] revelou aumento da porcentagem de acertos do Ensino Fundamental II para o Médio, indicando melhora na identificação e decodificação. Há maior acerto em palavras de alta frequência, destacando a influência da rota léxico-fonêmica na leitura.

Os resultados da elaboração dos bancos de palavras[11-13] são preocupantes, pois mostrou alta porcentagem de palavras de baixa frequência e baixa porcentagem de palavras de alta frequência. A exposição frequente a uma palavra, em especial no Ensino Fundamental I, facilita a formação da representação lexical-ortográfica, mas um alto número de palavras de baixa frequência apresenta desafios nesse processo.

Segundo estudos[14], o número de leituras impacta a aprendizagem ortográfica. Novas palavras, quando apresentadas repetidamente durante o aprendizado, evidenciam a automatização da decodificação. A aprendizagem ortográfica é fundamental para a fluência na leitura e ortografia, especialmente em idiomas menos transparentes.

Ler todas as palavras em voz alta não assegura a compreensão do texto. A compreensão leitora eficaz está diretamente ligada ao conhecimento dos significados das palavras, estabelecido ao longo do tempo. Estima-se que o reconhecimento de cerca de 90% das palavras seja necessário para compreender adequadamente um texto[6,15]. A leitura contínua é fundamental para adquirir novos vocábulos e enriquecer o vocabulário existente. À medida que nos tornamos leitores fluentes, o texto escrito se torna a principal fonte de novas palavras. A resolução de palavras ambíguas ilustra a interação entre o conhecimento vocabular e a compreensão do texto, uma influência que persiste ao longo da vida, em constante evolução[6,16].

MATERIAIS DIDÁTICOS E ANÁLISE DE TEXTOS

O livro didático é essencial nas escolas públicas e privadas, sendo o Ministério da Educação (MEC) e o Fundo Nacional de Desenvolvimento da Educação (FNDE) responsáveis por avaliar os materiais enviados pelas editoras a cada três anos. No caso dos livros de Língua Portuguesa para os anos finais do Ensino Fundamental, a análise se concentra no tratamento dado ao eixo da leitura, incluindo a seleção de textos e abordagem. Isso é essencial porque o ensino de Língua Portuguesa historicamente se baseia em materiais que oferecem uma variedade de textos para leitura, promovendo uma experiência de leitura satisfatória para formar leitores proficientes, especialmente no contexto da literatura[17].

Por outro lado, não se encontra na literatura quais são os critérios que devem ser utilizados para incluir um texto em um livro didático e até mesmo o que seria considerado um texto adequado para cada ano escolar, a fim de contribuir no entendimento do que é considerado um texto de complexidade adequada para os anos finais do Ensino Médio[18].

Uma recente pesquisa[18] fez uma análise dos textos inseridos em livros didáticos. O estudo teve por objetivo elaborar um instrumento de avaliação da compreensão de leitura em alunos do Ensino Fundamental II. Uma das fases mais importantes envolveu a seleção de textos apropriados para essa escolaridade, no entanto, a literatura existente carecia de diretrizes claras sobre o que constituía um texto apropriado. Consequentemente, para a escolha do texto, primeiro exigiu-se uma análise dos materiais didáticos disponíveis, visando determinar a complexidade textual. O trabalho foi conduzido da seguinte forma: primeiramente foram analisados 12 livros didáticos utilizados na rede pública e privada de todo o território brasileiro, sendo três livros de cada ano escolar do Ensino Fundamental II. Nesse levantamento inicial, foram encontrados 545 textos no total, sendo que os três gêneros mais frequentes em ordem decrescente foram: expositivo (38%), tirinhas (31%) e narrativo (15%). Por uma decisão de viabilizar a análise da *superestrutura* foram selecionados os textos narrativos e expositivos, formando um banco de dados com 298 textos[18].

A etapa de seleção dos textos para o estudo envolveu múltiplas fases. Inicialmente, a pesquisadora selecionou os textos considerando critérios como estrutura textual mínima, coesão, coerência, clareza e consistência das ideias, resultando em 45 textos após descartar recortes. Em seguida, uma banca composta por sete juízes professores experientes na área avaliou a representatividade dos textos, utilizando uma escala Likert, reduzindo-os para 26. Posteriormente, cinco pesquisadores especializados em leitura realizaram uma análise adicional dos textos, avaliando representatividade e dificuldade também por meio da escala Likert, cuja concordância foi submetida a análise estatística. Essas etapas garantiram a robustez e qualidade dos textos selecionados para o estudo.

A análise revelou que não existiu concordância significante entre os juízes, possivelmente por não haver critérios descritos na literatura do que é considerado um texto adequado para cada ano escolar. Sendo assim, optou-se pela análise computadorizada realizada pela ferramenta CohMetrix-Port 3.0[19], uma vez que permite analisar os textos de acordo com parâmetros que indicam maior ou menor dificuldade de um texto.

A análise computadorizada foi feita por meio do CohMetrix-Port 3.0[19], pois permite a análise dos índices de coesão, coerência e dificuldade de compreensão de um texto, considerando aspectos léxicos, sintáticos, discursivos e conceituais, incluindo o *Índice Flesch* (IF). Esse índice avalia a complexidade do texto e sua acessibilidade linguística, indicando a facilidade de interação do leitor com a informação. Os resultados classificam os textos em quatro faixas de dificuldade para o idioma português: muito fáceis (IF entre 75-100), indicados para o Ensino Fundamental I; fáceis (IF entre 50-75), para o Ensino Fundamental II; difíceis (IF entre 25-50), para o ensino médio ou universitário; e muito difíceis (IF entre 0-25), para áreas acadêmicas específicas[2,20].

Os resultados apontaram que, para o gênero expositivo, apenas 27% dos textos eram adequados para o Ensino Fundamental II. Portanto, 73% estavam na classificação recomendada, segundo Scarton e Aluiso[20], para o Ensino Médio ou até mesmo nível de Ensino Superior. Já para o gênero narrativo, os dados mostraram um número maior de textos adequados, uma vez que 67% dos textos estavam na classificação adequada e 33% não. Dessa forma, observa-se que os materiais didáticos trazem um grande número de textos que não são indicados para esta população.

IMPORTÂNCIA DA ANÁLISE DE TAREFAS NOS MATERIAIS DIDÁTICOS

Nos modelos de compreensão, o processamento na memória de trabalho, com sua capacidade limitada, é essencial, sendo as diferenças individuais na memória, especialmente na de curta duração, significativas para a compreensão da leitura. Essa compreensão vai além das habilidades automatizadas, exigindo coordenação entre vários componentes[6,16].

A habilidade de identificar palavras, desde o início da aprendizagem da leitura, estabelece limites, pois no início, as correlações entre a compreensão da leitura e a linguagem falada são pequenas, com foco na decodificação. À medida que avançam na leitura, as correlações aumentam, sugerindo uma transição para a compreensão da linguagem falada. O modelo situacional ilustra o significado do texto por meio de processos em níveis lexical, sintático e textual, envolvendo identificação, análise e inferências. A compreensão bem-sucedida demanda identificação e recuperação eficazes de palavras, fundamentais para construir representações mentais adequadas, sendo um desafio para crianças e adultos com baixa compreensão[6,16].

Partindo desse pressuposto, identificamos um dos principais problemas discutidos neste capítulo sobre a análise do material didático: a alta incidência de palavras de baixa frequência nos textos e a baixa presença de palavras de média e alta frequência. Não se trata de um problema em si apresentar palavras de baixa frequência; ao contrário, é importante nos depararmos com termos menos comuns para enriquecer nosso vocabulário. No entanto, seria mais vantajoso se essas palavras fossem introduzidas com maior frequência no material didático, possibilitando assim a consolidação do léxico ortográfico-semântico da palavra[6,16].

Os leitores menos hábeis podem ter objetivos distintos, possivelmente focando na leitura de palavras isoladas em vez de buscar coerência. O padrão de coerência influencia significativamente a profundidade da leitura, a realização de inferências e o monitoramento da compreensão. A competição por recursos, como a memória de trabalho, é evidente na recuperação de conhecimentos, retenção de informações e construção de inferências durante o processo de leitura[6,16].

Diante disso, nos deparamos com outra questão abordada neste capítulo, a falta de textos com nível de complexidade adequada para o público pretendido. No processo de compreensão textual, a natureza dos textos desempenha um papel significativo, e os alunos que dominam suas estruturas têm vantagens distintas. Eles conseguem antecipar o conteúdo das diferentes seções do texto, identificar a localização de informações específicas e compreender como essas partes se conectam para formar uma narrativa coesa. Especificamente, o domínio das estruturas em textos expositivos parece facilitar a representação ordenada e interligada das informações apresentadas[6,16].

A legibilidade indica a complexidade de um texto, podendo ser avaliada pelo Índice Flesch em vários contextos, como manuais técnicos e formulários de consentimento. Por exemplo, uma pontuação de 55 sugere uma dificuldade equivalente ao 5º ano. À medida que o nível de escolaridade aumenta, a legibilidade diminui, tornando o texto mais complexo[1].

A legibilidade, fundamentada no nível de compreensão exigido, desempenha um papel significativo na avaliação e na definição de abordagens de ensino. À medida que o nível de compreensão exigido diminui, a legibilidade aumenta, indicando uma instrução potencialmente menos complexa. Por exemplo, "prepare o prato principal seguindo as instruções cuidadosamente" é mais detalhado, mas menos legível do que "prepare o prato principal", havendo um ponto crítico em que o conteúdo mais complexo pode se tornar menos legível, impactando a compreensão e, logo, a execução da tarefa[1].

Considerando a diversidade de habilidades dos alunos, a compreensão fácil do conteúdo é essencial no processo educacional, promovendo a absorção eficaz de informações e tornando o ensino mais acessível. No entanto, textos de difícil compreensão podem representar um desafio para estudantes com habilidades de leitura limitadas. Portanto, ao desenvolver materiais educacionais, é vital ajustar a legibilidade para garantir acesso igualitário a todos os alunos, incluindo vocabulário simples, organização textual clara e recursos visuais apropriados. Ao fazer esses ajustes, os educadores podem criar um ambiente de aprendizagem inclusivo que atenda às necessidades individuais dos alunos, promovendo assim o sucesso acadêmico de todos[1].

O estudo apresentado neste capítulo nos indaga quanto à grande quantidade de textos expositivos com complexidade superior ao indicado, fato que pode dificultar o desenvolvimento da compreensão leitora e o processo de ensino de aprendizagem. Além disso, entendendo a maior demanda que esses textos requerem, pesquisadores na área da educação defendem há mais de 20 anos que o gênero expositivo deveria ser apresentado desde o ensino infantil[6,16].

CONCLUSÃO

Embora a análise de tarefas seja uma prática comum nas intervenções baseadas em evidências, a falta de informações detalhadas sobre o desenvolvimento de tais análises é compreensível, dada a ampla variedade de tarefas e cenários.

Refletir sobre o material didático, incluindo a escolha das palavras, os tipos de textos, o vocabulário e a sintaxe, é essencial. Ao considerar estudantes em fase de formação como leitores, é fundamental planejar cuidadosamente esses estímulos, uma vez que o material didático pode ser a única oportunidade para esses indivíduos praticarem a leitura. A atenção dedicada à seleção de palavras, à diversidade de textos, vocabulário e estrutura das sentenças contribui diretamente para a experiência de aprendizado dos alunos. É uma responsabilidade significativa influenciar positivamente o desenvolvimento da habilidade de leitura, garantindo que o material didático seja enriquecedor, desafiador e acessível.

REFERÊNCIAS BIBLIOGRÁFICAS

1. Barnard-Brak L, Mutua K, Mugoya GC, Williamson A, Kudesey C. Task analysis guidance for number of and readability of steps for individuals with intellectual disabilities. Research in Developmental Disabilities. 2023 Feb;133:104411.
2. Gentilini LKS, et al. Desenvolvimento de instrumento para avaliação coletiva da fluência e compreensão de leitura textual em escolares do ensino fundamental II. CoDAS [online]. 2020;32(2).
3. Kintsch W. Comprehension: A paradigm for cognition. Nova York: Cambridge University Press; 1998.
4. Souza O, Costa-Pereira T. Compreensão na leitura: investigação e ensino. In: Alçada I, et al. (eds.). Alfabetização baseada na ciência: Manual do Curso ABC. Brasília: Ministério da Educação (MEC); 2021.
5. Dehaene S. Os neurônios da leitura: como a ciência explica a nossa capacidade de ler. Porto Alegre: Penso; 2012.
6. Oakhill J, Cain K, Ebro C. Understanding and teaching reading comprehension: a handbook. New York: Routledge; 2015.
7. Nation P. How large a vocabulary is needed for reading and listening? The Canadian Modern Language Review. 2006;63(1):59e82.
8. Baretta D, Pereira VW. Predição leitora e consciência textual: um estudo com alunos do Ensino Fundamental. Ilha do Desterro. A Journal of English Language, Literatures in English and Cultural Studies. 2019.
9. Almeida DD. Relações entre compreensão leitora e tipos de textos em diferentes situações de investigação [tese]. Recife: Universidade Federal de Pernambuco; 2020.
10. Baretta D, Pereira VW. A compreensão leitora e o texto expositivo. Cadernos do IL. 2018;56:213-28.
11. Oliveira AM, Santos JLF, Capellini SA. Banco de palavras para leitura de escolares do Ensino Fundamental ciclo I, E-LEITURA I. CoDAS [Internet]. 2021;33(4):e20190143.
12. Oliveira AM, Santos JLF, Capellini SA. Banco de palavras para leitura de escolares do Ensino Fundamental ciclo I, E-LEITURA I. CoDAS [Internet]. 2021;33(4):e20190143.
13. Oliveira AM, Capellini SA. Banco de palavras para leitura de escolares do ensino médio: E-LEITURA III. Rev CEFAC [Internet]. 2016 Nov [citado em 30 de jan 2024];18(6):1404-46.
14. Pagán A, Nation K. Learning words via reading: Contextual diversity, spacing, and retrieval effects in adults. Cognitive Science. 2019;43(1):e12705.
15. Nagy WE, Scott JA. Vocabulary processes. In: Kamil ML, Mosenthal PB, Pearson PD, Barr R (eds.). Handbook of reading research. v. 3. Mahwah, NJ: Erlbaum; 2000. p. 69-284.
16. Perfetti CA, Landi N, Oakhill J. A aquisição da habilidade de compreensão de leitura. In: Snowling MJ, Hulme C (eds.). A ciência da leitura. Porto Alegre: Penso; 2013. p. 245-65.
17. Nascimento DVK. Livro didático e leitura literária nos anos finais do ensino fundamental. Rev Bras Linguist Appl [Internet]. 2019 Jan;19(1):119-45.
18. Albrecht RGM. Compreensão de leitura em alunos do Ensino Fundamental II: elaboração de instrumento avaliativo [tese]. Marília (SP); 2023.
19. Aluízio SM, et al. Towards Brazilian Portuguese automatic text simplification systems. ACM Symposium on Document Engineering. 2008.
20. Scarton CE, Aluízio SM. Análise da Inteligibilidade de textos via ferramentas de Processamento de Língua Natural: adaptando as métricas do Coh-Metrix para o Português. Revista Linguamática. 2010;2:45-62.

Erros ortográficos ou processo de aquisição da escrita ortográfica? Desafios do fonoaudiólogo educacional na orientação escolar

Andrea Oliveira Batista
Jaime Luiz Zorzi
Luciana Cidrim Calado Meira

PONTOS-CHAVE

- Quem escreve pode errar. Os erros ortográficos são manifestações esperadas no início da alfabetização, mas que devem necessariamente diminuir ao longo da escolaridade, quando o escolar alcançar a escrita ortográfica durante o 3º, 4º e 5º anos do Ensino Fundamental I.
- A distinção entre as situações desfavoráveis de ensino e a ocorrência de um quadro de dislexia/disortografia é um elemento relevante para que medidas educacionais e/ou clínicas sejam adotadas rapidamente.
- Observa-se que uma quantidade excessiva de erros de ortografia se estende além dos anos iniciais na escrita de muitos escolares.

OBJETIVOS DE APRENDIZAGEM

Ao final deste capítulo, o leitor deverá ser capaz de:

- Descrever as diferenças entre a escrita alfabética e a escrita ortográfica.
- Compreender o processo de ensino-aprendizagem da ortografia, relacionando-o aos impactos positivos ou negativos para os escolares.
- Aplicar as informações contidas neste capítulo para elaborar ações práticas e orientações aos educadores, referentes ao processo de ensino-aprendizagem da ortografia.

INTRODUÇÃO

As competências de fala e escrita se incluem no campo da produção da linguagem verbal e compartilham diversos aspectos, especialmente por ser o nosso sistema de escrita o alfabético. Todavia, a linguista e pesquisadora Scliar-Cabral[1] é categórica ao afirmar que "a fala é adquirida e a escrita é aprendida"! Justifica-se essa afirmação quando se reconhece, no mínimo, que a fala foi biopsicologicamente programada, tendo ao seu dispor a estrutura, o amadurecimento e o funcionamento do sistema nervoso central e periférico, garantido a comunicação oral da espécie humana.

Ao contrário da fala, que apenas utiliza o próprio corpo e é adquirida de forma espontânea frente às interações com interlocutores, a escrita se traduz como uma invenção cultural que surgiu de modo tardio na história dos homens, necessitando de técnicas e de artefatos para seu acontecimento. Além disso, fica claro que não dispomos de regiões específicas neurológicas para a leitura e a escrita, mas as pesquisas mais recentes da neurociência da educação trazem a resposta para esse acontecimento: a reciclagem neuronal[2].

Com a reciclagem neuronal, nichos neurais são criados durante o processo de alfabetização, quando uma parte dos neurônios que se situam no córtex visual no giro fusiforme na região occipitotemporal ventral esquerda se recicla e se reorienta para as novas habilidades de leitura, escrita e matemática, porém preservando a função original do sistema visual no reconhecimento de objetos, formas e faces com predomínio para o lado direito[2].

Por esse motivo, a linguagem escrita é algo a ser aprendido e não adquirido. Dada sua enorme complexidade, o processo de aprendizagem da escrita ortográfica requer ensino e aprendizagem formal, daí a sua importância no contexto educacional. A existência de situações de regras e de irregularidades na conversão fonema-grafema implica que há uma maneira considerada correta de se escrever, sendo que o não respeito a essa determinação constitui desvios ou erros ortográficos.

Como estamos nos propondo a analisar o processo de aprendizagem da ortografia, procuraremos responder à questão a que este capítulo nos remete, ou seja: estamos diante de erros ortográficos propriamente ditos ou de manifestações típicas de quem se apropria da língua escrita? Para isso segmentamos nosso texto em mais três seções: na segunda contextualizamos o ensino de Língua Portuguesa em nosso país e como esse ensino impacta a aprendizagem da ortografia dos escolares; na terceira seção explanamos sobre as funções da ortografia, a quarta seção está dedicada aos transtornos da expressão escrita à luz do *Manual Diagnóstico e Estatístico de Transtornos Mentais* (DSM-5)[3] e na última descrevemos alguns dos desafios do fonoaudiólogo educacional.

O ENSINO DE LÍNGUA PORTUGUESA E A APRENDIZAGEM DA ORTOGRAFIA

O domínio da escrita se constitui de modo progressivo. Passo importante desse processo evolutivo é quando o escolar alcança o nível alfabético de escrita, ou seja, quando se torna capaz de codificar, transformando fonemas em letras, e decodificar, convertendo letras em fonemas. Nesse momento de compreensão das relações entre letras e sons da fala, predomina uma tendência de escrita com base fonética, sem consideração da complexidade ortográfica que regulamenta as relações entre fonemas e grafemas.

Como o domínio da ortografia não se dá de imediato, ele se estende para além das séries iniciais. Dessa forma, um conjunto de erros ortográficos surge naturalmente, fazendo parte do processo normal de apreensão da linguagem escrita. Portanto, o "escrever corretamente" também implica enganos ou falhas que tendem a ser corrigidos na medida em que o escolar adquire e organiza os conhecimentos necessários, como apontam vários estudos envolvendo o português escrito no Brasil[4-6].

Entretanto, em nosso país nem sempre as crianças são adequadamente instruídas ou fazem o uso sistemático da leitura e da escrita, fazendo com que apresentem maiores dificuldades para alcançar a escrita ortográfica, pois ela é diretamente relacionada com a memória de *input* visual, com a formação do léxico mental ortográfico ou mapa mental ortográfico, com as competências linguísticas morfológica e sintática, e também com o conhecimento explícito de regras ortográficas[7]. Por outro lado, quando as crianças são expostas ao ensino sistemático e explícito da escrita, com práticas educacionais baseadas em evidência, a tendência observada é a de que os diferentes tipos de desvios ortográficos cometidos diminuam progressivamente em termos de variedade e de frequência[8].

A escola deve enfatizar o ensino explícito e direto da relação grafema-fonema na leitura e fonema-grafema na escrita, sem o qual os escolares apresentarão dificuldades para expressar suas ideias através da língua escrita. Isso significa auxiliar o escolar a alcançar a concepção alfabética ou a aprendizagem do princípio alfabético para, a partir dessa fase, mas ainda de forma explícita e sistemática, ensinar o princípio ortográfico. O princípio ortográfico se ancora fundamentalmente nas múltiplas representações gráficas que um mesmo fonema pode assumir[9].

Curiosamente, o caminho adotado tem sido o contrário. O que vemos é a ênfase na aprendizagem da leitura e da escrita a partir de livros e textos literários, em vez do uso de livros didáticos no processo de alfabetização e ortografização, promovendo uma tendência durável ao uso da escrita alfabética pelos escolares.

Como foi visto, aprender a ortografia de uma língua sempre carrega dificuldades que decorrem da difícil compreensão acerca da conexão linguística que envolve não somente a aprendizagem de uma língua escrita, mas sobretudo o modo como a língua oral e a língua escrita irão se conectar, pois as palavras faladas não são simples unidades fonológicas que devem receber uma representação dos sons na escrita, elas são unidades morfológicas e gramaticais[10].

Os processos formadores da base gerativa da escrita[10] operam em dois níveis. Um mais superficial chamado de fonográfico, que traz os aspectos das regularidades unívocas e contextuais da língua escrita, assim como as irregularidades a partir da etimologia da palavra. O outro nível é o mais profundo, denominado semiográfico ou identidade visual dos elementos de significado, ligado preponderantemente às questões morfossintáticas. Um exemplo disso é o uso de "am" final para representar o passado dos verbos na terceira pessoa do plural na escrita, mas na fala pode muito bem ser suprimido sem causar prejuízos ao interlocutor. Pode-se ouvir [eles foro], mas para a leitura deve estar escrito "eles foram"[5,10].

Os educadores são frequentemente confrontados com erros ortográficos, pois uma de suas responsabilidades é ensinar aos escolares a escrever conforme as normas estabelecidas. Frequentemente, o ensino da ortografia pode parecer incerto, especialmente quando o erro é visto apenas como um aspecto do processo de aprendizado da escrita padrão. Os erros podem ser considerados como uma manifestação da tentativa do escolar em entender e aplicar as regras ortográficas. Portanto, a ideia de que o professor não deve intervir na escrita do escolar é um equívoco e prejudica o processo de ensino e aprendizagem. O erro ortográfico deve ser identificado e usado com o objetivo de se realizar um trabalho mais direcionado em sala de aula[1,4,5,7,8].

OBJETIVOS DA ORTOGRAFIA

Por ser considerada como o conjunto de regras da notação que estabelece uma única forma para escrever as palavras de uma língua, independente da pronúncia que essas possam assumir durante a leitura oral ou mesmo a fala espontânea[11-12], a ortografia tem como primeiro e principal objetivo o de servir à leitura, mantendo-a padronizada e íntegra, anulando a variação linguística permitida na oralidade[1,11].

Outros são os objetivos da ortografia[12], sendo o segundo objetivo ligado diretamente ao primeiro, ao passo em que a ortografia fixa uma forma de escrita, e em contrapartida permite a manifestação dos diferentes dialetos durante a leitura. Além desses, é a ortografia que define os sons das letras[11], dependendo de sua posição dentro da sílaba. Dessa forma, a ortografia está ligada ao processo de codificação de elementos linguísticos em formas escritas. Faz-se necessário, para tanto, o respeito a normas coletivas, sendo esse caráter convencional determinado pela existência de regras linguísticas, pela etimologia das palavras, pelo uso que se faz delas e pela evolução histórica da língua[13].

Diante dessas colocações, podemos afirmar que o erro ortográfico ocorre todas as vezes que uma palavra escrita foge aos padrões ortográficos convencionalmente determinados para ela, naquela língua, independentemente da idade ou da escolaridade de quem a escreve[11]. Evidentemente, quanto menos tempo de contato com a língua escrita, mais erros ortográficos serão esperados; muito embora os erros ortográficos quase nunca se distanciam de um quê que justifique, em alguma medida, a própria correspondência fonema-grafema escolhida pelo escritor[14].

TRANSTORNOS DA EXPRESSÃO ESCRITA

A importância da compreensão dos referenciais trazidos pelo DSM-5[3], não para a realização de diagnóstico, mas sim para a caracterização de cada um dos transtornos que acometem a expressão escrita, traz ao fonoaudiólogo educacional condições para reconhecer se esses sintomas ou sinais são decorrentes realmente de uma disfunção neurofuncional ou não.

Segundo o referido manual, as três especificações para o Transtorno Específico da Aprendizagem com prejuízo da escrita são: a precisão na ortografia, a precisão na gramática e pontuação e, por último, a clareza ou organização da expressão escrita[3]. Quando o sujeito apresenta falhas na precisão de ortografia e gramática, podemos estar diante de um quadro de disortografia, assim como as alterações de clareza e organização da expressão escrita podem nos direcionar, também, à disgrafia. A diferença entre a escrita ortográfica e a escrita caligráfica reside nos processos mentais que são recrutados no momento do processamento da escrita[15,16].

A escrita ortográfica demanda muito dos aspectos cognitivo-linguísticos, envolvendo a notação pelo padrão de fonologia-ortografia direto nas conversões letra-som unívoca se um padrão de ortografia lexical for adquirido a partir do conhecimento e uso das regras de conversão fonografêmicas com a formação da memória lexical ortográfica. Já a escrita caligráfica relaciona-se diretamente com componentes perceptovisomotores que possibilitam o conhecimento das letras em termos de posicionamento (eixo direito-esquerdo e eixo cima-baixo), forma (maiúscula, minúscula, imprensa ou cursiva), direcionalidade (sempre da esquerda para direita) e traçado (caminho das letras propriamente dito)[15,16].

Entretanto, as duas modalidades, ortográfica e caligráfica, sobrepõem-se no recrutamento da memória visual para a formação do mapa mental ortográfico, sem o qual não seria possível a associação da linguagem na atribuição de significado do valor sonoro às letras/grafemas, tanto na leitura quanto na escrita[1,2,9].

Portanto, quando os erros ortográficos permanecem por tempo prolongado, e em alta frequência, podemos ter como causa abordagens pouco eficientes de ensino. Dessa forma, a escola pode não estar enfatizando a oferta das relações letra-som e som-letra, negligenciando também o ensino do traçado das letras que se correspondem a esses sons[8]. Ao contrário, podemos encontrar escolas que estimulam esses conhecimentos, mas o escolar apresenta dificuldades em nível individual, revelando eventuais disfunções ou déficits na circuitaria têmporo-parieto-occipital, como no caso da dislexia, disortografia e outros transtornos de aprendizagem[17-19].

Porém, qualquer que seja a razão, as pessoas que leem ou escrevem com dificuldades sofrem um forte processo de exclusão social, e não somente escolar, com prejuízos significativos para suas vidas. Por essa razão é preciso ensinar e corrigir a ortografia, para que a não familiarização com a norma ortográfica não torne o usuário da língua vítima de estigma e de preconceito linguístico-social.

DESAFIOS DO FONOAUDIÓLOGO EDUCACIONAL QUANTO AOS ERROS ORTOGRÁFICOS

Como descrito na seção anterior, o Transtorno Específico da Aprendizagem com prejuízo da escrita é um desafio para o fonoaudiólogo educacional. Contudo, o desafio maior encontra-se na dificuldade de aprendizagem da escrita ortográfica, uma vez que essas dificuldades de conhecimento, para além das regras básicas de conversão entre fonemas e grafemas, são em sua maioria resultado de métodos educacionais pouco eficientes, atrelados a concepções equivocadas quanto ao funcionamento do sistema ortográfico ou mesmo dos processos que permeiam a aprendizagem das crianças em relação à ortografia.

Desse modo, a parceria entre o fonoaudiólogo educacional e os professores pode *a priori* se constituir em relações de trocas que possibilitem a sistematização e a implementação de práticas com foco no coletivo, tendo como finalidades o enfrentamento da reprodução do fracasso escolar no quesito ortografia e a maximização dos processos relativos ao desenvolvimento da linguagem oral e escrita, suscitando leitores e escritores críticos. Por isso, a avaliação diagnóstica educacional e o monitoramento do progresso são fundamentais no processo de ensino-aprendizagem[20].

Temos ao nosso dispor estudos[5-7,10] sobre a aquisição da ortografia que têm permitido analisar o desempenho ortográfico de escolares dos anos iniciais do ensino fundamental. Os resultados desses estudos permitem compreender, em cada nível de escolaridade, quais erros os estudantes mais produzem, qual a frequência com que eles se manifestam e quais as habilidades envolvidas na aprendizagem adequada da escrita[6,7,18].

Considerando o conjunto de tipos de erros observados no aprendizado da escrita e os conhecimentos necessários para superá-los, quer em crianças típicas ou com transtornos, muitos são os aspectos que deveriam receber, por parte das escolas, atenção forte, regular e sistemática, desde as etapas iniciais da alfabetização. A aprendizagem da ortografia se impõe como fundamental a partir do nível alfabético e evoluirá progressivamente vida afora.

A partir de nossas experiências, elaboramos uma lista de ações educacionais que podem auxiliar a prática do fonoaudiólogo educacional.

- **Avaliação diagnóstica educacional**: com o objetivo de verificar o desempenho individual e do grupo-classe, a partir do 2º ano. Realizar uma análise detalhada dos erros ortográficos para determinar o perfil do conhecimento e uso das correspondências fonema-grafema.
- **Monitoramento da aprendizagem**: estabelecer uma linha de base para o monitoramento contínuo da aprendizagem da ortografia a partir do ensino ofertado. Determinar com maior eficiência o tipo de instrução/ensino em sala de aula, sendo correlacionado às necessidades do grupo-classe, independente do ano acadêmico, para que a aprendizagem da escrita ortográfica seja eficaz.
- **Refinamento do ensino da ortografia**: rever e fortalecer o ensino da ortografia. Isso pode incluir atividades mais frequentes e detalhadas sobre regras ortográficas, uso de exemplos práticos e exercícios de fixação.
- **Leitura regular**: incentivar a leitura regular pode ajudar os escolares a se familiarizarem mais com as palavras e sua ortografia correta. A leitura de diversos tipos de textos (livros, jornais, revistas) ajuda a expor os escolares a uma variedade de vocabulários e estruturas gramaticais. Além disso, a leitura de palavras isoladas em voz alta pela sala toda pode auxiliar na formação do mapa mental ortográfico.
- **Escrita frequentes**: praticar a escrita regularmente pode ajudar a consolidar as habilidades ortográficas. Isso pode incluir redações, resumos de leitura, diários de classe, entre outros. A escrita de palavras isoladas das regras ou irregularidades ensinadas, como atividade de ortografia, deve estar presente em formato de ditado instruído e cópia para incrementar a formação do mapa mental ortográfico e melhorar a capacidade para a identificação das incorreções ortográficas cometidas, ou seja, a autorregulação do erro ortográfico.
- **Tecnologias educacionais**: usar ferramentas tecnológicas como *softwares* de jogos ortográficos educativos que podem oferecer uma maneira divertida e interativa de aprender e praticar a ortografia.
- **Atenção individualizada**: alguns escolares podem precisar de atenção individualizada, com tutoria ou aulas de reforço para as dificuldades específicas.
- **Envolver os pais**: a participação dos pais no processo educativo é crucial. Informá-los sobre as dificuldades enfrentadas e sugerir maneiras de praticar a escrita em casa pode ser muito benéfico.
- **Treinamento e recursos para professores**: muitos são os protocolos de avaliação e intervenção educacional originados a partir das pesquisas da própria Fonoaudiologia Educacional. É importante que os professores tenham acesso e treinamento adequa-

dos desses recursos para o ensino e monitoramento efetivos da ortografia.

- ***Feedback* construtivo**: oferecer *feedback* construtivo e positivo pode encorajar os escolares a melhorarem sua escrita mostrando-lhes onde erraram e como podem corrigir seus erros.
- **Instituir premiação para a escrita ortográfica**: uma forma interessante é não descontar pontos de erros ortográficos nas provas, mas sim pontuar os acertos das regras ortográficas trabalhadas intencionalmente em sala de aula. Assim, os escolares poderão desenvolver autonomia para a autocorreção e consciência da notação com o domínio ortográfico.
- **Identificação precoce dos problemas de aprendizagem**: em alguns casos, erros persistentes podem ser indicativos de transtornos específicos de aprendizagem. Não esperar a falha se consolidar no 5º ano do Ensino Fundamental I. Avaliações profissionais podem ser necessárias para identificar e tratar essas questões.

CONCLUSÃO

Este capítulo teve como objetivo abordar e esclarecer a seguinte questão: estamos lidando com verdadeiros erros de ortografia ou estamos observando características comuns em escolares que estão começando a dominar a escrita? A resposta é sim! Estamos enfrentando erros ortográficos em demasia na escrita dos nossos escolares, para além das séries iniciais e sim, também estamos testemunhando traços típicos de crianças que estão se familiarizando com a língua escrita.

O fonoaudiólogo educacional tem esse desafio perante os educadores ao abordar a aprendizagem da escrita e da ortografia, pois não é tarefa fácil a de explicitar para os profissionais da educação que, com a simples exposição aos diferentes estilos e gêneros de leitura, os escolares estão automaticamente aptos a realizar a compreensão deles e mais, estarão aptos a produzir textos com competência ortográfica, semântica lexical e gramatical.

Aprender a escrever de acordo com as normas ortográficas é um dos indicativos de uma boa condição de aprendizagem por parte da criança e, fundamentalmente, reflete a capacidade de ensino por parte das escolas. Esses são alguns dos "desafios do fonoaudiólogo educacional na orientação escolar".

REFERÊNCIAS BIBLIOGRÁFICAS

1. Scliar-Cabral L. Sistema Scliar de alfabetização: fundamentos para a escrita. Florianópolis: Editora Lili; 2022. p. 18-37.
2. Dehaene S. Os neurônios da leitura: como a ciência explica nossa capacidade de ler. Scliar-Cabral L (tradutor). Porto Alegre: Penso; 2012.
3. American Psychiatric Association. Manual diagnóstico e estatístico de transtornos mentais DSM-5. 5. ed. Porto Alegre: Artmed; 2014.
4. Cagliari LC. Alfabetização e ortografia. n. 20. Curitiba: Educar; 2002. p. 43-58.
5. Morais AG. Ortografia: este espetacular objeto de conhecimento. In: Morais AG (org.). O aprendizado da ortografia. Belo Horizonte: Autêntica; 2007. p. 7-19.
6. Zorzi JL. Como escrevem nossas crianças: estudo do desempenho ortográfico de alunos das séries iniciais do ensino fundamental. São José dos Campos: Pulso Editorial; 2009.
7. Batista AO, Cervera-Mérida JF, Ygual-Fernández A, Capellini SA. Pró-ortografia: protocolo de avaliação da ortografia para escolares do segundo ao quinto ano do ensino fundamental. 1. ed. Barueri: Pró-Fono; 2014.
8. Zorzi JL. Educação: questões para reflexão do fonoaudiólogo educacional frente aos desafios para ensinar a ler e escrever. In: Queiroga BAM, Zorzi JL, Garcia VL (orgs.). Fonoaudiologia educacional: reflexões e relatos de experiências. Brasília: Editora Kiron; 2015. p. 12-43.
9. Batista AO, Chiaramonte TC. A importância do processamento ortográfico para a alfabetização. In: Capellini SA, Germano GD, Oliveira ST (orgs.). Fonoaudiologia Educacional: alfabetização em foco vol. 1 [recurso eletrônico]. 1. ed. São Paulo: Sociedade Brasileira de Fonoaudiologia e Conselho Federal de Fonoaudiologia; 2020. p. 93-101.
10. Nunes T, Bryant P. Leitura e ortografia: além dos primeiros passos. Nickel V (tradutor). Porto Alegre: Penso; 2014. p. 15-31.
11. Cagliari LC. Aspectos teóricos da ortografia. In: Silva M, Bechara E, Fávero LP, Cagliari LC, Gonçalves MF, Aguiar, MR et al. (orgs.). Ortografia da língua portuguesa: história, discurso, representações. São Paulo: Contexto; 2015. p. 17-52.
12. Massini-Cagliari G. O que é uma letra? Reflexões a respeito de aspectos gráficos e funcionais. In: Massini-Cagliari G, Cagliari LC (orgs.). Diante das letras: a escrita na alfabetização. Campinas: Mercado de Letras; 1999. p. 33-9.
13. Horta IV, Martins MA. Desenvolvimento e aprendizagem da ortografia: implicações educacionais. Análise Psicológica. 2004;1(XXII):213-23.
14. Chacon L, Paschoal L, Vaz S, Pezarini IO. Classes fonológicas e ortografia infantil. Revista do GELNE. 2017;18(2):79-99.
15. Purcell JJ, Turkeltaub PE, Eden GF, Rapp B. Examining the central and peripheral processes of written word production through meta-analysis. Front Psychol. 2011;11(2):239.
16. Donadon GG, Capellini, SA. Handwriting fluency, latency, and kinematic in Portuguese writing system: pilot study with school children from 3rd to 5th grade. Front Psychol. 2023;13.
17. Juul H, Sigurdsson B. Orthography as a handicap? A direct comparison of spelling acquisition in Danish and Icelandic. Scand J Psychol. 2005;46(3):263-72.
18. Zorzi JL, Ciasca SM. Análise de erros ortográficos em diferentes problemas de aprendizagem. Rev CEFAC. 2009;11(3):406-16.
19. Cidrim L, Madeiro F. Estudos sobre ortografia no âmbito da dislexia: revisão da literatura. Rev CEFAC. 2017;19(6):842-54.
20. Capellini SA, Germano GD (orgs.). Parte II – Orientações para atuação no Pós-COVID-19. Fonoaudiologia Educacional em tempos de COVID-19. 2. ed. São Paulo: Sociedade Brasileira de Fonoaudiologia; 2020. Disponível em: https://www.sbfa.org.br/portal2017/e-books.

53

Língua de herança e atuação do fonoaudiólogo educacional

Isabela Gomes-Perrucci
Juliana Azevedo-Gomes
Miriam Müller Vizentini

PONTOS-CHAVE

- Características do desenvolvimento linguístico bilíngue ou plurilíngue.
- Especificidades do desenvolvimento linguístico dos falantes de herança.
- Estratégias de intervenção do fonoaudiólogo educacional no contexto da língua de herança.

OBJETIVOS DE APRENDIZAGEM

Ao final deste capítulo, o leitor deverá ser capaz de:

- Conhecer o trabalho com alunos em contexto migratório.
- Compreender os conceitos de plurilinguismo, Língua de Herança (LH), desenvolvimento contrastivo entre falantes monolíngues e bilíngues.
- Analisar as problemáticas relacionadas com a aquisição e aprendizagem da língua de herança.
- Conceituar e avaliar estratégias de avaliação do desempenho linguístico de escolares oriundos de migração ou refúgio, bem como identificar o potencial de estratégias de intervenção.
- Aplicar os conhecimentos sobre estratégias para assessoria e orientação para pais e educadores.

INTRODUÇÃO

O crescente movimento das populações em nível mundial* tem contribuído para o incremento da urbanização**, o que acaba impactando na já existente diversidade nas escolas, ao mesmo tempo em que promove aprendizagem e amplia as funções dos profissionais que atuam no âmbito da educação.

Migrar é uma ação humana milenar, em busca de melhores condições de sobrevivência e adaptação. Na bagagem, famílias carregam também língua e cultura que serão minoritárias no país de destino e transmitidas como uma herança para as crianças. Tal herança linguística e cultural que é valorizada nos lares por meio de diálogos, contações de histórias, trocas entre

* De acordo com os últimos dados disponíveis, estima-se que, em 2020, houvesse cerca de 281 milhões de migrantes internacionais no mundo, o equivalente a 3,6% da população global[1].

** Mais de 54% da população mundial vivia em cidades em 2014 e as migrações têm contribuído para o incremento dessa urbanização, segundo o relatório anual da Organização Internacional para as Migrações (OIM) divulgado em Genebra (2015). O *World Migration Report 2015 (Relatório sobre Migração Mundial 2015)*[2] indica que a migração tem "contribuído para o incremento da urbanização, tornando as cidades lugares muito mais diversos para se viver".

pais e filhos, sofrerá o impacto no contato com a língua local nos mais variados espaços.

Como sujeitos representantes dessa diversidade linguística e cultural, os "falantes de língua de herança" são descendentes de migrantes que crescem em um país com idioma majoritário distinto da língua familiar. São indivíduos que crescem entre línguas e culturas e constroem sua identidade híbrida em função dos vínculos de pertencimento que vão construindo ao longo de sua vida, tanto no âmbito familiar como no social[3].

As famílias lusófonas residentes na diáspora vêm, ao longo das últimas décadas, trabalhando de forma coordenada, organizando encontros, associações e atividades educacionais para que seus filhos e netos possam conversar, brincar, cantar, ler, aprender, escutar e falar em português fora dos seus países de origem. Esse movimento é chamado de Português como Língua de Herança (siglas POLH ou PLH) e mobiliza familiares e profissionais de vários âmbitos na promoção da língua portuguesa e da cultura lusófona entre os falantes de herança, sujeitos minimamente bilíngues[3].

Portanto, este capítulo tem como objetivo oferecer orientações sobre o trabalho com falantes de herança, que adquirem e desenvolvem sua linguagem com algumas especificidades que devem ser consideradas. Para isso, esclareceremos a seguir alguns dos conceitos-chave relacionados ao bilinguismo e suas vertentes. Depois, apresentaremos informações sobre a aquisição e o desenvolvimento da linguagem bilíngue e abordaremos a temática da imigração e as línguas de herança, que ampliam informação sobre as particularidades dos falantes de herança. Por fim, apresentaremos possibilidades e reflexões sobre a atuação do fonoaudiólogo educacional com os falantes das línguas de herança.

CONCEITOS-CHAVE RELACIONADOS AO BILINGUISMO E SUAS VERTENTES

Antes de aprofundar o papel do profissional da Fonoaudiologia com os falantes de herança, é necessário definir os conceitos relacionados com o bilinguismo que permitirão compreender as características específicas desses indivíduos. Por essa razão é fundamental apresentarmos alguns conceitos relacionados ao bilinguismo e suas vertentes, com o objetivo didático de compreensão geral dos termos que serão empregados neste capítulo, como idade de aquisição, identidade cultural, aprendizagem e manutenção, contexto e *status* das línguas envolvidas e a consequente classificação dos sujeitos envolvidos.

O **multilinguismo** é uma situação vivenciada por populações de países como Suíça e Canadá, que possuem mais de uma língua oficial, ou seja, realidades reconhecidamente multilíngues, sendo as línguas protegidas pelas instituições. Seus cidadãos convivem com uma diversidade linguístico-cultural que se reflete na educação, com crianças que crescem em meio a duas ou mais línguas[4].

Seu oposto seria o **monolinguismo**, como é considerado o contexto do Brasil, país que é oficialmente monolíngue, embora saibamos da existência de aproximadamente 200 línguas diferentes faladas em território nacional, estimando as línguas indígenas, as decorrentes da migração, a Língua Brasileira de Sinais e as "línguas de contato" (que podem resultar em língua mista nas fronteiras)[4].

O **bilinguismo** pode ser considerado como uma parte do plurilinguismo, quando se refere à habilidade para se comunicar em duas línguas, e pensado como um *continuum* de habilidades linguísticas, com contribuição mútua entre as línguas. Em contrapartida, o **plurilinguismo** refere-se à capacidade de um indivíduo de comunicar-se em mais de dois idiomas, com níveis de proficiência heterogêneos, competências linguísticas diferentes aplicadas em situações específicas e de acordo com as necessidades do falante. É um dos fenômenos sociais mais importantes da atualidade, sendo o novo arranjo sociolinguístico de diversas sociedades[5].

Por ser um fenômeno complexo, o bilinguismo deveria ser analisado sob diversos aspectos: individual, interpessoal, intergrupal e social e a seguir apresentamos um organograma de possibilidades de manifestações do bi/plurilinguísmo de acordo com a idade de aquisição linguística e de exposição na infância, *status* das línguas envolvidas (LH – Língua de Herança e L2 – Língua Local ou Segunda Língua), competência relativa, organização cognitiva, a presença na comunidade e a sua relação com sociedade local[6,7].

As manifestações apresentadas contribuem na compreensão do perfil do falante bilíngue e são um excelente ponto de partida para uma avaliação educacional. No entanto, para aprofundar esta análise, outros elementos relacionados com a dimensão pessoal devem ser analisados, como é o caso da identidade cultural (como o sujeito se percebe, qual sua relação com suas línguas e culturas), a atitude linguística que demonstra (sua percepção e preferências ao utilizar seu repertório linguístico para comunicar-se). Por essa razão, é fundamental traspassar a análise da competência linguística em uma avaliação escolar.

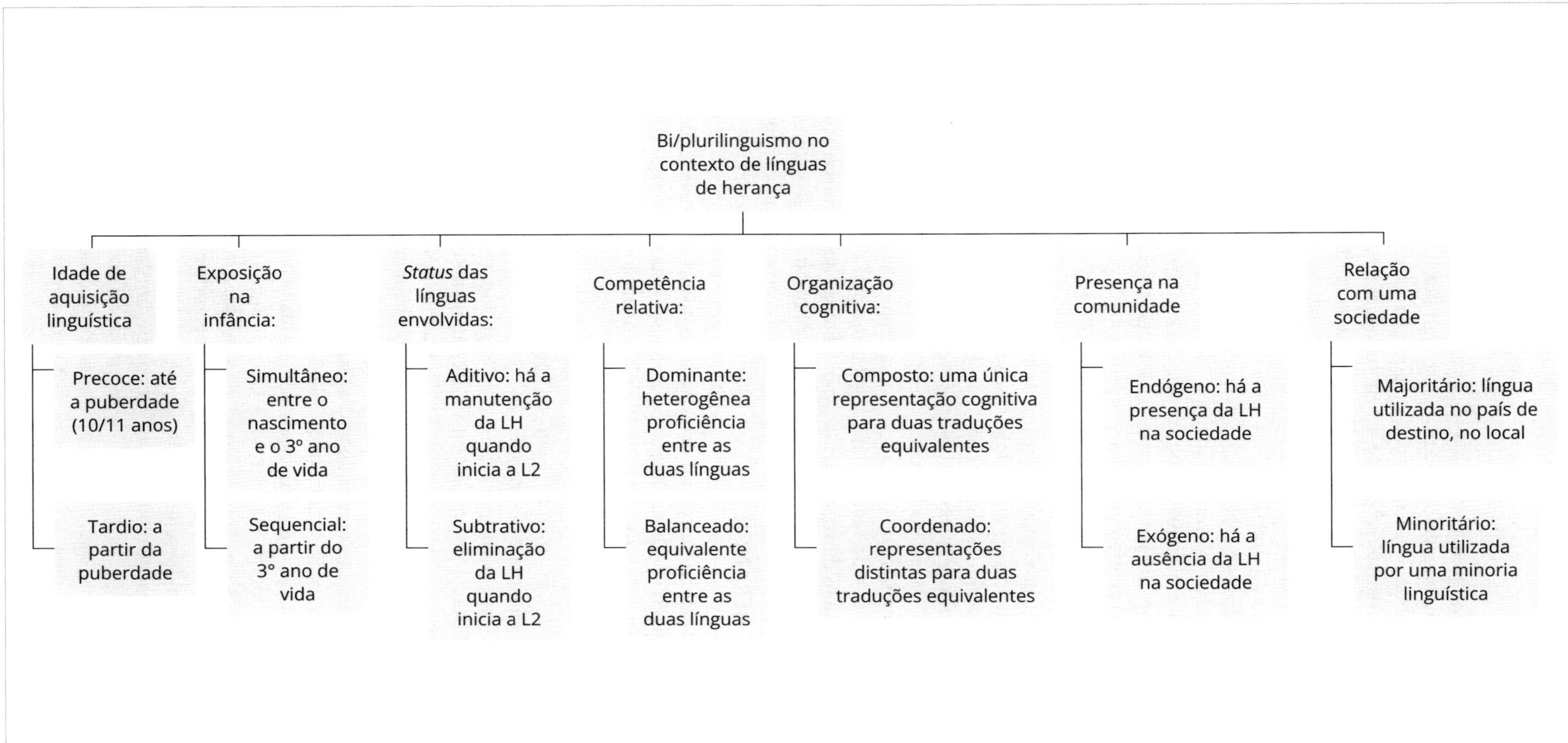

FIGURA 1 Possibilidades de manifestações do bilinguismo/plurilinguismo no contexto de Línguas de Herança.
Fonte: elaborada pelas autoras.

AQUISIÇÃO E DESENVOLVIMENTO DA LINGUAGEM BILÍNGUE

Cognitivamente, os bebês têm as mesmas capacidades de desenvolverem-se como monolíngues ou bilíngues, independentemente dos idiomas a que estão expostos, porém é somente através das interações que a linguagem se desenvolve. A aquisição rítmica funciona como pano de fundo para aprender um idioma, mas não é suficiente para consolidar a competência comunicativa em uma língua. Tudo dependerá dos interlocutores e da qualidade das interações, familiares e contextuais.

Nesse cenário descrito, o desenvolvimento da linguagem oral e escrita da criança bilíngue ou plurilíngue pode ser diferente do esperado para a criança monolíngue e podemos observar momentos nos quais elas misturam as línguas entre si (*code-mixing*) nos estágios iniciais do desenvolvimento de linguagem entre um e dois anos de idade, intercalam as línguas durante um diálogo (*code-switching*) entre dois e três anos de idade, apresentam períodos silentes ou apresentam a interferência de uma língua sobre a outra[8]. Na escola, no início da alfabetização, professores podem se deparar com a interferência citada também no desenvolvimento da leitura e da escrita, que pode sofrer maior ou menor impacto de acordo com a transparência ou opacidade das línguas da criança[9].

IMIGRAÇÃO E LÍNGUAS DE HERANÇA

O termo Língua de Herança (LH) refere-se à língua com *status* de minoritária em um território com língua oficial distinta[10], sendo consequência dos movimentos migratórios. Aparece pela primeira vez no final do século passado, no Canadá, país pioneiro em reconhecer as línguas dos indivíduos oriundos da imigração em seu território. O fato de ser minoritária e empregada em contextos socioculturais familiares acaba por expor seus falantes a uma situação constante de línguas em contato, gerando por consequência o bilinguismo.

A Língua de Herança está vinculada com a história de vida familiar, que compreende um idioma e uma cultura herdada. Por essa razão, esses indivíduos conhecidos como falantes de herança[11] construirão sua identidade de maneira híbrida, uma vez que carregam uma história linguística e cultural familiar ao passo que crescem em um país com língua e cultura distintas. Como características comuns aos falantes de herança, se destaca o bilinguismo em diferentes graus, uma conexão cultural com essa língua e, em muitos casos, uma língua dominante distinta.

Pesquisadores do âmbito da Pedagogia e da Linguística Aplicada chamam a atenção para as situações de plurilinguismo e luta contra a hierarquização das línguas no ensino da Língua de Herança no contexto do português brasileiro, fomentando uma didática específica pautada na realidade dos falantes de herança[12]. Isso significa partir da política linguística familiar e da aplicação de estratégias didáticas com base em uma abordagem intercultural, ou seja, ensinando a língua e cultura minoritária através do contexto local, utilizando em alguns casos o repertório linguístico do aluno como rede de apoio para a construção de um conhecimento significativo da cultura e do avanço da competência comunicativa da língua portuguesa[13].

Os estudos sobre a aquisição e aprendizagem da Língua de Herança, alinhados com os princípios plurilíngues, passam a reconhecer as especificidades dos processos cognitivos envolvidos e das situações comunicativas que se desenvolvem entre sujeitos com um repertório linguístico bilíngue ou plurilíngue e deixam de avaliar um falante de herança como um aprendiz de segunda língua ou língua estrangeira.

Em muitos casos, o falante de herança nasceu no país de residência e não é exatamente um imigrante, mas sim um sujeito que, por seu histórico familiar, cresce como uma criança bi ou plurilíngue, desenvolvendo sua linguagem a partir das interações sociais e instrução formal nos idiomas que conhece. Sua forma de comunicar-se passará por adaptação naturalmente, nos contextos de comunicação aos quais é exposto[14], e o desequilíbrio entre a instrução formal de um idioma e outro acarretará um repertório linguístico único, passando por empréstimos linguísticos e situações de translinguagens que não devem ser avaliadas como erros, mas sim como resultado da interação dos fatores previamente mencionados.

PAPEL DO FONOAUDIÓLOGO EDUCACIONAL COM FALANTES DE LÍNGUA DE HERANÇA

Segundo relatórios[15] da OBmigra, entre 2011 e 2022, os países com maior número de registro de crianças e adolescentes *imigrantes* com visto de residentes no Brasil foram Bolívia, China, Paraguai, Colômbia, Argentina, Venezuela, EUA e Haiti, e são citados os países com maior número de registro de crianças e adolescentes *refugiados* residentes no Brasil: Angola, Colômbia, Haiti, República Democrática do Congo, Cuba, Nigéria, Paquistão, Síria, Venezuela, Senegal, Bangladesh e Peru.

De acordo com o artigo 22 da Lei n. 9.474, de 22 de julho de 1997[16], os Estados brasileiros oferecem aos refugiados um tratamento tão favorável quanto possível e, portanto, no Brasil, todas as crianças e adolescentes brasileiros, apátridas, migrantes e refugiados possuem o direito à educação pública.

Por ser um dos agentes de promoção da inclusão de alunos com Língua de Herança, ao atuar na composição da equipe escolar, participar do planejamento das diversas atividades educacionais que abarcam a diversidade linguística e cultural, desde a educação infantil até a educação superior, o fonoaudiólogo educacional tem em mãos a possibilidade de desenvolver ações educativas, formativas, informativas e institucionais para que barreiras linguísticas sejam derrubadas diante da população que migra até o Brasil.

Ao conhecer as políticas de educação vigentes no território brasileiro, diante de tamanha diversidade linguística e cultural, são possíveis intervenções do fonoaudiólogo[7,17]:

- Promover meios de comunicação seguros e possíveis entre a família e a comunidade escolar, solicitando também o apoio de um tradutor (como outro professor da escola ou tradutor profissional) durante entrevistas, avaliações e intervenções quando necessários.
- Sugerir anamneses e questionários culturalmente sensíveis para alunos de contexto bilingue ou plurilíngue, para obter informações sobre países de origem ou de moradia, experiências educacionais anteriores (línguas utilizadas, metodologias de alfabetização, conteúdos aprendidos), as políticas linguísticas de transmissão do bilinguismo ou plurilinguismo adotadas pela família[6,15] (ex.: OPOL – *One Language, One Parent*; ML@H – *Minority language at home*; estratégia mista ou trilíngue), cultura e religião, atividades socioeducativas realizadas nas Línguas de Herança e em português (como dança, teatro, esportes, artes plásticas e profissionalizantes).
- Conhecer as intersecções linguísticas (fonológicas, sintáticas, semânticas, lexicais e pragmáticas) entre a Língua de Herança dos alunos migrantes e o português do Brasil, promovendo juntamente com os professores as atividades que contemplem o plurilinguismo em sala de aula.
- Realizar os assertivos encaminhamentos para as avaliações multidisciplinares bilíngues (preferencialmente), quando a equipe escolar suspeitar de dificuldades ou transtornos de aprendizagem, deficiências e demais transtornos possíveis no desenvolvimento infantojuvenil.
- Apoiar a equipe escolar, com a implantação dos mais diversos recursos (língua de sinais do país de origem, CSA/CAA bilíngue, adaptação de materiais pedagógicos), ao incluírem alunos com deficiência e/ou transtornos.
- Estabelecer estratégias para uma possível transferência para a língua portuguesa, bem como para as disciplinas de línguas estrangeiras e das disciplinas acadêmicas aprendidas no país de origem, de acordo com os objetivos e fundamentos da Base Nacional Comum Curricular (BNCC).
- Assessorar a equipe e atuar conjuntamente na promoção da leitura e escrita em português, com o apoio de recursos humanos e/ou tecnológicos de tradução quando for necessário para o(a) aluno(a).

É importante ao fonoaudiólogo educacional que trabalha com ações de promoção do POLH, conhecer as diversas atuações dos profissionais denominados como "logopedistas", "patolinguístas", "professores de respiração, fala e voz", "terapeutas da fala" ou demais "fonoaudiólogos" não lusófonos pelo mundo e que se situam dentro de um conjunto de profissionais atuantes como terapeutas dos transtornos da linguagem.

Em uma parcela desses países, como Alemanha e Suíça, por exemplo, é possível e permitido que os terapeutas atuem clinicamente dentro das escolas, trabalhando diretamente com os alunos. Não é incomum que realizem suas terapias em horário escolar, enquanto os demais colegas das suas turmas estão em sala de aula para as atividades acadêmicas.

Nesse contexto, o profissional se encontra diante de um impasse, visto que no Brasil não é permitido ao fonoaudiólogo realizar atendimento clínico ou terapêutico dentro de instituições educacionais.

Portanto, de acordo com as atribuições do fonoaudiólogo educacional no território brasileiro, é possível[7,17]:

- Promover ações educacionais de promoção e valorização do português como Língua de Herança, como palestras informativas aos pais e demais familiares da criança, orientações individualizadas para as famílias, elaboração de cartilhas sobre o desenvolvimento e promoção do bilinguismo etc.
- Realizar sondagens coletivas sobre o conhecimento do princípio alfabético (da língua local e do POLH), habilidades metalinguísticas, literacia, fala, compreensão oral e escrita etc.
- Sugerir, dentro do planejamento pedagógico das iniciativas de transmissão do POLH, oficinas de estimulação de linguagem oral e escrita, projetos pedagógicos comuns e que contemplem temas transversais e diversos gêneros literários (blogs, revistas, podcasts, jornais, sessões de cartas, livros etc.).
- Tendo conhecimento de que as iniciativas de promoção do POLH possuem turmas heterogêneas em relação às faixas etárias e ao desempenho linguístico oral e escrito, com a participação também de crianças e adolescentes com deficiências e transtornos, estabelecer possibilidades de práticas

linguísticas e educacionais que promovam o aprendizado inclusivo.

- Oferecer capacitações, workshops ou palestras para professores sobre o desenvolvimento de linguagem bilíngue e estratégias de promoção da comunicação oral e escrita.

A *Proposta curricular para ensino de português como língua de herança*[18], publicada em 2020, está disponibilizada ao público em geral no repositório do Ministério das Relações Exteriores e possui descritores de níveis (do A1 – iniciante ao C1 – experiente), lista de temas transversais em linguagens, matemática, ciências, geografia, história, ensino religioso, lista de pontos gramaticais e lexicais de acordo com nível de proficiência e lista de tipos de gêneros textuais.

Com os códigos dos componentes dos conhecimentos específicos a serem observados e trabalhados, sugerimos o uso do Checklist de Componente Curricular[19], para o registro do que será planejado e seu monitoramento (Quadro 1).

CONCLUSÃO

A aquisição da linguagem ocorre de forma semelhante entre sujeitos monolíngues e bilíngues. No entanto, seu desenvolvimento está sujeito a vários fatores que transcendem a competência comunicativa do indivíduo pois estão vinculados à construção de sua identidade e suas preferências linguísticas.

O profissional que trabalha com um falante de herança deve, em primeiro lugar, ter conhecimento das teorias relacionadas com o desenvolvimento da linguagem bilíngue e estar familiarizado com a política linguística local e familiar do indivíduo. Antes de propor qualquer intervenção, deve realizar um mapeamento linguístico e cultural para conhecer o repertório do falante e sua relação afetiva com as línguas e culturas com as quais convive.

Os falantes de herança residem em um país de língua majoritária e para promover suas línguas minoritárias, iniciativas e associações são organizadas com ou sem suporte governamental, como apoio para o reforço da transmissão linguístico-cultural. O papel do fonoaudiólogo educacional é fundamental na atuação interdisciplinar de suporte e acompanhamento dos falantes de herança e suas famílias, bem como dos professores que recebem esses falantes nas escolas, orientando sobre as intervenções e estratégias que podem ser aplicadas para a ampliação da comunicação oral e escrita e propondo os recursos linguísticos a serem utilizados na prática pedagógica.

QUADRO 1 Exemplo de uso do Checklist de Componente Curricular

Checklist de Componente Curricular: Expressão Oral B1								
Escola: ABEC								
Professor(a): Miriam			**Turma**: Limmat			**Mês/ano**: 2024		
	Nome dos alunos	Habilidades						
		B1.EO.2	B1.EO.3	B1.EO.23	B1.EO.27	B1.EO.28	B1.EO.33	B1.EO.34
		Fazer pedidos em contextos familiares	Formular perguntas para obter informações pessoais	Expressar sentimentos	Fazer anúncios curtos	Fazer apresentações simples	Saber maneiras diferentes de iniciar uma conversa	Confirmar entendimento e resumir informação
1	J.G.	√		√		√	√	√
2	U.M.		√	√	√	√		√
3	P.A.	√	√	√	√	√	√	
4	Z.F.	√		√	√		√	√

Fonte: elaborado pelas autoras.

REFERÊNCIAS BIBLIOGRÁFICAS

1. Organização das Nações Unidas. Um olhar sobre a migração. Nações Unidas; 2022 [citado 8 de fevereiro de 2024]. Disponível em: https://unric.org/pt/um-olhar-sobre-a-migracao/.
2. Agência Brasil. Migrações têm contribuído para aumento da população urbana mundial, diz OIM [Internet]. 2015 [citado 8 de fevereiro de 2024]. Disponível em: https://agenciabrasil.ebc.com.br/internacional/noticia/2015-10/migracoes-tem-contribuido-para-aumento-da-populacao-urbana-mundial-diz.
3. Alvarez MLO. Português Língua de herança na perspectiva acadêmica brasileira. In: Lira C, Azevedo-Gomes J (orgs.). O POLH na Europa – Português como língua de herança. Lisboa: Sagarana Editora; 2020. p. 20-40.
4. Conselho da Europa. Quadro Europeu Comum de Referência para as Línguas: Aprendizagem, ensino, avaliação [Internet]. Porto: Edições Asa; 2001. Disponível em: https://www.dge.mec.pt/sites/default/files/Basico/Documentos/quadro_europeu_comum_referencia.pdf.
5. De la Torre Aranda MT. Implementando uma proposta de Educação Bilíngue: e agora? In: Megale A (org.). Desafios e práticas na Educação Bilíngue [Internet]. São Paulo: Fundação Santilana; 2020. p. 27-46. Disponível em: https://www.fundacaosantillana.org.br/wp-content/uploads/2020/07/DesafiosPraticasEducacaoBilingue.pdf.
6. Hamers JF, Blanc MHA. Bilinguality and bilingualism. Cambridge University Press; 2000.
7. Gomes-Perrucci IG, Vizentini MM. Língua de Herança: O que o fonoaudiólogo educacional precisa saber. Apresentado em: 31º Congresso Brasileiro de Fonoaudiologia e 12º Congresso Internacional de Fonoaudiologia; 2-6 out 2023; Rio de Janeiro.
8. Lira C. Schriftspracherwerb des Portugiesischen als Herkunftssprache: Sprachkontaktphänomene bilingualer deutsch brasilianischer Kinder. 1. ed. Lisboa: Sagarana; 2022.
9. Navas ALG, Santos MTM. Relação entre linguagem oral e linguagem escrita. In: Santos MTM, Navas ALG (orgs.). Transtornos de Linguagem Escrita: teoria e prática. Barueri: Manole; 2016. p. 3-36.
10. Valdés G. Bilingualism, heritage language learners, and SLA research: Opportunities lost or seized?. The Modern Language Journal. 2005;89(3):410-26.
11. Cummins J. A proposal for action: Strategies for recognizing heritage language competence as a learning resource within the mainstream classroom. The Modern Language Journal. 2005;89(4):585-92.
12. Moroni AS. O professor de português como língua de herança e o acolhimento de translinguagens em sala de aula. Revista X. 2020;15(1):157-80.
13. Azevedo-Gomes J. Português como língua de herança em um contexto de línguas românicas: estratégias comunicativas e diretrizes didáticas. Domínios da Lingu@gem. 2020;15(3):1-26.
14. Bialystok E, y Werker JF. Editorial: The systematic effects of bilingualism on childrens development. Developmental Science. 2017;20(1).
15. Cavalcanti L, de Oliveira T, Lemos Silva SF. Relatório Anual OBMigra 2023 – OBMigra 10 anos: Pesquisa, Dados e Contribuições para Políticas [Internet]. 2023. Disponível em: https://portaldeimigracao.mj.gov.br/images/Obmigra_2020/OBMIGRA_2023/Relat%C3%B3rio%20Anual/Relat%C3%B3rio%20Anual%202023.pdf.
16. Brasil. Lei n. 9.474 de 22 de julho de 1997. Define mecanismos para a implementação do Estatuto dos Refugiados de 1951, e determina outras providências. [Internet], 22 de julho de 1997 [consultado em 30 de janeiro de 2024 (Brasil). Disponível em: https://www.planalto.gov.br/ccivil_03/Leis/L9474.htm.
17. Rethfeldt WS. Kindliche Mehrsprahigkeit: Grundlagen und Praxis der sprachtherapeutischen Intervention. Stuttgart: Thieme; 2023.
18. Ministério das Relações Exteriores. Proposta curricular para ensino de português como língua de herança [Internet]. 1. ed. Brasília: FUNAG; 2020. Disponível em: https://funag.gov.br/biblioteca-nova/produto/loc_pdf/1126/21/proposta_curricular_para_ensino_de_portugues_como_lingua_de_heranca.
19. Oliveira AM, Chiaramonte TC, Batista AO, Capellini SA. Avaliação e monitoramento do Componente Curricular Língua Portuguesa: consciência fonológica, leitura de palavras e ortografia. In: Capellini SA, Germano GD, organizadores. Fonoaudiologia educacional nos tempos de COVID-19: estruturação de rotinas, atividades e orientações aos pais e professores [Internet]. São Paulo: Sociedade Brasileira de Fonoaudiologia; 2020. p. 105-33. Disponível em: https://lp.sbfa.org.br/ebook-fonoaudiologia-educacional/.

54

Fonoaudiologia Educacional na Educação de Jovens e Adultos e no Ensino Superior

Ana Paula Berberian
Ana Paula de Oliveira Santana
Marisa Sacaloski

PONTOS-CHAVE

- A Fonoaudiologia Educacional no contexto da Educação de Jovens e Adultos (EJA) deve basear-se em conhecimentos que envolvem o Sistema Educacional Brasileiro e, especificamente, aqueles direcionados a esse ciclo de vida.
- A educação, em todos os seus níveis de formação, comprometida com o exercício da cidadania, precisa criar condições para potencializar e promover o uso da linguagem oral e escrita de forma a permitir que as pessoas possam participar de forma ativa, responsiva e crítica nos processos de ensino-aprendizagem, bem como nas diferentes relações e formas de organização sociais.
- A atuação fonoaudiológica na EJA e no Ensino Superior deve ser capaz de contribuir para a inclusão social e a construção da cidadania, além das práticas de alfabetização e letramento por meio da formação de toda a comunidade aprendente.
- O compromisso do fonoaudiólogo educacional na EJA, no Ensino Superior e na pós-graduação é auxiliar a repensar o processo de ensino e aprendizagem de modo a viabilizar os objetivos desses ciclos de escolarização, respeitando as especificidades de estudantes, docentes e gestores e criando estratégias para garantir a inclusão escolar daqueles que têm necessidades educacionais específicas, no que tange a acesso, permanência e aprendizagem.

OBJETIVOS DE APRENDIZAGEM

Ao final deste capítulo, o leitor deverá ser capaz de:

- Conhecer e analisar criticamente aspectos relativos ao Sistema Educacional Brasileiro que envolvem a formação de jovens e adultos.
- Compreender os subsídios teóricos para a prática fonoaudiológica com jovens e adultos.
- Planejar práticas fonoaudiológicas para a EJA.
- Planejar práticas fonoaudiológicas para o Ensino Superior.
- Criar estratégias que favoreçam a formação docente para a educação inclusiva nessas modalidades e nesses níveis de ensino.

INTRODUÇÃO

A Fonoaudiologia Educacional vem, historicamente, desenvolvendo seu trabalho majoritariamente na Educação Infantil e no Ensino Fundamental[1]. Assim sendo, pode-se afirmar que a atuação com jovens e adultos[2] tem ocupado um lugar marginal. Isso ocorre pelo desconhecimento de profissionais da Fonoaudiologia e da Educação sobre ações que poderiam desenvolver em parceria para potencializar a formação educacional e os processos de ensino-aprendizagem direcionados ao público de jovens e adultos. A despeito da grande lacuna em torno desses contextos, grupos de fonoaudiólogos vêm, gradativamente, produzindo conhecimentos e sistematizando práticas fonoaudiológicas comprometidas com a Educação de Jovens e Adultos (doravante EJA) e Ensino Superior (ES)[3-7].

Ressalta-se, ainda, que de acordo com diretrizes e normativas elaboradas pelos órgãos representativos da Fonoaudiologia, a atuação do fonoaudiólogo deve estar comprometida, dentre outros aspectos, com a promoção da aprendizagem escolar, e em especial com os processos de apropriação da linguagem oral e escrita em todos os níveis da Educação.[8]

Nessa direção, cabe destacar trechos do art. 3° da Resolução n. 387/2010[8], a qual tem a finalidade de apresentar as atribuições e competências do especialista em Fonoaudiologia Educacional, bem como de todo profissional que atua em tal área:

> 1. *Área do Conhecimento*: [...] conhecer as políticas de educação [...].
> 2. **Função**: Colaborar no processo de ensino-aprendizagem por meio de programas educacionais de aprimoramento das situações de comunicação oral e escrita; oferecer assessoria e consultoria educacional atuar em gestão na área educacional; atuar em consonância com as políticas, programas e projetos educacionais públicos e privados vigentes.
> 3. **Amplitude**: [...] Educação Básica; Educação Especial; Educação Profissional e Tecnológica; Educação a Distância; Educação de Jovens e Adultos; Educação Superior e Pós-graduação.[8]

Partindo do pressuposto de que a inserção da Fonoaudiologia no contexto Educacional pressupõe, teórica e eticamente, conhecer aspectos envolvidos com as políticas e propostas educacionais envolvidas com os diferentes níveis e modalidades de ensino, seguem breves considerações acerca da EJA e do Ensino Superior (doravante ES).

Do ponto de vista legal, a EJA, no Nível Fundamental, deve ser oferecida gratuitamente pelo Estado para aqueles que não tiveram acesso à educação na idade adequada como prevê o artigo 208, da Constituição Federal de 1988[9]. Isso também está previsto no artigo 37 da Lei de Diretrizes e Bases da Educação Nacional de 1996, que estabelece que: "A educação de jovens e adultos será destinada àqueles que não tiveram acesso ou continuidade de estudos no Ensino Fundamental e Médio na idade própria [...]"[10].

Desta maneira, cabe ao fonoaudiólogo educacional estabelecer parcerias com docentes e gestores nessa modalidade de ensino para contemplar as necessidades dos espaços de aprendizagem a fim de minimizar/erradicar o analfabetismo, formar leitores e auxiliar na inclusão de pessoas com deficiência ou público neurodivergente, entre outros.

Já o Ensino Superior, segundo o art. 43. da LDB[10], tem por finalidade: a criação cultural e o desenvolvimento do espírito científico e do pensamento crítico-reflexivo; formar para a inserção profissional e a transformação da sociedade; incentivar a pesquisa para o implemento da ciência, da tecnologia, da criação e difusão da cultura; promover o desejo permanente de aperfeiçoamento cultural e profissional, bem como oferecer elementos para análise crítica dos problemas do mundo e prestar serviços especializados à comunidade por meio de ações extensionistas.

Na pós-graduação, segundo o artigo 69 da LDB[10], a formação acadêmica-profissional deve ser desenvolvida e aprofundada visando o implemento da prática docente e do pesquisador.

Portanto, o espaço de trabalho fonoaudiológico educacional no ES deve ser construído em inúmeras vertentes, no entanto, a mais premente na atualidade objetiva a inclusão de pessoas com deficiência ou outras necessidades específicas, considerando as políticas e os programas que objetivam a ampliação da inserção, permanência e formação de qualidade dessas pessoas no ES, bem como contribuir com a formação docente para esse fim.

Dessa forma, neste capítulo discutiremos os seguintes aspectos: 1) pressupostos teóricos para o trabalho com jovens e adultos; 2) atuação fonoaudiológica na EJA; e 3) atuação fonoaudiológica no ES.

Pressupostos teóricos para o trabalho com jovens e adultos

Fonoaudiologia no trabalho com jovens e adultos: algumas considerações sobre sociedade, educação e cultura

Atuar com jovens e adultos pressupõe um saber relativo às relações estabelecidas entre os processos envolvidos com o desenvolvimento da linguagem e o ensino/aprendizagem, as distintas e desiguais condições que constituem esses processos, bem como um saber específico que considere condições socioculturais, ideológicas e políticas que fazem parte da vida dessas pessoas e contextos educacionais destinados a elas.

A atuação fonoaudiológica voltada à EJA, a exemplo das implementadas nos demais níveis de formação, requer uma formação comprometida com a análise crítica dos determinantes socioculturais, políticos, ideológicos a partir dos quais o sistema educacional brasileiro está estruturado; dos aspectos materiais e subjetivos que envolvem os processos constitutivos das pessoas e das distintas condições dos alunos enquanto falantes, leitores e escritores. Tal atuação deve, ainda, estar assentada no entendimento da educação enquanto uma realidade multideterminada e, a partir dessa perspectiva, contribuir para um saber-fazer capaz de apreender as particularidades e especificidades pertinentes ao público-alvo e ao nível educacional em questão.

Os jovens e adultos que chegam à escola (EJA) possuem, frequentemente, marcas constituídas ao longo de sua relação com o processo de ensino/aprendizagem relacionadas ao fracasso e evasão escolar e, portanto, à exclusão. Os estudantes do EJA têm acima de 15 anos para o Ensino Fundamental e acima de 18 anos para o Ensino Médio, frequentemente são oriundos de famílias de baixa renda e já estão no mundo do trabalho; com uma passagem precária pelo processo de escolarização, residem em espaço urbano com acesso a diferentes linguagens e têm certa independência, que obtiveram a partir de experiências já vividas. São pessoas que, em geral, têm consciência das implicações da falta de escolaridade em suas vidas[11].

Muitos alunos são multirrepetentes ou desistiram anteriormente da escola por vivenciarem situações de vulnerabilidade que os impediram de dar continuidade aos estudos. De outro lado, as políticas de educação inclusiva preveem o direito à permanência de pessoas com deficiência em espaços educacionais formais. Muitas vezes, estudantes com deficiência frequentam a EJA sem que haja a perspectiva de terminalidade específica, e ainda sem o apoio efetivo do atendimento educacional especializado previsto na legislação. Por fim, há o público de alunos idosos com inúmeras características e peculiaridades que não são abordadas nos processos de formação dos professores, o que resulta em docentes sobrecarregados com os ajustes e particularidades pedagógicas necessárias para auxiliar no aprendizado de seus alunos, sem formação ou suporte do especialista[12].

Com relação aos discentes da Graduação, de acordo com o Censo de 2021[13], a maioria dos estudantes tem entre 19 e 24 anos, é branca, do sexo feminino e frequenta cursos noturnos em instituições privadas. A V Pesquisa Nacional do Perfil Socioeconômico e Cultural dos(as) Graduandos(as) das Instituições Federais de Ensino Superior[14] revelou que, apesar da reserva de vagas, os setores mais pobres ou miseráveis sequer concluem o Ensino Médio. No entanto, a entrada de estudantes por meio da reserva de vagas tem sido cada vez mais frequente, na tentativa de reverter a falta de equidade na ocupação das Instituições de Ensino Superior (IES), principalmente as públicas.

Quanto aos estudantes de pós-graduação, em 2021, o Observatório de Ações Afirmativas na Pós-graduação (Obaap)[15] registrou que 54,3% das universidades públicas têm ações afirmativas, ampliando ainda mais a diversidade de estudantes que procuram esse nível de ensino. Assim, pessoas pretas, pardas, indígenas e com deficiência e, em algumas IES, pessoas trans, refugiados, apátridas, ciganos, mulheres-mães e outros grupos majoritários minimizados pela sociedade passam a ter garantia de acesso.

Somam-se a essas questões mudanças relacionadas ao processo de ensino/aprendizagem, hoje permeado pelas novas tecnologias que se apresentam de forma diferente para crianças, adultos e idosos. Na "Era Digital" as Tecnologias Digitais da Informação e Comunicação (TDIC) passaram a ocupar um lugar de destaque no sistema educacional a partir da inserção de usos de suportes digitais (computadores, *tablets, smartphones*). Essa cultura digital passa a modificar nossas formas de pensar e interagir na escola e fora dela, envolvendo a necessidade de formação para o Letramento Digital de forma crítica e dinâmica independente da idade.[6] A inclusão das discussões na nova Base Nacional Comum Curricular (BNCC)[16] aponta para a importância de se considerarem as práticas de Letramentos Digitais em contexto educacional e de desenvolver as competências necessárias baseadas nos gêneros multimodais.

A BNCC[16] não se refere à EJA especificamente, mas, de forma ampla, destaca a importância de se considerar uma visão plural e integral dos alunos, sejam eles crianças, adolescentes, adultos ou idosos, visando promover uma educação voltada ao acolhimento, desenvolvimento pleno, coletividade, singularidades e diversidades. Isso significa desenvolver ações para uma educação democrática e inclusiva que envolva práticas de não discriminação e respeito às diferenças e diversidades. O documento ressalta que essa proposta deve ser adequada às diferentes modalidades de ensino (Educação Especial, Educação de Jovens e Adultos, Educação do Campo, Educação Escolar Indígena, Educação Escolar Quilombola, Educação a Distância), atendendo-se às orientações das Diretrizes Curriculares Nacionais[17].

Isso implica que o fonoaudiólogo deve promover, em suas ações, práticas inclusivas envolvendo inúmeros atores: gestores, bibliotecários, educadores físicos, tradutores/intérpretes, secretários, a comunidade escolar e estudantes do EJA à pós-graduação.

Neste contexto da "Educação para Todos" e de Educação Especial na perspectiva da Educação Inclusiva, a Lei Brasileira de Inclusão tem apontado o Desenho Universal[17] como a concepção de produtos, ambientes, programas e serviços a serem usados por todas as pessoas, incluindo os recursos de tecnologia assistiva. O Desenho Universal para a Aprendizagem (DUA) estabelece que todos devem ter acesso ao conhecimento. Para isso, as barreiras devem ser eliminadas[18]. Assim sendo, as metodologias de ensino devem favorecer todos os estudantes, considerando suas singularidades e necessidades específicas.

Essa diversidade de características, necessidades, direitos e metodologias nos leva a um questionamento: a formação docente e do fonoaudiólogo educacional é suficiente para lidar com esses aspectos?

Formação profissional diante das demandas de EJA e Ensino Superior

A formação de professores para a atuação na EJA envolve: conhecer os objetivos do EJA, características do público atendido e metodologias de ensino, entre outros. Tais questões são pouco abordadas na formação docente inicial, pois o professor é formado para trabalhar, "prioritariamente, com crianças, estudando suas características, métodos e estratégias de trabalho direcionadas a elas, e não pode utilizar com os alunos do EJA os mesmos métodos de ensino"[12]. É crucial que considere as vivências de usos da língua, aspectos socioculturais, políticos e históricos. Além disso, "a EJA visa a formação de cidadãos críticos e reflexivos diante do seu contexto microcultural, possibilitando se tornarem mais conscientes do seu poder de transformação social"[12].

A formação do docente para atuar no ES é ainda mais precária, uma vez que os aspectos didáticos, pedagógicos e educação inclusiva são pouco abordados durante a pós-graduação. Frequentemente, o docente do ES aprende a lecionar a partir dos conhecimentos e práticas envolvidos com a área específica e com os diferentes aspectos envolvidos nos processos de ensino-aprendizagem. Assim sendo, lidar com a diversidade humana, com os desafios de viabilizar a aprendizagem, produzir pesquisas e textos científicos ou mesmo avaliar os alunos, são tarefas nas quais o docente pode ter sentimentos de baixa autoeficácia e de insegurança.

O fonoaudiólogo educacional, por sua vez, também apresenta, em geral, restrita clareza quanto à pertinência, objetivos e práticas que podem ser implementadas na atuação no EJA e no ES, por isso, sua construção de conhecimento deve perpassar pela mesma trajetória dos atores envolvidos nas suas propostas de trabalho, buscando se apropriar do que cada nível/modalidade de ensino objetiva e quais as reais necessidades de cada espaço educacional.

Daí a relevância de formação continuada para todos os profissionais envolvidos, vista aqui como construção conjunta.

A Fonoaudiologia e as ações na Educação de Jovens e Adultos

A partir do que foi discutido anteriormente, a atuação fonoaudiológica no EJA deve partir do conhecimento do que é a EJA e do mapeamento da escola em que ela se situa, com a leitura do projeto pedagógico e conversa com os gestores, docentes e comunidade escolar sobre anseios, necessidades e dificuldades[12].

As ações de formação docente devem envolver modelos de RTI (Resposta à Intervenção) ou oficinas que auxiliem com estratégias para desenvolver as habilidades cognitivo-linguísticas subjacentes à aquisição da leitura e da escrita, bem como incentivar tanto a leitura quanto a fluência e compreensão, mas abordando outras práticas multimodais[12].

A observação de situações de sala de aula e o diálogo com alunos e professores podem ser o primeiro passo para o planejamento de atividades e para o levantamento de diferentes demandas visando promover: momentos de fala e de escuta entre alunos, professores e fonoaudiólogos envolvendo experiências, sentimentos e dificuldades vivenciadas no contexto educacional; identificar habilidades e interesses dos alunos que, diferentes dos acadêmicos, possam ser relacionados a eles; práticas orais, de leitura e escrita mediadas por diferentes gêneros discursivos; rodas de conversa para potencializar o uso da linguagem oral ou escrita acadêmica; a valorização, reconhecimento e respeito à diversidade cultural e variedades linguísticas, entre outras[3,5].

Quanto à formação específica do professor para lidar com o aluno com deficiência ou neurodivergente, a parceria com o professor de Atendimento Educacional Especializado (AEE) é fundamental. Entretanto, deve-se ressaltar que se trata de um aluno adulto, por isso é preciso "levantar e registrar as suas dificuldades e habilidades, bem como as barreiras que ele identifica no processo de ensino aprendizagem e na interação com outros colegas"[12]. Só por meio desse levantamento pode ser traçado um Plano de Ensino Individualizado (PEI).

No caso de outros alunos com necessidades educacionais específicas, parcerias precisarão ser estabelecidas, como no caso do intérprete de libras, sobre o qual o professor precisa de orientações quanto ao seu papel e a forma de atuar conjuntamente.

No que se refere aos alunos idosos, é importante conversar com os professores sobre características específicas de cada aluno para construir conjuntamente a forma mais adequada de atuação.

A Fonoaudiologia na universidade e as ações voltadas ao acesso, permanência e aprendizagem

Planejar ações para o contexto universitário é pensar inicialmente sobre o aluno de graduação e em seu ingresso na universidade. Afinal, é um jovem-adulto com expectativas singulares sobre seu futuro profissional. É por isso que esse ingresso pode ser considerado como uma mudança de padrões anteriores e o início de uma nova etapa de vida. Há alunos que mudam de cidade, para os quais não apenas a universidade é um novo "espaço", mas também a sua nova casa. Há, nesse caso, uma separação abrupta da família e amigos visando a formação para uma carreira profissional.

Além disso, as atividades propostas no ES geram demandas distintas daquelas vivenciadas pelos alunos no EF e EM, exigindo maior autonomia e proatividade, principalmente no que se refere a um posicionamento teórico-reflexivo-crítico, à aprendizagem-pesquisa e administração dos métodos e tempo de estudo. Ressalta-se, ainda, a introdução de novos discursos-textos que circulam no contexto acadêmico (artigos, planilhas, relatórios, mapas conceituais, resumos e resenhas, dentre outros) convocando os alunos às práticas de leitura e escrita, muitas vezes desconhecidas ou pouco vivenciadas por eles.

As relações estabelecidas com e a partir de textos próprios aos gêneros acadêmicos do ES objetivam a elaboração, sistematização e o compartilhar de referenciais teórico-metodológicos, conceitos e argumentações, bem como pressupõem releituras e reescritas. Tais demandas ocorrem porque a formação no ES deve levar à análise crítica e à tomada de posição responsiva e de autoria em relação aos saberes e práticas profissionais específicas dos cursos escolhidos por parte dos discentes. Tal posição convoca o aluno a "concordar, discordar, interpretar, estabelecer associações e questionamentos em torno do que é 'dito' nos referidos textos e, portanto, entender que não se trata apenas de ser capaz de compreender, expressar ou reproduzir conteúdos"[5]. Assim sendo, é crucial considerar que "assumir uma posição responsiva e de autoria com os textos que mediam a formação acadêmica e profissional pressupõe colocar-se em diálogo com essas produções, analisar intenções, valores, ideias, conceituações"[5].

Responder positivamente a essa nova demanda nem sempre é fácil para todos os jovens, pois há aqueles que passam por essas experiências negativas nas práticas orais, de leitura e escrita, envolvendo textos pertencentes ao referido gênero. Insegurança, angústia e medo são sentimentos comuns que requerem, com frequência, um trabalho de escuta que pode ser realizado de forma coletiva e em parceria com o fonoaudiólogo[4,19,20].

Ações para promover espaços de troca entre alunos, professores e fonoaudiólogos com o objetivo de promover relações e práticas significativas de leitura e escrita com os gêneros acadêmicos e ressignificar situações de sofrimento, no contexto do ES estão assentadas no princípio de intersetorialidade a partir do qual conhecimentos produzidos em rede são determinantes para que o acesso, a permanência e a formação de qualidade sejam efetivos nesse nível de ensino.

Cabe destacar que práticas coletivas, realizadas em parceria com docentes e gestores das Instituições de Ensino Superior (IES), podem envolver todos os estudantes, incluindo o público-alvo da Educação Especial, bem como diferentes espaços e serviços, como: salas de aula, bibliotecas, serviços de apoio à comunidade, núcleos de acessibilidade, apoio pedagógico, serviços envolvendo vestibulares e concursos, assim como ações de extensão universitária.

Vale ressaltar que o público-alvo da educação especial e alunos neurodivergentes nem sempre solicitam o apoio dos núcleos de acessibilidade e inclusão, pois não conhecem a instituição e seus serviços, por isso, é preciso, logo no ingresso deste aluno, apresentar todas as instâncias da universidade. Junto a esses alunos, a participação do fonoaudiólogo educacional nas semanas de ingresso da graduação e pós-graduação é fundamental.

O acolhimento dos estudantes deve acontecer em reuniões privadas em que se pratique a escuta ativa e a empatia a fim de que eles tenham um espaço seguro para falar de sua trajetória acadêmica e de suas necessidades específicas. Ao final dos encontros de acolhimento, a elaboração de documentos que sejam apresentados ao coordenador de curso e socializados com os professores, com a anuência dos estudantes, pode ser útil para que o aluno não se sinta sozinho diante das solicitações que precisa fazer a todos os seus professores. Após o encaminhamento desses documentos, é crucial que o fonoaudiólogo esteja disponível para auxiliar na discussão sobre a forma de viabilizar os ajustes razoáveis propostos, sejam eles didático-pedagógicos, comportamentais, atitudinais, comunicativos, ambientais ou relacionais.

A formação dos professores por meio da elaboração de cursos e espaços de discussão ajuda a dirimir dúvidas e a promover uma mudança de cultura na direção da inclusão efetiva.

Finalmente, é fundamental que ocorra a participação do fonoaudiólogo educacional nos órgãos colegiados que discutem a política institucional de acesso, permanência e aprendizagem de todos os estudantes, em um espaço democrático que contemple necessidades e atente para os direitos.

CONCLUSÃO

As discussões aqui mencionadas evidenciam que a ampliação do ingresso na EJA e/ou no ES é uma conquista necessária, mas não suficiente para que o acesso, a permanência e a aprendizagem sejam efetivas.

Enfatizamos a necessidade da implementação de ações, no âmbito da assistência estudantil, voltadas à promoção das condições de letramento dos estudantes da EJA e do ES. Importa ressaltar que a Fonoaudiologia já avançou no implemento de conhecimentos e ações intersetoriais com a Educação, em diferentes níveis e modalidades de ensino. Entretanto, abordagens teórico-práticas fonoaudiológicas direcionadas à EJA e ao ES ainda são restritas.

REFERÊNCIAS BIBLIOGRÁFICAS

1. Celeste LC, Zanoni G, Queiroga B, Alves LM. Mapeamento da Fonoaudiologia Educacional no Brasil: formação, trabalho e experiência profissional. CoDAS [Internet]. 2017;29(1):e20160029.
2. Brasil. Parecer CNE/CEB n. 11, de 10 de maio de 2000. Dispõe sobre as Diretrizes Curriculares Nacionais para a Educação de Jovens e Adultos. 2000.
3. Distéfano EG, Machado NAF, Pedralli R. Fonoaudiologia e educação de jovens e adultos. In: Marchesan IQ, Justino H, Tomé MC (orgs.). Tratado de especialidades em fonoaudiologia. 1. ed. São Paulo: Guanabara Koogan; 2014.
4. Biscouto A, et al. Práticas de letramento e promoção da saúde no ensino superior: efeitos de intervenção intersetorial. Saúde e Pesquisa, Maringá. 2020;13(2):285-93.
5. Camargo IJ; Berberian AP Oficina de letramento no ensino superior: Visão de alunos acerca de suas condições de escrita e leitura. Revista Ibero-Americana de Estudos em Educação, Araraquara. 2023;18(00):e023082.
6. Santana AP, Donida LO. Fonoaudiologia Educacional e letramento digital. In: Feitosa ALF, Depolli GT, Capellini SA (orgs.). Mapas Conceituais em Fonoaudiologia: Fonoaudiologia Educacional. 1. ed. Ribeirão Preto: Booktoy; 2023. p. 159-63.
7. Santana AP, Haracemiv SMC, Darde AOG. A formação do fonoaudiólogo para atuar na educação de adultos. In: Capellini SA, Donadon GG, Zorzi JL, Queiroga BAM (orgs.). Tratado de Fonoaudiologia Educacional. 1. ed. São Paulo: Booktoy; 2022. p. 179-90.
8. Sistema de Conselhos de Fonoaudiologia. Resolução CFFa n. 387, de 18 de setembro de 2009. Brasília; 2010.
9. Brasil. Constituição (1988). Constituição da República Federativa do Brasil. Brasília, DF: Senado Federal: Centro Gráfico; 1988.
10. Brasil. Lei n. 9394, de 20 de dezembro de 1996. Estabelece as Diretrizes e Bases da Educação Nacional. Brasília: MEC; 1996.
11. Silva FV. Uma breve discussão sobre quem são os sujeitos da EJA e quais suas expectativas na sala de aula [Trabalho de Conclusão de Curso]. João Pessoa: Universidade Federal da Paraíba; 2017.
12. Sacaloski M, Isotani SM. Fonoaudiologia Educacional e Educação de Jovens e Adultos. In: Feitosa ALF, Depolli GT, Capellini SA (orgs.). Mapas conceituais em Fonoaudiologia: Fonoaudiologia Educacional. 1. ed. Ribeirão Preto: Booktoy; 2023. p. 175-86.
13. Brasil. Ministério da Educação. Instituto Nacional de Estudos e Pesquisas Educacionais Anísio Teixeira (Inep). Censo da educação superior – 2021 – Divulgação dos resultados. Brasília (DF): Ministério da Educação; 2021.
14. Associação Nacional dos Dirigentes das Instituições Federais de Ensino Superior (ANDIFES). Observatório do Fórum Nacional de Pró-Reitores de Assuntos Estudantis (FONAPRACE). V Pesquisa Nacional de Perfil Socioeconômico e Cultural dos (as) Graduandos (as) das IFES – 2018. Brasília (DF): ANDIFES; 2019.
15. Observatório de Ações Afirmativas na Pós-graduação (Obaap). Disponível em: https://www.obaap.com.br/.
16. Brasil. Ministério da Educação. Base Nacional Curricular Comum. Brasília: MEC; 2017.
17. Brasil. Lei n. 13.146, de 06 de julho de 2015. Institui a Lei Brasileira de Inclusão da Pessoa com Deficiência (Estatuto da Pessoa com Deficiência). 2015.
18. Sebastián-Heredero E Diretrizes para o Desenho Universal para a Aprendizagem (DUA). Rev Bras Educ Espec [Internet]. 2020 Oct;26(4):733-68.
19. Diniz NFPS, Aires S. Grupo de escuta e reflexão com estudantes universitários. Vínculo, São Paulo. 2018;15(1):61-75.
20. Pan MAGS, Branco PI. Rodas de conversa: uma intervenção da psicologia educacional no curso de medicina. Revista Psicologia: Teoria e Prática, São Paulo. 2016;18(3):156-67.

Seção 6

Linguagem

Coordenadoras

Grace Cristina Ferreira-Donati
Isabelle Cahino Delgado

55

Transtornos da Linguagem Oral associados a questões biomédicas e aos Transtornos do Neurodesenvolvimento

Camila da Costa Ribeiro
Débora Befi-Lopes
Dionísia Aparecida Cusin Lamônica

PONTOS-CHAVE

- Transtornos do Neurodesenvolvimento referem-se a um grupo heterogêneo e complexo de desordens neurológicas.
- Transtornos de Linguagem impactam a vida do indivíduo interferindo na qualidade de vida, desempenho acadêmico e profissional.
- Há correlações relevantes entre os Transtornos do Neurodesenvolvimento e os Transtornos de Linguagem.

OBJETIVOS DE APRENDIZAGEM

Ao final deste capítulo, o leitor deverá ser capaz de:

- Conhecer os Transtornos do Neurodesenvolvimento.
- Conhecer os Transtornos de Linguagem associados a condições biomédicas e aqueles que acometem especificamente a Linguagem Oral, além de ser capaz de diferenciá-los.

INTRODUÇÃO

O termo Transtornos do Neurodesenvolvimento (TNs) tem sido aplicado a um grupo heterogêneo e complexo de desordens neurológicas que envolvem, de alguma forma, a interrupção do desenvolvimento cerebral. Em sua maioria, são atribuídos e associados a uma combinação de condições de risco envolvendo fatores genéticos, biológicos, psicossociais e ambientais[1].

Os TNs foram introduzidos como uma categoria abrangente de transtornos no DSM-5[2]. No DSM-5TR[3], os TNs foram mantidos em sete subgrupos, alguns subdivididos em outras subcategorias, que incluem: Transtorno do Desenvolvimento Intelectual (TDI); Transtornos da Comunicação (TC); Transtornos do Espectro Autista (TEA); Transtornos do Déficit de Atenção/Hiperatividade (TDAH); Transtornos Específicos da Aprendizagem (TEAp); Transtornos Motores do Neurodesenvolvimento (TMN) e Outros Transtornos do Neurodesenvolvimento.

Um número considerável de crianças apresenta desordens de linguagem, quer como condição independente, quer em associação com outros TNs[4]. É importante ressaltar que todos os TNs descritos no DSM-5TR[3] podem incluir o termo "associado" a outras condições, o que coloca as diversas entidades nosológicas que compõem os TNs como um constructo, apoiado pelas altas taxas de comorbidade entre os vários transtornos, dentro desse grupo diagnóstico[2].

No presente capítulo será seguida a classificação dos TNs seguindo a proposta do DSM-5TR[3], entretanto, receberão destaque aqueles nos quais a linguagem oral é ponto primordial.

O **Transtorno do Desenvolvimento Intelectual** (TDI) é uma condição heterogênea, que afeta o funcionamento cognitivo e adaptativo e está associada a múltiplas causas[2,4,5].

As características do TDI no DSM-5TR[3] são: déficits nas funções intelectuais como raciocínio, aprendizagem e pensamento abstrato; no funcionamento adaptativo com ocorrência durante o período de desenvolvimento e analisada pelo uso de especificadores baseados no funcionamento adaptativo, indicando nível de gravidade, de leve a profundo. São classificados como não sindrômicos (apresentação isolada) ou sindrômicos (associados a outras características clínicas)[6]. Entre as causas genéticas subjacentes altamente heterogêneas do TDI, vale mencionar as alterações cromossômicas, as variantes do número de cópias ou as variantes deletérias em genes únicos. As formas monogênicas de TDI podem seguir um padrão de herança autossômico dominante, autossômico recessivo ou ligado ao X.

Estima-se que cerca de 2.000 genes estejam envolvidos nos diferentes padrões de herança do TDI. É de relevância o conhecimento das principais síndromes genéticas que cursam com TDI. Em cada caso específico é possível verificar padrões fenotípicos específicos e expectativas quanto ao desenvolvimento da linguagem e desempenho em habilidades comunicativas[6].

Dessa forma, quando diagnosticamos um Transtorno de Linguagem nessa população, com qualquer nível de gravidade, a denominação adequada é Transtorno de Linguagem associado ao Transtorno do Desenvolvimento Intelectual.

No que se refere aos **Transtornos da Comunicação**, o DSM-5TR[3] inclui: *Fala* definida como produção expressiva de sons, incluindo a articulação, a fluência, a voz e a qualidade da ressonância de um indivíduo. No presente capítulo, que trata de aspectos específicos de linguagem, não iremos nos ater às especificidades do conjunto de conhecimentos que envolvem a fala, mesmo compreendendo suas intrínsecas relações com a linguagem, principalmente, mas não exclusivamente, no que se refere à sua manifestação expressiva; *Linguagem,* incluindo a forma, a função e o uso de um sistema convencional de símbolos; *Comunicação,* refletindo todo comportamento verbal e não verbal (intencional ou não) que influencia o comportamento, as ideias ou as atitudes de outro indivíduo[3].

Nessa perspectiva, dentre os quadros incluídos nos TNs dentro da área Transtornos da Comunicação, nos ateremos àqueles diretamente associados a comprometimento em linguagem, que não são associados a condições biomédicas, sendo assim, são considerados desenvolvimentais ou idiopáticos.

Aqui cabe um destaque importante no que se refere à ocorrência de Transtornos de Linguagem na infância. A literatura indica: 9,2% – prevalência total de Transtornos de Linguagem na população entre 4/5 anos; 7,58% – prevalência de Transtornos de Linguagem de origem desconhecida/idiopáticos; e 2,34% – prevalência de Transtornos de Linguagem associados a condições biomédicas[7].

O mais importante transtorno idiopático de linguagem, que acomete duas a cada 30 crianças, é o Transtorno do Desenvolvimento da Linguagem (TDL) que se refere ao desempenho de crianças que provavelmente terão dificuldades com linguagem ao longo da vida, com impacto significativo no cotidiano social, nas interações e no progresso educacional, sem etiologia conhecida. Sendo assim, o prognóstico passa a ser um fator-chave na definição do transtorno e o termo deve incluir crianças com problemas de linguagem que levem a deficiências funcionais significativas que provavelmente não vão se resolver sem ajuda especializada[8].

Nesse contexto, o termo Desenvolvimento refere-se ao fato de que a condição surge no curso do desenvolvimento, ao invés de ser adquirida ou associada a uma causa biomédica conhecida.

Os critérios para diagnóstico de TDL, de acordo com o DSM-5TR[3], são divididos em quatro níveis:

A. Dificuldades persistentes na aquisição e uso da linguagem em todas as modalidades (ou seja, falada, escrita, linguagem de sinais ou outra) devido a déficits de compreensão e/ou produção que incluem: *1. Vocabulário reduzido (conhecimento e uso de palavras); 2. Estrutura de frases limitada (baixa capacidade de unir palavras e terminações de palavras para formar frases com base nas regras de gramática e morfologia); 3. Prejuízos no discurso (capacidade de usar vocabulário e conectar frases para explicar ou descrever um tópico ou uma série de eventos ou conversar).*
B. As habilidades linguísticas estão substancial e quantificavelmente abaixo daquelas esperadas para a idade, resultando em limitações funcionais na comunicação efetiva, participação social, desempenho acadêmico ou desempenho ocupacional, individualmente ou em qualquer combinação.
C. O início dos sintomas ocorre no início do período de desenvolvimento.
D. As dificuldades não são atribuíveis à audição ou outra deficiência sensorial, disfunção motora ou outra condição médica ou neurológica, como TEA, por exemplo, e não são melhor explicadas por TDI ou atraso global do desenvolvimento.

Sobre a questão intelectual em TDL, os novos critérios diagnósticos determinam que a linguagem pode ser comprometida em uma criança com habilidade não verbal normal, entretanto habilidades não verbais mais baixas (QI não verbal acima de 70) não impedem o diagnóstico de TDL, uma vez que a literatura não tem encontrado diferenças na gravidade dos déficits de linguagem, fala, habilidades de produção e/ou desenvolvimento emocional[9].

Considerando que a aprendizagem e o uso da língua dependem das habilidades receptivas e expressivas, é fundamental que ambas sejam avaliadas, pois podem diferir em gravidade e justificar parcialmente a grande heterogeneidade das manifestações apresentadas pelas crianças, além, é claro, das variações pessoais e socioeconômico-culturais[9].

Em linhas gerais, os déficits comumente apresentados por uma criança com TDL são: aprendizagem verbal e memória; fonológicos e metafonológicos; semânticos e de acesso lexical; morfossintáticos e de elaboração discursiva. O diagnóstico de TDL deve ser feito após os quatro anos, preferencialmente com intervenção prévia e manutenção dos déficits linguísticos[8].

Além disso, podem co-ocorrer com outros transtornos, que podem afetar tanto o grau de comprometimento linguístico como a resposta à intervenção. Alguns exemplos são: Transtorno do Déficit de Atenção/Hiperatividade (TDAH), Transtornos Motores (TDC), Transtornos de Fala/produção articulatória (praxias e processamento motor), Transtornos de Aprendizagem, Transtornos Comportamentais e/ou Emocionais – limitações de adaptação, Transtornos Cognitivo/Linguísticos, com destaque para memória em suas diversas modalidades e funções executivas[8,9].

O diagnóstico de TDL, da mesma forma que de outros Transtornos de Linguagem associados a condições biomédicas distintas, é feito com base na síntese da história do indivíduo, observação clínica direta em diferentes contextos (ou seja, em casa, escola ou trabalho) e pontuações de testes padronizados de habilidades de linguagem que podem ser usados para orientar estimativas de gravidade, lembrando que as dificuldades de linguagem são manifestadas por habilidades abaixo do esperado para a idade e devem interferir significativamente no desempenho acadêmico e ocupacional e na comunicação efetiva ou socialização (Critério B do DSM-5TR)[3].

Cabe destacar que a definição de TDL exclui crianças com alterações de linguagem de ordem socioambiental e por bi ou multilinguismo, exceto se o transtorno afetar também a língua materna[8].

Ainda dentro do espectro dos **Transtornos da Comunicação**, está incluído o Transtorno da Comunicação Social – pragmática (TCS), que é caracterizado, segundo o DSM-5TR[3], por dificuldades primárias com a pragmática, persistentes no uso social da comunicação verbal e não verbal, manifestadas por déficits no uso da comunicação, incluindo: déficits no uso da comunicação para fins sociais; prejuízo da capacidade de mudar a comunicação para corresponder ao contexto; dificuldades em seguir regras de conversação e contação de histórias; dificuldades em entender o que não está explicitamente declarado e significados não literais ou ambíguos da linguagem.

Tais déficits resultam em limitações funcionais na comunicação efetiva, participação e relacionamentos sociais, desempenho acadêmico e/ou ocupacional, individualmente ou em combinação. O início dos sintomas, via de regra, ocorre no período inicial do desenvolvimento, e não são atribuíveis a outra condição médica ou neurológica. Além disso, não são melhor explicados por Transtorno do Espectro Autista, Transtorno do Desenvolvimento Intelectual (deficiência intelectual), Atraso Global do Desenvolvimento ou outro distúrbio mental[3].

A característica associada mais comum do Transtorno da Comunicação Social (pragmática) é o comprometimento da linguagem, que é caracterizado por uma história de atraso em atingir os marcos adequados para a idade, além de dificuldades estruturais de linguagem. Essas crianças tendem a evitar interações sociais e podem apresentar comorbidades como Transtorno de Déficit de Atenção/Hiperatividade, problemas emocionais e de comportamento e Transtornos Específicos de Aprendizagem[3,10,11].

Considerando que a comunicação social (pragmática) depende do progresso adequado do desenvolvimento da fala e da linguagem, o diagnóstico de TCS é raro entre crianças menores de quatro/cinco anos, quando a maior parte delas deve possuir habilidades de fala e linguagem adequadas para permitir a identificação de déficits específicos na comunicação social[10,11].

O **Transtorno do Espectro Autista** (TEA) é caracterizado por dificuldades de interação social, comunicação, comportamentos repetitivos e restritos, com início na primeira infância. Há extensa variabilidade nas trajetórias iniciais do desenvolvimento, com os sinais aparecendo desde os primórdios da vida ou com regressões do desenvolvimento, após um período aparentemente normativo[3]. As regressões envolvem principalmente a linguagem e a interação social.

A heterogeneidade no TEA é multidimensional e complexa, incluindo variabilidade nos fenótipos, bem como nos parâmetros clínicos, fisiológicos e patológicos[12]. A compreensão da natureza desses déficits é complicada pela diversidade no desempenho das habilidades de comunicação e desenvolvimento da linguagem, no funcionamento cognitivo e, principalmente, na presença de fatores comórbidos. Assim, não há um perfil único e específico quanto ao desenvolvimento da linguagem e comunicação para esses indivíduos. Os problemas de comunicação em indivíduos com TEA variam em um *continuum* de gravidade, de modo que algumas crianças podem ser verbais, enquanto outras permanecem não verbais ou minimamente verbais, sendo que cerca de 30% permanecerão não verbais ou minimamente verbais na idade adulta[13].

Muitas crianças autistas apresentam uma trajetória atípica e clinicamente reconhecível na aquisição da linguagem estrutural, envolvendo a fonologia, o vocabulário e a morfossintaxe. Essa trajetória está associada a um fenótipo prototípico do autismo[14]. Por volta dos três anos, 50-60% das crianças com TEA ainda não falam ou falam minimamente; entre os seis ou sete anos, cerca de 60-80% desenvolvem linguagem estrutural expressiva e receptiva. Durante esse intervalo de idade de 3 a 7 anos, uma variedade de trajetórias linguísticas é observada, desde curvas de crescimento constantes e relativamente modestas até ganhos linguísticos surpreendentemente acentuados, mas após esse ponto, as pontuações linguísticas geralmente progridem de maneira relativa[15].

A diversidade de perfis de desenvolvimento da fala e da linguagem decorre tanto da presença de fatores comórbidos, por exemplo, TDI e/ou TDAH, quanto dos sintomas centrais do comportamento autista sem comorbidade, ou de ambos, levando ao desenvolvimento de sintomas clínicos complexos[15]. A literatura apresenta que mais da metade dos indivíduos com TEA apresentam déficits adicionais em outros níveis da estrutura da língua, como fonologia, gramática e semântica e que o atraso na aquisição da linguagem e a falta de capacidade de usar a linguagem adequadamente em contextos sociais, envolvendo as habilidades pragmáticas, são as principais características do TEA e que esses déficits são as características mais marcantes do transtorno, independentemente do nível de funcionamento do indivíduo[15].

Embora haja na literatura muitos grupos de pesquisa tentando realizar classificações das alterações da linguagem, da fala e da comunicação no TEA, não há consenso sobre quais critérios ou qual classificação identificaria esse transtorno. Assim, a linguagem em crianças com TEA permanece mal compreendida e a identificação dos fatores que podem prever, favorecer ou moldar as trajetórias linguísticas continua a ser um dos principais desafios científicos na investigação das habilidades comunicativas envolvendo a aquisição e desenvolvimento da linguagem no TEA[16].

Da mesma forma que ocorre no TDI, quando diagnosticamos um Transtorno de Linguagem na população com TEA com qualquer nível de gravidade, a denominação adequada é Transtorno de Linguagem associado ao Transtorno do Espectro do Autismo.

Já o **Transtorno do Déficit de Atenção/Hiperatividade** (TDAH) é um transtorno do neurodesenvolvimento que interfere no funcionamento e/ou no desenvolvimento da criança devido aos níveis prejudiciais de desatenção, desorganização e/ou impulsividade/hiperatividade. O transtorno começa na infância, e para que o diagnóstico seja realizado é necessário que vários sintomas estejam presentes antes dos 12 anos[3].

No TDAH não se verifica uma relação direta de causa e efeito quando se mencionam as possíveis alterações de linguagem oral, no entanto, é necessário cautela, uma vez que as alterações cognitivas envolvem as funções executivas e de atenção, que podem interferir no desenvolvimento normativo da linguagem e tendem a ser alteradas nessas crianças[16].

Em um estudo[17] foram verificadas dificuldades no conteúdo e na forma da linguagem no TDAH do tipo desatento e no tipo combinado, no entanto, as dificuldades relacionadas à forma tendiam a diminuir ao longo do tempo. Os autores também mencionam dificuldades relacionadas aos aspectos fonético-fonológicos e gramaticais, que provavelmente são decorrentes de falhas no processo atencional e no controle inibitório de estímulos irrelevantes, e não necessariamente por uma inabilidade em lidar com aspectos linguísticos. Outro estudo[18] menciona que as crianças com TDAH apresentam níveis inferiores de complexidade sintática e utilizam um número menor de orações subordinadas, quando comparadas às crianças típicas. Em contrapartida, em um estudo de revisão[19], ou autores não mencionam as alterações de linguagem oral como frequentes nos quadros de TDAH, destacando os distúrbios de leitura, seguidos das alterações do processamento auditivo.

No presente capítulo, que trata de aspectos específicos de linguagem oral, não iremos nos ater às especificidades do conjunto de conhecimentos que envolvem a escrita e/ou leitura, mesmo compreendendo suas intrínsecas relações com a linguagem oral e a alta porcentagem de comorbidades entre os Transtornos Específicos de Aprendizagem e o TDAH.

No que se refere aos **Transtornos Específicos da Aprendizagem** (TEAp), que estão incluídos nos Transtornos do Neurodesenvolvimento, o DSM-5TR[3] indica que há três domínios específicos do TEAp que devem ser registrados: *prejuízo na leitura* (termo alternativo: dislexia), desempenho aquém do esperado na precisão da leitura de palavras, velocidade ou fluência da leitura, e compreensão da leitura; *prejuízo na expressão* *escrita*, desempenho abaixo do esperado na precisão da ortografia, precisão na gramática e na pontuação, clareza ou organização da expressão escrita; *prejuízo na matemática* (termo alternativo: discalculia), dificuldade no senso numérico, memorização de fatos aritméticos, precisão ou fluência de cálculo e precisão no raciocínio matemático.

Embora a intersecção entre TEAp e aspectos de linguagem oral seja reconhecida e muito estudada, suas principais características e aspectos diagnósticos estão diretamente relacionados a conhecimentos específicos da linguagem escrita, que como mencionamos, não serão aprofundados no presente capítulo.

O DSM-5TR[3] apresenta que os **Transtornos Motores do Desenvolvimento** (TMD) incluem o Transtorno do Desenvolvimento da Coordenação (TDC), o Transtorno do Movimento Estereotipado (TME) e o Transtorno de Tique (TT). Tais transtornos não são indicados pela literatura como diretamente relacionados a alterações no desenvolvimento da linguagem oral, sendo assim, será realizada apenas uma breve descrição desses transtornos.

Para o diagnóstico de TDC quatro critérios são fundamentais: (1) a aquisição e execução de habilidades motoras coordenadas muito abaixo do nível esperado para a idade, dada a oportunidade de aprendizagem de habilidades; (2) as dificuldades nas habilidades motoras interferem significativamente nas Atividades de Vida Diária (AVD) e impactam a produtividade acadêmica/escolar, as atividades pré-profissionais e vocacionais, o lazer e as brincadeiras; 3) o início ocorre no período inicial de desenvolvimento; e (4) as dificuldades nas habilidades motoras não são melhor explicadas por atraso intelectual, deficiência visual e não são atribuídas a outras condições neurológicas que afetam o movimento, como paralisia cerebral, distrofias musculares ou doenças degenerativas.

O TDC frequentemente ocorre concomitantemente com outros transtornos, incluindo Transtornos da Linguagem e/ou Fala, Transtorno Específico de Aprendizagem, TDAH, problemas de comportamento e emocionais e a síndrome de hipermobilidade articular[20].

No que se refere aos TME, as características apresentadas pelo DSM-5TR[3] são: comportamento motor repetitivo, aparentemente direcionado e sem propósito, com início precoce, que irá interferir nas atividades sociais, acadêmicas ou outras, podendo resultar em autolesões. Esses comportamentos não podem ser atribuídos aos efeitos fisiológicos de substâncias ou condições neurológicas, não sendo mais bem explicados por outro transtorno do neurodesenvolvimento ou condição mental, como por exemplo a tricotilomania ou o transtorno obsessivo-compulsivo. Esse transtorno pode estar relacionado a um diagnóstico primário ou secundário a outras condições, como em muitas doenças neurogenéticas em diversas síndromes (Lesch-Nyhan, Rett, Cornelia de Lange, Smith-Magenis, dentre outras).

O TT é definido como movimentos ou vocalizações súbitas, rápidas, recorrentes e não rítmicas, como piscar os olhos, caretas, encolher os ombros, grunhidos e fungar. Nessa categoria estão o Transtorno de Tourette, o Transtorno de Tique Motor ou Vocal persistente (crônico) e o Transtorno de Tique transitório.

A categoria **Outros Transtornos do Neurodesenvolvimento** deve ser utilizada quando há prejuízos que comprometem o desenvolvimento/funcionalidade motores que não satisfaçam todos os critérios de diagnóstico dos TMD.

Diferentemente da maior parte dos TNs, os Transtornos de Linguagem, via de regra, não estão associados aos TMD, mas podem co-ocorrer, ou seja, são considerados comórbidos.

Finalizando, cabe ressaltar que a Paralisia Cerebral no DSM-5TR não está incluída como um TNs, entretanto, considerando sua ocorrência e as alterações de fala, de linguagem e de comunicação que podem estar presentes nesse quadro clínico, os profissionais, principalmente os fonoaudiólogos, devem compreender esse quadro, pela necessidade de intervenção que acarreta.

CONSIDERAÇÕES FINAIS

Ao analisar os TNs, fica evidente a necessidade do conhecimento de cada quadro clínico em particular, suas peculiaridades, sinais, sintomas e trajetórias do desenvolvimento, que envolvem, de alguma forma, a interrupção do desenvolvimento nos primórdios da vida da criança. Dessa forma, ter conhecimento sobre o desenvolvimento típico se torna absolutamente indispensável, envolvendo as diferentes dimensões do neurodesenvolvimento – motora, linguística, cognitiva, social e emocional –, uma vez que o desenvolvimento dessas áreas ocorre de forma integrada. Com relação ao desenvolvimento da linguagem é de extrema relevância o conhecimento tanto da fase pré-verbal (fase pré-linguística) quanto verbal (fase linguística).

O conhecimento sobre os marcos do neurodesenvolvimento possibilita previsibilidade do comportamento infantil em cada área e em cada faixa etária, o que permite o acompanhamento integral das necessidades da criança. Quando o acompanhamento é feito de forma adequada, a identificação de riscos e atrasos pode ocorrer precocemente, o que permite agir antes que o quadro de alterações se estabeleça, ou minimizar os efeitos deletérios de determinada condição clínica.

Diante desse cenário, procedimentos de avaliação para o diagnóstico fonoaudiológico são absolutamente fundamentais. A observação clínica e a avaliação objetiva com a utilização de instrumentos padronizados são indispensáveis, conduzindo de maneira mais assertiva o diagnóstico precoce dos transtornos, além de possibilitar a redução de falso negativo, permitindo intervenção adequada, com o intuito de maximizar o potencial da criança afetada com qualquer um dos TNs, isolados ou comórbidos. Vale destacar que diferentes patologias requerem diferentes caminhos da intervenção, daí a necessidade de conhecimento específico sobre cada quadro.

REFERÊNCIAS BIBLIOGRÁFICAS

1. Gorla JI, Souza NC, Buratti JR. Transtornos do Neurodesenvolvimento: Conceitos, neurotopografia e aspectos psicomotores. Ponta Grossa: AYA Editora; 2021.
2. Morris-Rosendahl DJ, Crocq MA. Neurodevelopmental disorders – the history and future of a diagnostic concept. Dialogues Clin Neurosci. 2020;22(1):65-72.
3. American Psychiatric Association. Manual Diagnóstico e Estatístico de Transtornos Mentais – DSM-5-TR: Texto revisado. 5. ed. Porto Alegre: Artmed; 2023.
4. Donolato E, Toffalini E, Rogde K, Nordahl-Hansen A, Lervag A, Norbury C, et al. Oral language interventions can improve language outcomes in children with neurodevelopmental disorders: A systematic review and meta-analysis. Campbell Syst Rev. 2023;19(4):e1368.
5. Klein-Haneveld MJ, Hieltjes IJ, Langendam MW, Cornel MC, Gaasterland CMW, Van Eeghen AM. Improving care for rare genetic neurodevelopmental disorders: a systematic review and critical appraisal of clinical practice guidelines using AGREE II. Genet Med. 2024:26(4):101071.
6. Brea-Fernández AJ, Álvarez-Barona M, Amigo J, Tubío-Fungueiriño M, Camaño P, Fernández-Prieto M, et al. Trio-based exome sequencing reveals a high rate of the de novo variants in intellectual disability. Eur J Hum Genet. 2022;30(8):938-45.
7. Norbury CF, Gooch D, Wray C, Baird G, Charman T, Simonoss E, et al. The impact of nonverbal ability on prevalence and clinical presentation of language disorder: evidence from a population study. J Child Psychol Psychiatry. 2016;57(11):1247-57.
8. Bishop DVM, Snowling MJ, Thompson PA, Greenhalgh T, Adams C, Archibald L, et al. Phase 2 of CATALISE: a multinational and multidisciplinary Delphi consensus study of problems with language development: terminology. J Child Psychol Psychiatry. 2017;58(10):1068-80.
9. McGregor KK, Goffman L, Van Horne AO, Hogan TP, Finestack LH. Developmental language disorder: applications for advocacy, research, and clinical service. Perspectives. 2020;5(1):38-46.
10. Gibson J, Adams C, Lockton E, Green J. Social communication disorder outside autism? A diagnostic classification approach to delineating pragmatic language impairment, high functioning autism and specific language impairment. The Journal of Child Psychology and Psychiatry. 2013;54(11):1186-97.
11. Félix J, Santos ME, Benitez-Burraco A. Specific language impairment, autism spectrum disorders and social (pragmatic) communication disorders: is there overlap in language deficits? A review. Rev J Autism Dev Disord. 2024;11:86-116.
12. Matta J, Dobrino D, Yeboah D, Howard S, El-Manzalawy Y, Obafemi-Ajayi T. Connecting phenotype to genotype: PheWAS-inspired analysis of autism spectrum disorder. Front Hum Neurosci. 2022;12(16):960991.
13. Chen Y, Siles B, Tager-Flusberg H. Receptive language and receptive-expressive discrepancy in minimally verbal autistic children and adolescents. Autism Res. 2023;17(2):381-94.
14. Kissine M, Saint-Denis A, Mottron L. Language acquisition can be truly atypical in autism: Beyond joint attention. Neurosci Biobehav Rev. 2023;153:105384.
15. Georgiou N, Spanoudis G. Developmental language disorder and autism: commonalities and differences on language. Brain Sci. 2021;11(5):589.
16. Azoni CAS, Barbosa ALA, Crenitte PAP. Diagnóstico diferencial dos transtornos da linguagem escrita. In: Azoni CAS, et al. Tratado de linguagem: perspectivas contemporâneas. Ribeirão Preto: Booktoy; 2023, p.187-98.
17. Yegual-Fernández A, Miranda-Casas A, Cervera-Mérida JF. Dificultades em las dimensiones de forma y contenido del linguaje en los niños com transtorno por déficit de atención com hiperactividad. Rev Neurol Clin. 2000;1:193-202.
18. Gallardo-Paúls B, Moreno-Campos P, Roca P, Pérez-Mantero JL. Complejidad sintáctica y textual en niños con transtorno por déficit deatención/hiperactividad. Rev Neurol. 2012;54(1):131-5.
19. Machado-Nascimento N, Melo e Kumer A, Lemos SMA. Alterações fonoaudiológicas no transtorno de déficit de atenção e hiperatividade: revisão sistemática de literatura. CoDAS. 2016;28(6):833-42.
20. Tamplain P, Miller HL, Peavy D, Cermak S, Williams J, Licari M. The impact for DCD – USA study: The current state of Developmental Coordination Disorder (DCD) in the United States of America. Res Dev Disabil. 2024;145:104658.

56

Transtorno do Espectro Autista: caracterização e intervenção

Jacy Perissinoto
Cátia Crivelenti de Figueiredo Walter
Grace Cristina Ferreira-Donati

PONTOS-CHAVE

- Avaliação fonoaudiológica.
- Intervenção terapêutica individual para a pessoa autista.
- Atuação participativa e colaborativa com a família, escola, trabalho e outras demandas de inserção social nos ciclos da vida da pessoa com TEA.

OBJETIVOS DE APRENDIZAGEM

Ao final deste capítulo, o leitor deverá ser capaz de:

- Ampliar seu conhecimento sobre as principais características de TEA e identificar sinais dessa condição em diferentes fases da vida.
- Compreender e interpretar as habilidades comunicativas na diversidade dos quadros clínicos de TEA.
- Analisar criticamente informações atualizadas e integrá-las à sua atuação clínica, com ética e responsabilidade.

INTRODUÇÃO

O Transtorno do Espectro Autista (TEA) caracteriza-se por impedimentos graves e crônicos nas áreas de interação e comunicação social e por um repertório restrito e estereotipado de interesses[1-2] que podem ser observados na primeira infância, embora o diagnóstico possa ser concluído mais tarde.

Trata-se de uma condição neurobiológica que pode incluir dificuldades na atenção conjunta e na reciprocidade social, inabilidades de comunicação verbal e não verbal para a interação social; comportamentos, interesses ou atividades restritos e repetitivos manifestados por fala estereotipada e repetitiva, movimento motor ou uso de objetos; adesão inflexível às rotinas; interesses restritos; e hipo e/ou hipersensibilidade a estímulos sensoriais[3].

Com uma prevalência de 1:36 crianças, conforme dados recentes do *Center Disease Control* (CDC) em 2020, o TEA é uma das formas mais comuns de Transtornos do Neurodesenvolvimento[4]. Ainda que se considerem barreiras como dificuldades de acesso e de frequência a serviços qualificados e rigor de diagnóstico diferencial[5], as pesquisas e a clínica no TEA mobilizam profissionais de saúde e de educação para maior compreensão da complexidade dessa condição.

O fonoaudiólogo é um membro-chave de equipes interdisciplinares e, por sua formação, atua no rastreio de sinais de alerta, na avaliação, no diagnóstico diferencial e específico de TEA, na escolha da abordagem de intervenção, quer seja em ação direta com o sujeito e/ou indireta com a família e equipes, no registro do progresso, e determinação de critérios e procedimento de alta apropriados[3,6].

As pesquisas têm avançado na compreensão das causas do autismo, em questões de como identificar sinais de alerta para TEA, diagnosticar e cuidar das pessoas autistas o mais precocemente possível, além do avanço nas formações profissionais e em proposições para vencer barreiras socioeconômicas e de deslocamento até o local de assistência, dentre outras[5,7].

Nas últimas décadas, o conceito de autismo passou por mudanças bastante relevantes. Pesquisas etiológicas descrevem TEA como um transtorno heterogêneo, complexo e secundário à intensa interação de fatores genéticos, neurobiológicos e ambientais em que são encontradas precocemente diferenças nos padrões de organização cerebral e comportamento[8,9].

No aspecto clínico, estudiosos destacaram o caráter dimensional e não categórico dos diferentes quadros ou autismos e reconheceram o transtorno como um espectro em toda a heterogeneidade do TEA ao longo da vida e a possibilidade de comorbidades[1].

O diagnóstico de TEA passou a enfatizar o caráter desenvolvimental dessa condição em classificação de três níveis de autonomia de comunicação social, cognitiva e de abrangência e flexibilidade em atividades e participação nos diferentes aspectos da vida[1].

Estudos sobre prognóstico que adotam referências de qualidade de vida social, ocupação e independência em quadros de TEA reportam qualidade do apoio recebido, severidade de sintomas, presença e estrutura de linguagem verbal, acesso à comunicação na infância e, especialmente, o nível intelectual, como fatores protetivos do desenvolvimento e inserção social na vida adulta[10].

Diante da heterogeneidade e eventuais comorbidades, a complexidade da clínica do autismo convoca o fonoaudiólogo a olhar a pessoa com TEA em suas habilidades pragmáticas de compreensão e uso das regras de comunicação em adaptações sociais por meios comunicativos gestual, oral, escrito e/ou alternativos. Além disso, a atenção e o cuidado aos recursos vocais e de prosódia, habilidades e sensibilidades auditiva, visual e de motricidade oral, são também focos da atuação fonoaudiológica com pessoas autistas em suas particularidades e desafios.

A ampliação no perfil de indivíduos com TEA em busca de assistência fonoaudiológica, seja pelas famílias de crianças bem jovens e também por adolescentes e adultos, impulsiona os estudos sobre o TEA. A atualização do conhecimento específico de sua área e a habilidade de ajustá-lo a cada pessoa, nas diferentes fases e desafios, são essenciais ao fonoaudiólogo no diagnóstico, avaliação e tratamento das desordens de comunicação do espectro autista ao longo da vida.

O objetivo do capítulo é atualizar o fonoaudiólogo sobre o TEA quanto a aspectos de avaliação e intervenção terapêutica considerando o indivíduo em suas atividades e participação cotidiana em diferentes cenários e com diferentes interlocutores ao longo da vida.

O texto resgata a construção de conhecimento capitaneada pela SBFa nos últimos anos em diferentes formatos de produção e soma-se aos outros capítulos da Seção sobre Linguagem e às proposições das seções de audição, voz, MO, de saúde coletiva sobre políticas públicas de saúde e educação na presente obra.

O leitor poderá analisar as principais características de TEA, integrar informações atualizadas e deliberar para sua melhor atuação clínica na avaliação, terapia, orientação a pais, escola e local de trabalho, de acordo com a individualidade de cada caso. Para tal, o texto está organizado em ciclos de vida de maneira a abordar os quadros de TEA em alguns dos pontos-chave das dinâmicas de avaliação e intervenção direta com a pessoa autista e indireta, participativa e colaborativa com a família, na escola, no trabalho e em outras demandas de inserção social.

OS ANOS INICIAIS

O estado atual de conhecimento sobre TEA implica, necessariamente, a atenção e o cuidado individual quanto ao desenvolvimento do engajamento social e da comunicação desde os anos iniciais.

A atenção a indicadores comportamentais antes dos dois anos pode ajudar as famílias a obterem encaminhamentos de diagnóstico apropriados e para serviços de intervenção oportuna, mesmo antes de ser feito um diagnóstico definitivo de TEA. Além disso, pesquisas reiteram que a intervenção precoce pode melhorar os resultados a longo prazo para muitas crianças nessa condição clínica[11].

Nessa direção, a avaliação fonoaudiológica das habilidades de comunicação social da criança jovem inclui entrevistas com pais e observação da criança em atividades mais ou menos livres e, geralmente, de proposição lúdica interativa com interlocutores de diferentes graus de familiaridade[7].

Reconhecidamente, a descrição dos pais sobre o desenvolvimento traz para o profissional a variedade de comportamentos daquela criança em particular observados em diferentes contextos. O fonoaudiólogo analisa o relato parental e prioriza sua avaliação quanto ao desenvolvimento dos aspectos pragmáticos e da estrutura da linguagem, associados ao desenvolvimento motor, cognitivo, emocional e social da criança.

A partir daí, o clínico inicia o registro-base do que constituirá o diagnóstico e futuro plano de intervenção individual e assume a responsabilidade de estabelecer estratégias de atenção para ajudar as famílias e os cuidadores a compreenderem as dificuldade e desafios da comunicação da criança autista e a otimizarem o seu desenvolvimento[12].

Independentemente dos recursos de entrevista adotados pelo fonoaudiólogo, os primeiros sinais relatados na busca pelo diagnóstico focalizam o atraso ou a ausência total de fala associados a prejuízos de interação social. Dentre esses sinais, a audição deve ser objeto de diagnóstico diferencial e a redução ou ausência do contato visual ao longo do primeiro ano de vida deve ser alerta para o profissional como o primeiro indicador para Transtorno do Espectro Autista[11].

As alterações na comunicação social são descritas pelos pais como falhas em seguir a direção do olhar ou de um gesto de apontar do adulto, usar o gesto de apontar, responder a pedidos, apontar ou dar objetos pedindo uma ação, responder a um jogo físico, iniciar e manter jogos interpessoais, antecipar ações em jogos ou atividades rotineiras, brincar explorando os objetos, imitando uma ou mais ações e de faz de conta. Há prejuízo em compartilhar interesses, emoções e interação social e, especialmente, dificuldade em iniciar e sustentar diálogos. Há também dificuldade de regulação, isto é, em ajustar os comportamentos de acordo com os contextos sociais e em compartilhar brincadeiras simbólicas e imaginativas com seus pares[13].

Registram-se relatos sobre comportamentos restritos e repetitivos de fala como a ecolalia, uso de frases peculiares, padrões ritualizados de prosódia e gestos; atenção excessiva a objetos específicos, reatividade incomum a estímulos táteis, visuais, auditivos e gustativos e, eventualmente, indiferença aparente à dor ou à temperatura[13].

De maneira a reforçar a importância do questionamento direto sobre sinais de TEA no relato das famílias desde o primeiro ano de vida[5], estudos indicam que os sintomas presentes no segundo e terceiro anos de vida são desdobramentos de um processo de desenvolvimento que começa desde o nascimento ou logo depois, comprometendo o desenvolvimento de comunicação da criança[11,14,15].

Há consenso entre clínicos e pesquisadores sobre a relevância da intervenção mediada pela família para acolher as demandas e otimizar o desenvolvimento da comunicação gestual e vocal da criança jovem com sinais de alerta para TEA[7,16,17].

Referenciais de conhecimento e habilidades do profissional sustentam o dinamismo da observação, o reconhecimento e a interpretação de indicadores de características de TEA e também tecem a sua atuação em equipes na avaliação, diagnóstico diferencial, intervenção, encaminhamentos para serviços e na assistência à criança e à sua família.

As metas da Fonoaudiologia visam a progressão das habilidades pragmáticas de comunicação desde o estágio pré-linguístico até os de linguagem avançada por meios verbais, gestuais ou com recursos alternativos. Assim, o processo terapêutico focaliza os principais desafios do TEA: iniciar comunicação espontânea em atividades funcionais, envolver-se em interações de comunicação recíproca, e generalizar as habilidades entre atividades, diferentes ambientes e parceiros de comunicação[3].

Com foco nesses pontos-chave, as intervenções demandam habilidades cognitivas inerentes à comunicação interpessoal de atenção, memória, inferência, flexibilidade e regulação emocional[18]. Portanto, precisam ser acompanhadas por ações mais amplas, tornando ambientes físicos, sociais e atitudinais mais acessíveis, inclusivos e de apoio para a criança e sua família.

Com o acolhimento e orientação aos pais, parcerias com educadores e profissionais da saúde e a ação terapêutica direta com a criança, o clínico minimiza desvios no desenvolvimento da comunicação e linguagem.

Para tanto, o fonoaudiólogo reconhece diferentes parceiros de comunicação e contextos do universo infantil, além do cenário clínico propriamente dito. Otimiza situações mais ou menos diretivas da rotina familiar, educacional e de lazer para propor atividades em que a comunicação, por meio verbal, gestual ou com recursos alternativos, é o foco central.

OS ANOS ESCOLARES

É chegado o momento mais importante do início da vida acadêmica, em que as crianças assumem o papel de estudantes e começam a frequentar a escola. Durante esse período, as crianças com TEA podem se beneficiar de intervenções educacionais e terapêuticas adequadas, que ajudam no seu desenvolvimento cognitivo, social, emocional e comportamental.

A atuação fonoaudiológica no processo de inclusão de alunos com TEA é fundamental para promover o desenvolvimento da comunicação e das habilidades sociais. Recomenda-se uma avaliação detalhada das habilidades comunicativas e linguísticas do aluno com TEA[19], além de observar suas dificuldades específicas relacionadas aos comportamentos inerentes ao quadro. Essa avaliação ajuda a identificar as necessidades de cada aluno e a determinar metas individuais a serem trabalhadas em conjunto com a equipe de educação sobre a aquisição das noções básicas de habilidades de comunicação social, linguagem receptiva e expressiva e para os alunos sem fala funcional. Será indicado o uso da Comunicação Aumentativa e Alternativa (CAA), podendo ser em baixa ou alta tecnologia[20].

A orientação direta aos professores e mediadores nos primeiros anos escolares se dedica a criar um ambiente estruturado, que por meio de brincadeiras, conto e reconto de histórias e atividades pautadas nos interesses pode auxiliar na compreensão de conceitos acadêmicos e antecipar as expectativas diárias (como a agenda de atividades escolares), contribuindo no processo de inclusão, na redução da ansiedade e de comportamentos desafiadores.

A Educação Infantil também é importante para preparar todas as crianças na transição para o Ensino Fundamental. Ao receber intervenções precoces apropriadas, elas têm maiores chances de se adaptarem ao ambiente escolar futuro. Além disso, parcerias com os pais, professores e profissionais da saúde também são essenciais na garantia de um ambiente colaborativo e consistente em relação às estratégias educacionais adotadas no contexto escolar.

A troca, o diálogo, as mensagens fazem parte das relações interpessoais e são permeadas pela linguagem, seja ela oral ou escrita[21]. A alfabetização envolve não apenas a decodificação de símbolos gráficos (letras) em sons e palavras, mas também a compreensão do significado dessas palavras e a capacidade de expressar pensamentos por escrito, de modo a assimilar os signos arbitrários convencionados socialmente e usá-los de modo intencional e autônomo[22].

É importante que o professor de sala de aula esteja atento às diferenças na comunicação, interação social e comportamentos do estudante com TEA e notar que as estratégias de ensino podem precisar de adaptações para atender às necessidades específicas de cada aluno[23]. Assim, o fonoaudiólogo, em parceria com professores do Atendimento Educacional Especializado (AEE), os professores da sala regular e os agentes de apoio educacional, desempenha papel fundamental no desenvolvimento de abordagens eficazes no processo de alfabetização desses estudantes, considerando suas características individuais e estilos de aprendizagem.

Se a fala for desafiadora, a habilidade de se expressar por escrito pode ser uma ferramenta valiosa para compartilhar pensamentos, sentimentos e necessidades. A CAA deve ser utilizada na ausência da fala, na falta da fala funcional ou quando houver prejuízos na inteligibilidade da fala, como por exemplo, o PECS (*Picture Exchange Communication* System)[24], o PECS-Adaptado (Pessoas Engajadas Comunicando Socialmente)[25] e outros programas que priorizam a linguagem, abordados nas terapias individualizadas e também no contexto escolar e familiar. A CAA no contexto escolar oferece a capacidade de participação mais ativa nas atividades acadêmicas, onde os pictogramas acompanhados pela legenda escrita oferecem um canal extra na associação entre imagem e enunciados, além de ser favorável ao aparecimento da fala funcional, principalmente quando associada aos Dispositivos Geradores de Fala (DGF)[26].

O fonoaudiólogo deve orientar os professores e toda a equipe escolar no uso de suportes visuais relativos às necessidades de cada estudante, obedecendo a hierarquia ao uso de suportes físico, verbal e mínimo, priorizando a realização das atividades de forma mais independente possível. Além disso, é importante destacar que o uso de jogos interativos, interpretações de narrativas sociais explorando sentimentos e problemas reais, atividades acadêmicas pautadas em situações cotidianas e nos interesses dos alunos com TEA deverão estar presentes em todos os momentos da vida escolar.

Planejar cuidadosamente a transição do ensino fundamental para o ensino médio, superior ou outro programa educacional também se configura em um ponto-chave para o fonoaudiólogo atuar de forma colaborativa e participativa com a família, educadores e profissionais de diferentes áreas, buscando garantir que as necessidades educacionais, terapêuticas e de apoio sejam supridas de maneira adequada. Assim, será prioridade incentivar os indivíduos com TEA a ter maior autonomia na fase de transição e no avanço das séries educacionais, incluindo o desenvolvimento de habilidades de autocuidado, independência em tarefas diárias e a preparação para a vida adulta.

ADOLESCÊNCIA E VIDA ADULTA

Ao chegar à vida adulta, a pessoa com TEA se depara com novos desafios que se estabelecem na interação com ambientes e demandas até então desconhecidas. Nesta etapa, assim como nas demais fases da vida, a Fonoaudiologia deve se apresentar como um campo de oportunidades de suporte e desenvolvimento. Estudos têm demonstrado que a intervenção na área da Linguagem tem um impacto positivo na participação social das pessoas adultas com autismo, protegendo, por conseguinte, o desempenho em diferentes áreas da vida[10].

As contribuições da Fonoaudiologia nesta etapa têm característica abrangente, no que se refere a diferentes subáreas da profissão e, assim como ocorre na atuação junto à população infantil, tem interface com outras áreas da reabilitação em saúde e da educação, como a Fisioterapia, a Terapia Ocupacional, a Psicologia e a docência de ensino médio e universitária, entre outros. Esses diálogos devem ser construídos para atender mais eficazmente as necessidades do paciente ou cliente e, vale destacar, com ampla participação da pessoa com TEA e limitados ao seu consentimento e objetivos.

Assim, como descrito anteriormente, o nível de suporte característico de cada pessoa continua sendo uma variável importante na idade adulta, que desloca as atenções para uma ou outra área de intervenção em comunicação e linguagem. Uma pessoa adulta autista com nível 3 de suporte, com repertório restrito de comportamentos expressivos carece de suporte em comunicação aumentativa e alternativa que talvez seja de menor impacto para um outro adulto com autismo que se comunique habilmente por meio da fala e que precisa, na verdade, de maior apoio terapêutico em habilidades pragmáticas e de prosódia. Sendo assim, a individualização da análise de comunicação e linguagem é um fator imperativo na atuação fonoaudiológica nesses casos. Ainda que a afirmativa seja óbvia, vale reiterá-la para proteger a atuação profissional de atitudes universalizantes impróprias.

Outro aspecto que deve se ter em conta é o momento da formalização diagnóstica de cada caso. O fonoaudiólogo pode estar diante de um adulto ou uma adulta com autismo, diagnosticado(a) na infância, com uma história longa de intervenções e conhecimento construído sobre si mesmo(a). Ou pode ser alguém que procura o atendimento fonoaudiológico com dúvidas e queixas durante um processo diagnóstico atual. A diferença de posicionamento do profissional numa e noutra situação recai sobre o repertório construído de habilidades, assim como o eventual histórico de traumas vividos em situações familiares, sociais, terapêuticas e educacionais. Muitos adultos procuram por atendimento sem ter uma rede de apoio no processo, conduzido por muitas dúvidas e sofrimento psíquico. Tal situação requer habilidades bastante buriladas do profissional para conduzir os processos de avaliação e de intervenção, com escuta ativa, acolhimento e ao mesmo tempo com firmeza nos limites de ação técnica.

Retomando o que mencionamos antes, no que se refere à abrangência da atuação, é certo que a Linguagem lidera o plano fonoaudiológico destinado à maioria desses indivíduos, mas também é verdadeiro dizer que deve se amparar nas áreas da Fala, Motricidade Orofacial, Voz, Disfagia, Audição e Equilíbrio e Neuropsicologia, para se atender as necessidades de suporte com impacto efetivo na vida social da pessoa com autismo, em todos os seus ambientes. Nas próximas linhas, nos deteremos a descrever as habilidades linguísticas e supralinguísticas que guardam relação estreita com o desempenho comunicativo de pessoas adultas com autismo. São essas habilidades que possam ser avaliadas e, quando em déficit, integrar o plano de intervenção fonoaudiológica.

Devemos enfatizar, no entanto, que as habilidades citadas não constituem uma lista exaustiva ou definitiva de características de indivíduos adultos com TEA, mas retratam e sintetizam os achados de pesquisa mais recentes, no que representa o que se observa com maior frequência.

No que se refere a indivíduos com suporte classificado em Nível 1[3], é mais comum se identificar: nenhum ou pouco atraso na emergência da fala; uso de palavras complexas, com frágil preenchimento de significado; predileção pela função de nomear, em relação a funções dialógicas de maior impacto social; déficits em funções executivas, principalmente em alternar atenção, resolver problemas, planejar e sequencializar ações e flexibilidade[27].

Quanto às habilidades supralinguísticas, observam-se dificuldades em aplicar variabilidade de entonação, volume e taxa de elocução em suas mensagens, contingentemente à situação social ou mensagem, o que pode resultar em um padrão entonacional antinatural, calculado e carecendo de espontaneidade (o que leva o interlocutor à estranheza e a conferir pouca credibilidade ao discurso); repertório limitado em movimentos corporais e faciais co-ocorrendo com a comunicação verbal.

Nesses casos, ressaltam-se como objetivos de intervenção dar suporte ao indivíduo para: iniciar a interação/conversa (fala ou cumprimento), trocar turnos em uma conversa, interromper uma interação, tomar o turno conversacional, responder a comentários, encerrar a interação, fazer comentários apropriados sobre o tópico em curso, fazer e reconhecer declarações encorajadoras na interação, responder a *feedbacks* corretivos, fazer confirmações ou correções.

Além disso, deve-se considerar incluir no plano terapêutico: a ampliação do controle laríngeo na variação de entonações atrelado ao conteúdo semântico e emocional das mensagens comunicativas; ampliar o repertório de movimentos corporais, faciais e gesticulação contingente às mensagens e situações comunicativas.

Nos casos com maior nível de suporte, comumente se observam: comunicação vocal mínima ou ausente, dificuldades significativas para utilizar comunicação não verbal, incluindo expressões faciais, gestos e outros movimentos corporais, repertório restrito de comportamentos para expressar diferentes emoções, dificuldades significativas em iniciar e manter interações sociais, tanto no que se refere a manter sequência de turnos dialógicos, quanto em manter vínculos sociais, falta de reciprocidade social, maior frequência na emissão de comportamentos repetitivos autoestimulatórios.

Nesses casos, destacam-se como objetivos da intervenção fonoaudiológica: ampliar a variabilidade de comportamentos comunicativos com diferentes funções sociais, incluindo pedir por itens ou atividades, mas também pedir por retirada de estímulos, interromper atividades, solicitar pausas e descanso etc. Para isso, o plano interventivo deve conter procedimentos para ensinar a pessoa a negar, interromper e protestar por meio de comportamentos contextual e socialmente adequados. Além disso, é fundamental avançar para outras funções comunicativas, que incluem: fazer e responder perguntas, descrever, expressar emoções e narrar. Para as pessoas com autismo classificadas em Nível 3 de suporte, com limitado uso da fala, a implementação de um sistema de CAA é obrigação ética do fonoaudiólogo, que deve garantir acesso comunicativo, enquanto se trabalha concomitantemente pelo ganho de habilidades expressivas em diferentes modalidades, incluindo a fala.

Finalizando, o impacto da falta de habilidades em comunicação e linguagem da pessoa adulta com autismo extrapola o campo da própria comunicação e avança em uma ampla esfera de áreas da vida, como formação técnica e acadêmica, emprego, relacionamentos afetivos e amizades, tornando-os possíveis ou não. Em consequência, a saúde mental se sustenta ou se esfacela em função do recebimento ou não do suporte terapêutico adequado.

CONCLUSÕES

O texto abordou características gerais do TEA desde sinais na primeiríssima infância até a dinâmica de desenvolvimento nos anos escolares e a vida adulta de inserção social e laboral, em organização cronológica meramente didática. Entretanto, o material não esgotou toda a amplitude das ações do fonoaudiólogo em TEA quanto a referenciais teóricos, métodos e procedimentos de avaliação ou de intervenções diretas e indiretas colaborativas.

O capítulo destacou a comunicação social na confluência entre habilidades pragmáticas de linguagem, cognitivas e executivas que baseiam a avaliação fonoaudiológica no diagnóstico de TEA e sustentam os planejamentos de intervenção com a pessoa autista e seus interlocutores e a atuação em equipes multidisciplinares.

Apontou a intersecção de todas as áreas de formação do fonoaudiólogo na atenção à pessoa autista e a responsabilidade desse profissional no desenvolvimento e aprimoramento de habilidades de comunicação e linguagem das pessoas com TEA.

REFERÊNCIAS BIBLIOGRÁFICAS

1. American Psychiatric Association (US). Transtorno do neurodesenvolvimento. In: Swedo SE, Baird G, CookJr EH, Happé FG, Harris JC, Kaufmann WE et al. (eds.). Manual diagnóstico e estatístico de transtornos mentais – DSM-5. 5. ed. Porto Alegre: Artmed; 2014.
2. World Health Organization. International Classification of Diseases 11th revision ICD-11. Geneva: WHO; 2022.
3. American Speech-Language-Hearing Association ASHA Practice Portal. 2023. Disponível em: http://www.asha.org/practice-portal/clinical-topics/autism/.
4. Maenner MJ, Warren Z, Williams AR, Amoakohene E, Bakian AV, Bilder DA et al. Prevalence and characteristics of autism spectrum disorder among children aged 8 years – autism and developmental disabilities monitoring network, 11 sites, United States, 2020. MMWR Surveill Summ. 2023;72(2):1-14.
5. Ribeiro SB, Paula CS, Bordini D, Mari JJ, Caetano SC. Barriers to early identification of autism in Brazil. Rev Bras Psiquiatr. 2017;39(4):352-54.
6. Fernandes FDM, Amato CAH; Perissinoto J, Lopes-Herrera AS, Souza APR, Tamanaha AC et al. O papel do fonoaudiólogo e o foco da intervenção no TEA. CODAS. 2022a;34:(5):e20210264.
7. Perissinoto J. Transtorno do espectro do autismo sob a perspectiva da linguagem: sinais de alerta e detecção precoce do TEA. In: Tamanaha AC, Ribeiro C, Azoni C, Lira J (eds.). e-book Estudos de linguagem no transtorno do espectro do autismo. São Paulo: ABarros; 2022. p.5-10.
8. Scattolin MAA, Rosario MC. Neurobiologia do transtorno do espectro do autismo In: Tamanaha AC, Perissinoto J (eds.). Transtornos do aspecto do autismo implementando estratégias para a comunicação. 1. ed. Ribeirão Preto: Booktoy; 2019. p.28-46.
9. Thapar AM. Genetic advances in autism. J. Aut Dev Dis. 2021;51(6):1-12.
10. Mason D, Capp SJ, Stewart GR, Kempton MJ, Glaser K, Howlin P, et al. A meta-analysis of outcome studies of autistic adults: quantifying effect size, quality, and meta-regression. J Aut Dev Dis. 2021;51:3165-79.
11. Klin A, Micheletti M, Klaiman C, Shultz S, Constantino JN, Warren Jones W. Affording autism an early brain development re-definition. Dev Psychopathol. 2020;32(4):1175-89.
12. Perissinoto J, Tamanaha AC, Isotani SM. Orientação parental em desenvolvimento de linguagem oral na infância: uma perspectiva fonoaudiológica In: Rodrigues OMPR, Pereira VA (eds.). Parentalidade (responsável). Investigações, intervenções e programas. Um livro para pais e profissionais. v. 2. 1. ed. Curitiba: CRV; 2023. p. 189-210.
13. Marteleto MRF, Tamanaha AC, Perissinoto J. Detecção dos sinais de alerta dos transtornos do espectro do autismo. In: Tamanaha AC, Perissinoto J (eds.). Transtornos do espectro do autismo implementando estratégias para a comunicação. 1. ed. Ribeirão Preto: Booktoy; 2019. p.47-57.
14. Klin A. Frontiers in the research of autism pathogenesis. Review. Medicina (B Aires). 2022;82(1):33-6.
15. Sugahara MK, Silva SC, Scattolin M, Cruz FM, Perissinoto J, Tamanaha AC. Estudo exploratório sobre análise multimodal da atenção compartilhada. Aud Com Res. 2022;27:e2447.
16. Palladino RR, Machado FP, Cunha MC. Acolhimento a mães de crianças com TEA. In: Tamanaha AC, Ribeiro CC, Azoni CS, Lira JO (eds.). e-book: Estudos de linguagem no transtorno do espectro do autismo. 1. ed. São Paulo: ABarros; 2022. p.48-54.
17. Ramos APS. Sinais de sofrimento psíquico em bebês e o risco de evolução para o TEA. In: Tamanaha AC, Ribeiro CC, Azoni CS,

Lira JO (eds.). e-book: Estudos de linguagem no transtorno do espectro do autismo. 1. ed. São Paulo: ABarros; 2022. p.37-47.

18. Perissinoto J, Tamanaha AC. Perspectivas atuais na avaliação e na intervenção dos transtornos do neurodesenvolvimento: transtorno do espectro autista In: Giacheti CM. Avaliação da fala e da linguagem: perspectivas interdisciplinares em fonoaudiologia. 1. ed. Marília: Cultura Acadêmica; 2020. p.237-50.
19. Fernandes FDM. Intervenção terapêutica fonoaudiológica em comunicação e linguagem na infância no TEA. In: Tamanaha AC, Ribeiro CC, Azoni CS, Lira JO (eds.). e-book: Estudos de linguagem no transtorno do espectro do autismo. 1. ed. São Paulo: ABarros; 2022. p.110-7.
20. Walter CCF, Schirmer CR. O papel do fonoaudiólogo educacional na inclusão de escolares com necessidades especiais educacionais. In: Capellini AS, Germano GD, Zorzzi JL, Queiroga BAM. Tratado de fonoaudiologia educacional. 1. ed. Belo Horizonte: Artesã; 2022. p.255-66.
21. Bosa C, Zanon RB. Bases teóricas do desenvolvimento pré-linguistico: implicações para o diagnóstico precoce do autismo. In: Caminha VL, Huguenin J, Assis LM, Alves PP (eds.). Autismo: vivências e caminhos. São Paulo: Edgard Blücher; 2016.
22. Capellini VLMF, Shibukawa PHS, De Oliveira R, Simone C. Práticas pedagógicas colaborativas na alfabetização do aluno com transtorno do espectro autista. Colloquium Humanarum. 2016;87-94.
23. Togashi CM, Walter CCF. As contribuições do uso da comunicação alternativa no processo de inclusão escolar de um aluno com transtorno do espectro do autismo. Rev Bras Ed Espec. 2016;22:351-66.
24. Bondy A, Frost L. The picture exchange communication system. Behav Mod. 2001;25:725-44.
25. Walter CCF. PECS-Adaptado na sala de atendimento educacional especializado. In: Nunes LROP, Schirmer CR (eds.). Salas abertas: formação de professores e práticas pedagógicas em comunicação alternativa e ampliada nas salas de recurso multifuncionais [online]. Rio de Janeiro: EDUERJ; 2017. p. 311-32.
26. Lorah ER, Holyfield C, Miller J, Griffen B, Lindbloom C. A systematic review of research comparing mobile technology speech-generating devices to other AAC modes with individuals with autism spectrum disorder. J Dev Phys Disabil. 2022;34:187-210.
27. Xie R, Sun X, Yang L, Guo Y. Characteristic executive dysfunction for high-functioning autism sustained to adult hood. Autism Res. 2020;13(12):2102-21.

57

Transtornos da Linguagem Escrita: caracterização e diagnóstico diferencial

Cíntia Alves Salgado Azoni
Clara Regina Brandão de Avila

PONTOS-CHAVE

- Relação entre as bases da linguagem oral e escrita e seus transtornos.
- Características linguísticas dos Transtornos de Linguagem Escrita.
- O raciocínio clínico para o diagnóstico diferencial.

OBJETIVOS DE APRENDIZAGEM

Ao final deste capítulo, o leitor deverá ser capaz de:

- Identificar as características dos Transtornos de Linguagem Escrita.
- Eleger procedimentos básicos para o diagnóstico diferencial quando há queixa de prejuízos da aprendizagem escolar.
- Analisar as discussões atuais sobre os Transtornos de Linguagem Escrita.

INTRODUÇÃO

A comunicação humana e as intersecções entre suas modalidades são objeto da Fonoaudiologia. Consensos atuais, concernentes às bases neurocognitivas e linguísticas da leitura e da escrita, levam a admitir com clareza e segurança que o aprendizado e o funcionamento das habilidades para ler e escrever fundamentam-se no desenvolvimento da fala e da linguagem oral. Além disso, são regulados por funções executivas e orquestrados pela inteligência e pela própria linguagem[1,2], por meio de processamentos de todos os componentes dos seus cinco subsistemas (ou seja, Fonologia, Morfologia, Sintaxe, Semântica, Pragmática) que formam um todo integrador dinâmico[3].

Os Transtornos da Linguagem Oral e da Linguagem Escrita são, ambos, Transtornos do Neurodesenvolvimento[4,5] que estão relacionados a prejuízos de aprendizagem. Essa condição é facilmente compreendida, sobretudo se consideramos a interdependência e relação de continuidade do desenvolvimento das habilidades e subsistemas da linguagem. A variedade de estruturas e de processamentos de informações envolvidas na linguagem oral, assim como na leitura e na escrita, e o complexo funcionamento sinérgico entre eles justificam as dificuldades para classificar os Transtornos da Linguagem Escrita de forma categórica. Além dessa condição, é preciso ter em conta que nem todas as dificuldades para aprender implicam a presença de transtorno específico da aprendizagem. Por vezes, os prejuízos que se expressam no aprendizado escolar podem ser secundários a fatores, geralmente físicos, que causam primariamente déficits sensoriais, cognitivos, motores, ou ainda à falta de proficiência na língua de aprendizagem ou mesmo a condições de ensino pouco eficientes[4], considerando ainda fatores socioeconômicos e culturais em um país diverso como o Brasil.

Neste capítulo examinaremos características dos Transtornos da Linguagem Escrita que importam para o raciocínio clínico imprescindível no processo de diagnóstico clínico e diferencial desses quadros. Para isso, inicialmente delimitamos seu escopo ao Transtorno do Neurodesenvolvimento, o que nos dá, como referência, a possibilidade de ser essa uma condição hereditária, de surgimento precoce no desenvolvimento e de caráter persistente ao longo da vida[4,5]. A apresentação está estruturada da seguinte forma: a) sinais de risco para os transtornos da linguagem escrita; b) a natureza multifatorial da aprendizagem da leitura e da escrita e os critérios diagnósticos atuais; c) as características dos quadros e balizadores importantes para condução da intervenção.

SINAIS DE RISCO PARA OS TRANSTORNOS DA LINGUAGEM ESCRITA

A alfabetização emergente constitui-se em um conjunto de comportamentos, habilidades (linguísticas, cognitivas e metacognitivas), conhecimentos e hipóteses relacionadas à língua escrita, desenvolvidos pelas crianças no período que precede o ensino formal da leitura e da escrita. O desenvolvimento adequado desses componentes favorece o aprendizado do sistema alfabético e predispõe a criança para o sucesso na leitura e escrita[6].

Os componentes da linguagem oral (fonológicos, semântico-lexicais e morfossintáticos), a competência linguística (sobretudo a narrativa), o processamento fonológico (consciência fonológica, memória fonológica e acesso fonológico ao léxico), o conhecimento de letras e a capacidade de associá-las aos sons da fala, bem como o conhecimento das convenções da escrita impressa, as brincadeiras de fazer de conta que lê e de escrita espontânea (além das hipóteses produzidas a partir dessa atividade) são preditores importantes da aprendizagem da leitura e escrita. A motivação e o interesse em conhecer o alfabeto e o código escrito vivenciados até os seis anos dependem dos contextos socioculturais e familiares, e também são essenciais neste processo de aprendizagem[6]. Exemplos de sinais que podem ser observados em crianças em idade pré-escolar incluem falta de interesse em brincar com os sons da linguagem (por exemplo, repetição, rima)[4].

Estudos afirmam especificamente que os prejuízos do subsistema fonológico ou do processamento de suas informações colocam o pré-escolar em risco para apresentar dificuldades na aprendizagem do princípio alfabético, como no caso da língua portuguesa[2]. Aos cinco anos, já na Educação Infantil, a criança que se desenvolveu adequadamente tem plena condição de pensar metalinguisticamente nas palavras que normalmente ouve e fala (e, pelo menos, em seus segmentos maiores – sílabas e rimas). Tal habilidade inicia seu desenvolvimento aos quatro anos de idade como consequência do aumento do vocabulário e aprimoramento da linguagem oral e é uma das condições importantes para o aprendizado do princípio alfabético que, no Brasil, por lei, tem início aos seis anos de idade, no 1º ano do Ensino Fundamental.

Pesquisas indicam que o sucesso na aprendizagem da leitura e escrita está fortemente ligado às condições da linguagem oral das crianças[2] ao começarem a receber instrução formal, por volta dos quatro ou cinco anos. Se uma criança tem dificuldades de fala ou atraso nos marcos da linguagem, é crucial verificar se esses problemas persistem ao ingressar na escola ou se já foram resolvidos[7].

Déficits da consciência fonológica, na Educação Infantil, podem indicar que há risco para falhar na alfabetização. A escola pode e deve identificar esses déficits quando, após um período de estimulação, a criança não logrou perceber a natureza segmentada da fala. Contudo, é necessário identificar a causa desse prejuízo para resolver ou mitigar a dificuldade de alfabetização. Os déficits de organização do sistema fonológico, na vigência ou não de problemas que se manifestam na fala, podem interferir, negativamente, no domínio do código alfabético. O fonoaudiólogo clínico deve, por meio de provas e testes específicos, identificar os fatores determinantes da dificuldade, bem como o professor ou o fonoaudiólogo educacional levantar as queixas persistentes na escola.

Além da consciência fonológica, as habilidades de recuperação rápida e precisa da palavra (avaliada em provas de nomeação automatizada rápida) e a capacidade de memória fonológica operacional também devem ser examinadas quando há sinais de que qualquer um desses componentes de processamento da informação fonológica está deficitário[2,7]. A história do desenvolvimento, colhida na anamnese, deve conter informações importantes para o raciocínio clínico que busca o diagnóstico. Um dos aspectos cruciais neste processo é compreender o histórico da família, visto que crianças cujos pais tiveram dificuldades em leitura têm maior chance de apresentar alterações, como no caso da dislexia[2].

Queixas relacionadas a prejuízos da compreensão de leitura aparecem geralmente por volta do 5º, 6º ano do Ensino Fundamental embora, atualmente, adolescentes e jovens adultos também procurem a clínica com queixas relacionadas à compreensão leitora ou à dificuldade de compor um texto escrito[8]. Há muitos dados de história pregressa a serem considerados e muitas habilidades de linguagem (desde a oral) a serem avaliadas, inclusive em adolescentes e adultos.

A literatura afirma que os transtornos específicos da compreensão de leitura aparecem quando a quantidade de conteúdo de informação demanda o bom funcionamento de habilidades mais gerais da linguagem. Porém, no Brasil, não é difícil encontrar importantes déficits de fluência leitora em adolescentes ou mesmo adultos, provenientes de escolas públicas ou da rede privada de ensino.

Resultados de estudo longitudinal[9] sugerem que, entre pré-escolares com aparentes alterações de linguagem, aqueles cujos problemas persistem, apesar de procedimentos de estimulação em programas de RTI (Resposta à Intervenção), mostram dificuldades mais graves, além de problemas adicionais co-ocorrentes (como déficit de atenção e de habilidades psicomotoras).

Para compreender o funcionamento das habilidades linguísticas ao longo do neurodesenvolvimento, é preciso lembrar que o cérebro da criança, antes da alfabetização, utiliza diversas áreas relacionadas aos subsistemas da linguagem em associação com o processamento da audição e da visão. À medida que recebe estímulos relacionados à leitura e escrita (as letras), é possível que essas mesmas áreas se sobreponham para a associação dos grafemas aos fonemas e vice-versa, o que, com o aprendizado, se dará nos termos das rotas fonológicas e lexicais (Figura 1).

No caso de indivíduos com Transtornos da Linguagem Escrita, considerando o fator neurobiológico, há uma forma diferente de funcionamento durante uma atividade cognitivo-linguística, como a leitura, escrita ou matemática. Assim, é preciso identificar as relações entre cérebro e comportamento para que o diagnóstico seja realizado[11,12].

A NATUREZA MULTIFATORIAL DA APRENDIZAGEM DA LEITURA E DA ESCRITA E OS CRITÉRIOS DIAGNÓSTICOS ATUAIS

Dentre os transtornos da linguagem escrita destaca-se, então, o Transtorno Específico da Aprendizagem (TEAp). Pela sua especificidade, a descrição dos critérios para diagnóstico pode facilitar o raciocínio clínico, na medida em que pode servir como referência para comparações com outros quadros em que se observam alterações de leitura, escrita ou matemática. O TEAp é considerado um transtorno do neurodesenvolvimento, de origem biológica, que causa prejuízos cognitivo-linguísticos. Eles são a causa dos problemas de leitura e/ou da escrita. A origem biológica envolve a interação de fatores genéticos, epigenéticos e ambientais, que geralmente afetam a capacidade cerebral de perceber ou processar informações linguísticas com eficiência e precisão.

Em consonância com o DSM-5 TR[4], a Classificação Internacional de Doenças (CID-11)[13] caracteriza o Transtorno do Desenvolvimento da Aprendizagem (código 6A03) por suas dificuldades significativas e persistentes na aprendizagem de habilidades acadêmicas, que podem incluir a leitura (6A03.0), escrita (6A03.1) ou aritmética (6A03.2). O desempenho do indivíduo na(s) habilidades(s) acadêmica(s) afetada(s) é marcadamente inferior ao esperado para a idade cronológica e o nível geral de funcionamento intelectual, e resulta em prejuízo significativo no funcionamento acadêmico ou ocupacional do indivíduo. O Transtorno do Desenvolvimento da Aprendizagem se manifesta inicialmente quando habilidades acadêmicas são ensinadas durante os primeiros anos escolares. Ele não se deve a transtorno do desenvolvimento intelectual, deficiência sensorial (visão ou audição), transtorno neurológico ou motor, indisponibilidade de educação, falta de proficiência na língua de instrução acadêmica ou adversidade psicossocial.

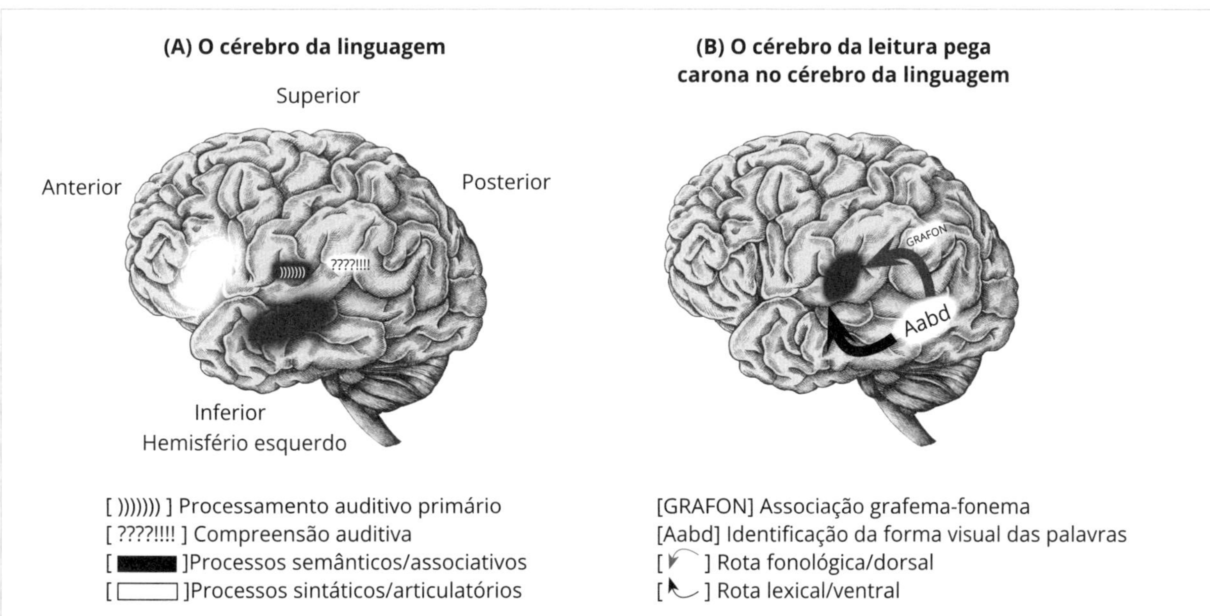

FIGURA 1 Relação entre cérebro, linguagem e leitura.
Fonte: adaptada de Buchweitz A[10].

Uma característica essencial do TEAp é a presença de dificuldades persistentes no aprendizado de habilidades acadêmicas fundamentais durante os anos de escolaridade formal. O DSM-5 TR[4] descreve com precisão sinais e sintomas que podem caracterizar o quadro e definir o desfecho diagnóstico do TEAp: leitura lenta e imprecisa de palavras isoladas, restrição da compreensão de leitura, prejuízos da expressão escrita e do conhecimento e uso da ortografia, déficits do cálculo aritmético e do raciocínio matemático.[4] Há poucos protocolos padronizados e com diretrizes psicométricas para avaliar as condições de leitura, escrita e matemática do escolar brasileiro. Esses são os protocolos que devem ser utilizados para o diagnóstico do TEAp, cujo desfecho deve ser alcançado por equipe multidisciplinar[14].

É preciso considerar que o TEAp interrompe o padrão normal de aquisição das habilidades acadêmicas fundamentais devido a alterações neurobiológicas específicas e não por falta de oportunidades de aprendizado ou instrução inadequada. A cada faixa etária, o percurso se modifica, embora a dificuldade de processar a informação fonológica seja constante.

As dificuldades para aprender são persistentes. Dificuldade em corresponder letras com sons, por exemplo, é uma manifestação comum do TEAp e pode ser identificada por meio de entrevistas clínicas, protocolos e escalas de avaliação clínica, relatórios da escola ou avaliações educacionais e psicológicas anteriores.

Na avaliação de crianças e adolescentes, um indicador de possível transtorno de aprendizagem, inclui a persistência das dificuldades por pelo menos seis meses, mesmo com acesso a suporte adicional em casa e na escola neste período. Por exemplo, dificuldades em aprender a ler palavras isoladas, que não se resolvem com instrução adequada em habilidades fonológicas ou estratégias de identificação de palavras, podem indicar um transtorno de aprendizagem específico.

No diagnóstico de adultos, a persistência das manifestações pode ser identificada por início das dificuldades na infância ou adolescência, documentadas em relatórios escolares, portfólios de trabalho ou avaliações fonoaudiológicas anteriores.

Apesar da clareza com que o TEAp é descrito, nem todas as queixas que se apresentam na clínica provêm de um transtorno específico. Há crianças que apresentam, em algum grau, manifestações semelhantes do TEAp, mas não preenchem por completo os critérios indicados nos manuais de diagnóstico. Por isso é imperioso ampliar a visão clínica para o diagnóstico diferencial.

É preciso considerar a possibilidade de nenhum dos transtornos do neurodesenvolvimento ser uma "categoria"; pelo contrário, são distúrbios dimensionais, que variam de leves a graves, sem um limite claro entre "típico" e "alterado" na linguagem ou na leitura[9,15]. Assim, embora em muitos quadros haja uma base neurobiológica como fator primário, os fatores ambientais podem desempenhar papel adicional na proteção ou alerta quanto à aprendizagem da leitura e escrita.

Déficits fonológicos podem estar presentes no Transtorno do Desenvolvimento da Linguagem (TDL) e geralmente estão relacionados à competência fonêmica (quando o quadro de sons da fala do sistema fonológico está completo) ou à capacidade de representações fonêmicas (quando estas podem ser recuperadas em tarefas metalinguísticas e nos Transtornos da Linguagem Escrita relacionados ao processamento da informação fonológica em diferentes tarefas cognitivo-linguísticas – e, sobretudo, metacognitivas – importantes para a alfabetização). De fato, alterações do processamento fonológico são consideradas, em conjunto, o endofenótipo do TEAp.

Durante muito tempo entendeu-se que o TEAp e o TDL eram quadros distintos. No entanto, mais recentemente os dois quadros têm sido considerados manifestações diferentes do mesmo prejuízo subjacente. A fusão dessas categorias tem sido motivada pela reconceitualização da dislexia* como um distúrbio de linguagem em que o processamento fonológico é deficiente.

Crianças com dislexia e a maioria daquelas com TDL apresentam dificuldades fonológicas, quer no nível da produção de fala, quer no da representação mental do fonema ou da capacidade metalinguística de percebê-lo na sequência da fala. Contudo, como já referido, a avaliação de competências linguísticas orais mais amplas, como vocabulário e sintaxe, deve ser realizada na presença de queixas de dificuldade de leitura e de escrita. Cada uma dessas habilidades, à sua vez, é responsável pela ampliação de informações para definição dos critérios diagnósticos[9].

É muito provável que crianças com alterações mais gerais e persistentes de linguagem apresentem prejuízos na leitura. Entre elas, há um grupo facilmente diagnosticado, que decodifica textos escritos, mas alcança baixos escores nas tarefas de compreensão de leitura (são também chamadas de "pobres compreendedores")[10]. Muitas vezes passam desapercebidas em suas dificuldades e por apresentar boa fluência leitora e boa capacidade de memória, geralmente mascara

---

* Dislexia é um termo alternativo que se refere a um padrão de dificuldades de aprendizagem caracterizadas por problemas com reconhecimento preciso ou fluente de palavras escritas, decodificação e habilidades ortográficas deficientes. Se a dislexia for usada para especificar esse padrão específico de dificuldades, é importante especificar quaisquer dificuldades adicionais que estejam presentes, como dificuldades com compreensão de leitura ou raciocínio matemático[4,13].

a extensão das suas dificuldades, somente percebidas com o aumento da demanda escolar por compreensão de texto, o que significa dizer que as queixas podem surgir posteriormente ao início da decodificação leitora. É preciso ressaltar que muitas crianças com TDL não conseguem ler e alcançar o sentido do que leram.

CARACTERÍSTICAS DOS QUADROS E BALIZADORES IMPORTANTES PARA A CONDUÇÃO DA INTERVENÇÃO

A avaliação fonoaudiológica deve sempre considerar a linguagem no curso desenvolvimental, o que auxilia a diferenciação de quadros que, por muitas vezes, se confundem quanto ao seu fator etiológico e suas interfaces.

Geralmente, crianças com transtornos na linguagem escrita apresentam mais dificuldades em compreensão oral e escrita, dados os prejuízos comuns na fonologia, sintaxe e pragmática[16].

A dislexia, por outro lado, é considerada um dos subtipos de TEAp (DSM-5-TR)[4]. No entanto, as características persistentes na precisão e/ou velocidade de leitura, decodificação e ortografia de palavras devem ser analisadas de forma multidimensional. É preciso considerar que demais alterações cognitivas podem impactar negativamente o desempenho da criança, como atividades que envolvam a memória fonológica, em situações em que é necessária a compreensão oral em diversas atividades acadêmicas[11].

Essas condições mostram fortes relações de continuidade e intersecção com outros quadros do neurodesenvolvimento que envolvem a linguagem oral. A continuidade observada no desenvolvimento da linguagem oral e da linguagem escrita e mesmo as intersecções neurobiológicas entre ambas as modalidades comunicativas[12] implicam em alguma dificuldade para o diagnóstico diferencial e decisões nas condutas para a reabilitação. Além disso, tão importante quanto reconhecer essa relação de continuidade é identificar a presença de quadros co-ocorrentes (incluindo TDAH e transtornos motores), pois são componentes desafiadores do processo diagnóstico nos transtornos comunicativos do neurodesenvolvimento[9,15].

Na co-ocorrência de outros Transtornos do Neurodesenvolvimento pode haver prejuízos nos domínios cognitivo, linguístico, pragmático, sensorial (auditivo, visual) de processamento sensório-motor ou comportamental que podem interferir no padrão de resposta à intervenção e dificultar o diagnóstico. Contudo, em qualquer quadro, ele não é facilmente alcançado. Inicialmente, estabelece-se uma hipótese diagnóstica, que deve ser confirmada após a aplicação de programas de estimulação – constituídos com base em evidências – que permitem, após sua aplicação, a observação e análise da RTI. Deve-se avaliar continuamente as características de velocidade, ritmo e formas de resposta do indivíduo. Esses parâmetros podem ser decisivos na confirmação das hipóteses diagnósticas traçadas ao início do processo avaliativo[17].

O Modelo Simples da Leitura (*Simple View of Reading*)[18] é o produto de duas dimensões distintas, mas interligadas: a decodificação leitora – reconhecimento da palavra – e a compreensão oral – capacidade de obter informações lexicais, sintáticas e inferenciais para interpretar discursos. Assim, é possível diferenciar padrões em diferentes condições nessas dimensões (Figura 2).

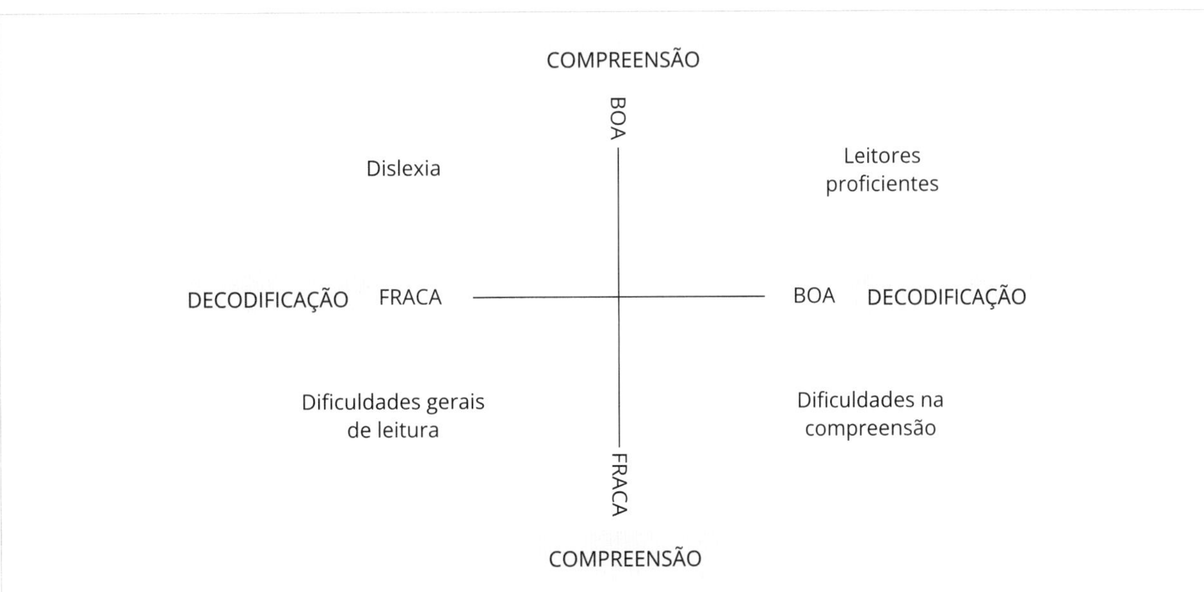

FIGURA 2 Modelo Simples da Leitura (MSL) associado a padrões de decodificação e compreensão da linguagem.
Fonte: Breadmore HL[18], traduzido pelas autoras.

A avaliação e o adequado diagnóstico fonoaudiológico são essenciais na construção e monitoramento da intervenção. Assim, identificar quais as habilidades comprometidas e quais estão adequadamente consolidadas deverá compor o planejamento do fonoaudiólogo. Portanto, as avaliações devem centrar-se nos sintomas que originam as dificuldades de leitura, nos aspectos funcionais e nas condições co-ocorrentes. A utilização de avaliações breves em leitura e competências relacionadas deve ser mais eficaz quando a criança é monitorada, em um modelo de RTI, gerindo também aquelas dificuldades associadas[2].

De qualquer forma, a característica de persistência dos transtornos do neurodesenvolvimento deve levar à busca de intervenções precoces para minimizar seus sinais. Estas devem maximizar a possibilidade de reforçar as bases orais da linguagem com vistas à alfabetização e, nesse sentido, não apenas visando à prontidão para a leitura e escrita, mas também estimulando o vocabulário e as competências narrativas. Professores e profissionais da saúde que trabalham com crianças com dislexia, por exemplo, devem reconhecer que se trata de um transtorno de aprendizagem da linguagem e garantir que as competências linguísticas para além da fonologia sejam consideradas tanto na avaliação como na intervenção.

CONCLUSÃO

Este capítulo trouxe reflexões sobre a atual abordagem multidimensional dos Transtornos da Linguagem Escrita. A linguagem oral e a escrita se relacionam ao longo do neurodesenvolvimento e as crianças com comprometimentos em diferentes manifestações linguístico-cognitivas devem ser avaliadas amplamente para o adequado diagnóstico interdisciplinar e direcionamento interventivo.

A utilização de balizadores que diferenciam os quadros etiológicos da linguagem são a ferramenta essencial ao fonoaudiólogo no que tange às capacidades iniciais e tardias do processo da leitura e escrita. O conhecimento da aprendizagem da leitura e escrita, suas fases e relações clínicas e educacionais no desempenho da criança servem de apoio ao profissional na conduta terapêutica para a qualidade do desenvolvimento da linguagem escrita.

REFERÊNCIAS BIBLIOGRÁFICAS

1. Tonietto L, Wagner GP, Trentini CM, Sperb TM, Parente MAMP. Funções executivas, linguagem e intencionalidade. Paidéia. 2011;21(49):247-55.
2. Snowling MJ, Hulme C. Reading disorders revisited – the critical importance of oral language. J Child Psychol Psychiatry. 2021 May;62(5):635-53.
3. American Speech-Language-Hearing Association (ASHA). Language in brief. Disponível em: https://www.asha.org/practice-portal/clinical-topics/spoken-language-disorders/language-in-brief/#:~:text=Spoken%20language%2C%20written%20language%2C%20and,(Berko%20Gleason%2C%202005). Acesso em 20/01/2024.
4. American Psychiatric Association (APA). Transtornos do Neurodesenvolvimento. In: Manual Diagnóstico e Estatístico de Transtornos Mentais. DSM-5-TR. 5. ed. São Paulo: Artmed; 2023.
5. Snowling M. Dyslexia and developmental language disorder: same or different? 2017. Disponível em: https://www.acamh.org/blog/dyslexia-developmental-language-disorder-different/.
6. Cisotto L, Barbosa ARC. Alfabetização emergente e desenvolvimento de competências na Educação Infantil. Revista da FAEEBA – Educação e Contemporaneidade. 2009;18(31):245-55.
7. Mathur A, Schultz D, Wang Y. Neural bases of phonological and semantic processing in early childhood. Brain Connect. 2020 Jun;10(5):212-23.
8. Cain K, Oakhill J. Profiles of children with specific reading comprehension difficulties. Br J Educ Psychol. 2006 Dec;76(Pt 4):683-96.
9. Bishop DV, Snowling MJ, Thompson PA, Greenhalgh T; CATALISE-2 consortium. CATALISE: a multinational and multidisciplinary Delphi consensus study of problems with language development. Phase 2. Terminology. J Child Psychol Psychiatry. 2017.
10. Pegado F, Teixeira MT, da Silva VP, Lukasova K. A neurobiologia da leitura e da escrita. In: Ministério da Educação (MEC), Secretaria de Alfabetização (Sealf). Relatório Nacional de Alfabetização Baseada em Evidências [recurso eletrônico]. Brasília: MEC/Sealf; 2020.
11. Catts HW, Terry NP, Lonigan CJ, et al. Revisiting the definition of dyslexia. Ann Dyslexia. 2024.
12. Buchweitz A. Language and reading development in the brain today: neuromarkers and the case for prediction. J Pediatr. 2016;92(3 Suppl 1):S8-S13.
13. World Health Organization. ICD-11 for mortality and morbidity statistics. Portuguese Version: 2024 February. Geneva: WHO; 2019. Disponível em: https://icd.who.int/browse11/l-m/en.
14. Mousinho R, Navas AL. Mudanças apontadas no DSM-5 em relação aos transtornos específicos de aprendizagem em leitura e escrita. Rev Debates Psiquiatr. 2016. Disponível em: https://revistardp.org.br/revista/article/view/133/116.
15. Snowling M. Dyslexia and developmental language disorder: same or different? 2017. Disponível em: https://www.acamh.org/blog/dyslexia-developmental-language-disorder-different/.
16. Vellutino FR, Fletcher JM. Dislexia do desenvolvimento. In: Snowling JS, Hulme C. A ciência da leitura. Porto Alegre: Penso; 2013. p. 381-96.
17. Hogan TP. What speech-language pathologists need to know about dyslexia. Lang Speech Hear Serv Sch. 2018;49(3):523-25.
18. Kelso K, Whitworth A, Leitão S. Profiles of oral and reading comprehension in poor comprehenders. Read Writ Q. 2022;38(6):526-43.
19. Breadmore HL, Vardy EJ, Cunningham AJ, Kwok RKW, Carroll JM. Literacy development: evidence review. London: Education Endowment Foundation; 2019. Disponível em: https://educationendowmentfoundation.org.uk/public/files/Literacy_Development_Evidence_ Review.pdf.

58

Fonoaudiologia Bilíngue (Libras/Português): trajetórias, memórias e perspectivas

Maria Cecília de Moura
Desirée De Vit Begrow

PONTOS-CHAVE

- A clínica fonoaudiológica bilíngue para surdos contribui de forma importante para a criança surda, pois reconhece sua diversidade linguística.
- A Fonoaudiologia Bilíngue para surdos se caracteriza como um novo paradigma que considera a possibilidade de existência bilíngue e bicultural dessa população.
- Considera-se a relevância da bilingualidade surda tendo a língua de sinais como primeira língua e a língua portuguesa oral e/ou escrita como segunda língua.
- Na Fonoaudiologia Bilíngue se deseja que o surdo possa desenvolver sentimento de pertencimento na comunidade surda e na comunidade ouvinte.
- Não há contradição para a Fonoaudiologia Bilíngue entre promover a audição e a oralidade nos casos de possibilidade individual da pessoa surda e, ao mesmo tempo, promover o contato com a língua de sinais desde a mais tenra idade.

OBJETIVOS DE APRENDIZAGEM

Ao final deste capítulo, o leitor deverá ser capaz de:

- Entender a história da Fonoaudiologia Bilíngue no Brasil.
- Compreender os processos teóricos que sustentam a clínica fonoaudiológica com surdos a partir de uma perspectiva bilíngue.
- Refletir sobre sua atuação a partir de identificação pessoal com os preceitos teórico-ideológicos da Fonoaudiologia Bilíngue.
- Aproximar-se da comunidade surda de forma a reconstruir um fazer sustentado no respeito à diferença linguística da pessoa surda.

CONHECENDO ESSA HISTÓRIA

Para se compreender o que é visto atualmente como Fonoaudiologia Bilíngue é importante recuperar como se deu o trabalho fonoaudiológico no Brasil. Afinal, se somos parte da história, se a construímos, ao mesmo tempo somos sujeitos dela, sofrendo as influências que os aspectos culturais, políticos e econômicos exercem sobre todos[1].

A história da Fonoaudiologia no trabalho com pessoas surdas* no Brasil se iniciou por volta dos anos 1940 e 1950, quando surgiram os primeiros esforços para a reabilitação auditiva no país. Na época, a atenção às crianças com perda auditiva era desenvolvida por professores nas escolas que, para isso, utilizavam técnicas de leitura labial e treinamento auditivo a fim de ajudar os surdos a se comunicarem melhor e se igualarem às pessoas ouvintes[2]. Vê-se, desta forma, uma vinculação com a educação bastante preponderante a princípio, o que pode gerar, portanto, o entendimento sobre a diversidade de papéis na atuação com a pessoa surda.

Na década de 1960, a Fonoaudiologia passou a se concretizar como profissão ainda que não regulamentada no Brasil, com a criação dos primeiros cursos de graduação na área[2]. Com isso, os profissionais começaram a ter uma formação mais especializada para atender pessoas com deficiência auditiva, a partir da intenção de "reabilitar", isto é, fazer com que os chamados então "deficientes auditivos" aprendessem a falar para não se configurarem como um grupo de pessoas "diferentes", excluídos da sociedade considerada normal.

A partir da década de 1970, com os avanços tecnológicos dos aparelhos auditivos, cada vez mais a atuação fonoaudiológica focou na reabilitação auditiva e na consequente reabilitação oral, passando a utilizar esses dispositivos como parte das estratégias de tratamento e acompanhamento dos pacientes[2].

Vê-se, desta forma, presença marcante na história da educação de surdos de tentativas de reabilitar a pessoa com a perda auditiva de modo a levá-la a ouvir e falar, intensificando-se pela questão tecnológica e, de forma geral, como um movimento geral e global, não apenas no Brasil. Há também, nesse sentido, predomínio de um olhar curativo-médico-assistencialista para as pessoas com deficiência e isso impacta as ações desenvolvidas pelos fonoaudiólogos à época. Esse movimento, conforme diz Skliar[3], está baseado em um discurso hegemônico, como se os surdos pudessem ser colocados em um contínuo de pessoas com "deficiência" sustentado nessa característica que as une e fala sobre elas, distanciando-as dos demais, reforçando a patologização desse grupo.

Nos anos 1980, ganhou destaque no trabalho da Fonoaudiologia com surdos ou com os deficientes auditivos, como se costumava falar naquele momento, uma abordagem que recebeu o nome de Comunicação Total[1], que fazia uso de diferentes recursos para a comunicação, como sinais (retirados do que posteriormente foi reconhecido como a Língua Brasileira de Sinais – Libras), a leitura labial, o aproveitamento auditivo, os gestos e a escrita. Esse foi o primeiro passo para se considerar a interação utilizando a gestualidade através da "sinalização", ainda que não tenha sido vista como língua, refletindo de forma importante no desenvolvimento de linguagem das pessoas com a deficiência auditiva.

Com o desenvolvimento dos implantes cocleares (IC) e a crescente utilização dessa tecnologia no Brasil, a partir de 1986 surgiram centros especializados para a realização do procedimento cirúrgico que envolveu também a Fonoaudiologia, priorizando o desenvolvimento das habilidades auditivas em indivíduos implantados, o que, pela evolução do procedimento e tecnologia, vê-se de forma bastante importante atualmente**.

Embora essa perspectiva de ação clínica já fosse adotada pelos profissionais com as crianças surdas, verifica-se aí um reforço significativo no trabalho fonoaudiológico com o surdo, pois a área auditiva foi muito enfatizada, o que acentuou a desconsideração para outras formas de expressão da linguagem como, por exemplo, a expressão por meio da sinalização. Observa-se, nesse sentido, a presença marcante de uma perspectiva que tem como objetivo a "correção" da audição em uma abordagem conhecida como Oralismo e de modo mais incipiente, naquele período da história, mas indicando uma presença tímida do uso da gestualidade através da Comunicação Total, o que permite, pouco a pouco, avançar para uma outra forma de se considerar o surdo, entendendo então suas características visuais e outras possibilidades de expressão linguística sustentada na sinalização, o que conduz à perspectiva do bilinguismo para surdos.

O uso da gestualidade pelas pessoas surdas passa a ser tomado como um modo de expressão natural[4] diante da ausência da audição, constituindo um novo discurso sobre a surdez. Dessa forma, surgem narrativas que tomam por base, essencialmente, a perspectiva de surdez como diferença, retirando o estigma da deficiência, da incapacidade e da limitação para a pessoa surda. Esses modos de ver têm implicação importante nas ações clínicas, pois a surdez vista como deficiência

* A nomeação como pessoa surda ou apenas a expressão surdo(a), assim como deficiente auditivo, são expressões que designam as pessoas com diferentes níveis de perda auditiva e se constituem a partir de questões individuais, subjetivas e identitárias. Neste texto usaremos surdo(a) de forma a nomear todas as pessoas que não escutam, independentemente de como cada um se identifica subjetivamente.

** O Sistema Único de Saúde (SUS) inicia a oferta do procedimento de implante coclear em 1993 através de regulamentação de diversos procedimentos hospitalares e dentre eles, o IC pela Portaria 126/1993. (Editorial: Brazilian Journal of Otorhinolaryngology 2021;87(3):245-6) implica na busca pela "reparação", e a surdez vista a partir da diferença reforça sua existência nos quais os referenciais visuais caracterizam sua identidade[5].

Aqui se constitui um modo de atuação tanto do ponto de vista educacional quanto clínico, que entende a importância da língua de sinais para o surdo. Esse olhar teve fortalecimento importante com o reconhecimento da Língua Brasileira de Sinais – Libras, como meio legal de comunicação e expressão do surdo no país pela Lei n. 10.436/2002[6] e depois pelo Decreto n. 5.626/2005[7]. Sem dúvida, essas legislações trouxeram suporte significativo para o trabalho de profissionais da educação e saúde, especialmente para os fonoaudiólogos que são convocados ao estudo da língua para a atuação com pessoas surdas e isso repercute em todo o trabalho desenvolvido.

Ressalta-se, portanto, que esse marco legal reforçou o movimento já existente na atuação clínica fonoaudiológica, corroborando essa nova forma de se entender o trabalho com a pessoa surda, com olhar voltado para a linguagem e não a audição e respeitando as características linguísticas e individuais do surdo, a promoção da cidadania, da inclusão social e do seu desenvolvimento global. Diante disso, cai por terra, mesmo que de forma parcial, a visão da perda auditiva como limitação, entendendo todas as possibilidades de expressão pela língua de modalidade visual-gestual sem, contudo, desconsiderar sua participação cidadã na cultura mais ampla da qual também faz parte e, portanto, a necessidade de aproximação à língua oficial nacional do seu país.

Essa configuração inaugura não uma metodologia de trabalho clínico de reabilitação com a pessoa surda, mas, sim, um modo de considerar essa existência que toma como referência sua participação no mundo pela experiência visual e não pela audição ou a falta dela.

O QUE É A FONOAUDIOLOGIA BILÍNGUE PARA SURDOS?

Nessa trilha que afeta não apenas a pessoa surda, mas também os profissionais que atuam com ela, a Fonoaudiologia direciona sua atuação com essa população para o sujeito, sua diferença, sua forma de identificar-se subjetivamente e sua forma de expressão linguística, o que, conforme já dito, se diferencia da visão audiológica e sua reabilitação. Veem-se, então, paradigmas ou concepções que se constituem em bases bastante diferentes.

Tem-se nomeado essa perspectiva como "Fonoaudiologia Bilíngue para surdos" a qual caracteriza principalmente pelo respeito à possibilidade de uso da Língua de Sinais (LS) sem que isso represente problema ou menos-valia para a pessoa que faz uso dela ou ainda que desconsidere as possibilidades auditivas e orais do sujeito. Nessa ação fonoaudiológica considera-se a interação pela LS tendo como objetivo promover o desenvolvimento integral de indivíduos surdos.

Partindo desses princípios, essa atuação reforça a importância de que a pessoa surda use duas línguas: a língua de sinais (Libras, no Brasil) e a língua oral e/ou a escrita do país em que vive. Essa abordagem reconhece e respeita a identidade e cultura surda, oferecendo suporte e recursos para que o surdo possa interagir em ambas as línguas de forma confortável e eficaz[8].

É importante que se considere, inclusive, que, tratando-se de uma visão que considera o sujeito, sua identidade e cultura, também o vê como pertencente à cultura do entorno familiar e social e, portanto, a Fonoaudiologia Bilíngue para surdos considera primordialmente a interação em LS com a criança surda sem esquecer das possibilidades com a língua oral. Entende-se, desse modo, a existência bilíngue e bicultural com implicação linguística em ambas as modalidades e línguas. Isso inclui a exposição a Libras e o desenvolvimento de estratégias e técnicas para aprimorar a fala, a leitura labial e a compreensão da linguagem oral, caso o indivíduo possua possibilidades auditivas para tanto. Caso essa não seja uma possibilidade confortável para a criança, o fonoaudiólogo bilíngue prioriza como primeira língua (L1) a língua que traga mais segurança e conforto para o surdo. Quanto à segunda língua (L2), deve-se garantir o contato com a escrita de modo a favorecer a circulação nas diversas comunidades, sem prejuízos.

Para realizar seu trabalho, o fonoaudiólogo bilíngue para surdos deve "dominar" a Libras em seus aspectos comunicativos. Isso significa a preparação do futuro profissional para o desenvolvimento de uma abordagem linguística com o surdo e não de reabilitação auditiva[9]. Nesse sentido, a formação fonoaudiológica deve prever disciplinas e estágios especificamente com essa perspectiva com uso da LS, o que implica em conhecimento importante sobre a linguística de Libras e aquisição de linguagem considerando todos os aspectos que fundamentam o trabalho profissional, assim como ocorre com crianças ouvintes. Além disso, é necessário também compreender as alterações que possam ocorrer da mesma forma como ocorrem alterações de linguagem oral em crianças ouvintes[4].

A mudança de paradigma, do déficit para a sujeito linguístico, leva o profissional a olhar para a linguagem e as possibilidades que traz para a criança a interação em uma língua que lhe seja significativa e que a atravessa assim como atravessa suas relações[10]. Essa é uma marca importante e que constitui o olhar bilíngue para o surdo. Ademais, desconstrói a ideia do monolinguismo diante da deficiência e restitui direitos sociais, linguísticos e educacionais.

Mesmo tendo em mente a linguagem prioritariamente, é importante enfatizar que a Fonoaudiologia Bilíngue para surdos também tem como objetivo promover mudanças no ambiente familiar e educacional, favorecendo a inclusão comunicativa e social e adequando as demandas linguísticas do surdo em diversos contextos, como na família, na sala de aula, no trabalho e na vida cotidiana.

Frisa-se, contudo, que a Fonoaudiologia Bilíngue para surdos requer profissionais habilitados e atualizados nessa área e que conheçam as especificidades da cultura e da comunidade surda, assim como as melhores formas e táticas de trabalho para promover a inclusão e uma comunicação efetiva para os surdos bilíngues.

CULTURA E IDENTIDADE SURDA

Ao longo das considerações aqui apontadas, tem-se falado sobre a importância de considerar a existência bilíngue e bicultural do surdo, mas afinal, a que se refere a Cultura Surda? O que é Cultura?

A cultura é considerada como política de identidade, vista como um novo conjunto de direitos humanos coletivos insere-se o algarismo[11].

> Duas características do conceito antropológico da capacidade para a cultura são particularmente relevantes neste contexto: seu caráter inerentemente social e sua plasticidade virtualmente infinita. A capacidade para cultura não é inerente aos indivíduos como tal, mas surge como um aspecto da vida social coletiva com seus acompanhamentos de reprodução humana e social conjuntas. Sua quase infinita maleabilidade, entretanto, significa que não existem virtualmente limites aos tipos de grupos sociais, redes ou relações que podem gerar uma identidade cultural própria. ***

Partindo da compreensão de que a capacidade para a cultura não é inerente ao individuo, faz parte da ação do fonoaudiólogo bilíngue que atua com a linguagem propiciar a aproximação cultural da pessoa surda de forma a contribuir na compreensão dessa comunidade na qual o surdo pode pertencer, entendendo, adicionalmente, a identidade de grupo que os caracteriza e aproxima. A partir disso, o surdo constitui-se como ser humano pleno que faz parte de um grupo que tem sua cultura e princípios que respeitam os valores sociais em geral, mas que valoriza o que é seu de forma particular e integral. Esses aspectos fundamentais para a socialização da criança não são "ensinados" ou "transmitidos" especificamente pelo profissional fonoaudiólogo, mas são compartilhados na língua significativa e que o constitui. Existe um conjunto de valores, crenças, normas, tradições e aspectos da identidade que estão ligados aos membros da comunidade surda e que devem ser apresentados à criança surda, assim como à sua família.

Considerando a cultura surda, deve-se ter em mente, por exemplo, o valor a ser dado à LS como forma primordial de comunicação e de constituição linguística. Pensando nisso se identifica a importância da ação clínica da Fonoaudiologia Bilíngue para surdos e do quanto essa atuação pode gerar impactos na vida da criança surda que, ao invés de ver-se em uma condição que nunca alcançará – o vir a ser ouvinte –, é ofertado o ser na diferença. Portanto, a valorização e o respeito à cultura surda devem estar presentes no trabalho do fonoaudiólogo bilíngue.

Retomando o já dito com relação à cultura, é necessário entender o que se fala também sobre identidade surda e o papel do profissional fonoaudiólogo bilíngue.

Na necessidade de conceituar identidade[12]:

> Cada indivíduo encarna as relações sociais, configurando uma identidade pessoal. Uma história de vida. Um projeto de vida. Uma vida-que-nem-sempre-é-vivida, no emaranhado das relações sociais.
> Uma identidade concretiza uma política, dá corpo a uma ideologia.
> No seu conjunto, as identidades constituem a sociedade, ao mesmo tempo em que são constituídas, cada uma por ela.
> A questão da identidade, assim, deve ser vista não como questão apenas científica, nem meramente acadêmica: é sobretudo uma questão social, uma questão política. (p. 127)

Concordando com o autor se vê a relevância da atuação do fonoaudiólogo bilíngue com a criança surda desde a identificação da perda auditiva de forma a ajudar a família a compreender que, apesar da existência da perda auditiva, não há impedimentos para a criança partilhar social e culturalmente com os demais[13]. Contudo, como qualquer pessoa tem suas experiências, a criança surda também as terá e é fundamental que possa partilhar do que, a princípio, pode caracterizar-se como estar em dois mundos com parceiros linguísticos diversos e que colaboram com a

*** Tradução nossa.

autoidentificação como pessoa surda e tantas outras identificações individuais e coletivas possíveis. Isso significa dizer que identificar-se como pessoa surda não ocorre "apenas" pelo uso da Libras, embora seja elemento crucial nesse processo[14], mas pelo sentimento de pertencimento a um grupo/comunidade no qual consegue ver-se como igual sem que, para isso, tenha que modificar seu modo de ser[15].

Ainda nesse tema, ver-se como pessoa surda, mesmo no uso de Libras como primeira língua (L1) ou língua de conforto, implica na presença do outro surdo. Quer dizer, dentro da clínica fonoaudiológica bilíngue em que se entende a Libras como a L1 para o surdo, esse respeito à característica linguística da criança é fundamental para a sua constituição subjetiva, mas certamente não será nesse espaço que ela se identificará como surda, não com o fonoaudiólogo, mesmo que bilíngue, pois geralmente é uma pessoa não surda. Contudo, esse contato será fundamental para sua subjetividade e lhe permitirá enxergar-se por seus próprios olhos e não pelo olhar do outro.

Considerando essas reflexões fundamentais para o universo surdo, é necessário enfatizar que quando o fonoaudiólogo (aqui se incluem profissionais da saúde de forma geral também) nega a língua de modalidade gestual-visual ao surdo, por não entender o significado dela para a constituição subjetiva da criança, ele contribui na negação social e muitas vezes familiar do ser surdo, mesmo quando há benefício real com os equipamentos de amplificação sonora como os aparelhos de amplificação sonora individual (AASI) ou os implantes cocleares (IC). Essa busca pela perfeição do corpo implica em um caminho que pode ser conflituoso, uma vez que a perda auditiva existe e o uso dos dispositivos de amplificação sonora ocorrem por esse motivo, o que significa que a criança continuará sendo surda apesar das possibilidades auditivas advindas dos recursos tecnológicos. O seu modo de ser e existir continuará sendo surdo mesmo na potencialização dos restos auditivos. Não há uma "cura" para a surdez, ou seja, não se deixa de ser surdo, apesar de ser possível potencializar o sistema auditivo e, assim, responder ao mundo sonoro. A relação com esses fenômenos é pessoal, individual e não depende do desejo da família ou do profissional fonoaudiólogo, mas, sim, do próprio sujeito.

Tomando esses aspectos, faz-se necessário que a família seja assistida muito proximamente, pois a atuação fonoaudiológica bilíngue com a criança surda envolve o olhar amplo, não restrito à "deficiência", mas desconstruindo estereótipos socialmente construídos. Desde o momento de detecção da perda auditiva que pode ocorrer ainda na maternidade, a família deve ser acolhida, antes mesmo da criança, pois é a partir da visão que eles têm sobre ela e a perda auditiva, que os passos seguintes são constituídos.

PERSPECTIVAS NA FONOAUDIOLOGIA BILÍNGUE PARA SURDOS

Até aqui se retomou o que constituiu o fazer fonoaudiológico bilíngue e o que, dentro da clínica com surdos, conduziu ao entendimento da importância da LS para a subjetividade da criança que existe na linguagem e, para isso, precisa ser afetada por ela[10]. Resta-nos ainda tratar do que vem pela frente e de como é possível pensar em perspectivas futuras no trabalho fonoaudiológico com o surdo.

É bastante comum o questionamento: "Qual o papel do fonoaudiólogo se a Fonoaudiologia Bilíngue não vai cuidar da reabilitação auditiva, e sim ofertar a língua gestual-visual?". Embora já se tenha mencionado anteriormente a respeito, faz-se necessário enfatizar que, como ação recente dentro da Fonoaudiologia, esse tipo de questão é natural e conduz a que se invista cada vez mais em pesquisas e publicações que possam mostrar a prática clínica exitosa construída até aqui.

O "Bilíngue" junto à Fonoaudiologia não tem função adjetivadora caracterizando esse profissional por saber duas línguas – português e Libras – (embora isso seja fundamental), mas diz de uma formação que ocorre desde os bancos da academia, conduzindo no dia a dia a uma construção próxima à comunidade surda e que entende, acima de tudo, a pessoa surda na sua diferença. Desse modo, o profissional não desconsidera o sujeito e suas características e possibilidades. Além disso, há uma evolução tecnológica importante e nela se obtêm equipamentos de implante coclear que são um recurso relevante e, muitas vezes, a escolha da família. Defende-se a bilingualidade**** e biculturalidade do surdo e não a restrição monolíngue ao português oral. Nesse sentido, ressalta-se a preocupação com a aquisição de linguagem, da L1 e, em seguida (mas não necessariamente consecutivamente, pois a criança é imersa também na língua portuguesa), a necessidade de contato com a L2, que no caso do Brasil é o português em sua modalidade oral e/ou escrita.

**** De acordo com Flory e Souza (2009), bilingualidade se relaciona a um nível individual de bilinguismo, o que significa que, embora se fale do mesmo, a bilingualidade faz referência a como cada pessoa se relaciona com sua condição bilingue, implicando em uma visão do que é próprio do sujeito e de sua relação com a(s) língua(s). (Flory EV, Souza MTCC. Bilinguismo: diferentes definições, diversas implicações. Revista Intercâmbio. 2009;XIX:23-40.)

Quando se fala no trabalho fonoaudiológico bilíngue com o surdo na clínica e se levanta a ação a partir da consideração linguística da criança, é importante que se entenda que quanto à língua portuguesa oral e/ou escrita, a mediação do profissional clínico é a partir do entendimento de que esta tem função de segunda língua para a criança e não é seu papel atuar de forma pedagógica. Há diferenças, pois a L2 estabelece-se como a outra língua que constitui subjetivamente o ser surdo, desta vez não por imposição por conta da perda auditiva, mas, sim, por circular socialmente também com o mundo ouvinte que fala e escreve português. Esse entendimento por parte do profissional gera para a criança surda pertencimento à comunidade falante do português ao seu redor.

Em um mundo globalizado e sem fronteiras, há livre trânsito linguístico para todos e não há uma língua melhor ou mais completa que outra. Portanto, Português ou Libras são línguas que podem transitar e constituir a existência de pessoas surdas no Brasil.

CONSIDERAÇÕES FINAIS

A passos lentos, mas resistentes, resilientes e sustentados na experiência clínica e a partir de pesquisas de muitos profissionais que desenvolvem o trabalho com surdos pela perspectiva bilíngue, a Fonoaudiologia Bilíngue olha para a frente e estabelece caminhos que, de certa forma, ainda se constroem. O futuro do trabalho fonoaudiológico bilíngue ainda precisa de solidez principalmente no que se relaciona ao reconhecimento por parte dos profissionais de saúde, incluindo-se aí muitos colegas fonoaudiólogos que ainda têm uma visão equivocada de que a Fonoaudiologia Bilíngue traz prejuízos para o desenvolvimento das habilidades auditivas e de linguagem oral. Esse é um mito que deve ser derrubado, pois leva os pais a terem preconceito contra a Libras e impede o desenvolvimento de linguagem de um número grande de pessoas surdas. Muitos trabalhos têm sido publicados demonstrando que a LS não impede o desenvolvimento de habilidades auditivas e da oralidade desde 1981[16-18]. É de suma importância que os profissionais da saúde possam se apoderar dessa nova realidade para que o trabalho com pessoas surdas possa se beneficiar de uma abordagem fonoaudiológica bilíngue.

Temos ainda um caminho longo a ser trilhado, mas o compartilhamento através de publicações científicas e a presença da Fonoaudiologia Bilíngue em encontros científicos têm possibilitado que cada vez mais profissionais possam repensar sua atuação e dado abertura para a Libras em sua atuação fonoaudiológica.

Espera-se que este capítulo possa ajudar a esclarecer as muitas dúvidas que ainda persistem com relação à utilização da Libras no trabalho fonoaudiológico.

É importante enfatizar sempre que a Fonoaudiologia Bilíngue veio para acrescentar e respeitar as necessidades das pessoas surdas. Trabalho árduo e ainda com muitas conquistas pela frente, mas que se amplia a cada dia. Assim, é importante unir forças, indagar, buscar e realizar um trabalho que respeite as diferenças e que faça com que o papel do fonoaudiólogo seja cumprido em sua integridade – favorecer a aquisição da linguagem e da pessoa surda em todas as suas relações sociais.

REFERÊNCIAS BIBLIOGRÁFICAS

1. Moura MC. O Surdo – caminhos para uma nova identidade. Rio de Janeiro: Revinter; 2000.
2. Lopes RAB, Ferreira VY. A intervenção fonoaudiológica na surdez. In: Atualidades em Fonoaudiologia: Autismo, aprendizagem, linguagem, voz e motricidade. v. 6. Rio de Janeiro: Editora SciELO – EDUERJ; 2016. p. 49-60.
3. Skliar C (org.). A surdez: um olhar sobre as diferenças. Porto Alegre: Mediação; 1998.
4. Barbosa FV. Língua de sinais na fonoaudiologia: perspectivas para uma nova visão da atenção à saúde da comunicação. In: Lamônica DAC, Britto DBO (orgs.). Tratado de Linguagem: perspectivas contemporâneas. 1. ed. Ribeirão Preto: Book Toy; 2016.
5. Begrow DDV, Almeida EBB, Pereira MMS. Acolher e informar: ações para desconstruir a lógica da medicalização da surdez. Anais do V Seminário Internacional A Educação Medicalizada: "existirmos, a que será que se destina?". Universidade Federal da Bahia, 8 a 11 de agosto de 2018. p. 46-54.
6. Brasil. Lei n. 10.436 Dispõe sobre a Língua Brasileira de Sinais – Libras e dá outras providências. 2002.
7. Brasil. Regulamenta a Lei n. 10.436, de 24 de abril de 2002, que dispõe sobre a Língua Brasileira de Sinais – Libras, e o art. 18 da Lei n. 10.098, de 19 de dezembro de 2000. 2005.
8. Moura MC de, Begrow DDV, Chaves ADD, Azoni CAS. Fonoaudiologia, língua de sinais e bilinguismo para surdos. CoDAS [Internet]. 2021;33(1):e20200248.
9. Quadros RM de, Cruz, CR. Língua de sinais: instrumentos de avaliação. Porto Alegre: Artmed; 2011.
10. Begrow DDV, Brito LCT de. Aquisição de linguagem e o contexto linguístico da criança surda. In: Moura C, Begrow DDV (orgs.). Libras e surdos: políticas, linguagem e inclusão. São Paulo: Contexto; 2024. p. 27-40.
11. Turner T. Anthropology and multiculturalism: What is Antropology that multiculturalists should be mindful of it? In: Goldberg D (ed.). Multiculturalism: a critical reader. Massachusetts: Blackwell; 1994.
12. Ciampa AC. A estória do Severino e a história da Severina. São Paulo: Editora Brasiliense; 1996.
13. Levy CCAC, Moura MC. Pensamento holístico sobre a surdez. In: Levy CCAC. Manual de audiologia pediátrica. 2. ed. Barueri: Manole; 2022. p. 261-6.

14. Strobel K. As imagens do outro sobre a cultura surda. Florianópolis: Ed. da UFSC; 2008.
15. Bento NA, Vilhalva S. Libras, surdos e interseccionalidades. In: Moura C, Begrow DDV (orgs.). Libras e surdos: políticas, linguagem e inclusão. São Paulo: Contexto; 2024. p. 27-40.
16. Yoshioka MCCP, Spinelll M, Teixeira VRV, Moura MC. Utilização de comunicação total em sujeitos com deficiência auditiva severa. In: Paiva AF, Spinelli M, Vieira S (orgs.). Distúrbios da comunicação: estudos interdisciplinares. Coleção Educação Contemporânea. Série: Educação Especial. São Paulo: Cortez/Autores Associados; 1981. p. 147-88.
17. Davidson K, Lillo-Martin D, Pichler DC. Spoken english language development among native signing children with cochlear implants. J Deaf Stud Deaf Educ. 2014;19(2):238-50. Acesso em 22 de janeiro de 2024.
18. Johnson M, Mckenna BA. The developmental benefits of allowing deaf children with cochlear implants early access to sign language. Infants & Young Children. 2021;34(2):141-55.

59

Direitos e vulnerabilidade linguística da pessoa surda e a atuação do fonoaudiólogo bilíngue

Priscila Mara Ventura Amorim Silva
Cássia Sígolo
Ivani Rodrigues Silva
Shirley Vilhalva

PONTOS-CHAVE

- A atuação do fonoaudiólogo bilíngue Libras/ Português compreende a pluralidade dentro da surdez, considerando a história, cultura e identidade das distintas comunidades surdas.
- A Fonoaudiologia, na prática bilíngue Libras/ Português, deve atender as necessidades dos diferentes grupos de surdos, levando em consideração suas interseccionalidades e garantindo suas especificidades educacionais.
- A atuação do fonoaudiólogo bilíngue com sujeitos surdos deve oportunizar contextos de aprendizagem apropriados para o biletramento ou o letramento bilíngue, com vistas a mudar as perspectivas homogeneizantes e monologuistas sobre o ensino da escrita para surdos.

OBJETIVOS DE APRENDIZAGEM

Ao final deste capítulo, o leitor deverá ser capaz de:

- Identificar a condição de que as pessoas surdas falantes da Libras integram um grupo cultural e linguístico minoritário com conquistas legais materializadas no cenário legislativo nacional.
- Conhecer as especificidades educacionais, linguísticas e culturais das pessoas surdas e os atravessamentos interseccionais que as envolvem.
- Reconhecer a importância da Libras para a aquisição e desenvolvimento de linguagem da pessoa surda na atuação fonoaudiológica Libras/Português.

INTRODUÇÃO

> *A luta pelos direitos humanos das pessoas surdas é uma questão de dignidade humana.*[1]

O Manifesto dos Cidadãos Surdos[1], de 2024, apresenta a necessidade incontestável da ressignificação dos conceitos sobre a surdez e sobre a pessoa surda. Essa reflexão ganhou destaque na Fonoaudiologia a partir da oficialização da Língua Brasileira de Sinais (Libras) como meio de comunicação e expressão das comunidades surdas brasileiras pela Lei n. 10.436/2002[2] e do Decreto n. 5.626/2005[3] que a regulamentou. Com base nesse instrumento jurídico, também a área da Fonoaudiologia passou a incluir, como componente curricular obrigatório em seus cursos de graduação, a formação em Libras.

Sabemos que ainda é comum o entendimento de muitos profissionais, inclusive da nossa área, de que o trabalho fonoaudiológico com o surdo deve ter seu foco principal na oralização, ou seja, ainda existe a representação de que ao fonoaudiólogo cabe organizar o seu plano terapêutico baseado em atividades cujo principal objetivo seja o trabalho nos treinos de emissão oral, auditivo e de leitura orofacial, tudo isso garantido pelo uso do aparelho de amplificação sonora individual (AASI) e/ou pelo implante coclear (IC). Essa representação ocorreu junto com a regulamentação da profissão e pode ser resgatada pela Lei n. 6.965, de 9 de dezembro de 1981, que teve a área médica como grande influenciadora em sua constituição.

Em consonância ao manifesto, sob o prisma dos direitos e das vulnerabilidades linguísticas da pessoa surda, os objetivos deste capítulo recobrem a análise de atuação bilíngue do fonoaudiólogo e sua representação construída na articulação bilíngue Libras/Português, área recente no campo da linguagem.

O TRABALHO FONOAUDIOLÓGICO NA ÁREA DA EDUCAÇÃO BILÍNGUE

Historicamente, os discursos desenvolvidos sobre o surdo e a surdez na formação do fonoaudiólogo encontravam-se pautados essencialmente a partir da dimensão biológica de não ouvir[4], cristalizando o olhar para esse sujeito como uma pessoa deficiente auditiva, caracterizada pelo modelo clínico-terapêutico da surdez, contrapondo-se à concepção socioantropológica cujo entendimento inclui a diferença linguística na significação sobre a surdez. Nessa relação, o termo deficiente auditivo (concepção biológica clínico-terapêutica) se contrapõe ao termo surdo (concepção socioantropológica) e a partir da opção pelo uso de um dos termos se torna possível compreender a filiação teórica escolhida pelo profissional.

Ainda na década de 1980, ocorreram os primeiros debates sobre a Comunicação Total no Brasil, que seriam publicados pela fonoaudióloga Marta Ciccone a partir de 1990[5]. Nesse período, a discussão sobre a possibilidade do uso da Libras no trabalho fonoaudiológico, mesmo tendo a língua oral como objetivo a ser alcançado nessa abordagem, culminou no reconhecimento, por parte de muitos profissionais, da necessidade de repensar uma nova clínica na área da surdez[6].

Já nos anos 1990, Lucinda Ferreira Brito se destacou ao publicar seus estudos na área da Linguística, descrevendo gramaticalmente a Libras e, com isso, contribuindo significativamente com as discussões, no Brasil, sobre o *status* de língua natural fomentando a importância dessa língua no processo de aquisição e desenvolvimento de linguagem para os surdos. Tais discussões baseavam-se nos estudos que comprovavam que as línguas de sinais apresentavam propriedades linguísticas, assim como as línguas faladas, diferenciando-se umas das outras em especial pela modalidade de uso. Ou seja, enquanto as línguas faladas são orais e auditivas, as línguas de sinais se configuram como modalidades visuoespaciais. Diante desse entendimento, passou a ser inerente o fortalecimento da relação do surdo com a língua de sinais, fator determinante, talvez único, que lhe possibilitará "vir a assumir uma posição discursiva que não se reduza à mera reprodução [de enunciados dos interlocutores] que permita interferir, modificar, produzir e criar o novo"[7].

O pioneirismo de Maria Cecilia de Moura, formada em Fonoaudiologia desde 1972, quando a profissão ainda não era regulamentada, é marcado em 1993 por sua participação como organizadora do "Simpósio Internacional de Língua de Sinais e Educação do Surdo", que reuniu importantes pesquisadores nacionais e internacionais da área da Surdez para discutir o bilinguismo. Em 2000, a pesquisadora lançou seu livro *O Surdo: caminhos para uma nova identidade*, fruto de seu trabalho de doutorado, um marco para a Fonoaudiologia Bilíngue que reconheceu a fonoaudióloga como a precursora e grande referência nacional.

Diante desse cenário e dos estudos desenvolvidos, é fundamental que o fonoaudiólogo tenha o conhecimento sobre as diferenças entre o que é a fala, a linguagem, a língua e a discursividade[8], para que possa compreender a surdez para além dos treinos fonoarticulatórios. Isso significa enxergar o trabalho fonoaudiológico fora do escopo da fala e enfatizar uma questão importante: se é a língua que possibilita a inserção do sujeito no fluxo da linguagem, por que atribuir apenas à língua oral a função de instrumento fundamental de comunicação do ser humano?

Para além do trabalho com a linguagem oral, é o fonoaudiólogo, desde já na maternidade quando do nascimento do bebê, que faz a triagem auditiva neonatal para a identificação de riscos para a perda auditiva nos primeiros dias de vida do lactente, e também está presente no teste e reteste, com medidas fisiológicas e eletrofisiológicas da audição, no diagnóstico da perda auditiva e intervenções à criança e sua família. É nesse momento que a orientação sobre a língua de sinais deveria acontecer, em conjunto com as orientações sobre a possibilidade de adaptação de aparelho de amplificação sonora individual (AASI) e/ou do implante coclear (IC). Adequadamente, deve-se orientar os familiares ouvintes que desejam o desenvolvimento da oralização dessa criança a respeito da importância da língua de sinais para o desenvolvimento cognitivo, linguístico e afetivo da criança surda. Para isso, é fundamental que a família compreenda que para que seja possível o aprendizado da língua oral (L2), é imprescindível o conhecimento e o domínio de uma primeira língua (L1), na medida em que o aprendizado ocorrerá subsidiado nos conhecimentos adquiridos nessa língua que, ao invés de significar uma negação da segunda, ao contrário, facilitará sua aquisição[9].

É importante considerar, ainda, que o trabalho fonoaudiológico deve abranger, também, a modalidade escrita do português brasileiro, pois as questões educacionais são constantemente uma barreira linguística que coloca, muitas vezes, o surdo em uma condição de grande vulnerabilidade.

Nessa direção, compreender a surdez para além dos treinos fonoarticulatórios é entender as especificidades dentro da própria surdez e desconstruir a ideia simplista de que existem apenas dois grupos de pessoas surdas: os deficientes auditivos oralizados e os surdos sinalizantes. Dentro desses grupos distintos, podemos encontrar o surdo oralizado e sinalizante, o surdo sinalizante, o surdo sinalizante que usa IC e/ou AASI, o deficiente auditivo que usa IC e/ou AASI, e ainda a interseccionalidade que atravessa essas pessoas como os surdos LGBTQIA+; surdos negros, pretos e pardos; mulheres surdas; surdos quilombolas; indígenas surdos; surdocegos; surdos com altas habilidades; surdos camponeses; surdos filhos de pais surdos; surdos filhos de pais ouvintes (a grande maioria – 95%[10]); entre outras singularidades.

Esses fatores devem estar implicados nas mudanças da representação do fonoaudiólogo sobre a pessoa surda, que passam a ser pauta, desde sua formação até a prática profissional, por meio das atuais políticas linguística, educacional e de saúde voltadas a esses sujeitos, assim como a atuação fonoaudiológica bilíngue Libras/Português[11].

Em relação à supramencionada heterogeneidade das pessoas surdas e sua singularidade linguística, não devemos simplificar as definições pressupondo que seu único marcador identitário se limite à sua acuidade auditiva, como aponta Skliar[12]:

> Às vezes, ao falar dos "surdos" podemos, involuntariamente, descrever somente os surdos homens, brancos, de classe média, que frequentam as instituições escolares, que fazem parte dos movimentos de resistência, que lutam pelos seus direitos linguísticos e de cidadania etc. Por isso, a totalidade não é positiva nem negativa. Seria um equívoco conceber os surdos como um grupo homogêneo, uniforme, dentro do qual sempre se estabelecem sólidos processos de identificação. Também fazem parte dessa configuração, que denominamos "surdos", os surdos das classes populares, os surdos que não sabem que são surdos, as mulheres surdas, os surdos negros, os surdos meninos de rua, entre outros e, ainda, os receios, as assimetrias de poder entre surdos, os privilégios, a falta de compromisso com as reivindicações sociais etc.

Para o autor, o paradigma biológico clínico-terapêutico caracteriza-se pela exclusividade do desenvolvimento da linguagem oral pelo surdo, como forma para ele ter maior participação na sociedade majoritária. Já no paradigma socioantropológico, a surdez é vista como uma diferença, na qual os sujeitos surdos fazem parte de uma comunidade linguística e culturalmente diferente[12]. No entanto, ainda são incipientes as discussões que aproximam a prática fonoaudiológica bilíngue dos atravessamentos interseccionais que abarcam a comunidade surda.

FONOAUDIOLOGIA BILINGUE E DESAFIOS ATUAIS

Bento e Vilhalva[13], em seus estudos mais recentes, trazem "à baila a necessidade de se (re)pensar sobre aspectos multiculturais surdos que vão além de aspectos linguísticos", e alertam que "a pauta da interconexão entre gênero, raça e classe é campo epistêmico negligenciado no campo dos estudos culturais surdos".

Uma proposta curricular que contemple a interseccionalidade, com olhar sensível e aguçado com vistas à acessibilidade linguística sob a perspectiva bilíngue é imperativa à proposição de novos currículos escolares e de programas de educação surda, considerando a cultura surda e propondo, no campo da prática fonoaudiológica bilíngue, a valorização da variedade de identidades dentro da comunidade surda. Uma das alternativas é que seja revisto o modo como é trabalhada a aquisição da segunda língua (L2), a língua portuguesa, com o sujeito surdo.

A língua portuguesa representa um grande desafio para o surdo, por ser uma língua que é aprendida de maneira formal e na escola, diferente da modalidade da língua de sinais que é a sua língua de conforto, sua primeira língua (L1), acessível desde os primeiros dias da criança surda na interação com surdos sinalizadores. Portanto, o ensino do português para o surdo se torna um obstáculo significativo que requer novos olhares. É fundamental que a representatividade dessas pessoas seja contemplada nos materiais didáticos, nas atividades extracurriculares e nos eventos escolares, para que essa pluralidade de experiências possa ser compartilhada dentro da comunidade surda.

É urgente que a Fonoaudiologia, na prática bilíngue, se envolva com os conteúdos relacionados à história, cultura e identidade surda e reconheça a pluralidade dentro da própria surdez, para que então a prática fonoaudiológica possa atender às necessidades específicas dos diferentes grupos de surdos, levando em consideração suas interseccionalidades e garantindo que sejam consideradas, inclusive, as especificidades educacionais.

O fato de os surdos serem, em grande maioria, filhos de pais ouvintes, reflete questões importantes que repercutem na aquisição e desenvolvimento da língua, linguagem e aprendizagem dessas pessoas.

Diferentemente de outras minorias, que no conforto do lar podem interagir com seus familiares por meio de uma língua em comum, quase 95%[10] das crianças surdas, filhas de pais ouvintes, não contam com uma língua compartilhada no seio familiar[14]. Essa situação impede que grande parte dessas crianças se aproprie de referências culturais da comunidade surda, por não terem contato com interlocutores fluentes em Libras, perdendo muito da convivência com o grupo familiar e do aprendizado comum a qualquer criança, o que causa graves entraves ao seu processo de escolarização e socialização[14]. Muito distantes dessa situação, crianças surdas, filhas de pais também surdos, com a oportunidade de interagir com seus pais surdos sinalizantes desde a mais tenra idade, não mostram dificuldades nos níveis de aquisição de leitura e de aprendizagem da escrita quando comparadas às crianças surdas, filhas de pais ouvintes.

Alguns estudos[15-16] demonstram estreitas relações entre o processo de alfabetização na segunda língua com a exposição precoce das crianças surdas à língua de sinais. Existe uma relação exitosa entre o fato de a criança ser surda e ter pais também surdos, o que é determinado pelo aspecto emocional, já que essas crianças crescem mais seguras por partilharem em casa um ambiente com menos estresse quando comparadas com crianças surdas, filhas de pais ouvintes. Além disso, pais surdos são mais aptos a usarem recursos capazes de favorecer o desenvolvimento da linguagem da criança surda, por já serem falantes de Libras e sentirem-se confortáveis nessa situação. Por também serem surdos, esses pais percebem mais cedo a perda auditiva da criança e sentem-se mais seguros para inserirem o filho no sistema educacional desde a mais tenra idade[15]. Todos esses fatores influenciam direta e indiretamente no êxito da criança surda em seu processo escolar.

Desde o final da década de 1990, pesquisadores da área de Educação de Surdos[16-18] passaram a focalizar o aprendizado do português escrito por aprendizes surdos não mais a partir da noção de "erros", mas a partir do pressuposto de que são sujeitos bilíngues e, portanto, lidam com duas línguas para aprender a escrever: a Libras, sua primeira língua (L1), e o português, sua segunda língua (L2). Nesse contexto, da diferença em que se insere o bilinguismo Libras/português, uma importante discussão diz respeito ao aprendizado da escrita pelo surdo. As crianças surdas têm a possibilidade de aprender a língua escrita, já que a perda auditiva não atrapalha a apropriação da modalidade gráfico-visual da língua, mas isso desde que o acesso à língua de sinais, precocemente, seja assegurado.

À GUISA DE ALGUMAS CONSIDERAÇÕES PARA O ENSINO DA SEGUNDA LÍNGUA NA MODALIDADE ESCRITA

O percurso até aqui realizado permite compreender que o rompimento com o paradigma biológico na área da surdez propiciou o aparecimento de diferentes visões sobre a aprendizagem da segunda língua, especialmente da modalidade escrita, pelo estudante surdo. Passou-se a reivindicar a necessidade de revisão das práticas empregadas para o trabalho com crianças surdas, impulsionando a reflexão sobre novas estratégias específicas para o ensino de português como L2, ou seja, que não se utilizem com os sujeitos surdos práticas comuns ao ensino da língua materna usadas com o sujeito ouvinte de modo a não reforçar "a relação letra-som como pré-requisito da alfabetização, mas recorrer, principalmente, a estratégias visuais prioritariamente pautadas na língua de sinais"[17].

Dentro dessa perspectiva, uma saída para a prática com sujeitos surdos seria criar contextos de aprendizagem apropriados para o biletramento ou o letramento bilíngue, ou seja, mudar as perspectivas homogeneizantes, monologuistas e ouvintistas sobre o ensino da escrita para surdos, focalizando e valorizando suas práticas de linguagem situadas e criativas, como forma de fazer sentido e, com isso, desvelar novas possibilidades de fazer justiça social[19].

Como pontuam Dorta e Silva[20], a compreensão de que os letramentos são múltiplos é uma noção ainda muito recente que tenta romper com as formas tradicionais de se aprender e ensinar. Os multiletramentos propõem a existência de outros modos de compreensão de como o sujeito aprende no mundo atual, deslocando-se de "um ensino formal, monolíngue, monocultural e orientado para uma só linguagem" para se tornar "um ensino que valoriza as diversidades linguísticas e multiculturais, de linguagens e de mídias".

Os multiletramentos consideram a sociedade contemporânea marcada pelos fenômenos da globalização e pelo grande fluxo de culturas e línguas, mas além disso, considera a circulação em nossa sociedade, no seu cotidiano, de uma multiplicidade de produções culturais que se constituem por textos híbridos provenientes de diferentes letramentos, a saber, vernaculares e dominantes, populares e eruditos. Nessa perspectiva, a multimodalidade torna-se mais proeminente e exigem-se por parte da escola novas formas de atuação: ferramentas de áudio e vídeo, tratamento de imagem, edição e diagramação e novas formas de produção e compreensão, ou seja, os novos letramentos não incluem apenas as tecnologias digitais, mas, sobretudo, um novo *ethos*, acompanhado de uma nova mentalidade que busca outros significados nos/dos textos[20].

CONCLUSÃO

O trabalho fonoaudiológico na perspectiva de uma educação bilíngue requer grande atenção para as línguas que habitam o entorno da criança surda, a saber, a Libras e a língua oral da comunidade majoritária. Por essa razão, é importante não apenas saber a língua de sinais, mas compreender as relações dessa língua na vida social dos sujeitos surdos e as implicações dela na comunidade majoritária, salientando, sobretudo, a importância da interculturalidade como forma de se entender o panorama linguístico e cultural da pessoa surda.

Deve ser enfatizado que a pessoa surda que procura a Fonoaudiologia em suas diversas áreas necessita de um profissional com capacitação estratégica e capaz de oferecer acessibilidade, linguística, a fim de promover situações que reduzam a vulnerabilidade e sejam, de fato, favorecidas condições para a prática de linguagem. Logo, o fonoaudiólogo deve ser um interlocutor privilegiado que compreende os desafios do sujeito surdo e de seu entorno, e que proponha mecanismos alternativos para superá-los.

REFERÊNCIAS BIBLIOGRÁFICAS

1. Linhares RSA, Stumpf MR, Reis F (orgs.). Manifesto dos cidadãos surdos: nossos direitos humanos pela garantia da educação bilíngue ao longo da vida. Belo Horizonte: Feneis; 2024.
2. Brasil. Lei n. 10.436, de 24 de abril de 2002. Dispõe sobre a Língua Brasileira de Sinais – Libras e dá outras providências. Brasília: Presidência da República; 2002. Disponível em: https://www.planalto.gov.br/ccivil_03/leis/2002/l10436.htm.
3. Brasil. Decreto n. 5.626, de 22 de dezembro de 2005. Regulamenta a Lei n. 10.436, de 24 de abril de 2002, que dispõe sobre a Língua Brasileira de Sinais – Libras, e o art. 18 da Lei n. 10.098, de 19 de dezembro de 2000. Brasília: Presidência da República; 2005. Disponível em: https://www.planalto.gov.br/ccivil_03/_ato2004-2006/2005/decreto/d5626.htm.
4. Nascimento V, Moura MC. Habilitação, reabilitação e inclusão: o que os sujeitos surdos pensam do trabalho fonoaudiológico? Revista de Ciências Humanas. 2018;52:e49807.
5. Ciccone M. Comunicação total: introdução, estratégia, a pessoa surda. Rio de Janeiro: Cultura Médica; 1990.
6. Silva PMVA, Vianna NG, Campos MI. A Libras na área da saúde. In: Moura C, Begrow DV (orgs.). Libras e surdos: políticas, linguagem e inclusão. São Paulo: Contexto; 2024. p. 101-12.
7. Veras V. A criação do sujeito na textura dos gestos. In: Anais do Seminário Surdez, Cidadania e Educação: refletindo sobre os processos de exclusão e inclusão; 19-22 out 1998; Rio de Janeiro, RJ. Rio de Janeiro: Instituto Nacional de Educação de Surdos; 1998. p. 18-26.
8. Silva PMVA, Bordin SMS. Fonoaudiologia, mãe, criança: encontros e desencontros na cena terapêutica de fala e linguagem. Distúrb Comun. 2021;33(1):25-39.
9. Lacerda CBF. A prática da fonoaudiologia clínica frente às diferentes concepções de linguagem. Espaço. 1998;(10):30-40. Disponível em: https://seer.ines.gov.br/index.php/revista-espaco/article/view/240.
10. Behares LE. Aquisição da linguagem e interação mãe ouvinte-criança surda. In: Repensando a educação da criança surda. Rio de Janeiro: Instituto Nacional de Educação de Surdos – INES; 1996.
11. Silva PMVA, Sígolo C, Moura MC, Begrow DV. Fonoaudiologia bilíngue e bilinguismo para surdos há duas décadas da Lei da Libras: tendências em publicações. In: Anais do 30º Congresso Brasileiro de Fonoaudiologia; 19-22 out 2022; João Pessoa, PB. São Paulo: Sociedade Brasileira de Fonoaudiologia; 2022.
12. Skliar C (org.). A surdez: um olhar sobre as diferenças. 6. ed. Porto Alegre: Mediação; 2015.
13. Bento NA, Vilhalva S. Libras, surdos e interseccionalidades. In: Moura C, Begrow DV (orgs.). Libras e surdos: políticas, linguagem e inclusão. São Paulo: Contexto; 2024. p. 113-24.
14. Fernandes S, Moreira LC. Políticas de educação bilíngue para surdos: o contexto brasileiro. Educar em Revista. 2014;(esp.2):51-69.
15. Padden C, Ramsey C. Deaf culture and literacy. Am Ann Deaf. 1993;138(2):96-9.
16. Silva IR. Considerações sobre a construção da narrativa pelo surdo. In: Silva IR, Kauchakje S, Gesueli ZM (orgs.). Cidadania, surdez e linguagem: desafios e realidades. 2. ed. São Paulo: Plexus; 2003. p. 115-46.
17. Fernandes SF. Práticas de letramentos na educação bilíngue para surdos. Curitiba: Secretaria de Estado da Educação do Paraná; 2006.
18. Silva IR, Favorito W. Reflexões sobre o estatuto das línguas nos contextos bi-multilíngues de educação para surdos no Brasil. Línguas & Letras. 2018;19(44):149-67.
19. Silva IR, Pires-Santos ME. Línguas negadas: repertórios linguísticos e práticas translíngues de alunos surdos. In: Rocha CH, El Kadri MS, Windle JÁ (orgs.). Diálogos sobre tecnologia educacional: educação linguística, mobilidade e práticas translíngues. Campinas: Pontes; 2017. p. 269-301.
20. Dorta JV, Silva IR. Língua(s) e mediação tecnológica: apresentação de um projeto de ensino de português para surdos em um programa bilíngue. In: Jesus DM, Furlaneto LS (orgs.). Educação inclusiva: ensino e formação de professores de língua. Campinas: Pontes; 2019. p. 199-216.

60
Pluralidade Surda e Fonoaudiologia Bilíngue

Guadalupe Marcondes de Moura
Priscila Starosky
Adriana Di Donato Chaves

PONTOS-CHAVE

- A Pluralidade Surda se opõe à condição da homogeneidade ouvinte e constitui-se a partir dos conceitos de singularidade e diversidade humana.
- As dimensões da atuação em Fonoaudiologia Bilíngue para surdos relacionada às políticas e práticas de saúde como defesa e fomento aos movimentos irmanados da Pluralidade Surda.
- Interseccionalidade dialoga com a Pluralidade Surda por ser a teoria que traz uma lente às complexidades humanas, em suas múltiplas camadas, para modificar as práticas de opressão e apagamento de determinados grupos de pessoas.

OBJETIVOS DE APRENDIZAGEM

Ao final deste capítulo, o leitor deverá ser capaz de:

- Identificar os conceitos relacionados à singularidade, diversidade e pluralidade na perspectiva humana, sob a ótica linguística e sociocultural.
- Discutir políticas e práticas de saúde, principalmente da Fonoaudiologia, diante da Pluralidade Surda e suas demandas, de modo a refletir criticamente sobre as possíveis dimensões de trabalho da Fonoaudiologia Bilíngue para surdos.
- Identificar os princípios da interseccionalidade na interação com Pluralidade Surda, como instrumental teórico de reflexão para práticas promotoras da qualidade de vida, equidade e garantia dos direitos humanos.

INTRODUÇÃO

Graças à história de luta das comunidades surdas e ao trabalho científico de inúmeros autores surdos e ouvintes em todo o mundo, nas mais diferentes áreas de pesquisa sobre surdez, pessoa surda e língua de sinais, há tempos a surdez não é vista apenas como uma condição médico-clínica, mas, sim, sob a ótica da identidade cultural[1,2]. Muitas pessoas surdas veem sua surdez como parte integral de sua identidade e alinham-se à cultura surda[3-5]. As línguas de sinais, línguas naturais das comunidades surdas, desempenham um papel crucial na expressão dessa identidade. No Brasil, a Língua Brasileira de Sinais (Libras) é reconhecida por legislação federal*.

Conhecer a diversidade cultural e linguística presente no meio surdo é essencial para entender a riqueza dessas comunidades. Assim, iniciaremos discutindo

* Lei Federal n. 10.436 de 2002, regulamentada pelo Decreto n. 5.626 de 2005.

conceitos como pluralidade, diversidade e singularidade surda, a fim de tratar a temática alinhada à perspectiva sociocultural e identitária. Em seguida, traremos à reflexão crítica as políticas e práticas de saúde perante a Pluralidade Surda e suas demandas sobre as possíveis dimensões de trabalho da Fonoaudiologia Bilíngue para surdos. Por fim, a interseccionalidade vem à pauta como teoria de inclusão diante da pluralidade humana, com destaque para a Pluralidade Surda.

PLURALIDADE, DIVERSIDADE E SINGULARIDADE SURDA

No que se refere à diversidade linguística, as diferentes realidades podem ser analisadas sob diferentes perspectivas, como da conjuntura sócio-histórica nacional e internacional que influencia, por exemplo, correntes filosóficas, a educação, o atendimento médico, a terapia fonoaudiológica e a existência ou não de políticas públicas disponíveis às pessoas surdas e suas famílias, passando por tendências coletivas, construídas a partir de movimentos de luta das comunidades surdas até escolhas individuais[1,2,4,6].

Enquanto há surdos que utilizam a língua de sinais como sua primeira língua, outros preferem se comunicar oralmente, utilizando estratégias como a leitura orofacial. Há surdos sinalizadores bilíngues que, além de utilizarem a língua de sinais, oralizam e/ou se comunicam por meio da escrita. Há aqueles que não sinalizam ou oralizam, mas são usuários da língua de modalidade escrita. E ainda há muitas outras combinações possíveis levando em consideração, inclusive, os diferentes níveis de domínio da língua de sinais, da língua oral e da língua escrita e da presença ou não de tecnologias, como os aparelhos de amplificação sonora individual, o implante coclear e os aplicativos de tradução de texto para língua de sinais, entre outros.

Já outros são impedidos de terem acesso à comunicação sinalizada devido ao preconceito e/ou ao desconhecimento por parte dos profissionais de saúde, reforçados por profissionais da educação sobre questões linguísticas das línguas de sinais. Necessário salientar que muitas crianças e jovens surdos ainda estão submetidos a situação de privação linguística, revelando o abandono social e político. A ausência de políticas efetivas sobre as questões surdas, para além da saúde auditiva, são resultado da omissão do Estado brasileiro[4].

Pessoas surdas não devem ser limitadas a uma condição de homogeneidade, reduzidas a meras características: "não ouvintes", "não oralizadas", "não protetizadas", "usuárias de Libras", "implantadas", entre outros aspectos reducionistas que impedem a manifestação das singularidades dentro da diversidade surda e da pluralidade humana. Precisamos falar de experiências surdas como parte das mais variadas experiências humanas possíveis. Cada ser humano é único. Partindo dessa obviedade podemos afirmar, portanto, que cada pessoa surda é única. A manifestação de tudo o que nos torna únicos é a expressão de nossa singularidade. O conjunto de nossas singularidades, por sua vez, revela a diversidade humana e se concretiza na pluralidade de inúmeras formas de existência – inclusive na pluralidade das minorias, conectada ao todo, àquilo que chamamos de humanidade[2].

Assim, no convite para refletirmos sobre pluralidade, diversidade e singularidade da pessoa surda, consequentemente precisamos falar sobre direitos. Direito à busca pelo desenvolvimento pleno das potencialidades singulares, negado pela homogeneidade idealizada por uma sociedade que acredita que a padronização é superior, é melhor do que a pluralidade e, assim, exerce, legitima e autoriza controle social, muitas vezes violento, sobre as chamadas minorias, inclusive por omissão, alheamento e/ou desconhecimento. É a "lógica" de que toda pessoa surda deve se aproximar da condição normo-ouvinte para se adequar à maioria, ditando as regras e impondo velhas estratégias de opressão, dentre elas o apagamento e a neutralização da Pluralidade Surda[2,4,6].

A pesquisadora e ativista surda Mariana Hora tem discutido esses movimentos em suas redes sociais e traz, com outros autores[4], reflexões sobre conceitos como ouvintismo e audismo, considerando, a partir de outros pensadores, que o primeiro pode trazer por interpretação a culpabilização da pessoa ouvinte, o que seria demasiadamente amplo e genérico, já que existem ouvintes que participam da comunidade surda. Já o audismo estaria mais próximo do que ela denomina "caráter estrutural de imposição social da normalização dos corpos surdos"[4], promovida por grupos em lugar de privilégio e poder que negam os direitos humanos essenciais das pessoas surdas, movidos por um sistema opressivo capitalista.

Ainda que sejam de campos distintos, a postura desses movimentos se aproxima do monismo lógico – corrente filosófica cujo cerne reside no princípio do reducionismo, que busca reduzir todas as formas de lógica a uma única base. A ideia é que seja possível identificar uma linguagem ou estrutura lógica primordial que abranja todas as outras. Isso implica, de forma resumida, na busca pela simplicidade lógica subjacente à complexidade aparente das diversas formas de raciocínio, considerando uma "única lógica correta, adequada ou verdadeira"[7].

O princípio do reducionismo, fundamental ao monismo lógico[7], pode ser aplicado ao ouvintismo/audismo e também à Filosofia Oralista[1] que, na educação de surdos e no atendimento fonoaudiológico, propõe a concentração de esforços exclusivamente no desenvolvimento da linguagem na perspectiva da língua oral, ou seja, no desenvolvimento de habilidades auditivas que levem à produção de fala. Analogamente à busca por uma linguagem universal no monismo lógico, o Oralismo pode ser visto como uma tentativa de estabelecer a língua oral como a linguagem "universal" para os surdos. Isso levanta questões sobre a validade dessa perspectiva, considerando a existência de diversas formas de comunicação e a riqueza da cultura surda, que inclui as línguas de sinais.

Em contraposição ao modelo opressor audista, o conceito de surdidade[3,6], do inglês *deafhood*, proposto pelo pesquisador surdo Paddy Ladd**, como os efeitos da construção da subjetividade a partir da experiência visual surda, tem se difundido como conceito referente ao olhar para si em perspectiva positiva, a partir de uma visão política, linguística e sociocultural. A manifestação da diversidade surda é uma realidade inegável. Limitar a educação ou o atendimento fonoaudiológico da pessoa surda a uma única abordagem, como a exclusiva ênfase na língua oral, por exemplo, além de inadequado do ponto de vista científico, ético e moral, é também contraproducente na promoção de uma sociedade realmente inclusiva, que respeite as diferenças.

Moura, Begrow, Chaves e Azoni[1], assim como Cavalcante e Stumpf[3], analisando a realidade brasileira, convergem quanto à importância de abordagens educacionais que contemplem a pluralidade e a diversidade surda. A educação bilíngue, com ênfase na língua de sinais, destaca-se como uma estratégia valiosa para o desenvolvimento pleno dos surdos sinalizadores.

É a noção da existência da pluralidade que permite a convivência respeitosa entre pessoas diferentes. Contudo, a negação da pluralidade humana resiste e é um debate recorrente desde a antiguidade. Para Arendt, o conceito de pluralidade refere-se "à condição da ação humana pelo fato de sermos todos os mesmos, isto é, humanos, sem que ninguém seja exatamente igual a qualquer pessoa que tenha existido, exista ou venha a existir"[8,16], sendo condição fundamental para a política e para a vida em sociedade.

A PLURALIDADE SURDA E AS DIMENSÕES DA FONOAUDIOLOGIA BILÍNGUE

No Brasil e em todo o mundo, o movimento pela democratização da saúde, entendida como direito fundamental, inclui o respeito à diversidade humana. Sendo a Fonoaudiologia a profissão que cuida diretamente da comunicação, o respeito à diversidade linguística e cultural é central na construção da saúde comunicativa. Seguindo esse movimento, a Associação Americana de Fonoaudiologia (ASHA)[9] recentemente apresentou a *American Sign Language* (Língua Americana de Sinais), assim como as demais línguas de sinais, em equidade à língua inglesa e outras orais por apresentar complexidade gramatical e estar em constante evolução motivada por contextos históricos, sociais e culturais, e afirmando a importância do seu desenvolvimento por crianças surdas.

O Relatório Mundial sobre Audição da Organização Mundial da Saúde[10] cita as línguas de sinais como meio de evitar a privação linguística na primeira infância, garantindo o desenvolvimento oportuno e pleno de crianças surdas, mesmo daquelas usuárias de tecnologias auditivas e que realizam o aprendizado de língua oral.

Esses movimentos de mudanças paradigmáticas por parte de instituições científicas que definem as diretrizes no campo da saúde evidenciam que as transformações no campo fonoaudiológico se direcionam para a inclusão da comunidade surda e da sua diversidade cultural e linguística. Essa atuação, denominada atuação fonoaudiológica bilíngue para surdos, ganhou destaque com a criação do Comitê de Língua de Sinais e Bilinguismo para Surdos pela Sociedade Brasileira de Fonoaudiologia, em 2020[1].

A abordagem bilíngue educacional e a sua influência nas práticas fonoaudiológicas foi impulsionada, na década de 80, por estudos sobre a cultura e identidade dos surdos, e são pautadas em diretrizes como: i) *status* linguístico igualitário das línguas de sinais e orais/escritas; ii) possibilidade de desenvolvimento simultâneo ou sucessivo das línguas de sinais e da língua oral/escrita oficial do país; iii) desenvolvimento linguístico adequado à idade, considerando que as línguas de sinais podem ser consideradas mais "confortáveis" para crianças com perdas bilaterais; iv) alcance da proficiência na língua preferida[11,12].

Uma publicação recente[1] sobre o trabalho que envolve as línguas de sinais na Fonoaudiologia propõe que ele possui três dimensões de atuação: a aquisição das línguas de sinais; bilinguismo educacional para surdos; e desenvolvimento atípico das línguas de sinais. Entretanto, o cuidado fonoaudiológico previsto nas políticas de saúde brasileiras ainda direcionam-se quase que exclusivamente para as questões médico-clínicas da surdez, buscando alcançar uma norma ouvinte, sem preocupação com a pluralidade das experiências surdas nos processos de cuidado em saúde[13] e com os possíveis efeitos da privação linguística na infância,

** Paddy Ladd, nascido na Inglaterra em 1952, é um importante pesquisador surdo da Universidade de Bristol, responsável pela criação do termo *deafhood*, que propõe uma postura afirmativa do "ser surdo" e a ressignificação positiva desse conceito.

direcionando a responsabilidade do fonoaudiólogo ainda apenas para a identificação precoce das perdas auditivas e para a reabilitação auditiva.

Todas essas conquistas e desafios nos campos político, científico-acadêmico e social fortalecem e, ao mesmo tempo, enfatizam a necessidade de práticas de cuidado à saúde fonoaudiológica das pessoas surdas sinalizantes, o que envolve não somente e diretamente estas, mas o conjunto da rede que as cerca, ou seja, toda a comunidade surda usuária de Libras com diferentes níveis de proficiência: tradutores e intérpretes, educadores, familiares e amigos ouvintes[1], *children of deaf adults* (filhos de pai e/ou mãe surdos), pais e/ou mães e/ou cuidadores surdos de crianças ouvintes e/ou surdas, profissionais de saúde e de outros setores.

Enfocando a pluralidade das pessoas surdas, um trabalho recente[3] propõe ampliar o conceito de surdidade também para aquelas pessoas surdas que aprenderam língua de sinais tardiamente, assim como para as não sinalizantes e que usam tecnologias auditivas, considerando que todas vivenciam importantes barreiras de acessibilidade e dificuldades comunicativas. Deste modo, considera-se que surdos oralizados, unilaterais, implantados, usuários de tecnologia, sinalizadores ou não, em diferentes níveis, também são "excluídos" pelo Audismo e também compartilham experiências surdas, ao mesmo tempo singulares e comunitárias, e, portanto, são parte de uma minoria. A diversidade sociocultural e comunicativa, portanto, não está apenas ligada à modalidade da língua (de sinais ou oral), mas à experiência plural da diferença, dos efeitos da exclusão e da luta pela inclusão.

Recentemente, o movimento de surdos oralizados e implantados cresceu e tem feito com que profissionais e formuladores de políticas públicas voltem-se para as suas necessidades, como: legendas *close caption* e estenotipia, tradutores oralistas, mais investimentos em tecnologias auditivas e sua manutenção, destacando as diferenças entre surdez pré-lingual e pós-lingual, deficiência auditiva de grau leve, unilateral, surdos sinalizantes, oralizados, bilíngues, usuários de tecnologias e implantados[14]. Entendendo que todos os movimentos da Pluralidade Surda são legítimos e fomentando ações irmanadas entre eles, acreditamos que a prática fonoaudiológica bilíngue deve avaliar, intervir, orientar, assessorar, criar ferramentas e lutar por acessibilidade linguística e comunicativa que dê conta das demandas do conjunto plural das pessoas surdas.

A atuação fonoaudiológica vinculada aos contextos de uso da Libras está regulamentada em documentos da categoria profissional***. Entretanto, sabendo das necessidades plurais das pessoas surdas nos seus diferentes ciclos de vida, incluindo o processo de envelhecimento, consideramos que em todas as atuais quinze especialidades da Fonoaudiologia no Brasil é possível a atuação de fonoaudiólogos bilíngues que respeitem a diversidade linguística e comunicativa desses sujeitos. Desta forma, uma atuação de caráter ampliado e voltada para a comunidade surda pode ser entendida como transversal ao campo fonoaudiológico.

Ainda como possibilidade de atuação em Fonoaudiologia Bilíngue ou do uso da língua de sinais no cuidado fonoaudiológico, pode-se apontar a promoção do desenvolvimento do Português na modalidade oral como segunda língua para surdos sinalizadores, a promoção de desenvolvimento de Libras para surdos oralizados e implantados, assim como o trabalho com as demandas fonoaudiológicas de surdos sinalizadores envolvendo todas as áreas da Fonoaudiologia. A atuação junto a famílias ouvintes com crianças e adolescentes surdos e famílias de surdos com crianças ouvintes e/ou surdas também precisa ser considerada, principalmente quanto ao apoio à parentalidade surda, assim como promoção, prevenção e intervenção não só na área da linguagem, mas em todas da saúde fonoaudiológica que estão presentes nesses ciclos de vida.

PLURALIDADE SURDA E INTERSECCIONALIDADE PELA FONOAUDIOLOGIA BILÍNGUE

O diálogo na Fonoaudiologia Bilíngue sobre os princípios da Pluralidade Surda[1] e da teoria interseccional voltada à perspectiva surda[2,6,15] ainda se configura como uma agenda recente. Enquanto a Pluralidade Surda reflete a diversidade na construção de identidades, nos aspectos linguísticos e culturais, relativos à experiência surda em seus diferentes recortes[3], a interseccionalidade na comunidade surda reconhece tais experiências, atravessadas por marcadores sociais e identitários, tais como gênero, raça e sexualidade[2,15]. Deste modo, trata-

*** Resolução CFFa n. 320, de 17 de fevereiro de 2006, que dispõe sobre as especialidades reconhecidas pelo Conselho Federal de Fonoaudiologia (https://www.fonoaudiologia.org.br/resolucoes/resolucoes_html/CFFa_N_320_06.htm) e Resolução CFFa n. 605, de 17 de março de 2021 que dispõe sobre a atuação do fonoaudiólogo no âmbito da Educação (https://www.fonoaudiologia.org.br/resolucoes/resolucoes_html/CFFa_N_605_21.htm).

-se de considerar as intersecções pelas e nas diferentes camadas de identidades, contemplando as formas de constituição das pessoas surdas, que se materializam, dentre outras formas, na linguagem.

Esse olhar implica em outras possibilidades de entendimento sobre os variados modos de opressão e privilégios, moldados por tecidos sociais que se entremeiam, formando uma rede de fatores excludentes e discriminatórios contra as pessoas surdas. São vivenciados ciclos de afastamento e de apagamento históricos das populações surdas que são marcados por sexismo, misoginia, racismo, homo e transfobia e aporofobia, dentre outros, potencializados pelo audismo estrutural em um movimento de injustiça epistêmica[2,3,6,15].

Há lugares ideológicos que privilegiam determinados grupos de pessoas em detrimento de outros, fazendo-se urgente ações que identifiquem tais fragilidades para a promoção de mudanças dessa realidade. Assim, a interseccionalidade se constitui não como uma teoria da denúncia dos segmentos oprimidos, mas instiga as práticas de justiça social e de defesa dos direitos humanos nas diversas áreas do conhecimento[6,15]. Tal entendimento atende ao compromisso da Fonoaudiologia Bilíngue na direção de suas premissas inclusivas e plurais, voltadas às pessoas surdas[1], atuando em um movimento inverso de uma sociedade que normatiza seus princípios a partir das óticas do patriarcado etno e normocêntrico.

As pautas mais comuns voltadas às pessoas surdas e, registre-se, ainda bastante necessárias, têm sido centradas na área educacional bilíngue e nos estudos linguísticos das línguas de sinais. Contudo, outras demandas urgem visibilidade. Quando somados os recortes sociais minoritários nas relações de força e poder com a Pluralidade Surda, esses apagamentos são ampliados de forma exponencial[15]. De fato, a Pluralidade Surda não se constitui em políticas públicas para a diversidade, configurando em camadas de violências invisibilizadas até mesmo por movimentos sociais de representação de segmentos de não surdos[2].

Temos o racismo estrutural com fortes marcas em nossa sociedade brasileira e, nesse contexto, a pessoa negra surda está subordinada aos movimentos de exclusão constituídos na conjuntura histórica-epistemológica de formação do país. Negro surdo, negra surda, identidades que apresentam seus corpos no cotidiano da sociedade. Na teoria da interseccionalidade, a discussão de suas existências tem produzido reflexões relevantes para o conjunto do meio acadêmico e que busca reverberar no cotidiano dos lares, das escolas, das empresas, do Estado[6,15].

Os povos originários brasileiros também possuem população surda e representam outras diversidades linguísticas com especificidades culturais que têm o atendimento de seus direitos básicos comprometidos em virtude de suas existências. Os marcadores sociais identitários e culturais dialogam e são atravessados como grupo étnico geral, ou seja, como pessoa indígena, como também por sua etnia específica, seu gênero, habitar ou não em áreas urbanas e, como recorte adicional, por ser pessoa surda. Respostas sociais são obtidas por essas pessoas a cada camada de sua constituição de "eu" e quase sempre negativas uma vez que os seus direitos constitucionais são aviltados sob forma de invisibilização e neglicenciamento de suas especificidades[2].

As contribuições da pesquisadora e ativista indígena surda Shirley Vilhalva[2] vêm sedimentando o campo de estudos das línguas de sinais indígenas no Brasil e seus desdobramentos. A identificação e a preservação das línguas sinalizadas de diferentes grupos étnicos dos povos originários denunciam a necessidade de formação de novos profissionais da educação e da tradução preparados para atuar diante desses demandantes surdos em suas diferenças. A autora também aponta que as políticas públicas precisam contemplar esse segmento populacional para atender demandas básicas de saúde e de educação. Os direitos devem ser ampliados na medida de suas conquistas, para a promoção da equidade social.

As desigualdades presentes no Brasil comprometem a qualidade de vida e a cidadania de diversas parcelas da população brasileira ou dos que aqui habitam. Questões de gênero também elencam a Pluralidade Surda. A violação de direitos de mulheres surdas pode não ter a mesma percepção de mulheres não surdas, não se tratando apenas de acessibilidade linguística, mas de um rol de diferenças fundantes no modo de organização social para esses grupos de mulheres[6,16].

O capacitismo materno de mulheres surdas ainda é uma realidade presente no campo jurídico[16]. O direito ao exercício de sua maternação lhe é retirado diante da argumentação de provável negligência nos cuidados com seus filhos por incapacidade de ouvir o choro ou outras demandas infantis que mantenham relação normoacúsica. A literatura descreve[16] narrativas de mães surdas que sofreram discriminação no espaço familiar, particularmente agravadas para os casos de mães surdas solo, com ocorrência de práticas de violências de diversas naturezas, incluindo a jurídica, culminando com a perda da guarda parental. Pesquisadoras surdas denunciam[16] que a condição de serem mulheres e mães solo é potencializada, de forma negativa, diante das barreiras atitudinais com base nos fundamentos capacitistas.

As competências maternas são questionadas a partir do entendimento de que não ouvir é prejudicial para a criação de sua prole. O conjunto de violações está pautado nas premissas da incompetência generalizada dada a condição de ser mulher surda. As mídias sociais e a imprensa vêm noticiando diversos casos de violência contra a população surda nos últimos anos; mais particularmente, observa-se maior número de ocorrências contra mulheres surdas no período da pandemia da COVID-19[6]. Entretanto, dados relativos à violência contra a mulher surda são negligenciados pelo poder público, havendo poucos registros[6].

Aspectos relativos à surdidade e à transgeneridade na abordagem interseccional são objetos que devem constituir reflexões importantes na contemporaneidade. Mateus, Pessoa e Cabello[6] se debruçaram sobre a temática e afirmam que, para além do perfil euro e normocêntrico, ao padrão colonizador de nossa sociedade acresce-se o gênero como uma outra camada identitária[6]. Em suas reflexões, os autores[6] apresentam suas expectativas de diálogo interseccionais sob a tecitura da ecologia de saberes em uma construção horizontal pela educação, sem apagamentos dos conflitos, mas com o entendimento e respeito às diferenças. Reconhecem as camadas epistemológicas que aproximam as pessoas surdas em suas diferentes expressões de sexualidades aos segmentos não surdos.

E o que a Fonoaudiologia tem a ver com a discussão de interseccionalidade e Pluralidade Surda? Certamente, dois fatores se destacam: as barreiras comunicacionais e o entendimento sobre o conceito de violência por parte das pessoas surdas e seus familiares. Um terceiro fator consta na identidade da Fonoaudiologia contemporânea e suas intersecções em suas especialidades e com as áreas afins.

As concepções sobre ser pessoa surda perpassam o fazer fonoaudiológico, colocando-se à disposição da Pluralidade Surda. Concordamos com Cavalcanti e Stumpf[3:190] ao afirmarem ser "fundamental reconhecer as pessoas surdas implantadas, oralizadas, usuárias de AASI, sinalizantes ou não sinalizantes, enquanto minoria sociocultural, linguística e parte integrante da comunidade surda". A Fonoaudiologia Bilíngue deve atuar de forma horizontal, acolhendo e colaborando para promoção da qualidade de vida do povo surdo plural.

CONCLUSÃO

Segundo o censo mais recente no Brasil[17], em torno de 2,4 milhões de pessoas (1,2% da população) têm dificuldade para ouvir, mesmo com o uso de tecnologias auditivas. Certamente, a Pluralidade Surda que abordamos nesse texto extrapola esse número, assim como também, na mesma proporção, não conseguimos dimensionar os impactos psicossociais, políticos, econômicos e educacionais da experiência surda em um país dessa dimensão territorial e ainda tão desigual.

O quão preparados estamos para dialogar, ou fazendo uso de um neologismo, "plurialogar" com a diversidade e diferença humana, entendendo que nossas identidades são intersectadas como processo de estar em um lugar melhor para todas as pessoas? Entretanto, sabemos que esse conjunto de experiências e necessidades está ligado ao campo do que hoje chamamos de Fonoaudiologia Bilíngue para Surdos e, portanto, é nosso desafio buscarmos conhecê-las e enfrentá-las.

As reflexões sobre a Pluralidade Surda consistem em um desafio aos estereótipos simplistas e provocam soluções mais abrangentes e equitativas. Precisamos redesenhar a Fonoaudiologia do futuro cotidianamente!

REFERÊNCIAS BIBLIOGRÁFICAS

1. Moura MC de, Begrow DDV, Chaves ADD, Azoni CAS. Fonoaudiologia, língua de sinais e bilinguismo para surdos. CoDAS [Internet]. 2021;33(1):e20200248.
2. Bento NA, Vilhalva S. Libras, surdos e interseccionalidades. Moura C, Begrow DDV (orgs.). Libras e surdos: políticas, linguagem e inclusão. São Paulo: Contexto; 2024. p. 13-123.
3. Cavalcante PF, Stumpf MR. Diversidade surda na perspectiva sociocultural brasileira: uma análise qualitativa baseada em experiência. Peer Review [Internet]. 2023;5(2):186-205.
4. Azevedo EEB, Aquino JEF, Hora MM. Questão surda: compreendendo o audismo como expressão da questão social. Temporalis [Internet]. 2021;21(42):188-205.
5. Araújo MA, Stumpf MR, Pinheiro KL. Capacitismo materno de mulheres surdas: tradução, interpretação e direito linguístico com base na narrativa autoetnográfica. In: Santos AS, Rodrigues CH (orgs.). Traduções, culturas e comunidades: singularidades e pluralidades em (des)encontros do eu com os outros. São Carlos: Pedro & João Editores; 2023. p. 171-96.
6. Mateus IB, Pessoa EC, Cabello J. Surdidade, transgeneridade e uma abordagem interseccional para a educação ética de pessoas trans e de pessoas surdas. Perspectivas em Diálogo: Revista de Educação e Sociedade. 2023;10(24):230-48.
7. Dias DHB. Pluralismo, monismo e relativismo lógico. Revista de Filosofia Moderna e Contemporânea, Brasília. 2018;6(2):21-36.
8. Arendt HA. Condição humana. Rio de Janeiro: Forense Universitária; 2009.
9. American Speech-Language-Hearing Association (ASHA). American Sign Language [Position Statement]. 2019.
10. World Health Organization (WHO). Word Report On Hearing. 2021.
11. Kozlowski LA. Educação bilíngüe-bicultural do surdo. In: Lacerda CBF, Nakamura H, Lima MC. Fonoaudiologia: surdez e abordagem bilíngüe. São Paulo: Plexus; 2000. p. 84-102.
12. Quadros RM. Educação de surdos: aquisição da linguagem. Porto Alegre: Artes Médicas; 1997.
13. Vianna NG, Andrade MGG, Lemos FCS, Rodriguez-Martín D. A surdez na política de saúde brasileira: uma análise genealógica. Rev Ciênc Saúde Coletiva [Internet]. 2022;27(4):1567-80.

14. Lobato L. Diversidade surda: mais que um termo, um grupo de pessoas. Desculpe, Não Ouvi! São Paulo, 09 de maio 2019. Disponível em: https://desculpenaoouvi.com.br/diversidade--surda-mais-que-um-termo-um-grupo-de-pessoas/.
15. Campos, SRL, Bento NA. Nem todo surdo é igual: discussões interseccionais preliminares na educação de surdos. D.E.L.T.A. 2022;38-1(1-18):202257202.
16. Araújo MA, Stumpf MR, Pinheiro KL. Capacitismo materno de mulheres surdas: tradução, interpretação e direito linguístico com base na narrativa autoetnográfica. In: Santos AS, Rodrigues CH (orgs.). Traduções, culturas e comunidades: singularidades e pluralidades em (des)encontros do eu com os outros. São Carlos: Pedro & João Editores; 2023. p. 171-96.
17. Instituto Brasileiro de Geografia e Estatística (IBGE). Pesquisa Nacional por Amostra de Domicílios Contínua. Pessoas com Deficiência. Divulgação dos Resultados Gerais. DPE/ Grupo de Trabalho de Deficiência. Divulgação 07/07/2023. Disponível em: https://agenciadenoticias.ibge.gov.br/media/com_mediaibge/arquivos/0a9afaed04d79830f73a-16136dba23b9.pdf.

61

Gagueira e Transtornos dos Sons da Fala: por onde começar?

Anelise Junqueira Bohnen
Sandra Rosa Machado Luz Gimenez

PONTOS-CHAVE

- Visão neolocalizacionista do processamento da linguagem, que contradiz os modelos clássicos, sugere que a linguagem é processada por uma rede de áreas cerebrais interconectadas.
- Os centros de conexões funcionais cerebrais especializados (*hubs*) são responsáveis pela integração de informações de diversas áreas do cérebro e pelo controle da produção da fala.
- Descrição do Distúrbio do Neurodesenvolvimento da Fluência da Fala, ainda chamado de gagueira.
- Embasamento e justificativa para o tratamento simultâneo de dois distúrbios em crianças em processo de aprendizagem de fala e linguagem.
- Conhecer e usar a nova nomenclatura para distúrbios de fluência e as etapas de prevenção.
- Reconhecer a necessidade de tratar ambos os distúrbios de forma simultânea o mais próximo possível dos seus surgimentos.

OBJETIVOS DE APRENDIZAGEM

Ao final deste capítulo, o leitor deverá ser capaz de:

- Identificar alguns dos principais avanços experimentais na pesquisa do controle motor da fala e suas relações com distúrbios de fluência e Transtornos dos Sons da Fala (TSF).

INTRODUÇÃO

Análises recentes no campo da Neurobiologia discutem como o cérebro processa a linguagem como um todo e questionam modelos clássicos que caracterizam regiões específicas do cérebro na execução dessa função[1]. Essas análises, pautadas em uma visão *neolocalizacionista* histórica da Neurobiologia, têm demonstrado que o processamento da linguagem é distribuído no cérebro e sugerem a necessidade de uma revisão de conceitos[1,2].

Estudos de neuroimagem utilizaram uma combinação de dados de ressonância magnética funcional com um novo modelo de cálculo computacional de Radcom e análise grafoteórica. A conectividade eficaz de todo o cérebro foi avaliada durante a fala em contexto de vida real *versus* a produção de sílabas simples[2], constatando que a rede neural sofre uma reorganização de sua conectividade com o aumento da complexidade da fala. Centros altamente influentes nas áreas parietais superiores e inferiores interferem na atividade da rede de todo o cérebro. Isso ocorre por meio de ações direcionadas e de projeções de longo alcance com as áreas sensório-motora primária, pré-frontal, áreas temporais e insulares, as quais, associadas, apoiam o processamento multimodal de informações para a saída motora de fala. Em contraste, a rede neural durante a produção de sílabas mais simples é caracterizada por uma estrutura mais comprimida e econômica, a qual suporta os elementos essenciais da sequência entre tempo e integração sensório-motora. Isso ocorre através da influência exercida por centros de rede parietais e cerebelares superiores[2,3].

A partir desses achados, aprendeu-se que existem centros de conexões funcionais cerebrais, altamente especializados, denominados *hubs* (centros de conectividade), que têm a capacidade de coordenar tarefas do processamento da linguagem como um todo, em diferentes regiões do cérebro. O conceito de *hub* ainda é visto com um pouco de ceticismo pela maioria dos pesquisadores em modelos de linguagem[1]. Os modelos que delimitam e classificam regiões fixas e específicas do cérebro[1] para o processamento da linguagem são evidências de estudos com sujeitos que tiveram danos cerebrais, como nas afasias, com comprometimento de áreas como a de Broca, por exemplo.

No entanto, em estudos recentes de neuroimagem do cérebro[2,3] com sujeitos sem lesão cerebral em tarefas de linguagem oral, são apresentadas evidências de atividades neurais com ativação de outras áreas cerebrais além da área de Broca.

Dados de meta-análise de vários estudos prévios sobre neuroimagem do cérebro confirmaram que a linguagem oral é processada e ativada principalmente nas regiões da área de Broca. No entanto, 67% de outras áreas cerebrais também são ativadas, contribuindo para a organização, processamento e execução da linguagem[1]. O processamento de palavras pode ser acionado por um conjunto neural integrado que incorpora experiências associadas ao aprendizado de determinada palavra. Os verbos, por exemplo, ativam regiões cerebrais mais associadas à percepção de movimento do corpo e membros, enquanto os substantivos ativam regiões mais associadas ao processamento de objetos. Isso acontece porque tarefas diferentes de linguagem usam diferentes partes do cérebro. Por exemplo, a palavra *elefante* pode não necessariamente ativar a mesma área da palavra *galinha*. Isso é resultado da ação destas áreas *conectivas* (ou *hubs*), que integram regiões cerebrais conhecidas como não específicas ou exclusivas da linguagem oral[1].

A fala é uma das características mais singulares da comunicação humana. Nossa capacidade de articular o pensamento por meio da produção da fala depende basicamente da integridade do córtex motor. Simonyan et al.[4], ao estudarem o cérebro em neuroimagem, destacaram seis comunidades distintas de neurônios envolvidas no controle da fala, incluindo estruturas do cérebro como putâmen e tálamo, estruturas distantes das regiões da área de Broca. Essas áreas envolvidas mostram como diferentes regiões do cérebro são ativadas dependendo se a pessoa está dizendo algo que tenha significado ou não, como pseudopalavras, por exemplo.

Por fim, para associarmos esses achados de uma rede de **áreas cerebrais interconectadas** no processamento da linguagem à fluência e seus distúrbios, é importante entender que gagueira não é só "uma boca que tranca". Regiões como cerebelo[5], amígdala cerebral[6], conexões gânglio-basais-tálamo-corticais[7-9] e achados morfométricos[10,11] demonstram como essas estruturas integram-se no sistema de processamento e produção de uma fala fluente. O importante é compreender que, embora algumas regiões envolvidas na produção da linguagem não sejam específicas para essas tarefas, elas participam no todo do processo.

DISTÚRBIO DO NEURODESENVOLVIMENTO DA FLUÊNCIA DA FALA (DNDFF) – GAGUEIRA

O DSM-V[12] afirma que a gagueira é um ***Transtorno da Fluência*** com Início na Infância. A CID-11[13], da Organização Mundial da Saúde (OMS), descreve a gagueira como um Distúrbio do Neurodesenvolvimento da Fluência da Fala (DNDFF). Os Transtornos do Neurodesenvolvimento são distúrbios nas funções do cérebro que afetam a emoção, a capacidade de aprendizagem, o autocontrole, a memória e a comunicação que se desenvolvem à medida que o indivíduo cresce. Os Distúrbios do Neurodesenvolvimento (DND) têm sido cada vez mais reconhecidos como condições neurológicas vitalícias, ou seja, são distúrbios que têm características de cronicidade. Esse distúrbio de fluência do neurodesenvolvimento (que ainda chamamos de gagueira) pode se tornar uma condição crônica se não tratado de forma adequada no momento correto.

Por que isso é tão importante? Os Transtornos do Espectro do Autismo, do Déficit de Atenção e Hiperatividade e do Desenvolvimento de Linguagem, entre outros, estão incluídos como DND no capítulo seis da CID-11[13]. São amplamente estudados e as crianças têm sido tratadas o mais cedo possível, como deveriam. Nesses casos, o encaminhamento precoce e a orientação aos pais são rotinas entre os profissionais para ambos. No caso da gagueira, a questão é saber por que os profissionais da saúde e da educação pedem aos pais de crianças que gaguejam que esperem para tomar alguma providência? Porque o senso comum é que "vai passar"! No entanto, se não for tratada o mais próximo possível do início do surgimento das rupturas, a gagueira cronifica. Por que não dar à gagueira a mesma atenção que outros DND recebem?

A OMS afirma que a prevenção é a melhor cura, porque "visa reduzir a probabilidade de um distúrbio afetar um indivíduo, interrompendo ou retardando o progresso do distúrbio ou reduzindo a sua incapacidade"[14]. Essas ações preventivas possuem etapas[15] (com títulos distintos) que deveriam ser observadas. Em um breve resumo, na área dos distúrbios de fluência, temos: (1) a *Prevenção Primordial,* que serve para a redução de riscos e é realizada através da produção e divulgação do conhecimento; (2) a *Prevenção Secundária* que preconiza programas de rastreio de base populacional para detecção precoce de doenças e o fornecimento de programas de saúde materno-infantil; (3) na *Prevenção Terciária,* é imperativo o diagnóstico diferencial entre as disfluências normais e o DNDFF; (4) a *Prevenção Terciária* também diminui as complicações de um distúrbio vigente e trata dos esforços de reabilitação. Por último, (5) a *Prevenção Quaternária* envolve as ações "realizadas para proteger os indivíduos de intervenções médicas ou outras que possam causar mais danos do que benefícios"[15] como, por exemplo, pedir para "esperar que vai passar".

A gagueira é multidimensional e complexa e a obrigação profissional é evitar que crianças que gaguejam se tornem adultos com gagueira, ou seja, essa é a norma da prevenção! A cronicidade da gagueira pode ser evitada. Para atingir esse objetivo, é necessário partilhar conhecimentos sobre: (a) a importância da história familiar[16]; (b) as infecções recorrentes por estreptococos do tipo A que podem interagir com o sistema dopaminérgico e provocar rupturas na fala das crianças[17]; (c) aprender como funciona o cérebro; e (d) compreender o papel das comorbidades que afetam mais de 62% das crianças que gaguejam[18], entre outros fatores de risco. Uma das comorbidades que coexistem com a gagueira são os Transtornos dos Sons da Fala (TSF).

Os DND impactam não apenas o indivíduo diagnosticado, mas também sua família. São comumente percebidos na infância e pais e familiares são muitas vezes os primeiros a notar diferenças na criança. Sendo a gagueira um DND, o objetivo é que seja detectada, avaliada e tratada o mais próximo possível dos seus momentos iniciais por profissionais habilitados para tal. A razão é simples: para que esperar que se torne crônica, que se mantenha até a vida adulta, causando tantos prejuízos a esse indivíduo? Por que não estimular a produção de uma fala fluente a partir do momento em que surgem as rupturas e trabalhar preventivamente, já que o cérebro está em processo de aquisição de linguagem e fala? Sabe-se que não se pode impedir o aparecimento de uma gagueira, mas temos a obrigação profissional de impedir que se torne crônica.

Em 2007, a *Stuttering Foundation of America*[19] publicou um *checklist* para os pediatras sobre o que deveriam fazer quando os pais relatassem preocupações com a fluência de suas crianças. Essa lista foi reproduzida pela Academia Americana de Médicos de Família[20] em 2008. Embora essa lista seja para pediatras, ela é muito importante também para a maioria dos fonoaudiólogos, especialmente para aqueles que não têm fluência como sua especialidade. Entre vários, dois detalhes são muito importantes nesse documento: um é o que diz "Encaminhar a criança se a gagueira continuar além de seis a oito semanas...". Ou seja: não se pode esperar para ver se vai passar[21]. E o outro detalhe é a faixa etária de início: a partir dos 18 meses!

Portanto, o diagnóstico diferencial[22] e a avaliação[23] devem ser realizados o mais próximo possível dos momentos iniciais das rupturas. Como a fala é a expressão oral da linguagem e muitas áreas cerebrais estão envolvidas nesse processo, a estimulação de formas de falar sem pressa e sem força é fundamental para que a criança consiga minimizar ou até superar a gagueira. O tratamento fonoaudiológico[21], caso seja necessário, não pode aguardar. Se o objetivo da prevenção é impedir a cronificação da gagueira, não há justificativas para "esperar que passe".

PROCESSOS DE AQUISIÇÃO DA LINGUAGEM E DA FALA

A aquisição dos fonemas também deve ocorrer em tempos esperados conforme consagrados na literatura[24]. Quando a aquisição dos fonemas não ocorre no tempo adequado ou na forma adequada, há possibilidades de que etapas subsequentes de aquisição de linguagem oral ou escrita possam tornar-se comprometidas[25], pelo menos nas crianças neurotípicas.

O desenvolvimento fonético-fonológico é um processo complexo que envolve aspectos neurofisiológicos, motores, coordenação pneumofonoarticulatória, organização das sincronias necessárias para que a palavra seja produzida com precisão e fluência.

A linguagem é um sistema de altíssima complexidade atrelada ao processo do neurodesenvolvimento da criança. O uso adequado da fala nas diferentes situações depende da aquisição dos sons da língua, do entendimento do significado das palavras, da organização dessas palavras em uma frase, da percepção de tempo que permite produzir um som depois do outro, de uma palavra depois da outra. Também precisa de capacidades e habilidades cognitivas, lexicais e morfológicas, entre outras aquisições que ocorrem em idades limites[26].

Quando esse processo não ocorre como esperado, pode ser caracterizado como um transtorno fonológico. Como o objetivo deste capítulo não é discorrer sobre esses transtornos de fala em profundidade, sugerimos a leitura de Ceron, Keske-Soares[26] e Wertzner[24] para uma compreensão mais ampla desses processos.

No segundo ano de vida da criança, a aquisição da linguagem é composta por palavras predominantemente de duas categorias: a lexical (substantivos e verbos) e a gramatical (preposições, conjunções, advérbios e pronomes)[25]. Bohnen[27] constatou que a maioria das palavras gaguejadas por crianças são palavras de uma sílaba. Nas palavras monossílabas tônicas as repetições de verbos (é, tem...) e pronomes pessoais (*eu, nós*...) foram a tipologia de gagueira mais frequente. Nas monossílabas átonas, as conjunções (*e, que*...) e preposições (*prá, do, de*...) foram mais gaguejadas. Ou seja, as rupturas ocorrem tanto em palavras da categoria lexical como da categoria gramatical.

Embora se tenha variações fonéticas produzidas em diferentes regiões do Brasil, o processo de aquisição fonético-fonológico ocorre, de forma semelhante, entre 2 e 4,6 anos de idade, predominantemente, em crianças neurotípicas[26]. A gagueira também inicia mais comumente entre 2 e 4 anos de idade[27]. Ou seja, a possibilidade de TSF coexistirem com gagueira é significativa especialmente porque, como mencionado antes, mais de 62% das crianças com gagueira também apresentam comorbidades[18], entre elas TSF.

O QUE TRATAR PRIMEIRO EM UMA CRIANÇA PRÉ-ESCOLAR: GAGUEIRA OU TSF?

É imprescindível destacar a importância de aprofundar nossos conhecimentos sobre como as neurociências entendem e explicam o funcionamento do cérebro para que possamos repensar nossa prática.

Tradicionalmente, os fonoaudiólogos avaliam e tratam muitos distúrbios da comunicação de forma isolada. Recentemente, tem havido um interesse crescente na coocorrência de diferentes distúrbios de fala em um mesmo indivíduo, como no caso de gagueira e transtornos dos sons da fala em crianças pequenas[28].

Há uma escassez de pesquisas científicas disponíveis sobre o manejo clínico para o tratamento nessa área. Existem alguns questionamentos, como: o tratamento para os dois transtornos deve ser direto ou indireto? Um distúrbio deve ser tratado antes do outro? Em caso afirmativo, qual deles primeiro? Os objetivos do tratamento devem ser distintos ou combinados? Em um estudo de 2013[29] houve consenso entre fonoaudiólogos entrevistados de que há pouco material disponível na literatura para orientar as decisões relacionadas a essa intervenção. Essa pesquisa conclui que há necessidade de mais investigações para fornecer diretrizes baseadas em evidências para a prática clínica junto a essa população.

As autoras deste capítulo entendem que o tratamento deve ser realizado para os dois transtornos simultaneamente porque tempo de resolução é a expressão-chave nesses casos.

A necessidade de prevenir a cronicidade da gagueira exige condutas profissionais em um intervalo de tempo curto. Se as rupturas observadas na criança são apenas disfluências, terão uma duração de, no máximo, oito semanas (lembrar da lista para os pediatras citada). No entanto, se a criança continuar a ter rupturas, apresentar tensão muscular, repetir uma sílaba ou uma palavra monossilábica mais de três vezes, mostrar irritação por não conseguir falar e ter outros fatores de risco envolvidos importantes como gênero, idade e história familial, esperar que a gagueira passe não se justifica sob nenhuma hipótese.

Em contrapartida, a fim de se prevenir dificuldades futuras na produção de uma fala inteligível e adequada para a idade, respeitar as faixas etárias da aquisição fonético-fonológica é igualmente importante[24,25,26]. Por isso, ao sermos questionados sobre qual dos distúrbios deveria ser tratado primeiro, não encontramos justificativas científicas que nos obriguem a fazer essa escolha. Respeitar os tempos de resolução dessas aquisições que caracterizam o desenvolvimento da criança para trabalhar preventivamente é não só uma questão de zelo para com o paciente e sua família, mas também de conhecimento técnico e científico.

CONCLUSÃO

Tratar a gagueira e os transtornos dos sons da fala como entidades separadas ou ignorar uma (especialmente a gagueira) em favor de outra é um desserviço, com impactos negativos para a comunicação e para o desenvolvimento global da criança.

A identificação de alguns dos principais avanços experimentais contemporâneos sobre controle motor da fala e suas relações com distúrbios de fluência permite ao profissional um raciocínio clínico mais abrangente e com maiores possibilidades de tratamentos bem-sucedidos. Igualmente, quando a OMS classifica a gagueira como um DNDFF e insere esse distúrbio no campo da Fonoaudiologia, que tem a Linguagem e seus distúrbios como principal objeto de estudo[30]. Conhecer as etapas de prevenção pode permitir ações públicas e privadas na direção de aumentar o conhecimento da população sobre esses distúrbios e reconhecer a necessidade de tratá-los de forma simultânea o mais próximo possível do seu surgimento.

REFERÊNCIAS BIBLIOGRÁFICAS

1. Aliko S, Wang B, Small SL, Skipper JI. The entire brain, more or less, is at work: 'language regions' are artefacts of averaging. bioRxiv [Preprint]. 2023.

2. Valeriani D, Simonyan K. The dynamic connectome of speech control. Philos Trans R Soc Lond B Biol Sci. 2021;376(1836):20200256.
3. Li X, Salami A, Persson, J. Hub connectivity in the human connectome: links to aging and processing speed. Neuroimage. 2023;278:120270.
4. Simonyan K, Ackermann H, Chang EF, Greenlee JD. New developments in understanding the complexity of human speech production. J Neurosci. 2016;36(45):11440-8.
5. King M, Hernandez-Castillo CR, Poldrack RA, Ivry RB, Diedrichsen J. Functional boundaries in the human cerebellum revealed by a multi-domain task battery. Nat Neurosci. 2019;22(8):1371-8.
6. Toyomura A, Fujii T, Yokosawa K, Kuriki S. Speech disfluency-dependent amygdala activity in adults who stutter: neuroimaging of interpersonal communication in MRI scanner environment. Neuroscience. 2018;374:144-54.
7. Chang SE, Guenther FH. Involvement of the cortico-basal ganglia-thalamocortical loop in developmental stuttering. Front Psychol. 2020;10:3088.
8. Garnett EO, Chow HM, Nieto-Castañón A, Tourville JA, Guenther FH, Chang SE. Anomalous morphology in left hemisphere motor and premotor cortex of children who stutter. Brain. 2018;141(9):2670-84.
9. Toulmin H, Beckmann CF, O'Muircheartaigh J, Ball G, Nongena P, Makropoulos A, et al. Specialization and integration of functional thalamocortical connectivity in the human infant. Proc Natl Acad Sci U S A. 2015;112(20):6485-90.
10. Koenraads SPC, El Marroun H, Muetzel RL, Chang SE, Vernooij MW, de Jong RJB, et al. Stuttering and gray matter morphometry: a population-based neuroimaging study in young children. Brain Lang. 2019;194:121-31.
11. Galdi P, Blesa M, Stoye DQ, Sullivan G, Lamb GJ, Quigley AJ, et al. Neonatal morphometric similarity mapping for predicting brain age and characterizing neuroanatomic variation associated with preterm birth Neuroimage Clin. 2020;25:102195.
12. American Psychiatric Association. Diagnostic and statistical manual of mental disorders (DSM-5-TR). 5. ed. Arlington, VA: American Psychiatric Association; 2013.
13. World Health Organization. International statistical classification of diseases and related health problems (ICD-11). 11th rev. Geneva: WHO; 2022. Disponível em: https://www.who.int/standards/classifications/classification-of-diseases.
14. World Health Organization. WHO Global Forum IV on Chronic Disease Prevention and Control: final report. Geneva: WHO Press; 2005.
15. Kisling LA, Das JM. Prevention strategies. Treasure Island, FL: StatPearls Publishing; 2024.
16. Drayna D, Kang C. Genetic approaches to understanding the causes of stuttering. J Neurodev Disord. 2011;3(4):374-80.
17. Alm PA. Streptococcal infection as a major historical cause of stuttering: data, mechanisms, and current importance. Front Hum Neurosci. 2020;14:569519.
18. Choo AL, Smith SA, Li H. Associations between stuttering, comorbid conditions, and executive function in children: a population-based study. BMC Psychol. 2020;8(1):113.
19. Stuttering Foundation of America. Checklist for referral [Internet]. Disponível em: https://www.stutteringhelp.org/checklist-referral.
20. Prasse JE, Kikano GE. Stuttering: an overview. Am Fam Physician. 2008;77(9):1271-6.
21. Bohnen AJ, Ribeiro IM, Ferreira AMM. Processos de intervenção nos distúrbios de fluência. In: Azoni CAS, Lira JO, Lamônica DAC, Britto DBO (orgs.). Tratado de linguagem: perspectivas contemporâneas. São Paulo: Booktoy; 2023. p. 288-97.
22. Oliveira CM, Bohnen AJ. Diagnóstico diferencial dos distúrbios de fluência. In: Azoni CAS, Lira JO, Lamônica DAC, Britto DBO (orgs.). Tratado de linguagem: perspectivas contemporâneas. São Paulo: Booktoy; 2023. p. 199-206.
23. Oliveira CM, Correa DV, Di Ninno CQMS. Avaliação da fluência. In: Azoni CAS, Lira JO, Lamônica DAC, Britto DBO (orgs.). Tratado de linguagem: perspectivas contemporâneas. São Paulo: Booktoy; 2023. p. 109-17.
24. Wertzner HF. Estudo da aquisição do sistema fonológico: o uso de processos fonológicos em crianças de três a sete anos. Pro Fono. 1995;7(1):21-6.
25. Hage SRV, Pinheiro LAC. A importância do conhecimento sobre o desenvolvimento de linguagem para a identificação de transtornos de fala e linguagem na infância. In: Azoni CAS, Lira JO, Lamônica DAC, Britto DBO (orgs.). Tratado de linguagem: perspectivas contemporâneas. São Paulo: Booktoy; 2023. p. 19-30.
26. Ceron MI, Keske-Soares M. Desenvolvimento fonológico: idades de aquisição e de supressão das estratégias de reparo. In: Azoni CAS, Lira JO, Lamônica DAC, Britto DBO (orgs.). Tratado de linguagem: perspectivas contemporâneas. São Paulo: Booktoy; 2023. p. 31-9.
27. Bohnen AJ. Estudo das palavras gaguejadas por crianças e adultos: caracterizando a gagueira como um distúrbio de linguagem [Tese de doutorado]. Porto Alegre: Instituto de Letras, Universidade Federal do Rio Grande do Sul; 2009.
28. Wolk L, Blomgren M, Smith AB. The frequency of simultaneous disfluency and phonological errors in children: a preliminary investigation. J Fluency Disord. 2000;25(4):269-81.
29. Unicomb R, Hewat S, Spencer E, Harrison E. Clinicians' management of young children with co-occurring stuttering and speech sound disorder. Int J Speech Lang Pathol. 2013;15(4):441-52.
30. Bohnen AJ. Desmitificando a gagueira: conceitos, etiologia e tratamento. In: Santiago MVB, Batista DJ, Soares AM, Capellini AS (orgs.). Conhecendo a gagueira no ambiente escolar. São Paulo: Booktoy; 2023. p. 19-37.

62

Bilinguismo e fluência: perspectivas para prática clínica

Astrid Mühle Moreira Ferreira
Janaína Weissheimer
Mirela Polini Caputto

PONTOS-CHAVE

- Complexidade e coativação linguística do bilinguismo.
- Variabilidade da disfluência de bilíngues.
- Mitos e senso comum sobre bilinguismo e transtornos da fluência (gagueira, taquifemia).
- Prática clínica baseada em evidências nos transtornos da fluência (gagueira, taquifemia).

OBJETIVOS DE APRENDIZAGEM

Ao final deste capítulo, o leitor deverá ser capaz de:

- Descrever a complexidade do bilinguismo na aquisição de línguas ao identificar os desafios e características específicas do bilinguismo, considerando o papel do domínio linguístico, contexto de uso e influências cognitivas, com base na compreensão apresentada sobre o fenômeno.
- Analisar a relação entre bilinguismo e desenvolvimento cognitivo-linguístico e a influência do bilinguismo no desenvolvimento cognitivo e linguístico de crianças reconhecendo os mitos sobre bilinguismo e fluência, contribuindo para uma abordagem mais informada e sem preconceitos na prática clínica.
- Discutir as variações na fluência em bilíngues incluindo fatores como disfluências típicas e diferenças interlinguísticas, com base nos resultados de pesquisas mencionadas.
- Elaborar estratégias de avaliação clínica em casos de bilíngues com transtornos de fluência por meio de métodos de avaliação clínica sensíveis às particularidades do bilinguismo, incluindo a coleta de dados sobre dominância e proficiência linguística, considerando as implicações para o diagnóstico diferencial.
- Guiar o processo terapêutico em casos de bilíngues com transtornos de fluência (gagueira, taquifemia) planejando abordagens terapêuticas adaptadas ao bilinguismo, em uma perspectiva holística e multidimensional, considerando a generalização da fluência entre as línguas, colaboração com familiares e ajustes para lidar com a complexidade do fenômeno.

INTRODUÇÃO

O universo do bilinguismo desvenda intrincadas camadas da cognição humana, uma realidade que permeia a maioria da população global. Este capítulo mergulha nesse fenômeno, desvendando suas complexidades e sua interação com transtornos de fluência. Ao explorar as nuances do bilinguismo e da fluência, buscamos não apenas compreender suas ramificações linguísticas, mas também destacar as implicações específicas para a prática clínica fonoaudiológica dos transtornos de fluência.

Subdividimos o capítulo em quatro tópicos: bilinguismo, bilinguismo e fluência, transtorno de fluência e bilinguismo, implicações para a prática clínica. No primeiro abordaremos o cenário global do bilinguismo, reconhecendo sua presença abrangente e estabelecendo sua relevância, especialmente na infância. Adentramos no âmbito da Psicolinguística do Bilinguismo, reconhecendo a necessidade de uma abordagem mais sofisticada que vá além das distinções simplistas entre bilíngues e monolíngues.

Exploramos, então, a intersecção entre bilinguismo e fluência, concentrando-nos nas dinâmicas complexas que moldam a fluência da fala em bilíngues. Em seguida, no tópico bilinguismo e transtornos de fluência, abordamos os mitos sobre os riscos de cronificação e a dificuldade no diagnóstico diferencial. Por fim, no último tópico, delimitamos as implicações para a prática clínica, fornecendo orientações cruciais para a avaliação e o tratamento de transtornos de fluência em contextos bilíngues. Ao entendermos o bilinguismo como um elemento enriquecedor, não limitante, vislumbramos um horizonte clínico vasto e cheio de potenciais inexplorados.

BILINGUISMO

Embora estime-se que os bilíngues constituam a maioria da população mundial, grande[1] parte das pesquisas no mundo envolve exclusivamente participantes monolíngues[2].

Entretanto, muitos autores[1,2] acreditam que o bilinguismo tem um papel importante como uma janela para o estudo da cognição humana. Como consequência, recentemente tem havido um aumento significativo de pesquisas que reconhecem que o bilinguismo não é uma circunstância problemática ou excepcional, mas pode revelar aspectos únicos de processos cognitivos e linguísticos não observados através de pesquisas com indivíduos monolíngues.

Nos estudos da Psicolinguística do Bilinguismo[3], tem havido uma compreensão cada vez maior de que o bilinguismo é um fenômeno extremamente complexo. Bilíngues podem adquirir suas segundas línguas (L2) de formas distintas e usá-las também em contextos particulares, com propósitos diferentes, portanto não podemos simplesmente comparar bilíngues e monolíngues como se tratasse de uma variável binária[4].

Desta forma, não basta simplesmente declarar que o cliente é bilíngue em quais línguas. Domínio e proficiência linguística são características de particularidades de bilíngues, influenciadas por muitas variáveis (incluindo, por exemplo, histórico de uso, funcionalidade e estabilidade de uso em cada língua falada), em especial em crianças. Para melhor abordar os dados pertinentes, recomenda-se a utilização dos descritores de perfil bilíngue baseados na abordagem de Grosjean. Essa indicação surge no contexto de uma pesquisa cujo objetivo é examinar a consistência dos fatores relevantes do perfil linguístico em descrições de participantes multilíngues na literatura sobre gagueira[5].

Outro aspecto importante é que o falante bilíngue precisa, continuamente, equilibrar processos executivos e atencionais (selecionando estímulos, planejando, focando a atenção, flexibilizando, abstraindo etc.)[1]. Nesse sentido, os processos de controle linguístico e cognitivo se ajustam às necessidades do contexto interativo, em que contextos de maior ou menor imersão e dominância na L2 tendem a recrutar recursos cognitivos em diferentes medidas[4].

Um campo bastante estudado atualmente é o do bilinguismo escolar e, particularmente, o desenvolvimento cognitivo e linguístico das crianças nesse contexto. Nos últimos anos, tem havido no Brasil um aumento expressivo no número de crianças em escolas bilíngues. No entanto, percebe-se uma importante lacuna de estudos que venham a investigar a realidade brasileira de educação bilíngue. Nesse sentido, torna-se imperativo entender melhor o desenvolvimento cognitivo e linguístico dessas crianças bilíngues a fim de aprimorarmos propostas pedagógicas eficazes que apoiem seu crescimento.

Para contribuir com essa discussão, recentemente foi realizado um estudo que teve como objetivo investigar a fala e as habilidades de leitura em língua materna (L1) e segunda língua (L2) em um grupo de crianças do 5º ano matriculadas em uma escola bilíngue no Nordeste do Brasil[6]. A conectividade da fala das crianças foi medida pela ferramenta computacional *SpeechGraphs*[7] e o atributo de conectividade considerado foi o LSC (*Largest Strongly Connected Component*), uma medida que afere matematicamente um maior conjunto de nós (palavras) direta ou indiretamente ligados por caminhos recíprocos.

Utilize o QR code para acessar o Quadro 1 – Descritores de fatores de perfil da língua.

Voucher: **tratfono**.

No que diz respeito à conectividade da fala, foi confirmada a hipótese de que a produção das crianças em ambas as línguas se desenvolve em paralelo, apesar de uma vantagem esperada para o português (sua L1, falada em todos os contextos fora da escola). Esse estudo fornece evidências de que o bilinguismo infantil não traz efeitos prejudiciais ao desenvolvimento linguístico e cognitivo no caso de crianças neurotípicas. Em vez disso, foi demonstrado que as crianças expostas a duas línguas fazem uso de todo o seu repertório linguístico para desenvolver as suas capacidades linguísticas em paralelo, o que está em consonância com descobertas anteriores em um contexto semelhante[6].

Esses dados reforçam a importância de os professores e fonoaudiólogos avaliarem a produção de fala das crianças bilíngues em suas duas línguas, a partir de uma perspectiva bilíngue e de uma concepção de que as línguas que compõem o repertório linguístico do indivíduo bilíngue estão em constante coativação. Isso significa que as duas (ou mais) línguas estão sempre ativas na mente do bilíngue, ou seja, mesmo quando apenas uma língua está em uso, a outra está ativa em alguma medida[2]. A questão da coativação linguística também aponta para o caráter dinâmico do bilinguismo e para o fato de que a língua nativa também se modifica à medida que aprendemos uma língua nova, ou seja, as duas línguas, até por compartilharem do mesmo sistema neural, passam a convergir em diferentes aspectos[8].

Esse ponto é interessante porque leva à compreensão de que o bilinguismo é uma via de mão dupla, pois há a transferência de L1 para L2 e da L2 para a L1. Com isso, o bilíngue desenvolve a habilidade de controlar qual língua usar em determinada situação. É o que acontece quando, por exemplo, o bilíngue, ao se comunicar, mistura as duas línguas em uma mesma frase, o que pode nos permitir afirmar que esse falante consegue regular as duas línguas.

BILINGUISMO E FLUÊNCIA

Quando se trata de pesquisas sobre bilinguismo e disfluência de fala, temos achados muitas vezes inconclusivos[9]. Por exemplo, enquanto dados de pesquisa indicam que bilíngues entre 4 e 6 anos de idade são mais disfluentes em ambas as línguas, em recontagens narrativas espanhol-inglês[10], outras descobertas revelam bilíngues espanhol-inglês de 30 meses de idade com menores taxas de disfluência em comparação aos monolíngues[11].

Apesar desses achados discrepantes sugerirem serem cruciais mais estudos para compreender a disfluência em um contexto bilíngue, já indicam que a fluência das crianças bilíngues não pode *a priori* ser considerada equivalente à das monolíngues. Em relação aos *meandros**, como são rotuladas na psicolinguística as interrupções no fluxo progressivo da fala ("caracterizadas pela produção de uma sequência de palavras, partes iniciais ou fragmentos soltos de palavras")[12], podemos destacar que bilíngues os manifestam mais do que os monolíngues e com maior frequência em L2. Os meandros podem surgir como parte da autocorreção (revisão) e de outras disfluências comuns. Incluem repetições de sons, sílabas e palavras monossilábicas e têm maior probabilidade de fazer parecer que bilíngues sejam percebidos como disfluentes e, possivelmente, descritos informalmente como "gagos"[12].

Um estudo sobre a frequência e a tipologia de disfluências produzidas por crianças bilíngues fluentes indicou que 78% dos participantes apresentaram uma frequência muito elevada de disfluências típicas da gagueira (DTG)** em todas as suas amostras de fala, variando de 3% a 22%. As tipologias de DTG mais frequentes foram repetições de palavras monossilábicas e de sons. As disfluências tendem a acontecer mais em L1 do que em L2[13].

Autores sugerem que bilíngues apresentam maior frequência de rupturas devido às incertezas no planejamento linguístico, uma vez que o aumento do conhecimento da língua pode produzir mais decisões que podem ser tomadas ao formular o discurso[13]. Ou seja, as rupturas ou repetições, neste caso, podem ser vistas como uma característica inerente à aquisição de L2, e não necessariamente como uma disfluência atípica.

TRANSTORNOS DE FLUÊNCIA E BILINGUISMO

Os achados referentes à fluência de bilíngues neurotípicos também irão impactar bilíngues com algum transtorno de fluência (TF), tais como pessoas que gaguejam (PQG), pessoas com taquifemia (PCT) ou taquilalia. Esses transtornos, embora comumente definidos como um distúrbio da fala, interagem com o

* O termo em inglês utilizado é "*mazes*", ou seja, na tradução literal, "labirintos; emaranhados; meandros; confusões". Os autores deste capítulo entendem que o termo "*meandros*", como consequência das incertezas e confusões linguísticas, seja mais adequado.

** Disfluências típicas da gagueira (DTG) são principalmente bloqueios silenciosos (ou "pausas tensas"), prolongamentos involuntários de sons, repetições de sons, de sílabas ou monossílabas com tensão ou alteração rítmica da fala. Disfluências comuns (DC) são rupturas do fluxo da fala que podem acontecer no discurso de qualquer falante e ocorrem principalmente por incertezas no planejamento linguístico ou em palavras com baixa automatização motora.

sistema de produção da linguagem de maneiras importantes. Pensar o bilinguismo e os transtornos de fluência oferece uma oportunidade para explorar ligações entre esses transtornos e a linguagem.

Em relação à variabilidade interlinguística da manifestação da gagueira em bilíngues, existem três padrões: apenas em um idioma; igual gravidade em ambos os idiomas; ou menos gagueira em (qualquer) um idioma. O padrão mais comumente observado é, no entanto, o terceiro. As associações relativas a essa variabilidade podem ser domínio e proficiência linguística e diferenças gramaticais entre as línguas, como fonéticas e sintáticas.

Quando o adulto com transtorno de fluência tem igual proficiência em ambas as línguas não há variabilidade de rupturas gagas entre elas. A idade da aquisição da língua interfere na proficiência e dominância. A diferença na habilidade motora da fala entre as línguas é outro fator que influencia. Em crianças, os estudos sobre as variabilidades são menos conclusivos, devido ao maior número de diferenças entre as exposições (ambientes e frequência) e anos de exposição[14].

A relatividade da variabilidade da língua em relação às rupturas de fala deve-se também ao fato de que expressar-se na língua menos dominante demanda mais recursos cognitivos, uma vez que a expressão exigiria a inibição da língua dominante cuja ativação lexical é normalmente forte.

Outros fatores associados ao impacto da frequência de disfluências são aspectos de diferenças interlinguísticas de emoção e taxa de articulação. A emoção relatada em adultos é dependente da proximidade e dos sentimentos positivos. A língua não preferida/L2 permite que os falantes tenham mais distância da emoção negativa, tolerando o humor desconfortável que está associado à emoção negativa[15].

A taxa de articulação é uma medida reconhecida de fluência usada para estudar os aspectos temporais do controle motor da fala em pessoas com transtorno de fluência. Há uma taxa de articulação mais rápida ao falar L1 do que L2, e a diferença entre as duas diminuirá à medida que o falante bilíngue se tornar mais proficiente em L2. Essa diferença nas taxas de articulação entre as línguas ocorre mesmo para tarefas fáceis, como repetir frases[15].

Os mesmos fatores de risco para transtornos de fluência associados a monolíngues incidem sobre os bilíngues. Apesar de não haver evidências que sustentem que aumente o risco de gagueira[14], mitos sobre o bilinguismo levam fonoaudiólogos a o incluírem como um fator de risco[16].

Pesquisas concluem que há tendência de fonoaudiólogos e da população leiga a julgarem equivocadamente a linguagem expressiva de crianças bilíngues como apresentando maior número de DTG. Isso é mais um mito atribuído ao pouco conhecimento dos clínicos sobre transtornos de fluência e à falta de proficiência na L2 falada pelo bilíngue. A população leiga, por não discriminar a diferença entre DTG e disfluências comuns (DC), analisa essas últimas como sendo associadas à gagueira no senso comum[17].

No que se refere aos impactos positivos do bilinguismo em crianças com transtornos de fluência, muitos autores discutem diferenças nas estruturas neurais, cognitivas e linguísticas. Uma revisão sistemática de literatura[18] sobre gagueira e bilinguismo levanta a hipótese de que o bilinguismo pode atuar como um fator de proteção para crianças que gaguejam (CQG). Esse apontamento é pautado sobre os seguintes aspectos: 1) há um conjunto crescente de evidências apontando para déficits das funções executivas em crianças monolíngues que gaguejam (MQG): memória de trabalho fonológica, habilidades de atenção e controle inibitório em relação a crianças monolíngues que não gaguejam (MQNG). Em contrapartida, os bilíngues que não gaguejam (BQNG) apresentam uma vantagem sobre os MQNG em tarefas que envolvem o controle executivo. Portanto, o bilinguismo poderia favorecer o desenvolvimento das funções executivas que estão deficitárias em CQG; 2) pesquisas sobre a estrutura e funcionamento cerebral de PQG e de pessoas bilíngues, com neuroimagem, apontam diminuição da substância branca no corpo caloso de MQG e aumento da integridade da substância branca na mesma região de BQG.

PERSPECTIVAS PARA A PRÁTICA CLÍNICA

Conhecer os aspectos mencionados sobre bilinguismo e fluência diminui a dificuldade que os fonoaudiólogos costumam ter em determinar se as disfluências produzidas por seus clientes são indicativas de gagueira ou outro transtorno, como taquifemia, autismo, desenvolvimento de linguagem ou mesmo se fazem parte da aprendizagem de uma segunda língua. As perspectivas a seguir são tanto elucidativas para diminuir equívocos de diagnóstico como direcionam as orientações à comunidade e o processo terapêutico fonoaudiológico.

Em relação à avaliação da fluência, a fim de compreender possíveis variabilidades de fala gaguejada entre as línguas, é necessário coletar dados sobre a dominância e proficiência por meio de questionários específicos para bilíngues[5] e testes de linguagem específicos. Adicionalmente, é indicado coletar dados sobre fatores pessoais do sujeito, suas dificuldades e facilidades de fluência. Uma abordagem desta natureza contempla também interferências de variabilidades (entre L1 e L2) articulatórias, emocionais e gramaticais apresentadas neste capítulo. Desta forma, permitimos que o tratamento inclua objetivos e resultados sensíveis a questões críticas como, por exemplo, generalização do tratamento entre línguas, interações específicas de cada língua com seu transtorno de fluência e orientações pertinentes a particularidades do cliente.

As amostras de análise de fluência incluindo diferentes habilidades cognitivo-linguísticas também tornam o planejamento terapêutico mais efetivo. Em relação às amostras de fala mais espontânea, indicam-se também gravações realizadas pelo cliente ou familiares de contextos do cotidiano. A análise dessas amostras deve ser cautelosa com as peculiaridades de fluência do bilíngue mencionadas neste capítulo[18], por possivelmente levar a uma identificação de falsos positivos da gagueira ou uma falha no diagnóstico de severidade do transtorno. Apesar de ainda serem necessários dados normativos, sugere-se não considerar repetições de palavras monossilábicas como DTG, a menos que sejam produzidas com tensão ou ritmo atípico. Seria mais adequado valorizar mais aspectos qualitativos atípicos de rupturas do que a frequência delas, como coalescências (para taquifemia), alterações atípicas de ritmo de fala, dificuldade de contato ocular e tensão atípica.

Sobre mais especificamente o aspecto de generalização da fluência entre as línguas, em crianças pode haver alguma melhoria na língua não tratada, mas menos do que na língua tratada. Em adultos as referências de pesquisas são menos sistemáticas. Portanto, fornecer tratamento em ambas as línguas faladas parece ser a melhor abordagem. Considerando-se que nem todos os fonoaudiólogos necessariamente falam todas as línguas faladas pelos clientes, no caso de crianças, é crucial que o tratamento ocorra em parceria com os pais e/ou professores, uma colaboração entre as competências do terapeuta e o conhecimento linguístico da família e o contexto escolar da criança. Com adultos, sugere-se demonstrar técnicas de fluência em um idioma e propiciar que o cliente pratique em ambos os idiomas[19].

O planejamento do processo terapêutico (assim como para monolíngues, mas com acréscimo das questões de variabilidade entre as línguas) precisa considerar que a redução no planeamento cognitivo-linguístico e motor provavelmente levará a reduções nas rupturas gagas, tensões, coalescências e alterações rítmicas na fala[14]. Os fonoaudiólogos podem, em conjunto com seus clientes, desenvolver hierarquias de dificuldades linguísticas e de planejamento cognitivo/motor (por exemplo, iniciando por nomeação, passando a leitura e progredindo para uma conversa semiespontânea). A generalização da fluência também é favorecida contemplando as necessidades individuais bilíngues em atividades diárias e em diferentes contextos (por exemplo, apresentação escolar ou no trabalho).

A orientação parental que se desprenda dos mitos sobre bilinguismo e fluência[16] e suplemente os pais com dados científicos de variabilidade de fluência em bilíngues (como, por exemplo, ser esperada em bilingues uma porcentagem maior de rupturas) pode diminuir a ansiedade dos cuidadores e transmitir a segurança necessária para interagirem naturalmente no cotidiano, tornando-os parceiros em atividades que deem continuidade aos objetivos terapêuticos da sessão. Desta forma, as orientações de manejo em casa não seriam centradas no bilinguismo, mas, como em monolíngues[12], em ajustes que favoreçam um ambiente comunicativo o mais acolhedor possível (por exemplo, reduzindo a competição pela fala, a pressão do tempo e a impulsividade para responder)[20].

Um bom norteador clínico seria a visão do bilinguismo como um recurso, não uma desvantagem. O bilinguismo deve ser fonte de alegria e um diferencial positivo na vida da criança ou do adulto bilíngue.

A prática clínica baseada em evidências, em casos clínicos sem muitas evidências científicas, pauta-se em especial na intersecção dos outros dois pilares: evidências de experiências clínicas e particularidades do cliente. Bilinguismo, fluência e, consequentemente, TF são multifacetados. As experiências de cada pessoa são únicas, com infinidade de fatores e circunstâncias (como história, desejos, necessidades, cultura, especificidades das línguas faladas).

CONCLUSÃO

Em suma, este capítulo abordou as intrincadas relações entre bilinguismo e fluência, oferecendo uma base para a prática clínica fonoaudiológica voltada a indivíduos bilíngues com transtornos de fluência, especialmente gagueira. Ao reconhecer o bilinguismo como um fenômeno complexo, influenciado por variáveis como domínio linguístico e contexto de uso, destaca-se a necessidade de uma abordagem clínica adaptada a essas particularidades. Espera-se ter esclarecido os mitos sobre bilinguismo e fluência, assim como as particularidades de tipologias e frequência de rupturas gagas da pessoa com TF.

Desta forma, a tomada de decisão clínica implica em avaliação e tratamento em uma visão holística, multidimensional, como ferramenta importante de diagnóstico e decisão sobre os objetivos terapêuticos, facilitando o diagnóstico diferencial e apontando diretrizes do processo terapêutico.

REFERÊNCIAS BIBLIOGRÁFICAS

1. Bialystok E, Craik FIM, Luk G. Bilingualism: Consequences for mind and brain. Vol. 16, Trends in Cognitive Sciences. 2012;16:240-50.
2. Kroll JF, Dussias PE, Bogulski CA, Kroff JRV. Juggling two languages in one mind. What bilinguals tell us about language processing and its consequences for cognition. In: Psychology of Learning and Motivation – Advances in Research and Theory. 2012. p. 229-62.
3. Finger I, Rebello LS, Flores VN. Psicolinguística do bilinguismo. In: Rebello LS, Flores VN. Caminhos das Letras: uma experiência de integração. Porto Alegre: Editora da UFRGS; 2015.
4. Beatty-Martínez AL, Titone DA. The quest for signals in noise: Leveraging experiential variation to identify bilingual phenotypes. v. 6, Languages. MDPI; 2021.
5. Coalson GA, Peña ED, Byrd CT. Description of multilingual participants who stutter. Journal of Fluency Disorders. 2013;38:141-56.
6. Costa AC, Cury L, Finger I, Mota NB, Weissheimer J. Two languages in one mind: biliteracy, speech connectedness and reading in 5th grade bilingual children. Ilha do Desterro. 2023 Sep 1;76(3).
7. Mota NB, Furtado R, Maia PPC, Copelli M, Ribeiro S. Graph analysis of dream reports is especially informative about psychosis. Sci Rep. 2014 Jan 15;4.
8. Bice K, Kroll JF. Native language change during early stages of second language learning. Neuroreport. 2015 Nov 11;26(16):966-71.
9. Arslan B, Aktan-Erciyes A, Göksun T. Multimodal language in bilingual and monolingual children: Gesture production and speech disfluency. Bilingualism. 2023 Mar 9;39.
10. Bedore LM, Fiestas CE, Peña ED, Nagy VJ. Cross-language comparisons of maze use in Spanish and English in functionally monolingual and bilingual children. Bilingualism. 2006 Nov;9(3):233-47.
11. Brundage SB, Rowe H. Rates of typical disfluency in the conversational speech of 30-month-old Spanish–English simultaneous bilinguals. Am J Speech Lang Pathol. 2018 Oct 1;27(3S):1287-98.
12. Byrd CT. Assessing bilingual children: are their disfluencies indicative of stuttering or the by-product of navigating two languages? Semin Speech Lang. 2018;39(4):324-32.
13. Eggers K, Van Eerdenbrugh S, Byrd CT. Speech disfluencies in bilingual Yiddish-Dutch speaking children. Clin Linguist Phon. 2020 Jun 2;34(6):576-92.
14. Gahl S. Bilingualism as a risk factor for false reports of stuttering in the Early Childhood Longitudinal Study (ECLS-K:2011). Front Psychol. 2023;14.
15. Neumann Y. A case study of bilingual neurogenic stuttering: Measures of fluency, emotion, and articulation rate. J Commun Disord. 2024 Jan 1;107.
16. Byrd CT, Haque AN. Speech-language pathologists' perception of bilingualism as a risk factor for stuttering. Journal of Communication Disorders, Deaf Studies & Hearing Aids. 2016;4(2).
17. Byrd CT, Watson J, Bedore LM, Mullis A. Identification of stuttering in bilingual Spanish-english-speaking children. Contemporary Issues in Communication Science and Disorders. 2015;42:72-87.
18. Kornisch M. Bilinguals who stutter: A cognitive perspective. Journal of Fluency Disorders. 2021;67.
19. Krawczyk A, Merouwe SS. Stuttering and bilingualism in children and adults. DIALOGUE WITHOUT BARRIERS [Internet]. 2023.
20. Souza Mumy APG. Culturally responsive guidelines for serving families of bilingual children who stutter. Perspect ASHA Spec Interest Groups. 2023 Feb 8;8(1):164-75.

63

Habilidades e competências do fonoaudiólogo que atende pessoas que gaguejam

Cristiane Moço Canhetti de Oliveira
Mayra Maria de Oliveira Lima
Débora Vasconcelos Correia

PONTOS-CHAVE

- O fonoaudiólogo que atende pessoas que gaguejam deve ser especialista em fluência.
- As habilidades técnicas e comportamentais são igualmente relevantes para o sucesso do fonoaudiólogo no cuidado de quem gagueja.
- A educação continuada e a prática clínica são os pilares para a formação das competências do fonoaudiólogo.

OBJETIVOS DE APRENDIZAGEM

Ao final deste capítulo, o leitor deverá ser capaz de:

- Identificar as principais habilidades e competências desejadas para o fonoaudiólogo que atende pessoas que gaguejam.
- Reconhecer habilidades e competências que necessitam ser desenvolvidas ou aprimoradas na sua prática clínica.
- Empregar os conhecimentos e reflexões sobre as habilidades e competências do fonoaudiólogo no cuidado de quem gagueja.

INTRODUÇÃO

No Brasil, a graduação do fonoaudiólogo oferece um conjunto de conteúdos específicos e experiências que o capacitam e habilitam a exercer a profissão. Esse conjunto contempla uma série de habilidades e competências que devem constituir o fonoaudiólogo. Habilidade pode ser compreendida como o "saber fazer", e leva em consideração características pessoais que auxiliam o profissional no desenvolvimento das suas funções. Já a competência consiste na junção e coordenação das habilidades com conhecimentos e atitudes, que pode ser desenvolvida ou aprimorada por meio de experiências e treinamentos, portanto, é um conceito mais amplo, que requer a educação continuada e a prática clínica. Nesse sentido, o que se deseja de um fonoaudiólogo que cuida de pessoas que gaguejam?

Em 2017, a Resolução n. 507 do Conselho Federal de Fonoaudiologia (CFFa) dispôs sobre as atribuições e competências relativas ao fonoaudiólogo especialista em fluência, regulamentando a especialidade no Brasil[1]. Segundo a Resolução CFFa n. 507/2017, o especialista deve ser entendido como o profissional que, com atuação específica, desempenha sua atividade embasado em conhecimentos profissionais aprofundados que lhe permitem realizar a promoção, prevenção, o diagnóstico e o tratamento adequado, qualificando, assim, a atuação profissional[1]. Dessa forma, o que principalmente se deseja de um fonoaudiólogo que atende quem gagueja é que ele seja especialista em fluência.

Cabe destacar que a atuação do especialista em fluência não se restringe às pessoas que gaguejam, mas se estende a todos os que necessitam de cuidado na fluência verbal, sejam eles pessoas com ou sem transtornos da fluência. Portanto, a amplitude da atuação do especialista, assim como suas habilidades e competências também estão diretamente relacionadas com a assunção do fonoaudiólogo acerca da natureza da fluência. Por exemplo, ao assumir a proposição da Teoria Integrada da Fluência[2], que conceitua a fluência verbal como uma habilidade linguística, o especialista entende que essa habilidade, por ser linguística e por isso verbal, pode se realizar nas diversas modalidades de expressão da linguagem. Tal entendimento propicia ao fonoaudiólogo a possibilidade de assistência terapêutica à fluência na fala, na leitura, na escrita e/ou nos gestos que acompanham a fala ou que possuem propriedades linguísticas (sendo estes últimos os gestos utilizados nas línguas de sinais)[3].

Neste capítulo, apresentaremos as principais habilidades e competências desejadas para o fonoaudiólogo especialista em fluência que atende pessoas que gaguejam. Para isso, discutiremos sobre as habilidades técnicas e comportamentais necessárias ao especialista, as competências esperadas para a sua atuação relativas ao conhecimento e processo produtivo, bem como tópicos relevantes sobre educação continuada e prática clínica recomendadas para o seu aprofundamento e atualização científica.

HABILIDADES DESEJADAS PARA O FONOAUDIÓLOGO QUE ATENDE QUEM GAGUEJA

Habilidades profissionais comumente são agrupadas em habilidades técnicas e comportamentais. Habilidades técnicas (*hard skills*) são específicas e ensináveis, podem ser definidas, medidas e aprendidas na universidade e nos livros[4]. Já as habilidades comportamentais (*soft skills*) são menos tangíveis e mais difíceis de quantificar, estão ligadas à personalidade do profissional, ao seu modo de ser e agir, e podem ser fortalecidas com a formação adequada. O fato é que para cuidar fonoaudiologicamente de quem gagueja não basta dominar as habilidades técnicas, é necessário desenvolver e aperfeiçoar também as habilidades comportamentais. A valorização equilibrada de ambos os grupos de habilidades produzirá uma experiência profissional satisfatória e com maiores chances de sucesso, tanto para o fonoaudiólogo, quanto para os seus pacientes e familiares.

Habilidades técnicas

As principais habilidades técnicas do fonoaudiólogo que atende pessoas que gaguejam devem percorrer todo o fazer clínico durante o processo de assistência, desde rastrear o risco para a gagueira até realizar a alta fonoaudiológica. Dentre as habilidades técnicas destacamos os principais grupos de habilidades apontados na Resolução CFFa n. 507/2017[1], que contemplam: avaliar a pessoa com queixa de alteração na fluência; diagnosticar o transtorno da fluência; elaborar e conduzir um plano de cuidado terapêutico; realizar a alta fonoaudiológica; e elaborar proposta de gerenciamento clínico (*follow-up*).

A avaliação de pessoas com queixa de alteração na fluência deve considerar uma perspectiva ampliada do cuidado fonoaudiológico[3], não limitada a investigar o transtorno em si, mas também interessada sobre as características da pessoa que o apresenta, do ambiente que participa e da sua funcionalidade. Recentes diretrizes[5], elaboradas a partir do consenso de especialistas sobre a avaliação de indivíduos que gaguejam propõem um compilado de áreas para investigação fonoaudiológica, sendo elas: informações básicas relacionadas à gagueira; desenvolvimento da fala, linguagem e temperamento (especialmente para os pacientes mais jovens); fluência na fala e comportamentos relacionados à gagueira; reações à gagueira por parte do falante; reações à gagueira por parte das pessoas no ambiente do falante; impacto adverso; e informações gerais sobre a possibilidade de outros diagnósticos.

É importante observar que apesar de publicadas recentemente, tais diretrizes[5] apoiam-se nas recomendações da Classificação Internacional de Funcionalidade, Incapacidade e Saúde (CIF) elaborada pela Organização Mundial da Saúde há mais de vinte anos[6]. Tal observação nos remete ao valor que o consenso de especialistas em Fluência atribui à CIF, bem como fortalece a necessidade de avaliação da pessoa que gagueja, e não apenas da gagueira.

Por ser a gagueira um transtorno do neurodesenvolvimento, há um padrão de atipicidade estrutural e funcional[7] em áreas cerebrais que cooperam com diversos sistemas neurais. Essa realidade neurofisiológica predispõe quem gagueja a um maior risco para outros diagnósticos. Portanto, para auxiliar o fonoaudiólogo na investigação desses outros possíveis diagnósticos, é possível lançar mão das recomendações para o reconhecimento e encaminhamento de adultos e crianças com suspeita de condições neurológicas, elaboradas pelo *National Institute for Health and Care Excellence* (NICE)[8].

Elaborar e conduzir um plano de cuidado terapêutico também compõe o portfólio de habilidades técnicas do fonoaudiólogo que cuida de quem gagueja. Para isso, o fonoaudiólogo deve possuir a habilidade de realizar tratamentos baseados em evidências, e não tratamentos baseados em afirmações ou em um sistema de crenças ou teoria de que certos tratamentos são eficazes[9]. No cerne da prática baseada em evidências para o tratamento de quem gagueja estão quatro questões: a coleta de dados para direcionar o tratamento; a preocupação de longo prazo com a manutenção dos ganhos; a necessidade de demonstrar responsabilidade com os pacientes e com a profissão enquanto prestadores de serviços; e o desejo de avançar no conhecimento teórico[10].

Há diferentes expectativas clínicas para os desfechos terapêuticos da pessoa que gagueja. Diversas variáveis interferem no desfecho esperado para a alta fonoaudiológica, como: a idade do paciente; a idade da gagueira antes da terapia; a predisposição à persistência ou recuperação da gagueira; o envolvimento do paciente e/ou da família na terapia; e a expertise do fonoaudiólogo. Se durante as reavaliações os objetivos factíveis do tratamento não tiverem sido suficientemente alcançados, o fonoaudiólogo deve discutir a possibilidade de encaminhar o paciente para outro profissional[11]. Logo, a habilidade de identificar o momento apropriado para dar alta fonoaudiológica deve estar acompanhada da habilidade em definir e monitorar indicadores de eficácia terapêutica, para controle e manutenção dos resultados.

Transferir e manter os resultados obtidos no ambiente clínico para situações comunicativas rotineiras são um grande desafio. Por isso, é fundamental planejar metas que visam promover efeitos a longo prazo, prevenir recaídas e auxiliar o paciente a lidar com possíveis contratempos. Nesse sentido, recomenda-se que o fonoaudiólogo ofereça cuidados posteriores à alta fonoaudiológica, de maneira personalizada, organizada e com início imediato após a alta fonoaudiológica[11]. Esse gerenciamento clínico, conhecido como *follow-up*, deve durar por dois anos, a fim de atender as necessidades fundamentais do paciente no manejo da gagueira[11].

Portanto, avaliar, diagnosticar, tratar, realizar a alta e gerenciar o caso clínico são os principais grupos de habilidades técnicas que devem compor o repertório de domínio do fonoaudiólogo. O especialista em fluência[1] também deve possuir a habilidade de orientar famílias, equipes de saúde e educação sobre a identificação dos transtornos da fluência, bem como a respeito da conduta adequada diante dos indivíduos que apresentam tais alterações. Indicar e adaptar recursos de tecnologias com comprovada eficácia também faz parte das habilidades técnicas desejadas para o fonoaudiólogo, assim como realizar estudos que visam o desenvolvimento e aprofundamento dos conhecimentos técnicos e científicos no que concerne à área da fluência[1].

Habilidades comportamentais

Ao passo que as habilidades técnicas são fortemente contempladas nos cursos de graduação em Fonoaudiologia e de pós-graduação na área da fluência, as habilidades comportamentais não costumam ocupar tanto espaço. Infelizmente, nos cursos universitários, as habilidades comportamentais não são ensinadas de forma suficiente ou igual às habilidades técnicas[4]. Dessa maneira, aqui destacamos as principais habilidades comportamentais que o fonoaudiólogo que atende quem gagueja deve estar atento para investir em sua formação, sendo elas: as habilidades interpessoais, organizacionais, de liderança, comunicação e empatia.

As principais habilidades interpessoais envolvem a escuta ativa, desenvolver um bom relacionamento com os parceiros de equipe, pacientes e seus familiares, ser proativo e útil, resolver e mediar conflitos, negociar, persuadir e influenciar, trabalhar em equipe, resolver problemas e tomar decisões[4]. Diferentemente das habilidades técnicas, que costumam ser ensinadas por meio de uma abordagem mais tradicional em sala de aula, as habilidades interpessoais requerem vivência prática da rotina fonoaudiológica. Isso significa que é necessária uma metodologia de formação específica, como oficinas, atividades práticas e aulas com abordagens diferentes das tradicionais[4].

No tocante às habilidades organizacionais, destacamos a gestão do tempo, a capacidade de realizar multitarefas, atingir metas e seguir diretrizes[4]. A organização deve acompanhar todo o processo de trabalho do especialista, desde a gestão e manutenção do ambiente clínico e dos recursos terapêuticos, até o gerenciamento de todas as etapas do processo fonoaudiológico. Planejar-se, definir metas claras, monitorar os indicadores de desempenho, estabelecer um cronograma de análise regular dos dados avaliativos e manter-se atento às diretrizes clínicas da área fazem parte do conjunto de habilidades organizacionais do fonoaudiólogo.

Dentre as habilidades de liderança encontram-se a capacidade de tomar a iniciativa, de motivar outras pessoas, também de resolver problemas, gerenciar uma equipe ou caso clínico, supervisionar e delegar tarefas[4]. O fonoaudiólogo precisa liderar o cuidado do seu paciente, conduzir o processo terapêutico na direção do planejamento estabelecido e interagir com os demais profissionais que possam estar envolvidos na assistência. Ter um perfil encorajador e mais ativo do que passivo demonstra o desenvolvimento de habilidades de liderança. Ao longo dos anos e com o aumento da experiência clínica, o fonoaudiólogo também pode buscar desenvolver habilidades de liderança no contexto da preceptoria, tutoria e supervisão na área da fluência.

Já as habilidades comunicativas envolvem ser capaz de aconselhar, explicar e convencer, falar em público, dar instruções, treinar, escrever relatórios e publicar artigos[4]. O fonoaudiólogo precisa ter uma comunicação empática, pois essa habilidade melhora o desempenho da sua comunicação com os pacientes[12]. O modelo comunicativo do fonoaudiólogo é relevante para o paciente e seus familiares. Destacamos a manutenção do contato visual e o aumento gradativo do tempo entre os turnos de fala, além da velocidade de fala controlada, os contatos articulatórios e o início suave da fonação. Comunicar-se assertivamente por escrito também deve fazer parte das habilidades comunicativas do fonoaudiólogo. Para isso, é importante a experiência na redação de relatórios, encaminhamentos, registro de condutas e evoluções, emissão de pareceres e produção de trabalhos para eventos e publicações.

A fim de nivelar a importância das habilidades técnicas e comportamentais, há um movimento que propõe considerá-las como habilidades de empregabilidade, necessárias para se obter sucesso no ambiente dos cuidados em saúde nos dias de hoje[13]. Além de aumentar as chances de empregabilidade, a junção das habilidades técnicas e comportamentais contribui para a satisfação do usuário. Para obter essa satisfação é necessário: compreender o que um tratamento bem-sucedido significa para cada paciente[14]; e considerar que o que os pacientes pensam sobre o que é sucesso muitas vezes difere do que os fonoaudiólogos consideram que seja[15]. A satisfação geral do paciente, a melhoria na qualidade de vida e o conforto experimentado no uso das técnicas aprendidas na vida cotidiana[16] devem ser considerados pelo fonoaudiólogo.

COMPETÊNCIAS DESEJADAS PARA O FONOAUDIÓLOGO QUE ATENDE QUEM GAGUEJA

Uma vez que competência consiste na junção e coordenação das habilidades com conhecimentos e atitudes, podemos agrupar as competências desejadas para o fonoaudiólogo[1] que atende pessoas que gaguejam em: competências relativas à área do conhecimento, inerentes aos conteúdos específicos; e as competências relativas ao processo produtivo da atuação fonoaudiológica na área.

Competências relativas à área do conhecimento

A Resolução CFFa n. 507/2017[1] apresenta diversos conteúdos específicos que compete ao fonoaudiólogo especialista em fluência conhecer, compreender e aplicar. Os conhecimentos fundamentais envolvem anatomofisiologia da fala; noções básicas de genética; dinâmica neurofisiológica da fluência e dos seus transtornos; conceitos, hipóteses e teorias sobre fluência e a causalidade dos transtornos da fluência; componentes da fluência e seus parâmetros de análise; e a caracterização dos transtornos da fluência. Esses conteúdos são pré-requisitos para os demais; sem dominá-los o fonoaudiólogo compromete consideravelmente a qualidade do seu serviço.

Já os conteúdos relacionados à avaliação, diagnóstico e terapia envolvem[1] os protocolos, métodos e instrumentos para coleta de dados; o diagnóstico diferencial entre os transtornos da fluência; o impacto psicossocial dos transtornos da fluência na qualidade de vida dos indivíduos; abordagens, técnicas e estratégias terapêuticas baseadas em evidências; instrumentos tecnológicos para a promoção da fluência; e a produção de relatórios, laudos e pareceres fonoaudiológicos. Com base em uma perspectiva ampliada de cuidado, destacamos os conteúdos sobre a relação entre fluência e as demais áreas da Fonoaudiologia, bem como o conhecimento sobre as possíveis comorbidades que podem fazer parte das necessidades do paciente[1].

Ao passo que o especialista avança na sua prática clínica, outros conteúdos específicos podem surgir para estudo. A variedade dos conteúdos e a consequente ampliação das competências relativas se desenvolvem a partir da diversidade de casos que o fonoaudiólogo se permite atuar. A atuação clínica, por sua vez, requer constante atualização técnica e científica, de maneira que todo o percurso para a aquisição de novos conhecimentos e competências é comumente guiado pelas necessidades que surgem a partir da vivência na rotina do serviço.

Competências relativas ao processo produtivo

O processo produtivo do especialista em fluência[1] é um conjunto de atitudes ou atividades que podem ser realizadas pelo fonoaudiólogo em diferentes frentes de atuação. Como principais possibilidades de frentes de atuação destacamos a clínica fonoaudiológica; o ensino, a pesquisa e a extensão; a perícia fonoaudiológica, nos casos em que se questiona a fluência típica ou desviante; a promoção de políticas públicas, serviços, programas de saúde e educação na área da fluência; e o desenvolvimento de produtos tecnológicos. À medida que o fonoaudiólogo amplia as suas habilidades e competências, o seu processo produtivo expande e se diversifica.

OS PILARES PARA A FORMAÇÃO ESPECIALISTA: EDUCAÇÃO CONTINUADA E PRÁTICA CLÍNICA

Para o fonoaudiólogo que atua no cuidado de quem gagueja é fundamental manter-se continuamente atualizado sobre as práticas baseadas em evidências, bem como aplicar esse conhecimento no seu fazer, a fim de adquirir experiência e proficiência clínica. Desta maneira, a educação continuada e a prática clínica constroem os pilares da formação do especialista em fluência, assim como fomentam a manutenção da titulação, como estabelece o CFFa sobre os critérios para concessão e renovação do título de especialista[17]. Portanto, espera-se do especialista em fluência dedicação ao aprendizado sobre o tratamento de quem gagueja, bem como o aumento da carga horária clínica para mais experiências com essa população.

EDUCAÇÃO CONTINUADA

O desejo de avançar no conhecimento teórico é um dos cernes da boa prática do fonoaudiólogo especialista em fluência. Em concordância com o CFFa[17], entendemos que o especialista possui o domínio contínuo, aprofundado e aperfeiçoado do conhecimento na área em que atua. Fonoaudiólogos especialistas em fluência relataram que buscar e manter a certificação da especialidade elevou seus níveis de autoeficácia quando o assunto é o tratamento de quem gagueja[18]. Nesse sentido, o aumento do conhecimento esteve atrelado ao esforço contínuo que os especialistas aplicam para se tornarem melhores clínicos[18]. Isso posto, o fonoaudiólogo deve buscar cursos e demais formações na área para melhorar sua confiança, segurança e percepção de autoeficácia sobre o seu fazer clínico.

Prática clínica

Para ser especialista, o CFFa[17] estabelece que o fonoaudiólogo comprove experiência clínica na área almejada e que tenha, no mínimo, três anos de formado. Para adquirir essa experiência é importante que o fonoaudiólogo aumente sua exposição no cuidado às pessoas com transtornos da fluência, dentre elas, pessoas que gaguejam. O aumento dessa exposição é um dos fatores que contribuem para que o fonoaudiólogo possa assistir com sucesso a população com transtorno da fluência[19]. Ter experiências de domínio no tratamento de quem gagueja foi visto como a estratégia mais poderosa para a proficiência clínica[18]. Portanto, a prática na área da fluência favorece o aprimoramento das habilidades e competências do fonoaudiólogo, aumentando a probabilidade de condutas mais assertivas.

CONCLUSÃO

Vimos neste capítulo que as principais habilidades e competências desejadas para o fonoaudiólogo que atende pessoas que gaguejam envolvem o fazer clínico. A recomendação é de que o fonoaudiólogo seja especialista em fluência e se dedique em desenvolver tanto habilidades técnicas quanto comportamentais. A educação continuada e a prática clínica são os pilares para o desenvolvimento das competências necessárias, sejam elas relativas à área do conhecimento ou ao processo produtivo. Sendo assim, entendemos que buscar e manter a certificação na área deve ser a principal meta do fonoaudiólogo que cuida de quem gagueja, pois o predispõe a uma melhor percepção da sua autoeficácia e experiências satisfatórias para o seu sucesso profissional.

REFERÊNCIAS BIBLIOGRÁFICAS

1. Conselho Federal de Fonoaudiologia. Resolução CFFa n. 507/2017. Dispõe sobre as atribuições e competências relativas ao fonoaudiólogo especialista em Fluência, e dá outras providências. Diário Oficial da União. 2017 Ago (seção 1):99.
2. Correia DV, Weissheimer J, Estivalet GL, Ferrari Neto J. Processamento de classes de palavras em adultos com e sem gagueira: um estudo sobre a testabilidade da Teoria Integrada da Fluência. Letrônica. 2024;16(1):e44428-e44428.
3. Correia DV, Andrade ATF. Avaliação integrada da fluência: uma perspectiva ampliada do cuidado fonoaudiológico. Distúrb Comum. 2019;31(3):437-45.
4. Continisio GI, Serra N, Guillari A, Lucchese R, Simeone S, Gargiulo G, et al. Evaluation of soft skills among Italian healthcare rehabilitators: a cross sectional study. J Public Health Res. 2021;10(3):2002.
5. Brundage SB, Ratner NB, Boyle MP, Eggers K, Everard R, Franken MC, et al. Consensus guidelines for the assessments of individuals who stutter across the lifespan. Am J Speech Lang Pathol. 2021;30(6):2379-93.
6. Organização Mundial da Saúde. Organização Panamericana da Saúde. Centro Colaborador da Organização Mundial da Saúde para a Família de Classificações Internacionais em Português (orgs.). CIF: Classificação Internacional de Funcionalidade, Incapacidade e Saúde. 1. ed. Buchalla CM (coordenação da tradução). São Paulo: Editora da Universidade de São Paulo; 2008.
7. Etchell AC, Civier O, Ballard KJ, Sowman PF. A systematic literature review of neuroimaging research on developmental stuttering between 1995 and 2016. J Fluency Disord. 2018;55:6-45.
8. National Institute for Health and Care Excellence. Suspected neurological conditions: recognition and referral [Internet]. Inglaterra: NICE; 2023. Acesso Fev 2023 Fev.

9. Onslow M. Evidence-based treatment of stuttering: IV. Empowerment through evidence-based treatment practices. J Fluency Disord. 2003;28(3):237-45.
10. Langevin M, Kully D. Evidence-based treatment of stuttering: III. Evidence-based practice in a clinical setting. J Fluency Disord. 2003;28(3), 219-36.
11. Pertijs MAJ, Oonk LC, Beer de JJA, Bunschoten EM, Bast EJEG, Ormondt VJ, et al. Clinical guideline stuttering in children, adolescents and adults. [Internet] Woerden: NVLF; 2014. Disponível em: https://nedverstottertherapie.nl/wp-content/uploads/2016/07/Clinical_Guideline_Stuttering-1.pdf. Acesso Fev 2023.
12. Ullrich P, Wollbrück D, Danker H, Singer S. Evaluation of psycho-social training for speech therapists in oncology. Impact on general communication skills and empathy. A qualitative pilot study. J Canc Educ. 2011;26:294-300.
13. McCallum CA, Murray L, Tilstra M, Lairson A. Assessment of employability skills: A systematic review of the availability and usage of professional behavior assessment instruments. J Physi Ther Educ. 2020;34(3):252-63.
14. Dsouza AJ, Manivannan V, Maruthy S. Expectations from stuttering therapy: Qualitative content analysis of client's perspective in Kannada-speaking adults who stutter. J Commun Disord. 2024;107:106388.
15. Ingham RJ, Ingham JC, Bothe AK. Integrating functional measures with treatment: A tactic for enhancing personally significant change in the treatment of adults and adolescents who stutter. Am J Speech Lang Pathol. 2012;21(3):264-77.
16. Yaruss JS. Documenting individual treatment outcomes in stuttering therapy. Conte Iss Commun Scien Disord. 2004;31:49-57.
17. Conselho Federal de Fonoaudiologia. Resolução CFFa n. 721/2023. Dispõe sobre os critérios para concessão de título de especialista, nas modalidades obtenção e renovação, no âmbito da Fonoaudiologia. Diário Oficial da União. 2023 Dez (243 seção 1):229.
18. Boyle MP, Beita-Ell C, Chagachbanian NJ. Perceptions of self--efficacy in providing multidimensional school-age stuttering therapy among board certified fluency specialists in the United States. J Fluency Disord. 2021;69:105862.
19. Santus N, Tellis G. Are graduate students receiving adequate education and training in fluency disorders? Clinic Archi Commun Disord. 2020;4(3):236-51.

64

Atuação fonoaudiológica nas afasias

Roxele Ribeiro Lima
Maria Isabel D'Ávila Freitas
Magali de Lourdes Caldana
Lenisa Brandão

PONTOS-CHAVE

- A afasia é um distúrbio de linguagem que afeta de forma heterogênea a comunicação de pessoas que sofreram danos cerebrais geralmente no hemisfério esquerdo, que é o dominante para o funcionamento da linguagem.
- A avaliação abrangente da linguagem e da comunicação auxilia o fonoaudiólogo a realizar um planejamento mais assertivo do tratamento fonoaudiológico para afasia.
- As características individuais da pessoa com afasia (PCA), bem como informações acerca da lesão neurológica, são aspectos que precisam ser considerados para um melhor raciocínio clínico, pois uma abordagem personalizada do tratamento da afasia alcançará melhores resultados terapêuticos.
- As diferentes abordagens terapêuticas têm o objetivo de fortalecer representações linguísticas, promover independência e comunicação eficaz, sendo frequentemente empregadas na modalidade individual de forma estendida. Contudo, a modalidade computadorizada de terapia e os programas de terapia intensiva para afasia têm demonstrado impacto positivo na funcionalidade da linguagem, bem-estar e qualidade de vida da PCA.
- O cuidado centrado na PCA vai além da recuperação linguística, englobando fatores psicossociais, como o estigma social e o isolamento. Abordagens terapêuticas que promovam a inclusão social, incluindo grupos de convivência e treinamento de parceiros comunicativos, são essenciais para elevar a qualidade de vida e o bem-estar das PCA e seus familiares.

OBJETIVOS DE APRENDIZAGEM

Ao final deste capítulo, o leitor será capaz de:

- Compreender os princípios norteadores da terapia fonoaudiológica para afasia, que envolvem as características individuais do paciente e da afasia.
- Selecionar a modalidade de intervenção.
- Definir a melhor abordagem terapêutica para melhor atender a PCA.

INTRODUÇÃO

A escolha do tipo de terapia fonoaudiológica para afasia é complexa porque requer a análise das características individuais do paciente, da localização e gravidade da lesão, e do tipo de afasia para melhor condução do tratamento, o que costuma resultar em cenários bem particulares para cada paciente. Atualmente, ainda não há um consenso, nem mesmo diretrizes nacionais ou internacionais, baseadas em evidências científicas robustas que ofereçam normativas específicas quanto à abordagem terapêutica e regime de terapia que sejam ideais para cada tipo de afasia.

Os objetivos gerais do tratamento fonoaudiológico para afasia costumam facilitar a recuperação da comunicação, ajudar os pacientes no desenvolvimento de estratégias para compensar o distúrbio de comunicação e orientar as pessoas envolvidas no cuidado da pessoa com afasia (PCA). Busca-se com esses objetivos a diminuição do isolamento e o atendimento aos desejos e necessidades da PCA[1].

A literatura traz diversas abordagens para o tratamento fonoaudiológico das afasias que podem ter como foco os diferentes domínios da linguagem (linguagem expressiva, compreensão auditiva, leitura e escrita). Tais abordagens podem ser aplicadas de forma isolada ou de forma combinada, da mesma forma que podem ser estruturadas para ser aplicadas de forma intensiva ou estendida, na modalidade individual ou em grupo, bem como de modo presencial ou remoto.

Neste capítulo, o leitor terá acesso aos princípios norteadores da intervenção fonoaudiológica em casos de afasia a partir do delineamento de uma avaliação abrangente da linguagem e da comunicação que identifique os déficits, mas também reconheça as habilidades preservadas. Na sequência, o capítulo conduzirá o leitor a refletir sobre os aspectos preditores para o prognóstico da PCA e, por fim, terá informações sobre as abordagens e modalidades terapêuticas mais utilizadas na atualidade.

PRINCÍPIOS NORTEADORES DA INTERVENÇÃO FONOAUDIOLÓGICA PARA AFASIA

As sequelas de linguagem decorrentes de lesões cerebrais frequentemente apresentam-se através de uma variedade de manifestações linguísticas[2]. O diagnóstico de distúrbio de linguagem frequentemente ocorre com o uso de instrumentos para avaliação, abrangendo tanto aqueles padronizados quanto não padronizados. Os instrumentos não padronizados, que incluem perguntas e tarefas culturais e linguisticamente adequadas, devem ser associados aos instrumentos padronizados que possibilitam comparações confiáveis entre os resultados antes e depois do tratamento, bem como entre diferentes estudos e culturas. Apesar da existência de instrumentos internacionalmente padronizados para avaliar a afasia, no Brasil, o único instrumento abrangente validado e comercializado é a Bateria Montreal Toulouse de Avaliação da Linguagem (Bateria MTL Brasil), que deve ser a primeira escolha do fonoaudiólogo que atende a PCA. Além disso, para uma avaliação mais breve à beira do leito, o *Language Screening Test* (LAST) foi recentemente traduzido e validado para a realidade brasileira e vem suprir uma lacuna importante que havia na nossa prática clínica, especialmente para ser usado com pacientes no ambiente hospitalar. Outro instrumento comercializado no país e que possui validação brasileira é a Bateria Montreal de Avaliação da Comunicação (Bateria MAC), que é indicada para a avaliação comunicativa após lesão de hemisfério direito. Da mesma forma, destaca-se o Instrumento de Avaliação Neuropsicológica Breve (NEUPSILIN), cujo objetivo é avaliar habilidades cognitivas de pacientes para que o fonoaudiólogo possa ter informações sobre as outras funções cognitivas além da linguagem e, assim, complementar sua avaliação para um melhor delineamento do tratamento que irá realizar.

ASPECTOS PREDITIVOS DA RECUPERAÇÃO DA AFASIA

A recuperação e o prognóstico da afasia são influenciados por vários fatores que incluem a localização e gravidade da lesão, o tipo de afasia e o momento de início da terapia fonoaudiológica, bem como a frequência e intensidade. Mesmo quando a intervenção precoce não é viável, seja devido a condições médicas concomitantes ou à incapacidade do paciente para participar da reabilitação, observa-se uma melhora da linguagem geral significativa que se estende além do período agudo, abrangendo desde os primeiros 6 meses após o dano cerebral até casos com mais de 2 anos de cronicidade[3].

Estudos têm mostrado que as PCA experimentam benefícios significativos principalmente em medidas de comunicação funcional, compreensão auditiva e linguagem falada ao receberem terapia fonoaudiológica, em comparação com aquelas pessoas que não recebem terapia[4].

Os fatores preditivos da recuperação da afasia foram abordados no estudo de meta-análise publicado em 2022 intitulado *"Complex speech-language therapy interventions for stroke-related aphasia: the RELEASE study"*. Para pacientes mais jovens com afasia (menos que 55 anos), a terapia intensiva com mais de nove horas semanais mostrou avanços significativos no escore geral da avaliação de linguagem e na compreensão auditiva. Por outro lado, pacientes mais velhos (mais que 65 anos) obtiveram resultados melhores com terapia de baixa intensidade, embora também tenham experimentado ganhos na compreensão auditiva com terapia intensiva. Esse estudo mostrou que a recuperação da linguagem é promissora quando a terapia é mais intensiva, iniciada precocemente dentro do primeiro mês após a lesão cerebral, especialmente para casos de afasia leve[5]. Esses achados destacam a complexidade da recuperação da afasia, influenciada por vários fatores, incluindo as características individuais de cada participante, bem como a formação do fonoaudiólogo e a abordagem terapêutica (Figura 1).

O tratamento da afasia é definido pelo fonoaudiólogo, mas voluntários e membros da família podem ser orientados e treinados a desenvolverem tais atividades no ambiente domiciliar. Um estudo brasileiro mostrou que a experiência na área e os anos de formação de quem administra a terapia têm um impacto no desfecho de melhora da PCA[5].

ABORDAGENS E MODALIDADES TERAPÊUTICAS

As intervenções terapêuticas podem visar diferentes domínios de linguagem (por exemplo, expressão oral, compreensão auditiva, escrita) ou a educação de cuidadores e equipe para maximizar a eficácia comunicativa por meio do suporte conversacional para a PCA. As intervenções podem ser aplicadas de forma exclusiva ou adotar abordagens e/ou modalidades combinadas (Figura 2).

O tratamento individual para afasia deve ser delineado com base nas manifestações linguísticas que mais impactaram a comunicação do paciente no momento da avaliação fonoaudiológica. Já em uma abordagem terapêutica em grupo, a intervenção fonoaudiológica pode ser delineada contemplando aspectos comunicativos e sociais mais gerais, como pode ser lido na seção a seguir.

A **terapia semântica** visa estimular as representações semânticas através de atividades que incluem a geração de características semânticas de uma palavra-alvo e verificação de características semânticas (por exemplo, categoria supraordenada da palavra-alvo, seu uso, ação, propriedades físicas, localização da palavra-alvo e associação dela com outras palavras). Já a **terapia fonológica** visa enfatizar as representações no nível da palavra ou das conexões do sistema semântico com a forma da palavra. Semelhante à terapia semânti-

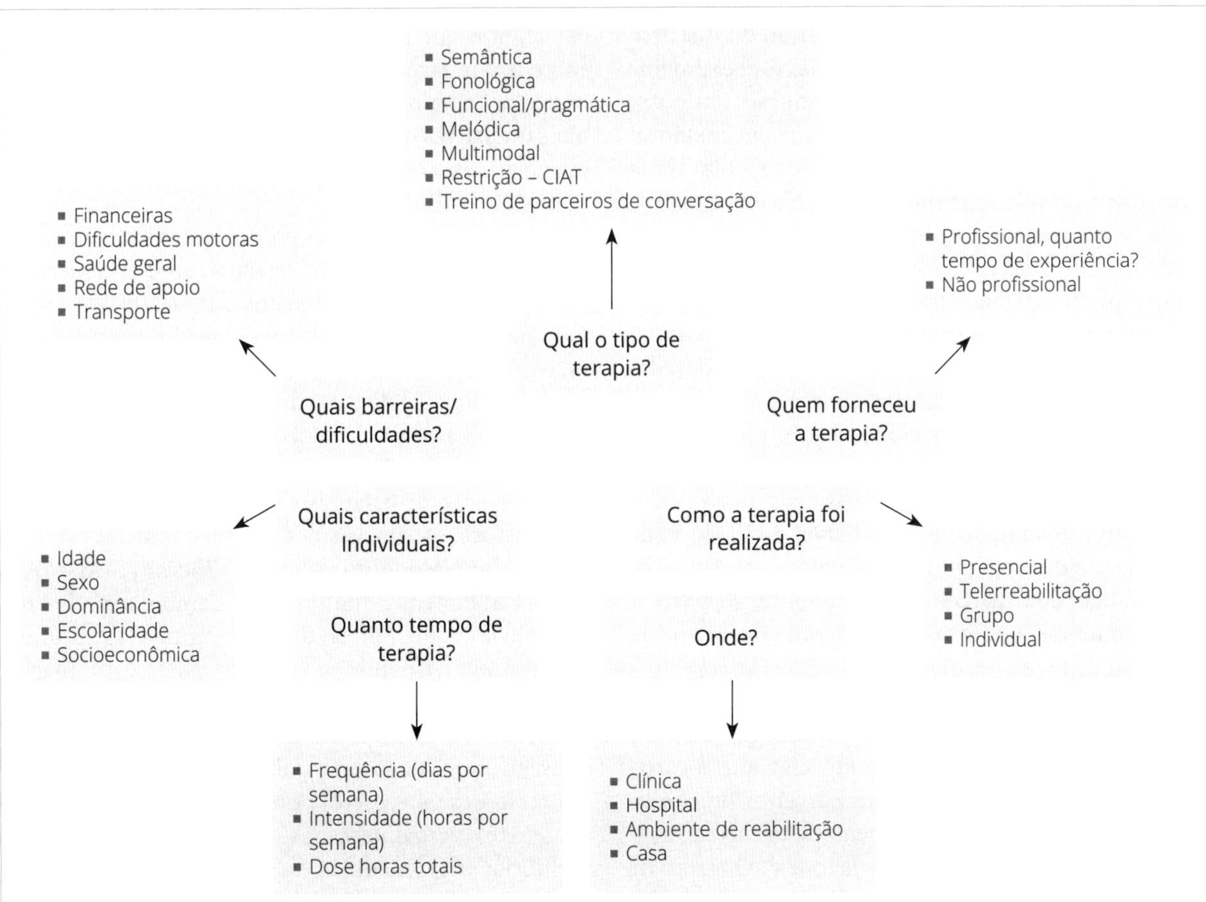

FIGURA 1 Fatores relacionados à evolução no processo terapêutico.

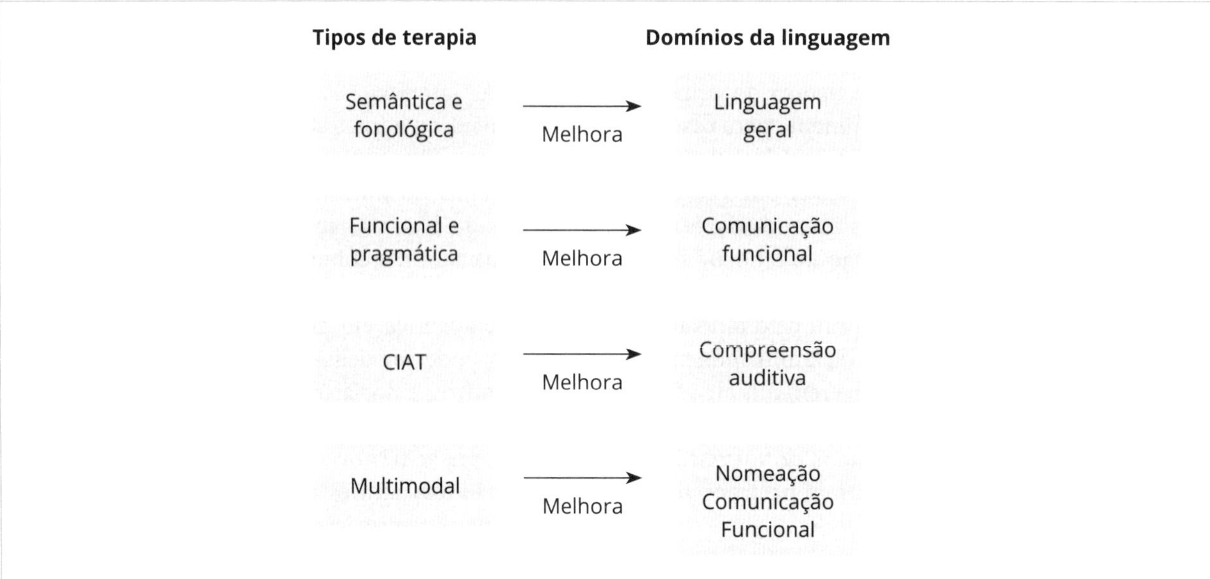

FIGURA 2 Relação entre tipos de terapia e domínios de linguagem alterados.

ca, a terapia fonológica pode incluir o aproveitamento de informações fonológicas por meio de hierarquias de pistas e traços fonológicos. No estudo clínico POLAR – *Predicting Outcomes of Language Rehabilitation*, a terapia semântica melhorou a produção do discurso e nomeação em pacientes com afasia, especialmente aqueles com afasia anômica ou de condução. Por outro lado, a terapia fonológica foi mais eficaz em melhorar a nomeação, especialmente em pacientes com afasia mais severa e discurso menos fluente. No entanto, ambas as formas de terapia podem ser complementares e a escolha entre elas deve ser individualizada, considerando o perfil específico do paciente[6,7].

A **terapia pragmática ou funcional** objetiva a melhoria nas atividades de comunicação consideradas úteis no dia a dia e, muitas vezes, envolve a prática direcionada de situações de comunicação cotidiana[8]. É considerada uma terapia mais ecológica porque busca simular as atividades comunicativas reais ou é realizada nos próprios ambientes cotidianos da PCA. Pode ser realizada de forma individual entre a PCA e o fonoaudiólogo, com parceiros de comunicação participando da terapia (amigos, cuidadores e familiares) ou em grupo de PCA.

O **treino de comunicação de parceiros comunicativos** (*Communication Partner Training* – CPT) é uma intervenção baseada em evidências que foca na comunicação entre a PCA e seus parceiros de comunicação, como um meio de aumentar a participação, o bem-estar e a qualidade de vida de todos[9]. O treino de parceiros comunicativos pode ser direcionado a díades ou grupos (com ou sem a presença da PCA), e os parceiros comunicativos podem ser familiares, amigos e/ou prestadores de cuidados de saúde.

Os estudos brasileiros que incluem os familiares tendem a se concentrar em oferecer orientações que explicam o que é a afasia, dando orientações práticas sobre o que fazer e o que não fazer durante a comunicação. É importante que possam ser desenvolvidas mais iniciativas que ofereçam experiências de treino de estratégias de conversação que auxiliam na construção dialógica do discurso[9].

A **terapia multimodal** propõe que o sistema de comunicação alterado pode ser apoiado e complementado por outro sistema, menos danificado. As outras modalidades são utilizadas para facilitar a produção oral e não para substitui-la, embora a compensação possa ser um objetivo secundário, caso a melhora da produção oral não seja bem-sucedida. As modalidades comunicativas mais comuns utilizadas para promover a recuperação de palavras e os mecanismos propostos são a leitura, escrita, gesto, desenho e música.

O ***Multi-Modality Aphasia Therapy*** (M-MAT) é um tratamento multimodal combinado de alta intensidade que utiliza uma hierarquia estruturada de gestos, desenhos e escrita para estimular a recuperação de palavras. Um protocolo estruturado e pormenorizado delineia que sempre que a PCA não consegue produzir uma palavra alvo, é pedido que gesticule, desenhe, escreva ou copie a palavra enquanto a repete verbalmente. O M-MAT demonstrou melhorias nas medidas de linguagem receptiva e expressiva, tanto no nível da alteração como na participação da comunicação[10].

Desde o momento da avaliação até o planejamento terapêutico, o fonoaudiólogo deve analisar a necessidade do uso de comunicação aumentativa e alternativa (CAA) para alcançar melhores resultados, conforme detalhado no Capítulo 69, "A Comunicação Aumentativa e Alternativa e a intervenção de linguagem nos transtornos neurológicos adquiridos".

A terapia de linguagem induzida por restrição (***Constraint-induced Aphasia Therapy*** **– CIAT**) é uma abordagem comportamental baseada em evidências da reabilitação motora que restringe o membro preservado, estimulando o paciente a usar o membro afetado resultando em uma melhora motora significativa. Esse raciocínio aplicado à terapia de linguagem encoraja a PCA a usar a fala, mesmo que com dificuldade, restringindo o uso de gestos ou escrita para se comunicar. Em comparação à terapia de linguagem tradicional, alguns estudos internacionais têm apontado que talvez o sucesso da CIAT tenha mais relação com a intensidade da terapia do que com a restrição da expressão não verbal[10].

Uma das abordagens terapêuticas mais reconhecidas internacionalmente é a **Terapia de Entonação Melódica (TEM)**, indicada para PCA de expressão, que possui um protocolo estruturado de tarefas envolvendo emissão inicialmente de murmúrios e, posteriormente, frases com entonação melódica acompanhadas por batidas ritmadas com a mão para acompanhar a fala. Inicialmente, o terapeuta acompanha o paciente fazendo junto com ele a entonação melódica e as batidas de mão. À medida que o paciente progride, as frases tornam-se cada vez mais complexas e o auxílio do terapeuta diminui até desaparecer por completo. O princípio da TEM é a estimulação de áreas de linguagem localizadas no hemisfério direito relacionadas à música e que auxiliam no restabelecimento da fala por serem áreas homólogas de linguagem do hemisfério esquerdo que está afetado na afasia. No Brasil, a TEM foi testada em um formato adaptado e sua eficácia foi comprovada em estudos de casos[11].

As abordagens terapêuticas que demonstram melhor evolução nos diferentes domínios da linguagem estão detalhadas na Figura 2, incluindo informações sobre frequência, intensidade e dosagem da terapia (Quadro 1).

A **modalidade computadorizada** de terapia para afasia tem facilitado o atendimento para quem não tem acesso presencial[5], aumentando a frequência e intensidade do tratamento. Essa abordagem tecnológica envolve o uso de aplicativos e *softwares* e permite que a PCA realize atividades de forma independente ou com o suporte do terapeuta, seja a distância (teleatendimento) ou presencialmente (teleprática). Além disso, fonoaudiólogos podem elaborar atividades terapêuticas e treinar parceiros comunicativos, possibilitando prática diária em casa e promovendo maior estimulação da PCA, o que resulta em um aumento expressivo na dose total de tratamento.

O programa https://www.aphasiatherapyonline.com/br/, traduzido e adaptado para a população brasileira em 2021, oferece um ambiente virtual para aprendizado contínuo e gratuito. Uma pesquisa clínica randomizada com 278 participantes (Big CACTUS) analisou a eficácia da modalidade computadorizada para afasia. O grupo que recebeu terapia fonoaudiológica presencial e terapia computadorizada apresentou melhora significativa na nomeação, embora não tenha demonstrado impacto na comunicação funcional[11]. Além disso, outro estudo com o uso do aplicativo *Listen-In* evidenciou melhorias na compreensão auditiva e alterações estruturais cerebrais nos participantes quando comparados ao grupo controle, sugerindo que o uso de aplicativos em terapia fonoaudiológica pode induzir mudanças cerebrais significativas[12].

Uma outra modalidade é a **terapia intensiva** que se baseia em três pilares: intensidade, frequência e dose da sessão terapêutica. É descrito na literatura que a intensidade da sessão é o ritmo a que os elementos terapêuticos são fornecidos em uma sessão (horas por semana). A frequência das sessões é o número de sessões de terapia por semana e a dose total é a quantidade de terapia fornecida ou recebida durante um período de intervenção, em termos de tempo e de elementos terapêuticos. As pesquisas relacionadas à dose do tratamento para afasia são recentes, mas a literatura descreve que o aumento da dose pode resultar na melhora da linguagem e comuni-

QUADRO 1 Domínios de linguagem e a relação com dose, frequência e intensidade de terapia

Domínios da linguagem	Frequência (dias/sem)	Intensidade (horas/sem)	Dose (horas/total do tratamento)
Linguagem geral	3 a 5 dias	2 a 4 horas	> 20 a 50
Compreensão auditiva	4 a 5 dias	2 a 4 horas	> 20 a 50 ≥ 50
Comunicação funcional	3 a 5 dias	2 a 4 horas	–
Nomeação	Até 2 dias	–	–

cação[8]. Os maiores ganhos de linguagem medidos com baterias padronizadas de avaliação de afasia ocorreram após doses de 20 a 50 horas administradas em 2 a 4 horas (para comunicação funcional) ou mais de 9 horas (para linguagem geral e compreensão) por semana.

O **Programa de Terapia Intensiva de Afasia – *Intensive Comprehensive Aphasia Programme* (ICAP)** representa uma abordagem inovadora no tratamento da afasia. Os critérios para a implementação de um ICAP incluem um mínimo de 3 horas de tratamento diário por no mínimo duas semanas, adoção de diversas estratégias terapêuticas e formatos, educação para o paciente e familiares, além de ter datas definidas de início e término. Evidências sugerem que os ICAPs melhoram significativamente funções linguísticas, aspectos psicossociais, bem-estar e qualidade de vida das PCA[13].

No Brasil, a Casa da Afasia é uma iniciativa inspirada na *Aphasia House*, modelo da Universidade Central da Florida nos Estados Unidos, e é considerada um ICAP. O programa oferece terapia personalizada e intensiva em um ambiente doméstico simulado, com objetos do dia a dia, uso de aplicativos e modalidade computadorizada, em sessões individuais e em grupo. Além disso, são oferecidos programas de educação sobre temas relacionados ao tratamento da afasia e o treino de parceiros comunicativos para pacientes e familiares, visando aprimorar as habilidades de comunicação funcional.

Os programas de terapia intensiva foram recentemente promovidos como uma recomendação de melhores práticas de tratamento para PCA, porém, vale ressaltar que não são todas as PCA que se beneficiam do programa, pois diferentes fatores devem ser considerados no momento da seleção do indivíduo, como: idade, estado de saúde geral, agravos emocionais e a disponibilidade de envolvimento da família.

Estudos atuais têm recomendado cada vez mais a combinação da terapia fonoaudiológica com técnicas de neuromodulação para potencializar os resultados da terapia tradicional, como mencionado no Capítulo 66, "Uso de tecnologias na atuação fonoaudiológica em linguagem com pessoa adulta e idosa". O uso de certos medicamentos combinado à terapia fonoaudiológica e neuromodulação é outra combinação que pode ser promissora para aumentar os ganhos terapêuticos.

MODELOS DE IMPACTO SOCIAL NA ATENÇÃO ÀS PESSOAS COM AFASIA

A qualidade de vida das pessoas afetadas pela afasia é significativamente prejudicada pela frustração na comunicação e pelo isolamento social, muitas vezes decorrentes do estigma associado à condição. Os fonoaudiólogos têm buscado atender às necessidades fundamentais das PCA como fornecer apoio social, integração comunitária e trabalho individualizado, reconhecendo que esses aspectos são essenciais para promover a autonomia e a inclusão social[2].

As evidências sobre a importância de se considerar a multimodalidade da comunicação, sobre o impacto da saúde mental na reabilitação e sobre a necessidade de respeito à diversidade para o alcance do bem-estar individual e coletivo vêm construindo abordagens mais abrangentes de atenção às PCA no Brasil[14]. Os grupos de convivência enfatizam a qualidade de vida, havendo neles muitas vezes um foco em atividades culturais que tiram a PCA do isolamento. Nesses grupos são promovidas reuniões semanais constituídas de conversas pessoais e de notícias, dinâmicas e jogos, lanches coletivos, atividades de relaxamento, passeios culturais e viagens[15].

Há uma variedade de abordagens de reabilitação que apostam no oferecimento de diversos componentes de atenção à PCA, propondo a realização de grupos de PCA concomitante com o oferecimento de determinada modalidade terapêutica individual[16].

As pesquisas internacionais sobre grupos de PCA destacam a abordagem social ou de impacto social, evidenciando que a dinâmica das interações grupais se distingue significativamente da terapia individual focada em déficits. Na terapia de grupo, as sessões são estruturadas de maneira mais aberta e participativa, promovendo um ambiente de comunicação que mais se aproxima da interação natural, alinhado ao modelo social da deficiência que enfatiza a acessibilidade e a diversidade. O terapeuta atua mais como um mediador do que um especialista, utilizando comunicação multimodal e fazendo ajustes discretos para facilitar a expressão dos participantes com afasia, mantendo o foco na pessoa como o principal autor da mensagem.

O terapeuta em sessões com PCA adota uma abordagem que visa promover a interação social bem-sucedida e a competência comunicativa, focando em preservar a dignidade dos participantes e ajustando as intervenções ao contexto. Há uma ênfase em estratégias que favoreçam a participação ativa de todos, como o gerenciamento sutil dos turnos de conversa e a promoção de um ambiente onde não se demandam respostas predeterminadas, mas incentiva-se a expressão livre e voluntária. Além disso, práticas artísticas, especialmente o teatro e a palhaçoterapia, podem ser incorporadas para estimular a criatividade, a expressão corporal e a desinibição, aproveitando o humor e a capacidade de rir dos próprios erros para construir autoconfiança e combater a estigmatização[17].

Existem grupos de teatro afásico tanto no Brasil[18] como no exterior[19]. Nesse campo, há estudos que apontam os benefícios da prática da palhaçaria por PCA[20].

Essa prática teatral inclui brincadeiras que incorporam a música, a dança e a contação de histórias, sempre com o eixo central do humor e da espontaneidade. No jogo do palhaço a exposição do "fracasso" aparece como algo inerente ao ser humano, possibilitando a libertação de convenções aprisionadoras sobre falar de modo "certo" ou "errado". Além disso, a performance teatral de palhaços com afasia pode ser uma forma potente de combater a discriminação social. Os palhaços celebram seus erros e fracassos diante da plateia. Esse encontro de risos e olhares cúmplices com os espectadores transforma-se em forte catalisador de empatia e de entendimento profundo sobre a experiência humana da afasia.

CONCLUSÃO

A recuperação da afasia precisa ser compreendida a partir da singularidade de cada PCA e da variedade de abordagens terapêuticas disponíveis. A ênfase na comunicação multimodal, no apoio social e na inclusão comunitária impulsiona o desenvolvimento de estratégias terapêuticas que vão além da simples remediação de déficits linguísticos. Além disso, a modalidade de terapia intensiva se destaca por sua eficácia ao maximizar os ganhos na recuperação da afasia. Os modelos de impacto social na atenção às PCA oferecem uma abordagem inclusiva e abrangente, visando não apenas melhorar a qualidade de vida, mas também promover a integração social. Para isso, a terapia em grupo desempenha um papel fundamental na redução do estigma associado à afasia e na promoção da inclusão social.

REFERÊNCIAS BIBLIOGRÁFICAS

1. Winstein CJ, Stein J, Arena R, Bates B, Cherney LR, Cramer SC, et al. Guidelines for adult stroke rehabilitation and recovery: a guideline for healthcare professionals from the American Heart Association/American Stroke Association. Stroke. 2016;47(6):e98-e169.
2. Code C. Aphasia. In: Damico JS, Müller N, Ball MJ (eds.). The handbook of language and speech disorders. John Wiley & Sons; 2021. Disponível em: https://doi.org/10.1002/9781119606987.ch14.
3. Ali M, VandenBerg K, Williams LJ, Williams LR, Abo M, Becker F, et al. Predictors of poststroke aphasia recovery. Stroke. 2021;52(5):1778-87.
4. Brady MC, Kelly H, Godwin J, Enderby P, Campbell P. Speech and language therapy for aphasia following stroke. Cochrane Database Syst Rev. 2016(6):CD000425.
5. Lima RR, Borges R, Lima HdN, Caldana MdL, Freitas MIDÁ. A survey on the speech therapy rehabilitation landscape for aphasia in Brazil. Aphasiology. 2024:1-21.
6. Kristinsson S, Basilakos A, Elm J, Spell LA, Bonilha L, Rorden C, et al. Individualized response to semantic versus phonological aphasia therapies in stroke. Brain Commun. 2021;3(3):fcab174.
7. Kristinsson S, Basilakos A, den Ouden DB, Cassarly C, Spell LA, Bonilha L, et al. Predicting outcomes of language rehabilitation: prognostic factors for immediate and long-term outcomes after aphasia therapy. J Speech Lang Hear Res. 2023;66(3):1068-84.
8. Brady MC, Ali M, Berg KV, Williams LJ, Williams LR, Abo M, et al. Complex speech-language therapy interventions for stroke-related aphasia: the RELEASE study incorporating a systematic review and individual participant data network meta-analysis. Health and Social Care Delivery Research. 2022;10(28).
9. Matos MAC, Abreu E, Brandão L, Santos JMLG, Lima RR, Machado TH, et al. Communication partner training of portuguese speaking persons with aphasia: a systematic review. Aphasiology. 2024. (in press).
10. Rose ML, Copland D, Nickels L, et al. Constraint-induced or multi-modal personalized aphasia rehabilitation (COMPARE): A randomized controlled trial for stroke-related chronic aphasia. International Journal of Stroke. 2019;14(9):972-6.
11. Palmer R, Dimairo M, Cooper C, Enderby P, Brady M, Bowen A, et al. Self-managed, computerised speech and language therapy for patients with chronic aphasia post-stroke compared with usual care or attention control (Big CACTUS): a multicentre, single-blinded, randomised controlled trial. The Lancet Neurology. 2019;18(9):821-33.
12. Fleming V, Brownsett S, Krason A, Maegli MA, Coley-Fisher H, Ong YH, et al. Efficacy of spoken word comprehension therapy in patients with chronic aphasia: a cross-over randomised controlled trial with structural imaging. J Neurol Neurosurg Psychiatry. 2020;92(4):418-24.
13. Rose ML, Pierce JE, Scharp VL, Off CA, Babbitt EM, Griffin-Musick JR, et al. Developments in the application of Intensive Comprehensive Aphasia Programs: an international survey of practice. Disability and Rehabilitation. 2022;44(20):5863-77.
14. Abreu EAd, Balinha DM, Costa MLG, Brandão L. Afasia e inclusão social: panorama brasileiro na Fonoaudiologia. Distúrbios da Comunicação São Paulo 2021;33(2):349-56.
15. Fedosse E, da Silva EB, Santos FC, Figueiredo ES. Grupo interdisciplinar de convivência: uma intervenção em saúde ancorada na neurolinguística discursiva (Interdisciplinary group of coexistence: an intervention in health based...). Estudos da Língua (gem). 2019;17(1):23-36.
16. Lima RR, Rose ML, Lima HN, Guarinello AC, Santos RS, Massi GA. Socio-demographic factors associated with quality of life after a multicomponent aphasia group therapy in people with sub-acute and chronic post-stroke aphasia. Aphasiology. 2021;35(5):642-57.
17. Simmons-Mackie N, Elman RJ, Holland AL, Damico JS. Management of discourse in group therapy for aphasia. Topics in Language Disorders. 2007;27(1):5.
18. Calligaris JP, Bonfitto M. Teatro performativo com afásicas: um estudo da performatividade cênica no contexto das afasias e a elaboração de procedimentos criativos e pedagogias nas artes da cena. Revista Mediação. 2022;13(1): Disponível em: https://revista.uemg.br/index.php/mediacao/article/view/6593.
19. Côté I, Getty L, Gaulin R. Aphasic theatre or theatre boosting self-esteem. International Journal on Disability and Human Development. 2011.
20. Brandão L, Bauer MA, Haas AN, Silveira RdS, Alves CP, Souza DNd, et al. Playing remotely in times of crisis: A program to overcome social isolation. International Journal of Geriatric Psychiatry. 2022;37(1):1-12.

65

Atuação fonoaudiológica nas demências: da avaliação à reabilitação da linguagem e comunicação

Bárbara Costa Beber
Juliana Onofre de Lira
Marcela Lima Silagi

PONTOS-CHAVE

- O envelhecimento populacional traz como uma das consequências o aumento da incidência de doenças crônicas e neurodegenerativas como as demências.
- Conhecer os déficits nos diferentes processamentos linguísticos auxilia no diagnóstico diferencial das síndromes demenciais e no processo de reabilitação.
- A avaliação de linguagem nas demências pode ser feita por meio de instrumentos adequados à população de interesse, como as baterias MTL-Brasil, MAC, MAC-breve e LAST.
- A reabilitação da linguagem nas demências deve iniciar o mais precocemente possível e ser feita em todas as fases dessa síndrome, por meio de abordagens terapêuticas diretas e/ou indiretas.

OBJETIVOS DE APRENDIZAGEM

Ao final deste capítulo, o leitor deverá ser capaz de:

- Descrever o conceito de demência.
- Comparar as características de linguagem nos principais tipos de demências.
- Identificar os principais instrumentos de avaliação da linguagem nas demências.
- Listar os princípios de atuação fonoaudiológica em linguagem e comunicação nas demências.
- Descrever as principais abordagens terapêuticas de reabilitação da linguagem e comunicação nas demências.

INTRODUÇÃO

A demência é definida como uma síndrome clínica caracterizada por declínio cognitivo e/ou comportamental em relação a um nível prévio de funcionamento, que interfere nas atividades de vida diária levando a um prejuízo funcional, e que não é explicada por *delirium* ou transtorno psiquiátrico maior[1].

Uma das áreas de atuação fonoaudiológica envolve a avaliação e o tratamento das desordens de linguagem nas demências. Conhecer quais processamentos linguísticos estão mais alterados ou preservados nas modalidades de compreensão e expressão oral e escrita é importante para o diagnóstico diferencial das síndromes demenciais e para o processo de reabilitação.

Diante desse contexto, este capítulo está organizado em três tópicos. O primeiro tópico descreve as alterações de linguagem nas principais síndromes demenciais. O segundo descreve os passos e instrumentos para avaliação da linguagem e comunicação nas demências. Por fim, o terceiro tópico apresenta as diversas abordagens terapêuticas descritas na literatura que envolvem a reabilitação da linguagem e comunicação.

ALTERAÇÕES DE LINGUAGEM NAS DIFERENTES SÍNDROMES DEMENCIAIS

Os tipos mais comuns de demência que apresentam alterações de linguagem são a doença de Alzheimer, demência vascular e degeneração lobar frontotemporal. Outras doenças neurológicas associadas a distúrbios do movimento como parkinsonismo podem também apresentar demência ao longo de sua evolução. A seguir, serão descritas as alterações de linguagem mais frequentes em cada uma destas demências.

- **Doença de Alzheimer (DA):** as manifestações linguísticas ocorrem desde a fase leve da doença e são influenciadas principalmente pelos déficits de memória episódica, com maior comprometimento dos aspectos léxico-semânticos e pragmáticos da linguagem, havendo maior preservação dos processamentos fonológicos, sintáticos e motores da fala[2]. Na fase leve, uma manifestação frequente é a anomia, que inicialmente ocorre por falhas de acesso lexical e posteriormente por déficits de percepção visual e deterioração semântica[3]. As alterações léxico-semânticas também são observadas nas tarefas de fluência verbal, sendo a categoria semântica geralmente mais prejudicada que a fonêmica[4]. No nível discursivo, são observadas falhas de micro e macroestrutura. O discurso diminui significativamente no decorrer da DA, tornando-se cada vez mais desorganizado e vazio, com presença de conteúdo não informativo e termos indefinidos[5]. Paralelamente, a compreensão da linguagem é afetada inicialmente para conteúdos mais complexos como discurso, textos e frases complexas e extensas, que demandam maior carga de memória operacional e de processamento semântico e sintático, com posterior dificuldade para frases mais simples e palavras, podendo a compreensão oral estar mais prejudicada que a escrita[6]. Na escrita, os indivíduos começam a apresentar alguns erros de regularização, posteriormente, erros grafêmicos. Na leitura em voz alta o processo de decodificação fica relativamente mais preservado, mesmo com dificuldades para compreender o material escrito[7].
- **Demência vascular (DV):** as manifestações linguísticas não apresentam um perfil típico devido à heterogeneidade da extensão e locais de lesão. Alguns estudos mostram padrões semelhantes entre a DA e a DV, enquanto outros mostram padrões distintos, sendo que na DA há maior influência dos déficits de memória episódica, enquanto na DV há maior interferência das funções executivas, atenção e lentificação da velocidade de processamento. Um recente artigo de revisão aponta que na DV decorrente de múltiplos infartos e na DV subcortical as manifestações de linguagem sofrem mais influência da disfunção executiva, sendo relatados déficits nos processamentos léxico-semântico e morfossintático. Na DV decorrente de acidente vascular cerebral, os déficits linguísticos ocorrem após uma lesão "estratégica" em áreas específicas de processamento de linguagem, causando afasias mais típicas[8].
- **Degeneração lobar frontotemporal (DLFT):** engloba as demências que se iniciam por alterações na linguagem, denominadas Afasias Progressivas Primárias (APP) ou do comportamento, a variante comportamental da DLFT. As APP podem ser classificadas em três variantes: (1) não fluente/agramática, (2) semântica e (3) logopênica. Na variante não fluente/agramática as principais manifestações são a apraxia de fala e o agramatismo, decorrentes de atrofia/hipometabolismo predominante na região posterior frontoinsular esquerda. Outras manifestações incluem dificuldades na compreensão de sentenças complexas, devido à alteração sintática e dificuldades de leitura e escrita de natureza fonológica e sintática. Na variante semântica as manifestações se iniciam por anomias, parafasias semânticas e circunlóquios, devido à perda progressiva do conhecimento semântico por atrofia/hipometabolismo na região temporal anterior predominantemente à esquerda. À medida que a doença avança, os sujeitos apresentam déficits na compreensão de palavras isoladas, no conhecimento dos objetos e agrafia/dislexia de superfície. Anosognosia e alterações comportamentais são frequentes e podem gerar alterações comunicativas e pragmáticas. A variante logopênica se apresenta por comprometimento na alça fonológica da memória operacional, devido a atrofia/hipometabolismo na região posterior perisylviana ou parietal esquerda, causando fala lentificada, anomias por falhas de acesso lexical, pausas e hesitações no discurso, parafasias fonêmicas e dificuldade na repetição e compreensão de frases extensas. Está frequentemente associada à patologia da DA. Na variante comportamental da DLFT, apesar de o sintoma inicial ser a alteração de comportamento, alterações de linguagem podem ocorrer por influência da disfunção executiva, alterações de memória episódica e de comportamento[9].
- **Demências com parkinsonismo:** as doenças mais comuns que apresentam alterações motoras do tipo parkinsonismo associadas a alterações cognitivas são a doença de Parkinson, síndrome corticobasal, paralisia supranuclear progressiva, atrofia de múltiplos sistemas e demência com corpos de

Lewy. Nesses quadros, as alterações de linguagem são heterogêneas e estão associadas à disfunção executiva, atencional e de memória operacional. De forma geral, são descritas alterações na fluência verbal, dificuldade de compreensão de frases com estrutura sintática mais complexa, dificuldade no processamento de verbos, redução da taxa de fala e anomias[10,11]. Juntamente com as alterações de linguagem, podem ocorrer alterações motoras da fala como a disartria e a apraxia de fala (esta última mais comum na síndrome corticobasal). Na maioria dos casos, a disartria inicial é a hipocinética, podendo evoluir para disartria mista, conforme avanço da doença e acometimento de outras regiões cerebrais[12].

AVALIAÇÃO DA LINGUAGEM E COMUNICAÇÃO NAS DEMÊNCIAS

Objetivos da avaliação

A avaliação da linguagem e da comunicação nas demências pode ter como objetivo(s): realizar o diagnóstico fonoaudiológico do transtorno de linguagem; traçar objetivos e metas para a reabilitação fonoaudiológica; fornecer dados para o médico neurologista realizar o diagnóstico diferencial (de grande relevância para casos em que há suspeita de APP); servir como parâmetro para acompanhamento da progressão da demência.

Instrumentos de avaliação da linguagem

Deve-se iniciar a avaliação com a anamnese, sendo de grande relevância a obtenção de informações a respeito de: queixas atuais e prévias, histórico médico atual e pregresso, idade, escolaridade, dominância manual, conhecimento de língua estrangeira, ocupação atual e prévia, rotina e hábitos de vida atuais e prévios, e outros profissionais que acompanham o caso.

A avaliação da linguagem deve ser feita, preferencialmente, de forma objetiva, isto é, através da utilização de instrumentos padronizados. A avaliação objetiva deve englobar a avaliação das funções da linguagem em suas diferentes modalidades e a avaliação da funcionalidade da comunicação. Recomenda-se que a avaliação da linguagem seja realizada por instrumento neuropsicológico que possua dados psicométricos para a população de interesse. Apesar disso, consideramos importante ressaltar que é uma realidade global a insuficiência de instrumentos desenvolvidos especificamente para avaliação da linguagem e da funcionalidade da comunicação em diferentes tipos e fases das demências, assim como dados psicométricos dos instrumentos[13].

Há diferentes tipos de instrumentos de linguagem disponíveis, sendo que eles podem diferir quanto ao objetivo e tempo de aplicação, podendo ser abrangentes, breves ou triagens. As avaliações abrangentes da linguagem são aquelas que permitem investigar de forma mais profunda diversos domínios da linguagem oral e escrita e costumam ser realizadas por meio de baterias de tarefas que podem requerer mais de uma sessão de avaliação. O instrumento mais utilizado na prática clínica atualmente é a Bateria Montreal-Toulouse de Avaliação da Linguagem (MTL-Brasil) por possuir dados normativos para a população brasileira e avaliar as funções linguísticas mais relevantes. Para avaliar funções linguísticas relacionadas ao hemisfério direito, o material disponível é a Bateria Montreal de Avaliação da Comunicação (MAC), que também possui dados normativos para a população brasileira. Outros instrumentos de avaliação abrangente são o *Boston Diagnostic Aphasia Examination* (BDAE) e o *Western Aphasia Battery* (WAB).

Avaliações breves da linguagem são aquelas feitas por instrumentos que possuem tarefas curtas, mas ainda voltadas à avaliação de domínios específicos, podendo ser aplicadas em uma sessão. Exemplos de avaliações breves que avaliam diversas funções linguísticas são a MAC-breve e a MTL-breve (ainda se encontra em processo de publicação). Há também instrumentos breves que objetivam avaliar apenas uma função da linguagem, como é o caso do *Token Test* (compreensão oral), *Kiss and Dancing test* (semântica de verbos/ações), *Pyramids and Palm Trees test* (semântica de substantivos), instrumento Anele 3 e 4 (leitura e escrita de palavras e pseudopalavras), *Boston Naming Test* (nomeação oral), *Test for Reception of Grammar* (TROG2-Br) (gramática), entre outros.

As avaliações do tipo triagem podem ser aplicadas em poucos minutos e apenas dão uma noção geral sobre a presença ou ausência de comprometimento na linguagem, sem necessariamente especificar os domínios com maior prejuízo. As triagens não permitem um diagnóstico preciso e indicam a necessidade ou não de avaliações mais detalhadas. As triagens podem ser utilizadas em clientes que toleram pouco tempo de avaliação, como aqueles com quadros de saúde mais delicados e em internação hospitalar, ou em clientes com quadros demenciais muito avançados. O *Language Screening Test* (LAST) permite identificar prejuízo na linguagem expressiva e/ou compreensiva e foi traduzido e adaptado para o português brasileiro. Seu estudo de validade foi realizado apenas com pessoas com afasia pós-AVC, porém, devido à ausência de outros instrumentos de triagem, ele também tem sido usado para triagem em pessoas com demência.

Além de avaliar as funções linguísticas, é essencial que seja realizada uma avaliação da funcionalidade da comunicação, que pode ser definida como a habilidade de receber ou enviar uma mensagem de forma efetiva e independente, em um ambiente natural, independente do modo de comunicação. No Brasil há a escala *American Speech-Language-Hearing Association Functional Assessment of Communication Skills for Adults* (ASHA-FACS) validada para pessoas com DA, que permite avaliar as dimensões: comunicação social; comunicação de necessidades básicas; leitura, escrita e conceitos numéricos; planejamento diário.

Para saber mais sobre os estudos originais, de adaptação e/ou estudos psicométricos dos instrumentos mencionados, consulte o Anexo 1 na plataforma de conteúdo complementar.

Avaliação dos aspectos ou funções linguísticas

Ao realizar uma avaliação da comunicação, o fonoaudiólogo deve estar atento ao desempenho nas diferentes funções linguísticas, pois o prejuízo ou manutenção delas é que irá direcionar o diagnóstico e reabilitação dos transtornos da linguagem.

O Quadro 1 apresenta os aspectos linguísticos mais relevantes, em quais tipos de demências costumam ser afetados com maior frequência, e sugestões de instrumentos que podem ser usados para avaliá-los.

Avaliação de outros domínios cognitivos e aspectos

A linguagem não é processada pelo cérebro de forma isolada, ela interage com outras funções cognitivas como a memória, funções executivas e atenção. Isso justifica a necessidade da avaliação de outros domínios cognitivos.

Para triagens da cognição global, os testes mais utilizados mundialmente são o Mini-Exame do Estado Mental (MEEM) e o *Montreal Cognitive Assessment* (MoCA). Já para avaliações breves da cognição recomenda-se o *Addenbrooke's Cognitive Examination* – Versão Revisada (ACE-R), *Frontal Assessment Battery* (FAB) ou a Bateria Breve de Rastreio Cognitivo (BBRC), sendo esta última um instrumento brasileiro viável de ser aplicado em pessoas analfabetas ou de baixa escolaridade. Já para uma avaliação mais abrangente recomenda-se a bateria Neupsilin.

Pode ser necessário também avaliar a funcionalidade global, para a qual os instrumentos *Activities of Daily Living Questionnaire* (ADLQ) ou *Functional Activities Questionnaire* (FAQ) podem ser úteis. Já para identificar o estágio ou severidade da demência o instrumento mais utilizado é o *Clinical Dementia Rating* (CDR).

Utilize o QR code para acessar o Anexo 1 – Instrumentos para avaliação da linguagem, comunicação e cognição nas demências.

Voucher: **tratfono**.

REABILITAÇÃO DA COMUNICAÇÃO NAS DEMÊNCIAS

A reabilitação da comunicação nas demências pode ser realizada desde as fases iniciais até as mais avançadas e deve ser desenvolvida em busca de fornecer independência pelo maior tempo possível à pessoa com demência (PCD), bem como melhorar a sua qualidade de vida[14-16]. Deve ser organizada de preferência em equipe multi ou interprofissional, conforme os seguintes princípios (adaptado de Maki et al., 2018 e Hickey e Bourgeois, 2018)[14,17]: 1) pautada em uma perspectiva multidimensional, que deve considerar aspectos clínicos, cognitivos, funcionais, comportamentais, ambientais e sociais, assim como levando em conta o tratamento medicamentoso e o suporte com intervenção direta na PCD e indireta por meio da(s) pessoa(s) que cuida(m); 2) abordagem centrada na PCD, com objetivos específicos e estratégias individualizados, significativos e relevantes; 3) participação ativa do cuidador, para que as condutas possam ser postas em prática na rotina diária e, ao mesmo tempo, colaborar para a diminuição da sobrecarga gerada pelo cuidado; 4) decisão da intervenção feita de maneira compartilhada com a PCD e/ou com seus familiares próximos e cuidadores; 5) arranjo do *setting* terapêutico prioritariamente em ambiente ecológico e em contextos funcionais, considerando a rotina da PCD.

O processo de reabilitação da comunicação na demência envolve principalmente intervenção cognitiva, que pode ser definida como qualquer estratégia de treinamento ou técnica usada para direcionar explicitamente o funcionamento cognitivo de indivíduos[14-16]. Pode ser classificada em três tipos: *treino ou treinamento cognitivo*, que propõe prática estruturada em tarefas-padrão destinadas a melhorar funções cognitivas específicas, com aumentos graduais na dificuldade da tarefa; *estimulação cognitiva*, considerada abordagem

QUADRO 1 Descrição dos aspectos linguísticos e os respectivos tipos de demência e instrumentos de avaliação

Aspecto linguístico	Tipos de demência*	Sugestão de instrumento/tarefa de avaliação
Gramática	▪ APP não fluente/agramatical	▪ Discurso narrativo oral da MTL-Brasil ▪ Discurso narrativo escrito da MTL-Brasil ▪ TROG2-Br
Aspectos motores da fala	▪ APP não fluente/agramatical	▪ Tarefa de apraxia orofacial da MTL ▪ Protocolo para Avaliação da Apraxia de Fala ▪ Protocolo de Avaliação dos Distúrbios Adquiridos de Fala em Indivíduos com Doença de Parkinson (PADAF) ▪ Protocolo de Avaliação das Disartrias de Origem Central em Pacientes com Doença de Parkinson
Nomeação	▪ APP semântica ▪ APP logopênica ▪ DA ▪ DV	▪ Tarefa de Nomeação da MTL ▪ Teste de Nomeação de Boston
Repetição	▪ APP logopênica	▪ Tarefa de repetição da MTL
Compreensão de palavras isoladas	▪ APP semântica	▪ Tarefa de compreensão oral de palavras da MTL
Compreensão de sentenças	▪ APP não fluente/agramatical ▪ APP logopênica	▪ Tarefa de compreensão oral da MTL – sentenças ▪ Tarefa de manipulação de objetos da MTL ▪ *Token test*
Conhecimento de objetos e pessoas	▪ APP semântica	▪ *Kissing and Dancing test* ▪ *Pyramids and Palm Trees test* ▪ Identificação de faces do Neupsilin ▪ Teste de reconhecimento de faces famosas
Leitura e escrita	▪ APP semântica	▪ Tarefas de leitura e escrita da MTL ▪ Instrumento Anele 3 e 4
Pragmática	▪ Variante comportamental da DFT	▪ Tarefa de interpretação de metáforas da bateria MAC ou MAC-breve ▪ Tarefa de interpretação e atos de fala da bateria MAC ou MAC-breve
Prosódia	▪ APP não fluente/agramatical	▪ Tarefa de prosódia emocional da bateria MAC ou MAC-breve
Discurso	▪ DA	▪ Tarefa de discurso conversacional da bateria MAC ou MAC-breve

*Aqui são indicados os tipos de demência que com maior frequência apresentam alterações nos aspectos linguísticos apresentados. Isso não invalida a possibilidade de ocorrência com menor frequência em outros tipos.
APP: Afasia Progressiva Primária; DA: Doença de Alzheimer; DFT: Demência Frontotemporal; DV: Demência Vascular; MAC: Bateria Montreal de Avaliação da Comunicação; MTL: Bateria Montreal de Avaliação da Linguagem.

mais ampla, muitas vezes conduzida em grupos, abordando atividades sociais e discussões que envolvem vários domínios cognitivos; e *reabilitação cognitiva*, em que metas e estratégias individualizadas são propostas para o paciente obter comportamentos funcionais desejados.

Quanto ao nível de evidência, uma revisão sistemática recente[15] verificou que a reabilitação cognitiva mostrou-se útil para permitir que as pessoas com demência, nas fases leve ou moderada, melhorem a sua capacidade de gerir as atividades de vida diária abordadas na intervenção. Outra revisão sistemática evidencia ainda que a estimulação cognitiva em pessoas com demência leve a moderada[16] propicia efeito benéfico na comunicação e interação social, além da qualidade de vida, humor e comportamento. O treino cognitivo também parece benéfico para PCD, principalmente nas fases iniciais, no entanto sua generalização para a rotina pode ser um desafio, pois a melhora geralmente ocorre para as habilidades e itens treinados[17]. Para maiores conclusões, são necessárias revisões sistemáticas que analisem as intervenções na fase grave da demência[16], mas é fundamental que haja acompanhamento terapêutico, pelo fato de existir maior dificuldade na comunicação, principalmente a verbal.

No Quadro 2 estão listadas as abordagens terapêuticas cognitivas geralmente utilizadas no escopo da demência e que podem ser utilizadas nos diferentes tipos de intervenções. O(a) terapeuta deve escolhê-las cuidadosamente, com base em um planejamento terapêutico com as metas e princípios descritos previamente, além de identificar tanto as funções comprometidas quanto aquelas que estão preservadas. São divididas em abordagens diretas, ou aquelas feitas diretamente na PCD, e indiretas, nas quais o trabalho é por meio do ambiente e/ou dos parceiros de comunicação da PCD.

As abordagens terapêuticas diretas podem ser divididas em: abordagens de múltiplos componentes, em que são contempladas funções comportamentais, emocionais e psicossociais, além das cognitivas; e abordagens por meio de treinamento de procedimentos, nas quais são aprendidas estratégias cognitivas restauradoras ou compensatórias.

Enquanto as abordagens diretas demandam processamento e monitoramento das informações conscientes do indivíduo, nas abordagens indiretas, o reconhecimento da informação é externo ao paciente e feito na rotina do dia a dia, baseado na experiência e prática. As estratégias indiretas são indicadas com o propósito de compensar o prejuízo de habilidades em que a intervenção direta não esteja atingindo o objetivo. No entanto, é indicado o início do uso nas fases leve e moderada da demência, pois a aprendizagem e o início da prática dependem de funções cognitivas preservadas[14].

Vale ressaltar que a maioria das técnicas é proveniente de estudos feitos em países com alta prevalência dos idosos que residem em Instituições de Longa Permanência (ILPI), onde os cuidadores são contratados e o processo terapêutico é realizado nesse *setting*. Para pacientes que moram em suas residências e são cuidados por pessoas da família, o que compõe perfil da maioria no Brasil, há necessidade da realização de adaptações.

Recentemente, o uso da estimulação cerebral não invasiva (Estimulação Magnética Transcraniana e Estimulação Transcraniana por Corrente Contínua) na demência vem sendo pesquisado, principalmente com pessoas nas fases iniciais da DA e APP. São encontradas melhoras no desempenho em testes e treino de funções cognitivas específicas em revisões sistemáticas[19,20], no entanto são necessárias evidências de que esse tipo de intervenção melhore a comunicação da PCD em contextos funcionais.

QUADRO 2 Abordagens terapêuticas que envolvem comunicação nas demências

	Abordagens terapêuticas*
Diretas	**Múltiplos componentes** ▪ Programas intergeracionais ▪ Orientação para a realidade ▪ Terapia de validação ▪ Reminiscência ▪ *Breakfast Club* ▪ Programa Montessori
	Treinamento de procedimentos ▪ Aprendizagem sem erros ▪ Apagamento de pistas ▪ Hierarquia de pistas ▪ Recuperação espaçada ▪ *Script* (roteiro)
Indiretas	**Estratégias ambientais voltadas para a comunicação**
	Intervenções com cuidadores para otimizar a comunicação

*No conteúdo complementar deste capítulo na plataforma do livro, está a descrição detalhada de cada intervenção.
Fonte: adaptado de Hickey e Bourgeois[14]; Hopper, Douglas e Khayum[18].

CONCLUSÃO

A demência apresenta importante relevância epidemiológica na atualidade e a atuação fonoaudiológica na comunicação é fundamental para melhorar a qualidade de vida da PCD e de seus cuidadores e familiares. Ainda assim, a nossa atuação profissional não alcança amplamente essa população brasileira. Um dos motivos é que as manifestações cognitivas e comportamentais decorrentes da demência, no senso comum, são vistas erroneamente como parte do envelhecimento "normal". Outro motivo é que a Fonoaudiologia especializada não está amplamente inserida nos serviços de saúde no contexto nacional. Desta forma, há a necessidade de políticas públicas que garantam a presença da Fonoaudiologia na atenção primária, especializada e hospitalar, ILPI, centros de convivência para idosos, sejam eles públicos ou privados.

Utilize o QR code para acessar o Anexo 2 – Descrição das principais abordagens terapêuticas que envolvem comunicação nas demências.

Voucher: **tratfono**.

REFERÊNCIAS BIBLIOGRÁFICAS

1. McKhann GM, Knopman DS, Chertkow H, Hyman BT, Jack CR, Kawas CH, et al. The diagnosis of dementia due to Alzheimer's disease: recommendations from the National Institute on Aging-Alzheimer's Association workgroups on diagnostic guidelines for Alzheimer's disease. Alzheimers Dement. 2011;7(3):263-9.
2. Lindsay H, Tröger J, König A. Language impairment in Alzheimer's disease-robust and explainable evidence for AD-related deterioration of spontaneous speech through multilingual machine learning. Front Aging Neurosci. 2021;19;13:642033.
3. Silagi ML, Bertolucci PHF, Ortiz KZ. Naming ability in patients with mild to moderate Alzheimer's disease: what changes occur with the evolution of the disease? Clinics. 2015;70(6):423-8.
4. Wright LM, De Marco M, Venneri A. current understanding of verbal fluency in Alzheimer's disease: evidence to date. Psychol Res Behav Manag. 2023;5;16:1691-705.
5. De Lira JO, Minett TSC, Bertolucci PHF, Ortiz KZ. Evaluation of macrolinguistic aspects of the oral discourse in patients with Alzheimer's disease. Int Psychogeriatr. 2019;31(9):1343-53.
6. Ortiz KZ, De Lira JO, Minett TSC, Bertolucci PHF. Language impairment in the moderate stage of dementia due to Alzheimer's disease. Arq Neuro-Psiquiatr. 2021;79(4):283-9.
7. Harnish SM, Neils-Strunjas J. In search of meaning: reading and writing in Alzheimer's disease. Semin Speech Lang. 2008;29(1):44-59.
8. Macoir J. Language impairment in vascular dementia: a clinical review. J Geriatr Psychiatry Neurol. 2024;37(2):87-95.
9. Gorno-Tempini ML, Hillis AE, Weintraub S, Kertesz A, Mendez M, Cappa SF, et al. Classification of primary progressive aphasia and its variants. Neurology. 2011;76(11):1006-14.
10. Liu L, Luo XG, Dy CL, Ren Y, Feng Y, Yu HM, Shang H, He ZY. Characteristics of language impairment in Parkinson's disease and its influencing factors. Transl Neurodegener. 2015;27;4(1):2.
11. Peterson KA, Patterson K, Rowe JB. Language impairment in progressive supranuclear palsy and corticobasal syndrome. J Neurol. 2021;268(3):796-809.
12. Kowalska-Taczanowska R, Friedman A, Koziorowski D. Parkinson's disease or atypical parkinsonism? The importance of acoustic voice analysis in differential diagnosis of speech disorders. Brain and Behavior. 2020;10(8):e01700.
13. Dooley S, Walshe M. Assessing cognitive communication skills in dementia: a scoping review. Int J Lang Commun Disord. 2019;54(5):729-41.
14. Hickey E, Bourgeois M. dementia person-centered assessment and intervention. 2. ed. New York: Routledge; 2018.
15. Kudlicka A, Martyr A, Bahar-Fuchs A, Sabates J, Woods B, Clare L. Cognitive rehabilitation for people with mild to moderate dementia. Cochrane Dementia and Cognitive Improvement Group (org.). Cochrane Database of Systematic Reviews [Internet]. 29 de junho de 2023 [citado 16 de fevereiro de 2024];2023(6).
16. Woods B, Rai HK, Elliott E, Aguirre E, Orrell M, Spector A. Cognitive stimulation to improve cognitive functioning in people with dementia. Cochrane Dementia and Cognitive Improvement Group (org.). Cochrane Database of Systematic Reviews [Internet]. 31 de janeiro de 2023 [citado 16 de fevereiro de 2024];2023(1).
17. Maki Y, Sakurai T, Okochi J, Yamaguchi H, Toba K. Rehabilitation to live better with dementia. Geriatrics Gerontology Int. 2018;18(11):1529-36.
18. Hopper T, Douglas N, Khayum B. Direct and indirect interventions for cognitive-communication disorders of dementia. Perspect Neurophysiol Neurogenic Speech Lang Disord. 2015;25(4):142-57.
19. Xu M, Li Y, Zhang C, Ma Y, Zhang L, Yang Y, et al. Efficacy of scalp stimulation for multidomain cognitive impairment in patients with post-stroke cognitive impairment and dementia: A network meta-analysis and meta-regression of moderators. J Evidence Based Medicine. 2023;16(4):505-19.
20. Wang Z, Ficek BN, Webster KT, Herrmann O, Frangakis CE, Desmond JE, et al. Specificity in generalization effects of transcranial direct current stimulation over the left inferior frontal gyrus in primary progressive aphasia. Neuromodulation: Technology at the Neural Interface. 2023;26(4):850-60.

66

Uso de tecnologias na atuação fonoaudiológica em linguagem com pessoas adultas e idosas

Maria Teresa Carthery-Goulart
Ana Cláudia de Carvalho Vieira
Renata S. Cardoso R. Tavares
Ellen Cristina Siqueira Soares Ishigaki

PONTOS-CHAVE

- Distúrbios de Comunicação podem restringir a funcionalidade e diminuir a qualidade de vida de pessoas adultas e idosas.
- Avanços tecnológicos têm trazido novas possibilidades para a prática fonoaudiológica em linguagem com pessoas adultas e idosas, destacando-se nesse contexto as técnicas de mapeamento cerebral, a neuromodulação não invasiva e o uso das tecnologias de informação e comunicação (TICs) no campo da Telefonoaudiologia.
- Evidências científicas e baseadas na prática clínica acerca do uso dessas tecnologias para avaliação e terapia fonoaudiológica em linguagem com adultos e idosos têm aumentado, porém ainda são limitadas, especialmente no cenário nacional.
- Fonoaudiólogos devem buscar formação específica, atualização e treinamento para avaliar o uso e decidir pela implementação desses recursos em sua prática clínica, de acordo com a legislação vigente e conduta ética, visando oferecer os melhores serviços fonoaudiológicos disponíveis para cada cliente.

OBJETIVOS DE APRENDIZAGEM

Ao final deste capítulo, o leitor deverá ser capaz de:

- Descrever e avaliar as contribuições das técnicas de mapeamento cerebral para avaliação fonoaudiológica de pessoas adultas e idosas para diagnosticar e intervir sobre distúrbios linguísticos e cognitivo-linguísticos decorrentes de lesão cerebral.
- Compreender como é realizado o mapeamento cerebral das regiões e vias críticas para o processamento da linguagem por estimulação elétrica direta intraoperatória combinada com avaliação de linguagem nas craniotomias para ressecção de tumores com o paciente acordado.
- Compreender e refletir sobre as recomendações para uso das técnicas de neuromodulação não invasiva com objetivo de potencializar os efeitos da terapia fonoaudiológica para pessoas adultas e idosas com distúrbios linguísticos e cognitivo-linguísticos decorrentes de lesão cerebral.
- Avaliar os potenciais benefícios, o alcance e as limitações da Telefonoaudiologia e refletir sobre as recomendações para atuação fonoaudiológica com pessoas adultas e idosas visando prevenir, diagnosticar ou intervir sobre distúrbios linguísticos e cognitivo-linguísticos decorrentes de lesão cerebral.

INTRODUÇÃO

Entre pessoas adultas e idosas, a maior parte das dificuldades de comunicação decorrem de distúrbios adquiridos de linguagem, cuja etiologia mais frequente são os acidentes vasculares encefálicos (AVEs)[1c]. Cerca de 1/3 das pessoas que sobrevivem um AVE apresentam instalação aguda de quadros afásicos[1c], que apresentam graus variados de recuperação, sobretudo no período de 3 a 6 meses após o AVE[2c]. Mais raramente, esses indivíduos apresentam doenças neurodegenerativas que afetam inicialmente e de forma mais proeminente a rede de linguagem no hemisfério esquerdo (HE), resultando na instalação insidiosa e progressiva de quadros denominados afasia progressiva primária (APP)[1].

Distúrbios adquiridos de linguagem também podem ser manifestações secundárias ou co-ocorrer com outros quadros, como nas síndromes clínicas típicas da doença de Parkinson (DP) e da doença de Alzheimer (DA) e nos traumatismos cranioencefálicos (TCE), incluindo os causados por tumores, sendo em geral denominados distúrbios linguístico-cognitivos. A fim de ilustrar como a tecnologia tem sido utilizada na prática fonoaudiológica na área de linguagem junto a pessoas adultas e idosas, em cada uma das subseções do presente capítulo serão abordados seus usos em uma ou mais dessas condições clínicas.

Organizamos o texto em quatro seções. Algumas são disponibilizadas como conteúdo complementar na plataforma digital do livro. Na primeira seção, abordaremos as técnicas eletrofisiológicas de mapeamento cerebral intraoperatório que associadas à avaliação fonoaudiológica trazem dados mais precisos sobre a organização funcional da linguagem, permitindo uma avaliação mais acurada dos impactos da craniotomia sobre a comunicação. Essa seção apresentará ainda na plataforma digital alguns usos do eletroencefalograma quantitativo (EEGq) para a personalização de protocolos de neuromodulação e para o acompanhamento das mudanças resultantes do funcionamento eletrocortical após intervenção neuromodulatória. A segunda seção, inserida na plataforma digital do livro, tratará do *neurofeedback* como potencial estratégia de intervenção para os distúrbios de linguagem e cognição decorrentes de lesão cerebral. Na terceira seção, apresentaremos algumas evidências de como técnicas de neuromodulação não invasiva podem potencializar os ganhos induzidos pela terapia fonoaudiológica em linguagem para pessoas adultas e idosas. A última seção, disponível na plataforma digital do livro, trata do panorama internacional e nacional da Telefonoaudiologia para atuação fonoaudiológica com pessoas adultas e idosas na área de comunicação e linguagem, com foco nas afasias decorrentes de AVE.

Pela diversidade e quantidade de temas abordados, optamos por citar um maior número de revisões sistemáticas e capítulos de livros, que sintetizam as evidências científicas ou da prática clínica nas áreas mencionadas. No entanto, recomendamos aos leitores que acessem os estudos originais citados nessas referências, para maior detalhamento e aprofundamento sobre cada temática.

MAPEAMENTO CEREBRAL

As técnicas de mapeamento cerebral são essenciais para elucidar informações sobre o funcionamento cerebral, abrangendo aspectos de fisiologia eletrocortical, conectividade, processos mentais e cognitivos.

Na prática clínica, a estimulação elétrica direta do tecido cerebral antes, durante e após neurocirurgias para ressecção de tumores cerebrais é considerada o padrão-ouro para mapeamento das áreas e vias críticas para o processamento da linguagem. Nesta seção, abordaremos esse procedimento e o uso do EEG quantitativo (EEGq) para o mapeamento cerebral no cenário fonoaudiológico.

Mapeamento cerebral das regiões e vias críticas para o processamento da linguagem por estimulação elétrica direta intraoperatória combinada com avaliação de linguagem nas craniotomias com o paciente acordado

Com os avanços no campo da neurocirurgia funcional, houve grande desenvolvimento das técnicas para o monitoramento em tempo real das funções cognitivas durante a craniotomia com o paciente plenamente acordado, a partir da combinação da estimulação elétrica direta com as tarefas específicas das funções, no intuito de realizar uma dissecção que respeite a conectividade anatomofuncional da região peritumoral e de atingir os objetivos críticos, como o equilíbrio da ressecção máxima do tumor e preservação funcional de cada área cerebral eloquente como a fala, a memória e a motricidade[2]. Essa técnica é considerada o padrão-ouro para ressecção de tumores intra-axiais e supratentoriais, particularmente para lesões em áreas motoras ou da linguagem[3,4].

A linguagem é a função cognitiva mais amplamente mapeada durante a cirurgia cerebral. Nas duas últimas décadas, os estudos de neuroimagem evidenciaram que essa função está disseminada em várias regiões cerebrais, muito além das duas regiões clássicas (Broca e Wernicke), e que as vias subcorticais são cruciais para as funções da linguagem. Há ainda uma variabilidade dessa organização determinada por vários fatores como a neuroplasticidade, somada às distorções de tecidos e feixes de fibras decorrentes dos processos infiltrativos e destrutivos naturais dos tumores intra-axiais[5]. Por conta dessa variabilidade, é desejável que um fonoaudiólogo possa realizar o monitoramento dessa função durante o procedimento neurocirúrgico.

A primeira bateria de testes intraoperatórios com tarefas em diferentes modalidades linguísticas (produção, compreensão, leitura) e níveis (fonologia, semântica, sintaxe) é o Protocolo Intraoperatório Linguístico Holandês (DuLIP)[3c]. As tarefas podem ser selecionadas de acordo com a localização do tumor em áreas córtico-subcorticais associadas a funções linguísticas específicas. Esse protocolo foi adaptado para o português europeu em 2021[6]. Apesar de outras tarefas de linguagem serem necessárias durante a estimulação em áreas cerebrais específicas durante craniotomia, é importante ressaltar que a tarefa de nomeação de figuras é um teste muito sensível, já que envolve uma grande rede neural e adequa-se às condições cirúrgicas, devido à limitação de tempo para mapeamento[2,4,5].

Para mais êxito na manutenção das funções de linguagem, é importante que o mesmo fonoaudiólogo realize as três fases da avaliação, a saber: (1) pré-operatória, dias antes do procedimento cirúrgico – nesta fase é importante verificar se o indivíduo já apresenta alterações nas tarefas, impossibilitando a realização do mapeamento no momento cirúrgico, pois não é possível diferenciar a alteração já estabelecida pelo tumor dos erros transitórios decorrentes da estimulação em áreas cerebrais específicas; (2) intraoperatória, que ocorre no *site* cirúrgico para a monitorização das funções; e (3) pós-operatória, realizada dias após o procedimento cirúrgico, assim que o paciente esteja apto para a avaliação. Finalmente, a mesma avaliação deve ser realizada várias semanas ou meses após a cirurgia, já que fenômenos neurofisiológicos, na fase pós-operatória aguda, podem afetar o desempenho[5].

Há vários protocolos utilizados nas três etapas. Alguns centros trabalham com o mesmo protocolo em todas as etapas, enquanto outros estabelecem o uso de diferentes protocolos para cada uma[5]. O grupo do Hospital da Restauração, da Secretaria de Saúde do estado de Pernambuco, referência em neurocirurgia, utiliza o mesmo protocolo para as etapas pré e pós-operatória. Entretanto, no período intraoperatório, são realizadas tarefas de linguagem, memória verbal e fluência verbal com material próprio, respeitando os princípios das áreas que estão sendo estimuladas para o monitoramento, com base no DuLIP[3c]. Testes de linguagem em diferentes modalidades e níveis linguísticos contribuem com a caracterização mais precisa da linguagem em pessoas com gliomas[2].

Durante a craniotomia (período intraoperatório), o paciente é induzido e mantido sob sedação. Antes da ressecção, o neurocirurgião identifica os sítios de estimulação com etiquetas estéreis, numeradas com um centímetro de distância entre elas. A seguir, o paciente é acordado para o mapeamento das áreas eloquentes, a partir de estimulação elétrica das áreas cerebrais próximas ao tumor, realizada pelo neurocirurgião, concomitantemente à estimulação comunicativa-linguística realizada pelo fonoaudiólogo. Os parâmetros de estimulação elétrica variam de caso a caso, com amplitude entre 1 mA e 25 mA. Inicia-se a estimulação com parâmetros mais baixos, aumentando lentamente a amplitude e duração do estímulo[4c]. As técnicas mais descritas são: (1) técnica de Penfield ou estimulação de pulso simples, uma técnica mais antiga, que consiste na aplicação de corrente bifásica de 60 Hz por um milissegundo na superfície cerebral, através de um eletrodo bipolar conectado a um estimulador de Ojemann; e (2) técnica alternativa, de alta frequência ou estimulação multipulsos, que utiliza uma corrente de frequência de 300 ou 500 Hz, com estimulação de no máximo 100 a 200 microssegundos e 4 a 6 pulsos, lançando-se mão de estimulador monopolar (ânodo). Os sítios corticais são estimulados três vezes. Uma interrupção transitória na realização da tarefa (p. ex., nomeação) é notada quando uma área essencial é estimulada (interrupção da fala, apraxia de fala, perseveração, parafasia semântica ou fonêmica etc.). A função se normaliza quando a estimulação é interrompida. Uma área é considerada eloquente se a estimulação levar ao déficit em três ocasiões diferentes[5c]. Os erros sugerem que a função de linguagem correspondente depende daquela área específica[7]. Com a confirmação do sítio para as funções, o neurocirurgião buscará preservar essa área com a distância de um centímetro.

Achados da literatura revelam otimização da qualidade de remoção da lesão, com maior extensão de ressecção do tumor, além de minimização do risco de sequelas pós-operatórias[6c]. A utilização de testes com alta sensibilidade e especificidade não só pode levar a melhores resultados no pós-operatório, como também pode viabilizar uma melhor compreensão da neuroanatomia da linguagem[5]. Além disso, foi observado que a entrevista inicial e o contato com os pacientes durante todo o processo possibilitam aos mesmos um maior conhecimento do seu quadro e maior segurança depositada à equipe. No entanto, ressalta-se que a decisão pela realização da craniotomia com o paciente acordado deve ser individualizada e considerar seu estado físico e psicológico, bem como quaisquer comorbidades.

Em suma, a craniotomia com paciente acordado para mapeamento cortical de áreas eloquentes é um procedimento seguro e permite maximizar a ressecção, minimizando o risco de novos déficits pós-operatórios. Além de conduzir a avaliação da linguagem durante os processos de mapeamento e ressecção, reconhecendo, interpretando e informando o neurocirurgião sobre qualquer erro que o indivíduo venha a produzir, o fonoaudiólogo estabelece uma comunicação constante com o mesmo, mantendo-o calmo durante a cirurgia.

Mapeamento cerebral por meio do EEGq

Utilize o QR code para acessar o Anexo 1 – Mapeamento cerebral.

Voucher: **tratfono**.

NEUROFEEDBACK NA TERAPIA DE REABILITAÇÃO DE LINGUAGEM E HABILIDADES COGNITIVAS ASSOCIADAS

Utilize o QR code para acessar Anexo 2 – Neurofeedback na terapia de reabilitação de linguagem e habilidades cognitivas associadas.

Voucher: **tratfono**.

NEUROMODULAÇÃO NÃO INVASIVA

A neuromodulação é o conjunto de intervenções fisiológicas que modificam a ativação de redes e circuitos neurais com a finalidade de ampliar recursos adaptativos, compensar trajetos neurofuncionais anômalos ou complementar intervenções medicamentosas, psicoeducativas, comportamentais e/ou cognitivas[7c]. As técnicas neuromodulatórias não invasivas mais estudadas até o momento, em associação à terapia fonoaudiológica para pessoas adultas com lesão encefálica adquirida, são a estimulação transcraniana magnética (EMT ou *TMS*), a estimulação transcraniana por corrente contínua (ETCC ou *tDCS*), a estimulação transcraniana por corrente contínua de alta definição (ETCC – AD ou *HD – tDCS*) e a estimulação transcraniana por corrente alternada (ETCA ou *tACS*). A aplicação dessas técnicas associadas à terapia fonoaudiológica visa modular os circuitos neurais de certas regiões do cérebro, através da modificação da excitabilidade cortical. A neuromodulação não invasiva é considerada segura e seu uso como recurso terapêutico na atuação fonoaudiológica para maximizar as evoluções dos pacientes no cenário clínico é considerado novo[8].

O Conselho Federal de Fonoaudiologia publicou uma Resolução em 2022[8c] na qual descreve que o fonoaudiólogo pode utilizar o recurso terapêutico quando tiver capacitação teórico-prática, específica e adequada, incluindo o conhecimento de suporte básico de vida. Além disso, o paciente ou seu representante legal devem assinar um Termo de Consentimento Livre e Esclarecido, o qual deve conter possíveis riscos e benefícios, bem como as reações adversas que possam eventualmente ocorrer.

Os critérios para o uso das técnicas neuromodulatórias dependem da topografia e fisiopatologia da doença subjacente, dos achados de avaliação minuciosa dos déficits e da funcionalidade de comunicação, além de análise por exames complementares (p. ex., EEGq). As manifestações na comunicação apresentadas pelo indivíduo (déficits e funcionalidades) permitem observar se há alterações mal adaptativas comprometendo a comunicação, ou adaptativas, garantindo a função. A decisão de estimular ou inibir o hemisfério lesado ou não lesado deve avaliar se o desequilíbrio inter-hemisférico é um processo adaptativo ou não[9c]. Duas teorias podem embasar a decisão dos parâmetros de estimulação: modelo da recuperação do equilíbrio bimodal e o princípio da vicarização. Na primeira, o nível de reserva estrutural no hemisfério lesado parece ser determinante para identificar se o desequilíbrio da inibição inter-hemisférica é um processo adaptativo ou mal adaptativo. Na segunda, a área cerebral intacta assume a função previamente realizada pela área lesada. Áreas perilesionais ou mesmo áreas homólogas no hemisfério não lesado demonstram sofrer esse tipo de transformação. A decisão deve se pautar em aumentar a atividade dessas áreas por meio da neuromodulação não invasiva para promover a recuperação da função[10c].

Entre pessoas com alterações linguísticas e comunicativas adquiridas, o uso de estratégias neuromodulatórias foi reportado em pessoas com afasia, APP, demência e DP. As evidências científicas para o uso das técnicas neuromodulatórias em associação à terapia fonoaudiológica para esses indivíduos são consideradas de moderada a fraca[9].

Em relação ao uso da EMT (ou TMS), a recomendação para a afasia foi um mínimo de 10 e máximo de 20 sessões, 1 Hz a 90% do limiar motor em região correspondente ao giro frontal inferior direito, sendo a duração da estimulação de 20 minutos por sessão e combinada com fonoterapia por 45 a 60 minutos, para pessoas com afasia não fluente[10].

A ETCC (ot tDCS) associada à fonoterapia para indivíduos com afasia não fluente foi considerada possivelmente eficaz (nível C de evidência) e a recomendação é a estimulação anódica em área de Broca e cátodo posicionado em região supraorbital direita ou anódica em área de Broca e catódica em região homóloga[11]. Para indivíduos com afasia fluente, foi encontrado o mesmo nível de evidência ao estimular a área de Wernicke com a corrente anódica e cátodo posicionado em região supraorbital[11].

Estudos têm identificado outros alvos para a ETCC, como a estimulação anódica em região cerebelar para pacientes afásicos favorecendo a recuperação verbal[11c]; a aplicação catódica utilizando 2 mA em hemisfério direito em região homóloga à área de Broca com o uso da ETCC de alta resolução, diminuindo o impacto inibitório deste hemisfério cerebral[12]; a ETCC transcutânea espinhal em pessoas com afasia não fluentes associada a fonoterapia para melhora da nomeação de verbos[12c]. Apesar dos estudos serem promissores, não há evidências gerando índices de recomendação para esses alvos descritos[13c].

Uma metanálise[14c] encontrou efeito moderado na melhora das dificuldades de linguagem em pessoas com APP submetidas à ETCC ou à EMT. A estimulação cerebral foi realizada em regiões do HE como o córtex frontal/pré-frontal, córtex pré-frontal dorsolateral e a região frontotemporal. A estimulação foi associada à terapia de linguagem indicada, conforme as manifestações clínicas das pessoas com APP.

Pessoas com quadros demenciais podem se beneficiar de técnicas neuromodulatórias associadas ao treino cognitivo. Uma meta-análise encontrou melhora da função cognitiva após o uso de ETCC ou EMT em região pré-frontal dorsolateral associada a estratégias terapêuticas de estimulação da cognição em indivíduos com comprometimento cognitivo leve e com DA[13]. Outra possibilidade que tem sido estudada e futuramente pode ser um provável recurso é a ETCA (ou tACS). Verificou-se melhora da memória em idosos saudáveis após tACS, porém não se sabe se os mesmos efeitos serão observados em pessoas idosas com quadros demenciais[14].

Outro quadro progressivo que pode se beneficiar de técnicas neuromodulatórias associadas a estratégias terapêuticas é a DP. Esses indivíduos podem apresentar manifestações como anomias e dificuldades de elaboração frasal[15,15c,16c]. A recomendação com nível de evidência B (provavelmente eficaz) para melhorar a cognição de pessoas com DP é a estimulação anódica em pré-frontal dorsolateral esquerdo[11].

É importante ressaltar que as técnicas de neuromodulação não invasiva não são terapias substitutivas de outras estratégias terapêuticas que já têm evidências científicas mais robustas para sua recomendação. A pesquisa nessa área está ainda em evolução, observando-se grande variabilidade dos desenhos experimentais, poucos estudos de replicação dos protocolos e muitas questões em discussão como: os parâmetros da estimulação elétrica ou magnética, sua frequência e duração; as regiões a serem moduladas; as formas de personalizar o protocolo de neuromodulação, o tipo de estratégia terapêutica associada, as características dos participantes que mais podem se beneficiar; as melhores medidas para avaliar os efeitos da neuromodulação e quanto tempo duram esses efeitos.

Para aumentar a evidência científica, são necessários mais estudos com amostras mais homogêneas e mais ensaios clínicos randomizados. Além disso, os trabalhos devem ser capazes de demonstrar melhora na qualidade de vida e na comunicação funcional.

No Brasil, uma pesquisa sobre atuação fonoaudiológica na área de afasia demonstrou que técnicas neuromodulatórias associadas à terapia de fala e linguagem são mais comumente empregadas por fonoaudiólogos com mais anos de formação após a graduação, o que pode estar relacionado com o investimento em capacitação profissional e o custo de investimento dos equipamentos[16]. Os autores também indicaram que o uso maior se dá entre os que atendem usuários do SUS em clínicas universitárias, sugerindo que parte das práticas podem estar ligadas a protocolos de pesquisa.

Diante do exposto, ressalta-se que para a utilização no contexto clínico, é importante que o fonoaudiólogo busque a capacitação teórico-prática para a prescrição de protocolos individualizados com base nas evidências científicas e baseadas na prática clínica disponíveis.

TELEFONOAUDIOLOGIA

Utilize o QR code para acessar Anexo 3 – Telefonoaudiologia.

Voucher: **tratfono**.

CONCLUSÃO

O uso da tecnologia tem ampliado e complementado a atuação fonoaudiológica com pessoas adultas e idosas na área de linguagem. A implementação segura e efetiva desses recursos na prática fonoaudiológica deve ser baseada em evidências científicas que esclareçam seu alcance, benefícios e limitações[16].

A prática clínica tem se apoiado nas necessidades dos clientes e na experiência profissional e formação do fonoaudiólogo que a emprega[16]. Evidências baseadas na prática clínica também são importantes, embora estudos com maior rigor metodológico possam gerar recomendações mais seguras.

A segurança das técnicas e o grande impacto dos distúrbios de comunicação sobre a funcionalidade e qualidade de vida desses indivíduos justificam a exploração clínica dessas alternativas seguindo a conduta ética do exercício profissional, conforme a legislação vigente e com o intuito de realizar avaliações e intervenções mais efetivas.

REFERÊNCIAS BIBLIOGRÁFICAS

1. Souza LC de, Hosogi ML, Machado TH, Carthery-Goulart MT, Yassuda MS, Smid J, et al. Diagnóstico da demência frontotemporal: recomendações do Departamento Científico de Neurologia Cognitiva e do Envelhecimento da Academia Brasileira de Neurologia. Dement Neuropsychol. 2022;16:40-52.
2. Chan HM, Loh WNH, Yeo TT, Teo K. Awake craniotomy and excision of a diffuse low-grade glioma in a multilingual patient: neuropsychology and language. World Neurosurg. 2019;128:91-7.
3. Jolley C. Intra-operative language assessment for adult brain tumor intra-operative language assessment for adult brain tumor survivors: a systematic review. All Graduate Theses and Dissertations. 2022.
4. Duffau H. Functional mapping before and after low-grade glioma surgery: A new way to decipher various spatiotemporal patterns of individual neuroplastic potential in brain tumor patients. Cancers (Basel). 2020;12:1-21.
5. Papatzalas C, Fountas K, Kapsalaki E, Papathanasiou I. The use of standardized intraoperative language tests in awake craniotomies: a scoping review. Neuropsychol Rev. 2022;32:20-50.
6. Alves J, Cardoso M, Morgado M, De Witte E, Satoer D, Hall A, et al. Language assessment in awake brain surgery: the Portuguese adaptation of the Dutch linguistic intraoperative protocol (DuLIP). Clin Linguist Phon. 2021;35:1113-31.
7. Collée E, Vincent A, Visch-Brink E, De Witte E, Dirven C, Satoer D. Localization patterns of speech and language errors during awake brain surgery: a systematic review. Neurosurg Rev. 2023;46.
8. Biou E, Cassoudesalle H, Cogné M, Sibon I, De Gabory I, Dehail P, et al. Transcranial direct current stimulation in post-stroke aphasia rehabilitation: A systematic review. Ann Phys Rehabil Med. 2019;62:104-21.
9. Baptista AF, Casali AG, Oda AL, Okano AH, Moreira A, Santos ALY da S, et al. Brain imaging and neurostimulation in health and disorders: status report. Brain Imaging and Stimulation. 2023;2:e5167.
10. Lefaucheur JP, Aleman A, Baeken C, Benninger DH, Brunelin J, Di Lazzaro V, et al. Evidence-based guidelines on the therapeutic use of repetitive transcranial magnetic stimulation (rTMS): An update (2014-2018). Clinical Neurophysiology. 2020;131:474-528.
11. Fregni F, El-Hagrassy MM, Pacheco-Barrios K, Carvalho S, Leite J, Simis M, et al. Evidence-based guidelines and secondary meta-analysis for the use of transcranial direct current stimulation in neurological and psychiatric disorders. International Journal of Neuropsychopharmacology. 2021;24:256-313.
12. Fiori V, Nitsche MA, Cucuzza G, Caltagirone C, Marangolo P. High-definition transcranial direct current stimulation improves verb recovery in aphasic patients depending on current intensity. Neuroscience. 2019;406:159-66.
13. Gu L, Xu H, Qian F. Effects of non-invasive brain stimulation on Alzheimer's disease. Journal of Prevention of Alzheimer's Disease. 2022;9:410-24.
14. Kasten FH, Dowsett J, Herrmann CS. Sustained after effect of α-tACS lasts up to 70 min after stimulation. Front Hum Neurosci. 2016;10.
15. Salmazo-Silva H, Parente MA de MP, Rocha MS, Baradel RR, Cravo AM, Sato JR, et al. Lexical-retrieval and semantic memory in Parkinson's disease: The question of noun and verb dissociation. Brain Lang. 2017;165:10-20.
16. Lima RR, Borges R, Lima H do N, Caldana M de L, Freitas MID. A survey on the speech therapy rehabilitation landscape for aphasia in Brazil. Aphasiology. 2024:1-21.

Utilize o QR code para acessar a lista de referências complementares (indicadas com um c).

Voucher: **tratfono**.

67

Critérios de avaliação e indicação de Comunicação Aumentativa e Alternativa para pessoas com necessidades complexas de comunicação

Maria Aparecida Cormedi
Paula Pereira Mello Passos
Débora Deliberato

PONTOS-CHAVE

- A Comunicação Aumentativa e Alternativa é uma área de conhecimento que faz parte do processo de avaliação do fonoaudiólogo nos diferentes transtornos da área da linguagem.
- Na avaliação das habilidades de comunicação de pessoas com transtornos da área de linguagem devem ser consideradas as diversidades de cada indivíduo.
- Os critérios para indicação dos componentes da Comunicação Aumentativa e Alternativa na avaliação devem considerar, além da diversidade humana, o ambiente, os parceiros de comunicação e as atividades envolvidas nas rotinas dos diferentes contextos.

OBJETIVOS DE APRENDIZAGEM

Ao final deste capítulo, o leitor deverá ser capaz de:

- Identificar os diferentes domínios e habilidades de comunicação da pessoa com necessidade complexa de comunicação para serem avaliados com objetivo de implementar a Comunicação Aumentativa e Alternativa (CAA).
- Conhecer os objetivos da avaliação da comunicação de pessoas com NCC.
- Identificar e caracterizar os parceiros de comunicação de pessoas com NCC.
- Conhecer os componentes da CAA.
- Implementar os componentes da CAA nas diferentes faixas etárias.

INTRODUÇÃO

O processo de tomada de decisões para estabelecer critérios de avaliação e indicação dos componentes na área da Comunicação Aumentativa e Alternativa (CAA) envolve a complexidade da diversidade humana e sua relação com os fatores externos[1].

A diversidade humana compreendida pela perspectiva biopsicossocial envolve três fatores: biológico, psicológico e social. Uma lesão, um transtorno, uma deficiência não são negados, mas vistos no aspecto da funcionalidade. São considerados todos os contextos ambientais, culturais e sociais em que ela está inserida ou incluída ao longo da vida, assim como a identidade da pessoa, suas necessidades e potencialidades. Fatores biológicos podem causar necessidades complexas de comunicação em uma pessoa que tem seus desejos, sentimentos, vontades, ideias que muitas vezes não podem ser expressas de forma que o entorno familiar e social próximo compreenda e, por vezes, não tem acesso aos recursos e tecnologias necessários.

É importante resgatar, desde o processo de aquisição de linguagem, a função simbólica, que permite representar pessoas, objetos, situações que não estão presentes, de modo a representar passado e futuro, por meio de palavras, símbolos e signos, em um processo que facilita o desenvolvimento do pensamento, a capacidade de fazer abstrações e a representação da própria existência[2].

A comunicação é um processo dinâmico, ao qual a criança é exposta desde os seus primeiros relacionamentos e neles vai aprimorando diferentes habilidades. Os resultados obtidos por essas interações contínuas e pelas experiências proporcionadas por meio da família e do ambiente próximo são fundamentais para o desenvolvimento e aperfeiçoamento das competências linguísticas e comunicativas[3]. É nesse sentido que, no processo de aquisição da linguagem, quando a fala não está presente, a CAA viabiliza o acesso à simbolização, por meio de seus componentes, garantindo às pessoas com necessidades complexas de comunicação (NCC) a aquisição linguística e comunicativa[4].

O foco para avaliação e intervenção deve ser a pessoa com NCC, a família, a escola, outros ambientes próximos. Identificar, analisar e esclarecer as funções comunicativas, as diversas funções dentro das interações sociais e os fatores ambientais são fatores cruciais para uma avaliação adequada e indicação de intervenções por meio dos componentes da CAA.

A Classificação Internacional de Funcionalidade, Incapacidade e Saúde[5] vem colaborando nessa tomada de decisões à medida que o modelo de avaliação considera as atividades que as pessoas com alterações de função e/ou estrutura do corpo podem desempenhar, assim como sua participação social[6]. Portanto, o processo de avaliação da linguagem empregado por fonoaudiólogos, bem como os critérios para o desenvolvimento de um planejamento de intervenção para as pessoas que necessitam dos componentes da área da CAA, envolvem o uso de diferentes procedimentos baseados em uma formação profissional que permita entender a linguagem além da fala.

Fonoaudiólogos precisam estar no planejamento e na coordenação dos esforços da equipe de CAA e conduzir diretamente a avaliação de fala e linguagem[7]. Para tal, devem apresentar as seguintes competências: ter um amplo conhecimento a respeito da pessoa com NCC, do ambiente, dos parceiros de comunicação e da rotina das tarefas envolvidas nas diversas situações[8].

O presente capítulo não esgota as possibilidades de o fonoaudiólogo estabelecer os critérios para avaliar e intervir com as pessoas que apresentam um severo transtorno de comunicação, ou seja, crianças, jovens e adultos que manifestam NCC[9], mas permite que os fonoaudiólogos, profissionais responsáveis pela linguagem e comunicação humana, possam repensar sua atuação na avaliação e intervenção diante da diversidade humana.

OS DOMÍNIOS DA PESSOA COM NECESSIDADES COMPLEXAS DE COMUNICAÇÃO

Para pessoas com NCC, a impossibilidade de usar um sistema linguístico para a comunicação, quer seja oral ou por sinais, determina a dependência de outras pessoas para que possam comunicar seus desejos, sentimentos e necessidades. Os parceiros de comunicação são os elementos de mediação da comunicação em todos os contextos que cada pessoa com NCC convive e são fornecedores de informações pertinentes e substanciais para a intervenção e indicação de CAA.

Os dados de história clínica, etiologia e avaliações objetivas proporcionam indicadores para orientar a avaliação e intervenção em CAA de maneira mais assertiva. NCC estão relacionadas com causas como anoxia neonatal, síndromes raras, leucomalácia periventricular, paralisia cerebral, infecções congênitas e neonatais, bem como quadros de transtorno do espectro autista (TEA), neurológicos adquiridos e epilepsia.

Conhecer dados de etiologia, comorbidades, questões motoras, auditivas, visuais e cognitivas associadas é fundamental para o sucesso da indicação e intervenção em CAA, no entanto, dados intrínsecos à pessoa com NCC são transversais em todo o processo de avaliação, como desejos, necessidades e especificidades da comunicação. Os dados extrínsecos à pessoa com NCC, os ambientes que frequenta, os parceiros de comunicação completam a personalização do processo de avaliação. Somente dados clínicos não representam o contexto da pessoa com NCC e os componentes da CAA avaliados e indicados no processo de intervenção não serão funcionais[1,10].

O Quadro 1 sintetiza os domínios e habilidades que devem ser avaliados e as necessidades identificadas em relação aos componentes na CAA.

Em relação às questões visuais, a acuidade visual e/ou a percepção visual, importante destacar que elas podem interferir na escolha do tamanho dos símbolos, bem como na figura-fundo, constância de formas, posição espacial, relação espacial e memória visual[12,13].

Publicações a partir de 2008 relacionam NCC com questões de deficiência visual cortical/cerebral (DVC) e processamento visual e ainda com comorbidades associadas a quadros de transtorno do espectro autista (TEA), paralisia cerebral, infecções congênitas, quadros neurológicos e síndromes genéticas[14]. De acordo com tais autores, a DVC é a maior causa de deficiência visual infantil nos países desenvolvidos.

Conhecer as etiologias, causas, comorbidades que cursam com a DVC é fundamental para estabelecer estratégias de intervenção assertivas, assim como saber diferenciar uma perda visual por dano ocular de uma

QUADRO 1 Domínios e habilidades avaliados e necessidades de seleção identificadas em relação aos componentes da Comunicação Aumentativa e Alternativa (CAA)

Domínios e habilidades		Necessidades de seleção
Domínio cognitivo		Complexidade do símbolo
		Quantidade de símbolos
		Disposição dos símbolos
		Vocabulário
Domínio motor		Tipo do acesso
		Recursos de TA
		Quantidade e tamanho de símbolos
Domínio sensorial perceptual	Auditiva	Varredura na recepção da informação
	Tátil	Tocar recurso/sistema (defensibilidade)
	Visual	Tamanho do símbolo
		Quantidade de símbolos (simultanagnosia)
		Complexidade dos símbolos – bibliotecas específicas
		Disposição do plano do sistema de CAA
		Seleção de cores e contrastes no sistema de CAA
Domínio de estratégias		Habilidades do uso do corpo e demais recursos externos com intenção de comunicação
Habilidades iniciais de comunicação		Canal sensorial prioritário para receber as informações: auditivo, visual, tátil, motor. Formas usuais de expressão: movimentos corporais, gestos, vocalizações, palavras, sinais, choro, além de comportamentos inadequados, ou seja, comportamentos não esperados, mas que expressam sentido/significado para a pessoa que deles se utiliza

Fonte: dos autores (adaptado a partir da literatura)[11].

perda visual causada por alterações no processamento visual é essencial, uma vez que estratégias e recursos empregados para questões de retinopatias, glaucomas, cataratas, miopias, retinoses não se aplicam à DVC.

Avaliar as competências sensoriais e perceptuais vai além do que se conhece sobre habilidades de processamento auditivo, tátil e motoras. Os conceitos relativos às vias de processamento visual dorsal e ventral são relevantes ao fonoaudiólogo que se propõe a atuar com pessoas com NCC e CAA[15].

Cabe ressaltar o conceito de cognição visual, que explica a relação da visão e cognição. O desenvolvimento da visão e a aquisição de linguagem se relacionam pelo processamento visual, porque aquilo que é visto precisa ser reconhecido e nomeado. O processo de ver, pensar sobre o que se vê, armazenar dados visuais na memória e fazer uso dos dados armazenados em outros contextos é definido como cognição visual[2,15].

A partir das habilidades da pessoa com NCC, suas necessidades poderão ser estabelecidas, de acordo com os domínios cognitivos, motores, sensoriais/perceptuais, considerando suas condições específicas de saúde como uso contínuo de medicações, dietas, gastrostomia, apoio de oxigênio, traqueostomia, tanto quanto apoio de cuidadores, enfermeiros e profissionais de *home care*.

Compreender a pessoa com NCC em seus diferentes domínios implica em planejar a avaliação e a intervenção em uma abordagem de intervenção multimodal na comunicação, que combina vários elementos: gestos, movimentos corporais, expressões faciais, olhares, vocalizações, entonações de fala, e consequentemente os componentes da CAA: símbolos, recursos, estratégias e técnicas[16].

OBJETIVOS DA AVALIAÇÃO

A avaliação é um processo contínuo de informações obtidas com o intuito de propiciar condições para tomadas de decisão em relação à intervenção clínica, educacional, familiar e nos demais contextos. Segundo pesquisadores[4,13,17], a avaliação das pessoas com NCC objetiva: a) identificar a comunicação funcional para a pessoa com NCC, b) aumentar ou manter oportunidades das pessoas com NCC participarem nas interações sociais, c) ter acesso às informações e novos conhecimentos durante participação nos diferentes ambientes e nas interações sociais, d) acompanhar mudanças nas habilidades e competências das pessoas com NCC, e) avaliar os efeitos da intervenção, f) caracterizar os ambientes e tarefas das pessoas com NCC, g) identificar e caracterizar os parceiros de comunicação das pessoas com NCC.

Além desses objetivos, cabe destacar que avaliar a linguagem na ausência da oralidade tem sido um desafio e observar habilidades além da fala e da escrita exige do fonoaudiólogo mudanças de atitudes que promovam e garantam a comunicação como direito universal[18]. Implica uma observação dos mínimos comportamentos linguísticos, motores, sensoriais com intenções comunicativas da pessoa com NCC mediada pelo domínio cognitivo.

As diferentes possibilidades de comportamentos que expressam significados, em uma mescla de elementos interativos, podem ter significados diferentes em função do contexto e dos parceiros de comunicação.

Pesquisadores e profissionais[1,4,17] apontam que grande parte dos instrumentos de avaliação utilizados pelos fonoaudiólogos estão direcionados aos domínios da fala e da escrita. Além disso, os autores reforçam a necessidade do entendimento em relação aos componentes da área da CAA: símbolos, recursos, estratégias e técnicas, assim como conhecer e entender como a Tecnologia Assistiva faz a interface com a comunicação, linguagem e interação.

RECURSOS E PROCEDIMENTOS JUNTO À PESSOA COM NCC

As informações oriundas da anamnese realizada com a família, escola e demais pessoas envolvidas auxiliam a identificar e caracterizar as atitudes dos parceiros de comunicação em relação à pessoa com NCC. Nese contexto de atuação, pesquisadores nacionais desenvolveram instrumentos que colaboram no processo de coleta de informações nesses ambientes[17].

A observação da pessoa com NCC é fundamental no processo inicial e contínuo da avaliação. O uso de recursos, como filmadora e caderno de registro pelo fonoaudiólogo, durante as diferentes atividades avaliativas propostas pode colaborar para a análise das informações. A busca por informações do ambiente, das tarefas e dos parceiros de comunicação para caracterizar a participação da pessoa com NCC e suas necessidades ampliou os aspectos a serem avaliados nos instrumentos internacionais e/ou o uso de instrumentos nacionais, adaptados às características de cada pessoa[17,19].

Cabe destacar que há necessidade de avaliar a compreensão da pessoa com NCC em relação ao sistema linguístico utilizado e o sistema simbólico pictográfico que poderá ser inserido no processo de intervenção. Nesse contexto, é preciso avaliar qual instrumento simbólico pictográfico melhor representa o significado do vocabulário já adquirido ou que está em aquisição, como, por exemplo: um objeto concreto que represente a miniatura de um gato é mais representativo do que uma foto ou uma figura. Os domínios cognitivos e visual são fundamentais nesse processo de seleção do símbolo mais adequado ao momento do desenvolvimento da comunicação da pessoa com NCC.

Sendo assim, é fundamental avaliar e identificar o vocabulário já adquirido pela pessoa e/ou em processo de desenvolvimento. Além do vocabulário, é importante avaliar a compreensão morfossintática.

FATORES EXTRÍNSECOS: AMBIENTE, PARCEIROS E TAREFAS

As interações sociais são primordiais para o domínio das competências linguísticas e comunicativas. Caracterizar as pessoas que permeiam a rotina das pessoas com NCC é importante para o acesso de novas informações e para a efetivação da generalização de novos conceitos, principalmente no uso dos sistemas pictográficos. Nesse processo é importante identificar quem são os parceiros e como eles participam na rotina de atividades da pessoa com NCC.

Autores[13] pontuam que devem ser identificadas as características dos parceiros, como idade, gênero, formação educacional, papel social, entre outros, pois contribuem para as diferentes escolhas das expressões e vocabulários que são utilizados na rotina da pessoa com NCC. É importante saber se os parceiros são alfabetizados, se estão familiarizados com os símbolos, assim como outros aspectos. A demanda temporal das interações comunicativas deve ser levada em conta; o tempo exigido durante a conversação individual, ou seja, um a um, é maior do que uma interação comunicativa em sala de aula com um grupo de alunos; homens e mulheres tendem a abordar diferentes temas de conversação; os parceiros são talvez as melhores fontes de informação sobre especificidades de vocabulário.

Sendo assim, a escuta aos parceiros contribui para identificar: quais são as necessidades e habilidades dos parceiros; quais são as atitudes dos parceiros perante a pessoa com NCC; qual o conhecimento dos parceiros perante a diversidade de habilidades de comunicação; quais os materiais e equipamentos disponíveis nos diversos ambientes; qual o conhecimento do parceiro em relação à organização do tempo nas situações de comunicação; como é a organização física e instrucional da rotina do ambiente. A partir da identificação e caracterização das informações, é elaborado um plano de intervenção voltado aos parceiros de comunicação.

Os aspectos psicossociais das pessoas com NCC têm sido discutidos como fatores fundamentais para que possam ampliar a participação nas interações sociais. A motivação, aceitação e as atitudes dos parceiros de comunicação são essenciais para a seleção e implementação dos componentes da CAA na rotina de atividades. Se o sistema de CAA não tiver aceitação, provavelmente não será utilizado, independentemente do vocabulário selecionado.

A partir do momento que os parceiros são caracterizados, bem como a pessoa com NCC, é importante entender a participação funcional da pessoa com NCC na rotina de atividades, quer no contexto de família, escola, trabalho e/ou rotina social. Sendo assim, na avaliação inicial é preciso caracterizar: quais as tarefas que acontecem no ambiente familiar/escolar; quais os elementos essenciais dessas tarefas; o que os outros parceiros realizam enquanto a pessoa com NCC faz determinadas tarefas; como as tarefas poderiam ser modificadas para que a pessoa com NCC possa participar e ter maior inclusão social.

COMPONENTES DA CAA: SÍMBOLOS, RECURSOS, ESTRATÉGIAS E TÉCNICAS

A área da CAA consiste em um conjunto de símbolos, recursos, estratégias, técnicas e serviços que compõem um sistema funcional para aquisição e desenvolvimento de competências linguísticas e comunicativas.

Os símbolos apresentam características diversas compreendendo desde aqueles que não necessitam de apoio, como no caso do uso de expressões faciais e corporais, gestos representativos, sinais, como os que necessitam de apoio fora do corpo, como no caso do uso de objetos, denominados como símbolos tangíveis, uso de fotos, figuras, pictogramas[16,20], além dos números e alfabeto, que podem ser organizados nos sistemas de CAA.

As características desses símbolos apresentam graus de transparência ou de iconicidade que devem ser considerados no momento da avaliação da pessoa com NCC, para que possam ser selecionados de acordo com o domínio cognitivo, visual, motor e lexical. Importante que os símbolos selecionados para as pessoas com NCC favoreçam a elas o acesso à representação dos conceitos presentes e a serem adquiridos e o uso do sistema linguístico da comunidade na qual estão inseridas.

Os símbolos são utilizados a partir de estratégias específicas que envolvem a velocidade em que a mensagem é produzida e transmitida, a formulação gramatical e sua aplicação em diferentes ambientes com os parceiros de comunicação, ou seja, o uso pragmático.

Os recursos são instrumentos utilizados para transmitir a mensagem e são divididos em não eletrônicos e eletrônicos. Os recursos não eletrônicos são os materiais de baixa tecnologia de baixo custo e fáceis de confeccionar, por exemplo: pranchas de alfabeto, pranchas com símbolos gráficos e/ou fotografias, uso de objetos reais e miniaturas. Recursos eletrônicos de média e alta tecnologia são caracterizados por três tipos: saídas visuais, dispositivos geradores de fala e tecnologia móvel, com *softwares* e aplicativos que fornecem saída de voz sintetizada e/ou digitalizada[20].

A seleção de recursos para favorecer o uso dos símbolos durante as interações sociais e demais tarefas de uma pessoa com NCC está relacionada com os seguintes fatores: habilidades e necessidades da pessoa com NCC; habilidades e necessidades dos parceiros de comunicação; características do ambiente e tarefa que deve ser desenvolvida.

As técnicas de seleção consistem na forma como a pessoa com NCC elege os símbolos para se comunicar e podem ocorrer sozinhas ou de maneira combinada. Deste modo, devem ser avaliados os domínios motor e visual e as diferentes habilidades físicas da pessoa com NCC que determinam as características do recurso que deve ser utilizado para inserir os símbolos.

O domínio sensorial no aspecto visual deve ser considerado quanto à escolha da quantidade de símbolos disponibilizados em um recurso. Para algumas pessoas com NCC com alterações de processamento visual associadas, a simultanagnosia – dificuldade em identificar um alvo entre diversos estímulos – dificulta a identificação visual do símbolo que remete ao significado que se quer expressar. A identificação isolada do símbolo acontece, mas não a identificação entre outros dispostos em uma prancha de CAA, independentemente da oferta eletrônica ou não. Por vezes, a dificuldade na seleção do símbolo pode ser mais visual do que motora.

Na técnica de seleção direta é possível apontar, tocar e pegar diretamente em cada símbolo usando os dedos, as mãos, uma ponteira na cabeça, ponteira de *laser*, apontamento com outras partes do corpo como pés, cotovelo, punho etc. Outro tipo de seleção direta se refere à técnica de olhar (*eye-gaze*), em que o parceiro de comunicação observa o movimento dos olhos do usuário no momento da seleção do símbolo. Caso haja dificuldade nesse aspecto, deve ser avaliado em parceria com outros profissionais como o terapeuta profissional e/ou o fisioterapeuta.

As técnicas de varredura se referem, no caso da baixa tecnologia, a quando o usuário necessita de um facilitador para mostrar o símbolo, definindo a ordem do movimento para a seleção, podendo ser linear, circular, colunas lineares e grupos de itens. Com a alta tecnologia o usuário não precisará de um facilitador, visto que o dispositivo realiza essa função.

Os símbolos, recursos, estratégias e técnicas só farão sentido durante a interação linguística nas relações estabelecidas entre os diferentes parceiros de comunicação, por isso a importância de envolver a família e outros profissionais da saúde, educação e demais áreas da Tecnologia Assistiva nos diferentes ambientes.

A atuação do fonoaudiólogo é fundamental para os critérios de seleção dos componentes da CAA. Para a pessoa com NCC, a comunicação deve ser espontânea dentro de suas potencialidades e cabe aos parceiros valorizá-las.

CONSIDERAÇÕES FINAIS

O processo avaliativo para a implementação da CAA requer um olhar ampliado do fonoaudiólogo sobre a pessoa com NCC e em todos os contextos sociais do qual ela participa. É um processo contínuo de investigação para tomadas de decisão perante a intervenção.

Investigar os ambientes de interação social; identificar e caracterizar os parceiros de comunicação; avaliar as habilidades de comunicação; avaliar os símbolos, recursos, estratégias e técnicas da CAA a serem utilizadas para que possa permitir à pessoa com NCC compreender o mundo ao seu redor e expressar-se de acordo com suas potencialidades e habilidades.

Cabe ao fonoaudiólogo apropriar-se de todos os componentes da CAA, fazer uso deles de forma personalizada para cada pessoa com NCC, envolvendo os diferentes parceiros nesse universo de comunicação.

REFERÊNCIAS BIBLIOGRÁFICAS

1. Light J, McNaughton D, Caron J. New and emerging AAC technology supports for children with complex communication needs and their communication partners: State of the science and future research directions. Augment Altern Commun. 2019 Mar;35(1):26-41.
2. Cormedi MA, Passos PMP. O impacto das alterações visuais na linguagem. In: Sampaio AP, Bezerra ES, Cormedi MA, Passos PMP (eds.). Processamento Visual: uma perspectiva fonoaudiológica. Ribeirão Preto: BookToy; 2023. p. 65-74.
3. Deliberato D, Nunes L, Walter CCF. Linguagem e comunicação alternativa: caminhos para a interação e comunicação. In: Almeida MA, Mendes EG (eds.). A escola e o público-alvo da educação especial: apontamentos atuais. São Carlos: ABPEE/ Marquezine & Manzini Editora; 1994. p. 197-210.
4. Deliberato D, Manzini EJ. Instrumentos para avaliação de alunos com deficiência sem oralidade. 1. ed. São Carlos: MArquezini & Manzini; 2015.
5. Scharan KO. Classificação internacional de funcionalidade, incapacidade e saúde (CIF): compreendendo e aprimorando conceitos. Classificação internacional de funcionalidade, incapacidade e saúde: conexões de saberes e práticas nos serviços de saúde. Arco Editores; 2022. p. 37-43.
6. Simeonsson RJ, Björck-Åkessön E, Lollar DJ. Communication, disability, and the ICF-CY. Augment Altern Commun. 2012 Mar;28(1):3-10.
7. American Speech-Language-Hearing Association (ASHA). Competencies for speech-language-pathologists providing services in augmentative communication. 1989 Mar;31(3):107-10.
8. Dudas TL, Chun RYS, Marques JMM, Peres A, Montenegro ACA, Gonçalves MJ, et al. Comunicação Suplementar e Alternativa: formação em Fonoaudiologia e a clínica em linguagem. In: Deliberato D, Ferreira-Donati GC, Montenegro ACA (eds.). Fonoaudiologia na Comunicação Alternativa: compartilhando saberes. São Paulo: ABarros; 2023. p. 52-67.
9. Iacono T. Words. Augmentative and Alternative Communication. 2002 Jan;18(4):215-6.
10. Manzini MG, Martinez CMS, Lourenço GF, Oliveira B de B. Formação de interlocutores de uma criança com paralisia cerebral para o uso da comunicação alternativa. Cad Bras Ter Ocup. 2017;25(3):553-64.
11. Light JC. Development of communicative competence by individuals who use AAC. In: Light JC, Beukelman DR, Reichle J (eds.). Communicative competence for individuals who use AAC: from research to effective practice. Baltimore: Paul H. Brookes Publishing; 2003. p. 3-38.
12. Glennen SL. Augmentative and Alternative Communication Assessment strategies. In: Glennen SL, Decost DC (eds.). The handbook of augumentative and alternative communication. San Diego: Singular; 1997. p. 149-92.
13. Beukelman DR, Mirenda P. Principals of assessment. In: Beukelman DR, Mirenda P (eds.). Augmentative and alternative communication: management of severe communication disorders in children and adults. 2. ed. Baltimore: Paul H. Brookes; 2007. p. 331-54.
14. Roman-Lantzy C. Cortical Visual Impairment. An approach to assessment and Intervention. New York: American Foundation for the Blind; 2008.
15. Cormedi MA. O sistema visual e o desenvolvimento das funções visuais. In: Sampaio AP, Bezerra ES, Cormedi AM, Passos PMP (eds.). Processamento Visual: uma perspectiva fonoaudiológica. Ribeirão Preto: Book Toy; 2023. p. 31-46.
16. Passos PMP. A Comunicação Suplementar e Alternativa. In: Sampaio AP, Bezerra ES, Cormedi MA, Passos PMP (eds.). Processamento Visual numa Perspectiva Fonoaudiológica. Ribeirão Preto: Book Toy; 2023. p. 75-97.
17. Krüger SI, Bevilacqua M, Passos PMP, Oliveira LBA, Mingrone R, Wolff L, et al. Instrumentos de avaliação para uso na Comunicação Suplementar e Alternativa a partir da prática clínica e escolar do fonoaudiólogo. In: Deliberato D, Ferreira-Donati GC, Montenegro ACA (eds.). Fonoaudiologia na Comunicação Alternativa: compartilhando saberes. São Paulo: ABarros; 2023. p. 95-120.
18. Deliberato D, Gonçalves MJ. Processos de intervenção de linguagem por meio de comunicação alternativa. In: Azoni CAS,

Lira JO, Lamônica DAC, Britto DBO (eds.). Tratado de linguagem: perspectivas contemporâneas. 2. ed. Ribeirão Preto: Book Toy; 2022. p. 299-308.

19. Capovilla FC, Nunes LR, Nunes DR, Araújo I, Nogueira D, Bernat AB, et al. Desenvolvimento do vocabulário receptivo-auditivo da pré-escola à oitava série: Tabelas de normatização fluminense baseadas e aplicação coletiva em sala de aula da tradução brasileira do Peabody Picture Vocabulary Test. Ciência Cognitiva: Teoria, Pesquisa e Aplicação. 1997;1(1):371-430.
20. Montenegro ACA, Menezes C, Sousa LL, Bevilacqua M, Ferreira RDA. Sistemas de Comunicação Suplementar e Alternativa: conceitos essenciais para a prática clínica. In: Deliberato D, Ferreira-Donati GC, Montenegro ACA (eds.). Fonoaudiologia na Comunicação Alternativa: compartilhando saberes. São Paulo: ABarros; 2023. p. 35-52.

Parceiros de comunicação e os avanços na implementação e desenvolvimento da Comunicação Aumentativa e Alternativa

Ana Cristina de Albuquerque Montenegro
Eliana Cristina Moreira
Ivana Arrais de Lavor Navarro Xavier

PONTOS-CHAVE

- Parceiros de comunicação são todos os envolvidos em interações com pessoas com necessidades complexas de comunicação que utilizam um sistema de Comunicação Aumentativa e Alternativa.
- Parceiros de comunicação são essenciais para promover oportunidades de comunicação junto a pessoas com necessidades complexas de comunicação, nos diversos contextos sociais.
- O trabalho da Fonoaudiologia é fundamental para a ampliação das interações dialógicas das pessoas com necessidades complexas de comunicação e dos parceiros de comunicação.

OBJETIVOS DE APRENDIZAGEM

Ao final deste capítulo, o leitor deve estar apto a:

- Conceituar parceiros de comunicação de pessoas com necessidades complexas de comunicação.
- Identificar os parceiros de comunicação nos diversos contextos sociais, as barreiras e facilitadores para implementação da Comunicação Aumentativa e Alternativa.
- Conhecer aspectos do trabalho fonoaudiológico junto aos parceiros de comunicação para ampliação dos círculos sociais das pessoas com necessidades complexas de comunicação.

INTRODUÇÃO

No âmbito da Comunicação Aumentativa e Alternativa (CAA), os Parceiros de Comunicação são todos os indivíduos com quem a pessoa que usa a CAA apresenta relacionamentos de natureza social[1].

Diversos são os interlocutores que uma pessoa com necessidades complexas de comunicação (PNCC) pode ter ao longo de sua vida: familiares, amigos, profissionais, professores e vizinhos, dentre outros. Entretanto, a família próxima, terapeutas e/ou educadores frequentemente assumem papel principal de suporte na vida e no processo de implementação da CAA dessa pessoa.

Nesse contexto, é fundamental destacar que a designação *Parceiros de Comunicação* remete a uma ampla rede de interlocutores, considerando-se os diversos círculos sociais ao longo da vida e como cada parceira(o) realiza essa interação/relação, promovendo a participação da pessoa que utiliza CAA e seu engajamento na comunidade com autonomia. Dentro dessa premissa, autores[2] afirmam que todo indivíduo pode ser um potencial parceiro de comunicação.

O objetivo deste capítulo é promover reflexões sobre o papel do parceiro de comunicação na implementação da CAA. Inicialmente, será apresentado um breve histórico da terminologia e as mudanças de paradigmas que vêm ocorrendo quanto ao desenvolvimento da CAA. Em seguida, as principais barreiras e facilitadores no uso da CAA e, por fim, serão apresentados aspectos do processo terapêutico junto às PNCC e seus parceiros de comunicação para a implementação da CAA.

CONTEXTO HISTÓRICO E MUDANÇAS DE PARADIGMAS

A prática clínica fonoaudiológica, impregnada pelo modelo médico, era voltada para as questões orgânicas do sujeito. Na "ausência" das habilidades, a reabilitação era sinônimo de restabelecer o que não estava presente e o oralismo ditava um caminho para reabilitação da comunicação. As mudanças de paradigma, entre elas o olhar para a funcionalidade e inclusão, foram um determinante na intervenção junto às pessoas com deficiência (PCD) na sociedade.

Importante ressaltar que a Convenção da ONU (2006)[3] sobre os Direitos das Pessoas com Deficiência foi ratificada pelo Brasil e, portanto, o compromisso com a acessibilidade e comunicação (entre outros direitos humanos) a todos deve permear as ações dos setores e comunidades, assegurando equiparação de oportunidade, inclusão, melhor qualidade de vida e o exercício pleno da cidadania.

Na década 80, já era possível observar que o olhar nas potencialidades das PNCC era a força propulsora para novas possibilidades de estar na sociedade, junto com o início dos avanços tecnológicos e mais pesquisas em CAA. Além disso, o modelo social da deficiência contribuiu para a ampliação no olhar do trabalho com a CAA: as habilidades dialógicas vão estar presentes na avaliação da funcionalidade do sujeito, os contextos sociais ganham relevância e as barreiras existentes nos espaços serão os desafios.

Assim, as ações junto à família e escola são ampliadas e importantes interlocutores aparecem, não apenas como fornecedores de informações. As estratégias e recursos, paralelamente à seleção de tecnologia (baixa e alta) adequada, oferecem suporte às PNCC, mas não são suficientes. Todos os atores são participantes ativos no processo terapêutico e os parceiros de comunicação tornam-se primordiais para a implementação da CAA.

Os novos processos de trabalho trazem mudanças na terminologia para garantir a interdisciplinaridade nas pesquisas e o crescimento da área. A *International Society for Augmentative and Alternative Communication* (ISAAC), em 1985, criou um Comitê que vem estudando e desenvolvendo um glossário e, em 1990, foram inseridos os seguintes termos referindo-se ao interlocutor: "*parents and others significants*" e "*comnunication partners*"[4].

BARREIRAS E FACILITADORES NO DESENVOLVIMENTO DA CAA

O sucesso da interação comunicativa está relacionado às habilidades dos participantes e, portanto, envolve a PNCC e seus parceiros de comunicação. As pesquisas fornecem evidências do papel dos parceiros de comunicação e abordam: as barreiras e facilitadores no processo de implementação, generalização, utilização e manutenção do uso da CAA, programas de intervenção com conteúdos e metodologias e a necessidade de modelos mais amplos para alcançar o protagonismo da PNCC.

Dentre as barreiras elencadas na literatura destaca-se a tendência dos parceiros de comunicação em dominar a situação de interação, em interromper os enunciados da PNCC na tentativa de adivinhar o que ela deseja comunicar e, ainda, em falar no turno da PNCC, além de utilizar frequentemente perguntas com respostas do tipo "sim" ou "não", propiciando poucas oportunidades para aqueles que utilizam a CAA de iniciar ou mesmo participar dos turnos, e também em manter o foco na tecnologia ou na técnica e não na PNCC ou sua mensagem[2,5].

Esse estilo de interação restringe o desenvolvimento a uma gama limitada de funções comunicativas e coloca a PNCC em um papel passivo, com poucas oportunidades de iniciar diálogos e apenas responder[5].

Nos diálogos autênticos a linguagem se apresenta na sua complexidade, permitindo que ambos os interlocutores compartilhem experiências de vida, sentimentos, informações, discutam interesses, manifestem opinião, enfim, são infinitas as possibilidades. "Seres humanos se inter-relacionam e se comunicam pelo prazer de se comunicar, prazer que não pode ser negado a uma pessoa pelo fato dela não apresentar condições de falar por razões diversas[2]".

Um estudo que realizou levantamento sobre os parceiros de comunicação junto às PNCC que utilizam CAA demonstrou que elas desejam que os parceiros deem mais tempo de resposta durante a troca de turno e que procurem dispensar mais tempo para melhor compreendê-las[6]. O relato[7] de uma PNCC corrobora a afirmação sobre esta barreira:

> Eu acredito que não falar convencionalmente causa mais dependência do que não andar. Porque nos lo-

comover a maioria das pessoas podem nos ajudar sem nos conhecer antes, mas a comunicação não convencional necessita de tempo e paciência para as pessoas começarem a nos entender e muitas vezes não temos os DOIS (Informação verbal)*.

A fala é a forma de comunicação mais valorizada socialmente e, muitas vezes, os comportamentos não verbais, como expressão facial e corporal, gestos, entonação e outras maneiras de se comunicar não são reconhecidos. O uso de CAA não é natural, existe um processo de ressignificação da PNCC, um posicionamento diferente do "outro" na interação social, e o interlocutor precisará adequar suas atitudes diante da "outra forma" de comunicação, sendo necessários um olhar diferenciado e escuta ativa, com atenção aos diferentes sinais, e reconhecimento das competências[2] linguísticas para além das palavras ditas.

A sociedade pode parecer um espaço desafiador para me comunicar plenamente devido aos preconceitos que existem. [...] No entanto, é importante destacar que: embora essas barreiras existam, a CAA desempenha um papel fundamental na minha vida e na sociedade, permitindo que eu me expresse e participe ativamente da vida social, mesmo que isso exija um esforço contínuo para combater os preconceitos enraizados. Apesar da Tecnologia Assistiva ser um pouco lenta e não dá para levar para todos os lugares, nos possibilita uma maior autonomia perante a nossa sociabilidade (Informação verbal)**.

Quanto às percepções dos pais sobre o uso do CAA por seus filhos, estudos apontam fatores que facilitaram ou dificultaram o uso da CAA, dentre os quais destacam-se: 1) a necessidade de maior suporte aos familiares, com apoio contínuo e individualizado, variedade de modelos e contextos e incentivo ao uso do sistema CAA de seus filhos; 2) a importância da comunicação entre os profissionais e serviços que acompanham seus filhos; 3) a dificuldade em conciliar o uso da CAA às demandas da rotina diária: família, escola e demais contextos sociais[8,9].

Dentre os facilitadores para implementação da CAA, destacam-se: maior intensidade de intervenção e apoio às famílias, com profissionais especializados e com experiência em CAA e inclusão dos profissionais da educação, uma vez que desempenham um papel fundamental na generalização do uso do CAA. Além disso, conscientizar os colegas de classe (pares) sobre o funcionamento da CAA e seu papel essencial na comunicação com seus colegas com NCC é fundamental[8,9].

No contexto escolar, as interações entre pares promovem oportunidades de comunicação, interação social e o desenvolvimento de amizades. Além disso, os educadores são também parceiros de comunicação e facilitadores desse processo. Estudos relatam como efeitos significativos: a conscientização dos professores, a mudança no comportamento de interação, assim como o aumento da capacidade conversacional, e finalizam com a necessidade de prolongar esse trabalho com definição conjunta de metas criando espaços positivos nos quais todos se comuniquem de forma mais eficaz[5,10].

Dentre as consequências das barreiras, elevados índices de abandono da CAA são uma realidade[11]. O abandono parcial ou total da CAA pode ocorrer quando a participação do parceiro não é considerada durante a intervenção da CAA[12].

Destaca-se, portanto, o papel do fonoaudiólogo enquanto facilitador desse processo, profissional responsável por conduzir e apoiar a família e demais parceiros na implementação e manutenção do uso da CAA. É fundamental que todos os profissionais de saúde e educação estejam aptos a usar a CAA, e particularmente os fonoaudiólogos necessitam de conhecimento especializado sobre intervenção com CAA, a fim de oferecer apoio aos parceiros, garantindo o uso da CAA em diferentes espaços e atividades: no ambiente familiar, no esporte, na escola, na universidade, no lazer e no trabalho[9].

Pessoas que usam CAA enfrentam barreiras para desenvolver e manter amizades, uma vez que a comunicação é essencial para a interação social, e o fonoaudiólogo tem o importante papel de facilitar e apoiar esse processo, identificando oportunidades autênticas e motivadoras para a interação social ao longo do dia nos diversos contextos e fornecendo as ferramentas necessárias para apoiar a comunicação dentro dessas oportunidades[13].

Nesse sentido, deve-se considerar as necessidades, habilidades e preferências das PNCC e seus familiares, e as decisões sobre o tipo de sistema a ser implementado e, quanto à intervenção, devem considerar o que está disponível e acessível às famílias, e não apenas o que uma avaliação revela que seria mais apropriado para apoiar sua comunicação[8,14].

Sabe-se que os usuários de CAA tendem a ter um menor número de parceiros de comunicação. E, muitas

---

* Opinião de Juliano A.C.R Peinado, paratleta, formado em Rádio/TV, 27 anos, Itatiba/SP, em discussão na mesa intulada: Tecnologia – QUEM USA, do IX Congresso Brasileiro de Comunicação Alternativa.

** Opinião de Luciano de Almeida Moura, Marketing, 36 anos, São Paulo/SP, em discussão na mesa intulada: Tecnologia – QUEM USA, do IX Congresso Brasileiro de Comunicação Alternativa.

vezes, o papel de parceiro recai em um membro específico da família. Assim, é essencial identificar os parceiros nos diversos contextos e a forma de interação e comunicação ao longo do dia, de modo a incluir no processo não apenas o núcleo familiar, mas para que haja expansão do uso da CAA para todos os círculos sociais, em todos os espaços e em todas as situações de vida da pessoa[2].

CÍRCULOS SOCIAIS

No cenário internacional, o reconhecimento dos parceiros de comunicação, como apoiadores e elementos importantes, tem um destaque para os círculos sociais[15]. Assim, o fortalecimento e a ampliação das redes sociais são alvos da intervenção com a proposta de aplicação de um questionário para o levantamento dinâmico do cotidiano da PNCC, no qual identificam-se os parceiros de comunicação dentro de cada círculo social e, paralelamente, descreve-se como se dá a comunicação multimodal de cada díade (PNCC e parceiro de comunicação), quanto à expressão e compreensão das mensagens, estratégias de comunicação, recursos, técnica de seleção e conteúdos presentes nos diferentes contextos.

Nessa proposta, a PNCC está no centro e participa ativamente de todo o projeto terapêutico, que direciona a intervenção, garantindo a sua singularidade. Na Figura 1 estão descritos cada um dos círculos.

As PNCC, como qualquer pessoa, se comunicam diferentemente conforme o interlocutor. Sendo assim, é importante identificar os parceiros ao longo do dia e ao longo da vida, para que se busquem oportunidades para sua comunicação genuína, com autonomia e independência em todos os contextos.

Estratégias de CAA e o desenvolvimento de tecnologias oferecem suporte às PNCC, mas não são suficientes. O apoio de uma rede social robusta é essencial[15] para a qualidade de vida dessas pessoas e deve considerar as mudanças ao longo da vida.

O desenho dos círculos sociais e o panorama das estratégias, recursos, suportes e também os tópicos de conversação presentes no cotidiano devem ser utilizados para o planejamento terapêutico[15]; esses dados trazem uma compreensão importante e única dos pontos fortes, desafios e necessidades do indivíduo que usa CAA, contribuem para a seleção de vocabulário, além de auxiliar na construção de metas e objetivos para o tratamento[12].

A pessoa com necessidades de comunicação complexas está no centro de cinco círculos concêntricos:

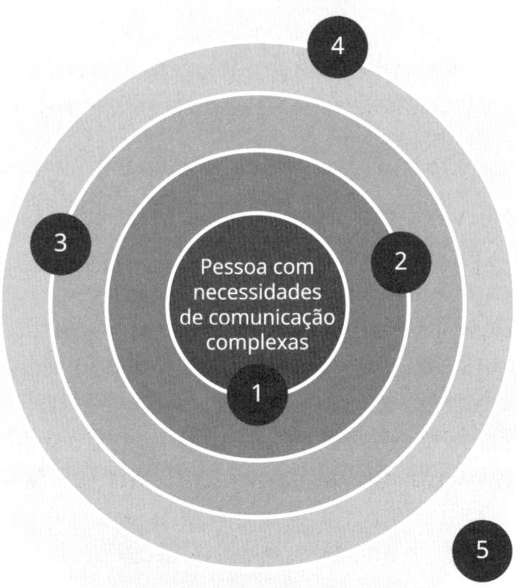

1. Primeiro círculo Familiares	Familiares próximos, cuidadores e outros que residem com a PNCC: quando criança, normalmente os pais e irmãos; na vida adulta, o companheiro e/ou outras pessoas que convivem na casa.
2. Segundo círculo Amigos e parentes próximos	Para as crianças: amigos e família que residem próximos; já no caso dos adultos, os velhos amigos e pessoas com um certo grau de proximidade e familiaridade.
3. Terceiro círculo Conhecidos	São aqueles que a PNCC conhece, mas não socializa regularmente: vizinhos, colegas de classe.
4. Quarto círculo Profissionais remunerados	Pessoas que são pagas durante os momentos de interação: terapeutas, professores, médicos, cuidadores, enfermeiros etc.
5. Quinto círculo Pessoas desconhecidas	Todos os outros, como lojistas, pessoas da comunidade etc.

FIGURA 1 Desenho dos círculos sociais.
Fonte: adaptada de Blackstone SW, Berg MH, 2012.[15]

HABILIDADES DIALÓGICAS DO PARCEIRO DE COMUNICAÇÃO

Os parceiros de comunicação não possuem, naturalmente, as competências para melhor apoiar as interações comunicativas com indivíduos que usam CAA[13]. Para aqueles que não utilizam a CAA, pode ser desafiador interagir e fornecer a mesma frequência e qualidade de oportunidades de aprendizagem que os parceiros que utilizam apenas a língua falada.

A literatura indica que as orientações ao parceiro de comunicação compreendem um componente crítico da intervenção. Há evidências de que os parceiros podem aprender a utilizar competências e estratégias de interação facilitadoras para melhor apoiar a comunicação de indivíduos que utilizam a CAA[14]; merecem destaque as seguintes[11,14,16]:

- **Respeito ao tempo de espera nos turnos da PNCC**. Quando o parceiro desenvolve a habilidade de escuta ativa e amplia o tempo de pausa para troca de turnos, mostrando-se persistente e mais flexível na interação, atento a cada gesto, olhar, movimento, som da criança, jovem ou adulto não oralizado, possibilitando o protagonismo da PNCC e evidenciando suas habilidades e competências. São frequentes os relatos de PNCC afirmando que o interlocutor não possui a habilidade da escuta ativa[7]:

  Lógico que há muitos desafios, ainda. Quando estou apenas com a minha prancha com símbolos Bliss, preciso fazer meus sinais de sim e de não mais exageradamente, senão pensam que quem está fazendo a varredura está falando por mim. Frequentemente, enquanto eu ainda estou falando sobre algo, o assunto já mudou. Mas não estou nem aí, faço voltarem na conversa. As pessoas precisam ter mais paciência (Informação verbal)***.

- **Envolvimento dos parceiros de comunicação nas interações sociais**. Promover a utilização das diversas funções comunicativas, além da função de pedido, e as iniciativas de comunicação das PNCC, com utilização da CAA em ambientes naturais e contextos diversos e possibilitando oportunidades de interação de alta qualidade para a aprendizagem ao longo do dia e a generalização das estratégias, uma vez que a comunicação espontânea demonstra um importante avanço no uso da CAA.
- **Familiaridade com o sistema de CAA**. Os parceiros de comunicação precisam estar familiarizados com o recurso de CAA antes de iniciar a interação, além de serem participantes ativos no processo de seleção do vocabulário e construção das estratégias de intervenção e o terapeuta precisa praticar as habilidades selecionadas com a PNCC antes de ensiná-las aos parceiros.
- **Utilização da modelagem**. Estratégia que se caracteriza pelo uso da CAA pelo parceiro de comunicação, na intenção dar modelo de uso para a PNCC, podendo vir associada ao uso de estímulos auditivos, seja do parceiro e/ou do dispositivo.

A modelagem é uma importante estratégia, citada em estudos com nomenclaturas diferentes, como: modelagem, estimulação assistiva de linguagem, uso de sistema aumentado de linguagem, modelagem de linguagem auxiliada, modelagem auxiliada de CAA[17].

Seu objetivo é que o parceiro de comunicação ofereça um *input* de linguagem utilizando o sistema de CAA da PNCC para que ela possa ser exposta ao uso funcional da organização linguística de seu recurso de CAA, e expanda de forma funcional os aspectos semânticos, pragmáticos e morfossintáticos da comunicação à medida que ela crie novas formas linguísticas ou combine com as presentes do seu repertório, aprendidas anteriormente.

Pesquisas[17] apontam que mesmo no caso de PNCC, incluindo aquelas que utilizam dispositivos de CAA e que possuem menos oportunidades de interação, o suporte oferecido pela modelagem também facilita a compreensão linguística do discurso e o desenvolvimento da linguagem.

- **Reformulação do enunciado da PNCC**. Ocorre quando o parceiro de comunicação, dentro da interação, reformula a produção linguística da PNCC, reorganizando-a em estruturas linguísticas mais complexas e/ou precisas, com o emprego de elementos do turno anterior da PNCC, mantendo o sentido pretendido[18]. Essa estratégia facilita o desenvolvimento da linguagem, pois valida a intenção comunicativa e mantém o foco do tópico da conversa e interesse da PNCC, além de garantir o diálogo autêntico da díade.
- **Uso de perguntas abertas**, possibilitando um espaço para um discurso mais amplo, no qual a comunicação faz sentido para ambos os envolvidos na interação.
- **Uso de *prompts***, ou seja, a utilização de dicas físicas, verbais, visuais e auditivas para auxiliar na uti-

*** Opinião de Samara Andresa Del Monte, jornalista, 34 anos, São Bernardo do Campo/SP, em discussão na mesa intulada: Tecnologia – QUEM USA, do IX Congresso Brasileiro de Comunicação Alternativa.

lização de CAA pela PNCC[19]. Essa é uma estratégia que deve ser apresentada ao parceiro de comunicação, e que pode variar conforme as necessidades da PNCC e a abordagem terapêutica utilizada pelo fonoaudiólogo.

O parceiro de comunicação que desenvolve e utiliza as estratégias descritas e suas habilidades comunicativas para promover oportunidades de interação e situações de comunicação efetivas junto às PNCC desempenha um importante papel na vida dessas pessoas. Em específico, quanto ao desenvolvimento da comunicação, alguns estudos têm procurado investigar quais aspectos linguísticos são favorecidos nesse processo.

Tradicionalmente, o foco das intervenções com CAA estava no desenvolvimento da linguagem expressiva, entretanto, nas últimas décadas, mudanças têm acontecido[20]. A estratégia de aumento do *input* linguístico, com o uso de CAA pelo parceiro de comunicação passa a ser utilizada, e o foco se volta, também, para o desenvolvimento da linguagem receptiva.

Pesquisas sugerem que ao modelar a linguagem auxiliada juntamente com a língua falada, os parceiros de comunicação favorecem a construção dos significados entre as palavras ditas e suas referências e promovem ganhos linguísticos significativos na: a) pragmática, por aumentos nos turnos de comunicação; b) semântica, marcada pelo aumento do vocabulário receptivo e expressivo; c) sintaxe, marcada por aumentos de enunciados com mais palavras; e d) morfologia, marcada por aumentos no uso de variações morfológicas[17,21].

O uso de CAA pelo parceiro de comunicação propicia um modelo linguístico a ser utilizado pela PNCC, além de ser um suporte visual facilitando a compreensão da linguagem oral[22]. Além disso, o uso de dicas e perguntas abertas foi eficaz para o desenvolvimento de pragmática, semântica e sintaxe receptiva e expressiva[23] resultando em maior participação e engajamentos da PNCC.

Dentre os estudos de revisão e metanálise levantados[21,23-25], os autores constatam algumas limitações nas pesquisas, dentre elas: muitos estudos com amostras heterogêneas, ausência de dados sobre *follow up*, estudos sem análise detalhada e de modo isolado das habilidades comunicativas dos parceiros de comunicação, ausência de estudos sobre as habilidades do parceiro associada a *inputs* visuais e auditivos e limitações na descrição das intervenções para replicação.

Pesquisas baseadas em evidências devem ser estimuladas para promoção de uma prática com excelência no âmbito da Comunicação Aumentativa e Alternativa. A presença efetiva do parceiro de comunicação no processo de implementação e uso de CAA é primordial.

Dentre as sugestões de pesquisas com CAA para que sejam apresentados estudos com evidências robustas, sugere-se a realização de pesquisas que: 1) possam descrever o desenvolvimento da linguagem nos níveis mais avançados com a participação de parceiros de CAA; 2) demonstrem o desenvolvimento morfossintático detalhado; 3) avaliem uso das habilidades dos parceiros de comunicação; 4) explorem o desenvolvimento das diversas funções comunicativas e em todos os contextos sociais junto aos parceiros de comunicação; 5) investiguem e comparem o uso das habilidades do parceiro de comunicação utilizadas de modo isolado; 6) estudos robustos com adolescentes e adultos, em contextos sociais naturais; 7) ensaios clínicos randomizados.

CONCLUSÃO

A mudança de paradigma no processo terapêutico junto às PNCC traz novos desafios para a Fonoaudiologia: olhar para a interação comunicativa de forma ampliada, considerando os diversos círculos e contextos sociais nos quais essa pessoa está inserida.

Nesse sentido, é de suma importância que o fonoaudiólogo amplie o trabalho com intervenções terapêuticas focando os parceiros de comunicação, para que eles possam estar atentos às possibilidades de interações dialógicas junto ao sujeito com necessidades complexas de comunicação. Para o desenvolvimento de habilidades comunicativas das PNCC é preciso o exercício vivo da linguagem nos variados espaços nos quais o sucesso da comunicação dependerá da participação ativa e empática de ambos os atores presentes na interação.

REFERÊNCIAS BIBLIOGRÁFICAS

1. NSW Government – Australian. Augmentative and Alternative Communication (AAC) Guidelines for speech pathologists who support people with disability. 2016.
2. Chun RYS, Mingrone R, Moreira EC, Montenegro ACA, Marques JMM, Borges MA. Parceiros de comunicação na CSA/CAA: reflexões da equipe de trabalho, conceitos e perspectivas. In: Deliberato D, Ferreira-Donati GC, Montenegro ACA (orgs.). Fonoaudiologia na comunicação alternativa: compartilhando saberes [E-book on the Internet]. São Paulo: ABarros; 2023. Acesso em: 05 jan. 2024. Disponível em: https://www.sbfa.org.br/portal2017/pdf/csa-compartilhando-saberes.pdf.
3. Convenção sobre os Direitos das Pessoas com Deficiência: Protocolo Facultativo à Convenção sobre os Direitos das Pessoas com Deficiência: Decreto Legislativo no 186, de 09 de julho de 2008: Decreto n. 6.949, de 25 de agosto de 2009. 4. ed., rev. e atual. Brasília: Secretaria de Direitos Humanos; 2011.
4. Kangas K, Lloyd L. AAC Terminology Policy and Issues Update. Augmentative and Alternative Communication. 1990;6(2):167-70.

5. Shire SY, Jones N. Communication partners supporting children with complex communication needs who use AAC. Communication Disorders Quarterly. 2014;37(1):3-15.
6. Midtlin HS, Naess KA, Taxt T, Karlsen AV. What communication strategies do AAC users want their communication partners to use? A preliminary study. Disabil Rehabil. 2015;37(14):1260-7.
7. ISAAC-Brasil. Tecnologia: QUEM USA. YouTube, 27 de novembro de 2023. Disponível em: https://www.youtube.com/watch?v=-m2EHmL3dGQ. Acesso em: 20 de janeiro de 2024.
8. Berenguer C, Martínez ER, De Stasio S, Baixauli I. Parents' perceptions and experiences with their children's use of augmentative/alternative communication: a systematic review and qualitative meta-synthesis. Int J Environ Res Public Health. 2022;Jul 1;19(13):8091.
9. Donato C, Spencer E, Arthur-Kelly M. A critical synthesis of barriers and facilitators to the use of AAC by children with autism spectrum disorder and their communication partners. Augmentative and Alternative Communication. 2018;34(3):242-53.
10. McDonald D, Proctor P, Gill W, Heaven S, Marr J, Young J. Increasing early childhood educators' use of communication-facilitating and language-modelling strategies: Brief speech and language therapy training. Child Language Teaching and Therapy. 2015;31(3):305-22.
11. Binger C, Kent-Walsh. selecting skills to teach communication partners: where do I start? Perspectives of the ASHA Special Interest Groups. 2012;21(4):127-35.
12. ASHA. American Speech-Language-Hearing Association. Augmentative and Alternative Communication (AAC). Disponível em: https://www.asha.org/practice-portal/professional-issues/augmentative-and-alternative-communication/#collapse_1. Acesso em: 20 jan 2024.
13. Therrien M, Rossetti Z, Ostvikc J. Augmentative and Alternative Communication and friendships: considerations for speech-language pathologists. Perspectives of the ASHA Special Interest Groups. 2022;8(1):151-63.
14. Kent-Walsh J, Mcnaughton D. Communication partner instruction in AAC: Present practices and future directions. Augmentative and Alternative Communication. 2005;21(3):195-204.
15. Blackstone SW, Berg MH. Social network – a communication inventory for individuals with complex communication needs and their communication partners – manual. Updated Version 2012. An Attainment Company Publication.
16. Tatenhove GMV. Building language competence with students using AAC devices: six challenges. Perspectives of the ASHA Special Interest Groups. 2009;18(2):38-47.
17. Sennott SC, Light JC, McNaughton D. AAC modeling intervention research review. Research and Practice for Persons with Severe Disabilities. 2016;41(2):101-15.
18. Soto G, Clarke MT, Nelson K, Starowicz R, Savaldi-Harussi G. Recast type, repair, and acquisition in AAC mediated interaction. J Child Lang. 2020 Jan;47(1):250-64.
19. Montenegro, ACA, Silva AGS, Queiroga B, Lima RA, Xavier, IALN. Method for developing communication skills in autism – DHACA: appearance and content validation. CoDAS. 2024;36(3):e20230138.
20. Dragera K, Light J, Mcnaughton D. Effects of AAC interventions on communication and language for young children with complex communication needs. J Pediatr Rehabil Med. 2010;3(4):303-10.
21. Biggs EE, Carter EW, Gilson CB. systematic review of interventions involving aided AAC modeling for children with complex communication needs. American Journal on Intellectual and Developmental Disabilities. 2018;123(5):443-73.
22. Romski MA, Sevcik RA. Augmented input: Enhancing communication development. In: Light J, Beukelman D, Reichle J (eds.). Communicative competence for individuals who use augmentative and alternative communication. Maryland: Paul H. Brookes; 2003. p.147-62.
23. O'Neill T, Light J, Pope L. Effects of interventions that include aided AAC input on the communication of individuals with complex communication needs: a meta-analysis. Journal of Speech Language and Hearing Research. 2018; 61(7):1743-65. Acesso em: 05 jan. 2024.
24. Allen AA, Schlosser RW, Brock KL, Shane HC. The effectiveness of aided augmented input techniques for persons with developmental disabilities: a systematic review. Augment Altern Commun. 2017;33(3):149-59.
25. Kent-Walsh J, Murza KA, Malani MD, Binger C. Effects of communication partner instruction on the communication of individuals using AAC: A meta-analysis. Augment Altern Commun. 2015;31(4):271-84

69

A Comunicação Aumentativa e Alternativa e a intervenção de linguagem nos transtornos neurológicos adquiridos

Regina Yu Shon Chun
Adriana Peres
Natalie Iani Goldoni
Maria de Jesus Gonçalves

PONTOS-CHAVE

- A pessoa com comprometimentos de linguagem adquiridos frequentemente, é um adulto com experiência de linguagem e história de vida a serem consideradas na intervenção fonoaudiológica com a CSA/CAA*.
- A CSA/CAA assume papel relevante desde o início do evento neurológico que causou o comprometimento de linguagem, quando as necessidades diárias não são supridas pela fala/linguagem, sem suporte de comunicação.
- A CSA/CAA não deve ser a última opção de intervenção fonoaudiológica nesses casos.
- A literatura reafirma a importância dos parceiros de comunicação (familiares, amigos, profissionais e outros) para implementação mais eficaz da CSA/CAA com essas pessoas para um cuidado integral e humanizado.
- A CSA/CAA é fundamental na intervenção fonoaudiológica em cuidados paliativos de linguagem de pessoas com transtornos neurológicos adquiridos.

* *CSA/CAA: CSA – Comunicação Suplementar e/ou Alternativa e CAA – Comunicação Aumentativa e Alternativa, versões em uso no Brasil da expressão em inglês *Augmentative and Alternative Communication – AAC*, designações que serão adotadas neste texto.

OBJETIVOS DE APRENDIZAGEM

Ao final deste capítulo, o leitor será capaz de:

- Compreender e definir quem são as pessoas com comprometimentos linguísticos e cognitivos adquiridos por causas neurológicas que podem se beneficiar do uso de CSA/CAA.
- Levantar e conhecer questões sobre a intervenção fonoaudiológica com a CSA/CAA para esse grupo populacional, tendo em vista favorecer a linguagem e a cognição, o resgate da identidade e do pertencimento das pessoas com alterações de linguagem adquiridas, como sujeitos linguísticos e sociais.
- Analisar e atuar, junto aos parceiros de comunicação (familiares, amigos, profissionais e outros), na intervenção fonoaudiológica com a CSA/CAA nas alterações de linguagem adquiridas.
- Entender e mostrar o papel da CSA/CAA na intervenção de linguagem em fase final de vida, como suporte linguístico, apoio emocional, espiritual e favorecimento da autonomia e qualidade de vida.

INTRODUÇÃO

O propósito deste capítulo é abordar a CSA/CAA em pessoas com condições neurológicas adquiridas, quais sejam jovens, adultos e idosos, que sofreram lesões do sistema nervoso central e podem apresentar algum tipo de comprometimento da linguagem oral e escrita, na produção de sentidos e, consequentemente, na interação, por exemplo, em casos de sequelas de Acidente Vascular Cerebral (AVC), Traumatismo Cranioencefálico (TCE), Esclerose Lateral Amiotrófica (ELA), Afasia Progressiva Primária (APP) e outras doenças neurodegenerativas. Essas pessoas podem apresentar diferentes comprometimentos linguísticos, cognitivos e/ou da produção motora oral, como afasias, apraxias de fala, disartrias e demências.

Cabe notar, como coloca autora da área[1], que: "*há muito existe uma preocupação com os efeitos da interrupção da comunicação na idade adulta, momento em que o lugar social e afetivo das relações é estabelecido pelo discurso*". Condição essa que implica suporte à comunicação e interação, que a CSA/CAA pode propiciar desde os momentos iniciais, como a internação hospitalar, até os cuidados domiciliares. Isso significa que a CSA/CAA pode ser utilizada para favorecer o acesso à linguagem, ampliar as possibilidades de comunicação e manter a pessoa participativa em diferentes contextos importantes, para continuar a exercer seus diferentes papéis na família e na sociedade.

Autores[2] pontuam que o foco principal dos procedimentos de intervenção terapêutica em linguagem oral consiste na busca da restauração da produção natural de fala e da compreensão oral, diante do desejo das famílias de retorno ao funcionamento linguístico anterior ao evento neurológico desencadeante. Desse modo, a CSA/CAA muitas vezes ainda é vista e introduzida como opção terapêutica, somente quando não se atingiu esse objetivo. Contudo, cabe ressalvar que além de ser alternativa à fala, pode ser utilizada como comunicação suplementar, ou seja, quando apenas a fala não é suficiente para expressar aquilo que a pessoa deseja.

Todos usamos diferentes formas suplementares de comunicação para nos expressar e interagir com o outro além da fala, seja por meio do apontar, de gestos, da escrita, do uso de emojis, de expressões faciais, de apoios visuais como imagens, símbolos, placas de sinalização, além de agendas, tanto para organização no tempo e no espaço quanto para compreensão da própria linguagem escrita ou falada. Sendo assim, a comunicação é multimodal e a pessoa com afasia, por exemplo, poderá fazer uso desses diferentes meios, além do olhar, vocalizações, apontar símbolos, jargões com intenção comunicativa para expressar seus sentimentos, necessidades e desejos. Observa-se que alguns profissionais têm tendência a esperar muito tempo para implementar estratégias que permitam uma comunicação bem-sucedida, o que pode resultar em dificuldade na aceitação e no uso eficaz da comunicação multimodal, incluindo a CSA/CAA.

A atitude desses profissionais reside na "crença" de que a utilização da CSA/CAA precocemente, logo após um evento neurológico, poderia impedir a recuperação da fala e, portanto, seria preciso aguardar o máximo possível, lançando mão de estratégias "tradicionais" e, caso elas não tenham bons resultados, indicar-se-ia, por fim, a CSA/CAA. No entanto, há algum tempo, a literatura da área e clínicos especialistas indicam que a CSA/CAA deve ser aplicada desde o início e no decorrer do próprio processo de reabilitação, associada a outras abordagens terapêuticas, tanto para promover a comunicação quanto para ampliar as possibilidades de fala e linguagem.

Em seguida, serão abordados aspectos da intervenção com a CSA/CAA para os grupos aqui tratados, considerando-se o papel e a importância de o profissional de Fonoaudiologia encontrar e desenvolver estratégias para favorecer a linguagem e cognição, com vistas a facilitar a interação dialógica, qualidade de vida e autonomia dessas pessoas. Neste processo, os parceiros de comunicação assumem papel relevante para implementação mais eficaz da CSA/CAA e, por último, interessa mostrar, neste capítulo, o papel da CSA/CAA na intervenção de linguagem nos cuidados paliativos, desde o início da doença até a fase final de vida, como suporte linguístico, emocional, cognitivo e espiritual, em uma abordagem multidisciplinar.

A INTERVENÇÃO EM LINGUAGEM COM A CSA/CAA NOS TRANSTORNOS NEUROLÓGICOS ADQUIRIDOS

> *Quando voltei do hospital em janeiro de 2012, não estava falando, então foi criado um painel magnético com alfabeto de ímã criando um sistema de varredura em que o "sim" era o meu piscar com olhos.*
>
> Claudio Sergio, Nenão, 2019, p.21. *In memoriam.*

Um tempo depois do relato que inicia esta parte, seu autor, Claudio Sergio, passou a utilizar um dispositivo, em que as palavras eram "[...] *cuidadosamente escritas com seus dedos do pé na tela de um tablet* [...]" e, assim, o Pastor Giuliano, que assina o verso de seu segundo livro, do qual foi extraído o excerto acima, pontua que ele é "[...] *confortado, encorajado e impactado por esse doutor na arte de viver*" (Sergio C. Nenão. Ainda sem Asas – Vivendo com a E.L.A. Campinas, SP: Mercado de Letras; 2019, contracapa). Contando com uma rede de cuidados que incluíam sua esposa e profissionais de

Terapia Ocupacional, Fonoaudiologia, Fisioterapia e outros, envolvidos na história do seu cuidar, escreveu dois livros, por meio da CSA/CAA, que possibilitou dar voz às suas angústias e sentimentos.

Diversos outros depoimentos e histórias de pessoas com transtornos neurológicos adquiridos, de faixas etárias diferentes e outras condições de saúde, que têm em comum o uso da CSA/CAA para se comunicar, encontram-se no *site* da *International Society for Augmentative and Alternative Communication* (ISAAC). Depoimentos e textos de palestrantes dos Congressos Brasileiros de Comunicação Alternativa, ISAAC Brasil, de 2013 e 2019, encontram-se disponíveis no *site* da ISAAC Brasil, capítulo brasileiro da *International Society for Augmentative and Alternative Communication*, constituindo rico material de consulta gratuita em CSA/CAA.

Tais relatos e filmes, gravados pelas próprias pessoas que utilizam CSA/CAA, confirmam, como têm demonstrado estudos nacionais[3,4] e internacionais[2,5,6], que a população aqui estudada tem se beneficiado da CSA/CAA. Cabe destacar que essas pessoas desenvolveram sua comunicação verbal como falantes e escritores/leitores típicos ao longo de suas vidas, usando-a para participação social, acadêmica, profissional e de lazer, como discutido na literatura[6]. Esses autores[6] acrescentam que a perda ou o comprometimento da oralidade associados ao impacto da condição neurológica afetaram, em alguns casos, profundamente sua possibilidade de autocuidado e de inserção e participação em suas redes sociais.

Diante dessa realidade, observa-se, em muitos casos, particularmente no cenário nacional, que a CSA/CAA ainda é considerada como última opção de intervenção fonoaudiológica. Contudo, estudo[5] demonstra os benefícios da CSA/CAA para favorecer a efetividade da comunicação e da participação nas atividades diárias, além do desenvolvimento, nas últimas décadas, de tecnologias de CSA/CAA para compensar as perdas de comunicação natural pelas pessoas com comprometimentos de linguagem por condições neurológicas[6].

Autores[2] ressalvam que, nos anos 2000, emergiram abordagens com ênfase na participação social, com desejo de resultados de vida significativos, em que a conversação e tarefas funcionais cotidianas passam a constituir metas das próprias pessoas, de suas famílias e dos profissionais. Tais abordagens coincidem com os pressupostos preconizados pela Classificação Internacional de Funcionalidade, Incapacidade e Saúde (CIF), criada, em 2001, pela Organização Mundial da Saúde, em que há destaque à participação social na abordagem de saúde.

Segundo interessante revisão histórica[7], as práticas da CSA/CAA em suas origens, entre as décadas de 1950 e 1970, tinham foco na produção motora da fala. Nos anos de 1971 a 1980, o foco muda da estrutura da linguagem para suas funções pragmáticas. Nos anos de 1980, a escolha dos sistemas de CSA se baseava na crença de que as pessoas com comprometimentos físicos mais graves se beneficiariam de sistemas com ajuda, enquanto aquelas com comprometimentos cognitivos mais graves deveriam usar recursos sem ajuda, visto que o sistema linguístico não estava "[...] *pronto para uso. A CSA servia exclusivamente para repor o mecanismo de expressão – na ausência de gestos fonoarticulatórios, a expressão alternativa*"[4].

Nessa revisão histórica[7], os autores explicam que esse princípio mudou a partir do uso combinado de sistemas (com e sem ajuda), o que aumentava o poder da comunicação. Esse texto[7] esclarece que nos anos de 1990, abandona-se a ideia de pré-requisitos nas práticas da CSA/CAA. Assim, a questão central deixa de ser a expressão da linguagem para a funcionalidade da comunicação[4]. Tais mudanças influenciaram crenças e práticas da CSA/CAA em nosso país para as pessoas com alterações de linguagem adquiridas, variando conforme as condições de cada quadro.

A experiência das autoras evidencia que demorou mais para que os profissionais brasileiros adotassem a CSA/CAA no grupo populacional aqui abordado, em relação às pessoas com Paralisia Cerebral (PC), por exemplo, em que se considera que a condição motora prejudicava a expressão oral, mas as condições cognitivas estariam preservadas e, portanto, haveria eficácia linguística no uso desses sistemas, como discutido pelos autores citados[7].

Por outro lado, observa-se a crença de que as pessoas com afasia, por seus comprometimentos de linguagem, pouco se beneficiariam desse tipo de intervenção e, menos ainda, as pessoas com comprometimentos cognitivos diversos associados às alterações de linguagem em quadros neurodegenerativos, como a Afasia Progressiva Primária (APP). Contudo, como nossa prática clínica e a literatura[2,3,5,6] mostram, a introdução e a implementação da CSA/CAA podem beneficiar esses grupos populacionais em condições clínicas e linguísticas diversas, por meio de abordagens e planejamentos terapêuticos singulares, a partir de avaliação individualizada, escolha dos sistemas, estratégias e recursos próprios às demandas de cada pessoa, tendo em vista favorecer sua linguagem, funcionalidade, participação social e qualidade de vida.

Reafirma-se, assim, que a evolução teórica e técnica em CSA, nos âmbitos mundial e nacional, tem seguido tendências contemporâneas, na clínica de linguagem de pessoas com lesões ou disfunções neurológicas: "*os limites orgânico-fisiológicos não podem ser impeditivos do exercício da subjetividade em situação de interação social*"[4]. Deste modo, destaca-se que, além do conhecimento da CSA/CAA de baixa tecnologia (como pranchas de comunicação de fotos, figuras, símbolos ou alfabeto) ou de alta tecnologia (como *tablets*, dispositivos eletrônicos, vocalizadores, microcomputadores), sistemas robustos ou não, com ajuda e sem ajuda, é fundamental considerar, na atenção fonoaudiológica com a CSA/CAA, as pessoas com transtornos de linguagem adquiridos como "*seres legítimos da interação*"[4], com vistas a favorecer sua autonomia e participação nas tomadas de decisão.

Nesse sentido, o depoimento de uma jovem que sofreu TCE, aos 17 anos, utilizando uma prancha de alfabeto, através do piscar (Figura 1), demonstra sua invisibilidade na ausência de uma forma de se comunicar e legitima sua voz ao conquistar uma possibilidade de comunicação. Em suas palavras: "[...] *Pai, ainda bem que vocês não desistiram de mim e a Comunicação Alternativa me deu voz para voltar a viver* [...]".

Além disso, pranchas de comunicação temáticas permitem que as pessoas façam suas próprias escolhas, como uma senhora de 76 anos, com afasia pós-AVC, que pôde indicar o que gosta no seu café da manhã, momentos como esse que lhe davam muito prazer.

Outros exemplos da prática clínica reiteram o papel da CSA/CAA nesses casos. O sr. João (nome fictício para garantia do sigilo da identidade), de 82 anos, sofreu um AVC e apresentou, como sequelas, fala não fluente, dificuldade de acesso lexical e leve comprometimento motor da mão direita. Lembra que não conseguia ler o cartaz da sala com orientações para prevenção do COVID-19, referindo que "as palavras embaralhavam" na sua cabeça. Contudo, quando lhe era explicado o que estava escrito, entendia bem. Dois anos de acompanhamento fonoaudiológico e quase um ano após esse relato, o senhor olha para o cartaz e refere que entende o que está escrito, embora não tenha certeza se sua fala é compreensível. Recebe retorno que sim, sua fala é inteligível, segundo a terapeuta e sua família. Foi trabalhado com sistemas combinados de fotos, trazidas por ele, símbolos, figuras e palavras escritas. Por pouco tempo, usou um *tablet*, mas não se observou muita motivação de sua parte. Trabalhar com narrativas, fatos e histórias de sua vida foi bastante motivador e significativo para ele, resultando em um pedido de alta, no final desse segundo ano de terapia, uma vez por semana, em clínica-escola de uma universidade pública. Foi sugerido que seguisse em acompanhamento fonoaudiológico grupal, ainda para maior favorecimento dos aspectos linguísticos.

A título de ilustração, é interessante citar outro caso, também de clínica-escola, do sr. Lourival (nome fictício), 62 anos, dentista aposentado, com diagnóstico de APP. Foi trabalhado com temáticas que despertassem memórias afetivas e observou-se uso de *prompting* verbal efetivo. Dada a progressão visível do quadro, optou-se por trabalhar com fotos do cotidiano, em pranchas de comunicação temáticas. A intervenção possibilitou que a estagiária responsável descobrisse que ele estava com infecção de ouvido, por meio de símbolos relacionados à dor e saúde. Desse modo, sua mulher, que havia trazido a observação de que ele levava a mão à orelha, mas sem conseguir atribuir sig-

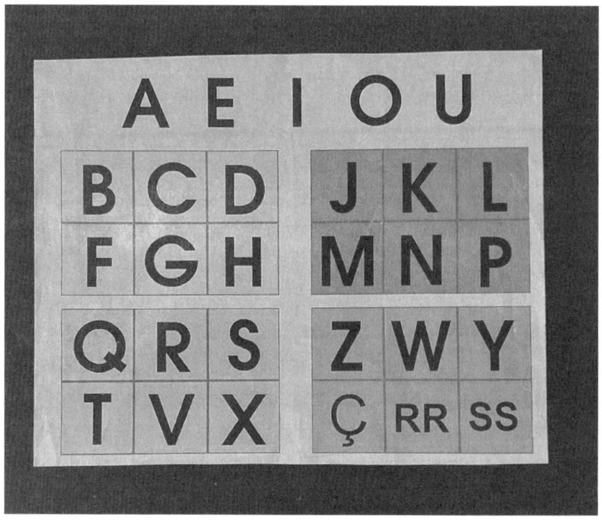

FIGURA 1 Exemplo de prancha de alfabeto, utilizando o piscar de olhos.
Versão colorida da figura encontra-se na plataforma de conteúdo complementar do livro.

FIGURA 2 Exemplo de prancha temática para escolha de alimentação.
Versão colorida da figura encontra-se na plataforma de conteúdo complementar do livro.

nificado ao gesto, pôde levá-lo para atendimento médico, que confirmou a hipótese e mostrou a efetividade do trabalho com a CSA/CAA, contrariando a ideia de que se tem pouco a fazer nesses casos, em termos de comunicação.

A escuta e o acolhimento dessas pessoas, de seus familiares e de outros parceiros de comunicação assumem papel fundamental para o cuidado integral em uma perspectiva de atenção humanizada, como se discute a seguir.

A IMPORTÂNCIA DOS PARCEIROS DE COMUNICAÇÃO NA CSA/CAA

O caso do sr. Lourival evidencia que a comunicação acontece quando há interação em um contexto, em uma situação social de relação entre os interlocutores ou parceiros de comunicação. O papel desses parceiros com pessoas que usam CSA/CAA é determinante na construção do diálogo para que elas possam ter lugar e voz dentro da conversa e no convívio social. No caso citado, fica evidente ainda que a CSA/CAA vai além de atender a uma necessidade básica, um pedido, uma resposta do tipo "sim" e "não". Como afirmam autores[8], a comunicação é um processo complexo que envolve a interação dos sistemas cognitivo-linguístico e motor. Na mesma direção, outros pesquisadores[9] descrevem a comunicação como "uma série de processos complexos e interações fluidas", que incluem, mas não se limitam ao uso e compreensão de expressões, linguagem corporal, gestos, leitura, escrita, fala e audição.

É nessa perspectiva de comunicação que se situa o trabalho com CSA/CAA, em que são necessários tecnologia e recursos, mas os parceiros de comunicação assumem papel determinante no processo de construção e possibilidade de discurso do outro sujeito. Entre os parceiros estão todas as pessoas com as quais convive e se relaciona, familiares, amigos, cuidadores, profissionais, isto é, todos aqueles com quem o sujeito está em contato.

Compreendendo que a comunicação se dá de forma colaborativa e participativa, a pessoa que utiliza CSA/CAA e seus parceiros podem estabelecer metas que alcancem resultados significativos. Uma vez que o significado é negociado entre os participantes, aqueles com desafios de comunicação e os seus parceiros podem desenvolver estratégias e recursos para transmitir e receber mensagens e ter uma comunicação com sucesso.

Na última década, diferentes estudos têm se preocupado com a importância dos parceiros de comunicação e sobre quais seriam suas "boas" qualidades de comunicação. Estudo[10] com afasia indica que os padrões de discurso dos "melhores" parceiros continham mais reconhecimentos (por exemplo, "mhm", acenos de cabeça) e sobreposições congruentes (por exemplo, balançar a cabeça em concordância) e menos marcadores que "bloquearam" a conversa. Os autores observaram, ainda, melhor adaptação, como estratégias não verbais de interação (por exemplo, gestos como "polegar para cima") e estratégias de esclarecimento de dúvidas durante a conversa, evitando problemas extensos e prolongados.

Diante disso, outra questão surge: fazer "capacitação" para parceiros pode melhorar sua comunicação com pessoas que usam CSA/CAA? Em uma pesquisa de meta-análise da literatura sobre formação de parceiros de comunicação na afasia[11], concluiu-se que as intervenções focadas na comunicação da díade, bem como intervenções focadas exclusivamente no parceiro de comunicação, produziram resultados positivos. Outros autores[12], por sua vez, observaram que muitos parceiros não utilizam competências comunicativas a menos que sejam explicitamente ensinadas, o que pode estar relacionado a fatores de desconhecimento das estratégias específicas da CSA/CAA ou atitudinais, não considerando as condições de comunicação do seu interlocutor.

Como se observa na literatura[5,13], as atitudes das pessoas que usam a CSA/CAA, bem como daquelas próximas a elas, são importantes para a aceitação e o sucesso da comunicação por meio de CSA/CAA. Vale lembrar que pessoas com quadros neurológicos adquiridos tiveram histórias de linguagem, o que as coloca em uma situação de reorganização e aprendizagem de formas diferentes de comunicação, envolvendo novos tipos de processamento linguístico e cognitivo. O mesmo acontece com os seus parceiros que irão lidar com o novo contexto e, principalmente, evitando que a pessoa se isole, devido às dificuldades de comunicação[14]. Assim, o papel dos parceiros é central e determinante para o sucesso do trabalho com CSA/CAA, para que ela se torne, de fato, funcional para aquela pessoa. Ao fonoaudiólogo cabe gerenciar as questões de CSA/CAA com um plano de intervenção que envolva os parceiros de comunicação e que possa levar a pessoa ao uso efetivo e funcional da CSA/CAA no dia a dia, permitindo sua interação em diferentes contextos.

AS ALTERNATIVAS DE COMUNICAÇÃO COMO INTERVENÇÃO DE LINGUAGEM EM FASE FINAL DE VIDA

A CSA/CAA nas intervenções de linguagem, nos transtornos neurológicos adquiridos em cuidados paliativos, não é apenas usada como uma tarefa de intervenção, mas, sim, como "*um ato de amor*"[15]. O impacto da ausência de fala e das dificuldades de linguagem na qualidade de vida desse grupo populacional é um cenário dramático, quando se tem contato com pessoas que enfrentam importantes barreiras de comunicação.

As palavras cuidado e conforto resumem os objetivos dos serviços de cuidados paliativos, no entanto, existem barreiras significativas para a implementação da CSA/CAA, assim como para a escuta no contexto da dor total da pessoa em cuidados paliativos[16,17]. A escolha do melhor recurso de CSA/CAA requer experiência clínica e especialização por parte do profissional para determinar qual tipo de apoio poderá, de fato, reduzir as barreiras da comunicação, em uma decisão conjunta com a família e os profissionais de saúde, tendo em vista contemplar suas necessidades específicas[16-18].

Quando as intervenções ocorrem com pessoas com doenças degenerativas, como por exemplo a ELA, segundo autores[19], as ferramentas de CSA/CAA abrangem um *continuum* de baixa tecnologia (como pranchas de alfabeto ou de comunicação) a alta tecnologia (aplicativos para *tablets* e *smartphones* e outros dispositivos eletrônicos de comunicação). O objetivo principal dos sistemas, recursos e estratégias da CSA/CAA, no cuidado paliativo, será apoiar a comunicação funcional. Tais recursos podem desempenhar papéis diferentes, dependendo do curso da doença, para a manutenção das habilidades funcionais de comunicação, à medida que a doença progride, além de ferramentas serem adaptadas para trazer conforto, desde o início, durante o avanço e em fase final de vida.

Segue depoimento de uma senhora de 58 anos com ELA, em cuidados paliativos, a partir do uso do rastreador ocular ("*Eye Tracking*"), recurso de alta tecnologia: "[...] *Agora meus pensamentos voam* [...]".

Estudo[20] verificou que a CSA/CAA aumenta a qualidade de vida das pessoas, pois contribui na comunicação de suas necessidades e desejos a seus entes queridos e à equipe de assistência em saúde. Esses autores recomendam que profissionais de saúde tenham exposição apropriada, experiência e conhecimento na área, a fim de garantir que esse grupo populacional e suas famílias sejam cientes das várias possibilidades que a comunicação pode oferecer do início da doença até sua fase final de vida. Ainda é possível afirmar, conforme diferentes autores[16-18], que a CSA/CAA tem impacto dramático na vontade de viver da pessoa. Por meio desse recurso, as frases mais usadas, em cuidados paliativos em fase final de vida, são: "eu perdoo você"; "você me perdoa"; "eu te amo", "está tudo bem", "me deixe partir"[18].

As pesquisas sobre a temática da CSA/CAA na atuação em cuidados paliativos, entre pessoa-equipe e pessoa-família, ainda são escassas, entretanto, as estratégias de comunicação não verbal, assim como o uso de pranchas de comunicação de baixa tecnologia ao uso de alta tecnologia constituem instrumentos que podem promover a comunicação entre a pessoa e seus diferentes parceiros. A CSA/CAA pode proporcionar a quem está em cuidados paliativos a manutenção da sua conexão com o mundo ao seu redor, suporte aos sintomas físicos, apoio emocional e psíquico, suporte aos aspectos sociais, apoio aos aspectos espirituais, acesso ao que lhe é sagrado e, ainda, a possibilidade de, junto à equipe e familiares, participar da tomada de decisão compartilhada, bem como trazer autonomia até sua fase final de vida.

FIGURA 3 Exemplo de sistema de alta tecnologia por rastreador ocular.

Versão colorida da figura encontra-se na plataforma de conteúdo complementar do livro.

CONCLUSÃO

A CSA/CAA contribui para favorecer a linguagem de pessoas com transtornos neurológicos adquiridos, buscando-se compreender e trabalhar a relação entre essa perda e as mudanças sociais e os impactos decorrentes dessa nova condição de vida e saúde, entendendo-as como alguém que tem linguagem e uma história de vida a ser considerada na intervenção fonoaudiológica. Trata-se de um trabalho com a linguagem, cognição, memória e aspectos da produção oral, por meio de uma abordagem discursiva, contextualizada, significativa e apropriada a essas pessoas, por meio dos recursos e estratégias da CSA/CAA.

Atuar nessa perspectiva implica trabalhar com a linguagem em funcionamento, falar do vivido, desde o início do evento que levou a pessoa a essa situação, por variadas condições, em todos os momentos, envolvendo os parceiros de comunicação e abrangendo a sua fase final de vida. Note-se a importância de superar mitos e crenças de a CSA/CAA ser a última opção de intervenção em linguagem ou que se trata de um mero apontar de símbolos ou ainda que inibe a fala. A literatura e a prática clínica mostram evidências de que a CSA/CAA apresenta resultados eficazes para promoção da linguagem, qualidade de vida e autonomia.

REFERÊNCIAS BIBLIOGRÁFICAS

1. Panhan H. O adulto silenciado: questões de lugar na linguagem. In: Deliberato D de A, et al. (orgs.). Comunicação Alternativa: Teoria, prática, tecnologias e pesquisa. São Paulo: Memnon Edições Científicas; 2020. p.132-40.
2. Fried-Oken M, Beukelman DR, Hux K. Current and future AAC research considerations for adults with acquired cognition and communication impairments. Assist Technol. 2012;24:56-66.
3. Chun RYS. Processos de significação de afásicos usuários de comunicação suplementar e/ou alternativa. Rev Soc Bras Fonoaudiol. 2010;15(4):598-603.
4. Chun RYS, Fedosse E. Teorias enunciativo-discursivas da linguagem: bases linguísticas pertinentes na intervenção com CSA. In: Montenegro AC de A, et al. (orgs.). Fonoaudiologia e Linguística: teoria e prática. Curitiba: Appris; 2016. p.157-72.
5. Lasker JP, Bedrosian JL. Promoting acceptance of augmentative and alternative communication by adults with acquired communication disorders. Augment Altern Commun. 2001;17(3):141-53.
6. Beukelman DR, Fager S, Ball L, Dietz A. AAC for adults with acquired neurological conditions: a review. Augment Altern Commun. 2007;23(3):230-42.
7. Hourcade J, Pillote TE, West E, Parette P. A history of augmentative and alternative communication for individuals with severe and profound disabilities. Focus Autism Other Dev Disabl. 2004;19(4):235-44.
8. Powell TW. The use of nonspeech oral motor treatments for developmental speech sound production disorders: interventions and interactions. Lang Speech Hear Serv Sch. 2008;39(3):374-9.
9. Friedman C, Mcnamara E. Home and community-based speech, language, and hearing services for people with intellectual and developmental disabilities. Res Pract Persons Severe Disabl. 2018;43(2):111-25.
10. Simmons-Mackie N, Kagan A. Communication strategies used by 'good' versus 'poor' speaking partners of individuals with afasia. Aphasiology. 1999;13(9):807-20.
11. Simmons-Mackie N, Raymer A, Armstrong E, Holland A, Cherney LR. Communication partner training in aphasia: A systematic review. Arch Phys Med Rehabil. 2010;91(12):1814-37.
12. Lyon J, Cariski D, Keisler L, Rosenbek J, Levine R, Kumpula J, et al. Communication Partners: Enhancing participation in life and communication for adults with aphasia in natural settings. Aphasiology. 1997;11:693-708.
13. Beukelman DR, Ball LJ. Improving AAC use for persons with acquired neurogenic disorders: Understanding human and engineering factors. Assist Technol. 2002;14:33-44.
14. Ball L, Lasker J. Teaching partners to support communication for adults with acquired communication impairment. Perspect Augment ALTERN COMMun. 2013;22(1):4-15.
15. Fried-Oken M. End-of-life issues for people who use AAC. Perspect Augment Altern Commun. 2005;14(3):15-9.
16. Pollens RD. Integrating speech-language pathology services in palliative end-of-life care. Top Lang Disord. 2012;32(2):137-48.
17. Pollens RD. Facilitating client ability to communicate in palliative end-of-life care impact of speech–language pathologists. Top Lang Disord. 2020;40(3):264-77.
18. Pollens RD. Role of the speech-language pathologist in palliative hospice care. J Palliat Med. 2004;7(5):694-702.
19. Hustad KC. Augmentative and Alternative Communication. In: Weissbrod P, Francis D (eds.). Neurologic and neurodegenerative diseases of the larynx. Springer; 2020. p. 407-13.
20. Chahda L, Carey LB, Mathisen BA, Threats T. Speech-language pathologists and adult palliative care in Australia. Int J Speech Lang Pathol. 2021;23(1):57-69.

Seção 7

Motricidade Orofacial

Coordenadoras

Silvia Damasceno Benevides
Silvia Márcia Andrade Campanha

Raciocínio clínico, tomada de decisão e adesão terapêutica em Motricidade Orofacial

Gabriele Ramos de Luccas
Dagma Venturini Marques Abramides
Giédre Berretin-Felix

PONTOS-CHAVE

- Na Motricidade Orofacial (MO), os pacientes frequentemente são encaminhados por outros profissionais de saúde com demandas interdisciplinares que abrangem desde tratamentos ortodônticos até distúrbios respiratórios do sono e condições associadas à alimentação.
- O diagnóstico das alterações miofuncionais orofaciais é clínico e abrange a investigação das queixas, da história clínica e dos aspectos relacionados às funções orofaciais de sucção, respiração, mastigação, deglutição e fala, além de alterações estruturais do sistema estomatognático.
- Protocolos de avaliação padronizados são recomendados para uma avaliação estruturada e comparativa, e o processo de avaliação também deve indicar a necessidade de encaminhamentos para outros profissionais de saúde.
- A conduta terapêutica em MO é individualizada de acordo com o diagnóstico obtido a partir dos dados da história clínica e da avaliação. O fonoaudiólogo deve ter clareza sobre o momento ideal da indicação de terapia miofuncional orofacial.
- A adesão do paciente ao tratamento é crucial para o sucesso terapêutico, envolvendo não apenas seguir as recomendações, mas também o comprometimento ativo com o processo de reabilitação.
- A compreensão sobre os estágios de prontidão de mudança do paciente, bem como oferecer suporte são estratégias importantes para promover a adesão e o engajamento no tratamento.

OBJETIVOS DE APRENDIZAGEM

Ao final deste capítulo, o leitor deverá ser capaz de:

- Conhecer os princípios fundamentais do raciocínio clínico em MO, incluindo a análise do binômio forma e função.
- Identificar a importância da avaliação clínica e do diagnóstico miofuncional na determinação do plano terapêutico em MO.
- Discutir os princípios da conduta terapêutica em MO, incluindo a customização do tratamento com base nos dados de avaliação e diagnóstico.
- Compreender a importância da interdisciplinaridade e da identificação de limitações terapêuticas.
- Identificar os estágios de prontidão de mudança e aplicar estratégias motivacionais para promover a adesão do paciente ao tratamento em MO.

INTRODUÇÃO

A Motricidade Orofacial (MO) é uma especialidade fonoaudiológica relacionada ao sistema estomatognático, mais especificamente à promoção, avaliação, diagnóstico e reabilitação das funções orofaciais de sucção, respiração, mastigação, deglutição e fala. O trabalho em MO abrange todos os ciclos da vida, e visa o equilíbrio do sistema estomatognático e das funções orofaciais por meio de estratégias terapêuticas individualizadas que consideram o binômio forma e função[1].

Tal especialidade relaciona-se com diversas áreas da saúde, como Odontologia, Medicina, Nutrição, Fisioterapia e Psicologia. Os pacientes geralmente procuram a terapia miofuncional orofacial (TMO) após o encaminhamento desses profissionais, uma vez que o fonoaudiólogo compõe a equipe interdisciplinar em tratamentos ortodônticos, nos distúrbios respiratórios do sono (DRS), na disfunção temporomandibular (DTM), nos pós-cirúrgicos, no distúrbio alimentar pediátrico (DAP) e também nas demandas relacionadas à amamentação. Embora os encaminhamentos ainda sejam comuns para a procura de serviços em MO, o crescente conhecimento da população sobre a atuação fonoaudiológica nessa área tem impulsionado a busca espontânea por esses profissionais.

O trabalho interdisciplinar em MO é fundamental e deve ser valorizado e incentivado pelos fonoaudiólogos, visto que diversas alterações anatômicas (obstruções orofaríngeas, más oclusões, discrepâncias maxilomandibulares, malformações craniofaciais, anquiloglossia) resultarão em adaptações e/ou compensações miofuncionais orofaciais, representando importantes limitações ao trabalho fonoaudiológico[2]. O tratamento de tais limitações por outros profissionais da saúde possibilitará a correção dos aspectos morfológicos, cuja estabilidade dependerá do adequado desempenho das funções orofaciais, trabalhadas por meio de abordagens terapêuticas assertivas.

Neste capítulo, apresentamos o raciocínio clínico, tomada de decisão e adesão terapêutica em Motricidade Orofacial. Para isso segmentamos o texto em cinco seções para melhor compreensão: na primeira descrevemos a avaliação e diagnóstico miofuncional orofacial; na segunda, a conduta terapêutica; na terceira, o raciocínio clínico para planejamento terapêutico; na quarta, a adesão terapêutica; e, por último, nossas conclusões.

AVALIAÇÃO E DIAGNÓSTICO MIOFUNCIONAL OROFACIAL

A avaliação miofuncional orofacial é realizada de maneira clínica, sendo que a utilização de protocolos validados é recomendada por serem padronizados e possuírem resultados baseados em escores, o que permite comparações pré e pós-terapia em relação à evolução terapêutica[3].

A avaliação miofuncional orofacial é composta, basicamente, pelo levantamento das queixas e da história clínica, e pelo exame clínico propriamente dito. Deve ser realizada por um fonoaudiólogo especialista em MO e todo o processo deve ser conduzido levando em consideração os aspectos funcionais e anatômicos.

Queixa e história clínica

Os principais objetivos da história clínica são compreender a jornada do paciente em busca da solução de uma queixa e identificar, a partir dos sintomas, possíveis sinais que serão observados na avaliação clínica.

A identificação do motivo que encorajou a procura pelo atendimento fonoaudiológico é fundamental, assim como compreender as expectativas em relação ao tratamento, pois tais informações podem impactar a motivação e o engajamento do paciente no processo terapêutico.

A história clínica deve ser investigada a partir de perguntas direcionadas, sendo importante o apoio dos protocolos. O fonoaudiólogo deve questionar sobre tratamentos prévios e atuais, principalmente odontológicos e médicos, cirurgias em região de cabeça e pescoço, problemas de saúde em geral, sinais de alterações no sono e dor orofacial, e presença de hábitos orais deletérios.

Em relação à função respiratória, é importante investigar a presença de problemas respiratórios como alergias, sinusite, bronquite, asma, obstruções nasais, dores de garganta frequentes, prurido e coriza nasal, ronco e episódios de apneia durante o sono e outros sinais que apontem para a respiração oral.

A função mastigatória pode ser investigada a partir de perguntas sobre o lado preferencial para mastigação, sobre a presença de dor, desconforto, dificuldade ou estalos articulares e sobre a necessidade de ingestão de líquido durante a função.

Na deglutição, é importante investigar se há presença de dor, engasgos, tosse ou pigarro, ruídos, escape anterior, refluxo nasal, sensação de alimento parado na garganta e posição da língua ao deglutir.

Na fala, por sua vez, a avaliação busca identificar eventuais dificuldades na produção de algum som, se as pessoas conseguem compreender a fala do paciente, e se há dificuldade na movimentação mandibular e salivação excessiva.

A história clínica também pode incluir perguntas sobre dificuldades na audição, aprendizagem, voz, memória e cognição, a fim de direcionar possíveis encaminhamentos para outras especialidades fonoaudiológicas[4]. A função de sucção não será abordada neste capítulo, uma vez que foi contemplada em capítulo específico neste livro.

Avaliação miofuncional orofacial

Como citado anteriormente, é importante que esse processo seja conduzido a partir de protocolos validados, como o Protocolo de Avaliação Miofuncional Orofacial MBGR e o Protocolo de Avaliação Miofuncional Orofacial com Escores (AMIOFE), que possuem versões validadas para públicos específicos[3]. O Protocolo MMBGR – Lactantes e Pré-escolares foi elaborado para crianças entre 6 e 71 meses de idade[5].

Independente do instrumento utilizado, é fundamental que o fonoaudiólogo seja capaz de identificar alterações estruturais, musculares, sensoriais e funcionais.

A documentação em MO com fotos e vídeos nítidos e de boa qualidade é fundamental para posterior análise e acompanhamento terapêutico. Tais arquivos devem contemplar imagens das estruturas orofaciais e vídeos das funções de mastigação, deglutição e fala.

A análise extraoral fornece informações importantes sobre a estrutura craniofacial. As medidas da face são obtidas com auxílio de um paquímetro e são importantes para definição do tipo facial (médio, longo ou curto), do equilíbrio entre os terços da face, e da relação entre lábio superior e inferior. As imagens laterais permitem a análise do padrão facial (I, II ou III) e do ângulo nasolabial, e imagens frontais são importantes para análise perceptivovisual de discrepâncias e desequilíbrios entre os lados da face, possibilidades de vedamento labial e formato e aparência dos lábios[6].

A análise intraoral é feita com auxílio de uma lanterna para boa visualização das estruturas, sendo importante verificar se há marcas em mucosas (bochechas, lábios e língua); estado de saúde oral; dimensões de profundidade e altura do palato duro; anatomia do frênulo lingual; largura, altura e simetria de língua, e alterações de tamanho e coloração das tonsilas palatinas[6].

A análise oclusal inicia-se com a observação dos elementos nos arcos dentários para identificação do tipo de dentadura (decídua, mista ou permanente); falhas dentárias, estado de saúde dos dentes; presença de próteses, implantes dentários e aparelhos ortodônticos ou ortopédicos; linha média e guia de desoclusão[6].

É importante ainda verificar se há alterações verticais (mordida aberta anterior e posterior; sobremordida), horizontais (mordida cruzada anterior sobressalência) e/ou transversais (mordida cruzada posterior). A obtenção de medidas oclusais como trespasse vertical e horizontal auxilia na análise dessas alterações e também no acompanhamento terapêutico[6].

A análise da mobilidade orofacial compreende a observação em vídeo de movimentos realizados pelos lábios, língua, bochechas, mandíbula e palato mole, sendo que a análise dos movimentos mandibulares também considera medidas de abertura e lateralidade. É importante que o fonoaudiólogo observe e analise detalhadamente esses movimentos em busca de possíveis alterações que possam influenciar no desempenho das funções orofaciais, tais como presença de tremor, imprecisão, assimetria e presença de movimentos compensatórios[6].

A função respiratória é classificada por modo (nasal, oral ou oronasal) e tipo respiratório (médio inferior e superior). A identificação do modo respiratório é realizada por meio de diferentes análises, sendo que as mais importantes correspondem à observação do paciente em repouso para verificação de características comumente associadas à respiração oral, como ausência ou dificuldade no vedamento labial, posição de língua em assoalho durante o repouso e observação do modo respiratório durante a mastigação e deglutição[7].

A mastigação é analisada a partir da gravação em vídeo, sendo que o alimento utilizado difere de acordo com os protocolos. É importante que o paciente mastigue de forma habitual, a fim de que o registro seja o mais próximo possível da realidade. Na análise, verificam-se ruídos e/ou queixas de dor, a função labial, a eficiência e o padrão mastigatório[8].

A deglutição também é analisada por meio de vídeos, considerando provas com alimentos líquidos e sólidos. Observam-se vários aspectos, incluindo vedamento labial, presença de ruídos, escape anterior de alimento, posição da língua e a utilização excessiva de musculatura perioral ao deglutir. Caso ocorram engasgos e tosse é indicado encaminhar o paciente para avaliação especializada em disfagia[9].

A fala é avaliada por meio de vídeos de fala espontânea (relato breve de uma viagem, *hobby* ou rotina), automática (contagem de números, dias da semana e meses do ano), leitura de palavras e leitura de texto. A filmagem deve ser realizada com foco na cavidade oral do paciente para que seja possível analisar com detalhes as alterações. É necessário que o fonoaudiólogo observe a produção de todos os sons em cada uma das diferentes provas, identificando se há omissões, substituições, distorções, troca do ponto articulatório e projeção de língua[10].

Ressalta-se que é fundamental analisar a fala não apenas de forma auditiva, mas também visualmente para compreender como o paciente produz determinado som. Outros aspectos relacionados à fala também devem ser analisados, como movimentação labial, abertura de boca, movimentação mandibular e salivação, dentre outros[10].

Ao final da avaliação clínica, o fonoaudiólogo deve ter clareza sobre quais aspectos do sistema estomatognático estão adequados e alterados. Sugere-se que o profissional faça um resumo dos principais achados, o que facilitará a organização dos dados para a definição do diagnóstico miofuncional orofacial e da conduta terapêutica.

Diagnóstico miofuncional orofacial

A definição do diagnóstico em MO deve compreender as alterações relacionadas às funções orofaciais, como: respiração oral ou oronasal, disfunção mastigatória, deglutição atípica ou adaptada e distúrbios na produção dos sons da fala. A descrição das características encontradas em cada função é importante para complementar o raciocínio clínico e orientar o plano de intervenção terapêutica.

Embora seja de competência do fonoaudiólogo a identificação de alterações estruturais do sistema estomatognático e posturais da cabeça e do pescoço, essas condições exigem avaliação e diagnóstico específicos por parte de profissionais de outras áreas, como ortodontistas, médicos e fisioterapeutas, entre outros.

CONDUTA TERAPÊUTICA

A indicação de realização de TMO é competência do fonoaudiólogo, bem como a definição de número de sessões e seleção de estratégias terapêuticas. Ao indicar o processo terapêutico, o fonoaudiólogo deve definir quais aspectos poderão ser abordados naquele momento. Mais do que definir se há indicação de terapia, é importante entender se é o melhor momento para submeter o paciente a aquele processo.

A conduta deve ser compartilhada com o paciente e seus familiares, bem como os outros profissionais da equipe, a fim de alinhar expectativas em relação à solução das queixas e afirmar qual é o papel do fonoaudiólogo nesse processo. A decisão sobre a conduta terapêutica deve ser tomada com cautela pelo fonoaudiólogo, pois submeter o paciente a terapias e estratégias dispensáveis pode comprometer a evolução do tratamento, acarretar complicações ao quadro clínico, gerar ao paciente custos financeiros, emocionais e de tempo desnecessários, e ainda desmotivá-lo.

Embora seja importante definir a conduta terapêutica no início do processo, fatores como adversidades de saúde, identificação de novos aspectos limitantes, falta de comprometimento do paciente e família com o processo, podem acarretar na necessidade de mudanças no planejamento terapêutico.

RACIOCÍNIO CLÍNICO PARA PLANEJAMENTO TERAPÊUTICO

O objetivo geral do processo terapêutico em MO deve visar o equilíbrio no desempenho das funções orofaciais e estabilidade do binômio forma e função. Como ressaltado anteriormente, problemas morfológicos deve ser identificados e previamente resolvidos. Em condições em que houver limitações terapêuticas, nem sempre será possível adequar as funções orofaciais, porém, com metas assertivas e específicas, em muitos casos é possível obter uma melhora nesses aspectos.

A partir do objetivo geral são definidos objetivos terapêuticos específicos, os quais devem ser realistas e cumpridos a curto, médio ou longo prazo. Tais objetivos são estabelecidos a partir das particularidades de cada caso, contemplando todas as alterações apresentadas pelo paciente que serão abordadas pelo fonoaudiólogo[11]. Podem incluir aspectos relacionados à eliminação de hábitos orais deletérios, mudanças no estilo de vida, diminuição de dor orofacial, melhora na qualidade do sono, adequação ou melhora das funções orofaciais, dentre outras.

Os exercícios miofuncionais orofaciais são estratégias que devem ser selecionadas a partir de um raciocínio clínico baseado nos objetivos terapêuticos e na fisiologia do exercício[12]. Além dos exercícios, que devem ser diretamente voltados para o desempenho das funções a serem abordadas, é fundamental que o fonoaudiólogo inclua em seu planejamento algumas estratégias terapêuticas assertivas e realistas que visam alcançar os objetivos principais.

A terapia em MO segue as etapas de conscientização, propriocepção, treino muscular, aprendizagem e automatização das funções orofaciais. A conscientização refere-se à percepção e compreensão consciente dos próprios padrões de comportamento, enquanto a propriocepção é a capacidade de perceber a posição, movimento e esforço dos músculos e articulações do corpo sem depender da visão. Quando o paciente conclui essas etapas, o fonoaudiólogo aplica estratégias e exercício miofuncionais orofaciais para trabalhar a musculatura orofacial, auxilia na aprendizagem do padrão correto funcional e sugere estratégias que visam automatizar as funções orofaciais[13].

A organização das atividades a serem realizadas em cada uma das sessões terapêuticas deve seguir um raciocínio hierárquico de acordo com as prioridades. Os objetivos de controle de hábitos orais deletérios, melhora da qualidade do sono e diminuição de dor orofacial devem ser abordados primeiro, pois são fundamentais para eliminar fatores que irão prolongar o desequilíbrio do sistema estomatognático, caso não sejam manejados. Depois, a abordagem do modo respiratório nasal é a primeira função orofacial que deve ser trabalhada, incluindo posição de língua em repouso, pois essa é base de todo o sistema. Por fim, segue-se com as demais funções orofaciais. O avanço das metas e estratégias abordadas em cada sessão dependerá da evolução terapêutica e do raciocínio clínico do fonoaudiólogo[13].

As estratégias terapêuticas devem ser personalizadas de acordo com os interesses e faixa etária do paciente e devidamente atreladas aos objetivos terapêuticos. Orientações sobre o processo terapêutico das funções orofaciais já são descritos em literatura[7-10].

As estratégias a serem realizadas em casa devem ser muito bem direcionadas pelo fonoaudiólogo, sendo necessário que tais atividades se encaixem na rotina do paciente. Sugerimos que, para cada semana, o fonoaudiólogo estabeleça junto ao paciente uma ou mais metas que deverão ser cumpridas, por exemplo, controlar o hábito de onicofagia e realizar limpeza nasal diariamente. Essa é uma forma de incluir o paciente no processo e também facilitar a evolução terapêutica.

ADESÃO TERAPÊUTICA

A adesão ao tratamento proposto é um aspecto fundamental para o sucesso terapêutico em qualquer área da saúde, englobando não apenas seguir as recomendações terapêuticas, mas também o comprometimento ativo do paciente com seu próprio processo de reabilitação. Em condições de saúde crônicas que dependem de mudanças de estilo de vida e da colaboração do paciente e seus familiares, a abordagem centrada na pessoa é a proposta mais efetiva. Tal modelo em saúde é baseado em uma relação horizontal, inserindo o paciente como o centro e prioridade em todo o processo terapêutico[14].

É comum fonoaudiólogos queixarem-se de ausência de motivação nos pacientes e familiares, o que normalmente é constatado pela falta de comprometimento na realização das estratégias terapêuticas em casa; faltas e/ou atrasos nas terapias; dificuldade de concentração e envolvimento nas sessões etc. Tais comportamentos comprometem o processo terapêutico e, na maior parte das vezes, o fonoaudiólogo culpabiliza o paciente pela falta de motivação ou tenta exaustivamente incluir estratégias terapêuticas cada vez mais passivas para não necessitar da colaboração do paciente. Apesar dos esforços, é comum que o processo terapêutico não caminhe de forma efetiva e isso, além de comprometer os resultados, também afeta a relação entre profissional e paciente.

Quando recebemos um paciente no consultório, normalmente iniciamos o processo de reabilitação acreditando que ele está pronto para iniciar essa jornada. Porém, é fundamental termos conhecimento sobre os estágios de prontidão de mudança que dizem respeito a um conjunto comum de processos distintos e mensuráveis que uma pessoa percorre para que ocorra uma mudança de atitude, ou seja, são "etapas" que qualquer um experiencia até que realmente haja uma modificação de comportamento[15].

Os estágios de prontidão de mudança são: pré-contemplação, contemplação, preparação, ação e manutenção e as principais características de cada um deles estão no Quadro 1. O conhecimento sobre essas etapas permite que o fonoaudiólogo compreenda seu paciente de uma maneira mais ampla, consiga identificar em qual estágio se encontra naquele momento e quais estratégias pode colocar em prática para que avance para a próxima etapa e, assim, consiga mudar um comportamento[15].

É importante ressaltar que as etapas podem se repetir durante o processo de mudança e que pode haver recaídas. Por exemplo, um paciente que estava no estágio de manutenção pode voltar para a etapa de preparação e precisar de novas estratégias para progredir.

Embora seja normalmente considerada como uma característica inata, a motivação é um estado mutável, ou seja, as pessoas não são intrinsicamente motivadas, mas, sim, podem estar ou não motivadas dependendo de vários fatores. No contexto em saúde, é importante lembrar que o paciente é um ser complexo e que diferentes aspectos podem impactar positivamente ou negativamente em sua motivação e engajamento, tais como questões familiares, financeiras, sociais etc.[16].

Além de conhecer o estágio de prontidão inicial do paciente, o fonoaudiólogo pode auxiliá-lo na progressão das etapas a partir de algumas orientações que incluem a aplicação de ferramentas motivacionais. Tais instrumentos têm sido utilizados com sucesso por profissionais de áreas da saúde para auxiliar o paciente a assumir a responsabilidade por suas ações e fazer mudanças comportamentais adequadas. Estratégias de entrevista motivacionais são ferramentas que podem ser incluídas na rotina clínica fonoaudiológica, sendo idealmente aplicadas no início do processo terapêutico para que o profissional compreenda quais dificuldades pode encontrar em relação a motivação e engajamento[17]. A aplicação durante o processo também pode auxiliar na conclusão dos objetivos que estão sendo abordados.

O Quadro 2 apresenta cada um dos estágios de mudança e sugestões de estratégias para que o paciente e o profissional consigam concluir o processo terapêutico da melhor maneira possível, sendo tais sugestões baseadas em literatura prévia[18]. De maneira geral, oferecer suporte é fundamental para ajudar o paciente a lidar com as dificuldades e desafios que podem surgir durante o processo terapêutico. O trabalho com a conscientização do paciente em relação à sua condição de saúde, as etapas do tratamento recomendado e os benefícios esperados pode aumentar significativamente o engajamento dos pacientes, visto que compreender a importância do processo e como ele pode impactar positivamente sua saúde e qualidade de vida, pode auxiliar na adesão as recomendações terapêuticas.

A Figura 1 demonstra qual é o processo terapêutico em MO, considerando todas as etapas.

QUADRO 1 Principais características dos estágios de prontidão de mudança

Estágio de prontidão de mudança	Características do paciente	Frases comuns
Pré-contemplação	Não está preparado para mudança Não percebe seu problema ou não o acha grave Fica surpreso quando os outros percebem seu problema Não reconhece sintomas descritos pelo profissional	"Comigo não!"
Contemplação	Sente-se confortável com os seus hábitos, mas também teme as consequências de mantê-los Admite o problema, mas tem dúvida É ambivalente e considera adotar mudanças eventualmente Começa a ponderar sobre os custos e os benefícios da mudança Procura motivos e justificativas para se defender e negar sua dificuldade	"Pode ser" "Eu quero... mas"
Preparação	Busca informações sobre as consequências Gostaria de falar sobre a mudança de hábitos, mas às vezes não Procura pelo apoio Pensa em possíveis ações que podem ajudá-lo a se recuperar e superar suas limitações	"Como posso fazer?"
Ação	Começa a colocar em prática seus esforços de mudança, investe tempo e energia na execução Necessita de perseverança, comprometimento e disciplina Está feliz e orgulhoso pelos avanços Fala sobre a mudança, procura por reconhecimento e valorização Sente que não é tão difícil quanto o esperado Preocupa-se com desistir da mudança e recaídas	"Vamos fazer!"
Manutenção	Sente-se bem-sucedido Tenta garantir os ganhos obtidos Às vezes pode ficar triste ao pensar nos conflitos e por que deixou velhos hábitos Integração ao estilo de vida	"Eu consigo fazer isso"
Recaída	Sente que falhou na manutenção e retoma o hábito ou comportamento anterior Está com raiva e irritado com ele próprio Aproveita a liberdade para voltar a antigos hábitos Mas está motivado para novas tentativas em relação à mudança de hábitos	"Não consegui fazer isso"

QUADRO 2 Orientações para auxílio dos pacientes nos estágios de prontidão de mudança

Estágio de prontidão de mudança	O que o profissional pode fazer para auxiliar
Pré-contemplação	Conscientizar o paciente em relação à condição de saúde, levantando dúvidas sobre os riscos e problemas do comportamento atual Escutar anseios, dificuldades e antigas experiências em relação à mudança Evitar confrontos e julgamentos

(continua)

QUADRO 2 Orientações para auxílio dos pacientes nos estágios de prontidão de mudança (*continuação*)

Estágio de prontidão de mudança	**O que o profissional pode fazer para auxiliar**
Contemplação	Reconhecer as dificuldades apresentadas Valorizar os benefícios da mudança de comportamento Tratar qualquer dúvida ou até mesmo resistência com reflexão e sem confrontar o paciente
Preparação	Tomada de decisão compartilhada: ajudar o paciente a determinar o melhor plano de ação a ser seguido na busca da mudança; incluir a perspectiva do paciente no plano de tratamento proposto com base no que já foi identificado sobre os facilitadores e as barreiras Ajudar o paciente a identificar estratégias para facilitar a mudança Organizar uma rotina que facilite a proposta Propor um plano viável e sustentável
Ação	Demonstrar apoio e suporte Fornecer reforços positivos, fortalecendo a autoeficácia Auxiliar o paciente a encontrar maneiras de vencer barreiras e obstáculos, ajustando o plano se necessário
Manutenção	Manter reforços positivos Apontar resultados Reforçar o caminho percorrido, fortalecendo a autoeficácia Ajudar o paciente a identificar e a utilizar estratégias de prevenção da recaída
Recaída	Não julgar Ajudar o paciente a renovar os processos de contemplação, preparação e ação, sem que fique imobilizado ou desmoralizado devido à recaída Escutar e reconhecer as dificuldades Ajudar o paciente a identificar novas estratégias a partir deste aprendizado

Fonte: adaptado de Lizarraga, 2001[18].

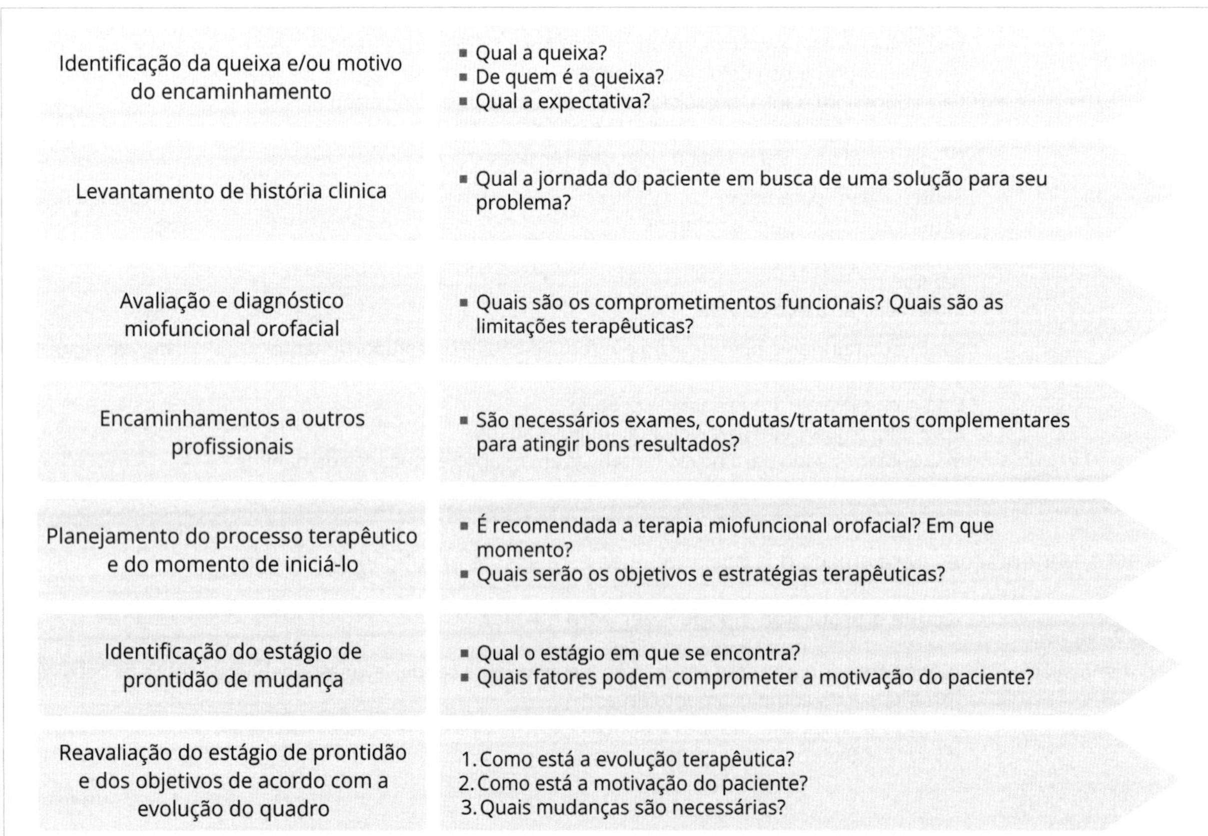

FIGURA 1 Sugestão de fluxograma para processo terapêutico em Motricidade Orofacial.

CONCLUSÃO

A MO é uma especialidade fonoaudiológica ampla, cujo raciocínio clínico deve ser baseado no binômio forma e função. Esperamos que as informações sobre novas perspectivas de adesão terapêutica auxiliem os fonoaudiólogos a entender melhor seus pacientes, auxiliá-los de forma eficaz no processo terapêutico e contribuir significativamente para o engajamento dos pacientes e, consequentemente, para o sucesso do tratamento fonoaudiológico.

REFERÊNCIAS BIBLIOGRÁFICAS

1. Amaral EC, Bacha SMC, Ghersel ELA, Rodrigues PMI. Inter-relação entre a odontologia e a fonoaudiologia na motricidade orofacial. Rev CEFAC. 2006;8(3):337-51.
2. Borges AFM, Taveira KVM, Eduardo JYM, Cavalcanti RVA. Orofacial and cervical myofunctional intervention programmes for older adults: A scoping review. Gerodontology. 2023.
3. Berretin-Felix G, Benacchio E, Luccas G. Protocolos de avaliação em motricidade orofacial: evidências científicas. In: Evidências e Perspectivas em Motricidade Orofacial. 1/2ed. São José dos Campos: Pulso; 2018. p.2-6.
4. Berretin-Felix G, Genaro KF, Marchesan IQ. Protocolos de avaliação da Motricidade Orofacial 1: Protocolo de Avaliação Miofuncional Orofacial MBGR. In: Silva HJ, Tessitore A, Motta AR, Cunha DA, Berretin-Felix G, Marchesan IQ (orgs.) Tratado de Motricidade Orofacial. São José dos Campos: Pulso Editorial; 2019. p.255-72.
5. Medeiros AMC, Marchesan IQ, Genaro KF, Barreto ÍDC, Berretin-Felix G. MMBRG Protocol – Infants and preschoolers: myofunctional orofacial clinic examination. Codas. 2022;34(5):e20200325. Erratum in: Codas. 2023 Jan 06;35(1):e20220190.
6. Genaro KF, Berretin-Felix G, Rehder MIBC, Marchesan IQ. Avaliação miofuncional orofacial – protocolo MBGR. Rev CEFAC. 2009;11(2):237-55.
7. Warnier M, Piron L, Morsomme D, Maillart C. Assessment of mouth breathing by Speech-Language Pathologists: an international Delphi consensus. Codas. 2023 May 29;35(3):e20220065.
8. Motta AR, Perilo TVC. Terapia fonoaudiológica em mastigação (como eu trato). In: Marchesan IQ, Silva HJ, Berretin-Felix G (orgs.) Terapia fonoaudiológica em Motricidade Orofacial. São José dos Campos: Pulso Editorial; 2012. p.139-46.
9. Berretin-Felix G, Silva MMA, Mituuti CT. Terapia fonoaudiológica em deglutição (como eu trato). In: Marchesan IQ, Silva HJ, Berretin-Felix G (orgs.) Terapia fonoaudiológica em Motricidade Orofacial. São José dos Campos: Pulso Editorial; 2012. p.147-62.
10. Marchesan IQ, Martinelli RLC. Fala: reflexões sobre a prática clínica. In: Silva HJ, Tessitore A, Motta AR, Cunha DA, Berretin-Felix G, Marchesan IQ (orgs.) Tratado de Motricidade Orofacial. São José dos Campos: Pulso Editorial; 2019. p.547-60.
11. Alves GAS, Luccas GR, Xavier JS, Dias WCFG, Berretin-Felix G. Avaliação e diagnóstico em Motricidade Orofacial na perspectiva clínica. In: Pernambuco LA, Assenço AMC (eds.). Fonoaudiologia: avaliação e diagnóstico. 1.ed. Rio de Janeiro: Thieme Revinter Publicações; 2020. p.224-42.
12. Silva AS, Bianchini EMG, Palladino RRR. Morfofisiologia dos exercícios orofaríngeos: revisão integrativa. Distúrbios da Comunicação. 2019;31(2):328-38.
13. Rahal A, Motta AR, Fernandes CG, Cunha DA, Migliorucci RR, Berretin-Felix G, editores. Manual de Motricidade Orofacial. 1. ed. São José dos Campos: Pulso Editorial; 2014.
14. Farre A, Rapley T. The new old (and old new) medical model: four decades navigating the biomedical and psychosocial understandings of health and illness. Healthcare (Basel). 2017 Nov 18;5(4):88.
15. Prochaska JO, Velicer WF. The transtheoretical model of health behavior change. Am J Health Promot. 1997 Sep-Oct;12(1):38-48.
16. Heckhausen J, Hechhausen H. Motivation and action. 2. ed. UK: Cambridge University Press; 2010.
17. Frost H, Campbell P, Maxwell M, O'Carroll RE, Dombrowski SU, Williams B, et al. Effectiveness of motivational interviewing on adult behaviour change in health and social care settings: A systematic review of reviews. PLoS One. 2018 Oct 18;13(10):e0204890.
18. Lizarraga MA. Entrevista motivacional. ANALES Sis San Navarra. 2001;24(Supl. 2):43-53.

71

Fisiologia do exercício em Motricidade Orofacial

Andréa Rodrigues Motta
Adriana Rahal
Monalise Costa Batista Berbert
Renata Maria Moreira Moraes Furlan

PONTOS-CHAVE

- Todo exercício em Motricidade Orofacial deve ter como finalidade auxiliar o desempenho das funções orofaciais.
- O exercício é apenas uma das etapas da terapia miofuncional orofacial e não deve ser realizado isoladamente.
- A prescrição do exercício deve compreender a seleção de parâmetros de treinamento, de acordo com o objetivo pretendido.

OBJETIVOS DE APRENDIZAGEM

Ao final deste capítulo, o leitor deverá ser capaz de:

- Aplicar conceitos da fisiologia do exercício na prescrição do exercício na terapia miofuncional orofacial.
- Espera-se que, a partir da avaliação anatomofuncional do sistema estomatognático, seja possível definir a necessidade dos exercícios, assim como os parâmetros adequados ao caso.
- Importante ressaltar que o exercício é apenas uma das etapas da terapia miofuncional orofacial.

INTRODUÇÃO

A fisiologia do exercício é a área da fisiologia humana que estuda as respostas fisiológicas ao exercício físico e as adaptações decorrentes do estresse crônico vivenciado pelo treinamento[1]. A participação em tarefas isoladas de treinamento de força pode impactar a habilidade durante tarefas dinâmicas, construindo uma base de capacidade de produção de força, aumentando a reserva funcional e preparando o sistema neuromuscular para a atividade[2].

Por essa razão, uma das etapas da Terapia Miofuncional Orofacial (TMO) pode envolver a realização de exercícios. Entretanto, o fonoaudiólogo não pode se esquecer que o objetivo da TMO será adequar as funções orofaciais. Assim, treinar a musculatura orofacial é apenas uma das estratégias a serem empregadas e não um objetivo em si. Exercícios por si só não modificam o padrão funcional.

Ao término da avaliação miofuncional orofacial é fundamental que o fonoaudiólogo elabore um planejamento detalhado com o objetivo de elencar quais funções orofaciais deverão ser trabalhadas. A partir desse planejamento serão definidos quais grupos musculares serão abordados com a finalidade de melhorar seu desempenho, o tipo de contração muscular exigida, com qual frequência isso será feito, a intensidade e o tempo de descanso entre as séries. A definição dos parâmetros anteriormente citados para cada exercício deve considerar o objetivo que se deseja atingir, características do paciente e a capacidade dele de executá-lo. Várias combinações de parâmetros podem proporcionar resultados positivos[3].

O presente capítulo abordará alguns princípios da fisiologia muscular e do exercício, parâmetros de treinamento miofuncional orofacial, exercícios que podem ser usados na TMO e o raciocínio clínico necessário para empregá-los.

FISIOLOGIA MUSCULAR

O conjunto formado por neurônio motor e fibras musculares inervadas pelas ramificações da porção terminal do axônio constitui uma unidade motora (UM) que pode ser classificada como rápida, intermediária ou lenta. Existe uma relação intrínseca entre os tipos de unidades motoras e o tipo de fibra muscular, sendo que as fibras têm características anatômicas e bioquímicas diferentes, dependendo do tipo de unidade motora a que pertencem: rápida, intermediária ou lenta[1].

As fibras tipo I são lentas, oxidativas ou avermelhadas; possuem muitas mitocôndrias, metade do diâmetro das fibras rápidas, muitos vasos sanguíneos e são mais resistentes à fadiga. Já para as fibras do tipo II (brancas), há predomínio do metabolismo glicolítico. São fibras largas em diâmetro, possuem poucas mitocôndrias e têm maior velocidade de contração. A análise comparativa das características das fibras de músculos faciais indica uma identidade morfológica distinta dos músculos dos membros[1]. O estudo da fisiologia do exercício pressupõe o conhecimento das características anatômicas e fisiológicas dos músculos-alvo do estímulo.

O sistema motor oral humano apresenta fibras de ambos os tipos. Enquanto o bucinador é composto por 53% de fibras do tipo I, o orbicular da boca tem predominância de 71% de fibras do tipo II. O fuso muscular (receptor altamente sensível na prevenção do excesso de alongamento[1]) não é descrito nesses músculos. O grande número de fibras do tipo I no bucinador implica uma capacidade de resistência durante o trabalho contínuo com níveis de força relativamente baixos. A predominância de fibras do tipo II no orbicular da boca indica que ele é constituído por unidades motoras de contração rápida, relacionadas a propriedades como aceleração rápida e alta velocidade durante movimentos orofaciais intermitentes[4].

No masseter e temporal, a frequência relativa dos vários tipos de fibras é peculiar, com prevalência de fibras do tipo I em quase todas as porções dos músculos, que são, portanto, músculos funcionalmente lentos. Outra característica incomum é também o diâmetro médio das fibras do tipo I, que são comumente maiores que as fibras do tipo II. Esse achado sugere que os músculos mastigatórios estão adaptados para realizar tarefas especialmente prolongadas e fatigantes[5].

Os músculos palatofaríngeo e úvula contêm duas das maiores proporções de fibras do tipo II já relatadas para músculos humanos. Por outro lado, os músculos levantador e tensor do véu palatino contêm predominantemente fibras do tipo I. Uma isoforma de cadeia pesada de miosina fetal (MyHC), geralmente não encontrada em músculos normais de membros adultos, pode ser encontrada em um pequeno número de fibras em todos os músculos do palato. O tipo de fibra e a composição do MyHC indicam que os músculos palatofaríngeo e úvula estão funcionalmente envolvidos em movimentos rápidos, enquanto os músculos levantador e tensor do véu palatino realizam contrações mais lentas e contínuas. A elevada capacidade aeróbica e a rica capilarização sugerem que os músculos do palato são relativamente resistentes à fadiga. A ausência de fusos musculares indica um sistema especial de controle proprioceptivo. A morfologia especial dos músculos do palato pode estar parcialmente relacionada à anatomia única com apenas uma inserção esquelética, uma característica consistente com o trabalho muscular sob baixa carga e tensão e que pode influenciar a citoarquitetura desses músculos[6].

Na análise da musculatura intrínseca lingual, observa-se que a região anterior da língua contém uma predominância de fibras relativamente pequenas do tipo II (71%), em contraste com a região posterior que apresenta uma maioria de fibras maiores do tipo I e do tipo IM/IIC (66%). Em geral, o diâmetro da fibra é maior na região posterior. Essa composição de fibras musculares da língua difere da composição dos músculos dos membros, orofaciais e mastigatórios, provavelmente refletindo a especialização funcional genotípica e fenotípica na função oral[7].

A força muscular pode ser definida como a quantidade de tensão que um músculo ou grupamento muscular pode gerar de acordo com um padrão específico de movimento e com determinada velocidade angular. Já a resistência muscular pode ser entendida como a quantidade de vezes que o músculo ou grupamento muscular executa um determinado movimento (contração) dentro de uma amplitude correta, com carga submáxima[1].

Quanto maior o número de fibras musculares que compõem a unidade motora (UM), maior será a capacidade do músculo de gerar tensão, assim, a força e o tamanho das UM são diretamente proporcionais. Não apenas o tamanho das UM está diretamente relacionado com a força, mas também seu número. Portanto, quanto mais UM o músculo possuir e quanto maiores essas UM forem, maior será a capacidade do músculo de gerar tensão[1].

As contrações musculares podem ser divididas em estática (isométrica) e dinâmica (isotônica), podendo esta ser concêntrica ou excêntrica. Quando o músculo é ativado e desenvolve força na ausência de um movimento visível, temos uma ação muscular estática (isométrica). Quando o músculo, ao ser ativado, se encurta ou se alonga, de forma controlada, durante a contração, está realizando uma ação dinâmica (isotônica), que pode ser concêntrica (quando se encurta) ou excêntrica (quando se alonga)[8]. Nessa dinâmica os músculos podem atuar nos movimentos com papéis de agonista, sinergista, antagonista, neutralizador, estabilizador ou fixador. O tipo de exercício está diretamente relacionado ao tipo de contração muscular que ele proporciona. Quando o exercício, quer seja composto por contrações dinâmicas ou estáticas, é realizado em oposição a uma determinada carga, é denominado exercício de contrarresistência[1].

PARÂMETROS DE TREINAMENTO MIOFUNCIONAL OROFACIAL

O treinamento físico é regido por princípios como a individualidade biológica; a adaptação; a sobrecarga; a interdependência; a continuidade e a reversibilidade; a manutenção; a especificidade; a variabilidade; a conscientização; a saúde[1]. Embora os princípios de treinamento muscular corporal estejam muito bem descritos na literatura especializada, é necessário compreender que a musculatura orofacial apresenta particularidades e que nem sempre será eficaz aplicar diretamente esses conceitos à TMO. Felizmente alguns trabalhos já foram conduzidos na área e trazem subsídios para atuação fonoaudiológica.

Tipo do exercício

Quando se tem por objetivo adequar a mobilidade (amplitude de movimento e/ou coordenação) de um músculo ou grupo muscular, os exercícios mais indicados são os dinâmicos (isotônicos). Já para aumentar a tensão/tônus e a força muscular, sugere-se optar por exercícios que promovem contração estática (isométrica) do músculo ou por exercícios de contrarresistência[9]. No início do processo terapêutico, ainda que a demanda seja aumento da tensão ou da força, é interessante iniciar pelo exercício dinâmico (isotônico), seguido do estático (isométrico) e, por último, o de contrarresistência, garantindo, assim, o aumento gradual do nível de intensidade exigida.

Após definido o tipo do exercício, a escolha do exercício propriamente dita deve, necessariamente, considerar o objetivo almejado para o paciente. É descrita na literatura uma variedade de exercícios isotônicos, isométricos e de contrarresistência para cada órgão muscular, porém, a escolha do fonoaudiólogo deve ser pautada no movimento que se deseja treinar e na relevância daquele movimento para a função estomatognática a ser trabalhada. Não é necessário selecionar vários exercícios diferentes para um mesmo músculo e propósito, ou mudar o exercício a cada semana, pois a mudança constante de exercícios pode levar a uma resposta mais lenta na modificação das fibras musculares[9].

No Quadro 1 são descritos exemplos de exercícios utilizados pelas autoras que podem ser empregados na TMO, dependendo do objetivo funcional a ser alcançado. Embora a maior parte dos exercícios miofuncionais orofaciais possam ser realizados tanto de forma estática como dinâmica, é preciso analisar a pertinência de cada um. Assim, mesmo sendo possível a realização das técnicas com os dois tipos de ativação muscular, em algumas situações apenas uma delas foi apresentada.

Intensidade

A intensidade do exercício contempla, geralmente, o número de séries e de repetições executadas, a duração e a carga[2]. Mas existem outras variáveis que também podem ser consideradas na definição da intensidade como, por exemplo, velocidade, amplitude e tempo de descanso. Por exemplo, mantendo-se constante as demais variáveis, um exercício realizado com maior amplitude de movimento será mais intenso do que um realizado com amplitude reduzida[10].

Uma repetição é um movimento completo de um exercício. Chamamos de série um grupo de repetições realizadas continuamente, sem interrupções relevantes[10]. Dessa forma, não há intervalo de descanso entre as repetições, mas, sim, entre as séries. A execução de 7 a 10 movimentos de 3 a 5 séries, com intervalos de 10 segundos entre séries, tem se mostrado eficiente na clínica fonoaudiológica[3,11].

Analisando a literatura científica para cada órgão muscular separadamente, no que concerne à língua, para exercícios de contrarresistência encontramos indicações variadas, por exemplo, 10 séries de 5 repetições[12]; 4 séries de 5 repetições[13]; e 5 séries de 5 a 10 repetições[14]. No que se refere aos lábios, um estudo conduziu a intervenção com duas séries de 40 repetições[15] do exercício de rotação de língua no vestíbulo oral com lábios vedados, enquanto outros estipularam uma série de três repetições em tarefa de contrarresistência labial. É importante considerar que os estudos que empregaram uma série de três repetições foram realizados com população idosa pós-acidente vascular cerebral[16,17], o que justifica a intensidade reduzida.

Para que seja capaz de provocar adaptações no sistema neuromotor, é preciso que o exercício recrute um maior número de unidades motoras do que a atividade normal[2] e que o nível de dificuldade seja sempre crescente[3]. Portanto, o número de repetições e de séries deve aumentar ao longo do processo terapêutico.

Quando um exercício estático (isométrico) é escolhido, pode-se aumentar a carga por meio da duração

QUADRO 1 Exemplos de exercícios em Motricidade Orofacial

Estrutura orofacial	Técnica/descrição	Objetivo	Exemplos de indicação
Lábios	Compressão do lábio superior contra o inferior	Estático (isométrico): aumentar a força do músculo orbicular da boca na função de preensão labial	▪ Ausência de vedamento labial e redução de força do orbicular ▪ Imprecisão articulatória nos fones que demandam preensão labial
	Contração labial contra os dentes (faces vestibulares)	Estático (isométrico): aumentar a força do músculo orbicular da boca na função de contenção dos alimentos	▪ Eversão labial ▪ Dificuldade de contenção do alimento por redução de força do orbicular
	Protrusão de lábios fechados (bico fechado)[a]	Estático (isométrico): aumentar a força do músculo orbicular da boca na função de protrusão labial	Imprecisão articulatória nos fones que demandam protrusão labial
		Dinâmico (isotônico): aumentar a mobilidade e/ou coordenação do músculo orbicular da boca	Pouca precisão nos movimentos de protrusão labial (fala e mastigação)
Língua	Afilamento de língua (com pouca protrusão mantendo-a reta)	Estático (isométrico): aumentar a força dos músculos intrínsecos da língua e dos supra-hióideos	Língua alargada Ceceio lateral (por elevação do dorso lingual)
		Dinâmico (isotônico): aumentar a mobilidade e/ou coordenação dos músculos intrínsecos da língua	Pouca precisão nos movimentos de afilamento lingual (fala)
	Retração de língua (posteriorizar a língua dentro da cavidade oral sem elevação do ápice)	Estático (isométrico): aumentar a força dos músculos extrínsecos (retratores) da língua e dos supra-hióideos	▪ Língua anteriorizada em posição habitual ▪ Língua anteriorizada na fala ▪ Língua anteriorizada na deglutição
		Dinâmico (isotônico): aumentar a mobilidade e/ou coordenação dos músculos extrínsecos (retratores) da língua	Pouca precisão nos movimentos de retração lingual (fala)
	Sucção de língua no palato mantendo a pressão constante durante a realização do movimento	Estático (isométrico): aumentar a força dos músculos intrínsecos e extrínsecos (retratores) da língua e dos supra-hióideos	Língua anteriorizada em posição habitual, na fala e/ou na deglutição
	Língua contra bucinador (mantendo os lábios ocluídos e a mandíbula abaixada com estabilidade)	Estático (isométrico): aumentar a força dos músculos intrínsecos e extrínsecos (lateralização) da língua	Língua alargada
		Dinâmico (isotônico): aumentar a mobilidade e/ou coordenação dos músculos intrínsecos e extrínsecos (lateralização) da língua	Pouca precisão nos movimentos de lateralização lingual (mastigação)
Bochechas	Contração com contrarresistência das bochechas[b]	Contrarresistência estática (isométrico com contrarresistência): aumentar a força do bucinador	Acúmulo de alimento no vestíbulo
Levantadores da mandíbula	Exercício do garrote (prender com os molares um pedaço de 2 cm de garrote de 11 mm de diâmetro)[c]	Estático (isométrico)[d]: aumentar a força dos levantadores da mandíbula	Mandíbula rebaixada Pouca força de mordida

[a] Favorece a formação de rugas no orbicular da boca. [b] Usar abaixador de língua ou dedo enluvado na região jugal. [c] Para a realização com crianças utilizar um pedaço de fio dental, amarrando o garrote por dentro. [d] Realizar apenas de maneira isométrica.

de sua execução, ou seja, quanto tempo o paciente mantém a contração muscular em cada movimento. Essa duração dependerá do músculo que está sendo treinado e de características do paciente, como idade e condições clínicas. Gradualmente, no decorrer das sessões, aumenta-se a duração da contração muscular até se chegar à fadiga, um leve e temporário cansaço na musculatura que está sendo treinada[3]. Mas é importante evitar ultrapassar o limite em que o paciente perde a capacidade de continuar a tarefa com precisão[18].

De uma forma geral, sugerem-se 3 a 5 séries com repetições de 5 a 8 segundos para os exercícios isométricos e de 3 a 5 segundos para os de contrarresistência[3,11]. Pesquisas aplicadas à língua utilizaram contrações de 2 segundos[12], 5 segundos[13] e 30 segundos[19] com resultados positivos, sendo que com cargas mais elevadas, por exemplo 80% ou 100% da máxima capacidade, foram empregados tempos de duração reduzidos – 2 e 5 segundos. Já para os lábios, encontramos de 5[16,17] a 10 segundos[16] para exercícios de contrarresistência.

A literatura em Motricidade Orofacial geralmente não apresenta claramente o parâmetro da carga, pois a maioria dos fonoaudiólogos ainda não dispõem de equipamentos que permitam aplicar esse parâmetro de forma quantitativa, por exemplo, um instrumento de medição de força ou pressão ou o eletromiógrafo, o qual fornece valores do potencial elétrico muscular. Sabe-se que a carga aplicada deve ser maior do que a diariamente executada por aquele músculo e que o aumento da carga deve ser progressivo. Sendo assim, o ideal seria calculá-la em razão da capacidade máxima do músculo.

Muitos protocolos de treinamento de força, para grandes grupos musculares, começam com uma carga inicial de aproximadamente 60% da capacidade máxima do músculo e propõem que o incremento de carga não ultrapasse 10% por semana[2]. De forma qualitativa, o profissional aumenta a carga do exercício na medida que aumenta o tempo da contração exigida ou quando aplica uma resistência na direção da contração muscular, por exemplo.

No que diz respeito aos músculos orofaciais, no treinamento da língua encontramos ensaios clínicos que empregaram 50%[13,14], 70%[19], 75%[13], 80%[12] e até mesmo 100%[13] da capacidade máxima da língua, com resultados significativos para o aumento de força em quatro semanas. Já para os lábios, encontramos um estudo cujos participantes realizaram treino com carga de 70%[20], resultando no aumento significativo da pressão dos lábios, também em quatro semanas.

Os períodos de descanso entre as séries e entre os exercícios permitem a recuperação, sendo importantes para o sucesso do treinamento. Geralmente o tempo de descanso é determinado pelo objetivo do treinamento. Se o objetivo é desenvolver a força máxima, geralmente os períodos de descanso são mais longos, mas se o objetivo é o aumento da resistência, os períodos de descanso devem ser mais curtos (menos de 30 segundos)[8].

Quando se refere à intensidade do exercício, no contexto da musculatura orofacial, é importante ter em mente que, para melhora do desempenho muscular, não é necessária a hipertrofia. A melhora almejada pode ser conseguida pelo recrutamento de maior quantidade de unidades motoras ou da coordenação do recrutamento motor[11], e mesmo por mudanças de tipos de fibras musculares, portanto não é necessária uma intensidade muito elevada.

Frequência do treino

Com relação à frequência, é necessário que seja estipulada de forma diária e semanal para a realização do(s) exercício(s) prescrito(s).

No que diz respeito à frequência diária para o treino, tanto da língua quanto dos lábios, a literatura indica, com bons resultados, a realização dos exercícios três vezes ao dia[15,17-19,21].

Para se atingir com sucesso essa frequência diária de execução, algumas vezes mesmo o uso de quadros-controle e de lembretes em dispositivos eletrônicos pode ser insuficiente. Uma boa estratégia é atrelar a realização dos exercícios a atividades de vida diária já bem estabelecidas no cotidiano do paciente, por exemplo escovação dentária[9].

Até há pouco tempo, acreditava-se que os exercícios precisavam ser executados diariamente. Os ensaios clínicos mostram, porém, que essa frequência pode ser variável e, algumas vezes, menor sem comprometer o resultado do tratamento. Para treino da língua, a literatura indica, com bons resultados, a frequência de três[21] e de cinco vezes na semana[13,19] e, para treino dos lábios, a literatura indica bons resultados mediante a realização por cinco dias na semana[20] ou sete vezes na semana[15,16].

Tempo de tratamento

O tempo de tratamento depende das condições musculares iniciais do paciente. Estudos apontam que, no que diz respeito ao treino de língua e de lábios, modificações musculares já são notadas na quarta semana[12-14,20].

Cabe ressaltar que na TMO, com poucas exceções, não está prevista a realização de exercícios para manutenção. As próprias funções serão responsáveis por manter a atividade muscular no nível necessário.

RACIOCÍNIO CLÍNICO

Sob a perspectiva apresentada no capítulo é possível exemplificar o raciocínio com o caso hipotético de um paciente respirador oronasal. Esse suposto indivíduo provavelmente também apresentará a mastigação e a deglutição alteradas em razão da sua respiração. Ao analisar os músculos comprometidos, provavelmente serão elencados os levantadores da mandíbula (temporal, masseter e pterigóideo medial); bucinadores, orbicular da boca, mentual, supra-hióideos e língua.

Será viável trabalhar simultaneamente todos esses músculos? A resposta é NÃO, mesmo que o paciente seja adulto. Será necessário priorizar, ou seja, definir qual será a primeira função a ser trabalhada. No caso em questão seria a respiração, visto que impacta diretamente nas demais funções.

Em seguida, será necessário definir quais músculos precisarão ser abordados para auxiliar o ato de respirar e, na sequência, quais exercícios. Mas quais exercícios serão mais eficientes? Estáticos ou dinâmicos? Quantas repetições? Quantas séries? Qual frequência? A musculatura estará com pouca mobilidade/coordenação ou com flacidez? Só a partir da avaliação e do diagnóstico o fonoaudiólogo poderá responder a essas questões e realizar seu planejamento específico para cada caso.

O exercício, quando bem aplicado, leva à melhora da musculatura, facilitando sobremaneira o trabalho com a função respiratória nesse caso especificamente e, a seguir, deverão ser abordadas as demais funções alteradas.

Cabe ressaltar que em muitos casos, quando ajustamos uma função, não será mais necessário realizar exercícios. Isso porque a musculatura já estará melhor e será possível fazer o trabalho direto com a mastigação e deglutição.

CONSIDERAÇÕES FINAIS

A mioterapia é uma das etapas possíveis da terapia miofuncional orofacial e tem por finalidade promover um melhor desempenho das funções estomatognáticas. Existem critérios que devem ser analisados para que a prescrição dos exercícios seja realizada de forma a alcançar melhores resultados.

REFERÊNCIAS BIBLIOGRÁFICAS

1. Andrade MDS, Lira CABD. Fisiologia do exercício. Barueri: Editora Manole; 2016.
2. Burkhead LM, Sapienza CM, Rosenbek JC. Strength-training exercise in dysphagia rehabilitation: principles, procedures, and directions for future research. Dysphagia. 2007;22(3):251-65.
3. Carvalho ARR. Fisiologia do exercício. In: Busanello-Stela AR, Stefani FM, Gomes E, Silva HJ, Tessitore A, Motta AR, et al. Evidências e perspectivas em Motricidade Orofacial. São José dos Campos: Pulso Editorial; 2018. p. 113-9.
4. Stål P, Eriksson PO, Eriksson A, Thornell LE. Enzyme-histochemical and morphological characteristics of muscle fibre types in the human buccinator and orbicularis oris. Arch of Oral Biol. 1990;35(6):449-58.
5. Sotgiu E, Cantini E, Romagnoli M, Bosco M. Caratteristiche istologiche ed ultrastrutturali dei muscoli elevatori mandibolari. Revisione della letteratura [Histological and ultrastructural characteristics of jaw-closing muscles. A review]. Minerva Stomatol. 2002;51(5):193-203.
6. Stål PS, Lindman R. Characterisation of human soft palate muscles with respect to fibre types, myosins and capillary supply. J Anat. 2000;197(Pt 2):275-90.
7. Stål P, Marklund S, Thornell LE, De Paul R, Eriksson PO. Fibre composition of human intrinsic tongue muscles. Cells Tissues Organs. 2003;173(3):147-61.
8. Fleck SJ, Kraemer WJ. Fundamentos do treinamento de força muscular. 4. ed. Porto Alegre: Artmed; 2017.
9. Rahal A. Exercícios utilizados na terapia de Motricidade Orofacial (quando e por que utilizá-los). In: Marchesan IQ, Silva HJ, Berretin-Felix G. Terapia fonoaudiológica em Motricidade Orofacial. São José dos Campos: Pulso Editorial; 2012. p. 43-9.
10. Gentil PRV. Bases científicas do treinamento de hipertrofia. 5. ed. São Paulo: Createspace; 2014.
11. Rahal A. Exercícios miofuncionais orofaciais. In: Motta AR, Furlan RMMM, Tessitore A, Cunha DA, Berretin-Felix G, Silva HJ, et al. Motricidade Orofacial – a atuação nos diferentes níveis de atenção à saúde. São José dos Campos: Pulso Editorial; 2017. p. 71-5.
12. Park JS, Kim HJ, Oh DH. Effect of tongue strength training using the Iowa Oral Performance Instrument in stroke patients with dysphagia. J Phys Ther Sci. 2015;27(12):3631-4.
13. Byeon H. Is the combined application of tongue pressure training and tongue base exercise more effective in improving the strength of tongue and lips in Korean patients with flaccid dysarthria? Indian J Public Health. 2018;9(11):1041-7.
14. Clark HM. Specificity of training in the lingual musculature. J Speech Lang Hear Res. 2012;55(2):657-67.
15. Arakawa I, Koide K, Takahashi M, Mizuhashi F. Effect of the tongue rotation exercise training on the oral functions in normal adults – Part 1 investigation of tongue pressure and labial closure strength. J Oral Rehabil. 2015;42:407-13.
16. Hagg M, Anniko M. Lip muscle training in stroke patients with dysphagia. Acta Oto-Laryngologica. 2008;128:1027-33.
17. Hagg MKD, Tibbling LIE. Effects on facial dysfunction and swallowing capacity of intraoral stimulation early and late after stroke. NeuroRehabilitation. 2015:36;101-6.
18. Felício CM. Motricidade Orofacial – teoria, avaliação e estratégias terapêuticas. São Paulo: Editora da Universidade de São Paulo; 2020.
19. Park JS, Lee SH, Jung SH, Choi JB, Jung YJ. Tongue strengthening exercise is effective in improving the oropharyngeal muscles associated with swallowing in community-dwelling older adults in South Korea: a randomized trial. Medicine. 2019;98(40):e17304.
20. Park H, Park J, Kwon Y, Choi HS, Kim HJ. Effect of orbicularis oris muscle training on muscle strength and lip closure function in patients with stroke and swallowing disorder. J Phys Ther Sci. 2018;30:1355-6.
21. Lee KH, Jung ES, Choi YY. Effects of lingual exercises on oral muscle strength and salivary flow rate in elderly adults: a randomized clinical trial. Geriatr Gerontol Int. 2020;20(7):697-703.

72

Funções orofaciais do recém-nascido a termo: desenvolvimento, avaliação e tratamento

Roberta Lopes de Castro Martinelli
Silvia Márcia Andrade Campanha
Marileda Cattelan Tomé
Reinaldo Jordão Gusmão

PONTOS-CHAVE

- Desenvolvimento das funções orofaciais na vida intrauterina.
- Características das funções orofaciais no recém-nascido a termo.
- Avaliação e tratamento das funções orofaciais no recém-nascido a termo.

OBJETIVOS DE APRENDIZAGEM

Ao final deste capítulo, o leitor deverá ser capaz de:

- Conhecer aspectos da anatomia normal das estruturas orais e faríngeas do recém-nascido.
- Compreender as funções orofaciais do recém-nascido a termo nos aspectos de desenvolvimento, avaliação e tratamento.
- Conhecer os procedimentos para tratar a anquiloglossia.

INTRODUÇÃO

O período neonatal desencadeia as mudanças fisiológicas mais dramáticas da vida humana, uma vez que ocorre a transição da vida intrauterina para a vida fora do útero, onde a respiração e a nutrição são essenciais[1]. Nesse período o recém-nascido a termo apresenta três importantes funções orofaciais, que permitem sua sobrevivência: a respiração, a sucção e a deglutição. Tais funções estão relacionadas à alimentação, um processo fisiológico complexo, dependente de dois fatores: estrutura e função.

As habilidades funcionais de alimentação, que dependem da integridade das estruturas anatômicas, sofrem mudanças com a maturação neurológica e aprendizagem, estando intimamente relacionadas com a nutrição adequada, o desenvolvimento e a proteção das vias aéreas[1].

O conhecimento das especificidades de cada função orofacial, assim como do desenvolvimento típico de cada uma delas, é uma base importante para a compreensão das alterações encontradas na prática clínica e para o planejamento das intervenções, quando necessárias.

Nesse contexto, esse capítulo propõe discorrer sobre o desenvolvimento, avaliação e tratamento das funções orofaciais em recém-nascidos a termo, sendo dividido em tópicos, como apontado nos pontos-chave deste capítulo.

DESENVOLVIMENTO DAS FUNÇÕES OROFACIAIS NA VIDA INTRAUTERINA

O desenvolvimento da sucção e da deglutição envolve um conjunto altamente complexo de interações sensório-motoras, que se iniciam nos períodos embriológico e fetal, sendo consideradas marcos iniciais importantes do neurodesenvolvimento.

O período fetal (que ocorre a partir da 9ª semana de gestação) é marcado pelo rápido crescimento corporal. O feto necessita de um funcionamento precoce do sistema estomatognático para o seu desenvolvimento no ambiente intrauterino, por isso, inicia a deglutição do líquido amniótico por volta da 11ª a 12ª semana de gestação[2]. A deglutição, além da regulação do líquido amniótico e maturação do sistema gastrointestinal, estimula o crescimento do terço médio da face, que propicia a respiração logo após o nascimento, permitindo a sobrevivência do neonato[1]. Estudos realizados por meio da ultrassonografia observaram sucção não nutritiva e deglutição na maioria dos fetos por volta da 15ª semana de gestação[1].

Com o passar das semanas, os comportamentos motores tornam-se mais complexos para garantir a vida após o nascimento. Entre a 20ª e 24ª semanas de gestação, os movimentos rítmicos funcionais de lábios, língua e mandíbula ocorrem com mais frequência em decorrência da mielinização das raízes intramedulares dos nervos facial, glossofaríngeo e hipoglosso[1]. Embora a sucção e deglutição estejam desenvolvidas por volta da 24ª semana, ainda não há coordenação entre essas duas funções.

A partir da 24ª semana, o surfactante está sendo secretado para manter a patência dos alvéolos pulmonares em desenvolvimento. O sistema respiratório ainda é imaturo e pode não ser viável (a viabilidade é definida como a capacidade de um feto sobreviver no ambiente extrauterino)[1].

Entre a 26ª e 29ª semanas, os pulmões já são capazes de respirar ar fora do útero. O sistema nervoso central pode direcionar movimentos respiratórios rítmicos e controlar a temperatura corporal nesse período[1].

As respostas fetais podem ser induzidas por substâncias de sabor amargo entre a 26ª e 28ª semanas, indicando que as vias reflexas são estabelecidas entre as papilas gustativas e os músculos faciais[3]. O paladar pode alterar a frequência dos movimentos de sucção[1]. O reflexo de "GAG" (mecanismo de proteção contra a entrada de corpos estranhos na faringe, laringe e traqueia) está presente a partir da 26ª semana[3]. O reflexo de procura/busca está presente a partir da 32ª semana[3].

FUNÇÕES OROFACIAIS NO RECÉM-NASCIDO A TERMO

Cada uma das funções orofaciais envolve estruturas cujo amadurecimento acontece de diferentes formas, em momentos distintos. As estruturas que participam da sucção, deglutição e respiração devem atingir a maturação funcional, para, em seguida, estarem aptas a interagir com eficiência e segurança no transporte do bolo da cavidade oral até o estômago. Embora cada função tenha uma especificidade, elas estão intimamente relacionadas pelo espaço que dividem e pela necessidade de coordenação entre elas[3].

A anatomia das estruturas orais e faríngeas nos primeiros meses de vida facilita a amamentação[1]: as *sucking pads* (almofadas de gordura) dão maior estabilidade às bochechas, estreitando a cavidade oral na dimensão lateral e auxiliando na formação do sulco longitudinal no centro da língua para acomodar o mamilo; a mandíbula é desproporcionalmente pequena comparada com o crânio; a língua ocupa a cavidade oral e contata todas as superfícies entre lábios e palato, direcionando o fluxo aéreo nasal; os movimentos de língua e mandíbula não são dissociados; a laringe é elevada, com a epiglote tocando o palato mole, favorecendo a proteção das vias aéreas.

Para que a sucção ocorra de forma coordenada e eficiente, realizando a extração e a condução do leite, é necessário que o recém-nascido apresente reflexo de busca e sucção; vedamento labial; movimentação adequada de língua e mandíbula; ritmo de sucção e coordenação entre sucção, deglutição e respiração.

A sucção precede e facilita a deglutição, que, por sua vez, inibe a respiração. Durante as primeiras semanas de vida, os bebês experimentam decréscimo na ventilação por minuto, no ritmo respiratório e na respiração corrente, e assim o padrão de respiração-deglutição se modifica.

Desde os primeiros 28 dias, os bebês demonstram preferência pela respiração nasal. A nasofaringe e a hipofaringe são quase como uma única estrutura, não havendo uma região "orofaríngea" propriamente dita. Esse conduto único para respiração entre nasofaringe e hipofaringe permite que recém-nascidos coordenem a sucção, deglutição e respiração[1].

Uma série de mecanismos de controle sensório-motor são necessários para coordenar os comportamentos motores rítmicos de sucção, deglutição e respiração, pois a sucção requer uma complexa interação e coordenação da mandíbula, osso hioide, palato, faringe e língua para coordenar a extração do leite durante a amamentação[1].

Existem duas teorias que descrevem o mecanismo de sucção e o movimento da língua: a teoria de compressão da mama (pressão positiva) como a principal força de remoção do leite, e a teoria do vácuo intraoral (pressão negativa) como mecanismo primário de remoção de leite. Vários estudos mostram que o vácuo é essencial para remover o leite da mama[4]. O lactente acopla a boca na aréola para criar uma vedação e sustentar a pega do mamilo. A mandíbula realiza os movimentos de abaixamento, protrusão, elevação e retrusão, associados aos movimentos da língua. Durante a sucção nutritiva, enquanto a língua está alta, o mamilo é comprimido de forma uniforme da ponta até a base. Quando a língua é abaixada, a parte posterior da língua e o palato movem-se em uníssono e a força do vácuo aumenta, com o mamilo movendo-se em direção à junção do palato duro com o palato mole. O mamilo se expande e o leite flui para a cavidade oral. Não foram observados movimentos ondulatórios ou peristálticos da língua[4]. Entretanto, os lactentes podem modificar sua dinâmica de sucção em resposta às mudanças no fluxo de leite durante a ejeção do leite e/ou saciedade[5].

Assim, não há dúvida de que os movimentos da língua durante a sucção são de grande importância, tanto para a retirada como para o transporte do leite com segurança até a faringe, para ser deglutido.

AVALIAÇÃO DAS FUNÇÕES OROFACIAIS NO RECÉM-NASCIDO A TERMO

O exame clínico é fundamental para estabelecer diagnóstico e prognóstico na área de Motricidade Orofacial, possibilitando o planejamento terapêutico, a análise da evolução e a efetividade do tratamento.

Apesar de não haver um protocolo validado para avaliação dos aspectos anatômicos e das funções orofaciais no recém-nascido a termo saudável, pesquisadores têm publicado algumas propostas.

Estudo comparando as medidas antropométricas orofaciais (Figura 1) com peso, altura e sexo[6] mostrou que não houve diferença nessas medidas em recém-nascidos a termo e saudáveis, quando comparadas com sexo e altura; porém, quando comparadas com peso, houve diferença nas medidas da distância entre o canto do olho e a comissura labial do lado direito e esquerdo.

Um instrumento de avaliação da sucção do recém-nascido, com vistas a alimentação ao seio materno, foi proposto, considerando a postura oral, a sucção não nutritiva, o canolamento de língua e a movimentação da mandíbula. Porém, concluíram que esse instrumento não pode ser considerado um preditor do comportamento do bebê no seio materno. Já outros autores[8], utilizando o mesmo instrumento, concluíram que recém-nascidos que apresentaram alterações na movimentação da mandíbula na sucção não nutritiva também apresentaram dificuldade na mamada.

Para a avaliação do fluxo expiratório nasal (simétrico, maior em uma narina ou ausente) foi utilizado um espelho milimetrado específico para recém-nascidos, evidenciando que o fluxo expiratório nasal simétrico está associado com a posição de língua elevada e lábios fechados no repouso; por outro lado, o fluxo expiratório nasal maior e/ou ausente em uma narina está associado com queixa materna de dificuldade do recém-nascido para respirar, posição de lábios abertos/entreabertos e posição de língua baixa no repouso, bem como com presença de movimentos repetidos de anteriorização de língua[9].

Alguns autores relatam que nos bebês a termo é necessário observar: habilidade de sugar o mamilo materno ou bico da mamadeira (ainda é normal que não consiga pegar ou soltar o bico sem auxílio); capacidade de respirar pelo nariz; presença do reflexo de procura; habilidade de manter mãos próximas do tórax enquanto mama; presença de vedamento labial[1].

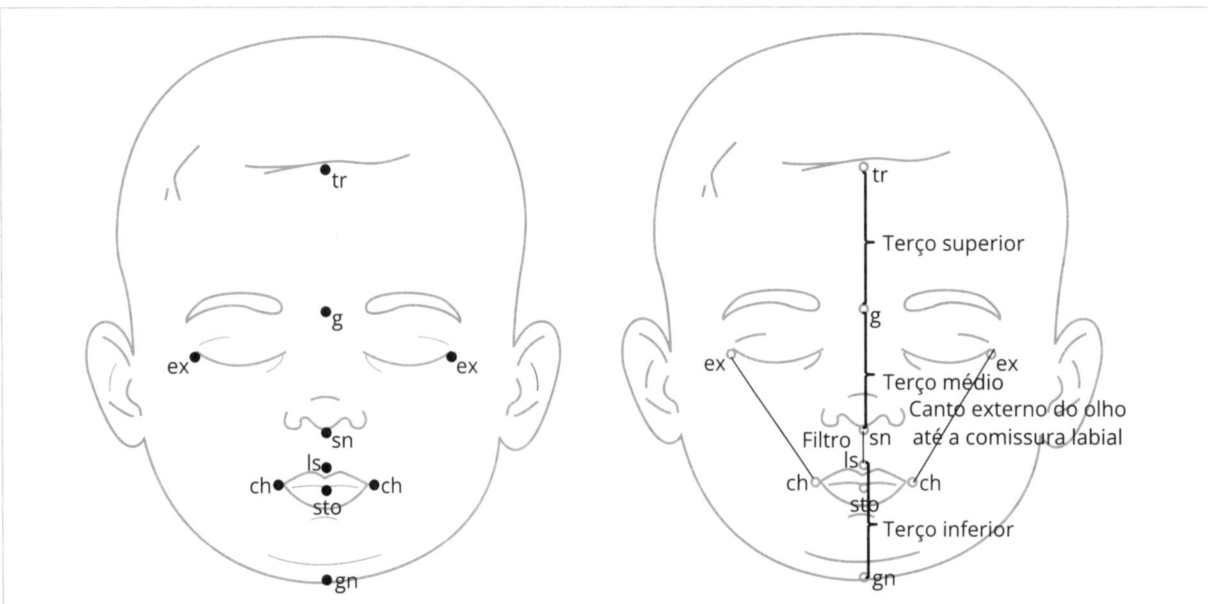

FIGURA 1 (A) tr: trichion; g: glabela: ex: canto externo do olho; sn: subnasal; ls: lábio superior; ch: cheilon; sto: estômio; gn: gnátio. (B) Mensuração das medidas antropométricas faciais de recém-nascido.

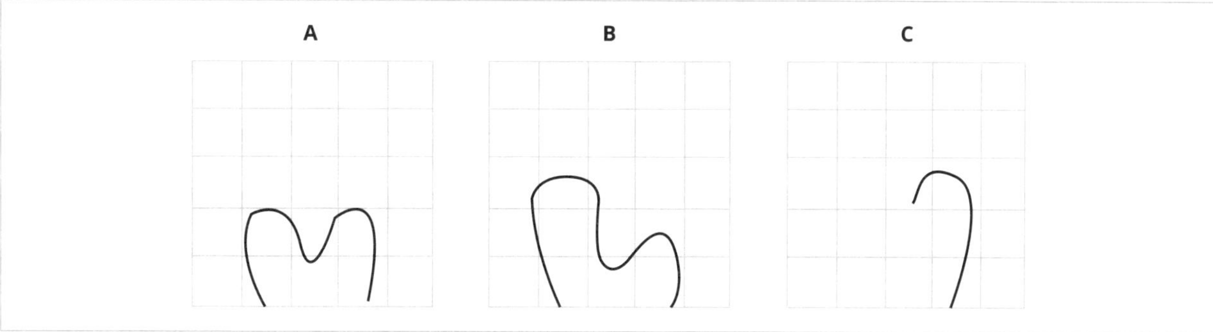

FIGURA 2 Medida do fluxo expiratório nasal no recém-nascido. (A) Simétrico; (B) maior em uma narina; (C) ausente em uma narina.

Em relação à avaliação do frênulo lingual, Martinelli et al. validaram para a população brasileira tanto o Protocolo de Avaliação do Frênulo da Língua em Bebês[10] (Anexo 1) como sua versão reduzida (triagem - Figura 3)[11].

Inicialmente é realizada a triagem do frênulo lingual[11], onde são observadas a postura dos lábios em repouso, a tendência do posicionamento da língua durante o choro e a forma da ponta da língua quando elevada durante o choro ou manobra de elevação. Após a elevação da língua, é possível verificar se o frênulo é visível ou não. Algumas vezes, não é possível visualizar o frênulo porque ele se encontra recoberto por uma cortina de mucosa, sendo necessária a utilização de uma manobra específica de elevação e posteriorização da língua, a fim de visualizar as características anatômicas do frênulo lingual. Quando for possível visualizar o frênulo lingual, é observada sua espessura e fixação, tanto na língua quanto no assoalho da boca.

Essa avaliação inicial permite diagnosticar os casos normais, alterados e duvidosos. Assim, se a pontuação total da triagem for entre 0 e 4, considera-se o exame normal. Se a soma total dos escores for igual ou maior que 7, pode-se considerar a interferência do frênulo nos movimentos da língua e orientar a família sobre a necessidade da liberação. Nos casos em que houver dúvida, ou seja, quando o escore total for entre 5 e 6, ou não for possível visualizar o frênulo lingual, o bebê deve ser encaminhado para reteste quando completar 30 dias de vida, sendo que os pais devem ser orientados sobre possíveis dificuldades na amamentação, para que não ocorra o desmame precoce nesse período.

Utilize o QR code para acessar o Anexo 1 – Protocolo de Avaliação do Frênulo da Língua em Bebês.

Voucher: **tratfono**.

No reteste é aplicado o protocolo completo[10], composto por história clínica, avaliação anatomofuncional e avaliação da sucção não nutritiva e nutritiva. Se a soma total dos escores da história clínica e do exame clínico (avaliação anatomofuncional e avaliação da sucção não nutritiva e nutritiva) for igual ou maior que 13, pode-se considerar a interferência do frênulo lingual nos movimentos da língua e encaminhar para liberação. Na impossibilidade da obtenção dos dados da história clínica, será realizado apenas o exame clínico e, nesse caso, quando a soma total dos escores for igual ou maior que 9, pode-se considerar a interferência do frênulo nos movimentos da língua e encaminhar para liberação.

Como não encontramos na literatura protocolos específicos de avaliação do recém-nascido a termo, contemplando aspectos anatômicos e funcionais, nos baseamos no protocolo MMBGR para lactentes e pré-escolares[12] (faixa etária entre 6 meses e 5 anos e 11 meses de vida), e sugerimos que a avaliação do recém-nascido a termo, na área de Motricidade Orofacial, deve contemplar o exame extraoral, considerando aspectos da face, dos lábios e da mandíbula, assim como postura corporal e assimetrias. No exame intraoral devem ser observados a mucosa interna dos lábios, os frênulos labiais superiores e inferiores, as bochechas, o palato, a oclusão (considerando os rodetes gengivais), a língua e o frênulo lingual. Tônus e funções de sucção, deglutição e respiração também devem ser avaliados, correlacionando com os aspectos anatômicos.

A ausência de um instrumento padronizado não invalida a necessidade da avaliação de recém-nascidos na área da Motricidade Orofacial, que é de extrema importância. Nos primeiros meses de vida, as funções de sucção e deglutição, coordenadas com a respiração, propiciam o suprimento das necessidades nutricionais

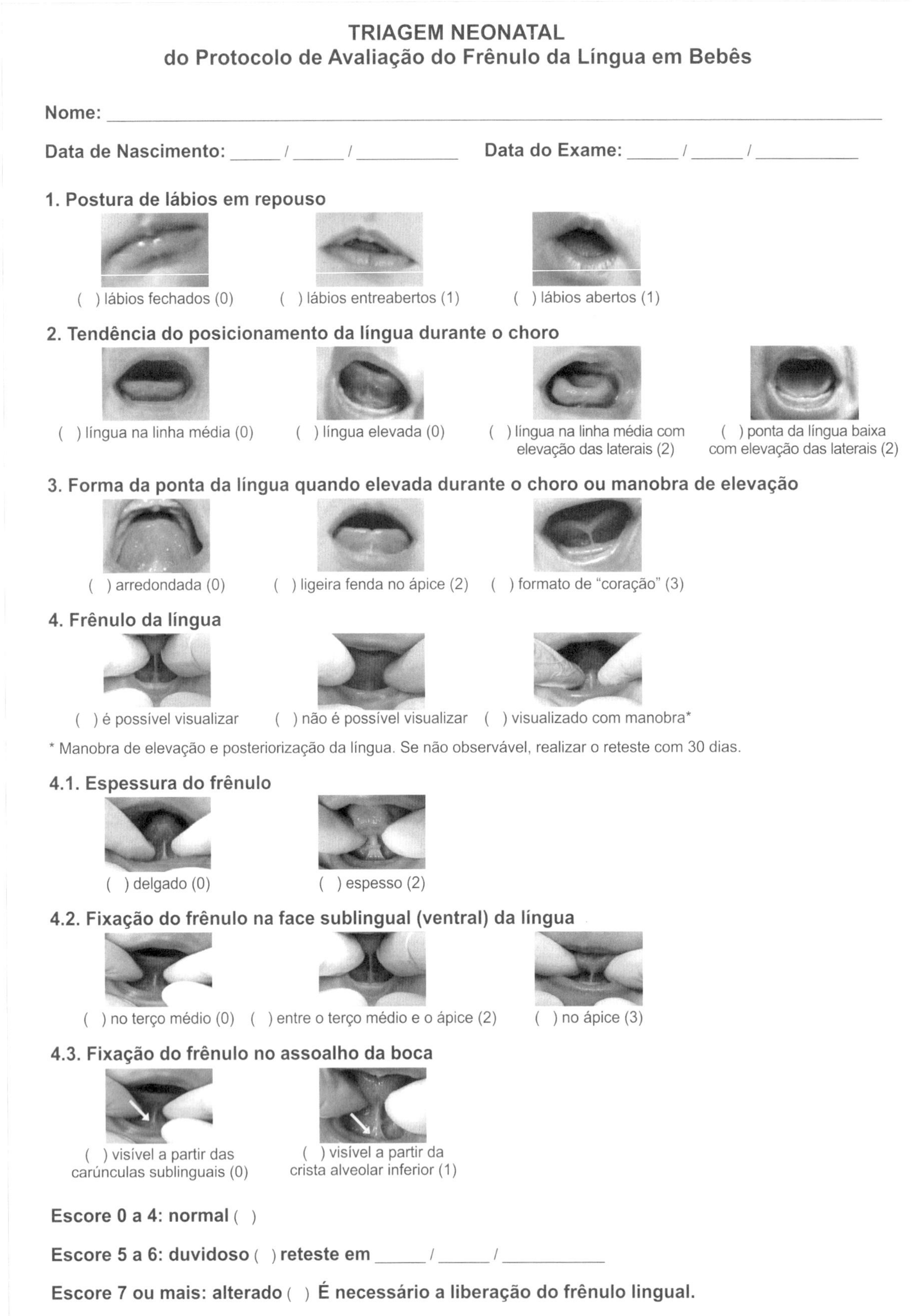

TRIAGEM NEONATAL
do Protocolo de Avaliação do Frênulo da Língua em Bebês

Nome: ____

Data de Nascimento: _____/_____/__________ **Data do Exame:** _____/_____/__________

1. Postura de lábios em repouso

( ) lábios fechados (0) ( ) lábios entreabertos (1) ( ) lábios abertos (1)

2. Tendência do posicionamento da língua durante o choro

( ) língua na linha média (0) ( ) língua elevada (0) ( ) língua na linha média com elevação das laterais (2) ( ) ponta da língua baixa com elevação das laterais (2)

3. Forma da ponta da língua quando elevada durante o choro ou manobra de elevação

( ) arredondada (0) ( ) ligeira fenda no ápice (2) ( ) formato de "coração" (3)

4. Frênulo da língua

( ) é possível visualizar ( ) não é possível visualizar ( ) visualizado com manobra*

* Manobra de elevação e posteriorização da língua. Se não observável, realizar o reteste com 30 dias.

4.1. Espessura do frênulo

( ) delgado (0) ( ) espesso (2)

4.2. Fixação do frênulo na face sublingual (ventral) da língua

( ) no terço médio (0) ( ) entre o terço médio e o ápice (2) ( ) no ápice (3)

4.3. Fixação do frênulo no assoalho da boca

( ) visível a partir das carúnculas sublinguais (0) ( ) visível a partir da crista alveolar inferior (1)

Escore 0 a 4: normal ( )

Escore 5 a 6: duvidoso ( ) **reteste em** _____/_____/__________

Escore 7 ou mais: alterado ( ) **É necessário a liberação do frênulo lingual.**

FIGURA 3 Triagem Neonatal do Protocolo de Avaliação do Frênulo da Língua em Bebês. Versão colorida da figura encontra-se na plataforma de conteúdo complementar do livro.

e estimulam o desenvolvimento do sistema sensório-motor oral e o crescimento craniofacial.

TRATAMENTO DAS FUNÇÕES OROFACIAIS NO RECÉM-NASCIDO A TERMO

O tratamento fonoaudiológico em recém-nascidos a termo é voltado à intervenção precoce ou prevenção de problemas, considerando a sua heterogeneidade e risco[1]. Infelizmente temos limitação de evidências científicas no trabalho com tais funções nessa faixa etária. Várias revisões de literatura apontam para a diversidade de metodologias, tamanho de amostras e abordagens terapêuticas, evidenciando a necessidade da realização de ensaios clínicos controlados randomizados com boa qualidade metodológica para assegurar recomendações eficazes[1]. Por isso, é importante saber o nível de intervenção necessária para cada etapa, considerando que os princípios de aprendizagem sensório-motora e a plasticidade neural respaldam o planejamento terapêutico do profissional fonoaudiólogo.

Nos bebês nascidos a termo é possível realizar modificações posturais durante a amamentação, adequações da pega, suporte à translactação ou relactação, e orientação em relação ao desenvolvimento oral normal. Bebês que apresentam refluxo gastroesofágico se beneficiam da posição em prona ou de serem segurados deitados na lateral esquerda, diminuindo os riscos de que o conteúdo gástrico retorne. Os profissionais podem, também, orientar o uso de travesseiros ou almofadas para melhor acomodar o bebê.

Podem ser orientadas modificações ambientais, de posição, de comunicação, de modificações do alimento (temperatura do leite ou mesmo do sabor da fórmula ofertada), bem como mudanças no intervalo de tempo para oferta do leite materno/fórmula e/ou variação no volume da oferta.

Quando o bebê apresentar dificuldades na amamentação relacionadas à deglutição, intervenções específicas podem ser necessárias, como uso de bicos alternativos com diferentes intensidades de fluxo.

Qualquer intervenção envolvendo estimulação oral (toque, cheiro, som, texturas, temperaturas, luminosidade) ou exercícios orais pode ser invasiva e até aversiva para o bebê, levando ao estresse. Diante de sinais de estresse, a estimulação deve ser descontinuada[1].

As seguintes estratégias facilitadoras podem ser adaptadas para bebês no trabalho com as estruturas orais[1]:

- Mandíbula: nessa fase a estabilidade mandibular é básica para a deglutição. Na presença de instabilidade, é comum a presença de excursão lateral ou anterior da mandíbula. Atividades facilitadoras como orientar o cuidador, depois de acomodar bem o bebê no seu colo, a colocar o dedo médio embaixo do queixo e o indicador entre o queixo e o lábio inferior, podem facilitar a estabilidade mandibular.
- Lábios: a retração labial pode estar presente, especialmente em bebês com hipertonicidade. Atividades como vibração suave e rítmica ou "*tapping*" (batidas suaves com a ponta dos dedos) aplicadas às bochechas podem reduzir a retração labial. A estimulação deve sempre ser seguida por atividade funcional como sucção não nutritiva ou nutritiva.
- Língua: a ação da língua deve ser forte e coordenada para executar as funções orais, especialmente a deglutição. Estimulação oral e motora para facilitar a ação da língua tem sido o foco de intervenções em bebês que apresentam língua protraída, retraída ou com flacidez. Desvios de movimento ou limitação também podem ser vistos. Quando a língua está projetada em posição muito anterior, passando dos rodetes gengivais, será difícil introduzir o bico do peito/mamadeira. Pode ser resultado do tônus extensor presente em alguns bebês, da falta de patência na via respiratória[1,9], ou mesmo indicar um posicionamento baixo de língua na cavidade oral decorrente da anquiloglossia. Quando não associado à anquiloglossia, as modificações posturais podem auxiliar para otimizar a estabilidade de cabeça e de tronco; e o vedamento labial pode ser estimulado com o apoio de mão em mandíbula. Leves toques nos rodetes gengivais laterais também podem estimular a ação lateral da língua, reduzindo a sua propulsão anterior. É importante salientar que se o fator causal da língua projetada for a falta de patência nasal, por exemplo, uma obstrução nasal causada por secreção, orienta-se realizar a lavagem nasal com soro fisiológico a 0, 9% com a dosagem prescrita pelo médico responsável. A posição de língua retraída pode ser trabalhada com movimentos de pressão leves e suaves da região posterior para anterior, repetidamente, sempre evitando estimular a parte posterior da língua para não elicitar reflexo de vômito.
- Bochechas: os bebês precisam de tônus adequado de bochechas para manter o conteúdo alimentar dentro da cavidade oral. Problemas como diminuição do tônus ou da sensibilidade afetam o funcionamento dos lábios, podendo levar à falta de controle de saliva. Estimulação com "*tapping*" suave na região da articulação temporomandibular pode estimular a estabilidade mandibular, sempre seguida de uma atividade funcional, como a sucção.
- Palato mole: tem um papel fundamental na deglutição. Quando se eleva e retrai, fecha a passagem

nasal para o início da deglutição faríngea. No caso de incoordenação presente durante a fase faríngea da deglutição, mesmo sem alterações estruturais, pode haver refluxo nasal. Nesses casos, para alguns bebês, manter a posição vertical pode auxiliar na amamentação, para outros a posição semiprona também pode facilitar para não haver refluxo nasal.

Com relação ao frênulo lingual em neonatos e lactentes, o fonoaudiólogo realiza o diagnóstico da limitação do movimento da língua e seu impacto no desempenho das funções orofaciais, podendo sugerir a intervenção cirúrgica e realizar o seguimento pós-cirúrgico, quando necessário, usando recursos terapêuticos adequados, com base em evidências científicas[13]. Ao cirurgião, cabe o papel de avaliar as reais condições clínicas e comorbidades do paciente; as condições de segurança e adequação do ambiente cirúrgico; e as condições da anatomia cirúrgica do frênulo lingual.

Uma revisão sistemática[14] mostrou que a opção cirúrgica para tratar casos de anquiloglossia é mais eficaz para melhorar os sintomas causados pela anquiloglossia e sugere a atuação de uma equipe interdisciplinar nestes casos.

O consenso sobre anquiloglossia da *American Academy of Otolaryngology – Head and Neck Surgery* mostrou que termos como "frenotomia", "frenectomia" e "frenuloplastia" têm sido frequentemente usados de

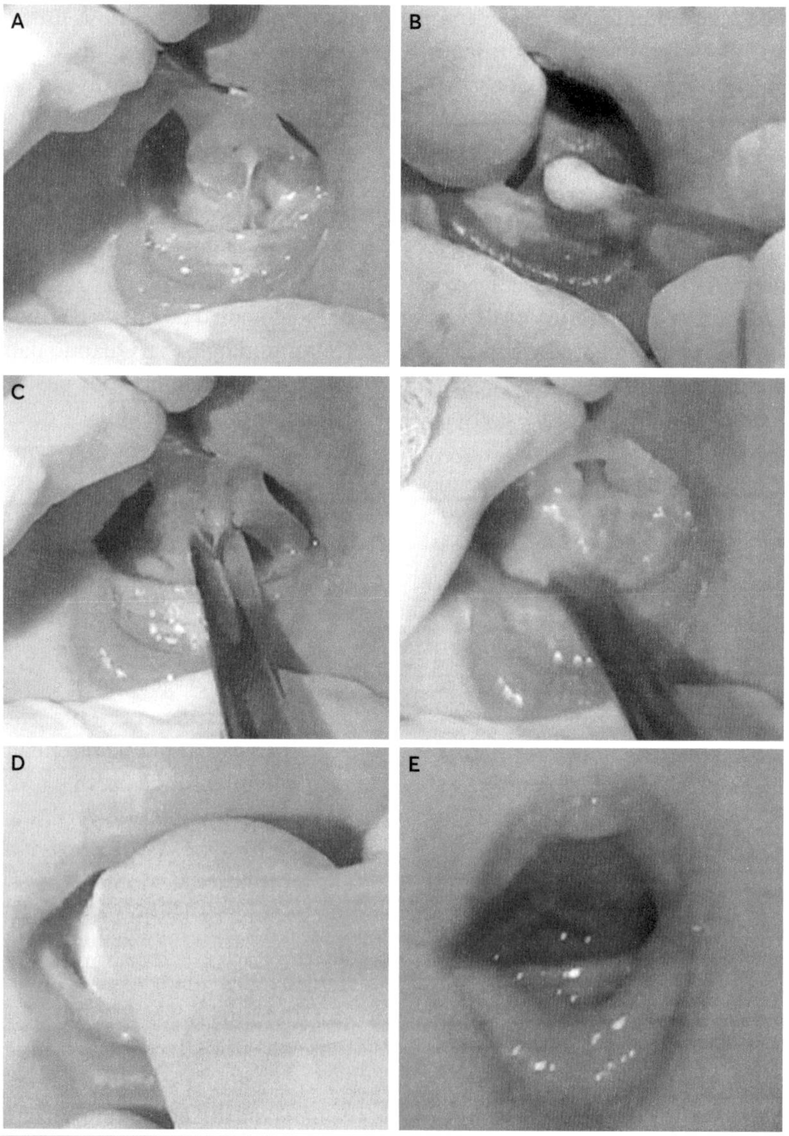

FIGURA 4 (A) Frênulo exposto com o uso da tentacânula. (B) Aplicação de anestésico tópico. (C) Corte do frênulo lingual. (D) Empuxe manual. (E) Pós-cirúrgico imediato sem sangramento após amamentação.
Fonte: arquivo pessoal de Reinaldo Gusmão.
Versão colorida da figura encontra-se na plataforma de conteúdo complementar do livro.

forma inapropriada, porém são técnicas distintas[15]. A frenotomia, que é mais usada em neonatos e lactentes, é uma incisão utilizando um instrumento frio (tesoura ou bisturi) no frênulo lingual; a frenectomia é o termo usado para descrever a remoção do frênulo lingual; e o termo frenuloplastia refere-se a uma incisão do frênulo lingual com um rearranjo do tecido (por exemplo, horizontal para vertical, z-plastia)[15].

Segundo o consenso, não há evidências suficientes para apoiar a superioridade de uma técnica específica, considerando o uso de bisturi, tesoura, *laser* ou eletrocautério[15].

Não há indicação para incisões profundas no músculo durante a cirurgia. Incisões mais profundas levariam ao aumento da dor e inflamação local e aumento do risco de cicatrizes significativas. O risco de lesão neural temporária ou permanente é maior quando a incisão é profunda, realizada com qualquer ferramenta que utilize energia térmica (que é absorvida pelos tecidos subjacentes) e/ou qualquer procedimento em que a incisão se estenda amplamente a partir da linha média[16].

A frenotomia lingual é o procedimento de escolha para o tratamento da anquiloglossia em lactentes, devendo a frenectomia e a frenuloplastia terem suas indicações para casos mais específicos. A criança é posicionada diretamente de frente para o cirurgião, no colo da mãe/responsável. O ato anestésico pode ser local ou tópico. Após a ação do anestésico, é realizada a elevação e retração da língua com uma tentacânula, para expor o frênulo. Com uma tesoura curva, preferencialmente de ponta romba, é realizada a "tomia" (secção) perpendicular ao eixo maior do frênulo, acima das carúnculas sublinguais, com posterior divulsão dos tecidos, que pode ser realizada com o dedo indicador do cirurgião, o que ajuda também na hemostasia (Figura 4).

O sangramento após a frenotomia geralmente é escasso, sendo controlado com pressão, se necessário. Ao término da cirurgia, a intervenção da equipe interdisciplinar é importante para as orientações dos cuidados imediatos e a amamentação. Para a tranquilidade dos pais e maior conforto do bebê pode-se prescrever analgésicos, ficando a critério da família seu uso ou não.

Embora as complicações da frenotomia lingual sejam raras, os pais devem ser orientados de que podem ocorrer[17]. Faltam evidências que sustentem a prescrição de manipulação manual ou alongamento no local da incisão após o procedimento cirúrgico[15]. Da mesma forma, não há evidências que sustentem o uso de substâncias tópicas aplicadas na área da incisão após a realização da frenotomia lingual[18].

CONCLUSÃO

O desenvolvimento das funções orofaciais do recém-nascido se inicia na vida intrauterina e desempenha um papel vital na alimentação e no crescimento global.

As publicações disponíveis são escassas em relação à terapêutica com o recém-nascido a termo saudável. Neste capítulo, portanto, as informações apresentadas na literatura foram adaptadas para essa faixa etária, citando alguns aspectos importantes a serem considerados na avaliação, bem como estratégias de intervenção.

O mais importante no trabalho com bebês é garantir a segurança de nossas ações. Mesmo quando se trata de bebês com pequenos atrasos e na ausência de quadros de saúde que demandem cuidado maior, o risco deve ser sempre considerado. Condutas fonoaudiológicas desnecessárias devem ser evitadas e a nutrição, independentemente da via planejada, deve ser garantida para o desenvolvimento saudável do bebê.

REFERÊNCIAS BIBLIOGRÁFICAS

1. Arvedson JC, Brodsky M, Lefton-Greif MA. Pediatric swallowing and feeding assessment and management. San Diego: Plural Publishing Inc.; 2020.
2. Viswanathan S, Jadcherla S. Feeding and swallowing difficulties in neonates: developmental physiology and pathophysiology. Clin Perinatol. 2020 Jun;47(2):223-41.
3. Lau C. Development of suck and swallow mechanisms in infants. Ann Nutr Metab. 2015;66 Suppl 5(0 5):7-14.
4. Geddes DT, Gridneva Z, Perrella SL, Mitoulas LR, Kent JC, Stinson LF, et al. 25 years of research in human lactation: from discovery to translation. Nutrients. 2021 Aug 31;13(9):3071.
5. Cannon AM, Sakalidis VS, Lai CT, Perrella SL, Geddes DT. Vacuum characteristics of the sucking cycle and relationships with milk removal from the breast in term infants. Early Hum Dev. 2016 May;96:1-6.
6. Campanha SMA, Martinelli RLC, Palhares DB. Medidas antropométricas orofaciais de recém-nascidos e sua relação com sexo, peso e altura. CoDAS. 2022;34(1):e20200114.
7. Mosele PG, Santos JF, Godói VC, Costa FM, Toni PM, Fujinaga CI. Instrumento de avaliação da sucção do recém-nascido com vistas à alimentação ao seio materno. Rev CEFAC. 2014;16(5):1548-57.
8. Alves YVT, Santos JC de J, Barreto ID de C, Fujinaga CI, Medeiros AMC. Avaliação da sucção não nutritiva de recém-nascidos a termo e sua relação com o desempenho da mamada. Rev Bras Saude Mater Infant. 2019Jul;19(3):621-30.
9. Campanha SMA, Martinelli RLC, Palhares DB. Associação entre posição de língua, lábios e respiração em recém-nascidos. CoDAS. 2023;35(5):e20220049.
10. Martinelli RLC, Marchesan IQ, Lauris JR, Honório HM, Gusmão RJ, Berretin-Felix G. Validation of the Lingual Frenulum Protocol for infants. Int J Orofacial Myology. 2016;42:5-13.

11. Martinelli RLC, Marchesan IQ, Lauris JR, Honório HM, Gusmão RJ, Berretin-Felix G. Validade e confiabilidade da triagem: "teste da linguinha". Rev CEFAC. 2016 Nov-Dez;18(6):1323-31.
12. Medeiros AMC, Marchesan IQ, Genaro KF, Barreto IDC, Berretin-Felix G. Protocolo MMBGR – lactentes e pré-escolares: exame clínico miofuncional orofacial. CoDAS. 2022;34(5):e20200325.
13. Conselho Federal de Fonoaudiologia. Resolução CFFa n. 661, de 30 de março de 2022. Dispõe sobre a atuação do fonoaudiólogo no aleitamento materno. Diário Oficial da União de 14 de abril de 2022 Ed. 72, seção 1 p. 524.
14. Miranda PP, Cardoso CL, Gomes E. Interventions in the alteration on lingual frenum: systematic review. Int Arch Otorhinolaryngol. 2016 Jul;20(3):275-80.
15. Messner AH, Walsh J, Rosenfeld RM, Schwartz SR, Ishman SL, Baldassari C, et al. Clinical consensus statement: ankyloglossia in children. Otolaryngol Head Neck Surg. 2020 May;162(5):597-611.
16. Mills N, Keough N, Geddes DT, Pransky SM, Mirjalili SA. Defining the anatomy of the neonatal lingual frenulum. Clin Anat. 2019 Sep;32(6):824-35.
17. Dhir S, Landau BP, Edemobi S, Meyer AK, Durr ML. Survey of pediatric otolaryngology frenotomy practice patterns. Laryngoscope. 2022 Dec;132(12):2505-12.
18. LeFort Y, Evans A, Livingstone V, Douglas P, Dahlquist N, Donnelly B, et al. Academy of Breastfeeding Medicine position statement on ankyloglossia in breastfeeding dyads. Breastfeed Med. 2021 Apr;16(4):278-81.

73

Distúrbio alimentar pediátrico: sinais de alerta, avaliação e conduta fonoaudiológica

Patrícia Junqueira
Manuela Leitão de Vasconcelos

PONTOS-CHAVE

- O distúrbio alimentar pediátrico (DAP) é a situação na qual a criança não tem a ingestão oral adequada para a idade, podendo estar associado a disfunção médica, nutricional, da habilidade alimentar e/ou psicossocial.
- O conhecimento pelo fonoaudiólogo dos sinais de alerta para o desenvolvimento do DAP é importante para a prevenção de tais distúrbios, bem como para o diagnóstico e intervenção precoces.
- É necessário que o fonoaudiólogo busque capacitação para auxiliar na avaliação e conduta terapêutica nesses casos.

OBJETIVOS DE APRENDIZAGEM

Ao final deste capítulo, o leitor deverá ser capaz de:

- Identificar os principais sinais de alerta para DAP.
- Reconhecer a atuação do fonoaudiólogo na DAP.
- Valorizar o diagnóstico e o trabalho em equipe multiprofissional para o tratamento do DAP.

INTRODUÇÃO

A alimentação está presente em todo o ciclo de vida, tendo início com a amamentação e seguindo com o desenvolvimento das habilidades necessárias e as oportunidades do ambiente para o contínuo aprendizado alimentar da criança[1]. Ou seja, o bebê que inicia sua alimentação pela sucção desenvolve gradativamente habilidades para aprender a comer e mastigar, participando do momento de refeição em família[2-4].

Sabe-se que a alimentação é um processo complexo que exige interação de diversos sistemas[5,6]. Além disso, é importante destacar que a alimentação "(...) é um ato cultural que envolve relações, hábitos e formas de preservar e transmitir tradições e conhecimentos"[2].

Portanto, o profissional que atua com a população pediátrica precisa considerar a complexidade da alimentação[5] para além das questões nutricionais, considerando também os aspectos ambientais, culturais e familiares envolvidos nesse processo[2,7,8]. Portanto, pode-se dizer que o trabalho fonoaudiológico com a alimentação exige do profissional não apenas conhecimento específico de estruturas e funções orais, mas também de todo o contexto familiar, dinâmicas alimentares e processos cognitivos e orgânicos envolvidos.

Os aspectos supracitados são importantes e, portanto, devem ser considerados no processo de avaliação, diagnóstico e direcionamento da intervenção em quadros de dificuldades na alimentação. O primeiro passo para qualquer possibilidade de atuação é saber identificar quando há ou não um problema. Por isso, entender o desenvolvimento alimentar do ponto de vista amplo e sistêmico nos ajudará no caminho da detecção precoce[7].

Atualmente, o fonoaudiólogo tem se deparado com um público crescente de crianças com dificuldades no processo de alimentação. Crianças típicas e com atraso no desenvolvimento de diferentes faixas etárias têm sido direcionadas para os consultórios desses profissionais com a queixa de "dificuldade" e ou "seletividade" alimentar.

O aumento dessa demanda específica de pacientes não foi equivalente ao número de profissionais capacitados para lidar com essa população. Além disso, os currículos das especializações em Motricidade Orofacial e Disfagia não contemplam a formação necessária para atuação com dificuldades alimentares na sua complexidade. O profissional que pretende atuar com essas crianças precisa de uma formação mais ampla da alimentação, que contemple não apenas a habilidade oral para comer, mas também os aspectos sensoriais, nutricionais, motores globais, de aprendizagem, culturais, familiares e psicossociais envolvidos[1].

Pesquisa recente realizada em 42 municípios de abrangência da Macrorregião Centro-Oeste do Rio Grande do Sul sobre o conhecimento de fonoaudiólogos sobre a atuação no DAP aponta que a maioria dos entrevistados sente insegurança para atuar com o tema[9]. Oferecer um trabalho terapêutico voltado a esses pacientes exige ampliação da formação e capacitação[1].

Este capítulo visa apresentar os distúrbios alimentares pediátricos, pontuando: (i) a importância de entender a alimentação de forma integral; (ii) a identificação dos sinais de alerta e diagnóstico precoce; (iii) a definição do DAP; e (iv) os quatro domínios para avaliação e tratamento. Além disso, por meio de um caso clínico, apresenta a possibilidade de diagnóstico sob uma perspectiva sistêmica e responsiva que considere a complexidade do aprendizado alimentar.

ENTENDENDO O DISTÚRBIO ALIMENTAR PEDIÁTRICO (DAP)

O DAP é uma situação frequente para profissionais da saúde que lidam com crianças. Estima-se que esteja presente em 25% das crianças em algum momento da vida, sendo que a maior parte pode ser classificada como dificuldades leves ou erro de interpretação dos pais de situações normais da infância, como, por exemplo, diminuição de apetite em um quadro infeccioso ou neofobia própria da idade. Apenas 1% a 5% dessas crianças terão um quadro mais evidente com necessidade de acompanhamento especializado transdisciplinar em distúrbio alimentar[1].

O início típico dos sintomas do DAP pode ocorrer em qualquer fase da infância, sendo mais prevalente ao redor dos seis meses aos quatro anos de vida. São descritos na literatura alguns fatores de risco: prematuridade, autismo, alergias alimentares e a encefalopatia crônica não evolutiva (ECNE), que acarretam risco de 30% a 80% para se desenvolver dificuldade alimentar em algum momento da vida.

Nesse contexto, a identificação de sinais de alerta auxilia o diagnóstico precoce de dificuldades na alimentação[7]. Na literatura são apresentados alguns desses sinais[7]:

- Dificuldades com sucção, deglutição e mastigação.
- Náusea e vômitos frequentes durante ou após as refeições.
- Recusa de alimentos apropriados à sua idade.
- Dificuldade na progressão de consistência alimentar.
- Manifestação de dor ou incômodo ao ser alimentado.
- Falta de interesse pelos alimentos.
- Tempo de refeição maior do que 30 min.
- Necessidade de distração para comer.
- Alimentação noturna.

Em 2019, Goday et al.[5] apresentaram um consenso que trouxe uma definição unificada e tem sido cada dia mais utilizada em publicações, auxiliando na definição desse distúrbio tão complexo.

Segundo o consenso, a DAP é a situação de uma criança que não tenha ingestão oral adequada para a idade, associada a alguma disfunção médica, nutricional, da habilidade alimentar e/ou psicossocial[5]. Essa condição é complexa e multifatorial, necessitando, muitas vezes, de mais de um profissional para seu diagnóstico, tratamento e acompanhamento.

O fonoaudiólogo exerce um papel fundamental de auxílio a essas crianças. Considerando que a população infantil passa por modificações estruturais importantes[3], as características específicas de cada fase precisam ser contempladas para o auxílio adequado. Outro aspecto importante a ser considerado na atuação fonoaudiológica em DAP é o fato de que o ato de comer transcende questões anatômicas e fisiológicas, pois está inserido em um contexto social e cultural, de aprendizagem, emocional, de oportunidades e afetividade familiar.

Os quatro domínios dos distúrbios alimentares pediátricos para avaliação e o tratamento

O novo consenso proposto por Goday et al.[5] estabelece uma estrutura para o diagnóstico da DAP com base nos quatro domínios – médico, nutricional, habilidade para comer e psicossocial – subjacentes e recomenda que equipes transdisciplinares se concentrem em todos os quatro para uma intervenção bem-sucedida (Figura 1).

Nesse quadro, o funcionamento em cada domínio depende dos outros, e a disfunção em um domínio influencia os demais.

O estudo de caso a seguir demonstra essa relação, apresentando como na prática podemos considerar a incorporação desses domínios em uma avaliação global que impulsione diagnóstico e efetivo gerenciamento da DAP.

ESTUDO DE CASO – D.O.

D.O. tem 18 meses de idade e evita alimentos sólidos mastigáveis, tem ingestão oral limitada (prefere purês e leite na mamadeira) e vomita frequentemente após e entre as refeições.

D.O. nasceu a termo, sem complicações e recebeu aleitamento materno exclusivo nos primeiros seis meses de vida sem problemas. Quando seus pais introduziram alimentos sólidos, ele virava a cabeça, chorava e engasgava. Ele acabou aceitando pequenas quantidades de purês, mas nunca progrediu além disso.

Sua nutrição e hidratação diárias incluíam no almoço e jantar purês de frutas e 250 mL de fórmula por mamadeira de 3 a 4 vezes ao dia.

Seus pais, angustiados com a falta de ingestão e os vômitos, saem de casa apenas para consultas médicas. Relatam evitar situações sociais pois é muito estressante estar perto da família e dos amigos.

Domínio médico

Identificar as condições médicas subjacentes que podem contribuir para as dificuldades alimentares de uma criança é essencial para fornecer intervenções eficazes e evitar tratamentos desnecessários. Por exemplo, uma criança com doença do refluxo gastroesofágico (DRGE) pode sentir desconforto durante a alimentação, o que pode levar à recusa de alimentos. O fonoaudiólogo necessita trabalhar em estreita colaboração com o pediatra ou gastroenterologista de uma criança para que os sintomas sejam controlados.

Os pais de D.O. descreveram eczema e reações cutâneas que começaram na infância e pioraram após o início dos alimentos sólidos, o que levou a uma consulta com um alergista pediátrico. D.O. também consultou um gastroenterologista pediátrico que tentou vários medicamentos sem sucesso para suspeita de DRGE.

A endoscopia digestiva alta revelou esofagite eosinofílica (EoE) grave. Os médicos recomendaram a remoção dos principais alérgenos da dieta da criança, iniciando tratamento medicamentoso específico para EoE.

Domínio nutricional

Muitas crianças com DAP correm risco de desnutrição. É importante o fonoaudiólogo saber considerar e encaminhar ao nutricionista para que avalie as neces-

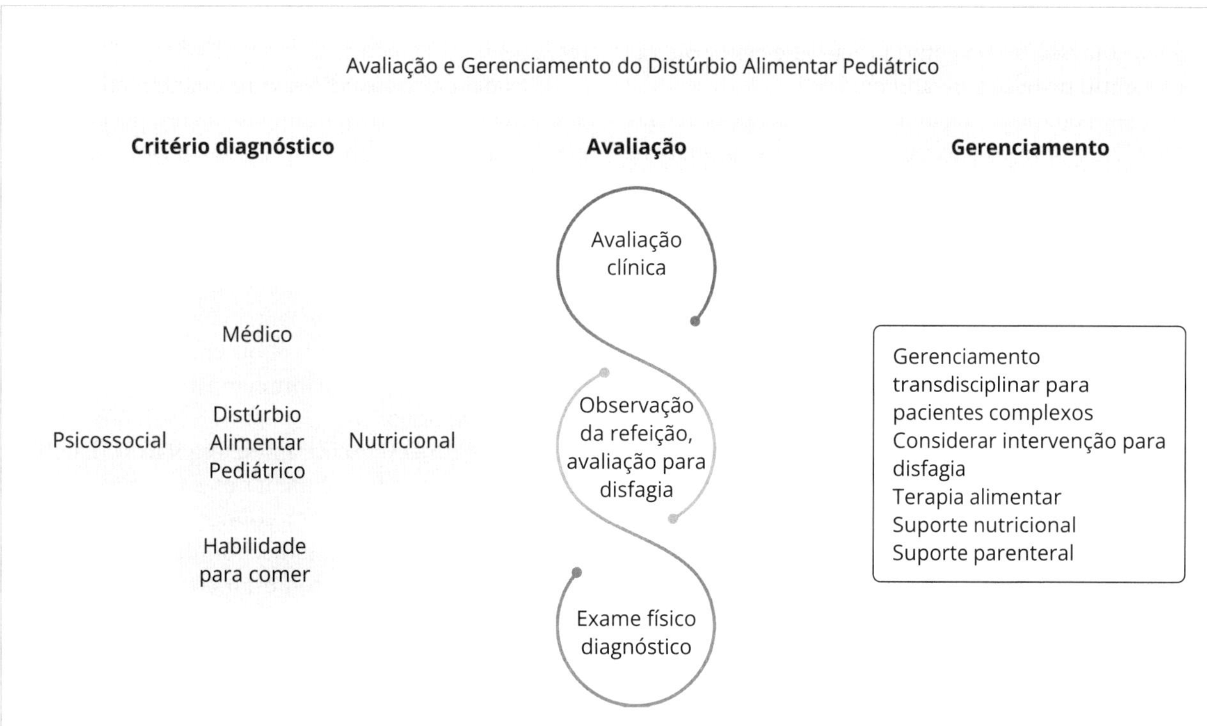

FIGURA 1 Avaliação e gerenciamento do distúrbio alimentar pediátrico.
Fonte: adaptada de Dharmaraj R et al., 2023[6].

sidades nutricionais da criança e desenvolva um plano de alimentação para atender às suas necessidades.

Por exemplo, uma criança que não está ganhando peso de forma adequada pode necessitar de uma fórmula com elevado teor calórico ou de suplementos especiais para garantir uma nutrição adequada. Sem esses ajustes nutricionais iniciais, os pais poderão não se sentir seguros para aderir a processos terapêuticos focados apenas no sistema sensório-motor-oral. É válido destacar que a queixa inicial da família é sempre a preocupação com a falta e a diversidade de alimentos aceitos pela criança. Iniciar processos terapêuticos sem gerenciar o ajuste nutricional pode impactar na adesão ao tratamento fonoaudiológico.

No caso do paciente D.O., após o tratamento medicamentoso e orientação nutricional, ele começou a se interessar mais pelas refeições – porém continuou abaixo do peso.

Nesse caso é importante pontuar que a contribuição da nutricionista foi essencial para encontrar maneiras de aumentar as calorias dos alimentos de que D.O. gostava e apoiar a inclusão de um suplemento de fórmula complementar para atender às suas necessidades de vitaminas e minerais.

Por outro lado, o fonoaudiólogo auxiliou os pais com a rotina e os horários das refeições. Também contribuiu para criar um ambiente de refeições que proporcionasse curiosidade e motivação pelos alimentos. Outro aspecto importante foi o fato de tranquilizar a família para que não exercesse mais pressão para que a criança comesse, assim como procurasse evitar distrativos e o uso de telas para alimentá-lo.

O fonoaudiólogo acolheu as inseguranças da família e junto com os pais buscou maneiras gradativas para alcançar os pilares de uma alimentação responsiva (autonomia, curiosidade e motivação intrínseca).

Domínio de habilidade para comer

Doenças ou atrasos no desenvolvimento relacionados às estruturas orais e faríngeas e ao funcionamento sensorial e/ou motor podem levar a habilidades alimentares prejudicadas. Uma disfunção baseada em habilidades pode ser caracterizada como alimentação oral insegura (por exemplo, aspiração), atraso nas habilidades alimentares (dieta modificada) ou alimentação oral ineficiente (refeições prolongadas). Uma criança que necessita de líquidos levemente espessos, por exemplo, pode não ter habilidade para engolir líquidos ralos e precisará de intervenção oral e faríngea baseada em habilidades.

A alimentação é uma experiência sensório-motora, por isso é essencial que o fonoaudiólogo considere ambos os tipos de informações ao mesmo tempo em que visa as habilidades de alimentação do paciente.

A falta de experiência de D.O. com alimentos sólidos mastigáveis resultou em atraso nas habilidades motoras orais e na hipersensibilidade ao tato e ao paladar, que se tornou alvo da terapia alimentar.

As memórias aversivas e dolorosas desde a introdução alimentar associadas à pressão dos pais para "fazê-lo comer" resultaram em comportamentos aversivos e recusa a novos alimentos. Todos esses aspectos também devem fazer parte da terapia fonoaudiológica, tanto no que tange a orientação parental, quanto a estratégias em terapia que proporcionem bem-estar e um ambiente propício à aprendizagem. Por exemplo, não há como desejar comer se a criança apresenta vômitos frequentes, engasgos e dor antes, durante ou após ser alimentado.

Domínio psicossocial

Quais são as respostas emocionais e comportamentais de uma família à alimentação? De acordo com o Consenso[5], a disfunção nos fatores de desenvolvimento, sociais e ambientais pode levar a aversões alimentares aprendidas (como estresse e angústia na criança e/ou cuidador na hora das refeições), comportamentos perturbadores, excesso de seletividade alimentar, distrativos ou uso de alimentos inapropriados.

Por exemplo, um pai pode estimular uma criança a aumentar a ingestão oral, apesar dos sinais de saciedade da criança, resultando em desconforto durante as refeições.

O papel do fonoaudiólogo no manejo com o DAP necessita transcender o momento da terapia em si com a criança. O trabalho com a família deve anteceder qualquer intervenção mais direta com o paciente.

O fonoaudiólogo pode atuar com a família do paciente para desenvolver um ambiente de alimentação positivo e para abordar questões emocionais ou comportamentais que possam contribuir para as dificuldades alimentares da criança – ou em casos mais complexos pode precisar encaminhar a criança e a família para um psicólogo.

Os pais de D.O. sentiram-se esgotados depois de lidarem com aversões alimentares e comportamentos perturbadores (empurrar a comida para longe, chorar para sentar-se no cadeirão, vômitos etc.) e ficaram muito preocupados em como manter as necessidades nutricionais do filho. Eles sentiam falta da família, dos amigos e da rotina social, mas temiam o esforço necessário para lidar com as dificuldades alimentares de D.O. para sair de casa por uma ou duas horas.

Quando o fonoaudiólogo de D.O. discutiu com eles a importância de cuidarem da saúde mental, eles inicialmente hesitaram por ser algo mais para adicionar às suas agendas, mas depois de fazerem progressos médicos e na terapia alimentar, perceberam que precisavam cuidar de si mesmos também. Eles compreenderam que algumas das suas estratégias para aumentar a ingestão de D.O. contribuíram para os seus comportamentos de recusa e aprenderam a incorporar mecanismos saudáveis na sua rotina diária e nos momentos de refeição em família.

Com o trabalho árduo dos seus pais e o apoio da equipe, a alimentação de D.O. – e o bem-estar da família – continuam a melhorar constantemente.

Importante ressaltar que nem todas as crianças terão deficiências em todas as áreas. Uma abordagem que avalie de forma abrangente os quatro domínios subjacentes a DAP pode garantir que as crianças e as famílias recebam os cuidados adequados, necessários para obter ótimos resultados.

CONCLUSÃO

A alimentação é um comportamento aprendido que acontece nos primeiros anos de vida. A identificação precoce de possíveis sinais de risco para esse desenvolvimento é responsabilidade do fonoaudiólogo que lida com a população pediátrica.

Já os distúrbios alimentares pediátricos quando presentes são complexos e de difícil diagnóstico e tratamento. O fonoaudiólogo que deseja atuar com essa crescente população de bebês e crianças com desafios alimentares necessita de capacitação e formação especializada.

REFERÊNCIAS BIBLIOGRÁFICAS

1. Resolução CFFa n. 659 de 30 de março de 2022. Dispõe sobre as Diretrizes da Atuação Fonoaudiológica nos Distúrbios Alimentares Pediátricos e dá outras providências. [Internet]. Diário Oficial da União. 2022, abril. Disponível em: https://www.fonoaudiologia.org.br/resolucoes/resolucoes_html/CFFa_N_659_22.htm.
2. Brasil. Ministério da Saúde. Secretaria de Atenção Primária à Saúde. Departamento de Promoção da Saúde. Guia alimentar para crianças brasileiras menores de 2 anos. Brasília: Ministério da Saúde; 2019.
3. Felício CM. Motricidade orofacial: teoria, avaliação e estratégias terapêuticas. São Paulo: Editora da Universidade de São Paulo; 2020.
4. Medeiros AMC, Jardim-Botelho A, Santos SEM, Lopes ASA. Feeding methods and weight evolution in newborns with congenital microcephaly due for Zika Virus. Audiol Commun Res. 2021;26:e2395.
5. Goday PS, Huh SY, Silverman A, Lukens CT, Dodrill P, Cohen SS, et al. Pediatric feeding disorder – consensus definition and conceptual framework. JPGN. 2019;68(1):124-9.
6. Dharmaraj R, Elmaoued R, Alkhouri R, Vohra P, Castillo RO. Evaluation and management of pediatric feeding disorder. Gastrointest Disord. 2023;5:75-86.
7. Junqueira P. Por que meu filho não quer comer? Uma visão além da boca e do estômago. 2. ed revisada e ampliada. Bauru: Idea Editora; 2023.
8. Morris SE, Junqueira P. A criança que não quer comer: compreenda as interconexões do seu universo para melhor ajudá-la. 1. ed. Bauru: Idea Editora; 2019.
9. Zingler AS, Mesquita DD, Gonçalves MS, Bolzan GP. Conhecimento de fonoaudiólogos sobre a atuação no distúrbio alimentar pediátrico. Audiol Commun Res. 2022;27:e2572.

Distúrbios Miofuncionais Orofaciais em pacientes ortodônticos: diagnóstico e tratamento

Ana Carolina Rocha Gomes Ferreira
Daniele Andrade da Cunha
Erika Henriques de Araujo Alves da Silva
Erissandra Gomes

PONTOS-CHAVE

- No Distúrbio Miofuncional Orofacial (DMO) a musculatura está alterada, com modificações nas estruturas e funções orofaciais.
- O fonoaudiólogo precisa conhecer os princípios básicos das alterações ortodônticas e relacionar com o DMO.
- Após a avaliação, o fonoaudiólogo traça o planejamento para o Tratamento Miofuncional Orofacial (TMO) com treino muscular e funcional para a respiração, a mastigação, a deglutição e a fala.

OBJETIVOS DE APRENDIZAGEM

Ao final deste capítulo, o leitor deverá ser capaz de:

- Fundamentar o Distúrbio Miofuncional Orofacial (DMO) em pacientes ortodônticos.
- Subsidiar o embasamento teórico sobre o diagnóstico fonoaudiológico em pacientes ortodônticos.
- Embasar teoricamente o raciocínio clínico no tratamento fonoaudiológico em pacientes ortodônticos.

INTRODUÇÃO

O Distúrbio Miofuncional Orofacial (DMO) é definido como qualquer alteração que envolva a musculatura oral, facial e/ou cervical que interfira no crescimento, desenvolvimento ou funcionamento das estruturas e funções orofaciais[1]. Essa condição clínica pode estar associada a alterações de forma das estruturas orofaciais, muitas vezes decorrentes de patologias que envolvem tratamento nas áreas médicas e/ou odontológicas, necessitando da atuação fonoaudiológica de maneira interdisciplinar.

Nos casos de pacientes ortodônticos, o diálogo entre dentistas e fonoaudiólogos é essencial para compreensão da relação entre a alteração oclusal e o DMO, assim como para o diagnóstico preciso e a definição das metas e condutas a serem aplicadas no tratamento na área da Motricidade Orofacial (MO).

O objetivo do presente capítulo é abordar o DMO em pacientes ortodônticos, bem como proporcionar o embasamento teórico sobre o diagnóstico e o raciocínio clínico no tratamento fonoaudiológico. Para isso, optou-se por apresentar a estrutura do capítulo em três seções: na primeira sobre as alterações ortodônticas e o impacto do DMO nas estruturas e/ou funções do Sistema Estomatognático (SE); na segunda sobre o diagnóstico fonoaudiológico pela avaliação clínica e complementar, bem como os encaminhamentos; e na terceira descrevemos o tratamento fonoaudiológico por meio da Terapia Miofuncional Orofacial (TMO).

ALTERAÇÕES ORTODÔNTICAS

As alterações ortodônticas (esquelética, dentária e/ou funcional) estão entre as anomalias dentofaciais mais prevalentes. Para o diagnóstico odontológico é realizada a análise morfológica da face e analisada a presença de discrepâncias esqueléticas, padrão facial e a relação dos arcos dentários. A maloclusão está presente nas anormalidades dentárias e/ou na relação alterada entre maxila e mandíbula[2].

A classificação de oclusão de Angle analisa as relações entre os primeiros molares permanentes: Classe I (neutroclusão); Classe II (distoclusão) – divisão I e II; Classe III (mesioclusão). Os tipos de mordidas são classificados em: vertical (mordida aberta, sobremordida, mordida em topo), transversal (mordida cruzada posterior) e horizontal (mordida em topo, sobressaliência, mordida cruzada anterior). O tipo facial em: padrão I – face reta ou ortognata, padrão II – face convexa ou retrognata e padrão III – face côncava ou prognata[2-4].

Para a correção das maloclusões, a Odontologia se utiliza da Ortodontia e da Ortopedia Funcional dos Maxilares, que são duas especialidades odontológicas com diferentes fundamentos e conceitos, mas com um objetivo único de buscar o equilíbrio do SE atuando de forma preventiva, interceptativa e/ou corretiva[2].

As alterações ortodônticas, que comumente se estabelecem ao longo da infância e adolescência, podem gerar modificações nos padrões miofuncionais orofaciais com adaptações musculares das estruturas orais e na realização das funções orofaciais[5,6]. No Quadro 1 está descrita a caracterização da estrutura/musculatura e das funções orofaciais nas alterações verticais excessivas e negativas; no Quadro 2, nas alterações transversais; e no Quadro 3, nas alterações horizontais, tanto no retrognatismo/trespasse horizontal acentuado quanto no prognatismo/trespasse horizontal negativo.

QUADRO 1 Caracterização da estrutura/musculatura e funções orofaciais nas alterações verticais

Tipo de alteração	Estrutura/musculatura	Função
Excessiva (p. p. ex.: sobremordida)	**Lábios:** frequentemente vedados **Língua:** frequentemente alargada, incoordenada e movimentos com dorso **Bochechas:** tônus aumentado **Mentual:** sem particularidades	**Respiração:** frequentemente nasal **Mastigação:** facilitada, tônus aumentado dos músculos elevadores de mandíbula **Deglutição:** facilitada **Fala:** deslize mandibular anterior e interposição posterior da língua (ceceio lateral)
Negativa (p. ex.: mordida aberta)	**Lábios:** tônus rebaixado, vedados com esforço ou entreabertos **Língua:** entre as arcadas dentárias ou no assoalho da cavidade oral **Bochechas:** tônus rebaixado **Mentual:** com contração excessiva ao realizar o vedamento labial	**Respiração:** frequentemente oronasal **Mastigação:** incisão posterior, tônus rebaixado dos elevadores da mandíbula com comprometimento da trituração e pulverização **Deglutição:** projeção anterior de língua, podendo apresentar mímica facial e anteriorização de cabeça **Fala:** projeção anterior da língua nos linguodentais (/t/, /d/, /n/, /l/) e linguoalveolares (/s/, /z/), assim como distorção nesses últimos

Fonte: as autoras.

QUADRO 2 Caracterização da estrutura/musculatura e funções orofaciais nas alterações transversais

Tipo de alteração	Estrutura/musculatura	Função
Mordida cruzada posterior	**Lábios:** pode haver assimetria **Língua:** frequentemente alargada e entre as arcadas dentárias **Bochechas:** pode haver assimetria **Mentual:** pode estar assimétrico e contraído	**Respiração:** frequentemente oronasal **Mastigação:** frequentemente unilateral, com assimetrias musculares decorrentes do lado mastigatório preferencial **Deglutição:** interposição lateral da língua e participação da musculatura perioral **Fala:** pode haver desvios mandibulares

Fonte: as autoras.

QUADRO 3 Caracterização da estrutura/musculatura e funções orofaciais nas alterações horizontais

Tipo de alteração	Estrutura/musculatura	Função
Retrognatismo/ trespasse horizontal acentuado (p. ex.: sobressaliência)	**Lábios:** tônus rebaixado, entreabertos ou com dificuldade de vedamento com auxílio dos incisivos superiores **Língua:** dorso elevado e posteriorizada e ponta baixa **Bochechas:** tônus rebaixado **Mentual:** com contração excessiva ao realizar o vedamento labial	**Respiração:** frequentemente oronasal **Mastigação:** ciclos mastigatórios rápidos e em número reduzido, com deslize anterior da mandíbula **Deglutição:** interposição anterior da língua e participação da musculatura perioral **Fala:** fonemas bilabiais (/p/, /b/, /m/) produzidos como labiodentais e deslize anterior de mandíbula nos linguoalveolares (/s/, /z/)
Prognatismo/ trespasse horizontal negativo (p. ex.: mordida cruzada anterior)	**Lábios:** dificuldade de vedamento, lábio superior com hiperfunção e lábio inferior com hipofunção e tônus rebaixado **Língua:** tônus rebaixado, aspecto volumoso e postura no assoalho cavidade oral **Bochechas:** tônus rebaixado **Mentual:** com contração excessiva	**Respiração:** frequentemente oronasal **Mastigação:** movimentos verticalizados, utilização do dorso da língua para amassamento, pouca ação dos bucinadores **Deglutição:** projeção anterior da língua e participação da musculatura periorbicular **Fala:** fonemas linguodentais (/t/, /d/) com anteriorização ou contato da língua no lábio superior, labiodentais (/f/, /v/) com lábio superior nos incisivos inferiores e linguoalveolares (/s/, /z/) com elevação do dorso da língua

Fonte: as autoras.

DIAGNÓSTICO FONOAUDIOLÓGICO

Avaliação clínica

A avaliação clínica é a base ou método que nos direciona para o diagnóstico do DMO. Assim, o fonoaudiólogo terá que estar capacitado para conhecer os padrões de normalidade, saber o que avaliar e observar, identificar os desvios de normalidade e interpretar os dados que foram avaliados[7]. Os protocolos AMIOFE e MBGR são os mais utilizados na prática clínica e validados[3,8,9]. Antes da avaliação clínica é relevante abordar os dados da anamnese, considerando aspectos da vida diária e história clínica do paciente[3].

O exame miofuncional orofacial observa: postura de cabeça e de ombros; medidas da face; movimento mandibular e oclusão; análise facial; oroscopia com inspeção de bochechas, língua, palato, tonsilas palatinas, dentes e oclusão; mobilidade, tonicidade e dor à palpação. No que compete às funções: respiração – quanto ao tipo e modo; mastigação – fases incisão, trituração e pulverização, padrão e tempo mastigatório; deglutição – consistências sólida, líquida e líquida dirigida; fala – espontânea, sequências automáticas e nomeação de figuras; voz – *pitch*, *loudness*, tipo de voz e tempos máximos de fonação. Ao final, é necessário o registro por meio de imagens e/ou vídeos e, na finalização do protocolo, realiza-se um resumo dos aspectos avaliados e os escores obtidos na avaliação do exame clínico[3].

Avaliação complementar

A avaliação complementar no DMO em pacientes ortodônticos pode auxiliar na compreensão do quadro com a utilização de instrumentos quantitativos. Como forma complementar pode-se: avaliar a morfometria de cabeça e pescoço por meio da antropometria orofacial; avaliar a biomecânica dos movimentos mandibulares utilizando a eletrognatografia; identificar a temperatura superficial da pele durante as funções orofaciais, utilizando a termografia de superfície; avaliar a atividade elétrica dos músculos envolvidos nas funções em repouso e na execução das mesmas por meio da eletromiografia de superfície; avaliar os movimentos da língua na região intraoral na mastigação, deglutição e fala com a ultrassonografia; ou ainda como métodos alternativos, a palpação digital e a identificação dos pontos motores da face[10].

Encaminhamentos

O fonoaudiólogo poderá elencar os encaminhamentos necessários que proporcionam os esclarecimentos das possíveis causas da DMO e/ou contribuem para a reabilitação terapêutica, como: otorrinolaringologista nos casos de suspeita de alteração do espaço aéreo nasofaríngeo; nutricionista para auxiliar no aporte nutricional; alergologista nos quadros alérgicos; fisioterapeuta caso sejam observadas alterações posturais como rotação de ombros para a frente, hiperextensão cervical, assimetria de ombros e lordose lombar acentuada; entre outros profissionais[8].

TRATAMENTO FONOAUDIOLÓGICO

O primeiro passo para o planejamento terapêutico do DMO é a análise da avaliação fonoaudiológica. De acordo com os parâmetros obtidos na avaliação, o fonoaudiólogo poderá traçar o planejamento do Tratamento Miofuncional Orofacial (TMO), podendo iniciar antes, durante e/ou após as demais intervenções multiprofissionais. O planejamento servirá de base para a elaboração do plano terapêutico diário, que deverá levar em consideração os possíveis limites para a reabilitação. Além disso, o fonoaudiólogo necessita analisar o progresso diário individual do paciente, tendo em vista a otimização do processo terapêutico como um todo. No caso de crianças, os pais e/ou responsáveis devem estar envolvidos no processo terapêutico[3,7].

Treino muscular

Nos casos ortodônticos, frequentemente há necessidade de intervenção na tensão muscular, por meio do treino muscular prévio ao tratamento das funções orofaciais. A escolha dos exercícios dependerá da alteração e das características dentoesqueléticas, entretanto geralmente é necessário o fortalecimento da musculatura dos lábios, da língua e da musculatura elevadora da mandíbula. O paciente deve ser consciente da razão de estar realizando determinado exercício e da importância dele para o desempenho posterior nas funções orofaciais[11]. Recomenda-se respeitar o grau de dificuldade dos exercícios, iniciando pelo isotônico, seguido pelo isométrico e somente após introduzir o de contrarresistência, mas nem sempre há necessidade de se utilizar de todos os tipos de exercícios[12,13].

Em alguns casos há necessidade de relaxamento de grupos musculares, como por exemplo, os que se inserem no músculo orbicular superior, especialmente quando houver encurtamento ou retração do músculo mentual, quando estiver adaptado em função das alterações dentoesqueléticas[11]. Nos casos de relaxamento, indica-se terapia passiva com massagens lentas e profundas, no sentido contrário à contração muscular[12].

Treino funcional

Respiração

O objetivo geral é a adequação do modo respiratório próximo à normalidade, considerando que o tratamento ortodôntico se encontra em curso ou que haja obstruções e/ou alergias que impeçam o restabelecimento total do fluxo de ar nasal[14].

O trabalho de conscientização e propriocepção deve ser o ponto inicial do tratamento. Estabelecer com o paciente o conhecimento da alteração respiratória e das limitações que as alterações dentárias causam ao modo respiratório são pontos importantes para o sucesso terapêutico. Manobras de massagem e limpeza nasal promovem aumento da aeração nasal e são bases no processo terapêutico[15]. O fortalecimento da musculatura orofacial e mastigatória pode contribuir para adequação da tensão muscular, muitas vezes prejudicada pela condição respiratória e por adaptações musculares às alterações dentárias. Exercícios isométricos e de contrarresistência podem ser priorizados[16].

Em alguns casos ortodônticos não se deve ter o objetivo de fechar a boca para respirar pelo nariz, já que, dependendo do estágio do tratamento ortodôntico, o paciente pode não conseguir o vedamento labial. Deve-se, sim, oferecer condições de modo respiratório nasal para o equilíbrio da musculatura, forma e funções orofaciais[14].

O olfato e o paladar merecem uma atenção especial. As condições dentárias e de respiração podem afetar essas funções e uma proposta terapêutica visando esse objetivo específico pode compor o tratamento. É importante ressaltar que respirar pelo nariz não é apenas uma questão de hábito[16].

Mastigação

A função da mastigação, na maioria das vezes, não é restabelecida após a finalização do tratamento ortodôntico em função dos ajustes musculares realizados e da memória neuromuscular criada, sendo necessário o treino do novo padrão. Após adequação ou melhora da condição oclusal, inicia-se o processo terapêutico da mastigação.

O primeiro aspecto a ser trabalhado é a conscientização e a percepção. O paciente deve perceber como ocorre a sua mastigação e compará-la com o padrão fisiológico, através do recurso de espelho e filmagens, entre outros. Segue-se com a fase da aprendizagem do padrão fisiológico com incisão central, padrão bilateral alternado e equilíbrio das forças orais e mastigatórias. Em raros casos pode-se utilizar o padrão bilateral simultâneo em função da condição oclusal/esquelética. O treino mastigatório deve priorizar a mudança de textura e consistência, que deve ser iniciado com os alimentos mais familiares ao paciente e culminar com os de maior dificuldade ou mais rígidos. Também, ressalta-se a repetição diária, consciente e sistemática, até a automatização. Sugere-se a utilização de uma tabela ou registro para acompanhar as orientações e as mudanças realizadas[11].

Deglutição

Nos casos de deglutição atípica, não há alterações da forma, o que permite ao fonoaudiólogo iniciar o processo de reabilitação. Nos casos de deglutição adaptada pelas alterações dento-oclusais, o momento da intervenção deve estar alinhado ao tratamento ortodôntico[17]. Como em todo processo da terapia para o DMO, o terapeuta deve partir da conscientização do problema. É essencial que o paciente conheça a fisiologia normal da deglutição e quais são as alterações apresentadas. Para isso, recomenda-se utilizar os registros de fotos e filmagens. O tamanho e a forma do bolo a ser deglutido estão diretamente relacionados ao processo de trituração e pulverização realizado no ato mastigatório. Portanto, a terapia da deglutição poderá ser iniciada após o ajuste da função de mastigação[17,18].

Para o treino funcional da deglutição, é necessário utilizar alimentos de diferentes consistências e sabores, além da deglutição da saliva. São realizados orientação e monitoramento (espelho e filmagens) para eliminação das alterações como: interposição de língua entre os dentes, movimentos compensatórios de cabeça e mímica perioral. Estímulos proprioceptivos podem auxiliar na percepção da posição da língua no ato da deglutição. Uma vez que o paciente já consiga realizar a função de forma adequada, recomenda-se que ele escolha ao menos uma refeição ao dia para monitorar-se e, assim, automatizar a função aprendida[18].

Fala

Na terapia se analisa a alteração de fala proveniente das características miofuncionais específicas e, muitas vezes, decorrentes do tipo de desproporção dentofacial[8]. Na intervenção da fala, assim como nas demais funções orofaciais, o ajuste da oclusão não garante a sua correção. Caso a correção não seja possível, o objetivo da terapia será voltado para a produção de melhores compensações e novas adaptações[11]. As estruturas devem estar adequadas para favorecer um bom desempenho das funções estomatognáticas e, assim, equilibrar os aspectos funcionais do SE[4,8].

Para aquisição do fonema, a base para a terapia é multissensorial com informação tátil, cinestésica, proprioceptiva e visual. A intervenção inicia-se pela conscientização. A propriocepção é uma estratégia para conscientização dos movimentos e contatos realizados para a produção de um determinado som. Para o treino articulatório do som-alvo utiliza-se o modelo de imitação direta perceptiva auditiva e visual, seguindo pelo fone isolado, fone associado às vogais (sílabas), fone nas palavras em diferentes sequências de posição inicial, medial e final, por fim, palavras inseridas em sentenças. Na fase de automatização, estimula-se uma conversação em situações de fala dirigida e conversa espontânea[19].

Quanto melhor a percepção auditiva do paciente, mais rápida será a aquisição do ponto articulatório, todavia, quanto mais avançada a idade do paciente, a fase de automatização pode ser mais demorada devido à dificuldade de desfazer engramas neuronais[11].

Recurso tecnológico

No tratamento de pacientes com alterações ortodônticas, a tecnologia dura também pode trazer benefícios, como: o uso de bandagem elástica na pele, possibilitando a mudança da informação sensorial com a finalidade de facilitar/orientar a resposta muscular para o desempenho da postura e funções orofaciais; a eletroestimulação, que pode ajudar no trabalho de propriocepção, fortalecimento e relaxamento dos músculos, auxiliando a adequação das funções orofaciais; a fotobiomodulação, que pode contribuir no tratamento de condições dolorosas, na performance muscular e de via aérea, além de acelerar o processo de cicatrização; o *biofeedback* eletromiográfico e ultrassonográfico, que tem contribuído desde o trabalho específico com a musculatura orofacial, bem como na terapia direta com as funções[20].

CONCLUSÃO

A interdisciplinaridade da Fonoaudiologia com a Ortodontia é essencial para a integridade do SE, pois trata a forma e/ou função desse sistema que estão intimamente relacionadas. A avaliação clínica e complementar em MO representa fundamental etapa no processo de diagnóstico fonoaudiológico nessa área, uma vez que possibilita a compreensão das condições anatômicas e funcionais do SE. Permite, ainda, definir a necessidade de encaminhamentos, além de fornecer dados quanto ao prognóstico do caso. Por fim, irá auxiliar no estabelecimento do raciocínio terapêutico e do melhor direcionamento da TMO nos casos de DMO, especialmente em pacientes ortodônticos.

REFERÊNCIAS BIBLIOGRÁFICAS

1. SBFA. Sociedade Brasileira de Fonoaudiologia. Comitê de Motricidade Orofacial (org.). Vocabulário técnico-científico em Motricidade Orofacial. São Paulo: SBFA; 2007.
2. Fontes LBC, Lima NS, Santos LCB, Silva SMS, Veras SRA, Silva GSG. Ortodontia e Ortopedia funcional dos maxilares: implicações na respiração, mastigação e deglutição. In: Silva HJ, Tessitore A, Motta AR, Cunha DA, Berretin-Felix G, Marchesan IQ (orgs.). Tratado de Motricidade Orofacial. São José dos Campos, São Paulo: Pulso; 2019. p.471-81.

3. Gomes E, Aleixo BLP, Brescovici SM. Avaliação clínica em Motricidade Orofacial. In: Silva HJ, Tessitore A, Motta AR, Cunha DA, Berretin-Felix G, Marchesan IQ (orgs.). Tratado de Motricidade Orofacial. São José dos Campos, São Paulo: Pulso; 2019. p. 223-42.
4. Tessitore A, Mota AR. Fonoaudiologia, Ortodontia e Ortopedia funcional dos maxilares – atuação interdisciplinar. In: Marchesan IQ, Silva HJ, Tomé MC (orgs.). Tratado das especialidades em Fonoaudiologia. São Paulo: Guanabara Koogan; 2014. p. 369-79.
5. Berretin-Felix G, Jorge TM, Genaro KF. Intervenção fonoaudiológica em pacientes submetidos a cirurgia ortognática. In: Ferreira LP, Befi-Lopes DM, Limongi SCO (orgs.). Tratado de Fonoaudiologia. São Paulo: Roca; 2004. p. 494-511.
6. Coutinho TA, Abath MB, Campos GJL, Antunes AA, Carvalho RWF. Adaptações do sistema estomatognático em indivíduos com desproporções maxilo-mandibulares: revisão da literatura. Rev Soc Bras Fonoaudiol. 2009;14(2):275-9.
7. Felício CM. Fundamentos e instruções para o planejamento terapêutico. In: Felício CM (org.). Motricidade Orofacial: teoria, avaliação e estratégias terapêuticas. São Paulo: Editora da Universidade de São Paulo; 2022. p.143-66.
8. Saccomanno S, Berretin-Felix G, Coceani Paskay L, Manenti RJ, Quinzi V. Myofunctional Therapy Part 4: Prevention and treatment of dentofacial and oronasal disorders. Eur J Paediatr Dent. 2021;22(4):332-4.
9. Nunes EL, Menzen L, Cardoso MCAF. Protocolos de avaliação em motricidade orofacial: uma revisão sistemática. Res Soc Dev. 2022;11(14):e25111435896.
10. Silva HJ, Andrade DA, Albuquerque LCA. Tecnologias na avaliação em Motricidade Orofacial. In: Busanello-Stella AR, Stefani FM, Gomes E, Silva HJ, Tessitore A, Motta AR, et al. (orgs.). Evidências e perspectivas em Motricidade Orofacial. São José dos Campos: Pulso Editorial; 2018. p. 75-83.
11. Motta AR, Furlan RMMM. Fonoterapia nos casos ortodônticos. In: Picinato-Pirola M, et al. Terapia em Motricidade Orofacial: como eu faço. São José dos Campos: Editora Pulso; 2019. p.121-9.
12. Rahal A. Exercícios utilizados na terapia de motricidade orofacial (quando e porque utilizá-los). In: Marchesan IQ, Silva HJ, Berritin-Feliz G. Terapia fonoaudiológica em motricidade orofacial. São José dos Campos: Editora Pulso; 2012. p.43-9.
13. Cattoni DM. Intervenção miofuncional aplicada às funções orofaciais. In: Motta AR et al. Motricidade orofacial: a atuação nos diferentes níveis de atenção à saúde. São José dos Campos: Editora Pulso; 2017. p.83-92.
14. Cunha DA, Silva HJ. Terapia fonoaudiológica em respiração oral (como eu trato). In: Berretin-Felix G, Silva HJ, Marchesan IQ (orgs.). Terapia fonoaudiológica em Motricidade Orofacial. São Paulo: Pulso Editorial; 2012. p. 87-109.
15. Melo AC, Gomes AO, Cunha DA, Lima SJ, Lima WR, Cunha RA, et al. Change in the nose areas in children with mouth breathing after nasal cleansing and massage. CoDAS. 2016;28(6):770-7.
16. Cunha DA, Krakauer L, Manzi SHMB, Frazão YS. Respiração oral: avaliação e tratamento fonoaudiológico. In: Silva HJ, Tessitore A, Motta AR, Cunha DA, Berretin-Felix G, Marchesan IQ (orgs.). Tratado de Motricidade Orofacial. São José dos Campos, São Paulo: Pulso; 2019. p.491-501.
17. Berretin-Felix G, Silva MMA, Mituuti CT. Terapia fonoaudiológica em deglutição (como eu trato). In: Marchesan IQ, Silva HJ, Berretin-Felix G (orgs.). Terapia fonoaudiológica em Motricidade Orofacial. São José dos Campos: Pulso; 2012. p.147-62.
18. Brescovici S. Terapia fonoaudiológica na deglutição (como eu trato). In: Berretin-Felix G, Silva HJ, Marchesan IQ (orgs.). Terapia fonoaudiológica em Motricidade Orofacial. São José dos Campos: Pulso Editorial; 2012. p. 163-79.
19. Tomé MC, Oda AL. Intervenção fonoaudiológica nos distúrbios da fala – A origem fonética e a origem neurológica. In: Marchesan IQ, Silva HJ, Tomé MC (orgs.). Tratado das especialidades em Fonoaudiologia. São Paulo: Guanabara Koogan; 2014. p.351-79.
20. Assis HS, Alves MVM, Barreto IDC, Rezende GES, Medeiros AMC. Perfil dos fonoaudiólogos com formação em motricidade orofacial no Brasil. Audiol Commun Res. 2023;28:e2801.

75

Caracterização, avaliação e tratamento das alterações de fala de origem musculoesquelética

Rafaeli Higa Scarmagnani
Stella Maris Cortez Bacha
Gabriela Zuin Ferreira
Débora Martins Cattoni

PONTOS-CHAVE

- Os Transtornos dos Sons da Fala (TSF) englobam diversas alterações, entre elas as de origem musculoesquelética.
- A avaliação fonoaudiológica para as alterações de fala de origem musculoesquelética deve contemplar os aspectos funcionais e orgânico-estruturais do sistema estomatognático.
- Para um melhor prognóstico da correção das alterações de fala de origem musculoesquelética, a proposta terapêutica é baseada, preferencialmente, na terapia articulatória.

OBJETIVOS DE APRENDIZAGEM

Ao final deste capítulo, o leitor deverá ser capaz de:

- Discutir as classificações dos TSF, caracterizar e definir as alterações de fala de origem musculoesquelética.
- Compreender os processos de avaliação e diagnóstico das alterações de fala de origem musculoesquelética.
- Conhecer as principais abordagens e estratégias de tratamento para as alterações de fala de origem musculoesquelética.

INTRODUÇÃO

A produção dos sons da fala é um processo complexo, que envolve a sinergia de vários órgãos e sistemas para resultar em uma pronúncia adequada. Alterações funcionais e/ou estruturais relacionadas ao sistema estomatognático podem acarretar produções indesejadas da fala, caracterizando alteração ou compensação nesse processo[1].

A Motricidade Orofacial (MO) é a especialidade da Fonoaudiologia cuja atuação é voltada aos aspectos estruturais dos lábios, língua, mandíbula e face e as funções a elas relacionadas, como respiração, sucção, mastigação, deglutição e fala, sendo esta última objeto de estudo deste capítulo[2]. Assim, o raciocínio baseado em MO é pautado no binômio forma e função, ou seja, a execução das funções orofaciais está interligada às condições estruturais. Baseando-se nesse raciocínio, pode-se dizer que as alterações de fala relacionadas à Motricidade Orofacial, portanto, de origem musculoesquelética, são encontradas na literatura nacional e internacional de forma bastante ampla no que se refere à nomenclatura. Apesar do crescente avanço nos estudos, especialmente para a fala no Português Brasileiro, ainda não existe padronizado um termo que especifique tais alterações. O mais atual para classificar uma dificuldade de fala é o "Transtornos dos Sons da Fala" (TSF)[3]. No entanto, esse é um termo geral que abrange subtipos.

Espera-se com este capítulo melhor entendimento quanto à caracterização das alterações de fala que devem ser de domínio do fonoaudiólogo especialista na área de Motricidade Orofacial, estabelecendo a nomenclatura proposta a partir de adaptação da literatura internacional e nacional. Essa padronização é necessária a fim de facilitar os processos de avaliação, diagnóstico e intervenção, para que seja possível esclarecer a causa dos achados e nortear o planejamento terapêutico, ainda que as alterações de fala musculoesqueléticas sejam coexistentes com outros TSF.

Desse modo, a seguir estão descritos os processos de caracterização, avaliação e terapia das alterações dos sons da fala de origem musculoesquelética encontrados na literatura e amplamente utilizados na prática clínica.

CARACTERIZAÇÃO

Para a caracterização das alterações da fala de origem musculoesquelética, é necessário maior entendimento das classificações dos transtornos dos sons da fala de um modo geral. Na literatura, podem ser encontradas classificações descritas baseando-se na tipologia (características da fala) ou na etiologia (possíveis causas). Ainda assim, tais classificações apresentam limitações e não contemplam todas as possíveis alterações de fala encontradas na prática clínica[4], como as alterações de origem musculoesquelética.

Ao se estabelecer um raciocínio baseado nos princípios da atuação do especialista, clínico e/ou pesquisador em Motricidade Orofacial[2], aponta-se que embora não seja bem estabelecida as definições das alterações de fala decorrentes de intercorrências do sistema estomatognático, sabe-se que estão relacionadas à articulação da fala[5].

A seguir, serão descritas as classificações que se baseiam na etiologia e na tipologia das alterações, respectivamente, a fim de se refletir: existe uma classificação mais apropriada para as alterações de fala de origem musculoesquelética? Como caracterizar os achados?

Considerando-se a classificação com base na etiologia, a *American Speech-Language-Hearing Association*[3] (ASHA) classifica os TSF (*Speech Sound Disorders* – SSD) em funcionais, quando não existe uma causa conhecida para a alteração, sendo esses subdivididos em fonologia e articulação; e em orgânicos, quando existe alteração estrutural, motora, neurológica ou sensorial.

Assim, parece fazer sentido que as alterações de fala de origem musculoesqueléticas estejam contempladas junto às causas orgânicas estruturais, uma vez que a integralidade do sistema estomatognático, quanto aos aspectos estruturais, é essencial para a produção adequada de fala. Essa categoria, na classificação da ASHA[3], contempla em sua descrição: fissura labiopalatina/outras anomalias orofaciais e déficits estruturais decorrentes de traumas e cirurgias, e pode apresentar, como característica de fala, alterações na articulação. Nesse contexto, ampliando-se o conceito de outras anomalias orofaciais, pondera-se considerar: anomalias dentárias, más oclusões, alterações estruturais que impactam na mobilidade da língua e dos lábios, alterações de tonsilas palatinas e faríngea e anquiloglossia, entre outras. Tais alterações também podem apresentar como características de fala impactos na articulação dos sons. Assim, nos TSF cuja causa fosse uma alteração musculoesquelética, reflete-se: poderiam ser denominados Transtornos dos Sons da Fala, Orgânicos, subtipo Estrutural, ou seja, Transtornos Articulatórios de origem orgânico-estrutural?

Considerando-se a classificação com base na tipologia, um modelo de classificação das alterações de fala com base na idade da criança e/ou alterações atuais e/ou anteriores as distribui em quatro categorias: Aquisição Normal de Fala (*Normal Speech Acquisition* – NSA); Atraso de Fala (*Speech Delay* – SD); Desordem Motora da Fala (*Motor Speech Disorder* – MSD); Erros de Fala (*Speech Errors* – SE), em crianças de três a nove anos de idade[6]. As três últimas categorias, quando existentes acima dos nove anos de idade, são denominadas Erros Residuais de Fala, diferenciados pela natureza da alteração[6,7].

O autor considera os nove anos de idade como marco inicial para caracterizar erros persistentes, por ser, segundo ele, o ponto final esperado para o desenvolvimento fonético-fonológico[6]. Também pode-se encontrar na literatura a classificação denominada Erros Residuais e Persistentes de Fala[8]. De um modo geral, os termos residual/persistente se apresentam na literatura como sinônimos, referindo-se às alterações na produção da fala que permanecem após a completude da aquisição fonológica.

Sabe-se que a categoria Erros de Fala (*Speech Errors*) contempla crianças de três a nove anos de idade[6] com distorções do som da fala, sendo mais frequentes em sons sibilantes e/ou líquidos[7]. Sendo assim, um novo questionamento também pode ser apontado: qualquer alteração antes dos nove anos, cuja causa seja uma alteração musculoesquelética, poderia ser nomeada como Erro de Fala? Da mesma forma, considerando essa mesma classificação, a partir dos nove anos de idade, tais erros poderiam ser classificados como "Erros Residuais de Fala"?

A partir de tais explanações, vale refletir sobre a importância da inserção das alterações de fala de origem musculoesquelética em ambas as classificações, tendo, contudo, a clareza de que, apesar das diferenças entre as nomenclaturas, as definições das alterações de fala, bem como a definição de conduta, deverão ser as mesmas.

Dentre as possíveis alterações de fala relacionadas às estruturas musculoesqueléticas, aquelas que acometem a articulação dos sons, a mais comum é a produção distorcida de sons da fala[1]. Quanto à caracterização dos possíveis achados relacionados à fala de origem musculoesquelética, isto é, alterações articulatórias, encontram-se descritas com base na proposta de glossário de Bode e colaboradores[9] e demais estudos encontrados na literatura[1,10,11].

- Distorção Auditiva: ajustes articulatórios resultando em uma produção acústica diferente do som[9].
- Distorção Visual: uma produção sem interferência acústica, mas visualmente diferente e que muitas vezes o ouvinte identifica como alterada[9].

Entre as Distorções Auditivas e Visuais pode-se encontrar:

- Ceceio: alteração no posicionamento da língua e/ou lábios, dentes e mandíbula para obter o som desejado. Existem quatro principais tipos de ceceio: a) Ceceio Interdental: língua posicionada entre os dentes anteriores; b) Ceceio Dentalizado: ponta da língua pressiona os dentes anteriores superiores ou inferiores, gerando uma caraterística de som abafado; c) Ceceio Lateral: fluxo de ar é desviado para um ou ambos os lados com o ar saindo da boca pelas laterais; d) Ceceio Palatino: centro da língua em contato com o palato duro ou mole[9].
- Labiodentalização: lábio inferior em contato com os incisivos superiores, com um resultado acústico similar à produção correta.
- Projeção/Interposição Lingual: ponta da língua entre ou contra os dentes anteriores enquanto produz os fones [l], [n], [d] e [t][9,10].

Vale ressaltar que um mesmo indivíduo pode apresentar uma ou mais distorções descritas, bem como outras características associadas, como: variações do grau de abertura mandibular (restrita ou exagerada); desvios mandibulares (mandíbula lateraliza para realizar a produção) ou movimentação vertical mandibular (ausência de dissociação do movimento linguomandibular); desvio de língua ou deformação do corpo da língua e variação do ponto articulatório (ajustes realizados dentro do trato vocal para se aproximar do som) e excesso de saliva nas comissuras[1,9-11].

As causas mais comuns associadas às alterações de fala musculoesquelética encontram-se descritas no Quadro 1.

As alterações de fala de origem musculoesquelética podem se apresentar de forma isolada ou coexistentes a outras alterações. Portanto, deve-se considerar na avaliação, além das estruturas e funções orofaciais, o desempenho em provas terapêuticas, e assim verificar a necessidade de avaliações complementares para o diagnóstico diferencial. Isso facilitará o planejamento e prognóstico da fonoterapia.

AVALIAÇÃO CLÍNICA

Para o diagnóstico dos TSF, é imprescindível realizar a avaliação clínica completa da MO, uma vez que os aspectos anatômicos, musculares e sensoriais do complexo craniofacial e as demais funções orofaciais podem impactar a fala, conforme exposto na primeira parte deste capítulo. Nesse contexto, é fundamental a correlação entre as alterações morfológicas/estruturais e funcionais observadas, bem como estabelecimento das relações de causa e efeito para cada caso[17].

O processo de avaliação é a base para tomada de decisões clínicas, com o objetivo de traçar o planejamento terapêutico preciso e, sempre que possível, os resultados esperados da intervenção na área da fala. Para tanto, preconiza-se a utilização de protocolos clínicos de avaliação pois, além de viabilizarem a padronização dos procedimentos de coleta e análise, possibilitam comparar de forma objetiva os achados entre pré e pós-reabilitação, o que confere maior confiabilidade e validade aos resultados[17,18]. A avaliação clínica frequentemente contempla o levantamento do histórico clínico ou entrevista inicial, exame clínico miofuncional orofacial e devolutiva da avaliação, que podem ocorrer em uma mesma consulta ou em consultas separadas[17].

Quanto aos protocolos encontrados na literatura na área da MO validados para o Português Brasileiro que contemplam itens específicos para avaliação da fala, além de demais aspectos da Motricidade Orofacial, destacam-se o Protocolo de Avaliação Miofuncional Orofacial para Idosos (AMIOFE-I)[19], o Protocolo de Avaliação Miofuncional Orofacial – Protocolo MBGR[20] e, mais recentemente, o Protocolo MMBGR – Lactentes e Pré-escolares[21,22].

Além deles, existem na literatura ferramentas que auxiliam na avaliação complementar para o diagnóstico das alterações de fala. O Cálculo da Porcentagem de Consoantes Corretas (PCC), por exemplo, possibilita a transcrição fonética de palavras simples, realizada a partir da nomeação de figuras, analisadas por meio das imagens dinâmicas executadas no exame clínico, que podem estimar a gravidade do TSF[23]. Todas as distorções são contabilizadas como produção incorreta no cálculo do PCC.

Neste capítulo, são considerados para a descrição da avaliação em Motricidade Orofacial o MBGR[20] e o MMBGR[21,22] que são divididos em duas partes: História Clínica e Exame Miofuncional Orofacial.

O Protocolo MBGR deve ser aplicado individualmente, com o indivíduo sentado em uma cadeira com encosto, na frente do examinador, com os pés apoiados no chão, e pode ser utilizado para diferentes idades, a partir de seis anos, adolescentes, adultos e idosos[20].

QUADRO 1 Descrição das alterações musculoesqueléticas relacionadas às distorções descritas

Causas mais comuns	Descrição
Alterações oclusais	A má oclusão, como mordida aberta, mordida cruzada, protrusão ou retrusão maxilar, tem sido implicada como causa de distorção da fala, sendo muito comum na pronúncia dos fones de [l], [n], [d], [t] e [s]. Além de alteração dos fones bilabiais e labiodentais[9,10,12].
Alterações dentárias	Ausência de elementos dentários, apinhamentos dos incisivos, rotação de dentes anteriores também podem gerar adaptações dos sons[13].
Alterações das estruturas faciais	Dentre as alterações faciais estão as desarmonias entre a maxila e a mandíbula durante o crescimento, tipos faciais e malformações da face[9,10,12].
Hipertrofia de tonsilas palatinas e faríngea	A hipertrofia de tonsilas palatinas e faríngea causa obstrução respiratória e, consequentemente, respiração oral. O ceceio e a interposição lingual são as alterações mais citadas em respiradores orais. Os fones mais afetados são [t], [d], [n], [l], [s], [z], [ʃ] e [ʒ][14,15].
Alterações da articulação temporomandibular (ATM) e dos movimentos mandibulares	Alterações de ATM e no movimento podem levar a alteração da amplitude, aumento da ativação muscular, desvio mandibular em [s] e [z][1].
Anquiloglossia	A anquiloglossia pode causar diferentes compensações na produção dos fones [t], [d], [l], [n], [s], [z], flape alveolar e dos grupos consonantais. São comuns distorções visuais e auditivas, bem como outras compensações[11,16].
Uso de prótese/implante	Condição que altera a estrutura anatômica e pode causar modificações na fala devido à provável readaptação à nova condição. Próteses mal adaptadas podem alterar as produções de fala[13].

O Protocolo MMBGR, adaptado a partir do Protocolo MBGR, fundamentado em estudos teóricos e experiência dos autores, é destinado à faixa etária de seis meses a cinco anos e onze meses[21]. De acordo com os dados levantados e queixa(s), faz-se necessária a aplicação de outros protocolos específicos, como no caso de anquiloglossia[24], condição altamente associada à presença de alterações de fala[13,16]. Esses protocolos sugerem que seja realizada a documentação fonoaudiológica, que é imprescindível no processo de avaliação e deve ser executada presencialmente. Preconiza-se que seja padronizada e que contemple fotos dos aspectos anatômicos, isto é, imagens estáticas, e vídeos, que são imagens dinâmicas, enfatizando as provas de fala[20].

Inicia-se o processo de avaliação com a história clínica, cujo principal objetivo é levantar dados pessoais, queixa e o histórico de desenvolvimento e hábitos gerais do indivíduo. É uma entrevista direta e semiestruturada, com o foco em identificar as hipóteses sobre o problema e suas possíveis origens, direcionar a avaliação e fazer as orientações iniciais a respeito da queixa inicial e procedimentos do exame clínico[17,20].

As informações podem ser obtidas diretamente do indivíduo e/ou responsáveis. Essa situação menos dirigida, durante a aplicação da anamnese, deve ser utilizada para a observação de alguns aspectos do exame clínico, como posição habitual de lábios e de língua, modo respiratório, fala e deglutição de saliva[17,20].

O exame clínico miofuncional orofacial tem como principal meta o levantamento dos aspectos anatômicos, musculares e sensoriais do sistema estomatognático, bem como avaliações das funções orofaciais. Mais especificamente no Protocolo MBGR[20], as áreas avaliadas são: postura corporal, medidas da face, dos movimentos mandibulares e da oclusão, exame extraoral, exame intraoral, tônus, mobilidade e sensibilidade dos órgãos fonoarticulatórios e funções orofaciais. Já no Protocolo MMBGR[21], avaliam-se aspectos extraorais e intraorais, além do tônus dos órgãos fonoarticulatórios e funções orofaciais. Para a maioria dos itens dos protocolos, são atribuídos escores, a fim de sinalizar a gravidade do Distúrbio Miofuncional Orofacial (DMO), sendo que quanto maior a pontuação atribuída aos aspectos avaliados, pior o desempenho do indivíduo.

No MMBGR[22], avaliam-se, a partir de 12 meses, a nomeação de figuras/repetição e a fala semidirigida. Já no Protocolo MBGR[20], realizam-se as seguintes amostras: fala espontânea, fala automática, nomeação de figuras e leitura de palavras, sendo essa última aplicada em pacientes ledores, classificando-se as alterações encontradas em omissão, substituição, distorção e/ou projeção de língua de fones, que podem ser sistemáticas ou assistemáticas. Além disso, solicita-se, em ambos os protocolos, no item Prova Terapêutica, que o indivíduo repita sílabas que contenham os fones alterados nas demais provas, após a produção clara e precisa do avaliador, para observar se a produção não se altera, melhora ou torna-se adequada[20,22].

No Protocolo MBGR são também avaliadas a coordenação motora da fala (velocidade e ritmo), função velofaríngea, voz e os aspectos gerais da fala, como acúmulo de saliva resultante da produção de fala, posição da língua na fala, abertura da boca, movimento de mandíbula, lábios e língua, precisão articulatória, entonação, velocidade, coordenação pneumofonoarticulatória e ressonância[20]. No Protocolo MMBGR são avaliados, dentre os aspectos gerais da fonoarticulação, o acúmulo de saliva, abertura da boca, posição da língua na fala, movimento da mandíbula, lábios e de língua, velocidade, ressonância, coordenação pneumofonoarticulatória, precisão da articulação e voz[22].

Adicionalmente, em ambos, faz-se o preenchimento do quadro fonêmico, destacando as alterações de fala encontradas na avaliação, por meio da análise perceptivo-auditiva e visual. Para tornar o diagnóstico mais preciso, essa avaliação pode ser complementada por avaliações instrumentais, como a análise acústica da fala, que pode evidenciar diferenças entre produções julgadas como idênticas em uma análise auditiva[9,12]. Outra metodologia utilizada é a ultrassonografia dos movimentos de língua, que permite a visualização em tempo real do movimento da língua durante a fala e a avaliação de mudanças na configuração dos gestos da língua[25]. A devolutiva com o próprio indivíduo e/ou pais/responsáveis e/ou cuidadores é a etapa final do processo de avaliação e deve esclarecer todos os achados obtidos e suas correlações, os fatores determinantes e contribuintes do quadro, as consequências das alterações de fala, orientações relativas ao quadro diagnosticado e à conduta clínica. Também é o momento de realizar e justificar os encaminhamentos, bem como indicar exames complementares/instrumentais, se necessário[17,18].

O clínico/pesquisador deve desenvolver o raciocínio considerando a inter-relação dos achados, as alterações encontradas e suas respectivas etiologias, possibilitando o estabelecimento do diagnóstico diferencial[17].

Vale ressaltar que o olhar do profissional especialista em Motricidade Orofacial, nessa avaliação, será de extrema importância, pois o exame das estruturas orofaciais ajuda a determinar se um TSF é de natureza orgânica ou funcional. Uma vez que os erros de fala funcionais não apresentam causa aparente, as avaliações orofaciais específicas darão subsídios ao profissional especialista na identificação e diagnóstico das alterações de fala seguindo sua base etiológica, o que auxiliará na definição de conduta e no processo terapêutico, pois incluem-se, nessa investigação, estrutura e função dos músculos faciais, lábios, língua, palato duro, palato mole e dentes, identificando alterações na aparência, estrutura e função. Com isso, é possível identificar e distinguir envolvimento neurológico, como a fraqueza muscular e paralisia; alterações estruturais, fissuras labiopalatinas, disfunção velofaríngea, anomalias dentárias, más oclusões, mobilidade da língua e dos lábios, tonsilas palatinas e faríngea, simetrias das estruturas faciais e qualquer sinal de síndromes genéticas no exame orofacial[26].

Atualmente, o diagnóstico dessas alterações é considerado transtorno fonético. No entanto, considerando-se as discussões levantadas previamente, reflete-se sobre a classificação considerando-se a etiologia[3]: o TSF cuja causa seja uma alteração musculoesquelética, poderia ser denominado Transtorno Articulatório Orgânico-Estrutural?

Em relação à classificação dos TSF com base na tipologia[6,7], um novo questionamento também pode ser apontado: qualquer alteração, antes dos nove anos, cuja causa seja uma alteração musculoesquelética, poderia ser nomeada como Erro de Fala? Da mesma forma, considerando essa mesma classificação, a partir dos 9 anos de idade, tais erros poderiam ser classificados como Erros Residuais de Fala?

TRATAMENTO

Para o planejamento do tratamento fonoaudiológico das alterações de fala de origem musculoesquelética, destacam-se as seguintes considerações iniciais:

A. O objetivo: correção ou adaptação da produção alterada da fala. O enfoque deve ser na fala e não por meio de exercícios miofuncionais orofaciais isolados, sem efeitos diretos nessa função[27,28].
B. As alterações devem ser avaliadas e tratadas levando-se em conta o conhecimento científico geral do terapeuta em fala e em MO[27,29], considerando que esse é o especialista com conhecimento das estruturas e das funções. O fonoaudiólogo deve conhecer a adequada produção dos sons da fala no português do Brasil, bem como a sua própria produção, e saber que há diferenças individuais como: tipo facial, dentição, oclusão, tônus, percepção auditiva e visual, entre outros[27].
C. A complexidade do tratamento dependerá de fatores como: causa; motivação do paciente; rede de apoio, como a família e escola; habilidade do fonoaudiólogo, tanto em saber motivar quanto em ter conhecimento e formação técnica[27,29].

Para o início do processo terapêutico os seguintes questionamentos devem ser considerados: "Será possível atingir a precisão articulatória apenas com o tratamento fonoaudiológico?"; "Será necessária alguma intervenção cirúrgica, ortodôntica, médica/clínica ou outra, e em que momento?"[27,29].

Em casos de anquiloglossia, a indicação cirúrgica prévia à terapia de fala pode não ser a melhor alternativa quando se trata de frênulo lingual classificado como duvidoso. Assim, na presença de um único fone alterado, como o [ɾ], pode ser indicada a terapia fonoaudiológica a fim de confirmar a necessidade da cirurgia. Se houver sucesso, ou seja, correção da alteração de fala, não haverá justificativa para a indicação da correção cirúrgica baseando-se somente na função da fala[27], entretanto é de extrema importância avaliar as outras funções.

Por outro lado, pode haver situações nas quais não seja possível alcançar a articulação correta do fone alterado por meio da terapia fonoaudiológica, como em casos de indivíduos submetidos à cirurgia de frênulo lingual com resultados insatisfatórios no que se refere à função da fala, e que não queiram a reabordagem cirúrgica. Nessa situação, o tratamento fonoaudiológico terá por objetivo alcançar a melhor articulação possível, diante das limitações estruturais[27].

Nos casos em que há indicação do tratamento ortodôntico previamente ao fonoaudiológico, é preciso esclarecer a necessidade desse acompanhamento em todas as etapas do processo, uma vez que o tratamento ortodôntico, de maneira isolada, não garantirá a correção da fala[29].

Nos quadros de respiração oral com hipertrofia das tonsilas palatinas e/ou faríngea, intervenções clínicas ou cirúrgicas devem ser consideradas previamente ao treino para correção dos sons da fala, pois condições anatomofuncionais são indispensáveis para a produção correta desses[29].

Quanto ao tratamento, na literatura são encontradas diversas propostas, porém não há consenso que todos os casos sejam beneficiados com o mesmo tipo de abordagem, exceto no que se refere à não utilização de exercícios dissociados da fala[28]. O olhar individualizado do profissional é de suma importância. Apesar de existir a dicotomização das abordagens terapêuticas em habilidades motoras/articulatórias e habilidades linguísticas/fonológicas, deve-se considerar que a produção dos sons da fala abrange tanto a produção de nível motor quanto a utilização da fala de acordo com as regras da língua. Ou seja, as duas habilidades estão interligadas e, muitas vezes, coexistentes[30].

Neste capítulo, como previamente descrito, as alterações de fala de origem musculoesquelética são alterações articulatórias e por esse motivo, a abordagem priorizada baseia-se na terapia articulatória, que auxilia o indivíduo a reconhecer e discriminar os erros e produções corretas (fase perceptivo-sensorial) até a produção com aperfeiçoamento articulatório respeitando a complexidade da fala (fase de treinamento e estabilização), e posteriormente a transferência da nova habilidade de fala para a comunicação cotidiana (fase de generalização). Por meio dessa abordagem, propõe-se uma prática hierárquica em contextos subsequentes (fone isolado, sílabas, palavras, frases, sentenças, conversa dirigida e espontânea), em que um fone é trabalhado por vez, bem como uma posição na palavra. Prioriza-se iniciar a terapia com o fone mais estimulável para produção correta, ou seja, de maior facilidade para a produção[30].

A fala é desenvolvida através de aprendizagem e memória motora e, por essa razão, os princípios da abordagem motora também podem ser incorporados a essas intervenções. Essa abordagem possui duas etapas: Pré-Prática e Prática[31]. A etapa da Pré-Prática visa preparar o indivíduo para a prática em si, em que é preciso garantir a motivação, a consciência do erro e da produção correta, bem como saber trabalhar com tentativa/erro sem frustração. A etapa da Prática é o treinamento em si, para o qual são planejadas tanto a natureza dos *feedbacks* quanto as ações estratégicas[31,32].

O *feedback* pode variar quanto ao tipo, frequência e tempo de aplicação, e sofre modificações a depender da fase (aquisição ou retenção). Na fase de aquisição o *feedback* é específico da performance, em alta frequência e imediatamente após a produção do indivíduo, já na fase de retenção o *feedback* é específico do resultado, em baixa frequência e de forma tardia[31]. As ações estratégicas envolvem decisões quanto a quantidade, distribuição, variabilidade e cronograma das práticas, foco atencional e complexidade do alvo[31,32].

As ações estratégicas envolvem a estimulação por meio de pistas multissensoriais auditiva, visual, tátil-cinestésica e proprioceptiva[33]. Os recursos utilizados como pistas visuais podem ser: imagens de vídeos do indivíduo e de fala correta, desenhos articulatórios, espelho, modelo anatômico; pistas auditivas: som de fala correta e do erro, fala do fonoaudiólogo; pistas táteis/cinestésicas e proprioceptivas: toque com espátula, tentacânula, dedo/luva ou outro, em pontos articulatórios corretos[27,29,32,34]. A consciência fonoarticulatória beneficia a produção do fone e pode ser trabalhada através de recursos visuais relacionados a essa produção[35].

No decorrer do processo terapêutico algumas alterações são mais difíceis de serem corrigidas, sendo necessário que o fonoaudiólogo repense os objetivos e as estratégias estabelecidas. Nesses casos é de extrema importância analisar a necessidade de avaliações complementares. Alguns pontos importantes a serem considerados: eficácia das estratégias e recursos usados; necessidade de associar recursos de alta tecnologia; motivação do indivíduo; participação da família no processo terapêutico; frequência e intensidade das sessões; treinos em casa e forma de monitoramento desses treinos.

CONCLUSÃO

Ao trazermos à luz a discussão acerca das classificações dos TSF, considerando-se que ainda não há um consenso na literatura sobre as alterações de fala de origem musculoesquelética, pode-se concluir que futuros estudos e discussões são imprescindíveis. Neste capítulo, pondera-se sobre a caracterização, diagnóstico e intervenção, além da classificação dos TSF a qual pontuamos como foco de futuras discussões. De qualquer modo, evidencia-se que alterações de fala de origem musculoesquelética precisam de uma avaliação minuciosa, considerando os aspectos do sistema estomatognático para que seja possível identificar a sua causa e eleger o melhor planejamento terapêutico. Esse planejamento deve considerar a individualidade de cada caso, porém, mais especificamente, contemplar a abordagem proposta pela terapia articulatória com incorporação dos princípios motores para condução da prática.

REFERÊNCIAS BIBLIOGRÁFICAS

1. Marchesan IQ. Alterações de fala músculo-esqueléticas: possibilidade de cura. In: Motricidade Orofacial: como atuam os especialistas. Comitê de Motricidade Orofacial-SBFa. São José dos Campos: Pulso; 2004. p.243-49.
2. Resolução CFFa n. 310 de 17 de fevereiro de 2006. Dispõe sobre as especialidades reconhecidas pelo Conselho Federal de Fonoaudiologia e dá outras providências. Sect. 1; 2006.
3. American Speech-Language-Hearing Association (ASHA) (n.d.) Speech sound disorders: Articulation and phonology. Disponível em: https://www.asha.org/practice-portal/clinical-topics/articulation-and-phonology/.
4. Kraus K. Speech Sound Disorders in all of their names: an introduction. In: Peña-Brooks A; Hegde MN. Assessment and treatment of articulation and phonological disorders in children: a dual level text. 4. Austin, TX: Pro-Ed; 2023.
5. Rooney A. Typical learning of speech sounds: norms, patterns, theories. . In: Peña-Brooks A; Hegde MN. Assessment and treatment of articulation and phonological disorders in children: a dual level text. 4. Austin, TX: Pro-Ed; 2023.
6. Shriberg LD, Fourakis M, Hall SD, Karlsson HB, Lohmeier HL, McSweeny JL, et al. Extensions to the Speech Disorders Classification System (SDCS). Clin Linguist Phon. 2010 Oct;24(10):795-824.
7. Shriberg LD, Strand EA, Jakielski KJ, Mabie HL. Estimates of the prevalence of speech and motor speech disorders in persons with complex neurodevelopmental disorders. Clin Linguist Phon. 2019;33(8):707-36.
8. Flipsen P Jr. Emergence and prevalence of persistent and residual speech errors. Semin Speech Lang. 2015;36(4):217-23.
9. Bode C, Ghaltakhchyan N, Silva ER, Turvey T, Blakey G, White R, et al. Impacts of development, dentofacial disharmony, and its surgical correction on speech: a narrative review for dental professionals. Appl Sci (Basel). 2023 May;13(9):5496.
10. Thijs Z, Bruneel L, De Pauw G, Van Lierde KM. Oral myofunctional and articulation disorders in children with malocclusions: a systematic review. Folia Phoniatr Logop. 2022;74(1):1-16.
11. Martinelli RLC, Marchesan, IQ, Berretin-Felix G. Estratégias de compensação na produção do flape alveolar em casos de anquiloglossia. Rev CEFAC. 2019;21(3).
12. Tran A, Oakley M, Paye C, Trudan E, Ghaltakhchyan N, Turvey T, et al. Multitaper spectrum analysis of consonants produced by patients with dentofacial disharmonies. J Speech Lang Hear Res. 2024 Feb 12;67(2):455-76.
13. Marchesan IQ, Martinelli R. Distúrbios fonéticos relacionados às alterações dento-oclusais. In: Picinato-Pirola M, Ramos VR, Tanigute CC, Silva ASG, Marchesan IQ, Tessitore A, et al. Terapia em Motricidade Orofacial: como eu faço. Distúrbios fonéticos relacionados às alterações dento-oclusais. São José dos Campos: Pulso Editorial; 2019.
14. Borox T, Leite ADP, Bagarollo MF, Alencar BLFD, Czlusniak GR. Avaliação da produção dos sons da fala de crianças respiradoras orais com hipertrofia de tonsilas palatinas e/ou faríngeas. Rev CEFAC. 2018;20:468-77.
15. Alhazmi WA. Mouth breathing and speech disorders: a multidisciplinary evaluation based on the etiology. J Pharm Bioallied Sci. 2022 Jul;14(Suppl 1):S911-16.
16. Santos BA, Bitar ML. Anquiloglossia e alterações na fala: revisão integrativa da literatura. Distúrb Comum. 2022;34(4):1-12.
17. Cattoni DM. Avaliação clínica em Motricidade Orofacial. In: Feitosa ALF, Depolli GT, Silva HJ (orgs.). Mapas conceituais em Fonoaudiologia: Motricidade orofacial. Ribeirão Preto: Booktoy; 2022. p. 29-42.
18. Berretin-Felix G, Luccas GR. Diagnóstico em motricidade orofacial. In: Silva HJ, Tessitore A, Motta AR, Cunha DA, Berretin-Felix G, Marchesan IQ (orgs.). Tratado de motricidade orofacial. São José dos Campos: Pulso Editorial; 2019. p.301-15.
19. Felício CM, Lima MDRF, Medeiros APM, Ferreira JTL. Orofacial Myofunctional Evaluation Protocol for older people: validity, psychometric properties, and association with oral health and age. Codas. 2017;29(6):1-12.
20. Berretin-Felix G, Genaro KF, Marchesan IQ. Protocolos de avaliação da motricidade orofacial 1: protocolo de avaliação miofuncional orofacial – MBGR. In: Silva HJ, Tessitore A, Motta AR, Cunha DA, Berretin-Felix G, Marchesan IQ (orgs.). Tratado de motricidade orofacial. São José dos Campos: Pulso Editorial; 2019. p. 255-72.
21. Medeiros AMC, Marchesan IQ, Genaro KF, Barreto IDC, Berretin-Felix G. Protocolo MMBRG – lactentes e pré-escolares: instrutivo e história clínica miofuncional orofacial. CoDAS. 2022;34(2).
22. Medeiros AMC, Marchesan IQ, Genaro KF, Barreto IDC, Berretin-Felix G. Protocolo MMBRG – lactentes e pré- escolares: exame clínico miofuncional orofacial. CoDAS. 2022b;34(5).
23. Mogren Asa, Sjögreen L, Agholme MB, McAllister A. Orofacial function in children with Speech Sound Disorders persisting after the age of six years. Int J Speech Lang Pathol. 2020 Oct;22(5):526-36.

24. Martinelli RLC, Marchesan, IQ. Frênulo lingual. In: Silva HJ, Tessitore A, Motta AR, Cunha DA, Berretin-Felix G, Marchesan IQ (orgs.). Tratado de motricidade orofacial. São José dos Campos: Pulso Editorial; 2019. p. 287-99.
25. Kravanja SL, Hocevar-Boltezar I, Music MM, Jarc A, Verdenik I, Ovsenik M. Three-dimensional ultrasound evaluation of tongue posture and its impact on articulation disorders in preschool children with anterior open bite. Radiol Oncol. 2018;52:250-6.
26. Emerson RW. Assessment and differential diagnosis of speech sound disorders. In: Peña-Brooks A; Hegde MN. Assessment and treatment of articulation and phonological disorders in children: a dual level text. 4. ed. Austin, TX: Pro-Ed; 2023.
27. Marchesan IQ, Martinelli RLC. Fala: reflexões sobre a prática clínica. In: Silva HJ, Tessitore A, Motta AR, Cunha DA, Berretin--Felix G, Marchesam IQ (orgs). Tratado de motricidade orofacial. São José dos Campos: Pulso Editorial; 2019. p.547-59.
28. Parra-López P, Olmos-Soria M, Valero-Garcí AV. Nonverbal oro--motor exercises: do they really work for phonoarticulatory difficulties? Int J Environ Res Public Health. 2022 Apr 29;19(9):5459.
29. Motta AR, Furlan RMMM. Fonoterapia nos casos ortodônticos. In: Picinato-Pirola M, Ramos VF, Tanigute CC, Silva ASG, Marchesan IQ, Tessitore A, et al. Terapia em motricidade orofacial: como eu faço. São José dos Campos: Pulso Editorial; 2019. p.121-9.
30. Flipsen JR P, Bernthal JE, Bankson NW. Motor-based treatment approaches. In: Bernthal JE, Bankson NW, Flipsen JRP. Articulation and phonological disorders speech sound disorders in children. 8. ed. Boston: Pearson; 2016. p. 223-58.
31. Maas E, Robin DA, Austermann Hula SN, Freedman SE, Wulf G, Ballard KJ, et al. Principles of motor learning in treatment of motor speech disorders. Am J Speech Lang Pathol. 2008 Aug;17(3):277-98.
32. Preston JL, Benway NR, Leece MC, Hitchcock ER, McAllister T. Tutorial: motor-based treatment strategies for /r/ distortions. Lang Speech Hear Serv Sch. 2020 Oct 2;51(4):966-80.
33. Giacchini V, Mota HB, Mezzomo CL. Diferentes modelos de terapia fonoaudiológica nos casos de simplificação do onset complexo com alongamento compensatório. Rev CEFAC. 2011 Jan-Fev;13(1):57-64.
34. Bacha SMC. Pistas fonêmicas – cartões. Campo Grande: DIA; 2019.
35. Rosa EN. O papel da consciência fonoarticulatória na aquisição da língua materna. Verbum. 2020;9(3):232-49.

Intervenção fonoaudiológica nas Disfunções Temporomandibulares: diagnóstico funcional e conduta terapêutica

Fabiane Miron Stefani
Oswaldo Crivello Júnior
Alex de Freitas Rodrigues
Silvia Damasceno Benevides

PONTOS-CHAVE

- A Odontologia realiza avaliação e classificação da Disfunção Temporomandibular e utiliza diversos recursos para seu tratamento, como placas interoclusais, estímulos elétricos, terapia medicamentosa, artrocenteses, artroscopias, ozonioterapia, viscossuplementação e agulhamento seco.
- A avaliação fonoaudiológica para pacientes com Disfunção Temporomandibular pode ser realizada por meio de protocolos de motricidade orofacial, com especial atenção às especificidades dessa condição de saúde.
- A intervenção fonoaudiológica nas Disfunções Temporomandibulares tem grande impacto quando é iniciada com aconselhamento, por meio de orientações, gerenciamento do autocuidado e segue com a utilização de manobras terapêuticas e treinos funcionais.

OBJETIVOS DE APRENDIZAGEM

Ao final deste capítulo, o leitor deverá ser capaz de:

- Compreender os mecanismos neurofisiológicos que integram o perfil do paciente com Disfunção Temporomandibular dolorosa crônica.
- Identificar, descrever e receber noções para avaliar os aspectos miofuncionais orofaciais em pacientes com diagnóstico de Disfunção Temporomandibular.
- Formular um plano terapêutico efetivo que leve em consideração as particularidades de cada caso.

INTRODUÇÃO

O termo Disfunção Temporomandibular (DTM) é utilizado para reunir um grupo de anormalidades que acometem os músculos mastigatórios, a articulação temporomandibular (ATM) e estruturas adjacentes. Com etiologia multifatorial, as DTMs podem ser classificadas em dois grandes subgrupos: as de origem articular, em que os sinais e sintomas estão relacionados à ATM; e as de origem muscular, nas quais os sinais e sintomas estão relacionados à musculatura mastigatória[1].

Vale ressaltar que DTM e bruxismo são duas condições diferentes e não devem ser entendidas como sinônimos. Em 2013, um consenso internacional definiu de forma simples e pragmática o bruxismo como um movimento repetitivo da atividade muscular mastigatória caracterizada por apertamento ou ranger dos dentes e/ou por contração da musculatura mastigatória (sem toque dentário). O bruxismo pode ser classificado em bruxismo do sono e em vigília[2].

A literatura indica relações entre distúrbios do sono e DTM dolorosa, sendo que 90% dos pacientes com DTM apresentam distúrbios do sono comórbidos, sendo as dificuldades respiratórias e a insônia os fatores agravantes mais comuns em pacientes com DTM[3].

Um dos principais sintomas relacionados à DTM é a dor orofacial. A definição revisada pela Associação Internacional para o Estudo da Dor (IASP) conceitua a dor como *"uma experiência sensitiva e emocional desagradável associada, ou semelhante àquela associada a uma lesão tecidual real ou potencial"*[4]. A dor pode ser classificada em: a) dor nociceptiva, provocada por uma lesão ou dano tecidual; b) dor neuropática, com origem em lesão sofrida pelo sistema nervoso, central ou periférico; c) dor nociplástica, resultado de ampliação da sensibilidade do sistema nervoso central após uma lesão, ou seja, a dor permanece mesmo após a cicatrização/cura da lesão sofrida[5].

A DTM está frequentemente associada à dor crônica, influenciando o comportamento social, psicológico e qualidade de vida[6]. A incapacidade induzida observada em pacientes com DTM pode estar associada à catastrofização (um processo de pensamentos negativos relacionado às sensações de dor, relacionados à percepção da intolerância e da incapacidade de lidar com ela) e depressão, que contribuem para a progressão e persistência da dor[6]. No modelo de medo-evitação e de incapacidade de resistência à dor, sugere-se que a catastrofização predispõe os indivíduos ao desenvolvimento de medo de movimento (cinesiofobia) que, por sua vez, pode levar ao aumento da experiência geral de dor e parece particularmente relevante para pacientes com distúrbios musculoesqueléticos[7].

O primeiro aspecto a ser considerado na DTM é que o paciente sente dor, em sua maioria crônica. Com o avanço no estudo da dor, percebeu-se que dor e sofrimento não se relacionam diretamente à quantidade de danos aos tecidos, mas sim com a "ameaça detectada" da lesão e a "quantidade de atenção" que é dada a essa lesão e dor[8]. A modulação da dor faz com que os impulsos advindos de um estímulo nocivo proveniente dos nociceptores possam ser alterados antes que cheguem ao córtex e, portanto, sejam reconhecidos de forma diferente, podendo ter um efeito excitatório do estímulo nocivo ou inibidor que diminui esse estímulo. Se uma função normal for afetada por um fator externo ou interno nocivo e a tolerância fisiológica do indivíduo estiver diminuída, haverá a percepção dos sintomas de DTM, em especial os dolorosos.

Muitas são as terapias disponíveis para o tratamento da DTM. Para que o sucesso no tratamento seja alcançado, seu direcionamento deve levar em consideração que cada indivíduo é um ser único e, portanto, sua história pregressa deve orientar os procedimentos a serem adotados e, por meio dela e de uma análise diagnóstica minuciosa, deve ser elaborado um plano global de tratamento que envolva de forma multiprofissional tanto as terapêuticas clínicas conservadoras como as abordagens cirúrgicas[9].

Tendo em vista as características e definições apresentadas, este capítulo foi desenvolvido a partir de três pontos principais: noções da avaliação e conduta odontológica, avaliação fonoaudiológica e diagnóstico funcional e intervenção fonoaudiológica.

AVALIAÇÃO E CONDUTA ODONTOLÓGICA

O diagnóstico da DTM é essencialmente clínico e deve incluir anamnese e exame físico cuidadosos. O *Diagnostic Criteria for Temporomandibular Disorders* (DC/TMD) é uma ferramenta valiosa e utilizada em todo o mundo para o diagnóstico de DTM, pois propicia uma avaliação sistematizada que inclui exame clínico padronizado e aplicação de questionários. Ele é validado em 22 idiomas, sendo atualmente o mais utilizado na literatura científica. O DC/TMD é um instrumento que segue o modelo biopsicossocial de avaliação e classificação da DTM, sendo constituído pelo Eixo I (diagnósticos físicos) – mialgia, mialgia local, dor miofascial, dor miofascial com espalhamento, dor miofascial com dor referida, artralgia e cefaleia atribuída à DTM; e pelo Eixo II (aspectos psicossociais)[10].

O tratamento das DTMs é multidisciplinar e envolve cirurgiões-dentistas, médicos, fisioterapeutas, fonoaudiólogos e psicólogos, dentre outros profissionais. As diferentes especialidades somam esforços com o objetivo de, antes de mais nada, controlar a dor, além de melhorar a postura mandibular, reduzir a inflamação e promover o equilíbrio do sistema musculoesquelético e neuromuscular, visando o restabelecimento funcional e dos aspectos psicoemocionais.

As terapias utilizadas pelo cirurgião-dentista incluem o uso de placas interoclusais, estímulos elétricos, terapia medicamentosa, artrocenteses, artroscopias, ozonioterapia, viscossuplementação, agulhamento seco e outras terapias integrativas. Porém, existem situações de difícil controle que necessitam de outras modalidades de tratamento. Vale lembrar que o tratamento cirúrgico tem suas indicações precisas, em especial nos deslocamentos do disco sem redução.

AVALIAÇÃO FONOAUDIOLÓGICA E DIAGNÓSTICO FUNCIONAL

A avaliação fonoaudiológica do paciente com DTM deve ser realizada preferencialmente após o seu diagnóstico e classificação, pois assim o fonoaudiólogo irá dispor de mais recursos clínicos para interpretar os seus achados. Ela inclui a anamnese e a avaliação miofuncional orofacial, que serão descritas a seguir[11].

Anamnese

Além dos dados iniciais comuns às avaliações em MO, a anamnese deve focar nas queixas do paciente, no início dos sintomas, fatores desencadeantes, agravantes e perpetuantes, em outros tratamentos já realizados ou em andamento, na presença de outros sintomas tais como auditivos, zumbido e cefaleia e pesquisa da intensidade da dor do paciente[12].

A pesquisa da dor pode ser realizada por meio de uma Escala Visual Analógica (EVA), demonstrada na Figura 1, e repetida semanalmente para acompanhamento da evolução da dor ao longo do tratamento[13].

Além disso, é importante realizar um levantamento completo da saúde geral e oral do paciente, suas características emocionais, qualidade de vida, sono (se realiza bruxismo do sono), alimentação, trabalho, o que faz em seus momentos de lazer, se faz esportes (e quais esportes), como se relaciona em família e outras interações sociais. A investigação de hábitos orais é muito importante, especialmente em relação ao bruxismo em vigília, apoio do queixo na mão e hábitos de mordida. Por fim, deve-se perguntar diretamente sobre possíveis dificuldades durante a execução das funções orofaciais, em especial durante a mastigação e fala, mas também durante a deglutição e respiração[12].

Avaliação miofuncional

Embora os principais protocolos atualmente em uso no Brasil para avaliação da Motricidade Orofacial (MO) sejam sensíveis para detectar alterações nas ATMs e dores orofaciais, não foram elaborados para o diagnóstico de DTM, e sim para o diagnóstico do Distúrbio Miofuncional Orofacial (DMO), que pode estar relacionado à sintomatologia dolorosa da DTM.

Os dois protocolos de Avaliação Miofuncional Orofacial validados atualmente no Brasil são o Protocolo de Avaliação Miofuncional Orofacial com Escores (AMIOFE) e o MBGR[11]. A avaliação fonoaudiológica realizada para o diagnóstico do DMO é feita por meio da análise muscular do complexo craniofacial e das funções nas quais tal complexo está envolvido, como mastigação, deglutição e fala[12].

Inicialmente, realiza-se a inspeção visual (e/ou análise de fotos e vídeos) da aparência e condição postural das estruturas orofaciais[11,12]. Em pacientes com DTM é comum que sejam encontradas assimetrias faciais, chegando a uma porcentagem de mais de 90% dos casos[14]. Essa diferença entre os lados ocorre principalmente devido à preferência mastigatória, que em pacientes com DTM é predominantemente do tipo preferencial unilateral, por proteção.

Na inspeção das bochechas, uma característica comum entre os pacientes com DTM é a presença de bochechas contraídas e com tensão aparente, associada ao estiramento labial, especialmente em casos de bruxismo e apertamento dentário[11].

Na verificação da postura vertical da mandíbula, o esperado é que as pessoas mantenham seus dentes afastados entre 1 e 4 mm. Tal distância natural entre os dentes das arcadas superiores e inferiores é chamada de Espaço Funcional Livre (EFL)[11].

Durante a inspeção da língua em pacientes com DTM é muito comum que a estrutura esteja crenada, ou seja, com marcas dos dentes nas suas bordas, o que ocorre devido ao aumento da pressão das arcadas dentárias sobre a língua, especialmente durante o apertamen-

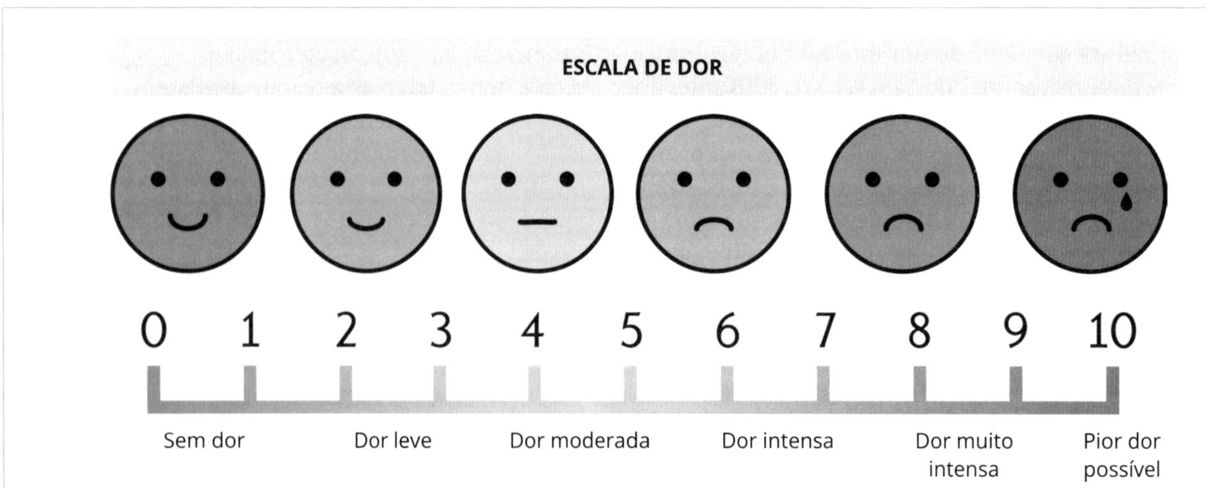

FIGURA 1 Escala Visual Analógica (EVA).
Versão colorida da figura encontra-se na plataforma de conteúdo complementar do livro.
Fonte da ilustração: Aleksandr – stock.adobe.com.

to dentário[15]. Pesquisas mostram que esse tipo de alteração está presente em 68% dos pacientes com DTM[14].

Na avaliação da mobilidade, deve-se avaliar os movimentos de lábios, língua, bochechas e mandíbula. Em pacientes com DTM, pesquisas apontam alterações em todas as provas de mobilidade, sendo que 90% dessas pessoas apresentam alterações de mobilidade de língua e 94% na mobilidade de mandíbula[14].

Durante a avaliação da mobilidade mandibular, devem ser analisados os movimentos de abertura, fechamento, lateralidade e protrusão[12]. Essa análise inclui a mensuração de alguns parâmetros, o que pode ser feito com o uso de um paquímetro.

A inspeção da abertura mandibular, ilustrada na Figura 2, incluirá tanto a medida da abertura da boca, calculada pela distância interincisiva (distância entre as faces incisais dos dentes superiores e inferiores), como a abertura máxima, em que essa medida é somada à medida do trespasse vertical, que pode ser definido como a relação vertical entre as bordas incisais dos incisivos superiores e inferiores[11]. Em indivíduos normais, a abertura de boca deve ser, no mínimo, de 40 mm[16].

Ainda durante a avaliação da abertura e fechamento mandibular, a trajetória mandibular também deve ser analisada. Em pessoas com DTM, observam-se com grande frequência desvios e deflexões da trajetória mandibular. Os desvios caracterizam-se pela abertura de boca com trajetória mandibular desviada da linha média que ao longo do movimento é retomada, voltando ao alinhamento vertical. Tal característica é encontrada com frequência em pacientes com Deslocamento de Disco com Redução (DDCR), em que a trajetória é retomada quando o disco é reduzido à sua posição neutra[16]. Já quando há Deslocamento de Disco Sem Redução (DDSR), o disco não é recapturado e a deflexão da mandíbula pode ser observada, ou seja, o desvio para um dos lados sem retomada do movimento para a linha média.

A protrusão mandibular é calculada pela soma da medida da protrusão com a medida do trespasse horizontal dos dentes (distância anteroposterior entre incisivos centrais inferiores e superiores) em oclusão[11] (Figura 3). Esse movimento deverá ter a amplitude mínima de 8 mm[16]. Nos pacientes com DTM, muitas vezes essa medida encontra-se reduzida pela presença de dor. Cabe lembrar que a protrusão é essencial para a realização da mastigação.

A lateralidade mandibular é a distância horizontal da linha entre dentes incisivos superiores e inferiores[11] e está demonstrada na Figura 4. Para sua correta determinação, é essencial verificar o desvio da linha média entre tais dentes no repouso, para que não se encontrem dados falsos positivos ou negativos para alterações da lateralidade. A medida normal para o movimento de lateralidade é no mínimo de 8 mm[16] e, em pacientes com DTM, frequentemente essa medida encontra-se reduzida, seja devido à dor ou a alterações biomecânicas, especialmente relacionadas aos deslocamentos de discos. Vale ressaltar, também, a importância desse movimento para a efetiva realização da função mastigatória.

Durante a avaliação da mobilidade mandibular, o fonoaudiólogo deve estar atento à presença de ruídos articulares, verificados pela percepção digital na região das ATMs[16]. O ruído articular está relacionado com a perda e recaptura do disco à sua posição neutra. Quando o disco sai da posição acima do côndilo mandibular, pode ocorrer o ruído pela sua passagem entre as superfícies articulares e, ao ser recapturado ao final do movimento, o estalo pode ocorrer novamente, sendo, então, considerado recíproco. Outro ruído que pode ocorrer é chamado de crepitação e assemelha-se ao barulho de "trituração", de "areia" e não há a presença do "click" característico do estalo. Esse tipo de ruído pode denotar uma alteração mais grave no disco como degeneração e até rompimento.

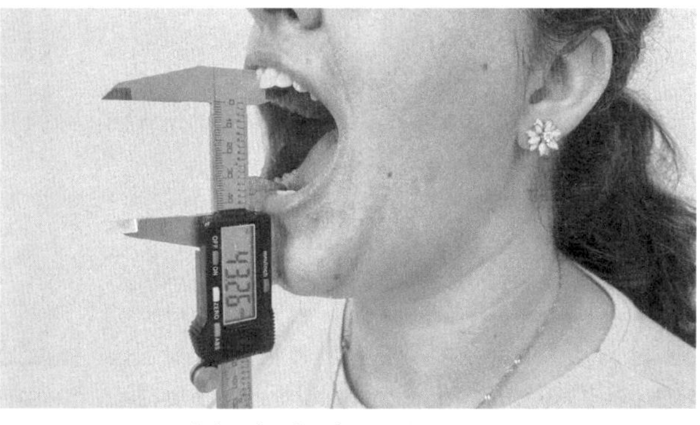

FIGURA 2 Medida da distância interincisiva.
Fonte: arquivo pessoal, 2024.
Versão colorida da figura encontra-se na plataforma de conteúdo complementar do livro.

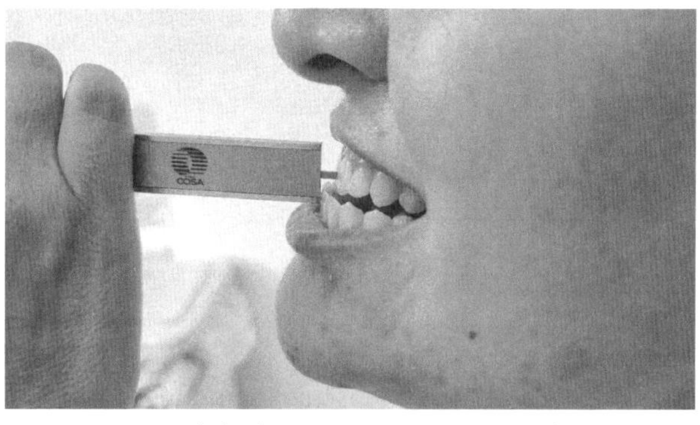

FIGURA 3 Medida da protrusão com paquímetro.
Fonte: arquivo pessoal, 2024.
Versão colorida da figura encontra-se na plataforma de conteúdo complementar do livro.

Em seguida, deve ser realizada a palpação da região dos músculos mastigatórios e cervicais, calibrando a pressão digital em 1 kg e a palpação direta sobre as articulações, com pressão de 0,5 kg[10].

O músculo masseter pode ser palpado por meio de pressão digital, em que o avaliador deverá pressionar os dedos indicador e médio desde a origem – no arco zigomático – até a inserção desse músculo, na face lateral do ramo mandibular[16]. Durante a palpação, o rosto do paciente deve ser observado com atenção, pois expressões faciais também fornecem informações sobre o grau e intensidade da dor. Após a palpação, o paciente pode graduar sua dor em: "desconforto", "dor leve", "dor moderada" ou "dor intensa", ou ainda utilizar a EVA.

Os músculos temporais devem ser palpados em seus feixes anterior, médio e posterior, por meio da pressão digital com dedos indicador e médio, desde a inserção acima do arco zigomático até a origem, na região do osso temporal, conforme Figura 6.

Para a palpação do músculo esternocleidomastóideo, o paciente deve girar a cabeça para o lado oposto ao músculo avaliado, até estender as fibras musculares de forma visível, e o examinador deverá realizar a palpação com os dedos em forma de pinça, desde a origem na clavícula até a inserção na região da mastoide, como mostrado na Figura 7.

O músculo trapézio é bastante extenso e deve ser palpado por meio de pinçamento dos dedos indicador e polegar, desde o osso occipital, até seu ponto mais distante do pescoço, no terço lateral da clavícula e na espinha da escápula, conforme a Figura 8.

A avaliação das funções orofaciais inicia-se pela inspeção do modo e tipo respiratórios. Em pacientes com DTM, o tipo respiratório mais comum é o médio superior, compatível com o padrão de tensão corporal facial e cervical[12]. Em pesquisas anteriores realizadas com pacientes, apenas 11% apresentaram respiração oronasal, enquanto a maioria apresentou respiração nasal[14].

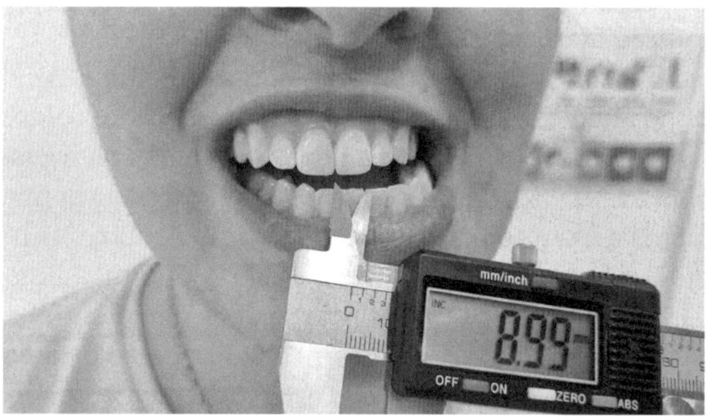

FIGURA 4 Medida da lateralidade mandibular com paquímetro.
Fonte: arquivo pessoal, 2024.
Versão colorida da figura encontra-se na plataforma de conteúdo complementar do livro.

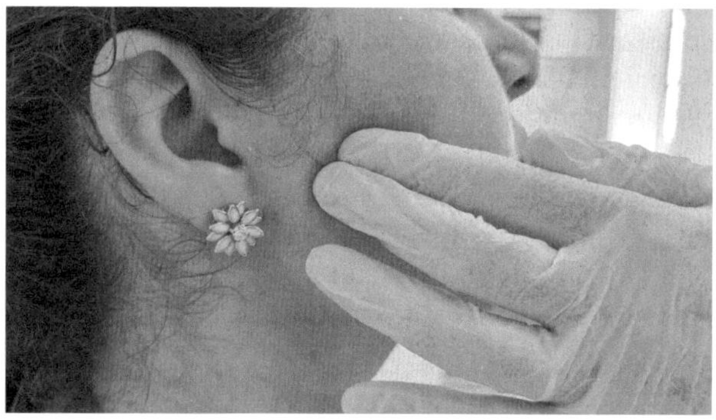

FIGURA 5 Palpação do músculo masseter.
Fonte: arquivo pessoal, 2024.
Versão colorida da figura encontra-se na plataforma de conteúdo complementar do livro.

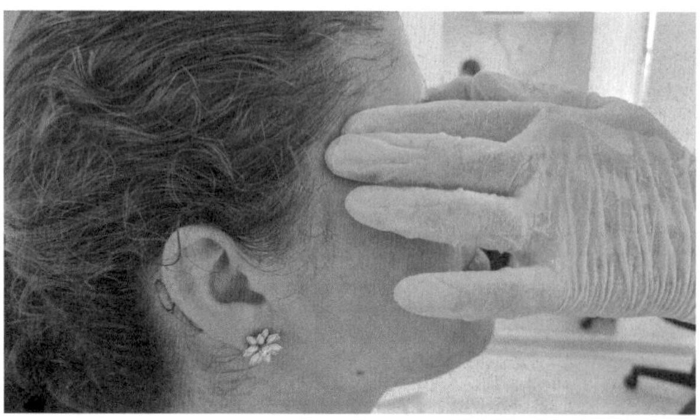

FIGURA 6 Palpação do músculo temporal.
Fonte: arquivo pessoal, 2024.
Versão colorida da figura encontra-se na plataforma de conteúdo complementar do livro.

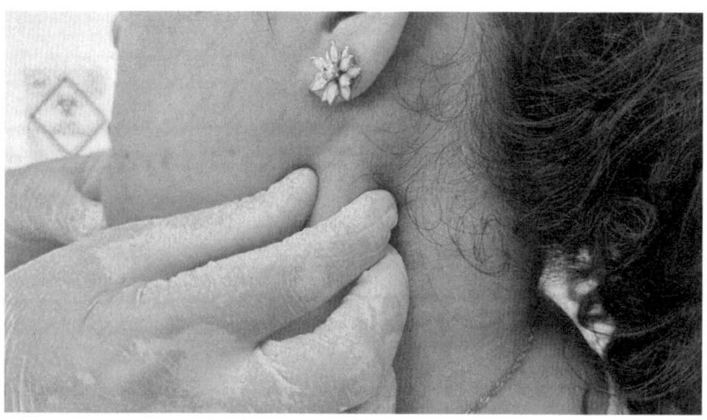

FIGURA 7 Palpação do músculo esternocleidomastóideo.
Fonte: arquivo pessoal, 2024.
Versão colorida da figura encontra-se na plataforma de conteúdo complementar do livro.

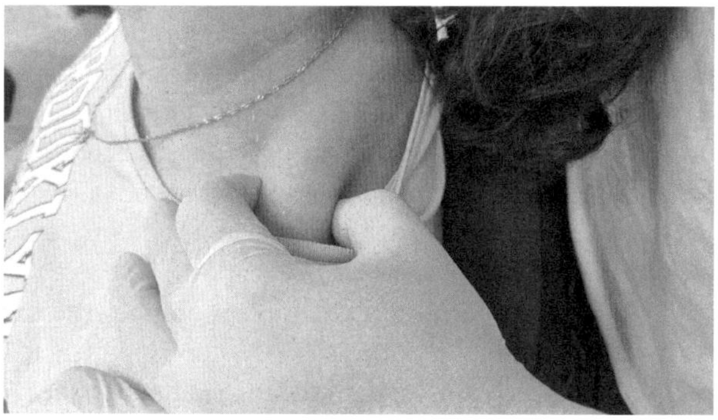

FIGURA 8 Palpação do músculo trapézio, porção superior.
Fonte: arquivo pessoal, 2024.
Versão colorida da figura encontra-se na plataforma de conteúdo complementar do livro.

A avaliação da deglutição do paciente com DTM deve incluir especial atenção para o deslize mandibular, ruídos e possíveis engasgos[12]. Nesses pacientes pode-se encontrar a Deglutição Compensatória, que pode ser considerada uma subclassificação da Deglutição Adaptada, uma vez que podem ser observadas compensações para evitar um trauma maior em uma região com dano ao SE, minimizar ou evitar a dor[11].

A mastigação é a função da qual os pacientes com DTM mais se queixam. Na avaliação, deve-se observar a preensão ou mordida do alimento, que em pessoas sem queixa normalmente ocorre com incisão central. Já em pacientes com DTM, poderá ocorrer de forma lateral, ou mesmo sem a mordida, sendo realizada a quebra manual do alimento[12]. Isso pode ocorrer pela presença da dor ao realizar a protrusão mandibular e a abertura da boca, necessárias para a preensão dos alimentos.

A alteração mais comumente encontrada na mastigação dos pacientes com DTM é o padrão unilateral, que pode ser preferencial ou crônico. Essas características ocorrem devido à dor ou a ruídos articulares, à redução da amplitude dos movimentos mandibulares, especialmente a lateralidade mandibular, devido ao deslocamento de disco articular sem redução, dentre outras alterações[11]. Cabe ressaltar que a maioria dos pacientes com DTM articular direcionará o alimento para o lado em que sente dor, pois o lado de trabalho (em que efetivamente ocorre a mastigação) exige uma movimentação menor do complexo côndilo-disco do que o lado de balanceio (lado oposto ao que ocorre a mastigação). Já para pacientes com DTM muscular será o oposto, pois o paciente evitará gerar sobrecarga na musculatura que apresenta sintomatologia dolorosa.

A DTM também poderá causar cansaço, com possível prejuízo em ritmo e força dos ciclos mastigatórios. Estudos indicam que 83% dos pacientes com DTM apresentam alterações da mastigação, caracterizadas por mastigação unilateral preferencial em 67% dos pacientes com DTM moderada e em 40% dos pacientes severos, enquanto a mastigação unilateral crônica pode ocorrer em até 40% dos pacientes com DTM severa[14].

A avaliação de fala poderá ser realizada por meio da apresentação de figuras ou listas de palavras foneticamente balanceadas, sendo que as alterações mais comumente encontradas nos pacientes com DTM são o desvio mandibular, que ocorre principalmente durante a realização de fonemas fricativos /s/ e /z/, e a diminuição da amplitude mandibular, em especial da abertura de boca, o que causará uma fala com aspecto travado e com articulação deficitária[11].

Para uma avaliação ainda mais completa do DMO que pode acometer pacientes com DTM, podem ser utilizadas tecnologias duras, dentre elas a Eletromiografia de Superfície (EMGs), que auxilia na compreensão da fisiologia muscular[14]. Resultados de diferentes estudos demonstram que a coordenação da musculatura apresenta-se alterada, especialmente em testes de Contração Voluntária Máxima (CVM) e da função mastigatória. Parece haver uma assimetria funcional durante a mastigação à direita e à esquerda, que também pode ser observada durante a CVM[16].

Em estudo recente[17] as autoras concluíram que, ao se investigar o comportamento da CVM por meio da EMGs, as participantes com DTM muscular ou muscular com DDCR apresentavam desequilíbrio na CVM da musculatura mastigatória, quando comparados os lados direito e esquerdo. Resultados semelhantes foram encontrados em outro estudo recente[18], quando investigado o repouso muscular eletromiográfico dos músculos masseteres e temporais em mulheres com DTM, que, assim como a CVM, apresentaram discrepância entre os lados direito e esquerdo evidenciando desequilíbrio na musculatura mastigatória dessa população.

Dessa forma, com a utilização de instrumentos validados e comprovadamente eficazes, tanto de tecnologia leve, leve-dura ou dura, o fonoaudiólogo tem a expertise e a habilidade para a realização do diagnóstico funcional do paciente com DTM.

INTERVENÇÃO FONOAUDIOLÓGICA

O tratamento da DTM é multimodal e requer visão mais ampliada, sobretudo pela diversidade de cenários na qual ela está inserida. Os protocolos terapêuticos para DTM devem ser diferenciados e individualizados, tanto no planejamento, desenvolvimento como na priorização de modalidades de tratamento. Nesse sentido, é fundamental ressaltar que a terapia fonoaudiológica oferece mais uma opção de intervenção, complementando outras abordagens especializadas. É essencial promover a interação entre os profissionais envolvidos no tratamento, além de incentivar a participação ativa do paciente, por meio de decisões compartilhadas, no gerenciamento de seu caso.

A DTM possui características multifatoriais e a dor é um sintoma prevalente nessa condição. Assim, nas DTMs dolorosas crônicas, as abordagens que objetivam modular a dor podem apresentar duas vias principais de ação[19]: a) via descendente, que corresponde às áreas corticais, subcorticais e do tronco cerebral em direção à medula espinal, representando a modulação *top-down;* e b) via ascendente, composta por estímulos inibitórios que se originam na periferia e se dirigem à medula espinal e ao cérebro, configurando a modulação *bottom-up*.

Antes de iniciar a terapia fonoaudiológica é preciso considerar que a DTM possui, em seu curso natural, um comportamento flutuante[20] ao longo do tempo e apresenta subtipos com diferentes mecanismos fisiopatológicos e manifestações clínicas correspondentes.

O tratamento fonoaudiológico é indicado quando o sistema estomatognático não consegue mais suportar cargas funcionais sem causar desconforto, dor ou necessidade de compensações[14].

A abordagem fonoaudiológica pode colaborar em conjunto com outros profissionais na aplicação de estratégias de educação em dor, produzindo efeitos *top-down*, como também na utilização de técnicas que envolvam manobras físicas resultando em efeitos inibitórios periféricos (*bottom-up*).

Assim, a abordagem terapêutica fonoaudiológica possui estratégias que integram o aconselhamento, manobras físicas e controle mandibular, treinos funcionais e a utilização de recursos terapêuticos, o que será detalhado a seguir.

ACONSELHAMENTO

Essa etapa representa o ponto de partida do processo terapêutico, sendo crucial estabelecer um ambiente acolhedor para o paciente, onde a comunicação entre ele e o fonoaudiólogo desempenha um papel determinante. Essa interação não apenas facilita a adesão do paciente ao tratamento, mas também promove mudanças comportamentais essenciais para uma resposta eficaz ao tratamento proposto. A prática da escuta ativa por parte do profissional é especialmente benéfica, pois demonstra um interesse genuíno no paciente e cria um ambiente propício para respostas terapêuticas positivas[21].

Além da escuta ativa, é fundamental que o fonoaudiólogo adote uma linguagem cuidadosa ao se comunicar com o paciente. A forma como as informações são transmitidas possui um impacto significativo no resultado terapêutico, podendo influenciar positivamente (efeito placebo) ou negativamente (efeito nocebo) no tratamento. Portanto, ao orientar o paciente, o fonoaudiólogo deve considerar suas perspectivas e expectativas, envolvendo-o ativamente em todo processo no tratamento[22].

Essa fase também envolve fornecer ao paciente informações detalhadas sobre sua condição, na qual integra a educação em dor; bem como orientações para o autocuidado, como apresentado no Quadro 1. Essas estratégias não apenas auxiliam no controle da dor musculoesquelética e no restabelecimento funcional, mas também abordam aspectos psicossociais relevantes. Além disso, quanto mais informado o paciente estiver sobre sua condição, melhor será sua capacidade de enfrentamento, o que pode contribuir para desmistificar crenças prejudiciais associadas à catastrofização[21,23].

Esclarecimento acerca do problema (Quadro 1)

Durante essa fase, deve-se esclarecer as possibilidades e limitações do tratamento fonoaudiológico. O uso de recursos visuais, como ilustrações, vídeos e exames de imagem, se disponíveis, pode ser extremamente útil para facilitar o entendimento do paciente. Além disso, é essencial adotar uma linguagem simples e objetiva ao transmitir informações técnicas, de maneira compreensível.

Os fatores predisponentes, desencadeantes, perpetuantes e potencializadores são orientados pelo profissional, mas identificados e sinalizados pelo próprio paciente. É importante destacar que essas informações devem estar diretamente relacionadas ao quadro clínico específico do paciente, pois o seu principal desejo é resolver o seu problema, e não receber uma "aula de anatomofisiologia" da ATM. O foco dessas informações é capacitar o paciente, promovendo o alcance aos seus recursos pessoais, como: autoconhecimento, autoajuda e autonomia para lidar com sua condição de forma mais eficaz.

Orientações quanto ao autocuidado

Esse momento representa um desafio significativo, pois implica na possibilidade de promover mudanças comportamentais[21]. Todas as orientações de autocuidado precisam garantir o engajamento do paciente na tentativa de mudança. Nesse sentido, é importante considerar o contexto individual do paciente, avaliando suas circunstâncias e, caso algumas orientações não possam ser seguidas integralmente, o profissional deve buscar medidas alternativas de redução de danos, implementando pequenas mudanças que possam fazer diferença para o paciente.

QUADRO 1 Aconselhamento: definições das informações sobre o problema e autocuidado[23-25]

Informações (esclarecimentos sobre o problema)	Autocuidado
▪ Mostrar a anatomia e fisiologia (simples e clara) ▪ Explicar sobre a DTM em geral e direcionar para o caso do paciente ▪ Apresentar os fatores predisponentes, deflagradores, perpetuadores e potencializadores dos sinais e sintomas	▪ Evitar morder objetos ▪ Evitar apoiar o queixo sobre a mão ▪ Posicionar o travesseiro apoiando a cabeça e o pescoço durante o sono ▪ Para manter o espaço funcional livre, é importante compreender que ao fechar a boca, idealmente, deve-se deixar um espaço entre os arcos dentários. Essa prática reduz a probabilidade de contração excessiva da musculatura mastigatória. Recomenda-se o uso de sinalizadores, lembretes ou aplicativos que ofereçam um *feedback* constante, reforçando a mensagem de evitar o contato entre os dentes durante o repouso mandibular. Essa estratégia tem se mostrado uma excelente alternativa para o controle do bruxismo durante o dia. ▪ Mastigação adaptada (textura e mecânica) para não sobrecarregar a musculatura e dividir carga articular ▪ Bocejar com língua em papila palatina ▪ Termoterapia com calor úmido/crioterapia ▪ Automassagem na musculatura mastigatória ▪ Higiene do sono ▪ Prática de atividade física

É importante ressaltar que componentes psicossociais são comumente encontrados no perfil desses pacientes. Portanto, é fundamental que os fonoaudiólogos estejam atentos à necessidade de encaminhamentos para avaliação e intervenção no âmbito da psicologia e/ou psiquiatria.

Manobras físicas e controle mandibular

A próxima fase envolve as manobras físicas, como termoterapia, crioterapia, mobilização articular e a realização de exercícios ativos e passivos para controle mandibular, que pode ser feita com as estratégias apresentadas no Quadro 2. O paciente recebe instruções para realizar os exercícios em casa pelo menos duas vezes ao dia, conforme necessário para seu quadro clínico.

Treinos funcionais

Na literatura observa-se um grande direcionamento do tratamento para as DTMs com vistas ao controle da dor, resgate da biomecânica articular e muscular, portanto o restabelecimento da amplitude dos movimentos mandibulares. No entanto, as funções estomatognáticas, em especial a mastigação, ainda são pouco exploradas[14,21].

Uma nova teoria proposta por grandes pesquisadores[20] na área é a Teoria das Interações Sensório-Motoras e Dor. Essa teoria sugere que a dor está associada a alterações plásticas no sistema nervoso central (SNC), resultando em um padrão de ativação de unidades motoras que influencia o comportamento sensório-motor adaptativo do indivíduo. Esse padrão de ativação leva em consideração influências biológicas, psicológicas e sociais nos tecidos musculoesqueléticos envolvidos no comportamento sensório-motor, além das alterações plásticas e da experiência de dor do indivíduo.

Os autores complementam que, normalmente, esse padrão de ativação é otimizado para obter ganho na biomecânica e minimizar o custo metabólico relacionado às características dos tecidos musculoesqueléticos do indivíduo, visando a minimização da dor e de quaisquer alterações sensório-motoras associadas para alcançar a homeostase. No entanto, fatores biopsicossociais adversos e suas interações podem resultar em alterações plásticas no SNC, levando a padrões de ativação de unidades motoras menos ideais, até mesmo mal adaptativos, que podem levar ao desenvolvimento de mais dor.

Essa teoria mais abrangente indica a necessidade de estratégias de tratamento individualizadas, seguindo o modelo biopsicossocial da dor[26] A customização do atendimento deve contemplar todas as etapas de tratamento, inclusive o treino funcional.

O treino funcional é uma prática que resulta na promoção de novos padrões que envolvem as funções estomatognáticas, especialmente a mastigação. O paciente com DTM enfrenta limitações significativas na alimentação devido ao seu quadro clínico, o que resulta em restrições na demanda funcional, com preferência por alimentos mais brandos, muitas vezes pastosos[14,21,27]. Essa situação pode levar à perda de apetite e prazer na alimentação, somando-se às outras privações que o paciente já enfrenta.

QUADRO 2 Manobras físicas e controle mandibular

Objetivos [21]	Estratégias terapêuticas[21]
Promover a vasodilatação, aumento do aporte sanguíneo e oxigenação	Termoterapia com calor úmido por 20' na região de masseter, temporal, cervical e cintura escapular
Gerar vasoconstrição e analgesia isquêmica	Aplicação do gelo em processos inflamatórios na região articular
Auxiliar na desativação de pontos gatilhos miofasciais e na diminuição da sintomatologia do ponto doloroso muscular	Aplicação de gelo no ponto-alvo e compressão digital
Promover relaxamento Auxiliar no controle do limiar de dor	Massagem com movimentos circulares de soltura muscular na região da musculatura mastigatória, região cervical e cintura escapular
Aumentar a extensibilidade do tecido encurtado Promover mobilidade e coordenação	Alongamentos na musculatura mastigatória, região orofacial, cervical e cintura escapular
Auxiliar na diminuição da carga articular, na lubrificação dos compartimentos articulares e na eliminação das aderências	Técnica de mobilização articular
Promover o aumento da amplitude, estabilidade, coordenação e simetria dos movimentos excursivos da mandíbula	Exercícios mandibulares ativos e passivos. ▪ Abertura e fechamento da mandíbula com a língua em papila palatina ▪ Lateralidade mandibular com pistas extero e proprioceptivas com a espátula entre os arcos dentários direcionando o movimento ▪ Movimentos protrusivos com o deslizamento da espátula ou hiperboloide anteriormente entre ou dentes

Nesse contexto, o fonoaudiólogo desempenha um papel fundamental no restabelecimento das funções estomatognáticas, considerando a mastigação não apenas como um ato mecânico de degradação do alimento, mas também como um componente importante para o bem-estar psicossocial do paciente.

O trabalho fonoaudiológico na mastigação visa adaptar o padrão funcional, com redução de carga articular e muscular, controle mandibular, minimização da recorrência de ruídos articulares e gerenciamento da dor durante a execução da função[21]. O padrão mastigatório sugerido para o paciente com DTM é bilateral e simultâneo, visando distribuir a carga articular e muscular de forma equilibrada (Quadro 3).

Esse trabalho envolve a conscientização dos aspectos inerentes ao desempenho da função e todo o processo de instalação de um novo padrão funcional. As texturas dos alimentos são variadas e adaptadas para cada paciente, levando em conta sua sintomatologia dolorosa e a integridade biomecânica articular. Os alimentos devem ser selecionados pelo próprio paciente, conforme sua preferência.

Em casos de necessidade, a adaptação da consistência dos alimentos pode ser mais rigorosa, especialmente nas condições que envolvem processos degenerativos progressivos na ATM. Nessas situações, pode ser recomendado que, durante o ato mastigatório, o paciente adicione um pouco de líquido aos alimentos para amolecê-los ainda mais. O trabalho precisa ser continuado em casa para que as repetições possibilitem a automatização desse novo padrão[21].

O trabalho respiratório, abordado sob uma perspectiva distinta das técnicas tradicionalmente utilizadas na terapia miofuncional orofacial, visa à regulação da dor por meio do treino respiratório. Durante esse procedimento, instrui-se o paciente a inspirar por 4 segundos, manter uma pausa por 5 segundos e, por fim, expirar durante 8 segundos. Estudos sugerem que os benefícios desse exercício podem ser atribuídos à realocação da atenção, bem como ao estímulo da atividade vagal cardíaca e dos barorreceptores. Esses mecanismos desempenham um papel na mediação de respostas cardiovasculares, possivelmente induzindo hipoalgesia durante o processo respiratório[28,29].

A terapia da deglutição visa auxiliar no equilíbrio funcional em associação com a mastigação. Ela pode ser direcionada quando há uma demanda específica intimamente ligada à queixa principal do paciente. Por vezes, são identificadas demandas na deglutição, porém consideradas secundárias na hierarquia do plano terapêutico proposto. Nesse sentido, a tomada de decisão deve ser compartilhada com o paciente, para que essa questão possa ser combinada e discutida em conjunto.

A restrição do movimento mandibular pode ter impacto na fala. Portanto, a terapia deve visar a redução da tensão muscular e o aumento da amplitude mandibular. Em muitos casos, à medida que os sintomas me-

QUADRO 3 Treino funcional da mastigação

Objetivos	Estratégias
Realizar conscientização e percepção funcional com a consistência do alimento que não evoque dor ou ruído articular	Oferecer pistas proprioceptivas durante o ato mastigatório
Dividir e diminuir carga articular e muscular	Mudar o padrão para a mastigação bilateral e simultânea
Trabalhar mobilidade de língua para a manutenção do alimento nas faces oclusais bilateralmente durante a oferta e trituração	Exercícios isotônicos e estímulo proprioceptivo durante o treino funcional
Instalação do padrão bilateral simultâneo	Orientar a trituração bilateral e simultânea com estímulo de receptores do periodonto
Considerar o ritmo, número de ciclos mastigatórios, força muscular empregada, amplitude dos movimentos mandibulares	De frente ao espelho, corticalizar todas essas informações por meio a utilização de canais sensoriais (*feedback* visual, comando verbal, estímulo tátil e cinestésico)

lhoram, observa-se uma normalização dos movimentos mandibulares e a restauração da amplitude de fala.

Se surgirem outras demandas não relacionadas ao problema que motivou o paciente a procurar terapia, a mesma abordagem discutida anteriormente para a deglutição pode ser aplicada e definido o direcionamento do tratamento também para outras questões relacionadas aos transtornos dos sons da fala.

É fundamental destacar que todo o processo terapêutico visa capacitar o paciente para o autogerenciamento, ou seja, aprender a adotar medidas comportamentais, técnicas físicas e ajustes funcionais que o habilitem a administrar sua condição de forma autônoma.

RECURSOS TERAPÊUTICOS

A terapia fonoaudiológica pode se beneficiar substancialmente com a aplicação de recursos como a fotobiomodulação[30], com protocolos para alívio da dor, processos inflamatórios e melhoria da performance muscular, ultrassonografia terapêutica, eletroterapia, como TENS e FES; e bandagem elástica funcional. No entanto, para garantir sua eficácia, é imperativo que o profissional esteja devidamente capacitado para utilizar esses recursos. Destaca-se a importância de estabelecer critérios claros para sua indicação e reconhecer as limitações específicas de cada técnica.

CONSIDERAÇÕES FINAIS

A abordagem integrada no tratamento das DTMs demanda conhecimentos especializados para lidar com a complexidade do quadro clínico, especialmente na presença da experiência dolorosa. A prática colaborativa entre os profissionais envolvidos e a participação ativa do paciente são elementos fundamentais para superar os desafios impostos por essas condições.

REFERÊNCIAS BIBLIOGRÁFICAS

1. Okeson JP, de Leeuw R. Differential diagnosis of temporomandibular disorders and other orofacial pain disorders. Dent Clin North Am. 2011 Jan;55(1):105-20
2. Lobbezoo F, Ahlberg J, Raphael KG, Wetselaar P, Glaros AG, Kato T, et al. International consensus on the assessment of bruxism: Report of a work in progress. J Oral Rehabil. 2018 Nov;45(11):837-44.
3. Poluha RL, Grossmann E. Inflammatory mediators related to arthrogenic temporomandibular dysfunctions. Br J Pain. São Paulo. 2018 Jan-Mar;1(1):60-5.
4. Raja SN, Carr DB, Cohen M, Finnerup NB, Flor H, Gibson S, et al. The revised International Association for the Study of Pain definition of pain: concepts, challenges, and compromises. Pain. 2020;23. Online ahead of print.
5. Kubota GT, Teixeira MJ, Andrade DCA. Dor nociceptiva, neuropática e nociplástica. Tratado de dor musculoesquelética/ Sociedade Brasileira de Ortopedia e Traumatologia. São Paulo: Alef; 2019.
6. Sousa CRA, Arsati YBOL, Velly AM, Silva CALD, Arsati F. Catastrophizing is associated with pain-related disability in temporomandibular disorders. Braz Oral Res. 2023 Jul 10;37:e070.
7. Visscher CM, Ohrbach R, van Wijk AJ, Wilkosz M, Naeije M. The Tampa Scale for Kinesiophobia for Temporomandibular Disorders (TSK-TMD). Pain. 2010 Sep;150(3):492-500.
8. Okeson JP. Tratamento das desordens temporomandibulares e oclusão. 7. ed. Rio de Janeiro: Mosby Elsevier; 2013. p.154-5.
9. Grossman E, Grossman TK. Cirurgia da articulação temporomandibular. Rev Dor. 2011 abr;12(2):150-5.
10. Schiffman E, Ohrbach R, Truelove E, Look J, Anderson G, Goulet J-P, et al. Diagnostic Criteria for Temporomandibular Disorders (DC/TMD) for Clinical and Research Applications: recommendations of the International RDC/TMD Consortium Network and Orofacial Pain Special Interest Group. J Oral Facial Pain Headache. 2014;28(1):6-27.
11. Felício CM de. Motricidade Orofacial: Teoria, avaliação e estratégias terapêuticas. São Paulo: Editora da Universidade de São Paulo; 2020.
12. Furlan RMMM, Amaral MS. Atuação fonoaudiológica nas Disfunções Temporomandibulares. In: Feitosa ALF, Depolli GT, Silva HJ da (orgs.). Mapas conceituais em Fonoaudiologia: motricidade orofacial. Ribeirão Preto, SP: Booktoy; 2022.

13. Pessi R, Costa AEK da, Pissaia LF. Implantação da escala visual analógica da dor em um ambulatório de baixa complexidade de uma Instituição de Ensino Superior. Research, Society and Development. 2018;7(8).
14. Felicio CM de. Disfunção Temporomandibular – Atenção fonoaudiológica. In: Da Silva, HJ, Tessitore A, Motta AR, Cunha DA, Berretin-Felix G, Marchesan IQ (orgs.). Tratado de Motricidade Orofacial. São Jose dos Campos, SP: Pulso; 2019. p.573-86.
15. Alonso T. Mioespasmo do pterigoideo lateral. DOR. 2014;22.
16. Fernandes RSM. Disfunção Temporomandibular: Atenção odontológica. In: Da Silva, HJ, Tessitore A, Motta AR, Cunha DA, Berretin-Felix G, Marchesan IQ (orgs.). Tratado de Motricidade Orofacial. São Jose dos Campos, SP: Pulso; 2019. p.561-73
17. Nunes MEG, Stefani FM. Padrão de contração voluntária máxima em pacientes com disfunção temporomandibular antes e após terapia fonoaudiológica com e sem uso de bandagem elástica. Rev CEFAC. 2024;26(1):e6923.
18. Fernandes C, Santos MO dos, Mituuti CT, Haas P, Stefani FM. Repouso eletromiográfico dos músculos mastigatórios de pacientes com disfunção temporomandibular antes e após intervenção fonoaudiológica com e sem bandagem elástica. Distúrb Comun, São Paulo. 2023;35(3).
19. Harte SE, Harris RE, Clauw DJ. The neurobiology of central sensitization. J Appl Behav Res. 2018.
20. Manfredini D, Favero L, Gregorini G, Cocilovo F, Guarda-Nardini L. Natural course of temporomandibular disorders with low pain-related impairment: a 2-to-3-year follow-up study. J Oral Rehabil. 2013;40(6):436-42.
21. Benevides SD. Atuação fonoaudiológica nas disfunções temporomandibulares. In: Motta AR, Tessitore A, Motta AR, Cunha DA, Berretin-Felix G, Marchesan IQ (orgs.). Evidências em motricidade orofacial. São José dos Campos, SP: Pulso; 2018.
22. Rodrigues BA, Silva LMCP, Lucena HIS, Morais EPG, Rocha AC, Alves GAS, Benevides SD. Efeito nocebo na comunicação em saúde: como minimizá-lo? Rev CEFAC. 2022;24(4).
23. Conti PC, Corrêa AS, Lauris JR, Stuginski-Barbosa J. Management of painful temporomandibular joint clicking with different intraoral devices and counseling: a controlled study. J Appl Oral Sci. 2015;23(5):529-35.
24. Giro G, Marin DOM, da Silva MDD, Gonçalves DAG, Pero AC. Efeito das terapias educacionais e do autocuidado sobre o desempenho mastigatório de mulheres com disfunção temporomandibular dolorosa. Rev Odontol. UNESP. 2018;47(3).
25. Story WP, Durham J, Al-Baghdadi M, Steele J, Araujo-Soares V. Self-management in temporomandibular disorders: a systematic review of behavioural components. J Oral Rehabil. 2016;43(10):759-70.
26. Murray GM, Sessle BJ. Pain-sensorimotor interactions: New perspectives and a new model. Neurobiol Pain. 2024.
27. Fassicollo CE, Garcia DM, Machado BCZ, de Felício CM. Changes in jaw and neck muscle coactivation and coordination in patients with chronic painful TMD disk displacement with reduction during chewing. Physiol Behav. 2021.
28. Arsenault M, Ladouceur A, Lehmann A, Rainville P, Piché M. Pain modulation induced by respiration: Phase and frequency effects. Neuroscience. 2013;252:501-11.
29. Jafari H, Gholamrezaei A, Franssen M, Van Oudenhove L, Aziz Q, Van den Bergh O, et al. Can slow deep breathing reduce pain? An experimental study exploring mechanisms. The Journal of Pain. 2020;21(9-10).
30. Máximo CFGF, Coelho JF, Benevides SD, Alves GAS. Fotobiomodulação com laser de baixa potência na função mastigatória e nos movimentos mandibulares em adultos com disfunção temporomandibular: revisão sistemática com metanálise. CoDAS 2022;34(3):1-11.

77

Atuação fonoaudiológica em cirurgia ortognática e demais traumas de face

Esther Mandelbaum Gonçalves Bianchini
Luciana Vitalino Voi Trawitzki

PONTOS-CHAVE

- Traumas de face comprometem a funcionalidade do sistema estomatognático.
- O tratamento para os traumas de face de origem física, programados e não programados deve ser integrado a uma equipe multiprofissional.
- A terapia miofuncional orofacial propiciará a retomada organizada e gradativa das funções orofaciais nos pacientes submetidos à cirurgia ortognática e naqueles acometidos por lesões físicas traumáticas.

OBJETIVOS DE APRENDIZAGEM

Ao final deste capítulo, o leitor deverá ser capaz de:

- Conhecer os principais traumas de face programados e não programados.
- Realizar o processo de avaliação miofuncional orofacial para esses casos.
- Definir o tipo de reabilitação fonoaudiológica para alguns dos traumas de face (programados e não programados).

INTRODUÇÃO

Os traumas de face modificam, em diferentes graus, a funcionalidade orofacial e/ou orofaríngea e consequentemente podem acarretar prejuízos nas funções orofaciais, como na mastigação, na deglutição, na respiração e na fala[1-6]. Basicamente se dividem em programados e não programados.

Traumas de face programados são aqueles advindos de cirurgias planejadas para a correção de diversas deformidades dentofaciais (cirurgias ortognáticas), de processos degenerativos graves da articulação temporomandibular (ATM) e ressecções tumorais da face[3,4].

Os traumas de face não programados são lesões que podem ocorrer em qualquer região orofacial, de origem física ou química e que requerem cuidados multiprofissionais. São considerados um problema de saúde pública, por sua alta prevalência e pelas diversas sequelas deixadas, em diferentes graus[4-6].

TRAUMAS DE FACE PROGRAMADOS

A cirurgia ortognática configura-se como trauma de face programado, realizada como uma opção para o tratamento efetivo da má oclusão esquelética (deformidades dentofaciais), associada ao tratamento ortodôntico, assim como para viabilizar estabilidade miofuncional. Os candidatos a essa cirurgia são aqueles que não se beneficiariam com o tratamento ortodôntico convencional exclusivo, por apresentarem desproporções maxilomandibulares, além de alterações esqueléticas no sentido vertical da face e assimetrias.

Nas últimas décadas, as cirurgias ortognáticas têm sido adotadas no tratamento dos Distúrbios Respiratórios do Sono (DRS), em especial para Apneia Obstrutiva do Sono (AOS), com o intuito de ampliar a via aérea superior, evitando colapso faríngeo[7].

As correções esqueléticas podem envolver a maxila, a mandíbula ou ambas, em diferentes posicionamentos no sentido horizontal, sagital e vertical. As técnicas cirúrgicas mais adotadas são a Le Fort I para a correção de deficiências na maxila, segmentada maxilar para aumento transversal maxilar, osteotomia sagital do ramo mandibular (para avanço e recuo mandibular) e osteotomia vertical do ramo mandibular (para recuo mandibular)[7]. Esta última técnica citada é menos usada e requer o uso do bloqueio maxilomandibular por pelo menos três semanas, pela impossibilidade de fixação interna rígida. As mentoplastias isoladas ou combinadas aos demais procedimentos também podem ser elegíveis, buscando harmonia estética da face.

Associado aos DRS, o avanço maxilomandibular é um dos tratamentos cirúrgicos com resultados favoráveis e relativamente estáveis, podendo ser acompanhado pelo avanço da origem do músculo genioglosso por meio de mentoplastia específica[8].

Atualmente as cirurgias ortognáticas chamadas minimamente invasivas utilizam instrumentos que possibilitam acessos cirúrgicos menores, menor deslocamento de tecidos moles, com procedimentos mais conservadores, gerando processo de recuperação pós-operatória mais rápido e menos limitante[9].

A correção dentoesquelética geralmente é imediata com a cirurgia ortognática, entretanto, a região do trauma cirúrgico se manifesta com edema, alteração sensitiva e restrições dos movimentos mandibulares e da mímica facial[7].

Algumas complicações intraoperatórias, apesar de raras, podem ser decorrentes da cirurgia ortognática, como hemorragia e fraturas indesejadas, entre outras manifestações pós-operatórias como: lesão neurológica, dor muscular/neuropática, disfunção ou alteração temporomandibular (DTM), recidiva esquelética, infecção, lesões dentárias, além de outras. Entretanto, hipoestesia e/ou parestesia na região de lábio inferior e mento são comuns associadas às intervenções em mandíbula e mento, sendo uma importante queixa pós-operatória, mesmo tardia. Pacientes com idade acima de 35 anos apresentam maior déficit neurossensorial, assim como maior risco de disfagia orofaríngea mecânica em avanços maxilomandibulares excessivos[8].

Um manejo cuidadoso deve ser realizado pelo cirurgião experiente, para que se evitem maiores danos, inclusive relacionados à ATM, principalmente nos casos com sinais e sintomas de DTM prévios, sendo as deformidades dentofaciais classe II as mais prevalentes a essa disfunção. Os grandes avanços maxilomandibulares, associados ou não ao avanço do mento e tracionamento do músculo genioglosso, têm sido um grande desafio para a integridade da ATM e organização dos movimentos mandibulares[8]. Assim, a reabilitação fonoaudiológica voltada para os movimentos mandibulares e mastigação deverá ser cautelosa e gradativa, respeitando a fase pós-trauma em que o paciente se encontra.

TRAUMAS DE FACE NÃO PROGRAMADOS

Os traumas de face não programados são originados por acidentes e/ou atos de violência, com sequelas variadas de acordo com a região orofacial acometida e os procedimentos emergenciais, sendo que o prognóstico se relaciona diretamente ao estado geral do paciente, à localização e número de fraturas e ao envolvimento dos tecidos moles adjacentes[1,4].

As sequelas advindas desses traumas podem ser maiores e mais complexas, comparadas às sequelas da cirurgia ortognática, com impactos em diferentes tecidos, entre eles cutâneos, mucosa, músculos, nervos cranianos, ossos, dentes, e com prejuízos nas funções orofaciais[1,2,4-6].

Fraturas mandibulares são comuns nos traumas de face, assim como injúrias na musculatura mastigatória[1,2,4-6,10]. As fraturas mandibulares, principalmente as condilianas e subcondilianas, podem levar a alterações importantes na contração muscular, afetando a mastigação e o funcionamento da ATM. O diagnóstico por um cirurgião da área se faz necessário para definir se o tratamento será cirúrgico ou conservador. Entretanto, a terapia miofuncional será fundamental para aliviar o desconforto e restaurar a biomecânica muscular[10].

As fraturas condilianas na infância são ainda mais complexas e frequentemente tratadas de forma não cirúrgica. As fraturas de côndilo podem associar-se ao trauma direto no mento, originando trauma secundário na cabeça da mandíbula, com fratura nem sempre diagnosticada. Um trauma no côndilo de uma criança ou de um adolescente pode interromper o crescimento e ter efeitos adversos em longo prazo, como uma assimetria facial e anquilose temporomandibular[4,11].

Lesões em tecidos cutâneos e musculares podem aparecer isoladamente ou associados, por diferentes etiologias traumáticas, mais comumente por ferimentos cortantes. Essas lesões podem gerar restrições cicatriciais que limitam a mobilidade das estruturas orofaciais. Dependendo da profundidade e do grau de perda de tecido, reconstruções cirúrgicas são necessárias e o planejamento fonoaudiológico deve ser integrado à equipe e de acordo com a evolução apresentada[4,5].

A paralisia facial também é uma sequela do trauma, de importante impacto funcional e social, e o grau de recuperação do paciente depende do tipo de lesão do nervo, duração da denervação, grau de reinervação e estado da musculatura. A avaliação, assim como a terapêutica fonoaudiológica, deverão ser específicas[4].

De acordo com a complexidade do trauma (envolvimento sensorial, motor e/ou funcional), podem se esperar comprometimentos na alimentação, como no ato mastigatório e/ou no processo de deglutição, comprometendo a sua segurança; modificações na fala, na voz, na mímica facial e estética com repercussões importantes na comunicação e na saúde geral do paciente.

ATUAÇÃO FONOAUDIOLÓGICA NAS CIRURGIAS ORTOGNÁTICAS (TRAUMAS PROGRAMADOS)

Uma vez que a cirurgia ortognática é uma cirurgia eletiva e programada, cabe ao cirurgião encaminhar o paciente a uma avaliação fonoaudiológica antes da correção cirúrgica, considerando um melhor planejamento de tratamento, mas nem sempre isso acontece.

Indivíduos com deformidades dentofaciais apresentam características miofuncionais peculiares à deformidade (de acordo com a discrepância vertical e anteroposterior), como alterações na postura habitual de lábios e de língua, assimetrias musculares, DTM e desvios de mastigação, de deglutição, de respiração e de fala[3,12,13].

No caso da musculatura mastigatória, pacientes com deformidade dentofacial classe III apresentam menor potencial de contração do músculo masseter[14] e menor espessura desse músculo comparados a sujeitos controles, sem diferenças significativas entre homens e mulheres, o que evidencia uma alteração morfológica muscular e não apenas óssea[15]. O tratamento ortocirúrgico, acompanhado de terapia miofuncional orofacial, proporcionou melhora na contração muscular e aumento na espessura do músculo masseter três anos após a cirurgia, diferenciando homens de mulheres tratados[15].

O estudo de Foletti et al., 2018[16] revelou que a alteração no padrão de deglutição esteve associada com recidiva após a cirurgia ortognática, independentemente da condição dentofacial ou do procedimento cirúrgico realizado. Os autores afirmaram ainda que o padrão alterado de deglutição pode aparecer após a cirurgia, mesmo não identificado antes da mesma, e assim, ressaltam a necessidade de uma investigação específica antes e depois da cirurgia, com acompanhamento fonoaudiológico quando necessário.

Indivíduos com deformidades dentofaciais apresentam alta prevalência de distúrbios dos sons da fala de origem musculoesquelética[17], com interferência nas características acústicas da fala dos sons fricativos[18]. A gravidade da má oclusão parece estar correlacionada ao grau de distorção da fala e, apesar da melhora com a correção cirúrgica, nem todos os casos são beneficiados por ela[17].

A atuação fonoaudiológica em casos de cirurgia ortognática se inicia, na forma ideal, com a avaliação pré-cirúrgica, que envolve a entrevista inicial (anamnese) e avaliação miofuncional orofacial, importantes na previsão do prognóstico do caso e para subsidiar a reabilitação fonoaudiológica na fase pós-cirúrgica.

Em anamnese, busca-se levantar informações sobre o motivo principal da procura pelo tratamento cirúrgico, saúde geral, histórico odontológico, as queixas relacionadas, inclusive as álgicas; a presença de hábitos orais deletérios, de alterações sensitivas; as dificuldades com a mastigação, com a deglutição, incluindo as preferências alimentares; as alterações respiratórias e a qualidade do sono, com rotinas diárias; as dificuldades de fonação, expectativas sobre o tratamento, entre outros aspectos relacionados à qualidade de vida[3,12,19].

A avaliação miofuncional orofacial pré-cirúrgica deve ser detalhada, com registros audiovisuais e que incluam momentos de espontaneidade em situações de repouso e função. Deve-se investigar a postura corporal, aspectos morfológicos e posturais das estruturas orofaciais, como dos lábios, das bochechas, do mentual, da língua, do palato, dos dentes, a aparência da face, com aferição de medidas antropométricas. Os movimentos dos lábios, da língua, das bochechas, do palato mole e da mandíbula também devem ser analisados quanto à sua coordenação e a presença de desvios. As medidas dos movimentos mandibulares máximos, de abertura, lateralidade e protrusão, devem ser registradas, assim como os trespasses, vertical, horizontal e o desvio de linha média, se houver. As dores musculares também devem ser analisadas e graduadas por palpação digital.

As funções orofaciais devem ser cuidadosamente descritas na avaliação e analisadas quanto às possíveis interferências após o procedimento, considerando-se a cirurgia que será realizada.

Alguns protocolos de avaliação miofuncional orofacial pré-operatório foram descritos[3,6,12,19], inclusive para seguimento no período pós-operatório[19].

Ainda na fase pré-cirúrgica, orientações e esclarecimentos devem ser realizados em relação aos resultados da avaliação, as mudanças prováveis após a cirurgia e a abordagem fonoaudiológica pós-operatória. Enfatiza-se a importância de se interromper hábitos orais deletérios (se possível ainda na fase pré-operatória); reforça-se a possibilidade do surgimento de parestesia, que interfere no controle de saliva, orientando-se sucção. Aconselha-se a forma de alimentar-se utilizando diretamente copo ou colher, em consistência líquida ou pastosa dos alimentos. A posição supina para dormir também deve ser recomendada, assim como os cuidados com atividade física excessiva.

A avaliação fonoaudiológica pós-operatória deverá abordar os aspectos investigados no pré-cirúrgico, com exceção da função mastigatória no primeiro mês. Deve-se considerar o edema facial, o grau de alteração sensitiva, a situação cicatricial, a limitação dos movimentos mandibulares (que inicialmente ocorrem por contração muscular de proteção), as alterações na mímica facial e na voz, sendo que adequações funcionais espontâneas podem ser esperadas após a correção dentoesquelética[3,12,19]. Isso deverá ser observado e acompanhado nos primeiros meses.

A reabilitação fonoaudiológica específica deverá abordar a redução do edema, a estimulação da sensibilidade e a retomada gradativa dos movimentos mandibulares, evitando atrofia dos músculos mastigatórios e favorecendo a condição postural e funcional orofacial[3,12,13,15,19,20]. A terapêutica miofuncional, sendo iniciada em torno de oito a dez dias após a cirurgia, propicia a retomada organizada das funções, em menor prazo, com vistas à estabilidade final do caso[3].

As manifestações miofuncionais podem variar de acordo com os procedimentos cirúrgicos realizados, assim, é importante saber quais foram os segmentos operados, quais as técnicas cirúrgicas adotadas, e se o tratamento envolve a correção da deformidade dentofacial e/ou a AOS.

Os casos que realizam o avanço maxilar (Le Fort I) isoladamente se beneficiam da condição respiratória, pelo aumento da via aérea superior e geralmente não apresentam limitações em movimentos mandibulares, nem alterações sensoriais pela técnica cirúrgica. Entretanto, são pacientes com deformidade dentofacial padrão classe II, que podem ter um histórico de DTM e isso deve ser acompanhado desde o início da intervenção terapêutica.

Cirurgias mandibulares e mentoplastia originam diferentes déficits sensoriais e maiores restrições em movimentos mandibulares e essas manifestações devem ser abordadas na reabilitação fonoaudiológica, com estimulação sensorial e treinamentos específicos de movimentos mandibulares ativos ou espontâneos e eventualmente passivos, com manobras de manipulação.

Em casos de assimetrias esqueléticas, após a correção cirúrgica, pode-se identificar assimetria muscular com maior flacidez de um lado (que era o maior). Nas deformidades dentofaciais classe II, após a cirurgia de avanço mandibular, deve-se promover um alongamento na musculatura supra-hióidea, seguido do abaixamento de dorso da língua, com elevação da região anterior da mesma. Em casos de classe III dentoesquelética, se realizados recuo ou rotação mandibular, deve-se estimular a musculatura retratora e intrínseca da língua, além do fortalecimento dos músculos orbicular da boca e bucinadores, se for preciso[3].

ATUAÇÃO FONOAUDIOLÓGICA NOS TRAUMAS NÃO PROGRAMADOS

Nos casos de traumas não programados, o fonoaudiólogo deverá questionar o paciente sobre dificuldades em relação aos aspectos posturais e funcionais atuais e anteriores ao trauma, para compreender sua dinâmica funcional atual.

Devido à etiologia variada e principalmente às sequelas originadas pelos traumas não programados, a atenção especial do profissional fonoaudiólogo deverá ser voltada para a situação atual do paciente. Importante investigar dados sobre as abordagens médicas relacionadas ao ocorrido, cirurgias reconstrutivas realizadas ou a serem realizadas; conhecer os possíveis diagnósticos de fraturas, entre outras lesões ocorridas; questionar quanto ao comportamento funcional atual, especialmente quanto à alimentação, deglutição, dor e limitações de mobilidade, alterações sensoriais[1,5,6].

A avaliação miofuncional orofacial detalhada se faz necessária, com ênfase na inspeção estática (morfologia), dinâmica (movimento e função) e análise sensorial. Além de atenção aos itens de avaliação geral miofuncional orofacial, análises específicas deverão ser realizadas considerando-se o tipo e local do acometimento, assim como comprometimento miofuncional e sequelas já existentes.

Respeitando-se o tempo e a etapa pós-trauma quanto à condição geral do paciente e local dos acometimentos, em relação à inspeção estática, observa-se: postura global, simetria facial, edema e cicatrização; oclusão e estado da dentição (estado de conservação, presença de lesões e ausência dentária); posicionamento dos lábios e da língua em situação de repouso; aparência e integridade das estruturas orofaciais e sua condição sensitiva, se preservada ou alterada. Na inspeção dinâmica, investigam-se: desempenho dos movimentos da língua, do palato mole, dos músculos mastigatórios e mobilidade mandibular, dos músculos da mímica facial; dor à palpação muscular; desempenho das funções de mastigação, de respiração, de deglutição, de fala e de voz[1,4-6].

A reabilitação por meio da terapia miofuncional orofacial será direcionada de acordo com o diagnóstico e a manifestação miofuncional, com o objetivo de recuperar os movimentos e as funções do sistema estomatognático, respeitando as limitações de cada caso[5].

O atendimento completo desses pacientes pode requerer grandes equipes multidisciplinares com intervenção precisa e abrangente. O fonoaudiólogo deve ter metas, junto à equipe, de curto, médio e longo prazo, sempre atento às limitações funcionais, pelas mais diversas restrições e/ou sequelas inerentes ao trauma[4,5].

São poucos os estudos científicos que abordam a atuação fonoaudiológica específica em traumas de face, apesar de dessa crescente intervenção junto às equipes interdisciplinares.

Em casos de fratura de côndilo, Bianchini et al.[2] propuseram: orientações sobre hábitos, dieta menos consistente; termoterapia, massagens, alongamentos e manobras nos músculos mastigatórios e do pescoço, com ênfase no lado acometido; drenagem manual de edemas; mobilidade mandibular leve e com apoio da musculatura da língua; abertura mandibular livre, com apoio de espátulas; correção do desvio mandibular no movimento; treino de movimento mandibular protrusivo e lateralidade contralateral à lesão ou lateralidade bilateral nos casos de fratura condilar bilateral; reorganização funcional com treinos de mastigação contralateral à fratura ou bilateral alternada em casos de fraturas bilaterais; estabilização global com massagens e alongamentos da região de pescoço e cintura escapular.

De maneira geral, alguns recursos terapêuticos têm sido adotados para melhora da dor e edema, para a recuperação e preservação funcional dos músculos enfraquecidos ou com paresia, assim como para hipoestesia e/ou parestesia em casos de traumas de face programados e não programados, como a fotobiomodulação, a bandagem elástica, a hiloterapia, a estimulação elétrica transcutânea (TENS) e estimulação elétrica funcional (FES). Podem ser obtidos resultados promissores em alguns casos, entretanto, as evidências científicas ainda são poucas.

A seguir, destacamos os principais objetivos e estratégias terapêuticas em casos de traumas programados e não programados. Para isso foi elaborado um quadro-resumo sobre os temas, com base na literatura apresentada no decorrer do presente capítulo e na expertise das autoras (Quadro 1).

QUADRO 1 Principais objetivos e estratégias terapêuticas gerais em casos de traumas da face

Objetivos	Estratégias gerais
Reduzir o edema facial	▪ Crioterapia imediata ou utilização do equipamento Hiloterapia (apenas se o fonoaudiólogo acompanhar o pós-cirúrgico imediato, ainda em ambiente hospitalar: máximo de 36 horas após o trauma) ▪ Drenagem manual ▪ Fotobiomodulação ▪ Bandagem
Estimular a sensibilidade (parestesia)	▪ Estímulos táteis/sensoriais/térmicos ▪ Fotobiomodulação ▪ Corrente FES – em baixa frequência (10 a 15 Hz) para estímulo sensorial
Aliviar a dor	▪ Termoterapia dependendo da etapa pós-operatória ▪ Massagem e alongamento da musculatura envolvida. ▪ Fotobiomodulação ▪ Corrente TENS
Promover flexibilização de tecido cicatricial	▪ Massagem digital compressiva ▪ Alongamento na região da cicatriz, respeitando etapa cicatricial e local da lesão
Recuperar movimentos mandibulares e corrigir os desvios *Sem causar dor e com cuidado quanto à posição do disco articular	▪ Movimentos espontâneos de abertura, lateralidade e protrusão mandibular ▪ Movimentos de abertura mandibular com apoio de língua e contenção de desvios ▪ Movimentos mandibulares máximos com tração manual (manipulação do movimento), se necessário
Ampliar os movimentos da mímica facial	▪ Movimentos faciais espontâneos no limite máximo do paciente ▪ Movimentos faciais induzidos com manobras digitais (em casos de paralisia facial)
Melhorar coordenação muscular	▪ Movimentos musculares isotônicos com pouca resistência ou sem resistência ▪ Contração isométrica como segunda etapa, por tempo reduzido, se necessário

(continua)

QUADRO 1 Principais objetivos e estratégias terapêuticas gerais em casos de traumas da face (*continuação*)

Objetivos	Estratégias gerais
Favorecer o vedamento labial e a postura da língua	▪ Exercícios de coordenação e fortalecimento dos lábios ▪ Exercícios isotônicos e com leve resistência contra o palato ▪ Treino de automatização de postura de lábios vedados, dentes desocluídos e porção anterior de língua em toque no palato duro ▪ Monitorar em situações espontâneas
Promover simetria facial	▪ Estimular/potencializar a musculatura mais flácida (bucinador, zigomático, levantador do lábio superior e ângulo da boca) ▪ Corrente FES estímulo motor (exceto em casos com paralisia facial) ▪ Estimular os músculos supra-hióideos e músculos da língua promovendo simetria nos movimentos mandibulares
Promover a higiene e a respiração nasal	▪ Estimular o uso de soro fisiológico em ambas as narinas, sem assoar o nariz ▪ Monitorar e automatizar o fluxo de ar inspiratório e expiratório pelo nariz ▪ Associar a respiração nasal com a deglutição e a mastigação (quando possível)
Retomar a alimentação semissólida/sólida *De acordo com a liberação do cirurgião	▪ Inicia-se com caldos e purês com consistência homogênea, seguido por alimentos macios amolecidos, com legumes bem cozidos em pequenos pedaços ou amassados, carne/frango bem cozidos moídos ou desfiados em molhos, passando gradativamente para sólidos, desde que a condição oclusal esteja favorável e sem dor. Toda a alimentação deverá ser treinada em terapia previamente
Treinar a deglutição funcional	▪ Promover o vedamento labial, com a mandíbula estabilizada e a propulsão do bolo alimentar com a língua contra o palato, com elevação laríngea
Promover mastigação bilateral	▪ Ainda no 1º mês poderá iniciar uma mastigação bilateral e simultânea, com alimentos macios ▪ Iniciar a mastigação bilateral e alternada, desde que a condição oclusal permita (sem interferências) ▪ Gradativamente aumentar o número de ciclos mastigatórios, de acordo com o aumento da consistência ▪ Treinar o corte de alimentos macios com os dentes incisivos, apenas após liberação do cirurgião, já que essa ação envolve maior fulcro nas regiões de osteotomias
Promover fala adequada	▪ Amplitude dos movimentos orofaciais ▪ Treino articulatório dirigido ao fonema alterado

Fonte: desenvolvido pelas autoras do capítulo.

CONCLUSÃO

A abordagem fonoaudiológica nos traumas de face busca fundamentalmente a retomada funcional organizada e direcionada de acordo com as possibilidades de cada paciente. Em relação à alimentação nesses casos, deve-se promover um retorno gradativo da consistência alimentar, de acordo com a condição oclusal e estruturas do sistema estomatognático, assim como a abordagem com respiração, articulação da fala e mímica facial devolve ao paciente melhores condições de retomada à vida cotidiana.

REFERÊNCIAS BIBLIOGRÁFICAS

1. Bianchini EMG, Mangilli LD, Marzotto SR, Nazario D. Pacientes acometidos por trauma de face: caracterização, aplicabilidade e resultados do tratamento fonoaudiológico específico. Rev CEFAC. 2004;6(4):388-395.
2. Bianchini EMG, Moraes RB, Nazário D, Luz JGC. Terapêutica interdisciplinar para fratura cominutiva de côndilo por projétil de arma de fogo: enfoque miofuncional. Rev CEFAC. 2010;12(5):881-8.
3. Bianchini EMG. Fonoaudiologia em cirurgia ortognática. In: Manganelo LCS, Silveira ME (orgs.). Cirurgia ortognática e ortodontia. São Paulo: Santos; 2010. p 257-77.
4. Bianchini EMG. Atuação fonoaudiológica nos traumatismos faciais: reabilitação miofuncional orofacial. In: Oliveira JAGP (org.). Traumatologia bucomaxilofacial e reabilitação morfofuncional. São Paulo: Santos; 2012. p 331-51.
5. Trawitzki LVV, Borges CGP, Grechi TH. Traumas de face – avaliação e tratamento fonoaudiológico. In: Silva HJ, Tessitore A, Motta AR, Cunha DA, Berretin-Felix G, Marchesan IQ (orgs.). Tratado de Motricidade Orofacial. São José dos Campos: Pulso Editorial; 2019. p 645-54.
6. Benevides SD, Trawitzki LVV. Atuação fonoaudiológica na unidade de traumatologia de face. In: Feitosa ALF, Depolli GT, Nunes MCA (orgs.). Mapas conceituais em Fonoaudiologia: Fonoaudiologia hospitalar. Ribeirão Preto, SP: Booktoy; 2023. p 191-207.

7. Thiem DGE, Schneider D, Hammel M, Saka B, Frerich B, Al-Nawas B, Kämmerer PW. Complications or rather side effects? Quantification of patient satisfaction and complications after orthognathic surgery-a retrospective, cross-sectional long--term analysis. Clin Oral Investig. 2021;25(5):3315-27.
8. Passeri LA, Choi JG, Kaban LB, Lahey ET. Morbidity and mortality rates after maxillomandibular advancement for treatment of obstructive sleep apnea. J Oral MaxillofacSurg. 2016;74(10):2033-43.
9. AlAsseri N, Swennen G. Minimally invasive orthognathic surgery: a systematic review. Int J Oral MaxillofacSurg. 2018;47(10):1299-310.
10. Inchingolo F, Patano A, Inchingolo AM, Riccaldo L, Morolla R, Netti A, et al. Analysis of mandibular muscle variations following condylar fractures: a systematic review. J Clin Med. 2023;12(18):5925.
11. Kamath AT, Roy S, Pai D. Paediatric condylar trauma – primary management considerations – A review. J Oral BiolCraniofac Res. 2023;13(2):236-42.
12. Pereira LMS, Benevides SD. Fonoaudiologia e a cirurgia ortognática. In: Silva HJ, Tessitore A, Motta AR, Cunha DA, Berretin--Felix G, Marchesan IQ (orgs.). Tratado de Motricidade Orofacial. São José dos Campos: Pulso Editorial; 2019. p 611-30.
13. Migliorucci RR, Abramides DVM, Rosa RR, Bresaola MD, Nary Filho H, Berretin-Felix G. Effect of myofunctional therapy on orofacial functions and quality of life in individuals undergoing orthognathic surgery. Int J OrofacMyol. 2017;43(1):60-76.
14. de Farias BU, Bianchini EM, de Paiva JB, Neto JR. Muscular activity in class III dentofacial deformity. Cranio. 2013;31(3):181-9.
15. Trawitzki LV, Dantas RO, Elias-Júnior J, Mello-Filho FV. Masseter muscle thickness three years after surgical correction of class III dentofacial deformity. Arch Oral Biol. 2011;56(8):799-803.
16. Foletti J, Antonarakis GS, Galant C, Courvoisier DS, Scolozzi P. Is atypical swallowing associated with Relapse in orthognathic patients? A retrospective study of 256 patients. J Oral MaxillofacSurg. 2018;76(5):1084-90.
17. Bode C, Ghaltakhchyan N, Silva ER, Turvey T, Blakey G, White R, et al. Impacts of development, dentofacial disharmony, and its surgical correction on speech: a narrative review for dental professionals. ApplSci (Basel). 2023 May;13(9):5496.
18. Coelho J dos S, Vieira RC, Bianchini EMG. Interference of dentofacial deformities in the acoustic characteristics of speech sounds. Rev CEFAC 2019;21(4):e19118.
19. Trawitzki LV. Borges CGP, Simões JCM, Grechi TH. Atuação fonoaudiológica em cirurgia ortognática. In: Busanello-Stella AR, Stefani FM, Gomes E, Silva HJ, Motta AR et al. (orgs.). Evidências e perspectivas em motricidade orofacial. São José dos Campos: Pulso Editorial; 2018. p.209-18.
20. Prado DG de A, Berretin-Felix G, Migliorucci RR, et al. Effects of orofacial myofunctional therapy on masticatory function in individuals submitted to orthognathic surgery: a randomized trial. J Appl Oral Sci. 2018;26(0):1-12.

Abordagem fonoaudiológica nos distúrbios respiratórios do sono: diagnóstico funcional e conduta terapêutica

Giovana Lúcia Azevedo Diaféria
Silmara Regina Pavani Sovinski
Luciana Moraes Studart Pereira

PONTOS-CHAVE

- O sono é um dos elementos centrais para uma vida saudável e a falta de descanso afeta a execução das tarefas mais simples, comprometendo a saúde física e emocional.
- Um sono saudável favorece as funções cognitivas, a memória, a atenção, o raciocínio e também o equilíbrio emocional. O sono não reparador pode interferir na capacidade de concentração, de julgamento, na clareza da fala, na organização das ideias no trabalho, na execução de atividades da vida diária, no humor, entre outros.
- Existem mais de 80 distúrbios do sono. Destaca-se a Apneia Obstrutiva do Sono (AOS), que caracteriza um Distúrbio Respiratório do Sono (DRS), por sua alta prevalência.
- A AOS traz consequências como sonolência excessiva diurna e perda ou má qualidade do sono, ocasionando acidentes de trabalho e/ou de trânsito, além de estar associada a problemas sistêmicos, como: hipertensão arterial, alterações cardiovasculares e metabólicas, doenças cerebrovasculares (AVCs), comprometimentos neurocognitivos e comportamentais.
- A Terapia Miofuncional Orofacial (TMO) é uma possibilidade para o tratamento dos DRS e se baseia em técnicas do domínio da Motricidade Orofacial que contribuem para a redução da sonolência diurna, na frequência e intensidade do ronco e na diminuição da gravidade da AOS.

OBJETIVOS DE APRENDIZAGEM

Ao final deste capítulo, o leitor deverá ser capaz de:

- Compreender a importância do sono e os impactos dos seus distúrbios para a saúde física e mental.
- Entender no que consiste os DRO.
- Elucidar questões sobre o diagnóstico miofuncional orofacial em pessoas com DRO.
- Absorver, em uma abordagem teórica, a conduta terapêutica fonoaudiológica em casos de DRO.

INTRODUÇÃO

A intervenção fonoaudiológica nos Distúrbios Respiratórios do Sono (DRS) é uma realidade estabelecida, com evidência comprovada e reconhecimento entre a classe fonoaudiológica e demais áreas da saúde. Apesar de a Fonoaudiologia se inserir sob vários aspectos na Medicina do Sono, foi com a atuação na Motricidade Orofacial (MO) que as possibilidades terapêuticas obtiveram visibilidade. O foco na MO se justifica pelo envolvimento de fatores neuromusculares, anatômicos e funcionais relacionados às patologias envolvidas e a frequente diminuição da capacidade contrátil da musculatura faríngea, fatores geralmente apresentados por pessoas com ronco e Apneia Obstrutiva do Sono (AOS)[1,2].

A preocupação com o sono saudável e o envolvimento dos distúrbios do sono com fatores que contribuem para o surgimento ou agravo de demandas fonoaudiológicas sempre permeou a prática clínica. Contudo, nos últimos anos, é evidente o crescimento da presença de fonoaudiólogos em equipes multiprofissionais que assistem a pacientes com doenças relacionadas ao sono, bem como aumento do interesse pelo tema. A Fonoaudiologia do Sono se tornou um campo de atuação em franca ascensão. Parte desse desenvolvimento se deu pelo realce cada vez maior da importância biológica que o sono representa para a saúde das pessoas e, paralelamente, ao investimento científico de fonoaudiólogos, instituições científicas e de classe, que respaldam e apoiam esse progresso.

Considerando, então, a abrangência da atuação fonoaudiológica e o crescente interesse nessa área, surgiu a necessidade de se estabelecer recomendações direcionadas aos fonoaudiólogos e profissionais envolvidos na área do sono, como: médicos, dentistas, fisioterapeutas, psicólogos, nutricionistas, educadores físicos, prestadores de cuidados primários e outros profissionais de saúde que atuem nesse campo. Dessa maneira, em 2023, com base em expertise de especialistas e literatura existente, foi publicado o Consenso Brasileiro de Fonoaudiologia do Sono pela Associação Brasileira do Sono (ABS)[3].

Entre outros temas, o Consenso[3] apontou o destaque da Fonoaudiologia do Sono brasileira, que se relaciona ao pioneirismo do Brasil nessa área, às publicações brasileiras e ao fato de ser o único país a possuir uma certificação em Fonoaudiologia do Sono. O Consenso também ressaltou que a formação do fonoaudiólogo do sono deve ser ampla e compreender temas como fisiologia do sono, fisiopatologia dos distúrbios do sono, critérios de avaliação e modalidades terapêuticas, sendo que o fonoaudiólogo deve manter-se atualizado. No campo relacionado à MO, foi consenso que o fonoaudiólogo do sono é o profissional responsável por avaliar, indicar e realizar a Terapia Miofuncional Orofacial (TMO) específica aos DRS de forma isolada ou complementar a outros tratamentos.

Nesse contexto, a proposta desse capítulo é discorrer sobre o diagnóstico funcional e a conduta terapêutica miofuncional orofacial junto a pacientes com DRS. Inicialmente, será abordada a fisiologia do sono, a importância do sono saudável e seus distúrbios mais frequentes. Na sequência, um tópico sobre os DRS discutirá sobre classificação, diagnóstico e possibilidades terapêuticas. Em seguida, será abordada a atuação fonoaudiológica nos DRS propriamente dita, com enfoque na elegibilidade dos pacientes que se favorecem com essa abordagem. Os tópicos subsequentes detalharão sobre o diagnóstico miofuncional orofacial e conduta terapêutica com enfoque na TMO. Por fim, estão as considerações finais das autoras.

O SONO E SEUS DISTÚRBIOS

O sono é um estado complexo, necessário e fisiológico, no qual ocorrem modificações da fisiologia e nos processos comportamentais quando comparado à vigília. É uma condição cíclica, reversível, de desligamento perceptivo e com ausência de resposta ao ambiente.

Assim como outras funções fisiológicas vitais, o sono é regulado por um "relógio central", situado no hipotálamo, e obedece a um ciclo de 24 horas chamado ciclo circadiano, que alterna com o estado de vigília. Esse ciclo sono-vigília é o ritmo mais aparente nos seres humanos, e sofre influência da exposição à luz, atividade física e fatores endógenos como a produção do hormônio melatonina, entre outros, principais sincronizadores do relógio circadiano humano[4].

Durante o sono ocorre o chamado ciclo ultradiano, que são períodos de 90 a 100 minutos que promovem a alternância entre o período de sono em duas grandes fases[5]:

- Sono REM (*rapid eye moviment*): caracterizado por movimentos rápidos dos olhos, atonia muscular, respiração irregular e ocorrência de sonhos, principalmente os mais vívidos. Maior ocorrência na segunda metade da noite.
- Sono não REM – NREM (*non-rapid eye moviment*): é subdividido nos estágios 1, 2 e 3, segundo a sincronização e características das ondas cerebrais, observadas pelo eletroencefalograma. Também podem ocorrer sonhos nessas fases[5,6].

Durante um período de sono normalmente ocorrem de quatro a seis ciclos de sono REM e NREM, que se manifestam por alterações fisiológicas e neuroquímicas. Cada estágio do sono apresenta mecanismos neurais e eletrofisiológicos, periféricos e comportamentais também distintos, com porcentagem de tempo distribuída para cada estágio. Os eventos cíclicos (entre sono e vigília e durante o período de sono) se modificam ao longo da vida, apresentando características e necessidades específicas em cada um dos ciclos da vida[5].

O sono é essencial à saúde, principalmente para reestabelecimento do equilíbrio e preservação de funções como cognição, humor, metabolismo, sistema imunológico, função cardiovascular, sexual e reprodutora, entre outras. Dessa forma, a privação de sono se manifesta com consequências adversas que prejudicam a qualidade e o tempo de vida. Ademais, as manifestações que se relacionam ao sono vão desde a dificuldade para dormir e/ou manutenção do sono, ou até mesmo para se manter acordado. Não é o objetivo deste capítulo discorrer sobre os Distúrbios do Sono de forma abrangente, mas vale destacar a divisão da Academia Americana do Sono (AAMS)[6] sobre as patologias do sono em grandes grupos: Insônia; Hipersonolência de Origem Central; Distúrbios Respiratórios do Sono (DRS); Distúrbios do Ritmo Circadiano; Parassonias; Distúrbios do Movimento Relacionados ao Sono; e Outros Distúrbios do Sono.

DISTÚRBIOS RESPIRATÓRIOS DO SONO

Os DRS englobam alterações decorrentes do padrão respiratório que ocorrem durante o sono, incluindo aquelas presentes na vigília e que se agravam durante o sono. Essas alterações são causadas pelo estreitamento da via aérea superior (VAS) ou alterações do controle respiratório que repercutem na arquitetura do sono e ventilação do indivíduo. Além disso, podem ocorrer isoladamente ou concomitante a outros Distúrbios do Sono.

A AAMS[6] subdivide os Distúrbios Respiratórios do Sono em: Apneia Obstrutiva do Sono (AOS); Apneia Central do Sono; Distúrbios da Hipoventilação Relacionada ao Sono e Distúrbios da Hipoxemia Relacionada ao Sono.

Os DRS podem repercutir com impacto negativo à qualidade de vida, sonolência excessiva diurna, maior risco de acidentes laborais e de trânsito, risco de doenças metabólicas, cardiovasculares e neurocognitivas com prejuízos para si e para a sociedade.

Dentre os DRS, a AOS é a mais prevalente. Constitui-se pela obstrução total (apneia) ou parcial (hipopneia) da região faríngea, que pode levar a hipoxemia intermitente, hipercapnia transitória e despertares frequentes[7]. A diminuição da atividade dos músculos dilatadores da faringe e consequente prejuízo à passagem do ar durante o sono aumenta a resistência do fluxo aéreo e diminui o espaço faríngeo respiratório, o que favorece a ocorrência das apneias ou hipopneias.

A AOS é multifatorial e sua fisiopatologia é bastante complexa, podendo ocorrer por uma associação de fatores anatômicos ou alterações das respostas neuromusculares. Em cada sujeito predomina um mecanismo, o que leva a diferentes fenótipos. Por isso, o tratamento da AOS se caracteriza individual e personalizado.

Apesar do caráter individual da AOS, destacam-se fatores predisponentes, como: obesidade, hipertensão arterial, idade, raça, sexo, anormalidades craniofaciais, obstrução nasal, alterações endocrinológicas, condições neurológicas, respostas neuromusculares, limiar de despertar baixo, alto *loop gain** e histórico familiar[8]. Fatores comportamentais podem ser considerados também, como consumo de álcool, tabaco e medicações sedativas.

Nesse contexto, o colapso da VAS durante o sono decorre de uma combinação de fatores anatômicos, desequilíbrio da ação muscular e seu controle neural, além da resposta à concentração de CO_2[8].

O diagnóstico dos DRS é realizado pelo médico especialista em sono e o exame de eleição é a polissonografia com enfoque nos parâmetros cardiorrespiratórios. Nesse exame a apneia é caracterizada pela redução do fluxo de ar oronasal de 90% ou mais em relação ao fluxo de ar basal por pelo menos 10 segundos. Já a hipopneia é caracterizada pela redução da pressão nasal de 30% com duração de pelo menos 10 segundos, associada à diminuição de 3% ou mais da saturação arterial periférica de oxi-hemoglobina ou seguida de um breve despertar. As duas situações cursam com esforço respiratório[6].

O índice de ocorrência de apneias e hipopneias por hora de sono define a gravidade da AOS[6].

As crianças também podem apresentar AOS e possuem escore de gravidade diferente quando comparadas ao adulto (Quadro 1). Estima-se que cerca de 4% da população pediátrica apresente esse distúrbio do sono. Ronco, sono agitado e pausas respiratórias podem acompanhar a AOS infantil. Como sinais clínicos, observam-se principalmente hiperatividade e desatenção ao invés de sonolência diurna como nos adultos, e as repercussões são bastante negativas com impacto no desenvolvimento ponderoestatural, emocionais, sociais e déficit no aprendizado, além de alterações no desenvolvimento da linguagem e comunicação oral[6].

POSSIBILIDADES TERAPÊUTICAS PARA OS DRS

Por se tratar de uma doença multifatorial, a AOS apresenta tratamentos combinados para seu controle e o fonoaudiólogo que deseja trabalhar com essa população deve conhecer as principais modalidades. Contudo, destaca-se que as condutas apontadas nesta seção não são de competência fonoaudiológica.

---

* *Loop gain* é uma medida de estabilidade do sistema de controle respiratório e um elevado *loop gain* diz sobre uma resposta exacerbada à concentração de gás carbônico (CO_2).

QUADRO 1 Critério de gravidade da apneia obstrutiva do sono

	Leve	Moderada	Grave
Crianças	1 a 4 eventos obstrutivos por hora de sono	5 a 9 eventos obstrutivos por hora de sono	10 ou mais eventos obstrutivos por hora de sono
Adultos	5 a 14 eventos obstrutivos por hora de sono	15 a 29 eventos obstrutivos por hora de sono	30 ou mais eventos obstrutivos por hora de sono

Medidas comportamentais como perda de peso, retirada de drogas (benzodiazepínicos, barbitúricos e narcóticos) sob orientação do médico especialista em medicina do sono, diminuição do consumo de álcool e a mudança da posição do corpo durante o sono (evitando decúbito dorsal) podem ser eficazes, revertendo as apneias e hipopneias em alguns pacientes e devendo ser incentivadas sempre que possível[7].

Sobre os tratamentos farmacológicos para AOS, a combinação de noradrenérgicos** e antimuscarínicos*** tem apresentado resultado promissor apesar de ainda serem necessários estudos longitudinais e de acompanhamento para avaliar a segurança e os efeitos desses tratamentos[9].

O uso de Aparelhos Intraorais (AIO) tem como objetivo aumentar o volume da VAS por meio de uma manobra mecânica, sendo a tração anterior da mandíbula ou da língua o mecanismo mais utilizado para aumento do diâmetro da VAS. Os AIO são indicados para ronco primário e AOS leve e moderada[10].

Diversos tratamentos cirúrgicos têm sido propostos e podem tanto envolver a correção de alterações anatômicas encontradas na faringe, na cavidade nasal e na base da língua, como a correção de alterações do esqueleto craniofacial[11]. A literatura é controversa e normalmente a indicação dos procedimentos cirúrgicos está relacionada à gravidade da AOS e às alterações encontradas na VAS e no esqueleto facial.

Apesar da variedade de opções de tratamento, o uso de aparelho de pressão aérea positiva contínua (*Continuous Positive Airway* Pressure – CPAP) tem sido o tratamento de escolha para AOS, em especial para os quadros moderados e graves. Os benefícios do uso do CPAP consistem na abolição dos eventos obstrutivos, correção da saturação periférica de oxi-hemoglobina (SpO_2) noturna e diminuição dos despertares relacionados aos eventos respiratórios[12]. Como consequência, há diminuição da queixa de sonolência excessiva, além de resultados benéficos para as funções cognitivas, distúrbios do humor e qualidade de vida desses pacientes[12]. Além disso, há evidências de melhora de comorbidades cardiovasculares nos pacientes com AOS em tratamento com CPAP[13].

A abordagem fonoaudiológica, quando indicada, integra o *hall* de alternativas terapêuticas para os DRS e será descrita nos itens que se seguem. Ressalta-se que no Brasil o fonoaudiólogo é o profissional habilitado a realizar TMO para os DRS de forma isolada, combinada ou complementar a outros tratamentos[3].

ABORDAGEM FONOAUDIOLÓGICA NOS DISTÚRBIOS RESPIRATÓRIOS DO SONO

Como já foi introduzido, o tratamento fonoaudiológico por meio da TMO é uma possibilidade de tratamento para os DRS. A terapêutica por meio da utilização de exercícios orofaríngeos e adequações das funções orofaciais tem o objetivo de potencializar a permeabilidade faríngea, sendo uma opção para os distúrbios obstrutivos oronasofaríngeos durante o sono[14]. Contudo, existem grupos de pacientes cujos prognósticos são reservados com relação a essa modalidade e, portanto, a elegibilidade do paciente para o tratamento fonoaudiológico deve ser cuidadosamente avaliada.

A terapia fonoaudiológica busca a organização de padrões musculares e funcionais orofaciais e tem mostrado efetividade junto aos pacientes com DRS, pois ajuda a reduzir o índice de apneia e hipopneia (IAH), melhorar a saturação periférica da oxi-hemoglobina, atenuar intensidade e frequência do ronco[15], melhorar a qualidade do sono, diminuir ou eliminar os sintomas diurnos decorrentes de má qualidade do sono e melhorar a qualidade de vida[1].

Constata-se o prejuízo sensorial, motor e muscular da VAS em pessoas com AOS. O colapso da VAS é resultado de respostas sensoriais inadequadas levando a uma produção motora modulada por re-

** Neurônios cujo neurotransmissor primário é a epinefrina.

*** "Drogas que se ligam a receptores muscarínicos, bloqueando assim a ação da acetilcolina endógena ou de agonistas exógenos. Os antagonistas muscarínicos apresentam amplo leque de efeitos, incluindo ações sobre a íris e músculos ciliares do olho, vasos do coração e sanguíneos, secreções do trato respiratório, sistema gastrointestinal, glândulas salivares, motilidade gastrointestinal, tônus da bexiga urinária e sistema nervoso central." Fonte: DsCS/MeSH - https://decs.bvsalud.org/ths/resource/?id=32129&filter=-ths_regid&q=D018727.

flexo insuficiente ou fraqueza muscular. No mesmo contexto, traumas mecânicos e vibratórios, como o ronco, bem como hipoxemia associados ao colapso repetitivo da VAS podem prejudicar ainda mais a função sensório-motora e contribuir para a progressão da doença[16].

A TMO se caracteriza por um conjunto de procedimentos baseados em exercícios miofuncionais nas regiões orofacial e cervical enfocando a sensibilidade, propriocepção, mobilidade, coordenação e força das estruturas envolvidas, tendo o objetivo final de adequação das funções de respiração, mastigação, deglutição e fala[17].

O processo se dá por meio de treinamento muscular periódico e objetiva melhora na mobilidade, coordenação, força e resistência da musculatura; melhora na fadiga muscular; equilíbrio na contração dos músculos faríngeos, em especial a musculatura dilatadora da faringe[17]; e redução do volume e gordura de estruturas envolvidas, atenuando o colapso da VAS durante o sono[18].

Outras abordagens, além da relacionada aos distúrbios miofuncionais orofaciais associada ao DRS, podem ser necessárias. A posição supina pode estar associada a um aumento dos eventos obstrutivos[19]. Nesses casos, o fonoaudiólogo do sono pode prescrever e conduzir terapia posicional no tratamento dos DRS, bem como fornecer orientações sobre higiene do sono em complemento à TMO[3].

Como mencionado, existem grupos de pacientes cujos prognósticos são reservados com relação à TMO. Em pacientes obesos, com doenças nasais obstrutivas graves, malformações craniofaciais, por exemplo, o sucesso da TMO é impreciso[3]. Dessa forma, faz-se necessário que esses critérios sejam avaliados cuidadosamente, pois encaminhamentos para avaliação e correção das alterações por profissionais competentes são frequentemente necessários.

DIAGNÓSTICO MIOFUNCIONAL OROFACIAL

Na avaliação fonoaudiológica focada na MO em paciente com AOS podem ser utilizados protocolos validados com escores para comparação pré e pós-TMO[20,21], além da possibilidade de relacionar aspectos da avaliação ao padrão de colapso da VAS, mesmo que em estudo preliminar[22]. A avaliação, somada ao diagnóstico médico e polissonográfico, tem um importante papel para o planejamento terapêutico, englobando a morfologia e postura das estruturas do sistema estomatognático, além da mobilidade, força e coordenação para a execução das funções de respiração, sucção, mastigação, deglutição e fonoarticulação, e as possíveis alterações relacionadas a essas funções.

Nesse sentido, a avaliação deve envolver: anamnese, aplicação de questionários fonoaudiológicos e de medidas subjetivas relacionadas ao sono, interpretação de exames, especialmente o de polissonografia, avaliação miofuncional orofacial para finalmente se estabelecer as metas e condutas terapêuticas.

O principal objetivo da anamnese é a compreensão da história clínica atual e pregressa relacionadas ao DRS.

O momento da anamnese pode ser complementado com a aplicação de questionários específicos relacionados ao sono. Os mais utilizados são: Escala de Sonolência de Epworth[23], que identifica a presença de sonolência excessiva diurna, e o questionário Stop Bang[24], que avalia o risco de o paciente apresentar AOS.

Outros questionários como a Escala Visual Analógica de Ronco e perguntas derivadas do questionário de Berlim[25], no que se refere à frequência e intensidade do ronco, também podem ser aplicados com o(a) companheiro(a) de quarto com o objetivo de registrar e qualificar a percepção dele(a) em relação ao ronco do paciente.

A avaliação fonoaudiológica da MO propriamente dita pode contar com a aplicação de protocolos já validados[20,21], sendo as principais estruturas a serem avaliadas apresentadas no Quadro 3.

Nesse sentido, o planejamento terapêutico do fonoaudiólogo na atuação junto a pacientes com DRS deve envolver desde a avaliação específica da Motricidade Orofacial para determinar desequilíbrios musculares e funcionais que podem afetar a permeabilidade da VAS durante o sono, até a identificação de possíveis fatores e hábitos diurnos que estejam influenciando a má qualidade de sono do paciente.

Alerta-se que, assim como nas demais patologias que demandam intervenções relacionadas à MO, no caso dos DRS o uso indiscriminado de técnicas de exercícios orofaríngeos pode fazer com que as condutas de treino se tornem demasiadamente extensas e a adesão ao treino seja comprometida, especialmente a longo prazo. Por esse motivo, o programa de terapia fonoaudiológica de cada paciente deve ser customizado e pautado na avaliação fonoaudiológica inicial, com reavaliações periódicas sempre que necessário.

Por fim, sugere-se atenção a possíveis demandas de outras especialidades fonoaudiológicas além da MO, que possam estar relacionadas ao DRS ou a outros distúrbios do sono coexistentes e que poderão necessitar de condutas também específicas[3].

CONDUTA TERAPÊUTICA

O tratamento fonoaudiológico na Medicina do Sono com enfoque na TMO pode contribuir para a

QUADRO 2 Principais aspectos da anamnese fonoaudiológica nos Distúrbios Respiratórios do Sono (DRS)

Queixa	Motivo pela busca do tratamento fonoaudiológico: muitos pacientes não compreendem a razão do encaminhamento para o fonoaudiólogo, que deve ser esclarecida ao paciente nesse momento.
Sono	Compreender a percepção do paciente sobre sua qualidade de sono: regularidade/irregularidade nos horários habituais de sono, tempo dedicado ao sono, posição corporal, presença/ausência de um(a) companheiro(a) de quarto.
Ronco	Identificar fatores de predisposição para o ronco: ganho de peso, cansaço, frequência e quantidade de álcool, tabagismo ou outras drogas, prática de exercícios físicos, doenças nasais obstrutivas, alterações hormonais e posição corporal.
Sintomas	Percepção de respiração oral/sensação de obstrução nasal; sensação de corpo estranho na VAS; autopercepção de dificuldades nas funções de mastigação e deglutição; cansaço, fadiga, dificuldade de concentração e memória.
Outros	Hábitos alimentares; problemas de saúde de modo geral; cirurgias já realizadas e uso de medicações ou reposição hormonal; sucesso/insucesso de outros tratamentos em andamento/já realizados para AOS.

Fonte: as autoras.

QUADRO 3 Principais aspectos da avaliação fonoaudiológica relacionados à Motricidade Orofacial

Exame extraoral	Exame intraoral	Mobilidade	Funções
▪ Medidas antropométricas: circunferência cervical, peso e altura ▪ Análise do perfil e proporção de bases ósseas da face (maxila e mandíbula) ▪ Força/tensão de lábios e bochechas	▪ Oclusão dentária e possíveis interferências no padrão mastigatório ▪ Posição habitual dos lábios e da língua no repouso associados ao padrão respiratório predominante ▪ Língua: forma, força/tensão, aspecto, volume, simetria, mucosa, posição habitual e frênulo lingual ▪ Classificação de Mallampati modificada, podendo ser solicitada a deglutição de saliva prévia e a abertura da boca com a língua relaxada, sem fluxo de ar pela boca ▪ Morfologia do palato duro (altura e largura), pilares palatinos, palato mole (extensão) e úvula (extensão e ausência/ presença de edema) ▪ Graduação das tonsilas palatinas	▪ Língua: provas específicas como a manutenção do acoplamento lingual e abaixamento da parte posterior da língua mediante ou não o estímulo do dedo ▪ Palato mole: provas específicas da emissão da vogal /a/ de forma intermitente e inspiração oral semelhante a um bocejo. Em ambas as situações, pode-se classificar a elevação do véu palatino e a contração do músculo da úvula em: ausente, reduzida ou normal	▪ Respiração: observação clínica durante a vigília e investigação clínica de respiração oral/nasal durante o sono ▪ Mastigação ▪ Deglutição ▪ Fala e voz (quando indicado)

Fonte: as autoras.

remodelagem da VAS, aumentando sua permeabilidade durante o sono e o reposicionamento dos tecidos moles da cavidade orofaríngea, readequando a força/ tensão muscular e a mobilidade dos tecidos moles: palato mole, músculos constritores da faringe, músculos supra-hióideos (milo-hióideo, genio-hióideo, digástrico e tireóideo), músculos da língua (genioglosso, hioglosso, palatoglosso, estiloglosso e longitudinal superior e transverso), bochechas, lábios e adequação das funções orofaciais: respiração, mastigação, deglutição e fonoarticulação, buscando diminuir os episódios respiratórios obstrutivos durante o sono[26,27].

Os estudos randomizados apontam protocolos de 12 sessões de tratamento. Contudo, como já foi explicitado, a abordagem fonoaudiológica deve ser individualizada e a proposta terapêutica deverá atender às demandas clínicas do paciente, inclusive no que se refere ao tempo de tratamento. De toda maneira, recomenda-se que a reavaliação seja realizada em um prazo de três a quatro meses do início do tratamento fonoaudiológico.

O primeiro ponto a ser atingido é a conscientização e propriocepção do paciente em relação à respiração. Para tanto, é explicado sobre a anatomia e a fisiologia da cavidade nasal, da VAS e dos órgãos fonoarticulatórios. Nessa oportunidade o paciente deve perceber o uso incorreto (se for o caso) da respiração pela cavidade oral e buscar se corrigir. Para essa conduta, considera-se a possibilidade de respiração nasal, sem obstruções mecânicas.

A musculatura da língua, frequentemente alterada em pacientes com DRS, deve sempre ser abordada objetivando a melhora da mobilidade, coordenação, força e posição na cavidade oral. Frequentemente associada à respiração oronasal, os pacientes apresentam língua baixa com maior volume em região posterior, o que colabora para o colapso faríngeo. Nesses casos, o acoplamento lingual é uma técnica que pode favorecer a posição adequada da língua, desde que haja equilíbrio da musculatura e ausência de alteração do frênulo lingual.

Um exemplo de exercício para os músculos constritores da faringe e elevação do véu palatino, com o objetivo de trabalhar a mobilidade (exercício isotônico), é a elevação do palato mole associada à produção da vogal /a/ de forma intermitente. Como evolução, para trabalhar a tensão (exercício isométrico), o paciente pode ser orientado a inspirar profundamente com a cavidade oral abduzida, como se estivesse bocejando, com a língua no assoalho da cavidade oral[28].

Como possibilidade de aumentar o espaço faríngeo, podem ser realizados exercícios de trato vocal semiocluído (ETVSO). Essa manobra colabora para diminuir a suscetibilidade do colapso das VAS e por esse motivo tem sido utilizada na AOS e na presença do ronco primário[29].

Alguns recursos tecnológicos, que requerem formação específica, podem ser combinados com os exercícios fonoaudiológicos, potencializando a TMO. Dentre eles, pode-se citar: estimulação elétrica neuromuscular (EENM)[30], que consiste na passagem de pulsos elétricos que estimulam as fibras musculares otimizando o ganho da força muscular; e a fotobiomodulação, que acelera o ganho de força muscular, reduz os níveis de fadiga e melhora o desempenho dos músculos durante a execução de diversas funções estomatognáticas[31].

CONSIDERAÇÕES FINAIS

A atuação fonoaudiológica tem se mostrado uma opção segura e eficaz no tratamento dos DRS, apontando resultados satisfatórios, com evidências científicas, seja de forma isolada ou combinada. Controles periódicos por meio de avaliações médicas e fonoaudiológicas são necessários para acompanhamento clínico dos resultados obtidos, bem como manejo de novas alterações de forma isolada ou combinada a outros tratamentos.

REFERÊNCIAS BIBLIOGRÁFICAS

1. Studart-Pereira L. Fonoterapia na apneia obstrutiva do sono em adultos. In: Picinato-Pirola M, Ramos VF, Tanigute CC, Silva, ASG, Marchesan IQ, Tessitore A, et al. (orgs.). Terapia em Motricidade Orofacial: como eu faço. São José dos Campos, SP: Pulso Editoral; 2019. p. 86-100.
2. Chaves Junior, CM, Dal-Fabbro, C, Bruin VMS, Tufik S, Bittencourt LRA. Consenso brasileiro de ronco e apneia do sono – aspectos de interesse aos ortodontistas. Dental Press J Orthod. 2011 Jan-Feb;16(1):34-6.
3. Studart-Pereira LM, Bianchini EMG, Assis M, Bussi MT, Corrêa CC, Cunha TCA, et al.; Consensus Group on Sleep-focused Speech-Language-Hearing Sciences. Brazilian consensus on sleep-focused speech-language-hearing sciences – 2023 Brazilian Sleep Association. Sleep Sci. 2023 Nov 22;16(Suppl 2):489-506.
4. Andersen ML, Tufik S. Bases neurais e fisiologia do Sono. In: Dal Fabbro, Chaves-Junior C, Tufik S. A odontologia na Medicina do Sono. Maringá: Dental Press; 2012. p. 39-64.
5. Andersen M, Tufik S. Definições e funções do sono. In: Meira e Cruz M, Gianacci LC, Machado MAC. Medicina oral no sono. 1. ed. São Paulo: Santos Publicações; 2022. p. 21-9.
6. American Academy of Sleep Medicine. ICDS-2. Internacional Classification of Sleep Disorders. Diagnostic and Coding Manual. 2. ed. Westchester: American Academy of Sleep Medicine; 2005. Disponível em: www.aasmenet.org/. Acesso em 03 fevereiro de 2024.
7. Rodriguez R, Meira e Cruz M. Distúrbios respiratórios do sono, clínica e terapêutica em medicina Oral do Sono. In: Meira e Cruz M, Gianacci LC, Machado MAC. Medicina oral no sono. 1. ed. São Paulo: Santos Publicações; 2022. p. 84-7.
8. Carberry JC, Amatoury J, Eckert DJ. Personalized management approach for OSA. Chest. 2018 Mar;153(3):744-55.
9. Nobre ML, Sarmento ACA, de Oliveira PF, Wanderley FF, Diniz Júnior J, Gonçalves AK. Pharmacological treatment for obstructive sleep apnea: A systematic review and meta-analysis. Clinics (Sao Paulo). 2024 Feb 10;79:100330.
10. Duarte RL de M, Togeiro SMGP, Palombini L de O, Rizzatti FPG, Fagondes SC, Magalhaes-da-Silveira FJ, et al. Consenso em Distúrbios Respiratórios do Sono da Sociedade Brasileira de Pneumologia e Tisiologia [Internet]. Jornal Brasileiro de Pneumologia. 2022; 48(4).
11. Riley RW, Powell NB, Guilleminault C. Obstructive sleep apnea syndrome: a review of 306 consecutively surgical patients. Otolaryngol Head and Neck Surg. 1993;108(2):117-25.
12. Montserrat JM, Ferrer M, Hernandez L, Farre R, Vilagut G, Navajas D, et al. Effectiveness of CPAP treatment in daytime function in sleep apnea syndrome: a randomized controlled study with an optimized placebo. Am J Respir Crit Care Med. 2001;164:608-13.
13. Butt M, Dwivedi G, Khair O, Lip GYH. Obstructive sleep apnea and cardiovascular disease. International Journal of Cardiology. 2010;139(1):7-16.
14. Felício CM, Dias FVS, Voi Trawitzki LV. Obstructive sleep apnea: focus on myofunctional therapy. Nature and Science of Sleep. 2018;10:271-86.
15. Ieto V, Kayamori F, Montes MI, Hirata RP, Gregório MG, Alencar AM, et al. Effects of oropharyngeal exercises on snoring: a randomized trial. Chest. 2015;148(3):683-91.
16. Eckert DJ, Lo YL, Saboisky JP, Jordan AS, White DP, Malhotra A. Sensorimotor function of the upper-airway muscles and respiratory sensory processing in untreated obstructive sleep apnea. J Appl Physiol. 2011;111(6):1644-53.
17. Bianchini EMG, Kayamori F. Sono: uma especialidade multidisciplinar – Atuação do fonoaudiólogo. In: Pinto Junior LR, Rêgo AFB, Pinheiro GL (eds.). Sono: atualização terapêutica. Rio de Janeiro: Atheneu; 2023. p. 39-51.

18. Kayamori F. Efeitos da terapia miofuncional orofacial em pacientes com ronco primário e apneia obstrutiva do sono na anatomia e função da via aérea [Tese]. São Paulo: Faculdade de Medicina da Universidade de São Paulo; 2015. Disponível em: https://teses.usp.br/teses/disponiveis/5/5150/tde-05012016153030/pt-br.php.
19. Yingjuan M, Siang WH, Alvin TKL, Poh HP. Positional therapy for positional obstructive sleep apnea. Sleep Medicine Clinics. 2019;14(1):119-33.
20. Marchesan IQ, Berretin-Félix G, Genaro KF. MBGR protocol of orofacial myofunctional evaluation with scores. Int J Orofacial Myology. 2012;38:38-77.
21. Folha GA, Valera FC, de Felício CM. Validity and reliability of a protocol of orofacial myofunctional evaluation for patients with obstructive sleep apnea. Eur J Oral Sci. 2015;123(3):165-72.
22. Kayamori F, Rabelo FAW, Nazario D, Thuller ER, Bianchini EMG. Myofunctional assessment for obstructive sleep apnea and the association with patterns of upper airway collapse: a preliminary study. Sleep Sci. 2022;15(1):95-104.
23. Johns MW. A new method of measuring daytime sleepiness: the Epworth Sleepiness Scale. Sleep. 1991;14:540-5.
24. Chung F, Yang Y, Brown R, Liao P. Alternative scoring models of STOP-bang questionnaire improve specificity to detect undiagnosed obstructive sleep apnea. J Clin Sleep Med. 2014;10(9):951-8.
25. Netzer NC, Stoohs RA, Netzer CM, Clark K, Strohl KR. Using the Berlin Questionnaire to identify patients at risk for the sleep apnea syndrome. Ann Intern Med. 1999;131:485-91.
26. Diaféria G, Badke L, Santos-Silva R, Bommarito S, Tufik S, Bittencourt L. Effect of speech therapy as adjunct treatment to continuous positive airway pressure on the quality of life of patients with obstructive sleep apnea. Sleep Med. 2013;14(7):628-35.
27. Guimarães KC, Drager LF, Genta PR, Marcondes BF, Lorenzi--Filho G. Effects of oropharyngeal exercises on patients with moderate obstructive sleep apnea syndrome. Am J Respir Crit Care Med. 2009 May 15;179(10):962-6.
28. Diaféria G, Santos-Silva R, Truksinas E, Haddad FLM, Santos R, Bommarito S, et al. Myofunctional therapy improves adherence to continuous positive airway pressure treatment. Sleep Breath. 2017;21(2):387-95.
29. Guzmán M, Higueras D, Fincheira C, Muñoz D, Guajardo C. Efectos acústicos inmediatos de una secuencia de ejercicios vocales con tubos de resonancia. Rev CEFAC. 2011.
30. Baptista PM, Apodaca PMR, Carrasco M, Fernandez S, Wong PY, Zhang H, et al. Daytime neuromuscular electrical therapy of tongue muscles in improving snoring in individuals with primary snoring and mild obstructive sleep apnea. J Clin Med. 2021;10:1883.
31. Braga APG, Sovinski SRP. O uso da fotobiomodulação nos casos de ronco e apneia obstrutiva do sono. In: Mouffron V, Alves GA, Motta AR, Silva HJ. Fotobiomodulação Aplicada à Fonoaudiologia. Carapicuíba,SP: Pró-Fono; 2022. p. 211-34.

79

Fonoterapia em pacientes com paralisia facial

Adriana Tessitore
Daniele Fontes Ferreira Bernardes

PONTOS-CHAVE

- A paralisia facial (PF) impacta o indivíduo socialmente em todas as fases da lesão, gerando muito desconforto no olho acometido e nas funções orofaciais, especialmente na fala e na mastigação.
- A PF é uma alteração que pode ser central ou periférica.
- A avaliação da PF deve ser realizada por meio de aplicação de protocolos de graduação da face ou através da eletromiografia de superfície (EMGs).
- O tratamento da PF deve ser realizado através das orientações ao paciente e da reabilitação neuromuscular, podendo também utilizar a tecnologia do *biofeedback* eletromiográfico (EMG).

OBJETIVOS DE APRENDIZAGEM

Ao final deste capítulo, o leitor deverá ser capaz de:

- Identificar os sinais e sintomas de uma lesão do nervo facial.
- Realizar a avaliação adequada da PF.
- Reabilitar o paciente com PF na fase flácida, na reinervação neural e na fase de sequela.
- Conhecer a aplicabilidade da EMGs e do *biofeedback* EMG na PF.

INTRODUÇÃO

A musculatura da face é esquelética estriada, tendo especificidade funcional diferenciada relacionada à expressão comunicativa e aos aspectos funcionais da fala e da mastigação. A expressão facial resultante gera o primeiro impacto na comunicação não verbal. Mediante a linguagem facial exprimimos toda a gama de sentimentos que permeiam o nosso ser, mesmo no "repouso facial"[1].

O nervo facial (VII par craniano) emerge do tronco encefálico e, logo ao entrar na orelha média, faz seu primeiro ramo, o nervo petroso superior, que é responsável pelo lacrimejamento ocular. É muito comum ocorrer um ressecamento na córnea, o que vem a gerar grande desconforto. Ainda dentro da orelha média, o nervo facial faz seu segundo ramo, denominado nervo corda do tímpano, que inerva o músculo estapediano, responsável pelo reflexo estapediano. Por essa razão, todos os casos de PF deveriam ser submetidos a uma avaliação audiométrica e de impedanciometria para verificação da sensibilidade auditiva, bem como da presença ou não do reflexo[2].

Ao imergir seus ramos para a face, o nervo facial é englobado pela glândula parótida, da qual se originam cinco ramos, cujos nomes correspondem às regiões que inervam:

- Ramo temporal, que inerva os músculos frontal, corrugador do supercílio e prócero do nariz.
- Ramo zigomático, que inerva os músculos orbiculares do olho, levantador da asa do nariz e do lábio superior, transverso do nariz e dilatador da narina.
- Ramo bucal, que inerva os músculos risório, bucinador, zigomático maior, zigomático menor e levantador do lábio superior.

- Ramo mandibular, que inerva os músculos orbiculares do lábio inferior, depressor do canto da boca, depressor do lábio inferior e mentual.
- Ramo cervical, que inerva o músculo estilo-hióideo e o ventre posterior do músculo digástrico[2].

A fala é dificultada pela articulação inadequada dos fonemas labiodentais /f/ e /v/ e bilabiais plosivos /p/ e /b/, devido à flacidez muscular e ao desvio do filtro naso-abial. Em relação às funções orofaciais, a debilidade muscular na oclusão labial gera diminuição da pressão intraoral que dificulta a retenção de líquidos na cavidade oral e ocasiona estase de alimentos no vestíbulo do lado paralisado. Eventualmente, os pacientes apresentam engasgo e dificuldade na deglutição de alimentos de consistência mais sólida, em função da redução salivar associada à PF nos casos mais graves. A ineficiência do fechamento palpebral produz grande desconforto ocular[3].

É fundamental saber se a PF é periférica (PFP) ou central (PFC)[4]. Para isso, optou-se por apresentar a estrutura do capítulo em seções: após a introdução, na segunda seção descrevemos a paralisia facial periférica; na terceira, a paralisia facial central; na quarta será abordada a avaliação da paralisia facial; na quinta, a avaliação miofuncional orofacial e documentação, e a sexta seção aborda orientações iniciais e a reabilitação neuromuscular.

PARALISIA FACIAL PERIFÉRICA

A PFP pode ser unilateral ou bilateral, completa ou incompleta. Quando a lesão vem após um procedimento cirúrgico na glândula parótida, essa paralisia pode ser incompleta e diretamente dependente do local e tamanho do acometimento na glândula parótida e nos ramos do nervo facial que passam dentro dela[4,5]. A PFP raramente é recorrente, sendo que na recidiva ou na paralisia facial bilateral, devemos excluir miastenia *gravis*, lesões de base do crânio que estejam comprometendo o nervo facial, além de doenças sistêmicas. Causas infecciosas devem ser sempre investigadas. Metade dos pacientes queixa-se de dor retroauricular que pode perdurar dias. O comprometimento da gustação e do lacrimejar é observado em alguns casos[4]. Tem como causa a paralisia de Bell (também chamada idiopática), trauma cirúrgico, retirada de tumor, herpes-zóster ou ferimento de arma de fogo (FAF), presença de colesteatoma e tumores próprios do nervo facial (VII par) ou do nervo vestibulococlear (VIII par). Geralmente, o acometimento é unilateral. Pode ainda estar associado a alguma síndrome, como a de Melkerson-Rosenthal, em que a ocorrência da PF pode se repetir e não necessariamente do mesmo lado[4]. A instalação da PFP pode ter como manifestação a perda dos movimentos de todos os segmentos de uma hemiface ipsilateral à lesão, quando ela ocorre no tronco principal do nervo (antes da divisão dos ramos superficiais), ou a perda de movimentos de segmentos específicos, quando a lesão acomete determinado ramo após a divisão na glândula parótida[5].

O grau de recuperação da função facial depende do tipo de lesão, da duração do período de desnervação, das conexões motoras e sensoriais, do grau de reinervação e do estado do músculo. Esses resultados são obtidos através do exame de eletroneuromiografia fundamentado pela classificação de Sunderland[4,6]:

- Neuropraxia: é a interrupção transitória do impulso nervoso com regressão do edema antes da morte do axônio (menos de 29 dias).
- Axoniotmese: degeneração walleriana com manutenção do endoneuro (membrana que recobre cada fibra axonal).
- Neurotmese: morte do axônio e perda do endoneuro e perineuro. A análise desse exame nos faz raciocinar em relação ao prognóstico[4].

PARALISIA FACIAL CENTRAL

O primeiro teste terapêutico para saber se é uma paralisia central é a solicitação da elevação das sobrancelhas; se elevar as duas, trata-se de uma PFC, que é caracterizada por uma lesão acima do núcleo do NF. Clinicamente, afeta apenas a parte média e inferior da face, poupando os músculos frontal e orbicular dos olhos. Isso ocorre uma vez que os músculos faciais superiores são inervados por vias corticobulbares de ambos os córtex motores, enquanto os músculos inferiores são inervados apenas por aferências do hemisfério oposto. Nessa forma de PF é comum haver uma dissociação dos movimentos faciais emocionais e voluntários e, com frequência, há paralisia do braço, afasia, disartria, confusão mental, alteração da marcha, como falta de equilíbrio, diminuição da força das pernas e alterações na coordenação motora.

Em relação ao tratamento, seguimos com o mesmo protocolo de reabilitação da PFP[4] quando o hemisfério afetado é o dominante. Há uma preservação do lacrimejamento, do paladar nos 2/3 anteriores da língua[4]. Esse tipo de paralisia ou é congênita ou advém de um acidente vascular cerebral (AVC).

AVALIAÇÃO DA PARALISIA FACIAL

Existem várias grades e/ou escalas de avaliação da PF, sendo a mais utilizada a Escala de House e

Brackmann (HB) (1985). Entretanto, é bastante subjetiva e não definitiva[6].

Essa escala HB é considerada padrão-ouro na avaliação médica. É reconhecida internacionalmente como *Facial Nerve Grading System*, que permite a avaliação completa da musculatura facial ou a presença de contraturas ou de sincinesias (que são movimentos associados). Existem outras formas de avaliação funcional das PFs, que são a Escala de Chevalier e a *Sunnybrook Grading System*, as quais incluem a avaliação da musculatura facial em simetria do repouso, simetria da movimentação voluntária e a presença de sincinesias. Dessa forma, as escalas clínicas apresentam maior confiabilidade para a avaliação da movimentação voluntária[6].

Temos também o *Facial Disability Index*, que é um questionário autoaplicado desenvolvido especialmente para avaliar o impacto da disfunção facial sobre aspectos físicos e psicossociais dos pacientes[1,6].

Entretanto, todas essas escalas citadas são subjetivas. Para uma avaliação quantitativa dos músculos da face utilizamos em nossa prática clínica a EMGs, exame que contempla os valores de referência da musculatura facial, diferenciando a fase flácida da fase de sequelas através do intervalo de normalidade do índice eletromiográfico de superfície (IEMG)[7,8].

O exame de EMGs é realizado com os indivíduos sentados em uma cadeira com encosto vertical e com os pés apoiados em um tapete de borracha. A pele deve ser limpa com álcool a 70° para obter melhor fixação dos eletrodos[11]. O equipamento utilizado em nossa prática é o New Miotool 400® (Miotec), *software* Miograph, sensores EMG, frequência de amostragem de 2.000 Hz, filtro passa-baixa de 20 Hz e passa-alta de 500 Hz, *notch* de 60 HZ, eletrodos de superfície descartáveis tamanho neonatal Maxicor®. Os eletrodos são aderidos bilateralmente na região dos músculos frontal, orbicular do olho (porção palpebral inferior), orbicular da boca e região dos músculos zigomáticos[7,8].

As provas para o registro da atividade EMGs envolvem os movimentos da face, como: elevação da testa, fechamento dos olhos, protrusão labial (bico) e retração labial (sorriso aberto). Para cada prova é solicitado ao paciente que realize o movimento em esforço máximo para a captação do registro da EMGs durante 8 segundos. Para identificar a presença de sincinesias devem ser registrados os valores eletromiográficos nos canais correspondentes aos grupos musculares que apresentam a sincinesia[7,8].

A EMGs na PFP demonstrou ser um método objetivo no qual é possível analisar o potencial de ação das fibras musculares e quantificar a sua recuperação. Estudos realizados[7,8] apontaram que nos indivíduos normais as médias eletromiográficas para ambos os lados da face são semelhantes, demonstrando que a integridade do nervo facial é fundamental para o equilíbrio da mímica facial. O IEMG para o segmento testa varia de 0.59-1.39, para o segmento olho esse intervalo varia de 0.59-1.28, na protrusão labial o intervalo é de 0.79-1.28 e na retração labial o intervalo de normalidade do índice eletromiográfico varia de 0.64-1.28[7,8].

Nos pacientes com PFP na fase flácida, as médias eletromiográficas para ambos os lados da face são visivelmente diferentes e abaixo do IEMG referido acima, demonstrando a lesão do nervo facial e o comprometimento da musculatura facial. Nos casos de PFP em fase de sequelas (após reinervação), observou-se atividade concomitante dos músculos orbicular dos lábios e orbicular dos olhos do lado que foi afetado, caracterizando as sincinesias e geralmente as médias se apresentam acima do IEMG[7,8].

AVALIAÇÃO MIOFUNCIONAL OROFACIAL E DOCUMENTAÇÃO

É fundamental a documentação inicial para a fala, movimentos faciais, mastigação e deglutição.

A. O paciente deve falar seu nome completo e contar de 1 a 10 para verificar se há ocorrência de escape de ar em alguns fonemas.
B. Repetir cada um dos seguintes movimentos faciais duas vezes:

1. elevar as sobrancelhas e relaxar ("expressão de espanto");
2. aproximar as sobrancelhas ("expressão de bravo");
3. piscar os olhos suavemente;
4. cerrar as pálpebras suavemente;
5. cerrar as pálpebras com força;
6. contrair a musculatura nasal – "expressão de cheiro ruim";
7. protrusão labial (bico);
8. retração labial (sorriso fechado);
9. retração labial aberto (sorriso aberto);
10. inflar as bochechas;
11. abaixar os cantos da boca (depressores labiais e platisma).

Ao fazer a filmagem ou fotos, os protocolos da avaliação do repouso facial e dos movimentos faciais são realizados inicialmente para depois encaminhar para a avaliação eletromiográfica de superfície[4,7].

Todos os casos devem ser avaliados nas suas funções orofaciais[4].

- **Fala:** verificar a ocorrência de escape de ar na fala e o grau de desconforto. É comum haver escapes nos fonemas plosivos /p/ e /b/ e nos fricativos /f/ e /v/, principalmente na fase inicial ou flácida[9].
- **Mastigação:** deve-se avaliar a mastigação como um todo, verificando como o paciente está movimentando o lado bom e, principalmente, o lado acometido. Avaliar a ocorrência de sobras de alimentos no vestíbulo do lado alterado[3].
- **Deglutição:** a deglutição na fase inicial ou flácida da paralisia facial também pode estar alterada, com escape de líquido no lado acometido, devendo o paciente ser orientado sobre como deverá colocar o copo na boca, para que isso não ocorra mais. Igualmente, deve-se verificar a ocorrência de engasgos, em casos com PFP de grau V ou VI (HB). Vale lembrar que o músculo estilo-hióideo e o ventre posterior do músculo digástrico são inervados pelo nervo facial e, portanto, estarão ambos paralisados. Da mesma forma, é importante observar se ocorre diminuição da produção salivar, pois essa somatória pode favorecer a ocorrência de engasgos[3,4].

Essa documentação deve se repetir a cada avanço de fase da paralisia que se apresenta: fase flácida, fase do início da recuperação do movimento e fase de sequela.

A seguir são exemplificados os resultados de uma avaliação clínica e EMGs durante o sorriso de um paciente com PFP à direita. Foi solicitado ao paciente o item 9 da avaliação clínica: retração labial (sorriso aberto). Nesse movimento está sendo avaliada a ação dos músculos zigomáticos. Para a prova de avaliação EMGs, os eletrodos de superfície que estavam aderidos bilateralmente nessa região captaram a atividade elétrica da musculatura durante 8 segundos de contração muscular.

Como resultado da avaliação clínica, foi possível verificar a ausência de contração dos músculos zigomáticos do lado direito (Figura 1) e como resultado da avaliação EMGs o IEMG ficou abaixo da normalidade (0.05), evidenciando a fase flácida de evolução do paciente avaliado (Figura 2)[7,8].

ORIENTAÇÕES INICIAIS E REABILITAÇÃO NEUROMUSCULAR

O paciente deve seguir rigorosamente as orientações médicas quanto à medicação a ser tomada. Inicialmente na PFP ocorre um grande desconforto em relação ao olho acometido e devemos endossar o uso de colírio, muitas vezes solicitando que o paciente consulte um oftalmologista para avaliação da córnea e administração do uso de colírio. Para a proteção do olho noturna indica-se o uso da bandagem terapêutica somente na pálpebra superior (sem nenhuma extensão), para facilitar o fechamento do olho. Reforçar o uso de óculos escuros no sol, para proteger da luz e do vento[4].

Para a mastigação deve-se orientar o paciente quanto ao uso da manobra facilitadora de apoiar com os dedos na base mandibular do lado da PF ao comer alimentos mais sólidos, visando minimizar a sobra de alimentos no vestíbulo do mesmo lado. Verificar a ocorrência de inclinação da cabeça; essa inclinação pode provocar desconforto ou dor na região cervical[3,4].

Obs.: nunca indicar o uso de "chicletes" porque sua ação funcional é limitada e, muitas vezes, causa dores nas articulações temporomandibulares.

Para a deglutição o paciente deve colocar o copo apoiado mais do lado bom ou colocar o dedo indicador abaixo do lábio inferior, compensando, assim, o fechamento labial no copo. Deve-se também orientá-lo a fazer uso de canudo, que é um estímulo adequado para o uso da musculatura no processo de sucção inicialmente.

As manobras indutoras dos movimentos são fundamentais no início da reabilitação.

1. Utiliza-se de um esboço da face (Figura 3) e distribuição das fibras musculares cuja orientação indica o sentido da massagem orofacial que induz o movimento desejado.

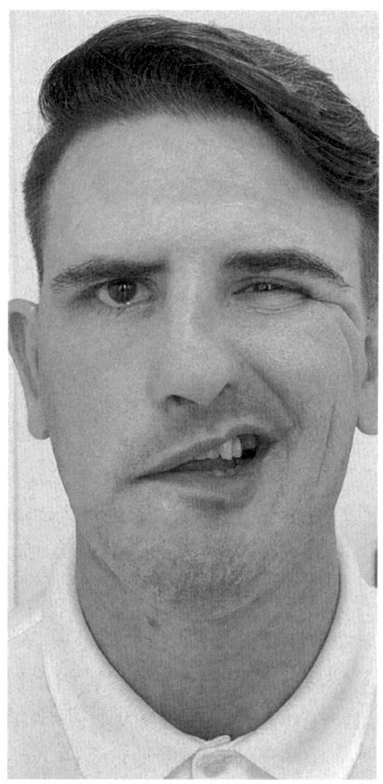

FIGURA 1 Avaliação clínica durante o sorriso de um paciente com PFP em fase flácida.

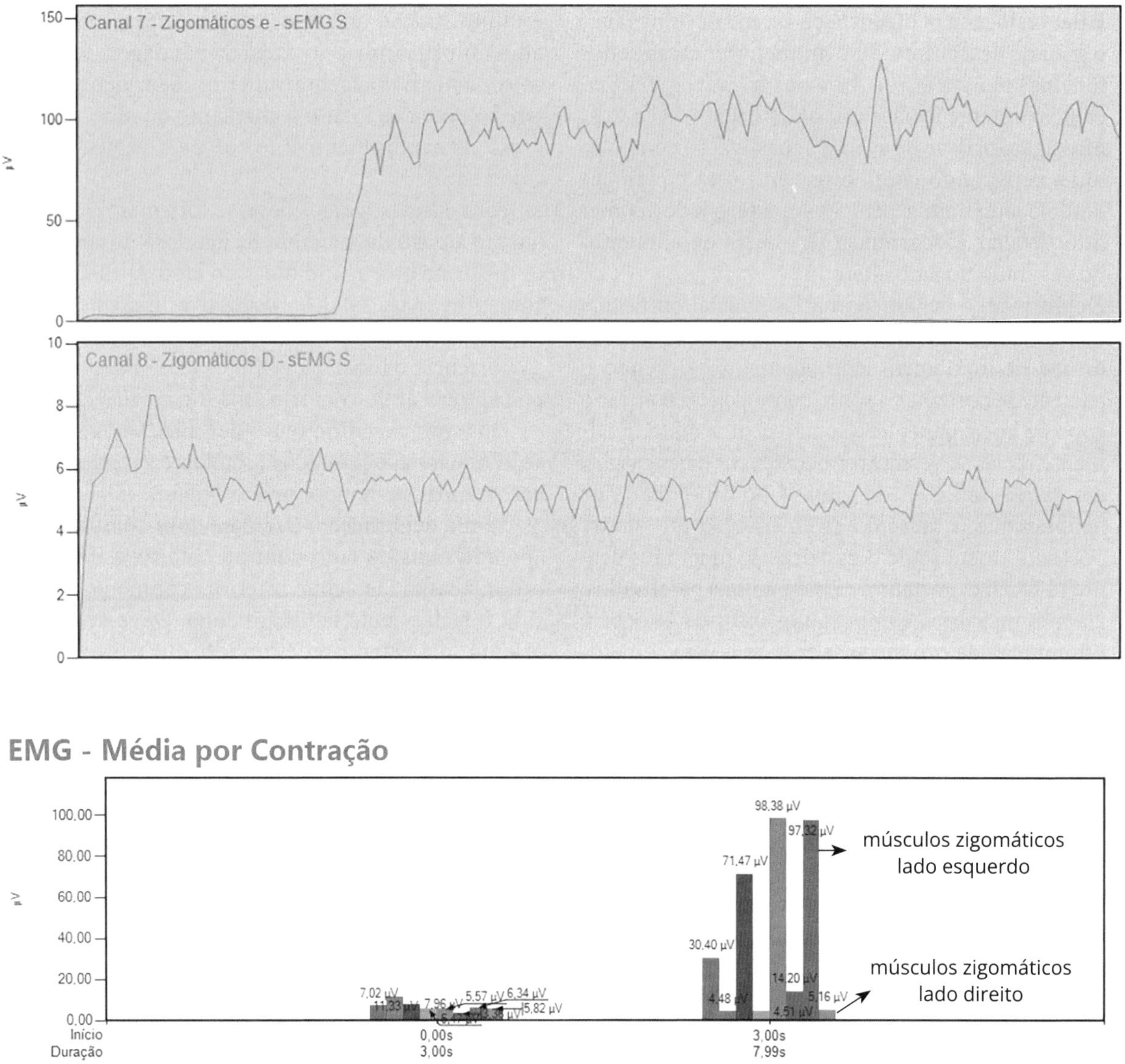

Interpretação:

Avaliação Eletromiográfica de superfície do músculo Zigomáticos (bilateral) em contração máxima.
IEMG de normalidade: 0.64 a 1.29 (Bernardes, et al. 2018)
IEMG do zigomático atual: 0.05
Valor está abaixo da normalidade de IEMG no zigomático.
Prescrição: iniciar exercício miofuncional com massagem indutora para este segmento labial

FIGURA 2 Avaliação eletromiográfica dos músculos zigomáticos durante o sorriso de um paciente com PFP em fase flácida.
Versão colorida da figura encontra-se na plataforma de conteúdo complementar do livro.

1.1 Deslizar com os dedos na testa no sentido da fibra muscular, da sobrancelha até o couro cabeludo (5x).
2.2 Deslizar com os dedos sobre o músculo corrugador do supercilio no sentido da ação muscular, para aproximação, de fora para dentro (5x).
3.3 Deslizar com os dedos no sulco nasolabial até a ATM (5x).
4.4 Deslizar com os dedos indicador e médio nos músculos orbicular dos lábios e bucinador (5x).

Essas manobras indutoras devem ser realizadas duas vezes ao dia e se possível antes das refeições.

Acima foi contemplada a reabilitação inicial do paciente com PF na fase flácida em que ainda não há con-

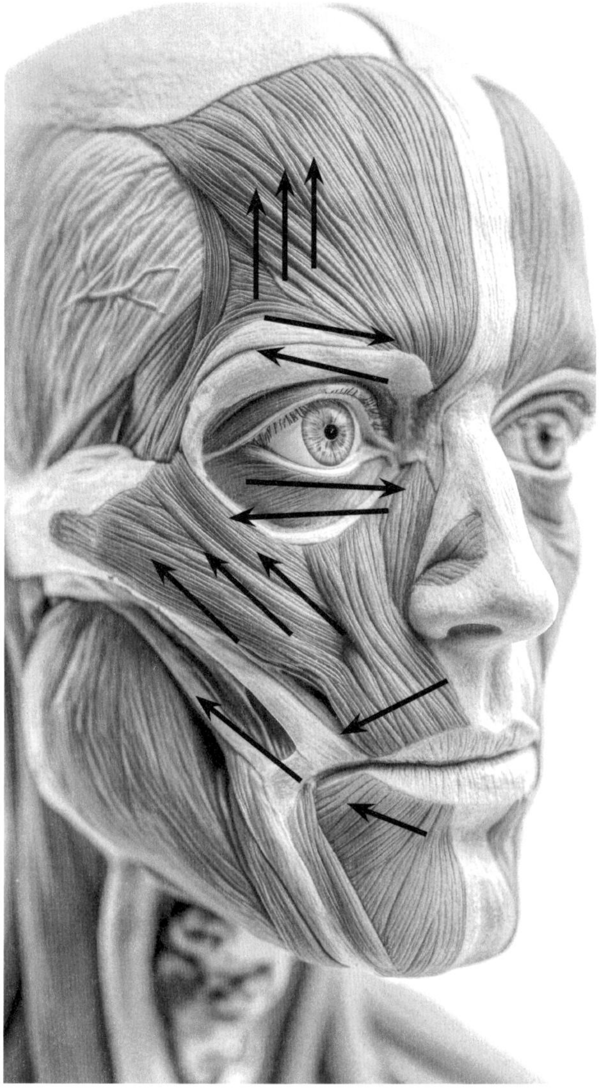

FIGURA 3 Esboço ilustrativo das manobras indutoras dos movimentos.
Fonte da ilustração: Iswanto – stock.adobe.com.

tração dos músculos afetados e, por isso, são incluídas as manobras indutoras do movimento. Com o início da reinervação neural os movimentos faciais começam a retornar e, assim, deixa-se de utilizar as manobras indutoras e os exercícios isométricos são substituídos por exercícios isotônicos, de acordo com a evolução do quadro clínico. Neste momento da reabilitação neuromuscular, com inervação do facial, a tecnologia do *biofeedback* EMG já pode ser empregada[10].

A aplicabilidade do *biofeedback* EMG na PF proporciona o monitoramento e a apresentação da atividade muscular ao paciente[15]. Dessa forma, quando o paciente inicia a fase de reinervação neural, os primeiros movimentos faciais começam a ficar perceptíveis clinicamente; esse é o momento oportuno para utilizar a tecnologia do *biofeedback* EMG. O paciente poderá monitorar as contrações musculares durante os exercícios miofuncionais isométricos e/ou isotônicos, assim como no treino das funções orofaciais de fala, mastigação, sucção e deglutição[11].

A seguir será exemplificado treino neuromuscular com o *biofeedback* EMG durante a execução do exercício isotônico com os músculos zigomáticos para alcançar um sorriso simétrico de um paciente com PFP à direita[11,12].

Os eletrodos são inseridos bilateralmente nos músculos zigomáticos do paciente (Figura 4) e realiza-se a coleta da contração voluntária máxima desses grupos musculares; a seguir é criado o protocolo para o treino da simetria do sorriso (Figura 5) e realizam-se cinco aquisições consecutivas desse treino, o qual visa recrutar um maior número de fibras musculares e atingir simetria do sorriso (vídeo *Biofeedback*).

Utilize o QR code para assistir o vídeo *Biofeedback*.

Voucher: **tratfono**.

Na fase de sequelas, o uso do *biofeedback* EMG é indicado para o treinamento das estratégias de dissociação das sincinesias. Nesses casos, o *biofeedback*

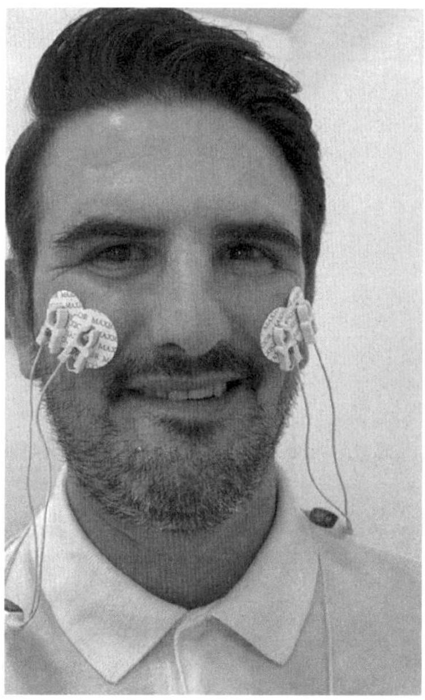

FIGURA 4 Eletrodos inseridos bilateralmente nos músculos zigomáticos

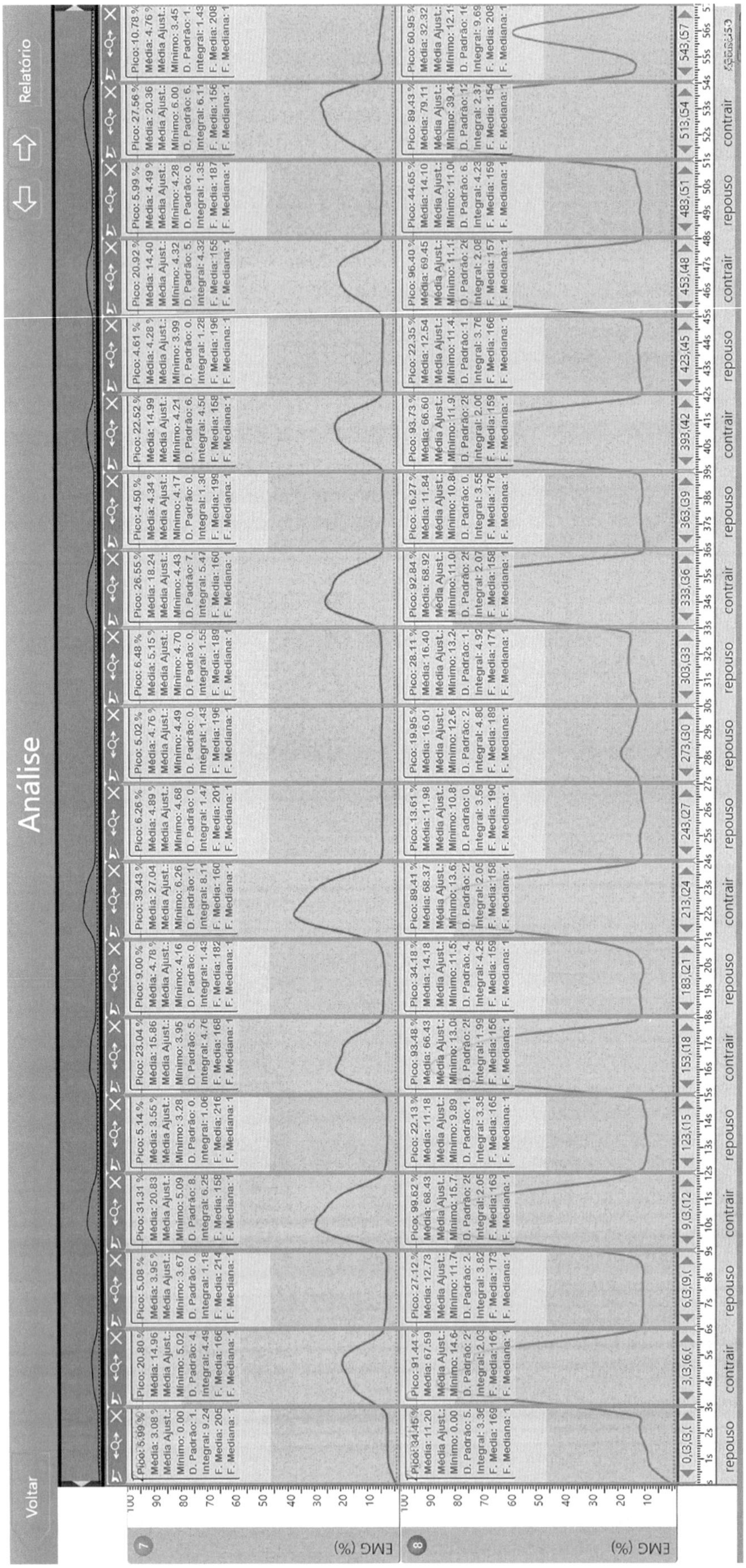

FIGURA 5 Protocolo para o treino da simetria do sorriso no *biofeedback*.
Versão colorida da figura encontra-se na plataforma de conteúdo complementar do livro.

EMG gera informações sobre as tentativas feitas pelo paciente para diminuir esse atividade muscular anormal (sincinesia), enquanto mantém ou aumenta a atividade dos músculos que tentam realizar a ação inicial. Ao final do treino de *biofeedback* EMG é possível gerar um relatório com os valores obtidos e arquivar no *software*, possibilitando assim, a comparação dos valores entre as sessões de fonoterapia[10].

A sincinesia oro-ocular durante a função orofacial da mastigação é frequentemente encontrada nos pacientes em fase de sequelas na PF. Para minimizar essa sincinesia, o *biofeedback* EMG foi aplicado em um relato de caso. Foram realizadas 10 sessões de fonoterapia utilizando o *biofeedback* EMG, com dez aquisições de 15 segundos de mastigação consecutivos em cada sessão. Os eletrodos de superfície inseridos no músculo orbicular do olho esquerdo captaram o valor primário da contração involuntária máxima do músculo orbicular do olho esquerdo de 65,9 µV durante o primeiro treino de mastigação. Ao final da última sessão de *biofeedback* EMG o valor da contração involuntária máxima do músculo orbicular do olho em hemiface afetada foi de 32,4 µV. Esse estudo demonstrou que o valor da contração involuntária máxima final diminuiu em 50,8% em relação ao valor inicial[11].

A técnica do *biofeedback* EMG foi utilizada como instrumento de reeducação neuromuscular para tratar as sequelas das PFP e obteve significativa diminuição das sincinesias[12].

A técnica de *biofeedback* EMG aplicada nas terapias da PF contribui para monitorar a contração muscular, relaxar os músculos hipertônicos, minimizar as sincinesias e equilibrar as assimetrias faciais presentes nos pacientes acometidos pela PFP[13].

CONCLUSÃO

Neste capítulo foi demonstrado que a Fonoaudiologia em sua especialidade em motricidade orofacial tem muito a contribuir na reabilitação das PFs. Demonstrou as diferenças entre as fases da PF e as condutas terapêuticas, possibilitando a interação da clínica e pesquisa.

Foi possível compreender também que os recursos instrumentais, como a EMGs e o *biofeedback* EMG, agregam valores quantitativos à avaliação e à reabilitação neurofuncional. Por ser interativo, o *biofeedback* EMG amplia a percepção visual e auditiva durante os movimentos executados pelo paciente, promove a adequada contração muscular durante as funções orofaciais, minimiza a sincinesia oro-ocular durante a função orofacial da mastigação e contribui para o novo aprendizado motor alvo a ser alcançado na reabilitação neurofuncional da paralisia facial periférica.

REFERÊNCIAS BIBLIOGRÁFICAS

1. Graciano AJ, Bonin MM, Mory MR, Tessitore A, Paschoal JR, Chone CT. Translation, cultural adaptation and validation of the Facial Disability Index into Brazilian Portuguese. Braz J Otorhinolaryngol. 2020;86(5):602-8.
2. Tessitore A, Pfeisticker LN, Paschoal JR. Aspectos neurofisiológicos da musculatura facial visando a reabilitação na paralisia facial. Rev CEFAC. 2008;10(1);68-75.
3. Mory MR, Tessitore A, Pfeilsticker LN, Couto Jr EDB, Paschoal JR. Mastigação, deglutição e suas adaptações na paralisia facial periférica. Rev CEFAC. 2013;15(2):402-10.
4. Tessitore A. Aplicabilidade nas paralisias faciais. In: Manobras Orofaciais e ativação sensorial dos pontos motores da face Ribeirão Preto, SP: Book Toy; 2023. p.191-212.
5. Gomez-Goffi MVS, Bernardes DFF, Bento RF. Fisiopatologia da lesão e regeneração neural na paralisia facial periférica. In: Silva HJ, Tessitore A, Motta AR, Cunha DA, Berretin-Felix G, Marchesan IQ (orgs.). Tratado de Motricidade Orofacial. São José dos Campos: Pulso Editorial; 2019. p.715-9.
6. Fonseca KMO, Mourão AM, Motta AR, Vicente LCC. Escalas de grau da paralisia facial: análise de concordância. Braz J Otorhinolaryngol. 2015;81(3):288-93.
7. Bernardes DFF, Gomez MVSG, Bento RF. Surface electromyography in peripheral facial paralysis patients. Rev CEFAC. 2010;12(1):91-6.
8. Bernardes DFF, Bento RF, Goffi Gomez MVS. the contribution of surface electromyographic assessment for defining the stage of peripheral facial paralysis: flaccid or sequelae stage. Int Arch Otorhinolaryngol. 2018 Oct;22(4):348-57.
9. Tessitore A. A fala em casos de paralisia facial. In: Berretin-Felix G, Tessitore A, Amaral AKFS, Alves GAS, Silva HJ, Marchesan IQ, et al. (orgs.). A fala nos diversos contextos da motricidade orofacial. v.1. São José dos Campos: Pulso Editorial; 2015. p. 101-6.
10. Bernardes, DFF. Biofeedback EMG na fonoterapia. In: Tessitore A, Marchesan IQ, Justino H, Berretin-Felix G. Práticas clínicas em motricidade orofacial. Pinhais, PR: Editora Melo; 2014.
11. Bernardes, DFF, Berretin-Felix G. The use of electromyographic biofeedback in the treatment of sequelae in peripheral facial palsy: case report. Anais International Archives of Otorhinolaryngology. 2023;11434:103
12. Bernardes, DFF. Biofeedback eletromiográfico como terapia coadjuvante na paralisia facial periférica. In: Rahal A, Oncins MC. Eletromiografia de superfície na terapia miofuncional. São José dos Campos: Pulso Editorial; 2014.
13. Bernardes DFF. Biofeedback eletromiográfico na reabilitação da paralisia facial periférica In: Bento RF, et al. Tratado de Paralisia Facial Periférica. São Paulo: Thieme; 2018. p. 217-21.

80

Estética facial em Motricidade Orofacial

Yasmin Salles Frazão
Silvia Helena Marchezi Bertacci Manzi

PONTOS-CHAVE

- O envelhecimento saudável envolve a integração de cuidados fornecidos por diversos profissionais de saúde, com o objetivo de assegurar que esse processo ocorra de maneira favorável à saúde. Importante ressaltar que envelhecer de forma saudável não significa uma busca obsessiva pela juventude.
- A abordagem fonoaudiológica em estética facial baseada na Motricidade Orofacial envolve condicionamento de grupos musculares orofaciais e treinamento miofuncional orofacial (mímica facial, mastigação e deglutição).
- A intervenção fonoaudiológica direcionada para a estética facial é limitada pelas mudanças histológicas e fisiológicas decorrentes do envelhecimento natural e uma abordagem interdisciplinar é necessária para alcançar melhores resultados estéticos e funcionais, quando se trata de intervenção em estética facial baseada na Motricidade Orofacial.

OBJETIVOS DE APRENDIZAGEM

Ao final deste capítulo o leitor deverá ser capaz de:

- Identificar os sinais de envelhecimento facial (escala fotonumérica).
- Relacionar sinais de envelhecimento facial às alterações anatômicas e funcionais.
- Reconhecer os limites da intervenção fonoaudiológica: anatômicos e do processo natural do envelhecimento.
- Identificar/reconhecer os casos em que há necessidade de encaminhamentos para profissionais de áreas correlatas.

INTRODUÇÃO

O envelhecimento é um processo natural e contínuo, portanto, para promover um processo de envelhecimento saudável é necessário recorrer a profissionais de várias áreas da saúde. É importante ressaltar que esse objetivo não implica em reverter o envelhecimento, mas sim em atenuar seus efeitos. Ao abordar o envelhecimento facial é relevante mencionar não apenas o fonoaudiólogo, mas também outros especialistas que desempenham papel fundamental na manutenção de uma aparência saudável, como dermatologistas, odontólogos, cirurgiões plásticos e nutricionistas, entre outros.

A proposta fonoaudiológica é uma intervenção natural, indolor e não invasiva[1,2], podendo ser associada a outros tratamentos mais ou menos invasivos, propostos por profissionais de outras áreas da saúde, que atuam com estética facial[3,4].

A terapia miofuncional orofacial direcionada para a estética facial inclui recursos que condicionam os músculos orofaciais cervicais por meio de exercícios isotônicos e isométricos de grupos musculares específicos, somados a recursos para adequar as funções orofaciais de mastigação, deglutição e mímica facial[5-7]. Essas intervenções são fundamentais para promover o envelhecimento seguro e saudável, isto é, prevenir complicações como presbifagia, garantir adequado aporte nutricional e manutenção da comunicação eficaz em diferentes contextos da vida, nas diversas situações de interações sociais e profissionais, ao longo do processo de envelhecimento[8].

A avaliação miofuncional orofacial é o ponto de partida para o processo terapêutico. A documentação fotográfica e em vídeo, no início e término do tratamento, permite definir os aspectos a serem trabalhados e a visualização das mudanças benéficas resultantes da intervenção terapêutica[2,7,9].

No presente capítulo, vamos abordar alguns aspectos que devem ser considerados na intervenção fonoaudiológica em estética facial baseada na Motricidade Orofacial. Essa intervenção é realizada por meio do condicionamento dos músculos orofaciais cervicais, isto é, uma intervenção miofuncional orofacial, cujo objetivo é atenuar sinais do envelhecimento facial[2,7], sem a utilização de técnicas aplicadas diretamente sobre a pele, como, por exemplo, massagens faciais, preconizadas por alguns fonoaudiólogos[5,10].

Os seguintes temas serão abordados no capítulo: avaliação dos sinais de envelhecimento facial, por meio de uma escala fotonumérica; descrição de alguns aspectos anatômicos e funcionais orofaciais, correlacionando-os aos sinais de envelhecimento facial; os limites da intervenção fonoaudiológica em estética facial e a importância da interdisciplinaridade para potencializar os resultados terapêuticos fonoaudiológicos.

ESCALA FOTONUMÉRICA: AVALIAÇÃO DOS SINAIS DE ENVELHECIMENTO FACIAL

Existem várias possibilidades para avaliação dos sinais de envelhecimento facial. Alguns autores utilizaram a classificação de Glogau[11,12], outros optaram por elaborar um instrumento de classificação de rugas e sinais de envelhecimento facial desenhado especificamente para suas propostas terapêuticas[10,13].

A escala fotonumérica, utilizada em tese de doutorado de uma das autoras[2], foi elaborada por meio da seleção de imagens das escalas validadas propostas por Flynn[14], Narins[15], Carruthters[16], Jones[17]. Nessas escalas, a evolução dos sinais de envelhecimento facial foi estabelecida independentemente da idade cronológica e ilustrada por uma sequência de imagens de cada região facial, possibilitando uma análise detalhada do envelhecimento de forma individualizada, para classificação das rugas faciais e cervicais, sulcos nasolabial e labiomentoniano e ptose em contorno mandibular e submandibular.

Para a elaboração dessa escala fotonumérica foram selecionadas imagens de regiões da face (dividida em terços superior, médio e inferior) e pescoço (incluindo a região submandibular/papada), contidas nas escalas validadas na literatura, que revelam registros estáticos e dinâmicos dos sinais de envelhecimento facial. O grau de intensidade dos sinais de envelhecimento facial foi determinado por valores (de zero a quatro) atribuídos a esses sinais, de acordo com o preconizado pelos autores dessas escalas. Assim, o valor zero foi atribuído à ausência de rugas, sulcos e ptose e o valor quatro à presença acentuada desses sinais de envelhecimento[14-17].

Na avaliação, as imagens estáticas devem ser captadas nas posições frontal, diagonal (45°) e perfil e as dinâmicas registradas por meio de captura de tela de vídeos de movimentos voluntários, durante a contração dos músculos occiptofrontal (porção frontal), corrugador das sobrancelhas, orbicular dos olhos e orbicular da boca[2,9].

As imagens dos pacientes, obtidas na avaliação por meio de documentação estática e dinâmica, de acordo com o proposto por Frazão e Manzi[9], devem ser pontuadas ao serem comparadas às imagens da escala fotonumérica. A seguir, são apresentados exemplos de como é efetuada a pontuação (Figuras 1 e 2).

ASPECTOS ANATÔMICOS E FUNCIONAIS OROFACIAIS: CORRELAÇÃO COM OS SINAIS DE ENVELHECIMENTO FACIAL

O envelhecimento facial é um processo natural e inevitável, contudo, em algumas circunstâncias, rugas e sulcos faciais podem manifestar-se prematuramente devido a condições anatômicas desfavoráveis e/ou a alterações miofuncionais orofaciais[9].

Fatores anatômicos

Dentre os fatores anatômicos desfavoráveis podemos ressaltar:

A. Tipo facial longo: associado à presença de rugas periorais, tensão do músculo mentual, sulco nasolabial (SNL) e sulco labiomentoniano (SLM).
B. Padrão facial II – convexo: associado à ptose submandibular (papada), rugas periorais, tensão do músculo mentual, SNL e SLM.
C. Palato duro: com profundidade aumentada e dimensão transversal diminuída, como consequência

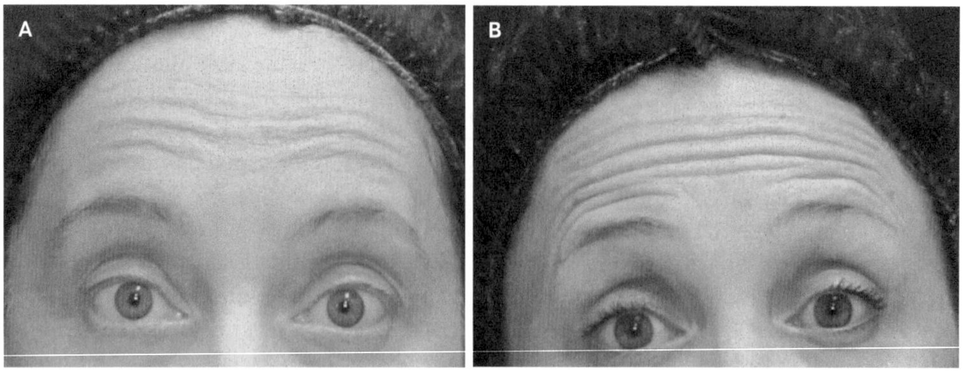

FIGURA 1 Exemplo de pontuação de rugas frontais dinâmicas. (A) 3 – Rugas moderadas. (B) 4 –Rugas acentuadas.
Fonte: elaborada pelas autoras.

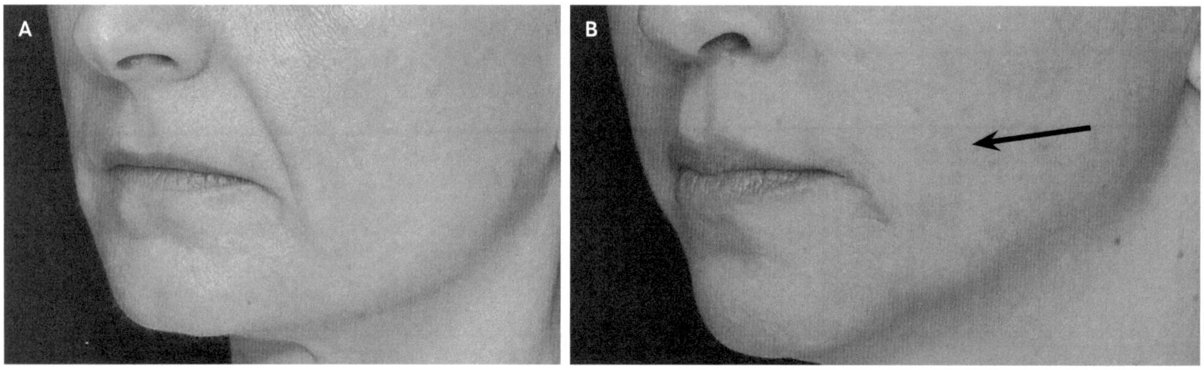

FIGURA 2 Exemplo de pontuação de rugas em bochechas em repouso. (A) 0 – Ausência de rugas. (B) 1 – Rugas mínimas.
Fonte: elaborada pelas autoras.

de outras alterações (respiração oral, alteração do frênulo lingual, por exemplo), associado às rugas periorais, em decorrência de apertamento labial exagerado durante a deglutição, devido à alteração da posição da língua, que geralmente se encontra em posição baixa na cavidade oral.

D. Ausência de elementos dentários: associados à assimetria facial, ptose de bochecha mais acentuada em uma hemiface, pela alteração na mastigação, ou seja, uso preferencial ou vicioso do lado com maior número de elementos dentários.

Fatores miofuncionais orofaciais

Dentre as alterações miofuncionais orofaciais, que também podem estar associadas a fatores anatômicos desfavoráveis, destacamos:

A. Mímica facial exagerada: rugas frontais, glabelares, periorbitárias, nasais, periorais, nas bochechas, pela contração exagerada (alta duração, intensidade e frequência) dos músculos mímicos, durante a fala e o sorriso e dos músculos periorais, nas pausas da fala; rugas periorbitárias por fotofobia e diminuição da acuidade visual.

B. Mastigação alterada: ptose unilateral de bochecha, sulco nasogeniano (SNG) acentuado, em padrão de mastigação unilateral vicioso; SNG acentuado nos casos de padrão mastigatório vicioso em dentes pré-molares.

C. Respiração oral: SNG, pela contração exagerada dos músculos levantadores do lábio superior e levantadores do lábio superior e asa do nariz, em casos de respiração oral e rinite; ptose submandibular (papada), em casos de respiração oral, em que a língua permanece no assoalho da cavidade oral e há pouca contração dos músculos supra-hióideos.

D. Deglutição alterada: rugas periorais e SNG, por apertamento dos músculos periorais durante a deglutição, resultantes da alteração da posição e/ou redução da força de contração da língua ao ejetar o alimento.

A manutenção de uma contração exagerada dos músculos orofaciais pode contribuir para aparecimento de rugas precoces em maior escala que as contrações intermitentes, de intensidade reduzida, presentes em padrões de mastigação, deglutição e sorriso inadequados[2].

OS LIMITES DA INTERVENÇÃO FONOAUDIOLÓGICA EM ESTÉTICA FACIAL

Durante o processo natural de envelhecimento facial ocorrem mudanças histológicas e fisiológicas nas diversas estruturas faciais[18]. Sendo assim, o aparecimento das rugas e o aspecto envelhecido da face têm origem multifatorial[18]. Genética, estilo de vida, contração dos músculos da mímica facial, diminuição de gordura na face e reabsorção em alguns ossos faciais são fatores que contribuem para o envelhecimento facial. A influência da gravidade se limita a determinar a direção na qual as estruturas colapsam; em outras palavras, o envelhecimento é acentuado pela distensão da pele, que recobre as estruturas modificadas histologicamente pelo processo natural de envelhecimento[18].

Como há perda de volume em músculos, ossos e gordura e perda de elasticidade da pele no processo de envelhecimento facial[18], consequentemente há um limite para a intervenção fonoaudiológica, uma vez que ela não possibilita recuperação das perdas nessas estruturas[2].

Na terapia miofuncional orofacial em estética facial preconizada pelas autoras do presente capítulo, são utilizados recursos técnicos em apenas uma dessas estruturas, os músculos orofaciais cervicais, não com o objetivo de recuperar volume muscular, mas para realizar condicionamento muscular (aumento ou redução de contração de determinados músculos) e obter efeitos na pele, isto é, atenuação dos vincos e rugas faciais, sem qualquer intervenção nas demais estruturas citadas[2,7].

Sendo assim, porque atuamos em uma só estrutura, consideramos que a associação de recursos utilizados por outros profissionais deve ser uma conduta clínica recomendada.

Alguns fonoaudiólogos, no entanto, propuseram recursos técnicos, como massagens faciais, estimulação térmica[13] e elétrica[19], que, segundo eles, estimulariam a pele com melhoria da elasticidade e viço. Porém, essas propostas terapêuticas ainda necessitam de evidências científicas comprovadas por meio de pesquisas.

A IMPORTÂNCIA DA INTERDISCIPLINARIDADE

A partir do que está descrito no presente capítulo, fica evidente que, em determinados casos, há necessidade de participação de outros profissionais para potencializar os resultados terapêuticos fonoaudiológicos. O desejo do paciente em realizar ou não outros tratamentos sugeridos pelo fonoaudiólogo deverá ser sempre respeitado. Cabe ao fonoaudiólogo apontar limites da intervenção fonoaudiológica, esclarecer as diversas possibilidades de tratamento e saber indicar outros profissionais, que irão agregar procedimentos para melhores resultados estéticos, funcionais e de saúde geral.

Destacamos a seguir, alguns profissionais que geralmente são indicados na presença de alterações específicas:

A. Odontólogo e/ou ortodontista: ausência de elementos dentários; padrão facial II; desequilíbrio oclusal.
B. Dermatologista e/ou cirurgião plástico: flacidez **acentuada** de pele principalmente em região periorbitária, bochechas e região submandibular; redução **acentuada** do volume facial; mímica facial **incontrolável** e **excessiva**; pele seca.
C. Nutricionista: peso corporal inadequado; alimentação não balanceada.
D. Preparador físico: sedentarismo; pouca atividade física.

Acreditamos que esses profissionais são essenciais quando se trata de promover um envelhecimento atenuado e saudável. Alguns deles podem participar do tratamento do paciente concomitantemente à intervenção fonoaudiológica, como nutricionistas, preparadores físicos, odontólogos, ortodontistas – exceto nos casos em que há necessidade de cirurgia ortognática, quando o fonoaudiólogo atua posteriormente; outros, como dermatologistas e cirurgiões plásticos, devem atuar, preferencialmente, posteriormente.

Nos casos em que há necessidade de intervenção de cirurgiões plásticos e dermatologistas, consideramos que a intervenção fonoaudiológica deve ser realizada anteriormente aos procedimentos mais invasivos, como *lifting* facial total ou parcial e blefaroplastia, ou minimamente invasivos, como aplicação de toxina botulínica, de preenchimento facial, de bioestimuladores, de *lasers* e colocação de fios de sustentação[3,4,20]. A realização da fonoterapia antes desses tratamentos possibilita melhor equilíbrio das cadeias musculares orofaciais em termos de mobilidade e contração muscular, evitando excesso de procedimentos mais invasivos. Procedimentos menos invasivos, como lasers superficiais e cremes faciais, podem ser utilizados concomitantemente à fonoterapia.

CONCLUSÃO

Neste capítulo apontamos alguns aspectos importantes que devem ser considerados na intervenção fonoaudiológica em estética facial baseada na Motricidade Orofacial. Para a avaliação, apresentamos uma escala fotonumérica como um instrumento facilitador para a identificação dos sinais do envelhecimento facial. Destacamos que esses sinais podem estar relacionados às alterações anatômicas e funcionais, portanto, a realização da avaliação miofuncional orofacial paralelamente à avaliação dos sinais de envelhecimento facial é necessária.

A intervenção fonoaudiológica em estética facial se aplica a jovens e idosos. Ao estabelecer as metas do programa terapêutico, o fonoaudiólogo deve considerar a correlação entre as alterações anatômicas, as condições estruturais relativas ao próprio envelhecimento, principalmente perda do volume facial e elasticidade da pele e a presença de rugas e vincos, sinais de envelhecimento facial que podem se revelar prematuramente, não apenas com o passar dos anos. Essa conduta torna-se importante para determinar limites e possibilidades do tratamento fonoaudiológico.

Em muitos casos, a participação de especialistas de áreas correlatas, como odontólogos, ortodontistas, nutricionistas, preparadores físicos, dermatologistas e cirurgiões plásticos é necessária. Os procedimentos utilizados por esses profissionais podem ser somados aos realizados pelo fonoaudiólogo, para obtenção de resultados estéticos e funcionais mais efetivos, favorecendo um envelhecimento atenuado e saudável.

REFERÊNCIAS BIBLIOGRÁFICAS

1. Valente MFL, Ribeiro VV, Stadler ST, Czlusniak GR, Bagarollo MF. Intervenções em Fonoaudiologia estética no Brasil: revisão de literatura. Audiol Commun Res. 2016;21:e1681.
2. Frazão YS. Eficiência da intervenção miofuncional orofacial para atenuar sinais do envelhecimento facial [tese]. Bauru, SP: Faculdade de Odontologia de Bauru da Universidade de São Paulo; 2021.
3. De Maio M. MD Codes™: A methodological approach to facial aesthetic treatment with injectable hyaluronic acid fillers. Aesthetic Plast Surg. 2021;45(2):690-709.
4. Li K, Meng F, Li YR, Tian Y, Chen H, Jia Q, Cai HX, Jiang HB. Application of nonsurgical modalities in improving facial aging. Int J Dent. 2022;2022:8332631.
5. Franco MLZ, Scattone L. Fonoaudiologia e dermatologia um trabalho conjunto e pioneiro na suavização das rugas de expressão facial. Fono Atual. 2002;5(22):60-6.
6. Frazão YS, Manzi SB. Eficácia da intervenção fonoaudiológica para atenuar o envelhecimento facial. Rev CEFAC. 2012;14(4):755-62.
7. Frazão YS, Manzi SB, Krakauer L, Berretin-Felix G. Utilization of electromyographic biofeedback in speech therapy to attenuate the signs of facial aging: a case report. CoDAS. 2023;35(3): e20210161.
8. Frazão YS, Brasolotto AG, de Luccas GR, Berretin-Felix G. Atenção fonoaudiológica ao idoso. In: Picinato-Pirola M, Ramos VF, Tanigute CC, Silva ASG, Marchesan IQ, Tessitore A, et al. Terapia em Motricidade Orofacial: como eu faço. São José dos Campos, SP: Pulso; 2019. p.159-72.
9. Frazão YS, Manzi S. Atualização em documentação fotográfica e em vídeo na motricidade orofacial. In: Justino H, Tessitore A, Motta AR, Cunha DA, Berretin-Felix G, Marchesan IQ (orgs.). Tratado de Motricidade Orofacial. São José dos Campos, SP: Pulso; 2019. p. 243-53.
10. Toledo PN. Fonoaudiologia e estética: a motricidade orofacial aplicada na estética da face. São Paulo: Lovise; 2006.
11. Sovinski SRP, Genaro KF, Migliorucci RR, Passos DCBOF, Berretin-Felix G. Avaliação estética da face em indivíduos com deformidades dentofaciais. Rev CEFAC. 2016;18(6):1348-58.
12. Pierotti SR. Estética em Fonoaudiologia. In: Marchesan IQ, Silva HJ, Tomé MC (orgs.). Tratado das especialidades em Fonoaudiologia. São Paulo: Guanabara Koogan; 2014. p. 394-402.
13. Tasca SMT. Programa de aprimoramento muscular em fonoaudiologia estética facial (PAMFEF). Barueri: Pró-fono; 2004.
14. Flynn TC, Carruthers A, Carruthers J, Geister TL, Gortelmeyer R, Hardas B, et al. Validated assessment scales for the upper face. Dermatol Surg. 2012;38:309-19.
15. Narins RS, Carruthers J, Flynn TC, Geister TL, Gortelmeyer R, Hardas B, et al. Validated assessment scales for the lower face. Dermatol Surg. 2012;38:333-42
16. Carruthers J, Donofrio L, Hardas B, Murphy DK, Jones D, Carruthers A, et al. Development and validation of a photonumeric scale for evaluation of facial fine lines. Dermatol Surg. 2016b;42 (Suppl 1):S227-S234.
17. Jones D, Carruthers A, Hardas B, Murphy DK, Sykes JM, Donofrio L, et al. Development and validation of a photonumeric scale for evaluation of transverse neck lines. Dermatol Surg. 2016;42:S235-42.
18. Swift A, Liew S, Weinkle S, Garcia JK, Silberberg MB. the facial aging process from the "inside out". Aesthetic Surgery Journal. 2021;41(10):1107-19.
19. Lepri JR. Eletroestimulação na Fonoaudiologia estética. Carapicuiba: Pro-Fono; 2020.
20. Devgan L, Singh P, Durairaj K. Minimally invasive facial cosmetic procedures. Otolaryngol Clin North Am. 2019;52(3):443-59.

81

Tecnologia e inovação em Motricidade Orofacial

Hilton Justino da Silva
Vanessa Mouffron
Giorvan Ânderson dos Santos Alves

PONTOS-CHAVE

- A inovação tecnológica eleva a avaliação e o tratamento dos distúrbios miofuncionais orofaciais a novos patamares científicos e melhora a experiência do paciente.
- As tecnologias na área da saúde podem ser classificadas em três categorias distintas: tecnologia leve, tecnologia leve-dura e tecnologia dura.
- As principais tecnologias duras que têm contribuído para o diagnóstico das alterações miofuncionais são: eletromiografia de superfície, miotonômetros, termografia, transdutores de pressão e ultrassonografia.
- As principais tecnologias duras utilizadas no tratamento dos distúrbios miofuncionais orofaciais são a fotobiomodulação, o *biofeedback* eletromiográfico e a eletroestimulação.

OBJETIVOS DE APRENDIZAGEM

Ao final deste capítulo, o leitor deverá ser capaz de:

- Conceituar e identificar os tipos de tecnologias e como elas estão divididas na clínica da Motricidade Orofacial.
- Conceituar e identificar como a inovação encontra-se estabelecida na clínica da Motricidade Orofacial.
- Identificar a tecnologia e a inovação nas funções de sucção, respiração, mastigação, deglutição e fala.

INTRODUÇÃO

Nos últimos anos, o uso da tecnologia em Motricidade Orofacial (MO) vem crescendo sensivelmente, fazendo com que a especialidade alcance novos patamares e se solidifique cada vez mais como ciência.

A palavra "inovação", que vem do latim "*innovatio*", significa a "introdução de algo novo ou aprimoramento significativo em algo que já existe"[1]. Assim, podemos entender a inovação em MO como a busca por melhorias nos processos diagnósticos e terapêuticos, a qual pode ser percebida principalmente pela inserção, na prática clínica, de novos sistemas de assistência aos usuários, novos instrumentos de avaliação do sistema estomatognático, e de equipamentos modernos que otimizam o tratamento dos distúrbios miofuncionais orofaciais.

A Tecnologia em Saúde pode ser definida como um conjunto de ferramentas e abordagens aplicadas na promoção, prevenção, diagnóstico e tratamento de doenças, bem como na promoção da reabilitação e cuidados de saúde a curto, médio e longo prazo[2]. Sua integração inteligente às diferentes áreas da saúde pode revolucionar a eficácia dos serviços, diminuir custos, elevar os padrões dos resultados clínicos e aprimorar a experiência do paciente. No entanto, é imperativo assegurar que tais avanços sejam desenvolvidos e aplicados com critérios éticos, seguros e acessíveis, garantindo que todos os participantes no cenário dos cuidados de saúde possam colher os seus benefícios.

Diante disso, o objetivo do presente capítulo é apresentar o atual cenário das possibilidades do uso da tecnologia e os processos de inovação em Motricidade Orofacial. Para isso os autores optaram por apresentar o capítulo respeitando o uso na musculatura orofacial e nas funções orofaciais, tanto na avaliação como no tratamento dos distúrbios miofuncionais orofaciais.

TECNOLOGIAS EM SAÚDE

As tecnologias na área da saúde podem ser classificadas em três categorias distintas: tecnologia leve, tecnologia leve-dura, e tecnologia dura[3].

A tecnologia leve refere-se ao processo de comunicação, construção de vínculos e relações interpessoais que facilitam o encontro entre o usuário e as necessidades de intervenção em saúde, sendo extremamente importante para o estabelecimento do vínculo terapeuta-paciente. Envolve não apenas as habilidades de comunicação e adaptação às necessidades individuais do paciente, mas também o uso de recursos lúdicos e estratégias de educação para a saúde que promovam autocuidado e adesão ao tratamento.

A tecnologia leve-dura engloba conhecimentos estruturados representados pelas diversas áreas que atuam na saúde, abrangendo teorias, dados epidemiológicos, protocolos de avaliação e intervenção, bem como métodos de tratamento baseados em evidências científicas. Aqui se incluem também o uso de *softwares* específicos para análise de padrões de movimento, modelagem computacional e outras ferramentas que apoiam a prática clínica.

Já a tecnologia dura compreende os elementos tangíveis, como máquinas, equipamentos e instalações utilizados no diagnóstico, tratamento e reabilitação. Na Motricidade Orofacial, a tecnologia dura inclui os equipamentos especializados e dispositivos físicos utilizados na terapia miofuncional orofacial, como eletromiografia, eletroestimulação, fotobiomodulação, termografia, paquímetros, e tantos outros já presentes, como coadjuvantes, na prática clínica.

É importante enfatizar que as inovações tecnológicas em Motricidade Orofacial não substituem, mas sim complementam as estratégias convencionais. Estas últimas incluem o uso de protocolos estruturados para a avaliação, além de etapas terapêuticas como a conscientização, a mioterapia e a terapia miofuncional. Juntas, essas abordagens fornecem um meio cada vez mais abrangente e eficaz para o diagnóstico, tratamento e acompanhamento das funções estomatognáticas, maximizando os benefícios para o paciente.

TECNOLOGIA E INOVAÇÃO NA AVALIAÇÃO E NO TRATAMENTO DA MUSCULATURA OROFACIAL

Tecnologias para avaliação

Antes de citarmos as tecnologias envolvidas em processos diagnósticos, é fundamental esclarecer que não é apropriado denominar a avaliação instrumental como um recurso de exames objetivos. As tecnologias utilizadas nessa forma de avaliação possuem uma natureza complementar e são subjetivas porque tanto a execução quanto a interpretação dos exames dependem significativamente da experiência e do discernimento do avaliador. Portanto, entender essa característica é fundamental para uma correta aplicação e análise dos resultados dessas ferramentas diagnósticas.

Na avaliação dos músculos orofaciais, destaca-se a eletromiografia de superfície, que permite avaliar a atividade elétrica muscular. Esse método é uma medida indireta da condição do músculo, podendo ser correlacionada a outras avaliações qualitativas e quantitativas, como tônus e espessura muscular.

A avaliação é realizada utilizando-se um eletromiógrafo e eletrodos de superfície, que são colocados em diferentes posições conforme o músculo que será analisado. Além disso, as tarefas solicitadas para ativação da musculatura avaliada também podem variar conforme as regiões da cabeça e pescoço que estiverem sendo avaliadas. Uma ilustração típica dessas variações pode ser vista na Figura 1, que apresenta diferentes opções para a colocação dos eletrodos.

Outra avaliação que vem se aprimorando com o tempo é a do tônus, da rigidez e da elasticidade muscular, que durante muito tempo foi realizada de forma exclusivamente qualitativa, sendo pautada nas observações clínicas, na palpação das estruturas e era fortemente influenciada pela experiência do avaliador.

Atualmente, no entanto, aparelhos como os miotonômetros – instrumentos portáteis que têm a capacidade de quantificar mudanças no tônus muscular – já permitem a análise de dados numéricos que refletem o comportamento do músculo em diferentes condições e durante a realização de diferentes funções estomatognáticas. Assim, tornou-se possível, por exemplo, investigar de forma mais precisa dados como o desempenho mastigatório em idosos[6], os efeitos da idade, sexo e posição corporal no tônus dos músculos orofaciais[7,8].

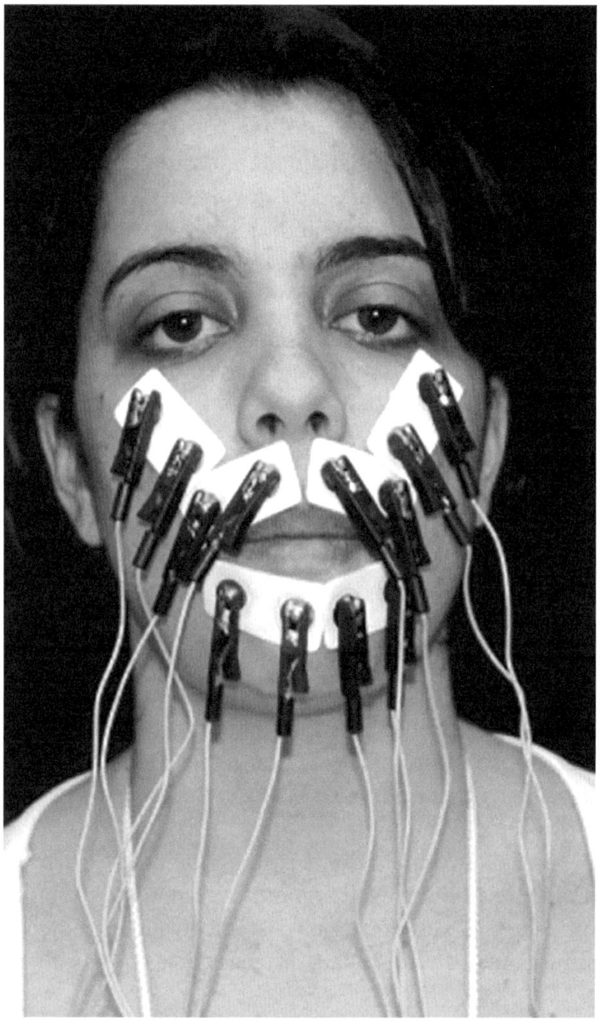

FIGURA 1 Uso da eletromiografia de superfície na avaliação da atividade elétrica dos músculos faciais.
Fonte: arquivo pessoal dos autores.
Versão colorida da figura encontra-se na plataforma de conteúdo complementar do livro.

A ultrassonografia também é um método de avaliação da musculatura orofacial e destaca-se por ter um custo acessível e por não expor o paciente à radiação. Esse método utiliza um aparelho equipado com um transdutor linear que permite avaliar a espessura dos músculos em diferentes condições, como durante o repouso e na máxima contração muscular. As medidas, obtidas em milímetros, podem ser correlacionadas com os achados de avaliações clínicas e de outras avaliações instrumentais, enriquecendo o diagnóstico e o planejamento do tratamento.

Tecnologias para tratamento

- **Eletroestimulação**: os efeitos da eletroestimulação repousam sobre diversas fundamentações teóricas, incluindo a ideia de que a ativação direta dos nervos motores induz contrações musculares ritmadas, podendo desempenhar um papel significativo no tratamento de uma variedade de condições musculares. Na clínica fonoaudiológica, embora os benefícios da eletroestimulação na reabilitação de distúrbios neuromotores sejam amplamente reconhecidos, são necessárias evidências científicas mais robustas que nos tragam mais direcionadores clínicos[10]. Especificamente na MO, a combinação da corrente FES – *Functional Electrical Stimulation* com o treinamento da musculatura mastigatória revelou resultados estatisticamente significativos na melhora das funções orofaciais, incluindo a mastigação, respiração e deglutição em indivíduos com trissomia do cromossomo 21 (T21). Esses resultados abrem novas perspectivas de intervenção que integrem a eletroestimulação funcional às abordagens convencionais de Terapia Miofuncional Orofacial[11].
- **Fotobiomodulação**: a terapia de fotobiomodulação é realizada com equipamentos de *laser* ou LED e otimiza os resultados clínicos por auxiliar em terapias que tenham como objetivo o reparo tecidual, a analgesia, a modulação da inflamação, a drenagem linfática e o desempenho muscular[12].
- ***Biofeedback* eletromiográfico**: o *biofeedback* eletromiográfico constitui uma técnica eficaz na terapia voltada para a musculatura orofacial e cervical e utiliza *softwares* especializados que operam em conjunto com um equipamento de eletromiografia de superfície e eletrodos fixados na musculatura-alvo. Assim, o paciente recebe o *feedback* visual e/ou auditivo imediato sobre a sua atividade muscular, o que facilita a aprendizagem de novos padrões de movimento e ajuda na correção de padrões musculares disfuncionais[13]. É importante ressaltar que, diferentemente da eletroestimulação, que promove a contração muscular de forma passiva, o *biofeedback* envolve a participação ativa do paciente na execução das tarefas propostas. Assim, enquanto proporcionam ao paciente a capacidade de visualizar a atividade muscular, elas requerem um controle ativo do paciente sobre esses movimentos. Isso se reflete especialmente durante a realização de exercícios miofuncionais, onde o paciente não apenas observa, mas efetivamente participa e controla os exercícios, promovendo uma intervenção mais consciente e efetiva.
- ***Biofeedback* ultrassonográfico:** a imagem do tecido muscular adquirida através da ultrassonografia possibilita ao paciente e terapeuta a observação do músculo em ação. O *biofeedback* ultrassonográfico pode

auxiliar nos exercícios de fortalecimento e relaxamento muscular. A ultrassonografia linear é a mais indicada nesse processo terapêutico. O procedimento é promissor, tendo em vista o poder de visualização da musculatura trabalhada em tempo real.

TECNOLOGIA E INOVAÇÃO APLICADAS ÀS FUNÇÕES OROFACIAIS

Sucção

Tecnologias para avaliação

- **Ultrassonografia**: utilizar a ultrassonografia como um recurso auxiliar na avaliação da sucção de lactentes permite que dados mais fidedignos sejam coletados e mensurados, possibilitando compreender padrões considerados típicos, suas possíveis variações e, ainda, os padrões considerados atípicos[14]. Assim, é um instrumento que auxilia o clínico na compreensão dos movimentos da língua dos bebês durante a sucção nutritiva e não nutritiva, com possibilidade de visualização de imagens estáticas e dinâmicas em tempo real. Essa avaliação contribui para a identificação de alterações relacionadas aos distúrbios miofuncionais e anatômicos da língua e da função de sucção do bebê, auxiliando na avaliação e acompanhamento do processo de alimentação (Figura 2).

Tecnologias para tratamento

A sucção é uma habilidade motora complexa essencial para a nutrição e o desenvolvimento do recém-nascido. Na prática fonoaudiológica, a terapia de sucção tem como foco adequar essa função no contexto da amamentação, e até momento, não existem pesquisas consolidadas que explorem o uso de instrumentos tecnológicos específicos para a terapia de sucção na Fonoaudiologia.

Respiração

Tecnologias para avaliação

Uma das formas mais conhecidas de se avaliar a permeabilidade e a função nasal é o espelho milimetrado de Altmann, que permite a mensuração da aeração nasal. No entanto, outro método simples, prático, barato e não invasivo para avaliação quantitativa da função nasal consiste em encontrar o Pico do Fluxo Nasal Inspiratório (PFIN) por meio da mensuração dos fluxos máximos nasais, inspiratórios e expressos em volume por minuto.

Entre outros métodos, a rinomanometria é um teste simples e útil que avalia quantitativamente a permeabilidade das vias aéreas nasais, envolvendo medições simultâneas de resistência das vias aéreas nasais, fluxo

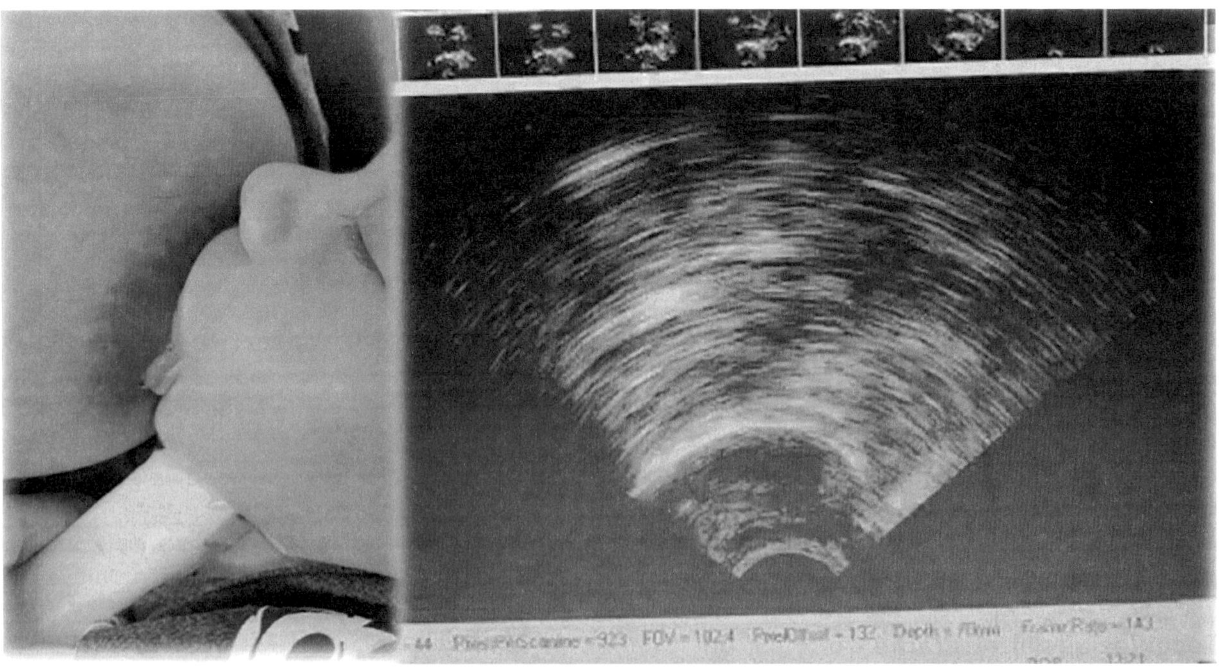

FIGURA 2 Uso da ultrassonografia para avaliação dos movimentos de língua durante a sucção.
Fonte: arquivo pessoal dos autores.
Versão colorida da figura encontra-se na plataforma de conteúdo complementar do livro.

de ar nasal e pressão transnasal. No cenário clínico, é frequentemente usado para diagnosticar obstrução nasal e permite acompanhar pacientes tratados com procedimentos médicos e cirúrgicos para melhorar a permeabilidade nasal (Figura 3).

Tecnologias para tratamento

- **Fotobiomodulação**: pacientes com alterações na função respiratória, como o respirador oral e pessoas com distúrbios respiratórios do sono, frequentemente manifestam diversos quadros respiratórios, incluindo obstrução nasal, resfriados constantes, rinite, sinusite, coriza e prurido nasal, entre outros. Nesses casos, o uso da fotobiomodulação soma-se aos procedimentos de higienização nasal, favorecendo a permeabilidade das narinas e reduzindo a sensibilidade local[15].
- **Incentivadores respiratórios**: incentivadores respiratórios (IRs), inicialmente desenvolvidos como recursos terapêuticos para pacientes hospitalizados ou com problemas respiratórios, são ferramentas simples e portáteis originalmente concebidas para aprimorar a capacidade pulmonar, facilitar a limpeza das vias respiratórias e fortalecer os músculos envolvidos na respiração. Esses dispositivos também foram direcionados para indivíduos saudáveis em busca de um melhor condicionamento respiratório para diversas atividades esportivas e profissionais. A literatura fonoaudiológica já aponta o uso de alguns desses equipamentos, classificando-os em inspiratórios (Respiron) e expiratórios (Shaker e EMST 150)[16].

Mastigação

Tecnologias para avaliação

- **Eletromiografia de superfície**: a mastigação tem uma importância significativa para o desenvolvimento das estruturas do sistema estomatognático, sendo aperfeiçoada no decorrer da vida. A eletro-

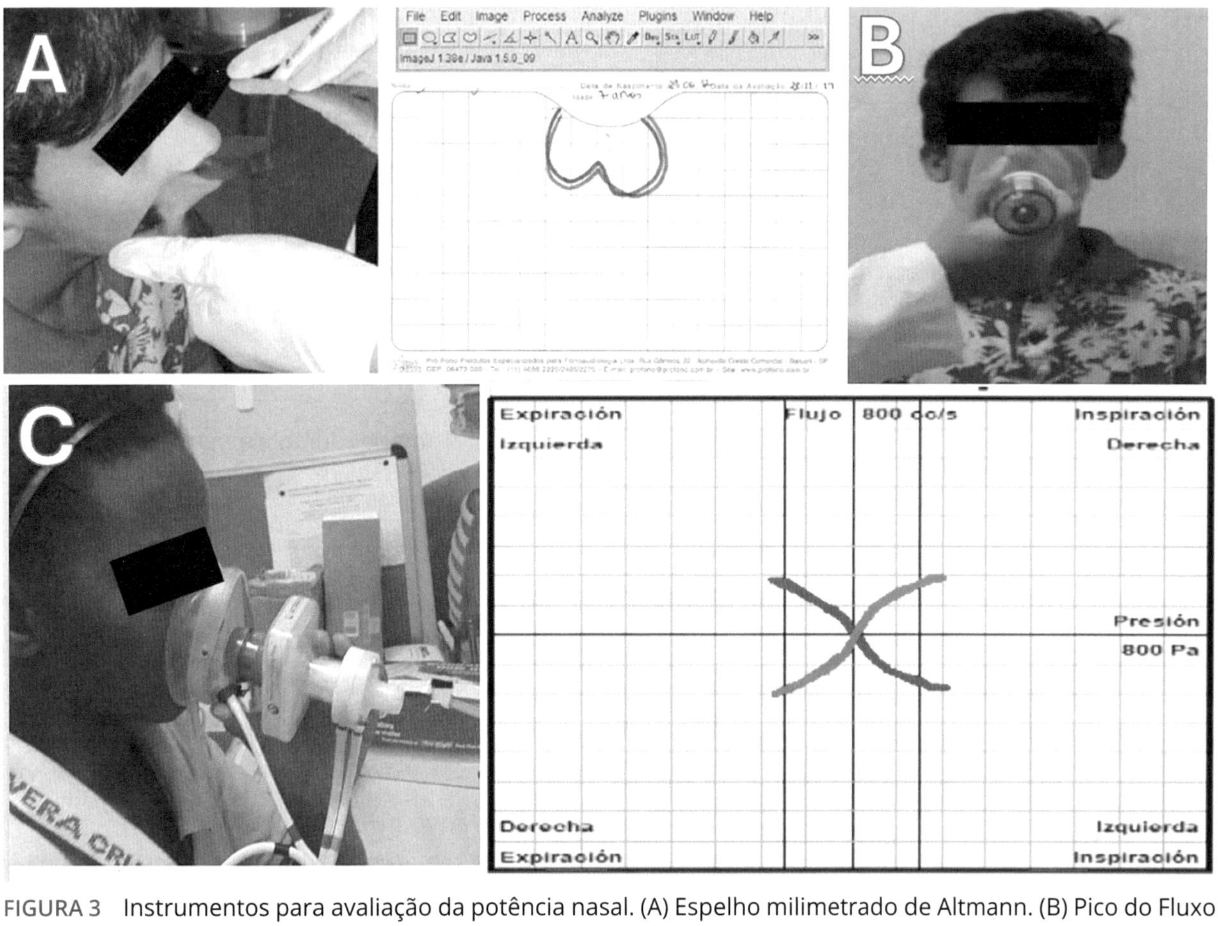

FIGURA 3 Instrumentos para avaliação da potência nasal. (A) Espelho milimetrado de Altmann. (B) Pico do Fluxo Nasal Inspiratório (PFIN). (C) Rinomanometria.
Fonte: arquivo pessoal dos autores.
Versão colorida da figura encontra-se na plataforma de conteúdo complementar do livro.

miografia de superfície é uma ferramenta capaz de auxiliar na avaliação do comportamento durante essa função estomatognática. Para o uso como exame complementar no estudo da mastigação, os eletrodos devem ser colocados sobre os músculos mastigatórios, em especial os músculos masseteres e/ou músculos temporais anteriores. Antes de iniciar o registro durante a função, o avaliador deve registrar o sinal elétrico em oclusão cêntrica habitual e na contração voluntária máxima[17] (Figura 4).

- **Eletrognatografia**: a eletrognatografia, realizada com o eletrognatógrafo, pode complementar o estudo da mastigação com a pesquisa da simetria, amplitude e velocidade dos movimentos mandibulares durante a mastigação. Os dados são computados em *software* específico com representação gráfica e quantitativa[4] (Figura 5).

Tecnologia para tratamento

- **Fotobiomodulação**: no tratamento dos distúrbios mastigatórios, a principal aplicabilidade da fotobiomodulação é para a melhora do desempenho muscular. Dentre os protocolos já relatados na literatura[18], tem-se o uso para irradiação em músculos como orbicular da boca para auxiliar no selamento labial, do bucinador e também da língua e do masseter. Quando o objetivo é melhorar a função desses músculos, a aplicação da fotobiomodulação deve ser feita antes do exercício e sempre associada ao treino muscular.
- ***Biofeedback* eletromiográfico**: na prática clínica, o *biofeedback* eletromiográfico pode ser utilizado no treinamento da musculatura orofacial, colaborando com os pacientes no desenvolvimento da aprendizagem motora, por meio da consciência e

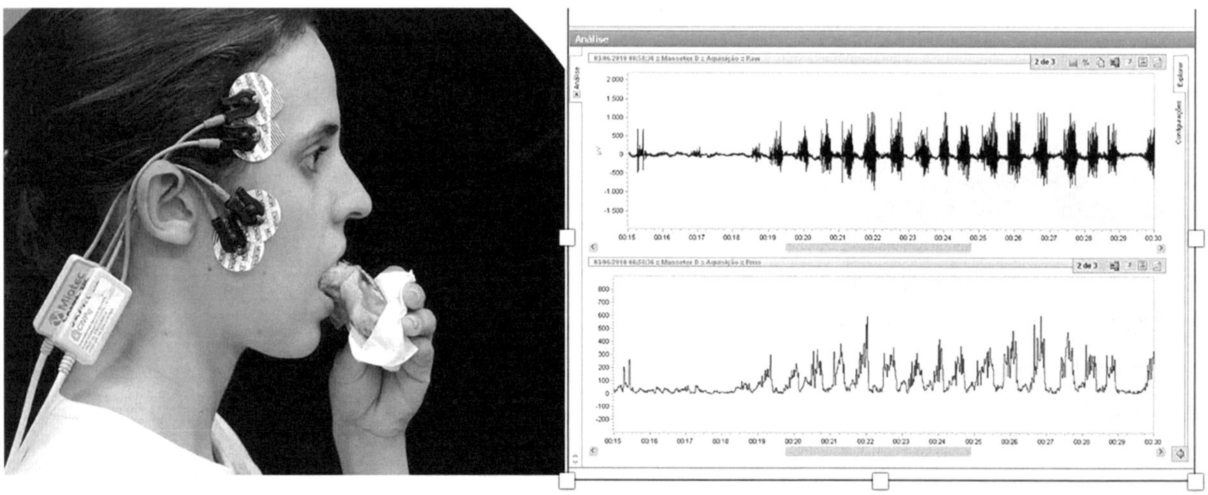

FIGURA 4 Avaliação eletromiográfica do músculo masseter e temporal anterior durante a mastigação.
Fonte: arquivo pessoal dos autores.
Versão colorida da figura encontra-se na plataforma de conteúdo complementar do livro.

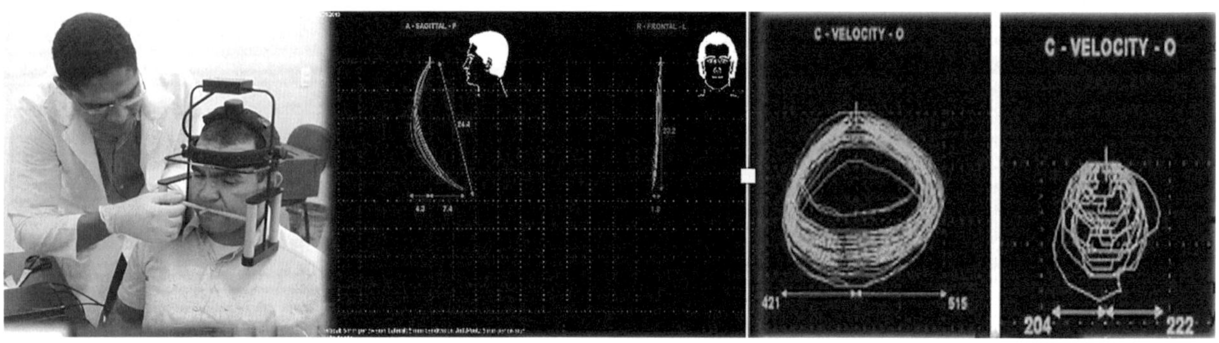

FIGURA 5 Uso da eletrognatografia para o estudo da mastigação.
Fonte: arquivo pessoal dos autores.
Versão colorida da figura encontra-se na plataforma de conteúdo complementar do livro.

controle da atividade muscular durante os exercícios destinados a isometria e isotonia, objetivando a mobilidade e/ou fortalecimento ou relaxamento dos músculos orofaciais. Também pode ser indicado para auxiliar a corrigir padrões musculares inadequados, melhorar a coordenação muscular e a eficácia das funções orais.

Deglutição

Tecnologias para avaliação

- **Ultrassonografia**: a ultrassonografia de língua pode ser utilizada com vários objetivos: avaliação funcional da deglutição, dos movimentos da língua (amplitude), duração (ms) e distância (mm) do deslocamento do osso hioide durante a deglutição, número de deglutições, assim como *biofeedback* durante a avaliação da deglutição. Tem sido utilizada em indivíduos saudáveis ou indivíduos que apresentam queixas na deglutição, conseguindo ser realizado para análise das estruturas ou para diagnóstico de disfagia[19] (Figura 6).
- **Eletromiografia de superfície**: a investigação eletrofisiológica dos músculos envolvidos na deglutição contribui para quantificar parâmetros e possibilitar maior entendimento sobre o mecanismo fisiológico na deglutição normal e alterada. Além disso, pode ser aplicada para a confirmação da ativação e recrutamento muscular na deglutição. Dentre os parâmetros eletrofisiológicos avaliados estão a amplitude e a duração da atividade eletromiográfica, que indicam o tempo total gasto e a intensidade de contração muscular para a deglutição de um determinado volume, e a quantidade de deglutições realizadas[4], como demonstrado na Figura 7.

Tecnologias para tratamento

- **Fotobiomodulação**: nas alterações miofuncionais relacionadas à deglutição, a principal aplicabilidade da fotobiomodulação também é para a melhora do desempenho muscular. Dentre os protocolos já relatados na literatura, além dos músculos mencionados anteriormente, como a língua e o orbicular da boca, a irradiação pode ter como alvo os músculos supra-hióideos[20,21].
- **Transdutores de pressão**: os transdutores de pressão são equipamentos que traduzem a pressão exercida pela língua sobre um bulbo de ar, expressando em kilopascal (kPa) a pressão máxima exercida pela estrutura. Com versões internacionais e nacionais, esses instrumentos auxiliam na prática clínica captando dados que ajudam na interpretação de in-

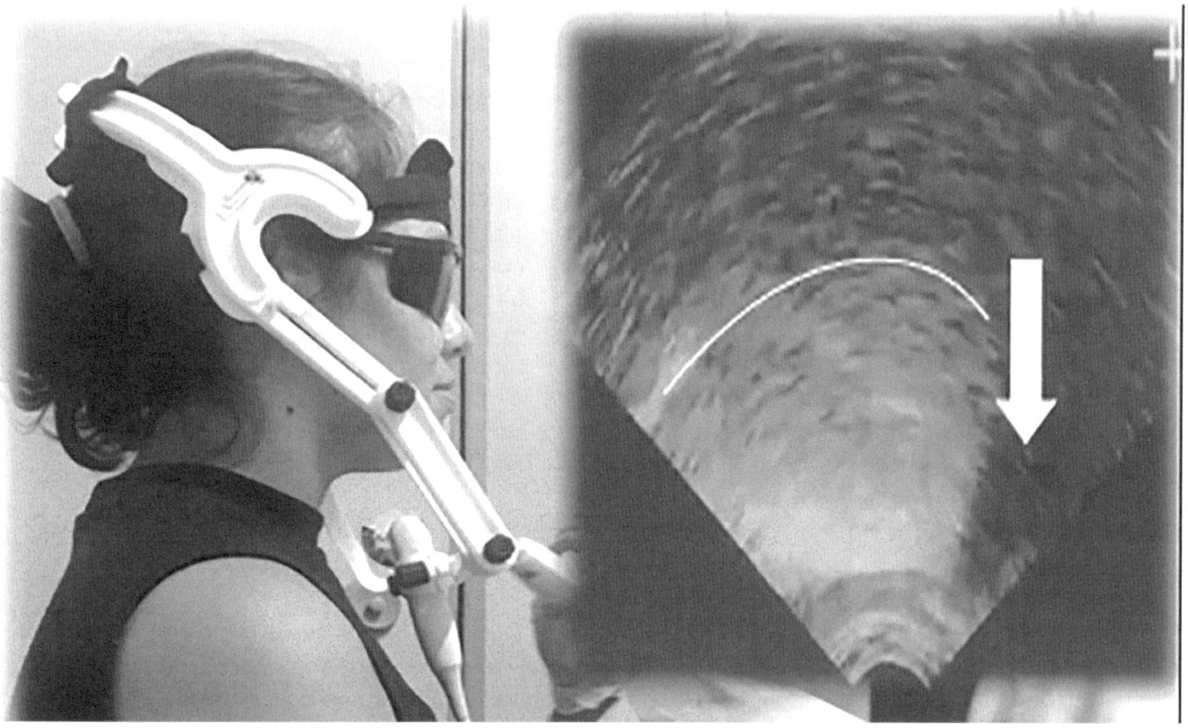

FIGURA 6 Realização de ultrassonografia de língua para estudo da deglutição.
Fonte: arquivo pessoal dos autores.
Versão colorida da figura encontra-se na plataforma de conteúdo complementar do livro.

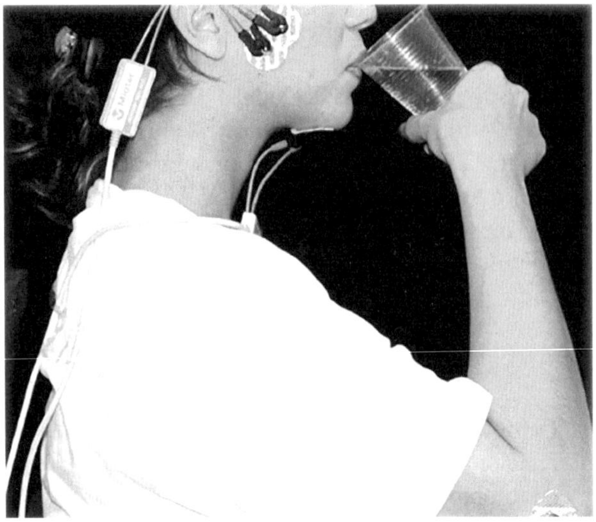

FIGURA 7 Colocação dos eletrodos nos músculos masseter e da região supra-hióidea para eletromiografia de superfície durante a deglutição.
Fonte: arquivo pessoal dos autores.
Versão colorida da figura encontra-se na plataforma de conteúdo complementar do livro.

formações acerca da deglutição de saliva, força e até mesmo resistência muscular. Os dispositivos mais utilizados no Brasil são o *Iowa Oral Performance Instrument* (IOPI) e o PLL PRÓ-FONO® (pressão de lábio e língua) [22-23].

Fala

Tecnologia para avaliação

- **Eletrognatografia:** a eletrognatografia também é capaz de registrar a dinâmica mandibular, por meio de análise tridimensional dos movimentos mandibulares. Além de simplificar o registro dos movimentos de mandíbula, a eletrognatografia é um exame que pode ser utilizado como auxiliar no diagnóstico, no acompanhamento e na evolução da fala. Na avaliação dos movimentos mandibulares durante a fala por meio da eletrogantografia pode-se utilizar as chamadas situações estruturadas, as quais permitem a não ocorrência de pausas e minimizam alterações na velocidade, demonstrando melhor o desempenho dos mecanismos motores de produção de fala. São exemplos dessas situações a repetição de fonemas ou mesmo a repetição de palavras.
- **Ultrassonografia**: na avaliação da espessura da musculatura orofacial, a ultrassonografia permite a identificação de assimetrias que podem ser indicativas de disfunções musculares. Essas informações são essenciais para o diagnóstico precoce e o planejamento de intervenções terapêuticas adequadas[24]. Além disso, a capacidade de identificar os movimentos da língua durante funções essenciais como mastigação, deglutição e fala é crucial para compreender a biomecânica oral. A técnica fornece uma visualização dinâmica desses movimentos, permitindo uma análise detalhada de sua coordenação e amplitude. Portanto, a USG não apenas contribuiu na identificação de disfunções musculares e linguais, mas também oferece uma ferramenta valiosa para o planejamento e monitoramento de intervenções terapêuticas, e pode trazer contribuições na prática clínica do fonoaudiólogo.

Tecnologia para tratamento

- **Fotobiomodulação:** a abordagem terapêutica dos transtornos dos sons da fala de origem musculoesquelética apresenta características singulares em relação ao trabalho muscular da língua. Há uma crescente tendência em considerar um controle cortical distinto para a fala, em comparação com outras funções orofaciais, resultando na diminuição do uso de exercícios motores isolados para tratar distúrbios articulatórios. Na experiência de algumas autoras[18], a irradiação do *laser* pode facilitar a percepção de pontos articulatórios, possivelmente estimulando a sensibilidade no local. No entanto, o mecanismo de ação ainda não é completamente compreendido e não há base científica que respalde essas observações.
- ***Biofeedback* ultrassonográfico***:* a técnica do *biofeedback* ultrassonográfico consiste em colocar a sonda do aparelho de ultrassom na região submandibular, possibilitando o *feedback* visual em tempo real da maior parte da superfície da língua em qualquer plano médio-sagital ou coronal). O *biofeedback* ultrassonográfico proporciona ao terapeuta, paciente e seus familiares um conhecimento mais amplo sobre a configuração da língua durante a produção de fala, por se tratar de um aparato instrumental para análise e interpretação mais apurados e fidedignos de dados típicos e atípicos da fala[25] (Figura 8).

INOVAÇÃO NA AVALIAÇÃO E TRATAMENTO – TECNOLOGIAS VESTÍVEIS

Diferentes sistemas de sensores vestíveis já foram relatados para reconhecimento da mastigação, incluindo microfones e sensores de proximidade intra-auriculares, sensores de deformação, sensores de eletromiografia de superfície e acelerômetros. Os dispositivos desse tipo interferem minimamente no com-

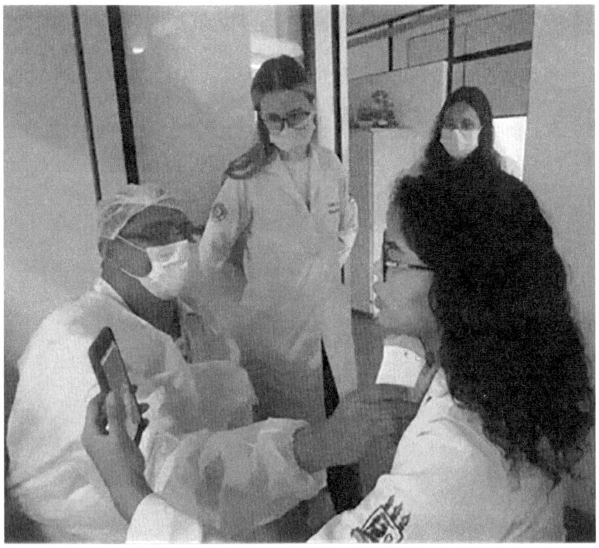

FIGURA 8 Realização de *biofeedback* ultrassonográfico na terapia de fala.
Fonte: arquivo pessoal dos autores.
Versão colorida da figura encontra-se na plataforma de conteúdo complementar do livro.

portamento espontâneo da mastigação, o que favorece a avaliação mais precisa das capacidades funcionais, o gerenciamento da atividade muscular excessiva e o controle do bruxismo e dor. Tecnologias vestíveis usadas com esse objetivo representam um avanço consistente em relação à complexidade de configuração, preparo e execução da maioria dos recursos disponíveis para avaliação instrumental da mastigação.

O uso de sensores de alta resolução, em especial acelerômetros e sensores piezoelétricos, também tem contribuído para complementar o mapeamento da deglutição e seus distúrbios. Esses sensores captam espectros de sinais vibratórios, acústicos e de deslocamentos que ocorrem na região do pescoço (Figura 9).

Esses dispositivos contribuem para rastrear, detectar, mensurar e/ou monitorar parâmetros isolados como o deslocamento de estruturas ou a coordenação entre deglutição e outras funções como a respiração. Essa abordagem tem incentivado o desenvolvimento de dispositivos de custo cada vez mais acessível para analisar e monitorar a deglutição em tempo real e em situações cotidianas, sobretudo durante as refeições.

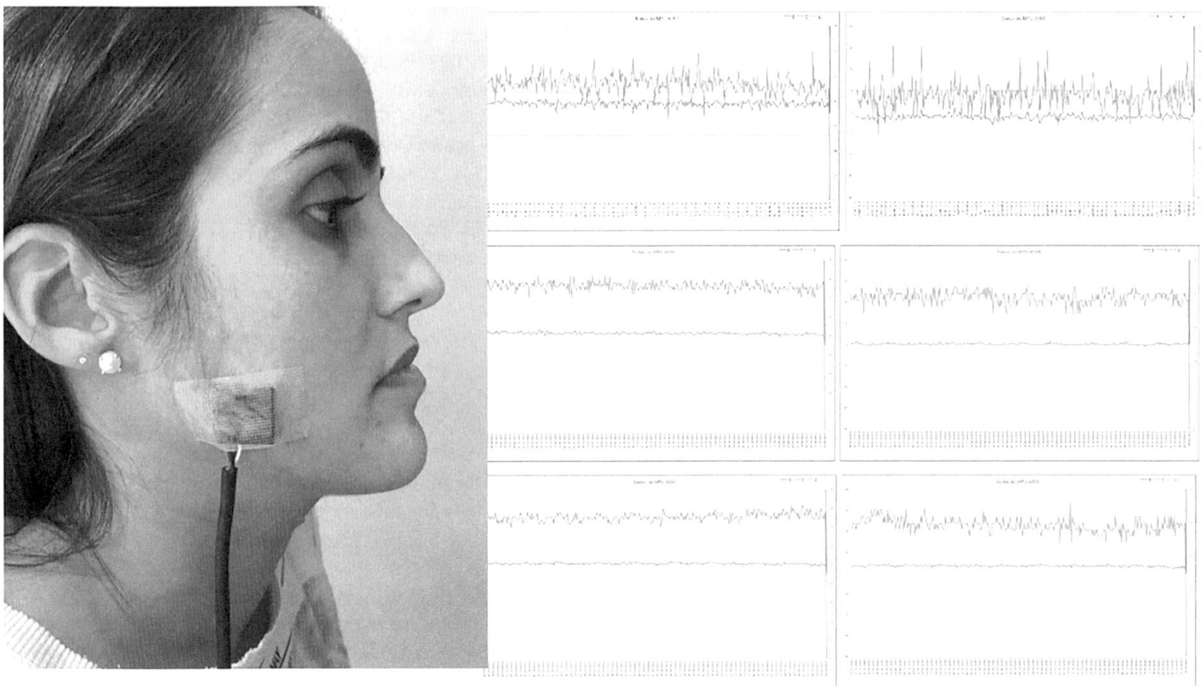

FIGURA 9 Uso de tecnologia vestível direcionada ao músculo masseter em diferentes tarefas.
Fonte: arquivo pessoal dos autores.
Versão colorida da figura encontra-se na plataforma de conteúdo complementar do livro.

CONCLUSÃO

A tecnologia e a inovação desempenham papéis fundamentais no avanço da motricidade orofacial, oferecendo novas ferramentas e abordagens para avaliação, diagnóstico, tratamento e pesquisa na área. A utilização de tecnologias como *softwares* de análises, *biofeedback*, realidade virtual e aumentada, além de dispositivos específicos tem permitido uma compreensão mais detalhada das alterações da motricidade orofacial, e uma abordagem cada vez mais objetiva no tratamento dos seus distúrbios.

Além disso, a inovação na concepção de dispositivos e técnicas terapêuticas tem proporcionado soluções mais personalizadas e eficientes para atender às necessidades individuais dos pacientes. Isso inclui desde o desenvolvimento de exercícios específicos até a criação de dispositivos adaptativos e assistivos, que ajudam a melhorar a função oral e a qualidade de vida dos pacientes com distúrbios nas funções estomatognáticas.

Portanto, a integração da tecnologia e da inovação na prática clínica e na pesquisa em motricidade orofacial é essencial para impulsionar avanços significativos no entendimento e no tratamento desses distúrbios, beneficiando tanto os fonoaudiólogos quanto os pacientes.

REFERÊNCIAS BIBLIOGRÁFICAS

1. Organização para a Cooperação de Desenvolvimento Econômico (OCDE). Manual de Oslo: Diretrizes para a coleta e interpretação de dados sobre inovação. 3. ed. Paris: OCDE; 2005.
2. Brasil. Ministério da Saúde. Secretaria de Atenção Básica. Secretaria de Vigilância em Saúde. Política Nacional de Promoção da Saúde. Brasília: MS; 2006.
3. Merhy EE. Em busca de ferramentas analisadoras das Tecnologias em Saúde: a informação e o dia a dia de um serviço, interrogando e gerindo trabalho em saúde. In: Merhy EE, Onoko R (orgs.). Agir em Saúde: um desafio para o público. 2. ed. São Paulo: Hucitec; 2002. p. 113-50.
4. Silva HJ, Moraes KJR. Eletromiografia de superfície em motricidade orofacial. In: Silva HJ, Tessitore A, Motta AR, Cunha DA, Berretin-Felix G, Marchesan IQ. Tratado de Motricidade Orofacial. Pulso Editorial; 2019. p. 365-77.
5. Silva HJ, Oncins MC, Nascimento GKB, Pernambuco LA, Albuquerque, Cunha DA. Uso de protocolo de normalização do sinal eletromiográfico na mastigação e as relações com a eletrognatografia. In: Rahal A, Oncins MC. Eletromiografia de superfície na terapia miofuncional. Pulso Editorial; 2014. p. 79-90.
6. Kim HE. Influential factors of masticatory performance in older adults: a cross-sectional study. Int J Environ Res Public Health. 2021 Apr 18;18(8):4286.
7. Dietsch AM, Clark HM, Steiner JN, Solomon NP. Effects of age, sex, and body position on orofacial muscle tone in healthy adults. J Speech Lang Hear Res. 2015 Aug 1;58(4):1145-50.
8. Ramazanoglu E, Turhan B, Usgu S. Age related changes of superior orbicularis oris muscle in terms of tone and viscoelastic properties. J Craniofac Surg. 2022 Jan-Feb 01;33(1):236-9
9. Oliveira JHP, Dourado Filho MG, Lima NS, Silva HJ, Marcelino Filho M. Relação da espessura e da atividade elétrica do músculo masseter com a força de mordida: um estudo morfológico e eletrofisiológico. Rev CEFAC. 2016;18(2):589-600.
10. Santos JKO, Gama ACC, Silvério KCA, Oliveira NFCD. Uso da eletroestimulação na clínica fonoaudiológica: uma revisão integrativa da literatura. Rev CEFAC. 2015;17(5):1620-32.
11. Pinheiro DL da SA, Alves GÂ dos S, Fausto FMM, Pessoa LS de F, Silva LA da, Pereira SM de F, et al. Efeitos da eletroestimulação associada ao treino mastigatório em pessoas com síndrome de Down. CoDAS [Internet]. 2018;30(3):e20170074.
12. Bacelete VSB, Gama ACC. Therapeutic effects of photobiomodulation in the speech-language-hearing clinic: an integrative literature review. Rev CEFAC [Internet]. 2021;23(1):e9120.
13. Bernardes D. Biofeedback eletromiográfico em motricidade orofacial. In: Silva HJ, Tessitore A, Motta AR, Cunha DA, Berretin-Felix G, Marchesan IQ. Tratado de Motricidade Orofacial. Pulso Editorial; 2019. p. 835-42.
14. Melo AFF de A, Martinelli RL de C, Lima APAF, Almeida ANS de, Andrade RA de, Silva HJ da. Evaluation of sucking using ultrasonography in infants: a scoping review protocol. Rev CEFAC [Internet]. 2023;25(5):e1223.
15. Moustafa Y, El Nady HG, Saber MM, Dabbous OA, Kamel TB, Abel-Wahhab KG, et al. Assessment of allergic rhinitis among children after low-level laser therapy. Open Access Maced J Med Sci. 2019 Jun 30;7(12):1968-73.
16. Rodrigues, DSB, Costa BOI, Santos AS, Alves GAS, Cruz RL, Arakawa-Sugueno L, et al. Efeito imediato do uso fonoaudiológico de exercitadores respiratórios no deslocamento do osso hióide: estudo piloto. Revista Brasileira de Ciências da Saúde. 2019;23(2):3-10.
17. Nascimento GKBO, Bulhões RS, Cruz PJA, Silva HJ. Função mastigatória nos diferentes ciclos de vida: análise eletromiográfica. Distúrb Comun [Internet]. 2022;34(1):e53050.
18. Cattoni DM, Mouffron V. Fotobiomodulação em respiração, mastigação, fala e deglutição. In: Mouffron V, Alves GAS, Motta AR, Silva HJ. Fotobiomodulação aplicada à Fonoaudiologia. Rio de Janeiro: Pró-Fono; 2021. p. 1-26.
19. Andrade RA, Coriolano MWS, Cunha MD, Ferreira SLS, Bastos RSA, Silva HJ. Proposta de um protocolo de fotobiomodulação (LASER) para musculatura supra-hióidea durante a deglutição. Anais do 12º Encontro Brasileiro de Motricidade Orofacial; 2019 Jun 6-8; Goiânia, Brasil. Campinas: ABRAMO; 2019. p. 86.
20. Cunha LO, Silva DCC, Pedra EFP, Alves VMN, Vicente LCC. Efeitos da fotobiomodulação na produção de saliva e no disparo de deglutição: relato de caso. In: Anais do XXVII Congresso Brasileiro de Fonoaudiologia. Belo Horizonte: 2019 Out; 09-12.
21. Andrade RA, Silva HJ, Souza ELH, Cunha DA, Coriolano MGWS. Avaliação complementar da deglutição orofaríngea: ultrassonografia de língua. In: Pernambuco P (org.). Deglutição & disfagia orofaríngea: práticas de ensino, pesquisa, extensão e assistência. v. 1. 1. ed. João Pessoa: UFPB; 2021. p. 251-7.
22. Silva HJ, Cunha DA, Ferreira SLS, Almeida NSA, Anjos LA, Alves GAS. Avaliação e diagnóstico em motricidade orofacial na perspectiva instrumental. In: Pernambuco LA, Assenço AMC. Fonoaudiologia avaliação e diagnóstico. 1. Ed. Rio de Janeiro: Thieme Revinter Editora; 2021. p. 123-32.
23. Reis VS, Araújo TG, Furlan RMMM, Motta AR. Correlation between tongue pressure and electrical activity of the suprahyoid muscles. Revista CEFAC. 2017;19(6):792-800.
24. Oliveira AM de, Pereira BS, Mituuti CT, Kosmann C, Estácio JC, Grando LJ. Avaliação da fala pré-tratamento e pós-tratamento fonoaudiológico associado ao biofeedback ultrassonográfico de língua e de prótese bucomaxilofacial no câncer de cavidade oral. Audiol, Commun Res. 2021;26:e 2372.

Seção 8

Perícia Fonoaudiológica

Coordenadoras

Maria Inês Beltrati Cornacchioni Rehder
Aline Neves Pessoa-Almeida

82

Perícia Fonoaudiológica

Maria Inês Beltrati Cornacchioni Rehder
Carla Giacominelli
Marivaldo Cazumbá
Fabiana Andrade Penido

PONTOS-CHAVE

- Ciências Forenses.
- Considerações jurídicas.
- Perícia Fonoaudiológica.

OBJETIVOS DE APRENDIZAGEM

Ao final deste capítulo, o leitor deverá ser capaz de:

- Dominar os conceitos básicos para a atuação como perito em Fonoaudiologia.
- Conhecer formas de inserção do fonoaudiólogo nos meios jurídicos.
- Reconhecer os tipos de perícias nas quais o fonoaudiólogo pode atuar considerando as especialidades da Fonoaudiologia.

INTRODUÇÃO

A **Ciência Forense** é compreendida como o conjunto de conhecimentos científicos e técnicos utilizados para desvendar assuntos legais. Considerada interdisciplinar, é empregada para resolver disputas civis, para aplicar de forma justa as leis criminais e regulamentações governamentais, e para proteger a saúde pública. A participação dos cientistas forenses ocorre sempre que uma análise científica objetiva for necessária para obter a verdade e a justiça em processos legais.

Nos últimos anos têm havido várias atividades internacionais com o objetivo de desenvolver padrões e diretrizes para as ciências forenses. Recentemente, a Organização Internacional de Normatização (ISO) estabeleceu especificações e procedimentos projetados para garantir que produtos, serviços e sistemas sejam seguros, confiáveis e alcancem desempenho consistente nos resultados de exames forenses de diversas naturezas.

A **Perícia Fonoaudiológica**, uma das especialidades reconhecidas pelo Conselho Federal de Fonoaudiologia[1], ocorre em lides que envolvem as competências profissionais do fonoaudiólogo, requeridas por órgãos públicos e privados. Ao longo deste capítulo, o leitor conhecerá os preceitos jurídicos e éticos necessários para a atuação pericial, além de tomar conhecimento da vasta possibilidade de atuação transdisciplinar e multidisciplinar.

CONSIDERAÇÕES JURÍDICAS

Perícia – conceito, cabimento e modalidades

Perícia é a análise técnico-científica de um fato procedida por especialista em determinada disciplina. É reconhecida por recrutar profissionais com vasta expertise, capacitação adicionada a provas científicas, com adequada validade interna e externa, além de amparo legal, para a aplicação de seus resultados na prática. Tem lugar quando um conflito exige aprofundamento em seara que ultrapassa a especialidade daqueles envolvidos na demanda, de uma forma direta ou indireta. Esses esclarecimentos técnico-científicos podem ser necessários para auxiliar na solução de conflitos situados no âmbito particular ou que já se encontram na esfera do Poder Judiciário.

A perícia é pautada em princípios e possui requisitos para que o conhecimento técnico-científico seja documentalmente materializado. A principal função do perito é produzir um documento (laudo pericial), a partir de parâmetros técnico-científicos conforme sua área de conhecimento e de elementos que estão disponíveis e/ou serão disponibilizados/coletados.

No âmbito particular ou privado, o procedimento é conhecido como Perícia Extrajudicial, enquanto na esfera judicial denomina-se Perícia Judicial. Ambas as modalidades exigem como condição maior, para sua realização, que o profissional tenha formação em área específica do conhecimento humano. O **perito**, assim sendo, é o indivíduo com habilidade e conhecimentos especiais que o fazem dominar determinado saber ou fazer humano.

Uma vez elaborado e entregue aos destinatários (partes ou juiz), o laudo pericial passará a integrar aquele conjunto de documentos (processo judicial ou extrajudicial). Em quaisquer dessas esferas, o laudo pericial estará sujeito a questionamentos e impugnações por aquelas partes envolvidas no conflito que se pretende solucionar.

Com regras próprias, de acordo com a natureza do conflito, as impugnações ao laudo pericial (direito ao contraditório) também são produzidas por profissionais com conhecimentos técnico-científicos específicos (áreas do conhecimento humano), os quais devem, igualmente, observância a padrões e requisitos próprios. Esses são chamados de assistentes técnicos e atuam na defesa do interesse e por conta daqueles que os contratam, cabendo-lhes cumprir fielmente sua função, sem perder de vista a boa técnica, urbanidade e respeito profissional. Assim, são inúmeras as formas de inserção na atuação pericial para o fonoaudiólogo, como apresentado no Quadro 1.

Embora o mais comum seja a perícia realizada por um único perito, a atuação conjunta de dois ou mais profissionais de diferentes áreas do conhecimento humano vem ganhando espaço nos âmbitos privado e público. Cuida-se da perícia multidisciplinar, que pode ser observada nas situações em que a atuação individual de um perito se mostraria incapaz de fazer frente aos desafios impostos por uma análise do objeto da perícia.

São exemplos de perícia multidisciplinar as investigações:

- Do acidente aéreo da Chapecoense, ocorrido em 28 de novembro de 2016 – tragédia que matou 71 pessoas, incluindo 19 jogadores do referido time de futebol. Detalhes podem ser acessados através do QR code a seguir.
- Do incêndio da Boate Kiss, Santa Maria-RS, ocorrido em 27 de janeiro de 2013, exigiu a atuação de especialistas de diferentes áreas, para que as causas do incêndio e as responsabilidades envolvidas fossem determinadas. Essa tragédia culminou na morte de 242 pessoas e 600 feridos. Detalhes podem ser acessados através do QR code a seguir.
- Das causas do rompimento da barragem de rejeitos da Vale, em Brumadinho-MG, ocorrido em 25 de janeiro de 2019, e a definição das responsabilidades envolvidas, que contou com a atuação de profissionais de diferentes áreas. Detalhes podem ser acessados através do QR code abaixo.

Utilize o QR code para acessar o texto sobre Exemplos de perícias multidisciplinares.

Voucher: **tratfono.**

A perícia multidisciplinar é de grande relevância na resolução de problemas intrincados, decorrentes da complexidade que caracteriza os relacionamentos humanos, revelando-se um meio eficiente para se alcançar conclusões fundamentais e mais precisas sobre o objeto da perícia.

Responsabilidades e deveres do perito e do assistente técnico

A atuação do perito e do assistente técnico, na condição de profissional com conhecimentos técni-

QUADRO 1 Áreas de atuação, acesso e manifestação do profissional da esfera pericial

Área de atuação	Acesso	Manifestação
Perícia Criminal	Concurso público	Laudo Pericial Criminal
Perícia Administrativa	Concurso público	Laudo Pericial
Perícia Judicial	Nomeado pelo juiz	Laudo Pericial
Assistência Técnica	Contratado pela parte	Parecer Técnico
Perícia Extrajudicial	Contratado pela parte	Parecer Técnico

cos e científicos específicos e devidamente habilitado, com registro em conselhos ou órgãos de classe, é pautada por várias responsabilidades que merecem especial atenção.

Além da competência exigida, o perito deve atuar com imparcialidade em suas conclusões, evitando qualquer forma de viés capaz de prejudicar uma das partes ou mesmo a perícia. Deve ainda ser diligente, atuar com precisão, agilidade, prudência e exatidão, auxiliando na solução do conflito existente e sobre o qual a perícia tem lugar. Para tanto, cabe ao perito coletar e analisar as informações necessárias para responder aos questionamentos que lhe são apresentados pelas partes envolvidas no conflito, pelo juiz ou pelo Ministério Público, mantendo o sigilo quando a demanda assim o exigir. Além disso, o perito deve emitir um laudo pericial devidamente fundamentado, primando pela clareza, objetividade e concisão – sem renunciar aos critérios técnicos indispensáveis à tarefa e de acordo com sua área de conhecimento, comunicando os resultados e conclusões encontradas aos destinatários.

Na hipótese de o perito, judicial ou extrajudicial, não cumprir com seus deveres e responsabilidades, negligência, imprudência ou imperícia, poderá ser responsabilizado civilmente por todos os danos causados aos envolvidos no litígio, além de responder também perante seu conselho ou órgão de classe.

Sem perder de vista que o tema exige atenção e análise pormenorizada do caso, podem ser citados como hipóteses de situações potencialmente capazes de permitir o acionamento do perito judicial: emitir um laudo incorreto, prejudicando uma das partes envolvidas no processo; realizar a perícia de forma negligente, ocasionando danos a terceiros; descumprir prazos estabelecidos em prejuízo a uma das partes envolvidas no litígio; fraudar ou cometer falsidade ideológica na elaboração do laudo pericial; divulgar informações confidenciais obtidas em função da perícia ou delas se beneficiar ilicitamente de alguma forma; utilização e apresentação de laudo incompleto, com utilização de métodos ou técnicas periciais inadequadas.

Ética na perícia

Como em qualquer exercício profissional, a ética é um fator de grande importância e assume um espaço relevante para o exercício da atividade pericial. No Brasil, as profissões e a atuação desses profissionais são regulamentadas por leis e códigos de éticas, os quais estabelecem princípios e valores que devem ser observados no exercício da profissão. A título de exemplo, podem ser citados:

- Código de Ética Profissional do Fonoaudiólogo – CFFa (Resolução n. 640/2021).
- Código de Ética Profissional do Perito Judicial e Extrajudicial do Conselho Nacional de Peritos Judiciais – CONPEJ (Código de Ética Profissional e Disciplinar do Conselho Nacional de Peritos Judiciais – CONPEJ. Disponível em: https://conpej.org.br/wp-content/uploads/2023/10/CODIGO-DE-ETICA-CONPEJ-3.pdf).

Em grande parte, os valores e princípios éticos aplicáveis à atuação dos profissionais regulamentados, conselhos ou órgãos de classe, de modo especial na área pericial, dizem respeito à imparcialidade, independência, objetividade, sigilo profissional e responsabilidade. Seja na perícia judicial ou extrajudicial, a ética visa garantir a lisura e a profissionalização da atividade, além de emprestar confiança aos laudos elaborados. Portanto, é um tema que deve necessariamente ser conhecido, debatido e abordado de forma ampla e abrangente, sobretudo entre os profissionais que atuam na área pericial.

Cadeia de custódia forense

Ainda no que diz respeito à perícia, uma questão que ganha relevância é o conjunto de procedimentos utilizados para preservar e documentar a história cronológica do vestígio, coletado em locais ou em vítimas de crimes, para permitir o rastreio de sua posse e o manuseio a partir do seu reconhecimento até o efetivo descarte (Código de Processo Penal, art. 158-A)[2]. Esse conjunto de procedimentos é denominado **cadeia de custódia** e tem por objetivo a preservação da idoneidade de todo o trabalho a ser realizado em torno da aquisição de fontes de provas.

No âmbito do processo civil e trabalhista, observa-se uma constante modernização a respeito da prova e da preservação da cadeia de custódia. Isso é o que se infere do teor do artigo 473[3] do Código de Processo Civil, por meio do qual se exige do perito que a prova pericial descreva o objeto da perícia e sua análise, com a indicação do método utilizado, bem como a demonstração de sua aceitação pelos especialistas da área de conhecimento.

Tanto na esfera cível quanto criminal, ou ainda nas searas trabalhistas e administrativas, a cadeia de custódia e sua preservação pelo perito não apenas garantem a validade da prova produzida, mas também evitam qualquer tipo de dúvida acerca da origem e autenticidade das provas apresentadas.

Perícia Fonoaudiológica: atuação transdisciplinar profissional

Convidamos o leitor a perpassar pela leitura de conteúdos que abordam a conexão da Perícia Fonoaudiológica com as especialidades da Fonoaudiologia, em abordagem transdisciplinar. Especificamente dentro do contexto dimensional fonoaudiológico, as perícias podem ser executadas em Audiologia, Voz, Disfagia, Fonoaudiologia Educacional, Fonoaudiologia Hospitalar, Fonoaudiologia Neurofuncional, Fonoaudiologia do Trabalho, Fluência, Gerontologia, Linguagem, Motricidade Orofacial, Neuropsicologia, Otoneurologia E Saúde Coletiva.

Para a realização de todos os trabalhos técnico-científicos no âmbito pericial, fazem-se necessários testes e procedimentos de admissibilidade, e nesse sentido é essencial que o fonoaudiólogo se atenha ao capítulo especificamente desenhado para esse fim. Perícias no contexto de identificação humana através da voz, da face e da escrita serão abordadas em capítulos específicos. Para conhecimento prévio, segue Quadro 2.

Por sua robustez, especificidade e demanda, perícias em Audiologia também serão abordadas em capítulo específico.

Perícia em Disfagia

As lides que envolvem a especialidade Disfagia são frequentemente ligadas a controvérsias, vetos, indisponibilidade parcial ou total do atendimento hospitalar e/ou domiciliar pelo convênio médico contratado pelo requerente. Adicionalmente, pode haver outras nas quais a identificação precoce da disfagia, a aplicação de protocolos no leito hospitalar e/ou em domicílio podem ser questionadas por não terem sido realizadas por profissionais habilitados. Ações perante o paciente internado, aspectos nutricionais, aferimento preciso do rebaixamento do nível de consciência, critérios na avaliação clínica do paciente traqueostomizado, decanulação, sonda nasogástrica ou gastrostomia podem ser inquiridos como indevidos, por impactarem na prevenção de broncoaspiração e desnutrição do requerente.

São frequentes os problemas em litígios envolvendo quadros de disfagia, e nesse caso é fundamental considerar cronogramas clínicos, competência e proficiência, adequação da comunicação profissional, documentação clínica e práticas de diagnóstico e tratamento relativas aos padrões atuais de conduta profissional[4].

Perícia em Fonoaudiologia Educacional

O perito designado a essa especialidade pode atuar em lides que visam verificar se recursos pedagógicos estão adaptados, no que se refere a situações de comunicação e de aprendizagem, incluindo ações de saúde para a comunidade escolar, como por exemplo a saúde vocal e auditiva dos professores e alunos. Ademais, pode ser solicitado a avaliar as condições de aprendizagem de determinada criança com necessidades especiais.

O fonoaudiólogo pode ser designado a realizar análise pericial programática baseada em competências, auxiliando nas tomadas de decisões robustas sobre o desempenho dos alunos a partir de evidências, bem como analisar boas práticas em direção a decisões mais justas e robustas que auxiliarão a aprendizagem[5].

Como exemplo, usaremos a controvérsia do Direito, segundo a Lei n. 14.254/21[6], que estabelece que as escolas da rede pública e privada devem garantir acompanhamento específico, representado pelo acompanhante pedagógico, mediador escolar ou cuidador, direcionado à dificuldade e da forma mais precoce possível, aos estudantes com dislexia, transtorno do déficit de atenção com hiperatividade (TDAH) ou outro transtorno de aprendizagem, que apresentam instabilidade na atenção ou alterações no desenvolvimento da leitura e da escrita.

QUADRO 2 Perícias de Identificação Humana Forense

Área pericial	Objetos da perícia	Tipo de exame	Parâmetros
Voz	Áudios e vídeos. Amostra preferencialmente de fala espontânea.	Binária entre amostra questionada e padrão. Amostra padrão pode ou não ser coletada pelo perito.	Perceptivo-auditivos, linguísticos e acústicos.
Face	Imagens da face.	Binária entre amostra questionada e padrão. Amostra padrão pode ou não ser coletada pelo perito.	Holísticos, morfológicos e fotoantropométricos. Sobreposição de imagens comprobatórias.
Escrita	Amostras de escrita.	Binária entre amostra questionada e padrão. Amostra padrão coletada pelo perito, com o fornecedor ou em outras fontes documentais.	Hábitos gráficos e elementos caracterizadores da escrita.

Perícia em Fonoaudiologia Hospitalar

A análise pericial fonoaudiológica hospitalar demanda saberes da capacitação profissional, incluindo triagem, avaliação, diagnóstico, prognóstico, terapia, gerenciamento, encaminhamento e orientações dos aspectos da comunicação, deglutição e equilíbrio. Familiares e convênios buscam respostas para tomadas de decisão, especialmente com relação a coberturas financeiras terapêuticas. Em lides hospitalares, além da avaliação *in loco*, a análise de documentos faz-se necessária. Além disso, é comum a atuação conjunta com peritos de outras áreas, como por exemplo Medicina, Enfermagem e Serviço Social. É substancial apontar que lides que envolvam a área da saúde devem ter análises procedidas nos princípios da Medicina Baseada em Evidências (MBE), definida como o emprego consciencioso, explícito e judicioso da melhor evidência clínica na tomada de decisões sobre a saúde do paciente[7].

Perícia em Fonoaudiologia Neurofuncional

O fonoaudiólogo pode ser designado para esclarecimentos de controvérsias no âmbito neurofuncional infantil ou adulto, a partir de seu conhecimento sobre sequelas que resultam em danos ao sistema nervoso central ou periférico, diante da negativa de atendimentos por convênios em tratamentos hospitalares e/ou ambulatoriais. Essa atuação envolve a elaboração de pareceres técnicos referentes à avaliação, ao diagnóstico, à habilitação/reabilitação, aos métodos aplicados, à capacitação da equipe multiprofissional, aos encaminhamentos de requerentes com distúrbios da comunicação, comportamentais ou motores, sob a luz interdisciplinar, segundo o constructo da MBE.

A Convenção das Nações Unidas sobre os Direitos das Pessoas com Deficiência instigou uma mudança de paradigma na forma como as pessoas com deficiência intelectual e cognitiva são vistas em termos do seu direito à autonomia. Os fonoaudiólogos possuem habilidades e conhecimentos especializados em comunicação e interação humana, ambos elementos centrais da prática de tomada de decisão legal nessa área[8]. Movimentos buscam incorporar serviços de Fonoaudiologia desde a admissão até a ação judicial quando se trata de jovens com deficiências de comunicação cognitiva[9].

Perícia em Fonoaudiologia do Trabalho

Nessa especialidade, o fonoaudiólogo perito desempenha suas atividades na esfera administrativa, realizando a avaliação da capacidade laborativa de trabalhadores de diversas categorias profissionais, com o intuito de definir a concessão ou não de benefícios previstos nas legislações próprias de cada órgão. Após a realização da inspeção pericial, o fonoaudiólogo emite a sua decisão pericial, que envolve a restrição ou não para o trabalho, a concessão de licenças, readaptação funcional e aposentadoria[10]. O fonoaudiólogo também pode contribuir na esfera judicial, por exemplo, nos processos que envolvam ações trabalhistas com pedidos indenizatórios para caracterização da Perda Auditiva Induzida por Níveis de Pressão Sonora Elevados (PAINPSE); nos casos de estabelecimento de nexo de causalidade entre a PAINPSE e o trabalho/ambiente de trabalho e nos casos de trabalhadores que apresentam alterações vocais e laríngeas, como os teleoperadores, sendo necessário o estabelecimento de nexo de concausalidade. Tal fato ocorre quando o trabalho pode ser entendido como fator contributivo ou agravante de doença preexistente[11].

Ainda nessa especialidade, a perícia fonoaudiológica para investigação dos acidentes e incidentes aeronáuticos pode ser considerada uma realidade recente. Nesse âmbito, o fonoaudiólogo colabora com as equipes de investigação de acidentes e incidentes do modal aéreo realizando análises dos arquivos de áudios originados da caixa-preta da aeronave e da comunicação do piloto e copiloto com a torre de controle[12].

Perícia em Fluência

O perito que emite parecer na especialidade Fluência terá a *expertise* de analisar robustez, diante da resolutividade da identificação da tipologia das disfluências típicas e atípicas. Um exemplo desse tipo de perícia seria a análise da fala de indivíduos com alterações transitórias ou permanentes da fluência, decorrentes de ingestão de álcool, drogas e/ou medicamentos[13]. Nesse caso, uma amostra da fala no momento do delito, questionada, e uma amostra quando o indivíduo não estiver mais sob efeito, padrão, serão necessárias para análises comparativas.

Perícia em Gerontologia

O envelhecimento populacional, as crescentes demandas sociais e judiciais relacionadas aos aspectos biopsicossociais do envelhecimento sobrecarregam os serviços de saúde, com onerosas intervenções terapêuticas, multidisciplinares e tecnológicas de alta complexidade no diagnóstico e tratamento de doenças crônicas degenerativas e debilidades cognitivas. Acrescentam-se os problemas de saúde, os benefícios e as pensões da Seguridade Social a que o idoso tem direito, bem como as autonomias e competências jurídicas questionadas quanto à capacitação laboral ou disposição do patrimônio[14,15].

Como exemplo de atuação frequente do fonoaudiólogo perito temos a elucidação de controvérsias relativas ao efetivo atendimento e habilitação interdisciplinar da terapêutica em ambiente hospitalar, ambulatorial, domiciliar ou *home care,* em pacientes longevos, disfágicos, portadores de demências, no que concerne a frequência e a tipologia assistencial, inclusive de insumos, através de protocolos padrão-ouro que avaliam graus de elegibilidade e planejamento de atenção domiciliar.

Perícia em Linguagem Oral e Escrita

Na área da especialidade Linguagem, o perito pode atuar no âmbito da linguageira considerando análises da conversação, do discurso, sociolinguística, fonética e fonológica, a depender do objetivo da perícia e do material disponível para ser periciado. Quando se trata da análise forense da linguagem, é fundamental que a amostra seja de fala ou de escrita espontânea com tempo longo e que as intervenções do outro interlocutor sejam mantidas, para que seja possível a investigação dialógica.

É possível também atuar na determinação de autoria textual, de obras intelectuais e plágio questionado, em lides que envolvem o direito do autor propriamente dito e os direitos conexos relacionados aos direitos dos intérpretes, das organizações de radiodifusão e dos produtores fonográficos, em disputas de marcas ou títulos registrados, protegidos pela Lei de Direitos Autorais (LDA)[16]. O plágio acontece quando alguém reescreve frases, citações ou conceitos de outros autores, seja de livros ou da internet, sem dar os devidos créditos.

Perícia em Motricidade Orofacial

Perícias em Motricidade Orofacial estão relacionadas a qualquer dano relacionado às funções de respiração, mastigação, deglutição e fala. A maior procura nessa área diz respeito a possíveis danos funcionais após cirurgias estéticas. Nesse tipo de perícia o nexo causal é extremamente complexo. Cabe ao fonoaudiólogo realizar a avaliação funcional da Motricidade Orofacial e ao perito médico estabelecer questões cirúrgicas envolvidas, bem como se o dano resultante é temporário ou permanente[16]. A literatura aponta que mesmo casos de danos estéticos temporários, que serão apontados pelo perito médico, resultam em sofrimento e isolamento social consideráveis[17].

Perícia em Neuropsicologia

O perito fonoaudiólogo que atua na área de Neuropsicologia traduz *expertise* na interface entre a comunicação humana, a cognição e o comportamento. Transtornos pervasivos cognitivo-comunicativos-comportamentais podem acarretar déficits na interface Linguagem, Cognição e Comportamento, em constructos verbais e não verbais, na percepção, na fala, nos gestos, na leitura e na escrita e nos domínios linguísticos. Portanto, permeia lides com outras especialidades como Linguagem, Neurologia e Gerontologia.

Metodologias multidisciplinares como a Análise do Comportamento Aplicada (ABA), Bobath ou Pediasuit são frequentemente analisadas por peritos fonoaudiólogos. Como exemplo, ofertamos lides que questionam a controvérsia da imprescindibilidade do Atendente Terapêutico (AT), na Metodologia ABA no Transtorno do Espectro do Autismo. Esse profissional, cuja formação é diversificada, recebe orientação e treinamento tanto do psicólogo especialista em ABA, quando o caso é relacionado a demandas comportamentais (ensino de habilidades de independência, por exemplo), quanto do fonoaudiólogo, quando o caso permear linguagem ou fala propriamente dita. Ainda, se for um caso pedagógico, recebe orientações de um psicopedagogo.

O perito fonoaudiólogo na área de Neuropsicologia pode verificar aplicabilidade, frequência de atendimento, segundo a prescrição médica e avaliações multidisciplinares[18].

Perícia em Otoneurologia

O profissional fonoaudiólogo atua como perito, assistente técnico ou auditor em situações nas quais estejam em questão o equilíbrio corporal humano e o sistema vestibular, incluindo as vias periféricas e centrais. Um exemplo de lide nessa especialidade é o estabelecimento de uma relação de nexo de causalidade entre o trauma ocorrido em ambiente de trabalho e a sintomatologia clínica, como vertigem e zumbidos[19].

Perícia em Saúde Coletiva

A Saúde Coletiva pode ser definida como uma estratégia multidisciplinar que visa promover a saúde no meio laboral e nas interações sociais e econômicas com o meio ambiente, investigando as razões sociais por trás da origem das doenças.

Procedimentos e práticas promovidos no campo da saúde coletiva pelo profissional fonoaudiólogo capacitado e equipe multidisciplinar podem ser o alvo de controvérsias em lides judiciais, quando o planejamento e a assistência prestada pelos serviços de saúde são questionados, como na promoção da saúde, na assistência ao trabalhador portador de doença profissional e do trabalho e ações preventivas que evitam a ocorrência da perda auditiva e que controlem os ruídos ambientais gerando melhoria da qualidade sonora; prevenção de doenças e tratamento precoce na saúde materno-infantil, como os Programas de Saúde Auditiva para crianças e outros como educação em saúde; vigilância ambiental; vigilância epidemiológica; promoção da igualdade racial e social; promoção do direito à saúde e controle da violência[20-21].

Por ser um profissional da comunicação em sua essência, o fonoaudiólogo pode ser designado para atuar como perito em situações de comunicação violenta[22,23] coletiva e assédio moral coletivo. As amostras a serem periciadas habitualmente provêm de vídeos postados nas redes sociais ou captados por câmeras de segurança. Cabe ao fonoaudiólogo analisar o conteúdo linguístico, incluindo a prosódia e as ações passíveis de comprovação através de imagens provenientes de vídeos. Por vezes faz-se necessária a associação com um perito na área digital, que estabelecerá o número de acessos e outros dados fundamentais para que se possa verificar o dano coletivo.

No Quadro 3, o leitor poderá verificar um exemplo de cada lide por especialidade fonoaudiológica, o ramo do Direito onde está inserida e a forma de realização. Os conceitos de perícia direta e indireta podem ser observados, considerando-se perícia direta quando é realizada na presença do periciando e indireta quando na ausência do periciando.

CONCLUSÃO

A Perícia Fonoaudiológica é factível, essencial e respeitada em todas as especialidades que compõe a profissão, desde que realizada com ética e fundamentada em preceitos cientificamente comprovados.

QUADRO 3

Especialidade	Ramo do Direito	Forma de realização	Exemplo em lide
Disfagia	Cível	Direta e indireta	Avaliação clínica e documental para fins de convênio médico.
Educacional	Cível	Direta e indireta	Verificação do acompanhamento específico, previsto por lei, aos portadores de TDAH, nas redes públicas e/ou privadas.
Hospitalar	Cível	Direta e indireta	Verificação de fluxograma nas triagens: auditivas e teste da linguinha.
Neurofuncional	Cível e trabalhista	Direta e indireta	Análise da imprescindibilidade terapêutica frente a sequelas ao sistema nervoso central e periférico.
Fonoaudiologia do Trabalho	Trabalhista	Direta e indireta	Estabelecimento de nexo de causalidade ou concausalidade auditiva e vocal relacionadas ao trabalho.
Fluência	Cível	Direta	Análise de amostras de áudio, questionada e padrão, para conferir indícios de ingestão de álcool e/ou drogas.
Gerontologia	Cível e criminal	Direta	Análise da necessidade de atendimento terapêutico ambulatorial ou domiciliar.
Linguagem oral	Cível e criminal	Direta e indireta	Análise de material de áudio, linguístico e de autoria, em casos de assédio sexual e moral.
Linguagem escrita	Cível e criminal	Direta e indireta	Análise e verificação de determinação de direitos de autoria textual.
Motricidade Orofacial	Cível	Direta	Verificação miofuncional após procedimentos estéticos.
Neuropsicologia	Cível Trabalhista	Direta e indireta	Análise linguístico-cognitiva de indivíduos capacitados ou incapacitados legalmente.
Otoneurologia	Cível	Direta e indireta	Verificação de nexo de causalidade entre clínica, vertigem e trauma cirúrgico.
Saúde Coletiva	Cível Trabalhista Administrativa	Direta e indireta	Aferição de ruído ambiental em condomínios.

REFERÊNCIAS BIBLIOGRÁFICAS

1. Conselho Federal de Fonoaudiologia (BR). Resolução CFFa n. 584, de 22 de outubro de 2020. Dispõe sobre a criação da Especialidade em Perícia Fonoaudiológica, define as atribuições e competências relativas ao profissional fonoaudiólogo Especialista, e dá outras providências [Internet]. Diário Oficial da União 23 de out 2020 [citado em 20 de abr 2023]. Disponível em: https://www.fonoaudiologia.org.br/resolucoes_html/CFFa_N_584_20.htm.
2. Brasil. Decreto Lei n. 3.689, de 3 de outubro de 1941. Código de Processo Penal. Disponível em: Del3689Compilado (planalto.gov.br).
3. Brasil. Lei n. 13.105, de 16 de março de 2015. Código de Processo Civil. Disponível em: L13105compilada (planalto.gov.br).
4. Tanner DC. Dysphagia malpractice: Litigation and the expert witness. Journal of Medical Speech-language Pathology. 2007;15(1):1-6.
5. Hu WCY, Dillon HCB, Wilkinson TJ. Educators as judges: applying judicial decision-making principles to high-stakes education assessment decisions. Journal of Teaching and Learning in Medicine. 2022;35(2):168-79.
6. Brasil. Lei n. 14.254, de 30 de novembro de 2021. Dispõe sobre o acompanhamento integral para educandos com dislexia ou Transtorno do Déficit de Atenção com Hiperatividade (TDAH) ou outro transtorno de aprendizagem. Diário Oficial da União 30 de nov 2021. Disponível em: https://www.planalto.gov.br/ccivil_03/_ato2019-2022/2021/lei/L14254.htm.
7. Lopes AA. Medicina Baseada em Evidências: a arte de aplicar o conhecimento científico na prática clínica. Revista da Associação Médica Brasileira. 2000;43(3):285-8.
8. Jo W. The role of speech-language pathology in supporting legal capacity. Journal of Clinical Practice in Speech-Language Pathology. 2019;21(1):25-8.
9. Perrotti AM, Martinez SJ, Chappell A, Baker BD, Jayarathna S. Reimagining from abroad: Speech-language pathologists as interprofessional partners supporting justice-involved youth in America. American Journal of Speech-Language Pathology. 2023;29:1-14.
10. Penido FA, Souza DSC. Perícia Fonoaudiológica Administrativa. In: Feitosa ALF, Depolli GT, Vasconcelos CA. Mapas conceituais em Fonoaudiologia: Perícia Fonoaudiológica. Ribeirão Preto: Booktoy; 2023. p.127.
11. Andrade WTL. Perícia em saúde auditiva do trabalhador. In: Feitosa ALF, Depolli GT, Vasconcelos CA. Mapas conceituais em Fonoaudiologia: Perícia Fonoaudiológica. Ribeirão Preto: Booktoy; 2023. p.145.
12. Vasconcelos CA, Yehia AC, Vieira MN. Fadiga e sonolência em aviadores: análise de variações da voz, fala e linguagem [Tese]. Belo Horizonte: Universidade Federal de Minas Gerais; 2019.
13. Behlau M, Rehder MI, Azevedo R, Bortolotti EL. Disfonias psiquiátricas. In: Behlau M. Voz o livro do especialista II. Rio de Janeiro: Revinter; 2004. p.79.
14. American Bar Association Commission on Law and Aging and American Psychological Association. Assessment of older adults with diminished capacity: A handbook for lawyers. Washington, DC: American Bar Association; 2005. Disponível em: http://www.apa.org/pi/aging/resources/guides/diminished-capacity.pdf.
15. American Bar Association Commission on Law and Aging and American Psychological Association. Judicial determination of capacity of older adults in guardianship proceedings. 2006. Washington, DC: American Bar Association. Disponível em: https://www.apa.org/pi/aging/resources/guides/judges-diminished.pdf.
16. Brasil. Lei n. 9.610, de 19 de fevereiro de 1998. Dispõe sobre a gestão coletiva de direitos autorais. Altera, atualiza e consolida a legislação sobre direitos autorais e dá outras providências [Internet]. Diário Oficial da União 19 de fev 1998. Disponível em: https://www.planalto.gov.br/ccivil_03/leis/l9610.htm.
17. Lopes MCH, Konichi RYL, Vieira DN. A necessidade de avaliação do dano estético temporário no âmbito civil brasileiro. Perspectivas em Medicina Legal e Perícia Médica. 2022;7.
18. Leal LPFF, Silva ER, Spina VPL, Borracini JA, Panza FT. Valoração médico-pericial do dano estético. Saúde Ética & Justiça. 2017;22(1):41-9.
19. Brasil. Lei n. 14.254, de 30 de novembro de 2021. Dispõe sobre o acompanhamento integral para educandos com dislexia ou Transtorno do Déficit de Atenção com Hiperatividade (TDAH) ou outro transtorno de aprendizagem [Internet]. Diário Oficial da União 30 de nov 2021. Disponível em: https://www.planalto.gov.br/ccivil_03/_ato2019-2022/2021/lei/L14254.htm.
20. Gomes MM. Vertigem pós-trauma [Dissertação]. Lisboa: Universidade de Lisboa; 2019.
21. Conselho Federal de Fonoaudiologia – 2a Região. Atuação fonoaudiológica nas políticas públicas: subsídios para o acompanhamento e participação dos fonoaudiólogos. São Caetano do Sul: Yendis; 2006.
22. Ministério da Saúde. Portaria n. 1.679 de 19 de setembro de 2002. Dispõe sobre a estruturação da rede nacional de atenção integral à saúde do trabalhador no SUS e dá outras providências. Diário Oficial da União 19 de set 2002. Disponível em: https://www.saude.mg.gov.br/images/documentos/portaria_1679.pdf.
23. Prefeitura do Município de São Paulo. Decreto n. 42.214 de 22 de julho e 2002. Regulamenta a Lei n. 12.556, de 8 de janeiro de 1998, que institui o Programa de Saúde Auditiva para crianças no Município de São Paulo. Diário Oficial do Estado de São Paulo 22 de jul 2002. Disponível em: https://legislacao.prefeitura.sp.gov.br/leis/decreto-42214-de-22-de-julho-de-2002.
24. Rosenberg MB, Chopra D. Nonviolent communication: a language of life. PuddleDancer Press; 2015. p.288.

83

Admissibilidade de amostras forenses

André Farias Pessoa
Renata Christina Vieira
Aline Buratti Sanches
Roberto Cesar Silva Gonzalez

PONTOS-CHAVE

- Amostras periciais.
- Admissibilidade.
- Análises prévias.

OBJETIVOS DE APRENDIZAGEM

Ao final deste capítulo, o leitor deverá ser capaz de:

- Avaliar e analisar as amostras recebidas para exame pericial.
- Compreender os requisitos necessários para a admissão de amostras periciais.
- Compreender a importância dos itens que devem ser analisados quando se recebe uma amostra forense.
- Entender as implicações e os possíveis riscos da inobservância da etapa de admissibilidade.
- Incorporar o conhecimento apreendido à prática pericial.

INTRODUÇÃO

Substantivo feminino, a admissibilidade pode ser definida como estado ou qualidade do que é admissível, conforme o *Dicionário da Língua Portuguesa Michaelis*. Característica daquilo que se pode admitir, aceitar como verdadeiro, a admissibilidade do material a ser periciado é uma etapa preliminar e de suma importância que consiste em inspecionar o material (evidência), protegê-lo para garantir a integridade da cadeia de custódia, identificá-lo e prepará-lo para ser periciado.[1]

No Direito brasileiro pode-se observar o chamado "juízo de admissibilidade", exercido privativamente pelo juiz de Direito e que consiste em uma decisão técnico-jurídica que visa permitir, ou não, que uma ação (ou recurso) prossiga. Guardadas, no entanto, algumas diferenças, o perito ou assistente técnico de um caso, de forma autônoma e privativa, decide se um vestígio apresenta condições de ser efetivamente periciado, com vistas a produção de um laudo pericial ou parecer técnico. Essa decisão preambular, de natureza técnico-científica, é comumente denominada "admissibilidade da amostra" e consiste em uma análise preliminar cujo escopo é constatar se o material destinado à perícia atende aos necessários e suficientes requisitos para a produção de uma prova pericial servível.

Quando nomeado ou requisitado para a realização de uma perícia, o profissional deverá observar determinadas providências a fim de cumprir o encargo. Uma das providências é verificar nos autos do processo sobre o objeto da perícia e avaliar a sua própria capacidade técnica e especialização para realizá-la[2]. Sendo assim, para exercício como perito ou assistente técnico, além de possuir formação superior, o profissional também necessita deter conhecimento técnico exigível ao caso concreto[3].

De forma geral, a admissibilidade das amostras deve observar alguns aspectos, sob pena de consequências indesejáveis tanto em relação à conclusão da análise pericial quanto ao próprio processo judicial, quando for o caso. No Quadro 1 estão sintetizados os elementos gerais e comuns às perícias de comparação facial e de locutores, documentoscopia, grafoscopia e audiologia.

Utilize o QR code para acessar o Anexo 1 com maiores detalhamentos acerca dos elementos a serem inspecionados e analisados da mídia em arquivos de fotos, vídeo, áudios e documentos.

Voucher: **tratfono**.

Este capítulo foi estruturado em tópicos e nele são apresentados os requisitos para a admissibilidade de amostras em perícias fonoaudiológicas envolvendo voz, imagem (foto e vídeo), grafia e audição.

ADMISSIBILIDADE EM PERÍCIAS DE IMAGENS

A realização de perícia envolvendo imagens (fotos e vídeos) constitui um universo em franca expansão na prática fonoaudiológica, uma vez que o acesso universalizado a dispositivos móveis permite a qualquer pessoa fotografar ou filmar o que se passa em seu entorno como, por exemplo, situações de violência, discussões, ameaças, assédio e reuniões em ambientes corporativos, dentre muitas outras. Desse universo de imagens, destacam-se também os vídeos captados por sistemas de segurança como os Circuitos Fechados de Televisão (CFTV), que podem ser utilizados para reconhecimento e/ou identificação humana em diferentes contextos. Nesse universo de possibilidades, a atuação

QUADRO 1 Elementos gerais e comuns da etapa de admissibilidade

ASPECTO	DESCRIÇÃO	POSSÍVEIS PREJUÍZOS
Preservação	O material recebido pelo perito para análise deve ser preservado por ele e ser deixado nas mesmas condições recebidas.	Contaminação, degradação ou perda da evidência, comprometendo a integridade do material.
Autenticidade	Quando a amostra é produzida por quem deveria produzi-lo.	Comprometimento da confiabilidade do material.
Integridade	Refere-se à condição em que as evidências ou documentos mantêm sua completude e precisão ao longo de todo o processo pericial. Significa que os materiais não foram alterados, danificados ou modificados de qualquer maneira.	Comprometimento da confiabilidade do material.
Adequabilidade	As amostras padrão devem ser comparáveis às amostras questionadas em diversos aspectos.	A inadequação das amostras pode levar a resultados imprecisos ou incorretos, comprometendo a confiabilidade das conclusões periciais.
Contemporaneidade	Recenticidade das amostras de voz, imagens de faces e escrita.	O tempo (não somente o envelhecimento) pode causar mudanças em diversos aspectos da voz, fala e linguagem do falante; na morfologia craniofacial, nas características dos lançamentos gráficos.
Espontaneidade	As amostras de voz, imagens de face e escrita devem refletir a forma própria e natural do suspeito falar, se comportar e escrever.	Amostras incongruentes nesses quesitos podem revelar falta de espontaneidade, prejudicando as análises periciais.
Quantidade	Duração das amostras de voz, quantidade de *frames*, número de repetições de padrões e lançamentos gráficos questionados.	A insuficiência pode gerar uma amostra enviesada quando não contempla características importantes, prejudicando as análises periciais.
Qualidade	Inteligibilidade e riqueza fonética das mostras de voz; aceitável resolução, luminosidade, proporção e foco das imagens de face; completude e precisão de documentos e lançamentos gráficos; exames audiológicos padronizados.	A inobservância dos aspectos que envolvem a qualidade das amostras pode comprometer a realização da perícia.

fonoaudiológica na perícia de imagens pode servir a diferentes propósitos, destacados no Quadro 2.

Para a admissibilidade de imagens em tarefas de identificação facial, que se dá por análise comparativa entre a imagem questionada, desconhecida, e a imagem padrão de confronto, o perito ou assistente técnico deve atentar para um conjunto de aspectos, de forma a garantir a confiabilidade do material a ser periciado, que detalhamos no Quadro 3.

Todos esses aspectos garantem ao perito ou assistente técnico o adequado cumprimento dessa importante etapa preliminar da atividade pericial. Não é incomum no contexto de lides judiciais que imagens captadas por câmeras de CFTV, analógicas ou digitais, geralmente posicionadas em locais mais altos (o que interfere na angulação e inclinação da cabeça e face), sejam comparadas com imagens de faces obtidas em documentos oficiais, com a face centralizada. A título de exemplo apresentamos o caso de repercussão de Paulo Cupertino, suspeito pelo assassinato do ator Rafael Miguel e seus pais e que foi flagrado por uma câmera de CFTV durante o período em que esteve foragido da polícia, conforme demonstrado no Quadro 4.

A comparação de faces realizada na inobservância de todos esses aspectos pode induzir a erros nas tarefas de comparação, com possíveis consequências nos resultados e podendo levar a condenações injustas.

No caso da fotografia, quando são obtidas por dispositivos eletrônicos, são passíveis de sofrerem modificações por meio de *softwares* ou até por aplicativos em dispositivos móveis. Essas imagens digitais podem passar por procedimentos básicos (alteração de cores, brilho, luminosidade) até procedimentos mais complexos como remover imperfeições, sinais na face ou no corpo, podendo inclusive adicionar ou remover

QUADRO 2 Tipos de perícias de imagens no campo de atuação fonoaudiológica

Tipos de perícia	Definição
Identificação humana facial	Tarefas de comparação de duas ou mais faces a partir de fotos, vídeos, retratos falados por meio de análises antropométricas, morfológicas e sobreposição de imagens.
Autenticidade e de edição de imagens	Procedimentos que visam atestar a integridade de fotos ou vídeos, buscando identificar se houve edição fraudulenta como eliminação ou inclusão de pessoas e/ou objetos em fotos ou sinais de descontinuidade em vídeos.
Análise descritiva e de conteúdos de vídeos	Realizada em vídeos com ou sem áudio, buscando identificar os comportamentos, os conteúdos linguísticos e a comunicação não verbal (posturas, gestos, orientação do olhar, contato físico, expressões faciais) das pessoas de interesse.
Leitura labial e/ou orofacial em vídeos de áudio	Procedimento que busca a identificação de palavras emitidas pelo falante por intermédio da compreensão dos movimentos dos órgãos fonoarticulatórios, condizentes com o contexto da análise[4].

QUADRO 3 Aspectos para admissibilidade de imagens em identificação facial

N	Aspecto	Descrição	Possíveis prejuízos
01	Informações adicionais sobre os sujeitos	Se foi realizado procedimento estético, ortodôntico ou outros	Pode produzir mudanças nos padrões do confronto.
02	Visibilidade das faces[3]	Desobstrução da face	Faces parcialmente obstruídas por uso de máscaras, óculos, lenços, bonés.
		Nitidez	Prejuízo da nitidez das imagens pode inviabilizar a realização da perícia.
		Incidência similar na captação da cabeça e da face	Angulações diferentes na captação das faces a serem comparadas interferem na análise morfológica e fotoantropométrica.
03	Expressão facial	Face neutra x expressão facial	A comparação da face neutra com imagens de faces com a boca aberta, olhos fechados ou realizando expressões faciais emocionais (choro, riso, raiva) pode interferir no resultado das análises periciais.

QUADRO 4 Imagens e possíveis prejuízos identificados do caso Paulo Cupertino

Imagens	Prejuízos identificados
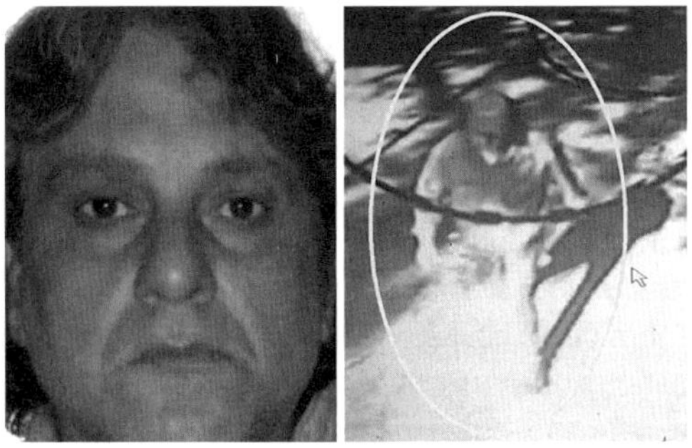	1. Diferença na proporcionalidade das imagens. 2. Prejuízo na nitidez da segunda imagem. 3. Obstrução parcial da face na segunda imagem por uso de boné. 4. Diferença na incidência e na angulação das faces na captação das imagens.

Fonte: https://www.correio24horas.com.br/brasil/video-mostra-assassino-de-ator-e-familia-fugindo-apos-crime-0619.

pessoas ou objetos. Todas essas alterações da imagem original podem vir a ser objeto de perícia.

ADMISSIBILIDADE EM PERÍCIAS DE VOZ

Inicialmente, cumpre distinguir os dois tipos de áudios que compõem a perícia de identificação de falantes, que são o questionado e o padrão. O áudio padrão é aquele em que normalmente o perito/assistente técnico coleta de uma pessoa de identidade conhecida e, por essa razão, possui o *expert* o controle sobre as variáveis que podem prejudicar a admissibilidade da amostra. Há, todavia, casos em que o material padrão não é elaborado pela autoridade pericial/assistente técnico, que terão análise de admissibilidade similar às dos áudios questionados, que será abordada a seguir.

A análise dos documentos que acompanham um caso pericial de voz deve ser o primeiro passo a ser tomado para admitir uma amostra, sob pena de se produzir uma prova eivada de vício e, consequentemente, anulável. Neste diapasão, o ato que insere o perito judicial em um processo (nomeação) deve ter sua publicação observada no *Diário da Justiça Eletrônico* (DJE, na esfera cível)* e no *Diário Eletrônico da Justiça do Trabalho* (DOJT, no caso da esfera trabalhista).**

No âmbito criminal, o documento que determina a participação da perícia em um caso de voz é denominado requisição pericial. Vale lembrar que aqui não se fala em perito judicial, mas em perito criminal, e esse servidor público, quer seja estadual ou federal, apenas poderá atuar quando esse documento for devidamente chancelado por autoridade prevista em lei, ou seja, juízes de Direito no caso de processos criminais, delegados de polícia em inquéritos policiais, oficial da Polícia Militar em inquéritos policiais militares e promotor de justiça quando preside um procedimento de investigação criminal.

Superada essa fase preliminar da análise documental, passa-se à observância da amostra propriamente dita. Nesse sentido, a oitiva do áudio questionado faz-se necessária, pois uma eventual ininteligibilidade do que se fala na amostra analisada é fator impeditivo de sua admissão. Aqui, o padrão-ouro que é a análise perceptivo-auditiva é diretamente afetado, contaminando, por conseguinte, as demais bases de análise. Caso a inteligibilidade seja parcial, deverá o perito/assistente técnico sopesar se a quantidade sonora inteligível existente no material proporcionará diversidade suficiente de parâmetros linguísticos e acústicos viáveis para as análises periciais posteriores.

A leitura do parágrafo anterior ilumina essa espécie de dialética entre o quantitativo x qualitativo que também permeia o critério da duração de uma amostra. Não há consenso acerca da exata quantidade de segundos de fala que teria o condão de demarcar o minimamente aceitável. A *European Network of Forensic Science Institutes* (ENFSI), composta por pesquisadores europeus da área de fonética forense, discute que mesmo em amostras bastante exíguas, com tempo de fala de dez segundos, pode-se encontrar marcadores acústicos e linguísticos que, qualitativamente, poderiam permitir uma boa perícia, enquanto em algumas amostras com tempo maior, pode-se, eventualmente, ao contrário do que se espera, pouco se encontrar.[5]

* O DJE foi implantado em 01/10/2007, substituindo o *Diário Oficial físico*.

** Interessante observar que no caso da Justiça Federal, as competências são divididas em regiões, como por exemplo a 3ª região que agrega os Estados de São Paulo e Mato Grosso do Sul. Nesse caso, as publicações são realizadas no *Diário Eletrônico da Justiça Federal* da 3ª região que é o meio de comunicação oficial desde 2007.

Outros aspectos interferentes que se pode aqui salientar, como a saturação de um áudio, a reverberação, falhas na captura, sobreposição de fala, vozerio, ruídos de fundo e a relação sinal-ruído podem, a depender de sua magnitude, provocar a inadmissão do material. Esses aspectos podem ser melhor compreendidos por meio do Quadro 5. Na última coluna, acesse o QR code e escute os exemplos.

Vale lembrar que, em última análise, a pretensão do *expert* é produzir a prova pericial mais robusta possível, porém restará impossível tal aspiração caso a matéria-prima não a enseje minimamente.

Por vezes, são os peritos e assistente técnicos questionados quando devolvem à autoridade que os nomeou ou requisitou um material a ser periciado. Nesta seara, cumpre destacar o trabalho desenvolvido pelo Grupo de Estudos em Fonética Forense da Universidade de Campinas (Unicamp), o qual desenvolveu um protocolo que, dentre seus objetivos, propõe uma etiquetagem da qualidade acústica de uma amostra de áudio. As etiquetas vão de A (qualidade muito alta do áudio), passando por AB, B, BC até C, que representaria um áudio de qualidade baixa. Note-se que esse protocolo, desenvolvido a partir de teorias fonéticas, poderá estribar o perito no caso de uma inadmissão de amostra forense, resguardando-o cientificamente[6].

Há, ainda, outros aspectos que podem gerar impacto na decisão do perito/assistente técnico em admitir uma amostra forense ou não.

A contemporaneidade da gravação de fala questionada, ou seja, o lapso temporal decorrido desse registro acústico pode inviabilizar a perícia ou relativizar seus resultados, uma vez que mudanças fisiológicas em vozes são esperadas na fase de adolescência, em decorrência da muda vocal, no envelhecimento, em função da presbifonia, e até mesmo em fase madura, como ocorre com mulheres devido às mudanças dos níveis hormonais. Para além dos naturais processos fisiológicos citados, as patologias, que podem produzir alterações na qualidade vocal de um ser humano a qualquer momento de sua vida, constituem variável ainda mais complexa, pois podem se dar em curto espaço de tempo.

Não obstante tudo isso, aspectos contextuais existentes durante a gravação de um áudio sob a influência do álcool e de outras drogas proscritas, intoxicações, cansaço intenso ou modificações emocionais extremas devem ser observadas e, por certo, constituem verdadeiro desafio aos peritos e assistentes técnicos do mundo.

ADMISSIBILIDADE EM PERÍCIAS DE ESCRITA

Para tratarmos da análise inicial das amostras em grafoscopia é necessário considerar os conceitos de documentoscopia, visto que o perito precisará analisar todo o documento, e não apenas a assinatura que consta no mesmo[7].

Utilize o QR code para ouvir os exemplos do Quadro 5 de aspectos que podem interferir na perícia de voz.

Voucher: **tratfono**.

QUADRO 5 Aspectos que podem interferir na perícia de voz

Aspecto	Descrição	Exemplo (ouvir o arquivo)
Saturação	Quando, em uma gravação, o equipamento não consegue gerar uma amplitude sonora igual à amplitude de entrada, decorrendo em distorção harmônica.	01_saturação.wav
Reverberação	Reflexão de ondas sonoras produzidas em função da natureza do ambiente em que elas se espalham.	02_reverberação.wav
Falha na captura	Quando, por alguma razão, ocorreu inserção de ruído durante a gravação, como mau contato de cabos energizadores.	03_falha_captura.wav
Sobreposição de fala	Quando alguém sobrepõe com sua voz a fala de seu interlocutor.	04_sobreposição.wav
Vozerio	Conjunto de vozes concorrentes à voz principal de uma gravação	05_vozerio.wav
Ruídos de fundo	São frequências que acabam sendo gravadas juntamente com o sinal alvo (para a área forense, normalmente indesejáveis).	06_ruido_fundo.wav
Relação sinal-ruído	Relação entre a potência de um sinal de áudio e o seu ruído de fundo.	07_snr1.wav 07_snr2.wav

Para a admissibilidade de amostras em perícia grafotécnica devem ser observadas: a cadeia de custódia (que foi apresentada no primeiro capítulo deste tratado), a autenticidade, integridade e preservação das amostras (elementos já abordados no início deste capítulo).

Consideramos relevante aprofundarmos o critério autenticidade nas perícias grafotécnicas.

Por **autenticidade** entende-se quando o documento é produzido por quem deveria produzi-lo e assinado por quem deveria assiná-lo. No contexto jurídico brasileiro, a autenticação de documentos particulares é regulada, determinando que, para confirmar a autenticidade desses documentos em procedimentos judiciais, é essencial apresentar uma cópia autenticada por tabelião ou por servidor público. Admite-se também a conferência do documento original pelo próprio juiz, quando a autenticidade for questionada e não houver meios para a realização da cópia autenticada. O objetivo é garantir a veracidade dos documentos. É necessário diferenciar a autenticidade documental e a autenticidade gráfica. A autenticidade documental ocorre quando o documento é original, ou seja, não foi falsificado ou trocado por versão diferente, garantindo que seja confiável para uso como prova em um processo legal.

Por outro lado, a autenticidade gráfica refere-se à escrita que foi originária do punho de determinada pessoa. Cabe esclarecer que para a constatação da autenticidade de punho caligráfico, faz-se necessária a realização de vários exames grafotécnicos e das características decorrentes de cada tipo de escrita. Um documento autêntico pode conter uma grafia inautêntica. Do mesmo modo, o documento pode não ser autêntico, mas sua assinatura ser autêntica.

É essencial que os padrões de escrita sejam verdadeiramente produzidos pela pessoa em questão. Isso evita confusões com indivíduos que tenham nomes semelhantes ou tentativas de falsificação. Podem ser utilizados como amostras-padrão documentos como Carteira Nacional de Habilitação (CNH), carteira de identidade, Cadastro de Pessoa Física (CPF), além de produção de amostras-padrão na frente do perito, no momento da coleta. Assim, a análise da viabilidade refere-se à avaliação inicial realizada para estabelecer se um determinado exame pericial pode ser conduzido com sucesso. Envolve verificar se existem amostras suficientes, se estão em boas condições para análise e se os métodos disponíveis são adequados para chegar a conclusões confiáveis, ou seja, a análise de viabilidade foca na possibilidade técnica de realizar uma análise pericial. A seguir será descrito o que deve ser observado na análise de viabilidade de amostras dos tipos questionada e padrão em perícia grafotécnica.

Sobre a amostra questionada, ela pode ser original, natodigital, reprografia ou uma peça digitalizada. Embora busque reproduzir visualmente o conteúdo do original, um documento reproduzido ou digitalizado pode perder detalhes físicos e características únicas presentes no documento físico original, embora ainda possa ser aceito em contextos legais, dependendo da digitalização.

O documento natodigital foi criado em formato digital, ou seja, nunca passou pelo meio físico, dessa forma, no que tange à sua admissibilidade, devem ser verificados o *hash* e os metadados, além da estrutura do arquivo. As assinaturas podem ser com ou sem grafismo. Com grafismo é realizada com mesa digitalizadora, e sem grafismo, através de assinatura eletrônica por certificação digital, biometria de *selfie* ou assinatura simples (com *login* e senha).

Os documentos digitalizados precisam ter boa resolução para que possam ser periciados. O Banco Central estabeleceu como requisito técnico a ser observado por instituições financeiras na digitalização de documentos a resolução mínima de imagem de 300 *dots per inch* (dpi). Uma questão a ser observada pelo perito é que, assim como nas cópias reprográficas repetidas, quando um documento digital é impresso e escaneado diversas vezes, sua qualidade gráfica tende a se degradar consideravelmente devido a desajustes entre configurações de escaneamento e impressão, além da menor qualidade comum em escaneamentos comerciais. É a chamada "perda generativa"[8]. Esse declínio é mais acentuado do que na reprografia, resultando em perdas significativas na definição. O mesmo princípio vale para imagens digitais salvas em formatos com compressão (JPG, GIF, PNG, TIF), onde há uma perda de informações progressiva. Esse fenômeno pode ser explorado por examinadores para detectar variações de qualidade em um documento, indicando uma possível falsificação montada em etapas sucessivas.

Sobre a amostra-padrão, com o objetivo de garantir a confiabilidade dos padrões gráficos em análises de escrita, é fundamental levar em consideração critérios de viabilidade. Tais critérios foram apresentados no início deste capítulo, e aqui os apresentamos de maneira específica para a perícia grafotécnica.[9]

- **Adequabilidade:** os padrões devem ser comparáveis aos lançamentos questionados em vários aspectos: estilo de escrita, tipo de assinatura ou texto, e até mesmo nas palavras utilizadas. Detalhes como espaçamento e presença de linhas também desempenham um papel importante nessa comparação.
- **Contemporaneidade:** é necessário que os padrões sejam recentes, próximos no tempo aos lançamen-

tos em análise. O espaço de tempo que vem sendo utilizado entre os profissionais é de dois anos em média. Isso ocorre porque a escrita de uma pessoa pode mudar ao longo do tempo, tornando arriscado comparar escritas muito antigas com as atuais. O perito pode fazer uso de firmas reconhecidas em cartórios e documentos bancários para realizar a sua análise, após a solicitação ao juízo.

- **Espontaneidade:** os padrões de escrita devem refletir a forma natural de escrever, sem influências externas ou tentativas conscientes de modificar a própria escrita. O foco do escritor deve estar no conteúdo e não na forma das letras. Para isso o perito deve conduzir a coleta de maneira que o escritor não perca a atenção do que é ditado.
- **Quantidade:** embora exista um debate sobre o número ideal, sugere-se ter um conjunto maior de repetições dos padrões (em torno de 40 a 60 vezes). Porém, não apenas da assinatura em questão. É crucial para o exame que seja produzida uma variedade de escritas para análise, incluindo diferentes contextos e tipos de textos. O perito deve exercitar o bom senso e levar em consideração a idade e/ou experiência do escritor quanto ao número de repetições de padrões solicitados durante a coleta de amostras.

ADMISSIBILIDADE EM PERÍCIA AUDIOLÓGICA

A perícia em audiologia pode abranger a análise da função auditiva e a análise documental, sendo que a análise da função auditiva consiste na realização de avaliação da audição para o estabelecimento do nexo causal entre o agravo e o ambiente ou o agravo e o processo de trabalho e a análise documental com fim de diagnósticos, prognósticos e condutas que suscitem dúvidas ao juiz[10].

As lides podem envolver a caracterização de uma deficiência auditiva, pedidos de indenização por danos morais e materiais, adicional de insalubridade, nexo causal (agentes otoagressores), confrontos com planos de saúde, acesso aos direitos da pessoa com deficiência (PCD), cumprimento da lei de cotas, bem como a concessão de tratamentos e dispositivos eletrônicos auxiliares da audição (implantáveis ou não)[11]. As perícias para determinação de nexo causal são as mais solicitadas na área.

As amostras nessas perícias podem ser desde prontuários, anamnese, exames audiológicos, exames realizados pelo trabalhador até uma caderneta de saúde infantil, por exemplo. Na área ocupacional outras provas documentais podem ser utilizadas como os relatórios dos Programas de Conservação Auditiva (PCA), Controle Médico de Saúde Ocupacional (PCMSO), Prevenção de Riscos Ambientais (PPRA); de avaliações ambientais, comprovantes de participação em treinamentos, recibos de entrega de equipamento de proteção individual (EPI), certificação e atenuação do EPI, atestado de saúde ocupacional (ASO) e comunicação de acidente de trabalho (CAT).

O profissional deve analisar se os materiais apresentados são adequados e suficientes para a finalidade da perícia, bem como se estão de acordo com as normas técnicas, como descrito em outro capítulo deste livro. Cabe ressaltar que na análise dos documentos o perito também deve se atentar às características de autenticidade e integridade do documento, conforme abordado anteriormente na perícia grafotécnica. O Conselho Federal de Fonoaudiologia (CFFa) apresenta recomendações aos documentos referentes a exames, triagens, hipóteses ou conclusões diagnósticas e laudos das avaliações.

O fonoaudiólogo deve verificar, especialmente em lides trabalhistas, se o material permite responder, no mínimo, as seguintes questões: se existe perda auditiva, se a perda auditiva é permanente ou temporária, se há nexo causal entre a perda auditiva e o ambiente laboral, e se a perda auditiva alegada gera incapacidade laborativa ou alguma desvantagem social[11].

Na investigação da perda auditiva podem ser necessários diferentes procedimentos audiológicos como os testes comportamentais, eletroacústicos e/ou eletrofisiológicos e, na existência da perda auditiva, devem ser considerados fatores como etiologia, tipo, grau da perda auditiva e a idade em que foi adquirido o acometimento. Dessa forma, o material também deve permitir que o perito obtenha essas informações ou que sejam passíveis de serem obtidas posteriormente[12].

Para realização do gerenciamento audiológico a fim de estabelecer o nexo causal entre a perda auditiva e as condições de trabalho, são necessários os exames de referência e sequenciais realizados pelo trabalhador nos períodos de pacto laboral, sendo o admissional, periódicos e demissional compostos por anamnese clínico-ocupacional, exame otológico, exame audiométrico e outros exames complementares[13]. Informações como condições de trabalho (insalubridade), levantamento de riscos e agentes otoagressores, utilização do equipamento de proteção, participação em treinamentos, relatórios de programas de prevenção de riscos também são materiais importantes para estabelecimento do nexo causal.

Nas lides referentes ao nexo causal tendo como periciado a criança, o perito deve entender que o diagnóstico audiológico infantil nunca deve ser definido pelo resultado de um único exame, seguindo-se o princípio do *cross-check*[14]. Dessa forma, é necessária a apresentação ou realização de mais de um procedimento audiológico, sendo eles eletroacústicos, eletrofisiológicos e comportamentais, conforme a idade cronológica, nível cognitivo e desenvolvimento neuropsicomotor da criança.

Os exames audiológicos também são necessários em confrontos judiciais com os planos de saúde para estabelecimento de cobertura de tratamentos especializados ou custeio e reembolsos das despesas na inexistência de profissionais credenciados as redes e em ações que envolvam o cumprimento dos direitos de pessoas com deficiência, como a concessão de benefícios de aposentadoria, cotas em empresas e concursos públicos. Para tal o auditor necessita do laudo caracterizador de deficiência e do audiograma, composto pela audiometria tonal e audiometria vocal, com o nome do paciente em todas as páginas[15]. O laudo deve apresentar a descrição das alterações nas funções e estruturas auditivas, bem como as limitações no desempenho das atividades de vida diária e se há necessidade de apoios para as atividades[16].

Diante do exposto, recomenda-se que para admissibilidade de perícias em audiologia, além do conhecimento técnico na área, sejam fornecidos dados e exames audiológicos que possibilitem a conclusão do laudo pericial.

CONCLUSÃO

A etapa de admissibilidade das evidências periciais deve ser realizada de maneira cuidadosa, pois cada elemento presente nas amostras é crucial para que se possa fundamentar com segurança as conclusões periciais de laudos e pareceres técnicos.

Ao serem aplicados os critérios de admissibilidade nas perícias fonoaudiológicas, destaca-se a importância universal de normas rigorosas e metodologias precisas.

REFERÊNCIAS BIBLIOGRÁFICAS

1. Rehder MI, Pessoa AF, Sanches AP, Gonzalez RCS. Assinatura vocal: perícia de voz e linguagem em casos criminais midiáticos. Campinas: Millennium; 2022.
2. Espindula A. Perícia criminal e cível. 4. ed. Campinas: Millennium; 2013.
3. Brasil. Lei n. 13.105 de 16 de março de 2015. Código de Processo Civil. Brasília: Diário Oficial da União. [Internet] Disponível em: http://www.planalto.gov.br/ccivil_03/_ato2015-2018/2015/lei/l13105.htm. Acesso em: 14 jan. 2024.
4. Rehder MI, Cazumbá LAF, Cazumbá MA. Identificação de falantes: uma introdução à fonoaudiologia forense. Rio de Janeiro: Revinter; 2015.
5. ENFSI. Best practice manuals [Internet]; 2022. Disponível em: https://enfsi.eu/about-enfsi/structure/working-groups/documents-page/documents/best-practice-manuals/. Acesso em: 08 jan. 2024.
6. Barbosa PA, Cazumbá L, Constantini A, Machado A, Passetti RR, Sanches AP. Análise fonético-forense: em tarefa de comparação de locutor. Campinas: Millennium; 2020.
7. Del Picchia Filho J, Del Picchia CMR, Del Picchia AMG. Tratado de documentoscopia: "da falsidade documental". 3. ed. rev. São Paulo: Pillares; 2016.
8. Parodi L. Falsificação de documentos em processos eletrônicos. Rio de Janeiro: Brasport; 2018.
9. Feuerharmel S. Análise grafoscópica de assinaturas. Campinas: Millennium; 2017.
10. Brasil. Conselho Federal de Fonoaudiologia. Resolução CFFa n. 493 de 07 de abril de 2016. Dispõe sobre perícia em Fonoaudiologia e dá outras providências. [Internet] Brasília, Distrito Federal; 2016. Disponível em: https://www.fonoaudiologia.org.br/resolucoes/resolucoes_html/CFFa_N_493_16.htm. Acesso em: 14 Jan 2024.
11. Lima FGA, Advíncula KP. Perícia e assistência técnica em audiologia: uma revisão da prática à luz dos novos preceitos legais. In: Schochat E, et al. (org.). Tratado de audiologia. 3. ed. Santana de Parnaíba: Manole; 2022. p. 688-701.
12. Amaral MIR, Momensohn-Santos TM. Audiometria tonal liminar e de altas frequências. In: Schochat E, et al. (org.). Tratado de audiologia. 3. ed. Santana de Parnaíba: Manole; 2022. p. 97-111.
13. Brasil. Portaria n. 6.734, de 9 de março de 2020. Aprova a nova redação da Norma regulamentadora n.07 – Programa de Controle Médico de Saúde Ocupacional – PCSMSO. Ministério da Economia/Secretaria Especial de Previdência e Trabalho (SEPRT). Seção 1. Brasília: Diário Oficial da União; 13 mar 2020.
14. Brasil. Sistema de Conselhos Federal e Regionais de Fonoaudiologia. Guia de orientações na avaliação audiológica básica. Brasília; 2023.
15. Brasil. Caracterização das deficiências. Orientações para fins de cumprimento do art. 93 da Lei n. 8.213/91. Ministério do Trabalho. Brasília: Diário Oficial da União; 2018.
16. Biz MCP, Zerbeto AB. Classificação Internacional de Funcionalidade, Incapacidade e Saúde (CIF). In: Schochat E, et al. (org.). Tratado de audiologia. 3. ed. Santana de Parnaíba: Manole; 2022. p. 742-56.

84
Perícia de voz

Aline Neves Pessoa-Almeida
Denise Carneiro Berejuk
Roberta Alessandra Randow
Andressa Boer Fronza

PONTOS-CHAVE

- Qualidade da voz.
- Acústica da fala.
- Percepção da fala.
- Sociolinguística.
- Tecnologias e aplicativos de software.

OBJETIVOS DE APRENDIZAGEM

Ao final deste capítulo, o leitor deverá ser capaz de:

- Compreender os pressupostos para desenvolvimento de competências (de domínio cognitivo – conhecimento e reflexão –, de domínio afetivo atitudinal) em perícia conforme ciências forenses, aplicadas em conjuntura interdisciplinar na abordagem da produção vocal.
- Impulsionar tomada de decisão em adotar elementos e parâmetros de abordagem teórico-científica à integração multidimensional de distintas naturezas de dados (como perceptivo, acústico e linguístico) para análises de produção vocal em perícia.
- Localizar e integrar evidências científicas – como de análise perceptivo-auditiva, acústica e de sociolinguística – por meio de ferramentas e instrumentais específicos e que demandam capacitação contínua, aplicabilidade própria e distinta a cada caso.
- Dominar abordagem metodológica integrada de atuação em perícia fonética, conforme evidências alicerçadas em ciências exatas, estatística, tecnologia, gestão e tomada de decisão.

INTRODUÇÃO

A perícia fonético-forense é uma área que congrega abordagem científica dos componentes e efeitos sonoros do aparelho fonador humano registrados em mídia, em perspectiva de buscar evidências que indiquem perfis de falantes com o propósito de suportar ou enfraquecer hipóteses sobre sua caracterização. Ocorre com o mapeamento, a seleção, a análise e a comparação desses vestígios de voz, fala e linguagem, para alcançar evidências técnicas e especializadas que podem revelar detecção (ou não), para o estabelecimento de semelhanças e/ou diferenças em descrições de indicadores e balizadores, por meio de metodologias, para dirimir incertezas, suspeitas ou questões-problemas nas esferas em que tramitam processos judiciais e/ou administrativos e securitários[1-4]. Aplica-se na elucidação de fatos de interesse da Justiça, de órgãos investigativos, agências reguladoras, órgãos administrativos, de seguradoras ou de particulares, como no caso da perícia extrajudicial.

Exames dessa natureza, como o de comparação de locutores, podem ser aplicados por diferentes posições laborais e profissionais em fazer pericial, enquanto assistente técnico, perito oficial criminal, perito *ad hoc* ou auditor. Em análise integrada da fala em naturezas Perceptiva, Acústica e Articulatória/Fisiológica, a relação entre produção e percepção da fala é intrínseca e considerada em diversificados contextos e constituídos meios de investigação instrumental, de natureza dinâmica[1,3,5-7]. Assim, o sinal de fala é um fenômeno no qual o produto de fontes de voz e de ruído e dos efeitos de ressonância causados pelo trato vocal demonstram-se resultantes de efeitos que, outrossim, são determinados, bem como relacionados, ao sistema auditivo e ao sistema nervoso central[8-10]. Portanto, remetem ao conhecimento das bases fisiológicas, acústicas e conjuntamente cognitivas implicadas na produção e percepção da fala. Destacadamente pressupostos consagrados pela Fonoaudiologia brasileira legitimam esta área de especialidade com competências específicas e colaborativas para o trabalho em equipe interprofissional em integração de ciências biológicas, humanas, exatas e em tecnologia.

As amostras de produção vocal submetidas à análise pericial apresentam contexto discursivo não balanceado ou previsível e sequer são controladas em condições acústicas ideais para análises absolutas – quando estimada uma situação de confronto de amostras, as desafiantes amostras de produção vocal são adjacentes à singular situação conversacional: movimentação de postura de corpo, de cabeça e pescoço, acústica do ambiente, estado emocional, estilo, características dos equipamentos de captura do som, disfarces, bem como outros fatores, além do mais, com propriedades dinâmicas[1-4,11,12]. Cada ocasião metodológica de análise revela considerações inéditas e decisões sobre a abordagem do fenômeno em sua condição[11-14].

Modelos teórico-metodológicos permitem explorações a partir de pressupostos da Teoria Acústica da Produção de Fala (TAPF), Teoria Quântica, Teoria da Dispersão e pelo Princípio do Mínimo Esforço, Modelo de Dinâmica da Tarefa, Fonologia Articulatória ou, então, Fonologia Acústico-Articulatória ao recuperar o auditivo e considerar um elo entre ele e o articulatório e outras[5], que comportam complexidades de efeitos linguísticos, extralinguísticos e paralinguísticos sofridos pelo falante e suas características anatomofisiológicas próprias e de plasticidade que devem ser consideradas[5-10]. Não obstante, depara-se com possíveis efeitos que podem ser da natureza do registro da amostra ou próprios da plasticidade do aparelho fonador: o indivíduo poderia estar, na ocasião, sob influência de drogas ou de efeitos agudos como um quadro viral respiratório. É notório que comparações complexas e variáveis dessas conjunturas repercutem em desafios e incitações metodológicas nos quais aproximados e/ou equivalentes auditivos podem ser referentes a interlocutores distintos ou, então, atributos sonoros diversos podem designar o mesmo interlocutor em uma oitiva leiga[15-18].

Isso posto, a apuração sobre os fatos, como condição primordial, considera o desenvolvimento de competência na apreciação perceptivo-auditiva em processamento auditivo central[15,16] em tomadas de decisões que existem desde os preliminares contatos com a amostra a ser analisada: a aplicabilidade e a execução de metodologias requerem, imprescindivelmente, capacitação ao fazer pericial na qual propositalmente prepara-se cognitivamente em decisões de imparcialidade e ética, em busca pela verdade e justiça no sistema legítimo daquela sociedade, pois bem, em balizadores e rigores jurídicos aos elementos técnico-comparativos considerados no exame[2,14,17].

Afora dados de distintas naturezas que são integrados e considerados a partir de formação específica sobre os preceitos em fonética forense, destacam-se as competências desse fazer pericial em áreas de ciências exatas, estatística e tecnologias (de processamento digital de sinais, de eletrônica, de coleta, entendimento sobre a qualidade e admissibilidade de amostras e de análise e interpretação de naturezas científicas dos dados)[1-4,13,14,18].

Adiante apresentam-se três subtópicos que descrevem os preceitos elementares em perícia fonético-forense: (1) Anatomofisiologia de cabeça e pescoço em Voz em interface com inventário fonético do Português Brasileiro; (2) Sociolinguística e interface com Cognição e Linguagem para o contexto fonético-forense; e (3) Qualidade Vocal: Fonética Perceptivo-auditiva e Acústica.

ANATOMOFISIOLOGIA DE CABEÇA E PESCOÇO EM VOZ*, INVENTÁRIO FONÉTICO E CONSIDERAÇÕES SOBRE O SINAL ACÚSTICO

Em deferência aos preceitos acerca da TAPF e, assim sendo, à plasticidade do aparelho fonador, conhecer o ser humano em sua dimensão biológica, conforme anatomofisiologia, remete metodologicamente à interpretação heurística em teoria da fonte e filtro na produção da fala, que é inter-relacionada com a respiração e a deglutição[7]. Logo, tais conhecimentos integram e impactam na apreciação de sons produzidos pelo aparelho fonador humano, sendo

* A esta ocasião a denominação do pressuposto teórico adotado considera indissociabilidade entre conceitos da Fala e Voz.

eles de natureza linguística ou não – como eructação, espirro, engasgo, clique e outros em singulares condições que particularmente podem ser considerados na perícia. Admite-se a existência de uma fonte sonora, que provê a entrada acústica no sistema, e de um filtro, que modula essa fonte com o objetivo de realizar os mais diversos sons. O conhecimento integrado de estruturas, funções e relações excede o entendimento sobre condições clínicas ou de alteração – em decisões sobre normalidade ou patologias. Impacta a investigação científica pericial no esclarecimento de balizadores e indicadores de combinações, tendências e efeitos em sistema desse aparelho fonador ao longo da fala, a descreverem e evidenciarem parâmetros determinantes de distintas naturezas integradas, em análise forense na qual compreende o dinamismo e influências do sistema[19].

A corrente de ar vinda dos pulmões percorre a traqueia e, ao chegar até a laringe (com função na respiração, proteção das vias aéreas e fonação), sofre alterações por conta dos movimentos vibratórios das pregas vocais*, em um fenômeno no qual essa vibração depende tanto das forças relacionadas ao fluxo aéreo expiratório quanto do componente de controle neuromuscular ao aproximá-las na linha média. Desta forma, a região laríngea é caracterizada por ser a fonte da voz. Em tal caso, a corrente de ar egressiva advinda da câmara iniciadora (pulmões) e após ser modificada na fonte de voz percorre o trato vocal, onde ocorrem transformações de concentração de energia no que diz respeito aos efeitos de amortecimento e ressonância. Modificações desse trato vocal que causam obstruções de articuladores geram fontes de ruídos ou efeitos de caixas ressoadoras que modulam a característica da voz que emergiu da fonte glótica.

Nesse processo, regiões de concentrações de energia caracterizam-se na combinação de filtros que determinam amplificação ou absorção de energia do processo oscilatório das partículas de ar que compõem a fonte de voz e que são modificadas a cada ajuste dos articuladores e ressoadores. A compreensão sobre o funcionamento anatomofisiológico e morfológico do trato vocal e sistema sensório-motor oral torna-se base para observação lógica sobre um sistema de estruturas em ações interdependentes[2,5-7]. Assim como as estruturas laríngeas (cartilagens, ligamentos, membranas e músculos) em funções sensoriais ou motoras, toda a inervação e as conexões neurofuncionais nas quais o processamento de informações no sistema nervoso e no cérebro também estão envolvidas na abordagem de interpretação da plasticidade do aparelho fonador, em diferentes ciclos da vida**.

A enfocar o entendimento sobre o aparelho fonador, considera-se a análise das características dos sons de uma determinada língua utilizados na comunicação humana (representados em um sistema de notação de símbolos) e que congregam o inventário fonético[1-5], em que efeitos de longo termo são indissociáveis aos de curto termo, conforme parâmetros fisiológicos, articulatórios e acústico[5,7].

Sobre o domínio em processamento de sinais para propósito fonético forense, destacam-se como relevantes a essas competências do fazer pericial o domínio em análise e manuseio de sinais sonoros (analógicos e digitais), tipos de conversão analógico-digital do sinal de dados de áudio, amostragem, reamostragem e quantização, preceitos como o do Teorema de Amostragem de Nyquist, tipos de filtros – manuseio, principais *codecs* de reprodução e *softwares* de edição***, *containers* de áudio, efeitos e impactos da transmissão de som por canais telefônicos ou de dados. Irrefutavelmente, as condições acústicas do ambiente (como excesso de reverberação, ruídos, distância e qualidade do microfone, movimentação do falante, entre outros) em que a amostra de voz foi registrada impactam na qualidade da gravação. Outrossim, deve-se considerar e interpretar tais efeitos acústicos do ambiente no falante – exemplificadamente a mudança das características de produção vocal quando em ambiente ruidoso ou situações de fala espontânea em que há uso de objetos na face como balaclava e máscara facial (comumente adotada após período de pandemia pela

* A Teoria Mioelástica Aerodinâmica, de Van Den Berg (1958), refere-se à inter-relação de forças de duas naturezas: a da elasticidade dos músculos laríngeos e das forças físicas aerodinâmicas da respiração.

** Ver *Projeto Homem Virtual* da USP FOB Bauru. Trata-se de uma ferramenta educacional interativa de comunicação gráfica sobre saúde e corpo humano.

*** A exemplificar: Ocenaudio® (www.ocenaudio.com), Audacity® (www.audacityteam.org) ou Sound Forge Edit®. Praat (www.praat.org), Spectrogram, ou VoxMetria® (CTS Informática, versão 4.5h), o MDVP® (*Multi-Dimensional Voice Program – Multi Speech 3700®*, modelo 5105, da *Kay Elemetrics Corporation, Germany*) e o Programa *Sona-Graph 5500* da *Kay Elemetrics DSP®* têm sido adotados para as análises conduzidas de forma manual ou automaticamente, esta última possível a partir da aplicação de *scripts*.

COVID-19*), que culminam em efeitos adversos ocasionados no sinal da fala[20,25].

SOCIOLINGUÍSTICA E INTERFACE COM COGNIÇÃO E LINGUAGEM PARA CONTEXTO FONÉTICO-FORENSE

Elementos da estruturação de linguagem e relacionados ao contexto biopsicossocial têm sido utilizados para análise das características e padrões adotados pelo indivíduo[1-4,21]. Além das propriedades acústicas sobre como os vocábulos são pronunciados, a escolha e a organização em sentenças pertencentes a determinadas conjunturas designam identidade. Além do mais, o uso de expressões idiomáticas ou jargões específicos, entre outros elementos, pode trazer inferências em estruturações de: Fonologia, Semântica, Sintaxe e Pragmática. Notadamente a Sociofonética tem permitido entendimento sobre a relação entre a variação e o uso dos sons da fala e os aspectos sociais de uma comunidade. A análise de sotaque e dialeto deve ser tomada com cautela conforme supostamente indicativos populacionais esperados – podem fornecer informações sobre sua origem ou experiência geográfica, social e cultural. Elementos linguísticos podem ainda estar associados a determinadas comunidades ou agrupamentos ideológicos e políticos. Repertórios dessa natureza podem lograr fornecimento de indícios sobre o nível de educação, profissão ou origem social do indivíduo, bem como nível socioeconômico ou mudanças de contexto social em que o falante está inserido ou até mesmo momentâneo, por convivência temporária, e conforme estilo de comunicação – uso de gírias, expressões idiomáticas e metáforas –, fortemente influenciados por fatores socioculturais e de identidade[21].

Metodologias em descrições sobre o Comportamento Comunicativo podem abranger evidências de parâmetros de integração de naturezas de dados a serem correlacionados como singulares ao indivíduo: por exemplo, a risada ou o choro podem sinalizar padrões de controle neurológico involuntários adotados a fornecer *insights* que alcançam dados fonéticos a serem investigados em situações como a de simulação/disfarce. Sendo assim, pressupostos em Sociolinguística alicerçam análises vigorosas que sejam prenúncio das relações entre sociedade e língua em considerações sobre atributos e efeitos e, isso posto, conforme Geografia e Atlas Linguístico, em particularidades da descrição variacionista do Português Brasileiro (PB), e propriedades como as de alçamento da vogal, ditongação e monotongação, epêntese, aférese, apócope e síncope, sândi externo, haplologia e elisão silábica, variações de consoantes e vogais e, ainda, efeitos como os que envolvem os róticos do PB.

Dados científicos sobre a cognição e tomada de decisão em perícia referem-se aos processos mentais e à capacidade de processar e interpretar informações relacionadas ao caso em análise. Sabe-se que há expressiva quantidade de vieses cognitivos a que o ser humano está suscetível. No âmbito forense, esses erros podem ser sistemáticos, inconscientes, não intencionais e podem contaminar cognitivamente o trabalho pericial conforme categorias como as relacionadas ao caso específico, ao ambiente, à cultura e à experiência de quem analisa e à própria natureza humana.

Não obstante os vieses cognitivos não sejam passíveis de extinção, seus efeitos podem ser mitigados a partir de uma reflexão crítica e analítica sobre as práticas utilizadas na atividade pericial e atenção aos fatores que podem conduzir a erros[14]. Assinala-se, portanto, a relevância de se conscientizar e compreender as fontes de enviesamento, de modo a adquirir a capacidade de detectá-las, bem como de desenvolver métodos e promover ajustes para minimizar sua influência nas decisões periciais. Destaca-se o impacto que pode advir de informações contextuais irrelevantes para a tarefa pericial, como a confissão ou o reconhecimento por testemunha do indivíduo cuja voz é objeto de exame e o acesso a detalhes relacionados ao fato em apuração, os quais podem, inclusive, estar contidos nos próprios registros de áudio.

Para se evitar viés de confirmação provocado por esse tipo de informação *a priori*, sugere-se, entre outras medidas, que haja um gestor do caso, também especialista na área, que realize uma filtragem das informações disponíveis, bem como a verificação da admissibilidade e preparação do material para posterior repasse do caso ao perito que realizará as análises. Recomendação de igual importância com vistas à redução do enviesamento forense é a revisão por pares sem o conhecimento prévio do perito revisor acerca do teor do parecer ou do laudo pericial, sobretudo no tocante aos achados e à conclusão, de forma a assegurá-lo a oportunidade de interpretar os dados e alcançar os resultados antes de ser exposto à conclusão do perito relator, garantindo que os dois examinadores emitam suas conclusões de forma independente.

* Menor mobilidade de articuladores (lábios, língua e mandíbula), maior probabilidade de presença de ajustes de tensão muscular geral, efeitos de escutar-se enquanto fala utilizando tais elementos que oferecem impactos em coordenação pneumofonoarticulatória. Acusticamente, o uso de máscaras faciais pode trazer repercussões das condições do filtro acústico para a fala, que no geral atenuam, filtram e/ou distorcem principalmente altas frequências.

QUALIDADE VOCAL – FONÉTICA PERCEPTIVO-AUDITIVA E ACÚSTICA

Em fenômenos de amplificação ou absorção de energia e em processo oscilatório de diferentes regiões do trato vocal, as partículas de ar que compõem a fonte de voz são dinamicamente modificadas a cada nova condição de ajustes de articuladores e ressoadores – assim, o aparelho fonador produz sons da língua, com características articulatórias e acústicas[7].

Segmentos (consoantes e vogais) e a relação entre eles apresentam elementos constitutivos que revelam propriedades que, bem como em estruturação da prosódia, designam componentes em nossa fala potencialmente evidenciadores de características singulares de um falante[2,3,7]. Os elementos prosódicos organizam nossos enunciados, moldando nossa maneira de falar por meio do concurso de modificações articulatórias que se manifestam acusticamente em unidades prosódicas e essa estruturação pode ser abordada pelos aspectos perceptivos, articulatórios e funcionais concernentes – são contempladas as características da entoação, do ritmo, da sílaba, da taxa de elocução, da taxa de articulação, da pausa[3].

A qualidade vocal, enquanto domínio prosódico – e que é congregada à dinâmica vocal –, conjectura, discrimina e permite dados de atributos e particularidades para descrição do produto sonoro, em perspectiva de longo termo, de um falante. Na abordagem da avaliação perceptivo-auditiva* de qualidade vocal e dinâmica vocal, estabelece-se, a partir do modelo teórico, o desenvolvimento de aptidões em estratégias de processamento de informação e ordenação do conhecimento a partir de decisões que dependem de competências em escuta conforme experiência, maturação e aperfeiçoamento do indivíduo em treinamento ao uso de instrumentos[1,2,13,16,18]. Dos protocolos adotados em clínica fonoaudiológica para descrição vocal, trivialmente torna-se revés e indistinta a esta ocasião (em perícia forense) a aplicabilidade de atributos que abordam foco sobre traços que enquadram traço ou determinantes (ou não) de alteração ou patologias, sem embargo disso, instrumentos desta natureza (clínica), são utilizados, na ocasião da perícia em voz e singularmente podem trazer evidências.

O modelo fonético tem sido utilizado para a descrição da qualidade e dinâmica vocais com intuito forense[16,22,23]. A este olhar concerne entendimento sobre quais são aquelas características que estão presentes de forma recorrente, logo, o tempo todo em que uma pessoa está falando, ou então sobre qualidade quase permanente percorrendo todos os sons que emanam da boca do falante[23]. Com tais características, na interpretação componencial de fenômenos diante da inter-relação entre laringe, supralaringe e tensão muscular geral, elucida-se o perfil vocal da amostra. Atribui-se ao preceito heurístico de análise considerando o inventário fonético da língua diante de efeitos e correlações de interdependência entre componentes segmentais, a considerar que o cérebro humano desenvolve tecnicamente competências em análise de fonética perceptiva.

O *Voice Profile Analysis Scheme*-Portugês Brasileiro-VPAS-PB[7] (Figura 1) é um instrumento de avaliação perceptiva da qualidade e de dinâmica vocais, constituído por uma relação de descritores em pressuposto de modelo fonético traduzido e adaptado para o português brasileiro. A partir de princípios deste modelo, como os de combinabilidade e suscetibilidade de *settings*** – traduzido ao Português brasileiro como "*ajustes*", configuram-se enquanto referência tal como *neutros* (ausência no trato vocal no que tange efeitos constritivos ou expansivos e efeitos de alongamento ou encurtamento). Essa análise de longo termo tem como balizadores e indicadores os segmentos-chave (sentenças-chave), nos quais o avaliador deve ser treinado e capacitado ao uso do referido instrumento para aplicar duas etapas de oitiva: de identificação de ajustes não neutros com análise dos segmentos suscetíveis a esta conjuntura. O módulo de dinâmica vocal desse referido instrumento descreve análise de elementos *pitch* e *loudness* (médio, extensão e variabilidade), tempo (continuidade e taxa de elocução) e efeitos de outros, como o de suporte respiratório à caracterização do perfil de um falante. Ademais, é possível indicar graus do ajuste não neutros adotados em variação de um até seis. Os graus quatro, cinco e seis de ajustes não neutros adotados são considerados condições de extrema variabilidade e que podem indicar influências advindas de alteração/patologia ou, então, pistas de efeitos adotados em, exemplificadamente, simulação/manipulação, nas quais um determinado equivalente auditivo está

---

* Nas abordagens fonéticas perceptivo-auditivas em algumas situações em que não há imagem ou em ocasiões de coletas, tornando-se, além de perceptivo-auditivas, também perceptivo-visuais (neste caso, quando comparar coleta questionada com padrão atentar-se ao viés cognitivo, sobre a relação entre a audição e visão na percepção da fala).

** "Característica recorrente traduzida como uma tendência do aparelho fonador em se submeter a um ajuste muscular particular de longa duração"[16,22].

sendo alcançado sob condições extremas àquele sistema e que trazem detrimentos em conjuntura de análise conforme princípios do modelo fonético.

Recursos tecnológicos para gravação e edição de som, tais como o *Ocenaudio*®, *Audacity*®, ou *Sound Forge Edit*® têm auxiliado captura, processamento e análises metodológicas por meio de medidas acústicas de gravações de fala à integração de evidências científicas. *Softwares* como o Praat (www.praat.org), Spectrogram, VoxMetria® (*CTS Informática*, versão 4.5h), MDVP® (*Multi-Dimensional Voice Program – Multi Speech 3700*®, modelo 5105, da *Kay Elemetrics Corporation, Germany*), Programa *Sona-Graph 5500* da *Kay Elemetrics DSP*® e outros têm sido adotados para as análises conduzidas de forma manual ou automaticamente, como por meio de aplicação de *scripts**. Considerando a *corpora* de produção de fala espontânea, as tecnologias têm permitido ultrapassar restrições das medidas absolutas e segmentais e integrar as possibilidades de entendimentos sobre variabilidade e evolução de parâmetros em longo termo considerados em medidas relativas.

Essa análise é comumente engajada por meio da inspeção acústica na qual, desde etapas iniciais, ocorre exploração do *corpus*, com procedimentos de etiquetagem e registros de trechos a serem destacados como relevantes à extração de medidas acústicas. Múltiplas possibilidades de entendimento de parâmetros, tanto em medidas da frequência – fundamental (f0) e formânticas (F1 à F4), da intensidade e da duração, outrossim das análises conforme padrões acústicos das ondas e de sua decomposição em forma de espectrogramas, espectros, em curto (exemplificadamente por meio de Análise de *Fourier*, Análise de LPC, Análise cepstral) e longo termo em observâncias estatísticas em variabilidade e evolução de frequência e de intensidade.

A prosódia tem sido um amplo espaço de apuração de natureza multidimensional com teor discriminatório em análises de evolução e variabilidade. Das unidades prosódicas, estudos têm desvendado fortes balizadores de: sílaba, pé, palavra fonológica, grupo acentual, sintagma entoacional, enunciado, bem como de parâmetros extraídos do ritmo da fala (taxas de elocução e articulação) e entoação da fala, com modelos de exploração métrica de tom de fronteira e acento de *pitch*[3,21]. O Quadro 1 apresenta as principais medidas em curto termo e longo termo a serem consideradas para a realização de análise acústica em fonética forense.

Crescentemente, inovações em tecnologias permitem composição de banco de dados e rotas metodológicas, propostas por órgãos, instâncias científicas nacionais e internacionais. No Brasil, a Secretaria Nacional de Segurança Pública, do Ministério da Justiça e Segurança Pública, e o Instituto Nacional de Criminalística, pertencente à Polícia Federal, têm capacitado peritos oficiais criminais federais e das polícias científicas estaduais de acordo com as metodologias aplicadas internacionalmente e com fortalecimento em padronização metodológica da perícia oficial no âmbito criminal.

CONCLUSÃO

A compreensão sobre pressupostos para o desenvolvimento de competências em perícia de produção vocal, a integração de evidências científicas – tal como de análise perceptivo-auditiva, acústica e de sociolinguística – por meio de instrumentais específicos, demandam capacitação contínua e aplicabilidade própria e distinta a cada caso. São alicerçadas em ciências exatas, estatística, tecnologia, gestão e tomada de decisão, com considerações éticas, legais, de integração dinâmica e multivariável interdisciplinar. Há reverência a modelos de decisões componenciais que sejam sensíveis ao dinamismo, plasticidade, evolução e variabilidade da fala espontânea, advinda de condições de adversidades de propriedades das amostras.

Decerto encerra-se com o incentivo ao crescimento contínuo em desenvolvimento de recursos humanos e tecnológicos com metodologias científicas, acreditando que no Brasil o fonoaudiólogo tem destaque em congregação e colaboração interdisciplinar. Ao considerarmos estratégias futuras que emparelhem investigações criminais nesta área, observam-se doravante desafios em feitos com inteligência artificial para produção (lícita, contudo também às atuais utilizações de adulterações) em vozes sintetizadas, que trazem inaugurais perspectivas metodológicas.

* *Script* designa sistema de programação conforme execução predeterminada por algoritmos, que permitem automatizar a execução de tarefas que seriam executadas por um operador humano. São regras prescritivas para aplicação de fórmulas nas quais trazem medidas a partir de lógicas de cálculo. Funcionam como sequências de comandos, as quais demandam, quase sempre, a etiquetagem e a segmentação prévia da gravação.

PRIMEIRA PASSADA		SEGUNDA PASSADA						
Neutro	Não neutro	AJUSTE	Moderado			Extremo		
			1	2	3	4	5	6
		Arredondados/protraídos						
		Estirados						
		Labiodentalização						
		Extensão diminuída						
		Extensão aumentada						
		Fechada						
		Aberta						
		Protraída						
		Extensão diminuída						
		Extensão aumentada						
		Avançada						
		Recuada						
		Avançado						
		Recuado						
		Elevado						
		Abaixado						
		Extensão diminuída						
		Extensão aumentada						
		Constrição						
		Expansão						
		Escape nasal audível						
		Nasal						
		Denasal						
		Elevada						
		Abaixada						
		Hiperfunção						
		Hipofunção						
		Hiperfunção						
		Hipofunção						

AJUSTE	Presente		Graus de escala					
	Neutro	Não neutro	Moderado		Extremo			
			1	2	3	4	5	6
Modal								
Falsete								
Crepitância/*vocal fry*								
Voz crepitante								
Escaoe de ar								
Voz soprosa								
Voz áspera								

FIGURA 1 Roteiro de análise perceptivo-auditiva VPAS-PB[16]. (*continua*)

DINÃMICA VOCAL		**Neutro**	**AJUSTE**	**Moderado** 1	2	3	**Extremo** 4	5	6
D. ELEMENTOS PROSODICOS									
13. *PItch* (f0)	Habitual		Elevado						
			Abaixado						
	Extensão		Diminuída						
			Aumentada						
	Variabilidade		Diminuída						
			Aumentada						
14. *Loudness* (intensidade)	Habitual		Aumentado						
			Diminuído						
	Extensão		Diminuída						
			Aumentada						
	Variabilidade		Diminuída						
			Aumentada						
15. Tempo									
Continuidade			Interrompida						
Taxa de elocução		Lenta	Rápida						
			Lenta						
16.0UTROS ELEMENTOS									
Suporte respiratório			Adequado						
			Inadequado						

FIGURA 1 (*continuação*) Roteiro de análise perceptivo-auditiva VPAS-PB[16].

QUADRO 1 Roteiro de parâmetros à análise acústica à aplicabilidade fonético-forense

- Dispositivos utilizados no registro e à exploração de parâmetros, como: sistema de gravação, microfone, distância boca-microfone, qualidade dos registros, parâmetros de digitalização, formato do arquivo, número de canais (mono/estéreo), taxa de amostragem (Hertz) e outras configurações, ferramentas, *softwares* e/ou *scripts* aplicados conforme etapa (inspeção e/ou coleta e/ou análise).*
- Inspeção e descrição da amostra para decisões à análise e/ou coleta a ser realizada: requisitos de admissibilidade e contextos da produção da fala do áudio (fala espontânea, nomeação, leitura, emissão sustentada ou singular situação de coleta foneticamente conduzida), notações sobre efeitos de posição do falante e da acústica do ambiente no sinal da fala a ser analisado e no falante na ocasião (exemplos: se áudio capturado em distância aumentada entre falantes, condições acústicas do ambiente, se conversa telefônica, se falante a utilizar máscara).
- Segmentação fonética – etiquetagem, manipulação e, se for o caso, concatenação.
- Parâmetros acústicos e medidas de curto termo/segmental: comparação com descrições fonético-acústicas do Português Brasileiro.
- Notações e análises sobre regularidade de pulsos no tempo (vogais e consoantes ressoantes: líquidas, nasais e semivogais); definição de fontes de ruído (consoantes obstruintes – plosivas (ruído transiente), fricativas (ruído contínuo) e africadas (ruído transiente e contínuo).
- Sons obstruintes: fonte de ruído contínuo (consoantes fricativas com e sem fonte de voz): caracterização de centroides do ruído (faixas de frequência de amplificação); medidas de duração (ms); fonte de ruído transiente (consoantes plosivas com e sem fonte de voz): medidas de *Voice Onset Time – VOT* – tempo de início de sonorização (contextos – consoantes nas sílabas tônicas), medidas de duração (ms); fontes de ruído contínuo e transiente (consoantes africadas com e sem fonte de voz): medidas de duração (ms).
- Sons ressonantes: fonte de voz com estrutura formântica (vogais; consoantes laterais, vibrantes, flapes/tepes e nasais) e semivogais: medidas de duração (milissegundos); medidas de padrão de formantes de vogais orais [a] [ɛ] [e] [i] [o] [ɔ] [u] e de correspondentes nasais. Frequência fundamental e derivadas de frequência fundamental, formantes (Hertz): F1, F2, F3, F4, intensidade (decibel), largura de banda (Hertz): B1, B2, B3, B4, antiformantes.
- Inspeção e análise: róticos do Português Brasileiro.
- Análise de Fourier. Análise de *LPC-Linear Predictive Coding*. Análise cepstral.
- Espectrograma de banda larga, por meio dos domínios de: frequência: medidas de gama tonal (Hertz), medidas de perturbação – *jitter*, medidas de ruído, HNR – *Harmonic to Noise Ratio*, NNE – *Normalized Noise Energy*, medida de regularidade, SPI – *Soft Phonation Index*; intensidade: inspeção de contornos de intensidade em sentenças, medidas de faixa dinâmica (decibel), medidas de perturbação – *shimmer*, harmônicos: H1-H2, ênfase espectral; duração: medidas de pausas silenciosas (milissegundos), medidas de taxa de elocução – incluindo pausas (unidades vv/s; sílabas/s; palavras/minuto), taxa de articulação – excluindo pausas (unidades vogal-vogal – VV/s; sílabas/s) – medidas de duração das unidades VV (vogal-vogal); multivariada e multidimensional: qualidade vocal: espectro médio de longo termo – ELT, medidas de declínio espectral (decibel), medidas de frequência (Hertz), *baseline* e *baseline* alternativo de f0 (Hertz), intensidade do pico espectral (decibel), proporção alfa (decibel), aplicação de *scripts* para medidas normalizadas de evolução e variabilidade.

* A este roteiro: considerar se concernente à ocasião de exploração de medidas acústicas para amostra questionada ou a ser coletada. Considerar diferentes autores e grupos de pesquisa com metodologias científicas para aplicação da referida análise.

REFERÊNCIAS BIBLIOGRÁFICAS

1. Gomes ML de C, Carneiro D de O. A fonética forense no Brasil: cenários e atores. Language and Law/Linguagem e Direito [Internet]. 2017 May 30 [cited 2024];1(1). Disponível em: https://ojs.letras.up.pt/index.php/LLLD/article/view/2442.
2. Cazumbá LAF, Sanches, AP. Análise Fonético-Forense em tarefa de comparação de locutor. In: Manual de fonética acústica experimental: aplicações a dados do português. Cortez Editora; 2015.
3. Barbosa PA, Madureira S. Manual de fonética acústica experimental: aplicações a dados do português. Cortez Editora; 2015.
4. Rehder MI, Pessoa AF, Sanches AP, Gonzalez RCS. Assinatura vocal: perícia de voz e linguagem em casos criminais midiáticos. São Paulo: Editora Millennium; 2022.
5. Gregio FN, Madureira S, Gama-Rossi AJ, Camargo Z. Modelos teóricos de produção e percepção da fala como um sistema dinâmico. Revista Cefac. 2006;8(2):244-7.
6. Lindblom B, Öhman S (eds.). Frontiers of speech communication research. London: Academic Press; 1979.

7. Camargo Z, Marchesan IQ. Evaluación integrada del habla. In: Tratado de evaluación de motricidad orofacialy áreas afines. v.1. Madrid: Instituto de Orientación Psicológica Eos; 2014. p. 507-26.
8. Johnson, K. Acoustic And Auditory Phonetics. 2.Ed. Malden:Blackwell, 2003
9. Boothroyd, A. Speech Acoustics And Speech Perception. Allyn And Bacon, Boston, 1986
10. Pickett J. The acoustics of speech communication. Boston: Allyn & Bacon; 1999.
11. Foulkes P, French P. Forensic speaker comparison: a linguistic-acoustic perspective. In: Solan LM, Tiersma PM (eds.). The Oxford Handbook of Language and Law. Oxford: Oxford Academic; 2012.
12. Kent R, Read C. The acoustic analysis of speech. San Diego: Singular Publishing; 1992.
13. Gold E, French P. International practices in forensic speaker comparison. International Journal of Speech, Language and the Law. 2011;18:293-307.
14. Morisson AL, de Andrade BG, Palhares Machado CE, Gil Innocencio Reis PM, Oliveira Ribeiro R, Randow Corrêa RA, et al. Exames de registros de áudio e imagens: Recomendações técnicas para a padronização de procedimentos e metodologias. In: Tochetto D, Espindula A (orgs.). Criminalística: procedimentos e metodologias. 5. ed. Campinas: Millenium; 2022. p. 361-96.
15. Guedes AC, Constantini AC, Gielow I, Amaral MIR do, Lopes LW. Habilidades de processamento auditivo central e exame pericial de comparação de locutor. Audiol, Commun Res [Internet]. 2023;28:e2829.
16. Camargo Z, Madureira S. Dimensões perceptivas das alterações de qualidade vocal e suas correlações aos planos da acústica e da fisiologia. Rev Delta – Documentação de Estudos em Linguística Teórica e Aplicada PUCSP. 2009;25(2):285-317.
17. Constantini AC. Caracterização prosódica de sujeitos de diferentes variedades do português brasileiro em diferentes relações sinal-ruído. Dissertação (Doutorado em Linguística). Campinas: Universidade Estadual de Campinas; 2014.
18. Wulf AN, Cruz PJA, Rosa BCS, Santos TD, César CPHAR. Ferramentas e protocolos utilizados na perícia criminal relacionados à voz: revisão de literatura. Dist da Comunicação. 2020;32(1):52-63.
19. Behlau M, Madazio G, Feijó D, Pontes P. Avaliação da voz. In: Behlau M (org.). Voz – o livro do especialista. v. I. Rio De Janeiro: Revinter; 2001. p. 86-180.
20. Grassi J, Oliveira IB, Chiriboga LF, Maia AA, Attianezi M, Pessoa-Almeida AN. Effects on communication due to face mask use: an integrative review. Rev Bras de Enf. 2023;76(4);E20220674.
21. Gonçalves CS, Brescancini CR. Considerações sobre o papel da sociofonética na comparação forense de locutores. Language and Law/Linguagem e Direito. 2014;1(2):67-87.
22. Laver J, Wirs S, Mackenzie J, Hiller SM. A perceptual protocol for the analysis of vocal profiles. Edinburg University Department Of Linguistics. 1981;14:139-55.

85

Perícia de Face

Carla Patrícia Hernandez Alves Ribeiro César
Silvana Bommarito Monteiro
Renan Costa Loyola

PONTOS-CHAVE

- Face.
- Antropometria.
- Diretrizes forenses para a perícia facial.

OBJETIVOS DE APRENDIZAGEM

Ao final deste capítulo, o leitor deverá ser capaz de:

- Conhecer as técnicas utilizadas para a perícia de identificação humana facial.
- Reconhecer os métodos de análise facial.
- Identificar os aspectos que oferecem maior robustez na identificação humana forense facial.

INTRODUÇÃO

Pela face humana podemos conhecer a aparência de uma pessoa e obter informações como seu estado emocional, idade e etnia, entre outras características, permitindo interagir e reconhecê-la em diferentes situações[1].

Na esfera jurídica pode haver evidências em espaços cibernéticos ou em mídias com armazenamento em computadores, *tablets*, celulares ou *drives* que possibilitem a análise facial de forma comparativa pela biometria facial, desde que acostadas a determinado processo judicial[2].

A identificação humana da face pode ser realizada por meio de quatro ferramentas: 1) retrato falado, cujos aspectos físicos da face são descritos e sua representação gráfica é efetivada seja por meio de desenho manual ou com auxílio de recurso tecnológico; 2) reconstrução facial forense, na qual a morfologia facial é obtida através da restauração de tecidos moles com os músculos e com os tecidos ósseos subjacentes de crânios não identificados, devido a cadáveres fragmentados, decompostos ou esqueletizados, por meio de habilidades artísticas (modalidade manual) e, mais recentemente, com o auxílio de tecnologias computadorizadas que envolvem terceira dimensão; 3) projeção do envelhecimento, rejuvenescimento e disfarce, a partir de dados preexistentes; e 4) identificação, na qual há a comparação das faces, podendo ser ou não automática. Todas se valem de construtos da anatomia e são utilizadas em consonância com as demais perícias[2,3], como citado nos capítulos desta seção.

Para tanto, grupos de trabalho na área têm se esforçado no intuito de oferecer subsídios para a prática pericial, entre os quais o *Facial Identification Scientific Working Group* (FISWG), o *European Network of Forensic Science Institutes* (ENFSI) e o *Overseas Security Advisory Council* (OSAC).

Diante disso, o presente capítulo tem o intuito de explanar sobre os métodos utilizados na identificação humana da face, composta pelas técnicas de análises holísticas, morfológicas, fotoantropométricas e de sobreposição. Enfatiza-se que as análises são binárias, entre imagem questionada e padrão.

CONSIDERAÇÕES INICIAIS RELACIONADAS À PERÍCIA DA FACE

Antes da apresentação das técnicas de análise facial na perícia, faz-se necessária a distinção inicial entre o reconhecimento, a comparação e a identificação facial. O reconhecimento é um processo cognitivo humano em que um observador identifica uma pessoa como alguém que já viu ou ouviu antes, seja pela voz, risada, face, dados biométricos disponíveis em banco de dados ou por algoritmos específicos, entre outros, resultando em uma lista de candidatos classificados por pontuação de similaridade que pode ser avaliada por um perito, por um aplicativo ou ainda por um programa de computador[8].

A comparação, que no caso da perícia é realizada de forma binária, é a constatação de semelhanças e diferenças entre as imagens padrão e questionada. Já a identificação está relacionada ao conceito biológico de identidade, em que as características faciais são comparadas e para que a imagem padrão seja tida como convergente com a questionada, os parâmetros analisados devem apresentar similaridades, uma vez que, segundo a literatura[5], a identificação depende da determinação dos sistemas comparativos utilizados.

Atualmente, há grande popularização e utilização de sistemas de monitoramento por câmeras, conhecidos como circuitos fechados de televisão (CFTV), espalhados por residências, comércios e pelas ruas das cidades. São empregados para coibir e monitorar possíveis ações delituosas, sendo que as gravações obtidas podem ser utilizadas como prova na identificação dos possíveis autores, assim como visualizar como se deu a dinâmica dos fatos[9]. Além disso, nos casos de questionamento de uma determinada face podem existir fraudes e falsificações de documentos, em que fotografias de indivíduos são plantadas em documentos de outros e usadas para golpes diversos.

Nesse cenário, o perito responsável pelos exames dessa área das ciências forenses tem o grande desafio de exprimir o conjunto de suas percepções visuais em informações tangíveis, objetivas e de caráter científico, fazendo com que o seu laudo não seja subjetivo e desprovido de ferramenta metodológica embasada cientificamente. Assim, durante a execução dos exames, faz-se necessária a utilização de método reconhecido que tenha reprodutibilidade e confiabilidade, pois sobretudo nos casos criminais, os resultados alcançados podem impactar diretamente sobre a privação de liberdade de um indivíduo[10]. Ademais, antes do início da perícia propriamente dita, o perito precisa fazer análise detalhada dos documentos recebidos a fim de decidir se as provas são admissíveis ou não, como já detalhado em outro capítulo deste livro.

DIRETRIZES PARA A PERÍCIA DA FACE

De forma geral, para a execução dos exames, emprega-se o método analítico-comparativo, mediante análise visual do material questionado, confrontando-o com o material padrão disponibilizado. O resultado das confrontações realizadas deve levar em consideração os impedimentos de ordem prática, que a natureza do exame de comparação facial traz, para apresentá-lo em termos quantitativos. Desta forma, assim como outros exames de natureza comparativa nas ciências forenses (por exemplo o exame de comparação de locutores), são utilizadas as escalas verbais qualitativas, como a proposta adaptada de Eriksson[11] e do *Netherlands Forensic Institute*, já citadas em outro capítulo deste livro. A seguir, serão apresentados alguns métodos de análise facial pericial.

PARÂMETROS DE ANÁLISE FACIAL NA PERÍCIA

O exame realizado para a identificação humana forense da face é a descrição da face humana de forma comparativa, evidenciando semelhanças ou diferenças entre duas imagens nos aspectos físicos gerais e específicos. Os critérios científicos e objetivos do exame visam obter informações a respeito de rostos humanos por meio de medições e comparações binárias com padrões morfológicos adotados pela doutrina. Com base nessas informações é possível apontar semelhanças ou diferenças entre as faces padrão e questionada, de forma a constituir uma conclusão útil ao desenvolvimento da atividade policial.

Assim, sugere-se que depois que a averiguação por uma determinada análise tenha sido finalizada (com a imagem padrão, por exemplo), seja iniciado o mesmo processo com a outra (questionada). Por serem avaliações minuciosas e criteriosas, recomenda-se que o avaliador descanse entre as avaliações para que o cansaço não interfira no processo. Assim, após findadas as análises por imagem, elas são comparadas, assinalando-se as convergências e as divergências encontradas. A seguir, é feita a definição das análises realizadas e seus conteúdos.

A análise holística inicia-se pela observação, preferencialmente da face inteira[7], dos planos horizontais (terços da face) e vertical (hemifaces) da norma frontal da face[3,7], sendo que para os terços da face, a distância entre o *trichion* e a glabela corresponde ao terço superior; da glabela ao subnasal, ao terço médio; e do subnasal ao gnátio, ao terço inferior[12]. Para a análise vertical, sugere-se a divisão da face passando-se uma linha vertical do *trichion*, passando pela glabela, ponta do nariz, subnasal e finalizando em gnátio. Nessa análise serão observadas as simetrias e assimetrias da imagem padrão e seus resultados comparados às da imagem questionada, registrando-se as convergências e divergências obtidas.

O documento elaborado pelo FISWG[4], em 2018, descreveu essa análise não como um método científico, mas como uma habilidade humana subjetiva para comparar face de forma natural e, por esse motivo, essa avaliação não pode ser isolada, já que é sensível a erros. Sabe-se que mesmo em redes neurais adaptativas criadas para minimizar os erros da análise holística, eles persistem, sendo utilizada a sobreposição de pontos antropométricos para diminuí-los.

Para a descrição da análise morfológica foi utilizada a diretriz do FISWG[4], descrita a seguir de forma sucinta. Recomenda-se analisar a face de cima para baixo, seus terços e hemifaces, verificando-se os seguintes componentes faciais:

- a pele (textura e coloração);
- o formato da abóbada craniana e do rosto (normas frontal e lateral, se possível);
- as proporções faciais (terços da face, entre lábio superior e inferior, largura dos olhos e distância intercantal);
- o cabelo (comprimento, coloração, textura, linha de inserção capilar, calvície – se existir);
- a testa (altura, largura, formato e, se possível, inclinação – na norma lateral);
- as sobrancelhas (formato, tamanho, posição, densidade e simetria);
- os olhos (formato; coloração; distâncias: intercantal e interpupilar; diâmetro da íris; visibilidade das pálpebras e dos cílios; simetrias e proeminência do globo ocular – este último, em norma lateral, quando possível);
- as bochechas (formato e presença/não de covinhas);
- o nariz (formato geral: comprimento e largura – em normas frontal e lateral, se possível; ponte, dorso, ponta, asas e narinas – tamanho, formato, altura, largura, espessura; visibilidade dos pelos e simetrias);
- as orelhas (tamanho, formato, hélice, anti-hélice, pavilhão, lóbulo, fossas: triangular e escafoide; concha; trágus; altura em relação aos olhos e simetrias);
- a boca (largura: cristas e sulco; comprimento; forma do arco do cupido; espessura: lábio superior e inferior; oclusão; simetrias e demais características como rugas, fissuras e eversão, por exemplo. Se os dentes forem visíveis, sugere-se descrição);
- o queixo/mandíbula (formato, comprimento, ângulo goníaco e simetria);
- o pescoço (largura, altura, presença/ausência de características discriminatórias como veias, rugas e, se visível, a proeminência laríngea: descrever forma, tamanho e localização);
- os pelos faciais (localização, forma, espessura, tipo, coloração e características discriminatórias como falhas);
- as linhas faciais (descrição das rugas, caso existentes, relatando profundidade, comprimento, quantidade e direção);
- a presença de: cicatrizes (localização, forma, orientação, tamanho, coloração e profundidade), marcas faciais como sardas, pintas, acnes, rosácea, hematomas, escoriações, vitiligo e manchas, entre outros, descrevendo localização, forma, tamanho e coloração;
- as alterações autoprovocadas (como *piercings* e tatuagens) – aqui cabe salientar que cabem também as alterações estéticas e as relacionadas aos transgêneros (como as cirurgias de feminilização facial adotada por mulheres trans)[13]; e, finalmente,
- outros (deformidades congênitas ou adquiridas, como traumas induzidos por teratogênicos e outras manifestações não descritas anteriormente).

Após a análise perceptivo-visual contrastiva entre as imagens questionada e padrão, feitos os apontamentos da disposição das estruturas faciais e verificados os elementos individualizantes, são então elencadas as convergências e/ou divergências existentes entre as faces comparadas[10]. Como pode ser percebido, na análise morfológica, os componentes faciais são analisados minuciosamente, tal qual se observa na Figura 1.

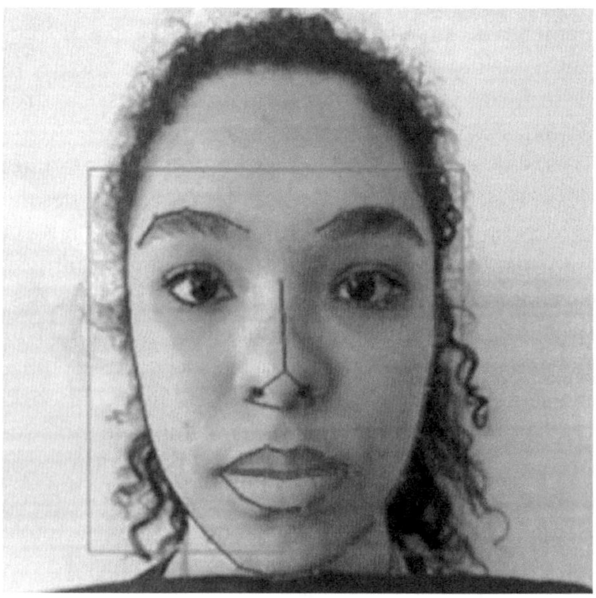

FIGURA 1 Análise morfológica facial na prática forense. Versão colorida da figura encontra-se na plataforma de conteúdo complementar do livro.

De acordo com a literatura, a robustez forense (de moderada a fraca) na análise morfológica foi identificada na orelha (altura da implantação da orelha e o lóbulo), no formato da mandíbula, na distância entre o lábio inferior e o mentual e na localização de marcadores, tais como glabela, endo e exocanto do olho, distância alar, filtro, formato do rosto, comissuras labiais, lábios (superior e inferior)[14], bem como a distância e diâmetro pupilares, por apresentarem menor variabilidade no decorrer do desenvolvimento humano.

Unindo o conhecimento da Motricidade Orofacial aplicado na Fonoaudiologia Forense e os avanços tecnológicos computacionais podem ser desenvolvidos instrumentos e recursos específicos, tanto em termos do conhecimento craniofacial quanto de grupos musculares faciais para o aprimoramento da identificação facial, assim como unir técnicas científicas diversas para aumentar a sua confiabilidade.

A fotoantropometria tem sido utilizada recentemente na prática forense, havendo estudos com o uso da estereofotoantropometria, que seria com a utilização de imagens em terceira dimensão[15].

Para tanto, pontos antropométricos são utilizados como referência desde que as imagens sejam calibradas, ou seja, tenham o mesmo tamanho. Três aspectos que merecem destaque são: 1º) as medidas obtidas (em milímetros ou centímetros) não representam as medidas antropométricas obtidas com a utilização de paquímetros nas faces reais; 2º) desde que possível sua realização, cuidados devem ser adotados quanto aos fatores extrínsecos, tais como orientação da cabeça, ângulo e distância da câmera, devido à variabilidade nessas condições nas medidas fotoantropométricas na análise de um mesmo indivíduo; e 3º) a fotoantropometria deve ser realizada sempre em conjunto com as demais análises, em especial com a morfológica facial.

A medição dos pontos antropométricos marcados nas fotografias/imagens pode ser realizada com réguas, transferidores ou ainda de forma computadorizada (*softwares* comumente utilizados para essa prática: GIMP, ImageJ, SAPO e SAFF-2D) e, para o ângulo nasolabial, pode ser utilizado o aplicativo transferidor. As medidas comumente utilizadas nas práticas forenses faciais são: terços da face (altura do terço superior, médio e inferior) e distância entre o canto externo do olho e o *cheilion* correspondente.

Apesar da norma frontal ser a maneira mais clássica de identificação, sabe-se que, na maioria das vezes, não é possível obter uma imagem frontal estática de boa qualidade ou mesmo identificar uma ou mais pessoas no local por comparação com rostos armazenados em uma base de dados, devendo esse quesito ser levado em consideração pelo perito.

Estudos recentes têm utilizado algoritmos para a análise facial. Um exemplo disso é o estudo piloto na área da Fonoaudiologia que utilizou um método de comparação entre uma análise prosopométrica *in loco* (tipo facial) e uma análise computadorizada de indivíduos de mesma faixa etária, etnia e configurações faciais semelhantes, a fim de fornecer provas para identificação facial[16].

A pesquisa utilizou a norma frontal, adotando a prosopometria com a obtenção do Índice Facial (IF), descrito por Martin[17] e técnicas computadorizadas. O IF foi realizado a partir da obtenção da altura facial que se refere à distância em linha reta entre o *násio*: ponto de encontro da sutura internasal com a sutura frontonasal, que corresponde à raiz do nariz, e o *gnatio*: ponto localizado no rebordo anterior da mandíbula e que mais se projeta para baixo no plano sagital mediano sobre a largura facial que corresponde à medida pela distância entre os dois pontos mais laterais dos arcos zigomáticos: diâmetro bizigomático.

Assim, o IF foi calculado pela altura facial dividida pela largura facial e multiplicada por 100, ou seja, IF = (altura facial/largura facial) x 100. Os resultados obtidos permitiram a classificação do IF em hipereuriprósopo correspondente às medidas que variaram de x a 78,9; euriprósopo de 79,0 a 83,9; mesoprósopo de 84,0 a 87,9; leptoprósopo de 88,0 a 92,9; e hiperleptoprósopo de 93,0 a x.

Em relação à análise computadorizada, foi utilizado um programa desenvolvido em linguagem Python, o método de detecção de rosto Histograma de Gradientes Orientados ou *Histogram of Oriented Gradients* (HOG)[18] e pelo "*DeepFace*", configurado para usar o modelo VGG-Face, por transferência de aprendizado, aliado à detecção por *Multi-task Cascaded Convolutional Networks* (MTCNN). Com esse procedimento foi possível detectar qualquer rosto em uma imagem. Após a seleção do algoritmo o programa propiciou as seguintes análises:

- decisão (*decision*): que consiste na hipótese de as amostras serem originárias da mesma pessoa (hipótese inicial);
- distância (*distance*): que se refere a quanto mais próximas de zero, mais similares são as amostras;
- predição (*prediction*): a tomada de decisão do algoritmo (NO: não são as "mesmas" pessoas, YES: são as "mesmas" pessoas);
- limiar (*threshold*): que se refere ao limiar de decisão (abaixo: YES, acima: NO).

Na Figura 2 é possível visualizar um exemplo de comparação facial positiva entre as imagens de uma mesma pessoa pela análise computadorizada (HOG), segundo a performance do algoritmo precisão, *score*, *recall* e acurácia.

Quando o algoritmo identifica as imagens como semelhantes, ou seja, quando identifica que se trata da mesma pessoa, ocorre uma precisão de 100%; o poder de decisão é atribuído como "sim" pelo programa e a distância é mínima (0,0192); e a predição descrita é tida como "sim". Na Figura 3 pode-se observar a representação gráfica da distribuição das características entre as imagens da amostra, segundo *threshold*, das imagens disponibilizadas na Figura 2. Cabe salientar que os gráficos mostram que houve similaridade entre as amostras, uma vez que se aproximaram do *threshold* 0,2429, apresentando uma distância de 0,0192 entre as imagens padrão e questionada.

Em faces divergentes entre si, o algoritmo identificou as imagens padrão e questionada como não semelhantes, ou seja, não se trata da mesma pessoa, havendo para essa decisão uma precisão de 100%; com poder de decisão tido como "sim"; distância: 0,3098 e a predição: "não", como pode ser observado na Figura 4.

O *threshold* obtido (0,2828) indicou similaridade entre as imagens padrão e questionada, porém a distância obtida foi de 0,3098 – revelando não se tratar da mesma pessoa, o que pode ser confirmado pela representação gráfica (Figura 5), segundo *threshold*.

Assim como nos demais métodos de análises faciais, o uso de técnicas computadorizadas como a citada[15] necessitam de mais estudos na área, a fim de promover um protocolo de análise facial em fonoaudiologia forense.

Recursos de sobreposição podem ser utilizados a fim de demonstrar aspectos específicos da análise. Assim, nessa análise uma imagem é distribuída sobre outra com diferentes níveis de transparência no intuito de mostrar, visualmente, semelhanças e discrepâncias[7].

De acordo com as diretrizes FISWG de 2019[6], a técnica de sobreposição é sensível tanto à qualidade quanto à configuração das imagens (precisam apresentar posições/ângulos similares da cabeça) para que possam ser comparadas visualmente. Pode ser realizada manualmente ou de forma semiautomática e as imagens podem variar de fotografias (imagem com imagem ou imagem com crânio), de vídeo-sobreposição por imagens congeladas ou ainda de imagens sintetizadas a partir de modelos 3D da face ou da cabeça.

Cabe ressaltar que essa técnica é utilizada como apoio e em conjunto com a análise morfológica. Assim, para iniciar a sobreposição das imagens padrão e questionada, elas devem ter sido primeiramente alinhadas uma com a outra e, após ajustes, sobrepostas com diferentes graus de transparência/opacidade.

A técnica pode ser aplicada por meio de ferramentas disponibilizadas em *softwares* como o PowerPoint da Microsoft (a partir do Windows 10), do Canva, do Adobe Photoshop ou do GIMP. Requer que o avalia-

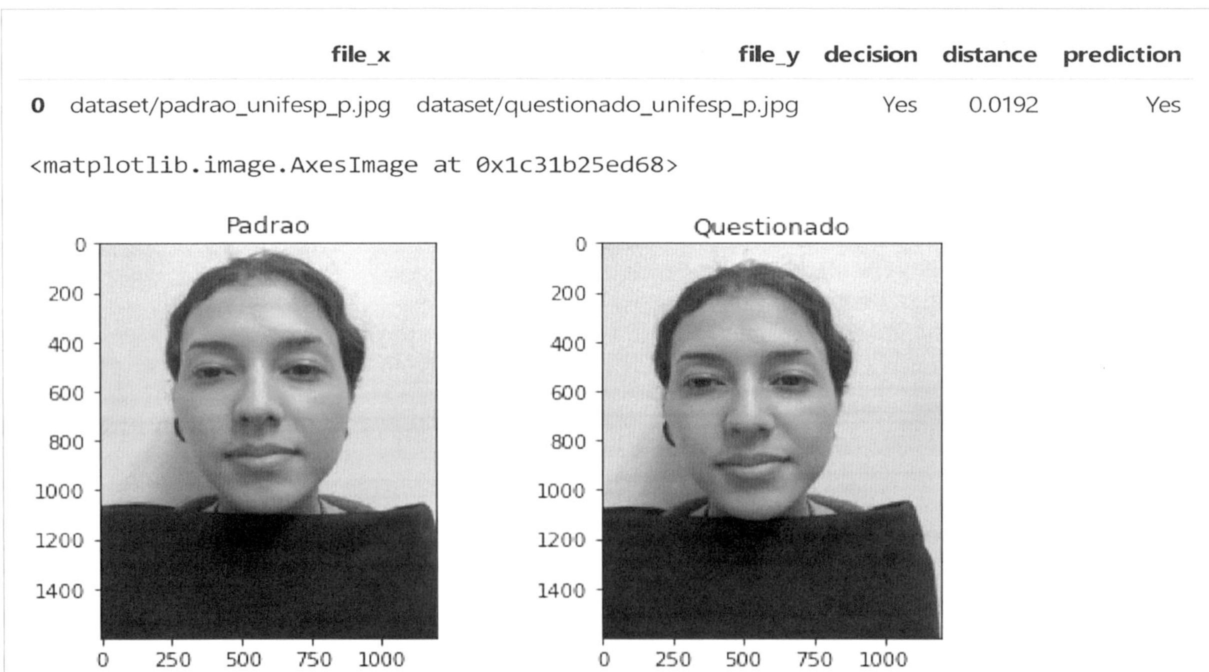

FIGURA 2 Comparação facial de imagens padrão e questionada por análise computadorizada obtida pelo *Histogram of Oriented Gradients* (HOG).[18]
Versão colorida da figura encontra-se na plataforma de conteúdo complementar do livro.

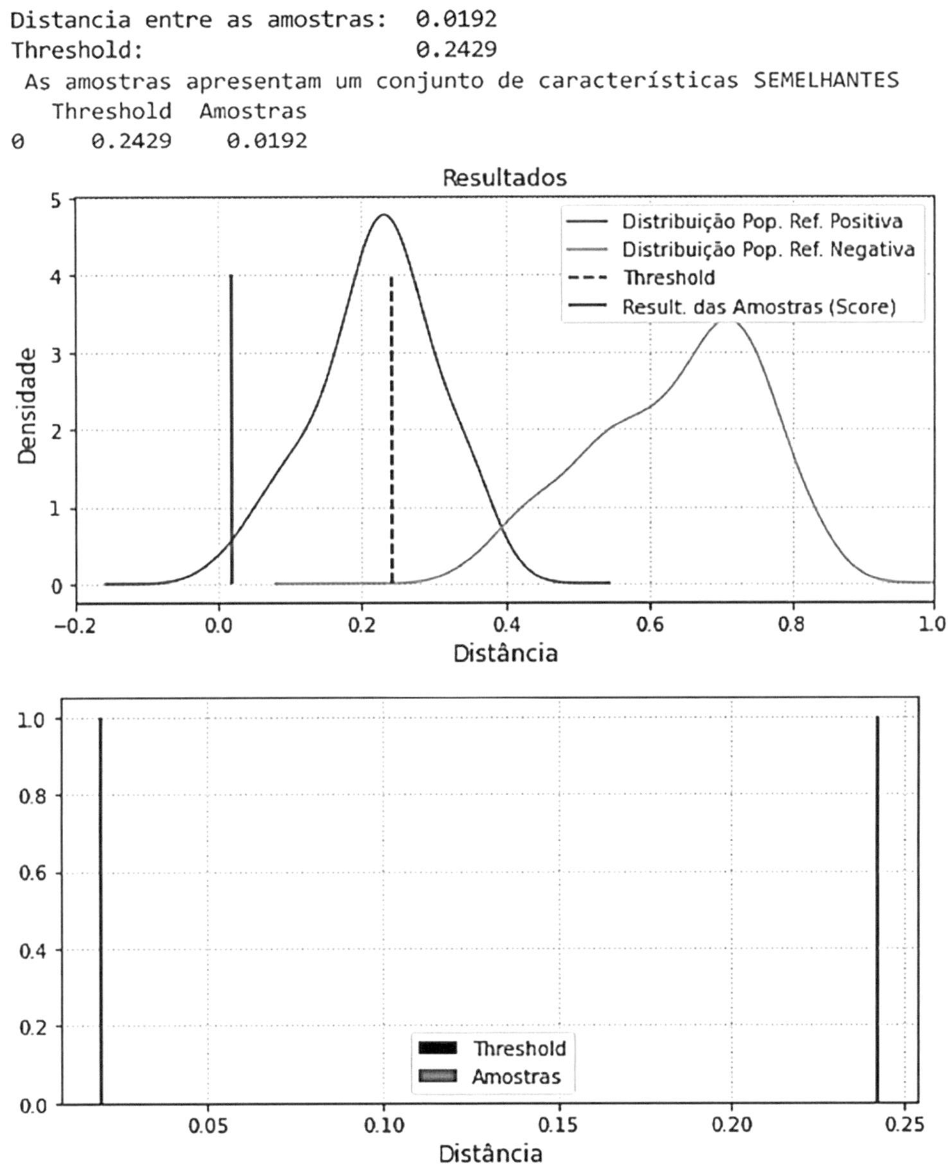

FIGURA 3 Representação gráfica da distribuição das características das imagens padrão e questionada da Figura 2, segundo *threshold*.

Versão colorida da figura encontra-se na plataforma de conteúdo complementar do livro.

	file_x	file_y	decision	distance	prediction
0	dataset/8a.jpg	dataset/8b.jpg	Yes	0.3098	No

<matplotlib.image.AxesImage at 0x12a7632dda0>

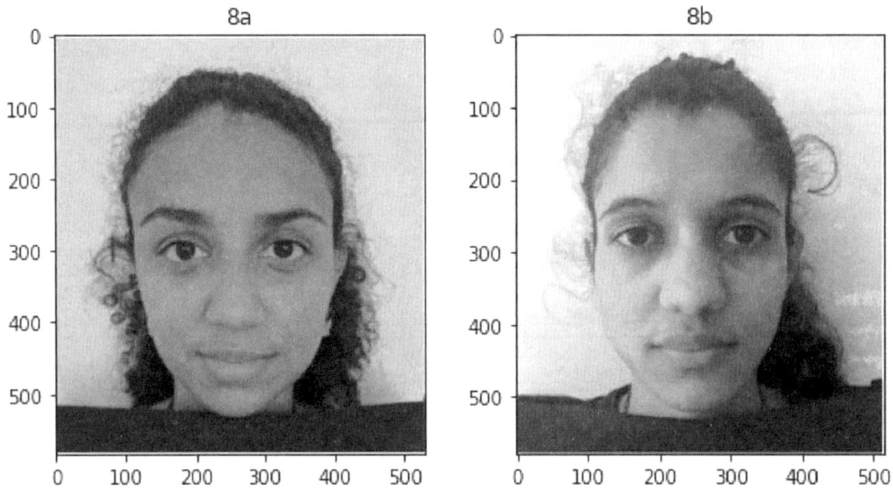

FIGURA 4 Comparação facial de imagens padrão e questionada por análise computadorizada obtida pelo *Histogram of Oriented Gradients* (HOG).[18]
Versão colorida da figura encontra-se na plataforma de conteúdo complementar do livro.

dor saiba utilizá-los sem distorcer as imagens, para que possa utilizar de acordo com suas necessidades. Cabe ressaltar que a sobreposição de imagens é largamente utilizada como apoio nas perícias que envolvem impressões de lábios, dentes e rugas palatinas, entre outros. É importante salientar que algumas condições de sobreposição podem sofrer alterações autoprovocadas, como na expansão rápida da maxila que pode modificar as rugas palatinas. Por isso, considera-se a primeira ruga como referência por ser a mais estável junto com os pontos próximos à linha média palatina, por exemplo[19].

No Quadro 1 visualizam-se os conceitos e exemplos dos parâmetros utilizados na identificação humana forense da face.

Por ser a face um local alvo em 63% dos casos para a violência, principalmente entre parceiros íntimos[20], os profissionais precisam conhecer as técnicas e os métodos de análise de identificação facial forense para sua devida aplicação.

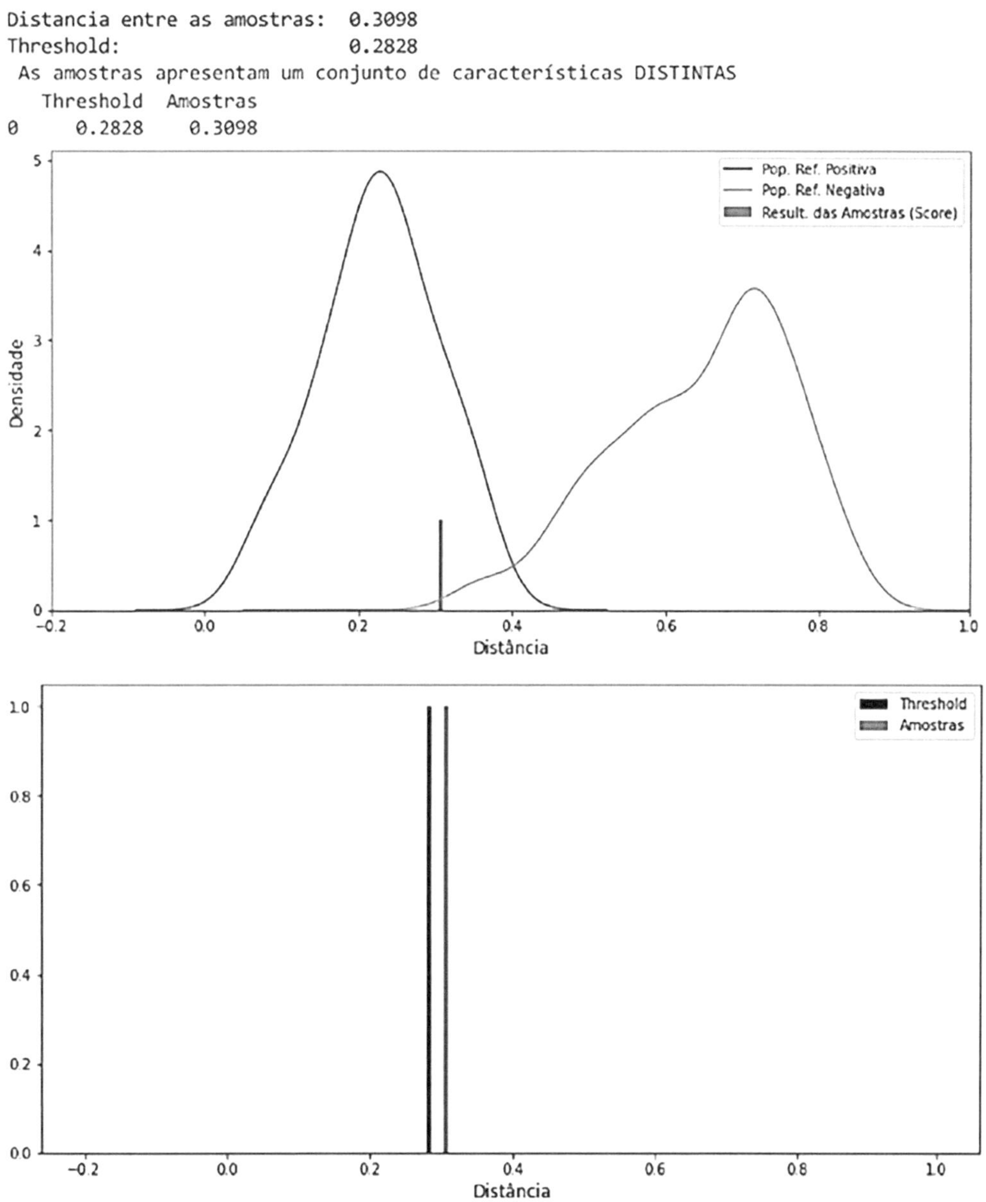

FIGURA 5 Representação gráfica da distribuição das características das imagens padrão e questionada da Figura 4, segundo *threshold*.

Versão colorida da figura encontra-se na plataforma de conteúdo complementar do livro.

QUADRO 1 Conceitos e exemplos das análises realizadas na perícia da face

Análises	Conceitos	Exemplos de faces distintas	Exemplos de faces idênticas
Holística	Observação da face de forma global, verificando-se a proporcionalidade entre os planos horizontais, terços da face, e vertical, comparando-se as hemifaces direita e esquerda[3]	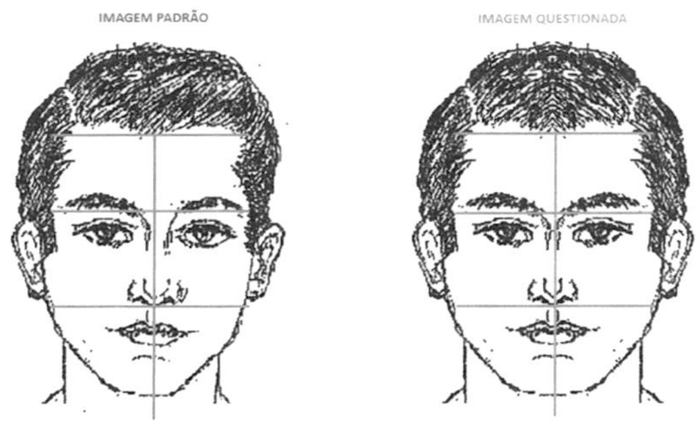	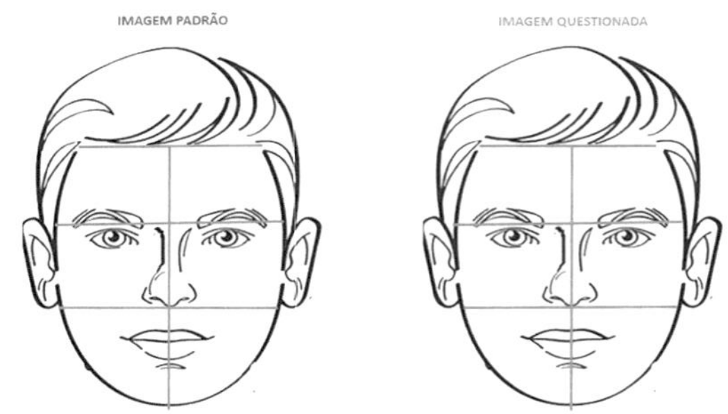
Morfológica	Os componentes morfológicos faciais são analisados buscando-se coincidência ou divergências nos seguintes parâmetros: pele, formato do rosto, cabelo, testa, sobrancelhas, olhos, nariz, orelha, boca, mento, pescoço e características discriminatórias[4]	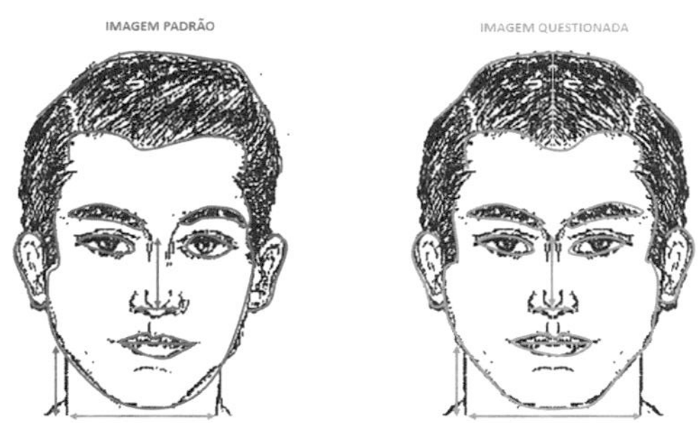	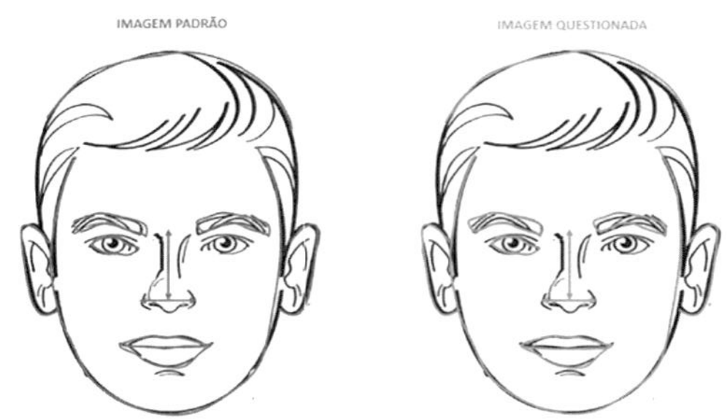

(continua)

QUADRO 1 Conceitos e exemplos das análises realizadas na perícia da face (*continuação*)

Análises	Conceitos	Exemplos de faces distintas	Exemplos de faces idênticas
Fotoantropométrica	Técnica de comparação quantitativa de imagens faciais devidamente calibradas e redimensionadas. Recomenda-se o uso de régua de calibração. As medidas são obtidas tendo como base pontos antropométricos[5]. *Softwares* específicos são utilizados para a obtenção das medidas	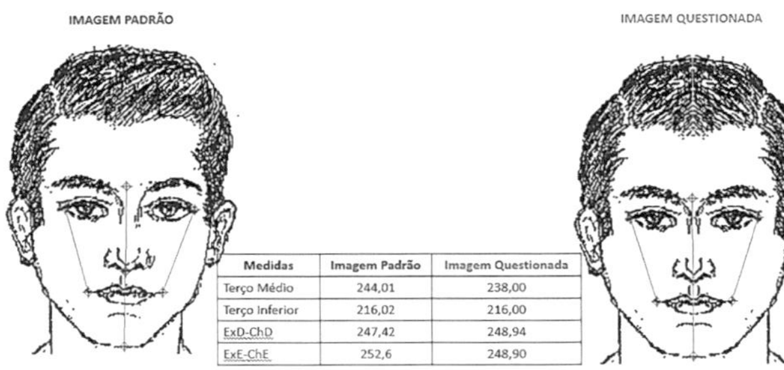	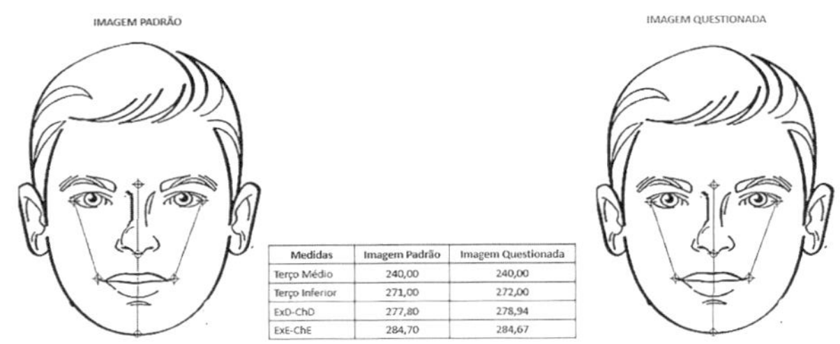
Sobreposição de Imagens	Distribuição de uma imagem alinhada sobre outra com níveis de transparência diferenciados para comparar, visualmente, suas semelhanças e discrepâncias[6,7]	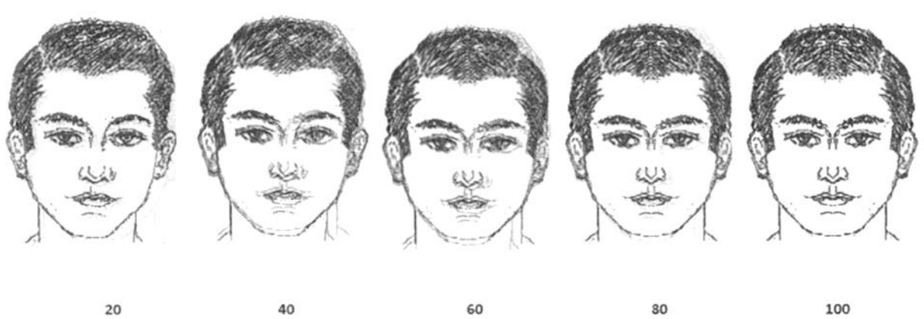	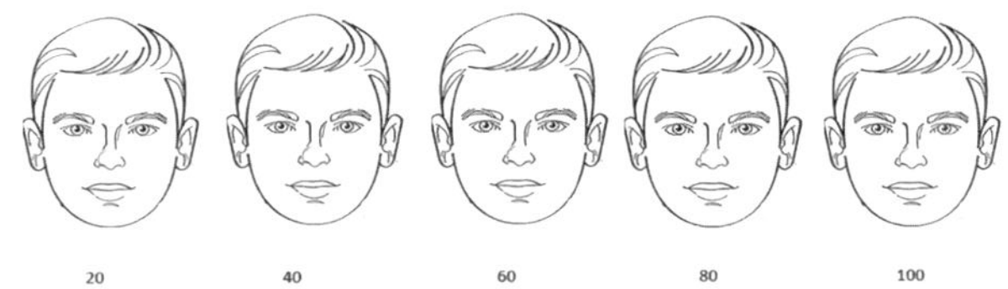

Exemplos de faces distintas (Fotoantropométrica): IMAGEM PADRÃO / IMAGEM QUESTIONADA

Medidas	Imagem Padrão	Imagem Questionada
Terço Médio	244,01	238,00
Terço Inferior	216,02	216,00
ExD-ChD	247,42	248,94
ExE-ChE	252,6	248,90

Exemplos de faces idênticas (Fotoantropométrica): IMAGEM PADRÃO / IMAGEM QUESTIONADA

Medidas	Imagem Padrão	Imagem Questionada
Terço Médio	240,00	240,00
Terço Inferior	271,00	272,00
ExD-ChD	277,80	278,94
ExE-ChE	284,70	284,67

Sobreposição de Imagens (faces distintas e idênticas): 20 40 60 80 100

CONCLUSÃO

A identificação humana forense por biometria facial pode ser realizada pelo fonoaudiólogo, desde que esteja devidamente capacitado para tal intento. As principais análises utilizadas são a holística, a morfológica (considerada como a mais robusta), a fotoantropométrica e a de sobreposição combinadas. Apesar dos vários métodos de análise facial, ainda não existe um único considerado ideal.

Há limitações e desafios a serem superados, sendo uma área abrangente e com escassa literatura.

REFERÊNCIAS BIBLIOGRÁFICAS

1. Freitas-Magalhães A. Facial expression of emotion. In: Ramachandran VS (ed.). Encyclopedia of human behavior. Oxford: Elsevier; 2012. p. 173-83.
2. Silva PQ, Santa Rosa ANDC. Reconhecimento facial aplicado à perícia criminal. ICCyber'. 2004;176-87.
3. Kundu A, Streed M, Galzi PJ, Johnson A. A detailed review of forensic facial reconstruction techniques. Med Leg J. 2021;89(2):106-16.
4. Facial Identification Scientific Working Group (FISWG). Facial image comparison feature list for morphological analysis (version 2.0 2018.09.11). FISWG; 2018. Disponível em: https://www.fiswg.org/index.html. Acesso em: 26 nov 2023.
5. Flores MRP. Proposta de metodologia de análise fotoantropométrica para identificação humana em imagens faciais em norma frontal. Dissertação [Mestrado em Reabilitação Oral]. Ribeirão Preto: Faculdade de Odontologia da Universidade de São Paulo; 2014. Disponível em: https://www.teses.usp.br/teses/disponiveis/58/58131/tde-25032015-092813/en.php. Acesso em: 08 jan. 2024.
6. Facial Identification Scientific Working Group (FISWG). Standard guide for capturing facial images for use with facial recognition systems. FISWG; 2019. Disponível em: https://fiswg.org/fiswg_facial_comparison_overview_and_methodology_guidelines_V1.0_20191025.pdf. Acesso em: 26 nov. 2023.
7. Azevedo JF. Prosopografia: identificação facial. In: Rehder MI, Cazumbá LF, Cazumbá M (org.). Identificação de falantes: uma introdução à fonoaudiologia forense. Rio de Janeiro: Revinter; 2015. p. 225-39.
8. Facial Identification Scientific Working Group (FISWG). Guide for facial comparison awareness training of assessors. FISWG; 2017. Disponível em: https://www.fiswg.org/documents.html. Acesso em: 26 nov. 2023.
9. Gonçalves Júnior A, Pedrini H. A estatura como traço biométrico auxiliar na identificação de autores de delito – aplicação de metodologia forense de estimativa de altura humana em vídeos de sistema de vigilância. RBC 2020;8(2):7-21.
10. Souza PAC, Gime MLLC. Protocolo para o exame de identificação facial forense. Monografia [Bacharelado em Odontologia]. Aracaju: Universidade Tiradentes; 2017. Disponível em: https://openrit.grupotiradentes.com/xmlui/bitstream/handle/set/1885/PROTOCOLO%20PARA%20O%20EXAME%20DE%20IDENTIFICA%C3%87%C3%83O%20FACIAL%20FORENSE%20%28UNIT-SE%29.pdf?sequence=1&isAllowed=y. Acesso em: 27 dez. 2023.
11. Eriksson A. Aural/acoustic vs. automatic methods in forensics phonetic case work. In: Neustein A, Patil HA (eds). Forensic speaker recognition: law enforcement and counter-terrorism. New York: Springer-Verlag; 2012. p. 41-69. Acesso em: 28 dez 2023.
12. Cattoni DM. O uso do paquímetro na motricidade orofacial: procedimentos de avaliação. Barueri: Pró-Fono; 2006.
13. Schall JL, Rogers TL, Deschamps-Braly JC. Breaking the binary: the identification of trans-women in forensic anthropology. Forensic Sci Int. 2020;309:110220.
14. Zeinstra C, Veldhuis R, Spreeuwers L. Discriminating power of FISWG characteristic descriptors under different forensic use cases. In: 2016 International Conference of the Biometrics Special Interest Group (BIOSIG). IEEE. p. 1-7. Disponível em: https://ieeexplore.ieee.org/abstract/document/7736919. Acesso em: 09 jan. 2024.
15. Kim YK, Lee NK, Moon SW, et al. Evaluation of soft tissue changes around the lips after bracket debonding using three-dimensional stereophotogrammetry. Angle Orthod. 2015;85(5):833-40. Acesso em: 09 jan. 2024.
16. De Jesus SS. Proposta de avaliação fonoaudiológica para identificação facial: estudo piloto [monography on the Internet]. São Paulo: Universidade Federal de São Paulo, Escola Paulista de Medicina, Departamento de Fonoaudiologia; 2023 [cited 2024 Jan 09]. Disponível em: https://repositorio.unifesp.br/11600/69456.
17. Martin R. Indices des gesichlsschädels. In: Martin R (ed.). Lehrbuch deranthropolooie in sy stematisch er darstellung mit besonderer berucksichtigung der anthropologischen methoden fur studierende, arzte und forschungsreisende von. Germany: Jena; 1928. p. 670-7. Acesso em: 11 jan. 2024.
18. Gracelli RA. Descrição sobre funcionamento e testes de um sistema de comparação facial. São Paulo. Relatório Técnico – Instituto de Criminalística de São Paulo, Superintendência da Polícia Técnico-Científica; 2020.
19. Farronato M, Begnoni G, De Boodt L, Thevissen P, Willems G, de Llano-Pérula MC. Are palatal rugae reliable markers for 3D superimposition and forensic human identification after palatal expansion? A systematic review. Forensic Sci Int. 2023;351:111814.
20. Muthulingam T, et al. A study on victims of intimate partner violence reported to Colombo North Teaching Hospital, Sri Lanka During 2019-2021. Acad Forensic Pathol. 2022;12(3):95-111.

86

Grafoscopia

Lucilene Aparecida Forcin Cazumbá
Ana Paula Sanches

PONTOS-CHAVE

- Documentoscopia.
- Grafoscopia.
- Perícia.

OBJETIVOS DE APRENDIZAGEM

Ao final deste capítulo, o leitor deverá ser capaz de:

- Dominar os conceitos básicos para a atuação como perito em Documentoscopia/Grafoscopia compreendendo o universo pericial que envolve documentos e lançamentos gráficos.
- Apreender o objetivo da perícia grafoscópica (assinatura, algarismos, texto) e qual a doutrina que norteia o trabalho nesse tipo de exame pericial.
- Conhecer a metodologia aplicada para o exame, incluindo as possibilidades de apresentação da conclusão.

INTRODUÇÃO

A Documentoscopia e a Grafoscopia integram o rol das Ciências Forenses e utilizam conceitos e procedimentos de várias outras áreas para compor sua metodologia. Portanto, são interdisciplinares.

A Resolução do Conselho Federal de Fonoaudiologia n. 584/2020[1], que dispõe sobre a criação da Especialidade em Perícia Fonoaudiológica, define as atribuições e competências relativas ao profissional fonoaudiólogo especialista. O artigo 4° trata das competências relativas ao profissional especialista em Perícia Fonoaudiológica. Entre elas, no item 1 – área de conhecimento – estão a Falsidade Documental (perícia documentoscópica) e a Grafoscopia.

Consoante a doutrina nacional, a Documentoscopia é o conjunto de conhecimentos e recursos especializados de ordem técnico-científico que tem por objeto a pesquisa, o estudo e a interpretação de alterações e falsificações de documentos, no que possam interessar ao esclarecimento e à prova de questões de fato, a serviço da justiça, tanto penal como civil[2].

Na Documentoscopia, o termo autenticidade está relacionado à veracidade ou legitimidade de um documento, nesse caso, *autenticidade documental*; ou de um lançamento gráfico impresso ou manuscrito, *autenticidade gráfica*[3]. Quando não se confirma a autenticidade do documento ou da grafia, tem-se então a fraude que se refere a toda conduta que tenha por finalidade a criação de um documento inautêntico, ou com base em um documento autêntico, e a introdução de elementos que não correspondem com a verdade, inclusive grafismos.

São exemplos de perícias documentoscópicas a análise de documentos expedidos por órgãos oficiais como carteira de identidade, passaporte, título de eleitor, embalagens, selos cartoriais, convites, cartões bancários, cédulas de dinheiro, procurações, escrituras e contratos, entre outros. O documento para essa ciência é então compreendido como qualquer suporte apto ao registro de uma marca, símbolo ou sinal que transmita uma mensagem, incluindo os sinais esculpidos em uma lápide[2].

A Grafoscopia, segundo autores e conteudistas renomados, é compreendida como a área mais importante e requisitada da Documentoscopia. No Brasil é aceita e utilizada nos tribunais como prova pericial, sendo discutido entre estudiosos do tema no mundo a sua condição de Ciência. O conceito adotado por autores brasileiros é que "a área da Documentoscopia que se presta ao exame em escritos, com o principal objetivo de determinar, a partir da comparação entre os escritos, se foram produzidos pelo mesmo indivíduo"[3].

Como o assunto é extenso e a obra trata de temas ligados diretamente à Fonoaudiologia, é justamente a Grafoscopia o centro do presente capítulo, considerando ser inalcançável esgotar um tema tão complexo em poucas páginas. Outro fator que contribuiu para a escolha é que a escrita é matéria explorada na grade curricular e se aproxima do objeto de estudo da Fonoaudiologia e de sua prática profissional.

REQUISITOS PARA ATUAÇÃO EM PERÍCIAS GRAFOSCÓPICAS

Não há uma graduação específica para a atuação na área pericial em documentos e escrita, mas é imprescindível ter curso superior e competência técnica.

Há diferentes denominações para os profissionais que se dedicam à Documentoscopia (de forma geral) e Grafoscopia. Em sua dissertação, Lima (2013) faz referências às denominações dadas ao profissional que se dedica a essas matérias. No Brasil, o primeiro denomina-se perito documentoscópico, também conhecido como *forensic document examiner* ou simplesmente FDE, na língua inglesa, e *perito en documentología*, na espanhola. Para o segundo, as nomenclaturas são as seguintes: perito grafoscópico ou *perito calígrafo*, na língua espanhola, ou em inglês, *forensic handwriting examiner*, FHE[4].

Para atuação em perícias grafoscópicas o fonoaudiólogo deve possuir o certificado de conclusão de nível superior, além de formação com conteúdo teórico e prático comprovada por meio de certificado, em curso ministrado por profissional capacitado na área. Não há consenso nos diferentes tribunais estaduais e federais sobre o número mínimo de horas para os cursos. No entanto, recente publicação da Sociedade de Ciências Forenses sugere 40 horas para uma formação inicial, com base no proposto nos cursos oferecidos no âmbito nacional[5].

O cenário internacional prevê que a formação de um perito em documentos/Grafoscopia se dê em 24 meses (ASTM E2388-11/2011, norma americana)[5]. Embora 40 horas não sejam suficientes para conhecimento dos temas envolvidos nesse tipo de perícia e sua abrangência, não há no Brasil legislação que exija comprovação de dois anos – prazo estimado para conclusão das especializações *lato sensu*.

O trabalho pericial na área é fundamentado em normativas internacionais de grupos especializados em perícia em documentos e em escrita, como *European Network of Forensic Science Institutes* (ENFSI)[6] e *National Institute of Standards and Technology* (NIST)[7], que direcionam a atuação do perito nessa área. É justamente a partir desses documentos que o *Manual de Boas Práticas nos Exames Grafoscópicos*, publicado recentemente pela Sociedade Brasileira de Ciências Forenses (2023)[5], foi elaborado buscando a regulação específica para os exames em manuscritos e a padronização dos procedimentos adotados durante cada etapa.

Sobre o conteúdo mínimo a ser abordado nos cursos para formação de peritos na área o *Manual* apresenta:

Para a **Grafoscopia**:

1. Conceitos: tipos de lançamentos gráficos, biometria, hábitos gráficos.
2. Fases da escrita.
3. Sistemas caligráficos.
4. Instrumentos escritores.
5. Axiomas, máximas, princípios e leis da escrita.
6. Elementos da escrita.
7. Assinaturas biodinâmicas.
8. Metodologia da perícia grafoscópica – análise dos grafismos questionados e padrões, comparação, avaliação (ACE-V).
9. Padrões gráficos – características, tipos, método de obtenção.
10. Alterações voluntárias e involuntárias na escrita.
11. Tipos de falsificações.
12. Modalidades de conclusões grafoscópicas.
13. Limitações quanto à complexidade da escrita.
14. Limitações nos exames em cópias, digitalizações e lançamentos gráficos obtidos em dispositivos eletrônicos.
15. Erros e viés no exame grafoscópico.

Para a **Documentoscopia**:

1. Conceitos: documento, autenticidade, autoria, integridade.
2. Cuidados no manuseio de documentos.
3. Instrumentos e equipamentos.
4. Substratos.
5. Impressões gráficas e computacionais.
6. Análise de tintas de instrumentos escritores.

7. Alterações em documentos físicos e digitais.
8. Abordagens sobre datação de documentos.
9. Elementos e documentos de segurança.
10. Metodologia para perícia documentoscópica.
11. Metodologia e limitações nos exames em cópias e digitalizações.

Conhecimentos mínimos na área de Documentoscopia são necessários para que o fonoaudiólogo delimite o seu objeto de atuação durante o exame pericial grafoscópico e oriente as partes e operadores do Direito sobre análises pontuais a serem realizadas por outros profissionais. Muitos dos temas tratados para formação de peritos em Grafoscopia são objeto de estudo durante a formação do fonoaudiólogo, justificando sua aproximação e facilidade com o tema pericial, como a aquisição da escrita e patologias relacionadas às modificações nos lançamentos gráficos.

Além dos temas propostos, conhecimentos gerais sobre os aspectos jurídicos da prova pericial cível e criminal e as técnicas para elaboração de laudos periciais e pareceres técnicos também devem ser conhecidos do *expert* que pretende atuar na área.

Os peritos admitidos em concurso público estudam o tema durante o curso de formação, uma das etapas obrigatórios do concurso público, que pode durar semanas ou meses, conforme o cronograma estabelecido pelo órgão. Os peritos judiciais e assistentes técnicos possuem instituições particulares que oferecem cursos de curta e média duração, como as especializações. A revisão dos primeiros laudos ou pareceres por profissional mais experiente é indicada como outra parte da formação para atuação e o estudo continuado.

ANÁLISE GRAFOSCÓPICA

Pela sua individualidade, a escrita constitui uma das cinco possibilidades para a identificação humana, sendo objeto de análise em perícias relacionadas a documentos[8]. Questões relacionadas a documentos como testamentos, inventários, procurações, cheques, recibos e contratos são muitas vezes contestados sob a alegação de que as assinaturas são divergentes, apontando para possíveis falsificações. A perícia desse documento e do manuscrito contribuirá para a elucidação do fato em questão.

A perícia grafoscópica implica, portanto, no confronto entre uma escrita cuja autoria se deseja descobrir – escrita questionada – e uma escrita de autoria conhecida – padrões gráficos. A Grafoscopia, então, não é apenas a comparação de características isoladas, mas sim um estudo aprofundado e abrangente dos hábitos gráficos nas duas escritas confrontadas[9]. O conhecimento dos elementos que caracterizam um punho escritor e a metodologia para análise desses hábitos gráficos constituem a base do exame em escritos.

Alterações na escrita resultantes de patologias como a doença de Parkinson, a deficiência visual, o uso de medicamentos, drogas e álcool podem impactar a escrita e a inabilidade gráfica nesses casos, representando um risco na identificação da autoria, podendo ser classificada ou confundida erroneamente com a sua inautenticidade[10,11]. A importância do conhecimento da aquisição, do desenvolvimento e das patologias relacionadas à escrita ressalta a possibilidade e a viabilidade de atuação do fonoaudiólogo nessa área pericial tão pouco explorada por esses profissionais.

Instrumental e admissibilidade da peça de exame

A etapa inicial para qualquer análise de escrita relaciona-se ao recebimento e manuseio dos documentos a serem periciados. O registro, o detalhamento e todo o cuidado são necessários para a manutenção da integridade, da idoneidade e condições físicas. A Lei n. 13.964 de 24 de dezembro de 2019 fundamenta a Cadeia de Custódia do Vestígio[12]. Dessa forma, faz-se valer também para as perícias em documentos físicos e digitais, apesar da não explicitação dos vestígios digitais.

É imprescindível ao profissional a análise de viabilidade técnica do exame. Nesta fase, se faz o exame da admissibilidade, verificando a suficiência e adequabilidade do material questionado para dar sequência aos procedimentos. A confirmação entre o material enviado e o especificado pelo demandante, a existência de original ou outra via em melhor qualidade ou resolução são primordiais para continuidade do exame. No Capítulo 83, "Admissibilidade de Amostras Forenses", são descritas as etapas e metodologias sugeridas para vários tipos de amostras e perícias, inclusive a de Documentoscopia e Grafoscopia.

O instrumental mínimo necessário para análise de manuscritos (assinaturas, algarismos, texto, sinais) em documentos físicos pode ser resumido em instrumental para ampliação (lupa, microscópio), os iluminantes e os de captura de imagem. *Softwares* para edição de imagens também são soluções para ilustração do exame e resultados e todo o material deve ser descrito e detalhado no documento técnico (laudo pericial ou parecer técnico).

Em relação às análises, vale lembrar que toda assinatura está inserida em um suporte e o exame dele é imprescindível para dar prosseguimento ao exame grafoscópico, pois uma vez identificado qualquer indício de manipulação, o profissional deve realizar procedimentos que apontem as alterações. Nesses casos, essa análise faz parte do grupo maior da Documentoscopia, como referido anteriormente.

São etapas da análise do documento: inspeção geral e visual, inspeção microscópica (por lupa e/ou microscópio), processamento digital de imagem a fim de identificar indícios de manipulação, medições e, em casos mais complexos, exames complementares. Alguns laboratórios realizam estudos técnicos para determinação da datação do documento através da análise química da tinta do instrumento ou suporte que podem ser anexados no laudo/parecer técnico. O importante, como referido, é observar o despacho do juiz onde consta o objeto da perícia e reconhecer os limites da formação para solicitar ou indicar perícias complementares a outros profissionais.

Peça de exame: questionada e padrão

Segundo a literatura, para haver um confronto grafoscópico adequado, é preciso haver uma razoável correspondência morfológica entre as escritas a serem examinadas[3] (amostra questionada e padrões gráficos do fornecedor e suposto autor).

Os padrões gráficos devem atender a cinco critérios, como indica a literatura e o Capítulo 83, "Admissibilidade de Amostras Forenses":

1. *Autenticidade* – padrões produzidos pela pessoa a quem foram atribuídos.
2. *Adequabilidade* – amostras com as mesmas palavras que constituem os grafismos questionados, assinatura com assinatura, rubrica com rubrica (com o mesmo tipo de escrita).
3. *Contemporaneidade* – padrões produzidos em época não distante da suposta data das peças questionadas. Não há lapso temporal absoluto para se definir a contemporaneidade, relacionando-se à variabilidade natural ou oriunda de fatores ocasionais (existência de alguma patologia: quanto menor a variabilidade, maior o lapso temporal que pode ser aceito).
4. *Espontaneidade* – devem representar a escrita normal do fornecedor.
5. *Quantidade* – deve haver uma quantidade suficiente de padrões para analisar as variações normais da escrita de seu fornecedor e a presença ou ausência de eventuais disfarces gráficos[3].

A deficiência de algum dos critérios listados não significa, necessariamente, a impossibilidade da realização do confronto grafoscópico, mas indica que o exame pode não ser viável ou que eventual conclusão seja limitada aos padrões coletados, o que não ocorreria se os critérios fossem atendidos.

A coleta de padrões gráficos inclui os naturais (documentos pessoais oficiais, de cartórios de notas, cartas ou qualquer manuscrito em nome do suposto autor) e os lançamentos fornecidos em data previamente agendada. Durante a coleta dos padrões, é solicitado que o suposto autor produza sua assinatura, rubrica e manuscritos. Importante solicitar a produção de outros manuscritos para observar o comportamento do fornecedor e a identificação de outros lançamentos além dos semelhantes aos questionados. A solicitação da produção de outros manuscritos permite a observação de possível disfarce e como aquele punho escritor se comporta.

Importante mencionar que, de acordo com a literatura, "o fato de o documento questionado ser uma fotocópia não justifica uma recusa do perito em realizar seu trabalho, nem mesmo quando essa cópia tiver baixa qualidade, pois sempre será possível tecer alguma consideração a respeito dos grafismos questionados"[9]. Tais considerações também são abordadas por outros autores[13,14].

A dificuldade da perícia em documentos fotocopiados relaciona-se à perda de algumas características a depender de qual geração, primeira, segunda ou demais, a fotocópia pertence. Dentre essas características está a impossibilidade de análise da gramatura, tipo, textura, espessura do suporte e formatação/dimensão do documento original. Outro elemento é a perda de informações sobre a impressão e suas características, seja do equipamento ou dos caracteres[15].

O mesmo conceito adota-se para documentos digitalizados. A depender da resolução do documento, a análise grafoscópica será realizada e os resultados diretamente relacionados à qualidade do material enviado[16].

Etapas do exame grafoscópico

Para Huber e Headrick (1999)[17], o exame grafoscópico pode ser didaticamente dividido em quatro fases:

1. Análise dos manuscritos questionados e padrões – deve-se analisar detalhadamente cada grafia (escrita e/ou assinatura) evidenciando cada elemento. Faz-se tanto na amostra questionada quanto na amostra padrão.
2. Comparação das características nelas observadas – comparar todos os elementos, principalmente aqueles que são discriminantes e individualizadores, pontuando as divergências e convergências.
3. Avaliação ou ponderação da significância das similaridades e das diferenças observadas nessa

comparação – avaliar cuidadosamente o grau de significância de cada convergência e divergência, considerando o grau de perceptibilidade, de raridade e de constância de cada característica.

4. Formulação da conclusão com indicação do resultado e conclusão com base na escala adotada para os exames grafoscópicos.

Os elementos caracterizadores discriminadores ou identificadores da escrita devem ser considerados durante a análise grafoscópica. Tais elementos envolvem características morfológicas, gênese gráfica ou método de construção e qualidade da escrita. No Quadro 1 estão apresentados de forma resumida cada elemento e sua descrição[18].

A conclusão do exame deve sempre ser fundamentada nos critérios indicados nos documentos sobre o tema do SWGDOC[19] e *Manual de Boas Práticas do Exame Grafoscópico*[5], bem como nos resultados obtidos a partir da metodologia aplicada e apresentada. A apresentação do documento técnico, seja laudo ou parecer técnico, com os elementos apresentados e ilustrados, deve ser parte de um todo examinado pelo profissional e somente assim é possível construir com grau de convicção o resultado do exame. A experiência e o domínio do tema também

QUADRO 1 Elementos caracterizadores da escrita

Característica	Descrição
1. Morfologia	Conteúdo e estilo das escritas questionada e padrão devem ser os mesmos para a análise. Caso contrário, há incompatibilidade gráfica.
2. Natureza	Distinção entre assinaturas, rubricas ou texto.
3. Alógrafos	Variações de cada grafema (letra) na escrita.
4. Inclinação da escrita	É avaliada em relação ao seu eixo vertical, perpendicular à base da escrita.
5. Espaçamentos	Espaço entre a linha e o texto, entre palavras, entre letras e entre cada um dos traços que constituem as letras.
6. Calibre e proporções	Tamanho absoluto de letras e de palavras e proporções entre zonas baixas, médias e baixas da escrita.
7. Alinhamento	Posicionamento da escrita em relação à linha de pauta.
8. Valores angulares e curvilíneos	Em geral os autores adotam um ou outro estilo (angular ou curvilíneo). Existem autores que adotam um estilo misto.
9. Posicionamento	Quando houver um campo gráfico, pode-se analisar o posicionamento da palavra nesse campo.
10. Linhas limitantes verbais	Linhas imaginárias que delimitam a base e o topo das letras minúsculas, refletindo a homogeneidade dos calibres das letras e o seu posicionamento.
11. Andamento gráfico	Distribuição dos levantamentos da caneta durante a escrita.
12. Ritmo gráfico	A sequência de movimentos dos músculos do braço resulta no ritmo gráfico, que pode ser harmônico ou intercortado.
13. Conexões	Como as letras são ligadas umas nas outras em uma palavra.
14. Método de construção	É o sentido dos traços feitos com a caneta (grafocinética).
15. Ataques e arremates	Ataques são os pontos onde a caneta inicia a escrita. Arremates são os pontos onde a caneta desconecta do papel.
16. Velocidade	Velocidade com que a caneta deslizou sobre o suporte para produzir os traçados.
17. Pressão	Verifica-se a profundidade dos sulcos, a largura dos traços e a intensidade do entitamento.
18. Dinamismo	Verifica-se que o escritor consegue aplicar a pressão adequada em cada porção do traçado, de acordo com a velocidade do movimento.
19. Acentos e sinais de pontuação	Pode-se analisar o formato, a posição e o sentido de formação dos acentos e sinais de pontuação.
20. Grau de habilidade do punho escritor	Pode-se excluir a autoria de uma determinada pessoa, quando se prova que um determinado escritor não possui habilidade suficiente para reproduzir uma determinada escrita.
21. Variabilidade	Grau de variabilidade na escrita de um escritor. Existem escritores constantes em seus hábitos gráficos, enquanto outros apresentam variações.

Fonte: Gorziza, RP. Disponível em: https://www.researchgate.net/publication/316053791_Estudo_das_caracteristicas_graficas_mais_frequentemente_alteradas_em_disfarces_de_assinaturas.

são fatores relevantes para o sucesso e a diminuição de equívocos nos resultados.

A escolha da escala de conclusão deve explicitar o grau de convicção, tendo o cuidado especial para a escolha do uso de conclusão categórica (sim e não) para a identificação. Não há unicidade na apresentação dos resultados pelos institutos oficiais e peritos judiciais. Tanto autores como peritos não possuem consenso sobre o tema e a forma de apresentação dos resultados.

O perito/assistente deve apresentar no laudo/parecer a escala completa adotada, fundamentando o grau de convicção em relação a cada um dos pontos.

Alguns autores orientam para não adoção de escalas com extremos categóricos[19]. Os documentos internacionais apontam para escalas verbais e, dentre eles, o SWGDOC (2013)[20], que recomenda escala de 9 itens apresentada de forma resumida no Quadro 2.

É importante destacar que o resultado encontrado está limitado sempre ao material questionado e padrão examinado. No Brasil, um dos grandes estudiosos da Grafoscopia[9] refere que a conclusão desse exame não reflete a realidade da assinatura analisada, mas sim o grau de convicção do profissional ao identificar a compatibilidade da assinatura questionada com os respectivos padrões. O mesmo autor avalia as vantagens e desafios do uso de conclusões taxativas em escalas. Alguns exemplos de escala são explorados pelo autor. Há modelos de escala com 7 níveis e com simetria entre os resultados positivos e negativos, sendo o centro a indefinição sobre a autoria. Outros modelos apresentam menores números de níveis e/ou assimetria entre a convicção positiva e negativa. A diferença das últimas três (modelos 3, 4 e 5 apresentados no Quadro 3) é que a terceira dire-

QUADRO 2 Escala de conclusão baseada na recomendação do SWGDOC para exames grafoscópicos

Resultado	Resumo	Explicação
Identificação	Conclusão definitiva de identidade	Grau de maior convicção, sem reservas, para a confirmação da identidade da escrita entre as amostras questionadas e padrão.
Alta ou forte probabilidade	Altamente provável, muito provável	Grau de alta convicção para a confirmação da identidade da escrita entre as amostras questionadas e padrão. A reserva fica para alguns elementos/parâmetros divergentes e que levaram o *expert* a certa restrição para o grau de máxima de certeza para a identificação.
Provável	Provável confirmação	Indicação forte, mas os elementos convergentes não são suficientemente robustos para os dois graus anteriores.
Indícios positivos	Algumas evidências ou fracas evidências para a confirmação	Há poucos elementos convergentes entre as escritas padrão e questionada, mas que não são robustos o suficiente para a certeza da identificação entre as escritas.
Inconclusivo	Indeterminável	Ponto zero da escala. Não há elementos suficientes para determinar qualquer grau de convicção. Também usado para provável disfarce, em que há fatores limitantes importantes para a comparação entre as escritas padrão e questionada.
Indícios negativos	Algumas evidências ou evidências fracas para a exclusão	Há poucos elementos divergentes entre as escritas padrão e questionada, mas que não são robustos o suficiente para a certeza de exclusão.
Provável negativo		Indicação forte, mas os elementos divergentes não são suficientemente robustos para os dois graus posteriores.
Alta ou forte probabilidade negativa		Grau de alta convicção para a exclusão da identidade da escrita entre as amostras questionadas e padrão. A reserva fica para alguns elementos/parâmetros convergentes e que levaram o analista a certa restrição para o grau de máxima certeza de exclusão.
Eliminação	Conclusão definitiva de exclusão	Grau de maior convicção, sem reservas, para a confirmação de exclusão da escrita entre as amostras questionadas e padrão.

Fonte: SWGDOC (2013). Disponível em: https://swgdoc.org/documents/SWGDOC%20Standard%20Terminology%20for%20Expressing%20Conclusions%20of%20Forensic%20Document%20Examiners%20150114.pdf.

QUADRO 3 Modelos de escala de convicções que podem ser empregadas nas conclusões do exame grafoscópico

Modelos	Convicção positiva			Indefinição	Convicção negativa		
1	+++	++	+	?	–	– –	– – –
2	++	+		?	–	– –	
3	+++	++	+	?		–	
4	+++	++	+	?		– – –	
5	+++	++	+	?		NI	

Fonte: Feuerharmel, 2023.

ciona "para a exclusão não taxativa, a quarta apenas exclusão taxativa e a última prevê a não identificação de autoria como resposta negativa".[9]

O FUTURO

O profissional grafoscópico e documentoscópico, por algum tempo, realizará o exame tradicional, diga-se, em documentos físicos, mas atualmente já é comum a análise em documentos digitais.

Com o advento de processos eletrônicos nos tribunais e documentos firmados também eletronicamente, outras modalidades de assinaturas foram inseridas no campo do estudo da identificação, como a assinatura eletrônica. Um dos subtipos dessas assinaturas são as capturadas digitalmente, também denominadas assinaturas dinâmicas por apresentarem características da escrita à mão, como pressão e duração, apreendidas com uma caneta em uma tela ou *tablet* digital[21]. Diante desse cenário, conhecer os trabalhos produzidos nessa área torna-se necessário para direcionar procedimentos, resultados e pesquisas a serem desenvolvidas para esse tipo de análise.

Alguns estudiosos já se debruçam em pesquisas para o aprofundamento de tal perícia, mas ainda há poucos cursos e material didático sobre o tema[22,23]. Os estudos apontam para a utilização dos conceitos da Grafoscopia tradicional e seus elementos na identificação dos punhos escritores. O tipo de suporte, o instrumento usado pelo suposto autor, a variação natural, as características de classe e as alterações estudadas anteriormente pelos peritos durante anos continuam sendo a base para os estudos das assinaturas capturadas digitalmente. Um novo cenário com o desenvolvimento de ferramentas para extração e medidas surge e deve ser considerado nas pesquisas, mas a interdisciplinariedade continua sendo o fio condutor da análise pericial.

O fato é que, para a análise de documentos e assinaturas digitais, o profissional deverá conhecer também ferramentas e procedimentos além daqueles comumente utilizados nos exames tradicionais. A análise de metadados, de estrutura de arquivos, entre outros, são exames obrigatórios nesta nova versão da perícia documentoscópica e grafoscópica.

REFERÊNCIAS BIBLIOGRÁFICAS

1. Conselho Federal de Fonoaudiologia (CRFa). Resolução CFFa n. 584/2020 de 22 de outubro de 2020. "Dispõe sobre a criação da Especialidade em Perícia Fonoaudiológica, define as atribuições e competências relativas ao profissional fonoaudiólogo Especialista, e dá outras providências" [Internet]. Disponível em: https://www.fonoaudiologia.org.br/resolucoes/resolucoes_html/CFFa_N_584_20.htm. Acesso em: 8 de jan. 2023.
2. Rabello E. Curso de Criminalística: sugestão de programa para as faculdades de direito. Porto Alegre: Sagra DC Luzzatto; 1996.
3. Silva EC, Feuerharmel S. Documentoscopia: Aspectos científicos, técnicos e jurídicos. 2. ed. Campinas: Millenium Editora; 2023.
4. Lima NP. Desenvolvimento das competências técnicas dos peritos documentoscópicos da Polícia Federal [Dissertação]. Escola Brasileira de Administração Pública e de Empresas, Centro de Formação Acadêmica e Pesquisa [Internet]. 2013. Disponível em: https://repositorio.fgv.br/server/api/core/bitstreams/3e3e28dc-0f1c-431a-b4d0-944ac6fd8788/content. Acesso em: 8 de jan. 2023.
5. Sociedade Brasileira de Ciências Forenses (SBCF). Manual de boas práticas nos exames Grafoscópicos [Internet]. 2023. Disponível em: https://sbcf.org.br/. Acesso em: 08 jan. 2023.
6. ENFSI – European Network of Forensic Science Institutes. Best practice manual for the forensic examination of handwriting [Internet]. ENFSI-BPM-FHX-01, 4. ed. sep. 2022. Disponível em: https://enfsi.eu/wp-content/uploads/2023/02/BPM-Handwriting-Ed.-4.pdf. Acesso em: 8 jan. 2023.
7. National Institute of Standards and Technology (NIST). Forensic handwriting examination and human factors: improving the practice through a systems approach. The report of the Expert Working Group for Human Factors in Handwriting Examination. NISTIR 8282, fev. 2020.
8. Walton J. Handwriting changes due to aging and Parkinson's syndrome. Forensic Science International [internet].1997 [cited 1998 May 20]; 88(3):197-214.
9. Feuerharmel S. Análise grafoscópica de assinaturas. 2. ed. Campinas: Millenium Editora; 2023.
10. Nachum R, Jackson K, Duric Z, Gerber L. a novel computer vision approach to kinematic analysis of handwriting with

implications for assessing neurodegenerative diseases [Internet]. Annu Int Conf IEEE Eng Red Biol Soc 2021 [cited 2021 Dec 9];361:1309-13. Disponível em: https://ieeexplore.ieee.org/document/9630492.

11. Saini K, Kaur M. Forensic study on the effect of age and illness (Parkinsonism) on handwriting characteristics [Internet]. Egypt J Forensic Sci. 2019 [cited 2019 May 24];9(24):2-10.
12. Brasil. Lei n. 13.964, de 24 de dezembro de 2019. Lei que aperfeiçoa a legislação penal e processual. Brasília, DF: Senado Federal; 2019.
13. Del Picchia Filho J, Del Picchia CC. Tratado de Documentoscopia: Da falsidade documental. São Paulo: Livraria e Editora Universitária de Direito Ltda.; 1976.
14. Pereira CGS. Perícias em documentos xerocopiados. Revista Faculdade de Direito. Universidade de Caxias do Sul/RS. nº 1, dezembro de 1987.
15. Justino EJR, Freitas COA, Oliveira LS. Técnicas forenses nos crimes de falsidade documental: perícias para determinação da contemporaneidade de tintas de caneta. Revista Brasileira de Ciências Criminais, IBCCRIM. 2006;59:325-45.
16. Cazumbá LAF. Análise grafoscópica em documentos digitalizados possibilidades e desafios. Conferência Internacional de Ciências Forenses. 02 e 05 de novembro de 2021. Foz do Iguaçu; 2021.
17. Huber RA, Headrick AM. Handwriting Identification: fact and fundamentals. Boca Raton: CRC Press LCC; 1999.
18. Gorziza RP. Estudo das características gráficas mais frequentemente alteradas em disfarces de assinaturas [Internet]. Rev Bras Crimin. 2017;6(1):52-61. Disponível em: https://www.researchgate.net/publication/316053791_Estudo_das_caracteristicas_graficas_mais_frequentemente_alteradas_em_disfarces_de_assinaturas. Acesso em 6 jan 2023.
19. Robertson B, Vignaux GA, Berger CEH. Interpreting evidence: evaluating forensic science in the courtroom. 2. ed. West Sussex: John Wiley & Sons; 2017. p. 3.
20. Scientific Working Group for Forensic Document Examination (SWGDOC). SWGDOC Standard Terminology for Expressing Conclusions of Forensic Document Examiners [Internet]. Ver. 2013-2. Wed Jan 14 CDT 2015. Disponível em: https://swgdoc.org/documents/SWGDOC%20Standard%20Terminology%20for%20Expressing%20Conclusions%20of%20Forensic%20Document%20Examiners%20150114.pdf. Acesso em 10 de dezembro de 2023.
21. Cazumba LAF, Silva MAL, Rehder MIBC. Assinaturas manuais e digitais: estudo preliminar. Pôster. 31º Congresso Brasileira de Fonoaudiologia. 12º Congresso Internacional de Fonoaudiologia. 3 a 6 de outubro. Rio de Janeiro; 2023.
22. Heckeroth J, Kupferschmid E, Dziedzic T, Kalantzis N, Geistová Čakovská B, Fernandes C, et al. Features of digitally captured signatures vs. pen and paper signatures: Similar or completely different? [Internet]. Forensic Sci. Int. 2021;318:110587. Acesso em 10 de dezembro de 2023.
23. Linden J, Taroni F, Marquis R, Bozza S. Bayesian multivariate models for case assessment in dynamic signature cases [Internet]. Forensic Sci Int. 2021;318:110611. Acesso em 10 de dezembro de 2023.

87

Atuação fonoaudiológica na Perícia Trabalhista

Alice Penna de Azevedo Bernardi
Scheila Farias de Paiva
Sandra Cristina Wanderley Carmo
Mariene Terumi Umeoka-Hidaka

PONTOS-CHAVE

- Perícia em audiologia relacionada ao trabalho.
- Perícia em voz relacionada ao trabalho.
- Laudo pericial.
- Parecer de especialista.
- Classificação Internacional de Funcionalidade, Incapacidade e Saúde.

OBJETIVOS DE APRENDIZAGEM

Ao final deste capítulo, o leitor deverá ser capaz de:

- Conhecer os aspectos legais e as terminologias relacionadas à Fonoaudiologia nas perícias e assistências técnicas trabalhistas.
- Reconhecer os principais pontos a serem considerados na elaboração do laudo pericial e dos quesitos na visão do perito, dos assistentes técnicos, do reclamante e da reclamada na área trabalhista.
- Elaborar a perícia trabalhista (vocal e auditiva) com base na presença ou ausência do nexo causal.
- Compreender como a Classificação Internacional de Funcionalidade, Incapacidade e Saúde (CIF) pode auxiliar na análise e na elaboração do laudo biopsicossocial no âmbito da perícia trabalhista.

INTRODUÇÃO

A perícia e assistência técnica em Fonoaudiologia constituem uma especialidade reconhecida pela Resolução n. 584 de 2020 do Conselho Federal de Fonoaudiologia[1]. No entanto, ainda há muito a se conquistar para que a contribuição da Fonoaudiologia na perícia trabalhista seja conhecida e reconhecida.

Com a divulgação da Fonoaudiologia e suas especialidades, cada vez mais fonoaudiólogos estão sendo requisitados para atuação relacionada a processos trabalhistas que demandam a realização de perícia fonoaudiológica relacionada à voz e audição do trabalhador.

No Direito do Trabalho o perito é de livre nomeação do juiz e, por tratar-se de um auxiliar da justiça, a ele são aplicados os mesmos critérios de impedimento e suspeição presentes nos artigos 144 e 145 do Código de Processo Civil (CPC)[2]. Dessa forma, é necessário que o profissional atue com total imparcialidade, evitando, assim, que esses profissionais conheçam ou tenham algum interesse em uma das partes.

Neste capítulo, serão abordados quatro pontos fundamentais para nortear a prática profissional em perícia trabalhista. O primeiro refere-se aos conceitos essenciais para atuação do fonoaudiólogo como perito e/ou assistente técnico na área trabalhista. O segundo, sobre a visão do perito e do assistente técnico na perícia trabalhista em audiologia, que contempla os cuidados necessários na elaboração e resposta de quesitos e ao laudo pericial contextualizados. No terceiro, a atuação pericial nas alterações vocais relacionadas ao trabalho, as etapas de uma perícia, a verificação do nexo causal e possíveis concausas e por fim, no quarto item, a compreensão dos aspectos biopsicossociais abordados na legislação vigente para a análise e elaboração de laudo pericial com base na Classificação Internacional da Funcionalidade (CIF).

CONCEITOS ESPECÍFICOS PARA ATUAÇÃO DO FONOAUDIÓLOGO COMO PERITO E/OU ASSISTENTE TÉCNICO NA ÁREA TRABALHISTA

Destaca-se que, nas ações trabalhistas, o fonoaudiólogo pode atuar tanto como perito quanto na condição de assistente técnico, e/ou realizar exames complementares designados pelas partes para subsidiar o processo[1].

Por se tratar do contexto referente à justiça do trabalho, é fundamental compreender que a atuação fonoaudiológica requer do profissional conhecimentos que ultrapassam as fronteiras da ciência da comunicação humana. Por esse motivo, é necessário que o fonoaudiólogo, enquanto perito, tenha conhecimento da linguagem jurídica.

Dentre os conhecimentos específicos para essa atuação, além de terminologias é necessária a compreensão dos conceitos básicos relacionados ao Direito, dos fluxos e normas jurídicas, bem como questões específicas que dizem respeito ao Direito do Trabalho (Figura 1).

Utilize o QR code para acessar um glossário com terminologias e documentos importantes para atuação fonoaudiológica em perícia do trabalho.

Voucher: **tratfono**.

Ainda no campo trabalhista, é de suma importância que o profissional de Fonoaudiologia esteja familiarizado tanto com a Legislação Trabalhista e Previdenciária, como com a legislação relacionada à Saúde do Trabalhador.

Na Legislação Trabalhista destacam-se as Normas Regulamentadoras (NR) de Segurança e Saúde do Tra-

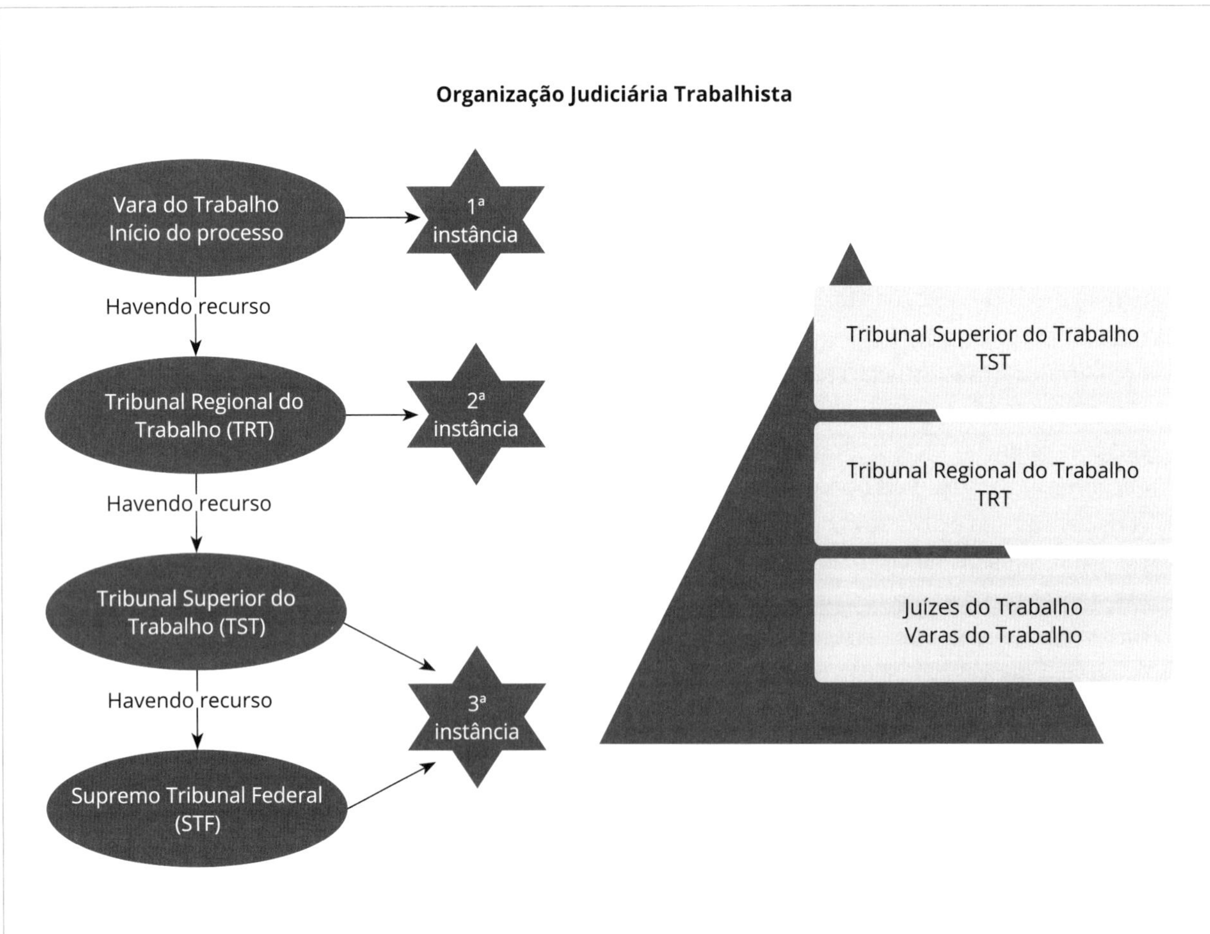

FIGURA 1 Organização Judiciária Trabalhista.

balho vigentes e pregressas. Atualmente são compostas por 38 NR, dentre elas algumas primordiais para a atuação do fonoaudiólogo na perícia trabalhista:[3]

- NR 01 – Disposições Gerais e Gerenciamento de Riscos Ocupacionais (Portaria SEPRT n. 6.730 de 09/03/2020).
- NR 06 – Equipamentos de Proteção Individual – EPI.
- NR 07 – Programa de Controle Médico de Saúde Ocupacional (Portaria SEPRT 6.734, de 09/03/2020) e seus Anexos: I (Monitoração da Exposição Ocupacional a Agentes Químicos); II (Controle Médico Ocupacional da Exposição a Níveis de Pressão Sonora Elevados) e IV (Controle Médico Ocupacional de Exposição a Condições Hiperbáricas).
- NR 09 – Avaliação e o Controle das Exposições Ocupacionais a Agentes Físicos, Químicos e Biológicos (Portaria SEPRT n. 6.735, de 10 de março de 2020).
- NR 15 – Atividades e Operações Insalubres e seus respectivos anexos.
- NR 17 – Ergonomia e seu anexo II (Trabalho em Teleatendimento/*Telemarketing*).

Outras leis e decretos possuem grande relevância para a atuação do fonoaudiólogo na área trabalhista, em especial na legislação previdenciária. A Ordem de Serviço n. 608 do INSS definiu os critérios para avaliação da incapacidade por perda auditiva neurossensorial por exposição contínua a níveis elevados de pressão sonora de origem ocupacional. No Decreto n. 2.172, o Quadro II do Anexo III define o critério de incapacidade para trauma acústico. A nova definição modifica o conceito de incapacidade funcional para laborativa, limitando a concessão do auxílio-acidente concedido ao segurado quando for determinado que a lesão foi decorrente de acidente de qualquer natureza e resultar em sequelas definitivas.

A análise dos documentos, com base na legislação vigente do período laboral, contribuirá para uma autuação técnica, didática e para a elaboração do laudo, com redação clara e adequada[4,5].

Atualmente, a maioria das perícias judiciais em audiologia é realizada no âmbito da Justiça do Trabalho e busca comprovar ou eliminar o nexo de causalidade entre a doença alegada pelo empregado (reclamante) e o seu labor na empresa (reclamada)[6].

Ao perito cabe a função de conduzir a diligência pericial, onde são levantadas todas as provas necessárias para a sua avaliação técnica, garantindo aos assistentes técnicos das partes participarem desse ato. Cabe a ele ainda elaborar o laudo pericial, instrumento pelo qual ele se comunica formalmente com o juizo e responder aos quesitos formulados pelas partes ou pelo juízo.

Já aos assistentes técnicos, por sua vez, cabe o papel de consultores das partes, que acompanham o trabalho pericial para garantir o princípio do contraditório na produção da prova. Pelo fato de assistirem às partes, não se aplicam a eles os critérios de impedimento e suspeição dos peritos.[2,7]

As etapas do trabalho de assistência técnica na fase instrutória do processo compreendem elaborar quesitos, participação e acompanhamento da diligência pericial e a elaboração do parecer técnico e/ou quesitos suplementares. No entanto, a boa prática na área de perícia mostra grande êxito da parte quando o trabalho do assistente técnico começa desde o início do processo, quando elabora subsídios para o advogado preparar a petição inicial ou relatório de contestação[8].

Outro dispositivo fundamental para a boa compreensão de todos os envolvidos no processo é o rol de quesitos bem estruturados. Quesitos são pontos importantes a serem destacados ou questões técnicas sobre as quais se pedem esclarecimentos ao perito. Estes, quando bem formulados, podem fazer com que o perito se atente para todo o conteúdo sem que deixe de responder a nenhum quesito pertinente, além de chamar a atenção do perito para as questões que beneficiam a parte interessada, explanando a matéria técnica ao juiz [8].

Dessa forma, para que o trabalho do perito e assistentes técnicos tenha êxito, é importante compreender que ao perito cabe uma ampla visão avaliativa imparcial sobre todos os aspectos técnicos que envolvem o caso para o estabelecimento do nexo de causalidade. Já aos assistentes técnicos, cabe compreender quais aspectos do caso são positivos para o seu cliente e, somente nesse caso, transformá-los em quesitos ou discussão no parecer técnico.

AS VISÕES DO PERITO E DOS ASSISTENTES TÉCNICOS NA PERÍCIA TRABALHISTA EM AUDIOLOGIA

A avaliação pericial em audiologia deve sempre iniciar com a avaliação dos exames audiométricos realizados no período laborado na reclamada. Com relação à avaliação do histórico ocupacional, é fundamental que o perito investigue exposições pregressas para não subestimar a existência de uma perda auditiva ocupacional que se iniciou muito precocemente na reclamada, mas que pode ser consequência de longo histórico pregresso (Figura 2).

Na análise dos exames audiológicos, quando houver a possibilidade de existir nexo causal, o perito deve prosseguir com o aprofundamento da avaliação de três áreas técnicas:

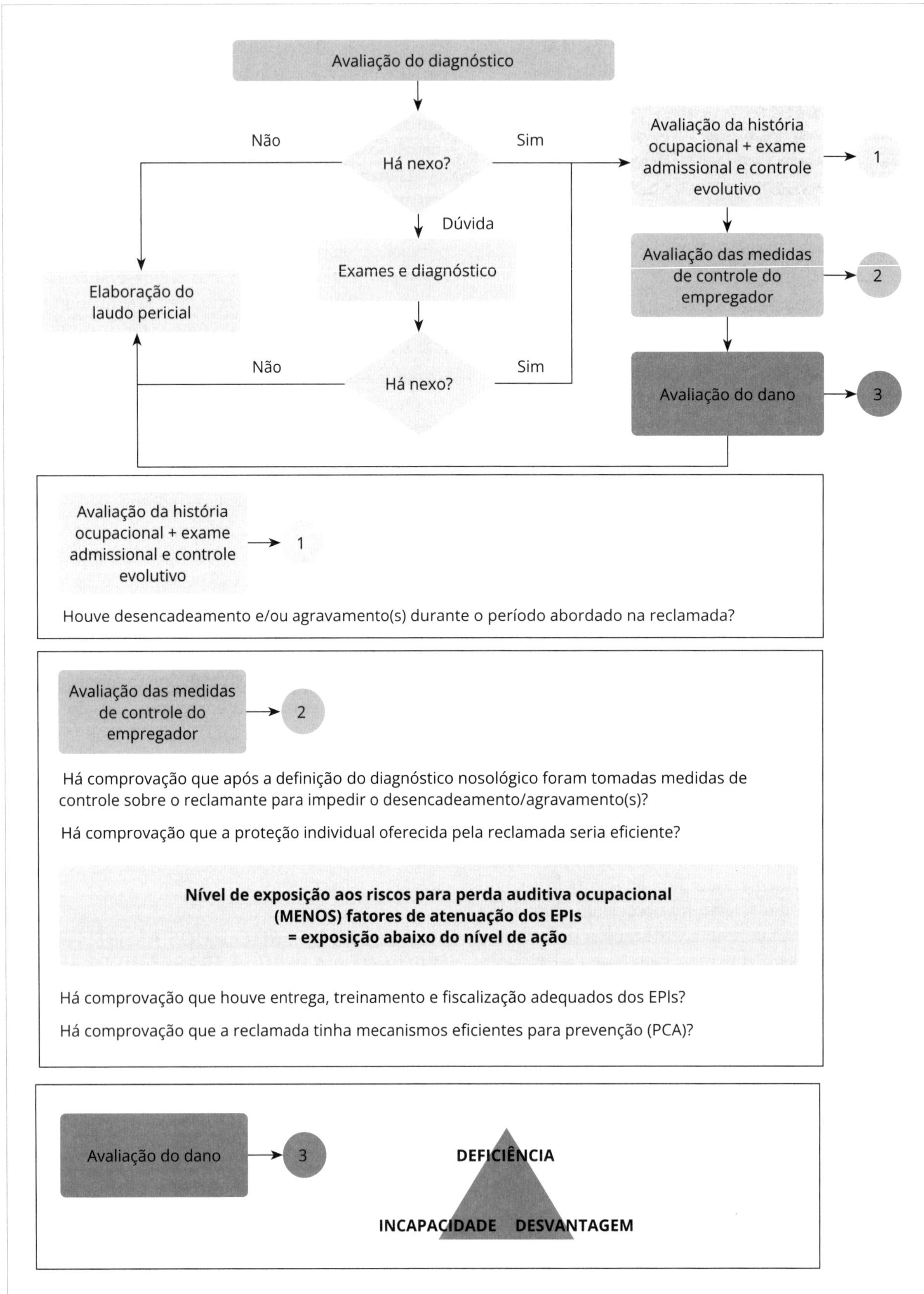

FIGURA 2 A visão do perito.
Fonte: adaptada de Bernardi e Saldanha Junior, 2023[8].

A. Avaliação do histórico ocupacional + exame admissional e controle evolutivo.
B. Avaliação das medidas de controle do empregador.
C. Avaliação do dano.

Para a avaliação do nexo é importante, além de verificar o exame admissional, realizar cuidadosamente o controle evolutivo de acordo com Anexo 2 da NR-7[4] para avaliar se houve desencadeamento ou agravamento de perda auditiva induzida por níveis de pressão sonora elevados (PAINPSE) no período laborado na reclamada. O fato de o exame admissional estar alterado não exime a empresa de responsabilidade caso tenha existido agravamento da perda auditiva ocupacional no período laborado na reclamada.

Em relação às medidas de controle adotadas ou não pelo empregador, cabe ao perito avaliar todas as exposições de risco do reclamante. Isso ocorre por meio da análise dos relatórios ambientais do Programa de Prevenção de Riscos Ambientais (PPRA), Perfil Profissiográfico Previdenciário (PPP) até 02/01/2022 e Programa de Gerenciamento de Riscos após 03/01/2022.

Além dos relatórios mencionados, é necessário avaliar também os EPIs comprovadamente recebidos na reclamada, comprovantes de treinamento e fiscalização do uso assinados pelo reclamante para a determinação de sua eficácia e toda documentação relacionada ao Programa de Conservação Auditiva (PCA) existente na empresa.

O perito também deve estabelecer se a perda auditiva do reclamante se trata de dano irreversível e se gera incapacidade para a atividade que exercia na laborada ou se apenas existe desvantagem em relação a outros trabalhadores ouvintes normais em um novo processo seletivo.

Os assistentes técnicos, por sua vez, devem analisar todos os aspectos já mencionados, porém necessitam realizar a avaliação criteriosa dos itens positivos que deverão incluir nos seus quesitos e parecer técnico para beneficiar a parte por ele representada.

As Figuras 3 e 4 apresentam fluxogramas adaptados de Bernardi e Saldanha Junior[8]. Nelas é possível verificar o exemplo de raciocínio sobre os pontos positivos que devem ser considerados, na formulação de quesitos e na elaboração do parecer técnico para os assistentes nas duas situações (reclamante e reclamada), que envolvem ações trabalhistas em audiologia ocupacional.

Utilizando-se como exemplo um caso em que o reclamante tenha sido admitido com exame audiométrico normal e um exame demissional alterado do tipo neurossensorial bilateral apenas nas frequências de 3.000 e 4.000 Hz. Trabalhou por 12 anos em área de risco acima do limite de tolerância para ruído, sugerindo, portanto, perda auditiva induzida por níveis de pressão sonora elevados (PAINPSE). Para o assistente técnico do reclamante, formular quesitos sobre os resultados dos exames admissional e demissional, nesse caso, é uma excelente estratégia, pois ficará evidente a diferença de sua condição de saúde nos dois momentos, sugerindo fortemente o nexo ocupacional (Figura 3)[8].

Já para o assistente técnico da reclamada, formular quesitos sobre os exames audiométricos do reclamante seria fornecer provas em favor da outra parte. Para a reclamada nessa situação é muito mais conveniente formular quesitos a respeito de incapacidade laborativa ou prejuízo social que serão, no caso, inexistentes. Ficará nesse caso evidente que apesar do reclamante ter apresentado perda auditiva no período laborado na reclamada, essa lesão não gerou outras repercussões na vida diária, representando vantagem para a defesa da reclamada (Figura 4)[8].

ATUAÇÃO PERICIAL TRABALHISTA NAS ALTERAÇÕES VOCAIS RELACIONADAS AO TRABALHO

Ao ser nomeado para a realização de uma perícia, o fonoaudiólogo deve realmente estar apto a realizá-la, possuindo inclusive o conhecimento sobre perícia no Código de Processo Civil (CPC) e o domínio da área de conhecimento na qual a perícia está inserida.[9]

Na atuação da perícia trabalhista de alterações vocais, tem-se como objetivo a verificação da alteração vocal causada pelo labor, que é chamada Distúrbio de Voz Relacionado ao Trabalho (DVRT) cuja definição é qualquer forma de desvio vocal relacionado à atividade profissional que diminua, comprometa ou impeça a atuação ou a comunicação do trabalhador, podendo ou não haver alteração orgânica da laringe[10].

Após vários anos de luta e impasses, no dia 27 de novembro de 2023, o DVRT foi incluído na lista das Doenças Relacionadas ao Trabalho (DRT), por meio da Lei n. 8080/903[11,12]. Sabe-se que mesmo apesar da vasta literatura científica sobre a associação entre fatores do trabalho e o desenvolvimento do distúrbio da voz, havia grande dificuldade desse agravo ser considerado como DRT devido à sua característica multicausal, difusa e complexa, considerada não objetiva e linear[13]. A inclusão do DRT em 2023 não só corrobora com as condições legais como contribui diretamente para as conclusões dos laudos periciais trabalhistas relacionados à voz.

No que se refere à perícia trabalhista vocal, é importante atentar que as doenças do trabalho não são somente aquelas causadas por um fator laboral, mas também as agravadas por um agente presente no am-

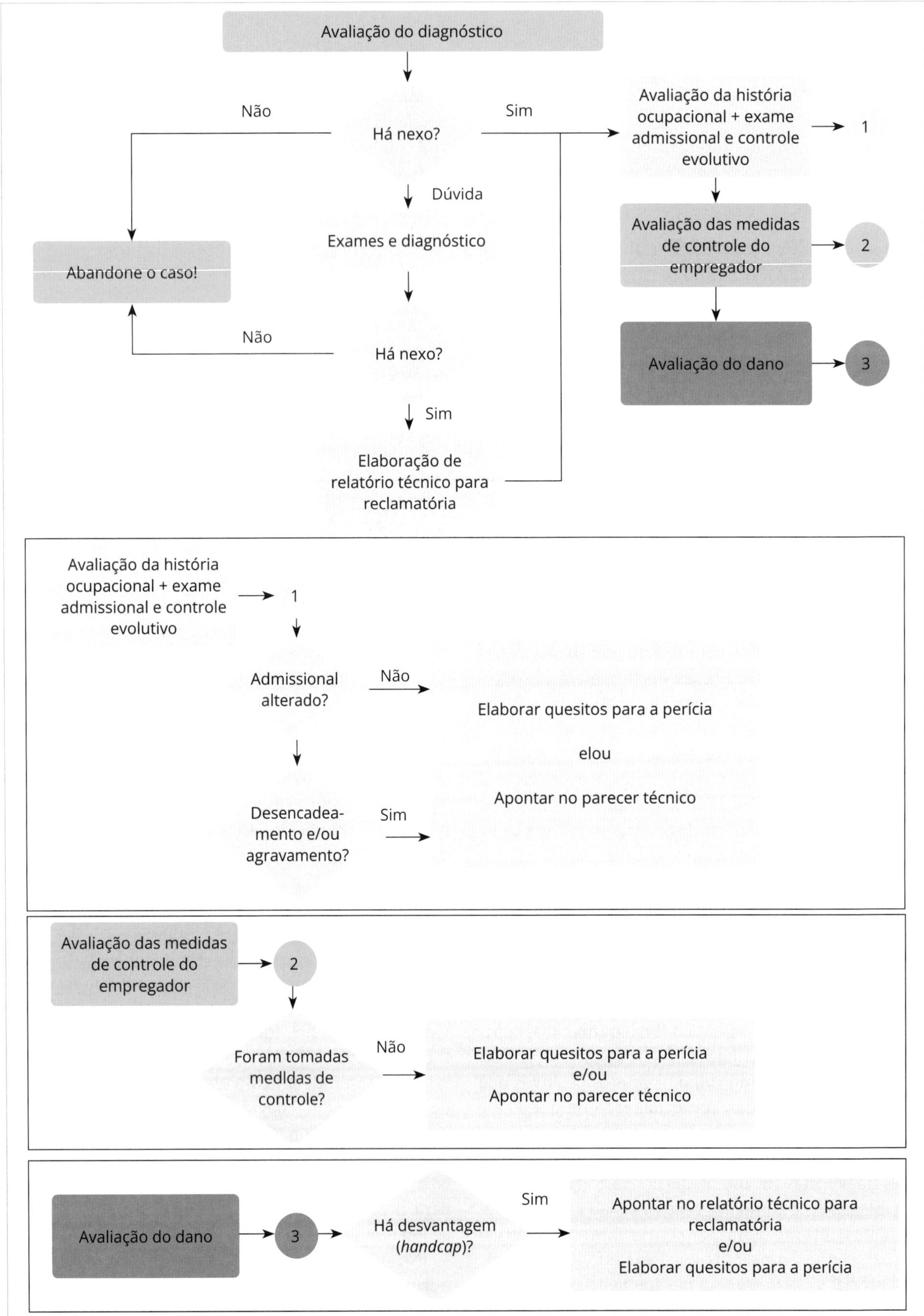

FIGURA 3 A visão do assistente técnico do reclamante.
Fonte: adaptada de Bernardi e Saldanha Junior, 2023[8].

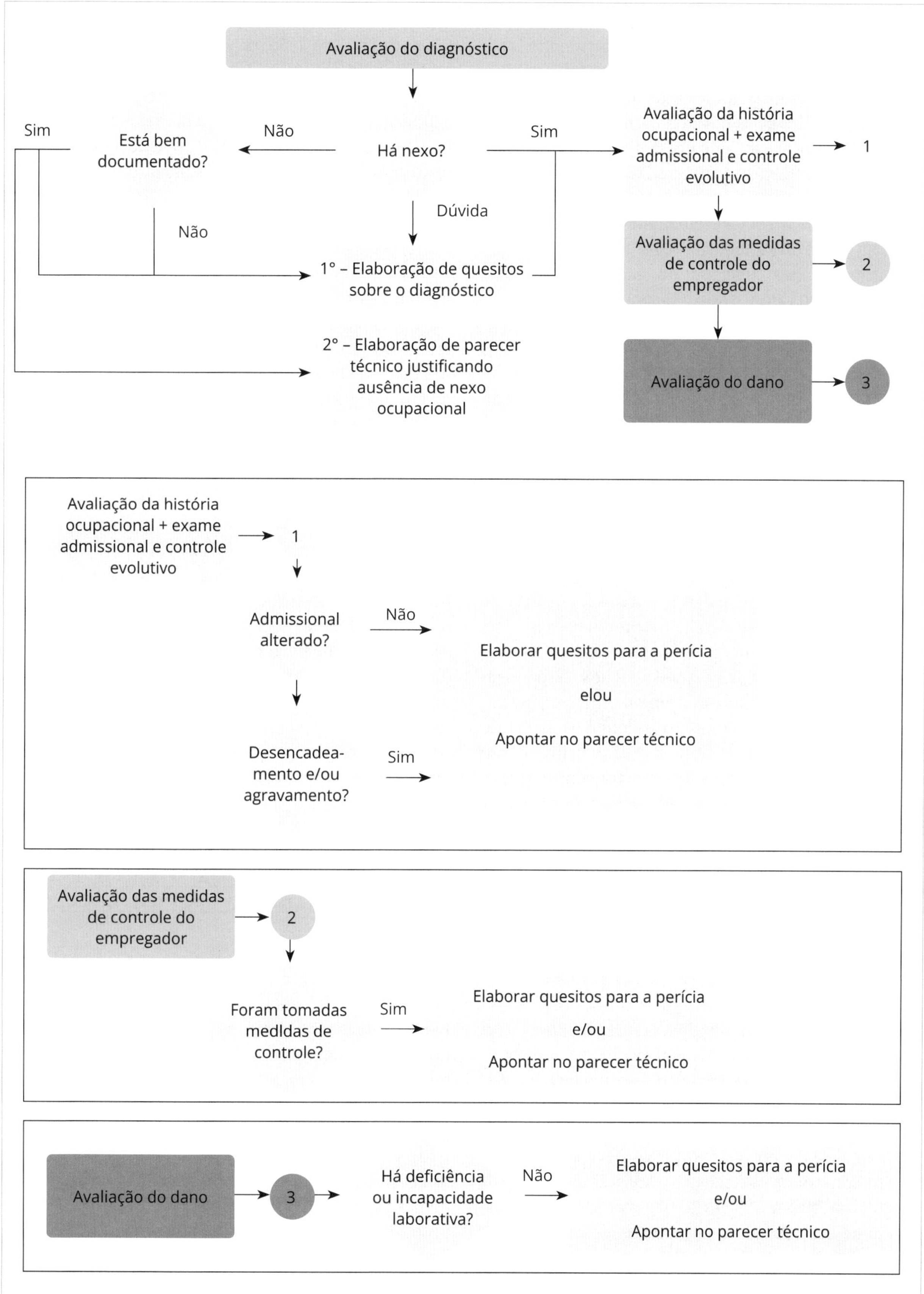

FIGURA 4 A visão do assistente técnico da reclamada.

Fonte: adaptada de Bernardi e Saldanha Junior, 2023[8].

biente de trabalho, ou seja, surge um fator nessa situação concausa que deve ser observado atentamente nesse contexto.

Fatores individuais, como: sexo, predisposição genética, alergias, alterações hormonais, hábitos (beber, fumar, uso de drogas etc.) que possam coexistir, não desqualificam ou impedem a caracterização de um DVRT, porém podem ser caracterizados como concausalidade de acordo com o contexto analisado[13]. A experiência do perito em Fonoaudiologia constitui um diferencial significativo para a conclusão do laudo, afirmando ou negando o nexo causal e possível concausa[14].

Dentre os elementos para análise pericial no âmbito do trabalho, encontram-se os determinantes sociais ou fatores de risco, agravantes e desencadeantes do DVRT, diretamente relacionados com a elaboração do nexo causal, sendo esses: **fatores relacionados à característica e à organização do trabalho** (jornada de trabalho prolongada, sobrecarga, demanda vocal excessiva, dificuldade de acesso à hidratação, entre outros); **os relacionados ao ambiente de trabalho** (acústica desfavorável, ventilação inadequada do ambiente, exposição a produtos químicos irritativos de vias aéreas superiores, entre outros); e **os atrelados ao indivíduo** (idade, sexo feminino, alergias respiratórias, etilismo, tabagismo, entre outros)[10].

Os fatores contextuais mencionados serão cruciais na construção do laudo juntamente com outras informações obtidas pelo perito ao longo da avaliação técnica e análise pericial. Para o desenvolvimento do raciocínio pericial na área jurídica trabalhista, é necessário que o fonoaudiólogo esteja atento aos itens e termos que não são contemplados na clínica vocal e utilize toda sua expertise.

ATUAÇÃO DO PERITO NAS ALTERAÇÕES VOCAIS

A perícia se inicia com a análise principalmente da petição inicial, a contestação e o estudo de todos os exames e atestados, sendo esses norteadores para a anamnese clínico-ocupacional, avaliação, diligência (que será previamente agendada no período de dez dias, podendo o perito agendar juntamente a avaliação e anamnese) e análise minuciosa dos quesitos. A partir da análise do processo, o perito deve elaborar um roteiro com todos os itens de verificação e decidirá se realizará ou não a diligência, bem como se há necessidade de acrescentar itens na anamnese ou solicitar exames adicionais.

Após a nomeação, o perito deve acessar o processo e verificar o tipo de perícia solicitada, tendo até cinco dias para realizar o aceite ou recusa (escusa). Da mesma forma, as partes podem recusar o perito por impedimento ou suspeição, conforme menciona o art. 144 e 145 do CPC[2].

É importante ressaltar que, diferente da audiologia ocupacional, até então a maioria dos profissionais da voz (professores, cantores, teleoperadores etc.) não realizam exames vocais admissionais, periódicos e demissionais relacionados à voz.

Para a avaliação das alterações vocais do trabalhador o perito pode e deve utilizar diferentes métodos e instrumentos para avaliação da voz: análise perceptivo-auditiva, análise acústica (exemplo: Programa PRAAT), tempo máximo de fonação (TMF), respiração (modo e tipo) e ressonância. Na anamnese clínico-ocupacional, não deve esquecer de usar sua expertise na questão principal da perícia trabalhista que é o nexo causal. Em determinados casos faz-se necessária uma videolaringoscopia atualizada para complementar alguns aspectos da avaliação.

Durante a diligência na reclamada o perito vai observar principalmente os fatores de risco relacionados ao ambiente de trabalho, documentos pertinentes que não estiverem nos autos e a existência de algum Programa de Conservação Vocal (PCV). Utilizar o roteiro com todos os itens para verificação já traçados para a diligência faz muita diferença neste momento da perícia.

Quanto à resposta aos quesitos, deve acontecer de forma objetiva e direta e a elaboração do laudo deve ser realizada e enviada ao juiz no prazo de 30 dias a contar do aceite, ficando a critério deste determinar o prazo maior ou menor.

ELABORAÇÃO DO LAUDO PERICIAL TRABALHISTA E AS CONTRIBUIÇÕES DA CLASSIFICAÇÃO INTERNACIONAL DE FUNCIONALIDADE, INCAPACIDADE E SAÚDE (CIF)

De acordo com o art. 473 do CPC, é necessário que no laudo pericial, além da redação inicial (onde estão inclusos dados do processo, cumprimentos ao juiz e um breve preâmbulo), constem minimamente: elementos da perícia técnica (objeto da perícia, metodologia e análise técnica ou científica utilizada); documentos pertinentes e exame relacionados à perícia. Destaca-se que a conclusão do laudo pericial deve ser redigida em linguagem simples, conter essencialmente a resposta à demanda do juiz com as referências utilizadas e as respostas conclusivas aos quesitos apresentados[2].

Diante do exposto, para que o fonoaudiólogo possa fundamentar suas análises e respostas aos quesitos mencionados, é importante ressaltar que além da legislação trabalhista específica, a Lei n. 14.768[16] e a Lei

n. 13.146/2015 também amparam o trabalhador com perda auditiva em casos de enquadramento como Pessoa Com Deficiência (PCD). A Lei n.13.146/2015 considera PCD o indivíduo que apresenta algum impedimento (físico, mental, intelectual ou sensorial) de longo prazo, o qual, em interação com uma ou mais barreiras, pode obstruir sua participação plena e efetiva na sociedade em igualdade de condições com as demais pessoas.[17]

De forma mais específica, o §1º da Lei n. 13.146 afirma que a avaliação da pessoa com deficiência, quando necessária, será **biopsicossocial** e deve considerar:

I. Os impedimentos nas funções e nas estruturas do corpo (alterações biológicas – ex.: auditivas ou vocais).
II. Os fatores socioambientais, psicológicos e pessoais (impacto da alteração encontrada nas relações interpessoais e no trabalho; os recursos ambientais que possam atuar como facilitadores ou barreiras para o exercício da sua atividade laboral. Ex.: atenuadores auditivos ou uso de microfone, ruído ambiental desfavorável ou quantidade de alunos em sala, condições acústicas e número de alunos etc.).
III. A limitação no desempenho de atividades (quanto a perda auditiva ou a alteração vocal presentes prejudicam, seja parcial ou completamente, a pessoa no exercício de sua ocupação de forma permanente ou temporária).
IV. A restrição de participação (o quanto a alteração auditiva ou vocal prejudica a interação social, por exemplo: quantidade de faltas justificadas ao trabalho, atestados ou licenças frequentes para tratamento ou barreiras atitudinais enfrentadas no ambiente de trabalho e social e até mesmo prejuízo para futuras contratações).

A Classificação Internacional de Funcionalidade, Incapacidade e Saúde (CIF) é uma classificação de referência, endossada pela Organização Mundial da Saúde (OMS), como padrão internacional para descrever, mensurar e monitorar a saúde e a incapacidade humana. A CIF pode ser utilizada tanto de forma independente como em conjunto com a Classificação Estatística Internacional de Doenças e Problemas Relacionados à Saúde (CID)[13].

O principal objetivo da CIF consiste na organização e documentação de informações sobre a funcionalidade e a incapacidade humana, por meio de uma linguagem padronizada internacionalmente, com base no modelo biopsicossocial[16]. Esse modelo auxilia na compreensão, na descrição e na classificação da funcionalidade e da incapacidade laboral a partir da compreensão de uma relação entre os aspectos biológicos (funções e estruturas corporais); das limitações de atividade e as restrições de participação laboral; da interferência dos fatores ambientais (codificadas pela CIF) e todo seu processo de interação com uma determinada condição de saúde, quando existente (codificada pela CID), sendo esta transitória ou permanente.

Utilizar o modelo biopsicossocial implica, necessariamente, na compreensão inicial sobre a diferença entre deficiência e incapacidade. Para o modelo, as deficiências são consideradas como alterações nas estruturas e/ou funções do corpo, enquanto a incapacidade é algo mais amplo, que independente da presença de uma deficiência para o comprometimento do desempenho funcional e laboral do indivíduo. Portanto, na análise pericial é importante averiguar a existência de algumas alterações, mas também realizar a mensuração da incapacidade laboral relacionada à mesma, descrevendo ainda a presença ou ausência de recursos ambientais que possam agir como facilitadores ou barreiras para o indivíduo, sendo avaliados de forma conjunta e interativa.

A apropriação conceitual do modelo biopsicossocial viabiliza ao fonoaudiólogo uma linguagem padronizada entre os profissionais envolvidos, coerência de raciocínio pericial e com o modelo proposto na avaliação da pessoa com deficiência, assim como melhor compreensão sobre a legislação vigente no que compete ao trabalho pericial.

CONCLUSÃO

Considera-se essencial que o fonoaudiólogo atuante como assistente técnico ou perito trabalhista domine, além das particularidades de sua atuação, os conceitos e as terminologias relacionadas ao âmbito da justiça trabalhista e todos os aspectos legais que o envolvem direta ou indiretamente.

A perícia trabalhista na Fonoaudiologia deve ter como base a presença ou ausência do nexo causal com o trabalho, sendo este um dos principais pontos a serem considerados na visão do perito, dos assistentes técnicos, do reclamante e da reclamada, bem como na elaboração dos quesitos e do laudo pericial.

O laudo pericial é a síntese que descreve o trabalho técnico realizado pelo profissional designado. Nele encontram-se as informações que fundamentam o resultado da perícia e o percurso do raciocínio pericial para averiguar a presença ou ausência do nexo causal.

Por fim, a compreensão do modelo biopsicossocial e o uso da CIF auxiliam o raciocínio pericial na organização das informações, na descrição da interação do indivíduo com os fatores ambientais relacionados ao ambiente de trabalho, na identificação das interações de possíveis barreiras com a provável alteração fonoaudiológica encontrada, bem como na descrição conclusiva relacionada à causa e/ou concausa para a elaboração do laudo pericial.

REFERÊNCIAS BIBLIOGRÁFICAS

1. Brasil. Conselho Federal de Fonoaudiologia. Resolução n. 584 de 22 de outubro de 2020. Dispõe sobre a criação da Especialidade em Perícia Fonoaudiológica, define as atribuições e competências relativas ao profissional fonoaudiólogo Especialista, e dá outras providências. Brasil: CFFa; 2020.
2. Brasil. Código de Processo Civil. Lei n. 13.105 de 16 de março de 2015. Acesso em: 18 de janeiro 2024.
3. Brasil. Conselho Nacional de Justiça. Panorama e estrutura do Poder Judiciário Brasileiro. Disponível em: https://www.cnj.jus.br/poder-judiciario/panorama-e-estrutura-do-poder-judiciario. Acesso em: 22 de dezembro 2023.
4. Vasconcelos CA, et al. Perícia fonoaudiológica aplicada à saúde do trabalhador: conceitos e roteiro de laudo. In: Pimentel BN (Org.). Fundamentos científicos e prática clínica em Fonoaudiologia 2. Ponta Grossa: Atena; 2021.
5. Medeiros Júnior JR, Fiker J. A perícia judicial: como redigir laudos e argumentar dialeticamente. 3. ed. São Paulo: Livraria e Editora Universitária de Direito; 2009.
6. Lima FGA. Perícia e assistência técnica em audiologia. In: Boechat EM. Tratado de audiologia. 2. ed. Rio de Janeiro: Guanabara Koogan; 2015. P. 235-41.
7. Vendrame AC. Perícias judiciais de insalubridade e periculosidade. 4. ed. São Paulo: Ed do Autor; 2017.
8. Bernardi APA, Saldanha Junior OM. Assistência técnica e elaboração de quesitos na perícia fonoaudiológica. In: Feitosa LF, Depolli GT, Vasconcelos CA. Mapas conceituais em fonoaudiologia: perícia fonoaudiológica. Ribeirão Preto: Booktoy; 2023. p.159-77.
9. Andrade WTL. Perícia em saúde auditiva do trabalhador. In: Feitosa ALF, Depolli GT, Vasconcelos CA. Mapas conceituais em fonoaudiologia: perícia fonoaudiológica. Ribeirão Preto: Book Toy; 2023. p.145-58.
10. Brasil. Ministério da Saúde. Distúrbio de voz relacionado ao trabalho [Internet]. 2018 [citado em 9 Jan 2024]. Disponível em: http://bvsms.saude. gov.br/bvs/publicacoes/disturbio_voz_relacionado_trabalho_dvrt.pdf.
11. Brasil. Ministério da Saúde/Gabinete da Ministra. Diário Oficial da União. Portaria GM/MS n. 1.999, de 27 de novembro de 2023. Disponível em: https://www.in.gov.br/web/dou/-/portaria-gm/ms-n-1.999-de-27-de-novembro-de-2023-526629116. Acessado em 8 Jan 2024]
12. Brasil. Lei n. 8.080, de 19 de setembro de 1990. Diário Oficial da União [Internet]. 20 set 1990 [citado em 21 de agosto de 2020];1:18055. Disponível em: https://www.planalto.gov.br/ccivil_03/leis/l8080.htm. Acessado em 24 de abril de 2024.
13. Paiva SF, Pinto, Pinto FCA. Classificação Internacional de Funcionalidade: da Teoria à Prática na Fonoaudiologia. Ribeirão Preto: Booktoy; 2023.
14. Przysiezny PE, Przysiezny LTS. Work-related voice disorder. Braz J Otorhinolaryngol [Internet]. 2015 Mar;81(2):202-11. Acesso em: 20 abril 2024.
15. Organização Mundial de Saúde (OMS). CIF: Classificação Internacional de Funcionalidade, Incapacidade e Saúde. São Paulo: EDUSP; 2020.
16. Brasil. Lei n. 14.768 de 22 de dezembro de 2023 Disponível em: https://www.planalto.gov.br/ccivil_03/_ato2023-2026/2023/lei/L14768.htm. Acesso em: 18 de janeiro 2024.
17. Brasil. Lei n. 13.146 de 06 de julho de 2015. Diário Oficial da União [Internet]. Disponível em: http://www.planalto.gov.br/ccivil_03/_ato2015-2018/2015/lei/l13146.htm. Acesso em 09 de dezembro de 2023.

Seção 9

Saúde Coletiva

Coordenadoras

Selma Anequini Costa
Kátia de Cássia Botasso

As potencialidades da Fonoaudiologia na Atenção Primária

Maria Cecília Bonini Trenche
Kátia de Cássia Botasso
Cláudia Maria de Lima Graça

PONTOS-CHAVE

- Histórico da Atenção Primária à Saúde (APS) internacional e brasileira para a compreensão contextualizada da disputa de modelos assistenciais na implementação do Sistema Único de Saúde e na inserção da Fonoaudiologia na APS.
- Discussão da abrangência das ações dos fonoaudiólogos nos territórios existenciais e no trabalho junto às equipes multiprofissionais a partir da criação do Núcleo de Apoio a Saúde da Família e da mudança na lógica do cuidado à saúde e da formação em saúde.

OBJETIVOS DE APRENDIZAGEM

Ao final deste capítulo, o leitor deverá ser capaz de:

- Conhecer marcos históricos da APS internacional e brasileira.
- Refletir sobre a base teórico-metodológica do trabalho na APS.
- Analisar as potencialidades e desafios da atuação da Fonoaudiologia na APS.

INTRODUÇÃO

Os fonoaudiólogos atuam nos serviços públicos desde a década de 1970 em secretarias de educação ou de saúde. A partir da criação do Sistema Único de Saúde (SUS) em 1988, passaram a atuar em alguns Centros de Saúde, integrando serviços da Atenção Primária à Saúde (APS), conhecida no Brasil também como Atenção Básica à Saúde (ABS).

Os profissionais da saúde tiveram formação acadêmica fundamentada na visão biomédica e no saber especializado e tecnicista. A atuação dos fonoaudiólogos esteve, até então, predominantemente voltada à reabilitação dos distúrbios da comunicação em práticas de atendimento individual e ambulatorial, principalmente no setor privado, conforme modelo assistencial hegemônico. A criação do SUS desafiou a constituição de novas práticas fundamentadas em novo modelo assistencial, cujas ações abrangem a promoção e proteção da saúde, a prevenção de agravos e danos, o diagnóstico, o tratamento e a reabilitação.

A atuação dos fonoaudiólogos na Saúde Pública de fato se potencializou a partir de 2008, após a criação dos Núcleos de Apoio à Saúde da Família (NASF), visando expandir as ações da Estratégia de Saúde da Família (ESF) e aumentar a resolutividade da APS[1]. Essa estratégia propôs a reformulação do modo de se fazer clínica e atuar na saúde pública, ampliando o saber-fazer de várias profissões da área da saúde com a incorporação de elementos do cuidado ampliado, abrangendo dimensões do orgânico, subjetivo e social[2].

As práticas do fonoaudiólogo cresceram e se ampliaram em outros serviços da APS, desafiando mudanças na formação e atuação profissional. Este capítulo apresenta o contexto histórico, político e conceitual da APS internacional e brasileira, a experiência da Fonoaudiologia nesse cenário e os desafios e potencialidades de sua contribuição ao cuidado integral à saúde da população nos diferentes ciclos de vida.

BREVE HISTÓRICO SOBRE ATENÇÃO PRIMÁRIA À SAÚDE INTERNACIONAL

A APS surge como forma de organização de sistemas de saúde hierarquizados em níveis de atenção à saúde a partir do Relatório Dawson (1920), que havia sido encomendado pelo governo inglês em razão do aumento de custos causado pela crescente complexidade da atenção médica e baixa resolutividade do modelo biomédico, centrado na cura de doenças, na atenção médica individual, ambulatorial e hospitalar[3]. O relatório propunha que o cuidado em saúde fosse realizado em centros de saúde primários e secundários, serviços domiciliares, suplementares e hospitais de ensino.

Os centros primários e os serviços domiciliares estariam sob a responsabilidade de médicos generalistas, e os serviços seriam organizados de forma regionalizada e encaminhariam as demandas para os serviços do nível secundário e/ou hospitalar. Dessa forma a APS corresponderia à fase inicial do cuidado e atuaria como organizadora do sistema.

A publicação do relatório do Ministro da Saúde (MS) do Canadá, conhecido como "Informe Lalonde" (1974), trouxe o conceito de "campo de saúde", que por sua vez introduziu o de promoção da saúde, incluindo como determinantes do processo saúde-doença a biologia humana, o estilo de vida, o ambiente e a organização dos serviços de saúde. O conceito de promoção da saúde vem ao encontro de um processo de desmedicalização da saúde e da vida, não restringindo as queixas de saúde a um problema médico, isto é, ao diagnóstico e à solicitação de exames[2]. Cabe ressaltar, entretanto, que o conceito de estilo de vida desencadeou um caráter regulatório da vida, preventivista, individualizando as questões do processo saúde-doença, negligenciando o contexto político, econômico e social[3].

A "Conferência Internacional sobre cuidados primários à saúde", realizada em Alma-Ata (Cazaquistão, 1978), promovida pela Organização Mundial da Saúde (OMS), retoma tais questões. Sua realização foi motivada por garantir que os países organizassem serviços de saúde à luz de conceitos como justiça, equidade social, autorresponsabilidade e solidariedade internacional para o alcance da meta de "Saúde para Todos no Ano 2000". Essa conferência trouxe a compreensão de que a APS se constitui como um nível de atenção abrangente e integral, pautando-se em ações fundamentais como programas de saúde materno-infantil, educação em saúde, prevenção de doenças endêmicas, saneamento ambiental, fornecimento de medicamentos essenciais, medicina tradicional, tratamento de doenças e lesões comuns[4].

O enfoque nos determinantes sociais do processo saúde-doença amplia o papel da APS na prevenção e promoção da saúde e qualidade de vida, no cuidado abrangente e continuado, e na organização a partir da formação generalista dos profissionais da saúde, atuação em equipe multiprofissional com colaboração intersetorial, participação da comunidade e autorresponsabilidade[5].

A APS é internacionalmente reconhecida como a porta de entrada principal de sistemas de saúde hierarquizados e regionalizados, com serviços de saúde organizados em territórios definidos e população adscrita. Isso leva em conta que o perfil epidemiológico e demográfico de sua área de abrangência favorece melhores condições para a intervenção sobre os fatores de risco aos quais a comunidade está exposta, visando a atenção integral, continuada e de qualidade. Outras conferências internacionais aprofundaram o conceito de promoção da saúde, indo além do estilo de vida. Dessas, a principal foi a Conferência Internacional sobre Promoção da Saúde, realizada em 1986 em Ottawa, Canadá, a qual inspirou a criação do SUS, um sistema público de saúde de acesso universal, fundamentado no conceito ampliado de saúde[3].

BREVE HISTÓRICO SOBRE ATENÇÃO PRIMÁRIA À SAÚDE NO BRASIL

No século passado, no processo brasileiro de industrialização e urbanização, surgiram a partir de 1920 demandas relacionadas à saúde dos trabalhadores, sendo adotado um modelo denominado Médico-Assistencial Privatista, com assistência em hospitais, ambulatórios e consultórios, que prevaleceu até a criação do SUS. Paralelamente a esse modelo de saúde, foram implementados centros de saúde públicos para a educação sanitária.

O modelo Médico-Assistencial Privatista estruturou-se a partir da organização da classe trabalhadora, primeiro pelas Caixas de Aposentadoria e Pensão (Caps) das empresas e, posteriormente, pelos Institutos de Aposentadoria e Pensão (IAPS) de diferentes profissões. A atenção à saúde ficou sob responsabilidade de ambulatórios e hospitais vinculados aos IAPS, mediante contribuições mensais dos trabalhadores. Em 1966, ocorreu a fusão dos IAPS com o Instituto Nacional de Previdência Social (INPS), sendo priorizada a ampliação de hospitais e de tecnologia. Na década de 1980, foram criados o Programa Nacional de Serviços Básicos de Saúde e o Plano do Conselho Nacional da Saúde Previdenciária, que impulsionaram iniciativas para a construção da APS brasileira e do processo de descentralização por meio das Ações Integradas de Saúde (AIS)[2].

Durante a ditadura, o desejo de democratizar o país e fortalecer as instituições de saúde uniu a população, trabalhadores da saúde, pesquisadores, parlamentares e instituições em um movimento pela Reforma Sanitária no país, em defesa do direito à saúde e da responsabilidade do Estado. Na 8ª Conferência Nacional de Saúde (CNS), em 1986, foram discutidas questões essenciais à reforma sanitária, delineando os princípios de um sistema público e único de saúde pautado na integralidade, equidade e participação social e organizado de modo descentralizado, hierarquizado e regionalizado.

A Constituição Federal de 1988 definiu como seguridade social (proteção social) o tripé – Saúde, Previdência, Assistência Social. E, amparado pelo artigo 196, o SUS tornou-se o sistema oficial do país, com serviços organizados em três níveis de atenção: primário (APS/ABS), secundário (Atenção Especializada – AE) e terciário (Atenção Hospitalar – AH).

Sob influência dos modelos assistenciais do Canadá, Cuba, Suécia e Inglaterra, o SUS adotou na década de 1990 a lógica da Saúde da Família (SF) para a reorganização da APS, ampliação do acesso universal à saúde, estruturação de ações de promoção e recuperação da saúde, prevenção de agravos, vigilância em saúde, educação sanitária e cuidado contínuo na rede de serviços da saúde e parceria com outros setores[6].

Com base em experiências bem-sucedidas em estados do Nordeste, o MS criou em 1991 o Programa Nacional de Agentes Comunitários de Saúde (PNACS), constituído por equipes de Agentes Comunitários de Saúde (ACS) com o importante papel de facilitar o vínculo das famílias e comunidades com as equipes de saúde, por serem moradores do mesmo território. O PNACS foi fundamental à criação do Programa de Saúde da Família (PSF) em 1993, demonstrando grande potencial para a organização dos serviços da APS.

Ao contrário do modelo centrado na atenção médica, o PSF organizou-se a partir da definição e descrição do território de abrangência, adscrição de clientela, diagnóstico situacional de saúde do território, acolhimento e organização da demanda, trabalho em equipe multiprofissional, foco na família e comunidade, participação do controle social, ações de promoção da saúde, resgate da medicina popular, espaço de cogestão coletiva da equipe, identificação dos serviços de referência no nível secundário e terciário, monitoramento de indicadores de saúde do território e população, intervenção sobre os fatores de risco aos quais a comunidade está exposta, clínica ampliada e compartilhada e educação permanente em saúde[2].

A primeira Política Nacional de Atenção Básica (PNAB), implementada em 2006, enfatiza a SF como estratégia prioritária da APS para garantia de resolutividade das ações de saúde e longitudinalidade do cuidado nas redes de atenção. Assim, o PSF tornou-se Estratégia de Saúde da Família (ESF), sendo a APS/ABS o meio de reorganização e interligação dos serviços de saúde[1].

Com vistas à expansão do acesso e aumento da resolutividade da APS, o MS criou o NASF em 2008, assegurando retaguarda especializada às Equipes de Referência (ER) da ESF. A partir da Política Nacional de Humanização (PNH), o MS propôs usar a clínica ampliada como uma ferramenta tecnológica para reorientar o trabalho, com base na cadeia do atendimento de saúde e práticas centradas na integralidade, nas singularidades e no contexto dos usuários e suas relações com família, ambiente e a rede que o cerca[7].

Nesse novo arranjo de organização e de gestão da APS, o NASF assumiu a função de apoio matricial (AM) clínico-assistencial e técnico-pedagógico às Equipes de Saúde da Família (eSF), potencializando a integração dialógica entre distintas especialidades e profissões com esse modo de cuidado à saúde baseado no exercício da clínica ampliada. Essa política induziu o acesso da população a questões da saúde antes não contempladas, sobretudo relacionadas à promoção da saúde, ações de prevenção, inclusão social e reabilitação de questões comunicativas, motoras, auditivas, visuais, intelectuais, mentais, alimentares e nutricionais.

Mesmo implantado de forma irregular nas diferentes regiões, o NASF propiciou um aumento expressivo de profissionais de saúde, incluindo os fonoaudiólogos, que passaram a integrar as eNASF. Mas sua implantação ocorreu apenas em municípios com ESF sob atribuição de gestores municipais, com base nas necessidades identificadas no território, no perfil epidemiológico, sociodemográfico e econômico da população. Alguns municípios se mantiveram fora dessa estratégia e utilizaram outros arranjos organizacionais para inserir fonoaudiólogos e outros profissionais na APS.

Para aumentar a eficiência do cuidado e a eficácia da gestão, superar a fragmentação da atenção à saúde e consolidar a integração dos níveis de saúde, o MS estabeleceu em 2010 as diretrizes para a organização das Redes de Atenção à Saúde (RAS) no SUS: Cegonha, Atenção Psicossocial, Atenção às Urgências e Emergências, Atenção às Doenças e Condições Crônicas e Rede de

Cuidado à Pessoa com Deficiência[2]. Saberes e práticas fonoaudiológicas têm contribuído para a qualificação dessas e outras redes, como a Rede de Atenção ao Idoso, ampliando o acesso aos cuidados fonoaudiológicos.

Em 2011, a implantação de uma nova PNAB reafirmou o papel central da ESF na consolidação da APS, por seus processos de trabalhos resolutivos e impactantes na situação de saúde das pessoas e suas famílias. Naquele ano, o MS também lançou o Plano Nacional dos Direitos da Pessoa com Deficiência (PcD) – Viver sem Limite, com medidas de grande impacto para a saúde e inclusão social da PcD, como a implantação do Programa Nacional de Triagem Neonatal, criação de Centros Especializados de Reabilitação (CER), diretrizes terapêuticas e acesso a tecnologias assistivas, entre outras[8].

No entanto, em meio ao processo de implantação desse novo arranjo organizativo do modelo assistencial, medidas políticas tomadas a partir de 2017, com a aprovação de outra PNAB[9], prejudicaram o fortalecimento da APS. A ESF deixou de ser a principal estratégia da APS/ABS, aproximando-a de modelos seletivos e preventivos para populações mais vulneráveis, menos interprofissionais, mais centrados na atuação médica, focados em procedimentos, com ênfase na doença e atendimentos individuais e distanciamento das ações de promoção da saúde[2].

O NASF foi renomeado como Núcleo Ampliado de Saúde da Família e Atenção Básica (NASF-AB), colocando em risco a formulação teórica, conceitual e metodológica da ESF. Suas atribuições foram expandidas a outras equipes de AB para o aumento das práticas assistenciais em detrimento do apoio às ESFs nas atividades compartilhadas e interprofissionais.

O "Programa Previne Brasil", implantado pelo MS em 2019, interrompeu o financiamento do NASF, tornando a permanência das eNASF responsabilidade exclusiva de gestores municipais, acarretando demissões ou transferência de profissionais para ambulatórios. Entretanto, o MS retomou em 2023 a reconstrução da APS e implantou as Equipes Multiprofissionais (eMulti) com financiamento, garantindo acesso universal à saúde, cuidado integral e longitudinal e organização do sistema em RAS para maior resolutividade dos problemas de saúde[10].

Esse novo arranjo mantém similaridades com a estratégia NASF, mas incorpora outros mecanismos organizativos e estruturais, em três modalidades: Equipe Multiprofissional Ampliada, Equipe Multiprofissional Complementar e Equipe Multiprofissional Estratégica, visando manter, ampliar e qualificar a assistência na APS com base no acesso, integralidade, continuidade e coordenação do cuidado[11].

Diferentemente do Programa Previne Brasil, a estratégia eMulti mantém-se estruturada a partir do território e das microrredes que otimizam a organização do sistema e favorecem o trabalho de promoção da saúde, prevenção de agravos ou danos à saúde, vigilância em saúde, tratamentos, reabilitação e cuidados paliativos por meio de novos recursos e estratégias de intervenção baseadas nas condições e recursos do território. Ela propõe planejamento e desenvolvimento de ações de cuidado individual e coletivo junto à comunidade a partir de cenários demográficos, epidemiológicos e clínicos que apontam lacunas da equidade, pela identificação de determinantes de risco e vulnerabilidades sociais, buscando diminuir as desigualdades do acesso à atenção integral.

A competência prioritária das eMulti na prática da integralidade do cuidado deve se dar por meio de atendimento individual, em grupo e domiciliar, atividades coletivas e apoio matricial, oportunizando a comunicação, integração e articulação da APS com os serviços da RAS e outros setores para garantir a continuidade de fluxos assistenciais. Compreende, também, discussões de casos, atendimento compartilhado entre profissionais e equipes, ofertas de ações de saúde a distância, construção conjunta de projetos terapêuticos, intervenções no território e práticas intersetoriais.

Uma recente normativa do MS (2024) consolida a presença do fonoaudiólogo e outros profissionais na APS, com atualização das regras de funcionamento do Serviço de Atenção Domiciliar (SAD) e do Programa Melhor em Casa (PMeC), ampliando o número das Equipes Multiprofissionais e instituindo a Equipe Multiprofissional de Reabilitação (EMAP-R), preferencialmente vinculada aos equipamentos da APS na qual o fonoaudiólogo pode se inserir[12].

POTENCIALIDADES E DESAFIOS PARA A FONOAUDIOLOGIA NA APS

O trabalho do fonoaudiólogo na APS pressupõe atenção aos seus atributos essenciais: atenção ao primeiro contato (acesso, acolhimento, identificação de necessidades de saúde), integralidade, longitudinalidade e coordenação do cuidado na RAS; e aos atributos derivados da orientação familiar/comunitária e competência cultural, que pressupõem o reconhecimento das necessidades familiares em função do contexto físico, econômico e cultural.

Os profissionais que atuam na APS desenvolvem ações específicas de seu campo de atuação e ações de suporte ancoradas no trabalho de práticas interdisciplinares compartilhadas, criando espaços favoráveis ao diálogo e, consequentemente, à integralidade do cuidado. As práticas compartilhadas podem se fazer presentes em discussões de casos, atendimentos compartilhados, atividades de AM às ER, participação em ações programáticas de saúde nos diferentes ciclos de vida, elaboração de projetos terapêuticos singulares (PTS), linhas de cuidado, entre outras. Práticas compartilhadas tornam-se colaborativas para tomada de decisão, qualificando o cuidado[13].

Nas equipes da APS, os fonoaudiólogos podem contribuir com diagnóstico situacional, análise dos indicadores e vigilância em saúde do território, elaboração dos projetos de saúde dos territórios (PST), atividades de matriciamento, discussão dos casos, atividades educativas e coletivas, construção de linhas de cuidado e de PTS, visitas domiciliares, articulação com outros equipamentos de saúde e intersetoriais do território, e participação em instâncias de controle social[13]. Essas possibilidades demandam formação generalista comprometida com as políticas do SUS.

A colaboração para a construção dos projetos de saúde nos territórios, além de ser uma potencialidade, é um desafio, pois o planejar demanda envolvimento de todos os atores sociais (gestão, profissionais da saúde, usuários e a comunidade). O planejamento participativo é uma estratégia para a descentralização das responsabilidades em um trabalho centrado em necessidades e demandas reais, e não simplesmente a implantação de planos estabelecidos e organizados por gerentes e/ou profissionais ou ações pautadas exclusivamente na especialidade do profissional. Ele objetiva a participação ativa da população em seus territórios no processo de planejamento local, fomentando a cogestão dos processos de trabalho na construção de espaços de análise, tomada de decisão coletiva e acompanhamento e avaliação das práticas de saúde[2].

A partir de dados epidemiológicos e das demandas, o profissional da eMulti pode gerenciar sua agenda local, organizando-a em ações compartilhadas com as equipes e ações específicas do seu campo de atuação que atendam os atributos da APS. A gestão local deve ser, desse modo, desenvolvida para direcionar o trabalho na APS para um modelo de cuidado à saúde centrado nas necessidades dos usuários e dos territórios e na produção dos processos de trabalho. Isso é, o modo de gerenciar as ações na APS pode ser uma maneira de consolidar ou transformar determinados processos de produção de cuidado e/ou ações de saúde[2].

Desse modo, ao acolher usuários e qualificar demandas (espontâneas ou levadas pela equipe ou por busca ativa), o fonoaudiólogo e demais profissionais das eMulti podem oferecer respostas/orientações adequadas às suas necessidades, em uma visão clínica ampliada, com mais resolutividade e responsabilização. Além disso, podem classificar os casos que receberão cuidados na APS ou necessitarão do apoio diagnóstico e terapêutico, da AE dos CER ou de outro nível/serviço de atenção da RAS. Assim, propiciam o acesso oportuno, a qualidade de saúde e vida, a continuidade do cuidado e a articulação da assistência com outros serviços. As práticas em equipe permitem aos gestores, usuários e instâncias do controle social compreender abrangentemente os problemas de saúde. Elas podem, em consonância com dados epidemiológicos e clínicos sistematizados, demonstrar a importância e necessidade de contratar fonoaudiólogos para maior resolutividade da APS.

A orientação da oferta do cuidado com base no princípio da equidade pressupõe o uso de ferramentas. A Classificação Internacional de Atenção Primária (CIAP) tem sido amplamente utilizada, pois traz informações clínicas por consulta e algumas intervenções; porém, ela não aborda questões relacionadas à funcionalidade, incapacidade, fatores ambientais relacionados a um determinado problema de saúde e informações sobre diagnóstico da situação de saúde e os seus determinantes na população de um território.

Nesse sentido, o fonoaudiólogo pode usar a Classificação Internacional de Funcionalidade, Incapacidade e Saúde (CIF) ou instrumentos dela derivados para organizar o seu trabalho e colaborar com o planejamento. Essa ferramenta indica questões relacionadas à saúde e não às doenças[14] e aponta barreiras e facilitadores para uma maior participação social. A utilização da CIF ou instrumentos derivados pode contribuir para uma visão mais abrangente das dimensões de vida, considerando as singularidades de cada caso, embora seja, também, um desafio ao fonoaudiólogo na APS.

Estudos da área da Fonoaudiologia mostram que as práticas compartilhadas são mais desafiadoras aos fonoaudiólogos e demandam consequentemente formação mais apropriada à atuação na APS[15,16]. A Fonoaudiologia tem muito a contribuir para o trabalho de equipe interdisciplinar colaborativa, quer favorecendo maior visibilidade às necessidades de saúde relacionadas à área, quer integrando-as como objeto de práticas de prevenção e promoção da saúde e de abordagem da comunicação em questões sociais que contribuem para a qualidade de vida[17]. Outro exemplo de potencialidade da Fonoaudiologia é referente às equipes de atendimento domiciliar, que também devem construir uma nova clínica para o cuidado à saúde com os mesmos arcabouços teóricos da APS.

Ações de equipes colaborativas podem reduzir os encaminhamentos para a AE por meio da identificação de indicadores de risco à saúde gerais ou específicos e monitoramento do desenvolvimento infantil e do envelhecimento. Os fonoaudiólogos, por exemplo, podem fazer o acompanhamento de casos de deficiência auditiva, atrasos no desenvolvimento da linguagem oral e escrita, pessoas acamadas com risco para disfagia, transtornos degenerativos que afetam a comunicação, entre outros. As ações de promoção da saúde e prevenção garantem melhor qualidade de vida e detecção precoce de alterações fonoaudiológicas e possibilitam diagnósticos e reabilitação em tempo oportuno, reduzindo danos e agravos[17].

A dificuldade de traduzir a lógica de trabalho do NASF, centralmente calcada na noção de AM, gerou dicotomia entre ações assistenciais em atendimentos individuais, em grupos específicos ou interdisciplinares e as atividades de suporte (formativas), mesmo elas sendo inseparáveis[17]. A superação dessa lógica dependerá de as eMulti reconhecerem o AM como agregador de saberes e práticas a todas as equipes que atuam na APS, impactando o processo de trabalho e aumentando resolutividade e qualidade do cuidado.

É fato que a portaria que regulamenta o trabalho das eMulti na APS não deixa claro se o cuidado seguirá a lógica colaborativa entre as equipes ou se ele ocorrerá por meio de encaminhamentos para atendimentos clínicos. No entanto, o investimento em atendimentos clínicos isolados de atividades de integração das eMulti entre si e com outras equipes da APS e em atendimentos à distância traz o risco de retorno a modelos tradicionais de práticas ambulatoriais por especialidades, pouco resolutivas e limitantes do acesso, pois geram intermináveis listas de espera. Além disso, há o risco de as equipes negligenciarem a construção do saber coletivo para o cuidado integral[18].

Cabe aqui destacar que o aumento de profissionais na APS não tem sido acompanhado da organização de espaços físicos. As eMulti podem ocupar espaços das unidades e do território, mas precisam ter espaços adequados para as ações coletivas e individuais. O atendimento a distância pode contribuir para a resolutividade, mas jamais substituir as atividades presenciais tão essenciais à construção de vínculos.

Outro desafio na atuação do fonoaudiólogo e demais profissionais da APS é a coordenação do cuidado na RAS, que implica ações horizontais (no mesmo nível) e verticais (em diferentes níveis) de articulação de rede, buscando aproximar os diferentes serviços que atendem a população do território. É importante ressaltar que a eficácia da coordenação do cuidado depende da existência de uma rede assistencial regional; se ela ainda for incompleta, cabe aos profissionais alertarem os gestores.

Em relação à atuação, os atendimentos específicos e/ou compartilhados com demais profissionais podem ser individuais e/ou em grupos terapêuticos ou educativos, de prevenção de danos ou agravos à saúde, promoção da saúde e reabilitação. Incluem diagnósticos, ações para redução de danos, vigilância em saúde, encaminhamentos e acompanhamento de atenção em outros níveis de atenção. São práticas em que o uso de tecnologias leves e relacionais predominam cujo cuidado tem foco no acolhimento, na escuta qualificada, na formação de vínculos e na participação dos usuários e famílias no cuidado à saúde[13].

O uso de tecnologias leves e os atributos essenciais para a APS podem ser uma potência para o processo de desmedicalização da saúde, pois contribuem para o processo de compreensão de novos sentidos à vida, do cuidado, do adoecimento, da reabilitação e da cura e para o rompimento da visão biologicista e mecanicista do cuidado à saúde[4].

Outra ação de responsabilidade do fonoaudiólogo é o Programa Saúde Escolar (PSE), descrito atualmente no Componente I (ações de avaliação clínica e psicossocial dos escolares), que considera essencial realizar triagem auditiva em educandos e identificar problemas auditivos. Entretanto, considerando as inúmeras ações que podem ser realizadas nas instituições educacionais pertencentes ao território, é importante pensar se apenas as ações referentes à saúde auditiva são prioridades em todos os territórios de um país tão diverso como o Brasil. Se por um lado houve avanços em relação ao PSE, pois suas ações eram consideradas não essenciais, sem influência no alcance das metas e no repasse do incentivo financeiro (como agora é o caso da saúde auditiva), por outro a retirada da ação referente ao desenvolvimento da linguagem foi um retrocesso que demanda mobilização profissional para superação[19 20].

É importante destacar também o direito de acesso da população aos cuidados proporcionados pela Fonoaudiologia. Gestores municipais podem ou não inserir o fonoaudiólogo nas equipes da APS, pois têm liberdade para realizar o arranjo organizacional conforme a análise política, as necessidades regionais e os recursos próprios somados ao incentivo financeiro do MS para investimento. O financiamento atual do MS para as eMulti é mais atrativo (superior ao do NASF), e as novas portarias contemplaram mais profissões na composição das eMulti, ampliando as possibilidades de contratação do fonoaudiólogo. Acenam, também, à possibilidade de universalização dessas equipes nos municípios, o que não ocorreu com as equipes NASF, as quais ficaram restritas a municípios maiores.

CONCLUSÃO

As políticas do MS referentes à APS, ao NASF e, atualmente, às eMulti contribuíram para ampliar o acesso ao cuidado e sua qualidade. As atividades compartilhadas nessas equipes convocam ao diálogo e à cooperação entre diferentes áreas do saber na resolução dos problemas de saúde. A atuação do fonoaudiólogo nessa prática interprofissional e compartilhada amplia o saber-fazer do campo comum das profissões da saúde e do núcleo específico da área.

A Fonoaudiologia vem assumindo uma posição ética, estética e política de superação de abordagens tecnicistas e fragmentadas e construção de uma clínica ampliada e de defesa de uma saúde pública como direito e cidadania, visando a condições para o desenvolvimento econômico e diminuição da desigualdade social no país.

Uma melhor inserção e qualidade das práticas fonoaudiológicas na APS na direção de seus atributos aponta para a urgente reorientação da formação dos cursos de graduação e fortalecimento da educação permanente.

REFERÊNCIAS BIBLIOGRÁFICAS

1. Brasil. Ministério da Saúde. Portaria n. 154, de 24 de janeiro de 2008. Cria os Núcleos de Apoio à Saúde da Família – NASF. Brasília: Ministério da Saúde; 2008.
2. Gastão WSC, Bedrikow R. História da Clínica e Atenção Básica: o desafio da ampliação. São Paulo: Hucitec; 2014. p. 61-168.
3. Silva PFA, Baptista TWF. Os sentidos e disputas na construção da Política Nacional de Promoção da Saúde. Physis: Revista de Saúde Coletiva 2014;24(2):441-65.
4. Brasil. Ministério da Saúde. Secretaria de Atenção à Saúde. Departamento de Atenção Básica. Núcleo de Apoio à Saúde da Família. Cadernos de Atenção Básica, n. 39. Brasília: Ministério da Saúde; 2014.
5. Vuori H. The role of the schools of public health in the development of primary health care. Health Policy 1985;4(3):221-30.
6. Giovanella L, Franco CM, Almeida PF. Política Nacional de Atenção Básica: para onde vamos? Ciência & Saúde Coletiva. 2020;25(4):1475-82.
7. Brasil. Ministério da Saúde. Política Nacional de Humanização da Atenção e Gestão do SUS. O Humaniza SUS na atenção básica. Brasília: Ministério da Saúde; 2009.
8. Brasil. Secretaria dos Direitos Humanos. Plano Nacional dos Direitos da Pessoa com Deficiência – Viver sem Limite. Disponível em: https://www.gov.br/turismo/pt-br/centrais-de-conteudo-/publicacoes/turismo-acessivel/Cartilha_Plano_Viver_sem_Limite.pdf. Acesso em: 2 fev. 2024.
9. Brasil. Ministério da Saúde. Portaria n. 2.436, de 21 de setembro de 2017. Estabelece a revisão de diretrizes para a organização da Atenção Básica, no âmbito do Sistema Único de Saúde. Diário Oficial da União. Brasília: Ministério da Saúde; 2017.
10. Brasil. Portaria n. 2.979, de 12 de novembro de 2019. Institui o Programa Previne Brasil, que estabelece novo modelo de financiamento de custeio da Atenção Primária à Saúde no âmbito do Sistema Único de Saúde, por meio da alteração da Portaria de Consolidação n. 6/GM/MS, de 28 de setembro de 2017. Brasília: Ministério da Saúde; 2019.
11. Brasil. Ministério da Saúde. Portaria n. 635, de 22 de maio de 2023. Institui, define e cria incentivo financeiro federal de implantação, custeio e desempenho para as modalidades de equipes Multiprofissionais na Atenção Primária à Saúde. Brasília: Ministério da Saúde; 2023.
12. Brasil. Ministério da Saúde. Portaria n. 3.005/GM, de 2 de janeiro de 2024. Altera as Portarias de Consolidação n. 05 e 06, de 28 de setembro de 2017, para atualizar as regras do Serviço de Atenção Domiciliar (SAD) e do Programa Melhor em Casa (PMeC). Brasília: Ministério da Saúde; 2024.
13. Peduzzi M, Agreli HF. Trabalho em equipe e prática colaborativa na Atenção Primária à Saúde. Interface. 2018;22(Supl. 2):1525-34.
14. Biz MCP, Chun RYS. O papel Classificação Internacional de Funcionalidade, Incapacidade e Saúde (CIF). Saúde em Redes. 2020;6(2):67-86.
15. Conselho Regional de Fonoaudiologia 2ª Região. Parecer n. 02/2023. Dispõe sobre a atuação do fonoaudiólogo na Atenção Básica. Disponível em: https://www.fonosp.org.br/images/Pareceres_CRFa/Parecer_CRFa_02-2023_AB.pdf. Acesso em: 2 fev. 2024.
16. Soleman C, Martins CL. O trabalho do fonoaudiólogo no Núcleo de Apoio à Saúde da Família (NASF) – especificidades do trabalho em equipe na atenção básica. Revista CEFAC. 2015;17(4):1241-53.
17. Lima BPS, Garcia VL, Amaral EM. Atividades profissionais do fonoaudiólogo na Atenção Primária à Saúde no Brasil: consenso de especialistas. Revista DIC. 2021;33(4):751-61.
18. Bispo Júnior JP, Almeida ER. Equipes multiprofissionais (eMult): potencialidades e desafios para a ampliação da atenção primária à saúde no Brasil. Cadernos de Saúde Pública. 2023;39(10):e00120123.
19. Botasso KC. Implantação e desenvolvimento de um programa de saúde auditiva infantil ambulatorial. Tese [Doutorado em Saúde Coletiva]. Campinas: Universidade Estadual de Campinas; 2022.
20. Brasil. Ministério da Saúde. Decreto n. 6.286, de 5 de dezembro de 2007. Institui o Programa Saúde na Escola – PSE, e dá outras providências. Brasília: Ministério da Saúde; 2007.

89

Redes temáticas e regionalizadas de saúde: contribuição da Fonoaudiologia

Margareth Attianezi Bracet
Thiago Roseiro da Silva
Vanessa Medina
Leila Claudia Monteiro de Castro dos Santos Braga

PONTOS-CHAVE

- As Redes de Atenção à Saúde (RAS) são uma forma de organização do Sistema Único de Saúde (SUS) que tem como principal objetivo promover a integração dos diversos serviços e ações de saúde, com vistas a garantir uma atenção contínua e integral.
- As RAS dividem-se em Redes Temáticas de Saúde (RTs), sendo estruturadas em âmbito regional, de acordo com a especificidade da situação de saúde tema. O fonoaudiólogo integra diversos serviços que compõem as RTs.
- Conhecer a organização, o funcionamento e as atribuições de cada ponto da rede de atenção, bem como compreender a perspectiva de *continuum* terapêutico que norteia as Linhas de Cuidado em Saúde, que são constituídas pelas RAS, são aspectos essenciais para a oferta de um cuidado fonoaudiológico integral e de qualidade aos usuários do SUS.
- A comunicação é um elemento crucial na imbricada dinâmica que orienta o itinerário terapêutico dos usuários nas RAS.

OBJETIVOS DE APRENDIZAGEM

Ao final deste capítulo, o leitor deverá ser capaz de:

- Conhecer as Redes de Atenção à Saúde como forma organizativa do Sistema Único de Saúde e as Linhas de Cuidado.
- Identificar o fonoaudiólogo como membro das equipes interprofissionais que compõem as redes de atenção à saúde.
- Propor um fazer fonoaudiológico para além da perspectiva nosológica, contribuindo na formação de redes de cuidado através da comunicação.

INTRODUÇÃO

As Redes de Atenção à Saúde (RAS) do Sistema Único de Saúde (SUS) são uma forma de organização entre as políticas públicas de saúde e suas Linhas de Cuidado (LC). Seu objetivo maior é garantir a toda a população o acesso necessário à saúde de acordo com as suas necessidades, seja na prevenção, assistência, recuperação, reabilitação, urgências e emergências, e ainda, nos cuidados paliativos.

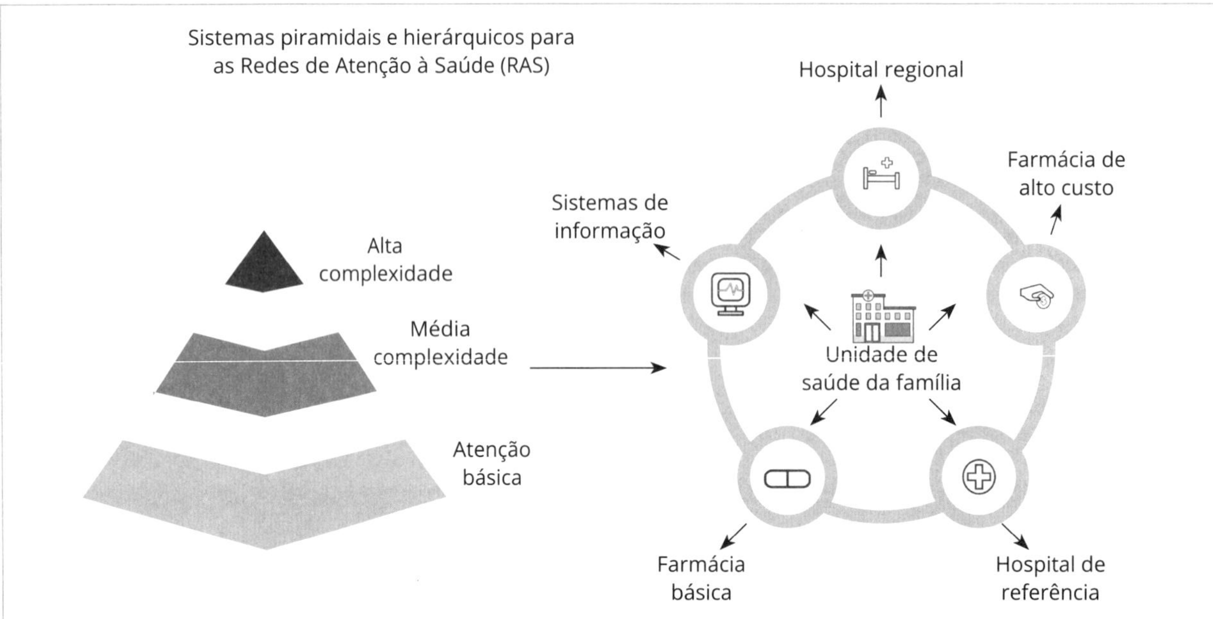

FIGURA 1 Modelo hierárquico x modelo poliárquico (RAS).
Fonte: adaptada de Oliveira[6].

Será apresentado um breve histórico sobre a criação das RAS, que seguirá de uma exposição das principais redes temáticas de atenção que contam com a presença do fonoaudiólogo, a relação com as Linhas de Cuidado (LC) e o trabalho em rede (essencialmente interprofissional).

Para finalizar, serão colocadas em debate a ideia do papel fundamental exercido pela comunicação na organização e fortalecimento do trabalho em rede e a aposta dos autores nas práticas comunicativas, práxis da Fonoaudiologia, como potência para a formação, organização e manutenção das RAS e a garantia da cidadania.

REDES DE ATENÇÃO À SAÚDE – UM BREVE HISTÓRICO

A década de 1990 foi marcada pelo estímulo à descentralização de ações e serviços do SUS, com a consequente municipalização dos serviços de Atenção Primária à Saúde na década seguinte. Ainda que a descentralização tenha favorecido o desenvolvimento de sistemas municipais e estaduais de saúde, tal estratégia não foi capaz de garantir a integralidade, com falhas na coordenação e continuidade dos cuidados em saúde[1,2].

Como consequência, a atenção à saúde ocorria através de um sistema pouco articulado, hierarquizado por níveis de densidade tecnológica e voltado para situações agudas ou agudizadas de saúde. A organização fragmentada do sistema levou a situações de duplicação de serviços, descontinuidade do cuidado, dificuldade de gestão de recursos e alto gasto financeiro com tratamentos de doenças crônicas[3].

O arranjo até então instalado não foi capaz de acompanhar a transição demográfica em curso no país, expressa por uma tripla carga de doenças, caracterizada pela persistência de doenças infectoparasitárias, desnutrição e problemas de saúde reprodutiva, somada ao aumento na prevalência de doenças crônicas e no crescimento da violência e causas externas[4]. Como forma de superação de tais desafios e garantia da integralidade do cuidado em saúde, foi proposto um novo arranjo organizativo de ações e serviços: as Redes de Atenção à Saúde (RAS)[5].

As RAS possuem uma configuração poliárquica, permitindo a formação de relações horizontais entre diferentes pontos da rede, com atribuições específicas para cada ponto de atenção. Os pontos de atenção atendem a diferentes níveis de cuidados e disponibilizam uma variedade de serviços, desde unidades básicas de saúde até serviços hospitalares e centros especializados[6,7]. A interligação entre esses pontos de atenção é feita por meio de fluxos de referência e contrarreferência, garantindo a integralidade e continuidade do cuidado à população, considerando não apenas o adoecimento do sujeito, mas também seu contexto social, emocional e cultural[7].

ELEMENTOS CONSTITUTIVOS DAS RAS E AS REDES TEMÁTICAS DE ATENÇÃO À SAÚDE

Com vistas a garantir a efetividade das ações em saúde, as RAS são formadas a partir de três elementos constitutivos: o modelo de atenção à saúde, a população e a estrutura organizacional[7].

Como já mencionado, o modelo de atenção à saúde anterior à RAS privilegiava o atendimento a demandas agudas ou agudizadas. O rompimento com a lógica da demanda espontânea e episódica e a mudança para a gestão de base populacional é um dos maiores diferenciais do modelo de atenção à saúde das RAS. Esse modelo proporciona a atuação sobre os fatores de risco, a identificação da população em maior vulnerabilidade e a estratificação em subgrupos populacionais, favorecendo, dentre outros aspectos, o acompanhamento de usuários com doenças crônicas. Às condições crônicas, prioriza-se o acompanhamento de rotina, com integração entre profissionais generalistas e especialistas, atuação de equipe multiprofissional, educação em saúde e estímulo ao autocuidado, dentre outras ações de saúde. Nas condições agudas ou agudizadas leva-se em consideração a necessidade de atendimento em situações de urgência e emergência, priorizando a classificação de risco e o atendimento em tempo oportuno[6,7].

Quanto à população, esta deve ser circunscrita a uma determinada área geográfica e estar adstrita a uma equipe de saúde da família de referência territorial, que deverá conhecer o território em que está inserida, bem como o perfil epidemiológico e sanitário[8].

Já a estrutura organizacional diz respeito à integração de todos os pontos das redes de atenção, sendo formada por cinco componentes: Atenção Básica, Atenção Secundária e Terciária, Sistemas de Apoio, Sistemas Logísticos e Sistemas de Governança.

Na Rede de Atenção à Saúde, a Atenção Básica cumpre o papel de principal de porta de entrada do SUS, como coordenadora do cuidado e ordenadora das ações e dos serviços de saúde, sendo o principal centro de comunicação da rede. O conhecimento em relação aos determinantes e condicionantes de saúde da população adscrita e a segmentação desta de acordo com o risco de doenças e agravos, bem como a vinculação entre a equipe de saúde da família e a população, são elementos que conferem efetividade no direcionamento das ações de saúde ao longo da RAS, garantindo um cuidado longitudinal[6-8].

A Atenção Secundária, composta por serviços especializados e de maior densidade tecnológica, deve ter seus pontos distribuídos em microrregiões de saúde, enquanto a Atenção Terciária se organiza em macrorregiões, de forma mais dispersa. Os serviços ofertados por esses níveis de atenção irão variar de acordo com a Rede Temática de Atenção à Saúde, conceito apresentado mais adiante. É importante observar que os profissionais de saúde atuantes nos pontos de atenção secundários e terciários trabalham na perspectiva de interconsultores, comunicando-se e dando suporte às equipes de Atenção Básica[7].

Desta forma, nota-se que o processo de trabalho em rede necessita de clareza na estruturação de fluxogramas, protocolos e agenda de serviços ofertada em cada ponto

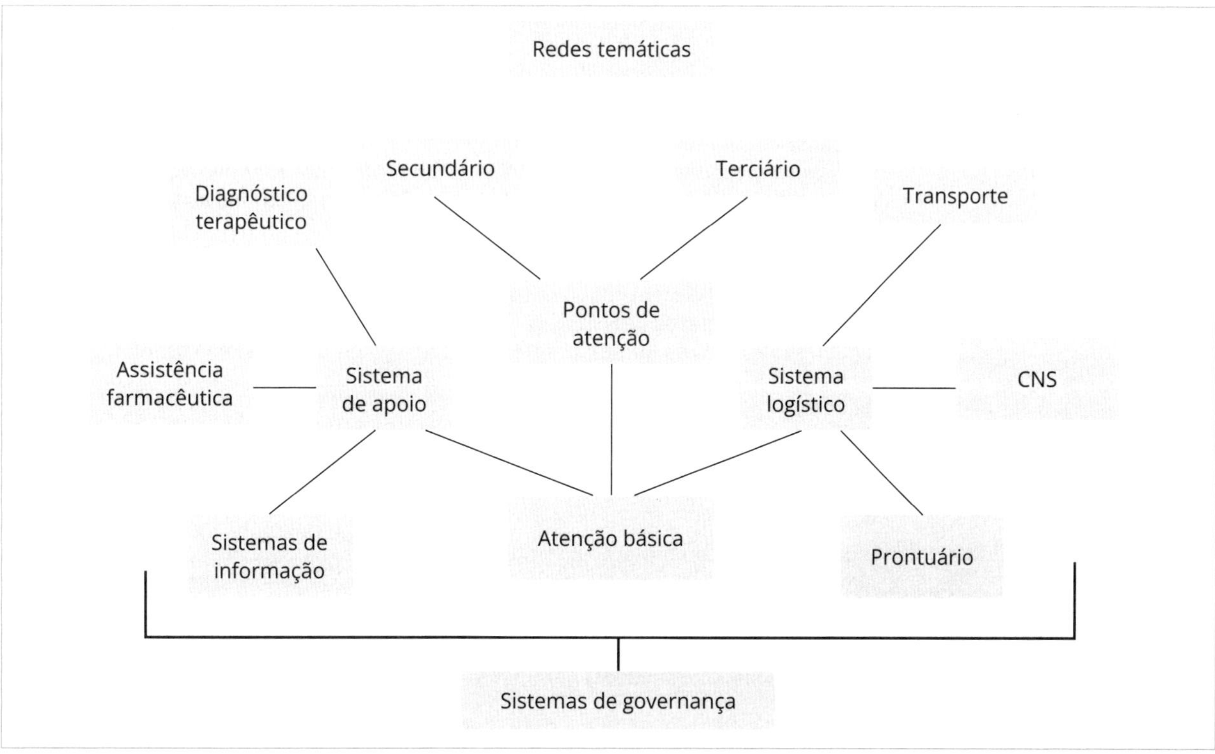

FIGURA 2 Estrutura organizacional da RAS.
Fonte: adaptada de Mendes[7].

da rede. Assim, as equipes de Atenção Básica, atuando como coordenadoras do cuidado, serão as responsáveis por identificar as demandas que necessitam de atendimento especializado, referenciando esses usuários aos pontos de Atenção Secundária e Terciária. Diferente do modelo hierárquico e fragmentado anteriormente vigente, os pontos de atenção na RAS não apresentam subordinação entre si. A integração entre eles ocorre através de Sistemas de Apoio, Sistemas Logísticos e Sistemas de Governança, sendo transversais a todos os pontos da rede de atenção[7], como pode ser compreendido no Quadro 1.

Evidencia-se que a organização dos serviços nas RAS baseia-se na regionalização, um dos princípios organizacionais do SUS, que trata da descentralização das ações e serviços de saúde e cria Regiões de Saúde. Uma Região de Saúde abrange um grupo de municípios limítrofes compreendendo, no mínimo, ações e serviços de atenção primária, urgência e emergência, atenção psicossocial, atenção ambulatorial especializada e hospitalar e vigilância em saúde[8]. Assim, a gestão das RAS ocorre de forma compartilhada através de Sistemas de Governança[7,8].

O Sistema de Governança demandará espaços permanentes de discussão e pactuação, como as Comissões Intergestores Tripartite (CIT), em âmbito federal; as Comissões Intergestores Bipartite (CIB), em âmbito estadual; e as Comissões Intergestores Regionais (CIR), nas Regiões de Saúde. Outro importante espaço, partícipe do Sistema de Governança, são os Conselhos de Saúde municipais, estaduais e nacional, que desempenham o papel do controle social[7,8]. São nesses ambientes que serão construídas resoluções e instrumentos gerenciais, que permitem a organização das RAS de modo interdependente. O Plano Diretor de Regionalização (PDR), o Plano Diretor de Investimentos (PDI), o Planejamento Regional Integrado (PRI), os Consórcios Administrativos Intermunicipais e os Contratos Organizativos de Ação Pública da Saúde (COAP) são alguns exemplos de instrumentos gerenciais de âmbito regional[9].

A partir da necessidade de enfrentamentos de vulnerabilidades, agravos ou doenças que acometam as pessoas ou as populações, são criadas Redes Temáticas de Atenção à Saúde (ou Prioritárias) que não se limitam à assistência ao usuário, mas devem ser transversalizadas pela qualificação e educação continuada e permanente, pelos sistemas de informação, pela regulação, a promoção e a vigilância à saúde.

A seguir, serão apresentadas no Quadro 2 algumas das Redes de Temáticas de Atenção à Saúde que possuem o fonoaudiólogo como membro integrante das equipes interprofissionais.

QUADRO 1 Apresentação dos Sistemas de Apoio e Sistemas Logísticos das RAS

Sistemas de apoio	**Objetivos**
Diagnóstico e terapêutico	É composto por serviços integrados e distribuídos em micro e macrorregiões, segundo sua densidade tecnológica e viabilidade operacional, para atender a toda a rede de atenção, sendo eles: serviços de diagnóstico por imagem, medicina nuclear, eletrofisiologia, endoscopia, endodinâmica e patologia clínica.
Assistência farmacêutica	Responsável pela seleção, aquisição, programação, armazenamento e distribuição de medicamentos, por ações assistenciais, pela farmácia clínica e farmacovigilância, sendo essencial para a garantia de acesso, racionalização e segurança no uso dos medicamentos.
Informação à saúde	Subsidiam o planejamento estratégico em saúde. São eles: Sistema de Informação sobre Mortalidade (SIM), Sistema de Informação sobre Nascidos Vivos (SINASC), Sistema de Informação de Agravos de Notificação (SINAN), Sistema de Informações Ambulatoriais (SIA/SUS), Sistemas de Informações Hospitalares (SIH/SUS) e o Sistema de Informações da Atenção Básica (SIAB). Essenciais para o planejamento em saúde e para a construção de políticas públicas.
Sistemas logísticos	**Objetivos**
Cartão Nacional de Saúde (CNS)	Permite a identificação do usuário, com armazenamento de dados pessoais, vinculação e registro dos procedimentos realizados no SUS.
Prontuário clínico	Proporcionam a comunicação do histórico do usuário a outros profissionais, sendo também instrumento para planejamento da gestão em saúde e educação continuada em saúde.
Sistema de transporte	Responsável pelo transporte de pessoas (usuários e equipes de saúde) e produtos (material biológico e resíduos), garantindo o acesso e o gerenciamento de serviços de saúde.
Sistema de regulação	Viabiliza, de modo racional, transparente e equânime, o acesso dos usuários aos serviços da rede de atenção.

Fonte: adaptado de Mendes[7].

QUADRO 2 Apresentação de algumas Redes Temáticas de Atenção à Saúde que contam com a presença de fonoaudiólogos

Rede/portaria	Objetivo(s)	Dispositivos da rede
Rede de Atenção Materna e Infantil (RAMI). Portaria GM/MS n. 13 de 13 de janeiro de 2023 publicada em 16 de janeiro de 2023. Dispõe sobre a habilitação e o financiamento da Rede de Atenção Materna e Infantil (RAMI). (BRASIL, 2022)	Assegurar à mulher o direito ao planejamento familiar e à atenção humanizada à gravidez, ao parto e ao puerpério. Às crianças, o direito ao nascimento seguro e ao crescimento e desenvolvimento saudáveis.	UBS, ESF, E-multi, ambulatórios especializados, hospitais gerais, maternidades (gerais e de alto risco) e demais dispositivos necessários na composição do cuidado, além da Vigilância em Saúde.
Rede de Atenção às Urgências e Emergência (RUE). Portaria n. 1.600, de 7 de julho de 2011. Reformula a Política Nacional de Atenção às Urgências e institui a Rede de Atenção às Urgências no Sistema Único de Saúde (SUS). (BRASIL, 2011)	Articular e integrar todos os equipamentos de saúde; ampliar e qualificar o acesso humanizado e integral aos usuários em situação de urgência e emergência nos serviços de saúde, de forma ágil e oportuna.	UBS, UPA, SAMU (192); Hospitais de Urgência e Emergência e Vigilância em Saúde, Central de Regulação Médica de Urgências.
Rede de Atenção à Saúde das Pessoas com Doenças Crônicas (RASPDC). Portaria n. 483, de 1º de abril de 2014. Redefine a Rede de Atenção à Saúde das Pessoas com Doenças Crônicas no âmbito do Sistema Único de Saúde (SUS) e estabelece diretrizes para a organização das suas linhas de cuidado. (BRASIL, 2014)	Fomentar a mudança do modelo de atenção à saúde, qualificando a atenção integral às pessoas com doenças crônicas e ampliando as estratégias para promoção da saúde e prevenção do desenvolvimento das doenças crônicas e suas complicações.	Todos os dispositivos das RAS.
Rede de Atenção Psicossocial (RAPS). Portaria n. 3.088, de 23 de dezembro de 2011. Institui a Rede de Atenção Psicossocial para pessoas com sofrimento ou transtorno mental e com necessidades decorrentes do uso de crack, álcool e outras drogas, no âmbito SUS. (BRASIL, 2011)	Promover a organização e a articulação dos serviços de saúde mental, visando garantir um cuidado integral e humanizado às pessoas que vivem com transtornos mentais e/ou problemas relacionados ao uso de álcool e outras drogas.	CAPS, CAPS AD, CAPSi, SRT, Consultório de Rua, UBS, ESF, UPA, SAMU (192) e Hospital Geral, além da Vigilância em Saúde.
Rede de Cuidados à Pessoa com Deficiência (RCPCD). Portaria n. 793, de 24 de abril de 2012. Institui a Rede de Cuidados à Pessoa com Deficiência no âmbito do Sistema Único de Saúde. (BRASIL, 2012)	Ampliar o acesso e qualificar o atendimento às pessoas com deficiência no SUS com foco na organização da rede e na atenção integral à saúde, que contemple às áreas de deficiência auditiva, física, visual, intelectual e ostomias; integrar e articular os serviços de reabilitação com a rede de atenção primária e outros pontos de atenção especializada e desenvolver ações de prevenção de deficiência na infância e vida adulta.	CER; Oficinas Ortopédicas (local e itinerante); Centros-Dia; Serviços de Atenção Odontológica para Pessoas com Deficiência; Atenção Domiciliar e Hospital Geral, além da Vigilância em Saúde.
Rede Nacional de Atenção Integral à Saúde do Trabalhador (RENAST). Portaria n. 2.728, de 11 de novembro de 2009 (BRASIL, 2009). Dispõe sobre a Rede Nacional de Atenção Integral à Saúde do Trabalhador (RENAST) e dá outras providências.	Promover a saúde e a qualidade de vida dos trabalhadores, por meio da implementação de ações de vigilância em saúde, prevenção de acidentes e doenças relacionadas ao trabalho e reabilitação dos trabalhadores afetados por essas condições.	CEREST; SISAT; CIST; RENAST-CEST; RENAST-CEPAT; CTA; UBS; UPA; VS; Melhor em Casa e CER, além da Vigilância em Saúde

Fonte: elaboração própria a partir de dados coletados em fevereiro de 2024.

A RELAÇÃO ENTRE AS RAS E AS LINHAS DE CUIDADO

Para o bom funcionamento de uma Rede Temática de Atenção à Saúde são elaboradas Linhas de Cuidado (LC) que desempenham um papel vital no arranjo estratégico da saúde integral e de longo prazo para a população. Centralizadas na pessoa/família/comunidade, as LC são percursos assistenciais, ou itinerários, que são padronizados e têm seu foco em ações de promoção, prevenção, assistência, recuperação e reabilitação. Uma LC representa adesão criteriosa às normas técnicas, que servem para elucidar informações pertinentes sobre as diversas organizações que atuam no SUS[10-12].

O intuito da LC é sensibilizar as equipes de gestão e os profissionais de saúde, incentivando-os a aprimorar a colaboração interprofissional, implementando práticas que melhorem a qualidade dos cuidados no território, garantindo a padronização das ações e a organização integrada da assistência contínua[11]. O objetivo final é sublinhar e delinear as funções específicas desempenhadas por cada estabelecimento de cuidados, ao mesmo tempo que promove serviços de atendimento intra e interinstitucional contínuos. Essa abordagem garante uma jornada mais adaptável e eficiente para o usuário, resultando em tempos de espera reduzidos[11].

Na preparação para uma LC é importante considerar diversos fatores, como a condição ou patologia específica, a complexidade dos cuidados necessários, os tipos de profissionais envolvidos e a estrutura geral da rede. Isso inclui avaliar a capacidade dos municípios de prestar serviços de baixa, média e alta complexidade, estabelecer parcerias com outros municípios, garantir serviços de regulação e gerir vagas e transferências. Além disso, o sucesso da adoção da LC depende de ter papéis claramente definidos para profissionais, pacientes ou populações-alvo e de garantir a disponibilidade dos recursos e instalações necessários. Por fim, a inclusão e o ajuste da LC envolvem monitoramento e avaliação rigorosos dos indicadores-chave para garantir sua efetividade[12].

Nota-se que existem diversas Linhas de Cuidado, organizadas por gênero, faixa etária ou condição de saúde e que, de forma longitudinal, podem trazer especificidades de cuidado para uma mesma pessoa. Por exemplo, na assistência a uma criança a Linha de Cuidado da Saúde da Criança deverá ser disponibilizada, no entanto, ao se constatar ou suspeitar de um caso de violência por qualquer um dos pontos da rede, a Linha de Cuidado para a Atenção Integral à Saúde de Crianças, Adolescentes e suas Famílias em Situação de Violências: Orientação para Gestores e Profissionais de Saúde deve ser privilegiada, orientando o cuidado específico, mantendo a ideia de um fluxo assistencial ideal no atendimento das necessidades expressas. Da mesma forma, ao se assistir uma pessoa com hipertensão, a Linha de Cuidado Hipertensão Arterial Sistêmica (HAS) no Adulto deverá ser seguida e em um caso de acidente vascular cerebral (AVC), a Linha de Cuidado no Acidente Vascular Cerebral no Adulto permitirá que o profissional acesse aspectos de cuidados específicos, indicando o fluxo de encaminhamento, manejo inicial e planejamento terapêutico para cada ponto da rede.

O FONOAUDIÓLOGO E A COMUNICAÇÃO NAS RAS

A chegada dos fonoaudiólogos nos diversos serviços das RAS vem exigindo desse profissional o desenvolvimento de habilidades e competências para além das especificidades na habilitação/reabilitação, uma vez que as práticas consideradas fonoaudiológicas ainda se encontram fortemente vinculadas aos sintomas/adoecimento do sujeito[13]. A literatura aponta[13,14] que a inserção do fonoaudiólogo na Atenção Primária à Saúde exige do profissional adequação a algumas prerrogativas. Uma delas é o ordenamento do cuidado, talvez não sendo lugar outro neste ordenamento, se não no desenvolvimento de estratégias de comunicação dialógica e eficaz entre os atores que compõem as RAS.

As redes são compostas por pessoas e estudos indicam que se tornam "quentes" na medida em que vínculos são instituídos entre seus diversos "atores": gestores, profissionais e usuários. Esse vínculo, responsável por proporcionar uma coordenação capaz de garantir o acesso e a continuidade do cuidado, é expresso pelo grau de comunicação dialógica e eficaz conquistado, com troca de informações sobre os usuários dos serviços e acordos entre as instâncias, levando à resolutividade e a produção de parcerias[15,16].

Estudo recente[16] que objetivou compreender a influência das relações comunicacionais entre os profissionais da rede de atenção à saúde na coordenação entre níveis assistenciais, sinalizou que as dificuldades de comunicação podem ser geradoras ou agravantes do acesso à saúde, como a presença de usuários em filas de espera sem a devida necessidade, referências e contrarreferências pouco implicadas e dificuldades internas das equipes interprofissionais em manter o "espírito cooperativo e a confiança". Corroborando com essa discussão, outros autores[14] apontaram que "a integração em sistemas de serviços de saúde depende da qualidade dos processos de coordenação, e estes, por sua vez, dependem da eficácia dos processos comunicativos instaurados entre as pessoas no interior do sistema".

Para a Fonoaudiologia, as palavras, as narrativas e os diálogos correspondem à biologia (o corpo – anatomia e fisiologia), à formação subjetiva (ou como as formas de comunicação impactam as possibilidades de desenvolvimento humano) e às relações/interações sociais (a cultura e o uso da linguagem), não em uma lógica interpretativa do discurso, mas, sim, na sua mais objetiva produção: no corpo e nas relações. Ou, de outro modo, converge sentidos, percepções, atenção, memórias e compreensões em palavras, narrativas e diálogos históricos e socialmente situados[17,18].

Considerar a participação da Fonoaudiologia nas RAS pode refletir uma dimensão política do comunicar, que se constitui fundamentalmente no princípio da universalidade do cuidado. Ao pretender o cuidado para todas as pessoas, é inerente a compreensão de que todas as pessoas devam acessar os serviços que necessitam. E esse acesso é dependente da possibilidade que uma pessoa tem de se comunicar, ao passo da disponibilidade de comunicação de seus pares (família, comunidade, trabalhadores do SUS e outras políticas e gestores), sendo importante considerar que as desigualdades sociais implicam em diferentes processos de formação humana entre gestores, trabalhadores e usuários.

Estudo[15] na área da Educação Interprofissional realizado por docentes fonoaudiólogas indica que "a contribuição da Fonoaudiologia se dá na expertise em Comunicação em Saúde além da colaboração em ações que auxiliem na humanização do cuidado". As autoras apresentaram a comunicação dialógica como um princípio fundamental na reversão do modelo de saúde hegemônico, ampliando a resolutividade do trabalho em equipe de forma colaborativa. Ressaltaram a importância do desenvolvimento de habilidades e competências comunicativas desde a graduação, favorecendo a formação de profissionais habituados à construção coletiva dos saberes e a relações horizontalizadas no trabalho interprofissional.

Criar, facilitar e mediar uma comunicação dialógica e eficaz, continuamente, no cotidiano dos serviços é, ao mesmo tempo, estabelecer o acesso, a circulação, a longevidade e a resolutividade no cuidado em saúde, tendo por princípios a universalidade, a integralidade e a equidade.

CONCLUSÃO

Em conclusão, as Redes de Atenção à Saúde (RAS) são uma estratégia fundamental para a organização do Sistema Único de Saúde (SUS), visando garantir uma atenção contínua e integral à população. No contexto das RAS, as redes temáticas de saúde apresentam um cenário em que o fonoaudiólogo é um importante membro das equipes interprofissionais. Para tanto, é necessário que o fonoaudiólogo esteja familiarizado com a organização e o funcionamento de cada ponto da RAS, além de compreender as Linhas de Cuidado (LC) em saúde.

Além disso, a comunicação desempenha um papel primordial na dinâmica das RAS, e o fonoaudiólogo pode contribuir no desenvolvimento de habilidades e competências comunicativas da equipe interprofissional facilitando o acesso, a circulação e a resolutividade no cuidado em saúde.

Deste modo, acreditamos que a participação ativa do fonoaudiólogo nas RAS, aliada à valorização da comunicação como uma ferramenta essencial para o cuidado em saúde, são vitais para a garantia da cidadania e do fortalecimento do SUS.

REFERÊNCIAS BIBLIOGRÁFICAS

1. Pinafo E, Carvalho BG, Nunes E de FP de A. descentralização da gestão: caminho percorrido, nós críticos e perspectivas. Cien Saude Colet [Internet]. 2016;21(5):1511-24.
2. Helena M, Matta GC, Gondim R, Giovanella L. Atenção primária à saúde no Brasil: conceitos, práticas e pesquisa. Rio de Janeiro: Editora Fiocruz; 2018. p.51-72.
3. Forgia L, Couttolenc MG. Hospital Performance in Brazil. World Bank Publications; 2008.
4. Frenk J. Bridging the divide: global lessons from evidence-based health policy in Mexico. Lancet [Internet]. 2006;368(9539):954-61.
5. Brasil. Portaria n. 4.279, de 30 de dezembro de 2010. Estabelece diretrizes para a organização da Rede de Atenção à Saúde no âmbito do Sistema Único de Saúde (SUS). Diário Oficial da União. Brasília: Ministério da Saúde; 2010.
6. Oliveira NR de C. Redes de Atenção à Saúde: A atenção à saúde organizada em redes. São Luís; 2016.
7. Mendes EV. As Redes de Atenção à Saúde. Brasília/DF: Organização Pan-Americana da Saúde – Representação Brasil; 2011.
8. Santos L. Região de saúde e suas redes de atenção: modelo organizativo-sistêmico do SUS. Ciência & Saúde Coletiva. 2017 Apr;22(4):1281-9.
9. Informações para a Gestão Estadual do SUS 2023-2026 [Internet]. Guia de Apoio à Gestão Estadual do SUS. Conselho Nacional de Secretários de Saúde (CONASS); 2023 [citado 23 de janeiro de 2024]. Disponível em: https://www.conass.org.br/guiainformacao/.
10. Brasil. Decreto n. 7.508, de 28 de junho de 2011. Regulamenta a Lei n. 8.080, de 19 de setembro de 1990, para dispor sobre a organização do Sistema Único de Saúde – SUS, o planejamento da saúde, a assistência à saúde e a articulação interfederativa, e dá outras providências. Diário Oficial da União. Brasília: Ministério da Saúde; 2011.
11. Brasil. Ministério da Saúde. Secretaria de Atenção à Saúde. Departamento de Ações Programáticas e Estratégicas. Orien-

tações técnicas para a implementação de Linha de Cuidado para Atenção Integral à Saúde da Pessoa Idosa no Sistema Único de Saúde/SUS. Brasília; 2018.

12. Linhas de Cuidado Secretaria de Atenção Primária [Internet]. [citado 23 de janeiro de 2024]. Disponível em: https://linhasdecuidado.saude.gov.br/portal.
13. Lima BPS, Garcia VL, Amaral EM. Atividades profissionais do fonoaudiólogo na Atenção Primária à Saúde no Brasil: consenso de especialistas. Distúrbios da Comunicação. 2021;33:751-61.
14. Attianezi M, Nunes JA, Guimarães M, Dadalto E, Albuquerque G, Azevedo E. Fonoaudiologia da Universidade Federal do Espírito do Santo (UFES): Transição pelo PET. In: Políticas Indutoras: Formação Profissional em Fonoaudiologia. São José dos Campos: Pulso Editorial; 2020.
15. Lima JC, Rivera F. Agir comunicativo, redes de conversação e coordenação em serviços de saúde: uma perspectiva teórico-metodológica. Interface – Comunicação. 2009;13(31):329-42.
16. Almeida HB de, Vanderlei LCM, Mendes MFM, Frias PG de. As relações comunicacionais entre os profissionais de saúde e sua influência na coordenação da atenção. Cad Saude Publica [Internet]. 2021;37(2).
17. Freire RMA de C. Sobre o objeto da Fonoaudiologia. Rev CEFAC [Internet]. 2011;14(2):308-12.
18. Berberian AP. Linguagem e Fonoaudiologia: uma análise histórica. Distúrbios da Comunicação. 2001;12:265-78.

A pluralidade da atuação fonoaudiológica na diversidade e inclusão

Christina César Praça Brasil
Michelle Soltosky Peres
Soraia Romano
Tiago José Nunes de Aguiar

PONTOS-CHAVE

- Atuação fonoaudiológica na diversidade e inclusão.
- Acessibilidade de crianças com deficiência em ambientes de aprendizagem.
- Educação em saúde e incidência política junto a adolescentes.
- Atuação fonoaudiológica na pluralidade vocal de mulheres transexuais.

OBJETIVOS DE APRENDIZAGEM

Ao final deste capítulo, o leitor deverá ser capaz de:

- Conhecer possibilidades de atuação da Fonoaudiologia na diversidade e na inclusão.
- Compreender que o conhecimento da relação entre a diversidade e a inclusão é fundamental para uma prática fonoaudiológica eficaz e compassiva em todos os níveis de atenção à saúde.
- Identificar a diversidade em uma variedade de aspectos e contextos nas populações atendidas, a exemplo de clínicas, escolas, hospitais e comunidades.
- Entender a inclusão como a adaptação das práticas e abordagens terapêuticas para atender às necessidades específicas de cada indivíduo e/ou população.
- Refletir sobre três experiências que ilustram os conceitos de diversidade e inclusão na Fonoaudiologia, junto a crianças com deficiência, adolescentes e mulheres transexuais.

INTRODUÇÃO

A pluralidade da atuação fonoaudiológica na diversidade e inclusão é um tema que desafia os limites tradicionais da prática fonoaudiológica e ressoa com a complexidade e a riqueza das experiências humanas. Neste capítulo, mergulha-se em um universo multifacetado, em que a diversidade ecoa em cada interação terapêutica e educativa.

A Fonoaudiologia, ao longo de sua história, tem buscado promover a inclusão ao reconhecer, valorizar e adaptar-se à diversidade das populações assistidas, garantindo que todos tenham acesso equitativo aos serviços que cuidam da comunicação, audição, voz, deglutição e outras funções, independente de suas diferenças individuais.

Este capítulo traz uma rica discussão sobre diferentes experiências relacionadas à diversidade e à inclusão, albergando três grupos diretamente beneficiados, a partir de intervenções fonoaudiológicas. As perspectivas de crianças com deficiências, adolescência e gênero são as condições apontadas nos relatos, nos quais a atuação fonoaudiológica contribui para a promoção da acessibilidade de crianças com deficiência em ambientes de aprendizagem; a educação em saúde e incidência política junto a adolescentes; e a compreensão sobre a pluralidade vocal de mulheres transexuais.

Ao longo deste capítulo, somos convidados a visitar essas três experiências, ampliar nossos horizontes e abraçar a diversidade como um catalisador de transformação e enriquecimento, em que cada experiência, singular e única, contribui para a construção de um mundo mais inclusivo e compassivo.

DIVERSIDADE E INCLUSÃO: ASPECTOS CONCEITUAIS

A diversidade pode ser definida como a variedade e a multiplicidade de características, elementos, fenômenos e formas de vida dentro de um sistema ou ecossistema específico. Esses aspectos podem incluir, mas não se limitam a diferenças genéticas, morfológicas, comportamentais, culturais, sociais, ecológicas, linguísticas ou de qualquer outra natureza que contribuam para a heterogeneidade e complexidade de um determinado ambiente ou grupo[1]. A diversidade é fundamental para a estabilidade e a resiliência dos sistemas biológicos, sociais e ambientais, e sua compreensão e promoção são importantes tanto para a ciência básica quanto para a aplicada, incluindo áreas como Biologia, Ecologia, Antropologia, Sociologia e Psicologia, entre outras disciplinas[2].

A inclusão, por sua vez, refere-se ao processo ou à prática de garantir a participação equitativa e significativa de todas as pessoas, independente de suas diferenças, em todas as esferas da sociedade. Isso envolve a criação de ambientes, políticas e práticas que promovam a igualdade de oportunidades, respeitem a diversidade e removam barreiras para a plena participação de todos os indivíduos. Destaca-se, portanto, que a inclusão é um conceito fundamental em várias áreas de estudo, sendo considerada essencial para o desenvolvimento humano, a justiça social e o progresso global.

Na Fonoaudiologia, a relação entre diversidade e inclusão é intrínseca e fundamental para uma prática eficaz e compassiva em todos os níveis de atenção à saúde[3]. A diversidade se manifesta em uma variedade de aspectos, como diferenças culturais, linguísticas, étnicas, socioeconômicas, de gênero, idade e habilidades. Essas condições se refletem nas populações atendidas em uma multiplicidade de contextos, como: clínicas, escolas, hospitais e comunidades.

Nessa perspectiva, a inclusão, sob a ótica da Fonoaudiologia, refere-se à criação de ambientes de promoção da saúde, terapêuticos e educacionais que reconheçam, valorizem e respeitem a diversidade[4]. Isso envolve a adaptação das práticas e abordagens terapêuticas para atender às necessidades específicas de cada indivíduo, considerando-se suas condições culturais, sociais, linguísticas e emocionais.

Dentre as três experiências apresentadas neste capítulo, ao explorar as perspectivas de crianças com deficiências, adentra-se em um território de resiliência e superação, em que a comunicação humana se manifesta como um veículo de expressão e empoderamento. Nas entrelinhas das histórias dessas crianças, de suas famílias e educadores, encontram-se lições profundas sobre a importância da escuta ativa e do respeito à singularidade de cada indivíduo[5].

Já a experiência que versa sobre a educação em saúde para adolescentes apresenta um campo fértil para a atuação fonoaudiológica, para a qual a comunicação eficaz se torna a chave para a promoção do bem-estar físico e emocional[6]. Nesse contexto, abordam-se não apenas questões relacionadas à fala e à linguagem, mas também a aspectos cruciais como saúde mental, sexual e reprodutiva, em uma jornada que busca capacitar os jovens para tomarem decisões informadas e responsáveis sobre suas vidas.

Por fim, aborda-se o universo das mulheres transgênero, no qual a Fonoaudiologia desempenha um papel fundamental na (re)construção e afirmação da identidade de gênero, também por meio da voz. Exploram-se os desafios únicos enfrentados por essas mulheres em sua jornada em busca de uma comunicação que lhes identifique e empodere pessoal e socialmente, bem como estratégias inovadoras desenvolvidas para ajudá-las a encontrar sua autenticidade sonora e expressiva.

EXPERIÊNCIAS

Atuação fonoaudiológica na promoção das práticas universalistas para estudantes em diferentes ambientes de aprendizagem

Contextualização teórica

Pautando-se no eixo central da promoção de conceitos voltados à inclusão social de crianças, jovens e adultos, encontra-se o trabalho do fonoaudiólogo na educação para atuar de forma colaborativa nos diferentes níveis do Ensino Básico, Educação de Jovens e Adultos (EJA) e no Ensino Superior[7], uma vez que o aprimoramento contínuo é requerido por toda a vida, conforme disposto na Declaração de Incheon, da Unesco.

Cada nível de ensino envolve diferentes demandas da Fonoaudiologia, entretanto, é na inclusão de estudantes com deficiências e transtornos que o fonoaudiólogo se destaca, tornando-se importante aliada para contribuir com a acessibilidade policêntrica aos diferentes ambientes de aprendizagem[5].

A escola da diversidade e a da inclusão são plurais, desde a sua própria contextualização, pois ambas são palavras que solicitam complementação para definição e perspectiva pautada. Essas completudes são de diferentes ordens que variam nos âmbitos cultural, étnico, social, econômico, etário, religioso, linguístico e neurobiológico.

A maioria das definições voltadas à diversidade analisa duas perspectivas em torno do termo. Na primeira, destacam-se grupos anteriormente marginalizados e protegidos por políticas de ações afirmativas. Na segunda, o foco recai sobre as diferenças nos estilos e nas formas de funcionamento entre as pessoas[8].

Matos e Mendes[8] também enfatizam a reafirmação do modelo médico na educação e o reconhecimento da singularidade na educação especial com a rejeição de práticas que categorizam ou apagam categorias e rótulos tradicionais. A ideia é que ambas as posições neguem às pessoas os seus direitos ora por discriminação, ora para justificar a negação de direitos.

Inostroza e Pávez[9] ressaltam a inclusão educacional como um construto teórico polissêmico, entretanto, com consenso acadêmico de origem voltada à patologia ou ao desvio presente no corpo do aluno, em direção a posições mais contemporâneas que defendem o direito universal de todas as crianças e jovens à valorização de respostas voltadas à diversidade estudantil.

A escola manifesta-se com o encontro dos reflexos e das necessidades apontadas na própria sociedade, além de dispor retratos da pluralidade, da diversidade e da desigualdade em todos os âmbitos. De modo geral, o trabalho do fonoaudiólogo compõe a avaliação diagnóstica institucional, planos de ação, formação continuada e parceria colaborativa para trabalhar na transdisciplinaridade, bem como na validação das políticas públicas educacionais equacionadas com os programas de saúde coletiva.

Em uma proposta de aceitação da diferença e consideração do trabalho transdisciplinar envolvendo a saúde coletiva e a escolarização de diferentes estudantes, destaca-se, primeiramente, a consultoria colaborativa da Fonoaudiologia e, em seguida, o enaltecer de práticas universalistas como o Desenho Universal para a Aprendizagem – DUA[5] e suportes diferenciados propostos pelo Sistema de Suporte de Multicamadas[10].

A consultoria colaborativa atende as demandas trazidas pela diversidade e a parceria da Fonoaudiologia contribui para reconhecer estratégias de formas diferentes de aprendizagem. Com isso, Friend e Cook[4] ressaltam a promoção de independência positiva entre diferentes profissionais interligados por meio de uma interdependência positiva para desenvolver a resolução de problemas plurais e a partilha de responsabilidades.

Com isso, cabe ao fonoaudiólogo apoiar educadores sobre as formas de aprendizagem destacadas no grupo, que solicitam técnicas diferenciadas de recursos e suportes diferenciados para determinados alunos. Esses suportes variam desde uma indicação de recursos ou serviços de tecnologia assistiva até a definição conjunta de múltiplas formas de representação e propostas para a eliminação de barreiras de participação nos diferentes ambientes de aprendizagem.

Neste apoio, destacam-se as propostas universalistas, dentre elas o DUA, que se trata de uma ferramenta potente voltada ao planejamento pedagógico contínuo, revisitado e replanejado, quantas vezes se fizerem necessárias[5].

Após a contextualização e aproximação teórica, apresenta-se a implementação da proposta colaborativa educacional, com o objetivo de construir uma cultura inclusiva e colaborativa nos ambientes educacionais, a partir da atuação do fonoaudiólogo em uma equipe multiprofissional.

Implementação da experiência

A implementação dessa proposta colaborativa em formação interdisciplinar de profissionais da educação sobre a universalização do ensino foi realizada na rede pública municipal de uma cidade de porte médio do Estado de São Paulo, no período de março a dezembro de 2022 por uma equipe multidisciplinar de pesquisadores da Universidade Federal de São Carlos incluindo educadores especiais, pedagogos, fonoaudióloga, terapeuta ocupacional, psicólogos. A atuação colaborativa de equipes intersetoriais da educação e da saúde foi em ambiente virtual síncrono.

Costa e Mendes[10] ressaltam a importância da articulação entre políticas intersetoriais e apoio na sala de aula, na escola e na comunidade. As autoras apontam que a intersetorialidade é muito demandada, mas nem sempre a articulação integrada de órgãos públicos é uma tarefa fácil. O sucesso nesse município foi possível por haver desejo comum das Secretarias de Saúde e de Educação. Nesse contexto, a visão abrangente da Saúde Coletiva mantém a natureza de colaboração e transdisciplinaridade nos âmbitos de proteção, prevenção e promoção da saúde.

A fonoaudióloga realizou a formação continuada de 38 educadores e também monitoramento e apoio pormenorizado para oito professoras, as quais assumiram a implementação e a validação dos planos de aula construídos. Nesse sentido, Romano, Zerbato e Mendes[5] destacam a importância de garantir flexibilidade dos professores para a aceitação do convite à implementação de novas práticas no ambiente escolar e à desconstrução de culturas tradicionais. Seria oposto ao próprio princípio de engajamento do DUA impor práticas sem contexto múltiplo.

Nos meses de formação, a fonoaudióloga formadora verificou a necessidade de reorganizar o clima escolar para realmente os professores considerarem a diversidade como a maior dificuldade em sua atuação profissional. A fonoaudióloga identificou esse desafio voltado à gestão do tempo didático e a consideração real das diversidades, e auxiliou os professores a assumirem papel de mediadores, com a adoção de técnicas como: metodologias ativas, ensino personalizado e aprendizagem cooperativa.

Considerando o contexto exposto, se o trabalho em uma única escola do município gerou a necessidade de investimento e tempo para a implementação da proposta, a expansão desse trabalho para todo o país demandará esforços, além de maior parcimônia e investimento formativo continuado. Além disso, esse tipo de processo deve ser respaldado e amparado por políticas públicas articuladas entre Educação e Saúde Coletiva.

Educação Popular em Saúde: contribuição da atuação fonoaudiológica na atenção primária para a ampliação da cobertura vacinal entre adolescentes e jovens

Contextualização teórica

A promoção do conhecimento em saúde para a tomada de decisões relativas ao cuidado individual e coletivo tornou-se um grande desafio nos últimos tempos, dado o contexto em que a disseminação da informação assumiu proporções exponenciais. O lidar com o repertório de saberes, crenças e atitudes relativos ao cuidado produzido no território e aos modos de viver das populações sempre exigiu competências comunicativas apropriadas por parte dos profissionais que conduzem a Atenção Integral à Saúde para a ampliação de comportamentos saudáveis. A velocidade da disseminação de conteúdos e o limite entre o excesso de informações inadequadas ou até mesmo falsas tornou-se muito tênue, configurando o que a Organização Mundial da Saúde (OMS) definiu, em 2020, como Infodemia, e que resultou no agravamento da saúde da população mundial.

A desinformação não é meramente o compartilhamento de mensagens falsas e/ou notícias imprecisas difundidas. É algo que prejudica a utilização da literacia em saúde (LS) entre indivíduos, pois aqueles com informações incorretas podem não estar adequadamente preparados para tomar decisões de saúde apropriadas. Isso interfere de maneira significativa no cuidado nos diferentes territórios, bem como na condução de comportamentos saudáveis e voltados para o autocuidado.

Para que a atenção integral ocorra, a ressignificação dos comportamentos em saúde vivenciados no território deve estar subsidiada pelos processos educativos. Assim, a Fonoaudiologia auxilia nas práticas de vigilância epidemiológica e em saúde, na perspectiva da atuação interprofissional (equipes multiprofissionais) no âmbito da atenção primária, atuando inclusive nas ações de promoção da educação em saúde[11].

A partir da construção do conhecimento na perspectiva freiriana, há a autonomia dos sujeitos para o fortalecimento do autocuidado e do cuidado coletivo. Nesse contexto, práticas voltadas para o desenvolvimento da LS são estratégias que podem resultar na ampliação das capacidades individuais de acesso, compreensão, avaliação e aplicação das informações de saúde, para avaliar melhor as situações e tomar decisões na vida diária de modo a não colocar a sua saúde e a dos demais em risco.

Na busca pela promoção da equidade em saúde, objetiva-se ressignificar os saberes e atitudes que comprometem o bem viver, e a LS é reconhecida como elemento fundamental para compor o rol de iniciativas públicas para o enfrentamento das doenças transmissíveis, particularmente quando orientada a alcançar as populações mais vulneráveis.

A LS pode ser subdivida em nível funcional, interativo/comunicativo e crítico. O nível funcional compreende a capacidade de interpretar informação textual e numérica sobre saúde, como prescrições médicas e bulas de remédio. O nível interativo/comunicativo permite processos comunicacionais e inter-relacionais que envolvem a busca, a interpretação, a avaliação e a significação das mensagens sobre saúde. O nível crítico infere no conjunto de habilidades cognitivas e sociais de que o indivíduo lança mão para contextualizar, qualificar e questionar as informações sobre saúde. Esses aspectos são associados à Literacia Informacional (LI), cujo enfoque está voltado às formas de acessar, verificar, compreender, utilizar e ainda compartilhar informações veiculadas por meio de plataformas digitais[12].

Quando a saúde coletiva passa a depender fundamentalmente da atitude e do comportamento dos coletivos, torna-se essencial construir e implementar estratégias que promovam a Literacia em Saúde e a Literacia Informacional, e as ações de educação em saúde, quando orientadas pelos princípios da LS, são essenciais para superar a Infodemia.

IMPLEMENTAÇÃO DA EXPERIÊNCIA

A experiência aqui apresentada consiste em uma ação de extensão intersetorial organizada com atores da Universidade Federal Fluminense, equipes da Atenção Primária (Módulo de Médico de Família), da Equipe Multiprofissional da Atenção Básica (eMulti),

Escolas Públicas do território e do Centro Social Urbano (equipamento da Assistência Social) e da sociedade civil organizada (Associação de Mídia Experimental).

A ação foi realizada na cidade do Rio de Janeiro entre os meses de junho a novembro de 2023, e teve por objetivo promover a Literacia em Saúde entre adolescentes e jovens em situação de vulnerabilidade. A perspectiva interprofissional contou com a participação de profissionais e estudantes das seguintes áreas: Comunicação Social e Jornalismo, Enfermagem, Educação, Fonoaudiologia, Medicina, Terapia Ocupacional, Saúde Coletiva, Psicologia e Serviço Social.

A promoção da saúde para a ampliação da imunização entre adolescentes e jovens é justificada pelo baixo acesso deles aos serviços de saúde e a consequente identificação de um problema persistente de baixa cobertura vacinal nessa faixa etária. O diagnóstico realizado no território revelou que a hesitação vacinal e a desinformação sobre vacinas eram os principais obstáculos que dificultavam a proteção efetiva dos adolescentes contra doenças infecciosas evitáveis, com impactos negativos na saúde pública da comunidade. Além disso, a equipe responsável reconheceu a importância crucial da imunização como estratégia preventiva para a Saúde Coletiva e individual a partir da perspectiva do autocuidado.

A experiência foi organizada como uma resposta concreta e abrangente para abordar esses desafios, buscando não só vincular os jovens ao serviço de saúde do território, mas, principalmente, ampliar a compreensão acerca do tema, engajar a comunidade e fornecer informações precisas sobre vacinas, a fim de promover uma mudança positiva no cenário da imunização em jovens. Portanto, o plano de ação pautou-se em estratégias para a promoção da Literacia em Saúde entre jovens comunicadores comunitários, de forma a construir sentido sobre a importância de ter a carteira de vacinação em dia, em consonância com as diretrizes da OMS.

A ação de base comunitária contemplou três aspectos importantes para recuperar a situação vacinal do território, a saber: ação de formação *online* para ampliar a Literacia em Saúde sobre o tema; a produção de conteúdo para informação da população local efetuada por meio de listas de transmissão; e, por fim, a ação de imunização para a atualização da situação vacinal dos participantes. A periodicidade dos encontros possibilitou que adolescentes e jovens se vinculassem aos profissionais de saúde, resultando na construção de um vínculo de confiança. A médio prazo, verificou-se o aumento do interesse em procurar o serviço de saúde para outras demandas para além da imunização. A programação cultural foi um ponto significativo da experiência, pois alinhou-se aos desejos e à cultura dessa fase de vida, uma vez que incluiu as seguintes atividades: hip hop; batalha de rima no tema; apresentação de talentos com dança, poesia, competição de futebol de mesa; entre outros.

Nesse sentido, ao divulgar e tornar visíveis iniciativas como a descrita neste capítulo, cria-se a possibilidade de ampliar o debate sobre atenção à saúde da juventude, especificamente no contexto da imunização, literacia e demais ações de vigilância em saúde.

Atuação fonoaudiológica na diversidade vocal e inclusão de mulheres transgênero

Contextualização teórica

A voz, além de ser reproduzida pela atividade dos músculos para sua produção, pode apresentar variedades relacionadas aos fatores ambientais, culturais e individuais. Isso significa que a voz remete a uma complexidade muito maior de fatores e um deles, notadamente, faz parte da extensão da personalidade de cada indivíduo.

Dependendo das particularidades de cada sujeito, as características vocais podem gerar impactos negativos na qualidade de vida, como é o caso das pessoas transgênero, em que a voz contempla sua identificação de gênero e pode gerar transtornos físicos, mentais e sociais[13].

As pessoas transgênero constituem um público que não se identifica com o seu sexo biológico declarado ao nascimento. Assim, as mulheres transgênero (mulheres trans) enquadram-se nesse conceito, sendo pessoas cujo sexo biológico é o masculino, mas que se identificam como mulheres.

Para as mulheres trans, a identificação da voz masculina pelo ouvinte pode causar constrangimentos sociais ou colocá-las em situação de vulnerabilidade[14]. Por isso, para disfarçar suas vozes no meio social, muitas delas realizam ajustes para caracterizar uma voz o mais feminina possível. Nesse processo, a atuação fonoaudiológica é vista de forma positiva, pois busca ajudá-las a entender e a usar seus tratos vocais de forma saudável, além de oportunizar o autoconhecimento e a aceitação da própria voz[15].

Diante da relevância da atuação fonoaudiológica no contexto da saúde vocal da mulher trans e conhecendo a necessidade delas pela busca da identidade vocal e seus esforços para que isso aconteça, além das diversas situações em que suas vozes perpassam pelo preconceito e situações de vulnerabilidade, a experiência ora apresentada busca mostrar os sentimentos de mulheres trans perante situações de diversidade vocal e inclusão social.

Implementação da experiência

A experiência ora relatada foi realizada de outubro a dezembro de 2023 em dois serviços de referência em Fonoaudiologia que prestam cuidados à saúde vocal de pessoas transgênero, ambos situados em Fortaleza, Ceará, Brasil. No período, foram estabelecidos diálogos com mulheres transgênero atendidas nesses serviços, as quais responderam a um questionário sobre as condições socioeconômicas e de saúde (*online*) e participaram, presencialmente, de grupos focais para uma escuta ativa e dialogada, que foram conduzidos por um fonoaudiólogo especialista em voz.

Durante o processo de interlocução com as mulheres trans, o pesquisador sempre realizava a análise dos dados quantitativos e qualitativos, no intuito de delinear e captar os aspectos relacionados aos sentimentos delas diante das situações de diversidade vocal e inclusão social. Assim, especialmente os dados advindos dos grupos focais foram tratados com base na Análise de Conteúdo na modalidade temática, organizados e apresentados na seguinte temática: "Sentimentos das mulheres trans frente à diversidade vocal e inclusão social". O Interacionismo Simbólico de Blumer amparou a interpretação das falas, já que explora os sentidos, as ações e interpretações das coisas, a partir das interações do indivíduo consigo mesmo e com os outros.

A experiência contou com a participação de 13 mulheres trans atendidas nos dois serviços em questão, com faixa etária de 18 a 53 anos, perpassando os seguintes níveis de escolaridade: ensino fundamental (3), ensino médio (5), graduação (2), especialização (2) e doutorado (1). Cinco participantes não exercem atividade profissional, porém as demais referiram atuar como: advogada, maquiadora, cabeleireira, artista, jornalista, autônoma e esteticista. Em relação às condições de saúde, a maioria realizou a cirurgia de confirmação vocal e já teve consultas com o fonoaudiólogo.

Quanto aos "sentimentos referidos pelas mulheres trans frente à diversidade vocal e inclusão social", verificaram-se diversas questões que requerem cuidado e atenção do fonoaudiólogo. Evidenciaram-se aspectos relevantes de seus sentimentos quando sua voz é atrelada a características de gênero masculino. As referências sobre a identidade são marcantes e expressas nos discursos que traduzem suas percepções no processo de diversidade e inclusão. Assim, as seções elencadas a seguir expressam as percepções mais importantes e destacam a diversidade vocal e a inclusão social como aspectos relevantes para as participantes, pois versam sobre; voz e diversidade; autopercepção vocal; impactos da voz no processo de inclusão; e terapia fonoaudiológica e cirurgia de redesignação vocal.

Ao abordarem as questões sobre *"voz e diversidade"*, algumas mulheres trans (7) relataram que se identificam com seus padrões vocais atualmente, e seis (6) delas já passaram por cirurgia de redesignação vocal e uma (1) não realizou nenhum tipo de intervenção na voz. Assim, revelam sentimentos de satisfação e conformidade em relação à voz. Um estudo de Schmidt et al.[16] também mostra que, independentemente do gênero da pessoa, o processo de identidade vocal é individual e parte da escolha pessoal.

Por outro lado, a maioria (6) das mulheres trans almeja e busca mudanças em suas vozes na tentativa de vivenciar novos eventos na vida cotidiana. Eventos que remetem a sentimentos de liberdade e dignidade, na tentativa de evitar constrangimentos, em uma contínua e longa trajetória de vida, que se depara quase sempre com cenários de vulnerabilidade social[17].

Outros sentimentos revelados pelas mulheres trans referem-se às histórias de vida repletas de sentimentos negativos, que referenciam a *"autopercepção vocal"*. Em muitos relatos, percebe-se que a condição vocal delas é diversa, pois algumas (7) reconhecem suas vozes como femininas; mas outras (6) não se reconhecem e nem se identificam com a voz que apresentam. Tais relatos estão entrelaçados a sentimentos de medo e insegurança, requerendo ajuda profissional para melhor direcionamento identitário.

Os discursos das mulheres trans ainda referem episódios de reações comportamentais dos ouvintes (seus interlocutores) que influenciam de forma negativa sua comunicação, gerando "disforia de gênero" relacionada à voz e privação comunicativa. Isso faz com que muitas delas se calem em ambientes públicos ou tentem disfarçar sua condição, utilizando outros aspectos vocais para que se sintam mais seguras socialmente, não sejam percebidas e nem julgadas. A experiência mostrou e estudos confirmam que muitas mulheres trans compreendem que suas vozes geram sentimentos que impactam diretamente em sua identidade e trazem reações emocionais limitantes, interferindo diretamente na qualidade de vida social, emocional, laboral e interpessoal[14].

Ao abordarem *"os impactos da voz no processo de inclusão"*, as participantes evidenciaram sentimentos que expressam dor emocional, medo e sensação de hostilidade, reforçando uma experiência pessoal de preconceito e discriminação. Percebe-se que as mulheres trans revelam terem sofrido episódios de agressão social perante a aparência física feminina que não corresponde à sua voz, muitas vezes grave e masculinizada. Esse sentimento é excludente, fugindo das expectativas de inclusão social tanto desejada por essas mulheres e fazendo-as sofrer impactos significativos em suas vidas. Da mesma forma, estudo de Lins et al.[17]

pontua essas questões de preconceito, de discriminação, além dos sentimentos de invisibilidade e inferioridade que fazem parte do enfrentamento de mulheres trans no contexto do estigma social.

Por fim, a *"terapia fonoaudiológica e cirurgia de redesignação vocal"* voltada às mulheres trans é considerada por elas como algo que traz muitos benefícios, influenciando muito positivamente a saúde física e mental; impactando a qualidade de vida; dando-lhes mais segurança ao falar; diminuindo a ansiedade; ampliando a inserção social; possibilitando aumentar a intensidade vocal em locais públicos; e, principalmente, favorecendo a identificação do gênero feminino pelos ouvintes.

Destaca-se, ainda, que há uma predominância de participantes dessa experiência que realizaram cirurgia de redesignação vocal (6), no caso a glotoplastia de Wendler. Para essas mulheres, os sentimentos evidenciados reforçam a importância do acompanhamento fonoaudiológico nesse processo de transformação. Irineu et al.[18] mostram a crescente procura de pessoas trans por atendimento fonoaudiológico, no sentido de atender suas demandas vocais e comunicativas.

Trazer à tona as narrativas das mulheres trans sobre os sentimentos relacionados à voz permitiu compreender de forma mais profunda o processo de busca dessas pessoas por uma identidade vocal, e evidenciar como os efeitos do processo de (re)designação vocal afetam significativamente a qualidade de vida.

As temáticas apresentadas refletem muitos pontos negativos, quando estabelecem a relação entre identificação de gênero e voz, mostrando as situações de vulnerabilidade que essas mulheres enfrentam na sua trajetória de vida em busca da inclusão. Isso chama atenção para a necessidade de ampliar o acesso dessa população e de outras pessoas trans ao acompanhamento fonoaudiológico, permitindo um cuidado integral e inclusivo.

CONSIDERAÇÕES FINAIS

Os temas diversidade e inclusão encontram-se cada vez mais presentes e plurais em todo o fazer fonoaudiológico, mostrando a esse profissional a sua importância de atuação em todas as fases do ciclo de vida e com populações diversas. Assim, seja na escola, seja na comunidade junto aos adolescentes, seja no contexto de pessoas trans ou tantos outros contextos, do nascer ao envelhecer, destacam-se as contribuições dos fonoaudiólogos na redução dos efeitos das estereotipias e, talvez, da falta de entendimento da comunidade sobre algumas questões que envolvem desconhecimento e levam ao preconceito e à discriminação. Será por meio de procedimentos e fundamentação científica que fonoaudiólogos disseminam a valorização da diversidade, por meio de estratégias e suportes pautados na ética, no respeito e no tratamento das reais possibilidades de cada indivíduo.

Para finalizar, destacamos que as três experiências apresentadas são apenas recortes de um trabalho diverso que atinge a proteção, a prevenção e a promoção da saúde nos diferentes âmbitos de atuação da Fonoaudiologia, o que contribui para a valorização da pluralidade, o fortalecimento das identidades e o menosprezo a práticas preconceituosas, elitistas, capacitistas, etaristas, sexistas e racistas, entres tantas outras ainda presentes na sociedade contemporânea.

REFERÊNCIAS BIBLIOGRÁFICAS

1. Özbilgin MF, Erbil C. Insight into equality, diversity, and inclusion. In: Kucukaltan B (ed.). Contemporary approaches in equality, diversity and inclusion: strategicand technological perspectives. Leeds: Emerald Publishing; 2023. p. 1-18.
2. Reis MB de F, Silvestre VPV, Suanno JH. Educação, linguagem e diversidades: saberes interdisciplinares em diálogo. Cad Gênero Divers. 2021;6(3):159-65.
3. Lopes J, Dorfman MKY, Dornelas R (orgs.). A voz da pessoa transgênero – desafios e possibilidades na clínica vocal. In: Lopes L, Moreti F, Ribeiro LL, Pereira EC. Fundamentos e atualidades em voz clínica. Rio de Janeiro: Thieme Revinter; 2019. p. 173-9.
4. Friend M, Cook L. Collaboration as a predictor for success in school reform. J Educ Psychol Consult [Internet]. 1990 [citado 2024 Fev 17];1(1):69-86.
5. Romano S, Zerbato AP, Mendes EG. Desenho universal para a aprendizagem: uma proposta, múltiplos caminhos In: Mendes EG (org.). Práticas inclusivas inovadoras no contexto da classe comum: dos especialismos às abordagens universalistas. Campos dos Goytacazes: Encontrografia; 2023. p. 100-24.
6. Piccino MTRF, Antonelli BC, Neri LF, Franco JB, Apolônio ALM, Lacerda ABM de, et al. Hearing health educational interventions for school students. Rev CEFAC. 2023;25(2):e8922.
7. Palmeiro K, Donida LO, Santana AP. Práticas voltadas à inclusão: a fonoaudiologia na educação superior. Rev Ibero Am Estudos Educ. 2022;17(3);2024-44.
8. Matos SN, Mendes EG. A proposta de inclusão escolar no contexto nacional de implementação das políticas educacionais: dossiê temático: currículo e prática pedagógica. Práxis Educac. 2014;10(16):35-59.
9. Inostroza F, Salinas PP. Creencias de directores de escuelas en torno a las políticas de inclusión educativa en el sistema escolar chileno. RIDE. 2023;14(27):e539.
10. Costa JDV, Mendes EG. Fundamentos e pressupostos do sistema de suporte de multicamada: a cada aluno o suporte necessário. In: Mendes EG (org.). Práticas inclusivas inovadoras no contexto da classe comum: dos especialismos às abordagens universalistas. Campos dos Goytacazes: Encontrografia; 2023. p. 64-81.
11. Guckert SB, Souza CR de, Arakawa-Belaunde AM. Atuação fonoaudiológica na atenção básica na perspectiva de profissionais dos núcleos de apoio à saúde da família. CoDAS. 2020;32(5):e20190102.

12. Nutbeam D. Health literacy as a public health goal: a challenge for contemporary health education and communication strategies into the 21st century. Health Promot Int. 2000;15:259-67.
13. Dornelas R, Granzotti RBG, Souza AS, Jesus AKB de, Silva K da. Qualidade de vida e voz: a autopercepção vocal de pessoas transgênero. Audiol Commun Res. 2020;25:e2196.
14. Barra BGA, Gusmão UMAS, Araújo ANB. Self-perception of voice in transgender people. Rev CEFAC. 2020;22(4):1-9.
15. Sebastião TF, Constantini AC, Françozo MFC. Transgender women. Distúrb Comun. 2022;34(3):1-11.
16. Schmidt JG, Goulart BNG de, Dorfman MEKY, Kuhl G, Paniagua LM. Voice challenge in transgender women: trans women self-perception of voice handicap as compared to gender perception of naïve listeners. CEFAC. 2018;20(1):79-86.
17. Lins APC, Aguiar TJN, Brilhante AVM, Brasil CCP. Educação e trabalho interdisciplinar na assistência à saúde de pessoas transgênero: relato de experiência. In: Teixeira ACB, Menezes JB de (orgs.). Gênero, vulnerabilidade e autonomia. Indaiatuba: Editora Foco; 2020. p. 449-62.
18. Irineu RA, Ribeiro VV, Sebastião TF, Crow K, Mersbergen M, Behlau M. Adaptação transcultural para o Português Brasileiro do Vocal Congruence Scale e Transgender Congruence Scale. CoDAS. 2024;36(2):1-8.

91

O cuidado da pessoa com deficiência na perspectiva biopsicossocial

Amanda Brait Zerbeto
Sandra Maria Vieira Tristão de Almeida
Maria Cristina Pedro Biz

PONTOS-CHAVE

- Cuidado da pessoa com deficiência.
- Modelo biopsicossocial de saúde.
- Classificação Internacional de Funcionalidade, Incapacidade e Saúde (CIF).
- Funcionalidade.
- Projeto Terapêutico Singular.

OBJETIVOS DE APRENDIZAGEM

Ao final deste capítulo, o leitor deverá ser capaz de:

- Definir termos relacionados ao modelo biopsicossocial, à funcionalidade e ao cuidado da pessoa com deficiência.
- Identificar aspectos do modelo biopsicossocial no cuidado fonoaudiológico da pessoa com deficiência.
- Refletir sobre o projeto terapêutico com base no conceito de funcionalidade.
- Conhecer os conceitos e componentes da Classificação Internacional de Funcionalidade, Incapacidade e Saúde (CIF) no processo de cuidado da pessoa com deficiência em Fonoaudiologia.

INTRODUÇÃO

O modelo de atenção e cuidado em saúde à pessoa com deficiência encontra-se em destaque há algumas décadas e tem colocado em evidência a necessidade de acesso a serviços e suas tecnologias, as questões sociais de saúde das pessoas e seu direito à participação social[1].

A discussão sobre o cuidado da pessoa com deficiência expõe a complexidade da condição de saúde, que requer um diagnóstico situacional que envolva os fatores sociais, contextuais e as singularidades do sujeito. A desvalorização dos determinantes sociais em saúde e da subjetividade do sujeito limita a compreensão acerca da experiência da deficiência e restringe a assistência a procedimentos e protocolos baseados em evidências, subestimando ações nos contextos de vida das pessoas com deficiência e suas famílias[2-4].

Incorporar na rotina da assistência um modelo de cuidado que acolha as demandas do sujeito torna-se um compromisso ético e legal, pois a Lei Brasileira de Inclusão (LBI), de 2015[5], reitera o conceito trazido pela Convenção dos Direitos da Pessoa com Deficiência, de 2006[6], que considera pessoa com deficiência aquela que tem impedimento de longo prazo de natureza física, mental, intelectual ou sensorial, o qual, em interação com uma ou mais barreiras, pode obstruir sua participação plena e efetiva na sociedade em igualdade de condições com as demais pessoas. A LBI também define que a avaliação da deficiência, quando necessária, será biopsicossocial, realizada por equipe multiprofissional e interdisciplinar, e irá considerar os impedimentos nas funções e nas estruturas do corpo;

os fatores socioambientais, psicológicos e pessoais; a limitação no desempenho de atividades; e a restrição de participação.

A multidimensionalidade do cuidado precisa estar presente na prática fonoaudiológica, na avaliação e intervenção, no estabelecimento do projeto terapêutico, no planejamento e definição de estratégias terapêuticas, com base nos fatores implicados. Faz-se necessária, assim, a aproximação crescente e contínua do profissional com o modelo biopsicossocial.

O presente capítulo se propõe a evidenciar aspectos do modelo biopsicossocial no cuidado fonoaudiológico da pessoa com deficiência, com a apresentação de casos que demonstrem a aplicação dos conceitos da CIF. Para iniciar, a Classificação Internacional de Funcionalidade, Incapacidade e Saúde (CIF) e o Projeto Terapêutico Singular serão apresentados.

CLASSIFICAÇÃO INTERNACIONAL DE FUNCIONALIDADE, INCAPACIDADE E SAÚDE

A publicação da Classificação Internacional de Funcionalidade, Incapacidade e Saúde (CIF), ferramenta para a organização e documentação de informações sobre funcionalidade e incapacidade pela Organização Mundial da Saúde (OMS) em 2001, com última versão em 2020[7], tem sido determinante para o cuidado à pessoa com deficiência no modelo biopsicossocial. Apesar de ser uma classificação estatística em saúde e podendo ser utilizada para gerar informações sobre o estado de saúde de todas as pessoas e populações, a CIF tem sido frequentemente relacionada às políticas que envolvem esse segmento da população. A Classificação, ao definir o conceito de funcionalidade como a interação dinâmica entre a condição de saúde de uma pessoa, os fatores ambientais e os fatores pessoais, ancora sua estrutura em uma perspectiva multidimensional (Figura 1).

A CIF possui uma linguagem padronizada, com uma base conceitual para a definição e mensuração da funcionalidade, o que possibilita gerar informações através de códigos, utilizando a mesma linguagem alfanumérica da CID (Classificação Estatística Internacional de Doenças e Problemas Relacionados à Saúde), ambas pertencentes à Família de Classificações da OMS. A CID gera informações sobre morbidade e

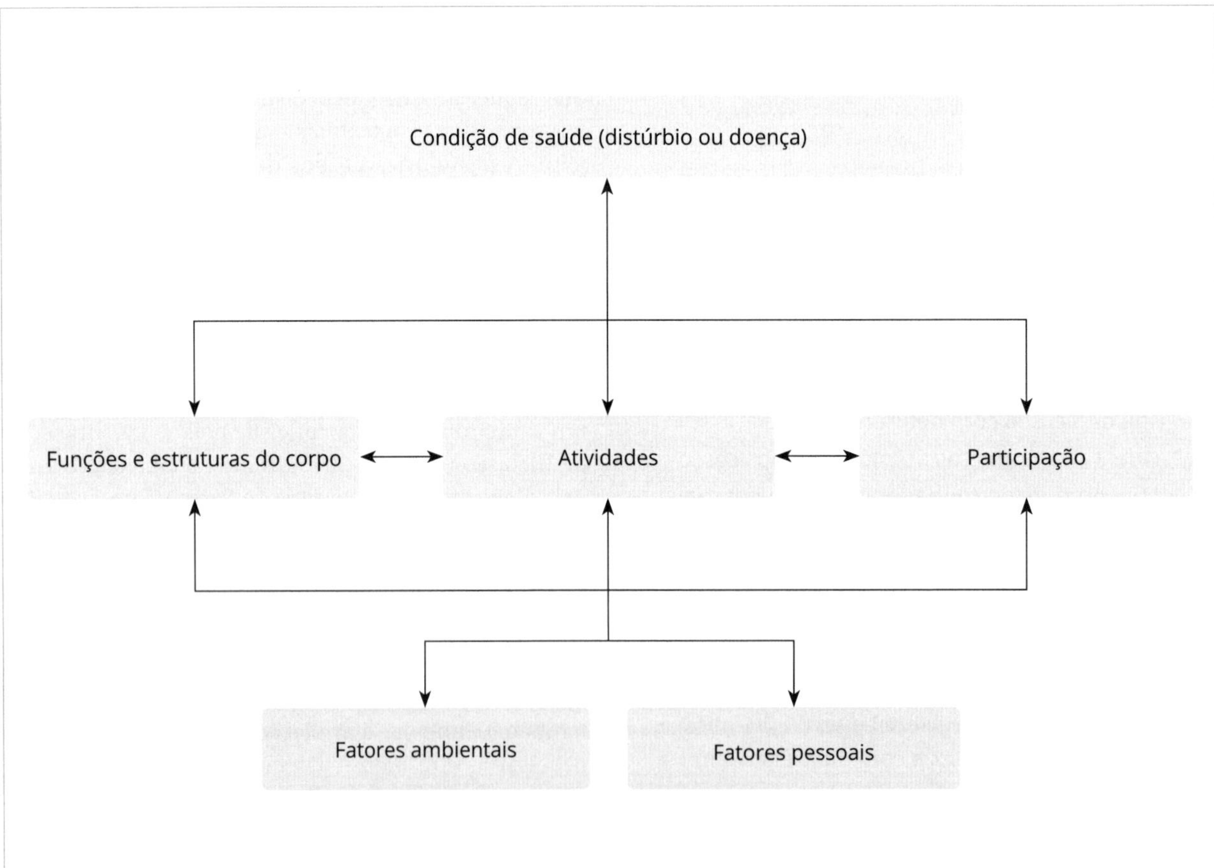

FIGURA 1 Estrutura da Classificação Internacional de Funcionalidade, Incapacidade e Saúde – CIF (OMS, 2020, p.17)[7].

mortalidade, e a CIF complementa essas informações fornecendo dados sobre o impacto dessas condições de saúde na vida das pessoas e populações. Por permitir classificar o estado de saúde e gerar informações através de uma linguagem codificada universal, é possível acompanhar e comparar a situação das pessoas e populações nos diversos espaços de assistência, seja na saúde, na assistência social, no trabalho, entre outros.

Essa perspectiva multidimensional da CIF só é possível devido ao modelo biopsicossocial trazido por sua estrutura (Figura 1), que faz uma síntese do modelo biomédico e modelo social da deficiência, e permite reconhecer o papel dos fatores ambientais de gerar incapacidade[7]. Entre outros benefícios, o uso da CIF contribui para ampliar a abordagem de cuidado, anteriormente baseada na doença, para uma abordagem baseada nos fatores contextuais que envolvem a experiência de saúde de pessoas e populações dentro de uma perspectiva biopsicossocial.

Utilizar a estrutura da CIF possibilita pensar a prática assistencial em saúde e da Fonoaudiologia centrada na funcionalidade, onde o ambiente pode tornar-se um facilitador ou uma barreira para a pessoa. Nesse sentido, priorizar a funcionalidade como um componente da saúde e como ponto central na avaliação e determinação de condutas permite estabelecer projetos terapêuticos baseados nas demandas da pessoa, estabelecendo metas que priorizem seu desempenho no contexto em que estão inseridas, como forma de assegurar sua participação social. O processo de cuidado passa a ter como objetivo favorecer a funcionalidade das pessoas e minimizar a experiência das limitações e impedimentos trazidos pela condição de saúde.

PROJETO TERAPÊUTICO SINGULAR

O Projeto Terapêutico Singular (PTS) é a estratégia de estruturação do cuidado que organiza as condutas terapêuticas articuladas, resultado da discussão coletiva de uma equipe interdisciplinar, com apoio matricial se necessário. É uma ferramenta aliada ao cuidado integral nos serviços e na Fonoaudiologia, que possibilita a cogestão da assistência entre os profissionais responsáveis e os usuários, e é orientada pelas singularidades do sujeito e seu contexto[8-9]. Segundo Aranha e Silva[10], a singularidade é a razão de ser do projeto terapêutico, pois, em função de um sujeito singular e junto dele, é determinada a ação de saúde a ser ofertada para alcançar o objetivo de produzir saúde.

A CIF, com sua estrutura integrativa, tem possibilitado diversificar estratégias de cuidado que permitem incorporar na prática clínica um raciocínio ampliado e multifatorial, problematizando o objetivo assistencial com foco no desempenho e na rotina do indivíduo, levando à efetiva construção do PTS.

AVALIAÇÃO BIOPSICOSSOCIAL

A CIF é uma classificação, e não um instrumento de avaliação. Dessa forma, o fonoaudiólogo pode utilizar instrumentos e técnicas de avaliação, e posteriormente registrar as informações pela linguagem padronizada da CIF.

Alguns instrumentos que podem auxiliar o profissional para a documentação das repercussões do estado de saúde sobre a funcionalidade e incapacidade são os *coresets*, *checklists* e *World Health Disability Assessment Schedule* (WHODAS 2.0)[4,11].

- *Coresets* são listas resumidas de códigos da CIF que captam aspectos da funcionalidade em grupos com determinadas condições de saúde[12].
- *Checklist* é uma lista resumida, sistematizada e codificada de categorias da CIF que classifica e mensura a funcionalidade, utilizando qualificadores para essa graduação[12].
- O *WHODAS* 2.0 possibilita a classificação e quantificação da capacidade funcional em qualquer população. Foi validado para várias condições clínicas no mundo, porém não aborda os fatores ambientais[12].

Além desses, diversos instrumentos têm sido pensados com base na CIF para auxiliar na avaliação, reflexão, discussão do caso em equipe multidisciplinar e planejamento terapêutico, sob o ponto de vista biopsicossocial. No município de São Paulo, por exemplo, de forma a estimular a reflexão da equipe do Centro Especializado em Reabilitação (CER), foi proposto um modelo de PTS integrado, que considera os diversos componentes da CIF[13].

Esse instrumento tem sido aprimorado a partir da prática dos diversos profissionais, ação que mobiliza a incorporação gradativa do modelo biopsicossocial nas equipes.

Especificamente na clínica fonoaudiológica, a entrevista e a avaliação fornecem dados importantes para a construção do PTS.

Durante a entrevista fonoaudiológica, identificam-se os dados da pessoa, sua queixa, conhece-se a história da dificuldade ou patologia apresentada e, conforme necessidade, informações sobre o desenvolvimento neuropsicomotor. São identificadas ainda informações sobre a interação e participação familiar e social, gostos e desejos, entre outros pontos.

Na avaliação, por sua vez, são analisados aspectos das funções orofaciais, de articulação, fala, voz, lin-

PROJETO TERAPÊUTICO SINGULAR - PTS CER

DEFICIÊNCIA/RISCO: ( ) Física ( ) Visual ( ) auditiva ( )Intelectual /Desenvolvimento

( ) INICIAL
( ) REAVALIAÇÃO

DATA: __/__/___

Expectativa da Pessoa/ Família: (descreva)

____

Avaliação da equipe

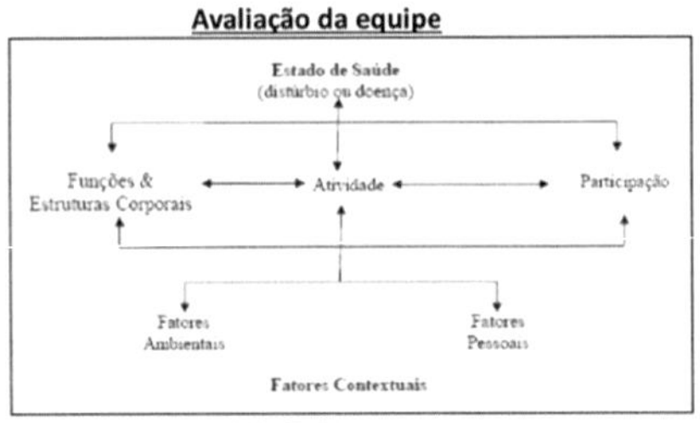

Fonte: OMS, CIF, 200311 / *Source: WHO, ICF, 2003*

Estado de Saúde: CID Principal: ________________________________
CID da Sequela: ____________________________

FUNÇÃO	**AVALIAÇÃO** 1: sem alteração identificada 2: com alteração 3: não avaliado	**OBSERVAÇÃO:** Apontar os aspectos mais significativos observados para o PTS
Função mental (orientação, atenção, memória, pensamento, linguagem ,....)	( )1 ( )2 ( )3	
Função sensorial e dor (audição, visão, dor, ...)	( )1 ( )2 ( )3	
Função de voz e fala (voz, articulação, ritmo, fluência)	( )1 ( )2 ( )3	
Função neuromuscular (força, tônus, resistência muscular, controle de movimentos, marcha, motor fino e grosso)	( )1 ( )2 ( )3	
Função respiratória, cardiovascular, hematológica e imunológica	( )1 ( )2 ( )3	
Função sistema digestivo, metabólico, endócrino (mastigação, deglutição,...)	( )1 ( )2 ( )3	
Função geniturinária e reprodutiva	( )1 ( )2 ( )3	
Função de pele e estruturas relacionadas (lesão por pressão...)	( )1 ( )2 ( )3	

DOMÍNIOS DE ATIVIDADES E PARTICIPAÇÃO Considerar a faixa etária e o desempenho da pessoa, com recursos e suportes existentes no momento	**AVALIAÇÃO** 0 Não se aplica 1 Sem dificuldade 2 Com alguma dificuldade 3 Com grande dificuldade 4 Não consegue	**OBSERVAÇÕES** APONTAR **ASPECTOS POSITIVOS (+) E DESAFIOS (.)** PARA AMPLIAR A ATIVIDADE E PARTICIPAÇÃO **Considerar:** **Produtos e tecnologia**: OPM, comunicação alternativa,... **Ambiente**: acessibilidade, território,... **Apoio e relacionamento:** família, vizinhos e amigos **Atitudes:** apoio, preconceitos,... **Serviços, sistemas e políticas**: Suporte rede saúde e de outros setores)
Aprendizagem e aplicação do conhecimento (imitar, brincar, fazer cálculos, executar tarefas simples e complexas, resolver problemas)	( )0 ( )1 ( )2 ( )3 ( )4	
Comunicação - Produção da fala, mensagens não verbais, escrita, conversa com as pessoas - Compreensão da fala, mensagens não verbais, escrita, conversa com as pessoas	( )0 ( )1 ( )2 ( )3 ( )4 ( )0 ( )1 ( )2 ( )3 ( )4	
Mobilidade (mudar/manter a posição do corpo, alcançar, transportar e mover objetos, deslocar dentro/fora de casa)	( )0 ( )1 ( )2 ( )3 ( )4	
Cuidados pessoais (comer, beber, tomar banho, vestir-se, escovar os dentes, controlar esfíncter...)	( )0 ( )1 ( )2 ( )3 ( )4	
Vida Doméstica (realizar tarefas domésticas, preparar refeições, cozinhar, cuidar dos outros, fazer compras, planejar e executar rotina)	( )0 ( )1 ( )2 ( )3 ( )4	
Áreas principais da vida (acesso e participação na educação, qualificação profissional e no trabalho)	( )0 ( )1 ( )2 ( )3 ( )4	
Relações e interações interpessoais: **Família** (interação com as pessoas, forma de lidar com emoções, sua participação em atividades familiares, ...)	( )0 ( )1 ( )2 ( )3 ( )4	
Vida comunitária, social, cívica e política (interação com as pessoas, forma de lidar com emoções, sua participação em atividades culturais, de lazer, da vida política e social)	( )0 ( )1 ( )2 ( )3 ( )4	

Aspectos relevantes para o PTS:

____

FIGURA 2 PTS integrado com a CIF utilizado no município de São Paulo (São Paulo, 2024)[13].
Disponível em: https://capital.sp.gov.br/documents/d/saude/doc_norteador_at_pcd_out24-pdf (acesso em 21/10/2024).

guagem oral e escrita, audição, assim como de interação e participação.

De forma a possibilitar a reflexão, a discussão do caso em equipe multidisciplinar e o planejamento terapêutico, a partir de uma linguagem unificada e sob o ponto de vista biopsicossocial, os elementos mais significativos dessa entrevista e avaliação podem ser traduzidos no diagrama da CIF.

A CIF utiliza qualificadores para mensurar o nível de funcionalidade. A mensuração é baseada na avaliação realizada e precisa contemplar a análise técnica e a escuta da pessoa. Pela CIF, os fatores ambientais são classificados em cinco grupos. Um dos grupos relaciona-se com produtos e tecnologias; exemplos na Fonoaudiologia podem ser o acesso à prancha de comunicação alternativa e aumentativa por uma pessoa com paralisia cerebral; o acesso ao aparelho auditivo pelo SUS por uma pessoa com perda auditiva; e a disponibilidade de serviços, sistemas e políticas, como acesso à reabilitação em tempo oportuno, ao transporte e à moradia.

Os fatores ambientais podem ser quantificados em graus de magnitude, utilizando a mesma escala dos elementos de funcionalidade e incapacidade, acrescida de "+" se o fator ambiental for facilitador ou "." se ele se constituir como uma barreira à inclusão social. O acesso à terapia fonoaudiológica, dessa forma, se constitui como um fator ambiental relacionado a serviços, sistemas e políticas, facilitador ("+") para uma melhor comunicação, ampliação de laços sociais e, consequentemente, maior autonomia e protagonismo.

INTERVENÇÃO FONOAUDIOLÓGICA

A estrutura e a linguagem da CIF permitem o registro dos achados da entrevista, da avaliação e dos resultados da intervenção fonoaudiológica.

Os objetivos terapêuticos devem contemplar a funcionalidade e a incapacidade a partir dos componentes da CIF (Estruturas do Corpo, Funções do Corpo, Atividades e Participação e Fatores Contextuais)[14]. Os objetivos fonoaudiológicos podem contemplar o favorecimento da linguagem, da comunicação, das interações sociais, da autonomia e da independência, com foco em maximizar a saúde e a funcionalidade, e diminuir a incapacidade.

Recomenda-se que, nesse processo, a pessoa com deficiência, familiares e cuidadores sejam escutados sobre suas demandas e necessidades, de modo que as perspectivas de todos os envolvidos possam ser consideradas e incluídas no planejamento terapêutico. A CIF permite a classificação por diferentes pessoas, como profissionais de saúde, familiares, educadores e a própria pessoa com deficiência[7]. Um estudo foi realizado com a CIF para investigar a funcionalidade de pessoas com doença de Parkinson, na perspectiva das pessoas atendidas e de juízas fonoaudiólogas. Na maioria dos casos (60%) houve concordância discreta entre as percepções, sugerindo-se assim a importância de escutar todos os envolvidos no processo terapêutico[15].

Na intervenção, o modelo biopsicossocial e a CIF enfatizam o cuidado centrado na pessoa, em sua história e na funcionalidade. Além dos aspectos relacionados às Estruturas e Funções do Corpo, devem ser valorizadas as dimensões de Atividades e Participação, facilitadores e barreiras do contexto social e Fatores Ambientais e Pessoais. A pessoa com deficiência deve ser considerada como sujeito corresponsável pelo seu tratamento e reabilitação.

O processo terapêutico envolve o atendimento da pessoa e a atuação com a família e indivíduos de diferentes ambientes que a pessoa frequenta, como, por exemplo, escola, instituição ou trabalho. A funcionalidade deve ser considerada nos espaços de atendimento fonoaudiológico e em ambientes externos. Espaços de reflexão e diálogo sobre a condição de saúde, atividades e Fatores Ambientais podem ser realizados com a pessoa, família, profissionais e amigos, com a finalidade de promover a funcionalidade e diminuir as barreiras dos Fatores Ambientais. Ressalva-se que a comunicação com os indivíduos citados pode ser dificultada devido ao uso de termos técnicos pelos profissionais da saúde, assim, recomenda-se adequar a linguagem e os termos utilizados à realidade dos envolvidos.

A pessoa com deficiência pode ter a sua participação ativa na sociedade comprometida. A partir dessa premissa, a intervenção fonoaudiológica compreende a atuação nos Fatores Ambientais. Alguns exemplos de como essa questão pode ser trabalhada são: promover experiências com a pessoa e sua família em espaços externos como parques, praças, museus e passeios nas proximidades dos serviços de saúde. Nessas atividades, ela terá a oportunidade de conhecer novos ambientes, interagir e conversar com outras pessoas, criar diferentes estratégias e formas de se comunicar.

Pessoas com deficiência geralmente são atendidas por mais de um profissional de saúde, portanto sugere-se que uma das estratégias na intervenção fonoaudiológica seja promover a atuação conjunta com a equipe multidisciplinar ou interdisciplinar. Nas equipes, recomenda-se articular dados da avaliação e intervenção fonoaudiológica com informações do PTS, de relatórios, reuniões e prontuários de outras áreas e serviços, mantendo o contato e atualização sobre a evolução, com reuniões periódicas entre profissionais. A CIF pode ser uma ferramenta para registro da evolução e, no processo terapêutico, sugere-se que a classificação seja utilizada como norteadora para o estabelecimento de objetivos fonoaudiológicos e conste nos relatórios, sendo utilizada para nortear e registrar a terapêutica.

Dados sobre funcionalidade durante a intervenção fonoaudiológica podem compor bancos de dados que gerarão indicadores sobre a comunicação das pessoas com deficiência no Brasil, por meio do uso das categorias e qualificadores da CIF. Dessa forma, será possível subsidiar a elaboração de políticas públicas, de assistência, acesso a tecnologias às pessoas com deficiência (tecnologia assistiva, aparelho de amplificação sonora individual, entre outros), que visem à promoção de saúde, a participação e inclusão social.

USO DA CIF EM CASOS CLÍNICOS

Com o objetivo de demonstrar possibilidades do uso da CIF no cuidado fonoaudiológico de pessoas com deficiência, serão descritos dois casos, o primeiro de uma criança com paralisia cerebral e o segundo de um adulto com doença de Parkinson. Entre parênteses serão apresentados os componentes da CIF relacionados aos aspectos descritos.

Caso 1

Joana, criança do sexo feminino, com nove anos de idade (Fatores Pessoais), tem Paralisia Cerebral (PC) (CID G80.0) e encontra-se em acompanhamento fonoaudiológico. Na PC, há uma lesão do sistema nervoso central (Estruturas do Corpo), e Joana apresenta alterações de postura e de movimentos, alterações cognitivas e alterações de linguagem (Funções do Corpo). Joana é uma criança sorridente, que sempre olha para seu interlocutor, gosta de brincar e interagir com outras crianças e adultos (Atividades e Participação). Não se comunica oralmente (Atividades e Participação), mas interage com as pessoas, sua família e profissionais de saúde, utilizando recursos de Comunicação Suplementar e/ou Alternativa (Fatores Ambientais). Sua mãe a leva para a terapia fonoaudiológica em uma cadeira de rodas (Fatores Ambientais), utilizando o transporte disponibilizado pela prefeitura do município (Fatores Ambientais), que são facilitadores para sua locomoção e acesso aos serviços de saúde.

Para mais informações sobre o uso da CIF para intervenção com familiares de crianças com paralisia cerebral, recomenda-se a leitura do capítulo de Chun e Ostroschi[17].

Caso 2

José, homem aposentado de 88 anos (Fatores Pessoais), foi diagnosticado com doença de Parkinson (DP) há 10 anos (CID G20.0) e encontra-se em atendimento fonoaudiológico. A doença de Parkinson é causada pela degeneração de células da região cerebral (Estruturas do Corpo) responsáveis pela produção de dopamina. José apresenta queixas relacionadas à memória, perda auditiva neurossensorial bilateral de grau moderado, sua voz é rouca, com instabilidade, astenia e soprosidade (Funções do Corpo). Tem dificuldades para andar, realizar movimentos finos com as mãos e cuidar da própria saúde, com poucos momentos de interação, conversas e de lazer (Atividades e Participação). Realiza acompanhamentos de saúde e toma medicamentos disponibilizados pelo Sistema Único de Saúde (SUS), que facilitam sua funcionalidade (Fatores Ambientais).

Para mais informações sobre o uso da CIF para intervenção com pessoas com doença de Parkinson, recomenda-se a leitura do artigo de Piccoli, Chun e Zerbeto[15].

CONCLUSÃO

O presente capítulo se propôs a definir conceitos e recomendar pontos a serem considerados no cuidado fonoaudiológico à pessoa com deficiência. O Brasil ainda apresenta desafios, como a necessidade de superação do modelo biomédico e a consolidação do modelo biopsicossocial. O contexto em que a pessoa está inserida pode ser um fator de restrição ao seu desempenho devido a barreiras existentes, comprometendo, assim sua participação na sociedade.

As experiências de uso da CIF demonstram que é possível estabelecer um modelo conceitual universalmente aceito, com uma estrutura que permite a mensuração dos níveis de funcionalidade e, através dele, a comparação do impacto da deficiência nas populações em seus diversos contextos. Dessa forma, pode-se obter informações sobre a necessidade de assistência e cuidado das pessoas.

Para a implementação do modelo biopsicossocial no cuidado da pessoa com deficiência no Brasil, ressalta-se a importância de: i) mudança na formação do profissional de saúde de um modelo hoje pautado em uma prática clínica hegemônica e centrada na doença para um modelo biopsicossocial[18]; ii) capacitação dos profissionais dos serviços no modelo de funcionalidade trazido pela CIF; iii) viabilização de formas de aplicação da CIF que tornem possível sua incorporação na rotina clínica, atendam às necessidades locais e possibilitem ter a integralidade como orientadora na organização do cuidado.

REFERÊNCIAS BIBLIOGRÁFICAS

1. Biz MCP, Santos MC, Souza FR, Nicolau SM, Furtado JP. Centros Especializados em Reabilitação: avaliando os desafios à implementação do modelo biopsicossocial nas práticas assistenciais à pessoa com deficiência. Interface (Botucatu). 2024;28:e230178.
2. Castaneda L. O cuidado em saúde e o modelo biopsicossocial: apreender para agir. Codas. 2019;31(5):e20180312.
3. Ribeiro LC, Morais IA, Castro SS. CERBRASIL: avanços, desafios e operacionalização dos centros especializados em reabilitação e oficinas ortopédicas no Sistema Único de Saúde. Curitiba: CRV; 2021.
4. Ribeiro KSQS, Barroso RB, Ramos BG, Ferrari FP, Saldanha JHS, Silva SLA, et al. Redecin Brasil: a construção metodológica de um estudo multicêntrico para avaliação da rede de cuidados à pessoa com deficiência. Interface (Botucatu). 2021;25:e200767.
5. Brasil. Presidência da República. Lei n. 13146 de 6 de julho de 2015. Institui a Lei Brasileira de Inclusão da Pessoa com Deficiência (Estatuto da Pessoa com Deficiência). Diário Oficial da União. 6 jul 2015.
6. Brasil. Decreto n. 6.949, de 25 de agosto de 2009. Promulga a Convenção Internacional sobre os Direitos das Pessoas com Deficiência e seu Protocolo Facultativo, assinados em Nova York. 2009.
7. Organização Mundial da Saúde. Classificação Internacional de Funcionalidade, Incapacidade e Saúde. Centro Colaborador da Organização Mundial de Saúde para a Família de Classificações Internacionais em português. São Paulo: EDUSP; 2020.
8. Brasil. Ministério da Saúde. Política nacional de Humanização da Atenção e Gestão do SUS. Clínica ampliada e compartilhada. Brasília: Ministério da Saúde; 2009.
9. Campos GWS, Cunha GT, Figueiredo MD. Práxis e Formação Paideia: apoio e cogestão em saúde. São Paulo: Hucitec; 2013.
10. Silva ALA, Fonseca RMGS. Processo de trabalho em saúde mental e o campo psicossocial. Rev Latino-am Enfermagem. 2005;132(3):441-9.
11. Barreto MCA, Andrade FG, Castaneda L, Castro SS. A Classificação Internacional de Funcionalidade, Incapacidade e Saúde (CIF) como dicionário unificador de termos. Acta Fisiatr. 2021;28(3):207-13.
12. Castro SS, Castaneda L, Araújo ES, Buchalla CM. Aferição de funcionalidade em inquéritos de saúde no Brasil: discussão sobre instrumentos baseados na Classificação Internacional de Funcionalidade, Incapacidade e Saúde (CIF) em Rev Bras Epidemiol. 2016;19(3):679-87.
13. SMS/SP. Diretrizes para a organização das ações de reabilitação na rede de cuidados à pessoa com deficiência. 2024. Disponível em: https://www.prefeitura.sp.gov.br/cidade/secretarias/saude/atencao_basica/pessoa_com_deficiencia/index.php?p=348531.
14. Biz MCP, Zerbeto AB. Classificação Internacional de Funcionalidade, Incapacidade e Saúde (CIF) e Fonoaudiologia. In: Feitosa ALF, Depolli GT, Costa SA (orgs.). Mapas Conceituais em Fonoaudiologia: Saúde Coletiva. 1. ed. Ribeirão Preto: Booktoy; 2022. p. 207-19.
15. Piccoli TC, Chun RYS, Zerbeto AB. Linguagem e funcionalidade pela CIF e grupo fonoaudiológico na percepção de pessoas com doença de Parkinson. Distúrbios da Comunicação. 2023;35(2):e60327.
16. Brasil. Ministério da Saúde. Secretaria de Vigilância em Saúde, Secretaria de Atenção à Saúde. Política Nacional de Promoção à Saúde. Pactos pela Saúde: 2006. Brasília: Ministério da Saúde; 2010.
17. Chun RYS, Ostroschi DT. Plano Terapêutico Fonoaudiológico (PTF) para intervenção com familiares de crianças com paralisia cerebral. In: Pró-Fono (org.). Planos Terapêuticos Fonoaudiológicos (PTFs). 1. ed. v. 2. Barueri: Pró-Fono; 2015. p. 131-8.
18. Zerbeto AB, Cáceres-Assenço AM, Costa T, Andrade GZ, Pessoa-Almeida NA, Pinto FCA. Classificação Internacional de Funcionalidade, Incapacidade e Saúde (CIF) na graduação em Fonoaudiologia no Brasil. Distúrbios da Comunicação. 2023;35(4):e64179.

92

A Fonoaudiologia e a longitudinalidade do cuidado

Ana Paula Lefèvre Machado
Stella Maris Brum Lopes
Claudia Xavier
Roseane Rebelo Silva Meira

PONTOS-CHAVE

- Longitudinalidade.
- Vínculo.
- Continuidade do cuidado.
- Trabalho em equipe.

OBJETIVOS DE APRENDIZAGEM

Ao final deste capítulo, o leitor deverá ser capaz de:

- Refletir sobre a implicação da atuação do fonoaudiólogo com a longitudinalidade do cuidado.
- Identificar o atributo longitudinalidade em seus diferentes aspectos na formação e na prática profissional do fonoaudiólogo.
- Propor e aplicar estratégias para o cuidado integral pautadas nos conceitos discutidos.

INTRODUÇÃO

Conceitualmente, a longitudinalidade refere-se à continuidade e à consistência das ações de cuidado prestadas a um indivíduo, ou coletivo, ao longo do tempo. Está diretamente relacionada com a continuidade do cuidado que pretende, por meio de serviços interdependentes, garantir a conexão das ações em saúde recebidas ao longo do tempo de acordo com as demandas de saúde individuais ou coletivas.[1]

Cuidar de forma longitudinal implica em lidar com as mudanças, não apenas na esfera biológica, seja do indivíduo ou do coletivo, no decorrer de um período. De um lado, podemos olhar para o acompanhamento ao longo dos ciclos de vida, considerar as condições de saúde desde o bebê até o idoso, além de acompanhar as diferentes fases, e, por outro lado, considerar o percurso dentro de cada fase de ciclo de vida específico ou a partir da instalação de uma condição de saúde-doença.

A construção deste texto traz uma reflexão sobre a importância da longitudinalidade do cuidado e como ela se relaciona com a Fonoaudiologia, a partir da articulação entre teoria e as práticas das autoras na docência, extensão, orientação de estágio, pesquisas e na vivência clínica e hospitalar. As autoras vivem em contextos diferentes, o que traz à cena o fato de não haver uma única Fonoaudiologia. Isso posto, se verifica a necessidade de conhecer mais e melhor aspectos importantes da atuação em saúde, considerando as diversas realidades.

O capítulo apresenta o atributo da longitudinalidade e descreve suas dimensões, ressaltando sua importância para o cuidado integral em saúde. Em seguida, localiza a Fonoaudiologia em relação a esse atributo tratando de aspectos da prática, processos de trabalho e a formação do profissional, trazendo exemplos práticos do cotidiano.

LONGITUDINALIDADE DO CUIDADO: UM ATRIBUTO DA ATENÇÃO PRIMÁRIA À SAÚDE

No Brasil, a Atenção Primária à Saúde (APS) é prevista como a ordenadora do cuidado no Sistema Único de Saúde (SUS) e tem como prioritária a Estratégia Saúde da Família (ESF), orientada pelos princípios da universalidade, equidade, integralidade e outros.[2]

De acordo com a Política Nacional de Atenção Básica (PNAB), um dos fundamentos da Atenção Básica *é adscrever os usuários e desenvolver relações de vínculo e responsabilização entre as equipes e a população adscrita garantindo a* ***continuidade*** *das ações de saúde e a* ***longitudinalidade*** *do cuidado.*[3]

Por meio do modelo de Redes de Atenção à Saúde, o SUS objetiva garantir cuidado integral e contínuo mediante a articulação de pontos de atenção com a ordenação da APS.[2] As ações desenvolvidas em cada etapa devem estar intrincadas com as dos demais pontos de atenção, oferecendo segurança, coerência e coesão, evitando a fragmentação do cuidado. Desta forma, o princípio da integralidade supera o acesso aos níveis de atenção e configura-se, principalmente, pela coordenação do cuidado e acompanhamento longitudinal do indivíduo nos ciclos de vida e em suas condições individuais.[4] É desejável, portanto, que a longitudinalidade se estenda enquanto atributo nos demais níveis de atenção.

Tendo em conta os Ciclos de Vida como relevante componente para a formulação de políticas públicas de saúde, o Ministério da Saúde (MS) brasileiro institui políticas que acompanham a vida das pessoas. Tais políticas marcam cada etapa da vida, sendo essencial estarem alinhadas, a fim de representar seu percurso de forma longitudinal e contemplar a atenção integral. Nesse sentido, o conceito de "Ciclos de Vida" tem sido discutido em especial na Comissão Intersetorial de Atenção à Saúde nos Ciclos de Vida (CIASCV) do Conselho Nacional de Saúde (CNS) considerando a essencialidade da integração e encadeamento das ações nos diversos estágios da vida, entendida com um curso contínuo, no lugar de etapas constituídas por eventos específicos e que se concluem ao final de dado período. Sob essa ótica, constata-se que a qualidade de vida e saúde dada em determinado ciclo de vida influenciará os ciclos subsequentes determinando muitas de suas condições.

No âmbito da fonoaudiologia, a Triagem Auditiva Neonatal, instituída pela Lei n. 12.303 de outubro de 2010, traduz o exposto, uma vez que a audição traz impacto direto na aquisição e desenvolvimento da linguagem, habilidades cognitivas e sociais com consequências para as demais fases da vida. Igualmente relevante, a avaliação do frênulo lingual, prevista na Lei n. 13.002 de junho de 2014, vem elucidar a importância da intervenção multiprofissional na presença de anquiloglossia, prevenindo uma série de possíveis alterações que envolvem as funções orais e a fala. Apesar do fonoaudiólogo não ser o único profissional da saúde habilitado para realizar a triagem neonatal do frênulo lingual, cabe a ele avaliar o impacto nas funções orais e definir em equipe e com a família o momento oportuno para a intervenção indicada e posterior reabilitação.[5]

Para um cuidado longitudinal, é necessário que os profissionais tenham amplo conhecimento do território, do histórico de saúde de seus usuários, bem como de suas condições de vida.[5]

O atributo longitudinalidade é composto por três dimensões[6], por meio das quais buscamos situar a Fonoaudiologia. São elas: continuidade informacional, fonte regular de cuidados na atenção primária e estabelecimento de vínculo duradouro.

1ª DIMENSÃO: CONTINUIDADE INFORMACIONAL

A continuidade informacional refere-se à qualidade dos registros em saúde, tendo em vista o modo como favorecem o conhecimento sobre o paciente pela equipe. Os registros devem contemplar aspectos do contexto de vida do paciente e não apenas a sua situação clínica, incluindo seu contexto familiar, seus valores e modo de vida, e sua compreensão sobre seu estado de saúde.[6] Essas características interferem na condição de saúde do paciente e podem constituir-se em empecilho na adesão dele às recomendações dos profissionais de saúde.

Observa-se que os registros em prontuários dependem da formação e das condições de trabalho dos profissionais e em diversos contextos precisam ter resgatada sua função de comunicar sobre os processos da assistência e o itinerário dos usuários nos serviços.[8]

As equipes da APS têm a possibilidade dessa construção, que pode ser enriquecida por meio do cuidado multiprofissional. A continuidade informacional pode ser identificada nas diretrizes da eMulti, como forma de *oportunizar a comunicação, integração e articulação da APS com os outros serviços da RAS e intersetoriais, contribuindo para a continuidade de fluxos assistenciais*[7]. O fonoaudiólogo é contemplado como profissional dessas equipes que também são corresponsáveis pela população e pelo território, em articulação intersetorial e com as RAS.

O desenvolvimento e a implantação de novas tecnologias de informação são aliados da continuidade informacional. Tais instrumentos agilizam as etapas de registro, processamento e disponibilização das informações em saúde.

Uma formação que contemple a atuação interprofissional favorece a atuação articulada com ênfase na prática da comunicação inter e intraequipe, o que tem sido um dos maiores desafios das equipes de saúde originadas de formações baseadas em competências específicas das diversas profissões.

No cotidiano de metas de produção hipervalorizadas, o registro em prontuário passa a ter caráter burocrático e frio, deixando de lado informações que revelam as singularidades dos usuários.[8] Um registro fonoaudiológico deveria conter, além das questões técnicas pertinentes, informações peculiares que forneçam subsídios ao cuidado continuado. Isso inclui utilizar uma linguagem compreensível que possa ser compartilhada.

2ª DIMENSÃO: FONTE REGULAR DE CUIDADOS NA ATENÇÃO PRIMÁRIA

Os serviços devem ser estruturados de forma que a população tenha a oferta regular de serviços na atenção primária e a reconheça como lugar de atendimento perante suas necessidades.[6] Para tal, deve existir estrutura suficiente e o planejamento da oferta de serviços precisa ser bem dimensionado pela gestão do serviço.

Apesar da ampliação da oferta dos serviços ao longo dos anos, ainda se observa a busca por serviços de emergência para ocorrências que poderiam ser atendidas na APS. A cobertura ainda baixa e desigual no território nacional[8] e a frequente falta de planejamento dos serviços de Fonoaudiologia são entraves ao cuidado na APS. Não são raros os casos de fonoaudiólogos que não se apropriam do próprio fluxo e centralizam suas ações na atenção individual. Com isso, ocorre a reprodução do contexto de consultório privado. O próprio profissional realiza o autocontrole de sua agenda e se distancia do matriciamento da equipe, além de elencar as patologias a serem atendidas pelo serviço sem critérios de base epidemiológica.[10] Essa desarticulação da Fonoaudiologia com os gestores e demais elementos da rede interfere diretamente no acesso do usuário ao serviço.

A regularidade de atendimento a bebês de risco pelo mesmo profissional[11] sugere o estabelecimento de forte vínculo dos usuários com as unidades, os quais as reconhecem como uma fonte regular de cuidados e referência para atenção às necessidades de saúde.

3ª DIMENSÃO: ESTABELECIMENTO DE VÍNCULO DURADOURO (RELAÇÃO INTERPESSOAL)

A terceira dimensão da longitudinalidade refere-se ao vínculo entre os profissionais de saúde e os usuários, de forma individual ou coletiva, quando de forma abrangente se tem em vista o território e a população adscrita.[6]

O vínculo pressupõe uma boa relação terapêutica traduzida fundamentalmente na confiança, frequentemente gerada a partir da percepção de acolhimento, escuta, respeito às crenças, bem como valores do usuário e valorização dos problemas por ele relatados. Um vínculo duradouro traduz uma relação que perdura no tempo e, portanto, favorece a garantia da continuidade do cuidado, como também insere a característica de responsabilidade ou corresponsabilidade.

O estabelecimento de vínculos é essencial para o cuidado em saúde e a construção deles é facilitada por uma escuta qualificada.[13] Na PNAB, é definido como a "construção de relações de afetividade e confiança entre o usuário e o trabalhador da saúde, permitindo o aprofundamento do processo de corresponsabilização pela saúde, construído ao longo do tempo, além de carregar, em si, um potencial terapêutico"[3]. Para o seu estabelecimento são necessários fatores estruturais como a permanência dos profissionais em um mesmo território com disponibilidade de tempo para o desenvolvimento das ações em equipe no território, incompatível com uma agenda cheia e pouco flexível.

Os vínculos não são relações estanques. Precisam ser construídos e validados, bem como podem ser mantidos, transformados ou rompidos. A construção do vínculo está condicionada à anuência e vontade de ambas as partes, que precisam se enxergar como "interlocutores válidos"[13] em suas peculiaridades, de forma que seus diferentes saberes, experiências e expectativas possam se somar para a construção de um cuidado qualificado e emancipador.

É indispensável notar que o modelo biopsicossocial aproxima os atores da relação de cuidado e favorece o estabelecimento de um vínculo duradouro. Dessa forma, considera aspectos da vida do usuário e sua subjetividade, para além da patologia e da técnica procedimental. De outro lado, o cuidado centrado na patologia e na superespecialização mostra-se fragmentado, pontual, momentâneo, distanciando-se do atributo da longitudinalidade. A visão centrada na patologia coloca o profissional de saúde e o usuário em posições hierarquicamente distintas, e conota distanciamento de modo que o saber do primeiro subjuga o do segundo.

Atitudes de escuta, alteridade, empatia, comunicação e atenção são algumas das competências comportamentais essenciais para a qualificação do cuidado previstas nas diretrizes curriculares nacionais (DCN) para os cursos de graduação da área de saúde.[12] É mister comentar que essas competências só são adquiridas nas práticas inter-relacionais em contato direto com pessoas e precisam ser previstas como integrantes das disciplinas na graduação, em especial nos estágios curriculares.

Neste sentido, a **comunicação** exerce papel fundamental. Não basta ouvir o paciente/usuário, mas é imprescindível considerar o que é dito e validar seu discurso de forma a estabelecer a melhor conduta baseada no saber compartilhado.

O uso de linguagem apropriada e compreensível deve ser praticado pelo profissional preocupado em esclarecer ao usuário aspectos técnicos como diagnóstico, prognóstico e possíveis condutas. Com isso, possibilita a construção de um planejamento compartilhado e consequentemente promove autonomia do cuidado.

A vinculação com o serviço favorece o cuidado compartilhado com o usuário, além de evitar procedimentos desnecessários como consultas com diversos profissionais, reavaliações sucessivas, sobreposição de condutas, exames complementares em excesso e redução do número de internações e mitigar a ocorrência de desfechos desfavoráveis.

Para compreender e avaliar como o vínculo se estabelece é necessário considerar a opinião do usuário. Grupos populacionais considerados mais vulneráveis, como idosos, pessoas com condições crônicas, puérperas e aqueles de baixo poder aquisitivo tendem a valorizar mais o vínculo como critério de qualidade do serviço.[6] Usuários de diferentes regiões geográficas do país têm percepções diferentes quanto ao atributo de longitudinalidade no serviço de saúde. Mostra-se heterogeneidade, também, relacionada ao gênero, classe social e nas diferentes faixas etárias.

FONOAUDIOLOGIA E A LONGITUDINALIDADE DO CUIDADO

Para compreender como a Fonoaudiologia se relaciona com a longitudinalidade do cuidado, cabe abordar a história da oferta do serviço na rede e refletir sobre os papéis e funções desempenhados por esse profissional.

De 3,55/105 habitantes em 2008, a oferta de fonoaudiólogos no SUS passou para 6,18/105 habitantes em 2016, ainda ocorrendo, porém, de forma desigual, com maior concentração nas regiões Sul e Sudeste do país.[14] Especificamente na APS, houve um aumento da oferta entre os anos de 2007 e 2015, não obstante com déficit relativo estimado em 55,1%.[9]

O aumento nessas duas décadas relaciona-se com a implementação do NASF e de políticas como a Política Nacional de Saúde da Criança, o Programa Saúde na Escola, a Política Nacional de Saúde Auditiva, a Política Nacional de Integração da Pessoa com Deficiência e a Política Nacional do Idoso, além da abertura de postos no SUS, resultado de movimento dentro da própria Fonoaudiologia iniciado pela formulação das DCN, que estabelecem o SUS como ordenador na formação e sinalizam a existência de competências gerais que envolvem: comunicação, administração e gerenciamento, educação permanente, trabalho em equipe, atenção à saúde e também tomada de decisão. Assim, coube um processo de sensibilização da área em relação ao SUS e às novas diretrizes, unindo o saber específico à construção do profissional de saúde por meio de oficinas, movimentos das instituições de ensino e conselhos profissionais.[10] Outrossim, o MS realiza desde 2005 editais do Pró-Saúde e do PET Saúde na perspectiva de induzir mudanças curriculares, aumentar a integração ensino-serviço e favorecer a interprofissionalidade.

Todavia, para o fortalecimento dessa inserção, é necessário seguir no processo de formação e apropriação dos conceitos fundamentais para o trabalho nos diferentes níveis de atenção. Outro importante caminho é o da participação social e da inserção em diferentes espaços de representação no cenário nacional.

A vivência clínica e hospitalar nos permite inferir a necessidade de uma atuação fonoaudiológica, muitas vezes específica e pontual, porém abrangente, com um olhar ampliado para a saúde, da qual considera as diversas situações de vulnerabilidade. A atuação deve focar não apenas na queixa inicial ou no motivo do encaminhamento, mas no seu contexto e seus desdobramentos, o que implica num cuidado contínuo conectado cada ciclo de vida.

A atenção humanizada e qualificada preconizada pelo MS compreende desde a gestação até o parto, e inclui o recém-nascido e sua mãe/cuidador. Assim, além de evidenciar a importância do cuidado integral desde o período que antecede o nascimento, também preconiza-se que esse cuidado seja realizado por equipes multiprofissionais com a inserção do fonoaudiólogo.

De forma abrangente, no início da vida, cabe ao fonoaudiólogo a promoção e proteção à saúde da criança mediante atenção e cuidados integrais e integrados, da gestação aos nove anos de vida, com especial atenção à primeira infância e às populações de maior vulnerabilidade, e se estabelece nas áreas de aleitamento materno, alimentação complementar, audição, fala e linguagem.

Cabe discutir a importância da participação desse profissional no contexto das triagens neonatais. Além da auditiva e do frênulo lingual, já mencionadas, a discussão com as equipes de saúde referente às demais triagens neonatais ("teste do pezinho, "teste do olhinho" e do "coraçãozinho") se faz essencial, na medida em que as possíveis alterações detectadas implicarão no cuidado longitudinal desses lactentes, incluindo avaliação e seguimento fonoaudiológico, com vistas à promoção de um adequado desenvolvimento.

É primordial que o cuidado na primeira infância enfoque a atenção ao ambiente, permitindo, junto ao potencial genético, o desenvolvimento pleno das capacidades e habilidades motoras, cognitivas e socioafetivas. A imaturidade, inclusive a imunológica, associada a condições desfavoráveis, como ausência de saneamento básico, insegurança alimentar e nutricional, as situações de violência intrafamiliar, a baixa escolaridade materna, baixo acesso e qualidade dos serviços de saúde, educação e assistência social, entre outros, são determinantes não apenas de maior morbidade e mortalidade. Constituem-se também em riscos ao pleno desenvolvimento das crianças com impacto na vida adulta, que acarreta em piores condições de saúde e qualidade de vida da população.

O investimento nos primeiros anos de vida possibilitará a redução das desigualdades em saúde, com impacto positivo no desenvolvimento físico, socioemocional, linguístico-cognitivo, nas habilidades para uma alimentação saudável, uma vez que favorece a aquisição de competências, educação, oportunidades de trabalho e a melhoria na saúde e qualidade de vida futuras.

Garantir a longitudinalidade dos cuidados evidencia a importância da alta qualificada em diversas situações nos diferentes ciclos de vida e deve ser observada pelos profissionais fonoaudiólogos.[11]

No que concerne aos recém-nascidos, essa alta é vinculada à dupla mãe-bebê e à continuidade dos cuidados na APS, assim como ao encaminhamento dos recém-nascidos e famílias para a atenção especializada, quando necessário. São estratégias essenciais para o cuidado dos bebês de risco ou não, das puérperas, bem como de suas famílias.

A longitudinalidade[13] precisa de fortalecimento na atenção pós-parto. Uma análise da rede de cuidados ao bebê de risco na região oeste do município de São Paulo[10] identificou a longitudinalidade como um dos atributos mais bem avaliados nas UBS tradicionais e ESF, entretanto identificou fragilidade das práticas de saúde voltadas ao conhecimento do contexto familiar. As visitas do ACS, o acompanhamento pelo mesmo médico, o acompanhamento pré-natal e o fato de ter uma unidade de saúde como fonte regular de cuidado são fatores favoráveis à adesão de mulheres à consulta puerperal.

Para a população adulta, de modo corriqueiro na Fonoaudiologia encontram-se pessoas acometidas por acidente vascular cerebral. Para elas, a linha de cuidado se inicia na internação hospitalar, onde recebem atenção da equipe multi, incluindo o fonoaudiólogo. Após a alta, verdadeiras peregrinações em busca da continuidade de tratamento e reabilitação são relatadas pelos usuários. Nesses casos, a longitudinalidade é favorecida com orientação assertiva e registro adequado das condições de fala, linguagem e alimentação identificados e atendidos durante a fase de internação, o que considera a singularidade de cada indivíduo[15].

Posto que a Fonoaudiologia desempenha importante papel para a garantia de um cuidado integral em saúde e que atua em todos os ciclos de vida, não nos parece difícil identificar sua íntima relação com a longitudinalidade do cuidado. Todavia, os fonoaudiólogos ainda parecem não reconhecer esse atributo, que se mostra não consolidado inclusive entre docentes[16], ou na aplicação das suas práticas. Ainda se percebe como baixa a presença dos atributos da APS em serviços de Fonoaudiologia, sendo a coordenação do cuidado e a longitudinalidade pouco presentes no serviço[9].

CONCLUSÃO

A longitudinalidade é um atributo essencial ao cuidado que se pretende integral e direcionado. É mister que fonoaudiólogos possam identificá-la na prática e propor estratégias para estabelecimento e manutenção do vínculo, registros ricos e individualizados, e uma comunicação eficiente intra e interequipes. Pensar a oferta de serviços tendo a longitudinalidade como horizonte favorece a resolutividade mediante a adoção de estratégias qualificadas, com base em facilitação do estabelecimento do diagnóstico, cuidado individualizado e adesão ao tratamento.

REFERÊNCIAS BIBLIOGRÁFICAS

1. Monteiro DLA, Padilha WWN. Satisfação dos usuários com a qualidade da Atenção Primária à Saúde no estado da Paraíba: estudo transversal. Physis [Internet]. 2023;33:e33018.
2. Brasil. Ministério da Saúde. Portaria de consolidação n. 3, de 28 de setembro de 2017. Consolidação das normas sobre as redes do Sistema Único de Saúde. Diário Oficial da União, Brasília; 2017.
3. Brasil. Ministério da Saúde. Secretaria de Atenção à Saúde. Departamento de Atenção Básica. Política Nacional de Atenção Básica. Brasília: Ministério da Saúde; 2012. (Série E. Legislação em Saúde).
4. São Paulo. Prefeitura Municipal de São Paulo. Secretaria Municipal de Saúde. Diretrizes da Atenção Básica. São Paulo: Secretaria Municipal de São Paulo; 2022.
5. Além KF da S, Peixoto IVP, Monteiro EC, Rodrigue WCC, Pacífico MOS, Ferreira BW dos R, et al. Longitudinalidade na Atenção Primária à Saúde: um estudo bibliométrico. Pesquisa, Sociedade e Desenvolvimento [Internet]. 2022 [cited 2024 Feb 27];8:e44511830031.
6. da Cunha EMDA, Giovanella L. Longitudinalidade/continuidade do cuidado: identificando dimensões e variáveis para a avaliação da Atenção Primária no contexto do sistema público de saúde brasileiro. Ciência & Saúde Coletiva. 2021;16:1029-42.
7. Bispo JP Júnior, de Almeida ER. Equipes multiprofissionais (eMulti): potencialidades e desafios para a ampliação da aten-

ção primária à saúde no Brasil. Cadernos de Saúde Pública. 2023;39(10):e00120123.

8. Biz MCP, dos Santos MC, Reis F, Nicolau SM, Furtado JP. Centros Especializados em Reabilitação: avaliando os desafios à implementação do modelo biopsicossocial nas práticas assistenciais à pessoa com deficiência. Interface - Comunicação, Saúde, Educação. 2024;28:e230178.
9. Silva RPM, Nascimento CMB do, Miranda GMD, Silva V de L, Lima MLLT de, Vilela MBR. Evolução da oferta de fonoaudiólogos no SUS: um estudo sobre a correlação com os indicadores sociais no Brasil na última década. CoDAS [Internet]. 2021;33(2):e20190243.
10. Wiggers K. Fluxograma descritor como analisador do cuidado em Fonoaudiologia em um município da foz do Rio Itajaí. Dissertação (Mestrado em Saúde e Gestão do Trabalho – Saúde da Família). Itajaí: UNIVALI; 2021.
11. Samelli AG, Tomazelli GA, Almeida MHM de, Oliver FC, Rondon-Melo S, Molini-Avejonas DR. Evaluation of at-risk infant care: comparison between models of primary health care. Rev Saúde Pública [Internet]. 2019;53:98.
12. Brasil. Ministério da Saúde. Conselho Nacional de Saúde. Resolução n. 569, de 8 de dezembro de 2017. Brasília: Ministério da Saúde; 2017.
13. Seixas CT, Baduy RS, da Cruz KT, Bortoletto MSS, Slomp Junior H, Merhy EE. O vínculo como potência para a produção do cuidado em Saúde: o que usuários-guia nos ensinam. Interface - Comunicação, Saúde, Educação [online]. 2019;23 [Acessado 2 Março 2024]:e170627.
14. Silva RPM, do Nascimento CMB, Miranda GMD, Silva VL, de Lima MLLT, Vilela MBB. Evolução da oferta de Fonoaudiólogos no SUS: um estudo sobre a correlação com os indicadores sociais no Brasil na última década. CoDAS. 2021; 33(2): e20190243.
15. Baratieri T, Lentsck MH, Falavina LP, Soares LG, Prezotto KH, Pitilin EB. Longitudinalidade do cuidado: fatores associados à adesão à consulta puerperal segundo dados do PMAQ-AB. Cad Saúde Pública. 2022;38(3):e00103221.
16. Moura D, Arce VAR. Atenção primária à saúde: concepções e práticas de docentes fonoaudiólogos. Distúrbios da Comunicação. 2016;28(1). Acesso em: 27 fev. 2024.

Fonoaudiologia na atenção hospitalar e articulações em rede: reflexões e proposições acerca deste saber-fazer

Elenir Fedosse
Daniela Martins Galli
Perpetua Coutinho Gomes
Márcia Falcão Fabrício

PONTOS-CHAVE

- Rede de Atenção à Saúde (RAS) e Fonoaudiologia.
- Fonoaudiologia e Atenção Hospitalar.
- Saber-fazer fonoaudiológico na Atenção Hospitalar.
- Fonoaudiologia na alta hospitalar responsável e as articulações na RAS.

OBJETIVOS DE APRENDIZAGEM

Ao final deste capítulo, o leitor deverá ser capaz de:

- Compreender o histórico e a abrangência da atuação fonoaudiológica na Atenção Hospitalar.
- Construir um saber-fazer fonoaudiológico ampliado e coerentemente ordenado pelas políticas públicas de saúde.
- Reconhecer o potencial e articular a Atenção Hospitalar com os demais pontos da Rede de Atenção à Saúde (RAS) para a efetivação do cuidado humanizado, integral e longitudinal preconizado no Sistema Único de Saúde (SUS).

"(...) os princípios gerais ou as diretrizes genéricas de uma política, inclusive no caso do SUS, devem ser examinados em sua concretude, ou seja, articulados com a descrição dos modos como poderiam ser levados à prática. Assim, partindo do princípio da Integralidade ou da Humanização podem ser armadas políticas amplas ou restritivas e projetos reformistas ou medíocres."

Gastão Wagner de Sousa Campos

INTRODUÇÃO

Este é um capítulo escrito por fonoaudiólogas que habitam diferentes espaços (formação universitária, gestão pública e cuidado direto a pessoas hospitalizadas) e que, cotidianamente, dedicam-se à operacionalização dos princípios e diretrizes do Sistema Único de Saúde (SUS). Portanto, reflete sobre alguns preceitos do SUS, da atuação fonoaudiológica no ambiente hospitalar e, sobretudo, discute as atitudes possíveis de serem tomadas pelos profissionais da Fonoaudiologia para favorecer a atenção humanizada e integral à saúde do usuário, de modo que ele possa usufruir da Rede de Atenção à Saúde (RAS) e, consequentemente, encontrar serviços que lhe permita seguir a vida com qualidade pós-alta hospitalar.

Está organizado em quatro seções. A primeira seção parte da exposição sobre as proposições das RAS e destaca a realidade da inserção de fonoaudiólogos nelas. Na segunda, discute-se, brevemente, a natureza e a legislação nacional acerca dos serviços hospitalares, uma vez que se considera indispensável conhecer o *locus* da atuação profissional para bem proceder. Na terceira seção, apresentam-se experiências e reflexões relativas ao cuidado fonoaudiológico de pessoas que exigem atenção hospitalar. Por fim, na quarta, indicam-se caminhos de como a Fonoaudiologia pode intensificar as articulações em rede, promovendo ações que valorizam a articulação entre a Atenção Hospitalar (AH)[1], Atenção Especializada (AE)[2], incluindo a Atenção Domiciliar (AD)[2] e Atenção Primária à Saúde (APS)[1] em direção ao cuidado integral, universal e equânime, tal como prevê o SUS.

DAS REDES DE ATENÇÃO À SAÚDE (RAS) E A INCIPIENTE PARTICIPAÇÃO DA FONOAUDIOLOGIA

O Decreto n. 7.508/2011[3], que regulamentou a Lei n. 8.080/90, em seu artigo 1° dispõe sobre a organização do SUS, destacando o seu planejamento, a assistência à saúde e a articulação interfederativa. Para tanto, considera e define: i) as regiões de saúde; ii) o contrato organizativo da ação pública da saúde; iii) as portas de entrada do sistema; iv) as comissões intergestores; v) os mapas da saúde; vi) as RAS; vii) os serviços especiais de acesso aberto; e viii) os protocolos de diretrizes clínicas e terapêuticas.

Anteriormente a tal decreto, a Portaria n. 4.279/2010[4] estabeleceu as diretrizes para a organização das RAS, definindo-as como arranjos organizativos de ações e serviços de saúde, de diferentes densidades tecnológicas, que integradas por meio de sistemas de apoio técnico, logístico e de gestão devem garantir a integralidade do cuidado, rumo à superação da fragmentação da atenção e da gestão nas regiões de saúde. Estabeleceu fundamentos conceituais e operativos para a organização das RAS, destacando os objetivos de promover a integração sistêmica de ações e serviços de saúde com provisão de atenção contínua, responsável e humanizada, integral e de qualidade, necessários para incrementar o desempenho do SUS em termos de acesso, equidade, eficácia clínica e sanitária, assim como em eficiência econômica[4].

Sabe-se da importância da Fonoaudiologia na RAS. No que tange à AH, os fonoaudiólogos podem realizar diversos procedimentos e em todas as unidades de internação. O estudo de Fernandes, Miguel e Barreto[5], acerca da atuação fonoaudiológica em um Centro de Terapia Intensiva em Neurologia, indica que a maioria dos procedimentos fonoaudiológicos possíveis de serem realizados não possui codificações específicas classificadas na tabela de procedimentos, medicamentos e órteses, próteses e materiais especiais (OPM) do SUS.

Afora essa situação, o número de fonoaudiólogos na AH é muito inferior ao que deveria existir para uma assistência de qualidade, resolutiva e integral nos hospitais brasileiros. A próposito, apresenta-se, na Tabela 1, a evolução da inserção de fonoaudiólogos nos serviços hospitalares no período de 10 anos, tomando-se como referência o último mês de cada ano. Convém destacar que a sistematização aqui apresentada foi realizada a partir de pesquisa no DATASUS/TABNet considerando o Cadastro Nacional de Estabelecimentos de Saúde Cadastro Nacional de Estabelecimentos de Saúde – CNES (Hospital Geral e Especializado, Pronto-socorro Geral, Traumato-ortopédico e Especializado, Centro de Parto Normal e Isolado, Hospital Dia-Isolado e Pronto Atendimento), os Recursos Humanos – Ocupações (fonoaudiólogos) e as cinco regiões brasileiras. Note-se a ínfima evolução do quantitativo de fonoaudiólogos em uma década.

Além da insuficiência de procedimentos fonoaudiológicos codificados e da escassez de fonoaudiólogos atuantes em hospitais, observa-se reduzida quantidade de especialistas em Fonoaudiologia Hospitalar (147) e em disfagia (589)[6]. Portanto, do nosso ponto de vista, é urgente a mudança desse cenário para que ocorra a efetiva articulação e o fortalecimento da ação fonoaudiológica nos hospitais e na RAS.

DOS HOSPITAIS E DA ORGANIZAÇÃO HOSPITALAR NO BRASIL

Os hospitais são instituições de saúde naturalmente complexas, com densidade tecnológica específica, de caráter multiprofissional e interdisciplinar responsável pela assistência a usuários com condições agudas ou crônicas de saúde, que se apresentam como instáveis e com possibilidades de complicações/agravamentos. Tais estados de saúde exigem assistência contínua e em regime de internação[1].

Há tempos, discute-se a natureza e as práticas pensadas e desenvolvidas nos hospitais. De acordo com Ferla, Oliveira e Lemos[7], Foucault esclareceu que a medicina moderna, afinada com a episteme científica emergente ao final da Idade Média, intensificou o projeto de modernidade ao desvincular os fenômenos vitais do domínio teocêntrico e objetivá-los no corpo somático, bem como submetê-los às disciplinas científicas. Nesse contexto, tem-se o nascimento do hospital médico, fortalecido pela formalização das técnicas de poder disciplinar e das técnicas médicas de intervenção sobre o meio ambiente.

Os hospitais, então, deixaram de ser "morredouros" e espaço de "expiação da alma" e se tornaram espaços técnicos voltados à preservação da vida. A tecnologia

TABELA 1 Quantitativo de profissionais fonoaudiólogos cadastrados em hospitais, por região e unidade federada, janeiro/2024

Ano/mês	Unidade da Federação																										
	RO	AC	AM	RR	PA	AP	TO	MA	PI	CE	RN	PB	PE	AL	SE	BA	MG	ES	RJ	SP	PR	SC	RS	MS	MT	GO	DF
2022/Dez	67	30	79	43	123	32	64	151	73	150	72	104	271	47	80	332	529	77	474	1.242	247	129	305	58	67	212	217
2023/Jan	69	30	77	44	124	32	65	152	71	154	77	103	272	48	80	334	531	81	480	1.242	242	130	307	57	69	212	219
2023/Fev	70	30	77	43	123	32	65	150	75	153	73	103	272	48	81	339	538	82	481	1.258	242	133	311	57	67	221	222
2023/Mar	72	30	77	43	125	32	63	151	76	152	76	102	274	48	83	346	540	85	490	1.263	249	134	312	58	70	218	223
2023/Abr	72	33	78	43	125	31	60	148	75	152	76	102	281	48	84	349	539	88	490	1.285	246	131	318	58	65	218	228
2023/Mai	73	31	76	44	125	31	61	149	77	150	75	104	276	49	86	348	551	89	488	1.287	249	134	316	59	66	211	223
2023/Jun	76	30	76	43	124	32	61	149	78	150	75	104	269	50	88	353	551	90	492	1.287	254	130	321	59	66	210	224
2023/Jul	76	29	77	42	132	32	60	148	75	153	74	107	262	51	94	356	552	87	489	1.279	253	130	320	59	66	214	226
2023/Ago	77	29	78	40	131	34	61	146	74	155	75	109	260	51	96	366	548	94	491	1.278	255	136	316	62	70	209	227
2023/Set	77	28	78	39	132	34	60	146	76	158	77	112	259	52	93	373	545	93	487	1.296	256	139	319	62	65	207	226
2023/Out	76	28	79	39	127	33	59	153	76	160	77	113	261	50	93	371	536	91	487	1.280	257	135	321	63	68	205	226
2023/Nov	72	28	79	39	126	33	59	150	73	164	77	114	266	51	94	349	531	89	486	1.274	260	135	322	60	70	209	214

CNES – Recursos Humanos – Profissionais – Indivíduos – segundo CBO 2002 – Brasil.
Tipo de estabelecimento: hospital geral, hospital especializado, hospital/dia – isolado.
Ocupações de nível superior: fonoaudiólogo.
Atende no SUS: Sim.
Fonte: TABNET/DATASUS, CNES, em 31/01/2024

hospitalar desenvolveu-se gradativamente, estabelecendo, por exemplo, a estrutura interna dos hospitais (posição de salas, ventilação etc.) e o estabelecimento de rotinas (separação de doentes e modos de comunicação). Nas palavras de Foucault (1989, p. 110)[8], "o espaço hospitalar é medicalizado em sua função e em seus efeitos". Além de espaços de cura, os hospitais passaram a ser lugar de registro e acúmulo de dados sobre doenças e, consequentemente, o principal lugar de aquisição e sistematização da experiência clínica[7].

Note-se que essa história, brevemente apresentada, sustenta o modelo hospitalocêntrico e médico centrado, enraizado no campo da saúde e na expectativa de outros setores da sociedade. Superar esse modelo, do nosso ponto de vista, continua sendo o grande desafio para o efetivo avanço na organização das RAS. Apesar das atuais discussões sobre o processo saúde-doença, sobre a conveniência do desenvolvimento de ações de promoção da saúde (possíveis de serem desenvolvidas na APS), bem como do reconhecimento do alto custo das ações hospitalares e do fato de que muitas internações ocorrem por causas sensíveis à APS, ainda hoje vê-se excessiva e reprimida demanda nos prontos-socorros (PS). Assim, essa realidade somente poderá ser mudada se houver atitudes profissionais, sobretudo "de dentro para fora dos hospitais".

Atualmente, o Brasil dispõe da Política Nacional de Atenção Hospitalar (PNHOSP)[1], a qual define que as ações no ambiente hospitalar devem abranger a promoção da saúde, a prevenção de agravos, o diagnóstico, o tratamento e a reabilitação. Antes da PNHOSP, dispunha-se das diretrizes para organização da Rede de Assistência à Saúde, que indicava os hospitais como responsáveis pela assistência em nível secundário e terciário. A PNHOSP, por sua vez, afirma os hospitais como integrantes da RAS, destacando a necessidade de realizarem ações articuladas à APS, cuja função é coordenar o cuidado e ordenar a RAS[1]. Dada a sofisticação do atual arranjo hospitalar brasileiro (Figura 1), convém que os fonoaudiólogos conheçam tal organização e o papel dos hospitais no tecido assistencial para, então, propor seus serviços e articulações possíveis com a RAS.

DO SABER-FAZER FONOAUDIOLÓGICO NA AH – POTENCIALIZAÇÃO DO CUIDADO HUMANIZADO E LONGITUDINAL

Passa-se, a partir deste ponto, a refletir sobre o saber-fazer fonoaudiológico no interior dos hospitais associadamente às diretrizes da PNHOSP[1]. Isso porque a Fonoaudiologia pode se fazer sempre presente nesse ambiente. Além disso, pode, por sua constitutividade interdisciplinar (naturalmente gerada pela amálgama de saberes das humanidades, das exatas e das biológicas), apresentar-se como área importante para o fortalecimento dos preceitos da PNHOSP[1], como, por exemplo, primar pela continuidade do cuidado prestado ao usuário por meio da articulação do hospital com os demais pontos da RAS.

Estudo recente[9] realizado no interior de uma Residência Multiprofissional acompanhou, por telefone, 102 usuários pós-alta de um Hospital Universitário de São Paulo. Revelou que 61,8% dos usuários receberam atendimento fonoaudiológico, fisioterapêutico e em Terapia Ocupacional. Apenas 54% receberam, na alta hospitalar, encaminhamentos para APS e AE; 24% não os receberam, mas foram inseridos em serviços de APS e ambulatoriais multiprofissionais do próprio hospital. O restante dos usuários veio a óbito. Destaca-se que aqueles que não receberam encaminhamento relataram que o acompanhamento telefônico foi importante para o entendimento do funcionamento e busca de serviços disponíveis na RAS para suprir as suas demandas. O estudo concluiu que a interprofissionalidade favorece a integralidade e a longitudinalidade do cuidado. Também revelou que a rapidez para início do processo de reabilitação depende da qualidade da alta hospitalar.

Há que se repensar as atitudes daquelas equipes hospitalares que tendem a realizar a articulação com os demais pontos da RAS a partir da exclusiva atuação de assistentes sociais. Essa lógica não condiz com a Clínica Ampliada[10], que prevê o trabalho em equipes de referência. Assim, compete às equipes hospitalares, das quais participam a Fonoaudiologia, fazer a comunicação com a rede. Destaca-se a importância da área reconhecer, cada vez mais, que a produção da saúde no ambiente hospitalar – lugar onde fortemente se revela a fragilidade humana – não pode ser entendida apenas como intervenção meramente técnica, sustentada no tratamento das condições orgânicas e fisiológicas das pessoas. Nesse sentido, convém que a Fonoaudiologia adote a concepção ampliada e abrangente do processo saúde-doença, incorporando o modelo de atenção centrado no usuário, o que implica compreendê-lo como sujeito social, psíquico, espiritual, econômico e político[10,11].

Com o avanço das práticas e das pesquisas fonoaudiológicas, os fonoaudiólogos atuantes em hospitais, inicialmente dedicados às alterações de linguagem, fala, motricidade orofacial e voz, passaram a enfatizar os cuidados junto a pessoas com disfagias[12]. As evidências da atuação precoce (do nosso ponto de vista – oportuna) e preventiva em disfagia garantem a eficiência e segurança da deglutição, minimizam os riscos de broncoaspiração, infecções hospitalares, intubação

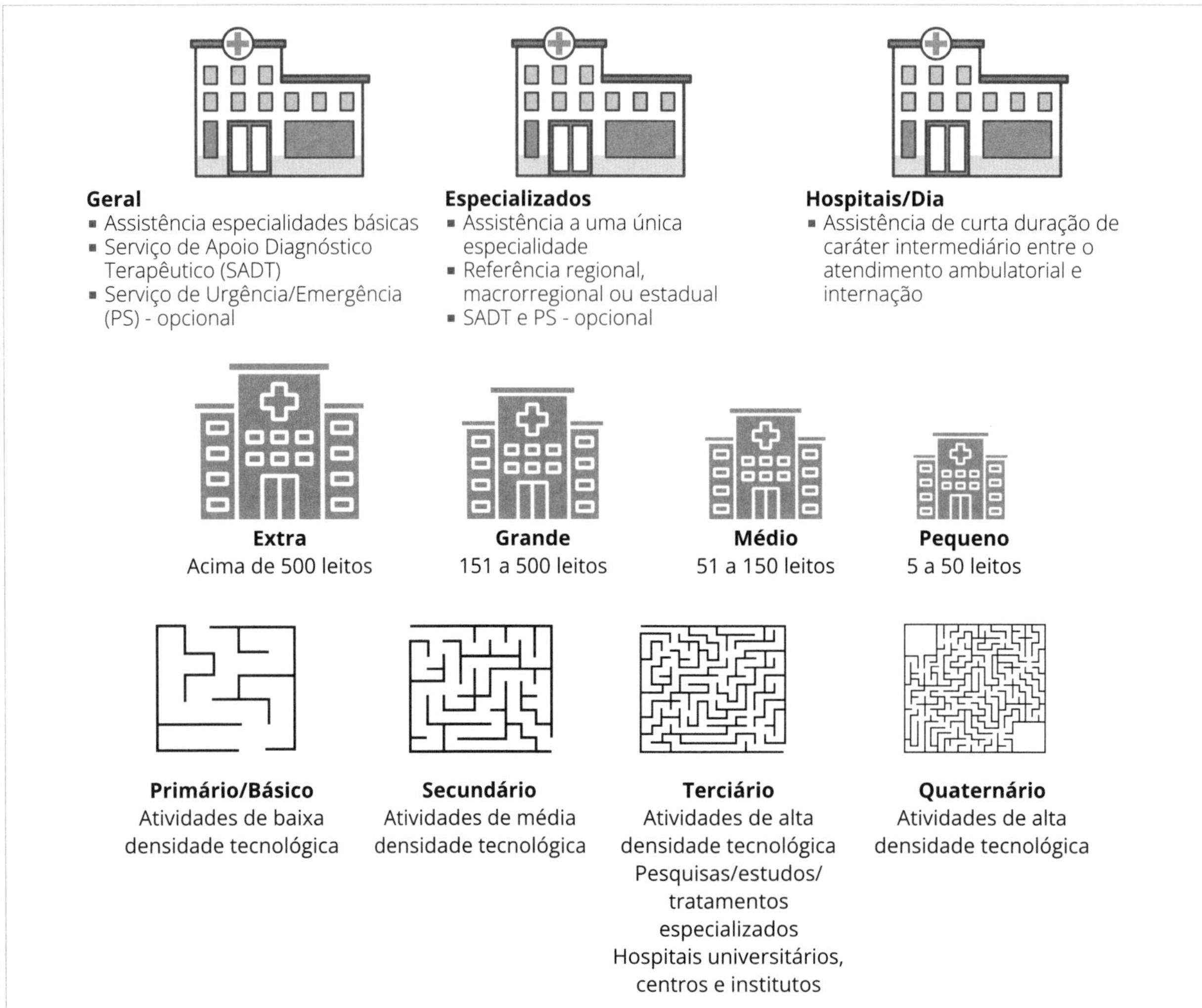

FIGURA 1 Classificação dos hospitais brasileiros.
Fonte: elaborada pelas autoras.

orotraqueal e óbitos, favorecem melhores desfechos clínicos, menor tempo de internação e reduzem custos hospitalares[11,12]. Nesse sentido, são inúmeras as possibilidades do cuidado fonoaudiológico, muitas delas já consideradas indispensáveis (mesmo que estritamente voltadas à aplicação de técnicas mecânicas, cada vez mais específicas e sofisticadas) e outras ainda a serem completamente implementadas, como, por exemplo, o contato com profissionais de outros pontos de atenção à saúde, visando a continuidade e a integralidade do cuidado pós-alta hospitalar, como pressupõem as políticas públicas de saúde[1,3].

Atualmente, conforme já indicado, diversos setores comportam a atuação fonoaudiológica na AH, sobretudo porque a cada dia tem-se o aumento e o incremento de técnicas e produções científicas em Fonoaudiologia Hospitalar envolvendo as diferentes fases da vida. É notável o envolvimento da área com o rastreio de problemas auditivos, com a assistência ao aleitamento materno, às síndromes genéticas e doenças raras, aos traumas de face, às sequelas de doenças crônicas, assim como com as afecções do sistema neurológico. Muito dessa evolução decorre do reconhecimento da especialidade em Fonoaudiologia Hospitalar pelo CFFa, em 2021, que recomenda a adoção do modelo ampliado de atenção à saúde, o exercício da interdisciplinaridade e o envolvimento com os demais pontos da RAS[11].

Recentes avanços legais dão contorno, evidência e fortalecimento à prática fonoaudiológica na AH. Citam-se como exemplos a Portaria GM/MS n. 2.862/2023[13] que institui a presença da Fonoaudiologia nas Unidades de Terapia Intensiva (UTI) e a Resolução n. 719/2023 do CFFa[14]. Para além da assistência direta aos usuários, a área tem se envolvido com atividades de coordenação e gestão, bem como em Comissões e Grupos – Comissão Multidisciplinar de Nutrição Enteral e Parenteral (CMNEP)[1], Comissão de Controle de Infecções Relacionadas à Assistência à

Saúde (CCIRAS)[1], Grupo de Humanização e Núcleo Interno de Regulação (NIR)[1] etc. Todos esses são dispositivos clínicos, estratégias de cuidado e de gestão que visam minorar os agravos inerentes ao processo de hospitalização.

Nesse sentido, em grande medida, a Fonoaudiologia vem cumprindo os preceitos da PNHOSP[1], quando adota a Clínica Ampliada que assegura o acesso, a qualidade da assistência, a segurança do usuário e a realização de ações acolhedoras e respeitosas que o valorizam em suas especificidades socioculturais[10]. Além disso, a ampliação do cuidado fonoaudiológico no ambiente hospitalar dá-se pela incorporação do conceito de itinerário terapêutico (IT).

O IT se configura como um dispositivo capaz de colocar em tela os percursos realizados pelos usuários na busca pela assistência à saúde – pode mostrar a organização das estruturas de assistência, as dificuldades do acolhimento e, sobretudo, revela a autonomia do usuário em fazer escolhas nas redes formais e/ou informais de saúde[15]. Exemplo importante da produção de cuidado fonoaudiológico hospitalar ampliado e abrangente é o voltado a crianças intersexo, desenvolvido por uma das autoras deste capítulo[16].

A prática referida inclui desde o manejo cirúrgico à criação de oficinas fonoaudiológicas (em enfermarias e em nível ambulatorial), cujo objetivo é a constituição ou mudança da identidade comunicativa das pessoas intersexo, envolvendo voz e linguagem. Esse cuidado especializado somente se completa por meio da parceria da equipe hospitalar com profissionais da saúde, educação e da assistência social atuantes no território de moradia das pessoas e, inclusive, favorece o IT delas (Figura 2). Nesse sentido, é indispensável o contato e o agendamento de encontros intersetoriais regulares, estabelecidos a partir das necessidades de saúde da criança e/ou de apoio aos seus familiares/cuidadores.

Na mesma direção do cuidado descrito, pode se pensar a atuação da Fonoaudiologia junto a pessoas com doenças infectocontagiosas em situações de pandemias ou de epidemias (HIV/AIDS, por exemplo). Sabe-se que os melhores desfechos clínicos junto a pessoas com agravos decorrentes de infecções sexualmente transmissíveis são aqueles que contam com uma rede de cuidados e de produção de saúde com IT precisos[15], resultando no devido cuidado e em tempo oportuno na RAS (Figura 3).

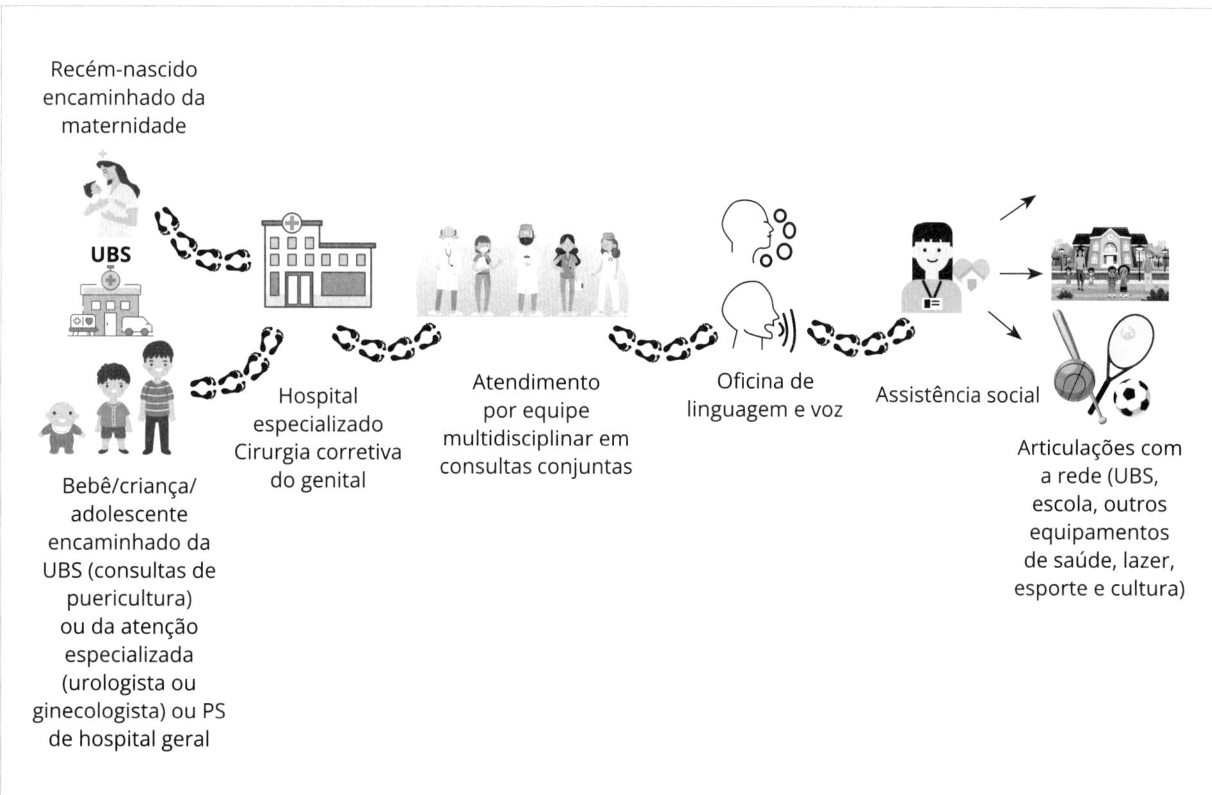

FIGURA 2 Itinerário terapêutico de pessoas intersexo.
Fonte: elaborada pelas autoras.

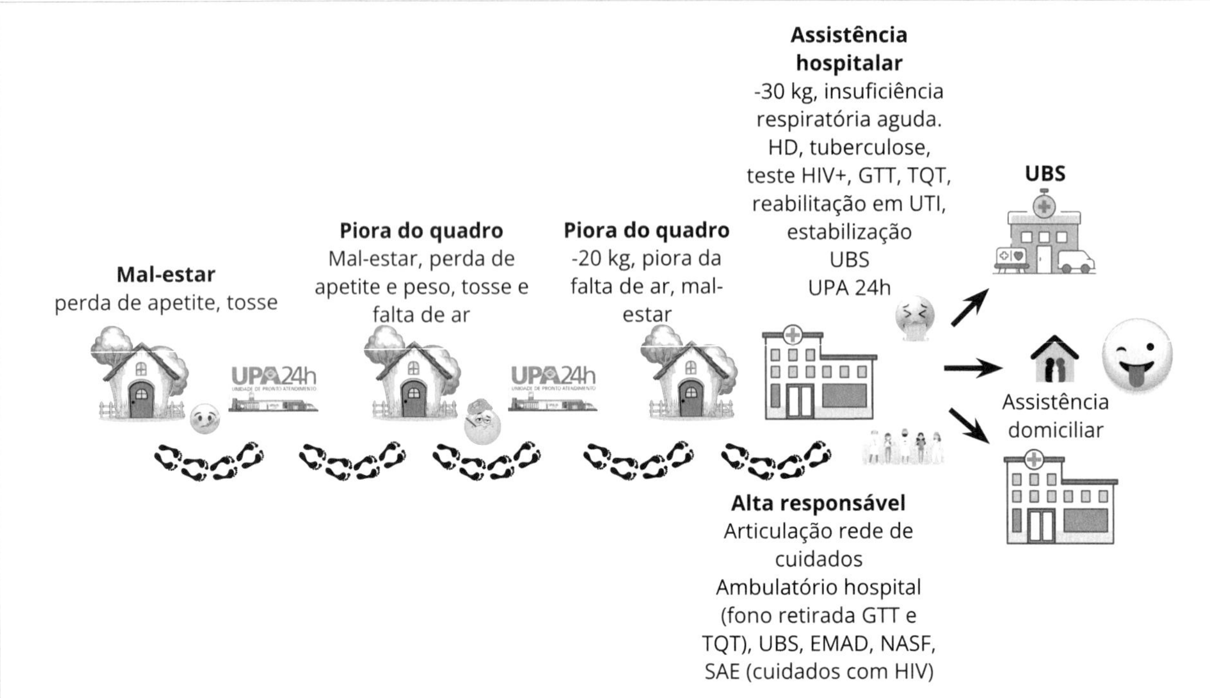

FIGURA 3 Itinerário terapêutico e desfecho clínico em PV HIV/AIDS: adoecimento, experiência do cuidado e recuperação da saúde.
GTT: gastrostomia; TQT: traqueostomia; UBS: Unidade Básica de Saúde; EMAD: Equipe Multiprofissional de Atendimento Domiciliar; NASF: Núcleo de Apoio à Saúde da Família; SAE: Serviço de Assistência Especializada.
Fonte: elaborada pelas autoras.

Na lógica da PNHOSP[1], conforme vem se discutindo, há que se realizar atendimento mais abrangente do que avaliar/diagnosticar/reabilitar as alterações fonoaudiológicas (destacadamente as de deglutição) durante a internação, visto que o cuidado não começa e tampouco termina no hospital. Vale, aqui, destacar a experiência de uma das autoras deste capítulo que trabalha em um hospital municipal referência para o atendimento de pessoas idosas em situação de rua. Sua prática junto a essa população não se limita às questões técnicas da área, mas se volta para os determinantes sociais de saúde e, consequentemente, realiza a articulação com a rede. Assim, estabelece contatos e discussões com equipes da Assistência Social, da Saúde ou de outros setores, buscando favorecer os IT desses usuários e assegurar o cuidado a que têm direito, inclusive, a alimentação e a moradia (Figura 4).

DA FONOAUDIOLOGIA NA ATENÇÃO HOSPITALAR E DE SUA ARTICULAÇÃO COM OS DEMAIS PONTOS DA RAS

A Fonoaudiologia na AH somente contribuirá com a articulação nos demais pontos da RAS se e quando reconhecer e apostar na Clínica Ampliada[10] como modo para romper com a objetificação dos corpos e a fragmentação do cuidado. Esperam-se da área medidas que reflitam uma concepção ampliada de saúde e das pessoas por ela acompanhadas, bem como uma concepção abrangente de sua *praxis*. Apresenta-se, a seguir, a sumarização de um saber-fazer fonoaudiológico intra-hospitalar derramado para a RAS, ou seja, as atitudes e ações que podem ser realizadas no interior do hospital e as que se expandem para os serviços do território de vida e moradia dos usuários acompanhados.

A busca ativa é uma atitude desejável e se impõe à prática recorrente de resposta às interconsultas sem, no entanto, excluí-las. Tal ação consiste em consultar o censo hospitalar e, também, em realizar visitas de rotina aos leitos. Tem como objetivo identificar e intervir terapeuticamente, se necessário, sobre agravos inerentes à atuação fonoaudiológica, de modo a ampliar o acesso dos usuários à Fonoaudiologia. Assim, faz-se prevenção de eventos adversos/promoção de saúde.

A adoção das práticas colaborativas é mais uma das atitudes que contribuem para a consolidação do cuidado em Fonoaudiologia na AH, seja realizando atendimentos compartilhados com outros profissionais de um mesmo hospital, seja recorrendo a outros altamente especializados. Pode realizar reuniões regulares intra-área ou com equipes de vários setores, núcleos

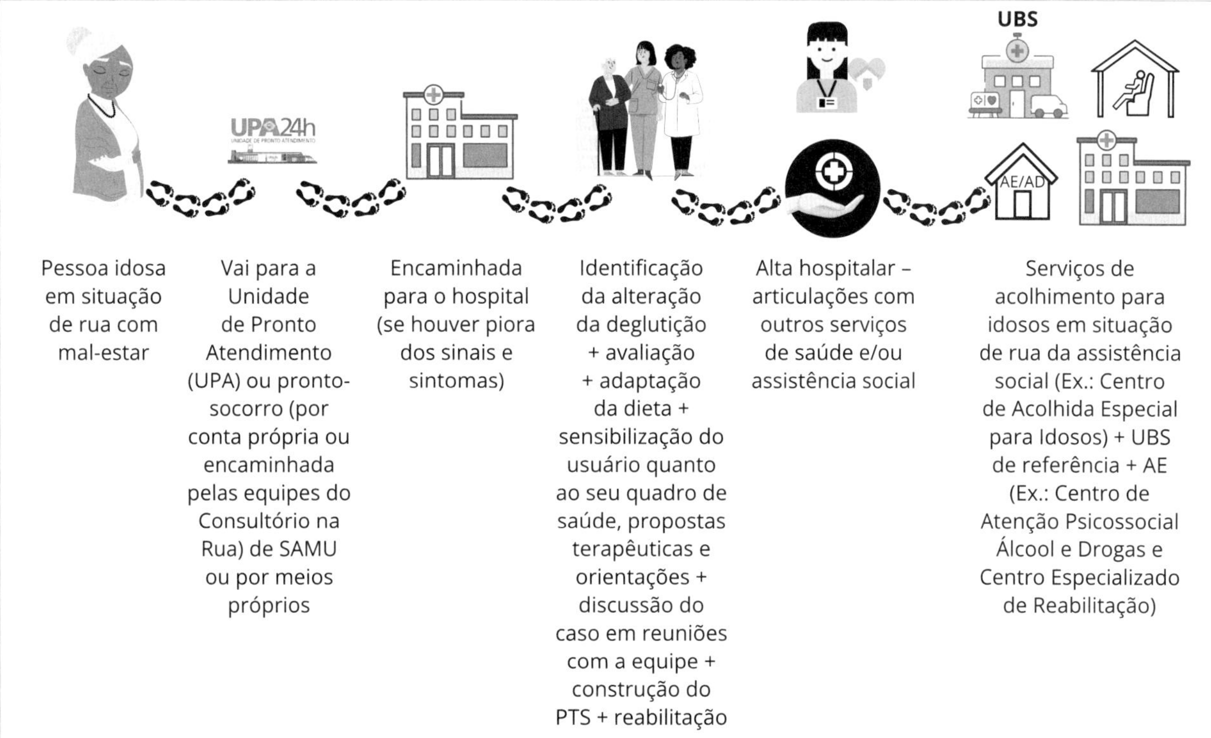

FIGURA 4 Itinerário terapêutico e desfecho clínico de pessoas idosas em situação de rua na cidade de São Paulo.
Fonte: elaborada pelas autoras.

e comissões, por exemplo. Destaca-se a discussão de casos que qualifica o cuidado, produz conhecimentos e efetiva a formação em serviço (Educação Permanente[1]). Além disso, as discussões de caso abrem possibilidades para o desenvolvimento de pesquisas e de novas tecnologias voltadas ao aprimoramento do SUS. Tais ações visam a melhoria da qualidade do cuidado, a resolubilidade da assistência e a eficiência dos serviços.

A participação da Fonoaudiologia na elaboração de Projetos Terapêuticos Singulares (PTS)[10] é mais uma ação indispensável na AH, pois tem potencial de continuidade fora dela. Os PTS são o ápice do cuidado humanizado, visto que implicam protagonismo da pessoa (família ou outros grupos) na tomada de decisões acerca da produção de sua saúde/vida. Nesse sentido, devem ser eixo norteador das equipes que visam autonomia e corresponsabilização dos usuários.

Para além dos PTS, convém que os fonoaudiólogos realizem orientações aos usuários e familiares/cuidadores visando a continuidade do cuidado recebido no ambiente hospitalar, bem como a busca por outros que lhes favoreçam o bem viver e, consequentemente, evitem agravos à saúde e novas hospitalizações. As orientações devem respeitar as condições socioculturais dos usuários.

Para alcançar a continuidade do cuidado ofertado no hospital, os fonoaudiólogos devem estabelecer ou aprimorar comunicação com as equipes dos demais pontos da rede, pactuando fluxos claros que definem o itinerário terapêutico dos usuários. Ou seja, garantir a transferência do cuidado exige uma agenda: contato e/ou marcação de encontros com as equipes da APS, da AE/AD; solicitação de visitas domiciliares; matriciamento das equipes já referidas e/ou realização de atendimentos compartilhados. Nesse processo, o encaminhamento do usuário com data agendada na APS, AE/AD, bem como com outros setores – Assistência Social, Educação, Habitação, entre outros – configura-se como a excelência da alta hospitalar responsável.

Note-se que não se trata de "inventar a roda", mas sim da simples operacionalização da alta hospitalar responsável, conforme previsto na PNHOSP[1]. Segundo tal política, a alta hospitalar responsável é descrita como a transferência do cuidado realizada por meio de: i) orientações aos usuários e familiares/cuidadores que visam reforçar o protagonismo e a autonomia desses sujeitos quanto aos cuidados com a saúde; ii) planejamento e articulação dos profissionais do hospital com os dos demais pontos de atenção, principalmente com a APS, visando a integralidade e longitudinalidade do cuidado e a diminuição de reinternações hospitalares; e iii) implantação de mecanismos de desospitalização, como via alternativa à internação, lançando mão, por exemplo, da atenção domiciliar.

CONSIDERAÇÕES FINAIS

Este capítulo objetivou apresentar e discutir temas considerados fundamentais para o saber-fazer fonoaudiológico no interior dos hospitais com vistas à continuidade do cuidado em outros pontos da RAS. Chamou a atenção para a importância de uma análise crítica sobre o ambiente e a assistência hospitalar, destacando a PNHOSP, cuja presunção é incorporar, de modo efetivo, os hospitais na RAS. Recorreu à literatura da área e a exemplos de práticas fonoaudiológicas das autoras deste capítulo para sistematizar uma proposta de como a Fonoaudiologia pode contribuir com a qualificação da AH na RAS. Em outras palavras, instigou reflexões e proposições de estratégias produtoras de saúde, possíveis de serem desenvolvidas por fonoaudiólogos, para a efetiva operacionalização do SUS.

Mais do que uma discussão de princípios abstratos, que podem soar como uma proposição de cenários impossíveis, buscou-se, a partir de exemplos concretos, revelar um saber-fazer fonoaudiológico humanizado e, por que não, capaz de produzir utopias que podem mudar a vida das pessoas acompanhadas pela Fonoaudiologia na AH articulada à APS, AE/AD e outros setores. Essa articulação, do nosso ponto de vista, é indissociável e inegociável, favorece o acompanhamento dos usuários, responde às políticas públicas e é potente para geração de outras.

REFERÊNCIAS BIBLIOGRÁFICAS

1. Brasil. Portaria de Consolidação n. 2, de 28 de dezembro de 2017. Consolidação das normas sobre as políticas nacionais de saúde do Sistema Único de Saúde. [Internet]. Brasília, DF; 2017 [cited 2023 Nov 10]. Disponível em: https://bvsms.saude.gov.br/bvs/saudelegis/gm/2017/prc0002_03_10_2017.html.
2. Brasil. Portaria GM/MS n. 1.604, de 18 de outubro de 2023. Institui a Política Nacional de Atenção Especializada em Saúde (PNAES) no âmbito do Sistema Único de Saúde. [Internet]. Brasília, DF; 2023. [cited 2024 Jan 20]. Disponível em: https://www.in.gov.br/en/web/dou/-/portaria-gm/ms-n-1.604-de-18-de-outubro-de-2023-517547992.
3. Brasil. Decreto n. 7.508, de 28 de junho de 2011. Regulamenta a Lei n. 8.080/1990 para dispor sobre a organização do Sistema único de Saúde – SUS, o planejamento da saúde, assistência à saúde e articulação interfederativa, e dá outras providências. [Internet]. Brasília, DF; 2011 [cited 2024 Jan 07]. Disponível em: https://bvsms.saude.gov.br/bvs/publicacoes/decreto_7508.pdf.
4. Brasil. Portaria n. 4.279, de 30 de dezembro de 2010. Estabelece diretrizes para a organização da Rede de Atenção à Saúde no âmbito do Sistema Único de Saúde (SUS). [Internet]. Brasília, DF; 2010 [cited 2024 Jan 07]. Disponível em: https://bvsms.saude.gov.br/bvs/saudelegis/gm/2010/prt4279_30_12_2010.html.
5. Fernandes AG, Miguel FB, Barreto IC. Parâmetros e procedimentos fonoaudiológicos realizados em um centro de terapia intensiva neurológico em Salvador, Bahia. In: Anais do 31 Congresso Brasileiro de Fonoaudiologia [Internet]; 2023 Oct 3-6; Rio de Janeiro, RJ; São Paulo: Sociedade Brasileira de Fonoaudiologia; 2023 [cited 2024 April 15]. [Paper 1417-18]. Disponível em: https://lp.sbfa.org.br/cbfa2023/anais/cbfa2023-anais.pdf.
6. Conselho Federal de Fonoaudiologia [Internet]. Brasília, DF: CFFa; 2024 [cited 2024 Jan 07]. Disponível em: http://fonoaudiologia.org.br/fonoaudiologos/especialista-por-area/.
7. Ferla A, Oliveira A, Lemos PR, Silveira, CF. Medicina e Hospital [article on the internet]. Rio de Janeiro: Fractal: Revista de Psicologia; 2011 [cited 2023 nov 30]. p.487-500. Disponível em: https://www.scielo.br/j/fractal/a/ryn3yLbMJwhVcnJTsTKNK8C/?format=pdf&lang=pt.
8. Foucault, M. Microfísica do poder. 8. ed. Rio de Janeiro: Graal; 1989.
9. Lima T. Continuidade do cuidado do adulto e idoso após hospitalização: estratégia de apoio à alta multiprofissional [specialization monography]. São Paulo: Departamento de Fonoaudiologia, Fisioterapia e Terapia Ocupacional, Universidade de São Paulo; 2020.
10. Brasil. Clínica Ampliada e Compartilhada. [homepage da internet]. Brasília, DF, 2009 [cited 2024 Jan 07]. Disponível em: https://bvsms.saude.gov.br/bvs/publicacoes/clinica_ampliada_compartilhada.pdf.
11. Conselho Federal de Fonoaudiologia. Resolução n. 604, de março de 2021. Dispõe sobre a criação da Especialidade em Fonoaudiologia Hospitalar, define as atribuições e competências relativas ao profissional fonoaudiólogo especialista e dá outras providências. Diário Oficial da União [Internet]. 2021 March 15 [cited 2024 Jan 07];83(1):184. Disponível em: https://www.fonoaudiologia.org.br/resolucoes/resolucoes_html/CFFa_N_604_21.htm.
12. Sociedade Brasileira de Fonoaudiologia. Informe. História da Especialidade da Disfagia e a Emergência do Departamento de Disfagia na SBFa. [Internet]. [cited 2023 Nov 01]. Disponível em: https://www.sbfa.org.br/portal2017/themes/2017/departamentos/artigos/resolucoes_22.pdf.
13. Brasil. Portaria GM/MS n. 2.862, de 29 de dezembro de 2023. Altera a Portaria de Consolidação MS/GM n. 3, de 28 de setembro de 2017, para dispor sobre as Unidades de Terapia Intensiva-UTI e as Unidades de Cuidados Intermediários – UCI, destinadas ao cuidado progressivo do paciente crítico grave ou de alto risco ou moderado no âmbito do Sistema Único de Saúde [Internet]. Brasília, DF; 2023 [cited 2024 Jan 20]. Disponível em: https://www.in.gov.br/web/dou/-/portaria-gm/ms-n-2.862-de-29-de-dezembro-de-2023-534992967.
14. Conselho Federal de Fonoaudiologia. Resolução n. 719, 21 de dezembro de 2023. Dispõe sobre a regulamentação da atuação do fonoaudiólogo em disfagia e revoga a Resolução CFFa n. 492, de 07 de abril de 2016. Diário Oficial da União [Internet]. 2023 Dec 21 [cited 2023 Nov 01];242(1):340. Disponível em: https://www.fonoaudiologia.org.br/resolucoes/resolucoes_html/CFFa_N_719_23.htm.
15. Nicaretta RJ, Portella FFMR, Ferraz L. Intinerário terapêutico de idosos vivendo com HIV/Aids: perspectivas da história oral [article on the internet]. Rio de Janeiro: Revista Phisys: Revista de Saúde Coletiva; 2023 [cited 2024 Jan 18]. Disponível em: https://www.scielo.br/j/physis/a/6ZBhmjyMmyjpyywHWW87jtC/?format=pdf&lang=pt.
16. Galli DM. Olhar fonoaudiológico sobre as anomalias da diferenciação sexual [Dissertação]. São Paulo: Pontifícia Universidade Católica de São Paulo; 2009.

A Fonoaudiologia e os impactos do cenário pandêmico de covid-19: implicações para a atenção psicossocial, para o cuidado terapêutico e para quem cuida

José Marcos da Silva
Cristiana Beatrice Lykouropoulos
Yuri Eduardo Paiva do Nascimento
Michele Devido dos Santos Loiola

PONTOS-CHAVE

- Fonoaudiologia.
- Saúde Coletiva.
- Saúde Pública.
- Atenção Psicossocial.

OBJETIVOS DE APRENDIZAGEM

Ao final deste capítulo, o leitor deverá ser capaz de:

- Compreender as dimensões biopsicossociais da covid-19 na saúde coletiva.
- Ampliar o olhar para a repercussão da covid-19 na qualidade de vida humana, incluindo os aspectos psicossociais.
- Entender a abrangência das implicações dos efeitos da covid-19 em diferentes ciclos de vida nas questões da Fonoaudiologia.
- Refletir sobre as práticas fonoaudiológicas a partir do contexto da pandemia de covid-19.

INTRODUÇÃO

As dimensões da pandemia de covid-19 são complexas e impactaram a vida em sociedade, a economia, a saúde física e a saúde mental. A reflexão crítica sobre essa emergência em saúde pública importa para que não se repitam o despreparo, a desinformação e as negligências que marcaram os processos decisórios das políticas públicas e também para ressaltar a importância da atenção psicossocial no cuidado em saúde[1,2].

A Fonoaudiologia como ciência da comunicação humana e de produção de cuidados nos diferentes ciclos de vida contribui para a assistência às pessoas acometidas pelas doenças intercorrentes da covid-19, seus efeitos em funções vitais e na comunicação, devendo considerar também os condicionantes psicossociais do adoecimento da população nesse cenário que se soma aos de desigualdades no Brasil[3].

É de conhecimento que a recuperação dos pacientes acometidos pela covid-19 pode variar de duas semanas, para os casos leves, até três a seis semanas para os quadros graves da doença[4]. Nesse processo, dizem respeito mais claramente à Fonoaudiologia os aspectos clínicos para reabilitação de funções estomatognáticas, da linguagem, cognição e interação social na atuação em equipes interprofissionais em ambiente hospitalar e pós-hospitalar.

Entretanto, neste capítulo os autores apresentam uma reflexão ampliada a partir do levantamento de referencial clínico e científico sobre vários aspectos relacionados à covid-19 e suas implicações para o cuidado abordado em duas vertentes da atuação fonoaudiológica: a) implicações para a atenção psicossocial: aspectos éticos e políticos; b) implicações para o cuidado terapêutico: linguagem e cognição; c) implicações para quem cuida.

IMPLICAÇÕES PARA A ATENÇÃO PSICOSSOCIAL: ASPECTOS ÉTICOS E POLÍTICOS

Refletir sobre as implicações subjetivas da covid-19 significa subverter a lógica convencional que envolve posições estigmatizantes e fragmentadores sobre a vida humana. Por isso, torna-se importante fundamentar uma discussão ética-política de cunho social que redimensione a pandemia para além do campo corpo/saúde restrito à sintomatologia clínica/doença, considerando diferentes condicionantes sociais.

Esse posicionamento reconfigura o que é sujeito e transcende a consolidação biológica/cartesiana, envolvendo as dimensões psicossocial, cultural e espiritual[1] que compreendem os sofrimentos sob influência da pandemia, na maioria, como implicações sociais (sintomas sociais). O vírus da covid-19 produziu sintomatologias clínicas comuns/complexas amenizadas ou agravadas nos corpos, mas os sofrimentos psíquicos sendo distintos/singulares se referem a diferentes subjetividades, relações organizacionais, socioeconômicas e territoriais.

A condição de restrição do contato físico/afetivo e do acesso aos territórios de circulação produziu uma descaracterização temporal, dada nossa condição de seres de ocupação social que constroem redes de sustentação socioafetivas em suas dimensões estruturais e existenciais no trabalho, na residência, nas trocas materiais e espirituais para composição de vida.

O território é o lugar de produção contínua de modos de existências, de produção de subjetividade. Dimensionado como uma condição estruturante de sujeito, a restrição de acesso ao território envolveu a ruptura das relações sociais, físicas, ocupacionais e favoreceu condições de sofrimento psíquico envolvendo sensação contínua de medo, comportamentos ansiosos e depressivos[2].

Embora sofrimentos psíquicos tenham sido apresentados como uma condição somática universal, a dinâmica do contágio e do distanciamento não se deu de forma homogênea socialmente e nem territorialmente. Constataram-se sujeitos vulnerabilizados com mais exposição ao vírus e ao sofrimento psíquico, devido a fatores condicionantes no processo saúde-doença, relacionados a ter acesso ao cuidado ou mesmo restrição de recursos básicos para sobrevivência, como o acesso à água, à alimentação, ao emprego, entre outros[3].

O aumento exponencial de contágio, as intercorrências nas internações hospitalares e as perdas de vidas em curto espaço de tempo constituíram um cenário de experiência com a terminalidade da vida e luto. A qualidade de morte para os doentes e a qualidade de vida para os familiares, durante a pandemia, foram renunciadas, reverberando na dificuldade de elaboração do luto[4].

Garantir o acesso à assistência e ofertar cuidado integral, diante do subfinanciamento, da precarização, da limitação da estrutura, limitação de insumos para o suporte de vida avançado, representou situação de intenso sofrimento psíquico para profissionais, expresso em transtorno de ansiedade generalizada, distúrbio do sono, medo de adoecer e de contaminar colegas e familiares, entre outros[5,6].

As epidemias impõem momentos críticos para a saúde mental da população. O medo, que é uma reação de instinto de preservação para o ser humano, pode tornar-se crônico ou desproporcional, contribuindo para o aumento dos transtornos mentais. São eventos que abarcam diversas perturbações psicológicas e sociais que demanda respostas complexas para o enfrentamento[1,2].

Durante a pandemia, o Brasil esteve em meio a políticas de reformas de austeridade fiscal e de redução da participação do Estado na economia. Isso fez com que o SUS ficasse mais subfinanciado e a população fragilizada nas margens da pobreza e da desigualdade social aprofundada[7].

Parte considerável da população brasileira vive em áreas aglomeradas, em casas sem condições físicas adequadas, nas periferias de grandes cidades. Essas pessoas têm dificuldade de acesso a recursos básicos para sobrevivência como alimentos, água, energia, aluguel e, por tudo isso, têm dificuldade de se manterem isoladas. Além dessa população específica, é necessário ampliar olhares para outras como os indígenas, quilombolas e ribeirinhos[3].

O debate entre os que priorizam a economia em relação à saúde supõe um falso dilema, a comparação do valor de uma vida aos valores monetários. Um posicionamento ético e humanitário implica que, em uma pandemia, deve-se considerar os desafios econômicos, sem deixar de lado as pessoas, valorizando a saúde e superando os obstáculos econômicos, já que emprego e renda refletem nas questões sociais como alimentação e moradia[8].

A comunidade científica fez um importante trabalho contra a desinformação. O fenômeno de compartilhamento de notícias falsas durante o período pandêmico ficou conhecido como "infodemia". Informações sem cunho científico se disseminaram facilmente e de forma veloz, reforçando que pessoas assumissem o posicionamento negacionista em relação à ciência ao acreditarem em mentiras[7].

Agrega-se nesse cenário a indicação de medicamentos baseada em argumentos desonestos e falsos, sustentados sem evidências científicas, contribuindo para o agravamento da situação "porque o sujeito que as enuncia tem má-fé e quem as propaga age de modo socialmente irresponsável", acentuando a situação de risco e de vulnerabilidade de muitos sujeitos já expostos às situações inadequadas[7].

Houve procura por informações sobre os modos de contágio, números de casos e mortes, perspectivas de cura, disponibilidade de vacinas e tratamentos eficazes. Nesse momento, as notícias falsas comprometeram o risco no enfrentamento do vírus, ao fornecer conhecimento irreal e promovendo comportamentos sem embasamento de critérios científicos[5].

As chamadas "*fake news*" interferem na adesão às práticas de distanciamento e favoreceram situações de riscos diretos à saúde pessoal, pelo consumo irracional de medicações e remédios sem comprovação científica ou uso inadequado de produtos nocivos à saúde, como os desinfetantes e demais produtos de limpeza. Essas notícias falsas caracterizaram, no contexto da covid-19, uma epidemia de desinformação e mentiras[5,7].

Os sofrimentos psíquicos decorrentes da pandemia de covid-19 continuam reverberando na sociedade como sintomas sociais cornificados, complexos, que exigem cuidado baseado na ciência e com efetivação de políticas sociais intersetoriais[8].

Destaca-se que é necessária a formação acadêmica para situações complexas, que desencadeiam maior procura por cuidados, seja pelos agravos na saúde física, seja devido ao medo, à solidão, à ansiedade e à tristeza profunda decorrentes[6-8].

A escuta qualificada e a produção de cuidado singular devem ser práticas dos profissionais de saúde. Para superar o sofrimento intenso é necessário compromisso com a desmedicalização da sociedade, com o incentivo à retomada de rotinas saudáveis e de práticas sociais e solidárias em redes de apoio[8].

O cenário psicossocial é de convívio com momentos de instabilidade emocional que demandam a atenção especial dos profissionais envolvidos para fazer a gestão do cuidado integral, desde acolher as famílias e pacientes em suas necessidades, até a composição de acompanhamento interprofissional[5,6].

IMPLICAÇÕES PARA O CUIDADO TERAPÊUTICO: LINGUAGEM E COGNIÇÃO

A pandemia teve implicações sobre as condições de vida de crianças, adolescentes, adultos, idosos, trabalhadores, profissionais da saúde. O aumento de sintomas emocionais e o aumento do consumo de medicamentos psicotrópicos pressiona os sistemas de saúde para suprir consultas e tratamentos em um panorama de repercussão mundial[11-13].

A prescrição de ansiolíticos, hipnóticos, sedativos e antidepressivos dispensados para pacientes de cuidados primários no período 2018-2021[9] aumentou nos últimos 4 anos; houve aumento significativo a partir de 2020 para ambos os sexos, acompanhando a pandemia de SARS-CoV-2 e a implementação de medidas rigorosas de saúde pública para a sua contenção[12,13].

No que se refere às crianças e aos adolescentes, a pandemia representou experiências adversas com impacto no desenvolvimento de linguagem e aprendizagem. O fechamento de escolas, a redução do convívio social e de atividades físicas, mudanças de rotina, má qualidade de sono, problemas no funcionamento familiar, o uso excessivo de telas e a alimentação pouco saudável prejudicaram a saúde física e mental no desenvolvimento infantil[10].

O necessário isolamento social fez com que escolas e universidades permanecessem fechadas para controlar a pandemia da covid-19. A escola é espaço de convivência estratégico para o desenvolvimento de habilidades sociointeracionais e seu fechamento obrigatório acarretou maior suscetibilidade aos sentimentos de solidão e confusão[11,12].

Um estudo realizado sobre o impacto da covid-19 e do isolamento na saúde mental dos adolescentes verificou que a percepção do bem-estar diminuiu e os adolescentes com perturbações mentais foram mais afetados em relação aos demais[12].

A interação social é essencial para o desenvolvimento em especial da linguagem[12,13]. As medidas de distanciamento social e as restrições às reuniões de grandes grupos impediram que as crianças em idade escolar tivessem interações pessoais significativas com os seus pares e podem ter contribuído significativamente para os atrasos de linguagem[14].

Essa situação represou a identificação, em tempo oportuno, de crianças com sinais e sintomas para o autismo e outros transtornos do desenvolvimento. As crianças que deixaram de experienciar o convívio na escola, nos parques, nas praias, nos espaços de convivência e cultura estiveram privadas da estimulação espontânea do laço social e das estimulações típicas dos encontros virtuosos durante atividades em grupos.

Destaca-se a inviabilização da continuidade do cuidado fonoaudiológico de crianças com deficiências e distúrbios de comunicação por perda auditiva, gagueira, autismo, fissura labiopalatal, distúrbios do desenvolvimento, entre outras. A pandemia prejudicou o acesso das famílias a serviços de saúde com prejuízos na qualidade do cuidado parental[13].

Sabe-se que a intervenção precoce é de fundamental importância e a interrupção da prestação de serviços de Fonoaudiologia repercutiu inclusive no impedimento de início de acompanhamento nas condições de atrasos no desenvolvimento da fala e da linguagem ou desempenho acadêmico[14].

O processo de retorno às atividades escolares e acadêmicas deve considerar possíveis dificuldades para a interação, para o desenvolvimento da linguagem oral e escrita, para a aprendizagem e para lidar com as emoções nos encontros, devido ao período de distanciamento social[14-16].

Deve-se ter ressalvas para não se fazer diagnósticos precipitados que podem tornar-se iatrogênicos e marcar por toda a vida as crianças em seus processos peculiares de desenvolvimento da linguagem e da personalidade em relação a tudo que foi (ou não) vivido[12,14].

Um aspecto contundente que despontou como implicação para a linguagem e a aprendizagem das crianças e adolescentes, foi o uso de máscaras, por ser o contato visual e facial necessário para o desenvolvimento das competências de comunicação[15].

As pessoas com deficiências, de modo geral, foram invisibilizadas em suas necessidades e na linha do que vem sendo apontado, o isolamento social também representou implicações para linguagem e cognição de adultos e idosos[16].

Destacam-se aqui as pessoas com afasias que, por sua condição crônica, enfrentaram desafios em sua reabilitação por dependerem do fim do isolamento social para retomarem suas rotinas de trabalho e de oportunidades de comunicação pela interação social, principalmente quando se considera a restrição exclusivamente de atividades domésticas[16].

O teleatendimento, a teleconsulta e outras formas de mediações tecnológicas foram importantes para ofertar cuidado terapêutico fonoaudiológico para pessoas vivendo com afasia por propiciar a reabilitação com atividades comunicativas, desenvolvidas mediante recursos tecnológicos[16].

Em relação a esse público, um estudo evidenciou dificuldades para participação nas terapias *online*, devido às dificuldades motoras e/ou cognitivas e ao impasse nas interações por meios digitais no formato de teleatendimento que propicia maior isolamento desses pacientes, cuidadores e redes de cuidado[17].

O distanciamento social, para a pessoa afásica, somou-se ao sofrimento do distúrbio de comunicação e adversidades que se intensificam como o medo, a ansiedade, a insônia. O comprometimento cognitivo indica sintomas mais graves e mortalidade mais alta; idosos com demência apresentam maior morbidade e mortalidade; o isolamento está associado a sintomas psiquiátricos[18].

Todas as implicações para o cuidado terapêutico são resultantes do contexto macropolítico e societal que marcou a pandemia. Determinantes sociais contribuíram para a resposta dos serviços de saúde em manter os atendimentos e o cuidado durante esse período[6].

Para garantir os direitos à saúde foi fundamental a manutenção de serviços essenciais como clínicas-escolas e serviços especializados das universidades, serviços ambulatoriais, Centros de Atenção Psicossocial, da Atenção Básica em Saúde[6].

As mudanças de práticas e novas formas de fazer na Fonoaudiologia, nesses espaços, não garante a acessibilidade de toda a população por limitações da singularidade e condições socioeconômicas das famílias[7,8].

A Fonoaudiologia, como ciência e como uma prática social, tem potência para contribuir para reduzir os efeitos da covid-19 sobre os grupos humanos mais vulneráveis desde o nascimento, durante o desenvolvimento infantojuvenil, na vida adulta, na terceira idade, em situações de vida e luto, promovendo existência digna e com qualidade para a população[14].

IMPLICAÇÕES PARA O CUIDADO DE QUEM CUIDA

Entre as implicações desse capítulo, merece um último destaque o sofrimento profissional nas linhas de frente e de retaguarda para atenção em saúde durante o cenário pandêmico, quer seja pela condição humana dos profissionais diante do risco pessoal e familiar, quer pelas más condições de trabalho impostas pelo caos sociopolítico e econômico[18].

Um estudo comparou os indicadores de saúde mental de profissionais de saúde no Brasil, considerando variáveis sociodemográficas e ocupacionais. Todos os grupos apresentaram problemas de saúde mental significativos (> 36%). As variáveis ocupacionais implicaram em fatores de risco para a saúde mental e medidas de proteção física, quando implementadas, foram um fator positivo para satisfação profissional[19].

Um estudo com fonoaudiólogos revelou os níveis gerais de estresse na faixa de perceptível, acesso moderado ao apoio social, altos níveis de exaustão emocional, sentimentos de despersonalização de graus baixo e moderado. Com base em uma escala para *burnout*, os profissionais referiram-se sentindo ineficazes e sobrecarregados para o trabalho e a carga de trabalho foi o preditor mais significativo para os níveis relatados de estresse e esgotamento[20].

Posto isso, a diminuição de contato físico durante a pandemia não pode ser considerada um determinante isolado para o adoecimento mental, principalmente porque há outros fatores que permeiam esse contexto, como discorrido em todo o texto[20].

A realidade é que a maioria dos fonoaudiólogos no Brasil estão inseridos no Sistema Único de Saúde, atuando nas esferas de gestão municipal, estadual, federal, ou na rede de serviços conveniados e contratos[21]. Isso impõe o interesse pelos temas da saúde coletiva, como as redes de atenção e linhas de cuidado, para compreender as implicações sociais e políticas que envolvem as pandemias. Assim, apreender-se-á o lugar da ciência e as respostas necessárias com base na reflexão crítica sobre a vida e a sociedade.

CONCLUSÕES

A covid-19 tornou-se uma realidade que marca a sociedade atual com implicações complexas relacionadas às práticas clínicas, psicossociais, sociais e econômicas. Seus efeitos são evidentes como produção de diversas situações de sofrimento psíquico, dificuldade de acesso ao cuidado terapêutico e diagnóstico, principalmente para crianças, adolescentes e idosos que vivem com deficiência, demências e redução de funcionalidades para a comunicação.

A Fonoaudiologia é uma ciência e uma prática social implicada nesse contexto e tem dispositivos clínicos, terapêuticos e de abordagens psicossociais potenciais para acolher demandas e produzir cuidados, articulando diversas áreas de especializações para a gestão da clínica e do cuidado em redes de atenção em saúde, nos diversos ciclos de vida.

Não foi o intuito esgotar as possibilidades de análise desse fenômeno epidemiológico e, por isso, são necessárias pesquisas e investigações de profundidade que tratem de definir os efeitos da pandemia. Pretendeu-se apresentar um panorama que contribua para a compreensão das dimensões dos efeitos da covid-19 na saúde coletiva, na qualidade de vida e seus aspectos psicossociais e ampliar o entendimento da relação entre a covid-19 e a Fonoaudiologia.

Utilize o QR code acessar o Quadro 1 com resumo dos aspectos clínicos da covid-19.

Voucher: **tratfono**.

REFERÊNCIAS BIBLIOGRÁFICAS

1. Morin E. A cabeça bem feita: repensar a reforma, reformar o pensamento. Rio de Janeiro: Bertrand Brasil; 2000.
2. Lima CKT, Carvalho PMM, Lima IAAS, Nunes JVAO, Saraiva JS, Souza RI, et al. The emotional impact of coronavirus 2019 (new Coronavirus Disease). Psychiatry Research [Internet]. 2020 [cited 2024 Feb 14];287:e112915.
3. Pires LN, Carvalho L, Xavier LL. covid-19 e Desigualdade no Brasil [dataset]. 2020 [cited 2024 Feb 14]. Levy Economics Institute of Bard College. Disponível em: https://ondasbrasil.org/wp-content/uploads/2020/04/COVID-19-e-desigualdade-a-distribui%C3%A7%C3%A3o-dos-fatores-de-risco-no-Brasil.pdf. doi: 10.13140/RG.2.2.27014.73282.
4. Crepaldi MA, Schmidt B, Noal DS, Bolze SDA, Gabarra LM. Terminalidade, morte e luto na pandemia de covid-19: demandas psicológicas emergentes e implicações práticas. Estud Psicol. 2020;37:e200090.
5. Souza W, Silva JM. Covid-19, isolamento social e saúde mental: uma análise a partir da Matriz de Reprodução Social da Saúde de Juan Samaj. In: Silva JM, Ferreira DL, Fraga SN, Laurindo AM (orgs.). Tópicos em saúde: itinerários e produção de conhecimentos. Recife: Ed. UFPE; 2023. p. 74-89.
6. Teixeira CFS, Soares CM, Souza EA, Lisboa ES, Matos IC, Andrade LR, et al. A saúde dos profissionais de saúde no enfrentamento da pandemia de covid-19. Ciênc Saúde Coletiva. 2020;25(9):3465-74.
7. Almeida-Filho N. Estratégias de enfrentamento da pandemia da covid-19 no mundo: o Brasil como caso de fracasso. Cadernos do CEAS: Revista Crítica de Humanidades. Salvador/Recife. 2021;46(253):294-316.
8. Arrais TA, Oliveira AR, Alencar DP, Salgado TR, Viana JL, Miranda, AF Miranda. Pandemia covid-19: o caráter emergencial das transferências de renda direta e indireta para a população vulnerável do estado de Goiás. Espaço e Economia: Revista Brasileira de Geografia Econômica. 2020;1(18):1-30.
9. García MLN, Martínez PF, Bretón EF, Martínez Alfonso MM, Gil PS. Psychotropic consumption before and during COVID-19 in Asturias, Spain. BMC Public Health. 2023 Mar 15;23(1):494.
10. Wang G, Zhang Y, Zhao J, Zhang J, Jiang F. Mitigate the effects of home confinement on children during the COVID-19 outbreak. Lancet. 2020 Mar 21;395(10228):945-7.
11. Barrero-Toncel VI, González-Bracamonte Y, Cabas-Hoyos KP. Autorregulación emocional y estrategias de afrontamiento como variables mediadoras del comportamiento prosocial. Psicogente. 2021;24(45):77-91.
12. Bera L, Souchon M, Ladsous A, Colin V, Lopez-Castroman J. Emotional and behavioral impact of the COVID-19 epidemic in adolescents. Curr Psychiatry Rep. 2022 Jan;24(1):37-46.
13. Ornell F, Schuch JB, Sordi AO, Kessler FHP. "Pandemic fear" and COVID-19: mental health burden and strategies. Braz J Psychiatry. 2020;42(3):232-5. Erratum in: Braz J Psychiatry. 2020;42(3):333
14. Tohidast SA, Mansuri B, Bagheri R, Azimi H. Provision of speech-language pathology services for the treatment of speech and language disorders in children during the COVID-19 pandemic: Problems, concerns, and solutions. Int J Pediatr Otorhinolaryngol. 2020 Nov;138:110262.
15. Lalonde K, Buss E, Miller MK, Leibold LJ. Face masks impact auditory and audiovisual consonant recognition in children with and without hearing loss. Front Psychol. 2022 May 13;13:874345.
16. Jacobs M, Briley PM, Wright HH, Ellis C. Marginal assessment of the cost and benefits of aphasia treatment: Evidence from community-based telerehabilitation treatment for aphasia. J Telemed Telecare. 2023 May;29(4):271-81.
17. Masuku KP, Khumalo G, Shabangu N. The effects of COVID-19 on the rehabilitation of persons with aphasia: A scoping review. S Afr J Commun Disord. 2022 Aug 4;69(2):e1-e9.
18. Altieri M, Santangelo G. The psychological impact of COVID-19 pandemic and lockdown on caregivers of people with dementia. Am J Geriatr Psychiatry. 2021 Jan;29(1):27-34.

19. Osório FL, Silveira ILM, Pereira-Lima K, Crippa JAS, Hallak JEC, Zuardi AW, Loureiro SR. Risk and protective factors for the mental health of brazilian healthcare workers in the frontline of COVID-19 pandemic. Front Psychiatry. 2021;28(12):662742.
20. Marante L, Hall-Mills S, Farquharson K. School-based speech--language pathologists' stress and burnout: a cross-sectional survey at the height of the covid-19 pandemic. Lang Speech Hear Serv Sch. 2023 Apr 3;54(2):456-71.
21. Sousa MFS, Nascimento, CMB, Sousa FOS, Lima MLL, Silva V, Rodrigues M. Evolução da oferta de fonoaudiólogos no SUS e na atenção primária à saúde, no Brasil. Rev CEFAC [internet]. 2017 [cited 2024 Mai 15];19(2):213-20.

95

A Epidemiologia e Vigilância em Saúde na estruturação do cuidado

Selma Anequini Costa
Amélia Augusta de Lima Friche
Tatiane Costa Meira
Andrezza Gonzalez Escarce

PONTOS-CHAVE

- A Epidemiologia deve ser utilizada como ferramenta por profissionais de saúde tanto no serviço como na pesquisa, e pode auxiliar na definição de prioridades de saúde.
- O profissional de saúde deve inserir na rotina de trabalho o registro sistemático de informações que, quando analisadas, podem auxiliar no acompanhamento da efetividade, eficiência e eficácia das ações realizadas.
- Os indicadores de saúde são como "termômetros" da situação de saúde da população e da organização dos serviços e devem ser monitorados para que seja possível "corrigir as rotas" e adotar novas ações/estratégias para alcance das metas estabelecidas.
- A Vigilância em Saúde, utilizando a Epidemiologia como base, contribui para a organização dos processos de trabalho e está inserida na Rede de Atenção à Saúde de forma transversal.

OBJETIVOS DE APRENDIZAGEM

Ao final deste capítulo, o leitor deverá ser capaz de:

- Conhecer os conceitos da Epidemiologia e sua aplicabilidade na saúde.
- Apropriar-se da importância dos dados em saúde e como coletá-los, incluindo os diferentes sistemas de informação em saúde existentes.
- Compreender o conceito de indicadores de saúde e suas aplicações.
- Conhecer os conceitos da Vigilância em Saúde, suas interfaces com a Epidemiologia e como podem auxiliar no cuidado em saúde.

INTRODUÇÃO

A priorização, o planejamento das ações e a tomada de decisão estão entre os desafios na atuação dos profissionais de saúde. Frequentemente, eles se deparam com situações em que a falta de informação em saúde interfere na condução de pesquisas, na avaliação de sua atuação clínica ou na gestão em saúde para subsidiar incrementos de recursos, tecnologias, reorganização de processos de trabalho, dentre outras situações em que a informação é imprescindível.

A Epidemiologia e a Vigilância em Saúde utilizam informações em saúde e podem respaldar a atuação profissional tanto na clínica como na pesquisa e na gestão. É preciso conhecer e adotar esses recursos na rotina da atuação profissional, o que poderá aprimorar o cuidado em saúde da população.

Para elucidar melhor esses conceitos, este capítulo abordará os seguintes tópicos: conceitos e aplicações da Epidemiologia, dados em saúde e sistemas de informação, indicadores de saúde e a Vigilância em Saúde como ferramenta para o cuidado.

CONCEITOS E APLICAÇÕES DA EPIDEMIOLOGIA

A Epidemiologia é considerada a ciência fundamental para a compreensão e intervenção em assuntos que abordam a saúde pública, apresentando contribuições de diversos estudiosos. Porém, é essencial entender que seu principal objetivo é o estudo do processo saúde e doença (eventos/agravos) nas populações, ou seja, compreender como ocorre o processo saúde-evento[1,2].

Dessa forma, pode ser pensada como uma ferramenta que permite entender quais são as causas das doenças e as populações em risco e, consequentemente, planejar formas de prevenção e de controle dessas enfermidades[1].

Para tanto, a Epidemiologia estuda a distribuição do evento (restrita ou não a uma população) e os determinantes – fatores ambientais, biológicos, culturais, demográficos e/ou socioeconômicos – que contribuíram para seu surgimento e, assim, como agir no controle das enfermidades[1,2]. É importante destacar que estudá-la não se restringe a doenças já conhecidas e frequentes nas populações. Ao contrário, a Epidemiologia exerce papel primordial na identificação precoce de novas enfermidades e seu meio de propagação, o que permitirá a avaliação correta e a rápida implementação de ações, sejam preventivas, de vigilância ou de controle dos eventos relacionados à saúde e aos determinantes e condicionantes do processo saúde-doença nas populações[3].

A classificação das doenças leva em consideração a forma como surgem as doenças/agravos nas populações, seu comportamento nos territórios, as questões de espaço/tempo e frequência de ocorrência. A situação epidemiológica de uma doença/agravo pode ser classificada em: endemia, epidemia, surto, situação sazonal ou pandemia[4] (Quadro 1).

Como já citado, a Epidemiologia é fundamental para a compreensão e o controle das doenças nas populações. Portanto, vale reforçar que essa ciência apresenta como bases:

A. Controle saúde-doença nas populações[5] – frequência, incidência e prevalência. Fundamental para compreensão do agravo e impacto das doenças nas populações, essenciais para o planejamento e avaliação/reavaliação de políticas públicas de saúde, programas de prevenção e intervenção, e pesquisas epidemiológicas.
B. Identificação de determinantes de saúde e fatores de risco[1,2] – causas das doenças e fatores/condições que podem influenciar sua distribuição nas populações. Abrange, assim, fatores genéticos, ambientais, comportamentais e sociais. Seu conhecimento permite que ações preventivas em saúde sejam elaboradas como estratégias de controle das doenças.
C. Promoção de saúde[6] – embora considerada um domínio da saúde pública como conceito mais amplo, está entrelaçada à Epidemiologia, visto que esta fornece estudos aprofundados e evidências que auxiliam a desenvolver e avaliar intervenções/ações eficazes na promoção da saúde. Visa, assim, abordar o processo saúde-doença não apenas em nível coletivo, mas também individual.

A Epidemiologia e suas aplicações são amplas, o que nos permite utilizar seus conceitos para a avaliação/revisão de políticas públicas de saúde, gestão de serviços de saúde e contínua investigação científica[7,8]. Isso porque, por avaliar a situação de saúde, ela também é uma ferramenta primordial de análise de dados, cuja importância vai além da pesquisa, englobando também a utilização em serviços públicos e particulares, auxiliando, inclusive, em tomadas de decisões. As prioridades em saúde também podem ser definidas

QUADRO 1 Classificação da situação epidemiológica de doenças/agravos

Classificação	Contexto
Endemia	Restrita a uma população/região, ocorre de forma esperada/habitual em determinada área/período.
Epidemia	É semelhante à endemia; no entanto, sua ocorrência é maior que o esperado. É dividida em fases: primeiro ocorre a progressão e depois a regressão; consequentemente, volta a ser uma endemia.
Surto	Ocorre em um determinado local/população, e os casos são correlacionados.
Sazonal	Ocorre sempre em determinado local e período do ano.
Pandemia	Ocorre em várias regiões ao mesmo tempo, muitas vezes em nível mundial.

Fonte: elaborado pelas autoras, com base em Gordis[4].

por meio de análises epidemiológicas, elaboração de possíveis cenários e de novas políticas públicas, e seleção de tecnologias e informações em saúde que poderão ser utilizadas na verificação da efetividade das ações realizadas[7].

Diante disso, percebe-se que o desenvolvimento de um raciocínio epidemiológico é fundamental para todos os profissionais de saúde, uma vez que proporcionará conhecimento da importância do registro de dados/informações e sua sistematização. Isso permitirá sua utilização para planejamento, avaliação/reavaliação e revisão de processos de trabalho, o que, por sua vez, acarretará maior eficiência, eficácia e efetividade de ações realizadas[3].

É nesse cenário que entram os dados que, de forma geral, podem ser considerados "matéria-prima" da informação, ou seja, valores brutos atribuídos a algo que será foco do estudo, mas que sozinhos não fornecem informações sobre determinado assunto[3]. Para pesquisas epidemiológicas, esses dados são as chamadas variáveis do estudo ou de interesse do estudo, que precisam ser analisados para assim responderem ao problema, ou seja, apresentarem informações sobre o processo saúde-evento e os fatores que o influenciam[3]. Vale lembrar que toda a discussão realizada torna claro que é pressuposto para estudos epidemiológicos o uso de dados criteriosamente analisados, visto que sua qualidade e precisão impactam diretamente os resultados obtidos, os quais serão, muitas vezes, utilizados como critérios para tomada de decisões, inclusive de gestão pública.

DADOS EM SAÚDE E SISTEMAS DE INFORMAÇÃO

Para a realização de estudos epidemiológicos, é necessário obter dados dos registros sobre características pessoais, de determinada condição de saúde, clínicos, resultados de exames, eventos relacionados à saúde, dentre outros[9]. Esses dados podem ser obtidos diretamente, por meio de coletas específicas para pesquisas científicas ou de inquéritos de base populacional (denominados dados primários). Assim, pode-se obter dados apropriados e com potencial de responder às perguntas específicas de pesquisa ou caracterizar a população, resguardando-se a sua qualidade e minimizando os possíveis vieses, o que constitui uma grande vantagem desse tipo de dado. Por outro lado, como principais desvantagens na obtenção dos dados primários, destacam-se os custos para a coleta e o acesso aos pacientes/população e insumos. Outra maneira de obter informações é por meio de dados coletados e consolidados para outros fins, que não são os específicos dos estudos a serem desenvolvidos (denominados dados secundários). Como vantagens desse tipo de dados, destacam-se a possibilidade de trabalhar com grande volume de informações, a ampla cobertura populacional, a facilidade de obtenção e, consequente, o baixo custo. Como principais desvantagens, ressaltam-se a pouca especificidade dos dados, a possível falta de padronização da coleta e o baixo controle da qualidade, da cobertura e de potenciais vieses[9,10].

Dentre as fontes de dados secundários, estão os registros de atendimentos clínicos, como os prontuários ambulatoriais e hospitalares, de inquéritos nacionais realizados por órgãos públicos e organizações não governamentais e dados oriundos dos Sistemas de Informação em Saúde do Departamento de Informática do Sistema Único de Saúde (DATASUS). Este desempenha papel crucial na coleta, consolidação e produção de informação em saúde para subsidiar o fortalecimento do SUS, da melhoria da saúde e da qualidade de vida da população do país[11].

Os Sistemas de Informação em Saúde (SIS) compreendem um conjunto de componentes articulados e inter-relacionados que processam os dados, incluindo a coleta, análise, produção e disseminação da informação. Os SIS são classificados como sistemas de eventos vitais, ambulatoriais, hospitalares, epidemiológicos, sociais, financeiros, de regulação, de gestão, estruturantes e de cadastro. Juntos, possibilitam gerar uma extensa gama de informações essenciais para o SUS.

No Quadro 2 estão alguns dos principais SIS disponibilizados pelo DATASUS, que possibilitam, além da geração de informação para o SUS, a caracterização das condições de saúde, o dimensionamento da demanda e do número de profissionais, a criação de indicadores e a realização de pesquisas.

Além dos SIS citados, destaca-se a grande e crescente disponibilidade de dados secundários advindos dos inquéritos de saúde realizados pelo Ministério da Saúde, como a Pesquisa Nacional de Saúde (PNS), a Pesquisa Nacional de Saúde do Escolar (PENSE), a pesquisa Vigilância de Fatores de Risco e Proteção para Doenças Crônicas por Inquérito Telefônico (VIGITEL) e o inquérito Vigilância de Violências e Acidentes em Serviços de Urgência e Emergência (VIVA Inquérito). Outras bases de dados, como o censo demográfico, a Pesquisa Nacional por Amostragem de Domicílios (PNAD) e a Pesquisa de Orçamento Familiar (POF), que são disponibilizadas pelo Instituto Brasileiro de Geografia e Estatística (IBGE), podem ser usadas no serviço e na pesquisa como fonte adicional de dados[12].

Para que os dados obtidos sejam úteis, é necessário que sejam tratados e gerem informações, possibilitan-

QUADRO 2 Principais Sistemas de Informação em Saúde do Ministério da Saúde, dados disponíveis e aplicabilidade

Sistema de Informação	Dados disponíveis	Documento-base	Aplicabilidade
Sistema de Informação de Mortalidade (SIM)	Dados sobre óbitos, segundo local de residência e ocorrência, informações sobre causas básicas e associadas, características sociodemográficas dos indivíduos que foram a óbito.	Declaração de Óbito (DO)	Criação de indicadores de saúde, como os coeficientes de mortalidade geral e por causas específicas.
Sistema de Informação de Nascidos Vivos (SINASC)	Dados de recém-nascidos, como peso ao nascer e idade gestacional, e das mães, como idade e escolaridade.	Declaração de Nascido Vivo (DNV)	Criação de indicadores de prevalência e incidência de determinadas condições e características.
Sistema de Informações Hospitalares	Dados sobre internações nos hospitais da rede própria ou credenciados do SUS, que possibilitam a conferência e pagamento dos procedimentos realizados. Fornece ainda dados sobre os pacientes internados, como idade, sexo, motivos das internações e tempo de permanência no hospital.	Autorização de Internação Hospitalar (AIH)	Criação de indicadores de morbidade, dimensionamento de demanda para atendimento de pacientes e pesquisas sobre determinada patologia, condição de saúde e características assistenciais.
Sistema de Informação de Agravos de Notificação (SINAN)	Informações sobre incidência, prevalência e letalidade de doenças e agravos de notificação compulsória.	Ficha individual de notificação/ficha individual de investigação	Dimensionamento e monitoramento de doenças relacionadas ao trabalho, como a perda auditiva induzida por ruído (PAIR), e a vigilância de surtos, endemias e epidemias.
Sistema de Informações Ambulatoriais (SIA)	Informações relacionadas aos grupos de procedimentos ambulatoriais realizados no âmbito do SUS.	Boletim de Produção Ambulatorial	Caracterização dos procedimentos ambulatoriais para o monitoramento e dimensionamento da demanda e de profissionais.
Sistema de Informação da Atenção Básica (SIAB)	Sistematiza as informações sobre as ações e resultados das atividades realizadas pelas equipes do Programa Saúde da Família (PSF).	Formulários de cadastro e acompanhamento das famílias atendidas pelo PSF	Instrumento gerencial dos Sistemas Locais de Saúde para a obtenção de informações sobre cadastros de famílias, condições de moradia e saneamento, situação de saúde e produção e composição das equipes de saúde.
Cadastro Nacional de Estabelecimentos de Saúde (CNES)	Dados sobre os estabelecimentos de saúde do país, incluindo tipos de leitos, serviços e equipamentos, instituições mantenedoras e forma de vinculação ao SUS, e sobre os profissionais, como carga horária dedicada, tipo de vínculo empregatício e produção.	Vários	Caracterização e dimensionamento dos estabelecimentos, procedimentos, equipes e profissionais.
Sistema de Cadastramento de Usuários do Sistema Único de Saúde (CADSUS)	Dados dos usuários do SUS; possibilita a geração do Cartão Nacional de Saúde.	Cadastro Único de Saúde	Dimensionamento da demanda e organização da oferta de serviços.

Fonte: elaborado pelas autoras.

do a criação de indicadores e medidas-síntese que possibilitem a sua interpretação e utilização, por exemplo, para a análise das condições de saúde e de morbidade, condições de vida, utilização de serviços, dimensionamento de demanda e oferta, caracterização dos profissionais, dentre outros.

INDICADORES DE SAÚDE

A partir da análise dos dados relacionados à saúde, é possível gerar informação e conhecimento que podem ser apresentados em forma de indicador. Essa medida-síntese reflete uma característica particular que, em geral, não está sujeita à observação direta, como é o caso da saúde[13].

O interesse de mensurar aspectos da saúde é antigo, e os primeiros indicadores eram constituídos por medidas de mortalidade. No entanto, com a transição demográfica e epidemiológica, surgiu a necessidade do desenvolvimento de indicadores que refletissem outros aspectos do estado de saúde das populações, especialmente a qualidade de vida. Assim, na década de 1950, a Organização Mundial da Saúde (OMS) sugeriu que a mensuração dos níveis de vida fosse feita a partir de uma abordagem ampla, que considerasse aspectos diversos como morbidade, alimentação, nutrição, nível educacional, condições de trabalho e moradia, segurança, entre outros[13].

Os indicadores de saúde podem representar aspectos da saúde de um indivíduo ou de uma população. Na área da Saúde Coletiva, os indicadores populacionais são amplamente utilizados, pois podem contribuir para a análise da situação de saúde, identificação dos principais problemas e definição de prioridades, monitoramento de eventos, avaliação e planejamento de ações e tomada de decisão[13-15]. Os indicadores também são fundamentais para a avaliação do impacto das ações e dos serviços de saúde, que devem ser eficazes, efetivos e eficientes. O primeiro termo, eficácia, se refere ao resultado produzido em condições "ideais" de observação, enquanto efetividade considera o resultado obtido em condições normais, no "mundo real". Por fim, a eficiência leva em conta não apenas o impacto, mas também os recursos empregados, ou seja, a relação entre os ganhos alcançados e os custos[16].

A escolha do indicador a ser utilizado deve considerar alguns aspectos, como a validade (que é a capacidade do indicador de representar adequadamente o fenômeno de interesse) e a confiabilidade (que se refere à obtenção de resultados semelhantes quando a mensuração é repetida)[15]. Além disso, deve-se considerar a disponibilidade de dados para toda a população de interesse, simplicidade para construir, facilidade para interpretar, possibilidade de realizar comparações entre populações ou entre momentos distintos de uma mesma população, apresentação de uma boa relação custo-efetividade e garantia dos preceitos éticos[13-15].

O resultado de um indicador de saúde pode ser apresentado em forma de frequência absoluta ou relativa. A primeira forma possui limitações por não apresentar uma referência em relação ao total da população; assim, é utilizada sobretudo em situações com poucos casos. Já os indicadores expressos em frequência relativa podem ser representados por razões, proporções ou coeficientes/taxas e são mais utilizados por facilitarem as comparações e interpretações e considerarem a relação entre o número de casos e a população da qual eles fazem parte[13-15,17].

Os indicadores de saúde podem ser classificados de diferentes formas. Uma das mais utilizadas foi proposta pela OMS e considera a dimensão do conceito de saúde a que se refere. São classificados em três grandes grupos: I) indicadores que se referem diretamente à saúde; II) indicadores que dizem respeito às condições do meio ambiente; e III) indicadores relativos aos serviços de saúde. Estes últimos ainda podem ser subdivididos em indicadores de insumos/estrutura, de processos e de resultados. Já os indicadores que se referem diretamente à saúde incluem, por exemplo, as medidas de mortalidade, morbidade, demográficas e nutricionais[13].

Os indicadores de saúde baseados em medidas de mortalidade têm sido utilizados há mais de um século e têm como vantagem a facilidade de operacionalização, uma vez que a morte é um evento único e marcante e precisa ser registrado. No entanto, esses indicadores representam apenas o último evento do processo saúde-doença e não são adequados para avaliar adoecimento com baixa probabilidade de levar à morte. Entre as medidas de mortalidade, destacam-se a mortalidade geral, a mortalidade por causas específicas, a mortalidade proporcional e a letalidade. Esta última, diferente das demais, relaciona o número de mortes com o número de doentes e assim expressa a capacidade da doença de provocar a morte das pessoas acometidas[17,18].

Já os indicadores de saúde baseados em medidas de morbidade são a expressão quantitativa do adoecimento da população e são divididos em medidas de incidência e prevalência. De forma geral, são definidos como a proporção entre casos de uma doença e a população de origem desses casos. O cálculo da prevalência considera o número total de casos existentes de um determinado agravo (novos e antigos) dividido pela população de origem em um determinado local e período; o resultado expressa a magnitude com que a doença ocorre na população. A incidência, por sua vez, reflete a intensidade com que o agravo ocorre na população, e o cálculo é feito pela divisão do número de casos novos de um agravo pela população exposta ao risco de adquiri-lo[17,18].

Ao calcular um indicador e apresentar o seu resultado, é fundamental que se considere quem é a população envolvida, o local (país, estado, cidade etc.) e o tempo no qual o evento ocorreu (ano, mês), a fim de que não haja erros em sua interpretação[15]. O acompanhamento de indicadores em saúde é uma das ações da Vigilância em Saúde.

VIGILÂNCIA EM SAÚDE COMO FERRAMENTA PARA O CUIDADO

Entende-se por Vigilância em Saúde:

> O processo contínuo e sistemático de coleta, consolidação, análise de dados e disseminação de informações sobre eventos relacionados à saúde, visando o planejamento e a implementação de medidas de saúde pública, incluindo a regulação, intervenção e atuação em condicionantes e determinantes da saúde, para a proteção e promoção da saúde da população, prevenção e controle de riscos, agravos e doenças[19].

É importante destacar que esse conceito é bastante ampliado, perpassa por ações voltadas para a promoção e proteção à saúde da população e enfatiza a prevenção e o controle de riscos, não se restringindo à vigilância de agravos e doenças.

Para fins de especificação das ações que estão no escopo da Vigilância, ela está dividida didaticamente em: Vigilância em Saúde Ambiental, Vigilância em Saúde do Trabalhador e da Trabalhadora, Vigilância Sanitária e Vigilância Epidemiológica[19]. A Vigilância em Saúde Ambiental se refere a situações em que há uma relação do binômio saúde/meio ambiente, englobando prevenção e controle de zoonoses e outros agravos à saúde relacionados a animais[20]. A área da Vigilância em Saúde do Trabalhador e da Trabalhadora tem como foco ações que visam à promoção da saúde, prevenção da morbimortalidade e redução de riscos e vulnerabilidades na população trabalhadora[19].

Já a Vigilância Sanitária atua no conjunto de ações capazes de eliminar, diminuir ou prevenir riscos à saúde e intervir nos problemas sanitários relacionados a serviços e produtos de interesse à saúde. A Vigilância Epidemiológica é descrita como um conjunto de ações que proporcionam o conhecimento e a detecção de mudanças nos fatores determinantes e condicionantes da saúde individual e coletiva, com a finalidade de recomendar e adotar as medidas de prevenção e controle das doenças transmissíveis e não transmissíveis e agravos à saúde[19].

As ações de vigilância devem ser incorporadas à rotina dos profissionais e serviços de assistência à saúde. Por serem baseadas em protocolos e na adoção da Epidemiologia para a gestão do cuidado, auxiliam fortemente na organização dos processos de trabalho. A análise das informações, sob o olhar da Epidemiologia e Vigilância em Saúde, diminui o retrabalho, favorece o estabelecimento de prioridades e auxilia no planejamento em saúde. É preciso desfazer o paradigma do "mundo da vigilância" e "mundo da assistência", pois, na prática, acontecem de forma síncrona.

Historicamente, a vigilância era tida como a área que atuava nas questões coletivas. Entretanto, é preciso rever esse modelo, pois práticas individuais também integram ações de Vigilância em Saúde. Segundo Teixeira, Paim e Vilasboas[21], deve-se superar a dicotomia entre as chamadas práticas coletivas (vigilância epidemiológica e sanitária) e as práticas individuais (assistência ambulatorial e hospitalar). Ainda segundo os autores, isso se daria por meio da incorporação, dentre outros, da Epidemiologia e da administração estratégica ao processo de descentralização e reorganização dos serviços e práticas de saúde em nível local[21].

A Vigilância em Saúde baseia-se nos princípios de resolutividade, responsabilização e territorialização. Com análises da situação de saúde da população, é possível alcançar maior resolutividade para as necessidades apresentadas. Como a Atenção Básica é a principal porta de entrada e centro de comunicação da Rede de Atenção à Saúde (RAS), a coordenadora do cuidado e ordenadora da rede[22], torna-se particularmente essencial incorporar ações de Vigilância em Saúde na sua rotina, adotando a responsabilidade sanitária pela população adscrita. O objetivo primordial é oferecer um cuidado baseado nos conceitos de integralidade e equidade, ou seja, que considere o sujeito em todas as suas necessidades e que ofereça mais aos que mais necessitam.

O ponto de partida para as ações é o processo de territorialização, que é dinâmico e implica o conhecimento do território, abrangendo aspectos geográficos e sociodemográficos, aspectos ambientais, dados epidemiológicos sobre agravos/doenças e mortalidade e situações de vulnerabilidade. Inclui-se nesse processo o conhecimento da RAS e de serviços e equipamentos educacionais, socioassistenciais e de cultura, esporte e lazer. Esse processo é uma das diretrizes do SUS a ser operacionalizada pela Atenção Básica e deve ser refeito ou complementado sempre que necessário, já que o território é vivo. Além disso, auxilia fortemente na percepção dos problemas de saúde da população e no planejamento das estratégias de intervenção[22].

É importante que o olhar para a situação de saúde da população incorpore os determinantes e condicionantes do processo saúde-doença. Os determinantes e condicionantes incluem, entre outros, alimentação, moradia, saneamento básico, meio ambiente, trabalho, renda, educação, atividade física, transporte, lazer e acesso aos bens e serviços essenciais[23]. As necessidades de saúde não se reduzem à necessidade de serviços ou cuidados específicos relacionados a uma doença, pois, muitas vezes, estão justamente relacionadas a questões de moradia e alimentação, dentre outras. Portanto, é preciso atuar de forma intersetorial[24].

A Vigilância em Saúde, ao utilizar a Epidemiologia, pode contribuir para esse processo de conhecimento do território, analisando dados e estratificando as informações por microáreas, inclusive bairros e ruas. O georreferenciamento dos dados permite a construção de mapas que auxiliam na definição de prioridades e no planejamento das equipes.

A tríade informação-decisão-ação[21] é a premissa básica da Vigilância em Saúde, que utiliza diversos bancos de dados para registro das informações, como o Sistema Nacional de Agravos de Notificação (SINAN), o Sistema de Informação de Vigilância Epidemiológica da Gripe (SIVEP Gripe), o Sistema de Informação do Programa Nacional de Imunizações (SI-PNI). Além disso, consulta e compara as informações com bancos como o Sistema de Nascidos Vivos (SINASC) e o Sistema de Mortalidade (SIM), dentre outros.

Uma importante fonte de informação para a Vigilância em Saúde é a notificação compulsória de agravos e doenças, cuja lista é atualizada constantemente na Portaria de Consolidação n. 4 do Ministério da Saúde[25]. São exemplos de notificação compulsória as infecções congênitas como rubéola, sífilis e toxoplasmose e agravos como violência e acidentes.

Como pode ser visto na Figura 1, o ciclo se inicia com a observação do profissional, que a registra em prontuário, sistemas ou planilhas, dando origem a um dado. Esse dado, sendo analisado, gera informação que, quando interpretada, resulta em conhecimento científico. Esse conhecimento precisa ser transformado em boletins, painéis e outras ferramentas para que possa ser divulgado e, assim, retornar aos profissionais que iniciaram o ciclo, os quais o utilizarão como base para tomada de decisão. Todo esse processo é chamado de "Saúde Pública baseada em evidências"[14].

Quando há falha em qualquer etapa desse processo, especialmente na observação e registro do dado, a divulgação para ação pode sofrer viés e trazer informações equivocadas. É preciso "conhecer para controlar". Dessa forma, o que não é observado e/ou registrado (p. ex.: exames, testagens, diagnósticos) não pode ser analisado nem utilizado para rever processos de trabalho, definir prioridades em saúde ou

FIGURA 1 Ciclo da Saúde Pública baseada em evidências.
Fonte: elaborado pelas autoras, com base na Organização Pan-Americana de Saúde[14] e Almeida-Filho et al.[26].

realizar melhorias no acesso da população a serviços e equipamentos.

Ademais, com o uso da Epidemiologia, pode-se analisar a curva epidemiológica de uma determinada doença ou agravo e indicar o seu padrão de crescimento e comportamento. A partir de análise temporal e espacial, define-se, por exemplo, se há a ocorrência de um surto, epidemia, pandemia ou endemia. Costuma-se dizer que a análise epidemiológica leva em conta: "quem", "onde" e "quando". Portanto, com observação e registro equivocados ou ausentes, pode-se avaliar de forma inadequada esses diferentes cenários epidemiológicos, interferindo nas tomadas de decisão, dimensionamento de recursos, contratações, ampliações de serviços, dentre outros.

Sendo assim, é importante que todo profissional de saúde esteja engajado nas ações de Vigilância em Saúde no seu cotidiano, adotando uma postura proativa, investigativa e atenta aos registros sistemáticos de sua prática, utilizando a Epidemiologia como ferramenta de gestão.

CONCLUSÃO

A Epidemiologia e a Vigilância em Saúde são fortes aliados no que se refere ao conhecimento da situação de saúde da população e podem auxiliar na organização dos serviços, no estabelecimento de prioridades e, portanto, no planejamento da atuação profissional. É preciso incorporar, na rotina de trabalho, o registro sistemático, oportuno e qualificado dos dados para que possam ser analisados, gerando informações úteis para a melhoria do cuidado em saúde.

Assim, é necessário adotar indicadores de saúde para o monitoramento das ações. Eles são como "termômetros" da situação de saúde da população e da organização dos serviços e podem auxiliar a "corrigir as rotas" e propor novas ações/estratégias para alcance das metas estabelecidas.

A adoção da Epidemiologia como ferramenta de gestão e da Vigilância em Saúde como estratégia transversal possibilitam o uso de medidas em saúde pública baseadas em evidências, considerando a equidade e a integralidade como conceitos norteadores da prática profissional, o que incidirá diretamente no cuidado em saúde da população.

REFERÊNCIAS BIBLIOGRÁFICAS

1. Gordis L. Introdução. In: Gordis L. Epidemiologia. 4. ed. Rio de Janeiro: Revinter; 2010. p. 3-17.
2. Block KV, Coutinho ESF. Fundamentos da pesquisa epidemiológica. In: Medronho RA, Bloch KV, Luiz RR, Werneck GL (orgs.). Epidemiologia. 2. ed. São Paulo: Atheneu; 2009. p. 173-9.
3. Friche AAL, et al. FAQ Respostas e perguntas frequentes em Epidemiologia e Saúde Coletiva. São Paulo: Sociedade Brasileira de Fonoaudiologia, Departamento de Saúde Coletiva; 2023 [acesso em 20 jan 2024]. Disponível em: https://www.sbfa.org.br/portal2017/themes/2017/faqs/faq_epidemiologia.pdf.
4. Gordis L. Dinâmica da transmissão das doenças. In: Gordis L. Epidemiologia. 4. ed. Rio de Janeiro: Revinter; 2010. p. 19-36.
5. Gordis L. Abordagem epidemiológica das doenças e intervenção. In: Gordis L. Epidemiologia. 4. ed. Rio de Janeiro: Revinter; 2010. p. 37-57.
6. Bonita R, Beaglehole R, Kjellstrom T. O que é Epidemiologia? In: Bonita R, Beaglehole R, Kjellstrom T. Epidemiologia básica. 2. ed. São Paulo: Santos Editora; 2001. p. 1-13.
7. Gordis L. Uso da Epidemiologia para avaliação de serviços de saúde. In: Gordis L. Epidemiologia. 4. ed. Rio de Janeiro: Revinter; 2010. p. 295-312.
8. Gordis L. Epidemiologia e políticas públicas. In: Gordis L. Epidemiologia. 4. ed. Rio de Janeiro: Revinter; 2010. p. 335-49.
9. Coeli CM, Camargo Junior KR, Sanches KRB, Cascão AM. Sistemas de Informação em Saúde. In: Medronho RA, Bloch KV, Luiz RR, Werneck GL (orgs.). Epidemiologia. 2. ed. São Paulo: Atheneu; 2009. p. 525-34.
10. Meira TC, Friche AAL. Noções de Epidemiologia e Sistemas de Informação em Saúde. In: Feitosa ALF, Depolli GT, Costa SA. Mapas conceituais em Fonoaudiologia: Saúde Coletiva. São Paulo: Booktoy; 2022. p. 191-206.
11. Cunha EM, Vargens JMC. Sistemas de Informação do Sistema Único de Saúde. In: Gondim GMM, Christófaro MAC, Miyashiro GM (orgs.). Técnico de Vigilância em Saúde: fundamentos [livro eletrônico]. Rio de Janeiro: EPSJV; 2017 [acesso em 29 mai 2021]. Disponível em: https://www.arca.fiocruz.br/bitstream/icict/39907/2/T%C3%A9cnico%20de%20Vigil%C3%A2ncia%20em%20Sa%C3%BAde%20v.2%20-%20Sistemas%20de%20informa%C3%A7%C3%A3o%20do%20Sistema%20%C3%9Anico%20de%20Sa%C3%BAde.pdf.
12. Brasil. Ministério da Saúde. Departamento de Informática do SUS, DATASUS [página na internet]. Informações de Saúde-Tabnet [acesso em 28 jan 2024]. Disponível em: https://datasus.saude.gov.br/informacoes-de-saude-tabnet/.
13. Costa AJL, Kale PL, Vermelho LL. Indicadores de saúde. In: Medronho RA, Bloch KV, Luiz RR, Werneck GL (orgs.). Epidemiologia. 2. ed. São Paulo: Atheneu; 2009. p. 31-82.
14. Organização Pan-Americana da Saúde. Indicadores de saúde. Elementos conceituais e práticos. Washington, D.C.: OPAS; 2018.
15. Pereira MG. Indicadores de Saúde. In: Pereira MG. Epidemiologia: Teoria e Prática. Rio de Janeiro: Guanabara Koogan; 2017. p. 49-186.
16. Pereira MG. Qualidade dos serviços de saúde. In: Pereira MG. Epidemiologia: Teoria e Prática. Rio de Janeiro: Guanabara Koogan; 2017. p. 513-37.
17. Mota E, Kerr LRFS. Medidas de ocorrência de doenças, agravos e óbitos. In: Almeida-Filho N, Barreto ML. Epidemiologia & Saúde: Fundamentos, métodos e aplicações. Rio de Janeiro: Guanabara Koogan; 2013. p. 95-117.
18. Lima JRC, Pordeus AMJ Rouquayrol MZ. Medida da Saúde Coletiva. In: Rouquayrol MZ, Gurgel M (orgs.). Rouquayrol: Epidemiologia & Saúde. 8. ed. Rio de Janeiro: Medbook; 2018. p. 25-62.

19. Brasil. Resolução CNS n. 588, de 12 de julho de 2018 [acesso em 25 jan 2024]. Disponível em: https://conselho.saude.gov.br/resolucoes/2018/Reso588.pdf.
20. Costa AS, Faria CM. Vigilância em Saúde: diretrizes e práticas transversais na rede de atenção à saúde, visando à construção da integralidade da atenção. In: Feitosa ALF, Depolli GT, Costa SA. Mapas Conceituais em Fonoaudiologia: Saúde Coletiva. Ribeirão Preto: Booktoy; 2022. p. 163-77.
21. Teixeira CF, Paim JS, Vilasbôas AL. SUS, Modelos Assistenciais e Vigilância da Saúde. In: Rozenfeld S (org.). Fundamentos da Vigilância Sanitária. Rio de Janeiro: Editora FIOCRUZ; 2000. p. 49-60.
22. Brasil. Política Nacional da Atenção Básica. Portaria de Consolidação n. 02, de 28 de setembro de 2017 [acesso em 25 jan 2024]. Disponível em: https://bvsms.saude.gov.br/bvs/saudelegis/gm/2017/prc0002_03_10_2017.html.
23. Brasil. Lei n. 8080, de 19 de setembro de 1990 [acesso em 25 jan 2024]. Disponível em: http://www.planalto.gov.br/ccivil_03/leis/l8080.htm.
24. Paim JS, Almeida-Filho N. Análise da situação de saúde: O que são necessidades e problemas de saúde? In: Paim JS, Almeida-Filho N. Saúde coletiva: teoria e prática. 2. ed. Rio de Janeiro: Medbook; 2023. p. 35-45.
25. Brasil. Lista Nacional de Notificação Compulsória: Portaria de Consolidação n. 04, de 28 de setembro de 2017, Anexo V, Anexo 1 [acesso em 20 jan 2024].
26. Almeida-Filho N, Barreto ML, Rouquayrol MZ. Introdução ao método epidemiológico. In: Almeida-Filho N, Barreto ML. Epidemiologia & Saúde: Fundamentos, métodos e aplicações. Rio de Janeiro: Guanabara Koogan; 2013. p. 77-84.

Educação na saúde: o papel do SUS na formação profissional

Stela Maris Aguiar Lemos
Claudia Silva Pagotto Cassavia
Mariangela Lopes Bitar

PONTOS-CHAVE

- A educação na saúde refere-se ao processo de aprendizagem de estudantes e profissionais de saúde quanto à produção e sistematização de conhecimentos para atuarem nos diversos cenários e contextos interprofissionais.
- O Sistema Único de Saúde (SUS) na formação profissional compreende dimensões e processos que promovem integração ensino-serviço.
- A transferência de tecnologia no SUS considera a complexidade das estratégias e abordagens alinhadas ao contexto da gestão do cuidado como promotor de processo de aprendizagem em colaboração.

OBJETIVOS DE APRENDIZAGEM

Ao final deste capítulo, o leitor deverá ser capaz de:

- Identificar os conceitos de educação na saúde e educação em saúde.
- Compreender a relação dos processos de educação na saúde e aplicar os princípios fundamentais na diversidade de contextos do SUS.
- Interpretar a transferência de tecnologia nos contextos de atuação no SUS como processo de educação na saúde.

INTRODUÇÃO

O Sistema Único de Saúde (SUS) exerce papel central e permanente na formação e desenvolvimento do profissional na medida em que norteia diretrizes curriculares dos cursos superiores da área da saúde consonantes com o sistema de saúde vigente e também as diretrizes que implementam a educação permanente em saúde, voltada para os trabalhadores em seus contextos específicos de atuação/ação.

A formação do profissional da saúde compreende desafios que se atualizam constante e rapidamente diante dos avanços tecnológicos e das mudanças sociais que se revelam no dia a dia dos serviços e seus territórios.

Sob a ótica das repercussões da formação e qualificação do profissional em saúde e seu engajamento institucional com responsabilidade cidadã, o presente capítulo aborda na Parte 1, **Educação na Saúde e Educação em Saúde: conceitos e conexões**, aspectos relativos aos conceitos de educação na saúde e em saúde, educação continuada e permanente, bem como suas inter-relações. Na Parte 2, **O papel do SUS na formação profissional – o SUS como ordenador da formação**, a partir de um breve histórico acerca da criação do SUS é destacado seu papel ordenador na formação de profissionais engajados, corresponsáveis e comprometidos em garantir acesso universal e integral aos serviços de saúde, segundo valores éticos e sociais. A Parte 3, **Transferência de tecnologia e o trabalhador aprendiz e mediador de aprendizagem**, chama a atenção para a relevância da transferência de tecnologia no SUS e a complexidade de estratégias e abordagens envolvidas no processo, levando em conta os diferentes contextos de gestão do cuidado. Destaca, ainda, o papel da educação na saúde para a formação do trabalhador, ora aprendiz, ora mediador de aprendizagem. Vale considerar que a gestão de aprendizagem, concernente aos processos de trabalho, aponta para sua influência na geração e ordenação de pesquisas.

PARTE 1: EDUCAÇÃO NA SAÚDE E EDUCAÇÃO EM SAÚDE: CONCEITOS E CONEXÕES

Abordar o papel do Sistema Único de Saúde na formação profissional implica em, inicialmente, diferenciar dois conceitos-chave: *educação na saúde* e *educação em saúde*. Embora apresentem conexões, precisam ser distinguidos na medida em que envolvem práticas singulares no campo da Saúde Coletiva.

A *educação em saúde* visa contribuir para o aumento da autonomia das pessoas e das coletividades no próprio cuidado mediante a expressão de suas necessidades na interação com profissionais de saúde, que reconheçam a importância da promoção e da prevenção além das práticas curativas. Além disso, é fundamental que gestores apoiem e deem suporte para o desenvolvimento de ações dentro e fora dos espaços convencionais em saúde. Na educação em saúde devem ser valorizados os saberes e conhecimentos prévios da população, não somente o conhecimento científico (*educação popular*)[1].

Para que a educação em saúde seja alcançada é necessária a educação dos profissionais de saúde, no que tange à sistematização de conhecimentos e tecnologias para atuarem nos diversos cenários e contextos interprofissionais. Constitui-se, assim, a *educação na saúde* realizada nas instituições de serviços comprometidas com o desenvolvimento das capacidades profissionais, com a segurança dos profissionais e usuários, bem como com a resolutividade do sistema[2].

A educação na saúde envolve a interação entre *educação continuada* e *educação permanente*[3].

Educação continuada é um processo de aquisição sequencial e cumulativa de informações técnico-científicas, por meio de escolarização formal, de vivências, de experiências laborais e de participação no âmbito institucional ou fora dele[2].

A educação permanente em saúde, por sua vez, é vital para a educação na saúde, na medida em que contribui para a qualificação dos processos de trabalho em saúde de acordo com as necessidades e especificidades locais. A problematização dos processos de trabalho em saúde cria possibilidades de transformação das práticas profissionais, da organização do trabalho, da reorganização da gestão perante o exercício do controle social em saúde[1,3].

A educação na saúde no contexto do Sistema Único de Saúde (SUS) enfrenta diversos desafios quanto à formação de profissionais, que incluem a integração e a incorporação eficaz e abrangente dos princípios do SUS, a prática alinhada com os ideais do sistema e a visão como processo contínuo e permanente[4] (Figura 1).

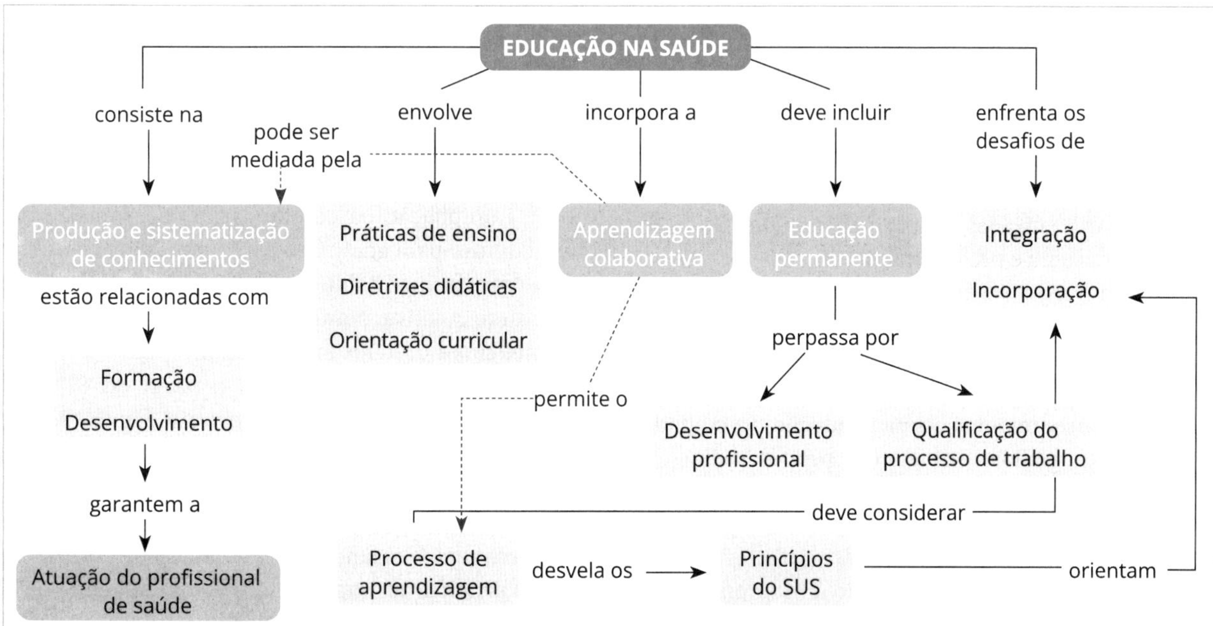

FIGURA 1 Principais elementos da educação na saúde.
Fonte: elaborada pelas autoras.

PARTE 2 – O PAPEL DO SUS NA FORMAÇÃO PROFISSIONAL – O SUS COMO ORDENADOR DA FORMAÇÃO

O século XX foi marcado por grandes mudanças em diversas áreas do conhecimento e do desenvolvimento humano, em especial na educação das profissões da saúde que teve como ponto de ancoragem todas as ações realizadas em torno da atenção hospitalar como foco central da formação.

Passos de transformação foram se delineando e, no final do século XX, reflexões potentes e capazes de gerarem mudanças de paradigma da visão hospitalocêntrica, predominante até então, passaram a ampliar a visão e as ações de saúde, considerando a integralidade do cuidado como ponto que se desejava alcançar.

Para que se tornasse possível tal desejo, a busca pela inter-relação com o ambiente, entre as pessoas e destas com suas atividades sociais, laborais e de participação passaram a ser consideradas e valorizadas na equação do bem-estar e saúde, tornando parte da promoção do cuidado em saúde[5].

Nesse bojo de inquietações, o movimento da Reforma Sanitária Brasileira foi delineado, com força profícua de mudanças e de alento, para que a saúde passasse a ser uma realidade para a população. Trouxe ideários traduzidos em princípios ideológicos, capazes de reorientar e direcionar novas propostas, políticas e programas advindos da Constituição Cidadã. Nesta, especificamente, relacionada à formação profissional em saúde, tem-se no "Art. 200. Ao Sistema Único de Saúde compete, além de outras atribuições, nos termos da lei [...] III ordenar a formação de recursos humanos na área de saúde; [...] V incrementar em sua área de atuação o desenvolvimento científico e tecnológico"[6].

Na gênese do Sistema de Saúde, a composição do conjunto de demandas e necessidades sociais faz parte da sua estrutura e concepção, por vezes reconhecidas, todavia marginalizadas em detrimento da lógica de mercado presente e predominante[7].

No entanto, o que se dá na disputa dos processos de formação profissional dos trabalhadores de saúde em geral é a dicotomia constante entre a orientação predominante, biológica ou necessidades dos usuários, centrada em procedimentos ou na produção do cuidado, como facetas opostas de objetivos e propósitos[8].

O SUS desempenha um papel central ao fornecer diretrizes e orientações que moldam a abordagem educacional. Como o sistema de saúde público no Brasil influencia diretamente a formação dos profissionais de saúde ao definir princípios e valores fundamentais, estimula uma formação que vai além das habilidades técnicas, abrangendo aspectos éticos, humanísticos e de responsabilidade social. Contribui para formação e aprimoramento de profissionais conscientes, engajados e alinhados com a missão de garantir o acesso universal e integral aos serviços de saúde, capaz de produzir sentimento de pertencimento e de defesa da vida, valores éticos, sociais e morais.

A promoção das tentativas para se alcançar a integração dos projetos pedagógicos às necessidades da população e do sistema de saúde de certa forma contribuiu para a ampliação da expectativa de vida. Sabe-se que há muito a avançar na ordenação da formação conduzida pelo SUS e em especial na integração de atores e ações de saúde propostas na lógica da promoção do cuidado[9].

Tal concepção clama pela necessidade de que os sistemas de educação e de saúde estejam alinhados, desafio há décadas vivenciado mundialmente. Considerar a população e as suas necessidades como base impulsionadora de ambos os sistemas (educacional e saúde) contribui para o enfrentamento dos desafios contemporâneos, cada vez mais complexos e dispendiosos, e ainda deposita nos profissionais de saúde demandas adicionais, crescentes e desafiadoras[9].

A multiprofissionalidade e o caráter sistêmico da educação na saúde caracterizam potenciais que o SUS demonstra para promover e produzir o bem comum, destacando a importância da formação na promoção da saúde. As práticas indissociáveis entre gestão e cuidado são reconhecidas práticas pedagógicas, de forma a garantir a participação ativa em diversos assuntos, respeitando singularidades, no planejamento, implementação e avaliação dos processos de produção e formação do profissional de saúde[10].

Os princípios do SUS se traduzem em diretrizes e práticas pedagógicas/metodológicas, capazes de promover a ampliação da comunicação na produção do que é comum para garantir a corresponsabilização, capaz de transformar hábitos, atitudes e a forma de pensar a saúde coletiva, simultaneamente, à configuração de benefícios e desafios na formação.

As dimensões que elucidam o papel do SUS na formação profissional, como mostra a Figura 2, são marcadas pelas dimensões epidemiológicas (sistemas de informação e vigilância em saúde), planejamento e gestão (políticas públicas, atenção em saúde e educação permanente) e ciências sociais em saúde (Humanização, Participação popular, Responsabilidade Social, Comunicação, Educação Popular)[11].

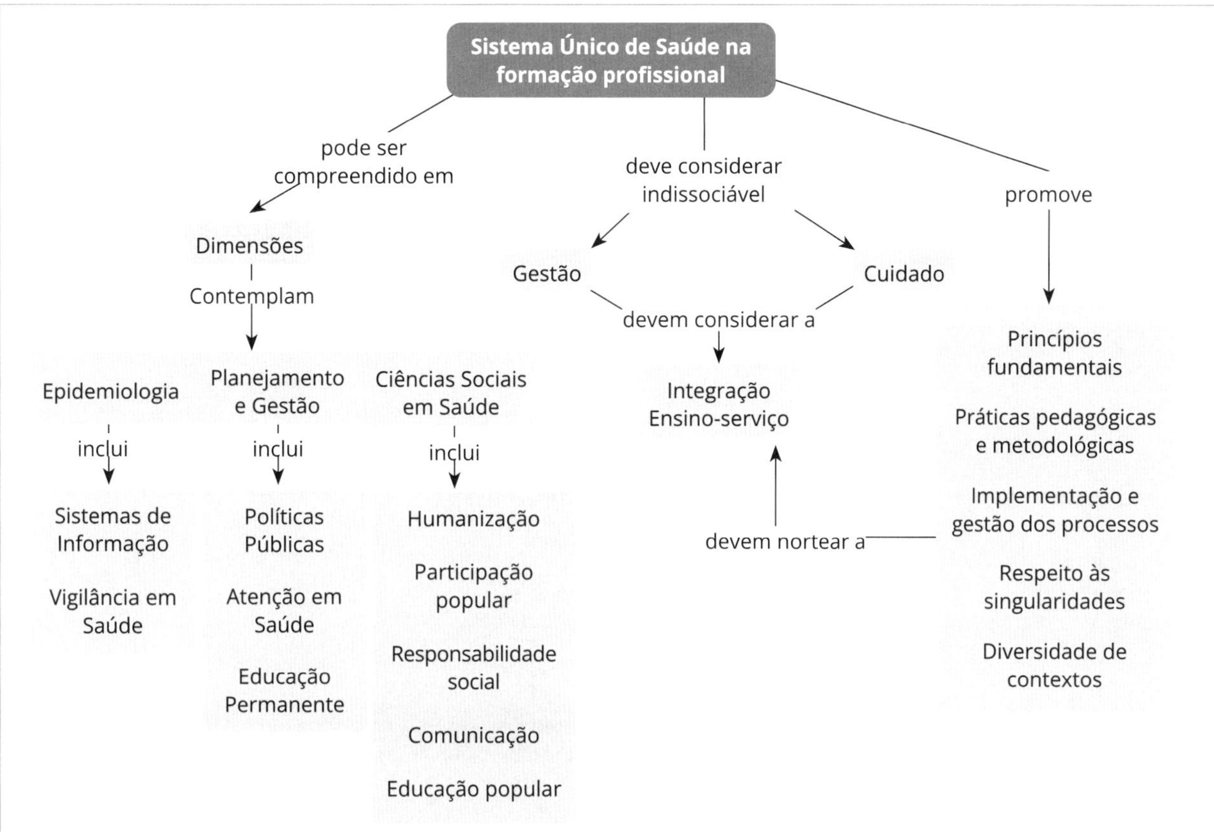

FIGURA 2 O papel do SUS na formação profissional.
Fonte: elaborada pelas autoras.

PARTE 3 – TRANSFERÊNCIA DE TECNOLOGIA E O TRABALHADOR APRENDIZ E MEDIADOR DE APRENDIZAGEM

Educação na saúde pressupõe, dentre outros aspectos, a transferência de tecnologia em saúde. A tecnologia de saúde pode ser entendida como uma intervenção desenvolvida para prevenir, diagnosticar ou tratar condições de saúde; promover saúde; prover reabilitação; ou organizar a prestação de cuidados de saúde[12].

Um ponto fundamental em relação ao processo de transferência de tecnologia no SUS é a complexidade das estratégias e abordagens no contexto da gestão do cuidado, seja na perspectiva do planejamento, clínico-assistencial, ou de prevenção e promoção da saúde. Tal complexidade, em lugar de ser considerada um desafio, pode e merece ser encarada como potencialidade. Nessa perspectiva, considerar as evidências educacionais no processo de transferência de tecnologia é fundamental, pois os espaços de atuação no SUS propiciam a aprendizagem cooperativa e a aprendizagem em um contexto social.

A aprendizagem em colaboração, além de desenvolver a capacidade de trabalhar com os outros, pode gerar maior produtividade e otimizar os resultados[13]. Um exemplo são as evidências das equipes interprofissionais na efetividade no cuidado e na produção de resultados[14], considerando desde a comunicação entre os trabalhadores até a construção e implementação do projeto terapêutico em consonância com as especificidades do trabalho especializado e flexibilidade na gestão da distribuição de atividades/tarefas.

A aprendizagem, em um contexto social, pressupõe que aprender fundamentado no significado das relações sociais e práticas é mister e pode se traduzir na construção de novos processos e intervenções. Dessa maneira, a transferência de tecnologia ganha potência e se transforma em consonância com o mundo real do cuidado em saúde.

Na prática, os pressupostos definidos nas evidências educacionais já estão estabelecidos no SUS, quando trabalhadores se propõem a transferir tecnologia para planejar, implementar, reestruturar, monitorar ou avaliar estratégias, processos ou metodologias clínico-assistenciais, de prevenção ou de promoção da saúde. Além disso, o contexto de transferência de tecnologias leves, leves-duras e duras[15] pode ser considerado como um dos eixos na educação na saúde como processo permanente, interativo e integrativo de equipes de saúde.

A educação na saúde envolve produção de conhecimento[16] e instrumentalização permanente do trabalhador. Desse modo, ela não se esgota em espaços educacionais. É necessário que o trabalhador sustente e retroaja no SUS como aprendiz e mediador de aprendizagem, alternando papéis muitas vezes de maneira quase simultânea. Assim, a gestão da aprendizagem proveniente dos processos de trabalho e de encontro de trabalhadores também pode ser geradora e ordenadora de pesquisas. Dessa forma, o trabalho promove conhecimento e a pesquisa retroalimenta o trabalho.

Incorporar a pesquisa ao SUS, além de contribuir para o avanço da qualificação profissional, pode promover a resiliência dos sistemas de saúde designada como a capacidade do sistema de absorver, adaptar-se ou transformar-se para manter funções essenciais em situações de estresse ou choque[17]. Ou seja, atualizar, avaliar, reinventar, reorganizar e reestruturar o fazer em saúde podem ser desafios que necessariamente passam pelo processo de educação na saúde e devem ser mediados por trabalhadores de saúde.

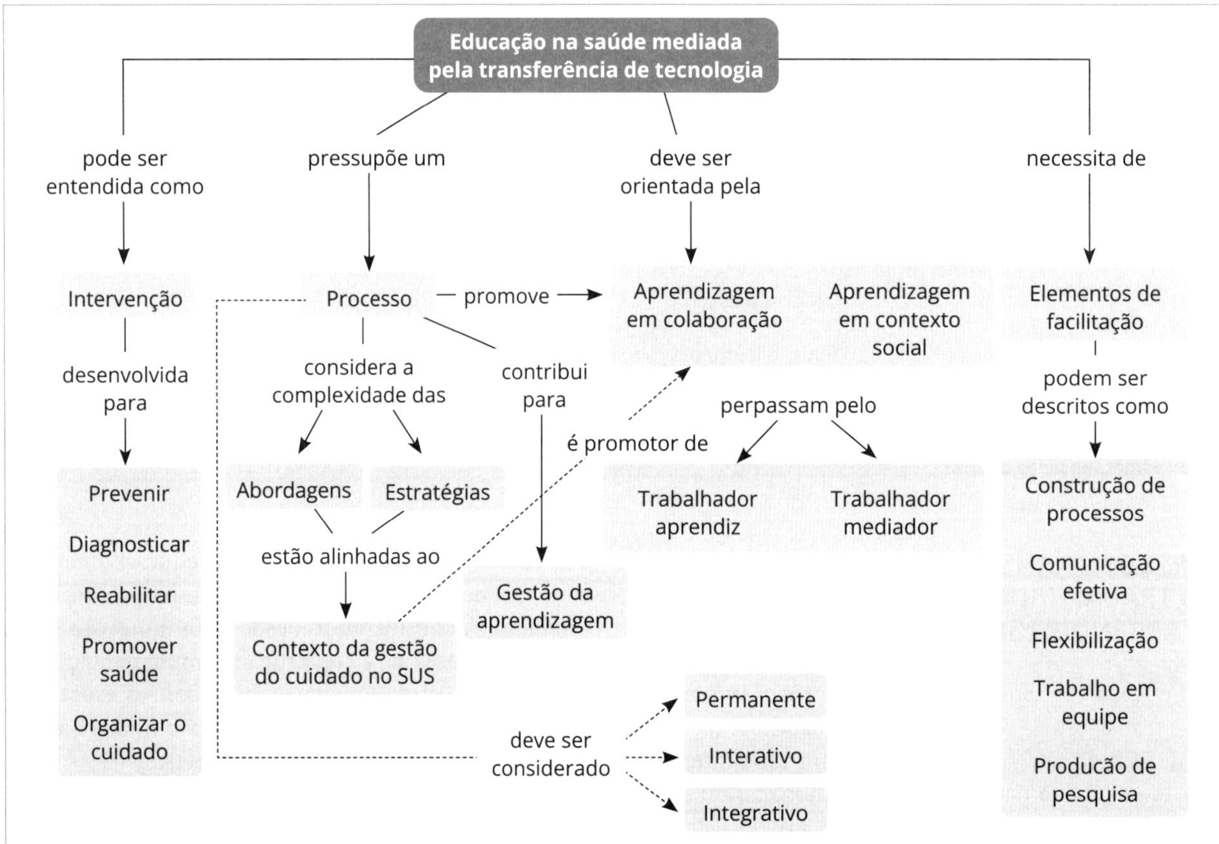

FIGURA 3 Implicações na transferência de tecnologia e educação na saúde no contexto do SUS.
Fonte: elaborada pelas autoras.

CONCLUSÃO

As propostas curriculares devem ser continuamente aprimoradas, considerando os atores envolvidos, reguladores, estudantes e trabalhadores, mediadas pelos processos de educação na saúde em consonância com princípios éticos, sociais e humanistas.

A concepção do SUS como Escola[18], ao ser assumida como premissa disparadora de processos de articulação entre ensino e serviço, é potente para construção da rede de aprendizagem colaborativa. Desse modo, as propostas de interação ensino-serviço devem atender às demandas territoriais de saúde e considerá-las objetivo estruturante. Assim, incorporar trajetórias e processos de formação como potencializadores de responsabilidade social é vital e premente.

A educação na saúde contemplada no SUS deve ser promovida, organizada, pactuada, gerenciada e contratualizada na integração ensino-serviço. Além disso, a transferência de tecnologia é considerada como um dos eixos no processo permanente, interativo e integrativo da formação.

REFERÊNCIAS BIBLIOGRÁFICAS

1. Falkenber MB, Mendes TPL, Moraes EP, Souza EM. Educação em saúde e educação na saúde: conceitos e implicações para a saúde coletiva. Ciências & Saúde. 2014;19(3):847-52.
2. Brasil. Ministério da Saúde. Glossário do Ministério da Saúde: projeto de terminologia em saúde. Série F: Comunicação e Educação em Saúde. Brasília: Ministério da Saúde; 2004.
3. Cassavia CSP, Cerrutti VQ. Educação permanente em saúde. In: Feitosa ALF, Depolli GT, Costa SA (orgs.). Mapas conceituais em fonoaudiologia: saúde coletiva. 1. ed. Ribeirão Preto: Book Toy; 2022. p. 221-30.
4. Malta DC, Sidat MM, Feuerwerker L, Pinto P, Fresta M, Hartz Z, et al. Formação de recursos humanos em saúde: desafios e oportunidades. ihmt [Internet]. 2019 [citado em 21Jan.2024];18:17-4.
5. Tempsk P, Borba M. O SUS como escola. Revista Brasileira de Educação Médica. 2009;33:319-20.
6. Brasil. Constituição da República Federativa do Brasil. Brasília: Senado Federal; 1988.
7. Andrades RM, Berwing SE. Sistema Único de Saúde: uma revisão de literatura sobre a política pública de saúde do Brasil. Remice [internet]. 2023 [citado em 21Jan.2024];2(3).
8. Feuerwerker LCM. Médicos para o SUS: gestão do trabalho e da educação na saúde no olho do furacão! Interface (Botucatu) [Internet]. 2013Oct;17(47):929-30.
9. Frenk J, Chen L, Bhutta ZA, Cohen J, Crisp N, Evans T, et al. Health professionals for a new century: transforming education to strengthen health systems in an interdependent world. The Lancet. 2010;376(9756):1923-58.
10. Passos E, Carvalho YM. A formação para o SUS abrindo caminhos para a produção do comum. Saúde Soc. 2015;24(1):92-101.
11. Lima JCS. A formação profissional voltada ao Sistema Único de Saúde e as percepções sobre conteúdos de saúde coletiva. 2019. [tese] Disponível em: repositorio.ufrn.br.
12. O'Rourke B, Oortwijn W, Schuller T. The new definition of health technology assessment: A milestone in international collaboration. International Journal of Technology Assessment in Health Care.2020;36(3):187-90.
13. Van der Vleuten CP, Driessen EW (2014). What would happen to education if we take education evidence seriously? Perspectives on Medical Education. 2014;3:222-32.
14. Dias MSDA, Rodrigues PV, Moita MP, Silva LCCD, Brito MDCC. Núcleo Ampliado de Saúde da Família: análise a partir dos conceitos fundamentais e atributos do trabalho em equipe. Ciência & Saúde Coletiva. 2023;28:2303-12.
15. Seixas CT, Merhy EE, Feuerwerker LCM, Santo TB do E, Slomp Junior H, Cruz KT da. A crise como potência: os cuidados de proximidade e a epidemia pela Covid-19. Interface (Botucatu) [Internet]. 2021;25:e200379.
16. Melo LM, Gonçalves BR, Novato VOL, Paschoalotto MAC, Ferreira VRS. Health Education in Brazil: an analysis of scientific production between 2010 and 2020.SciELO (online). 2023. Preprints.
17. Saulnier DD, Blanchet K, Canila C, Muñoz DC, Dal Zennaro L, Savigny D, et al. A health systems resilience research agenda: moving from concept to practice. BMJ Global Health. 2021;6(8).
18. Campos FE de, Brenelli SL, Lobo LC, Haddad AE. O SUS como escola: a responsabilidade social com a atenção à saúde da população e com a aprendizagem dos futuros profissionais de saúde. Rev Bras Educ Med [Internet]. 2009Oct;33(4):513-4.

97

Vulnerabilidade social e interseccionalidade: promovendo reflexões no contexto da Fonoaudiologia

Marcus Valerius da Silva Peixoto
Marlos Suenney de Mendonça Noronha
Deborah Zuleide de Farias Melo
Lavínia Mabel Viana Lopes

PONTOS-CHAVE

- Iniquidade social.
- Vulnerabilidade social.
- Interseccionalidade.

OBJETIVOS DE APRENDIZAGEM

Ao final deste capítulo, o leitor deverá ser capaz de:

- Identificar as relações entre iniquidades sociais em saúde e Fonoaudiologia.
- Compreender o conceito de vulnerabilidade social e abordagens metodológicas.
- Contextualizar o potencial da interseccionalidade para a compreensão social e intervenção na saúde.
- Propor diretrizes para uma atuação fonoaudiológica na perspectiva da interseccionalidade.

INTRODUÇÃO

A Fonoaudiologia vem passando por um processo de expansão dos seus cenários de atuação nas duas últimas décadas, o que inclui majoritariamente a atuação no Sistema Único de Saúde (SUS), especialmente na Atenção Primária à Saúde (APS). Isso porque a partir dos anos 2000 intensifica-se na profissão o debate sobre a necessidade de extrapolar a atuação baseada no modelo de atenção hegemônico médico-assistencial privatista, centrado na atenção especializada ambulatorial e hospitalar[1].

Por um lado, o Ministério da Saúde do Brasil propôs nas duas últimas décadas uma agenda de discussão da formação em saúde voltada para as necessidades do SUS, tendo como base as Diretrizes Curriculares Nacionais dos cursos de graduação em saúde e também a orientação da Política Nacional de Educação Permanente em Saúde. Por outro lado, a profissão passa a reivindicar mais espaços no âmbito do SUS por diversos motivos, dentre eles as crescentes necessidades de saúde em virtude do processo de transição epidemiológica das condições agudas para as condições crônicas de adoecimento com suas sequelas, bem como por uma demarcação do mercado de trabalho, visto que o SUS é o maior empregador em saúde no Brasil[2].

A criação dos Núcleos de Apoio à Saúde da Família (NASF) no ano de 2008 foi um importante marco para a ampliação do número de profissionais fonoaudiólogos na APS e também uma diversificação de ações para além da consulta individual em consultório, uma vez que a atuação na APS leva em consideração o território no seu sentido mais amplo, ou seja, o território vivo com sua cultura, valores, vínculos, condições econômicas, sociais e ambientais[3]. O NASF, atualmente reformulado e renomeado como equipe-Multi, emergiu como uma nova situação de trabalho para a Fonoaudiologia, que impõe a necessidade imediata de compreender o território de saúde de seus usuários nos seus diversos aspectos, não apenas o fenômeno fisiopatológico de indivíduos.

As mobilizações no campo da saúde mental, impulsionadas pelo movimento da Reforma Psiquiátrica[4], assim como o campo da inclusão da pessoa com deficiência, por sua vez estimulado por seu movimento político e a conquista da Convenção Internacional dos Direitos da Pessoa com Deficiência foram responsáveis por inserir temas de debates na agenda pública das políticas de saúde, bem como no âmbito acadêmico, reverberando na atuação fonoaudiológica ligada a importantes temas sociais[5].

A história da Fonoaudiologia no país passa, portanto, por um processo de transição de saída dos consultórios e ambulatórios particulares para inserção no SUS, sobretudo na APS. Urge, mais do que nunca, a necessidade de que a Fonoaudiologia assuma um compromisso ético-político com as transformações sociais implicadas no campo da saúde[6]. Esse contexto tem sido favorável para uma aproximação cada vez maior da profissão com o campo epistêmico da saúde coletiva, visto a crescente inserção de fonoaudiólogos em programas de pós-graduação em Saúde Coletiva e consequentemente o aumento da produção científica na área.

A concepção do campo epistêmico da Saúde Coletiva sobre o processo saúde-doença pela ótica da Determinação Social da Saúde demarcou uma importante ruptura com outras visões hegemônicas no campo da saúde, como foi o caso da História Natural da Doença, propondo um entendimento de que é fundamental que a saúde considere que a causa das causas das doenças possui forte relação com as desigualdades sociais[7]. Entretanto, um grande desafio teórico-metodológico para os estudos sobre determinação social da saúde é o de mensurar como cada determinante pode interagir para resultar em seus desfechos.

DESENVOLVIMENTO

Iniquidades sociais em saúde e a Fonoaudiologia: aspectos históricos e atuais

O Brasil é um dos países com maior desigualdade social no mundo, a qual possui marcadores que se apresentam de diferentes formas, mas que nem sempre são abordados no campo científico ou no processo de construção de políticas públicas, não por acaso, mas sim por uma historicidade das elites que construíram um pensamento ideológico dominante, apagando as marcas de uma sociedade que se desenvolveu durante séculos estruturada não só na dominação econômica com base no escravismo, mas também no racismo, machismo, intolerância religiosa e de gênero[8].

Assim, passa-se a reduzir todas as mazelas sociais como resultantes da pobreza (naturalizada) e, portanto, incorpora-se ao discurso alguns termos genéricos para atribuir aos usuários de serviços de saúde como parte inerente da sua condição de sofrimento em saúde e também de exclusão social.

Um problema central para dissolução das iniquidades é que tradicionalmente, o campo da saúde tem produzido estudos que levam em consideração as variáveis de renda e escolaridade para os desfechos em saúde. O fato é que, além da pobreza, muitas vezes as pessoas estão submetidas a múltiplos fatores estressores e opressores para os quais apenas os marcadores de renda ou educação são insuficientes para sua compreensão. A tarefa do campo científico é aprofundar como diferentes interações da composição das iniquidades sociais podem produzir efeitos na saúde.

Para fins didáticos e de compreensão de como a rotina diária pode ser permeada de iniquidades sociais "silenciadas" e vulnerabilidades ignoradas, será discutido a seguir um estudo de caso.

"Criança com 5 anos, sexo feminino, diagnosticada com encefalopatia crônica não evolutiva, conhecida, também, como paralisia cerebral do tipo espástica aos 11 meses de idade. Apresenta comprometimento motor caracterizado como quadriplegia e também possui deficiência intelectual e epilepsia associada. De acordo com a história pregressa, a mãe realizou o acompanhamento pré-natal na APS, iniciado no primeiro trimestre da gestação, sem intercorrências. Nascimento a termo, parto normal, porém com complicações no momento da admissão na maternidade por indisponibilidade de leitos. Faltou assistência no momento pré-parto, como monitoramento das condições de saúde da gestante e do feto. No momento intraparto o bebê sofreu anoxia e consequentemente permaneceu internado por 15 dias. Recebeu alta hospitalar sem orientações sobre possíveis dificuldades de desenvolvimento. Aos 5 meses percebeu atraso no desenvolvimento motor e iniciou o processo de investigação que foi concluído aos 11 meses de idade. Foi encaminhada para reabilitação com Fisioterapia, Fonoaudiologia e Terapia Ocupacional, no entanto após mais de 18 meses em listas de espera resolveu não procurar mais o serviço de reabilitação. Foi relatada dificuldade de deglutição, para a qual a mãe produziu suas próprias adaptações com alimentos triturados e oferta de líquidos com utensílios como copos com canudo. A mãe relata que a criança escuta e compreende o que lhe é dito, mas, no entanto, não fala, expressando-se com alguns movimentos de olhos e cabeça, sendo esta a principal forma de estabelecer a comunicação. A criança não está na escola, pois a escola não dispõe de cuidador e a mãe precisaria permanecer a manhã inteira na escola para realizar os cuidados básicos. O pai abandonou a família, e a mãe é uma mulher negra, que possui baixa

renda e vive apenas com o Benefício de Prestação Continuada da criança, possuía emprego, mas deixou em função das demandas de cuidados da filha com deficiência, possui ensino médio completo. Reside em uma casa pequena com 4 cômodos, em um bolsão de pobreza de um bairro com grande diferença social."

Esse caso se aproxima muito da realidade vivenciada em diferentes serviços de saúde, seja na atenção primária, ambulatórios ou serviços de reabilitação. As informações colhidas podem ser consideradas como relevantes para a compreensão inicial do caso e quais protocolos clínicos podem ser aplicados. No entanto, existe uma outra parte da história que se refere aos aspectos sociais que são complexos e determinam a recorrência dessas situações e que não podem ser ignorados.

Um exemplo claro é um estudo que revelou que a maioria das crianças nessa condição de saúde são filhos(as) de mulheres negras e em situação de pobreza[9]. Observa-se que o racismo institucional interfere diretamente na produção e na manutenção das vulnerabilidades em saúde individual e coletiva quando se trata da população negra, o que compreende as dificuldades de acesso aos serviços de saúde com universalidade, integralidade e equidade. As experiências do nascer, viver e morrer são pautadas pelo racismo e seus efeitos prejudiciais, observados desde a natalidade até a mortalidade precoce[10].

A realidade é que existe um conjunto de fatores cumulativos que levam um sujeito a viver à margem da sociedade. Pode-se observar na situação descrita infrações aos direitos humanos da mulher, da criança e de direito à saúde. Ao se deparar com uma situação como essa no âmbito da clínica, é comum que ocorra uma sensibilização e compaixão, que naturalizam uma condição de vida ou de saúde como se pudesse apenas ser descrita ou atribuída a uma única causa, por exemplo a pobreza.

Ao examinar as iniquidades em nossa sociedade, é fundamental reconhecer o papel central que desempenha na geração e no agravamento das vulnerabilidades enfrentadas por diversos grupos. A iniquidade é um conceito utilizado para designar disparidades que são desnecessárias e evitáveis. Esse conceito vai além da concepção de desigualdade, porque essas diferenças são consideradas injustas e violam direitos de forma sistemática de determinadas populações[11]. As iniquidades se expressam no setor da saúde em diferentes dimensões: na falta de acesso aos serviços, na ausência de planejamento de saúde, na falta de respostas em tempo oportuno às necessidades de saúde.

A pandemia de COVID-19 foi um reflexo de iniquidades em saúde. A população negra foi uma das populações gravemente acometidas. No estudo realizado sobre mortalidade materna e COVID-19, foi observado que entre as puérperas contaminadas pela COVID, há uma diferença significativa na mortalidade entre pretas e brancas. Especificamente, as mulheres pretas apresentam uma chance de óbito 62% maior em comparação com as mulheres brancas[12].

Estudos antes da pandemia revelavam que as mulheres gestantes e puérperas pretas e pardas, em comparação às mulheres brancas, tinham assimetrias no acesso à saúde: possuíam maior risco de terem um pré-natal inadequado, receberem menos orientação durante o pré-natal, terem menos tempo de atendimento médico[13]. Esses estudos demonstram que as iniquidades não ocorrem de forma isolada, podendo interagir entre si e amplificar as formas de subordinação. Os estudos citados destacam a intersecção entre racismo e gênero no acesso aos serviços de saúde por parte de mulheres gestantes e puérperas pretas e pardas.

Pretende-se a seguir apresentar os aspectos conceituais e metodológicos de "vulnerabilidade social" e "interseccionalidade" como forma de compreender e intervir na realidade em que estamos inseridos no cotidiano dos serviços de saúde. Este capítulo não tem como objetivo fornecer respostas definitivas, mas sim abrir caminhos para ampliar a compreensão e explorar maneiras de responder às formas de opressão no acesso aos cuidados de saúde.

Abordagens para a produção de cuidados no contexto da vulnerabilidade social e interseccionalidade

Vulnerabilidade social

O conceito de vulnerabilidade se diferencia de acordo com diferentes escolas de pensamento e tem sido aplicado com diferentes abordagens metodológicas, que envolvem desde pesquisas sobre mudanças climáticas, na redução de risco de desastres, nas ciências sociais e nos estudos em saúde coletiva[14]. Pode ser compreendida pela exposição, pelo risco, pela sensibilidade e pela capacidade de adaptação[15]. Além disso, se apoia na ideia de que existem múltiplos fatores estressores e caminhos para criar suscetibilidade a danos, impotência e marginalidade, trazendo a ideia de "viver na borda"[16].

Pode-se admitir a definição de vulnerabilidade como "as características e circunstâncias de uma comunidade, sistema ou recurso que a tornam suscetível aos efeitos que lhe possam ser prejudiciais"[15]. Um estudo apoiado em um enfoque teórico biocultural crítico que se concentra na saúde humana e no bem-estar como o principal resultado do contexto político-econômico, social e ecológico mais amplo, afirma que as iniquidades estruturais levam a disparidades em saúde individual[17].

Do ponto de vista metodológico, a análise da vulnerabilidade tem sido aplicada por diferentes vertentes, tanto qualitativa como quantitativa. Setores governamentais, como os ligados à academia, têm desenvolvido índices sintéticos com a finalidade de agregar diferentes indicadores em um único índice visando comparar a situação de saúde em diferentes localidades. Um estudo metodológico propôs um índice de vulnerabilidade em saúde (IVSaúde) a partir de dados do Censo demográfico produzidos pelo Instituto Brasileiro de Geografia e Estatística (IBGE), considerando a desagregação espacial nos níveis de bairros e setores censitários visando identificar as desigualdades sociais locais. O IVSaúde se apoia em um construto teórico que envolve indicadores de dimensões demográfica, socioeconômica e de infraestrutura em um único índice, conforme exposto na Figura 1. Índices como esses ajudam a mensurar como determinados eventos em saúde podem ou não se concentrar em áreas de maior vulnerabilidade[18].

Independentemente da abordagem, é importante destacar que o respeito à vulnerabilidade humana é, antes de tudo, um preceito ético. Para a Declaração Universal sobre Bioética e Direitos Humanos, a vulnerabilidade precisa ser considerada diante do avanço do conhecimento científico, de práticas médicas e de tecnologias associadas, a fim de proteger e respeitar a integridade individual de grupos vulneráveis[29]. O profissional de saúde, no ato de cuidar, deve estabelecer relações simétricas com os sujeitos e zelar por eles, mesmo quando não têm poder reivindicativo[20].

Em relação à Fonoaudiologia, questiona-se: quem são as pessoas que mais precisam? É necessário que os questionamentos transpassem a barreira de uma prática clínica tradicional que considere apenas aspectos biológicos e fisiopatológicos da doença. As reflexões acerca de aspectos vulnerabilizantes, como a fome, a pobreza, questões raciais, de classe e gênero devem ser inseridas no cuidado em saúde da Fonoaudiologia.

Interseccionalidade

O pensamento interseccional surge como uma crítica ao apagamento das interações de opressão presentes nas abordagens tradicionais de racismo e de gênero. Esse conceito é amplamente influenciado pelo movimento de mulheres negras, que perceberam a exclusão de suas trajetórias e a sobreposição das violências que enfrentavam dentro dessas abordagens.

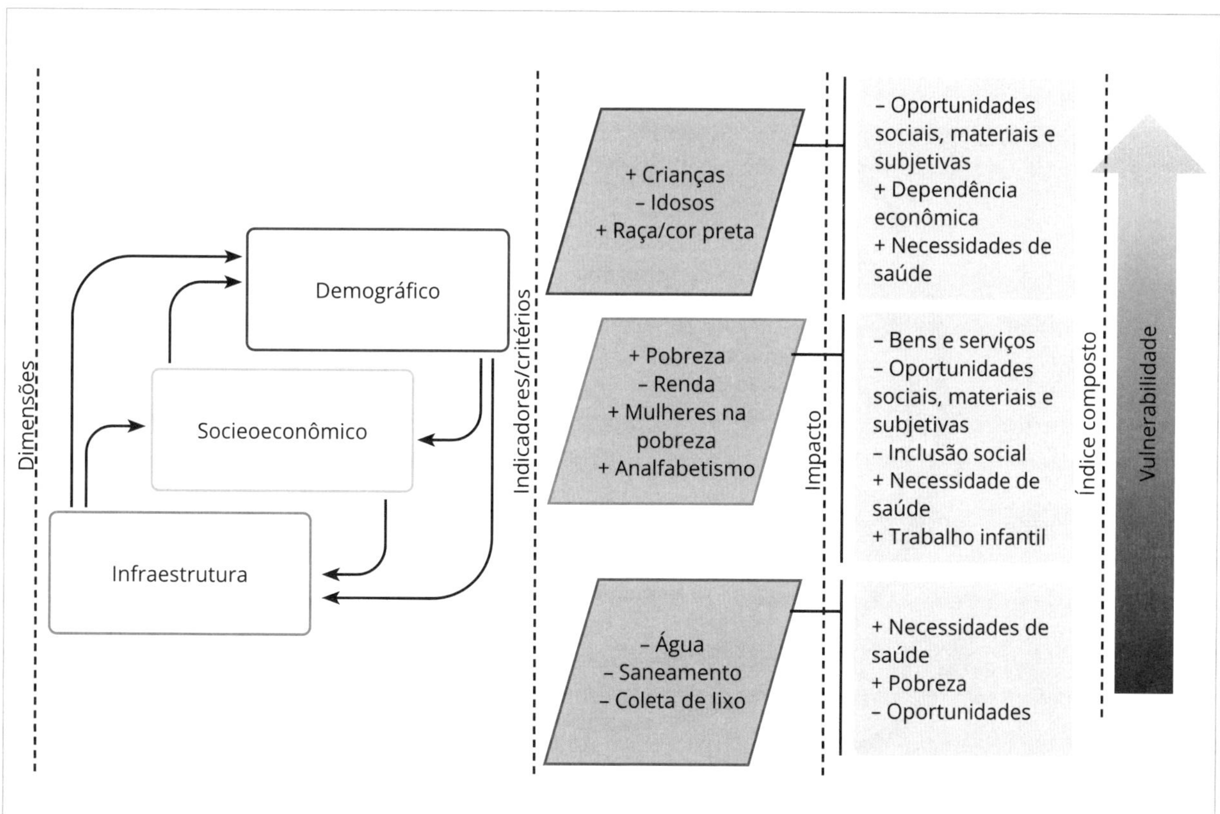

FIGURA 1 Modelo lógico para o índice de vulnerabilidade em saúde.
Fonte: adaptada de Peixoto, 2022[18].

Kimberlé Crenshaw (2002, p.177)[21], uma intelectual negra, referiu-se à interseccionalidade como: "*A conceituação do problema que busca capturar as consequências estruturais e dinâmicas da interação entre dois ou mais eixos da subordinação. Ela trata especificamente da forma pela qual o racismo, o patriarcado, a opressão de classe e outros sistemas discriminatórios criam desigualdades básicas que estruturam as posições relativas de mulheres, raças, etnias, classes e outros grupos*".

A partir desses elementos pontua-se que a compreensão da vulnerabilidade interseccional requer uma análise contextual. A autora aponta a interseccionalidade como uma metodologia para a compreensão das experiências de vida das mulheres marginalizadas e expandir-se para considerar as diversas influências que moldam suas vidas e oportunidades. A análise contextual da autora sugere perguntas pelas quais devem se perpassar as reflexões do pensamento interseccional, como: Quais são as ramificações históricas do colonialismo que impactam essa questão? Onde podemos identificar manifestações de sexismo neste contexto? Como as dimensões de classe estão influenciando essa situação?

A interseccionalidade reconhece que a saúde de um indivíduo não é determinada apenas por fatores biológicos, mas também por fatores sociais, econômicos, culturais e políticos. Esses fatores podem incluir a raça, gênero, orientação sexual, classe social, habilidades físicas e mentais, entre outros aspectos. A interseccionalidade na saúde busca analisar como esses diferentes fatores de identidade se intersectam e influenciam o acesso aos cuidados de saúde, a experiência dos indivíduos nos serviços de saúde e os resultados de saúde que eles alcançam[22]. A Figura 2 demonstra como diferentes perspectivas de grupos historicamente oprimidos podem se intersectar em seus contextos de iniquidade e, além disso, apresenta dimensões de análise e intervenção que perpassam pelo poder, reflexividade, classe, análise multinível e justiça em um determinado contexto social de iniquidade e vulnerabilidade.

Os estudos sobre o uso da interseccionalidade têm sido desenvolvidos por meio de abordagens qualitativas, quantitativas, revisão de escopo e sistemática,

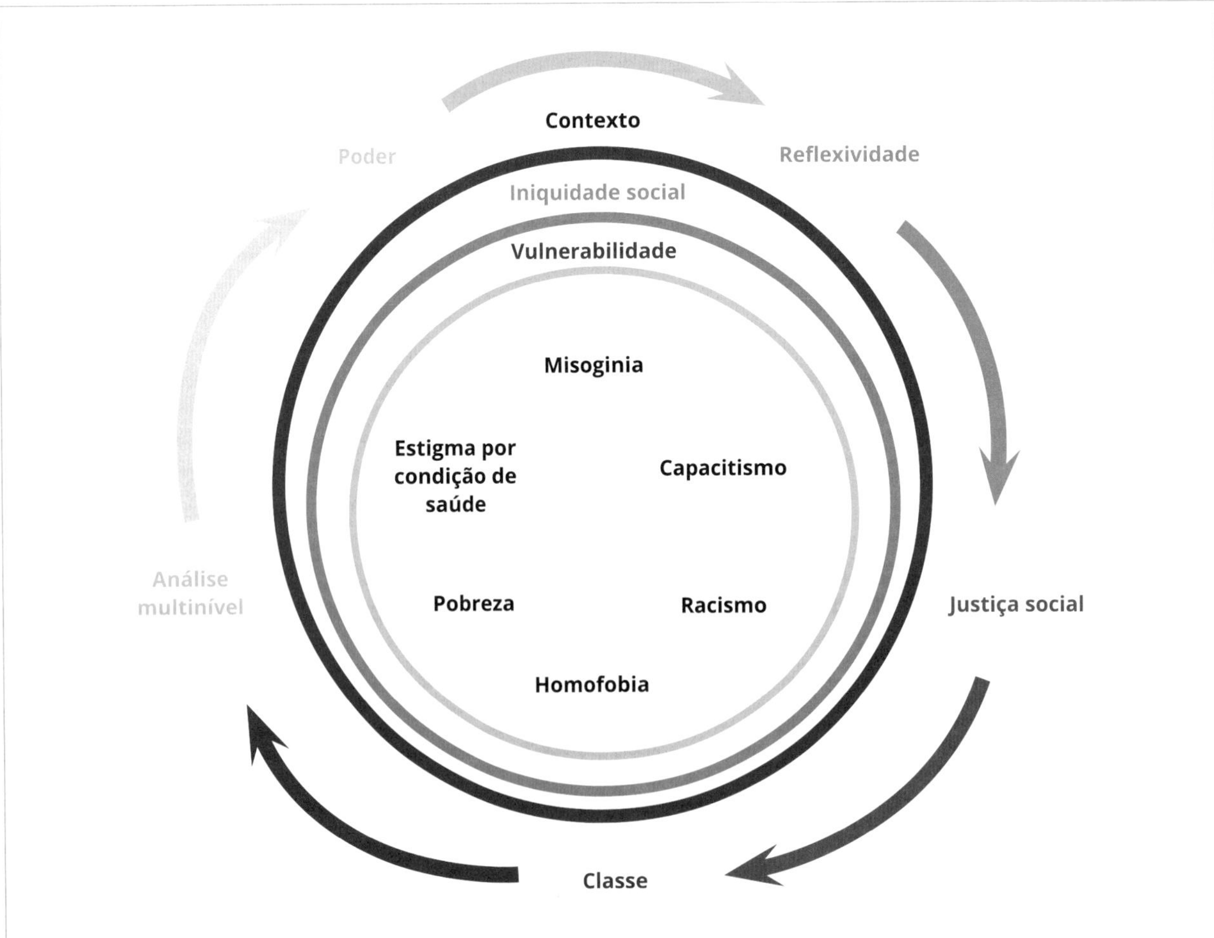

FIGURA 2 Proposta de diagrama aplicado à perspectiva da interseccionalidade.

analisando o efeito das iniquidades em saúde na população negra, população LGBTQIAP+, pessoas que vivem HIV, pessoas com transtornos mentais, COVID-19, pessoas com condições crônicas, pessoa com deficiência e as que precisam de cuidados paliativos, imigrantes, dentre outros. O conceito de interseccionalidade também tem sido usado na análise de formulação e implementação políticas e intervenções em saúde, bem como a aplicação do conceito na formação de profissionais de saúde.

A análise dos efeitos isolados e combinados de gênero, de raça e de estressores ocupacionais sobre a saúde mental de trabalhadores e trabalhadoras da saúde foi realizada no Estado da Bahia, mediante um estudo quantitativo com a aplicação de questionários estruturados. A pesquisa revelou que a prevalência de transtornos mentais menores foi 21,7% maior entre mulheres, negros e pessoas em situações de exposição aos estressores laborais, evidenciando que trabalhadoras negras acumulam desvantagens sociais e estão mais suscetíveis a ocupações de maior esforço e menor recompensa. O efeito combinado dos fatores excedeu a soma dos efeitos isolados, demonstrando interação entre gênero, raça e estressores ocupacionais[23].

As desigualdades na autopercepção de saúde entre grupos populacionais localizados nas interseções de identidade de gênero, etnia e nível de escolaridade foram analisadas nos países das Américas. Observou-se um gradiente interseccional claro e persistente para a autopercepção de problemas de saúde em todas as desagregações de países por renda. Em comparação com a categoria mais favorecida (homens de etnia majoritária e com ensino superior), todos os outros grupos apresentaram maior risco de problemas de saúde, maior risco para as mulheres de etnias minoritárias e povos indígenas com nível de escolaridade inferior ao ensino médio (três a quatro vezes maior)[22].

Uma revisão sistemática da literatura sobre a interseccionalidade na formação em Enfermagem demonstrou que houve grande heterogeneidade na definição e aplicação do conceito e que poucos estudos foram empíricos. A pesquisa chama a atenção para a necessidade de um enquadramento robusto e claro de como o conceito de interseccionalidade é definido e compreendido na Enfermagem para melhorar a compreensão de como as iniquidades em saúde operam no campo[24].

Ao considerar a interseccionalidade na saúde, os profissionais de saúde devem ter uma abordagem mais integral e inclusiva, reconhecendo as experiências únicas e específicas de cada indivíduo. Isso implica em tratar não apenas os sintomas físicos, mas também levar em consideração os fatores sociais, culturais e estruturais que podem afetar a saúde e o bem-estar de uma pessoa. Além disso, é importante garantir que os serviços de saúde sejam acessíveis e culturalmente sensíveis, levando em conta as diferentes necessidades e experiências das pessoas que estão sendo atendidas.

Movimentos sociais e lutas contra as iniquidades

Os movimentos sociais emergem como protagonistas na busca por mudanças sociais e políticas. Originados por diversas preocupações e necessidades, desempenham um papel crucial na sensibilização pública e na defesa de direitos[25]. Paralelamente, as pautas de combate às iniquidades ganham destaque, evidenciando as experiências e batalhas específicas de grupos marginalizados, abrangendo questões como raça, etnia, gênero, sexualidade e deficiência, entre outras[26].

À medida que esses movimentos evoluem, fica claro que as lutas contra opressões desempenham um papel central, fornecendo um enfoque essencial para as discussões sobre justiça e igualdade[27]. Nesse contexto, compreender a interação dinâmica entre pautas dos movimentos sociais e a Fonoaudiologia é fundamental.

Destaca-se a importância de entender como esses elementos se relacionam e se fortalecem mutuamente na busca por uma sociedade mais inclusiva e equânime. Compreender essa dinâmica é crucial para o desenvolvimento de abordagens terapêuticas sensíveis, culturalmente pertinentes e socialmente responsáveis no campo da Fonoaudiologia, contribuindo para uma prática mais ética e eficaz, bem como para a promoção de um ambiente social mais justo e inclusivo.

CONCLUSÃO – DIRETRIZES PARA UMA ATUAÇÃO NA PERSPECTIVA DAS ABORDAGENS DA INIQUIDADE, VULNERABILIDADE E INTERSECCIONALIDADE

É fundamental reconhecer que vivemos em um contexto social de iniquidades determinadas historicamente e que existem grupos e indivíduos mais vulneráveis que outros. Portanto, uma abordagem interseccional pode ser fundamental, reconhecendo e considerando as múltiplas especificidades e experiências dos usuários atendidos pelos fonoaudiólogos. Isso implica que esses profissionais não devem se restringir a avaliar apenas as questões de comunicação e deglutição, mas também estar atentos às dimensões sociais, culturais e estruturais que influenciam mutuamente a saúde e o bem-estar do indivíduo.

A análise da vulnerabilidade e a perspectiva da interseccionalidade são abordagens científicas analíticas que devem ser consideradas na práxis do profissional fonoaudiólogo, seja na atenção à saúde, na gestão da saúde ou nas pesquisas, visando superar paradigmas de iniquidades sociais estruturais da nossa sociedade. Além disso, é essencial que os profissionais busquem aumentar sua sensibilidade cultural e linguística, compreendendo as diferentes formas de comunicação, expressão e interação social presentes em grupos marginalizados. Adaptar os serviços de Fonoaudiologia para atender às necessidades específicas de cada comunidade e respeitar suas práticas culturais pode contribuir significativamente para uma abordagem mais inclusiva e eficaz.

O engajamento em atividades de defesa e empoderamento também pode ser uma estratégia relevante. Isso envolve não apenas o trabalho clínico, mas também a defesa e participação do fonoaudiólogo no processo de formulação, implementação e avaliação de políticas públicas inclusivas.

A integração das demandas dos movimentos sociais e das suas pautas na práxis fonoaudiológica é um campo ainda em desenvolvimento, caracterizado pela escassez de estudos e abordagens específicas. No entanto, é crucial explorar possíveis estratégias que permitam aos profissionais de Fonoaudiologia adotar uma postura mais sensível e engajada em relação a essas questões.

REFERÊNCIAS BIBLIOGRÁFICAS

1. Araújo MVR, Arce VAR, Lima BPS, Telles MWP. Contribuciones de la salud colectiva brasileña a la reorientación de la formación y la práctica de la fonoaudiología. Rev Chil Fonoaudiol [Internet]. 2022 Noviembre 30;21(2):1-9.
2. Silva EM da, Nóbrega A de QC, Trigueiro J von S, Lucena BTL de, Silva HSE, Cruz ECR, et al. A formação em saúde coletiva nos cursos de fonoaudiologia de instituições públicas do Nordeste: um estudo a partir das matrizes curriculares. CoDAS [Internet]. 2024;36(2):e20230042.
3. Zanin LE, Albuquerque IMN, Melo DH. Fonoaudiologia e estratégia de saúde da família: o estado da arte. Rev Cefac. 2015;17(5):1674-88.
4. Arce VAR. Fonoaudiologia e Saúde Mental: reorientando o trabalho na perspectiva da atenção psicossocial. Rev CEFAC [Internet]. 2014 Maio;16(3):1004-12.
5. Campos MF, Souza LA de P, Mendes VLF. A rede de cuidados do Sistema Único de Saúde à saúde das pessoas com deficiência. Interface (Botucatu) [Internet]. 2015 Jan;19(52):207-10.
6. Telles MWP, Lopes LMV. Quais os possíveis impactos do Previne Brasil para o trabalho e educação da fonoaudiologia na Atenção Primária à Saúde?. Distúrb Comun [Internet]. 2023;35(1):e59345.
7. Osmo A, Schraiber LB. O campo da Saúde Coletiva no Brasil: definições e debates em sua constituição. Saude soc [Internet]. 2015Apr;24:205-18.
8. Souza J. A elite do atraso: da escravidão à Lava Jato. Rio de Janeiro: Leya; 2017.
9. Peixoto MVS, Duque AM, Carvalho S, Gonçalves TP, Novais APS, Nunes MAP. Características epidemiológicas da paralisia cerebral em crianças e adolescentes em uma capital do nordeste brasileiro. Fisioter Pesqui [Internet]. 2020 Oct;27(4):405-12.
10. Werneck J. Racismo institucional e saúde da população negra. Saude soc [Internet]. 2016 Jul;25(3):535-49.
11. Whitehead M. The concepts and principles of equity and health. International Journal of Health Services. 1992;22(3):429-45.
12. Goes EF, Ramos DO, Ferreira AJF. Desigualdades raciais em saúde e a pandemia da Covid-19. Trab Educ Saude [Internet]. 2020;18(3):e00278110.
13. Leal MC, Gama SGN da, Pereira APE, Pacheco VE, Carmo CN do, Santos RV. A cor da dor: iniquidades raciais na atenção pré-natal e ao parto no Brasil. Cad Saúde Pública [Internet]. 2017;33:e00078816.
14. Cutter SL, et al. Social vulnerability to environmental hazards. Soc Sci Quart. 2003;84(2):242-61.
15. Kienberger S. Spatial modelling of social and economic vulnerability to floods at the district level in Búzi, Mozambique. Natural Hazards. 2012;64(3):2001-19.
16. Adger WN. Vulnerability. Global Environ. 2006;16(3):268-81.
17. Tallman PS. The Index of Vulnerability: An anthropological method linking social-ecological systems to mental and physical health outcomes. Soc Sci Med. 2016;162:68-78.
18. Peixoto MV, Duque AM, Oliveira DD, Voci SM, Silva AR, Nunes MP. Construção e aplicação de um índice de vulnerabilidade em saúde. Interfaces Científicas – Saúde e Ambiente. 2020;8(2):281-96.
19. Organização das Nações Unidas para a Educação, a Ciência e a Cultura. Declaração Universal sobre Bioética e Direitos Humanos. Brasília: UNESCO; 2005. Disponível em: https://bvsms.saude.gov.br/bvs/publicacoes/declaracao_univ_bioetica_dir_hum.pdf.
20. Neves MCP. Sentidos da vulnerabilidade: característica, condição, princípio. In: Barchifontaine CP, Zoboli E (orgs.). Bioética, vulnerabilidade e saúde. Aparecida: Ideias & Letras; 2007.
21. Crenshaw, K. Documento para o encontro de especialistas em aspectos da discriminação racial relativos ao gênero. Revista Estudos Feministas, Florianópolis. 2002;10:171-88.
22. Arias-Uriona AM, Losantos M, Bedoya P. La interseccionalidad como herramienta teórico-analítica para estudiar las desigualdades en salud en las Américas. Rev Panam Salud Pública. 2023;47:1.
23. Sousa CC de, Araújo TM de. Efeitos combinados de gênero, raça e estressores ocupacionais na saúde mental. Rev Bras Saúde Ocup [Internet]. 2024;49:edepi12.
24. Siira E, Linden K, Wallström S, Björkman I. Intersectionality in nursing research: A systematic review. Nurs Open. 2023;10:7509-27
25. Gohn MG. Movimentos sociais na contemporaneidade. Rev Bras Educ [Internet]. 2011;16:333-61.
26. Ribeiro FPS, Branco JCS. Movimentos sociais e educação cidadã. SCIAS Direitos Humanos e Educ [Internet]. 2021;4:44-60.
27. Cabral Filho AV, Ferreira G. Movimentos sociais e o protagonismo das pessoas com deficiência. SER Soc [Internet]. 2013;15:93-116.

A Fonoaudiologia no contexto do SUS: comunicação como pilar na gestão em saúde coletiva

Andrea Wander Bonamigo
Juliana Donato Nóbrega
Carolina Fanaro da Costa Damato

PONTOS-CHAVE

- A atuação da Fonoaudiologia na Gestão em Saúde na perspectiva da Saúde Coletiva.
- Relevância da comunicação como competência dos profissionais e gestores em saúde que atuam na Saúde Coletiva.
- A comunicação como competência essencial na qualificação das tomadas de decisão em gestão.

OBJETIVOS DE APRENDIZAGEM

Ao final deste capítulo, o leitor deverá ser capaz de:

- Compreender a comunicação como competência essencial na atuação fonoaudiológica na gestão em saúde.
- Reconhecer a relevância dos saberes da saúde coletiva para atuação fonoaudiológica na gestão em saúde.
- Empregar as competências técnicas e relacionais necessárias para o exercício da gestão em saúde coletiva.

INTRODUÇÃO

A comunicação, como competência fundamental, desempenha um papel de destaque na gestão em saúde, especialmente para profissionais que demandam assumir papéis administrativos e da gestão. No contexto da Fonoaudiologia, a ausência de uma formação específica para gestão durante a graduação destaca a necessidade de adquirir habilidades adicionais, sendo a comunicação uma delas. Muitos fonoaudiólogos encontram-se como gestores sem terem sido preparados formalmente para esse papel, aprendendo na prática a organizar e gerir ações e serviços de saúde.

A habilidade de manejar as complexidades da comunicação revela-se como um elemento essencial em tais circunstâncias. Na dimensão relacional, norteada pelo conhecimento técnico e suas tecnologias, a comunicação efetiva surge como um atributo indispensável. A capacidade de estabelecer diálogos assertivos, compreender as necessidades da equipe e interagir de maneira eficaz com outros profissionais de saúde torna-se determinante para o sucesso do fonoaudiólogo gestor.

Nesse contexto, o diálogo e a escuta, as tecnologias leves propostas por Mehry[1] ganham relevância, especialmente no âmbito da promoção de saúde e no tratamento do sujeito como detentor de direitos. O fonoaudiólogo, centrado no objeto de atuação configurado na comunicação humana, assume, assim, um papel estratégico na interface da Fonoaudiologia com a Gestão, Saúde Coletiva e o Sistema Único de Saúde (SUS).

O objetivo do capítulo é dar visibilidade às ações do fonoaudiólogo na gestão dos serviços públicos de saúde e, de igual modo, discutir as competências e habilidades que o gestor precisa desenvolver, considerando a comunicação efetiva um importante atributo para atuação na gestão em saúde.

COMUNICAÇÃO – BEM INDIVIDUAL E COLETIVO

Comunicar-se é uma necessidade básica do ser humano e vai além do ato de transmitir informações[2]. Intermedeia as emoções, sustenta a troca de turnos nas oportunidades de interação/diálogo e qualifica o bom desempenho profissional e social.

A comunicação está em convergência com o setor público e situa-se no processo de determinações sociais da saúde[3] que afetam, positiva ou negativamente, a saúde das pessoas, além de impactar nos processos sociais e políticos, bem como no direito à saúde, que deve ser universal, integral e equitativo, viabilizando o direito à voz e à expressão.

A troca de experiências e as boas práticas são repassadas por meio da comunicação. O bom uso dessa habilidade possibilita assegurar a participação social na resolução de problemas e planejamento, além de promover a motivação, a cooperação e um espírito de trabalho colaborativo, que estabelece um dos desafios centrais do gestor em saúde.

A Política Nacional de Humanização (PNH)[4], também conhecida como HumanizaSUS, é um exemplo relevante e claro da competência da comunicação nas políticas públicas de saúde, que certifica a participação ativa de trabalhadores, usuários e gestores na condução do cuidado e dos processos de trabalho.

Portanto, o direito à comunicação é inalienável ao direito à saúde, bem como são indissociáveis os campos da comunicação e da gestão em saúde no âmbito da Saúde Coletiva.

A FONOAUDIOLOGIA E GESTÃO NA SAÚDE COLETIVA

O debate acerca da atuação fonoaudiológica na gestão em saúde é gestado, sobretudo, com a inserção do fonoaudiólogo nos serviços públicos. Nos anos de 1970/1980, pesquisas apontam fonoaudiólogos nesses serviços, entretanto, a instauração do Sistema Único de Saúde (SUS) criou outro espaço de atuação, com a presença desse profissional em maior quantidade, inclusive no âmbito da gestão e das políticas públicas[5,6].

A institucionalização do SUS intenta outras modalidades de atendimento ao paciente, ao então denominado usuário do SUS, requerendo dos profissionais de saúde, e – nesse contexto específico, dos fonoaudiólogos – novos conhecimentos e habilidades para lidar com assistência aos usuários, bem assim com a gestão, sendo os saberes em Saúde Pública/Saúde Coletiva imprescindíveis a essas práticas uma vez que intervêm em problemas coletivos de saúde.

A contingência da área teórica é constituída por três subáreas:

A. Epidemiologia.
B. Ciências Humanas e Sociais.
C. Planejamento e Gestão em Saúde.

No que se refere às contribuições da subárea Planejamento e Gestão em Saúde, mencionam-se, por exemplo, os conhecimentos sobre a organização das práticas de saúde, as formulações das políticas, as relações estabelecidas nos processos de trabalho; no planejamento e na elaboração de planos e projetos, bem como na avaliação de programas, serviços e sistema de saúde[7,8].

Releva indicar a influência que esse setor exerce em outras áreas da Saúde, nesse contexto, no saber da Fonoaudiologia. Tais influências são percebidas na criação do Comitê de Saúde Pública pela Sociedade Brasileira de Fonoaudiologia, em 2001; com a implementação das Diretrizes Curriculares na graduação em Fonoaudiologia[9], e, em 2006, na criação da especialidade Saúde Coletiva pelo Conselho Federal de Fonoaudiologia, Resolução CFFa n. 320, de 17 de fevereiro de 2006[10].

As Diretrizes Curriculares do Curso de Fonoaudiologia e as normativas expedidas pelo Conselho de Classe orientam a formação do fonoaudiólogo e sua atuação na área. Claramente, se identificam, nesse currículo profissional, a formação direcionada ao SUS (art. 5º parágrafo único) e, de igual modo, a pertinência dos saberes em Saúde Coletiva, ao descrever, por exemplo, a competência e habilidade geral da Atenção à Saúde que o fonoaudiólogo deve desenvolver:

> I - Atenção à saúde: os profissionais de saúde, dentro de seu âmbito profissional, devem estar aptos a desenvolver ações de prevenção, promoção, proteção e reabilitação da saúde, tanto em nível individual quanto coletivo. Cada profissional deve assegurar que sua prática seja realizada de forma integrada e contínua com as demais instâncias do sistema de saúde, sendo capaz de pensar criticamente, de analisar os problemas da sociedade e de procurar soluções para os mesmos. (9: art. 5º)

Essa habilidade deve ser transversal ao desenvolvimento de outras, tais como: a liderança e a administração e gerenciamento para direcionar a atuação profissional no âmbito da gestão pública dos serviços de saúde.

Ainda sob influência dos saberes da Saúde Coletiva, está assente no art. 5º que o profissional deve:

> [...] reconhecer a saúde como direito e atuar de forma a garantir a integralidade da assistência entendida como conjunto articulado e contínuo de ações e serviços preventivos e curativos, individuais e coletivos, exigidos para cada caso em todos os níveis de complexidade do sistema. (9: art. 5º. Parágrafo único)

A resolução que dispõe sobre as especialidades reconhecidas pelo Conselho Federal de Fonoaudiologia[10] determina no ementário das especialidades que a:

> Saúde Coletiva é um campo da Fonoaudiologia voltado a construir estratégias de planejamento e gestão em saúde, no campo fonoaudiológico, com vistas a intervir nas políticas públicas, bem como atuar na atenção à saúde, nas esferas de promoção, prevenção, educação e intervenção, a partir do diagnóstico de grupos populacionais. (10: item 5, subitem 5.1)

O profissional que atua na Saúde Coletiva deve incluir aprofundamento em estudos específicos e atuação em situações que impliquem:

A. efetuar diagnóstico de grupos populacionais com base em estudos epidemiológicos, que contribuam na formulação de indicadores de saúde e de identificação das necessidades da população, de ações no *locus* fonoaudiológico, bem como situacionais, com vistas a identificar os elementos sanitários, assistenciais, ambientais, geopolíticos e socioculturais de territórios locais que compõem os processos de saúde/doença;
B. planejar, coordenar e gerenciar programas, campanhas e ações articuladas, interdisciplinar e intersetorialmente;
C. definir e utilizar metodologias de avaliação e acompanhamento dos padrões de qualidade e o impacto das ações fonoaudiológicas e interdisciplinares desenvolvidas no contexto coletivo;
D. planejar, coordenar, gerenciar e assessorar políticas públicas ligadas à saúde e à educação, bem como às ações de Vigilância à Saúde.

O documento publicado em 2021, pelo Conselho Federal de Fonoaudiologia, intitulado "Fonoaudiologia nas Redes de Atenção"[11], insere a atuação fonoaudiológica tanto em programas como nos pontos de atenção das redes de cuidado, tais como nas Unidades Básicas de Saúde, na Atenção Domiciliar, no Centro de Atenção Psicossocial (CAPS), na Academia da Saúde, nos Centros Especializados em Reabilitação (CER), nos Centros de Referência em Saúde do Trabalhador (CEREST) e, inclusive, na gestão em saúde.

Os documentos mencionados apontam a influência da Saúde Coletiva no fazer fonoaudiológico. Apesar do crescimento das publicações na área nos últimos dez anos, os estudos de revisões sinalizam ser incipiente a produção científica brasileira em Saúde Coletiva quando comparada às pesquisas clínicas. Quando se analisa a atuação do fonoaudiólogo no planejamento e gestão em Saúde Pública, as pesquisas são ainda mais escassas[7,12]. Ante a inserção do fonoaudiólogo nas práticas da Saúde Coletiva presentes na atuação do Sistema Único de Saúde, torna-se essencial discutir a atividade gestora do fonoaudiólogo, bem como elencar competências necessárias ao processo de trabalho na gestão.

COMPETÊNCIAS NECESSÁRIAS PARA ATUAÇÃO DO FONOAUDIÓLOGO NA GESTÃO EM SAÚDE

A atuação do fonoaudiólogo no cargo da gestão pode ser desafiadora, sobretudo quando se considera a escassez de formação na área. A aplicação da gestão em saúde nos serviços demanda o desenvolvimento de competências e habilidades técnicas e relacionais.

As competências técnicas são aquelas que qualificam o profissional para a função gestora, sendo importante conhecer e aplicar ferramentas e ações em planejamento estratégico (objetivos, metas e ações), organização dos serviços, avaliação e monitoramento. De modo operacional, é importante elaborar planos, políticas, programas e projetos; manejar planos de saúde, relatório da gestão, conexão com as instâncias de controle social e outras ferramentas administrativas e organizadoras do SUS[13].

As competências relacionais são aquelas que denotam um compromisso ético e humanista e mostram-se determinantes na qualidade do relacionamento entre os profissionais nos processos de trabalho, tais como expressas pelo acolhimento, escuta ativa, diálogo, vínculo e comunicação, dentre outras.

De acordo com Merhy[1], os processos de trabalho em saúde são permeados por três dimensões tecnológicas: tecnologia dura, leve-dura e leve. A primeira diz respeito a maquinários e equipamentos. A segunda tem relação com saberes técnicos específicos. E a última concerne às habilidades relacionais. Para o autor, o processo relacional entre gestor/equipe/trabalhadores/usuários na produção do cuidado dá ensejo ao exercício pleno da cidadania por meio do trabalho vivo em ato.

Nesse sentido, é verdadeiro dizer que as competências necessárias para o gestor em saúde são preferencialmente da ordem das tecnologias leve-duras (competências técnicas) e leves (competências relacionais).

No trabalho da gestão em saúde, o desenvolvimento da competência da comunicação é essencial para a capacidade de liderança, argumentação, partilha de ideias, negociação, escuta ativa, trabalho colaborativo e em equipe, mediação de conflitos, criatividade e inovação. Assim, a comunicação é, na qualidade de tecnologia leve, competência essencial do gestor na tomada de decisão no cotidiano das ações desenvolvidas.

RECOMENDAÇÕES PARA O DESENVOLVIMENTO DAS AÇÕES DA FONOAUDIOLOGIA NO ÂMBITO DA GESTÃO NA SAÚDE COLETIVA

Na área da Saúde, a colaboração e a integração entre diversos saberes e práticas são indispensáveis ao trabalho em equipe.

Para que a performance dessa equipe alcance melhores resultados, é fundamental o estabelecimento de relações efetivas, que se traduzem com o compartilhamento de ideias, elaboração coletiva e colaborativa, interdependência e equilíbrio de poderes. Para tal, a comunicação do líder deve ser permeada pela troca, interação, conteúdo, informação, assertividade e intencionalidade, tudo isso em uma relação dialógica.

Faz-se necessário compreender, entretanto, que comunicar vai muito além da palavra e requer considerar a realidade daquele com quem se está interagindo.

O fonoaudiólogo, na qualidade de gestor em saúde, tem a responsabilidade promover um ambiente de trabalho saudável e produtivo. Isso começa com a promoção da comunicação consciente, assertiva e eficaz. Tão importantes quanto as habilidades técnicas são aquelas de ordem relacional. Humanizar a gestão requer ampliar a escuta e convida ao desenvolvimento de tecnologias leves, expressas na relação, sem perder o foco nos resultados e processos[4].

LIÇÕES APRENDIDAS

A atuação do fonoaudiólogo na gestão dos serviços de saúde e nas políticas públicas de saúde tornou-se mais tangível, bem mais expressa, nas últimas décadas. Sua inserção no serviço público está diretamente relacionada à mudança de saber que se opera no processo de saúde-doença e na organização de novas práticas de saúde[14].

A formação acadêmica/educacional do fonoaudiólogo necessita incluir temas indispensáveis para o ambiente da Saúde Coletiva, como a Gestão em Saúde, a Educação em Saúde, Ciências Humanas e Sociais, Integração Ensino-Serviço-Gestão e comunidades. Assim, também se impõe aprofundar robustamente as correlações entre a teoria e a prática aplicadas na ênfase da responsabilidade e impacto social.

O entendimento da comunicação como uma competência fundamental na atuação fonoaudiológica em Gestão de Saúde destaca-se como um ponto central.

O reconhecimento da importância dos conhecimentos em Saúde Coletiva para a prática fonoaudiológica na Gestão em Saúde demonstra a necessidade de uma abordagem abrangente e contextualizada. A aplicação das competências técnicas e relacionais exprime-se como indispensável para a gestão em Saúde Coletiva, pois emerge como um passo decisivo para a efetividade do profissional fonoaudiólogo nessa realidade, enfatizando a importância da integração de habilidades especializadas e interpessoais para um desempenho eficaz – tudo isso, seja expresso, da formação à ação, em ato.

REFERÊNCIAS BIBLIOGRÁFICAS

1. Merhy EE. Saúde: a cartografia do trabalho vivo. 3.ed. São Paulo: Hucitec; 2007.
2. Bordenave JED. O que é comunicação. São Paulo: Editora Hedra; 2013.
3. Comunicação e determinação social da saúde. Contribuição para o debate. Conferência regional sobre DSS, Comunicação e Determinação Social da Saúde. Disponível em: https://dssbr.ensp.fiocruz.br/wp-content/uploads/2016/09/Comunica%C3%A7%C3%A3o-e-determina%C3%A7%C3%A3o-social-da-sa%C3%BAde-documento-final_Pimentel.pdf.
4. Brasil. Política Nacional de Humanização – PNH. Brasília: Ministério da Saúde; 2013. Disponível em: https://bvsms.saude.gov.br/bvs/publicacoes/politica_nacional_humanizacao_pnh_folheto.pdf.
5. Moreira MD, Mota HB. Os caminhos da fonoaudiologia no Sistema Único de Saúde – SUS. Revista CEFAC. 2009;1.
6. Torbes TMM, Santos MAC B, Turra G.S. Atuação do fonoaudiólogo na gestão em saúde pública em um Estado da região Sul do Brasil. Revista Saúde em Redes. 2022;8(3).
7. Teixeira C, Sá M. Planejamento e gestão em saúde no Brasil: situação atual e perspectivas para a pesquisa, ensino e cooperação técnica na área. Ciênc Saúde Coletiva. 1996;1.
8. Paim SJ, Teixeira CF. Política, planejamento e gestão em saúde: balanço do estado da arte. Rev Saúde Pública. 2006;40(N Esp).
9. CNS/CES. Conselho Nacional de Educação. Resolução CNE/CES 5, de 19 de fevereiro de 2002. Institui Diretrizes Curriculares Nacionais do Curso de Graduação em Fonoaudiologia. Disponível em: http://portal.mec.gov.br/cne/arquivos/pdf/CES052002.pdf.
10. CFFa. Conselho Federal de Fonoaudiologia. Resolução CFFa n. 320, de 17 de fevereiro de 2006. Dispõe sobre as especialidades reconhecidas pelo Conselho Federal de Fonoaudiologia, e dá outras providências. Disponível em: https://www.fonoaudiologia.org.br/resolucoes/resolucoes_html/CFFa_N_320_06.htm.

11. CFFa. Fonoaudiologia nas Redes de atenção. 2021. Disponível em: https://fonoaudiologia.org.br/wp-content/uploads/2021/01/CFFa_Guia_RAS.pdf.
12. Relly C, Tomiasi A, Cassol K, Romero G, Topanotti J. Atuação fonoaudiológica no sistema público de saúde: revisão de literatura. FJH. 2019;1(1
13. Peres Am, Zago DPL, Souza MAR, Toniolo R, Bernardino E, Gomez-Torres D. Competências requeridas para gestores que atuam na atenção à saúde pública/coletiva: Scoping Review. New Trends in Qualitative Research. 2021:8.
14. Cyrino AP, Cyrino EG. Integrando Comunicação, Saúde e Educação: Experiência do UNI-Botucatu. Interface (Botucatu). 1997:1(1).

Fonoaudiologia na participação e controle social no Sistema Único de Saúde (SUS): desvendando fronteiras e fortalecendo vozes

Miriam Carvalho de Moraes-Lavado
Lúzia Brito Cavalcante
Roberta Alvarenga Reis

PONTOS-CHAVE

- História, espaços e instrumentos de participação e controle social (PCS) no SUS são importantes para o exercício da cidadania e fortalecimento profissional.
- Fonoaudiólogos contribuem com os debates ao identificar necessidades de saúde e propor ações que reduzam vulnerabilidades, impacto dos distúrbios da comunicação e deglutição, para que assim promovam saúde e bem-estar da população.
- Ao permitir que o profissional amplie sua visão sobre os atores do SUS, prioridades, metas e recursos da saúde, a PCS tem papel de educação permanente em saúde para os fonoaudiólogos.
- A aproximação com as diversas representações nos conselhos e conferências permite que os fonoaudiólogos contribuam para a construção de políticas públicas significativas aos gestores, trabalhadores e usuários do SUS.
- Desafios e potencialidades para a representatividade de uma categoria profissional na condução do processo de tomada de decisão.

OBJETIVOS DE APRENDIZAGEM

Ao final deste capítulo, o leitor deverá ser capaz de:

- Conhecer o processo histórico da PCS no SUS e o papel da Fonoaudiologia.
- Compreender o arcabouço legal, instrumentos de gestão e organização do SUS, como ferramentas para o exercício da PCS.
- Compartilhar informações sobre a papel do fonoaudiólogo na PCS para beneficiar a saúde da população pelas políticas públicas.
- Formular estratégias para a PCS nos locais que residem e atuam, cientes do papel do cidadão fonoaudiólogo nessas instâncias.
- Acompanhar os processos decisórios em defesa do direito à saúde e do SUS, enquanto cenário de formação e prática profissional da Fonoaudiologia.

INTRODUÇÃO

A participação e o controle social em saúde (PCSS) são atribuições garantidas constitucionalmente e representam um dos princípios organizativos do SUS, no qual todo cidadão brasileiro é protagonista na defesa e fortalecimento do Sistema de Atenção à Saúde[1,2].

Inserir a população para formular, executar e avaliar políticas públicas (PP) é ousado, mas também fundamental para que elas sejam bem-sucedidas, exerçam o papel de fiscalizar e controlar ações e serviços no SUS[3].

E como podemos participar? Durante a Reforma Sanitária, os movimentos sociais organizados lutaram para regulamentar a participação comunitária, que havia sido vetada na primeira Lei Orgânica da Saúde (LOS)[1]. Os conselhos e conferências foram definidos como instâncias colegiadas, democráticas e deliberativas, cujo funcionamento é uma exigência legal para o repasse de recursos financeiros federais e estaduais, para que os municípios definam as prioridades de investimentos e PP de saúde[1,3-5]. Enquanto categorias organizadas da sociedade civil, as profissões da saúde podem integrar os Conselhos de Saúde (CS), pelo segmento trabalhadores, seja por seus Conselhos, Associações ou Sindicatos, geralmente em atuação interprofissional integrada, conforme diretriz da Resolução CNS n. 453/2012[5-6].

A representação também pode ocorrer a partir de outros setores, associações de bairro, organizações não governamentais e prestadores de serviços, inclusive privados[7,8]. É uma instância pública, na qual todo cidadão pode estar presente, com direito à voz, o que torna o CS um espaço legítimo para o debate das contribuições, pelas profissões de saúde, à resolutividade de necessidades de saúde, por meio da participação na formulação de PP.

Este capítulo resgata a história da PCCS, contextualiza o cenário brasileiro, instrumentos e espaços de participação. Destaca a contribuição da Fonoaudiologia na atuação em equipes interprofissionais, interdisciplinares e intersetoriais, nas diferentes políticas e níveis de atenção à saúde em que atuam os fonoaudiólogos. São identificadas as barreiras, os desafios, as oportunidades e as perspectivas futuras.

A PARTICIPAÇÃO E CONTROLE SOCIAL NO SUS

A participação da comunidade nas ações e serviços públicos de saúde (ASPS) brasileiros tem experiências relatadas há muitas décadas[9-11]. Um marco mundial é a Conferência Internacional sobre Cuidados Primários de Saúde, ocorrida em Alma Ata (Cazaquistão), no ano de 1978[12]. Esse encontro determinou a saúde como um direito fundamental, universal e estabeleceu a meta de "Saúde para Todos no ano 2000", com a intenção de reduzir as desigualdades de acesso e resolutividade nas diferentes realidades mundiais.

No mundo, ao considerar que os determinantes sociais e o desenvolvimento socioeconômico são indissociáveis à saúde e à justiça social, países (re)organizaram seus sistemas de saúde[13]. Os modelos de Atenção Primária à Saúde (APS), no Brasil também convencionada como Atenção Básica (AB), são recomendados. A perspectiva da clínica ampliada, com ações para a promoção da saúde, prevenção de agravos e reabilitação, aumenta a satisfação dos usuários[14]. Dentre os princípios da APS, a participação da comunidade é essencial para a identificação de fragilidades e soluções compartilhadas para os problemas e indicadores de saúde.

No Brasil, a década de 1970 é cenário de movimentos estudantis e de entidades que lutam por liberdade democrática em meio à ditadura militar. No processo de redemocratização brasileira, o movimento "Diretas Já", no início dos anos 1980, pediu a realização de eleições diretas[15]. A primeira eleição presidencial com participação popular aconteceu em 1989, após um governo de transição entre 1985-1990, um período de muita inflação e desigualdade social.

A área da saúde foi marcada pelo Movimento da Reforma Sanitária Brasileira (MRBS), que culminou, em 1986, com a realização da 8ª Conferência Nacional de Saúde, que teve expressiva participação da sociedade civil organizada, pela primeira vez na história[16]. Esses movimentos viabilizaram a definição da saúde como um direito de todos e dever do Estado, com acesso a todos os níveis de assistência à saúde e prioridades na alocação de recursos.

As conquistas desse período estão refletidas na Constituição Federal (CF) de 1988, conhecida como constituição cidadã[1]. As disposições legais contidas nos artigos da CF (196 a 200) foram a base para a definição das Leis Orgânicas da Saúde (LOS). Nasce o SUS, com uma implementação processual e longa[17].

As LOS foram constituídas por duas publicações iniciais, pois a Lei n. 8.080, em setembro de 1990, sofreu diversos vetos, principalmente em relação ao financiamento e à participação popular[1]. Contudo, ainda mobilizados pelos movimentos sociais organizados, desde a VIII Conferência e respaldados pelas conferências internacionais, mais uma articulação e pressão popular permitiram que uma nova Lei, de n. 8142/90, fosse promulgada três meses depois[1].

Grandes desafios precisavam ser superados, como as diretrizes para a universalidade, descentralização e operacionalização das propostas delineadas na CF e LOS. Para isso, as Normas Operacionais Básicas (NOB) foram publicadas em 1991, 1993 e 1996, e as Normas Operacionais de Assistência à Saúde (NOAS) saíram em 2001 e 2002[1]. Dessa forma, para a implementação do SUS no país, foram anos de discussão para que se pudesse avançar[17]. A regulamentação demorou mais para acontecer, com o Decreto n. 7.508, em 2011[18].

Nessas três décadas de existência do SUS, um arcabouço legal robusto, sintetizado em portarias de consolidação, orienta ações e define atribuições para todos os atores da saúde, de maneira a integrar os segmentos na constituição dos sistemas de atenção à saúde no país[19]. O envolvimento dos usuários, que estão cotidianamente vivenciando as ASPS do SUS, na fiscalização e no controle das PP, aumenta as chances de que essas PP sejam bem-sucedidas.

Conselhos de Saúde (CS)

Os CS são espaços colegiados, paritários, de caráter permanente e deliberativo, que acompanham a elaboração e execução de PP e a utilização dos repasses financeiros nas três esferas de governo. A Figura 1 representa a forma como a paridade é distribuída em segmentos (usuários, trabalhadores e gestores/prestadores) nos espaços de PCCS.

As reuniões ocorrem mensalmente ou em maior periodicidade, de acordo com as pautas para discussão de interesse coletivo. O propósito é orientar a tomada de decisão na gestão pública do SUS, a fiscalização das transferências de recursos intergovernamentais e as prioridades de investimento.

Os CS possuem alta capilaridade, possibilitam a participação em nível nacional (CNS), estadual (CES) e municipal (CMS). Em cidades maiores, existem os conselhos distritais e os conselhos gestores de serviços com estrutura similar aos demais conselhos, mas descentralizados e regionalizados. Todas as unidades de saúde deveriam, também, ter constituído os seus conselhos locais (CLS), para que possam viabilizar um olhar para o território e uma maior participação da comunidade, que representa a si mesma. Contudo, essa ainda não é uma realidade de todos os municípios.

Em relação ao planejamento de ações e recursos, o CS será o responsável por construir e avaliar o Plano Nacional (PNS), Estadual (PES) e Municipal (PMS), a partir das Conferências de Saúde, a cada quatro anos. Outros instrumentos de gestão são o Plano Plurianual (PPA) e as Programações Anuais de Saúde (PAS), sempre alinhadas à Lei de Diretrizes Orçamentárias (LDO) e Lei Orçamentária Anual (LOA). Todos esses documentos auxiliam a monitorar a execução dos planos e aprovar a prestação de contas que se dará por meio da construção do Relatório Anual de Gestão (RAG), com edições quadrimestrais e anuais, como demonstrado na Figura 2. Além disso, ocorrem as prestações de contas, em audiências públicas para o legislativo e para os Conselhos em seus respectivos níveis da federação.

O Conselho Federal de Fonoaudiologia tem vaga no CNS pelo segmento profissional da saúde. Para este capítulo não foi realizado um levantamento formal das realidades estaduais e municipais, mas é possível articular a participação formal com apoio de entidades e profissionais com experiência.

Conferências de Saúde

As Conferências foram instituídas em 1941, mas com caráter consultivo. Fortalecidas a partir de 1990, passaram a ter caráter deliberativo, com dinâmica diferente dos conselhos. São eventos organizados a cada quatro anos para apresentar uma análise da situação de saúde e as diretrizes propostas como prioritárias para

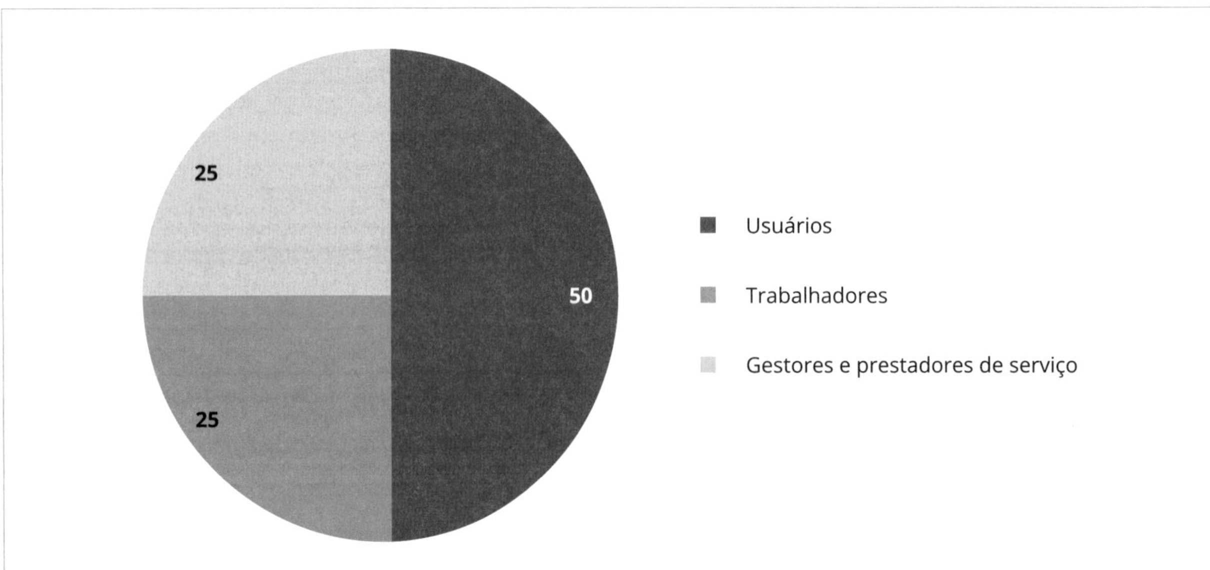

FIGURA 1 Distribuição da paridade de participação nas instâncias de controle social do SUS. Brasil, 2024.

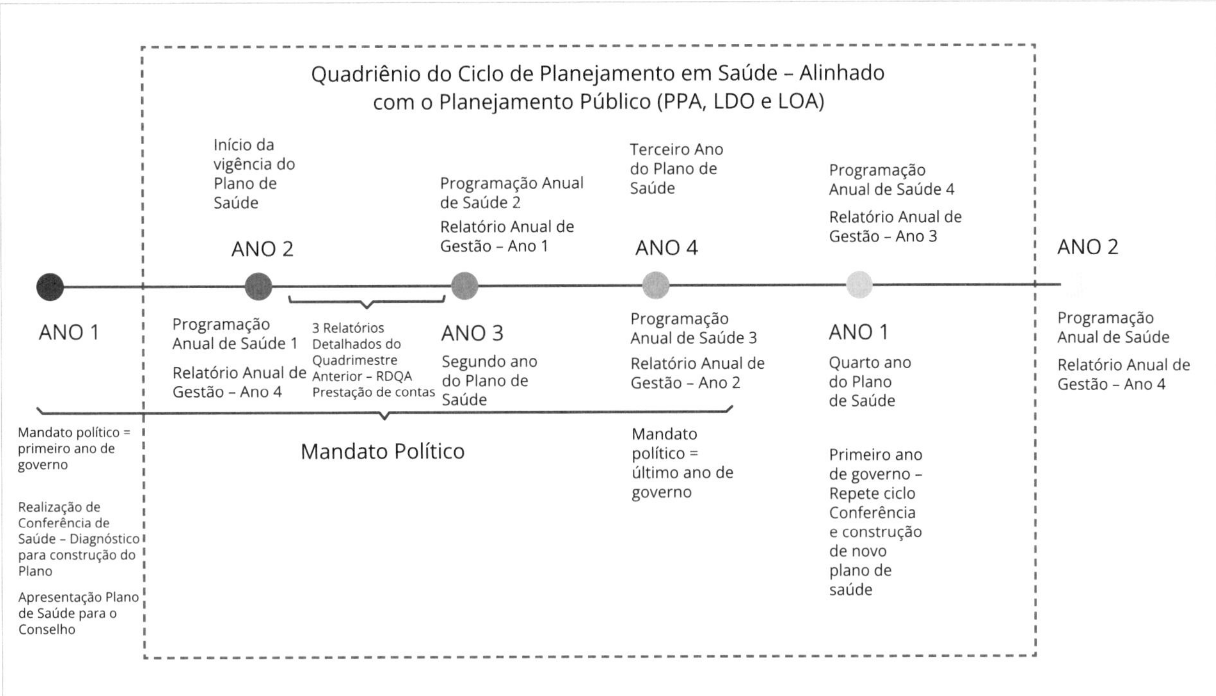

FIGURA 2 Síntese do processo de Planejamento em Saúde no SUS. Brasil, 2024.

diferentes eixos do setor. A partir disso, são estabelecidos metas e planejamento de ações em saúde ou na atuação intersetorial, que favoreçam a superação dos indicadores prioritários. Com a participação de diferentes segmentos sociais, os governantes elaboram os Planos de Saúde (Nacional, Estadual e Municipal), instrumentos de gestão que direcionam, durante quatro anos, as principais ações que serão desenvolvidas na gestão do SUS.

Além dos conselhos e conferências de saúde, gerais, ocorrem, periodicamente, as temáticas, como Saúde Mental, Indígena, do Trabalhador, Bucal, Direitos da Mulher, Ciência, Tecnologia e Inovação, Vigilância Sanitária, Segurança Alimentar, Assistência Farmacêutica, Gestão do Trabalho e da Educação em Saúde, entre outras. A partir da 16ª Conferência, que ficou conhecida como 8a + 8, em 2019, abriu-se a oportunidade de realização de Conferências Livres, com as propostas conduzidas como anexos para o planejamento.

A 17ª Conferência Nacional de Saúde[20], em 2023, marcou a redemocratização, com 386 pessoas indicadas delegadas, como são denominadas as pessoas que têm direito à voto. Essas indicações foram definidas a partir do número de participantes nas 99 CL realizadas. Buscou-se contemplar as diversidades regionais (rural e urbana) e populacionais, ao permitir a inclusão de pautas de gênero e diversidade sexual, ampliar a representatividade de entidades e movimentos de categorias profissionais, negros, jovens, idosos, pessoas com deficiências, com importância direta para atuação fonoaudiológica.

A 1ª Conferência Livre Nacional da Fonoaudiologia permitiu a indicação de dois representantes pela Sociedade Brasileira de Fonoaudiologia (SBFa), em parceria com o Sistemas Conselhos e suas representações no CNS e Fórum das Entidades Nacionais de Trabalhadoras/es da Área da Saúde (FENTAS). Estes participaram de discussões e criaram novas perspectivas para as áreas da saúde na busca de melhorias para o SUS[21].

Apesar do foco deste capítulo abordar as instâncias formais de PCS do SUS, é importante destacar ao leitor que o tema é amplo e compreende outras modalidades de acesso à participação. Algumas são individualizadas, como as ouvidorias, passando pela lei do acesso à informação, até as estratégias mais coletivas como as audiências e consultas públicas. Caminhar para uma sociedade com maior envolvimento dos cidadãos na construção de PP é o que se espera quando conhecemos as diversas ferramentas de participação. Por fim, todo cidadão deve conhecer a Carta de Direitos do Usuário do SUS.

Como um suporte relevante para a atuação nesses espaços, a presença nas reuniões permite capacitações e discussão constante das ferramentas de PCS. A Lei Complementar n. 141/12 teve um papel de educação permanente em saúde para os conselheiros com leitura conjunta das diretrizes para melhor compreensão da proposta[22].

Além de ter a paridade como uma premissa, os conselhos e conferências de saúde têm a representatividade de seus membros nos movimentos e entidades que possuem assento em suas constituições, como traz a Resolução n. 453/12[5]. Uma síntese das responsabilidades na PCS está no Quadro 1, previsto nos termos de compromisso das gestões municipal, estadual e da união.

Estar presente nesses espaços e conhecer os instrumentos permite ampliar a representação da categoria profissional, além de configurar o exercício individual da cidadania. As iniciativas, experiências e conquistas devem ser compartilhadas com as entidades, para que sejam divulgadas, compondo uma importante contribuição da Fonoaudiologia para o fortalecimento do SUS.

Fazer um panorama da Fonoaudiologia ao tratar da PCS surge da necessidade de se reconhecer o passado, trazer ferramentas que auxiliem a avaliação do presente, bem como a construção do futuro de nossa profissão e inserção no SUS. Torna-se ainda mais importante fazer essa avaliação por meio de elementos que auxiliem a construção do quadro de uma conjuntura mais ampla, como também possibilitar a compreensão do momento histórico e político do país, sumarizado na Figura 3.

Envolver-se com as discussões fomentadas pelas entidades de classe e avaliar o cenário que vivemos é fundamental para a prática da participação social, devendo-se compreender os movimentos sociais como locais de práticas educativas. Elas atingem todos os atores, não apenas em relação às questões próprias da saúde, mas também para o processo de comunicação, negociação, diálogo e até confronto entre os diferentes movimentos e os interesses de cada segmento representado. É estabelecida uma relação dialógica complexa entre os segmentos e os setores da administração pública e até mesmo com serviços privados conveniados. Para tanto, são articuladas redes entre os movimentos, com caráter político-social, essenciais para a educação permanente em saúde, ao identificar os processos de aprendizagem e compreender os valores envolvidos na construção desse processo[23].

O portal da SBFa informa que os primeiros cursos de Fonoaudiologia datam do início da década de 1960 e, na década seguinte, após movimentos de luta pelo reconhecimento da profissão, em 9 de dezembro de 1981, a Lei n. 6.965/81 foi sancionada com o reconhe-

QUADRO 1 Reprodução do Termo de Compromisso de Gestão do SUS sinalizando as oito responsabilidades na Participação e Controle Social em Saúde, que deve estar presente nas gestões municipais, estaduais e federais. Brasil, 2024

Item 7 – Responsabilidade na Participação e Controle Social	Realiza	Não realiza ainda	Prazo para realizar
7.1 Apoiar o processo de mobilização social e institucional em defesa do SUS;			
7.2 Prover as condições materiais, técnicas e administrativas necessárias ao funcionamento do Conselho (Nacional, Estadual, Municipal) de Saúde, que deverá ser organizado em conformidade com a legislação vigente;			
7.3 Organizar e prover as condições necessárias à realização de Conferências (Nacional, Estadual, Municipal) de Saúde;			
7.4 Estimular o processo de discussão e controle social no espaço regional;			
7.5 Apoiar o processo de formação de Conselheiros de Saúde;			
7.6 Promover ações de informação e conhecimento acerca do SUS, junto à população em geral;			
7.7 Apoiar os processos de educação popular em saúde, com vistas ao fortalecimento da participação social do SUS;			
7.8 Implementar ouvidoria (nacional, estadual, municipal), com vistas ao fortalecimento da gestão estratégica do SUS, conforme diretrizes nacionais.			

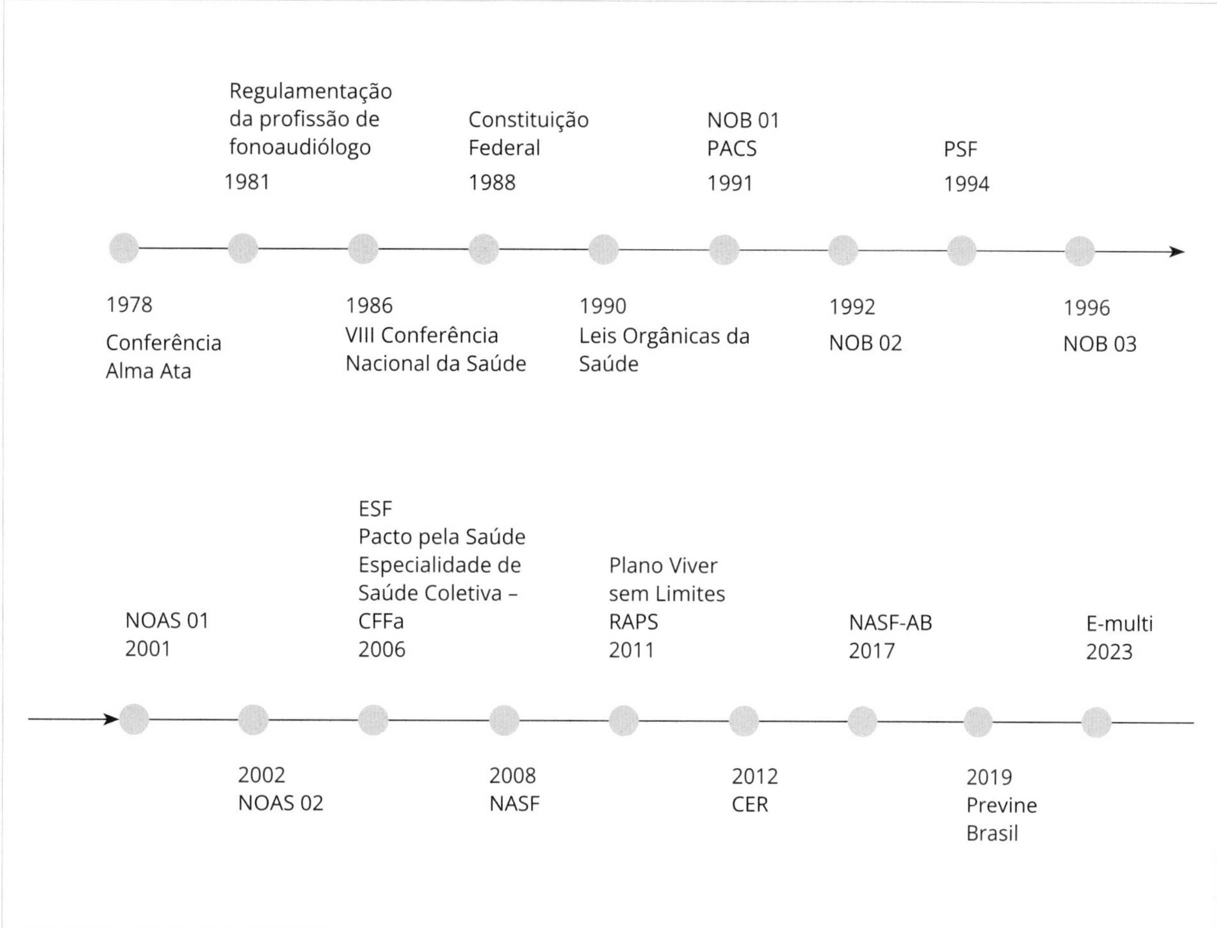

FIGURA 3 Linha do tempo com os marcos legais do SUS e as políticas públicas de saúde com atuação do fonoaudiólogo. Brasil, 2024.

cimento da profissão de fonoaudiólogo. Ao considerar a criação do SUS percebe-se que não há coincidência das datas, mas o contexto político-histórico era voltado para a abertura democrática do país. É o cenário que movimenta a sociedade civil para mudar a realidade que enfrenta e ter essa compreensão facilita a atuação nas instâncias de PCS.

A Fonoaudiologia tem atuação no SUS, em alguma medida, desde sua criação. Os caminhos foram sendo construídos e marcos de participação foram publicados. Como exemplo, o reconhecimento por parte do CNS da importância da Fonoaudiologia como uma profissão de saúde, imprescindível para atuação no Conselho Nacional de Saúde (CNS) em 1998[6], em conjunto com outras 14 categorias. Esse foi um movimento importante de ampliação de olhar para atingir a integralidade, um dos princípios doutrinários do SUS.

Concursos públicos para contratação de fonoaudiólogos ocorrem desde a década de 1990 e, posteriormente, o Cadastro Nacional de Estabelecimentos de Saúde (CNES) confirma o SUS como o maior contratante do país. As décadas seguintes, 2000 e 2010, foram importantes para ordenação da Política Nacional de Atenção Básica (PNAB), com a Estratégia de Saúde da Família (ESF) como modelo prioritário de atenção, a ser adotado nacionalmente. O surgimento do Núcleo de Apoio à Saúde da Família (NASF) em 2008 incluiu o fonoaudiólogo como parte da equipe, que passou a ter um papel relevante na promoção à saúde, prevenção de agravos e mesmo na reabilitação, O profissional mais próximo do território contribui com a coordenação do cuidado, a ordenação da rede e uma maior resolutividade. O NASF é um excelente exemplo a ser analisado do ponto de vista do controle social, conforme Figura 4.

Além da PNAB, duas outras PP são importantes para a inserção do fonoaudiólogo no SUS. Elas trazem a obrigatoriedade da presença desse profissional nas equipes mínimas de seus serviços e constituem redes prioritárias de intervenção. A Rede de Atenção Psicossocial (RAPS) em 2011 inclui o fonoaudiólogo na equipe mínima do Centro de Atenção Psicossocial

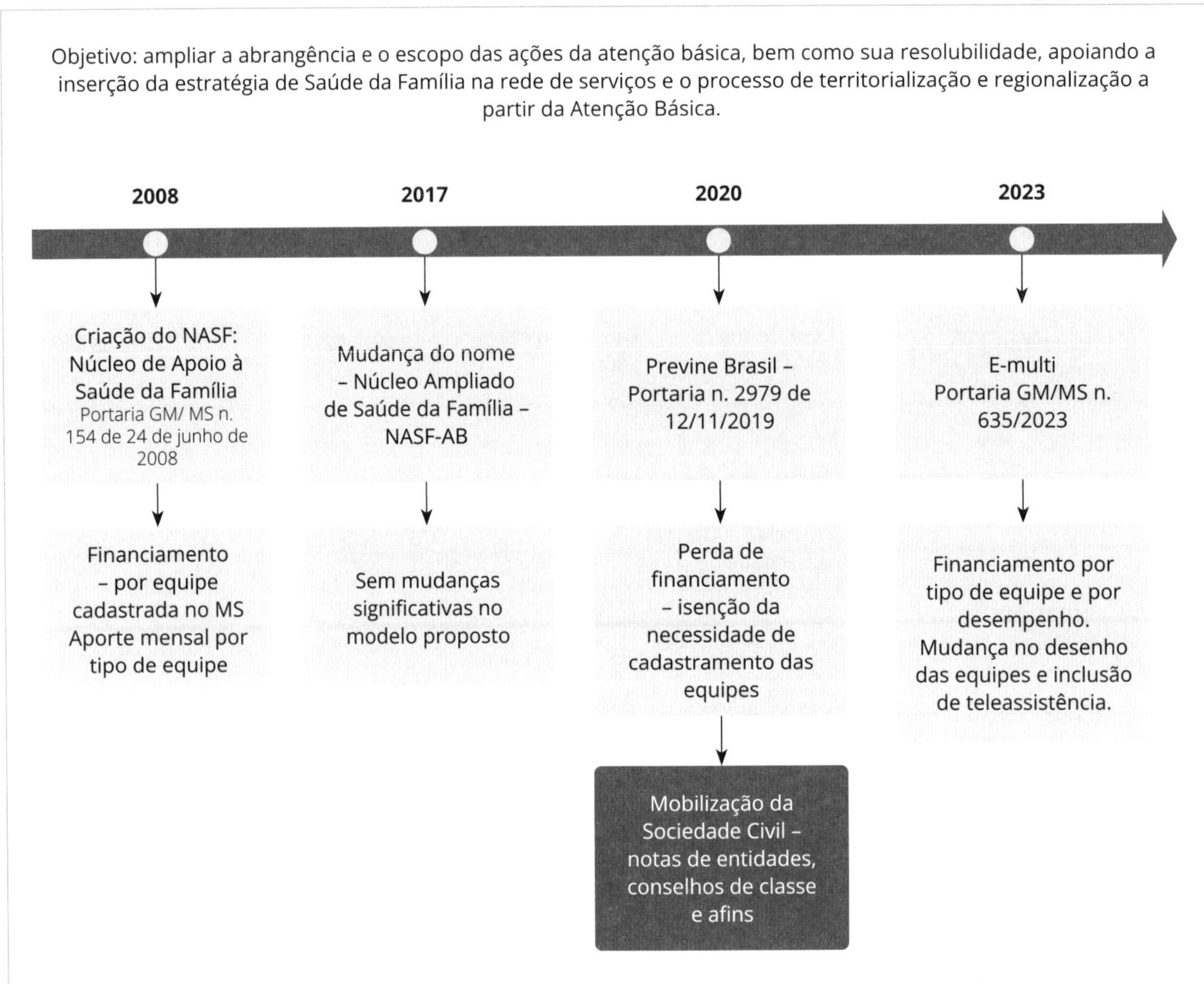

FIGURA 4 Linha do tempo da inserção dos profissionais na Atenção Primária à Saúde por meio de diferentes políticas públicas. Brasil, 2024.

Infanto-Juvenil (CAPSi). O Plano Viver sem Limites (2012) criou o Centro Especializado em Reabilitação (CER), nos quais o fonoaudiólogo é previsto para o funcionamento de três das quatro modalidades criadas (intelectual, física e auditiva). O CER ampliou os serviços de saúde auditiva ofertados em todo o território nacional, embora alguns serviços isolados, instalados a partir da Política Nacional de Saúde Auditiva em 2004, permaneçam em funcionamento.

O Programa Saúde na Escola (PSE) não define os profissionais, mas tem a avaliação e educação em saúde auditiva como uma de suas modalidades de intervenção na Educação Fundamental. Algumas conquistas relevantes também envolvem a participação em consultas públicas, como a da atualização da Política Nacional de Saúde da Pessoa com Deficiência (PcD) em 2023, na qual foi possível atualizar dados científicos na perspectiva da funcionalidade, representada pela Classificação Internacional de Funcionalidade (CIF).

A Fonoaudiologia está prevista em toda a Rede de Atenção em Saúde (RAS), muitas vezes ainda mantendo uma lógica prioritariamente na assistência ambulatorial especializada, independentemente do nível de atenção em que atua. A inserção formal nas PP e a representação da categoria profissional nas instâncias de PCCS ampliam a complexidade de atuação do fonoaudiólogo, que ganha características temáticas e específicas.

DESAFIOS E BARREIRAS A SEREM SUPERADAS

O papel social na PCCS não é exclusivo dos representantes políticos e conselheiros de saúde, mas, para que essa realidade seja mais clara, é preciso que a comunidade saiba captar e pautar as demandas da sociedade de forma democrática, como representantes de seus segmentos. As responsabilidades sobre as pautas e a tomada de decisão devem ser debatidas por todos os atores e os papéis de cada um na sociedade, assim como o engajamento na PCSS[24].

A Fonoaudiologia tem conhecimento científico sobre a Comunicação, uma pauta cada vez mais presente na realidade de outras categorias. As Diretrizes Curriculares Nacionais (DCN) preconizam a formação generalista para o SUS, que é um importante prestador de assistência e, portanto, oferta serviços com assistência fonoaudiológica em todos os níveis de atenção à saúde. Contudo, observa-se uma má distribuição dos postos de trabalho, cobertura e acesso. Há dificuldades de manutenção de campos de estágio em algumas realidades, como APS e hospitais, bem como um interesse crescente pelas especialidades. Poucas formações conseguem aprofundar aspectos da interprofissionalidade, da gestão, da PCCS e do conhecimento sobre PP[25].

A busca por ampliação no conhecimento em PCCS por parte dos conselheiros e cidadãos é um dos maiores desafios para os representantes desenvolverem suas atividades. A realidade da população em geral e da que o conselheiro representa, em particular, deve ser conhecida e suas necessidades debatidas para que ocorra avanço nas discussões sobre melhorias para o SUS. Ainda, para fortalecer o avanço e amadurecimento desses atores, nos diferentes segmentos, uma estratégia é a realização de capacitações para conselheiros[26]. promovidas por institutos de pesquisa e ensino, pelo CNS, pelo Tribunal de Contas da União (TCU), pelos Conselhos de Fonoaudiologia e o Participa+.

Os novos meios de comunicação, informação e tecnologias favorecem a atuação dos movimentos sociais, por meio de redes sociais, locais, regionais, nacionais e internacionais ou transnacionais. A inclusão digital proporciona a constituição de redes essenciais para compreender os fatores que geram as aprendizagens e os valores da cultura política que vão sendo construídos no processo interativo de tradução do conhecimento. Assim, exercitam o que Habermas denominou "o agir comunicativo"[27]. A criação e o desenvolvimento de novos saberes são, também, produtos dessa comunicabilidade.

OPORTUNIDADES E PERSPECTIVAS PARA O FUTURO

As contribuições da Fonoaudiologia para o SUS foram sistematizadas e a PCSS é citada. O Departamento de Saúde Coletiva da SBFa tem promovido ações nos congressos para debater temas abordados neste capítulo e busca identificar profissionais com experiência individual ou de representação na gestão e nos conselhos de saúde.

A realização da Conferência Livre, a composição de grupos de trabalho para debater propostas para consultas públicas sobre políticas e pela Comissão Nacional de Incorporação de Tecnologias no SUS – CONITEC permitem trazer novos atores para esse processo tão importante para reconhecimento da Fonoaudiologia em benefício da população.

Cabe a reflexão se, ao longo dos anos, são desenvolvidas estratégias motivadoras, modernas e inclusivas que proporcionam um aumento da busca e envolvimento da classe profissional e dos conselheiros no que se refere ao engajamento nas ações e movimentos relacionados à participação e ao controle social.

CONCLUSÃO

O capítulo apresentou um panorama da participação e controle social em saúde em sua interface com a Fonoaudiologia, com base em uma retomada da legislação, produções, memórias e vivências. É claro o potencial para agregar a prática baseada em evidência ao planejamento de ações destinadas a melhorias no desempenho e redução das vulnerabilidades relativas à saúde da comunicação e funções alimentares dos usuários do SUS.

Destacou também a importância da presença do fonoaudiólogo nas instâncias de PCSS, fortalecida pelas capacitações promovidas para ampliar o conhecimento da categoria profissional sobre o SUS. A educação permanente (EP) é uma via de mão dupla, na qual o profissional leva conhecimento específico, mas traz um valioso conhecimento empírico e cotidiano. A EP potencializa as relações para a construção de políticas públicas e tomada de decisão, articuladas entre os representantes de todos os segmentos dos conselhos e conferências de saúde, gestores, prestadores de serviços, trabalhadores e usuários do SUS.

Ao identificar algumas barreiras e oportunidades para o fonoaudiólogo no processo de participação, desde a sua formação acadêmica e, principalmente, qual é a sua função como profissional da saúde "fora do consultório", entendendo a dinâmica desses papéis, é possível somar, com maior autoridade, engajamento e prática no exercício do papel do fonoaudiólogo como cidadão e representante da sua classe na construção de estratégias mais inclusivas em conjunto com outros profissionais.

REFERÊNCIAS BIBLIOGRÁFICAS

1. Preuss LT. A gestão do Sistema Único de Saúde no Brasil e as regiões de fronteira em pauta. Rev Katálysis [Internet]. 2018;21(2):324-35. Acesso em: 5 mar. 2024.

2. Kujawa HA (org.). Vozes, olhares e sentidos da Participação Social no SUS. Porto Alegre: Editora Rede Unida; 2022. Acesso em: 5 mar. 2024.
3. Brasil. Ministério da Saúde. Para entender o controle social na saúde. Brasília: Ministério da Saúde; 2013. Disponível em: https://www.planalto.gov.br/ccivil_03/LEIS/L8080.htm. Acesso em: 5 mar. 2024.
4. São Paulo. Tribunal de Contas da União (TCE). Guia de Orientação aos Membros do Conselho Municipal de Saúde. 2019. Disponível em: https://atricon.org.br/wp-content/uploads/2023/09/Guia-de-orientacao-aos-membros-do-conselho-municipal-de-saude.pdf. Acesso em: 5 mar. 2024.
5. São Paulo. Conselho Nacional de Saúde. Resolução n. 453, Aprovar as seguintes diretrizes para instituição, reformulação, reestruturação e funcionamento dos Conselhos de Saúde. 2012. Disponível em: https://bvsms.saude.gov.br/bvs/saudelegis/cns/2012/res0453_10_05_2012.html.
6. Brasil. Conselho Nacional de Saúde. Relaciona as categorias profissionais de saúde de nível superior para fins de atuação do Conselho. 1998. Disponível em: https://bvsms.saude.gov.br/bvs/saudelegis/cns/1998/res0287_08_10_1998.html.
7. Durán PRF, Gerschman S. Desafios da participação social nos conselhos de saúde. Saúde Soc. São Paulo, 2014;23(3):884-96. Acesso em: 5 mar. 2024.
8. Silva RCC, Novais MAP, Zucchi P. Social participation: a look at the representativeness of health councils in Brazil, from Resolution 453/2012. Physis. 2021;31(2):1-21. Acesso em: 5 mar. 2024.
9. Cavalcanti MLT, Cabral MHP, Antunes LR. Participação em saúde: uma sistematização de artigos publicados em periódicos brasileiros – 1988/2005. Cien Saude Colet. 2012;17(7):1813-23.
10. Paiva FS, Stralen CJ, Costa PHA. Participação social e saúde no Brasil: revisão sistemática sobre o tema. Cien Saude Colet. 2014;19(2):487-98.
11. Melo RC, Possa LB. Democracia no SUS, como estamos? Um debate sobre a participação social a partir da literatura recente. Saúde Redes. 2016;2(4):393-408. Acesso em: 5 mar. 2024.
12. Brasil. Ministério da Saúde. Declaração de Alma-Ata. Conferência Internacional sobre cuidados primários de saúde; 6-12 de setembro de 1978; Alma-Ata, Cazaquistão. Secretaria de Políticas de Saúde. Projeto Promoção da Saúde. Declaração de Alma-Ata; Carta de Ottawa; Declaração de Adelaide; Declaração de Sundsvall; Declaração de Santafé de Bogotá; Declaração de Jacarta; Rede de Megapaíses; Declaração do México. Brasília: Ministério da Saúde; 2001. Disponível em: https://bvsms.saude.gov.br/bvs/publicacoes/declaracao_alma_ata.pdf.
13. Giovanella L, Mendonça MHM de, Buss PM, Fleury S, Gadelha CAG, Galvão LAC, et al. De Alma-Ata a Astana. Atenção primária à saúde e sistemas universais de saúde: compromisso indissociável e direito humano fundamental. Cad Saúde Pública [Internet]. 2019;35(3):e00012219.
14. Giovanella L. Atenção básica ou atenção primária à saúde?. Cad Saúde Pública [Internet]. 2018;34(8):e00029818.
15. Porta da Câmara dos Deputados – Panorama das Décadas. Disponível em: https://www2.camara.leg.br/atividade-legislativa/plenario/discursos/escrevendohistoria/visitantes/panorama-das-decadas/copy_of_decada-de-70#:~:text=No%20in%C3%ADcio%20dos%20anos%2070,Cisa)%2C%20as%20Delegacias%20de%20Ordem.
16. Virgens JHA, Teixeira CF. Estudos sobre o Movimento da Reforma Sanitária Brasileira: olhares diversos sobre um mesmo fenômeno. Saúde Debate [Internet]. 2022Jan;46(132):211-26.
17. Paim JS. Sistema Único de Saúde (SUS) aos 30 anos. Ciênc Saúde Coletiva [Internet]. 2018Jun;23(6):1723-8.
18. Brasil. Casa Civil. Decreto n. 7508 de 28 de junho de 2011. Regulamenta a Lei n. 8.080, de 19 de setembro de 1990, para dispor sobre a organização do Sistema Único de Saúde – SUS, o planejamento da saúde, a assistência à saúde e a articulação interfederativa, e dá outras providências. Disponível em: https://www.planalto.gov.br/ccivil_03/_ato2011-2014/2011/decreto/d7508.htm.
19. Brasil. Ministério da Saúde. Portaria de consolidação 1. Publicada em 24 de agosto de 2022. Disponível em: https://bvsms.saude.gov.br/bvs/saudelegis/gm/2017/prc0001_03_10_2017.html.
20. Brasil, Ministério da Saúde. Conselho Nacional de Saúde. Relatório Consolidado – Versão Preliminar da 17ª Conferência Nacional de Saúde. Brasília. 2023. Disponível em: https://conselho.saude.gov.br/images/17cns/Relatorio_Consolidado_da_17_CNSv2_1.pdf.
21. Travassos C, Lima LD de. A participação social no comando: a memorável 17ª Conferência Nacional de Saúde. Cad Saúde Pública [Internet]. 2023;39(9):e00154023.
22. Brasil. Casa Civil. Lei complementar n. 141, de 13 de janeiro de 2012. Regulamenta o § 3° do art. 198 da Constituição Federal para dispor sobre os valores mínimos a serem aplicados anualmente pela União, Estados, Distrito Federal e Municípios em ações e serviços públicos de saúde; [...]. Disponível em: https://www.planalto.gov.br/ccivil_03/leis/lcp/lcp141.htm.
23. Gohn MG. Movimentos sociais na contemporaneidade. Rev Bras Educ [Internet]. 2011;16(47):333-61.
24. Lima JC. O papel da argumentação em processos deliberativos nas instâncias de controle social do Sistema Único de Saúde. Interface. 2020. Disponível em: https://doi.org/10.1590/Interface.190495.
25. Telles MWP, Noro LRA. A compreensão dos docentes sobre a formação em Saúde Coletiva nos cursos de Fonoaudiologia de universidades públicas do Nordeste brasileiro. Interface (Botucatu) [Internet]. 2021;25:e200704.
26. Jurberg C, Oliveira EMO, Oliveira ESG. Capacitação para quê? O que pensam conselheiros de saúde da região Sudeste. Núcleo de Divulgação do Programa de Oncobiologia, Universidade Federal do Rio de Janeiro, Datasus, Ministério da Saúde e Faculdade de Educação, Universidade do Estado do Rio de Janeiro. Rio de Janeiro; 2014. Disponível em: scielo.br/j/csc/a/qryDvRFHHyjmnNY5Vr5xX8Q/?lang=pt&format=pdf.
27. Lima CRM de, Maia MR. Teoria do agir comunicativo de Habermas na administração de organizações de saúde: revisão sistemática nas bases de dados Medline, Scopus, Web of Science. logeion [Internet]. 15° de dezembro de 2022 [citado 14° de março de 2024];9:183-206. Disponível em: https://revista.ibict.br/fiinf/article/view/6174.

Seção 10

Voz

Coordenadoras

Ana Carolina Constantini
Priscila Oliveira Costa Silva

Fisiologia vocal: perspectivas atuais à luz da fisiologia do exercício

Thays Vaiano
Kelly Cristina Alves Silverio

PONTOS-CHAVE

- Todo tecido muscular é altamente adaptável a mudanças causadas por exercícios, à falta de exercícios, perda de tecido, estimulação elétrica, ao crescimento, desenvolvimento e envelhecimento. Portanto, tanto os músculos intrínsecos da laringe quanto outras musculaturas envolvidas na fisiologia fonatória como os músculos respiratórios e articulatórios são treináveis e podem contribuir com a otimização da eficiência vocal.
- Os princípios fundamentais da fisiologia do exercício representam preceitos científicos essenciais que regem as adaptações fisiológicas do organismo humano em resposta à prática sistemática de atividades físicas. Há necessidade de adaptações dos princípios da fisiologia do exercício ao contexto da reabilitação e treinamento vocal, considerando-se a musculatura laríngea e todo o mecanismo de produção vocal.
- Melhorar o nível de condicionamento envolve a aplicação de quatro princípios básicos do treinamento muscular: sobrecarga, especificidade, individualidade e reversibilidade. Os principais ganhos em treinos da musculatura vocal, tanto de força, quanto de resistência, estão predominantemente associados a adaptações neurais e metabólicas.
- Tanto a habilitação quanto a reabilitação vocal são processos que envolvem exercícios de voz, contudo, a forma de execução será diferente, já que o objetivo dos dois processos é diferente. A habilitação tem foco no treinamento muscular e ganhos no longo prazo e na reabilitação trabalha-se majoritariamente na saúde e integridade da mucosa das pregas vocais com ganhos obtidos no curto prazo.

OBJETIVOS DE APRENDIZAGEM

Ao final deste capítulo, o leitor deverá ser capaz de:

- Compreender os princípios básicos da fisiologia do exercício.
- Adaptar e aplicar os princípios da fisiologia do exercício ao treinamento e reabilitação vocal.
- Ser capaz de diferenciar o trabalho de força e de resistência muscular ao aplicar exercícios vocais, seja no treinamento ou na reabilitação vocal.
- Entender como alguns programas de treinamento e reabilitação vocal empregam a fisiologia do exercício.

INTRODUÇÃO

Fisiologia é o estudo da função dos tecidos, órgãos e sistemas dos seres vivos. A fisiologia do exercício avalia a resposta deses mesmos tecidos, órgãos e sistemas a um único exercício ou a uma série deles e, embora a clínica vocal seja basicamente pautada na realização de exercícios, temos ainda poucas informações referentes aos efeitos por eles causados nos músculos envolvidos na fisiologia da fonação. Até o momento, a maior parte dos estudos intervencionais demonstram os efeitos dos exercícios vocais diante de quadros de disfonia e não os efeitos do treinamento de vozes saudáveis para aprimoramento da eficiência, condicionamento e resistência vocal[1].

A ausência de estudos e informações do efeito dos exercícios vocais na musculatura envolvida na fonação se deve em parte pela dificuldade de acesso a esses músculos e tecidos, e em parte ao foco dado primordialmente à mucosa que recobre as pregas vocais, principal responsável pela qualidade vocal. Diante disso, a maioria das pesquisas que avalia os efeitos dos exercícios vocais explora os elementos acústicos, fisiológicos e autorreferidos associados à integridade e funcionamento dessa estrutura e não à musculatura vocal propriamente dita[2].

Para que possamos trazer as perspectivas da fisiologia do exercício para a fisiologia vocal, adaptar os conhecimentos a respeito da musculatura esquelética geral é um ponto de partida já que, na fisiologia do exercício e ciências do esporte, as adaptações neurológicas, metabólicas e das fibras musculares com o uso de exercícios foram extensivamente estudadas[3].

Antes de traçarmos esse paralelo, é fundamental reforçar que, apesar de "emprestarmos" os conceitos da fisiologia do exercício geral para a fisiologia do exercício vocal, a musculatura intrínseca da laringe possui características extremamente particulares. Nenhum outro músculo do corpo é recoberto por mucosa e realiza repetidas colisões como as pregas vocais, por exemplo[4].

Além disso, devemos sempre ter em mente que a principal função da laringe é a manutenção e proteção da via respiratória. Desta forma, diferentemente de outros músculos que possuem biomarcadores que os predispõem mais para atividades de força ou de resistência, a musculatura laríngea precisa ser altamente resistente para manter as pregas vocais abertas, permitindo o ciclo respiratório, e também extremamente forte e rápida para proteger as vias aéreas inferiores de qualquer ameaça.

Apesar de todas as particularidades, os músculos laríngeos são treináveis e, assim como todo e qualquer tecido muscular, são altamente adaptáveis a mudanças causadas por exercícios, à falta de exercícios, perda de tecido, estimulação elétrica, ao crescimento, desenvolvimento e envelhecimento[5,6]. Portanto, tanto os músculos intrínsecos da laringe quanto outras musculaturas envolvidas na fisiologia fonatória, como os músculos respiratórios e articulatórios, são treináveis e podem contribuir com a otimização da eficiência vocal. Esse, inclusive, é um dos principais princípios da Fisiologia do Exercício: o princípio da Adaptação Específica à Demanda Imposta (AEDI).

O princípio AEDI é um dos conceitos básicos mais importantes na ciência do esporte e significa que, quando o corpo é colocado sob alguma forma de estresse, fará adaptações que o tornarão mais resistente a essa forma específica de estresse e, portanto, mais condicionado. Da mesma forma, entendemos que a musculatura vocal pode se adaptar a novas demandas de maneira saudável sem que essa sobrecarga implique em um desequilíbrio com ajustes compensatórios que possam causar algum tipo de alteração vocal. Contudo, isso somente será possível se os princípios do treinamento vocal forem respeitados[7].

TREINAMENTO E REABILITAÇÃO VOCAL

O treinamento vocal pode aumentar a resistência à fadiga, melhorar o desempenho vocal, prevenir lesões associadas ao uso incorreto da voz ou à demanda vocal intensa, além de melhorar o tempo de recuperação vocal[8].

Entendemos que todo fonoaudiólogo deve compreender os princípios que norteiam o sucesso de um estímulo muscular mediado pelo exercício. Uma vez estabelecido o objetivo do estímulo, este somente será alcançado se o exercício for realizado com frequência e intensidade suficientes. Somente com estímulos superiores à exigência usual da musculatura vocal será possível quebrar a homeostase e gerar novas adaptações e mudanças estruturais da musculatura trabalhada[7].

Para que o estímulo seja adequado e cause os efeitos desejados deve-se definir se o foco principal do exercício está na recuperação/reabilitação ou no treinamento/habilitação, este último visando o desenvolvimento de força ou de resistência muscular.

A reabilitação vocal tem atenção voltada para a integridade da mucosa das pregas vocais, na proposta de melhora ou recuperação da função fonatória diante de um quadro de disfonia, com estímulos que variam de acordo com abordagem terapêutica eleita. O processo de habilitação ou treinamento vocal é realizado com pessoas com vozes saudáveis que possuam exigências específicas em atividades comunicativas pessoais, profissionais ou artísticas e os estímulos dependem do objetivo proposto: força ou resistência muscular[9].

Embora a habilitação e a reabilitação vocal sejam processos distintos, ambos compartilham o objetivo de ampliar a capacidade do indivíduo no uso apropriado de sua voz por meio do exercício (Figura 1). Independente do programa a ser desenvolvido, é fundamental que o fonoaudiólogo estabeleça duração e intensidade suficientes para alcançar as mudanças desejadas considerando os diferentes tipos de fibra e metabolismos musculares.

BIOENERGÉTICA

A forma como o músculo fabrica e utiliza as moléculas de adenosina trifosfato (ATP) é denominada bioenergética muscular. As vias bioenergéticas que dão suporte ao metabolismo energético muscular são dinâmicas e podem ser melhoradas com o treino muscular aumentando a resistência à fadiga, mas também podem ter seu desempenho piorado caso o músculo entre em destreino.

A utilização e a ressíntese de ATP envolvem três sistemas metabólicos: (1) o sistema creatina-fosfocreatina; (2) o sistema glicolítico; e (3) o sistema aeróbio oxidativo.[3] Os dois primeiros não utilizam oxigênio para a produção de energia e, embora forneçam energia imediata, não possuem grandes reservas e acabam rapidamente durante um exercício intenso com duração superior a 10 ou 15 segundos[10]. Exercícios que exijam maior tempo de atividade muscular precisam ativar o metabolismo oxidativo para obtenção de energia, ou seja, precisarão de oxigênio para produção de ATP[11].

É importante, portanto, que o fonoaudiólogo entenda que ao solicitar que o paciente realize exercícios curtos, como, por exemplo, vocalizando BA DA GA em forte intensidade, estará trabalhando com o sistema creatina-fosfocreatina de obtenção de energia e realizando estímulos voltados para o desenvolvimento de força muscular. Se a atividade muscular continuar, como quando solicitamos exercícios em tempo máximo fonatório, haverá depleção do substrato de energia imediato e a glicólise passa a ser predominante. Se atividade muscular continuar e exceder a capacidade de obtenção de energia glicolítica, como quando realizamos vocalizações em tempo máximo fonatório, a fosforilação oxidativa torna-se a principal via de obtenção de energia e passamos a desenvolver um trabalho de resistência muscular.

As primeiras mudanças musculares são marcadas por adaptações neuromusculares e metabólicas que pre-

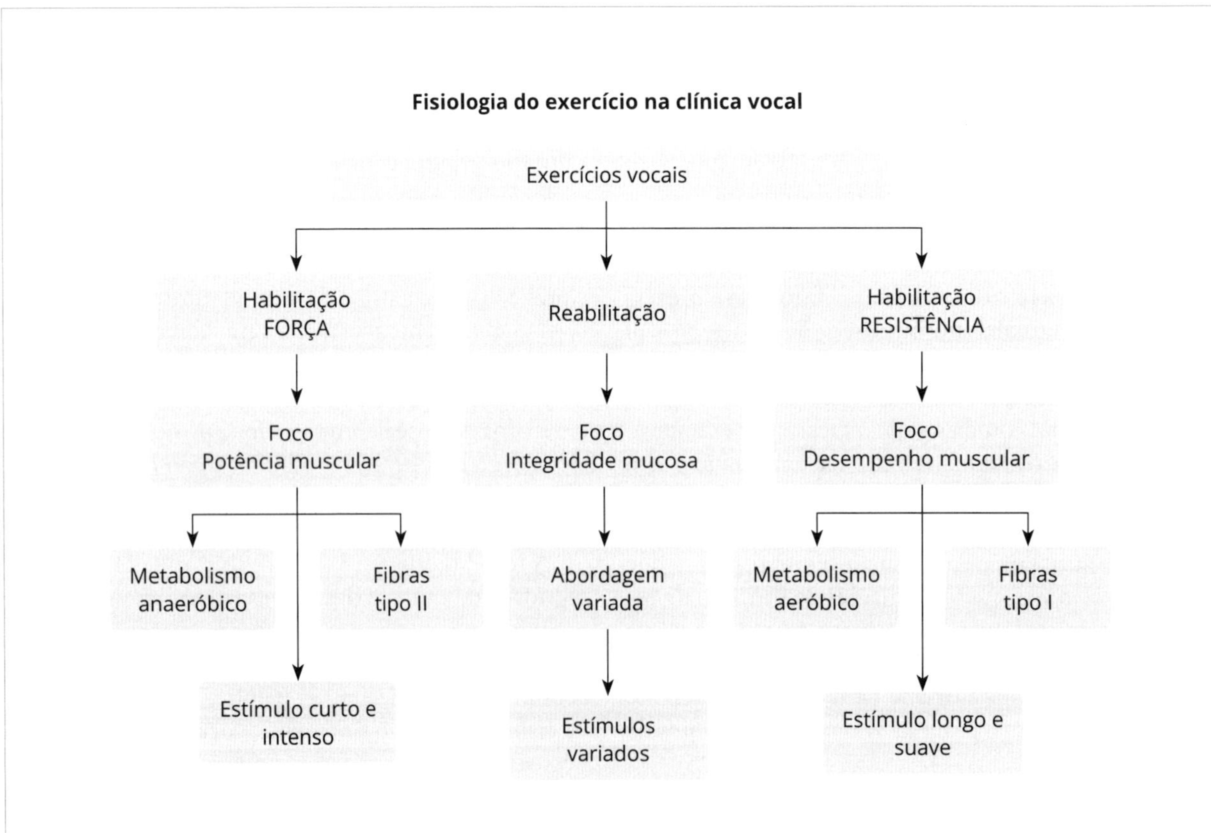

FIGURA 1 Condições de aplicabilidade dos exercícios vocais na clínica vocal.

cedem a hipertrofia[5,6] e começam a acontecer após aproximadamente seis semanas de treinamento. É importante ressaltar que não há qualquer evidência sobre hipertrofia de musculatura laríngea na literatura. Portanto, os principais ganhos em treinos da musculatura vocal, tanto de força quanto de resistência, estão predominantemente associados a adaptações neurais e metabólicas[4].

Fazer um treino muscular com intensidade e frequência suficientes irá melhorar a bioenergética das fibras musculares quase que imediatamente[3,6]. Haverá aumento da densidade capilar com maior aporte de oxigênio e consequente maior produção de energia, propiciando melhor produção de força e desempenho muscular, redução da taxa de fadiga e melhores índices de recuperação[11].

Além da bioenergética, compreender a composição da fibra muscular é extremamente importante ao elaborar e propor um treinamento. O tipo de fibra e suas características contráteis e metabólicas determinam o padrão de resposta que poderá ser obtido com os treinos de força e/ou resistência.

FIBRAS MUSCULARES

Sabe-se que o tipo de fibra muscular é determinado por sua inervação. Contudo, quando submetidas ao treinamento, as fibras podem modificar seu metabolismo e ter desempenho mais especializado em força ou resistência muscular[10,11].

Existem dois tipos principais de fibras musculares categorizadas de acordo com suas características contráteis e metabólicas: fibras de contração lenta (tipo I) e fibras de contração rápida (tipo II).

As fibras tipo I produzem ATP por meio do metabolismo aeróbio oxidativo e, por essa razão, são mais resistentes à fadiga. Essas fibras são recrutadas durante atividades prolongadas, de intensidade leve a moderada. O treino de resistência é focado no desenvolvimento dessas fibras[10].

As fibras tipo II podem ser divididas em dois tipos: IIa e IIx e são recrutadas em atividades curtas e de forte intensidade. As fibras IIa são de contração rápida, de certo modo também são resistentes à fadiga, e possuem metabolismo glicolítico oxidativo, o que significa que utilizam tanto a fosforilação oxidativa quanto a glicólise para a produção de energia. As fibras IIx são de contração rápida, porém com baixa resistência à fadiga e possuem maior capacidade de metabolismo anaeróbico[10,11].

De maneira geral, a musculatura esquelética é composta por 50% de fibras tipo I e 50% de fibras tipo II.[11] Embora a maior parte das pessoas possua essa distribuição, a literatura mostra que existem indivíduos geneticamente predispostos a ter mais um tipo de fibra que outro, como atletas de elite que se destacam em determinados esportes[3].

Não conseguimos ainda responder se pessoas mais resistentes à fadiga vocal possuem maior quantidade de fibras de resistência que as vocalmente menos resistentes. Também ainda não somos capazes de afirmar que o treinamento vocal seja capaz de realizar mudanças na distribuição dessas fibras, embora a ciência do exercício nos diga que o treinamento pode fazer com que o mesmo grupo muscular se torne mais forte e potente ou mais resistente e condicionado de acordo com o treinamento realizado.

Aqui, cabe mais uma vez reforçar que, embora existam todas essas evidências relacionadas ao treinamento muscular, a laringe possui características absolutamente únicas que naturalmente foram "projetadas" para ter força e resistência. Diante disso, não somos ainda capazes de provar quais e quantas adaptações bioenergéticas e metabólicas acontecem durante um programa de treinamento vocal, mas sabemos que todos que se submetem a um programa de treinamento vocal se beneficiam dele desde que alguns princípios do treinamento muscular sejam respeitados[8].

PRINCÍPIOS DA FISIOLOGIA DO EXERCÍCIO

Melhorar o nível de condicionamento envolve a aplicação de quatro princípios básicos do treinamento muscular: sobrecarga, especificidade, individualidade e reversibilidade. Para que o treinamento vocal tenha efeito, esses princípios também devem ser respeitados, pois somente assim ocorrerá mudança no sistema muscular e energético utilizado na produção vocal[12].

Princípio da sobrecarga

Para que um músculo adquira um desempenho superior, ele precisará ser desafiado em níveis superiores aos que ele habitualmente trabalha. Para que isso seja possível, a frequência e a intensidade dos exercícios devem ser suficientes para que o músculo trabalhe em carga superior à que está acostumado, assim, adaptações musculares começarão a acontecer[2].

Os termos frequência e intensidade, diferentemente da utilização na área de acústica e percepção de voz, não estão associadas ao *pitch* e *loudness*, mas sim ao número de repetições, quantidade de séries, tempo de execução e carga dos exercícios.

Princípio da especificidade

O treino deve ser apropriado para a atividade que se deseja melhorar. A preparação para cantar uma ópera requer adaptações metabólicas e habilidades diferentes das necessárias para cantar em cima de um trio elétrico por mais de cinco horas.

Para melhorar uma habilidade, o grupo muscular e os padrões de movimento (neuromuscular) envolvidos na atividade de interesse deverão ser treinados[12]. Se desejamos aumentar a projeção vocal de uma pessoa que dança enquanto canta determinado trecho de música, então devemos treinar a projeção vocal dessa pessoa fazendo exatamente o que deverá acontecer no palco, e não somente sentada em uma cadeira do consultório ou realizando exercícios vocais que não condizem com a atividade a ser realizada.

Princípio da individualidade

O princípio da individualidade afirma que cada pessoa tem habilidades e necessidades únicas e, por esse motivo, um mesmo exercício pode provocar efeitos diferentes, ainda que realizados de maneira semelhante. O tipo, a quantidade, duração e número de repetições de cada exercício devem ser pensados de acordo com o objetivo a ser alcançado e com as possibilidades de cada paciente.

Princípio da reversibilidade

Na ciência do exercício é postulado que, para manter uma habilidade, o músculo esquelético e o sistema respiratório devem ser continuamente utilizados a 70% de sua habilidade máxima. Portanto, de acordo com o conhecimento da fisiologia do exercício, hipoteticamente, se a demanda vocal ficar abaixo dos 70% de uso por algumas semanas, o corpo passa a reverter os ganhos de força e resistência conquistados[2].

As consequências do destreino podem impactar principalmente profissionais da voz como professores que têm sua demanda vocal diminuída no período de férias escolares ou cantores que fazem pausas entre uma turnê e outra. Esse período de pausa, com diminuição de demanda vocal, causa uma sub-regulação de todos os músculos envolvidos na atividade profissional. Quando retornam para a sala de aula ou os palcos sem nenhum trabalho de recondicionamento, esses profissionais geralmente se queixam de fadiga e alterações na qualidade vocal causadas pelo destreino no período de pausa ou férias profissionais.

Ainda não há evidências científicas suficientes para transferir todo o conhecimento sobre a musculatura esquelética e seu treinamento à musculatura laríngea; no entanto, os conhecimentos e princípios da fisiologia do exercício, quando alicerçam o raciocínio clínico para a elaboração e execução de atividades musculares, sejam para musculatura esquelética dos membros e tórax como também para a musculatura esquelética laríngea, possibilitam um entendimento mais amplo e detalhado sobre possíveis ganhos a serem alcançados.

REABILITAÇÃO VOCAL SOB A ÓTICA DA FISIOLOGIA DO EXERCÍCIO

Na reabilitação vocal os exercícios propostos sob a ótica da fisiologia do exercício estão condicionados às limitações impostas pelo tipo da disfonia, necessidades específicas do indivíduo, sua idade, sexo, nível de condicionamento vocal, presença e tipo de lesão laríngea e fatores inerentes ao seu ambiente, hábitos e atividades/demandas vocais.

De acordo com os princípios da fisiologia do exercício descritos, o princípio da sobrecarga talvez seja o que mais exija dedicação nas intervenções terapêuticas. Esse princípio envolve o aumento gradual da carga ou intensidade do exercício ao longo do tempo para promover adaptações fisiológicas favoráveis.

Considerando-se que os ajustes alcançados podem ser considerados adaptações à sobrecarga, há que se pensar tanto no treinamento quanto na reabilitação vocal, no aumento gradual da quantidade ou grau de dificuldade dos exercícios propostos. Na reabilitação vocal, isso significa começar com exercícios de baixa intensidade e aumentar progressivamente a carga (número de repetições, tempo de execução, quantidade de força/resistência imposta na realização do exercício) à medida que o indivíduo responde positivamente ao estímulo, revelando melhor qualidade vocal. Controlar o tempo na execução dos exercícios é uma forma de controlar a carga a ser administrada.

Tão importante quanto controlar o tempo de execução é controlar o tempo de intervalo entre uma série de exercícios ou tempo de exercícios. Os intervalos administrados entre as séries de exercícios ou entre determinado tempo de exercício facilitam a execução da tarefa, fazendo com que a carga de exercícios proposta possa ser atingida, observando-se sempre a qualidade vocal. É importante mencionar que a progressão da carga de exercícios pode ocorrer como forma de se atingir a mudança desejada na reabilitação ou como forma de ganho de resistência muscular/vocal com o tempo, mesmo em um processo de reabilitação. Portanto, na reabilitação vocal recomenda-se que para trabalhar o princípio da sobrecarga e suas adaptações, e para que possa haver progressão da carga de exercícios, sejam administrados intervalos de descanso, como forma de facilitar a execução por parte do indivíduo, atingindo o objetivo proposto.

Os exercícios de trato vocal semiocluído (ETVSO) que envolvem sopro sonorizado, especialmente na água, permitem variar a carga de acordo com o calibre do tubo, comprimento do tubo e profundidade do tubo na água, além do tipo de fonação envolvida no sopro sonorizado (sons graves, agudos, escalas com suas variações, diferentes sobrecargas em termos de tempo e formas de execução e graus de dificuldade). São exercícios que propiciam o trabalho com a musculatura laríngea e promovem a diminuição do atrito entre as pregas vocais e, por isso, são considerados exercícios vocais econômicos[13].

De acordo com o princípio da especificidade, na reabilitação vocal o terapeuta deverá eleger exercícios com o objetivo de atender as demandas vocais específicas do indivíduo e os desequilíbrios na produção vocal que foram afetados no quadro da disfonia, considerando-se a musculatura intrínseca e extrínseca da laringe, a mucosa das pregas vocais, bem como fatores de ressonância e respiratórios. Assim, os efeitos dos exercícios propostos serão específicos a cada indivíduo e devem ser controlados de acordo com o tipo da disfonia. Complementarmente, o princípio da individualidade é um dos mais importantes a serem considerados no processo de reabilitação vocal. Ou seja, como ocorre no treinamento vocal, cada pessoa responderá de forma única ao processo de reabilitação vocal. Adicionalmente, o tipo, quantidade, duração e o número de repetições de cada exercício serão prescritos de acordo com o objetivo a ser alcançado e com as possibilidades específicas de cada paciente, considerando a sequência de exercícios, o número de séries e o período de descanso. O Quadro 1 fornece uma visão geral quanto ao modo como os princípios da fisiologia do exercício podem ser considerados no contexto da reabilitação vocal.

QUADRO 1 Aplicação dos princípios da fisiologia do exercício na reabilitação vocal

Sobrecarga	Aumentar a frequência e intensidade dos exercícios de forma gradual
Especificidade	Trabalhar em terapia ajustes que sejam adequados ao uso vocal do paciente
Individualidade	Cada paciente responde de forma diferente aos exercícios, desta forma, provas terapêuticas são imprescindíveis
Reversibilidade	Durante o processo terapêutico, a constância dos exercícios é fundamental para que os resultados sejam robustos

Finalmente, o princípio da reversibilidade destaca a importância de se manter a consistência nas sessões de terapia e na prática de exercícios vocais a serem realizados em casa como forma de evitar a perda dos ganhos obtidos. Os pacientes devem ser incentivados a praticar regularmente os exercícios prescritos, mesmo após a conclusão formal do processo de reabilitação, porém sob orientação e acompanhamento, com o propósito de evitar a regressão e promover a recuperação completa diante dos objetivos alcançados.

PROGRAMAS DE REABILITAÇÃO E TREINAMENTO

De forma geral, na área da Fonoaudiologia, há poucos programas voltados ao treinamento vocal embasados em evidência científica. Por outro lado, a reabilitação vocal está pautada em programas baseados em evidência científica, embora haja necessidade de mais estudos que considerem os princípios da fisiologia do exercício, como forma de auxiliar os clínicos na tomada de decisão quanto à sua aplicabilidade.

A seguir serão demonstrados alguns programas de reabilitação ou treinamento vocal estruturados e publicados. Este capítulo não tem a pretensão de explicar a aplicação e o desenvolvimento dos métodos ou programas, apenas citar alguns, brevemente, como exemplo de treinamentos pautados na fisiologia do exercício existentes que possam servir como um ponto de partida.

Exercícios de função vocal (EFV)

Uma das primeiras propostas descritas na literatura que mencionam a fisiologia do exercício como base para pensar o treinamento ou reabilitação vocal. Proposta de terapia vocal fisiológica com uma série de exercícios vocais projetados para fortalecer e aumentar a resistência da musculatura laríngea e vocal, melhorar a flexibilidade e onda mucosa das pregas vocais, equilibrar o fluxo aéreo, ampliar a extensão vocal e o tempo máximo de fonação. O programa consiste em oito sessões realizadas duas vezes por semana, com duração média de 15 a 20 minutos por sessão[14]. Esse programa tem se mostrado eficaz na melhora da função vocal em indivíduos disfônicos, na presbifonia e também em profissionais da voz[15].

Lee Silverman (LSVT®)

É um dos métodos de reabilitação de maior evidência científica na área da voz, tem metodologia confiável e resultados vocais positivos comprovados a longo prazo. Trata-se de método de tratamento vocal intensivo, com 16 sessões em quatro semanas, cujo objetivo principal é melhorar os aspectos comunicativos de indivíduos com doença de Parkinson por meio do aumento do esforço fonatório, da adução das pregas vocais e do suporte respiratório, e assim proporcionar aumento da intensidade vocal. Os pacientes são incentivados a produzir sons com maior intensidade e alcance, o que requer um aumento na flexibilidade e na amplitude dos movimentos das pregas vocais e dos músculos associados. É uma abordagem terapêutica que resulta em maior força, resistência e controle vocal[16].

Phonation Resistance Training Exercise (PhoRTE)

Indicado para indivíduos com presbifonia, cujo treino é adaptado do método LSVT®, com emissões sustentadas em tempo máximo de fonação, uso de forte intensidade e variações de frequência. São propostos exercícios para serem praticados em forte intensidade (emissões em nível de pressão sonora entre 80 e 90 dB) com objetivo de induzir mudanças na estrutura e função muscular, visando reverter o processo de sarcopenia degenerativa[17].

Programa Integral de Reabilitação Vocal (PIRV)

Programa proposto para o tratamento da disfonia comportamental, que consiste em abordagens utilizadas há mais de duas décadas na clínica vocal. O programa tem abordagem eclética e associa trabalhos de corpo, fonte glótica, ressonância e coordenação pneumofônica, aliados aos conhecimentos de higiene vocal e atitude comunicativa. A proposta inicial sugere intervenção mínima com seis sessões de terapia, que podem ser adaptadas ao tempo de aprendizado e desenvolvimento do paciente. A intenção é oferecer uma prática terapêutica racional e estruturada, que possa ser reproduzida em outros cenários[18].

Condicionamento Vocal e Respiratório (CRV)

Proposta de intervenção fonoaudiológica e fisioterapêutica desenvolvida com profissionais da voz composta por oito encontros semanais. Tem como objetivo aumentar a resistência vocal e respiratória dos participantes, promovendo melhor desempenho profissional. Para o treinamento vocal são indicados exercícios de trato vocal semiocluído com a utilização de canudos comerciais e de silicone; para o treino respiratório são utilizados dispositivos respiratórios[19].

Atletas da Voz – Condicionamento Vocal para Alta Performance

Proposta de condicionamento vocal utilizando exercícios vocais e respiratórios baseado nos princípios da fisiologia do exercício. O programa dura oito semanas com exercícios diários de voz, respiração com sobrecarga gradual e progressiva. Os benefícios do treinamento incluem otimização do condicionamento vocal, aumento de desempenho, prevenção de alterações vocais, diminuição da fadiga e menor tempo de recuperação pós-performance[8].

CONSIDERAÇÕES FINAIS

Ao explorar as interseções entre a fisiologia vocal e a ciência do exercício, desvendam-se os mecanismos fundamentais que impulsionam a excelência vocal, oferecendo novas perspectivas e *insights* para o aprimoramento da técnica e da performance vocal.

Há um crescente interesse em programas que buscam estabelecer estímulos vocais que possam não somente melhorar a qualidade vocal, mas também aumentar a resistência à fadiga. Com o avanço das tecnologias, entendemos que, em breve, teremos mais informações a respeito dos efeitos do treinamento para a musculatura vocal e longevidade.

REFERÊNCIAS BIBLIOGRÁFICAS

1. Oliveira P, Ribeiro VV, Florêncio DSF, Palhano M, Gonçalves RR, Alves do Nascimento M. Vocal training in healthy individuals: a scoping review. J Voice. 2022.
2. Sandage M, Hoch M. Care of the professional voice. Exercise physiology: Perspective for vocal training. Journal of Singing. 2018:74(4):419-25.
3. Brooks G, Fahey T, Baldwin K. exercise physiology: human bioenergetics and its applications. New York: McGraw-Hill; 2005.
4. Sandage MJ, Pascoe DD. Translating exercise science into voice care. Perspectives on Voice and Voice Disorders. 2010;20(3):84-9.
5. Folland JP, Williams AG. The adaptations to strength training: Morphological and neurological contributions to increased strength. Sports Medicine. 2007;37(2):145-68.
6. Lieber RL. Skeletal muscle structure, function & plasticity: The physiological basis of rehabilitation. Baltimore, MD: Lippincott, Williams & Williams; 2010.
7. Vaiano T, Badaró F. Fisiologia do exercício na clínica vocal. In: Lopes L, Moreti F, Ribeiro LL, Pereira EC (eds.). Fundamentos e atualidades em voz clínica. Rio de Janeiro: Revinter; 2019.
8. Badaró F, Vaiano T, Behlau M. Presentation of the ATLETAS DA VOZ™ Conditioning Program. Rev Investig Innov Cienc Salud. 2024.

9. Vaiano T, Badaró F. Condicionamento vocal para o cantor de alta performance. In: Lopes L, Moreti F, Zambon F, Vaiano R (eds.). Fundamentos e atualidades em voz profissional. Rio de Janeiro: Revinter; 2022.
10. McArdle W, Katch F, Katch V. Exercise physiology: nutrition, energy, and human performance. Lippincott Williams & Wilkins; 2010.
11. Powers SK, Howley ET. Fisiologia do exercício: teoria e aplicação ao condicionamento e ao desempenho. 8. ed. Barueri: Manole; 2014.
12. Saxon KG, Berry S. Vocal exercise physiology: same principles, new training paradigms. Journal of Singing. 2009; 66(1):51-7.
13. Smith SL, Titze IR. Characterization of flow-resistant tubes used for semi-occluded vocal tract voice training and therapy. J Voice. 2017 Jan;31(1):113.e1-113.e8.
14. Stemple JC, Lee L, D'Amico B, Pickup B. Efficacy of vocal function exercises as a method of improving voice production. J Voice. 1994 Sep;8(3):271-8.
15. Angadi V, Croake D, Stemple J. Effects of vocal function exercises: a systematic review. J Voice. 2019 Jan;33(1):124.e13-124.e34.
16. Ramig LO, Sapir S, Countryman S, Pawlas AA, O'Brien C, Hoehn M, et al. Intensive voice treatment (LSVT) for patients with Parkinson's disease: a 2 year follow up. J Neurol Neurosurg Psychiatry. 2001 Oct;71(4):493-8.
17. Ziegler A, Verdolini Abbott K, Johns M, Klein A, Hapner ER. Preliminary data on two voice therapy interventions in the treatment of presbyphonia. Laryngoscope. 2014 Aug;124(8):1869-76.
18. Behlau M, Pontes P, Vieira VP, Yamasaki R, Madazio G. Presentation of the Comprehensive Vocal Rehabilitation Program for the treatment of behavioral dysphonia. CoDAS. 2013 Sep;25(5):492-6.
19. Ferreira LP, Borrego MC, Silva AA, Santos TP, Silva MZ, Zuleta PPB, Escorcio R. Programa Condicionamento Vocal e Respiratório (CVR): proposta de intervenção para profissionais da voz. Distúrbios da Comunicação, 2021;33(2):357-64.

101

A voz e seus distúrbios nos diferentes ciclos de vida

Larissa Thaís Donalonso Siqueira
Ana Paula Dassie-Leite
Eliane Cristina Pereira
Juliana Fernandes Godoy

PONTOS-CHAVE

- A voz é dinâmica e se modifica ao longo da vida devido às diferentes demandas vocais a cada ciclo de vida.
- As modificações vocais também ocorrem de acordo com o gênero do falante e conforme as demandas pessoais e profissionais.
- Para o diagnóstico da disfonia é preciso um olhar atento do fonoaudiólogo em relação às especificidades de cada ciclo da vida e às individualidades do cliente.

OBJETIVOS DE APRENDIZAGEM

Ao final deste capítulo, o leitor deverá ser capaz de:

- Identificar as características vocais e laríngeas nos diferentes ciclos de vida.
- Compreender os distúrbios vocais em cada ciclo de vida, suas manifestações e impactos no processo de comunicação.
- Conhecer as atualidades em avaliação e a terapia vocal nos diferentes ciclos de vida.

INTRODUÇÃO

A voz é um som complexo que se modifica ao longo da vida, desde o nascimento até o último suspiro. Modificações na qualidade vocal ocorrem devido às diferentes demandas vocais a cada ciclo, além de estarem estreitamente relacionadas a aspectos biológicos, emocionais e socioculturais. Por isso, a voz é considerada um fenômeno multidimensional, que se modifica de forma dinâmica de acordo com as experiências e vivências de cada um[1]. A qualidade e a produção da voz de um indivíduo podem ser afetadas negativamente dependendo de seu estilo de vida e do uso que faz de sua voz, resultando em disfonias. A presença da disfonia não remete apenas a um distúrbio da qualidade vocal, mas sim a uma alteração vocal que pode comprometer o bem-estar físico, mental e social do indivíduo. Assim, este capítulo tem como objetivo descrever as principais características vocais e laríngeas, considerando aspectos estruturais e funcionais da produção vocal, bem como descrever brevemente os distúrbios vocais mais comuns nos diferentes ciclos de vida: infância, adolescência, idade adulta e senescência.

Para este capítulo, as autoras recomendam que o leitor acompanhe a lista de referências complementares que norteiam este texto.

A VOZ E SEUS DISTÚRBIOS NA INFÂNCIA

O mecanismo de produção da voz das crianças é muito diferente do apresentado pelos adultos. Do ponto de vista respiratório, elas apresentam valores de pressão subglótica e capacidade vital superiores ao que é necessário para a fonação. Quanto à anatomia das pregas vocais (porção membranosa medindo de 4 a 7 milímetros) e com baixa proporção glótica, observa-se ligamento vocal imaturo e camadas da lâmina própria ainda indiferenciadas, além da ausência de máculas flavas, gerando menor proteção a fonotraumas[2]. A laringe infantil é localizada entre a primeira e a terceira vértebra cervical, ou seja, encontra-se alta no pescoço e as cartilagens são mais frouxas[3]. Quanto à voz, características de soprosidade, rugosidade e instabilidade são consideradas os principais marcadores esperados na infância[4].

A literatura descreve uma série de doenças e/ou condições de saúde que podem ocasionar distúrbios vocais na infância, tais como deficiência auditiva, fissura labiopalatina, transtorno do déficit de atenção e hiperatividade (TDAH), malformações congênitas, entre outras[5]. No entanto, a etiologia dos distúrbios vocais pediátricos é, em geral, multifatorial, envolvendo a combinação de fatores anatômicos, ambientais, comportamentais, psicossociais e de saúde geral. A partir dessa multifatorialidade, os nódulos vocais são as lesões laríngeas mais comumente observadas em crianças e sua ocorrência gera graus variados de rugosidade, soprosidade e tensão na voz[6].

Além dos aspectos funcionais, os distúrbios vocais podem desencadear problemas na interação social e na qualidade de vida das crianças[7]. No entanto, ainda há barreiras para a busca por avaliação especializada, sendo uma delas a negligência ou não importância dada pelos familiares.

A avaliação multidimensional das vozes infantis contempla, em geral, os mesmos procedimentos da avaliação de adultos. No entanto, a literatura tem se voltado para a elucidação da obtenção e interpretação de resultados que se adequem às particularidades da população pediátrica.

Na anamnese, é fundamental fazer um detalhamento da demanda (de quem é, compreendendo possíveis prejuízos na qualidade de vida, limitações físicas ou sociais); das características de comunicação (esforço, imitar vozes de personagens, características ambientais, convivência em grupos sociais, práticas esportivas); e de fatores emocionais (agressividade, extroversão/introversão etc.)[5]. Em relação à autoavaliação, tanto as crianças quanto os responsáveis têm a oportunidade de responder sobre a própria voz por meio de instrumentos como o Questionário de Sintomas Vocais Pediátrico (QSV-P) e o Questionário de Qualidade de Vida em Voz Pediátrico (QVV-P)[5].

As escalas GRBASI e CAPE-V são válidas para o Julgamento Perceptivo-Auditivo (JPA) de vozes de crianças, sendo que os resultados da segunda se relacionam mais fortemente com as medidas aerodinâmicas e acústicas dessa população[8]. Além disso, na comparação de amostras vocais pré e pós-terapia vocal de crianças, o JPA por meio de Análise Visual Analógica (EVA) mostra-se mais refinado na análise do desvio vocal do que o julgamento por meio de análise aos pares/binária sobre qual das amostras é melhor em relação à qualidade e/ou à ressonância[9]. Em relação ao tipo de tarefa para o JPA, deve-se contemplar tanto emissões sustentadas quanto encadeadas, sendo que crianças com distúrbios vocais/lesões laríngeas, em geral, apresentam desvios moderados em ambas[10].

A avaliação acústica das vozes infantis envolve, como a de adultos, a extração da frequência oscilatória da voz (Fo), de medidas de perturbação, ruído, medidas cepstrais e multiparamétricas. No entanto, a análise e interpretação de resultados são próprias para esse grupo. A Fo de vozes de crianças tem comumente médias próximas a 250 Hz, havendo decréscimos graduais de valores com o passar dos anos e, além disso, podem existir pequenas diferenças de valores entre meninos e meninas da mesma idade[11].

As medidas de perturbação (*jitter e shimmer*) têm resultados médios próximos aos de vozes de adultos, mas sofrem influência da intensidade/energia empregada no sinal vocal. Portanto, como algumas crianças apresentam *loudness* naturalmente muito fortes ou muito fracas, com variações em curtos períodos, torna-se imprescindível, para a extração das medidas, controlar a intensidade vocal e coletar amostras em momentos distintos[12].

As medidas cepstrais e multiparamétricas, consideradas como robustas da avaliação acústica na atualidade, têm sido usadas para contribuir na diferenciação de vozes saudáveis e disfônicas em crianças[13]. Crianças com desvio vocal apresentam menores valores de Proeminência do Pico Cepstral Suavizada (CPPS) em relação a crianças sem desvio e os pontos de corte que as diferenciam são 14,07 para amostra de vogal e 7,62 para amostra de números[14]. Em relação à medida *Acoustic Voice Quality Index* (AVQI), 2,01 é o ponto de corte que separa vozes de crianças com e sem desvio. Tais dados indicam diferenças em relação a vozes da população adulta, cujos valores de CPPS são mais altos e de AVQI mais baixos.

A coleta de medidas aerodinâmicas também tem se mostrado importante na clínica pediátrica. A medida aerodinâmica mais facilmente coletada são os Tempos Máximos de Fonação (TMF) e crianças de 4 a 12 anos da população geral apresentam valores médios entre 7 e 8 segundos, havendo aumento das médias com o avanço da idade[15]. Outras medidas bastante utilizadas internacionalmente, como a pressão do limiar de fonação (PTP), têm se mostrado preditoras da evolução vocal das crianças após terapia, mas sua obtenção requer a existência de equipamentos específicos[16].

A reabilitação vocal de crianças deve ser realizada de forma lúdica, adaptando-se brinquedos para promover a emissão de diferentes sons/exercícios. Atualmente, com o avanço tecnológico, há aplicativos e programas que podem ser úteis e atrativos. A participação ativa da família ao longo de todo o processo é fundamental, visto que parte do trabalho envolve modificações na dinâmica comunicativa em casa e/ou de hábitos vocais em atividades diversas realizadas pela criança. O foco na psicodinâmica vocal também é importante durante o trabalho e é imprescindível que a criança seja protagonista durante todo o processo. Para isso o fonoaudiólogo precisa construir conjuntamente com ela objetivos que façam sentido, que sejam facilmente compreendidos e que extrapolam os momentos da sessão para as atividades diárias[5].

A terapia vocal promove modificações positivas nos parâmetros perceptivo-auditivos, acústicos e de autoavaliação de crianças. O tempo de terapia é variável nos distúrbios vocais infantis, mas a literatura tem apontado um número total médio de 7,5 sessões até a alta para casos de lesões benignas, com resultados que evidenciaram melhora tanto nos dados perceptivo-auditivos quanto laríngeos[17]. A frequência (semanal, quinzenal) não interfere no número de sessões necessárias para a alta. No entanto, maiores alterações perceptivo-auditivas, de autoavaliação e/ou aerodinâmicas podem necessitar de tratamentos mais longos[17].

A VOZ E SEUS DISTÚRBIOS NA ADOLESCÊNCIA

De acordo com a Organização Mundial da Saúde (1965), a adolescência estende-se dos 10 aos 19 anos de idade, podendo ser dividida entre pré-adolescência (dos 10 aos 14 anos) e adolescência (dos 15 aos 19 anos), seguida pela juventude até os 24 anos de idade. A adolescência é marcada por um complexo processo de crescimento e desenvolvimento biopsicossocial, que se manifesta por transformações anatômicas, fisiológicas, psicológicas e sociais. Nesse contexto, a voz é um importante marco de desenvolvimento que pode impactar na vida de um ser humano, tanto nas questões que se relacionam a marcadores de saúde e doença, como nas relações interpessoais.

Na adolescência ocorre o crescimento da laringe, acompanhando o crescimento corporal[18]. A maturação hormonal transforma a laringe infantil em adulta e, nesse processo, as modificações vocais são conhecidas como muda vocal[1]. Durante a muda vocal há diminuição da eficiência vocal e da estabilidade provocadas pelo crescimento laríngeo, das cavidades de ressonância, da traqueia e do pulmão. As modificações na laringe ocorrem principalmente em seu diâmetro anteroposterior, aumentando a dimensão das pregas vocais, que ficam edemaciadas, com bordas irregulares e presença de alterações vasomotoras, o que é esperado no processo natural e fisiológico[1].

Estudos mostram que a muda vocal ocorre mais cedo nas meninas, entre os 12 e os 14 anos de idade e, nos meninos, entre os 13 e os 15 anos de idade[1]. A sequência do desenvolvimento dos caracteres sexuais masculinos segue a seguinte ordem: desenvolvimento genital dos testículos, aumento da estatura física, da laringe e das pregas vocais, crescimento dos pelos púbicos e do pênis e crescimento dos pelos nas axilas e na face, indicando o estágio final. Essa sequência auxilia o fonoaudiólogo no processo de avaliação de um adolescente com queixa vocal, já que a presença e distribuição dos pelos na face ajudam a afastar a hipótese de alterações hormonais, direcionando o distúrbio vocal para questões de bases comportamentais[18].

Na presença de transgeneridade é importante que ocorra a atenção devida à saúde o mais cedo possível, evitando o aparecimento das características sexuais secundárias indesejadas. A transição em pessoas trans pode ser dividida em três etapas: social, hormonal e cirúrgica. A transição social, que pode ocorrer em qualquer idade, inclui a adoção de diferentes estilos de cabelos, roupas e nomes. O bloqueio hormonal da puberdade deve ocorrer no estágio 2 do Estadiamento Puberal de Tanner, alcançando de maneira semelhante à supressão da puberdade precoce. Quanto à fase cirúrgica, são exemplos as mastectomias e as cirurgias de redesignação sexual[19].

Quanto às medidas acústicas da voz, a Fo no final da infância, aos 11 anos de idade, encontra-se em torno de 220 Hz para os meninos e 234 Hz para as meninas, com queda durante a adolescência a partir da puberdade, por volta dos 12 anos de idade. A Fo diminui gradativamente da infância até a adolescência e de forma abrupta em meninos[20].

As alterações da muda vocal, puberfonias, são mais comuns nos meninos, e podem ter inúmeras causas, sendo as mais comuns as relacionadas ao medo de assumir as responsabilidades da vida adulta[1]. Porém, não se deve descartar as hormonais e a possibilidade de alterações estruturais mínimas de cobertura das pregas vocais que podem tornar a voz mais aguda e com características de muda vocal incompleta[1]. A fonoterapia vocal apresenta resultados rápidos e satisfatórios para as disfonias comportamentais relacionadas à muda vocal. Adolescentes transgêneros podem se beneficiar com a terapia fonoaudiológica, facilitando a comunicação.

A VOZ E SEUS DISTÚRBIOS NA VIDA ADULTA

A voz adulta corresponde ao período após a muda vocal até o envelhecimento, sendo considerada a fase de maior estabilidade e eficiência vocal, pois a laringe e a voz alcançam sua maturidade estrutural e funcional. É nessa fase que a diferenciação entre os gêneros fica mais evidente[1].

Nesse ciclo da vida observa-se a completa diferenciação anatômica na laringe e no trato vocal entre homens e mulheres, que impacta principalmente nas medidas acústicas como a Fo e a qualidade vocal, no que diz respeito ao *pitch*. Nessa fase, devido ao crescimento acentuado das cartilagens laríngeas masculinas durante a muda vocal, observa-se que em homens adultos a união das lâminas da cartilagem tireoide apresenta um ângulo de 90 graus, evidenciando a proeminência laríngea na região anterior do pescoço. Além disso, a cartilagem crinoide também cresce no sentido anteroposterior, tornando a configuração anatômica da laringe mais ovoide. Tal configuração contribui para o aumento do comprimento das pregas vocais, proporcionando maior área de massa vibrátil e, consequentemente, reduzindo a Fo. Dessa forma, as vozes podem ser consideradas como mais graves e mais rugosas[1]. Em homens adultos, falantes do português brasileiro, constatam-se valores estáveis de Fo, variando de 118 a 128 Hz, desde o final do período de muda vocal até o envelhecimento[21,22].

Nas mulheres, o crescimento laríngeo é menos acentuado, mantendo a configuração laríngea mais arredondada, semelhante à encontrada na fase infantil, e trato vocal mais curto quando comparado aos homens. A união das lâminas da cartilagem tireoide encontra-se por volta de 110 graus, não sendo tão proeminente como nos homens. As pregas vocais femininas apresentam menor comprimento e menor área de massa vibrátil, impactando em Fo mais elevada[1]. Os valores de Fo podem estar próximos a 198 e 223 Hz durante a fase adulta, permanecendo estáveis nas faixas etárias posteriores[21,22]. Porém, valores de Fo no período de 19 a 29 anos de idade demonstraram ser mais elevados quando comparados às mulheres acima de 60 anos de idade[22]. Esse achado pode ser justificado pelo processo de menopausa, em que há uma forte ação hormonal. Contudo, essa mudança na qualidade vocal pode variar entre as mulheres, pois dependerá da ação hormonal de cada organismo[23].

Além de mudanças na qualidade vocal em relação à Fo e ao *pitch*, observa-se que as vozes femininas, além de serem mais agudas, também podem apresentar qualidade vocal do tipo soprosa de grau leve devido ao fechamento glótico incompleto durante a fonação. Isso ocorre devido a cartilagem cricoide ser arredondada e a proporção glótica estar em torno de um. A soprosidade vocal pode ser um parâmetro sensível nas diferentes fases da vida adulta em mulheres, sendo que sua magnitude é maior na terceira década de vida quando comparada às demais décadas posteriores[21].

Na fase adulta é comum que sejam desenvolvidos distúrbios vocais associados ao comportamento vocal inadequado e à tensão muscular, a qual pode desenvolver sintomas álgicos. A dor musculoesquelética tem sido mais presente em indivíduos que possuem uma grande demanda vocal durante o exercício profissional[24], resultando em uma função laríngea ineficiente, e é mais prevalente em mulheres. Isso porque a configuração laríngea feminina associada ao uso incorreto da voz, como falar em locais ruidosos e em forte intensidade, realizados por longos períodos, podem desencadear hiperfunção glótica, com alteração do padrão do fechamento glótico e/ou o desenvolvimento de lesões de massa das pregas vocais, características das disfonias comportamentais.

Considerando a multidimensionalidade da voz, a avaliação vocal de um paciente com disfonia, seja adulto ou não, sempre que possível, deve caracterizar o impacto do distúrbio de voz em todos os mecanismos, de forma detalhada, para que se perceba a multifatoriedade envolvida na fisiopatologia do distúrbio vocal[25]. Geralmente a avaliação da voz inclui a obtenção da história completa do caso por meio da anamnese, além da realização do JPA e análise acústica da qualidade da voz, imagem endoscópica da laringe, procedimentos aerodinâmicos e autoavaliação do paciente sobre o impacto do distúrbio vocal em sua vida.

A terapia vocal em pacientes adultos é direcionada, geralmente, para transferência de novos comportamentos vocais nas suas atividades comunicativas diárias, incluindo a associação das abordagens indiretas e diretas, as quais induzem a efeitos positivos na reabilitação vocal[26]. Dentro dessas abordagens verifica-se o uso de ingredientes volitivos e não volitivos, como os dispositivos de fotobiomodulação, eletroterapia, fonação em tubos, máscaras de amplificação, dentre outros, com foco na função vocal e com o objetivo de aumentar a interação entre fonte e filtro[27]. A dosagem do dispositivo geralmente é controlada em relação ao tempo e os desfechos mais utilizados para investigar os efeitos dos ingredientes são a autoavaliação e a análise acústica[27]. Entretanto, os estudos na área apresentam qualidade criticamente baixa, sendo necessários estudos com melhor delineamento metodológico para esclarecer a relação entre o objetivo da intervenção e como esta foi avaliada[26].

A VOZ E SEUS DISTÚRBIOS NA SENESCÊNCIA

O processo de envelhecimento produz mudanças morfofisiológicas em todo o organismo, podendo afetar a voz. As queixas vocais geralmente surgem após os 60 anos de idade. No entanto, as queixas e as mudanças vocais podem não ser semelhantes entre homens e mulheres, uma vez que há dimorfismo sexual no envelhecimento vocal, especialmente pela relação direta entre os hormônios sexuais e a voz[23].

A presença de alterações vocais em idosos afeta a comunicação sobremaneira, associando-se à depressão, isolamento social e piora na qualidade de vida. O processo típico de envelhecimento vocal é denominado presbifonia, ao passo que o processo de envelhecimento laríngeo é chamado presbilaringe. Ambos não são interdependentes, uma vez que um idoso com queixas vocais não necessariamente apresenta uma laringe com características típicas do envelhecimento. O inverso também pode ocorrer, já que o idoso pode realizar adaptações e ajustes musculares visando uma produção vocal adaptada, ainda que na presença de uma laringe ou trato vocal com sinais de envelhecimento.

Diversas condições podem ocasionar sintomas de disfonia na população idosa e dentre elas pode-se listar: afecções neurológicas, pulmonares, cardíacas, gástricas e tumorais. A prevalência de alterações vocais na população geral de idosos é estimada em 18,79%, de maneira que para idosos institucionalizados esse valor sobe para 33,03%, sendo significativamente maior do que em idosos da comunidade, para os quais esse valor é de 15,20%[28]. Entretanto, o diagnóstico de presbifonia é um diagnóstico de exclusão nessa população e sua prevalência é estimada em 17,78% dos idosos que buscam por tratamento vocal[29]. Para o diagnóstico adequado, é recomendada avaliação vocal completa, incluindo história clínica, aplicação de protocolos de autoavaliação, análise acústica e perceptual da voz, medidas aerodinâmicas, além da realização do exame laríngeo.

Em alguns casos, a observação do sistema respiratório pode necessitar de indicação de análise instrumental objetiva. O idoso pode apresentar declínio nas funções pulmonares, com queda de volume e elasticidade pulmonar, redução na capacidade vital e, consequentemente, redução da pressão subglótica e do fluxo aéreo transglótico, o que impactará a produção vocal. Outras afecções comuns no envelhecimento, como a presença de neoplasias e desordens neurológicas, também podem causar tais sintomas. Assim, uma avaliação especializada é necessária para o diagnóstico diferencial. Na ausência de instrumentos específicos, a avaliação dos TMFs pode trazer informações relevantes.

Dentre as mudanças laríngeas típicas do envelhecimento, são descritas alterações macro e microscópicas. Do ponto de vista histológico ocorre aumento das fibras colágenas, redução das fibras elásticas e do ácido hialurônico na lâmina própria, com alta concentração de matriz fibrosa na porção medial das pregas vocais. Há redução na espessura da lâmina própria e da densidade das células epiteliais em função da idade. Tais mudanças são mais evidentes nos homens. Também são descritas mudanças na estrutura e no funcionamento das glândulas secretoras de muco, alterações de sensibilidade, além de redução nas fibras musculares, compatível com atrofia do músculo vocal.

Ao exame laríngeo são relatadas mudanças como arqueamento e atrofia das pregas vocais, com visualização de processos vocais proeminentes e formação de fenda fusiforme anteroposterior durante a fonação[30]. Nas mulheres é possível observar edema de mucosa em razão das alterações hormonais. Funcionalmente, alguns indivíduos podem apresentar constrição supraglótica, provavelmente na tentativa de compensar a falha de fechamento glótico durante a fonação.

Atualmente há a proposta de classificação dos sinais de presbilaringe em três subtipos: tipo 0 – alterações morfológicas não identificadas pela laringoestroboscopia; tipo 1 – dois ou mais dos seguintes sinais estão presentes: pregas vocais atróficas, arqueamento de pregas vocais, processos vocais proeminentes, hiperatividade supraglótica, amplitude de vibração reduzida sem evidência de cicatriz pós-traumática e tremor das estruturas laríngeas; e tipo 2 – sinais laríngeos do tipo 1 somados à insuficiência glótica (fenda fusiforme anterior ou anteroposterior). Tal classificação pode facilitar a indicação de tratamento para cada caso, visando maior satisfação do paciente[31].

Dentre as características perceptuais da voz típicas do envelhecimento, as mais descritas são: soprosidade, rugosidade, astenia, perda de potência e projeção vocal, redução na extensão vocal, além de casos de instabilidade e/ ou tremor. No entanto, mulheres podem apresentar relatos ou sinais de mudanças vocais antes dos 60 anos de idade, com início próximo ao período da menopausa. Perceptualmente, as vozes femininas apresentam menor grau de soprosidade neste período[21] com queda na Fo[22]. Isso pode acontecer em razão das mudanças hormonais que podem causar edema nas pregas vocais, agravando a voz. Nos homens, as mudanças são mais comumente descritas a partir dos 60 anos de idade, sendo frequentemente mais evidentes que nas mulheres. Há elevação da Fo, aumento da soprosidade e maior desvio quanto à relação harmônico-ruído, justificados pelas alterações mais evidentes nas estruturas laríngeas[21,22]. No geral, as queixas entre esses indivíduos são de serem confundidos com o gênero oposto ao telefone, por exemplo.

Do ponto de vista da transgeneridade, os dados da literatura ainda são incipientes no que se refere ao processo de envelhecimento desta população. Assim, há necessidade de maior compreensão sobre o processo de envelhecimento vocal e laríngeo de pessoas transgênero, na presença ou ausência de hormonioterapia e cirurgias laríngeas. Tendo em vista o papel dos hormônios sexuais nas mudanças vocais ao longo da vida, essa é uma análise que ainda precisa ser explorada, com objetivo de oferecer tratamento vocal adequado a todos os indivíduos, com variadas queixas vocais, em todos os ciclos da vida.

A avaliação vocal de idosos com queixas deve ser minuciosa e contar com fonoaudiólogos e médicos otorrinolaringologistas aptos e considerar que o encaminhamento para avaliação com neurologistas, pneumologistas, cardiologistas, entre outros profissionais, pode ser necessário. Os sinais e sintomas relatados em anamnese devem ser observados com cautela, sempre considerando a possibilidade de distúrbios de deglutição e de tosse, que podem ocasionar falhas na proteção de vias aéreas e necessitar de avaliação específica. Fatores de risco como indivíduos com maior grau de fragilidade ou sedentários, residentes de instituições de longa permanência para idosos, com algum grau de deficiência auditiva, portadores de doenças crônicas, tabagistas e/ou etilistas, precisam ser considerados.

O tratamento de primeira escolha para a presbifonia é a terapia fonoaudiológica, que tem demonstrado melhoras em parâmetros acústicos, aerodinâmicos, perceptivo-auditivos e na autoavaliação[32]. O foco não é em reverter os efeitos do envelhecimento, mas sim melhorar a função vocal. A indicação é de utilizar tarefas de máxima performance vocal, que contenham, por exemplo, exercícios em TMF, aumento de *loudness* e variações máximas no *pitch*. De acordo com o Sistema de Especificação do Tratamento de Reabilitação (SETR), os modelos terapêuticos mais testados na literatura têm como principais alvos as funções de órgãos e habilidade e hábitos[32].

O olhar do profissional da saúde para o envelhecimento vocal precisa constantemente ser ampliado, não somente considerando a possibilidade de outros diagnósticos que não a presbifonia, mas tendo em vista que a comunicação é primordial nas relações interpessoais e na manutenção da saúde mental e qualidade de vida. A queixa do paciente deve ser investigada adequadamente. Profissionais da voz podem apresentar maior queixa dos impactos do envelhecimento vocal na sua vida diária, especialmente diante de possíveis prejuízos profissionais. A conscientização de que há tratamento para a presbifonia é importante, já que pode haver um conformismo de que a alteração vocal é mais uma das dificuldades impostas pelo envelhecimento.

Estratégias como práticas em grupo, especialmente do canto, podem promover maior longevidade vocal e melhora na saúde mental, já que o treino vocal para o canto está relacionado à melhor qualidade vocal no envelhecimento. A manutenção de bons hábitos de saúde tem papel importante, uma vez que é sabida a relação entre realização de atividades esportivas e a ausência de sinais de presbilaringe.

CONCLUSÃO

A qualidade vocal sofre influências do gênero do falante, da idade, constituições físicas, saúde geral e personalidade, entre outros fatores. Por isso há uma variabilidade da qualidade vocal decorrente da modificação constante e dinâmica da voz e da laringe a partir das experiências e vivências de cada um ao longo da vida. Além disso, tais aspectos contribuem para a diversidade da qualidade vocal entre as pessoas, tornando-a singular[1].

Dessa forma, compreender de maneira ampla e aprofundada as diferenças existentes nos diferentes ciclos de vida em relação às estruturas e como essas mudanças afetam a voz e a comunicação de cada indivíduo, possibilita distinguir o que pode ser esperado do alterado por meio de avaliações multidimensionais da voz. Assim, pode-se proporcionar intervenções mais efetivas, seja no âmbito da reabilitação ou no aprimoramento da voz e comunicação, com consequente impacto na melhora da qualidade de vida.

REFERÊNCIAS BIBLIOGRÁFICAS

1. Behlau M. Voz: O livro do especialista. v. 1. Rio de Janeiro: Revinter; 2001.
2. Kurita S, Nagata K, Hirano M. A comparative study of the layer structure of the vocal fold. In: Bless D, Abbs J (eds.). Vocal fold physiology contemporary research and clinical issues. San Diego: College Hill; 1983.
3. Fried M. Larynx: A multidisciplinary approach. St. Louis: Mosby; 1983.
4. Sederholm E, Mcallister A, Dalkvist J, Sundberg J. Aetiologic factors associated with hoarseness in ten-year-old children. Folia Phoniatrica et Logopaedica. 1995;5:262-78.

5. Ribeiro LL, Pereira EC, Dassie-Leite AP. Disfonia infantil: avanços e atualidades. In: Lopes L, Moreti F, Ribeiro LL, Pereira EC (eds.). Fundamentos e atualidades em voz clínica. Rio de Janeiro: Thieme; 2019.
6. Gramuglia ACJ, Tavares ELM, Rodrigues SA, Martins RHG. Perceptual and acoustic parameters of vocal nodules in children. Int J Pediatr Otorhinolaryngol. 2014;78(2):312-6.
7. Connor NP, Cohen SB, Theis SM, Thibeault SL, Heatley DG, Bless DM. Attitudes of children with dysphonia. Journal of Voice. 2008;22(2):197-209.
8. Fujiki RB, Thibeault SL. The relationship between auditory-perceptual rating scales and objective voice measures in children with voice disorders. Am J Speech Lang Pathol. 2021;30(1):228-38.
9. Feinstein H, Daşdöğen Ü, Awan JA, Awan SN, Abbott KV. Comparative analysis of two methods of perceptual voice assessment. Journal of Voice. 2023.
10. Costa CC, Leite APD, Madazio G, Behlau M. Auditory-perceptual evaluation of voice: comparing different speech tasks to identify children with and without laryngeal lesions. Codas. 2023;35(2).
11. Braga JN, de Oliveira DSF, Sampaio TMM. Frequência fundamental da voz de crianças. Revista CEFAC. 2009;11(1):119-26.
12. Brockmann-Bauser M, Beyer D, Bohlender JE. Clinical relevance of speaking voice intensity effects on acoustic jitter and shimmer in children between 5;0 and 9;11 years. Int J Pediatr Otorhinolaryngol. 2014;78(12):2121-6.
13. Esen Aydinli F, Özcebe E, İncebay Ö. Use of cepstral analysis for differentiating dysphonic from normal voices in children. Int J Pediatr Otorhinolaryngol. 2019;116:107-13.
14. Rabelo E, Dassie-Leite A, Ribeiro V, Madazio G, Behlau M. Cepstral Peak Prominence Smoothed – CPPS e Acoustic Voice Quality Index – AVQI em vozes infantis saudáveis e alteradas: comparação, relação com julgamento perceptivo-auditivo e pontos de corte. Codas. 2024;Epub.
15. Tavares ELM, Brasolotto AG, Rodrigues SA, Pessin ABB, Martins RHG. Maximum phonation time and s/z ratio in a large child cohort. Journal of Voice [Internet]. 2012;26(5):675.e1-675.e4.
16. Braden M, Thibeault SL. Outcomes of voice therapy in children with benign vocal fold lesions. Int J Pediatr Otorhinolaryngol. 2020;136.
17. Fujiki RB, Thibeault SL. Pediatric voice therapy: how many sessions to discharge? Am J Speech Lang Pathol. 2022;31(6):2663-74.
18. Andrews M, Summers A. Voice therapy for adolescents. Boston: College Hill; 1988.
19. Olson J, Forbes C, Belzer M. Management of the transgender adolescent. Arch Pediatr Adolesc Med. 2011;165.
20. Soltani M, Ashayeri H, Modarresi Y, Salavati M, Ghomashchi H. Fundamental frequency changes of persian speakers across the life span. Journal of Voice. 2014;28(3):274-81.
21. antos AO, Godoy J, Silverio K, Brasolotto A. Vocal changes of men and women from different age decades: an analysis from 30 years of age. Journal of Voice. 2023;37(6):840-50.
22. Spazzapan EA, Fabron EMG, Berti LC, Chagas EFB, Marino VC de C. Acoustic characteristics of the voice for brazilian portuguese speakers across the life span. Journal of Voice. 2022;36(6):876.e17-876.e26.
23. Zamponi V, Mazzilli R, Mazzilli F, Fantini M. Effect of sex hormones on human voice physiology: from childhood to senescence. Vol. 20, Hormones. Springer Science and Business Media Deutschland GmbH; 2021. p. 691-6.
24. da Silva Vitor J, Siqueira LTD, Ribeiro VV, Ramos JS, Brasolotto AG, Silverio KCA. Musculoskeletal pain and occupational variables in teachers with voice disorders and in those with healthy voices – a pilot study. Journal of Voice [Internet]. 2017;31(4):518.e7-518.e13.
25. Lopes L, Godoy JF, França FP, Paz KE da S, Almeida AA. Avaliação instrumental da voz. In: Pernambuco L, Assenço AMC (eds.). 1. ed. Rio de Janeiro: Thiemi Revinter; 2021. p. 159-81.
26. Ribeiro VV, Nascimento W, da Silva RC, Gonçalves FM, Santos RS, Behlau M, et al. Evidence on vocal interventions in adults: a scoping review. Journal of Voice. 2023.
27. de Jesus Batista D, Lopes LW, Almeida AA, Siqueira LTD, Ribeiro VV. What factors determine the use of volitional and non-volitional devices in vocal interventions performed by brazilian speech-language pathologists? Journal of Voice. 2023.
28. Wang LH, Doan TN, Chang FC, To TL, Ho WC, Chou LW. Prevalence of voice disorders in older adults: a systematic review and meta-analysis. American Journal of Speech-Language Pathology. 2023;32:1758-69.
29. Chang FC, Doan TN, Wang LH, To TL, Ho WC, Chou LW. Prevalence of presbyphonia in older adults with dysphonia: a systematic review and meta-analysis. American Journal of Speech-Language Pathology. 2023;32:3064-76.
30. Pontes P, Brasolotto A, Behlau M. Glottic characteristics and voice complaint in the elderly. Journal of Voice. 2005;19(1):84-94.
31. Santos M, Freitas SV, Almeida e Sousa C, da Silva ÁM. Presbylarynx: validation of a classification based on morphological characteristics. European Archives of Oto-Rhino-Laryngology. 2023;280(2):781-8.
32. Saccente-Kennedy B, Gillies F, Desjardins M, Van Stan J, Govender R. A systematic review of speech-language pathology interventions for presbyphonia using the rehabilitation treatment specification system. Journal of Voice. 2024.

Utilize o QR code para acessar referências bibliográficas complementares.

Voucher: **tratfono**.

102

Classificação dos distúrbios de voz: perspectivas contemporâneas

Ana Carolina Constantini
Vanessa Veis Ribeiro
Mara Behlau

PONTOS-CHAVE

- A classificação dos distúrbios de voz é complexa.
- Tendência atual de classificações mais sucintas.
- Inteligência artificial com contribuição ainda incipiente.
- Necessidade de classificadores baseados em teoria e experiência de especialistas.

OBJETIVOS DE APRENDIZAGEM

Ao final do capítulo, o leitor deverá ser capaz de:

- Identificar os conceitos que embasam os sistemas de classificação dos distúrbios de voz.
- Conhecer como se dá o panorama dos sistemas de classificação disponíveis.
- Conhecer as tendências das propostas mais recentes.

INTRODUÇÃO

A classificação dos distúrbios de voz é, historicamente, um desafio na área de voz clínica. Diversos sistemas de classificação têm sido propostos ao longo de décadas, com características distintas, geralmente refletindo a interpretação dos seus proponentes.

São muitos os desafios para a existência de um sistema de classificação dos distúrbios de voz que seja aceito por grande parte da comunidade científica, de fácil compreensão e utilização. O interesse na área de voz por profissionais de diversas formações, tais como fonoaudiólogos, médicos, professores de canto, foneticistas, engenheiros e físicos, também contribui para que existam diferentes terminologias e interpretações para um mesmo produto vocal, culminando para uma ampla variabilidade de sistemas de classificação.

Para compreender esse cenário, uma recente revisão de escopo composta por duas publicações de artigos complementares[1,2] buscou identificar os sistemas de classificação presentes na literatura, discutir suas características e pontos de convergência, e rastrear as novas tendências de proposições da comunidade científica. Nessa revisão, além de artigos localizados pela busca eletrônica e manual, tradicionalmente incluídos, foram também considerados capítulos de livro e editoriais, ampliando o escopo da revisão e permitindo uma análise mais abrangente, a partir de uma seleção de 64 publicações. Considerando tanto a necessidade de amplo detalhamento para viabilizar a utilização dos sistemas de classificação, como o imperativo de refletir sobre a visão e interpretação do autor, verificou-se que há uma tendência de publicação das classificações em livros, o que provavelmente reflete a intenção de facilitar o acesso à leitura e a utilização no processo de formação e treinamento de novos profissionais. As análises dos dados encontrados mostraram duas tendências divergentes nos sistemas de classificação, uma propondo poucas categorias abrangentes, e outra propondo como categorias condições laríngeas ou vocais específicas e que são de difícil compreensão, seja por representarem condições multifatoriais ou por não haver consenso sobre os critérios diagnósticos, sendo propostos sistemas de classificação próprios. Além disso, são utilizadas técnicas diferentes para proposição dos sistemas de classificação: classificações teóricas, classificadores automáticos desenvolvidos por aprendizado de máquina, e a classificação híbrida.

Para possibilitar ao leitor conhecer os sistemas de classificação e o estado da arte acerca do tema, este capítulo apresenta as características dos sistemas quanto a nomenclatura, conceituação, categorias e técnica de classificação. Acredita-se que essas informações poderão contribuir para identificar a natureza do distúrbio vocal, auxiliar na seleção de medidas mais apropriadas para a avaliação de cada tipo de disfonia, auxiliar na comunicação entre profissionais que atuam com distúrbios da voz, facilitar a comparação de resultados entre estudos, e fortalecer o nível de evidência das pesquisas científicas sobre cada tipo de distúrbio vocal, além de contribuir para a formação de futuros profissionais que atuam com voz[3].

A PROPOSIÇÃO DOS SISTEMAS DE CLASSIFICAÇÃO

A detecção e classificação dos distúrbios de voz é uma etapa muito importante, visto que precede o planejamento terapêutico. Uma avaliação, diagnóstico e classificação adequados de um distúrbio de voz são aspectos importantes na obtenção de êxito no processo de reabilitação de indivíduos com distúrbios vocais.

Classificar o distúrbio de voz é um assunto complexo, uma vez que se observa grande quantitativo de propostas que surgiram nos últimos 60 anos, se for considerado como primeiro registro uma proposta alemã[4] de 1965. As primeiras classificações eram essencialmente teóricas e demonstravam uma tendência de descrever os distúrbios de voz a partir de experiências subjetivas[3]. Nas últimas décadas, essas tendências vêm mudando e tem se estabelecido a utilização de classificadores automatizados, realizados por algoritmos de aprendizado de máquina, e que propõem classificações mais objetivas[5]. Porém, ainda é incipiente a concatenação entre essas duas propostas a fim de estabelecer uma proposta híbrida, faltando opções adequadas para classificar alguns quadros clínicos nas propostas puramente teóricas, e escassez de embasamento teórico nas propostas de classificadores automatizados.

A divergência entre as propostas inicia na conceituação dos sistemas de classificação, conforme pode ser observado na Figura 1. Os termos mais comumente usados são sistemas de classificação da disfonia[6-10] e sistemas de classificação de distúrbios vocais[11,12]. Porém, também há classificações que utilizam nomes diferentes entre as categorias do sistema de classificação, e alternam entre disfonia[4,13], distúrbio vocal[12], influência[4], nódulos e pólipos[4], categorias de condições[14], organicidade[15] e tonicidade[15].

O uso do termo disfonia parece estar mais relacionado a propostas que têm como base uma avaliação mais subjetiva voltada para a qualidade vocal. Por outro lado, o termo distúrbio vocal tem uma amplitude maior, englobando também questões estruturais dos mecanismos respiratórios, laríngeos ou do trato vocal, e alterações teciduais nas pregas vocais[16]. Esse mesmo padrão ocorre com a Classificação Estatística Internacional de Doenças e Problemas Relacionados à Saúde (CID-10), em que o diagnóstico de Distúrbios da Voz, mais abrangente, refere-se ao código geral R49, enquanto o diagnóstico específico R49.0 utiliza o termo Disfonia. O uso dos demais termos tem relação direta com o princípio classificatório adotado pelos autores que propuseram cada sistema de classificação.

Na tentativa de propor classificações robustas, sejam elas aceitas atualmente ou que já entraram em desuso, são encontradas classificações elaboradas em função do tempo do sintoma, da dicotomia orgânica e funcional, dos achados clínicos, da cinesiologia laríngea, da etiologia[8], das patologias laríngeas e do resultado de medidas das avaliações vocais[17]. Muitas classificações representam as interpretações de seus autores, o que vem reduzindo com o passar do tempo, dando espaço para classificações mais objetivas.

A maioria das propostas encontradas na literatura[4,6-10,12,13] utiliza a base etiológica como a fundamentação de sua classificação. Porém, apesar de relevante, a diversidade de fatores que estão relacionados à produção vocal, acometimento laríngeo e o entendimento dos distúrbios a eles relacionados pode sugerir que somente a etiologia não seja suficiente para classificar os distúrbios de voz. Aspectos como a representação clínica dos casos e o julgamento perceptivoauditivo da qualidade vocal estão entre os fatores que, combinados com a etiologia, poderiam contribuir para a proposição de classificações mais abrangentes[1].

CATEGORIAS DOS SISTEMAS DE CLASSIFICAÇÃO

Os sistemas de classificação permeiam diferentes números de categorias, e a nomenclatura utilizada para nomear cada uma. A Figura 2 ilustra os sistemas de classificação teóricos encontrados na literatura.

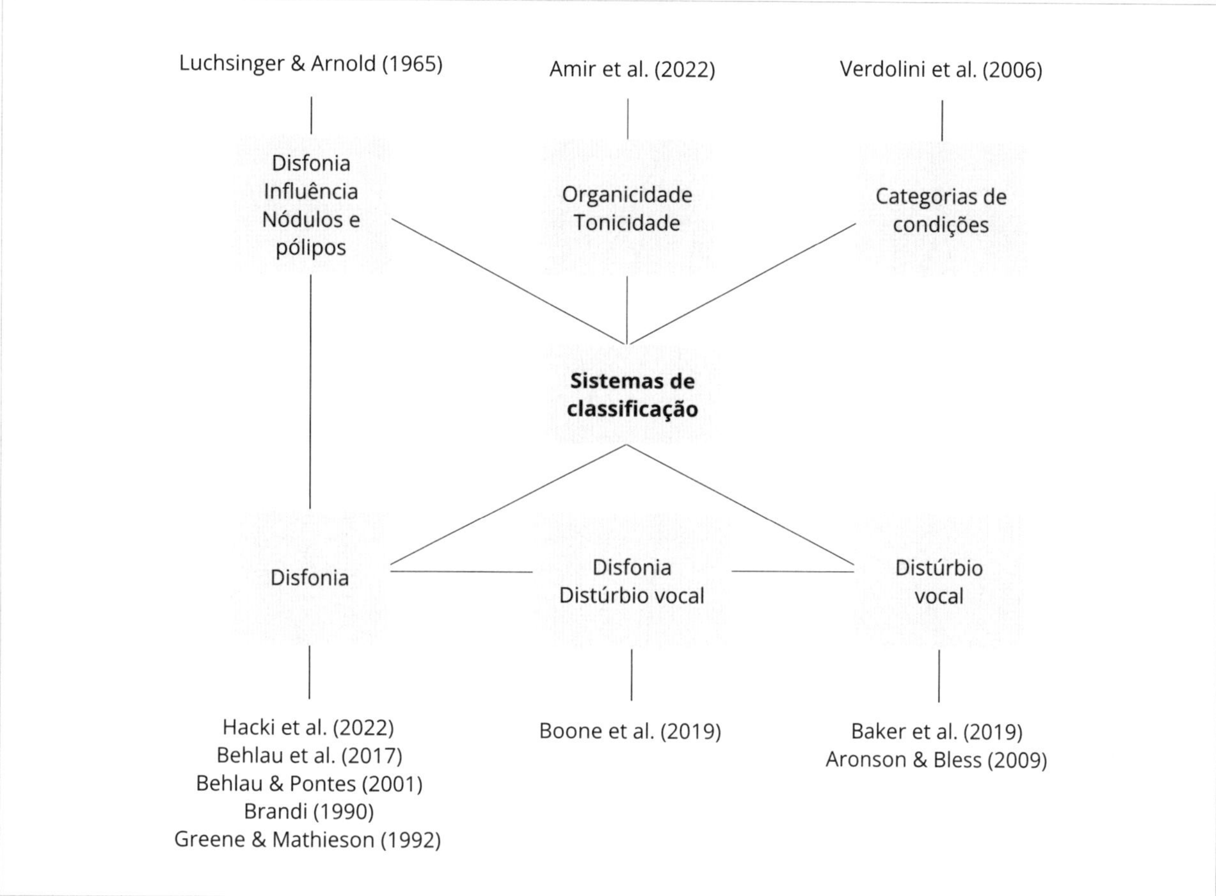

FIGURA 1 Terminologias utilizadas como base para a construção de diferentes sistemas de classificação.

A complexidade dos diferentes tipos de distúrbio de voz e quadros clínicos possíveis gerou, nas primeiras proposições, a criação de múltiplas categorias para organizar os fenômenos observados, de acordo com uma base comum. Essa base, no século passado, considerava principalmente a rica experiência dos médicos laringologistas ou foniatras[3]. Um exemplo foi a tradicional proposta europeia[4], referência para o avanço no conhecimento na época, que culminou em uma aplicação clínica importante. Nessa proposta são apresentadas 11 categorias para os distúrbios de voz, a saber: disfonia displástica, disfonia endócrina, disfonia paralítica, disfonia disártrica, disfonia miopática, disfonia traumática, disfonia não laríngea, disfonia habitual, disfonia psicogênica, influência do sistema neurovegetativo na voz, e nódulos e pólipos.

Uma proposta moderna, robusta e detalhada, que vem de um esforço de colegas fonoaudiólogos americanos e de um médico otorrinolaringologista, mas que também propôs múltiplas categorias, é o manual denominado *Classification Manual of Voice Disorders* (CMVD)[14]. Esse manual propõe oito categorias: patologias estruturais da laringe, condições inflamatórias da laringe, trauma ou injúrias da laringe, condições sistêmicas que afetam a voz, distúrbios aerodigestivos não laríngeos que afetam a voz, distúrbios psiquiátricos e psicológicos que afetam a voz, condições neurológicas que afetam a voz, e a categoria "outras condições que afetam a voz", que inclui condições complexas que não se encaixam nas categorias claramente definidas. Os grupos são identificados numericamente, com um sistema de códigos com objetivo de caracterizar condições e disfunções observadas na produção vocal, favorecendo o registro em uma base de dados que poderia ser usada de forma multicêntrica. Apesar de os esforços empregados terem gerado um texto rico de informações e muito relevante, tanto do ponto de vista clínico como científico, a utilização habitual e o registro de pacientes na codificação proposta não se tornaram realidade.

Em oposição, há propostas com um menor número de categorias, mas com maior abrangência. Destaca-se

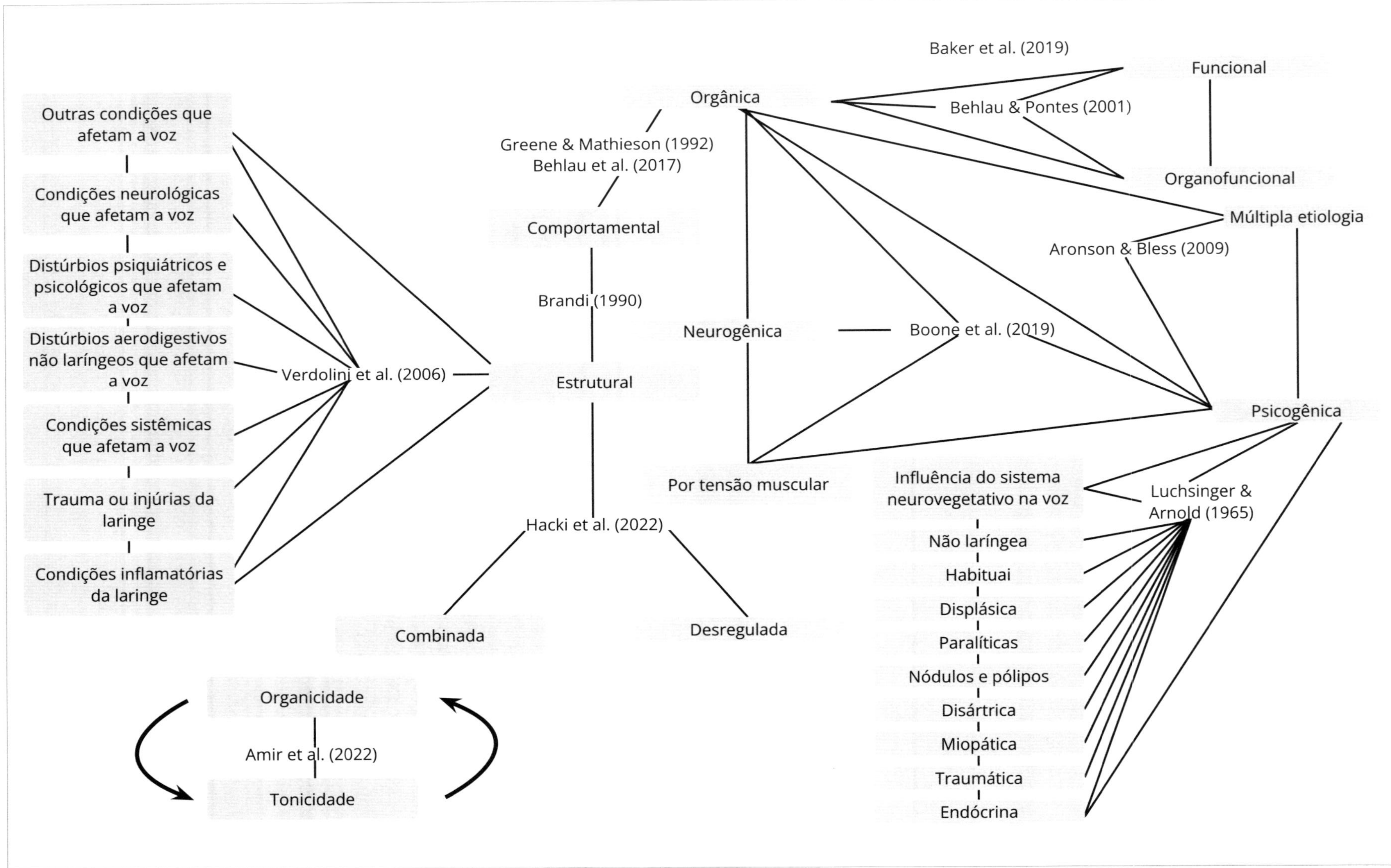

FIGURA 2 Relações entre as categorias de diferentes sistemas de classificação de distúrbios de voz. Os traços entre as diferentes categorias evidenciam as relações entre elas nos diferentes sistemas de classificação. A classificação de Amir et al. (2022) apresenta setas que representam os dois eixos de análise que se complementam no sistema bidimensional proposto.

aqui a proposição mais antiga[10], que estabelece uma classificação dicotômica em: a) disfonia comportamental, subdivida em tensão muscular excessiva sem mudança na mucosa laríngea, tensão muscular excessiva com mudança na mucosa laríngea e psicogênica; e b) disfonia orgânica, subdividida em anormalidades estruturais, condições neurológicas, distúrbios endocrinológicos e doenças laríngeas. Outra proposta com número menor de grupos é a de Behlau e Pontes[8] que apresenta três categorias: a) disfonias funcionais, b) organofuncionais e c) orgânicas, ou a mais recente de Behlau et al.[7] que considera apenas dois grupos, disfonias comportamentais ou orgânicas, a partir do envolvimento ou não do comportamento vocal na gênese do distúrbio. Na realidade brasileira, a segunda proposta tem encontrado eco porque a própria classificação contribui para o raciocínio clínico na elaboração de um plano terapêutico. Ao se classificar uma pessoa como tendo disfonia comportamental, sabe-se que um trabalho cognitivo comportamental terá mais chance de êxito, com implementação de novo hábitos, enquanto uma abordagem mais centrada na otimização funcional será realizada nos quadros de natureza orgânica[7]. Além disso, outras propostas com número reduzido de categorias são encontradas na literatura, com duas[9,11,15], três[6,8] e quatro[12,13] categorias.

Dentre as nomenclaturas mais utilizadas para as categorias dos diferentes sistemas de classificação, encontram-se a orgânica[7,8,10-13], comportamental[7,9,10], estrutural[6,9,14] e a psicogênica[4,12,13]. Observa-se um destaque maior para a categoria orgânica[7,8,10-13] que aparece em seis propostas, enquanto as demais aparecem no máximo em três.

Especificamente na categoria orgânica, apesar da nomenclatura igual entre diferentes sistemas, é utilizada de formas distintas entre as classificações. É consenso que há uma alteração orgânica associada ao distúrbio vocal, porém ela pode ser compreendida como uma alteração orgânica laríngea estrutural ou resultante do uso da voz[11]; ou como uma alteração orgânica sem relação com o uso vocal, cujo distúrbio vocal é uma das suas manifestações[7,8].

Duas propostas recentes exploram problemas já abordados no passado, na nomenclatura utilizada nas categorias dos sistemas de classificação. Uma delas retoma a discussão sobre a imprecisão do termo funcional, questionado há muito tempo[18] e que volta a ser apontado como ambíguo e pouco objetivo na proposta da *Union of European Phoniatricians (UEP)*[6]. A inovação dessa classificação é o uso do termo Disfonia Desregulada, em oposição às disfonias ocasionadas por bases estruturais e à disfonia combinada, que teria influência de questões envolvendo a regulação vocal e as condições estruturais. A necessidade de criação de uma categoria que combina duas categorias, a disfonia combinada, à semelhança da categoria organofuncional de Behlau e Pontes[8], evidencia a multifatoriedade e sobreposição dos distúrbios vocais observados na prática clínica.

A segunda proposta vem da combinação de clínicos de Israel e de um cientista vocal americano[15]. A nomenclatura e o formato desse sistema trazem inovações que a diferenciam dos demais sistemas encontrados na literatura até o momento. A proposta apresenta um sistema bidimensional para reorganizar as condições vocais, com dois eixos, "tonicidade" e "organicidade", que incluem as diversas condições vocais em um gráfico, que se assemelha a um espectro, construído a partir das respostas de especialistas do mundo todo (o que embora seja subjetivo, é bastante representativo). Com a inserção dessas respostas criou-se um sistema classificador a partir de *clusters* que agrupam as diferentes condições, com algumas áreas de sobreposição. Para os autores, a organicidade é definida como uma variável que está entre não orgânica e orgânica e a tonicidade é descrita como variável que pode ser classificada entre hipertonia e hipotonia. Assim, em todos os casos, ambas são classificadas, em menor ou maior grau.

CONDIÇÕES ESPECÍFICAS DA LARINGE E DA VOZ

A falta de consenso sobre o entendimento de algumas condições específicas que atingem a laringe e, consequentemente, a voz, é um fator relevante para a não utilização de sistemas mais amplos de classificação[2]. Por exemplo, condições consideradas comportamentais, por terem lesão de massa, são interpretadas como orgânicas por alguns pesquisadores[5], o que gera dúvidas e dificuldades de aceitação em determinados sistemas de classificação. Outras condições, por serem analisadas e classificadas a partir de um diagnóstico de exclusão, como alguns quadros de disfonia por tensão muscular[14] ou afonia funcional, por não se identificar os construtos que as definem, dificultam a padronização e a definição precisa das categorias.

Esse cenário abarca as propostas que investigam e classificam condições específicas. As condições mais intrigantes são as chamadas disfonias por tensão muscular (DTM – consideradas a partir do termo em inglês *muscle tension dysphonia*) e as distonias focais laríngeas (disfonia espasmódica). A heterogeneidade de termos relacionados para se referir aos quadros chamados de DTM é grande e, apesar dos esforços para se compreender essa condição, pouco se evoluiu ao longo das décadas e mesmo publicações recentes evidenciam que há falta de consenso sobre esse quadro. O uso do termo DTM é o mais frequente, mas também são encontrados outros termos como mau uso muscular, disfonia por tensão musculoesquelética, distúrbio vocal hiperfuncional, disfonia hipercinética e fonação vestibular[2].

A similaridade vocal entre os quadros de DTM e da chamada disfonia espasmódica (distonia focal laríngea) é grande, e pesquisadores que utilizaram a inteligência artificial buscaram diferenciar esses dois quadros complexos por meio da extração de medidas acústicas a partir da emissão da vogal sustentada [a] de pessoas com disfonia espasmódica, DTM e pessoas sem alteração vocal. Duas abordagens de aprendizado de máquinas foram utilizadas (redes neurais e *Support Vector Machine* – SVM) para identificar qual apresentaria melhor eficácia em diferenciar as condições estudadas. Os autores afirmam que os resultados foram promissores e poderiam ajudar as equipes de saúde a reduzir as indecisões diagnósticas e auxiliar na indicação da melhor conduta terapêutica. Apesar disso, limitações foram apontadas como a utilização de um número reduzido de falantes nos grupos estudados e de emissão apenas de vogal sustentada[19].

USO DA INTELIGÊNCIA ARTIFICIAL NOS SISTEMAS DE CLASSIFICAÇÕES

Assim como em diversas áreas do conhecimento, a inteligência artificial tem sido cada vez mais estudada e discutida na área da Voz. Em relação à classificação dos distúrbios da voz, identificou-se o uso de classificadores automáticos para agrupar diferentes condições laríngeas na tentativa de criação de sistemas de classificação[19]. Em sua maioria, esses estudos utilizam uma dimensão da avaliação vocal, quase sempre a partir da extração de medidas acústicas ou perceptivoauditivas, facilmente quantificáveis. Os autores muitas vezes são da área das ciências exatas, o que contribui para a existência de certa limitação teórica, visto que o foco muitas vezes não são os fatores biológicos e funcionais da produção vocal, mas puramente uma análise de convergência de dados quantitativos relacionados.

Esses classificadores vêm se beneficiando da inserção de modelos de aprendizado de máquina supervisionados. Nesses modelos, os algoritmos são treinados a partir da avaliação dos especialistas, ou são elaborados com base em características em comum, como *clusters*, mas ajustados a partir de uma avaliação posterior realizada por especialistas com grande expertise na área.

Assim, o avanço das tecnologias é benéfico e proporciona a interação entre grupos de pesquisas de diferentes áreas do conhecimento, que têm interesse em contribuir para a compreensão e classificação dos distúrbios vocais. Acredita-se que nos próximos anos classificações que concatenem a objetividade dos algoritmos para o agrupamento, juntamente com a expertise teórica e prática do especialista, possam contribuir para que se alcance uma maior compreensão da análise vocal, com resultados promissores pela possibilidade de análise de um grande número de dados e uso da inteligência artificial para automatização das classificações, além de redução da subjetividade na proposição e interpretação dos sistemas de classificação[2].

CONCLUSÃO

A produção vocal humana é de alta complexidade e envolve fatores anatômicos, fisiológicos e neurológicos, com forte influência de aspectos emocionais, da cultura e profissão dos falantes. Do ponto de vista clínico, compreender a multiplicidade de fatores que concorrem para a produção de certa qualidade vocal desviada é essencial para a tomada de decisão sobre o manejo do paciente. Tentativas de classificação vocal com base na etiologia sempre foram as mais frequentes, por orientarem a decisão clínica; contudo, não são suficientes em diversos quadros. Aspectos como tonicidade e organicidade concorrem em uma relação de interdependência com pesos diversos em dezenas de condições. As propostas de classificação tendem a atualmente ter um menor número de categorias ou eixos, porém mais abrangentes. A nomenclatura usada nas classificações, mesmo que igual para algumas categorias, tem definições teóricas diferentes. Classificadores automáticos usando algoritmos de aprendizado de máquina são promissores na área, mas carecem de uma maior atenção nos aspectos teóricos e práticos, o que pode se beneficiar dos modelos híbridos, assistidos por especialistas na área. Embora talvez nunca se chegue a um sistema ideal de classificação dos distúrbios da voz, observam-se constantes esforços para a proposição de sistemas universalmente aceitos, com reflexões que trazem avanços clínicos inquestionáveis.

REFERÊNCIAS BIBLIOGRÁFICAS

1. Constantini AC, Ribeiro VV, Behlau M. Voice disorders classification: a scoping review – Part A. J Voice. In Press; 2022.
2. Constantini AC, Ribeiro VV, Behlau M. Voice disorders classification: a scoping review – Part B. J Voice. In Press; 2023.
3. Pannbacker M. Classification systems of voice disorders: a review of the literature. Lang Speech Hear Serv Sch. 1984;15:1690174.

4. Luchsinger R, Arnold GE. Voice-Speech-Language clinical communicology: its physiology and pathology. Belmont: Wadsworth; 1965.
5. Baker J, Butcher A, Ben-Tovim DI, et al. Development of a modified diagnostic classification system for voice disorders with inter-rater reliability study. Logoped Phoniatr Vocol. 2007;32:99-112.
6. Hacki T, Moerman M, Rubin JS. Malregulative' rather than Functional' Dysphonia: a new etiological terminology framework for phonation disorders – a position paper by the Union of European Phoniatricians (UEP). J Voice. 2022;36:50-3.
7. Behlau M, Zambon F, Moreti F, et al. Voice self-assessment protocols: different trends among organic and behavioral dysphonias. J Voice. 2017;31:112.e13-112.e27.
8. Behlau M, Pontes P. Avaliação e tratamento das disfonias. São Paulo: Lovise; 1995.
9. Brandi E. Voz falada: estudo, avaliação e tratamento. Rio de Janeiro: Atheneu; 1990.
10. Greene MCL, Mathieson L. The voice and its disorders. 5. Ed. London: Wurr; 1992.
11. Baker J. Functional voice disorders: clinical presentations and differential diagnosis. Handbook Clin Neurol. 2016;139:389-405.
12. Aronson AE, Bless DM. Clinical voice disorders. 4. ed. New York: Thieme; 2009.
13. Boone DR, McFarlane SC, Von Berg SL, Zraic RI. the voice and voice therapy. 10. Ed. Boston: Pearson; 2019.
14. Verdolini K, Rosen CA, Branski RC, eds. Classification Manual of Voice Disorders – I. Special Interest Division 3, Voice and Voice Disorders. Rockville: ASHA; 2006.
15. Amir O, Gutman I, Baken RJ, et al. Two-dimensional scheme for arranging voice disorders. JAMA Otolaringology-Head Neck Surg. 2022;148:139-44.
16. American Speech-Language-Hearing Association. Voice Disorders. (Practice Portal). Disponível em: www.asha.org/Practice-Portal/Clinical-Topics/Voice-Disorders/.
17. Alsulaiman M. Voice pathology assessment systems for dysphonic patients: detection, classification, and speech recognition. IETE J Res. 2014;60:156-66.
18. Perello J. Disphonies fonctionelles. Folia Phoniatr. 1962;14:150-205.
19. Schlotthauer G, Torres ME, Jackson-Menaldi MC. A pattern recognition approach to spasmodic dysphonia and muscle tension dysphonia. J Voice. 2010;24:346-53.

103

Gênero diverso: estratégias na clínica vocal

Rodrigo Dornelas do Carmo
Renata Azevedo
Bru Alana Pereira de Araujo
Juliana Portas

PONTOS-CHAVE

- Influência da diversidade de gênero na expressão vocal.
- Desafios e estigmas na voz e identidade de gênero.
- Educação e conscientização sobre voz e diversidade de gênero.
- Abordagem inclusiva na prática fonoaudiológica.
- Contribuição da Fonoaudiologia para a aceitação de vozes diversas.

OBJETIVOS DE APRENDIZAGEM

Ao final deste capítulo, o leitor deverá ser capaz de:

- Compreender os fundamentos teóricos relacionados à voz e à diversidade de gênero na prática fonoaudiológica.
- Desenvolver competências sensíveis à diversidade que irão contribuir para um planejamento terapêutico inclusivo e personalizado.
- Elaborar estratégias terapêuticas personalizadas de modo singular.
- Promover a conscientização e aceitação da diversidade de gênero na prática fonoaudiológica.
- Cultivar habilidades críticas, como pensamento analítico baseado na avaliação de evidências e tomada de decisões informadas e resolução de problemas, promovendo a capacidade de analisar, interpretar e avaliar informações de maneira crítica.

INTRODUÇÃO

A Fonoaudiologia, enquanto ciência e prática, se dedica a todas as modalidades de comunicação humana de maneira integral, e deve atentar para as singularidades das experiências individuais e socioculturais que são expressas e se expressam por meio dos falantes. Entre essas singularidades, destacam-se as experiências de variação de gênero. Entendemos por variação de gênero as diferentes formas que uma pessoa pode reivindicar, expressar, sentir e experimentar o seu próprio gênero em consonância ou a despeito das expectativas socioculturais criadas a partir da atribuição de gênero feita durante seu nascimento ou mesmo antes dele. Tendo em vista discussões recentes nos campos de estudos de gênero e dos estudos trans, assim como as reivindicações políticas e epistemológicas feitas por coletividades de pessoas transgêneros, não adotamos de maneira irrefletida e apriorística a separação entre sexo e gênero como um recurso descritivo[1,2]. De fato, é comum fazer a variação de gênero se bifurcar entre os conceitos de sexo e gênero, sendo o primeiro dotado de um efeito naturalizante e o segundo relegado à esfera da cultura ou mesmo da identidade pessoal[3].

Contudo, como aprendemos com um chamado recente por parte de pesquisadoras trans envolvidas em pesquisas biológicas, a criação e o uso de uma linguagem apropriada para descrever as experiências corporais de pessoas trans é uma tarefa de importância indiscutível[4,5]. Dessa forma, neste capítulo assumimos o desafio de não apenas apresentar o estado da arte da atuação fonoaudiológica junto a pessoas transgêneros, mas também de sensibilizar nossas leitoras e nossos leitores para as demandas de adequação da linguagem para uma comunicação que não carregue, ainda que implicitamente e não intencional, conotações antitrans ou transfóbicas.

VARIABILIDADE DE GÊNERO E EXPRESSÃO VOCAL: ENTENDENDO A COMPLEXIDADE NA PROPOSTA DE INTERVENÇÃO

A nomeação da variação de gênero difere a depender do contexto histórico, socioeconômico, cultural ou até mesmo em relação a preferências mais idiossincráticas. Atualmente, empregam-se os termos transgênero e cisgênero como marcadores que diferenciam duas maneiras de experimentar socialmente e/ou individualmente o gênero em relação ao gênero atribuído ao nascimento. Pessoas transgêneros, como definidas pela literatura atual, são aquelas cuja identidade de gênero não corresponde ao gênero que lhes foi atribuído ao nascimento "*incluindo o senso pessoal do corpo (que pode envolver, por livre escolha, modificação da aparência ou função corporal por meios médicos, cirúrgicos ou outros) e outras expressões de gênero, inclusive vestimenta, modo de falar e maneirismos*"[6]. Contudo, outros termos também são de uso corrente, como: mulheres e homens transexuais, travestis, homens e mulheres trans, pessoas transmasculinas, pessoas transfemininas, pessoas não binárias. Já pessoas cisgêneras são aquelas cuja identidade de gênero corresponde ao gênero que lhes foi atribuído ao nascerem, portanto, uma mulher cisgênero ou mulher cis é uma pessoa que teve "feminino" atribuído ao nascimento e mantém uma identificação com esse gênero.

Ao falarmos do sentimento de não correspondência ao gênero atribuído ao nascimento, comumente usamos o termo disforia de gênero, termo introduzido em 2013 pelo *Manual de Diagnóstico e Estatístico de Transtornos Mentais 5ª Edição*[7], da Associação Americana de Psiquiatria, para substituir o diagnóstico anterior de Transtorno da Identidade de Gênero. O DSM-5 define disforia de gênero como "incongruência acentuada entre o gênero experimentado/expresso e o gênero designado de uma pessoa"[7]. A disforia de gênero é uma realidade complexa, sobredeterminada e particular para cada pessoa que a experimenta, podendo envolver desde uma angústia profunda em relação à forma corporal, aos modos de se comportar e agir ou até mesmo a percepção da própria voz. Quando relacionada à voz, ela é denominada disforia vocal.

A voz, como um componente intrínseco da identidade pessoal e social, desempenha um papel crucial na expressão do gênero e na forma como uma pessoa é percebida e interage com a sociedade. Mesmo que não seja natural a associação entre certas características vocais e um ou outro gênero, reconhecemos que os mais distintos valores socioculturais – entre eles a atribuição de gênero – são depositados sobre a expressão vocal. Termos como "voz masculina" e "voz feminina" não apenas exemplificam uma comunicação pouco sensível à variação de gênero humana, como também pode ser argumentado que oferecem uma descrição pouco objetiva do fenômeno vocal em relação a expressões como "voz grave" ou "voz aguda" que podem ser facilmente atribuídos a quaisquer pessoas independentemente de gênero. Assim, podemos definir a disforia vocal como um sentimento de desconexão entre a voz percebida – por si ou por outrem – e a voz desejada. Sendo a voz uma das características mais identificáveis de uma pessoa, pode ser comum que sua transformação seja um objetivo central no processo de transição de gênero. No entanto, o alcance desse objetivo não é isento de desafios. A atuação diante da disforia vocal pode ser uma prerrogativa de fonoaudiólogas e fonoaudiólogos desde que seja respeitada a integralidade e a particularidade da experiência de variação de gênero da pessoa transgênero.

De fato, desde meados da década de 2010, o Conselho Federal de Fonoaudiologia tem promovido falas públicas em formato de vídeos e, em 2017, a capa do número 72 da *COMUNICAR – Revista do Sistema de Conselhos de Fonoaudiologia* trouxe como destaque o conteúdo "A Voz na Pessoa Transgênero". Ainda que o tema esteja sendo evidenciado na autarquia de regulamentação da profissão da Fonoaudiologia, não é possível precisar o quão ele adentrou os currículos de formação de profissionais ou mesmo quais seriam as linhas gerais de atuação de fonoaudiólogas e fonoaudiólogos diante de pessoas transgênero. Na revista de 2017 já mencionada, o foco das falas apresentadas na matéria sobre a "contribuição da Fonoaudiologia para a identidade de gênero de pessoas transgênero" eram os ajustes relacionados à frequência oscilatória (Fo) ou ao *pitch* vocal – percepção psicoacústica da frequência da voz. Contudo, como será discutido adiante, a frequência oscilatória (Fo) não é o único aspecto levado em conta para a percepção de gênero que os ouvintes têm ao escutar uma voz. Outros aspectos contribuem significativamente para a percepção de gênero, incluindo: ressonância, *loudness*, articulação e entonação. Desse modo, pode-se verificar a variada gama de atuação que profissionais da Fonoaudiologia têm nos cuidados com pessoas transgênero.

Essa maior atenção à integralidade da saúde de pessoas trans é resultado de um processo histórico de articulação e exposição de demandas por parte de coletividades trans, seja na forma de manifestações, petições, articulações institucionais, ocupação de cargos públicos deliberativos e/ou consultivos, criação de associações políticas e ONGs, trabalhos de pesquisa e de expressão artística[8-10]. Todas essas ações têm demandado de profissionais de saúde uma maior atenção, escuta e cuidado ao lidar com as demandas reais de pessoas trans, que cada vez mais exigem serem vistas menos como pacientes em uma relação de intervenção ou assistência e mais como protagonistas nas histórias que elas decidem tramar para suas próprias vidas; histórias que, por vezes, solicitam de profissionais da saúde que trabalham com essa população no contexto deste texto a participação como companheiras em sua feitura.

ANAMNESE E AVALIAÇÃO FONOAUDIOLÓGICA

A anamnese é uma ferramenta valiosa que fortalece a prática clínica e contribui para a prestação de cuidados de saúde mais abrangentes e personalizados. É uma ferramenta fundamental para profissionais da área da saúde, desempenhando um papel importante na obtenção de informações detalhadas sobre o histórico médico e condições da pessoa que busca pelo atendimento. Essa abordagem sistemática de coleta de dados é essencial para o estabelecimento de diagnósticos precisos e a formulação de planos terapêuticos eficazes[11]. Ao compreender o contexto comportamental e social por meio da anamnese, os profissionais podem tomar decisões direcionadas, personalizar as intervenções e possibilitar resultados eficazes. Sobre os aspectos diagnósticos, a anamnese pode contribuir para identificar fatores de risco, antecedentes familiares e hábitos de vida que podem influenciar na saúde, permitindo uma abordagem preventiva mais eficaz[12].

Durante a anamnese, o profissional de saúde realiza perguntas específicas sobre o uso vocal, a presença de rugosidade, alterações na qualidade da voz, exposição a fatores ambientais prejudiciais e hábitos vocais. Pode-se identificar possíveis causas subjacentes, como uso inadequado da voz, lesões, condições médicas ou fatores psicossociais[13].

A avaliação fonoaudiológica vocal de pessoas transgêneros visa compreender e atender às necessidades específicas relacionadas à expressão vocal em consonância com a identidade de gênero da pessoa. Esse processo envolve uma abordagem sensível, inclusiva e culturalmente competente por parte dos profissionais de Fonoaudiologia. Apresentaremos agora seis pontos importantes a serem considerados na anamnese e na avaliação fonoaudiológica vocal de pessoas trans:

1. Entendimento da identidade de gênero. É fundamental a compreensão aberta e respeitosa da identidade de gênero da pessoa que procura pelo atendimento fonoaudiológico. Isso inclui o uso correto de pronomes e um ambiente acolhedor para garantir o conforto e a segurança da pessoa trans ao compartilhar suas experiências.
2. Coleta de história vocal. Realizar uma anamnese detalhada, incluindo o histórico vocal, para entender sua relação com a voz ao longo do tempo, suas preocupações específicas e quaisquer experiências anteriores de modificação vocal, se houver.
3. Avaliação do comportamento vocal/competência comunicativa. Avaliar a qualidade vocal atual, incluindo parâmetros como frequência, intensidade, ressonância, prosódia e fluência. Isso pode envolver análises acústicas, julgamento perceptivo-auditivo e medidas aerodinâmicas para obter uma compreensão abrangente da expressão vocal.
4. Estabelecimento de metas personalizadas. Trabalhar em estreita colaboração e diálogo para estabelecer metas vocalmente alinhadas com sua identidade de gênero. Elas podem variar desde ajustes sutis na expressão vocal até modificações mais significativas, dependendo das necessidades e desejos individuais.
5. Desenvolvimento de estratégias terapêuticas personalizadas. Implementar estratégias terapêuticas personalizadas para a modificação vocal, que podem incluir exercícios de ressonância, ajustes de frequência, trabalhos articulatórios, entre outros. O objetivo é contribuir na construção da identidade vocal da pessoa para que ela consiga alcançar uma expressão vocal que esteja mais alinhada com sua identidade de gênero.
6. Suporte psicossocial. Reconhecer a importância do suporte psicossocial durante o processo de modificação vocal. Muitas vezes, a voz está intrinsecamente ligada à identidade de uma pessoa, e é crucial abordar as questões emocionais e psicológicas que possam surgir durante a construção vocal proposta.

A avaliação fonoaudiológica vocal de pessoas trans deve ser conduzida com respeito, empatia e consideração às experiências singulares de cada pessoa, na tentativa de promover uma expressão vocal autêntica e congruente com sua identidade de gênero.

A abordagem proposta proporciona uma visão holística da saúde vocal, considerando aspectos comportamentais, emocionais e ambientais que podem influenciar o funcionamento vocal e ainda contribui na promoção da saúde vocal, na prevenção de problemas relacionados à voz e na personalização do plano de tratamento, permitindo que os profissionais da área de saúde vocal adaptem suas abordagens de acordo com as necessidades individuais de cada pessoa[14].

APRIMORAMENTO VOCAL E DE COMUNICAÇÃO NA POPULAÇÃO TRANSGÊNERO

O atendimento fonoaudiológico à população transgênero em relação ao aprimoramento da voz e da comunicação com a finalidade de permitir uma maior identificação entre corpo e voz retira o profissional de sua zona de conforto, quebra paradigmas e exige uma reflexão profunda de parâmetros binários adotados na área de voz que não devem ser reproduzidos neste grupo com o risco de reforçar preconceitos e dificultar a inclusão e o acolhimento desses usuários. Padrões e normatizações utilizados na área de voz há décadas precisam ser constantemente desconstruídos e revisitados sob a abordagem do atendimento a uma população que busca por sua identidade também na voz e na comunicação, onde não cabem padrões, caixas e modelos pré-concebidos. Por exemplo, a voz não é feminina ou masculina, pois a voz não tem gênero; mas pode ser descrita como tendo um *pitch* grave ou agudo, independente do gênero da pessoa. Referências de "normalidade" usadas na área de voz não cabem como modelos a serem seguidos, pois justamente o "não modelo" e a visão "fora da caixa" que buscam destoar do padrão heteronormativo que serviu como referência na formação da maioria dos profissionais especialistas na área de voz é que devem ser seguidos e alcançados.

A construção de novos paradigmas e referências é um desafio necessário para valorização das demandas dessa população invisibilizada. Torna-se imperativo discutir critérios em relação aos limites de atuação e alta fonoaudiológica, assim como incorporar nos planejamentos terapêuticos objetivos alinhados com essas demandas. Para a compreensão ampla e transdisciplinar desse processo, é necessário ir além do conhecimento sobre voz e dominar a aplicação de técnicas. É preciso que se conheça a história do movimento LGBTQIA+, suas lutas por igualdade e diversidade, engajamentos, perseguições e conquistas, resistências individuais e coletivas.

Um estudo de revisão sistemática[15] recente identificou quatorze estudos que descrevem a terapia de voz para mulheres transgênero, sendo que foi observado que a maioria dos programas de terapia focam em frequência e/ou ressonância. Devido à variação metodológica e à pouca consistência na descrição do que é proposto, os resultados desse estudo são difíceis de interpretar. No entanto, a maioria das publicações estudadas realiza sessões semanais de uma hora, sendo que a quantidade de sessões variou de uma a noventa sessões. Embora os resultados preliminares de estudos variados sejam promissores, faltam dados descritos na literatura que mostram esses resultados em estudos com desenho de ensaios clínicos controlados, amostra maior, avaliação vocal multidimensional, programas terapêuticos melhor descritos, investigadores cegos para análise dos dados e acompanhamento de longo prazo[15]. Ao elaborar um planejamento terapêutico deve ser considerado que o padrão de voz e de comunicação de qualquer sujeito é construído a partir de características anatômicas, sociais, educacionais, regionais, identitárias, de personalidade e circunstanciais. Portanto, cada padrão de comunicação e voz, cada desconforto e insatisfação, assim como expectativas e demandas são únicos e exclusivos de cada sujeito. Como reforçam Vigano, Dornelas & Portas[16], *"O fonoaudiólogo sabe que o processo terapêutico é individual e de acordo com a necessidade das pessoas que o procura"*.

A combinação de tantos fatores envolvidos na comunicação/voz reforça a certeza de que não é possível abordagem com uma receita previamente estabelecida para qualquer pessoa que busca pelo atendimento na área de voz. Um estudo de revisão sistemática[17] mostrou que dois aspectos são considerados os mais relevantes para identificação de gênero na voz: frequência oscilatória (Fo) e ressonância; sendo que a Fo contribui com 41,6% dessa percepção, o que sugere que ambas precisam ser consideradas na abordagem terapêutica. Outro estudo conduzido por Hardy et al.[18] discute a importância dos formantes das vogais na percepção da voz, lembrando que diferentes ajustes de trato vocal podem gerar modificações nos formantes da fala[17].

O processo de construção social da comunicação implica em avaliar o impacto de três pilares fundamentais que moldam a comunicação, que são: 1. fonte sonora; 2. trato vocal/filtros e articuladores; e 3. sistema nervoso central (SNC), responsável por todo o gerenciamento dos subsistemas da fala.

1. **Fonte sonora.** Responsável pela Fo da produção do som, é alvo preferido de estudos como indicador de sucesso de procedimentos cirúrgicos, como a glotoplastia e/ou fonoterapia. A frequência da voz pode

ser um parâmetro de desconforto, especialmente para as mulheres transgênero, na medida em que as expõe ao preconceito, discriminação e violência. A insatisfação pode estar também associada à não identificação daquele padrão de comunicação/voz com sua identidade de gênero. O treinamento para elevar a frequência pode ser feito de diversas maneiras, utilizando sons de apoio, escalas e/ou *feedback* auditivo, visual e proprioceptivo. Esse treino é capaz de permitir uma estabilidade da fala em frequências mais agudas com excelente resultado na clínica e com boa satisfação do usuário. Fortalecer gradualmente e progressivamente essa musculatura é fundamental para reduzir o risco de fadiga e permitir uma maior resistência vocal. Em casos de homens transgênero é necessário estímulo oposto, ou seja, deve-se estimular o músculo responsável pela produção dos sons mais graves. Portanto, incluir escalas descendentes com sons de apoio, assim como incluir o *vocal fry* podem ser opções de abordagem. Cabe ressaltar que a abordagem exclusiva de deslocamento da Fo dificilmente é suficiente para suprir a expectativa do usuário em relação ao resultado, portanto, abordar outros parâmetros será essencial.

2. **Trato vocal/filtros e articuladores.** O som, produzido em fonte sonora, tem seus harmônicos amplificados e/ou abafados ao longo do trato vocal e cavidades oral e nasal. É possível interferir em diversos ajustes para que eles sejam instalados/desativados/modificados, gerando novos padrões no *pitch* que sofre influência direta das características dos filtros, podendo agravar ou agudizar a percepção da voz. Portanto, estratégias como elevação/abaixamento de laringe, protrusão ou estiramento de lábios, ajustes na elevação/abaixamento do véu palatino, ampliação do trato e região posterior da cavidade oral, redução da tensão muscular envolvida na fonação, assim como ênfase em um padrão articulatório mais horizontalizado ou verticalizado são algumas estratégias que modificam a qualidade vocal, permitindo uma exploração conjunta em busca da construção do padrão de comunicação almejado. Os ajustes da ressonância também podem apresentar impacto importante na qualidade vocal, equilibrando a distribuição dos harmônicos ao longo do trato ou, ao contrário, reforçando um padrão mais baixo, de acordo com o contexto ou interesse do usuário. Estudo recente propôs avaliar a eficiência de dois dos aspectos mais trabalhados, isoladamente ou em conjunto: frequência e ressonância/articulação. Esse trabalho[19] comparou os resultados da fonoterapia a partir de dois programas terapêuticos com enfoques distintos: PET (sigla em inglês para treinamento de elevação da Fo) e ART (sigla em inglês para treinamento articulatório e de ressonância). Os autores concluem que ambos geraram aumento da Fo, sendo que a vogal sustentada ficou 20 Hz mais aguda do que a frequência observada na fala espontânea. Os objetivos de terapia incluem uma enorme diversidade de estratégias. Não são recomendados tratamentos padronizados devido à complexidade da comunicação humana.
3. **Prosódia, sintaxe e semântica/SNC.** Comunicação não é só voz ou fonação, não se limita ao trato vocal e inclui sutilezas que envolvem mecanismos sofisticados e de alta complexidade para sua execução. O sistema nervoso central (SNC) comanda todos os ajustes necessários para uma comunicação eficiente. A prosódia tem papel fundamental neste processo de construção conjunta de um novo padrão de competências comunicativas, que envolve ritmo e volume de fala, velocidade, modulação, ênfase, prolongamento de vogal, além de todos os aspectos da comunicação não verbal. Parece claro, mas não custa reforçar: o procedimento cirúrgico na laringe não é capaz de modificar aspectos relacionados ao controle do SNC como a prosódia, que deve ser abordada, se necessário. Sintaxe e semântica também precisam ser analisadas e discutidas, pois podem colaborar para um discurso mais afinado com a expectativa do usuário.

Finalmente, é preciso considerar a importância da generalização de um novo ajuste motor que deverá ocorrer a médio e longo prazo. A repetição de um novo padrão implica em um engrama com informações distintas daquelas utilizadas por décadas e exige paciência, dedicação e prática. Um estudo utilizou um dosímetro vocal portátil (VoxLog – Sonvox, Umeå, Suécia) com *feedback* tátil e proprioceptivo, que avisava o usuário sempre que a Fo da voz estivesse fora dos parâmetros estabelecidos (abaixo de 150 Hz por mais de 500 ms) e mostrou resultados promissores[20].

Cabe ressaltar que, embora a abordagem comportamental não invasiva seja a opção mais segura e com bons resultados descritos na literatura, outras abordagens como a cirúrgica podem e devem ser consideradas quando a fonoterapia não for capaz de satisfazer a expectativa do usuário. Mesmo nesses casos, o acompanhamento fonoaudiológico será mandatório para a realização da "sintonia fina" da voz, além do aprimoramento da comunicação a fim de garantir o melhor resultado possível.

ASPECTOS FONOAUDIOLÓGICOS DAS CIRURGIAS DE LARINGE NA POPULAÇÃO TRANSGÊNERO

Uma das demandas que chegam frequentemente ao consultório fonoaudiológico de quem atende a população trans e travesti está relacionada ao acompanhamento pré e pós-cirúrgico das intervenções laríngeas que visam a modificação da percepção de gênero pela voz. A grande maioria dos casos são mulheres trans buscando mudanças vocais.

A literatura cita com menor ênfase as cirurgias para agravamento do *pitch* para homens trans, como por exemplo a tireoplastia tipo III e a injeção de hidrogel para aumento do volume das pregas vocais[21,22]. Desta forma vamos nos ater à abordagem fonoaudiológica com as "laringoplastias de feminização". Algumas técnicas cirúrgicas são descritas, como glotoplastia de Wendler com e sem uso do *laser* de CO_2 e a tiroplastia tipo IV[23]. Importante ressaltar alguns pontos antes de falarmos da abordagem fonoaudiológica. Qualquer cirurgia requer indicação médica e deve levar em consideração alguns fatores como: alinhamento entre paciente e equipe sobre quais mudanças gostaria de obter em sua voz *versus* quais são possíveis com a cirurgia, expectativa do paciente sobre o resultado vocal, compreensão do procedimento cirúrgico juntamente com suas sequelas e limitações, aderência às orientações pós-operatórias e uso profissional da voz.

As cirurgias laríngeas podem, em alguns casos, ocasionar em maior ou menor grau algumas alterações funcionais, tais como: redução da intensidade vocal, rugosidade, astenia, restrição do campo dinâmico e instabilidade vocal. É importante que o fonoaudiólogo possa avaliar e conduzir a terapêutica adequada a cada caso no pós-operatório[24].

Um recente estudo brasileiro realizou uma meta-análise dos efeitos da fonoterapia e da fonocirurgia em mulheres trans. Ambas as abordagens ocasionaram aumento da Fo, havendo um ganho significativamente maior nos casos submetidos à cirurgia. Porém, alguns estudos referem aumento desse ganho ao associar fonocirurgia e fonoterapia. Relevante salientar a dificuldade em resultados robustos e baixa qualidade das evidências dos estudos, visto que há escassez de ensaios clínicos randomizados, tamanho amostral reduzido, diferenças metodológicas na coleta de dados[25].

Importante ressaltar que os cuidados e orientações do pós-operatório podem variar de acordo com a técnica cirúrgica empregada, experiência e conduta praticada pelo cirurgião, avaliação pós-operatória da equipe multidisciplinar (médico cirurgião e fonoaudiólogo). Em relação ao repouso vocal absoluto, relativo e assistido pelos profissionais, esse tempo e regime podem variar de acordo com as experiências e serviços[26].

Aires et al. (2023) relatam, em seu protocolo pós-glotoplastia, repouso vocal absoluto por 14 dias e repouso vocal relativo por mais 14 dias, prescrição de inibidor de bomba de prótons, antitussígeno se necessário para reduzir aproximação de pregas vocais que não dependem da fonação.

A abordagem fonoaudiológica no pós-operatório segue conforme a necessidade da cirurgia empregada, do paciente, das manifestações clínicas, do resultado vocal esperado. Idealmente vale ressaltar a necessidade do atendimento pelo fonoaudiólogo especialista em voz com experiência em reabilitação pós-operatória de cirurgias de laringe.

Em concordância aos estudos da literatura, observamos em nossa prática clínica resultados diversos no pós-cirúrgico, pois lidamos com a natureza complexa dos indivíduos, com suas aspirações, expectativas, projeções da voz ideal, múltiplas demandas e com o aspecto multifacetado da voz e da comunicação humana.

CONSIDERAÇÕES FINAIS

Segundo o *Standards of Care, for the Health of Transsexual, Transgender, and Gender Nonconforming People*[27], o trabalho fonoaudiológico deve ser orientado em trazer uma voz e comunicação que sejam confortáveis e autênticas, que se sintam congruentes com sua identidade de gênero refletindo seu sentido de si mesmo. É o próprio sujeito que deve ser o protagonista de sua história, nós enquanto profissionais da saúde somos auxiliares nesse processo.

Este capítulo não se encerra em si, ele abre a discussão necessária sobre como a Fonoaudiologia foi pautada por determinados padrões e como se vê uma urgente modificação do olhar para que pessoas sexo-gênero dissidentes possam se sentir bem-vindas em nossa prática clínica. O fonoaudiólogo precisa valorizar o olhar do sujeito sobre ele mesmo, os padrões vocais referenciados na literatura foram criados por, para e a partir de corpos cisgêneros, nossa avaliação sempre esteve ancorada em outro tipo de identidade[28].

Quebrar fronteiras, paradigmas e sair dos nossos padrões binários é imperativo. Desconstruir para construir se faz necessário.

REFERÊNCIAS BIBLIOGRÁFICAS

1. Butler J. Problemas de gênero: feminismo e subversão da identidade. 21. ed. Rio de Janeiro: Civilização Brasileira; 2021.
2. Butler J. Corpos que importam: os limites discursivos do "sexo". São Paulo: Crocodilo; 2019.

3. Strathern M. Before and after gender: sexual mythologies of everyday life. Chicago, IL: HAU Books; 2016.
4. Miyagi M, Guthman EM, Sun SDK. Transgender rights rely on inclusive language. Science. 2021;374(6575):1568-9.
5. Bouman WP, Schwend AS, Motmans J, Smiley A, Safer JD, Deutsch MB, et al. Language and trans health. Int J Transgenderism. 2017;18(1):1-6.
6. Princípios de Yogyakarta. Princípios sobre a aplicação da legislação internacional de direitos humanos em relação à orientação sexual e identidade de gênero. 2007.
7. Association AP, Cordioli AV, Silva CTB da, Passos IC, Kieling C, Barcellos MT. DSM-5 – Manual Diagnóstico e Estatístico de Transtornos Mentais. 5. ed. Artmed; 2014.
8. Passos MCA dos. Pedagogias das travestilidades. 1. ed. Rio de Janeiro: Civilização Brasileira; 2022.
9. Almeida G. "Homens trans": novos matizes na aquarela das masculinidades? Rev Estud Fem. 2012;20:513-23.
10. Carvalho M, Carrara S. Em direito a um futuro trans?: contribuição para a história do movimento de travestis e transexuais no Brasil. Sex Salud Soc Rio Jan. 2013;319-51.
11. Fontanella BJB, Campos CJG, Turato ER. Data collection in clinical- qualitative research: use of non-directed interviews with open-ended questions by health professionals. Rev Lat Am Enfermagem. 2006;14(5):812-20.
12. Santos N, Veiga P, Andrade R. Importância da anamnese e do exame físico para o cuidado do enfermeiro. Rev Bras Enferm. 2011;64(2):355-8.
13. Dornelas R, Dorfman MEKY, Lopes J. A voz da pessoa transgênero – desafios e possibilidades na clínica vocal. In: Lopes L, Moreti F, Ribeiro LL, Pereira EC (orgs.). Fundamentos e atualidades em voz clínica. 1. Ed. Thieme Revinter; 2019.
14. Lima FGS, Vieira RC, Matos LP de, Mendonça FF, Filgueiras NC, Mendes A de CM. Anamnese: uma reflexão da sua importância na relação médico- paciente dentro da formação médica. Anais Colóquio Estadual de Pesquisa Multidisciplinar (ISSN-2527-2500) & Congresso Nacional de Pesquisa Multidisciplinar. 26 de agosto de 2021 [citado 23 de fevereiro de 2024]; Disponível em: https://publicacoes.unifimes.edu.br:443/index.php/coloquio/article/view/970.
15. Leyns C, Papeleu T, Tomassen P, T'Sjoen G, D'haeseleer E. Effects of speech therapy for transgender women: A systematic review. Int J Transgender Health. 2021;1-21.
16. Vigano J, Dornelas R, Portas J. Terminologia: o que é preciso compreender na clínica fonoaudiológica sobre transexualidade e travestilidade. In: Dornelas R, Ribeiro VV, Behlau M (orgs.). Identidade comunicativa: pessoas trans, travestis e não binárias. 1. ed. Rio de Janeiro: Thieme Revinter; 2023.
17. Leung Y, Oates J, Chan SP. Voice, articulation, and prosody contribute to listener perceptions of speaker gender: a systematic review and meta- analysis. J Speech Lang Hear Res. 2018;61(2):266-97.
18. Hardy TLD, Boliek CA, Aalto D, Lewicke J, Wells K, Rieger JM. Contributions of voice and nonverbal communication to perceived masculinity-femininity for cisgender and transgender communicators. J Speech Lang Hear Res. 2020;63(4):931-47.
19. Leyns C, Daelman J, Adriaansen A, Tomassen P, Morsomme D, T'Sjoen G, et al. Short-term acoustic effects of speech therapy in transgender women: a randomized controlled trial. Am J Speech Lang Pathol. 2023;32(1):145-68.
20. Morsomme D, Remacle A. Can ambulatory biofeedback help a transgender woman speak at a higher pitch? Logoped Phoniatr Vocol. 2021;1-7.
21. Bultynck C, Cosyns M, T'Sjoen G, Van Borsel J, Bonte K. Thyroplasty type III to lower the vocal pitch in trans men. Otolaryngol Neck Surg. 2021;164(1):157-9.
22. Webb H, Free N, Oates J, Paddle P. The use of vocal fold injection augmentation in a transmasculine patient unsatisfied with voice following testosterone therapy and voice training. J Voice 2022;36(4):588.e1-588.e6.
23. Casado-Morente JC, Benjumea-Flores FL, Romero-Gómez B, Angulo- Serrano MS, O´Connor-Reina C, Casado-Alba C, et al. Comparison between two surgical techniques for increasing vocal pitch by endoscopic shortening of the vocal folds. J Voice. 2022;S0892199722001655.
24. Nuyen BA, Qian ZJ, Campbell RD, Erickson-DiRenzo E, Thomas J, Sung CK. Feminization laryngoplasty: 17-year review on long-term outcomes, safety, and technique. Otolaryngol Neck Surg. 2022;167(1):112-7.
25. Schwarz K, Cielo CA, Spritzer PM, Villas-Boas AP, Costa AB, Fontanari AMV, et al. Speech therapy for transgender women: an updated systematic review and meta-analysis. Syst Rev. 2023;12(1):128.
26. Neves LR, Aires NM. Cirurgias de redesignação vocal em pessoas trans. In: Dornelas R, Ribeiro VV, Behlau M (orgs.). Identidade comunicativa: pessoas trans, travestis e não binárias. 1. ed. Rio de Janeiro: Thieme Revinter; 2023.
27. Coleman E, Radix AE, Bouman WP, Brown GR, De Vries ALC, Deutsch MB, et al. Standards of care for the health of transgender and gender diverse people, Version 8. Int J Transgender Health. 2022;23(sup1):S1-259.
28. Portas J, Dornelas R. Voz e comunicação e pessoas transgênero e travestis. In: Feitosa ALF, Depolli GT, Guimarães MF (orgs.). Mapas conceituais em Fonoaudiologia: Voz. Ribeirão Preto, SP: Book Toy; 2022.

Protocolos de autoavaliação vocal: fundamentos e atualidades

Anna Alice Almeida
Livia Lima Ribeiro
Fabiana Copelli Zambon
Larissa Nadjara Alves Almeida

PONTOS-CHAVE

- A avaliação da voz é um processo multidimensional que inclui a autoavaliação do paciente sobre o impacto do problema vocal em diferentes aspectos da sua vida.
- A validação via Teoria Clássica dos Testes (TCT) usa amostra dependente e é mais adequada para populações específicas de uma determinada região. Já a Teoria de Resposta ao Item (TRI) permite a generalização da aplicação, com resultados mais robustos, com a redução do número de itens, fatores e/ou chave de resposta.
- A escolha da diretriz a ser seguida e do modelo teórico diante de um processo de validação deve ser baseado no objetivo e/ou público-alvo do instrumento utilizado.
- Os protocolos contemplados neste capítulo apresentam três construtos diferentes: 1) Qualidade de Vida (QVV, IDV-30, IDV-10 e VcD); 2) Cognitivo-comportamental (PEED versões TCT e TRI, URICA-V e ECPP-V); e 3) Sintoma Vocal (ESV versões TCT e TRI, EDTV, QSV-P versões original e reduzidas e IFV).
- A escolha dos protocolos na clínica e/ou pesquisa deve considerar os construtos de cada instrumento, para definir a necessidade de uma melhora na qualidade de vida, uma abordagem mais comportamental e/ou na redução dos sintomas vocais.

OBJETIVOS DE APRENDIZAGEM

Ao final deste capítulo, o leitor deverá ser capaz de:

- Identificar que a autoavaliação da voz acessa a perspectiva do paciente e é uma etapa essencial inserida na avaliação multidimensional da voz.
- Listar diferentes diretrizes e modelos teóricos que podem estar envolvidos no processo de validação de instrumentos de autoavaliação.
- Definir qual o protocolo de autoavaliação da voz mais adequado para aplicar na sua prática clínica ou na pesquisa científica a partir dos construtos e população-alvo.

INTRODUÇÃO

A avaliação da voz é um processo multidimensional que inclui a autoavaliação do paciente sobre o impacto do problema vocal em diferentes aspectos da sua vida. Compreender o problema de voz pela perspectiva do próprio paciente trouxe especificidade para a clínica vocal, facilitando a tomada de decisão do fonoaudiólogo, que passou a ter informações cada vez mais precisas. A autoavaliação viabilizou maior assertividade no diagnóstico, monitoramento e alta fonoaudiológica, a fim de agregar valor nos diversos momentos do tratamento vocal do paciente.

Atualmente, acessar a perspectiva do paciente é um elemento indispensável dentre os procedimentos necessários para o diagnóstico de uma disfonia. A autoavaliação começou a ganhar espaço no Brasil na década de 90 com a validação do Protocolo Qualidade de Vida em Voz[1]. Desde então, vários outros protocolos foram traduzidos, culturalmente adaptados e validados para o português-brasileiro (PT-BR), o que possibilitou seu uso não apenas nas pesquisas científicas, como na rotina clínica do fonoaudiólogo.

Tradicionalmente, os protocolos de autoavaliação foram validados para o PT-BR pela Teoria Clássica dos Testes (TCT) a partir da normatização proposta pelo Comitê do Conselho Científico da Associação de Resultados Médicos (*Scientific Advisory Committee of the Medical Outcomes Trust,* 2009), com a realização das seguintes etapas: 1) tradução e adaptação linguística e cultural; 2) avaliação da equivalência cultural; 3) aplicação do protocolo na sua versão final; 4) avaliação vocal pelo paciente e por um fonoaudiólogo especialista em voz; 5) análise estatística descritiva demográfica e clínica da população; 6) análise individual das questões do protocolo; 7) medidas psicométricas de validação; 8) confiabilidade; 9) reprodutibilidade; e 10) sensibilidade ao tratamento.

Considerando que a TCT é amostra-dependente e mais adequada para populações específicas de uma determinada região, por exemplo, no decorrer dos anos, os processos de validação dos protocolos para o PT-BR passaram a ser realizados por meio de um modelo estatístico complementar e contemporâneo, a Teoria de Resposta ao Item (TRI). O uso desse modelo visa acompanhar a evolução do conhecimento científico e adequar-se às recomendações atuais. As validações com a TRI têm como finalidade apresentar resultados mais robustos, ao mesmo tempo que tornam os instrumentos mais simples, com a redução do número de itens, estruturas unifatoriais e/ou respostas dicotômicas, o que permite uma aplicação mais rápida, acessível, viável e com menos viés de interpretação.

A TRI é capaz de esclarecer a contribuição de cada item que compõe o instrumento, em relação ao seu construto e às características do respondente, por meio dos parâmetros dificuldade, discriminação e acerto ao acaso. Os valores observados na análise, com base nos parâmetros supracitados, indicam a probabilidade de o respondente/paciente dar determinada resposta a cada item em função do seu comprometimento no aspecto investigado. A escolha do respondente juntamente com o peso de cada item do protocolo formará o teta, que corresponde ao escore total do instrumento e nos permite interpretar o nível de comprometimento do indivíduo avaliado em relação ao construto vocal correspondente[2-4].

A aplicação da TRI faz parte da análise das propriedades psicométricas dos testes de autoavaliação e contribui para melhor robustez dos dados e interpretação dos escores por clínicos e pesquisadores. Ressalta-se, porém, que é necessário considerar os princípios metodológicos desde a elaboração, tradução e/ou adaptação dos instrumentos para que a obtenção dessas medidas seja efetiva. O processo de validação deve ser descrito e baseado nas diretrizes internacionais tais como o *Standards for Educational and Psychological Testing* (SEPT) ou o *Consensus-based Standards for the Selection of Health Measurement Instruments* (COSMIN), que estão entre as mais difundidas, a primeira nas áreas de Educação e Psicologia e a segunda na área de Saúde[5-8].

O SEPT reúne as recomendações e definições tradicionais, propostas desde a década de 1950, e mais comumente utilizadas para obtenção dos aspectos psicométricos, desde a elaboração até a interpretação dos resultados dos instrumentos. Cinco etapas devem ser consideradas e detalhadas na validação de testes de autorrelato: evidência de validade de conteúdo; de processos de resposta; de estrutura interna; relação com outras variáveis e consequências do teste, além da confiabilidade e acurácia[5-7].

Mais recentemente, foi proposto o COSMIN, a partir da necessidade de padronização e consenso sobre conceitos, definições, processos, terminologias e taxonomia na área de Psicometria. Consiste em um *checklist* para análise e obtenção das medidas psicométricas dos instrumentos de avaliação em saúde, a partir de quatro domínios referentes ao processo de validação: validade, confiabilidade, responsividade, bem como interpretabilidade. Essa última, apesar de não ser uma propriedade de medida, tem se destacado na adequação do instrumento em relação ao construto e aplicação na prática clínica[6,7,9].

Diante do exposto, a escolha da diretriz a ser seguida e do modelo teórico diante de um processo de validação deve ser baseado no objetivo e/ou público-alvo do instrumento utilizado.

Com a modificação da teoria utilizada nos processos de validação (TCT para TRI), foi necessário adotar um cálculo específico para contemplar a relevância dos itens dentro de cada instrumento, por meio do peso obtido nos parâmetros analisados, o que gerou, inclusive, a possibilidade de novo ponto de corte. Devido à necessidade de um *script* específico para o cálculo dos escores dos instrumentos, o Laboratório Integrado de Estudos da Voz (LIEV/UFPB) desenvolveu o programa de computador *SelfVox*, que possibilita, além da aplicação e do cálculo, a obtenção do valor do escore final, informando se está acima ou abaixo do ponto de corte, o que é de grande valia para a interpretação dos achados perante o objetivo de cada instrumento utilizado.

Atualmente, podemos encontrar na literatura uma ampla variedade de instrumentos de autoavaliação que contemplam diferentes demandas vocais (voz falada e voz cantada), grupos etários (crianças, adolescentes, adultos e idosos), finalidade de aplicação (rastreio ou diagnóstico) e tipos de investigação (sintomas, fadiga, desvantagem, qualidade de vida, atividades profissionais e cotidianas, aspectos cognitivos e comportamentais que podem envolver adesão ao tratamento, as estratégias de enfrentamento na disfonia e a autorregulação para a mudança do comportamento vocal). A maior parte deles tem nota de corte que separa indivíduos com e sem problemas vocais, definida, além de medidas de acurácia, como especificidade, sensibilidade e eficiência, que norteiam as interpretações científicas e decisões clínicas.

Temos o desafio de apresentar "fundamentos e atualidades" dos protocolos de autoavaliação com uma limitação de extensão de conteúdo neste capítulo. Assim, optamos por contemplar exclusivamente os protocolos de autoavaliação relacionados à voz falada, com finalidade clínica, para que possamos conduzir o raciocínio do profissional da melhor forma possível. Além disso, selecionamos protocolos que foram validados via TCT, mas apresentam revalidações recentes, via Teoria de Resposta ao Item (TRI), e protocolos recentes. Por isso, serão contemplados: Qualidade de Vida em Voz adulto (QVV), Índice de Desvantagem Vocal (versões original e reduzida – IDV-30 e IDV-10), Escala de Sintomas Vocais (ESV), Protocolo de Estratégias de Enfrentamento em Disfonia (PEED), URICA-VOZ, Escala de Desconforto de Trato Vocal (EDTV), Escala de Controle Percebido no presente sobre a voz (ECPP-V), Questionário Vivendo com Disartria (VcD), Questionário de Sintomas Vocais Pediátrico (versão original e versões reduzidas – QSV-P) e Índice de Fadiga Vocal (IFV).

Os protocolos contemplados neste capítulo apresentam três construtos diferentes: 1) Qualidade de Vida (QVV, IDV-30, IDV-10 e VcD), 2) Cognitivo-comportamental (PEED versões TCT e TRI, URICA-V e ECPP-V) e 3) Sintoma Vocal (ESV versões TCT e TRI, EDTV, QSV-P versões original e reduzidas e IFV), apresentando particularidades em decorrência disso. Disponibilizamos o Quadro 1 com uma lista de referências dos estudos sobre os protocolos validados em sua versão original, do PT-BR por meio da TCT e a partir da TRI.

Utilize o QR code para acessar o Quadro 1.

Voucher: **tratfono**.

QUALIDADE DE VIDA

Os instrumentos voltados para a qualidade de vida focam em avaliar o impacto das limitações de atividades e restrições de participação devido à funcionalidade vocal em diversos âmbitos do respondente. É difícil acessar esse construto nas outras dimensões da avaliação clínica da voz, pois é uma informação que depende unicamente da percepção de quem vivencia o impacto do problema de voz no seu dia a dia. A aplicação de protocolos de qualidade de vida é mais recomendada para pessoas com queixas/problemas vocais.

Qualidade de Vida em Voz – QVV

O QVV[1] é o protocolo de autoavaliação mais antigo validado para PT-BR. Ele objetiva mensurar a qualidade de vida relacionada à voz por meio dos domínios físico e socioemocional. Utiliza uma escala Likert de quatro pontos para registro das respostas das suas dez questões, cujos escores são calculados por fórmula padrão. Quanto maior o escore, maior a qualidade de vida relacionada à voz.

A versão QVV-TRI manteve os 10 itens relativos ao funcionamento físico e socioemocional, porém com estrutura de um fator e chave de resposta dicotômica (sim/não). O cálculo do escore final na TRI, chamado teta, é feito a partir do peso dos itens, cuja interpretação constata que quanto maior o valor, mais impacto negativo é percebido na qualidade de vida[10]. É uma interpretação contrária do que temos na versão anterior validada a partir da TCT.

Os itens relacionados a questões físicas do QVV-TRI foram os que mais discriminaram a resposta de pessoas com e sem problema de voz. Os itens relacionados às questões socioemocionais requerem maior nível de comprometimento para serem assinalados[11]. Esse protocolo está pronto para uso clínico e de pesquisa recomendado sobretudo para pessoas com queixas de problemas vocais.

Índice de Desvantagem Vocal – IDV

O IDV[12] é o primeiro protocolo de autoavaliação vocal desenvolvido, validado e divulgado no mundo, por isso ele foi traduzido, adaptado e validado em diversas línguas e culturas. Tanto o IDV-30[13] quanto o IDV-10[14] investigam a desvantagem vivenciada pelo paciente em decorrência do problema de voz. A versão original apresenta 30 itens, e a reduzida, 10. O escore total é calculado pelo somatório direto, além da possibilidade de calcular os domínios/fatores nessa versão original validada por TCT.

O IDV-TRI possui os mesmos 30 itens do original, relacionados a aspectos emocionais, funcionais e orgânicos do IDV. Contém uma estrutura unifatorial e chave de resposta dicotômica (sim/não). O cálculo é específico com base nos pesos dos itens a partir da TRI, que permite interpretar que quanto maior o valor do escore, maior é a desvantagem percebida pelo respondente[15].

Os itens relacionados ao fator orgânico do IDV-TRI são percebidos primeiro. Os itens relativos às desvantagens que repercutem nas questões emocionais têm a menor probabilidade de serem assinaladas, assim, são percebidas por indivíduos com um maior comprometimento na voz (limitações de atividades e restrições de participação). O IDV-TRI tem parâmetros altos de discriminação, sendo sensível para detectar bem pessoas com e sem problemas de voz, mesmo que em estágio inicial, ou com menor comprometimento vocal[15]. Esse protocolo está disponível para uso clínico e de pesquisa, sendo recomendado principalmente para pessoas com queixas vocais.

O IDV-10-TRI[16] teve sua composição diferente do IDV-10 desde o método de seleção dos itens, já na sua elaboração, por isso os itens são diferentes da versão original quase que em sua totalidade, apenas dois itens se repetem em ambas as versões do PT-BR. O IDV-TRI foi elaborado a partir da seleção dos itens com maiores valores no parâmetro discriminação do modelo da TRI. Assim, essa versão mais atual contém 10 itens com alto poder discriminativo, sendo cinco itens que envolvem aspectos emocionais, três funcionais e dois orgânicos. O IDV-10-TRI conta com uma chave de resposta dicotômica (sim/não) que auxilia na obtenção do escore total, diretamente proporcional à desvantagem, ou seja, quanto maior o escore, maior a desvantagem vocal percebida. A versão reduzida do IDV torna sua aplicação mais rápida e objetiva, a partir da redução do número de itens e chave de resposta dicotômica.

Questionário Vivendo com Disartria – VcD

O VcD foi traduzido e adaptado transculturalmente[17], com posterior validação para o PT-BR por meio da TRI[18]. Tem como objetivo avaliar a percepção do impacto da qualidade de vida em decorrência das dificuldades de fala de indivíduos com disartria. Sua versão original contém 50 itens divididos em 10 seções, que abordam aspectos desde a identificação de dificuldades específicas na produção da fala e voz até a interferência de questões comportamentais, sociais e ambientais. Possui chave de resposta em escala Likert de 6 pontos, entre discordo totalmente a concordo totalmente.

A versão do VcD validada para o PT-BR apresenta 27 itens e estrutura unifatorial que envolve dificuldades específicas na produção da fala e voz, até a interferência de questões comportamentais, sociais e ambientais. Permaneceu com a mesma chave de resposta politômica em escala Likert de seis pontos, porém o cálculo passou a ser específico da TRI, considerando o peso dos itens. A sua interpretação é que quanto maior o valor do escore, mais impacto na qualidade de vida[18].

COGNITIVO-COMPORTAMENTAL

Os questionários com o construto cognitivo-comportamental envolvem habilidades, estratégias, conhecimento, crenças, atitudes, intenções e/ou consciência envolvidos no processo de adoecimento vocal. São recomendados para pessoas com queixas/problemas vocais e são muito úteis para monitorar alvos e ingredientes da Metaterapia.

Protocolo de Estratégias de Enfrentamento em Disfonia – PEED

O PEED investiga as estratégias de enfrentamento utilizadas por um indivíduo disfônico. A versão validada para o português brasileiro pela TCT é a PEED-15[19], e possui 15 itens divididos em quatro subescalas: Busca de suporte, Desabafo, Aceitação defensiva e Minimização, possui chave de resposta de 6 pontos e o escore é calculado por meio de somatório simples.

O PEED-TRI apresenta 27 itens, contém uma estrutura unifatorial, com chave de resposta dicotômica (sim/não) e cálculo específico a partir da TRI, considerando o peso dos itens. A sua interpretação sugere que um escore abaixo do ponto de corte indica que o respondente tem um enfrentamento com foco na emoção, e acima, foco no problema[4].

Tanto os itens relacionados a aspectos emocionais quanto os focados na resolução do problema do PEED-TRI foram capazes de discriminar os indivíduos com e sem disfonia. Os itens de maior dificuldade são predominantemente focados na emoção. A análise contemporânea permitiu a percepção de que as estratégias que estão contidas nesse instrumento vão além da divisão "foco no problema ou na emoção"[4]. É um instrumento que pode ser utilizado para monitorar a adequação das estratégias de enfrentamento pelo paciente durante o processo de tratamento vocal.

Escala URICA-Voz – URICA-V

A Escala URICA-Voz[20] é uma adaptação da escala URICA[21] que tem como objetivo entender o estágio de prontidão para o tratamento de voz. A escala apresenta 28 itens divididos em quatro estágios: pré-contemplação, contemplação, ação e manutenção.

A Escala URICA-Vv, validada por meio da TRI, apresenta 25 itens relacionados a dois estágios de prontidão: contemplação e manutenção, que são os dois fatores/domínios da escala[22]. Tem chave de resposta politômica em escala Likert de 5 pontos e cálculo específico da TRI com peso dos itens. A interpretação dos escores sugere que valores abaixo do ponto de corte indicam estágio de contemplação, e acima, estágio de manutenção ao tratamento em voz.

Os itens da URICA-Vv que melhor discriminam os indivíduos têm conteúdo relacionado ao fator contemplação. Os itens que exigem maior nível de comprometimento para serem respondidos são os itens de manutenção. Esse instrumento permite classificar indivíduos com indicativo a apresentar maior estágio de prontidão ao tratamento[22]. Observamos que estratégias de automonitoramento distinguem bem os estágios de prontidão. Essa escala é indicada para uso clínico e de pesquisa focado em pessoas com disfonia.

Escala de Controle Percebido no Presente sobre a Voz – ECPP-V

A ECPP-V é uma adaptação para a área de voz da Escala de Controle Percebido sobre Eventos Estressantes, original *Perceived Control Over Stressful Events Scale* (PCO-SES): *Voice-Adapted Present Perceived Control Scale*, ambas em língua inglesa.

A ECPP-V não tem versão para TCT, foi traduzida e adaptada transculturalmente, com posterior validação para o PT-BR já a partir da TRI[23]. Tem como objetivo compreender o quanto o indivíduo percebe que consegue controlar a sua própria voz. É composta por 8 questões, 4 de formulação positiva e 4 negativas, a chave de resposta é politômica em escala Likert de 4 pontos. O escore final considera o peso dos itens e gera uma interpretação do nível de percepção do indivíduo sobre sua habilidade de controlar, no presente momento, eventos relacionados à sua voz; quanto mais alto o escore, maior é o controle percebido sobre a voz.

As afirmativas relacionadas à presença de um componente positivo foram capazes de melhor discriminar os respondentes na ECPP-V. Os itens de maior dificuldade são aqueles com presença de um componente negativo (a presença do "não") na estruturação da frase, o que torna o processo cognitivo de interpretação e resposta mais complexo[23]. Essa escala pode auxiliar o fonoaudiólogo nos momentos da avaliação, monitoramento e reabilitação vocal, a fim de oferecer subsídios para elaboração de estratégias de autorregulação do comportamento vocal, um dos ingredientes trabalhados na Metaterapia na área de Voz[24].

SINTOMA VOCAL

Os instrumentos de autoavaliação referentes ao construto sintoma vocal têm estreita relação com a fisiopatologia/biomecânica e, por essa razão, percebemos relação com as outras dimensões da avaliação clínica da voz. Esses são considerados robustos para discriminar pessoas com/sem problemas vocais.

Escala de Sintomas Vocais – ESV

A ESV[25] investiga funcionalidade, impacto emocional e sintomas físicos desencadeados por um problema de voz, apresenta 30 itens avaliados por meio de uma escala Likert de cinco pontos e seu escore é calculado pelo somatório direto.

A ESV-TRI manteve os 30 itens originais, relacionados à limitação, emocional e físico, porém passou a ter domínio único (estrutura unifatorial) e chave de resposta dicotômica (sim/não). O escore final nos permite interpretar que quanto maior o valor, mais sintomas vocais. O valor numérico resultado do cálculo da ESV-TRI acima do ponto de corte é indicativo de problema de voz[4].

A análise da ESV sob perspectiva da TRI pode nos auxiliar no entendimento de alguns aspectos clínicos. Verificamos que os primeiros sintomas vocais percebidos por indivíduos disfônicos são os relacionados a questões físicas/orgânicas e aqueles que os limitam em atividades cotidianas. Há presença/autorrelato de sintomas emocionais quando o paciente apresenta maior comprometimento vocal, que pode ser referente ao tempo e/ou tipo de disfonia, ou ainda na intensidade do desvio vocal. Destacamos as principais contribuições da ESV-TRI: 1) discriminar pessoas com e sem problema de voz; 2) os sintomas relativos à esfera emocional estão ligados a disfonias crônicas; e 3) indicado para investigação clínica ou em pesquisas que pretendam relacionar a autoavaliação do paciente com outras variáveis da avaliação multidimensional da voz[4,26].

Escala de Desconforto no Trato Vocal – EDTV

A EDTV foi desenvolvida por um grupo de pesquisadores com o objetivo de avaliar os efeitos da Terapia Manual Laríngea na autoavaliação da frequência e intensidade de sintomas de desconforto no trato vocal em pacientes com Disfonia por Tensão Muscular (DTM)[27].

A EDTV-TRI tem como objetivo compreender se há hiperfunção vocal relacionada ou não à lesão fonotraumática. Após o seu processo de validação para PT-BR, ela ficou com 8 itens relacionados a sintomas e sensações de desconforto no trato vocal, sendo avaliados por duas facetas: frequência e intensidade, além da chave de resposta em escala Likert de 6 pontos. Seu resultado sugere que quanto maior o escore, maior a possibilidade de relacionar à hiperfunção vocal com uma lesão fonotraumática[28].

Percebemos que os itens de maior discriminação na EDTV-TRI são os relacionados à intensidade: garganta dolorida, secura e aperto na garganta. Os primeiros sintomas percebidos são os relacionados ao fator "hiperfunção vocal sem lesão fonotraumática". O instrumento pode ser útil como rastreio/triagem de grandes populações por ser de rápida aplicação e ter alto poder discriminativo. É recomendado para utilização clínica e de pesquisa, principalmente quando queremos investigar a relação do desconforto no trato vocal com outras dimensões da avaliação vocal, sobretudo diagnóstico laringológico e julgamento perceptivoauditivo da voz[28].

Questionário de Sintomas Vocais Pediátrico – QSVP

O QSV-P[29] é o único protocolo construído especificamente para as crianças e adolescentes. Tem o objetivo de mapear a presença de sintomas vocais considerando a autoavaliação (AA) e a avaliação parental (AP). Deve ser aplicado na faixa etária entre 6 e 18 anos. Utiliza uma escala Likert de quatro pontos e apoio visual de círculos para facilitar a marcação das respostas para as crianças. O escore é obtido por somatório direto e a versão original apresenta os mesmos 31 itens na versão de pais e filhos, o que permite a comparação entre AA e AP. Visando gerar mais especificidade, eficiência e sensibilidade na avaliação pediátrica, quatro novas versões do QSV-P, variando de 10 a 26 itens, foram desenvolvidas e validadas no PT-BR: tronco comum QSV-P versão AA, tronco comum QSV-P versão AP, tronco comum QSV-P versão AA reduzida, tronco comum QSV-P versão reduzida AP, QSV-P versão reduzida AA, QSV-P versão reduzida AP. As versões intituladas "tronco comum" apresentam os mesmos itens para AA e AP, o que também permite a comparação entre os resultados[30]. As demais versões, por apresentarem questões específicas em sua constituição, devem ser analisadas de forma independente.

Índice de Fadiga Vocal – IFV

O IFV[31] é um protocolo que investiga a autopercepção de características e sintomas da fadiga vocal, sendo que a versão validada para o português brasileiro possui 17 itens divididos em quatro domínios: fadiga e limitação vocal, restrição vocal, desconforto físico associado à voz e recuperação com repouso vocal. A chave de respostas conta com uma escala de cinco pontos e os escores de cada domínio são calculados por meio de somatórios simples. Para a obtenção do escore total, deve-se aplicar a fórmula: escore total = domínio 1 + domínio 2 + domínio 3 + (12 - domínio 4). Para os domínios 1, 2, 3 e valor total, quanto maior o escore, maior é a percepção de fadiga vocal. Já no domínio 4, maiores escores significam maior recuperação da fadiga com o repouso vocal.

CONCLUSÃO

Os instrumentos de autoavaliação têm sido amplamente utilizados na clínica e na pesquisa fonoaudiológica brasileira, que conta com validações de importantes protocolos para o PT-BR. A síntese das características psicométricas de todos os protocolos de autoavaliação vocal que discutimos neste capítulo encontra-se no Quadro 2.

Utilize o QR code para acessar o Quadro 2.

Voucher: **tratfono**.

A partir da escolha efetiva dos construtos observados nos instrumentos, também é possível nortear a abordagem clínica com o paciente, como, por exemplo, definir a necessidade de uma abordagem mais comportamental, por meio do conhecimento dos aspectos cognitivos e comportamentais do indivíduo, que auxiliará o fonoaudiólogo a elencar estratégias que tornem o paciente mais ativo no processo de reabilitação vocal. Dessa forma, a autoavaliação vocal torna-se uma ferramenta efetiva que, além de oferecer ao paciente uma percepção sobre os impactos da disfonia, permite ao clínico uma melhor compreensão sobre a gênese, a manutenção e a evolução da disfonia, e sobre a postura do paciente diante da terapia, além de ser mais um meio de monitorar os efeitos do tratamento de voz.

Acompanhar o movimento da literatura internacional, que tem realizado as validações dos instrumentos de autorrelato por meio da TRI, tem gerado importantes ganhos científicos e clínicos. Os protocolos atuais permitem uma melhor interpretação dos escores, sobretudo em relação à gênese e aos processos relacionados à disfonia. Eles são capazes de discriminar indivíduos com e sem problemas vocais, identificar disfônicos mesmo em estágios iniciais, classificar pessoas de acordo com problemas vocais e limitações na funcionalidade vocal, que impactam diretamente na qualidade de vida, além de identificar sintomas que podem ser indicativos para presença de lesões fonotraumáticas. Apesar dos referidos avanços, as versões dos instrumentos validados previamente pela TCT no PT-BR continuam sendo úteis e válidas na rotina clínica e científica. As versões mais recentes da TRI não invalidam as versões da TCT. Cabe ao fonoaudiólogo diante da escolha da versão validada (TCT ou TRI) atentar para as formas de cálculo e para os valores de corte dos instrumentos utilizados.

REFERÊNCIAS BIBLIOGRÁFICAS

1. Gasparini G, Behlau M. Quality of life: validation of the Brazilian version of the voice-related quality of life (V-RQOL) measure. J Voice. 2009;23(1):76-81.
2. Pasquali L. Item Response Theory Theory, procedures, and applications. Brasília, DF: LabPAM/UnB,;2007.
3. Andrade JM, Laros JÁ, Gouveia VV. The use of item response theory in educational assessments: guidelines for researchers. Psychological Assessment. 2010;9(3):421-35.
4. Almeida LNA. Autoavaliação dos sintomas vocais e estratégias de enfrentamento da disfonia: nova perspectiva com base na Teoria de Resposta ao Item. Tese (Doutorado). João Pessoa: Programa de Pós-Graduação em Modelos de Decisão e Saúde, Centro de Ciências Exatas e da Natureza da Universidade Federal da Paraíba; 2020. p.161.
5. Beaton DE, Bombardier C, Guillemin F, Ferraz MB. Guidelines for the process of cross-cultural adaptation of self-report measures. Spine. 2000;25(24):3186-91.
6. Mokkink LB, Terwee CB, Patrick DL, Alonso J, Stratford PW, Knol DL, et al. The COSMIN study reached international consensus on taxonomy, terminology, and definitions of measurement properties for health-related patient-reported outcomes. J Clin Epidemiol. 2010;63(7):737-45.
7. Pernambuco LA, et al. Screening for voice disorders in older adults: validity evidence and reliability. J Voice. 2016;30(2):19-27.
8. Speyer R, Kim JH, Doma K, Chen YW, Denman D, Phyland D, et al. Measurement properties of self-report questionnaires on health-related quality of life and functional health status in dysphonia: a systematic review using the COSMIN taxonomy. Qual Life Res. 2019;28(2):283-96.
9. Echevarría-Guanilo ME, Gonçalves N, Juceli RP. Propriedades psicométricas de instrumentos de medidas: bases conceituais e métodos de avaliação – parte I. Texto & Contexto Enfermagem. 2017;26(4):1-11.
10. Almeida LN, Behlau M, Ramos NS, Barbosa IK, Almeida AA. factor analysis of the brazilian version of the Voice-Related Quality of Life (V-RQOL) Questionnaire. J Voice. 2022;36:736.e17-736.e24.
11. Morais AS, Almeida LNA, Almeida AA. Evidências de validade do protocolo de Qualidade de Vida em Voz (QVV) em relação a outras variáveis da avaliação multidimensional da voz. Anais do 30 Congresso Brasileiro de Fonoaudiologia. João Pessoa: 2022;1:4224-6.
12. Jacobson BH, Johnson A, Grywalski C, Silbergleit A, Jacobson G, Benninger MS, et al. The Voice Handicap Index (VHI): development and validation. Am J Speech Lang Pathol. 1997;6(3):66-70.
13. Behlau M, Santos LMA, Oliveira G. Cross-cultural adaptation and validation of the Voice Handicap Index into Brazilian Portuguese. J Voice. 2011;25(3):354-9.
14. Costa T, Oliveira G, Behlau M. Validação do Índice de Desvantagem Vocal: 10 (IDV-10) para o português brasileiro. CoDAS. 2013;25(5):482-5.
15. Ramos NS. Índice de Desvantagem Vocal (IDV): nova perspectiva com base na Teoria de Resposta ao Item. Dissertação (Mestrado). João Pessoa: Programa de Pós-Graduação em Modelos de Decisão e Saúde UFPB, Centro de Ciências Exatas e da Natureza da Universidade Federal da Paraíba; 2020. p. 101.
16. Aguiar AC, et al. Índice de desvantagem vocal 10: nova proposta a partir da teoria de resposta ao item. Anais do 30 Congresso Brasileiro de Fonoaudiologia. João Pessoa; 2022:4302.
17. Puhl AE, Diaféria G, Padovani M, Behlau MS. Autoavaliação da disartria em pacientes com doença de Parkinson. 17º Congresso Brasileiro de Fonoaudiologia e 1º Congresso Ibero-Americano de Fonoaudiologia. Salvador; 2009:1755.
18. Holanda LLME. Questionário Vivendo com Disartria (VcD): validação de conteúdo e consistência interna com base na Teoria de Resposta ao Item (TRI). Dissertação (Mestrado). João Pessoa: Programa Associado de Pós-Graduação em Fonoaudiologia UFPB, Centro de Ciências da Saúde da Universidade Federal da Paraíba; 2023. p.35.
19. Oliveira G, Hirani S, Epstein R, Yazigi L, Behlau M. Validation of the Brazilian Version of the Voice Disability Coping Questionnaire. Journal of Voice. 2016;30(2):247.e13-21.

20. Teixeira LC, Rodrigues ALV, Silva ÁFG da, Azevedo R, Gama ACC, Behlau M. Escala URICA-VOZ para identificação de estágios de adesão ao tratamento de voz. CoDAS. 2013;25(1):8-15.
21. McConnaughy EA, Prochaska JO, Velicer WF. Stages of change in psychotherapy: measurement and sample profiles. Psychoterapy: Theory, Research & Practice. 1983;20(3):368-75.
22. Aguiar AC, Behlau M, Oliveira G, Zambon F, Pinheiro KC. Stages of readiness in patients with dysphonia: a proposal based on factor analysis using the URICA-V Scale. J Voice. 2020;34(1):156.e1-156.e7.
23. Barbosa I, Behlau M, Almeida LN, Ramos N, Lopes L, Almeida AA. Validation of the Brazilian Scale of Perceived Control Over Voice in the Present using Item Response Theory. J Voice. 2023:S0892-1997(23)00028-0.
24. Van Stan JH, Whyted J, Duffye JR, Barkmeier-Kraemer J, Doyleg P, Ghersonh S, et al. Voice therapy according to the Rehabilitation Treatment Specification System (RTSS-Voice): Expert consensus ingredients and targets. American Journal of Speech-Language Pathology. 2021;30(5):2169-201.
25. Moreti F, Zambon F, Oliveira G, Behlau M. Cross-cultural adaptation, validation, and cutoff values of the Brazilian version of the Voice Symptom Scale-VoiSS. J Voice. 2014;28(4):458-68.
26. Alencar SAL, Santos JPD, Almeida LN, Nascimento JAD, Lopes LW, Almeida AA. Factorial analysis of the Brazilian Version of the Vocal Tract Discomfort Scale in patients with dysphonia. J Voice. 2022 Jan;36(1):144.e11-144.e20.
27. Mathieson L, Hirani SP, Epstein R, Baken RJ, Wood G, Rubin JS. Laryngeal manual therapy: a preliminary study to examine its treatment effects in the management of muscle tension dysphonia. J Voice. 2009; 23(3):253-366.
28. Alencar S, et al. Vocal Tract Discomfort Scale – Brazil (VTDS-BR): validation based on internal consistency, reliability and accuracy. J Voice. 2024 (no prelo).
29. Ribeiro LL, Verduyck I, Behlau M. Sintomas vocais na população pediátrica: Validação da versão brasileira do Questionário de Sintomas Vocais Pediátrico. CoDAS. 2019;31(5):e20180225.
30. Lima L, Behlau M. Pediatric Vocal Symptoms Questionnaire (PVSQ): four new versions for parental evaluation and self-evaluation. International Journal of Pediatric Otorhinolaryngology. 2020;(131):109816.
31. Zambon F, Moreti F, Ribeiro VV, Nanjundeswaran C, Behlau M. Vocal Fatigue Index: Validation and cut-off values of the Brazilian Version. Journal of Voice. 2022;36(3):434.e17-434.e24.

105

Análise acústica na clínica vocal: fundamentos e atualidades

Marina Taborda Englert
Glaucia Laís Salomão

PONTOS-CHAVE

- A análise acústica da voz, parte da avaliação multidimensional da voz, é essencial no estabelecimento de diagnósticos, documentação e monitoramento da voz.
- Para que dados acústicos sejam fidedignos, a gravação e o registro acústico da voz na clínica exigem cuidados específicos.
- A gravação de voz em *smartphone* é promissora, no entanto, deve ser feita com cautela.
- Existem atualmente diversos *softwares* para análise acústica da voz disponíveis no mercado e/ou online que permitem a extração de medidas acústicas de forma mais simples do que no passado.

OBJETIVOS DE APRENDIZAGEM

Ao final deste capítulo, o leitor deverá ser capaz de:

- Estar apto a gravar sinais de fala que permitam uma análise acústica confiável e consistente.
- Compreender e raciocinar em torno das medidas acústicas coletadas.
- Conhecer alguns dos instrumentos disponíveis para avaliação acústica da voz, bem como saber aplicá-los no contexto da clínica vocal.
- Saber interpretar resultados de medidas acústicas.
- Compreender a lógica em torno do estabelecimento de relações entre resultados de análise acústica e perceptiva-auditiva da voz.

INTRODUÇÃO

A análise acústica da voz, um dos pilares da avaliação vocal, é por vezes ainda vista como distante da prática clínica, como se pertencesse apenas ao mundo da ciência básica ou aos centros de pesquisa[1-3]. Neste capítulo, queremos mostrar a relevância da avaliação acústica da voz no contexto da clínica vocal e desmistificar alguns aspectos relacionados à sua prática. Para isso, descrevemos instrumentos e procedimentos básicos para coleta de dados acústicos e apresentamos medidas acústicas recomendadas na literatura atual, considerando suas relações com o som da voz que percebemos.

Medidas acústicas proporcionam uma abordagem sistemática para quantificar e classificar diferentes aspectos do som vocal, podendo ser utilizadas na realização de triagens, detecção de distúrbios vocais, documentação e monitoramento do progresso terapêutico[1,3,4].

O *output* da análise acústica pode ser constituído por números ou gráficos, representando medidas de frequência fundamental (f0), intensidade, balanço espectral ou periodicidade do sinal (como *jitter*, *shim-*

mer e *Cepstral Peak Prominence*, CPP). Dados de análise acústica devem ser interpretados em termos de suas relações com o som vocal percebido e auxiliar na diferenciação entre certos quadros vocais como, por exemplo, a hiperfunção vocal por disfonia espasmódica[3,5].

O material de fala para uma análise acústica pode ser constituído por vogais, fala encadeada ou produções de voz cantada, a depender do que será analisado[2]. Medidas como frequência e intensidade costumam ser extraídas considerando-se a vogal sustentada, já medidas como o *Smooth Cepstral Peak Prominence* (CPPS) e alguns indicadores acústicos multiparamétricos devem considerar tanto a vogal sustentada como a fala encadeada[2].

A seguir, descrevemos procedimentos e instrumentos para avaliação acústica da voz recomendados na literatura, bem como medidas acústicas básicas que devem, em princípio, compor essa avaliação. Além disso, abordamos aspectos relativos à interpretação de resultados acústicos considerando-se suas relações com o som vocal percebido.

COLETA DE DADOS

Para garantir a confiabilidade dos registros de dados de voz, a forma de gravação do sinal vocal, incluindo o controle ambiental e do equipamento de gravação, é essencial[1,2,4]. Idealmente, deve-se utilizar um microfone de cabeça omnidirecional de curva de resposta plana, com 4 a 10 cm de distância da boca, mantendo-se essa distância constante. Recomenda-se ainda o uso de um pré-amplificador que amplifique os sinais fracos com ajuste de ganho manual e sem equalizadores, mantendo o ganho constante ao longo da mesma emissão. A gravação deve ser realizada utilizando-se uma taxa de amostragem de no mínimo 44 kHz e resolução mínima de 16 bits em um ambiente silencioso (níveis de ruído inferiores a 50 dB ou no mínimo 10 dB inferiores ao nível sonoro da fonação em mais baixa intensidade). O registro do som deve ser feito em formato de áudio sem compressão, preferencialmente .wav[2].

Atualmente, é comum a utilização de *smartphones* para realizar gravações, dada sua praticidade e conveniência. Essa abordagem beneficia tanto o clínico quanto o paciente, proporcionando a este último a facilidade de enviar gravações ao longo do tratamento. Estudos relativamente recentes analisando a confiabilidade das gravações utilizando *smartphones* apresentam resultados bastante promissores, ainda que por vezes controversos. Enquanto Manfredi et al. (2016)[6] e Ceylan et al. (2023)[7] reportaram forte correlação entre medidas de *jitter*, *shimmer* e relação harmônico-ruído coletadas usando *smartphones* e microfones, Jannetts et al. (2019)[8] verificaram confiabilidade apenas nas medidas de CPPS e f0[6-8].

Uma revisão de literatura sobre o uso de *smartphones* para gravação vocal e análise acústica concluiu que *smartphones* e aplicativos de celular têm grande potencial para serem ferramentas valiosas na avaliação vocal fora do ambiente clínico[9]. No entanto, tais ferramentas precisam ser aprimoradas para que possam garantir a confiabilidade de registros de dados de voz para avaliação acústica da voz. Isso posto, no presente momento, recomendamos que as gravações clínicas sejam feitas conforme as recomendações tradicionais, e que as gravações com *smartphones* sejam analisadas com cautela até que haja mais estudos e padronizações relacionadas a esse tipo de gravação.

MEDIDAS ACÚSTICAS

Ao realizar a avaliação acústica da voz, uma variedade de medidas pode ser extraída para avaliar e quantificar aspectos do som vocal. O Quadro 1 apresenta medidas acústicas isoladas comumente utilizadas.

Características espectrais

As medidas espectrais utilizadas na análise vocal visam avaliar a fala encadeada e vozes com grande aperiodicidade[2]. Elas não consideram os limites individuais de cada ciclo para estimar a periodicidade do sinal, como medidas de *jitter* e *shimmer*, e têm apresentado melhor relação com a análise perceptivo-auditiva, diferenciando melhor vozes disfônicas e saudáveis[11]. Há três tipos de parâmetros espectrais, dos quais abordaremos dois: o espectrograma e o cepstrum.

O espectrograma permite uma análise qualitativa do sinal vocal representado em um gráfico apresentando a frequência e intensidade da voz, relacionadas com as medidas de perturbação de frequência e intensidade, conhecidas como *jitter* e *shimmer*, respectivamente[4,10] além de mostrar em seu eixo horizontal o tempo. Quanto maior a perturbação dessas medidas, mais "sujeira" se vê na espectrografia e a qualidade vocal é mais desviada[1,4]. É uma análise qualitativa do sinal da voz, mas há protocolos padronizados para sua interpretação[3].

Cepstrum é definido como uma transformada matemática do traçado espectral que permite separar o efeito da glote e dos ressonadores, sendo o primeiro segmento relacionado à glote e o segundo relacionado aos ressonadores[1,4]. O pico cepstral, *Cepstral Peak Prominence* (CPP), é uma medida que representa a distância entre o primeiro pico do rahmônico e o ponto de mesma quefrência na linha de regressão desenhada no gráfico do CPP. Sons periódicos apresentam estruturas

QUADRO 1 Medidas acústicas isoladas, explicação e implicação clínica

Medida	Explicação	Referências
Frequência fundamental (f0)	Medida em hertz (Hz), representando a quantidade de ciclos por segundo das pregas vocais, indicando se uma voz é grave ou aguda. Na clínica vocal os parâmetros analisados são: frequência habitual, frequências máxima e mínima, que fornecem informações específicas sobre o modo de vibração das pregas vocais, permitindo suposições sobre mecanismos fisiológicos e possíveis implicações clínicas	Baken, 1987[4] Titze, 1995[10] De Bodt et al., 20141 Patel et al., 2018[2]
Intensidade vocal	Medida em decibéis (dB), indica a energia que a onda sonora transmite, sua percepção auditiva se relaciona com o volume, chamado de *loudness*. Em relação à onda sonora, ela se relaciona à amplitude da onda. Na clínica vocal os parâmetros analisados de intensidade são: intensidade habitual, intensidade mais fraca e intensidade mais forte	De Bodt et al., 2014[1] Baken, 1987[4] Titze, 1995[10] Patel et al., 2018[2]
Jitter e *shimmer*	Medidas de perturbação dos ciclos glóticos e medem a variação na frequência e intensidade, respectivamente, ao longo dos ciclos glóticos. Em termos gerais, quanto maior a perturbação, maior desvio na qualidade vocal	Baken, 1987[4] De Bodt et al., 2014[1]
Signal to Noise Ratio (SNR) e *Harmonic to Noise Ratio* (HNR)	Medidas de ruído que ajudam a entender a contribuição relativa de componentes periódicos e aperiódicos no sinal acústico, sendo indicativos da presença de ruído indesejado na voz	De Bodt et el., 2014[1]

de harmônicos bem definidas. Consequentemente, um cepstrum mais harmônico e maior pico cepstral, indicando uma qualidade vocal menos desviada.

Medidas multiparamétricas

As medidas multiparamétricas contemplam índices acústicos que consideram diversas medidas acústicas isoladas para fornecer um escore para qualidade vocal.

O *Dysphonia Severity Index* (DSI) foi o primeiro índice multiparamétrico baseado no escore perceptivo-auditivo da qualidade vocal com uma correlação quase perfeita de 0,996[12]. Outros dois índices multiparamétricos, devidamente validados para o português brasileiro por incorporarem a análise da fala encadeada, são o *Acoustic Voice Quality Index* (AVQI), que avalia a qualidade vocal geral, e o *Acoustic Breathiness Index* (ABI), que avalia a soprosidade vocal[13-16].

O Quadro 2 apresenta mais informações sobre as medidas multiparamétricas, as medidas que as compõem, nota de corte e escore.

INSTRUMENTOS PARA AVALIAÇÃO

Perfil de extensão vocal

O perfil de extensão vocal (*Voice Range Profile* na literatura em inglês) constitui uma representação da voz em um gráfico que combina medidas de frequência fundamental e medidas de nível de pressão sonora. Solicitamos ao indivíduo que explore a produção de sua voz ao longo de toda a sua faixa de frequência e intensidade de voz, das frequências mais baixas até as mais altas, e dos sons mais fracos até os mais fortes para cada uma das frequências emitidas. O *output* é um gráfico bidimensional, definido pelos valores das frequências fundamentais mínimas e máximas, indicados no eixo "x", e pelos valores das intensidades mínimas e máximas produzidas, indicados no eixo "y".

Medidas de intensidade e frequência fundamental da voz são obtidas de maneira automática, tornando a coleta dos dados de perfil de extensão vocal muito mais breve e fornecendo *feedback* visual em tempo real. Além disso, alguns programas permitem obter medidas relativas à distribuição de energia no espectro acústico para cada "célula" de som produzido a certa frequência e intensidade[17]. Falantes e cantores podem desenhar perfis ou contornos de extensão vocal e "pintar" todo o espaço delimitado por esses contornos, explorando as variações na qualidade vocal associadas às variações na intensidade e/ou frequência da voz, produzindo o que a literatura começa a chamar de "mapa vocal".

A relevância dessa medida consiste na possibilidade de obter medidas de voz a partir de vogais sustentadas em um ou alguns tons, ocupando apenas uma única ou algumas poucas células de todo o mapa vocal (Figura 1).

QUADRO 2 Medidas acústicas multiparamétricas com as medidas que as compõem, suas fórmulas, material de análise, escore, tendência do escore, nota de corte e correlação com julgamento perceptivo-auditivo

Índice	Medidas acústicas	Fórmula	Material de análise	Escore	O que o escore representa	Nota de corte	Referência
DSI	*Maximum phonation time* (MPT) Frequência mais alta produzida (FoHigh) Intensidade mais fraca produzida (I low) *Jitter* (%)	DSI = 0.13 x MPT + 0.0053 x FoHigh – 0.26 x I low – 1.18 x jitter (%) + 12.4	Vogal	-5 a +5	Quanto mais negativo, mais desviada a qualidade vocal	1,6	Wuyts et al., 2000[12]
AVQI	CPPs HNR *Shimmer* local (Shim) *Shimmer* local dB (ShdB) Inclinação espectral *General slope of the spectrum* (*slope*) *Tilt of the regression line through the spectrum* (Tilt)	AVQI = (4.152 – (0.177 x CPPs) – (0.006 x HNR) – (0.037 x *shimmer* local) + (0.941 x *shimmer* local dB) + (0.01 x *slope*) + (0.093 x tilt) x 2.8902	Vogal e fala encadeada	0 a 10	Quanto maior o valor, mais desviada a qualidade vocal	1,33	Englert et al., 2021[13]
ABI	CPPs *Jitter* *Glottal to noise excitation ratio* na frequência máxima de 4.500 Hz (GNEmax – 4.500 Hz) Parâmetro de nível relativo de alta frequência de ruído entre energia de 0 a 6 kHz e 6 a 10 kHZ (Hfno – 6.000 Hz) *Harmonics-to-noise ratio* (HNR-D) Diferença do primeiro e segundo harmônico (H1-H2) Shim-dB *Shimmer* (Shim) *Period standard deviation* (PSD)	ABI = (5.0447730916 – [0.172*CPPs] – [0.193*Jit] – [1.283*GNEmax-4.500 Hz] – [0.396*Hfno-6.000 Hz] + [0.01*HNR-D] + [0.017*H1-H2] + [1.473*Shim-dB] – [0.088*Shim] – [68.295*PSD]) * 2.9257400394	Vogal e fala encadeada	0 a 10	Quanto maior o valor, maior a presença de soprosidade na voz	2,94	Englert et al., 2022[14]

Além disso, esses programas permitem gravação em tempo real ou a análise de gravações feitas previamente. A grande vantagem do perfil de extensão vocal e em particular do "mapa vocal" é a possibilidade de visualizar uma grande quantidade de dados acústicos em uma única representação. Mapas vocais podem também ser utilizados para analisar e documentar dados coletados por meio de dosímetros vocais, fornecendo assim informações bastante realísticas relativas ao uso espontâneo da voz nos ambientes habituais de fala ou canto de um indivíduo[18].

No Brasil, a CTS Informática comercializa o programa VocalGrama, o qual permite a extração do perfil de extensão vocal. Para mais informações acesse: https://www.ctsinformatica.com.br/fonoaudiologia/voz/vocalgrama-perfil-de-extensao-vocal-e-da-fala. Uma outra opção, gratuita, é o RecVox; o programa está disponível online e pode ser acessado em: https://www.tolvan.com/index.php?page=/recvox/recvox.php. Para que o RecVox funcione corretamente é necessária uma calibração cuidadosa, de acordo com as instruções indicadas no próprio *site*.

VoxMore: para extração das medidas acústicas

Recentemente, foi desenvolvido o VoxMore, um *plugin* para o programa Praat[19]. O Praat é um *software* de análise acústica gratuito amplamente utilizado em pesquisas e clínicas ao redor do mundo, disponível para *download* em https://www.fon.hum.uva.nl/praat/.

O VoxMore é uma ferramenta inovadora que realiza uma análise acústica abrangente da voz, gerando um relatório detalhado com informações e imagens relacionadas aos domínios do tempo, frequência, tempo-frequência e quefrência. Além disso, fornece valores de medidas acústicas cruciais, como frequência fundamental (f0), medidas de período, *jitter*, *shimmer*, medidas espectrais, ruído glotal e medidas cepstrais.

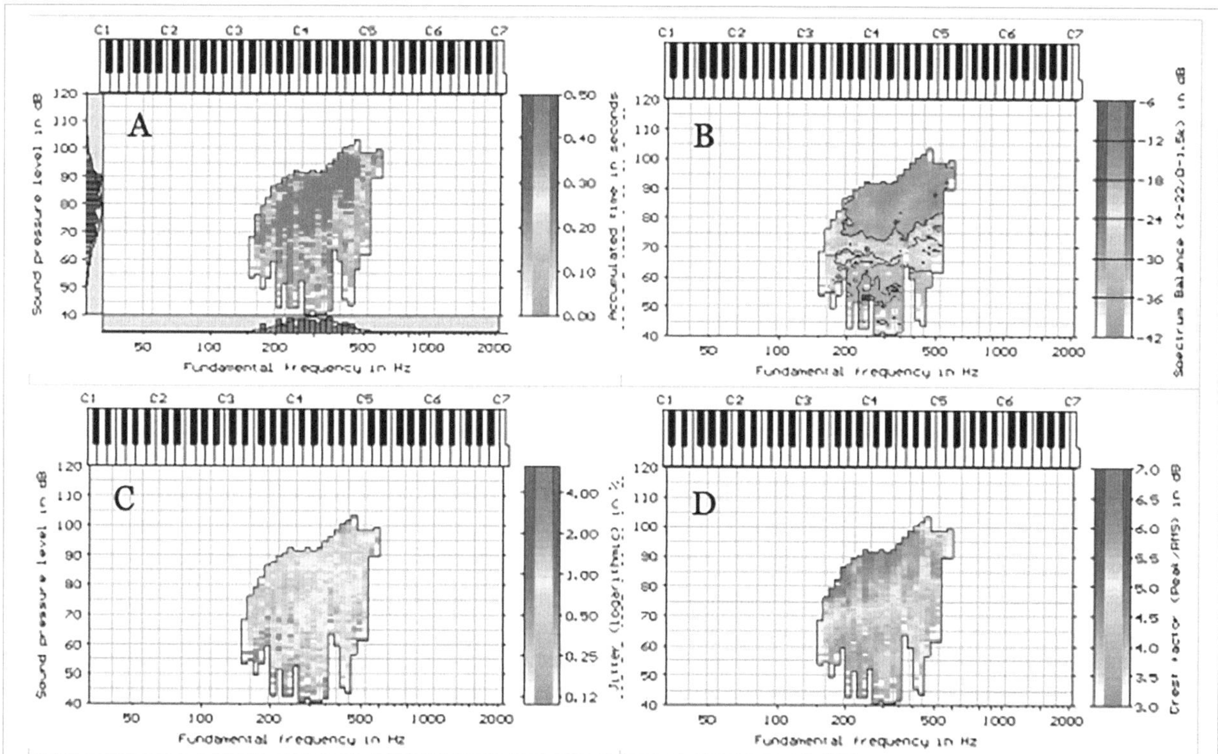

FIGURA 1 "Mapas vocais" mostrando quatro medidas diferentes para sons produzidos em diferentes frequências e intensidades. As cores em A representam a "densidade fonatória", ou seja, o tempo acumulado em que o indivíduo produziu fonação em certa frequência e intensidade. Na situação de fala habitual, regiões de alta densidade fonatória tendem a indicar as frequências e intensidades de fala preferidas pelo falante. As cores em B, C e D representam diferentes medidas de distribuição de energia no espectro acústico, quais sejam: balanço espectral, *jitter* e "*crest factor*". Valores mais elevados de balanço espectral e "*crest factor*" estão tipicamente associados a energia proporcionalmente maior nas frequências altas do espectro. Porcentagens mais elevadas de *jitter* sugerem maior variação de frequência entre ciclos glóticos sucessivos. Figura adaptada e autorizada por Pabon, 2018[17].
Versão colorida da figura encontra-se na plataforma de conteúdo complementar do livro.

Os resultados do relatório acústico do VoxMore são apresentados de maneira clara e acessível, divididos em quatro arquivos que incluem oscilogramas do sinal de voz e traçados da f0 e intensidade, imagens relacionadas ao domínio da frequência, espectro de Fourier e coeficientes de predição linear, informações sobre a análise cepstral e cepstrograma, e valores de todas as medidas acústicas, apresentados tanto em formato numérico quanto em gráficos de barras verticais. As imagens podem ser consultadas em Abreu et al.[19].

Os autores propõem que o VoxMore possa desempenhar um papel significativo tanto no processo de ensino-aprendizagem, atuando como uma ferramenta formativa em disciplinas de graduação e pós-graduação em Fonoaudiologia, quanto na prática clínica, tornando viável a aplicação da análise acústica na clínica vocal e oferecendo suporte à tomada de decisão dos fonoaudiólogos. De forma semelhante, acreditamos que a integração do VoxMore permitirá que a análise acústica, antes limitada à pesquisa, seja incorporada aos relatórios clínicos, facilitando o acompanhamento dos pacientes no consultório.

VOXPlot: para extração do AVQI e do ABI

O *software* VOXPlot é uma outra ferramenta inovadora que permite a extração dos índices multiparamétricos AVQI e ABI[20]. O *download* do *software* está disponível em https://voxplot.lingphon.com/en/. Atualmente, o *software* analisa o AVQI e ABI em 12 idiomas, incluindo o português brasileiro; no entanto, a interface do *software* está disponível apenas em alemão, inglês e holandês.

Além de fornecer os escores do AVQI e ABI, o relatório do VOXPlot apresenta os valores de diversas outras medidas acústicas com base nas amostras de fala encadeada e vogal sustentada e as medidas acústicas isoladas extraídas para formulação do índice. A Figura 2 apresenta o relatório gerado e explica o que cada parte representa.

Pesquisas com o VOXPlot reforçam sua contribuição na análise vocal, proporcionando uma abordagem objetiva e mensurável para analisar aspectos de rugosidade e de soprosidade. Além disso, queremos destacar a interface amigável do programa, facilitando sua aplicação por clínicos. O *software* é versátil, permitindo a análise de vozes previamente gravadas e carregadas no programa, além de gravações em tempo real realizadas diretamente no VOXPlot. Informações específicas de como utilizar a ferramenta podem ser encontradas no *site* https://voxplot.lingphon.com/en/.

TÉCNICAS DE APRENDIZADO DE MÁQUINA NA AVALIAÇÃO E MONITORAMENTO VOCAL

O conceito de inteligência está fortemente associado à capacidade de aprender a partir da experiência e utilizar o conhecimento adquirido no processo de adaptação a situações novas e/ou em ações sobre o ambiente. A inteligência artificial (IA) pode ser descrita como um conjunto de algoritmos e técnicas que buscam imitar a inteligência humana justamente no que se refere à capacidade de aprender e utilizar o que foi aprendido na realização de tarefas novas de cunho "intelectual", como compreensão da linguagem natural ou resolução de problemas.

O aprendizado de máquina (*machine learning* em inglês) é uma categoria de IA que usa algoritmos para identificar automaticamente padrões de regularidades em um conjunto de dados (por exemplo, dados de voz) e, a partir desses padrões, realizar ações tais como classificar dados aprendidos e/ou novos em diferentes categorias (como vozes patológicas ou vozes não patológicas).

Pesquisas em torno do uso de técnicas de aprendizado de máquina no contexto da clínica vocal encontram-se em pleno desenvolvimento. Achados na área têm se mostrado promissores no que se refere ao desenvolvimento e implementação de técnicas não invasivas, de caráter objetivo e de rápida aplicação em triagens da voz, diagnósticos, documentação e monitoramento vocal no decorrer de uma intervenção, tanto no contexto clínico como nos diferentes contextos de uso vocal.

CONCLUSÃO

A evolução da ciência e da tecnologia, por vezes acentuada por eventos imprevistos, como a pandemia de 2020, destaca a necessidade contínua de atualização em termos de conhecimento científico e de rápida adaptação a técnicas emergentes. Fonoaudiólogos e especificamente profissionais atuando na área de voz devem aliar um conhecimento sólido dos princípios de análise acústica à habilidade de discernir e incorporar as inovações tecnológicas em sua prática.

No contexto clínico, onde a avaliação multidimensional da voz é essencial, a utilização de instrumentos de avaliação acústica e o manejo cuidadoso das gravações constituem práticas indispensáveis; *smartphones* devem ser utilizados com cautela. A presença de *softwares* especializados, disponíveis no mercado, simplifica a extração de medidas acústicas, fornecendo uma base sólida para o diagnóstico, documentação e monitoramento da voz.

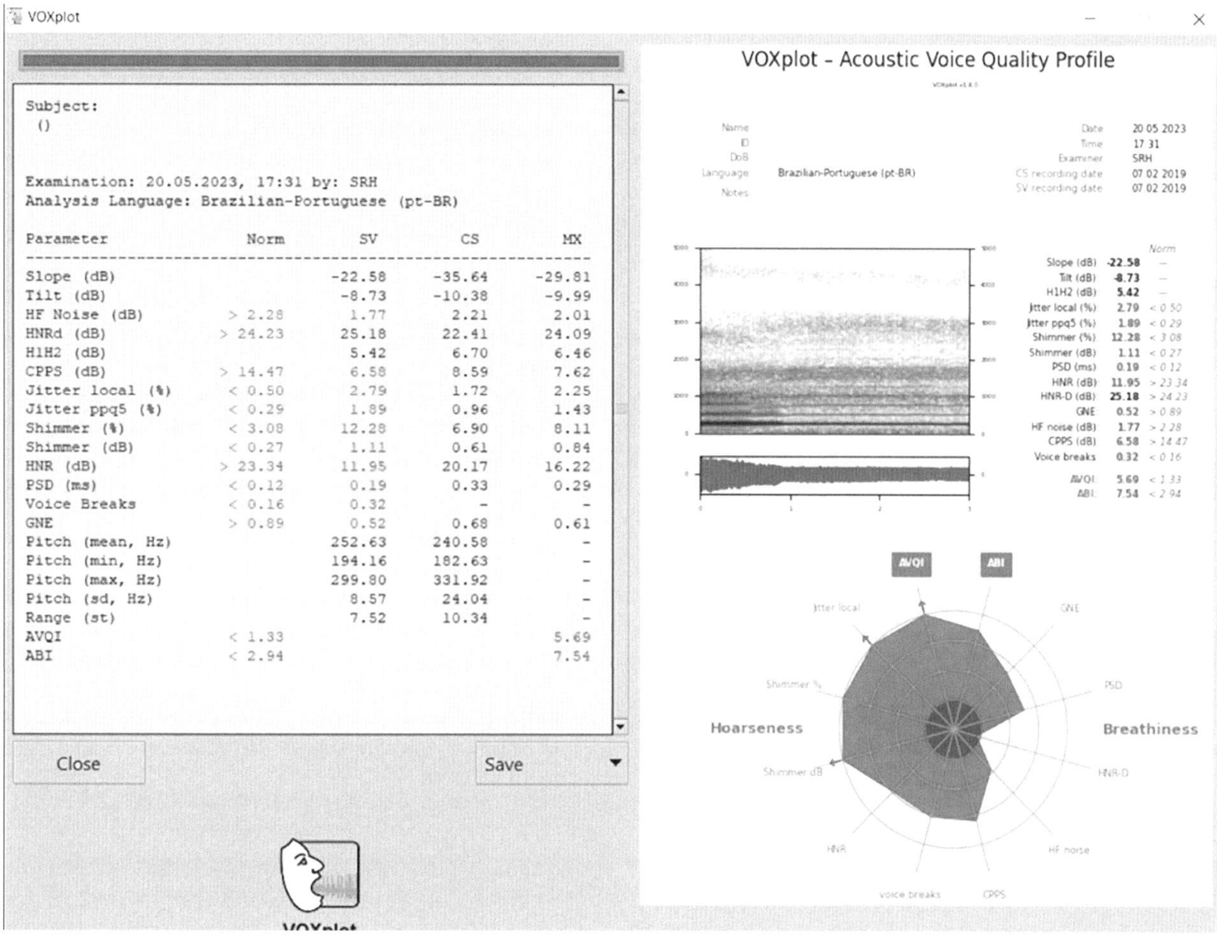

FIGURA 2 Relatório do VOXPlot, exemplo de amostra vocal em português brasileiro. Lado esquerdo da imagem, colunas da esquerda para direita. "*Parameter*": apresenta os parâmetros acústicos isolados que compõem o AVQI e o ABI, as quebras vocais na vogal sustentada (*voice breaks*) e as medidas de frequência média, mínima, máxima e desvio padrão (*pitch*). "*Norm*": valores de normalidade para cada parâmetro acústico. "SV" (*sustained vowels*): medidas obtidas para vogal sustentada. "CS"(*continuous speech*): medidas obtidas na fala encadeada. "MX": parâmetros e escores do AVQI e do ABI calculados considerando a emissão de vogal sustentada e fala encadeada. "*Save*": campo clicável para salvar o relatório em formato de imagem, PDF ou Excel. Lado direito da imagem, de cima para baixo. Parte superior: informações sobre o paciente e o avaliador, data e idioma. Parte central: espectrograma e forma da onda sonora da vogal sustentada; ao lado. valores dos mesmos parâmetros acústicos isolados obtidos para a vogal sustentada e os escores do AVQI e ABI. Parte inferior: gráfico do *voice quality circle* ("círculo da qualidade vocal", tradução livre dos autores) dividido entre rugosidade (*hoarseness*) e soprosidade (*breathiness*), utilizando o AVQI e o ABI como parâmetros mais relevantes.

Versão colorida da figura encontra-se na plataforma de conteúdo complementar do livro.

REFERÊNCIAS BIBLIOGRÁFICAS

1. De Bodt M, Heylen L. HetLogopedisch Stemonderzoek. In: Stemstoornissen – Hanboek voor de Kliniche Paktijk. Antwerpen: Garant; 2014. p.115-47.
2. Patel RR, Awan SN, Barkmeier-Kraemer J, Courey M, Deliyski D, Eadie T, et al. Recommended protocols for instrumental assessment of voice: American Speech-Language-Hearing Association Expert Panel to develop a protocol for instrumental assessment of vocal function. Am J Speech Lang Pathol. 2018 Aug 6;27(3):887-905.
3. Behlau M, Almeida AA, Amorim G, Balata P, Bastos S, Cassol M, et al. Reducing the GAP between science and clinic: lessons from academia and professional practice – part A: perceptual-auditory judgment of vocal quality, acoustic vocal signal analysis and voice self-assessment. Codas. 2022 Aug 1;34(5):e20210240.
4. Baken RJ. Introduction. Intensity. Vocal fundamental frequency. In: Clinical measurement of speech and voice. Boston: College Hill Press; 1987. p. 95-123, 125-96.
5. Roy N, Mazin A, Awan SN. Automated acoustic analysis of task dependency in adductor spasmodic dysphonia versus muscle tension dysphonia. Laryngoscope. 2014 Mar;124(3):718-24.

6. Manfredi C, Lebacq J, Cantarella G, Schoentgen J, Orlandi S, Bandini A, et al. Smartphones offer new opportunities in clinical voice research. J Voice. 2017 Jan;31(1):111.e1-111.e7.
7. Ceylan ME, Cangi ME, Yılmaz G, Peru BS, Yiğit Ö. Are smartphones and low-cost external microphones comparable for measuring time-domain acoustic parameters? Eur Arch Otorhinolaryngol. 2023 Dec;280(12):5433-44.
8. Jannetts S, Schaeffler F, Beck J, Cowen S. Assessing voice health using smartphones: bias and random error of acoustic voice parameters captured by different smartphone types. Int J Lang Commun Disord. 2019 Mar;54(2):292-305.
9. Petrizzo D, Popolo PS. Smartphone use in clinical voice recording and acoustic analysis: a literature review. J Voice. 2021 May;35(3):499.e23-499.e28.
10. Titze IR. Workshop on acoustic voice analysis: summary statement. Front cover. National Center for Voice and Speech; 1995.
11. Watts CR, Awan SN. Use of spectral/cepstral analyses for differentiating normal from hypofunctional voices in sustained vowel and continuous speech contexts. J Speech Lang Hear Res. 2011;54(6):1525-37.
12. Wuyts FL, De Bodt MS, Molenberghs G, Remacle M, Heylen L, Millet B, et al. The dysphonia severity index: an objective measure of vocal quality based on a multiparameter approach. J Speech Lang Hear Res. 2000Jun;43(3):796-809.
13. Englert M, Barsties V Latoszek B, Maryn Y, Behlau M. Validation of the Acoustic Voice Quality Index, Version 03.01, to the Brazilian Portuguese Language. J Voice. 2021 Jan;35(1):160.e15-160.e21.
14. Englert M, Barsties V Latoszek B, Maryn Y, Behlau M. Validation of the acoustic breathiness index to the Brazilian Portuguese language. Logoped Phoniatr Vocol. 2022 Apr;47(1):56-62.
15. Batthyany C, Latoszek BBV, Maryn Y. Meta-analysis on the validity of the Acoustic Voice Quality Index. J Voice. 2022 Jun 22:S0892-1997(22)00132-1.
16. Barsties V, Latoszek B, Kim GH, Delgado Hernández J, Hosokawa K, Englert M, et al. The validity of the Acoustic Breathiness Index in the evaluation of breathy voice quality: A meta-analysis. Clin Otolaryngol. 2021 Jan;46(1):31-40.
17. Pabon P. Mapping individual voice quality over the voice range: the measurement paradigm of the voice range profile. [Doctoral Thesis.] KTH School of Electrical Engineering and Computer Science; 2018.
18. Södersten M, Salomão GL, MacAllister A, Ternström S. Natural voice use in patients with voice disorders and vocally healthy speakers based on 2 days voice accumulator information from a database. J Voice. 2015;29(5):646.e1-646.e9.
19. Abreu SR, Moraes RM, Martins PDN, Lopes LW. VoxMore: technological artifact to assist voice acoustic evaluation in the teaching-learning process and clinical practice. Codas. 2023 Oct 30;35(6):e20220166.
20. Barsties V, Latoszek B, Mayer J, Watts CR, Lehnert B. Advances in clinical voice quality analysis with VOXplot. J Clin Med. 2023 Jul 12;12(14):4644.

106

Plano terapêutico em voz a partir do modelo SETR

Leonardo Lopes
Ana Cristina Côrtes Gama
Glaucya Madazio

PONTOS-CHAVE

- A terapia vocal é um processo dinâmico e multifacetado, que não apenas visa melhorar a funcionalidade vocal, mas também a eficiência na comunicação e expressão do indivíduo. É essencial compreender que esse processo se baseia em uma abordagem holística, integrando aspectos físicos, comportamentais e sociais da produção vocal.
- O raciocínio clínico é um mecanismo fundamental na elaboração de planos terapêuticos precisos e personalizados para cada paciente. Em um cenário de complexidade multifatorial, o raciocínio clínico capacita o fonoaudiólogo a integrar efetivamente as diversas dimensões de conhecimento relacionadas à anatomofisiologia da fonação e comportamento vocal, juntamente com as características individuais de cada paciente.
- Ao adotar o SETR-Voz, os fonoaudiólogos são capacitados a especificar tratamentos de forma precisa, baseados em alvos terapêuticos específicos e ingredientes selecionados criteriosamente. Essa metodologia se destaca pela sua simplicidade e pela sua capacidade de fornecer uma estrutura clara para o desenvolvimento de planos terapêuticos individualizados, alinhados com as necessidades de cada paciente.

OBJETIVOS DE APRENDIZAGEM

Ao final deste capítulo, o leitor deverá ser capaz de:

- Promover a compreensão do modelo SETR-Voz e sua aplicação no contexto do raciocínio clínico e na tomada de decisão terapêutica em voz.
- Desenvolver a capacidade de aplicar ativamente os conhecimentos adquiridos a novas situações clínicas.
- Demonstrar habilidades práticas na resolução de problemas relacionados à terapia vocal, conforme proposto pelo modelo SETR-Voz.
- Treinar o raciocínio clínico do fonoaudiólogo, capacitando-o a fazer escolhas fundamentadas e eficazes na prática clínica da terapia vocal, de acordo com os princípios do modelo SETR-Voz.

INTRODUÇÃO

A terapia vocal foi descrita inicialmente na década de 1930 para a reabilitação vocal de indivíduos disfônicos, especialmente entre profissionais da voz, como cantores e professores[1]. Ela evoluiu de práticas baseadas em experiências individuais para abordagens cientificamente fundamentadas, enfatizando a importância da prática baseada em evidências, da padronização do tratamento e do desenvolvimento profissional contínuo.

A terapia vocal é um processo dinâmico, multifacetado e não linear, envolvendo mudanças comportamentais e fisiológicas[2], cujo objetivo consiste em melhorar a funcionalidade vocal, incluindo modificações ou gerenciamento de fatores ambientais; melhorar a eficiência na comunicação e expressão do indivíduo, para aumentar sua capacidade de participação em atividades diárias (sociais e profissionais); garantir a autogestão da saúde vocal alinhada às metas pessoais, demandas, preferências e estilo de vida do paciente.

O processo de reabilitação vocal baseia-se em uma abordagem holística que integra aspectos físicos, comportamentais e sociais da produção vocal, utilizando uma variedade de técnicas e estratégias terapêuticas para alcançar seus objetivos. Ela é aplicada por fonoaudiólogos que trabalham em estreita colaboração com os pacientes (e outros profissionais envolvidos na reabilitação) para alcançar os objetivos terapêuticos. A terapia vocal pode ser recomendada como a abordagem principal no tratamento das disfonias; como abordagem complementar às terapêuticas medicamentosas e/ou cirúrgicas; ou como abordagem exploratória, na ausência de uma definição clara da natureza da disfonia, quando a queixa vocal não está definida, ou quando se deseja avaliar a capacidade de resposta do paciente a intervenções vocais, antes de tratamentos cirúrgicos[3,4].

A terapia vocal é comumente categorizada de acordo com o **foco da intervenção**, com o **modelo de entrega** ou com o **modelo teórico** em que se fundamenta. Com relação ao **foco de intervenção**, a terapia direta concentra-se nos componentes fisiológicos da disfonia, enquanto a terapia indireta direciona-se às ações e fatores ambientais que podem contribuir para o quadro disfônico[4].

Quanto ao **modelo de entrega**, a terapia vocal pode ser: 1) **personalizada**, desenhada para atender às necessidades específicas de cada paciente, considerando suas características vocais únicas, demandas profissionais e pessoais, e objetivos de terapia; 2) **programática**, quando segue um conjunto predefinido de etapas, exercícios e técnicas, baseados em protocolos estabelecidos para o tratamento de disfonias decorrentes de diferentes fatores etiológicos ou para condições específicas; 3) **presencial,** quando ocorre pela interação face a face entre terapeuta e paciente em um ambiente clínico; 4) **mediada por tecnologias de informação e comunicação,** oferecendo tratamento síncrono e remoto; 5) **modalidade regular** que possui um regime terapêutico que inicia o tratamento com uma ou duas sessões por semana e reduz gradualmente essa frequência à medida que a voz do paciente melhora; e 6) **modalidade de terapia breve intensiva** (TBI) que se fundamenta nos princípios da neurobiologia, fisiologia do exercício, aprendizado motor e psicoterapia breve, partindo do pressuposto de que uma intervenção concentrada em um curto período pode ter efeitos mais benéficos do que a modalidade regular, em certos quadros disfônicos[2,5].

No que diz respeito ao **modelo teórico**, a terapia vocal pode ser sintomatológica, psicológica, etiológica, fisiológica e eclética[3].

DESAFIOS DA TERAPIA VOCAL

Os três principais desafios da terapia vocal envolvem: integrar as informações da manifestação multidimensional das disfonias ao conhecimento técnico e científico; motivar e manter a adesão do paciente ao tratamento; e promover uma comunicação eficaz e colaboração interdisciplinar no tratamento das disfonias.

No contexto da terapia vocal, a integração das informações exige não apenas uma compreensão profunda das nuances da anatomia, fisiologia e comportamento vocal, mas também a habilidade de adaptar essa compreensão às circunstâncias únicas de cada paciente. O fonoaudiólogo deve desenvolver planos de tratamento que sejam meticulosamente personalizados, levando em consideração os aspectos orgânicos, comportamentais e emocionais da voz, o que implica em um desafio contínuo de manter-se atualizado para oferecer tratamentos mais eficazes e baseados nas melhores evidências científicas disponíveis.

Além disso, a motivação e a adesão do paciente ao tratamento são cruciais para o sucesso da terapia, o que requer do profissional habilidades interpessoais avançadas para engajar o paciente em um processo de reabilitação que, muitas vezes, envolve mudanças significativas e de longo prazo no comportamento vocal. Esse desafio é ampliado pela necessidade de uma comunicação eficaz e colaboração com outros profissionais da saúde, em um esforço conjunto para proporcionar um cuidado holístico e interdisciplinar.

Nesse cenário de complexidade multifatorial, o raciocínio clínico assume uma importância primordial, funcionando como o mecanismo orientador que capacita o fonoaudiólogo na elaboração de um plano terapêutico precisamente ajustado às necessidades do paciente. Esse raciocínio clínico rigoroso é imperativo para a integração efetiva das múltiplas dimensões de conhecimento pertinentes à anatomia, fisiologia e comportamento vocal, juntamente com as idiossincrasias de cada paciente. O raciocínio clínico permite ao profissional não somente discernir os elementos mais críticos que requerem intervenção, mas também estabelecer uma hierarquia nas modalidades terapêuticas, selecionando aquelas que possuem maior potencial de eficácia para o caso em análise.

Esse processo envolve uma avaliação meticulosa das condições orgânicas relacionadas à produção vocal, dos padrões comportamentais associados à voz e dos fatores emocionais, cognitivos e ambientais que podem influenciar o quadro de disfonia. Ademais, o raciocínio clínico habilita o fonoaudiólogo a modular o tratamento em resposta à trajetória de recuperação do paciente, integrando de forma crítica e seletiva os avanços científicos e as inovações tecnológicas à prática clínica. Essa capacidade de personalização e ajuste do tratamento, ancorada em um raciocínio clínico robusto, é crucial para superar os desafios relacionados à motivação e adesão do paciente, mediante a formulação de estratégias terapêuticas que sejam não apenas engajadoras, mas também ressonantes com as necessidades e capacidades individuais.

RACIOCÍNIO CLÍNICO E SUAS ABORDAGENS TEÓRICAS

O raciocínio clínico é definido como um processo cognitivo que capacita os profissionais de saúde a estabelecerem um diagnóstico preciso e a adotarem uma conduta terapêutica apropriada diante de um caso clínico específico[6]. O processo de construção do raciocínio clínico tem sido objeto de diversas investigações, resultando em duas abordagens teóricas: a teoria processual e a estrutural[7]. A teoria processual, inicialmente respaldando o modelo hipotético-dedutivo na década de 70, foi criticada por sua falha em explicar as discrepâncias de competência entre profissionais experientes e novatos[7].

Diante das críticas, a teoria estrutural ganhou destaque na década de 1980, propondo que o raciocínio clínico depende do conhecimento adquirido, formando hipóteses diagnósticas[7]. Nessa abordagem, o conhecimento clínico é armazenado na memória, compondo a base estrutural que determina a competência diagnóstica pela habilidade do profissional em processar essas estruturas[7].

Contudo, a hipótese de que o acúmulo de conhecimento na memória explicaria o raciocínio clínico foi desafiada, sugerindo a existência de duas formas de raciocínio: o analítico, utilizado em casos atípicos, e o não analítico, predominante na resolução de casos clínicos cotidianos[8]. Neste último, os profissionais desenvolvem esquemas mentais, conhecidos como *scripts* de doenças, por exposição repetitiva aos casos, armazenando-os na memória para facilitar o processo do raciocínio clínico[6].

Um *script* é a representação de uma rede de conhecimento específico, na qual várias informações são organizadas com base em suas relações[9,10]. Profissionais experientes desenvolvem redes elaboradas de conhecimento, manifestadas em *scripts* mentais refinados, que desempenham um papel crucial no raciocínio clínico[7]. Esses *scripts* consistem em conexões entre distúrbios ou doenças, suas características clínicas e opções de tratamento[10]. De acordo com a teoria do *script*, cada nova informação clínica é avaliada em relação aos valores esperados e vinculada aos modelos mentais (*scripts*) já existentes[9]. Em resumo, os *scripts* representam uma ferramenta fundamental na estruturação do raciocínio clínico.

Nesse contexto, uma abordagem pioneira, denominada Sistema de Especificação do Tratamento de Reabilitação (SETR ou *Rehabilitation Treatment Specification System* – RTSS, em inglês)[11-16], foi recentemente introduzida com o intuito de definir de forma precisa os componentes das intervenções de reabilitação.

SISTEMA DE ESPECIFICAÇÃO DO TRATAMENTO DE REABILITAÇÃO – SETR-VOZ

A finalidade do SETR consiste em estabelecer uma terminologia unificada e um conjunto de definições no âmbito da reabilitação, com foco no aprimoramento da educação clínica, da implementação do tratamento, da pesquisa e da síntese de evidências científicas[16]. Dessa forma, espera-se que tanto pesquisadores quanto profissionais da saúde possam descrever tratamentos de forma objetiva e passível de reprodução. Essa metodologia destaca-se pela sua simplicidade, delineando a escolha intencional do clínico em relação aos alvos terapêuticos, bem como os ingredientes escolhidos para a modificação desses alvos, os quais correspondem às ações clínicas que determinarão os resultados do tratamento. O modelo SETR é baseado na teoria do tratamento[17], teoria da capacitação[18,19] e teoria dos mecanismos[20,21], conforme ilustrado na Figura 1.

Recentemente, um grupo de fonoaudiólogos especialistas em voz e com ampla experiência na reabilitação vocal realizou uma adaptação desse sistema para o campo da terapia vocal, denominado SETR-Voz[22,23]. Dentro do escopo do SETR-Voz, os alvos referem-se aos resultados específicos visados pelo tratamento vocal, como, por exemplo, a melhoria da qualidade da voz ou o aumento de sua resistência; enquanto os ingredientes englobam as técnicas ou estratégias empregadas pelo fonoaudiólogo para alcançar esses alvos, incluindo exercícios vocais, orientações para a saúde vocal ou estratégias de mudança comportamental.

A proposta do SETR-Voz pode representar um avanço significativo para o aprimoramento do racio-

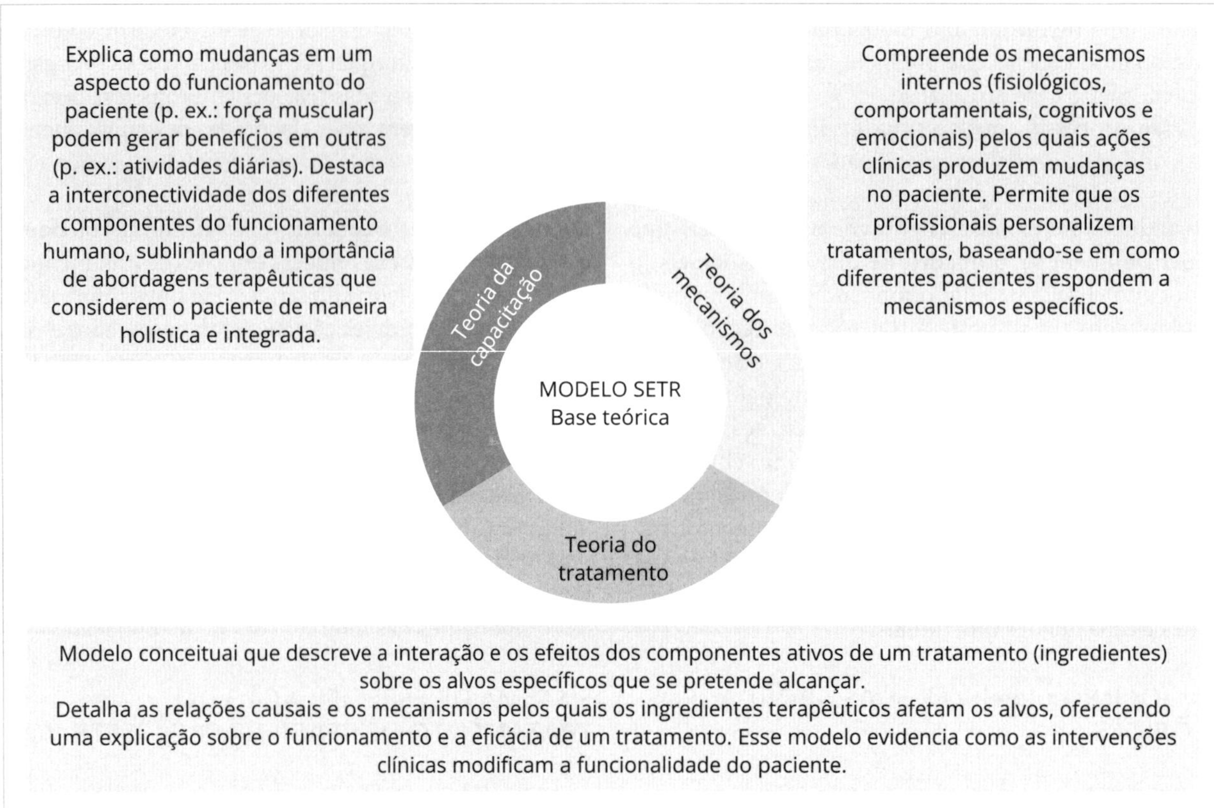

FIGURA 1 Teorias de base SETR-VOZ.

cínio clínico em terapia vocal, especialmente relevante diante da complexidade e heterogeneidade dos casos de disfonia. O SETR-Voz pode ser particularmente relevante para a estruturação do conhecimento em terapia vocal, para o desenvolvimento de *scripts* de terapia vocal, como suporte ao raciocínio clínico e no aprimoramento da educação clínica em terapia vocal (Figura 2).

A estrutura-base do SETR-Voz é tripartite e foi denominada componente do tratamento[24], incluindo os **alvos terapêuticos**, os **ingredientes** selecionados para a modificação dos alvos e o **mecanismos de ação** por meio do qual os ingredientes são capazes de modificar os alvos.

Os **alvos** correspondem à função ou característica do funcionamento que será diretamente modificada pelo tratamento que será oferecido ao paciente[22,25]. No contexto do SETR-Voz, os alvos devem ser específicos, mensuráveis (ou observáveis) e relevantes para o paciente. Os alvos devem refletir uma mudança desejada na função corporal, atividade, participação e/ou nos fatores pessoais do paciente (estilo de vida, estratégias de enfrentamento, recursos emocionais e cognitivos, por exemplo). Obrigatoriamente, a mudança desejada deve ser traduzida em melhora ou na prevenção da deterioração da funcionalidade vocal do paciente.

Os **ingredientes** correspondem às ações clínicas que serão responsáveis pela modificação nos alvos. Eles podem ser classificados quanto ao modo de administração, hipótese e mobilização comportamental, conforme ilustrado no Quadro 1.

Além disso, os ingredientes devem ser sempre mensuráveis ou observáveis, podendo variar em termos de dose e dosagem. A dose refere-se à quantidade específica de um ingrediente prescrito para a terapia vocal, ou seja, a quantidade do ingrediente que é administrada pelo clínico para modificação de um alvo específico[26,27]. Na terapia vocal, a dose de um ingrediente pode variar em intensidade (carga), duração (tempo de execução) e frequência (número de repetições)[25].

Por sua vez, a dosagem envolve a quantidade total ou variação dos ingredientes administrados por unidade de tempo (ao longo do tempo), necessários

Utilize o QR code para acessar o Quadro 1 – Classificação dos ingredientes da terapia vocal segundo modelo SETR-Voz.
Voucher: tratfono.

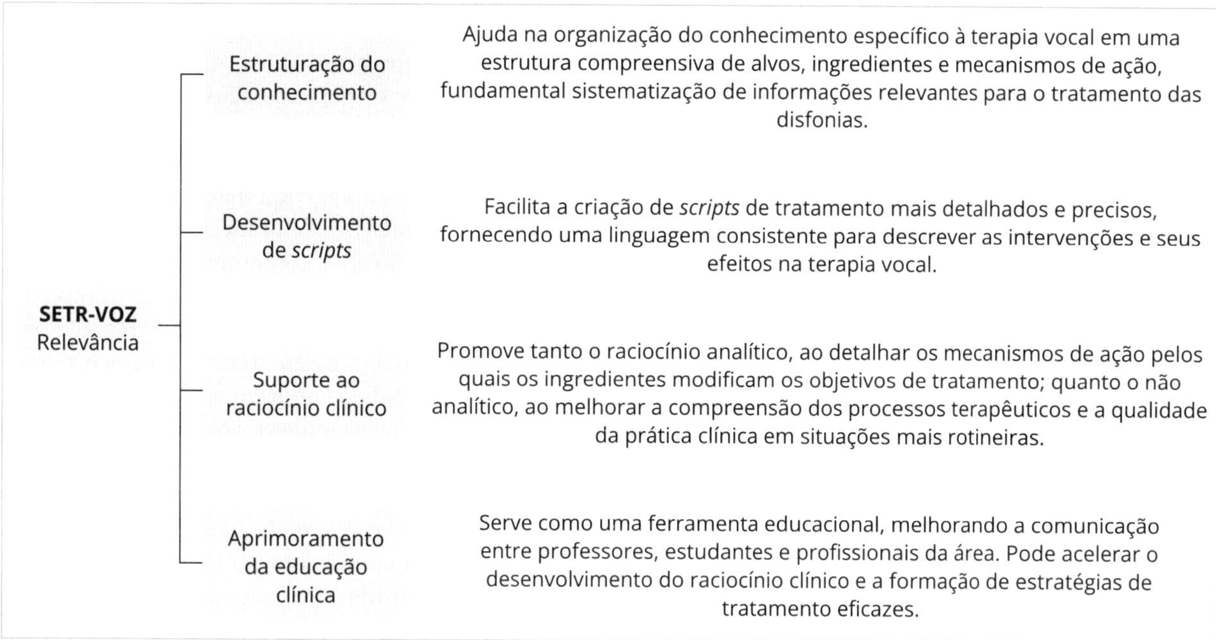

FIGURA 2 Relevância do SETR.

para modificar o alvo[27]. A dosagem engloba todos os ingredientes administrados (a combinação deles) em uma sessão, em uma semana ou ao longo de todo o tratamento, por exemplo. Embora haja escassez de evidências científicas sobre a dosagem na terapia de voz, alguns programas de reabilitação como o método *Lee Silverman Voice Treatment* – LSVT® para doença de Parkinson[28], administrado em 16 sessões consecutivas, quatro vezes por semana; o Programa Integral de Reabilitação Vocal – PIRV[29], aplicado por oito semanas, uma vez por semana; e os Exercícios de Função Vocal – ESV[30], realizado em seis semanas, com sessão semanal, representam exemplos de evidências científicas sobre a dosagem na terapia vocal.

Por fim, os **mecanismos de ação** correspondem ao processo pelo qual os ingredientes ativos de um tratamento induzem mudança no alvo do tratamento[22,31]. Dessa forma, ao selecionar um ingrediente, o clínico deve estar baseado em uma hipótese ou conhecimento sobre como o ingrediente produzirá os efeitos desejados no paciente. Diferentemente dos alvos e ingredientes, os mecanismos de ação podem ou não ser observáveis. Sendo assim, muitas vezes os mecanismos de ação devem ser inferidos a partir dos efeitos dos ingredientes sobre os alvos.

No contexto da clínica vocal, o efeito de um ingrediente em algum dos parâmetros da avaliação multidimensional da voz (autopercepção, julgamento perceptivo-auditivo, análise acústica, avaliação aerodinâmica e/ou exame vibratório e estrutural da laringe) pode contribuir para o desenvolvimento de hipóteses acerca do mecanismo de ação de um ingrediente sobre um alvo específico. Essa compreensão é essencial para o desenvolvimento de hipóteses sobre como o ingrediente pode afetar individualmente cada paciente, considerando suas peculiaridades. O conhecimento do mecanismo de ação de cada ingrediente em determinado alvo orienta o clínico na elaboração do plano terapêutico, enquanto a realização da prova terapêutica[3] fornece informações cruciais, baseadas na resposta individual de cada paciente. Portanto, a condução da prova terapêutica é fundamental nesse contexto, pois permite ajustes e adaptações do plano terapêutico conforme as necessidades específicas de cada indivíduo.

De maneira geral, o mecanismo de ação faz parte de uma estrutura causal dinâmica e que envolve uma cadeia de eventos[22,31]. Sendo assim, a administração de um ingrediente conduz a uma cadeia de eventos, com efeitos proximais e distais ao alvo que foi especificado no tratamento. Um exemplo é a administração do ingrediente de manipulação digital da laringe, que tem como mecanismo de ação o alongamento das fibras musculares do pescoço, com o alvo proximal de reduzir a resistência dessa musculatura. É comum que, após a aplicação desse procedimento pelo terapeuta, o paciente também demonstre uma produção vocal com ressonância equilibrada, indicando uma repercussão adicional do ingrediente, configurando esse alvo como distal.

No Quadro 2, pode ser encontrada uma série de categorias de alvos e ingredientes elencados na elaboração do SETR-Voz e adaptados pelos autores do presente capítulo. Deve-se lembrar que o modelo SETR é descritivo e não prescritivo, de forma que a sua estrutura é suficientemente abrangente para permitir ao clínico especificar a terapia vocal que será realizada com o paciente, independentemente de sua abordagem. Dessa forma, os Quadros 2 a 4 podem servir como base para a especificação de um tratamento, mas não limitam o clínico de ampliar a combinação de alvos e ingredientes.

Utilize o QR code para acessar os Quadros 2 (funções de órgãos do SETR-Voz), 3 (grupo de Habilidades e Hábitos) e 4 (grupo de Representações).
Voucher: tratfono.

No modelo SETR, a unidade formada pelo alvo, ingrediente e mecanismo de ação é denominada "componente do tratamento"[22,31]. Nesse sentido, o SETR estabeleceu três categorias de componentes do tratamento, de acordo com os alvos comuns e que tornam os componentes do tratamento exclusivos em relação aos seus alvos terapêuticos. Os componentes são descritos na Figura 3.

Vale ressaltar que os componentes do tratamento balizam os critérios para a alta fonoaudiológica na terapia de voz. O componente "**função dos órgãos**" visa aprimorar o equilíbrio funcional da produção vocal, refletido na avaliação clínica pela melhoria do padrão de qualidade vocal e laríngea do paciente. Por outro lado, o componente "**habilidades e hábitos**", quando devidamente desenvolvido, resulta em estabilidade vocal, com relatos do paciente indicando a ausência de sintomas de desconforto fonatório. Quanto ao componente "**representações**", o terapeuta busca observar se o paciente demonstra consciência, comportamentos e hábitos vocais adequados. Com base nesses componentes do tratamento, o fonoaudiólogo determinará o momento ideal para a alta da terapia vocal, seguindo as diretrizes estabelecidas pelo modelo SETR.

O componente "habilidades e hábitos" é central no processo de reabilitação vocal, uma vez que o objetivo final é fazer o indivíduo usar a voz de modo eficaz e eficiente em suas diferentes demandas de comunicação (fala ou canto, profissional ou social, artística ou não artística) e adotar comportamentos vocais que garantam a saúde e bem-estar vocal. Dessa forma, é mandatório que a terapia vocal envolva boa parte do seu tempo fornecendo oportunidade de prática estruturada e deliberada dos comportamentos vocais desejados[22,31].

A volição é um dos elementos centrais definido no modelo SETR. Ela corresponde ao esforço mental ou físico despendido pelo paciente, seja durante uma sessão de terapia ou em sua vida diária, necessário para aderir às recomendações de prática[32]. A volição representa a participação ativa e consciente do paciente no processo de tratamento, enfatizando sua motivação e engajamento para alcançar os alvos terapêuticos[32]. Existem três elementos essenciais para que ocorram as mudanças funcionais/comportamentais e sua automatização ao longo do tratamento: a **capacidade**, definida como a habilidade de o paciente conseguir completar uma tarefa ou comportamento desejado com precisão; a **motivação**, que corresponde ao impulso interno de um paciente para completar essa tarefa ou comportamento; e a **oportunidade**, relacionada ao acesso do paciente ao tempo disponível e recursos necessários para praticar tal tarefa ou comportamento[25,33]. Considerando que a terapia vocal lida diretamente com a necessidade de participação ativa do paciente, a volição é um aspecto essencial do tratamento. Dessa forma, o modelo SETR-Voz destaca a importância de que a terapia vocal melhore a capacidade e a motivação do paciente realizar o comportamento vocal desejado, assim como aumente as oportunidades para que ele pratique tal comportamento. Uma das principais implicações advindas desse modelo é um deslocamento do tempo da terapia investido na transferência dos resultados dos exercícios vocais para os contextos de comunicação, seja da voz falada ou cantada, com a automatização e aumento do uso habitual dos novos ajustes comportamentais e funcionais.

MODELO SETR-VOZ NA CLÍNICA E NO ENSINO

Baseado no modelo SETR-Voz, o fonoaudiólogo deve nortear-se nas informações da avaliação multidimensional da voz para especificar o tratamento que será realizado com o paciente. A especificação de um componente de tratamento é um processo de várias etapas, sendo que cada etapa envolve uma ou mais perguntas a serem respondidas e uma ou mais decisões importantes a serem tomadas. Na Figura 4 foram detalhadas as etapas a serem seguidas no processo de especificação.

Nessas seis etapas, podemos observar o processo de desenvolvimento do raciocínio clínico, que envolve a criação de *scripts* mentais associados à tomada de decisão do tratamento. Ao elaborar um plano terapêutico individualizado para cada quadro disfônico, o fonoau-

COMPONENTES DO TRATAMENTO

Funções dos órgãos

Conceito

Componentes do tratamento focados em modificar, melhorar, compensar ou substituir estruturas anatômicas ou funções fisiológicas que estão comprometidas devido a uma condição de saúde.

Terapia vocal

Componentes focados para modificar a fisiologia, desempenho muscular, aerodinâmica, biomecânica e coordenação dos subsistemas envolvidos na produção vocal; ou substituir tais subsistemas (na reabilitação das laringectomias totais, por exemplo)

Ingredientes

Voltados a aumentar ou diminuir a função; melhorar a precisão da função; levar a função para um nível desejado ou para o melhor desempenho possível ao paciente.

Alvos

Função vocal, função respiratória, função musculoesquelética, função somatossensorial, função auditiva. pedagogia e aconselhamento, fala e comunicação.

Papel da volição

Inclui componentes volitivos e não volitivos. A modificação dos alvos não implica na transferência direta para o desenvolvimento de novos hábitos ou comportamentos relacionados ao uso da voz falada ou cantada.

Habilidades e hábitos

Conceito

Componentes do tratamento relacionados ao aprendizado ou aprimoramento do desempenho de habilidades específicas por meio da prática deliberada e da formação de novos hábitos.

Terapia vocal

Componentes focados para modificar habilidades motoras, cognitivas ou comportamentais relacionadas à voz e comunicação. Deve ser diretamente relacionado às demandas e contextos específicos do paciente.

Ingredientes

Prática deliberada, repetida e estruturada do uso da voz falada ou cantada com objetivo de promover aprendizado e generalização.

Alvos

Aprimoramento de habilidades vocais específicas, formação de hábitos de uso saudável da voz, aumento da consciência e automonitoramento vocal, generalização de habilidades vocais, melhora da resistência vocal, desenvolvimento de estratégia de comunicação eficazes

Papel da volição

Requerem volição do paciente, incluindo esforço mental e físico para modificação do comportamento ou hábito relacionado à voz e suas transferências para os contextos reais do paciente

Representações

Conceito

Componentes do tratamento focados no processamento das informações cognitivas e emocionais, com objetivo de modificar o conhecimento, as atitudes, os sentimentos, as crenças, a motivação e as intenções associadas à condição de saúde

Terapia vocal

Componentes focados na mudança dos conhecimentos, crenças e atitudes dos pacientes com relação ao seu comportamento vocal.

Ingredientes

Educação sobre saúde vocal, aconselhamento, estratégias de coaching, instruções sobre comportamentos específicos, encaminhamento para outros especialistas

Alvos

Formação de hábitos de voz saudáveis, gerenciamento de ansiedade e estresse vocal, melhora da consciência corporal e vocal, educação e conhecimento sobre a voz, desenvolvimento de estratégias de enfrentamento, reconhecimento e expressão de emoções, imagética

Papel da volição

A volição é requerida, de forma que mesmo que nenhuma ação explícita seja exigida, o paciente deve participar ativamente, ouvir, pensar, entre outros, para processar as informações fornecidas pelo clínico.

FIGURA 3 Componentes do tratamento.

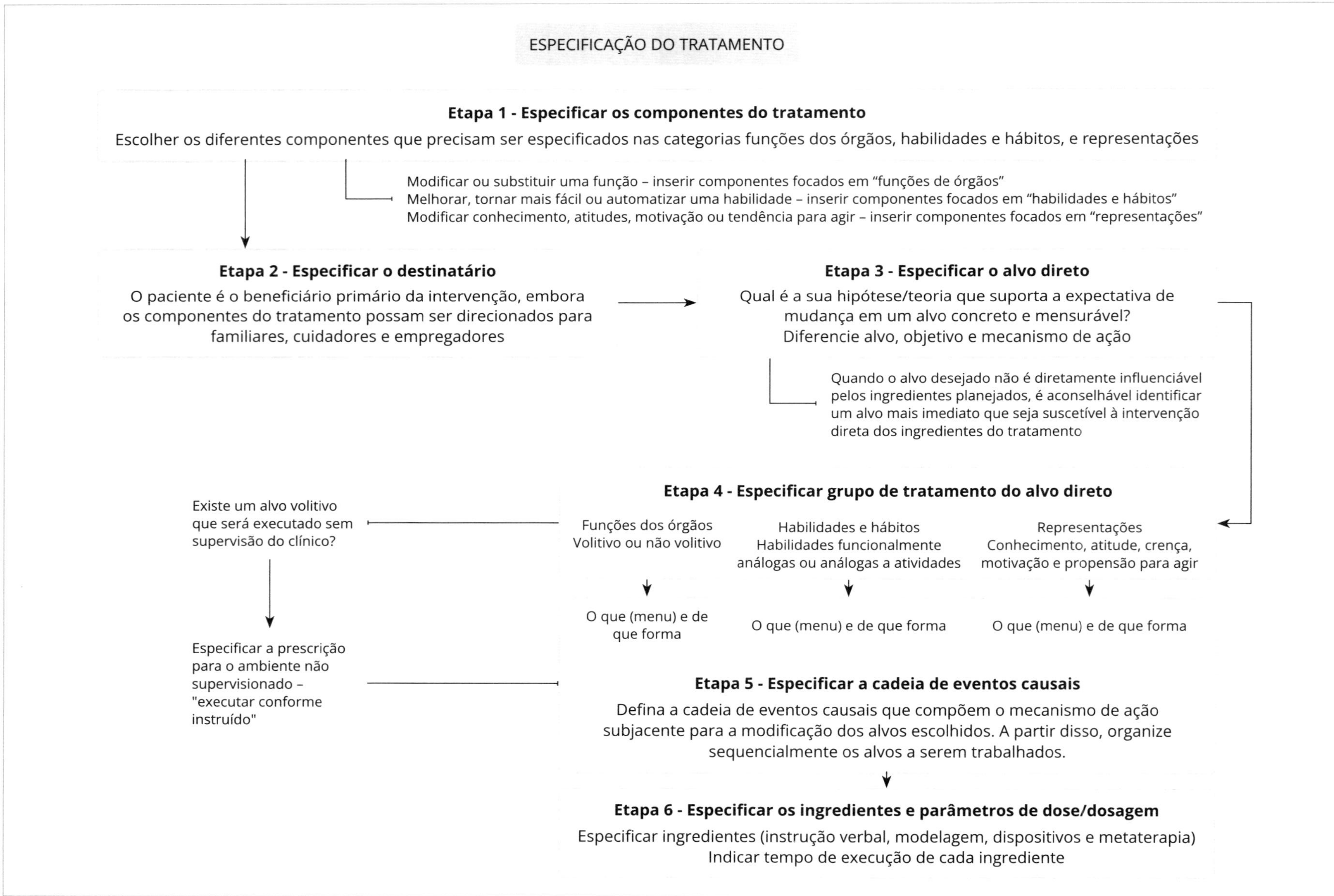

FIGURA 4 Sequência de especificação do tratamento.

diólogo tem a oportunidade de criar *scripts* mentais alinhados com os princípios do modelo SETR. Isso não apenas constitui uma estratégia de aprendizado e orientação clínica, mas também abre caminho para a formação de novos modelos mentais, à medida que novas experiências clínicas são acumuladas, refinando o *script* atual e tornando o raciocínio clínico não analítico, com tomadas de decisão pelo fonoaudiólogo mais assertivas e com menor carga cognitiva. Esses aspectos destacam a relevância do modelo SETR não apenas no contexto clínico, mas também como uma valiosa ferramenta didática no treinamento de jovens fonoaudiólogos.

Deve-se destacar que o principal critério para enquadrar um alvo terapêutico em um determinado grupo de tratamento – seja ele "Funções de Órgãos", "Habilidades e Hábitos", ou "Representações" – reside na natureza do alvo que se pretende alcançar com a intervenção e no mecanismo pelo qual se espera que a mudança ocorra. Esse critério é essencialmente definido pela análise do aspecto específico do funcionamento do paciente que se deseja modificar, seja ele físico, comportamental ou cognitivo-emocional. Por exemplo, para um paciente com disfonia por tensão muscular primária, se o alvo terapêutico for a melhoria da qualidade vocal por meio da melhora da função glótica, o tratamento pode ser enquadrado no grupo "Funções de Órgãos". Isso porque o foco está na melhoria da função fisiológica das pregas vocais, possivelmente por meio de exercícios de fonação que visam reduzir a tensão vocal e promover uma vibração glótica mais eficiente. Por outro lado, se o alvo for melhorar a redução do esforço vocal em ambientes ruidosos, o tratamento poderia ser classificado em "Habilidades e Hábitos". Nesse caso, o foco está no desenvolvimento e aprimoramento de estratégias específicas que permitam ao paciente se comunicar de forma mais eficaz, o que implica na aprendizagem e na prática de novas habilidades, sejam elas respiratórias, fonatórias, ressonantais/articulatórias ou estratégias mais globais de comunicação.

Por outro lado, se o objetivo for modificar a percepção do paciente sobre sua limitação vocal, mudando crenças negativas sobre sua voz e promovendo uma atitude mais positiva em relação à comunicação, o alvo seria enquadrado em "Representações". Nesse caso, o tratamento visa modificar as representações mentais do paciente, abordando aspectos cognitivos e emocionais relacionados à disfonia, como a ansiedade de falar em ambientes ruidosos ou a autoimagem vocal. Portanto, o principal critério para a classificação de um alvo terapêutico em um dos grupos de tratamento é determinado pela análise do que se deseja modificar no paciente (função orgânica, habilidade/comportamento ou representação mental) e pelo mecanismo específico por meio do qual essa mudança será induzida. Dessa forma, o Quadro 2 disponibilizado na plataforma digital deve ser analisado de forma contextualizada, considerando-se que um mesmo alvo citado no quadro pode situar-se em diferentes categorias ou grupos de tratamento, demandando também adaptações na administração dos ingredientes e na elaboração dos mecanismos de ação envolvidos.

Vale destacar que o modelo SETR-Voz[12,14,22] possui uma abrangência maior do que a descrita nos Quadros 2-4 em relação aos grupos de tratamento, seus alvos e ingredientes. Por exemplo, no Quadro 2, que aborda o grupo de tratamento "Funções de Órgãos" do SETR-Voz, o alvo "Fala e comunicação", direcionado para a eficácia da comunicação verbal, possui conteúdos como compreensibilidade e assertividade, os quais estão intrinsecamente ligados ao processo comunicativo, à organização lógica e à clareza da mensagem. Os autores deste capítulo procuraram detalhar o modelo SETR-Voz da maneira mais abrangente possível para auxiliar no raciocínio clínico do fonoaudiólogo para a terapia de voz, embora reconheçam que não abordaram todos os conteúdos, alvos e ingredientes originalmente descritos no modelo SETR-Voz[12,14,22].

CONCLUSÃO

O modelo SETR-Voz emerge como uma ferramenta inovadora e estruturada para aprimorar a terapia vocal, fundamentando-se em uma abordagem sistemática, que enfatiza a importância do raciocínio clínico e da tomada de decisão terapêutica consciente. Ao promover uma compreensão do modelo SETR-Voz, este capítulo visa não apenas equipar os fonoaudiólogos com um conhecimento teórico robusto, mas também com habilidades essenciais para aplicar esse conhecimento em contextos clínicos variados. A capacidade de adaptar e aplicar ativamente os princípios do SETR-Voz a novas situações clínicas é crucial para o desenvolvimento de intervenções vocais eficazes e personalizadas.

Além disso, o treinamento no raciocínio clínico, conforme proposto pelo modelo SETR-Voz, capacita os fonoaudiólogos a fazerem escolhas terapêuticas fundamentadas e eficazes, otimizando os resultados do tratamento vocal. Este capítulo destaca a relevância de uma abordagem holística e baseada em evidências na terapia vocal, em que a identificação precisa dos alvos terapêuticos, a seleção cuidadosa dos ingredientes do tratamento e a compreensão dos mecanismos de ação são fundamentais para o sucesso terapêutico.

REFERÊNCIAS BIBLIOGRÁFICAS

1. Wendler J. Voice therapy: From the past to the present from a phoniatrician's perspective (Voice of Experience Keynote, PEVOC 2013, Prague). Logoped Phoniatr Vocol [Internet]. 2015 Jul 1 [cited 2024 Mar 28];40(2):58-65.
2. Behlau M. The 2016 G. Paul Moore Lecture: Lessons in voice rehabilitation. Journal of Voice [Internet]. 2019 Sep 1 [cited 2022 Dec 4];33(5):669-81.
3. Behlau M. Voz: o livro do especialista. v. 2. Rio de Janeiro: Revinter; 2005.
4. Desjardins M, Halstead L, Cooke M, Bonilha HS. A systematic review of voice therapy: what "effectiveness" really implies. Journal of Voice. 2017 May 1;31(3):392.e13-392.e32.
5. Behlau M, Madazio G, Feijó D. Terapia breve intensiva nos diferentes distúrbios da voz. In: Fundamentos e atualidade em voz clínica. Rio de Janeiro: Thieme Revinter; 2019. p. 230-43.
6. Norman G. Research in clinical reasoning: past history and current trends. Med Educ [Internet]. 2005 Apr 1 [cited 2024 Mar 28];39(4):418-27.
7. Peixoto JM, Silvana I, Santos ME, Malena R. Processos de desenvolvimento do raciocínio clínico em estudantes de Medicina. Rev Bras Educ Med [Internet]. 2018 Jan [cited 2024 Mar 28];42(1):75-83.
8. Kahneman D. Rápido e devagar: duas formas de pensar. Rio de Janeiro: Objetiva; 2012.
9. Schmidt HG, Mamede S. How to improve the teaching of clinical reasoning: a narrative review and a proposal. Med Educ [Internet]. 2015 Oct 1 [cited 2024 Mar 28];49(10):961-73.
10. Schmidt HG, Rikers RMJP. How expertise develops in medicine: knowledge encapsulation and illness script formation. Med Educ [Internet]. 2007 Dec 1 [cited 2024 Mar 28];41(12):1133-9.
11. Hart T, Dijkers MP, Whyte J, Turkstra LS, Zanca JM, Packel A, et al. A theory-driven system for the specification of rehabilitation treatments. Arch Phys Med Rehabil. 2019 Jan 1;100(1):172-80.
12. Van Stan JH, Whyte J, Duffy JR, Barkmeier-Kraemer JM, Doyle PB, Gherson S, et al. Rehabilitation treatment specification system: methodology to identify and describe unique targets and ingredients. Arch Phys Med Rehabil. 2021 Mar 1;102(3):521-31.
13. Whyte J, Van Stan J, Turkstra L. For the Rehabilitation Treatment Specification Networking Group of the American Congress of Rehabilitation Medicine. Arch Phys Med Rehabil. 2022 Jun 1;103(6):1242-4.
14. Van Stan JH, Dijkers MP, Whyte J, Hart T, Turkstra LS, Zanca JM, et al. The rehabilitation treatment specification system: implications for improvements in research design, reporting, replication, and synthesis. Arch Phys Med Rehabil. 2019 Jan 1;100(1):146-55.
15. Stan J Van, Dijkers M, Whyte J, et al. The rehabilitation treatment specification system: implications for improvements in research design, reporting, replication, and synthesis. Archives of Physical Medicine and Rehabilitation. 2019;100(1):146-55.
16. Reynolds S. Improving standards of research reporting in intervention research: considerations for the rehabilitation treatment specification system model. Am J Occup Ther [Internet]. 2023 May 1 [cited 2024 Jan 19];77(3).
17. Whyte J. Contributions of treatment theory and enablement theory to rehabilitation research and practice. Arch Phys Med Rehabil. 2014 Jan 1;95(1):S17-S23.e2.
18. Zimmerman MA, Warschausky S. Empowerment theory for rehabilitation research: Conceptual and methodological issues. Rehabil Psychol. 1998 Mar;43(1):3-16.
19. Crawford Shearer NB. Health empowerment theory as a guide for practice. Geriatr Nurs [Internet]. 2009 Mar [cited 2024 Mar 28];30(2 Suppl):4.
20. Gillies D. Mechanisms in medicine. Axiomathes [Internet]. 2017 Dec 1 [cited 2024 Mar 28];27(6):621-34.
21. Campaner R. Understanding mechanisms in the health sciences. Theor Med Bioeth [Internet]. 2011 Feb 1 [cited 2024 Mar 28];32(1):5-17
22. Van Stan JH, Whyte J, Duffy JR, Barkmeier-Kraemer J, Doyle P, Gherson S, et al. Voice therapy according to the rehabilitation treatment specification system: Expert consensus ingredients and targets. Am J Speech Lang Pathol. 2021 Sep 1;30(5):2169-201.
23. Almeida AA, Lopes L. Reabilitação vocal. In: Mapas conceituais em Fonoaudiologia: Voz. Ribeirão Preto: BookToy; 2022.
24. Wolfberg J, Whyte J, VanStan J. Applying/adapting the rehabilitation treatment specification system for documenting standard clinical care. Arch Phys Med Rehabil. 2022 Dec;103(12):e121.
25. Wolfberg J, Whyte J, Doyle P, Gherson S, Muise J, Petty B, et al. Rehabilitation treatment specification system for voice therapy: application to everyday clinical care. Am J Speech Lang Pathol [Internet]. 2023 Dec 19 [cited 2024 Mar 29];33(2):814-30.
26. Wasfy MM, Baggish AL. Exercise dose in clinical practice. Circulation [Internet]. 2016 Jun 7 [cited 2023 Nov 14];133(23):2297-313.
27. Cole KR, Goodman K, Volland L. Reporting of exercise dose and dosage and outcome measures for gaze stabilisation in the literature: a scoping review. BMJ Open [Internet]. 2022 Feb 1 [cited 2023 Nov 14];12(2):e049560.
28. Smith ME, Ramig LO, Dromey C, Perez KS, Samandari R. Intensive voice treatment in parkinson disease: Laryngostroboscopic findings. Journal of Voice. 1995 Dec 1;9(4):453-9.
29. Behlau M, Pontes P, Vieira VP, Yamasaki R, Madazio G. Apresentação do Programa Integral de Reabilitação Vocal para o tratamento das disfonias comportamentais. Codas [Internet]. 2013 [cited 2024 Mar 28];25(5):492-6.
30. Angadi V, Croake D, Stemple J. Effects of vocal function exercises: a systematic review. Journal of Voice. 2019 Jan 1;33(1):124.e13-124.e34.
31. Wolfberg J, Whyte J, Doyle P, Gherson S, Muise J, Petty B, et al. Rehabilitation treatment specification system for voice therapy: application to everyday clinical care. Am J Speech Lang Pathol [Internet]. 2023 Dec 19 [cited 2024 Jan 16];1-17.
32. Whyte J, Dijkers MP, Hart T, Van Stan JH, Packel A, Turkstra LS, et al. The importance of voluntary behavior in rehabilitation treatment and outcomes. Arch Phys Med Rehabil. 2019 Jan 1;100(1):156-63.
33. Isenor JE, Bai I, Cormier R, Helwig M, Reeve E, Whelan AM, et al. Deprescribing interventions in primary health care mapped to the Behaviour Change Wheel: A scoping review. Research in Social and Administrative Pharmacy. 2021 Jul 1;17(7):1229-41.

107

Atuação fonoaudiológica nas disfonias neurológicas

Rosiane Yamasaki
Noemi Grigoletto de Biase

PONTOS-CHAVE

- As disfonias neurológicas apresentam características vocais distintas conforme a etiologia.
- O julgamento perceptivo-auditivo é o principal instrumento no diagnóstico diferencial das disfonias neurológicas,
- Tarefas fonatórias e não fonatórias auxiliam no diagnóstico diferencial.
- A intervenção fonoaudiológica comportamental nas disfonias neurológicas visa maximizar a produção vocal.

OBJETIVOS DE APRENDIZAGEM

Ao final deste capítulo, o leitor deverá ser capaz de:

- Conhecer as características vocais distintas das disfonias neurológicas.
- Conhecer as tarefas fonatórias e não fonatórias utilizadas no diagnóstico diferencial.
- Conhecer as estratégias utilizadas na intervenção fonoaudiológica comportamental das disfonias neurológicas.

INTRODUÇÃO

As disfonias neurológicas são distúrbios vocais causados por lesões ou alterações no sistema nervoso (SN), central ou periférico, que afetam a comunicação oral do paciente[1]. Podem ocorrer de forma isolada, mas frequentemente fazem parte de um conjunto mais complexo de sinais disártricos, envolvendo a respiração, ressonância, articulação e prosódia[2]. Como a produção vocal é um mecanismo complexo que exige refinado controle neuromotor, a disfonia pode ser o primeiro sinal de uma doença neurológica[1-3].

Considerando as áreas do SN predominantemente afetadas, bem como sua repercussão na produção do movimento, de forma simplista, as disfonias neurológicas podem ser classificadas em flácida, espástica, atáxica, hipocinética, hipercinética e mista, havendo importante relação entre a localização anatômica da lesão e os efeitos perceptivo-auditivos na voz e na fala[2,3]. Os efeitos de uma doença neurológica na fala são frequentemente previsíveis e clinicamente reconhecidos. As disfonias neurológicas apresentam características perceptivas distintas.

O julgamento perceptivo-auditivo é considerado o padrão-ouro para o diagnóstico diferencial clínico, detecção da intensidade do desvio, tomada de decisão para o tratamento e avaliação de mudanças temporais significativas[3]. Alterações relacionadas à fonação, ressonância, articulação, velocidade, prosódia e estabilidade do sistema podem ser identificadas com a utilização de tarefas fonatórias e não fonatórias, como emissão de vogal sustentada, diadococinesia (DDC) fonoarticulatória e laríngea, fala encadeada – contagem de números e conversa espontânea, frases com motivação fonética, fricativos surdos e sonoros e emissão sussurrada. Cada tarefa fonatória e não fonatória possibilita a análise de parâmetros específicos.

O presente capítulo abordará as disfonias neurológicas flácida, espástica, atáxica, hipocinética e hipercinética com foco nas características perceptivo-auditivas, nas tarefas fonatórias e não fonatórias que auxiliam no diagnóstico diferencial e na intervenção fonoaudiológica comportamental.

DISFONIAS NEUROLÓGICAS

Disfonia flácida

A disfonia flácida ocorre por comprometimento do neurônio motor inferior (NMI) ou da junção neuromuscular, podendo causar disfonia e disfagia. A fisiopatologia está associada à fraqueza muscular[3]. Nesta seção, serão abordadas as alterações de mobilidade de prega vocal.

A paralisia ou paresia de prega vocal ocorre por comprometimento do nervo vago, X par craniano. O nervo vago origina-se no núcleo ambíguo que, ao sair pelo forame jugular, divide-se nos ramos faríngeo, laríngeo superior (NLS) e laríngeo recorrente (NLR). O ramo faríngeo inerva os músculos do palato mole, à exceção do tensor do véu palatino. O ramo interno do NLS é responsável pela sensibilidade da membrana mucosa da porção da laringe, epiglote, base de língua e pregas ariepiglóticas. O ramo externo do NLS supre o constritor inferior da faringe e o músculo cricotireóideo, que ao contrair alonga as pregas vocais para o ajuste de frequência, sendo importante para a produção dos sons agudos. O NLR inerva todos os músculos intrínsecos da laringe, à exceção do músculo cricotireóideo[1,3]. É também responsavel pela sensibilidade da laringe abaixo do nível glótico.

As lesões do nervo vago podem ser bulbar (dentro do tronco cerebral), extrabulbar (saída do tronco cerebral até antes de deixar a cavidade craniana) e extracraniana (após o nervo sair do crânio). De um modo geral, quanto maior a distância entre a lesão e o tronco cerebral, menor o número de músculos, estruturas e funções afetadas. Assim, as lesões bulbares têm maior probabilidade de serem bilaterais; as extrabulbares de serem unilaterais, mas ainda afetando vários nervos cranianos, como o IX, X e XI; e as extracranianas de serem isoladas ao nervo craniano (X) e talvez a apenas um de seus ramos[3].

O comprometimento neuronal varia de acordo com a etiologia, dividida em três tipos: neuropraxia que corresponde ao bloqueio temporário dos impulsos nervosos, havendo integridade do axônio, como na anestesia local; axonotmese que está relacionada com a ruptura ou corte do axônio com consequente paralisia dos sistemas motor e sensorial; e neurotmese em que toda a fibra nervosa foi seccionada ou comprometida, havendo completa perda da função motora e sensorial, com potencial de recuperação apenas parcial[4].

Características perceptivo-auditivas

A qualidade da voz de pacientes com paralisia de prega vocal depende do grau de insuficiência glótica e da presença ou não de arqueamento e de desnivelamento da prega vocal paralisada. O principal sintoma é a disfonia com graus variados de soprosidade e de rugosidade, *loudness* fraca e cansaço ao falar[1]. O desnivelamento da prega vocal contribui para o aumento da soprosidade e pode levar à diplofonia.

As manifestações vocais dependem da localização da lesão ao longo do trajeto do nervo e se o comprometimento é uni ou bilateral. Nas paralisias bilaterais do nervo recorrente, a repercussão na voz é pequena, mas a restrição respiratória torna-se o sintoma predominante. Lesões vagais unilaterais com envolvimento do plexo faríngeo acarretam paralisia do hemipalato e da hemifaringe com consequente hipernasalidade, sendo comum a disfagia. Nas lesões do nervo recorrente, a posição assumida pela prega vocal paralisada determina, em parte, o modo de coaptação das pregas vocais durante a fonação, que pode variar desde a posição mediana até a lateral. O Quadro 1 mostra três exemplos de lesões no nervo vago em diferentes localizações.

QUADRO 1 Descrição de lesões do nervo vago em três diferentes localizações, do efeito na laringe, do impacto vocal e desenho esquemático com a localização das lesões – 1. acima do nervo faríngeo, laríngeo superior e inferior; 2. lesão no nervo laríngeo superior; e 3. lesão no nervo laríngeo recorrente

Lesão do nervo vago (X par)	**Paralisia unilateral Efeito na laringe**	**Impacto vocal**
Acima do nervo faríngeo, laríngeo superior e inferior – corte 1	▪ Prega vocal paralisada em abdução ▪ Palato mole rebaixado unilateralmente	▪ Voz soprosa moderada, *loudness* fraca, *pitch* grave, ressonância hipernasal
Nervo laríngeo superior – corte 2	▪ Mobilidade de prega vocal preservada, prega comprometida encurtada ▪ Pode haver imagem de glote oblíqua no agudo, sendo a comissura anterior desviada para o lado sadio ▪ Redução da sensibilidade	▪ Voz soprosa, rugosa e dificuldade de afinação
Nervo laríngeo recorrente – corte 3	▪ Prega vocal paralisada na posição paramediana ou mediana	▪ Voz soprosa, rugosa, *loudness* fraca

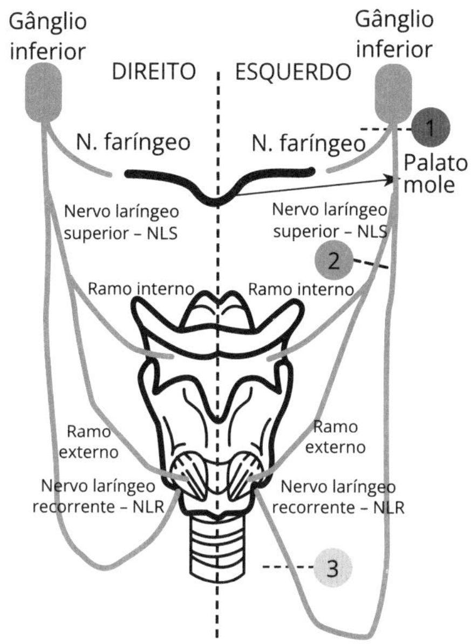

- N. faríngeo: inerva o palato mole
- NLS
  - Ramo interno: sensibilidade da laringe acima das pregas
  - Ramo externo: motor – músculo CT
- NLR
  - Motor – CAL, A, CAP e TA
  - Sensibilidade da laringe abaixo das pregas vocais

CT: cricotireóideo; CAL: cricoaritenóideo lateral; A: aritenóideos; CAP: cricoaritenóideo posterior; TA: tireoaritenóideo.

Tarefas fonatórias sugeridas

- Vogal sustentada: possibilita a identificação dos desvios vocais e a obtenção do Tempo Máximo de Fonação (TMF).
- Fala automática e conversa espontânea: oferece informações sobre a integração dos subsistemas da fala (respiratório, fonatório, ressonantal e articulatório) com atenção à coordenação pneumofonoarticulatória.
- Campo dinâmico vocal[5]: tarefas de variação de frequência e intensidade – vogal sustentada /a/ ou "é".
  - Intensidades forte e fraca: geralmente ocorre piora da voz na emissão em intensidade forte, com maior turbulência do fluxo de ar e maior esforço fonatório; a emissão em menor intensidade pode se apresentar menos desviada.
  - Frequências aguda e grave: geralmente ocorre melhora da qualidade vocal no agudo pela maior aproximação das pregas vocais e tensão longitudinal mais equilibrada; a emissão no grave evidencia os desvios vocais.
- Vogal sustentada e/ou de fala encadeada com mudança de posição de cabeça (retificada, virada para a esquerda e para direita): pode ocorrer melhora da voz com cabeça virada para o lado da paralisia; e piora da voz com cabeça virada para o lado da prega vocal sadia.

Intervenção fonoaudiológica comportamental

A terapia de voz tem como objetivo melhorar o fechamento glótico e, ao mesmo tempo, evitar mecanismos compensatórios negativos, como a hiperfunção vocal[1,6,7]. Técnicas de esforço, como a de empuxo e de deglutição incompleta sonorizada, são utilizadas especialmente nos casos de maior grau de afastamento da prega vocal paralisada[1]. Ainda assim, tais técnicas devem ser utilizadas com muita cautela para evitar o desenvolvimento de constrição supraglótica **anteroposterior** e mediana. Nos casos de menor comprometimento vocal, técnicas vocais mais suaves podem ser selecionadas.

O Quadro 2 mostra dados de literatura sobre a intervenção comportamental em pacientes com paralisia unilateral de prega vocal (PUPV).

QUADRO 2 Descrição dos dados da literatura sobre a intervenção comportamental na paralisia unilateral de prega vocal

Autor	População	Intervenção comportamental	Resultados
Miller, 2004[6]	Estudos de intervenção em pacientes com paralisia de prega vocal	▪ Ataque vocal brusco e empuxo: pacientes em registro de falsete ▪ Ataque vocal brusco com vogal sustentada + glissando ascendente e descendente ▪ Deglutição incompleta sonorizada ▪ Suporte respiratório ▪ Exercício de função vocal ▪ Método de acento ▪ Vibração de língua e de lábios ▪ Relaxamento da região de cabeça e pescoço	▪ Abordagens terapêuticas favorecem a melhora do fechamento glótico, mas deve-se evitar hiperfunção supraglótica
Mattioli et al., 2015[8]	171 pacientes com PUPV divididos em 3 grupos: ▪ Terapia precoce: até 4 semanas da alteração (n = 78) ▪ Terapia intermediária: entre 4 e 8 semanas (n = 49) ▪ Terapia tardia: após 8 semanas Número de sessões: 12 a 18	▪ Ataque vocal com tosse ▪ Tosse seguida de vogais ▪ Exercício de função vocal: emissão rápida e enérgica de uma vogal (/i/ /e/ /a/ /o/ /u/) sem ataque vocal brusco ▪ Emissão rápida e enérgica de oclusiva (/k a/ /k e/ /gog o/ /ded e/) com truncamento da vogal final ▪ Emissão sustentada de vogal (/aaaaa/) ou sílaba (/kaaaa/) ▪ Exercícios associados a manobras e posturas	106 pacientes recuperaram a mobilidade. Resultados da intervenção: ▪ Terapia precoce: 51 dos 78 pacientes apresentaram redução da f_0, melhora dos parâmetros acústicos *jitter*, *shimmer* e PHR ▪ Terapia intermediária: 30 dos 49 pacientes apresentaram redução da f_0, melhora dos parâmetros acústicos *jitter*, *shimmer* e PHR ▪ Terapia tardia: 25 dos 44 pacientes apresentaram melhora apenas da medida PHR
Kao et al., 2017[9]	19 participantes com PUPV: 10 do grupo experimental (técnicas vocais) e 9 do grupo controle (higiene vocal) Número de sessões: 16	Protocolo de atendimento do grupo experimental: 3 fases ▪ **Fase 1** (1 a 4 semanas): fonação com suporte respiratório, higiene vocal, exercício de relaxamento e demonstração do exercício de função vocal – EFV ▪ **Fase 2** (5 a 8 semanas): exercício de relaxamento, EFV e ataque vocal brusco (em frases curtas) ▪ **Fase 3** (9 a 12 semanas): foco nos programas de EFV e de terapia de voz ressonante – TVR (uso de leitura de texto)	▪ Grupo experimental apresentou melhora no fechamento glótico, na qualidade vocal, medidas acústicas, medidas aerodinâmicas e na subescala funcional do Índice de Desvantagem Vocal (IDV)

(Continua)

QUADRO 2 Descrição dos dados da literatura sobre a intervenção comportamental na paralisia unilateral de prega vocal (*Continuação*)

Autor	População	Intervenção comportamental	Resultados
Barcelos, et al. 2018[10]	43 dos 61 pacientes com PUPV concluíram a terapia de voz Número de sessões: média de 12	▪ Exercícios de vibração das pregas vocais e de adução forçada ▪ Pacientes com emissão em falsete: movimento de abaixamento de laringe no pescoço ▪ Pacientes com hiperfunção de pregas vestibulares: fonação inspiratória e sons nasais	Houve melhora dos parâmetros perceptivos e acústicos da voz; redução do Índice de Desvantagem Vocal; e melhora do fechamento glótico
Barcelos, 2018[7]	53 dos 62 pacientes com PUPV finalizaram a terapia vocal breve intensiva – TBI Número de sessões: 10 sessões em duas semanas	Técnicas utilizadas ▪ Emissão da vogal /a/ com resistência ou técnica de empuxo com sílabas plosivas: para pacientes com maior *gap* glótico e voz predominantemente soprosa ▪ Sons vibrantes com resistência ou fonação em tubos de ressonância: para tratar pacientes com voz predominantemente rugosa	▪ Redução da fenda glótica; melhora dos parâmetros perceptivo e acústicos; redução do Índice de Desvantagem Vocal

PUPV: paralisia unilateral de prega vocal.

Disfonia espástica

A disfonia espástica ocorre por comprometimento bilateral do neurônio motor superior. A fisiopatologia está relacionada com espasticidade. As características clínicas da disfonia espástica refletem os efeitos de tônus muscular excessivo (hipertonicidade) e fraqueza na fala, causando lentificação dos movimentos e redução da extensão e da força[2,3].

Na análise da motricidade orofacial, pode-se encontrar fraqueza da musculatura dos lábios e da língua, movimentos lentificados dos lábios, língua e mandíbula e insuficiência do véu palatino[2]. Choro e risada involuntários podem ocorrer pelo comprometimento do trato corticobulbar bilateral. Pacientes podem se queixar de fala lentificada e forçada com sensação de falar contra a resistência[3].

Características perceptivo-auditivas

A qualidade vocal mostra-se tensa e comprimida pela hiperadução das pregas vocais e vestibulares, podendo apresentar rugosidade, *pitch* grave, *loudness* fraca, modulação de frequência e de intensidade restrita e ressonância hipernasal. Pacientes apresentam articulação imprecisa e velocidade de fala reduzida.

Tarefas fonatórias sugeridas

- Vogal sustentada: possibilita a identificação dos desvios vocais, a obtenção do TMF e a análise do esforço fonatório.
- Conversa espontânea: oferece informações sobre a integração dos subsistemas da fala (respiratório, fonatório, ressonantal e articulatório).
- Diadococinesia (DDC) fonoarticulatória e laríngea: permite avaliar a dinâmica de movimentos articulatórios repetitivos e rápidos após inspiração profunda, sendo os parâmetros avaliados a regularidade da emissão, a velocidade, o ritmo e a precisão articulatória; a DDC fonoarticulatória pode ser realizada com a repetição das sílabas /papapapapa.../, /tatatatata..../, /kakakakaka.../ e da sequência /patakapatakapataka..../; a DDC laríngea pode ser realizada com repetição da vogal /aaaaaa....../; pacientes com disfonia espática podem apresentar ritmo regular, velocidade dos movimentos repetitivos reduzida e imprecisão articulatória.

Intervenção fonoaudiológica comportamental

Exercícios de relaxamento e de alongamento dos articuladores parecem ajudar, mas a efetividade dos exercícios ainda não foi investigada[3].

Disfonia atáxica

O cerebelo coordena a musculatura e regula movimentos finos. Suas funções estão relacionadas com o equilíbrio, postura e marcha. Lesões no cerebelo provocam perda da coordenação motora e da habilidade de medir a extensão do movimento (dismetria), tremor durante movimentos voluntários e tremor de intenção. A disfonia atáxica ocorre por comprometimento do circuito de controle cerebelar e tem como fisiopatologia a incoordenação[3].

A incoordenação e talvez o tônus muscular reduzido parecem ser responsáveis pelo movimento mais lento e pela imprecisão quanto à força, extensão, tempo e direção dos movimentos da fala[3].

Características perceptivo-auditivas

Pacientes com disfonia atáxica apresentam imprecisão articulatória, quebras articulatórias irregulares, alteração de prosódia caracterizada por velocidade de fala reduzida, entonação excessiva, modulação reduzida de frequência e de intensidade. Pacientes queixam-se de fala arrastada parecendo intoxicada.

Tarefas fonatórias sugeridas

- Leitura e conversa espontânea: possibilita verificar a precisão articulatória, presença de quebras articulatórias, prosódia, velocidade de fala, modulação de frequência e intensidade.
- Diadococinesia (DDC) fonoarticulatória e laríngea: permite avaliar a dinâmica de movimentos articulatórios repetitivos e rápidos após inspiração profunda, sendo os parâmetros avaliados a regularidade da emissão, a velocidade, o ritmo e a precisão articulatória; a DDC é uma das tarefas mais importantes no diagnóstico diferencial da disfonia atáxica, podendo ser realizada com a repetição das sílabas /papapapapa.../, /tatatatata..../, /kakakakaka.../, sequência /patakapatakapataka..../ e com repetição da vogal /aaaaaa....../; DDC irregular é uma característica importante da disfonia atáxica.

Intervenção fonoaudiológica comportamental

A terapia fonoaudiológica visa aumentar a inteligibilidade de fala e a naturalidade da emissão. O Quadro 3 mostra dados da literatura sobre a intervenção fonoaudiológica na disfonia atáxica.

QUADRO 3 Dados de literatura sobre a intervenção fonoaudiológica na disfonia atáxica

Autor	População	Terapia de voz – Intervenção Comportamental	Resultados
Sapir et al., 2003[11]	Caso clínico de uma paciente com ataxia Número de sessões: 16 em 4 semanas	Programa LSVT® – *Lee Silverman Voice Treatment*	Melhora nas funções fonatória e articulatória, inteligibilidade de fala e comunicação geral
Duffy, 2020[3]	Pacientes com ataxia cerebelar	▪ Foco na modificação da velocidade e prosódia ▪ Técnicas que enfatizam o controle da velocidade, *loudness* e *pitch* ▪ Ajustes de duração para sinalizar a entonação ▪ Uso de tarefa de leitura	Melhora da inteligibilidade e da naturalidade
Diaféria, 2020[12]	48 pacientes com ataxia espinocerebelar tipo 3 ▪ Grupo controle: 23 ▪ Grupo terapia: 25 Número de sessões do Grupo terapia: 12	Terapia Miofuncional Orofacial e Vocal: A-TMOV ▪ Exercícios para aumento da coaptação glótica: ataque vocal brusco (vogais e palavras), vogais sustentadas e sequências automáticas em tempo máximo de fonação (TMF), variação de frequência e intensidade ▪ Exercícios para projeção vocal, sequências articulatórias, treino da diadococinesia articulatória, trechos de leituras ▪ Exercício isotônico e isométrico da musculatura orofacial miofuncional e das funções estomatognáticas	Após três meses de treinamento: ▪ Houve redução do grau de disfagia e disfonia ▪ Aumento do fortalecimento da musculatura da motricidade orofacial miofuncional

Disfonia hipocinética

A disfonia hipocinética resulta do comprometimento do circuito de controle dos gânglios da base. A forma mais comum de disfonia hipocinética é a doença de Parkinson, uma doença degenerativa associada à diminuição da dopamina na parte compacta da substância negra[1]. Tem como características tremor de repouso, rigidez e bradicinesia.

Características perceptivo-auditivas

A qualidade vocal de pacientes com disfonia hipocinética caracteriza-se por *loudness* fraca, soprosidade, rugosidade e modulação de frequência reduzida. Múltiplos mecanismos fisiológicos podem contribuir para *loudness* fraca, incluindo amplitude reduzida do movimento (hipocinesia), lentificação dos movimentos (bradicinesia) e habilidade reduzida para manter a amplitude do movimento[13].

A articulação dos sons da fala mostra-se reduzida e imprecisa. Os pacientes podem apresentar dificuldade para iniciar o movimento, jatos de fala manifestados pela aceleração repentina da emissão e palilalia, que corresponde à repetição compulsiva de sons e de segmentos de fala[1]. Tremor vocal nem sempre é observado, não sendo uma queixa frequente dos pacientes.

Tarefas fonatórias sugeridas

- Vogal sustentada: possibilita avaliar *loudness* e qualidade vocal.
- Conversa espontânea ou leitura: permite a identificação de alterações de prosódia, articulação e velocidade de fala.
- Diadococinesia (DDC) fonoarticulatória e laríngea: permite avaliar a dinâmica de movimentos articulatórios repetitivos e rápidos, a velocidade, o ritmo e a precisão articulatória; pode-se observar redução da extensão dos movimentos articulatórios e alteração da velocidade, como jatos de fala.

Intervenção fonoaudiológica comportamental

O método *Lee Silverman Voice Treatment Program* (LSVT LOUD) é a principal modalidade de tratamento para pacientes com doença de Parkinson. Em uma revisão sistemática sobre a intervenção comportamental de alterações respiratórias-fonatórias para disartria associada a doenças degenerativas, os autores encontraram forte evidência do método LSVT LOUD no tratamento de pacientes com doença de Parkinson. O resultado de tratamento mais avaliado nos estudos foi a intensidade vocal. Dentre os estudos selecionados, 28 descreveram mudanças positivas na intensidade vocal imediatamente após o LSVT LOUD[14].

A intervenção comportamental do método LSVT LOUD consiste em 16 sessões de terapia administradas quatro vezes por semana, por quatro semanas. O foco do método é o aumento do esforço para melhora da intensidade vocal. O uso do método exige certificação. O Quadro 4 mostra o método LSVT LOUD.

QUADRO 4 Descrição do método LSVT LOUD

Autor	População	Intervenção Comportamental	Resultado
Ramig et al., 2001[15]	Pacientes com doença de Parkinson Número de sessões:16	Método LSVT LOUD ▪ Foco no aumento do esforço vocal para melhorar a *loudness* ▪ Emissão da vogal sustentada "ah" em intensidade forte ▪ Emissão de vogal sustentada em intensidade forte com variação de frequência (agudo e grave) ▪ Emissão de palavras isoladas, frases funcionais, leitura e conversa espontânea em intensidade forte	▪ Melhora da qualidade vocal ▪ Aumento do suporte respiratório ▪ Melhora da articulação

Disfonias hipercinéticas

As disfonias hipercinéticas ocorrem por alteração do circuito de controle dos gânglios da base e têm como fisiopatologia movimentos involuntários. A disfonia espasmódica, corretamente denominada distonia laríngea, e o tremor vocal essencial representam cerca de 58% dos casos hipercinéticos[3].

Distonia laríngea

A distonia laríngea é um distúrbio vocal raro tarefa-dependente que afeta a produção vocal. Dessa forma, a alteração vocal ocorre de acordo com a tarefa realizada. Existem três tipos de distonia laríngea: a de adução, a de abdução e a mista. A distonia de adução é o tipo mais comum e abrange aproximadamente 90% dos casos. A de abdução e a mista são mais raras. Outra forma de distonia laríngea é o tremor distónico.

Na distonia laríngea de adução, ocorre hiperadução da musculatura laríngea adutora. As pregas vocais fecham-se com muita força de forma involuntária e intermitente. Na distonia laríngea de abdução, a hiperadução ocorre na musculatura abdutora. Assim, a qualidade vocal de pacientes com distonia laríngea de adução e de abdução difere.

Características perceptivo-auditivas

Na distonia laríngea de adução, a voz é caracteristicamente tensa-estrangulada, com quebras fonatórias intermitentes causadas pela hiperadução das pregas vocais durante fonemas sonoros. Pacientes apresentam esforço fonatório excessivo e cansaço vocal.

A distonia laríngea de abdução tem como característica voz entrecortada com escapes de ar intermitentes durante a fala. A voz é tipicamente soprosa, de difícil controle, pois ocorre a hiperabdução das pregas vocais pela ativação do músculo cricoaritenóideo posterior (CAP), único músculo abdutor das pregas vocais. Os pacientes com distonia laríngea de abdução relatam cansaço vocal.

A distonia laríngea mista compartilha sintomas da distonia de adução e de abdução. Resulta em voz soprosa e ao mesmo tempo tensa, com predomínio variável de acordo com o músculo mais envolvido. O diagnóstico da distonia laríngea, talvez pela raridade, muitas vezes é difícil e o paciente pode levar muitos anos para obtê-lo, mesmo com a voz sendo tão característica.

Tarefas fonatórias e não fonatórias sugeridas

As principais tarefas utilizadas no diagnóstico diferencial das distonias laríngeas de adução e de abdução são apresentadas no Quadro 5.

Na distonia laríngea de adução, a emissão de vogais sustentadas em frequência habitual é tensa-estrangulada, podendo ocorrer quebras fonatórias pelas con-

QUADRO 5 Descrição das tarefas fonatórias e não fonatórias que auxiliam no diagnóstico diferencial das distonias laríngeas de adução e de abdução

Distonia laríngea/tarefas	Adução	Abdução
Campo dinâmico vocal		
Variação de frequência		
Vogal sustentada "é" **habitual**	Voz tensa, quebras fonatórias e esforço vocal	Desvio menor
Vogal sustentada "é" **aguda**	Melhora da QV/< esforço (< coaptação glótica)	Desvio menor
Vogal sustentada "é" **grave**	Piora da QV/> esforço (> coaptação glótica)	Desvio menor
Variação de intensidade		
Vogal sustentada "é" **habitual**	Voz tensa, quebras fonatórias e esforço vocal	Desvio menor
Vogal sustentada "é" **fraca**	Melhora da QV/< esforço (< adução das pregas vocais)	Desvio menor
Vogal sustentada "é" **forte**	Piora da QV/> esforço (> adução das pregas vocais)	Desvio menor
Fala encadeada – frases (CAPE-V)		
Érica tomou suco de pera e amora	Piora da voz nos fonemas sonoros e melhora nos surdos	Melhora nos fonemas sonoros e piora nos surdos precedidos por vogais
Sônia sabe sambar sozinha	Melhora da QV < esforço	Piora da QV/> esforço
Olha lá o avião azul	Piora da QV/> esforço	Melhora da QV/< esforço
Agora é hora de acabar	Piora da QV > esforço	Melhora da QV/< esforço
Minha mãe namorou um anjo	Piora da QV/> esforço	Melhora da QV/< esforço
Papai trouxe pipoca quente	Melhora da QV/< esforço	Piora da QV/> esforço

(continua)

QUADRO 5 Descrição das tarefas fonatórias e não fonatórias que auxiliam no diagnóstico diferencial das distonias laríngeas de adução e de abdução (*continuação*)

Distonia laríngea/tarefas	Adução	Abdução
Emissão em sussurro		
"O bebê está dormindo"	Emissão normal	Emissão normal

QV: qualidade vocal.

trações involuntárias da musculatura laríngea adutora. No agudo observa-se melhora da qualidade vocal com diminuição dos espasmos pelo menor fechamento glótico; no grave, a voz piora pela maior adução das pregas vocais. Nas frases com motivação fonética, observa-se melhora da voz nas emissões com predomínio de fonemas surdos e piora nas emissões com predomínio de fonemas sonoros. No sussurro, não há vibração das pregas vocais, sendo a emissão sem desvio.

Na distonia laríngea de abdução, a emissão de vogal sustentada pode ser praticamente sem desvio. O comprometimento vocal torna-se mais percetível na conversa espontânea, havendo quebras soprosas na emissão. Nas frases com predomínio de fonemas surdos, como "*Sônia sabe sambar sozinha*", ocorre piora da qualidade vocal devido ao prolongamento das consoantes surdas que precedem as vogais.

Distonia laríngea x tremor vocal essencial x disfonia por tensão muscular

Ludlow et al. (2018)[16] investigaram os principais atributos da distonia de adução, de abdução, do tremor vocal e da disfonia por tensão muscular. Verificaram que os atributos mais importantes para o diagnóstico de distonia de abdução foram as quebras soprosas intermitentes (97%), sendo os sintomas mais evidentes na fala (76%). Os atributos para o tremor vocal foram a modulação de frequência e intensidade em vogais sustentadas (97%) e a presença de tremor em diferentes estruturas (88%). Os atributos da disfonia por tensão muscular foram voz tensa com esforço fonatório (78%) e qualidade vocal similar em todas as emissões (68%). As quebras fonatórias (53%) e o relato de esforço para falar (47%) foram os marcadores da distonia de adução.

Intervenção fonoaudiológica comportamental

Existe evidência forte de que a terapia comportamental pode melhorar a voz de pacientes com distonia laríngea quando combinada com aplicação de toxina botulínica na laringe[17]. A terapia de voz pode ser realizada para minimizar mecanismos compensatórios negativos desenvolvidos pelos pacientes, como a tensão muscular.

Tremor vocal essencial

O tremor vocal essencial (TVE) é um distúrbio vocal neurológico caracterizado por flutuações periódicas na frequência e na intensidade que comprometem a inteligibilidade de fala. Pode ser monossintomático, sem evidência de tremor em outras partes do corpo, ou acometer membros superiores, como cabeça, face ou musculatura do pescoço. A frequência do tremor varia de 4 a 7 Hz. Ocorre em cerca 20% dos pacientes com tremor essencial[3].

O exame de laringoscopia auxilia no diagnóstico de tremor vocal. Daraei et al. (2014)[18] compararam a acurácia do diagnóstico de tremor vocal em três condições diferentes: pelas imagens da videolaringoscopia sem áudio, apenas pelo áudio das imagens e pelas imagens de videolaringoscopia com áudio. A maior acurácia ocorreu na condição do uso combinado da videolaringoscopia com áudio (100%), seguida pelas imagens da videolaringoscopia somente (93%) e pelo áudio das imagens (73%).

Na distinção entre o TVE e o tremor distônico, que faz parte da distonia laríngea, o exame de laringoscopia traz contribuições importantes. Enquanto o TVE é frequentemente observado na respiração e nas tarefas fonatórias e não fonatórias, o tremor distônico costuma ser visibilizado apenas nas tarefas fonatórias. A emissão sustentada dos fonemas surdo /s/ (sem vibração das pregas) e sonoro /z/ (com vibração) auxilia no diagnóstico diferencial. Na emissão desses fonemas, pacientes com TVE apresentam tremor em ambas as tarefas e os com tremor distônico apenas na emissão do fonema sonoro /z/.

Características perceptivo-auditivas

O tremor vocal se apresenta com variação rítmica ou quase rítmica de frequência e de intensidade, resultando na sensação acústica de interrupção da voz durante a fala encadeada. Fonação em *pitch* mais agudo tende a aumentar a amplitude e a frequência do tremor; fonação em *pitch* grave tende a diminuir a amplitude do tremor; e *loudness* forte tende a aumentar a amplitude do tremor[3].

Tarefas fonatórias e não fonatórias sugeridas

- Vogal sustentada: permite avaliar a estabilidade da emissão e o esforço fonatório.
- Campo dinâmico vocal[5]: tarefas de variação de frequência e intensidade – vogal sustentada /a/ ou "é".
  - Intensidade forte: pode-se observar aumento da amplitude do tremor.
  - Frequência aguda e grave: pode-se observar aumento da amplitude e da frequência do tremor no agudo e diminuição no grave.
- Emissão sustentada dos fonemas /s/ e /z/: possibilita avaliar a estabilidade do sistema em emissões sem sonoridade e com sonoridade.

Intervenção fonoaudiológica comportamental

Há poucos estudos sobre a intervenção fonoaudiológica em pacientes com TVE. Além disso, os estudos publicados foram realizados com número pequeno de pacientes. Entretanto, as intervenções fonoaudiológicas descritas pelos autores podem auxiliar no processo de reabilitação de pacientes com TVE. O Quadro 6 mostra a descrição da literatura sobre a intervenção fonoaudiológica em pacientes com tremor vocal essencial.

CONCLUSÃO

A realização do julgamento perceptivo-auditivo da voz com o uso de tarefas fonatórias e não fonatórias auxilia o diagnóstico diferencial das disfonias neurológicas. Para tanto, torna-se importante conhecer as características vocais distintas das disfonias neurológicas, treinar a percepção auditiva e registrar as tarefas fonatórias e não fonatórias na avaliação do paciente. Estudos sobre intervenções fonoaudiológicas nas disfonias neurológicas ainda são muito limitados, à exceção das paralisias de prega vocal e da doença de Parkinson.

QUADRO 6 Descrição da literatura sobre a intervenção fonoaudiológica em pacientes com tremor vocal essencial

Autor	População	Terapia de voz – Intervenção Comportamental	Resultados
Barkmeier-Kraemer, Lato, Wiley, 2011[19]	Caso clínico de uma paciente com tremor vocal essencial	▪ Terapia customizada ▪ Bocejo-suspiro ▪ Início da emissão mais suave/fácil ▪ Foco anterior da voz/ressonância anterior ▪ *Pitch* levemente agudo ▪ Relaxamento e exercícios respiratórios ▪ Velocidade de fala aumentada para reduzir a duração das vogais	▪ Questionário de autoavaliação do benefício do tratamento de voz para reduzir o tremor vocal (1 – nenhum e 5 – bastante): 4/5 ▪ Redução da percepção do tremor vocal ▪ Aumento da velocidade de fala ▪ Aumento da intensidade ▪ Diminuição da f_0
Alam, Munjal, Panda, 2017[20]	2 casos clínicos de pacientes com tremor vocal	▪ Abaixamento de laringe ▪ Bocejo-suspiro ▪ Início da emissão mais suave/fácil ▪ Foco anterior da voz/ressonância anterior ▪ Exercício de relaxamento ▪ Exercício respiratório	▪ Redução do Índice de Desvantagem Vocal (IDV) ▪ Melhora dos parâmetros acústicos

REFERÊNCIAS BIBLIOGRÁFICAS

1. Behlau M, Madazio G, Azevedo R, Brasil O, Vilanova LC. Disfonias neurológicas. In: Behlau M. Voz: O livro do especialista. V. II. Rio de Janeiro: Revinter; 2005.
2. Aronson AE. Clinical voice disorders: an interdisciplinary approach. 3. ed. New York: Thieme; 1990.
3. Duffy JR. Motor speech disorders E-Book. Elsevier Health Sciences. Kindle Edition; 2020.
4. Walton C, Conway E, Blackshaw H, Carding P. Unilateral vocal fold paralysis: a systematic review of speech-language pathology management. J Voice. 2017 Jul;31(4):509.e7-509.e22.
5. Behlau M, Madazio G, Yamasaki R. Dynamic vocal analysis: vocal functionality evaluation. Codas. 2023 Sep 15;35(5):e20210083.
6. Miller S. Voice therapy for vocal fold paralysis. Otolaryngol Clin North Am. 2004 Feb;37(1):105-19.
7. Barcelos CB. Terapia vocal breve e intensiva para paralisia unilateral de prega vocal. Tese de Doutorado. São Paulo: Fundação Antônio Prudente; 2018.
8. Mattioli F, Menichetti M, Bergamini G, Molteni G, Alberici MP, Luppi MP, et al. Results of early versus intermediate or delayed voice therapy in patients with unilateral vocal fold paralysis: our experience in 171 patients. J Voice. 2015 Jul;29(4):455-8.

9. Kao YC, Chen SH, Wang YT, Chu PY, Tan CT, Chang WD. Efficacy of voice therapy for patients with early unilateral adductor vocal fold paralysis. J Voice. 2017 Sep;31(5):567-75.
10. Barcelos CB, Silveira PAL, Guedes RLV, Gonçalves AN, Slobodticov LDS, Angelis EC. Multidimensional effects of voice therapy in patients affected by unilateral vocal fold paralysis due to cancer. Braz J Otorhinolaryngol. 2018 Sep-Oct;84(5):620-9.
11. Sapir S, Spielman J, Ramig LO, Hinds SL, Countryman S, Fox C, et al. Effects of intensive voice treatment (the Lee Silverman Voice Treatment [LSVT]) on ataxic dysarthria: a case study. Am J Speech Lang Pathol. 2003 Nov;12(4):387-99.
12. Diaféria GLA. Proposta de um programa de terapia fonoaudiológica em pacientes com ataxia espinocerebelar tipo 3. Tese de Doutorado. São Paulo: UNIFESP; 2020.
13. Mahler LA, Ramig LO, Fox C. Evidence-based treatment of voice and speech disorders in Parkinson disease. Curr Opin Otolaryngol Head Neck Surg. 2015 Jun;23(3):209-15.
14. Perry SE, Troche M, Huber JE, Curtis J, Kiefer B, Sevitz J, et al. Behavioral management of respiratory/phonatory dysfunction for dysarthria associated with neurodegenerative disease: a systematic review. Am J Speech Lang Pathol. 2024 Mar 7;33(2):1069-97.
15. Ramig LO, Sapir S, Countryman S, Pawlas AA, O'Brien C, Hoehn M, et al. Intensive voice treatment (LSVT) for patients with Parkinson's disease: a 2 year follow up. J Neurol Neurosurg Psychiatry. 2001 Oct;71(4):493-8.
16. Ludlow CL, Domangue R, Sharma D, Jinnah HA, Perlmutter JS, Berke G, et al. Consensus-based attributes for identifying patients with spasmodic dysphonia and other voice disorders. JAMA Otolaryngol Head Neck Surg. 2018 Aug 1;144(8):657-65.
17. Lester-Smith RA, Miller CH, Cherney LR. Behavioral therapy for tremor or dystonia affecting voice in speakers with hyperkinetic dysarthria: a systematic review. J Voice. 2023 Jul;37(4):561-73.
18. Daraei P, Villari CR, Rubin AD, Hillel AT, Hapner ER, Klein AM, et al. The role of laryngoscopy in the diagnosis of spasmodic dysphonia. JAMA Otolaryngol Head Neck Surg. 2014 Mar;140(3):228-32.
19. Barkmeier-Kraemer J, Lato A, Wiley K. Development of a speech treatment program for a client with essential vocal tremor. Semin Speech Lang. 2011 Feb;32(1):43-57.
20. Alam N, Munjal S, Panda N. Efficiency of voice therapy for persons with vocal tremors. Glob J Oto. 2017;9(1):555751.

108

Avaliação vocal em Fononcologia

Felipe Thiago Gomes Moreti
Irene de Pedro Netto Vartanian
Gabriel Trevizani Depolli

PONTOS-CHAVE

- O câncer de cabeça e pescoço apresenta alta incidência e mortalidade global, com fatores de risco bem estabelecidos, como tabagismo, consumo de álcool e infecção pelo HPV.
- O tratamento do câncer de cabeça e pescoço pode resultar em impactos teciduais, cicatrizes excessivas e alterações na função dos órgãos envolvidos, como a fonação. A Fonoaudiologia deve atuar desde o período de pré-tratamento, tanto para uma avaliação *baseline*, como para orientação sobre potenciais complicações e sequelas decorrentes do tratamento.
- Deve-se considerar que cada momento durante o processo de reabilitação do paciente deve ser uma "reavaliação" pela sua mudança constante de sintomas.
- A compreensão da natureza do problema vem de uma avaliação criteriosa e, como consequência, um bom planejamento terapêutico.
- A qualidade vocal e as possíveis alterações da fonoarticulação são variadas de acordo com o tipo de lesão, localização, extensão cirúrgica e tratamentos médicos complementares.

OBJETIVOS DE APRENDIZAGEM

Ao final deste capítulo, o leitor deverá ser capaz de:

- Descrever os principais componentes vocais e fonoarticulatórios da avaliação fonoaudiológica em pacientes diagnosticados com câncer de cabeça e pescoço.
- Analisar criticamente os resultados da avaliação fonoaudiológica para identificar padrões de alterações vocais e articulatórias associados ao câncer de cabeça e pescoço, considerando fatores como localização do tumor, estágio da doença e tipo de tratamento.
- Integrar conhecimentos sobre a Fononcologia para compreender as implicações do câncer de cabeça e pescoço no comportamento vocal, fonoarticulação e na qualidade de vida dos pacientes.
- Compreender como os diversos sítios de lesões em câncer de cabeça e pescoço podem apresentar uma enorme variedade de alterações diferentes da qualidade vocal e fonoarticulação, a depender do local do tumor, sua extensão e tratamento médico realizado.

INTRODUÇÃO

O câncer de cabeça e pescoço (CCP) representa um grupo diversificado de neoplasias que afetam áreas como orofaringe, hipofaringe, nasofaringe, laringe e tireoide. Trata-se de um dos cânceres mais prevalentes na população mundial e responsável por mais de 660.000 novos casos e 325.000 mortes anualmente[1].

As taxas de mortalidade começaram a aumentar na última década[2]. Nos últimos trinta anos, as maiores taxas de incidência e mortalidade no Brasil foram de câncer de lábio e cavidade oral em pessoas do sexo masculino[3]. Um dos principais impulsionadores do CCP é o consumo de tabaco e álcool[2]. Além disso, a infecção pelo vírus do papiloma humano (HPV) tem emergido como um fator de risco, particularmente para cânceres de orofaringe[4].

O diagnóstico do CCP envolve uma combinação de exames físicos, testes de imagem e diagnósticos teciduais[5]. Seu tratamento abrange intervenções como cirurgia, radioterapia, quimioterapia, sendo a seleção dessas opções influenciada pelo estágio específico e pela localização do câncer, e pode resultar em impactos teciduais, cicatrizes excessivas e alterações na configuração anatômica e na função dos órgãos envolvidos[6], como a fonação.

Em casos de tratamento do CCP, é comum a presença da disfonia orgânica, que impacta na qualidade de vida do indivíduo[7] e pode resultar em maior percepção de sintomas vocais em comparação com outros tipos de disfonias[8].

Desse modo, ao compreender a interseção entre a Oncologia e a comunicação, busca-se não apenas avaliar as implicações diretas da neoplasia, mas também compreender como tais fatores influenciam a qualidade de vida e bem-estar dos pacientes. Assim, neste capítulo, serão explorados os principais sítios tumorais em CCP: cavidade oral, orofaringe, nasofaringe, hipofaringe, laringe e tireoide, além de suas relações com a voz e a fonoarticulação na avaliação vocal em Fononcologia.

SÍTIOS TUMORAIS EM CÂNCER DE CABEÇA E PESCOÇO E SUAS RELAÇÕES COM A VOZ E A FONOARTICULAÇÃO

Cavidade oral, orofaringe, nasofaringe e hipofaringe

A participação do fonoaudiólogo na intervenção dos pacientes que serão submetidos ao tratamento oncológico, seja cirúrgico, radioterápico, quimioterápico ou associações de métodos, para os tumores de cavidade oral, orofaringe, nasofaringe e hipofaringe, deve se iniciar desde o período pré-tratamento, tanto para uma avaliação *baseline*, como para orientação sobre potenciais complicações e sequelas decorrentes do tratamento, contribuindo para alinhar as expectativas e obter maior adesão na continuidade do processo de reabilitação[9].

O esclarecimento das possíveis alterações fonoarticulatórias pós-cirúrgicas e dos efeitos de eventuais complicações agudas e tardias do tratamento radioterápico e quimioterápico colabora para reduzir interrupções de tratamento, visando a melhor reabilitação possível para cada caso. O momento da avaliação é de extrema importância para um bom planejamento terapêutico.

As alterações de voz e de fala no tratamento para tumores de cavidade oral, orofaringe, nasofaringe e hipofaringe podem impactar fortemente a inteligibilidade e naturalidade das emissões. Podem envolver alterações nos níveis respiratório, fonatório, ressonantal e articulatório. O impacto dessas alterações irá depender da localização, do tamanho do tumor e tipo de tratamento de escolha. As ressecções menores geralmente não apresentam sequelas estéticas ou funcionais significativas. Já nas ressecções maiores, principalmente quando envolvem o arco anterior da mandíbula, grandes porções da língua, palato mole e grandes áreas da orofaringe, o comprometimento será importante, não somente da fonoarticulação, como também da deglutição.

Tais sequelas podem ser minimizadas quando possível a utilização de métodos reconstrutivos com retalhos livres com anastomose vascular microcirúrgica de fíbula para reconstruções de mandíbula, e retalhos microcirúrgicos ou próteses obturadoras para as ressecções de palato. Estudos recentes têm demonstrado que pacientes submetidos à modalidade cirúrgica de *transoral robotic surgery* (TORS), mesmo após terapias adjuvantes de rádio e quimioterapia, apresentam boa evolução nos aspectos relacionados à fala[10].

A avaliação das alterações fonoarticulatórias pode ser didaticamente dividida em clínica e instrumental. Ambas fornecem dados subjetivos e objetivos, por meio de medidas absolutas, importantes para o processo diagnóstico e especialmente para a evolução terapêutica[11].

A adequada avaliação clínica da voz e da fala permitirá a escolha dos melhores métodos para a reabilitação, além de identificar se aquela emissão sonora oferece ao ouvinte inteligibilidade de fala, se é esteticamente aceitável para o ouvinte e se preenche as demandas profissionais e sociais, transmitindo a intenção da mensagem[12]. Protocolos de avaliação preestabelecidos, padronizados e adaptados poderão ser utilizados para a extração desses dados.

Tumores de cavidade oral e orofaringe

Nos tumores de cavidade oral e orofaringe as dificuldades na fonoarticulação são vivenciadas em intensidades variadas a depender do tipo histológico do tumor, localização, extensão, necessidade de ressecção parcial ou total das estruturas, reconstrução e momento do tratamento (pré, durante e após). Essas dificuldades podem variar ao longo da vida dos pacientes. É comum nos depararmos com queixas de indivíduos anos após o tratamento.

Cada vez mais o paciente e familiares têm participado da decisão terapêutica após esclarecimento de riscos e benefícios de cada uma das alternativas. Para os tumores de boca e orofaringe, dependendo do estágio clínico da doença, o tratamento pode ser cirúrgico e/ou radioterápico, com ou sem quimioterapia, sendo as sequelas a depender do procedimento realizado. Algumas das cirurgias são: alveolectomia, palatectomia, ressecção de inframesoestrutura (maxila), pelvectomia, glossectomia parcial, hemiglossectomia, glossectomia subtotal, glossectomia total, pelviglossectomia, ressecções de região retromolar, base de língua, ressecção ampla de palato mole, parede posterior de faringe ou pilares amigdalianos[13]. Todas podem ter a necessidade de serem ampliadas a depender da extensão tumoral, além de esvaziamento cervical[13].

Tumores de nasofaringe

O tratamento dos tumores da nasofaringe é baseado em radioterapia, pois esses tumores são radiossensíveis. Além da radiossensibilidade, pela própria localização dessas lesões, o tratamento cirúrgico implicaria em uma alta morbidade e dificuldade de se obter ressecções com margens oncológicas satisfatórias. Em alguns determinados tipos de lesão, a radioterapia é associada à quimioterapia. O tratamento cirúrgico é reservado para o tratamento de resgate em casos de doença residual local ou regional que não respondem ao tratamento radioterápico e quimioterápico[14].

O comprometimento da fala no tratamento para esse tumor também é presente, principalmente a nasalidade. Em alguns casos, as compensações realizadas pelo indivíduo no momento da comunicação para compensar o foco nasal podem levar à hiperfunção laríngea com consequente disfonia.

Tumores de hipofaringe

O planejamento de tratamento para os tumores de hipofaringe leva em conta a extensão do tumor, comprometimento da laringe, metástases cervicais, ressecabilidade, opções de reconstrução e as condições clínicas do paciente. A ressecção do tumor primário deve ser sempre associada ao esvaziamento cervical e/ou paratraqueal em tumores de qualquer local e estádio. Nos casos de alto risco para recorrência locorregional a associação de radioterapia e quimioterapia pós-operatória deve ser sempre indicada[15].

Portanto, quanto mais extensa for a ressecção, maior o comprometimento da voz e fala, principalmente quando ampliada para a laringe.

Tumores de laringe

Os tumores de laringe representam cerca de 25% dos tumores dessa área e 2% dos tumores malignos[16]. Geralmente o primeiro sintoma é o indicativo do local da lesão: odinofagia sugere tumor supraglótico, rouquidão sugere tumor glótico e falta de ar sugere tumor subglótico[16].

O tratamento médico pode ser feito por cirurgia (laringectomia), radioterapia e/ou quimioterapia, em modalidades únicas ou combinadas. Nos casos cirúrgicos a qualidade vocal irá variar muito de acordo com o tamanho e extensão do tumor, bem como o tipo e extensão das laringectomias, que podem ser divididas em: 1. **laringectomias parciais verticais** (cordectomia, frontal anterior, frontolateral, frontolateral ampliada, hemilaringectomia, hemilaringectomia ampliada, vertical subtotal)[17]; 2. **laringectomias parciais horizontais** (tipo I: laringectomias horizontais supraglóticas, tipo II: laringectomias supracricóideas – tipo IIa com crico-hioidoepiglotopexia e tipo IIb com crico-hioidopexia, tipo III: laringectomias supratraqueais, além das siglas para indicarem ampliações cirúrgicas: +ARY: envolvimento de uma aritenoide especificando o lado de ressecção, +BOT: envolvimento da base da língua; +PIR: envolvimento de um seio piriforme especificando o lado da ressecção; +CAU: envolvimento de uma unidade cricoaritenóidea especificando o lado da ressecção)[18]; e 3. **laringectomia total**.

Tumores de tireoide

A tireoide é uma glândula em "forma de borboleta" localizada na parte anterior do pescoço, logo abaixo das cartilagens laríngeas, reguladora das funções de importantes órgãos como coração, cérebro, fígado e rins. A tireoide produz os hormônios T3 tri-iodotironina e o T4 tiroxina, os quais são regulados pelo TSH[19]. O funcionamento incorreto pode cursar com hipo ou hipertireoidismo.

Cerca de 95% das alterações tireoidianas são benignas, sendo as mais comuns tireoidite, nódulos e bócio. O câncer de tireoide atinge 3x mais indivíduos biologicamente femininos e corresponde a cerca de 5% das alterações tireoidianas, com diferentes tipos histológicos: papilífero, folicular, medular e anaplásico.

Nos casos cirúrgicos, o nome do procedimento cirúrgico é tireoidectomia, que pode ser parcial ou total. As principais consequências da tireoidectomia são necessidade de reposição de hormônios tireoidianos e a cicatriz cervical; já as principais complicações são lesão de nervos laríngeos e o hipoparatireoidismo[16]. Na literatura observa-se uma variável incidência de imobilidade de prega vocal, com estimativas de 2 a 8% temporárias, e de 0,5 a 3% permanentes[20]. No pós-operatório imediato, as alterações são ainda mais altas e podem chegar a 69,2%[21]. Muitas dessas alterações não apresentam relação com lesão neural, e sim manipulação da musculatura extrínseca da laringe[22].

Especificamente para o carcinoma de tireoide, a radioiodoterapia e a linfadenectomia cervical podem ser indicadas.

AVALIAÇÃO DA VOZ E FONOARTICULAÇÃO EM FONONCOLOGIA

A avaliação clínica fonoaudiológica que inclua os aspectos sensoriais, mobilidade, tônus, força, resistência e potência dos órgãos fonoarticulatórios; avaliação dos sons da fala, qualidade vocal e da deglutição, faz-se necessária após o tratamento para os tumores de cavidade oral, orofaringe, nasofaringe, hipofaringe, laringe e tireoide.

Independente do instrumento utilizado, destaca-se a avaliação dos seguintes parâmetros: qualidade vocal, tipo de ressonância, *pitch* e *loudness*, avaliação da articulação e classificação das alterações de fala observadas (omissões, distorções, troca, medidas dos tempos máximos de fonação). As tarefas da avaliação de voz e fala em Fononcologia vão depender do tipo de tumor e alteração que o paciente apresenta pré ou pós-tratamento médico; por exemplo, para um paciente de tumor de tireoide possivelmente não se justifica avaliação da fonoarticulação além da avaliação vocal, o que é mandatório para um paciente de tumor de cavidade oral. A seguir descreveremos aspectos importantes a serem avaliados relacionados à fala e voz, a serem utilizados de acordo com a demanda e necessidade do paciente.

Para a avaliação da qualidade vocal utilizam-se as vogais sustentadas /a/ ou /ɛ/ e trechos de fala automática e espontânea, classificando essas emissões de acordo com a presença e grau de alteração dos seguintes tipos vocais: rugosidade (rouquidão e/ou aspereza), soprosidade, astenia e tensão, conforme descreve a escala GRBASI[23]. Todos esses tipos vocais buscam avaliar, indiretamente, aspectos relacionados à produção vocal no nível glótico.

Esse tipo de classificação vocal encaixa-se muito bem nas sequelas vocais após radioterapia. Porém, sabemos que as alterações mecânicas da voz e da fala podem também ser decorrentes de problemas no trato vocal.

O tipo de ressonância é avaliado através da fala, mas também da emissão da vogal sustentada /i/, considerada a mais oral do português brasileiro. Podemos citar, dentre as possíveis sequelas após o tratamento cirúrgico ou radioterapia para os tumores de orofaringe ou nasofaringe, os impactos na ressonância, com possibilidades e foco predominantemente horizontal posterior ou vertical hipernasal. Da mesma forma, as alterações de voz após cirurgia de língua afetam importantemente a função filtro da fonoarticulação, especialmente a ressonância vocal, que se mostra de foco horizontal alterada, com predomínio de ressonância posterior e abafada[11].

A emissão das vogais sustentadas /a/, /i/, /u/ em tempo máximo de fonação busca avaliar a interação das forças aerodinâmicas da respiração e mioelástica da laringe. Consideram-se como dentro da normalidade emissões entre 14 segundos para mulheres e 20 para homens[24]. Nos casos de tumores de hipofaringe ampliados para laringe, há alteração considerável desses valores, sendo consequência de um fechamento medial insuficiente ou fibrose das estruturas.

A avaliação subjetiva da frequência vocal e da intensidade (*pitch* e *loudness)* deve ser julgada por meio de emissões de fala espontânea ou automática. O *pitch* poderá ser classificado em grave, agudo ou adequado. Já a *loudness*, considerando-se a projeção no ambiente avaliado, em forte, fraca ou adequada.

Por meio de emissões de fala espontânea ou automática, classifica-se o tipo articulatório em adequado, impreciso, exagerado ou travado e a velocidade de fala em adequada, aumentada ou lentificada.

Finalmente, a inteligibilidade de fala poderá ser medida por meio de instrumentos de transcrição ou por escalas subjetivas, considerando trechos de emissões espontâneas de fala.

A avaliação instrumental da voz e da fala poderá ser realizada com os seguintes instrumentos: análise acústica do sinal vocal, avaliação nasofibroscópica ou laringoestroboscópica.

A avaliação acústica permite registros visuais através de gráficos e a quantificação das alterações dos sistemas fonatório, ressonantal e articulatório. Essa avaliação requer o uso de programas computadorizados específicos que forneçam informações dos valores absolutos da frequência fundamental e das medidas de perturbação do sinal vocal, como *jitter*, *shimmer* e da proporção de harmônicos e ruídos daquela emissão.

Quando se objetiva avaliar a função do trato vocal, outros programas deverão ser selecionados, como os registros espectrográficos e os valores dos formantes das vogais sustentadas[11].

Com relação à perspectiva do paciente, os protocolos de autoavaliação em voz e fala complementam a avaliação fonoaudiológica trazendo informações que não podem ser depreendidas por nenhuma outra forma de avaliação, sejam eles gerais para a área de voz, como o Índice de Desvantagem Vocal 10 (IDV-10) ou Escala de Sintomas Vocais (ESV), ou mesmo específicos para pacientes com câncer de cabeça e pescoço, como o Questionário de Qualidade de Vida da Universidade de Washington (UW-QOL), o Índice de Desvantagem da Fala (IDF), o Questionário de Autoavaliação das Experiências Comunicativas Pós-Laringectomia (AECOP), dentre outros tantos instrumentos já traduzidos, culturalmente adaptados e validados para o português brasileiro.

As sequelas que surgem em determinada fase do tratamento como xerostomia, trismo, perda do olfato e paladar, mucosites, linfedema e dor, influenciarão diretamente no resultado da avaliação. Portanto, consideramos que cada momento durante o processo de reabilitação do paciente deve ser uma "reavaliação", pois ele apresenta mudanças constantes no processo terapêutico.

CONCLUSÃO

O câncer de cabeça e pescoço apresenta alta incidência e mortalidade global, com fatores de risco bem estabelecidos, como tabagismo, consumo de álcool e infecção pelo HPV. O diagnóstico precoce e o tratamento multidisciplinar são fundamentais para melhorar os desfechos clínicos, embora as intervenções possam acarretar sequelas que afetam a qualidade de vida dos pacientes, especialmente em relação ao comportamento vocal.

A avaliação fonoaudiológica desempenha um papel crucial na identificação e manejo das alterações vocais associadas ao câncer de cabeça e pescoço, desde a fase de pré-tratamento até a reabilitação fonoaudiológica. A compreensão das características específicas das diferentes localizações tumorais e dos métodos terapêuticos adotados é essencial para um planejamento adequado, avaliação precisa de voz e fonoarticulação e condução terapêutica. Além disso, a utilização de protocolos de avaliação clínica e instrumental em voz e fonoarticulação permite uma abordagem mais objetiva e personalizada, considerando as necessidades individuais de cada paciente ao longo do processo de tratamento e reabilitação.

REFERÊNCIAS BIBLIOGRÁFICAS

1. Sung H, Ferlay J, Siegel RL, Laversanne M, Soerjomataram I, Jemal A, et al. Global Cancer Statistics 2020: GLOBOCAN estimates of incidence and mortality worldwide for 36 cancers in 185 countries. CA Cancer J Clin. 2021;71(3):209-49.
2. Gormley M, Creaney G, Schache A, Ingarfield K, Conway DI. Reviewing the epidemiology of head and neck cancer: definitions, trends and risk factors. Br Dent J. 2022;233(9):780-6.
3. Romagna DV, Oliveira MM, Abreu LG, Stein C, Hugo FN, Teixeira R, et al. Incidence and mortality rates of lip, oral cavity, and pharynx cancers in Brazil: time-trend and age-period-cohort analysis from the last 30 years, Global Burden of Disease Study. Rev Soc Bras Med Trop. 2022;55(suppl 1):e0286.
4. Yu VX, Long S, Tassler A. Smoking and head and neck cancer. JAMA Otolaryngol Head Neck Surg. 2023;149(5):470.
5. López F, Mäkitie A, de Bree R, Franchi A, de Graaf P, Hernández-Prera JC, et al. Qualitative and quantitative diagnosis in head and neck cancer. Diagnostics. 2021;11(9):1526.
6. Patterson JM, McColl E, Carding PN, Wilson JA. Swallowing beyond six years post (chemo)radiotherapy for head and neck cancer; a cohort study. Oral Oncol. 2018;83:53-8.
7. Robertson SM, Yeo JC, Sabey L, Young D, MacKenzie K. Effects of tumor staging and treatment modality on functional outcome and quality of life after treatment for laryngeal cancer. Head Neck. 2013;35(12):1759-63.
8. Moreti F, Zambon F, Behlau M. Voice symptoms and vocal deviation self-assessment in different types of dysphonia. CoDAS. 2014; 26(4):331-3.
9. Carrara-De Angelis E, Gomes E, Fiorini F. Abordagem fonoaudiológica: pré, durante e após o tratamento dos tumores de cabeça e pescoço. In: Chaves ALF, Marta GN, Kowalski LP. Manual de Oncologia de cabeça e pescoço. Belo Horizonte: Coopmed; 2022. p.137-45.
10. Hemmati M, Barbon C, Mohamed ASR, van Dijk LV, Moreno AC, Gross ND, et al. Optimized decision support for selection of transoral robotic surgery or (chemo)radiation therapy based on posttreatment swallowing toxicity. Cancer Med. 2023;12(4):5088-98.
11. Netto Vartanian IP, Arakawa-Sugueno L, Prodomo, LVP. Distúrbios mecânicos da fonoarticulação. In: Ferreira T: Distúrbios da comunicação oral em adultos e idosos – Manual prático. Ribeirão Preto: BookToy; 2019. p. 137-50.
12. Aronson AE. Clinical voice disorders – an interdisciplinary approach. 3. ed. NewYork: Thieme Inc; 1990.
13. Kowalski LP, Carvalho AL, Vartanian JG. Tumores de cavidade oral e orofaringe. In: Jotz GP, Carrara-de Angelis E, Barros APB. Tratado da deglutição e disfagia no adulto e na criança. Rio de Janeiro: Revinter; 2009. p. 188-200.
14. Sobin LH, Wittekind C. TNM – Classification of malignant tumors. 5. ed. Philadelphia: Willey-Liss; 1997.
15. Cooper JS, Pajak TF, Forastiere AA, Jacobs J, Campbell BH, Saxman SB, et al. Postoperative concurrent radiotherapy and chemotherapy for high-risk squamous-cell carcinoma of the head and neck. N Engl J Med. 2004;350(19):1937-44.
16. Santos GP de los, Villela JHC. Tireoidectomia. In: Stefani FM, Gonçalves LF, Mituuti CT, Haas P. Câncer de cabeça e pescoço: atuação fonoaudiológica e multiprofissional. Ribeirão Preto, SP: Book Toy; 2022. p. 1-8.

17. Behlau M, Gielow I, Gonçalves MI, Brasil O. Disfonias por câncer de cabeça e pescoço. In: Behlau M (org.). Voz: O livro do especialista. v. 2. Rio de Janeiro: Revinter; 2005. p. 213-85.
18. Succo G, Peretti G, Piazza C, Remacle M, Eckel HE, Chevalier D, et al. Open partial horizontal laryngectomies: a proposal for classification by the working committee on nomenclature of the European Laryngological Society. Eur Arch Otorhinolaryngol. 2014;271(9):2489-96.
19. Azevedo EHM, Barcelos C. Atuação fonoaudiológica em pacientes submetidos à tireoidectomia. In: Feitosa ALF, Depolli GT, Guimarães MF. Mapas conceituais em Fonoaudiologia: Fononcologia. Ribeirão Preto, SP: Book Toy; 2023. p. 117-28.
20. Friedrich T, Steinert M, Keitel R, Sattler B, Schönfelder M. Zur Häufigkeit der Schädigung des Nervus laryngeus recurrens bei der operativen Therapie verschiedener Schilddrüsenerkrankungen - eine retrospektive Untersuchung [Incidence of damage to the recurrent laryngeal nerve in surgical therapy of various thyroid gland diseases – a retrospective study]. Zentralbl Chir. 1998;123(1):25-9.
21. Candido AFS, Santos JP, Soares MJG, Alves RF, Pernambuco L. Sintomas relacionados à voz e deglutição após tireoidectomia total: evidências de uma pesquisa nacional brasileira. Rev CEFAC. 2021;23(3):e13920.
22. Netto IP, Vartanian JG, Ferraz PRR, Salgado P, Azevedo JBM, Toledo RN, et al. Vocal fold mobility after thyroidectomy with intraoperative recurrent laryngeal nerve monitoring. São Paulo Med J. 2007;125:186-90.
23. Dejonckere P, Remacle M, Freznel-Elbaz E, Woisard V, Crevier-Buchman L, Millet B. Reliability and relevance of differentiated perceptual evaluation of pathological voice quality. In: Clemente MP: voice update. Amsterdam: Elsevier; 1996. p. 321-4.
24. Behlau M, Madazio G, Feijó D, Pontes P. Avaliação da voz. In: Behlau M (org.). Voz: O livro do especialista. v. 1. Rio de Janeiro: Revinter; 2001. p. 85-180.

109
Reabilitação da voz e comunicação oral em Fononcologia

Michelle Ferreira Guimarães
Luciana Dall'Agnol Siqueira Slobodticov
Guilherme Maia Zica

PONTOS-CHAVE

- Em Fononcologia a comunicação deve ser considerada como um todo. Dependendo da localização do tumor e do tipo de tratamento, aspectos relacionados à voz e à fala estão acometidos em maior ou menor grau.
- Tratamentos que atingem diretamente as pregas vocais afetam a qualidade vocal, porém procedimentos em outras localizações ou tratamentos adjuvantes/neoadjuvantes impactam na configuração do trato vocal, em aspectos ressonantais, de projeção da voz e articulação dos sons.
- A articulação pode se apresentar imprecisa ou travada, comprometendo a inteligibilidade da fala. A reabilitação fonoaudiológica deve favorecer uma comunicação efetiva.

OBJETIVOS DE APRENDIZAGEM

Ao final deste capítulo, o leitor deverá ser capaz de:

- Identificar as possibilidades de reabilitação da voz e comunicação oral em Fononcologia.
- Descrever os métodos de reabilitação da voz e comunicação oral comumente usados de acordo com o sítio de localização do tumor.
- Assimilar as técnicas para a reabilitação da comunicação no atendimento a indivíduos acometidos por câncer de cabeça e pescoço.

INTRODUÇÃO

Até recentemente, o objetivo no cuidado de pacientes com câncer de cabeça e pescoço (CCP) era alcançar a cura. Como tal, foi observado um aumento de 12% na taxa de sobrevivência de cinco anos após o CCP na última década. No entanto, as opções de tratamento cirúrgico e não cirúrgico para o CCP causam sequelas que afetam a qualidade de vida (QV). À medida que a sobrevivência ao câncer aumenta, as questões de QV e preservação funcional assumem maior relevância[1].

As queixas mais comuns antes, durante e após o tratamento do CCP estão relacionadas à QV, incluindo disfagia, disfonia, disartria, trismo, xerostomia, cárie dentária, dependência de tubo de traqueostomia, disfunção pescoço/ombro, dor crônica, dependência de sonda de alimentação e deformidade estética. Muitos pacientes também sofrem de morbidade relacionada à neuropatia e linfedema[1].

A atuação fonoaudiológica em Oncologia não se restringe ao CCP, contudo este capítulo terá enfoque nessas regiões por ser a maior demanda da especialidade. Além disso, é importante ressaltar que a Oncologia é singular e que procedimentos semelhantes podem gerar resultados diferentes. Analisar caso a caso, fazer o planejamento terapêutico individual e considerar que os indivíduos são diversos em sua nova anatomia e fisiologia é essencial para traçar uma proposta de reabilitação baseada em prova terapêutica, com olhar de especialista, com criatividade e prática clínica sendo bases fundamentais nesse processo.

DESENVOLVIMENTO

Tumores de cavidade oral

A fonoterapia voltada para a reabilitação/adaptação da comunicação dos indivíduos acometidos pelo câncer de cavidade oral não é o foco inicial do fonoaudiólogo. Em casos cirúrgicos, o paciente encontra-se com via alternativa de alimentação e com dificuldade no manejo da saliva, sendo necessária a intervenção imediata na função da deglutição. As alterações funcionais variam de acordo com o local, extensão e tratamento realizado e por isso as adaptações podem ser diversificadas, envolvendo aspectos articulatórios e/ou ressonantais[2,3].

A mobilidade da língua e a abertura de boca representam papéis importantes nas funções de deglutição, mastigação e fala. Quando prejudicadas, é esperado que a inteligibilidade de fala também esteja pior, comprometendo a QV[2].

Lábios

A reabilitação tem como principal objetivo manter ou maximizar a abertura de boca, o vedamento labial, a mobilidade e a sensibilidade da região. Os fonemas que comumente apresentam distorções são os bilabiais (/p/, /b/, /m/) e os labiodentais (/f/ e /v/) devido às alterações no vedamento labial e/ou restrição na amplitude do movimento do lábio[4].

O alongamento labial e o uso de bandagem elástica terapêutica, aplicada na região mutilada e reconstruída com tecido diferente, são recursos úteis para maximizar o movimento e a propriocepção do paciente durante a execução. Exercícios ativos como o bico e sorriso favorecem a contração e estiramento do músculo orbicular dos lábios e risório. Sua realização tende a deixar a distorção dos fonemas mais discreta[4,5].

Mandíbula

A restrição do movimento da mandíbula favorece uma articulação travada e a distorção do fonema /s/, que serão compensados com exercícios voltados para articulação e o reposicionamento da língua, semelhante às abordagens da motricidade orofacial nos pacientes com disfunção temporomandibular ou desvio de mandíbula. Dentre os exercícios mais comuns estão os de sobrearticulação e os de tônus de língua[6].

Maxila

Após a cirurgia, pode ser necessária a reconstrução ou uso de prótese obturadora. O trismo pode ser uma queixa presente.

A ressonância vocal está alterada, já que tende ao foco hipernasal quando há escape de ar pela prótese obturadora ou hiponasal, nos casos de reconstrução com retalho volumoso. É observada queixa na respiração e redução na *loudness*. É necessário o trabalho de direcionamento de fluxo aéreo e exercícios de coordenação pneumofonoarticulatória (CPFA). O indivíduo é orientado a inspirar o ar e, ao expirar, emitir, inicialmente, vogais ou fonemas isolados; posteriormente, palavras monossílabas evoluindo para palavras funcionais, polissílabas e frases[7].

Palato mole

A hipernasalidade tende a estar relacionada a ressecções ampliadas ou reconstruções parciais dessa estrutura. Em caso de reconstruções totais, é possível a ressonância ter foco hiponasal[8].

Em casos de cirurgias parciais, utilizam-se técnicas de empuxo com objetivo de maximizar o movimento do véu palatino e direcionar o fluxo aéreo oral para a cavidade bucal e minimizar a hipernasalidade[9].

A "Terapia Articulatória de Fluxo Aéreo Oral" tem como princípio a colocação de fluxo aéreo bucal em todos os sons da fala. Para isso, utiliza-se um aparelho denominado "*scape scope*" que consiste em um cilindro de vidro com uma pequena bola de isopor no seu interior[9]. Esse aparelho costuma ser indicado para pacientes que necessitam de *biofeedback* para percepção da forma correta de execução do exercício.

Na impossibilidade de ser realizada a reconstrução, é comum a confecção da prótese obturadora de palato. Os exercícios para direcionamento de fluxo aéreo oral também são indicados com resultados relevantes na melhora da inteligibilidade de fala.

Língua – glossectomias

A imprecisão articulatória e a velocidade de fala lentificada (fala pastosa) são características presentes após estas cirurgias:

1. Borda de língua e hemiglossectomia: há predomínio de distorções nos fonemas líquidos (/r/, /l/) e nos fricativos (/s/, /z/, /f/, /j/).
2. Ponta de língua: há comprometimento dos fonemas linguodentais (/t/ e /d/).
3. Subtotal: os fonemas bilabiais (/p/, /b/, /m/), posteriores (/k/, /g/) e as vogais estão preservados. Portanto, é interessante utilizar o lábio a fim de favorecer a emissão de fonemas linguodentais (/t/, /d/, /n/).
4. Base de língua: há comprometimento dos fonemas posteriores (/k/ e /g/), sendo compensado com o "golpe de glote"[5,10]. Essas distorções podem aparecer em maior ou menor grau a depender da extensão da mutilação, se houve reconstrução e seu respectivo tipo. São recomendados exercícios de alongamento de musculatura, reposicionamento da língua ou lábio, diminuição da velocidade de fala e sobrearticulação. O treino com monossílabos do fonema alvo, palavras funcionais e frases auxiliam na automatização do processo.

5. Total: apenas as vogais e os fonemas bilabiais (/p/, /b/, /m/) estão preservados e o volume de tecido na reconstrução pode facilitar o golpe de glote para a reabilitação da fala durante a emissão de fonemas posteriores (/k/ e /g/)[10,11].

Uma das opções de adaptação que favorecem a melhora da comunicação é o uso de próteses bucomaxilofaciais (PBMF), que permitem a reabilitação estética, funcional e a aproximação do lábio inferior no dente para produção de fonemas linguodentais distorcidos.

Tumores de cavidade nasal e nasofaringe

O fonoaudiólogo precisa estabelecer condutas visando à sintomatologia de cada paciente de acordo com a região e função acometida, o que envolve uma equipe multiprofissional. Será necessário um processo integrado de reabilitação da fala, audição e deglutição.

A presença de doença maligna na rinofaringe e a realização de seu tratamento acarretam desequilíbrios no nível respiratório (respiração insuficiente para fonação), glótico (esforço na emissão vocal), ressonantal pelo não aproveitamento da caixa de ressonância, trismo e xerostomia, que compromete a lubrificação da cavidade oral e a produção articulatória. As estratégias precisam ser individualizadas considerando os exercícios de articulação, vocais e de ressonância e aparelhos auditivos quando indicados[9,11,12].

Devido à fibrose, a redução da abertura da boca compromete a projeção vocal e a hipernasalidade compromete a inteligibilidade da fala. São recomendados exercícios para abertura de boca (abertura com auxílio de espátulas empilhadas e/ou theraBite®), treino de fluxo aéreo oral e CPFA como orientação de inspirar e emitir vogal/fonema/palavras, durante a expiração[13].

Exercícios oromiofuncionais diversos e PBMF são ferramentas para viabilizar a mobilidade e suprir as estruturas retiradas e/ou alteradas. Muitas vezes os exercícios não são suficientes para compensar a falta de estruturas ósseas e cartilaginosas em caso de cirurgia. Portanto, nesses casos, as próteses também são um recurso tecnológico viável, funcional e estético.

Tumores de laringe – laringectomia total

Após a laringectomia total (LT), o objetivo da restauração da voz é criar, artificialmente, uma fonte sonora e, mais especificamente, criar um movimento vibratório do ar que possa ser projetado e modificado pelo trato vocal. Existem três modalidades principais para restauração da comunicação às quais daremos enfoque neste capítulo: a voz esofágica, a laringe eletrônica e a punção traqueoesofágica, contudo a aceitação de cada método e o seu respectivo sucesso do uso são variados. Nenhum dos métodos é considerado o melhor para todos os pacientes, porém a punção traqueoesofágica tornou-se o preferido na última década.

Voz esofágica

A voz esofágica (VE), ou fala esofágica, é produzida pela insuflação de ar no esôfago e sua regurgitação, sonorizada através da passagem e vibração pelas paredes do esfíncter esofágico superior (EES). Dois fatores são essenciais para adquirir VE: primeiro, a capacidade de colocar ar no reservatório esofágico (insuflação) e, segundo, a capacidade de controlar voluntariamente a expulsão desse ar através do segmento faringoesofágico (SFE) em relação à sua intensidade e características duracionais. O grau de dificuldade na realização de uma dessas tarefas acarreta no sucesso ou insucesso na aquisição da VE funcional[14].

A VE, apesar de fisiológica, tem duas desvantagens principais. Primeiro, a entrada de ar no esôfago leva a interrupções frequentes no fluxo da fala, e o reservatório para o fluxo de ar permite o acúmulo de um volume máximo de até 100 mL de ar e, portanto, o indivíduo produz apenas algumas sílabas de cada vez. Segundo, nem todos dominam as técnicas e estudos sugerem que apenas um terço dos laringectomizados são capazes de aprender a VE e usá-la[14].

O uso da VE foi descrito pela primeira vez por Strübing e Landois em 1889 com ênfase em uma fala produzida com o auxílio da base da língua. Em 1896, Störk publicou uma série de casos demonstrando que laringectomizados totais conseguiam se comunicar através da VE e a partir daí diversos métodos para aquisição da VE começaram a surgir[14]. A seguir listamos os métodos de aquisição da VE mais comumente descritos na literatura:

A. Método de deglutição do ar: descrito em 1900 por Georg Gottstein e atualizado por Gutzmann, essa técnica consiste em engolir o ar durante a inspiração e devolvê-lo para a produção de fala. A orientação é que o indivíduo inicie uma deglutição do ar e, quando sentir sua introdução no esôfago, expulse-o de forma a emitir os sons da fala[14,15].
B. Método de aspiração do ar: em 1920, Böhme M. Seemann descreveu uma técnica que envolve sucção rápida. Como resultado da pressão intratorácica negativa e da pressão negativa no esôfago, o EES se abre e o ar flui para o esôfago. Quando as pressões se igualam, o EES fecha novamente e o ar que fica no esôfago pode ser usado para fonação[14,15].

C. Método de injeção do ar: foi descrito detalhadamente por Moolenaar-Bijl na década de 1950. Os indivíduos devem utilizar os lábios, a língua e o músculo bucinador para aumentar a pressão intraoral e faríngea e, assim, injetar o ar da cavidade oral para o esôfago. Pode ser feita por pressão glossofaríngea, isto é, a língua comprime e ejeta o ar no esôfago de forma rápida e forte; ou por pressão consonantal quando o ar é injetado pela produção de sons plosivos sonoros[14,15].
D. Método Ferri: também conhecido como bomba velofaríngea, consiste em usar o véu palatino (palato mole) como uma bomba para injeção de ar em nível do segmento faringoesofágico. É composto por 4 fases[16,17]:
   1. Fase preliminar: primeiro encontro para vínculo e dúvidas.
   2. Fase preparatória: realização de termoterapia com compressas mornas no pescoço e ombros, massagem e alongamento cervical e dos músculos faciais e percepção do segmento faringoesofágico com o auxílio de água.
   3. 1ª fase: orientação de exercícios para desenvolvimento do fluxo aéreo e sonoro. É dado como modelo o som do arrulho do pombo (UP UP UP).
   4. 2ª fase: exercícios com emissões (vogais, consoantes, palavras, frases, fala encadeada e fala espontânea) e com foco em tonicidade e mobilidade dos órgãos fonoarticulatórios, sobrearticulação, ressonância, pronúncia e fluência.
E. Técnica de aquisição de voz esofágica descrita por Rossi: com o auxílio de uma sonda de insuflação é realizada a estimulação direta no esôfago. Solicita-se ao indivíduo que inspire, o estoma é vedado digitalmente e o ar direcionado pela sonda para vibrar o SFE, na sequência solicita-se a produção de emissões (números, dias da semana e meses do ano)[18].

Na prática clínica, é comum observar que o bom falante de VE utiliza mais de um método em sua comunicação. Portanto, mesmo que o paciente se identifique melhor com um dos métodos, é interessante treinar mais de um.

Laringe eletrônica

A laringe eletrônica (LE), ou eletrolaringe, é um dispositivo externo que induz a vibração da mucosa oral ou faríngea, geralmente em frequência fundamental constante. A LE pode funcionar tanto indiretamente por contato com a pele, que induz vibrações faríngeas, ou diretamente por contato intraoral, que induz vibrações na cavidade oral[19].

Os músculos da articulação ficam geralmente intactos após a LT e, portanto, são passíveis de transformar o ruído vibratório fornecido pelo aparelho em uma fala compreensível. A técnica intraoral utiliza um pequeno tubo vibratório que é introduzido na boca e colocado contra a mucosa bucal, mucosa faríngea ou base da língua. É indicado para pessoas com rigidez ou fibrose da musculatura do pescoço (após radioterapia, por exemplo). Seu uso pode comprometer a emissão de fonemas, principalmente dos linguodentais, alveolares e palatais, levando à diminuição da inteligibilidade da fala[19].

O início da reabilitação fonoaudiológica nesses casos deve abranger a discussão sobre a escolha do melhor dispositivo, auxiliar no posicionamento do aparelho, orientar quanto à coordenação entre ligar a LE e começar a articular os sons e desligar apenas quando terminar a mensagem. O trabalho de sobrearticulação, velocidade de fala e redução dos ruídos bucais também são aspectos importantes para manter a inteligibilidade do discurso. Contudo, é interessante trabalhar com um pequeno fluxo de ar na emissão dos fonemas fricativos, como /s/, /z/, /f/ e /v/, pois esses fonemas geralmente não são ouvidos durante o uso da laringe eletrônica, diminuindo a compreensão da fala. Além disso, deve-se atentar à inteligibilidade reduzida mais evidente para as consoantes surdas, pois a LE fornece uma fonte sonora mecânica contínua[19].

De modo geral, a LE promove uma comunicação de fácil e rápido aprendizado, com qualidade vocal robótica, monótona e intensidade limitada. Pode ser uma boa opção no pós-operatório imediato, quando há dificuldade de aprendizado da VE ou restrições ao uso da prótese traqueoesofágica.

Punção traqueoesofágica/voz traquoesofágica/prótese traqueoesofágica/prótese fonatória

A prótese traqueoesofágica (PTE) é uma válvula unidirecional inserida por meio de uma punção traqueoesofágica conectando a traqueia e o esôfago. Quando o paciente oclui o estoma, o ar é desviado através da PTE para o esôfago, onde induz a vibração do EES[20].

Sua principal vantagem é gerar uma voz mais inteligível, fluente e natural, em contraste com outros métodos de fala alaríngea. Embora a VE também use o EES como fonte sonora, os laringectomizados que usam a PTE utilizam o ar pulmonar para a produção da fala. Isso leva a um aumento da fluência e maior extensão vocal. Uma desvantagem da prótese traqueoesofágica é que ela requer cuidado e manutenção: higiene contínua, substituições regulares ou mediante complicações no uso e/ou surgimento de granulomas. Além disso, pacientes com estenose ou estreitamento da região do EES podem não conseguir obter uma boa voz[20].

Tumores de laringe – laringectomia parcial vertical e horizontal

A reabilitação das laringectomias parciais verticais, procedimentos descritos como de menor porte, é semelhante às estratégias descritas para as paresias e paralisias de prega vocal. Entretanto, após a cordectomia ou procedimentos cirúrgicos em pregas vocais, dependendo da extensão e localização da ressecção, o fonoaudiólogo precisa estabelecer condutas visando evitar a sinéquia. É importante compreender que, caso o profissional inicie exercícios de fechamento glótico no período inadequado, pode ocorrer aderência cicatricial das pregas vocais e da estrutura laríngea[21].

No momento favorável, estabelecido por meio de diálogo multiprofissional, iniciam-se exercícios e manobras que visam restabelecer e reorganizar o fechamento glótico. É preciso compensar a perda da prega vocal por meio das estruturas contralaterais à lesão. Podemos utilizar exercícios vibratórios associados a movimentos cervicais, trato vocal semiocluído e ajustes posturais, por exemplo[21].

O grau da disfonia aumenta gradualmente com a profundidade da ressecção, assim como as limitações terapêuticas em relação à qualidade vocal. Normalmente são pacientes sem vias alternativas de alimentação, sem traqueostomia e com qualidade vocal inicial soprosa, astênica e áspera após o procedimento[21]. Quanto maior a extensão e/ou associação com a radioterapia, maior o comprometimento funcional. Qualidade vocal rugosa, soprosa, rouca e/ou tensa poderão ser encontradas em diferentes proporções nesses pacientes[22].

A função vocal é restabelecida em paralelo à reabilitação da deglutição, uma vez que inúmeros exercícios vocais são utilizados ativamente na reabilitação da disfagia[22,23]. Empuxo, emissão de som hiperagudo e vogal sustentada precisam ser utilizados imediatamente após liberação da equipe cirúrgica para favorecer a coaptação da neoglote e proteção das vias aéreas. De acordo com a execução e adaptação de cada indivíduo podem ser incluídos gradativamente exercícios vibratórios e de trato vocal semiocluído, com diferentes posturas e movimentações cervicais[23].

A língua, após as laringectomias parciais horizontais tipo II e tipo III, apresenta redução importante de sua mobilidade e coordenação, portanto, estratégias precisam ser utilizadas para viabilizar uma deglutição funcional e uma comunicação com melhor inteligibilidade de fala. No processo terapêutico, a realização de exercícios de língua tais como contrarresistência, lateralização e rotação de língua no vestíbulo é fundamental.[22,23].

Exercícios respiratórios (expiratórios e inspiratórios) e aparelhos vibratórios como Shaker podem ser utilizados visando à drenagem do edema, mobilidade do arcabouço da neolaringe e CPFA[22,23].

Em relação às manobras, a supraglótica, supersupraglótica e mudanças posturais possibilitam maior amplitude de movimento e maior duração do fechamento da neoglote no momento da deglutição. Esses recursos favorecem o fechamento laríngeo e beneficiam a qualidade vocal[22,23].

Tumores de tireoide

A disfonia pós-operatória na tireoidectomia pode se manifestar como voz rouca, fraca e soprosa, redução do tempo máximo de fonação, diminuição da intensidade, diplofonia, quebras de sonoridade e falsete como resultado do uso do músculo cricotireóideo na tentativa de obter o fechamento glótico[24]. Uma das consequências do esforço fonatório investido é a sensação de desconforto do trato vocal e dor durante a produção da voz[25].

Na maioria dos casos, a terapia vocal prioriza a abordagem direta com foco nos diferentes subsistemas da produção vocal em conjunto com técnicas indiretas que incluem direcionamentos sobre saúde e higiene vocal e comportamentos deletérios. Dessa forma, objetiva-se alcançar uma qualidade vocal equilibrada, maximizando a coaptação glótica. Também é possível incluir exercícios de relaxamento e respiração, massagem laríngea, terapia de ressonância e método de compressão digital, exercícios com variações de posicionamento de cabeça, empuxo e firmeza glótica. A combinação dessas técnicas irá favorecer a adução das pregas vocais, reduzindo a astenia e soprosidade[26].

O tratamento projetado para fortalecer os músculos respiratórios pode ser um complemento à terapia de voz, porque a manutenção de uma pressão subglótica consistente é a base para a fonação. O Treinamento de Força Muscular Expiratória (EMST) melhora a força muscular expiratória ativa necessária para atividades de alta pressão, como falas longas e/ou fortes, além de impactar positivamente no tempo máximo de fonação (TMF), na pressão expiratória máxima (PEM), na faixa dinâmica em decibéis (dB), na pressão subglótica e na percepção de redução da deficiência vocal[27].

CONCLUSÃO

O câncer de cabeça e pescoço e seus tratamentos podem impactar a comunicação oral de diversas formas. Pode haver modificação da estrutura do trato vocal, afetando a qualidade da voz, sua projeção e ressonância. A articulação dos sons da fala, o trismo, a mobilidade das estruturas orofaciais e as reconstruções teciduais impactarão, em maior ou menor grau, a inteligibilidade da fala.

A atuação fonoaudiológica deve considerar as nuances da Fononcologia, o contato constante com os cirurgiões e a equipe multiprofissional, as particularidades de cada caso, o(s) sítio(s) tumoral(is) atingido(s) e as modalidades de tratamento selecionadas.

REFERÊNCIAS BIBLIOGRÁFICAS

1. Jamal N, Ebersole B, Erman A, Chhetri D. Maximizing functional outcomes in head and neck cancer survivors: assessment and rehabilitation. Otolaryngol Clin North Am. 2017;50(4):837-52.
2. Schuster M, Stelzle F. Outcome measurements after oral cancer treatment: speech and speech-related aspects - an overview. Oral Maxillofac Surg. 2012;16(3):291-8.
3. Mlynarek AM, Rieger JM, Harris JR, O'Connell DA, Al-Qahtani KH, Ansari K, et al. Methods of functional outcomes assessment following treatment of oral and oropharyngeal cancer: review of the literature. J Otolaryngol Head Neck Surg. 2008;37(1):2-10.
4. Marson A, Tessitore A, Sakano E, Nemr K. Efetividade da fonoterapia e proposta de intervenção breve em respiradores orais. Rev CEFAC. 2012;14(6):1153-66.
5. Meyerson MD, Johnson BH, Weitzman RS. Rehabilitation of a patient with complete mandibulectomy and partial glossectomy. Am J Otolaryngol. 1980;1(3):256-61.
6. Taucci RA, Bianchini EMG. Verificação da interferência das disfunções temporomandibulares na articulação da fala: queixas e caracterização dos movimentos mandibulares. Rev Soc Bras Fonoaudiol. 2007;12(4):274-80.
7. Dholam KP, Bachher G, Gurav SV. Changes in the quality of life and acoustic speech parameters of patients in various stages of prosthetic rehabilitation with an obturator after maxillectomy. J Prosthet Dent. 2020;123(2):355-63.
8. Balaguer M, Pommée T, Farinas J, Pinquier J, Woisard V, Speyer R. Effects of oral and oropharyngeal cancer on speech intelligibility using acoustic analysis: Systematic review. Head Neck. 2020;42(1):111-30.
9. Junqueira P, Vaz ACN, López CP, Pignatari SN, Weckx LM. Técnica de correção de hipernasalidade causada por adenoidectomia. Rev Bras Otorrinolaringol. 2002;68(4):593-6.
10. Dziegielewski PT, Ho ML, Rieger J, Singh P, Langille M, Harris JR, Seikaly H. Total glossectomy with laryngeal preservation and free flap reconstruction: objective functional outcomes and systematic review of the literature. Laryngoscope. 2013;123(1):140-5.
11. Marino VCDC, Dutka JDCR, Pegoraro-Krook MI, Lima-Gregio AM. Articulação compensatória associada à fissura de palato ou disfunção velofaríngea: revisão de literatura. Rev CEFAC. 2012;14(3):528-43.
12. Wang D, Liao M, Wu J, Luo W, Qi S, Liu B, et al. Salvage treatments for locally recurrent nasopharyngeal cancer: systematic review and meta-analysis. Head Neck. 2023;45(2):503-20.
13. Lee R, Yeo ST, Rogers SN, Caress AL, Molassiotis A, Ryder D, et al. Randomised feasibility study to compare the use of Therabite® with wooden spatulas to relieve and prevent trismus in patients with cancer of the head and neck. Br J Oral Maxillofac Surg. 2018;56(4):283-91.
14. Lorenz KJ. Rehabilitation after total laryngectomy - A tribute to the pioneers of voice restoration in the last two centuries. Front Med. 2017;4(81):1-12.
15. Marquezin DS, Reis N. Reabilitação fonoaudiológica na laringectomia total. In: Feitosa ALF, Depolli GT, Guimarães MF. Mapas conceituais em .Fonoaudiologia: Fononcologia. Ribeirão Preto: Booktoy; 2023. p. 101-8.
16. Trindade TGP. Desenvolvimento de voz esofágica pelo Método Ferri: um relato de caso. [undergraduate thesis]. Brasília: Faculdade de Ceilândia, Universidade de Brasília; 2019.
17. Oliveira LRB. Análise vocal e endoscópica do método da bomba velofaríngea na aquisição da voz esofágica. [dissertation]. São Paulo: Universidade Federal de São Paulo; 2015.
18. Rossi VCC. Desempenho da técnica Vaneli com uso da sonda de insuflação para aquisição de voz esofágica. [thesis]. Campinas: Faculdade de Ciências Médicas, Universidade Estadual de Campinas; 2018.
19. Kaye R, Tang CG, Sinclair CF. The electrolarynx: voice restoration after total laryngectomy. Med Devices (Auckl). 2017;21(10):133-40.
20. Brook I, Goodman JF. Tracheoesophageal voice prosthesis use and maintenance in laryngectomees. Int Arch Otorhinolaryngol. 2020;24(4):e535-e538.
21. Sjogren E, Hendriksma M, Piazza C, Hartl DM, Suarez C, Cohen O, et al. Voice outcome after carbon dioxide transoral laser microsurgery for glottic cancer according to the European Laryngological Society Classification of Cordectomy Types - A systematic review. J Voice. 2022;11:S0892-1997(22)00069-8.
22. Zica GM, Freitas AS, Silva ACAE, Dias FL, Santos IC, Freitas EQ, et al. Swallowing, voice and quality of life of patients submitted to extended supratracheal laryngectomy. Einstein (São Paulo). 2020;18:eAO5390.
23. Freitas AS, Zica GM, Freitas EQ, Silva ACAE, Dias FL, Santos IC. Residue localization and risk for aspiration in partial laryngectomy: the relevance of assertive therapeutic strategies and resources. Einstein (São Paulo). 2022;14(20):eAO6262.
24. Schindler A, Bottero A, Capaccio P, Ginocchio D, Adorni F, Ottaviani F. Vocal improvement after voice therapy in unilateral vocal fold paralysis. J Voice. 2008;22(1):113-8.
25. Miller S. Voice therapy for vocal fold paralysis. Otolaryngol Clin North Am. 2004;37(1):105-19.
26. Yu WV, Wu CW. Speech therapy after thyroidectomy. Gland Surg. 2017;6(5):501-9.
27. Belsky MA, Shelly S, Rothenberger SD, Ziegler A, Hoffman B, Hapner ER, et al. Phonation Resistance Training Exercises (PhoRTE) with and without Expiratory Muscle Strength Training (EMST) for patients with presbyphonia: A noninferiority randomized clinical trial. J Voice. 2023;37(3):398-409.

110

Atuação fonoaudiológica em cantores de alta performance

Priscila Oliveira Costa Silva
Émile Rocha Santana
Elisabeth Amin
Adriana Bezerra

PONTOS-CHAVE

- O cantor de alta performance possui características de atuação e desempenho vocal diferenciadas, sendo submetido a elevadas exigências vocais em termos de qualidade e tempo de uso.
- O gênero musical influencia todo o percurso da atuação fonoaudiológica com cantores de alta performance, desde a anamnese até a intervenção.
- O condicionamento vocal é ponto fortemente preconizado na atuação junto a esses profissionais, independentemente do gênero musical.
- O conhecimento teórico amplo e o suporte de uma equipe interdisciplinar são requisitos indispensáveis para atuar junto a esse cantor em sua integralidade.

OBJETIVOS DE APRENDIZAGEM

Ao final deste capítulo, o leitor deverá ser capaz de:

- Identificar as características de demanda, exigências e particularidades vocais de cantores de alta performance.
- Listar pontos principais e procedimentos básicos para anamnese, avaliação e intervenção fonoaudiológica junto a esse público.
- Integrar essas informações a demais conhecimentos multidisciplinares para formular uma atuação consistente, coerente, moderna e personalizada a esses profissionais da voz.

"Sem a música a vida seria um erro."
Friedrich Nietzsche

INTRODUÇÃO

A música tem uma função social poderosa em virtude de sua notável capacidade de evocar uma ampla gama de emoções, podendo até induzir respostas fisiológicas, como alterações na frequência cardíaca e nos níveis hormonais. A influência da música nas emoções humanas é multifacetada e complexa, e abrange dimensões cognitivas, emocionais, fisiológicas e sociais. Tais aspectos fazem da música uma ferramenta potente para melhorar o bem-estar, facilitar conexões sociais e enriquecer a experiência humana.

A voz cantada está inserida em um universo artístico que combina melodias, estilos, estética e emoções, constantemente associados a uma plena e refinada teia neurofisiológica na utilização do aparelho fonador*. A atuação fonoaudiológica com cantores requer o envolvimento de saberes de várias áreas do conhecimento, que culminam na combinação entre arte e ciência. Respeitar a singularidade de cada um e entender que não existe uma terapia única, ou mesmo exercícios que possam ser aplicados a todos sem distinção, é de extrema importância e é também um desafio.

Cantores de alta performance são profissionais da voz que estão constantemente submetidos a elevadas exigências vocais, seja por usá-la em uma extensa faixa de frequência/intensidade ou por longos períodos[1,2]. Muitos cantores podem cantar bem intuitivamente, porém, para um profissional de alta performance, o conhecimento sobre anatomia e o domínio sobre a fisiologia vocal, a técnica, o gênero escolhido, teoria musical, afinação, ritmo, dinâmica, harmonia e interpretação, permitirão maior liberdade para expressar sua singularidade e alcançar com excelência o objetivo final que é envolver o ouvinte ou o público com a sua arte.

Na música, essa expressão de arte é classificada em gêneros musicais. Os gêneros agrupam conteúdos musicais que compartilham características semelhantes em termos de som, instrumentação, ritmo, melodia, harmonia e, muitas vezes, contexto cultural ou histórico. A diversidade de gêneros musicais reflete também uma ampla e criativa gama de formatos de expressão vocal que têm exigido uma assistência cada vez mais personalizada aos cantores.

Tradicionalmente, os gêneros musicais se dividem em dois grandes grupos: clássicos e "não clássicos"[3]. Neste capítulo, para fins didáticos, os gêneros Popular e Teatro Musical serão considerados dentro da categoria de *Contemporary Commercial Music* (CCM)** ou Música Comercial Contemporânea (MCC), acompanhando a literatura internacional[3,4]. Fazem parte dessa categoria todo tipo de canto que não seja lírico/clássico.

A atuação fonoaudiológica com cantores de alta performance apresenta particularidades importantes para avaliação e intervenção. Em linhas gerais, o fonoaudiólogo dá suporte à atuação do cantor, conduzindo-o à sua melhor performance pela otimização dos mecanismos envolvidos na produção da voz. Conhecer e saber manipular elementos fundamentais da produção da voz cantada nos mais variados gêneros musicais e sob diferentes condições, até mesmo as mais adversas, é requisito primordial para uma assistência eficaz.

Neste capítulo, apresentaremos de forma breve os principais pontos para a atuação fonoaudiológica com esse público e explicitamos os aspectos diferenciais a serem considerados em cada gênero musical. Cabe ressaltar que o material apresentado se baseia na experiência brasileira com cantores de alta performance.

CONSIDERAÇÕES SOBRE ANAMNESE, AVALIAÇÃO E INTERVENÇÃO FONOAUDIOLÓGICA EM CANTORES DE ALTA PERFORMANCE

Anamnese

A avaliação vocal de um cantor de alta performance deve ser abrangente e contemplar diversos componentes com o objetivo de caracterizar os aspectos de sua voz e saúde vocal. Uma anamnese minuciosa é o ponto de partida, pois permitirá a obtenção de informações importantes do universo do cantor, garantindo uma intervenção segura, eficaz e focada na melhoria do seu desempenho.

Na entrevista/anamnese é imprescindível a investigação de aspectos como: sintomas vocais; condições de saúde geral; sono; alimentação; hidratação; ingestão de álcool, cigarro e drogas recreacionais; uso de suplementação; uso de medicamentos; condicionamento físico e realização de atividade física regular; uso de adesivos/chips e reposições hormonais; rotina regular de exercícios vocais; locais e condições dos ensaios. Questionamentos adicionais devem ser incluídos a critério do clínico e de acordo com a necessidade de cada gênero/estilo de canto.

* Todas as propriedades do som (altura, intensidade, duração e timbre) são realizadas através da interação entre respiração-fonação-articulação/ressonância.

** O termo CCM foi criado para substituir o "não clássico" utilizado anteriormente na literatura da área e que evidenciava a falta de uma denominação para esses gêneros.

Para o cantor popular, é importante identificar o uso regular e a qualidade dos equipamentos de amplificação (microfone e retorno auricular) utilizados nos ensaios e na performance; para o cantor lírico, deve-se identificar se ele canta na classificação vocal adequada, se faz *crossover**, a presença de sintomas de dor/desconforto em região supralaríngea, masseteres e articulação temporomandibular. Para os cantores de teatro musical, é importante investigar a história de formação vocal do cantor e o uso vocal profissional além da voz cantada.

O uso da voz falada profissional paralela às atividades de canto é uma informação importante tanto para cantores de teatro musical quanto líricos, pois comportamentos vocais abusivos nesse contexto podem comprometer o refinamento vocal necessário para a atuação musical desses cantores. Além disso, afecções de vias aéreas como rinites, sinusites, bronquites e asmas devem ser cuidadosamente investigadas e monitoradas, pois são muito mais impactantes nessas duas categorias de canto. Tais acometimentos comprometem o sistema respiratório e, consequentemente, a relação entre respiração, fonte e filtro. Dessa forma, prejudicam o bom aproveitamento vocal, necessário para a plena performance desses cantores, gerando esforço, desconforto e restrição da liberdade na atuação.

Avaliação

A avaliação vocal deve observar a qualidade vocal cantada e falada, contemplando aspectos gerais do julgamento perceptivo-auditivo e análise acústica. Além desses, devem ser avaliados com atenção o campo dinâmico vocal, registro, extensão e tessitura, respiração e coordenação pneumofônica, ajustes negativos (corporais e específicos do trato vocal) durante a emissão cantada, postura corporal, musculatura extrínseca e acessória da laringe.

A avaliação *in loco* do comportamento vocal e da performance é considerada imprescindível para a atuação junto a esses cantores, pois ela permitirá a análise da voz durante a atividade de canto "em tempo real". Deve ser realizada o mais cedo possível, para identificar as demandas do cantor e a necessidade de possíveis ajustes a serem feitos para ensaios e apresentações.

É importante observar o uso da voz cantada e falada durante a apresentação, ajustes de posicionamento do microfone e/ou outro instrumento, postura no palco, vestimentas, utilização correta do retorno (palco ou intra-auricular – *in ear*). No cantor lírico, recomenda-se avaliar duas peças, que serão usadas como ponto de partida para o processo terapêutico (uma mais lenta e sustentada, outra de agilidade). Essas peças devem servir de referência para a avaliação do trabalho, e para auxiliar o cantor na autoavaliação de seus progressos durante o processo terapêutico.

Particularidades de cada gênero também precisam ser consideradas na etapa de avaliação vocal. Para cantores populares, a análise do repertório juntamente com o próprio cantor e seu produtor musical é importante para identificar se possíveis ajustes precisam ser feitos com o objetivo de gerenciar melhor a demanda vocal em longos períodos de apresentação e jornadas de shows extensas. Um aspecto que também deve ser incorporado é a avaliação audiológica associada à equalização das frequências do retorno intra-auricular, tanto para o seu melhor aproveitamento na performance, como para a proteção das vias auditivas.

Para os cantores líricos, é primordial a avaliação do alinhamento corporal, do padrão respiratório, da articulação dos fonemas (vogais e consoantes), da posição e nível vertical da laringe no pescoço, dos aspectos da motricidade oral incluindo amplitude de abertura de boca, posicionamento de língua e véu palatino. Considerando que o canto lírico não utiliza amplificação sonora externa e depende muito da ressonância, o papel da língua e da mandíbula na acústica de vogais (formantes), consoantes e até nos formantes do cantor é fundamental[5]. Deve-se dar atenção às estruturas supraglóticas, pois podem amplificar ou abafar harmônicos produzidos na glote. Deve-se observar se, para manter a laringe baixa, o cantor retrai a língua, com consequente tensão do músculo hioglosso[5,6].

A relação entre a respiração e a fonação é muito importante principalmente na manutenção do som *legato***, que é o que caracteriza o canto erudito. Esperam-se valores de tempo máximo fonatório (TMF) superiores aos encontrados em falantes habituais. Além disso, essa relação muda através das regiões da voz, o que sugere que devemos avaliá-la em diferentes regiões da tessitura.

Para cantores de teatro musical, que muitas vezes dançam enquanto cantam, a avaliação da respiração também deve considerar esse parâmetro, pois o suporte respiratório e o tônus diafragmático podem diminuir nessas circunstâncias. Além disso, nesses cantores

* Cantar vários gêneros musicais, por exemplo ópera e teatro musical.

** *Legato* ou ligado é um termo usado na linguagem musical onde o modo e estilo de execução musical em que as notas de uma passagem se sucedem com fluidez, sem interrupções, exigindo um fino controle pneumofonoarticulatório.

deve-se avaliar com atenção a habilidade e o uso de diferentes registros vocais, ajustes e domínio de "ornamentos" (como melismas e vibratos), assim como a voz cênica (projeção vocal, respiração, prosódia, velocidade de fala).

Destaca-se que tanto a avaliação do terapeuta como a autoavaliação feita pelo paciente devem ser contínuas durante a abordagem com o cantor, para assim escolhermos a melhor estratégia para cada momento da intervenção.

Intervenção

No contexto da intervenção, a importância do aquecimento/desaquecimento vocal é unânime e inquestionável. O benefício do aquecimento vocal, em geral, está direcionado ao melhor funcionamento vocal, prevenção de lesões e melhor recuperação pós-performance para todos os cantores, independentemente do gênero[1,8]. O programa de exercícios deve ser personalizado para cada cantor e necessidades da sua atuação, e deve ser realizado nos dias de ensaios e apresentações, em programas televisivos, radialísticos ou via mídia social, não apenas nos shows.

Em linhas gerais, o aquecimento vocal deve ser realizado em até 30 minutos antes da performance para manutenção dos ajustes ativados, visto que há uma tendência natural de que os parâmetros vocais retornem à sua base habitual após um certo período de repouso vocal[9]. Há ainda recomendações recentes[1,8] de que o aquecimento seja breve e objetivo, para que se evite aspectos de fadiga muscular já no momento pré-performance. Contudo, ressalvas precisam ser observadas, como nos cantores de trio elétrico, que enfrentam maratonas gigantescas de shows consecutivos. Para eles, o aquecimento deve ser mais extenso e com intensa mobilização glótica, para promover o ajuste adequado da voz em toda a tessitura.

É importante mencionar que para alguns gêneros, como lírico e teatro musical, o aquecimento vocal geralmente se dividirá em duas partes: 1) o aquecimento fisiológico, recomendado pelo fonoaudiólogo, com foco no suporte fisiológico e integração entre os três subsistemas da produção vocal; e 2) o aquecimento vocal artístico, recomendado pelo professor de canto/*coach*, direcionado à performance-alvo.

O desaquecimento vocal também deve ser preconizado para todos os cantores, visando o retorno da estrutura laríngea à posição neutra, após uso extensivo da voz fora da fonação habitual, favorecendo melhor recuperação pós-performance e maior longevidade vocal. A rotina de desaquecimento também deve ser personalizada e adequada à atividade exigida, com foco na redução de edemas e no conforto vocal[1], favorecendo melhor performance vocal nos dias seguintes, para cantores com elevadas e consecutivas demandas de uso da voz.

Uma questão essencial é que, muitas vezes, o trabalho fonoaudiológico precisa equilibrar a habilitação/aprimoramento vocal e a reabilitação de possíveis alterações vocais que, recorrentemente, se apresentam na carreira dos cantores de alta performance. Apesar de ser motivo de inquietação para nós, clínicos em geral, na maioria das vezes o tratamento precisa ser realizado com a manutenção do cantor em sua atuação. Isso deve acontecer para evitar perda de contratos, papéis ou até mesmo prejuízos financeiros importantes com o afastamento das atividades de canto. No entanto, tal conduta só é possível se o distúrbio vocal presente não trouxer limitações significativas à performance do cantor e se essa continuidade não implicar em piora do quadro clínico apresentado.

As características de cada gênero musical e os aspectos particulares da intervenção junto a cantores de cada categoria serão detalhados a seguir.

CANTORES DE ALTA PERFORMANCE – GÊNERO POPULAR

O cantor de música popular no Brasil é, geralmente, um profissional autodidata da voz artística, inspirado por ter nascido em família de músicos/cantores ou alertado da sua capacidade performática ou dom por amigos e conhecidos. Em sua maioria, ingressam na carreira musical praticamente sem suporte vocal técnico.

Ao longo da carreira, alguns passam por oficinas de técnicas vocais, cursos livres de canto, cantam em corais, mas raramente passam pela academia. No país, são poucos os cursos superiores com foco em Música/Canto Popular e poucos cantores têm conhecimentos musicais formais, mesmo quando tocam algum instrumento. Por esse motivo, são inúmeras as lacunas relativas às orientações vocais, ao aprendizado da prática do canto e da técnica vocal, além de conhecimentos básicos sobre o mecanismo de produção vocal.

Existem três aspectos importantes que caracterizam o cantor popular como um cantor de alta performance: a) horas de atividade do canto; b) tipo/estilo musical; c) necessidade de outras habilidades que vão além das do canto: dançar, tocar algum instrumento e/ou interpretar/atuar[8,10].

Podemos inserir nessa categoria os cantores populares de barzinhos, *axé music*, pagode, sertanejo, arrocha e pop/funk, que costumam realizar, no mínimo, três shows semanais de uma hora e meia ou mais ao longo de todo o ano. É comum que realizem "casadinhas" (dois ou três shows na noite) ao longo de todo o ano e necessitam de elevado recrutamento muscular laríngeo (principalmente do músculo tireoaritenóideo – TA), pela forte demanda de fechamento glótico e agilidade para modificação de registros. Por fim, além do trabalho muscular vocal, fazem uso de trabalho corporal intenso, dançando, tocando algum instrumento ou "atuando" durante suas canções.

Os cantores populares brasileiros de alta performance têm como peculiaridade utilizar-se rotineiramente do "grito" (ataque vocal brusco) – emissão de forte intensidade, em uma região de voz plena, ou seja, registro modal (peito, médio, cabeça). Todavia, o registro de cabeça aqui explorado por eles não é suave. Eles devem cantar na região aguda, com ativação concomitante do TA, para dar peso à voz, com o auxílio dos músculos adutores aritenóideos (AA) e cricoaritenóideos laterais (CAL), para promover o fechamento total das pregas vocais. Observa-se uma laringe mais alta, uso de voz de comando*, articulação precisa e, assim, necessidade de excelente coordenação pneumofonoarticulatória.

A exceção seriam cantores de barzinhos, que passam por vários estilos (MPB, bossa nova, romântico, pop jazz, blues, soul etc.) durante a performance, e por isso, utilizam quase todas as regiões do registro vocal, inclusive *fry* e falsete. Além disso, por cantar em ambientes menores, fechados e mais calmos não necessitam do grito e da voz de comando. Por outro lado, necessitam de maior agilidade muscular para lidar com as variações estilísticas, interpretações da música popular e, por vezes, execução de algum instrumento musical.

Particularidades da intervenção em cantores populares

O condicionamento vocal do cantor de alta performance deve ser um dos pilares da atuação junto a esse público e precisa ser iniciado tão logo seja definido seu cronograma anual de apresentações. O programa de condicionamento deve ser traçado com base no princípio da individualidade, considerando as peculiaridades vocais e de estilo musical de cada cliente. Ademais, para que esse programa seja efetivo é preciso considerar também outros princípios básicos da fisiologia do exercício, como especificidade, sobrecarga e reversibilidade ou desuso[2,11].

* Voz de intensidade elevada (grito), geralmente em região aguda que é utilizada constantemente para solicitar a participação do público no canto ou na dança.

O treino de condicionamento deve ser realizado semanalmente, com variações de exercícios a cada sessão. Devem ser seguidas metas/objetivos de maneira decrescente: do mais importante para o menos importante. Da mesma forma, a aplicação dos exercícios deve ser do mais fácil para o mais difícil. A carga deve aumentar à medida que a resposta ao exercício melhore, para assim evitar atingir o platô cessando o processo de desenvolvimento. Por fim, a manutenção desses ganhos vai depender do exercício contínuo da musculatura laríngea[11].

Recomenda-se que os exercícios vocais sejam realizados, inicialmente, três vezes ao dia. Essa prescrição permite que, durante uma semana, o cantor realize cerca de 21 repetições de cada série de um determinado exercício, configurando um treino específico para aquele objetivo. A cada semana esse treino pode ser ampliado e modificado, seguindo o princípio de sobrecarga progressiva, importante para o condicionamento vocal. A seguir, apresentamos algumas sugestões a serem consideradas na construção de um programa de condicionamento vocal:

1. A execução de alongamento dos órgãos fonoarticulatórios (OFAs) e cintura escapular sempre deve estar presente antes do início dos exercícios. Sugere-se: lateralização de cabeça, estalo de língua, protrusão/estiramento de lábios (bico/sorriso), espaguete longo, que promove o abaixamento laríngeo e a adução suave das pregas vocais (utilizar o nebulizador para evitar ressecamento da mucosa).
2. Exercícios isotônicos** com escalas variadas, utilizando vibrantes e fricativos sonoros devem ser realizados em seguida, para favorecer a mobilização de mucosa, elasticidade e resistência.
3. Exercícios isométricos*** (aumentando gradualmente o tempo de execução) devem ser utilizados em etapas posteriores, para aumentar a resistência e melhorar a força em determinadas regiões, principalmente nas zonas mistas dos registros vocais, onde geralmente há falhas.

** São aqueles que requerem contração muscular e movimento articular. No caso da voz, temos, por exemplo, a emissão de sons graves e agudos em escalas ou arpejos, nos quais se aciona os músculos tireoaritenóideo (TA) e cricotireóideo (CT), trabalhando não somente os músculos, mas também promovendo a flexibilização da mucosa das pregas vocais (PPVV).

*** São aqueles que, durante a contração muscular, não encurtam o seu tamanho e não há movimento articular. No caso da voz, temos a emissão de fonemas por tempo mais prolongado em um determinado tom.

Recursos volitivos e não volitivos, como laserterapia, eletroterapia, canudos de diversos calibres, incentivadores respiratórios, crioterapia e termoterapia podem ser utilizados, mas não serão descritos neste capítulo. O manuseio/utilização desses equipamentos depende do treinamento por parte do profissional fonoaudiólogo. O raciocínio clínico é fundamental para que as doses sejam corretamente aplicadas e o cantor obtenha ganhos reais sem riscos à sua saúde vocal.

Em épocas de outras demandas vocais, como ensaios, participação em programas de TV, rádio e mídia social, essa rotina será naturalmente interrompida. Contudo, nessas situações deve-se manter minimamente as práticas de aquecimento/desaquecimento vocal, que auxiliarão na manutenção do desempenho obtido. Deve ser evitada a interrupção do treino de condicionamento por longos períodos, evitando consequências como destreino e suscetibilidade a lesões.

É válido ainda ressaltar que, quanto ao atendimento *in loco* em shows, não devemos nos ater apenas ao aquecimento e desaquecimento vocal. Por vezes, durante o percurso de trio elétrico, gravações de audiovisuais, gravação de vocais em estúdios, shows extensos e pausas de shows no barzinho/evento, mobilizações vocais são necessárias, em pequenos intervalos (3 a 6 minutos – até duas canções) a cada uma hora e meia de uso vocal. Esse procedimento visa a recuperação da qualidade vocal durante a performance[10].

CANTORES DE ALTA PERFORMANCE – GÊNERO LÍRICO

Atualmente, no Brasil, busca-se a construção de uma escola brasileira de canto lírico, mas ainda temos muito caminho pela frente. Aqui, o mercado é ainda restrito e fechado, sendo mais fácil para cantores que contam com um agente ou que têm o privilégio de pagar por aulas com professores renomados no Brasil e/ou exterior, ou ainda por possuírem características físicas que favoreçam sua contratação, principalmente nas montagens de óperas e operetas.

Essa categoria contempla muitas sonoridades, mas algumas características são comuns:

- Canto executado sem amplificação sonora (microfones), baseado exclusivamente na ressonância, exigindo muita habilidade na coordenação da respiração com a fonação e sua consequente relação com os filtros. O trato vocal se apresenta mais alongado, com a laringe mais baixa no pescoço. O timbre esperado é *chiaroscuro*, com equilíbrio entre harmônicos graves e agudos e voz projetada com presença de *ring* (brilho).
- O cantor deve cantar dentro da sua classificação vocal, ou seja, dentro de uma faixa definida de frequências onde a voz tem melhor aproveitamento.*
- O canto é majoritariamente *legato*, aproximando a voz à sonoridade de um instrumento musical, exigindo alta coordenação pneumofonoarticulatória.
- Há homogeneidade timbrística em toda a tessitura (sem interrupções audíveis nas passagens dos registros). Grosso modo, baixos e tenores utilizam majoritariamente o registro de peito (predomínio do TA) e contraltos, *mezzos* e sopranos o registro de cabeça (predomínio do CT).
- Necessidade de treinamento ostensivo dos três subsistemas para a obtenção de um canto livre de tensões nocivas para uma carreira saudável e longeva.
- Presença de formante do cantor[5] nas vozes graves**.
- Vibrato*** regular presente na maior parte dos estilos/épocas.
- Necessidade de conhecimentos musicais, principalmente solfejo e longo período de treinamento de canto antes de atuar profissionalmente.
- Conhecimentos de Fonética para permitir uma pronúncia adequada em várias línguas e da História da Música e especificidades do canto de cada época.

Particularidades da intervenção em cantores líricos

No caso dos cantores líricos, a habilitação é feita ao longo de anos pelos professores de canto. O fonoaudiólogo geralmente auxilia na conscientização da interação entre os três subsistemas da produção vocal, enfatizando a não linearidade entre eles, ou seja, o "tubo" flexível que vai da laringe aos lábios (trato vocal), estreita e alarga, contrai e alonga, produzindo uma infinidade de sons e ressonâncias em uma mesma frase musical. Fica claro, portanto, que um bom aproveitamento vocal depende da inter-relação harmônica entre esses sistemas. É importante entender ainda que sem liberdade vocal, a conexão com o que se canta,

* A divisão clássica das vozes, em ordem decrescente de extensão vocal e frequência é: soprano, *mezzo* soprano, contralto, tenor, barítono e baixo, sendo que no canto coral e no operístico, acontecem subdivisões e subclassificações.

** Formante do cantor consiste em um agrupamento de formantes vizinhos, em geral do terceiro, quarto e quinto formantes em todas as vogais, que provoca um ganho considerável na intensidade da voz, que deve aparecer acima dos instrumentos de uma orquestra.[5]

*** *Vibrato:* pequenas variações de frequência e intensidade que ocorrem de forma rápida e regular durante o canto.

música e texto, se perde no esforço e no desconforto. Vivenciar esse processo de maneira consciente previne danos, além de melhorar a performance.

O objetivo do trabalho é dar (ou devolver) ao cantor o maior número de opções fisiológicas saudáveis na busca da liberdade vocal na expressão artística. Sem essa liberdade é praticamente impossível encontrar a singularidade. O paciente que está lutando contra alguma dificuldade vocal em geral se apresenta inseguro e sem condição psíquica para se conectar integralmente à música, ficando artisticamente limitado, mesmo que a alteração vocal não seja de grande impacto, observado no exame médico, na análise acústica ou no julgamento perceptivo-auditivo.

A terapia da voz artística deve ser customizada e voltada para as necessidades de cada cantor. Corpo-Voz-Mente-Espírito são uma unidade e podem tanto afetar negativamente como auxiliar na arte de cantar. A seguir, apresentamos algumas sugestões de exercícios para os três subsistemas respiratório, fonatório e articulatório/ressonantal, que podem ser utilizadas no trabalho fonoaudiológico.

1. Respiração: uso de elásticos largos na circunferência do tronco auxiliam na propriocepção da expansão da circunferência torácico-abdominal. O trabalho com a musculatura respiratória é imprescindível no canto erudito, mas a literatura ainda é controversa sobre a existência ou não de uma única maneira de utilizá-la, o que parece sugerir que não existe apenas uma forma correta de respiração, mas aquela de melhor custo-benefício para o cantor. É importante que o cantor equilibre, condicione e coordene músculos intercostais e abdominais nas diferentes tarefas (legatos e *staccatos**, agilidade, ornamentos).
2. Fonação: os exercícios de trato vocal semiocluído (ETVSO) são importantes para propiciar fonação fluida, imprescindível ao canto lírico, pois proporciona frequência fundamental mais definida e maior quantidade de harmônicos agudos. Esses exercícios são também indicados para o condicionamento vocal, pois otimizam a resistência oferecida na relação respiração-fonação. Notas sustentadas, arpejos, glissandos e escalas ascendentes e descendentes feitas com ETVSO auxiliam na realização do *legato*, no equilíbrio dos registros e no fortalecimento das regiões onde o cantor apresenta mais fragilidade. O trabalho contínuo com a habilidade no uso dos registros laríngeos e sua adequação estética são muito necessários.
3. Articulação/ressonância: massagens nos masseteres, esternocleido-occipitomastóideos e base de língua auxiliam na clareza da emissão de vogais e consoantes, prevenindo esforços fonatórios desnecessários. Para adequar o posicionamento da língua e tensão do músculo hioglosso (que em geral é o que causa mais tensões no dorso da língua), pode-se utilizar: trabalho com protrusão, podendo ou não usar um canudo sob a língua (alongamento do hioglosso) concomitantemente à emissão da vogal /i/ sustentada ou em *glissandi*; massagem sob a língua com o polegar ou massageador; mover o dorso da língua para fora e para dentro com a ponta da língua nos alvéolos dos dentes inferiores.

O canto lírico é "superlativo" e apresenta demandas muitas vezes "extremas" dos sistemas envolvidos, exigindo do fonoaudiólogo observação atenta para que possa administrar em que momento tratar e/ou condicionar.

CANTORES DE ALTA PERFORMANCE – GÊNERO TEATRO MUSICAL

O Teatro Musical é um gênero que contempla três grandes áreas: canto, dança e teatro. Para se destacar, o profissional necessita desempenhar bem as três áreas. Devido à recente ascensão do gênero no país, muitas escolas foram criadas para capacitar os profissionais que desde a infância já se dedicam a essa arte.

O gênero que nasceu nos Estados Unidos (Broadway) na década de 40 e chegou ao Brasil posteriormente na década de 60 se transformou ao longo dos anos tanto no ponto de vista cênico como vocal. O Brasil tem grande relevância nesse cenário, uma vez que figura entre os países com maior número de peças em cartaz ao ano. As traduções hoje chamadas de versões evoluíram ao longo do tempo e os versionistas estão cada vez mais capacitados nas adaptações das letras respeitando a melodia e a fonética do canto em português.

Os estilos vocais encontrados no Teatro Musical são: *Legit*, *Traditional Musical Theater* (*Belting*), *Pop/Rock* e *Contemporary Musical Theatre*[12,13]. O *Legit* (ex.: *Noviça Rebelde*) é o estilo mais parecido com o canto lírico. Observam-se posicionamento de laringe mais baixo, véu palatino elevado (cobertura) e padrão articulatório mais verticalizado com ressonância elevada. O *Traditional Musical Theatre* (*Belting*) (ex.: *Les Miserables*) é o estilo mais conhecido e é o pioneiro dentro

* *Staccato*: do italiano, destacado, em oposição ao legato, as notas são curtas, produzidas com espaços entre elas.

do gênero e por muitas vezes chega a ser confundido como o único estilo vocal dentro Teatro Musical.

Já o *Belting* se tornou uma técnica além do estilo. Nele observamos posicionamento de laringe mais alto, véu palatino abaixado, língua alta, padrão articulatório horizontalizado com metal, ressonância frontal e tendência maior ao uso do registro de peito, com predomínio do TA.

O *Pop/rock* (ex.: *Jesus Cristo Super Star*) é o estilo que o próprio nome já denomina, ou seja, contempla a sonoridade do rock'n'roll. Observa-se um posicionamento de laringe mais alto com predomínio de registro de voz mista e de cabeça, bastante metal e uso de *drives**. O *Contemporary Musical Theatre* (ex.: *Wicked*), por sua vez, é o estilo mais atual no gênero. Consiste em um posicionamento de laringe menos alto do que o utilizado no *Belting* com uso predominante do registro de voz mista e ressonância mais equilibrada.

Diferentes estilos podem ser encontrados em um mesmo musical, observando-se diferenças entre os personagens. Uma exigência da performance é que se mantenha qualidade e constância vocal durante a temporada. Para isso é fundamental ter condicionamento vocal adequado para o desempenho da melhor performance. O artista muitas vezes canta sapateando, fazendo pirueta, de cabeça para baixo. Pode ser exigido um som emitido em falsete, após uma cena dramática forte onde deve gritar, ou seja, passando de um grande predomínio do TA para um grande predomínio do CT, o que exige alta flexibilidade e habilidade vocal.

Particularidades da intervenção em cantores de teatro musical

No Teatro Musical a mensagem precisa ser passada com verdade cênica para que o conteúdo do texto seja captado pelo ouvinte. O canto e a atuação se fundem e a voz necessita dessa habilidade e flexibilidade. Nesse estilo, o artista pode começar falando e o canto entrar naturalmente no mesmo lugar da fala.

A Fonoaudiologia tem grande importância na melhora do desempenho do artista e tem sido cada vez mais requerida na equipe de trabalho dentro do Teatro Musical. O objetivo do trabalho fonoaudiológico é garantir estabilidade vocal para que novos personagens sejam criados com consciência e liberdade para manutenção de alta performance e menor risco durante toda a temporada.

Os objetivos deste trabalho podem contemplar:

- Flexibilidade laríngea para conforto em diferentes emissões (exercícios como: bocejo, "b" prolongado – liberando ou segurando o som, *sniff*).
- Precisão articulatória para melhor definição das frases no canto e na fala (exercícios como: sobrearticulação com rolha, rotação de língua no vestíbulo, varredura de palato).
- Domínio respiratório e coordenação pneumofonoarticulatória (exercícios: sustentação de fricativo surdo e manutenção de costelas abertas, tônus diafragmático com emissões rápidas e repetidas dos fricativos sonoros em *staccatos*; andar, correr, dançar com movimento corporal associado ao canto).
- Qualidade vocal plena em todo campo dinâmico, por meio da flexibilização da mucosa das PPVV (exercícios: emissão de sons graves e agudos, fortes e fracos em vibração de língua, lábios, fricativos sonoros, tubos de diferentes tamanhos e diâmetros, *acapella*, *flow ball* e *finger kazoo*).
- Ressonância equilibrada garantindo controle e flexibilidade nos ajustes (exercícios: sons nasais em diversas variações, com vogais e escalas).

A atuação fonoaudiológica pode acontecer de diversas formas: em consultório privado, quando o artista por conta própria procura o atendimento, ou dentro do teatro, na preparação vocal do espetáculo no período de ensaios, durante a temporada ou em emergências vocais. O ideal é que o fonoaudiólogo esteja presente desde a concepção do espetáculo e ao longo de toda temporada, para acompanhar as exigências vocais e auxiliar na manutenção dos ajustes e possíveis alterações. Os artistas sempre estarão sujeitos a problemas vocais pontuais.

É fundamental que o artista mantenha um treino vocal diário, para o tratamento e/ou manutenção de ajustes vocais, além do aquecimento vocal realizado antes das apresentações. O desaquecimento vocal deve ser realizado após a performance a fim de trazer a voz ao melhor ajuste para a fala, mas quando acontecem as sessões duplas o desaquecimento vocal só deve ser realizado após a última sessão. No intervalo entre as sessões o profissional normalmente se alimenta, faz uso de nebulização e reaquece brevemente a voz para a performance.

* "*Drives*" são ruídos associados ao som emitido pelas PPVV através de estruturas supraglóticas (bandas ventriculares, pregas ariepiglóticas) que podem ou não estar associadas à compressão das PPVV, utilizados em alguns gêneros musicais

CONCLUSÃO

A assistência fonoaudiológica para cantores de alta performance é complexa e desafiadora. Há uma variedade de elementos envolvidos, que contemplam desde as necessidades vocais individuais, até características específicas da performance e da rotina profissional do cantor. O fonoaudiólogo precisa compreender tais elementos e adequar sua intervenção a cada situação.

A atuação fonoaudiológica brasileira junto a esses cantores vem se desenvolvendo muito na última década, destacando-se no cenário mundial. Esse destaque se deve ao desenvolvimento de práticas singulares e efetivas que atendem com excelência às demandas desses artistas, que atualmente conseguem preservar sua saúde vocal mesmo depois de demandas exaustivas de uso vocal.

AGRADECIMENTOS

Agradecemos às professoras Joana Mariz e Rosemeire Moreira, que compartilharam generosamente suas valiosas experiências para a escrita deste capítulo.

REFERÊNCIAS BIBLIOGRÁFICAS

1. Sandage MJ, Hoch M. Exercise physiology: perspective for vocal training care of the professional voice. Journal of Singing. 2018;74(4):419-25.
2. Vaiano T, Badaró F. Condicionamento vocal para o cantor de alta perfomance. In: Lopes L, Moreti F, Zambon F, Vaiano T (eds.). Fundamentos e atualidades em voz profissional. v. 1. 1. ed. Thieme Revinter; 2021.
3. Lovetri J. Contemporary commercial music. J Voice. 2008 May;22(3):260-2.
4. LoVetri JL, Weekly EM. Contemporary commercial music (CCM) survey: who's teaching what in nonclassical music. J Voice. 2003;17(2):207-15.
5. Miller R, Harm CS. The effect of tongue position on Spectra in Singing. Journal Of Singing. 2019 Sept/Oct;76(1):25-9.
6. Friedlander C. Musings on mechanics: don't gloss over the hyoglossus! [Internet]. Classical Singer Music: Resources Recruiting for Singers. Mai 1, 2015 [citado em Fev 2024]. Disponível em: https://www.csmusic.net/content/articles/musings-on-mechanics-15/.
7. Sundberg J. Ciência da voz cantada: fatos sobre a voz na fala e no canto. EDUSP; 2015.
8. Hoch M, Sandage MJ. Exercise science principles and the vocal warm-up: implications for singing voice pedagogy. J Voice. 2018 Jan;32(1):79-84.
9. Xue C, Kang J, Hedberg C, Zhang Y, Jiang JJ. Dynamically monitoring vocal fatigue and recovery using aerodynamic, acoustic, and subjective self-rating measurements. J Voice. 2019 Sep;33(5):809.e11-809.e18.
10. Amin E, Santana ÉR. Atuação in loco da voz profissional cantada In: Lopes L, Moreti F, Zambon F, Vaiano T (eds.). Fundamentos e atualidades em voz profissional. v. 1. 1. ed. Thieme Revinter; 2021. p. 259-71.
11. Jonhson VY. How the principles of exercise physiology influence pelvic floor muscle training. JWOCN. 2001;28(3):150-5.
12. Green K, Freeman W, Edwards M, Meyer D. Trends in musical theatre voice: an analysis of audition requirements for singers. J Voice. 2014 May;28(3):324-7.
13. Flynn A. So you want to sing musical theatre: a guide for performers. v. 21. Rowman & Littlefield; 2022.

111

Atuação fonoaudiológica no distúrbio de voz relacionado ao trabalho

Ana Carolina de Assis Moura Ghirardi
Léslie Piccolotto Ferreira

PONTOS-CHAVE

- O Distúrbio de Voz Relacionado ao Trabalho (DVRT) é definido como "qualquer forma de desvio vocal relacionado à atividade profissional que diminua, comprometa ou impeça a atuação ou a comunicação do trabalhador, podendo ou não haver alteração orgânica da laringe".
- A avaliação do DVRT deve considerar os fatores de risco relacionados ao indivíduo, ao ambiente e à organização do trabalho.
- O tratamento do DVRT deve considerar as particularidades da demanda e uso vocal e ações de vigilância do ambiente e do processo de trabalho,
- A notificação do DVRT é importante para o planejamento de ações de promoção de saúde, prevenção e tratamento do agravo.

OBJETIVOS DE APRENDIZAGEM

Ao final deste capítulo, o leitor deverá ser capaz de:

- Entender o que vem a ser o DVRT.
- Conhecer os procedimentos básicos para a avaliação e tratamento do DVRT, assim como refletir sobre as questões de retorno ao trabalho.
- Conhecer os princípios básicos para o planejamento de ações de promoção à saúde e prevenção do DVRT.
- Entender as questões relacionadas à notificação e à vigilância do DVRT.
- Incorporar à sua prática um olhar voltado para as dinâmicas do trabalho na determinação do distúrbio de voz (DV), sem a culpabilização do sujeito pelo seu DV.

INTRODUÇÃO

De acordo com o Ministério da Saúde, o Distúrbio de Voz Relacionado ao Trabalho (DVRT) é definido como "qualquer forma de desvio vocal relacionado à atividade profissional que diminua, comprometa ou impeça a atuação ou a comunicação do trabalhador, podendo ou não haver alteração orgânica da laringe"[1]. Ou seja, qualquer profissional da voz ou aqueles trabalhadores em contato com fatores de risco que possam comprometer o aparelho fonador estão contemplados nesse conceito.

A partir dessa visão e diante da recente inclusão do DVRT na Lista de Doenças Relacionadas ao Trabalho, este capítulo pretende apresentar, de forma resumida, o contexto histórico dessa conquista e os desafios particulares relacionados à avaliação e tratamento do DVRT, ao planejamento e execução de ações de vigilância em saúde do trabalhador e à notificação desse agravo.

Ao final da leitura, espera-se que o fonoaudiólogo possa voltar o seu olhar para além dos limites da clínica e reconhecer a importância do trabalho no processo saúde-doença na área da Voz.

CONHECENDO O CONTEXTO

Em 1997, a Fonoaudiologia deu início às discussões sobre o reconhecimento do DVRT. O protocolo específico sobre esse agravo foi publicado em 2018 pelo Ministério da Saúde e ele não orienta apenas aqueles profissionais da saúde que atuam no Sistema Único de Saúde, mas, como descrito no próprio documento, esses e todos os que trabalham em serviços privados (hospitais, clínicas e consultórios), serviços de saúde em empresas e Serviços Especializados de Segurança e Medicina em Trabalho. A proposta auxilia na orientação a todos esses profissionais para identificar, notificar e planejar ações de promoção à saúde, assim como a prevenção e tratamento do agravo[1].

O DVRT foi inserido na Lista de Doenças Relacionadas ao Trabalho em 2023[2] e aqueles que querem entender mais sobre esse processo, que contou com a participação de muitos fonoaudiólogos, médicos do trabalho, otorrinolaringologistas, entre outros, podem acessar alguns materiais que foram publicados a respeito[3-6].

Para o fonoaudiólogo, todo esse caminho foi um grande avanço na direção de mudar seu olhar no atendimento clínico-terapêutico, nas ações de promoção de saúde, prevenção ou proteção ao distúrbio de voz (DV) e procedimentos de aperfeiçoamento vocal. Isso porque o DVRT é determinado pela atividade profissional. Aliás, essa relação começa por uma pergunta simples, proposta pelo médico italiano Bernardino Ramazzini em 1700: "Qual é a sua profissão?". Infelizmente, passados tantos anos, essa informação nem sempre é colhida, valorizada ou detalhada, constituindo-se apenas em item de identificação no prontuário. No passado, o sujeito que não sabia "se cuidar" era responsabilizado pelo DV. Atualmente, entende-se que outros fatores relacionados ao trabalho devem receber especial atenção.

Em outras palavras, não apenas dados sociodemográficos e histórico de saúde podem determinar uma alteração de voz, mas também os fatores relacionados à característica e à organização do trabalho (sobrecarga, acúmulo de atividades, demanda vocal excessiva, falta de autonomia, entre outros) ou ao ambiente em que o trabalhador está inserido (acústica prejudicial, mobiliário e recursos materiais inadequados, qualidade do ar e temperatura desfavoráveis, má ventilação, baixa umidade, exposição a produtos químicos irritativos de vias aéreas superiores, entre outros).

Dessa forma, o DVRT é um agravo de origem multicausal que, mesmo na existência de fatores individuais, pode estar relacionado ao trabalho, e aqui cabe destaque ao princípio da concausalidade, que reforça ser possível coexistirem causas antecedentes, concomitantes ou subsequentes ao DV[1].

Além disso, o protocolo reforça a necessidade de ações relacionadas à vigilância. Ela deve ser discutida na relação entre paciente e terapeuta, pois apenas "empoderar" o paciente com procedimentos relacionados à produção da voz (por exemplo, a realização de exercícios de aquecimento e desaquecimento vocal) não é suficiente diante de um contexto de trabalho que apresenta vários fatores de risco.

A leitura atenta do livro organizado por Ferreira, Andrada e Silva e Giannini (2022)[7], direcionado para o profissional de saúde brasileiro que atua na área da Saúde do Trabalhador, mais especificamente na área de Voz, complementa as informações e entendimento sobre o universo complexo do Distúrbio de Voz Relacionado ao Trabalho.

AVALIAÇÃO E DIAGNÓSTICO

A avaliação do DVRT não é diferente da prática fonoaudiológica no atendimento a um paciente com DV. Mas no caso do DVRT, é necessário pensar na voz ou no DV não apenas como resultado de uma alteração puramente orgânica, mas entender que ela é fruto de uma complexa rede em que o corpo, o psiquismo e aspectos sociais estão imbricados, resultado de questões presentes no contexto do trabalho. É necessário que o fonoaudiólogo aguce sua escuta para outras possibilidades que não as dadas apenas por ouvir aquela voz, no seu contexto de qualidade vocal.

Dado o caráter multifatorial do distúrbio de voz, o diagnóstico de DVRT envolve diferentes avaliações. Etapas importantes nesse processo são o levantamento da história do paciente, avaliação médica com visualização da laringe, realizada preferencialmente por um médico otorrinolaringologista, avaliação fonoaudiológica e, sempre que possível, uma inspeção *in loco* do posto de trabalho, dada a relação causal do DVRT com fatores da organização e do ambiente laboral.

Embora tenha sido desenvolvida com a finalidade de guiar os profissionais dos Centros de Referência em Saúde do Trabalhador (CEREST) no registro e avaliação dos trabalhadores com queixas de saúde, a Anamnese Ocupacional proposta pelo Ministério da Saúde[8] é um guia importante que pode auxiliar qualquer profissional envolvido na avaliação e diagnóstico do DVRT a levantar o histórico social, de saúde e dados relevantes sobre o trabalho do paciente. Um manual completo de instruções para o preenchimento do instrumento é disponibilizado aos interessados.

Nos últimos anos, mais especificamente na área da Voz, instrumentos para autoavaliação têm sido publicados e certamente a aplicação desses complementa o entendimento do processo que, como dito anteriormente, é multicausal[9]. Além disso, ações têm sido colocadas em prática, incentivando os profissionais da saúde a entenderem os agravos à saúde do trabalhador, considerando a Classificação Internacional de Funcionalidade[10]. Ela tem o propósito de gerar informação sobre funcionalidade e incapacidade, ou seja, entender como se encontram as funções e estruturas do corpo, as atividades e participação do sujeito, assim como as limitações de atividade e restrições de participação perante a deficiência.

Ao pensar dessa forma, a Organização Mundial da Saúde (OMS) criou um instrumento genérico de avaliação, desenvolvido para fornecer um método padronizado de mensuração da saúde e deficiência denominado WHODAS 2.0[11]. Ele foi recentemente transformado em aplicativo, oferecido gratuitamente pelo Núcleo de Tecnologias e Educação a Distância em Saúde da Universidade Federal do Ceará, facilitando assim a aplicação e análise dos dados coletados por meio desse instrumento[12].

A avaliação fonoaudiológica deve ser, preferencialmente, realizada por um profissional especializado em voz, uma vez que tem a avaliação perceptivo-auditiva e acústica da voz como sua principal referência. Essa avaliação pode ser realizada por meio de instrumentos e escalas padronizadas e complementada por roteiros semiestruturados de acordo com experiência do profissional e necessidade de cada caso[13,14].

Masson et al.[6] apresentam a classificação de Schilling para doenças relacionadas ao trabalho:

I. trabalho como causa necessária;
II. trabalho como fator contributivo, estabelecido por nexo epidemiológico; e
III. trabalho como fator agravante de doença preexistente ou disparador de quadro latente, havendo concausalidade a demais fatores de exposição, independentemente do trabalho.

As autoras relacionam o grupo II às disfonias organofuncionais, que teriam inicialmente uma base comportamental, evoluindo a seguir para lesão (exemplo dos nódulos, pólipos e edemas) e no grupo III às disfonias funcionais secundárias, com presença de lesões congênitas prévias, a exemplo das alterações estruturais mínimas (exemplo de cisto e sulco vocal) e as disfonias orgânicas concomitantes, considerando-se fatores individuais (alergias e o refluxo gastroesofágico), integrados a outros fatores de exposição extralaborais (fumo e álcool).

Importante destacar ainda que, sempre que possível, a inspeção *in loco* do ambiente de trabalho complementa os dados que podem auxiliar o fonoaudiólogo e o próprio paciente a traçarem relações entre a sua queixa e o exercício profissional.

Ao finalizar este tópico, retoma-se a questão da notificação, importante ação que tem como objetivo conhecer a distribuição e frequência do agravo entre os trabalhadores, com a finalidade de embasar ações de diagnóstico, identificando as categorias profissionais mais atingidas, com vistas à construção de políticas de promoção de saúde, prevenção e tratamento do agravo.

A notificação pode ser feita por qualquer indivíduo, sendo dever de todo profissional de saúde da rede pública, conveniada ou privada, comunicar à autoridade sanitária mais próxima todos os casos suspeitos ou comprovados, independentemente do tipo de vínculo empregatício do trabalhador. Pretende-se que cada vez mais esse registro seja digitalizado desde o primeiro momento, por qualquer profissional da saúde, acelerando o processo de análise e planejamento das ações subsequentes para o estabelecimento de uma linha de cuidado a ser percorrida pelo maior número de pessoas.

É importante destacar que na Classificação Internacional das Doenças (CID-10), o termo Distúrbio de Voz corresponde ao código R49, mas quando há diferentes manifestações clínicas ou estruturais no aparelho fonador, outras classificações podem ser utilizadas de acordo com o diagnóstico otorrinolaringológico.

O Quadro 1 registra de forma simplificada quais as classificações possíveis e os fatores de risco relacionados a eles[15].

TRATAMENTO

O sucesso da reabilitação de um DVRT vai muito além da melhora da qualidade vocal e eliminação dos sintomas. Visto que o distúrbio decorre de um ambiente e condições desfavoráveis de trabalho, o olhar do profissional que atende esse paciente deve extrapolar a esfera da clínica. O tratamento do trabalhador deve, além das técnicas e exercícios específicos para a melhora da qualidade vocal, promover reflexões acerca da relação sujeito-trabalho-voz, pensando soluções individuais e coletivas possíveis para ultrapassar os desafios impostos pelas condições de trabalho. Da mesma forma, o envolvimento dos gestores nesse processo é fundamental para que as mudanças necessárias nas condições de trabalho possam ser implementadas[16].

QUADRO 1 Relação entre distúrbios de voz e agentes ou fatores de risco relacionados ao trabalho, conforme Lista de Doenças Relacionadas ao Trabalho do Ministério da Saúde do Brasil

J04.2	Laringotraqueíte aguda	Exposição a bromo; e/ou iodo; e/ou agentes químicos cáusticos e/ou tóxicos, em atividades de trabalho.
J37.1	Laringotraqueíte crônica	Trabalho com sobrecarga vocal associada e/ou agravada por: ▪ Fatores psicossociais relacionados à característica e à organização do trabalho: jornada de trabalho prolongada, sobrecarga, acúmulo de atividades ou de funções, ausência de pausas e de locais de descanso durante a jornada, falta de autonomia, ritmo de trabalho acelerado para o cumprimento de metas, trabalho sob forte pressão, insatisfação com o trabalho ou com a remuneração, postura e equipamentos inadequados, dificuldade de acesso à hidratação e aos sanitários, dentre outros não especificados. ▪ Fatores relacionados ao ambiente de trabalho: pressão sonora acima dos níveis de conforto, acústica desfavorável, mobiliário e recursos materiais inadequados ou insuficientes, desconforto e choque térmico, má qualidade do ar, ventilação inadequada do ambiente, baixa umidade, exposição a produtos químicos irritativos de vias aéreas superiores (solventes, vapores metálicos, gases asfixiantes) e presença de poeira ou fumaça no local de trabalho, dentre outros não especificados.
J37.1 J38.2 R49	Laringotraqueíte crônica Nódulos das cordas vocais Distúrbios da voz	Trabalho com sobrecarga vocal associada e/ou agravada por: ▪ Fatores psicossociais relacionados à característica e à organização do trabalho: jornada de trabalho prolongada, sobrecarga, acúmulo de atividades ou de funções, ausência de pausas e de locais de descanso durante a jornada, falta de autonomia, ritmo de trabalho acelerado para o cumprimento de metas, trabalho sob forte pressão, insatisfação com o trabalho ou com a remuneração, postura e equipamentos inadequados, dificuldade de acesso à hidratação e aos sanitários, dentre outros não especificados. ▪ Fatores relacionados ao ambiente de trabalho: pressão sonora acima dos níveis de conforto, acústica desfavorável, mobiliário e recursos materiais inadequados ou insuficientes, desconforto e choque térmico, má qualidade do ar, ventilação inadequada do ambiente, baixa umidade, exposição a produtos químicos irritativos de vias aéreas superiores (solventes, vapores metálicos, gases asfixiantes) e presença de poeira ou fumaça no local de trabalho, dentre outros não especificados.

O afastamento das funções costuma ser uma parte importante da reabilitação do trabalhador disfônico, sempre que possível, mas vale lembrar que profissionais autônomos, sem um vínculo formal de trabalho, muitas vezes não podem se afastar e realizar o repouso vocal que seria necessário, o que representa um desafio a mais no processo de reabilitação do DVRT. Quando ocorre, o distanciamento do posto de trabalho deve permitir que o sujeito diminua o uso da voz no trabalho, enquanto realiza a reabilitação da qualidade vocal propriamente dita. Esse período também permite que se faça, conjuntamente com o trabalhador e o gestor, um planejamento adequado e cuidadoso para o retorno às suas funções[16].

Ao voltar às funções anteriores à presença do DVRT, o trabalhador deve apresentar melhora dos sintomas e da qualidade vocal, e estar melhor instrumentalizado acerca dos cuidados com a sua saúde vocal. Alguns trabalhadores não estão preparados do ponto de vista físico e/ou psicológico para o retorno às suas antigas funções e, nesses casos, ocorre a readaptação funcional, com o remanejamento do trabalhador para outro setor. Essa situação, embora possa prevenir uma recidiva do DVRT, é longe da ideal, uma vez que pode gerar estigma, medo, frustrações no âmbito pessoal e profissional, e outras questões sérias relacionadas à saúde mental[17].

Nesse retorno ainda é comum que pouco tenha mudado no que diz respeito aos fatores de risco presentes anteriormente. Isso posto, a atuação do fonoaudiólogo no âmbito do DVRT deve prever ações coletivas no ambiente de trabalho, visto que, provavelmente, mais de um trabalhador daquele local apresentou/apresenta distúrbio de voz.

Dessa forma são necessárias ações de vigilância em saúde do trabalhador não apenas para monitorar e prevenir recidivas do DVRT, como para evitar que outros venham a adoecer naquele ambiente, gerando mais afastamentos e ônus aos serviços de saúde. Essas ações são de competência dos Centros de Atenção à Saúde do Trabalhador (CEREST). Assim, sugere-se àqueles fonoaudiólogos que atendem trabalhadores acometidos de DVRT que busquem o CEREST mais próximo de seu local de atuação. Esse contato poderá dar início a uma troca de informações, ao acolhimento do trabalhador, além do levantamento e inspeção de suas condições de trabalho. Uma lista com o endereço desses Centros é disponibilizada em site específico[18].

CONCLUSÃO

As ações relacionadas ao DVRT, a saber, avaliação, tratamento, notificação e vigilância desafiam o fonoaudiólogo a entender as condições da produção da voz em contexto do trabalho. A atuação em equipe, capacitação e atualização constantes na área da Saúde do Trabalhador podem contribuir para ampliar esse conhecimento. O caminho percorrido até a inclusão do DVRT na lista de doenças relacionadas ao trabalho foi longo e árduo e muitos ainda são os desafios no sentido de implementar políticas públicas que de fato viabilizem a promoção em saúde, prevenção/proteção do distúrbio de voz e seu tratamento, bem como as ações de vigilância necessárias para que o trabalho venha, de fato, a ser um lugar que incentiva e possibilita o uso saudável da voz.

REFERÊNCIAS BIBLIOGRÁFICAS

1. Brasil. Ministério da Saúde. Secretaria de Vigilância em Saúde. Departamento de Vigilância em Saúde Ambiental e Saúde do Trabalhador. Distúrbio de Voz Relacionado ao Trabalho – DVRT. Brasília: Ministério da Saúde; 2018.
2. Brasil. Ministério da Saúde. Portaria GM/MS n. 1.999, de 27 de novembro de 2023. Disponível em: https://www.in.gov.br/en/web/dou/-/portaria-gm/ms-n-1.999-de-27-de-novembro-de-2023-526629116.
3. Masson MLV, Ferrite S, Pereira LMA, Ferreira LP, Araujo TM. Em busca do reconhecimento do distúrbio de voz como doença relacionada ao trabalho: movimento histórico-político. Ciênc Saúde Colet. 2019;24(3):805-16.
4. Masson MLV, Ferreira LP, Giannini SPP, Souza MT, Maeno M, Gândara MER, et al. Distúrbio de voz: reconhecimento revogado junto com a nova lista de doenças relacionadas ao trabalho. Rev Bras Saude Ocup. 2020;45:e32.
5. Ferreira LP, Ferraz PRR. Distúrbio de Voz Relacionado ao Trabalho (DVRT): histórico e próximas ações. In: Ferreira LP, Andrada e Silva MA (orgs.). Distúrbio de Voz Relacionado ao Trabalho: conquistas e desafios na América Latina. 1. ed. São Paulo: Sintropia; 2022. p. 96-107.
6. Masson MLV, Ferreira LP, Maeno M. Distúrbio de Voz Relacionado ao Trabalho: um olhar sobre o passado, o presente e o futuro. Rev Bras Saude Ocup. 2024;49:edcinq9.
7. Ferreira LP, Andrada e Silva MA, Giannini SPP (orgs.). Work-related voice disorder: achievements and challenges in Latin America. 1. ed.- São Paulo: Sintropia Traduções; 2022.
8. Brasil. Ministério da Saúde. Anamnese ocupacional: manual de preenchimento da Ficha Resumo de Atendimento Ambulatorial em Saúde do Trabalhador (FIRAAST). Brasília: Ministério da Saúde; 2006.
9. Moreti F, Pernambuco L, Silva POC. Protocolos de autoavaliação na clínica vocal: desenvolvimento, validação e atualidades In: Lopes L, Moreti F, Ribeiro LR, Pereira EC (orgs.). Fundamentos e Atualidades em Voz Clínica. 1. ed. Rio de Janeiro: Thieme Revinter; 2019. p. 49-60.
10. Organização Mundial da Saúde. Como usar a CIF: Um manual prático para o uso da Classificação Internacional de Funcionalidade, Incapacidade e Saúde (CIF). Versão preliminar para discussão. Outubro de 2013. Genebra: OMS. Organização Mundial da Saúde (OMS). CIF: Classificação Internacional de Funcionalidade, Incapacidade e Saúde [Centro Colaborador da Organização Mundial da Saúde para a Família de Classificações Internacionais, org.). Buchalla CM (organização e coordenação da tradução). 2. ed. São Paulo: Editora da Universidade de São Paulo – EDUSP; 2015.
11. Organização Mundial da Saúde. Avaliação de saúde e deficiência: manual do WHO Disability Assessment Schedule 9 (WHODAS 2.0). Uberaba: Universidade Federal do Triângulo Mineiro; 2015. Disponível em: http://apps.who.int/iris/bitstream/10665/43974/19/9788562599514_por.pdf.
12. Funcionalidade e Saúde Pública. Aplicativo WHODAS.20. Núcleo de Tecnologias e Educação a Distância em Saúde da Universidade Federal do Ceará. Disponível em: https://www.youtube.com/watch?v=ydMrMRkgx6Y e https://www.youtube.com/watch?v=pxsOIAL6tgl.
13. Yamasaki R, Gama ACC. Desafios e referências na avaliação perceptivo-auditiva da voz. In: Lopes L, Moreti F, Ribeiro LL, Pereira EC. Fundamentos e atualidades em voz clínica. Rio de Janeiro: Thieme Revinter; 2019. p. 9-30.
14. Andrada e Silva MA, Bittencourt MFQP, Korn GP, Borrego MCM. Diagnóstico do Distúrbio de Voz Relacionado ao Trabalho: reflexões multidisciplinares sobre o uso da voz no trabalho. In: Ferreira LP; Andrada e Silva MA; Giannini SPP (orgs.). Work-related voice disorder: achievements and challenges in Latin America. 1. ed. São Paulo: Sintropia Traduções; 2022. p .178-84.
15. Bandini M, Silva-Junior JS, Dias EC. O $$ do Brasil. In: Ferreira LP; Andrada e Silva MA; Giannini SPP (orgs.). Work-related voice disorder: achievements and challenges in Latin America. 1. ed. São Paulo: Sintropia Traduções; 2022. p.82-9.
16. Ghirardi ACAM, Constantini AC. Distúrbio de Voz Relacionado ao Trabalho – DVRT: considerações sobre o tratamento e retorno ao trabalho. In: Ferreira LP; Andrada e Silva MA; Giannini SPP (orgs.). Work-related voice disorder: achievements and challenges in Latin America. 1. ed. São Paulo: Sintropia Traduções; 2022. p .178-84.
17. Paparelli R, Almeida TB. Saúde mental e distúrbios de voz relacionados ao trabalho: notas introdutórias. In: Ferreira LP; Andrada e Silva MA; Giannini SPP (orgs.). Work-related voice disorder: achievements and challenges in Latin America. 1. ed. São Paulo: Sintropia Traduções; 2022. p. 121-130.
18. Lista dos Centros de Referência de Saúde do Trabalhador – CEREST. Disponível em: https://conselho.saude.gov.br/web_4cnst/docs/CEREST.pdf.

Índice remissivo

Q

R